Kohlhammer

Gesetz über die Zwangsversteigerung und die Zwangsverwaltung

Kommentar

Prof. Dr. Martin Löhnig (Hrsg.)
Universitätsprofessor, Universität Regensburg

Erläutert von

Prof. Dr. Claus Ahrens
Universitätsprofessor, Universität Wuppertal

Rüdiger Bauch
Fachanwalt für Insolvenzrecht, Schultze & Braun, Leipzig

Elke Bäuerle
Fachanwältin für Insolvenzrecht, Insolvenz- und Zwangsverwalterin, Schultze & Braun, Rottweil

Holger Blümle
Fachanwalt für Insolvenzrecht, Dipl. Betriebswirt (BA), Zwangsverwalter, Schultze & Braun, Karlsruhe

Ines Bluhm
Dipl.-Rechtspflegerin (FH), Rechtspflegerin Oberlandesgericht Celle

Dr. Friedrich L. Cranshaw
Rechtsanwalt, Banksyndikus, Mannheim

Helmut Ferstl
Dipl.-Rechtspfleger, Rechtspfleger AG Regensburg

Dr. Philipp S. Fischinger, LL.M. (Harvard)
Akad. Rat auf Zeit, Universität Regensburg

Andreas Gietl
Jurist (Univ.), Wissenschaftlicher Mitarbeiter, Universität Regensburg

Prof. Annegret Hannemann
Dipl.-Rechtspflegerin (FH), Professorin, Norddeutsche Hochschule für Rechtspflege, Hildesheim

Georg Heiß
Rechtsanwalt, Wissenschaftlicher Mitarbeiter, Universität Regensburg

Kathrin Huber, M. Jur (Oxford)
Richterin am Landgericht München II

Barbara Jobst
Juristin (Dipl.), Wissenschaftliche Mitarbeiterin Universität Regensburg

Prof. Dr. Tomas Kuhn
Universitätsprofessor, Universität Passau

Adalbert Makos
Jurist (Dipl.), Regensburg

Holger Pestel
Dipl.-Oeconom., Dresdner Bank AG, Frankfurt

Richard Rachlitz
Jurist (Univ.), Wissenschaftlicher Mitarbeiter, Ludwig-Maximilians-Universität München

Grit Siwonia
Dipl.-Rechtspflegerin (FH), Dozentin, Fachhochschule der Sächsischen Verwaltung, Meißen und Rechtspflegerin am AG Dresden

Manfred Steffen
Dipl.-Rechtspfleger, Dozent, Fachhochschule für Rechtspflege Nordrhein-Westfalen, Bad Münstereifel

Matthias Stenzel
Rechtsanwalt, Freisinger Bank eG, Volksbank – Raiffeisenbank, Freising

Dr. Thomas Strauß
Richter am Landgericht Regensburg

Verlag W. Kohlhammer

Alle Rechte vorbehalten
© 2010 Verlag W. Kohlhammer GmbH Stuttgart
Gesamtherstellung:
W. Kohlhammer Druckerei GmbH & Co. KG, Stuttgart

ISBN 978-3-17-020506-2

Vorwort

Jahr für Jahr finden etwa 80.000 Zwangsversteigerungen statt, Jahr für Jahr wechseln auf diese Weise Immobilien im Wert von 15 bis 20 Milliarden Euro den Eigentümer. Trotzdem konnten die Beteiligten bisher nicht auf eine zuverlässige Handreichung zurückgreifen, die das Verfahren aus der Perspektive aller Beteiligten ganz umfassend beleuchtet und alle erforderlichen Hilfesellungen gibt.

Vorliegendes Werk möchte Abhilfe schaffen: Es vereinigt einen klassischen Kommentar zum ZVG und einigen Nebenvorschriften mit Handbuchtexten, Ablaufschemata und den erforderlichen Formularen. Die Autoren stammen aus allen relevanten Berufsgruppen: Rechtspfleger, Richter, Bankjuristen und- betriebswirte, Rechtanwälte, Zwangsverwalter sowie Fachhochschul- und Universitätsangehörige.

Ein derartiges Werk kann nur gelingen, wenn ein motiviertes Autorenteam an einem Strang zieht. Dafür danke ich allen Mitautoren ganz herzlich. Außerdem bedarf es auf Verlagsseite einer engagierten und kompetenten Betreuung, für die ich – stellvertretend für alle Verlagsmitarbeiter – unserer Lektorin Frau Rechtsanwältin Alexandra Steppacher, sehr danke. Schließlich: Was wäre ein Herausgeber ohne seine Mitarbeiter. Mein Dank gilt deshalb Anita Bohn für die Durchsicht des Fußnotenapparats. Ein ganz besonderer Dank schließlich Andreas Gietl, ohne dessen außergewöhnlich zuverlässige und kompetente Mitarbeit dieses Buch niemals erschienen wäre.

Ich wünsche allen Nutzerinnen und Nutzern Gewinn bei der Arbeit mit diesem Buch und erbitte jederzeit Vorschläge zu seiner Verbesserung.

Regensburg, im August 2010
Martin Löhnig

Errata-Zettel zum Werk

Martin Löhnig (Hrsg.)
Gesetz über die Zwangsversteigerung und die Zwangsverwaltung

Sehr geehrte Damen und Herren,

durch ein technisches Versehen wurde auf den Seiten **306** bis **369** bei der Kommentierung folgender Paragrafen:

§ 10 ZVG
§§ 1179a und 1179b BGB
§§ 11–14 ZVG

in der Fußzeile fälschlich Herr Rachlitz als Bearbeiter angegeben. Der Bearbeiter dieser Seiten ist jedoch **Herr Dr. Fischinger**.

Wir bitten unsere Leser, diesen Fehler zu entschuldigen.

Stuttgart, Januar 2011   Verlag W. Kohlhammer

Inhaltsverzeichnis

Literaturverzeichnis XV

I. Grundlagen und Grundsätze des ZVG-Verfahrens 1
§ 866 ZPO   Arten der Vollstreckung 1
§ 867 ZPO   Zwangshypothek 6
§ 868 ZPO   Erwerb der Zwangshypothek durch den Eigentümer 26
§ 869 ZPO   Zwangsversteigerung und Zwangsverwaltung 30
§ 932 ZPO   Arresthypothek 31

Gegenstände der Zwangsversteigerung und -verwaltung 37
Pfändungen im Zusammenhang mit einer ZwV 43
Verfahrensgrundsätze im ZVG-Verfahren 46
Wirkungen des Zuschlages 54
Einfluss des GG 65
Staatshaftung des Vollstreckungsgerichts 69
Immobiliarvollstreckung und Insolvenzverfahren 73
Rechtsbehelfe im ZVG-Verfahren 93
§ 765a ZPO Vollstreckungsschutz 122
Taktik in der Zwangsversteigerung 140
Kosten des ZVG-Verfahrens 175

Prozesskostenhilfe im Zwangsversteigerungsverfahren 205

II. Einführungsfälle 213

Einführung Zwangsversteigerung 213

Einführungsfall Zwangsverwaltung 249
Mustergrundbuch zum Einführungsfall 255
Ablauf eines Zwangsverwaltungsverfahrens 258

Einführungsfall: Zwangshypothek für ungesicherten Gläubiger mit anschließender Zwangsversteigerung 259

III. Kommentierung des ZVG 265
§ 1 ZVG   [Zuständiges Amtsgericht] 265
§ 2 ZVG   [Bestellung durch das höhere Gericht] 269
Vor § 3 ZVG 274
§ 3 ZVG   [Zustellungen] 279
§ 4 ZVG   [Zustellung durch Aufgabe zur Post] 281
§ 5 ZVG   [Zustellungsbevollmächtigter beim Grundbuchamt] 283
§ 6 ZVG   [Bestellung eines Zustellungsvertreters] 284
§ 7 ZVG   [Aufgaben und Vergütung des Zustellungsvertreters] .. 287
§ 8 ZVG   [Zustellung des Anordnungs- und Beitrittsbeschlusses] .. 290
Vor § 9 ZVG Beteiligte und Dritte 291
§ 9 ZVG   [Beteiligte] 296
§ 10 ZVG   [Rangordnung der Rechte auf Befriedigung] 306
§ 1179a BGB Arten der Vollstreckung 340
§ 1179b BGB Löschungsanspruch bei eigenem Recht 352
§ 11 ZVG   [Rangfolge in derselben Rangklasse] 354
§ 12 ZVG   [Rangordnung innerhalb desselben Rechts] 359

Inhaltsverzeichnis

§ 13 ZVG	[Abgrenzung wiederkehrender Leistungen]............	363
§ 14 ZVG	[Ansprüche von unbestimmten Betrag]..............	368
Vorb. § 15	[Anordnungsbeschluss]	370
§ 15 ZVG	[Anordnungsbeschluss]	372
§ 16 ZVG	[Antrag]	399
§ 17 ZVG	[Voraussetzungen der Anordnung]	405
§ 18 ZVG	[Verbindung der Verfahren]....................	409
§ 19 ZVG	[Ersuchen des Vollstreckungsgerichts, Grundbucheintragung]	413
§ 20 ZVG	[Umfang der Beschlagnahme]	420
§ 21 ZVG	[Beschlagnahmeumfang in besonderen Fällen]	435
§ 22 ZVG	[Wirksamwerden der Beschlagnahme]	438
§ 23 ZVG	[Wirkung der Beschlagnahme]...................	445
§ 24 ZPO	[Verwaltung und Benutzung durch den Schuldner]	452
§ 25 ZVG	[Sicherung der ordnungsmäßigen Bewirtschaftung]	455
§ 26 ZVG	[Veräußerung nach Beschlagnahme]	459
§ 27 ZVG	[Beitritt zum Versteigerungsverfahren]	463
§ 28 ZVG	[Entgegenstehende grundbuchmäßige Rechte; Verfügungsbeschränkung; Vollstreckungsmangel]	468
§ 29 ZVG	[Zurücknahme des Antrages].....................	476
§ 30 ZVG	[Einstweilige Einstellung auf Bewilligung des Gläubigers]	480
§ 30a ZVG	[Einstweilige Einstellung auf Antrag des Schuldners]....	486
§ 30b ZVG	[Antrag auf einstweilige Einstellung]................	494
§ 30c ZVG	[Erneute Einstellung]	500
§ 30d ZVG	[Einstweilige Einstellung während eines Insolvenzverfahrens]	503
§ 30e ZVG	[Auflagen der Einstellung infolge eines Insolvenzverfahrens]	508
§ 30f ZVG	[Aufhebung der Einstellung infolge des Insolvenzverfahrens]	512
§ 31 ZVG	[Fortsetzung auf Antrag des Gläubigers].............	515
§ 32 ZVG	[Zustellung des Aufhebungs- oder Einstellungsbeschlusses]	524
§ 33 ZVG	[Entscheidung durch Versagung des Zuschlags]	526
§ 34 ZVG	[Löschung des Versteigerungsvermerkes]	531
§ 35 ZVG	[Ausführung durch Vollstreckungsgericht]	534
§ 36 ZVG	[Terminsbestimmung]..........................	535
§ 37 ZVG	[Wesentlicher Inhalt der Terminsbestimmung]	538
§ 38 ZVG	[Weitere Angaben in der Terminsbestimmung].........	547
§ 39 ZVG	[Bekanntmachung der Terminsbestimmung]..........	550
§ 40 ZVG	[Anheftung an die Gerichtstafel]	553
§ 41 ZVG	[Zustellung an die Beteiligten]....................	555
§ 42 ZVG	[Akteneinsicht]...............................	558
§ 43 ZVG	[Terminsaufhebung]...........................	561
§ 44 ZVG	[Begriff des geringsten Gebots]	565
§ 45 ZVG	[Feststellung des geringsten Gebots]	576
§ 46 ZVG	[Wiederkehrende Naturalleistungen]................	583
§ 47 ZVG	[Wiederkehrende Geldleistungen]	585
§ 48 ZVG	[Bedingte Rechte; Vormerkung und Widerspruch]......	587
§ 49 ZVG	[Bargebot]..................................	590
§ 50 ZVG	[Erhöhung des zu zahlenden Betrages]	593
§ 51 ZVG	[Erhöhung bei Nichthypothekenrechten]	597
§ 52 ZVG	[Bestehenbleibende Rechte]	602
§ 53 ZVG	[Schuldübernahme]	606
§ 54 ZVG	[Kündigung von Grundpfandrechten]	610
§ 55 ZVG	[Gegenstand der Versteigerung]....................	612

Inhaltsverzeichnis

§ 56 ZVG	[Gefahrübergang]	616
§ 57 ZVG	[Mieter, Pächter]	623
§ 57a ZVG	[Kündigungsrecht des Erstehers]	623
§ 57b ZVG	[Vorausverfügungen über Miet- oder Pachtzins]	623
§ 58 ZVG	[Kosten des Zuschlagsbeschlusses]	632
§ 59 ZVG	[Abweichende Feststellung des geringsten Gebots und der Versteigerungsbedingungen]	634
§§ 60, § 61	[Aufgehoben]	641
§ 62 ZVG	[Erörterungen über das geringste Gebot]	641
§ 63 ZVG	[Einzel-, Gesamt- und Gruppenausgebot mehrerer Grundstücke]	642
§ 64 ZVG	[Gesamthypothek]	648
	[Besondere Versteigerung, anderweitige Verwertung]	656
§ 66 ZVG	[Verfahren im Termin]	659
§ 67 ZVG	[Verlangen einer Sicherheitsleistung]	668
§ 68 ZVG	[Höhe der Sicherheit]	672
§ 69 ZVG	[Art der Sicherheit]	676
§ 70 ZVG	[Entscheidung über die Sicherheit und Leistung]	681
§ 71 ZVG	[Entscheidung über unwirksame Gebote]	684
§ 72 ZVG	[Erlöschen eines Gebots; Übergebot]	693
§ 73 ZVG	[Bietzeit; Schluss der Versteigerung]	697
§ 74 ZVG	[Verhandlung über den Zuschlag]	700
§ 74a ZVG	[Zuschlagsversagung auf Antrag; Wertfestsetzung]	702
§ 74b ZVG	[Nichtanwendung von § 74a beim Gebot eines Gläubigers]	710
§ 75 ZVG	[Befriedigungsnachweis im Termin]	713
§ 76 ZVG	[Einstellung wegen Befriedigung des Gläubigers aus einem Einzelausgebot]	721
§ 77 ZVG	[Ergebnislose Versteigerung]	724
§ 78 ZVG	[Protokoll]	729
§ 79 ZVG	[Keine Bindung des Gerichts an seine früheren Entscheidungen]	732
§ 80 ZVG	[Ausschließliche Berücksichtigung protokollierter Vorgänge aus dem Versteigerungstermin]	736
§ 81 ZVG	[Die Erteilung des Zuschlags an den Meistbietenden oder den Zessionar des Rechts aus dem Meistgebot, Abgabe eines Gebots als Vertreter bei verdeckter Stellvertretung, Haftung der Beteiligten für das Meistgebot]	738
§ 82 ZVG	[Mindestinhalte des Zuschlagsbeschlusses]	744
§ 83 ZVG	[Gründe zur Versagung des Zuschlags]	747
§ 84 ZVG	[Behandlung heilbarer und nicht heilbarer Verfahrensmängel des § 83 ZVG]	761
§ 85 ZVG	[Antrag auf Versagung des Zuschlags und Anberaumung eines neuen Versteigerungstermins durch einen Beteiligten, Verpflichtung zur Schadlosstellung und Sicherheitsleistung in diesem Fall]	764
§ 85a ZVG	[Versagung des Zuschlags bei Meistgebot unter 5/10 des festgesetzten Verkehrswerts, weiteres Verfahren in diesen Fällen]	769
§ 86 ZVG	[Verfahrensrechtliche Folgen der Versagung des Zuschlags]	783
§ 87 ZVG	[Verkündung der Zuschlagserteilung]	787
§ 88 ZVG	[Zustellung des Zuschlagsbeschlusses]	797
§ 89 ZVG	[Wirksamwerden des Zuschlags]	801
§ 90 ZVG	[Eigentumsübergang]	803
§ 91 ZVG	[Erlöschen von Rechten, Liegenbelassungsvereinbarung]	820

Inhaltsverzeichnis

§ 92 ZVG	[Wertersatz für erlöschende Rechte]	851
Tabelle der durchschnittlichen Lebenserwartung		869
§ 93 ZVG	[Titelfunktion des Zuschlagsbeschlusses; Verwendungsersatzansprüche des Alteigentümers]	872
§ 94 ZVG	[Gerichtliche Verwaltung für Rechnung des Erstehers]	898
Vor §§ 95–104		908
§ 95 ZVG	[Zulässigkeit der sofortigen Beschwerde gegen Entscheidungen vor dem Zuschlag]	913
§ 96 ZVG	[Zuschlagsbeschwerde, subsidiäre Geltung der Zivilprozessordnung]	918
§ 97 ZVG	[Beschwerdebefugnis bei Zuschlagserteilung]	923
§ 98 ZVG	[Beginn der Frist zur Einlegung der Zuschlagsbeschwerde]	925
§ 99 ZVG	[Bestimmung des „Beschwerdegegners", Verbindung mehrerer Zuschlagsbeschwerden]	928
§ 100 ZVG	[Beschränkung der Beschwerdegründe, Rechtsschutzinteresse, amtswegige Berücksichtigung bestimmter Versagungsgründe]	930
§ 101 ZVG	[Sachentscheidung durch das Beschwerdegericht über den Zuschlag bei Begründetheit der Beschwerde, Entscheidung durch das Rechtsbeschwerdegericht]	932
§ 102 ZVG	[Erweiterte Befugnis zur Rechtsbeschwerde bei Aufhebung des Zuschlags nach Erlösverteilung]	935
§ 103 ZVG	[Adressaten der Zustellung der Entscheidung des Beschwerdegerichts]	938
§ 104 ZVG	[Wirksamwerden der Erteilung des Zuschlags durch Zustellung der Beschwerdeentscheidung]	940
Vor § 105 ZVG	– Übersicht zum Verteilungsverfahren und Handlungsmöglichkeiten	942
§ 105 ZVG	[Bestimmung des Verteilungstermins]	950
§ 106 ZVG	[Terminsvorbereitung; vorläufiger Teilungsplan]	953
§ 107 ZVG	[Teilungsmasse]	955
§ 108 ZVG	(aufgehoben)	960
§ 109 ZVG	[Verfahrenskosten; Überschuss]	961
§ 110 ZVG	[Rangverlust]	964
§ 111 ZVG	[Betagte Ansprüche; unverzinsliche Ansprüche]	966
§ 112 ZVG	[Erlösverteilung beim Gesamtausgebot]	969
§ 113 ZVG	[Teilungsplanaufstellung]	974
§ 114 ZVG	[Aufnahme in den Teilungsplan]	978
§ 114a ZVG	[Befriedigungsfiktion bzgl. des Erstehers]	985
§ 115 ZVG	[Verhandlung über den Teilungsplan; Widerspruch]	990
§ 116 ZVG	[Planaussetzung bis Zuschlagsrechtskraft]	997
§ 117 ZVG	[Planausführung bei Bargebotszahlung]	999
§ 118 ZVG	[Planausführung bei Nichtzahlung des Bargebots]	1003
§ 119 ZVG	[Zuteilung auf bedingte Ansprüche]	1012
§ 120 ZVG	[Planausführung bei aufschiebend bedingten Ansprüchen]	1015
§ 121 ZVG	[Zuteilung auf Ersatzansprüche]	1017
§ 122 ZVG	[Erlösverteilung bei Gesamtrechten]	1020
§ 123 ZVG	[Alternativzuteilung bei Gesamtrechten]	1024
§ 124 ZVG	[Alternativzuteilung bei Widerspuch gegen den Teilungsplan und § 115 Abs. 4]	1027
§ 125 ZVG	[Zuteilung des Zuzahlungsbetrag nach §§ 50, 51]	1030
§ 126 ZVG	[Unbekannte Zuteilungsberechtigte]	1034
§ 127 ZVG	[Behandlung von vorgelegten Briefen und Urkunden]	1037
§ 128 ZVG	[Sicherungshypothek infolge Forderungsübertragung]	1041
§ 129 ZVG	[Rangverlust von Sicherungshypotheken]	1046

Inhaltsverzeichnis

§ 130 ZVG	[Grundbuchersuchen]	1049
§ 130a ZVG	[Vormerkungssicherung des gesetzlichen Löschungsanspruchs]	1057
§ 131 ZVG	[Löschung von Briefgrundpfandrechten]	1061
§ 132 ZVG	[Vollstreckung gegen den Ersteher und Mithaftende]	1063
§ 133 ZVG	[Zwangsvollstreckung ins versteigerte Grundstück]	1067
§ 134 ZVG	(aufgehoben)	1071
§ 135 ZVG	[Vertreterbestellung für unbekannte Berechtigte]	1072
§ 136 ZVG	[Kraftloserklärung von Grundpfandrechtsbriefen]	1075
§ 137 ZVG	[Planausführung nach Ermittlung des Berechtigen]	1077
§ 138 ZVG	[Aufgebotsermächtigung bzgl. unbekanntem Berechtigten]	1079
§ 139 ZVG	[Planausführung nach Ermittlung des Berechtigten gemäß § 138]	1081
§ 140 ZVG	[Aufgebotsverfahren zur Ausschließung unbekannter Berechtigter]	1083
§ 141 ZVG	[Planausführung nach Ausschließungsbeschluss]	1086
§ 142 ZVG	[Erlöschen der Rechte auf hinterlegte Beträge]	1089
§ 143 ZVG	[Außergerichtliche Einigung über Erlösverteilung]	1091
§ 144 ZVG	[Außergerichtliche Gläubigerbefriedigung]	1094
§ 145 ZVG	[Anwendbare Vorschriften bei §§ 143, 144]	1097
§ 145a ZVG	[Grundpfandrechte in ausländischer Währung]	1098
§ 146 ZVG	[Anordnung]	1099
§ 147 ZVG	[Eigenbesitz des Schuldners]	1113
§ 148 ZVG	[Beschlagnahme des Grundstücks; Umfang]	1116
§ 149 ZVG	[Wohnräume und Unterhalt des Schuldners]	1123
§ 150 ZVG	[Bestellung des Verwalters; Übergabe des Grundstücks]	1129
§ 150a ZVG	[Vorgeschlagener Verwalter]	1133
§ 150b ZVG	[Schuldner als Verwalter]	1137
§ 150c ZVG	[Aufsichtsperson für Schuldner als Verwalter]	1140
§ 150d ZVG	[Befugnisse des Schuldners als Verwalter]	1143
§ 150e ZVG	[Keine Vergütung für Schuldner als Verwalter]	1145
§ 151 ZVG	[Wirksamwerden der Beschlagnahme]	1146
§ 152 ZVG	[Aufgabe des Verwalters]	1148
§ 152a ZVG	[Rechtverordnung über Geschäftsführung und Vergütung]	1169
§ 153 ZVG	[Vollstreckungsgericht und Zwangsverwalter]	1171
§ 153a ZVG	[Erstattungspflicht für ersparte Futterkosten]	1176
§ 153b ZVG	[Einstellung der Zwangsverwaltung auf Insolvenzverwalterantrag]	1178
§ 153c ZVG	[Fortsetzung der Zwangsverwaltung]	1182
§ 154 ZVG	[Haftung des Verwalters und Rechnungslegung]	1184
§ 155 ZVG	[Verteilung der Nutzungen]	1192
§ 156 ZVG	[Öffentliche Lasten/WEG Beiträge; Verteilungstermin; Teilungsplan]	1200
§ 157 ZVG	[Ausführung des Teilungsplanes]	1207
§ 158 ZVG	[Zahlungen auf das Kapital von Grundpfandrechten]	1210
§ 158a ZVG	[Fremdwährung in der Zwangsverwaltung]	1213
§ 159 ZVG	[Klage auf Änderung des Teilungsplans]	1214
§ 160 ZVG	[Außergerichtliche Verteilung]	1216
§ 161 ZVG	[Aufhebung des Verfahrens]	1218
§ 870a ZPO	Zwangsvollstreckung in ein Schiff oder Schiffsbauwerk	1229
Vor § 162 ZVG	**Zwangsvollstreckung in Schiffe und Flugzeuge**	1229
§§ 162–171n ZVG	(unkommentiert)	1230
§ 172 ZVG	[Zwangsversteigerung im Insolvenzverfahren]	1237

Inhaltsverzeichnis

§ 173 ZVG	[Beschluss ist keine Beschlagnahme]	1240
§ 174 ZVG	Berücksichtigung der Insolvenzgläubiger	1242
§ 174a ZVG	[Antragsrecht des Insolvenzverwalters]	1245
Vor § 175 ZVG Die Versteigerung auf Antrag des Erben – Vorbemerkung		1247
§ 175	[Antragsrecht des Erben]	1251
§ 176 ZVG	[Anzuwendende Vorschriften]	1255
§ 177 ZVG	[Glaubhaftmachung d. Urkunden]	1257
§ 178 ZVG	[Nachlassinsolvenz]	1258
§ 179 ZVG	[Berücksichtigter Nachlassgläubiger]	1260
Vor § 180 ZVG Teilungsversteigerung		1262
§ 180 ZVG	[Aufhebung einer Gemeinschaft]	1272
§ 181 ZVG	[Voraussetzungen der Anordnung]	1288
§ 182 ZVG	[Feststellung des geringsten Gebots]	1291
§ 183 ZVG	[Vermietung oder Verpachtung].	1296
§ 184 ZVG	[Keine Sicherheitsleistung]	1298
§ 185 ZVG	[Anhängiges Verfahren nach § 13 Grundstücksverkehrsgesetz]	1299
§ 186 ZVG	[Übergangsvorschriften zum 2. Justizmodernisierungsgesetz]	1301

IV. Kommentierung von WEG, EGZVG und ZwVwV		1303
§ 18 WEG	Entziehung des Wohnungseigentum	1303
§ 19 WEG	Wirkung des Urteils	1304
§§ 1–8 EGZVG	(unkommentiert)	1317
§ 9 EG ZVG	(kommentiert) [Nicht eintragungspflichtige Rechte/Altenteil].	1319
§§ 9a–12 EGZVG	(unkommentiert)	1325
§ 1 ZwVwV	Stellung.	1336
§ 2 ZwVwV	Ausweis.	1341
§ 3 ZwVwV	Besitzerlangung über Zwangsverwaltungsobjekt, Bericht	1343
§ 4 ZwVwV	Mitteilungspflicht des Verwalters	1348
§ 5 ZwVwV	Nutzungen des Zwangsverwaltungsobjekts	1351
§ 6 ZwVwV	Miet- und Pachtverträge	1356
§ 7 ZwVwV	Rechtsverfolgung	1359
§ 8 ZwVwV	Rückstände, Vorausverfügungen	1362
§ 9 ZwVwV	Ausgaben der Zwangsverwaltung	1366
§ 10 ZwVwV	Zustimmungsvorbehalte	1371
§ 11 ZwVwV	Auszahlungen	1375
§ 12 ZwVwV	Beendigung der Zwangsverwaltung	1378
§ 13 ZwVwV	Masseverwaltung	1383
§ 14 ZwVwV	Buchführung der Zwangsverwaltung	1387
§ 15 ZwVwV	Gliederung der Einnahmen und Ausgaben	1390
§ 16 ZwVwV	Auskunftspflicht	1392
§ 17 ZwVwV	Vergütung und Auslagenersatz	1394
§ 18 ZwVwV	Regelvergütung.	1398
§ 19 ZwVwV	Abweichende Berechnung der Vergütung	1402
§ 20 ZwVwV	Mindestvergütung	1405
§ 21 ZwVwV	Auslagen	1407
§ 22 ZwVwV	Festsetzung	1410
§ 23 ZwVwV	Grundstücksgleiche Rechte	1413
§ 24 ZwVwV	Nichtanwendbarkeit der Verordnung	1414
§ 25 ZwVwV	Übergangsvorschrift	1415
§ 26 ZwVwV	Inkrafttreten, Außerkrafttreten	1416

Inhaltsverzeichnis

V. **Anhang: Formulare** 1417

A. Formulare zur Zwangsversteigerung 1417

B. Formulare zur Zwangsverwaltung 1444

C. Formulare Teilungsversteigerung 1465

D. Formular Allgemein 1481

Literaturverzeichnis

Autor	Titel	Abkürzung	Auflage/Jahr
Abramenko, Andrik	Das neue WEG in der anwaltlichen Praxis	Abramenko, Das neue WEG	2007
Arnold, Egon/Meyer-Stolte, Klaus/Herrmann, Karl-Otto/Hansens, Heinz/Rellermeyer, Klaus	RPflG Kommentar zum Rechtspflegergesetz	Bearbeiter, in: Arnold/Meyer-Stolte/u. a., RPflG	6. Auflage 2002
Assies, Paul H./Beule, Dirk/Heise, Julia/Strube, Hartmut	Handbuch des Fachanwalts, Bank- und Kapitalmarktrecht	Bearbeiter, in: Assies/Beule/u. a., Handb. des Fachanwalts	1. Auflage 2007
Bamberger, Heinz Georg/Roth, Herbert	Kommentar zum Bürgerlichen Gesetzbuch (BGB)	Bearbeiter, in: Bamberger/Roth, BGB	2. Auflage 2007 f.
Bärmann, Johannes	Wohnungseigentumsgesetz	Bearbeiter, in: Bärmann, WEG	10. Auflage 2008
Bauer, Hans-Joachim/von Oefele, Helmut	Grundbuchordnung	Bearbeiter, in: Bauer/von Oefele, GBO	2. Auflage 2006
Baumbach, Adolf/Hopt, Klaus J.	Handelsgesetzbuch	Bearbeiter, in: Baumbach/Hopt, HGB	34. Auflage 2009
Baumbach, Adolf/Lauterbach, Wolfgang/Albers, Jan/Hartmann, Peter	Zivilprozessordnung	Bearbeiter, in: Baumbach/Lauterbach/u. a., ZPO	67. Auflage, 2009
Baur, Jürgen F./Stürner, Rolf	Sachenrecht	Baur/Stürner, Sachenrecht	18. Auflage 2009
Baur, Fritz/Stürner, Rolf	Zwangsvollstreckungs-, Konkurs- und Vergleichsrecht Band 1 (Einzelvollstreckungsrecht)	Baur/Stürner, Zwangsvollstreckungsrecht	12. Auflage 1995
Baur, Fritz/Stürner, Rolf/Bruns, Alexander	Zwangsvollstreckungsrecht	Baur/Stürner/Bruns	13. Auflage 2006
Bengel, Manfred/Reimann, Wolfgang	Handbuch der Testamentsvollstreckung	Bengel/Reimann	3. Auflage 2009
Binz, Karl Josef	Gerichtskostengesetz, Gesetz über Gerichtskosten in Familiensachen, Justizvergütungs- und -entschädigungsgesetz	Bearbeiter, in: Binz, GKG	2. Auflage 2009
Böttchen, Roland	ZVG – Gesetz über die Zwangsversteigerung und Zwangsverwaltung	Böttcher, ZVG	4. Auflage 2005

Literaturverzeichnis

Autor	Titel	Abkürzung	Auflage/Jahr
Braun, Eberhard	Insolvenzordnung (InsO), Kommentar	Bearbeiter, in: Braun, InsO	3. Auflage 2007
Breutigam, Axel/ Blersch, Jürgen/ Goetsch, Hans-Wilhelm/Haas, Ulrich	Insolvenzrecht, Kommentar der InsO und der InsW	Bearbeiter, in: BerlinerKommentar-InsO	34. Lfg. 2009
Brox, Hans/Walker, Wolf-Dieter	Zwangsvollstreckungsrecht	Brox, Walker, ZwangsvollstreckungsR	8. Auflage 2008
Cranshaw, Friedrich/Fischer, Michael/Freckmann, Peter/Jerzembek, Lothar/Klenk, Rudolf/Knapp, Thomas/Sickel, Hans U./Steinberger, Wolfgang/Steinwachs, Torsten/Wälter, Heike	FCH-Sicherheitenkompendium: Hereinnahme und Bearbeitung von Kreditsicherheiten: Praxisrelevante Rechtsfragen und Sicherheitenbewertung	Bearbeiter, in: Cranshaw/Fischer/u. a., FCH-Sicherheitenkompendium	2. Auflage 2007
Dassler, Gerhard/ Schiffhauer, Horst/ Gerhardt, Walter/ Hintzen, Udo/ Engels, Ralf/Rellermeyer, Klaus	Gesetz über die Zwangsversteigerung und die Zwangsverwaltung	Bearbeiter, in: Dassler/Schiffhauer/u. a., ZVG	13. Auflage 2008
Demharter, Johann	Grundbuchordnung	Demharter, GBO	27. Auflage 2010
Depré, Peter/Mayer, Günter	Die Praxis der Zwangsverwaltung	Depré/Mayer, Die Praxis der Zwangsverwaltung	4. Auflage 2006
Eickmann, Dieter	Zwangsversteigerungs- und Zwangsverwaltungsrecht	Eickmann, ZVG	2. Auflage 2004
Ebenroth, Carsten Thomas/Boujong, Karlheinz/Joost, Detlev/Strohn, Lutz	Handelsgesetzbuch, Kommentar	Bearbeiter, in: Ebenroth/Boujong/u. a., HGB	2. Auflage 2009
Erman, Walter	Bürgerliches Gesetzbuch	Bearbeiter, in: Erman, BGB	12. Auflage 2008
Finkelnburg, Klaus/ Ortloff, Karsten-Michael	Öffentliches Baurecht	Finkelnburg/Ortloff	5. Auflage 1998
Gaberdiel, Heinz & Gladenbeck, Martin	Kreditsicherung durch Grundschulden	Gaberdiel/Gladenbeck, Kreditsicherung durch Grundschulden	8. Auflage 2008
Gottwald, Peter	Insolvenzrechts-Handbuch	Bearbeiter, in: Gottwald, Insolvenzrechtshandbuch	3. Auflage 2006

Literaturverzeichnis

Autor	Titel	Abkürzung	Auflage/Jahr
Gottwald, Uwe	Zwangsvollstreckung, Kommentar zu den §§ 704–915j ZPO	Gottwald, ZVG	5. Auflage 2005
Haarmeyer, Hans/ Wutzke, Wolfgang/ Förster, Karsten	Handbuch zur Insolvenzordnung	Haarmeyer/ Wutzke/u. a., Handb.	3. Auflage 2001
Haarmeyer, Hans/ Wutzke, Wolfgang/ Förster, Karsten/ Hintzen, Udo	Zwangsverwaltung, ZwangsversteigerungsG (§§ 146–161) und ZwangsverwalterVO (ZwVwV)	Bearbeiter, in: Haarmeyer/ Wutzke/u. a., ZVG	4. Auflage 2007
Hamme, Gerd	Teilungsversteigerung, Voraussetzungen – Verfahren – Rechtsfolgen	Hamme	3. Auflage 2005
Hartmann, Peter	Kostengesetze	Hartmann, Kostengesetze	40. Auflage 2010
Hausmann, Rainer/ Hohloch, Gerhard	Handbuch des Erbrechts	Bearbeiter, in: Hausmann/Hohloch	1. Auflage 2008
Heidel, Thomas	Aktienrecht und Kapitalmarktrecht	Bearbeiter, in: Heidel	2. Auflage 2007
Hennings-Holtmann, Dorothee	Zwangsversteigerung und Zwangsverwaltung	Hennings-Holtmann, ZVG	4. Auflage 2007
Hintzen, Udo	Handbuch der Immobiliarvollstreckung	Hintzen, Handbuch	3. Auflage 1999
Hintzen, Udo	Taktik in der Zwangsvollstreckung, Band 1 – Vollstreckung in Grundvermögen	Hintzen, Taktik	4. Auflage 2000
Hintzen, Udo	Immobiliarzwangsvollstreckung, Grundbuch, Sicherungshypothek, Versteigerung, Gebühren	Hintzen, Immobiliarzwangsvollstreckung	1991
Hintzen, Udo/Wolf, Hans-Joachim	Zwangsvollstreckung, Zwangsversteigerung und Zwangsverwaltung Handbuch	Hintzen/Wolf	2006
Hock, Rainer/ Mayer, Günter/Hilbert, Alfred/Deimann, Ernst	Immobiliarvollstreckung – Zwangsversteigerung, Teilungsversteigerung, Zwangsverwaltung, Insolvenzverwalterversteigerung, Zwangshypothek, Arresthypothek	Hock/Mayer/u. a.	4. Auflage 2008

Literaturverzeichnis

Autor	Titel	Abkürzung	Auflage/Jahr
Jaeckel, Paul	Kommentar zum Zwangsversteigerungsgesetz	Bearbeiter, in: Jaeckel, Kommentar zum Zwangsversteigerungsgesetz, 4. Aufl., 1912	4. Auflage 1912
Jaeckel, Paul	Kommentar zum Zwangsversteigerungsgesetz	Bearbeiter, in: Jaeckel/Güthe, ZVG, § Rn.	7. Auflage 1937
Jaeger, Ernst	Insolvenzordnung, Großkommentar	Bearbeiter, in: Jaeger, InsO	1. Auflage 2004 ff.
Jauernig, Othmar	Bürgerliches Gesetzbuch – Kommentar	Bearbeiter, in: Jauernig	13. Auflage 2009
Jennißen, Georg	Wohnungseigentumsgesetz	Bearbeiter, in: Jennißen	2. Auflage 2010
Kirchhof, Hans-Peter/Lwowski, Hans-Jürgen/Stürner, Rolf	Münchener Kommentar zur Insolvenzordnung	Bearbeiter, in: Münch-Komm-InsO	2. Auflage 2007 f.
Kopp, Ferdinand O./Schenke, Wolf-Rüdiger	Verwaltungsgerichtsordnung	Bearbeiter, in: Kopp/Schenke, VwGO	16. Auflage 2009
Korrintenberg, Werner/Wenz, Peter	Handbuch für die Zwangsversteigerung und die Zwangsverwaltung	Bearbeiter, in: Korintenberg/Wenz, ZVG	6. Auflage 1934 f.
Kreft, Gerhart	Insolvenzordnung, Heidelberger Kommentar	Bearbeiter, in: Kreft (Hrsg.), HK-InsO	5. Auflage 2008
Kübler, Bruno M./Prütting, Hanns/Bork, Reinhard	InsO-Texte: Textsammlung zum Insolvenzrecht	Bearbeiter, in: Kübler/Prüting/u. a., InsO	35. Lfg., 3/09
Kuntze, Joachim/Ertl, Rudolf/Herrmann, Hans/Eickmann, Dieter	Grundbuchrecht	Bearbeiter, in: Kuntze/Ertl/u. a., Grundbuchrecht	6. Auflage 2006
Lackmann, Rolf	Zwangsvollstreckungsrecht	Lackmann, Zwangsvollstreckungsrecht	8. Auflage 2007
Locher, Horst/Mes, Peter	Beck'sches Prozessformularbuch	Bearbeiter, in: Locher/Mes	10. Auflage 2006
Lutte,r Marcus/Hommelhoff, Peter	GmbH-Gesetz, Kommentar	Lutter/Hommelhoff, GmbHG	17. Auflage 2009
Maunz, Theodor/Dürig, Günter	Grundgesetz Kommentar	Maunz/Dürig, GG	56. Auflage 2009
Mayer, Hans J./Kroiß, Ludwig	Rechtsanwaltsvergütungsgesetz, Handkommentar	Bearbeiter, in: Mayer/Kroiß	3. Auflage 2008
Medicus, Dieter/Petersen, Jens	Bürgerliches Recht	Medicus/Petersen, Bürgerliches Recht	22. Auflage 2009

Literaturverzeichnis

Autor	Titel	Abkürzung	Auflage/Jahr
Meikel, Georg	Grundbuchordnung, Kommentar	Bearbeiter, in: Meikel, GBO	10. Auflage 2009
Mohrbutter, Jürgen/Drischler, Karl/Radtke, Manfred/Tiedemann, Heinz-Adolf/Ruhl, Wilhelm	Die Zwangsversteigerungs- und Zwangsverwaltungspraxis	Mohrbutter/Drischler/u.a., ZVG	7. Auflage 1986 ff.
Musielak, Hans-Joachim	Kommentar zur Zivilprozessordnung	Bearbeiter, in: Musielak, ZPO	7. Auflage 2009
Muth, Johannes	Zwangsversteigerungspraxis Schnellinformation zum Immobiliarvollstreckungsrecht	Muth, Zwangsversteigerungspraxis	1989
Nussbaum, Arthur	Die Zwangsversteigerung und Zwangsverwaltung	Nussbaum	1969
Palandt, Otto	Bürgerliches Gesetzbuch	Bearbeiter, in: Palandt, BGB	69. Auflage 2010
Pick, Eckhart	Wohnungseigentumsgesetz	Pick, WEG	17. Auflage 2007
Prütting, Hanns/Wegen, Gerhard/Weinreich, Gerd	BGB, Kommentar	Bearbeiter, in. Prütting/Wegen/Weinreich, BGB	4. Auflage 2009
Rauscher, Thomas/Wax, Peter/Wenzel, Joachim	Münchener Kommentar zur Zivilprozessordnung	Bearbeiter, in: MünchKomm-ZPO	3. Auflage 2007 ff.
Rebmann, Kurt/Säcker, Franz Jürgen/Rixecker, Roland	Münchener Kommentar zum BGB	Bearbeiter, in: MünchKomm-BGB	5. Auflage 2007 ff./4. Auflage 2001 ff.
Römer, Wolfgang/Landheid, Theo	Versicherungsvertragsgesetz	Römer/Landheid	2. Auflage 2003
Rosenberg, Leo/Gaul, Hans Friedhelm/Schilken, Eberhard	Zwangsvollstreckungsrecht	Rosenberg/Gaul/Schilken, Zwangsvollstreckungsrecht	11. Auflage 1997
Rosenberg, Leo/Schwab, Karl Heinz/Gottwald, Peter	Zivilprozessrecht	Rosenberg/Schwab/Gottwald, ZPO	16. Auflage 2004
Saenger, Ingo	Handkommentar ZPO	Bearbeiter, in: Saenger, ZPO	2. Auflage 2007
Schelhammer, Kurt	Zwangsvollstreckung in das unbewegliche Vermögen	Schellhammer, Zwangsvollstreckung	2. Auflage
Schmidt-Futterer, Wolfgang	Mietrecht Kommentar	Schmidt-Futterer	9. Auflage 2007

Literaturverzeichnis

Autor	Titel	Abkürzung	Auflage/Jahr
Schöner, Hartmut/ Stöber, Kurt	Handbuch der Rechtspraxis, Band 4, Grundbuchrecht	Schöner/Stöber, Grundbuchrecht	14. Auflage 2008
Schuschke, Winfried/Walker, Wolf-Dietrich	Vollstreckung und Vorläufiger Rechtsschutz, Band 2	Schuschke/Walker	2. Auflage 1997
Smid, Stefan	Insolvenzordnung	Bearbeiter, in: Smid, InsO	2. Auflage 2001
Soergel, Hans Theodor	Bürgerliches Gesetzbuch, Kommentar	Bearbeiter, in: Soergel, BGB	13. Auflage 1999 ff.
Staudinger, Julius von	Kommentar zum Bürgerlichen Gesetzbuch mit Einführungsgesetz und Nebengesetzen, Einleitung zum Sachenrecht; §§ 854–882	Bearbeiter, in: Staudinger, BGB, 12. Auflage	12. Auflage 1990
Staudinger, Julius von	Kommentar zum Bürgerlichen Gesetzbuch mit Einführungsgesetz und Nebengesetzen, Einleitung zum Sachenrecht; §§ 854–882	Bearbeiter, in: Staudinger, BGB	15. Auflage 2007
Staudinger, Julius von	Kommentar zum Bürgerlichen Gesetzbuch mit Einführungsgesetz und Nebengesetzen, Einleitung zum Sachenrecht; §§ 883–902	Bearbeiter, in: Staudinger, BGB	15. Auflage 2008
Staudinger, Julius von	Kommentar zum Bürgerlichen Gesetzbuch mit Einführungsgesetz und Nebengesetzen, Sachenrecht; §§ 1113–1203	Bearbeiter, in: Staudinger, BGB	2009
Staudinger, Julius von	Kommentar zum Bürgerlichen Gesetzbuch mit Einführungsgesetz und Nebengesetzen, EG Art. 1, 2, 50–218	Bearbeiter, in: Staudinger, BGB	2005
Stein, Friedrich/ Jonas, Martin	Kommentar zur Zivilprozessordnung	Bearbeiter, in: Stein/Jonas, ZPO	22. Auflage 2002 ff.
Steiner, Anton	Zwangsversteigerung und Zwangsverwaltung, Kommentar	Bearbeiter, in: Steiner, ZVG	9. Auflage 1984 f.
Stöber, Kurt	Zwangsversteigerungsgesetz	Stöber, ZVG	19. Auflage 2009

Literaturverzeichnis

Autor	Titel	Abkürzung	Auflage/Jahr
Stöber, Kurt	Zwangsvollstreckung in das unbewegliche Vermögen, ZVG-Handbuch	Stöber, ZVG-Handbuch	8. Auflage 2007
Stöber, Kurt	Forderungspfändung	Stöber, Forderungspfändung	14. Auflage 2005
Storz, Alfred/Kiderlen, Bernd	Praxis des Zwangsversteigerungsverfahrens: Leitfaden für Gläubiger, Schuldner und Rechtspfleger	Storz/Kinderlen	11. Auflage 2008
Teufel, Helmut	Zwangsversteigerung und Zwangsverwaltung	Teufel, ZVG	4. Auflage 2005
Thomas, Heinz/ Putzo, Hans	Zivilprozessordnung, Kommentar	Bearbeiter, in: Thomas/Putzo, ZPO	30. Auflage 2009
Uhlenbruck, Wilhelm/Berscheid, Ernst-Dieter/Mentzel, Franz	Insolvenzordnung	Bearbeiter, in: Uhlenbruck, InsO	13. Auflage 2010
Westermann, Harm-Peter	BGB-Sachenrecht	Westermann, Sachenrecht	11. Aufalge 2005
Wilhelmi, Walter/ Vogel, Hermann	Zwangsversteigerungsgesetz mit den Ergänzungsbestimmungen einschließlich des Steuer-, Schutz- und Kostenrechts	Wilhelmi/Vogel	5. Auflage 1959
Wimmer, Klaus (Hrsg.)	Frankfurter Kommentar zur Insolvenzordnung	Bearbeiter, in: Frankfurter Kommentar, InsO	5. Auflage 2009
Zimmermann, Walter	ZPO-Fallrepetitorium	Zimmermann, ZPO	7. Auflage 2008
Zöller, Richard	Zivilprozessordnung	Bearbeiter, in. Zöller, ZPO	28. Auflage 2010
Zöller, Hannelore	Bürgerliches Gesetzbuch – BGB RGRK	Bearbeiter, in: Zöller, BGB RGRK	12. Auflage 1976 ff.

Kleine Gebrauchsanleitung

Das Werk zerfällt in insgesamt 5 Teile. Der erste Teil betrifft die Grundlagen und Grundsätze des ZVG-Verfahrens. Zunächst werden die einschlägigen Normen aus der Zivilprozessordnung kommentiert, die die Grundlage der Zwangsversteigerung bilden. Anschließend wird in Handbuchkapiteln auf Grundlagen und Grundsätze des Verfahrens sowie verfahrenstaktische Erwägungen eingegangen.

Den zweiten Teil machen Beispiel- und Einführungsfälle aus. Anhand jeweils eines typischen Musterfalls zur Zwangsversteigerung, zur Zwangsverwaltung und zur Zwangshypothek mit anschließender Zwangsversteigerung werden die Verfahren nach Art eines erläuterten Ablaufschemas dargestellt, so dass insbesondere der weniger erfahrene Rechtsanwender auf diese Weise das gesamte Verfahren Schritt für Schritt vor Augen geführt bekommt.

Der dritte Teil des Werkes ist der umfangreichste Teil, denn er macht eine „klassische" Kommentierung des ZVG aus.

Ein vierter Teil betrifft Kommentierungen von Nebengesetzen, die den Kommentar ergänzen und abrunden. Es werden Ausschnitte aus dem Wohnungseigentumsgesetz und aus dem Einführungsgesetz zum ZVG kommentiert sowie der gesamte Zwangsverwalterverordnung.

Der fünfte Teil bildet den Formularanhang. Hier sind Formulare zur Zwangsversteigerung, zur Zwangsverwaltung, zur Teilungsversteigerung und allgemeine Formulare in derjenigen Reihenfolge versammelt, wie sie für die Abwicklung eines Verfahrens benötigt werden.

Löhnig

I. Grundlagen und Grundsätze des ZVG-Verfahrens

§ 866 ZPO Arten der Vollstreckung

(1) Die Zwangsvollstreckung in ein Grundstück erfolgt durch Eintragung einer Sicherungshypothek für die Forderung, durch Zwangsversteigerung und durch Zwangsverwaltung.

(2) Der Gläubiger kann verlangen, dass eine dieser Maßregeln allein oder neben den übrigen ausgeführt werde.

(3) Eine Sicherungshypothek (Absatz 1) darf nur für einen Betrag von mehr als 750 Euro eingetragen werden; Zinsen bleiben dabei unberücksichtigt, soweit sie als Nebenforderung geltend gemacht sind. Auf Grund mehrerer demselben Gläubiger zustehender Schuldtitel kann eine einheitliche Sicherungshypothek eingetragen werden.

Übersicht

		Rn.
I.	Allgemeines	1
II.	Arten der Immobiliarvollstreckung, Abs. 1	2–4
1.	Sicherungszwangshypothek	2
2.	Zwangsverwaltung, §§ 146–161 ZVG	3
3.	Zwangsversteigerung, §§ 15–145a ZVG	4
III.	Wahlrecht des Gläubigers, Abs. 2	5–8
IV.	Mindestbetrag bei der Zwangshypothek, Abs. 3	9–16
1.	Normzweck und Anwendungsbereich	9, 10
2.	Berechnung	11–15
	a) Gesamtbetrag	11
	b) Zinsen	12, 13
	c) Addition	14, 15
3.	Fehlerfolge	16
V.	Gebühren	17, 18

I. Allgemeines

§ 866 regelt die drei unterschiedlichen **Arten** der Vollstreckung in das unbewegliche Vermögen (Abs. 1) und gibt dem Gläubiger die **Wahl** zwischen diesen (Abs. 2). Abs. 3 bestimmt die **Mindestgrenze** für die Eintragung einer Zwangshypothek. **1**

II. Arten der Immobiliarvollstreckung, Abs. 1

1. Sicherungszwangshypothek

Nach Abs. 3, § 867 ZPO kann der Gläubiger eine Sicherungszwangshypothek (im Folgenden: Zwangshypothek) eintragen lassen. Anders als Zwangsversteigerung und -verwaltung führt diese nicht zur Befriedigung, sondern nur zur **Sicherung** des Gläubigers, u. a. durch Verschaffung der Rangstelle des § 10 Abs. 1 Nr. 4 ZVG. Sie ist deshalb v. a. als „erster Schritt" der Zwangsvollstreckung konzipiert, indem sie dem persönlichen Gläubiger eine dingliche Sicherheit verschafft und gleichzeitig – wenn auch häufig nur vorläufig – den Schuldner schont. Daher ist sie die einzige Form der Liegenschaftsvollstreckung, die **2** auch bei der Sicherungsvollstreckung (§ 720a ZPO) und im Arrestverfahren (§ 932 ZPO) zulässig ist. Darüber hinaus bietet sie eine Reihe weiterer Vorteile (näher § 867 Rn. 37). Zuständiges Vollstreckungsorgan ist das Grundbuchamt, in dessen Bezirk sich das belegene Grundstück befindet, §§ 1, 2 Abs. 1 GBO.

2. Zwangsverwaltung, §§ 146–161 ZVG

3 Anders als die Zwangsversteigerung (Rn. 4) führt die Zwangsverwaltung nicht dazu, dass der Vollstreckungsschuldner sein Eigentum an dem Grundstück verliert. Vielmehr kann der Gläubiger nur die laufenden Beträge des Grundstücks abschöpfen, §§ 152, 155 ZVG. Zuständig ist das Vollstreckungsgericht, in dessen Bezirk das Grundstück belegen ist, §§ 1 Abs. 1, 146 Abs. 1 ZVG.

3. Zwangsversteigerung, §§ 15–145a ZVG

4 Als weitreichendste Maßnahme dient die Zwangsversteigerung der Gläubigerbefriedigung aus dem durch die Veräußerung des Grundstücks sowie der mithaftenden Gegenstände (§ 864 siehe „Gegenstände der Zwangsvollstreckung" Rn. 2 ff.) erzielten Erlös. Angesichts zahlreicher Möglichkeiten des Schuldners, das Verfahren zu verzögern (z. B. §§ 30, 30a-d, 31 ZVG), dauert die Zwangsversteigerung erfahrungsgemäß lange.[1] Auch für die Zwangsversteigerung ist das Amtsgericht als Vollstreckungsgericht zuständig, in dessen Bezirke das Grundstück belegen ist (§ 1 Abs. 1 ZVG).

III. Wahlrecht des Gläubigers, Abs. 2

5 Abs. 2 stellt die Wahl der Vollstreckungsart ins Belieben des Gläubigers. Dieser ist grundsätzlich frei darin, einen der drei Wege zu beschreiten bzw. diese miteinander zu kombinieren. Da Zwangshypothek, -versteigerung und -verwaltung jeweils unterschiedliche Vor- und Nachteile haben, ist ein mehrspuriges Vorgehen in der Praxis oft unabdingbar. Der Gläubiger kann jederzeit seine Strategie wechseln und z. B. von der Zwangshypothek auf die Zwangsversteigerung übergehen.[2]

6 Die Wahl der Zwangsverwaltung ist zum einen sinnvoll, wenn das Grundstück derart hohe laufende Erträge abwirft (bzw. – unter der Ägide eines fähigen Verwalters – abwerfen kann), dass der Gläubiger bereits dadurch befriedigt werden kann.[3] Zum anderen wird die Zwangsverwaltung häufig als vorbereitende Maßnahme einer späteren Zwangsversteigerung genutzt, da sie anders als die Zwangsversteigerung auch an das Grundstück geknüpfte Miet- und Pachtforderungen[4] erfasst und die Verfügungsbefugnis des Schuldners beschneidet, § 148 ZVG. Nachteil der Zwangsverwaltung ist, dass in den Rangklassen des § 10 Nr. 2, 3 und 4 ZVG nur Ansprüche auf laufende wiederkehrende Leistungen berücksichtigt werden, § 155 Abs. 2 ZVG.[5]

7 Eine Kombination aus Zwangsversteigerung und Zwangshypothek empfiehlt sich für den Gläubiger u. U. deshalb, weil neben den sonstigen Vorteilen einer dinglichen Sicherung die Zwangshypothek auch bei einer eventuellen Aufhebung der Zwangsversteigerung wirksam bleibt.[6]

---

1 *Schuschke/Walker*, § 866 ZPO Rn. 3.
2 Vgl. BGH, Urteil. v. 7.5.2003 – IV ZR 121/02, FamRZ 2003, 1092.
3 *Gottwald*, ZVG, § 866 ZPO Rn. 4.
4 OLG Saarbrücken, Beschl. v. 24.6.1992 – 5 W 184/91, Rpfleger 1993, 80; zum Umfang der Beschlagnahme vgl. § 20 Rn. 49 ff.; § 21 Rn. 7 ff.
5 *Eickmann*, in: MünchKomm-ZPO, § 866 ZPO Rn. 5.
6 *Becker*, in: Musielak, ZPO, § 866 ZPO Rn. 3; Hk-ZPO/*Kindl*, Rn. 3.

Das **Gläubigerwahlrecht** unterliegt nur wenigen **Einschränkungen.** So ist – wie sich aus dem Gegenschluss zu §§ 322 Abs. 4, 412 Abs. 2 AO ergibt – nur in den dort genannten Fällen die Liegenschaftsvollstreckung gegenüber der Mobiliarvollstreckung subsidiär;[7] im Übrigen kann – unter Beachtung von Abs. 3 – auch bei geringen Forderungen ins unbewegliche Vermögen vollstreckt werden.[8] Landesgesetze können nach Art. 117 EGBGB jedoch eine Verschuldensgrenze aufstellen, die die Zwangshypothek weiter beschränkt.[9] Als weitere Beschränkung des Wahlrechts kann bei Arrestverfahren (§ 932 ZPO) und in der Sicherungsvollstreckung (§ 720a Abs. 1 Satz 1 lit. b] ZPO) nur eine zur bloßen Sicherung des Gläubigers führende Zwangshypothek oder Schiffshypothek eingetragen werden; die vorläufige Einleitung eines Zwangsversteigerungs- oder -verwaltungsverfahrens ist dagegen nicht möglich. **8**

IV. Mindestbetrag bei der Zwangshypothek, Abs. 3

1. Normzweck und Anwendungsbereich

Die Eintragung einer Zwangshypothek (näher dazu § 867 Rn. 20 ff.) ist nur möglich, wenn der Vollstreckungstitel[10] auf Zahlung von mindestens 750,01 €[11] lautet. Bei laufenden Forderungen kann die Zwangshypothek nur wegen bereits fälliger Ansprüche eingetragen werden, § 751 Abs. 1 ZPO. Die Wertgrenze gilt auch bei Verteilung des Titels auf mehrere Grundstücke, § 867 Abs. 2 Satz 2 Hs. 2 ZPO; hier muss jeder Teilbetrag den Mindestbetrag erreichen (näher § 867 Rn. 47 ff.). Da Abs. 3 nach ganz h. M.[12] nicht dem Schuldnerschutz, sondern der Sicherung der Übersichtlichkeit des Grundbuchs dient, ist er auf **Zwangsversteigerung** und **-verwaltung nicht** anzuwenden. Auch eine analoge Anwendung scheidet aus, da der dargelegte Zweck weder bei der Zwangsversteigerung noch bei der -verwaltung eine Rolle spielt.[13] Bei Bagatellforderungen kommt bei ihnen aber ausnahmsweise eine Anwendung des § 765a ZPO in Betracht.[14] **9**

Die Mindestwertgrenze **gilt** ferner **nicht** für freiwillig bestellte Sicherungshypotheken, für die Sicherheitshypothek des § 848 Abs. 2 Satz 2 ZPO und die bewilligte Bauhandwerkerhypothek gem. § 648 BGB.[15] Sie gilt auch nicht, wenn der Schuldner zur Hypothekenbestellung nach § 232 BGB verurteilt wurde oder wenn auf eine erfolgreiche Beschwerde hin ein Teilbetrag nachträglich eingetragen werden soll.[16] Abs. 3 gilt ferner nicht bei § 128 ZVG.[17] **10**

---

7   Auch aus Art. 14 GG folgt nichts anderes, da dem Grundeigentum des Schuldners die ebenfalls durch Art. 14 GG geschützte Forderung des Gläubigers gegenübersteht (näher *Gerhardt*, ZZP 95 [1982], 467, 485 ff.).
8   *Münzberg*, in: *Stein/Jonas*, ZPO, vor § 864 Rn. 5 m. w. N.
9   Siehe dazu *Münzberg*, in: *Stein/Jonas*, ZPO, vor § 864 Rn. 6 mit Fn. 22.
10 Es genügt ein Titel auf Zahlung an einen bestimmten Dritten, LG Essen, Beschl. v. 25.6.2001 – 11 T 197/01, Rpfleger 2001, 543.
11 Zur Angabe des Geldbetrages in ausländischer Währung vgl. § 28 GBO; für Eintragungen bis 31.12.1998 galt eine Wertgrenze von DM 500, bis zum 31.12.2001 von DM 1.500.
12 *Gaul*, JZ 1974, 279, 283; *Münzberg*, in: *Stein/Jonas*, ZPO, § 866 Rn. 5 m. w. N.; in der Begründung des Gesetzesentwurfes heißt es zwar, dass die Vorschrift „auch als Schuldnerschutzbestimmung angesehen werden" könne; jedoch wird betont, dass sie dennoch nicht auf Zwangsversteigerung und -verwaltung anwendbar sei, BT-Drucks. 13/341, S. 35 f.; so auch *Hüßtege*, in: *Thomas/Putzo*, ZPO, § 866 Rn. 3; *Rosenberg/Gaul/Schilken*, Zwangsvollstreckungsrecht, § 69 II 1.
13 *Schuschke/Walker*, § 866 Rn. 5.
14 *Gottwald*, ZVG, § 866 ZPO Rn. 7; vgl. BVerfG, Beschl. v. 24.3.1976 – 2 BvR 804/75, BVerfGE 42, 64 = NJW 1976, 1391; BVerfG, Beschl. v. 24.3.1976 – 2 BvR 804/75, BVerfGE 46, 325 = NJW 1976, 1391 = Rpfleger 1976, 389.
15 *Baumbach/Lauterbach/u. a.*, ZPO, § 866 Rn. 4.
16 LG Ellwangen, Beschl. v. 22.12.1981 – 1 T 37/81, BWNotz 1982, 67.
17 OLG Düsseldorf, Beschl. v. 28.3.1989 – 3 Wx 141/89, Rpfleger 1989, 339; LG Kassel, Beschl. v. 13.2.2001 – 3 T 23/01, Rpfleger 2001, 177.

2. Berechnung

11 **a) Gesamtbetrag.** Die der Berechnung zugrunde zu legende Forderung ist der Gesamtbetrag der Vollstreckung, d. h. neben der **Hauptsache** die zu berücksichtigenden **Zinsen** (siehe Rn. 12), titulierte vorprozessuale Mahnkosten, in einem Kostenfestsetzungsbeschluss (§ 794 Abs. 1 Nr. 2 ZPO) festgesetzte Prozesskosten, die Kosten der Vollstreckung,[18] auch wenn sie nicht nach § 788 ZPO festgesetzt wurden, sowie sonstige Nebenforderungen i. S. d. § 4 ZPO. Entstehen nach Eintragung der Zwangshypothek weitere Kosten oder Nebenforderungen, kann nicht die schon eingetragene Hypothek „erweitert" werden. Möglich ist vielmehr nur – bei erneuter Erreichung der Mindestgrenze – die Eintragung einer neuen, selbständigen Zwangshypothek (siehe aber Rn. 13).[19]

12 **b) Zinsen.** Zinsen, die als Nebenforderungen geltend gemacht werden, sind nicht zu berücksichtigen, Abs. 3 Satz 1 Hs. 2. Unproblematisch sind im Gegenschluss Zinsen für eine bereits erloschene Hauptforderung[20] oder solche Zinsen, die im Vollstreckungstitel als Hauptforderung tituliert wurden, hinzuzurechnen. Strittig ist dagegen, ob Zinsansprüche, die im Erkenntnisverfahren noch als Nebenforderung behandelt wurden, im Rahmen der Zwangsvollstreckung aber als kapitalisierte Hauptforderung geltend gemacht werden („100 € Zinsen für die Zeit vom ... bis ..."), bei der Mindestwertgrenze auch dann zu berücksichtigen sind, wenn die ursprüngliche Hauptforderung noch nicht erloschen ist. Während eine Ansicht dies unter Berufung auf die Selbständigkeit des Zwangsvollstreckungs- gegenüber dem Erkenntnisverfahren bejaht,[21] lehnt die Gegenansicht dies ab, da es dem Gläubiger die Möglichkeit gebe, einseitig Abs. 3 Satz 1 Hs. 2 zu umgehen.[22] Die Vertreter der zuletzt genannten Ansicht lassen aber z. T. insoweit eine Ausnahme zu, als die Eintragung einer gesonderten Zwangshypothek möglich sein soll, wenn die Zinsforderung als solche schon den Mindestbetrag des Abs. 3 erreicht.[23]

13 Hat der Gläubiger zwar eine Zwangshypothek wegen der Hauptforderung eintragen lassen, dabei aber (versehentlich) die **Zinsen** vergessen, ist nach überzeugender wohl h. M. eine Erweiterung der bestehenden Hypothek, d. h. im gleichen Rang, um bis zu 5 % Zinsen[24] möglich.[25] Das folgt aus dem auch auf Sicherungshypotheken anwendbaren § 1119 Abs. 1 BGB. Die Gegenauffassung[26], die sich auf Abs. 3 beruft, verkennt, dass dieser nur verlangt, dass die eingetragene Zwangshypothek mehr als 750 € umfasst. Dagegen wird bei einer nachträglichen Ergänzung um die vergessenen Zinsen gerade nicht verstoßen.

---

18 Wegen § 867 Abs. 1 Satz 3 ZPO nicht aber die Kosten der Eintragung selbst, *Hüßtege*, in: *Thomas/Putzo*, ZPO, § 866 Rn. 5.
19 RG, Beschl. v. 1.11.1905 – V 281/05, RGZ 61, 423; *Stöber*, in: *Zöller*, ZPO, § 866 Rn. 5.
20 OLG Schleswig-Holstein, Beschl. v. 17.3.1982 – 2 W 1/82, Rpfleger 1982, 301; *Hintzen*, Handbuch, B, Rn. 72.
21 LG Bonn, Beschl. v. 22.9.1981 – 4 T 490/81, Rpfleger 1982, 466; *Baumbach/Lauterbach/u. a.*, ZPO, § 866 Rn. 5; *Becker*, in: *Musielak*, ZPO, § 866 Rn. 4; *Eickmann*, in: *MünchKomm*-ZPO, § 866 Rn. 10.
22 OLG Schleswig-Holstein, Beschl. v. 17.3.1982 – 2 W 1/82, Rpfleger 1982, 301; KJG 50, 149, 155; Hk-ZPO/*Kindl*, § 866 Rn. 5; *Hellmig*, Rpfleger 1982, 301; *Hüßtege*, in: *Thomas/Putzo*, ZPO, § 866 Rn. 5; *Münzberg*, in: *Stein/Jonas*, ZPO, § 866 Rn. 6; *Gottwald*, ZVG, § 866 ZPO Rn. 9.
23 Hk-ZPO/*Kindl*, § 866 Rn. 5; *Münzberg*, in: *Stein/Jonas*, ZPO, § 866 Rn. 6; a. A. *Hintzen*, ZIP 1991, 479.
24 Angesichts der klaren Unterscheidung zwischen Zinsen und Nebenforderungen in den §§ 1113 ff. BGB gilt dies allerdings nicht für sonstige Nebenforderungen, siehe Rn. 11.
25 *Haegele*, Rpfleger 1969, 172; *Münzberg*, in: *Stein/Jonas*, ZPO, § 866 Rn. 6; in diese Richtung auch *Baur/Stürner/Bruns*, § 38.4 Fn. 15.
26 AG Pinneberg, Beschl. v. 21.2.1969, Rpfleger 1969, 171; *Stöber*, in: *Zöller*, ZPO § 866 Rn. 5.

d) Addition. Hat derselbe Gläubiger oder dieselbe Gläubigermehrheit (§§ 428, 432 BGB)[27] mehrere Forderungen, ist es nach Abs. 3 Satz 2 möglich, diese zum Zwecke der Erreichung der Mindestwertgrenze zu addieren.[28] Überschreitet die Gesamtsumme 750 €, kann eine Zwangshypothek eingetragen werden. Denn der mit Abs. 3 Satz 1 verfolgte Zweck der Sicherung der Übersichtlichkeit des Grundbuches wird hier nicht beeinträchtigt.[29] Dagegen ist nach dem eindeutigen Wortlaut eine Addition der Forderungen **verschiedener** Gläubiger nicht möglich, und zwar selbst dann nicht, wenn der Schuldner in einem einheitlichen Titel verurteilt wurde.[30] Dies folgt auch als Gegenschluss zu §§ 252, 322 Abs. 1 Satz 2 AO, die die Zusammenrechnung der Steuerbescheide verschiedener Behören erlauben. 14

Nicht selten will der Gläubiger wegen mehrerer titulierter Forderungen eine Zwangshypothek eintragen lassen. Das Grundbuchamt darf dem Antrag nur dann vollständig stattgeben, wenn hinsichtlich aller Forderungen die Zwangsvollstreckungsvoraussetzungen vorliegen. Anderenfalls hat es den Antrag teilweise abzulehnen und – wenn insoweit die Grenze von 750 € überschritten ist – nur hinsichtlich des erfolgreichen Teils eine Zwangshypothek einzutragen. Liegen später auch die Voraussetzungen für den bis dato erfolglosen Teil vor, soll es zulässig sein, für diesen Restbetrag auch dann eine weitere Zwangshypothek einzutragen, wenn dieser 750 € nicht erreicht.[31] Begründet wird dies damit, dass es sich bei diesem Teilvollzug nur um die Fortsetzung der bereits begonnenen Zwangsvollstreckung handelt. 15

3. Fehlerfolge

Erreicht der Vollstreckungstitel den Mindestbetrag des Abs. 3 nicht, ist eine dennoch eingetragene Zwangshypothek nach allgemeiner Meinung **nichtig** und demzufolge von Amts wegen zu **löschen**, § 53 Abs. 1 Satz 2 GBO (näher § 867 Rn. 31).[32] Eine Eigentümergrundschuld entsteht nicht.[33] 16

V. Gebühren

Für die **Gerichtsgebühren** bei der Zwangshypothek gelten die §§ 3, 5, 8, 23 Abs. 2, 32, 62 Abs. 1, 84 Abs. 3, 131 KostO.[34] Bei § 867 Abs. 2 ZPO gilt zusätzlich § 63 Abs. 1 KostO. Bei Zwangsversteigerung und -verwaltung richten sich die Gebühren nach KV Nr. 2210 ff. bzw. 2220 f.; es gelten die §§ 15, 26, 54 ff. GKG. 17

Die **Anwaltsgebühren** bemessen sich bei der Zwangshypothek nach den §§ 18 Nr. 13, 25 Abs. 1 Nr. 1 RVG; es fällt die Gebühr des RVG-VV Nr. 3309 (Vorbemerkung 3.3.3) an. Bei der Zwangsversteigerung und -verwaltung gelten die §§ 26 f. RVG mit RVG-VV Nr. 3311 f. 18

---

27 *Becker*, in: *Musielak*, ZPO, § 866 Rn. 4.
28 Stellt der Gläubiger mehrere Einzelanträge, soll die Addition nicht ex officio, sondern nur auf Antrag des Gläubigers geschehen, *Schuschke/Walker*, § 866 Rn. 6; *Baumbach/Lauterbach/u. a.*, ZPO, § 866 Rn. 7.
29 *Brox/Walker*, Zwangsvollstreckungsrecht, Rn. 1039.
30 *Baur/Stürner/Bruns*, § 38.4.
31 *Hintzen*, ZIP 1991, 474, 479 mit Verweis auf OLG Karlsruhe JFG 7, 392.
32 *Stöber*, ZVG-Handbuch, S. 15, Rn. 17c; RG, Beschl. v. 15.3.1905 – V 59/05, RGZ 60, 279, 284; vgl. OLG Frankfurt, Beschl. v. 12.2.1981 – 20 W 60/81, Rpfleger 1981, 312; *Gottwald*, ZVG, § 866 Rn. 9.
33 *Becker*, in: *Musielak*, ZPO, § 866 Rn. 4.
34 Keine Gerichtsgebühren, wenn der Antrag auf Eintragung einer Zwangshypothek von einem Sozialleistungsträger wegen eines nach § 116 SGB X übergegangenen Ersatzanspruchs gestellt wird (§ 64 Abs. 2 SGB X), OLG Köln, Beschl. v. 2.10.1989 – 2 Wx 17/89, Rpfleger 1990, 64.

§ 867 ZPO Zwangshypothek

(1) Die Sicherungshypothek wird auf Antrag des Gläubigers in das Grundbuch eingetragen; die Eintragung ist auf dem vollstreckbaren Titel zu vermerken. Mit der Eintragung entsteht die Hypothek. Das Grundstück haftet auch für die dem Schuldner zur Last fallenden Kosten der Eintragung.

(2) Sollen mehrere Grundstücke des Schuldners mit der Hypothek belastet werden, so ist der Betrag der Forderung auf die einzelnen Grundstücke zu verteilen. Die Größe der Teile bestimmt der Gläubiger; für die Teile gilt § 866 Abs. 3 Satz 1 ZPO entsprechend.

(3) Zur Befriedigung aus dem Grundstück durch Zwangsversteigerung genügt der vollstreckbare Titel, auf dem die Eintragung vermerkt ist.

Schrifttum: *Alff*, Immobiliarvollstreckung nach Gläubigeranfechtung, Rpfleger 2003, 284 ff.; *Deimann*, Gesamtzwangssicherungshypothek und die „vergessene" Regelung des § 868 ZPO, Rpfleger 2000, 193 ff.; *Diefenbach*, Zur Auslegung von Anträgen auf Eintragung einer Sicherungshypothek, NotBZ 2000, 195; *Dümig*, Fehler bei der Eintragung von Zwangshypotheken, Rpfleger 2004, 1 ff.; *Ewig*, Zwangssicherungshypothek, -versteigerung und -verwaltung, RenoR 2001, 15 ff.; *Fischinger*, Aktuelle Fragen der Zwangshypothek, §§ 867 f. ZPO, WM 2009, 637 ff.; *Hachenberg-Trompetter*, Die Zwangssicherungshypothek, ProzRB 2005, 298 ff.; *Hagemann*, Die Zwangssicherungshypothek im Zwangsversteigerungsverfahren, Rpfleger 1982, 165 ff.; *Helwich*, Systematische Übersicht der Zwangsvollstreckung in das unbewegliche Vermögen – Teil 4: Die Zwangshypothek, JurBüro 2008, 566 ff.; *Hintzen*, Antragsprobleme bei der Zwangshypothek, Rpfleger 1991, 286 ff.; ders., Die Rechtsprechung zur Zwangssicherungshypothek im Eintragungsverfahren 1980–1990, ZIP 1991, 474 ff.; *Limberger*, Die Zwangssicherungshypothek und die Arresthypothek im Zwangsversteigerungsverfahren, RpflStud 2002, 63 ff.; *Stöber*, Die Zwangshypothek für den Verwalter der Wohnungseigentümergemeinschaft, BGHReport 2001, 954; *Zeiser*, Zwangssicherungshypothek wegen Wohngeldansprüchen nach der WEG-Reform, Rpfleger 2008, 58 f.

Übersicht

		Rn.
I.	Allgemeines	1–3
II.	Eintragungsvoraussetzungen	4–19
1.	Zwangsvollstreckungsrechtliche Voraussetzungen	5–12
2.	Grundbuchrechtliche Voraussetzungen	13–17
3.	Rechtsschutzbedürfnis	18, 19
III.	Eintragung und Verfahren bei Eintragungshindernissen	20–28
1.	Eintragung	20–23
2.	Verfahren bei Eintragungshindernissen	24–27
3.	Verfahren nach Eintragung	28
IV.	Wirkung der Eintragung	29–39
1.	Entstehung der Zwangshypothek/gutgläubiger Erwerb	29, 30
2.	Mängel	31–33
3.	Rang der Zwangshypothek	34, 35
4.	Rechtsstellung des Gläubigers	36–39
V.	Rechtsbehelfe	40–46
1.	Gläubiger	41, 42
2.	Schuldner	43–45
3.	Dritte	46
VI.	Mehrere Grundstück, Abs. 2	47–54
1.	Aufteilungserklärung	47–49
2.	Verbot der Gesamtzwangshypothek	50–53

3. Wirkungen		54
VII. Entbehrlichkeit eines gesonderten Duldungstitels, Abs. 3		55–60
VIII. Gebühren		61

I. Allgemeines

Die Zwangssicherungshypothek (im Folgenden: Zwangshypothek) ist eine der drei verschiedenen Möglichkeiten der Immobiliarvollstreckung und steht als solche alternativ oder kumulativ neben Zwangsversteigerung und -verwaltung zur freien Auswahl des Gläubigers (näher § 866 Rn. 5 ff.). Anders als Versteigerung und Verwaltung vermag sie den Gläubiger jedoch nicht zu befriedigen, sondern dient allein seiner – quasi „präventiven" – **Sicherung**, indem sie ihm den Rang des § 10 Abs. 1 Nr. 4 ZVG für ein eventuelles späteres Zwangsversteigerungs- oder -verwaltungsverfahren reserviert (zu weiteren Vorteilen vgl. Rn. 37). 1

Charakteristikum des Zwangshypothekenverfahrens ist, dass es sich sowohl um einen **Akt der Zwangsvollstreckung** wie auch um einen der **freiwilligen Gerichtsbarkeit** handelt.[1] Das hat u. a. Konsequenzen für die Eintragungsvoraussetzungen (Rn. 4) und die Rechtsbehelfe (Rn. 40 ff.). 2

Zum 1.1.1999 wurde § 867 ZPO durch die 2. Zwangsvollstreckungsnovelle[2] in zweierlei Hinsicht geändert: Durch Abs. 2 Satz 2 Hs. 2 wurde klargestellt, dass die Mindestbetragsgrenze auch bei Verteilung des Titels auf mehrere Grundstücke gilt. Der neue Abs. 3 erklärt das Vorliegen eines gesonderten Duldungstitels für entbehrlich. 3

II. Eintragungsvoraussetzungen

Angesichts der „Janusköpfigkeit" des Zwangshypothekenverfahrens als Akt der Zwangsvollstreckung wie der freiwilligen Gerichtsbarkeit müssen sowohl zwangsvollstreckungs- wie grundbuchrechtliche Voraussetzungen erfüllt sein.[3] Sie sind von Amts wegen zu prüfen (§ 26 FamFG).[4] Zuständig ist das Grundbuchamt (Rechtspfleger), in dessen Bezirk das Grundstück belegen ist, §§ 1, 2 Abs. 1 GBO, §§ 3 Nr. 1 h, 20 Nr. 17 RPflG. 4

1. Zwangsvollstreckungsrechtliche Voraussetzungen

a) Neben den allgemeinen Prozessvoraussetzungen[5] müssen die zwangsvollstreckungsrechtlichen Voraussetzungen gegeben sein. Erforderlich ist das Vorliegen eines **Titels** auf Zahlung eines Geldbetrages (nicht: Duldung der Zwangsvollstreckung in das Grundstück),[6] der auf mehr als 750 € lautet, § 866 Abs. 3 Satz 1 ZPO (im Einzelnen § 866 Rn. 9 ff.). Der Titel muss hinrei- 5

---

1 BGH, Beschl. v. 13.9.2001 – V ZB 15/01, BGHZ 148, 392 = NJW 2001, 3627 = Rpfleger 2002, 1029; Hk-ZPO/*Kindl*, § 867 Rn. 2; kritisch *Eickmann*, in: *MünchKomm*-ZPO, § 867 Rn. 5.
2 BGBl. 1997, 3039; BT-Drucks. 13/341.
3 BGH, Beschl. v. 13.9.2001 – V ZB 15/01, BGHZ 148, 392 = NJW 2001, 3627 = Rpfleger 2002, 1029; BayObLG, Beschl. v. 3.8.1982 – 2 Z 54/82, Rpfleger 1982, 466; LG Regensburg, Beschl. v. 10.1.1979 – 5 T 213/78, Rpfleger 1979, 147; *Hintzen*, Rpfleger 1991, 286, 287.
4 Statt aller vgl. OLG Frankfurt, Beschl. v. 7.9.2004 – 20 W 251/04, OLGR Frankfurt 2005, 73.
5 Dazu *Brox*/*Walker*, Rn. 18 ff.
6 LG Hamburg, Beschl. v. 30.9.2002 – 321 T 115/00, Rpfleger 2003, 309; auch für einen Anspruch auf Hinterlegung von Geld kann eine Sicherungshypothek eingetragen werden, da dieser zwangsvollstreckungsrechtlich einer Geldforderung gleichsteht, LG Essen, Beschl. v. 25.6.2001 – 11 T 197/01, Rpfleger 2001, 543; *Becker*, in: *Musielak*, ZPO, vor § 803 Rn. 3.

chend **bestimmt** sein. Das ist bei einem Brutto-Lohntitel zu bejahen,[7] nicht aber, wenn sich der Schuldner in einer notariellen Urkunde der sofortigen Zwangsvollstreckung nur hinsichtlich eines Höchstbetrages unterworfen hat.[8] Bei variablen Zinsen muss dann kein Höchstzinssatz angegeben werden, wenn sich der Zinssatz aus der Bezugnahme auf eine gesetzlich geregelte Bezugsgröße (z. B. § 288 Abs. 1 BGB) ergibt.[9] Die zu vollstreckende Forderung muss **fällig** sein, § 751 Abs. 1 ZPO, anderenfalls kommt nur eine Arresthypothek in Betracht.[10] Dies gilt auch bei laufend wiederkehrenden Leistungen wie Unterhalt, nicht aber bei laufenden **Zinsen**, die als Nebenforderungen mit dem Hauptanspruch geltend gemacht werden.[11] Ob nicht festgesetzte **Zwangsvollstreckungskosten** (§ 788 Abs. 1 ZPO) nur glaubhaft gemacht[12] oder ob sie in der Form des § 29 GBO[13] nachgewiesen werden müssen, ist streitig.

6   Als Gläubiger der Zwangshypothek darf nur eingetragen werden, wer im Vollstreckungstitel oder einer beigefügten Vollstreckungsklausel als **Inhaber** der titulierten Forderung ausgewiesen ist. Bei gesetzlicher oder gewillkürter Prozessstandschaft ist daher der Prozessstandschafter antragsberechtigt und einzutragen.[14] Lautet der Titel auf Leistung an einen Dritten, muss das Grundbuchamt auch diesen Dritten eintragen.[15] Bei einer Zwangshypothek wegen eines Zwangsgelds (§ 888 ZPO) muss der Kläger als Gläubiger und die Gerichtskasse als Zahlungsempfängerin eingetragen werden.[16] Eine Arresthypothek kann jedoch – nachdem der Gläubiger einen Hauptsachetitel erlangt hat – auch dann in eine Zwangshypothek rangwahrend umgeschrieben werden, wenn das Grundstück zwischenzeitlich weiterveräußert wurde und der Gläubiger gegen den Erwerber keinen Titel hat (§ 932 BGB Rn. 11 f.).[17]

7   Inwieweit eine **GbR** als Gläubigerin (oder Schuldnerin) einer Zwangshypothek im Grundbuch eingetragen werden kann, war lange Zeit umstritten. Der BGH hatte zunächst klargestellt, dass eine GbR Grundstückseigentum erwerben kann, wenn alle Gesellschafter mit dem Zusatz „als GbR" eingetragen sind (materielle Grundbuchfähigkeit);[18] das hat die wichtige Konsequenz, dass angesichts der Rechtsinhaberschaft der GbR das Grundbuch bei einem Gesellschafterwechsel nicht unrichtig wird.[19] Diese Aussagen gelten auch für die Zwangshypothek. Inzwischen hat der BGH der GbR darüber hinausgehend

---

7   LG Bonn, Beschl. v. 20.9.1994 – 4 T 584/94, MDR 1995, 747.
8   LG Saarbrücken, Beschl. v. 5.2.2003 – 5 T 63/03, Rpfleger 2003, 416; *Fischinger*, WM 2009, 637, 638.
9   BGH, Beschl. v. 26.1.2006 – V ZB 143/05, NJW 2006, 1341 = Rpfleger 2006, 313 m.w.N. (für rechtsgeschäftlich bestellte Grundschuld); *Fischinger*, WM 2009, 637, 639.
10 Hk-ZPO/*Kindl*, § 867 Rn. 5.
11 *Eickmann*, in: MünchKomm-ZPO, § 867 Rn. 7; *Schöner/Stöber*, Rn. 2175.
12 So *Stöber*, in: Zöller, ZPO, § 867 Rn. 2; Hk-ZPO/*Kindl*, § 867 Rn. 5.
13 So OLG Celle, Beschl. v. 19.4.1972 – 4 Wx 5/72, NJW 1972, 1902; offen gelassen von LG Regensburg, Beschl. v. 10.1.1979 – 5 T 213/78, Rpfleger 79, 147; *Baumbach/Lauterbach/u.a.*, ZPO, § 867 Rn. 19.
14 BGH, Beschl. v. 13.9.2001 – V ZB 15/01, BGHZ 148, 392 = NJW 2001, 3627 = Rpfleger 2002, 17; LG Darmstadt, Beschl. v. 7.9.2007 – 26 T 135/07, Rpfleger 2007, 659; LG Stuttgart, Beschl. v. 20.1.2004 – 2 T 274/03, BWNotZ 2005, 148; OLG Hamm, Beschl. v. 31.5.1988 – 15 W 212/88, Rpfleger 1989, 17.
15 BayObLG, Beschl. v. 17.1.2005 – 2Z BR 216/04, Rpfleger 2005, 309; *Baumbach/Lauterbach/u.a.*, ZPO, § 867 Rn. 7.
16 AG Hamburg Beschl. v. 18.9.1981 – *Steinbeck* 1897, Rpfleger 1982, 31.
17 LG Zweibrücken, Beschl. v. 22.4.1993 – 1 T 10/93, NJW-RR 1995, 512; *Becker*, in: Musielak, ZPO, § 867 Rn. 8.
18 BGH, Urteil v. 25.9.2006 – II ZR 218/05 = Rpfleger 2007, 23; anders noch BayObLG, Beschl. v. 31.10.2002 – 2Z BR 70/02 = Rpfleger 2003, 78; OLG Celle, Beschl. v. 13.3.2006 – 4 W 47/06, NJW 2006, 2194; BayObLG, Beschl. v. 8.9.2004 – 2Z BR 139/04, Rpfleger 2005, 19 (für Zwangshypothek); LG Berlin, Beschl. v. 20.1.2004 – 86 T 51/04, Rpfleger 2004, 283.
19 BeckOK-BGB/*Timm/Schöne*, § 705 Rn. 145 m.w.N.; a.A. LG Aachen, Beschl. v. 27.5.2003 – 3 T 42/03, Rpfleger 2003, 496; *Heil*, NJW 2002, 2158.

auch die „formelle Grundbuchfähigkeit" zugebilligt und ausgeführt, dass eine GbR unter dem Namen in das Grundbuch eingetragen werden könne, den ihre Gesellschafter im Gesellschaftsvertrag gewählt haben; nur wenn der Gesellschaftsvertrag keinen Namen vorsieht, sei die GbR als „Gesellschaft bürgerlichen Rechts" mit den Namen aller Gesellschafter einzutragen.[20] Dies ist de lege lata abzulehnen.[21] Wie § 15 Abs. 3 GBV, § 32 GBO zeigen, muss sich aus dem Grundbuch (ggf. zusammen mit einem anderen öffentlichen Register) ergeben, wer „hinter" der Personenmehrheit steht. Das ist mangels Registerpublizität bei der GbR nicht gegeben. Praktische Erwägungen rechtfertigen keine Auslegung contra legem.[22]

8 Nicht endgültig geklärt ist, ob der **nichtrechtsfähige Verein** nur unter seinem Namen als Gläubiger einer Zwangshypothek ins Grundbuch eingetragen werden kann.[23] Überträgt man die Rechtsprechung des BGH zur GbR (Rn. 7), wäre das zu bejahen; richtigerweise ist diese Rechtsprechung jedoch abzulehnen;[24] so dass nach hier vertretener Auffasung die Eintragung aller Mitglieder mit dem Zusatz „als Mitglieder des nicht eingetragenen Vereins XY" erforderlich ist.

9 Hinsichtlich der **Wohnungseigentümergemeinschaft** ist seit 2005 die bisherige Praxis, die alle Wohnungseigentümer mit Angabe des Gemeinschaftsverhältnisses (§ 47 GBO) eintrug, obsolet geworden. Nach dem BGH genügt es nunmehr, dass die Wohnungseigentümergemeinschaft unter ihrem Namen (§ 10 Abs. 6 Satz 4 WEG, z. B. „Wohnungseigentümergemeinschaft, Hardt-Straße, Ellwangen[25]) als Gläubigerin einer Zwangshypothek ins Grundbuch eingetragen wird.[26] Das ist auch dann möglich, wenn der Vollstreckungstitel entsprechend der zuvor geübten Praxis die einzelnen Eigentümer in Gemeinschaft bezeichnet.[27] Der Verwalter ist grds. nicht einzutragen; er ist aber alleine einzutragen, wenn er – z. B. wegen gewillkürter Prozessstandschaft – im Vollstreckungstitel als Gläubiger ausgewiesen ist.[28]

10 b) Außer bei §§ 724 ff., 795a, 796 ZPO ist eine Vollstreckungs**klausel** erforderlich; die **Zustellung** ist nachzuweisen, § 750 Abs. 1, 2 ZPO.[29] Ggf. sind **besondere Vollstreckungsvoraussetzungen** zu beachten wie z. B. der Ablauf der

---

20 BGH, Urt. v. 4.12.2008 – V ZB 74/08 = Rpfleger 2009, 141; ähnlich schon OLG Stuttgart, Beschl. v. 9.1.2007 – 8 W 223/06 = Rpfleger 2007, 258; *Tavakoli/Fehrenbacher*, DB 2007, 382, 384; *Ulmer/Steffek*, NJW 2002, 330, 331 ff.; *Hk-ZPO/Kindl*, § 867 Rn. 15; *Elsing*, BB 2003, 909, 914; *Wagner*, ZIP 2005, 637, 645; *StJ/Münzberg*, § 867 Rn. 12, die auf die Unterscheidungskraft des Namens abstellen.
21 Ebenso LG Berlin, Beschl. v. 29.3.2005 – 86 T 74/05, ZInsO 2005, 554; *K. Schmidt*, NJW 2001, 993, 1002; *ders.*, JuS 2009, 278, 279; *Hertel*, DNotZ 2009, 121; *Stöber*, MDR 2001, 544; *Demharter*, Rpfleger 2001, 329
22 *Fischinger*, WM 2009, 637, 638.
23 Dafür *Ulmer/Steffek*, NJW 2002, 330, 335; *Pa/Heinrichs*, § 54 Rn. 8 m.w.N.; für politische Parteien siehe OLG Zweibrücken, Beschl. v. 17.9.1999 – 3 W 138/99, Rpfleger 1999, 531 einerseits, OLG Celle, Beschl. v. 28.1.2004 – 4 W 12/04, NJW 2004, 1743 und OLG Zweibrücken, Beschl. v. 16.9.1985 – 3 W 157/85, Rpfleger 1986, 12 andererseits.
24 LG Hagen, Beschl. v. 19.6.2006 – 3 T 291/06, Rpfleger 2007, 26; BeckOK-BGB/*Schwarz/Schöpflin*, § 54 Rn. 28; *StJ/Münzberg*, § 867 Rn. 12 m.w.N.
25 Näher LG Bremen, Beschl. v. 2.3.2007 – 3 T 137/07, Rpfleger 2007, 315.
26 BGH, Beschl. v. 2.6.2005 – V ZB 32/05, BGHZ 163, 154 = NJW 2005, 2061 = Rpfleger 2005, 521; dazu auch *Böhringer*, Rpfleger 2006, 53; *Dümig*, Rpfleger 2005, 529; *Hügel*, DNotZ 2005, 753, 768.
27 LG Hamburg, Beschl. v. 26.7.2005 – 321 T 16/05, Rpfleger 2006, 10.
28 BGH, Beschl. v. 13.9.2001 – V ZB 15/01, BGHZ 148, 592 = NJW 2001, 3627 = Rpfleger 2002, 17; *Stöber*, in: Zöller, ZPO, § 867 Rn. 8b.
29 Vgl. OLG München, Beschl. v. 29.1.2009 – 34 Wx 116/08. Anders in der Verwaltungsvollstreckung, hier genügt der Antrag der Vollstreckungsbehörde BGH, Beschl. v. 14.7.1951 – V ZB 4/51, BGHZ 3, 140.

Wartefristen der §§ 750 Abs. 3,[30] 798 ZPO. Wurde der Schuldner nur zur Leistungserbringung Zug-um-Zug verurteilt, ist die Eintragung der Zwangshypothek nur möglich, wenn der Gläubiger die Befriedigung des Schuldners oder dessen Annahmeverzug (§ 765 ZPO) in der Form des § 29 GBO nachgewiesen hat.[31] Hat der Schuldner nur gegen Vorlage bestimmter Urkunden zu leisten, müssen diese vorliegen.[32] Ist nach § 5 Abs. 2 ErbbauRG die Zustimmung des Berechtigten zur Belastung des Erbbaurechts nötig, gilt dies wegen § 8 ErbbauRG auch für die Zwangshypothek;[33] der Gläubiger muss in der Form des § 29 GBO daher entweder diese Zustimmung oder ihre rechtskräftige Ersetzung (nach § 7 Abs. 3 ErbbauRG) nachweisen.[34] Ist das zu vollstreckende Urteil noch nicht rechtskräftig, muss der Gläubiger Sicherheit leisten und dies nachweisen, § 751 Abs. 2 ZPO; will er dies nicht, kann er – unter Beachtung der zweiwöchigen Wartefrist der §§ 720a Abs. 1 Satz 1 lit. b, 750 Abs. 3 ZPO – die Sicherheitsvollstreckung betreiben.[35]

11 c) Schließlich dürfen keine **Vollstreckungshindernisse** bestehen. Ist die Zwangsvollstreckung eingestellt (§§ 707, 729, 732, 766, 769, 771 Abs. 3, 785, 795 ZPO), darf die Zwangshypothek nicht eingetragen werden.[36] Wird die Zwangsvollstreckung erst nach Eintragung der Zwangshypothek eingestellt, entsteht nach § 868 ZPO eine Eigentümergrundschuld (§ 868 Rn. 10 ff.).[37] Keine Vollstreckungshindernisse sind die Einrede nach § 782 ZPO,[38] eine bestehende Nachlassverwaltung[39] sowie Veräußerungsverbote.[40] In der **Insolvenz** sind die §§ 89 f. InsO zu beachten (siehe auch Rn. 38).[41]

12 d) Die **materielle** Richtigkeit des Titels prüft das Grundbuchamt ebenso wenig wie (später entstandene) materiell-rechtliche Einwendungen gegen die Vollstreckungsforderung.[42] Der Schuldner kann hier nur nach § 767 ZPO vorgehen.[43]

2. Grundbuchrechtliche Voraussetzungen

13 a) Grundbuch- wie vollstreckungsrechtlich ist nach § 13 GBO zunächst ein **Antrag** des Gläubigers an das Grundbuchamt erforderlich;[44] er ist schriftlich niederzulegen oder mündlich zur Protokoll der Geschäftsstelle zu erklären, bedarf nicht der Form des § 29 GBO und unterliegt wegen § 78 Abs. 5 ZPO keinem Anwaltszwang. Antragsberechtigt ist nur der Gläubiger, nicht der Schuldner, da § 13 Abs. 2 GBO keine Anwendung findet.[45] Der Gläubiger

---

30 OLG Karlsruhe, Beschl. v. 1.10.1990 – 11 W 129/90, Rpfleger 1999, 51.
31 OLG Celle, Beschl. v. 11.10.1989 – 4 W 279/89, Rpfleger 1990, 112; OLG Hamm, Beschl. v. 7.6.1983 – 15 W 139/83, Rpfleger 1983, 393; vgl. LG Hamburg, Beschl. v. 29.10.2003 – 321 T 76/03, Rpfleger 2004, 159 m. Anm. *Alff*.
32 *Eickmann*, in: *MünchKomm-ZPO*, § 867 Rn. 8; *Becker*, in: *Musielak*, ZPO, § 867 Rn. 3.
33 OLG Frankfurt, Beschl. v. 7.9.2004 – 20 W 251/04, OLGR Frankfurt 2005, 73.
34 OLG Hamm, Beschl. v. 21.1.1985 – 15 W 18/85, Rpfleger 1985, 233; *Schuschke/Walker*, § 867 ZPO Rn. 4; zur Frage, ob der Gläubiger ein selbständiges Antragsrecht zur Ersetzung der Zustimmung hat vgl. *Stöber*, in: *Zöller*, ZPO, § 867 Rn. 6 m. w. N.
35 *Zimmermann*, ZPO, § 867 Rn. 2.
36 Vgl. OLG Frankfurt, Beschl. v. 23.5.1997 – 20 W 166/97, NJW-RR 1998, 160.
37 *Hk-ZPO/Kindl*, § 867 Rn. 6; *Stöber*, in: *Zöller*, ZPO, § 867 Rn. 6; *Baumbach/Lauterbach/u.a.*, ZPO, § 867 Rn. 5.
38 *Baumbach/Lauterbach/u.a.*, ZPO, § 867 Rn. 4.
39 OLG Frankfurt, Beschl. v. 23.5.1997 – 20 W 166/97, NJW-RR 1998, 160.
40 Dazu *Münzberg*, in: *Stein/Jonas*, ZPO, § 867 Rn. 8.
41 Näher *Münzberg*, in: *Stein/Jonas*, ZPO, § 867 Rn. 9.
42 BGH, Beschl. v. 13.9.2001 – V ZB 15/01, BGHZ 148, 392 = NJW 2001, 3627 = Rpfleger 2002, 17; OLG Frankfurt, Beschl. v. 2.5.2005 – 20 W 121/05 (n. v.); OLG Köln, Beschl. v. 15.10.1990 – 2 Wx 46/90, Rpfleger 1991, 149.
43 Ausf. *Stöber*, ZVG, Einleitung, Rn. 64.2 e).
44 Zur Auslegung des Antrags vgl. OLG Naumburg, Beschl. v. 20.12.1999 – 11 Wx 11/99, NotBZ 2000, 193 mit kritischer Anm. *Diefenbach*.
45 *Hintzen*, ZIP 1991, 474, 475.

kann sich vertreten lassen, § 13 Abs. 2 FamFG, wobei die **Vollmacht** grundsätzlich – in der Schriftform des § 80 ZPO – nachzuweisen ist. Ein besonderer Nachweis ist nicht erforderlich, wenn der die Zwangsvollstreckung betreibende Rechtsanwalt mit dem im Rubrum des zu vollstreckenden Titels Genannten identisch ist, da nach § 81 ZPO die Prozessvollmacht auch für die Zwangsvollstreckung gilt. Die **Rücknahme** des grundbuchrechtlichen Antrags, die bis zur Unterzeichnung (§ 44 GBO) der Eintragung im Grundbuch bzw. der Aufnahme in den Datenspeicher (§ 129 Abs. 1 GBO) möglich ist, bedarf der Form des §§ 29, 31 GBO.[46]

Inhalt des Antrags: Person des Antragstellers und des Schuldners; Bezeichnung des Grundstück gemäß § 28 GBO; Angabe des Betrags der gesicherten Forderung in den in § 28 Satz 2 GBO vorgesehenen Währungen; ggf. Verteilungserklärung nach Abs. 2 Hs. 2 (dazu Rn. 47 ff.). **14**

b) Der Vollstreckungsschuldner muss – wenn nicht die Ausnahme des § 40 GBO greift – im Grundbuch als Eigentümer **voreingetragen** sein, § 39 GBO. Fehlt es daran, kann der Gläubiger die Voreintragung nach §§ 14, 22 Abs. 2 GBO durch Nachweis der Unrichtigkeit herbeiführen.[47] Der Antrag ist aber trotz Voreintragung des Schuldners zurückzuweisen, wenn das Eigentum außerhalb des Grundbuchs nachweislich auf einen Dritten übergegangen ist.[48] Ist der Titelschuldner als Kaufmann unter seiner Firma (§ 17 Abs. 2 HGB) bezeichnet, muss der Antragsteller nachweisen, dass dieser mit dem im Grundbuch Eingetragenen identisch ist und Vor- und Familiennamen sowie Beruf und Wohnort angeben.[49] Hat der Vollstreckungsschuldner selbst ein Grundstück im Wege einer (anderen) Zwangsversteigerung erworben, kann der Antrag ab Zuschlag gestellt werden, auch wenn der Vollstreckungsschuldner noch nicht im Grundbuch eingetragen wurde; das Grundbuchamt hat den Antrag aufzubewahren und ihn – unmittelbar nach der Grundbuchumschreibung – rangwahrend zu erledigen (vgl. § 130 Abs. 3 ZVG).[50] Ist der Schuldner, nachdem die Zwangsvollstreckung gegen ihn begonnen hatte (§ 779 ZPO), verstorben, ist er aber zuvor ohne Eintragung im Grundbuch Eigentümer eines Grundstücks geworden, kann er nach überzeugender Auffassung im Grundbuch eingetragen werden, um das langwierige Verfahren zur Erbenermittlung zu vermeiden und so alsbald die Eintragung der Zwangshypothek zu ermöglichen.[51] **15**

c) Bei mehreren Gläubigern muss grundsätzlich das Gemeinschaftsverhältnis bezeichnet werden, § 47 GBO.[52] So sind bei der nicht rechtsfähigen Erbenge- **16**

---

46 OLG Saarbrücken, Beschl. v. 18.8.1999 – 3 Wx 286/99, Rpfleger 2000, 62; OLG Hamm, Beschl. v. 30.1.1985 – 15 W 41/85, Rpfleger 1985, 231; *Hüßtege*, in: *Thomas/Putzo*, ZPO, § 867 Rn. 3; a. A. *Hintzen*, Handbuch, Teil B, Rn. 15.
47 Die notwendigen Urkunden erhält der Gläubiger über § 792 ZPO; notfalls muss er den Anspruch des Schuldners auf Grundbuchberichtigung pfänden und sich überweisen lassen.
48 OLG Jena, Beschl. v. 27.3.2001 – 6 W 168/01, Rpfleger 2001, 344 für den Fall des § 90 ZVG; dies gilt aber erst ab Rechtskraft des Zuschlagsbeschlusses, davor bleibt die Voreintragung des Schuldners maßgeblich (so auch *Stöber*, ZVG, Einleitung, Rn. 63.5).
49 BayObLG, Beschl. v. 3.8.1982 – 2 Z 54/82, Rpfleger 1982, 466; BayObLG, Beschl. v. 23.12.1987 – 2 Z 138/87, Rpfleger 1988, 309.
50 *Münzberg*, in: *Stein/Jonas*, ZPO, § 867 Rn. 30.
51 *Hagena*, Rpfleger 1975, 389; *Stöber*, ZVG, Einleitung, Rn. 63.5; a. A. KG, Beschl. v. 29.10.1974 – 1 W 1186, Rpfleger 1975, 133.
52 *Schneider*, MDR 1986, 817, 818; erwirkt eine Rechtsanwaltssozietät einen Kostenfestsetzungsbeschluss, der nicht erkennen lässt, ob die Forderung den Mitgliedern der Sozietät als Teil-, Mit- oder Gesamtgläubigern zustehen soll, so ist im Zweifel Gesamtgläubigerschaft (§ 428 BGB) anzunehmen mit der Folge, dass es hierüber keines Nachweises bedarf, OLG Saarbrücken, Beschl. v. 3.2.1978 – 3 W 366/77, NJW 1978, 2205 = Rpfleger 1978, 225; vgl. auch BGH, Urteil v. 20.5.1985 – VII ZR 209/84, Rpfleger 1985, 321 und LG Saarbrücken, Beschl. v. 24.3.2003 – 5 T 134/03, Rpfleger 2003, 498 für obsiegende Streitgenossen mit identischem Anwalt.

meinschaft[53] stets alle Erben mit dem Zusatz „... in Erbengemeinschaft"[54] einzutragen. Zur Eintragung von GbR, nichtrechtsfähigem Verein und Wohnungseigentümergemeinschaft siehe Rn. 7 ff. Ob die Bezeichnung der Form des § 29 GBO genügen muss[55] oder ob sie formlos[56] erfolgen kann, ist strittig. Für die letztere Auffassung lassen sich praktische Erwägungen anführen, da in dem durch das Erkenntnisverfahren geschaffenen Vollstreckungstitel regelmäßig das Beteiligungsverhältnis nicht offengelegt wird. Sicherheitshalber sollte aber bereits im Erkenntnisverfahren darauf geachtet werden, dass der Titel den Erfordernissen des § 47 GBO Rechnung trägt. Nach überzeugender h. A. kann die im ursprünglichen Antrag (versehentlich) unterlassene Bezeichnung mit Wirkung ex nunc nachgeholt werden (der Streit um das Formerfordernis setzt sich hier fort).[57]

17 d) Keine Voraussetzung ist die ansonsten nach § 19 GBO notwendige **Bewilligung**. Sie wird durch die zwangsvollstreckungsrechtlichen Voraussetzungen ersetzt.[58]

3. Rechtsschutzbedürfnis

18 Die Zwangshypothek darf nur eingetragen werden, wenn ein Rechtsschutzbedürfnis hierfür besteht. Das wird – fälschlicherweise – z. T. für Ansprüche der Rangklasse 2 (§ 10 Abs. 1 Nr. 2) verneint (näher: § 10 Rn. 58). Abzulehnen ist es aber, wenn wegen *derselben* Forderung am *gleichen* Grundstück bereits eine Hypothek/Grundschuld zugunsten des Gläubigers rechtsgeschäftlich bestellt wurde.[59]

19 Das Rechtsschutzbedürfnis fehlt richtigerweise aber nicht, wenn die Forderung nur durch ein an einem *anderen* Grundstück rechtsgeschäftlich bestelltes Grundpfandrecht gesichert ist.[60] Auch darf der Antrag nicht mit der Begründung abgelehnt werden, dass wegen der Geringwertigkeit des Grundstücks und/oder bestehender Vorlasten eine Befriedigung in der Zwangsversteigerung nicht zu erwarten ist.[61]

III. Eintragung und Verfahren bei Eintragungshindernissen

1. Eintragung

20 Der Inhalt der Eintragung orientiert sich an § 1115 BGB, wobei die Besonderheiten der Zwangshypothek zu beachten sind. So ist die **Zwangshypothek** (wegen § 1184 Abs. 2 BGB) als Sicherungshypothek zu bezeichnen und – wegen § 868 ZPO – ein Hinweis auf den Charakter als Zwangshypothek (z. B. „im Wege der Zwangsvollstreckung" oder „Zwangssicherungshypothek") aufzunehmen. Ggf. sollte ein Hinweis auf § 720a ZPO erfolgen (str.).[62]

---

53 BGH, Beschl. v. 17.10.2006 – VIII ZB 94/05, NJW 2006, 3715 = Rpfleger 2007, 75.
54 *Demharter*, GBO § 47, Rn. 21.
55 So *Stöber*, in: Zöller, ZPO, § 867 Rn. 3.
56 OLG Köln, Beschl. v. 28.10.1985 – 2 Wx 37/85, Rpfleger 1986, 91; *Zimmermann*, ZPO, § 867 Rn. 3; *Hintzen*, Handbuch, Teil B, Rn. 97.
57 *Schneider*, MDR 1986, 817, 818; nach *Eickmann*, in: MünchKomm-ZPO, § 867 Rn. 23 stellt dies eine unzulässige Titelergänzung dar.
58 *Brox/Walker*, Rn. 1037; *Baur/Stürner/Bruns*, § 38.2., die als Äquivalent auf den Titel abstellen.
59 OLG Köln, Beschl. v. 23.10.1995 – 2 Wx 30/95 Rpfleger 1996, 153; *Rosenberg/Gaul/Schilken*, § 69 II 1; *Hüßtege*, in: Thomas/Putzo, ZPO, § 867 Rn. 4.
60 BayObLG, Beschl. v. 20.9.1990 – 2 Z 96/90, Rpfleger 1991, 53; LG Lübeck, Beschl. v. 11.2.1985 – 7 T 116/85, Rpfleger 1985, 287.
61 LG Marburg, Beschl. v. 27.7.1984 – 3 T 138/84, Rpfleger 1984, 406.
62 Für Pflicht: *Eickmann*, in: MünchKomm-ZPO, § 867 Rn 37; sachgerecht: *Münzberg*, in: Stein/Jonas, ZPO, § 867 Rn. 32; keine Eintragung: *Stöber*, in: Zöller, ZPO, § 867 Rn. 7.

Der **Gläubiger** ist entsprechend der Vorgaben des § 15 GBV zu bezeichnen. Ein **21** Kaufmann ist nicht unter der Firma, sondern mit seinem bürgerlichen Namen einzutragen.[63] Der gesetzlich oder gewillkürte Prozessstandschafter ist Vollstreckungsgläubiger und daher einzutragen.[64] Das gilt auch, wenn ein Gesellschafter im Wege der actio pro socio einen Zahlungstitel gegen einen Mitgesellschafter erstritten hat.[65] Lautet der Titel auf Leistung an einen Dritten, muss das Grundbuchamt auch diesen Dritten eintragen.[66] Bei einer Zwangshypothek wegen eines Zwangsgelds (§ 888 ZPO) muss der Kläger als Gläubiger und die Gerichtskasse als Zahlungsempfängerin eingetragen werden.[67] Bei angeordneter Nachlassverwaltung sind selbst dann die Erben als Gläubiger der Zwangshypothek einzutragen, wenn dem Nachlassverwalter die Vollstreckungsklausel erteilt wurde.[68] Erwirkt ein Elternteil einen Unterhaltstitel nach § 1629 Abs. 3 BGB im eigenen Namen, ist dieser als Gläubiger der Zwangshypothek einzutragen; einer vorherigen Umschreibung auf das materiell berechtigte Kind bedarf es nicht.[69]

Zur Bezeichnung des Gemeinschaftsverhältnisses bei mehreren Gläubigern **22** (§ 47 GBO) siehe Rn. 16; zur GbR, zum nichtrechtsfähigen Verein sowie zur Wohnungseigentümergemeinschaft Rn. 7 ff.

Einzutragen ist ferner der **Geldbetrag** der Vollstreckungsforderung, der min- **23** destens auf 750,01 €[70] lauten muss (näher § 866 Rn. 9 ff.). **Zinsen**, die als Nebenforderungen geltend gemacht werden, sind einzutragen; hierbei ist der Zinssatz[71] anzugeben; hinsichtlich des Zinsbeginns kann gem. § 874 ZPO auf den Titel Bezug genommen werden.[72] Nicht eintragungsfähig sind aber gesetzliche Zinsen, für die die Hypothek nach § 1118 BGB kraft Gesetzes haftet.[73] **Kosten** und sonstige Nebenleistungen (z. B. Säumniszuschläge) sind einzutragen, eine Bezugnahme nach § 44 Abs. 2 GBO ist zulässig. Nicht eintragungsbedürftig und daher nicht eintragungsfähig[74] sind die Kosten des Eintragungsverfahrens (§ 866 Rn. 17 f.), die dem Schuldner zur Last fallen; denn für diese haftet die Zwangshypothek schon kraft Gesetzes, Abs. 1 Satz 3.

2. Verfahren bei Eintragungshindernissen

a) Fehlen **grundbuchrechtliche** Voraussetzungen (Rn. 13 ff.), ist zu unterschei- **24** den: handelt es sich um einen behebbaren Mangel, ist eine Zwischenverfügung zu erlassen und eine rangwahrende Vormerkung einzutragen, § 18 Abs. 1, 2

---

63 BayObLG, Beschl. v. 23.12.1987 – 2 Z 138/87, Rpfleger 1988, 309.
64 BGH, Beschl. v. 13.9.2001 – V ZB 15/01, BGHZ 148, 392 = NJW 2001, 3627 = Rpfleger 2002, 17; LG Stuttgart, Beschl. v. 20.1.2004 – 2 T 274/03, BWNotZ 2005, 148; OLG Hamm, Beschl. v. 31.5.1988 – 15 W 212/88, Rpfleger 1989, 17; LG Bochum, Beschl. v. 17.7.1985 – 7 T 362/85, Rpfleger 1985, 438.
65 OLG Frankfurt, Beschl. v. 7.3.2004 – 20 W 251/04, OLGR Frankfurt 2005, 73.
66 BayObLG, Beschl. v. 17.1.2005 – 2Z BR 216/04, Rpfleger 2005, 309; *Baumbach/Lauterbach/ u. a.*, ZPO, § 867 Rn. 7.
67 AG Hamburg, Beschl. v. 18.9.1981 – Steinbeck 1897, Rpfleger 1982, 31.
68 OLG Hamm, Beschl. v. 31.5.1988 – 15 W 212/88, Rpfleger 1989, 17.
69 LG Konstanz, Beschl. v. 5.3.2001 – 6 T 36/01, Rpfleger 2001, 345.
70 Lautet der Titel nicht auf Euro vgl. *Eickmann*, in: *MünchKomm*-ZPO, § 867 Rn. 42.
71 Ist dieser variabel, muss kein Höchstzinssatz angegeben werden, wenn sich der Zinssatz aus der Bezugnahme auf eine gesetzlich geregelte Bezugsgröße (z. B. § 288 Abs. 1 BGB) ergibt, BGH, Beschl. v. 26.1.2006 – V ZB 143/05, NJW 2006, 1341 = Rpfleger 2006, 313; *Fischinger*, WM 2009, 637, 639.
72 Hk-ZPO/*Kindl*, § 867 Rn. 16.
73 *Stöber*, ZVG, Einleitung, Rn. 67.3; in der Zwangsversteigerung und -verwaltung werden sie nur auf Anmeldung berücksichtigt, §§ 45 Abs. 1, 145 Abs. 1, 155 Abs. 2 ZVG.
74 *Hüßtege*, in: *Thomas/Putzo*, ZPO, § 867 Rn. 13; stellt der Gläubiger einen auf Eintragung dieser Kosten gerichteten Antrag, ist eine teilweise Antragszurückweisung nicht nötig, die Kosten werden einfach nicht eingetragen, *Stöber*, ZVG, Einleitung, Rn. 70.2 m. w. N.

GBO.[75] Ein derartiger behebbarer Mangel liegt z. B. vor, wenn noch die notwendige Voreintragung des Schuldners (§ 39 GBO) fehlt oder wenn die erforderliche Zustimmung nach § 3 Abs. 2 ErbbauRG zwar vorliegt, aber noch nicht in der Form des § 29 GBO nachgewiesen ist.[76] Ist der Mangel dagegen nicht (alsbald) behebbar, ist der Antrag zurückzuweisen, für eine rangwahrende Zwischenverfügung ist kein Raum; bei zwischenzeitlichen Eintragungen zugunsten anderer Gläubiger kommt es auch dann zum Rangverlust, wenn die Antragszurückweisung zu Unrecht erfolgte;[77] u. U. hat der Gläubiger einen Amtshaftungsanspruch (siehe auch „Staatshaftung des Vollstreckungsgerichts").

25 b) Liegen die erforderlichen **vollstreckungsrechtlichen** Voraussetzungen (Rn. 5 ff.) nicht vor, ist eine rangwahrende Zwischenverfügung grds. nicht möglich (aber Rn. 27).[78] Denn sie würde dem Gläubiger unverdientermaßen einen besseren Rang sichern. Stattdessen ist der Gläubiger durch Aufklärungsverfügung unter Fristsetzung zur „Nachbesserung" aufzufordern, § 139 ZPO analog;[79] lässt der Gläubiger diese Frist erfolglos verstreichen, ist sein Antrag zurückzuweisen; bessert er rechtzeitig nach, ist für die Reihenfolge der für den Rang entscheidenden Eintragung nicht auf den ursprünglichen (mangelhaften) Antrag, sondern auf den Eingang des mangelfreien Antrags beim Grundbuchamt abzustellen. In der Zwischenzeit eingehende mangelfreie Anträge sind also zuerst zu behandeln.[80]

26 Betrifft der Mangel nur einen abgrenzbaren Teil, kann der Antrag teilweise zurückgewiesen und im Übrigen die begehrte Eintragung rangwahrend vorgenommen werden.[81]

27 Richtigerweise ist ausnahmsweise auch bei Fehlen vollstreckungsrechtlicher Voraussetzungen eine rangwahrende Zwischenverfügung möglich, und zwar dann, wenn der Gläubiger schlüssig behauptet, dass die Voraussetzung vorliegt, er diese aber nur noch nicht nachweisen kann (str.).[82] Diese Ausnahme kann deswegen gemacht werden, weil der Grund dafür, dass eine rangwahrende Zwischenverfügung bei Nichtvorliegen der Vollstreckungsvoraussetzungen nicht möglich ist (= unverdiente Besserstellung des Gläubigers), hier nicht vorliegt. Erbringt der Gläubiger den geforderten Nachweis nicht fristgemäß oder stellt sich heraus, dass die Voraussetzungen entgegen seiner schlüssigen Behauptungen bei Antragstellung doch nicht vorlagen, ist der Zwischenverfügung ihre rangwahrende Wirkung zu versagen und sie ist unter Löschung einer ggf. nach § 18 Abs. 2 GBO eingetragenen Vormerkung aufzuheben.[83]

---

75 LG Ellwangen, Beschl. v. 22.12.1981 – I T 37/81, BWNotZ 1982, 68; *Becker*, in: *Musielak*, ZPO, § 867 Rn. 5.
76 OLG Celle, Beschl. v. 12.11.1984 – 4 W 206/84, MDR 1985, 331.
77 BayObLG, Beschl. v. 10.11.1982 – 2 Z 91/82, Rpfleger 1983, 101.
78 RG, Urteil v. 17.6.1914 – V 21/14, RGZ 85, 163, 167; BGH, Beschl. v. 23.5.1958 – V ZB 12/58, BGHZ 27, 310 = NJW 1958, 1090 = Rpfleger 1958, 216; BayObLG, Beschl. v. 29.12.2004 – 2Z BR 228/04, Rpfleger 2005, 250.
79 OLG Jena, Beschl. v. 28.2.2002 – 6 W 787/01, Rpfleger 2002, 355; OLG Karlsruhe, Beschl. v. 11.11.1997 – 11 Wx 89/97, Rpfleger 1998, 158.
80 LG Mainz, Beschl. v. 16.1.1991 – 8 T 264/90, Rpfleger 1991, 302.
81 BGH, Beschl. v. 23.5.1958 – V ZB 12/58, BGHZ 27, 310 = NJW 1958, 1090 = Rpfleger 1958, 216; Schuschke/*Walker*, ZPO, § 867 Rn. 8.
82 Bejahend *Becker*, in: *Musielak*, ZPO, § 867 Rn. 5; *Eickmann*, in: MünchKomm-ZPO, § 867 Rn. 31; *Münzberg*, in: *Stein/Jonas*, ZPO, § 867 Rn. 33; a.A. *Stöber*, in: *Zöller*, ZPO, § 867 Rn. 4; so wohl auch BayObLG, Beschl. v. 27.7.1995 – 2Z BR 64/95, Rpfleger 1996, 63 = NJW-RR 1996, 80.
83 *Münzberg*, in: *Stein/Jonas*, ZPO, § 867 Rn. 33.

3. Verfahren nach Eintragung

28 Die Eintragung wird auf dem Titel nach Abs. 1 Satz 1 Hs. 2 vermerkt, um zu verhindern, dass entgegen Abs. 2 weitere Zwangshypotheken für die Titelforderung eingetragen werden.[84] Geschieht dies nicht, entsteht die Zwangshypothek aber dennoch.[85] Der Titel wird an den Gläubiger zurückgegeben. Mit Eintragung der Zwangshypothek endet die Zwangsvollstreckung als Ganzes nicht, da die Zwangshypothek nicht zur Befriedigung des Gläubigers führt.[86]

IV. Wirkungen der Eintragung

1. Entstehung der Zwangshypothek/gutgläubiger Erwerb

29 Mit der Eintragung, d.h. Unterzeichnung im Grundbuch (§ 44 Abs. 1 Satz 2 GBO) bzw. Aufnahme in den elektronischen Datenspeicher (§ 129 Abs. 1 GBO) entsteht die Zwangshypothek, Abs. 1 Satz 2. Sie kann nur als **Sicherungshypothek** i.S.v. §§ 1184 ff. BGB bestellt werden. Dementsprechend ist sie nur als Buch-, nicht aber als Briefhypothek eintragungsfähig, § 1185 BGB. Sie ist streng akzessorisch, richtet sich nach Bestand und Umfang also allein nach der zugrundeliegenden Forderung (§§ 1184 Abs. 1, 1185 Abs. 2 BGB). Damit unterscheidet sich eine Zwangshypothek von einer „normalen" Sicherungshypothek der §§ 1184 ff. BGB nur durch ihre nicht rechtsgeschäftliche Entstehung sowie durch § 868 ZPO.

30 Voraussetzung für die Entstehung der Zwangshypothek ist, dass der Vollstreckungsschuldner wirklicher Eigentümer und nicht nur Bucheigentümer ist; denn ein gutgläubiger Ersterwerb nach § 892 BGB ist mangels rechtsgeschäftlichen Erwerbsvorgangs nicht möglich.[87] Ein gutgläubiger Zweiterwerb bei Weiterübertragung des nicht entstandenen Rechts ist dagegen über § 892 BGB grds. möglich; anders aber, wenn die gesicherte Forderung nicht besteht (§ 1138 BGB ist wegen § 1185 Abs. 2 BGB auf die Sicherungshypothek nicht anwendbar)[88] oder wenn es sich um eine inhaltlich unzulässige Eintragung handelt (z.B. Verstoß gegen Abs. 2 oder § 866 Abs. 3 ZPO; s. Rn. 31).[89] Die Zwangshypothek kann sich nach § 868 ZPO oder den Vorschriften des BGB in eine Eigentümergrundschuld verwandeln (näher § 868 Rn. 1f.).

2. Mängel

31 Die eingetragene Zwangshypothek ist nur in Ausnahmefällen **nichtig**: So bei evidenter Verletzung grundlegender Vorschriften des Zwangsvollstreckungsrechts (z.B. Fehlen eines Vollstreckungstitels; Einstellung der Zwangsvollstreckung vor Eintragung der Zwangshypothek[90]); bei Eintragung trotz Vollstreckungsverbot des § 89 Abs. 1 InsO; bei Verstoß gegen Abs. 2 (unten Rn. 47 ff.) oder § 866 Abs. 3 ZPO (§ 866 Rn. 16) sowie bei Eintragungen, die nach ihrem Inhalt unzulässig sind. In diesen Fällen ist die Eintragung unwirksam und von Amts wegen zu löschen (§ 53 Abs. 1 Satz 2 GBO),[91] wenn sich die Unzulässig-

---

84 *Becker*, in: *Musielak*, ZPO, § 867 Rn. 3; zur Frage, auf welchem Titel nach einer Gläubigeranfechtung der Vermerk zu erfolgen hat vgl. *Alff*, Rpfleger 2003, 284, 285 f.
85 *Becker*, in: *Musielak*, ZPO, § 867 Rn. 6.
86 H.M., statt aller *Münzberg*, in: *Stein/Jonas*, ZPO, § 867 Rn. 40.
87 BGH, Urteil. v. 24.10.1962 – V ZR 27/61, BB 1963, 286; *Eickmann*, in: *MünchKomm*-ZPO, § 867 Rn. 49 m.w.N.
88 OLG Hamm, Beschl. v. 7.6.1983 – 15 W 139/83, Rpfleger 1983, 393.
89 Vgl. BayObLG, Beschl. v. 27.4.1995 – 2Z BR 31/95, Rpfleger 1995, 455.
90 BGH, Urteil. v. 18.12.1987 – V ZR 163/86, BGHZ 103, 30 = NJW 1988, 1026 = Rpfleger 1988, 181; *Hintzen*, Handbuch, Teil B, Rn. 127.
91 RG, Urteil. v. 18.3.1940 – V 169/39, RGZ 163, 121, 125; OLG Stuttgart, Beschl. v. 15.1.1971 – 8 W 6/71, NJW 1971, 898.

keit aus dem Eintragungsvermerk selbst (z. B. bei Verstößen gegen Abs. 2 oder § 866 Abs. 3 ZPO) oder den zulässigerweise in Bezug genommenen Eintragungsunterlagen ergibt.[92] Ist die Unzulässigkeit nach diesen Grundsätzen nicht ersichtlich, kommt bei Kenntnis des Grundbuchamtes von der inhaltlichen Unrichtigkeit nur ein Amtswiderspruch (§ 53 Abs. 1 Satz 1 GBO) in Betracht.[93]

32 Bei anderen Mängeln ist die Zwangshypothek nicht nichtig, sondern kann durch Nachholung der fehlenden Handlung **geheilt** werden. Beispiele für derartige Mängel: Die fehlerhafte Zustellung der Vollstreckungsklausel führt nicht zur Nichtigkeit des Vollstreckungsakts, wenn sie alsbald nachgeholt wird.[94] Der Nachweis der Zustellung einer als Sicherheit gestellten Bankbürgschaft kann nachgeholt werden.[95] Wird die Zwangshypothek im Wege der Sicherungsvollstreckung eingetragen, obwohl die Frist des § 750 Abs. 3 ZPO noch nicht abgelaufen war, tritt durch Fristablauf Heilung ein, wenn der Schuldner von seiner Abwendungsbefugnis keinen Gebrauch gemacht hat.[96]

33 In diesen Fällen ist die Zwangshypothek nach einer Auffassung[97] **auflösend bedingt** wirksam; ihre Eintragung wahrt den Rang, wenn die Bedingung nicht eintritt, d. h. wenn die Eintragung nicht auf Grund eines Rechtsbehelfs wegfällt. Nach der Gegenauffassung ist die Zwangshypothek dagegen **vorläufig unwirksam**, kann aber rückwirkend durch Nachholung der erforderlichen Handlung geheilt werden (zum Rang Rn. 34 f.).[98] Die letztere Auffassung überzeugt, denn die Gegenansicht vermischt den Unterschied zu einer ordnungsgemäß entstandenen Hypothek, nimmt dem Eigentümer die Möglichkeit des § 894 BGB (weil das Grundbuch nur in Bezug auf die Unbedingtheit, nicht aber hinsichtlich des Bestands des Rechts unrichtig wäre) und übersieht, dass es wegen der Nichtanwendbarkeit der §§ 766, 793 ZPO keinen Rechtsbehelf gibt, der den Bedingungseintritt ermöglichte.[99]

3. Rang der Zwangshypothek

34 Der Rang bestimmt sich nach der Reihenfolge der Eintragung ins Grundbuch, § 879 BGB.[100] Der Gläubiger kann vor einer bereits bestehenden Hypothek nur eingetragen werden, wenn deren Inhaber zustimmt oder dazu verurteilt wird; einer Zustimmung des Schuldners bedarf es nicht.[101] An einer vom Schuldner als Eigentümer vorbehaltenen Rangstelle (§ 881 BGB) kann der Gläubiger die Zwangshypothek nicht eintragen lassen, denn der Rangvorbe-

---

92 RG, Beschl. v. 31.3.1926 – V B 2/26, RGZ 113, 223, 229; BayObLG, Beschl. v. 14.11.1975 – 2 Z 63/75, WM 1976, 489; näher: BayObLG, Beschl. v. 27.3.1986 – 2 Z 102/85, Rpfleger 1986, 372; *Münzberg*, in: *Stein/Jonas*, ZPO, § 867 Rn. 57, 39.
93 BayObLG, Beschl. v. 27.3.1986 – 2 Z 102/85, Rpfleger 1986, 372.
94 OLG Schleswig-Holstein, Beschl. v. 14.1.1988 – 2 W 118/87, NJW-RR 1988, 700.
95 BayObLG, Beschl. v. 31.7.2003 – 2Z BR 13/03, Rpfleger 2003, 647.
96 OLG Hamm, Beschl. v. 23.1.1997 – 15 W 514/96 = Rpfleger 1997, 393.
97 OLG Frankfurt, Beschl. v. 22.7.1955 – 6 W 204/55 = MDR 1956, 111; *Dümig*, Rpfleger 2004, 1, 7 ff.; *Baumbach/Lauterbach/u. a.*, ZPO, § 867 Rn. 16.
98 OLG Hamm, Beschl. v. 23.1.1997 – 15 W 514/96, Rpfleger 1997, 393; BayObLG, Beschl. v. 14.11.1975 – 2 Z 63/75, Rpfleger 1976, 66; *Hüßtege*, in: *Thomas/Putzo*, ZPO, § 867 Rn. 10; *Becker*, in: *Musielak*, ZPO, § 867 Rn. 7.
99 *Eickmann*, in: *MünchKomm*-ZPO, § 867 Rn. 51.
100 Die Vorschriften der §§ 17, 45 GBO, die das Prioritätsprinzip des § 879 BGB grundbuchrechtlich verwirklichen sollen, sind bloße Ordnungsvorschriften; für den Rang der Zwangshypothek ist der Zeitpunkt des Eingangs des Eintragungsantrags daher nicht entscheidend; verstößt das Grundbuchamt gegen §§ 17, 45 GBO hat das fälschlicherweise zuerst eingetragene Recht den besseren Rang, dem benachteiligten Gläubiger bleibt nur ein Amtshaftungsanspruch (vgl. *Kutter*, in: *Staudinger*, BGB, § 879 Rn. 44, 47, 48).
101 *Baumbach/Lauterbach/u. a.*, ZPO, § 867 Rn. 17; *Münzberg*, in: *Stein/Jonas*, ZPO, § 867 Rn. 47.

halt ist weder selbständig übertragbar noch pfändbar, noch kann seine Ausübung einem anderen überlassen werden.[102]

Leidet die eingetragene Zwangshypothek an einem heilbaren Mangel (Rn. 32), ist nach allen Auffassungen eine rückwirkende Heilung mit der Folge möglich, dass sich der Rang nach dem Zeitpunkt der Eintragung richtet (ex tunc). Für die hier abgelehnte Meinung (Rn. 33), folgt dies schon daraus, dass die Zwangshypothek – wenn auch nur auflösend bedingt – mit der Eintragung entstanden ist.[103] Aber auch nach der überzeugenden Gegenauffassung, nach der die Zwangshypothek vorläufig unwirksam ist, ergibt sich nichts anderes, da insoweit § 879 Abs. 2 BGB analog angewandt werden kann, wobei an die Stelle der (nachträglichen) Einigung das Vorliegen der Vollstreckungsvoraussetzungen tritt.[104]   **35**

4. Rechtsstellung des Gläubigers

Die Eintragung der Zwangshypothek verschafft dem Gläubiger sowohl ein vorrangiges Recht gegenüber späteren – rechtsgeschäftlich bestellten oder per Zwang durchgesetzten – Hypotheken (§ 879 BGB), als auch einen besseren **Rang** in einem eventuellen späteren Zwangsversteigerung- oder -verwaltungsverfahren, § 10 Abs. 1 Nr. 4 ZVG. Befriedigt wird der Gläubiger durch die Zwangshypothek aber nicht, hierfür muss er noch die Zwangsversteigerung und/oder -verwaltung durchführen lassen. Will er die Zwangsversteigerung im Rang der Zwangshypothek betreiben, bedarf er hierfür nach Abs. 3 keines besonderen Duldungstitels (siehe Rn. 55 ff.).   **36**

Die Zwangshypothek bietet über diese Sicherungswirkung hinaus eine Reihe weiterer **Vorteile**:[105] Nicht nur erlangt der Gläubiger durch sie in der Zwangsversteigerung die Rechte eines Beteiligten (§ 9 ZVG) und die Möglichkeit der Geltendmachung des Löschungsanspruchs aus § 1179a BGB,[106] er kann auch ein Ablösungsrecht gegenüber den vorrangig eingetragenen Rechten ausüben (§§ 268, 1150 BGB);[107] ferner hat er das Recht, einem freihändigen Verkauf des Grundstücks gegen Zahlung der gesicherten Forderung zuzustimmen oder diesen zu verhindern. Schließlich hat er Anspruch auf Löschung einer vorrangig eingetragenen nichtigen Vormerkung.[108]   **37**

In der **Insolvenz** gibt die zuvor eingetragene Zwangshypothek ihrem Inhaber das Recht zur abgesonderten Befriedigung nach § 49 InsO.[109] Zu den Auswirkungen des § 88 InsO vgl. § 868 Rn. 9.   **38**

Hinsichtlich der **Einwendungen des Eigentümers** ist zu unterscheiden: Einwendungen gegen die **titulierte** Forderung (§ 1137 BGB) sind per Vollstreckungsabwehrklage (§ 767 ZPO) geltend zu machen. Ein Gutglaubensschutz nach § 1138 BGB besteht nach § 1185 Abs. 2 BGB nicht; jedoch kann der Eigentümer und ggf. auch ein Erwerber des Grundstücks (siehe Rn. 59) mit den Einreden nach §§ 767 Abs. 2, 796 Abs. 2 ZPO präkludiert sein. Einreden gegen den **Bestand** des dinglichen Rechts sind möglich, wobei streitig ist, ob sie nach § 766 ZPO[110] oder mit der Beschwerde nach § 71 GBO[111] geltend zu machen   **39**

---

102 BGH, Urteil. v. 4.2.1954 – IV ZR 120/53, BGHZ 12, 238; *Becker*, in: *Musielak*, Rn. 8; Schuscke/*Walker*, § 867 ZPO Rn. 11; kritisch *Münzberg*, in: *Stein/Jonas*, ZPO, § 767 Rn. 47.
103 *Stöber*, ZVG, Einleitung, Rn. 71.4.
104 OLG Schleswig-Holstein, Beschl. v. 14.1.1988 – 2 W 118/87, NJW-RR 88, 700; *Eickmann*, in: *MünchKomm*-ZPO, § 867 Rn. 51; *Hagemann*, Rpfleger 1982, 165, 169.
105 *Hintzen*, ZIP 1991, 474.
106 BGH, Urteil v. 11.7.1996 – IX ZR 226/94, NJW 1996, 3147 = Rpfleger 1997, 76.
107 LG Verden, Beschl. v. 7.3.1973 – 1 T 52/73, Rpfleger 1973, 296.
108 BGH, Urteil v. 11.7.1996 – IX ZR 226/94, NJW 1996, 3147 = Rpfleger 1997, 76.
109 *Becker*, in: *Musielak*, ZPO, § 867 Rn. 7.
110 *Stöber*, in: *Zöller*, ZPO, § 867 Rn. 22.
111 So BT-Drucks. 13/341, S. 38; *Behr*, JurBüro 2000, 230, 232.

sind. Geltend gemacht werden können Einreden aus **schuldrechtlichen Vereinbarungen**, vgl. § 1157 Satz 1 BGB; jedoch können diese durch gutgläubigen Erwerb „überwunden" werden, §§ 1157 Satz 2, 892 BGB. Einreden nach §§ **1137 Abs. 1, 770 BGB** sind nicht denkbar, da der Eigentümer stets der persönliche Schuldner ist.[112]

V. Rechtsbehelfe

40 Trotz der „Janusköpfigkeit" des Zwangshypothekverfahrens (Rn. 2, 4) geht die ganz h. M. hinsichtlich der statthaften Rechtsbehelfe davon aus, dass es sich um Entscheidungen des Grundbuchamtes handelt. Daher sind nicht die Rechtsbehelfe der ZPO, sondern die §§ 71 ff. GBO einschlägig.[113] Die Beteiligten können sich nach § 10 Abs. 2 FamFG vertreten lassen; mit Ausnahme des § 80 Abs. 1 Satz 2 GBO besteht kein Anwaltszwang. Die Bevollmächtigung bedarf grds. nicht der Form des § 29 GBO; Ausnahme: Verbindung des Antrages mit §§ 30 oder 31 GBO.[114]

1. Gläubiger

41 Gegen die Zurückweisung seines Antrags auf Eintragung der Zwangshypothek kann der Gläubiger (nur) die nicht fristgebundene Beschwerde nach § 11 Abs. 1 RPflG, § 71 Abs. 1 GBO erheben.[115] Wird auf die Beschwerde hin die Zurückweisung aufgehoben, leben zwar die Wirkungen des Eintragungsantrags wieder auf, da der Antrag wieder unerledigt ist (§§ 13, 17 GBO); die in der Zwischenzeit (für Dritte) eingetragenen Rechte bleiben dadurch aber unberührt und behalten ihren Rang;[116] ggf. kommen hier Amtshaftungsansprüche in Betracht.[117] Gegen die Beschwerdeentscheidung ist die **weitere Beschwerde** nach §§ 78 ff. GBO statthaft.[118]

42 Gegen rangwahrende Zwischenverfügungen nach § 18 GBO ist ebenfalls die Beschwerde nach § 71 Abs. 1 GBO möglich;[119] kein Rechtsbehelf besteht dagegen nach zutreffender Auffassung gegen nicht rangwahrende Aufklärungsverfügungen entsprechend § 139 ZPO.[120]

---

112 *Eickmann*, in: *MünchKomm*-ZPO, § 867 Rn. 55.
113 BayObLG, Beschl. v. 6.7.1994 – 2Z BR 42/94, Rpfleger 1995, 106; OLG Frankfurt, Beschl. v. 23.5.1997 – 20 W 166/97, NJW-RR 1998, 160; OLG Köln, Beschl. v. 11.8.2008 – 2 Wx 26/08, Rpfleger 2009, 78; OLG Köln, Beschl. v. 23.10.1995 – 2 Wx 32/95, Rpfleger 1996, 189; OLG Naumburg, Beschl. v. 6.3.1997 – 10 Wx 2/97, InVo 1998, 230; *Hüßtege*, in: *Thomas/Putzo*, ZPO, § 867 Rn. 20; *Eickmann*, in: *MünchKomm*-ZPO, § 867 Rn. 73; a. A. *Baumbach/Lauterbach/u.a.*, ZPO, § 867 Rn. 24.
114 OLG Zweibrücken, Beschl. v. 16.11.2000 – 3 W 191/00, Rpfleger 2001, 174: Die Wirksamkeit der Vollmacht müsse das Grundbuchamt von Amts wegen prüfen, nicht aber die des vorgelegten Vollmachtnachweises.
115 Hk-ZPO/*Kindl*, § 867 Rn. 25; *Stöber*, in: *Zöller*, ZPO, § 867 Rn. 24; a. A. *Baumbach/Lauterbach/u.a.*, ZPO, § 867 Rn. 24: sowohl sofortige Beschwerde nach §§ 567, 793 ZPO als auch § 71 GBO.
116 BayObLG, Beschl. v. 10.11.1982 – 2 Z 91/82, Rpfleger 1983, 101; *Becker*, in: *Musielak*, ZPO, § 867 Rn. 12.
117 Vgl. *Meyer-Stolte*, Rpfleger 1983, 102; siehe auch „Staatshaftung des Vollstreckungsgerichts".
118 RG, Beschl. v. 28.1.1909 – V 168/08, RGZ 70, 234; zur Form vgl. OLG Köln, Beschl. v. 23.10.1995 – 2 Wx 32/95, Rpfleger 1996, 189.
119 So auch *Eickmann*, in: *MünchKomm*-ZPO, § 867 Rn. 72; *Hintzen*, Handbuch, Teil B, Rn. 131.
120 BayObLG, Beschl. v. 29.12.2004 – 2Z BR 228/04, Rpfleger 2005, 250; LG Mainz, Beschl. v. 16.1.1991 – 8 T 264/90, Rpfleger 1991, 302; a.A. (Beschwerde nach § 71 Abs. 1 GBO statthaft): *Eickmann*, in: *MünchKomm*-ZPO, § 867 Rn. 72; *Gottwald*, ZVG, § 867 ZPO Rn. 25.

2. Schuldner

Nach ganz h.M. ist gegen die Eintragung der Zwangshypothek eine Erinnerung mit anschließender sofortiger Beschwerde nach §§ 766, 793 ZPO nicht statthaft.[121] Möglich ist nur eine **Beschwerde nach § 71 Abs. 2 Satz 2 GBO** (bzw. § 75 SchiffsregisterO).[122] Dem ist zuzustimmen, denn die Eintragung der Zwangshypothek ist verfahrensrechtlich dem Grundbuchverfahren zugewiesen. 43

Grundsätzlich kann diese Beschwerde nur darauf gerichtet sein, das Grundbuchamt anzuweisen, unter den Voraussetzungen des § 53 Abs. 1 GBO[123] einen Amtswiderspruch einzutragen oder eine inhaltlich unzulässige Eintragung zu löschen.[124] Grund hierfür ist, dass die Löschung einer Zwangshypothek, die möglicherweise von einem Dritten zuvor gutgläubig nach §§ 892, 1138 BGB erworben wurde, verhindert werden soll. **Ausnahmsweise** kann die Beschwerde auf Löschung einer inhaltlich zulässigen Eintragung gerichtet sein, und zwar dann, wenn nach dem konkreten Inhalt des Grundbuchs die Möglichkeit eines gutgläubigen Erwerbs sowohl für die Vergangenheit (weil eine entsprechende Eintragung fehlt) als auch für die Zukunft (infolge Eintragung eines Amtswiderspruchs) rechtlich ausgeschlossen ist.[125] Bei Einlegung einer nach § 72 Abs. 2 Satz 1 GBO unzulässigen Beschwerde hat das Gericht stets zu prüfen, ob mit dieser nicht zugleich wenigstens hilfsweise das – zulässige – beschränkte Ziel der Anweisung an das Grundbuchamt, einen Amtswiderspruch einzutragen oder eine Amtslöschung vorzunehmen, verfolgt wird.[126] 44

Gegen die die Eintragung betreffende Beschwerdeentscheidung ist die **weitere Beschwerde** nach §§ 78 ff. GBO möglich. Materiell-rechtliche Einwendungen kann der Schuldner nur im Verfahren nach § 767 ZPO geltend machen. 45

3. Dritte

Der wahre Eigentümer kann nach § 894 BGB und/oder § 771 ZPO vorgehen, wenn der Schuldner nur Bucheigentümer ist.[127] Der Drittwiderspruchsklage fehlt trotz Eintragung der Zwangshypothek nicht das Rechtsschutzbedürfnis, da angesichts der bloßen Sicherungswirkung der Zwangshypothek (Rn. 1; 46

---

121 S. Fn. 116.
122 OLG Zweibrücken, Beschl. v. 16.11.2000 – 3 W 191/00, Rpfleger 2001, 174; KG, Beschl. v. 3.2.1987 – 1 W 5441/86, Rpfleger 1987, 301; *Hüßtege*, *Thomas/Putzo*, ZPO, § 867 Rn. 19.
123 Das Grundbuchamt muss also bei Eintragung der Zwangshypothek gesetzliche Vorschriften auf den ihm unterbreiteten Sachverhalt unrichtig angewandt haben, BGH, Beschl. v. 13.7.1959 – V ZB 6/59, BGHZ 30, 255; OLG Schleswig-Holstein, Beschl. v. 18.1.2007 – 2 W 249/05, FGPrax 2007, 210; OLG Hamm, Beschl. v. 21.2.2005 – 15 W 34/05, Rpfleger 2005, 532; OLG Frankfurt, Beschl. v. 29.1.2007 – 20 W 366/06, NJW 2007, 3138 = NJW-RR 2007, 1248; *Münzberg*, Rpfleger 1990, 253; falsch ist die a. A. des OLG Celle, Beschl. v. 11.10.1989 – 4 W 279/89, Rpfleger 1990, 112, nach der es ausreichen soll, dass die Eintragung objektiv der Rechtsordnung widerspricht und das Grundbuch deshalb insoweit unrichtig ist. Diese Auffassung verkennt den Zweck des § 53 GBO, der nicht den durch die Unrichtigkeit Belasteten, sondern den Staat vor Amtshaftungsansprüchen schützen soll; eine Haftung nach § 839 BGB droht aber mangels Verschulden in diesen Fällen gar nicht (so auch *Eickmann*, IflR 2005, 827).
124 BayObLG, Beschl. v. 31.7.2003 – 2Z BR 13/03, Rpfleger 2003, 647; BayObLG, Beschl. v. 3.8.1982 – 2 Z 54/82, Rpfleger 1982, 466; OLG Sachsen-Anhalt, Beschl. v. 20.12.1999 – 11 Wx 11/99, NotBZ 2000, 193; *Gottwald*, ZVG, § 867 ZPO Rn. 25.
125 BGH, Beschl. v. 16.4.1975 – V ZB 22/74, BGHZ 64, 104; OLG Frankfurt, Beschl. v. 16.3.1998 – 20 W 101/98, JurBüro 1998, 381; KG, Beschl. v. 26.8.1998 – 1 W 2905/97, NJW-RR 1998, 447; *Hintzen*, Handbuch, Teil B, Rn. 129; *Becker*, in: Musielak, ZPO, § 867 Rn. 12.
126 OLG Naumburg, Beschl. v. 6.3.1997 – 10 Wx 2/97, InVo 1998, 230; *Lackmann*, Zwangsvollstreckungsrecht, Rn. 474.
127 *Hüßtege*, in: Thomas/Putzo, ZPO, § 867 Rn. 22.

§ 866 Rn. 2) die Zwangsvollstreckung nicht abgeschlossen ist.[128] Unter Vorlage des obsiegenden Urteils kann der Eigentümer einen Amtswiderspruch gegen die Zwangshypothek eintragen lassen; nach seiner Eintragung als Grundstückseigentümer kann er sodann die Zwangshypothek in eine Eigentümergrundschuld umschreiben lassen.[129]

VI. Mehrere Grundstücke, Abs. 2

1. Aufteilungserklärung

47 Nach Abs. 2 muss der Gläubiger den titulierten Forderungsbetrag aufteilen, wenn er mehrere rechtlich selbständige Grundstücke oder Miteigentumsanteile des Schuldners mit einer Hypothek belasten will. Dies muss schon im Antrag geschehen (vgl. unten Rn. 49). Die Aufteilungserklärung muss zwar schriftlich oder zu Protokoll der Geschäftsstelle erfolgen, bedarf aber nicht der Form des § 29 GBO.[130] Der Antrag muss **bestimmt** genug sein. Will der Gläubiger wegen mehrerer Forderungen aus verschiedenen Titeln in unterschiedliche Grundstücke vollstrecken, muss er deshalb hinsichtlich jeder eine Verteilungserklärung abgeben.[131] Nach dem eindeutigen Wortlaut muss der Gläubiger aber nicht eine Rangfolge angeben; bei Teilleistungen kann ggf. § 366 BGB angewandt werden.[132]

48 Über die Höhe der Teilbeträge entscheidet alleine der Gläubiger, an eine Zustimmung des Schuldners ist er nicht gebunden. Beschränkt wird sein Bestimmungsrecht nur dadurch, dass wegen Abs. 2 Satz 2 Hs. 2 i.V.m. § 866 Abs. 3 Satz 1 ZPO jede Einzelzwangshypothek die **Mindestsumme** von 750,01 €[133] erreichen muss. Erreicht eine oder mehrere der beantragten Einzelzwangshypotheken die Mindestsumme nicht, muss das Grundbuchamt den Antrag insoweit zurückweisen.

49 Hat der Gläubiger in seinem Antrag die erforderliche Aufteilung der Forderung nicht vorgenommen, muss das Grundbuchantrag den Antrag **zurückweisen**.[134] Eine rangwahrende Zwischenverfügung (§ 18 GBO) ist nicht möglich, da es sich bei der Aufteilungserklärung nicht um ein grundbuchmäßiges Antragserfordernis, sondern um eine Voraussetzung für den Beginn der Zwangsvollstreckung handelt.[135] Jedoch sollte das Grundbuchamt durch eine Aufklärungsverfügung (§ 139 ZPO) dem Gläubiger Gelegenheit zur Nachbesserung geben.[136] Die daraufhin u.U. erfolgende **nachträgliche Verteilungserklärung** des Gläubigers ist bloße Ergänzung des Eintragungsantrags und daher

---

128 RG, Urteil v. 4.12.1912 – V 352/12, RGZ 81, 64, 65; OLG Düsseldorf, Beschl. v. 27.1.1993 – 9 U 157/92, NJW-RR 1993, 1430; *Eickmann*, in: *MünchKomm-ZPO*, § 867 Rn. 74; vgl. BGH, Urteil v. 19.11.1987 – IX ZR 251/86, NJW 1988, 828.
129 *Schuschke/Walker*, § 867 ZPO Rn. 26.
130 RG, Beschl. v. 3.7.1909 – V 106/09, RGZ 71, 312; OLG Köln, Beschl. v. 28.10.1985 – 2 Wx 37/85, Rpfleger 1986, 91; *Gottwald*, ZVG, § 867 ZPO Rn. 19; *Böhringer*, BWNotZ 2003, 129, 130.
131 OLG Zweibrücken, Beschl. v. 13.7.2001 – 3 W 62/01, Rpfleger 2001, 586.
132 BGH, Beschl. v. 14.3.1991 – IX ZR 300/90, NJW 1991, 2022 = Rpfleger 1991, 903; *Hintzen*, EWiR 1991, 517.
133 Anders für Eintragungen, bei denen der Antrag beim Grundbuchamt bis zum 31.12.1998 einging, Schuscke/*Walker*, § 867 ZPO Rn. 21; zu den Motiven des Gesetzgebers vgl. BT-Drucks. 12/8314, S. 36.
134 LG Mannheim, Beschl. v. 28.2.1980 – 6 T 36/79, Rpfleger 1981, 406; OLG Zweibrücken, Beschl. v. 13.7.2001 – 3 W 62/01, Rpfleger 2001, 586.
135 BGH, Beschl. v. 23.5.1958 – V ZB 12/58, BGHZ 27, 310 = NJW 1958, 1090 = Rpfleger 1958, 216; OLG Düsseldorf, Beschl. v. 28.8.1989 – 3 Wx 381/89, Rpfleger 1990, 62.
136 Thüringer OLG, Beschl. v. 28.2.2002 – 6 W 787/01, Rpfleger 2002, 355; *Hk-ZPO/Kindl*, § 867 Rn. 21.

schriftlich bzw. zu Protokoll der Geschäftsstelle möglich; die früher vertretene Ansicht, dass es sich um eine grundbuchrechtlich formbedürftige teilweise Antragsrücknahme handelt, ist überholt.[137] Die nachträgliche Verteilungserklärung hat keine rückwirkend rangwahrende Wirkung, § 878 BGB gilt nicht; der **Rang** der Zwangshypothek richtet sich daher nach dem Zeitpunkt des Eingangs des die (nachträgliche) Verteilung enthaltenden Antrags beim Grundbuchamt.[138]

2. Verbot der Gesamtzwangshypothek

a) Der in Abs. 2 vorgesehene Aufteilungszwang schließt es grundsätzlich aus, im Wege der Zwangsvollstreckung eine **Gesamtzwangshypothek** an mehreren rechtlich selbständigen Grundstücken, Miteigentumsanteilen oder Erbbaurechten eintragen zu lassen. Der Gläubiger muss sich also entscheiden, ob er ein Grundstück mit der gesamten Forderung belasten, oder ob er die Forderung auf mehrere Grundstücke verteilen will.[139] Zweck dessen ist der Schutz anderer (nachrangiger) Gläubiger und des schuldnerischen Grundbesitzes vor übermäßiger Belastung sowie die Vermeidung der mit einer Gesamthypothek einhergehenden Schwierigkeiten in der Zwangsvollstreckung.[140] Das Verbot gilt nicht nur für ursprüngliche Gesamtzwangshypotheken, sondern auch für sog. Ausfallhypotheken,[141] bei denen die Zwangshypothek an einem Grundstück für den Fall bestellt wird, dass eine Zwangshypothek an einem anderen Grundstück ausfällt. Als unzulässige Umgehung anzusehen ist es ferner, wenn mehrere Grundstücke wegen derselben Forderung nacheinander per Zwangshypothek belastet werden sollen.[142] **50**

Besteht wegen derselben Forderung bereits an einem Grundstück eine Zwangshypothek[143] und lässt der Gläubiger an einem anderen Grundstück des Schuldners eine **zweite Zwangshypothek** eintragen, so ist nur diese zweite Eintragung unzulässig und von Amts wegen zu löschen (Rn. 54); die erste Zwangshypothek bleibt dagegen zulässig und darf nicht gelöscht werden.[144] In einem solchen Fall bleibt dem Gläubiger – will er wegen derselben Forderung an einem anderen Grundstück des Schuldners eine Zwangshypothek eingetragen haben – nichts anderes übrig, als zuvor auf die erste Zwangshypothek zu verzichten mit der Folge, dass eine Eigentümergrundschuld entsteht.[145] Der Verzicht wird erst mit Eintragung ins Grundbuch wirksam, § 1168 Abs. 2 Satz 1 BGB. Den durch den Verzicht eintretenden Rangverlust kann der Gläubiger ggf. dadurch abmildern, dass er nur z. T. auf die erste Zwangshypothek **51**

---

137 *Stöber*, in: *Zöller*, ZPO, § 867 Rn. 15; *Eickmann*, in: *MünchKomm*-ZPO, § 867 Rn. 62 m. w. N.
138 BGH, Beschl. v. 23.5.1958 – V ZB 12/58, BGHZ 27, 310 = NJW 1958, 1090 = Rpfleger 1958, 216.
139 *Hintzen*, Immobiliarzwangsvollstreckung, S. 42.
140 OLG Düsseldorf, Beschl. v. 28.8.1989 – 3 Wx 381/89, Rpfleger 1990, 62; OLG Stuttgart, Beschl. v. 15.1.1971 – 8 W 6/71, NJW 1971, 898.
141 OLG Stuttgart, B. v. 15.1.1971 – 8 W 6/71, NJW 1971, 898; LG Hechingen, Beschl. v. 15.9.1992 – 4 T 86/92, Rpfleger 1993, 169.
142 OLG Düsseldorf, Beschl. v. 28.8.1989 – 3 Wx 381/89, Rpfleger 1990, 62; *Hintzen*, EWiR, 1990, 201.
143 Zur „Konkurrenz" der Zwangshypothek zu einer bestehenden, rechtsgeschäftlich bestellten Hypothek/Grundschuld zugunsten des Gläubigers siehe Rn. 18 f.
144 LG München II, Beschl. v. 10.8.1988 – 6 T 1011/88, Rpfleger 1989, 96; LG Mannheim, Beschl. v. 28.2.1980 – 6 T 36/79, Rpfleger 1981, 406; *Schuschke/Walker*, § 867 ZPO Rn. 21; ob die Zulässigkeit des Zweitrechts durch Aufhebung oder Verzicht auf die erste Zwangshypothek erreicht werden kann, ist umstritten (bejahend: *Eickmann*, in: *MünchKomm*-BGB, § 867 ZPO Rn. 65; ablehnend: *Hintzen*, Handbuch, Teil B, Rn. 86).
145 *Bruder*, NJW 1990, 1163; nach Verzicht auf die erste Zwangshypothek kann der Gläubiger die zweite Zwangshypothek auch auf verschiedene Grundstücke unter Beachtung von Abs. 2 aufteilen.

verzichtet und den so frei gewordenen Betrag entsprechend Abs. 2 auf das andere Grundstück verteilt.[146] Die gleichen Grundsätze gelten, wenn die Zwangshypothek nur an einem Miteigentumsanteil eingetragen war und der Schuldner im Wege des Erbgangs auch den weiteren Miteigentumsanteil erwirbt: Die bestehende Zwangshypothek bleibt auf den früheren (jetzt fiktiven) Miteigentumsanteil beschränkt; eine Zwangshypothek am gesamten Grundstück kann nur durch vorherigen (ggf. teilweisen) Verzicht erreicht werden (str.).[147]

52 b) Abs. 2 ist **nicht anwendbar** bei § 848 Abs. 2 ZPO, § 648 BGB sowie §§ 128, 130 ZVG.[148] Nach umstrittener h.M. hindert Abs. 2 auch nicht die Eintragung einer einheitlichen Zwangshypothek im Beitrittsgebiet bei getrenntem Grundstücks- und Gebäudeeigentum (§ 78 SachRBerG; vgl. auch: „Gegenstände der Zwangsvollstreckung" Rn. 12 ff.).[149] Wird **nach** Eintragung der Zwangshypothek das belastete Grundstück **geteilt** (z. B. nach §§ 3, 8 WEG oder durch Aufteilung in Miteigentum), bleibt die Zwangshypothek als Gesamtrecht an den neu gebildeten Grundstücken/Miteigentumsanteilen bestehen.[150] Das gilt auch, wenn der Schuldner nach § 7 GBO oder nach § 8 WEG das Grundstück in der Weise aufteilt, dass er selbst das Eigentum an allen Teilen behält. Denn der Zweck des Abs. 2 – Schutz des Schuldners (Rn. 50) – passt nicht, wenn der Schuldner selbst die Gesamtbelastung herbeiführt.[151] Abs. 2 soll auch nicht entgegenstehen, wenn der Gläubiger, der z. T. auf ein Grundstück A bestehende Zwangshypothek verzichtet und die infolgedessen entstehende Eigentümergrundschuld anschließend gepfändet (§§ 857 Abs. 6, 830 ZPO) hat, hinsichtlich des aufgrund des Verzichts frei gewordenen Restbetrags der Forderung an Grundstück B eine Zwangshypothek eintragen lassen will.[152] Das überzeugt nicht.[153]

53 Wurden mehrere Eigentümer als **Gesamtschuldner** verurteilt, so hindert Abs. 2 nicht, dass der Gläubiger bei jedem Schuldner an je einem Grundstück (oder Wohnungseigentumsanteil) eine Zwangshypothek über den gesamten Betrag eintragen lässt.[154] Denn der Gläubiger hat die freie Wahl, auf welchen Schuldner er zurückgreift (§ 421 Satz 1 BGB). Wenn Miteigentümer gesamtschuldnerisch haften und am Anteil jedes Miteigentümers jeweils eine Zwangshypothek eingetragen wird, handelt es sich um eine – zulässige – Gesamtzwangshypothek.[155] Umgekehrt soll es bei **Gesamtgläubigern** möglich sein, dass für jeden

---

146 Vgl. OLG Oldenburg, Beschl. v. 1.11.1995 – 2 W 120/95, Rpfleger 1996, 242; *Stöber*, in: *Zöller*, ZPO, § 867 Rn. 19.
147 OLG Oldenburg, Beschl. v. 1.11.1995 – 2 W 120/95, Rpfleger 1996, 242; a.A. *Stöber*, ZVG, Einleitung, Rn. 68.11: Erstreckung der Zwangshypothek auf das Gesamtgrundstück möglich durch Eintragung auch auf dem hinzuerworbenen Miteigentumsanteil.
148 OLG Düsseldorf, Beschl. v. 28.3.1989 – 3 Wx 141/89, Rpfleger 1989, 339.
149 OLG Jena, Beschl. v. 14.7.1997 – 6 W 279/97, Rpfleger 1997, 432; OLG Brandenburg, Beschl. v. 29.8.1996 – 8 Wx 213/96, Rpfleger 1997, 61; a.A. LG Frankfurt (Oder), Beschl. v. 25.11.1996 – 16 T 372/96, Rpfleger 1997, 212.
150 Vgl. BayObLG, Beschl. v. 15.2.1996 – 2Z BR 102/95, Rpfleger 1996, 333; *Hintzen*, Handbuch, Teil B, § 867 ZPO Rn. 76.
151 *Eickmann*, in: *MünchKomm-ZPO*, § 867 Rn. 67 f.
152 LG Mainz, Beschl. v. 18.6.2002 – 8 T 312/01 (n.v.); so wohl auch *Hintzen*, Immobiliarzwangsvollstreckung, S. 44.
153 Ausf. *Fischinger*, WM 2009, 637, 639 f.
154 BGH, Beschl. v. 12.4.1961 – V ZR 91/59, NJW 1961, 1352 (obiter dictum); LG Duisburg, Beschl. v. 19.12.1980 – 2 T 237/80, JurBüro 1981, 624 mit zust. Anm. *Muth* (für Bruchteile); *Groß*, BWNotZ 1984, 111; *App*, BuW 2003, 815; will der Gläubiger bei einem der Gesamtschuldner auf *mehreren* Grundstücken eine Zwangshypothek eintragen lassen, muss aber natürlich *insoweit* das Aufteilungsprinzip des Abs. 2 beachtet werden.
155 BGH, Urteil v. 12.4.1961 – V ZR 91/59, NJW 1961, 1352; OLG Düsseldorf, Beschl. v. 25.7.2003 – 3 Wx 167/03, Rpfleger 2004, 39 (mit Anm. *Deimann*).

von ihnen eine Zwangshypothek eingetragen wird, da jeder von ihnen vom Schuldner die gesamte Leistung verlangen kann, § 428 Satz 1 BGB.[156]

3. Wirkungen

Folge der (zulässigen) Eintragung ist die Entstehung von Einzelzwangshypotheken an jedem der betroffenen Grundstücke entsprechend der vom Gläubiger vorgenommenen Aufteilung, Abs. 1 Satz 2. Wurde unzulässigerweise eine Gesamthypothek eingetragen, so entsteht diese nicht, ein gutgläubiger Erwerb daran ist nicht möglich.[157] Zur Löschung oder Eintragung eines Widerspruchs von Amts wegen vgl. Rn. 31.

VII. Entbehrlichkeit eines gesonderten Duldungstitels, Abs. 3

Durch die Zwangshypothek erlangt der Gläubiger keine Befriedigung, sondern lediglich eine Sicherung seines titulierten Anspruchs (Rn. 1; § 866 Rn. 2). Zur Befriedigung ist meist noch die Durchführung der Zwangsversteigerung und[158]/oder der Zwangsverwaltung erforderlich. Vor Einführung des Abs. 3 benötigte der Gläubiger nach h. M.[159] hierfür stets einen weiteren dinglichen Duldungstitel (§ 1147 BGB). Zum 1.1.1999[160] hat der Gesetzgeber dieses zu unnötigen Verzögerungen und zusätzlichen Verfahrenskosten führende Erfordernis weitgehend abgeschafft.[161] Will der Gläubiger nun das Zwangsversteigerungsverfahren im Rang des dinglichen Anspruchs der Zwangshypothek (§ 10 Abs. 1 Nr. 4, 5 ZVG) durchführen, genügt der ursprüngliche Vollstreckungstitel zusammen mit dem Vermerk der Eintragung der Zwangshypothek (Abs. 1 Satz 1 Hs. 2).[162] Dieser Titel muss nicht erneut zugestellt werden.[163]

Wegen Abs. 3 bedarf es richtigerweise weder eines besonderen Duldungstitels noch einer Titelumschreibung nach § 727 ZPO, wenn es um die Fortsetzung der bereits gegen den Erblasser begonnenen Vollstreckung (§ 779 ZPO) gegen den **Erben** geht.[164] Bei sonstigen Gesamtrechtsnachfolgern ist dagegen Titelumschreibung und Zustellung nach § 750 Abs. 2 ZPO erforderlich.[165]

---

156 BGH, Urteil v. 4.3.1959 – V ZR 181/57, BGHZ 29, 363 = NJW 1959, 984 = Rpfleger 1959, 154 (für rechtsgeschäftlich bestellte Hypothek); *Hintzen*, Handbuch, Teil B, Rn. 79.
157 *Eickmann*, in: *MünchKomm*-ZPO, § 867 Rn. 63; *Münzberg*, in: *Stein/Jonas*, ZPO, § 867 Rn. 56; oben Rn. 30.
158 Vgl. § 866 Rn. 5.
159 BGH, Urteil v. 22.6.1966 – VIII ZR 50/66, NJW 1966, 2009; OLG München, Beschl. v. 30.3.1984 – 25 W 3123/83, Rpfleger 1984, 325.
160 Die Neuregelung gilt auch wenn die Zwangshypothek vor dem 1.1.1999 eingetragen wurde, *Münzberg*, in: *Stein/Jonas*, ZPO, § 867 Rn. 49 mit Fn. 242.
161 BT-Drucks. 12/8314, S. 38.
162 Eine Duldungsklage ist damit grds. wegen fehlendem Rechtsschutzbedürfnis unzulässig (*Baumbach/Lauterbach/u. a.*, ZPO, § 867 Rn. 23; *Kiderlen/Storz*, A 1.2.2.). Etwas anderes gilt, wenn der Schuldner Einreden aus §§ 1156, 1157 BGB gegen den Duldungsanspruch erhebt, *Becker*, in: *Musielak*, ZPO, § 867 Rn. 11; *Hintzen*, Handbuch, Teil B, Rn. 156.
163 *Stöber*, in: *Zöller*, ZPO, § 867 Rn. 20; *Behr*, JurBüro 2000, 230, 232.
164 *Münzberg*, in: *Stein/Jonas*, ZPO, § 867 Rn. 49; die Gegenauffassung von *Stöber*, in: *Zöller*, ZPO, § 867 Rn. 20, der die Titelumschreibung (§ 727 ZPO) sowie Zustellung nach § 750 Abs. 2 ZPO verlangt, überzeugt nicht; denn in der vorliegenden Konstellation ist § 779 ZPO einschlägig, für den es nach h. M. ausreicht, dass die Zwangsvollstreckung gegen den Erblasser bereits begonnen hatte, ohne dass es auf die konkrete einzelne Zwangsvollstreckungsmaßnahme ankäme (LG München I, Beschl. v. 2.11.1978 – 20 T 11029/78, MDR 1979, 853; LG Dusiburg, Beschl. v. 2.11.1972 – 9 T 417/72, NJW 1973, 374); greift somit § 779 ZPO, ist eine Titelumschreibung entbehrlich (h. M. vgl. LG Stuttgart, Beschl. v. 14.10.1986 – 2 T 694/86, DGVZ 1987, 12; LG Meiningen, Beschl. v. 14.11.2006 – 4 T 278/06, Rpfleger 2007, 217 m. w. N.).
165 Hk-ZPO/*Kindl*, § 867 Rn. 24.

57 Als Folge von Abs. 3 kann der Schuldner **Einwendungen** gegen die Zwangshypothek nicht mehr im Rahmen der Duldungsklage geltend machen. Einwendungen gegen die Forderung (§§ 1137, 1184 BGB) sowie materielle Einwendungen gegen den dinglichen Anspruch (§ 1157 BGB) sind per Vollstreckungsabwehrklage (§ 767 ZPO) geltend zu machen.[166] Ob Einwendungen gegen den dinglichen Anspruch betreffend Verfahrensfehler mit der Erinnerung nach § 766 ZPO[167] oder mit der Beschwerde nach § 71 GBO[168] geltend zu machen sind, ist umstritten.

58 Angesichts seines engen Wortlauts ist Abs. 3 **nicht anwendbar** bei der Zwangsversteigerung durch einen Gläubiger, der ein Grundpfandrecht nach § 830 ZPO gepfändet hat (aber Titelumschreibung nach § 727 ZPO möglich);[169] bei **Arresthypotheken** (e contrario §§ 932 Abs. 2, 931 Abs. 6 Satz 2 BGB);[170] bei der Zwangsverwaltung, da hier der Titel über den persönlichen Anspruch genügt und nach § 155 Abs. 2 ZVG die Überschüsse aus den Nutzungen auf die in § 10 Abs. 1 Nr. 1 bis 5 ZVG bezeichneten Ansprüche verteilt werden.[171] Ob Abs. 3, 1 Satz 1 Hs. 2 bei Sicherungshypotheken, die nach § **848 Abs. 2 Satz 2 ZPO** nach Pfändung des Übereignungsanspruchs (resp. Anwartschaftsrechts) kraft Gesetzes per dinglicher Surrogation entstehen, analog angewandt werden können, ist streitig. Entgegen der bis dato – soweit ersichtlich – einhelligen Meinung in der Literatur[172] bejaht dies das LG Stuttgart.[173] Dies überzeugt, da nicht ersichtlich ist, warum eine auf diese Weise entstandene Zwangshypothek insoweit anders zu behandeln sein soll als eine im Rahmen der Immobiliarvollstreckung entstandene Zwangshypothek. Auch spricht der Zweck der Schaffung des Abs. 3 – Vermeidung eines zeit- und kostenintensiven Duldungstitelprozesses – für eine Anwendung auf § 848 Abs. 2 Satz 2 ZPO.[174]

59 Abs. 3 ist ferner **nicht anwendbar**, wenn der Gläubiger im Rang der Zwangshypothek gegen einen **Dritten** vollstrecken will, der das Grundstück nach Eintragung der Zwangshypothek erworben hat.[175] Das folgt aus § 17 Abs. 1 ZVG bzw. aus § 323 AO. Ohne Weiteres ist daher eine Vollstreckung gegen den Erwerber unstreitig nicht möglich. Offen gelassen hat der BGH aber, ob der Gläubiger die Zwangsversteigerung nur betreiben kann, wenn er gegen den neuen Eigentümer einen gesonderten Duldungstitel erwirbt oder ob es genügt, den in Abs. 3 genannten Titel nach § 727 ZPO auf den neuen Eigentümer umzuschreiben. Die wohl h.L. lehnt den einfacheren Weg der Titelumschreibung nach § 727 ZPO ab, da der Erwerber nicht Rechtsnachfolger des im Zahlungstitel genannten Schuldners sei.[176] Aber: Auch wenn der ursprüngliche Vollstreckungstitel wegen § 325 ZPO keine Rechtskraftwirkung zwischen Gläubiger und Drittem entfaltet, müsse der Gläubiger im Duldungsprozess gegen den Dritten die rechtskräftig festgelegte Forderung grds. nicht darlegen

---

166 *Gottwald*, ZVG, § 867 ZPO Rn. 23.
167 *Stöber*, in: *Zöller*, ZPO, § 867 ZPO Rn. 22.
168 So BT-Drucks. 13/341, S. 38; *Behr*, JurBüro 2000, 230, 232.
169 *Becker*, in: *Musielak*, ZPO, § 867 Rn. 11.
170 OLG Köln, Beschl. v. 24.3.2004 – 2 Wx 34/03, Rpfleger 2004, 478.
171 BT-Drucks. 12/8314, S. 38 f.; BGH, Urteil v. 13.3.2008 – IX ZR 119/06, NJW 2008, 1599 = Rpfleger 2008, 429 = WM 2008, 801; *Hüßtege*, in: *Thomas/Putzo*, ZPO, § 867 Rn. 18; *Hornung*, Rpfleger 1998, 381, 402; a. A. *Stöber*, in: *Zöller*, ZPO, § 867 Rn. 20.
172 *Gottwald*, ZVG, § 867 Rn. 23; *Becker*, in: *Musielak*, ZPO, § 867 Rn. 11.
173 LG Stuttgart, Beschl. v. 8.9.2003 – 1 T 58/03 (n.v.).
174 Näher *Fischinger*, WM 2009, 637, 641.
175 BGH, Urteil v. 25.1.2007 – V ZB 125/05, BGHZ 170, 378 = NJW 2007, 2993 = Rpfleger 2007, 333; *Hüßtege*, in: *Thomas/Putzo*, ZPO, Rn. 18; *Becker*, in: *Musielak*, ZPO, § 867 Rn. 11.
176 LG Kassel, Beschl. v. 27.10.2009 – 3 T 518/09 (n. v.), *Stöber*, in: *Zöller*, ZPO, § 867 Rn. 20; *ders.*, Einleitung, Rn. 69.1; *Münzberg*, in: *Stein/Jonas*, ZPO, § 867 Rn. 49; BT-Drucks. 12/8314, S. 38.

und beweisen.[177] Ferner könne der erwerbende Dritte grds. nur die nach § 767 Abs. 2 ZPO oder § 796 Abs. 2 ZPO zulässigen Einwendungen vorbringen, da er nicht besser stehen soll als der Vollstreckungsschuldner selbst stünde.[178] Etwas anderes gelte jeweils nur, wenn der Vollstreckungstitel deshalb nicht rechtskraftfähig ist, weil nicht erkennbar ist, über welchen Anspruch das Gericht entschieden hat.[179] Die Auffassung der h.L. überzeugt nicht,[180] es genügt vielmehr eine Umschreibung (§ 727 ZPO) des in Abs. 3 verkörperten dinglichen Anspruchs; denn insoweit ist der Erwerber Rechtsnachfolger des ursprünglichen dinglichen Schuldners. § 17 ZVG steht nicht entgegen, führt die Titelumschreibung doch gerade dazu, dass der im Titel Ausgewiesene und im Grundbuch Eingetragene identisch sind.

Abs. 3 gilt schließlich auch dann nicht, wenn der Inhaber der Zwangshypothek aus dieser nicht die Zwangsversteigerung betreiben, sondern sich durch die **Pfändung** von zum Haftungsverband der Hypothek gehörenden **Mietforderungen** befriedigen will.[181]

VIII. Gebühren

Siehe § 866 Rn. 17 f.

---

177 BGH, Urteil. v. 19.11.1987 – IX ZR 251/86, NJW 1988, 828; zum Sonderfall der Sicherung einer Forderung aus einem nach Eintragung der Zwangshypothek geschlossenen Prozessvergleich vgl. OLG Karlsruhe, Urteil v. 17.12.1998 – 19 U 95/97, InVO 2000, 356.
178 BGH, Urteil v. 19.11.1987 – IX ZR 251/86, NJW 1988, 828; *Eickmann*, in: *MünchKomm*-ZPO, § 867 Rn. 54 m.w.N. auch zur Gegenauffassung.
179 BGH, Urteil v. 18.11.1993 – IX ZR 244/92, BGHZ 124, 164 = NJW 1994, 460.
180 *Fischinger*, WM 2009, 637, 640 f.; Hintzen, Handbuch, Teil B, Rn. 157; *Alff*, Rpfleger 2001, 385, 394; *Dümig*, Rpfleger 2004, 3, 10.
181 BGH, Urteil v. 13.3.2008 – IX ZR 119/06, NJW 2008, 1599 = Rpfleger 2008, 429 = WM 2008, 801; *Fischinger*, WM 2009, 637, 640.

§ 868 ZPO   Erwerb der Zwangshypothek durch den Eigentümer

(1) Wird durch eine vollstreckbare Entscheidung die zu vollstreckende Entscheidung oder ihre vorläufige Vollstreckbarkeit aufgehoben oder die Zwangsvollstreckung für unzulässig erklärt oder deren Einstellung angeordnet, so erwirbt der Eigentümer des Grundstücks die Hypothek.

(2) Das Gleiche gilt, wenn durch eine gerichtliche Entscheidung die einstweilige Einstellung der Vollstreckung und zugleich die Aufhebung der erfolgten Vollstreckungsmaßregeln angeordnet wird oder wenn die zur Abwendung der Vollstreckung nachgelassene Sicherheitsleistung oder Hinterlegung erfolgt.

Übersicht

		Rn.
I.	Zweck; Verhältnis zum BGB; Anwendungsbereich	1–3
II.	Voraussetzungen	4–9
III.	Rechtsfolgen	10–14
1.	Eigentümergrundschuld	10–12
2.	Aufhebung der Entscheidung	13, 14
IV.	Grundbuchberichtigung	15–17

I. Zweck; Verhältnis zum BGB; Anwendungsbereich

1   Ist die Zwangshypothek entstanden, sind auf sie alle Vorschriften des BGB über die Sicherungshypothek anwendbar (§ 867 Rn. 29). Dazu zählen auch die Normen, die die Umwandlung der Sicherungshypothek in eine Eigentümergrundschuld vorsehen. § 868 ergänzt diese Regelungen, indem er anordnet, dass bei Wegfall oder Hemmung des vollstreckbaren Titels die Zwangshypothek – anders als andere Vollstreckungsmaßnahmen – nicht nach § 776 ZPO aufzuheben ist, sondern diese sich kraft Gesetzes in eine Eigentümergrundschuld (§ 1177 Abs. 1 BGB) wandelt. § 868 ZPO bewirkt damit eine **Harmonisierung** der Zwangshypothek mit dem sachenrechtlichen System des BGB.[1]

2   Das **materielle Recht** sieht einen Übergang der (Zwangs-)Hypothek in eine Eigentümergrundschuld in mehreren Fällen vor: bestand die gesicherte Forderung von Anfang an nicht, lag stets eine Eigentümergrundschuld vor, § 1163 Abs. 1 Satz 1 BGB. Erlischt die Forderung später, entsteht eine Eigentümergrundschuld, § 1163 Abs. 1 Satz 2 BGB, und zwar angesichts der rein materiell-rechtlichen Ausrichtung des § 1163 BGB richtigerweise auch dann, wenn der Titel bestehen bleibt.[2] Eine Eigentümergrundschuld entsteht ferner in den Fällen der §§ 1170, 1171 BGB, bei Verzicht des Hypothekengläubigers (§ 1168 BGB) sowie bei Konsolidation (§ 889 BGB).

3   § 868 ZPO ist auch in der Verwaltungsvollstreckung **anwendbar** (§§ 322 Abs. 1 Satz 2 AO, 6 Abs. 1 Nr. 1 JBeitrO), nicht aber nach §§ 894 f. ZPO eingetragene Hypotheken[3] oder auf gemäß § 885 ZPO eingetragene Vormerkungen zur Sicherung des Anspruchs auf Eintragung einer Sicherungshypothek.[4]

---

1   *Eickmann*, in: MünchKomm-ZPO, § 868 Rn. 1; *Hk-ZPO/Kindl*, § 868 Rn. 1.
2   *Münzberg*, in: Stein/Jonas, ZPO, § 868 Rn. 7; a.A. BGH, Urteil v. 15.12.1994 – IX ZR 255/93, NJW 1995, 1162 = Rpfleger 1995, 366 (obiter dictum).
3   *Münzberg*, in: Stein/Jonas, ZPO, § 868 Rn. 2.
4   BayObLG, Beschl. v. 6.3.1980 – 2 Z 2/80, Rpfleger 1980, 294.

II. Voraussetzungen

§ 868 ZPO ist nur anwendbar, wenn die Zwangshypothek wirksam entstanden ist und nicht bereits dem Eigentümer zusteht.[5] Die Voraussetzungen des § 868 BGB entsprechen den §§ 775 Nr. 1–3, 776 Satz 2. Hs. 2 ZPO. Die Vorgänge der § 775 Nr. 4, 5 ZPO haben hingegen keine Auswirkungen auf die bereits entstandene Zwangshypothek.[6] Im Einzelnen: 4

Aufhebung des Titels usw. (Abs. 1): Abs. 1 rekurriert auf § 775 Nr. 1. Erforderlich ist das Vorliegen einer gerichtlichen Entscheidung.[7] Der Abschluss eines Prozessvergleichs reicht für Abs. 1 nicht aus;[8] verpflichtet sich der Gläubiger in dem Vergleich, keine Zwangsvollstreckung mehr durchzuführen, kann darin aber bereits ein Verzicht auf die Hypothek zu sehen sein; jedenfalls begründet der Vergleich eine dauernde Einrede des Eigentümers gegen die Zwangsvollstreckung aus der Hypothek, kraft derer er vom Gläubiger den Verzicht auf die Hypothek verlangen kann.[9] Abs. 1 erfasst gerichtliche Hauptsacheentscheidungen nach §§ 732, 767, 768, 771 ZPO sowie die Aufhebung der vorläufigen Vollstreckbarkeit nach § 718 ZPO. Abs. 1 gilt ferner für die Arresthypothek (§ 932 Abs. 2 ZPO), wenn der Arrest durch eine vollstreckbare Entscheidung (z. B. § 927 ZPO) aufgehoben wird.   5

Einstweilige Einstellung usw. (Abs. 2 Alt. 1): Gemeint sind die Fälle der §§ 707, 719, 769, 771 ZPO,[10] vgl. § 775 Nr. 2 ZPO[11]; anders als bei Abs. 1 ist zusätzlich erforderlich, dass das Gericht nach § 776 Satz 2 Hs. 2 ZPO vorgeht. Hat das Gericht darüber hinausgehend angeordnet, dass die Einstellung nur gegen Sicherheitsleistung erfolgt, muss diese Sicherheit geleistet sein.[12]   6

Sicherheitsleistung/Hinterlegung (Abs. 2 Alt. 2): Erfasst sind die Fälle des § 775 Nr. 3 ZPO, d. h. die §§ 711, 712, 720a Abs. 3 ZPO, beim Arrest § 923 ZPO.[13]   7

§ 868 ZPO gilt **analog**, wenn die Vollstreckung **kraft Gesetzes** nachträglich unzulässig oder materiell unwirksam wird.[14] Beispiel: Der Kostenfestsetzungsbeschluss wird wegen Wegfalls der Kostengrundentscheidung wirkungslos, nachdem aus ihm vollstreckt wurde.[15]   8

Nach Auffassung des BGH[16] führt die **Rückschlagsperre des § 88 InsO** dazu, dass die Zwangshypothek mit Eröffnung des Insolvenzverfahrens absolut unwirksam wird. Jedoch soll die noch eingetragene[17] Zwangshypothek entsprechend § 185 Abs. 2 Satz 1 Alt. 2 BGB[18] mit Freigabe des belasteten Grundstücks aus der Insolvenzmasse durch den Insolvenzverwalter wieder   9

---

5 *Hüßtege*, in: *Thomas/Putzo*, ZPO, § 868 Rn. 1; *Münzberg*, in: *Stein/Jonas*, ZPO, § 868 Rn. 1.
6 *Eickmann*, in: *MünchKomm*-ZPO, § 868 Rn. 5.
7 Vgl. OLG Brandenburg, Beschl. v. 23.4.2001 – 8 Wx 12/01, Rpfleger 2001, 487.
8 BayObLG, Beschl. v. 29.5.1998 – 2Z BR 91/98, Rpfleger 1998, 437.
9 BayObLG, Beschl. v. 29.5.1998 – 2Z BR 91/98, Rpfleger 1998, 437.
10 Nicht erfasst ist dagegen § 766, da dieser bei der Zwangshypothek nicht anwendbar ist (§ 867 Rn. 43).
11 Dazu OLG Celle, Beschl. v. 9.9.1997 – 4 W 179/97, InVO 1998, 233.
12 *Münzberg*, in: *Stein/Jonas*, ZPO, § 868 Rn. 5.
13 *Becker*, in: *Musielak*, ZPO, § 868 Rn. 4.
14 Hk-ZPO/*Kindl*, § 868 Rn. 2 m. w. N.
15 *Eickmann*, in: *MünchKomm*-ZPO, § 868 Rn. 8.
16 BGH, Urteil v. 19.1.2006 – IX ZR 232/04, BGHZ 166, 74 = NJW 2006, 1286 = Rpfleger 2006, 253; zum Sonderfall der Insolvenz nur eines Eigentümers bei einer ausnahmsweise zulässigen (§ 867 Rn. 53) Gesamtzwangshypothek vgl. *Deimann*, Rpfleger 2004, 40 f.
17 Wurde die Zwangshypothek zwischenzeitlich gelöscht, soll nur eine Neubestellung möglich sein.
18 Zur analogen Anwendung auf Fälle, in denen der Verfügende ohne Verfügungsmacht handelte, diese aber nachträglich wiedererlangte vgl. BGH, Urteil v. 18.6.1993 – V ZR 47/92, BGHZ 123, 58 = NJW 1993, 2525 = NJW 1993, 2525.

wirksam werden. Beides überzeugt nicht, vielmehr ist analog § 868 ZPO von der Entstehung einer Eigentümergrundschuld auszugehen.[19]

III. Rechtsfolgen

1. Eigentümergrundschuld

10 Als Rechtsfolge des § 868 ZPO erwirbt der Eigentümer die Zwangshypothek kraft Gesetzes, d. h. **ohne** dass es einer **Eintragung** bedarf. Dies erfolgt in den Fällen des Abs. 1 und Abs. 2 Alt. 1 mit Verkündung der Entscheidung und bei Abs. 2 Alt. 2 mit der Sicherheitsleistung/Hinterlegung; wie schon der Vergleich mit dem Wortlaut des § 775 ZPO zeigt, bedarf es also keiner Vorlage der Entscheidung bzw. keines Nachweises für die Stellung der Sicherheitsleistung. Die Zwangshypothek wird als Eigentümergrundschuld (§ 1177 Abs. 1 BGB) mit den Beschränkungen des § 1197 Abs. 1 BGB von demjenigen erworben, der zum maßgeblichen Zeitpunkt **wahrer** Eigentümer des Grundstücks ist. Ein gutgläubiger Erwerb der Eigentümergrundschuld durch den nur Buchberechtigten ist also nicht möglich.[20]

11 Der Eigentümer erwirbt das Recht wie eingetragen, d. h. mit allen Haupt- und Nebenansprüchen. Liegen die Voraussetzungen des § 868 ZPO aber nur hinsichtlich eines Teils der Zwangshypothek vor, entsteht auch nur insoweit eine Eigentümergrundschuld; im Übrigen bleibt die Zwangshypothek bestehen und geht im Wege der Gesamtanalogie zu den §§ 1176, 268 Abs. 3 Satz 3, 774 Abs. 1 Satz 2 BGB, § 128 Abs. 3 Satz 2 ZVG der Eigentümergrundschuld vor.[21]

12 Wurde eine – ausnahmsweise zulässige – **Gesamtzwangshypothek** an Grundstücken mehrerer Gesamtschuldner (dazu § 867 Rn. 53) bestellt, erwerben im Falle des § 868 ZPO alle Eigentümer entsprechend § 1175 Abs. 1 Satz 1 BGB eine Gesamtgrundschuld.[22] Liegen die Voraussetzungen des § 868 ZPO dagegen nur bzgl. eines Gesamtschuldners vor, erlischt die Hypothek an seinem Grundstück analog § 1175 Abs. 1 Satz 2 BGB und bleibt im Übrigen bestehen.[23] Befriedigt einer der Eigentümer den Gläubiger, gilt § 1173 BGB.[24]

2. Aufhebung der Entscheidung

13 Wird die die Rechtsfolgen des § 868 ZPO auslösende gerichtliche Entscheidung selbst wieder aufgehoben, führt dies nach allgemeiner Meinung **nicht** zu einer Rückverwandlung der Eigentümergrundschuld in eine Zwangshypothek.[25] Das ist sachgerecht, weil in § 868 ZPO keine derartige „Rückabwicklung" vorgesehen ist und dies im Übrigen auch keine unbillige Härte für den Gläubiger bedeutet, wäre doch – ohne § 868 ZPO – seine Zwangshypothek längst nach § 776 ZPO aufgehoben worden. Der Gläubiger kann nur die bestehende Eigentümergrundschuld nach § 857 ZPO pfänden.[26]

---

19 BayObLG, Beschl. v. 15.6.2000 – 2Z BR 46/00, Rpfleger 2000, 448; *Demharter*, Anhang § 44 Rn. 66; *Eickmann*, in: *MünchKomm*-ZPO, § 868 Rn. 9f.; *Fischinger*, WM 2009, 637, 642 m.w.N.
20 KG, Beschl. v. 11.7.2006 – 1 W 113/06, Rpfleger 2006, 602; *Eickmann*, in: *MünchKomm*-ZPO, § 868, Rn. 14.
21 *Eickmann*, in: *MünchKomm*-ZPO, § 868 Rn. 17; *Hk*-ZPO/*Kindl*, § 868 Rn. 4.
22 *Deimann*, Rpfleger 2000, 193, 195.
23 *Münzberg*, in: *Stein/Jonas*, ZPO, § 868 Rn. 6.
24 *Eickmann*, in: *MünchKomm*-ZPO, § 868 Rn. 15.
25 BGH, Urteil v. 19.1.2006 – IX ZR 232/04, BGHZ 166, 74 = NJW 2006, 1286 = Rpfleger 2006, 253; KG, Beschl. v. 11.7.1980 – 1 W 2535/80, Rpfleger 1981, 119.
26 BGH, Urteil v. 19.1.2006 – IX ZR 232/04, BGHZ 166, 74 = NJW 2006, 1286 = Rpfleger 2006, 253; *Hüßtege*, in: *Thomas/Putzo*, ZPO, § 868 Rn. 2.

Der im Wege des § 868 ZPO seine Sicherung verlierende Gläubiger hat nach **14** Aufhebung der Entscheidung gegen den Schuldner weder einen Anspruch aus § 717 Abs. 3 Satz 2 ZPO[27] noch aus § 812 BGB.[28]

IV. Grundbuchberichtigung

Da die Umwandlung in die Eigentümergrundschuld kraft Gesetzes außerhalb **15** des Grundbuches erfolgt, wird dieses unrichtig. Will der Eigentümer das Grundbuch berichtigen lassen, ist danach zu unterscheiden, ob der Erwerb aus verfahrensrechtlichen Gründen oder nach materiellem Recht erfolgte:

Beim Erwerb nach **Abs. 1** und **Abs. 2 Alt. 1**. genügt die Vorlage der Ausferti- **16** gung der gerichtlichen Entscheidung, §§ 22, 29 Abs. 1 Satz 2 GBO. Einer Klage nach § 894 BGB fehlt das Rechtsschutzbedürfnis.[29] Bei **Abs. 2 Alt. 2** stellt sich dagegen die Schwierigkeit, dass zwar durch Vorlage der Hinterlegungsbescheinigung die Sicherheitsleistung in der Form des § 29 Abs. 1 Satz 2 GBO belegt werden kann, der Nachweis, dass der Gläubiger von seiner Abwendungsbefugnis keinen Gebrauch gemacht hat, aber kaum geführt werden kann.[30] Der Schuldner muss deshalb darauf dringen, dass der Gläubiger der Berichtigung zustimmt, § 19 GBO; ggf. muss er ihn darauf (§ 894 BGB) verklagen.[31]

Behauptet der Eigentümer einen Erwerb nach **materiellem Recht** (z. B. ein **17** Erlöschen der Forderung mit der Folge des § 1163 Abs. 1 Satz 2 BGB [Rn. 2]), muss er nach § 767 ZPO vorgehen, da in diesem Vortrag zugleich ein Angriff auf den titulierten Anspruch zu sehen ist.[32] Damit verbinden kann er die Klage auf Abgabe der Löschungsbewilligung nach § 894 BGB.[33] Zu beachten sind aber die Beschränkungen der §§ 767 Abs. 2, 796 Abs. 2 ZPO.[34]

---

27 BGH, Urteil v. 15.2.1971 – III ZR 123/67, MDR 1971, 378; *Münzberg*, in: Stein/Jonas, ZPO, § 868 Rn. 4.
28 BGH, Urteil v. 30.4.1976 – V ZR 200/74, NJW 1977, 48; BGH, Urteil v. 19.1.2006 – IX ZR 232/04, BGHZ 166, 74 = NJW 2006, 1286 = Rpfleger 2006, 253; *Stöber*, in: Zöller, ZPO, § 868 Rn. 4.
29 Die Form des § 29 I GBO hat auch das Beschwerdegericht zu beachten, wenn es dem Grundbuchamt bindende Anweisungen für das weitere Verfahren erteilt, OLG Köln, Beschluss v. 11.8.2008 – 2 Wx 26/08, Rpfleger 2009, 78.
30 Das übersehen *Eickmann*, in: MünchKomm-ZPO, § 868 Rn. 22; *Gottwald*, ZVG, § 868 ZPO Rn. 5.
31 Hk-ZPO/*Kindl*, § 868 Rn. 5; *Becker*, in: Musielak, ZPO, § 868 Rn. 6; vermittelnd *Münzberg*, in: Stein/Jonas, ZPO, § 868 Rn. 5.
32 BGH, Urteil v. 15.12.1994 – IX ZR 255/93, NJW 1995, 1162 = Rpfleger 1995, 366.
33 *Becker*, in: Musielak, ZPO, § 868 Rn. 6; *Münzberg*, in: Stein/Jonas, ZPO, § 868 Rn. 7.
34 *Eickmann*, in: MünchKomm-ZPO, § 868 Rn. 22.

§ 869 ZPO Zwangsversteigerung und Zwangsverwaltung

Die Zwangsversteigerung und die Zwangsverwaltung werden durch ein besonderes Gesetz geregelt.

1 Aus Gründen der Übersichtlichkeit und Zweckmäßigkeit werden Zwangsversteigerung und Zwangsverwaltung in einem eigenen Gesetz geregelt. Das ist das am 24.3.1897 (RGBl. 97) in der Bekanntmachung vom 20.5.1898 (RGBl. 713) erlassene ZVG. Aussage des § 869 ZPO ist, dass das ZVG Teil der ZPO ist. Die Regelungen der ZPO gelten daher auch für das Zwangsversteigerungs- und Zwangsverwaltungsverfahren, soweit nicht das ZVG Spezialregelungen enthält.

§ 932 ZPO Arresthypothek

(1) Die Vollziehung des Arrestes in ein Grundstück oder in eine Berechtigung, für welche die sich auf Grundstücke beziehenden Vorschriften gelten, erfolgt durch Eintragung einer Sicherungshypothek für die Forderung; der nach § 923 festgestellte Geldbetrag ist als der Höchstbetrag zu bezeichnen, für den das Grundstück oder die Berechtigung haftet. Ein Anspruch nach § 1179a oder § 1179b des Bürgerlichen Gesetzbuchs steht dem Gläubiger oder im Grundbuch eingetragenen Gläubiger der Sicherungshypothek nicht zu.

(2) Im Übrigen gelten die Vorschriften des § 866 Abs. 3 Satz 1, des § 867 Abs. 1 und 2 und des § 868.

(3) Der Antrag auf Eintragung der Hypothek gilt im Sinne des § 929 Abs. 2, 3 als Vollziehung des Arrestbefehls.

	Übersicht	Rn.
I.	Allgemeines	1
II.	Eintragungsvoraussetzungen	2–7
III.	Verfahren bei Mängeln	8
IV.	Wirkungen	9–13
1.	Sicherungshypothek	9, 10
2.	Umschreibung	11, 12
3.	Duldungsklage	13
V.	Erwerb durch den Eigentümer	14, 15
VI.	Rechtsbehelfe	16
VII.	Gebühren	17

I. Allgemeines

Für die Vollziehung eines Arrestbefehls in Grundstücke und grundstücksgleiche Rechte steht dem Gläubiger nur die Arresthypothek offen.[1] Zwangsversteigerung oder -verwaltung (auch mit dem Ziel der bloßen Hinterlegung von Überschüssen, § 155 ZVG) sind ausgeschlossen, da sie nicht der Sicherung des Gläubigers dienen, sondern zu seiner Befriedigung führen. Die Arresthypothek ist – wie die Zwangshypothek – zwingend eine Sicherungshypothek (§ 1184 BGB). Auch wenn der Gläubiger nach h.M. schon aus der Arresthypothek selbst auf Duldung der Zwangsvollstreckung klagen kann (§ 1147 BGB, siehe Rn. 13), ist die Arresthypothek doch regelmäßig nur die erste Stufe vor einer Zwangshypothek, in die sie der Gläubiger umschreiben lassen kann (näher Rn. 11 f.).

II. Eintragungsvoraussetzungen

Zuständig ist das Grundbuchamt, in dem das Grundstück belegen ist. Wie die Zwangshypothek (§ 867 Rn. 2, 4) ist auch die Arresthypothek gleichzeitig **Akt**

---

[1] Nach dem OLG Köln, Beschl. v. 24.3.2004 – 2 Wx 34/03, Rpfleger 2004, 478, kann – obwohl diplomatischen oder konsularischen Missionen dienende Grundstücken nicht der Zwangsvollstreckung unterliegen – auf diesen Grundstücken eine Arresthypothek eingetragen werden.

der **Zwangsvollstreckung** wie der **freiwilligen Gerichtsbarkeit**.[2] Die Ausführungen zu den Voraussetzungen der Zwangshypothek (§ 867 Rn. 4 ff.) gelten daher insoweit – unter Beachtung der folgenden Besonderheiten – auch bei der Arresthypothek:

3 Die Arresthypothek darf nur auf Grundlage eines **Arrestbefehls** eingetragen werden; ein Vergleich oder eine vollstreckbare Urkunde sind zwar Vollstreckungstitel, genügen aber für § 932 ZPO nicht.[3] Einer Vollstreckungsklausel bedarf es regelmäßig nicht (vgl. § 929 Abs. 1 ZPO). Der im Arrestbefehl genannte Schuldner und der Eigentümer müssen identisch sein;[4] eine im Arrestbefehl als Gläubigerin genannte Vor-GmbH darf nicht in der Zwischenzeit aufgelöst worden sein.[5] Der nach Abs. 2, § 867 Abs. 1 ZPO vollstreckungs- wie grundbuchrechtlich erforderliche **Antrag** bedarf zwar nicht der Form des § 29 GBO,[6] der Gläubiger muss aber den Arrestbefehl vorlegen[7] und das Grundstück präzise bezeichnen.

4 Die dem Arrestbefehl zugrundeliegende **Forderung** muss den **Mindestbetrag** von 750,01 € erreichen (Abs. 2, § 866 Abs. 3 ZPO).[8] Heranzuziehen ist hierbei die nach § 923 ZPO festgesetzte Lösungssumme; wurde im Arrestbefehl keine Lösungssumme genannt, ist der Antrag abzulehnen.[9] Der Gläubiger kann die Arresthypothek auch für einen die Lösungssumme unterschreitenden Betrag beantragen, solange nur 750,01 € erreicht werden. Ist die im Arrestbefehl festgesetzte Lösungssumme höher als 750 €, kann die Arresthypothek auch dann bis zum diesem Betrag eingetragen werden, wenn die durch den Arrestbefehl gesicherte Forderung tatsächlich unter dem Mindestbetrag des § 866 Abs. 3 ZPO liegt.[10] Eine **Gesamtarresthypothek** ist unzulässig. Will der Gläubiger mehrere Grundstücke des Schuldners belasten, muss er die Arresthypothek nach Abs. 2 i. V. m. § 867 Abs. 2 ZPO aufteilen (näher dazu § 867 Rn. 47 ff.); die jeweils auf das Grundstück aufgeteilten Beträge gelten als Lösungssumme für das jeweilige Grundstück, da anderenfalls der Schuldner unzumutbar stark belastet würde.[11] Anders als bei § 866 Abs. 3 Satz 1 Hs. 2 ZPO sind bei der Arresthypothek aber Zinsen und Vollziehungskosten[12] stets mit einzurechnen (§ 1190 Abs. 2 BGB; zur Situation bei der Zwangshypothek siehe § 866 Rn. 12 f.), wobei eine Eintragung für „laufende Zinsen" unwirksam ist.[13] Dient der Arrest der Sicherung einer jährlichen Unterhaltsrente, muss die Arrestsumme so hoch sein, dass aus ihren Zinsen die jährliche Rente gedeckt werden kann.[14]

5 Weitere Voraussetzung ist die Einhaltung der **Vollziehungsfrist** des § 929 Abs. 2 ZPO. Nach Abs. 3 wird die Frist durch Einreichung des Antrags gewahrt, wobei Anordnungen des Arrestgerichts selbstverständlich nicht als Antrag i. d. S. zu verstehen sind.[15] Strittig ist, wann von einem derartigen

---

2 OLG Düsseldorf, Beschl. v. 8.3.1978 – 3 W 53/78, Rpfleger 1978, 216; KG, Beschl. v. 11.9.1990 – 1 W 4084/90, Rpfleger 1991, 126.
3 *Vollkommer*, in: Zöller, ZPO, § 932 Rn. 2.
4 RG, Urteil v. 17.6.1914 – V 21/14, RGZ 85, 163, 166 f.
5 OLG Düsseldorf, Beschl. v. 18.6.1993 – 3 Wx 247/93, DB 1993, 1815.
6 *Vollkommer*, in: Zöller, ZPO, § 932 Rn. 6.
7 Da der Gläubiger den Arrestbefehl dem Schuldner zustellen muss (§ 929 Abs. 2, 3 ZPO), sollte er bei Gericht zwei Ausfertigungen anfordern (*Huber*, in: *Musielak*, ZPO, § 932 Rn. 2).
8 Kritisch zur Anwendung des § 866 Abs. 3 ZPO auch auf die Arresthypothek *Grunsky*, in: Stein/Jonas, ZPO, § 932 Rn. 12.
9 LG Flensburg, Beschl. v. 10.7.2002 – 5 T 310/02 (n. v.).
10 KG JFG 1907, 401; DJZ 1930, 631; *Drescher*, in: *MünchKomm*-ZPO, § 932 Rn. 9.
11 LG Bremen, Beschl. v. 7.9.1993 – 2 T 584/93, Rpfleger 1994, 163.
12 *Brox/Walker*, Zwangsvollstreckungsrecht, Rn. 1549.
13 *Vollkommer*, in: Zöller, ZPO, § 932 Rn. 3; *Baumbach/Lauterbach/u. a.*, ZPO, § 932 Rn. 3.
14 OLG Karlsruhe OLG 7, 356.
15 KG, Beschl. v. 11.9.1990 – 1 W 4084/90, Rpfleger 1991, 126.

Antragseingang auszugehen ist. Nach der lange Zeit h. M. war dies nur der Fall, wenn der Antrag innerhalb der Frist in den Besitz des zuständigen Grundbuchbeamten gelangt, eine Übergabe an die Postannahmestelle des Amtsgerichts reiche nicht.[16] Nach einer vermittelnden Ansicht genügt es zwar nicht, dass der Antrag in den Besitz des Amtsgerichts gelangt, dem das zuständige Grundbuchamt angehört, auf die Vorlage beim zuständigen Sachbearbeiter komme es aber nicht an.[17] Wie der BGH mittlerweile entschieden hat, ist es für § 929 Abs. 2 ZPO ausreichend, dass der Antrag rechtzeitig bei dem Amtsgericht eingeht, zu dem das für die Eintragung zuständige Grundbuchamt gehört;[18] § 13 Abs. 2, 3 GBO sind danach zwar für den Rang der Hypothek wichtig, nicht aber für § 929 Abs. 2 ZPO. Die Auffassung des BGH überzeugt, da § 13 GBO nur grundbuchrechtliche Bedeutung zukommt und die Gegenauffassungen dem mit Abs. 3 verfolgten Zweck, die „Wahrung der Frist in die Hände des Gläubigers [zu legen]"[19] zuwiderlaufen. Weitere Voraussetzung für die fristwahrend Wirkung ist jedoch (unstrittig), dass der Antrag zur Eintragung führt, d. h. sachlich und förmlich ausreichend ist und eventuelle Vollstreckungshindernisse innerhalb der Monatsfrist beseitigt werden.[20]

Das Grundbuchamt **prüft nicht**, ob die Voraussetzungen für den einstweiligen Rechtsschutz vorlagen und ob das Arrestgericht zuständig war.[21] Es prüft ferner nicht die Einhaltung der Frist des **§ 929 Abs. 3 ZPO**.[22] Versäumt der Gläubiger diese und stellt er nicht innerhalb der Monatsfrist des § 929 Abs. 2 ZPO einen neuen Antrag,[23] ist die Eintragung zwar weder gesetzwidrig noch unzulässig, so dass eine Löschung oder die Eintragung eines Widerspruchs (§ 53 GBO) von Amts wegen nicht möglich ist.[24] Mit dem ungenutzten Ablauf der Zustellungsfrist des § 929 Abs. 3 Satz 2 ZPO wird die Arresthypothek aber rückwirkend unwirksam,[25] es entsteht auch keine Eigentümergrundschuld.[26] Da somit das Grundbuch unrichtig ist, kann der Eigentümer über §§ 894, 899 BGB einen Widerspruch und eine Vormerkung eintragen lassen. Auch kann – entweder aufgrund Bewilligung oder aufgrund Unrichtigkeitsnachweises nach § 22 Abs. 1 Satz 1 GBO (jeweils in der Form des § 29 GBO) – eine Löschung der unrichtigen Eintragung erfolgen.[27]

---

16 OLG Düsseldorf, Beschl. v. 11.12.1996 – 3 Wx 512/96, Rpfleger 1997, 259; LG Lübeck, Beschl. v. 1.6.1994 – 7 T 239/94, Rpfleger 1995, 66.
17 *Baumbach/Lauterbach/u. a.*, ZPO, § 932 Rn. 8; das BVerfG hat diese Auslegung verfassungsrechtlich gebilligt, Kammerbeschluss v. 8.7.1993 – 2 BvR 1257/93, InVO 1996, 17.
18 BGH, Beschl. v. 1.2.2001 – V ZB 49/00, BGHZ 146, 361 = NJW 2001, 1134 = Rpfleger 2001, 294 mit Anm. *Alff*; *Vollkommer*, in: Zöller, ZPO, § 932 Rn. 7; OLG Hamburg, Beschl. v. 10.10.2000 – 2 Wx 111/00, FGPrax 2001, 54.
19 *Hahn/Mugdan*, Materialien, Band 8, S. 172; so auch *Gleußner*, Rpfleger 1995, 294.
20 LG Essen, Beschl. v. 21.8.1985 – 7 T 675/85, Rpfleger 1985, 488; *Brox/Walker*, Zwangsvollstreckungsrecht, Rn. 1549; *Grunsky*, in: *Stein/Jonas*, ZPO, § 932 Rn. 7.
21 *Huber*, in: *Musielak*, ZPO, § 932 Rn. 3.
22 BayObLG, Beschl. v. 7.4.1993 – 2Z BR 25/93, Rpfleger 1993, 397; *Baumbach/Lauterbach/u. a.*, ZPO, § 932 Rn. 6; *Reichold*, in: *Thomas/Putzo*, ZPO, § 932 Rn. 4; die Frist des § 929 Abs. 3 Satz 2 ZPO wird nicht durch den Eingang des Zustellungsauftrags beim Gerichtsvollzieher gewahrt, da Abs. 3 nicht anwendbar ist (OLG Frankfurt, Urteil v. 15.3.2000 – 17 U 95/99, InVO 2000, 389).
23 Zur Zulässigkeit dieses Vorgehens *Drescher*, in: *MünchKomm*-ZPO, § 932 Rn. 8.
24 *Grunsky*, in: *Stein/Jonas*, ZPO, § 932 Rn. 10.
25 RG, Urteil v. 22.4.1936 – V 220/35, RGZ 151, 155, 156; vgl. auch BGH, Urteil v. 10.6.1999 – VII ZR 157/98, NJW 1999, 3494 = Rpfleger 1999, 485; ein Verzicht auf die Frist durch den Schuldner ist nicht möglich, OLG Frankfurt, Beschl. v. 7.9.1981 – 20 W 469/81, Rpfleger 1982, 32.
26 RG, Urteil v. 22.4.1936 – V 220/35, RGZ 151, 155; *Grunsky*, in: *Stein/Jonas*, ZPO, § 932 Rn. 9.
27 BayObLG, Beschl. v. 7.4.1993 – 2Z BR 25/93, Rpfleger 1993, 397; *Reichold*, in: *Thomas/Putzo*, ZPO, § 932 Rn. 4.

7 Welche Auswirkungen es nach § 88 InsO auf die Arresthypothek hat, wenn sie im letzten Monat vor dem Antrag auf Eröffnung des Insolvenzverfahrens oder nach diesem Antrag eingetragen wurde, ist ebenso streitig wie bei der Zwangshypothek (§ 868 Rn. 9). In jedem Fall ist für § 88 InsO – da Abs. 3 insoweit mangels mit § 140 Abs. 2 InsO bzw. § 8 Abs. 2 AnfG vergleichbarer Vorschrift keine Bedeutung zukommt – der Moment der Eintragung, nicht der des Eingangs des Eintragungsantrags entscheidend.[28]

III. Verfahren bei Mängeln

8 Wie bei der Zwangshypothek ist hinsichtlich des bei Mängeln zu beachtenden Verfahrens zu unterscheiden; handelt es sich um einen **grundbuchrechtlichen** Mangel, hat das Grundbuchamt eine Zwischenverfügung zu erlassen und eine rangsichernde Vormerkung einzutragen, § 18 GBO. Bei nachträglicher Heilung der ursprünglich mangelhaft eingetragenen Arresthypothek findet eine Heilung ex tunc statt.[29] Bei **vollstreckungsrechtlichen** Mängeln ist dagegen eine Zwischenverfügung nicht möglich, sondern nur eine nicht rangwahrende Aufklärungsverfügung entsprechend § 139 ZPO.[30] Wird der Mangel nicht innerhalb der Frist des § 929 Abs. 2 ZPO korrigiert, ist der Antrag grundsätzlich zurückzuweisen; etwas anderes gilt nur, wenn der Mangel allein in der Sphäre des Grundbuchamtes liegt.[31]

IV. Wirkungen

1. Sicherungshypothek

9 Mit der Eintragung entsteht die Arresthypothek als Sicherungshypothek, Abs. 2 i. V. m. § 867 Abs. 1 Satz 2 ZPO, § 1184 BGB.[32] Umstritten ist, ob die Arresthypothek bei Zwangsversteigerung und -verwaltung ein durch die Feststellung des Betrags bedingtes Recht i. S. d. § 14 ZVG ist; das ist richtigerweise zu verneinen (siehe § 14 Rn. 5). Zur Berücksichtigung im geringsten Gebot: §§ 44, 48 ZVG; im Teilungsplan: §§ 114, 119, 124 ff. ZVG. Anders als bei der Zwangshypothek handelt es sich bei der Arresthypothek um eine Höchstbetragshypothek (§ 1190 BGB), da der Umfang des Anspruchs, der Zinsen sowie der Kosten noch nicht endgültig feststehen; die Höchstsumme ist die vom Gericht festgesetzte Lösungssumme, Abs. 1 Satz 1 Hs. 2, § 923 ZPO. Nach § 1190 Abs. 4 BGB kann bei der Höchstbetragshypothek die gesicherte Forderung auch ohne die Hypothek und damit formlos durch Abtretung (§ 398 BGB) übertragen werden.

10 Anders als dem Gläubiger rechtsgeschäftlich bestellter Hypotheken sowie einer Zwangshypothek nach den §§ 866 ff. ZPO steht dem Inhaber einer Arresthypothek der **Löschungsanspruch** der §§ 1179a, b BGB **nicht** zu. Die darin liegende Ungleichbehandlung verstößt nach wohl h. M. nicht gegen

---

28 LG Nürnberg-Fürth, Beschl. v. 14.5.2001 – 13 T 732/01, Rpfleger 2001, 410; BayObLG, Beschl. v. 27.8.1954 – 2 Z 143/54, MDR 1954, 746; *Huber*, in: *Musielak*, ZPO, § 932 Rn. 4; a. A. *Grunsky*, in: *Stein/Jonas*, ZPO, § 932 Rn. 8, der analog § 878 BGB auf den Zeitpunkt der Antragsstellung abstellen will.
29 BayObLG, Beschl. v. 31.7.2003 – 2Z BR 13/03, Rpfleger 2003, 647.
30 OLG Düsseldorf, Beschl. v. 8.3.1978 – 3 W 53/78, Rpfleger 1978, 216.
31 OLG Karlsruhe, Beschl. v. 28.1.1998 – 11 Wx 29/97, Rpfleger 1998, 255; siehe aber auch OLG Celle, Beschl. v. 12.11.1984 – 4 W 206/84, MDR 1985, 331, wo ausnahmsweise eine Zwischenverfügung nach § 18 GBO bei einem langfristigen materiellen Hindernis zugelassen wurde.
32 Abs. 3 hat auf den Zeitpunkt der Entstehung keinen Einfluss, vgl. statt aller *Grunsky*, in: *Stein/Jonas*, ZPO, § 932 Rn. 8.

Art. 3 Abs. 1 GG, da sie sachlich durch die auf eine summarische Prüfung beschränkte Kontrolldichte gerechtfertigt ist.[33]

2. Umschreibung

Erlangt der Gläubiger im Hauptsacheverfahren einen (vorläufig[34]) vollstreckbaren Titel, wandelt sich die Arresthypothek **nicht** automatisch in eine Zwangshypothek um.[35] Der Gläubiger kann jedoch unter Vorlage des Hauptsachetitels[36] eine **rangwahrende Umschreibung** verlangen, wenn dieser den Mindestbetrag des § 866 Abs. 3 ZPO erreicht (Abs. 2, §§ 867 ZPO, 1186, 1190 BGB). Mit der Zwangshypothek kann er dann ohne weiteren Duldungstitel direkt die Zwangsversteigerung betreiben, § 867 Abs. 3 ZPO. Auch ist die Zwangshypothek anders als die Arresthypothek kein bedingtes Recht mehr, was z. B. bei § 48 ZVG von Bedeutung ist. Da nach der Umschreibung keine Höchstbetragshypothek mehr vorliegt, kann mangels Geltung des § 1190 Abs. 4 BGB über die Forderung nicht mehr isoliert, sondern nur noch zusammen mit der Hypothek verfügt werden. **11**

Die Umschreibung kann auch erfolgen, wenn das Grundstück mittlerweile veräußert wurde;[37] eines Titels gegen den neuen Eigentümer bedarf es nicht, da dieser das Grundstück bereits mit einer vollwertigen Hypothek belastet erworben hat (§ 867 Rn. 6).[38] Nicht mehr möglich ist die Umschreibung aber nach Eröffnung des Insolvenzverfahrens, und zwar selbst dann nicht, wenn der Gläubiger den Titel schon davor erworben hatte.[39] **12**

3. Duldungsklage

Auf die Arresthypothek ist § 867 Abs. 3 ZPO nicht anwendbar (argumentum e contrario Abs. 2). Der Gläubiger kann deshalb nicht ohne Vorliegen eines Duldungstitels die Zwangsversteigerung/-verwaltung betreiben. Jedoch lässt die zutreffende h. M.[40] eine Klage des Gläubigers auf Duldung der Zwangsvollstreckung (§ 1147 BGB) aus der Arresthypothek zu, da anderenfalls nach Veräußerung des belasteten Grundstücks eine Umschreibung nicht möglich wäre; der Sicherungscharakter der Arresthypothek steht nicht entgegen, da die Gefahr, dass der Gläubiger Befriedigung aufgrund einer lediglich summarischen Prüfung erlangt, dadurch gebannt wird, dass der Gläubiger den Duldungstitel nur erhält, wenn er das Vorliegen der gesicherten Forderung darlegt und ggf. beweist.[41] **13**

---

33 BT-Drucks. 8/89, S. 17; *Huber*, in: *Musielak*, ZPO, § 932 Rn. 4; *Vollkommer*, in: *Zöller*, ZPO, § 932 Rn. 1 m. w. N.; a. A. *Eickmann*, in: *MünchKomm*-BGB § 1179a Rn. 14; *Grunsky*, in: *Stein/Jonas*, ZPO, § 932 Rn. 4 m. w. N.
34 Ein solcher reicht nach h. M. aus, da der Gläubiger unter Vorlage eines vorläufig vollstreckbaren Urteils die Eintragung einer Zwangshypothek erreichen kann, *Vollkommer*, in: *Zöller*, ZPO, § 932 Rn. 5; *Grunsky*, in: *Stein/Jonas*, ZPO, § 932 Rn. 14 m. w. N.; a. A. *Baumbach/Lauterbach/u. a.*, ZPO, § 932 Rn. 4 (nur Eintragung einer Vormerkung nach § 895 ZPO).
35 OLG Köln, Beschl. v. 24.3.2004 – 2 Wx 34/03, Rpfleger 2004, 478.
36 BGH, Urteil v. 15.4.1997 – IX ZR 112/96, NJW 1997, 3233.
37 BGH, Urteil v. 15.4.1997 – IX ZR 112/96, NJW 1997, 3233.
38 LG Zweibrücken, Beschl. v. 22.4.1993 – 1 T 10/93, NJW-RR 1995, 512; *Grunsky*, in: *Stein/Jonas*, ZPO, § 932 Rn. 3; *Drescher*, in: *MünchKomm*-ZPO, § 932 Rn. 12.
39 OLG Frankfurt, Beschl. v. 31.10.1974 – 20 W 766/74, Rpfleger 1975, 103; *Grunsky*, in: *Stein/Jonas*, ZPO, § 932 Rn. 14.
40 BGH, Urteil v. 15.4.1997 – IX ZR 112/96, NJW 1997, 3233; OLG Celle, Urteil v. 26.8.1993 – 4 U 32/82, WM 1985, 547; *Hk*-ZPO/*Kemper*, § 932 Rn. 4; *Grunsky*, in: *Stein/Jonas*, ZPO, § 932 Rn. 2 f. m. w. N. auch zur Gegenauffassung.
41 *Reichold*, in: *Thomas/Putzo*, ZPO, § 932 Rn. 1; *Nicklisch*, AcP 169 (1969), 124, 132 ff.

V. Erwerb durch den Eigentümer

14 Nach Abs. 2 i. V. m. §§ 868 ZPO, 1177 Abs. 1 BGB kann sich die Arresthypothek in eine Eigentümergrundschuld umwandeln.[42] Das ist der Fall, wenn der Arrestbefehl auf Widerspruch oder nach §§ 926, 927 ZPO aufgehoben wird (wegen § 868 Abs. 2 ZPO muss die Aufhebung nicht rechtskräftig sein); eine „Rückumwandlung" bei Neuerlass des Arrestbefehls in der Berufungsinstanz findet nicht statt (vgl. § 868 Rn. 13 f.).[43] Eine Eigentümergrundschuld entsteht des Weiteren nach Abweisung des Anspruchs im Hauptprozess,[44] wenn die Zwangsversteigerung für unzulässig erklärt oder ihre Einstellung angeordnet oder die zur Abwendung der Vollstreckung nachgelassene Sicherheitsleistung (§ 923 ZPO) erfolgt ist.[45] Nicht ausreichend ist aber die Aufhebung der Vollstreckbarkeit als solcher.[46]

15 Keine Eigentümergrundschuld entsteht, wenn die Arresthypothek **unwirksam** ist. Das ist zu bejahen, wenn der Arrestbefehl von Anfang an fehlte, wenn der Mindestbetrag des § 866 Abs. 3 ZPO im Arrestbefehl nicht erreicht wurde oder die Arresthypothek trotz Ablauf der Vollziehungsfrist des § 929 Abs. 3 ZPO eingetragen wurde.[47] Bei § 88 InsO entsteht richtigerweise analog § 868 ZPO eine Eigentümergrundschuld (§ 868 Rn. 9).[48]

VI. Rechtsbehelfe

16 Es gelten im Wesentlichen die Ausführungen zur Zwangshypothek entsprechend (§ 867 Rn. 40 ff.). Der **Gläubiger** kann gegen die Ablehnung seines Eintragungsantrages mit der Beschwerde nach § 11 Abs. 1 RPflG, § 71 Abs. 1 GBO vorgehen.[49] Dem Schuldner steht nur die Beschwerde gemäß § 71 Abs. 2 Satz 2 GBO offen; hält er die Eintragung aus vollstreckungs- oder grundbuchrechtlichen Gründen für unzulässig, kann er also nur versuchen, unter den Voraussetzungen des § 53 Abs. 1 GBO einen Amtswiderspruch eintragen oder eine inhaltlich unzulässige Eintragung löschen zu lassen.[50]

VII. Gebühren

17 S. § 866 Rn. 17 f.; bei Abs. 3 erhält der Rechtsanwalt die Gebühr des § 18 Nr. 4 RVG mit RVG-VV Nr. 3309.

---

42 Hk-ZPO/*Kemper*, § 932 Rn. 7.
43 Vgl. OLG Düsseldorf, Urteil v. 12.3.1999 – I-22 U 66/98, NJW-RR 2000, 68.
44 RG, Urteil v. 4.3.1912 – V 184/11, RGZ 78, 398, 402; *Vollkommer*, in: Zöller, ZPO, § 932 Rn. 6.
45 Auf eine Anordnung des Vollstreckungsgerichts nach § 934 Abs. 1 ZPO kommt es in der letzten Fallgruppe nicht an, *Drescher*, in: MünchKomm-ZPO, § 932 Rn. 14.
46 *Baumbach/Lauterbach/u. a.*, ZPO, § 932 Rn. 5.
47 *Huber*, in: Musielak, ZPO, § 932 Rn. 7; *Grunsky*, in: Stein/Jonas, ZPO, § 932 Rn. 14.
48 *Fischinger*, WM 2009, 637, 642; a. A. BGH, Urteil v. 19.1.2006 – IX ZR 232/04, BGHZ 166, 74 = NJW 2006, 1286 = Rpfleger 2006, 253.
49 *Vollkommer*, in: Zöller, ZPO, § 932 Rn. 3.
50 *Huber*, in: Musielak, ZPO, § 932 Rn. 5.

Gegenstände der Zwangsversteigerung und -verwaltung

Schrifttum:

Übersicht

	Rn.
I. Allgemeines	1
II. Einzelne Rechte	2–16
1. Grundstücke	2
2. Reale Grundstücksteile	3
3. Vereinung (§ 890 Abs. 1 BGB)	4
4. Zuschreibung	5
5. Ideelles Miteigentum (§ 1008 BGB)	6
6. Teil- und Wohnungseigentum (WEG)	7
7. Grundstücke im Gesamthandseigentum	8
8. Grundstücksgleiche Rechte	9
9. Keine grundstücksgleichen Rechte	10
10. Schiffe und Luftfahrzeuge	11
11. Gebäudeeigentum im Beitrittsgebiet	12–14
12. Kein Gebäudeeigentum	15
13. Bahneinheiten	16

I. Allgemeines

Das ZVG selbst enthält nicht alle Regelungen, in welche Gegenstände durch Zwangsverwaltung und Zwangsvollstreckung vollstreckt werden kann. Oftmals verweist die ZPO und andere Spezialgesetze auf die Vollstreckung durch Zwangsverwaltung und –vollstreckung und erweitert so den Kreis der Rechte, die durch das ZVG zwangsverwaltet oder zwangsversteigert werden können. **1**

II. Einzelne Rechte

1. Grundstücke (§ 864 Abs. 1 ZPO)

Die ZwV findet statt in Grundstücke im Rechtssinne, also dem im Grundbuch erfassten Teilstück der Erdoberfläche.[1] Daher ist für die ZwV die Existenz eines Grundbuchblatts (§ 3 GBO) notwendig.[2] Fehlt es, so ist es im Verfahren nach § 116 ff. GBO von Amts wegen anzulegen. Buchungsfreie Grundstücke nach § 3 Abs. 2 GBO, die Objekt einer ZwV werden sollen, müssen nach § 116 ff. GBO analog ebenfalls ein Grundbuchblatt erhalten. **2**

2. Reale Grundstücksteile

Der sachenrechtliche Bestimmtheitsgrundsatz verbietet die ZwV von Teilflächen eines rechtlichen Grundstücks ebenso wie jede Verfügung darüber. Ausnahmen siehe Rn. 4 f.[3] **3**

---

1 RG – Az. Urteil vom 12.3.1914 = RGZ 84, 270.
2 *Hintzen,* in: *Dassler/Schiffhauer,* ZVG, Vor § 15 ZVG, 2; *Stöber,* ZVG, Einl. 11.1; *Böttcher,* ZVG, Einl. Rn 14; BayObLG – Az. Urteil BayObLGZ 1954, 262; RG – Az. Urteil vom 12.3.1914 = RGZ 84, 270; *Eickmann,* in: § 864 ZPO, § 864 ZPO, 2.
3 *Böttcher,* ZVG, Kap. Einl. Rn. 15.

3. Vereinung (§ 890 Abs. 1 BGB)

4 Wurden zwei Grundstücke durch Antrag des Eigentümers nach § 890 Abs. 1 BGB zu einem Grundstück vereinigt so kann gegen den Eigentümer als persönlichen Schuldner nur in das gesamte Grundstück vollstreckt werden, da die alten Grundstücke als rechtliche Grundstücke nicht mehr existieren. Aufgrund dinglicher Belastungen der alten Grundstücke ist jedoch weiterhin eine ZwV in die alten Teilflächen möglich.[4] Denn die Belastungen der alten Grundstücke bestehen unverändert an diesen Teilflächen fort.[5] § 23 ZVG, §§ 136, 135 BGB ordnen darüber hinaus an, dass eine Vereinigung von Grundstücken dem Vollstreckungsgläubiger gegenüber unwirksam ist und stellen damit sicher, dass das ZwV-Verfahren bzgl. der alten Teilflächen ungehindert weiter laufen kann. Dabei ist es unerheblich, ob die Teilfläche noch als eigenes Flurstück im GB existiert, solange aufgrund der alten Flurstücknummer eine genaue Bezeichnung möglich ist.[6] Die Teilfläche ist nach Zuschlagserteilung im Grundbuch mit Zustimmung des Eigentümers wieder abzuschreiben. Der rechtskräftige Zuschlag ersetzt die dafür notwendige Einwilligung des Eigentümers, § 130.

4. Zuschreibung

5 (§ 890 Abs. 2 BGB). Im Gegensatz zur Vereinigung, bei der zwei Grundstücke gleichrangig zusammengeführt werden, wird bei der Zuschreibung ein Grundstück einem anderen zugeschrieben, so dass es sich bei einem Grundstück um das Hauptgrundstück handelt. Persönliche Gläubiger können auch hier wieder nur die ZwV in das neue Gesamtgrundstück betreiben. Die dinglichen Belastungen des zugeschriebenen Grundstücks erstrecken sich nach § 1131 Satz 2 BGB nicht auf das Hauptgrundstück, gehen diesem aber im Rang vor. Daher kann aufgrund von Grundpfandrechten am zugeschriebenen Grundstück weiter nur in diese Teilfläche vollstreckt werden. Ob diesem Teilstück weiter eine Flurnummer zugewiesen ist, ist wie oben (3.) gezeigt irrelevant.[7] Die ZwV wegen Grundpfandrechten am Hauptgrundstückt erstreckt sich dagegen nach § 1131 Satz 1 BGB auf das neue Gesamtgrundstück.[8] Soweit sich jedoch wegen der Rangwirkung des § 1131 Satz 2 BGB Nachteile für den Vollstreckungsgläubiger ergeben, wird in der Literatur vertreten die isolierte Vollstreckung in diese Teilfläche weiter zuzulassen, da dem Gläubiger ansonsten ohne eigene Einflussmöglichkeit womöglich durch Zuschreibung eines erheblich überschuldeten Grundstücks eine bedeutend schlechtere Rechtsposition zugewiesen wird.[9] Dem ist insofern zuzustimmen, als die Gläubiger des zugeschriebenen Grundstücks jedenfalls nicht schlechter gestellt werden, als sie vor der Zuschreibung standen: In das Teilstück, an dem sie ein Grundpfandrecht haben, wird nicht vollstreckt und sie können auch in Zukunft ohnehin nicht in das Hauptgrundstück vollstrecken. Die Vollstreckung in diese Teilfläche ist daher zulässig.

5. Ideelles Miteigentum (§ 1008 BGB)

6 § 864 Abs. 2 ZPO erklärt die ZwV in Miteigentumsanteile für zulässig. Dabei wird nicht in das Gesamtgrundstück vollstreckt, sondern in den Miteigentumsanteil nach § 1008 BGB. Vollstrecken kann jeder persönliche Schuldner des Miteigentümers sowie der Inhaber eines dinglichen Rechts am Miteigentumsanteil, § 1113 BGB. Jener kann auch dann, wenn mittlerweile durch Zusam-

---

4 KG NJW-RR 1989, 1360, 1362; OLG Karlsruhe OLGE 39, 222, 223; BGH NJW 2006, 1000 = Rpfleger 2006, 150.
5 BGH Rpfleger 1978, 52; BGH NJW 2006, 1000 = Rpfleger 2006, 150
6 BGH NJW 2006, 1000 = Rpfleger 2006, 150; a.A. Böttcher, ZVG, Einl. Rdnr. 16.
7 a.A. Böttcher, ZVG, Einl. Rndr. 17
8 BayObLGZ 29, 162.
9 *Stöber*, ZVG, Einl. 11.4, *Hagemann*, in: *Steiner*, ZVG, Einl. Rn. 22.

mentreffen aller Miteigentumsanteile Alleineigentum entstanden ist, aus dem beschränkten Recht nur in den eigentlich nicht mehr existierenden Miteigentumsanteil vollstrecken. Soweit er allerdings zusätzlich persönlicher Schuldner ist, ist auch eine Vollstreckung in das Gesamtgrundstück möglich, natürlich mit entsprechend ungünstigerem Rang. Aufgrund der problematischen Verwertung[10] von Miteigentumsanteilen empfiehlt es sich als persönlicher Schuldner stattdessen den **Auseinandersetzungsanspruch** nach § 753 BGB im Verfahren nach § 857 ZPO zu pfänden[11] und anschließend die Teilungsversteigerung des Grundstücks zu betreiben, § 180. Als Inhaber eines Gesamtgrundpfandrechts an mehreren oder allen Miteigentumsanteilen kann die ZwV nur in die einzelnen Miteigentumsanteilen betrieben werden. Die einzelnen Bruchteile sind im Verfahren wie eigenständige Grundstücke zu behandeln, die Verfahren ggf. nach § 18 zu verbinden. Da nach § 747 Satz 2 BGB alle Miteigentümer zusammen über die Gesamtsache verfügen können, dürfte es jedoch möglich sein, als Inhaber eines Gesamtpfandrechts an allen Miteigentumsanteilen die ZwV am gesamten Grundstück als einzelnes zu betreiben. Ein solches Gesamtpfandrecht kann entstehen durch Bestellung an allen Miteigentumsanteilen oder Aufteilung des Grundstücks in mehrere Miteigentumsanteile nach Bestellung des Pfandrechts. Darüber hinaus findet die ZwV in ideelle Grundstücksanteile nur ganz ausnahmsweise statt.[12]

6. **Teil- und Wohnungseigentum (WEG)**

Ebenfalls nach § 864 Abs. 2 ZPO sind als Grundstücksteile zu behandeln, das Wohneigentum und das Teileigentum nach dem WEG. Es handelt sich um eine besondere Art des Bruchteilseigentums und damit um Grundstückseigentum und nicht um grundstücksgleiche Rechte für die die §§ 870, 864 I ZPO auf das ZVG verweisen würden.[13] Der darum geführte Streit in der Literatur[14] ist jedoch für die Praxis ohne Belang.

7. **Grundstücke im Gesamthandseigentum**

Besitzt eine Gesamthandsgemeinschaft (BGB-Gesellschaft, Erbengemeinschaft, Gütergemeinschaft) ein Grundstück, so kann der Gläubiger lediglich eines Mitglieds der Gesamthand nicht in das Grundstück vollstrecken, da auch das einzelne Mitglied nicht darüber verfügen kann (§§ 719, 1419, 2040 BGB). Stattdessen muss der Gesamthandsanteil nach §§ 859, 860 ZPO gepfändet und überwiesen werden. Anschließend kann eine Teilungsversteigerung nach § 180 durchgeführt werden. Die Vollstreckung wegen eines dinglichen Rechts am ganzen Grundstück ist aber natürlich möglich, ebenso wie die Vollstreckung wegen einer Forderung gegen die Gesamthand.

8. **Grundstücksgleiche Rechte**

§ 870 ZPO ordnet an, dass für die Zwangsvollstreckung in grundstücksgleiche Rechte ebenfalls die Vorschrift des § 864 Abs. 1 ZPO anzuwenden ist und in diese somit die ZwV wie in Grundstücke stattfindet. In grundstücksgleiche Rechte kann ebenso wie in Grundstücke nur vollstreckt werden, soweit für sie ein Grundbuchblatt oder eine Eintrag in einem ähnliches Register besteht.[15] Besteht es nicht, muss zunächst die Anlage desselben erwirkt werden, § 14

---

10 *Stöber*, ZVG, Einl. 12.7
11 BGH 7. Zivilsenat – Az. VII ZB 50/05 Beschluss vom 20.12.2005 = NJW 2006, 849–850 = Rpfleger 2006, 204
12 Siehe dazu: *Kindl*, in: *Saenger*, ZPO, § 864 ZPO Rn. 10; *Münzberg*, in: *Stein-Jonas*, ZPO § 864 ZPO, Rn. 17
13 OLG Düsseldorf, MittBayNot 1963, 327
14 *Sauren*, NJW 1985, 180
15 *Böttcher*, ZVG, Einl. Rn. 15.

GBO. Unter § 870 ZPO fallen das Erbbaurecht nach § 1017 BGB sowie dasselbe nach §§ 11, 14 ErbbauVO. Weiter das Wohnungserbbaurecht und das Teilerbbaurecht nach § 30 WEG. Das Bergwerkseigentum nach § 91 BBergG sowie das nach § 149 BBergG weitergeltende Bergwerkseigentum, die Kohleabbaugerechtigkeiten (Art. 67 EGBGB) und sonstige Mineralgewinnungsrechte (Art. 68 EGBGB). Die nach § 3 BBergG dem Bergregal unterfallenden Bodenschätze sind damit nicht Bestandteil des Grundstücks und in sie kann nicht aufgrund eines Titels gegen den Grundstückseigentümer oder eines dinglichen Rechts am Grundstück vollstreckt werden, sondern nur aufgrund eines Titels gegen den Inhaber des Bergbauregals. Grundstücksähnliche Rechte sind weiter das landesrechtliche eigentliche[16] (Art. 182 EGBGB) und uneigentliche[17] (Art. 131 EGBGB) Stockwerkseigentum[18] sowie die landesrechtlichen Realgemeindeanteile[19] (Art. 164 EGBGB). Die Rechte nach Art. 63 EGBGB (landesrechtliches Erbpachtrecht, Büdnerrecht und Häuslerrecht) sind durch Art.III Nr. 2 KRG[20] Nr. 45 unabhängig von ihrer Größe[21] freies Eigentum geworden und daher nach § 864 Abs. 1 ZPO zu behandeln. Viele alte landesrechtliche teilweise noch in den Grundbüchern eingetragene Rechte, sind durch Reformgesetze gegenstandslos geworden. So die Realgewerbeberechtigungen (Fährrecht, Schiffsmühlrecht, Brennrechte, Kaminkehrrechte, Hufschmieds-, Brauerei-, Müllerei-, Gastwirtschafts- und ähnliche Rechte). Soweit sie nicht nach § 6 ff. GewO weiterbestehen oder abgelöst wurden, § 8 GewO, handelt es sich jedoch um grundstücksgleiche Rechte.[22] Weiterbestehende selbstständige Realrechte können getrennt vom Grundstück Objekt der ZwV sein oder steigern als Grundstücksbestandteil den Wert des Grundstücks. Unselbstständige Realrechte können nur zusammen mit dem Grundstück zwangsverwaltet werden, Jagd- und Fischereigerechtsame (Art. 69 EGBGB), erbliche Nutzungsrechte (Art. 196 EGBGB), Bahneinheiten (siehe Rn. 16, Art. 112 EGBGB).

9. Keine grundstücksgleichen Rechte

10 Keine grundstücksgleichen Rechte ist das Milchkontingent als personenbezogenes Anlieferungsrecht, § 7 MilchAbgV (siehe auch § 148 Rn. 14).[23] Das Brennrecht ist kein dingliches Recht, sondern eine betriebsbezogene Steuervergünstigung, die dem Grundstückserwerber zu Gute kommt, jedoch nicht Zubehör oder Grundstücksbestandteil ist.[24] Das Schornsteinfegerrecht ist durch § 39a GewO aF abgeschafft.

10. Schiffe und Luftfahrzeuge

11 Bei im Schiffsregister eingetragenen Binnen- und Seeschiffen sowie im Schiffsbauregister eingetragenen oder eintragungsfähigen sich im Bau befindlichen Schiffen (Schiffsbauwerken, § 76 SchiffsRG) und –docks[25] findet die Immobiliarvollstreckung nach § 864 Abs. 1 ZPO statt.[26] Auf Luftfahrzeuge nach § 1

---

16 Siehe dazu *Hönle*, in: *Staudinger*, BGB, Art. 182 EGBGB
17 Siehe dazu *Hönle*, in: *Staudinger*, BGB, Art. 131 EGBGB
18 In Bayern zu Miteigentum übergeleitet in Art. 62 BayAGBGB, siehe BayObLG 1995, 413 (416) und 1997, 98 (103).
19 Siehe dazu *Mayer*, in: *Staudinger*, BGB, Art. 164 EGBGB
20 Kontrollratsgesetz.
21 OLG Rostock, NJ 2006, 511; a. A. *Albrecht*, in: *Staudinger*, BGB, Art. 63 EGBGB Rn. 2
22 Übersicht der landesrechtlichen Realgewerberechte bei *Säcker*, in: *MüKo*-BGB, Art. 74 EGBGB, Rn. 6.
23 BGH Entscheidung vom 25.4.1991 – V ZR 53/90, BGHZ 114, 227 = NJW 1991, 3280.
24 Brennrechte-Verfügung, DJ 1940, 123.
25 *Hornung* Rpfleger 03, 232.
26 Details zur Eintragungsfähigkeit und den Registern bei *Engler*, in: *Staudinger*, BGB, § 1821, Rn. 72 ff.

Abs. 2 LuftVG finden die Vorschriften über die Schiffe Anwendung, § 99 LuftfzRG. Nach § 171 ist die Vollstreckung auch in ausländische Schiffe und Flugzeuge möglich. (Details siehe vor § 162 ff.). Die Zwangsverwaltung von Schiffen und Luftfahrzeugen ist unzulässig.

11. Gebäudeeigentum im Beitrittsgebiet

In den neuen Ländern konnte durch die Begründung von selbständigem Gebäudeeigentum das Eigentum an Grundstück und daraufstehenden Gebäuden auseinanderfallen. Diese Rechtslage besteht so grundsätzlich weiter fort.[27] **12**

Selbstständiges Gebäudeeigentum konnte begründet werden aufgrund eines bereits bei Errichtung des Gebäudes bestehenden dinglichen Nutzungsrechts. Dieses Nutzungsrecht musste nach der Wiedervereinigung nach Art. 233 § 4 Abs. 1 Satz 2 EGBGB, § 5 GGV von Amts wegen in Abteilung II des Grundbuchs eingetragen werden, bevor für das Gebäudeeigentum ein eigenes Gebäudegrundbuchblatt angelegt werden durfte und als solches ebenfalls in Abteilung II eingetragen wurde, § 6 GGV. Das dingliche Nutzungsrecht ist wesentlicher Bestandteil des Gebäudeeigentums iSd § 93 BGB. Die Rechte bestehen jedoch unabhängig davon, ob sie im Grundbuch eingetragen sind. Daher ist die Vollstreckung in sie aufgrund eines Titels gegen den Gebäudeeigentümer auch ohne Eintrag im Grundbuchblatt möglich, wenn vor der ZwV das Blatt nach §§ 166 ff. GBO angelegt wird. Grundstücke mit Gebäudeeigentum konnten bis zum 31.12.2000 nicht mit Wirkung des § 892 BGB gutgläubig unbelastet erworben werden, was praktisch von Bedeutung sein kann, da Fälle existieren, in denen nach ZGB weder ein Gebäudegrundbuchblatt angelegt wurde noch im Grundstücksgrundbuchblatt ein entsprechender Eintrag zu finden ist.[28] Erst seit dem 1.1.2001 führt der gutgläubige Erwerb eines Grundstücks zum Erlöschen des selbständigen Gebäudeeigentums, wenn neben den allgemeinen Voraussetzungen des § 892 BGB weder das dingliche Nutzungsrecht noch das Gebäudeeigentum im Grundbuch ersichtlich sind und deren Eintragung nicht bis zum Stichtag beantragt wurde, Art. 231 § 5 Abs. 3 EGBGB. **13**

Ab diesem Termin umfasst die Beschlagnahme des Grundstücks in der ZwV auch das selbständige Gebäudeeigentum, § 9a EGZVG. Soweit es aus dem Grundbuch hervorgeht, ist die Beschlagnahme sodann nach § 9a II 1 EGZVG, § 28 insoweit aufzuheben. Der Antragsteller im ZwV kann das Gebäudeeigentum nicht selbstständig von der Beschlagnahme ausnehmen, soweit es nicht aus dem Grundbuch hervorgeht, da ihm die Disposition über den Wert des Grundstücks in der Zwangsversteigerung nicht zusteht und der Eigentümer Gefahr läuft, bei Nichtbestehen des behaupteten Gebäudeeigentums das Grundstück unter Wert zu verlieren. Das Gebäudeeigentum kann daher nur mit Zustimmung des Eigentums von der Beschlagnahme ausgenommen werden. Der Inhaber des Gebäudeeigentums muss sein Gebäudeeigentum im ZwV-Verfahren vor der Aufforderung zur Abgabe von Geboten geltend machen (§ 9a Abs. 2 Satz 2 EGZVG) und durch die Drittwiderspruchsklage nach § 771 ZPO durchsetzen.[29] Vereinigt sich das Eigentum am Grundstück in einer Person (rechtsgeschäftlich oder gesetzlich) ist die ZwV in das Gebäudeeigentum oder das Grundstück getrennt nur noch aufgrund dinglicher Rechte am jeweiligen Recht möglich, § 78 Abs. 1 Satz 2 Sachenrechtsbereinigungsgesetz. Persönliche Gläubiger können das Grundstück aufgrund des gesetzlichen Veräußerungsverbots des § 78 Abs. 1 Satz 1 Sachenrechtsbereinigungsgesetz **14**

---

27 Dazu und zu den Möglichkeiten der Vereinigung mit dem Grundstück: *Albrecht,* Der Einigungsvertrag in der Praxis des Grundbuchrechts, 1991, S. 17.
28 *Albrecht,* Der Einigungsvertrag in der Praxis des Grundbuchrechts, 1991, S. 13.
29 BGH Rpfleger 2007, 155.

nur insgesamt verwerten.³⁰ Ohne dingliches Nutzungsrecht konnte in Fällen des Art. 233 EGBGB § 2b und § 8 Gebäudeeigentum entstehen, auf das die oben genannten Regeln anzuwenden sind (siehe zum Gebäudeeigentum auch § 29 Rn. 7, 9 Rn. 25).

12. Kein Gebäudeeigentum

15 Kein Gebäudeeigentum sind Baulichkeiten in den Beitrittsgebieten, die aufgrund eines vertraglichen Nutzungsrechts erreichtet wurden und die als Wochenendhäuser der Erholung o. Ä. (jedenfalls nicht Wohnzwecken) dienten.³¹ Sie sind Scheinbestandteil der jeweiligen Grundstücke, § 95 BGB und unterliegen der Vollstreckung über Mobilien, §§ 808 f. ZPO.

13. Bahneinheiten

16 § 2 Abs. 1 EGZVG sieht vor, dass der landesrechtliche Vorbehalt nach Art. 112 EGBGB sich auch auf das ZVG erstreckt. § 871 ZPO erweitert darüber hinaus den Anwendungsbereich auf Bahneinheiten, deren Betrieb nicht der Eigentümer des Grundstücks, sondern ein dinglich oder persönlich Berechtigter ausübt. Bahneinheiten sind nach Art. 112 EGBGB die einem Eisenbahn- oder Kleinbahnunternehmen gewidmeten Grundstücke und sonstigen Vermögensgegenstände als Einheit.

Soweit ersichtlich, gilt das Preußische Bahneinheitsgesetz bis zum 1.1.2011 noch in Berlin, Niedersachsen und NRW. Zum 1.1.2011 wird es in NRW durch das NRW-Justizgesetz aufgehoben.

Dort gilt für die Vollstreckung in Bahneinheiten, zu denen auch die beweglichen Sachen der Bahneinheit gehören (Kassenbestände, vollendes Material, etc. Details § 4 PrBahninhG), das ZVG mit einigen Modifikationen (siehe §§ 20 bis 36 PrBahninhG).

§ 3 Abs. 1 schützt darüber hinaus bundesrechtlich das unbewegliche Vermögen öffentlicher Bahnunternehmen bis zum Erlöschen der Betriebserlaubnis generell vor Zwangsvollstreckung (siehe § 31 Nrn. 2, 21). Die landesrechtlichen Regelungen gehen jedoch vor, § 3 Abs. 4 BahnG.

---

30 *Böttcher*, ZVG, Einl. Rdnr. 28; *Stöber*, ZVG, § 28 Rdnr 11.1 a; a. A. LG Halle RPfleger 1997, 35

31 Dazu: *Albrecht*, Der Einigungsvertrag in der Praxis des Grundbuchrechts, 1991, S. 13; im selben Werk: *Jantsch*, S. 29 f.

Pfändungen im Zusammenhang mit einer ZwV

Übersicht

	Rn.
I. Allgemeines	1
II. Umfang der ZwV	2–11
1. Grundstücksbestandteile	3
2. Scheinbestandteile (§ 95 BGB)	4
3. Rechte (§ 96 BGB)	5
4. Überbau	6
5. Zubehör	7
6. Früchte	8
7. Enthaftung	9
8. Miet- und Pachtforderungen	10
9. Versicherungsforderungen	11

I. Allgemeines

Jede Sache, ob beweglich oder unbeweglich, kann für die Schuldner eines Gläubigers nur einmal verwertet werden. Daher ist die Frage, wie weit die ZwV in Immobilien reicht von erheblicher Bedeutung für die Frage, ob zusätzlich zur ZwV weitere Pfändungen in Frage kommen, um das Schuldnervermögen sinnvoll verwerten zu können. Darüber hinaus stellt sich die Frage, wie unberechtigte Pfändungen in der ZwV unterworfene Gegenstände abgewendet werden können. **1**

II. Umfang der ZwV

Als Maßstab für die Reichweite der ZwV eines Grundstücks oder grundstücksgleichen Rechts wählt § 865 Abs. 1 ZPO den Haftungsverbund der Hypothek, §§ 1120, 1123, 1126 BGB. Der hypothekarisch gesicherte Gläubiger kann und muss damit seine sämtlichen aus der Hypothek stammenden Rechte in einem Verfahren verwerten. Ebenso der lediglich persönliche Gläubiger, der ein Grundstück zwangsversteigern oder zwangsverwalten lässt. **2**

1. Grundstücksbestandteile

Juristisch untrennbar mit dem Grundstück verbunden sind die Bestandteile nach §§ 93, 94, 96 BGB. Diese Bestandteile können nur zusammen mit dem Grundstück verwertet werden, da sie nicht Gegenstand eigener Rechte sein können. Findet trotzdem eine Vollstreckung in diese statt, so steht dem Eigentümer, jedem am Grundstück dinglich gesicherten sowie nach Einleitung der ZwV auch dem persönlichen Gläubiger die Verfahren aus §§ 766 und 771 ZPO zu. Es kann jedoch durch Enthaftung etwas Anderes gelten (siehe 7.) **3**

2. Scheinbestandteile (§ 95 BGB)

Nicht zum Haftungsverband gehören dagegen die Scheinbestandteile des Grundstücks nach § 95 BGB. Solche liegen vor, wenn eine Sache lediglich vorübergehend mit dem Grundstück verbunden sein soll (z.B. Garage des Pächters). Steht ein Scheinbestandteil im Eigentum des Schuldners, empfiehlt sich eine gesonderte Vollstreckung in diesen Gegenstand, da Gegenstände, die auch der Eigentümer nur zu einem objektiv erkennbaren vorübergehenden Zweck mit dem Grundstück verbindet, als Scheinbestandteile nicht mithaften, § 95 Abs. 1 BGB. Aber auch langfristig verbundene Sachen können nach § 95 **4**

Abs. 1 S. 2 BGB Scheinbestandteil sein. Wurde eine Sache mit dem Grundstück aufgrund eines dinglichen Nutzungsrechts am Grundstück (Grunddienstbarkeit, Nießbrauch, Erbpacht) durch den Nichteigentümer errichtet, so stehen diese nicht im Eigentum des Grundstückseigentümers, sondern sind sonderrechtsfähig. Diese Bestandteile unterliegen jeweils den passenden Vollstreckungsregeln über Immobilien oder Fahrnisse.

3. Rechte (§ 96 BGB)

5   Rechte, die mit dem Grundstück verbunden sind (Rechte aus Grunddienstbarkeiten, subjektiv dinglichen Reallasten, Überbaurenten, subjektiv dingliche Vorkaufsrechte, Erbbauzinsen, Heimfallansprüche nach § 3 ErbbauVO und § 36 WEG, Nachbarerbbaurechte nach § 39 Abs 3 SachenRBerG) werden von der ZwV in das Grundstück umfasst. In sie kann nicht getrennt vollstreckt werden. Die Frage, ob die Instandhaltungsrücklage bei WEG umfasst ist, ist umstritten, wird jedoch von der h. M.[1] abgelehnt. Ggf. sollte diese getrennt gepfändet werden. Rechtsschutz ist nach den unter 1. aufgezeigten Grundsätzen zu suchen.

4. Überbau

6   Befindet sich ein Überbau auf dem zwangsverwalteten Grundstück, richtet sich seine Mithaftung nach der Frage, ob ein Duldungsanspruch des Gebäudeeigentümers nach § 912 BGB besteht. Besteht ein solcher, ist der Überbau lediglich Scheinbestandteil (§ 95 Abs. 1 S. 2 BGB analog) und wesentlicher Bestandteil des Hauptgrundstück und steht damit im Eigentum des Eigentümers des Hauptgrundstücks. Besteht ein solcher nicht, ist jeder Überbau wesentlicher Bestandteil des zwangsverwalteten Grundstücks nach § 93 BGB und haftet mit. Das Gebäude als solcher stellt somit keine rechtliche Einheit mehr da. (Zum Überbau siehe auch § 90 Rn. 63 ff., § 146 Rn. 6, § 55 Rn. 5 f.)

5. Zubehör

7   Grundsätzlich haftet nach § 1120 BGB auch Zubehör (§§ 97, 98 BGB) im Hypothekenverband, soweit es im Eigentum des Grundstückseigentümers steht. Im Gegensatz zu den Grundstücksbestandteilen findet hier durch Verbindung kein Eigentumserwerb nach § 946 BGB statt. Der Eigentümer fremden Zubehörs muss sein Eigentum im Verfahren nach §§ 37 Nr. 5, 55 Abs 2 ZVG geltend machen. Ansonsten verliert er mit Zuschlag sein Eigentum, § 55 ZVG. Zubehör unter Eigentumsvorbehalt ist als fremdes Zubehör zu behandeln, das möglicherweise bestehende Anwartschaftsrecht haftet mit. Es kann jedoch durch Enthaftung etwas Anderes gelten (siehe 7). (Siehe dazu auch § 20 Rn. 34 ff., § 118 Rn. 9, § 66 Rn. 16, § 74a Rn. 15, § 37 Rn. 11 ff., § 55 Rn. 7 ff., § 90 Rn. 27 ff., § 3 ZwVwV Rn. 14.)

6. Früchte

8   Grundsätzlich sind Früchte vor Trennung vom Grundstück Grundstückbestandteile und würden daher der Immobiliarvollstreckung vollständig unterliegen. Da sie allerdings nach Trennung ohnehin der Mobilvollstreckung unterliegen und diese vorhersehbar ist, ordnet § 810 ZPO an, dass die Früchte auf dem Halm auch nach den Vorschriften über die Fahrnisvollstreckung verwertet werden können, soweit die Pfändung erst einen Monat vor der gewöhnlichen Erntezeit erfolgt und das Grundstück nicht verpachtet ist, § 21 Abs. 3 ZVG. Die Norm ist jedoch nur anwendbar auf Sachfrüchte, die periodisch geerntet werden (Obst, Getreide, Bäume in Baumschule).[2] Dies ist jedoch nur

---

[1] BayOLG Rpfleger 1984, 428.
[2] *Becker*, in: *Musielak*, ZPO § 810 Rn. 2.

möglich, wenn keine Beschlagnahme des Grundstücks nach ZVG stattgefunden hat, § 21 ZVG. Dinglich gesicherten Gläubigern steht die Drittwiderspruchsklage nach § 771 ZPO zu. Soll eine Zwangsverwaltung erfolgen, ist eine getrennte Pfändung der Früchte auf dem Halm daher nicht notwendig, § 148 ZVG. Einer nach Beschlagnahme des Grundstücks erfolgte Pfändung nach § 810 ZPO ist nach § 766 ZPO zu entgegnen. Dagegen umfasst die Zwangsversteigerung eines Grundstücks die Früchte nach Trennung nur, soweit sie noch Zubehör sind, § 21 Abs. 1 ZVG (siehe dazu auch § 20 Rn. 25 ff., § 21 Rn. 10, § 56 Rn. 7, § 90 Rn. 24, § 152 Rn. 35, § 10 Rn. 11, 22, 76 ff.).

7. Enthaftung

Zubehör und Bestandteile können nach den Vorschriften der §§ 1121, 1122 BGB enthaftet werden und unterfallen nicht mehr der ZwV. Die Enthaftung ist durch Veräußerung nach § 1121 BGB auch nach Beschlagnahme möglich, wenn der Erwerber gutgläubig war, den Antrag auf ZwV nicht kannte und kein ZwV-Vermerk im Grundbuch eintragen war (§§ 23 Abs. 2 S 1, 146 ZVG).

8. Miet- und Pachtforderungen

Sie unterliegen nicht der Zwangsversteigerung, § 21 Abs. 2 ZVG (siehe dort Rn. 7 ff.), aber der Zwangsverwaltung, § 148 ZVG. Zur Frage, inwieweit Verfügungen über die Miete auch den Ersteher binden, siehe § 57 ZVG.

9. Versicherungsforderungen

Soweit die Haftung des Grundstücks seiner Bestandteile und seines Zubehörs reicht, haften auch die jeweiligen eventuell bestehenden Versicherungsforderungen als Surrogate mit, § 1127 Abs. 1 BGB. In sie kann jedoch auch im Wege der Forderungspfändung getrennt zugegriffen werden, § 865 Abs. 2 ZPO. Nach Beschlagnahme des Grundstücks ist eine solche Pfändung vom Gläubiger der ZwV durch §§ 771, 766 ZPO anfechtbar. Grundpfandrechtlich gesicherte Gläubiger gehen dem ungesicherten Verwerter der Versicherungsforderung vor (siehe dazu auch § 20 Rn. 38 ff.).

Verfahrensgrundsätze im ZVG-Verfahren

Übersicht

	Rn.
I. Grundsätze für alle Verfahren nach dem ZVG	1–16
1. Dispositionsgrundsatz	2
2. Amtsverfahren	3
3. Beteiligtenzuziehung	4–7
4. Einzelverfahren und Gesamtverfahren	8–11
5. Formalisierung des Verfahrens	12
6. Rangklassen	13–16
II. Grundsätze der Versteigerungsverfahren	17–28
1. Deckungsgrundsatz	17, 18
2. Übernahmegrundsatz	19–23
3. Surrogation	24–28
III. Grundsätze des Zwangsverwaltungsverfahrens	23–32

1 Unter Verfahrensgrundsätzen in weiterem Sinne versteht man alle Rechtsgrundsätze, die den äußeren Ablauf des Verfahrens bestimmen. Dazu gehören neben verfassungsrechtlich geschützten allgemeinen Grundsätzen (hierzu Einfluss des GG, Rn. 3) auch die Verfahrensgrundsätze in engerem Sinne, d. h. die Grundprinzipien, die das Wesen der fraglichen Verfahrensart prägen.[1] Die folgende Darstellung befasst sich mit den Verfahrensgrundsätzen in engerem Sinn.

I. Grundsätze für alle Verfahren nach dem ZVG

1. Dispositionsgrundsatz

2 Grundsätzlich hat der Gläubiger die Herrschaft über das Verfahren bei der Immobiliarvollstreckung inne: Zwangsversteigerung und Zwangsverwaltung werden nur auf seinen Antrag hin angeordnet (§§ 15, 146). Bis zur Zuschlagserteilung kann er durch Zurücknahme seines Antrags die Aufhebung seines Verfahrens (§ 29) erreichen oder durch seine Bewilligung die einstweilige Einstellung (§ 30).[2] Die Bedeutung der Verfahrensherrschaft ist jedoch im Vergleich zur Mobiliarvollstreckung reduziert. Zwar entscheidet der Gläubiger allein darüber, ob das Verfahren eingeleitet oder beendet wird – dies betrifft jedoch nur das von ihm betriebene Einzelverfahren.[3] Wird ein weiteres Einzelverfahren betrieben, so wird das Gesamtverfahren fortgesetzt (näher dazu Rn. 7 ff.). Auch hat der Gläubiger nicht die ausschließliche Verfügungsbefugnis über den Ablauf des Verfahrens, da auch andere Beteiligte beigezogen werden und eigene Befugnisse haben (näher dazu Rn. 3 ff.).[4]

2. Amtsverfahren

3 Ist das Verfahren nach Antrag des Gläubigers angeordnet worden, so wird es im Amtsbetrieb durchgeführt, § 35. Von Amts wegen werden u. a. angeordnet und durchgeführt: Zustellungen (§ 3), Belehrungen, Wertfestsetzung (§ 74a

---

1 *Rauscher*, in: *MünchKomm*-ZPO, Einleitung Rn. 271f; *Musielak*, ZPO, Einleitung Rn. 26.
2 *Hintzen*, in: *Dassler/Schiffhauer/u. a.*, ZVG, Einleitung Rn. 60.
3 *Stöber*, ZVG, § 29 Rn. 2.9.
4 *Eickmann*, ZVG, § 2 I 1.

Abs. 5), Terminsbestimmung und -durchführung (§§ 36, 66), Zuschlagserteilung (§ 81), Erlösverteilung (§ 105) und Grundbuchersuchen (§ 130).[5]

3. Beteiligtenzuziehung

Während die ZPO vom Parteiverfahren geprägt ist, sind die Verfahren nach dem ZVG Beteiligtenverfahren. Neben dem Vollstreckungsgläubiger und -schuldner sind auch andere Personen, deren Rechtsstellung durch das Verfahren berührt wird, an diesem zu beteiligen. Der Grund hierfür liegt in der großen wirtschaftlichen und rechtlichen Bedeutung der Immobilien. Grundstücke sind u. a. Träger von Grundpfandrechten sowie anderen dinglichen Rechten, sie können vermietet oder verpachtet sein. Die Hauptbetroffenen sind als Beteiligte dem Verfahren beizuziehen, damit sie ihre Rechte wahrnehmen können.[6]

Aus der Regelung der Beteiligteneigenschaft in § 9 folgt die Unterteilung der Beteiligten neben dem Gläubiger und dem Schuldner in Beteiligte von Amts wegen (§ 9 Nr. 1) und Beteiligte aufgrund Anmeldung (§ 9 Nr. 2). Zu den Beteiligten von Amts wegen zählen diejenigen, für die zur Zeit der Eintragung des Vollstreckungsvermerks ein Recht im Grundbuch eingetragen oder durch Eintragung gesichert ist, also in erster Linie die Inhaber dinglicher Rechte sowie die durch Vormerkung, Widerspruch oder Verfügungsbeschränkungen Geschützten (näher § 9 Rn. 9 ff.). Zu den häufigsten Fällen einer Beteiligtenstellung aufgrund Anmeldung zählen Inhaber dinglicher Rechte, die nach dem Zwangsversteigerungsvermerk im Grundbuch stehen, Dritteigentümer an Zubehör sowie Mieter bzw. Pächter (ausführlich § 9 Rn. 16 ff.).

Die Beteiligten genießen trotz materiell ungleicher Rechte grundsätzlich eine formal gleiche Stellung im Verfahren und haben eigene Verfahrensrechte. Nach Maßgabe der jeweiligen Norm werden sie benachrichtigt und angehört, sie können das Verfahren mitgestalten und Rechtsmittel einlegen (näher dazu Vor § 9, Rn. 4 ff.).[7] Unabhängig von der Gleichstellung im Verfahren erfolgt die Erlösverteilung ausschließlich nach der Rangordnung des § 10.[8]

Durch die Hinzuziehung der Beteiligten rückt das ZVG-Verfahren in die Nähe des Insolvenzverfahrens, bei dem auch mehrere Gläubiger beteiligt sind.[9] Der Eindruck der Nähe zum Insolvenzverfahren wird noch dadurch verstärkt, dass bei der Immobiliarvollstreckung nicht ein einzelner Gegenstand, sondern das Grundstück in seiner Gesamtheit (mit Zubehörgegenständen etc.) verwertet wird. Nach wie vor ist jedoch nicht das gesamte Schuldnervermögen betroffen und liegt damit im Gegensatz zum Insolvenzverfahren eine Einzelvollstreckung vor.[10]
Im Gegensatz zum Insolvenzverfahren bilden die Beteiligten im ZVG-Verfahren keine gemeinschaftlichen Organe und unterscheiden sich grundlegend durch die Verteilung des Erlöses nach Rangklassen und nicht nach Quote.[11]

4. Einzelverfahren und Gesamtverfahren

Bei näherer Betrachtung stellt sich heraus, dass der Begriff „das Verfahren" im ZVG das Gesamtverfahren oder das jeweilige Einzelverfahren meinen kann. Grundsätzlich sind die einzelnen Vollstreckungsverhältnisse unabhängig von-

---
5 *Hintzen*, in: *Dassler/Schiffhauer/u. a.*, ZVG, Einleitung Rn. 61; *Hintzen*, Handbuch, C III 2a (Rn. 27).
6 *Hagemann*, in: *Steiner*, ZVG, Einleitung Rn. 49; *Eickmann*, ZVG, § 2 II.
7 *Böttcher*, ZVG, § 9, Rn. 2; *Eickmann*, ZVG, § 2 II.
8 *Hagemann*, in: *Steiner*, ZVG, Einleitung Rn. 49.
9 *Nussbaum*, Die Zwangsversteigerung und Zwangsverwaltung, § 4 III.
10 *Hagemann*, in: *Steiner*, ZVG, Einleitung Rn. 51.
11 *Nussbaum*, Die Zwangsversteigerung und Zwangsverwaltung, § 4 III.

einander und werden in separaten Einzelverfahren geführt. Ein Vollstreckungsverhältnis entsteht zwischen dem Gläubiger und dem Schuldner, sobald der Gläubiger einen Anordnungs- oder Beitrittsbeschluss herbeiführt.[12] Betreiben mehrere Gläubiger nebeneinander oder ein Gläubiger aus mehreren Rechten, so liegen auch entsprechend viele Einzelverfahren vor.[13] Allerdings ist die Immobiliarvollstreckung nicht nur für den jeweiligen Gläubiger und den Schuldner von Bedeutung, da mehrere Gläubiger betreiben und an der Immobilie weitere zu berücksichtigende Rechte anderer Beteiligter bestehen können. Durch die Durchführung der Einzelverfahren in einem Gesamtverfahren wird dem Erfordernis nach einheitlicher Durchführung Rechnung getragen.[14]

9 Durch das Aufeinandertreffen von Einzelverfahren und Gesamtverfahren muss bei Verfahrenshandlungen unterschieden werden, ob diese das Gesamtverfahren betreffen oder nur das jeweilige Einzelverfahren. Zu letzteren gehören jedenfalls die Einleitung, Fortsetzung, Einstellung und Aufhebung des Verfahrens sowie die Anfechtung diesbezüglicher Beschlüsse und die Freigabe von mithaftenden Gegenständen. Ebenso zählen zu den einzelwirksamen Aspekten die Beschlagnahme und die Fristen.[15] Für das Gesamtverfahren wirken hingegen u. a. Wertfestsetzung, Terminsbestimmung, Beginn des Bietgeschäfts und Wirksamkeit von Geboten, Zuschlagsentscheidung und deren Anfechtung sowie Verteilung des Erlöses.[16]

10 Auch die Feststellung des geringsten Gebotes wirkt für das Gesamtverfahren. Allerdings wird es maßgeblich von den Einzelverfahren beeinflusst. Das geringste Gebot wird ausgehend vom rangbesten betreibenden Gläubiger bestimmt (vgl. näher § 44 Rn. 37). Beendet dieser das betreffende Einzelverfahren (durch Rücknahme des Versteigerungsantrages, § 29, oder Bewilligung der Einstellung, § 30), so muss das geringste Gebot neu festgesetzt werden und alle Rechte berücksichtigen, die gegenüber dem nun bestrangig betreibenden Gläubiger vorrangig sind. Damit kann das geringste Gebot so hoch ausfallen, dass eine Versteigerung mangels Interessenten faktisch unmöglich gemacht wird.[17]

11 Wird das letzte Einzelverfahren aufgehoben oder eingestellt, so ist auch das Gesamtverfahren beendet.[18]

5. Formalisierung des Verfahrens

12 Die Immobiliarvollstreckung basiert wie auch die Mobiliarvollstreckung auf einem streng formalisierten Verfahren, um eine möglichst durchsetzungsstarke und effektive Vollstreckung zu gewährleisten. Materiellrechtliche Richtigkeit ist für die Rechtmäßigkeit des Verfahrens ohne Bedeutung, es wird nur auf einfach zu prüfende formalisierte Kriterien abgestellt. Für den Zugriffstatbestand in der Immobiliarvollstreckung ist dies die Eintragung im Grundbuch.[19] Für die Anordnung eines Verfahrens ist unabhängig von der wahren Rechtslage die Eintragung des Vollstreckungsschuldners im Grundbuch hinreichend und erforderlich, § 17 (näher dazu § 17 Rn. 3 f.). Die Eintragung im Grundbuch

---

12 *Stöber*, ZVG, Einleitung Rn. 20.1.
13 *Eickmann*, ZVG, § 2 I 3a; *Hintzen*, Handbuch, C III 2b (Rn. 35).
14 *Hagemann*, in: Steiner, ZVG, Einleitung Rn. 51; *Hintzen*, Handbuch, C III 2b (Rn. 35); *Nussbaum*, Die Zwangsversteigerung und Zwangsverwaltung, § 5 III.
15 *Eickmann*, ZVG, § 2 I 3b; *Hintzen*, Handbuch, C III 2b (Rn. 35).
16 *Eickmann*, ZVG, § 2 I 3b.
17 *Eickmann*, ZVG, § 2 I 3c.
18 *Hintzen*, Handbuch, C III 2b (Rn. 35).
19 *Rosenberg/Gaul/u. a.*, Zwangsvollstreckungsrecht, § 5 IV.

genügt auch dafür, dass Rechte (§ 45 Abs. 1) bzw. auch der Versteigerung entgegenstehende Rechte (§ 28 Abs. 1) von Amts wegen beachtlich sind.[20]

6. Rangklassen

Das Prinzip der Rangklassen erlangt im ZVG in zwei Fällen große Bedeutung: **13**
bei der Verteilung des Versteigerungserlöses (§ 114) und bei der Feststellung
des geringsten Gebotes (§ 44 Abs. 1).
Anders als im Insolvenzverfahren erhalten nicht alle Gläubiger eine Quote
ihres Anspruchs, sondern sie werden nach der Rangstelle ihres Befriedigungsanspruches berücksichtigt. Dabei wird der jeweils nächstrangige Gläubiger
erst bedacht, wenn der vorrangige voll befriedigt ist. Gläubiger der hinteren
Rangstellen erhalten auf diese Weise oft nichts.[21]

Gesetzlich verankert ist der Ranggrundsatz in § 10 Abs. 1, der die Befriedigungsansprüche der Gläubiger in 9 Rangklassen einteilt. Die Reihenfolge **14**
innerhalb der Rangklassen 4, 6, 8 regelt § 11 Abs. 1 dergestalt, dass die Reihenfolge unter den Rechten (also die Reihenfolge der Eintragung, § 879 BGB)
maßgeblich ist. Für die Rangklasse 5 stellt § 11 Abs. 2 auf den Zeitpunkt der
Beschlagnahme ab. Die Ansprüche der übrigen Rangklassen sind innerhalb
dieser gleichrangig. § 12 normiert die Rangordnung der Ansprüche aus ein
und demselben Recht so, dass zunächst die Kosten, dann die Nebenleistungen
(Zinsen) und zuletzt die Hauptforderung berücksichtigt werden.

Nicht in § 10 Abs. 1 genannte Befriedigungsrechte werden bei der Erlösverteilung nicht miteinbezogen.[22] Dies betrifft vor allem den Anspruch eines das **15**
Verfahren nicht betreibenden persönlichen Gläubigers, der mangels Beschlagnahme über kein materielles Befriedigungsrecht am Grundstück verfügt.[23]
Obwohl nicht in § 10 genannt, werden trotzdem bei der Erlösverteilung
berücksichtigt ein Teil der Verfahrenskosten (§ 109) sowie Ansprüche, die nur
wegen ihrer verspäteten Anmeldung nicht mehr einer der Rangklassen des
§ 10 Abs. 1 zugeordnet worden sind (§ 110).[24]

Auch für die Feststellung des geringsten Gebotes ist die in § 10 festgelegte **16**
Rangfolge von Bedeutung. Das geringste Gebot richtet sich nach dem Verfahren, das aus dem besten Rang der §§ 10–12 betrieben wird. Alle diesem Recht
vorgehenden Rechte müssen durch das geringste Gebot gedeckt sein, § 44.

II. Grundsätze der Versteigerungsverfahren

1. Deckungsgrundsatz

Der Deckungsgrundsatz besagt, dass diejenigen Rechte, die dem bestrangigen **17**
Anspruch, aus dem die Zwangsversteigerung betrieben wird, vorgehen, auf
jeden Fall gedeckt sein müssen.[25] Aus §§ 10–12 ergeben sich die Rangverhältnisse. Die Deckung wird im ZVG dadurch gesichert, dass das geringste Gebot
diese Rechte sowie die Verfahrenskosten umfassen muss, § 44 Abs. 1.[26] Umgesetzt wird dies dergestalt, dass auf dem Grundstück lastende vorrangige
Rechte auch nach Zuschlagserteilung bestehen bleiben und vom Ersteher übernommen werden (§§ 44 Abs. 1, 52 Abs. 1 Satz 1). Andere vorrangige Rechte

---
20 *Eickmann*, ZVG, § 2 I 2.
21 *Storz*, Praxis, B 4.4.1, S. 204; *Hintzen*, Handbuch, C III 2c (Rn. 36).
22 *Hagemann*, in: *Steiner*, ZVG, § 10 Rn. 3.
23 *Eickmann*, ZVG, § 9 III 2; *Rosenberg/Gaul u. a.*, Zwangsvollstr. Recht, § 62 I 3b.
24 *Storz*, Praxis, B 4.4.1, S. 205.
25 *Storz*, Praxis, B 4.3.1, S. 198; *Hintzen*/Wolf, Rn. 11.150.
26 *Stöber*, ZVG, § 44 Rn. 2.1; *Hintzen*, in: *Dassler/Schiffhauer/u. a.*, ZVG, § 44 Rn. 2; *Eickmann*,
   in: *Steiner*, ZVG, § 44 Rn. 6.

(insbesondere Kosten und Nebenleistungen aus dinglichen Rechten wie Zinsen) erhöhen nach § 49 Abs. 1 das vom Ersteher zu leistende Bargebot. Das geringste Gebot, das die dem bestrangig betreibenden Gläubiger vorrangigen Rechte und die Kosten der Versteigerung decken muss, besteht also aus dem Bargebot (§ 49 Abs. 1) und den bestehen bleibenden Grundstücksbelastungen (§ 52 Abs. 1 Satz 1).[27] Bei der Kalkulation seines Angebots muss der Ersteher den Nominalbetrag der auf dem Grundstück lastenden bestehen bleibenden Grundpfandrechte sowie die weiteren bestehen bleibenden dinglichen Rechte mit berücksichtigen. Während die Löschung der Grundpfandrechte nach Zahlung an den Gläubiger möglich ist, bleiben die Rechte aus der Abteilung II des Grundbuches (z. B. dingliche Wege- und Wohnrechte) bestehen, der Ersteher erwirbt also belastetes Eigentum.[28]

Nach § 44 Abs. 2 wird ein Recht bei der Feststellung des geringsten Gebotes nur dann als bestrangiges Recht berücksichtigt, wenn der diesbezügliche Anordnungs- oder Beitrittsbeschluss dem Schuldner vier Wochen vor dem Versteigerungstermin zugestellt ist.

18 Der Deckungsgrundsatz sichert letztlich die Rangfolge der Verwertungsrechte und innerhalb derer auch den Prioritätsgrundsatz[29], beispielsweise bei der Eintragungsreihenfolge der dinglichen Rechte in § 10 Abs. 1 Nr. 4 oder bei der Reihenfolge der Beschlagnahme der persönlichen Rechte in § 10 Abs. 1 Nr. 5. Der Gläubiger muss nicht befürchten, dass die aus einem nachrangigen Recht betriebene Zwangsvollstreckung zur entschädigungslosen Löschung seines Rechts führt, weil etwa aus dem Versteigerungserlös – wie häufig – nicht alle Gläubiger befriedigt werden können. Das Risiko der Versteigerung beginnt beim betreibenden Gläubiger und erhöht sich mit steigender Rangstelle,[30] da diese Rechte auch dann nach § 52 Abs. 1 Satz 2 gelöscht werden, wenn auf sie kein Erlösanteil mehr entfällt.[31]
Zu Modifizierungen des Deckungsgrundsatzes vgl. Rn. 22.

2. Übernahmegrundsatz

19 Der Ersteher erwirbt das Grundstück meist nicht lastenfrei. Grundsätzlich bleiben die vom geringsten Gebot erfassten dinglichen Rechte nach § 52 Abs. 1 Satz 1 mit der Hauptsache bestehen. Hierdurch sind die Inhaber vorrangiger Rechte auch vor einer Beeinträchtigung durch Veränderung (in Form der Auszahlung) geschützt.[32] Mit den Rechten bleiben auch die Nebenrechte (Zinsen ab Zuschlag, Löschungsvormerkung, Rangvermerke) sowie die Belastungen der Rechte mit Pfandrechten oder Verfügungsbeschränken bestehen (näher § 52 Rn. 3 ff.).[33] Nach § 56 Satz 2 gebühren dem Ersteher von dem Zuschlag an die Nutzungen, er trägt aber auch die Lasten des Grundstücks.

Bei bestehen bleibenden Hypotheken regelt § 53 Abs. 1 die Übernahme auch der persönlichen Schuld kraft Gesetzes durch den Ersteher, wenn Schuldner und Gläubiger der persönlichen Schuld auch Schuldner und Gläubiger der Hypothek sind. Bei der Grundschuld gilt dies gemäß § 53 Abs. 2 nur, wenn der Schuldner die Forderung angemeldet hat (näher § 53 Rn. 8)

20 Der Übernahmegrundsatz erfasst aber auch Rechte außerhalb des geringsten Gebotes und des Grundbuches, die mit Zuschlag auf den Ersteher überge-

---

27 *Hintzen*/Wolf, Rn. 11.153; *Stöber*, ZVG, § 44 Rn. 4.1; *Eickmann*, in: Steiner, ZVG, § 44 Rn. 37 ff.
28 *Storz*, Praxis, B 4.3.1, S. 198.
29 *Eickmann*, ZVG, § 7 II; *Hintzen*, in: Dassler/Schiffhauer/u. a., ZVG, Einführung Rn. 63.
30 *Eickmann*, ZVG, § 7 Ill; i. d. S. auch *Stöber*, ZVG, § 44 Rn. 4.1; *Hintzen*, in: Dassler/Schiffhauer/u. a., ZVG, § 44 Rn. 2.
31 *Hintzen*/Wolf, Rn. 11.154.
32 *Stöber*, ZVG, § 52 Rn. 2.1.
33 *Storz*, Praxis, B 4.3.1, S. 200; *Hintzen*/Wolf, Rn. 11.158; *Stöber*, ZVG, § 52 Rn. 2.4.

hen.³⁴ Zu nennen sind hier insbesondere die Fälle des § 52, sowie das Erbbaurecht (§ 25 ErbbauRG). Da der Übergang unabhängig von der Kenntnis des Erstehers erfolgt, dieser die Rechte aber bei seiner Kalkulation berücksichtigen muss, müssen die Bieter hierüber belehrt werden.³⁵

21 Das Recht, aus dem die Zwangsversteigerung bestrangig betrieben wird, erlischt ebenso wie alle anderen gleich- oder nachrangigen Rechte, § 52 Abs. 1 Satz 2. Diese Gläubiger werden aus dem Erlös, der nach der Befriedigung der in das geringste Gebot eingegangenen Ansprüche verbleibt, befriedigt.³⁶

22 Durch den Übernahmegrundsatz werden die Interessen der Gläubiger gewahrt. Gläubiger eines besserrangigen Rechts riskieren nicht, dieses durch eine Löschung zu verlieren, ohne einen entsprechenden Gegenwert dafür sicher zu erlangen. Auch der Ertrag durch langfristig kalkulierte Zinsen bleibt im Gegensatz zu einer verfrühten Rückzahlung erhalten. Der Ersteher hingegen vermeidet durch die Übernahme der Grundpfandrechte, dass er das ganze Gebot bar erbringen muss.³⁷

23 Modifizierungen erfahren der Deckungs- und Übernahmegrundsatz durch das ZVG selbst. Fällt eines der vom Deckungsgrundsatz erfassten Rechte wider Erwarten weg, so wird der Nominalbetrag in das Bargebot aufgenommen, §§ 50, 51.³⁸ Bleibt hingegen ein eigentlich erlöschendes Recht kraft Vereinbarung zwischen Berechtigtem und Ersteher bestehen (§ 91 Abs. 2), so verringert sich das Bargebot (§ 91 Abs. 3 Satz 1).³⁹

3. Surrogation

24 Nicht vom Deckungsgrundsatz erfasste Rechte erlöschen mit dem Zuschlag nach §§ 52 Abs. 1 Satz 2, 91 Abs. 1. Dies bedeutet jedoch nur, dass sie nicht mehr auf dem Grundstück lasten, nicht, dass sie ersatzlos wegfallen. An die Stelle des Grundstücks als bisherigem Haftungsgegenstand tritt mit dem Zuschlag im Wege der Surrogation der Erlös. Der Gläubiger behält „sein" dingliches Recht; es setzt sich nur an einem anderen Gegenstand, nämlich dem Erlös, fort.⁴⁰ Auch dem Schuldner als Grundstückseigentümer steht ab dem Zuschlag nicht mehr das Grundstück, sondern der Erlös als Eigentum zu.⁴¹

25 Grundsätzlich setzen sich die Rechte in ihrer bisherigen Form am Erlös fort. Erhalten bleiben insbesondere Rangstelle sowie am Recht bestehende Pfandrechte und Verfügungsbeschränkungen.⁴² Soweit die Rechte inhaltlich auf Zahlung eines Kapitals gerichtet sind, bleiben sie in dieser Form bestehen. Für alle anderen Rechte ordnet § 92 Abs. 1 an, dass sie sich als Anspruch auf Wertersatz am Erlös fortsetzen. Diese „inhaltsverändernde Surrogation"⁴³ ist notwendig, da sich andere als auf Geldzahlung gerichtete Rechte nicht am Erlös als neuem Haftungsgegenstand fortsetzen können.

---

34 *Storz*, Praxis, B 4.3.1, S. 201; *Hintzen*/Wolf, Rn. 11.159.
35 *Storz*, Praxis, B 4.3.1, S. 202; *Eickmann*, ZVG, § 7 II.
36 *Eickmann*, ZVG, § 7 II; *Stöber*, ZVG, § 52 Rn. 3.
37 *Eickmann*, ZVG, § 7 II
38 *Eickmann*, ZVG, § 12 II 1.
39 *Eickmann*, ZVG, § 12 III.
40 BGH, Urteil vom 26.6.1957 – V ZR 148/55, BGHZ 25, 27; BGH, Urteil vom 11.10.1984 – IX ZR 111/82, NJW 1985, 388 = Rpfleger 1985, 74; BGH, Urteil vom 6.7.1989 – IX ZR 277/88, BGHZ 108, 237 = NJW 1989, 2536 = Rpfleger 1990, 32 statt vieler, weitere Nachweise bei *Stöber*, ZVG, § 91 Fn. 15).
41 BGH, Urteil vom 11.10.1984 – IX ZR 111/82, NJW 1985, 388 = Rpfleger 1985, 74.
42 *Eickmann*, ZVG, § 7 III; *Stöber*, ZVG, § 91 Rn. 2.5; *Hintzen*, in: Dassler/Schiffhauer/u. a., ZVG, § 92 Rn. 5.
43 *Eickmann*, ZVG, § 7 III.

26 Häufig entspricht der Wertersatz aber nicht den Interessen der Rechtsinhaber, beispielsweise bei Wege- oder Wohnrechten. Einen sicheren Weg zum Erhalt dieser Rechte, ohne auf die Zustimmung anderer angewiesen zu sein, gibt es nicht. Der Ersteher erwirbt außerhalb der durch den Deckungs- und Übernahmegrundsatz bestehen bleibenden Rechte lastenfrei. Mit dem Ersteher kann aber eine Liegenbelassungsvereinbarung nach § 91 Abs. 2 getroffen werden und damit das Bestehenbleiben des Rechtes gesichert werden. Zudem kann das Recht vor dem Zuschlag über § 59 in das geringste Gebot aufgenommen werden. Hierzu ist aber die Zustimmung aller beeinträchtigten anderen Beteiligten, also der im Rang vorgehenden, erforderlich, § 59 Abs. 1 Satz 3.[44]

27 Auch wenn ab Zuschlag letztlich Ansprüche an einem Geldbetrag bestehen, so behalten die Rechte ihren ursprünglichen dinglichen Charakter bei. Verfügungen über den Erlösanteil erfolgen daher wie über das Recht in seiner ursprünglichen Form mit Ausnahme der Bestimmungen, die eine Grundbucheintragung erfordern.[45]

28 Erst mit der Empfangnahme des Erlöses tritt tatsächliche Befriedigung der Gläubiger ein, jetzt erlöschen die Rechte auch insoweit, als sie sich auf den Erlös beziehen. Für Grundpfandrechte gilt § 1181 BGB. Für alle anderen Rechte gilt § 1181 BGB wohl analog, wenn für sie in ihrer ursprünglichen Form kein Erlöschenstatbestand vorgesehen ist. Die Rechte erlöschen auch, soweit der Erlös für eine Befriedigung nicht ausreicht.[46]

III. Grundsätze des Zwangsverwaltungsverfahrens

29 Das Verfahren der Zwangsverwaltung ist getragen von ihrem Zweck, die Gläubiger aus den Erträgen des Grundstücks zu befriedigen, ohne die Haftungssubstanz selbst zu verwerten. In der Folge entzieht die Beschlagnahme dem Schuldner nicht nur die Verfügungsbefugnis über das Grundstück, sondern auch die Verwaltung und Benutzung des Grundstücks, § 148 Abs. 2 (vorbehaltlich § 149). An die Stelle des Schuldners tritt insofern der Verwalter. Dessen Pflichten erstrecken sich vor allem auf wirtschaftliche Erhaltung des Grundstücks sowie dessen ordnungsgemäße und wirtschaftliche Nutzung, § 152 Abs. 1 (näher § 152 Rn. 4 ff.).

30 Da Gegenstand der Zwangsverwaltung nur die Nutzungen des Grundstücks sind, ist von dem Verfahren in erster Linie der Besitzer betroffen. Für den Inhaber eines eingetragenen Rechts ermöglicht § 147 die Anordnung des Verfahrens unabhängig von § 17 Abs. 1 auch gegen den Vollstreckungsschuldner, der nicht eingetragener Eigentümer, sondern Eigenbesitzer ist. Gegen diesen muss aber nach allgemeinen vollstreckungsrechtlichen Voraussetzungen ein Titel vorliegen.[47]

31 Auch der Umfang der Beschlagnahme ist gegenüber der Versteigerung wesentlich erweitert. Nach §§ 148 Abs. 1, 21 Abs. 2 umfasst die Beschlagnahme u.a. laufende und rückständige Miet- und Pachtforderungen (§ 1123 BGB). Rückständige Forderungen sind nur erfasst, wenn sie innerhalb eines Jahres vor der Beschlagnahme fällig geworden sind (näher zum Umfang § 148, Rn. 9).[48]

---

44 *Eickmann*, ZVG, § 7 III; *Hintzen*, in: Dassler/Schiffhauer/u.a., ZVG, § 92 Rn. 3.
45 Ausführlich hierzu *Stöber*, ZIP 1980, 833; s. a. *Stöber*, ZVG, § 92 Rn. 2.2; *Hintzen*, in: Dassler/Schiffhauer/u.a., ZVG, § 92 Rn. 5; a. A. *Böttcher*, ZVG, § 91 Rn. 4; *Eickmann*, in: Steiner, ZVG, § 91 Rn. 17; BGH, Urteil vom 6.11.1963 – V ZR 55/62, NJW 1964, 813.
46 *Stöber*, ZVG, § 91 Rn. 2.5; *Rohe*, in: BeckOK, § 1181 BGB, Rn. 4.
47 *Stöber*, ZVG, § 147 Rn. 2.1, 2.4.
48 *Eickmann*, ZVG, § 38 I 1; *Hintzen*, in: Haarmeyer/Wutzke/u.a., ZVG, § 148 Rn. 6 ff.

Schließlich entspricht das Verteilungsverfahren der Zwangsverwaltung der gesetzgeberischen Absicht, das Grundstück nicht zu verwerten, sondern einen vorübergehenden Zahlungsengpass des Schuldners ohne Verlust des Grundstückeigentums zu überbrücken. Grundsätzlich erfolgt auch die Verteilung in der Zwangsverwaltung nach der Rangfolge des § 10, diese erfährt jedoch durch §§ 155 ff. wesentliche Änderungen. Nach Abzug der Kosten wird der Erlös nur auf die Rangklassen 1 bis 5 verteilt – jedoch auch nur auf die laufenden wiederkehrenden Leistungen. Auf die Hauptschuld wird der Erlös nur nach Maßgabe des § 158 in einem besonderen Termin gezahlt. Demnach wird der Zahlungsanspruch auf das Kapital eines Grundpfandrechtes nur berücksichtigt, wenn aus diesem das Verfahren betrieben wird und auch dann nur in Rangklasse 5.[49] Daraus ergibt sich, dass ein dinglicher betreibender Gläubiger erst dann eine Zahlung auf seine Hauptschuld erhält, wenn alle vorgehenden laufenden und wiederkehrenden Leistungen sowie die in der Klasse 5 (nach dem Zeitpunkt der Beschlagnahme) vorrangigen Ansprüche befriedigt sind.[50] Dies führt dazu, dass die Zwangsverwaltung meist nicht statt, sondern neben (§ 866 Abs. 2 ZPO) der Zwangsversteigerung betrieben wird.

---

49 *Eickmann*, ZVG, § 41 I; *Hintzen*, in: *Haarmeyer/Wutzke/u.a.*, ZVG, § 158 Rn. 1; *Hintzen/Wolf*, Rn. 13.72.
50 *Stöber*, ZVG, § 155 Rn. 7.1, 7.2f).

Wirkungen des Zuschlages

Übersicht

		Rn.
1.	Wirkungen aus den §§ 90–93 ZVG	1–6
2.	Befriedigungsfiktion des § 114a ZVG	7
3.	Ausnahmekündigungsrecht gem. § 57a ff. ZVG	8
4.	Versicherungsansprüche und Ansprüche aus dem Bundeslärmschutzgesetz	9–11
5.	Abschluss der Zwangsvollstreckung gegen den Vollstreckungsschuldner	12
6.	Weitere Verpflichtungen und Haftungsmomente des Entstehers u. a. aus den Vorschriften der §§ 49, 50, 51, 53, 56 und 57 ZVG	13–27

1. Wirkungen aus den §§ 90–93 ZVG

1 Mit Verkündung des Zuschlages treten mannigfaltige Wirkungen ein. Die Verkündung des Zuschlages bewirkt:

2 a) den **Eigentumsübergang** gem. der Vorschrift des § 90 ZVG (ausführl. hz. § 90 ZVG):
Durch die Zuschlagsverkündung wird der Ersteher Eigentümer des Grundstückes nebst dessen wesentlicher Bestandteile und der Gegenstände, auf die sich die Beschlagnahmewirkung erstreckt hat (§ 55 Abs. 1 ZVG). Das Eigentum schließt auch mit versteigerte Gegenstände ein, sofern deren Eigentümer ihre Rechte an diesen Gegenständen nicht rechtzeitig im Versteigerungsverfahren geltend gemacht haben (§§ 55 Abs. 2, 37 Abs. 5 ZVG). Voraussetzung hierfür ist jedoch, dass der Zuschlagsbeschluss im Beschwerdeweg nicht rechtskräftig aufgehoben wird (§ 90 Abs. 1 ZVG).

3 Bei der Zuschlagserteilung handelt es sich um einen konstitutiv wirkenden **Staatshoheitsakt**, d. h. **Eigentum wird** nicht übertragen, sondern frei von nicht ausdrücklich bestehenbleibenden Rechten unmittelbar **begründet**.

4 b) das **Erlöschen von Rechten** gem. der Vorschrift des § 91 ZVG (ausführl. § 91 ZVG):
Mit der Verkündung des Zuschlages erlöschen alle im Grundbuch eingetragenen Rechte, die nicht nach den gesetzlichen oder besonderen Versteigerungsbedingungen bestehen bleiben sollen (§§ 52, 59 ZVG). Das Erlöschen hat nicht zur Folge, dass die Rechte ersatzlos wegfallen. Die erloschenen Rechte setzen sich mit ihrem bisherigen Rang am Versteigerungserlös, der als Surrogat an die Stelle des Grundstückes tritt, fort. Mit dem Erlöschen des dinglichen Rechts geht nicht automatisch das Erlöschen der persönlichen Forderung einher. Diese bleibt, soweit aus dem Versteigerungserlös keine volle Befriedigung der Gläubiger erreicht werden konnte, gegen den persönlichen Vollstreckungsschuldner bestehen.
Allerdings kann die Forderung auch nach der Vorschrift des § 114a ZVG erlöschen.

5 c) den **Surrogationsanspruch** gem. der Vorschrift des § 92 ZVG (ausführl. § 92 ZVG):
Für die mit Zuschlagsverkündung erlöschenden Rechte tritt an die Stelle des Grundstückes der Versteigerungserlös (= **dingliches Surrogat**); nicht auf Geldersatz ausgerichtete Rechte erhalten Wertersatz.

6 d) die **Vollstreckbarkeit des Zuschlagsbeschlusses** gem. der Vorschrift des § 93 ZVG (ausführl. § 93 ZVG):

Der Zuschlagsbeschluss ist ein Vollstreckungstitel auf **Zahlung des Meistgebotes** gegen den Ersteher (§§ 132, 118, 128 ZVG).
Für den Ersteher bewirkt der Zuschlag einen Vollstreckungstitel, mit welchem er die **Räumung und Herausgabe** des Grundstücks oder mit versteigerter Gegenstände gegenüber allen Personen, deren Besitzrecht nach der Zuschlagsverkündung nicht mehr besteht, durchsetzen kann.
Hierzu gehören insbesondere:
- der bisherige Eigentümer sowie der Personenkreis, der sein Besitzrecht vom bisherigen Eigentümer ableitete;
- der Berechtigte aus einem Wohnungsrecht oder Nießbrauch, der sein Besitzrecht aus einem mit der Zuschlagserteilung erloschenen Recht ableitete sowie
- der Personenkreis, der gar kein Besitzrecht inne hatte (z. B. Hausbesetzer)

Der Zuschlagsbeschluss erlaubt somit keine Räumung gegenüber Personen, die über ein fortbestehendes Besitzrecht verfügen. So kann bspw. gegen einen Mieter nicht mittels des Zuschlagsbeschlusses vollstreckt werden. Diesem Personenkreis gegenüber hat der Ersteher bspw. bei einer Kündigung, einer Räumung und/oder Zwangsvollstreckungsmaßnahme auf die allgemeinen Gesetzesvorschriften zurückzugreifen.

2. **Befriedigungsfiktion des § 114a ZVG**

Intention der Vorschrift des § 114a ZVG (ausführl. § 114a ZVG) ist, zu verhindern, dass ein innerhalb der 7/10-Grenze befindlicher Erlösberechtigter das Grundstück günstig erwirbt und sodann den ausgefallenen Teil seiner Forderung gegen den Vollstreckungsschuldner in voller Höhe persönlich geltend macht.[1] Die Vorschrift des § 114a ZVG greift auch ein, wenn der Berechtigte das Grundstück durch einen Strohmann, einen uneigennützigen Treuhänder oder eine von ihm abhängige Gesellschaft ersteigern lässt[2] oder wenn der meistbietende Berechtigte die Rechte aus dem Meistgebot auf einen Dritten überträgt und diesem der Zuschlag erteilt wird. Dies gilt unabhängig davon, ob und in welcher Höhe der Meistbietende von dem Dritten für die Übertragung ein Entgelt bekommt.[3] Die Vorschrift des § 114a ZVG löst das Problem, indem für den Fall des Erwerbs durch einen dinglich Befriedigungsberechtigten ein Meistgebot (Bargebot zzgl. bestehenbleibender Rechte, die vom Ersteher übernommen werden müssen) iHv 7/10 des gerichtlich festgesetzten Verkehrswertes des Grundstücks fingiert wird, wenn sein Gebot darunter liegt. Er gilt sodann mit seinem unter 7/10 des gerichtlich festgesetzten Verkehrswertes liegenden Gebot fiktiv insoweit als befriedigt, als seine Ansprüche mit einem Gebot iHv 7/10 gedeckt worden wären. Letztlich werden Ersteher und Schuldner so gestellt, als wäre ein Gebot iHv 7/10 des gerichtlich festgesetzten Verkehrswertes abgegeben worden.

Zur Veranschaulichung nachfolgendes Beispiel:
gerichtlich festgesetzter Verkehrswert: 200.000,00 €
7/10-Grenze: 140.000,00 €
geringstes Bargebot: 50.000,00 €

---

1 BGH, Urteil vom 6.7.1989 – IX ZR 4/89 (Celle), BGHZ 108, 248 = NJW 1989, 2396 ff. = Rpfleger 1989, 421: Wenn der Zuschlag einem zur Befriedigung aus dem Grundstück Berechtigten zu einem 7/10 des Grundstückswertes zurückbleibenden Gebot erteilt wird, gilt nach der Vorschrift des § 114a Abs. 1 ZVG der Ersteher auch insoweit als aus dem Grundstück befriedigt, als sein Anspruch durch das abgegebene Meistgebot nicht gedeckt ist, aber bei einem Gebot zum Betrag der 7/10-Grenze gedeckt sein würde.
2 BGH, Urteil vom 9.1.1992 – IX ZR 165/91 (Celle), BGHZ 117, 8 = NJW 1992, 1702 = Rpfleger 1992, 264 = WM 1992, 541.
3 BGH, Urteil vom 6.7.1989 – IX ZR 4/89 (Celle), BGHZ 108, 248 = NJW 1989, 2396 ff. = Rpfleger 1989, 421.

Grundbuchsituation Abteilung III: Gläubiger A   40.000,00 €
                                    Gläubiger B   50.000,00 €
                                    Gläubiger C   50.000,00 €
Gläubiger B bietet für das Grundstück bar 70.000,00 €. Das Gebot ist ein Mindergebot (70.000,00 € zzgl. 40.000,00 € Gläubiger A). Gläubiger B hätte 100.000,00 € bar bieten müssen, um 7/10 auszubieten (100.000,00 € zzgl. 40.000,00 € Gläubiger A). In diesem Fall wäre Gläubiger B voll gedeckt worden. Bei dem angenommenen Bargebot iHv 70.000,00 € erhält Gläubiger B einen Erlösanteil iHv 20.000,00 €. Die Forderung von Gläubiger B erlischt jedoch nicht nur in Höhe des Erlösanteils von 20.000,00 €, sondern gänzlich.

Die Begrenzung auf 7/10 des gerichtlich festgesetzten Verkehrswertes begründet sich gedanklich wie folgt: Dem sich bei einem sogenannten **Rettungserwerb**[4] in aller Regel in einer Zwangslage befindlichen Ersteher/Gläubiger soll auch ermöglicht werden, sich ohne größere Verluste durch einen Verkauf unter Wert Deckung zu verschaffen.

Andererseits jedoch mindestens 7/10 des gerichtlich festgesetzten Verkehrswertes auszubieten, beruht auf der **Fiktion**, dass dies erfahrungsgemäß der realisierbare Erlös für ein Grundstück iR einer Zwangsversteigerung ist.

3. Ausnahmekündigungsrecht gem. § 57a ff. ZVG

8 Wie im Fall der Veräußerung eines vermieteten oder verpachteten Grundstücks tritt der Ersteher an die Stelle des vorherigen Eigentümers in das bestehende Miet- oder Pachtverhältnis ein, d. h. mit Zuschlagserteilung endet das Miet- oder Pachtverhältnis über das versteigerte Grundstück nicht;[5] § 566 BGB findet somit auf den Versteigerungsvorgang Anwendung.

Es versteht sich von selbst, dass sowohl Mieter als auch Ersteher nach Eintritt des Erstehers in das Miet- oder Pachtverhältnis nach den gesetzlichen und vertraglichen Bestimmungen zur Kündigung berechtigt sind. Daneben ist dem Ersteher des Grundstücks gem. der Vorschrift des § 57a ZVG ein Sonderkündigungsrecht gegeben.

Nach dem Wortlaut der Vorschrift des § 57a ZVG muss die Kündigung des Miet- oder Pachtverhältnisses zu dem nächstmöglichen Termin, der auf den (rechtskräftigen) Zuschlag in der Versteigerung folgt, unter Einhaltung der gesetzlichen Frist erklärt werden. Da es sich beim Sonderkündigungsrecht um ein außerordentliches Kündigungsrecht handelt, greift hier die in der Vorschrift des § 573d BGB benannte 3-Monatsfrist.

Zur Veranschaulichung nachfolgendes Beispiel:
Zuschlagserteilung: 15.2.2009
Aussprechen der Kündigung bis zum: 4.3.2009
mit Wirkung zum: 31.5.2009

Für **Vorausverfügungen** über Miet- oder Pachtforderungen sind zum Schutz des Mieters und des Erwerbers in den Vorschriften der §§ 566b ff., 578 BGB Regelungen enthalten, die grundsätzlich auch auf den Erwerb des Grundstücks im Rahmen der Zwangsversteigerung Anwendung finden. Jedoch ist bei der Zwangsversteigerung nicht der Eigentumsübergang oder die Kenntnis des Mieters vom Eigentumswechsel, sondern die Beschlagnahme des Grundstückes oder aber die Kenntnis des Mieters von der Beschlagnahme der maßgebliche Zeitpunkt für den Beginn der in den vorgenannten Bestimmungen maßgeblichen Berechnungszeiträume.

---

4 Der Rettungserwerb wird häufig erforderlich, wenn in der Zwangsversteigerung keine Bietinteressenten für ein Grundstück oder eine Immobilie gefunden oder die Preisvorstellungen eines Gläubigers nicht realisiert werden können. Dieser stellt lediglich eine Notlösung dar. Die Abwicklung der Immobilie ist mit dem Erwerb nicht abgeschlossen, sondern muss unter neuen Eigentums- und bereinigten Grundbuchverhältnissen fortgesetzt werden.

5 Auch für die Versteigerung gilt der Grundsatz: „Kauf bricht Miete nicht."

4. Versicherungsansprüche und Ansprüche aus dem Bundeslärmschutzgesetz

Schadensversicherungsverträge, die sich auf das Grundstück und/oder mitversteigerte Gegenstände beziehen, gehen kraft Gesetz auf den Ersteher über (§ 95 Abs. 1 VVG). Kündigungsrechte bestehen sowohl für den Versicherer wie den Ersteher (§ 96 VVG). Sofern die Kündigung des Versicherungsvertrages nach der Vorschrift des § 96 VVG vorgenommen wird, ist der Vollstreckungsschuldner zur Zahlung der Prämie verpflichtet; eine Haftung des Erstehers für die Prämie besteht dann nicht.

Der Eigentumswechsel muss dem Versicherer unverzüglich angezeigt werden (§ 97 Abs. 1 S. 1 VVG), andernfalls wird im Schadensfall der Versicherer von seiner Leistungsverpflichtung frei, sofern der Schadensfall später als einen Monat nach dem Zeitpunkt eintritt, zu welchem die Anzeige über den Eigentumswechsel dem Versicherer hätte zugegangen sein müssen und der Versicherer den mit dem Veräußerer bestehenden Vertrag mit dem Erwerber nicht geschlossen hätte (§ 97 Abs. 1 S. 2 VVG).

Der Ersteher eines Grundstückes kann auch an Entschädigungsansprüchen für Schallschutzmaßnahmen berechtigt sein, sofern zum einen das ersteigerte Grundstück von derartigen Maßnahmen betroffen ist und zum anderen die Anspruchsvoraussetzungen gem. der Vorschrift des § 42 (Abs. 1, 2) Bundeslärmschutzgesetz zum Zeitpunkt des Zuschlages bereits gegeben waren.

5. Abschluss der Zwangsvollstreckung gegen den Vollstreckungsschuldner

Hinsichtlich des Grundstückes bedeutet der Zuschlag gleichzeitig den Abschluss der Zwangsvollstreckung gegen den Vollstreckungsschuldner. Eine gleichzeitig laufende Zwangsverwaltung des Grundstückes muss mit Zuschlagserteilung aufgehoben werden, weil der Eigentümer gewechselt hat (§ 161 ZVG). Diesem stehen vom Zuschlag an die Nutzungen aus dem Grundstück zu, welche folglich einer ggf. bis dahin anhängigen Zwangsverwaltung entzogen sind.

6. Weitere Verpflichtungen und Haftungsmomente des Erstehers u.a. aus den Vorschriften der §§ 49, 50, 51, 53, 56 und 57 ZVG

Hierneben ergeben sich für den Ersteher mit der Zuschlagserteilung weitere Verpflichtungen und Haftungsmomente wie:

a die **Verzinsung des Bargebotes** gem. der Vorschrift des § 49 ZVG (ausführl. § 49 ZVG):
Der Ersteher ist nach der Vorschrift des § 49 Abs. 2 ZVG zur Verzinsung des Bargebotes ab dem Zeitpunkt der Zuschlagsverkündung (§§ 89, 104 ZVG) in Höhe der gesetzlichen 4 % p. a. (§ 246 BGB) verpflichtet,[6] es sei denn, gem. der Vorschrift des § 59 ZVG ist ein anderer Zinssatz festgelegt worden. Zur Zahlung des Bargebotes sowie auf dieses anfallender Zinsen ist der Ersteher spätestens im Verteilungstermin verpflichtet.
Beachte: Sofern im Versteigerungstermin Sicherheit geleistet worden ist, empfiehlt es sich, dass der Ersteher zur Vermeidung weiterer Zinskosten die Barsicherheit in Anrechnung auf seine Barzahlungspflicht oder sogar den gesamten Barteil seines Meistgebotes unter Verzicht auf das Recht der Rücknahme bereits vor dem Verteilungstermin bei der zuständigen Hinterlegungsstelle hinterlegt (§ 107 Abs. 3 ZVG).
Ab dem Tag der Zuschlagserteilung obliegt dem Ersteher zudem die Zahlung der **Zinsen auf bestehenbleibende Rechte.**

---

6 Die Deutsche Zinsberechnungsmethode 30/360 findet hierbei Anwendung.

Für den Fall eines gem. der Vorschrift des § 91 Abs. 2 ZVG zwischen Erlösberechtigtem und Ersteher vereinbarten Liegenbelassens eines Rechts mindert dies die Pflicht zur Verzinsung gem. der Vorschrift des § 49 Abs. 2 ZVG nicht.[7]

15 b eine eventuelle **Zuzahlungspflicht** gem. der Vorschriften der §§ 50, 51 ZVG (ausführl. §§ 50, 51 ZVG):
Eine Zuzahlungspflicht kann sich für den Ersteher für den Fall ergeben, dass im geringsten Gebot (= Bargebot zzgl. Bestehenbleibende Rechte, die vom Ersteher übernommen werden müssen) ein Recht als bestehenbleibend berücksichtigt wurde, obgleich es zum Zeitpunkt der Zuschlagserteilung nicht mehr bestand oder wenn bei einem bedingten Recht die Bedingung entfällt, so dass das Recht erlischt (§ 50 Abs. 2 ZVG). Um zu verhindern, dass der Ersteher sich ohne entsprechende Gegenleistung bereichert, wird das nicht mehr existente bestehenbleibende Recht zum **Bestandteil der Barzahlungspflicht** des Erstehers. Die Verpflichtung zur Barzahlung erhöht sich demgemäß um den Wert dieses Rechts. Somit wird sichergestellt, dass der Vorteil aus dem Nichtbestehen eines Rechtes nicht den Ersteher bereichert, sondern denjenigen zugutekommt, die ohne Berücksichtigung dieses Rechts den Anspruch auf Erhalt des Erlöses gehabt hätten.[8] Die Vorschrift des § 50 ZVG dient mithin dem Schutz der Beteiligten vor einer **ungerechtfertigten Bereicherung** des Erstehers. Die Regelung greift für Hypotheken, Grundschulden und Rentenschulden (§ 50 ZVG), aber gem. der Vorschrift des § 51 ZVG auch für in Abteilung II des Grundbuchs stehende Rechte (Dienstbarkeit, Reallast etc.).
Das Nichtbestehen dieser Rechte kann dadurch verursacht sein, dass sie einerseits mangels Einigung überhaupt nicht zum Entstehen gelangt oder aber vor der Zuschlagserteilung bereits erloschen sind (z. B. Ableben eines Nießbrauchberechtigten, Erledigung einer am Grundstück gesicherten Forderung iR der Zwangsverwaltung des Grundstücks).
Wichtig ist, dass die Zuzahlungspflicht gem. den Vorschriften der §§ 50 Abs. 1, 51 Abs. 1 ZVG nur eingreift, sofern das entsprechende Recht zum Zeitpunkt der Zuschlagserteilung (§§ 89, 104 ZVG) nicht mehr bestand oder noch gar nicht bestanden hat.
Ein späteres Erlöschen ist mithin nur für den Fall der Vorschrift des § 50 Abs. 2 ZVG denkbar.

16 c die **Schuldübernahme** gem. der Vorschrift des § 53 ZVG (ausführl. § 53 ZVG):
Die Vorschrift des § 53 ZVG regelt das Schicksal der persönlichen Schuld, wenn das dingliche Recht (Grundschuld, Hypothek) bestehen geblieben ist.

17 Das bestehenbleibende Recht wird bei der Feststellung des geringsten Gebotes gem. der Vorschrift des § 44 Abs. 1 ZVG berücksichtigt und vom Ersteher als neuem Eigentümer übernommen (§§ 182, 52 Abs. 1 ZVG). Der Ersteher erwirbt ein belastetes Grundstück, entrichtet hierfür aber ein entsprechend geringeres Bargebot gem. der Vorschrift des § 49 Abs. 1 ZVG; ein Teil des nach den Versteigerungsbedingungen zu erbringenden „Kaufpreises" ist somit durch den Nominalbetrag des dinglichen Rechts ersetzt worden.

18 Zur Veranschaulichung nachfolgende Beispiele:
a) gerichtlich festgesetzter Verkehrswert: 200.000,00 €
betreibender Gläubiger: Gläubiger C
Meistgebot: 150.000,00 €
Grundbuchsituation Abteilung III: Gläubiger A 60.000,00 €
Gläubiger B 60.000,00 €

---

[7] BGH, Urteil vom 13.3.1970 – V ZR 89/67, BGHZ 53, 327 = NJW 1970, 1188 = Rpfleger 1970, 219.
[8] BGH, Beschl. vom 9.5.2007 – IV ZR 182/06 (OLG Nürnberg – 5 U 1863/05; LG Regensburg), MDR 2007, 1207.

Gläubiger C	50.000,00 €
jeweils bestehenbleibende Rechte:	Gläubiger A 60.000,00 €
	Gläubiger B 60.000,00 €
erlöschendes Recht mit teilweiser Deckung aus Meistgebot	Gläubiger C 30.000,00 €

Folge: Der Ersteher (Gläubiger C) übernimmt die Schuld gegenüber den Gläubigern A und B.

b) gerichtlich festgesetzter Verkehrswert:	200.000,00 €
betreibende Gläubiger:	Gläubiger A
Meistgebot:	150.000,00 €
Grundbuchsituation Abteilung III:	Gläubiger A 60.000,00 €
	Gläubiger B 60.000,00 €
Gläubiger C	50.000,00 €
bestehenbleibende Rechte:	keine
jeweils erlöschende Rechte mit voller Deckung aus Meistgebot	Gläubiger A 60.000,00 €
	Gläubiger B 60.000,00 €
erlöschendes Recht mit teilweiser Deckung aus Meistgebot	Gläubiger C 30.000,00 €

Folge: Der Ersteher übernimmt keine Schuld aus bestehenbleibenden Rechten in Abt. III. Sämtliche Rechte in Abteilung III erlöschen. Damit ist **Lastenfreiheit** für den Ersteher in Abteilung III hergestellt.

Obgleich die Vorschrift des § 53 ZVG klärt, dass der sein Grundstück verlierende Vollstreckungsschuldner bei einer nach den Versteigerungsbedingungen durch den Ersteher zu übernehmenden Hypothek vor einer weiteren Inanspruchnahme aus seiner persönlichen Schuld kraft **gesetzlicher Schuldübernahme** geschützt wird und Analoges unter Berücksichtigung der Vorschrift des Abs. 2 für die Grundschuld gilt, kann dem Gläubiger der Ersteher als neuer Schuldner letztlich nicht aufgezwungen werden. D. h. mit dem Zuschlag geht die persönliche Schuld nicht automatisch auf den Ersteher über; hierzu bedarf es der Genehmigung durch den Gläubiger.

Unabhängig von einer differenzierten Betrachtung von Hypothek und Grundschuld stellt sich die Vorschrift des § 53 ZVG dreistufig wie folgt dar:

a) Anlehnend an § 415 BGB kommt eine gesetzliche Schuldübernahme durch den Ersteher zustande.

b) Der Ersteher ist gegenüber dem Vollstreckungsschuldner zur rechtzeitigen Befriedigung des Gläubigers, solange die Genehmigung zur Schuldübernahme durch den Gläubiger nicht erteilt wurde (= § 415 Abs. 3 BGB), verpflichtet. Der Ersteher tritt damit aber noch nicht in die Fußstapfen des Vollstreckungsschuldners.

c) Es erfolgt die Genehmigung der Schuldübernahme nach den Vorschriften der §§ 415, 416 BGB mit der Folge, dass die Schuld vom Vollstreckungsschuldner auf den Ersteher übergeht.

Bleibt eine Hypothek nach den gesetzlichen oder geänderten Versteigerungsbedingungen bestehen und haftet der Vollstreckungsschuldner im Zeitpunkt der Zuschlagserteilung persönlich, so vollzieht sich die Übernahme der Schuld mit dem Zuschlag (= **Wirkung als Erfüllungsübernahme**).

Der Gläubiger einer Hypothek kann die Schuldübernahme durch **Einigung** mit dem Ersteher gem. der Vorschrift des § 414 BGB bewirken.[9] Dies mit der Folge, dass die Schuldbefreiung des Vollstreckungsschuldners ohne dessen

---

9 Übernahmevertrag grundsätzlich formfrei möglich, kann daher auch konkludent erfolgen, jedoch muss Gläubiger Entlassungswillen deutlich erklären, andernfalls lediglich Schuldbeitritt (Vgl. RG HRR 28 Nr. 8).

Mitwirkung eintritt. Daneben kann der Gläubiger einer Hypothek den zwangsweise zustande gekommenen Übernahmevertrag zwischen Vollstreckungsschuldner und Ersteher nach erfolgter Mitteilung der Schuldübernahme auch gem. der Vorschrift des § 415 BGB[10] **genehmigen.**
Förmlicher gestaltet sich die Genehmigung durch **schlüssiges Verhalten** nach der Vorschrift des § 416 BGB. Von dieser kann durch den Vollstreckungsschuldner für den Fall, dass die Genehmigung des Gläubigers noch ausstehend ist, Gebrauch gemacht werden. Im Kern sieht die Vorschrift des § 416 BGB vor, dass der Vollstreckungsschuldner den Gläubiger über die Schuldübernahme informiert. Sofern innerhalb von sechs Monaten der Gläubiger die Übernahme der Schuld durch den Ersteher nicht verweigert, gilt dies sodann als Genehmigung.
Ist die Genehmigung zur Schuldübernahme noch ausstehend oder wurde diese vom Gläubiger sogar verweigert, so gilt im Verhältnis zwischen dem dann nach wie vor persönlich haftenden Vollstreckungsschuldner und dem Ersteher: Der Ersteher ist gem. der Vorschrift des § 415 Abs. 3 BGB dem Vollstreckungsschuldner gegenüber zur rechtzeitigen Befriedigung des Gläubigers verpflichtet (= **Erfüllungsübernahme**), während der Vollstreckungsschuldner dem Gläubiger gegenüber weiter haftet.
Sollte der **Ersteher den Gläubiger** in Erfüllung seiner Verpflichtung gem. der Vorschrift des § 415 Abs. 3 BGB befriedigen, so folgt daraus, dass zum einen die Forderung erlischt und zum anderen die Hypothek auf den Ersteher übergeht (§ 1163 BGB).
Befriedigt der Ersteher den Gläubiger in seiner Eigentümerfunktion, d. h. er „löst das dingliche Recht ab", so geht neben dem dinglichen Recht auch die Forderung auf ihn über. Gleichwohl ist der Ersteher zur Durchsetzung der Forderung gegen den Vollstreckungsschuldner nicht „befähigt", da dieser ihm gegenüber die Erfüllungsübernahme gem. der Vorschrift des § 415 Abs. 3 BGB entgegenhalten kann.
Befriedigt hingegen der **Vollstreckungsschuldner den Gläubiger,** so geht die Hypothek zur Sicherung seines sich aus der Vorschrift des § 415 Abs. 3 BGB ergebenden Ersatzanspruches auf den Vollstreckungsschuldner über.
Zusammenfassend gilt: Der Ersteher haftet dem Gläubiger bis zu dessen Genehmigung der Schuldübernahme dinglich, der Vollstreckungsschuldner bleibt dem Gläubiger gegenüber solange persönlich im Obligo. Mit Genehmigung der Schuldübernahme wandert die persönliche Schuld in Höhe der Hypothek vom Vollstreckungsschuldner zum Ersteher.
Sollten neben der Hypothek noch weitere akzessorische Sicherungsrechte für die Forderung haften, so erlöschen selbige mit Genehmigung der Schuldübernahme. Es sei denn, der Bürge oder derjenige, dem der verhaftete Gegenstand gehört, stimmen der Schuldübernahme ausdrücklich zu.

21 Während die Hypothek grundsätzlich das Bestehen einer zu sichernden Forderung bedingt und akzessorischen Charakter hat, ist die Grundschuld abstrakt. Zur Entstehung und zum Fortbestehen der Grundschuld bedarf es keiner persönlichen Forderung (§ 1191 BGB).
Dies ist auch ursächlich dafür, dass die im Fall einer Grundschuld die Übernahmepflicht für den Ersteher regelnde Vorschrift des § 53 Abs. 2 ZVG vom Schuldner verlangt, spätestens im Versteigerungstermin vor der Abgabe von Geboten die gegen ihn bestehende mittels Grundschuld besicherte Forderung unter Nennung ihres Betrages und Grundes anzumelden und auf Verlangen eines Beteiligten oder des Vollstreckungsgerichts glaubhaft zu machen.

---

10 Der Genehmigung muss eine Mitteilung der Schuldübernahme durch einen der Vertragspartner an den Gläubiger vorangehen (vgl. BGH, Urteil vom 13.12.1990 – IX ZR 79/90, NJW-RR 91, 818); iF der Vorschrift des § 53 ZVG genügt die Mitteilung, dass das Grundstück unter Bestehenbleiben der Hypothek zugeschlagen worden sei (vgl. RG JW 37, 1233).

Intention des Gesetzgebers war, zu vermeiden, dass der Ersteher vom Nichtbestehen einer persönlichen Verpflichtung des Vollstreckungsschuldners ausgeht und im Nachgang von der Existenz einer solchen überrascht wird. Es darf aber durchaus davon ausgegangen werden, dass die in einem Zwangsversteigerungsverfahren auftretenden Bieter sich im Vorfeld des Versteigerungstermins über die Grundbuchsituation Kenntnis verschaffen und basierend darauf nach den Versteigerungsbedingungen bestehen bleibende Rechte mit ihrem Nominalbetrag bei der Bestimmung ihres eigenen Bietlimits einzukalkulieren wissen. Mithin ist der hier installierte „Bieterschutz" nicht gänzlich nachvollziehbar.
Für den Fall, dass infolge Nichtanmeldung bzw. Nichtglaubhaftmachung der durch die Grundschuld gesicherten Forderung durch den Vollstreckungsschuldner oder aber der Nichtgenehmigung durch den Gläubiger die Trennung von dinglicher und persönlicher Schuld erhalten bleibt, können sich nachfolgend skizzierte Konstellationen ergeben:
Erfolgt die Befriedigung des Gläubigers durch den Ersteher, so leistet dieser auf die Grundschuld, die kraft Gesetz auf ihn übergeht. Die nicht erloschene Forderung richtet sich in der Folge weiter gegen den Vollstreckungsschuldner.[11] Gleichwohl kann der Gläubiger die Forderung gegen den Schuldner nicht mehr geltend machen, da der Vollstreckungsschuldner zur Leistung an den Gläubiger nur gegen Rückgewähr der Grundschuld verpflichtet ist. Hierzu ist in dieser Situation der Gläubiger jedoch nicht mehr in der Lage.
Sofern der Gläubiger die Forderung an den Ersteher zediert hat, ist dem Vollstreckungsschuldner auch gegenüber dem Ersteher das Recht zur Leistungsverweigerung gegeben. Im Verhältnis zum Vollstreckungsschuldner ist nämlich der Ersteher zur endgültigen Leistung verpflichtet. Dies ergibt sich, wenn die Schuldübernahme lediglich an der fehlenden Nichtanmeldung bzw. Nichtglaubhaftmachung der Forderung scheiterte, aus der Vorschrift des § 415 Abs. 3 BGB.
Scheitert die Erfüllungsübernahme schon infolge Nichtanmeldung bzw. Nichtglaubhaftmachung der durch die Grundschuld gesicherten Forderung, so gilt Folgendes: „Hat der Vollstreckungsschuldner bei einer im Zwangsversteigerungsverfahren bestehen bleibenden Grundschuld seine durch diese gesicherte persönliche Schuld nicht angemeldet, so hat er, wenn er aus dieser Schuld von dem Grundschuldgläubiger in Anspruch genommen wird, gegen den Ersteher einen Anspruch aus ungerechtfertigter Bereicherung".[12]
Ist die Schuldübernahme hingegen in Ermangelung der Zustimmung des Gläubigers nicht wirksam geworden, so hat der Schuldner gegen den Ersteher den Anspruch aus der Vorschrift des § 415 Abs. 3 BGB.

Der **Übergang von Gefahr, Nutzungen und Lasten** gem. der Vorschriften der §§ 56, 57 ZVG (ausführl. §§ 56, 57 ZVG):
mit der Zuschlagserteilung entsteht weder in tatsächlicher (z.B. Erdbeben, Erdrutsch), rechtlicher (z.B. Enteignung) noch wirtschaftlicher Hinsicht (z.B. Feuerschaden und damit eingehender Wertminderung wesentlicher den Grundstückswert ausmachender Aufbauten) ein Gewährleistungsanspruch für den Ersteher (§ 56, S. 3 ZVG). Der Erwerb erfolgt auf eigenes Risiko, dies hinsichtlich des Grundstücks bereits mit Wirksamwerden des Zuschlags (§§ 89,

---

11 BGH, Urteil vom 27.3.1981 – V ZR 202/79 (Düsseldorf), BGHZ 80, 228 = NJW 1981, 1554 = Rpfleger 1981, 286: Sind im Fall einer Sicherungsgrundschuld persönlicher und dinglicher Schuldner nicht identisch, so berührt, sofern nichts Gegenteiliges vereinbart worden ist, eine Ablösung der Grundschuld durch den Grundstückseigentümer nicht den Bestand der persönlichen Forderung. Bestätigung durch BGH mit Urteil vom 12.11.1986 – V ZR 266/85 (Hamm), NJW 1987, 838.
12 BGH, Urteil vom 19.3.1971 – V ZR 166/68 (Celle), BGHZ 56, 22 = NJW 1971, 1750 = Rpfleger 1960, 520.

90 104 ZVG), bezüglich der mitversteigerten Gegenstände mit dem Schluss der Zwangsversteigerung (§ 56, S. 1 ZVG).
Gem. der Vorschrift des § 56, S. 2 ZVG gehen mit Zuschlagserteilung alle Nutzungen und Lasten auf den Ersteher über, soweit diese gem. der Vorschriften der §§ 52 Abs. 1, 91 Abs. 1 ZVG mit Zuschlagserteilung nicht erlöschen.
Wird der Zuschlag wieder aufgehoben, so muss nach den Vorschriften des § 988 ff. BGB zwischen Vollstreckungsschuldner und Ersteher rückabgewickelt werden.
Wegen der bei Zuschlagsverkündung bestehenden Miet- oder Pachtverhältnisse am versteigerten Grundstück vgl. Rn. 8.

23 Die **Kosten des Zuschlages**
der Ersteher hat die Kosten des Beschlusses, durch welchen der Zuschlag erteilt wurde, zu tragen.[13] Hierneben gebührt ihm die Übernahme der im Zusammenhang mit der Zustellung des Beschlusses anfallenden Kosten als auch die der Eigentumsumschreibung im Grundbuch (§ 58 ZVG; §§ 26 (2), 29 (3) GKG).
Beachte: Im Falle der Zession der Rechte und Ansprüche aus dem Meistgebot (§ 81 Abs. 2 ZVG) oder aber der nachträglichen Bekanntgabe, für einen Dritten geboten zu haben (§ 81 Abs. 3 ZVG), haften Ersteher und Meistbietender gesamtschuldnerisch.

24 Die **Grunderwerbssteuer**
das Meistgebot im Versteigerungsverfahren bildet gem. der Vorschrift des § 1 I Nr. 4 GrEStG einen grunderwerbssteuerpflichtigen Rechtsvorgang. Demgemäß unterliegt das Bargebot auch der Grunderwerbssteuerpflicht iHv aktuell 3,5 %.[14]
Beachte: Im Falle der Zession der Rechte und Ansprüche aus dem Meistgebot (§ 81 Abs. 2 ZVG) oder aber der nachträglichen Bekanntgabe, für einen Dritten geboten zu haben (§ 81 Abs. 3 ZVG), wird die Grunderwerbsteuer zweimal erhoben.
Beachte im Weiteren: Das Meistgebot in der Zwangsversteigerung von Grundstücken (nebst Zubehör) ist ein Nettobetrag.[15] Es besteht mithin keine Berechtigung, für den Ersteher vom vorherigen Eigentümer für den auf das Zubehör entfallenden Anteil am Meistgebot eine die Vorsteuer ausweisende Rechnung gem. der Vorschrift des § 14 Abs. 1 UStG zu fordern. Hat der Ersteher mit der Entrichtung des Meistgebots keine Umsatzsteuer bezahlt, dann kann er auch nicht die Ausstellung einer Rechnung verlangen, die das Gegenteil zum Inhalt hat.

25 Die Übernahme **öffentlicher Abgaben und Lasten**
der Ersteher haftet für öffentliche Abgaben und Lasten ab Zuschlagserteilung; er haftet insbesondere für anfallende **Grundsteuern** vom Zeitpunkt der Zuschlagserteilung bis zum Ende des laufenden Kalenderjahres. Die Gemeinde kann die Haftung durch Duldungsbescheid geltend machen.[16]

---

13 Der Gegenstandswert der Gebühr für den Zuschlagsbeschluss bestimmt sich nach dem Meistgebot ohne die Zinsen aus § 49 Abs. 2 ZVG jedoch einschließlich des Wertes der nach den Versteigerungsbedingungen bestehenbleibenden Rechte (vgl. hz. § 29 Abs. 2 1 GKG).
14 Seit dem 1.1.2007 beträgt diese im Bundesland Berlin 4,5 %.
15 BGH, Urteil vom 3.4.2003 – IX ZR 93/02, BGHZ 154, 327 = NJW 2003, 2238 = Rpfleger 2003, 450.
16 OVG Lüneburg, Urteil vom 17.1.1990 – 13 OVG A 124/87, Rpfleger 1990, 377: Der Haftung des Erstehers für die auf die Zeit nach dem Zuschlag entfallende Grundsteuer steht nicht entgegen, dass die Grundsteuerforderung für das ganze Jahr gem. der Vorschrift des § 9 Abs. 2 GrStG bereits mit dem Beginn des Kalenderjahres entsteht und gem. der Vorschrift des § 52 ZVG alle Rechte in der Zwangsversteigerung erlöschen, die nicht bei der Feststellung des geringsten Gebotes berücksichtigt und nicht durch Zahlung zu decken sind. Aus diesen Regelungen kann nicht der Schluss gezogen werden, dass die Grundsteuer für die Zeit nach dem Zuschlag erlischt

Für vor der Zuschlagserteilung angefallene **Erschließungskosten** haftet der Ersteher nicht. Diese öffentliche Last ist im Zwangsversteigerungsverfahren als bevorrechtigter Anspruch der Kommune/Gemeinde gem. der Vorschrift des § 10 Abs. 1 ZVG in der Rangklasse 3 zu berücksichtigen. Werden die Erschließungskosten nicht rechtzeitig durch die Kommune/Gemeinde im Zwangsversteigerungsverfahren angemeldet und unterbleibt folglich deren Berücksichtigung bei der Ermittlung des Bargebotes, so erfolgt keine Begleichung aus dem Zwangsversteigerungserlös. Unberührt davon bleibt jedoch die persönliche Forderung aus dem Erschließungskostenbeitrag, die sich jedoch nicht gegen den Ersteher richten kann, da er nicht Rechtsnachfolger des Vollstreckungsschuldners ist.

26
Die **Übernahme öffentlicher Baulasten:**
Rechtsnachfolger iS des § 78 Abs. 1 S. 2 NWBauO1984 sowie des § 99 Abs. 2 NWBauO 1970 ist auch derjenige, der durch Zuschlag im Zwangsversteigerungsverfahren originäres Eigentum erworben hat. Weder aus Bundes- noch aus Landesrecht ergibt sich, dass eine öffentliche Baulast im Verfahren der Zwangsversteigerung aufgrund eines erteilten Zuschlages erlischt (im Anschluss an BVerwG, NJW 1993, 480 = ZfBR 1993, 91 = BRS 50 Nr. 109 und BVerwG, BRS 54 Nr. 157).[17]
Nach Sinn und Zweck der Vorschriften der §§ 20, 23 ZVG ist die Übernahme einer Baulast durch den Grundstückseigentümer auch gegenüber dem späteren Ersteher des Grundstückes in der Zwangsversteigerung nicht wirksam, wenn schon vor der Bewilligung der Baulast der Zwangsversteigerungsvermerk im Grundbuch eingetragen war.[18]
Beachte: Da öffentliche Baulasten im Grundbuch nicht hinterlegt sind, ist es ratsam, sich die Kenntnis über mögliche Bau- oder Nutzungsbeschränkungen durch Einsichtnahme in das Baulastenverzeichnis beim zuständigen Bauamt zu verschaffen.

27
Hausgeldrückstände (auch als Wohngeld bezeichnet):
der Ersteher von Wohnungseigentum haftet nicht kraft Gesetz für vom Vollstreckungsschuldner verursachte Wohngeldrückstände. Die durch **Teilungserklärung** getroffene Bestimmung, wonach auch der Erwerber einer Eigentumswohnung oder eines Teileigentums im Wege der Zwangsversteigerung für Hausgeldrückstände des Voreigentümers haftet, verstößt gegen die Vorschrift des § 56 S. 2 ZVG und ist gem. § 134 BGB nichtig.[19]
In seinem Vorlagebeschluss vom 21.4.1988 (V ZB 10/87 (Karlsruhe) hingegen führt der BGH aus, dass der Erwerber einer Eigentumswohnung für Verbindlichkeiten der Wohnungseigentümer untereinander (§ 16 WEG) auch dann haftet, wenn es sich um Nachforderungen aus Abrechnungen früherer Jahre handelt. Dies jedoch nur, sofern der die Nachforderungen begründende

---

und daher keine Ersteherhaftung gem. der Vorschrift des § 56 Abs. 2 ZVG mehr auslösen kann. Die Erlöschensregelung der Vorschrift des § 52 Abs. 1 S. 2 ZVG kann sich nach ihrem Regelungszusammenhang nur auf solche Rechte beziehen, die bei der Feststellung des geringsten Gebotes berücksichtigungsfähig und nicht durch Zahlung zu decken sind. Dazu zählt die Grundsteuer für die Zeit nach dem Zuschlag jedoch nicht.

17 OVG Münster, Urteil vom 26.4.1994 – 11 A 2345/92, NJW 1994, 3370.
18 Vgl. OVG Münster, Urteil vom 18.7.1995 – 11 A 11/94, NJW 1996, 1362 ff.: vorliegend begehrten die Kläger vom Beklagten die Löschung einer Baulast aus dem Baulastenverzeichnis. Sie sind Eigentümer eines Grundstücks, das im Wege der Zwangsversteigerung erworben worden ist. Die Baulast war von der früheren Grundstückseigentümerin zu einem Zeitpunkt übernommen worden, als bereits der Zwangsversteigerungsvermerk im Grundbuch eingetragen war. Die Klage hatte Erfolg.
19 BGH, Beschl. vom 22.1.1987 – V ZB 3/86, BGHZ 99, 358 = NJW 1987, 1638 = Rpfleger 1987, 208 ff.

Beschluss der Wohnungseigentümergemeinschaft (§ 28 Abs. 5 WEG) auch erst nach dem Eigentumserwerb gefasst worden ist.[20]
Mit seinem Beschluss vom 23.9.1999 (V ZB 17/99 (KG))[21] reagiert der BGH auf die unterschiedlichen Ansichten einiger Oberlandesgerichte[22] und des BayObLG einerseits und des KG andererseits u. a. zur Frage der Auslegung der §§ 16 Abs. 2, 28 WEG ähnlich dem Beschluss des Pfälzischen OLG Zweibrücken in seinem Urteil vom 4.3.1996 (3 W 250/95) in letztlich inhaltlich gleichgelagerter Sache wie folgt:
Der Beschluss der Wohnungseigentümer über die Jahresabrechnung bewirkt eine erstmalige (originäre) Begründung von Verbindlichkeiten grundsätzlich nur in dem Umfang, in dem sich gegenüber dem Wirtschaftsplan des gleichen Rechnungsjahres eine „Abrechnungsspitze" ergibt. Nur für diese haftet im Falle eines zwischen Beschlussfassung über Wirtschaftsplan und Jahresabrechnung erfolgenden Eigentumswechsels der neue Wohnungseigentümer. Bis zum Eigentumswechsel aufgelaufene Rückstände müssen vom ausgeschiedenen Eigentümer eingefordert werden.[23]
Der Gesetzgeber war in der Vergangenheit darum bemüht, die Stellung der Wohnungseigentümer zu stärken. Nach der am 1.7.2007 in Kraft getretenen Novelle des Wohnungseigentumsgesetzes (WEG) ist in der Vorschrift des § 10 Abs. 3 Satz 1 ZVG den Wohnungseigentümern in der Zwangsversteigerung ein Vorrecht zur Durchsetzung ihrer fälligen Ansprüche gegen einen Miteigentümer auf Entrichtung der anteiligen Kosten des Wohnungseigentums eingeräumt worden. Aus Gründen der Verhältnismäßigkeit bedingt § 10 Abs. 3 S. 1 ZVG unter Bezugnahme auf § 18 Abs. 2 S. 2 WEG jedoch neben einem dreimonatigen Verzug des säumigen Miteigentümers auch, dass der Wohngeldrückstand drei vom Hundert des Einheitswertes des Wohnungseigentums übersteigt.[24] Da die die Einheitswertsammlungen führenden Finanzämter kraft der Vorschrift des § 30 Abgabenordnung (AO) dem Steuergeheimnis unterliegen und demgemäß zur Bekanntgabe der Einheitswerte nicht berechtigt sind, ist es Wohnungseigentümergemeinschaften aktuell unmöglich, den Nachweis für das Überschreiten der Mindestgröße ihrer fälligen Forderung gem. § 18 Abs. 2 S. 2 WEG bei der Beantragung eines Zwangsversteigerungsverfahrens zu führen.

---

20 BGH, Beschl. vom 21.4.1988 – V ZB 10/87, BGHZ 104, 197 = NJW 1988, 1910 ff. = Rpfleger 1988, 357.
21 BGH, Beschl. vom 23.9.1999 – V ZB 17/99 (KG), BGHZ 142, 290 = NJW 1999, 3713 ff. = Rpfleger 2000, 78.
22 OLG Düsseldorf, Beschl. vom 23.11.1994 – Wx 509/94, NJW-RR 1997, 714 = WM 1995, 215; OLG Köln, Beschl. vom 21.5.1997 – 16 WX 129/97, NJW-RR 1997, 1102; BayObLG, Beschl. vom 21.7.1994 – 2Z BR 43/94, Rpfleger 1995, 123 = WE 1995, 248; OLG Hamburg, Beschl. vom 20.8.1998 – 2 Wx 79/95, MDR 1998, 1404.
23 Pfälzisches OLG Zweibrücken, Beschl. vom 4.3.1996 – 3 W 250/95, ZMR 1996, 340.
24 Im Gegensatz zum vom Markt bestimmten Verkehrswert, wird der Einheitswert von den Finanzbehörden ermittelt (Kriterien bilden hierbei u. a. Baukosten, Höhe eingenommener Mieten etc.); er bildet ausschließlich die Grundlage für die Erhebung der Grundsteuer (= kommunale Steuer mit der die Substanz besteuert wird) und ist idR. sehr viel niedriger als der Verkehrswert.

Einfluss des GG

Schrifttum: *Quack,* „Verfahrensrecht und Grundrechtsordnung," Rpfleger 1978, S. 197; *Vollkommer,* „Verfassungsmäßigkeit des Vollstreckungszugriffs," Rpfleger 1982, S. 1; *Suhr,* „Eine grundrechtsdogmatisch aufschlussreiche Zwangsversteigerung wegen vermögenswerter Rechte," NJW 1979, S. 145; *Stöber,* „Änderung der Versteigerungsbedingungen während der Bietstunde," ZIP, vol. 1981, S. 944.

Übersicht	Rn.
I. Grundrechte des Schuldners	1
II. Grundrechte des Gläubigers	2
III. Verfahren	3
IV. Einzelne Grundrechte und Einwirkungen	4–15
1. Menschwürde	5
2. Gleichheitsgrundsatz	6
3. Ehe und Familie	7
4. Eigentumsgarantie	8
5. Effektiver Rechtsschutz	9
6. Sozialstaatsprinzip	10
7. Verhältnismäßigkeitsprinzip	11
8. Rechtliches Gehör/faires Verfahren/Rechtsstaatsprinzip	12, 15

I. Grundrechte des Schuldners

Jede Zwangsversteigerung oder -verwaltung greift notwendig in das Eigentumsrecht (Art. 14 Abs. 1 Satz 1 GG) des Schuldners ein. Die Eingriffsintensität ist dabei bei der Verwertung selbstgenutzter Wohnimmobilien als Lebensgrundlage besonders stark. Daher ist in der ZwV auch das Grundrecht auf Menschenwürde (Art. 1 Abs. 1 Satz 1 GG), der Schutz der Familie (Art. 6 Abs. 1 GG) sowie das Sozialstaatsprinzip zu beachten (Art. 20 Abs. 1 , 28 Abs. 1 Satz 1GG). Trotz des Eingriffs in das Eigentumsrecht des Schuldners handelt es sich jedoch nicht um eine Enteignung im Sinne des Art. 14 Abs. 3 GG, da das Eigentum nicht zugunsten öffentlicher Interessen aufgegeben wird, sondern zum Ausgleich privatrechtlicher Beziehungen. Daher handelt es sich um eine Inhalts- und Schrankenbestimmung, Art 14 Abs. 1 Satz 2 GG.[1] Auch soweit – rechtswidrig und unabsichtlich – in Rechte Dritter eingegriffen wird, handelt es sich nicht um eine Enteignung, da es dem Eingriff an Finalität fehlt.

1

II. Grundrechte des Gläubigers

Demgegenüber steht das Eigentumsrecht des Gläubigers an seiner rechtmäßig erworbenen Forderung, für die er in der Regel selbst eine Leistung erbracht hat. Da er aufgrund des staatlichen Vollstreckungsmonopols daran gehindert ist, seine Forderung anderweitig einzutreiben, stellt jede Vollstreckungsverweigerung einen Grundrechtseingriff dar (siehe auch § 15 Rn. 5).

2

---

1 BVerfGE 112, 93, 109 = NJW 2005, 879, 881.

III. Verfahren

3 Darüber hinaus ist das Vollstreckungsverfahren als Gerichtsverfahren grundrechtlichen Regeln unterworfen. Das Vollstreckungsgericht unterliegt Art. 3 Abs. 1 GG als Gleichbehandlungsgebot und Willkürverbot. Darüber hinaus gilt das Recht auf Gehör, Art. 103 Abs. 1 GG. Nach Ansicht des Bundesverfassungsgerichts gibt darüber hinaus Art. 19 Abs. 4 GG eine Rechtsschutzgarantie, da kein Verfahren vor dem Richter vorliegt. Nach klassischer Ansicht soll zwar Art. 19 Abs. 4 GG lediglich bei Eingriffen durch die vollziehende Gewalt greifen und nicht bei Eingriffen durch die Rechtspflege.[2] Das BVerfG hat sich dieser Ansicht jedoch nicht angeschlossen und sieht Art. 19 Abs. 4 GG bei Handlungen durch den Rechtspfleger als einschlägig an.[3]

IV. Einzelne Grundrechte und Einwirkungen

4 Im Folgenden werden die einzelnen Grundrechte und wichtige Wirkungen der Grundrechte auf das Verfahren in der ZwV dargestellt. Das Bundesverfassungsgericht hat die Vollstreckung mit diversen im Folgenden zu behandelnden Urteilen und Beschlüssen weitgehend geprägt. Diese erlangen nach § 31 BVerfGG auch ohne Umsetzung durch den Gesetzgeber Gesetzeskraft und sind daher unabhängig vom Wortlaut des ZVG zu beachten. Die Missachtung dieser Grundrechte im Verfahren kann nach Erschöpfung des Rechtswegs ggf. durch Verfassungsbeschwerde gerügt werden (siehe Rechtsbehelfe im ZVG-Verfahren, Rn. 111 ff.).

1. Menschenwürde

5 Das Recht auf Menschenwürde verbietet es, den Vollstreckungsschuldner durch die Zwangsvollstreckung seiner Existenz zu berauben, was in der Immobiliarvollstreckung keine Rolle spielen dürfte und in der Mobiliarvollstreckung durch die Pfändungsverbote sichergestellt wird. Das Verbot inhumaner Zwangsvollstreckung dürfte hingegen eine Rolle spielen, so dass keine Räumung gegen Schwerkranke[4] oder Hochschwangere[5] zulässig ist (dazu § 765a Rn. 3, 30 ff.). Nach Schaffung des Titels bleibt dem Schuldner der Rechtsbehelf nach § 765a ZPO. Problematisch ist die soziale Diskriminierung, die durch den Verbleib des Vollstreckungsvermerks im Grundbuch für den Vollstreckungsschuldner verbleibt (siehe dazu Heiss, § 34 Rn. 9).

2. Gleichheitssatz

6 Der Gleichheitssatz gebietet es im Vollstreckungsverfahren bei intellektueller Unterlegenheit einer Partei im Verfahren, die richterliche Hinweispflicht nach § 139 ZPO zu benutzen, um diese Ungleichheit auszugleichen. Hierzu muss die richterliche Neutralität zurückstehen. So war im ersten Zuschlagsbeschluss des BVerfG die Ehefrau in einer Teilungsversteigerung darauf hinzuweisen, dass sie den Verlust ihres Miteigentumsanteils zum Schleuderpreis dadurch vermeiden könne, dass sie das Verfahren auf ihren Antrag hin beendet.[6] In Verbindung mit dem Sozialstaatsprinzip findet das Gleichheitsgebot auch

---

2 *Epping/Hillgruber*, in: BeckOK GG, Art. 19 Rndr. 55.
3 BVerfGE 101, 397 [407] = NJW 2000, 1709 = Rpfleger 2000, 205.
4 BVerfGE 52, 214 = Rpfleger 1981, 450
5 OLG Frankfurt Rpfleger 1981, 24.
6 BVerfG 2. Senat – Az. 2 BvR 804/75 Beschluss vom 24.3.1976 = BVerfGE 42, 64–88 = NJW 1976, 1391–1394 = Rpfleger 1976, 389; dazu ausführlich *Vollkommer*, Rpfleger 1982, 1, 3.

Anwendung bei der Frage ob und in welchem Umfang Prozesskostenhilfe zu gewähren ist.[7] (siehe dazu Prozesskostenhilfe im ZVG-Verfahren, Rn. 1).

3. Ehe und Familie

Ebenfalls im ersten Zuschlagsbeschluss hat das BVerfG klargestellt, dass eine Teilungsversteigerung von Ehepartnern nicht die spätere vermögensrechtliche Auseinandersetzung vorweg nehmen darf, wenn dies durch den Beschluss zulasten eines Partners geht. Die Mitwirkung an einer derartigen Benachteiligung verbiete Art. 6 GG.[8]

7

4. Eigentumsgarantie

Wie oben bereits dargestellt, stellt jeder Zuschlag einen Eingriff in das Eigentumsrecht des Schuldners dar. Dieser ist jedoch im Regelfall gerechtfertigt. Diese Rechtfertigung kann jedoch entfallen, wenn ein krasses Missverhältnis zwischen Grundstückswert und Meistgebot besteht. Die Rechtsprechung des BVerfG in Form von vier Entscheidungen hierzu, erging noch vor Erlass des § 85a.[9] Demnach sah das BVerfG in der Verschleuderung des Eigentums des Vollstreckungsschuldners durch Erteilung des Zuschlags eine ungerechtfertigte Eigentumsverletzung. Jedenfalls dann, wenn der Schuldner im Termin über den Zuschlag nicht anwesend war und daher keinen Antrag auf Schuldnerschutz nach § 765a ZPO stellen konnte.[10] Der Zuschlag wäre daher nach § 87 zu vertagen gewesen. Da § 85a nunmehr im ersten Termin die Erteilung des Zuschlags bei einem Gebot unter 50 % des Werts des Grundstücks verbietet, erlangt die Rechtsprechung des BVerfG hierzu nun erst ab dem 2. Termin Bedeutung, ist hier aber unverändert einschlägig und anzuwenden. Im zweiten Termin ist daher der Zuschlag zu versagen, wenn das Meistgebot zu einer Verschleuderung des Grundstücks führen würde und der Schuldner einen Antrag nach § 765a ZPO mit Aussicht auf Erfolg stellen könnte. Der Schuldner ist hierauf, wenn er nicht beraten ist, nach § 139 ZPO hinzuweisen (oben 2, § 85a Rn. 36, § 87 Rn. 17 ff., § 765a Rn. 53).[11]

8

5. Effektiver Rechtsschutz

Art 19 Abs. 4 GG gewährt nach Rspr. des BVerfG keinen Rechtsschutz vor dem Richter, sondern durch den Richter. Das BVerfG sieht jedoch den Rechtspfleger nicht als Richter im Sinne dieser Definition an.[12] Daher ist gegen jede Tätigkeit des Rechtspfleger, die in Rechte der Beteiligten eingreift, der Rechtsschutz zu eröffnen (dazu Vor §§ 95–104 ZVG Rn. 11 ff.).

9

6. Sozialstaatsprinzip

Das Sozialstaatsprinzip verbietet es dem Vollstreckungsgericht, den Schuldner in eine Position zu befördern, die anschließend den Staat wieder zwingen

10

---

7 BVerfG 1. Senat – Az. 1 BvR 650/80 Beschluss vom 28.1.1981 = BVerfGE 56, 139–146 = Rpfleger 1981, 184–185; dazu *Vollkommer*, Rpfleger 1982, 1, 4.
8 BVerfG 2. Senat – Az. 2 BvR 804/75 Beschluss vom 24.3.1976 = BVerfGE 42, 64–88 = NJW 1976, 1391–1394 = Rpfleger 1976, 389; dazu *Vollkommer*, Rpfleger 1982, 1, 4.
9 BVerfG 1. Senat – Az. 1 BvR 734/77 Beschluss vom 7.12.1977 = BVerfGE 46, 325–337 = NJW 1978, 368–369 = Rpfleger 1978, 206–207; BVerfG 1. Senat – Az. 1 BvR 787/78 Beschluss vom 24.4.1979 = BVerfGE 51, 150–160 = Rpfleger 1979, 296–297; BVerfG 1. Senat – Az. 1 BvR 475/78 Beschluss vom 10.10.1978 = BVerfGE 49, 252–260 = NJW 1979, 538–539 = Rpfleger 1979, 12–13; BVerfG 1. Senat – Az. 1 BvR 361/78 Beschluss vom 27.9.1978 = BVerfGE 49, 220–243 = NJW 1979, 534–537 = Rpfleger 1979, 296–296; zu den Problem der ersten Entscheidung *Quack*, Rpfleger 1978, 197; zu allen Entscheidungen *Vollkommer*, Rpfleger 1982, 1, 5 ff.
10 *Vollkommer*, Rpfleger 1982, 1, 6.
11 *Vollkommer*, Rpfleger 1982, 1, 6.
12 BVerfG 1. Senat – Az. 1 BvR 321/96 Beschluss vom 18.1.2000 = BVerfGE 101, 397–410 = Rpfleger 2000, 205–208 = NJW 2000, 1709–1711.

wurde, Sozialleistungen zu erbringen. Das wird v. a. durch die Pfändungsfreigrenzen der ZPO gewährleistet,[13] dürfte aber in der Immobiliarvollstreckung nur eine untergeordnete Rolle spielen und sich in einer Pflicht zu Verfahrenshinweisen nach § 139 ZPO erschöpfen.

7. Verhältnismäßigkeitsprinzip

11 Das Verhältnismäßigkeitsprinzip als Ausprägung des Rechtstaatsprinzips verlangt jeden Eingriff nur so schwer zu gestalten, wie er für die Zweckerreichung nötig ist. Das Prinzip wirkt so auf jeden Grundrechtseingriff ein und prägt das Verbot der Verschleuderung mit (siehe oben 4.). Darüber hinausgehende Folgerungen, wie etwa eine Reihenfolge von Vollstreckungszugriffen, nach der zunächst Vollstreckungsmaßnahmen geringerer Intensität zu wählen sind, bevor zu schweren Eingriffen (Versteigerung des Wohnhauses des Schuldners) übergegangen werden darf, kann daraus jedoch nicht folgen.[14] Dies folgt bereits aus der Unmöglichkeit in der Praxis das gesamte Vermögen des Schuldners mit allen Belastungen zu erfassen.[15] Weiter liegt es in der Hand des Schuldners selbst derart zu verfahren und verwertbares Vermögen selbst zu verwerten und so ggf. einen Vollstreckungszugriff abzuwehren.

8. Rechtliches Gehör/faires Verfahren/Rechtsstaatsprinzip

12 Das Bundesverfassungsgericht hat in mehreren Entscheidungen klar gestellt, dass die richterliche Neutralität in der Zwangsvollstreckung durch das Gebot auf rechtliches Gehör bzw. ein faires Verfahren eingeschränkt wird. Dabei stellt es beim Verfahren vor dem Rechtspfleger auf das Gebot eines fairen Verfahrens ab, das sich aus dem Rechtsstaatsprinzip ergibt. Während es für das Verfahren vor dem Richter Art. 103 GG bemüht.[16] Diese Differenzierung erscheint wenig sinnvoll, da für den betroffenen Grundrechtsträger letztlich beide Verfahren austauschbar sind. Das BVerfG nimmt jedoch beide Rechte weitgehend inhaltsgleich an, so dass die Frage praktisch nicht relevant ist.

13 Aus dem Rechtsstaatsprinzip leitet der BGH einen Anspruch auf Wiedereinsetzung in den vorherigen Stand her, wenn Rechtsmittelfristen durch den Vollstreckungsschuldner nicht eingehalten wurden und dieser keine Rechtsbehelfsbelehrung erhalten hat. Da eine Rechtsbehelfsbelehrung nicht gesetzlich vorgeschrieben ist in den Fällen des §§ 869, 793 ZPO sei eine spätere Einlegung zwar verfristet, aber wenn die fehlende Belehrung ursächlich ist, vermutet der BGH das für die Einsetzung nötige fehlende Verschulden des Schuldners unwiderleglich.[17]

14 Auch bietet das Grundrecht auf ein faires Verfahren die Möglichkeit der Ausnutzung formaler Rechtspositionen im Zwangsvollstreckungsverfahren Einhalt zu gebieten, soweit diese die Grundrechte anderer Verfahrensbeteiligter berühren.[18]

15 Bei Verletzung des Gebots auf faires Verfahren durch Missachtung des rechtlichen Gehörs steht die Gehörsruhe nach § 321a ZPO offen (Rechtsbehelfe im ZVG-Verfahren, Rn. 86 ff.) bzw. auf § 321a analog (Rechtsbehelfe im ZVG-Verfahren, Rn. 104 ff.).

---

13 *Vollkommer*, Rpfleger 1982, 1, 7.
14 *Vollkommer*, Rpfleger 1982, 1, 8 a. A. Sondervotum *Böhmer*, BVerfGE 49, 238.
15 *Vollkommer*, Rpfleger 1982, 1, 9.
16 BVerfG 1. Senat – Az. 1 BvR 321/96 Beschluss vom 18.1.2000 = BVerfGE 101, 397–410 = Rpfleger 2000, 205–208 = NJW 2000, 1709–1711.
17 BGH 5. Zivilsenat – Az. V ZB 174/08 Beschluss vom 26.3.2009 = NSW ZVG § 98 = NSW ZPO § 869 = NSW ZPO § 793 = EBE/BGH 2009, 158–159 = WM 2009, 1056–1058.
18 *Stöber*, ZIP 1981, 944; *Vollkommer*, Rpfleger 1982, 1, 7; *Suhr*, NJW 1979, 145, 146.

Staatshaftung des Vollstreckungsgerichts

Schrifttum: *Gabriele Pietzko,* Der materiell-rechtliche Folgenbeseitigungsanspruch, Berlin 1994.

Übersicht	Rn.
I. Staatlicher Eingriff	1
II. Amtshaftung, § 839 BGB, Art. 34 GG	2–10
1. Drittbezogene Amtspflicht	3
2. Richterspruchprivileg	4
3. Vorsatz oder grobe Fahrlässigkeit	5
4. Subsidiarität, § 839 Abs. 1 Satz 2 BGB	6
5. Vorrang des Primärrechtsschutzes	7
6. Beweis	8
7. Einzelfälle positiv	9
8. Einzelfälle negativ	10
III. Enteignungsgleicher Eingriff	11
IV. Folgenbeseitigung	12

I. Staatlicher Eingriff

Die Zwangsversteigerung stellt, wenn sie durchgeführt wird oder rechtswidrig unterlassen wird, immer einen Eingriff in die Rechte des Vollstreckungsschuldners, des Gläubigers oder anderer am Verfahren Beteiligter oder Unbeteiligter dar. Daher stellt sich die Frage nach der Haftung des Vollstreckungsgerichts bei rechtswidrigem Verhalten.   1

II. Amtshaftung, § 839 BGB, Art. 34 GG

Das Vollstreckungsgericht macht sich bei vorsätzlicher oder grob fahrlässigen Amtshandlungen gegenüber dem Geschädigten schadensersatzpflichtig. Der Anspruch entsteht nach § 839 BGB gegen den Beamten, wird jedoch nach Art. 34 GG auf den Rechtsträger übergeleitet, so dass Schuldner des Anspruchs der Rechtsträger wird. Ein Regress des Rechtsträgers gegen seinen Beamten findet über beamtenrechtliche Vorschriften statt. Die Haftung des Gerichts unterliegt jedoch starken Einschränkungen.   2

1. Drittbezogene Amtspflicht

Zunächst muss das Gericht eine Amtspflicht verletzt haben. Dazu kommt zunächst die gegenüber jedermann – auch nicht beteiligten Dritten oder zufällig Betroffenen – obliegende allgemeine Amtspflicht in Frage, das öffentliche Amt gewissenhaft und unparteiisch auszuüben, die Gesetze zu wahren, sich jeden Amtsmissbrauchs und jedes Übermaßes eines Eingriffs zu enthalten.[1] Diese Pflicht obliegt dem Beamten gegenüber jedermann und ist daher immer drittbezogen. Dagegen sind die speziellen Amtspflichten, die das ZVG normiert daraufhin zu untersuchen, ob sie auch dem Geschädigten gegenüber drittbezogen sind, er also vom Schutzzweck der Amtspflicht umfasst ist.[2] Dies   3

---

1 BGH Urteil vom 29.10.1969 – VIII ZR 130/68, BGHZ 53, 35–41 = WM 1969, 1418–1420.
2 BGH, Urteil vom 26.1.1989 – III ZR 194/87, BGHZ 106, 323, 331 = NJW 1989, 976; BGH, Urteil vom 26.10.1989 – III ZR 147/88, BGHZ 109, 163, 167f. = NJW 1990, 836 = Rpfleger

gilt auch in Beziehung zum geltend gemachten Schaden. Dieser muss ebenfalls vom Schutzzweck umfasst sein.[3] So kann der Vermieter etwa keine Amtshaftung aus Amtspflichten herleiten, die alleine dem Schutz des Mieters dienen.

2. Richterspruchprivileg

4 Soweit der Richter oder auch der Rechtspfleger einen Beschluss erlässt, der der Rechtskraft fähig ist, gilt das Richterspruchprivileg des § 839 Abs. 2 BGB.[4] Die Amtshaftung tritt daher hier nur ein, soweit der Rechtspfleger strafbar gehandelt hat (Rechtsbeugung). Dies betrifft insbesondere den Zuschlagsbeschluss für den so regelmäßig keine Amtshaftung stattfindet.[5] Das Privileg gilt jedoch nicht für andere Beschlüsse, wie beispielsweise die Wertfestsetzung oder den Beschluss über das geringste Gebot,[6] da diesen keine verfahrensbeendigende Wirkung zukommt.

3. Vorsatz oder grobe Fahrlässigkeit

5 Der Rechtspfleger nimmt nach § 9 RPflG eine unabhängige Aufgabe wahr und haftet daher auch außerhalb des Privilegs nicht für jede Fahrlässigkeit. Er haftet nur für grob fahrlässige oder vorsätzliche Amtspflichtverletzungen, da ansonsten dem Grundsatz richterlicher Unabhängigkeit nicht Genüge getan wird.[7]

4. Subsidiarität, § 839 Abs. 1 Satz 2 BGB

6 Bei lediglich fahrlässigem Verhalten des Rechtspflegers muss der Geschädigte ggf. vorrangig andere Möglichkeiten des Ausgleichs wahrnehmen. Dabei scheiden alle Ausgleichsmöglichkeiten aus, die der Geschädigte durch Eigenleistungen erlangt hat (Versicherung etc.). Hier kommt insbesondere eine Haftung des Prozessvertreters[8] wegen Verletzung einer anwaltlichen Beratungs- oder Handlungspflicht in Betracht.[9] Auch ein Mitverschulden des Prozessvertreters führt zum anteiligen Ausschluss des Anspruchs. Nicht dagegen Ansprüche gegen denselben staatlichen Rechtsträger.[10] Das Subsidiaritätsprinzip wird im Justizbereich bisher nicht eingeschränkt, wie dies beispielsweise bei den Verkehrssicherungspflichten auf öffentlichen Straßen der Fall ist.

5. Vorrang des Primärrechtsschutzes

7 Soweit der Geschädigte ein zulässiges Rechtsmittel, gegen das schädigende Verhalten des Gerichts vorsätzlich oder fahrlässig nicht einlegt, kann er keinen Schadensersatz nach § 839 BGB verlangen, § 839 Abs. 3 BGB. Der Geschädigte muss daher stets Beschwerde einlegen, um nicht seinen Amtshaftungsanspruch zu verlieren.

1990, 78; BGH, Urteil vom 16.1.1997 – III ZR 117/95, BGHZ 134, 268, 276 = NJW 1997, 2174; BGH, Urteil vom 18.2.1999 – III ZR 272/96, BGHZ 140, 380, 382 = NJW 1999, 2275; BGH, Urteil vom 20.1.2005 – III ZR 48/01, BGHZ 162, 49, 55 = NJW 2005, 742.
3   BGH, Urteil vom 15.3.1984 – III ZR 15/83, = BGHZ 90, 310–317 = NJW 1984, 2691–2692.
4   BGH, Entscheidung vom 21.5.1953 – III ZR 272/51, BGHZ 10, 55, 60; BGH, Urteil vom 26.4.1954 – III ZR 6/53, BGHZ 13, 144; BGH, Urteil vom 19.2.1962 – III ZR 23/60, BGHZ 36, 379, 384 = NJW 1962, 1500; BGH, Urteil vom 14.7.1971 – III ZR 181/69, BGHZ 57, 33, 45 = NJW 1971, 1986; BGH, Urteil vom 5.5.1975 – III ZR 43/73, BGHZ 64, 347 = NJW 1975, 1829.
5   BGH, Urteil vom 7.11.1969 – V ZR 85/66, BGHZ 53, 47, 50 = NJW 1970, 565 = Rpfleger 1970, 60; Rpfleger 1971, 212; OLG Karlsruhe MDR 1954, 112.
6   BGH, Urteil vom 23.3.2000 – III ZR 152/99, Rpfleger 2000, 403–405 = NJW 2000, 3358–3360.
7   BGH, Urteil vom 3.7.2003 – III ZR 326/02, BGHZ 155, 306–311 = NJW 2003, 3052–3053.
8   dazu *Stöber*, ZVG, Einl. Rn. 37; Storz, ZIP 1980, 1049; *Storz*, ZIP 1981, 16.
9   *Wurm*, in: *Staudinger*-BGB, § 839 Nr. 283.
10 *Wurm*, in: *Staudinger*-BGB, § 839 Nr. 276.

6. Beweis

Das Protokoll des Versteigerungstermins hat keine abschließende Beweisfunktion, da ihm nur für die Entscheidung über den Zuschlag nach § 80 ZVG eine Ausschlusswirkung zukommt.[11]

7. Einzelfälle positiv

Amtshaftung besteht für:
- Vertrauensschaden des Meistbietenden, wenn der Zuschlag wegen eines Fehlers des Gerichts aufgehoben wird.[12]
- Schaden des Gläubigers, der ihm dadurch entsteht, dass der Zuschlag aufgehoben wird und dadurch der Erlös niedriger ausfällt, bei Verschulden des Vollstreckungsgerichts.[13]
- Schaden durch die fehlerhafte Aufnahme eines Nacherbenvermerks in das geringste Gebot.[14]
- Schaden, der dem Meistbietenden dadurch entsteht, dass er wegen Aufhebung eines früheren Zuschlags erst in einem weiteren Termin den Zuschlag erhält.[15] (Widerspricht teilweise bzgl. des entgangenen Gewinns Entscheidung unten.)
- Durchführung des Termins ohne Einhaltung der Frist des § 43 Abs. 1 Satz 1 ZVG.[16]
- Fehlende Angabe der Nutzungsart in der Terminsbestimmung.[17]
- Fehlende Angabe über den betriebenen Anspruch (dinglich oder persönlich)[18]
- Unterlassung der Aufforderung weitere Gebote abzugeben.[19]
- Haftung des Zwangsverwalters besteht nur gegenüber formell beteiligten Mietern.[20]

8. Einzelfälle negativ

Amtshaftung besteht nicht für:
- Fehlerhafte Wertfestsetzung nach § 74a ZVG durch Gutachter, die der Rechtspfleger lediglich einfach fahrlässig nicht bemerkt hat.[21]
- Entgangenen Gewinn des Meistbietenden, wenn der Zuschlag wegen eines Fehlers des Gerichts aufgehoben wird (Mieteinnahmen, Wert des Grundstücks).[22]
- Schadensersatz des Zedenten einer Grundschuld, die nicht ins geringste Gebot fällt, wegen Aufhebung des Zuschlags.[23] Ergibt sich schon aus Ausschluss des entgangen Gewinns.

---

11 BGH, Urteil vom 7.2.1963 – III ZR 119/62, NJW 1963, 1060–1062.
12 BGH, Urteil vom 13.9.2001 – III ZR 228/00, Rpfleger 2002, 38–39.
13 BGH, Versäumnisurteil vom 22.1.2009 – III ZR 172/08, NJW-RR 2009, 601–603 = Rpfleger 2009, 335–337.
14 BGH, Urteil vom 23.3.2000 – III ZR 152/99, Rpfleger 2000, 403–405 = NJW 2000, 3358–3360.
15 BGH, Urteil vom 2.10.1986 – III ZR 93/85, Rpfleger 1987, 118–120.
16 BGH, Urteil vom 21.4.1958 – III ZR 218/56, MDR 1958, 491–491.
17 OLG Nürnberg, Urteil vom 9.11.2005 – 4 U 920/05, Rpfleger 2006, 215–217.
18 RG, Urteil vom 2.10.1931 – III 383/30, RGZ 134, 56.
19 BGH, Urteil vom 7.2.1963 – III ZR 119/62, NJW 1963, 1060–062.
20 AG Hanau, Urteil vom 11.4.1989 – 34 C 3536/88, WuM 1989, 553–554.
21 BGH, Urteil vom 6.2.2003 – III ZR 44/02, Rpfleger 2003, 310; OLG Frankfurt, Beschl. vom 10.12.2004 – 1 W 69/04, MDR 2005, 1051–1052.
22 BGH, Urteil vom 13.9.2001 – III ZR 228/00, MDR 2001, 1350–1351 = Rpfleger 2002, 38–39= NJW-RR 2002, 307–308.
23 BGH, Beschl. vom 26.7.2001 – III ZR 243/00, Rpfleger 2001, 609–610.

III. Enteignungsgleicher Eingriff

11 Wenn auch grundsätzlich ein Eingriff in das Eigentumsrecht in Frage kommt, so fehlt es für die Annahme eines Enteignungsgleichen Eingriffs am Tatbestandsmerkmal des Sonderopfers für die Allgemeinheit.[24] Der Anspruch wegen aufopferungsgleichem Eingriff scheidet aus, da er nicht die von Art. 14 GG geschützten Rechtsgüter schützt – sowie weil er ebenfalls ein Sonderopfer erfordert.

IV. Folgenbeseitigung

12 Soweit es um die Frage eines Folgenbeseitigungsanspruchs geht, so wird hier das Richterspruchprivileg ebenfalls zum Ausschluss von Ansprüchen bezüglich endgültiger Entscheidungen bemüht.[25] Für den Zuschlag haftet somit der Staat nicht aufgrund von Folgenbeseitigung, wenn nicht vorsätzliches Handeln des Spruchkörpers vorliegt. Bei den vorgelagerten Entscheidungen des Rechtspflegers, wird es hingegen an der unmittelbaren Schadensfolge bzw. bereits am Eingriff in die Rechtsgüter fehlen, die regelmäßig erst durch Zuschlag erfolgen.

---

24 *Papier*, in: *MünchKomm*-BGB, § 839, 47; BGH, Urteil vom 28.4.1960 – III ZR 22/59, BGHZ 32, 240–246 = NJW 1960, 1461–1462; BGH, Urteil vom 6.3.1967 – III ZR 123/66, BB 1967, 941–941 = WM 1967, 698–699.

25 *Pietzko*, Der materiell-rechtliche Folgenbeseitigungsanspruch, S. 223.

Immobiliarvollstreckung und Insolvenzverfahren

Schrifttum: *Althammer/Löhnig*, Das Insolvenzgericht in der Rolle des Vollstreckungsgerichts – Funktionelle Zuständigkeit und Rechtsbehelfssystem –, KTS 2004, 525; *Berger*, Haftungsrechtliche Verteilungsprinzipien an der Schnittstelle von Einzelzwangsvollstreckung und Insolvenz, ZZP 121 (2008), 40; *Eickmann*, Das Grundstück in der Insolvenz, Veröffentl. d. d. Leipziger Insolvenzrechtstage, Universität Leipzig, 2002; *Eickmann*, Problematische Wechselbeziehungen zwischen Immobiliarvollstreckung und Insolvenz, ZfIR 1999, 81; *Förster*, Zwangsverwaltung und Insolvenzverwaltung, ZInsO 2005, 746; *Ganter*, Sicherungsmaßnahmen gegenüber Aus- und Absonderungsberechtigten im neuen Insolvenzeröffnungsverfahren – Ein Beitrag zum Verständnis des neuen § 21 Abs. 2 S. 1 Nr. 5 InsO, NZI 2007, 549; *Ganter/Bitter*, Rechtsfolgen berechtigter und unberechtigter Verwertung von Gegenständen mit Absonderungsrechten durch den Insolvenzverwalter, ZIP 2005, 93; *Heublein*, Zur Umsatzsteuerpflicht bei der Grundstücksverwertung durch den Insolvenzverwalter, EWiR 2005, 513; *Hintzen*, Insolvenz und Immobiliarvollstreckung – Vollstreckungshindernisse und neues Einstellungsrecht des Insolvenzverwalters, Rpfleger 1999, 256; *Hintzen*, Grundstücksverwertung durch den Treuhänder in der Verbraucherinsolvenz, ZInsO 2003, 586; *Jungmann*, Die einstweilige Einstellung der Zwangsverwaltung im Insolvenzeröffnungsverfahren, NZI 1999, 352; *Kesseler*, Die Verfügungskompetenz des Treuhänders über grundpfandrechtsbelastete Grundstücke, ZInsO 2006, 1029; *Knees*, Die Bank als Grundpfandgläubiger in der Unternehmensinsolvenz, ZIP 2001, 1568 ff.; *Küpper/Heinze*, Wie sieht das Pflichtenprogramm der Insolvenzverwalters bei Altlastenverdacht aus?, ZInsO 2005, 409; *Lwowski/Tetzlaff*, Verwertung unbeweglicher Gegenstände im Insolvenzverfahren – Ausgewählte Rechtsfragen zur Verwertung von Grundpfandrechten und Zubehör in der Insolvenz, WM 1999, 2336; *Marotzke*, Die dinglichen Sicherheiten im neuen Insolvenzrecht, ZZP 109 (1996), 429; *Mönning/Zimmermann*, Die Einstellungsanträge des Insolvenzverwalters gem. §§ 30d I, 153b I ZVG im eröffneten Insolvenzverfahren, NZI 2008, 134; *Muth*, Die Zwangsversteigerung auf Antrag des Insolvenzverwalters, ZIP 1999, 945; *Niering*, Der zwangsverwaltende Insolvenzverwalter, ZInsO 2008, 790; *Raab*, Probleme bei der Immobiliarvollstreckung aus der Sicht des Insolvenzverwalters, DZWIR 2006, 234; *Smid*, Stellung der Grundpfandrechtsgläubiger, Zwangsversteigerung und Schuldenreorganisation durch Insolvenzplan – Bemerkungen zu § 245 Abs. 1 Nr. 2 und Abs. 2 Nr. 2 InsO, Festschrift für Gerhardt 2004, S. 931–965; *Stöber*, Insolvenzverfahren und Vollstreckungs-Zwangsversteigerung, NZI 1998, 105; *Stöber*, Aufhebung der auf Antrag des Insolvenzverwalters angeordneten Einstellung der Zwangsversteigerung, NZI 1999, 439; *Tetzlaff*, Probleme bei der Verwertung von Grundpfandrechten und Grundstücken im Insolvenzverfahren, ZInsO 2004, 521; *Wenzel*, Die Rechtsstellung des Grundpfandrechtsgläubigers im Insolvenzverfahren, NZI 1999, 101; *Zeuner*, Durchsetzung von Gläubigerinteressen im Insolvenzverfahren, NJW 2007, 2952.

Übersicht

		Rn.
	Vorbemerkung	1
I.	Stellung des Insolvenzschuldners	2
II.	Gläubiger mit Recht auf Aussonderung	3
III.	Gläubiger mit Recht auf abgesonderte Befriedigung	4–13
1.	Allgemeines	4–8
2.	Vor Eröffnung des Insolvenzverfahrens eingeleitete Vollstreckungsmaßnahmen zum Zwecke der Befriedigung aus dem Grundstück	9–11
3.	Nach Eröffnung des Insolvenzverfahrens eingeleitete Vollstreckungsmaßnahmen zum Zwecke der Befriedigung aus dem Grundstück	12, 13
IV.	Massegläubiger	14

V. Insolvenzgläubiger: Vollstreckungsverbote des § 89 InsO und des § 294 InsO	15–17
VI. Rückschlagsperre nach § 88 (§ 312 Abs. 1 S. 3, § 321) InsO für im Wege der Zwangsvollstreckung erlangte Sicherheiten	18–32
VII. Betreiben der Immobiliarvollstreckung durch den Insolvenzverwalter	33–37
VIII. Einschränkung des Rechts zur abgesonderten Befriedigung aus dem Grundstück durch einstweilige Einstellung der Zwangsvollstreckung zum Schutze eines Insolvenzverfahrens	38–49
1. Praktische Relevanz als Druckmittel für Vereinbarungen über über freihändige Veräußerung und „kalte Zwangsverwaltung"	38–40
2. Antrag auf Einstellung im eröffneten Insolvenzverfahren	41, 42
3. Antrag auf Einstellung im Eröffnungsverfahren	43–45
4. Ausgleichspflichten	46–48
5. Aufhebung der Einstellung	49
IX. Eigenverwaltung des Schuldners (§§ 270 ff. InsO)	50–57
X. Besonderheiten im Verbraucherinsolvenzverfahren und in sonstigen Kleinverfahren	58–67
1. Allgemeines	58
2. Anwendbarkeit der §§ 165 InsO, 172 ff. ZVG	59–61
a) Antrag auf Zwangsversteigerung	59, 60
b) Antrag auf Zwangsverwaltung	61
3. Antrag auf Einstellung der Immobiliarvollstreckung nach §§ 30d–f, 153b, c ZVG	62–64
4. Insolvenzplan, Eigenverwaltung	65
XI. Das Insolvenzgericht in der Rolle des Vollstreckungsgerichts	66, 67

Vorbemerkung

1 S. auch den Abschnitt „Taktik in der Zwangsversteigerung" sowie die Kommentierung der §§ 30d–f, 153b, 172–174a ZVG. Soweit im Folgenden Immobilien bzw. Grundstücke genannt sind, gelten die Ausführungen vorbehaltlich der §§ 163–170a ZVG auch für ins Schiffsregister eintragbare Schiffe und Schiffsbauwerke (§ 162 ZVG) sowie – vorbehaltlich der §§ 171b-g ZVG – für in die Luftfahrzeugrolle eingetragene Luftfahrzeuge (§ 171a ZVG). Der Text orientiert sich an dem praktisch relevantesten Fall, dass es der Schuldner des ZVG-Verfahrens ist, dessen Vermögen vom Insolvenzverfahren betroffen ist. Auch die Gläubiger im Sinne des ZVG können aber in Insolvenz fallen; die folgende Rn. 2 etwa passt auf diese Insolvenzschuldner ebenfalls. Der Insolvenzverwalter tritt in diesem Fall nicht ipso iure in das Verfahren ein, sondern kann es anstelle des insolventen Gläubigers erst dann betreiben, wenn er einen auf ihn lautenden und dem ZVG-Schuldner zugestellten Titel vorlegt; näher dazu Vor § 9, Rn. 13 ff. sowie § 9 Rn. 3 – Zum Ersteher als Insolvenzschuldner s. § 130 Rn. 9.

I. Stellung des Insolvenzschuldners

2 Mit Eröffnung des Insolvenzverfahrens und Bestellung eines Verwalters verliert der Insolvenzschuldner gemäß §§ 80 ff. InsO hinsichtlich der Insolvenzmasse nicht nur die meisten materiellrechtlichen Befugnisse, sondern auch die verfahrensrechtlichen, wie etwa die Befugnis, Anträge zu stellen oder Rechtsmittel einzulegen. Im Rahmen der ZVG-Verfahren ist nicht mehr er, sondern fortan der Insolvenzverwalter Beteiligter i. S. d. § 9 ZVG, soweit nicht das ZVG etwas anderes vorsieht.[1] Art. 14 GG steht dem nicht entgegen; dafür sorgt die in § 34 Abs. 2 InsO für den Schuldner vorgesehene Möglichkeit, gegen den Eröffnungsbeschluss sofortige Beschwerde einzulegen.[2] Nicht ausgeschlossen ist für einen Insolvenzschuldner, der natürliche Person ist, auch die Möglichkeit, gegen den Insolvenzverwalter analog §§ 36 Abs. 4, § 148 Abs. 2 S. 3 InsO Vollstreckungsschutz nach § 765a ZPO zu beantragen, jedenfalls soweit dies zur Erhaltung von Leben und Gesundheit erforderlich ist.[3] Auch besteht gemäß § 60 InsO ganz allgemein eine Haftung des Insolvenzverwalters gegenüber dem Insolvenzschuldner.[4] Nicht mehr zur Insolvenzmasse gehören schließlich Gegenstände, die der Insolvenzverwalter wieder frei gegeben hat.[5] Wird das Grundstück freigegeben, dann erlangt der Insolvenzschuldner die Rolle als Beteiligter i. S. d. § 9 ZVG wieder zurück.[6] Eine Umschreibung des Vollstreckungstitels macht die Freigabe nicht erforderlich.[7] Zum Sonderfall der Eigenverwaltung s. u. Rn. 50 ff.

II. Gläubiger mit Recht auf Aussonderung

Ein Gläubiger, dem an einem in der (Ist-)Masse befindlichen Gegenstand (Grundstücke eingeschlossen) ein Aussonderungsrecht (§ 47 S. 1 InsO)[8] zusteht, soll durch das Insolvenzverfahren gemäß § 47 S. 2 InsO in der Durchsetzung dieses Rechts grundsätzlich nicht gestört werden. Für die Dauer des Eröffnungsverfahrens sieht der im Jahr 2007 eingefügte § 21 Abs. 2 S. 1 Nr. 5 InsO allerdings vor, dass aussonderungsfähige Gegenstände (und bewegliche, deren Absonderung verlangt werden kann – Verweis auf § 166 InsO) dem Gläubiger vorübergehend vorenthalten werden können. Eine Entschädigung dafür erfolgt gemäß § 21 Abs. 2 S. 1 Nr. 5 i. V. m. § 169 S. 2, S. 3 InsO erst (spätestens) für die Zeit ab drei Monate nach dieser Anordnung und auch nur dann, wenn überhaupt mit einer Befriedigung des Gläubigers durch die Vollstreckung zu rechnen gewesen wäre. Demgegenüber Gläubiger mit Recht zur abgesonderten Befriedigung aus einem Grundstück besser zu behandeln, würde – zumal im Vergleich mit den Aussonderungsberechtigten – einen erheblichen Wertungswiderspruch bedeuten. Doch enthält § 30d Abs. 4 i. V. m. § 30e Abs. 1 S. 2, Abs. 3 ZVG (bei Zwangsverwaltung i. V. m. § 146 Abs. 1 ZVG[9]), was die Entschädigung betrifft, die gleiche Regelung.[10]

---

1 BGH, Beschl. vom 29.5.2008 – V ZB 3/08, Rpfleger 2008, 590; BGH, Beschl. vom 18.10.2007 – V ZB 141/06, Rpfleger 2008, 146 = ZfIR 2008, 150 (151). Siehe zum Ganzen Vor § 9 Rn. 13 ff.
2 BVerfG, Beschl. vom 18.7.1979 – 1 BvR 655/79, BVerfGE 51, 405 (408); BGH, Beschl. vom 29.5.2008 – V ZB 3/08, Rpfleger 2008, 590.
3 BGH, Beschl. vom 18.12.2008 – V ZB 57/08, NJW 2009, 1283 = Rpfleger 2009, 259 = WM 2009, 358 = jurisPR-InsR 4/2009, Anm. 1 (*Tetzlaff*); BGH, Beschl. vom 16. 10. 2008 – IX ZB 77/08, NJW 2009, 78 = Rpfleger 2009, 105. S. dazu auch § 765a ZPO, Rn. 15.
4 BGH, Beschl. vom 29.5.2008 – V ZB 3/08, Rpfleger 2008, 590.
5 Die Möglichkeit der Freigabe ist vorausgesetzt in § 85 Abs. 2 InsO, seit dem 1.7.2007 auch in § 35 Abs. 2 InsO.
6 BGH, Beschl. v. 14.4.2005 – V ZB 25/05, Rpfleger 2006, 423; Vor 9 Rn. 14.
7 BGH, Beschl. v. 24.11.2005 – V ZB 84/05, Rpfleger 2006, 423.
8 Oder – für die Immobiliarvollstreckung aber praktisch nicht relevant – ein Ersatzaussonderungsrecht nach § 48 S. 1 InsO.
9 Zur Anwendbarkeit des § 30d Abs. 4 ZVG auf die Zwangsverwaltung über § 146 Abs. 1 ZVG trotz der Regelung der §§ 153b, c s. Rn. 43.
10 Zumindest einen groben Wertungswiderspruch aus diesem Grund verneinend *Ganter*, NZI 2007, 549 (555). Damit lehnt *Ganter* zu Recht die gegenteilige Auffassung ab (*Kirchhof*, ZInsO

III. Gläubiger mit Recht auf abgesonderte Befriedigung

4 1. **Allgemeines.** Das Recht eines Gläubiger auf Befriedigung aus einem Grundstück im Wege der Zwangsversteigerung oder der Zwangsverwaltung wird gemäß § 49 InsO durch das Insolvenzverfahren im Grundsatz nicht berührt („abgesonderte Befriedigung"). Ein solches Recht haben zunächst die Gläubiger der Rangklasse 1–4 des § 10 Abs. 1 ZVG inne.[11] Es kann aber auch den („persönlichen") Gläubigern der Rangklasse 5 zustehen; letzteres ist dann der Fall, wenn (rechtzeitig, §§ 88, 312 Abs. 1 3, 321 InsO und unten Rn. 18) die Beschlagnahme erfolgt ist[12], die den erforderlichen Bezug zum Grundstück als Vollstreckungsgegenstand herstellt. Richtiger Auffassung nach genügt dabei das Einhalten des in § 22 Abs. 1 S. 2 ZVG genannten Zeitpunkts auch für diese Wirkung der Beschlagnahme.[13] Das Recht auf abgesonderte Befriedigung erfasst auch erst nach Insolvenzeröffnung fällig gewordene Ansprüche auf Kosten und Zinsen.[14] Mit dem Wortlaut des § 49 InsO steht es im Einklang, dass auch der absonderungsberechtigte Gläubiger gem. § 110 InsO (s. v. a. Abs. 2 S. 2) i. V. m. § 865 Abs. 2 S. 2 ZPO auf mithaftende Mieten oder Pachten nicht im Wege der Pfändung zugreifen kann. Näher dazu § 146 Rn. 18.

5 Der BGH spricht den Regelungsgehalt des § 49 InsO in Rechtsbeschwerden mitunter der Sache nach ausdrücklich an.[15] In jüngerer Zeit äußerte er sich hierzu wie folgt:[16] „Gläubiger, denen … ein Recht auf abgesonderte Befriedigung aus unbeweglichen Gegenständen zusteht, können sich sogar so verhalten, als wäre das Verfahren nicht eröffnet worden. Sie sind nämlich weiterhin nach Maßgabe des Gesetzes über die Zwangsversteigerung und Zwangsverwaltung zur abgesonderten Befriedigung berechtigt (§ 49 InsO)." Ein Gläubiger, der abgesonderte Befriedigung verlangen kann, gehört eben nicht zu den Insolvenzgläubigern i. S. d. § 38 InsO, deren Ansprüche nur quotal befriedigt werden (§§ 87, 174 ff. InsO). Dies gilt unabhängig davon, ob die Durchführung der abgesonderten Befriedigung in der Hand des betreffenden Gläubigers liegt (so § 49 InsO für unbewegliche Sachen) oder in derjenigen des Insolvenzverwalters, wie es bei beweglichen Sachen der Fall ist (§§ 50 f. InsO i. V. m. § 166 ff. InsO; s. aber auch § 170 Abs. 2 und § 173 InsO). Nur die Insolvenzgläubiger trifft daher auch das Vollstreckungsverbot des § 89 InsO. Zu beachten ist dabei, dass die Gläubiger der Rangklasse 5 des § 10 Abs. 1 ZVG vor der Beschlagnahme Insolvenzgläubiger i. S. d. §§ 38, 87, 88, 89, 174 ff. InsO sind, ihnen nach der Beschlagnahme, sofern diese vor dem Hintergrund der §§ 88, 312 Abs. 1 S. 3, 321 InsO rechtzeitig erfolgt ist, aber ein Recht zur Befriedigung aus dem Grundstück zusteht, das sie zur abgesonderten Befriedigung gemäß § 49 InsO ermächtigt.

6 Aus der Zulassung der abgesonderten Befriedigung ergibt sich zugleich: Die Eröffnung des Insolvenzverfahrens mit der Folge, dass für ein zur Insolvenzmasse gehörendes Grundstück gemäß § 32 InsO ein Insolvenzvermerk im Grundbuch eingetragen wird, stellt kein Recht i. S. d. § 28 Abs. 1 ZVG gegen

---

2007, 227 [231]); *Haarmeyer*, in: *MünchKomm*-InsO, § 21 Rn. 100), die die Regelung des § 30d Abs. 4 nicht berücksichtigt.
11 Zu § 10 Abs. 1 Nr. 2 i. V. m. Abs. 3 InsO im Besonderen s. *Hintzen/Alff*, ZInsO 2008, 480 (483 ff.).
12 *Bäuerle*, in: *Braun*, InsO, § 49 Rn. 15. Zum Wirksamwerden der Beschlagnahme (§ 20 ZVG) s. § 22 Abs. 1 ZVG, ggf. i. V. m. §§ 146, 148 ZVG – Zwangsverwaltung; zum beitretenden Gläubiger s. § 27 ZVG. Zur Erforderlichkeit der Beschlagnahme bei Gläubigern der Rangklasse § 10 Abs. 1 Nr. 5 für § 49 InsO s. auch § 11 Abs. 2.
13 *Böttcher*, ZVG, § 22 Rn. 5; *Stöber*, ZVG, § 22 Rn. 2.5/2.6; *Eickmann*, ZVG, § 9 II 2.
14 BGH, Urteil vom 17.7.08 – IX ZR 132/07, NJW 2008, 3064 m. Anm. *Dahl* = NZI 2008, 542.
15 BGH, Beschl. vom 5.7.07 – V ZB 48/06, NJW-RR 2008, 146 (147) = Rpfleger 2007, 675.
16 BGH, Urteil vom 29.11.2007 – IX ZB 12/07, NJW 2008, 1380 (1381) = Rpfleger 2008, 220 = LMK 2008, 256405 m. Anm. *Heese*.

das ZVG-Verfahren dar, das der Gläubiger mit Recht zur abgesonderten Befriedigung betreibt. Ein solches Recht würde nämlich zur Einstellung des Verfahrens von Amts wegen führen.[17]

Dem Recht des Gläubigers aus § 49 InsO hat das Gesetz allerdings die Möglichkeit des Insolvenzverwalters gegenüber gestellt, gegen Entschädigung des Gläubigers die (vorübergehende) Einstellung dieser Zwangsvollstreckung zu beantragen (Rn. 38 ff.). Wesentliche Vorschriften hierfür sind die §§ 30d Abs. 1–3, 30e, 30f ZVG; §§ 153b, c ZVG; §§ 49, 80 Abs. 2 S. 2 InsO; § 21 Abs. 2 S. 1 Nr. 3 InsO i.V.m. § 30d Abs. 4 ZVG. Bei Verbraucherinsolvenz und sonstigen Kleinverfahren (Rn. 58 ff.) sowie im Falle der Eigenverwaltung (Rn. 50 ff., Rn. 65) gelten Besonderheiten. **7**

In zeitlicher Hinsicht hat der Grundsatz, dass die Eröffnung des Insolvenzverfahrens die Durchsetzung des Rechts auf abgesonderte Befriedigung durch Zwangsvollstreckung und Zwangsverwaltung nicht berührt, folgende Bedeutung: Zum einen können bereits eingeleitete Maßnahmen zur Befriedigung aus dem Grundstück auch nach Eröffnung des Insolvenzverfahrens fortgesetzt werden (Rn. 9), zum anderen ist es zulässig, dass solche nach Verfahrensbeginn erst eingeleitet werden (Rn. 12). **8**

2. **Vor Eröffnung des Insolvenzverfahrens eingeleitete Vollstreckungsmaßnahmen zum Zwecke der Befriedigung aus dem Grundstück.** Ein Gläubiger mit dem Recht zur abgesonderten Befriedigung aus dem Grundstück kann bereits vor Verfahrenseröffnung eingeleitete Vollstreckungsmaßnahmen fortsetzen. Dies ergibt sich aus § 49 InsO. Ist das Recht zur abgesonderten Befriedigung erst mit der Beschlagnahme entstanden (Gläubiger gemäß § 10 Abs. 1 Nr. 5 ZVG, s. Rn. 4), dann folgt dies aus § 80 Abs. 2 S. 2 InsO. **9**

Der Insolvenzverwalter tritt wegen § 80 Abs. 1 InsO an die Stelle des Schuldners. Eine Umschreibung des Titels ist bei bereits vor Verfahrenseröffnung eingeleiteter Zwangsvollstreckung nicht erforderlich.[18] Das in den vorigen beiden Sätzen Gesagte gilt entsprechend für den Fall, dass ein vorläufiger Insolvenzverwalter bestellt und dem Insolvenzschuldner ein allgemeines Verfügungsverbot auferlegt wird (§ 21 Abs. 2 S. 1 Nr. 1, Nr. 2 Alt. 1 InsO i.V.m. § 22 Abs. 1, 3 InsO – „starker" vorläufiger Insolvenzverwalter).[19] **10**

Auch ergibt sich aus § 240 ZPO ganz allgemein keine Unterbrechung von Vollstreckungsmaßnahmen (und auch nicht des Verfahrens auf Erteilung einer Vollstreckungsklausel[20]) als Folge der Eröffnung des Insolvenzverfahrens.[21] Zwar sind auch Vorschriften aus dem Erkenntnisverfahren auf das Vollstreckungsverfahren anwendbar, soweit nicht dessen Zweck oder Spezialregelungen entgegen stehen.[22] Die §§ 88 ff. InsO stellen nun aber solche Spezialrege- **11**

---

17 § 28 Rn. 15.
18 BGH, Beschl. vom 14.4.2005 – V ZB 25/05, Rpfleger 2006, 423 = WM 2005, 1324.
19 H. M.; s. etwa *Kirchhof/Lwowski/Stürner*, in: *MünchKomm*-InsO, Vorb. §§ 49–52, Rn. 165a. S. zum Ganzen auch § 146 Rn. 18 und zum Beteiligtenstatus Vor § 9 Rn. 16.
20 BGH, Beschl. vom 12.12.2007 – VII ZB 108/06, NJW 2008, 918 = Rpfleger 2008, 209 = WM 2008, 411 = jurisPR-InsR 9/2008 Anm. 3 (*Cranshaw*). S. auch BGH, Beschl. vom 17.7.2008 – IX ZR 150/05, ZEV 2008, 445 = jurisPR-InsR 19/2008, Anm. 3 (*Cranshaw*).
21 BGH, Beschl. vom 28.3.2007 – VII ZB 23/05, BGHZ 172, 16 = NJW 2007, 3132 = Rpfleger 2007, 405 = NZI 2007, 543 (544) (für Forderungspfändung – also nicht ZVG-Verfahren, doch wird dieses mit erwähnt). Dagegen ist § 240 ZPO auf die Vollstreckungsabwehrklage als dem Erkenntnisverfahren verwandtes Verfahren anwendbar. Betrifft das Insolvenzverfahren den Beklagten, dann liegt wegen dessen Stellung als Vollstreckungsgläubiger trotz Beklagtenrolle ein Aktivprozess i.S.d. § 85 InsO vor, der vom Insolvenzverwalter aufgenommen werden kann. S. BGH, Beschl. vom 14.8.2008 – VII ZB 3/08, MDR 2008, 1421 = ZIP 2008, 1941 = NZI 2008, 683. S. zum Ganzen auch den Abschnitt „Rechtsbehelfe im ZVG-Verfahren", Rn. 17.
22 BGH, Beschl. vom 28.3.2007 – VII ZB 25/05, BGHZ 172, 16 = Rpfleger 2007, 405 = NJW 2007, 3132 (3133) unter Hinweis auf *Stöber*, in: *Zöller*, ZPO, Vorb. § 704 Rn. 5.

lungen gegenüber § 240 ZPO dar.[23] Soweit Vollstreckungsmaßnahmen zulässig sind, wie bei Aussonderungsberechtigten, Absonderungsberechtigten und – vorbehaltlich §§ 90, 210 InsO – bei Massegläubigern, wäre eine Unterbrechung den Gläubigern nicht zumutbar.[24] Für die Absonderungsberechtigten mit dinglichen Rechten an Grundstücken ergibt sich dies auch aus den gesetzlich vorgesehenen Möglichkeiten der Einstellung auf Antrag des Insolvenzverwalters (§§ 30d–f, 153b, c ZVG). Diese wären nicht verständlich, wenn es schon durch die bloße Eröffnung des Insolvenzverfahrens zu einer Unterbrechung der Vollstreckung käme. Als ratio des § 240 ZPO verbleibt somit der Schutz des Verfahrens nach §§ 87, 174 ff. InsO vor der Fortsetzung des *Erkenntnisverfahrens* für einen einzelnen Insolvenzgläubiger, das auf eine Titulierung der Forderung nach § 704 ZPO abzielen würde.[25] Die Titulierung soll nur noch im Rahmen des Verfahrens nach §§ 87, 174 ff. InsO erfolgen (§ 201 Abs. 2 InsO), das eine Befriedigung lediglich in Höhe der Insolvenzquote ermöglicht. Kommt eine Anwendung des § 240 ZPO für die Zwangsvollstreckung neben den Regelungen der §§ 88 ff. InsO somit generell nicht in Frage, so kommt es auch nicht darauf an, dass ein zur Absonderung berechtigter Gläubiger, dem der Insolvenzschuldner auch persönlich haftet, über §§ 52, 190 InsO zu einem Insolvenzgläubiger wird, soweit er bei der abgesonderten Befriedigung ausgefallen ist oder auf sie verzichtet hat.

12 **3. Nach Eröffnung des Insolvenzverfahrens eingeleitete Vollstreckungsmaßnahmen zum Zwecke der Befriedigung aus dem Grundstück.** Anordnung der Zwangsversteigerung (§ 15 ZVG) bzw. -verwaltung (§ 146 Abs. 1 ZVG) und Zulassung des Beitritts eines Gläubigers (§ 27 ZVG) sind auch nach Eröffnung des Insolvenzverfahrens noch möglich. Soll von Anfang an gegen den Insolvenzverwalter vollstreckt werden (§ 80 Abs. 1 InsO), dann wird – anders als bei bloßer Fortsetzung des gegen den Schuldner eingeleiteten Verfahrens (Rn. 9 f.) – vor dem Hintergrund des § 750 Abs. 1 ZPO bzw. analog §§ 727, 750 Abs. 2 ZPO eine Umschreibung des Titels für erforderlich gehalten sofern der Insolvenzverwalter nicht schon von vornherein anstelle des Insolvenzschuldners im Titel genannt war.[26] Der Insolvenzverwalter, Partei kraft Amtes, und gemäß §§ 80 ff. InsO anstelle des Insolvenzschuldners berechtigt, mit Wirkung für diesen im eigenen Namen zu handeln, wird somit fortan als derjenige i. S. d. § 750 Abs. 1 ZPO angesehen, „gegen den" die Vollstreckung stattfinden soll, mag auch das Vermögen des im Titel schon bezeichneten Schuldners betroffen sein. Auch hier gilt Entsprechendes für den „starken" vorläufigen Insolvenzverwalter (vgl. Rn. 10).

13 Der BGH hält[27] den Insolvenzantrag eines Gläubigers für unzulässig, der ausreichend dinglich gesichert ist. Der Gläubiger müsse, so der BGH[28], für den Eröffnungsantrag nach § 14 InsO eine Forderung glaubhaft machen, die im Falle der Eröffnung des Verfahrens eine Insolvenzforderung darstellen würde. Gläubiger, die abgesonderte Befriedigung verlangen könnten, seien zwar Insolvenzgläubiger, soweit ihnen der Schuldner auch persönlich hafte. Sie seien zur anteilsmäßigen Befriedigung aus der Insolvenzmasse jedoch nur berechtigt,

---

23 BGH, Beschl. vom 28.3.2007 – VII ZB 25/05, BGHZ 172, 16 = Rpfleger 2007, 405 = NJW 2007, 3132 (3133) m. w. N.; h. M.
24 Überzeugend BGH, Beschl. vom 28.3.2007 – VII ZB 25/05, BGHZ 172, 16 = Rpfleger 2007, 405 = NJW 2007, 3132 (3133).
25 Vgl. BGH, Beschl. vom 28.3.2007 – VII ZB 25/05, BGHZ 172, 16 = Rpfleger 2007, 405 = NJW 2007, 3132 (3133).
26 OLG Hamm, Beschl. vom 24.1.1985 – 15 W 423/84, Rpfleger 1985, 310; *Stöber*, NZI 1998, 105 (107 f.).
27 BGH, Beschl. vom 29.11.2007 – IX ZB 12/07, NJW 2008, 1380 = Rpfleger 2008, 220. Siehe dazu auch den Abschnitt „Taktik in der Zwangsversteigerung", Rn. 7.
28 BGH, Beschl. vom 29.11.2007 – IX ZB 12/07, NJW 2008, 1380 = Rpfleger 2008, 220.

soweit sie auf eine abgesonderte Befriedigung verzichteten oder bei ihr ausgefallen seien (§ 52 InsO). Bedeutsam ist dies nicht zuletzt für die der Rangklasse 2 des § 10 Abs. 1 i.V.m. Abs. 3 ZVG zugehörigen Hausgeldrückstände im Falle des Wohnungseigentums.[29]

IV. Massegläubiger

Für Massegläubiger (§§ 53, 55 InsO; §§ 100, 123, 169, 324 InsO) ist die Vollstreckung nur für die Dauer von sechs Monaten nach Eröffnung des Insolvenzverfahrens unzulässig, § 90 InsO. Unzulässig ist die Vollstreckung auch nach Anzeige der Masseunzulänglichkeit gemäß § 208 InsO, und zwar über den Wortlaut des § 210 InsO hinaus auch bei den Masseverbindlichkeiten nach § 209 Nr. 1 und 2 InsO[30] und bei Massearmut nach § 207 InsO.[31] Uneingeschränkt vollstreckbar sind nach § 90 InsO die durch den Insolvenzverwalter begründeten (der Masse also nicht oktroyierten) Masseverbindlichkeiten. Darunter ist richtigerweise § 55 Abs. 1 Nr. 1 InsO insgesamt zu verstehen, nicht nur § 55 Abs. 1 Nr. 1 Alt. 1 InsO.[32] Außerdem sollten auch die durch den vorläufigen Insolvenzverwalter mit Verfügungsbefugnis (§ 21 Abs. 2 S. 1 Nr. 2 Alt. 1 i.V.m. § 22 Abs. 1, 3 InsO) begründeten Masseverbindlichkeiten, § 55 Abs. 2 InsO, uneingeschränkt vollstreckt werden dürfen.[33]

14

V. Insolvenzgläubiger: Vollstreckungsverbote des § 89 InsO und des § 294 InsO

Mit Rücksicht auf den insolvenzrechtlichen Grundsatz der Gläubigergleichbehandlung (vgl. im vorliegenden Zusammenhang insbesondere §§ 87, 174 ff. InsO und die Überschrift des § 294 InsO) ist die Zwangsvollstreckung während des Insolvenzverfahrens für den einzelnen Insolvenzgläubiger (§ 38 InsO) weder in die Insolvenzmasse (zu der auch das erst während des Verfahrens erworbene Vermögen gehört, § 35 InsO) noch in das sonstige Vermögen des Schuldners zulässig. Ein gleichwohl angeordnetes Vollstreckungsverfahren wäre gemäß § 28 Abs. 2 ZVG von Amts wegen aufzuheben.[34] Betroffen ist damit auch das Immobiliarvermögen. Auf § 10 Abs. 1 ZVG bezogen geht es dabei um Gläubiger der Rangklasse 5. Das Vollstreckungsverbot gemäß § 89 InsO trifft sie aber dann nicht mehr, wenn sie zu – nach wie vor der Rangklasse 5 zugehörigen – Gläubigern mit Recht zur abgesonderten Befriedigung zu (§ 49 InsO) geworden sind.[35] § 89 InsO erfasst Vollstreckungsmaßnahmen, die auf Befriedigung des Gläubigers gerichtet sind, ebenso wie solche, die nur seiner Sicherung dienen. Im letzteren Falle dehnt § 88 (§§ 312 Abs. 1 S. 3, 321) InsO das Vollstreckungsverbot auf die Zeit vor Eröffnung des Insolvenzverfahrens aus (dazu Rn. 18 ff.). Nicht von § 89 InsO erfasst ist das Verfahren der

15

---

29 Näher dazu *Hintzen/Alff*, ZInsO 2008, 480 (487).
30 BGH, Urteil vom 13.4.2006 – IX ZR 22/05, BGHZ 167, 178 = NJW 2006, 2997 = NZI 2006, 392 = WM 2006, 970.
31 BGH, Beschl. vom 21.9.2006 – IX ZB 11/04, Rpfleger 2007, 40 = NZI 2006, 697; *Kießner*, in: Braun, InsO, § 210 Rn. 9a.
32 *Eickmann*, in: HK-InsO, § 90 Rn. 3 m.w.N. A.A. etwa *Kroth*, in: Braun, InsO, § 90 Rn. 4.
33 *Eickmann*, in: HK-InsO, § 90 Rn. 3; *Breuer*, in: MünchKomm-InsO, § 90 Rn. 11; *Lüke*, in: Kübler/Prütting/u.a., InsO, § 90 Rn. 10. A.A. *Kroth*, in: Braun, InsO, § 90 Rn. 8.
34 § 28 Rn. 17; *Vallender*, Rpfleger 1997, 353 (354).
35 S. Rn. 4 ff.

Erteilung der Vollstreckungsklausel, das nicht Teil des Vollstreckungsverfahrens ist, sondern seiner Vorbereitung dient.[36]

16 Im Falle der bei natürlichen Personen denkbaren Restschuldbefreiung (§§ 1 S. 2, 20 Abs. 2, 201 Abs. 3 InsO) wird gemäß § 294 Abs. 1 InsO das Vollstreckungsverbot des § 89 InsO abweichend von § 201 Abs. 1, Abs. 2 InsO über den Zeitraum der Verfahrensaufhebung[37] hinaus ausgedehnt, soweit die Forderung nicht gemäß § 302 InsO von der Restschuldbefreiung ausgenommen ist. Die Versagung der Restschuldbefreiung ist die Ausnahme (§ 291 Abs. 1 i.V.m. § 290 InsO), ihre Feststellung (genauer: Feststellung für den Fall des Einhaltens der Obliegenheiten nach § 295 InsO und des Ausbleibens der Versagungsgründe der §§ 297f. InsO) der Regelfall (§ 291 Abs. 1 InsO). Ob die Insolvenzgläubiger ihre Forderungen zur Tabelle angemeldet haben, spielt keine Rolle (§ 301 Abs. 1 InsO). Das Vollstreckungsverbot entfällt nach § 299 InsO („so enden … und die Beschränkung der Rechte der Gläubiger") im Falle der vorzeitigen Beendigung der Restschuldbefreiung. Die vorzeitige Beendigung ordnet das Insolvenzgericht auf Antrag eines Insolvenzgläubigers an, wenn einer der Versagungsgründe der §§ 296–298 InsO vorliegt. Mit Blick auf § 299 InsO i.V.m. § 201 Abs. 1 InsO steht § 294 Abs. 1 InsO als bloßes Vollstreckungsverbot dem Rechtsschutzbedürfnis einer Klage gegen den Schuldner während der Wohlverhaltensperiode nicht entgegen.[38]

17 Über Rechtsbehelfe, mit denen das Vollstreckungsverbot des § 89 Abs. 1, Abs. 2 InsO geltend gemacht wird, entscheidet gemäß § 89 Abs. 3 InsO das Insolvenzgericht als Vollstreckungsgericht. Als ein solcher Rechtsbehelf kommt die Erinnerung nach § 766 ZPO, aber auch die sofortige Beschwerde nach §§ 793, 567 ff. ZPO in Betracht.[39]

VI. Rückschlagsperre nach § 88 (§ 312 Abs. 1 S. 3, § 321) InsO für im Wege der Zwangsvollstreckung erlangte Sicherheiten

18 Ist der Gläubiger mit einem Recht auf **abgesonderte Befriedigung** aus einem Grundstück (§ 49 InsO) ein solcher aus Rangklasse 5 (Rn. 4 ff.), so hat er dieses Recht erst nachträglich, nämlich durch die Beschlagnahme erlangt. Im Sinne der InsO war er bis dahin bloßer Insolvenzgläubiger (§§ 38 f. InsO). Bezogen auf seinen persönlichen Anspruch stellt dieses Recht eine Sicherung dar. Diese Sicherung kann nun aber aus insolvenzrechtlichen Gründen unwirksam sein („Rückschlagsperre": § 88 InsO; § 312 Abs. 1 S. 3 InsO; § 321 InsO). Ist dies der Fall, dann hat dieser Gläubiger doch kein Recht erlangt, das ihm die abgesonderte Befriedigung nach § 49 InsO ermöglichen würde.

---

36 BGH, Beschl. vom 12.12.2007 – VII ZB 108/06, Rpfleger 2008, 209 = NJW 2008, 918 (919) unter Hinweis auf *Breuer*, in: *MünchKomm*-InsO, § 89 Rn. 30; *Kroth*, in: *Braun*, InsO, § 89 Rn. 3; *Eckardt*, in: *Jaeger*, InsO, § 89 Rn. 55.
37 Das Insolvenzverfahrens wird gemäß § 289 Abs. 2 Satz 2 InsO abweichend von § 200 Abs. 1 InsO erst mit Rechtskraft des Beschlusses des Insolvenzgerichts über die Restschuldbefreiung aufgehoben.
38 BGH, Urteil vom 22.1.2008 – VI ZR 126/07, NJW 2008, 1440 (1441).
39 Zur Abgrenzung s. den Abschnitt/„Rechtsbehelfe im ZVG-Verfahren", Rn. 24. Beispiel für die Statthaftigkeit einer Beschwerde (Vorliegen einer Entscheidung wegen Gewährung rechtlichen Gehörs): BGH, Beschl. vom 6.5.2004 – IX ZB 104/04, NZI 2004, 447. S. auch *Eickmann*, HK-InsO, § 89 Rn. 9 (§ 766 ZPO i.V.m. § 89 Abs. 3 InsO bei gegen § 89 InsO verstoßender Verfahrensanordnung und Beitrittszulassung). Näher zu § 89 Abs. 3 InsO unten Rn. 66 f.

Unwirksam wird nach § 88 InsO eine Sicherung, die ein Insolvenzgläubiger[40] **19**
im letzten Monat vor dem Antrag auf Eröffnung des Insolvenzverfahrens am
zur Insolvenzmasse gehörenden Vermögen des Schuldners (s. dazu §§ 35 f.
InsO) durch Zwangsvollstreckung erlangt hat. Im Falle des Verbraucherinsolvenzverfahrens[41] verlängert sich die Frist gemäß § 312 Abs. 1 S. 3 InsO auf
drei Monate, wenn der Schuldner den Antrag auf Eröffnung des Insolvenzverfahrens gestellt hat. § 321 InsO erweitert den zeitlichen Anwendungsbereich
beim Nachlassinsolvenzverfahren auf den Erbfall als Startpunkt.[42] Soweit § 88
InsO seinerseits über diesen Zeitraum hinausgeht, ist er weiter anwendbar.[43]
Die folgenden Ausführungen beschränken sich auf § 88 InsO.

§ 88 InsO ist von Amts wegen zu beachten. Ein bereits eingeleitetes Zwangs- **20**
versteigerungs- oder -verwaltungsverfahren ist nach § 28 Abs. 1, Abs. 2 (§ 146
Abs. 1) ZVG aufzuheben und als Folge davon das Grundbuchamt gemäß § 34
(ggf. i. V. m. § 146 Abs. 1) ZVG um Löschung des Versteigerung- bzw. Verwaltungsvermerks zu ersuchen.[44]

Als von § 88 InsO erfasste **Sicherung** der Zwangsvollstreckung wegen einer **21**
Geldforderung kommen an einer Immobilie als betroffenem Gegenstand in
Frage: (1) Beschlagnahme für Gläubiger nach § 10 Abs. 1 Nr. 5 ZVG; sie ist
gemäß § 23 Abs. 1 S. 1 ZVG Veräußerungsverbot – auch im Falle der Zwangsverwaltung (dann i. V. m. § 146 Abs. 1 ZVG);[45] (2) Zwangssicherungshypothek nach §§ 866 f. ZPO;[46] (3) Arresthypothek nach § 932 ZPO.[47] Die
Zwangsvormerkung nach §§ 941 ff. ZPO fällt zwar ebenfalls unter § 88 InsO.
Bei ihr fehlt es aber am Zusammenhang mit dem ZVG: Bei einstweiligen Verfügungen generell (§ 935 ZPO gegenüber § 916 ZPO) und bei der Vormerkung generell (s. § 883 BGB) geht es nicht um die Sicherung einer Geldforderung.[48]

Zwangshypothek und Arresthypothek sind nicht nur Sicherung i. S. d. § 88 **22**
InsO für den persönlichen Anspruch. Sind sie rechtzeitig (§ 88 InsO) und
somit wirksam entstanden, dann erhält der Gläubiger des persönlichen
Anspruchs, mit dem er in Klasse 5 des § 10 Abs. 1 ZVG rangiert, durch sie
einen zusätzlichen dinglichen Anspruch aus Rangklasse 4,[49] der ihm das vom

---

40 Auf die Anmeldung der Forderung zur Insolvenztabelle kommt es nicht an (*Uhlenbruck*, InsO,
§ 88 Rn. 3). Massegläubiger, die es im Eröffnungsverfahren schon geben kann (s. § 55 Abs. 2
i. V. m. § 22 InsO), fallen dagegen nicht unter § 88 InsO. Für sie ergeben sich Beschränkungen aus
den §§ 90, 210 InsO (s. Rn. 14).
41 Und sonstiger Kleinverfahren, s. Überschrift Neunter Titel sowie § 304 Abs. 1 S. 2, Abs. 2 InsO.
42 § 321 ZPO spricht zwar – anders als § 88 InsO – nicht vom Erlangen einer Sicherung, jedoch
von Maßnahmen der Zwangsvollstreckung, die auf den Erwerb eines Rechts zur abgesonderten
Befriedigung abzielen. Dieses Recht ist gerade eine Sicherung für den Gläubiger. Anordnung der
Zwangsverwaltung oder der Zwangsversteigerung und Eintragung der Zwangshypothek sind
daher Beispiele für § 321 InsO (*Marotzke*, in: HK-InsO, § 321 Rn. 2) ebenso wie für § 88 InsO
(dazu sogleich Rn. 22 f.). Geht es nur um den Erwerb einer Sicherung, so heißt dies zugleich,
dass die Befriedigung von § 321 InsO (dazu *Bauch*, in: Braun, InsO, § 321 Rn. 6 m. w. N.)
ebenso wenig erfasst ist wie von § 88 InsO (dazu unten Rn. 25).
43 *Bauch*, in: *Braun*, InsO, § 321 Rn. 4.
44 § 28 Rn. 17; *Stöber*, NZI 1998, 105 (106 f.); *Breuer*, in: MünchKomm-InsO, § 88 Rn. 23.
45 Aus § 148 ergibt sich nichts anderes. Diese Norm stellt nur eine Erweiterung, keine Beschränkung der Wirkungen der Beschlagnahme dar. S. § 148 Rn. 1 sowie *Stöber*, ZVG, § 148 Rn. 2.1.
46 Zu dieser s. die Kommentierung zu § 867 ZPO.
47 Zu dieser s. die Kommentierung zu § 932 ZPO.
48 Zwar wird in § 940 ZPO (Regelungsverfügung) die so genannte „Leistungsverfügung" hinein
gelesen. Doch geht es bei ihr wiederum nicht um die bloße – für § 88 InsO allein relevante –
Sicherung.
49 *Stöber*, NZI 1998, 105 (106) für die Zwangshypothek. Auch aus der Arresthypothek kann –
nach erforderlicher Klage (fehlender Verweis des § 932 Abs. 2 ZPO auf § 867 Abs. 3 ZPO) – die
Zwangsvollstreckung nach §§ 10 Abs. 1 Nr. 4 ZVG, 1147 BGB in das Grundstück betrieben

Insolvenzverfahren grundsätzlich unberührte (s. o. Rn. 4 ff. mit der in Rn. 38 ff. enannten Einschränkung) Recht zur abgesonderten Befriedigung gibt. Ein zusätzlicher dinglicher Titel ist im Falle der Befriedigung durch Zwangsversteigerung[50] nicht nötig. Gemäß § 867 Abs. 3 ZPO ist es ausreichend, wenn auf dem ursprünglichen Titel die Eintragung der Zwangssicherungshypothek vermerkt wird und der persönliche Schuldner (noch) Eigentümer des Grundstücks ist (§ 17 ZVG).[51]

23 Hinsichtlich des persönlichen Anspruchs (§ 52 InsO) verbleibt es dagegen trotz wirksamer, da rechtzeitig (§ 88 InsO) erlangter Sicherung *durch die Zwangshypothek oder die Arresthypothek* (im Gegensatz zur *Beschlagnahme* als rechtzeitig erlangter Sicherung: Recht zu abgesonderten Befriedigung nach § 49 InsO, s. o. Rn. 4 ff.) beim Vollstreckungsverbot des § 89 InsO. Diesen Anspruch kann der Gläubiger gemäß § 190 InsO zur Tabelle anmelden, wenn er auf die abgesonderte Befriedigung verzichtet hat bzw. soweit er bei ihr ausgefallen ist.

24 **Erlangt** i. S. d. § 88 InsO sind Zwangssicherungshypothek (zu dieser s. § 867 Abs. 1 S. 2 ZPO) und Arresthypothek mit Eintragung im Grundbuch. Die Sicherheit als Folge der Beschlagnahme wird mit deren Wirksamwerden erlangt, also – vorbehaltlich § 22 Abs. 1 S. 2 ZVG – mit Zustellung der Anordnung der Zwangsversteigerung/-verwaltung bzw. des Beitrittsbeschlusses an den Schuldner (§§ 20, 22 Abs. 1 S. 1, 27 ZVG, ggf. i. V. m. § 146 Abs. 1 ZVG).[52]

25 **Durch Zwangsvollstreckung** muss die Sicherung erlangt worden sein; sie darf also **nicht freiwillig** verschafft worden sein.[53] Nicht von § 88 InsO erfasst ist daher m. E. auch die Verschaffung einer Sicherung zur Abwendung einer drohenden, aber noch nicht eingeleiteten Zwangsvollstreckung. Die Verschaffung der Sicherheit ist aber unter den Voraussetzungen des § 131 InsO anfechtbar. Der eine Anwendung des § 88 InsO auch in diesem Fall befürwortenden Gegenauffassung[54] ist zuzugeben, dass sich die Sachverhalte in ihrer wirtschaftlichen Bedeutung sehr nahe stehen. Doch dürfte innerhalb der freiwillig verschafften Sicherungen die Unterscheidung kaum durchführbar sein zwischen solchen, die (unmittelbar) zur Abwendung der Zwangsvollstreckung erfolgt sind und solchen, bei denen dies nicht der Fall ist.

26 Bei einer bereits eingeleiteten Zwangsvollstreckung ist § 88 InsO nach diesen Grundsätzen auch dann anzuwenden, wenn die Sicherung aufgrund einer Vollstreckungsvereinbarung „freiwillig" verschafft wird, um die Fortsetzung der Zwangsvollstreckung abzuwenden.[55]

27 Für die **Fristberechnung** gilt § 139 InsO, der sich ausdrücklich auch auf § 88 InsO bezieht. Der Antrag auf Eröffnung des Insolvenzverfahrens ist auch dann maßgeblich für die Berechnung der Frist i. S. d. § 88 InsO, wenn er mangelhaft ist oder zunächst bei einem unzuständigen Gericht gestellt wurde – sofern es

---

werden. In der Regel erfolgt jedoch zuvor eine Umschreibung in die Zwangshypothek. S. zum Ganzen § 932 ZPO Rn. 1.

50 S. Wortlaut des § 867 Abs. 3 ZPO. Für die Zwangsverwaltung gilt dies nicht (*Hüßtege*, in: *Thomas/Putzo*, ZPO, § 867 Rn. 18).

51 Zu letzterer Voraussetzung s. BGH, Urteil vom 26. 4. 2007 – IX ZR 139/06, Rpfleger 2007, 490 = NJW-RR 2007, 1247.

52 Für § 22 Abs. 1 S. 2 ZVG gibt es beim Beitrittsbeschluss wegen § 27 Abs. 1 S. 2 ZVG keine Entsprechung.

53 BGH, Urteil vom 10.2.1971 – VIII ZR 182/69, BGHZ 55, 307 (309) = WM 1971, 378.

54 *Kroth*, in: *Braun*, InsO, § 88 Rn. 2.

55 Auch in diesem Fall gegen die Anwendung des § 88 InsO dagegen BGH, Urteil vom 10.2.1971 – VIII ZR 182/69, BGHZ 55, 307 (309) = WM 1971, 378; *Breuer*, in: *MünchKomm*-InsO, § 88 Rn. 16.

nur später zur Eröffnung kommt.[56] Dagegen ist die Sicherheit als weiteres für die Frist maßgebliches Ereignis erst dann i. S. d. § 88 InsO erlangt, wenn mögliche Mängel beseitigt wurden.[57]

28 Gemäß § 139 Abs. 2 InsO kommt es für die Fristberechnung auch bei einer Eröffnung erst aufgrund eines späteren Antrags auf den früheren Antrag an. Dies gilt auch bei einem zeitlichen Abstand von drei Jahren.[58]

29 Gibt der Insolvenzverwalter später ein Grundstück frei, das mit einer durch die Rückschlagsperre unwirksam gewordenen Zwangshypothek belastet ist, lebt diese mit der **Freigabe** automatisch wieder auf.[59]

30 Im Gegensatz zur Sicherung ist von der Rückschlagsperre nach dem eindeutigen Wortlaut des § 88 InsO nicht erfasst die **Befriedigung** durch Zwangsvollstreckung.[60] Auch in diesem Fall greift aber der Schutz durch die Insolvenzanfechtung ein (§ 131 InsO: nicht kongruente Deckung).[61] Ob eine bloße Sicherung oder schon eine Befriedigung vorliegt, richtet sich nach dem Vollstreckungstitel.[62] Auch die Eintragung einer Hypothek kann Befriedigung sein (s. § 896 ZPO neben §§ 894, 897 Abs. 2 ZPO); tituliert ist in diesen Fällen aber nicht ein Anspruch auf Zahlung einer Geldforderung, sondern ein solcher auf Bestellung einer Hypothek oder auf Abtretung einer Hypothekenforderung. Im Falle der hier interessierenden Immobiliarvollstreckung wegen Geldforderungen ist zur Befriedigung dagegen die Zahlung auf Grundlage des Teilungsplans gem. (§§ 866 Abs. 1, 869 ZPO i. V. m.) §§ 114 ff. ZVG erforderlich.[63]

31 Die **grundbuchmäßige Umsetzung** der nach § 88 InsO eingetretenen Unwirksamkeit einer durch Zwangsvollstreckung erlangen Sicherung an einer Immobilie erfolgt auf einen Antrag des Insolvenzverwalters hin (§ 13 Abs. 1 S. 2 GBO). In der Form des § 29 GBO nachzuweisen hat dieser dabei neben dem Vorliegen der Voraussetzungen des § 88 InsO[64] seine Bestellung zum Insolvenzverwalter.

32 § 88 InsO greift auch im Vorfeld eines Insolvenzverfahrens mit **Eigenverwaltung** (§§ 270 ff. InsO und unten Rn. 50 ff.) und/oder (s. § 284 InsO) mit einer Regelung der Befriedigung der Gläubiger durch **Insolvenzplan** (§§ 1 S. 1 Alt. 2, 217 ff. InsO) ein.

---

56 BayObLG, Beschl. vom 15.6.2000 – 2Z BR 46/00, Rpfleger 2000, 448 = NJW-RR 2001, 47 = NZI 2000, 427; *Zeuner*, Durchsetzung von Gläubigerinteressen im Insolvenzverfahren, NJW 2007, 2952 (2953).
57 *Breuer*, in: *MünchKomm*-InsO, § 88 Rn. 22.
58 BGH, Urteil vom 15.11.07 – XI ZR 212/06, NJW-RR 2008, 645 = MDR 2008, 346.
59 BGH, Urteil vom 19.1.2006 – IX ZR 232/04, BGHZ 166, 74 = NJW 2006, 1286 = Rpfleger 2006, 253 = NZI 2006, 224. Kritisch *Keller*, ZIP 2006, 1174 (1177 f.) mit Hinweis auf die Schwierigkeiten der grundbuchmäßigen Umsetzung (formgerechter Nachweis der Freigabe); *Keller* zustimmend *Breuer*, in: *MünchKomm*-InsO, § 88 Rn. 24.
60 S. auch OLG Frankfurt, Urteil vom 23.5.2002 – 16 U 182/01, NZI 2002, 491 (492). Kritisch mit Hinweis auf die darin liegende Bevorzugung des forsch vorgehenden Gläubigers *Breuer*, in: *MünchKomm*-InsO, § 88 Rn. 4, 16 m. w. N.
61 BGH, Urteil vom 10.2.2005 – IX ZR 211/02, BGHZ 162, 143 (148 f.) = NJW 2005, 1121 (1122). *Kroth*, in: Braun, InsO, § 88 Rn. 5 Fn. 7; *Breuer*, in: *MünchKomm*, InsO, § 88 Rn. 16. Kritisch zum vom BGH gezogenen Schluss vom Einsatz von Vollstreckungsmitteln auf die Inkongruenz der Deckung *Paulus/Allgeyer*, ZInsO 2001, 241 ff.; *Marotzke*, in: HK-InsO, § 321 Rn. 8 Fn. 8.
62 *Breuer*, in: *MünchKomm*-InsO, § 88 Rn. 17.
63 *Breuer*, in: *MünchKomm*-InsO, § 88 Rn. 20.
64 Der Nachweis der Massezugehörigkeit ist dabei entbehrlich, wenn – wie in der Regel – bereits der Insolvenzvermerk eingetragen ist (§ 32 Abs. 1 InsO), *Breuer*, in: *MünchKomm*-InsO, § 88 Rn. 23 Fn. 44.

VII. Betreiben der Immobiliarvollstreckung durch den Insolvenzverwalter[65]

33 An einem Grundstück bestehende Absonderungsrechte hindern nach § 165 InsO i. V. m. §§ 172–174a ZVG den Insolvenzverwalter nicht daran, im Interesse der Insolvenzgläubiger die Zwangsversteigerung und die Zwangsverwaltung zu betreiben. Im Folgenden ist nur von der Zwangsversteigerung die Rede.[66]

34 Gemäß § 173 S. 1 ZVG bewirkt die vom Insolvenzverwalter betriebene Zwangsversteigerung keine Beschlagnahme des Grundstücks. Greift somit das Veräußerungsverbot nach § 23 ZVG, §§ 135 f. BGB nicht ein, so kann der Insolvenzverwalter das Grundstück sowie die dem Haftungsverband unterfallenden Gegenstände weiterhin auch freihändig veräußern.[67]

35 Eine Zwangsversteigerung hat für die Insolvenzmasse freilich den Vorteil des Ausschlusses der Gewährleistung gemäß § 56 S. 3 ZVG sowie der für Interessenten attraktiven Nichtausübbarkeit eines etwa vorhandenen dinglichen Vorkaufsrechts (§ 1098 Abs. 1 S. 2 BGB greift nicht ein; es bleibt bei § 471 BGB).[68]

36 Ohne weitere Regelung bestünde allerdings die Gefahr, dass bei einer vom Insolvenzverwalter betriebenen Zwangsversteigerung die Gebote ausbleiben. Dem Antrag des im Interesse der Insolvenzgläubiger handelnden Insolvenzverwalters gehen nämlich alle Rangklassen des § 10 Abs. 1 ZVG vor. Mit Rücksicht auf den in §§ 44, 52 ZVG niedergelegten Deckungs- und Übernahmegrundsatz hat dies folgende Konsequenz: Als Bestandteil des geringsten Gebots sind alle Rechte aus den Rangklassen 1 bis 4 des § 10 Abs. 1 ZVG zu berücksichtigen – diejenigen der Klasse 4 durch Übernahme (§ 52 ZVG), diejenigen aus den Klassen 1 bis 3 durch Zahlung (zugleich als Teil des Mindestgebots wie auch des in § 49 ZVG definierten Bargebots). § 174 ZVG ordnet nun an, dass ein Gläubiger, dem der Insolvenzschuldner dinglich und persönlich haftet, im Rahmen des Verfahrens nach § 172 ZVG beantragen kann, das Grundstück zusätzlich in der Weise auszubieten, dass bei der Feststellung des geringsten Gebots nur die seinem dinglichen Recht vorgehenden Rechte berücksichtigt werden. Nur ein Zuschlag auf ein solches Ausgebot ermöglicht ihm nämlich den Nachweis, in welcher Höhe er bei der abgesonderten Befriedigung ausgefallen und daher Insolvenzgläubiger eines ihm auch persönlich haftenden Insolvenzschuldners ist (§§ 52, 190 InsO).

37 Schließlich hat auch der Insolvenzverwalter gemäß § 174a ZVG das Recht, das Grundstück zusätzlich auf andere Weise auszubieten, nämlich durch Beitreibung des in der hohen Rangklasse des § 10 Abs. 1 Nr. 1a ZVG eingeordneten Anspruchs auf Ersatz der Kosten für die Feststellung der beweglichen Gegenstände, auf die sich die Versteigerung erstreckt. Freilich hängt diese Möglichkeit von der Zufälligkeit ab, ob es solche Feststellungskosten gibt.[69] Die Kosten sind nach § 10 Abs. 1 Nr. 1a Hs. 2 ZVG pauschal mit 4 % des Werts der beweglichen Gegenstände anzusetzen. Im geringsten Gebot sind in

---

65 S. hierzu auch die Kommentierung der §§ 172 ff. ZVG.
66 Zur Beantragung der Zwangsverwaltung durch den Insolvenzverwalter s. die Kommentierung des § 172. Zum Antrag des Insolvenzverwalters auf Einstellung der von einem Gläubiger betriebenen Zwangsverwaltung s. u. Rn. 38–49 sowie die Kommentierung der §§ 153b, c. Zum Verhältnis der Insolvenzverwalterversteigerung zur Teilungsversteigerung s. § 179 Rn. 3, § 180 Rn. 11.
67 Zur dieser Möglichkeit sowie zu derjenigen der so „kalten Zwangsverwaltung" s. sogleich Rn. 38, 38a.
68 *Lwowski/Tetzlaff*, in: *MünchKomm*-InsO, § 165 Rn. 122.
69 *Marotzke*, ZZP 109 (1996), 429 (461) bezeichnet dies als befremdlich.

diesem Fall gemäß § 44 ZVG neben den Kosten des Verfahrens nach § 109 ZVG demnach nur die Ansprüche der Rangklasse 1 des § 10 Abs. 1 ZVG zu berücksichtigen.

VIII. Einschränkung des Rechts zur abgesonderten Befriedigung aus dem Grundstück durch einstweilige Einstellung der Zwangsvollstreckung zum Schutze eines Insolvenzverfahrens

1. Praktische Relevanz als Druckmittel für Vereinbarungen über freihändige Veräußerung und „kalte Zwangsverwaltung". Das in §§ 30d-f, 153b, c ZVG geregelte Recht, die einstweilige Einstellung der Zwangsvollstreckung zu beantragen, kann zum einen für sich genommen im Interesse der Insolvenzgläubiger ökonomisch sinnvoll sein (s. Abschnitt „Taktik in der Zwangsversteigerung", Rn. 16). Zum anderen kann dieses Recht als Druckmittel gegenüber den zur abgesonderten Befriedigung berechtigten Gläubigern verwendet werden, einer freihändigen Verwertung des Grundstücks durch den Insolvenzverwalter unter Bewilligung der Löschung ihrer Rechte und unter Beteiligung der Insolvenzmasse am Erlös zu einem gewissen Prozentsatz zuzustimmen (ca. 2– 5 %; in der Praxis ist eine Orientierung an marktüblichen Maklercourtagen verbreiteter als das Zugrundelegen der in § 10 Abs. 1 Nr. 1a Hs. 2 ZVG genannten 4 %).[70] Dies wird oft zu höheren Erlösen führen. Auch lässt sich der in § 56 S. 3 ZVG gesetzlich vorgesehene Gewährleistungsausschluss auch rechtsgeschäftlich vereinbaren bzw. andernfalls der erzielbare Kaufpreis weiter steigern. Anders als im Falle der Zwangsversteigerung ist gemäß § 1098 Abs. 1 S. 2 BGB in Abgrenzung zu § 471 BGB allerdings ein etwaiges dingliches Vorkaufsrecht zu beachten. Die freihändige Veräußerung bedarf der Zustimmung des Gläubigerausschusses bzw. der Gläubigerversammlung (§ 160 InsO). Zumindest die Gefahr, dass die Zustimmung an der praktisch häufig vorkommenden Beschlussunfähigkeit scheitert und damit die Veräußerung blockiert, ist aber durch die m.W.v. 1.7.2007 eingefügte Zustimmungsfiktion (§ 160 Abs. 1 S. 3 InsO) gebannt. Eine einvernehmliche Veräußerungslösung zwischen Insolvenzverwalter und grundpfandrechtlich gesicherten Gläubigern wird allerdings unwahrscheinlicher, wenn der grundpfandrechtlich gesicherte Darlehensrückzahlungsanspruch, wie es in letzter Zeit immer häufiger vorkommt, an Dritte, insbesondere an Finanzinvestoren abgetreten worden ist. Besondere Probleme ergeben sich daraus für die Zwangsverwaltung, in der sich der Insolvenzverwalter zusätzlich mit dem Zwangsverwalter auseinander zu setzen hat.[71] Auch die Abtretung von Darlehensforderungen eines Kreditinstituts ist nach dem BGH[72] als wirksam anzusehen (keine Unwirksamkeit gemäß § 134 BGB i.V.m. § 4 BDSG oder i.V.m. § 203 Abs. 2 S. 1 Nr. 1 BGB – bei einer als Anstalt des öffentlichen Rechts organisierten Sparkasse; kein gemäß § 399 Alt. 2 BGB dinglich wirkendes konkludentes Abtretungsverbot). Die Wirksamkeit der Abtretung wird auch vorausgesetzt in den seit August 2008 geltenden[73] Änderungen durch das Risikobegrenzungsgesetz, das den Schutz des Schuldners vor Nachteilen bezweckt, die sich aus der Abtretung insbesondere durch grundpfandrechtlich (v. a.: durch eine Grundschuld) gesicherter Kredite ergeben (s. insbesondere §§ 1192 Abs. 1a, 1193 Abs. 2 BGB; §§ 769 Abs. 1 S. 2, 799a ZPO).[74]

---

70 S. zum Ganzen auch den Abschnitt „Taktik in der Zwangsversteigerung", Rn. 84.
71 S. dazu *Niering*, ZInsO 2008, 790 mit dem Vorschlag, in § 153b ZVG die Möglichkeit vorzusehen, den Insolvenzverwalter auf Antrag an die Stelle des Zwangsverwalters treten zu lassen.
72 BGH, Urteil vom 27.2.2007 – XI ZR 195/05, BGHZ 171, 180 = NJW 2007, 2106; BGH, Urteil vom 27.10.2009 – XI ZR 225/08, ZIP 2009, 2329 = WM 2009, 2307 = DB 2009, 2780.
73 Überleitungsvorschriften in Art. 229 § 18 EGBGB.
74 S. dazu *Habersack*, NJW 2008, 3173; *Langenbucher*, NJW 2008, 3169.

38a Versteht man den Begriff der Verwertung weit, dann kann man zur soeben behandelten freihändigen Verwertung auch die so genannte „kalte Zwangsverwaltung" zählen. Mit ihr sind freiwillige Vereinbarungen über die Nutzung des Grundstücks, insbesondere also die Aufteilung von Miete und Pacht gemeint.[75] Auch zu solchen Vereinbarungen mag der Insolvenzverwalter die Gläubiger mit dem Hinweis andernfalls drohender Einstellungsanträge (in diesem Fall nach §§ 153b, c ZVG) bewegen können.

39 Nach dem Regierungsentwurf sollte die Zuständigkeit des Insolvenzgerichts für die Einstellungsanträge – heute zu finden in den §§ 30d–f und §§ 153b, c ZVG – in der InsO geregelt werden. Der Rechtsausschuss[76] sah es jedoch als rationeller an, das Gericht, bei dem die Zwangsversteigerung oder die Zwangsverwaltung anhängig sind, auch über deren Einstellung entscheiden zu lassen, was zu der geltenden Regelung im ZVG führte.

40 Nach einer Bestandsaufnahme von *Mönning/Zimmermann*[77] hat sich die Entscheidungskompetenz der Vollstreckungsgerichte nicht bewährt. Sie sei sanierungshemmend, da die Vollstreckungsgerichte häufig die Bedeutung der Weiternutzung des Grundstücks im Rahmen einer mit Blick auf Sanierungsbemühungen sinnvollen Betriebsfortführung nicht nachvollziehen könnten.

41 2. Antrag auf Einstellung im eröffneten Insolvenzverfahren. Besteht das Recht zur abgesonderten Befriedigung nach dem bislang Gesagten im Insolvenzverfahren im Grundsatz fort, so erfährt dieser Grundsatz eine Einschränkung durch die dem Insolvenzverwalter eingeräumte Möglichkeit, die Ausübung dieses Rechts mit dem Antrag auf Einstellung der Zwangsversteigerung bzw. der Zwangsverwaltung vorübergehend zu unterbrechen. Regelungen finden sich dazu in den §§ 30d–f ZVG (Zwangsversteigerung) und in den §§ 153b, c ZVG (Zwangsverwaltung). Indem diese Vorschriften lediglich die nur vorübergehend wirkende Einstellung vorsehen und diese darüber hinaus formal an einen Antrag und inhaltlich an weitere Voraussetzungen knüpfen, bestätigen sie zugleich, dass die Zwangsversteigerung allein durch das Insolvenzverfahren einschließlich des Eröffnungsverfahrens noch nicht unzulässig geworden ist.[78]

42 Voraussetzung für den Einstellungsantrag ist im Falle der Zwangsverwaltung, dass der Insolvenzverwalter glaubhaft macht, eine Fortsetzung der Zwangsverwaltung würde die wirtschaftlich sinnvolle Nutzung der Insolvenzmasse wesentlich erschweren (§ 153b Abs. 1 ZVG). Bei der Zwangsversteigerung gilt der Sache nach Ähnliches. Zwar sieht § 30d Abs. 1 S. 1 ZVG einen Katalog vor, der die möglichen Fälle abschließend aufzählt. Aus Nr. 4 dieses Katalogs ergibt sich aber, dass das Gesetz die in § 30d Abs. 1 S. 1 ZVG aufgeführten Beispiele in enger Verwandtschaft mit § 153b Abs. 1 ZVG als solche einer wesentlichen Erschwerung der angemessenen Verwertung der Insolvenzmasse ansieht und zudem Raum für weitere Fälle dieser Art lässt. Zumindest theoretisch eine zusätzliche Hürde liegt für den Einstellungsantrag im Falle der Zwangsversteigerung[79] in der gesetzlich angeordneten Ablehnung dieses Antrags für den Fall, dass die Einstellung dem Gläubiger unter Berücksichtigung seiner wirtschaftlichen Verhältnisse nicht zumutbar ist (§ 30d Abs. 1 S. 2 ZVG). Schon gesetzessystematisch ist dies allerdings der Ausnahmefall („Der Antrag ist abzulehnen, wenn ..."); er ist es auch praktisch.[80] Anders kann es nur sein, wenn der Einstellungsantrag erst kurz vor Erteilung (Verkündung)

---

75 Näher dazu *Undritz/Fiebig*, in: *BerlinerKommentar*, InsO (Stand: April 2007), § 165 Rn. 39.
76 BT-Drs. 12/7302, S. 176.
77 NZI 2008, 134 (139).
78 S. dazu oben Rn. 4 ff.
79 Für die Zwangsverwaltung ist eine derartige Ausnahme in § 153b ZVG nicht vorgesehen.
80 Näher dazu § 30d Rn. 10.

des Zuschlags gestellt wird.[81] § 30d Abs. 1 S. 1 Nr. 3 ZVG nennt als Einstellungsgrund die Gefährdung der Durchführung eines vorgelegten Insolvenzplans. Erfolgt die Vorlage durch den Schuldner, dann hat gemäß § 30d Abs. 2 ZVG dieser das Antragsrecht.

3. Antrag auf Einstellung im Eröffnungsverfahren. Die Einstellung der Zwangsversteigerung (und richtigerweise auch der Zwangsverwaltung, dazu sogleich Rn. 45) droht dem Gläubiger mit Recht zur abgesonderten Befriedigung aus dem Grundstück auch schon im Eröffnungsverfahren. Zwar nimmt § 21 Abs. 2 S. 1 Nr. 3 InsO die unbeweglichen Sachen von der Möglichkeit aus, die Zwangsvollstreckung einstweilen einzustellen (und: Zwangsvollstreckungsmaßnahmen ganz zu untersagen). Doch ist Hintergrund auch hier – nicht anders als im eröffneten Verfahren – nur die Verlagerung der Zuständigkeit auf das Vollstreckungsgericht, wie sich aus § 30d Abs. 4 ZVG ergibt. Der vorläufige Insolvenzverwalter muss allerdings (wie im eröffneten Verfahren) einen Antrag stellen und dabei glaubhaft machen, dass die Einstellung zur Verhinderung nachträglicher Veränderungen in der Vermögenslage erforderlich ist. **43**

§ 30d Abs. 4 ZVG ist richtiger Ansicht nach[82] über § 146 Abs. 1 ZVG auch auf die Zwangsverwaltung anzuwenden. Die fehlende Regelung in § 153b ZVG steht dem nicht entgegen. Bei Einfügung des § 30d Abs. 4 ZVG ist eine Anpassung des § 153b ZVG offenbar nur versehentlich nicht erfolgt.[83] **44**

Wegen der Möglichkeit der Einstellung im Eröffnungsverfahren nach § 30d Abs. 4 ZVG samt Entschädigungspflicht gemäß § 30e Abs. 1 S. 2, Abs. 3 ZVG und der Anwendbarkeit auf die Zwangsverwaltung über § 146 Abs. 1 InsO ergibt sich ferner zumindest kein grober Widerspruch zwischen § 21 Abs. 2 S. 1 Nr. 3 InsO und § 21 Abs. 2 S. 1 Nr. 5 InsO.[84] **45**

4. Ausgleichspflichten. Der Gläubiger ist für die Einstellung nach §§ 30e, 153b Abs. 2 ZVG zu entschädigen. Bei der Zwangsversteigerung werden als Entschädigung die geschuldeten[85] Zinsen gezahlt. Dies ordnet das Vollstreckungsgericht mit der Einstellung auch ohne entsprechenden Antrag des Gläubigers als Auflage an. Die Zinsen sind allerdings gemäß § 30e Abs. 1 S. 1 ZVG nur für die Zeit ab Berichtstermin (§§ 29 Abs. 1 Nr. 1, 156 InsO) zu zahlen bzw. gemäß § 30e Abs. 1 S. 2 ZVG spätestens drei Monate nach Beginn der ersten Einstellung bei einem Antrag des vorläufigen Insolvenzverwalters gemäß § 30d Abs. 4 ZVG. Auf Antrag des betreibenden Gläubigers ordnet das Gericht gemäß § 30e Abs. 2 ZVG als weitere Auflage eine Entschädigung für den Wertverlust des Grundstücks an, wenn es für die Insolvenzmasse genutzt wird.[86] Ein Wertverlust in Folge der Nutzung des Grundstücks dürfte sich abgesehen von einer Abnutzung des Zubehörs nur aus einer Ausbeute (etwa im Falle von Sand oder Kies) ergeben.[87] **46**

---

81 Noch später kann die einstweilige Einstellung nicht mehr verlangt werden. Die Beschwerdegründe gegen den bereits wirksam gewordenen Zuschlag (§ 89 ZVG) sind in § 100 ZVG abschließend aufgezählt (*Stöber*, NZI 1998, 105 (108f.)).
82 *Jungmann*, NZI 1999, 352 (353); *Gerhardt*, Grundpfandrechte im Insolvenzverfahren, 10. Aufl. 2003, Rn. 254a. *Stöber*, ZVG, § 146 Rn. 4.4 spricht sich stattdessen ohne Begründung für die Möglichkeit einer Einstellung nur im engeren Rahmen des § 765a ZPO aus.
83 *Gerhardt*, Grundpfandrechte im Insolvenzverfahren, 10. Aufl. 2003, Rn. 254a. Zustimmend *Jungmann*, NZI 1999, 352.
84 S. dazu oben Rn. 3.
85 Zur umstrittenen Frage, ob damit die schuldrechtlichen oder die dinglichen Zinsen gemeint sind, s. § 30e Rn. 4; Abschnitt „Taktik in der Zwangsversteigerung", Rn. 55f.
86 *Eickmann*, ZVG, S. 54, weist auf die Parallele zu § 30e Abs. 2 in ZVG § 172 InsO hin.
87 *Eickmann*, ZVG, S. 54.

47 Jede dieser Ausgleichspflichten steht unter dem Vorbehalt, dass und soweit überhaupt mit einer Befriedigung des Gläubigers aus dem Versteigerungserlös zu rechnen ist (§ 30e Abs. 3 ZVG); ohne gegenteilige Anhaltspunkte ist aber von einer vollen Befriedigung auszugehen.[88]

48 Bei der Zwangsverwaltung sind gemäß § 153b Abs. 2 ZVG die dem Gläubiger aus der Einstellung erwachsenden Nachteile auszugleichen; ein zeitlicher Aufschub ist dort nicht vorgesehen. Ist mit Einstellungsanträgen zu rechnen, dann ist einem grundpfandrechtlich gesicherten Gläubiger daher zu empfehlen, neben (vgl. § 866 Abs. 2 ZPO) der Zwangsversteigerung die Zwangsverwaltung zu beantragen.[89]

49 **5. Aufhebung der Einstellung.** Auf Antrag des betreibenden Gläubigers ist unter den in § 30f ZVG (Zwangsversteigerung) bzw. § 153c ZVG (Zwangsverwaltung) genannten Voraussetzungen die (einstweilige) Einstellung der Zwangsvollstreckung aufzuheben. In beiden Fällen ist als Voraussetzung für die Aufhebung wahlweise genannt der Wegfall der Voraussetzungen der Einstellung, die Nichtbeachtung der Auflagen nach § 30e ZVG bzw. nach § 153b Abs. 2 ZVG und die Zustimmung durch den Insolvenzverwalter (bzw. durch den Schuldner im Falle des § 30d Abs. 2 ZVG[90]). Bei der Zwangsversteigerung kommt gemäß § 30f Abs. 1 S. 2 ZVG auf Antrag die Aufhebung nach Beendigung des Insolvenzverfahrens hinzu; § 153c Abs. 2 S. 2 ZVG ordnet demgegenüber für diesen Fall die automatische Beendigung der Wirkungen der Einstellung an. Der Beendigung des Insolvenzverfahrens (§§ 30f Abs. 1 S. 2, 153c Abs. 2 S. 2 ZVG) gleichzustellen ist die Freigabe des Grundstücks durch den Insolvenzverwalter.[91] Kein Unterschied liegt dagegen in dem auf § 30d Abs. 4 ZVG bezogenen Aufhebungsgrund des § 30f Abs. 2 ZVG, wenn man § 30d Abs. 4 ZVG, wie hier befürwortet,[92] über § 146 Abs. 1 ZVG auch auf die Zwangsverwaltung anwendet. Demnach ist die Einstellung – auch dies nur auf Antrag des Gläubigers – auch dann aufzuheben, wenn der Antrag auf Eröffnung des Insolvenzverfahrens zurückgenommen oder abgewiesen wird.

IX. Eigenverwaltung des Schuldners (§§ 270 ff. InsO)[93]

50 Ein bei Eröffnung des Insolvenzverfahrens bereits laufendes Zwangsversteigerungsverfahren nimmt bei Anordnung der Eigenverwaltung seinen Fortgang gegen den Schuldner als Eigentümer. Der Sachwalter (§§ 270, 271 S. 2 InsO) hat gemäß § 270 Abs. 1 S. 1 InsO nur eine Aufsichtsfunktion.

51 Bei einem bereits laufendem Insolvenzverfahren sind im Falle der Eigenverwaltung statt an den Insolvenzverwalter an den Schuldner zu richten: Die Anordnung der Zwangsversteigerung (§ 15 ZVG) und die Zulassung des Beitritts eines Gläubigers (§ 27 ZVG). Ein Hinweis auf die Eröffnung des Insolvenzverfahrens und die Bezeichnung des Schuldners als Eigenverwalter im Vollstreckungstitel (§ 750 ZPO) ist weder nötig noch überhaupt zulässig. Die Eröffnung des Insolvenzverfahrens wird im Falle der Eigenverwaltung ja gemäß § 270 Abs. 3 S. 3 InsO abweichend von § 32 InsO nicht im Grundbuch (bzw. abweichend von § 33 InsO auch nicht im Schiffsregister, Schiffsbauregister und Register für Pfandrechte an Luftfahrzeugen) eingetragen.

---

88 S. die Formulierung „Absatz 1 und 2 gelten nicht, soweit ...".
89 *Frings*, Die Sparkasse 1996, 384 (385).
90 Einstellung der Zwangsversteigerung auf Antrag des Schuldners nach Vorlage eines Insolvenzplans durch diesen. S. dazu oben Rn. 42.
91 *Stöber*, NZI 1998, 105 (110).
92 S.o. Rn. 44.
93 Zur rechtspolitischen Zielsetzung und praktischen Verbreitung der Eigenverwaltung s. *Kranzusch*, ZInsO 2008, 1346.

52 Bei nachträglicher Eigenverwaltung (§ 271 InsO – im Gegensatz zur anfänglichen nach § 270 InsO, die im Beschluss über die Eröffnung des Insolvenzverfahrens angeordnet wird) ist dagegen eine „Rechtsnachfolge" (§§ 727, 750 Abs. 2 analog) des Schuldners nach dem zuvor tätigen Insolvenzverwalter anzunehmen.[94]

53 Über § 270 Abs. 1 S. 2 InsO gelten u. a. auch §§ 88 f. InsO.

54 Der Schuldner kann wegen § 270 Abs. 1 S. 2 InsO – nicht anders als sonst der Insolvenzverwalter gemäß §§ 30d–f ZVG, 153b, c ZVG – Antrag auf einstweilige Einstellung der Zwangsvollstreckung zum Zwecke der ungestörten Insolvenzabwicklung stellen,[95] also nicht etwa nur unter den eingeschränkten Voraussetzungen der §§ 30a, c ZVG (nur befristete Einstellung; nur einmal mögliche Wiederholung).

55 Gemäß § 282 Abs. 1 InsO kann der Schuldner Gegenstände der Insolvenzmasse verwerten, und zwar auch bei Bestehen von Absonderungsrechten. Damit kann er im Falle eines Grundstücks, ebenso wie es dem Insolvenzverwalter bei Nichtbestehen der Eigenverwaltung möglich ist, gemäß §§ 165 InsO, 172 ff. ZVG nicht nur die Zwangsverwaltung, sondern auch die Zwangsversteigerung betreiben. Wegen § 282 Abs. 1 S. 2 InsO fällt jedoch die bei hoch belasteten Grundstücken wichtige Möglichkeit weg, das Grundstück gemäß § 174a iVm § 10 Abs. 1 Nr. 1a ZVG zusätzlich so auszubieten, dass nur die den Ansprüchen aus § 10 Abs. 1 Nr. 1a ZVG vorgehende Rechte berücksichtigt werden.[96] *Landfermann* spricht sich daher dafür aus, dem eigenverwaltenden Schuldner für diesen Fall das Recht zur Freigabe (an sich selbst) einzuräumen.[97] Die Herstellung des Einvernehmens mit dem Sachwalter im Falle der Verwertung (Zwangsversteigerung) ist nach § 282 Abs. 2 InsO nur Gegenstand einer Sollvorschrift; das Vollstreckungsgericht prüft diesen Aspekt auch nicht.[98]

56 Wegen § 270 Abs. 1 S. 2 InsO ist der Schuldner auch berechtigt, wie der Insolvenzverwalter (s. §§ 85 f. InsO) einen gemäß § 240 ZPO[99] unterbrochenen Rechtsstreit aufzunehmen.[100]

57 Im Verbraucherinsolvenzverfahren sind die Vorschriften über die Eigenverwaltung nicht anwendbar, § 312 Abs. 2 InsO.

X. Besonderheiten im Verbraucherinsolvenzverfahren und in sonstigen Kleinverfahren

58 1. Allgemeines. Im Folgenden steht die Vorschrift des § 313 InsO im Mittelpunkt. Hierzu ist zunächst zu beachten, dass ein Gesetzentwurf der Bundesregierung vom 22.8.07 die ersatzlose Streichung der in §§ 312–314 InsO vorgesehenen Verfahrensvereinfachungen vorsieht.[101] Eine Fortsetzung des Gesetzgebungsverfahrens ist aber sehr unsicher. Auch nach geltendem Recht kommt es im Falle eines Verbraucher- oder sonstigen Kleinverfahrens (§ 304 InsO)

---

94 *Stöber*, NZI 1998, 105 (111).
95 Vgl. *Stöber*, NZI 1998, 105 (112) für die §§ 30d-f ZVG. Einer Übertragbarkeit auf §§ 153b, c ZVG steht nichts entgegen. Für § 282 InsO statt § 270 Abs. 1 S. 2 InsO als Grundlage *Landfermann*, in: *HK*-InsO, § 282 Rn. 4.
96 S. auch *Stöber*, ZVG, § 174a Rn. 2.1.
97 *Landfermann*, in: *HK*-InsO, § 282 Rn. 5. Die Möglichkeit des Eigentümers zur Dereliktion nach § 928 BGB spricht m.E. noch nicht gegen die Zulassung des Instruments der Freigabe auch für das Verfahren der Eigenverwaltung.
98 *Stöber*, ZVG, § 172 Rn. 6.
99 S. o. Rn. 11.
100 Begr. BT-Drucks. 12/2443, S. 223.
101 S. dazu *Ott/Vuia*, in: *MünchKomm*-InsO, § 312 Rn. 14 f.

gemäß §§ 306 Abs. 1 S. 1, 311 InsO nur dann zur Eröffnung des (vereinfachten, §§ 311 ff. InsO) Insolvenzverfahrens und damit zur Anwendung des § 313 InsO, wenn eine außergerichtliche Einigung über die Schuldenbereinigung erfolglos geblieben ist (§§ 305 Abs. 1 Nr. 1, 305a InsO) und gegen den Schuldenbereinigungsplan (§ 305 Abs. 1 Nr. 4 InsO) Einwendungen erhoben wurden (keine Annahme nach § 308 InsO), die nicht gemäß § 309 InsO durch gerichtliche Zustimmung ersetzt wurden.

59 2. **Anwendbarkeit der §§ 165 InsO, 172 ff. ZVG.** a) **Antrag auf Zwangsversteigerung.** Der Treuhänder nimmt zwar gemäß § 313 Abs. 1 S. 1 InsO die Aufgaben des Insolvenzverwalters wahr. Ihm stehen aber gemäß § 313 Abs. 3 S. 1 InsO dessen Befugnisse zur Verwertung von beweglichen (§§ 166 ff. InsO) und den hier interessierenden unbeweglichen (§ 165 InsO, §§ 172, 174a ZVG) Gegenständen nicht zu, an denen ein Recht zur abgesonderten Befriedigung besteht. Zur Verwertung befugt ist nach § 313 Abs. 3 S. 2 InsO dagegen der Gläubiger, dem ein solches Recht zusteht. Anders als für bewegliche Gegenstände (s. §§ 166 ff. InsO) ist diese Regelung für Grundstücke mit Blick auf § 49 InsO allerdings deklaratorisch. Ein Recht zur freihändigen Veräußerung wird dem Gläubiger in § 313 Abs. 3 S. 2 InsO dagegen nicht eingeräumt.[102] Um das Recht des Gläubigers nach § 313 Abs. 3 S. 2 InsO nicht auszuhöhlen, besteht auch kein Recht des Treuhänders zur freihändigen Veräußerung.[103] Damit benötigt der Treuhänder für die – in der Praxis häufige – freihändige Veräußerung zwar eine Zustimmung des Gläubigers mit Recht zur abgesonderten Befriedigung. Eine solche zu erreichen wird dem Treuhänder jedoch dadurch erleichtert, dass er einen Antrag auf Einstellung der Immobiliarvollstreckung androhen kann (Rn. 62 ff.).

60 Zu beachten ist allerdings die in § 313 Abs. 3 S. 2 i. V. m. 173 Abs. 2 InsO vorgesehene Möglichkeit des Insolvenzgerichts, auf Antrag des Treuhänders dem Gläubiger nach dessen Anhörung für die Verwertung eine Frist zu setzen. Reagiert der Gläubiger nicht, so ist der Treuhänder doch noch zur Verwertung berechtigt (§ 313 Abs. 3 S. 2 i. V. m. § 173 Abs. 2 S. 2 InsO). Richtiger Auffassung nach betrifft dies auch Grundstücke. Dass sich § 173 Abs. 2 InsO von seiner systematischen Stellung her nur bewegliche Sachen bezieht, ändert nichts, da sich die Verweisung des § 313 Abs. 3 S. 2 InsO mit Blick auf § 313 Abs. 3 S. 1 InsO nicht auf diese Einschränkung bezieht.[104] Als Verwertungsform steht dem Treuhänder richtiger Auffassung nach[105] dann auch die freihändige Veräußerung offen.

61 b) **Antrag auf Zwangsverwaltung.** Anders als im Falle der Zwangsversteigerung steht die Befugnis des Insolvenzverwalters, gemäß §§ 165, 172 InsO die Zwangsverwaltung zu betreiben, über § 313 Abs. 1 S. 1 InsO auch dem Treuhänder zu. Sie stellt keine ihm nach § 313 Abs. 3 S. 1 InsO untersagte Verwertung des Grundstücks dar.[106]

---

102 A.A., soweit ersichtlich, nur LG Hamburg, Beschl. vom 1.10.1999 – 321 T 85/99, NZI 1999, 504 = MittRhNotK 2000, 31 m. abl. Anm. *Vallender* = Rpfleger 2000, 37 m. abl. Anm. *Alff*. Gegen ein Recht des Gläubigers zur freihändigen Veräußerung auch *Vallender*, NZI 2001, 561 (565); *Marotzke*, KTS 2001, 67 (72); *Hintzen*, ZInsO 2003, 586 (587); *Stöber*, ZVG, § 172 Rn. 3.1 zu b; *Bäuerle*, in: *Braun*, InsO, § 49 Rn. 28.
103 Diese Möglichkeit bejahend *Landfermann*, in: HK-InsO, § 313 Rn. 17 m. w. N. Wie hier dagegen *Hintzen*, ZInsO 2004, 713 (714).
104 So i. E. auch LG Kiel, Beschl. vom 15.9.2004 – 24 T 14/04, Rpfleger 2004, 730; *Vallender*, in: *Uhlenbruck*, InsO, § 313 Rn. 111 f., *Kesseler*, ZInsO 2006, 1029 f. A. A. AG Leipzig, Beschl. vom 26.1.2000 – 93 IK 26/99, DZWIR 2000, 216 m. zust. Anm. *Gundlach*; *Buck*, in: *Braun*, InsO, § 313 Rn. 28.
105 *Hintzen*, ZInsO 2004, 713 (714); *ders.*, ZInsO 2003, 586 (587).
106 *Hintzen*, ZInsO 2004, 713 (714); *Rellermeyer*, in: *Dassler/Schiffhauer/u. a.*, ZVG, § 172 Rn. 4; *Stöber*, ZVG, § 172 Rn. 3.1 zu b.

3. Antrag auf Einstellung der Immobiliarvollstreckung nach §§ 30d–f, 153b, c **62**
ZVG. Nach h. M. steht dem Treuhänder über § 313 Abs. 1 S. 1 InsO auch das
in §§ 30d–f, 153b, c ZVG geregelte Recht des Insolvenzverwalters zu, die Einstellung der Immobiliarvollstreckung zu beantragen.[107] Dem ist zuzustimmen.
Insbesondere ist § 313 Abs. 3 InsO nichts Gegenteiliges zu entnehmen.[108] Was
zunächst den Ausschluss des Verwertungsrechts des Insolvenzverwalters für
den Treuhänder in § 313 Abs. 3 S. 1 InsO betrifft (für die hier interessierenden
Immobilien geht es dabei um § 165 InsO), so legt dieser eher den Gegenschluss
nahe, das Recht, die einstweilige Einstellung der Immobiliarvollstreckung zu
beantragen, bleibe unberührt. Noch überzeugender ist die zum gleichen Ergebnis führende Annahme, die Vorschrift äußere sich hierzu gar nicht, zumal das
Recht, die Einstellung zu beantragen, – anders als das Verwertungsrecht des
Insolvenzverwalters – ausschließlich im ZVG geregelt ist. Auch aus § 313
Abs. 3 S. 2 InsO ergibt sich nichts anderes, da diese Regelung für Grundstücke
vor dem Hintergrund des § 49 InsO deklaratorisch ist.[109]

Ein Bedürfnis für das Einstellungsrecht besteht auch in den Verfahren nach **63**
§§ 304 ff. InsO, etwa um den Schuldenbereinigungsplan (§§ 305 ff. InsO) oder
die Sanierung eines Unternehmens i. S. d. § 304 Abs. 1 S. 2 InsO nicht zu
gefährden.[110] Das Interesse des Gläubigers mit Recht zur abgesonderten
Befriedigung wird wie sonst gewahrt durch die mit der Einstellung untrennbar
verbundene Entschädigungspflicht nach §§ 30e, 153b Abs. 2 ZVG, durch das
Recht, die Aufhebung der einstweiligen Einstellung zu beantragen (§§ 30f,
153c ZVG), und im Falle der Zwangsversteigerung zusätzlich durch § 30d
Abs. 2 S. 2 ZVG.

Der Fall des § 30d Abs. 1 Nr. 3 ZVG kommt allerdings nicht vor, da es im **64**
„Vereinfachten Insolvenzverfahren" (§ 311 ff. InsO) keinen Insolvenzplan
gibt, § 312 Abs. 2 InsO. Da auch ein vorläufiger Treuhänder bestellt werden kann, § 306 Abs. 2 S. 1
i. V. m. § 21 Abs. 2 S. 1 Nr. 1 InsO,[111] steht auch die Einstellungsmöglichkeit
nach § 30d Abs. 4 ZVG[112] zur Verfügung, mag auch § 306 Abs. 2 S. 1 Nr. 1
InsO mit der Sicherungsmaßnahmen zunächst nur auf § 21 Abs. 2 Nr. 3 InsO
verweisen. Denn dieser wird durch § 30d Abs. 4 ZVG ja gerade ergänzt.[113]
§ 30d Abs. 4 ZVG spielt insbesondere im Zusammenhang mit dem Schuldenbereinigungsplan eine Rolle, da vor einer Entscheidung über diesen das vereinfachte Insolvenzverfahren nicht eröffnet wird (§ 306 InsO; §§ 305 Abs. 1,
311 ff. InsO).

4. Insolvenzplan, Eigenverwaltung. Die Vorschriften über den Insolvenzplan **65**
(§§ 217–269 InsO) und über die Eigenverwaltung (§§ 270–285 InsO) sind im
Verbraucherinsolvenzverfahren gemäß § 312 Abs. 2 InsO nicht anwendbar.

XI. Das Insolvenzgericht in der Rolle des Vollstreckungsgerichts

In den Fällen der §§ 36 Abs. 4, 89 Abs. 3, 148 Abs. 2 InsO wird die Entschei- **66**
dung über vollstreckungsrechtliche Rechtsbehelfe dem Insolvenzgericht zugewiesen. § 89 Abs. 3 InsO ist nach dem BGH darüber hinaus auf Rechtsbehelfe

---

107 *Vallender*, in: *Uhlenbruck*, InsO, § 313 Rn. 107; *Hintzen*, Rpfleger 1999, 256 (262).
108 So aber *Wenzel*, NZI 1999, 101 (103). Gegen ihn überzeugend *Hintzen*, Rpfleger 1999, 256 (262).
109 S. bereits oben Rn. 59.
110 So zutreffend *Hintzen*, Rpfleger 1999, 256 (262) gegen *Wenzel*, NZI 1999, 101 (103).
111 *Buck*, in: *Braun*, InsO, § 313 Rn. 6.
112 Zur analogen Anwendbarkeit des § 30d Abs. 4 ZVG auf das Recht zur Einstellung der Zwangsverwaltung nach § 153b ZVG s. o. Rn. 44.
113 S. o. Rn. 3.

entsprechend anzuwenden, die sich auf die in § 90 Abs. 1 InsO geregelten Vollstreckungsverbote bei Masseverbindlichkeiten beziehen.[114] Gleiches gilt für das Vollstreckungsverbot bei Masseunzulänglichkeit gemäß § 210 i. V. m. §§ 208, 209 Nr. 3 InsO und die entsprechende Anwendung des § 210 InsO auf Masseverbindlichkeiten nach § 209 Nr. 1 und 2 InsO sowie auf den Fall der Massearmut nach § 207 InsO.[115]

67 Die Wahl des statthaften Rechtsbehelfs richtet sich in diesen Fällen, in denen das Insolvenzgericht kraft besonderer Zuweisung funktional als Vollstreckungsgericht entscheidet, nach den allgemeinen vollstreckungsrechtlichen Vorschriften.[116] Danach kommen insbesondere die Erinnerung nach § 766 ZPO sowie die sofortige Beschwerde nach § 793 i. V. m. §§ 567 ff. ZPO in Betracht, letztere dabei entgegen § 6 Abs. 1 InsO auch ohne ausdrückliche Regelung in der InsO. Näher dazu, zum Rechtmittelzug in diesem Fall sowie zur Abgrenzung von § 766 ZPO zu § 793 ZPO im Abschnitt „Rechtsbehelfe im ZVG-Verfahren", Rn. 41 und 52.

---

114 BGH, Beschl. vom 21.9.2006 – IX ZB 11/04, Rpfleger 2007, 40 = NZI 2006, 697 (698) m. w. N. zur gleichlautenden ganz h. M. in der Literatur. S. dazu und zum Folgenden Rn. 15 f.
115 S. o. Rn. 14.
116 St. Rspr. s. BGH, Beschl. vom 5.4.2006 – IX ZB 169/04, ZVI 2007, 78; BGH, Beschl. vom 5.2.2004 – IX ZB 97/03, Rpfleger 2004, 436 = WM 2004, 834 (835); BGH, Beschl. vom 6.5.2004 – IX ZB 104/04, ZIP 2004, 1379 und BGH, Beschl. vom 12.1.2006 – IX ZB 239/04, NJW 2006, 1127 = Rpfleger 2006, 218 = ZIP 2006, 340 f. S. auch *Bäuerle*, in: Braun, InsO, § 36 Rn. 28; *Bauch*, in: *Braun*, InsO, § 89 Rn. 15. Kritisch zu dieser Rechtsprechung *Althammer/Löhnig*, KTS 2004, 525.

Rechtsbehelfe im ZVG-Verfahren

A.	Vorbemerkungen	1–5
B.	Vollstreckungsabwehrklage nach § 767 ZPO	6–25
I.	Allgemeines	6–17
II.	Entbehrlichkeit der Klage nach § 767 ZPO	18–24
1.	Einstellung gemäß § 775 Nr. 4, 5 ZPO	18–20
2.	Aufhebung oder Einstellung gemäß § 28 Abs. 1 ZVG	21
3.	Hindernis für die Anordnung des Verfahrens gemäß § 15 ZVG	22, 23
4.	Ggf. klageweise verfolgter Anspruch auf Herausgabe des Vollstreckungstitels analog § 371 BGB	24
C.	Drittwiderspruchsklagen nach §§ 771, 772 S. 2. §§ 773 f. ZPO	25–34
I.	Allgemeines	25–27
II.	Besonderheiten der §§ 772 f. ZPO	28–31
III.	Entbehrlichkeit der Klagen nach §§ 771 ff. ZPO	32–34
1.	Aufhebung oder Einstellung gemäß § 28 Abs. 1 ZVG	32
2.	Aufhebung oder Einstellung durch den Gläubiger nach Aufforderung gegenüber dem Berechtigtem gemäß § 37 Nr. 5 ZVG	33
3.	Hindernis für die Anordnung des Verfahrens gemäß § 15 ZVG	34
D.	Widerspruch gegen den Teilungsplan nach § 115 ZVG	35, 36
E.	Erinnerung nach § 766 Abs. 1 ZPO	37–46
F.	Erinnerung gegen die Erteilung der Vollstreckungsklausel nach § 732 ZPO und Klage gegen die Vollstreckungsklausel nach 768 ZPO	47–49
G.	Klage auf Erteilung der Vollstreckungsklausel, § 731 ZPO	50
H.	Sofortige Beschwerde nach § 793 ZPO i. V. m. §§ 567 ff. ZPO	51–68
I.	Allgemeines	51–55
II.	Einschränkungen der Anwendbarkeit der Beschwerde vor der Entscheidung über den Zuschlag (§ 95 ZVG)	56–62
III.	Bedeutung des § 79 ZVG für die Beschwerde	63–68
I.	Rechtsbeschwerde nach §§ 574 ff. ZPO	69–77
J.	Außerordentliche Beschwerde nach § 793 ZPO i. V. m. § 569 Abs. 1 S. 3 ZPO und „echte Wiederaufnahmebeschwerde" nach §§ 578 ff. ZPO analog	78–81
K.	Befristete Rechtspflegererinnerung gemäß § 11 Abs. 2 RPflG	82–85
L.	Verletzung des Anspruchs auf rechtliches Gehör, insbesondere Abhilfe nach § 321a ZPO	86–93
M.	Gegenvorstellung	94–109
I.	Allgemeines	94–103

II.	Gegenvorstellung wegen der Verletzung von Verfahrensgrundrechten	104–109
N.	Wiederaufnahme des Verfahrens	110
O.	Verfassungsbeschwerde	111, 112
P.	Dienstaufsichtsbeschwerde	113, 114
Q.	Aufsichtsbeschwerde	115

Schrifttum: Auf das Gesamtliteraturverzeichnis wird verwiesen.

A. Vorbemerkungen

1 Für einen kürzeren Überblick s. die Kommentierung Vor §§ 95–104. Gemäß § 869 ZPO ist das ZVG Teil des Zwangsvollstreckungsrechts der ZPO. Für die Zwangsversteigerung und Zwangsverwaltung eines Grundstücks ist nach § 1 ZVG dasjenige Amtsgericht als Vollstreckungsgericht (§ 764 ZPO) zuständig, in dessen Bezirk das Grundstück belegen ist. Funktionell ist gemäß § 3 Nr. 1 lit. i und Nr. 3 lit. a, § 20 Nr. 17 S. 1 RPflG der Rechtspfleger zuständig, es sei denn, das Vollstreckungsgericht hat über eine Vollstreckungserinnerung nach § 766 ZPO zu entscheiden (§ 20 Nr. 17 S. 2 RPflG). Im Sinne der Rechtsmittel der ZPO (für das ZVG-Verfahren kommt hierfür nur die sofortige Beschwerde in Betracht) ändert die funktionelle Zuständigkeit des Rechtspflegers auch für Entscheidungen nichts am Vorliegen einer Entscheidung *des Gerichts*, wie § 11 Abs. 1 RPflG klarstellt. Besteht nach den allgemeinen verfahrensrechtlichen Vorschriften kein Rechtsbehelf, so kann eine Überprüfung der Entscheidung des Rechtspflegers durch den Richter mit Hilfe der Erinnerung nach § 11 Abs. 2 RPflG („Rechtspflegererinnerung") erreicht werden.[1] Besteht ein enger Zusammenhang zwischen einem vom Rechtspfleger wahrzunehmenden Geschäft (z.B. ein Einstellungsantrag nach § 30a ZVG) und einem vom Richter wahrzunehmenden Geschäft (z.B. eine Vollstreckungserinnerung nach § 766 ZPO, soweit der Rechtspfleger nicht abhilft[2]), dann entscheidet gemäß § 5 Abs. 1 Nr. 2 RPflG der Richter.[3]

2 Soweit die im Folgenden genannten Rechtsbehelfe aus den §§ 704–793 ZPO stammen, ist zu beachten, dass die §§ 724–793 ZPO gemäß § 795 ZPO vorbehaltlich der Sonderregelungen in §§ 795a ff. ZPO nicht nur auf die in § 704 ZPO genannten Urteile, sondern auch auf Titel i.S.d. § 794 ZPO anwendbar sind. Für die im ZVG-Verfahren häufigen Urkunden als Titel gemäß § 794 Abs. 1 Nr. 5 ZPO ist ferner an den mit Wirkung vom 19.8.2008[4] eingefügten § 799a ZPO zu denken. Damit besteht nunmehr im Vollstreckungsrecht ein weiterer[5] verschuldensunabhängiger Schadensersatzersatzanspruch des Vollstreckungsschuldners. Voraussetzung für diesen Anspruch ist u.a., dass die Vollstreckung aus der Urkunde für unzulässig erklärt wird, so dass der Anspruch etwa im Zusammenhang mit den Rechtsbehelfen aus §§ 767f. ZPO in Frage kommt (§§ 260, 767, 797 V, 802 ZPO), wohl auch durch Inzidentantrag analog §§ 302 Abs. 4 Satz 4, 717 Abs. 2 Satz 2 ZPO.[6]

---

[1] Rn. 82ff.
[2] Zur Abhilfe im Rahmen von § 766 ZPO s.u. Rn. 44.
[3] Beispiel nach *Stöber*, ZVG, § 95 Rn 2.2.
[4] Es kommt auf den Tag an, an dem die Zwangsvollstreckung für unzulässig erklärt wurde (§ 37 EGZPO).
[5] S. bereits §§ 717 Abs. 2, 945 ZPO.
[6] Vgl. *G. Vollkommer*, ZIP 2008, 2060 (2063).

Außerhalb der „Hinweise" in §§ 30b Abs. 1 Satz 2, 31 Abs. 4 und 57d Abs. 4 **3**
ZVG ist eine **Belehrung über Rechtsbehelfe** im ZVG nicht vorgesehen.[7] Sie
werden in der gerichtlichen Praxis auch nicht erteilt. Dagegen bestehen nach
dem BVerfG keine verfassungsrechtlichen Bedenken.[8] Der BGH[9] hat allerdings
nunmehr aus Art. 2 Abs. 1 GG i. V. m. dem Rechtsstaatsprinzip, Art. 20 Abs. 3
GG, für befristete Rechtsmittel im Zwangsversteigerungsverfahren das Erfordernis einer Rechtsbehelfsbelehrung abgeleitet. Mangels einfachgesetzlicher
Regelung stehe das Fehlen der Rechtsbehelfsbelehrung aber weder der Wirksamkeit der Entscheidung noch dem Beginn des Laufs der Rechtsmittelfrist
entgegen. Sei der Belehrungsmangel für die Versäumung der Frist ursächlich,
dann sei bei der Prüfung der Wiedereinsetzung in den vorigen Stand aber fehlendes Verschulden des Rechtsmittelführers unwiderleglich zu vermuten. Die
Ursächlichkeit sei bei einem nicht anwaltlich vertretenen Beteiligten ihrerseits
zu vermuten. Auch besteht zumindest auf eine entsprechende Frage hin gemäß
§ 139 ZPO eine Pflicht des Rechtspflegers zur Aufklärung über mögliche
Rechtsbehelfe.[10] Im Falle einer Falschauskunft kommen Ansprüche aus Staatshaftung in Betracht.[11]
Auch eine **Pflicht, Entscheidungen zu begründen**, ist weder in der ZPO noch
im ZVG vorgesehen. Eine Begründung ist aber immer dann unstreitig erforderlich, wenn die Entscheidung mit einem Rechtsmittel angegriffen werden
kann.[12]

Ist das Insolvenzverfahren eröffnet und ein Insolvenzverwalter bestellt wor- **4**
den, dann geht gemäß §§ 80 ff. InsO auch das Recht, Rechtsbehelfe einzulegen, vom Schuldner auf den Insolvenzverwalter über.[13] Dieser, nicht mehr
jener, ist fortan Beteiligter im Verfahren nach dem ZVG.[14]

Über die nun folgenden Ausführungen hinausgehende Einzelheiten zu den **5**
Rechtsbehelfen aus der ZPO sind den einschlägigen ZPO-Kommentaren zu
entnehmen. Zu den Abweichungen von der sofortigen Beschwerde im ZVG-Verfahren s. ausführlicher die Kommentierung der §§ 95–104 ZVG. Zu
Rechtsbehelfen gegen Entscheidungen des Insolvenzgerichts in der Rolle als
Vollstreckungsgericht nach §§ 36 Abs. 4, 89 Abs. 3, 148 Abs. 2 InsO s. den
Abschnitt „Immobiliarvollstreckung und Insolvenzverfahren" Rn. 66 f.

B. Vollstreckungsabwehrklage nach § 767 ZPO

I. Allgemeines

„*Einwendungen, die den ... Anspruch selbst betreffen*" sind materiellrechtli- **6**
che Einreden (z. B. Verjährung) und Einwendungen (z. B. Erfüllung, § 362
Abs. 1 BGB) gegen den titulierten Anspruch. Auch der Einwand des Schuld-

---

7 *Storz/Kiderlen*, Praxis, B 8.2.1.
8 BVerfG, Beschl. v. 20.6.1995 – 1 BvR 166/93, NJW 1995, 3173 (3174 f.)
9 BGH, Beschl. vom 26.3.009 – V ZB 174/08 = NZM 2009, 491 = LMK 2009, 284343 m. zust. Anm. *Stamm*. In Rede stand der gemäß § 98 S. 2 i. V. m. § 98 S. 1 ZVG mit Verkündung des Beschlusses beginnende Lauf der Beschwerdefrist gegen einen Schuldner, der im Versteigerungstermin anwesend war. Auch der Umstand, dass dem Schuldner entgegen § 88 ZVG der Beschluss zugestellt wurde, ändert nichts an der Verdrängung des § 569 Abs. 1 S. 2 ZPO durch § 98 ZVG.
10 *Storz/Kiderlen*, Praxis, B 8.2.1.
11 S. den Abschnitt „Staatshaftung des Vollstreckungsgerichts".
12 BVerfG, Beschluss v. 28.2.1979 – 2 BvR 84/79, NJW 1979, 1161; Beschluss v. 22.1.1982 – 2 BvR 1506/81, NJW 1982, 925; *Storz/Kiderlen*, Praxis, B 8.2.1.
13 BGH, Beschl. vom 29.5.2008 – V ZB 3/08, Rpfleger 2008, 590; BGH, Beschl. vom 18.10.2007 – V ZB 141/06, Rpfleger 2008, 146 = ZfIR 2008, 150 (151).
14 Dazu und zu Ausnahmen von diesem Grundsatz näher im Abschnitt „Immobiliarvollstreckung und Insolvenzverfahren", Rn. 2, 50 ff. Vgl. auch die Kommentierung zu § 765a ZPO Rn. 50 und die dortige Fn. 75 m. w. N.

ners, aus einem Titel könne wegen Erteilung der Restschuldbefreiung (§§ 286 ff., 301 Abs. 1 InsO) nicht mehr vollstreckt werden, ist nach dem BGH Einwendung i. S. d. § 767 ZPO; die Erinnerung nach § 766 Abs. 1 ZPO sei auch nicht wahlweise statthaft.[15] Die Klage ist darauf zu richten, die Zwangsvollstreckung für unzulässig zu erklären. Hat sie Erfolg, dann hat das Vollstreckungsorgan (im Falle des § 1 ZVG das Vollstreckungsgericht) die Zwangsvollstreckung gemäß § 775 Nr. 1 ZPO (einstweilen) einzustellen oder zu beschränken.

7 In der Versteigerungspraxis ist im Wesentlichen nicht die Vollstreckung aus dem Zahlungstitel betroffen, sondern diejenige aus dem gerichtlichen Duldungstitel, den der Gläubiger nach § 1147 BGB erwirkt hat. Noch weitaus bedeutsamer ist infolge der Finanzierungs- und Formularpraxis der Kreditwirtschaft der auf der Unterwerfung in notarieller Urkunde gem. §§ 794 Abs. 1 Nr. 5, 800 ZPO beruhende Duldungstitel gegen den jeweiligen Grundstückseigentümer.[16]

8 Da seit Jahrzehnten in der Finanzierungspraxis die Hypothek kaum mehr verwendet wird und an ihre Stelle die abstrakte Grundschuld getreten ist, geht es bei der Abwehrklage darum, die Vollstreckung aus dem formell einwandfreien Titel mit Argumenten anzugreifen, die ihren Ursprung in der Sicherungszweckerklärung der Grundschuld haben. Über diese hat jedoch zum Zeitpunkt der Abwehrklage gewöhnlich noch keine gerichtliche Auseinandersetzung stattgefunden, so dass auch keine Präklusion nach § 767 Abs. 2 ZPO eintritt (§ 797 Abs. 2 ZPO).[17] Relevant ist die Vollstreckungsgegenklage insbesondere vor dem Hintergrund verbraucherkreditrechtlicher Einwendungen oder – künftig ggf. verstärkt – mit dem Tatsachenvortrag, die Grundschuld sei (noch) nicht fällig (§ 1193 Abs. 2 Satz 2 BGB).[18] Diese Rechtslage wird befestigt durch die in § 1192 Abs. 1a Satz 1 BGB eingefügte Legaldefinition der „Sicherungsgrundschuld".

9 Während für § 767 ZPO früher ein wirksamer Titel gefordert wurde, ist dies nach der jüngeren Rechtsprechung nicht nur keine Voraussetzung mehr, sondern es kann mit einer Klage analog § 767 ZPO sogar die Unwirksamkeit des Titels gerügt werden („prozessuale Gestaltungsklage")[19], und zwar auch diese allein.[20] Dafür steht zwar auch die Vollstreckungserinnerung nach § 732 ZPO

---

15 BGH, Beschl. vom 25.9.2008 – IX ZB 205/06, NJW 2008, 3640 = NZI 2008, 737 = Rpfleger 2009, 47.
16 In der Praxis enthält dieser Titel zugleich ein abstraktes Schuldanerkenntnis, gerichtet auf Zahlung einer dem Grundschuldbetrag entsprechenden Summe. Beispiel: BGH, Beschl. v. 12.12.12007 – VII ZB 108/06, NJW 2008, 918 = Rpfleger 2008, 209 = WM 2008, 411 = jurisPR-InsR 9/2008 Anm. 3 (*Cranshaw*).
17 Zur Präklusion s. auch unten Rn. 14. Etwas anderes würde freilich gelten, wenn zwischen dem Grundschuldschuldner (= Eigentümer), der zugleich Kreditnehmer ist, außerhalb der Vollstreckung über die Berechtigung des schuldrechtlichen Anspruchs des Kreditgebers ein Rechtsstreit geführt worden wäre und wenn rechtskräftig das Bestehen des Darlehensrückzahlungsanspruchs festgestellt worden wäre. Bezüglich des Streitgegenstandes dieses Rechtsstreits ist Präklusion eingetreten. Der Geltendmachung von Einwendungen nach § 797 Abs. 4 ZPO steht dann die Rechtskraft des Urteils entgegen. Siehe dazu BGH, Urteil vom 21.5.1973 – II ZR 22/72, BGHZ 61, 25 ff. (27 f.) zu einer zweiten Vollstreckungsabwehrklage. Unbeachtlich ist, ob die vorausgehende Klage Vollstreckungsabwehrklage oder Feststellungsklage war.
18 I.d.F. nach dem Risikobegrenzungsgesetz v. 12.8.2008, BGBl. 2008 I 1666. Siehe dazu auch *Dörrie*, Immobilienfinanzierungen und Verkauf von Kreditforderungen nach Inkrafttreten des Risikobegrenzungsgesetzes, ZBB 2008, 292 (302 ff.).
19 Verwendung dieses Begriffs etwa durch BGH, Beschl. vom 23.8.2007 – VII ZB 115/06, NJW-RR 2007, 1724.
20 BGH, Beschl. vom 23.8.2007 – VII ZB 115/06, NJW-RR 2007, 1724 (1725). Zur Frage des prozessualen Verhältnisses zwischen Vollstreckungsabwehrklage nach § 767 ZPO direkt und prozessualer Gestaltungsklage analog § 767 ZPO s. *Staudinger*, LMK 2007, 248532 sowie *K. Schmidt*, in: *MünchKomm*-ZPO, § 767 Rn. 5.

zur Verfügung. Zwischen beiden Rechtsbehelfen gibt der BGH aber ein Wahlrecht, da sich die Klauselerinnerung nicht gegen den Titel als solchen, sondern nur gegen die jeweilige vollstreckbare Ausfertigung richtet.[21]

Für die Geltendmachung von **vollstreckungsbeschränkenden Vereinbarungen** ist die Abgrenzung zwischen § 766 und § 767 ZPO zweifelhaft. Hat die Vereinbarung zugleich eine materiellrechtliche Bedeutung,[22] dann ist nach dem BGH zumindest auch die Vollstreckungsabwehrklage nach § 767 ZPO statthaft. **10**

Zuständig ist das Prozessgericht. Bei Vollstreckungsbescheiden (§ 794 Abs. 1 Nr. 4 ZPO) ist die Zuständigkeit des für das Streitverfahren im Mahnbescheid aufgeführten Streitgerichts (zunächst) begründet, § 796 Abs. 3 ZPO, bei gerichtlichen und bei notariellen Urkunden als Vollstreckungstitel (§ 794 Abs. 1 Nr. 5 ZPO) diejenige des Gerichts des allgemeinen Gerichtsstands des Schuldners bzw. des nach § 23 ZPO zuständigen Gerichts, § 797 Abs. 5 ZPO. **11**

Wird der Klage stattgegeben, dann muss das Vollstreckungsgericht die Zwangsvollstreckung einstellen (§ 775 Nr. 1 ZPO) und bereits getroffene Vollstreckungsmaßregeln aufheben (§ 776 ZPO), allerdings erst dann, wenn ihm eine Ausfertigung der Entscheidung des Prozessgerichts vorgelegt wird.[23] **12**

Eine rechtskräftig zu Gunsten des Vollstreckungsschuldners entschiedene Vollstreckungsabwehrklage ebnet zugleich den Weg zur Zulässigkeit einer **auf § 371 BGB analog zu stützenden Klage auf Herausgabe des Vollstreckungstitels**. Begründet ist diese Klage aber nur, wenn das Erlöschen der Forderung unstreitig ist oder vom Kläger bewiesen wird.[24] Denn im Verfahren der Vollstreckungsabwehrklage wurde das Erlöschen der titulierten Forderung zwar geprüft, nicht jedoch rechtskräftig festgestellt: Die Klage ist auf die bloße Beseitigung der Vollstreckbarkeit gerichtet. Dabei kommt jeweils nicht etwa nur das Erlöschen durch Erfüllung in Betracht, sondern zumindest auch dasjenige durch ein Erfüllungssurrogat.[25] Ist das Erlöschen der Forderung unstreitig oder bewiesen, dann ist die Klage analog § 371 BGB auf Herausgabe des Titels auch unabhängig von der Erhebung einer Vollstreckungsabwehrklage zulässig und begründet.[26] **13**

Zu beachten ist die **Präklusion nach § 767 Abs. 2 und 3 ZPO**, die der Klage die Begründetheit nimmt.[27] § 767 Abs. 2 ZPO gilt jedoch nicht bei Titeln nach § 794 Abs. 1 Nr. 5 ZPO (vollstreckbare Urkunde), § 797 Abs. 4 i.V.m. § 797 Abs. 5 ZPO.[28] Für Titel nach § 794 Abs. 1 Nr. 4 ZPO (Vollstreckungsbescheide) gilt die Präklusionsvorschrift des § 796 Abs. 2 ZPO. **14**

Die bloße Klageerhebung hat keinen Suspensiveffekt. Der Kläger (Schuldner) kann aber **gemäß § 769 ZPO einstweilige Anordnungen** beantragen, will er **15**

---

21 S. etwa BGH, Beschl. vom 23.8.2007 – VII ZB 115/06, NJW-RR 2007, 1724 (1725); BGH, Urteil vom 7.12.2005 – XII ZR 94/03, BGHZ 165, 223 = NJW 2006, 695; BGH, Beschl. vom 16.7.2004 – IXa ZB 326/03, NJW-RR 2004, 1718 (1719). Näher zum Ganzen *K. Schmidt*, in: *MünchKomm*-ZPO, § 767 Rn. 6, 8; *Lackmann*, in: *Musielak*, ZPO, § 767 Rn. 9b.
22 S. etwa BGH, Urteil vom 7.3.2002 – IX ZR 293/00, NJW 2002, 1788; BGH, Urteil vom 2.4.1991 – VI ZR 241/90, NJW 1991, 2295 (2296). Näher zum Ganzen *K. Schmidt*, in: *MünchKomm*-ZPO, § 766, Rn. 33–35; *Lackmann*, in: *Musielak*, ZPO, § 766 Rn. 7.
23 *Stöber*, ZVG, § 95 Rn. 3.1 und Einl., Rn 31.
24 BGH, Urteil vom 14.7.2008 – II ZR 132/07, NJW-RR 2008, 1512. A. A. *Olzen*, in: *Staudinger*, BGB, § 371 Rn. 7.
25 So BGH, Urteil vom 14.7.2008 – II ZR 132/07, NJW-RR 2008, 1512, für die Aufrechnung unter Betonung eines insoweit bestehenden Unterschieds zwischen § 371 BGB und § 368 BGB.
26 BGH, Urteil vom 14.7.2008 – II ZR 132/07, NJW-RR 2008, 1512; BGH, Urteil vom 5.11.2008 – XII ZR 157/06, NJW 2009, 842 (846).
27 *Lackmann*, in: *Musielak*, ZPO, § 767 Rn. 21.
28 S. zu diesen Titeln auch oben Rn. 2, 11 .

etwa die Fortsetzung eingeleiteter Vollstreckungsmaßnahmen, wie die Anordnung der Zwangsversteigerung, hemmen. Ihm steht es grundsätzlich frei, den Antrag beim Prozess- oder beim Vollstreckungsgericht zu stellen (vgl. § 769 Abs. 1 Satz 1 gegenüber § 769 Abs. 2 Satz 1 ZPO). In der Regel wird es sich für den Kläger empfehlen, sich an das Prozessgericht zu wenden. Eine Zuständigkeit des Vollstreckungsgerichts besteht nach dem Gesetzeswortlaut nämlich nur „in dringenden Fällen" (§ 769 Abs. 2 Satz 1 ZPO). Die Praxis zeigt, dass die Vollstreckungsgerichte mit der Annahme der Dringlichkeit zurückhaltend sind. In der Regel verweisen sie auf das Prozessgericht. Dagegen bestehen keine Bedenken, weil ein dringender Fall (zumindest in der Regel) dann nicht vorliegt, wenn noch beim Prozessgericht Klage erhoben werden kann. Dieses kann eine einstweilige Anordnung bereits vor Rechtshängigkeit erlassen.[29] Unter den Voraussetzungen des § 769 Abs. 1 Satz 2 n.F. ZPO[30] ist von einer Sicherheitsleistung für die Einstellung abzusehen.

Die Entscheidung über die einstweilige Anordnung ergeht durch Beschluss. Gegen die Entscheidung des Prozessgerichts ist analog § 707 Abs. 2 Satz 2 ZPO kein gesetzlich vorgesehener Rechtsbehelf statthaft.[31] Wegen der jederzeitigen Abänderbarkeit des Beschlusses[32] muss in diesem Fall aber – als Anregung zu einer solchen Abänderung[33] – eine Gegenvorstellung statthaft sein, nicht mehr dagegen eine außerordentliche Beschwerde.[34]

16 Hat das Vollstreckungsgericht und für dieses funktionell der Rechtspfleger entschieden, dann ist gemäß § 11 Abs. 2 RPflG (nur) die befristete Rechtspflegererinnerung statthaft, über die der Richter, sofern der Rechtspfleger nicht abhilft, abschließend entscheidet.[35]

17 Im Falle der **Eröffnung des Insolvenzverfahrens** über das Vermögen einer Partei (§ 27 InsO) wird das durch die Vollstreckungsabwehrklage eingeleitete Verfahren, wenn es die Insolvenzmasse betrifft, unterbrochen (§§ 240 S. 1, 249 ZPO). Gleiches gilt, wenn die Verwaltungs- und Verfügungsbefugnis auf den vorläufigen Insolvenzverwalter übergeht (§ 240 S. 2 ZPO; §§ 22 Abs. 1, 21 Abs. 2 Nr. 2 Alt. 1 InsO). Die Unterbrechung betrifft nur Verfahren, die bereits rechtshängig sind.[36] Wegen der Nähe zum Erkenntnisverfahren kann auch das Verfahren der Vollstreckungsabwehrklage gemäß § 240 ZPO unterbrochen werden.[37] Betrifft das Insolvenzverfahren das Vermögen des beklagten Voll-

---

29 *Herget*, in: Zöller, ZPO, § 769 Rn. 4.
30 Eingefügt (bisheriger Satz 2 wurde Satz 3) m.W.v. 19.8.2008 durch G. v. 12.8.2008, BGBl. I 1666 (Risikobegrenzungsgesetz).
31 *Lackmann*, in: Musielak, ZPO, § 769 Rn. 6.
32 H.M. S. *Herget*, in: Zöller, ZPO, § 769 Rn. 10.
33 Zu diesem Verständnis der Gegenvorstellung s. Rn 94 ff.
34 Dazu unten Rn. 78 ff.
35 Näher zur befristeten Rechtspflegererinnerung Rn. 82 ff.
36 BGH, Beschl. vom 11. 12. 2008 – IX ZB 232/08, NJW-RR 2009, 566.
37 BGH, Beschl. vom 14.8.2008 – VII ZB 3/08, MDR 2008, 1421 = ZIP 2008, 1941 = NZI 2008, 683. Auf das Vollstreckungsverfahren selbst ist § 240 ZPO dagegen nicht anwendbar (BGH, Beschl. vom 28.3.2007 – VII ZB 23/05, BGHZ 172, 16 = NJW 2007, 3132). Näher dazu im Abschnitt „Immobiliarvollstreckung und Insolvenzverfahren", Fn. 11. Hingegen gehört das Vollstreckbarkeitsverfahren zur Erlangung eines Vollstreckungstitels aus der Entscheidung eines ausländischen Gerichts nach §§ 722 f. ZPO sowie das „Klauselerteilungsverfahren" nach dem Anerkennungs- und Vollstreckungsausführungsgesetz (AVAG, v. 19.2.2001 idF der Bek. vom 3.12.2009, BGBl. 2009 I, S. 3830) nicht zur Vollstreckung, sondern zum Erkenntnisverfahren. Die prozessuale Gestaltungsklage nach § 722 f. ZPO wird ohne Weiteres unterbrochen, siehe BGH, Beschl. v. 5.3.2009 – IX ZR 150/05, das Verfahren nach dem AVAG wohl erst in der kontradiktorisch gestalteten Beschwerdeinstanz, vgl. OLG Köln, Beschl. v. 17.10.2007 – 16 W 24/07 – ZIP 2007, 2287 f. = jurisPR-InsR 6/2008, Anm. 3 *(Cranshaw)*. Diese Problematik dürfte im Zusammenhang mit der zunehmenden grenzüberschreitenden Verflechtung der wirtschaftlichen Interessen von Schuldnern zunehmen, insbesondere auch mit dem Fortschreiten des EU-Binnenmarktes.

streckungsgläubigers, dann kann der Insolvenzverwalter das Verfahren nach § 85 InsO aufnehmen. Trotz formaler Beklagtenrolle liegt – was für § 85 InsO entscheidend ist – auf Seiten des Vollstreckungsgläubigers ein Aktivprozess im Sinne dieser Vorschrift vor. Das Verfahren wird auch dann unterbrochen, wenn über das Vermögen der Partei ein Insolvenzverfahren nach ausländischem Recht im Ausland eröffnet wird, und zwar unabhängig davon, ob das maßgebliche ausländische Insolvenzrecht eine solche Unterbrechungswirkung kennt oder nicht.[38]

II. Entbehrlichkeit der Klage nach § 767 ZPO

1. Einstellung gemäß § 775 Nr. 4, 5 ZPO

18 Im Falle der Erfüllung als Einwendung i. S. d. § 767 ZPO genügt statt der Klage nach § 767 ZPO für die Einstellung gemäß § 775 Nr. 5 ZPO der Einzahlungs- oder Überweisungsnachweis einer Bank oder Sparkasse.

19 Gemäß § 775 Nr. 4 ZPO kann die Erfüllung bzw. das Erfüllungssurrogat und zudem eine Stundung auch in öffentlicher Urkunde oder vom Gläubiger ausgestellter Privaturkunde nachgewiesen werden. Diese Regelung wird in der Zwangsversteigerung erweitert durch § 75 ZVG. Hiernach genügt für die Einstellung u. U. der Nachweis der Zahlung an die Gerichtskasse. Entgegen dem Wortlaut ist auch die Vorlage durch einen ablösungsberechtigten Dritten ausreichend.[39]

20 Die in § 775 ZPO genannten Hindernisse sind von dem betroffenen Vollstreckungsorgan von Amts wegen zu berücksichtigen, so dass jeder die genannten Nachweise vorlegen kann.[40] Wird die Vollstreckung entgegen § 775 ZPO fortgesetzt, dann ist hiergegen die Erinnerung nach § 766 ZPO statthaft.[41]

2. Aufhebung oder Einstellung gemäß § 28 Abs. 1 ZVG

21 Soweit die von § 767 ZPO erfassten Gegenrechte im Grundbuch eingetragen sind, kommt eine Einstellung von Amts wegen nach § 28 Abs. 1 ZVG in Betracht.

3. Hindernis für die Anordnung des Verfahrens gemäß § 15 ZVG

22 Ist das Verfahren noch nicht eröffnet, dann ist die Klage nach § 767 ZPO noch nicht statthaft. Da aber das Vollstreckungsgericht wegen eines ihm bekannt gewordenen, aus dem Grundbuch ersichtlichen Rechts das Verfahren nach § 28 Abs. 1 ZVG aufheben oder zumindest einstweilen einstellen muss, darf es zumindest unter diesen Voraussetzungen das Verfahren schon nicht anordnen. (s. § 28 Rn. 2).[42] Auch soweit die Hindernisse nach § 775 ZPO beachtlich sind, müssen sie einer Eröffnung des Verfahrens nach § 15 ZVG entgegen stehen und sind dort ebenfalls von Amts wegen zu beachten. Damit stehen Einwendungen i. S. d. § 767 ZPO, die den Anforderungen des § 28 Abs. 1 ZVG oder des § 775 Nr. 4 und 5 ZPO genügen, schon der Anordnung des Verfahrens entgegen.

---

38 Innerhalb der EU: Art. 15 der Verordnung über das Insolvenzverfahren vom 29.5.2000; sonst: § 352 InsO. Vgl. u. a. BGH, Urt. v. 17.7.2008 – IX ZR 150/05, ZInsO 2008, 912 = jurisPR-InsR, Anm. 3 *(Cranshaw)* sowie BGH, Zwischenurt. v. 13.10.2009 – X ZR 79/06, ZInsO 2009, 2145 ff. = jurisPR-InsR 23/2009, Anm. 2 *(Cranshaw)*. Auch diese Fälle dürften künftig zunehmen.
39 BGH, Beschl. vom 15. 10. 2008 – V ZB 48/08, NJW 2009, 81. Näher § 75 Rn. 6 f.
40 *K. Schmidt*, in: *MünchKomm*-ZPO, § 775 Rn. 25.
41 BGH, Urteil vom 27.6.1957 – III ZR 51/56, BGHZ 25, 60 (65) = NJW 1957, 1480.
42 *Stöber*, ZVG, § 28, Rn. 3 verweist umgekehrt zur Bestimmung der Rechte i. S. d. § 28 ZVG auf die verfahrenshindernden Rechte Dritter, die schon der Verfahrensanordnung entgegenstehen.

23 Auch dem Vollstreckungsgericht bekannt gewordene vollstreckungsbeschränkende Vereinbarungen sind bei der Entscheidung über die Anordnung des Verfahrens zu beachten.[43] Dies gilt unabhängig davon, ob sie im Falle einer Verfahrensanordnung nach § 766 oder nach § 767 ZPO geltend zu machen wären. Die Beachtlichkeit lässt sich auf eine analoge Anwendung des § 775 Nr. 4 ZPO stützen.[44] Dies erfordert aber die Einhaltung der dort genannten Form. Dann steht – auch wegen der sachlichen Nähe zur Stundung – nicht entgegen, dass der Katalog des § 775 ZPO nach h. M. abschließend in dem Sinne ist, dass die Vollstreckungsorgane weitere Einstellungsgründe nicht einfach „hinzuerfinden" dürfen.[45]

4. Ggf. klageweise verfolgter Anspruch auf Herausgabe des Vollstreckungstitels analog § 371 BGB

24 Ist das Erlöschen der Forderung unstreitig, dann hat die Klage analog § 371 BGB auch unabhängig von der Erhebung einer Vollstreckungsabwehrklage Aussicht auf Erfolg.[46]

C. Drittwiderspruchsklagen nach §§ 771, 772 S. 2, §§ 773 f. ZPO

I. Allgemeines

25 Mit der Drittwiderspruchsklage nach §§ 771–774 ZPO werden Rechte geltend gemacht, deren gemeinsame Wirkung darin besteht, dass der Gegenstand, in den vollstreckt werden soll, zumindest nicht uneingeschränkt dem haftenden Schuldnervermögen zugeordnet ist. Der Antrag ist dementsprechend darauf zu richten, dass die Zwangsvollstreckung in den konkreten Gegenstand für unzulässig erklärt wird.

26 Die unter §§ 771 ff. ZPO fallenden Rechte gehören zugleich zu den Rechten, die der Zwangsvollstreckung i. S. d. §§ 9 Nr. 2, 28 Abs. 1, 37 Nr. 5 ZVG entgegenstehen. §§ 28 Abs. 1, 37 Nr. 5 ZVG beeinflussen daher auch den Anwendungsbereich der §§ 771 ff. ZPO (unten Rn. 27, 32 ff.).

27 Die Drittwiderspruchsklage kommt etwa bei schuldnerfremdem Zubehör in Betracht, an dem der Schuldner Besitz hat. Gemäß §§ 55 Abs. 2, 90 Abs. 2 ZVG wird auch solches nämlich von Versteigerung und Zuschlag erfasst, sofern keine Geltendmachung des Rechts des Dritten am Zubehör gemäß § 37 Nr. 5 ZVG erfolgt ist (unten Rn. 33). Aus letzterer Vorschrift ergibt sich zugleich, dass der Dritte primär die Aufhebung oder einstweilige Einstellung – gemeint ist: durch die betreibenden Gläubiger – herbeiführen soll.[47] Macht der Dritte sein Recht weder gemäß § 37 Nr. 5 ZVG noch nach § 771 ZPO geltend, dann kann er nicht gegen den Ersteher vorgehen. Dessen Erwerb gemäß § 90 Abs. 2 ZVG erfolgt gegenüber dem Erwerber, wie auch sonst bei der Vollstreckung in schuldnerfremde Sachen, mit Rechtsgrund. Anders ist es im Verhältnis des Dritten gegenüber den Vollstreckungsgläubigern. Das Recht setzt sich per dinglicher Surrogation am Erlös fort[48] und muss nunmehr im Verteilungsverfahren geltend gemacht werden, notfalls durch Widerspruch gegen den Teilungsplan (dazu unten Rn. 35 f.). Im Anschluss an die Verteilung verbliebe dem

---

43 *Hintzen, in: Dassler/Schiffhauer/u. a.*, ZVG, Vor § 15 Rn. 88.
44 So überzeugend *Hintzen, in: Dassler/Schiffhauer/u. a.*, ZVG, Vor § 15 Rn. 88.
45 S. dazu *K. Schmidt*, in: *MünchKomm*-ZPO, § 775 Rn. 1.
46 Vgl. oben Rn. 13.
47 § 37 Rn. 14; *Hintzen, in: Dassler/Schiffhauer/u. a.*, ZVG, § 37 Rn. 26.
48 *Hintzen, in: Dassler/Schiffhauer/u. a.*, ZVG, § 55 Rn. 21.

Dritten noch ein Anspruch aus § 812 Abs. 1 S. 1 Alt. 2 BGB, gerichtet gegen denjenigen Gläubiger, der als letzter befriedigt wurde.[49]

II. Besonderheiten der §§ 772 f. ZPO

Mit den Drittwiderspruchsklagen nach §§ 772 S. 2, 773 S. 2 ZPO werden Verstöße gegen vollstreckungsrechtliche Verfügungsverbote geltend gemacht, um den Verlust dieser Rechte, insbesondere nach § 90 ZVG, zu verhindern. Die bloße Anordnung der Zwangsversteigerung kann mit ihnen dagegen nicht angegriffen werden.[50] **28**

Der Eingriff in das Recht des vom Verfügungsverbot Geschützten ist nach der Formulierung der §§ 772 S. 1, 773 S. 1 ZPO zugleich ein Verfahrensverstoß. Er kann daher auch mit der Erinnerung nach § 766 ZPO bzw.[51] der Beschwerde nach §§ 793, 769 ff. ZPO verfolgt werden. **29**

Rechtzeitig eingetragene Verfügungsverbote aufgrund einstweiliger Verfügung, § 136 i. V. m. § 135 BGB, §§ 935, 941 ZPO zählen zu den Verfügungsbeschränkungen i. S. d. § 28 Abs. 2 ZVG.[52] Der Klage nach § 772 ZPO bedarf es daher nur, wenn das Vollstreckungsgericht nicht schon aufgrund seiner Kenntnis nach § 28 Abs. 2 i. V. m. Abs. 1 ZVG das Verfahren aufgehoben oder einstweilen eingestellt hat. **30**

Auf Antrag sind gemäß § 771 Abs. 3 i. V. m. § 769 ZPO einstweilige Anordnungen möglich. Näher zu § 769 ZPO oben Rn. 15 ff. **31**

III. Entbehrlichkeit der Klagen nach §§ 771 ff. ZPO

1. Aufhebung oder Einstellung gemäß § 28 Abs. 1 ZVG

Ist das Recht des Dritten aus dem Grundbuch ersichtlich, so hat es das Vollstreckungsgericht gemäß § 28 Abs. 1 ZVG schon von Amts wegen zu beachten. Im Zusammenhang mit § 773 ZPO geht es dabei um den Nacherbenvermerk gemäß § 51 GBO.[53] **32**

2. Aufhebung oder Einstellung durch den Gläubiger nach Aufforderung gegenüber dem Berechtigtem gemäß § 37 Nr. 5 ZVG

Eine Klage nach § 771 ZPO ist entbehrlich, wenn es dem Betroffenen gelingt, auf die an ihn als Beteiligten (§ 9 Nr. 2 ZVG) gerichtete Aufforderung nach § 37 Nr. 5 ZVG (zu deren Zweck s. die §§ 55, 90 ZVG) hin „*die Aufhebung oder einstweilige Einstellung des Verfahrens herbeizuführen*", also den Gläubiger zu entsprechenden Anträgen zu bewegen (§§ 29 f. ZVG).[54] **33**

---

49 BGH, Urteil vom 23.5.1962 – V ZR 238/60, NJW 1962, 1498; *Hintzen*, in: *Dassler/Schiffhauer/u. a.*, ZVG, § 55 Rn. 23. S. zum Ganzen auch *ders.*, a. a. O. § 37 Rn. 22 ff. aus dem Blickwinkel des Erstehers. Mit dem *Zubehör* als Gegenstand des Haftungsverbunds der Hypothek/Grundschuld (§ 1120 BGB, siehe auch *Hintzen*, a. a. O.) sind die anderen dem Haftungsverbund unterstehenden Gegenstände weniger praxisrelevant. Die wichtige Mietzession fällt mit der Beschlagnahme in sich zusammen, so dass der Zessionar nur die Rückstände gegen den Ersteher sichern müsste (§§ 1123 Abs. 1, 1124 Abs. 2 BGB).
50 Vgl. *Lackmann*, in: *Musielak*, ZPO, § 772 Rn. 2.
51 Zur Abgrenzung s. Rn. 41.
52 Näher dazu § 28 Rn. 10 f.
53 Vgl *Avenarius*, in: *Staudinger*, BGB, § 2115 Rn. 25.
54 In den Fällen des § 37 Nr. 5 ZVG hat sich schon der historische Gesetzgeber die Klage gem. § 771 ZPO vorgestellt bzw. die Einstellung der Versteigerung durch das Prozessgericht, vgl. *Jaeckel/Güthe*, Kommentar zum Zwangsversteigerungsgesetz, 4. Aufl., 1912, §§ 37, 38 ZVG Rn. 14 (S. 179).

3. Hindernis für die Anordnung des Verfahrens gemäß § 15 ZVG

34 Ist das Verfahren noch nicht angeordnet, dann ist die Klage nach § 771 ZPO noch nicht statthaft. Da das Vollstreckungsgericht wegen eines ihm bekannt gewordenen, aus dem Grundbuch ersichtlichen Rechts aber das Verfahren nach § 28 Abs. 1 ZVG aufheben oder zumindest einstweilen einstellen muss, darf es zumindest unter diesen Voraussetzungen das Verfahren schon nicht anordnen (s. § 28 Rn. 2; s. auch die Checkliste bei § 15 Rn. 75).[55] Soweit es dabei um Rechte Dritter geht (Hauptanwendungsbereich des § 28 Abs. 1 ZVG), muss also nicht die Anordnung abgewartet und dann Drittwiderspruchsklage erhoben werden. Zweifelhaft ist für die Anordnung der Fall, dass das Vollstreckungsgericht Kenntnis vom Recht eines Dritten erlangt, ohne dass das Recht aus dem Grundbuch ersichtlich ist. Da das Vollstreckungsgericht das Bestehen des Rechts nicht überprüfen kann und mit Blick auf die Grenzen, die § 28 Abs. 1 ZVG für Einstellung und Fortsetzung von Amts wegen aufstellt, wird man den Dritten darauf verweisen müssen, beim Gläubiger auf die (Teil-)Rücknahme des Antrags (§ 29 ZVG) zu dringen (vgl. auch § 37 Nr. 5 ZVG) und, sollte er damit keinen Erfolg haben, die Anordnung des Verfahrens abzuwarten und die dadurch statthaft werdende Drittwiderspruchsklage zu erheben. Auch die Interessen des das Verfahren betreibenden Gläubigers gebieten dies. Grundsätzlich sollte dies wegen der Abgrenzungsschwierigkeiten auch bei „offensichtlich" entgegen stehenden Rechten Dritter gelten. Eine Ausnahme ist nach dem Rechtsgedanken des § 775 Nr. 4 ZPO[56] nur dann zu machen, wenn der Gläubiger das Bestehen des Rechts in einer dem Vollstreckungsgericht zur Kenntnis gebrachten Urkunde bestätigt, die er nach seinem Antrag auf Anordnung des Verfahrens ausgestellt hat (und die ihn gleichwohl nicht zur Rücknahme seines Antrags bewegt hat).

D. Widerspruch gegen den Teilungsplan nach § 115 ZVG

35 Nach § 115 ZVG kann gegen den Teilungsplan (§ 113 ZVG) mit dem Ziel einer von diesem abweichenden Verteilung des Erlöses (Betrag, Rang, Person) Widerspruch eingelegt werden. Der nicht im Verhandlungstermin erledigte Widerspruch (§ 115 Abs. 1 Satz 2 ZVG, § 876 ZPO entsprechend) führt bei Zulässigkeit schließlich zur befristeten „Widerspruchsklage" vor dem ausschließlich zuständigen (§ 802 ZPO) Prozessgericht (§ 115 Abs. 1 2 ZVG, §§ 878–882 ZPO entsprechend), die im Erfolgsfalle mit einem geänderten Teilungsplan enden kann.[57] Widerspruchsbefugt sind die Beteiligten i. S. d. § 9 ZVG.[58] Der Schuldner muss jedoch bei einem vollstreckbaren Anspruch seinen Widerspruch im Wege der Vollstreckungsabwehrklage bzw. im Wege der einstweiligen Anordnung durch das Prozessgericht verfolgen (§ 115 Abs. 3 ZVG, §§ 767, 769 f. ZPO).

36 Formelle Einwände gegen den Teilungsplan sind mit der sofortigen Beschwerde (§ 793 ZPO i. V. m. §§ 567 ff. ZPO; unter Rn. 51 ff.) vorzutragen.[59]

---

[55] S. auch oben Rn. 22 f.
[56] Zur methodischen Zulässigkeit dieses Vorgehens s. o. Rn. 22 f.
[57] Näher zum Ganzen § 115 Rn. 24 ff.; *Storz/Kiderlen*, Praxis, E 3.2 sowie B 8.2.1.6.
[58] *Böttcher*, ZVG, § 115 ZVG Rn. 4 m. w. N.
[59] § 115 Rn. 7, § 113 Rn. 13 ff.

E. Erinnerung nach § 766 Abs. 1 ZPO

Die Erinnerung nach § 766 Abs. 1 ZPO richtet sich gegen **bloße Vollstreckungsmaßnahmen** („Art und Weise der Zwangsvollstreckung"), auch gegen solche des in ZVG-Verfahren zuständigen Vollstreckungsgerichts. Ob die Maßnahme vom Rechtspfleger oder (ausnahmsweise, § 5 Abs. 1 Nr. 2 RPflG) vom Richter durchgeführt wurde, spielt keine Rolle. Maßnahmen des Klauselverfahrens fallen nicht unter § 766 Abs. 1 ZPO, da sie die Vollstreckung lediglich vorbereiten.[60] Sie können nach §§ 732, 768 ZPO angegriffen werden (Rn. 47 ff.). **37**

Die Erinnerung ist unbefristet, kann, wenn unterschiedliche Verfahrensverstöße gerügt werden, mehrfach wiederholt werden und wird erst mit Beendigung der Zwangsvollstreckung unzulässig. **38**

Erinnerungsbefugt sind je nach dem Schutzzweck der in Rede stehenden Verfahrensvorschrift der Vollstreckungsschuldner und/oder ein Dritter. Die Erinnerungsbefugnis des Vollstreckungsgläubigers nach § 766 Abs. 2 ZPO spielt im Rahmen der ZVG-Verfahren mangels Zuständigkeit des Gerichtsvollziehers keine Rolle. Im denkbaren Parallelfall der Ablehnung eines Antrags durch das Vollstreckungsgericht ist für den Gläubiger statt der Erinnerung die Beschwerde statthaft, da in diesem Fall keine bloße Maßnahme, sondern eine Entscheidung vorliegt.[61] **39**

Über die Erinnerung nach § 766 ZPO hat das Vollstreckungsgericht zu entscheiden. Funktionell ist nach § 20 Nr. 17 S. 2 RPflG der Richter zuständig. Damit können mit ihr Maßnahmen des Vollstreckungsgerichts selbst überprüft werden. Soweit dem Insolvenzgericht Aufgaben des Vollstreckungsgerichts zugewiesen werden, ist davon insbesondere die Entscheidung über die Erinnerung nach § 766 ZPO erfasst (§§ 36 Abs. 4, 89 Abs. 3 InsO und ausdrücklich § 148 Abs. 2 Satz 2 InsO).[62] **40**

Eine bloße, mit der Erinnerung nach § 766 ZPO angreifbare Vollstreckungsmaßnahme liegt allerdings dann nicht vor, wenn eine – mit der sofortigen Beschwerde, § 793 ZPO i. V. m. §§ 567 ff. ZPO, angreifbare (Rn. 51 ff.) – **Entscheidung** vorliegt.[63] Eine Entscheidung ist nach wohl h.M.[64] einschließlich der überwiegenden Rechtsprechung[65] anzunehmen, wenn das rechtliche Gehör tatsächlich gewährt wurde. Mitunter stellt allerdings auch die Rechtsprechung abweichend davon darauf ab, ob rechtliches Gehör hätte gewährt werden müssen.[66] Die Gewährung rechtlichen Gehörs bezieht sich immer auf den von der Entscheidung nachteilig Betroffenen. Sie ist also zu bejahen, wenn der Antrag auf Vornahme einer Vollstreckungshandlung abgelehnt oder einem solchen Antrag nach Anhörung des Gegners stattgegeben wird. Bei Stattgabe ohne Anhörung des Gegners, wie etwa im Falle der Anordnung der Zwangsversteigerung nach § 15 ZVG, liegt nach der h.M eine bloße Vollstreckungshandlung vor. **41**

---

60 *K. Schmidt*, in: *MünchKomm*-ZPO, § 766 Rn. 4.
61 Zu dieser Abgrenzung sogleich Rn. 41.
62 Näher dazu im Abschnitt „Immobiliarvollstreckung und Insolvenzverfahren", Rn. 66 f.
63 Zum Folgenden ausführlich *K. Schmidt*, in: *MünchKomm*-ZPO, § 766 Rn. 15 f. (mit abweichendem eigenen Ansatz Rn. 17).
64 *Ball*, in: *Musielak*, ZPO, § 573 Rn. 12, *Lackmann*, in: *Musielak*, ZPO, § 766 Rn. 11; *Münzberg*, in: *Stein/Jonas*, ZPO, § 766 Rn. 7.
65 Zum ZVG: Anordnung der Zwangsversteigerung nach § 15 ZVG für den Schuldner bei fehlendem rechtlichen Gehör § 766 (KG, OLGRspr. 11, 320; OLG Hamm, KTS 1977, 177); ebenso für Beitrittsbeschluss nach § 27 ZVG (OLG Stuttgart JR 1956, 379), ebenso Miteigentümer bei Anordnung der Teilungsversteigerung (OLG Bremen, Beschl. v. 12.10.1983 – 2 W 40/83, Rpfleger 1984, 156 (157)).
66 Für den Beschluss betreffend den Zuschlag § 793 (OLG Dresden, OLGRspr. 19, 195 (196)).

42 Weitere Beispiele zu § 766 Abs. 1 ZPO aus der Rechtsprechung für den Bereich des ZVG finden sich bei *K. Schmidt*, in: *MünchKomm*-ZPO, § 766 Rn. 20, ab Nr. 23 (zu §§ 15, 27, 65, 77, 82 ff., 94, 180 ZVG und der Bestellung des Zwangsverwalters).

43 Im Verfahren muss der unterliegenden Partei rechtliches Gehör gewährt worden sein.[67]
Die Entscheidung über die Erinnerung kann als Beschluss (§ 764 Abs. 3 ZPO) ohne mündliche Verhandlung ergehen (§ 128 IV ZPO). Sie ist – ebenso wie diejenige über einstweilige Anordnungen (s. § 769 Abs. 3 ZPO) – mit der sofortigen Beschwerde angreifbar (§ 793 i. V. m. §§ 567 ff. ZPO).

44 Von der Entscheidung über die Erinnerung i. S. d. §§ 766, 764 Abs. 3 ZPO zu unterscheiden ist die – trotz fehlender gesetzlicher Regelung mögliche[68] – Abhilfe durch das Organ, das die angegriffene Maßnahme erlassen bzw. die vermisste Maßnahme unterlassen hat. Der Gegner ist zu hören, so dass die Abhilfe – zumindest bei Gewährung rechtlichen Gehörs (s. o. Rn. 41) – eine Entscheidung ist. Gegen diese ist gemäß §§ 793, 567 ZPO die sofortige Beschwerde statthaft.

45 § 766 Abs. 1 Satz 2 i. V. m. § 732 Abs. 2 ZPO sieht einstweilige Anordnungen vor. Die Entscheidung ergeht durch Beschluss. Der erforderliche Antrag ist – anders als in § 769 Abs. 1, 3 ZPO – jeweils nicht erwähnt.

46 Zur Abgrenzung von § 767 ZPO s. o. Rn. 6, 10, zu § 766 ZPO bei Fortsetzung der Vollstreckung entgegen § 775 ZPO s. o. Rn. 20.

F. Erinnerung gegen die Erteilung der Vollstreckungsklausel nach § 732 ZPO und Klage gegen die Vollstreckungsklausel nach 768 ZPO

47 § 768 ZPO betrifft nur das Vorliegen der in §§ 726 Abs. 1, 727[69] bis 729, 738, 742, 744, 745 Abs. 2, 749 ZPO genannten materiellrechtlichen Umstände für die Erteilung einer (qualifizierten) Vollstreckungsklausel[70] (s. auch den Verweis auf § 767 ZPO), § 732 ZPO dagegen auch (s. § 768 a.E. ZPO) die (rein) formellen Voraussetzungen für die Erteilung einer (jeden[71]) Vollstreckungsklausel. Beispiele für derartige formelle Einwände: Fehlerhafte Parteibezeichnung, fehlender Urkundennachweis, kein vollstreckungsfähiger Inhalt des Titels. Das materielle Recht betreffende Einwände bleiben nach dem BGH[72] im Klauselerinnerungsverfahren nach § 732 ZPO zumindest dann unberücksichtigt, wenn sie nicht evident sind. Auch dem Notar (§ 797 Abs. 2 ZPO i. V. m. § 794 Abs. 1 Nr. 5 ZPO) stehe keine weitere Prüfungsbefugnis zu, da seine Funktion inso-

---

67 *Lackmann*, in: *Musielak*, ZPO, § 766 Rn. 28.
68 *Lackmann*, in: *Musielak*, ZPO, § 766 Rn. 28. S. im Gegensatz dazu die ausdrückliche Regelung der Abhilfemöglichkeit in § 572 Abs. 1 ZPO für die sofortige Beschwerde.
69 Vgl. beispielhaft BGH, Beschl. vom 12.12.2007 – VII ZB 108/06, Rpfleger 2008, 209 = NJW 2008, 918 = jurisPR-InsR 9/2008, Anm. 3 *(Cranshaw)* zur – vom BGH verneinten – Frage, ob in einem typischen Fall der Vollstreckungsunterwerfung aus einer Grundschuld und der parallel übernommenen persönlichen Haftung aus abstraktem Schuldversprechen die Vollstreckungsklausel nach Erlöschen der Grundschuld dem Rechtsnachfolger in das Schuldversprechen erteilt werden kann.
70 Für deren Erteilung ist der Rechtspfleger zuständig, § 20 Nr. 12, 13 RPflG.
71 Also auch der einfachen, für deren Erteilung gemäß §§ 724 Abs. 2, 725 ZPO der Urkundsbeamte der Geschäftsstelle zuständig ist. S. auch den durch das Zweite Justizmodernisierungsgesetz eingefügten § 795b ZPO bei gerichtlichen Vergleichen. Der Rechtspfleger kann gemäß § 8 Abs. 5 RPflG an der Stelle des Urkundsbeamten der Geschäftsstelle handeln.
72 Dazu und zum Folgenden BGH, Beschl. vom 16.4.2009 – VII ZB 62/08, NJW 2009, 1887 (1888) = Rpfleger 2009, 465.

weit der des Urkundsbeamten der Geschäftsstelle entspreche (§ 724 Abs. 2 ZPO). Ist die Frage zu beantworten, ob eine AGB vorliegt und ob eine solche ggf. gemäß § 307 BGB unwirksam ist, dann scheidet ein Evidenzfall laut BGH aaO. aus.

Ausschließlich zuständig zur Entscheidung ist das Prozessgericht (§ 802 ZPO).[73] Für § 768 ZPO folgt dies aus dem Verweis auf § 767 Abs. 1 ZPO; bei § 732 ZPO legt es der Wortlaut *("das Gericht")* ebenfalls nahe. Zudem ist die Klauselerteilung noch nicht Teil des Vollstreckungsverfahrens, sondern Voraussetzung für dieses.[74] **48**

Zur Abgrenzung der Erinnerung nach § 732 ZPO von der Vollstreckungsabwehrklage nach § 767 ZPO s. o. Rn. 9.

Im Falle des § 768 ZPO kann der Kläger (Schuldner) gemäß § 769 ZPO einstweilige Anordnungen beantragen. Näher zu § 769 oben Rn. 15 (im Zusammenhang mit § 767 ZPO).

Gegen die Entscheidung über die Klauselerinnerung ist die sofortige Beschwerde nach § 567 ZPO statthaft, nicht aber nach § 793 ZPO, da es sich nicht um eine Entscheidung des Vollstreckungsgerichts handelt, sondern um eine solche des die Klausel erteilenden Gerichts bzw. – bei notariellen Urkunden nach § 794 Abs. 1 Nr. 5 ZPO – des Amtsgerichts, in dessen Bezirk der Urkundsnotar seinen Sitz hat (§ 797 Abs. 3 i. V. m. Abs. 2 Satz 1 ZPO). **49**

G. Klage auf Erteilung der Vollstreckungsklausel, § 731 ZPO

Diese Klage des Gläubigers erfasst zum einen folgende Situation: Der Schuldner wurde zur Leistung unter der Bedingung verurteilt, dass der Gläubiger den Eintritt bestimmter Tatsachen nachweist; er vermag diesen Nachweis aber nicht durch öffentliche oder öffentlich-beglaubigte Urkunden zu erbringen. Zum anderen wird ein Gläubiger auf die Klage nach § 731 ZPO verwiesen, wenn es ihm nicht gelingt, den Nachweis der Rechtsnachfolge nach §§ 727 ff. ZPO durch entsprechende Urkunden zu führen. **50**

H. Sofortige Beschwerde nach § 793 ZPO i. V. m. §§ 567 ff. ZPO

I. Allgemeines

Gemäß § 764 Abs. 3 ZPO ergehen Entscheidungen des Vollstreckungsgerichts (§ 1 ZVG) durch Beschluss. Zur Abgrenzung der Entscheidung von der bloßen Vollstreckungsmaßnahme s. o. Rn. 41. **51**

§ 793 ZPO ordnet im Sinne des § 567 Abs. 1 Nr. 1 ZPO ausdrücklich an, dass gegen Entscheidungen, die im Zwangsvollstreckungsverfahren ohne mündliche Verhandlung ergehen können (gemäß § 128 Abs. 4 ZPO also insbesondere die Beschlüsse), die sofortige Beschwerde stattfindet. Für ZVG-Verfahren setzen §§ 95 ff. ZVG (ggf. i. V. m. § 146 Abs. 1 ZVG) die grundsätzliche Anwendbarkeit der §§ 567 ff. ZPO voraus. Beschwerdegericht ist in Vollstreckungssachen das Landgericht (s. § 72 Abs. 1 GVG i. V. m. § 1 ZVG).

§ 793 ZPO gilt auch für das Insolvenzgericht, wenn es kraft besonderer Zuweisung als Vollstreckungsgericht tätig wird (§§ 36 Abs. 4, 89 Abs. 3 InsO, die aber nicht ausdrücklich vom Vollstreckungsgericht sprechen).[75] § 793 ZPO **52**

---

[73] A.A. für § 732 ZPO OLG Stuttgart, Beschl. vom 19.8.1997 – 8 WF 61/97, Rpfleger 1997, 521.
[74] *Lackmann*, in: Musielak, ZPO, § 732 Rn. 7.
[75] BGH, Beschl. vom 5.2.2004 – IX ZB 97/03, Rpfleger 2004, 436 = NZI 2004, 278 = ZIP 2004, 732 = ZVI 2004, 197.

verdrängt damit in diesem Fall § 6 InsO,[76] der für die Statthaftigkeit der sofortigen Beschwerde gegen Entscheidungen[77] des Insolvenzgerichts sonst eine Zulassung durch die InsO fordert.[78] Man könnte auch sagen: Da das Insolvenzgericht nicht als solches, sondern als Vollstreckungsgericht handelt, ist in der InsO, insbesondere in deren § 6, nichts anderes bestimmt i. S. d. § 4 InsO, so dass es gemäß letzterer Vorschrift bei der Anwendbarkeit der ZPO bleibt. Dementsprechend ergibt sich auch die Statthaftigkeit der Rechtsbeschwerde in diesem Fall nicht schon aus § 7 InsO als gesetzlicher Anordnung i. S. d. § 574 Abs. 1 Nr. 1 InsO. Sie muss vielmehr vom Beschwerdegericht zugelassen werden (§ 574 Abs. 1 Nr. 2 InsO). Aus der ZPO ergibt sich dann der gesamte Rechtsmittelzug.[79]

53 Frist und Form sind in § 569 ZPO geregelt. Damit beginnt die Frist gemäß § 569 Abs. 1 S. 2 ZPO (zu § 569 Abs. 1 S. 3 ZPO s. u. Rn. 78 ff.) grundsätzlich mit der Zustellung des Beschlusses.[80] Etwas Abweichendes gilt nur, wenn es im ZVG ausdrücklich angeordnet ist, wie etwa im Falle des § 98 ZVG. Bei Fehlen einer Regelung im ZVG ist mit Blick auf § 869 ZPO kein Raum für eine analoge Anwendung etwa von § 98 ZVG, durch die § 569 Abs. 1 S. 2 ZPO verdrängt werden könnte. Gemäß dem ebenfalls grundsätzlich anwendbaren § 329 Abs. 3 ZPO hat die für § 569 Abs. 1 S. 2 ZPO maßgebliche Zustellung des Beschlusses bei Statthaftigkeit der sofortigen Beschwerde zu erfolgen. Auch gegenüber § 329 Abs. 3 ZPO gilt im ZVG nur im Falle einer ausdrücklichen Regelung etwas anderes. Eine solche enthält etwa § 88 ZVG. Auch für eine analoge Anwendung des § 88 ZVG anstelle des § 329 Abs. 3 ZPO ist wegen § 869 ZPO kein Raum. Schließlich ergibt sich aus dem Zusammenhang mit § 329 Abs. 1 und 2 ZPO, dass § 329 Abs. 3 ZPO auch auf verkündete Beschlüsse anzuwenden ist.
Gemäß § 569 Abs. 3 ZPO i. V. m. § 78 Abs. 3 ZPO besteht für die Einlegung der sofortigen Beschwerde kein Anwaltszwang. Versäumt ein nicht anwaltlich vertretener Beteiligter bei fehlender Rechtsbehelfsbelehrung[81] die Beschwerdefrist, so ist nach dem BGH zu seinen Gunsten zu vermuten, dass dieses Fehlen für die Versäumung ursächlich war. Weiter sei unabhängig vom Vorliegen einer anwaltlichen Vertretung das fehlende Verschulden für die Versäumung unwiderleglich zu vermuten.[82] Zur Verlängerung der Frist nach § 569 Abs. 1 Satz 3 ZPO s. u. Rn. 78 ff.

54 Zumindest in der Regel muss die Zulässigkeitsprüfung, § 572 Abs. 2 ZPO, vor der Begründetheitsprüfung, § 572 Abs. 1 ZPO, erfolgen.[83]

55 Die Entscheidung des Beschwerdegerichts ergeht durch Beschluss, § 572 Abs. 4 ZPO, ebenso eine etwaige (auch teilweise) Abhilfeentscheidung des Ausgangsgerichts nach § 572 Abs. 1 Satz 1 Hs. 1 ZPO. Die – in der Praxis nicht selten

---

76 BGH, Beschl. vom 5.2.2004 – IX ZB 97/03 (oben Fn. 75).
77 Liegt eine bloße Vollstreckungsmaßnahme vor, dann ist auch im Falle des Tätigwerdens des Insolvenzgerichts als Vollstreckungsgericht die Erinnerung nach § 766 ZPO statthaft (BGH, Beschl. vom 6. 5. 2004 – IX ZB 104/04, ZIP 2004, 1379 = NZI 2004, 447 = ZVI 2004, 625). Allgemein zur Abgrenzung zwischen Erinnerung nach § 766 ZPO und sofortiger Beschwerde nach §§ 793, 567 ff. ZPO oben E. (Erinnerung).
78 Näher zum Ganzen im Abschnitt „Immobiliarvollstreckung und Insolvenzverfahren" – unter XI.
79 BGH, Beschl. vom 5.2.2004 – IX ZB 97/03, Rpfleger 2004, 436 = NZI 2004, 278 = ZIP 2004, 732 = ZVI 2004, 197.
80 Die gesamten folgenden Ausführungen zu § 569 Abs. 1 S. 2 ZPO orientieren sich an BGH, Beschl. vom 19.2.2009 – V ZB 54/08, NJW-RR 2009, 1427 = Rpfleger 2009, 401.
81 Zur Erforderlichkeit einer Rechtsbehelfsbelehrung s. BGH, Beschl. vom 26.3.009 – V ZB 174/08, NZM 2009, 491 = LMK 2009, 284343 m. zust. Anm. *Stamm*. Näher zu dieser Entscheidung oben Rn. 3.
82 Näher dazu die in Fn. 81 genannte Entscheidung des BGH und oben Rn. 3.
83 BGH, Beschl. vom 30.3.2006 – IX ZB 171/04, NJW-RR 2006, 1347.

anzutreffende – Nicht-Abhilfeentscheidung durch Verfügung macht die Entscheidung nicht rechtswidrig. War für die Ausgangsentscheidung des Gerichts funktionell der Rechtspfleger zuständig, so ist auch dieser abhilfeberechtigt, vgl. § 11 Abs. 1 RPflG. Die Grenzen, die § 572 Abs. 1 Satz 2 i.V.m § 318 ZPO der Abhilfeentscheidung setzt, spielen im ZVG-Verfahren keine Rolle, da nur auf die Fälle der §§ 99 Abs. 2, 387 Abs. 3 ZPO und damit die direkte Anwendung des § 318 ZPO (Urteil) verwiesen wird.[84]

II. Einschränkungen der Anwendbarkeit der Beschwerde vor der Entscheidung über den Zuschlag (§ 95 ZVG)

Soweit es um Entscheidungen **vor der Beschlussfassung** über den Zuschlag geht, sind für die sofortige Beschwerde die Einschränkungen des § 95 ZVG zu beachten. Die Beschwerde ist demnach nur statthaft, soweit die angegriffene Entscheidung die Anordnung (einschließlich des Beitritts, § 27 ZVG[85]), Aufhebung, einstweilige Einstellung oder Fortsetzung des Verfahrens betrifft. Für die in §§ 30a-f ZVG geregelten Entscheidungen über den Antrag des Schuldners oder des Insolvenzverwalters auf einstweilige Einstellung wird die Statthaftigkeit der Beschwerde durch § 30b Abs. 3 ZVG (ggf. i.V.m. § 30d Abs. 3 ZVG) bestätigt. **56**

Einen eigenen, ebenfalls auf die Beschwerde gestützten, durch § 95 ZVG nicht beeinflussten Rechtsmittelzug sieht auch **§ 74a Abs. 5 Satz 3 ZVG** für den Beschluss über die Festsetzung des Verkehrswerts des Grundstücks vor. Näher dazu § 74a Rn. 17 f. **57**

An eine auf die Beschwerde nach § 74a Abs. 5 ZVG hin abgeänderte Wertfestsetzung ist das Vollstreckungsgericht in seiner Entscheidung über den Zuschlag gebunden, auch wenn diese noch nicht formell rechtskräftig ist.[86] In materielle Rechtskraft erwächst der Festsetzungsbeschluss dagegen nicht; das Vollstreckungsgericht muss die Festsetzung vielmehr an ggf. geänderte Umstände anpassen. Um das Beschwerdeverfahren nach § 74a Abs. 5 Satz 3 ZVG nicht auszuhöhlen, darf dies allerdings nicht erst im Beschluss über den Zuschlag geschehen (vgl. § 74a Abs. 5 Satz 4 ZVG), sondern muss rechtzeitig vor dem Versteigerungstermin erfolgen.[87] Auch kann vor Versteigerungstermin schon vor Eintritt der formellen Rechtskraft der im Beschwerdeverfahren abgeänderten Wertfestsetzung stattfinden, wenn nur die Entscheidung über den Zuschlag erst nach Eintritt der formellen Rechtskraft getroffen wird.[88] **58**

Unstatthaft ist die Beschwerde nach § 95 ZVG für Entscheidungen, die allein der Vorbereitung des Zuschlagsbeschlusses dienen, so etwa die Feststellung des geringsten Gebots. Diesen Entscheidungen fehlt die Selbständigkeit, die Voraussetzung für die Angreifbarkeit mit einem Rechtsbehelf ist.[89] § 95 ZVG verhindert auch ihre Qualifikation als Maßnahmen, die mit § 766 ZPO angreifbar wären.[90] Nicht vom Ausschluss des § 95 ZVG erfasst sind daher **59**

---

84 BT-Drucks. 14/4722, S. 115.
85 *Stöber*, ZVG, § 95 Rn. 4.1.
86 BGH, Beschl. vom 11.10.07 – V ZB 178/06, WM 2008, 33 (34); BGH, Beschl. vom 19.6.2008 – V ZB 129/07, Rpfleger 2008, 588 (589).
87 BGH, Beschl. vom 11.10.2007 – V ZB 178/06, WM 2008, 33 (34).
88 BGH, Beschl. vom 19.6.2008 – V ZB 129/07, Rpfleger 2008, 588 (589).
89 S. § 95, Rn. 1; *Stöber*, ZVG, § 95 Rn. 4.1.
90 In diesem Sinne für die Feststellung des geringsten Gebots *Stöber*, ZVG, § 44 Rn. 10. Für die Zurückweisung einer Vorrechtsanmeldung LG Augsburg, Beschl. vom 24.10.2000 – 4 T 3950/00, KTS 2001, 277 = Rpfleger 2001, 92.

Entscheidungen, die zwar rein zeitlich gesehen vor der Entscheidung über den Zuschlag ergehen, aber mit diesem nicht in Zusammenhang stehen.[91]

60 Auf das Zwangsverwaltungsverfahren ist § 95 ZVG nicht über § 146 ZVG anwendbar.[92]

61 Soweit es um die Entscheidung **über den Zuschlag** selbst geht, sind gemäß § 96 ZVG die Modifikationen der §§ 97 ff. ZVG zu beachten.

62 Entscheidungen **nach** derjenigen über den Zuschlag sind **uneingeschränkt** mit der sofortigen Beschwerde angreifbar (§§ 95 f. ZVG e contrario). Beispiele:[93] Unrichtige Feststellung der Teilungsmasse nach § 107 ZVG; fehlerhafte Anwendung von § 110 ZVG.

III. Bedeutung des § 79 ZVG für die Beschwerde

63 Nicht nach § 79 ZVG abänderbar sind nach der Rechtsprechung des BGH[94] Verfahren, die mit einem eigenen „Rechtsmittelzug" ausgestattet sind. Dazu gehören nach dem BGH die Verfahren der Verkehrswertfestsetzung (§ 74a Abs. 5 ZVG), der einstweiligen Einstellung gemäß §§ 30a-f ZVG und des Vollstreckungsschutzes nach § 765a ZPO.

64 Demgegenüber soll die Anfechtbarkeit einer Entscheidung *mit der sofortigen Beschwerde* ihrer Abänderbarkeit gemäß § 79 ZVG nicht entgegen stehen, so dass auch die nach § 95 ZVG auf diese Weise angreifbaren Entscheidungen über die Anordnung, Aufhebung, einstweilige Einstellung und Fortsetzung des Verfahrens (außerhalb der §§ 30a-f ZVG, s.o. Rn. 63) taugliche vorhergehende Entscheidungen i.S.d. § 79 ZVG sind. Eine solche ist wegen ihrer in § 86 ZVG angeordneten Wirkung auch die Versagung des Zuschlags im Verhältnis zu einer neuen Beschlussfassung über den Zuschlag.[95] Zur Begründung für die Abänderbarkeit auch dieser Beschlüsse nach § 79 ZVG führt der BGH in der zitierten (bei Fn. 94) Entscheidung V ZB 83/06 aus, ihre Anfechtbarkeit beruhe auf ihrer besonderen Bedeutung für das weitere Verfahren und lasse deshalb nicht den Schluss zu, die von § 79 ZVG bezweckte Überprüfung der Rechtmäßigkeit des gesamten Verfahrens solle diese grundlegenden Entscheidungen nicht erfassen.

65 Ist es allerdings zur sofortigen Beschwerde gekommen und hat das Vollstreckungsgericht dieser Beschwerde nicht abgeholfen, sondern hat das Beschwerdegericht entschieden (§ 572 ZPO), dann soll keine nach § 79 ZVG abänderbare „eigene" Entscheidung des Vollstreckungsgerichts mehr vorliegen.

66 Letzteres überzeugt[96], nicht aber[97] die Differenzierung (s.o. Rn. 63 f.) zwischen den Entscheidungen „mit eigenem Rechtsmittelzug" (in diesen Fällen – wohl in teleologischer Reduktion des § 79 ZVG – Bindung des Gerichts) und sonstigen, mit der Beschwerde nach § 95 ZVG anfechtbaren Entscheidungen (gemäß § 79 ZVG keine Bindung). Richtigerweise ist, wenn es an einer Ent-

---

91 Zu Beispielen s. § 95 Rn. 1 ff.
92 *Stöber*, ZVG, § 95 Rn. 4.2; OLG Koblenz, MDR 1957, 172.
93 Nach *Storz/Kiderlen*, Praxis, B 8.2.1.5.
94 BGH, Beschl. vom 10.5.07 – V ZB 83/06 (Rn. 43), BGHZ 172, 218 = NJW 2007, 3279 (3284); BGH, Beschl. vom 26.10.06 – V ZB 188/05, BGHZ 169, 305 = NJW-RR 2007, 194 (197 f.). Wie der BGH *Stöber*, ZVG, § 79, Rn. 4.2 und 4.3; *Hintzen*, in: Dassler/Schiffhauer/ u.a., ZVG, § 79 Rn. 5.
95 BGHZ 172, 218, 236 = BGH NJW 2007, 3279 (3284) (Rn. 43) unter Hinweis auf *Stöber*, ZVG, § 79 Rn. 4.5.
96 Näher dazu § 79 Rn. 7.
97 Der Text gibt insoweit die Auffassung von *Kuhn* wieder; z.T. abweichend hiervon *Cranshaw*, § 79 Rn. 6 f.

scheidung des Beschwerdegerichts fehlt, nur für die Entscheidung der Verkehrswertfestsetzung anzunehmen, dass § 79 ZVG nicht von der Bindung an diese Entscheidung befreit. Im Einzelnen: § 765a ZPO enthält überhaupt keine Regelung zu Rechtsbehelfen. Damit ist gegen (stattgebende oder ablehnende) Beschlüsse auf Grundlage des § 765a ZPO gemäß §§ 793, 567ff. ZPO die Beschwerde statthaft.[98] Hinzu kommt die auch nach Eintritt der Rechtskraft gegebene Möglichkeit der Abänderung nach § 765a Abs. 4 ZPO auf Antrag des Schuldners oder des Gläubigers im Falle der Änderung der Sachlage. Dies ist bei formaler Betrachtung schon kein Rechtsbehelf. Zumindest erscheint diese zusätzlich zur Beschwerde eingeräumte Möglichkeit nicht als taugliche Grundlage, um eine Anwendung des § 79 ZVG abzulehnen, also eine Bindung des Vollstreckungsgerichts bei der Entscheidung über den Zuschlag zu bejahen. Denn die Statthaftigkeit der Beschwerde stellt ja selbst keinen Grund gegen die Anwendung des § 79 ZVG dar, sofern sie nicht eingelegt oder ihr vom Vollstreckungsgericht abgeholfen wurde (oben Rn. 63, 65).

67 Auch im Hinblick auf § 30b Abs. 3 ZVG (ggf. i.V.m. § 30d Abs. 3 ZVG) ist nicht nachvollziehbar, warum es sich um einen von der direkten Anwendung der §§ 567 ff. ZPO zu unterscheidenden *„eigenen Rechtsmittelzug"* handeln soll. Die Vorschrift enthält einen Verweis auf die sofortige Beschwerde nach §§ 567 ff. ZPO; dieser Verweis erscheint rein deklaratorisch, zumindest wenn man § 95 ZVG mit in die Betrachtung einbezieht.

68 Anders ist es allerdings bei § 74a Abs. 5 Satz 3 i.V.m. Satz 4 ZVG. Dies zeigt sich zwar noch nicht an § 74a Abs. 5 Satz 3 ZVG allein, der – nicht anders als § 30b Abs. 3 ZVG – auf die §§ 567 ff. ZPO verweist. Doch kann nach § 74a Abs. 5 Satz 4 ZVG die Entscheidung über den Zuschlag nicht mit Berufung auf die Unrichtigkeit der Verkehrswertfestsetzung angefochten werden. Unter diesen Umständen erscheint es auch für die Innenbindung des Vollstreckungsgerichts nicht überzeugend, eine Ausnahme gemäß § 79 ZVG anzunehmen. Insgesamt sind somit die Fälle der Entscheidungen nach § 765a ZPO, nach §§ 30a ff. ZVG und der sonstigen beschwerdefähigen (§§ 793, 567 ff. ZPO; § 95 ZVG) Entscheidungen gleich zu behandeln, was die Bindung des Vollstreckungsgerichts an sie bei einer späteren Entscheidung über den Zuschlag angeht. Denkbar wäre zwar auch eine Gleichbehandlung im Sinne der Bejahung einer Bindung.[99] Vorzuziehen ist aber deren Verneinung, also die Anwendung des § 79 ZVG. Zur Begründung kann auf den BGH (s.o. Rn. 63) verwiesen werden, nicht jedoch – wie soeben dargestellt – in seiner Beschränkung auf die „nicht mit eigenem Rechtsmittelzug ausgestattete(n) Entscheidungen".

I. Rechtsbeschwerde nach §§ 574 ff. ZPO

69 Gegen die Beschwerdeentscheidung des Landgerichts ist im Falle ihrer Zulassung die Rechtsbeschwerde statthaft. Rechtsbeschwerdegericht (§ 575 ZPO) ist der BGH (§ 133 GVG). Die Einlegung der Rechtsbeschwerde ist nur durch einen beim BGH zugelassenen Anwalt möglich, § 78 Abs. 1 S. 3 ZPO.[100] Da die Rechtsbeschwerde nicht vor dem Urkundsbeamten der Geschäftsstelle eingelegt werden kann, ist der vom Anwaltszwang befreiende § 78 Abs. 3 ZPO nicht anwendbar.

---

98 *Lackmann*, in: *Musielak*, ZPO, § 765a Rn. 27.
99 So *Groß*, Rpfleger 2008, 545 (546), Fn. 11. In diese Gleichbehandlung bezieht *Groß* auch die Entscheidung über eine Beschwerde nach § 74a Abs. 5 S. 3 ZVG mit ein. Eine Bindung an letztere wird auch hier im Text auch befürwortet (oben Rn. 63).
100 BGH, Beschl. vom 4.7.2002 – IX ZB 221/02, NJW 2002, 2793; BGH, Beschl. vom 10.1.2006 – VI ZB 26/05, NJW 2006, 1068 (1069).

70 Die Rechtsbeschwerde ist nach § 574 Abs. 1 ZPO nur zulässig, wenn sie kraft Gesetzes ausdrücklich zugelassen ist oder das Beschwerdegericht sie in seinem Beschluss über die Beschwerde (in für den BGH bindender Weise, § 574 Abs. 3 Satz 2 ZPO) zugelassen hat. Im Bereich des ZVG kommt nur der zweite Fall vor (§ 574 Abs. 1 Nr. 2 ZPO), es sei denn, es liegt zugleich ein Insolvenzverfahren vor (s. § 7 InsO), in dem das Insolvenzgericht als solches und nicht ausnahmsweise als Vollstreckungsgericht handelt.[101]

71 Die Zulassung setzt gemäß § 574 Abs. 3 Satz 1 i.V.m. Abs. 2 ZPO voraus, dass entweder die Rechtssache grundsätzliche Bedeutung hat oder aber eine Entscheidung durch das Rechtsbeschwerdegericht zur Fortbildung des Rechts oder zur Sicherung einer einheitlichen Rechtsprechung erforderlich ist.[102]

72 Die Zulassung der Rechtsbeschwerde kann – ebenso wie die Zulassung der Revision – beschränkt werden,[103] allerdings nicht nur formelhaft ohne hinreichende Begründung oder Tenorierung.[104] War die sofortige Beschwerde unstatthaft, dann wird die Rechtsbeschwerde auch nicht dadurch statthaft, dass sie zugelassen wurde.[105] Hat das Beschwerdegericht dagegen über eine statthafte, aber aus anderen Gründen unzulässige sofortige Beschwerde sachlich entschieden, so ist diese Entscheidung auf eine zulässige Rechtsbeschwerde hin aufzuheben und die sofortige Beschwerde als unzulässig zu verwerfen.[106]

73 Um den BGH zu entlasten,[107] ist die Nichtzulassung der Rechtsbeschwerde im Gegensatz zur Nichtzulassung der Revision (§ 544 ZPO) unanfechtbar. Anders als im Falle der Berufung (§ 522 Abs. 3 ZPO) ist dies allerdings nicht ausdrücklich geregelt.

74 Unterbleibt die Zulassung willkürlich, dann ist das Recht auf den gesetzlichen Richter (Art. 101 Abs. 1 S. 2 GG) verletzt; in diesem Fall kann die Zulassung vom Ausgangsgericht auf befristete Gegenvorstellung nachgeholt werden.[108] Als Rechtsgrundlage kommt eine Analogie zu § 321a ZPO in Betracht.[109] Ein solcher Fall wird indes die Ausnahme sein. In der Praxis findet sich entweder überhaupt kein Ausspruch zur Zulassung oder die Ablehnung mittels formelhafter Wendungen, die den Gesetzeswortlaut zitieren. Dies schadet aber nicht, da lediglich die Zulassung der Rechtsbeschwerde, nicht dagegen ihre Nichtzulassung begründet werden muss.[110] Finden sich im Beschluss keine Ausführungen zur Rechtsbeschwerde, so ist sie nicht zugelassen worden.

75 Wie die sofortige Beschwerde hat auch die Rechtsbeschwerde grundsätzlich keine aufschiebende Wirkung (§ 575 Abs. 5 i.V.m. § 570 Abs. 1 ZPO). Möglich sind gemäß § 575 Abs. 5 ZPO aber Maßnahmen i.S.d. § 570 Abs. 3 ZPO.

---

101 Dazu oben Rn. 52.
102 Zu diesen Voraussetzungen s. BGH, Beschl. vom 4.7.2002 – V ZB 16/02, NJW 2002, 3029; BGH, Beschl. vom 11.5.2004 – XI ZB 39/03, NJW 2004, 2222.
103 BGH, Beschl. vom 30.1.2007 – XI ZB 43/05, NJW-RR 2007, 932 (933); *Ball*, in: Musielak, ZPO, § 574 Rn. 7a.
104 BGH NJW 2008, 3780 = MDR 2009, 170.
105 BGH, Beschl. vom 25.6.2009 – IX ZB 161/08, NJW 2009, 3653 = NZI 2009, 553 m. zust. Anm. *Ganter*; BGH, Beschl. vom 13.11.2008 – IX ZB 231/07, NJW-RR 2009, 210.
106 BGH, Beschl. vom 25.6.2009 – IX ZB 161/08 (s.o. Fn. 105).
107 Amtl. Begr. des ZPO-Reformgesetzes, BT-Drucks. 14/4722, S. 116.
108 BGH, Beschl. vom 19.5.2004 – IXa ZB 182/03, NJW 2004, 2529; BGH, Beschl. vom 4.7.2007 – VII ZB 28/07, NJW-RR 2007, 1654. Generell zur Möglichkeit der fristgebundenen Gegenvorstellung bei Verletzung von Verfahrensgrundrechten (als Paradefall „greifbarer Gesetzeswidrigkeit") nach dem ZPO-Reformgesetz BGH, Beschl. vom 7.3.2002 – IX ZB 11/02, NJW 2002, 1577 und Rn. 94, 106.
109 *Ball*, in: *Musielak*, ZPO, § 574, Rn. 7a. Näher dazu unten Rn. 106ff.
110 *Heßler*, in: Zöller, ZPO, § 574 Rn. 14.

76 Der BGH überprüft als Rechtsbeschwerdegericht auch die tatrichterliche Würdigung des Beschwerdegerichts, aber nur hinsichtlich des Verstoßes gegen Denkgesetze, z.B. das Verkennen der Ambivalenz einer Indiztatsache.[111]

77 Form, Frist und Begründung der Rechtsbeschwerde sind in § 575 ZPO geregelt. Die Wiedereinsetzungsfrist für die Versäumung der Frist zur Begründung einer Rechtsbeschwerde kann in Anlehnung an §§ 575 Abs. 2 Satz 3, 551 Abs. 2 Satz 6 Halbs. 2 ZPO angemessen verlängert werden, wenn dem Rechtsmittelführer die Prozessakten nicht zur Verfügung gestellt werden können.[112]

J. Außerordentliche Beschwerde nach § 793 ZPO i. V. m. § 569 Abs. 1 Satz 3 ZPO und „echte Wiederaufnahmebeschwerde" nach §§ 578 ff. ZPO analog

78 § 569 Abs. 1 Satz 3 ZPO sieht eine Verlängerung der in § 569 Abs. 1 Satz 1 und Abs. 1 Satz 2 ZPO für die Beschwerde (oben Rn. 51 ff.) vorgesehenen Fristen nach Maßgabe des § 586 ZPO vor, wenn die Voraussetzungen für eine Nichtigkeits- oder Restitutionsklage nach §§ 578 ff. ZPO vorliegen. Entsprechend der Fassung dieser Vorschrift geht der BGH davon aus, dass es sich bei § 569 Abs. 1 S. 3 ZPO nicht um ein eigenständiges Wiederaufnahmeverfahren handelt, sondern lediglich um eine außerordentliche Beschwerde, deren Besonderheit gegenüber der sofortigen Beschwerde sich in der Fristverlängerung erschöpft.[113] Für die Beschwerde gegen die Entscheidung über den Zuschlag hat dies etwa zur Folge, dass es bei der in § 96 ZVG i. V. m. § 100 ZVG angeordneten Beschränkung der möglichen Beschwerdegründe bleibt.[114] Mangels abweichender Regelung steht andererseits die Erlösverteilung und die damit einhergehende Beendigung des Zwangsversteigerungsverfahrens einer solchen Beschwerde nicht entgegen, auch nicht unter dem Blickwinkel des Art. 14 GG als Grundrecht des Erstehers, der sich der bereicherungsrechtlichen Rückabwicklung ausgesetzt sieht.[115]

79 Aus §§ 579 f. ZPO kommen für die ZVG-Verfahren in Betracht:[116] § 579 Abs. 1 Nr. 1, 2, 3, 4, Abs. 2 ZPO, § 580 Nr. 2 ZPO i. V. m. § 581 ZPO, § 580 Nr. 7b ZPO (beide Fälle des § 580 ZPO nur unter den einschränkenden Voraussetzungen des § 582 ZPO).

80 Da § 569 Abs. 1 Satz 3 ZPO keinen eigenen Rechtsbehelf, sondern nur eine Fristverlängerung darstellt (s.o. Rn. 78), kommt die außerordentliche Beschwerde auf Grundlage dieser Vorschrift nicht mehr in Betracht, wenn innerhalb der Frist des § 569 Abs. 1 Satz 1, 2 ZPO bereits Beschwerde eingelegt worden ist. Für diesen Fall stellt sich die Frage, ob auf §§ 578 ff. ZPO analog im Sinne einer echten Wiederaufnahmebeschwerde[117], also ohne Vermittlung des § 569 Abs. 1 Satz 3 ZPO zurückgegriffen werden darf. Dies ist

---

111 BGH, Beschl. vom 10.5.07 – V ZB 83/06, NJW 2007, 3279 (3283) mit Verweis auf BGHZ 158, 269 (273).
112 BGH, Beschl. vom 5.7.2007 – V ZB 48/06, NJW-RR 2008, 146.
113 BGH, Beschl. vom 5.11.04 – IXa ZB 76/04, FamRZ 2005, 200. Ebenso *Stöber*, ZVG, § 96 Rn. 3.1.
114 BGH, Beschl. vom 5.11.04 – IXa ZB 76/04, FamRZ 2005, 200.
115 BGH, Beschl. vom 5.11.04 – IXa ZB 76/04, FamRZ 2005, 200, unter Hinweis auf *Stöber*, ZVG, 17. Aufl., § 98 Rn 2.5 (ebenso 18. Aufl.); OLG Oldenburg, Beschl. vom 18.10.1989, 2 W 154/88, Rpfleger 1990, 179 = NJW-RR 1991, 61.
116 S. *Stöber*, ZVG, § 96 Rn. 3.4
117 Begriff nach *Ball*, in: *Musielak*, ZPO, § 569 Rn. 5.

richtiger Auffassung nach zu verneinen.[118] Dieses Ergebnis folgt schon aus dem Umstand, dass § 569 Abs. 1 Satz 3 ZPO andernfalls überflüssig wäre, der doch kumulativ das Vorliegen der Voraussetzungen der §§ 578 ff. ZPO und[119] der §§ 567 ff. ZPO (mit Ausnahme der Frist nach § 569 Abs. 1 Satz 1, Abs. 1 Satz 2 ZPO), ggf. i. V. m. §§ 95, 96–104 ff. ZVG, fordert. Somit kommt es nicht mehr darauf an, ob auch Vertrauensschutz und Rechtssicherheit der abweichenden Auffassung entgegen stünden.[120]

81 Dass die Rechtskraft von Beschlüssen damit schwerer durchbrochen werden kann als diejenige von Urteilen, auf die §§ 578 ff. ZPO direkt anwendbar sind, ist nicht ungewöhnlich. So wird ja etwa auch der Eintritt der Rechtskraft von Berufungsurteilen durch die Beschwerde gegen die Nichtzulassung der Revision (§ 544 ZPO) erschwert, während ein solcher Rechtsbehelf gegen die Nichtzulassung der Rechtsbeschwerde vom Gesetzgeber zur Entlastung des BGH bewusst nicht vorgesehen wurde.[121] Im Ergebnis bedeutet dies, dass das Landgericht im Vollstreckungsverfahren in der Regel letztinstanzlich entscheidet.

K. Befristete Rechtspflegererinnerung gemäß § 11 Abs. 2 RPflG

82 Die befristete Rechtspflegererinnerung ist nach § 11 Abs. 2 Satz 1 RPflG gegen Entscheidungen (nicht also gegen Maßnahmen; zu diesen s. §§ 732, 766, 768 ZPO – oben Rn. 37 ff., 47 ff.) statthaft, gegen die kein Rechtsmittel nach den allgemeinen Vorschriften gegeben ist, so dass § 11 Abs. 1 RPflG nicht eingreift.

83 Nicht gegeben i. S. d. § 11 Abs. 2 Satz 1 RPflG ist ein Rechtsmittel nach den allgemeinen Vorschriften auch dann, wenn etwa im Einzelfall keine ausreichende Beschwer vorliegt, wie bei der Beschwerde im Falle des § 567 Abs. 2 ZPO.[122]

84 Die Ausschlussgründe des § 11 Abs. 3 RPflG greifen in ZVG-Verfahren nicht ein. § 11 Abs. 2 Satz 2 RPflG sieht – wie § 572 Abs. 1 Satz 1 Hs. 1 ZPO im Falle der Beschwerde – die Möglichkeit der Abhilfe vor. Ansonsten wird die Erinnerung dem Richter (§ 28 RPflG) zur Entscheidung vorgelegt (§ 11 Abs. 2 Satz 2 RPflG). Auch hinsichtlich der Frist (§ 569 ZPO) und im Übrigen wird auf die Vorschriften über die sofortige Beschwerde verwiesen (§ 11 Abs. 2 Sätze 1, 4 RPflG). Die Entscheidung des Richters, durch die er die Erinnerung als unzulässig verwirft (§ 572 Abs. 2 Satz 2 ZPO entsprechend) oder als unbegründet zurückweist, ist unanfechtbar.[123]

85 Das Verfahren ist unabhängig von seinem Ausgang gebührenfrei, § 11 Abs. 4 RPflG.
Gemäß § 13 RPflG besteht kein Anwaltszwang, auch bei Vorlage an den Richter nicht.[124]

---

118 *Stöber*, ZVG, § 96 Rn. 3.5; anders *Eickmann*, Zwangsversteig.- u. Zwangsverwalt. Recht, § 16 IV 5, *Ball*, in: *Musielak*, ZPO, § 569 Rn. 5; *Schmahl/Braun*, NJW 1977, 27, 28 (zu § 577 Abs. 2 S. 3 a. F. ZPO als der Vorgängervorschrift des heutigen § 569 Abs. 1 S. 3 ZPO).
119 Zu diesem zweiten Bestandteil s. nochmals BGH, Beschl. vom 5.11.04 – IXa ZB 76/04, (Rn. 9) FamRZ 2005, 200.
120 Für den rechtskräftigen Zuschlagsbeschluss in dieser Richtung *Stöber*, ZVG, § 96 Rn. 3.4; *Storz/Kiderlen*, Praxis, B 8.2.1; D 5.4.3 (auf den Vertrauensschutz des Erstehers abstellend).
121 Amtl. Begr. des ZPO-Reformgesetzes, BT-Drucks. 14/4722, S. 116. S. auch oben Rn. 73 f.
122 BVerfG, Nichtannahmebeschluss v. 8.1.2001 – 1 BvR 2170/00, NJW-RR 2001, 1077; *Ball*, in: *Musielak*, ZPO, § 573 Rn. 2.
123 *Ball*, in: *Musielak*, ZPO, § 573 Rn. 17.
124 *Lipp*, in: *MünchKomm*-ZPO, § 573 Rn. 11; *Grunsky*, in: *Stein/Jonas*, ZPO, Anhang zu § 567 Rn. 10.

L. Verletzung des Anspruchs auf rechtliches Gehör, insbesondere Abhilfe nach § 321a ZPO

86 Der Anspruch auf rechtliches Gehör ist ein Verfahrensgrundrecht (Art. 103 Abs. 1 GG), dessen Verletzung mit der Verfassungsbeschwerde zum BVerfG gerügt werden kann.[125] Zulässigkeitsvoraussetzung für die Verfassungsbeschwerde ist nach § 90 Abs. 2 Satz 1 BVerfGG jedoch die Erschöpfung des Rechtswegs. Zu diesem gehört im Falle einer auf Verletzung des Art. 103 Abs. 1 GG gestützten Verfassungsbeschwerde die Anhörungsrüge nach § 321a ZPO.[126] Die Rüge setzt gemäß § 321a Abs. 1 Satz 1 Nr. 1 ZPO ihrerseits voraus, dass gegen die betreffende Entscheidung kein Rechtsbehelf mehr gegeben ist. Die Verletzung rechtlichen Gehörs kann nämlich – wovon § 321a Abs. 1 Satz 1 Nr. 1 ZPO ersichtlich ausgeht – auch im Rahmen der allgemeinen Rechtsbehelfe geltend gemacht werden.[127] Dazu zählt auch die Rechtsbeschwerde, da im Falle der Verletzung des Anspruchs auf rechtliches Gehör nach Auffassung des BGH die Sicherung einer einheitlichen Rechtsprechung eine Entscheidung des Rechtsbeschwerdegerichts erfordert (§ 574 Abs. 2 Nr. 2 ZPO).[128] Da das Gesetz bei der Rechtsbeschwerde keine Nichtzulassungsbeschwerde vorsieht, liegt im Falle der fehlenden Zulassung der Rechtsbeschwerde eine nicht anfechtbare Entscheidung i. S. d. § 321a Abs. 1 Nr, 1 ZPO vor.[129] Der gerügte Gehörsverstoß darf sich aber nicht in der fehlenden Heilung eines Gehörsverstoßes der Vorinstanz erschöpfen. Mangels Statthaftigkeit dieser so genannten sekundären Gehörsrüge ist in einem solchen Fall sofort die Verfassungsbeschwerde statthaft.[130]

87 Entscheidungserheblichkeit i. S. d. § 321a Abs. 1 Satz 1 Nr. 1 ZPO ist schon dann zu bejahen, wenn nicht ausgeschlossen werden kann, dass die Entscheidung bei Gewährung des rechtlichen Gehörs anders ausgefallen wäre.[131] Damit ist der Unterschied zu der ebenfalls die Rechtskraft durchbrechenden Wiederaufnahme des Verfahrens nach §§ 579 f. ZPO, die nicht von dieser Einschränkung abhängt, nicht allzu groß.

88 Seit dem 1.1.2005[132] gilt die Anhörungsrüge nicht nur für erstinstanzliche Urteile, sondern für Entscheidungen aller Art, so dass auch Beschlüsse im Rahmen der ZVG-Verfahren gemäß § 321a ZPO angegriffen werden können.[133]

---

125 Dazu Rn. 111 f.; Abschnitt „Einfluss des GG", Rn. 12–14.
126 BVerfG, Nichtannahmebeschluss v. 27.6.2007 – 1 BvR 1470/07, NJW 2007, 3054 f.
127 Vgl. auch *Stöber*, ZVG, § 95, Rn. 2.4.
128 BVerfG, Beschl. vom 9.7.2007 – 1 BvR 646/06, NJW 2007, 3418, 3419; BGH, Urteil vom 18.7.2003 – V ZR 187/02, NJW 2003, 3205 (3206); BGH, Beschl. vom 5.4.2005 – VIII ZR 160/04, NJW 2005, 1950; BGH, Beschl. vom 26.1.2009 – II ZB 6/08, NJW 2009, 1083; BGH, Beschl. vom 11.5.2004 – XI ZB 39/03, NJW 2004, 2222 (2223) (Aufgabe von BGH, Beschl. vom 1.10.2002 – XI ZR 71/02, NJW 2003, 65, wo noch die grundsätzliche Bedeutung der Rechtssache angenommen wurde). Auch der Gesetzgeber legt in der Entwurfsbegründung zum Anhörungsrügengesetz diese Rechtsprechung zu Grunde, s. BT-Drucks. 15/3706, S. 15. Nach BGH, NJW 2004, 2222 (2223) ist die Offenkundigkeit des Verstoßes keine Voraussetzung (auch insoweit Aufgabe von BGH NJW 2003, 65). S. bereits oben Fn. 102.
129 *Musielak*, in: *Musielak*, ZPO, § 321a Rn. 4; a. A. *Vollkommer*, in: Zöller, ZPO, § 321a Rn. 4 (außerordentliche Beschwerde).
130 BVerfG, Nichtannahmebeschluss v. 5.5.2008 – 1 BvR 562/08, NJW 2008, 2635 m. Anm. *Zuck*; BGH, Beschl. vom 13.12.2007 – I ZR 47/06, NJW 2008, 2126 f. S. zur Verfassungsbeschwerde auch unten Rn. 111 f.
131 Amtl. Begr. zum Anhörungsrügengesetz (BT-Drucks. 15/3706), S. 14; BGH, Beschl. v. 9.6.2005 – V ZR 271/04, NJW 2005, 2624 (2625); BGH, Beschl. vom 25.10.2005 – V ZR 241/04, NJW-RR 2006, 428.
132 Anhörungsrügengesetz vom 9.12.2004, zurückgehend auf den Plenarbeschluss des BVerfG vom 30.4.2003 – 1 PBvU 1/02, BVerfGE 107, 395 = NJW 2003, 1924.
133 Das vom Bundesverfassungsgericht mit der Absicht seiner Entlastung initiierte und vom Gesetzgeber eher missmutig denn überzeugt umgesetzte (*Gehb*, DÖV 2005, 683) Anhörungs-

Gegen Entscheidungen des Rechtspflegers ist die Rüge aber nicht statthaft, da dagegen entweder ein Rechtsmittel möglich ist (§ 11 Abs. 1 RPflG) oder er über die Vollstreckungserinnerung (§ 766 ZPO) bzw. Rechtspflegererinnerung (§ 11 Abs. 2 RPflG) nicht (instanzabschließend) selbst entscheiden kann (§ 20 Nr. 17 RPflG bzw. § 11 Abs. 2 Satz 3 und 4 RPflG). Diese Folge resultiert aus § 321a Abs. 1 Satz 2 ZPO.

89 Die Anhörungsrüge ist gerichtet auf Fortführung des Prozesses in der gleichen Instanz. Daher spricht das Gesetz im Falle einer begründeten Rüge von einer Fortführung des Prozesses durch Abhilfe (§ 321a Abs. 1, Abs. 5 ZPO). Auch wenn somit die Bindung des Gerichts an seine eigene Entscheidung nur auf Rüge hin gelöst wird, wird in § 321a ZPO eine Ausnahme von § 318 ZPO gesehen.[134] Zur Rechtfertigung wird darauf hingewiesen, dass die Entscheidung andernfalls auf eine Verfassungsbeschwerde hin hätte aufgehoben werden können.[135]

90 War die Rechtskraft bereits eingetreten (die Erhebung der Rüge verhindert dies nicht), dann stellt die Fortführung des Prozesses eine Durchbrechung der Rechtskraft dar, ähnlich der Wiedereinsetzung (§§ 233 ff. ZPO) oder Wiederaufnahme des Verfahrens (§§ 578 ff. ZPO).[136]

91 Die Wiederaufnahme durch Nichtigkeitsklage gemäß § 579 Abs. 1 Nr. 4 ZPO regelt mit der nicht gesetzeskonformen prozessualen Vertretung einen Spezialfall der Verletzung rechtlichen Gehörs. Auch die Subsidiarität der Gehörsrüge nach § 321a Abs. 1 Nr. 1 ZPO rechtfertigt keine analoge Anwendung des § 579 Abs. 1 Nr. 4 ZPO auf andere Gehörsverletzungen. Um die gegenüber § 586 ZPO strengere Fristregelung des § 321a Abs. 2 ZPO nicht zu unterlaufen, ist dies auch dann anzunehmen, wenn die Gehörsrüge nach § 321a ZPO verfristet ist. Die Unterschiede in den Regelungen zur Frist im Falle von Gehörsverletzungen sind allerdings unbefriedigend.

92 Die Wiederaufnahme des Verfahrens durch Restitutionsklage gemäß § 580 Nr. 8 ZPO[137] kann ebenfalls darauf gestützt werden, dass die Entscheidung auf der Verletzung rechtlichen Gehörs beruht. Dieses Verfahrensgrundrecht ist nämlich Komponente des Rechts auf ein faires Verfahren nach Art. 6 EMRK, dessen Verletzung wiederum in erster Linie in Frage kommt für eine Feststellung des EGMR i. S. d. § 580 Nr. 8 ZPO.[138]

93 Zum Verhältnis des Anspruchs auf rechtliches Gehör zu anderen Verfahrensgrundrechten und zur Frage der entsprechenden Anwendung des § 321a ZPO auf die Verletzung anderer Verfahrensrechte s. u. Rn. 104 ff.

M. Gegenvorstellung

I. Allgemeines

94 Bei der Gegenvorstellung handelt es sich um einen in der ZPO nicht geregelten Rechtsbehelf, mit dem die Korrektur einer Entscheidung in derselben Instanz

---

rügengesetz hat mehr Probleme geschaffen als gelöst; vgl. nur die einige Probleme herausgreifende Darstellung von *Desens*, NJW 2006, 1243. S. auch unten Rn. 94 ff. zur Gegenvorstellung.
134 *Musielak*, in: *Musielak*, ZPO, § 321a Rn. 2; BGH, Beschl. vom 7.3.2002 – IX ZB 11/02, NJW 2002, 1577. Für diese Sichtweise spricht ein Vergleich mit § 572 Abs. 1 S. 2 ZPO.
135 BGH NJW 2002, 1577.
136 BT-Dr 15/3706, S. 14 (17); BGH, Beschl. vom 24.2.2005 – III ZR 263/04, NJW 2005, 1432.
137 Eingefügt mit Wirkung vom 31.12.2006 durch das 2. Justizmodernisierungsgesetz. Kritisch zur systematischen Einordnung als Restitutions- statt als Nichtigkeitsklage *Braun*, NJW 2007, 1620 (1621).
138 *Braun*, NJW 2007, 1620 (1621).

erreicht werden soll.[139] Die Statthaftigkeit einer Gegenvorstellung ist innerhalb der obersten Fachgerichte umstritten.[140] Nach dem BVerfG genügt sie zwar rechtsstaatlichen Anforderungen an die Rechtsmittelklarheit nicht; dies führe aber nicht dazu, von Verfassungs wegen bereits die Zulässigkeit einer Gegenvorstellung als einer Abhilfemöglichkeit zu verneinen.[141] Die Grundlage der Gegenvorstellung kann man in der Abhilfebefugnis gemäß § 572 Abs. 1 ZPO sehen.[142] In der Sache nichts anderes ist gemeint, wenn für diese Abhilfebefugnis keine zulässige,[143] nicht einmal eine statthafte[144] Beschwerde gefordert wird. Die allgemeine Gegenvorstellung wird aber durch die Rüge nach § 321a ZPO als ihre Spezialausprägung verdrängt; diese ist richtiger Auffassung nach entsprechend auf die Verletzung anderer Verfahrensrechte anwendbar (s. u. Rn. 104 ff.). Das BVerfG mochte sich im Falle einer Gegenvorstellung gegen eine Nichtannahmeentscheidung des BVerfG nicht endgültig festlegen, ob nicht doch bei Verletzung des Art. 103 Abs. 1 GG (in concreto: Außerachtlassung von entscheidungserheblichem, dem BVerfG vorliegenden Prozessstoff) *„ausnahmsweise"* eine Abänderungsbefugnis eigentlich unabänderbarer (in concreto: § 93d Abs. 1 Satz 2 BVerfGG) Entscheidungen zu bejahen ist.[145]

95 Die Zahl der Gegenvorstellungen ist in der Praxis aller Gerichte und Instanzen erheblich. Der BGH ist in allen Senaten mit einer großen Zahl von Gegenvorstellungen befasst, auch in Zwangsversteigerungssachen.[146]

96 Soll einer Gegenvorstellung stattgegeben werden, dann sind richtiger Auffassung nach diejenigen Grenzen einzuhalten, die auch für die **Abänderbarkeit der Entscheidung von Amts wegen** gelten. Nur diese Beschränkung der Überprüfung der Entscheidung in der gleichen Instanz wird auch den Anforderungen gerecht, die das BVerfG an die Rechtsbehelfsklarheit formuliert hat.[147] Freilich sind die Grenzen der Abänderbarkeit von Beschlüssen nicht leicht zu ermitteln. Anders ist dies für Urteile (§§ 318 ff. ZPO). Das BVerfG hat im Hinblick auf diese Fragen ausgeführt, die Gegenvorstellung dürfe nicht dazu führen, dass gesetzlich geregelte Bindungen des Gerichts an seine eigenen Entscheidungen, wie insbesondere die Innenbindung während des laufenden Verfahrens nach § 318 ZPO ohne gegenläufige gesetzliche Grundlage übergangen würden. Eine solche Bindung bestehe insbesondere für gerichtliche Entscheidungen, die ungeachtet etwaiger Rechtsfehler nach dem jeweiligen Ver-

---

139 BGH, Beschl. vom 17.3.1982 – IVa ZB 5/82, VersR 1982, 598; BGH, Beschl. vom 12.2.1986 – IVa ZR 138/83, MDR 1986, 654; BGH, Beschl. vom 7.3.2002 – IX ZB 11/02, NJW 2002, 1577; *Ball*, in: *Musielak*, ZPO, § 567 Rn. 7, 26.
140 Nachweise bei BVerfG, Beschl. vom 25.11.2008 – 1 BvR 848/07, NW 2009, 829, 831 (Rn. 37).
141 BVerfG (oben Fn. 140), Rn. 36.
142 So überzeugend *Lipp*, in: *MünchKomm*-ZPO, Vorb §§ 567 ff. Rn. 7.
143 Zweifelnd OLG Schleswig, Beschl. vom 6.1.2004 – 16 W 170/03, SchlHA 2004, 315.
144 Vgl. *Ball*, in: *Musielak*, ZPO, § 572 Rn. 4 m.w.N., der bei fehlender Statthaftigkeit davon spricht, dass der in der Beschwerde liegenden Gegenvorstellung abgeholfen werde.
145 BVerfG, Beschl. vom 13.2.2008 – 2 BvR 256/08, NJW 2008, 1582.
146 Vgl. paradigmatisch BGH, Beschl. vom 5.1.2009 – LwZR 12/07, juris (Änderung des Gegenstandswerts); Beschl. vom 15.12.2008 – IX ZB 273/08, juris (Unanfechtbarkeit der Entscheidung über die Gegenvorstellung); Beschl. vom 19.5.2008 – V ZA 4/08, juris (Ablehnungsgesuch „gegen die Richterbank"); Beschl. vom 10.7.2008 – V ZR 288/02, juris (Streitwert des Revisionsverfahrens); Beschl. vom 5.10.2006 – V ZB 168/05, juris (fehlende Statthaftigkeit der Gegenvorstellung, da der Senat keine Möglichkeit der nachträglichen Abänderung der Senatsentscheidung sieht, sowie zum Wert des Rechtsbeschwerdeverfahrens in einer Teilungsversteigerung); Beschl. vom 5.10.2006 – V ZB 38/06, juris (keine Bedeutung eines etwaigen Verstoßes gegen Verfahrensgrundrechte im konkreten Fall einer Beschwerdeentscheidung im Zwangsversteigerungsverfahren) und Beschl. vom 14.4.2005 – V ZB 34/05, juris (u.a.: erfolglose Gegenvorstellung bei unzulässiger Rechtsbeschwerde).
147 S. zu diesen Kriterien BVerfG, Plenarbeschluss vom 30.4.2003 – 1 PBvU 1/02 = BVerfGE 107, 395 = NJW 2003, 1924; dazu u.a. *Voßkuhle*, NJW 2003, 2193. Näher dazu oben bei Rn. 88.

fahrensrecht in Rechtskraft erwachsen und deshalb weder mit ordentlichen Rechtsbehelfen angegriffen noch vom Gericht selbst abgeändert werden können. Die Bindung der Gerichte sei hier von besonderer Bedeutung, weil der materiellen Rechtskraft gerichtlicher Entscheidungen auch wesentliche rechtsstaatliche Funktion zukomme.[148]

97 Was zunächst § 318 ZPO angeht, so kann nicht generell gesagt werden, ob für Beschlüsse eine dieser Vorschrift ähnliche Bindung besteht.[149] Jedenfalls lässt sich eine Bindung nicht schon unter Hinweis auf die fehlende Erwähnung des § 318 ZPO in § 329 Abs. 1 Satz 2 ZPO verneinen,[150] da sich § 329 ZPO nur mit Fragen der Verkündung und der Zustellung von Beschlüssen und Verfügungen beschäftigt. Auch der Vorschrift des § 572 Abs. 5 Satz 2 ZPO lässt sich hierzu nichts entnehmen, denn dort sind die Fälle der §§ 99 Abs. 2, 387 Abs. 3 ZPO gemeint, also die direkte Anwendung des § 318 ZPO (Urteil).[151] Für ZVG-Verfahren steckt allerdings § 79 ZVG einen Bereich fehlender Innenbindung ab. Dieser Bereich umfasst auch eine Reihe der Beschwerde unterliegender Entscheidungen (s. oben Rn. 64 und § 79 Rn. 7), so dass die Unanfechtbarkeit hier nicht notwendig zur Innenbindung führt und somit in diesem Bereich auch vor dem Hintergrund der Vorgaben des BVerfG (oben Rn. 96) Raum für eine Änderung aufgrund einer Gegenvorstellung sein dürfte.

98 Von vornherein kein schutzwürdiges Vertrauen auf den Fortbestand der Entscheidung besteht, so lange die Beschwerdefrist läuft. In diesem Zeitraum ist eine Bindung des Gerichts an seine eigenen Beschlüsse zu verneinen. Da somit eine Änderung von Amts wegen zulässig ist,[152] kann auch einer Gegenvorstellung stattgegeben werden. Mit den vom BVerfG aufgestellten Grundsätzen (oben Rn. 96) ist dies vereinbar.

99 Wird ein Beschluss rechtskräftig, dann kann einer Gegenvorstellung nach den Vorgaben des BVerfG[153] nicht mehr stattgegeben werden (s. aber soeben Rn. 97). Das Gericht spricht dabei ausdrücklich von materieller Rechtskraft, stellt aber im Satz zuvor mit der fehlenden Anfechtbarkeit auf die nur formelle Rechtskraft ab, so dass insoweit noch eine gewisse Unsicherheit besteht. Auch Beschlüsse können materiell rechtskräftig werden. Dazu müssen sie aber einen Inhalt haben, der sich nicht nur auf das anhängige Verfahren bezieht, sondern darüber hinaus geht.[154]

100 Ein – für die ZVG-Verfahren relevanter – Fall der Bindung ist aber für die jeweils untere Instanz im Falle einer Entscheidung des Beschwerde- bzw. des Rechtsbeschwerdegerichts anzunehmen.[155]

---

148 BVerfG (oben Fn. 140), Rn. 39.
149 Vgl. *Musielak*, in: *Musielak*, ZPO, § 329 Rn. 12 ff; *Lipp*, in: *MünchKomm*-ZPO, Vorb. §§ 567 ff. Rn. 10.
150 So aber BGH, Beschl. vom 13.7.2006 – IX ZB 117/04 NJW-RR 2006, 1554 unter Hinweis auf *Lipp*, in: *MünchKomm*-ZPO, Vorb. §§ 567 ff. Rn. 9 (in der 3. Aufl. Rn. 10). Letzterer schließt aus dem fehlenden Verweis des § 329 Abs. 1 S. 2 ZPO auf § 318 ZPO auf das Fehlen einer Bindung als Regelfall. Der BGH hatte es allerdings mit einem Fall zu tun, in dem die Beschwerdefrist noch lief. Auch ist im ersten Leitsatz dieser Entscheidung von der Befugnis zur Abänderung einer Entscheidung von Amts wegen bis Ablauf der Beschwerdefrist die Rede.
151 BT-Drucks. 14/4722, S. 115.
152 So BGH, Beschl. vom 13.7.2006 – IX ZB 117/04, NJW-RR 2006, 1554. A.A. u.a. *Musielak*, in: *Musielak*, ZPO, § 329 Rn. 15: Bei Statthaftigkeit der Beschwerde schutzwürdiges Vertrauen auf Abänderung allein infolge dieser, nicht von Amts wegen.
153 BVerfG (oben Rn. 96).
154 *Gottwald*, in: *MünchKomm*-ZPO, § 329 Rn. 12.
155 *Lipp*, in: *MünchKomm*-ZPO, Vorb. § 567 Rn. 10 nimmt zudem eine § 318 ZPO entsprechende Bindung bei „urteilsersetzenden" Beschlüssen an und nennt §§ 522 Abs. 1, 552 Abs. 2 ZPO; *Ball*, in: *Musielak*, ZPO, § 567 Rn. 27 stellt darauf ab, ob die Beschlüsse der materiellen Rechtskraft fähig seien und nennt als Beispiele §§ 522, 544 Abs. 5 S. 3, 552, 552a ZPO.

Wird der Gegenvorstellung stattgegeben, dann ist der Gegner nach allgemeinen Grundsätzen zu hören.[156] In jedem Fall ist die Entscheidung zu begründen. **101**

Die Entscheidung über die Gegenvorstellung ist unanfechtbar. Etwas anderes gilt nur, soweit der Gegenvorstellung stattgegeben wird und dem Gegner bei einer entsprechenden Ausgangsentscheidung ein Rechtsbehelf zur Verfügung gestanden hätte.[157] **102**

Für die Gegenvorstellung besteht kein Anwaltszwang.[158] **103**
Es entstehen keine Gerichtsgebühren.[159]

II. Gegenvorstellung wegen der Verletzung von Verfahrensgrundrechten

Soweit die Gegenvorstellung auf die Verletzung von Verfahrensgrundrechten gestützt wird, ist u.E. eine Analogie zu § 321a ZPO am überzeugendsten.[160] **104**

Eine Analogie ist aber nur erforderlich, soweit § 321a ZPO nicht direkt eingreift. So lässt sich etwa der üblicherweise aus Art. 2 Abs. 1 GG i.V.m. dem Rechtsstaatsprinzip hergeleitete[161] Anspruch auf ein faires Verfahren und in eingeschränkter Weise auch der Grundsatz der Waffengleichheit auf den Anspruch auf rechtliches Gehör des Art. 103 Abs. 1 GG zurückführen.[162] Dies zeigt sich etwa auch daran, dass die Gewährung rechtlichen Gehörs als Aspekt des fairen Verfahrens i.S.d. Art. 6 EMRK (relevant für § 580 Nr. 8 ZPO, s. Rn. 92) angesehen wird. Hält man diesen Zusammenhang nicht für ausreichend für eine direkte Anwendung des § 321a ZPO, so liegt darin zumindest ein weiteres[163] Argument für eine Analogie. Bezeichnend ist in diesem Zusammenhang die Auffassung des BVerfG, den Anspruch auf rechtliches Gehör beim Verfahren vor dem Rechtspfleger auf den Grundsatz des fairen Verfahrens statt auf Art. 103 Abs. 1 GG zu stützen.[164] **105**

Soweit die Verletzung von Verfahrensgrundrechten nicht auf § 321a ZPO direkt gestützt werden kann, kommt als Grundlage für die dann zu befürwortende Gegenvorstellung eine Analogie zu § 321a ZPO in Betracht. Zunächst geht es bei dem Anspruch auf rechtliches Gehör ebenfalls um ein Verfahrensgrundrecht; auch entscheidet bei § 321a ZPO ebenfalls der iudex a quo **106**

---

156 *Hartmann*, in: Baumbach/Lauterbach/u.a., ZPO, Grundz. § 567 Rn. 9 unter Hinweis auf BVerfG, Beschl. vom 9.7.1980 – 2 BvR 701/80, BVerfGE 55, 5.
157 *Ball*, in: *Musielak*, ZPO, § 567 Rn. 28; *Hartmann*, in: Baumbach/Lauterbach/u.a., ZPO, Grundz. § 567 Rn. 10.
158 *Ball*, in: *Musielak*, ZPO, § 567 Rn. 28; *Hartmann*, in: Baumbach/Lauterbach/u.a., ZPO, Grundz. § 567 Rn. 8.
159 *Hartmann*, ZPO, Grundz. § 567 Rn. 9.
160 I.E. ebenso BGH, Beschl. v. 19.1.2006 – I ZR 151/02, NJW 2006, 1978. AA BGH, Beschl. vom 17.7.2008 – V ZR 149/07, NJW-RR 2009, 144; BFH, Beschl. vom 17.6.2005 – VI S 3/05, NJW 2005, 2639 (2640); *Musielak*, in: *Musielak*, ZPO, § 321a Rn. 6 mwN. in Fn. 19, der die Frage der Anerkennung einer Gegenvorstellung wegen Verletzung anderer Verfahrensgrundrechte „außerhalb des Anwendungsbereichs des § 321a" ZPO aber offen lässt (bejahend dagegen wohl *Musielak*, in: *Musielak*, ZPO, § 329, Rn. 16) und bejahendenfalls dann doch Form und Frist der Vorschrift des § 321a ZPO entnehmen will.
161 BVerfG, Beschl. vom 20.6.1995 – 1 BvR 166/93, BVerfGE 93, 99 (113) = NJW 1995, 3173; BGH, Beschl. vom 11.5.2004 – XI ZB 39/03, NJW 2004, 2222 (2224).
162 *Leipold*, in: *Stein/Jonas*, ZPO, Vor § 128 Rn. 93; *Musielak*, in: *Musielak*, ZPO, § 321a Rn. 6a; *Musielak*, in: *Musielak*, ZPO, Einl. 28 ff.
163 Zur analogen Anwendung des § 321a ZPO sogleich Rn. 106.
164 BVerfG, Beschl. vom 18.1.2000 – 1 BvR 321/96, BVerfGE 101, 397 = NJW 2000, 1709 = Rpfleger 2000, 205. Zur Kritik an dieser Auffassung s. *Eickmann*, Zwangsversteig.- u. Zwangsverwalt. Recht, § 3 II 4; *Stöber*, ZVG, Einl. Rz 46.2; *Dümig*, Rpfleger 2000, 248; *Gottwald*, FamRZ 2000, 1477; *Pawlowski*, JZ 2000, 913; *Habscheid*, Rpfleger 2001, 1 und 209.

(§ 321a Abs. 1, Abs. 5 ZPO: Abhilfe; Fortführung des Rechtsstreits). § 321a ZPO lässt sich somit als Spezialfall einer (befristeten) Gegenvorstellung verstehen. Die Fristen des § 321a Abs. 2 ZPO sind bei der analogen Anwendung ebenfalls zu beachten.[165]

Für die Analogie zu § 321a ZPO spricht weiter, dass mit der Gegenvorstellung bei Verletzung anderer Verfahrensgrundrechte – trotz der fehlenden gesetzlichen Regelung – ebenfalls eine Durchbrechung der Rechtskraft möglich sein sollte. Denn das im Zusammenhang mit § 321a ZPO vorgetragene Argument, ein Fortbestand der Entscheidung wäre andernfalls wegen der Möglichkeit der Verfassungsbeschwerde unsicher gewesen, greift hier ebenfalls. Daher steht der Gegenvorstellung wegen der Verletzung sonstiger Verfahrensgrundrechte auch im Bereich des ZVG nichts entgegen. Dass eine Beschwerde gegen die Nichtzulassung der Rechtsbeschwerde zur Entlastung des BGH bewusst nicht vorgesehen wurde[166] und die Verletzung von Verfahrensgrundrechten unter § 543 Abs. 2 Nr. 1 ZPO subsumiert wird,[167] der wortgleich mit § 574 Abs. 2 Nr. 1 i.V.m. Abs. 3 Satz 1 ZPO ist, ändert nichts.[168] Damit ist nur die Möglichkeit zur Überprüfung der Entscheidung des Beschwerdegerichts in der nächsten Instanz ein Riegel vorgeschoben.

107 Sieht man in § 321a ZPO eine Ausnahme von der Bindung gemäß § 318 ZPO,[169] dann wäre diese Ausnahme trotz fehlender gesetzlicher Regelung für die Gegenvorstellung betreffend andere Verfahrensgrundrechte ebenfalls anzuerkennen. Unabhängig von dieser dogmatischen Frage stehen die Vorgaben des BVerfG (Bindungswirkung für das Gericht als Grenzen für die Gegenvorstellung, s. o. Rn. 96) der analogen Anwendung des § 321a ZPO als Grundlage für die Gegenvorstellung wegen Verletzung anderer Verfahrensgrundrechte wohl nicht entgegen.

108 § 321a ZPO lässt sich auch nicht als abschließende Regelung begreifen, was die fachgerichtliche Überprüfung der Verletzung von Verfahrensgrundrechten insgesamt betrifft. Denn der Gesetzgebungsauftrag des BVerfG betraf nur die Gehörsrüge. Auch nach Auffassung des Gesetzgebers zu § 321a ZPO n. F. 2005 sollen als außerordentliche Rechtsbehelfe die Gegenvorstellung oder (was richtigerweise abzulehnen ist) die außerordentliche Beschwerde durch § 321a ZPO nicht ausgeschlossen sein.[170]

---

165 So auch *Musielak*, in: *Musielak*, ZPO, § 329 Rn. 16; § 321a Rn. 6 für den Fall der Anerkennung einer Gegenvorstellung und trotz Ablehnung der Analogie zu § 321a ZPO. Für Fristgebundenheit der Gegenvorstellung wegen Verletzung von Verfahrensgrundrechten auch BGH, Beschl. vom 7.3.2002 – IX ZB 11/02, NJW 2002, 1577, wobei eine entsprechende Heranziehung der Notfrist von zwei Wochen gemäß § 321a Abs. 2 S. 2 (sic!) ZPO „zu erwägen" sei. Für die Anwendung der Zwei-Wochen-Frist nach § 321a Abs. 2 S. 1 ZPO, OLG Dresden, Beschl. vom 17.10.2004 – 21 UF 527/05, 21 UF 0527/05, NJW 2006, 851. Für die Anwendung der Jahresfrist des § 321a II 2 ZPO, BFH, Beschl. vom 5.12.2002 – IV B 190/02, NJW 2003, 919 (920); OLG Koblenz Beschl. vom 26.2.2008 – 13 WF 2/08, MDR 2008, 644.
166 BT-Drucks. 14/4722, S. 116 re. Sp.; BGH, Beschl. vom 7.3.2002 – IX ZB 11/02, NJW 2002, 1577.
167 BT-Drucks. 14/4772, S. 104, re. Sp.; BGH NJW 2002, 1577. Aber Verletzung rechtlichen Gehörs als Problem der einheitlichen Rechtsprechung? So *Musielak*, in: *Musielak*, ZPO, § 321a Rn. 4: „nunmehr einheitliche Rechtsprechung" unter Hinweis auf BGH, Beschl. vom 11.5.2004 – XI ZB 39/03, NJW 2004, 2222 (2223), Beschl. vom 5.4.2005 – VIII ZR 160/04, NJW 2005, 1950; Beschl. vom 20.11.2007 – VI ZR 38/07, NJW 2008, 923 sowie BVerfG, Gehörsrüge, 9.7.2007, 1 BvR 646/06, NJW 2007, 3418, 3419.
168 A.A. offenbar *Stöber*, ZVG, § 95 Rn. 2.7; *Hintzen*, in: *Dassler/Schiffhauer/u.a.*, ZVG, § 95 Rn. 44.
169 S. dazu Rn. 89.
170 Amtl. Begr. zum Anhörungsrügengesetz (BT-Drucks. 15/3706), S. 14. Kritisch *Musielak*, in: *Musielak*, ZPO, § 321a Rn. 6 mwN in Fn.17.

109 Neben den Verfahrensgrundrechten verbleiben als **weitere Anwendungsbereiche der Gegenvorstellung**[171] zunächst die Zwischenentscheidungen über Verfahrensfragen. Was den Zuschlagsbeschluss vorbereitende Entscheidungen angeht, muss die Gegenvorstellung aber ausgeschlossen sein, soweit nach § 95 ZVG auch die Beschwerde ausgeschlossen ist. Statthaft ist die Gegenvorstellung weiter für Entscheidungen in unselbständigen Nebenverfahren wie z. B. betreffend die Erteilung einer Vollstreckungsklausel.[172]

N. Wiederaufnahme des Verfahrens

110 Eine echte „Wiederaufnahmebeschwerde" gegen Beschlüsse analog §§ 578 ff. ZPO ist mit Blick auf § 569 Abs. 1 Satz 3 ZPO richtiger Auffassung nach abzulehnen.[173] Zu §§ 579 Abs. 1 Nr. 4, 580 Nr. 8 ZPO s. auch oben Rn. 91 f.

O. Verfassungsbeschwerde

111 Wegen der hohen Grundrechtsrelevanz des ZVG-Verfahrens (s. den Abschnitt „Einfluss des GG") ist nach Erschöpfung des Rechtswegs (§ 90 Abs. 2 Satz 1 BVerfGG) auch an eine Verfassungsbeschwerde zu denken (Art. 93 Abs. 1 Nr. 4a GG, §§ 13 Nr. 8a, 90 Abs. 1 BVerfGG). Mit dieser kann nach Art. 93 Abs. 1 Nr. 4a GG auch die Verletzung von Verfahrensgrundrechten gerügt werden. Die Erschöpfung des Rechtswegs kann bei Geltendmachung der Verletzung rechtlichen Gehörs auch die erfolglose Erhebung der Anhörungsrüge (§ 321a ZPO) erfordern. Dies ist aber nur der Fall, wenn in der letzten Instanz, die die jeweilige Prozessordnung vorsieht, eine „neue und eigenständige" Verletzung dieses Verfahrensgrundrechts vorliegt;[174] – die fehlende Heilung einer Verletzung dieses Verfahrensgrundrechts in den Vorinstanzen genügt hierfür nicht.[175] Im Beschwerdeverfahren etwa ist der Rechtsweg nicht erst durch Erhebung der Anhörungsrüge, sondern schon mit Erhebung der Rechtsbeschwerde erschöpft, wenn es um einen Gehörsverstoß allein durch das Beschwerdegericht geht. Die Verletzung von Verfahrensgrundrechten betrifft die „Sicherung einer einheitlichen Rechtsprechung" i. S. d. § 574 Abs. 2 Nr. 2 ZPO.[176] Kann somit der Rechtsweg bei Geltendmachung einer Verletzung des Art. 103 Abs. 1 GG nach Lesart des BVerfG auch ohne Erhebung der Anhörungsrüge nach § 321a ZPO erschöpft sein, so nimmt das BVerfG andererseits Rücksicht auf den Umstand, dass der BGH noch nicht entschieden hat, dass die Anhörungsrüge nach § 321a ZPO nur bei einer neuen und eigenständigen Verletzung des Rechts zulässig ist. Trotz Erschöpfung des Rechtswegs (s. §§ 90 Abs. 2, 93 BVerfGG) beginnt die Beschwerdefrist noch nicht zu laufen, wenn der Beschwerdeführer zunächst die – ja zumindest nicht offensichtlich unzulässige – Anhörungsrüge erhoben hat.[177]
Was die Erschöpfung des Rechtswegs im Falle der Verletzung anderer Verfahrensgrundrechte betrifft, so ist dort ebenfalls die „Sicherung einer einheitlichen

---

171 S. zum Folgenden *Hartmann*, ZPO, Grundz. § 567 Rn. 6.
172 BGH, Beschl. vom 23.11.1983 – IVa ZR 161/83 NJW 1984, 806.
173 S.o. Rn. 80.
174 BVerfG, Nichtannahmebeschluss v. 9.7.2007 – 1 BvR 646/06, BVerfGE NJW 2007, 3418 (3419) unter Hinweis auf BVerfG. Plenumsbeschluss v. 30.4.2003 – 1 PBvU 1/02, BVerfGE 107, 395 (410) = NJW 2003, 1924.
175 BVerfG, Nichtannahmebeschluss v. 5.5.2008 – 1 BvR 562/08, NJW 2008, 2635 m. Anm. *Zuck*; BGH, Beschl. vom 13.12.2007 – I ZR 47/06, NJW 2008, 2126 f.; S. auch oben Rn. 86.
176 BVerfG NJW 2007, 3418 (3419) (s. o. Fn. 174) für den insoweit gleichlautenden § 543 Abs. 2 Nr. 2 ZPO zur Zulassung der Revision; BGH, Beschl. vom 26.1.2009 – II ZB 6/08, NJW 2009, 1083, 1084 für die Rechtsbeschwerde.
177 BVerfG NJW 2007, 3418 (3419) (s. o. Fn. 174).

Rechtsprechung" i. S. d. §§ 574 Abs. 2 Nr. 2, 543 Abs. 2 Nr. 2 ZPO betroffen. Allerdings zählt die Gegenvorstellung laut BVerfG nicht zu dem Rechtsweg, dessen Erschöpfung § 90 Abs. 2 S. 1 BVerfGG grundsätzlich als Voraussetzung für die Zulässigkeit einer Verfassungsbeschwerde bestimmt.[178] Ihre Einlegung hält die Frist zur Einlegung und Begründung der Verfassungsbeschwerde daher nicht offen. Seit den dahingehenden Äußerungen des BVerfG wäre eine entsprechende Versäumung der Frist auch nicht mehr unverschuldet, so dass eine Wiedereinsetzung in den vorigen Stand (§ 93 Abs. 2 S. 4 BVerfGG) nicht mehr in Frage käme.[179]

112 Setzt die Erschöpfung des Rechtswegs die Durchführung des Anhörungsrügeverfahrens voraus, dann müssen nach Auffassung des BVerfG[180] alle in der Verfassungsbeschwerde dargelegten, nicht offensichtlich aussichtslosen Gehörsrügen auch Gegenstand der fachgerichtlichen Anhörungsrüge gewesen sein. Dies gilt nach dem BVerfG jedenfalls in Fällen, in denen sich die erstmals in der Verfassungsbeschwerde behauptete Gehörsverletzung auf den gesamten Streitgegenstand des fachgerichtlichen Verfahrens erstreckt.[181] Die Verfassungsbeschwerde ist dann auch nicht etwa beschränkt auf diejenigen Gehörsrügen zulässig, die bereits im Rahmen der Rüge nach § 321a ZPO vorgetragen wurden.

P. Dienstaufsichtsbeschwerde

113 Die Dienstaufsichtsbeschwerde ist ein Instrument des Justizverwaltungsrechts und somit kein ordentlicher Rechtsbehelf. Sie ist formlos und während des gesamten Verfahrens zulässig, wegen des in ihr liegenden direkten Angriffs gegen den Betroffenen aber auch unter taktischen Gesichtspunkten meist nicht zu empfehlen.[182] Dienstaufsichtsbeschwerden können sich von vornherein nur gegen das Verhalten des Bediensteten wenden, nicht gegen seine Sachentscheidung. Rechtspfleger (§ 9 RPflG) und Richter (§ 25 f. DRiG[183]) sind – anders als Verwaltungsbeamte – sachlich (Rechtspfleger) bzw. sachlich und persönlich (Richter) unabhängig und daher Weisungen auch bei tatsächlich unrichtiger Sachbehandlung nicht unterworfen. Deshalb sind Maßnahmen der Dienstaufsicht von vornherein unzulässig, die den Inhalt richterlicher bzw. vom Rechtspfleger getroffener Entscheidungen betreffen, einschließlich der Handlungen, die diese Entscheidungen vorbereiten.[184]

114 Im Übrigen dürften die der Dienstaufsichtsbeschwerde zugrunde liegenden Sachverhalte oft auch die Besorgnis der Befangenheit nach den §§ 42 ff. ZPO begründen. Diese Vorschriften sind gemäß § 10 RPflG auch auf den Rechtspfleger anzuwenden. Es ist daher zu empfehlen, anstelle der im Ergebnis nahezu aussichtslosen Dienstaufsichtsbeschwerde das Ablehnungsgesuch des § 44 ZPO anzubringen, das zur justizförmigen Überprüfung des beanstandeten Sachverhaltes oder Verhaltens des Richters bzw. Rechtspflegers führt und

---

178 BVerfG, Beschl. vom 25.11. 2008 – 1 BvR 848/07, NJW 2009, 829, 831 (Rn. 38).
179 Vgl. BVerfG (Fn. 178), Rn. 41 ff.
180 BVerfG, Nichtannahmebeschluss v. 27.6.2007 – 1 BvR 1470/07, NJW 2007, 3054 für die Anhörungsrüge nach § 321a ZPO.
181 BVerfG, Nichtannahmebeschluss v. 25.4.2005 – 1 BvR 644/05, NJW 2005, 3059 f. („Queen Mary II").
182 Storz/Kiderlen, Praxis, B 8.2.1.7.
183 Nach BGH Dienstgericht des Bundes, Urteil vom 16.10.2008 – RiZ (R) 2/08, NJW-RR 2009, 561 ist ein Rechtspfleger trotz seiner sachlichen Unabhängigkeit (§ 9 RPflG) nicht befugt, eine Maßnahme der Dienstaufsicht nach § 62 Nr. 4 lit. e DRiG i. V. m. § 26 Abs. 3 DRiG anzufechten.
184 Vgl. BGH, Urteil vom 31.1.1984 – RiZ (R) 1/83, NJW 1984, 2535.

der Beschwerde zugänglich ist (§ 46 Abs. 2 ZPO).[185] Voraussetzung ist die aus Sicht eines vernünftigen Verfahrensbeteiligten auf objektiven Tatsachen gründende Besorgnis, der Richter (bzw. Rechtspfleger) sei möglicherweise nicht unparteiisch. Der geltend gemachte Ausschließungs- bzw. Ablehnungsgrund ist (mindestens) glaubhaft zu machen.[186]

Q. Aufsichtsbeschwerde

Die Aufsichtsbeschwerde, für deren Rechtsnatur dasselbe gilt wie für die Dienstaufsichtsbeschwerde, wendet sich – zumindest überwiegend – nicht gegen das dienstliche Verhalten des Entscheidungsträgers, sondern gegen die von ihm getroffene Sachentscheidung. Sie muss aus den soeben Rn. 113 dargestellten Gründen erfolglos bleiben. S. im Übrigen auch Rn. 114.

115

---

185 Zu den Voraussetzungen des Ablehnungsgesuchs, u.a. zur Glaubhaftmachung des Ausschlusses bzw. der Befangenheit und zur Fülle der hierunter zu subsumierenden Sachverhalte, darf auf die Kommentierungen zur ZPO verwiesen werden. Vgl. statt aller *Hüßtege*, in: Thomas/Putzo, ZPO, § 42 Rn. 8, 10 – 12; *Vollkommer*, in: Zöller, ZPO, § 42 Rn. 11–24.
186 Vgl. *Stöber*, ZVG, Einl. Rn. 26.1 m. w. N.; *Hüßtege* (Fn. 185), § 42 Rn. 9. m. w. N. (h. M.)

§ 765a ZPO Vollstreckungsschutz

(1) Auf Antrag des Schuldners kann das Vollstreckungsgericht eine Maßnahme der Zwangsvollstreckung ganz oder teilweise aufheben, untersagen oder einstweilen einstellen, wenn die Maßnahme unter voller Würdigung des Schutzbedürfnisses des Gläubigers wegen ganz besonderer Umstände eine Härte bedeutet, die mit den guten Sitten nicht vereinbar ist. Es ist befugt, die in § 732 Abs. 2 bezeichneten Anordnungen zu erlassen. Betrifft die Maßnahme ein Tier, so hat das Vollstreckungsgericht bei der von ihm vorzunehmenden Abwägung die Verantwortung des Menschen für das Tier zu berücksichtigen.

(2) Eine Maßnahme zur Erwirkung der Herausgabe von Sachen kann der Gerichtsvollzieher bis zur Entscheidung des Vollstreckungsgerichts, jedoch nicht länger als eine Woche, aufschieben, wenn ihm die Voraussetzungen des Absatzes 1 Satz 1 glaubhaft gemacht werden und dem Schuldner die rechtzeitige Anrufung des Vollstreckungsgerichts nicht möglich war.

(3) In Räumungssachen ist der Antrag nach Absatz 1 spätestens zwei Wochen vor dem festgesetzten Räumungstermin zu stellen, es sei denn, dass die Gründe, auf denen der Antrag beruht, erst nach diesem Zeitpunkt entstanden sind oder der Schuldner ohne sein Verschulden an einer rechtzeitigen Antragstellung gehindert war.

(4) Das Vollstreckungsgericht hebt seinen Beschluss auf Antrag auf oder ändert ihn, wenn dies mit Rücksicht auf eine Änderung der Sachlage geboten ist.

(5) Die Aufhebung von Vollstreckungsmaßregeln erfolgt in den Fällen des Absatzes 1 Satz 1 und des Absatzes 4 erst nach Rechtskraft des Beschlusses.

Schrifttum: (Auswahl im Wesentlichen jüngerer Publikationen, siehe insbesondere für Standardwerke auch das Gesamtliteraturverzeichnis)
Bartels, Klaus, Der Verzicht auf den gesetzlichen Vollstreckungsschutz, Rpfleger 2008, 397–404; *Beyer, Lars*, Suizidgefahr des Versteigerungsschuldners als nachträglicher Beschwerdegrund, ZfIR 2006, 535 (*Anmerkung zu BGH, Beschl. vom 24.11.2005 – V ZB 99/05, NJW 2006, 505 = Rpfleger 2006, 147*); *Bittmann*, Anmerkung zu BVerfG, Beschl. vom 19.10.1982 zu 1 BvL 34/80 u. a., BVerfGE 61, 126 = NJW 1983, 559 = Rpfleger 1983, 80, Bespr. S. 261 (*Rechtliche Unbedenklichkeit des Antragsverfahrens zu § 765a ZPO unter dem Aspekt der Selbstbestimmtheit des Schuldners*); *Fischer, Nikolaj*, Die unverhältnismäßige Zwangsvollstreckung, Rpfleger 2004, 599–604.; *Schlink, Bernhard*, Korrektur von Gerichtsentscheidungen durch die Polizei? NJW 1988, 1689–1694; *Tetzlaff, Christian*, Anmerkung zu BGH, Beschl. vom 18.12.2008 zu V ZB 57/08, NJW 2009, 1283 = Rpfleger 2009, 259 = jurisPR-InsR 4/2009, Anm. 1 (*Antragsbefugnis des Schuldners im eröffneten Insolvenzverfahren im Hinblick auf § 765a ZPO*); *Vogel, Frank*, Schutzschriften auch im Zwangsvollstreckungsverfahren, NJW 1997, 554–556; *Walker, Wolf-Dietrich/Gruß, Miriam*, Räumungsschutz bei Suizidgefahr und altersbedingter Gebrechlichkeit, NJW 1996, 352–356

Übersicht

		Rn.
I.	Vorbemerkung, wesentliche Fallgruppen zum tatsächlichen Einsatzbereich der Schuldnerschutzvorschrift des § 765a ZPO	1–4
1.	Zielsetzung des § 765a ZVG, Überblick	1
2.	Die wesentlichen unter § 765a ZPO subsumierten Fallgruppen	2–4
II.	Strukturen des Vollstreckungsschutzes nach § 765a ZPO, Anwendungsbereich	5–7
III.	Die Grundsatznorm des § 765a Abs. 1 ZPO	8–24
1.	Die verfahrensrechtlichen Inhalte des § 765a Abs. 1 ZPO	8–16

	a) Antrag auf Vollstreckungsschutz und Antragsbefugnis	8–13
	b) § 765a ZPO im Insolvenzverfahren	14–16
2.	Die weiteren Tatbestandsvorausetzungen des § 765a Abs. 1 ZPO	17–22
3.	Die Folgen der untragbaren Härte, § 765a Abs. 1 Sätze 1 und 2 ZVG	23, 24
IV.	Der Aufschub durch den Gerichtsvollzieher bei der Vollstreckung in Herausgabe von Sachen, § 765a ZPO Abs. 3	25
V.	Der Antrag bei der Räumungsvollstreckung, § 765a Abs. 3 ZPO	26
VI.	Verfahren bei neuem Sachverhalt, Aufhebung von Vollstreckungsmaßnahmen, § 765a Abs. 4, 5, Abs. 1 Satz 2 ZPO	27–29
VII.	Fallgruppen des Vollstreckungsschutzes gem. § 765a ZPO	30–57
1.	Fallgruppe – Vollstreckungsschutz gegen die Räumung bei Gefährdung von Gesundheit und Leben	30–52
	a) Die Leitentscheidung des BVerfG aus dem Jahr 1979	30
	b) Weitere verfassungsgerichtliche Rechtsprechung	31–35
	c) Die Entscheidungspraxis des Bundesgerichtshofs zu der Fallgruppe	36–52
2.	Fallgruppe – Verschleuderung und ähnliche Konstellationen	53–57

I. Vorbemerkung, wesentliche Fallgruppen zum tatsächlichen Einsatzbereich der Schuldnerschutzvorschrift des § 765a ZPO

1. Zielsetzung des § 765a ZVG, Überblick

Der Kern der Bestimmung – ausgenommen Absatz 1 Sätze 2 und 3, Absatz 3 – geht auf das Gesetz über Maßnahmen auf dem Gebiet der Zwangsvollstreckung aus dem Jahre 1953 zurück.[1] Die späteren Ergänzungen der Vorschrift zu einstweiligen Anordnungen analog § 732 ZPO sind sachgerecht. Absatz 1 Satz 3 spiegelt die geänderte Haltung der Rechtsordnung zum Tier als Mitgeschöpf und zum Tierschutz.[2] Absatz 3 hilft Missbräuchen des Schuldners entgegen zu wirken und ist ein Instrument zur Wahrung des Gläubigerinteresses. Die Vorschrift versucht strukturell den Ausgleich zwischen Schuldner- und Gläubigerinteressen[3] in besonders gravierenden Situationen mit erheblicher Grundrechtsbeeinträchtigung der Beteiligten. Sie ist wie eine Art Generalklausel[4] des Vollstreckungsschutzes zu sehen, die den Interessenabgleich, auch im Sinne „praktischer Konkordanz"[5] nach der Rechtsprechung des BVerfG löst. Nicht von ungefähr hat sich das BVerfG auch öfter mit praktischen Konstellationen des § 765a ZPO befasst.

2. Die wesentlichen unter § 765a ZPO subsumierten Fallgruppen

Die in der Praxis wesentlichen Fallgruppen lassen sich auf grundlegende Konstellationen zurückführen, die, wie erwähnt, wesentliche Grundrechtsbeeinträchtigungen des Schuldners darstellen und bei deren Vorliegen die vom Staat ausgehende hoheitliche Zwangsvollstreckung nicht weiter durchgeführt wer-

---

1 Art. 1 Nr. 1 des Gesetzes vom 20.8.1953, BGBl. 1953 I 952.
2 Siehe zur Begrifflichkeit und das materielle Recht auch *Ellenberger*, in: Palandt, BGB, § 90a Rn. 1.
3 Siehe zu dem Grundsatz der Verhältnismäßigkeit in der Vollstreckung *Fischer*, Rpfleger 2004, 599 ff.
4 Siehe *Stöber*, in: Zöller, ZPO, § 765a Rn. 2.
5 Siehe etwa BVerfG, Beschl. vom 8.11.2007 – 2 BvR 2234/06, Juris = DRsp Nr. 2007/23290.

den darf. Zugleich folgt hieraus eine Kollision mit dem Gläubigerinteresse; das Unterbleiben der Vollstreckungsmaßnahme berührt zugleich dessen Grundrechtssphäre, nämlich die Durchsetzung der mit seinem Eigentum im Sinne des Art. 14 GG verbundenen und titulierten Forderung gegen den Schuldner. Geht man von dieser Ausnahmesituation aus, nimmt es nicht Wunder, dass die Gerichtspraxis es mit im Wesentlichen zwei Fallgruppen zu tun hat.

3 Die eine Fallgruppe, zu der Entscheidungen in den letzten Jahren erheblich zugenommen haben, ist dadurch geprägt, dass der Schuldner vorträgt, durch die (konkrete) Vollstreckungsmaßnahme werde **sein Leben oder seine Gesundheit** bzw. das Leben oder die Gesundheit naher **Angehöriger** (die mit ihm in Wohngemeinschaft bzw. in dem Versteigerungsobjekt leben) akut gefährdet bzw. es bestehe eine lebensbedrohliche Erkrankung. Am häufigsten ist dabei der Vortrag, es bestehe Suizidgefahr. Im Ergebnis betrifft diese Thematik die Versteigerung bzw. Räumung des selbstgenutzten Hauses oder der sonstigen Wohnung des Schuldners oder von nahen Angehörigen. Die Rechtsprechung unterscheidet, ob die Gefahr von der Versteigerung bzw. dem Zuschlag ausgeht oder von der befürchteten Räumungsvollstreckung (§ 93 ZVG, siehe die Kommentierung zu § 93 ZVG Rn. 12, 15 ff.). Besteht mit dem Angehörigen ein wirksamer Mietvertrag, stellt der Zuschlagsbeschluss ihm gegenüber demzufolge überhaupt keinen Titel dar; somit sollte der Antrag des Schuldners nach § 765a ZPO mit der Begründung der Gesundheitsgefahr des Angehörigen jedenfalls ganz weitgehend ohne Erfolg sein.

4 Die zweite Fallgruppe ist durch den Vortrag des Schuldners gekennzeichnet, die Vollstreckungsmaßnahme führe zur **Verschleuderung des Vollstreckungsgegenstandes** oder das Verfahren sei **unfair**.

II. Strukturen des Vollstreckungsschutzes nach § 765a ZPO, Anwendungsbereich

5 § 765a ZPO ist eine Schuldnerschutzvorschrift, die über die sonstigen Rechtsbehelfe im Vollstreckungsverfahren hinaus in **eng begrenzten Ausnahmefällen** „außerordentlichen" Schutz gegen formell und materiell ansonsten rechtmäßige Vollstreckungsmaßnahmen gewähren soll, wie bereits der Wortlaut zeigt. Die rechtspolitische Notwendigkeit der Vorschrift ist in der älteren Literatur nicht unumstritten.[6] § 765a ZPO dient aber nicht schlechthin nur dem Schutz vor Vollstreckungsmaßnahmen in „Härtefällen" aus „sozialen Gründen".[7] Vielmehr ist die auf der staatlichen Hoheitsgewalt beruhende Zwangsvollstreckung an dem Maßstab des Verfassungsrechts zu messen und zwar an dem Grundsatz der Verhältnismäßigkeit als Ausprägung des Rechtsstaatsprinzips ebenso wie an den Grundrechten, u. a. an Art. 2 Abs. 2 Satz 1 GG.[8] Im Sinne praktischer Konkordanz ist dann zwischen den Rechten des Gläubigers und denen des Schuldners abzuwägen.[9]

6 Die **Struktur der Bestimmung** und die systematische Stellung in der ZPO zeigt ihren Charakter als im Ergebnis ergänzender (wenn auch nicht subsidiärer)

---

6 Vgl. z. B. bei Lent/*Jauernig*, Zwangsvollstreckungs- und Konkursrecht, 13. Aufl., 1975, § 32 III, V, VI; *Schönke/Baur*, Zwangsvollstreckungs-, Konkurs- und Vergleichsrecht, 9. Aufl., 1974, § 45 I. *Jauernig* a. a. O., § 32 III, spricht gar aus damaliger Sicht bereits von „*Gläubigernot*".

7 Vgl. u. a. zu den Termini bei *Hüßtege*, in: *Thomas/Putzo*, ZPO, § 765a Rn. 3.

8 Zu der Notwendigkeit von Schutzmechanismen in der Rechtsordnung gegen Suizidgefährdung vgl. *di Fabio*, in: *Maunz/Dürig*, Grundgesetz, Art. 2 Abs. 2 Rn. 86 u. Fn. 6 m. w. N. Zu Einzelfällen in der Rechtsprechung vgl. nachfolgend VII.

9 BVerfG, Beschl. vom 3.10.1979 – 1 BvR 614/79, BVerfGE 52, 214 ff. = NJW 1979, 2607 = Rpfleger 1979, 450, III 1. der Gründe (*Untersagung der Räumungsvollstreckung einer Mietwohnung bei Suizidgefahr*).

Rechtsbehelf, der neben den bestehenden Schuldnerschutzbestimmungen steht und die unvermeidbaren Härten des (notgedrungen) sehr förmlichen Vollstreckungsrechts in extremen Fällen mildert.[10] § 765a ZPO richtet sich gegen konkrete Zwangsvollstreckungsmaßnahmen.[11] Damit ist nicht die Versagung der Zwangsvollstreckung gegen den Schuldner insgesamt betroffen, sondern einzelne Vollstreckungshandlungen.[12] Als Ausnahmeregel ist die Bestimmung nach der Rechtsprechung eng auszulegen, die *„Gesetzesanwendung"* muss geradezu *„zu einem ganz untragbaren Ergebnis"* führen.[13]

§ 765a Abs. 1 ZPO enthält die materiellen Voraussetzungen des Vollstreckungsschutzes, die ausfüllungsbedürftig sind sowie die Rechtsfolgen ihres Vorliegens. Absatz 2 befasst sich mit der Herausgabevollstreckung durch den Gerichtsvollzieher. Absatz 3 erfasst Besonderheiten bei Räumungssachen. Absatz 4 beantwortet die Frage nach den Folgen etwa formeller Rechtskraft der Entscheidungen nach Absatz 1. Absatz 5 dient der Rechtssicherheit, sollte dem Antrag des Schuldners entsprochen werden.

III. Die Grundsatznorm des § 765a Abs. 1 ZPO

1. Die verfahrensrechtlichen Inhalte des § 765a Abs. 1 ZPO

a) **Antrag auf Vollstreckungsschutz und Antragsbefugnis.** Vollstreckungsschutz nach § 765a ZPO wird nicht von Amts wegen gewährt, sondern nur auf **Antrag** des Schuldners, dem es frei steht, auch etwa unbillige Härten hinzunehmen.[14] Ein genereller vorzeitiger Verzicht ist indes nicht möglich.[15]

Antragsbefugt ist ausschließlich der **Schuldner** (wie der Wortlaut des Absatzes 1 belegt), nicht Dritte, mögen sie auch ein rechtliches Interesse am Gegenstand der Vollstreckung haben und mag auch objektiv die Vollstreckung eine mit den guten Sitten unvereinbare Härte darstellen.[16] Antragsbefugt ist damit auch nicht etwa der von der Vollstreckung unverhältnismäßig betroffene nahe Angehörige.[17]

Die **Antragstellung** kann formfrei erfolgen (zweckmäßig ist wie stets schriftliche Antragstellung), somit auch zu Protokoll der Geschäftsstelle des angerufenen Gerichts.[18] Dies gilt auch im Verfahren über die sofortige Beschwerde gegen die Entscheidung über den Antrag (§ 567 Abs. 3 ZPO), nicht jedoch für

---

10 So auch *Stöber*, in: Zöller, ZPO, § 765a Rn. 1.
11 Synonym mit *„Vollstreckungsmaßregel"*, siehe etwa § 765a Abs. 4, 769 Abs. 1, 771 Abs. 3, 776 ZPO.
12 Vgl. BGH, Beschl. vom 21.6.2004 – IXa ZB 267/03, Rpfleger 2004, 722 = NJW 2004, 3635, II 4b), aa) der Gründe, passim.
13 Vgl. das grundlegende, in weiterer Rechtsprechung und Schrifttum immer wieder zitierte Urteil des BGH vom 13.7.1965 – V ZR 269/62, BGHZ 44, 138 ff., Ls 2 und S. 143.
14 Unter dem Aspekt der Selbstbestimmtheit vom BVerfG bestätigt, Beschl. vom 19.10.1982 – 1 BvL 34/80 u.a., BVerfGE 61, 126 = NJW 1983, 559 = Rpfleger 1983, 80, Bespr. *Bittmann*, S. 261.
15 *Stöber*, in: Zöller, ZPO, § 765a Rn. 25; *Bartels*, Rpfleger 2008, 397 ff./404; OLG Hamm, Beschl. vom 30.9.1959, 15 W 383/59, NJW 1960, 104 f./105, zum öffentlichen Interesse als Gegenstand von Schuldnerschutzvorschriften; OLG Hamm, Beschl. vom 4.3.1965 – 5 W 23/65, NJW 1965, 1386 (*kein stillschweigender Verzicht des Schuldners auf § 765a ZPO durch gerichtlichen Vergleich*).
16 *Stöber*, in: Zöller, ZPO, § 765a Rn. 8, weist umgekehrt zu recht darauf hin, dass der Schuldner auch nicht Belange Dritter mit dem Antrag verfolgen darf. Der Schutz naher Angehöriger (siehe Abschnitt VII.) ist die von den Gerichten entwickelte Ausnahme.
17 In deren Interesse stellt dann der Schuldner den Antrag. Bei Gütergemeinschaft mit alleiniger Verwaltung durch einen Ehegatten ist auch der andere als Vollstreckungsschuldner antragsbefugt, jedenfalls dann, wenn der andere Ehegatte nicht handelt, LG Zweibrücken, Beschl. vom 28.7.1994 – 3 T 50/94, Rpfleger 1995, 222.
18 *Hüßtege*, in: Thomas/Putzo, ZPO, § 765a Rn. 6; siehe §§ 129a, 496 ZPO.

die Rechtsbeschwerde gegen die Beschwerdeentscheidung (§ 575 Abs. 1 ZPO; zugleich besteht Anwaltszwang durch einen beim BGH zugelassenen Anwalt, § 78 Abs. 1 Satz 3 ZPO).

11 Zeitlich kann der Antrag vom Beginn bis zur **Erledigung der Vollstreckungsmaßnahme**[19] gestellt werden, danach ist er infolge prozessualer Überholung wegen Wegfalls des in jedem Verfahren notwendigen Rechtsschutzinteresse unzulässig.[20] Im Einzelfall ist er bereits zulässig, wenn die konkrete Vollstreckungsmaßnahme droht, da das Gericht auch die **Maßnahme** von vornherein **untersagen** kann.[21] Der Schuldner könnte z. b. eine **Schutzschrift** beim Vollstreckungsgericht einreichen, um bereits die Anordnung der Versteigerung aus den Gründen des § 765a ZPO zu unterbinden, denn zu der Anordnung wird er nicht gehört.[22]

12 Im Rechtsbeschwerdeverfahren – z. B. der Zuschlagsbeschwerde – kann der **Antrag nicht mehr** erstmals gestellt werden, da die ihm zugrunde liegenden Tatsachen vom Rechtsbeschwerdegericht nicht mehr gewürdigt werden können (§§ 577 Abs. 2 Satz 4, 559 ZPO).[23]

13 Fehlt es an der **Prozessfähigkeit**, stellt der Betreuer oder Pfleger den Antrag. Rechtsgeschäftliche Vertretung ist nach den allgemeinen Vorschriften möglich.

14 b) **§ 765a ZPO im Insolvenzverfahren.** Ist das **Insolvenzverfahren über das Vermögen des Schuldners** eröffnet worden, so ist zu differenzieren. Die Verfahrenseröffnung nimmt dem Schuldner nicht die Verfahrens-/Prozessfähigkeit, sondern **allein die Prozessführungsbefugnis**.[24] Daher kommt es für den Antrag nach § 765a ZPO nicht darauf an, in welchem Stadium sich das Versteigerungsverfahren befindet, sondern nur, wem die Befugnis zur Verwaltung des dem Insolvenzbeschlag unterliegenden Vermögens zusteht und ob der von der Versteigerung betroffene Gegenstand Teil der Sollmasse ist (§§ 35, 36 InsO). Liegen diese Voraussetzungen vor, ist der „**starke**" vorläufige Verwalter (§ 22 Abs. 1 Satz 1 InsO) zum Vollstreckungsschutzantrag ebenso berechtigt wie der **Verwalter nach Eröffnung** und der **Schuldner** im Rahmen der **Eigenverwaltung** (§ 270 Abs. 1 InsO).[25] Der Vollstreckungsschutzantrag stellt kein Rechtsgeschäft im Sinne des § 277 InsO dar, somit gibt es im letzteren Falle auch keine Mitwirkung des Sachwalters. Die (von den im Folgenden dargestellten Ausnahmen abgesehen) alleinige Antragsbefugnis des Insolvenzverwalters folgt

---

19 Im Zwangsversteigerungsverfahren ab dem Anordnungsbeschluss, OLG Brandenburg, Beschl. vom 11.10.2000 – 8 W 207/00, Rpfleger 2001, 91 f.
20 Siehe dazu BGH, Beschl. vom 20.9.2007 – IX ZB 241/06, DRsp Nr. 2007/18729 = jurisPR-InsR 26/2007, Anm. 2, *Cranshaw*; BGH, Beschl. vom 10.10.2003 – IXa ZB 128/03, Rpfleger 2004, 172, (*prozessuale Überholung der sofortigen Beschwerde gegen den Beschluss gem. § 74a Abs. 5 ZVG*).
21 *Hintzen*, in: *Dassler/Schiffhauer/u. a.*, ZVG, § 30a ZVG Rn. 28.
22 Zur Anordnung ohne Anhörung des Schuldners vgl. die Kommentierung zu § 15 ZVG sowie BGH, Beschl. vom 3.5.1984 – IX ARZ 5/84, NJW 1984, 2167 = Rpfleger 1984, 363. Die Thematik ist dieselbe wie bei § 834 ZPO, der die Anhörung des Schuldners ausschließt. Die Schutzschrift (siehe *Stöber*, in: *Zöller*, ZPO, § 834 Rn. 3) ermöglicht es dem Gericht, bei Eingang des Gläubigerantrags in seinem Beschluss über die Anordnung oder deren Ablehnung die Argumente des Schuldners zu § 765a ZPO zu berücksichtigen. Meist wird der Antrag des Schuldners aber wohl nicht erfolgreich sein können, vgl. *Vogel*, NJW 1997, 54 ff. Dem Gläubiger ist vor der Entscheidung über den Antrag des Schuldners auf jeden Fall rechtliches Gehör zu gewähren.
23 BGH, Beschl. vom 15.11.2007 – IX ZB 99/05, Rpfleger 2008, 152 = DZWiR 2008, 125 = ZIP 2008, 668.
24 *Kayser*, in: *Kreft* (Hrsg.), HK-InsO, § 80 InsO Rn. 22.
25 Folge des § 270 Abs. 1 InsO, vgl. *Landfermann*, in: *Kreft* (Hrsg.), HK-InsO, § 270 Rn. 22; dem Schuldner steht auch die Verwalterversteigerung zu, *Landfermann*, in: *Kreft* (Hrsg.), HK-InsO, § 282 InsO Rn. 1.

aus seiner Rechtsstellung als Partei kraft Amtes.[26, 27] Auch wenn die Vollstreckungsmaßnahme erst gegen den Insolvenzverwalter eingeleitet wird, kann er dagegen Vollstreckungsschutz begehren;[28] es geht also gerade nicht nur um die Fortführung des vom Schuldner übernommenen Verfahrens.

15 Dem Insolvenzschuldner verbleiben entgegen der bis jüngst herrschenden Rechtsauffassung[29] ungeachtet der Verfahrenseröffnung begrenzte Antragsbefugnisse, wenn dies ein effektiver Rechtsschutz gebietet bzw. wenn die Verletzung von Rechtsgütern gerügt wird, die nicht Gegenstand der Masse geworden sind. Bei der Verwalterversteigerung (§§ 165 InsO, 172 ZVG) steht dem Schuldner der Vollstreckungsschutzantrag gegen den Insolvenzverwalter zu, insoweit ist er antragsbefugt.[30] Ebenso ist er selbst antragsbefugt, wenn der Antrag gem. § 765a ZPO auf Gesundheits- bzw. Lebensgefährdung des Schuldners oder naher Angehöriger gestützt wird.[31]

16 Ebenso wenig wie das Versteigerungsverfahren selbst wird auch das selbstständige Zwischenverfahren über den Vollstreckungsschutzantrag durch die Eröffnung des Insolvenzverfahrens nach § 240 ZPO unterbrochen, da die **Unterbrechungswirkung Vollstreckungsmaßnahmen nicht umfasst**.[32]

2. Die weiteren Tatbestandsvoraussetzungen des § 765a Abs. 1 ZPO

17 Die **einzelne Vollstreckungsmaßnahme** muss eine besondere Härte darstellen, die mit den guten Sitten nicht vereinbar ist, aber nur wegen besonderer Fallumstände und nach einer Interessenabwägung zwischen dem berechtigten Vollstreckungsinteresse des Gläubigers und den Härten zu Lasten des Schuldners. Dabei muss der Schuldner die mit der Vollstreckung im Zusammenhang stehenden Härten im Allgemeinen dulden, denn der Gläubiger vollstreckt berechtigt aus einem rechtmäßigen Titel, weil der titulierte Anspruch nicht erfüllt worden ist. Gegen die Art und Weise der Vollstreckung stehen dem Schuldner die dortigen Rechtsbehelfe zu[33] (etwa die Erinnerung des § 766 ZPO), bei Vollstreckung trotz Erfüllung des Anspruchs nach Erlass des Titels die Vollstreckungsabwehrklage (§ 767 ZPO), gegen den sittenwidrig erlangten oder ausgenutzten Titel die „Wiederaufnahme" (§§ 578 ff. ZPO) oder die Schadenersatzklage nach § 826 BGB, die in jenen Fällen u. a. zur Anordnung der Unterlassung der Zwangsvollstreckung führt.[34]

18 Die mit dem „*Anstandsgefühl aller billig und gerecht Denkenden*"[35], d. h. mit den guten Sitten unvereinbare Härte der Vollstreckung, ist entscheidende Voraussetzung des § 765a ZPO. Der Begriff der guten Sitten ist normativ und

---

26 Dies entspricht der h. M. von der Rechtsstellung des Verwalters im Insolvenzverfahren, die allerdings an ihre Grenzen stößt, wenn es um die Frage der Ausnahmen von der alleinigen Antragsbefugnis des Verwalters geht.
27 BVerfG, Beschl. vom 18.7. 1979 – 1 BvR 655/79, BVerfGE 51, 405 ff. = NJW 1979, 2510.
28 OLG Hamm, Beschl. vom 22.1.1976 – 15 W 430/75, NJW 1976, 1754 (*zum Konkursverwalter*).
29 Vgl. *Stöber*, ZVG, Einleitung 52.3 unter Hinweis auf ältere Literatur, *Riedel* NJW 1955, 1705.
30 BGH, Beschl. vom 16.10.2008 – IX ZB 77/08, NJW 2009, 78 = Rpfleger 2009, 105.
31 BGH, Beschl. vom 18.12.2008, V ZB 57/08, NJW 2009, 1283 = Rpfleger 2009, 259 = WM 2009, 358 = jurisPR-InsR 4/2009, Anm. 1, *Tetzlaff*.
32 BGH, Beschl. vom 12.12.2007 – VII ZB 108/06, Ls. 1 und II 1. der Gründe m. w. N., Rpfleger 2008, 209 = NJW 2008, 918 = jurisPR-InsR 9/2008, Anm. 3, *Cranshaw*.
33 Vgl. im Einzelnen das Kapitel „*Rechtsbehelfe im ZVG-Verfahren*".
34 Vgl. statt aller *Sprau*, in: Palandt, BGB, § 826 Rn. 52 ff./58; BGH, Urteil vom 13.9.2005 – VI ZR 137/04, BGHZ 164, 87 = NJW 2006, 154 ff./156 m. w. N. Zu Titelherausgabe und Unterlassung der Vollstreckung in jenen Fällen siehe BGH, Urteil vom 1.4.1954 – IV ZR 177/53, BGHZ 13, 71 ff. und vom 5.3.1958 – IV ZR 307/57, BGHZ 26, 391 ff./394 = NJW 1958, 826.
35 BGH, Urteil vom 19.7.2004 – II ZR 217/03, NJW 2004, 2668, II 2c) der Gründe, h. M. und unangefochtene Rspr. seit RG, Urteil vom 11.4.1901 – RGZ 48, 114, 124; vgl. *Ellenberger*, in: *Palandt*, BGB, § 138 Rn. 2.

in der Rechtsordnung einheitlich auszulegen. Die Vollstreckungsmaßnahme geht zwar vom Gläubiger aus, was aber nicht bedeutet, dass das Handeln des Gläubigers vorwerfbar sittenwidrig sein muss.[36] Das wird regelmäßig gerade nicht der Fall sein, aber die Rechtsordnung akzeptiert den rigor iuris der rechtmäßigen Vollstreckungsmaßnahme gerade in den Ausnahmefällen nicht. Unbeachtlich ist daher weitgehend auch, ob der Schuldner die untragbare Härte selbst mit verursacht hat. Die Rechtsordnung muss dabei das Dilemma des berechtigten Vollstreckungsinteresses des Gläubigers lösen.

19 Dogmatisch zeigt sich der Ausnahmecharakter des § 765a ZPO deutlich an dem Beispiel der Räumungsvollstreckung, wird doch der Schuldner bereits durch § 721 ZPO und den dortigen Instanzenzug ebenso geschützt wie durch § 794a ZPO (bei Räumungsvergleichen über Wohnraum). Aus diesem Zusammenhang ergeben sich Fallgruppen der untragbaren Härte, die insbesondere die Immobiliarvollstreckung tangieren.[37] Neben den **Hauptfallgruppen** (Rn. 3, 4 oben)[38] des Vollstreckungsschutzes stehen Konstellationen des **effektiven Missbrauchs** der Vollstreckung durch den **Gläubiger**,[39] des Vollstreckungsschutzes wegen bevorstehender Entbindung der Ehefrau des Schuldners oder der Schuldnerin selbst (ggf. in der Schutzfrist des Mutterschutzgesetzes) und die Fälle **drohender Obdachlosigkeit**[40] bei Räumung (gleichgültig ob Räumung der Mietwohnung oder der eigengenutzten Immobilie nach Zuschlag an einen Dritten in der Versteigerung).[41] Betrachtet man die einzelnen Entscheidungen, scheint § 765a ZPO entgegen der dogmatischen Konstruktion den Fesseln einer Ausnahmeregelung entrückt und zu einem allgemeinen Rechtsbehelf des Schuldners geworden zu sein, dem häufig entsprochen wird.

20 Die Interessenabwägung hat den Grundsatz der Verhältnismäßigkeit zu beachten, ferner dürfen dem Gläubiger **nicht originär staatliche Aufgaben** des persönlichen Schutzes des Schuldners aufgebürdet werden.[42]

21 Zwar steht der Vollstreckungsschutz auch juristischen Personen und Gesellschaften zu, bei denen jedoch die Zielrichtung allein wirtschaftlich sein wird, so dass dort nur Eigentumseingriffe entgegen Art. 14 GG relevant sein können. Zugleich bedeutet das aber, dass § 765a ZPO zwar in praxi wohl nahezu ausschließlich, aber dogmatisch eben gerade nicht nur sozialen Zwecken[43] dient.

22 § 765a Abs. 1 Satz 3 ZPO verpflichtet bei der Interessenabwägung außerdem, den Tierschutz zu beachten. Die Vorschrift soll aber **nicht das Affektionsinteresse** des Menschen an Haustieren schützen, auf eine Härte gegen den Schuld-

---

36 *Hüßtege*, in: Thomas/Putzo, ZPO, § 765a Rn. 8, grenzt daher zutreffend § 765a ZPO von §§ 138, 826 BGB ab.
37 Die Vollstreckung in Sachen limitieren die §§ 811 ff. ZPO; die Forderungspfändung begrenzen insbesondere die §§ 850 ff. ZPO.
38 Zu Details der beiden wesentlichen Fallgruppen siehe nachfolgend VII.
39 Vgl. OLG Koblenz, Beschl. vom 26.8.1985 – 4 W 808/85, Rpfleger 1985, 499 (*Zwangsversteigerung trotz des bereits beim Notar zur Befriedigung des Gläubigers hinterlegten Betrages*).
40 *Schlink*, NJW 1988, 1689 ff. spricht sich gegen die „*polizeiliche Wiedereinweisung*" nach Räumung und für die Verantwortlichkeit bei den Vollstreckungsgerichten aus, die auf Vollstreckungsschutzantrag des initiativ gewordenen Schuldners handeln. Er begründet das mit grundrechtsbezogenen Erwägungen.
41 Vgl. dazu die Beispiele bei *Stöber*, in: Zöller, ZPO, § 765a Rn. 12; *Hintzen*, in: Dassler/Schiffhauer/u.a., ZVG, § 30a Rn. 31 ff., jeweils m.w.N. Vgl. auch die Kommentierung zu § 93 ZVG, Rn. 12 ff.; 15 ff.; 45 ff.
42 Bei Obdachlosigkeitsrisiken des Schuldners mag die zwangsvollstreckungsrechtliche Räumung stattfinden und ggf. zugleich nach Polizei- und Ordnungsrecht die Zuweisung derselben Wohnung erfolgen, wobei die Behörde die Kosten trägt. Dem Vermieter/Eigentümer/Ersteher in der Versteigerung wird zugleich ein vollständig neuer Rechtsweg gegen die Maßnahme eröffnet, nämlich der Verwaltungsrechtsweg. A.A. aber *Schlink* (Fn. 39), NJW 1988, 1689 ff.
43 A.A. *Hüßtege*, in: Thomas/Putzo, ZPO, § 765a Rn. 3.

ner kommt es daher nicht an; das Affektionsinteresse schützt bereits § 811c ZPO.[44]

3. **Die Folgen der untragbaren Härte, § 765a Abs. 1 Sätze 1 und 2 ZVG**

Das Vollstreckungsgericht kann die Maßnahme der Vollstreckung aufheben und zwar auch vollständig, es kann die Durchführung der begehrten Vollstreckungsmaßnahme untersagen und es kann **einstweilen einstellen**. Letztere Maßnahme wird bei Begründetheit des Vollstreckungsschutzantrags unter Beachtung des Grundsatzes der Verhältnismäßigkeitregelmäßig **vorrangig** in Frage kommen. Die Aufhebung der Maßnahme ist z. B. die Aufhebung des Zuschlagsbeschlusses, ein tiefgreifender Einschnitt in das Vollstreckungsrecht des Gläubigers, das zudem noch den dritten Ersteher tangiert.

Soll Vollstreckungsschutz gewährt werden, ist dem betroffenen Gläubiger rechtliches Gehör zu gewähren, ggf. ist mündliche Verhandlung sachgerecht mit den Folgen des § 329 ZPO. Gegen einen den Vollstreckungsschutz ablehnenden Beschluss des Vollstreckungsgerichts ist die sofortige Beschwerde an das Landgericht zulässig (§ 793 ZPO), gegen dessen Entscheidung wiederum auf Zulassung die Rechtsbeschwerde zum BGH.

IV. Der Aufschub durch den Gerichtsvollzieher bei der Vollstreckung in Herausgabe von Sachen, § 765a ZPO Abs. 3

Es handelt sich um eine Sondervorschrift, die allerdings auch bei der Räumung von Wohnungen ausnahmsweise von Bedeutung sein mag, wenn das Vollstreckungsgericht nicht erreichbar war.

V. Der Antrag bei der Räumungsvollstreckung, § 765a Abs. 3 ZPO

§ 765a Abs. 3 ZPO hat Bedeutung im Umfeld der Versteigerung, wenn nämlich der Ersteher gegen den Eigentümer die Räumungsvollstreckung mittels des Zuschlagsbeschlusses durchführt (§ 93 ZVG, siehe die Kommentierung zu § 93 ZVG, Rn. 12 ff.; 15 ff.; 45 ff.). Der Vollstreckungsschutzantrag ist zwei Wochen vor dem Räumungstermin zu stellen, sofern nicht ihn begründende Umstände erst nach Kenntnisgabe des Termins entstehen oder wenn den Räumungsschuldner kein Verschulden an der Nichteinhaltung der Zweiwochenfrist trifft. Verschulden bedeutet wie stets Vorsatz und Fahrlässigkeit. Zwischen dem Verschulden und der Fristversäumung muss Kausalität bestehen.[45]

VI. Verfahren bei neuem Sachverhalt, Aufhebung von Vollstreckungsmaßnahmen, § 765a Abs. 4, 5, Abs. 1 Satz 2 ZPO

Von besonderer Bedeutung ist § 765a Abs. 4 ZPO, der die Bindung des Vollstreckungsgerichts an frühere Entscheidungen, aber auch die Bindung an etwa formell rechtskräftige Entscheidungen ausschließt, wenn dem Gericht eine neue Sachlage zur Kenntnis gebracht wird. Damit ist auch neuer Sachvortrag des Schuldners nicht präkludiert. Das ist sachgerecht, da damit eine Prüfung neuen Sachverhalts verbunden ist, nicht aber die Prüfung der „Richtigkeit" der früheren eigenen Entscheidung und auch nicht diejenige übergeordneter Instanzen. Allerdings führt die neue Entscheidung während eines noch etwa

---

44 *Stöber*, in: Zöller, ZPO, § 765a Rn. 10a.
45 Siehe *Hüßtege*, in: Thomas/Putzo, ZPO, § 765a Rn. 7b.

laufenden Rechtsmittelverfahrens einschließlich der Rechtsbeschwerde dazu, dass der Vorgang in der Hauptsache erledigt ist.[46]

28 Im Hinblick auf das Interesse des Gläubigers hat der Antrag nach § 765a ZPO zum einen keine Suspensivwirkung. Zum anderen wird die besonders weitreichende **Aufhebung** erst mit der formellen Rechtskraft des Beschlusses wirksam, ggf. also erst mit der Rechtsbeschwerdentscheidung des BGH, § 765a Abs. 5 ZPO.

29 Mangels Suspensiveffektes und unter Berücksichtigung des Absatzes 4 bedarf der effiziente Schuldnerschutz der Möglichkeit einstweiligen Rechtsschutzes, der über § 765a Abs. 1 Satz 3, 732 Abs. 2 ZPO gewährleistet wird. Das Gericht kann also *„insbesondere"* die Vollstreckungsmaßnahme einstweilen einstellen, bis über den Antrag rechtskräftig entschieden ist. Regelmäßig wird man dabei prüfen müssen, ob und in welcher Art und Weise Sicherheitsleistung in Frage kommt.

VII. Fallgruppen des Vollstreckungsschutzes gem. § 765a ZPO

1. Fallgruppe – Vollstreckungsschutz gegen die Räumung bei Gefährdung von Leben und Gesundheit

30 a) **Die Leitentscheidung des BVerfG aus dem Jahr 1979.** Leitentscheidung zur Schnittstelle zwischen Grundrechten des Schuldners und dem Vollstreckungsinteresse des Gläubigers ist der Beschluss des BVerfG vom 3.10.1979.[47] Dort ging es um die **Räumungsvollstreckung** einer zu Recht fristlos gekündigten **Mietwohnung** eines 60-jährigen mit einer *„progressiven Depression"*, verbunden mit einem Herzschaden und einer *„cerebralen Durchblutungsstörung"*. Die Behandlung der Depression war nicht erfolgreich. Drei Suizidversuche hatte der Vollstreckungsschuldner hinter sich. Er trug vor, dass bei der gegebenen Situation bei Durchführung der Zwangvollstreckung *„schwere psychische Reaktionen [...] und Lebensgefahr ..."* zu besorgen sei. Auch eine stationäre Behandlung werde hieran nichts ändern. Das Verfahren wurde vom Amtsgericht befristet eingestellt. Die Räumungsgläubiger wandten ein, der Krankheitszustand des Beschwerdeführers sei weniger dramatisch als angegeben, aus Sicht der Gläubiger war er im Wesentlichen durch Alkoholabusus verursacht. Das BVerfG hat der Verfassungsbeschwerde des Schuldners stattgegeben. Die Vollstreckungsgerichte hätten *„Verfassungsverletzungen durch Zwangsvollstreckungsmaßnahmen tunlichst [...]"* zu vermeiden. Das BVerfG fordert, die Wertentscheidungen des Grundgesetzes und die Grundrechte des Schuldners in der Zwangsvollstreckung zu wahren. Dieser verfassungsrechtliche Zusammenhang ist in die Abwägung nach § 765a ZPO einzubinden, ob eine mit den guten Sitten nicht vereinbare Härte aufgrund besonderer Fallumstände zu bejahen ist. Dies kann aus dem Blick des BVerfG dazu führen, dass die Zwangsvollstreckung über einen **längeren Zeitraum eingestellt** wird. Die Interessen des Schuldners müssen *„im konkreten Fall ersichtlich schwerer wiegen"* als die des Gläubigers. Bei einer solchen Situation kann der Grundsatz der Verhältnismäßigkeit bzw. *„das Grundrecht des Schuldners aus Art. 2 Abs. 2 GG"* verletzt sein. Die Prüfung sei Aufgabe der Vollstreckungsgerichte, die sie u. a. durch Prüfung der vom Schuldner angebotenen Beweise erfüllen. In dem entschiedenen Fall waren von dem Schuldner ärztliche, u. a. *„nervenfachärztliche"* **Bescheinigungen** zum Beweis seines Vortrags vorgelegt worden, die die Vollstreckungsgerichte nicht beeindruckt haben. Vielmehr war man der Mei-

---

46 Stöber, in: Zöller, ZPO, § 765a Rn. 29 f.
47 BVerfG, Beschl. vom 3.10.1979 – 1 BvR 614/79, BVerfGE 52, 214 ff. = RPfleger 1979, 450 = NJW 1979, 2607; siehe auch *Schlink*, NJW 1988, 1689 ff./1689 f.

nung, es komme einem „*Stillstand der Rechtspflege*" gleich, wenn man die Vollstreckung einstelle oder auch nur eine weitere Frist bewillige. Man hielt es „*für äußerst unbillig*", die Ergebnisse des Räumungsrechtsstreits durch die Vorlage ärztlicher Atteste ständig weiter hinauszuschieben oder gar die Vollstreckung gänzlich abzuwenden. Dem ist das BVerfG entgegen getreten.

b) **Weitere verfassungsgerichtliche Rechtsprechung.** Das BVerfG hat sich mit der verfassungsrechtlichen Konkordanz des § 765a ZPO in der Folge mehrfach auseinandergesetzt: **31**

In einem Beschluss aus dem Jahr 1998 hat der 1. Senat ohne Anhörung des Vollstreckungsgläubigers, einer OHG, eine **einstweilige Anordnung** erlassen und eine Folgenabwägung vorgenommen. In dem entschiedenen Fall hatten die Fachgerichte einer 87-jährigen Beschwerdeführerin, die einen Schlaganfall erlitten und dessen Folgen nicht überwunden hatte, **Räumungsschutz** trotz Suizidgefahr, die durch ärztliche Atteste unterlegt war, versagt. In ihrer Verfassungsbeschwerde rügte sie, die ärztlichen Bescheinigungen seien nicht hinreichend gewürdigt worden. Das BVerfG sah die Risiken, sollte die Verfassungsbeschwerde erfolglos sein, dennoch eher bei der Beschwerdeführerin, nämlich Gesundheits- und Suizidgefahren. Die Gläubigerin habe **nur eine Vollstreckungsverzögerung** zu besorgen. **32**

Diese Prinzipien hat das BVerfG dann in einem weiteren Fall auf das **Versteigerungsverfahren** angewandt, an das letztinstanzliche Landgericht zurückverwiesen und bis zur erneuter Entscheidung die Vollstreckung eingestellt.[48] Mehrere Antragsteller hatten die Zwangsversteigerung einer **selbstgenutzten Eigentumswohnung** betrieben. Der Beschwerdeführer litt an einer schweren Herzerkrankung. Er trug vor, falls es zur Zwangsversteigerung komme, drohe ihm ein tödlicher Herzinfarkt. Er hatte u. a. hohe Wohngeldrückstände entgegen anderweitigen Zusagen auflaufen lassen und den Verkauf seiner Wohnung, ebenfalls entgegen Zusagen, nicht in die Wege geleitet. Das Landgericht hatte auch hier die ärztlichen Gutachten aus dem Blick des BVerfG nicht hinreichend gewürdigt. Ggf. müssten die Gerichte ein amtsärztliches Gutachten einholen. Der Schuldner habe im Rahmen des Zumutbaren an der Verringerung seines Krankheitsrisikos mitzuwirken. Das könne über aktuelle ärztliche Bemühungen hinausgehen. **33**

In einer weiteren Entscheidung, erneut zur **Räumungsvollstreckung einer Mietwohnung** in einem Haus, dessen Instandsetzung dem Vollstreckungsgläubiger finanziell nicht möglich war, hat das BVerfG im Falle einer seit Jahrzehnten an chronischer paranoider Schizophrenie leidenden Mieterin, die Suizidgefahr im Fall der Räumung einwandte, eine Grundrechtsverletzung gleichfalls bejaht.[49] Ein amtsärztliches vom Landgericht veranlasstes Gutachten hatte die Suizidgefahr bestätigt und sogar für den Fall des sorgsam zu planenden und organisierten Umzugs mit sehr intensiver ärztlicher Begleitung „*verstärkte Krankheitssymptome*" nicht ausschließen wollen. Ggf. sei stationäre Unterbringung der über die Jahrzehnte (schon wiederholt stationär) behandelten Beschwerdeführerin geboten. Das BVerfG stellt im Ergebnis fest, dass **in absoluten Ausnahmefällen** auch die Einstellung der Vollstreckung auf unbestimmte Zeit in Frage kommt! **34**

---

[48] BVerfG, Beschl. vom 25.9.2003 – 1 BvR 1920/03, NJW 2004, 49 = NVwZ 2004, 473 = ZMR 2004, 46.
[49] BVerfG, Beschl.vom 27.6.2005 – 1 BvR 224/05, 1. Kammer des 1. Senats, RPfleger 2005, 614 = NJW 2005, 3414.

35 Die soweit erkennbar letzte Entscheidung des BVerfG datiert vom 11.7.2007.[50] Die Beschwerdeführerin wandte sich gegen den **Zuschlagsbeschluss.**
Ihr erster Antrag wegen der Gefahr der Verschleuderung des Grundbesitzes war erfolglos, das Amtsgericht erteilte den Zuschlag. Sie wandte dann erstmals in einem weiteren Antrag gegen den Zuschlag Suizidgefahr im Falle der Räumung ein und belegte das durch ein fachärztliches Gutachten eines Facharztes für Neurologie und Psychiatrie. Hier hatte das Amtsgericht auf sofortige Beschwerde abgeholfen und den **Zuschlag aufgehoben.** Das LG Berlin als Beschwerdegericht hob die Abhilfeentscheidung auf. Der Abhilfe stehe § 100 ZVG entgegen, einer der Aufhebungsgründe des § 83 ZVG gegen den Zuschlagsbeschluss sei nicht gegeben. Im Rahmen der Zuschlagsbeschwerde könne zudem kein neuer Antrag (hier: nach § 765a ZPO) gestellt werden. Die zuständige Kammer des 1. Senats nahm ihre auf die Verletzung von Art. 2 Abs. 2 GG gestützte Verfassungsbeschwerde zur Entscheidung an. Ernsthafte Suizidgefahr sei auch im Zuschlagsverfahren zu prüfen und könne zur einstweiligen Einstellung führen, auch wenn dieses Risiko erst **im Laufe des Zuschlagsbeschwerdeverfahrens zu Tage** trete. Die Kammer bezieht sich insoweit auch auf die Rechtsprechung des BGH. Allerdings ist aus Sicht des BVerfG nicht ohne Weiteres die *„Aussetzung"* des Zuschlagverfahrens geboten, auch wenn eine Suizidgefahr ärztlich bescheinigt wird. Die Kammer hält es für unwahrscheinlich, dass die Gefahr von dem Zuschlag ausgeht, sie hält vielmehr die „Räumungsvollstreckung" für das die Selbsttötung ggf. auslösende Moment. Das BVerfG weist weiter darauf hin, dass dabei auch andere Wege als die Aufhebung des Zuschlagsbeschlusses und die Verfahrenseinstellung zu prüfen seien.

36 c) **Die Entscheidungspraxis des Bundesgerichtshofs zu der Fallgruppe. Vorbemerkung:** Seit dem Zivilprozessreformgesetz vom 27.7.2001 ist das Rechtsmittelrecht zur Beschwerde ebenso wie das Gerichtsverfassungsrecht zum 1.1.2002 tiefgreifend geändert worden, so dass gegen die Beschwerdeentscheidungen der Landgerichte über die sofortige Beschwerde nur mehr die der Zulassung bedürfende Rechtsbeschwerde an den BGH zulässig ist (§ 133 GVG). Dadurch hat man eine Konzentration der Rechtsprechung erreicht, die früher über die weggefallene sofortige weitere Beschwerde bei den Oberlandesgerichten lag (§§ 793 Abs. 2, 568 Abs. 2 ZPO a. F., § 119 Abs. 1 Nr. 4 GVG a. F.).[51]

37 Den Leitlinien der verfassungsgerichtlichen Rechtsprechung folgt die höchstrichterliche Rechtsprechung des Bundesgerichtshofs bzw. der Instanzgerichte[52] in einer großen Zahl von Entscheidungen.

---

50 BVerfG, Beschl. vom 11.7.2007 – 1 BvR 501/07, NJW 2007, 2910 = WM 2007, 1666.
51 Die Zulassung der „sofortigen weiteren Beschwerde" durch das Beschwerdegericht (LG) versteht der BGH als Zulassung der Rechtsbeschwerde, vgl. Beschl. vom 9.3.2006 – V ZB 178/05, DRSp Nr. 2006/7879 zu LG Zweibrücken – 4 T 151/05, unv.
52 Vgl. nur LG Krefeld, Beschl. vom 30.11.1995 – 2 T 237/94, Rpfleger 1996, 363; OLG Brandenburg, Beschl. vom 6.3.2000 – 8 W 26/00, Rpfleger 2000, 406 *(vorherige Sachaufklärung bei Suizidgefahr als Voraussetzung der Entscheidung über die Dauer der einstweiligen Einstellung);* OLG Jena, Beschl. vom 22.5.2000 – 6 W 331/00, Rpfleger 2000, 463 *(Auflage, sich einer Behandlung zu unterziehen und Bescheinigung des Sozialpsychiatrischen Dienstes in Thüringen);* OLG Saarbrücken, Beschl. vom 20.8.2002 – 5 W 383/01 – Rpfleger 2003, 37 *(Änderung des Einstellungsantrags bei neuer Sachlage; Zulässigkeit des § 765a-Antrags ab Anordnung der Versteigerung möglich);* LG Lübeck, Beschl. vom 23.2.2004 – 3 T 23/04, Rpfleger 2004, 435 *(Gesundheitsgefährdung und Kausalität der Vollstreckungsmaßnahme sind substantiiert darzulegen; Notwendigkeit der Einholung fachärztlichen Rates).*

38 Die Grundsatzentscheidung des BGH zum Vollstreckungsschutz bei Versteigerungen datiert freilich schon vom 13.7.1965.[53] Der Vollstreckungsschutzantrag gem. § 765a ZPO kann danach auch im Zuschlagsbeschwerdeverfahren gestellt werden; die den Antrag begründenden Tatsachen sind „sonstiger Grund" im Sinne des § 83 Nr. 6 ZVG, auf den die Zulassungsbeschwerde gestützt werden kann (§ 100 Abs. 1 ZVG). Der BGH legt die leges speciales der §§ 96 ff. ZVG über die Zuschlagsbeschwerde aus Gründen der Rechtssicherheit dahingehend aus, dass nur wesentliche Fehler des Vollstreckungsgerichts die Aufhebung des Zuschlagsbeschlusses erlaubten. Nach dieser Auffassung konnten freilich Tatsachen, die den Antrag nach § 765a ZPO begründen, dem Versteigerungsgericht zum Zeitpunkt des Zuschlagsbeschlusses aber nicht bekannt sind, nicht berücksichtigt werden. Erst recht galt das für neue nach dem Zuschlagsbeschluss entstandene Gründe. Maßgeblich ist der Gedanke der Rechtssicherheit, der eine enge Anwendung der Ausnahmeregelungen zur Aufhebung des Zuschlagsbeschlusses fordere, da der Ersteher bereits das Eigentum durch den Zuschlag erworben habe (§ 90 ZVG).[54]

39 Dieses frühe Urteil des BGH ist insoweit überholt, als Einwendungen nach § 765a ZPO, deren Tatsachenbasis erst nach dem Zuschlag eingetreten ist, nach der Rechtsprechung des BVerfG (1 BvR 501/07, siehe oben Rn. 35) **nicht mehr ausgeschlossen** sind.

40 Der BGH hat in einer Rechtsbeschwerdeentscheidung vom 25.6.2004[55] in einem **Teilungsversteigerungsverfahren** Vollstreckungsschutz nach § 765a ZPO unter Hinweis auf die Rechtsprechung des BVerfG zwar für grundsätzlich möglich gehalten,[56] in dem entschiedenen Fall indes verneint, obwohl die Versteigerung nach ärztlichem Attest die infolge einer Grunderkrankung bestehende Lebensgefahr der **Ehefrau des Schuldners** signifikant erhöhte. Die grundsätzliche Bejahung der Anwendung des § 765a ZPO bedeutet aber, dass der Schuldner nicht nur eigene Gesundheitsrisiken, sondern auch solche **naher Angehöriger** geltend machen kann, eine bedeutende Ausweitung des Vollstreckungsschutzes. Der Antrag auf einstweilige Einstellung des Versteigerungsverfahrens scheiterte nur daran, dass es dem Schuldner aus Sicht des Senats „*auf einfachem Wege*" möglich war, die Gesundheitsgefahren zu beseitigen. In dem entschiedenen Fall war das der Abriss einer Garage (der Anlass für die Versteigerung war) oder die Leistung des Kostenvorschusses dafür.

41 Im Mai 2005 hat sich der 1. Senat des BGH in einer **Vollstreckungsversteigerung** ebenfalls auf den Standpunkt gestellt, **Suizidgefahr für den Angehörigen** des Schuldners sei genauso zu würdigen wie die entsprechende Situation beim Schuldner selbst.[57] Gegenstand war die Räumungsvollstreckung aus einem Zuschlagsbeschluss durch eine Kreditgeberin, die wohl den Grundbesitz im „Rettungserwerb" ersteigert hatte. Nach Bekanntgabe des bereits festgelegten Räumungstermins wandte der Schuldner ein, für seinen in dem Haus „*mitlebenden*" Vater bestehe eine erhebliche Gesundheitsgefährdung. Das Amtsgericht ordnete zur Versorgung des Vaters die Anwesenheit eines „*Beamten des Gesundheitsamts*" und eines Facharztes für Neurologie und Psychiatrie bei der Räumung an, notfalls sollte die Vollstreckung für drei Monate eingestellt werden, um diese Voraussetzung zu schaffen. Im weiteren Verfahren wurden stetig

---

53 BGH, Urteil vom 13.7.1965 – V ZR 269/62, BGHZ 44, 138 ff. Das Urteil erging in einem Anwaltshaftungsprozess, da die Vollstreckungsschuldnerin später gegen ihren anwaltlichen Vertreter im Zuschlagsbeschwerdeverfahren führte.
54 BGH, Urteil vom 13.7.1965 – V ZR 269/62, BGHZ 44, 144 f.
55 BGH, Beschl. vom 25.6.2004 – IXa ZB 267/03, RPfleger 2004, 722 = NJW 2004, 3635 = WM 2004, 2021.
56 So auch KG, Beschl. vom 23.2.1998 – 25 W 8815/96, Rpfleger 1998, 298 ff.
57 BGH, Beschl. vom 4.5.2005 – I ZB 10/05, BGHZ 163, 66 ff. = RPfleger 2005, 454 = NJW 2005, 1859, Ls a).

neue Einstellungsanträge im Hinblick auf die Suizidgefahr gestellt. Im Instanzenzug wurde die Verletzung der Mitwirkungspflicht des Vaters gerügt, der sich nicht in eine – nicht von vornherein aussichtslose – stationäre Therapie begeben habe. Der Senat hat mit knappem Hinweis auf oberlandesgerichtliche Rechtsprechung[58] den **nahen Angehörigen in den Schutzbereich des § 765a ZPO** einbezogen. Die Durchführung der Vollstreckung könne auch von Auflagen abhängig gemacht werden, z. B. von der Zahlung eines **Nutzungsentgelts**. Des Weiteren seien **alternative Maßnahmen** zum Schutz des Betroffenen abzuwägen, zu denen etwa die **polizeiliche Ingewahrsamnahme oder die Unterbringung**[59] gehören könnten.

Zu Recht arbeitet der Senat heraus, dass die Folgen des § 765a ZPO auch aus dem Sozialstaatsprinzip resultieren und es **nicht Aufgabe des Gläubigers** ist, Aufgaben der Allgemeinheit zu übernehmen.[60]

42 Nicht jede Behauptung des Schuldners über Erkrankung, Verhandlungsunfähigkeit oder Suizidgefahr haben zu einer Verfahrenseinstellung geführt. So etwa hat der BGH den Umstand, dass mit Suizidgefahr nach ärztlicher Bescheinigung „*eventuell zu rechnen*" sei, nicht für hinreichend erachtet. Erforderlich ist eine **konkrete Gefahr**.[61]

43 Mit dem Beschluss vom 24.11.2005 hat der 5. Zivilsenat die Rechtsprechung zur Aufhebung des Zuschlagsbeschlusses und einstweiligen Einstellung der Versteigerung nach § 765a ZPO „*bei ernsthafter Suizidgefahr*" bestätigt und zugleich von den grundsätzlichen Ausführungen in dem Urteil BGHZ 44, 138 insoweit abgegrenzt, als er im Verfahren über die Zuschlagsbeschwerde auch den Vortrag **neuer Tatsachen** zugelassen hat, die **nach Verkündung** des Zuschlagsbeschlusses liegen.[62] Das LG Landshut als Beschwerdegericht hatte sich noch auf den Standpunkt der zitierten frühen BGH-Entscheidung gestellt.[63] Es bejahte zwar eine nach Zuschlagserteilung eingetretene akute Suizidgefahr, wollte die Problematik aber durch Unterbringung nach dem entsprechenden bayerischen Gesetz lösen. Der Senat nimmt Bezug zu der Entscheidung des 1. Senats zu I ZB 10/05 (siehe Rn. 35 oben), schließt sich dem an, betont aber gleichzeitig, an den Grundsätzen des Urteils BGHZ 44, 138 mit der begrenzten Möglichkeit zu neuem Sachvortrag im Rahmen der Zuschlagsbeschwerde festzuhalten. Es wird dann – mit dem BVerfG – danach differenziert, ob **allein** die befürchtete **Räumungsvollstreckung** die Ursache der „*Todesgefahr*" ist, in die der Staat den Schuldner bringt **oder** bereits die **Eigentumsübertragung**. Im ersteren Fall kann es nicht zur Aufhebung des Zuschlags kommen.[64]

44 Ob diese Differenzierung dem Ersteher etwas bringt, erscheint fraglich, da er dann **Eigentümer** einer Immobilie **bleibt** (§ 90 ZVG), über die er mangels Räumung nicht verfügen kann. Die Rechtsprechung betrachtet aber diese Konstellation offenbar als Sozialbindung des Eigentums (Art. 14 Abs. 2 GG). Dem

---

58 OLG Frankfurt, Beschl. vom 28.10.1993 – 20 W 395/93, NJW 1994, 594 = Rpfleger 1994, 174 = NJW-RR 1994, 81; OLG Köln, Beschl. vom 7.2.1994 – 2 W 21/94, NJW 1994, 1743 = Rpfleger 1994, 267; OLG Hamm, Rpfleger 2001, 508; OLG Saarbrücken, Beschl. vom 20.8.2002 – 5 W 383/01, Rpfleger 2003, 37 f.
59 Die Unterbringung erfolgt nach den Landesgesetzen über die Unterbringung psychisch Kranker, das Verfahren richtet sich ab 1.9.2009 nach §§ 312 ff. FamFG, BGBl. 2008 I 2587 ff., siehe Art. 112 FGG RG vom 17.12.2008, BGBl. 2008 I 2586 ff./2743.
60 BGH, a. a. O., m. w. N.; *Walker/Gruß*, NJW 1996, 352 ff./355
61 BGH, Beschl. vom 14.4.2005 – V ZB 7/05. Rpfleger 2005, 415 = NJW-RR 2005, 1226.
62 BGH, Beschl. vom 24.11.2005 – V ZB 99/05, Rpfleger 2006, 147 = NJW 2006, 505 = ZfIR 2006, 559, Ls. Siehe die Besprechung dazu von *Beyer*, ZfIR 2006, 535.
63 BGH, Urteil vom 13.7.1965 – V ZR 269/62, BGHZ 44, 138; BGH, Beschl. vom 24.11.2005 – V ZB 99/05, NJW 2006, 505 = Rpfleger 2006, 147 Rn. 4.
64 BGH, a. a. O. (Fn. 26), Rn. 22–24; BVerfG, Kammerbeschluss vom 11.7.2007 – 1 BvR 501/07, NJW 2007, 2910.

Ersteher wäre – anders als dem betreibenden Gläubiger – im Einzelfall eher durch die Versagung des Zuschlags oder dessen Aufhebung gedient.

Nach den vorstehenden Grundsätzen hat der BGH am 24.11.2005 auch im Falle der Suizidgefahr für den Schuldner und seine Ehefrau, die ebenfalls Schuldnerin in dem Versteigerungsverfahren über landwirtschaftlichen Grundbesitz war, entschieden.[65] Der Zuschlagsbeschluss war rechtskräftig. Die Schuldner wehrten sich gegen die **Räumungsvollstreckung**. Die Besonderheit dieses Falles bestand darin, dass neben der **Wohnungsgrundlage** auch die **wirtschaftliche Grundlage des landwirtschaftlichen Betriebs** wegfiel. In der Interessenabwägung wies der Senat wiederum auf polizeirechtliche Maßnahmen oder die Unterbringung nach dem jeweiligen Landesrecht hin. All das hatte das Landgericht Ravensburg getan, war aber aus Sicht des BGH im „*Abstrakten*" stehen geblieben. Das Vollstreckungsgericht habe aber die Tatsachen **konkret festzustellen und konkrete Auflagen** zur Verhinderung der Suizidgefahren zu machen oder „*konkrete Betreuungsmaßnahmen*" anzuordnen.[66]

Im ausdrücklichen Anschluss an diesen Beschluss hat derselbe Senat in der Entscheidung vom 14.6.2007[67] weitergehend judiziert, dass
- die Zuschlagsbeschwerde **allein** auf die **Verletzung des § 765a ZPO** gestützt werden kann;
- die Abwendung der Suizidgefahr durch andere Maßnahmen der Zwangsvollstreckung, aber auch durch **alternative Maßnahmen** des Polizeirechts oder des Unterbringungsrechts erfolgen kann;
- diese **Begleitmaßnahmen** auch ganz **weitgehend sicherzustellen** sind und im Falle der Unterbringung nach dem jeweiligen Landesrecht eine **vorherige Entscheidung des Vormundschaftsgerichts**[68] vorliegen muss;
- dem Ersteher rechtliches Gehör zu gewähren ist, wenn der Zuschlagsbeschluss aufgehoben werden soll;
- für den „*Lebensschutz des Schuldners*" vornehmlich die zuständigen Behörden und Vormundschaftsgerichte (Betreuungsgerichte) zuständig sind;
- „*eine dauerhafte Einstellung*" der Vollstreckung zu Lasten von Ersteher und Gläubiger nicht möglich ist;
- das Vollstreckungsgericht die notwendigen begleitenden Maßnahmen unter Wahrung des Grundsatzes der Verhältnismäßigkeit zu treffen hat;
- aufgrund der jederzeitigen Vollstreckbarkeit aus dem Zuschlagsbeschluss das Rechtsbeschwerdegericht die Vollstreckung bis zur erneuten Entscheidung des Beschwerdegerichts ggf. einstellen muss.

Diese Rechtsprechung hat der BGH in einem Beschluss vom März 2007[69] auf das **Teilungsversteigerungsverfahren** erstreckt[70] und **neben** der Einstellung gem. **§ 180 Abs. 3 ZVG** im Interesse des Wohls gemeinsamer Kinder zwischen den (früheren) Ehegatten und Miteigentümern **§ 765a ZPO** angewandt. In der Teilungsversteigerung seien wesentliche die Vollstreckungsversteigerung berührende Vorschriften des ZVG auch außerhalb der in § 180 Abs. 1 ZVG

---

65 BGH, Beschl. vom 24.11.2005 – V ZB 24/05, Rpfleger 2006, 149 = NJW 2006, 508 = ZfIR 2006, 556, Rn. 1, 4 ff.
66 BGH, Beschl. vom 24.11.2005 – V ZB 24/05, Rpfleger 2006, 149 = NJW 2006, 508, Ls. und Rn. 12 ff./15.
67 BGH, Beschl. vom 14.6.2007 – V ZB 28/07, Rpfleger 2007, 561 = NJW 2007, 3719.
68 Ab 1.9.2009 ist das Amtsgericht als Betreuungsgericht zuständig, §§ 23a Abs. 1 Nr. 2, Abs. 2 Nr. 1 GVG n. F., 23c GVG n. F. nach dem Verfahren der §§ 312 Nr. 3, 313 ff. FamFG, siehe Art. 1, 22 des FGG-RG, BGBl. 2008 I S. 2586 ff./2641 ff. bzw. S. 2695.
69 BGH, Beschl. vom 22.3.2007 – V ZB 152/06, Rpfleger 2007, 408 = NJW 2007, 3430.
70 BGH, Beschl. vom 22.3.2007 – V ZB 152/06, Rpfleger 2007, 408 = NJW 2007, 3430, Rn. 21, mit umfänglichen Hinweisen auf widerstreitende Auffassungen in Rechtsprechung und Literatur.

enthaltenen Verweisung heranzuziehen. Dazu gehöre u. a. der Schuldnerschutz. Ferner hat der Senat die Rechtsprechung zur Lebens- bzw. Gesundheitsbedrohung naher Angehöriger auf **Pflegekinder**[71] ausgedehnt. Diese seien zwar keine nahen Angehörigen im Rechtssinne, entscheidend sei jedoch die **Integration in den Familienverband.**

48 In dem Beschluss vom 6.12.2007[72] hat der 5. Zivilsenat seine Rechtsprechung weiter konkretisiert: Stellen die *„für den Lebensschutz primär zuständigen Behörden und Vormundschaftsgerichte"* fest, es seien **keine** Maßnahmen zum Schutz des Schuldners geboten, wird die Vollstreckung fortgesetzt.[73] Sind dergleichen Maßnahmen nicht geeignet, die Suizidgefahr auszuräumen oder wäre die Unterbringung praktisch *„Verwahrung auf Dauer"*, so will der Senat das Verfahren einstellen, aber im Interesse des Gläubigers nicht unbegrenzt. Der Schuldner muss regelmäßig versuchen, seinen gesundheitlichen Zustand zu bessern und dies auch nachweisen.[74] Die Anordnung einer Zahlung an den Gläubiger scheide mangels Rechtsgrundlage aus. Der Gläubiger wird darauf verwiesen, sich nach Aufhebung des Vollstreckungshindernisses aus dem Eigentum des Schuldners einschließlich seiner Zinsen zu befriedigen. Nachteile aus der Verzögerung der Verwertung würden dadurch ausgeglichen. Gelingt die Besserung der Gesundheit auf zumutbarem Wege nicht, besteht danach wohl die Gefahr für den Gläubiger, dass die Zwangsvollstreckung weiterhin ausgeschlossen bleibt. Bei einer am 7.1.1910 geborenen Schuldnerin hat der 1. Zivilsenat des BGH mit Beschluss vom 13.8.2009 zum Ausdruck gebracht, dass bei einem so *„hochbetagten Schuldner"* eine akute Lebensgefahr als Folge der Räumung nicht erforderlich ist, um den Antrag nach § 765a ZPO zu begründen, sondern *„schwerwiegende gesundheitliche Risiken, die aus einem Wechsel der gewohnten Umgebung resultieren"* hinreichend sein können und zwar im Hinblick auf eine *„Beschleunigung des gesundheitlichen Verfalls und einer Verkürzung der Lebenserwartung.*[75]

49 In der Entscheidung vom 16.10.2008 hat der 9. Zivilsenat die obigen Grundsätze auf die **Räumungsvollstreckung** gegen den Schuldner durch den **Insolvenzverwalter** in den Fällen der Verwalterversteigerung angewandt und folgerichtig dem Schuldner insoweit **ein selbstständiges Prozessführungsrecht** zuerkannt.[76] Dem an einer *„chronischen reaktiven Depression"* mit Suizidgefahr leidenden Schuldner wurde gegen die Räumung Vollstreckungsschutz gewährt, auch wenn im **Insolvenzverfahren die Interessen der Gläubiger** regelmäßig überwiegen würden; hierauf sei im Rahmen der Abwägung ganz besonders Rücksicht zu nehmen.

50 Die **ausnahmsweise eigene** Prozessführungsbefugnis des Insolvenzschuldners hat der BGH in dem Beschluss vom 18.12.2008 bestätigt, dessen Gegenstand der Antrag des Schuldners auf Vollstreckungsschutz gegen den **Zuschlagsbeschluss** mit der Begründung war, bei seiner 1911 geborenen Mutter sei mit *„erheblicher Suizidgefahr zu rechnen"*, ein fachärztliches Attest wurde vorgelegt. Der BGH hat an das Beschwerdegericht zurückverwiesen, das die sofortige Beschwerde des Schuldners mangels Prozessführungsbefugnis für unzulässig gehalten hatte. Die Masse sei nur mittelbar betroffen. Die Haftung des Insolvenzverwalters nach § 60 InsO ist danach kein ausreichendes Äquivalent für das Recht des Schuldners (oder naher Angehöriger) auf Leben und Gesundheit. In der soweit erkennbar letzten Entscheidung zu diesem Teilaspekt hat

---

71 BGH, Beschl. vom 22.3.2007 – V ZB 152/06, NJW 2007, 3430 = Rpfleger 2007, 408 Rn. 22.
72 Beschl. vom 6.12.2007 –V ZB 67/07, Rpfleger 2008, 212 = NJW 2008, 596 = WM 2008, 409.
73 BGH, Beschl. vom 6.12.2007 – V ZB 67/07, NJW 2008, 586 = Rpfleger 2008, 212 Rn. 9.
74 BGH, Beschl. vom 6.12.2007 – V ZB 67/07, NJW 2008, 586 = Rpfleger 2008, 212 Rn. 10.
75 S. BGH, Beschl. v. 13.8.2009 – I ZB 11/09, NJW 2009, 3440 = FamRZ 2009, 2078.
76 BGH, Beschl. vom 16.10.2008 – IX ZB 77/08, NJW 2009, 78 = Rpfleger 2009, 105.

der BGH – ebenfalls in einem Fall mit Suizidgefährdung – bestätigt, dass die im Insolvenzverfahren befindliche Schuldnerin antragsbefugt war. Die Beschwerde richtete sich gegen den Zuschlagsbeschluss; die Vollstreckung wurde bis zur „*erneuten Entscheidung des Beschwerdegerichts*" ausgesetzt. Ist der Zuschlagsbeschluss allerdings rechtskräftig geworden, scheidet dessen Aufhebung nach § 765a ZPO aus, wie der BGH am 1.10.2009 entschieden hat.[77]

Der zutreffende dogmatische Ansatzpunkt ist wohl weniger der vom BGH herangezogene Missbrauchsgedanke, sondern die Frage, ob das Rechtsgut, das durch Versteigerung, Zuschlag oder Räumung beeinträchtigt worden sein soll, überhaupt Gegenstand der Masse ist (§§ 35, 36 InsO). Das ist bei der Berufung auf Gesundheitsgefahren nicht der Fall, so dass der Schuldner selbst befugt ist, den Antrag zu stellen. Bei allen anderen Konstellationen der Gläubigerversteigerung verbleibt es bei der alleinigen Führung des Verfahrens durch den Insolvenzverwalter.

Für den Gläubiger bedeutet die Rechtsprechung in Extremfällen eine lange Frist, innerhalb derer ihm die Vollstreckung verwehrt wird. Ob die Vollstreckung dann aber noch die vom Gesetz geforderte gegen die guten Sitten verstoßene Härte darstellt, muss erheblich bezweifelt werden. Ebenso darf hinterfragt werden, ob der Vollstreckungsschutz dann noch mit der Sozialbindung des Eigentums des Gläubigers (Art. 14 GG) begründet werden kann. Bedenkt man, dass der Gläubiger aus seinem Grundpfandrecht nur soviel erlösen kann, als der Markt hergibt und häufig bereits die Rückstände auf den zurückzuzahlenden Betrag so hoch sind, dass ein Forderungsausfall droht, bedeutet diese Rechtsprechung auf Gläubigerseite die Erhöhung des Ausfallrisikos. Der Schuldner wird einem nach erfolgter Immobiliarvollstreckung verbleibenden schuldrechtlichen Anspruch des Gläubigers mit einem Verbraucherinsolvenzverfahren mit Restschuldbefreiung begegnen können. Mit anderen Worten bedeuten die Verzögerungen für den Gläubiger in praxi einen täglich ansteigenden Forderungsausfall. Dabei darf nicht vergessen werden, dass sich der Kreditgeber selbst refinanzieren und seine Refinanzierung bedienen muss. Die verfahrensmäßige Verzögerung durch das Risikobegrenzungsgesetz führt zur Verstärkung dieser Faktoren zu Lasten des Gläubigers. Nach Erteilung des Zuschlags geht der Vollstreckungsschutz zu Lasten des Erstehers. Daher fragt sich schon, ob nicht dem Schuldner während der Einstellung des Verfahrens mindestens eine regelmäßige Zahlung aufzuerlegen ist, soweit dies insolvenzrechtlich zulässig ist. Nach Erteilung des Zuschlags erscheint im Hinblick auf die Räumungsvollstreckung eine Geldauflage in analoger Anwendung des § 546a BGB möglich, da der bisherige Eigentümer infolge unberechtigter Nutzung – die aus der unterlassenen Räumung resultiert – die Immobilie nicht herausgibt. Ist das Versteigerungsverfahren noch im Gange, kommt zwar keine Analogie zu § 546a BGB in Frage, aus Sicht des Verfassers aber systemimmanent die analoge Anwendung des § 30e ZVG durch richterliche Rechtsfortbildung, die inhaltlich zum selben Ergebnis führen kann wie § 546a BGB. Der Gesetzentwurf zu § 30e ZVG führt aus, die Verzögerung solle nicht zu einem Schaden für den Gläubiger führen.[78] Es wäre ein Wertungswiderspruch, dem

---

[77] BGH, Beschl. vom 18.12.2008 – V ZB 57/08, NJW 2009, 1283 = Rpfleger 2009, 259 = WM 2009, 358 ff. = jurisPR-InsR 4/2009, Anm. 1 (*Tetzlaff*) = juris Praxis Report extra 2009, 73. Zur Antragsbefugnis des suizidgefährdeten Schuldners vgl. auch BGH, Beschl. v. 12.3.2009 – V ZB 155/08, ZInsO 2009, 1029 = WuM 314 f. = juris PR-InsR 24/2009, Anm. 6 (*Tetzlaff*). Zur Ablehnung der Aufhebung des Zuschlagsbeschlusses gem. § 765a ZPO nach Eintritt der Rechtskraft vgl. aber BGH, Beschl. v. 1.10.2009 – V ZB 37/09, FamRZ 2009, 2079.

[78] § 30e ZVG entspricht § 188 des Regierungsentwurfes zur InsO, siehe BT-Drs. 12/2443, S. 39 und S. 177.

insolventen Schuldner bzw. dessen Masse etwas abzufordern, dem nicht im Insolvenzverfahren befindlichen indes nicht.

2. Fallgruppe – Verschleuderung und ähnliche Konstellationen

53 Die zweite bedeutende Fallgruppe betrifft den Vortrag des Schuldners, seine Immobilie werde durch die Versteigerung bzw. den Zuschlag verschleudert oder das Verfahren gegen ihn sei nicht „fair" durchgeführt worden. Das ist die Rüge der Verletzung des Art. 14 GG. Auch hierzu hat der BGH in Anknüpfung an die Instanzgerichte[79] unter Zugrundelegung von Rechtsprechung des BVerfG[80] Leitlinien entwickelt.

54 In dem Beschluss vom 30.1.2004[81] (der **nicht zu § 765a ZPO** ergangen ist) hat der BGH aus der Eigentumsgarantie des Art. 14 GG keine *„allgemeingültigen"* **Verfahrensregeln** herleiten wollen. Er hat aber daraus einen **Anspruch auf ein faires Verfahren**[82] gefolgert und herausgearbeitet, daraus könne im Einzelfall ein Anspruch auf einen gesonderten Verkündungstermin über den Zuschlag resultieren. Der gebotene effektive Rechtsschutz diene der Verhinderung der Verschleuderung von Eigentum des Schuldners. Diesen Anspruch hat der Senat aber in dem konkreten Fall verneint, in dem der Schuldner aufgrund eines Todesfalls nicht im Versteigerungstermin anwesend war, dennoch keine Verlegung beantragt hatte, das Meistgebot über 5/10 des festgesetzten Verkehrswerts lag und daher für den Rechtspfleger nicht erkennbar war, dass ein Vollstreckungsschutzantrag erfolgreich gewesen wäre. Den Grundsatz des fairen Verfahrens hat der BGH allerdings in dem Beschluss vom 5.11.2004[83] durchschlagen lassen und u. a. den Zuschlagsbeschluss des AG und die Beschwerdeentscheidung unter Zurückverweisung aufgehoben. In dem entschiedenen Fall waren nur 12 % des Verkehrswerts erzielt worden, ein Ergebnis, das nach dem BGH nur dann hinzunehmen sei, *„wenn kein anderes Ergebnis erzielt werden"* könne. Die Verschleuderung sei möglichst zu vermeiden. Insbesondere gilt das bei geringen Forderungen, wobei die öffentliche Hand als Gläubiger eine besondere Verantwortung hat (Gläubiger war die Gemeinde mit 3.000 € öffentlich-rechtlichen Forderungen).[84] Der Schuldner hatte konkret einen Sachverhalt vorgetragen, der es gerechtfertigt hätte, von einem deutlich höheren Erlös bis zu 50 % des festgesetzten Wertes auszugehen.

---

79 Vgl. z. B. OLG Hamm, Beschl. vom 26.11.1991 – 15 W 317/91, Rpfleger 1992, 211 *(keine sittenwidrige Verschleuderung bei einem Meistgebot oberhalb von 5/10; Verschleuderung fordert ein Missverhältnis zwischen Wert und Gebot sowie die begründete Erwartung aufgrund konkreter Umstände, in einem weiteren Termin sei ein höheres Gebot zu erwarten; Hinweis auf eine weitere Senatsentscheidung in NJW 1976, 1754).*

80 BVerfG, Beschl. vom 7.12.1977 – 1 BvR 734/77, BVerfGE 46, 325 ff. = NJW 1978, 368 = Rpfleger 1978, 206 = WM 1978, 53.

81 BGH, Beschl. vom 30.1.2004 – IXa ZB 196/03, Rpfleger 2004, 434 = ZfIR 2004, 1033 = NJW-RR 2004, 1074, im Anschluss an OLG Celle, Beschl. vom 11.1.1979 – 4 W 76/78, 4 W 77/78, 4 W 78/78, Rpfleger 1979, 116.

82 Vgl. hierzu aus der instanzgerichtlichen Rechtsprechung LG Heilbronn, Beschl. vom 23.6.1995 – 1b T 214/95, Rpfleger 1996, 96 *(die Nichteinhaltung eines fairen Verfahrens ist ein Zuschlagsversagungsgrund gem. § 83 Nr. 6 ZVG).*

83 BGH, Beschl. vom 5.11.2004 – IXa ZB 27/04, Rpfleger 2005, 151 = ZfIR 2005, 295 = WM 2005, 136.

84 Bei den Gebietskörperschaften ist es aufgrund der ihnen fehlenden Grundrechtsfähigkeit nicht möglich, deren Forderungen nach Art. 14 GG gegen die Interessen des Schuldners abzuwägen, vgl. die Kommentierung dazu von *Dürig*, in: *Maunz-Dürig*, Grundgesetz, Art. 19 Abs. 3 Rn. 10 (Stand der Bearbeitung: 1977); zu der Problematik bei anderen öffentlich-rechtlichen Gläubigern siehe ebda. Rn. 49 ff. Hier bewendet es bei den Verfahrensgrundrechten, *Dürig*, in: *Maunz-Dürig*, Grundgesetz, Art. 19 Abs. 3 Rn. 54. Richtig dürfte sein, bei den Gebietskörperschaften, Sozialversicherungsträgern usw. auf das öffentliche Interesse an der Beitreibung der Schulden abzustellen, bei den **öffentlich-rechtlich strukturierten Unternehmen** aber auf Art. 14 GG zu rekurrieren, wenn sie am Markt ohne staatliche Haftung agieren (z. B. öffentlich-rechtliche Banken und Versicherungen).

Unter diesen Voraussetzungen war der Zuschlagsbeschluss rechtswidrig, das Vollstreckungsgericht hätte einen **gesonderten Verkündungstermin** für den Zuschlag anberaumen müssen.

In dem Beschluss zu IXa ZB 233/03 vom selben Tage[85] hat der BGH zu der Problematik der „*zwecklosen Vollstreckung*" judiziert: Er hat den Beschluss des Beschwerdegerichts aufgehoben, das einen Antrag des Schuldners auf einstweilige Einstellung als Vollstreckungsschutzantrag ausgelegt und das Versteigerungsverfahren aufgehoben hatte, weil aufgrund der dinglichen Vorlasten ein Anteil am Versteigerungserlös für den aus einem persönlichen Anspruch betreibenden Gläubiger nicht zu erwarten sei. Das geringste Gebot liege beim 3–4-fachen des Verkehrswertes. Der Senat lehnt zutreffend die Anwendung des § 803 Abs. 2 ZPO über die zwecklose Pfändung ab, bei der es „*vorrangig*" um die „*Nutzungsfunktion des Eigentums*" gehe. Die Aussichtslosigkeit der Versteigerung in der Immobiliarvollstreckung lasse sich zudem nicht zu Beginn der Versteigerung beurteilen. All dies könne das Vollstreckungsgericht nicht von vornherein beurteilen.[86]

55

Einem **Vollstreckungsschutzantrag auf Versagung des Zuschlags** wegen Verschleuderung des Eigentums des Schuldners will der BGH nur entsprechen, wenn nicht nur ein Missverhältnis zwischen Steigerlös und festgesetztem Verkehrswert besteht, sondern zusätzlich die begründete Erwartung besteht, im nächsten Versteigerungstermin werde ein besseres Ergebnis erzielt. Hierzu muss der Schuldner substantiiert vortragen und eine entsprechende Wahrscheinlichkeit eines höheren Erlöses darlegen.[87] Folge des erfolgreichen Antrags ist die einstweilige Einstellung des Verfahrens nach § 83 Nr. 6 ZVG.[88]

56

Sind die **Wertgrenzen im Versteigerungsverfahren „gefallen"** und spielt der Verkehrswert für das weitere Verfahren keine Rolle, kann sich der Schuldner gegen den aus seiner Sicht „unrichtigen" Verkehrswert nur mittels eines **Vollstreckungsschutzantrags gegen den Zuschlagsbeschluss** zur Wehr setzen.[89]

57

---

85 BGH, Beschl. vom 30.1.2004 – IXa ZB 233/03, Rpfleger 2004, 302 = ZfIR 2004, 440 = ZIP 2004, 1380.
86 BGH, Beschl. vom 30.1.2004 – IXa ZB 233/03, Rpfleger 2004, 302 II 3a (1) der Gründe m.w.N. aus der Rechtsprechung der Landgerichte seit den Achtziger Jahren. Vgl. hierzu z.B. LG Krefeld, Beschl. vom 20.8.1993 – 6 T 287/93, Rpfleger 1994, 34 m.w.N.; Beschl. vom 24.10.1995 – 6 T 409/95, Rpfleger 1996, 120f.; LG Koblenz, Beschl. vom 12.3.1998 – 2 T 159/98, Rpfleger 1998, 300 (*an die Stelle des § 803 Abs. 2 ZPO tritt bei Ergebnislosigkeit § 77 ZVG*).
87 BGH, Beschl. vom 27.6.2003 – IXa ZB 21/03, Rpfleger 2003, 604 = ZInsO 2003, 703 = WM 2003, 1879 = NJW-RR 2003, 1648.
88 Siehe die Kommentierung zu § 83 ZVG.
89 BGH, Beschl. vom 14.4.2005 – V ZB 9/05, Rpfleger 2005, 554 = ZfIR 2005, 884 = NJW-RR 2005, 1359.

Taktik in der Zwangsversteigerung

Schrifttum: (Auswahl im Wesentlichen jüngerer Publikationen, siehe insbesondere für Standardwerke das Gesamtliteraturverzeichnis)
Alff, Erhard, Anm. zu BGH III ZR 143/05 (*„Haftung des Sachverständigen bei der Verkehrswertfestsetzung"*), Rpfleger 2006, 551; *Ders.*, Anm. zu LG Göttingen 10 T 1/00 (zu dem sog. insolvenzrechtlichen Verständnis des § 30e ZVG), Rpfleger 2000, 228; *Cranshaw, Friedrich L.*, Anm. zu BGH IX ZR 66/07 (*Erlöschen der Auflassungsvormerkung durch Rücktritt vom Kaufvertrag in der Insolvenz des Verkäufers*), jurisPR-InsR 4/2009, Anm. 2; *Ders.*, Anm. zu BGH VII ZB 108/96 (*„Rechtsnachfolger des Grundstücksgläubigers bei persönlicher Haftungsübernahme"*), jurisPR-InsR 9/2008, Anm. 3; *Ders.*, Anm. zu BGH IX ZR 133/05 (*„Anfechtung der Sicherungszession von Mietansprüchen zugunsten eines Grundpfandgläubigers"*), jurisPR-InsR 1/2007, Anm. 1; *Dörrie, Robin*, Immobilienfinanzierungen und Verkauf von Kreditforderungen nach Inkrafttreten des Risikobegrenzungsgesetzes, ZBB 2008, 292–306; *Ertle, Martin*, Probleme mit „Versteigerungsverhinderern", Rpfleger 2003, 14 ff.; *Fischer, Michael; Freckmann, Peter u. a.* (Hrsg.), FCH-Sicherheitenkompendium, 2. Aufl., Heidelberg, 2007; *Groß, Franz-Peter*, Das Eigengebot des Terminvertreters ist wirksam, Rpfleger 2008, 545 ff.; *Herrmann, Ottmar*, Anm. zu BGH IX ZR 68/06 (*„Anspruch gegen Inhaber wertloser Grundpfandrechte ..."*), jurisPR-InsR 12/2008, Anm. 3; *Keuk, Brigitte*, Auflassungsvormerkung und vormerkungswidrige Grundpfandrechte in Konkurs und Zwangsversteigerung; *Nobbe, Gerd*, Rechtsprechung des Bundesgerichtshofs zu fehlgeschlagenen Immobilienfinanzierungen, WM 2007, Sonderbeilage; *Schmid, Irene/Voss, Matthias*, Die Sicherungsgrundschuld nach dem Risikobegrenzungsgesetz, DNotZ 2008, 740–758; *Smid, Stefan*, Anm. zu BGH X ARZ 223/05 (*„Verweisung an das örtlich zuständige Insolvenzgericht"*), jurisPR-InsR 9/2006, Anm. 5; *Stöber, Kurt*, Erlöschen der Auflassungsvormerkung und Erbbauzins-Reallast bei der Insolvenzverwalterversteigerung, NJW 2000, 3600–3605

Übersicht

		Rn.
I.	Das Interesse Beteiligter am Zwangsversteigerungsgeschehen	1–23
1.	Vorbemerkung	1
2.	Das Interesse des Grundpfandgläubigers	2–8
	a) Grundpfandgläubiger und Vollstreckungsschuldner	2
	b) Problemfelder, die dem Rettungserwerb entgegenstehen	3
	c) Der nachrangige Grundpfandrechtsgläubiger, der Rückgewährberechtigte	4
	d) Die Stellung des nachrangigen Gläubigers beim freihändigen Verkauf, Strategien zur Vermeidung der Zwangsversteigerung?	5
	e) Strategien zur Vermeidung der Versteigerung durch geordnete Abwicklung über ein Insolvenzverfahren	6, 7
	f) Widerstreitende Interessen zwischen dem Finanzier des Grundbesitzes und dem Kreditgeber von Betriebsmittelfinanzierungen des Grundstückseigentümers (= Schuldner bzw. Kreditnehmer)	8
3.	Das Gläubigerinteresse persönlicher, einschließlich öffentlicher Gläubiger, denen kein Grundpfandrecht zur Sicherung ihrer Ansprüche zur Seite steht	9–13
	a) Der aus persönlichem Titel betreibende Gläubiger	9
	b) Die öffentlichen Gläubiger	10, 11
	c) Die Wohnungseigentümergemeinschaft	12, 13
4.	Das Interesse des Schuldners bzw. des Insolvenzverwalters	14–16
	a) Das Interesse des Schuldners	14, 15
	b) Das Interesse des Insolvenzverwalters	16

5. Das Interesse in Abt. 2 des Grundbuchs eingetragener
   Berechtigter und der Berechtigten aufgrund von Vormerkungen 17–19
6. Das Interesse des Erstehers, des Meistbietenden und
   anderer Bieter 20–22
7. Die Phasen des Ablaufs der Not leidend werdenden Finanzierung
   von der Begründung des schuldrechtlichen bzw. dinglichen
   Anspruchs bis zum Ende der Erlösverteilung 23

II. **Risikoorientierte Strategien und Vorgehensweisen verschiedener
    Beteiligter von der Bewilligung des Grundpfandrechts bis zum
    Versteigerungsantrag** 24–43
1. Strategien des Darlehensnehmers (= Grundpfandrechtschuldner);
   die Ablehnung der Unterwerfung gem. § 800 ZPO 24–26
2. Die Kreditsicherungsstrategie des (institutionellen) Gläubigers 27–31
3. Das Verhalten des Gläubigers in der Krise des Schuldners 32–43
   a) Der „freihändige" Verkauf als Instrument der Verwertung
      des Grundpfandrechts außerhalb der Versteigerung 32–35
   b) Die Entscheidung für die Zwangsversteigerung 36–40
4. Die Möglichkeiten des Insolvenzverwalters 41–43

III. **Taktische Vorgehensweisen im Verfahren bis zur durch
     die Rechtskraft der Wertfestsetzung (§ 74a ZVG)
     eintretenden Zäsur** 44–60
1. Die gerichtliche Wertfestsetzung, das Verhalten Beteiligter 44–57
   a) Funktion und Methodik von Wertermittlung
      und Wertfestsetzung 44–47
   b) Die Beteiligten im Wertermittlungs- bzw.
      Wertfestsetzungsverfahren 48–57
2. Die Sicherung des Ertrags der Immobilie,
   Funktionen der Zwangsverwaltung 58, 59
3. Die Interessentensuche durch Schuldner und Gläubiger 60

IV. **Die weitere Vorgehensweise Beteiligter bis zum ersten
    und etwa weiteren Versteigerungsterminen** 61–89
1. Die Vorbereitung des Termins durch den Gläubiger 62–71
2. Die Suche nach Bietinteressenten 72–84
   a) Allgemeine Probleme der Akquisition von Bietinteressenten,
      das Bemühen des Schuldners um Abwendung
      der Versteigerung 72–75
   b) Maklerbeauftragung 76
   c) Unmittelbar eigene Bemühungen des betreibenden Gläubigers;
      Bietinteressenten zu gewinnen; Überlassung
      des Sachverständigengutachtens an Interessenten 77–82
   d) Ausbietungsgarantie, Verwertungsalternativen des Gläubigers 83, 84
3. Die Auflösung und Löschung der Personengesellschaft oder
   der juristischen Person als Schuldner (Eigentümer) im Register;
   Firmenbestattung und Versteigerungsverfahren;
   das „unbekannt verzogen" bei natürlichen Personen 85–89

V. **Das Verhalten Beteiligter in den Versteigerungsterminen** 90–104
1. Das taktische Verhalten des Gläubigers 90–100
   a) Der öffentliche Versteigerungstermin als Brennpunkt
      des Versteigerungsverfahrens 90
   b) Die Vorbereitung des Gläubigers 91–95
   c) Die Durchführung des Termins 96–99

	d) Die einstweilige Einstellung nach dem Schluss des Versteigerungstermins – eine Alternative?	100
2.	Die Vorgehensweise des Schuldners im Termin	101
3.	Das Verhalten der Bietinteressenten	102–104
	a) Das offene Gebot	102
	b) Der „verdeckte" Bietinteressent	103
	c) Abwehr von sog. „Versteigerungsverhinderern"	104
VI.	**Verhalten im Zuschlags- und Verteilungsverfahren**	105–114
1.	Das Zuschlagsverfahren	105, 106
2.	Gerichtliche oder außergerichtliche Erlösverteilung?	107
3.	Vorgehensweise bei Einlegung der Zuschlagsbeschwerde bis zu deren Rechtskraft	108–112
4.	Handlungsalternativen, wenn der Ersteher das Meistgebot nicht bezahlt	113, 114

I. Das Interesse Beteiligter am Zwangsversteigerungsgeschehen

1. Vorbemerkung

1 Jeder Beteiligte[1] am Zwangsversteigerungsgeschehen hat eine eigene Interessensphäre, die sein Handeln bestimmt und im Widerstreit mit den Interessen anderer Beteiligter liegen kann. Das Versteigerungsgeschehen wird davon bestimmt. Die Anfänge der Strategie der Beteiligten liegen weit vor dem Versteigerungstermin und auch außerhalb des Versteigerungsverfahrens.

2. Das Interesse des Grundpfandgläubigers

2 a) **Grundpfandgläubiger und Vollstreckungsschuldner.** „Klassische" Antagonisten sind der Grundpfandgläubiger der **Sicherungsgrundschuld**[2] oder eines sonstigen Grundpfandrechts und der Vollstreckungsschuldner. Die Interessenlage des erstrangigen Gläubigers ist bei wertausschöpfender Belastung des Grundbesitzes darauf gerichtet, die Immobilie zu einem möglichst hohen Meistgebot zu versteigern. Bei den institutionellen Grundpfandgläubigern (Kreditinstituten, Versicherern) ist dies zwingende Notwendigkeit, da ansonsten in der Praxis ein Kreditausfall droht. Anders als Kreditnehmer oder Grundpfandrechtsschuldner gelegentlich meinen, kommt es dem Kreditgeber nicht darauf an, die in der Versteigerung befindliche Immobilie selbst „*im Rettungserwerb*"[3] zu ersteigern oder durch eine Tochtergesellschaft ersteigern zu lassen.

3 b) **Problemfelder, die dem Rettungserwerb entgegenstehen.** Der Zuschlag im Verfahren generiert für den Meistbietenden Erwerbsnebenkosten wie die Zuschlagsgebühr, Grunderwerbsteuer und Grundbuchkosten. Zudem muss die Immobilie vom Ersteher verwaltet, möglicherweise entwickelt werden, ggf. muss investiert werden, um sie vermiet- oder verkaufsfähig zu machen. Das sind alles Maßnahmen eines Immobilieninvestors, aber eben nicht Kerngeschäft eines Kreditinstituts oder einer Versicherung als Finanzier der Immobilienwirtschaft bzw. als Finanzier privater Käufer von Einfamilienhäusern oder Eigentumswohnungen. Die Kosten (u. a. der laufenden Bewirtschaftung) wer-

---

1 „Beteiligter" in einem tatsächlichen Sinne, nicht im Sinne des engen Begriffs des § 9 ZVG.
2 Die rechtsdogmatische Struktur des BGB geht zwar von der Hypothek aus, die in der Praxis in der Bundesrepublik indes für Neueintragungen nahezu ausgestorben ist. Zur Sicherungsgrundschuld siehe § 1192 Abs. 1a BGB.
3 Der Begriff schildert anschaulich das Dilemma des Kreditgebers, der selbst ansteigert, weil niemand sonst bereit ist, überhaupt ein vertretbares Gebot abzugeben, so dass der Grundpfandgläubiger zur „Rettung" seines Rechtes bietet.

den von den etwaigen Erträgen in entsprechendem Umfang aufgefangen, sie erhöhen sich um die dem Ersteher kontinuierlich entstehenden Verwaltungsaufwendungen und kalkulatorisch um Zinsen aus der Refinanzierung der Investition in die Immobilie. Zu verzinsen ist kalkulatorisch insbesondere der Steigerlös, den infolge des Meistgebots ein Dritter bezahlt hätte. Diesen Betrag hätte der Kreditgeber wieder als Darlehen ausreichen oder anderweit anlegen können. Entsteht bei dieser Bewertung eine voraussehbare (jährliche) Unterdeckung, schmälert das die Bereitschaft zum Rettungserwerb zusehends. Da das Kapital in der Immobilie gebunden ist, muss der **Rettungserwerb** zudem im Grundsatz auf den möglichst günstigen und alsbaldigen **Wiederverkauf** bedacht sein, da sich ansonsten weitere mittelbare Verluste im Zusammenhang mit dem vormaligen Not leidenden Kreditengagement ergeben. Dabei sind ggf. vom Verkauferlös wieder Maklerkosten abzusetzen. Hinzu kommt, dass beim Weiterverkauf eigene Haftungsrisiken des vormaligen Kreditgebers gegenüber dem Käufer begründet werden können, insbesondere aus Gewährleistungsrisiken nach Maßgabe des Kaufvertrages oder Werkvertrages. Hinzu kommen die allgemeinen Risiken des Grundstückseigentümers, wie etwa eine ökologische Belastung, die in das Gutachten nach § 74a ZVG nicht eingeflossen ist und die zur Haftung als Zustandsstörer führen kann mit der Folge erheblicher Belastungen des Grundpfandgläubigers in seiner mit dem Zuschlag eingetretenen Rolle als Ersteher. Gegen all diese Risiken und wirtschaftlichen Erwägungen ist der Vorteil des Rettungserwerbs im Einzelfall abzuwägen. Der möglichst hohe Steigerlös durch eigenes Meistgebot kann sonach keine generelle Strategie und daher auch rechtlich wie betriebswirtschaftlich nicht wirklich Gegenstand regelmäßiger Taktik im Zwangsversteigerungstermin sein. Hinzu kommt infolge der Befriedigungsfiktion des § 114a ZVG der Verlust des Teils der schuldrechtlichen Forderungen gegen den Schuldner, der zwischen 7/10 des festgesetzten Wertes der Immobilie (§ 74a ZVG) und deren in Wirklichkeit etwa tieferem Marktwert angesiedelt ist, wenn der Gläubiger ein „marktgerechtes" Gebot unter 7/10 abgibt.

c) **Der nachrangige Grundpfandrechtsgläubiger, der Rückgewährberechtigte.** **4** Der nachrangige Gläubiger und/oder der Inhaber der Rückgewähransprüche von erstrangigen bzw. vorrangigen Rechten mit freien Grundschuldteilen unterscheidet sich in der Interessenlage nur insoweit von dem erstrangigen Gläubiger, als er tendenziell eher den Rettungserwerb erwägen muss als der vorrangige, der abhängig von Belastung und Wert evtl. volle Befriedigung aus seinem Recht erwarten darf. Zudem muss er, soweit er der erste ist, der die Zwangsversteigerung beantragt, beachten, dass vorrangige Rechte als bestehen bleibend in das geringste Gebot fallen; dabei kann die Versteigerung ohne abweichende Versteigerungsbedingungen aussichtslos werden. Ferner kann er durch den Beitritt eines anderen ihm gegenüber vorrangigen Gläubigers seine Position als bestbetreibender Gläubiger mit den damit verbundenen verfahrenstaktischen Vorzügen (siehe im folgenden) einbüßen.

d) **Die Stellung des nachrangigen Gläubigers beim freihändigen Verkauf, Strategien zur Vermeidung der Zwangsversteigerung?** Der Zwangsversteigerung ist **5** im Allgemeinen der freihändige Verkauf vorzuziehen und in der Praxis werden auch häufig bzw. wohl überwiegend diesbezügliche Anstrengungen unternommen. Liegt der nachrangige Gläubiger mit seinem Grundpfandrecht im Rang so weit zurück, dass er bei sachgerechter Bewertung des Grundbesitzes nicht mit einer Zuteilung in einem Verfahren rechnen könnte, hat er bislang die gewünschte „freihändige" Verwertung zu seinen Gunsten problemlos in der Weise nutzen können, dass er zur Ermöglichung des Verkaufs durch „**Pfandfreigabe**" einen Betrag auf sein Recht gegen Erteilung der Löschungsbewilligung gefordert hat (in der Praxis auch „*Lästigkeitsprämie*" genannt). Die Höhe des Betrages war stets Verhandlungssache. Wollte man einen solchen nicht zahlen, mussten vorrangige Gläubiger oder Insolvenzverwalter des Schuldners den Weg der Versteigerung wählen mit dem Risiko des Mindererlöses gegenüber der Verwertung durch Kaufvertrag sowie Zeitverzögerungen. Diese Strategie des nachrangigen Gläubigers ist nach dem Beschluss des Insolvenzrechtssenats des BGH vom 20.3.2008 im Insolvenzverfahren obsolet. Ist das Grundpfandrecht *„offensichtlich wertlos"*, hat der Gläubiger zwar Anspruch auf die Löschungskosten, insbesondere diejenigen der Löschungsbewilligung (d.h. die Kosten der Beglaubigung durch den Notar); verspricht der Insolvenzverwalter mehr, ist die Verpflichtung aber insolvenzzweckwidrig und nichtig.[4] Die hier nicht weiter zu erörternde und auch nicht formell abschließend entschiedene Frage ist, ob die Verweigerung der Löschungsbewilligung nicht grundsätzlich z.B. Schadenersatzansprüche (nach § 826 BGB) generiert und der Gläubiger nicht auf diesem Wege generell zur Löschung bewegt werden kann. **Bejaht man dies**, ist der Grundgedanke der zitierten Entscheidung des BGH auf **alle Verwertungsfälle** anzuwenden. Freilich gilt die vom Insolvenzrechtssenat entwickelte Konstruktion nur in denjenigen Ausnahmefällen, in denen das Recht eben **evident wertlos** ist, wobei eine erhebliche Bandbreite besteht. Der etwa bereits rechtskräftig festgesetzte Verkehrswert nach § 74a ZVG, sollte während des laufenden Versteigerungsverfahrens ein Verkauf möglich sein, ist jedenfalls nicht der Maßstab zur Bemessung der Offensichtlichkeit, sondern nur eines von mehreren Indizien. Bietinteressenten sehen den festgesetzten Wert nur als einen von mehreren Parametern ihrer Entscheidungsfindung.[5] Infolge dieser Rechtsprechung entfällt in den entsprechenden Fällen die Notwendigkeit der Versteigerung, wenn der Eigentümer/Schuldner zum Verkauf bereit ist. Das LG Regensburg hat mit Urteil vom 21.9.2009 den Anspruch eines Insolvenzverwalters auf Rückgewähr der Grundschuld (Löschungsbewilligung, Herausgabe des Grundschuldbriefs) aus § 242 BGB in Verbindung mit dem Sicherungsvertrag hergeleitet, wenn „der betroffene nachrangige Grundschuldgläubiger wegen vorrangiger anderweitig wertausschöpfenden Belastungen des Grundstücks sein Absonderungsrecht nicht auch nur teilweise wird verwirklichen können" (juris, Rn. 23 des Urteils). Die Wertausschöpfung war vorliegend unstreitig, so dass nicht klar wird, ob Evidenz im Sinne der Rechtsprechung des BGH zu bejahen war. Die weitere Entwicklung der Rechtspechung bleibt abzuwarten.

6 **e) Strategien zur Vermeidung der Versteigerung durch geordnete Abwicklung über ein Insolvenzverfahren.** Ist die grundpfandrechtliche Rangposition für den jeweiligen Gläubiger ebenso wie die Grundbuchlage insgesamt für einen freihändigen Verkauf befriedigend, lässt aber das Verhalten des Eigentümers (= Schuldners)[6] die notwendige Kooperation für eine sachgerechte Werterhaltung der Immobilie, eine vernünftige Suche nach einem Käufer und die Bereitschaft zum Abschluss eines Kaufvertrages vermissen, ist die Alternative zu Zwangsversteigerung und Zwangsverwaltung die geordnete Abwicklung im

---

4 BGH, Beschl. v. 20.3.2008 – IX ZB 68/06, Rpfleger 2008, 440 = ZIP 2008, 884 = DZWiR 2008, 376 = jurisPR-InsR 12/2008, Anm. 3, *Herrmann*; s. zur Einschätzung der Tragweite dieser Entscheidung auch die dem BGH zustimmenden Besprechungen von *Smid*, DZWiR 2008, 501 ff.; *Rein*, NZJ 2008, 365 f., *Frege/Keller*, NZJ 2009, 118 ff. und Cartano, WuB VI A § 87 InsO 1.08; kritisch *Schulz*, EWiR 2008, 471 f.
In der weiteren Rechtsprechung hat bislang, soweit erkennbar, nur das LG Regensburg einen Rückgewähranspruch des Insolvenzverwalters nach § 242 BGB gegen den Grundpfandgläubiger in Fällen bejaht, bei denen vorrangige Rechte den Verkehrswert des Grundstücks ausschöpfen und der Gläubiger die freihändige Veräußerung behindert, siehe oben Rn. 5 aE, LG Regensburg, Urt. v. 21.9.2009 – 4 O 1442/09, juris (Rn. 23–25) = ZInsO 2009, 2015 ff. = WM 2010, 316 f. = ZJP 2009, 2165 f.
5 So auch BGH, Beschl. v. 10.10.2003 – IXa ZB 128/03, ZfIR 2004, 157 = NJW-RR 2004, 302 = Rpfleger 2004, 172, II 4c) der Gründe.
6 Bei einer Gesellschaft deren Gremien und Vertretungsorgane.

Rahmen eines Insolvenzverfahrens.⁷ Dieses kann auch aus Gründen der Rechtssicherheit für den Käufer geboten oder zweckmäßig sein, denkt man z. B. an insolvenzanfechtungsrechtliche Themen beim freihändigen Verkauf.

Dem kann im Einzelfall die Rechtsprechung des BGH zuwider laufen: Der Insolvenzrechtssenat des BGH hat zum allgemeinen Rechtsschutzinteresse des Gläubigers an der Durchführung eines Insolvenzverfahrens judiziert, derjenige Grundpfandgläubiger, dessen Forderungen **unbezweifelbar** aus dem Erlös seines Grundpfandrechts gedeckt werden könnten, habe kein Rechtsschutzinteresse⁸ an einem Insolvenzverfahren. Das führt in den Fällen, die der BGH im Auge hatte, zur Zwangsverwaltung, um damit den Schuldner des Besitzes zu entheben und zur Versteigerung. Der Insolvenzrechtssenat hat damit in „Evidenzfällen" die Immobilarzwangsvollstreckung „aufgewertet". 7

f) Widerstreitende Interessen zwischen dem Finanzier des Grundbesitzes und dem Kreditgeber von Betriebsmittelfinanzierungen des Grundstückseigentümers (= Schuldner bzw. Kreditnehmer). Ein Interessengegensatz besteht bei **gewerblichen Immobilienfinanzierungen** auch zwischen dem Grundpfandgläubiger (= Immobilienfinanzierer) und dem Kreditgeber von Betriebsmittelfinanzierungen, soweit der Eigentümer (Grundpfandrechtsschuldner bzw. Kreditnehmer) typischerweise im Anlagevermögen bewegliche Gegenstände hält, die nach den Bestimmungen der §§ 1120 ff., 97 ff. BGB **Zubehör** sind. Voraussetzung dieses Interessengegensatzes ist zum einen, dass der Finanzier der Immobilie und derjenige der Betriebsmittel auseinanderfallen und zur Sicherung der Betriebsmittelfinanzierung die Sicherungsübereignung der Mobilien des Anlagevermögens mittels Raumsicherungsvertrag vereinbart wurde. Sind die gegenwärtig und künftig sicherungsübereigneten Gegenstände Zubehör, geht die Sicherungsübereignung mit der Beschlagnahme (vgl. §§ 1121f.) ins Leere. Daher wird der Betriebsmittelfinanzierer bestrebt sein, die **Zustimmung des Grundpfandgläubigers** zu einem **Verzicht auf die Haftung** nach § 1120 BGB zu erhalten. Je nach dem Inhalt dieser **schuldrechtlichen Vereinbarung** ist dann der Grundpfandgläubiger gehindert, die Versteigerung in das Zubehör durchzuführen, will er sich nicht schadenersatzpflichtig machen. Er muss die Freigabe aus der Zwangsversteigerung erklären. Der Sicherungseigentümer wäre bei gleichwohl durchgeführter Versteigerung zur Drittwiderspruchslage (§ 771 ZPO)⁹ befugt. Das Verfahren wäre bezüglich dieser schuldnerfremden Gegenstände infolge der Entscheidung des Prozessgerichts auf die Klage nach § 771 ZPO aufzuheben, auf einstweilige Anordnung bis dahin jedenfalls einstweilen einzustellen (§§ 771 Abs. 3, 769 f. ZPO). 8

---

7 Beispiel ist die Zweckgesellschaft für ein einziges (Bauträger)Projekt oder die eine einzige Großimmobilie zur Vermietung hält, auch in Form eines Immobilienfonds in der Rechtsform der BGB-Gesellschaft oder KG. Dies gilt auch für Schiffs- und Flugzeugfonds, denkt man an die Verwertung von deren mit Schiffshypotheken bzw. mit Pfandrechten in dem Register für Pfandrechte an Luftfahrzeugen belasteten Assets, die der Versteigerung zugänglich sind, §§ 162 ff., 171a ff. ZVG.
8 BGH, Beschl. v. 29.11.2007 – IX ZB 12/07, ZInsO 2008, 103 f. = ZIP 2008, 281 = DZWiR 2008, 166 = NJW 2008, 1380 = Rpfleger 2008, 220 = jurisPR-InsR 7/2008, Anm. 5, *Tetzlaff*; vgl. *Kirchhof* in: *Kreft* (Hrsg.) HK-InsO, § 14 Rn. 25 m. w. N.
9 Siehe das Kapitel „Rechtsbehelfe im ZVG-Verfahren".

3. Das Gläubigerinteresse persönlicher,[10] einschließlich öffentlicher Gläubiger,[11] denen kein Grundpfandrecht zur Sicherung ihrer Ansprüche zur Seite steht

9 a) **Der aus persönlichem Titel betreibende Gläubiger.**[12] Der aus einem persönlichen Titel betreibende Gläubiger hat dieselbe Interessenlage wie der Grundpfandgläubiger mit dem entscheidenden Unterschied, dass er dem eingetragenen Grundpfandgläubiger nachgeht und ihm im Ergebnis daher auch z. B. die Eintragung einer **Zwangssicherungshypothek** nur insoweit nutzt, als sie ihm den Rang seiner Forderung zum Zeitpunkt der Eintragung wahrt. Sein Interesse ist aufgrund der dinglichen Vorlasten im Allgemeinen noch weniger als das der vorrangigen Grundpfandgläubiger auf den Erwerb der Versteigerungsimmobilie gerichtet. Die Rechte aller vorrangigen dinglichen Gläubiger, namentlich der Grundpfandgläubiger, fallen in das geringste Gebot (§ 44 ZVG) und müssen vom Ersteher übernommen werden, sollte der persönliche Gläubiger best betreibend sein oder aus dem Steigerlös vorrangig vor diesem Gläubiger befriedigt werden.

10 b) **Die öffentlichen Gläubiger.** Zu der Gruppe öffentlicher Gläubiger gehören charakteristisch die kommunalen Gebietskörperschaften mit ihren vorrangigen öffentlichen Lasten nach Landesrecht.[13] Die Beträge sind häufig im Vergleich zu den Forderungen anderer Gläubiger gering, meist ergibt sich die Beteiligung der Kommune aus einem Beitrittsbeschluss, seltener ist sie wohl Antragsteller. Betreibt sie, ist sie bestbetreibend. Hier besteht kein Interesse an einem Erwerb des Versteigerungsgrundstücks, wenn nicht ausnahmsweise ein kommunalpolitischer Aspekt mit dem Vollstreckungsinteresse zusammentrifft. Zudem bedürfte es der kommunalrechtlichen Beschlussfassungen und Genehmigungen, der Beachtung des Haushaltsrechts ebenso wie des Kommunalaufsichtsrechts. Die öffentlichen Gläubiger haben aber auch eine besondere Verpflichtung, die Grundrechte des Schuldners zu wahren, so dass sie bei Versteigerungen wegen nur geringer Forderungen eher dem Einwand des § 765a ZPO ausgesetzt sein werden.[14]

11 Die weiteren öffentlichen Gläubiger mit persönlichen, nicht dinglichen Ansprüchen, haben tendenziell dieselbe Interessenlage wie der private Gläubiger, der aus einem persönlichen Titel vorgeht.

12 c) **Die Wohnungseigentümergemeinschaft.** Eine weitere bedeutende Gruppe in der Zwangsversteigerung Privater sind die Gemeinschaften der Wohnungsei-

---

10 Vgl. zu der Thematik die Kommentierung zu § 93 ZVG, Rn. 21 ff.
11 Die öffentlich-rechtlich strukturierten Kreditinstitute, u. a. Sparkassen und Bausparkassen, sind aufgrund der für sie geltenden Regelwerke einschließlich des Aufsichtsrechts insoweit den privaten Gläubigern zuzuordnen.
12 Darunter ist auch derjenige Gläubiger zu subsumieren, der aufgrund persönlichen Titels eine Zwangssicherungshypothek erwirkt hat (§ 866 Abs. 1 ZPO) und aus dieser aufgrund des heute insoweit fehlenden Duldungstitels (§§ 1184, 1147 BGB) oder aufgrund des Vermerks gem. § 867 Abs. 3 ZPO über die Eintragung der Sicherungshypothek auf dem persönlichen Titel die Versteigerung betreibt. Wie stets in den Fällen des fehlenden Duldungstitels ist aus Gründen des § 93 ZPO der Eigentümer (= Schuldner) zur dinglichen Unterwerfung gem. §§ 794 Abs. 1 Nr. 5, 800 ZPO aufzufordern, so dass die Option für den Gläubiger mit **persönlichem** Titel und Zwangshypothek nur der Vermerk sein kann, der zur Mitwirkung des Schuldners nicht bedarf. Siehe auch *Hüßtege*, in: *Thomas/Putzo*, ZPO, § 867 Rn. 18.
13 Sind sie nicht betreibend, aber in Rangklasse 3 des § 10 Abs. 1 ZVG fallen sie in das geringste Gebot. Zudem laufen ggf. ständig Säumniszuschläge auf, bei denen allerdings die Eigenschaft als öffentliche Last umstritten ist, vgl. *Rellermeyer*, in: *Dassler/Schiffhauer/u. a.*, ZVG, § 10 Rn. 44 m.w.N. Zu den Beschränkungen der Haftung sowie der Thematik der Verjährung der öffentlich-rechtlichen Ansprüche siehe ebda., Rn. 33 ff.
14 Siehe dazu BGH, Beschl. v. 5.11.2004 – IXa ZB 27/04, Rechtspfleger 2005, 151 = ZfIR 2005, 295 = WM 2005, 136 und die Darstellung zum Vollstreckungsschutz des § 765a ZPO.

gentümer, die im „Rang" des § 10 Abs. 1 Nr. 2 ZVG[15] i.V.m. §§ 16 Abs. 2, 28 Absätze 2, 5 WEG Wohngeld- bzw. Rückgriffsansprüche gegen den Miteigentümer geltend machen. Deren Interesse ist auf den Ausgleich der Forderung gerichtet, ebenso darauf, einen **neuen zahlungskräftigen Miteigentümer** zu gewinnen, da sie anders als der Kreditgeber mit dem Ersteher in ein neues Dauerrechtsverhältnis eintreten. Zudem ist die Wohngeldforderung an günstiger Position im Versteigerungsverfahren und wird regelmäßig in das geringste Gebot fallen.

Dabei ist die Versteigerung wegen der Rückstände und eines insoweit bestehenden Zahlungstitels zu unterscheiden von der Entziehung des Wohnungseigentums infolge der Gründe des § 18 WEG, die gleichfalls durch Zwangsversteigerung vollzogen wird (§ 19 Abs. 1 WEG).

4. Das Interesse des Schuldners bzw. des Insolvenzverwalters

a) **Das Interesse des Schuldners.** Der Vollstreckungsschuldner wird das Ziel eines möglich hohen Steigerlöses verfolgen, wenn er sich wie ein Schuldner verhält, der rational denkt und möglichst umfassend aus dem Erlös seine Gläubiger befriedigen will.[16] Das ist aber häufig nicht so, u. a. überwiegt etwa beim selbstgenutzten Einfamilienhaus oder der Eigentumswohnung das erhebliche Affektionsinteresse an dem Eigentum und dessen Nutzung, wie auch die zahlreichen Vollstreckungsschutzanträge gem. § 765a ZVG eindrücklich zeigen.

Aus diesen Gründen wird der Schuldner regelmäßig kein Interesse haben, dass das Versteigerungsverfahren zügig und optimiert zu Ende geführt wird, sondern er wird im Gegenteil alle Möglichkeiten nutzen, die Durchführung der Versteigerung und den Zuschlag zu verhindern. Der Gesetzgeber hat ihm mannigfach rechtliche Möglichkeiten an die Hand gegeben, der Versteigerung entgegen zu treten.

b) **Das Interesse des Insolvenzverwalters.** Umgekehrt kann der Insolvenzverwalter sehr rationale Gründe haben, die Versteigerung hinauszuzögern, solange das ökonomisch sinnvoll ist. Grund hierfür kann sein, dass er den Grundbesitz zur Ausproduktion oder als Lagerfläche braucht oder aber, weil er sich Chancen ausrechnet, eine übertragende Sanierung oder gar eine Sanierung des insolventen Rechtsträgers durch einen Insolvenzplan zu bewirken. Dabei helfen ihm die §§ 30d – 30f ZVG.[17]

5. Das Interesse in Abt. 2 des Grundbuchs eingetragener Berechtigter und der Berechtigten aufgrund von Vormerkungen

Die Inhaber von dinglichen Wohnrechten, von Nießbrauch und anderen Rechten in Abt. II des Grundbuchs bilden keine homogene Gruppe. Diejenigen, die Wohnrechte haben, die sie persönlich nutzen, haben überhaupt kein Interesse an der Versteigerung, sie werden ihr, soweit irgend möglich, entgegen treten. Ist das Recht gegenüber dem bestbetreibenden Gläubiger vorrangig, fällt es in das geringste Gebot und bleibt bestehen.[18] Die Weichen werden bereits bei der Bewilligung der Eintragung gestellt. Erlischt das Recht, werden die Betroffenen mindestens über den Schuldner versuchen, durch einen Vollstreckungsschutzantrag gem. § 765a ZPO die Räumung zu unterbinden, wenn es sich um nahe Angehörige des Schuldners handelt.

---

15 Vgl. zur Problematik der Versteigerung von Wohnungseigentum und zu den damit in Verbindung stehenden Fragen die Kommentierung zu § 10 ZVG.
16 Das ist der idealtypische Schuldner, den es also schon eben in der Praxis nicht gibt.
17 Siehe die Kommentierung zu den §§ 30d – 30f ZVG.
18 Der festgelegte Ersatzwert führt dennoch nicht zur Möglichkeit der Ablösung des Rechts gegen Zahlung des „Ersatzwerts" durch den Ersteher.

18 Typisch sind auf der anderen Seite **Nutzungsrechte von Nachbarn** in Gestalt von Dienstbarkeiten, von **Dritten, z.B. Energieversorgern**, in Gestalt der beschränkt persönlichen Dienstbarkeit usw., die ungeachtet der Versteigerung und letzten Endes auch ungeachtet Rangpositionen im Grundbuch, ihr Recht zu erhalten trachten. Auch hier werden die Weichenstellungen lange vor der Zwangsversteigerung und außerhalb jeglicher Krise des Schuldners gestellt. Die Betroffenen werden entweder mit dem Grundpfandgläubiger einen Nachrang zu erreichen versuchen oder abweichende Versteigerungsbedingungen für den Fall der Zwangsverwertung bzw. bloß schuldrechtliche Abreden mit diesem Ziel treffen.

19 Der **Vormerkungsberechtigte** hat infolge des Schutzes durch die §§ 883 BGB, 106 InsO kein weiteres Risiko. Fällt allerdings sein schuldrechtlicher Anspruch in sich zusammen, erlischt die Vormerkung.[19] Die **Vormerkung ist also nicht schlechthin insolvenzfest**, sondern nur innerhalb des von ihr verfolgten Zwecks. Bei der Auflassungsvormerkung ist das der Eigentumserwerb; hierzu gehört jedoch nicht die Sicherung von Ersatz- und sonstigen Ansprüchen gegen den Veräußerer.[20]

6. Das Interesse des Erstehers, des Meistbietenden und anderer Bieter

20 Der **Ersteher** möchte die Rechtskraft des Zuschlags erreichen und sodann die Umsetzung seiner Pläne mit der erworbenen Immobilie verfolgen, etwa die Eigennutzung des ersteigerten Einfamilienhauses, die Vermietung der ersteigerten Eigentumswohnung, den Umzug seines Betriebs in das Gewerbeobjekt, die Einbringung in einen Fonds, den Weiterverkauf nach Projektentwicklung, um einige Beispiele zu nennen. Für den **Ersteher** ist die **Zwangsversteigerung nur die andere Alternative zum Kaufvertrag**; nicht selten scheitert der geplante rechtsgeschäftliche Erwerb und der Interessent ersteigert – ggf. zu günstigeren Beträgen.

21 Für den **Meistbietenden** gilt dasselbe wie für den Ersteher. Möglicherweise ist er aber auch nur „Strohmann" für einen Dritten, hat für diesen geboten und tritt an ihn den Anspruch aus dem Meistgebot ab oder er war verdeckter Stellvertreter, weil der wahre Interessent anonym bleiben will, weil z.B. sonst von anderen mitgeboten würde, um den Interessenten zu höheren Geboten zu veranlassen.[21]

22 Generell ist auch der nicht erfolgreiche Bieter hierzu aus denselben Gründen wie der Meistbietende motiviert. Zudem möchte er natürlich nicht wissen lassen, wie hoch er mitzubieten bereit ist oder welche Ziele er verfolgt.[22]

---

19 Vgl. zu einem solchen Fall BGH, Urteil v. 22.1.2009 – IX ZR 66/07, jurisPR-InsR 7/2009, Anm. 2, *Cranshaw*.
20 BGH, vorige Fn., a.a.O.
21 Siehe zu diesen Fallkonstellationen § 81 ZVG und die Kommentierung dazu.
22 Ein krasses Beispiel für die Taktik eines an der Ersteigerung der Immobilie Interessierten ist dem Sachverhalt zu entnehmen, der dem Urteil des BGH v. 16.3.2000 – III ZR 179/99, WM 2000, 2009 = NJW 2000, 2810, in einem rheinland-pfälzischen Fall zugrunde lag: Eine Ortsgemeinde hatte Interesse, einem ortsansässigen Bürger zwei Baugrundstücke zu verschaffen, die die spätere Klägerin bereits gekauft hatte. Auf die übliche notarielle Anfrage über die Ausübung des gemeindlichen Vorkaufsrechts war seitens der Kommune nicht geantwortet worden. Stattdessen war der Ortsbürgermeister im Versteigerungstermin anwesend und unterstützte im Bietgefecht den anwesenden Gemeindebürger mit einer schriftlichen Bürgschaft der Gemeinde (dies wäre, jedenfalls nach heutiger Gesetzeslage, ohne Zustimmung dessen, der Sicherheitsleistung fordert, auf keine Weise möglich, siehe § 69 Abs. 3 ZVG, der die Möglichkeit der Sicherheitsleistung durch Bürgschaft auf eine solche der Kreditinstitute nach dem KWG und der entsprechenden europäischen Richtlinie beschränkt). Der ortsansässige Bieter war offenbar nicht in der Lage oder er hatte das Verlangen von Gläubigern danach nicht bedacht. Schließlich blieb der Interessent, der bereits den Kaufvertrag abgeschlossen hatte, dennoch Meistbietender und erhielt den Zuschlag, freilich waren die Erwerbskosten um 60.000 DM (= ca. 31.600 €)

7. Die Phasen des Ablaufs der Not leidend werdenden Finanzierung von der Begründung des schuldrechtlichen bzw. dinglichen Anspruchs bis zum Ende der Erlösverteilung

Die geschilderte Interessenlage schlägt sich in den verschiedenen Phasen der Abwicklung des Not leidenden Krediets nieder, beginnend bei Rückständen oder Vermögensverfall des Schuldners mit der Kündigung der Finanzierung und der Grundschuld über den Versteigerungsantrag bzw. den Beitritt, die Verkehrswertfestsetzung und den Versteigerungstermin (oder mehrere) sowie über das Zuschlagsverfahren bis zum Abschluss des Verteilungsverfahrens. In jeder dieser Phasen haben die Beteiligten jeweils verschiedene Interessenlagen und Vorgehensweisen.[23]

II. Risikoorientierte Strategien und Vorgehensweisen verschiedener Beteiligter von der Bewilligung des Grundpfandrechts bis zum Versteigerungsantrag

1. Strategien des Darlehensnehmers (= Grundpfandrechtschuldner); die Ablehnung der Unterwerfung gem. § 800 ZPO

Ein Interesse des Kreditnehmers (= Grundpfandrechtsschuldner bei Bestellung einer Eigensicherheit) kann es sein, aus Gründen der Geschäftspolitik grundsätzlich keine Vollstreckungsunterwerfung gem. § 800 ZPO in notarieller Urkunde zu erklären oder weil man die Kosten der notariellen Beurkundung nicht akzeptieren will. Schließlich mag sogar die Bestellung einer Grundschuld allgemein berechtigt auf Weigerung stoßen, weil der Kreditnehmer etwa mit anderen Gläubigern vereinbart hat, keine Sicherheiten für Finanzierungen zu stellen oder dies nur pari passu[24] zu tun. Dann bleibt dem Kreditgeber nur, entweder darauf einzugehen oder kein Darlehen zu gewähren. Zur Vollstreckung wegen etwa nicht beglichener Ansprüche kann er dann nur aus einer persönlichen vorher zu titulierenden Forderung gelangen.

In der Praxis steht meist die Frage der Kosten der notariellen Urkunde über die Unterwerfung im Vordergrund. Die Grundschuldbestellung bedarf nur der notariellen Beglaubigung (§ 29 GBO), die Vollstreckungsunterwerfung aber der Beurkundung (§§ 800, 794 Abs. 1 Nr. 5 ZVG), die deutlich teurer ist.

In der wirtschaftlichen Krise wird der Schuldner ggf. „Abwehrstrategien" zu entwickeln suchen, denen, soweit sie von der Rechtsordnung missbilligt werden, mit den entsprechenden gesetzlichen Instrumenten zu begegnen ist.

---

zzgl. GrESt und weiterer Nebenkosten des Erwerbs höher als ohne die Hilfe der Kommune für den Konkurrenten im Bietgefecht. Der Bürgermeister hatte dabei geplant, sich mit dem Gemeindebürger und einem Dritten zu einer Bauherrengemeinschaft zusammen zu tun, um privat zu erwerben und zu bebauen. Der Ersteher verklagte die Gemeinde auf Schadenersatz in Höhe dieses Betrages, wobei er unter dem Aspekt der Amtspflichtverletzung keinen Erfolg hatte. Die Bürgschaft war nach Gemeinderecht offensichtlich unwirksam (§ 104 Gemeindeordnung Rheinland-Pfalz), zudem hatte der Bürgermeister wohl sittenwidrig und vorsätzlich gehandelt. Der Fall zeigt plastisch Grenzen von Strategie und Taktik. Aber auch der Rechtspfleger des Vollstreckungsgerichts hat fehlerhaft gehandelt, indem er die Sicherheitsleistung zugelassen hat, ohne offenbar deren Tauglichkeit zu prüfen. Von den Beteiligten sah aber wohl kein Beschwerdebefugter einen Anlass oder eine rechtliche Möglichkeit, Zuschlagsbeschwerde zu erheben, so dass der Fehler im Versteigerungsverfahren selbst ungerügt blieb.

23 Die Teilungsversteigerung und Besonderheiten der weiteren im ZVG geregelten Versteigerungsformen sollen im Hinblick auf ihre im Vergleich zur „gewöhnlichen" Vollstreckungsversteigerung von Grundbesitz zurücktretende Bedeutung auch im Folgenden unberücksichtigt bleiben.

24 In einem entsprechenden Fall müsste der Schuldner allen in diese Gleichbehandlungsregelung einbezogenen Gläubigern jeweils gleichrangige oder wenigstens gleichwertige Grundpfandrechte neu bewilligen oder bestehende Eigentümerrechte „atomisieren".

2. Die Kreditsicherungsstrategie des (institutionellen) Gläubigers[25]

27 Der oben umrissenen Kostenproblematik begegnet die Praxis dadurch, dass lediglich ein **rangletzter Teilbetrag** (oder ein gleichrangiger Teilbetrag, wenn derselbe Gläubiger stets die gesamte gleichrangige Grundbuchposition einnimmt) für vollstreckbar erklärt wird, z.B. 500 000 T€ bei einem Darlehen von 2 Mio. €. Diese Abrede zwischen Schuldner und Gläubiger verhindert die Ablösung des Rechts gegen den Willen des Gläubigers.[26] Dies gilt jedoch nach neuerer höchstrichterlicher Rechtsprechung nicht mehr in der Versteigerung. Der BGH hat hierzu judiziert, im Falle der Vollstreckung sei es hinreichend, den Gläubiger wegen des **vollstreckbaren Betrages zu befriedigen, ohne die gesamte Grundschuld** abzulösen.[27] Dies ergibt sich aus zutreffender Sicht des Senats aus §§ 775 Abs. 1 Nr. 5 ZPO, 75 ZVG, eine Erwägung, die auch dem zitierten Beschluss vom 28.9.1989 (siehe Fn. 26) zugrunde gelegen hat. Die Kostenvermeidungsstrategie verfängt also nicht unbedingt. Der Gläubiger muss sich, wenn er diesen Weg verfolgt und der Schuldner löst noch im **Termin oder vor dem Zuschlag die vollstreckbare dingliche Forderung** ab, damit abfinden, dass das Verfahren aufzuheben ist. Bei den institutionellen Gläubigern der Finanzwirtschaft, die sich verschiedener Vertragsmuster („Vordrucke") bedienen, ist die Verfahrensweise letzten Endes kein Thema des individuellen Vorgehens, sondern Gegenstand eines generellen Arbeitsprozesses, der risikoorientiert ist. Wird dem Kreditgeber der Titel aus der Hand geschlagen, muss er den Schuldner nach § 1147 BGB auf Duldung verklagen bzw. ihn vorab auffordern, sich nach §§ 794 Abs. 1 Nr. 5, 800 ZPO zu unterwerfen, ansonsten droht das Prozesskostenrisiko des § 93 ZPO. Das generiert Kosten, kostet Zeit, die beim Not leidenden Kreditengagement nur zur Erhöhung des Ausfallrisikos führt und zwar durch Anstieg der (Zins)Rückstände auf das Darlehen ebenso wie durch exogene Umstände wie negative Änderungen des Immobilienmarktes und eine etwaige Verschlechterung der Immobilie. Daher muss die Strategie vor dem Hintergrund der erwähnten Rechtsprechung darin bestehen, Vollstreckungsunterwerfung in einer solchen Höhe zu konstituieren, dass der Schuldner voraussichtlich nicht durch Teiltilgung die etwa einmal notwendig werdende Vollstreckung vorübergehend verunmöglichen kann.

28 Ebenfalls im Vorfeld jedweder Versteigerung steht neben der Bestellung der Grundschuld mit Vollstreckungsunterwerfung die übliche parallele Vereinbarung eines abstrakten Schuldanerkenntnisses in Höhe des Betrages der Grundschuld und entsprechende Unterwerfung unter die sofortige Zwangsvollstreckung in das gesamte Vermögen des Schuldners zur Verstärkung der grundpfandrechtlichen Sicherheit.[28] Diese Erklärung ist Teil der Grundschuldbestellungsurkunde, rechtlich indes ein zweites Rechtsgeschäft.

---

25 Banken, Bausparkassen, Versicherungen.
26 BGH, Beschl. v. 28.9.1989 – V ZB 17/88, BGHZ 108, 372 ff = NJW 1990, 258 = Rpfleger 1990, 16.
27 BGH, Beschl. v. 29.3.2007 – V ZB 160/06, BGHZ 172, 37 = Rpfleger 2007, 488 = ZfIR 2007, 499 m. Anm. Kesseler = NJW 2007, 3645. Vgl. auch *Gaberdiel/Gladenbeck*, Kreditsicherung durch Grundschulden, Rn. 829 ff., 374 ff., 322 ff. sowie *Clemente*, Kreditsicherungsrecht, D., Grundschulden, in: *Assies/Beule/u.a.*, Handb. des Fachanwalts, Rn. 954, S. 899; *Dörrie*, Darlehens-/Kreditrecht, in: *Assies/Beule/u.a.*, Handb. des Fachanwalts, , Rn. 684 f., S. 448 f., m. w. N.
28 In der Kreditpraxis, insbesondere bei Konsortialfinanzierungen, auch „*parallel debt*" genannt, wodurch in Verbindung mit entsprechender Besicherung auch dieser abstrakten Schuld durch das Grundpfandrecht (= Gegenstand der Sicherungszweckerklärung) erreicht wird, dass das treuhänderische Halten der Grundschuld durch einen Sicherheitentreuhänder mehrerer Kreditgeber erleichtert wird, dem gegenüber das Schuldanerknenntnis abgegeben bzw. an den die Rechte daraus im Einvernehmen der Beteiligten abgetreten werden. Das in den einschlägigen Grundschuldbestellungsurkunden der Kreditgebergruppen seit Jahrzehnten vorgesehene abstrakte Schuldanerkenntnis bedeutet keine Verdoppelung der Verpflichtung, sondern nur eine Verstärkung. Ist die Grundschuld nach Abschluss der Zwangsversteigerung erloschen und noch

Sicherungsvertrag und Unterwerfungserklärung bzw. Schuldanerkenntnis können kondiziert werden. Es ist daher erforderlich, die causa der Grundschuld, des Schuldanerkenntnisses und der der Vollstreckung dienenden Instrumente in der Vertragsdokumentation mit dem Darlehensnehmer, z. B. im Darlehensvertrag, zu vereinbaren.[29] Einwendungen gegen die Vollstreckungsunterwerfung oder ihre Rechtsgrundlage sind im späteren Vollstreckungsverfahren im Wege der Vollstreckungsabwehrklage oder sonstiger prozessualer Gestaltungsklagen geltend zu machen, wobei das Prozessgericht die Zwangsvollstreckung im Wege der einstweiligen Anordnung einstellen kann (§ 769 ZPO).[30] **29**

Das spätere „taktische" Verhalten des Gläubigers in der Zwangsversteigerung ist daher von dieser Ausgangssituation maßgeblich beeinflusst. Die „Taktik" beginnt daher nicht mit der Stellung des Versteigerungsantrags oder der Reaktion auf die Versteigerungsanordnung auf Antrag eines anderen Gläubigers oder des Insolvenzverwalters des Schuldners. Die Weichenstellung erfolgt bereits weit im Vorfeld mit Maßnahmen, die das Terrain vorbereiten. Die Ermöglichung der Vollstreckung ist dann nur eine abstrakte Risikobetrachtung, die im „worst case" hilft, Verluste zu vermeiden oder doch zu reduzieren und die ultima ratio des Vorgehens des Gläubigers darstellt. **30**

Hat der Gläubiger eine nachrangige Grundschuld, wird er dann die Versteigerung nicht betreiben, wenn die ihm vorrangigen Rechte den Grundstückswert „ausschöpfen" mit der Konsequenz, dass die Immobilie infolge des den Verkehrswert ggf. gar übersteigenden geringsten Gebotes (§§ 44 Abs. 1, 49 Abs. 1, 52 ZVG) aus dem Rang des Grundpfandrechts dieses Gläubigers unversteigerbar ist.[31] In der Praxis mag er von der in den üblichen und bewährten Vertragsmustern vorgesehenen Zession der Rückgewähransprüche profitieren.[32] Da nicht die Darlehensvalutierung maßgeblich ist, sondern allein das dingliche Recht, können sich unkundig agierende Bieter sehr verschätzen,[33] sie schulden stets die bestehen bleibende dingliche Forderung des Grundpfandgläubigers. **31**

3. Das Verhalten des Gläubigers in der Krise des Schuldners

a) Der „freihändige" Verkauf als Instrument der Verwertung des Grundpfandrechts außerhalb der Versteigerung. Ist die wirtschaftliche Krise des Schuldners eingetreten und eine außergerichtliche Sanierung nicht sinnvoll möglich, etwa weil die Sicherheitenposition des Gläubigers so günstig ist, dass er dem Schuldner nicht durch Forderungsverzichte entgegen kommen kann,[34] oder weil sonstige Umstände vorliegen, wird er ggf. zunächst darauf drängen, die Immobilie freihändig zu veräußern. Die Situation ist dabei gewöhnlich schon dadurch gekennzeichnet, dass die gesamte Finanzierung nach Maßgabe der §§ 490, 314 BGB oder vereinbarter wichtiger Gründe für eine Kündigung des **32**

---

eine Darlehensrestvaluta unbefriedigt geblieben, kann der **bisherige Grundschuldinhaber** zwar unverändert deswegen aus der vollstreckbaren Urkunde in das persönliche Vermögen vollstrecken, nicht jedoch dessen Rechtsnachfolger bei einer Abtretung der schuldrechtlichen Forderung, da er im Ergebnis infolge des § 727 ZPO nicht mehr zulässig die Vollstreckungsklausel erlangen kann, vgl. dazu BGH, Beschl. v. 12.12.2007 – VII ZB 108/06, Rpfleger 2008, 209 = NJW 2008, 918 = jurisPR-InsR 9/2008, Anm. 3, *Cranshaw.*

29 Dörrie, Darlehens-/Kreditrecht, in: *Assies/Beule/u. a.*, Handb. des Fachanwalts Rn. 684 f.; *Clemente*, in: *Assies/Beule/u. a.*, Handb. des Fachanwalts Rn. 968; BGH, Urteil v. 15.3.2005 – XI ZR 135/04, WM 2005, 828 = NJW 2005, 1576; Urteil v. 26.6.2007 – XI ZR 287/05, ZfIR 2008, 52 = WM 2007, 1648 = NJW-RR 2008, 65.
30 Siehe das Kapitel „Rechtsbehelfe im ZVG-Verfahren".
31 Vgl. dazu die Kommentierungen zu den §§ 44, 49, 52 ZVG.
32 Siehe dazu Gaberdiel/*Gladenbeck*, Kreditsicherung durch Grundschulden, Rn. 851 ff. m. w. N.
33 Vgl. BGH, Urteil v. 21.5.2003 – IV ZR 452/02 (*zur Teilungsversteigerung*), BGHZ 155, 63 ff. = NJW 2003, 2673 = Rpfleger 2003, 522.
34 Den „großzügig" handelnden Personen auf Gläubigerebene, wenn der Gläubiger eine Gesellschaft ist, droht dann nämlich ggf. der Vorwurf des § 266 StGB.

Darlehensvertrages längst gekündigt und fällig ist. Bei längerfristigen Darlehensfinanzierungen werden Zins-/Tilgungsraten rückständig sein. Soll der dann notwendige und immer noch mögliche freihändige Verkauf nach kürzerer oder längerer Zeit gelingen, muss der Schuldner und Kreditnehmer möglichst alsbald mit dem Gläubiger abklären, zu welchem Betrag dieser der Veräußerung zustimmen wird.[35] Die Funktion des Gläubigers besteht im Hinblick auf sein Grundpfandrecht nur darin, dem üblicher Weise mit dem dinglichen (grundbuchlichen) Vollzug des Kaufvertrags beauftragten Notar Treuhandauftrag zu erteilen und ihm die Löschungsbewilligung zu übersenden mit der Maßgabe, darüber erst verfügen zu können, wenn der begehrte und von dem dinglichen Rahmen der Grundschuld umfasste (Teil)Betrag des Kaufpreises vorbehaltlos an ihn geflossen ist.

33 Das ist das „Einfallstor" nachrangiger Grundpfandgläubiger, Zahlungen für ihre Löschungsbewilligungen zu fordern,[36] aber auch Anlass, vorrangige Berechtigte aus Abteilung II des Grundbuchs ggf. zufrieden zu stellen.
Der nachrangige Gläubiger wird andererseits – ebenso wie der Vollstreckungsgläubiger, der nur einen persönlichen Titel inne hat – prüfen, ob die Zwangsversteigerung angesichts des zu erwartenden Rangs seiner Forderung nach § 10 ZVG, wirklich sachgerecht ist (oder lediglich interne und externe Kosten produziert).

34 Das ist aber auch ein Grund, mit dem Insolvenzverwalter des bereits im Insolvenzverfahren befindlichen Schuldners eine Vereinbarung zu treffen, die ihm die Möglichkeit gibt, die Immobilie mittels Kaufvertrags zu verwerten und die Gläubiger- bzw. Insolvenzverwaltervollstreckung zu vermeiden. Hierfür wird er einen Beitrag für die Masse fordern[37] und – einzelfallabhängig – Entlastung der Masse von den Risiken des Kaufvertrages.

35 Gelegentlich mag die freihändige Veräußerung gefördert werden, wenn der Schuldner und Kreditnehmer den Gläubiger zur Veräußerung ermächtigt und ihm eine geeignete Vollmachtsurkunde zur Verfügung stellt. Diese Lösung ist indes im Einzelfall einigermaßen wertlos, wenn die Vollmacht widerruflich[38] bzw. befristet erfolgt, da der Schuldner sie eben jederzeit widerrufen kann oder sie automatisch erlischt. Ist sie unwiderruflich, wird sie im Falle der Schuldnerinsolvenz gegenstandslos (§§ 115 f. InsO). Sie generiert zudem deutlich höhere Kosten der **notwendigen notariellen Beurkundung**[39] (vgl. § 311b Abs. 1 BGB) und sie führt **ggf. zur Grunderwerbsteuerpflicht**.[40]

---

35 Die weitere hier nicht zu erörternde Frage ist dann die Behandlung der durch den Kauferlös nicht gedeckten Forderungen und die Verrechnung des eingehenden Erlöses auf die jeweiligen Teilforderungen.
36 Vgl. im Einzelnen Rn. 5 oben zur „*Lästigkeitsprämie*".
37 Einen Rechtsanspruch hierauf gibt es nicht; Kriterium der Höhe des Beitrags mag ein Prozentsatz des Kaufpreises sein, der, auf den konkreten Einzelfall zugeschnitten, der Provision eines Maklers für die Partei vergleichbar sein mag.
38 Die Vollmacht muss öffentlich-beglaubigt erteilt werden (vgl. § 29 GBO).
39 Siehe *Grüneberg*, in: Palandt, BGB, § 311b Rn. 20 m. w. N., st. Rspr.
40 § 1 Abs. 2 GrEStG, vgl. aus der Finanzverwaltung z. B. das Merkblatt des Bayerischen Landesamtes für Steuern „... *über die steuerlichen Beistandspflichten der Notare* ...", S 4540 – 4 St 34M/St 35 N (verfügbar unter „www.finanzamt.bayern.de ...", März 2009), B 2.1.3, 2.1.5 und 2.1.6 (u. a. zu den Themen Abtretung des Meistgebots und Verkaufsvollmacht), Stand: Mai 2006. Aus der Rechtsprechung vgl. BFH, Urteil v. 19.11.2008 – II R 24/07, juris, Rn. 19 f. = DRsp Nr. 2009/5812; der Senat hat dort die Grunderwerbsteuerpflicht eines Kreditinstituts verneint, dem der insolvente Bauträger nach Freigabe der mit Eigentumswohnungen bebauten Immobilie ein unwiderrufliches, wenn auch „*zunächst*" befristetes (Rn. 2 des Urteils) Kaufangebot gemacht hatte. Eine Auflassungsvormerkung wurde eingetragen. Die Bank stellte die Wohnungen fertig und verkaufte sie offenbar teilweise unter gleichzeitiger Abtretung ihrer Rechte aus der Vormerkung wie in dem vom Finanzamt (FA) herausgegriffenen Fall. Später wurde die Bank mit der Vermittlung der noch nicht verkauften Wohnungen beauftragt. Das FA nahm die Bank auf Grunderwerbsteuer in Anspruch, nach einer ersten Entscheidung des FG Münster und

b) **Die Entscheidung für die Zwangsversteigerung.** Ist die Verwertung außerhalb der Zwangsversteigerung infolge der Grundbuchlage nicht sinnvoll möglich, wird der erstrangige bzw. vorrangige Grundpfandgläubiger die Versteigerung **beantragen** oder der etwaigen aufgrund eines anderen Rechtes schon beantragten Versteigerung **beitreten**, um das geringste Gebot und generell das Versteigerungsgeschehen im Interesse der Erlösoptimierung beeinflussen zu können. Im Insolvenzfall kann die freihändige Veräußerung auch scheitern, wenn der Insolvenzverwalter die Immobilie aus der Masse freigibt, weil er aufgrund der Belastung keinen Mehrwert für die Masse erwartet und daher der Schuldner oder – bei Gesellschaften – seine organschaftlichen Vertreter wieder Verfügungsmacht über das Grundstück erlangen mit der Folge, dass die freihändige Veräußerung damit deren Mitwirkung bedarf, die regelmäßig nicht ohne Zugeständnisse zu erhalten erhalten sein dürfte. **36**

Bei all den vom Gläubiger anzustellenden Überlegungen ist ein weiteres, gelegentlich diskutiertes Thema, dogmatisch und praktisch ohne Bedeutung, nämlich die Frage, ob der Gläubiger die Versteigerung betreiben kann ohne Rücksicht auf die etwa geringe Höhe seiner persönlichen[41] Forderung oder den voraussichtlichen Misserfolg seiner Rechtverfolgung als vorhersehbare Konsequenz seines Ranges. **37**

Betroffen von dieser Thematik ist insbesondere der persönliche Gläubiger, der wegen geringer Beträge, z.B. unter 100 €, ein wertvolles Grundstück mit einem Wert von mehreren Hunderttausend € versteigern lassen will und der zudem noch in aussichtsloser Rangposition ist. § 803 Abs. 2 ZPO verhindert dergleichen *„zwecklose Pfändungen"* in der Mobiliarvollstreckung.[42] Die Vorschrift ist jedoch nach höchstrichterlicher Rechtsprechung in Zwangsversteigerung[43] und Zwangsverwaltung[44] nicht analog anwendbar. Der BGH argumentiert damit, anders als bei der Mobiliarvollstreckung, bei der es angesichts offenbarer Zwecklosigkeit der Vollstreckung auf das Nutzungsinteresse des Schuldners bezüglich des Gegenstands der Vollstreckung ankomme, kenne das Immobiliarvollstreckungsrecht eine solche Regelung nicht. Im Hinblick auf die Besonderheiten des Verfahrens nach dem ZVG könne nicht von vornherein von einer Zwecklosigkeit des Versteigerungsverfahrens ausgegangen werden. Daher fehle es auch nicht am allgemeinen Rechtsschutzinteresse.[45] Der Gläubiger dürfe auf den Schuldner auch Druck ausüben, um seine Ansprüche durch- **38**

---

des BFH v. 27.4.2005 – II R 30/03, BFH/NV 2005, 2050, war die Klägerin endgültig erfolgreich. Sie war aus Sicht des BFH keine Zwischenhändlerin (§ 1 Abs. 1 Nr. 7 GrESt) und sie hatte auch keine Verwertungsbefugnis nach § 1 Abs. 2 GrESt inne. Aus Sicht des Senats ist dies der Fall, wenn die *„Stellung als Grundpfandrechtsgläubiger keine Verwertungsbefugnis [...] vermittelt, wenn die Verwertung nicht für Rechnung des Gläubigers, sondern für Rechnung des Eigentümers (Schuldners) erfolgt..."*, BFH, Urteil v. 19.11.2008 – II R 24/07, Rn. 19. Damit dürfte auch die unwiderrufliche Vollmacht im allgemeinen keine Grunderwerbsteuerpflicht auslösen, soweit keine eigenen wirtschaftlichen Interessen des Gläubigers tangiert sind (BFH, a.a.O., Rn. 6, 13), die dann evtl. vom BFH bejaht werden können, wenn der Kreditgeber die entsprechende Verfügungsmacht über den Grundbesitz des Schuldners hat, sich ihrer bedient und zugleich den Erwerber finanziert.

41 Hier spielt die persönliche Forderung, die zu befriedigen ist, die entscheidende Rolle. Ist sie grundpfandrechtlich durch Grundschuld gesichert, geht es um Größenordnungen, die auch bei kritischer Betrachtung nicht geringfügig sind. Stehen der Forderung schuldrechtliche Einwendungen aus dem Sicherungsvertrag entgegen, so kann der Schuldner der Versteigerung mit der Vollstreckungsabwehrklage und dem Antrag nach § 769 ZPO entgegen treten.
42 *Stöber*, in: *Zöller*, ZPO, § 803 Rn. 9 – 11 m.w.N.
43 BGH, Beschl. v. 30.1.2004 – IXa ZB 233/03, Rpfleger 2004, 302 = ZfIR 2004, 440.
44 BGH, Beschl. v. 18.7.2002 – IX ZB 26/02, BGHZ 151, 384 ff = NJW 2002, 3178 = Rpfleger 2002, 578.
45 In der Literatur wird ebenfalls vertreten, § 77 Abs. 2 ZVG gehe § 803 Abs. 2 ZPO vor, siehe *Clemente*, Kreditsicherungsrecht, D., Grundschulden, in: *Assies/Beule/u.a.*, Handb. des Fachanwalts Rn. 1426 f. u. Fn. 1407.

zusetzen.⁴⁶ Eine Grenze stellen das Schikaneverbot (§ 226 BGB) oder die sittenwidrige Härte nach Maßgabe des § 765a ZPO bzw. § 826 BGB dar.⁴⁷

39 Es geht aber auch um den Darlehensgeber, der die Versteigerung einleitet, weil etwa der Schuldner mit (mehreren) Darlehensraten in Rückstand ist oder Konstellationen, in denen der Schuldner gerade die letzten Kapitalteilbeträge des Darlehens nicht tilgt und in Verzug geraten ist. Bei der Finanzierung gewerblicher und privater Kreditnehmer, die den belasteten Grundbesitz vermietet haben, wird wegen der Rückstände die Zwangsverwaltung die probate Maßnahme sein oder die Offenlegung der Mietzession. Man wird insoweit nur dann kündigen und versteigern, wenn man dies letztlich als unvermeidbar ansieht. Auch angesichts der Regelungen des *Risikobegrenzungsgesetzes*, das u.a. das Kündigungsrecht nach § 498 BGB erschwert und die gesonderte Kündigung der Grundschuld zur unverzichtbaren Voraussetzung gemacht hat, werden Gläubiger künftig ggf. auf die Vollstreckung wegen der Rückstände zurückgreifen, denn die schuldrechtliche Zinsforderung einschließlich etwaiger Tilgungsanteile⁴⁸ ist fällig. Ebenso die dinglichen Zinsen der Grundschuld, für die nicht § 1193 BGB gilt, sondern § 488 Abs. 2 BGB analog.⁴⁹ Im Laufe des Vollstreckungsverfahrens darf in der Praxis von dem Eintreten der Voraussetzungen der §§ 498, 1193 BGB ausgegangen werden, so dass auch die Rechtsverfolgung im Hinblick auf das Darlehenskapital möglich ist und nach Kündigung der Grundschuld zudem die Zwangsversteigerung wegen des Grundschuldkapitals, so dass ein Antrag desselben Gläubigers auf Beitritt und ein Beitrittsbeschluss erforderlich sind. In praxi ist diese Vorgehensweise aus verschiedenen Gründen auf Einzelfälle beschränkt. Man wird jedenfalls nicht wegen jeder unbezahlten Darlehensrate⁵⁰ den Beitritt beantragen, wenn dies in den genannten Fällen auch die Konsequenz der wohlgemeinten gesetzgeberischen Aktivitäten sein könnte.⁵¹

40 Die „Taktik" des Gläubigers beginnt also nicht erst nach der Anordnung der Versteigerung, sondern bereits bei der Frage, wie man vollstreckungsrechtlich vorgeht, mit welcher dinglichen Forderung, welche Einwendungen dem unter dem Aspekt des schuldrechtlichen Sicherungsvertrages entgegen stehen könnten und wie man durch Aufbau von Vollstreckungsdruck den Schuldner zu Zahlungen veranlasst, die letztendlich die Versteigerung entbehrlich machen können, eine Lösung im Interesse von Gläubiger **und** Schuldner. Dies gilt gerade für Kleinforderungen unbesicherter Gläubiger.

---

46 *Stöber*, ZVG, § 27 Rn. 3.4 empfiehlt nachgerade den Druckbeitritt, um die Schuldner zu „Ratenzahlungen" zu bewegen.

47 Angesichts dieser Rechtsprechung dürften auch instanzgerichtliche Entscheidungen, die bei „Bagatellforderungen" zunächst die Vollstreckung in das persönliche Vermögen fordern, obsolet sein, *Clemente*, Kreditsicherungsrecht, J. Zwangsversteigerung/(Instituts-)Zwangsverwaltung bei Immobilien, in: *Assies/Beule/u.a.*, Handb. des Fachanwalts, Kapitel 5, Rn. 1412/1413 u. Fn. 1607, m.w.N. Auch dem öffentlichen Gläubiger, z.B. einer Kommune, kann man nicht gläubiger- bzw. schuldnerschädigendes Verhalten vorwerfen, wenn sie der Versteigerung wegen kleinerer Beträge beitritt oder sie betreibt. Die Tatsache, dass ihre Forderung vorrangig ist und daher kein Ausfallrisiko besteht oder die Versteigerung Risiken für andere Beteiligte generiert, ist entgegen *Kiderlen/Storz*, Rn. C 1.3.4 TH 1.3.4.3 kein zu berücksichtigendes Kriterium. Die Grenzen ergeben sich aus den in Rn. 38 erwähnten allgemeinen zivil- und vollstreckungsrechtlichen Bestimmungen oder dem Verwaltungsverfahrens-/Verwaltungsprozessrecht, mittels dessen Instrumente sich der Schuldner gegen das Vorgehen zur Wehr setzt.

48 Bei der annuitätischen Abschnittsfinanzierung.

49 Vgl. zu der Thematik *Dörrie*, ZBB 2008, 292 ff./300 f., 302 f. Ungeachtet dessen kann die vollstreckbare Ausfertigung schon vor Fälligkeit der Grundschuld erteilt werden, so auch *Schmid/Voss*, DNotZ 2008, 740 ff./754 ff. (sog. „Nachweisverzicht" auf die Vollstreckungsvoraussetzungen nach entsprechender Zustimmung des Schuldners in der Unterwerfungserklärung).

50 Das sind „*besondere Umstände*", die nach *Stöber*, ZVG, § 27 Rn. 3.4, 3.5, einen mehrmaligen Beitritt auf Kosten des Schuldners tragen.

51 Vgl. zu der Thematik *Dörrie*, ZBB 2008, 292 ff. sowie *Schmid/Voss*, DNotZ 2008, 740 ff.

4. Die Möglichkeiten des Insolvenzverwalters[52]

Der Insolvenzverwalter wird nicht nur von seinen Möglichkeiten nach §§ 30d, 30e ZVG im Interesse der Masse Gebrauch machen, sondern auch von der Option der Insolvenzverwalterversteigerung nach § 165 InsO, §§ 172–174a ZVG, die die Versteigerungsfähigkeit des Objektes nachhaltig erhöht, wenn der Verwalter den Antrag nach § 174a ZVG stellt, der das geringste Gebot dramatisch reduzieren kann. Der gleichzeitige Gläubigerantrag nach § 174 ZVG steht dem nicht entgegen, vermag aber nichts Entscheidendes zu beeinflussen. Die Folge der §§ 174a, 174 ZVG sind Doppelausgebote. Die Kritik in der Kommentarliteratur, damit komme der Bestimmung des § 10 Abs. Abs. 1 Nr. 1a ZVG eine unangemessene Bedeutung zu,[53] ist einerseits zutreffend, da es in der Praxis kaum Fälle gibt, in denen Zubehör mitversteigert wird. Die weitergehende Kritik ist nur eingeschränkt relevant, auf sie ist im vorliegenden Rahmen nicht einzugehen.[54]

41

Der **Auflassungsvormerkungsberechtigte** kann trotz § 174a ZVG nicht aus seinem aussonderungsähnlichen Recht verdrängt werden.[55] Vielmehr muss der Verwalter ohne Wahlrecht nach § 103 InsO erfüllen und kann nicht verwerten. Prozessual wird die Lösung nur lauten können, dass anders als nach bisheriger Auffassung der Auflassungsvormerkungsberechtigte ein Interventionsrecht hat, da seine Position über den bloß schuldrechtlichen Anspruch eben weit hinausgeht und ihn dem Aussonderungsberechtigten gleichstellt,[56] soweit der besicherte schuldrechtliche Anspruch noch besteht.[57] Ihm steht daher die Klage nach § 771 ZPO zu, sollte der Insolvenzverwalter die Versteigerung gem. § 174a ZVG betreiben, obwohl er den Anspruch aus der Masse erfüllen muss, da §§ 38, 103 InsO nicht heranzuziehen sind.

42

Der Insolvenzverwalter wird daher bei Belastung mit einer den Grundpfandrechten **vorrangigen** Auflassungsvormerkung oder bei einem mit Ausnahme der Vormerkung lastenfreien Grundstück die Versteigerung nicht betreiben, auch wenn die Immobilie unter dem Marktwert, bezogen auf den Zeitpunkt der Insolvenz, verkauft worden sein sollte,[58] sofern er nicht den Kaufvertrag nach §§ 129 ff. InsO (hier insbesondere § 134 InsO, *unentgeltliche Leistung des Schuldners*) anfechten kann.

43

III. Taktische Vorgehensweisen im Verfahren bis zu der durch die Rechtskraft der Wertfestsetzung (§ 74a ZVG) eintretenden Zäsur

1. Die gerichtliche Wertfestsetzung, das Verhalten Beteiligter

a) **Funktion und Methodik von Wertermittlung und Wertfestsetzung**[59]. Eine Zäsur im Verfahren tritt mit der Rechtskraft des Wertfestsetzungsbeschlusses

44

---

52 Siehe hierzu auch den Beitrag des Verhältnisses des Insolvenzverfahrens zum Versteigerungsverfahren.
53 *Stöber*, ZVG, § 174a Rn. 2.6.; *ders.*, NJW 2000, 3600 ff./3604 ff.
54 Siehe dazu die Kommentierung zu § 74a ZVG.
55 Zum aussonderungsähnlichen Charakter vgl. *Marotzke*, in: Kreft (Hrsg.), HK-InsO, § 106 Rn. 31 m.w.N.; siehe auch BGH, Beschl. v. 13.3.2008 – IX ZB 39/05, ZInsO 2008, 558 ff./559, Rn. 11. *Uhlbruck*, InsO, 12. Aufl., 2003, § 165 Rn. 12 m.w.N. einerseits, in der Versteigerung durch den Verwalter gegenteilig in Rn. 14 aE; zur KO siehe *Keuk*, NJW 1968, 476 ff./480.
56 Anders bisher die Rechtsprechung, BGH, Urteil v. 19.10.1993 – XI ZR 184/92, NJW 1994, 128 = ZIP 1994, 121 sowie die Literatur, vgl. nur *Rosenberg/Gaul/Schilken*, S. 679 f./§ 41 7. m.w.N.
57 Vgl. Fn. 18 zu BGH IX ZR 66/07.
58 Im Einzelfall hilft ihm die Insolvenzanfechtung, auch die Vormerkung wegfertigen zu können.
59 Vgl. dazu im Einzelnen auch die Kommentierung zu § 74a ZVG.

ein, so dass eine erste Verfahrensphase ab der **ersten Anordnung** der Versteigerung damit abgeschlossen ist.

45 Mit der Rechtskraft des Beschlusses steht fest, mit welchen Geboten gerechnet werden darf und welche wichtigen Wertuntergrenzen (§§ 74a, 85a, 114a ZVG) zu beachten sind. Wenn auch der festgesetzte Wert aus Sicht des BGH nur eines von einer Reihe von Indizien sein mag,[60] an der sich ein Bieter orientiert, so bleibt er doch eine wichtige strategische Orientierungsmarke für Schuldner, Gläubiger und Bietinteressenten. Wenn der festgesetzte Wert dennoch wirtschaftlich nicht die Bedeutung für das Verfahren haben mag, den er nach dem gesetzgeberischen Konzept haben soll, dann ist Ursache des Ergebnis der Wertermittlung durch den Gutachter, die sich in der Praxis oft als deutlich zu hoch erweist.[61] Grund ist nicht die als Grundlage für die Methodik der Wertermittlung bisher heranzuziehende **Wertermittlungsverordnung** („WertV" abgelöst ab 1.7.2010 durch die ganzheitliche Immobilienwertermittlungsverordnung, ImmoWertV),[62] denn deren § 3 fordert gerade, maßgeblich für den Wert seien unabhängig von den angewandten Verfahren der Wertermittlung[63] die *„... allgemeinen Wertverhältnisse auf dem Grundstücksmarkt [... zum] (Wertermittlungsstichtag)"* und diese allgemeinen Wertverhältnisse *„... bestimmen sich nach der Gesamtheit der [...] für die Preisbildung [...] im gewöhnlichen Geschäftsverkehr für Angebot und Nachfrage maßgebenden Umstände, wie die allgemeine Wirtschaftssituation, der Kapitalmarkt und die Entwicklungen am Ort."*, § 3 Abs. 1 und Abs. 3 Satz 1 WertV. Das Wertgutachten soll also den Marktwert abbilden und zwar unter Hinzuziehung einer der konkret geeigneten Wertermittlungsmethoden. Dieses Postulat enthält auch § 194 BauGB, der im Ergebnis davon spricht, der Verkehrswert werde durch den erzielbaren Preis bestimmt. Das grob fahrlässig oder vorsätzlich falsche Gutachten des privaten Gutachters führt zu deliktischen Schadenersatzansprüchen nach § 839a BGB (die allerdings nicht entstehen, wenn der Geschädigte gegen die gerichtliche Wertfestsetzung nicht mit den statthaften Rechtsmitteln vorgeht, § 839a Abs. 2 BGB).[64] Beim öffentlichen Gutachterausschuss folgt die Haftung aus § 839 BGB unmittelbar. In den Schutzbereich der Normen ist nach der Rechtsprechung des BGH auch der Ersteher eingeschlossen.[65]

---

60 BGH, Beschl. v. 10.10.2003 – IXa ZB 128/03, II 4c) der Gründe, NJW-RR 2004, 302 = Rpfleger 2004, 172.
61 Hier setzt auch Kritik in der Literatur an, vgl. *Groß*, Rechtspfleger 2008, 545 ff. und die Kommentierung zu § 85a ZVG sowie die dort angegebene Literatur.
62 Wertermittlungsverordnung („*WertV*") auf der Grundlage des § 199 BauGB v. 6.12.1988 i. d. F. bis zum Gesetz v. 18.8.1997, BGBl. I 1997, S. 2081; an die Stelle der WertV tritt für Neufälle ab 1.7.2010 die ImmoWertV = Verordnung über die Grundsätze für die Ermittlung des Verkehrswerts von Grundstücken (Immobilienwertermittlungsverordnung) v. 19.5.2010, BGBl. 2010 I S. 639; s. zu der ImmoWertV und Änderungen zum bisherigen Recht *von Cölln/Steger*, BB 2010, 1444 ff.
63 Vergleichsverfahren, Ertragswertverfahren, Sachwertverfahren, §§ 13 ff., 15 ff., 21 ff. WertV
64 Zu Einzelheiten siehe *Sprau*, in: Palandt, BGB, § 839a Rn. 1a, 2 m.w.N.; zur Haftung des Gutachters siehe auch BGH, Urteil v. 6.2.2003 – III ZR 44/02 (*Haftung des Gutachterausschusses, „oberflächliche Arbeitsweise"*), Rpfleger 2003, 310; BGH, Urteil v. 9.3.2006 – III ZR 143/05 (*grob fahrlässiges Übersehen einer Überbauung des Geländes durch ein Nachbarhaus, Übersehen von Stellplätzen; der Ersteher fällt unter den von §§ 839, 839a BGB geschützten Kreis „Beteiligter" am Verfahren im weiteren Sinne*), BGHZ 166, 313 = NJW 2006, 1733 = Rpfleger 2006, 551; BGH, Beschl. v. 18.5.2006 – V ZB 142/05 (*Unterlassung des wegen Altlastenverdachts gebotenen Bodengutachtens*), Rpfleger 2006, 554; OLG Schleswig – Urteil v. 6.7.2007 – 14 U 61/06, MDR 2008, 25.
65 BGH, Urteil v. 9.3.2006 – III ZR 143/05, BGHZ 166, 313 = NJW 2006, 1733 = Rpfleger 2006, 551, vgl. vorige Fn.; die Haftung des Gutachters zugunsten des Erstehers will *Hintzen*, in: *Dassler/Schiffhauer/u.a.*, ZVG, § 74a Rn. 65, an der Kausalität zwischen Gutachten und Zuschlagsentscheidung scheitern lassen, siehe auch *Alff*, Anm. zu BGH III ZR 143/05, Rpfleger 2006, 551. Dem kann nicht beigepflichtet werden, da Mitverursachung hinreichend ist und der Kläger ohnehin zur Kausalität substantiiert vortragen muss.

Die Wertermittlung der Immobilie ist die **Grundlage für eine Investitionsent-** **46** **scheidung des Erwerbers,** des Erstehers, aber auch des **Finanziers eines Immobilieninvestors.** Aus Sicht der Gläubiger ist der sachgerecht festgestellte und dann **festgesetzte Verkehrswert** (§ 74a Abs. 5 ZVG) **Basis einer Desinvestitionsentscheidung** dahingehend, bei welchem Gebot man z. B. den Zuschlag erteilen lässt, soweit der Gläubiger (noch) die Möglichkeit hat, hier Einfluss auszuüben.[66]

Die gerichtliche Wertfestsetzung ist „normativ", der **ermittelte Wert statisch,** **47** nicht mehr dynamisch. Unabhängig davon, ob der Sachverständige methodisch und im Ergebnis den Marktwert zutreffend ermittelt hat, wäre sein Gutachten – innerhalb der Bandbreite – zum viel späteren Versteigerungstermin nur „richtig", wenn der Immobilienmarkt in dem entsprechenden Teilsegment des Versteigerungsobjektes statisch und nicht volatil wäre. Ersteres ist aber nicht der Fall; je länger das Verfahren läuft, desto weniger mag der festgesetzte Wert mit der Marktrealität zu tun haben. Des Weiteren wird im Bietgeschehen tendenziell erwartet, besonders günstig abzuschneiden, was u. a. auch mit der Wettbewerbssituation im Termin zu tun hat, wenn nicht mehrere potentielle Bieter auftreten, aber auch mit dem Umstand, dass es keine Gewährleistung gibt. Schließlich kann sich der Gutachter möglicher Weise gar kein wirklich zuverlässiges Bild von dem Grundbesitz machen, wenn der Eigentümer nicht kooperiert (z. B. durch Verweigerung der Innenbesichtigung). Dem entsprechend muss dann das Gutachten ausfallen. Bei wesentlichen Veränderungen hat allerdings das Gericht einen geänderten Wert ermitteln und festsetzen zu lassen, insbesondere, wenn dies ein Beteiligter aufgreift und anregt. Das Gericht hat dies ggf. von Amts wegen zu veranlassen.[67]

b) **Die Beteiligten im Wertermittlungs- bzw. –Wertfestsetzungsverfahren.** **48** Berücksichtigt man all dies, wird erkennbar, dass Anlass für die Beteiligten besteht, sich mit dem Wertgutachten und der Wertfestsetzung eingehend zu befassen, ggf. auch mit der Frage der spezifischen Qualifikation des Gutachters für das konkrete Objekt und jedenfalls die vom Gericht gebotene Möglichkeit einer Stellungnahme wahrzunehmen und vorzutragen. Die Anhörung ist Folge des zu gewährenden rechtlichen Gehörs, Äußerungen zum Sachverständigen sind nach Maßgabe der §§ 404 ff. ZPO möglich.[68]

Zur **Förderung der Wertfestsetzung** wird der betreibende Gläubiger in seiner **49** Eigenschaft als Verfahrensbeteiligter das Vollstreckungsgericht über bei ihm etwa vorhandenen Erkenntnisse zur Wertsituation des zu versteigernden Grundbesitzes unterrichten, um das Gericht bei der von diesem zu veranlassenden Wertermittlung zu unterstützen.[69]

---

66 Vgl. zur Methodik der Bewertung von Immobilien etwa *Jerzembek/Klenk*, Bewertung von Immobilien, in: *Cvanshaw, Fischer, Freckmann, Jerzembek u. a.* (Hrsg.), FCH-Sicherheitenkompendium, 2. Aufl., Heidelberg, 2007, S. 323 ff., Rn. 836 ff., aus der Sicht des Finanzierers.
67 BGH, Beschl. v. 10.10.2003 – IXa ZB 128/03, II 4a) der Gründe, NJW-RR 2004, 302 = Rpfleger 2004, 172; Stöber, ZVG-Handbuch, Rn. 215a. Die Auffassung von *Stöber*, a. a. O., nach einem Zeitraum von 4,5 Jahren „... mit erheblichen allgemeinen Preissteigerungen ..." bestehe „*jedenfalls*" Anlass, den Wert zu überprüfen, ist deutlich zu eng, da sie der Dynamik des Immobilienmarktes nicht gerecht wird. Siehe auch den illustrativen Überblick bei *Böttcher*, ZVG, § 74a Rn. 38 und die dortigen Beispiele.
68 Siehe zu der Thematik auch *Stöber*, ZVG-Handbuch, Rn. 208 ff., 212, 215, 215a. Dazu, dass die Anhörung des Schuldners und betreibender Gläubiger zu der Auswahl des Sachverständigen zweckmäßig ist siehe *Reichold*, in: *Thomas/Putzo*, ZPO, § 404 Rn. 1, auch wenn der Beschluss über die Bestellung des Sachverständigen **unanfechtbar** ist (§§ 406, 869 ZPO); § 74a Abs. 5 Satz 3 ZVG ist insoweit nicht einschlägig.
69 Siehe auch den knappen Hinweis von *Hintzen*, in: *Dassler/Schiffhauer/u. a.*, ZVG, § 74a Rn. 55 auf das „*privat vorgelegte Gutachten*". Die Möglichkeit hierzu eröffnet schon § 74a Abs. 5 Satz 1 2. Hs. ZVG, denn das Gericht hört nur „*nötigenfalls*" Sachverständige an. Der Umstand, dass zur Wertermittlung in aller Regel, wenn nicht ausschließlich, ein Sachverständigengutachten in

50 Der **Gläubiger** wird ebenso wie der **Schuldner** gegen die Festlegungen des Gutachtens ggf. Einwendungen erheben und ähnlich wie im kontradiktorischen Zivilprozess dem Gutachter ergänzende Fragen vorlegen lassen, um ggf. die Qualität des Gutachtens zu steigern. All das kostet freilich **Zeit** mit den entsprechenden **wirtschaftlichen Risiken** für die Wertentwicklung.

51 Genau das ist auch das Problem aus **Gläubigersicht**, wenn das Gutachten zwar nicht zutreffend erscheint, aber das Gericht den Wert entsprechend festgesetzt hat und die Beteiligten nun entscheiden müssen, **Verkehrswertbeschwerde** einzulegen. Sie werden häufig, wenn nicht regelmäßig, darauf verzichten und zwar aus Rechtsgründen, wenn die von dem Beteiligten als Mangel erkannten Schwächen des Gutachtens nicht so offensichtlich sind, dass sie mit ganz überwiegender Erfolgsaussicht gerügt werden können. Verfahrensrechtlich bedeutet nämlich die Verkehrswertbeschwerde den Angriff auf die gerichtliche Beweiswürdigung (des Gutachtens) und damit die Behauptung, das Vollstreckungsgericht habe den Rahmen der freien Beweiswürdigung verlassen (§§ 402, 286, 869 ZPO).[70] Ist das zweifelhaft, führt die Verkehrswertbeschwerde nicht weiter, sie kostet dann lediglich Zeit und Geld. Der Versteigerungstermin ist ohne Rechtskraft des Verkehrswertbeschlusses nicht sinnvoll, der Zuschlag scheidet aus.[71] Seine Erteilung wäre verfahrensfehlerhaft.

52 Die **Verkehrswertbeschwerde** leidet bei **ökonomischer Betrachtung** sozusagen auch an einem **strukturellen Mangel**, denn zum Zeitpunkt ihres Erfolges, vielleicht erst im Rahmen des Rechtsbeschwerdeverfahrens Jahre später, kann der gerügte Mangel gegenstandslos sein, weil die Marktentwicklung bzw. die Entwicklung der Immobilie darüber hinweggegangen sind. Da der Verkehrswert zudem ein wichtiger, aber nicht der einzige Parameter der Versteigerung ist, wird man auf die **Verkehrswertbeschwerde verzichten**, wenn Ergebnisse und Inhalt des Gutachtens in tendenziell weiten Grenzen noch vertretbar erscheinen.

53 Ob der **Schuldner** Verkehrswertbeschwerde einlegt, um den Versteigerungstermin hinauszuzögern, ist eine andere Frage. Bei rationaler Betrachtung muss er sich aber dieselben Fragen stellen wie der Gläubiger, denn die Verzögerung führt bei wertausschöpfender Belastung lediglich zur Erhöhung der nach Versteigerung verbleibenden Restverbindlichkeiten.

54 Gesonderte Bedeutung gewinnt die Wertfestsetzung dann, wenn über das Vermögen des Schuldners das **Insolvenzverfahren** beantragt, im Laufe des Versteigerungsverfahrens eröffnet wird und der (vorläufige) **Insolvenzverwalter die einstweilige Einstellung des Versteigerungsverfahrens aus den Gründen des § 30d ZVG** beantragt. Dem muss das Gericht entsprechen, zugleich hat es aber über die **Auflagen nach § 30e ZVG** zu entscheiden und dem Gläubiger „*laufend die geschuldeten Zinsen* nach Eintritt der Fälligkeit aus der Insolvenzmasse" (§ 30e Abs. 1 ZVG) zuzuerkennen, ebenso den **Wertverlust** infolge der Nutzung für die Masse (§ 30e Abs. 2 ZVG). Die eine Grenze der Auflage wird nach § 30e Abs. 3 ZVG durch den potentiellen Erlös des Gläubigers aus dem Grundstück bestimmt. Entgegen der wohl ganz überwiegenden Meinung der zwangsversteigerungsrechtlichen Literatur ist nach der hier vertretenen Auffassung für die Bemessung des Zinsbetrages von mehreren Grenzen auszugehen:

Auftrag gegeben wird, ist u. a. der Komplexität und Verschiedenheit der Wertermittlung geschuldet, so dass es dem Gericht an eigener Fachkenntnis – jedenfalls im Einzelfall – mangeln dürfte. *Güthe*, in: Jaeckel, Kommentar zum Zwangsversteigerungsgesetz, 4. Aufl., 1912, S. 186, weist bereits darauf hin, dass „Abschätzungen" eingereicht werden können, wobei es seinerzeit indes noch nicht § 74a ZVG gegeben hat.

70 Vgl. dazu *Greger*, in: Zöller, ZPO, § 404 Rn. 7a, § 286 Rn. 13 m. w. N.
71 Die fehlende formelle Rechtskraft ist Zuschlagsversagungsgrund, siehe die Kommentierung zu § 83 Rn. 8 m. w. N. aus der Rechtsprechung.

Eine weitere **Grenze** ist der vom Gericht **festgesetzte Verkehrswert** und nicht etwa nur 70 % davon, der Hinweis auf § 74a ZVG führt nicht weiter.[72] Vielmehr kennt § 30e Abs. 3 ZVG zwei Parameter für den „zinstragenden" Betrag, eben den vollen Verkehrswert und die sonstigen vorrangigen Belastungen. Bei dieser Betrachtung ist die gesetzgeberische Lösung keineswegs praxisfremd.[73] Weiterer Parameter ist der Wert des Kapitalbetrags des Grundpfandrechts des Gläubigers; ist er höher als der Wert der Immobilie, dann bildet der die Grenze.

Die **Zinshöhe** richtet sich, wie die insolvenzrechtliche Literatur herausgearbeitet hat, nach der **schuldrechtlichen Forderung des Gläubigers**.[74] Dessen Sache ist es freilich, zu seiner **Forderung und zur Zinshöhe** vorzutragen.[75] Mit dieser von *Hintzen* „*insolvenzrechtliche Auffassung*"[76] genannten Lösung wird die vom Gesetzgeber der Insolvenzordnung vorgestellte Gleichbehandlung der Absonderungsberechtigten von Mobilien (vgl. § 169 InsO) und Immobilien erreicht. Der Gläubiger wäre bei Zinszahlungen (die Masseverbindlichkeit gem. § 55 InsO und nicht aus dem Verwertungserlös zu befriedigende Zinsen sind, denn die Verwertung wird ja gerade unterbunden) in Höhe der dinglichen Zinsen im Umfang der meist vorliegenden Differenz der höheren dinglichen zu den schuldrechtlichen Zinsen ungerechtfertigt bereichert. Ist die Belastung infolge entsprechender schuldrechtlicher Forderung wertausschöpfend (vgl. oben und Rn. 54) gilt Folgendes: Stellt sich heraus, dass der **festgesetzte Verkehrswert** im Versteigerungstermin **nicht** erreicht worden ist oder – umgekehrt – ein höherer Versteigerungserlös erzielt wird, ist weder die Masse noch der Gläubiger durch die „unrichtige" Zinsauflage ungerechtfertigt bereichert. Trotz aller gegenteiligen Stimmen zur Praxisgerechtheit: Der Gesetzgeber hat sich im Sinne der schuldrechtlichen Zinsen entschieden.

Der **Gläubiger wird daher von der Masse den schuldrechtlichen Zins** fordern, der Insolvenzverwalter nur diesen akzeptieren können. Zinsleistungen der Masse sind freilich auf die dinglichen Zinsen der Sicherungsgrundschuld anzurechnen, ansonsten schuldrechtlich auf die zugrunde liegenden Forderungen nach Maßgabe der gesetzlichen Bestimmungen (u. a. §§ 366 f. BGB).

Ein Sonderproblem stellen Konstellationen dar, bei denen verschiedene schuldrechtliche Forderungen mit unterschiedlichen Zinskonditionen bestehen und bei denen wirksam eine **weite Sicherungszweckerklärung des Grundpfandrechts** vereinbart ist. Im Ergebnis ist diese Problematik insoweit gelöst, als die Zwangsverwertung die Fälligkeit der schuldrechtlichen Forderungen voraussetzt, die entweder durch Fristablauf bei endfälligen Finanzierungen eintritt oder durch Kündigung (vgl. z. B. §§ 314, 490 BGB). Danach ist kein vertraglicher Zins mehr geschuldet, sondern ein Schadenszinssatz der mindestens hinreichen muss, die Refinanzierung des Gläubigers zu bedienen. Kreditinstitute können zudem ihren Schaden abstrakt berechnen. Bei langfristigen Darlehen,

---

72 *Hintzen*, in: *Dassler/Schiffhauer/u.a.*, ZVG, § 30e Rn. 9; *Böttcher*, ZVG, § 30e Rn. 8.
73 AA *Böttcher*, ZVG, § 30e, Rn. 8.
74 So der vielfach zitierte Beschl. d. LG Göttingen v. 27.1.2000 – 10 T 1/2000, ZInsO 2000, 163 = Rpfleger 2000, 228 m. Anm. *Alff*, der diese Lösung mit der versteigerungsrechtlichen Literatur deutlich ablehnt. Ebenso wie hier die insolvenzrechtliche Literatur, siehe *Uhlenbruck*, InsO, § 165 Rn. 19 m. w. N. und *Brinkmann*, in: Uhlenbruck/Hirte/Vallender (Hrsg.), InsO, 13. Aufl., 2010, § 165 Rn.19b m. w. N.; vgl. auch *Landfermann*, in: *Kreft* (Hrsg.), HK-InsO, § 165 Rn. 11 m. w. N.; *Lwowski/Tetzlaff*, in: MK-InsO, § 165 Rn. 104.
75 Ggf. beträgt der Zinssatz lediglich 4 Prozentpunkte; zu der parallelen Problematik des § 169 InsO vertritt der BGH die tendenziell problematische Meinung, es sei im Ergebnis der gesetzliche Zinssatz des § 246 BGB heranzuziehen, die Thematik ist hier nicht zu vertiefen, vgl. BGH, Urteil v. 16.2.2006 – IX ZR 26/05, BGHZ 166, 215 ff., Ls. c) und Rn. 30 f., S. 226 f. = NJW 2006, 1873; kritisch auch *Landfermann*, in: *Kreft* (Hrsg.), HK-InsO, § 165 Rn. 11, m. w. N.
76 *Hintzen*, in: *Dassler/Schiffhauer/u.a.*, ZVG, § 30e Rn. 7.

wie sie in der Immobilienfinanzierung gegen Grundschuldsicherung üblich sind, können die vertraglichen Zinsen als Schadenszins (§ 286 BGB) bis zum Ende der Zinsbindung auf den noch nicht getilgten Betrag gefordert werden.[77] All dies dürfte freilich mit der Rechtsprechung des BGH zu IX ZR 26/05 im Ergebnis kompatibel sein, aber eben gerade häufig zu einem deutlich höheren Zinssatz als nur 4 % führen.

2. Die Sicherung des Ertrags der Immobilie, Funktionen der Zwangsverwaltung

58 Der Grundpfandgläubiger hat Interesse daran, dass die Immobilie, das Objekt, auf dem seine Forderung abgesichert ist, erhalten bleibt und die jedenfalls notwendigen Instandhaltungen und Instandsetzungen vorgenommen werden, um den Wert der Immobilie und damit die Verwertungsfähigkeit zu sichern.[78] Das kann er mittels paralleler Beantragung der Zwangsverwaltung. Als weiterer **Nebenaspekt der Zwangsverwaltung** resultiert die Möglichkeit, dem gerichtlichen Gutachter (§ 74a Abs. 5 ZVG) den **Zutritt zu der Immobilie zu ermöglichen** und damit ein auch auf Besichtigung (sollte der Schuldner diese verweigern) basierendes Gutachten zu erhalten, das für den Bietinteressenten der Natur der Sache nach einen höheren Informationswert hat.[79] Zudem lassen sich je nach Lage der Dinge Besichtigungen der Immobilie organisieren.

59 Die bloße **Sicherung des Mietertrages** bedarf indes der Zwangsverwaltung aus rechtlicher Sicht (zunächst) ebenso wenig wie der Pfändung aufgrund persönlichen oder dinglichen Titels, vielmehr genügt die in der Immobiliarkreditpraxis verbreitete **Mietzession**, solange die Zahlung auf die Zession nicht die Voraussetzungen eines Insolvenzanfechtungstatbestandes erfüllt (§§ 129, 130 ff. InsO). Die natürliche **Grenze der Mietzession ist die Eröffnung des Insolvenzverfahrens** über das Vermögen des Eigentümers oder Erbbaurechtsinhabers (bei Identität mit dem Vermieter), da damit die Zession unwirksam wird (§ 110 Abs. 1 InsO). Die Erlangung der einzelnen Mietraten (pro rata temporis) bzw. deren Leistung an den Grundpfandgläubiger, der gleichzeitig Zessionar ist, kann aber insolvenzrechtlich angefochten werden, da es nicht an einer Gläubigerbenachteiligung (§ 129 InsO) fehlt. Der vom BGH für die gegenteilige Auffassung, nämlich für die fehlende Anfechtbarkeit, in erst im Jahr 2006 begründeter Rechtsprechung zutreffend hierfür wiederum angeführte Grund ist der Haftungsverbund der Hypothek gem. §§ 1120 ff., 1123 BGB, der ab der Eintragung des Grundpfandrechts im Hinblick auf die Mieten auch ohne Zwangsverwaltung eine „**beschlagnahmegleiche**" Wirkung entfalten sollte.[80]

---

77 BGH, Urteil v. 8.2.2000 – XI ZR 313/98, NJW 2000, 1408 = WM 2000, 718 m. w. N.; *Grüneberg*, in: Palandt, BGB, § 288 Rn. 13 m. w. N. BGH, Urteil v. 16.2.2006 – IX ZR 26/05, BGHZ 166, 215 ff., Ls. c) und Rn. 27, wo der Senat von 4 % als „*Mindestverzinsung*" spricht.
78 Dazu gehört auch der Blick auf das kontinuierliche Vorhandensein einer geeigneten Versicherung gegen Feuer und Elementarschäden, deren Leistungen nach Maßgabe der §§ 1127 ff. BGB in den Haftungsverbund der Grundpfandrechte eingebunden sind.
79 Die Vorbereitung und Ermöglichung der Versteigerung ist nach BGH, Beschl. v. 10.12.2004 – IXa ZB 231/03, II 2b) der Gründe, Rpfleger 2005, 210 = BGHZ 161, 336, nicht das „*alleinige Ziel*" der Zwangsverwaltung, so dass daraus auch auf die Möglichkeit jedenfalls der Unterstützung der Versteigerung neben der Ertragssicherung als Kernaufgabe der Zwangsverwaltung geschlossen werden darf.
80 Vgl. BGH, Urteil v. 9.11.2006 – IX ZR 133/05, DZWiR 2007, 159 = Rpfleger 2007, 219 = ZInsO 2006, 1321 = jurisPR-InsR 1/2007, Anm. 1, *Cranshaw*. Diese bisherige Auffassung des BGH ist überzeugend, sie führt zu einem Gleichlauf mit dem Pfandrecht an der Forderung gegen die Versicherung, das ebenfalls mit Eintragung des Grundpfandrechts und Abschluss des Versicherungsvertrags durch den Schuldner entsteht (§ 1128 BGB), vgl. *Bassenge*, in: Palandt, BGB, § 1128 Rn. 2 m. w. N. Diese Rechtsprechung hat der BGH in dem Urteil vom 17.9.2009 – IX ZR 106/08, Rn. 17, 18, *Pfändung einer Mietforderung* – ZInsO 2010, 43 ff. = NJW 2010, 444 ff. = ZIP 2010, 38 ff.; aufgegeben und damit Mietzession und Mietpfändung wieder der Insolvenzanfechtung zugänglich gemacht.

Die Haftung aus der Grundschuld führt materiell-rechtlich zu einem Absonderungsrecht (§§ 1123 BGB, 49 InsO), die Beschlagnahme leitet nach der zitierten Entscheidung des BGH aus dem Jahr 2006 lediglich die Befriedigung des Gläubigers ein. An dieser für denjenigen Grundpfandgläubiger günstigen Rechtsprechung, der Inhaber eines Grundpfandrechts mit entsprechendem Rang und dinglichem Rahmen ist, die ihm die Ausschöpfung der Miete ermöglichen, hält der BGH nach jüngster Rechtsprechung aus dem Jahr 2009 nicht mehr fest (siehe auch Fn. 80). Damit ist die Zwangsverwaltung erforderlich, wenn der Grundpfandgläubiger und Mietzessionar besorgen muss, die Zession der einzelnen Mietraten sei anfechtbar.

3. Die Interessentensuche durch Schuldner und Gläubiger

Die wesentliche Phase der Interessentensuche für den **Versteigerungstermin** beginnt nach der Wertfestsetzung durch das Gericht (siehe dazu Abschnitt IV.). **60**

IV. Die weitere Vorgehensweise Beteiligter bis zum ersten und etwa weiteren Versteigerungsterminen

Die nächste Verfahrensphase erstreckt sich von der Wertfestsetzung bis zum Versteigerungstermin. **61**

1. Die Vorbereitung des Termins durch den Gläubiger

Die Vorgehensweise des Gläubigers lässt sich gedanklich in mehrere Teilaspekte zerlegen: **62**

Zum einen hat er zu prüfen, wie er im Termin taktisch vorgeht bzw. welche Optionen ihm noch offen stehen, wenn es bereits vorausgehende Termine gegeben hat. **63**

Der Termin muss auch – technisch – insoweit vorbereitet werden, als der Gläubiger oder Bieter, der als natürliche Person nicht selbst teilnimmt, sondern einen kundigen Vertreter entsenden will, oder der als juristische Person oder Personen(handels)gesellschaft ohnehin auf einen Vertreter angewiesen ist, diesen mit einer **geeigneten** Vollmacht ausstattet.[81] **64**

Zum Weiteren muss er entscheiden, inwieweit er die **Interessentensuche proaktiv** begleitet. **65**

Schließlich haben die institutionellen Gläubiger (Kreditinstitute, interne und externe Regelungswerke zu beachten, die von der zu definierenden Abgabe des Kreditfalles von der bisherigen Bearbeitungseinheit an eine Organisationseinheit mit Expertise auf dem Gebiet der Abwicklung Not leidender Immobilienkredite (z. B. nach den aufsichtsrechtlichen MaRisK der Banken)[82] bis zu der internen Entscheidung reichen, wie im Versteigerungstermin zu agieren sei. Jede dieser internen Entscheidungen ist Kreditentscheidung, die entsprechend **66**

---

81 Zu einem solchen Beispiel vgl. die Kommentierung zu § 98 ZVG/Fn. 9. Die von *Storz/Kiderlen*, Rn. C 632 TH 6321 f., gekennzeichnete Problematik unzureichender Vollmachten sollte auf Gläubigerebene eigentlich nicht auftreten, da Verfahrensvollmachten stets umfassend formuliert sein sollten; eine von *Storz/Kiderlen* vorgeschlagene allgemeine Vollmacht für Versteigerungsverfahren des Gläubigers ist nur vonnöten, wenn die Vollmacht die Abgabe von Geboten umfasst (siehe § 71 Abs. 2 ZVG und die Kommentierung zu § 71). Die allgemein verbreiteten Anwaltsvollmachten sollten auch auf Schuldnerebene für hinreichend Klarheit sorgen, siehe aber *Storz/Kiderlen*, Rn. C 1.4.4 TH 1.4.4.6.
82 "*Mindestanforderungen an das Risikomanagement*", Rundschreiben der BaFin vom 14.8.2009 – Az.: BA 54 – FR 2001 – 2208/0001 publ. u. a. unter *www.bafin.de*. von der Bundesanstalt für Finanzdienstleistungsaufsicht.

der Kompetenzordnung jedes einzelnen Gläubigers von dem jeweiligen Entscheidungsträger getroffen werden muss.

67 Die interne Entscheidung gibt auch die Bandbreite dessen vor, was dem Terminvertreter gestattet ist, soweit er nicht selbst im konkreten Einzelfall Kompetenzträger ist. Der erwähnte und notwendige Verhaltensspielraum[83] erfasst damit jedwedes von dem Gläubiger steuerbares Verhalten im Termin, also z. B.
- die **Anmeldung** der Forderung (vgl. Rn. 71)
- die **Abgabe von Geboten** und deren Höhe oder – umgekehrt – das Unterlassen der Abgabe von Geboten;
- die Bewilligung der **einstweiligen Einstellung**, §§ 30 ff. ZVG;
- die **Antragsrücknahme** mit der Folge der Verfahrensaufhebung, § 29 ZVG;
- das **Verlangen nach Sicherheitsleistung** gegenüber Bietern oder der Verzicht hierauf;
- der **Antrag gem. § 74a ZVG**, den Zuschlag unter den dortigen Bedingungen zu versagen;
- der **Antrag, den Zuschlag sofort** zu erteilen oder einen **Termin zur Verkündung** einer Entscheidung über den Zuschlag anzuregen;
- die **Abtretung** des etwa abgegebenen **Meistgebots**, § 81 ZVG;
- die **Sicherheitsleistung für eigene Bietinteressenten** durch Erklärung einer Bürgschaft (§§ 765 BGB, 350 HGB, 69 Abs. 2 Satz 1 ZVG);[84]
- der Antrag auf **außergerichtliche Erlösverteilung**;
- ggf. Zustimmung zu **abweichenden Versteigerungsbedingungen** oder Beantragung derselben;
- Zustimmung zum **Bestehen bleiben von Rechten** (§§ 59, 90 Abs. 2 ZVG).

68 Ggf. ist auch die Entscheidung über die **Ablösung eines Gläubigers** zu treffen.[85]

69 Die Reichweite der internen Entscheidung ist als interner Vorgang für das Gericht oder den Schuldner oder die anderen Bietinteressenten im allgemeinen nicht transparent, sie haben auch keinen Anspruch, dergleichen zu erfahren.

70 Da die meisten Instrumente nur dem bestbetreibenden Gläubiger zur Seite stehen, muss sich der Gläubiger auch überlegen, welche Einflussmöglichkeiten ihm **wirklich** zu Gebote stehen.

71 Schließlich sind die **Forderungen des Gläubigers zum Termin anzumelden**, soweit sie nicht aus dem Grundbuch ersichtlich sind, ansonsten erleiden sie einen Rangverlust (siehe § 37 Nr. 4 ZVG sowie § 45 ZVG für das geringste Gebot sowie die §§ 110, 114 ZVG für den Teilungsplan). Auch der Grundpfandgläubiger hat nicht aus dem Grundbuch erkennbare und daher anzumeldende Ansprüche, wenn sie auch in praxi ggf. nicht wirklich Befriedigung erwarten dürfen.[86]

2. Die Suche nach Bietinteressenten

72 a) **Allgemeine Probleme der Akquisition von Bietinteressenten, das Bemühen des Schuldners um Abwendung der Versteigerung.** In der Phase nach der Wert-

---

83 Zu dieser Bandbreite gehört unter Beachtung der Rechtsprechung des BGH jedenfalls nicht mehr die Zulassung des Eigengebots des Terminvertreters, der Arbeitnehmer des Gläubigers ist; anders mag dies sein, wenn sich der Gläubiger eines Rechtsanwalts als Vertreter bedient, eine wohl eher seltene und im Allgemeinen weniger kostengünstige Variante.
84 Das ist freilich eine außergewöhnliche Vorgehensweise, die erheblichen Bedenken begegnen kann.
85 Vgl. den Beitrag über die Ablösung von Gläubigern sowie §§ 1150, 268, 1144 f. BGB.
86 Vgl. die Kommentierung zu den §§ 37, 45, 110, 114. Siehe auch die Darstellung von *Stöber*, ZVG, § 37 Rn. 5.4 ff.; zu Beispielen vgl. *ders.*, ZVG-Handbuch, Rn. 230 ff. Meist wirtschaftlich illusorisch dürfte die Erwartung sein, dass Rechtsverfolgungskosten u. Ä. befriedigt werden könnten.

festsetzung geht es insbesondere darum, einen Bietinteressenten für die Immobilie zu interessieren. Insoweit gibt es verschiedene Vorgehensweisen, die wiederum nur dann von Belang sind, wenn der betroffene Gläubiger eine Chance hat, innerhalb vernünftiger Grenzen eine (Teil)Befriedigung aus dem Grundstück zu erhalten. Eine Option ist natürlich wie stets der „Rettungserwerb",[87] wenn die Marktlage derart ungünstig ist, dass es sinnvoll ist, die Immobilie durch ein eigenes Gebot aus dem Markt zu nehmen, es in verwertbarem Zustand zu halten und später mit Aufschlag zu veräußern.

Die Schuldner versuchen nicht selten zur Abwendung der Versteigerung auch noch in der Schlussphase des Verfahrens einen Käufer zu finden, was aber häufig genug nicht gelingt und/oder an den vielen nachrangigen Belastungen scheitert.

Verbreitete Vorgehensweise zur Akquisition von Interessenten ist die Schaltung von Zeitungsannoncen unter Angabe von Termin und Ort, des Verkehrswertes und begleitet von dem Hinweis, man könne den oder jenen Bearbeiter des Kreditgebers anrufen.

Das Bemühen um Bietinteressenten, denen möglichst die Besichtigung der Immobilie ermöglicht werden soll, führt nicht nur bei fehlender Kooperationsbereitschaft des Schuldners zu Problemen, sondern umgekehrt auch dann, wenn er dem Gläubiger mangels eigenen Interesse freie Hand lässt. Probleme ergeben sich auch, wenn eine Gesellschaft, die Schuldnerin ist, sich als „führungslos" erweist. Zeigt sich dann der Gläubiger als Inhaber der tatsächlichen Gewalt über den Grundbesitz, weil man ihm praktisch den Besitz übertragen hat, können ihn polizeirechtliche Pflichten wie einen Zustandsstörer treffen. Das können beispielsweise die Haftung für Grundstücksaltlasten, die Verkehrssicherungspflicht u.ä sein.[88] Daraus folgt wiederum eine Schranke der Bietinteressentenakquisition.

b) **Maklerbeauftragung.** Lässt sich der Gläubiger oder Schuldner bei der Interessentensuche durch einen Makler begleiten, ergibt sich dessen Provisionsanspruch aus dem Maklervertrag, der allerdings im Allgemeinen keine Anspruchsgrundlage für die „Veräußerung" in der Zwangsversteigerung darstellt. Insoweit bedarf es gesonderter Vereinbarung.[89] Der Kreditgeber hat ferner gegen den Schuldner wohl keinen Anspruch auf Bezahlung ihm etwa entstehender Maklerkosten.[90]

c) **Unmittelbar eigene Bemühungen des betreibenden Gläubigers; Bietinteressenten zu gewinnen; Überlassung des Sachverständigengutachtens an Interessenten.** Wird der betreibende Grundpfandgläubiger (Kreditgeber) selbst wie ein Makler gegenüber den Interessenten tätig, etwa über die eigene Immobilienvermittlungseinheit, so können ihn Haftungsrisiken aus Vertragsverletzung treffen.[91]

Das verbreitete Schalten von Anzeigen in den Medien, mit denen auf den Versteigerungstermin und Details hierzu sowie auf die zu versteigernde Immobilie aufmerksam gemacht wird, soll auch zu weiteren Anfragen bei den benannten Mitarbeitern anregen. Keinen Bedenken unter dem Aspekt von Verschwiegenheitspflichten (siehe dazu sogleich Rn. 79) begegnet es, wenn über das Gutachten gesprochen wird, da die dortigen Informationen frei zugänglich sind – und zwar für die **gesamte interessierte Öffentlichkeit** nach Maßgabe des § 42

---

87 Siehe oben Rn. 5.
88 Siehe nur § 25 Bundesbodenschutzgesetz.
89 *Sprau*, in: *Palandt*, BGB, § 652 Rn. 28; BGH, Urteil v. 24.6.1992 – IV ZR 240/91, BGHZ 119, 32 ff./34 = NJW 1992, 2568 = Rpfleger 1993, 34 m.w.N.
90 OLG Celle, Beschl. v. 7.12.2004 – 3 W 108/04, MDR 2005, 537.
91 Vgl. hierzu nur *Sprau*, in: *Palandt*, BGB, § 675 Rn. 26 ff. sowie § 675 Rn. 14 ff.

ZVG.[92] Unbedenklich ist die bloße Benennung des Grundstücks, Zitate aus dem gerichtlichen Gutachten (soweit nicht aus dem Zusammenhang gerissen ein falscher Gesamteindruck entsteht) bzw. der Hinweis darauf oder die Nennung des Betrages, bei dem man sich den Zuschlag aus Sicht des eigenen Hauses vorstellen kann. Die Übersendung einer Kopie des Gutachtens gehört zu den zur Verfügung stehenden Informationsmöglichkeiten. Fehler des Gutachtens treffen den Gläubiger im Allgemeinen nicht, er hat keine Pflicht oder Obliegenheit im **Verhältnis zu Dritten**, das Gutachten zu prüfen, nicht einmal auf Schlüssigkeit. „Im Hinblick hierauf wird der Gläubiger in geeigneter Weise bereits bei Antragstellung oder bei einer gesonderten Stellungname zu dem vom Gericht beabsichtigten Auftrag an den Gutachter darum bitten, dass dieser Auftrag (= Vertrag des „Amtsgerichts", d. h. des Bundeslandes, mit dem Gutachter) die Möglichkeit einschließt, Kopien an betreibende Gläubiger und Bietinteressenten ohne zusätzliches Entgelt zu überlassen und dass auch die Gläubiger die Befugnis hierzu haben. Dabei muss auch die Weitergabe per E-Mail mit dem dazu gehörigen vorherigen Einscannen des Gutachtens inkludiert sein. Dieses Recht darf im Gutachten gleichermaßen nicht eingeschränkt worden sein. Ansonsten können urheberrechtliche Bedenken gegen die praxisübliche Weitergabe einer Kopie des Gutachtens ausgeschlossen werden.[93]

79 Da der Interessent wissen möchte, welchen Mindestbetrag der Gläubiger sich vorstelle, entsteht für die Kreditinstitute als Gläubiger ein potentieller Konflikt mit dem sog. **„Bankgeheimnis"** bzw. **datenschutzrechtlichen Bestimmungen**.[94] Da der Eigentümer, gegen den versteigert wird, infolge der Terminpublikation offenkundig ist, besteht die Problematik allein noch in der Frage der Angabe der Darlehensvaluten. Diese Angabe ist ungeachtet der in den Fällen des Verkaufs und der Abtretung von Kreditforderungen von der höchstrichterlichen Rechtsprechung verneinten Verletzung von Bankgeheimnis und Datenschutz gar **nicht notwendig**.[95] Ungeachtet dessen kann der Kreditgeber seine Not leidende Kreditforderung verkaufen und abtreten, soweit nicht ein vertragliches Abtretungsverbot besteht;[96] die Angabe gegenüber dem Bietinteressenten, der Kreditgeber benötige einen bestimmten Betrag als Erlös aus der Versteigerung, kann dem gegenüber als Minus betrachtet werden, das der Not leidend gewordene Schuldner hinzunehmen habe.[97] Dennoch ist mit Augenmaß vorzugehen, um nicht dem Vorwurf der Verschleuderung und damit Schadenersatzansprüchen des Rückgewährberechtigten bzw. des Sicherungsgebers ausgesetzt zu sein.[98] Insgesamt bleiben solche Angaben recht heikel, zumal die Rechtspre-

---

92 *Hintzen*, in: *Dassler/Schiffhauer/u. a.*, ZVG, § 42 Rn. 2, 3, 5.
93 LG Hamburg, Urteil vom 15.5.2009 – 308 O 580/08, juris = Multimedia und Recht (MMD) 2009, 722; das Urteil des LG Hamburg dürfte freilich, betrachtet man den Sachverhalt, eine besonders wohl nicht verallgemeinerungsfähige Konstellation behandeln. Dort hatte der vom Vollstreckungsgläubiger beauftragte Makler das Gutachten ins Internet gestellt, zudem verändert und aus der Sicht des klagenden Gutachters verkürzt. Bei elektronischer Weitergabe kommt zur Kontrolle nur die Weitergabe als nicht veränderbare Datei, z. B. im pdf-Format, in Frage.
94 „S. BGH, Urt. vom 27.10.2009 – XI ZR 225/08 (öffentlich-rechtlicher Banken), BGH Z 193, 60 ff. = NJW 2010, 361 ff.; Urt. vom 27.7.2010 – XI ZR 195/05, BGH Z 171, 180 ff. (private Banken)".
95 AA wohl *Storz/Kiderlen*, Rn. C 4.4 TH 4.4.5, die aber Probleme bei Auskunftserteilung über die Darlehensvaluten durchaus sehen. S. zu der Problematik, die durch die Rechtsprechung des BGH allerdings teilweise aufgelöst erscheint, das Urteil des BGH zu XI ZR 195/05 und das Urteil zu XI ZR 225/08, vorige Fn.
96 Vgl. dazu BGH, Urteil vom 27.2.2007 – XI ZR 195/05, *private Banken* – BGHZ 171, 180 ff. = NJW 2007, 619; BGH, Urteil vom 27.10.2009 – XI ZR 225/08, *öffentlich-rechtlichen Banken* – ZIP 2009, 2329 = ZfIR 2010, 67 ff. m. Anm. *Jaegel*.
97 Siehe zu der Problematik bei dem weiter reichenden Forderungsverkauf *Dörrie*, ZBB 2008, 292 ff./293 ff.
98 Vgl. *Gaberdiel/Gladenbeck*, Kreditsicherung durch Grundschulden, Rn. 1157 – 1162 mit eingehenden Nachweisen aus Literatur und Rechtsprechung zu der Frage der Schadenersatzrisiken

chung das Bankgeheimnis nur als einen Bestandteil umfassenderer aus dem Darlehensvertrag resultierender „**Interessenwahrungs-, Schutz- und Loyalitätspflichten**" sieht.[99]

Selbstverständlich ist auch die **Einsichtnahme des Gutachtens beim Gericht** bzw. die **Anfertigung** von Kopien zulässig; all das steigert die Verwertungschancen und liegt im Interesse der Beteiligten.[100] 80

Der Gläubiger sollte gegenüber dem Bietinteressenten dennoch **keine weitergehenden Haftungsrisiken** eingehen; zielführend ist u. a. der Hinweis, auch etwa in Zeitungsannoncen, dass man für inhaltliche Richtigkeit und Vollständigkeit des gerichtlichen Gutachtens keine Haftung übernehme. Dazu gehört dann aber auch, dass man bei Kontakten mit Interessenten keine über das Gutachten hinausreichende Sachaussagen trifft. Die etwa gegebene Antwort auf ergänzende Fragen des Interessenten hat selbstverständlich dem besten subjektiven Wissen des Antwortenden zu entsprechen. Eine Nachforschungspflicht des Gläubigers im Interesse des Bietinteressenten besteht nicht. Eine Konfliktsituation insoweit sollte es aber nicht geben, da bei erkannter Fehlerhaftigkeit wesentlicher Angaben im Gutachten schon im Festsetzungsverfahren ein Hinweis an das Gericht sachgerecht ist, so dass dieses dem Gutachter aufgibt, seine Angaben zu überprüfen. Der etwaige Wissensvorsprung des Gläubigers über das Objekt ist im Verfahren nicht ohne gesonderte Nachfrage des Interessenten offenbarungspflichtig und auch dann ist auf die berechtigten Belange des Schuldners Rücksicht zu nehmen und ggf. eine Aussage zu der angeschnittenen Thematik abzulehnen. 81

Ein Konfliktpotential widerstreitender Interessen kann sich ergeben, wenn der Bietinteressent den Erwerb, z. B. eines zur Versteigerung anstehenden Einfamilienhauses, bei dem institutionellen Gläubiger (Bank, Versicherung) finanzieren möchte, wenn dieser dazu im Einzelfall bereit sein sollte. In diesen Fällen kann ein zur Aufklärungspflicht bestehender **Wissensvorsprung** bezüglich der Immobilie bestehen.[101] 82

d) **Ausbietungsgarantie, Verwertungsalternativen des Gläubigers.** Zu der in der Praxis gelegentlich verwendeten sog. „**Ausbietungsgarantie**",[102] die zu ihrer Wirksamkeit notariell zu beurkunden ist (sofern damit eine Pflicht des Garanten zur Abgabe von Geboten verknüpft ist) und die dem Gläubiger bzw. dem Bietgaranten im vorhinein das Grundstück sichern will und ihm auch ggf. die Sicherheitsleistung zum Termin erspart, kann man ökonomisch verschiedener Auffassung sein. Sie dürfte aber tendenziell, betrachtet man den erheblichen Aufwand und die Kosten, die sie generiert, vom Notar bis zur Grunder- 83

---

für den Gläubiger gegenüber Schuldner bzw. Rückgewährberechtigtem aus dem Grundpfandrecht bei nicht vollständiger Geltendmachung der Grundschuld, dem sog. „*Hebungsverzicht*" und der „*Minderanmeldung*" (a.a.O., Rn. 1161). Aus praktischer Sicht dürfte es angesichts des Umstandes, dass sich in Rechtsprechung und Literatur keine einheitliche Auffassung herausgebildet hat, der einfachste Weg sein, die Forderungen aus der abstrakten Grundschuld jeweils im Umfang des vollen dinglichen Rahmens geltend zu machen, Zuteilung zu erhalten und außerhalb des Verfahrens „Überschüsse" in Ruhe an den Rückbewährberechtigten auszukehren.

99 BGH, Urteil v. 24.1.2006 – XI ZR 384/03, „*Breuer-Urteil*", BGHZ 166, 84 = WM 2006, 380 = ZIP 2006, 317 = NJW 2006, 830 = jurisPR-InsR 20/2006, Anm. 1, *Cranshaw*.
100 So auch *Hintzen*, in: *Dassler/Schiffhauer/u.a.*, ZVG, § 42 Rn. 2, 3, 5. Schon *Güthe*, in: *Jaeckel*, Kommentar zum Zwangsversteigerungsgesetz, 4. Aufl., 1912, Rn. 1, 2, S. 186, spricht anschaulich davon, ein „*Kaufliebhaber*" sei zur Einsicht in die Akte berechtigt und von den Beteiligten könnten „*Abschätzungen*" (= Wertgutachten, § 74a ZVG gab es damals noch nicht) zu den Akten gegeben werden, aber auch davon, dass „*jeder, der sich darauf verlässt,* [...] *dies auf seine Gefahr.*" tue.
101 Vgl. dazu *Nobbe*, WM 2007, Sonderbeilage 1; siehe auch die Übersicht bei *Heinrichs*, in: *Palandt*, BGB, § 280 Rn. 58 ff., 60.
102 Zu den verschiedenen Begrifflichkeiten und der Reichweite entsprechender Erklärungen siehe die ausführliche Darstellung bei *Storz/Kiderlen*, Rn. C 5.3.1.2, 5.3.1.3, TH 5.3.2.

werbsteuer, nur **sehr selten wirklich eine akzeptable Verwertungslösung** darstellen. Sie bindet zwar den Erwerbsinteressenten, aber auch den Gläubiger, so dass für beide der Termin nicht mehr „frei" abläuft. In Einzelfällen, die im vorliegenden Rahmen nicht dargestellt werden können, mag sie eine Alternative sein. Eine Bindung des Gläubigers zugleich dahingehend, dass der Ausbietungsgarant unabhängig von anderen Geboten die Immobilie auf jeden Fall zu dem vereinbarten Betrag der Garantie erhält, ist deutlich zu weitgehend; sie sollte nicht erfolgen.

84 Als eine der diversen Verwertungsalternativen für den Grundpfandgläubiger steht sie **in Konkurrenz** etwa mit
- dem „offenen" Verlauf des Versteigerungstermins;
- dem **Verkauf von Forderungen und Grundpfandrechten** im Vorfeld der Versteigerung (s. o. Rn. 79); dadurch wird freilich das Verwertungsproblem des ursprünglichen Gläubigers auf den Rechtsnachfolger verlagert;
- der Ermöglichung der **freihändigen Veräußerung durch den Schuldner** gegen Pfandfreigabe des Grundbesitzes – und zwar bei begründeter Aussicht auch noch nach der Abgabe eines niedrigen, aber zuschlagsfähigen Meistgebots;[103]
- der Durchführung der **freihändigen Veräußerung durch den Insolvenzverwalter** des Eigentümers (= Schuldners), in der Praxis gegen eine Erlösbeteiligung der Masse, ggf. gegen Freistellung des Insolvenzverwalters von den Risiken des freihändigen Verkaufs, abhängig von der Eigenart der Immobilie und den anderen Umständen des Einzelfalls;[104]
- der (problematischen) Zwischenstufe der **Beantragung eines neuen Versteigerungstermins gem. § 85 ZVG** mit der Hoffnung auf ein besseres Ergebnis im nächsten Termin;
- dem von taktischen Feinheiten bestimmten **Überraschungsgebot des nachrangigen Gläubigers nach § 85a Abs. 3 ZVG,** um günstig zu erwerben mit der Erwartung, dass der spätere Verkauf durch den Gläubiger über das eigene Gebot hinaus nebst Kosten, Steuern, sonstigen Investitionen in die Immobilie und den jeweils darauf entfallenden (kalkulatorischen) Zinsen unter Einbeziehung geschätzter Marktschwankungen zu einem deutlichen Übererlös führt. Dieser muss wenigstens die Rückführung eines wesentlichen Teils der Finanzierung gewährleisten, die durch das im Verfahren erlöschende und wirtschaftlich nicht werthaltige Grundpfandrecht abgesichert wurde.[105]

3. **Die Auflösung und Löschung der Personengesellschaft oder der juristischen Person als Schuldner (Eigentümer) im Register; Firmenbestattung und Versteigerungsverfahren; das „unbekannt verzogen" bei natürlichen Personen**

85 Gelegentlich kommt es vor, dass Personengesellschaften bzw. juristische Personen als Schuldner im weiteren Verlauf des Verfahrens nicht mehr erreichbar sind, weil kein vertretungsberechtigtes Organ mehr vorhanden ist, die Betrof-

---

103 Ansonsten kann in Ausnahmefällen bei hinreichend konkreter Verkaufsaussicht die Zuschlagsversagung oder die erfolgreiche Zuschlagsbeschwerde drohen (Aspekt des „fairen" Verfahrens bzw. des § 765a ZPO, siehe die Kommentierung dort in Rn. 54 sowie in Fn. 85, BGH, Beschl. v. 27.6.2003 – IXa ZB 21/03, Rpfleger 2003, 604 = ZInsO 2003, 703).
104 Vgl. auch Rn. 34 und Fn. 36 oben.
105 Dieser Übererlös ist aber rein ökonomisch zu sehen, rechtlich hat er mit der früheren Finanzierung wie bei jeder Veräußerung nach Rettungserwerb nichts zu tun. Im Verhältnis zum Schuldner ist natürlich § 114a Satz 2 ZVG zu beachten, die darüber hinausgehende verbleibende schuldrechtliche Darlehensforderung ist wie auch sonst abzuschreiben, wenn keine Zahlung vom Schuldner mehr erwartet werden kann oder es ist eine entsprechende Wertberichtigung zu bilden bzw. aufrecht zu erhalten. Dennoch ist ein Vorgehen nach § 85a Abs. 3 ZVG im Allgemeinen nicht zu empfehlen und in der Praxis auch nicht gebräuchlich.

fenen eine „Firmenbestattung"[106] versuchen oder weil die Gesellschaft im Register gelöscht und (jedenfalls) formell nicht mehr existent ist.

Es muss im Interesse des Gläubigers liegen, in Fällen des Fehlens vertretungsberechtigter Personen bei juristischen Personen des Privatrechts (Verein, GmbH usw.), beim zuständigen Amtsgericht die **Bestellung eines Notvorstands** (Notgeschäftsführers usw.) zu beantragen bzw. – bei der AG im Hinblick auf § 85 AktG – die **Bestellung von Amts wegen** anzuregen.[107] Dasselbe gilt für die Bestellung von Liquidatoren. Das Problem kann z.B. bei der Freigabe des Grundstücks aus der Insolvenzmasse entstehen, wenn die Masse aufgrund unangreifbarer Wertausschöpfung keine Auskehrung erwarten darf. Ob dann dennoch nicht ein Einvernehmen mit dem Insolvenzverwalter unter Erlösbeteiligung der Masse zweckmäßig gesucht werden sollte, ist eine Frage des Einzelfalls. 86

Ist der Schuldner eine juristische Person oder Personenhandelsgesellschaft und ist diese aus welchen Gründen auch immer in dem jeweiligen Register gelöscht[108] und formell nicht mehr existent, ist die Veranlassung einer auf die Zwecke des Versteigerungsverfahrens beschränkten **Nachtragsliquidation** (auf Kosten des antragstellenden Gläubigers) nicht vermeidbar, da andernfalls die notwendigen Zustellungen im Zwangsvollstreckungsverfahren nicht möglich sind.[109] 87

Zuständig ist in den in Rn. 86f. beschriebenen Fällen das Amtsgericht als Registergericht. 88

Wird während des Versteigerungsverfahrens gegen eine natürliche Person festgestellt, dass der Schuldner „unbekannt verzogen" ist und alle notwendigen Bemühungen, die Anschrift zu ermitteln, gescheitert sind, kommt die Bestellung eines Abwesenheitspflegers gem. § 1911 BGB, früher durch das Vormundschaftsgericht (bzw. ab 1.9.2009 das Betreuungsgericht) in Frage.[110] 89

V. Das Verhalten Beteiligter in den Versteigerungsterminen

1. Das taktische Verhalten des Gläubigers

a) **Der öffentliche Versteigerungstermin als Brennpunkt des Versteigerungsverfahrens.** Der Versteigerungstermin bildet den Fokus des Verfahrens, das Ziel, auf das bisher hingearbeitet worden ist (wenn sich die freihändige Veräußerung zerschlagen hat oder aussichtslos war). Das richtige taktische Verhalten des Gläubigers im ersten Versteigerungstermin oder den mehreren Terminen ist das Kernstück seiner Vorgehensweise, das über Erfolg oder Misserfolg der 90

---

106 Vgl. dazu paradigmatisch BGH, Beschl. v. 13.12.2005 – X ARZ 223/05, NJW 2006, 847 = Rpfleger 2006, 284 = jurisPR-InsR 9/2006, Anm. 5, *Smid*.
107 Vgl. zu dieser Thematik *Ellenberger*, in: *Palandt*, BGB, § 29 Rn. 1 ff.
108 Betroffene Register sind das Handelsregister, Vereinsregister, Genossenschaftsregister, Partnerschaftsregister. Die Löschung wird meist im Hinblick auf Vermögenslosigkeit erfolgt sein, § 141a FGG a.F. (bis 1.9.2009) bzw. § 394 FamFG i.d.F. nach dem FGG-Reformgesetz v. 17.12.2008, BGBl. 2008 I, S. 2586ff.; dies betrifft die GmbH, AG, KGaA, Genossenschaft und die oHG und KG ohne natürliche Person als mittelbar oder unmittelbar unbeschränkt haftender Gesellschafter. Betroffen ist auch die KG, deren Komplementär eine „Scheinauslandsgesellschaft" ist, es sich also um eine „Ltd. & Co. KG" oder ähnliche Mischformen handelt, die indes stets KG inländischen Rechtes sind, vgl. in diesem Umfeld OLG Frankfurt, Beschl. v. 28.7.2006 – 20 W 191/06, Rpfleger 2007, 31 = jurisPR-InsR 26/2006, Anm. 4, *Cranshaw*, Abschnitt C. 4.
109 Siehe hierzu paradigmatisch nur für die AG § 273 Abs. 4 AktG sowie bei *Wermeckes*, in: Heidel, § 273 Rn. 13ff. m.w.N.
110 *Diederichsen*, in: *Palandt*, BGB, § 1911 Rn. 1–4 m.w.N..; es handelt sich um eine betreuungsgerichtliche Zuweisungssache nach § 340 FamFG v. 22.12.2008, BGBl. I 2008, S. 2587ff.

Vollstreckung entscheidet. Hier prallen die Interessen aller im Termin Erschienenen aufeinander. All dem entgegengesetzt ist das Interesse des Vollstreckungsgerichts, das den Ablauf streng nach den Formalien des prozessualen Rechts steuert, um den ökonomisch notwendigen Prozess des Eigentumswechsels in einem fairen rechtsstaatlichen Verfahren zu gewährleisten.

91 b) **Die Vorbereitung des Gläubigers.** Die interne Vorbereitung des Gläubigers besteht zunächst darin, dass er seine endgültige „Marschrichtung" festlegt. Ein wesentlicher Aspekt ist dabei der Umstand, ob der betroffene Gläubiger das Verfahren betreibt oder nicht, in welchem Rang sein Recht steht, welcher Wert festgesetzt ist, ob er also eine Zuteilung erwarten darf oder nicht und welche **Einflussmöglichkeiten** er im Verfahren **zum Zeitpunkt des Termins** hat. Man darf nicht verkennen, dass sich im Lauf des Verfahrens durch den Beitritt (§ 27 ZVG) weiterer Gläubiger eine Änderung der Position des einzelnen Gläubigers im Hinblick auf das geringste Gebot oder die Erfolgsaussicht der Versteigerung ergeben haben kann. Auch die etwa sich laufend ändernden vorrangigen öffentlichen Lasten (z. B. Grundbesitzabgaben usw. nach Landesrecht) wird er nicht aus dem Auge verlieren.

92 Es versteht sich von selbst, dass die Fülle der nunmehr vorliegenden tatsächlichen und rechtlichen Daten mit dem Gutachten abgeglichen werden. *Storz/Kiderlen* ist unbedingt zuzustimmen, wenn dort „*Checklisten*"[111] empfohlen werden, wobei jeder Gläubiger sein eigenes System finden muss.[112] Zugleich lässt sich damit die wichtige Dokumentation des Terminverlaufs in geeigneter Weise strukturieren und mit anderen Terminprotokollen vergleichbar machen. Ferner lassen sich geeignete Auswertungen für künftige Verfahren organisieren.

93 Zudem wird der Gläubiger bei der Terminvorbereitung soweit als möglich sichten, inwieweit Bietinteressenten, mit denen er Kontakt hatte, tatsächlich zum Termin erscheinen werden.

94 Beachten wird er insbesondere auch
- etwaige Vereinbarungen mit dem Betriebsmittelfinanzierer über den vormals ggf. vereinbarten *Verzicht auf die Zubehörhaftung*;[113]
- vorrangige *öffentliche Lasten* außerhalb der Grundbesitzabgaben;
- *ökologische Altlastrisiken* (s. o.) gemäß dem Verkehrswertgutachten oder aufgrund gesonderter Kenntnis hiervon; Sanierungskosten können als öffentliche Last auf dem Grundbesitz lasten, § 25 Abs. 6 Bundesbodenschutzgesetz („*Wertausgleich*").

95 Mit Ausnahmen sind alle Optionen der Einflussnahme auf das Verfahren auf den **bestbetreibenden Gläubiger** zugeschnitten. Grund hierfür ist im Wesentlichen die „Vernetzung" der Vorschriften über das geringste Gebot mit denjenigen über die Aufhebung bzw. die einstweilige Einstellung des Verfahrens, die sich wiederum jeweils auf das spezifische Verfahren des jeweiligen Gläubigers beziehen.

96 c) **Die Durchführung des Termins.** Eine **Pflicht des Gläubigers** zum Erscheinen im Termin gibt es **nicht**. Zur Wahrung der Rechte ist die Wahrnehmung des Termins aber gleichwohl zwingend. Insoweit ist der Versteigerungstermin der Gläubigerversammlung im Insolvenzverfahren vergleichbar.

---

111 *Storz/Kiderlen* Rn. C 6.1.2, TH 6.1.2.7, siehe dort auch das Beispiel in AT 17, S. 765.
112 Es empfiehlt sich die Entwicklung bzw. Verwendung einer Datenbank („Checkliste"), die natürlich den datenschutzrechtlichen Vorgaben zu genügen hat. Ein DV-gestütztes System ermöglicht zugleich das Mitführen der Listen, Dateien usw. mittels Notebook und verbessert die Organisation im Termin, insbesondere wird der Terminsbericht erleichtert.
113 Siehe oben Rn. 8, 41.

Der Gläubiger bzw. sein Vertreter muss sich im Termin namentlich darüber klar werden, ob bzw. inwieweit 97
- er unwirksamen Geboten entgegen tritt;
- er bei Geboten Sicherheitsleistung fordert und von wem;
- flexibel reagiert wird, falls sich das geringste Gebot als zu hoch erweist, ob also abweichende Versteigerungsbedingungen in Frage kommen;
- man eigene Gebote abgibt und bis zu welcher Höhe, namentlich auch bei verschiedenen Arten von Geboten (Einzel-, Gruppen-, Gesamtausgebot, vgl. § 63 ZVG);
- er selbst bietet, insbesondere unter dem Aspekt damit erreichbarer Verlängerung der Bietzeit, abhängig von dem Bietinteresse;
- man ggf. den Antrag nach § 74a ZVG stellt;
- man das Meistgebot mit dem Meistbietenden durch ergänzende Abreden ggf. noch steigern kann;
- man um Vertagung der Zuschlagsentscheidung bittet, weil sich ggf. noch Verwertungsalternativen ergeben, die zu einem verbesserten Ergebnis führen;
- die Ablösung eines vorrangigen Gläubigers erneut ins Auge zu fassen ist, um z. B. die Aufhebung des von diesem betriebenen Verfahrens zu erreichen und selbst bestrangig betreibender Gläubiger zu werden;[114]
- das Bestehen bleiben von Rechten (§ 91 Abs. 2 ZVG) zu vereinbaren ist.

Die Diskussion über die **Wirksamkeit des „persönlichen" Gebots des Vertreters**[115] eines Gläubigers im ersten Termin unter 5/10 des Verkehrswerts scheint nicht hinreichend zu beachten, dass es – Ernsthaftigkeit des Gebots unterstellt – den Terminvertretern in der Praxis kaum gestattet sein wird, selbst mitzubieten. Der Verstoß hiergegen kann zu verschiedenen rechtlichen Problemen für den Vertreter führen, insbesondere auch zu arbeitsrechtlichen. Die Frage des Gerichts übrigens, ob nun sein persönliches Gebot ernsthaft gemeint sei oder ob es nur dazu diene, einem Dritten den Zuschlag im Interesse des Gläubigers zu verschaffen, kann der Terminvertreter tendenziell nicht beantworten, ohne dass sich daraus rechtliche Folgen konstruieren lassen.[116] 98

Der Erwägung, einen anderen anstelle des Gläubigers oder des Terminvertreters bieten zu lassen, um den Folgen der Zurückweisung des „unwirksamen" Gebots des Vertreters zu begegnen, hat der BGH[117] mit seinem Beschluss vom 17.7.2008 eine Absage erteilt. Es wäre im Interesse von Gläubigern und Schuldnern wesentlich, dass der BGH seine aktuelle Rechtsprechung zu § 85a ZVG auf wirklich zu beanstandende Ausnahmefälle zurücknimmt und dem Gläubiger oder seinem Vertreter auch taktische Gebote unter 5/10 (im ersten Termin) ermöglicht. 99

d) **Die einstweilige Einstellung nach dem Schluss des Versteigerungstermins – eine Alternative?.** Die einstweilige Einstellung ist das vom Gesetzgeber vorgesehene Procedere, das die notwendige Flexibilität in das Verfahren einbringt, 100

---

114 Siehe hierzu das Kapitel „Handlungsmöglichkeiten: Ablösung anderer Gläubiger".
115 Vgl. dazu BGH, Beschl. v. 10.5.2007 – V ZB 83/06, BGHZ 172, 218 ff. = Rpfleger 2007, 483 = ZfIR 2007, 2191 = NJW 2007, 3279 sowie die Kommentierung zu § 85a ZVG Rn. 22 ff.
116 Schadenersatzrechtliche Fragestellungen können dann resultieren, wenn der Schuldner den Steigerlös für zu niedrig hält und kollusives Zusammenwirken des Gläubigers mit dem Ersteher argwöhnt. Die wahrheitsgemäße Antwort stört die Taktik, da dann das Gebot nach Maßgabe der Rechtsprechung des BGH (siehe die Kommentierung zu § 85a ZVG) als unwirksam zurückgewiesen werden dürfte; die nicht wahrheitsgemäße Antwort hätte erhebliche rechtliche Folgen, da damit vorsätzlich gegen die prozessuale Wahrheitspflicht verstoßen würde (§ 138 ZPO). Insgesamt hat die Rechtsprechung des BGH damit Fragen aufgeworfen, die bislang noch nicht Gegenstand der Diskussion waren.
117 BGH, Beschl. v. 17.7.2008 – V ZB 1/08, BGHZ 177, 334 = Rpfleger 2008, 587 = ZIP 2008, 1847 = MDR 2008, 1360; siehe zu der Thematik die Kommentierung zu § 85a ZVG.

wenn dessen bisheriger Ablauf, insbesondere auch der des jeweilige Versteigerungstermins, nicht zufrieden stellen war. Dabei wird stets zu beachten sein, dass ein **neuer Termin** von **verschiedenen Parametern** abhängig ist, nämlich u. a.
- von der **Dauer** der einstweiligen Einstellung,
- von dem Fortsetzungsantrag des Gläubigers, der rechtzeitig zu stellen ist (§ 31 Abs. 1 ZVG),[118] aber auch
- von der **Arbeitsbelastung des Gerichts**,

so dass sorgfältig abzuwägen ist, ob die vom Gläubiger bewilligte einstweilige Einstellung im konkreten Fall sinnvoll ist. Die einstweilige Einstellung nach § 77 Abs. 1 ZVG mangels Abgabe von Geboten kann zwar nicht unmittelbar beeinflusst werden, aber mittelbar dadurch herbeigeführt werden, dass der Gläubiger beim Fehlen sonstiger Bietinteressenten ebenfalls kein Gebot abgibt. Wurde ein nach der jüngsten Rechtsprechung des BGH unwirksames (weil rechtsmissbräuchliches) Gebot von dem Terminvertreter „persönlich" oder von einem Dritten auf Ersuchen des Gläubigers abgegeben und daher zurück gewiesen, besteht noch die Grenze des § 85a ZVG, so dass eine weitere Einstellungsmöglichkeit entsteht. Insgesamt kann das Verfahren oftmals einstweilen eingestellt werden, ohne dass es zu seiner Aufhebung kommt (**zweimal** auf Bewilligung des **Gläubigers** nach § 30 Abs. 1 Sätze 1, 2 ZVG, betreffend das Einzelverfahren nur des bewilligenden Gläubigers; **zweimal** auf Antrag des **Schuldners** nach §§ 30a, 30c ZVG unter den dortigen Voraussetzungen, wobei ebenfalls nur das jeweilige Einzelverfahren betroffen ist; dasselbe gilt für den Antrag des **Insolvenzverwalters** nach § 30d ZVG). Daneben steht die **einmalige** Einstellung gem. § 77 Abs. 1, Abs. 2 Satz 1 ZVG, nach § 74a Abs. 1 ZVG sowie die Versagung des Zuschlags gem. §§ 85, 85a ZVG.[119] Vor dem Verfahren nach § 85 ZVG kann aber im Allgemeinen **nur gewarnt werden, jedenfalls ist größte Vorsicht geboten.**

2. Die Vorgehensweise des Schuldners im Termin

101 Der Schuldner kann sich in seinem wohlverstandenen Interesse unverändert kooperativ verhalten. Es obliegt ihm, soweit in seiner Macht stehend, die Verwertung zu fördern. Auf die Rechtsbehelfe, die er im Verfahren ergreifen kann, von der Verkehrswertbeschwerde über Einstellungsanträge bis zur Zuschlagsbeschwerde und dem Antrag nach § 765a ZPO, ist im vorliegenden Zusammenhang nicht weiter einzugehen. Ebenso wenig ist im vorliegenden Zusammenhang auf die Möglichkeiten des „materiellen" Angriffs auf den Vollstreckungstitel oder die Angriffe auf die Klausel einzugehen, wenn die Versteigerung von dem Gläubiger unzulässig betrieben oder fortgesetzt würde.[120] Im Termin muss der Schuldner nicht anwesend sein. Dann kann er aber auch dort seine Rechte nicht wahren.

3. Das Verhalten der Bietinteressenten

102 a) **Das offene Gebot.** Der anwesende und offen sein Gebot abgebende Bietinteressent muss überlegen, wann im Termin und bis zu welchem Betrag er bietet; dies hat wiederum Auswirkungen auf die von ihm aufzubringende Sicherheitsleistung, die er rechtzeitig vorbereiten muss. Er muss sich mit seiner Bank bzw. Sparkasse über die von ihr bereit zu stellenden Instrumente der Sicherheitsleistung einigen oder überlegen, ob er ggf. alternativ an die Gerichtskasse einen entsprechenden Betrag zur Sicherheit überweisen möchte (§ 69 Abs. 4

---

[118] Der Gläubiger wird daher einen Fristenkalender führen; zur elektronischen Dokumentation des Gläubigers vgl. Rn. 92, Fn. 107 f.
[119] Siehe zu Details jeweils die Kommentierung zu der entsprechenden Vorschrift.
[120] Insoweit darf auf das Kapitel „Rechtsbehelfe im ZVG-Verfahren" ebenso verwiesen werden wie über die Kommentierung vor/zu den §§ 95 ff. über die Beschwerde.

ZVG). In allen Fällen wird er die Struktur überdenken, um nicht seine „Höchstgrenze" zu offenbaren. Ist er durch eine Ausbietungsgarantie gebunden, wird er seine Gebote nach Maßgabe der Vereinbarung mit dem Gläubiger abgeben.

b) **Der „verdeckte" Bietinteressent.** Verdeckte Gebote sind zulässig. Es muss sich also der „wahre" Interessent nicht offenbaren, wenn er ansonsten den Zuschlag nicht erhielte oder das Meistgebot nach oben getrieben würde, weil man seine Interessen an dem Grundstück vielleicht kennt. Er kann etwa den betreibenden Gläubiger in geeigneter Weise bevollmächtigen, aber auch jeden anderen, der für ihn bietet (§ 81 Abs. 2, 3 ZVG). Dabei darf jedoch nicht übersehen werden, dass dergleichen Vorgehensweisen nicht „kostenfrei" zu haben sind, sondern mit diversen Erwerbsnebenkosten verbunden sind, die der „verdeckte" Bieter bei wirtschaftlicher Betrachtung dem Gebot zuschlagen muss.[121] Dergleichen Vorgehensweisen bedürfen der vorherigen Vereinbarung mit dem Dritten, der als „formell" Meistbietender das Gebot abgeben soll.[122] **103**

c) **Abwehr von sog. „Versteigerungsverhinderern"**[123]. Gläubiger und redlicher Schuldner haben erhebliches Interesse an der Ausschaltung von Bietinteressenten, die unlauter vorgehen, um **sich oder einem anderen rechtswidrige Vorteile zu verschaffen**. In Literatur und Rechtsprechung ist daher zu Recht auf den „Versteigerungsverhinderer" aufmerksam gemacht worden, der (ggf. im „Auftrag" des Schuldners) tätig wird, um geschäftsmäßig Gläubiger und Gericht unter Druck zu setzen, um letztlich damit selbst wirtschaftliche Erfolge zu erzielen.[124] Solche Vorgehensweisen nutzen die Formenstrenge des Vollstreckungsrechts und die begrenzten Ermittlungsmöglichkeiten im Termin mindestens zu Lasten der Gläubiger aus. Damit verbundene Manipulationen sind insbesondere auch strafrechtlich relevant. Zu denken ist an die § 288 StGB (Vereiteln der Zwangsvollstreckung), §§ 283 ff. (Insolvenzstraftaten), § 253 StGB (Erpressung). Der Gläubiger sollte sich in evidenten Fällen nicht abhalten lassen, seine strafrechtlichen Bedenken dem Rechtspfleger im Termin zu vermitteln und sich bemühen, dies ins Protokoll aufnehmen zu lassen mit dem Ziel, dass der Rechtspfleger eine entsprechende Mitteilung nach den „Mitteilungen in Zivilsachen"[125] an die Staatsanwaltschaft übersendet. Der Schuldner, der sich an dergleichen Aktivitäten beteiligt, läuft zudem ein weiteres Risiko: Gerät er in die Insolvenz, kann ihm die Versagung der Restschuldbefreiung aus den Gründen des § 290 Abs. 1 Nrn. 1, 4, 5 InsO drohen. Darüber hinaus können Schadenersatzansprüche aus unerlaubter Handlung entstehen, von denen nach § 302 Nr. 1 InsO unter den dortigen Voraussetzungen ordnungsgemäßer Anmeldung im Insolvenzverfahren ebenfalls **keine Restschuldbefreiung** erteilt werden kann. **104**

---

121 Zu Details, einschließlich der Grunderwerbsteuer, vgl. die Kommentierung zu § 82 ZVG.
122 Siehe im Einzelnen die Kommentierung zu § 81 ZVG.
123 Vgl., auch zum Begriff, *Ertle*, Rpfleger 2003, 14 ff.
124 Zu einem Fall wohl gewerbsmäßiger Vorgehensweise vgl. AG Bremen, Beschl. v. 26.5.1998 – 26 K 326/95, Rpfleger 1999, 88 f., vom LG Bremen bestätigt; die sofortige Beschwerde wurde vom OLG Bremen verworfen (Rpfleger, a.a.O., S. 89). Vgl. auch LG Essen, Beschl. v. 4.11.1993 – 7 T 601/93 , Rpfleger 1995, 34 ff. und OLG Hamm, Beschl. v.6.1.1994 – 15 W 371/93, Rpfleger 1995, 34 ff., 95. Die Schuldner kann man vor den Aktivitäten solcher „Helfer" nur nachdrücklich warnen, deren Gegenstück im Insolvenzverfahren der „*Firmenbestatter*" ist.
125 Anordnung über die Mitteilungen in Zivilsachen, Zweiter Teil 1. Abschnitt I. Ziff. 6, betreffend in der Sitzung begangene Straftaten; Fassung v. 18.8.2008, ABl. SL S. 1406.

VI. Verhalten im Zuschlags- und Verteilungsverfahren

1. Das Zuschlagsverfahren

105 Ist der Versteigerungstermin abgeschlossen, ist zu entscheiden, ob eine **Vertagung des Zuschlags** beantragt wird, um entweder in Verhandlungen mit dem Meistbietenden das Ergebnis zu verbessern[126] oder zu prüfen, ob eine einstweilige Einstellung in Frage kommt. Es steht im Ermessen des Gerichts, einen gesonderten Verkündungstermin für die Entscheidung über den Zuschlag anzuberaumen oder über den Zuschlag unmittelbar im Anschluss an den Versteigerungstermin zu verhandeln und sofort zu entscheiden. Ist das Ergebnis des Termins nicht zu beanstanden, sollte allerdings auf die sofortige Erteilung des Zuschlags Wert gelegt werden.

106 Ist der Zuschlag verkündet, müssen sich die hierzu befugten Protagonisten innerhalb der Beschwerdefrist nach Verkündung bzw. Zustellung (§§ 98, 88 f. ZVG)[127] klar darüber werden, ob sie **Zuschlagsbeschwerde** einlegen.

2. Gerichtliche oder außergerichtliche Erlösverteilung?

107 Die außergerichtliche Erlösverteilung erscheint nicht recht praktikabel, da sie die Einigung der Beteiligten voraussetzt. Dies wiederum bedeutet die Notwendigkeit der **Einigungsfähigkeit**, die damit schon vor dem Termin feststehen muss. Dasselbe gilt im Grundsatz für den Nachweis der Befriedigung Beteiligter gem. § 144 ZVG, wobei der Ersteher oder der Bürge aktiv werden muss.[128] Daher erscheint die **gerichtliche Erlösverteilung** das aus Sicht der Beteiligten zweckmäßige Verfahren.

3. Vorgehensweise bei Einlegung der Zuschlagsbeschwerde bis zu deren Rechtskraft

108 Wird Zuschlagsbeschwerde erhoben, stellt sich für das Gericht und für die Berechtigten das Dilemma, entweder den Teilungsplan zu vollziehen und das Risiko der Rückabwicklung einzugehen oder den Vollzug des Teilungsplans auszusetzen.

109 Angesichts der Risiken für die Beteiligten wird das Gericht im Allgemeinen auf Antrag (vgl. § 116 ZVG) oder von Amts wegen den Vollzug des Teilungsplans vollständig aussetzen (§ 570 Abs. 2, 3 ZPO) oder Sicherheitsleistung anordnen oder – praxisgerecht – einen Verteilungstermin erst nach Rechtskraft des Zuschlagstermins anberaumen bzw. einen bereits angesetzten Termin aufheben.[129] Entsprechende Möglichkeiten haben die Beschwerdeinstanzen.

110 Wird der Teilungsplan während des Laufs des Beschwerdeverfahrens, das sich insbesondere nach der Zulassung der Rechtsbeschwerde zum BGH und damit Ausschöpfung des Instanzenzugs jedenfalls über ein Jahr[130] hinziehen kann,

---

126 Auf die damit verbundenen komplexen rechtlichen Themen, auch grunderwerbsteuerliche Fragen, kann im vorliegenden Rahmen nicht eingegangen werden.
127 Vgl. die Kommentierung zu den zitierten Vorschriften.
128 *Hintzen*, in: Dassler/Schiffhauer/u. a., ZVG, § 144 Rn. 3; vgl. im Einzelnen die Kommentierung zu §§ 143, 144 ZVG.
129 Vgl. die Kommentierung zu § 102 ZVG Rn. 9, 10.
130 Betrachtet man nur die vom BGH unter dem Stichwort „Zuschlagsbeschwerde" (in der Suchmaschine) in juris publizierten Rechtsbeschwerden des 5. Zivilsenats zu V ZB in der Zeit vom April 2005 bis zum 19.2.2008, so kann man 35 Entscheidungen feststellen. Analysiert man anhand der dortigen Angaben die Verfahrensdauer und nimmt man dabei die Zuschlagsentscheidung des Amtsgerichts als Ausgangsdatum, dauert es überwiegend gut 12 Monate von dem amtsgerichtlichen Beschluss bis zur Rechtsbeschwerdeentscheidung mit „Ausreißern" von sechs Monaten bis über 2 Jahren. Diese Kurzdarstellung erhebt nicht den Anspruch, repräsentativ zu sein oder statistisch verwertbare Ergebnisse zu generieren, vielmehr soll nur anhand

ausgesetzt, können sich Zinsnachteile für die Gläubiger ergeben, da das Meistgebot nach § 49 Abs. 2 ZVG nur mit 4% Prozentpunkten jährlich zu verzinsen ist. Der Ersteher kann freilich Zahlung leisten,[131] der Betrag wird dann hinterlegt. Der Zinslauf endet, da der Ersteher durch Hinterlegung unter Verzicht auf die Rücknahme mit befreiender Wirkung leistet (§ 49 Abs. 4 ZVG). Die weitere Verzinsung besteht danach nur in den geringen Hinterlegungszinsen (§ 8 HinterlO).

Die Aussetzung hindert die Auszahlung des Erlöses an die Gläubiger. Solange die Verteilung nicht vollzogen ist, ist die zugrunde liegende schuldrechtliche Forderung des Gläubigers nicht getilgt, wodurch sich die schuldrechtlichen Verbindlichkeiten des Schuldners weiter erhöhen, wenn auch abzüglich der dann zugeteilten anteiligen Zinsen bzw. Hinterlegungszinsen. Auch die Befriedigungswirkung des § 114a ZVG kann erst mit dem Vollzug des Teilungsplans eintreten. Auffassungen, die auf die Zuschlagserteilung abstellen bzw. auf den Verteilungstermin, verkennen die Zielsetzung des § 114a ZVG, ihnen ist zu widersprechen.[132] Die Vorschrift schützt den Schuldner vor Erwerb durch den betroffenen Gläubiger unter dem Verkehrswert unter gleichzeitigem Fortbestehen der durch ein fiktives 7/10-Gebot nicht gedeckten Forderung. Sie soll aber nicht die Gleichbehandlung der Gläubiger beeinträchtigen; dies würde der Fall sein, wenn der unter § 114a ZVG zu subsumierenden Gläubiger mit Folgen für den Zinslauf seiner Forderung vor dem Vollzug des Teilungsplans als befriedigt gelten würde, zumal noch das Zuschlagsbeschwerdeverfahren anhängig ist. In der Praxis spielt all dies nur eine geringe Rolle, wenn und soweit die nicht gedeckte schuldrechtliche Forderung vom Schuldner nämlich voraussichtlich nicht bezahlt werden kann.

Auch die „Aussetzung" hat daher Nachteile für die Beteiligten. Daher mag man nachträglich davon Abstand nehmen, wenn die Zuschlagsbeschwerde offensichtlich unzulässig oder unbegründet erscheint und die Risiken für die Beteiligten aus dem Vollzug des Plans überschaubar sind.

4. Handlungsalternativen, wenn der Ersteher das Meistgebot nicht bezahlt

Befriedigt der Ersteher seine Verbindlichkeit aus dem baren Meistgebot nicht, ist angesichts der sehr komplexen Bestimmung des § 118 ZVG größte Vorsicht auf Seiten der Berechtigten geboten, um nicht **Rechtsverluste** zu erleiden.

Der **Teilungsplan** wird in diesen Fällen durch **Forderungsübertragung der Ansprüche des Schuldners aus dem Meistgebot auf den Gläubiger** vollzogen (§ 118 Abs. 1 ZVG) mit der Folge der Fiktion der Befriedigung aus dem Grundstück (§ 118 Abs. 2 Satz 1 ZVG). Die Ansprüche gegen den Schuldner **erlöschen** nebst den dafür haftenden Nebenansprüchen. Das ist durchaus ein Risiko für den Gläubiger, wenn nämlich diese Sicherheiten werthaltiger sind als die übertragene Forderung. Meist empfiehlt sich in diesen Fällen die **Fortsetzung der Versteigerung gegen den Ersteher** (§ 118 Abs. 2 Satz 2 Halbsatz 2 ZVG). Dann tritt die Befriedigungswirkung nicht ein. Die betroffenen Gläubiger sind daher gut beraten, in dem zu führenden Fristenkalender die Dreimonatsfrist des § 118 Abs. 2 ZVG vorzumerken. Desaströs wäre die Fristversäumung, wenn die Beteiligten in der Versteigerung einem offenkundig zahlungs-

---

von Zufallskriterien ein augenblicklich sich bietendes überschlägiges Bild gezeigt werden (Stand: März 2009).
131 Vgl. die Kommentierung zu §§ 116, 117 ZVG; vgl. auch *Hintzen*, in: *Dassler/Schiffhauer/u.a.*, ZVG, § 116 Rn. 5f., § 117 Rn. 3.
132 Die überwiegende Meinung stellt indes auf den Zuschlag ab, z.B. *Böttcher*, ZVG, § 114a Rn. 12, dagegen *Hintzen*, in: *Dassler/Schiffhauer/u.a.*, ZVG, § 114a Rn. 9 m.w.N., der den Verteilungstermin für maßgeblich hält.

unfähigen „Versteigerungsverhinderer" aufgesessen wären und den Anspruch gegen den bisherigen Schuldner verloren hätten. Die Versteigerung gegen den neuen Eigentümer bleibt allerdings unberührt. Für Einzelheiten darf auf die Kommentierung zu § 118 ZVG verwiesen werden.

Kosten des ZVG-Verfahrens

Übersicht	Rn.
I. Allgemeines	1
II. **Kosten des Zwangsversteigerungsverfahrens**	2–16
1. Anordnungs-, Beitrittsgebühr	2
2. Verfahrensgebühr	3–5
3. Kostenvorschuss	6
4. Terminsgebühr	7
5. Zuschlagsgebühr	8–10
6. Verteilungsgebühr	11–13
7. Auslagen	14–16
III. **Kosten des Zwangsverwaltungsverfahrens**	17–19
1. Anordnungs-, Beitrittsgebühr	17
2. Verfahrensgebühr	18, 19
IV. **Ergänzende Erläuterungen**	20–24
1. Nichterhebung wg. unrichtiger Sachbehandlung	20
2. Kostenbefreiung	21
3. Kostenhaftung mehrerer Gläubiger/Antragsteller	22
4. Rechtsmittel gegen den Kostenansatz	23
5. Gerichtsvollzieherkosten	24
V. **Kosten des Beschwerdeverfahrens**	25–27
1. Allgemeines	25
2. Beschwerdegebühren	26
3. Wert des Beschwerdegegenstandes	27
VI. **Rechtsanwaltsgebühren**	28–32
1. Allgemeines	28
2. Gebührensätze Zwangsversteigerung	29
3. Gegenstandswert Zwangsversteigerung	30
4. Zwangsverwaltungsverfahren	31
5. Beschwerdeverfahren	32

I. Allgemeines

1 Die im Zwangsversteigerungs- und Zwangsverwaltungsverfahren anfallenden Gerichtskosten (Gebühren und Auslagen) sind im Gerichtskostengesetz (GKG) geregelt, § 1 Abs. 1 Satz 1 Nr. 4 GKG.
Die maßgeblichen Vorschriften sind hierbei: § 26 GKG (Kostenschuldner), §§ 54–57 GKG (Geschäftswert), § 7 GKG (Fälligkeit), § 15 GKG (Vorschusspflicht). Gemäß § 3 Abs. 2 GKG werden die Kosten nach dem Kostenverzeichnis (KV) der Anlage 1 zum GKG erhoben. Die in der Immobiliarvollstreckung anfallenden Gerichtsgebühren bestimmen sich nach den KV-Nummern 2210–2243, die Auslagen nach den KV-Nummern 9000–9014. Die einfache Gerichtsgebühr ergibt sich wie immer in gerichtlichen Verfahren aus der Tabelle in Anlage 2 zum GKG.
Die nachfolgenden Ausführungen sollen im chronologischen Ablauf eines Zwangsversteigerungs- bzw. -verwaltungsverfahrens einen Überblick darüber geben, welche Kosten in welcher Höhe in welchem Verfahrensstadium anfallen. Sie gelten grundsätzlich für alle Arten der Versteigerung, also auch für die

Insolvenz- und Teilungsversteigerung. Mögliche Abweichungen werden bei den einzelnen Gebührentatbeständen aufgezeigt.

Mit Ausnahme der Anordnungs- und Beitrittsgebühr sowie der Zuschlagsgebühr werden die Gerichtskosten vorab dem Versteigerungserlös entnommen, § 109 ZVG. Sollte kein Versteigerungserlös vorhanden sein (Verfahrensaufhebung vor Zuschlagserteilung), haftet für die Kosten grundsätzlich der Antragsteller, § 26 GKG. Einzelheiten hierzu werden bei den jeweiligen Gebührentatbeständen behandelt.

§ 26 GKG (Kostenschuldner):

(1) Die Kosten des Zwangsversteigerungs- und Zwangsverwaltungsverfahrens sowie des Verfahrens der Zwangsliquidation einer Bahneinheit schuldet vorbehaltlich des Absatzes 2, wer das Verfahren beantragt hat, soweit die Kosten nicht dem Erlös entnommen werden können.

(2) Die Kosten für die Erteilung des Zuschlags schuldet nur der Ersteher; § 29 Nr. 3 bleibt unberührt. Im Fall der Abtretung der Rechte aus dem Meistgebot oder der Erklärung, für einen Dritten geboten zu haben (§ 81 des Gesetzes über die Zwangsversteigerung und die Zwangsverwaltung) haften der Ersteher und der Meistbietende als Gesamtschuldner.

(3) Die Kosten des Beschwerdeverfahrens schuldet der Beschwerdeführer.

§ 54 GKG (Geschäftswert):

(1) Bei der Zwangsversteigerung von Grundstücken sind die Gebühren für das Verfahren im Allgemeinen und für die Abhaltung des Versteigerungstermins nach dem gemäß § 74a Abs. 5 des Gesetzes über die Zwangsversteigerung und die Zwangsverwaltung festgesetzten Wert zu berechnen. Ist ein solcher Wert nicht festgesetzt, ist der Einheitswert maßgebend. Weicht der Gegenstand des Verfahrens vom Gegenstand der Einheitsbewertung wesentlich ab oder hat sich der Wert infolge bestimmter Umstände, die nach dem Feststellungszeitpunkt des Einheitswerts eingetreten sind, wesentlich verändert oder ist ein Einheitswert noch nicht festgestellt, ist der nach den Grundsätzen der Einheitsbewertung geschätzte Wert maßgebend. Wird der Einheitswert nicht nachgewiesen, ist das Finanzamt um Auskunft über die Höhe des Einheitswerts zu ersuchen; § 30 der Abgabenordnung steht der Auskunft nicht entgegen.

(2) Die Gebühr für die Erteilung des Zuschlags bestimmt sich nach dem Gebot ohne Zinsen, für das der Zuschlag erteilt ist, einschließlich des Werts der nach den Versteigerungsbedingungen bestehen bleibenden Rechte zuzüglich des Betrags, in dessen Höhe der Ersteher nach § 114a des Gesetzes über die Zwangsversteigerung und die Zwangsverwaltung als aus dem Grundstück befriedigt gilt. Im Fall der Zwangsversteigerung zur Aufhebung einer Gemeinschaft vermindert sich der Wert nach Satz 1 um den Anteil des Erstehers an dem Gegenstand des Verfahrens; bei Gesamthandeigentum ist jeder Mitberechtigte wie ein Eigentümer nach dem Verhältnis seines Anteils anzusehen.

(3) Die Gebühr für das Verteilungsverfahren bestimmt sich nach dem Gebot ohne Zinsen, für das der Zuschlag erteilt ist, einschließlich des Werts der nach den Versteigerungsbedingungen bestehen bleibenden Rechte. Der Erlös aus einer gesonderten Versteigerung oder sonstigen Verwertung (§ 65 des Gesetzes über die Zwangsversteigerung und die Zwangsverwaltung) wird hinzugerechnet.

(4) Sind mehrere Gegenstände betroffen, ist der Gesamtwert maßgebend.

(5) Bei Zuschlägen an verschiedene Ersteher wird die Gebühr für die Erteilung des Zuschlags von jedem Ersteher nach dem Wert der auf ihn entfallenden Gegenstände erhoben. Eine Bietergemeinschaft gilt als ein Ersteher.

§ 7 GKG (Fälligkeit):

(1) Die Gebühren für die Entscheidung über den Antrag auf Anordnung der Zwangsversteigerung und über den Beitritt werden mit der Entscheidung fällig. Die Gebühr für die Erteilung des Zuschlags wird mit dessen Verkündung und, wenn der Zuschlag von dem Beschwerdegericht erteilt wird, mit der Zustellung des Beschlusses an den Ersteher fällig. Im Übrigen werden die Gebühren im ersten Rechtszug im Verteilungstermin und, wenn das Verfahren vorher aufgehoben wird, mit der Aufhebung fällig.

(2) Absatz 1 Satz 1 gilt im Verfahren der Zwangsverwaltung entsprechend. Die Jahresgebühr wird jeweils mit Ablauf eines Kalenderjahres, die letzte Jahresgebühr mit der Aufhebung des Verfahrens fällig.

§ 15 GKG (Vorschusspflicht)

(1) Im Zwangsversteigerungsverfahren ist spätestens bei der Bestimmung des Zwangsversteigerungstermins ein Vorschuss in Höhe des Doppelten einer Gebühr für die Abhaltung des Versteigerungstermins zu erheben.

(2) Im Zwangsverwaltungsverfahren hat der Antragsteller jährlich einen angemessenen Gebührenvorschuss zu zahlen.

1. Anlage 2
(zu § 34)

Streitwert bis ... EUR	Gebühr ... EUR	Streitwert bis ... EUR	Gebühr ... EUR
300	25	40 000	398
600	35	45 000	427
900	45	50 000	456
1 200	55	65 000	556
1 500	65	80 000	656
2 000	73	95 000	756
2 500	81	110 000	856
3 000	89	125 000	956
3 500	97	140 000	1 056
4 000	105	155 000	1 156
4 500	113	170 000	1 256
5 000	121	185 000	1 356
6 000	136	200 000	1 456
7 000	151	230 000	1 606
8 000	166	260 000	1 756
9 000	181	290 000	1 906
10 000	196	320 000	2 056
13 000	219	350 000	2 206
16 000	242	380 000	2 356
19 000	265	410 000	2 506
22 000	288	440 000	2 656
25 000	311	470 000	2 806
30 000	340	500 000	2 956
35 000	369		

Amtliche Vorbemerkung 2.2:
Die Gebühren 2210, 2220 und 2230 werden für jeden Antragsteller gesondert erhoben. Wird der Antrag von mehreren Gesamtgläubigern, Gesamthandsgläubigern oder im Fall der Zwangsversteigerung zum Zwecke der Aufhebung der Gemeinschaft von mehreren Miteigentümern gemeinsam gestellt, gelten diese als ein Antragsteller. Betrifft ein Antrag mehrere Gegenstände, wird die Gebühr nur einmal erhoben, soweit durch einen einheitlichen Beschluss entschieden wird. Für ein Verfahren nach § 765a ZPO wird keine, für das Beschwerdeverfahren die Gebühr 2240 erhoben; richtet sich die Beschwerde auch gegen eine Entscheidung nach § 30a ZVG, gilt Satz 2 entsprechend.

II. Kosten des Zwangsversteigerungsverfahrens

1. Anordnungs- und Beitrittsgebühr

2 KV-Nr. 2210:
Entscheidung über den Antrag auf Anordnung der Zwangsversteigerung oder über den Beitritt zum Verfahren.
Gebühr: 50,00 EUR

Bei der Anordnungs- und Beitrittsgebühr handelt es sich um eine Festgebühr in Höhe von 50,00 EUR. Sie entsteht mit Entscheidung über den Antrag auf Anordnung des Zwangsversteigerungsverfahrens bzw. Zulassung eines Beitritts. Hierzu gehören auch Anträge auf Zwangsversteigerung zum Zwecke der Aufhebung der Gemeinschaft, Nachlassversteigerung oder durch den Insolvenzverwalter.

Die Gebühr entsteht mit Entscheidung über den Antrag, d. h. mit Unterschrift des entsprechenden Beschlusses durch den Rechtspfleger. Die Zustellung der Entscheidung ist für den Anfall der Gebühr nicht erforderlich. Eine Entscheidung in diesem Sinne stellt auch die Zurückweisung des Antrages dar. Wird dem Antrag nur teilweise stattgegeben, dieser im Übrigen jedoch zurückgewiesen, entsteht die Gebühr nur einmal. Für eine Zwischen- bzw. Aufklärungsverfügung entsteht die Gebühr dagegen nicht. Wird der Antrag also nach Erlass einer Zwischen- bzw. Aufklärungsverfügung vom Gläubiger bzw. Antragsteller vor einer Entscheidung wieder zurückgenommen, entsteht keine Gebühr. In diesem Fall käme höchstens eine Erhebung von evtl. entstandenen Auslagen (z. B. Zustellkosten) in Betracht.

Grundsätzlich löst jede selbständige Entscheidung über einen Antrag eine Anordnungs- bzw. Beitrittsgebühr aus. Keine Rolle spielt dabei, ob der Gläubiger nur wegen eines Anspruchs oder wegen mehrerer verschiedener Ansprüche die Versteigerung beantragt. Wenn ein Anordnungsgläubiger dem Verfahren später wegen weiterer Ansprüche (z. B. zwischenzeitlich weiter fällig gewordener Zinsen) beitritt, entsteht die Festgebühr in Höhe von 50,00 EUR dagegen erneut.

Bei mehreren Antragstellern wird die Gebühr grundsätzlich jeweils gesondert erhoben (Vorbemerkung 2.2 S. 1). Handelt es sich bei den mehreren Antragstellern allerdings um Gesamtgläubiger oder bei einer Teilungsversteigerung um mehrere Miteigentümer bzw. Miterben, so gelten diese nur als ein Antragsteller. Stellen also z. B. mehrere Miterben einer Erbengemeinschaft gemeinsam einen Antrag auf Anordnung eines Teilungsversteigerungsverfahrens, so löst die hierauf ergehende Entscheidung nur eine Gebühr aus. Tritt dem bereits angeordneten Teilungsversteigerungsverfahren später jedoch ein weiterer Miterbe bei, so verursacht dieser Beitritt erneut eine Gebühr in Höhe von 50,00 EUR.

Betrifft der Antrag mehrere Grundstücke oder mehrere Bruchteile eines Grundstücks, kommt es darauf an, ob darüber in einem einheitlichen

Beschluss entschieden wird. Werden z. B. bei einem Antrag auf Versteigerung von drei Grundstücken drei einzelne Verfahren angelegt und wird demzufolge auch die jeweilige Eröffnung des Verfahrens in gesonderten Beschlüssen angeordnet, so entsteht für jedes Verfahren eine eigene Anordnungsgebühr. Ob die Voraussetzungen für eine Verfahrensverbindung gemäß § 18 ZVG vorliegen, ist unbeachtlich. Wird dagegen nur ein Verfahren angelegt und in einem einheitlichen Beschluss angeordnet, entsteht nur eine Gebühr. Dabei spielt es keine Rolle, ob es sich um mehrere Anträge handelt und ob diese zeitgleich gestellt wurden. Beantragt ein Gläubiger z. B. zunächst die Versteigerung nur eines Grundstücks und reicht er vor Entscheidung über diesen Antrag einen weiteren hinsichtlich eines zweiten Grundstücks nach, so wird nur eine Gebühr erhoben, wenn die Anträge einheitlich in einem Beschluss verbeschieden werden.

Ein Antrag auf Wiederversteigerung (§ 133 ZVG) löst die Gebühr erneut aus. Werden in einem Antrag gleichzeitig die Zwangsversteigerung und die Zwangsverwaltung beantragt, so entstehen die jeweiligen Anordnungsgebühren nach KV-Nr. 2210 und 2220 nebeneinander.

Fällig wird die Gebühr gemäß § 7 GKG mit Erlass der Entscheidung. Kostenschuldner ist gemäß § 26 Abs. 1 GKG der Antragsteller. Als weiterer Kostenschuldner haftet daneben der Vollstreckungsschuldner gemäß § 29 Nr. 4 GKG. Eine Vorschusspflicht besteht nicht.

2. Verfahrensgebühr

KV-Nr. 2211:
Verfahren im Allgemeinen   Gebührsatz: 0,5

KV-Nr. 2212:
Beendigung des Verfahrens vor Ablauf des Tages, an dem die Verfügung mit der Bestimmung des ersten Versteigerungstermins unterschrieben ist:
Die Gebühr 2211 ermäßigt sich auf   0,25

Durch die Verfahrensgebühr nach KV-Nr. 2211 werden alle Maßnahmen und Handlungen des Vollstreckungsgerichts vom Zeitpunkt der Verfahrensanordnung bis zur Abhaltung des ersten Versteigerungstermins abgegolten. Abgedeckt werden durch die Verfahrensgebühr somit z. B. alle durchzuführenden Ermittlungen und Belehrungen sowie das Verkehrswertfestsetzungsverfahren. Insbesondere fallen auch für die Einstellungsverfahren nach §§ 30a–f, 180 Abs. 2–4 ZVG keine gesonderten Gebühren an. Für das Vollstreckungsschutzverfahren nach § 765a ZPO ebenfalls nicht (Vorbemerkung 2.2). Durch die Verfahrensgebühr abgegolten wird darüber hinaus auch ein im Rahmen des Zwangsversteigerungsverfahrens vor dem Vollstreckungsgericht abgeschlossener Vergleich.[1]

Ausgelöst wird die Verfahrensgebühr durch die erste Handlung des Gerichts nach Erlass des Anordnungsbeschlusses. Als ausreichend angesehen wird die entsprechende Mitteilung an den Gläubiger bzw. Antragsteller.[2] Die Zustellung an den Schuldner ist hierfür nicht erforderlich. Bei Zurückweisung des Anordnungsantrags kann keine Verfahrensgebühr entstehen.

Gemäß KV-Nr. 2212 ermäßigt sich der Satz der Verfahrensgebühr auf 0,25, wenn das Verfahren vor Ablauf des Tages, an dem der erste Versteigerungstermin bestimmt wird, endet. Entscheidend ist dabei das Datum der Terminsbestimmung, nicht das der tatsächlichen Unterschriftsleistung.[3] Beendet ist das Verfahren mit Unterzeichnung des entsprechenden Aufhebungsbeschlusses. Das Eingangsdatum einer Antragsrücknahme spielt dabei grundsätzlich keine

---
1 *Stöber*, ZVG, Einl. Rn. 81.
2 Siehe hierzu ausführlich *Stöber*, ZVG, Einl. Rn. 77.2–5.
3 *Hartmann*, Kostengesetze, KV 2212 Rn. 2.

Rolle. Wird noch ein Versteigerungstermin bestimmt, obwohl dem Gericht bereits eine Antragsrücknahmeerklärung vorliegt, kommt allerdings die Erhebung einer nur ermäßigten Gebühr aufgrund unrichtiger Sachbehandlung gemäß § 21 Abs. 1 GKG in Betracht.

Wird das Verfahren am Tag der ersten Terminsbestimmung mit Beschluss aufgehoben, tritt die Ermäßigung noch ein, da der Tag der Terminsbestimmung für den Anfall der 0,5-Gebühr abgelaufen sein muss.

Bei der Versteigerung mehrerer Grundstücke in einem Verfahren reicht es aus, wenn nur hinsichtlich eines Grundstücks eine Terminsbestimmung erfolgt. Auch wenn das Verfahren bezüglich der weiteren Grundstücke ohne Terminsbestimmung aufgehoben wird, kommt eine Ermäßigung auf 0,25 nicht mehr in Betracht.

4 Als Geschäftswert für die Verfahrensgebühr ist gemäß § 54 Abs. 1 Satz 1 GKG der vom Vollstreckungsgericht nach § 74a Abs. 5 ZVG festgesetzte Verkehrswert heranzuziehen. Endet das Verfahren bereits vor der Verkehrswertfestsetzung, ist der steuerliche Einheitswert des beschlagnahmten Objekts maßgebend.[4] Dieser kann vom Vollstreckungsgericht beim Finanzamt angefordert werden. Gemäß § 54 Abs. 1 Satz 4 GKG steht die Schweigepflicht nach § 30 AO (Steuergeheimnis) der Auskunftserteilung nicht entgegen. Obwohl der Einheitswert grundsätzlich vom Kostenschuldner nachzuweisen ist, wird er in der Praxis regelmäßig vom Vollstreckungsgericht angefordert.

Entscheidend für die Heranziehung des ermittelten Verkehrswertes ist, dass dieser mit Beschluss festgesetzt wurde.[5] Liegt zum Zeitpunkt der Verfahrensaufhebung z. B. bereits ein vom Sachverständigen ermittelter Verkehrswert vor, kann dieser dennoch nicht als Geschäftswert herangezogen werden, wenn die entsprechende Festsetzung gemäß § 74a Abs. 5 ZVG nicht mehr erfolgte. Nicht erforderlich ist jedoch, dass der Verkehrswertfestsetzungsbeschluss noch vor Aufhebung rechtskräftig wurde.

Wird der Verkehrswert aufgrund Rechtsmittel durch das Beschwerdegericht abgeändert, so ist der neu festgesetzte Wert maßgeblich.

Ändert sich der Wert aus anderen Gründen, z. B. Verminderung nach Zubehörsfreigabe, ist trotzdem der ursprünglich höhere Wert für die Verfahrensgebühr heranzuziehen.

Bei der Versteigerung mehrerer Grundstücke in einem Verfahren ist die Gebühr gemäß § 54 Abs. 4 GKG aus dem Gesamtwert zu erheben.

Werden zunächst einzeln angeordnete Verfahren gemäß § 18 ZVG verbunden, so werden die bereits entstandenen Gebühren hiervon nicht berührt. Das heißt im Falle einer nachträglichen Verfahrensverbindung sind immer die in den einzelnen Verfahren angefallenen Gebühren zu bestimmen und mit der im Gesamtverfahren anzusetzenden Gebühr zu vergleichen. Die höhere Gebühr wird dann erhoben.

Beispiel hierzu:
Zwei zunächst einzeln angeordnete Verfahren mit Grundstückswerten von 20.000,– EUR (Einheitswert: 5.000,– EUR) und 40.000,– EUR (EW: 10.000,– EUR) werden gemäß § 18 ZVG miteinander verbunden.

Folgende Konstellationen sind hierzu denkbar (nicht abschließend)
  a) Die Verfahren werden bereits vor Verkehrswertfestsetzung verbunden. Danach erfolgt Festsetzung und Terminsbestimmung:
    Für die einzelnen Verfahren wäre jeweils eine 0,25-Gebühr aus dem Einheitswert angefallen (30,25 EUR und 49,– EUR).
    Für das Gesamtverfahren ist eine 0,5-Gebühr aus dem Gesamtwert anzusetzen (278,– EUR).

---

4 Zum Einheitswert siehe ausführlich *Stöber*, ZVG, Einl. Rn. 77.8.
5 LG München I, Rpfleger 1972, 424.

Der höhere Gebührenbetrag ist zu erheben.
b) Die Verfahren werden erst nach Verkehrswertfestsetzung verbunden. Im zweiten Verfahren wurde bereits vor Verbindung ein Versteigerungstermin bestimmt.
Einzelverfahren: 72,- EUR (0,25 aus 20.000,- EUR) und 199,- EUR (0,5 aus 40.000,- EUR), ergibt 271,- EUR.
Gesamtverfahren: 0,5 aus 60.000,- EUR: 278,- EUR.
Die höhere Gebühr des Gesamtverfahrens ist zu erheben.
c) Die Verfahren werden nach Verkehrswertfestsetzung ohne Terminsbestimmung verbunden. Das Gesamtverfahren wird dann ohne Terminsbestimmung aufgehoben.
Einzelverfahren: 72,- EUR (0,25 aus 20.000,- EUR) und 99,50 EUR (0,25 aus 40.000,- EUR), ergibt 171,50 EUR.
Gesamtverfahren: 0,25 aus 60.000,- EUR: 139,- EUR.
Die in der Summe höheren Gebühren der Einzelverfahren sind zu erheben.
Bei dem in der Praxis eher seltenen umgekehrten Fall der nachträglichen Verfahrenstrennung wird nach dem gleichen Prinzip verfahren. Auch hier sind die Gebühren vor und nach Trennung zu bestimmen und ist schließlich die höhere Gebühr zu erheben.[6]

Fällig wird die Verfahrensgebühr gemäß § 7 Abs. 1 Satz 3 GKG im Verteilungstermin oder mit Verfahrensaufhebung. **5**
Für den Fall der Versteigerung wird die Verfahrensgebühr vorab dem Versteigerungserlös entnommen, § 109 ZVG. Da sich bei der Versteigerung mehrerer Grundstücke in einem verbundenen Verfahren die Verfahrensgebühr gemäß § 54 Abs. 4 GKG nach dem Gesamtwert aller beschlagnahmten Grundstücke bestimmt, darf die Verfahrensgebühr ggf. nur anteilig entnommen werden. Wird also bei einem verbundenen Verfahren von mehreren Grundstücken nur eines versteigert, so darf dem Versteigerungserlös nur der auf dieses Grundstück fallende Anteil der Verfahrensgebühr (errechnet nach dem Verhältnis der Grundstückswerte) entnommen werden.
Sollte das Verfahren vor Zuschlagserteilung aufgehoben werden, so ist Kostenschuldner für die Verfahrensgebühr grundsätzlich der Antragsteller, § 26 Abs. 1 GKG. Zur Kostenhaftung mehrerer Antragsteller vgl. die Ausführungen zu Ziffer 8. Als weiterer Kostenschuldner haftet daneben der Vollstreckungsschuldner gemäß § 29 Nr. 4 GKG (allerdings nur für die notwendigen Vollstreckungskosten, §§ 91, 788 ZPO). Zur Vorschusspflicht vgl. Ziffer 3.

3. **Kostenvorschuss gemäß §§ 15, 17 GKG.**

Gemäß § 15 Abs. 1 GKG ist spätestens bei der Bestimmung des ersten Versteigerungstermins ein Vorschuss in Höhe des Doppelten der Terminsgebühr (= KV-Nr. 2213) zu erheben. Anzufordern ist somit eine 1,0-Gebühr aus dem gemäß § 74a Abs. 5 ZVG festgesetzten Verkehrswert (vgl. hierzu die Ausführung zur Terminsgebühr Ziffer 4). **6**
Die Terminsbestimmung sowie das weitere Verfahren dürfen jedoch nicht von der Einzahlung des Vorschusses abhängig gemacht werden.[7]
Daneben ist ein Auslagenvorschuss nach § 17 GKG zu leisten. Gemäß § 17 Abs. 3 GKG „kann" bei Amts wegen vorzunehmenden Handlungen ein Auslagenvorschuss erhoben werden. Da in der Zwangsversteigerung alle Handlungen von Amts wegen erfolgen müssen, steht die Erhebung somit im pflichtgemäßen Ermessen des Kostenbeamten.[8] Die Vornahme der entsprechenden Handlung (z. B. Beauftragung eines Sachverständigen zur Erstellung

---

6 Siehe hierzu ausführlich mit Beispielen *Stöber*, ZVG, Einl. Rn. 77.9.
7 *Stöber*, ZVG, Einl. Rn. 77.11.
8 LG Berlin JurBüro 1985, 259.

eines Verkehrswertgutachtens) kann deshalb auch nicht von der Einzahlung des hierzu angeforderten Kostenvorschusses abhängig gemacht werden.[9]
Gemäß § 15 Abs. 1 GKG ist der Gebührenvorschuss „spätestens" bei der Bestimmung des Versteigerungstermins anzufordern. Das heißt im Umkehrschluss, dass der Vorschuss bereits in einem früheren Verfahrensstadium (auch bereits direkt nach Anordnung des Zwangsversteigerungsverfahrens) erhoben werden kann.
In der Praxis wird die Vorschussanforderung von den einzelnen Vollstreckungsgerichten unterschiedlich gehandhabt. Bei Vollstreckungsversteigerungen wird der Gebühren- und Auslagenvorschuss mit der Bestimmung des Versteigerungstermins erhoben. Die Höhe des im Ermessen des Kostenbeamten stehenden Auslagenvorschusses ergibt sich dabei meist aus den angefallenen Sachverständigen- und den zu erwartenden Veröffentlichungskosten.
Bei Vollstreckungsversteigerungen, die nur von einem Gläubiger aus schlechter bzw. aussichtsloser Rangstelle betrieben werden, sowie bei Teilungsversteigerungen wird in der Regel bereits direkt nach Verfahrensanordnung bzw. vor der Beauftragung eines Sachverständigen ein Vorschuss angefordert. Erhoben werden dabei die zu erwartenden Sachverständigenkosten (je nach Art und Umfang des beschlagnahmten Grundbesitzes meist zwischen 1.500,- € und 3.000,- €). Gleichzeitig wird der Gläubiger/Antragsteller auf seine Kostenhaftung für die nicht unerheblichen Kosten, die spätestens mit der Gutachtensanfertigung anfallen, hingewiesen. Falls eine erfolgreiche Versteigerung des beschlagnahmten Grundbesitzes aufgrund der schlechten Rangposition bzw. den vorliegenden Grundbuchbelastungen nahezu auszuschließen ist, sollte der Gläubiger/Antragsteller im Rahmen der gerichtlichen Aufklärungspflicht spätestens zu diesem Zeitpunkt auf diesen Umstand hingewiesen werden. Innerhalb der zur Vorschusszahlung gewährten Frist hat dieser dann nochmals Gelegenheit, seine Versteigerungsabsichten zu überdenken.
Kostenschuldner ist gemäß § 26 GKG der betreibende Gläubiger bzw. Antragsteller. Mehrere haften als Gesamtschuldner, § 31 GKG (vgl. hierzu auch Ausführungen zu Rn. 22).
Zum Vorschuss im Zwangsverwaltungsverfahren vgl. Rn. 19.

4. Terminsgebühr

7 KV-Nr. 2213:
Abhaltung mindestens eines Versteigerungstermins mit Aufforderung zur Abgabe von Geboten
Gebühr: 0,5

Die Gebühr entfällt, wenn der Zuschlag aufgrund der §§ 74a, 85a ZVG, § 13 oder § 13a des Gesetzes über Vollstreckungsschutz für die Binnenschifffahrt versagt bleibt.

Die 0,5-Terminsgebühr entsteht, wenn mindestens ein Versteigerungstermin abgehalten wird. Als kostenrechtlich „abgehalten" gilt der Termin dabei erst mit der Aufforderung zur Gebotsabgabe. Der Aufruf der Sache löst die Gebühr somit noch nicht aus. Wird der Versteigerungstermin bereits vor der Aufforderung zur Gebotsabgabe wieder aufgehoben (z. B. aufgrund Einstellungsbewilligung des betreibenden Gläubigers) fällt keine Terminsgebühr an. Vortermine gemäß § 62 ZVG oder sonstige Besprechungstermine sind mit der allgemeinen Verfahrensgebühr KV-Nr. 2211 abgegolten.
Wird der Versteigerungstermin abgehalten, so entfällt die Gebühr dann, wenn der Zuschlag wegen Nichterreichens der Wertgrenzen gemäß §§ 74a, 85a ZVG versagt wird. Die im Rahmen des Versteigerungstermins entstanden Aus-

---

9 BGH, NJW 2000, 743; OLG Koblenz, FamRZ 2002, 685.

lagen (z. B. Veröffentlichungskosten, Rechnungsgebühren, etc.) sind aber auch in diesem Fall zu erheben.

Im Übrigen hat das Ergebnis des „abgehaltenen" Termins keinen Einfluss auf die Gebühr. Es ist somit egal, ob der Termin nach Gebotsaufforderung aufgehoben, ob überhaupt ein Gebot abgegeben oder ob ein Zuschlag erteilt wird. Durch die Terminsgebühr ist gemäß KV-Nr. 2213 die Abhaltung mindestens eines Versteigerungstermins abgedeckt. Abgegolten sind durch die 0,5-Gebühr somit auch sämtliche weiteren in einem Verfahren stattfindenden Termine.[10]

Werden mehrere Grundstücke in einem gemäß § 18 ZVG verbundenen Verfahren einzeln ausgeboten, so wird die Terminsgebühr bereits dann ausgelöst, wenn nur hinsichtlich eines Grundstücks zur Gebotsabgabe aufgefordert wurde. Wenn hinsichtlich der weiteren Grundstücke aufgrund vorheriger Einstellung/Aufhebung keine Gebotsaufforderung mehr erfolgt, hat dies auf die bereits entstandene Gebühr keinen Einfluss mehr. Werden dagegen mehrere Grundstücke in getrennt geführten Verfahren in einem Termin versteigert (sogenannter Sammeltermin), so entsteht die Terminsgebühr für jedes Verfahren gesondert.

Als Geschäftswert für die Terminsgebühr ist gemäß § 54 Abs. 1 Satz 1 GKG der vom Vollstreckungsgericht nach § 74a Abs. 5 ZVG festgesetzte Verkehrswert heranzuziehen. Bei mehreren Grundstücken ist der Gesamtwert der Grundstücke anzusetzen, für die tatsächlich zur Gebotsabgabe aufgefordert wurde, § 54 Abs. 4 GKG. Nicht mit eingerechnet wird somit der Wert der Grundstücke, für die vor diesem Zeitpunkt das Verfahren eingestellt oder aufgehoben wurde.

Hinsichtlich Fälligkeit, Kostenschuldner und Vorschuss gelten ausnahmslos die Ausführungen zur Verfahrensgebühr (Rn. 5)

5. **Zuschlagsgebühr**

KV-Nr. 2214: **8**
Erteilung des Zuschlags
Gebühr: 0,5
Die Gebühr entfällt, wenn der Zuschlagsbeschluss aufgehoben wird.

Die 0,5-Zuschlagsgebühr entsteht für die Erteilung des Zuschlags. Eine Zuschlagsversagung kann diese Gebühr nicht auslösen. Wird ein durch das Vollstreckungsgericht erteilter Zuschlag aufgrund Zuschlagsbeschwerde durch das Beschwerdegericht wieder aufgehoben, so entfällt die Zuschlagsgebühr. Im umgekehrten Fall fällt die Gebühr wiederum an, wenn der Zuschlag erst durch das Beschwerdegericht erteilt wird. Die abgesonderte Versteigerung gemäß § 65 ZVG löst keine Zuschlagsgebühr aus (diese wird durch die Verfahrensgebühr abgegolten).

Werden mehrere Grundstücke an verschiedene Ersteher zugeschlagen, so wird die Zuschlagsgebühr für jeden Ersteher gesondert aus dem Wert des ihm zugeschlagenen Grundstücks erhoben, § 54 Abs. 5 Satz 1 GKG. Ersteigert ein Ersteher mehrere Grundstücke, so ist der Gesamtwert der ihm zugeschlagenen Grundstücke maßgeblich, § 54 Abs. 4 GKG. Keine Rolle spielt dabei, ob die Zuschlagserteilung aufgrund Einzel-, Gruppen- oder Gesamtausgebot erfolgte. Gemäß § 54 Abs. 5 Satz 2 GKG ist eine Bietergemeinschaft (z. B. Bruchteilsgemeinschaft, Gesamthandsgemeinschaft, BGB-Gesellschaft) wie ein Ersteher zu behandeln. Folglich entsteht die Zuschlagsgebühr nur einmal.

Für den Geschäftswert maßgebend ist gemäß § 54 Abs. 2 Satz 1 GKG zunächst **9** das Meistbargebot ohne Zinsen (Bargebotszinsen oder Hinterlegungszinsen, § 49 Abs. 2, 4 ZVG). Zum Bargebot hinzuzurechnen ist der Wert der nach den

---
10 So auch *Stöber* ZVG, Einl. Rn. 78.1; a. A. *Hartmann*, Kostengesetze, KV 2213 Rn. 1.

Versteigerungsbedingungen bestehen bleibenden Rechte. Nicht zu berücksichtigen sind hierbei die außerhalb des geringsten Gebotes bestehen bleibenden Belastungen sowie Rechte, die aufgrund Liegenbelassung gemäß § 91 Abs. 2 ZVG bestehen bleiben (diese sind bereits im Bargebot mitenthalten).
Der Wert der bestehen bleibenden Rechte bestimmt sich nach den §§ 50, 51 ZVG. Bei Kapitalrechten ist somit der eingetragene Kapitalbetrag maßgeblich, bei möglicher Ablösung der entsprechende Ablösebetrag. Höchstbetragsrechte sind mit dem eingetragenen Höchstbetrag anzurechnen. Gesamtrechte sind, wenn sie nicht gemäß § 64 ZVG verteilt wurden, in voller Höhe zu berücksichtigen. Bei bestehen bleibenden Rechten ohne eingetragenen Kapitalbetrag ist der gemäß § 51 Abs. 2 ZVG festgesetzte Zuzahlungsbetrag maßgebend.
Wenn der Zuschlag einem zur Befriedigung aus dem Grundstück Berechtigten erteilt wurde, erhöht sich der Geschäftswert um den Betrag, in dessen Höhe der Ersteher nach § 114a ZVG als aus dem Grundstück befriedigt gilt, § 54 Abs. 2 Satz 1 GKG. Voraussetzung für die Erhöhung ist, dass der Ersteher selbst ein aus dem Grundstück zu befriedigender Berechtigter ist. Wenn der Meistbietende ein zur Befriedigung aus dem Grundstück Berechtigter ist, seine Rechte aus dem Meistgebot jedoch an einen Dritten ohne Befriedigungsrecht abtritt und dem Dritten dann der Zuschlag erteilt wird, tritt keine Erhöhung ein (obwohl die Befriedigungsfiktion des § 114a ZVG auch in diesem Fall Anwendung findet).[11] Hier ist für die Zuschlagsgebühr dann die Höhe des Meistgebots maßgebend.
Bei der Teilungsversteigerung wird der Zuschlag häufig an einen bisherigen Miteigentümer erteilt. In diesem Fall vermindert sich der Geschäftswert um dessen Anteil. Bei Gesamthandsgemeinschaften wird dabei jeder Mitberechtigte rechnerisch wie ein Bruchteilseigentümer bzgl. seines Anteils behandelt, § 54 Abs. 2 Satz 2 GKG. Beispiel hierzu: Ersteher ist ein Miteigentümer zu ¼ bzw. ein Miterbe zu ¼-Anteil. Der Zuschlag wird ihm für ein Meistgebot von 100.000,– EUR erteilt. Die Zuschlagsgebühr wird nur aus einem Betrag in Höhe von 75.000,– EUR erhoben.

10 Gemäß § 7 Abs. 1 Satz 2 GKG wird die Zuschlagsgebühr mit Verkündung des Zuschlagsbeschlusses fällig. Auf die Rechtskraft kommt es insoweit nicht an. Wird der Zuschlag durch das Beschwerdegericht erteilt, so wird die Gebühr mit Zustellung des Zuschlagsbeschlusses an den Ersteher (§ 104 ZVG) fällig. Kostenschuldner ist gemäß § 26 Abs. 2 GKG grundsätzlich nur der Ersteher. Mehrere Ersteher einer Bietergemeinschaft haften als Gesamtschuldner, § 31 Abs. 1 GKG. Bei einer Abtretung der Rechte aus dem Meistbargebot oder einer verdeckten Vertretung (§ 81 Abs. 2 und 3 ZVG) haftet der Meistbietende neben dem Ersteher als Gesamtschuldner, § 26 Abs. 2 Satz 2 GKG. Eine Entnahme aus dem Versteigerungserlös (§ 109 Abs. 1 ZVG) erfolgt nicht.

6. Verteilungsgebühr

11 KV-Nr. 2215:
Verteilungsverfahren   Gebührsatz: 0,5

KV-Nr. 2216:
Es findet keine oder nur eine beschränkte Verteilung des Versteigerungserlöses durch das Gericht statt (§§ 143, 144 ZVG):
Die Gebühr 2215 ermäßigt sich auf   0,25

Nach Zuschlagserteilung ist der erzielte Versteigerungserlös zu verteilen. Für das gesamte Verteilungsverfahren (§§ 105 ff. ZVG), beginnend mit der Bestimmung eines Verteilungstermins, ist grundsätzlich eine 0,5-Pauschalgebühr zu erheben. Abgegolten werden durch die Verteilungsgebühr alle Tätigkeiten des

---

11 LG Mönchengladbach, Rpfleger 2003, 148.

Gerichts, die im Rahmen des Verteilungsverfahrens erfolgen (z. B. Abhaltung des Verteilungstermins, Ermittlung von Berechtigten, Bestellung von Vertretern, Auszahlung der Erlösanteile an die Gläubiger sowie auch nachträgliche Verteilungshandlung nach §§ 137 ff. ZVG). Die 0,5-Gebühr wird auch für den Fall mehrerer Verteilungstermine nur einmal erhoben.

Die Verteilungsgebühr ermäßigt sich gemäß KV-Nr. 2216 auf eine 0,25-Gebühr, wenn eine außergerichtliche Verteilung nach §§ 143, 144 ZVG erfolgt. Voraussetzung hierfür ist, dass die Beteiligten nachweisen, dass sie sich über die Verteilung des gesamten Erlöses geeinigt haben (§ 143 ZVG), oder, dass die Zuteilungsberechtigten außergerichtlich befriedigt wurden (§ 144 ZVG). Darüber hinaus muss sich die außergerichtliche Verteilung auf den gesamten Erlös erstrecken. Keine Ermäßigung tritt somit ein, wenn sich die außergerichtliche Einigung nur auf einen Teil des Erlöses bezieht.

12 Genauso wie die Zuschlagsgebühr berechnet sich die Verteilungsgebühr zunächst aus dem Gebot (ohne Zinsen nach § 49 ZVG), das zum Zuschlag geführt hat, einschließlich des Werts der nach den Versteigerungsbedingungen bestehen bleibenden Rechte, § 54 Abs. 3 Satz 1 GKG (zum Wert der bestehen bleibenden Rechte vgl. Rn. 9). Darüber hinaus ist hier der Erlös aus einer gesonderten Verwertung nach § 65 ZVG hinzuzurechnen, § 54 Abs. 3 Satz 2 GKG.

Nicht zu berücksichtigen sind auch hier die kraft Gesetzes außerhalb des geringsten Gebotes bestehen bleibenden Rechte (§ 52 Abs. 2 ZVG, § 9 EGZVG) sowie Rechte, die aufgrund Liegenbelassung (§ 91 Abs. 2 ZVG) bestehen bleiben.

Im Unterschied zur Zuschlagsgebühr darf hier der Betrag, in dessen Höhe ein Ersteher nach § 114a ZVG als aus dem Grundstück befriedigt gilt, nicht mit einberechnet werden.

Wenn in einer Teilungsversteigerung an einen früheren Miteigentümer bzw. Gesamthandseigentümer zugeschlagen wird, mindert sich der Wert der Verteilungsgebühr dadurch nicht. Der frühere Anteil des Erstehers wird hier also nicht abgezogen.

Umfasst das Verteilungsverfahren in einem verbundenen Verfahren mehrere Grundstücke, so wird nur eine Gebühr aus dem zusammengerechneten Wert der Meistgebote erhoben. Das gilt auch für den Fall, dass die Verteilung in mehreren Terminen erfolgt.

13 Fällig wird die Verteilungsgebühr im Verteilungstermin, § 7 Abs. 1 Satz 3 GKG. Im Falle einer außergerichtlichen Verteilung (§§ 143, 144 ZVG) tritt die Fälligkeit mit der Erbringung des Nachweises oder mit dem Ablauf der Zweiwochenfrist ein.[12]

Die Verteilungsgebühr wird vorab aus dem Versteigerungserlös entnommen, § 109 Abs. 1 ZVG.

Wird bei einem verbundenen Verfahren nur eines von mehreren Grundstücken versteigert, so wird im Verteilungstermin nur für dieses eine Verteilungsgebühr erhoben. Gebühren, die sich unabhängig vom Ergebnis der Versteigerung nach dem Gesamtwert aller beschlagnahmten Grundstücke bestimmen (Verfahrensgebühr, Terminsgebühr), dürfen dem Versteigerungserlös in diesem Fall nur anteilig (aufgeteilt nach dem Verhältnis der Grundstückswerte) entnommen werden. Auch Auslagen dürfen nur insoweit entnommen werden, als sie sich auf das versteigerte Grundstück beziehen (konkret oder anteilsmäßig). Die auf die übrigen Grundstücke anteilsmäßig entfallenden Kosten sind, soweit sie versteigert werden, in weiteren Verteilungsterminen dem Erlös zu entnehmen. Sollten einzelne Grundstücke gar nicht mehr versteigert werden, sind die hie-

---

12 *Hartmann,* Kostengesetze, § 7 Rn. 4.

rauf entfallenden Kosten und Auslagen vom betreibenden Gläubiger bzw. Antragsteller zu bezahlen, § 26 Abs. 1 GKG.

7. Auslagen

14 Die vom Gericht zu erhebenden Verfahrensauslagen sind in den KV-Nrn. 9000 ff. geregelt. Entstandene Auslagen, die hierin nicht geregelt sind, können nicht erhoben werden.

Die im Rahmen des Zwangsversteigerungsverfahrens regelmäßig anfallenden Auslagen werden im Folgenden kurz abgehandelt. Zu differenzieren ist zwischen den Auslagen, die unmittelbar vom jeweiligen Antragsteller zu erheben sind und denen, die aus dem Versteigerungserlös gemäß § 109 ZVG zu entnehmen sind (bzw. im Falle der Nichtversteigerung dem Gläubiger/Antragsteller auferlegt werden). Zum Vorschuss vgl. oben Rn. 6. Die Fälligkeit der Auslagen ist in § 9 GKG geregelt. Demnach werden diese mit entsprechender Kostenentscheidung des Gerichts oder Beendigung des Verfahrens fällig. Die Dokumenten- sowie die Aktenversendungspauschale werden sofort nach Entstehung fällig, § 9 Abs. 3 GKG.

15 a) Auslagen, die gemäß § 109 ZVG dem Versteigerungserlös zu entnehmen sind:
– KV-Nr. 9005: Kosten des Sachverständigen
Nach KV-Nr. 9005 sind die nach dem JVEG zu zahlenden Beträge in voller Höhe zu erheben. Im Zwangsversteigerungsverfahren handelt es sich hierbei hauptsächlich um die für die Erstellung des Verkehrswertgutachtens anfallende Sachverständigenentschädigung. Diese richtet sich nach den §§ 8 ff. JVEG. Die vom Sachverständigen zum Verfahren geltend gemachten Kosten werden durch den hierfür zuständigen Anweisungsbeamten geprüft und in der berechtigten Höhe zur Auszahlung angewiesen. In dieser Höhe werden die Sachverständigenkosten dann in den Teilungsplan aufgenommen. Der Sachverständige verliert seinen Entschädigungsanspruch nur in ganz wenigen Ausnahmefällen. So steht ihm auch im Falle einer erfolgreichen Ablehnung oder Vorlage eines letztlich unbrauchbaren Gutachtens der Entschädigungsanspruch grundsätzlich zu.[13]
– KV-Nr. 9006: Reisekosten
Von einigen Vollstreckungsgerichten werden nach wie vor Auswärtstermine durchgeführt. Diese finden in der Regel in dem dem Versteigerungsobjekt nächstgelegenen Amtsgerichtsgebäude statt. In besonderen Fällen können Versteigerungstermine auch in Rathäusern o. Ä. abgehalten werden. Die den Gerichtspersonen (in der Regel dem zuständigen Rechtspfleger, ggf. mit Urkunds- und/oder Rechnungsbeamten) hierdurch entstehenden Kosten sind gemäß KV-Nr. 9006 in voller Höhe zu erheben. Die Höhe der Reisekosten und evtl. Auslagen (z. B. Tagegeld/Verpflegungskosten oder Parkgebühren) richten sich nach dem jeweils geltenden Reisekostenrecht. Daneben sind noch Auslagen für die Bereitstellung von Räumen denkbar (Miete, Reinigungs- und Heizkosten).
– KV-Nr. 9002: Zustellungskosten
Gemäß KV-Nr. 9002 sind für die im Rahmen des Verfahrens erforderlichen Zustellungen pauschal 3,50 EUR pro Zustellung zu erheben. Diese Pauschale gilt gleichermaßen für Zustellungen mit Postzustellungsurkunde, mit Einschreiben gegen Rückschein sowie durch Justizbedienstete. Keine Zustellungsgebühren werden bei Zustellung durch Aufgabe zur Post oder Einschreibebrief ohne Rückschein fällig. Einzufordern sind auch Kosten für erfolglose Zustellversuche, es sei denn, diese wurden durch das Gericht verschuldet.[14] Nicht zu

---

13 Siehe hierzu ausführlich *Stöber*, ZVG, Einl. Rn. 100.
14 KG, 1. ZS, Rpfleger 1969, 316.

erheben sind Kosten für Zustellungen, die nicht notwendig waren. Für die Zustellung von Anordnungs- und Beitrittsbeschlüssen sind keine Zustellauslagen anzusetzen, diese werden dem Gläubiger bzw. Antragsteller unmittelbar in Rechnung gestellt.
Da sich die Gebühren im Zwangsversteigerungsverfahren nach dem Streitwert richten, sind die Kosten der ersten zehn Zustellungen nicht zu erheben. Diese sind bereits in die Wertgebühren eingerechnet.
Zu Auslandszustellungen siehe unten b).
– KV-Nr. 9004: Bekanntmachungskosten
Bei den Bekanntmachungskosten handelt es ich um die Kosten für die Veröffentlichung der Terminsbestimmung (§§ 39, 40 ZVG). Die Veröffentlichung hat im für Bekanntmachungen des Gerichts bestimmten Blatt (= Tageszeitung) oder in einem für das Gericht bestimmten elektronischen Informations- und Kommunikationssystem (Internet-Portal) zu erfolgen. Möglichkeit sowie Art und Weise der Veröffentlichung im Internet werden jeweils landesrechtlich bestimmt. Wenn für das Gericht bei der Veröffentlichung im Internet keine Kosten anfallen, so ist gemäß KV-Nr. 9004 eine Pauschale von 1,– EUR zu erheben. Bei Veröffentlichung in der Zeitung sind die Inseratskosten anzusetzen. Auch wenn kein Internetportal bestimmt ist, können die Versteigerungstermine – zusätzlich zur Veröffentlichung im Amtsblatt – im Internet bekanntgegeben werden (um einen größeren Kreis von Interessenten zu erreichen). Die hierfür von den privaten Internetanbietern in Rechnung gestellten Kosten können ebenfalls erhoben werden.
– § 70 GKG: Rechnungsgebühren
Soweit in Ländern für Rechnungsarbeiten Rechnungsbeamte bestellt sind, sind die dadurch entstehenden Rechnungsgebühren als Auslagen zu erheben. Im Zwangsversteigerungsverfahren sind Rechnungsarbeiten für die Aufstellung des geringsten Gebotes und des Teilungsplanes erforderlich. Bemessen werden die Rechnungsgebühren nach dem hierfür erforderlichen Zeitaufwand. Der Stundensatz beträgt 10,– EUR. Für die letzte begonnene Stunde werden nur 5,– EUR berechnet, wenn diese nicht mehr als 30 Minuten Zeitaufwand erforderte. Nach Mitteilung des benötigten Zeitaufwandes werden die Rechnungsgebühren durch das Vollstreckungsgericht festgesetzt. Diese Festsetzung ist gemäß § 70 Abs. 2 GKG mit Beschwerde anfechtbar. Voraussetzung hierfür ist jedoch, dass der Beschwerdewert 200,– EUR übersteigt oder die Beschwerde vom Gericht zugelassen wurde.

b) Auslagen, die unmittelbar vom jeweiligen Gläubiger/Antragsteller zu erheben sind:
KV-Nr. 9000: Schreibauslagen (Dokumentenpauschale)
Für die Erteilung von Abschriften sind für die ersten 50 Seiten je 0,50 EUR, für alle weiteren je 0,15 EUR zu erheben. Diese Auslagen werden dem entsprechenden Antragsteller in Rechnung gestellt, § 28 Abs. 1 Satz 1 GKG.
– KV-Nr. 9014: Auslandszustellungen:
Auslandszustellungen sind im Zwangsversteigerungsverfahren in der Regel nur bei der Zustellung von Anordnungs- und Beitrittsbeschlüssen erforderlich (§ 8 ZVG). Alle sonstigen Zustellungen an im Ausland wohnende Beteiligte können durch Aufgabe zur Post bewirkt werden (§ 4 ZVG). Der für die Auslandszustellung angefallene Betrag ist in voller Höhe zu erheben (eine Begrenzung wie in KV-Nr. 9013 gibt es hier nicht). Die Auslagen für die Auslandszustellungen sind in der ZRHO geregelt. Für die Auslandszustellungen können folgende Kosten anfallen (unterschiedlich je nach Bestimmungsland): 20,– € Prüfgebühr gemäß § 50 Abs. 2 Nr. 1 ZRHO; Kosten der oftmals erforderlichen Übersetzung; im Ausland bei der tatsächlichen Zustellungsausführung entstehende Kosten (z. B. Kosten des ausländischen Gerichtsvollziehers). Die in den Bestim-

mungsländern zusätzlich anfallenden Kosten sind im Einzelnen im Länderteil der ZRHO geregelt.

Für die gewöhnliche Inlandszustellung von Anordnungs- und Beitrittsbeschlüssen werden dem Gläubiger/Antragsteller 3,50 EUR pro Zustellung in Rechnung gestellt (KV-Nr. 9002, siehe oben unter a)

–KV-Nr. 9003: Aktenversendung

Werden Akten aufgrund Antrags eines Beteiligten versandt (in der Regel zu einem anderen Gericht oder an eine Rechtsanwaltskanzlei), so werden hierfür pauschal 12,- EUR erhoben. Keine Pauschale fällt an, wenn eine Versendung an eine andere Behörde im Rahmen der Amtshilfe erfolgt oder tatsächlich keine Versendungskosten anfallen, da der Antragsteller die Akten selbst abholt oder diese einem ansässigen Anwalt in das Gerichtsfach gelegt werden. Kostenschuldner ist gemäß § 28 Abs. 2 GKG ausschließlich der Antragsteller. Die Versendung kann von der Einzahlung eines Vorschusses abhängig gemacht werden, § 17 Abs. 2 GKG.

III. Kosten des Zwangsverwaltungsverfahren

1. Anordnungs- und Beitrittsgebühr

17 KV-Nr. 2220:
Entscheidung über den Antrag auf Anordnung der Zwangsverwaltung oder über den Beitritt zum Verfahren.
Gebühr: 50,00 EUR

Hinsichtlich der Anordnungs-/Beitrittsgebühr im Zwangsverwaltungsverfahren gelten die Ausführungen zum Zwangsversteigerungsverfahren entsprechend (vgl. oben Rn. 2). Auch im Zwangsverwaltungsverfahren handelt es sich um eine Entscheidungsgebühr in Höhe eines Festbetrages von 50,- EUR. Es muss hierfür ein Antrag nach §§ 146 ff., 172 ff. ZVG vorliegen. Daneben fällt die Gebühr auch bei Anordnung auf Grund einer einstweiligen Verfügung des Prozessgerichts an (die einstweilige Verfügung stellt nur den erforderlichen Vollstreckungstitel dar, die Anordnung des Zwangsverwaltungsverfahrens erfolgt durch das Vollstreckungsgericht auf Gläubigerantrag). Wird neben der Zwangsverwaltung auch die Zwangsversteigerung beantragt, so entstehen die Anordnungsgebühren (KV-Nr. 2210 und 2220) jeweils gesondert. Auch für die Anordnungs-/Beitrittsgebühr im Zwangsverwaltungsverfahren ist die amtliche Vorbemerkung 2.2 (vor KV-Nr. 2210) zu beachten.

Keine Gebühr ist zu erheben, wenn ein ergebnisloses Zwangsversteigerungsverfahren auf Gläubigerantrag gemäß § 77 Abs. 2 ZVG in ein Zwangsverwaltungsverfahren übergeleitet wird. Diese Anordnung ist noch durch die Zwangsversteigerungsverfahrensgebühr (KV-Nr. 2211) abgedeckt. Für die sonstigen im Rahmen eines Zwangsversteigerungsverfahrens möglichen Verwaltungsanordnungen (z. B. Sicherung nach § 25 ZVG, gerichtliche Verwaltung nach § 94 ZVG, Anordnungen nach §§ 165, 171c ZVG) fallen ebenfalls keine Anordnungsgebühren an. Auch diese sind durch die Verfahrensgebühr KV-Nr. 2211 abgegolten.

2. Verfahrensgebühr

18 KV-Nr. 2221:
Jahresgebühr für jedes Kalenderjahr bei Durchführung des Verfahrens:
Gebühr: 0,5
– mindestens 100,- EUR, im ersten und letzten Kalenderjahr jeweils mindestens 50,- EUR.
Die Gebühr wird auch für das jeweilige Kalenderjahr erhoben, in das der Tag der Beschlagnahme fällt und in dem das Verfahren aufgehoben wird.

Bei der Verfahrensgebühr im Zwangsverwaltungsverfahren handelt es sich, anders als im Zwangsversteigerungsverfahren (vgl. Rn. 3), um eine Jahresgebühr. Die gemäß KV-Nr. 2221 zu erhebende 0,5-Gebühr entsteht somit jährlich neu. Erstmals wird die Gebühr für das Kalenderjahr, in das die Beschlagnahme fällt, erhoben. Letztmalig entsteht sie für das Kalenderjahr der Verfahrensaufhebung. Für volle Kalenderjahre ist eine Mindestgebühr von 100,- EUR zu erheben. Für das erste (Anordnung) und letzte (Aufhebung) Jahr beträgt die Gebühr mindestens 50,- EUR. Wird ein Zwangsverwaltungsverfahren innerhalb eines Kalenderjahres angeordnet und wieder aufgehoben, ist nur einmalig eine 0,5-Verfahrensgebühr bzw. eine Mindestgebühr in Höhe von 50,- EUR zu erheben.

Bei der Zwangsverwaltung mehrerer Objekte in einem Verfahren fällt nur eine einheitliche Gebühr an. Die 0,5-Verfahrensgebühr entsteht auch bei der Zwangsverwaltung auf Antrag des Insolvenzverwalters nach § 172 ZVG, der Instituts- bzw. Schuldnerverwaltung nach §§ 150a, 150b ZVG und bei einem Zwangsverwaltungsverfahren, das nach § 77 Abs. 2 ZVG aus einem ergebnislosen Versteigerungsverfahren übergeleitet wurde (im letzteren Fall entfällt lediglich die Anordnungsgebühr, vgl. Rn. 14). Für sonstige Verwaltungsanordnungen (z.B. §§ 25, 94, 165, 171c ZVG) wird keine Verwaltungsgebühr erhoben, diese werden bereits mit der Zwangsversteigerungsverfahrungsgebühr KV-Nr. 2211 abgegolten.

Gebührenrechtlicher Beginn des Zwangsverwaltungsverfahrens ist der Zeitpunkt der Beschlagnahme gemäß §§ 22, 151 ZVG. Abzustellen ist somit auf den früheren Zeitpunkt der Zustellung des Anordnungsbeschlusses an den Schuldner oder des Eingangs des Eintragungsersuchens beim Grundbuchamt oder die Inbesitznahme des Objektes durch den Zwangsverwalter. Mit Aufhebung des Verfahrens endet der gebührenpflichtige Zeitraum. Für das Ende ist somit der Erlass des entsprechenden Aufhebungsbeschlusses maßgeblich. Weitere Tätigkeiten des Gerichts und des Zwangsverwalters spielen keine Rolle mehr. Wird das Zwangsverwaltungsverfahren also z.B. am Ende eines Kalenderjahres durch Beschluss aufgehoben, so ist nur noch für dieses Jahr die Verfahrensgebühr zu erheben. Die dann im folgenden Kalenderjahr noch anfallenden Tätigkeiten des Zwangsverwalters (z.B. Einreichung des Schlussberichts und der Schlussrechnung samt Vergütungsantrag) sowie des Gerichts (Prüfung des Schlussberichts, Festsetzung der Vergütung) lösen keine weitere Verfahrensgebühr mehr aus. Auch wenn der Zwangsverwalter sein Amt nach Aufhebung des Verfahrens zur Abwicklung einzelner Geschäfte (z.B. Abschluss eines noch anhängigen Prozesses) fortführt, löst dies keine erneute Gebühr aus. Dies gilt auch für den Fall, dass hierdurch noch Einnahmen erzielt und verteilt werden. Auch wenn das Gericht dazu noch einen Teilungsplan aufzustellen hat.

Durch die Verfahrensgebühr werden sämtliche Tätigkeiten des Gerichts abgedeckt. Auch für die Aufstellung eines Teilungsplans und den hierzu abzuhaltenden Termin werden keine gesonderten Gebühren erhoben. Für das Vollstreckungsschutzverfahren nach § 765a ZPO fällt ebenfalls keine gesonderte Gebühr an (amtl. Vorbemerkung 2.2).

Der Geschäftswert für die Verfahrensgebühr bestimmt sich nach dem Gesamtwert der Einkünfte, § 55 GKG. Anzusetzen sind somit alle Einkünfte, die der Zwangsverwalter im jeweiligen Kalenderjahr erzielt hat oder die ihm nach Umsetzung in Geld gemäß § 152 Abs. 1 ZVG zugeflossen sind. Bei Rückständen ist der Zeitpunkt der Leistung entscheidend. Einkünfte, die aufgrund Zuschlagserteilung dem Ersteher zustehen, jedoch noch vom Zwangsverwalter vereinnahmt wurden, sind hinzuzurechnen. Nicht zu berücksichtigen sind der Mietwert einer dem Schuldner unentgeltlich zur Verfügung gestellten Wohnung (§ 149 ZVG) oder Erlöse aus vom Zwangsverwalter verkauften Gegenständen. Maßgebend sind die tatsächlich erzielten Bruttoeinkünfte samt Zin-

sen, nicht nur die Überschüsse nach § 155 Abs. 2 ZVG. Aus diesem Grund dürfen z.B. öffentliche Lasten, Wohngelder, die Zwangsverwaltervergütung oder die dem Schuldner gemäß § 149 Abs. 3 ZVG überlassenen Mittel nicht abgezogen werden.
Umfasst das Zwangsverwaltungsverfahren mehrere Objekte, so sind die Einkünfte aus den einzelnen Objekten zusammenzurechnen und es ist eine Verfahrensgebühr aus dem Gesamtwert zu erheben, § 54 Abs. 4 GKG entsprechend. Wird umgekehrt nur ein Bruchteil eines Grundstücks zwangsverwaltet, so ist nur der entsprechende Anteil aus den Gesamteinkünften anzusetzen.
Fällig wird die Jahresgebühr mit Ablauf des jeweiligen Kalenderjahres, die letzte mit Aufhebung des Verfahrens, § 7 Abs. 2 Satz 2 GKG. Soweit Einkünfte vorliegen, ist die Jahresgebühr vorab diesen zu entnehmen, § 155 Abs. 1 ZVG. Ansonsten ist Kostenschuldner der Antragsteller (Gläubiger) gemäß § 29 Abs. 1 GKG bzw. der Schuldner gemäß § 29 Abs. 4 GKG.
Gemäß § 15 Abs. 2 GKG hat der Antragsteller jährlich einen angemessenen Gebührenvorschuss zu zahlen. Angemessen ist ein Betrag, der die voraussichtlich entstehenden Gebühren (KV-Nr. 2221) und Auslagen (§ 24 KostVfg) für ein Jahr deckt. Der Vorschuss ist immer zu Beginn eines Jahres zu leisten. Werden Einnahmen erzielt, kann der Zwangsverwalter zur Einzahlung des Vorschusses aufgefordert werden (jedoch keine Sollstellung). Ansonsten ist der Vorschuss vom Gläubiger zu leisten. Die Verfahrensfortsetzung kann jedoch nicht von der Einzahlung des Kostenvorschusses abhängig gemacht werden (vgl. Rn. 6).

IV. Ergänzende Erläuterungen

1. Nichterhebung wegen unrichtiger Sachbehandlung

20 Kosten, die bei richtiger Behandlung der Sache nicht entstanden wären, werden nicht erhoben, § 21 Abs. 1 Satz 1 GKG. Gleiches gilt für Auslagen, die durch eine von Amts wegen veranlasste Terminsverlegung entstanden sind, § 21 Abs. 1 Satz 2 GKG.
Liegt eine unrichtige Sachbehandlung durch das Gericht vor und wurden dadurch Kosten verursacht, dürfen diese nicht erhoben werden. Die Vorschrift bezieht sich nur auf die Gerichtskosten (Gebühren und Auslagen), nicht auf Kosten, die den Verfahrensbeteiligten entstanden sind.
Was eine unrichtige Sachbehandlung in diesem Sinne darstellt, hängt vom jeweiligen Einzelfall ab und kann nicht generell gesagt werden. Erforderlich ist ein offensichtlich schwerer Verfahrensfehler. Ein leichter Verfahrensfehler reicht in der Regel nicht aus.[15]
Im Zwangsversteigerungsverfahren denkbar sind z.B. Kosten durch überflüssige oder fehlerhafte Zustellungen (an Nichtbeteiligte; formlose Übersendung hätte ausgereicht; Zustellversuch unter falscher Anschrift, obwohl die richtige bekannt war), oder die Bestellung eines vollkommen ungeeigneten Sachverständigen. Vom Vorliegen einer unrichtigen Sachbehandlung kann nicht ausgegangen werden, wenn eine Entscheidung vom Rechtsmittelgericht aufgehoben oder abgeändert wird, weil es zu einer anderen Rechtsauffassung gekommen ist bzw. ein leichter Verfahrensfehler festgestellt wurde. Wird z.B. ein Verkehrswertfestsetzungsbeschluss vom Beschwerdegericht mit der Begründung, dass ein fehlerhaftes Gutachten vorliege, aufgehoben, so dürfte in der Regel von keiner unrichtigen Sachbehandlung auszugehen sein. Dies gilt auch für den Fall, dass von einem anderen Sachverständigen ein neues Gutachten angefertigt werden muss.

---

15 Vgl. *Hartmann*, Kostengesetze, Rn. 14–40 (mit Übersicht unrichtiger Sachbehandlungen).

Bei von Amts wegen veranlassten Terminsaufhebungen dürfen die hierfür angefallenen Auslagen nicht erhoben werden. Wird z. B. ein Versteigerungstermin wieder aufgehoben (Gründe hierfür können fehlerhafte oder verspätete Zustellungen bzw. Veröffentlichungen oder die Erkrankung des zuständigen Rechtspflegers sein), so dürfen die hierfür angefallenen Zustellungsauslagen sowie Veröffentlichungskosten nicht in Rechnung gestellt werden.
Die Nichterhebung der Gerichtskosten setzt eine Entscheidung des Gerichts voraus, § 21 Abs. 2 Satz 1 GKG, im Zwangsversteigerungsverfahren somit vom Rechtspfleger. Das Gericht entscheidet dabei entweder von Amts wegen oder aufgrund Antrags des Kostenschuldners. Wurden die Kosten dem Kostenschuldner bereits in Rechnung gestellt, stellt der Antrag auf Nichterhebung der Kosten eine Erinnerung (§ 66 Abs. 1 GKG) gegen den Kostenansatz dar. Die Entscheidung des Gerichts ist mit Beschwerde (§ 66 Abs. 2 GKG) anfechtbar. Wird ein Antrag zurückgewiesen oder –genommen, so kann ausnahmsweise von einer Kostenerhebung abgesehen werden, wenn der Antrag auf unverschuldeter Unkenntnis der tatsächlichen oder rechtlichen Verhältnisse beruht, § 21 Abs. 1 Satz 3 GKG. Hier sind allerdings strenge Maßstäbe anzulegen.

2. **Kostenbefreiung**

Die Kostenbefreiung ist in § 2 GKG geregelt. Zu unterscheiden ist zwischen Kostenfreiheit und Gebührenfreiheit. Bei Kostenfreiheit ist der Kostenschuldner von der Zahlung sämtlicher Gerichtskosten (also Gebühren und Auslagen) befreit. Bei Gebührenfreiheit lediglich von den Gebühren, die angefallenen Auslagen sind dagegen zu leisten. Weiter ist zu unterscheiden zwischen sachlicher und persönlicher Befreiung. Bei der sachlichen bezieht sich diese nur auf bestimmte Vorgänge, bei der persönlichen nur auf bestimmte juristische oder natürliche Personen.

Unbeschränkt persönlich kostenbefreit sind gemäß § 2 Abs. 1 GKG die Bundesrepublik Deutschland samt den sechzehn Bundesländern. Die nur aus einer Gemeinde bestehenden Stadtstaaten Berlin und Hamburg sind uneingeschränkt befreit, Bremen (bestehend aus den Städten Bremen und Bremerhaven) nur insoweit, als es sich um landesrechtliche Angelegenheiten handelt. Die Befreiung erstreckt sich auf alle Bundes- und Landesbehörden, nicht jedoch auf Landkreise, Städte, Gemeinden oder sonstige kommunale Zusammenschlüsse (für diese sind jedoch landesrechtliche Befreiungen denkbar). Öffentliche Anstalten und Kassen sind dann befreit, wenn sie nach Haushaltsplänen des Bundes oder eines Landes verwaltet werden und ihre Einnahmen und Ausgaben vollständig ausgewiesen werden.

Gemäß § 2 Abs. 3 Satz 1 GKG bleiben sonstige bundesrechtliche Vorschriften über die Kostenfreiheit unberührt (eine weitere bundesrechtliche Kostenfreiheit ergibt sich hieraus insbesondere für Sozialleistungsträger).[16]

Gemäß § 2 Abs. 3 Satz 2 GKG finden darüber hinaus sämtliche landesrechtlichen Vorschriften zur Kostenbefreiung Anwendung. Zu beachten ist hierbei nur, dass diese sich auf das jeweilige Land beschränken und zum Großteil nur eine Gebührenbefreiung beinhalten (Auslagen sind dann zu bezahlen). Landesrechtlich kosten- bzw. gebührenbefreit sind meist die Kirchen (für die nach überwiegender Auffassung keine bundesrechtliche Kostenfreiheit besteht), Gemeinden, Zweckverbände, Stiftungen, Wohlfahrtsverbände sowie die Hochschulen.[17]

Folge der Kostenbefreiung ist, dass dem Befreiten keine Kosten in Rechnung gestellt werden dürfen (allenfalls Auslagen bei bloßer Gebührenbefreiung).

---

16 Beispiele zur Kostenfreiheit nach § 2 Abs. 1 und Abs. 3 Satz 1 GKG siehe *Hartmann*, Kostengesetze, Rn. 8 und 13 zu § 2 GKG.
17 Wesentliche landesrechtliche Vorschriften siehe *Petzold*, in: *Binz/Dörndorfer/Petzold/Zimmermann*, GKG, JVEG, Anhang zu § 2 GKG.

In der Immobiliarvollstreckung werden die Anordnungs- bzw. Beitrittskosten eines befreiten Gläubigers von der Gerichtskasse an der Rangstelle des Rechts erhoben. In der Teilungsversteigerung ist dies nicht möglich, da es an einer entsprechenden Rangstelle (§ 10 Abs. 2 ZVG) fehlt. Der Erlösanteil des befreiten Antragstellers darf nicht geschmälert werden.

Alle übrigen Verfahrenskosten sind ohnehin dem Versteigerungserlös gemäß § 109 ZVG bzw. der Zwangsverwaltungsmasse gemäß § 155 Abs. 1 ZVG vorab zu entnehmen. Ist kein Versteigerungserlös (Zwangsverwaltungsmasse) vorhanden, so haftet der Vollstreckungsschuldner gemäß § 29 Abs. 4 GKG (soweit es sich um notwendige Kosten der Zwangsvollstreckung handelte).

Die Nichterhebung von Gerichtskosten infolge Befreiung darf für andere Verfahrensbeteiligte weder vor- noch nachteilhaft sein. Wird das Zwangsversteigerungsverfahren z.B. von einem befreiten und einem nicht befreiten Gläubiger betrieben, so haften diese gemäß § 31 Abs. 1 GKG grundsätzlich als Gesamtschuldner. Der vom nicht befreiten Gläubiger zu erhebende Kostenbetrag mindert sich in diesem Fall jedoch um den Anteil, der vom befreiten Gläubiger zu erheben wäre.[18] Denn Gesamtschuldner sind untereinander gemäß § 426 BGB im Innenverhältnis zu gleichen Anteilen verpflichtet.

Für den in der Praxis selten vorkommenden Fall, dass der Schuldner kostenbefreit ist, kann sich der Gläubiger der Kostentragungspflicht nicht durch eine entsprechende Kostenübernahmeerklärung des Schuldners entledigen. Wegen der ausschließlichen Kostenhaftung des Gläubigers gemäß § 26 Abs. 1 GKG ist § 2 Abs. 5 GKG im ZVG-Verfahren nicht anwendbar.[19]

3. Kostenhaftung mehrerer Gläubiger/Antragsteller

Für den Fall, dass die Verfahrenskosten mangels Zuschlagserteilung nicht aus dem Versteigerungserlös entnommen werden können, haftet gemäß § 26 Abs. 1 GKG der Antragsteller für die angefallenen Gebühren und Auslagen. Häufig wird das Zwangsversteigerungs- bzw. Zwangsverwaltungsverfahren von mehreren Gläubigern betrieben, d.h. dem Verfahren treten weitere Gläubiger bei. Auch in Teilungsversteigerungsverfahren treten Antragsgegner oftmals dem Verfahren bei. Der Beitrittsgläubiger bzw. beitretende Antragsgegner ist hinsichtlich der Kostenhaftung dem Anordnungsgläubiger bzw. Antragsteller grundsätzlich gleichzustellen. Mehrere Antragsteller/Gläubiger haften dabei gemäß § 31 Abs. 1 GKG als Gesamtschuldner. Die gesamtschuldnerische Haftung bezieht sich nur auf die Kosten, die im Falle einer erfolgreichen Versteigerung gemäß § 109 Abs. 1 ZVG vorab aus dem Versteigerungserlös zu entnehmen wären (also nicht auf Anordnungs-, Beitrittsgebühren und Zuschlagsgebühr sowie auf Auslagen, die unmittelbar vom jeweiligen Antragsteller zu erheben sind, z.B. Dokumentenpauschale). Bei den Auslagen ist es grundsätzlich unerheblich, in welchem Verfahrensstadium diese entstanden sind, da sie dem gesamten Verfahren zuzuordnen sind. Mit der Zulassung des beantragten Beitritts wird für den Beitretenden das gesamte Zwangsversteigerungsverfahren eingeleitet, das z.B. auch die Verkehrswertfestsetzung nach § 74a Abs. 5 ZVG mit einschließt. Auch wenn ein Beitritt erst nach Erstellung des hierfür erforderlichen Verkehrswertgutachtens erfolgt, so haftet der Beitretende für die bereits angefallenen Sachverständigenkosten ebenso wie der Anordnungsgläubiger. Dies gilt auch, wenn dem Verfahren erst kurz vor einem bereits anberaumten Versteigerungstermin beigetreten wird und der Beitretende wegen Nichteinhaltung der 4-Wochen-Frist nach § 44 Abs. 2 ZVG im Versteigerungstermin gar nicht als betreibender Gläubiger berücksichtigt werden könnte.

---

18 LG Münster JurBürl 1985, 1064, mit zust. Anm. *Mümmler*.
19 *Stöber*, ZVG, Einl. Rn. 87.4.

Wenn einer von mehreren Gläubigern/Antragstellern jedoch wieder aus dem Verfahren ganz ausscheidet (z. B. durch Antragsrücknahme) oder sein Verfahren eingestellt (und nicht mehr fortgesetzt) wird, so haftet er nicht für Kosten, die erst später entstanden sind. Jeder Gläubiger/Antragsteller haftet vielmehr nur für die Gebühren und Auslagen, die durch seinen Antrag veranlasst wurden.
Beispiel: Das Verfahren wurde auf Antrag des Gläubigers A angeordnet. Kurz darauf tritt Gläubiger B dem Verfahren bei. Das Verfahren des A wird bereits vor Erteilung eines Sachverständigenauftrages gemäß § 30 ZVG einstweilen eingestellt. Das Verfahren wird durch den Gläubiger B ganz gewöhnlich fortgeführt. Ohne zwischenzeitliche Fortsetzung wird das Verfahren des A schließlich aufgehoben. A kann in diesem Fall nur für eine 0,25-Verfahrensgebühr aus dem Einheitswert in Mithaft genommen werden. Für alle übrigen Kosten haftet Gläubiger B alleine. Jeder Gläubiger haftet nur für die Kosten, die entstanden wären, wenn er das Verfahren alleine betrieben hätte.
Soweit mehrere Gläubiger/Antragsteller gesamtschuldnerisch haften, kann das Gericht von jedem die Kosten voll verlangen. Es muss die Kosten nicht auf die einzelnen Kostenschuldner verteilen. Dies liegt gemäß § 8 Abs. 3 KostVfg. vielmehr im (pflichtgemäßen) Ermessen des zuständigen Kostenbeamten. Gemäß § 426 BGB sind mehrere gesamtschuldnerisch haftende Kostenschuldner allerdings in ihrem Innenverhältnis zu gleichen Anteilen verpflichtet.
Dies gilt jedoch nicht im Fall einer Kostenbefreiung (vgl. hierzu Rn. 21). Wird ein Zwangsversteigerungsverfahren von einem kostenbefreiten und einem nichtbefreiten Gläubiger betrieben, so vermindert sich der Kostenbetrag des nichtbefreiten Kostenschuldners um jenen Anteil, der den Befreiten im Innenverhältnis getroffen hätte.[20] Eine weitere Ausnahme sieht § 31 Abs. 3 GKG vor. Wurde demnach einem Kostenschuldner nach § 29 Abs. 1 GKG (Entscheidungsschuldner) Prozesskostenhilfe gewährt, so darf ein Zweitschuldner nicht in Anspruch genommen werden.

4. Rechtsmittel

Rechtsmittel gegen den Kostenansatz (= Gerichtskostenrechnung bzw. Vorschussanforderung) ist die Kostenerinnerung gemäß § 66 Abs. 1 GKG. Erinnerungsberechtigt sind der Kostenschuldner (bei Gesamtschuldnern jeder Einzelne) sowie die Staatskasse. Die Erinnerung ist schriftlich oder zu Protokoll der Geschäftsstelle bei dem Gericht einzulegen, bei dem die Kosten angesetzt wurden, § 66 Abs. 5 Satz 1 und 3 GKG. Der Kostenbeamte kann der Erinnerung abhelfen. Hilft er nicht ab, so hat er sie dem Vertreter der Staatskasse (Bezirksrevisor bzw. bestelltem Prüfungsbeamten) zur Prüfung und Stellungnahme vorzulegen. Weist der Vertreter der Staatskasse den Kostenbeamten zur Abhilfe an, so hat diese zu erfolgen. Ansonsten ist die Erinnerung dem Gericht zur Entscheidung vorzulegen. Zuständig für die Entscheidung über die Erinnerung ist der Rechtspfleger, da diesem das Zwangsversteigerungsverfahren voll übertragen ist (§ 3 Nr. 1i RPflG).[21]
War der zuständige Rechtspfleger in derselben Angelegenheit auch als Kostenbeamter tätig (häufig der Fall), so ist er allerdings von der Entscheidung ausgeschlossen. Über die Erinnerung muss dann der Vertreter im Amt entscheiden.[22] Gemäß § 66 Abs. 2 GKG ist gegen diese Entscheidung die Beschwerde statthaft. Die fristlose Beschwerde ist schriftlich oder zu Protokoll der Geschäftsstelle bei dem Gericht einzureichen, dessen Entscheidung angefochten wird

---

20 LG Münster JurBürl 1985, 1064, mit zust. Anm. *Mümmler*.
21 BayObLG Rpfleger 1974, 391; OLG Frankfurt Rpfleger 1977, 267; OLG Hamm Rpfleger 1978, 37; LG Mainz Rpfleger 1984, 480; LG Koblenz Rpfleger 1998, 151; PfälzOLG Zweibrücken Rpfleger 1998, 332; früher a. A. LG Koblenz Rpfleger 1984, 435 mit abl. Anm. *Mümmler*.
22 Wie Fussn. 20 sowie *Mümmler*, JurBüro 1981, 1712 m. w. N.

(§ 66 Abs. 5 GKG). Gemäß § 66 Abs. 2 GKG ist Zulässigkeitsvoraussetzung ein Beschwerdewert von mehr als 200,– EUR. Ist dieser Wert nicht überschritten, müsste die Beschwerde vom Entscheidungsgericht ausdrücklich zugelassen worden sein. Da das Zwangsversteigerungsverfahren auf den Rechtspfleger übertragen ist und dieser somit über die Erinnerung entscheidet (vgl. oben), ist hier jedoch § 11 Abs. 2 RPflG zu beachten. Ist der Beschwerdewert nicht erreicht und die Beschwerde auch nicht zugelassen worden, so kann die Rechtspflegerentscheidung trotzdem noch (innerhalb einer 2-Wochen-Frist) mit Rechtspflegererinnerung angegriffen werden. Wird dieser ebenfalls nicht abgeholfen, entscheidet darüber der Richter. Erst gegen dessen Entscheidung ist keine Beschwerde mehr zulässig.

Wird der Beschwerde nach Prüfung nicht abgeholfen, so ist diese mit einer Nichtabhilfeentscheidung dem Beschwerdegericht (= nächsthöheres Gericht) vorzulegen, § 66 Abs. 3 GKG. Gegen die Entscheidung des Beschwerdegerichts ist eine weitere Beschwerde nur zulässig, wenn diese ausdrücklich zugelassen wurde, § 66 Abs. 4 GKG.

Gemäß § 66 Abs. 8 GKG ist das Verfahren gebührenfrei (aber nicht auslagenfrei), Kosten werden nicht erstattet. Eine Kostenentscheidung ist daher nicht erforderlich.

5. Gerichtsvollzieherkosten

24 In seltenen Fällen ist auch der Gerichtsvollzieher im Rahmen der Immobiliarvollstreckung tätig. Die hierfür anfallenden Kosten (Gebühren und Auslagen) sind im Gerichtsvollzieherkostengesetz (GvKostG) geregelt. Gemäß § 9 GvKostG bestimmt sich die Höhe der Kosten nach dem als Anlage beigefügtem Kostenverzeichnis (KVGv). Die Gebühren sind in den KVGv-Nrn. 100–604, die Auslagen in den Nrn. 700–713 geregelt.

Kostenschuldner ist gemäß § 13 GvKostG grundsätzlich der Auftraggeber. Bei Auftragserteilung durch das Gericht gelten die Kosten als Auslagen des gerichtlichen Verfahrens. Gemäß § 14 GKG werden die Gebühren mit Durchführung des Auftrages fällig, weiter anfallende Auslagen sofort nach ihrer Entstehung.

Folgende Gerichtsvollzieherkosten sind im Rahmen der Immobiliarvollstreckung denkbar:

– KVGv 242: Übergabe unbeweglicher Sachen an den Verwalter: Voraussetzung ist ein entsprechender Auftrag durch das Vollstreckungsgericht gemäß §§ 94 Abs. 2, 150 Abs. 2 ZVG. Die Festgebühr von 75,– EUR entsteht mit Übergabe durch Unterschrift unter dem entsprechenden Protokoll. Daneben kann gemäß KVGv 500 ein Zeitzuschlag erhoben werden. Dieser beträgt bei einem Zeitaufwand von mehr als 3 Stunden 15,– EUR je weitere beanspruchte Stunde.

– KVGv 300: Versteigerung oder Verkauf von beweglichen Sachen oder Forderungen. Die Festgebühr in Höhe von 40,– EUR fällt an, wenn der Gerichtsvollzieher vom Vollstreckungsgericht gem. § 65 Abs. 1 ZVG mit der abgesonderten Verwertung beauftragt wurde und die Verwertung durchführt. Gemäß Vorbemerkung zu KVGv 300 fällt die Gebühr für jede Verwertung gesondert an. Auch hier kann ein Zeitzuschlag gemäß KVGv 500 erhoben werden. Daneben können Auslagen entstehen, KVGv 700 ff. (z. B. Anmieten eines Versteigerungsraumes). Fällig wird die Gebühr mit der Übergabe der verwerteten Sache an den Ersteher.

– KVGv 400: Bewachung und Verwahrung eines Schiffes, eines Schiffsbauwerks oder eines Luftfahrzeugs (§§ 165, 170, 170a, 171, 171c, 171 g, 171 h ZVG). Die Festgebühr in Höhe von 75,– EUR entsteht in den abschließend aufgeführten Fällen im Auftrag des Vollstreckungsgerichts. Es reicht aus, wenn der Gerichtsvollzieher das von ihm beschlagnahmte Objekt an eine von ihm bestimmte Person zur Bewachung und Verwahrung übergibt. Die Festgebühr

entsteht unabhängig von Größe und Wert je Auftrag nur einmal. Auch hier ist ein Zeitzuschlag gemäß KVGv 500 möglich.
– KVGv 401: Feststellung der Mieter oder Pächter von Grundstücken im Auftrag des Gerichts. Stellt der Gläubiger einen Antrag nach § 57b Abs. 1 ZVG, so hat das Vollstreckungsgericht evtl. Mieter oder Pächter zu ermitteln und festzustellen. Ist eine Ermittlung mit den sonst üblichen Methoden (z. B. Anfrage beim Einwohnermeldeamt) nicht möglich, so kann das Gericht zur Ermittlung auch einen Gerichtsvollzieher beauftragen, § 57b Abs. 1 Satz 4 ZVG. Für die Mieter-/Pächterermittlung erhält der Gerichtsvollzieher je festgestellter Person eine Festgebühr von 5,– EUR. Besteht eine Mietpartei aus mehreren Personen (z. B. Ehepartner als gemeinsame Mitmieter), so entsteht die Gebühr für jede festgestellte Person gesondert. Keine gesonderte Gebühr fällt jedoch bei Personen an, die ihr Benutzungsrecht lediglich von einem Mieter/Pächter ableiten (z. B. Familienangehörige oder Untermieter). Die Gebühr ist auch zu erheben, wenn die Ermittlungen letztendlich zu keiner Feststellung von Mietern oder Pächtern führen.

V. Kosten des Beschwerdeverfahrens

1. Allgemeines:

Die Kosten des Beschwerdeverfahrens sind in den KV-Nrn. 2240–2243 geregelt. Gebührenfrei sind Erinnerungen nach § 766 ZPO sowie die Rechtspflegererinnerung nach § 11 Abs. 2 RPflG. Erhoben werden in diesen Fällen jedoch die hierbei anfallenden Auslagen (z. B. Sachverständigenkosten, Zustellauslagen, etc.). Bei den Beschwerdegebühren handelt es sich um Entscheidungsgebühren. Wird also die Beschwerde vor einer Entscheidung zurückgenommen oder erledigt sie sich auf andere Weise, so wird keine Gebühr erhoben. Ist die Beschwerde erfolgreich, ist das Beschwerdeverfahren (selbstverständlich) ebenfalls gebührenfrei. Gemäß Vorbemerkung 9 GKG-Kostenverzeichnis werden in diesen Fällen grundsätzlich auch keine Auslagen erhoben, es sei denn, das Beschwerdegericht hat die Kosten dem Gegner des Beschwerdeführers auferlegt.

Beschwerdegebühren werden im Zwangsversteigerungs- und –verwaltungsverfahren grundsätzlich nur dann erhoben, wenn die eingelegte Beschwerde verworfen oder zurückgewiesen wurde. Neben den Gebühren sind dann auch die im Rahmen des Beschwerdeverfahrens entstandenen Auslagen (KV-Nrn. 9000 ff.) zu erheben. Diese sind nicht gemäß § 109 ZVG vorab aus dem Versteigerungserlös zu entnehmen. Wird z. B. im Rahmen einer Beschwerde gegen den Verkehrswertfestsetzungsbeschluss ein weiteres Sachverständigengutachten erstellt, so können die hierbei entstandenen Kosten im Falle eines späteren Zuschlages nicht als Verfahrenskosten aus dem Erlös entnommen werden.[23]

Kostenschuldner ist gemäß § 29 Nr. 1 GKG derjenige, dem die Kosten in der Entscheidung auferlegt wurden. Fällig werden die Beschwerdekosten mit der Entscheidung, § 6 Abs. 2 GKG.

Legen mehrere Beteiligte gegen dieselbe Entscheidung (z. B. Verkehrswertfestsetzungsbeschluss) Beschwerde ein, so wird nur ein Verfahren eingeleitet, und die Gebühr fällt im Falle der Verwerfung oder Zurückweisung nur einmal an. Ob eine Beschwerde direkt gegen eine Vollstreckungsentscheidung oder erst nach Entscheidung über eine Vollstreckungserinnerung nach § 766 ZPO eingelegt wird, ist für das Entstehen der Gebühr ohne Belang.

---

23 OLG Koblenz JurBüro 2005, 215

2. Beschwerdegebühren:

26 – KV-Nr. 2040:
Verfahren über Beschwerden, wenn für die angefochtene Entscheidung eine Festgebühr bestimmt ist:
Die Beschwerde wird verworfen oder zurückgewiesen: 100,– EUR
Wird die Beschwerde nur teilweise verworfen oder zurückgewiesen, kann das Gericht die Gebühr nach billigem Ermessen auf die Hälfte ermäßigen oder bestimmen, dass eine Gebühr nicht zu erheben ist.
Beschwerden gegen Entscheidungen in den Fällen der KV-Nrn. 2210 (Anordnungs-/Beitrittsantrag Zwangsversteigerung), 2220 (Anordnungs-/Beitrittsantrag Zwangsverwaltung) und 2230 (Antrag auf Eröffnung der Zwangsliquidation einer Bahneinheit) lösen bei Verwerfung oder Zurückweisung eine Festgebühr in Höhe von 100,– EUR aus. Wird die Beschwerde nur teilweise verworfen, so kann das Gericht die Gebühr nach billigem Ermessen auf 50,– EUR ermäßigen (nicht auf andere Teilbeträge) oder bestimmen, dass gar keine Gebühr erhoben wird.
Dies gilt über die Vorbemerkung 2.2 Satz 4 auch für Beschwerden gegen Entscheidungen über einen Vollstreckungsschutzantrag gemäß § 765a ZPO. Wird die Beschwerde zugleich auf § 765a ZPO und auf § 30a ZVG (bzw. §§ 30c–f, 180 Abs. 2, 3 ZVG) gestützt, so werden nicht zwei Gebühren nach KV-Nrn. 2240 und 2241 erhoben, sondern nur eine nach KV-Nr. 2240. Nur die Festgebühr von 100,– EUR wird auch dann erhoben, wenn die Beschwerde gegen die Entscheidung nach § 765a ZPO verworfen oder zurückgewiesen, der Beschwerde nach § 30a ZVG jedoch stattgegeben wird (bzw. umgekehrt).[24]

– KV-Nr. 2241:
Verfahren über nicht besonders aufgeführte Beschwerden, die nicht nach anderen Vorschriften gebührenfrei sind:
Soweit die Beschwerde verworfen oder zurückgewiesen wird:
Gebührensatz: 1,0
Für alle anderen Beschwerdeverfahren in den Fällen KV-Nrn. 2211–2216, 2221, 2231 und 2232 ist gemäß KV-Nr. 2241 eine 1,0-Gebühr zu erheben. Zu diesen Verfahren gehören im Wesentlichen Beschwerden gegen die Zuschlagsentscheidung (§ 96 ZVG), gegen Entscheidungen über Einstellungsanträge (§§ 30a–f, 180 Abs. 2 und 3 ZVG), gegen die Verkehrswertfestsetzung (§ 74a Abs. 5 ZVG), im Rahmen der Erlösverteilung (§ 105 ZVG) und gegen das Zwangsverwaltungsverfahren (§ 146). Auch hier handelt es sich um eine Entscheidungsgebühr, die nur dann anfällt, wenn die Beschwerde verworfen oder zurückgewiesen wird. Ist die Beschwerde erfolgreich, so ist das Verfahren gebührenfrei. Anders als bei KV-Nr. 2240 gibt es hier jedoch keine Ermäßigung im Falle eines Teilerfolges. Die Gebühr ist somit immer ganz oder gar nicht zu erheben. Neben der Gebühr sind auch hier die Auslagen zu erheben (KV-Nrn. 9000 ff.).
Eine Zuschlagsbeschwerde löst immer nur eine Gebühr nach KV-Nr. 2241 aus. Dies gilt auch dann, wenn im Rahmen der Zuschlagsbeschwerde gleichzeitig über einen Antrag nach § 765a ZPO (grundsätzlich Gebühr nach KV-Nr. 2240) zu entscheiden ist.[25]
Keine Gebühr nach KV-Nr. 2241 löst eine Beschwerde gegen die Entscheidung des Vollstreckungsgerichts über die Erinnerung nach § 766 ZPO gegen die Vollstreckung aus einem bereits rechtskräftigen Zuschlagsbeschluss aus. Da dieses Verfahren nicht mehr Teil des Zwangsversteigerungsverfahrens ist, bestimmt sich die Gebühr für diesen Fall nach KV-Nr. 2121.[26]

---

24 *Stöber*, ZVG, Einl. Rn. 83.6
25 OLG Frankfurt JurBüro 1985, 261 = Rpfleger 1984, 478
26 OLG München JurBüro 1992, 744 = Rpfleger 1992, 309

Zum Gegenstandswert der Beschwerde vgl. Rn. 27.

– KV-Nr. 2242:
Verfahren über Rechtsbeschwerden, wenn für die angefochtene Entscheidung eine Festgebühr bestimmt ist:
Die Rechtsbeschwerde wird verworfen oder zurückgewiesen
Gebühr: 200,– EUR

Wird die Rechtsbeschwerde nur teilweise verworfen oder zurückgewiesen, kann das Gericht die Gebühr nach billigem Ermessen auf die Hälfte ermäßigen oder bestimmen, dass eine Gebühr nicht zu erheben ist.

– KV-Nr. 2243:
Verfahren über nicht besonders aufgeführte Rechtsbeschwerden, die nicht nach anderen Vorschriften gebührenfrei sind:
Soweit die Beschwerde verworfen oder zurückgewiesen wird:
Gebührensatz: 2,0

Zuständig für die Entscheidung über Rechtsbeschwerden ist der BGH (§ 133 GVG). Die im Rahmen des Rechtsbeschwerdeverfahrens anfallenden Kosten werden ebenfalls vom BGH erhoben.
KV-Nr. 2242 behandelt Rechtsbeschwerden in den Fällen der KV-Nr. 2240 (also in 1. Instanz Beschwerden gegen KV-Nrn. 2210, 2220 und 2230). Erhoben wird auch hier eine Festgebühr. Diese beträgt mit 200,– EUR das Doppelte der für die Beschwerde bestimmten Gebühr.
KV-Nr. 2243 behandelt Rechtsbeschwerden in den Fällen der KV-Nr. 2241 (also alle anderen Beschwerden in 1. Instanz). Auch hier ist mit 2,0 der doppelte Gebührensatz der Beschwerdegebühr zu erheben.
Auch die Rechtsbeschwerdegebühren sind Entscheidungsgebühren. Wird die Rechtsbeschwerde vor Entscheidung zurückgenommen, fällt somit keine Gebühr an.
Erhoben werden die Gebühren, wenn die entsprechende Rechtsbeschwerde verworfen oder zurückgewiesen wurde. Die Gebühren sind dabei unabhängig von der Zulässigkeit der Rechtsbeschwerde zu erheben.
Wird der Rechtsbeschwerde stattgegeben, so fallen keine Gebühren an. Weitere Folge ist, dass die Erstbeschwerde damit auch nicht verworfen oder zurückgewiesen ist und damit auch für dieses Beschwerdeverfahren keine Gebühren erhoben werden dürfen.
Im Falle von KV-Nr. 2242 kann das Rechtsbeschwerdegericht die Gebühr auf die Hälfte ermäßigen oder bestimmen, dass sie gar nicht erhoben wird (ebenso wie bei KV-Nr. 2240). Wird z. B. eine Rechtsbeschwerde gegen eine Anordnungsentscheidung nur teilweise verworfen oder zurückgewiesen, im Übrigen ihr jedoch unter teilweiser Aufhebung der angefochtenen Entscheidung stattgegeben, so kann das Rechtsbeschwerdegericht sowohl die Beschwerdegebühr gemäß KV-Nr. 2240 als auch die Rechtsbeschwerdegebühr gemäß KV-Nr. 2242 auf die Hälfte ermäßigen oder ganz wegfallen lassen. Bei Rechtsbeschwerden gemäß KV-Nr. 2243 ist bei Teilerfolg keine Ermäßigung möglich (ebenso wie bei KV-2241).
Für den Fall, dass eine vor dem Beschwerdegericht zunächst erfolgreiche Erstbeschwerde aufgrund ebenfalls erfolgreicher Rechtsbeschwerde des Beschwerdegegners vom Rechtbeschwerdegericht wieder aufgehoben wird, hat dies auf die Beschwerdegebühren folgende Auswirkungen: Für das Verfahren der Rechtsbeschwerde fällt keine Gebühr an, da dieser ja stattgegeben wurde; für die ursprünglich gebührenfreie (weil zunächst erfolgreiche) Erstbeschwerde ist dagegen vom Beschwerdeführer nunmehr eine Beschwerdegebühr zu erheben.
Ist die Rechtsbeschwerde nur zum Teil erfolgreich und wird die Erstbeschwerde demzufolge nur teilweise verworfen oder zurückgewiesen, dann ist grundsätzlich sowohl für das Erstbeschwerde- als auch für das Rechtbeschwer-

deverfahren eine Beschwerdegebühr zu erheben. Im Falle der KV-Nrn. 2240 und 2242 kommt allerdings eine Ermäßigung oder sogar Nichterhebung in Betracht.

3. Wert des Beschwerdegegenstandes:

27 Der Wert des Beschwerdeverfahrens in Zwangsversteigerungssachen ist im Gesetz nicht explizit bestimmt. In der alten Fassung des GKG war in § 64 Abs. 2 ausdrücklich geregelt, dass der Beschwerdewert gemäß § 3 ZPO nach freiem Ermessen zu bestimmen ist. Obwohl § 64 Abs. 2 GKG a. F. ersatzlos gestrichen wurde, ist nach ganz überwiegender Meinung in Rechtsprechung und Schrifttum weiterhin § 3 ZPO (über die Verweisung in § 48 Abs. 1 GKG) anzuwenden.[27] Der nicht zu folgenden anderen Ansicht[28] nach bestimmt sich der Beschwerdewert nach den gleichen Vorschriften, die für das erstinstanzliche Verfahren gelten. Maßgeblich wäre für den Beschwerdewert demnach nur § 54 GKG. Aufgrund der relativ hohen Grundstückswerte in der Immobiliarvollstreckung würde dies jedoch häufig zu unangemessen hohen Beschwerdewerten führen. So müsste z. B. auch bei unzulässigen Beschwerden der in der Regel hohe Kostenansatz der ersten Instanz als Wert herangezogen werden, obwohl in diesen Fällen keine Sachprüfung erforderlich ist. Ein weiteres Beispiel hierzu ist die vom Schuldner eingelegte Zuschlagsbeschwerde. Als Beschwerdewert wäre hier das Meistgebot samt bestehen bleibenden Rechten heranzuziehen (§ 54 Abs. 2 GKG). Dies hätte jedoch zur Folge, dass sich der Beschwerdewert umgekehrt proportional zum wirtschaftlichen Interesse des Schuldners an der Beschwerde verhalten würde. Denn je niedriger das Gebot (und damit der Beschwerdewert), desto höher ist das Interesse des Schuldners am Erfolg der von ihm eingelegten Zuschlagsbeschwerde und umgekehrt.

Folgerichtig ist der Beschwerdewert nach dem wirtschaftlichen Interesse des Beschwerdeführers zu bestimmen.[29] Das Interesse des Beschwerdeführers an der Aufhebung oder Änderung der von ihm angefochtenen Entscheidung lässt sich angemessen beziffern. Als Bemessungsgrundlage können hierfür der Grundstückswert und die wirtschaftliche Bedeutung herangezogen werden.

Im Folgenden wird noch kurz auf die in der Praxis regelmäßig vorkommenden Beschwerden eingegangen:

– Zuschlagsbeschwerden werden meist vom Schuldner eingelegt. Dessen Interesse geht in der Regel auf einen Aufschub der Zwangsversteigerung oder die Verhinderung einer Grundstücksverschleuderung bzw. Versteigerung zu einem höheren Meistbargebot. Im seltenen Falle eines angestrebten Aufschubes erscheint ein Bruchteil des festgesetzten Grundstücksverkehrswertes als Beschwerdewert angemessen.[30] Ansonsten ist für das vom Schuldner mit der Beschwerde verfolgte wirtschaftliche Interesse in der Regel die Differenz zwischen dem nach § 74a Abs. 5 ZVG festgesetzten Verkehrswert und dem Meistgebot, auf das der Zuschlag erteilt wurde, zuzüglich des Werts etwa bestehen bleibender Rechte anzunehmen (auch bei nicht näher begründeten Beschwerden).[31] Im Rechtsbeschwerdeverfahren ist der Beschwerdewert nach dem Wert des Zuschlagsbeschlusses, des-

---

27 OLG Bamberg JurBüro 1979, 1863 mit Anm. *Mümmler*, 1980, 1885; KG Berlin Rpfleger 1982, 233 = JurBüro 1982, 1223 und 1399; LG Bayreuth JurBüro 1976, 1248 und 1978, 892; OLG Zweibrücken JurBüro 1981, 112 mit zust. Anm. *Mümmler*; *421*; *Schneider* MDR 1976 180, 181, *Mümmler* JurBüro 1977, 1592 und 1979, 1863.
28 OLG Bremen JurBüro 1977, 1591 mit abl. Anm. *Mümmler* = Rpfleger 1977, 421.
29 So nunmehr auch OLG Bremen JurBüro 1984, 89 mit zust. Anm. *Mümmler* unter ausdrücklicher Aufgabe der früher vertretenen anderen Ansicht (Fn. 28).
30 LG Konstanz BKR 2007, 509–511.
31 KG Berlin Rpfleger 1982, 233.

sen Aufhebung der Schuldner erreichen will (also Meistgebot zzgl. bestehen bleibende Rechte, § 54 Abs. 2 GKG), zu bestimmen.[32]
Bei Beschwerde des Gläubigers gegen die Zuschlagsversagung dürfte bei der Bestimmung des Beschwerdewerts auf dessen Interesse nach einer möglichst schnellen und erfolgreichen Beendigung des Zwangsversteigerungsverfahrens (möglichst schnelle Befriedigung der Vollstreckungsforderung, keine weiteren Verfahrenskosten) abzustellen sein.
Bei der Zuschlagsbeschwerde eines Meistbietenden, dem der Zuschlag versagt wurde, berechnet sich der Streitwert in der Regel – soweit keine anderweitigen Anhaltspunkte vorliegen – aus der Differenz des festgesetzten Verkehrswertes sowie dem Meistgebot zzgl. der evtl. nach den gesetzlichen Versteigerungsbedingungen bestehen bleibenden Rechten.[33] Bei Zuschlagsbeschwerde eines übergangenen Mitbieters geht das für die Wertfestsetzung maßgebende Interesse des Beschwerdeführes auf den Erwerb des Grundstücks. Als Beschwerdewert ist somit in der Regel das Meistgebot zzgl. bestehen bleibender Rechte festzusetzen.[34] Es kann aber auch nur auf das Interesse eines Bieters auf einen Grundstückserwerb zu einem geringeren Preis abzustellen sein.[35]
Keinen Einfluss auf die Festsetzung des Beschwerdewerts hat die Befriedigungsfiktion des § 114a ZVG.
Für das Teilungsversteigerungsverfahren gelten die oben genannten Grundsätze. Das Interesse des Antragstellers auf schnellstmögliche Durchführung des Verfahrens bzw. des Antragsgegners auf entsprechenden Aufschub dürfte in der Regel jedoch geringer sein, als das von Gläubiger/Schuldner in der Vollstreckungsversteigerung.

- Auch bei Beschwerden gegen den gemäß § 74a Abs. 5 ZVG festgesetzten Verkehrswert ist im Rahmen der nach § 3 ZPO zu treffenden Ermessensentscheidung im Wesentlichen auf das mit der Beschwerde verfolgte Interesse des Beschwerdeführers abzustellen. Das Interesse an einer Erhöhung des Verkehrswertes – in der Praxis die Regel – wird in erster Linie auf die Erzielung eines höheren Erlöses (in Hinblick auf die Wertgrenzen nach §§ 85a Abs. 1, 74a Abs. 1 ZVG) gerichtet sein. Bei einer Herabsetzung des Verkehrswertes dürfte dagegen auf das Interesse an einer möglichst schnellen und ungehinderten Versteigerung abzustellen sein. Wird ein ursprünglich zu hoch festgesetzter Wert auf einen realistischen (auf dem Immobilienmarkt tatsächlich erzielbaren) Wert reduziert, so erhöht dies die Wahrscheinlichkeit eines Zuschlages im 1. Termin nicht unerheblich. Ein geringerer Verkehrswert hat in der Regel auch einen positiven Einfluss auf evtl. stattfindende freihändige Verkaufsverhandlungen. Bei der Festsetzung des Beschwerdewerts ist jedoch zu berücksichtigen, dass die Verkehrswertfestsetzung an sich noch keine endgültige Aussage darüber enthält, wie sich diese dann tatsächlich auf das weitere Zwangsversteigerungsverfahren auswirkt (z. B. Höhe des Meistgebots, auf das der Zuschlag erteilt wird). Der Beschwerdewert ist daher nicht gleichzusetzen mit der Differenz zwischen erstrebtem und festgesetztem Verkehrswert. Anzusetzen ist vielmehr nur ein Bruchteil dieses Differenzbetrages. Als angemessen erscheint in der Regel die Hälfte des vom Beschwerdeführer angestrebten Differenzbetra-

---

32 BGH NJW-RR 2008, 360/361.
33 OLG Saarbrücken OLGR Saarbrücken 2008, 489–490.
34 OLG Karlsruhe Rpfleger 1994, 311–312; LG Flensburg SchlHA 2008 134–135.
35 OLG Zweibrücken JurBüro 1981, 112–115.

ges.³⁶ Weiter vertreten werden 20 %³⁷ bzw. ein Drittel³⁸ des Differenzbetrages.
– Bei Beschwerden wegen Einstellungsverfahren nach §§ 30a–f, 180 Abs. 2 und 3 ZVG, 765a ZPO richtet sich der Streitwert nach dem Interesse des Schuldners an der begehrten Maßnahme (Aufschub des Verfahrens) bzw. des Gläubigers an der Verhinderung des Vollstreckungsschutzes und der damit verbundenen Verfahrensverzögerungen. Der Wert der Beschwerde des Schuldners gegen die Zurückweisung seines Einstellungsantrages bemisst sich in der Regel nach einem Bruchteil der Forderung des Gläubigers oder des Verkehrswerts des Grundstücks, wenn dieser unter dem Betrag der Forderung liegt.³⁹ Angesetzt werden soll grundsätzlich ein Bruchteil in Höhe von 1/5, höchstens von 1/3 der Gläubigerforderung.⁴⁰ Wird als Beschwerdewert ein Bruchteil des Grundstückswertes herangezogen, so darf dieser nicht höher als die Gläubigerforderung sein.⁴¹ Liegt das Interesse eines Beschwerdeführers bei einer Beschwerde gegen eine Einstellungsentscheidung nach § 180 Abs. 2 ZVG darin, dass er weiterhin im beschlagnahmten Objekt mietfrei wohnen kann, so kann sich der Beschwerdewert auch nach dem Nutzwert der entsprechenden Räume bzw. Ersatzräume für die Dauer von sechs Monaten bemessen.⁴²
– Auch der Streitwert für Beschwerden gegen den Teilungsplan ist nach § 3 ZPO zu schätzen. Der Beschwerdewert bestimmt sich hier nach dem Interesse des Beschwerdeführers an einer Planänderung.⁴³

VI. Rechtsanwaltsgebühren

1. Allgemeines:

28 Die Vergütung der Rechtsanwälte ist im Rechtsanwaltsvergütungsgesetz (RVG) geregelt. Die für die Immobiliarvollstreckung maßgeblichen Vorschriften lauten:

§ 26 RVG:
In der Zwangsversteigerung bestimmt sich der Gegenstandswert
1. bei der Vertretung des Gläubigers oder eines anderen nach § 9 Nr. und 2 des Gesetzes über die Zwangsversteigerung und die Zwangsverwaltung Beteiligten nach dem Wert des dem Gläubiger oder dem Beteiligten zustehenden Rechts; wird das Verfahren wegen einer Teilforderung betrieben, ist der Teilbetrag nur maßgebend, wenn es sich um einen nach § 10 Abs. 1 Nr. 5 des Gesetzes über die Zwangsversteigerung und die Zwangsverwaltung zu befriedigenden Anspruch handelt; Nebenforderungen sind mitzurechnen; der Wert des Gegenstands der Zwangsversteigerung (§ 66 Abs. 1, § 74a Abs. 5 des Gesetzes über die Zwangsversteigerung und die Zwangsverwaltung), im Verteilungsverfahren der zur Verteilung kommende Erlös, sind maßgebend, wenn sie geringer sind;
2. bei der Vertretung eines anderen Beteiligten, insbesondere des Schuldners, nach dem Wert des Gegenstands der Zwangsversteigerung, im Verteilungsverfahren nach dem zur Verteilung kommenden Erlös; bei Miteigentümern oder sonstigen Mitberechtigten ist der Anteil maßgebend;

---
36 OLG Bremen OLGR Bremen 2000, 476; OLG Düsseldorf Beschluss vom 5.11.2009, Gz. I-10 W 78/09.
37 OLG Celle Rpfleger 1982, 435.
38 KG Berlin JurBüro 1969, 260 = Rpfleger 1968, 403.
39 KG Berlin, Rpfleger 1971, 193.
40 OLG Bamberg JurBüro 1981, 919.
41 OLG Stuttgart Justiz 1986, 413.
42 LG Passau JurBüro 1986, 252.
43 OLG Bamberg JurBüro 1979, 1863 mit Anm. *Mümmler.*

3. bei der Vertretung eines Bieters, der nicht Beteiligter ist, nach dem Betrag des höchsten für den Auftraggeber abgegebenen Gebots, wenn ein solches Gebot nicht abgegeben ist, nach dem Wert des Gegenstands der Zwangsversteigerung.

RVG-Vergütungsverzeichnis
Unterabschnitt 4
Zwangsversteigerung und Zwangsverwaltung

3311 Verfahrensgebühr 0,4
Die Gebühr entsteht jeweils gesondert
1. für die Tätigkeit im Zwangsversteigerungsverfahren bis zur Einleitung des Verteilungsverfahrens;
2. im Zwangsversteigerungsverfahren für die Tätigkeit im Verteilungsverfahren, und zwar auch für eine Mitwirkung an einer außergerichtlichen Verteilung;
3. im Verfahren der Zwangsverwaltung für die Vertretung des Antragstellers im Verfahren über den Antrag auf Anordnung der Zwangsverwaltung oder auf Zulassung des Beitritts;
4. im Verfahren der Zwangsverwaltung für die Vertretung des Antragstellers im weiteren Verfahren einschließlich des Verteilungsverfahrens;
5. im Verfahren der Zwangsverwaltung für die Vertretung eines sonstigen Beteiligten im ganzen Verfahren einschließlich des Verteilungsverfahrens und
6. für die Tätigkeit im Verfahren über Anträge auf einstweilige Einstellung oder Beschränkung der Zwangsvollstreckung und einstweilige Einstellung des Verfahrens sowie für Verhandlungen zwischen Gläubiger und Schuldner mit dem Ziel der Aufhebung des Verfahrens.

3312 Terminsgebühr 0,4
Die Gebühr entsteht nur für die Wahrnehmung eines Versteigerungstermins für einen Beteiligten. Im Übrigen entsteht im Verfahren der Zwangsversteigerung und der Zwangsverwaltung keine Terminsgebühr.

Die o. a. Vorschriften gelten für alle Arten von Immobiliarvollstreckungsverfahren. Für die Höhe des Gebührensatzes ist es unerheblich, welche Rolle der Vertretene im Verfahren einnimmt. Unterschiede gibt es hier nur im Rahmen des Gegenstandswertes.
Daneben sind natürlich auch die Auslagen des Rechtsanwalts zu berücksichtigen. Hier fallen in der Regel an: 19 % Umsatzsteuer, Postpauschale nach RVG-VV Nr. 7002 (bzw. tatsächlich angefallene Post- und Telekommunikationsauslagen, RVG-VV Nr. 7001), Dokumentenpauschale nach RVG-VV Nr. 7000 und Reisekosten nach RVG-VV Nr. 7003–7006.
Im Folgenden werden die einzelnen Gebührentatbestände und Gegenstandswerte abgehandelt.

2. **Gebührensätze Zwangsversteigerung:**
– Gebühr für das Versteigerungsverfahren
Mit der 0,4-Gebühr gemäß RVG-VV Nr. 3311 Nr. 1 wird die gesamte Tätigkeit des Rechtsanwalts im Zwangsversteigerungsverfahren bis zur Einleitung des Verteilungsverfahrens (§ 105 ZVG) abgegolten. Nicht enthalten sind hierin die Vertretung im Versteigerungstermin (RVG-VV Nr. 3312) sowie die Vertretung in den Einstellungsverfahren (RVG-VV 3311 Nr. 6). Die Gebühr entsteht mit der Entgegennahme des Vertretungsauftrags. Sie ermäßigt sich nicht, wenn das Verfahren vorzeitig endet. Auch dann nicht, wenn der Versteigerungsantrag sofort wieder zurückgenommen wird.

– Gebühr für den Versteigerungstermin:
Die 0,4-Gebühr gemäß RVG-VV Nr. 3312 entsteht für die Vertretung eines Beteiligten (nach § 9 ZVG) im Versteigerungstermin (nicht dagegen bei einem Vortermin oder Verkündungstermin). Für die Vertretung von Bietern (Nichtbeteiligte) fällt die Terminsgebühr nicht an. Für das Entstehen der Gebühr ist eine Terminswahrnehmung erforderlich. Hierfür genügt es bereits, wenn der Rechtsanwalt nach Aufruf der Sache und vor Schluss der Versteigerung kurzzeitig anwesend ist. Eine besondere Tätigkeit ist nicht erforderlich. Mit der Terminsgebühr werden sämtliche in einem Verfahren wahrgenommenen Versteigerungstermine abgedeckt. Sie entsteht also nur einmalig. Wird ein Rechtsanwalt nur für die Terminswahrnehmung beauftragt, entsteht neben der Terminsgebühr zusätzlich auch noch die Verfahrensgebühr nach RVG-VV Nr. 3311 Nr. 1.
– Gebühr für das Verteilungsverfahren:
Für die Tätigkeit im Verteilungsverfahren fällt gemäß RVG-VV Nr. 3311 Nr. 2 ebenfalls eine 0,4-Gebühr an. Für das Entstehen der Gebühr reicht es aus, wenn der Rechtsanwalt zum Verteilungstermin eine Forderungsanmeldung beim Vollstreckungsgericht einreicht. Eine Terminswahrnehmung ist hierfür nicht erforderlich. Die bloße Entgegennahme der Ladung zum Verteilungstermin reicht dagegen nicht aus. Die 0,4-Gebühr entsteht auch für die Mitwirkung bei einer außergerichtlichen Verteilung nach §§ 143, 144 ZVG. Wurde der Rechtsanwalt nur für das Verteilungsverfahren beauftragt, entsteht neben der Verteilungsgebühr nicht auch noch zusätzlich die allgemeine Verfahrensgebühr nach RVG-VV Nr. 3311 Nr. 1.
– Gebühr für das Einstellungsverfahren:
Die 0,4-Gebühr gemäß RVG-VV Nr. 3311 Nr. 6 entsteht für die Vertretung des Schuldners oder Gläubigers bzw. Antragstellers oder Antragsgegners in sämtlichen Einstellungsverfahren (§§ 30a–f, 180 Abs. 2 und 3 ZVG, 765a, 769 Abs. 2, 771 Abs. 3 ZPO). Es handelt sich um eine Pauschalgebühr, durch die alle Tätigkeiten des Rechtsanwalts abgegolten werden. Sie entsteht daher auch bei Tätigkeit in mehreren Einstellungsverfahren im Verfahren eines Gläubigers aus demselben Beschlagnahmebeschluss nur einmal (z.B. zunächst Antrag nach § 30a ZVG, dann nach § 30b ZVG und schließlich noch nach § 765a ZPO). Ist der Rechtsanwalt für den Schuldner tätig, so entsteht die Gebühr auch dann nur einmal, wenn der Einstellungsantrag hinsichtlich mehrerer Beschlagnahmebeschlüsse desselben Gläubigers oder in den einzelnen Verfahren von verschiedenen Anordnungs- und Beitrittsgläubigern jeweils gesondert gestellt wird. Für den Schuldnervertreter entsteht die Gebühr mit der entsprechenden Auftragserteilung, für den Gläubigervertreter frühestens mit Anhörung des Gläubigers zu einem gestellten Einstellungsantrag.

3. Gegenstandswert Zwangsversteigerung:

30 Der Gegenstandswert ist in § 26 RVG geregelt. Er richtet sich danach, in welcher Eigenschaft der Auftraggeber vertreten wird.
– Gemäß § 26 Abs. 1 RVG richtet sich der Gegenstandswert bei der Vertretung von betreibenden Gläubigern oder sonstigen Verfahrensbeteiligten (gemäß § 9 ZVG) nach dem Wert des diesen zustehenden Rechts einschließlich evtl. Nebenforderungen. Teilbeträge sind nur bei persönlichen Ansprüchen gemäß § 10 Abs. 1 Nr. 5 ZVG maßgeblich. Nach oben begrenzt wird der Wert durch den im Zwangsversteigerungsverfahren festgesetzten Verkehrswert (§ 74a Abs. 5 ZVG). Der Wert von in Abt. 2 des Grundbuchs eingetragenen unbaren Rechten bestimmt sich nach den für die Gerichtsgebühren geltenden Wertvorschriften (§§ 3–9 ZPO).
– Bei der Vertretung von Schuldnern, Antragstellern und Antragsgegnern ist gemäß § 26 Abs. 2 GKG der Wert des Gegenstands der Zwangsversteige-

rung (Belastungen werden nicht abgezogen), im Verteilungsverfahren der zu verteilende Erlös maßgeblich. Bei Miteigentümern ist nur der jeweilige (rechnerische) Anteil anzusetzen. Ist noch kein Verkehrswert gemäß § 74a Abs. 5 ZVG festgesetzt, so ist ein solcher auf Grundlage vorliegender Anhaltspunkte zu bemessen[44] (der Einheitswert kann hier nicht herangezogen werden). Wird ein Teilungsversteigerungsverfahren von einem Pfändungsgläubiger betrieben, so richtet sich der Gegenstandswert nach dessen Forderung.

- Bei der Vertretung eines Bieters, der nicht Verfahrensbeteiligter nach § 9 ZVG ist, richtet sich der Gegenstandswert gemäß § 26 Abs. 3 RVG nach dem höchsten für den Auftraggeber abgegebenen Gebot (Meistbargebot zzgl. evtl. bestehen bleibender Rechte). Wird kein Gebot abgegeben, so ist der gemäß § 74a Abs. 5 ZVG festgesetzte Verkehrswert maßgeblich.

4. Gebühren im Zwangsverwaltungsverfahren:

Für die Vertretung in Zwangsverwaltungsverfahren erhält der Rechtsanwalt **31** gemäß RVG-VV Nr. 3311 Nrn. 3, 4, 5 und 6 jeweils gesondert eine 0,4-Gebühr für

- die Vertretung des Antragstellers (also betreibenden Gläubigers) im Verfahren über den Antrag auf Anordnung des Zwangsverwaltungsverfahrens oder Zulassung des Beitritts (Nr. 3). Durch diese Gebühr wird die gesamte Tätigkeit des Rechtsanwalts von der Auftragserteilung bis zur Entscheidung über den Anordnungs- bzw. Beitrittsbeschluss abgegolten. Die Gebühr ermäßigt sich nicht, wenn der Antrag bereits vor Entscheidung des Gerichts zurückgenommen wird. Übernimmt der Rechtsanwalt die Vertretung erst nach Anordnung oder Beitritt, kann diese Gebühr jedoch nicht mehr entstehen;
- die Vertretung des Gläubigers im weiteren Verfahren einschließlich des Verteilungsverfahrens (Nr. 4). Durch diese Gebühr wird die ganze sonstige Tätigkeit des Gläubigervertreters im Zwangsverwaltungsverfahren abgegolten. Weitere Gebühren (z. B. für Terminswahrnehmung) entstehen nicht;
- die Vertretung eines sonstigen Beteiligten (also auch des Schuldners) im ganzen Verfahren einschließlich des Verteilungsverfahrens (Nr. 5). Diese Gebühr entspricht der Verfahrensgebühr Nr. 4 für alle sonstigen Verfahrensbeteiligten;
- die Tätigkeit in einem Einstellungsverfahren, z. B. nach § 153b ZVG oder § 765a ZPO (Nr. 6).

Daneben sind die Auslagen des Rechtsanwalts zu berücksichtigen. Hier fallen in der Regel an: 19 % Umsatzsteuer, Postpauschale nach RVG-VV Nr. 7002 (bzw. tatsächlich angefallene Post- und Telekommunikationsauslagen, RVG-VV Nr. 7001), Dokumentenpauschale nach RVG-VV Nr. 7000 und Reisekosten nach RVG-VV Nr. 7003–7006.

Der Gegenstandswert für die Vertretung im Zwangsverwaltungsverfahren ist in § 27 RVG geregelt. Bei der Vertretung des Gläubigers bestimmt sich der Wert nach dem Anspruch, der dem Verfahren zugrunde liegt (einschließlich Nebenforderungen). Künftige wiederkehrende Leistungen sind mit einem Jahresbetrag zu berücksichtigen (§ 27 Satz 1 RVG). Bei der Vertretung des Schuldners richtet sich der Gegenstandswert nach dem zusammengerechneten Wert aller betreibenden Ansprüche. Bei der Vertretung von sonstigen Beteiligten ist der Wert nach billigem Ermessen zu bestimmen (§§ 27, 23 Abs. 3 Satz 2 RVG).

5. Gebühren im Erinnerungs- und Beschwerdeverfahren:

Die dem Rechtsanwalt zustehenden Beschwerde- und Erinnerungsgebühren **32** sind in den RVG-VV Nrn. 3500, 3502, 3503 und 3513 geregelt. Gemäß

---

44 LG Zweibrücken JurBüro 2006, 382.

Nr. 3500 erhält der Rechtsanwalt für die Vertretung eines Beteiligten im Erinnerungs- (§ 766 ZPO und § 11 Abs. 2 RPflG) und Beschwerdeverfahren eine 0,5-Gebühr, im Rechtsbeschwerdeverfahren gemäß Nr. 3502 eine 1,0-Gebühr, die sich gemäß Nr. 3503 bei vorzeitiger Beendigung des Auftrags auf eine 0,5-Gebühr ermäßigt. Für Terminswahrnehmungen in diesen Verfahren entsteht gemäß Nr. 3513 ebenfalls eine 0,5-Gebühr.
Der Gegenstandswert des Erinnerungs- bzw. Beschwerdeverfahrens bestimmt sich nach § 23 Abs. 2 RVG.

Prozesskostenhilfe im Zwangsversteigerungsverfahren

Übersicht	Rn.
I. Allgemeines	1
II. Bewilligungsvoraussetzungen, Beiordnung und Zuständigkeit	2–5
III. Wirkungen von Bewilligung und Beiordnung	6
IV. Änderung der Entscheidung bzw. Aufhebung der Bewilligung	7, 8
V. Rechtsmittel	9–13
1. Beschwerdemöglichkeit der Staatskasse	10
2. Antragssteller	11, 12
3. Rechtsanwalt	13

I. Allgemeines

Ist eine Partei nicht in der Lage, anfallende Prozesskosten zu tragen, besteht die Gefahr, dass die gerichtliche Durchsetzung privatrechtlicher Positionen an den wirtschaftlichen Verhältnissen scheitert. Dem beugt das Institut der Prozesskostenhilfe (PKH) vor, das somit Ausfluss des Gleichheitsgrundsatzes (Art. 3 Abs. 1 GG) in Verbindung mit dem Sozialstaatsprinzip ist.[1] Da zur Anspruchsrealisierung ggf. Zwangsvollstreckungsmaßnahmen erforderlich sind, kann PKH auch für diesen Verfahrensabschnitt nach den §§ 114 ff. ZPO beantragt werden. Das Zwangsvollstreckungsverfahren ist ein eigener „Rechtszug" i. S. v. § 119 Abs. 1 ZPO.[2] Die Bewilligung von PKH für das Erkenntnisverfahren gilt deshalb **nicht** auch für das Zwangsvollstreckungsverfahren.[3] Das PKH-Verfahren ist ein vom Hauptverfahren zu unterscheidendes **selbständiges Verfahren**, das eigenen Regeln folgt. 1

II. Bewilligungsvoraussetzungen, Beiordnung und Zuständigkeit

1. PKH wird nur gewährt, wenn die Klage bzw. die Rechtsverteidigung hinreichende Erfolgsaussichten bietet, nicht mutwillig ist und der Antragssteller arm ist, §§ 114, 115 ZPO. Unstrittig ist, dass nicht für das Immobilarvollstreckungsverfahren insgesamt PKH bewilligt werden kann (arg. e contrario § 119 Abs. 2 ZPO).[4] Daraus folgt zugleich, dass die Bewilligung von PKH für die Mobiliarvollstreckung nicht auch PKH für die Immobiliarvollstreckung impliziert.[5] Umstritten ist aber, ob für ein **bestimmtes** Zwangsversteigerungs- oder Zwangsverwaltungsverfahren PKH insgesamt bewilligt werden kann. Die herrschende Meinung lehnt dies für den **Schuldner** ab.[6] Da der Schuldner im 2

---

1 BVerfG, Beschl. vom 3.7.1973 – 1 BvR 153/69, BVerfGE 35, 348, 354 f. = NJW 1974, 229; BVerfG, Beschl. vom 26.4.1988 – 1 BvL 84/86, BVerfGE 78, 104, 117 f. = NJW 1988, 2231; zu den verfassungsrechtlichen Grundlagen des Zwangsversteigerungsrechts siehe „Einfluss des GG" und *Bork*, in: *Stein/Jonas*, ZPO, vor § 114 Rn. 8.
2 Vgl. Art. 3 Satz 3 PKH-ÄndG; *Schellhammer*, Zivilprozessrecht, Rn. 1788.
3 Bewilligte das Prozessgericht fälschlicherweise PKH auch für die Zwangsvollstreckung, soll der Beschluss dennoch wirksam sein, vgl. *Fischer*, Rpfleger 2004, 190; *Behr/Hantke*, Rpfleger 1981, 265, 266; zur Verbindung der PKH-Anträge für Erkenntnisverfahren und für die Zwangsvollstreckungsmaßnahme siehe *Bork*, in: *Stein/Jonas*, ZPO, § 119 Rn. 14.
4 Vgl. BT-Drucks. 13/341, S. 13.
5 *Stöber*, ZVG, Einleitung Rn. 45.2.
6 BGH, Beschl. v. 31.10.2003 – IXa ZB 197/03, Rpfleger 2004, 174; LG Krefeld, Beschl. v. 30.11.1987 – 6 T 316/87, Rpfleger 1988, 156; LG Bielefeld, Beschl. v. 17.9.1986 – 3 T 836/86,

Rahmen eines Zwangsversteigerungsverfahrens ganz unterschiedliche Ziele[7] verfolgen und dementsprechend mannigfache Verteidigungsmöglichkeiten wählen kann, sei die nach § 114 ZPO erforderliche Prüfung der Erfolgsaussichten nur möglich, wenn der Schuldner konkret seine Verfahrensstrategie darlegt.[8] Das sei zu Beginn des Vollsteckungsverfahrens typischerweise nicht möglich.[9] PKH kommt für den Schuldner daher nur für einzelne Verfahrensabschnitte und Verfahrensziele in Betracht. Die Gegenansicht hält diese Benachteiligung des Schuldners für nicht mit Sinn und Zweck der PKH sowie dem Gebot der Waffengleichheit bei der Vertretung des Gläubigers durch einen Rechtsanwalt (vgl. § 121 Abs. 2 Alt. 2 ZPO) vereinbar.[10] Zwar überzeugt letzteres Argument nicht, da es die Systematik des Gesetzes auf den Kopf stellt, baut doch § 121 Abs. 2 ZPO auf den Voraussetzungen des § 114 ZPO auf und kann daher nicht im Rahmen der Prüfung der Erfolgsaussichten bei § 114 ZPO berücksichtigt werden. Dennoch ist nicht zu übersehen, dass sich angesichts der mit den von der herrschenden Meinung für den Schuldner aufgestellten Hürden leicht eine mit dem Sinn der PKH nur schwer zu vereinbarende Schieflage ergeben kann. Daher sollte in der Praxis ein Kompromiss angestrebt werden, z. B. dergestalt, dass dem Schuldner vor dem Versteigerungstermin die Möglichkeit gegeben wird, seine Mittellosigkeit nachzuweisen, und der Rechtspfleger ihm zusagt, im Termin von Fall zu Fall über PKH und eine Rechtsanwaltsbeiordnung zu entscheiden.[11]

3 **Einzelfälle:** Die vom Gläubiger angestrebte Zwangsversteigerung bietet keine ausreichenden Erfolgschancen, wenn der Verkehrswert des Grundstücks unter Berücksichtigung der Vorlasten keine Aussicht auf einen Versteigerungserlös begründet.[12] Gleiches gilt, wenn das geringste Gebot so hoch ist, das mit an Sicherheit grenzender Wahrscheinlichkeit damit zu rechnen ist, dass keine Gebote abgegeben werden und deshalb das Verfahren nach § 77 Abs. 2 ZVG aufgehoben werden wird.[13] Waren bereits mehrfach Zwangsvollstreckungsversuche erfolglos, können weitere mutwillig sein, wenn keine Anhaltspunkte für eine Veränderung der Vermögensverhältnisse vorliegen. Anhaltspunkt kann hierbei die Wertung des § 903 ZPO sein.[14] Einem Miteigentümer kann für die Zwangsversteigerung in das im Miteigentum stehende Grundstück PKH bewilligt werden, denn es besteht kein Vorrang der Teilungsversteigerung.[15] Wenn bei einer Teilungsversteigerung angesichts der auf dem Grundstück lastenden Grundpfandrechte nicht mit einem geringsten Gebot zu rechnen ist, ist der PKH-Antrag abzulehnen.[16] Im Verfahren nach § 172 ZVG wird Bewilligung von PKH kaum möglich sein.[17] Auch im Rahmen der Zwangsverwaltung wird PKH für den Schuldner nur in Ausnahmefällen wie bei Abschluss neuer

---

Rpfleger 1987, 210; *Haarmeyer/Wutzke/u. a.*, Zwangsverwalt., § 146 ZVG Rn. 24; *Hintzen*, Rpfleger 2006, 57; *Fischer*, in: *Musielak*, ZPO, § 119 Rn. 8.
7 Z.B. Verhinderung der Versteigerung einerseits bzw. Durchführung der Versteigerung unter Erzielung eines möglichst hohen Erlöses und mit einer möglichst günstigen Erlösverteilung andererseits.
8 BGH, Beschl. v. 31.10.2003 – IXa ZB 197/03, Rpfleger 2004, 174; LG Münster, Beschl. v. 30.6.1994 – 5 T 521/94, Rpfleger 1995, 36.
9 Vgl. BT-Drucks. 13/341, S. 13.
10 *Stöber*, ZVG, Einleitung, Rn. 45.2; *Bork*, in: *Stein/Jonas*, ZPO, § 119 Rn. 15 m.w.N.
11 Vgl. *Meyer-Stolte*, Rpfleger 1988, 157.
12 *Storz*, B 8.3.2.
13 *Dassler/Schiffhauer/u.a./Hintzen*, ZVG, § 180 Rn. 38.
14 BT-Drucks. 13/341, S. 13.
15 LG Frankenthal, Beschl. v. 21.11.2001 – 1 T 222/01, Rpfleger 2002, 219; *Hintzen*, Rpfleger 2004, 69, 70, 81.
16 LG Heilbronn, Beschl. v. 14.6.2006 – 1 T 202/06, Rpfleger 2007, 40.
17 *Stöber*, ZVG, Einleitung Rn. 45.7.

langfristiger Mietverträge oder Nutzungsänderungen und Nutzungsbeschränkungen i. S. v. § 149 ZVG in Betracht kommen.[18]

2. Liegen die Bewilligungsvoraussetzungen für PKH vor,[19] ist nach § 121 Abs. 1 ZPO im Anwaltsprozess der armen Partei ein **Rechtsanwalt beizuordnen**. Im Parteiprozess gilt dies nach § 121 Abs. 2 ZPO nur, wenn es „erforderlich erscheint" oder der Gegner durch einen Rechtsanwalt vertreten ist. Die Erforderlichkeit bestimmt sich nach objektiv/sachlichen wie subjektiv/persönlichen Gesichtspunkten. Anzuknüpfen ist also sowohl an die besondere Schwierigkeit der Sache wie an die Vorkenntnisse der armen Partei.[20] Im Zwangsversteigerungsverfahren kann dem **Schuldner** nach herrschender Meinung synchron zur strikten Handhabung hinsichtlich der Gewährung von PKH (siehe Rn. 2 f.) nicht rein vorsorglich für das Zwangsvollstreckungsverfahren ein Rechtsanwalt beigeordnet werden. Denn die Erfolgsaussichten seiner beabsichtigen Rechtsverfolgung lassen sich nur beurteilen, wenn der Schuldner darlegt, gegen welche vollstreckungsgerichtliche Maßnahme er sich im Einzelnen wenden oder wie er sich sonst konkret am Verfahren beteiligen möchte.[21] Für den **Gläubiger** wird angesichts der Komplexität des Immobiliarvollstreckungsverfahrens oft etwas anderes gelten, denn es müssen verschiedenste, für einen Laien regelmäßig nicht erkennbare Gesichtspunkte bedacht werden.[22] Zumindest für ein bestimmtes Zwangsvollstreckungsverfahren (Zwangsversteigerung ...) ist ihm daher regelmäßig PKH zu bewilligen und ein Rechtsanwalt beizuordnen.[23]

3. **Zuständig** für die Bewilligung von PKH und Rechtsanwaltsbeiordnung im Zwangsversteigerungsverfahren ist das für die Zwangsvollstreckung zuständige Gericht, § 117 Abs. 1 Satz 3 ZPO.[24] Das ist für Zwangsversteigerung und -verwaltung das Amtsgericht, in dessen Bezirk das Grundstück belegen ist, §§ 1 Abs. 1, 146 Abs. 1 ZVG. Zuständig ist insoweit nach § 3 Nr. 1 lit. i), 20 Nr. 17 RPflG der Rechtspfleger.[25] PKH für die Eintragung einer Zwangshypothek und grundstücksgleicher Rechte (§ 867 Abs. 1 ZPO) ist beim Grundbuchamt, in dessen Bezirk das zu belastende Grundstück liegt (§§ 1, 2 Abs. 1 GBO) zu beantragen.[26] Zuständig ist auch hier der Rechtspfleger, § 3 Nr. 1 lit. h) RPflG.

---

18 Vgl. *Stöber*, ZVG, Einleitung, Rn. 45.2; *Storz*, B 8.3.2.
19 Da § 121 ZPO systematisch auf § 114 ZPO aufbaut, kommt die Beiordnung eines Rechtsanwalts nur in Betracht, wenn die Voraussetzungen für die Bewilligung von PKH vorliegen, BGH, Beschl. v. 31.10.2003 – IXa ZB 197/03, Rpfleger 2004, 174.
20 OLG Zweibrücken, Beschl. v. 16.12.1985 – 2 WF 41/85, FamRZ 1986, 274; OLG München, Beschl. v. 16.11.1998 – 12 WF 1302/98, FamRZ 1999, 792; KG Berlin, Beschl. v. 16.8.1994 – 19 WF 3495/94, FamRZ 1995, 629; LG Koblenz, Beschl. v. 31.3.2004 – 2 T 231/04, FamRZ 2005, 529; BVerfG, Beschl. v. 18.12.2001 – 1 BvR 391/01, Rpfleger 2002, 212; *Reichold* in: *Thomas/Putzo*, ZPO, § 121 Rn. 5; *Philippi*, in: *Zöller*, ZPO, § 121 Rn. 4 m. w. N.
21 BGH, Beschl. v. 18.7.2003 – IXa ZB 124/03, NJW 2003, 3136 = Rpfleger 2003, 591; BGH, Beschl. v. 31.10.2003 – IXa ZB 197/03, Rpfleger 2004, 174; LG Krefeld, Beschl. v. 30.11.1987 – 6 T 316/87, Rpfleger 1988, 156; kritisch *Meyer-Stolte*, Rpfleger 1988, 157.
22 Für eine regelmäßige Beiordnung in der Zwangsvollstreckung LG Koblenz, Beschl. v. 22.2.2002 – 2 T 66/02, JurBüro 2002, 321; a. A. für die Mobiliarvollstreckung LG Rostock, Beschl. v. 13.12.2002 – 2 T 382/02, Rpfleger 2003, 304; LG Bayreuth, Beschl. v. 19.4.1999 – 15 T 27/99, Rpfleger 1999, 336; LG Ulm, Beschl. v. 22.2.1999 – 5 T 29/99, AnwBl. 2000, 62.
23 So auch *Fischer*, Rpfleger 2004, 190, 192; anders für die Eintragung einer Zwangshypothek LG Detmold, Beschl. v. 1.9.2004 – 3 T 216/04, Rpfleger 2005, 33.
24 LG Gießen, Beschl. v. 23.3.1993 – 7 T 96/93, DGVZ 1993, 139.
25 *Philippi*, in: *Zöller*, ZPO, § 119 Rn. 34.
26 *Behr/Hantke*, Rpfleger 1981, 265, 266; *Meier*, JuS 1992, 650, 651.

III. Wirkungen von Bewilligung und Beiordnung

6 Die Bewilligung von PKH hat i. d. R. **nicht** zur Folge, dass der Antragsteller endgültig und dauerhaft von den Prozesskosten (Gerichts- und Anwaltskosten) befreit wird. Vielmehr muss der Antragsteller meist entsprechend der gerichtlichen Festsetzung (§ 120 ZPO) **monatliche Zahlungen** erbringen, §§ 122 Abs. 1 Nr. 1, 115 Abs. 2, 3 ZPO.[27] Auch bleibt ein eventueller späterer prozessualer Kostenerstattungsanspruch (zu den Kosten vgl. § 788 ZPO) des Gegners unberührt, § 123 ZPO.[28] Der nach § 121 Abs. 1, 2 ZPO beigeordnete Rechtsanwalt hat meist nur einen verminderten Honoraranspruch (§ 49 RVG, Ausnahme: § 50 RVG), den er gegenüber seinem Mandanten nicht geltend machen darf (§ 122 Abs. 1 Nr. 3 ZPO). Er kann sich stattdessen an die Staatskasse halten, § 45 RVG. Darüber hinaus kann er vom Gegner der armen Partei – im Obsiegensfalle – per Geltendmachung des prozessualen Kostenerstattungsanspruchs seines Mandanten im **eigenen** Namen die Differenz zum vollen Honorar verlangen, § 126 Abs. 1 ZPO.

IV. Änderung der Entscheidung bzw. Aufhebung der Bewilligung

7 1. Das Ausgangsgericht (i. d. R. der Rechtspfleger, § 20 Nr. 4 lit. c] RPflG) kann gemäß § 120 Abs. 4 ZPO die Entscheidung über die PKH bei Änderung der persönlichen oder wirtschaftlichen Verhältnisse ändern, d. h. Monatsraten herabsetzen, erhöhen oder erstmals festsetzen.[29]

8 2. Unter den Voraussetzungen des § 124 ZPO kann[30] das Gericht die Bewilligung auch ganz aufheben. Das ist insbesondere der Fall, wenn der Partei entweder ein schuldhaftes Verhalten vorzuwerfen ist (Nr. 1, 2, 4) oder aber schon bei Bewilligung die persönlichen bzw. wirtschaftlichen Voraussetzungen für PKH in Wahrheit gar nicht vorlagen (Nr. 3). Umstritten ist, ob § 124 Nr. 3 ZPO analog anzuwenden ist, wenn erst aufgrund von nach der *Bewilligung* eintretenden Umständen die persönlichen oder wirtschaftlichen Bewilligungsvoraussetzungen entfallen. Das wird teilweise bejaht, da die Sanktionsmöglichkeiten des § 120 Abs. 4 ZPO nicht ausreichend und § 124 ZPO insoweit lückenhaft sei.[31] Dagegen spricht jedoch, dass § 124 ZPO erkennbar abschließend formuliert ist und § 120 Abs. 4 ZPO vom Gesetzgeber gerade für Fälle der nachträglichen wesentlichen Verbesserung der für die Bewilligung maßgebenden persönlichen oder wirtschaftlichen Verhältnisse konzipiert wurde.[32] Auch hat die völlige Aufhebung nach § 124 ZPO ggü. einer Abänderung nach § 120 Abs. 4 ZPO den Nachteil, dass es zu komplizierten Auswirkungen auf

---

27 Bei der Teilungsversteigerung ist es der Partei, der PKH bewilligt wurde, regelmäßig zuzumuten, alsbald Verfahrenskosten aus Beiträgen zu leisten, die ihr durch das Verfahren zufließen (OLG Koblenz, Beschl. v. 14.8.2000 – 3 W 515/00, FamRZ 2001, 1715; LG Saarbrücken, Beschl. v. 25.9.1986 – 5 T 521/86, Rpfleger 1987, 125); wird das Teilungsversteigerungsverfahren durch Rücknahme des Versteigerungsantrags beendet, nachdem der Miteigentümer seinen wertvollen Anteil gegen Zahlung übereignet hat, kann ihm auferlegt werden, die Verfahrenskosten aus dem Veräußerungserlös zu bezahlen (LG Frankenthal, Beschl. v. 11.12.2000 – 1 T 252/00, Rpfleger 2001, 193).
28 Zur Frage, ob der unterlegene Beklagte dem Kläger zuvor entrichtete Gerichtskosten ersetzen muss, vgl. *Schellhammer*, Rn. 1795 m. w. N.
29 OLG Karlsruhe, Beschl. v. 25.8.1993 – 16 WF 72/93, FamRZ 1994, 1268; *Schellhammer*, Rn. 1808.
30 § 124 ZPO ist als Ermessensnorm ausgestaltet; zu den in die Ermessensentscheidung einzustellenden Überlegungen vgl. *Förster*, in: *Musielak*, ZPO, § 124 Rn. 2 f.
31 So *Schellhammer*, Rn. 1808 m. w. N.
32 Vgl. BT-Drucks. 10/3054, S. 18 und die dort genannten Beispiele: „Beendigung einer Arbeitslosigkeit, die ursprünglich zur Bewilligung der Prozesskostenhilfe ohne Kostenbeteiligung geführt hatte, Wegfall einer Unterhaltspflicht".

die Gebührenforderung des Rechtsanwalts kommt. Anzuwenden ist demnach § 120 Abs. 4 ZPO.[33]

V. Rechtsmittel

Rechtsmittel gegen die erstinstanzliche Entscheidung ist die **sofortige Beschwerde** nach §§ 567 ff. ZPO. Die zweiwöchige **Frist** des § 569 ZPO für die sofortige Beschwerde wird durch § 127 Abs. 2 Satz 3[34] bzw. § 127 Abs. 3 Sätze 3–5 ZPO modifiziert. Im Übrigen ist zu unterscheiden:

1. Beschwerdemöglichkeit der Staatskasse

Wie sich aus Wortlaut und Entstehungsgeschichte[35] des § 127 Abs. 2, 3 Satz 1 ZPO ergibt, kann die Staatskasse die Bewilligung[36] von PKH ebenso wenig angreifen wie die Höhe der festgesetzten Monatsraten resp. der aus dem Vermögen zu zahlenden Beträge.[37] Beschwerde kann sie daher nur mit dem Ziel erheben, dass überhaupt Monatsraten bzw. aus dem Vermögen der Partei zu zahlende Beträge festgesetzt werden.[38] Umstritten ist, ob die Staatskasse sofortige Beschwerde gegen die Beiordnung eines Rechtsanwalts erheben kann. Entgegen einer vereinzelten Entscheidung des OLG Düsseldorfs[39] ist dies zu verneinen.[40] Denn auch wenn die Anwaltsbeiordnung (§ 121 ZPO) eine eigenständige Entscheidung ist und damit nicht unmittelbar von § 127 Abs. 2 Satz 1 ZPO erfasst wird, scheidet doch eine Beschwerde angesichts des Ausnahmecharakters des § 127 Abs. 3 ZPO sowie dem Willen des Gesetzgebers[41] aus.

2. Antragsteller

Der Antragsteller kann sowohl gegen die völlige Verweigerung der PKH als auch gegen die Anordnung von Monatsraten und deren Höhe sofortige Beschwerde einlegen. Dies gilt aber grds. nicht, wenn entweder der Wert der Hauptsache 600 € nicht übersteigt § 127 Abs. 2 Satz 2 Hs. 2 ZPO[42] (Ausnahmen siehe dort), oder die Hauptsacheentscheidung aus sonstigen Gründen nicht anfechtbar ist.[43] In diesen Fällen ist nur eine Gegenvorstellung mög-

---

33 So auch *Bork*, in: *Stein/Jonas*, ZPO, § 120 Rn. 21 ff.
34 Bei Fristversäumnis kann der Antragsteller versuchen, einen gänzlich neuen PKH-Antrag zu stellen. Das ist nicht von vornherein ausgeschlossen, da der die PKH-Bewilligung ablehnende Beschluss nicht der materiellen Rechtskraft zugänglich ist. Jedoch ist zu beachten, dass dem erneuten PKH-Antrag das Rechtsschutzbedürfnis fehlt, wenn er auf denselben Lebenssachverhalt gestützt wird (BGH, Beschl. v. 3.3.2004 – IV ZB 43/03, NJW 2004, 1805 = Rpfleger 2004, 359; vgl. *Baumbach/Lauterbach/u. a.*, ZPO, § 127 Rn. 102).
35 BT-Drucks. 10/6400, S. 48 („Die Beschwerde soll also nur stattfinden, soweit Prozesskostenhilfe ohne Zahlungsanordnung bewilligt worden ist.").
36 BGH, Beschl. v. 8.10.1992 – VII ZB 3/92, BGHZ 119, 372 = NJW 1993, 135 = Rpfleger 1993, 258 m. w. N.; zu weiteren Fällen, in denen die Staatskasse keine Beschwerde einlegen kann vgl. *Philippi*, in: *Zöller*, ZPO, § 127 Rn. 17.
37 *Baumbach/Lauterbach/u. a.*, ZPO, § 127 Rn. 24.
38 OLG Oldenburg, Beschl. v. 27.3.1996 – 12 WF 51/96, FamRZ 1996, 1428; nicht notwendig ist, dass der Wert der Hautsache 600 € übersteigt, vgl. *Reichold*, in: *Thomas/Putzo*, ZPO, § 127 Rn. 7.
39 OLG Düsseldorf, Beschl. v. 16.9.1987 – 10 W 100/87, MDR 1988, 61.
40 OLG Düsseldorf, Beschl. v. 29.5.1989 – 3 W 213/89, Rpfleger 1989, 466; LG Bielefeld, Beschl. v. 27.3.1987 – 3 T 291/87, Rpfleger 1987, 433; KG, Beschl. v. 21.10.1988 – 22 W 5605/88, JurBüro 1989, 421; *Baumbach/Lauterbach/u. a.*, ZPO, § 121 Rn. 23.
41 Überzeugend OLG Düsseldorf, Beschl. v. 3.3.1982 – 2 WF 7/82, FamRZ 1982, 723 m. w. N.
42 Der Beschwerdewert hinsichtlich der Kosten des § 567 Abs. 2 ZPO spielt dagegen keine Rolle, *Philippi*, in: *Zöller*, ZPO, § 127 Rn. 30.
43 BGH, Beschl. v. 23.2.2005 – XII ZB 1/03, BGHZ 162, 230 = NJW 2005, 1659 = FamRZ 2005, 790.

lich.[44] Eine „Untätigkeitsbeschwerde" ist möglich, wenn das Gericht die Entscheidung über das PKH-Gesuch derart verzögert, dass dies einer Ablehnung gleichkommt.[45] Die Beschwerde ist auch dann statthaft, wenn PKH nicht wie beantragt rückwirkend gewährt wurde,[46] und zwar grds. auch noch nach Abschluss der Instanz.[47] Wird der Partei im Parteiprozess (§ 121 Abs. 2 ZPO) entgegen ihrem Antrag kein Rechtsanwalt beigeordnet, so ist sie dagegen beschwerdeberechtigt.[48] Im Anwaltsprozess (§ 121 Abs. 1 ZPO) kann auch Beschwerde gegen die Beiordnung eines nicht gewählten Anwalts einlegt werden.[49]

12 Sehr umstritten ist, inwieweit in der Beschwerdeinstanz in der 1. Instanz unterbliebene Angaben und nicht vorgelegte Unterlagen (Belege, Vordrucke usw.) **nachgeholt** werden können. Praxisrelevant sind hierbei v. a. Konstellationen, in denen der Beschwerdeführer in 1. Instanz nicht innerhalb einer ordnungsgemäß[50] gesetzten gerichtlichen Frist (§ 118 Abs. 2 Satz 4 ZPO) die geforderten Unterlagen beibringt. Die h. M. lehnt eine Berücksichtigung des Vorbringens in der Beschwerdeinstanz ab.[51] Die Gegenansicht[52] sieht dies als bloße Förmelei an und schließt aus der Tatsache, dass jederzeit ein neuer PKH-Antrag möglich ist, auf die Berücksichtigungsfähigkeit des neuen Vorbringens. Diese Gegenansicht ist abzulehnen. Zwar sieht § 571 Abs. 2 ZPO grundsätzlich die Möglichkeit neuen Vorbringens vor, jedoch ist § 118 Abs. 2 Satz 4 ZPO im PKH-Verfahren als Spezialvorschrift anzusehen. Angesichts der zwingenden Rechtsfolge des § 118 Abs. 2 Satz 4 ZPO („lehnt das Gericht die Bewilligung ... ab") wäre das Ausgangsgericht unter Zugrundelegung der Gegenauffassung in bestimmten Konstellationen gezwungen, sehenden Auges eine Entscheidung treffen, die in der Beschwerdeinstanz sicher aufgehoben würde.[53] Das ist dem Gericht nicht zumutbar. Da die **Beschwerde** nicht auf die neu vorgelegten Unterlagen gestützt werden kann, ist sie (insoweit) **unbegründet**. Das schließt es aber nicht aus, dass der Beschwerdeführer – solange das Hauptsacheverfahren nicht beendet ist – einen **neuen PKH-Antrag** stellen kann.[54] Die hier vertretene Auffassung führt damit genau zu der vom Gesetzgeber mit Einführung des § 118

---

44 *Büchel*, in: *Beck'sches Formularbuch*, Muster I.C. 8., Anm. 1; zur Gegenvorstellung siehe *Reichold*, in: *Thomas/Putzo*, ZPO, Vorbem § 567 Rn. 13 ff.
45 Näher *Philippi*, in: *Zöller*, ZPO, § 127 Rn. 11 m. w. N.
46 OLG München, Beschl. v. 1.12.1986 – 13 W 2975/86, MDR 1987, 240 m. w. N.
47 Näher OLG Brandenburg, Beschl. v. 12.10.1998 – 13 W 11/98, MDR 1999, 54; OLG Frankfurt, Beschl. v. 30.10.1997 – 24 W 53/97, MDR 1998, 494.
48 OLG München, Beschl. v. 3.11.1998 – 16 WF 1249/98, FamRZ 1999, 1285.
49 OLG Köln, Beschl. v. 13.3.1992 – 13 W 8/92, JurBüro 1992, 619; OLG Köln, Beschl. v. 11.5.1987 – 14 WF 92/87, FamRZ 1987, 1168; OLG Celle, Beschl. v. 6.10.1994 – 21 WF 119/94, NdsRpfl 1995, 46.
50 § 118 Abs. 2 Satz 4 ZPO setzt eine ordnungsgemäße gerichtliche Fristsetzung voraus, vgl. LAG Düsseldorf, Beschl. v. 22.6.1989 – 14 Ta 210/89, JurBüro 1989, 1443,
51 BAG, Beschl. v. 3.12.2003 – 2 AZB 19/03, MDR 2004, 415; LAG Nürnberg, Beschl. v. 15.4.2003 – 6 Ta 134/02, MDR 2003, 1022; LAG Hamm, Beschl. v. 4.8.2005 – 4 Ta 434/05 (n. v.).
52 LG Kiel, Beschl. v. 1.4.2004 – 10 T 4/04, SchlHA 2004, 316.
53 Das ist insbesondere dann der Fall, wenn der Antragssteller zwar nach Ablauf der nach § 118 Abs. 2 Satz 4 ZPO gesetzten Frist, aber vor Erlass der Entscheidung des Ausgangsgericht die fehlenden Unterlagen vorlegt. Zwar stellt sich das geschilderte Problem einer sehenden Auges aufzuhebenden Entscheidung nicht, wenn der Antragsteller die fehlenden Unterlagen erst nach der Entscheidung des Ausgangsgerichts (typischerweise eben im Beschwerdeschriftsatz) beibringt. Da jedoch der die fehlenden Unterlagen noch später vorlegende Beschwerdeführer nicht besser stehen darf als derjenige, der die Unterlagen zwar verspätet, aber immerhin noch vor der Ausgangsgerichtsentscheidung vorlegt, muss es auch in dieser Konstellation bei der Präklusion mit dem neuen Vorbringen bleiben.
54 Zu der Möglichkeit einer rückwirkenden PKH-Bewilligung vgl. LAG Nürnberg, Beschl. v. 11.5.1988 – 3 Ta 55/88, LAGE § 117 ZPO Nr. 6; LAG Rheinland-Pfalz, Beschl. v. 25.6.2004 – 4 Ta 121/04 (n. v.).

Abs. 2 Satz 4 ZPO beabsichtigten Konsequenz einer temporären Sanktionsvorschrift.[55]

3. Rechtsanwalt

Mangels Beschwer ist der Anwalt regelmäßig nicht beschwerdebefugt. Dies gilt vor allem auch für die Ablehnung der Beiordnung nach § 121 Abs. 2 ZPO.[56] Gegen die nachträgliche Aufhebung seiner Beiordnung ohne vorherigen Antrag kann der Rechtsanwalt dagegen Beschwerde einlegen.[57] Denn das Risiko, die ihm zustehende Vergütung zu verlieren, ist ihm nicht zuzumuten.

---

55 BT-Drucks. 10/6400, S. 48: „§ 118 ZPO will keine endgültige Sanktion verhängen. Ablehnende Entscheidungen werden nicht rechtskräftig; Mängel können also *durch einen Neuantrag* behoben werden." (Hervorhebung hier).
56 OLG Karlsruhe, Beschl. v. 26.3.1996 – 2 WF 31/96, NJW-RR 1996, 1339; KG, Beschl. v. 19.5.1992 – 1 VA 1/92, NJW-RR 1993, 69.
57 OLG Brandenburg, Beschl. v. 20.1.2003 – 15 WF 361/02, FamRZ 2004, 213; OLG Karlsruhe, Beschl. v. 26.3.1996 – 2 WF 31/96, NJW-RR 1996, 1339; OLG Zweibrücken, Beschl. v. 3.11.1983 – 2 WF 163/83, Rpfleger 1984, 115.

II. Einführungsfälle

Einführung Zwangsversteigerung

Obgleich eine bundesweite Statistik nach Antragstellern nicht bekannt ist, dürfte der überwiegende Teil der Verfahren in ZVG-Sachen auf Anträge von Banken zurückgehen. Diese sichern sich durch die Eintragung von Grundpfandrechten Darlehen ab, welche an den Eigentümer der Immobilie oder Dritte ausbezahlt werden. Im Folgenden soll dargestellt werden, wie die Versteigerung durch eine Bank in einem einfachen Fall ablaufen könnte.

Beispielfall Beteiligte und Versteigerungsobjekt

Eduard Mustermann und seine Frau haben von seinen Eltern 1992 ein Baugrundstück bekommen. Auf dem Baugrundstück war eine alte Grundschuld der Bank der Eltern eingetragen, die jedoch dieser nicht mehr zur Sicherung eines Darlehens diente.
Die Mustermanns bauten auf dem Grundstück ein Haus und beliehen das Grundstück bei der Ihrer Hausbank. Beide waren Angestellte in der gleichen aufstrebenden Firma.
Später vereinbarte Eduard bei seiner Hausbank nach einem ausführlichen Gespräch für sich und seine Frau einen neuen Darlehensvertrag und bestellte eine zusätzliche Grundschuld, um das Soll auf dem Girokonto zu einem besseren Zinssatz umzuschulden. Die Bank sandte ihm zur Unterzeichnung die Vertragsunterlagen zu und er unterzeichnete den Darlehensvertrag mit den beigefügten allgemeinen Geschäftsbedingungen, den allgemeinen Darlehensbedingungen und eine Widerrufsbelehrung. Neben den Unterlagen unterschrieb seine Frau noch eine Belehrung nach Fernabsatzrecht, da sie bei den persönlichen Verhandlungen nicht dabei war.
Aber auch dieses frische Geld reichte nicht aus um die Lebenshaltung zu finanzieren und eine Zwangssicherungshypothek für einen Gläubiger wurde im Grundbuch eingetragen. Gleichzeitig bekamen die Mustermanns Probleme mit der Bank, weil auch eine Kontopfändung vorlag. Aufgrund der Pfändung des Arbeitslohnes konnten die Raten nicht mehr bezahlt werden.
Die Bank kündigte das Darlehen außerordentlich und will nun das Grundstück verwerten.
Die Fortsetzung des Falles findet sich jeweils am Ende der folgenden Abschnitte.

A Vorbereitung der Versteigerung

1. Rechtliche Vorrausetzungen der Versteigerung

a) **Zwangsversteigerung als spezielle Maßnahme der Zwangvollstreckung.** Die Zwangsversteigerung ist eine Maßnahme der Zwangsvollstreckung in das unbewegliche Vermögen nach §§ 866, 869 ZPO, die neben der Zwangssicherungshypothek oder der Zwangsverwaltung als weitere Vollstreckungsmöglichkeit durchgeführt werden kann. Wie jede Zwangsvollstreckung ist sie Ausübung hoheitlicher Befugnisse zum Schutze des Rechtsfriedens. Für Ihre Beantragung gibt es keinen Mindestbetrag der zu vollstreckenden Forderung, weder nach Gesetz noch derzeit in der Rechtsprechung. Nach oben gilt als Begrenzung nicht das Überpfändungsverbot des § 803 Abs. 1 Satz 2 ZPO. Wie für jegliche Zwangsvollstreckungsmaßnahme sind als Voraussetzungen ein Titel sowie dessen Zustellung mit Vollstreckungsklausel notwendig. Wurde die

Zwangsversteigerung beantragt, führt dies zur Beschlagnahme des Grundstückes und zur Versteigerung im engeren Sinne. Ist diese erfolgreich, kann ein Erlös verteilt werden und Grundbuch wie Vollstreckungstitel berichtigt werden. Das Verfahren kann in seinem Ablauf, abgesehen von Beginn und Ende als Antragsverfahren, durch die Beteiligten nur in engen Grenzen beeinflusst werden.

Das Zwangsversteigerungsgesetz ist funktional ein Teil der ZPO. Diese gilt ergänzend, insbesondere die Vorschriften über die Zwangsvollstreckung im 8. Buch.

3 aa) **Vollstreckungstitel.** Der Vollstreckungstitel als allgemeine Vollstreckungsvoraussetzung kann dinglicher oder persönlicher Art sein. Er muss auf Zahlung einer Forderung gerichtet sein.[1] Der Zahlungstitel kann im Wege eines prozessualen Erkenntnisverfahrens und damit durch Urteil ergehen. Bei Grundpfandrechten errichtet die Vollstreckungsurkunde ein Notar, der regelmäßig nach dem Auftrag der Bank neben dem dinglichen Titel der Grundschuld noch ein abstraktes Schuldanerkenntnis in Höhe der Grundschuldforderung mit beurkundet, so dass damit dinglicher und persönlicher Titel in einer Urkunde vorliegen, in der sich Eigentümer und Schuldner der sofortigen Vollstreckung unterwerfen.

Der persönliche Titel richtet sich gegen das gesamte Vermögen des Schuldners. Er ist auf Zahlung einer Geldsumme gerichtet.

Der dingliche Titel berechtigt zur Versteigerung aus einem für den Gläubiger eingetragenen Grundpfandrecht. Der Titel ist nur auf Zahlung aus einem bestimmten Grundstück gerichtet nach § 1147 BGB, in der Form der Duldung der zwangsweisen Verwertung. Das Grundstück muss so exakt bezeichnet sein, dass das Vollstreckungsgericht bei Auslegung der Bezeichnung keine materielle Entscheidung treffen muss, sondern nur formal über Beginn, Art und Ende der Vollstreckung entscheidet.

4 bb) **Vollstreckungsklausel.** Sowohl der persönliche Titel als auch der dingliche Titel benötigt eine Vollstreckungsklausel nach § 725 ZPO.[2] Für die Erteilung ist im Falle des Urteils das Gericht des ersten Rechtszuges und bei der notariellen Urkunde gemäß § 794 Abs. 1 Nr. 5 ZPO der beurkundende Notar zuständig. Ändert sich der Gläubiger z.B. im Wege einer Abtretung einer Grundschuld, ist die Grundschuldurkunde an den beurkundenden Notar oder seinen Nachfolger für eine Klauselumschreibung zurückzugeben und die entsprechende Gebühr erzeugt die ersten spürbaren Vollstreckungskosten.

Manchmal werden Grundschulden nicht vollstreckbar bestellt, weil hierzu keine notarielle Beurkundung, sondern nur eine Beglaubigung erforderlich ist. Das spart Kosten. In diesem Fall ist aber vor der Vollstreckung erst eine Duldungsklage zu erheben, was vor allem den zeitlichen Aufwand für den Gläubiger erhöht. Aufgrund der hohen Streitwerte bei Grundpfandrechten sind auch die einzurechnenden Kosten der Duldungsklage erheblich, wenn sie denn doch notwendig wird. Und dann muss das Vollstreckungsobjekt auch für diese Kosten wertmäßig ausreichen.

Ist das Grundpfandrecht vor Abtretung an einen Gläubiger Eigentümergrundschuld, kann vor Abtretung keine vollstreckbare Ausfertigung erteilt werden, da der Eigentümer nicht gegen sich selbst vollstrecken kann. Der Eigentümer kann aber dennoch vorsorglich ein abstraktes Schuldanerkenntnis beurkunden lassen, obwohl das Angebot auf Kontrahierung des Anerkenntnisses mit dem Gläubiger erst mit Annahme der Abtretung der Grundschuld angenommen

---

1 Soweit Belastungen nach Abteilung II (s.) andere Rechte gewähren, sind diese erst nach § 866 ZPO in das Grundstück vollstreckbar, wenn sie in eine Geldforderung gewandelt wurden.
2 Ausnahmen siehe beispielsweise §§ 795a, 796 ZPO.

wird. Der Zessionar wird dann die Ausfertigung mit Klauselerteilung beim Notar formlos beantragen.

cc) **Zustellung.** Titel und Klausel müssen zugestellt werden. Hierfür ist jeder Gerichtsvollzieher ohne Rücksicht auf seinen Bezirk zuständig. Die erfolgreiche Zustellung bekundet die Zustellungsbescheinigung, die an den Titel angeheftet wird. Nach § 750 Abs. 3 ZPO und § 798 ZPO muss bei vorläufig vollstreckbaren Titeln und notariellen Urkunden zwei Wochen nach der Zustellung gewartet werden, bis ein Antrag erfolgen darf. Nach Rückgabe der zugestellten Urkunden vom Gerichtsvollzieher an den Gläubiger sollten diese also nicht sofort mit dem Antrag an das Versteigerungsgericht gesendet werden. Erfolgt dies dennoch, wird der Antrag vom Gericht entweder zurückgewiesen oder solange nicht ausgeführt, bis die Frist verstrichen ist. 5

b) **Zwangsversteigerungsantrag.** Die Zwangsversteigerung erfolgt auf Antrag nach § 15 ZVG. 6
Der Antrag bindet das Gericht insoweit, als der Antragsteller das Verfahren im gesetzlich vorgegebenen Ablauf beginnen und jederzeit beenden kann. Das Gericht sorgt jedoch nicht von Amts wegen für eine nach allen Gesichtspunkten bestmögliche Verwertung des Grundstückes. Der Titel verpflichtet auch den Inhaber nicht dazu, sein Recht für den höchsten Erlös zu nutzen.[3] Umgekehrt wird aber auch der Eigentümer des Grundstückes nur durch die formalen Vorschriften der Versteigerung geschützt. Will er den Verlust seines Eigentums zu den gegebenen Umständen verhindern, muss er den Titel durch Zahlung befriedigen. Solange also die Versteigerung für sich nicht rechtsmissbräuchlich ist und nicht andere Absichten im Vordergrund stehen, weil das vom Gesetzgeber verfolgte Ziel der Verwertung rechtlich erreichbar ist, kann der Gläubiger sein Recht so verfolgen, wie es ihm das Verfahren ermöglicht und er es für zweckmäßig hält.
Der Antrag bedarf eines Mindestinhaltes nach § 16 ZVG:

aa) **Schuldner und Gläubiger.** Gläubiger und Schuldner sind mit ladungsfähigen Adressen zu benennen. 7

bb) **Versteigerungsobjekt.** Das betreffende Grundstück ist mit Grundbuchamt, Gemarkung und Blattstelle so genau zu bezeichnen, dass es als Gegenstand der Zwangsversteigerung mit Sicherheit aus den Eintragungen des Bestandsverzeichnisses des Grundbuches individualisiert werden kann. Gegebenenfalls ist die laufende Nummer des Bestandsverzeichnisses anzugeben. 8
Ein Grundstück im Sinne des ZVG ist eine räumlich fest abgegrenzte Bodenfläche, die im Grundbuch gesondert vorgetragen ist.[4] Es handelt sich also um ein Stück Grund und Boden, das vermessen und erfasst wurde und deshalb in ein System eingeordnet werden kann. Dieses System ist das Grundbuch, welches Grundstücke in Gemarkungen und Flurnummern listet. Diese Grundstücke werden in laufenden Nummern des Bestandsverzeichnisses aufgezeichnet. Daher können unter einer laufenden Nummer mehrere Flurstücke ein Grundstück bilden. Diese können aber nur unter der Nummer als Einheit im ZVG behandelt und folgerichtig nur als ganzes versteigert werden. Eine einzelne Flurnummer wird zwar häufig versteigert, aber nur, wenn sie dann alleine ein Grundstück bildet.
Jeder Bruchteil eines Grundstückes wird für sich betrachtet und bildet die Grundlage eines eigenständigen Versteigerungsverfahrens. Mit Bruchteil ist der ideelle Anteil an einem Grundstück gemeint. Die Eigentümer eines Grundstückes sind eine Bruchteilsgemeinschaft nach § 747 BGB. So gesehen ist die Ver-

---

3 Beispiele: Der Gläubiger muss nicht aus bestem Rang vorgehen; er kann sich einen wirtschaftlich vielleicht nicht erzielbaren Erlös erhoffen und dem Meistbietenden den Zuschlag verweigern.
4 Im Einzelnen s. Gegenstände der Zwangsvollstreckung und Zwangsverwaltung Rn. 1.

steigerung eines Hauses zweier Ehegatten (Eigentum bspw. zu je ½) aus einer Grundschuld rechtlich mit der Versteigerung zweier Häuser, von denen jedes einem Ehegatten gehört, aus einer Gesamtgrundschuld vergleichbar. Jedes Eigentum der Ehegatten kann getrennt vom anderen versteigert werden, auch wenn dies im Falle eines Hausgrundstückes mit Bruchteilseigentum wirtschaftlich nahezu immer zu einem Wertverlust führen wird. Dies entspricht aber auch der freihändigen Verkaufsmöglichkeit der einzelnen Miteigentümer.

Wird das Grundstück vollständig von einem Miteigentümer erworben, bleibt aber der hinzu erworbene Anteil rechtlich getrennt und wird im Grundbuch gesondert aufgeführt, solange eine unterschiedliche Belastung der Anteile besteht.

9 Auch Wohnungseigentum nach WEG stellt ein besonderes Bruchteilseigentum dar. Dabei wird ein Sondereigentum an bestimmten Räumen mit dem Miteigentumsanteil am Gemeinschaftseigentum verbunden. Aufgrund der besonderen Ausgestaltung nach dem WEG ist das Ergebnis dieser Verbindung aber ein eigenes Grundstück im Sinne des ZVG.

Neben den Grundstücken gibt es noch sog. grundstücksgleiche Rechte, die also wie Grundstücke behandelt werden können und dementsprechend im Bestandsverzeichnis vorgetragen werden. Sie unterliegen dann den Regeln des ZVG nach § 870 ZPO. Für einen Überblick führt eine nähere Betrachtung zu weit.[5] Als prominentestes Beispiel sei jedoch das Erbbaurecht erwähnt. Es wird sowohl in Abt. II als Belastung des Grundstückes eingetragen als auch als grundstücksgleiches Recht im Bestandsverzeichnis eines eigenen Grundbuchblattes.

10 cc) **Vollstreckungstitel.** Es ist weiter im Antrag der Vollstreckungstitel zu nennen. Bei einer Grundschuldurkunde kann dies durch Bezugnahme auf die Urkundennummer des Notars und das Jahr der Beurkundung erfolgen. Eine Klarstellung, ob aus dem dinglichen Titel und/oder aus dem persönlichen Titel beantragt wird, ist zweckmäßig.

11 dd) **Verbindlichkeit.** Neben dem Titel ist zusätzlich noch die genaue Forderung aufzuführen, aus der vollstreckt werden soll. Diese wird meist mit der gesamten titulierten Forderung übereinstimmen, was aber nicht zwingend ist. Soweit aus einem dinglichen Titel wie der Grundschuld vollstreckt wird, muss auch diese als abstrakte Forderung angegeben werden. Die dem Titel schuldrechtlich zu Grunde liegende Forderung spielt in der Zwangsversteigerung nur ganz vereinzelt eine Rolle. Die Zwangsversteigerung aus der dinglichen Forderung findet aber ohne Rückgriff auf die Höhe der Valutierung der Grundschuld statt. Dingliche Forderungen sind z. B. der Grundschuldbetrag als Hauptsache, die Grundschuldzinsen, die einmalige Nebenleistung, die mit der dinglichen Vollstreckung verbundenen Kosten wie Verfahrens- und Anwaltsgebühren und die Zustellungsgebühren des Gerichtsvollziehers.

Bei Verwendung eines persönlichen Titels wie dem in der Grundschuldurkunde meist vorhandenen abstrakten Schuldanerkenntnis oder einem Urteil auf Zahlung besteht keine Besonderheit.

12 ee) **Versteigerungsgericht.** Sachlich zuständig ist das Amtsgericht als Vollstreckungsgericht nach § 1 ZVG. Die örtliche Zuständigkeit besteht ebenso vom Grundsatz her bei jedem Amtsgericht. Die Länder haben jedoch häufig die örtliche Zuständigkeit abweichend bei dem Amtsgericht bestimmt, das am Sitz des Landgerichtes ist. Dahinter steht ein organisatorischer Vorteil. Zum einen werden ausreichende große Verhandlungssäle benötigt, die auch eine größere Zahl von Bietinteressenten aufnehmen können. Zum anderen ist das ZVG eine

---

5 Wirtschaftliche Bedeutung haben nur im Einzelfall noch sog. Gerechtigkeiten oder Gerechtsame. Diese gestatteten früher exklusive Handwerkstätigkeiten. Eine Kaminkehrergerechtsame bspw. hat einen hohen Wert.

spezielle Materie, die sinnvollerweise von einer eigenen Abteilung durchgeführt wird.
Funktionell zuständig ist der Rechtspfleger nach § 3 Abs. 1 lit. i RPflG, der die Aufgaben des Richters in diesem Verfahren übernimmt.

ff) **Postulationsfähigkeit.** Antragsteller und die Beteiligten des Verfahrens können für sich selbst handeln. Es besteht kein Anwaltszwang für Verfahren vor dem Versteigerungsgericht, da es sich um ein Verfahren vor dem Amtsgericht handelt. **13**
Der Antrag muss jedoch schriftlich erfolgen, was auch zur Niederschrift der Geschäftsstelle denkbar ist.
Für einen Gläubigeranwalt ist es zweckmäßig, mit dem Antrag eine Vollmacht einschließlich Geldempfangsvollmacht mitzuschicken. Letztere benötigt er später im Verteilungstermin sowieso.
Schwierig zu beurteilen ist das häufige Auftreten von Vertretern der Eigentümer, die nicht Anwälte sind. Es gibt mittlerweile professionelle Versteigerungsbehinderer auf der Schuldnerseite ebenso wie Handelskaufleute von Großbanken auf der Gläubigerseite. Regelmäßig ist jedoch deren Handeln zu beachten.[6] Dies gilt auch für den Fall, dass bei deren Tätigkeit gegen die BRAO verstoßen wird.

gg) **Belege.** Alle Urkunden, die die Antragsvorrausetzungen beweisen, sind beizufügen. **14**
Zur Beantragung muss dem Gericht nachgewiesen werden, dass sich der Antrag gegen den richtigen Schuldner, nämlich den Eigentümer des Grundstücks richtet. Sind Versteigerungsgericht und Grundbuchamt Abteilungen des gleichen, örtlich zuständigen Gerichtes, muss sich das Versteigerungsgericht selbst um diese Information bemühen.[7]
Andernfalls muss dem Antrag ein sog. Zeugnis in Form einer beglaubigten Teilabschrift nach § 17 Abs. 2 ZVG beigefügt werden, dass vorher formlos und kostenfrei beim Grundbuchamt angefordert werden kann. Mindestens besteht es aus dem Bestandsverzeichnis und der Abt. I, eventuell ergänzt um Teile der Abt. II. Das Zeugnis muss zweckmäßigerweise so neu sein, dass mit zwischenzeitlichen Einträgen nicht zu rechnen ist. Die Gerichte akzeptieren in der Regel vier Wochen alte Zeugnisse noch.
Zweckmäßig, wenn auch nicht als Antragsvoraussetzung zu prüfen, ist auch die Information, ob der Schuldner über sein Grundstück verfügungsbefugt ist, da das Verfahren sonst wegen des falschen Antragsgegners wieder aufgehoben werden müsste. Ist also ein Insolvenzvermerk in Abt. II eingetragen, wird die Klausel auf den Insolvenzverwalter umgeschrieben und neu zugestellt.

hh) **Schuldrechtliche Vorraussetzungen.** Da es sich um ein Vollstreckungsverfahren handelt, sind generell die Vorraussetzungen in der Versteigerung nicht zu prüfen, die Vollstreckbarkeit erst begründen. Die Prüfung schuldrechtlicher Vorraussetzungen ist Sache des erkennenden Gerichtes. **15**
Im Falle eines Urteils ist der für den Kläger erfolgreiche Abschluss des Erkenntnisverfahrens ja offensichtlich erfolgt. So wird beispielsweise auch bei der Duldungsklage aus einer nicht vollstreckbar erklärten Grundschuld die Kündigung gerichtlich geprüft. Nur aufgrund der abstrakten und vereinbarten

---

6 *Zöller,* ZPO, vor § 78, 14; es kam jedoch schon vor, dass Prozessbehinderer ohne Anwaltszulassung im Sitzungssaal festgenommen wurden und somit eine störungsfreie Versteigerung ermöglicht wurde.
7 Die Vorschrift war als Verwaltungsvereinfachung gedacht, weil nur innerhalb eines Gerichtes die Grundakten organisatorisch sinnvoll verteilt werden können. In Zeiten elektronischer Grundbücher ist die Vorschrift überholt.
Entgegen *Stöber,* ZVG, 17 5.5 handelt es sich nicht um einen Fall gerichtsbekannter Offenkundigkeit, da dies nur die positive Kenntnis des Rechtspflegers beträfe und bei Registern gerade nicht anwendbar ist (*Zöller,* 291 1).

Konstruktion der Grundschuld ist eine richterliche Beurteilung vor dem Vollstreckungsverfahren noch nicht erfolgt. Auch bei der Erteilung einer Vollstreckungsklausel einer Grundschuld durch den Notar, der ja an die Stelle des erkennenden Gerichtes tritt, sind von diesem formelle Erfordernisse zu prüfen. Wesentliches Erfordernis der Vollstreckbarkeit bei der Prüfung durch den Notar ist die Kündigung der Grundschuld. Die ordentliche Kündigungsfrist der Hauptsache einer Grundschuld beträgt nach § 1193 BGB sechs Monate, wobei eine Verkürzung vereinbart werden kann.

Die Grundschuld hat die Bedeutung der Hypothek in der wirtschaftlichen Nutzung fast vollständig verdrängt, weil sie einfacher zu handhaben ist. Es ist daher nur konsequent, wenn nahezu jede Grundschuld als abstraktes Recht bisher auch von Bestellung an fällig war. Dies hat sich jedoch geändert mit dem Gesetz zur Begrenzung der mit Finanzinvestitionen verbundenen Risiken, das am 1.7.2008 in Kraft getreten ist. Für Besteller einer Grundschuld zur Sicherung einer Geldforderung ist die Kündigungsfrist von 6 Monaten nun das Minimum. Wie so häufig bei Nachbesserungen des Gesetzgebers, sind damit einige ungelöste Fragen entstanden, die dogmatisch noch der Aufarbeitung harren.[8] Der Notar kann und wird zur Verringerung seines Aufwandes, bzw. auf Anforderung der Bank, für die die Grundschuld zu bestellen ist, die Grundschuld so beurkunden, dass die Vollstreckungsklausel sofort unter Verzicht auf Überprüfung der Kündigung erteilt werden kann. Dies ist mittlerweile üblich.

Der Schuldner muss daher Einwendungen aus nicht ordnungsgemäß erfolgter Kündigung oder anderer schuldrechtlicher Vorraussetzungen gegebenenfalls im Wege der Vollstreckungsgegenklage nach § 767 ZPO geltend machen.

2. Wirtschaftliche Erfolgsprognose der Versteigerung

16 Soweit eine Antragsberechtigung besteht, stellt sich die Frage, ob ein Antrag in der bestehenden Situation auch wirtschaftlich sinnvoll ist. Eine Darstellung methodischer Vorgehensweise bei der Verhandlung mit den Eigentümern des potentiellen Versteigerungsobjektes, sei es wegen einer besseren Vermarktungsmöglichkeit des Objektes oder einer alternativen Erfüllungsmöglichkeit der offenen Forderung, kann hier nicht geleistet werden.[9]

Vor dem Antrag steht daher die Prüfung, wer bei Durchführung eines Zwangsversteigerungsverfahrens aus dem Versteigerungserlös in welcher Reihenfolge befriedigt werden kann. Ebenfalls ist zu überlegen, ob das Objekt dann auch für einen Bieter interessant ist und das zu erwartende Gebot auch zu einer Verteilung auf den Titel führt, der für die Versteigerung zur Verfügung steht.

17 a) **Rangordnung als Prinzip der Vollstreckung.** Für die Maßnahmen der Individualvollstreckung gilt allgemein, dass diese dem Prioritätsgrundsatz unterliegen,[10] sich das Vorrecht der Befriedigung und damit der wirtschaftliche Erfolg der Vollstreckung also nach der zeitlichen Reihenfolge der Entstehung der

---

8 a) Da die Grundschuld abstrakt ist, gibt es zwar eine Kündigungsfrist aber keinen Kündigungsgrund. Es wäre also möglich, die Grundschuld nach Bestellung sofort zu kündigen, was aber der Gesetzgeber sicher nicht wollte, weil seine Regelung dann mangels Schutz für den Darlehensnehmer leer liefe. Nimmt man eine Kündigungsberechtigung bei Ratenverzug an, ist fraglich, ob das Darlehen gekündigt und alle Rückzahlungsfristen erst abgelaufen sein müssen, die Vollstreckung schuldrechtlich also beginnen dürfte, was konsequent wäre.
b) Die neue Regelung hilft jedoch dem Schuldner nicht, da aus Zinsen und Nebenleistung unverändert selbständig die Versteigerung beantragt werden kann. Aus der Hauptsache der Grundschuld kann dann nach Ablauf der Kündigungsfrist beigetreten werden. Auch schuldrechtlich genügt den Anforderungen der Zweckerklärungen bereits ein Ratenrückstand, gegebenenfalls auch nach § 498 BGB, so dass eine Verwertung sofort zulässig ist. Damit kann auch vor Darlehenskündigung Zeit gewonnen werden.
9 Es sei auf die Literatur zur Mediation verwiesen.
10 *Thomas/Putzo*, ZPO, vor § 704 Rn. 36.

Pfandrechte verschiedener Vollstreckungsgläubiger richtet. Ohne Belang ist, ob dieses Pfandrecht zwangsweise als Pfändungspfandrecht oder freiwillig durch Vereinbarung entstanden ist.
Im Falle amtlich festgestellter Unzulänglichkeit des wirtschaftlichen Wertes des Schuldnervermögens als Ganzes gilt jedoch der Grundsatz der Gesamtvollstreckung. Forderungen von Gläubigern werden durch den Insolvenzverwalter quotal befriedigt.[11] Der hierfür zur Verfügung stehende Betrag ist allerdings nur ein Teil der Verwertungsmasse. Vorab sind nach festgelegter Abfolge bestimmte Forderungen des Staates (z. B. Verfahrenskosten) und bevorrechtigter Massegläubiger zu befriedigen.
Die Versteigerung ist als Verwertung eines bestimmten Vermögenswertes des Eigentümers eine Maßnahme der Individualvollstreckung. Dies gilt insbesondere, als bei Eröffnung des Verfahrens mit der Beschlagnahme des Objektes ein durch einzelne Regelungen bestimmter Schutz der Verwertungsreihenfolge für die Beteiligten des Verfahrens eintritt[12] und daher der Antragsteller nicht wie in der Insolvenz befürchten muss, dass zum Zeitpunkt der Antragstellung ihm unbekannte Gläubiger am Erlös teilhaben, den der Antragsteller aufgrund seines Rechtes für sich beanspruchen darf. Priorität hat die Antragstellung also vor einem späteren Antrag aus der gleichen rechtlichen Ausgangssituation, z. B. wird auf einen persönlichen Titel, aus dem versteigert wird, vor einem weiteren persönlichen Titel verteilt, aus dem zeitlich nachfolgend ein Antrag gestellt wurde.
Jedoch existiert auch bei der Versteigerung eine generelle, gesetzliche Rangordnung der Rechte, die § 10 ZVG unveränderbar festlegt. Innerhalb dieser Ordnung besteht eine Rangstelle für alle Rechte am Grundstück, die sich typischerweise aus dem Grundbuch ergeben, wie z. B. Grundpfandrechte. Diese bilden deshalb untereinander wieder eine Rangfolge.

b) Rangklassen. Die gesetzliche Befriedigungsreihenfolge wird zunächst in Klassen eingeteilt. Für die Frage nach der Befriedigungschance eigener Ansprüche ist also zu berücksichtigen, dass Forderungen aus besseren Rangklassen als der eigenen den zu erwartenden Erlös in entsprechender Höhe mindern. Im typischen Versteigerungsfall spielen sie eine geringe Rolle. Für einen Überblick sind folgende Klassen relevant:

aa) Rangklasse 1. In Klasse 1 erhält ein gleichzeitig zur Zwangsversteigerung die Zwangsverwaltung betreibender Gläubiger die Beträge zurück, die er für das Grundstück im Vorschusswege nützlich verwandt hat und nicht im Verfahren der Zwangsverwaltung zurückbekommt. Dies sind beispielsweise Versicherungsbeiträge, Reparaturkosten oder die Vergütungen zur Fertigstellung eines Neubaus. Die Ausgaben haben bereits den Wert des Grundstückes und damit den zu erwartenden Versteigerungserlös erhöht, wenn auch nicht in betragsmäßig gleicher Höhe.

bb) Rangklasse 2. Wenn Wohnungseigentum versteigert wird, hatte die Wohnungseigentümergemeinschaft bislang das Problem, dass der Eigentümer mit seinen sog. Hausgeldern womöglich im Rückstand war und diese teilweise von den anderen Mitgliedern der Gemeinschaft vorausgezahlt wurden. Trotz Eigentümerwechsel waren die fälligen Beträge nicht mehr beizubringen, da bei belastetem Wohnungseigentum häufig nur die den Kaufpreis finanzierende Bank befriedigt wurde. Nun haben die Gläubiger der Hausgelder das Vorrecht der Klasse 2 bis maximal 5 % des festgestellten Grundstückswertes.

---

11 Eine Grundschuld ist ein Absonderungsrecht § 49 InsO; Die Versteigerung aus einer Grundschuld bleibt daher auch im Insolvenzfall möglich; besondere Rechte des Insolvenzverwalters kommen selten zur Anwendung.
12 Zur Beschlagnahme später unter B 2.

21 cc) **Rangklasse 3.** Die öffentliche Hand wird in Klasse 3 wegen der für vier Jahre rückständigen Lasten befriedigt. In fast jedem Versteigerungsverfahren werden hier zu vernachlässigende Beträge für Grundsteuern angemeldet.

22 dd) **Rangklasse 4.** Klasse 4 betrifft die nachfolgende noch näher zu erläuternden Rechte am Grundstück einschließlich der Nebenleistungen und Zinsen für bestimmte Zeit. Sie ist damit der Kern aller Überlegungen vor einer Versteigerung.

23 ee) **Rangklasse 5.** Klasse 5 betrifft die sog. Beschlagnahmeansprüche, also alle Gläubiger, die nicht aus einem im Grundbuch eingetragenen Recht, z.B. Grundpfandrecht, betreiben, sondern aufgrund eines persönlichen Titels. Sie sind praktisch so gestellt, als stünden sie an letzter Rangstelle im Grundbuch.

24 ff) **Keine Befriedigung außerhalb der Rangklassen.** Die Rangordnung legt im Umkehrschluss auch fest, dass andere Gläubiger eben nicht berücksichtigt werden dürfen. Ein persönlicher Gläubiger muss also das Verfahren betreiben, wenn er zumindest eine Chance auf Erlös haben möchte. Einen Übererlös erhält der bisherige Eigentümer.

25 c) **Rangfolge innerhalb der Rangklasse.** Zumeist haben die Rechte aus Klasse 4 den entscheidenden Einfluss auf den wirtschaftlichen Sinn einer Versteigerung. Zu diesen Rechten zählen die Rechte am Grundstück, die in den Abteilungen II und III des Grundbuches eingetragen sind.

26 aa) **Befriedigungsreihenfolge.** Beschränkte dingliche Rechte, die ein Grundstück belasten, stehen in einem Rangverhältnis zueinander.[13] Die Rangordnung bewirkt, dass auch innerhalb dieser ein ranghöheres Recht vor dem rangniedrigeren in der Zwangsvollstreckung befriedigt wird. In Relation zu den anderen eingetragenen Rechten bestimmt sich daher sein Wert in der Praxis maßgeblich aus der Befriedigungsreihenfolge des Verwertungserlöses. Materiell ergibt sich nach § 879 BGB der Rang der Rechte in derselben Abteilung eines Grundbuches nach der Reihenfolge der Eintragungen. Ein vom Prioritätsgrundsatz abweichender Gleichrang der Rechte bedarf einer besonderen Eintragung. In verschiedenen Abteilungen (Abt. II und III) ergibt sich der Gleichrang dagegen aus demselben Eintragungsdatum. Einträge früheren Datums haben Vorrang.

27 bb) **Konsequenz für den Vorrang.** Grundsätzlich bleiben Rechte, die einen Vorrang gegenüber dem Recht aus dem Vollstreckungstitel haben, in der Versteigerung bestehen nach § 52 ZVG, weil sie in das geringste Gebot fallen.[14] Der Ersteher erwirbt dann das Grundstück belastet mit den bestehen bleibenden Rechten. Der Rang vermittelt also gegenüber nachrangigen Rechten zunächst, dass auf Veranlassung deren Inhaber keine Verwertung stattfinden kann, die das vorgehende Recht gefährdet. Damit wird das Grundbuch also in Abt. II und III durch die Versteigerung nur dann „leer", d.h. es erlöschen beim Zuschlag nur dann alle dort eingetragenen Rechte, wenn die Versteigerung (auch) aus dem Recht beantragt wird, das den ersten Rang innehat. Konsequenterweise werden die bestehen bleibenden Rechte zumindest in der Hauptsache bei der Verteilung nicht berücksichtigt.[15]
Maßgeblich ist für die Höhe des Versteigerungserlöses daher zunächst, welche Rechte vor der titulierten Forderung bestehen bleiben. Beantragt jemand aus einer zweitrangigen Grundschuld eine Versteigerung, wird ein Ersteher das Grundstück nur belastet mit der erstrangigen Grundschuld ersteigern können und wird hierfür einen Betrag ausrechnen, den er von seinem Gebot abzieht.

---

13 Zum Ganzen s. *Schöner/Stöber*, Grundbuchrecht, Rn. 308 f.
14 Mehr zum Begriff des geringsten Gebotes später unter C 1.
15 Dies gilt jedoch nicht für wiederkehrende Leistungen, also z.B. für Grundbuchzinsen. Diese sind von Amts wegen für die Verteilung aufzunehmen, soweit nicht darauf verzichtet wird.

Schließlich muss er später die Grundschuld auch an den Grundschuldgläubiger zurückzahlen[16].

cc) **Inhalte der Abt. III des Grundbuches.** In der Dritten Abteilung werden Hypotheken, Grundschulden und Rentenschulden eingetragen.[17] Hypotheken und Grundschulden sind Pfandrechte an Grundeigentum. Sie bieten ein Recht auf Befriedigung nur aus dem Grundeigentum und unabhängig sowohl von der persönlichen Leistungsfähigkeit des Eigentümers als auch vom tatsächlichen Wert des Grundstücks. Die Ansprüche mit Ausnahme der Zinsen unterliegen gemäß § 902 BGB nicht der Verjährung. **28**

aaa) **Hypothek.** Die Hypothek ist abhängig vom Bestand einer bestimmten Forderung. Sie ist ein dingliches Verwertungsrecht und belastet das Grundstück in der Weise, dass aus dem Grundstück eine bestimmte Geldsumme zur Befriedigung wegen der Forderung zu zahlen ist. Die Höhe der Forderung wird in Höhe des Grundbucheintrages vermutet. **29**

bbb) **Sicherungshypothek.** Die Sicherungshypothek ist über die einfache Hypothek hinaus streng akzessorisch. Der Gläubiger muss den Bestand der geltend gemachten Forderung immer beweisen, um aus der Sicherungshypothek vorgehen zu können. Der öffentliche Glaube des Grundbuches gilt nicht für Bestand und Höhe der Forderung.
Eine besondere Form der Sicherungshypothek ist die Höchstbetragshypothek, bei der die Höhe der zu sichernden Forderung (und nicht nur deren Entstehen) bei Eintragung nicht feststehen. **30**

ccc) **Grundschuld.** Eine Grundschuld kennt keine Bindung an eine persönliche Forderung aus sich selbst heraus.[18] Sie ist die abstrakte Verpflichtung, aus dem Grundstück einen bestimmten Betrag zu zahlen.
Im Gegensatz zur Hypothek bedarf die Grundschuld einer Regelung zur Fälligkeit. Die Fälligkeit des Betrages ist daher erst nach Kündigung gegeben. **31**

ddd) **Brief- und Buchrechte.** Verkehrshypotheken und Grundschulden können als Briefrechte und ohne Brief bestellt werden. Rechte aus einem Grundpfandrecht mit Brief können nur geltend gemacht werden, wenn der Gläubiger im Besitz des Briefes ist. Der Brief verkörpert das Recht. Mit ihm kann das Recht auch außerhalb des Grundbuches wirksam übertragen werden. Briefrechte haben damit zwar den Vorteil, dass bei Abtretung außerhalb des Grundbuches ein Gläubiger nicht im Grundbuch erkennbar ist. Auch kann eine Besicherung Zug um Zug gegen die Leistung erfolgen und die Person des Gläubigers kann bei Briefrechten aufgrund der besseren Verkehrsfähigkeit schneller wechseln. Jedoch sind Briefrechte wegen des gesetzlichen Löschungsanspruches nach **32**

---

16 Da ab dem Tag der Versteigerung die Grundschuldzinsen nun zu seinen Lasten gehen, tut ein Ersteher gut daran, möglichst sofort nach Rechtskraft des Zuschlages die gesamte Grundschuld an den Gläubiger zu zahlen. Die finanzielle Wirkung ist somit bei einem Grundstückswert, der erste und zweite Grundschuld abdeckt, einer Versteigerung aus dem ersten Rang durchaus vergleichbar. Da es in der Versteigerung nur um die dinglichen Rechte geht, spielen Fragen der rein schuldrechtlichen Valutierung für die Höhe des Betrages keine Rolle, auch wenn dies den Ersteher häufig irritiert.
Meistens ist die erstrangige Grundschuld nicht valutiert, wenn der erstrangige Gläubiger dem Verfahren nicht beigetreten ist. Der Gläubiger wiederum muss dann den Betrag an den Inhaber der Rückgewähransprüche der erstrangigen Grundschuld, regelmäßig also an den bisherigen Eigentümer, zurückzahlen. Er könnte aber auch die bestehen gebliebene Grundschuld an den früheren Eigentümer abtreten, wenn er Schwierigkeiten mit dem Erwerber aus dem Weg gehen will und er dafür die geringen Kosten nicht scheut, da sein Schuldner dieser Kosten regelmäßig nicht mehr zahlungsfähig ist.
17 Ist eine Beschränkung über die Verfügung des Rechtes zeitgleich mit dem Recht einzutragen, geschieht dies wie die Beschreibung des Rechtes selbst in Spalte 4 (§ 11 V GBV), sonst in Spalte 7.
18 Dies kann schuldrechtlich über eine Sicherungszweckbestimmung geklärt werden. Fehlt der Zweck oder fällt er weg, ist neben vertraglichen Ansprüchen eine Kondizierung möglich.

§ 1179a BGB nur beleihungsfähig, wenn dieser Anspruch als Inhalt der Briefgrundschuld ausgeschlossen ist. Andernfalls ist bei existenten nachrangigen Rechten nicht zu klären, ob bezüglich der Briefgrundschuld nicht irgendwann durch Rückabtretung eine Eigentümergrundschuld entstanden war, die den gesetzlichen Löschungsanspruch ausgelöst hat.

33 eee) **Rentenschuld.** Die Rentenschuld hat die Leistung einer Rente und nicht einer Kapitalsumme zum Inhalt. Die Rente ist aber nicht wiederkehrende Leistung im Sinne des ZVG sondern Hauptsache. Als Sicherungsmittel ist sie nur theoretisch geeignet.

34 fff) **Pfändung der Pfandrechte.** Die Grundpfandrechte können selbst wieder Gegenstand eines Pfandrechtes sein, auch im Wege der Zwangsvollstreckung.

35 dd) **Inhalte der Abt. II des Grundbuches.** Soweit sich aus der Rangordnung der Rechte und eventuell des Ranges innerhalb der Abt. III des Grundbuches nicht bereits besondere Hindernisse aufgetan haben, ist in die Überlegung weiter die Abt. II des Grundbuches mit einzubeziehen. In Abt. II sind Lasten und Beschränkungen mit Ausnahme der Grundpfandrechte eingetragen[19]. Diese bilden mit den Grundpfandrechten als Rechte am Grundstück eine einheitliche Rangfolge und sind daher genauso wesentlich für die Chance auf den Versteigerungserlös, wie die Grundpfandrechte. Allerdings ist deren wirtschaftlicher Wert teilweise schwerer zu beziffern[20].
Für alle Eintragungen in Abt. II gilt gewöhnlich, dass sich deren Reichweite erst durch Kenntnisnahme der Bestellungsurkunde genau erkennen lässt. Eine Aussage über die wirtschaftliche Wertminderung des eigenen Vollstreckungstitels lässt sich daher nicht ohne Kenntnis des Einzelfalls treffen. Wesentlich ist aber, dass gegebenenfalls auch der Bieter im Verfahren ausreichende Kenntnis vom bestehenbleibenden Recht hat, da er sonst mit seinem Gebot unter Umständen weit unter dem Verkehrswert des Objektes bleibt. Da der Interessent kein Einsichtsrecht in das Grundbuch und somit auch in die Grundakten beim Grundbuchamt hat, muss der betreibende Gläubiger ihm notfalls die Information zur Verfügung stellen, soweit nicht Gründe des Datenschutzes oder des Vertragsverhältnisses mit dem Schuldner dagegen stehen.

36 aaa) **Grunddienstbarkeit.** Die Grunddienstbarkeit nach § 1018 BGB schränkt die Verwendung des Grundstückes unter Umständen erheblich ein, weil ein Dritter das Grundstück in bestimmter Weise benutzen darf oder der Eigentümer das Grundstück in bestimmter Weise nicht benutzen darf. Das Grundstück dient daher dem herrschenden Grundstück. Grunddienstbarkeiten sind wesentliche Bestandteile des herrschenden Grundstückes und können von diesem nicht getrennt werden. Träger des Rechtes ist der jeweilige Eigentümer des herrschenden Grundstückes. Daher werden die Grunddienstbarkeiten subjektiv-dingliche Rechte genannt. Sie werden dort auf Antrag in der Beschreibung des herrschenden Grundstückes, dem Bestandsverzeichnis, aufgeführt (sog. „Aktivierung", § 21 GBO), obwohl diese Erwähnung nicht notwendig für den Bestand des Rechtes ist. Sie hat aber zur Folge, dass die Eigentümer von herrschendem und dienendem Grundstück über das Recht nicht mehr ohne

---

19 Einzelheiten bei *Schöner/Stöber*, Grundbuchrecht, Rn. 1100 ff.
20 Für Rentenrechte ist das Recht zu kapitalisieren und als Ersatzwert festzusetzen, wofür häufig ein externer Gutachter beauftragt wird. Im hier nicht weiter besprochenen Falle eines Erlöschens des Rechtes durch den Zuschlag, also eines dem betreibenden Recht nachrangigen Rechtes, ist für Rechte, die nicht auf Zahlung von Kapital gerichtet sind, ein Ersatzwert festzulegen, § 92 ZVG. Hiergegen kann nach § 115 ZVG Widerspruch erhoben werden. Falls die über das Recht Verfügungsbefugten dies vor einer möglichen Versteigerung verbindlich festlegen wollen, können sie nach § 882 BGB einen Höchstbetrag vereinbaren und in das Grundbuch eintragen lassen. Wegen der Widerspruchsmöglichkeit nachrangiger Gläubiger bei der Verteilung wird dies allgemein aber nur für sinnvoll gehalten, wenn der Höchstbetrag unter dem wahren Wert des Rechtes zur Zeit der Verteilung liegt, weshalb dies in der Praxis kaum vorkommt.

Zustimmung der Grundpfandrechtsgläubiger verfügen können und diese dadurch bezüglich des Pfandrechtsinhaltes geschützt sind.[21]
Häufige Beispiele sind Rechte zur Führung von Abwässern oder Verkehrswegen, Betretungsrechte als Hilfsrechte für Arbeiten am herrschenden Grund, Mitbenutzungsrechte an einer Brandmauer, Erhaltungsrechte, Ausbeutungsrechte, Duldungspflichten von Immissionen, Handelsbeschränkungen und Wettbewerbsverbote.

bbb) **beschränkt persönliche Dienstbarkeit.** Beschränkt persönliche Dienstbarkeiten nach § 1090 BGB stehen nur bestimmten Personen und nicht dem jeweiligen Grundeigentümer zu. Die häufigste Form ist das dingliche Wohnrecht nach § 1093 BGB.[22] Auch kommen Wohnungsbelegungsrechte z.B. bei finanziell geförderten Grunderwerben vor, nach denen der Rechteinhaber den Mieter bestimmen kann.

ccc) **Nießbrauch.** Ein Nießbrauch (§ 1030 BGB) umfasst die Berechtigung einer bestimmten Person, nicht nur bestimmte Nutzungen aus einem Grundstück zu ziehen, sondern sämtliche. Hieraus ergibt sich, dass die wirtschaftliche Nutzung des Grundstückes, in der Sprache des BGB also seine Früchte, dem Eigentümer nicht mehr zustehen. Dieser hat im Eigentum nur noch dann einen wirtschaftlichen Wert, wenn der Nießbrauch irgendwie begrenzt ist, bspw. zeitlich auf den Tod des Nießbrauchers.
Für den Gläubiger stellt sich sofort die Frage, ob ihm damit die vormals gut erscheinende Vollstreckungsmöglichkeit durch eine zwischenzeitliche Nießbrauchsbestellung genommen werden kann. Schließlich wird gerade der Grundschuldgläubiger darauf vertrauen wollen, dass sich der Wert seiner Grundschuld nur nach dem Prinzip des Ranges richtet. Der Gesetzgeber hat allgemein bestimmt, dass die zeitliche frühere Forderungsentstehung Schutz genießt. Materiellrechtlich bestimmt das § 1088 BGB, vollstreckungsrechtlich § 737 ZPO. Ein zeitlich nachfolgender Nießbraucher muss also die Vollstreckung in das dem Nießbrauch unterliegende Eigentum des Schuldners ohnehin dulden, auch wenn sein Nießbrauch dadurch geschmälert wird oder komplett verloren geht.
Jedenfalls in der dinglichen Zwangsvollstreckung aus einer Grundschuld muss der Gläubiger folgerichtig nur gegen den Schuldner, und nicht auch gegen den nachrangigen Nießbraucher einen Duldungstitel erworben haben.[23] Dies wird damit begründet, dass der Nießbrauch keine andere Behandlung erfordert als andere Rechte in der Zwangsversteigerung. Auch ein nachrangiger Grundbuchgläubiger hat kein der Versteigerung durch einen vorrangigen Gläubiger entgegenstehendes Recht und bedarf daher keines Duldungstitels gegen sich.

ddd) **Reallast.** Bei der Reallast nach § 1105 BGB kann das Grundstück nicht durch den Berechtigten genutzt werden, sondern dieser hat Anspruch auf eine wiederkehrende Leistung aus diesem Grundstück. Gegenstand des Rechtes ist somit ein aktives Handeln und nicht ein Dulden oder Unterlassen. Als Reallast bezeichnet man mit einem Begriff sowohl die subjektiv-dingliche, als auch die

---

21 Ein Anwendungsfall der Aktivierung ist z.B., dass eine Baugenehmigung für das herrschende Grundstück eine Auflage hat, die durch das dienende Grundstück erfüllt wird. Dann sichert sich der Grundschuldgläubiger des herrschenden Grundstücks durch den Aktivvermerk, dass auch nach einer Versteigerung die Baugenehmigung für den jeweiligen Eigentümer existiert.
22 Eine Sonderform des Wohnrechtes mit wesentlichen Abweichungen ist wiederum das Dauerwohnrecht, bzw. Dauernutzungsrecht nach § 31 WEG. Besteht als Inhalt des Dauerwohnrechtes ein Bestehenbleiben desselben auch bei Betreiben der Versteigerung aus einem vorrangigen Recht gemäß § 39 WEG, ergibt sich das aber aus dem Grundbuch.
23 Stöber 15 26.2; nicht unumstritten.

subjektiv-persöhnliche Variante, vgl. §§ 1105 Abs. 2, 1110, 1111 BGB.[24] Beispiele für Reallasten sind Grundrenten, also die Unterhaltungsverpflichtung einer Anlage oder Altenteile, worunter dem berechtigten oder seiner Familie zukommende dingliche Nutzungs- und Versorgungsrechte zu verstehen sind. Da ein Altenteil regelmäßig verschiedene einzelne Rechte zusammenfasst, lässt die GBO unter § 49 als Ausnahme zu § 874 BGB eine globale Bezeichnung als Altenteil ohne Aufführung der einzelnen Bestandteile zu, um das Grundbuch zu verschlanken. Ohne die Kenntnis der Eintragungsbewilligung lässt sich daher die Beeinträchtigung des zu Verwertungsergebnisses gar nicht schätzen.

40 eee) **Vorkaufsrechte.** Vorkaufsrechte entstehen durch gesetzliche Anordnung oder Vereinbarung. Schuldrechtliche Vorkaufsrechte, die durch eine Vormerkung geschützt sind, wie dingliche Vorkaufsrechte, deren Eintragung mit besserem Rang versehen ist, sind für unsere Prüfung relevant.[25] Vorkaufsrechte können für einen (bestimmten) Fall oder für alle Fälle bestellt werden. Nach § 1098 Abs. 2 BGB wirkt das eingetragene dingliche Vorkaufsrecht wie eine Vormerkung zur Sicherung des Anspruches auf Übertragung des Eigentums. Allerdings gilt das Vorkaufsrecht nicht für den Fall der Versteigerung, da diese kein schuldrechtlicher Kauf sondern ein hoheitlicher Akt der Eigentumsübertragung ist. Ein Vorkaufsrecht im geringsten Gebot bleibt daher auch bestehen,[26] soweit es nicht nach der besonderen Ausgestaltung, z.B. für einen genau bestimmten, individuellen Verkaufsfall, mit der Versteigerung erlischt. Die wertmäßige Beeinträchtigung liegt hierbei mehr reflexiv in der möglichen mangelnden Erwerbsneigung eines eventuellen Käufers vom späteren Ersteher. Schließlich können dessen Bemühungen umsonst gewesen sein, weil der Berechtigte sein Vorkaufsrecht eventuell ausübt. Sachlich besteht kein Grund zur Wertminderung, da der Ersteher keinen direkten Nachteil hat.[27]

41 fff) **Vormerkungen.** Vormerkungen sichern schuldrechtliche Ansprüche auf Einräumung, Aufhebung, Inhalts- oder Rangänderung eines Rechts an einem Grundstück (§ 883 Abs. 1 BGB), soweit die Eintragung der Rechtsänderung im Grundbuch Teil des Anspruches ist. Die Vormerkung ist keine Verfügungsbeschränkung und sperrt das Grundbuch nicht. Die Sicherungswirkung erfolgt dadurch, dass nachfolgende Verfügungen, gleich ob freiwillig oder erzwungen, den gesicherten Anspruch nicht mehr beeinträchtigen können, da der Anspruchsinhaber jederzeit die Beseitigung der Beeinträchtigung verlangen kann, aber nicht muss. Daher muss für die Betrachtung des Wertes unserer Versteigerungsmöglichkeit von der wertmäßig ungünstigeren Möglichkeit, der Geltendmachung des Beseitigungsanspruches, ausgegangen werden. Auch ein Bietinteressent wird so rechnen. Der Falle einer Vormerkung zur Einräumung einer Belastung beispielsweise muss mit dem Vorrang der Belastung berücksichtigt werden. Wenn eine Vormerkung zur Beseitigung einer dem betreibenden Gläubiger vorrangigen Belastung berechtigt, muss mit dem weiteren Bestand der Belastung gerechnet werden.
Wichtigstes Beispiel ist die Auflassungsvormerkung. Diese sichert die Eintragung der Auflassung im rechtlichen Zustand zum Zeitpunkt der Eintragung der Vormerkung. Eine zulässige Versteigerung aus dem Nachrang wird damit keinen vernünftigen Bieter finden.
Die Auflassungsvormerkung findet sich in Abtl. II des Grundbuches, Vormerkungen eines Anspruches auf Eintragung an der künftigen Stelle des gesicher-

---

24 Für Versteigerungen sei hingewiesen auf §§ 96 (Altenteil), 121 (öffentlich-rechtliche Reallast) EGBGB.
25 Die Unterschiede der Bestellung haben hier keine Auswirkung.
26 *Prütting/Wegen/Weinreich*, BGB, § 1094 Rn. 9.
27 Dies ist anders zu beurteilen, wenn ein Vorkaufsrecht Teile (einzelne Flurnummern) des Grundstückes oder ideelle Teile des Grundstückes (Miteigentumsanteile) betrifft, da sich dies im späteren Verkaufsfall wirtschaftlich auswirkt.

ten Rechts, das den Rang der Vormerkung erhält, andere Vormerkungen, z. B. Löschungsvormerkungen, in der Spalte für Veränderungen beim eingetragenen Recht.

ggg) **Widerspruch.** Schließlich kann ein Widerspruch nach § 899 BGB eingetragen sein, wenn behauptet werden kann, dass das Grundbuch bezüglich einer Eintragung falsch ist. Auch der Widerspruch sichert nur das zugehörige Recht, beispielsweise eine Grundschuld, deren Löschung widerrechtlich eingetragen wurde. Ein Widerspruch beseitigt den öffentlichen Glauben an die Richtigkeit des Grundbuches im betroffenen Punkt. Nach § 48 ZVG werden in der Versteigerung die durch Widerspruch gesicherten Rechte so behandelt, als wenn sie eingetragen wären.

hhh) **Nacherbenvermerk.** Die Zwangsversteigerung ist bei eingetragenem Nacherbenvermerk gegen den Vorerben als Eigentümer gemäß §§ 2115 BGB, 773 ZPO nicht möglich, wenn das Recht, aus dem betrieben wird, gegen den Nacherben nicht wirksam ist, also beispielsweise aus einem persönlichen Titel gegen den Vorerben betrieben werden soll.[28] Richtet sich der Anspruch aber gegen den Erblasser, ist die Versteigerung nicht gehindert.

iii) **Verfügungssperre.** Bundes- oder landesrechtliche Verfügungssperren wirken bereits aufgrund der Veröffentlichung, werden aber teilweise im Grundbuch auch eingetragen.[29] Entsprechendes gilt für die etwas häufigeren Umlegungsverfahren.

jjj) **Miteigentümervereinbarung.** Miteigentümervereinbarungen, also Regelungen der Bruchteilseigentümer eines Grundstücks, gelten nach § 1010 BGB gegen einen Miteigentümer nur, soweit sie im Grundbuch eingetragen sind. Die Regelung kann im Vorrang wertmindernd sein, wenn der Kreis von Kaufinteressenten dadurch kleiner wird. Wesentliches Beispiel ist der Ausschluss der Teilungsversteigerung durch Miteigentümervereinbarung. Ein derartiger Ausschluss wirkt jedoch nicht in der Zwangsvollstreckung des Aufhebungsanspruches nach § 751 Satz 2 BGB.

kkk) **Rangvorbehalt.** Ein Rangvorbehalt nach § 881 BGB sichert dem Eigentümer die Möglichkeit, an der bezeichneten Stelle und im bezeichneten Umfang zusätzlich zur bestehenden Belastung im Grundbuch ein Recht eintragen zu dürfen.[30] Er wirkt also wie ein rechtlicher Platzhalter in der Rangfolge des Grundbuches und wird bei dem belasteten Recht eingetragen. Er ist zweckmäßigerweise für den Gläubiger des belasteten Rechtes gedanklich so berücksichtigen, als ob das Recht bereits eingetragen wäre. Ein Rangvorbehalt als bestehenbleibendes Recht steht dem Ersteher zur Verfügung. Nach Eintragung des Zwangsversteigerungsvermerkes kann ein Rangvorbehalt nicht mehr ausgenutzt werden.[31] Eine Pfändungsmöglichkeit der Rechte aus dem Vorbehalt, um z. B. vor dem Stellen des Versteigerungsantrages seine Sicherungshypothek im Vorrang zu anderen Gläubigern eintragen zu können, wird überwiegend abgelehnt[32]. Ein nicht genutzter Rangvorbehalt im Nachrang zum betreibenden Recht verfällt in der Zwangsversteigerung ohne Wertausgleich für den Eigentümer.

---

28 Die Zwangsverwaltung ist möglich, da nur in die dem Vorerben zustehenden Nutzungen vollstreckt wird.
29 S. bspw. Art. 27 IV BayEG.
30 Ein Hypotheken- oder Grundschuldgläubiger eines niedriger als 5% verzinsten Rechtes kann nach § 1119 I BGB die Erhöhung dieses Zinssatzes bis zur genannten Grenze mit dem Eigentümer ohne Zustimmung davon betroffener gleich- oder nachrangiger Gläubiger verlangen. Hierzu bedarf es also keines Rangvorbehaltes.
31 S. § 11 ZPO Rn. 11.
32 Prütting/Wegen/Weinreich, BGB, § 881 Rn. 6, Schöner/Stöber, Grundbuchrecht, Rn. 2141, s. § 867 ZPO Rn. 34.

Der Rangvorbehalt ist kostengünstiger als z. B. die Eintragung und spätere Abtretung einer Eigentümergrundschuld, was zum gleichen Ergebnis führen würde. Problematisch ist jedoch die Regel des § 881 Abs. 4. Danach wirkt der Vorbehalt nämlich auch nur relativ gegenüber dem belasteten Recht, bei dem er eingetragen ist. Für ein im Rang nach dem belasteten Recht eingetragenes Recht, z. B. eine Zwangssicherungshypothek, ist nur das belastete Recht im Vorrang, nicht das begünstigte Recht. Dies führt bei einer Versteigerung, bei der keines der Rechte im geringsten Gebot liegt, zu willkürlichen Ergebnissen für belastetes und begünstigtes Recht. Während das Recht im Zwischenrang, also hier die Zwangssicherungshypothek, den Vorrang im Ergebnis ignoriert, wird der Erlös für das begünstigte Recht kleiner, wenn der Versteigehrungserlös steigt.[33] Daher ist bei Finanzierungen die Lösung über eine Eigentümergrundschuld vorzuziehen.

47 lll) **Erbbaurecht.** Das Erbbaurecht kann wegen seiner Komplexität hier nur erwähnt werden.[34] Bei einem vorgehenden Erbbaurecht, was zwingend ist, da Erbbaurechte nur an erster Rangstelle eingetragen werden können nach § 10 Abs. 1 Satz 1 ErbbauVO, ist eine Versteigerung in allen praktisch vorkommenden Fällen nicht erfolgsorientiert, da das Erbbaurecht den gesamten wirtschaftlichen Wert des Grundstückes als bestehen bleibendes Recht einnimmt. Es wird also vernünftigerweise niemand bieten.[35]

48 ee) **Haftungsumfang.** Neben dem Grundstück selbst haften noch nach näherer gesetzlicher Ausgestaltung die Erzeugnisse und sonstigen Bestandteile sowie das Zubehör. Bei einer Versteigerung gewerblicher Objekte kann das Zubehör im Einzelfall interessant sein. Wichtiger ist jedoch die Erfassung von Ansprüchen aus der Gebäudebrandversicherung, damit einem Ersteher im Ernstfall wenigstens ein Ersatzanspruch zusteht. Es schadet nicht, in der Zwangsversteigerung die Zahlung der Beiträge vor dem Bieten zu klären. Hat die Versicherung wegen rückständiger Beiträge gekündigt, kann sich auch ein sehr günstiges Meistgebot in Rauch auflösen.

49 d) **Durchbrechung der Rangordnung.** Als wesentliche Ausnahme der besprochenen Regel, wonach nicht in das geringste Gebot fallende Rechte erlöschen, sind noch Rechte zu erwähnen, die auch außerhalb des geringsten Gebotes bestehen bleiben. Darunter fallen auch seltene Rechte, die im Grundbuch nicht eingetragen sind und unabhängig von der Erwähnung im Zwangsversteigerungsverfahren weiter gelten. Dies gilt sogar dann, wenn der daraus Berechtigte das Verfahren betreibt, wobei dann wegen der Offenkundigkeit des Rechtes auch kein Problem entsteht.[36]

50 aa) **Altenteile.** § 9 EGZVG schafft diese Ausnahme für nach jeweiligem Landesrecht begründete und eingetragene Dienstbarkeiten, Reallasten, Leibgedinge, etc., sowie auch nicht eintragungsbedürftige Rechte, die nach Landesrecht begründet und keine Grundpfandrechte sind.

51 bb) **Überbaurente.** Baut ein Eigentümer über seine Grundstücksgrenze fahrlässig hinaus, muss dies der Nachbar dulden, wenn er nicht sofort Widerspruch erhebt. Als Ausgleich erhält er eine Geldrente nach § 912 Abs. 2, 914 BGB. Diese geht den Rechten am Grundstück vor, sogar denen, die zum Zeit-

---

33 *Prütting/Wegen/Weinreich*, BGB, § 881 Rn. 8 mit weiteren Nachweisen.
34 S. o. Rn. 30.
35 Zur Versteigerung des Erbbaurechtes selbst siehe bsp. *Freckmann/Frings/Grziwotz*, Das Erbbaurecht in der Finanzierungspraxis, 2006, S. 189 ff.
36 Im hier nicht besprochenen Falle einer Versteigerung aus einem vorrangigen Recht kann das Erlöschen des besonderen Rechtes aber durch abweichende Versteigerungsbedingungen erreicht werden, wofür keine Zustimmung des Berechtigten erforderlich ist.

punkt des Überbaus bereits eingetragen waren. Gleiches gilt für die Notwegrechte nach § 917 BGB.

cc) **Enteignung.** Ein Vermerk über eine eventuell wertmindernde Enteignung nach § 85 BauGB ist nicht vorgesehen. Jedoch werden die Beteiligten benachrichtigt. Nur für den Gläubiger ohne dinglichen Titel wird das Verfahren daher überraschend sein können. **52**

Beispielfall   *Vorbereitung der Versteigerung*

In unserem Beispiel lag ein wirksamer Darlehensvertrag vor. Die Kündigung des Darlehensvertrages ist erfolgt und eine etwaige schuldrechtliche Wartezeit vor der Vollstreckung abgelaufen.
Zwischenzeitlich wurde die Vollstreckungsklausel beim Notar auf den neuen Gläubiger, also die Hausbank, nicht mehr die Bank der Eltern, umgeschrieben und den Eigentümern Mustermann zugestellt. Der Auftrag wurde dem Gerichtsvollzieher mitgegeben, der regelmäßig die Pfändungen in die Bank bringt. Ein Zeugnis nach § 17 ZVG wurde angefordert. Eine Kündigung der Grundschuld war nicht nötig, da die Beurkundung der Grundschuld lfd. Nr. 1 vor dem 30.6.2008 erfolgt war. Bezüglich der Grundschuld lfd. Nr. 3, die laut Urkunde am 9.7.2008 beurkundet wurde, wurde vorsichtshalber die Kündigung ausgesprochen, das Verfahren soll aber nur aus der erstrangigen Grundschuld betrieben werden. Diese Forderung ist bereits fällig.
Schließlich wurde der Versteigerungsantrag zusammen mit der Grundschuldurkunde, dem Zustellungsnachweis und dem Zeugnis nach § 17 ZVG an das Versteigerungsgericht gesandt.

B Verfahren vor dem Versteigerungstermin

1. Anordnungsbeschluss

a) **Prüfung der Zulässigkeit.** Der Rechtspfleger überprüft nun den gesamten ihm bekannten Sachverhalt auf den rechtlichen Gehalt der Voraussetzungen der Verfahrenseröffnung. Das Ergebnis dieser umfassenden Arbeit ist im positiven Falle der sog. Anordnungsbeschluss, der die oben besprochenen Pflichtangaben des § 16 ZVG aufführt und so auch den Verfahrensgegenstand bestimmt. Die Begründung ist das Vorliegen der Vorrausetzungen. Das Gericht hat kein Ermessen über die Eröffnung des Verfahrens.
Nach § 30b Abs. 1 ZVG ist dieser Beschluss bei Zustellung an den Vollstreckungsschuldner mit einer Belehrung zu verbinden, dass binnen einer Notfrist von zwei Wochen ab Zustellung ein Antrag auf einstweilige Einstellung des Verfahrens gestellt werden kann. **53**

b) **Zwangsversteigerungsvermerk im Grundbuch.** Gleichzeitig mit dem Erlass des Anordnungsbeschlusses ersucht das Vollstreckungsgericht das Grundbuchamt um Eintragung des Zwangsversteigerungsvermerkes. Dieses trägt in Abt. II unter der nächsten laufenden Nummer den Vermerk ein: „Die Zwangsversteigerung ist angeordnet. Eingetragen am..." Anschließend teilt das Grundbuchamt von Amts wegen die für das Verfahren wesentlichen Inhalte der Grundakte mit, in der Regel durch Übersendung der Grundakte. **54**

c) **Kostenrechnung.** Der Antragsteller zahlt für den Verfahrensbeginn eine feste Gebühr von 50 € zuzüglich einer Zustellungsgebühr von 3,50 € pro Schuldner. Das Gericht fordert den Betrag nach Eröffnung des Verfahrens an. **55**

2. Beschlagnahme

a) **Tatbestand.** Gesetzliche Folge des Anordnungsbeschlusses ist die Beschlagnahme des Grundstückes. Diese bewirkt gegenüber dem jeweils vollstreckenden Gläubiger nach §§ 23 ZVG, 136 BGB eine relative Unwirksamkeit von **56**

Verfügungen des Eigentümers über das Grundstück.[37] Gleiches gilt für im Wege der Zwangsvollstreckung erfolgende Verfügungen. Wegen der nur relativen Unwirksamkeit wird das Grundbuchamt Anträge auf Eintragungen aber grundsätzlich vollziehen. Aufgrund der Eintragung des Sperrvermerks im Grundbuch ist gutgläubiger Erwerb aber ausgeschlossen. Konsequenterweise hat auch die Veräußerung nach der Beschlagnahme keine Wirkung auf das Verfahren.[38]

57 b) **Zeitpunkt.** Als Zeitpunkt der Beschlagnahme gilt entweder die Zustellung des Anordnungsbeschlusses beim Schuldner oder der Eingang des Eintragungsersuchens beim Grundbuchamt gemäß § 22 ZVG. Für jeden betreibenden Gläubiger gibt es einen eigenen Beschlagnahmezeitpunkt.
Praktische Bedeutung hat der Zeitpunkt der Beschlagnahme vor allem für die Berechnung der Grundschuldzinsen. Nach §§ 10 Abs. 1 Nr. 4 Satz 2., 13 I Abs. 1 ZVG werden die Grundschuldzinsen in Rangklasse 4 befriedigt, und damit innerhalb der Rangordnung des Grundbuches gegebenenfalls noch vor dem nächsten Grundpfandrecht, soweit sie frühestens innerhalb von zwei Jahren vor dem letzten Fälligkeitstermin vor der Beschlagnahme fällig geworden sind.[39]

3. Verfahrensende und Unterbrechung

58 Nach der Unterzeichnung des Anordnungsbeschlusses endet das Zwangsversteigerungsverfahren mit der Aufhebung, wenn keine anderen betreibenden Gläubiger mehr vorhanden sind. Dies gilt zumindest für die Sichtweise des Gerichtes. Das Verfahren ist aufzuheben, wenn die Aufhebung gesetzlich angeordnet ist oder der betreibende Gläubiger dies will. Letzteren Fall artikuliert das Gesetz als Zurücknahme des Antrages nach § 29 ZVG. Gesetzliche Aufhebungsgründe sind das bekannt werden eines entgegenstehenden Rechtes oder ein dauerhaft fehlendes Bietinteresse. Selbstverständlich endet das Verfahren auch nach einer erfolgreich durchgeführten Versteigerung.
Von der Aufhebung zu unterscheiden ist die einstweilige Einstellung des Verfahrens. Diese bewirkt eine Pause im Verfahren, ähnlich des Ruhens des Erkenntnisverfahrens. Die einstweilige Einstellung führt kraft Gesetzes zur Aufhebung des Verfahrens nach einem Zeitablauf von sechs Monaten, wenn der Gläubiger nicht von sich aus die Fortsetzung beantragt. Nach der Aufhebung kann jedoch ein erneuter Antrag auf ein unabhängiges neues Verfahren gestellt werden. Es ginge also „wieder von vorne" los.
Der betreibende Gläubiger hat während des Verfahrens bis zum Zuschlagsbeschluss jederzeit die Möglichkeit, das Verfahren vorübergehend oder endgültig zu stoppen. Dies gilt auch während oder nach der Bietstunde im Versteigerungstermin und unabhängig vom bisherigen Fortgang. Er ist somit Herr über den Bestand des Verfahrens. Damit aber auch seitens des Gläubigers ein zielführendes Verhalten notwendig wird, hat er das Recht auf einstweilige Einstellung ohne besonderen Grund nach § 30 ZVG nur zweimal.

4. Einstellungsantrag des Schuldners

59 Es kommt wohl häufiger als ein Versäumnisurteil im Erkenntnisverfahren vor, dass ein Zwangsversteigerungsverfahren ohne eine nennenswerte Reaktion des Schuldners verläuft. Wendet sich jedoch ein Schuldner gegen das Verfahren, ist dies regelmäßig Grund spürbarer Verzögerungen.

---

37 Zum Grundstück gehören alle Bestandteile der Hypothekenhaftung nach § 1120 BGB, s. § 20 ZVG Rn. 10 ff.
38 Die Vorschrift geht über das relative Veräußerungsverbot hinaus.
39 Näheres und ein Beispiel unter § 10 ZVG Rn. 93 ff.

a) **Antragsfrist.** Der Schuldner kann innerhalb von zwei Wochen ab Zustellung die einstweilige Einstellung des Verfahrens beantragen gemäß § 30a ZVG. Praktisch jede Äußerung des Schuldners, die sich gegen das Verfahren richtet, wird im Lichte dieses Rechtes als Antrag ausgelegt, sofern ein Grund nur angedeutet wird. Entsprechend inhaltsgleich wird sich der betreibende Gläubiger zum Antrag äußern, wenn nicht der seltene Fall einer Begründetheit des Antrages vorliegt. **60**

b) **Voraussetzungen.** Sachliche Vorraussetzung eines erfolgreichen Antrages ist zum einen, dass durch die Gewährung der einstweiligen Einstellung die Versteigerung vermieden wird. Die Hürde ist hoch, da die Vermeidung als solche plausibel sein muss. Bemühungen und Hoffnungen für eine Änderung der Situation genügen gerade nicht. Vielmehr muss das Ergebnis der Bemühungen schon greifbar sein, beispielsweise durch abgeschlossene und vor allem nachweisbare Verhandlungen einer Ablösung der Schulden durch eine andere Bank. In diesem klaren Fall wird andererseits aber der zeitliche Aufschub durch eine einstweilige Einstellung bei der üblichen Verfahrensdauer insbesondere bei Verfahrensbeginn gar nicht benötigt. Es können höchstens Kosten vermieden werden, wobei sehr fraglich ist, ob dies der Schutzzweck der Norm ist. Generell soll aber ein schutzwürdiger Schuldner wegen der Bedeutung von Immobilien auch eine Möglichkeit haben, sich durch aktives Handeln aus der Versteigerung zu befreien. Die Möglichkeit einer Befriedigung des Gläubigers steht ihm ohnehin offen. Dies und nicht die Verwertung des Versteigerungsobjektes ist schließlich der eigentliche Zweck des Verfahrens. Diese Norm schützt ihn darüber hinaus auch in dem seltenen Fall, wenn nur das Versteigerungsverfahren als solches unnötig wird, ohne dass eine Befriedigung des Gläubigers schon erfolgt ist. Er ist damit nach rechtsstaatlichen Gesichtspunkten vor Willkür des Gläubigers geschützt. **61**
Es gibt einzelne Versteigerungsgerichte, die das mit der Einschätzung der Wahrscheinlichkeit einer Zuschlagsvermeidung verbundene Ermessen sehr weit auslegen und die dem Schuldner von der Bank eingeräumten Gelegenheiten einer Vermeidung beurteilen. Für letzteren Prüfungsansatz findet sich aber im Gesetz sicher keine Stütze.[40]
Eine Bank wird aber auch dem unbegründeten Antrag zustimmen, falls der Schuldner nur durch den Verfahrensdruck aktiv wird und nun kooperationsbereit ist. Schließlich ist der freihändige Verkauf in der Regel der für beide Seiten bessere Weg. Durch die Zustimmung zum Schuldnerantrag verliert der Gläubiger auch nicht eine seiner begrenzten Einstellungsmöglichkeiten nach § 30 ZVG, die er möglicherweise noch taktisch im Versteigerungstermin braucht. Die Zustimmung zu einer zeitlich begrenzten Einstellung kann bei streitiger Berechtigung des Antrages sinnvoll sein.
Zweite sachliche Vorraussetzung ist, dass bei einer zuerst festgestellten Sanierungsfähigkeit im Bezug auf das Verfahren die Einstellung auch der Billigkeit entspricht, welche sich an den persönlichen und wirtschaftlichen Verhältnissen des Schuldners sowie der Art der Schuld bemisst. Regelmäßig wird dies gegeben sein, wenn der Schuldner bspw. nicht nachweisbar extrem unzuverlässig ist.
Schließlich muss noch überlegt werden, ob die einstweilige Einstellung dann dem Gläubiger auch zugemutet werden kann. Hierfür kann unter anderem auch angeordnet werden, dass die zeitliche Verzögerung nicht zu zusätzlichen Ausfällen des Gläubigers führen darf und daher Zinsen zu zahlen sind. Wenn

---

[40] Jedoch wird über ein Rechtsmittel gegen eine sogar auf den ersten Blick erkennbar falsche Entscheidung nicht immer entschieden, bevor die Fortsetzung des Verfahrens durch Zeitablauf ohnehin stattfindet. Bei einer Gerichtsentscheidung besteht dann die Gefahr, dass sich zur Dauer des Rechtsmittels noch die Dauer der Einstellung addiert. Das gibt dem Gericht eine gewisse faktische Machtstellung, die sich häufiger im Verfahren findet.

man als Bank das Verfahren betreibt, darf man sich aber in der Gerichtspraxis jedoch keine zu großen Hoffnungen auf eine subtile wirtschaftliche Abwägung der Auswirkungen machen. Zinszahlungen werden auch deshalb selten angeordnet, weil ein zahlungsunfähiger Schuldner sonst nicht in den Genuss der Einstellung käme.

5. Verkehrswert

62 Der nächste Verfahrensabschnitt ist die Schätzung des Verkehrswertes des Versteigerungsobjektes nach § 74a Abs. 5 ZVG. Der Verkehrswert ist durch Beschluss festzusetzen. Er wird durch den Preis bestimmt, der zum Bewertungszeitpunkt im gewöhnlichen Geschäftsverkehr nach den tatsächlichen Eigenschaften und den rechtlichen Gegebenheiten ohne Rücksicht auf ungewöhnliche und persönliche Besonderheiten zu erzielen wäre (§ 194 BauGB).

63 a) **Zielsetzung.** Der Verkehrswert soll also vom Sinn her einen objektiven Marktpreis darstellen, den ein Durchschnittsmarktteilnehmer im freihändigen Verkauf zahlt. Erfahrungsgemäß entsprechen die geschätzten Verkehrswerte dieser Zielsetzung eher selten.[41] Dies liegt nicht nur in einer objektiv sehr schwer erreichbaren Bewertungsgenauigkeit, da die einzelnen Objekte naturgemäß größere Unterschiede aufweisen, auch wenn man nur Objekte des gleichen Haustyps vergleicht. Das Hauptproblem liegt jedoch in der sachlichen Bewertungsmethodik, die ausgehend von der jeweiligen Objektart, objektiven Flächenwert festsetzt und diesen dann proportional bei Vorliegen von Abweichungen der angeblichen Norm anpasst. Dieses Verfahren eignet sich sicher für Auseinandersetzungen von Gutachtern, weil es einen maximalen Beurteilungsspielraum eröffnet. Es hat aber den großen Nachteil, dass es den momentanen Markt zum Zeitpunkt der Schätzung und seine Erwartungen außer Acht lässt.[42] Eigennutzer werden höhere Gebote legen als erfahrene Vermieter, die das Risiko eines unbekannten Objektes nur zu höheren Gewinnmargen eingehen. Schon der Blickwinkel des potentiellen Bietinteressenten ändert also den Wert.

Abschläge für den verlorenen Zeitwert der Substanz haben Ihre Berechtigung, um ausgehend von Errichtungskosten die Wertminderung festzustellen, welche bei verlorenem Nutzwert durch Ersatzinvestition, also Renovierung, wieder Kosten für den Eigentümer verursacht. Dies gilt aber in der Praxis nicht für Einbauten, die von Geschmack und Funktion abhängen. Professionelle Vermieter interessieren sich nicht für den exakten Zeitraum, den ein Raum bereits abgewohnt wurde, sondern rechnen für Bad und Küche fast immer mit einer preiswerten Generalsanierung um die Wohnung „reinweiß" samt Türen für eine standardisierte Vermietung und eine durchschnittliche Markterwartung aufwerten zu können. Auch der Eigennutzer will aber bei einem gebrauchten Objekt einen Zustand herstellen, der seinen individuellen Erwartungen entspricht. Hier ist zwischen Kauf und Ersteigerung kein Unterschied. Genaue Analysen zu Heizung und ökologischem Konzept sind beispielsweise extrem selten, obwohl dies zumindest ein derzeit an Wichtigkeit gewinnender Gesichtspunkt für langfristige Rentabilität in Form des Energiesparens als auch für die individuelle Neigung zur Überbetonung spezieller Ausstattung aufgrund der Verwirklichung persönlicher Überzeugungen wäre.[43]

---

41 Diese Behauptung geht allerdings nicht davon aus, dass das Meistgebot hierfür einen Maßstab darstellt, da die Versteigerung auch anderen Regeln als der freihändige Markt folgt.

42 Die Versuche von Gutachtern, abschließend durch pauschale Korrektur ohne Begründung dem Markt Rechnung zu tragen, wirken eher als Feigenblatt. In Gutachten finden sich praktisch nie Erläuterungen zum Markt, nur zum Objekt.

43 Der mittlerweile für Vermietungen vorgeschriebene Energiepass scheint noch kein Prüfungspunkt für Gutachter zu sein.

Ein anderer Grund mag noch dazu kommen: Gutachter sind selten Makler. Hauptsächlich diese wissen, ob in der betroffenen Lage derzeit Wohnungen oder Häuser gesucht sind und was Kapitalanleger aufgrund der letzten Finanzkrise gerade an Rendite erwarten, wenn die Umbaukosten nach den Preisen der lokalen Handwerker herausgerechnet sind. Im Laufe eines über ein Jahr dauernden Versteigerungsverfahrens würde daher ein präziser Wert sogar spürbar schwanken.

Der Verkehrswert unterscheidet sich daher in der Zielsetzung nach der Definition des Baugesetzbuches auch vom Beleihungswert der Banken. Dort soll ein Ansatz für die Höhe der Sicherheit gefunden werden, der für die vereinbarte Dauer der Kreditrückzahlung nicht verringert werden muss.[44] Zwar erfuhr in den Richtlinien der Bundesanstalt für Finanzdienstleistungsaufsicht die sogenannte Kreditüberwachung, also die Kontrolle bereits bestehender Kreditengagements, eine kontinuierliche Aufwertung, was angesichts der in der Presse berichteten Bewertungsschwankungen der Sicherheiten von Forderungen der Großbanken nicht weiter überrascht. Doch aus praktischen Erwägungen heraus wird eine Neubewertung nur aus bestimmten Anlässen oder nach längeren Zeitabschnitten erfolgen. Es muss dafür also ein Maßstab gefunden werden, der von kurzfristigen Gesichtspunkten unabhängig ist. Hier ist das Ziel die Erforschung des dauerhaften Handelswertes in Form eines Mindestpreises. Auch hier ergibt sich aber nach Vorschrift und Handhabung eine Änderung der Betrachtungsweise bereits aus der Art der konkreten Verwendung der Sicherheit. Kommt ein Kunde seinen Verpflichtungen nach und kann man das auch erwarten, bildet die Immobilie als Sicherheit einen wesentlichen Teil des Vermögens, das unter wirtschaftlichen Gesichtspunkten verwaltet werden kann und den Forderungen dauerhaft gegenübersteht. Befindet sich ein Kunde in einer finanziell existenziellen Krise, hat sein Vermögen nur noch einen Zerschlagungswert. Damit kann auch zu für die Preisentwicklung schlechten Zeiten eine Verwertung dargestellt werden und ein Erwerb in kurzer Zeit durch jemanden, der individuelle Vorteile einer Immobilie schätzt, ist unwahrscheinlicher. Für den Schuldner besteht der Wert „seiner" Immobilie aber meistens in dem Preis, den er für einen Neubau bei blühender Konjunktur gezahlt hat. Umso mehr erstaunt jedoch, dass gerade in der Zwangsversteigerung trotz der Marktbetonung bei der Zielsetzung des Verkehrswertes häufig unrealistische Schätzungen erstellt werden, die sich zu sehr an den Baukosten als Ausgangswert orientieren und zuwenig aus dem Blickwinkel des erwarteten Interessenten geschrieben sind.

Allgemein kann davon ausgegangen werden, insbesondere nach den Erfahrungen bei Versteigerungen in den neuen Bundesländern als der Wertverfall greifbar war, dass ein Verkehrswertgutachten eher zu hoch als zu niedrig ausfällt. Entgegen einer naheliegenden Annahme liegt dies jedoch nicht im eigenen Interesse der Gutachter. Diese werden nämlich nicht nach der Höhe des gefundenen Schätzwertes entlohnt.

b) **Inhalt.** 1.2. Das Verkehrswertgutachten hat weder einen vorgeschriebenen Inhalt, noch gibt es innerhalb der Gutachter berufsständische Regeln, die im Versteigerungsverfahren bislang eine Rolle spielen. Das Gutachten gliedert sich häufig wie folgt:
– allgemeine Feststellungen zu den Vorraussetzungen des Gutachtens wie Auftrag und Nachweise
– Umfeld und äußere Einflüsse der Lage
– Gegenstand der Wertermittlung im Einzelnen
– Beschreibung des Grundstückes

---

44 Es ist sehr fraglich, ob wegen einer Marktschwankung eine Nachbesicherung verlangt werden kann. Die Bank wird dieses Risiko zumindest faktisch tragen, welches sich in zahlreichen Fällen der Finanzierungen von Ostimmobilien kurz nach der Wende realisiert hat.

- Beschreibung der Bebauung
- Ermittlung des Bodenwertes
- Ermittlung des Gebäudewertes
- Ergebnis des Schätzung

65 c) **Schätzmethoden.** Für Zwecke des Baugesetzbuches, auf dessen Verkehrswertdefinition mangels einer eigenen gesetzlichen Vorgabe für die Zwecke des Versteigerungsrechtes Bezug genommen wird, kennt die Wertermittlungsverordnung drei unterschiedliche Vorgehensweisen, nämlich das Vergleichswertverfahren, das Ertragswertverfahren und das Sachwertverfahren. Diese Methoden haben unterschiedlich marktnahe Ausgangspunkte.

Jedes Verfahren ermittelt den Verkehrswert aus der Summe von Bodenwert und dem Wert der Bebauung, der Außenanlagen und des Zubehörs. Der Bodenwert bemisst sich ausschließlich nach dem derzeit hierfür unbebaut gezahlten Preis und wird daher immer im Vergleichswertverfahren geschätzt. Seinen Namen erhält das Verfahren aber nach der Ermittlungsmethode des Gebäudewertes.

Das Sachwertverfahren geht beim Gebäude von den heutigen durchschnittlichen Neubaukosten aus und leitet dann aus dem Alter, bzw. aus der Restnutzungsdauer, dem Zustand und dem Standard einen Zeitwert ab. Dieser Zeitwert ist jedoch im Hinblick auf die Realisierbarkeit auf dem ortsüblichen Markt einer Anpassung zu unterwerfen, die einen marktkonformen Sachwert zum Ergebnis haben soll. Maßgeblichen Einfluss hat hier der Baupreis. Das Verfahren kommt hauptsächlich bei Einfamilienhäusern zum Einsatz. Das Ergebnis ist regelmäßig höher im Vergleich zum Ertragswertverfahren.

Das Ertragswertverfahren betrachtet eine Immobilie unter dem Gesichtspunkt des reinen Nutzwertes, gewissermaßen aus dem Auge des Zwangsverwaltungsverfahrens. Nach Abzug der Bewirtschaftungskosten ergibt sich ein Reinertrag, der auf den Zeitpunkt der Zwangsversteigerung zu kapitalisieren ist. Damit wird wie bei einer Wertanlage die Verzinsung des Grundstücks bewertet, die für den Gebäudeanteil auf die Restnutzungsdauer begrenzt ist. Es erlaubt den Vergleich mit anderen Objekten, aus deren Kaufpreis ein Liegenschaftszinssatz abgeleitet wurde. Das Ergebnis wird sehr stark von der unterstellten Miete beeinflusst und kommt bei Vermietobjekten wie Mehrfamilienhäusern zum Einsatz.

Das Vergleichswertverfahren schließlich verzichtet auf den Umweg der Substanzbewertung und richtet sich nach in der Vergangenheit erzielten Kaufpreisen vergleichbarer Objekte, also Bauwerken im gleichen Marktsegment und in gleicher Lage. Als Grundlage dient die amtliche Kaufpreissammlung, die auf Bestimmung des Baugesetzbuches durch Gutachterausschüsse fortgeschrieben wird. Bei jeder Beurkundung ist eine Meldung des Kaufes an den Gutachterausschuss durch § 195 BauGB vorgeschrieben. Aus den Vergleichsobjekten wird dann durch Anpassung veränderter Parameter, also auf dem umgekehrten Weg wie beim Sachwertverfahren, ein Verkehrswert abgeleitet.

66 d) **Sachverständige.** Das Gericht kann sich zur Feststellung des Verkehrswertes eines Sachverständigen bedienen nach § 74a Abs. 5 ZVG. Es ist höchst ungewöhnlich, wenn es das nicht nutzt. Das Gericht ist jedoch an das Gutachten nicht gebunden. Es muss vielmehr eine eigene Bewertungsentscheidung treffen. Dies erschöpft sich aber fast immer darin, sich dem Gutachter anzuschließen, falls von den Beteiligten keine Einwände vorgetragen werden. Es ist nach den bereits vorgetragenen Argumenten von den Rechtspflegern sicher nicht zu erwarten, dass diese nun auch noch einen Sachverständigen ersetzen können. Allerdings wäre im Hinblick auf die bereits beschriebenen Mängel eine Plausibilitätskontrolle der Gutachten ebenso notwendig wie eine klare Ermessensentscheidung, welchen engeren Zielen das Gutachten folgen soll, wenn hierzu Anlass besteht. Da eine Festsetzung letztendlich ein hoheitlicher

Akt innerhalb eines Zwangsversteigerungsverfahrens ist, darf jedes hoheitliche Handeln gerade in Form von Beurteilungen und Entscheidungen nicht auf Dritte ausgelagert werden.
Das Gericht und folglich auch der von ihm beauftragte Sachverständige können weder bei vermieteten noch bei selbstgenutzten Räumen den Zugang erzwingen. Soweit der Zustand von Gebäudeteilen wie den Innenräumen daher nicht festgestellt werden kann, muss aufgrund des Alters des Objektes auf den durchschnittlichen Zustand geschlossen werden.
Der Sachverständige ist vom Gericht beauftragt und nur diesem verpflichtet. Er wird auch im Falle einer abweichenden gerichtlichen Festsetzung entlohnt, da er keine typische Mängelhaftung für sein Gutachten gewährt. Dies gilt sogar dann, wenn ausnahmsweise das Gericht mit dem Gutachten gar nicht einverstanden ist.
Eine Haftung kommt im Ergebnis nur nach den §§ 839a, 826 BGB in Betracht, also im Normalfall einfacher Fahrlässigkeit gar nicht. Allerdings hat diesen Anspruch dafür auch jeder Betroffenen inne, der nur einen Schaden hat und nicht Beteiligter sein muss.

e) Anhörung. Beide Parteien werden zunächst zur beabsichtigten Wertfestsetzung des Gerichtes gehört. Wer als Beteiligter des Verfahrens nicht Schuldner oder Antragsteller ist, erfährt übrigens zu diesem Zeitpunkt erstmals von Amts wegen, das ein Verfahren stattfindet. Die Verfahrensanordnung wird ihm nämlich nicht mitgeteilt.
Die Wertfestsetzung erfolgt von Amts wegen, durch Beschluss und rechtzeitig vor dem Versteigerungstermin.

f) Einsicht. Das Gutachten erfolgt im Auftrag des Gerichtes zum Zwecke der Vorbereitung einer öffentlichen Versteigerung. Die Folgen für die Rechte am Gutachten werden daraus nicht einheitlich beurteilt. Es gibt Versteigerungsgerichte, die das Gutachten nur an Beteiligte versenden und darauf hinweisen, dass eine Kopie wegen des Urheberschutzes nur für eigene Zwecke erlaubt ist, insbesondere also eine Weitergabe von Kopien an Interessenten unzulässig ist. Andere Gerichte legen sogar ein Kopierexemplar auf, das nur vollständig kopiert werden soll, weil nach deren Meinung ein informierter Interessent regelmäßig mehr bietet und dies den Erfolg der Versteigerung nur stützen kann. Wieder andere Gerichte erteilen den Auftrag nur unter der Bedingung, dass der Gutachter Vervielfältigungen durch das Gericht zulässt.

g) Grund der Festsetzung. Es gibt Versteigerungstermine, in denen mangels Nachfrage oder aufgrund zu hoher Wertfestsetzung nur Gebote gelegt werden, die betragsmäßig 70 % des festgesetzten Verkehrswertes nicht erreichen. Dann gibt es je nach Belastung des Grundstückes Beteiligte, die unter Berücksichtigung der erfolgten Anmeldungen zumindest mehr oder überhaupt einen Erlös bekämen, wenn das Meistgebot bei 70 % des Verkehrswertes läge. Diese Beteiligten könnten also nur die Differenz von 70 % des Verkehrswertes und dem Meistgebot eine Zuteilung beanspruchen.
§ 74a ZVG gibt diesen Beteiligten das Recht auf ihren Antrag im Termin hin, den Zuschlag versagen zulassen. Damit haben sie in einem neuen, von Amts wegen anzusetzenden Termin eine zweite Chance, durch investitionsfreudigere Interessenten eine höhere Befriedigung Ihrer Forderung zu erlangen.
Der betreibende Gläubiger hat es als Antragsteller generell in der Hand, ob das Verfahren begonnen oder beendet wird. Zweimal kann er das Verfahren einstweilen einstellen. Die 7/10-Grenze gibt ihm nun ein drittes Einstellungsrecht. Daher kommt der Begriff des relativen Mindestgebotes.
Falls durch ein Meistgebot 50 % des festgesetzten Verkehrswertes nicht erreicht werden, muss nach § 85a ZVG der Zuschlag versagt werden. 50 % des Verkehrswertes wird daher auch das absolute Mindestgebot genannt.

Beide Grenzen gelten solange, bis in einem Termin der Zuschlag wegen des Nichterreichens der Wertgrenzen versagt wird. Wird aus anderem Grund ein neuer Termin anberaumt, bestehen die Wertgrenzen weiter. Sie werden also einmal, aber nicht zwingend nur im zeitlich ersten Termin angewandt. Im nächsten Termin, dem „technisch zweiten", sind die Wertgrenzen dann gefallen.

70 h) **Ergebnisprobleme.** Für den Gläubiger wirkt sich ein wesentlich zu hoch angesetzter Verkehrswert vor allem unter zwei Gesichtspunkten als negativ aus.
Nach einer Serie neuer, hoch umstrittener Urteile des BGH[45], hat der Gläubiger große Schwierigkeiten, auf legitime Weise nach der Auffassung des BGH überhaupt eine erfolgreiche Versteigerung durchführen zu können. Im Extremfall nimmt also ein unrealistisch hoher Verkehrswert die Versteigerungsmöglichkeit an sich.
In einem Versteigerungstermin ohne Bieter muss sich der betreibende Gläubiger überlegen, wie er die von Amts wegen zu beachtende Grenze von 50 % des Verkehrswertes im ersten Versteigerungstermin zu Fall bringt, da ja ohne ein zugelassenes Gebot die Grenze im zeitlich zweiten, aber technisch erneut ersten Termin wieder gilt. Bislang bot der Vertreter des betreibenden Gläubigers schlicht selbst. Meistens bot er dabei nicht mehr als das Bargebot, weshalb ein Zuschlag zwar ausgeschlossen, aber das Gebot zulässig war. Der Terminsvertreter bot dabei bevorzugt als Privatperson, da dabei etwaige zu Gunsten des Gläubigers bestehen bleibende Rechte nicht berücksichtigt werden mussten, wenn er nicht mit dem Verlangen einer Sicherheitsleistung anderer zu rechnen hatte. Es gibt viele Gründe, weshalb Bieter nicht vorhanden sind. In den neuen Bundesländern gab es zu Zeiten des Preisverfalls nach der Wende an einem Sitzungstag mehrere davon am Stück zu erleben. Einer der Gründe war jedoch häufig ein übertrieben hoher Verkehrswert, der aufgrund verwalteter Mietzinsen errechnet war und die längst nicht mehr zu erzielen waren, was kaum Gerichte moniert haben. In solch einer Situation kommt auch ein professioneller, also gewerblicher Bieter gar nicht erst zum Termin, wenn er schon aus Rechtsgründen keinen Zuschlag zu seiner maximalen Preisvorstellung bekommen kann. Dem gezeigten Mechanismus hat nun der BGH einen Riegel vorgeschoben, indem er auf Zuschlagsbeschwerde des Schuldnervertreters das Gebot des Gläubigervertreters im ersten Termin als unzulässig qualifizierte, und damit das im zweiten Termin gelegte Meistgebot unter 50 % des Verkehrswertes als unzulässig wegen Nichterreichens der 50 %-Grenze abweisen konnte. Es gibt wohl sowohl dogmatisch als auch rechtpolitisch erheblich mehr Gründe gegen dieses Urteil als dafür. Der rechtsentscheidende Punkt für den BGH war jedoch, das Gebot des Gläubigervertreters als nicht ernst gemeinte Willenserklärung anzusehen. Zwar ist der Sinn des Vorgehens offensichtlich, und der Vertreter wusste wohl, dass der von ihm vertretene Gläubiger auch zu diesem Gebot keinen Zuschlag wollte. Jedoch scheint es doch ebenso unrealistisch, formaljuristisch von einem Scherz auszugehen. Schließlich würde praktisch jeder Gläubigervertreter privat eine Immobilie zu einem Bargebot von etwa 10–15 % erwerben wollen, wenn man ihn denn ließe, auch bei einem überhöhten Verkehrswert.
Mittlerweile wurde die Rechtsprechung bestätigt und auf „Beauftragte" ausgeweitet.
Für den Gläubiger ist mit der deutlich überhöhten Verkehrswertfestsetzung jedoch die Gefahr einer vollständigen Aushöhlung seines Vollstreckungsrechtes auf einmal gegeben.

---

45 S. zum Ganzen § 85a ZVG Rn. 17 ff.

Zum anderen ist noch ein steuerlicher Gesichtspunkt zu beachten. Es ist Übung von kundennahen Banken, Objekte nicht in mehrfachen Versteigerungsterminen gänzlich uninteressant werden zu lassen, wenn sich zu einem wirtschaftlich angemessenen Preis gerade kein Bieter findet. Der Kreis der Interessenten ist eben kleiner als am freien Markt. Daher ist es folgerichtig, das Objekt selbst einzusteigern, und es danach über die hauseigene Immobilienabteilung am freien Markt zu verwerten, sog. „Rettungserwerb". Auf diese Art trägt auch die Bank das Risiko unliebsamer Überraschungen und kann das Objekt frei von Bewohnern anbieten. Auch kleine „wertsteigernde" Schönheitsreparaturen sind dabei möglich. Allerdings ist das Ersteigern eines Hauses in gleicher Weise grunderwerbsteuerpflichtig wie der Kauf einer Immobilie, weshalb sich der Erlös um 3,5 % verringert. Nun könnte der betreibende Gläubiger im ersten Termin ein Gebot von 50 % des Verkehrswertes legen und sich den Zuschlag erteilen lassen.[46] Allerdings wird das Finanzamt immer 70 % des Verkehrswertes als Bemessungsgrundlage für die Grunderwerbsteuer ansetzen.[47] Ein höher festgesetzter Verkehrswert hat also auch eine höhere Steuer und damit einen geringeren Erlös zur Folge. Es gibt erfahrungsgemäß dermaßen überhöhte Verkehrswertfestsetzungen, dass sich dies durchaus spürbar auswirken kann.

6. Rechtsmittel

Der Beschluss, der den Verkehrswert festsetzt, ist zumeist die erste Gelegenheit im Zwangsversteigerungsverfahren, bei der sich die Frage nach den Rechtschutzmöglichkeiten innerhalb des Verfahrens für den Gläubiger stellt. Es ist zwar immer eine Abwägung zwischen dem finanziellen Schaden der Verzögerung des Verfahrens und der Wahrscheinlichkeit eines erfolgreichen Rechtsmittels und seiner wirtschaftlichen Folgen zu treffen. Jedoch lässt sich die Notwendigkeit eines Rechtsmittels nicht immer vermeiden. Andererseits wird auch der Schuldner über Rechtsmittel das Verfahren gerne verzögern, auch wenn er vielleicht keine durchgreifenden Argumente hat.
Es gelten im Zwangsversteigerungsverfahren als ausgelagertem Teil der ZPO die allgemeinen Rechtsmittel derselben, soweit sich keine Änderungen durch das ZVG ergeben.[48] Wie üblich wehrt man sich also wegen der materiellschuldrechtlichen Berechtigung der Vollstreckungsmaßnahme mit der Vollstreckungsabwehrklage oder der Drittwiderspruchsklage. Dies ist im Versteigerungsverfahren deshalb außerordentlich wichtig, weil bei einem abstrakten Schuldtitel wie der Grundschuld vor Vollstreckungsbeginn eben keine richterliche Überprüfung materiellen Rechts stattgefunden hat, was ja systematisch die sinnvollere Reihenfolge wäre.
Eine Erinnerung gegen die Art und Weise der Zwangsvollstreckung nach § 766 ZPO ist gegeben, wenn der Vollstreckungsakt ohne Gewährung rechtlichen Gehörs für den Schuldner den Anspruch des Gläubigers verfolgt, wie bspw. bei der Anordnung des Verfahrens. Dann handelt es sich um eine Zwangsvollstreckungsmaßnahmen oder -handlung im Sinne des § 766 ZPO. Über diese Zwangsvollstreckungsakte, die das Vollstreckungsgericht hier durch den Rechtspfleger angeordnet hat, muss auch das Vollstreckungsgericht entscheiden.
Zentraler Rechtsbehelf ist jedoch die sofortige Beschwerde nach § 567 ff. ZPO, die das ZVG mit dem verkürzten Begriff der Beschwerde meint. Lehnt das

---

46 Dem Schuldner muss schuldrechtlich jedoch 70 % des Verkehrswertes seiner Forderung gutgebracht werden, § 114a ZVG ist eine materiell-rechtliche Norm im ZVG.
47 Obwohl die Abgabenordnung in vielen Konstellationen eine wirtschaftliche Umgehung von steuerpflichtigen Tatbeständen sanktioniert, bzw. dem Steuertatbestand gleichsetzt, hat die Rechtsprechung für den Fall des Rettungserwerbes durch eine Tochtergesellschaft anerkannt, dass hier das tatsächliche Meistgebot die Bemessungsgrundlage bildet.
48 Zum Ganzen s. vor § 95: Systematik der Rechtsmittel.

Gericht einen Antrag ab oder hört es den Antragsgegner an, trifft es eine Entscheidung im Sinne des § 567 ZPO, die mit der sofortigen Beschwerde angreifbar ist. Gegen die Entscheidung des Rechtspflegers im Falle einer nicht abgeholfenen Vollstreckungserinnerung ist auch wieder die sofortige Beschwerde möglich nach § 793 ZPO. Dies ist konsequent, weil aufgrund der Anhörung beider Parteien wieder eine Entscheidung Grundlage des Rechtsmittels ist.

Die Frage, ob der sofortigen Beschwerde eine Vollstreckungserinnerung vorgeschaltet ist, richtet sich damit nicht nach dem Inhalt des Vorgangs durch den Rechtspfleger, sondern nach dem Ergebnis und dem Rechtsmittelführer. So ist gegen die Ablehnung der Verfahrenseröffnung für den Gläubiger die sofortige Beschwerde, gegen die Eröffnung für den Schuldner jedoch die Vollstreckungserinnerung gegeben. Allgemeinen Grundsätzen folgend hindert aber die Falschbezeichnung des Rechtsmittels die Wirksamkeit des Vorbringens nicht.

Bei der sofortigen Beschwerde im Zwangsversteigerungsverfahren sind die Rechtsschutzmöglichkeiten durch den Gesetzgeber auf bestimmte Anlässe reduziert worden, um Missbrauchsmöglichkeiten zu verkürzen. Sämtliche Entscheidungen, die eine formelle Vorraussetzung für die spätere Zuschlagserteilung sind, können nach § 95 ZVG nur angegriffen werden, wenn hierbei über das Verfahren als solches entschieden wird. Also wird Rechtsschutz nur im Wege der sofortigen Beschwerde gegen die Anordnung oder Aufhebung des Verfahrens, bzw. gegen die einstweilige Einstellung oder die Forstsetzung des Verfahrens zugelassen. Außerdem gestattet § 74a Abs. 5 die sofortige Beschwerde gegen den Beschluss der Verkehrswertfestsetzung[49].

Die Entscheidungen im Zwangsversteigerungsverfahren werden den Beteiligten üblicherweise zugestellt. Jedoch ist keinerlei Rechtsmittelbelehrung vorgesehen. Die sofortige Beschwerde gegen die Entscheidungen ist jedoch fristgebunden. Die Frist von zwei Wochen beginnt mit Zustellung nach § 569 Abs. 1 ZPO. Bei Versäumung dieser Frist ist aus dem Rechtsstaatsprinzip unwiderleglich fehlendes Verschulden zu vermuten, wenn nicht belehrt wird.[50]

Die sofortige Beschwerde gegen den Zuschlagsbeschluss unterliegt besonderen Regeln nach den § 96ff. ZVG, beispielsweise bzgl. des Beginns der Rechtsmittelfrist.

Für gerichtliche Entscheidungen nach dem Zuschlagsbeschluss gelten dann die Einschränkungen nicht mehr.

Die sofortige Beschwerde wie auch die Vollstreckungserinnerung kann ohne Anwalt eingelegt werden. Zunächst prüft der Rechtspfleger selbst, ob er der Beschwerde abhelfen und dem Beschwerdegericht zuvorkommen will. Über die sofortige Beschwerde entscheidet dann der Einzelrichter des Landgerichtes. Sie hat keine aufschiebende Wirkung, kann aber mit einstweiligen Anordnungen verbunden werden.

Weiteres Rechtsmittel gegen den Beschluss des Beschwerdegerichtes ist die Rechtsbeschwerde zum Bundesgerichtshof nach § 574 ZPO.

Als spezielles Rechtsmittel ist noch der Widerspruch gegen den Teilungsplan zu nennen, der dort erklärt wird.

7. Mieter im Versteigerungsobjekt

72 Als weiterer Baustein der Vorbereitung des Versteigerungstermins wird das Gericht ihm bekannte Mieter oder Pächter des zu versteigernden Objektes anhören. Das Gericht erfragt beim Mieter, ob er Kaution geleistet hat und wie diese angelegt wurde. Der Meistbietende ist neben dem Schuldner zur Rückgabe der Kaution nach Eintritt in den Mietvertrag verpflichtet, obwohl er

---

49 Selbstredend ist auch die in 30b Abs. 3 Satz 1 ZVG normierte sofortige Beschwerde gegen den Beschluss über einen Einstellungsantrag nicht ausgeschlossen.
50 BGH, Beschl. vom 25.3.2009 – V ZB 174/08, Rpfleger 2009, 405, s. Rechtsbehelfe im ZVG-Verfahren Rn. 3.

Schwierigkeiten haben dürfte, einen Regressanspruch gegen den meist mittellosen Schuldner durchzusetzen.
Wie beim freihändigen Verkauf eines vermieteten Objektes tritt der Meistbietende in den Mietvertrag ein. Unter Umständen können ihm gegenüber auch Vorausverfügungen wirksam sein. Wichtigste Regel im Zusammenhang mit Mietern ist das Sonderkündigungsrecht des § 57a ZVG. Der Meistbietende ist nach dem Zuschlag berechtigt, mit gesetzlicher Frist ohne Rücksicht auf vertragliche Regeln das Mietverhältnis zu kündigen. Dieses Recht hat der Meistbietende aber nur für den ersten danach möglichen Kündigungstermin. Außerdem ist diese Norm nur ein Sonderrecht in zeitlicher Hinsicht. Die materiellen Kündigungsvoraussetzungen des BGB müssen nämlich auch in diesem Falle eingehalten werden. Wenn also ein Meistbietender selbst in das Versteigerungsobjekt einziehen will, kann er sein Ziel in kalkulierbarer Weise verfolgen, wenn er die erste Kündigungsmöglichkeit nutzt und (vorsorglich) wirksam kündigt. Hierzu muss er den Mietvertrag nicht mal kennen.

8. Terminsvorbereitung durch das Gericht

Nun ist der Versteigerungstermin durch das Versteigerungsgericht nach § 36 ZVG anzuberaumen. Es ist also Zeit und Ort der Versteigerung festzusetzen.
Das Gericht kann die Versteigerung nach eigener Einschätzung auch nicht am Sitz des Gerichtes durchführen, sondern jeden hierzu geeigneteren Sitzungsort wählen. Von dieser Möglichkeit wird manchmal Gebrauch gemacht, wenn das Objekt vom Sitz des Gerichtes weit weg belegen ist und durch den näheren Sitzungsort mit einer höheren Resonanz der Bevölkerung der Umgebung zu rechnen ist. Häufig sind jedoch die Versteigerungsgerichte so überlastet, dass derartige Überlegungen in den Hintergrund treten. Dagegen spricht auch die fehlende Infrastruktur des Gerichtes im Falle immer häufiger werdender Störungen. Auch mag die versammelte Ortsgemeinschaft, die nicht so zahlreich in der nächsten Stadt erschienen wäre, die Bietfreude nicht immer erhöhen.
Das Gesetz nennt für die Bestimmung eines Termins Mindest- und Höchstfristen, die vom Zeitpunkt der Terminsreife eines Verfahrens an eingehalten werden sollen. Einerseits sollen sich die Beteiligten und auch Bieter auf das Verfahren vorbereiten können. Andererseits soll aber auch nicht mehr Zeit als nötig verstreichen, insbesondere wenn das Verfahren bereits eingestellt wurde. Die Nichteinhaltung der Vorschrift ist jedoch nicht sanktioniert und in Zeiten, in denen ganz normale Verfahren ohne Verzögerung zwei Jahre dauern können, auch ohne praktische Bedeutung.
Die Terminsbestimmung im engeren Sinne, also die Erklärung des Gerichtes, hat einen Mindestinhalt und ergänzende Informationen nach §§ 37, 38 ZVG. Zeit und Ort der Versteigerung, die Bezeichnung als Zwangsvollstreckungsmaßnahme sowie die genaue Bezeichnung des zu versteigernden Objektes verstehen sich von selbst. Dazu kommen noch zwei rechtliche Belehrungen an die Öffentlichkeit.
Das Gericht kann Rechte am Objekt nur berücksichtigen, wenn ihm diese bekannt sind. Sicher bekannt sind Rechte nur dann, wenn sie sich aus dem Grundbuch ergeben. Trotzdem muss wegen der notwendigen Rechtssicherheit für den Meistbietenden und die Beteiligten die Versteigerung auch durchgeführt werden können, wenn solche Rechte unerkannt sind. Ein Schwebezustand oder spätere Aufhebung der Verfahrenswirkungen wäre nicht zuträglich. Daher bestimmt das Gesetz, dass Rechte bis zum Beginn der Bietstunde anzumelden sind. Andernfalls werden diese Rechte den ordnungsgemäß bekannten im Rang nachgesetzt. Gedacht ist hier vor allem an dingliche Rechte wie Zwangssicherungshypotheken oder Grundschulden, die erst nach der Beschlagnahme oder noch gar nicht eingetragen wurden. Hiervor muss bei der Terminsbestimmung ähnlich einem Aufgebot gewarnt werden.

Daneben können Rechte, die der Versteigerung entgegenstehen, noch bis zum Zuschlag geltend gemacht werden. Nach Zuschlag tritt jedoch nur mehr der Erlös an die Stelle des Objektes. Auch hierauf muss aufmerksam gemacht werden.

Fehlen zwingende Angaben oder sind diese unklar oder irreführend, kann dies das weitere Verfahren angreifbar machen.

Die Terminsbestimmung ist nach §§ 39, 41 ZVG im jeweiligen Amtsblatt des Versteigerungsgerichtes mindestens sechs Wochen vor dem Termin zu veröffentlichen. Es ist bei vielen Gerichten mittlerweile üblich, die zeitgemäße Möglichkeit einer Veröffentlichung im Internet zu nutzen.[51] Es hat sich auch ein Verlagswesen entwickelt, welches amtliche Versteigerungstermine von sich aus katalogisiert und nach Gerichten geordnet vertreibt.[52]

Für den betreibenden Gläubiger empfiehlt sich darüber hinaus nun örtlich Werbung zu schalten.

Die Terminsbestimmung ist nach § 41 ZVG den Beteiligten förmlich zuzustellen. Daneben erhalten die Beteiligten etwa vier Wochen vor dem Termin eine Aufstellung über die Ansprüche, wegen derer die Versteigerung stattfindet.

9. Terminsvorbereitung durch den Gläubiger

Die Kenntnis der anderen Anspruchsteller gibt Anlass darüber nachzudenken, welche Möglichkeiten ein Gläubiger oder auch ein bislang Unbeteiligter hat, die Verfahrensposition taktisch zu beeinflussen. Wie bereits gezeigt wurd, hängt nicht nur die Erlösverteilung sondern auch die Einflussmöglichkeit auf das Verfahren von der Position im Verfahren ab. Ein betreibender bestrangiger Gläubiger wird wenig Interesse zeigen, auf einen nachrangigen Gläubiger altruistisch Rücksicht zu nehmen, wenn er dadurch einen Nachteil hinnehmen muss. Für diesen Fall hat er ja gerade die bessere Position angestrebt. Es stellt sich also die Frage, ob man eine bessere Verfahrensposition durch Zahlung der im Verfahren geltend gemachten Forderung anderer erwerben kann.

Diese sogenannte Ablösung (im weiteren Sinne) vorgehender Gläubiger ist aus verschiedenen rechtlichen Ansatzpunkten möglich. Allen ist gemeinsam, dass sie bei Vorliegen der Vorraussetzungen auch ohne, bzw. gegen den Willen des Gläubigers und des Schuldners durchgeführt werden können. Sie werden durch Zahlung ausgeübt und die verfahrensrechtlichen Auswirkungen treten kraft Gesetzes ein. Die Versteigerung kann aus der verbesserten Position auch weiter betrieben werden.

Nach § 268 BGB hat jeder, der durch Zwangsvollstreckung ein Recht am Vollstreckungsobjekt zu verlieren droht, das Recht, den betreibenden Gläubiger zu befriedigen (Ablösung im engeren Sinne). Als Berechtigte kommend daher vor allem der Schuldner und gleich- oder nachrangige Gläubiger in Frage, aber auch wer ein Recht am Grundstück oder zum Besitz des Grundstückes hat. Der Berechtigte zahlt an den Gläubiger dessen Forderung nach Beginn der Zwangsvollstreckung. Damit geht die Forderung samt Nebenrechten auf ihn über. Ein Ablösungsrecht besteht auch gegenüber der öffentlichen Hand wegen öffentlicher Lasten, weshalb der Ablösende nun eine Forderung in der Rangklasse 3 nach § 10 Abs. 1 ZVG hat. Damit kann man eine Versteigerung preiswert aus dem ersten Rang betreiben, obwohl man ursprünglich nur eine nachrangige Grundschuld hatte.

---

51 Beispielhaft seinen genannt das zvg-portal.de des Landes Nordrhein-Westfalen, das jedoch bundesweit von über 100 Amtsgerichten Termine einstellen, sowie hanmark.de als Dienstleister für die Gerichte.

52 Verschiedene Firmen betreiben auch Internetseiten oder weisen auf die Termine ohne nähere Angaben auf den Seiten von Immobilienvermittlern hin. Aufgrund der bekannten Existenz von Suchmaschinen wird auf eine Nennung verzichtet.

Nach §§ 1142, 1150 BGB kann der Eigentümer die eben genannte Möglichkeit bereits ab Fälligkeit der dinglichen Forderung nutzen.[53]

Beispielfall   Vor dem Termin

Die Hausbank hat vom Amtsgericht den Beschluss über die Anordnung der Zwangsversteigerung zugestellt erhalten. Das Ehepaar Mustermann war entsetzt über den Zeitpunkt der Zwangsversteigerung, weil es doch im Gespräch immer wieder versichert hatte, dass die Hausbank ihr Geld bekommen würde. Sie wenden sich daher mit ihrer Sorge an das Versteigerungsgericht. Schließlich war mitten in der Finanzkrise doch kein vernünftiger Erlös zu erreichen und die freihändige Veräußerung sei durch die Versteigerung praktisch unmöglich. Das Versteigerungsgericht hat das Schreiben der Mustermanns als Antrag nach § 30c ZVG und § 765 ZPO bewertet und den Antrag zurückgewiesen. Das Verfahren wurde nicht unterbrochen.

Ein vom Gericht bestellter Gutachter hat das Haus schließlich auf 200.000 € geschätzt. Das Ergebnis wurde den Beteiligten mit der Aufforderung zur Stellungnahme binnen zwei Wochen mitgeteilt. Der Schätzwert war nicht überhöht.

Das Gericht stellte den Beteiligten einen Wertfestsetzungsbeschluss zu, nach dem der Wert der Hauses auf 200.000 € festgesetzt werde.

Schließlich setzte das Gericht den Versteigerungstermin auf den 7.9.2009 fest und stellte die Mitteilung etwa drei Monate vor dem Termin den Beteiligten wiederum zu.

Die Hausbank schaltete in der lokalen Presse noch zwei Anzeigen, worauf einige Interessenten anriefen und fragten, welcher Betrag im Termin geboten werden müsse, ob man sich das Haus ansehen könne und ob man das Haus auch vorher kaufen könnte. Die Bank wies zusätzlich darauf hin, dass man die Sicherheitsleistung nicht mehr wie früher in bar leisten könne.

Schließlich überlegte man sich nach Rücksprache mit Maklern, für welchen Betrag die Bank einen Zuschlag sinnvollerweise erteilen würde. Einen zweiten Versteigerungstermin wollte man vermeiden, da dann das Haus weiter von den Eigentümern genutzt würde, ohne dass sich die Situation für einen Interessenten verbessern würde. Die Hausbank hat dabei berücksichtigt, dass bei einem Erwerb durch sie selbst und anschließendem Weiterverkauf Grunderwerbsteuer, Zuschlagsgebühr und Maklergebühren anfallen würden, außerdem den Darlehensschuldnern Mustermann unabhängig vom tatsächlichen Meistgebot der Bank min. 70 % des Schätzwertes gutgebracht werden mussten. Die 70 % wären auch minimale Basis für die Bemessungsgrundlage der Grunderwerbsteuer. Für den Rettungserwerb hat der Terminsvertreter der Bank über eine Vertretungsvollmacht für die Hausbank hinaus noch eine notariell beglaubigte Bietvollmacht erhalten.

Vier Wochen vor dem Versteigerungstermin wurde vom Gericht mitgeteilt, wer einen Versteigerungsantrag aus welchem Recht gestellt hatte.

Gleichzeitig sandte die Bank noch ein Schreiben an das Gericht, um eine vollständige Forderungsanmeldung abzugeben.

---

53 Nach § 75 ZVG ist auf Nachweis der Zahlung der im Verfahren berücksichtigten Forderung an die Gerichtskasse das Verfahren einzustellen. Nach der Neufassung dieser Norm ist dies jedoch nur noch eine besonders effektive und sichere Möglichkeit für den Schuldner, das Verfahren mit seinen Folgen nach Zahlung zu unterbrechen, und keine Ablösungsmöglichkeit im weiteren Sinne mehr.

C Versteigerungstermin

1. Berechnung des geringsten Gebotes

75 Vor dem Termin beauftragt der Rechtspfleger des Verfahrens einen Rechnungsbeamten mit der Berechnung des geringsten Gebotes. Dieses geringste Gebot ist für jeden Bieter die Untergrenze, ab der ein Gebot als unzulässig zurückzuweisen ist nach § 44 ZVG. Darin müssen die dem Anspruch des Gläubigers vorgehenden Rechte sowie die Verfahrenskosten enthalten sein. Bei einer Versteigerung eines Objektes durch den bestrangigen Gläubiger ist dieses schnell errechnet. Es gibt aber auch Fälle, bei denen alleine zur Berechnung von vorrangigen Einzelpositionen wie Leibrenten, etc. schon ein externer mathematischer Gutachter eingesetzt wird, wenn auch selten. Durch die Versteigerung darf grundsätzlich ein dem betreibenden Gläubiger vorrangiger Gläubiger keinen Nachteil erlangen.

Ausgangspunkt für die Berechnung ist der Rang des bestrangig betreibenden Gläubigers, wenn dieser mindestens 4 Wochen vor dem Termin beigetreten ist (§ 44 Abs. 2 ZVG). Im geringsten Gebot befinden sich also alle bestehen bleibenden Rechte (§ 52 ZVG), die vom Ersteher übernommen werden müssen. Danach sind alle Beträge zu berücksichtigen, die vorrangig zu bezahlen sind, ohne bestehen zu bleiben. Regelmäßig besteht ein einfaches geringstes Gebot daher aus folgenden Punkten:
– Gerichtskosten
– Wohn- und Hausgeldrückstände bei Wohnungseigentum
– Grundsteuer oder andere öffentliche Lasten
– Grundschuldzinsen oder anderen wiederkehrenden Leistungen der besserrangigen bestehen -bleibenden Rechte

Das Recht des bestbetreibenden Gläubigers und alle gleich- oder schlechterrangigen Rechte erlöschen mit dem Zuschlag.

Zu Unterscheiden vom geringsten Gebot ist das Bargebot gemäß § 49 ZVG, das nur den bar zu zahlenden Teil des Gebotes meint. Im Versteigerungstermin darf das nicht verwechselt werden: Wörtlich geboten wird durch die Bieter nur das Bargebot. Der Bieter sollte aber nicht vergessen, was er aufgrund des gesetzlichen geringsten Gebotes noch unbar mitbietet, weil er z. B. Lasten übernimmt. Der Teil des geringsten Gebotes, der zu zahlen ist, wird geringstes Bargebot genannt. Der Teil eines Gebotes, der das geringste Gebot übersteigt (und damit ebenfalls zu zahlen ist), wird Mehrgebot genannt.

2. Einleitung des Termins

76 Damit kommen wir nun zum Versteigerungstermin selbst. Für die tatsächliche Durchführung des Termins sind alle anderen Personen außer dem Rechtspfleger entbehrlich. Für einen erfolgreichen Termin wird dies selbstredend nicht reichen. Bei einigen Gerichten erscheinen zum Termin auf Seiten des Gerichtes zusätzlich der Rechnungsbeamte, welcher in der Praxis auch ein Rechtspfleger des Versteigerungsgerichtes ist, sowie eine Justizangestellte als Urkundsbeamtin, die das Protokoll führt. Zunächst wird die Anwesenheit der Beteiligten festgestellt, anschließend das Versteigerungsobjekt vorgestellt. Bekannte und wertrelevante Angaben werden mitgeteilt, bzw. Urkunden zur Einsicht ausgelegt. Hierzu gehören beispielsweise Erklärungen von Mietern, Berichte des Zwangsverwalters, das Wert-Gutachten, Erklärungen des Bauamtes oder Denkmalsschutzes. Danach werden die Ansprüche der betreibenden Gläubiger aufgeführt, wegen derer die Zwangsvollstreckungsmaßnahme erfolgt. Es folgt die Angabe des Beschlagnahmezeitpunktes, des Verkehrswertes und der bereits schriftlich erfolgten Anmeldungen zum Termin.

Im Folgenden werden die Versteigerungsbedingungen behandelt.

Der Rechnungsbeamte (oder der Rechtspfleger selbst) verliest zunächst die Zusammensetzung des geringsten Gebotes, das anschließend festgestellt wird. Der Rechtspfleger stellt die weiteren Versteigerungsbedingungen vor. Er belehrt die anwesenden Bieter dahingehend, dass nach § 56 Abs. 3 ZVG keinerlei Gewährleistung bezüglich des Objektzustandes übernommen wird. Weder das Gericht noch der Gutachter übernehmen Verantwortung für die Richtigkeit der gemachten Angaben. Außerdem kann sich das Objekt zeitlich nach einer zutreffenden Einschätzung durch den Gutachter verändert haben.
Für die bestehen bleibenden Rechte, für die sich aus dem Grundbuch kein Wert ergibt, ist nach § 51 Abs. 2 ZVG, ein Ersatzwert festzulegen. Hintergrund der Vorschrift ist, dass ein Bieter vorgehende Rechte übernehmen muss und diese seine Bereitschaft zum Gebot der Höhe nach mindern. Es gibt nur seltene Fälle, in denen ein bestehen bleibendes Recht nach Zuschlag doch nicht mehr vorhanden ist.[54] Für den Schuldner, dessen Verbindlichkeiten der Erlös der Versteigerung tilgen soll, wäre dieser für den Bieter sehr glückliche Umstand eine Ungerechtigkeit, vor der ihn das Gesetz schützt. Es ist dann der Wert des weggefallenen Rechtes ersatzweise durch den Meistbietenden zu zahlen, was für ihn insgesamt ja kein Nachteil ist.[55] Ist der Wert nicht betragsmäßig vorgegeben, muss der vom Gericht festgelegte Ersatzwert gezahlt werden. Ob der regelmäßig sehr geringe Wert den Vorteil wirklich erfasst, ist eine andere Frage. Für ein Geh- und Fahrtrecht des Nachbarn werden häufig nur wenige Hundert Euro festgesetzt.
Die Festlegung der Versteigerungsbedingungen ist eine Möglichkeit der Beteiligten, maßgeblichen Einfluss auf die Versteigerung zu nehmen. Jeder Beteiligte kann verlangen, dass ein von den gesetzlichen Vorgaben abweichendes geringstes Gebot aufgestellt wird und vom Gesetz abweichende weitere Versteigerungsbedingungen festgelegt werden. Es bedarf keiner ausladenden Erörterung, dass diese Abweichung vom gesetzlichen Leitbild in die Rechte der anderen Beteiligten regelmäßig eingreifen wird. Daher kann dem Antrag auch nur entsprochen werden, wenn der Inhaber eines benachteiligten Rechtes zustimmt und es kommen geänderte Bedingungen auch nur selten vor.[56] Allerdings ist der Maßstab für die Frage der Benachteiligung das geringste Gebot und nicht darüber hinausgehende wirtschaftliche Interessen.

Es gibt aber auch einen Standardfall der abweichenden Versteigerungsbedingung. Werden nämlich mehrere Objekte in einem Termin versteigert, sind diese nach § 63 ZVG zunächst einzeln auszubieten. Zwar findet nur ein Versteigerungstermin statt. Die Gebote sind jedoch rechtlich voneinander so unabhängig, als würden mehrere Termine stattfinden. In häufiger Fall werden beispielsweise ein Haus und die dazugehörige Garage, die auf verschiedenen Flurstücken errichtet sind und daher im Bestandsverzeichnis auch unter verschiedenen laufenden Nummern vorgetragen sind. Diese können dann verschiedenen Bietern zugeschlagen werden, was nicht immer erwünscht ist, da ja ein möglichst hoher Erlös erzeugt werden soll. Daher wird der betreibende Gläubiger hier „Gesamtausgebot unter Verzicht auf Einzelausgebot" beantragen, was das Gericht üblicherweise vorschlägt. Das Antragsrecht steht jedem Beteiligten zu. Einem Verzicht auf die gesetzlich vorgesehene Bietweise müssen jedoch alle anwesenden Beteiligten zustimmen.

---

54 Eine Grundschuld kann beispielsweise auch ohne Fehler in der Bearbeitung durch Zahlung in der Zwangsverwaltung erloschen sein oder durch Zuteilung einer mithaftenden Grundschuld in einem anderen Versteigerungstermin.
55 Einen tatsächlichen Nachteil, weil er vielleicht eine höhere Finanzierung benötigt, muss er hinnehmen.
56 Es könnte beispielsweise das Bestehenbleiben eines Geh- und Fahrtrechtes für Nachbarn festgelegt werden, das nach den gesetzlichen Bedingungen erloschen wäre, um ihm die Geltendmachung eines Notwegerechtes zu ersparen.

Andernfalls werden die Objekte doppelt ausgeboten, d. h., es können Gebote sowohl auf beide Objekte zusammen, wie auch auf die einzelnen Objekte abgegeben werden. Ein Bieter muss seinem Gebot hinzufügen, für welches Ausgebot er bieten will. Meistbietender bezüglich des Gesamtausgebotes ist jemand dann, wenn sein Gebot die Summe der Einzelausgebote übersteigt. Diese doppelte Bietmöglichkeit ist auch beim geringsten Gebot zu berücksichtigen. Für jede Gebotsart wird ein geringstes Gebot errechnet, wie beim Einzelgebot beschrieben. Das geringste Gebot für das Gesamtausgebot muss nun die Mehrgebote der Einzelausgebote einrechnen. Es wird nun bei jedem Gebot auf ein Einzelausgebot das geringste Gesamtgebot um den Betrag erhöht, der über dem letzten Einzelausgebot liegt, bzw. beim allerersten Gebot um den Betrag, den das Gebot über dem für dieses Einzelgebot bestehenden geringsten Gebot liegt. Mit jedem Einzelgebot ist somit das geringste Gebot des Gesamtausgebotes neu zu berechnen und bekanntzugeben.[57]

78 Als Abschluss der Vorbereitungen erfolgt nun nach § 66 Abs. 2 ZVG der Aufruf, alle ausstehenden Anmeldungen vorzunehmen, da sonst der Ausschluss dieser (Vor-)Rechte in diesem Versteigerungstermin stattfindet. Nach § 110 ZVG erleiden dann alle Rechte, die nicht ersichtlich und von Amts wegen zu berücksichtigen sind, einen Rangverlust. Sie werden also nur nach Rangklasse 8 berücksichtigt.

3. Bietzeit

79 Sodann ist der Moment gekommen, den der Volksmund unter der Zwangsversteigerung eines Grundstückes versteht: Der Rechtspfleger fordert zur Abgabe von Geboten auf. Es beginnt damit die Bieterstunde, welche mittlerweile nur noch mindestens eine halbe Bieterstunde ist. Die Verkürzung der Mindestbietdauer war der Erkenntnis geschuldet, dass aus psychologischen Gründen fast alle Interessenten erst im letzten Moment bieten. Jedenfalls aus der Sicht einer planvoll vorgehenden Bank ist dieses Abwarten nicht sinnvoll. Es fehlt schlussendlich die Zeit, um im Gespräch zwischen Bieter und betreibendem Gläubiger eine Lösung zu finden, die beiden gerecht wird. Auch kann unnötiges Warten vermieden werden. Es ist im Ergebnis doch eine Frage des Gläubigerwillens, ob er den Zuschlag erteilen lässt, oder das Verfahren mangels gewünschten Ergebnisses einstellt.
In jedem Fall wird die Bieterstunde solange nicht geschlossen, wie noch Gebote gelegt werden. Zuletzt wird das höchste Gebot (jeder Ausgebotsart) nochmals deutlich verkündet. Dieser Vorgang soll zweimal wiederholt werden. Man kennt den Vorgang aus nicht amtlichen Versteigerungen als Aufruf „ zum Ersten, … zum Zweiten … und zum Dritten", was aber nicht zwingend ist und von einigen Gerichten auch anders gehandhabt wird. Auch bei dreimaligem Aufruf ist jedoch ein Gebot noch solange möglich, wie das Gericht nicht den Schluss der Bietzeit ankündigt und dann diesen auch verkündet.
Das Gebot selbst erfolgt durch persönliche Identifizierung des Bieters vor dem Rechtspfleger durch Vorlage des Personalausweises, wenn die Person nicht dem Gericht bekannt ist. Ein Gebot für einen Dritten ist durch notarielle Vollmacht möglich. Bieten Personen als Miteigentümer, müssen die Erklärungen übereinstimmend abgegeben werden. Organe juristischer Personen müssen Ihre Stellung nachweisen.

80 Nach Nennung der Gebotshöhe und gegebenenfalls der Gebotsart, auf die geboten wird, verkündet das Gericht das Gebot für alle Anwesenden.

---

57 Im Falle mehrerer Objekte kann die Lage sehr schnell unübersichtlich werden, was ein beliebter Ansatzpunkt für Personen ist, die eine Versteigerung erschweren oder angreifbar machen wollen.

Lehnt das Gericht das Gebot als unzulässig ab, kann sich der Bieter später dagegen nur wehren, wenn er sofort widerspricht. Sonst verfällt das Gebot sofort. Durch ein höheres Gebot oder Übergebot verfällt das Gebot ebenfalls. (Nur) Unmittelbar anschließend an die Abgabe des Gebotes kann nun für dieses Gebot eine Bietsicherheit verlangt werden.

Antragsberechtigt ist hier jeder, der durch die Nichtzahlung des Betrages einen Schaden erleiden könnte. Dies gilt damit zweifellos für den betreibenden Gläubiger und ihm nach- oder gleichrangige Gläubiger. Auch der Schuldner kann einen Nachteil haben. Da das Objekt ohnehin versteigert wird, liegt dieser in der Gefährdung der Ansprüche, die der Schuldner an den Erlös stellen kann, oder in der Gefährdung der Minderung seiner Schuld, soweit er nicht nur dinglich, sondern auch persönlich haftet. Bei einer Hypothek ist der Zusammenhang aufgrund der Akzessorietät sofort erkennbar.

Die Höhe der Bietsicherheit beträgt 10 % des festgesetzten Verkehrswertes, nicht des Gebotes.

Die Sicherheit wird üblicherweise durch einen Bankscheck geleistet. Dieser Scheck ist auf ein Konto dieser Bank bei einer anderen Bank bezogen, nicht auf ein Konto des Bieters. Der Gesetzgeber geht davon aus, dass eine hier zugelassene Bank eine nicht sinnvoll angreifbare Bonität aufweist. Alternativ kann auch eine Bankbürgschaft vorgelegt oder der Betrag an die Justizkasse gezahlt werden. Letzteres kommt kaum vor, da aufgrund der langwierigen Vorgänge bei den Landesjustizkassen oder Gerichtskassen das Geld auch dann einige Wochen nicht zur Verfügung steht, wenn der Zuschlag an den Bieter nicht ergeht. Die Amtsgerichte werden zudem erst Tage nach Geldeingang darüber unterrichtet, wenn sie nicht selbst telefonisch nachfragen.

4. Einstellung nach erfolgloser Bietzeit

Wird kein Gebot abgegeben, stellt das Gericht von Amts wegen nach § 77 ZVG das Verfahren einstweilen ein. Fortsetzung erfolgt auf Antrag des betreibenden Gläubigers binnen sechs Monaten.[58] Bleibt auch nach Fortsetzung ein zweiter Termin ohne Gebote, wird das Verfahren nach § 77 Abs. 2 ZVG aufgehoben. Dies kann vorkommen, wenn z.B. ein unvorsichtiger, nachrangiger Gläubiger das Verfahren betreibt und das geringste Gebot in der Nähe des Verkehrswertes errechnet wurde. Der betreibende Gläubiger zahlt dann auch die Verfahrenskosten.[59]

5. Verhandlung über den Zuschlag

Endet die Bietzeit mit einem gültigen Gebot ordentlich, folgt die Verhandlung über den Zuschlag. Dies ist der Zeitpunkt für die (letzte) Entscheidung, ob der Meistbietende den Zuschlag erhalten soll, bzw. darf oder nicht.

Möchte der Beteiligte, dass der Zuschlag erteilt wird, braucht er im Grunde nichts zu tun. Sinnvollerweise wird er auf die Frage des Gerichts jedoch mit dem Antrag auf sofortige Zuschlagserteilung antworten, wenn er anwesend ist. Wer einen Zuschlag beantragt, genehmigt damit eventuelle Verfahrensmängel, soweit dies zulässig ist und ihm die Mängel bekannt sind.

Ist sich der aus bester Rangstelle[60] betreibende Gläubiger noch unsicher oder möchte er noch Verhandlungen mit Schuldner oder Meistbietendem führen, wird er Vertagung des Zuschlages beantragen. Es ist nach § 87 ZVG dem Gericht möglich, einen gesonderten Verkündungstermin für die Zuschlagentscheidung zu bestimmen, der die Verhandlung des Versteigerungstermins fort-

---

58 S.o. B 3.
59 Wesentlich schwieriger ist die Frage, ob er diese Kosten vom Schuldner verlangen kann, wenn die Aussichtslosigkeit seines Handelns hätte erkennen können.
60 Stellt ein nachrangiger Gläubiger das Verfahren ein, bleibt dies ohne Wirkung, da das geringste Gebot ja nicht nach ihm gebildet wurde.

setzt. Zwischen den Terminen soll höchstens eine Woche liegen, da alle Beteiligten, auch der Meistbietende, der Sicherheit geleistet hat, ein Interesse an einer klärenden Entscheidung haben. Soweit der Meistbietende zustimmt oder andere Gründe wie rechtlicher Klärungsbedarf vorliegen, ist auch ein späterer Termin denkbar.

In der Zwischenzeit, oder selbstredend auch sofort, kann der aus bester Rangstelle betreibende Gläubiger das Verfahren einstweilen einstellen, wenn er den Zuschlag verhindern will. Steht der sog. 7/10tel Einwand zur Verfügung, wird er die Einstellung sinnvollerweise hiermit begründen.

Bei gegebenem Grund ist das Verfahren von Amts wegen einzustellen.

Auch der Schuldner ist zur Äußerung berufen, soweit er anwesend ist. Er kann alle Gründe gegen den Zuschlag vorbringen, die ihm auch sonst gegen die Rechtmäßigkeit des Verfahrens zur Verfügung stehen. Diese sind gegebenenfalls als Einlegung eines Rechtsmittels zu interpretieren und daher vor dem Zuschlag zu entscheiden.

6. Zuschlagsbeschluss

83 Durch Verkündung oder Zustellung des Zuschlagsbeschlusses an den Ersteher wird der Meistbietende Eigentümer des versteigerten Grundstückes. Nach § 90 ZVG ist diese Rechtsfolge an das Wirksamwerden des Beschlusses geknüpft und nicht an die Eintragung im Grundbuch. Ab diesem Zeitpunkt trägt er Nutzen, Lasten und die Gefahr für dieses Grundstück. Er schuldet auch die Zinsen für Grundpfandrechte, die Bestehen blieben, ab diesem Tag. Selbstverständlich kann er das Grundstück sofort nutzen und auch vermieten, was die Situation im Falle einer nachträglichen Aufhebung des Zuschlagsbeschlusses nicht erleichtert.

Der Rechtserwerb durch den Beschluss des Gerichtes erfolgt als rechtsbegründender, öffentlich-rechtlicher Hoheitsakt. Der Erwerber originären Eigentums ist daher auch nicht Rechtsnachfolger des früheren Eigentümers.

7. Inbesitznahme

84 Zur Räumung der früheren Eigentümer kann sich der Ersteher eine vollstreckbare Ausfertigung des Zuschlagsbeschlusses erteilen lassen, falls diese nicht ausnahmsweise noch ein Besitzrecht haben. Ihm bleibt also der Umweg über eine Räumungsklage zur Erlangung. eines Räumungstitels erspart.

Beispielfall   Termin

Im Versteigerungstermin war das Gericht mit einer Rechtspflegerin und einer Kollegin als Rechnungsbeamtin sowie einer Sachreibkraft besetzt. Die Rechtspflegerin wickelte den Termin ordnungsgemäß ab und stellte zunächst die Anwesenheit der Beteiligten fest. Für die Schuldner erschien niemand. Danach wurde der Aktenstand verlesen, Anmeldungen sowie geringstes Gebot dargelegt. Der Terminsvertreter der Hausbank gab hierzu auf Nachfrage keine Erklärung ab, da alles korrekt war.

Schließlich wurde die Bietzeit eröffnet. Ein Ehepaar legte ein Gebot von 100.000 € als Miteigentümer zu gleichen teilen. Der Terminsvertreter der Hausbank verlangte unmittelbar nach der Bekanntgabe des Gebotes und ohne Nachfrage des Gerichtes Sicherheitsleistung. Daraufhin legte das Ehepaar einen Scheck über 10% des Verkehrswertes vor, der auf ein Konto der Konkurrenzbank bei der Bundeszentralbank ausgestellt war. Das Gericht akzeptierte die Sicherheitsleistung, lies das Gebot zu und verkündete das.

Am Ende der Bietzeit trieb ein weiterer Bieter das Meistgebot hinauf. Schließlich bot er 180.000 € und wurde nicht mehr überboten. Das Gericht schloss die Bietzeit nach dreimaliger Wiederholung des Gebotes und anschließender vergeblicher Nachfrage, ob noch jemand bieten wolle.

Meistbietender und die Hausbank beantragten Zuschlagserteilung. Daher verkündete die Rechtspflegerin den vorbereiteten Zuschlagsbeschluss samt Begründung.

D Verteilungstermin

Etwa 6 bis 12 Wochen nach dem Verkündungstermin findet ein Verteilungstermin statt. Falls der Zuschlagsbeschluss noch nicht rechtskräftig sein sollte, verschiebt sich der Termin. Da die Zwangsverwertung nun stattgefunden hat, ist zu prüfen, wer welchen Erlös aus der Verwertung zu bekommen hat.

1. Zahlung des Erstehers

Zunächst ist festzustellen, ob der Ersteher den zu zahlenden Betrag erbracht hat. Der Ersteher hat vom Gericht ein Schreiben bekommen, welches die Zusammensetzung der Schuld nach § 49 Abs. 2 ZVG vorrechnet. Außer dem Meistgebot sind 4 % Zinsen auf das Meistgebot für den Zeitraum zwischen der Zuschlagsverkündung und dem Tag vor dem Verteilungstermin zu zahlen. Die Zinsen fallen für den Zeitraum nicht an, in dem die Zahlung bereits erbracht wurde, falls dies durch eine förmliche Hinterlegung zur Verfügung des Versteigerungsgerichtes unter Verzicht auf die Rücknahme erfolgt. Eine einfache Zahlung auf das im Schreiben des Gerichtes angegebene Konto genügt hierfür nicht. In beiden Fällen ist es wesentlich, dass dem Gericht im Verteilungstermin der Nachweis der Zahlung vorliegt. Damit ist der Eingang der Zahlung auf einem Gerichtskonto gemeint, nicht die Anweisung der Zahlung. Problematisch kann dies bei einer Zahlung an die Landesjustizkasse sein, wenn diese mehrere Wochen zur Zuordnung der Zahlung braucht. Wer also so spät als möglich zahlen will, sollte mit dem Gericht abstimmen, wie schnell der Nachweis in welcher Form erbracht werden kann.

Zahlt der Ersteher nicht, haben diejenigen Gläubiger, auf die ein Erlösanteil entfallen wäre, eine Forderung in gleicher Höhe und in entsprechender Rangfolge gegen den Ersteher erworben, der durch Zwangssicherungshypothek von Amts wegen im Grundbuch gesichert wird. Die Übertragung der Forderung des Staates gegen den Ersteher auf die Gläubiger erfolgt im Wege des Beschlusses nach § 118 ZVG. Im Verhältnis zum Alteigentümer gelten die Gläubiger nun als befriedigt. Sie haben jetzt gewissermaßen als dingliche Forderungsauswechslung einen neuen Schuldner, gegen den Sie auch persönlich aus dem Beschluss vollstrecken können. In der Regel wird sofort die sogenannte Wiederversteigerung des gleichen Grundstückes beantragt, was formell vereinfacht ist nach § 133 ZVG. Kann hierbei sogar ein Übererlös erzielt werden, gebührt dieser aber dem alten Eigentümer, nicht den Gläubigern, wenn hier keine Pfändung erfolgt. Ein Mindererlös ist dagegen das Risiko der Gläubiger.

2. Alternative Befriedigung des vollstreckten Anspruches

Eine Einzahlung ist dann nicht notwendig, wenn sich die Gläubiger hinsichtlich ihrer Forderung für befriedigt erklären, was zu Protokoll im Versteigerungs- oder Verteilungstermin oder durch beglaubigte[61] schriftliche Erklärung möglich ist. Das Gericht erkennt dann an, dass es nicht mehr verteilen muss, da außerhalb des Gerichtsverfahrens die durch die Verteilung zu erreichende Befriedigung schon eingetreten ist.

Diese Vorgehensweise hat für den Ersteher vereinfachende Bedeutung, wenn er bei einer Gläubigerbank finanziert. In diesem Falle könnte sogar vereinbart werden, dass die Grundschulden, die für die Bank eingetragen waren, entgegen

---

61 Die Notwendigkeit der Beglaubigung sowie der Zeitpunkt der Erklärung sind umstritten. Hier hilft nur die Rückfrage beim zuständigen Rechtspfleger, um Nachteile zu vermeiden.

der Aufstellung des geringsten Gebotes und der danach bestehen gebliebenen Rechte auch weiter im Grundbuch eingetragen bleiben. Man nennt dies eine sogenannte Liegenbelassungsvereinbarung. Diese hat die Wirkung einer Befriedigungserklärung in Höhe der liegen belassenen Grundpfandrechte.[62] Allerdings sind hier der Aufwand und das Risiko von Fehlern für die Bank nicht zu unterschätzen.

3. Empfänger

88 Für die Verteilung sollten sinnvollerweise die Inhaber der Rechte, auf die verteilt wird, bekannt sein. Im Falle einer Buchgrundschuld gelten die Berechtigten als unbekannt, wenn nicht die Briefe vorgelegt werden. Für das Recht von Unbekannten erfolgt eine Hilfszuteilung, falls die Berechtigten nicht ermittelt werden können. Dafür wird der zuzuteilende Betrag einstweilen hinterlegt. Es empfiehlt sich daher, die Grundschuldbriefe und vollstreckbare Urkunden vor dem Verteilungstermin vorzulegen.

4. Teilungsplan

89 Im Verteilungstermin wird nun der endgültige Teilungsplan aufgestellt. Üblicherweise ist hier außer dem Rechtspfleger niemand anwesend.

90 a) **Kosten.** Dem Versteigerungserlös sind zunächst die Verfahrenskosten zu entnehmen. Davon ausgenommen sind jedoch die Kosten, die spezielle Kostenschuldner haben. Die Anordnungs- oder Beitrittsgebühr trägt der Beantragende, der diese als Vollstreckungskosten im Rang seiner Rechte geltend machen kann nach § 10 Abs. 2 ZVG. Die Zuschlagsgebühr muss der Ersteher zahlen.
Im Verfahren gilt daher beispielhaft folgender Aufwand für die jeweiligen Kostenschuldner:

91 aa) **Betreibende Gläubiger.** Diese haften gesamtschuldnerisch für die Verfahrenskosten. Kommt es jedoch zu einer Verteilung, werden die Kosten vorab dem Erlös entnommen und die Gläubiger erhalten ihre Vorschüsse zurück. Bei mehreren Antragstellern erbringt also niemand ein Sonderopfer.

Anordnungsgebühr	50,00 EUR	KV Nr. 2210	i. V. m. §§ 3, 26 GKG
Zustellungskosten	3,50 EUR		
Verfahrensgebühr	0,5	KV Nr. 2211	i. V. m. §§ 3, 26 GKG
Terminsgebühr	0,5	KV Nr. 2213	i. V. m. §§ 3, 26 GKG
Verteilungsgebühr	0,5	KV Nr. 2215	i. V. m. §§ 3, 26 GKG
Sachverständigenkosten		KV Nr. 9005	
Bekanntmachungskosten	ca. 500 EUR	KV Nr. 9004	
Rechnungsgebühren	10 EUR/Stunde	§ 70 GKG	

sowie diverse weitere Kosten und Auslagen.
Die Höhe einer Gebühr richtet sich nach dem festgestellten Verkehrswert, bzw. nach dem zu verteilenden Erlös im Verteilungsverfahren.

---

62 Die Erklärung hat aber auch Wirkung für den Vollstreckungsschuldner, weshalb die Erklärung präzise berechnet sein muss. Ist der Betrag (zusätzlich zur Zahlung des Mindestbargebotes an das Gericht) zu niedrig, gilt die Forderung als teilweise nicht erbracht und muss in dieser Höhe auf die Gläubiger nach § 118 ZVG übertragen werden. Ist der Betrag zu hoch, gilt der Gläubiger als höher befriedigt und muss den Schuldner auch finanziell so stellen, unter Umständen also den überschiessenden Betrag an ihn auszahlen.

bb) **Ersteher.** Der Ersteher schuldet eine Zuschlagsgebühr in Höhe einer halben Gebühr aus dem Meistgebot. [63]

cc) **Anwaltskosten.** Für den Gläubigeranwalt ergeben sich drei 0,4 Gebühren nach §§ 2, 26 RVG, VV 3311, jeweils für das Verfahren bis zur Verteilung, das Verteilungsverfahren und die Terminswahrnehmung bei der Versteigerung. Die Höhe einer Gebühr richtet sich auch hier nach dem festgestellten Verkehrswert, bzw. nach dem zu verteilenden Erlös im Verteilungsverfahren.

b) **Überschuss.** Der Restbetrag ist Überschuss, der auf die angemeldeten oder von Amts wegen zu berücksichtigenden Rechte zu verteilen ist.[64] Diese bilden die Schuldenmasse, auf die zugeteilt wird.

Briefrechte können bezüglich des Kapitals nur zur Verteilung kommen, wenn der der Brief auch dem Gericht vorliegt, § 126 BGB. Andernfalls wird der Betrag bis zum Nachweis der bislang unbekannten Berechtigung hinterlegt. Eine Zuteilung auf Zinsen und Kosten ist jedoch möglich (§§ 1159, 1160 Abs. 3 BGB).

c) **Widerspruch.** Beteiligte können gegen den Teilungsplan Widerspruch erheben. Hierfür genügt schon eine vom vorläufigen Teilungsplan abweichende Anmeldung. Der hiervon betroffene Teil des Planes wird einen Monat lang nicht ausgeführt, damit vom Widersprechenden Widerspruchsklage erhoben werden kann. Erfolgt dies nicht, wird der Plan vollständig von Amts wegen ausgeführt.

E Nach dem Verteilungstermin

Das Vollstreckungsgericht ersucht das Grundbuchamt nach Ausführung des Verteilungsplanes und Rechtskraft des Zuschlages um Eintragung des neuen Eigentümers sowie um Löschung des Versteigerungsvermerkes und der im geringsten Gebot nicht enthaltenen Rechte.
Es ist Sache des Erstehers, dem Versteigerungsgericht die Unbedenklichkeitsbescheinigung nach § 22 GrEStG beizubringen, damit diese dem Ersuchen an das Grundbuchamt beigefügt werden kann.

Beispielfall   Nach dem Termin

*Das Versteigerungsgericht stellt den Beteiligten ein paar Tage nach dem Versteigerungstermin eine Terminsbestimmung für den Verteilungstermin zu. Der Ersteher erhält zudem eine exakte Berechnung, welchen Betrag er samt 4% Zinsen bis zum Verteilungstermin zahlen muss und auf welche Art er zahlen kann. Der Ersteher überweist schließlich den Betrag samt Bargebotszinsen wenige Tage vor dem Verteilungstermin auf ein Konto des Gerichtes vor Ort und teilt dem Gericht vorsorglich seine Zahlung mit. Der Terminsvertreter der Hausbank wiederholt seine Anmeldung zum Verteilungstermin und teilt außerdem eine Kontonummer mit, an die der auf die betreibende Bank entfallende Erlös auch überwiesen werden kann.
Im Verteilungstermin erscheint wie üblich niemand. Die Rechtspflegerin erklärt den vorläufig erstellten Teilungsplan für endgültig, da das Meistgebot vollständig bezahlt wurde. Sie weist die Kasse an, den Teilungsplan zu vollziehen, da keine Widersprüche vorliegen.
Schließlich ersucht sie das Grundbuchamt nach Erhalt der Mitteilung des Finanzamtes, dass die Grunderwerbsteuer vom Ersteher beglichen wurde, um Berichtigung des Grundbuches und Eintragung des neuen Eigentümers.
Die Hausbank erhält die Zahlung des Erlöses und verteilt die Zahlung auf die fälligen Darlehenskonten.*

---

63 Daneben muss er 3,5 % Grunderwerbsteuer zahlen.
64 Bei Rechten, die nicht auf Kapitalzahlung gerichtet sind, sondern z. B. als Rente ausgezahlt werden, kann sich auch eine spätere Nachtragsverteilung eines Restbetrages ergeben.

Einführungsfall Zwangsverwaltung

Die nachfolgende Darstellung soll dem in der Zwangsverwaltung unerfahrenen Leser einen schnellen Einblick in das Verfahren und die Einzelprobleme der Zwangsverwaltung unter Verweis auf die jeweils nachfolgende Kommentierung geben.

Der Fall basiert auf einem sehr einfachen Zwangsverwaltungsfall aus der Praxis eines deutschen Vollstreckungsgerichts und orientiert sich an einer konkreten Verfahrensakte. Beschlüsse und sonstige Unterlagen wurden neutralisiert und werden als Anlage beigefügt, um einen Einblick in die praktische Fallbearbeitung beim Vollstreckungsgericht und beim Zwangsverwalter zu ermöglichen.

1. **Sachverhalt**

Die über sofort vollstreckbare Grundschulden im Sinne des § 800 ZPO besicherte Gläubigerbank hat für die im Eigentum der Schuldnerin stehenden Miteigentumsanteile am Geschäfts- und Wohnhaus in München am 25.2.2008 Zwangsverwaltungsantrag beim zuständigen Vollstreckungsgericht München gestellt. Eine Hausverwaltung besteht nicht.

Parallel bereibt die Gläubigerbank die Zwangsversteigerung der Immobilie.

Der Zwangsverwaltungsantrag wurde beim Amtsgericht München für Grundbuch des Amtsgerichts München Blatt 1234

auf den Namen **der Schuldnerin** eingetragene Grundbesitzes

Objekt: 394,37/1.000 Miteigentumsanteil an dem Grundstück
Flst. 335/1
Flst. 335/3
verbunden mit dem Sondereigentum an dem Laden im Aufteilungsplan mit Nr. 0 bezeichnet, mit Sondernutzungsrecht an dem Kfz-Stellplatz Nr. 0 und Garten

gestellt:

Bei der Immobilie handelt es sich um ein Ladengeschäft mit 100 qm, das nachträglich in ein Büro umgebaut wurde und seit dem 1.5.2006 an einen Immobilienmakler vermietet ist. Die monatliche Bruttomiete beläuft sich auf € 650,00. Es handelt sich um eine Inklusivmiete. Eine Abrechnung der Nebenkosten erfolgt aufgrund fehlender Verbrauchsgeräte nicht.

Die Kosten des Mietverhältnis belaufen sich jährlich auf der Basis einer durch die Schuldnerin zur Verfügung gestellten Aufstellung auf 1.453,60 . Das entspricht einer monatlichen Belastung durch das Mietverhältnis in Höhe von € 125,00.

Wesentliche Mängel bestehen nicht, eine Renovierung wurde durch den Mieter durchgeführt.

2. **Anordnung der Zwangsverwaltung § 150 ZVG, § 150a, § 150b ZVG**

Nach Prüfung des Antrages ordnet das zuständige Vollstreckungsgericht München durch den zuständigen Rechtspfleger für das Objekt durch Beschluss vom 19.3.2008 die Zwangsverwaltung an und bestellt einen Zwangsverwalter (§ 1 Abs. 2 ZwVwV). Als Ausweis für seine Tätigkeit erhält der Zwangsverwalter eine Bestallungsurkunde (§ 2 ZwVwV), die er nach Aufhebung des Verfahrens an das Gericht zurückzugeben hat.

Anlage 1: Beschluss über die Anordnung der Zwangsverwaltung

Anlage 2: Bestallungsurkunde des Zwangsverwalters

Der Anordnungsbeschluss wird dem Zwangsverwalter, sowie dem Schuldner zugestellt, die antragstellende Gläubigerbank wird über die Anordnung informiert (§ 146 Abs. 2 ZVG).

Parallel wird der Anordnungsbeschluss dem zuständigen Grundbuchamt zur Eintragung eines Zwangsverwaltungsvermerks in Abteilung 2 des Grundbuches zugeleitet.

3. **Inbesitznahme der einzelnen Zwangsverwaltungsobjekte (§ 148 Abs. 2, § 151 Abs. 1 ZVG)**

Direkt nach Zugang des Anordnungsbeschlusses und der Bestallungsurkunde versucht der Zwangsverwalter mit dem Schuldner einen Inbesitznahmetermin abzustimmen. Nach schriftlicher Kontaktaufnahme erreicht er den Sohn der Vollstreckungsschuldnerin telefonisch und stimmt mit ihm für den 4.4.2008 einen Ortstermin zur Inbesitznahme des Objektes ab.

Im Rahmen dieses Termins lässt sich der Zwangsverwalter den unmittelbaren Besitz einräumen. Die sog. Inbesitznahme erfolgt.

Durch die kooperative Vollstreckungsschuldnerin erhält er die für die Verwaltung erforderlichen Informationen zu den Mietern, den Mietvertrag, Zahlungsrückständen der Mieter, die Versorgungsunternehmen, die Einnahmen/Ausgaben der Immobilie, Versicherungssituation. Weiter prüft er die Immobilie nach Mängeln und die Verkehrssicherheit.

Zählerstände für die Versorgungseinheiten werden festgestellt.

Lichtbilder werden gefertigt.

4. **Erstmaßnahmen des Zwangsverwalters**

Bereits beim Ortstermin übergibt er dem Mieter ein Schreiben mit dem Beschluss über die Anordnung der Zwangsverwaltung und fordert den Mieter auf Mieten ausschließlich noch auf das speziell hierfür durch ihn angelegten Anderkonto des Zwangsverwalters zu leisten.

Zur Plausibilisierung der Angaben der Vollstreckungsschuldnerin fordert er die Grundbuchauszüge, Teilungsplan, Flurkarten bei den zuständigen Stellen an.

Da auch ad hoc nicht feststellbar ist, inwieweit die Immobilie ausreichend versichert ist (§ 9 Abs. 3 ZwVwV), fasst er bei der Versicherung nach. Soweit der ausreichende Versicherungsschutz bei der Schuldnerin nicht geprüft werden kann, besteht oftmals die Möglichkeit, dies über die Grundpfandgläubigerin in Erfahrung zu bringen. Häufig sind allerdings die Grundpfandgläubiger hier ebenfalls über den aktuellen Status nicht ausreichend informiert.

Soweit Zweifel bestehen, lässt er durch ein Versicherungsunternehmen die relevanten Versicherungsgefahren feststellen und den Versicherungswert ermitteln. Aufgrund seiner dauerhaften Befassung mit Zwangsverwaltungverfahren hat er zu vorübergehenden Sicherung der Einheit kostenfreien einstweiligen Versicherungsschutz vereinbart, so dass die Immobilie gesichert ist. Er sichert die jeweiligen Einheiten gegen Feuer-, Sturm-, Leitungswasser.

Da oftmals keine Haftpflichtversicherung besteht, diese jedoch ausdrücklich in § 9 Abs. 3 ZwVwV vorgesehen ist, schließt er auch eine Versicherung der Haftpflichtgefahren ab.

Der Verwalter prüft die Verkehrssicherheit des Objektes. Jahreszeitlich bedingt ist zum Zeitpunkt der Inbesitznahme keine Regelung für Winterdienst erforderlich. Insbesondere prüft er auf ggfs. bestehende Mängel und soweit es Verdachtsmomente gibt auch auf Altlasten.

Parallel informiert er die Gemeinde und die entsprechenden Versorgungsträger von der Anordnung der Zwangsverwaltung.

5. **Inbesitznahmebericht an das Gericht § 3 ZwVwV**

Nun erstattet er an das Gericht den sog. Inbesitznahmebericht. Je nach Gericht hat dieser Bericht als schriftlich ausformulierter Bericht oder auf einem Standardformular zu erfolgen. Hier wurde ein ausformulierter schriftlicher Bericht/Niederschrift über die Inbesitznahme gefertigt, aus dem sich die wesentlichen Informationen zur Immobilie ergeben.

Inhalt ist der Zeitpunkt der Inbesitznahme, die Lage, Nutzungsart, Anzahl der Wohneinheiten, Außenanlagen.

Er berichtet inwieweit die Ausgaben des Objektes durch die laufenden Einnahmen gedeckt sind. Soweit erforderlich fordert er von der betreibenden Gläubigerbank über das Gericht einen Vorschuss zur Deckung der laufenden Kosten an. Dies ist hier nicht erforderlich. Die Ausgaben von monatlich ca. € 125,00 sind durch die Einnahmen gedeckt.

Den Inbesitznahmebericht reicht er zusammen mit den gefertigten Lichtbildern in der durch das Gericht angeforderten Anzahl beim Vollstreckungsgericht ein.

Anlage 3: Inbesitznahmebericht des Zwangsverwalters (ausformulierte Form/ Tabellenform, wie es an vielen Gerichten verlangt wird)

Das Gericht leitet den Inbesitznahmebericht an die betreibende Gläubigerbank weiter.

6. **Verwaltung der Immobilie § 152, § 152a, ZwVwV**

Nach und nach erhält der Zwangsverwalter immer mehr Informationen zum Zwangsverwaltungsobjekt und hat nach entsprechender Terminsvereinbarung die Möglichkeit den Zustand zu prüfen.

Er erhält Informationen über die Dauerschuldverhältnisse, die prüft und ggfs. für die Zwangsverwaltung übernimmt. Er wird insbesondere den ausreichenden Versicherungsschutz prüfen und fachmännisch durch einen Versicherungsfachmann beurteilen lassen.

Für den Mieter überwacht er die Mietzinseingänge auf dem speziell hierfür eingerichteten Anderkonto. Ende des Jahres fertigt er die Nebenkostenabrechnung, die im vorliegenden Fall aufgrund der vereinbarten Inklusivmiete entbehrlich ist.

Sind Mieten rückständig, erhebt der Zwangsverwalter Zahlungsklage (§ 7 ZwVwV). Dies ist im vorliegenden Fall nicht angezeigt.

Soweit das Zwangsverwaltungsobjekt nicht vermietet ist, sollte ein Mieter ggfs. auch über einen Makler für die weitere Vermietung der Wohnung gesucht werden. Aufgrund der hier vorliegenden Vermietungssituation ist dies nicht erforderlich. Mit dem neuen Mieter wäre ein Mietvertrag durch den Zwangsverwalter zu schließen, in dem er allerdings nach § 6 Abs. 2 ZwVwV u. a. darauf hinweist, dass das Objekt in der Zwangsversteigerung ist.

Während der Dauer der Verwaltung überprüft er das Objekt in regelmäßigen Abständen auch auf die Verkehrssicherheit hin.

7. **Rechnungslegung während des Verfahrens (Jahresrechnung) § 154, § 13 ZwVwV, § 14 Abs. 2 ZwVwV**

Der Zwangsverwalter führt im Zwangsverwaltungsverfahren ein von seinen Konten getrenntes Anderkonto für die einzelnen Zwangsverwaltungseinheiten. Für die Einnahmen und Ausgaben hat er eine Buchhaltung in Form einer Einnahmen- Überschussrechnung angelegt.

Parallel hat der Verwalter stets im Rahmen einer Liquiditätsrechnung zu überwachen, ob die jeweiligen Ausgaben durch die Guthaben gedeckt sind oder ob ein Vorschuss angefordert werden muss.

Soweit im jeweiligen Verfahren abzusehen ist, dass ein Einnahmenüberschuss erzielt wird, der unter Prognose des Zwangsverwalters die Ausgaben der Verwaltung deckt, regt er einen Verteilungstermin gem. § 156 Abs. 2 ZVG an, bei dem ein Teilungsplan für das Verfahren aufgestellt wird.

Anlage 4: Beschlüsse des Gerichts zum Teilungsplan, Niederschrift über den Termin, Berechnung des Teilungsplans

8. Das Vollstreckungsgericht bestimmt unverzüglich einen **Verteilungstermin** nach § 156 Abs. 2 ZVG. Die Terminsbestimmung wird allen Beteiligten nach § 9 ZVG zugestellt. In diesem nicht öffentlichen Termin wird nach Anhörung der Beteiligten der Teilungsplan erörtert und aufgestellt. Das Gericht trifft Regelungen gem. § 157 ZVG zur Ausführung des Teilungsplanes.

9. Der Zwangsverwalter verteilt auf der Basis des Teilungsplanes, soweit dies möglich ist und alle anderen Ausgaben gedeckt sind, die Überschüsse.

10. **Rücknahme des Antrages durch die Gläubigerin**

Am 8. Januar 2009 legt die antragstellende Gläubigerin einen Rücknahmeantrag für die Zwangsverwaltung vor.

11. **Aufhebung des Verfahrens § 161 ZVG, § 12 ZwVwV**

Nach Prüfung der Antragsrücknahme hebt das Gericht das Zwangsverwaltungsverfahren nach Rücksprache mit dem Zwangsverwalter auf.

Anlage 5: Aufhebungsbeschluss des Vollstreckungsgerichts, Ersuchen des Gerichts an das Grundbuchamt zur Löschung des Zwangsverwaltungsvermerks

Der Zwangsverwalter stellt seine Tätigkeit ein und gibt die Bestallungsurkunde zurück. Damit endet die Verhaftung des jeweiligen Objektes.

Der Zwangsverwalter gibt den Besitz wieder zurück an den Schuldner und verständigt die Mieter hiervon.

12. **Schlussbericht/Schlussrechnung des Zwangsverwalters gegenüber dem Vollstreckungsgericht**

Da die Tätigkeit des Zwangsverwalters damit für das jeweilige Objekt beendet ist, verfasst er einen Schlussbericht, in dem er alle relevanten Tätigkeiten mit dem jeweiligen Ergebnis zusammenfasst.

Parallel rechnet er jedes einzelne Zwangsverwaltungsverfahren getrennt in der vorgeschriebenen Einnahmen-Überschuss Rechnung § 154 ZVG, § 14 Abs. 3 ZwVwV ab und stellt seinen Vergütungsantrag § 152a ZVG §§ 17, 18 ZwVwV, je nach Aufwand entweder in Höhe der Regelvergütung § 20 ZwVwV oder über die Stundenvergütung § 19 ZwVwV ab.

Anlage 6: Schlussbericht des Verwalters

Anlage 7: Antrag zur Vergütungsfestsetzung des Zwangsverwalters

13. **Abrechnung der Überschüsse** nach den §§ 155, 156, 157, 158 ZVG, § 11 ZwVwV

Der Zwangsverwalter rechnet die Überschüsse ab.
Die erzielten Nutzungen dienen dabei zunächst zur Deckung der Ausgaben § 155 ZVG, Rückzahlung der noch nicht verbrauchten Vorschüsse für die laufenden Ausgaben, sowie ohne Weiteres Verfahren gem. § 156 Abs. 1 ZVG für öffentliche Lasten und Wohngeldbeiträge.

14. Nach Prüfung der Abrechnung setzt das Gericht die Vergütung des Zwangsverwalters nach § 153 ZVG, § 22 ZwVwV fest.

Anlage 8: Festsetzung der Vergütung des Zwangsverwalters
eldbeiträge.

14. Nach Prüfung der Abrechnung setzt das Gericht die Vergütung des Zwangsverwalters nach § 153 ZVG, § 22 ZwVwV fest.

Anlage 8: Festsetzung der Vergütung des Zwangsverwalters

Anlagen:

Anlage 1: Beschluss über die Anordnung der Zwangsverwaltung (Formular Nr. 22)
Anlage 2: Bestallungsurkunde des Zwangsverwalters (Formular Nr. 23)
Anlage 3: Inbesitznahmebericht des Zwangsverwalters (Formular Nr. 21)
Anlage 4: Beschlüsse des Gerichts zum Teilungsplan, Niederschrift über den Termin, Berechnung des Teilungsplans (Formular Nr. 25)
Anlage 5: Aufhebungsbeschluss des Vollstreckungsgerichts, Ersuchen des Gerichts an das Grundbuchamt zur Löschung des Zwangsverwaltungsvermerks (Formular Nr. 26)
Anlage 6: Schlussbericht des Verwalters mit Ein-Ausgabenrechnung (Formular Nr. 27)
Anlage 7: Antrag zur Vergütungsfestsetzung des Zwangsverwalters (Formular Nr. 28)
Anlage 8: Festsetzung der Vergütung des Zwangsverwalters (Formular Nr. 29)

Die Formulare finden Sie unter den Ordnungsziffern im Anhang zum Buch.

Einführung Zwangsversteigerung

Amtsgericht Musterstadt

Grundbuch

Von Heimhausen

Blatt 695

Amtsgericht Musterstadt
Grundbuch von Heimhausen — Blatt 695 — Bestandsverzeichnis — Einlegebogen 1

Lfd.Nr. der Grundstücke	Bisherige lfd.Nr.d. Grundstücke	Bezeichnung der Grundstücke und der mit dem Eigentum verbundenen Rechte			Größe		
		Gemarkung (nur bei Abweichung vom Grundbuchbezirk angeben) Flurstück	Wirtschaftsart und Lage		ha	a	m²
		a/b	c				
1	2	3			4		
1	-	583	Heimhausener Öde, Landwirtschaftsfläche		--	3	42
2	1+Z	583	Heimhausener Öde, Gebäude- und Freifläche		--	6	31

Blümle

Mustergrundbuch zum Einführungsfall

Amtsgericht Musterstadt
Grundbuch von Heimhausen — Blatt 695 — Bestandsverzeichnis — Einlegebogen R

Bestand und Zuschreibungen		Abschreibungen	
Zur lfd. Nr. der Grundstücke		Zur lfd. Nr. der Grundstücke	
5	6	7	8
1	Übertragen von 15-629 am 9.4.1986		
2	BVNr. 1 nach Zuschreibung einer Teilfläche aus 578/11 als BNVr. 2 vorgetragen am 23.9.1989		
	Kulzma Rohrbacher		

Amtsgericht Musterstadt
Grundbuch von Heimhausen — Blatt 695 — Erste Abteilung — Einlegebogen 1

Lfd. Nr. der Eintragungen	Eigentümer	Lfd.Nr. der Grundstücke im Bestandsverzeichnis	Grundlage der Eintragung
1	2	3	4
1	a) Mustermann Eduard, *6.7.1961, 6789 Neuwied b) seine Ehefrau Heidelinde, geb. Musterfrau, *19.12.1966, ebenda je zu 1/2	2	Auflassung vom 22.3.1992; eingetragen am 17.5.1992. Huber Maier

Amtsgericht Musterstadt
Grundbuch von Heimhausen — Blatt 695 — Zweite Abteilung — Einlegebogen 1

Lfd. Nr. der Eintragungen	Lfd.Nr. der betroffenen Grundstücke im Bestandsverzeichnis	Lasten und Beschränkungen
1	2	3
1	2	Zwangsverwaltung ist angeordnet (L 59/99 Amtsgericht Oberstetten); eingetragen am 5.10.1999. Kirmann Mumelsberger
2	2	Nießbrauch für eingetragen am 28.11.2008

Einführung Zwangsversteigerung

Amtsgericht

Grundbuch von | | Blatt | Zweite Abteilung | Einlegebogen 1 R

Veränderungen			Löschungen	
Lfd. Nr. der Spalte 1			Lfd. Nr. der Spalte 1	
4	5		6	7

Amtsgericht Musterstadt

Grundbuch von Heimhausen | Blatt 695 | Dritte Abteilung | Einlegebogen 1

Lfd. Nr. der Eintragungen	Lfd.Nr. der betroffenen Grundstücke im Bestandsverzeichnis	Betrag	Hypotheken, Grundschulden, Rentenschulden
1	2	3	4
1	1	30 000 DM	Grundschuld ohne Brief zu dreißigtausend DM für süddeutsche Musterkasse, Heimhausen; 15% Zinsen jährlich; vollstreckbar nach § 800 ZPO; gemäß Bewilligung vom 3.2.1987 (URNr. 5421 K, Notar Rei, Oberstadt); eingetragen am 15.4.1987. Meinelt
2	2	150.000 EUR	Grundschuld ohne Brief zu einhundertfünfzigtausend Euro für Musterbank Musterstadt, Musterstadt; 18% Zinsen jährlich; vollstreckbar nach § 800 ZPO; gemäß Bewilligung vom 18.5.1998 (URNr. 806 Notar Meier, Oberstadt); eingetragen am 26.5.1998. Hauptmann
3	2	50.000 EUR	Grundschuld ohne Brief zu fünfzigtausend Euro für Musterbank Musterstadt, Musterstadt; 18% Zinsen jährlich; vollstreckbar nach § 800 ZPO; gemäß Bewilligung vom 9.7.2008 (URNr. 1346 Notar Meier, Oberstadt); eingetragen am 23.8.2008 Hauptmann
4	4	4.004,08 EUR	Zwangssicherungshypothek zu viertausendundvier 8/100 Euro; für Hartbau GmbH, Nebendorf; 5 Prozentpunkte über dem Basiszinssatz jährlich aus 3.986,83 Euro seit 26.7.2008; gemäß Vollstreckungsbescheid des Amtsgerichtes Musterstadt vom 20.8.2008 (Az: 08-3108656-0-5N); eingetragen am 12.9.2008 Haslmeier

Amtsgericht

Grundbuch von | | Blatt | Dritte Abteilung | Einlegebogen 1 R

Veränderungen			Löschungen		
Lfd. Nr. der Spalte 1	Betrag		Lfd. Nr. der Spalte 1	Betrag	
5	6	7	8	9	10

Stenzel

Ablauf eines Zwangsverwaltungsverfahrens

(ohne Schuldner, Zwangsverwaltung, Institutsverwaltung)

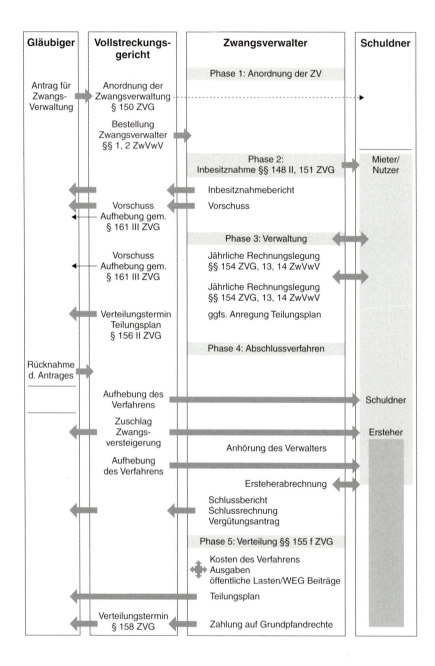

Einführungsfall: Zwangshypothek für ungesicherten Gläubiger mit anschließender Zwangsversteigerung

Übersicht

		Rn.
I.	Allgemeines	1
II.	Antrag auf Eintragung der Zwangshypothek	2
III.	Rechtsbehelfe gegen die Ablehnung der Eintragung	3
IV.	Zwangsversteigerung	4 ff.

I. Allgemeines

Ein schuldrechtlicher Anspruch gibt dem Gläubiger zwar das Recht, ins gesamte Vermögen seines Schuldners zu vollstrecken. Dinglich gesichert ist der Gläubiger damit aber nicht. Es besteht daher die Gefahr, dass andere Gläubiger schneller sind und alle wertvollen und pfändbaren Sachen des Schuldners vorher pfänden und zu ihren Gunsten versteigern lassen. Um den Gläubiger im Bereich der Immobiliarvollstreckung, die angesichts des oft hohen Wertes der Immobilien für die Gläubiger von besonderem Interesse sein kann, zu sichern, ermöglichen es ihm die §§ 866 ff. ZPO, eine **Zwangshypothek** eintragen zu lassen. Dies stellt einen vergleichsweise schnellen und kostengünstigen[1] Weg zur Sicherung des Titelgläubigers[2] dar, der entweder als erster Schritt vor einem späteren Zwangsversteigerungs- oder Zwangsverwaltungsverfahren oder aber parallel zu diesen beschritten werden kann. Die Zwangshypothek bietet dem Gläubiger eine Reihe von **Vorteilen**, u. a. einen besseren Rang in einem eventuellen späteren Zwangsversteigerungs- oder -verwaltungsverfahren (§ 10 Abs. 1 Nr. 4 ZVG) sowie ein vorrangiges Recht gegenüber späteren – rechtsgeschäftlich bestellten oder per Zwang durchgesetzten – Hypotheken (§ 879 BGB).[3]

1

II. Antrag auf Eintragung der Zwangshypothek

Was muss der Gläubiger tun, wenn er eine Zwangshypothek zu seinen Gunsten eintragen lassen will? Zunächst muss er sicherstellen, dass die allgemeinen und besonderen **Vollstreckungsvoraussetzungen** vorliegen,[4] wobei es jedoch eines gesonderten dinglichen Duldungstitels wegen § 867 Abs. 3 ZPO grundsätzlich nicht bedarf.[5] Darüber hinaus muss sich der Gläubiger versichern, ob der Schuldner – wie von § 29 GBO verlangt – im Grundbuch als Eigentümer **voreingetragen** ist; ist das nicht der Fall, kann der Gläubiger dies nach §§ 14, 22 Abs. 2 GBO durch Nachweis der Unrichtigkeit herbeiführen.[6] Sodann muss er einen entsprechenden **Antrag** stellen.[7] **Zuständig** ist das Grundbuchamt, in dessen Bezirk das Grundstück belegen ist, §§ 1, 2 Abs. 1 GBO, dort der Rechtspfleger, §§ 3 Nr. 1 h, 20 Nr. 17 RPflG. Der Antrag muss die Person des Antragstellers und des Schuldners ebenso enthalten wie die Bezeichnung des

2

---

1 Zu den Kosten vgl. § 866 ZPO Rn. 17 f.
2 Erforderlich ist allerdings, dass sein Titel auf mindestens € 750,01 lautet (vgl. im Einzelnen: § 866 ZPO Rn. 9 ff.)
3 Zu den weiteren Vorteilen vgl. § 867 ZPO Rn. 36 f.
4 Näher § 867 ZPO Rn. 55 ff.
5 Dazu sowie zu den Ausnahmen (z. B. bei der Arresthypothek) vgl. § 867 ZPO Rn. 55 ff.
6 Die notwendigen Urkunden erhält der Gläubiger über § 792 ZPO; notfalls muss er den Anspruch des Schuldners auf Grundbuchberichtigung pfänden und sich überweisen lassen.
7 Zum Antrag vgl. näher § 867 ZPO Rn. 13.

Grundstücks (§ 28 GBO). Auch den Betrag der gesicherten Forderung muss der Gläubiger – wegen § 867 Abs. 3 ZPO – angeben; will er mehrere Grundstücke wegen derselben Forderung belasten, muss er im Antrag die **Forderung aufteilen** (§§ 867 Abs. 2, 866 Abs. 3 ZPO).[8] Erfüllt der Gläubiger diese Anforderungen, hat das Gericht die Zwangshypothek ins Grundbuch **einzutragen**. Dadurch entsteht die Zwangshypothek (§ 867 Abs. 1 Satz 2 ZPO), aber nur, wenn der Vollstreckungsschuldner materiell-rechtlich Eigentümer des Grundstücks ist; ein gutgläubiger Ersterwerb der Zwangshypothek ist dagegen nicht möglich.[9]

III. Rechtsbehelfe gegen die Ablehnung der Eintragung

3 Wird der Eintragungsantrag wider Erwarten abgelehnt, kann der Gläubiger die – nicht fristgebundene – Beschwerde nach § 11 Abs. 1 RPflG, § 71 Abs. 1 GBO erheben. Eine Rangsicherung erreicht der Gläubiger damit aber nicht, die in der Zeit bis zur Aufhebung der Zurückweisung für Dritte eingetragene Rechte bleiben also wirksam.[10] Gegen die Beschwerdeentscheidung ist die **weitere Beschwerde** nach §§ 78 ff. GBO statthaft.

IV. Zwangsversteigerung

1. Allgemeines

4 Gemäß § 869 ZPO richtet sich die Zwangsversteigerung nach dem ZVG. Da der Gläubiger mit Eintragung der Zwangshypothek eine Sicherungshypothek i. S. d. § 1184 BGB für seine persönliche Vollstreckungsforderung erlangt hat, richtet sich die Befriedigung des (dinglich gesicherten) Anspruches auf Zahlung des Hypothekenbetrages aus dem Grundstück nach § 1147 BGB.

2. Zuständigkeit, Antragsverfahren, Rechtsmittel vor Zuschlag

5 Sachlich zuständig ist das Amtsgericht als Vollstreckungsgericht; § 22 GVG, § 764 ZPO, § 1 Abs. 1. Örtlich zuständig ist das Amtsgericht, in dessen Bezirk die zu versteigernde Immobilie belegen ist, § 1 Abs. 1. Funktionell ist der Rechtspfleger gemäß § 3 Nr. 1 i RpflG zuständig.

6 Die Zwangsversteigerung muss von einem Gläubiger (betreibenden Gläubiger) beantragt werden, wobei der Antrag schriftlich oder zur Niederschrift der Geschäftsstelle gestellt werden kann[11]. Insoweit besteht kein Anwaltszwang gemäß § 78 ZPO, jedoch muss ein bevollmächtigter Vertreter seine Vertretung gemäß § 79 Abs. 2 ZPO nachweisen. Andernfalls wird das Vollstreckungsgericht seinen Antrag durch unanfechtbaren Beschluss nach § 79 Abs. 3 ZPO zurückweisen. Antragsberechtigt ist neben dem Gläubiger eines im Grundbuch eingetragenen Rechtes (dinglicher Gläubiger) auch der Gläubiger einer sonstigen Geldforderung (persönlicher Gläubiger). Der Inhalt des Antrages auf Zwangsversteigerung richtet sich nach § 16, wobei der Antrag das Grundstück, den Eigentümer, den Anspruch und den vollstreckbaren Titel bezeichnen soll. Weitere für den Beginn der Zwangsvollstreckung erforderliche Urkunden sind grundsätzlich dem Antrag beizufügen, § 16 Abs. 2. Der Rechtspfleger prüft dann seine Zuständigkeit, das Eigentum des Vollstreckungsschuldners und die Ordnungsmäßigkeit des Antrages. Der Antrag ist ordnungsgemäß, wenn die allgemeinen und besonderen Vollstreckungsvorausset-

---

8 Dazu näher § 867 ZPO Rn. 47 ff.
9 Dazu sowie zu einem – möglichen – gutgläubigen Zweiterwerb näher § 867 ZPO Rn. 29 f.
10 Siehe § 867 ZPO Rn. 41.
11 *Stöber*, ZVG – Komm., 19. Aufl. § 16 Rn. 2.

zungen vorliegen und keine Vollstreckungshindernisse entgegenstehen. Hierzu muss zumindest ein Vollstreckungstitel und die ordnungsgemäß erteilte Vollstreckungsklausel nachgewiesen werden. Ferner muss nachweislich die Zustellung des Titels und der Klausel an den Vollstreckungsschuldner i. S. d. §§ 166 ff. ZPO erfolgt sein.

Gemäß § 15 ordnet das Vollstreckungsgericht im Fall eines zulässigen Antrages die Zwangsversteigerung an. Der Beschluss ist grundsätzlich dem betreibenden Gläubiger und dem Vollstreckungsschuldner von Amts wegen zuzustellen, § 3 i. V. m. §§ 166 ff. ZPO, sofern dieser anwaltlich vertreten ist, genügt die Zustellung an den Prozessvertreter, vgl. § 172 ZPO. Der Beschluss ist auch den weiteren Verfahrensbeteiligten zuzustellen. Verfahrensbeteiligt können insoweit alle Personen sein, die nach Grundbuchlage ein berechtigtes Interesse haben, weil sie selbst Inhaber eines dinglich gesicherten Rechtes sind. **7**

Hat das Gericht die Zwangsversteigerung angeordnet, wird das Grundbuchamt um Eintragung dieser Anordnung (Versteigerungsvermerk) ersucht, § 19. Dieser Vermerk bewirkt, dass der vom Grundbuch ausgehende öffentliche Glaube zerstört wird (§ 23 Abs. 1 S. 1!) und nachrangige Eintragungen automatisch dem Vollstreckungsgericht mitgeteilt werden, § 19 Abs. 3. **8**

Der Beschluss, durch welchen die Zwangsversteigerung angeordnet wird, gilt zugunsten des betreibenden Gläubigers als Beschlagnahme des Grundstücks, § 20. Dies hat zur Folge, dass alle in den Haftungsverband einer Hypothek fallenden Gegenstände vom Beschlag mit erfasst werden, § 20 Abs. 2 i. V. m. § 865 Abs. 1 ZPO, § 1120 BGB. Die Beschlagnahme hat dabei die Wirkung eines Veräußerungsverbotes, § 23 Abs. 1 S. 1 ZVG. **9**

Der Versteigerung können weitere Gläubiger beitreten. Gemäß § 27 gelten für einen Beitrittsbeschluss dieselben Voraussetzungen wie für den Antrag auf Anordnung der Zwangsversteigerung. Eine gesonderte Eintragung des Beitritts im Grundbuch erfolgt nicht, § 27 Abs. 1 S. 2. Obschon es sich um ein Zwangsversteigerungsverfahren handelt, ist das rechtliche Schicksal der einzelnen Gläubiger unabhängig voneinander, z. B. kann ein Verfahren hinsichtlich eines Gläubigers eingestellt oder aufgehoben werden, ohne das andere zu beeinflussen. **10**

Rechtsmittel im Stadium vor Zuschlagserteilung ist die sofortige Beschwerde nach § 95 (i. V. m. § 793 ZPO) zum Landgericht, § 72 GVG. Daneben kommen auch die Vollstreckungserinnerung nach § 766 ZPO und die Rechtspflegererinnerung nach § 11 Nr. 2 RPflG in Betracht. **11**

3. Ablauf des Zwangsversteigerungsverfahrens und Zuschlagserteilung

Vor dem Versteigerungstermin wird der Verkehrswert des Versteigerungsobjektes nach Anhörung der Beteiligten durch Beschluss vom Vollstreckungsgericht festgesetzt. Dieser Beschluss ist mit der Beschwerde anfechtbar. Grundlage für die Wertermittlung ist entweder ein bereits vorliegendes oder durch einen Sachverständigen anzufertigendes Verkehrswertgutachten, ausnahmsweise kann der Rechtspfleger auch den Wert der Immobilie selbst schätzen. Zweck der Wertfeststellung ist, die Gläubiger- und Schuldnerschutzrechte im Versteigerungstermin bestimmen zu können. Danach erst wird der Versteigerungstermin bestimmt. § 37 bestimmt den Muss-Inhalt und § 38 den Soll-Inhalt der Terminsbestimmung. Besonders hervorzuheben ist die damit verbundene gerichtliche Aufforderung bis zur Abgabe von Geboten Rechte gem. § 37 Nr. 4 anzumelden, andernfalls droht Rangverlust nach § 110. Die Terminsbestimmung wird in der Regel vom Gericht öffentlich bekannt gemacht nach §§ 39, 40. Ferner wird sie den Beteiligten zugestellt, auch jenen, die ihre Rechte am Grundstück noch glaubhaft zu machen haben, § 41. Im Versteigerungstermin verliest der Rechtspfleger zunächst die Grundbucheintragungen **12** und die nennt die betreibenden Gläubiger, § 66 Abs. 1. Gemäß § 44 wird auch das „geringste Gebot" aufgestellt, welches die dem Ansprüche des betreibenden Gläubigers vorgehenden Rechte sowie die aus dem Versteigerungserlös zu entnehmenden Kosten des Verfahrens decken muss. Welche Ansprüche dem des betreibenden Zwangshypothekengläubigers vorgehen, ergibt sich aus der Rangfolge des § 10 Abs. 1. Die Zwangshypothek als solche fällt in die Rangklasse 4.

13 Innerhalb der Rangklasse 4 richtet sich die Reihenfolge nach dem materiellen Rangverhältnis, § 11 Abs. 1 i.V.m. §§ 879 bis 881 BGB. Maßgeblich ist für die Reihenfolge der in derselben Abteilung des Grundbuches eingetragenen Rechte der Tag der Eintragung, § 879 Abs. 1 BGB. Dies gilt jedoch nur, wenn keine abweichende Rangbestimmung gemäß § 879 Abs. 3 BGB getroffen wurde oder eine nachträgliche Änderung der Rangfolge vor Eintragung eingetreten ist, § 890 BGB. Für nicht im Grundbuch eingetragene Rechte, wie z.B. eine Sicherungshypothek nach § 1287 BGB kommt es auf den Zeitpunkt der Entstehung des Rechtes an. Bei nicht eingetragenen Überbaurenten und Notwegrenten haben gemäß §§ 914 Abs. 1 S. 1, 917 Abs. 2 S. 2 BGB grundsätzlich Vorrang vor allen anderen dinglichen Rechten. Ferner sind zu Unrecht gelöschte Rechte rangwahrend zu berücksichtigen, sofern ein gutgläubiger rechtsgeschäftlicher Erwerb eines Dritten nicht zum Wegerwerb führt. Sinnvoll ist die Betreibung einer Zwangsversteigerung für den Zwangshypothekengläubiger daher nur, wenn in Ansehung des (vermutlichen) Grundstückswerts nur wenige oder bestenfalls keine Anmeldungen der Rangklasse 1 bis 3 vorliegen und innerhalb der III. Abteilung des Grundbuchs keine Gläubiger anderer dinglicher Rechte in der Rangfolge vor der Zwangshypothek eingetragen sind. Sollte letzteres zutreffen, ist an die mögliche Ablösung einer vorrangig bestehenden Sicherheit zu denken, um deren Rangstelle einzunehmen.

14 Bevor der Rechtspfleger zur Abgabe von Geboten auffordert, besteht für die Gläubiger die letzte Möglichkeit, ihre Rechte rangwahrend anzumelden, § 66 Abs. 2. Im Anschluss hieran erfolgt die eigentliche Bietzeit, diese beträgt mindestens 30 Minuten, § 73 Abs. 1. Sie endet regelmäßig dann, wenn nach dreimaligen Aufruf des letzten Gebotes keine weiteren Gebote abgegeben werden. Ein Gebot erlischt, soweit ein Übergebot zugelassen wird und ein Beteiligter der Zulassung widerspricht, § 72 Abs. 1. Nach Abgabe des Gebotes ist der betreibende Gläubiger und ein Beteiligter, dessen Recht durch die Nichterfüllung des Gebotes beeinträchtigt werden könnte, berechtigt, gemäß § 67 eine Sicherheitsleistung zu verlangen, deren Art sich nach § 69 Abs. 2 bestimmt.

15 Wurde im Versteigerungstermin kein Gebot abgegeben, wird gemäß § 77 das Verfahren einstweilen eingestellt. Sollte das Meistgebot unter 1/10 des Verkehrswertes des Grundstückes liegen, vertagt das Vollstreckungsgericht in der Regel seine Entscheidung, um dem Vollstreckungsschuldner die Möglichkeit zu eröffnen, Vollstreckungsschutzanträge zu stellen[12]. Liegt das Meistgebot unter 7/10 des Verkehrswertes, kann im ersten Termin ein Berechtigter die Zuschlagsversagung beantragen.

16 Das Gericht hat dann das letzte Gebot und den Schluss der Versteigerung zu verkünden, § 73 Abs. 2. Im Anschluss sind die anwesenden Beteiligten über den Zuschlag zu hören, § 74. Insoweit eröffnet dies die Möglichkeit, Anträge zu stellen, insbesondere kann der betreibende Gläubiger die Einstellung des Verfahrens gemäß § 30 bewilligen. Ist der betreibende Gläubiger der bestrangig Gesicherte, dann wird das Verfahren sofort eingestellt, weil sich das Mindestgebot geändert hat, § 72 Abs. 3[13]. Im Gegensatz dazu hat die Einstellungs-

---

12 BGH Beschluss vom 5.11.2004 – IXa ZB 27/04.
13 *Hintzen* in *Dassler/Schiffer*, ZVG, 13. Aufl. § 30 Rn. 17.

bewilligung nachrangig gesicherter Gläubiger keine Auswirkung auf den Versteigerungstermin. Hiernach verkündet das Versteigerungsgericht seine Entscheidung über den Zuschlag, insoweit ist es möglich, dass hierzu ein gesonderter Termin anberaumt wird, § 87 Abs. 2.

4. Nach der Zuschlagserteilung

Soweit der Zuschlagsbeschluss gemäß § 89 verkündet wurde, wird der Ersteher Eigentümer des Grundstücks, § 90 Abs. 1. Gleichzeitig erwirbt der Ersteher die Gegenstände, die in den von der Beschlagnahme umfassten Hypothekenhaftungsverband fallen, §§ 90 Abs. 2, 20, § 865 ZPO, § 1120 BGB. Der Zuschlagsbeschluss ist dabei Vollstreckungstitel zur Durchsetzung seines Rechtes auf Besitzergreifung, § 93 Abs. 1. Auf die Rechtskraft des Zuschlagbeschlusses kommt es nicht an, mit Wirksamwerden des Zuschlags (vgl. § 89) kann die Zwangsvollstreckung erfolgen. Die Räumung und Herausgabe wird vom Ersteher selbst betrieben. Es müssen daher die allgemeinen und besonderen Vollstreckungsvoraussetzungen vorliegen und es dürfen keine Vollstreckungshindernisse entgegenstehen. Hierzu ist der Zuschlagsbeschluss mit einer Vollstreckungsklausel zu versehen und gemäß § 750 ZPO zuvor dem Schuldner zuzustellen. Will der Ersteher vollstrecken, muss er sich der Hilfe eines Gerichtsvollziehers bedienen, das Vollstreckungsgericht ist dafür nicht zuständig. **17**

Gefahr- und Lastenübergang hinsichtlich des ersteigerten Grundstückes erfolgt zeitgleich mit dem Zuschlag. **18**

Nach Erteilung des Zuschlages bestimmt das Gericht einen Termin zur Verteilung des Versteigerungserlöses, § 105. Die Verteilung des Erlöses erfolgt nach der gesetzlichen Rangfolge der Gläubiger. Allerdings sind vorweg gemäß § 109 Abs. 1 die Kosten des Versteigerungsverfahrens zu entnehmen. Die Berichtigung des Grundbuches nimmt das Grundbuchamt auf Ersuchen des Gerichtes vor, § 130 i.V.m. § 38 GBO. Voraussetzungen des Ersuchen ist, dass der Zuschlagsbeschluss allen Beteiligten gegenüber in Rechtskraft erwachsen ist, was durch eine Bescheinigung des Urkundsbeamten der Geschäftsstelle (vgl. § 706 ZPO) nachzuweisen ist. Ferner ist die Unbedenklichkeitsbescheinigung des Finanzamtes nach § 22 GrEStG dem Ersuchen beizufügen. **19**

III. Kommentierung des ZVG

§ 1 ZVG [Zuständiges Amtsgericht]

(1) Für die Zwangsversteigerung und die Zwangsverwaltung eines Grundstücks ist als Vollstreckungsgericht das Amtsgericht zuständig, in dessen Bezirke das Grundstück belegen ist.

(2) Die Landesregierungen werden ermächtigt, durch Rechtsverordnung die Zwangsversteigerungs- und Zwangsverwaltungssachen einem Amtsgericht für die Bezirke mehrerer Amtsgerichte zuzuweisen, sofern die Zusammenfassung für eine sachdienliche Förderung und schnellere Erledigung der Verfahren erforderlich ist. Die Landesregierungen können die Ermächtigung auf die Landesjustizverwaltungen übertragen.

Übersicht

		Rn.
I.	Normzweck und Anwendungsbereich	1, 2
II.	Sachliche Zuständigkeit	3
III.	Örtliche Zuständigkeit	4–6
IV.	Funktionelle Zuständigkeit	7, 8
V.	Prüfung der Zuständigkeit; Folgen bei Unzuständigkeit; Rechtsbehelfe	9–14
1.	Prüfung	9, 10
2.	Folgen bei Unzuständigkeit	11–13
3.	Rechtsbehelfe	14

I. Normzweck und Anwendungsbereich

Abs. 1 regelt die sachliche und örtliche Zuständigkeit für die Zwangsversteigerung und -verwaltung. Die Zuständigkeit ist eine ausschließliche (§ 802 ZPO), ein rügeloses Einlassen ist daher ebenso ausgeschlossen wie eine Prorogation (§ 40 Abs. 2 Satz 1 Nr. 2, Satz 2 ZPO). Ob die mit der in Abs. 2 vorgesehenen Möglichkeit der Zuständigkeitskonzentration verfolgten Ziele einer kompetenteren Bearbeitung durch besonders qualifizierte Rechtspfleger erreicht wurden, ist fraglich.[1]   **1**

Die Norm ist **anwendbar** bei der Zwangsversteigerung und -verwaltung in Grundstücke und Grundstücksbestandteile (§ 864 Abs. 2 ZPO); sie ist entsprechend auf grundstücksgleiche Berechtigungen anwendbar (§ 870 ZPO) und gilt auch bei Sonderverfahren wie beispielsweise der Teilungsversteigerung (§§ 180 ff. ZVG) oder der Nachlassversteigerung (§§ 175 ff. ZVG).[2] § 1 ist **nicht anwendbar** bei der Zwangshypothek (dazu § 867 Rn. 4) und bei freiwilligen Versteigerungen[3]. Sondervorschriften gelten bei Schiffen, Luftfahrzeugen und Hochseekabeln (Rn. 6).   **2**

---

1 Kritisch *Stöber*, ZVG, § 1 Rn. 3.2; *Hagemann*, in: Steiner, ZVG, § 1 Rn. 1.
2 *Rellermeyer*, in: Dassler/Schiffhauer/u. a., ZVG, Rn. 1; *Hagemann*, in: Steiner, ZVG, § 1 Rn. 3.
3 Dazu näher *Hagemann*, in: Steiner, ZVG, § 1 Rn. 34.

II. Sachliche Zuständigkeit

3 Sachlich zuständig sind die Amtsgerichte als Vollstreckungsgerichte (Abs. 1, § 764 Abs. 1 ZPO). Nach Aufhebung von § 13 EGZVG sind abweichende landesrechtliche Zuständigkeitsbestimmungen nicht mehr möglich.

III. Örtliche Zuständigkeit

4 Örtlich zuständig ist das Amtsgericht, in dessen Bezirk das Grundstück belegen ist. „Belegen" meint die tatsächliche Lage des Grundstücks und nicht, bei welchem Amtsgericht das Grundstück gebucht wird (Abweichung möglich, z. B. bei § 4 Abs. 2 GBO);[4] besteht das Grundstück aus mehreren Grundstücken, die in verschiedenen Amtsgerichtsbezirken liegen, ist eine Bestellung durch das höhere Gericht nach § 2 ZVG erforderlich. Bei **grundstücksgleichen Berechtigungen** ist das Amtsgericht zuständig, in dem sie ausgeübt werden; nicht entscheidend ist, bei welchem Amtsgericht sie ins Grundbuch eingetragen sind.[5] In all diesen Fällen ist stets der **Zeitpunkt** der ersten Beschlagnahme maßgebend, ein späterer Neuzuschnitt der Gerichtsbezirke lässt die einmal begründete Zuständigkeit unberührt, wenn nicht das Gesetz ein anderes bestimmt.[6]

5 Nach **Abs. 2** können die Länder die Zuständigkeit bei einzelnen Amtsgerichten **konzentrieren** (Rn. 1). Das ist in acht Bundesländern erfolgt.[7]

6 **Sondervorschriften** gelten für Hochseekabel (AG Berlin-Schöneberg als Kabelbuchamt, §§ 16, 25 KabelpfandG), für Schiffe (§§ 163 Abs. 1, 171 Abs. 2 ZVG), für Schiffsbauwerke (§ 170a Abs. 2 ZVG) und für Luftfahrzeuge, §§ 171b Abs. 1, 171 h ZVG.

IV. Funktionelle Zuständigkeit

7 Der **Rechtspfleger** ist nach § 3 Nr. 1i RPflG für alle Verfahren nach dem ZVG zuständig. In dieser Funktion trifft er grds. alle erforderlichen Maßnahmen (z. B. Sachverhaltsermittlung, Beweiserhebung, Terminsanberaumung), § 4 Abs. 1 RPflG (Ausnahmen: § 4 Abs. 2, 3 RPflG); er ist dabei nur dem Gesetz unterworfen und entscheidet selbständig, § 9 RPflG. Ob er deshalb Richter i. S. v. Art. 92, 101 Abs. 1 Satz 2 GG ist, ist strittig.[8]

8 Der **Richter** wird – außer im Erinnerungsverfahren (Rn. 14) – nur tätig, wenn ein Fall des § 4 Abs. 3 oder § 5 RPflG vorliegt. Zahlreiche Aufgaben nimmt der **Urkundsbeamte** der Geschäftsstelle wahrt; so führt er z. B. bei Terminen Protokoll (§§ 159 ff. ZPO), nimmt Schriftstücke sowie Anträge und Erklärun-

---

[4] Böttcher, ZVG, § 1 Rn. 4.
[5] Hagemann, in: Steiner, ZVG, § 1 Rn. 27.
[6] OLG Frankfurt, Beschl. v. 9.6.1980 – 20 AR 18/80, Rpfleger 1980, 396.
[7] **Baden-Württemberg:** § 8 I ZuVoJu v. 20.11.1998 (GBl. 680), zuletzt geändert durch VO v. 3.3.2005 (GBl. 292); **Bayern:** § 38 GZVJu v. 16.11.2004 (GVBl. 471); **Brandenburg:** § 12 2. GerZV v. 8.5.2007 (BbgGVB II 113), **Nordrhein-Westfalen:** VO v. 26.11.1970 (GV. NW 1970, 161), zuletzt geändert durch VO v. 5.4.2005 (GV. NW 2005, 274); **Rheinland-Pfalz:** § 1 VO v. 22.11.1985 (GVBl 267, zuletzt geändert durch VO v. 24.10.2001 (GVBl 274); **Sachsen:** § 1 I JuZustVO v. 6.5.1999 (GVBl 281); **Schleswig-Holstein:** VO v. 16.11.1981 (GVoBl 333), zuletzt geändert durch VO v. 8.12.1998 (GVoBl 378); **Thüringen:** § 7 VO v. 12.8.1993 (GVBl 563), zuletzt geändert durch Gesetz v. 23.12.2005 (GVBl 2006, 446).
[8] Bejahend: Eickmann, Rpfleger 1976, 153 ff.; LG Frankfurt, Beschl. v. 16.12.1991 – 2/9 T 1053/91, Rpfleger 1992, 271; vgl. OLG Celle, Beschl. v. 9.8.1979 – 4 Wx 27/79, Rpfleger 1979, 390; ablehnend BVerfG, Beschl. v. 18.1.2000 – 1 BvR 321/96, BVerfGE 101, 397 = NJW 2000, 1709 = Rpfleger 2000, 205 m. w. N.; BGH, Beschl. v. 14.3.2003 – IXa ZB 27/03, Rpfleger 2003, 453 = WM 2003, 946; siehe dazu auch: Einfluss des GG, Rdnr. X.

gen der Beteiligten entgegen, führt Akten und Register und erteilt Rechtskraftzeugnisse (§ 706 ZPO) und Ausfertigungen/Abschriften, § 299 ZPO. **Rechnungsbeamte** werden v. a. in den Fällen der §§ 66 Abs. 1, 113 Abs. 1 ZVG eingesetzt; Näheres regelt das Landesrecht[9].

V. Prüfung der Zuständigkeit; Folgen bei Unzuständigkeit; Rechtsbehelfe

1. Prüfung

Das Vollstreckungsgericht hat seine Zuständigkeit in jeder Phase des Verfahrens von Amts wegen zu prüfen. Bemerkt das Gericht seine Unzuständigkeit erst nach Verfahrensanordnung, muss es das Verfahren von Amts wegen nach § 28 ZVG aufheben; die Einstellung des Verfahrens kommt nur in Betracht, wenn Gelegenheit zur Herbeiführung einer Bestimmung des zuständigen Gerichts nach § 2 ZVG gegeben wurde.[10] Stellt das Gericht seine Unzuständigkeit nach Schluss der Versteigerung fest, muss es angesichts der Unheilbarkeit des Versagungsgrundes (§§ 83 Nr. 6, 84 ZVG) den Zuschlag verweigern. Auch in der Beschwerdeinstanz ist der Zuständigkeitsmangel als unheilbarer Mangel – ohne dass es eines Antrags bedürfte – zu beachten, § 100 Abs. 3 ZVG.

9

Stellt der Gläubiger den Versteigerungsantrag beim unzuständigen Gericht, wird dieser nicht automatisch an das zuständige Gericht weitergeleitet. Der Gläubiger wird angehört und ihm Gelegenheit gegeben, den Antrag zurückzunehmen oder Weiterleitung zu beantragen; kommt der Gläubiger dem nicht nach, wird der Antrag zurückgewiesen.[11] Ob auch eine **Verweisung** nach § 281 ZPO möglich ist, ist umstritten. Dies wird teilweise vollständig abgelehnt,[12] z. T.[13] mit der Einschränkung, dass eine eventuell erfolgte Beschlagnahmeanordnung von Amts wegen nach § 28 Abs. 2 ZVG aufzuheben und eine neue Beschlagnahme durch das zuständige Gericht notwendig sei, zugelassen.

10

2. Folgen bei Unzuständigkeit

a) Liegt ein Verstoß gegen die **örtliche** Zuständigkeit vor, ist der Vollstreckungsakt nach allgemeiner Meinung nicht nichtig, sondern nur anfechtbar.[14] Daraus folgt insbesondere, dass auch die Beschlagnahme durch ein örtlich unzuständiges Vollstreckungsgericht die Beschlagnahmewirkungen (§§ 23 ff. ZVG) auslöst.[15] Für die Wirksamkeit einer gegenüber einem örtlich unzuständigen Vollstreckungsgericht abgegebenen Erklärungen ist zu unterscheiden:[16] Erklärt sich das Gericht für unzuständig und gibt die Erklärung zurück oder weist es auch nur auf die Unzuständigkeit hin, wird die Erklärung nicht wirksam; erkennt das Vollstreckungsgericht seine Unzuständigkeit, reicht die Erklärung aber an das richtige Gericht weiter, wird die Erklärung mit Zugang beim zuständigen Gericht wirksam.

11

---

9 In *Bayern*: Bek. v. 14.4.1980 (JMBl 177), zuletzt geändert am 28.10.1994 (JMBl. 338); *Rheinland-Pfalz*: VV v. 24.7.1996 (JBl. 288); *Hessen*: RdErl. v. 5.1.1982 (JMBl 91); *Hamburg*: AV LJVerw v. 13.5.1965 (JVBl 49); in den übrigen Bundesländern werden die Aufgaben des Rechnungsbeamten von den Rechtspflegern nach dem Geschäftsverteilungsplan wahrgenommen (*Piller/Herrmann*, Justizverwaltungsvorschriften, Nr. 10 Anl. III).
10 *Hagemann*, in: *Steiner*, ZVG, § 1 Rn. 31.
11 *Rellermeyer*, in: *Dassler/Schiffhauer/u. a.*, ZVG, § 1 Rn. 7.
12 *Hagemann*, in: *Steiner*, ZVG, § 1 Rn. 33; *Eickmann*, ZVG, § 8 I 3.
13 *Stöber*, ZVG, § 1 Rn. 3.7, 3.9.
14 *Münzberg*, in: *Stein/Jonas*, ZPO, Vorbem vor § 704, Rn. 72, 128; *Hagemann*, in: *Steiner*, ZVG, § 1 Rn. 30.
15 *Hagemann*, in: *Steiner*, ZVG, § 1 Rn. 30 m. w. N.
16 *Böttcher*, ZVG, § 1 Rn. 6.

12 b) Streitig sind die Rechtsfolgen der Nichtbeachtung der **sachlichen** Zuständigkeit. Nach einer Auffassung ist die Handlung in diesem Falle nichtig.[17] Die Gegenauffassung geht von einer wirksamen, aber anfechtbaren Handlung aus.[18] Sie überzeugt. Wenn selbst Handlungen eines kraft Gesetzes ausgeschlossenen Richters oder Rechtspflegers gültig sind (§ 10 RPflG, §§ 869, 579 Nr. 2 ZPO), muss dies erst recht für das Tätigwerden eines sachlich unzuständigen Gerichts gelten. Dessen ungeachtet wird aber eine gegenüber dem sachlich unzuständigen Gericht abgegebene Erklärung nur bei Weitergabe an das zuständige Gericht mit Eingang bei diesem wirksam.

13 c) Bei einem Verstoß gegen die **funktionelle** Zuständigkeit gilt: Nimmt der **Richter** ein Geschäft vor, das dem Rechtspfleger obliegt, bleibt das Geschäft nach § 8 Abs. 1 RPflG wirksam; gleiches gilt, wenn der **Rechtspfleger** entgegen § 5 RPflG die Sache nicht dem Richter vorlegt, § 8 Abs. 3 RPflG. Wird ein Rechtspfleger aus einer anderen Abteilung in ZVG-Angelegenheiten tätig, ist dies analog § 22d GVG wirksam.[19] Nimmt der **Urkundsbeamte** oder der **Rechnungsbeamte** eine Aufgaben wahr, die dem Rechtspfleger oblag, ist die Handlung unheilbar nichtig; im umgekehrten Fall ist das Geschäft aber wirksam, § 8 Abs. 5 RPflG.

3. Rechtsbehelfe

14 Gegen die Verfahrensanordnung durch ein unzuständiges Gericht ist die Erinnerung nach § 766 ZPO bzw. – wenn eine „Entscheidung"[20] vorliegt – sofortige Beschwerde nach §§ 11 Abs. 1 RPflG, 793 ZPO statthaft. Nach Erteilung des Zuschlags kann gegen diesen nur mit sofortiger Beschwerde nach § 11 Abs. 1 RPflG vorgegangen werden. Ist der Zuschlag rechtskräftig geworden, scheidet eine Anfechtung im Interesse der Rechtssicherheit aus;[21] die mangelnde Zuständigkeit hindert den Verfahrensfortgang dann also nicht mehr.[22]

---

17 *Hagemann*, in: *Steiner*, ZVG, § 1 Rn. 30.
18 *Böttcher*, ZVG, § 1 Rn. 3.
19 *Böttcher*, ZVG, § 1 Rn. 13.
20 Zum Begriff vgl. *Lackmann*, in: *Musielak*, ZPO, § 766 Rn. 11 m.w.N.
21 *Hagemann*, in: *Steiner*, ZVG, § 1 Rn. 31.
22 *Stöber*, ZVG, § 1 Rn. 3.10.

§ 2 ZVG [Bestellung durch das höhere Gericht]

(1) Ist das Grundstück in den Bezirken verschiedener Amtsgerichte belegen oder ist es mit Rücksicht auf die Grenzen der Bezirke ungewiss, welches Gericht zuständig ist, so hat das zunächst höhere Gericht eines der Amtsgerichte zum Vollstreckungsgerichte zu bestellen; § 36 Abs. 2 und 3 und § 37 der Zivilprozessordnung finden entsprechende Anwendung.

(2) Die gleiche Anordnung kann getroffen werden, wenn die Zwangsversteigerung oder die Zwangsverwaltung mehrerer Grundstücke in demselben Verfahren zulässig ist und die Grundstücke in den Bezirken verschiedener Amtsgerichte belegen sind. Von der Anordnung soll das zum Vollstreckungsgerichte bestellte Gericht die übrigen Gerichte in Kenntnis setzen.

Schrifttum: *Hagemann*, Die Zwangsversteigerung mehrerer Grundstücke in demselben Verfahren, RpflStud 1985, 28; *Swarzenski*, Die Bestimmung des zuständigen Gerichts durch das übergeordnete Gericht, JR 1952, 231

Übersicht

		Rn.
I.	Normzweck; Anwendungsbereich	1, 2
II.	Voraussetzungen	3–5
1.	Abs. 1	3
2.	Abs. 2	4
3.	§ 36 Abs. 1 Nr. 1, 5, 6 ZPO	5
III.	Das „zunächst höhere Gericht"	6
IV.	Verfahren; gerichtliche Entscheidung	7–13
1.	Erforderlichkeit eines Gesuchs	7–9
2.	Beschluss	10
3.	Bekanntmachung	11
4.	Wirkung	12, 13
V.	Rechtsbehelfe	14
VI.	Gebühren	15

I. Normzweck; Anwendungsbereich

§ 2 regelt vereinfach ausgedrückt Fälle, in denen eine örtliche Zuständigkeit nach § 1 ZVG nicht besteht respektive nicht feststellbar ist. Abhilfe wird durch die Bestellung eines der Gerichte zum (gemeinsamen) Vollstreckungsgericht geschaffen, was eine ausschließliche örtliche Zuständigkeit, § 802 ZPO, begründet. Zum Verhältnis zu § 36 ZPO gilt: Hinsichtlich § 36 Abs. 1 Nr. 2–4 ZPO geht § 2 als lex specialis vor; im Übrigen bleibt § 36 ZPO anwendbar (s. Rn. 5). **1**

§ 2 gilt für alle ZVG-Verfahren (auch bei Teilungsversteigerung, Nachlass- und Insolvenzverwalterverfahren).[1] Er ist **nicht anwendbar**, wenn Unklarheit darüber herrscht, welche Abteilung des Vollstreckungsgerichts oder welcher Rechtspfleger innerhalb der Abteilung zuständig ist; hierfür gilt der Geschäftsverteilungsplan.[2] Bei Schiffen und Luftfahrzeugen ist das Vorliegen der **2**

---

[1] Vgl. BayObLG, Beschl. v. 7.10.1997 – 1Z AR 71/97, Rpfleger 1998, 79.
[2] *Böttcher*, ZVG, § 2 Rn. 1; *Hagemann*, in: Steiner, ZVG, § 2 Rn. 2; *Swarzenski*, JR 1952, 231.

Voraussetzungen des § 2 nur schwer vorstellbar, aber nicht a priori ausgeschlossen.³

II. Voraussetzungen

1. Abs. 1

3 Abs. 1 Alt. 1 greift, wenn ein Grundstück in verschiedenen AG-Bezirken liegt bzw. – bei § 1 Abs. 2 ZVG – den Bezirk des „zentralen" Vollstreckungsgerichts überschreitet.⁴ Dazu kommt es, wenn mehrere Grundstücke durch Vereinigung oder Bestandteilszuschreibung (§ 890 BGB) zu einem Grundstück zusammengefasst wurden. Alt. 2 dürfte keine praktische Relevanz haben; insbesondere ist sie nicht anwendbar, wenn nur die Grenzen des Grundstücks selbst unklar sind (Fall des § 36 Nr. 6 ZPO⁵).

2. Abs. 2

4 Abs. 2 nimmt Bezug auf § 18 ZVG, d.h. der gemeinsamen Versteigerung mehrerer Grundstücke, die in Bezirken verschiedener Amtsgerichte bzw. (bei § 1 Abs. 2 ZVG) „zentraler" Versteigerungsgerichte liegen. Die Bestellung nach Abs. 2 ist nur möglich, wenn die Verbindung nach § 18 ZVG zulässig ist;⁶ das höhere Gericht muss darüber – mit Bindung für das bestellte Gericht – entscheiden.⁷ Ob die Verbindung durch das bestellte Vollstreckungsgericht beim Auftreten neuer Tatsachen wieder aufgehoben werden kann, ist strittig.⁸ Abs. 2 gilt analog, wenn die Zwangsversteigerung eines Grundstücksbestandteils angeordnet wurde, anschließend durch Gebietsänderungsgesetz ein anderes Amtsgericht für das Grundstück zuständig wurde und dieses nun die Zwangsversteigerung in den anderen Bruchteil anordnet.⁹

3. § 36 Abs. 1 Nr. 1, 5, 6 ZPO

5 Da § 2 insoweit keine vorrangige Spezialregelung enthält, ist § 36 Abs. 1 Nr. 1, 5, 6 ZPO anwendbar.¹⁰ Das höhere Gericht ist daher zur Zuständigkeitsbestimmung verpflichtet, wenn das eigentliche Gericht rechtlich (§§ 41, 42 ff. ZPO) oder tatsächlich (z. B. Erkrankung) verhindert ist (Nr. 1); das gilt aber nur, wenn alle Richter/Rechtspfleger des Gerichts verhindert sind.¹¹ Nr. 5 erfasst den positiven, Nr. 6 den negativen Kompetenzkonflikt; zu beachten ist, dass jeweils rechtskräftige Entscheidungen erforderlich sind. Ist keines der streitenden Gericht, sondern ein drittes Gericht zuständig, ist eine Anordnung durch das höhere Gericht nur möglich, wenn auch das dritte Gericht ihm nachgeordnet ist.

---

3 So auch *Hagemann*, in: *Steiner*, ZVG, § 2 Rn. 3 gegen *Stöber*, ZVG, § 2 Rn. 1.
4 BayObLG, Beschl. v. 14.1.1997 – 1Z AR 96/96, Rpfleger 1997, 269.
5 *Hagemann*, in: *Steiner*, ZVG, § 2 Rn. 6.
6 BGH, Beschl. v. 17.8.1984 – IX ARZ 7/84, WM 1984, 1342; BGH, Beschl. v. 3.5.1984 – IX ARZ 5/84, NJW 1984, 2166 = Rpfleger 1984, 363; BayObLG, Beschl. v. 7.10.1997 – 1Z AR 71/97, Rpfleger 1998, 79; OLG Frankfurt, Beschl. v. 9.6.1980 – 20 AR 18/80, Rpfleger 1980, 396.
7 *Böttcher*, ZVG, § 2 Rn. 8.
8 Bejahend *Stöber*, ZVG, § 2 Rn. 5.1; a.A. *Hagemann*, in: *Steiner*, ZVG, § 2 Rn. 18.
9 OLG Frankfurt, Beschl. v. 9.6.1980 – 20 AR 18/80, Rpfleger 1980, 396.
10 Vgl. RG, Beschl. v. 6.2.1933 – IV GB 38/33, RGZ 139, 351.
11 *Rellermeyer*, in: *Dassler/Schiffhauer/u.a.*, ZVG, § 2 Rn. 4.

III. Das „zunächst höhere Gericht"

Dies ist das gemeinsame, im Instanzenzug übergeordnete Gericht. Liegen die Amtsgerichte im gleichen Landgerichtsbezirk, ist es das LG. Liegen sie in verschiedenen LG-Bezirken, ist das OLG zuständig. Liegen sie endlich in verschiedenen OLG-Bezirken, ist nach § 36 Abs. 2 ZPO das OLG zuständig[12], zu dessen Bezirk das zuerst mit der Sache befasste Gericht gehört; in den Fällen des § 36 Abs. 3 ZPO besteht eine Vorlagepflicht zum BGH. **6**

IV. Verfahren; gerichtliche Entscheidung

1. Erforderlichkeit eines Gesuchs

In den Fällen des § 36 Abs. 1 Nr. 1, 5, 6 ZPO ist unstrittig ein Antrag/Gesuch eines Beteiligten **nicht** erforderlich; es reicht die Vorlage eines der beteiligten Gerichte.[13] Das gilt auch für **Abs. 2**, kann doch auch die Verbindung nach § 18 ZVG ohne Antrag erfolgen;[14] auch ein Vorschlag eines der nach § 1 zuständigen Gerichte ist nicht erforderlich.[15] **7**

Strittig ist, ob bei **Abs. 1** ein Antrag erforderlich ist. Dies ist angesichts des Wortlautes des § 37 ZPO („Gesuch"), auf den Abs. 1 Hs. 2 verweist, zu bejahen.[16] Der Antrag kann schon vor dem Antrag auf Einleitung des Zwangsversteigerungsverfahrens gestellt werden. Stellt der Gläubiger umgekehrt direkt den Zwangsversteigerungsantrag, ist ihm eine angemessene Frist zur Einleitung des Verfahrens nach Abs. 1 zu setzen; kommt er dem nicht nach und nimmt er den Antrag auch nicht zurück, ist dieser zurückzuweisen; ist die Verfahrensanordnung zu diesem Zeitpunkt schon erfolgt, ist das Verfahren nach § 28 ZVG von Amts wegen aufzuheben; nach Schluss der Versteigerung ist der Zuschlag zu versagen, §§ 33, 83 Nr. 6.[17] **8**

Ist nach dem soeben Gesagten ein Antrag erforderlich, ist dieser schriftlich oder zur Niederschrift der Geschäftsstelle zu erklären; die für den Beginn der Zwangsvollstreckung erforderlichen Urkunden und Nachweise müssen nicht beigefügt werden.[18] Rechtsanwaltszwang besteht nicht; für eine Vollmacht gilt § 88 Abs. 2 ZPO. **9**

2. Beschluss

Die Entscheidung ergeht durch Beschluss (§ 37 Abs. 1 ZPO, daher i.d.R. keine mündliche Verhandlung); es handelt sich um eine gerichtliche Entscheidung und nicht um einen Akt der Justizverwaltung.[19] Da das Bestimmungsverfahren als selbständiges Verfahren zwar zum Zwangsvollstreckungsverfahren gehört, nicht aber Teil der eigentlichen Zwangsvollstreckung ist, prüft das Gericht nicht das Vorliegen der allgemeinen Vollstreckungsvoraussetzungen.[20] Es kann deshalb auch schon vor Stellung des Vollstreckungsantrags und vor Anord- **10**

---

12 Das gilt nach der Abschaffung des BayObLG auch für Bayern.
13 BayObLG, Beschl. v. 26.11.1985 – Allg Reg 90/85, Rpfleger 1986, 98.
14 BGH, Beschl. v. 3.5.1984 – IX ARZ 5/84, NJW 1984, 2166 = Rpfleger 1984, 363; BayObLG, Beschl. v. 16.8.1995 – 1Z AR 38/95, KTS 1995, 736.
15 Vgl. die Gesetzgebungsgeschichte, in deren Verlauf ein darauf gerichteter Antrag abgelehnt wurde, *Hahn/Mugdan*, Kommissionsbericht, S. 103.
16 *Stöber*, ZVG, § 2 Rn. 3.1; *Böttcher*, ZVG, § 2 Rn. 4; a.A. *Hagemann*, in: *Steiner*, ZVG, § 2 Rn. 9; *Rellermeyer*, in: *Dassler/Schiffhauer/u.a.*, ZVG, § 2 Rn. 5.
17 *Böttcher*, ZVG, § 2 Rn. 4.
18 BayObLG, Beschl. v. 16.1.1974 – Allg. Reg. 40/73, NJW 1974, 1204 = Rpfleger 1974, 167.
19 *Vollkommer*, in: Zöller, ZPO, § 36 Rn. 7 m.w.N.
20 RG, Urteil v. 5.7.1929 – III 516/28, RGZ 125, 299, 310; BayObLG, Beschl. v. 16.1.1974 – Allg Reg 40/73, NJW 1974, 1204.

nung der Versteigerung durchgeführt werden.[21] Der Schuldner und die anderen Beteiligten (§ 9) sind **nicht anzuhören**;[22] die Gewährung rechtlichen Gehörs kommt erst nach der Verfahrensanordnung in Betracht, da erst dann der Beschlagnahmeerfolg nicht mehr gefährdet wird.[23] Weder bei Abs. 1 noch bei § 36 Abs. 1 Nr. 1, 5, 6 ZPO hat das Gericht Ermessen; bei Abs. 2 entscheidet das Gericht dagegen nach pflichtgemäßem **Ermessen**, wobei praktische und v. a. wirtschaftliche Überlegungen (Erzielung eines möglichst hohen Versteigerungserlöses) im Vordergrund stehen.[24] Ein **Kosten**ausspruch hat **nicht** zu erfolgen; notwendige Parteikosten sind Kosten der Rechtsverfolgung (§ 10 Abs. 2 ZVG); wird der Bestimmungsantrag abgelehnt oder zurückgenommen und war der Schuldner zugezogen, ist über die Kosten analog § 91 ZPO oder § 269 Abs. 4 ZPO zu entscheiden.[25]

3. Bekanntmachung

11 An den **Gläubiger** wird der zuständigkeitsbestimmende Beschluss formlos zugestellt; das gilt auch für den ablehnenden, unanfechtbaren Beschluss (anderenfalls Zustellung nach § 329 Abs. 2 ZPO).[26] Wegen der Gefahr der Vollstreckungsvereitelung wird der Beschluss dem **Schuldner** keinesfalls vor Verfahrensanordnung mitgeteilt;[27] danach nur bei Anhörung.[28] Anderen Beteiligten wird der Beschluss nicht mitgeteilt, sie erfahren erst durch Terminsbestimmung oder im Versteigerungstermin davon. Nach Abs. 2 Satz 2 soll das zum gemeinsamen Vollstreckungsgericht bestellte Gericht die anderen Gerichte davon unterrichten; unterbleibt dies, zeitigt das keine verfahrensrechtlichen Folgen, u. U. sind aber Amtshaftungsansprüche möglich (wenn ein anderes Gericht ebenfalls ein Verfahren anordnet und daraus ein Schaden entsteht).[29]

4. Wirkung

12 Die Entscheidung des höheren Gerichts **bindet** das bestellte Vollstreckungsgericht, die anderen Gerichte sowie alle Beteiligten (also auch erst danach beitretende Gläubiger). Will der Gläubiger aber anschließend in weitere, bisher nicht erfasste Grundstücke vollstrecken, muss er das Verfahren des § 2 erneut einleiten. Erfolgte eine Bestimmung nach Abs. 2, bleibt das bestimmte Gericht so lange zuständig, bis die letzte Grundstücksversteigerung abgeschlossen wurde, d. h. selbst dann, wenn das letzte Grundstück gar nicht mehr in seinem Bezirk liegt.[30]

13 Wird die Notwendigkeit einer Zuständigkeitsbestimmung erst im laufenden Verfahren erkannt, liegt ein Mangel in der örtlichen Zuständigkeit mit den in § 1 Rn. 11 genannten Folgen vor. Durch Durchführung des Verfahrens nach § 2 kann der Fehler aber **geheilt** werden; einer Wiederholung der Beschlagnahmebeschlüsse bedarf es aber (nur) dann nicht, wenn das schon tätige Gericht

---

21 BGH, Beschl. v. 3.5.1984 – IX ARZ 5/84, NJW 1984, 2166 = Rpfleger 1984, 363; BayObLG, Beschl. v. 7.10.1997 – 1Z AR 71/97, Rpfleger 1998, 79.
22 BGH, Beschl. v. 3.5.1984 – IX ARZ 5/84, NJW 1984, 2166 = Rpfleger 1984, 363; BayObLG, Beschl. v. 16.1.1974 – Allg. Reg. 40/73, NJW 1974, 1204 = Rpfleger 1974, 167.
23 *Böttcher*, ZVG, § 2 Rn. 12; *Hagemann*, in: *Steiner*, ZVG, § 2 Rn. 14.
24 Vgl. BGH, Beschl. v. 31.1.1985 – IX ARZ 11/84, WM 1985, 840 (Eigenjagdbezirk); BGH, Beschl. v. 15.5.1986 – IX ARZ 4/86, KTS 1986, 719; BGH, Beschl. v. 14.7.1986 – IX ARZ 7/86, KTS 1987, 143 (Wald- und Landwirtschaftsflächen); BayObLG, Beschl. v. 13.1.1999 – 1Z AR 123/98, JurBüro 1999, 382.
25 *Stöber*, ZVG, § 2 Rn. 4.5.
26 *Stöber*, ZVG, § 2 Rn. 4.7; anders *Böttcher*, ZVG, § 2 Rn. 13 (stets § 329 Abs. 2 ZPO).
27 *Hagemann*, in: *Steiner*, ZVG, § 2 Rn. 16.
28 *Stöber*, ZVG, Rn. 4.6; a. A. BayObLG, Beschl. v. 16.1.1974 – Allg. Reg. 40/73, Rpfleger 1974, 167: Mitteilung immer nur an Antragsteller, nicht an Vollstreckungsschuldner.
29 Siehe dazu: Staatshaftung des Vollstreckungsgerichts.
30 *Böttcher*, ZVG, § 2 Rn. 8.

zum gemeinsamen Vollstreckungsgericht bestellt wird. In jedem Fall wirkt die Heilung nur **ex nunc**, zwischenzeitliche Änderungen wie z. B. Eigentümerwechsel sind dem Gläubiger gegenüber wirksam.[31]

V. Rechtsbehelfe

Der die Zuständigkeit bestimmende Beschluss ist nach § 37 Abs. 2 ZPO unanfechtbar. Wird die Zuständigkeitsbestimmung abgelehnt, ist die sofortige Beschwerde statthaft, §§ 37 Abs. 1, 793 ZPO; wegen § 567 Abs. 1 ZPO gilt dies aber nur bei landgerichtlichen Entscheidungen. Ablehnende Entscheidungen von KG, OLG oder BGH sind also unanfechtbar. **14**

VI. Gebühren

Für das Bestimmungsverfahren fallen keine gesonderten **Gerichtsgebühren** an. Die Kosten werden vielmehr – soweit solche anfallen – über die Verfahrens- bzw. Beschwerdegebühr abgedeckt. Für die **Rechtsanwaltsgebühren** gilt: Das Bestimmungsverfahren zählt zum Rechtszug (§ 19 Abs. 1 Satz 2 Nr. 3 RVG) und ist deshalb durch die Gebühr RVG-VV Nr. 3311 abgedeckt; tritt der Anwalt im Übrigen Vollstreckungsverfahren aber nicht als Vertreter auf, erhält er die Schriftsatzgebühr des RVG-VV Nr. 3403. Im Beschwerdeverfahren erhält er die Gebühren gem. RVG-VV Nr. 3500 ff. **15**

---

31 *Hagemann*, in: *Steiner*, ZVG, § 2 Rn. 19.

Vorbemerkung vor § 3 ZVG

Schrifttum: *Harnacke*, Zwangsvollstreckung gegen Personen, die unter Betreuung stehen bzw. die sich in einem die freie Willensbildung ausschließenden Geisteszustand befinden, DGVZ 2000, 161; *Hornung*, Zustellungsreformgesetz, Rpfleger 2002, 493; *Kunz*, Der Minderjährige im Zwangsversteigerungsverfahren, ZblJuR 1981, 196; *Thiemann*, Zur Zustellung des Zwangsversteigerungsbeschlusses im Insolvenzeröffnungsverfahren bei Anordnung einer vorläufigen Postsperre, DZWIR 2001, 256; *Vollkommer/Huber*, Neues Europäisches Zivilverfahrensrecht in Deutschland, NJW 2009, 1105.

	Übersicht	Rn.
I.	Allgemeines	1
II.	Anwendungsbereich	2
III.	Anwendbare Vorschriften	3
IV.	Zustellungsadressat	4–6
1.	Allgemeines	4
2.	Gesetzlicher Vertreter, Partei kraft Amtes, Verwalter	5
3.	(Prozess-)bevollmächtigter	6
V.	Verfahren der Zustellung	7
VI.	Mängel bei der Zustellung/Heilung von Mängeln	8

I. Allgemeines

1 Die Zustellung ist die **förmliche Bekanntgabe** eines Dokuments an eine Person (§ 166 Abs. 1 ZPO). Sie hat den Zweck, dem Betroffenen in angemessener Weise die Möglichkeit zu verschaffen, vom Inhalt eines Schriftstücks Kenntnis zu nehmen (Gebot des fairen Verfahrens, Art. 20 Abs. 3 GG und des rechtlichen Gehörs, Art. 103 Abs. 1 GG), und dem Zustellenden den Nachweis darüber zu verschaffen (Rechtssicherheit).
Das ZVG enthält in den §§ 3 bis 7 Vorschriften über die **amtliche Zustellung**, die diese gegenüber der ZPO vereinfachen. Mittlerweile haben einige Vorschriften im ZVG aber ihre eigenständige Bedeutung verloren, da in der ZPO inhaltsgleiche Regelungen getroffen wurden, die über § 869 ZPO auch im ZVG-Verfahren anwendbar sind.

II. Anwendungsbereich

2 Beschlüsse und Verfügungen sind zuzustellen, wenn dies **ausdrücklich** bestimmt ist (das ist der Fall in §§ 22, 30b Abs. 1, § 31 Abs. 3, §§ 32, 41 Abs. 1, § 43 Abs. 2, §§ 57b, 85 Abs. 2, §§ 88, 103, 104, 105 Abs. 2, § 140 Abs. 4, § 150c Abs. 2, § 151 Abs. 2, § 156 Abs. 2, § 169 Abs. 1, § 171 Abs. 3, § 171 Abs. 2, § 173, § 9a Abs. 3 EGZVG und § 3b Abs. 2 VermG), wenn sie eine **Terminsbestimmung** enthalten oder eine **Frist** in Lauf setzen (§ 329 Abs. 2 Satz 2 ZPO) oder wenn sie einen **Vollstreckungstitel** bilden bzw. der **sofortigen Beschwerde** unterliegen (§ 329 Abs. 3 ZPO). Soweit die Zustellung nicht vorgeschrieben ist, reicht eine formlose Mitteilung (§ 329 Abs. 2 Satz 1 ZPO).

III. Anwendbare Vorschriften

Für die Zustellungen im ZVG-Verfahren sind vorrangig die §§ 3 bis 8 anwendbar, über § 869 ZPO auch die §§ 166 bis 190 ZPO. Wichtig ist, dass gemäß § 8 die Zustellungserleichterungen der §§ 3 bis 7 nicht für die Zustellung von Anordnungs- und Beitrittsbeschlüssen gelten. Die Zustellung dieser Beschlüsse richtet sich also allein nach den Vorschriften der ZPO. **3**

IV. Zustellungsadressat

1. Allgemeines

Die Person, der ein Schriftstück durch Zustellung bekannt zu geben ist (§ 166 Abs. 1 ZPO), ist Zustellungsadressat. An wen Beschlüsse und Verfügungen des Gerichts zuzustellen sind, ergibt sich aus den einzelnen Vorschriften des ZVG (zB § 22 Abs. 1, §§ 32, 41 Abs. 1) bzw. der ZPO. Neben den eigentlichen Parteien (Gläubiger und Schuldner) können dies weitere Beteiligte (§ 9) und Dritte (Ersteher, Bürge gem. § 69 Abs. 3, Meistbietender) sein. **4**

2. Gesetzlicher Vertreter, Partei kraft Amtes, Verwalter

Die Zustellung an eine **prozessunfähige Person** selbst ist unwirksam (§ 170 Abs. 1 Satz 2). Die Prozessfähigkeit richtet sich dabei nach der Geschäftsfähigkeit (§§ 51 ff. ZPO). Zustellungen für Prozessunfähige müssen an den **gesetzlichen Vertreter** erfolgen (§ 170 Abs. 1 ZPO), bei nicht natürlichen Personen (juristische Personen, Personengesellschaften, Behörden) an den **Leiter** des Adressaten (§ 170 Abs. 2 ZPO). Bei mehreren gesetzlichen Vertretern oder Leitern genügt die Zustellung an einen von ihnen (§ 170 Abs. 3 ZPO). **5**
An die **Partei kraft Amtes** (Insolvenzverwalter, Testamentsvollstrecker, Nachlassverwalter) ist zuzustellen, wenn ein Beteiligter einer Verfügungsentziehung unterliegt. Ist ausnahmsweise trotzdem an den Beteiligten zuzustellen, z.B. bei Freigabe aus der Insolvenzmasse, so ist ein Zusatz „Zustellen trotz Insolvenzverfahren" anzubringen.[1] Eine Zustellung an den Insolvenzverwalter wirkt in diesem Fall nicht gegen den Insolvenzschuldner.[2] Wird vor Eröffnung des Insolvenzverfahrens ein vorläufiger Insolvenzverwalter gemäß § 21 Abs. 2 Nr. 1 InsO (also ohne dass dem Schuldner ein allgemeines Verfügungsverbot auferlegt wird) bestellt, kann auch bei Anordnung einer Postsperre die Zustellung nur wirksam an den Schuldner persönlich erfolgen, weil die vorläufige Postsperre allein der Postkontrolle dient. Die Zustellung an den vorläufigen Insolvenzverwalter ist unwirksam.[3]
Bei einer Versteigerung von Wohnungseigentum sind die anderen Wohnungseigentümer desselben Grundstücks Beteiligte i.S.v. § 9. Meist handelt es sich um zahlreiche Personen, nicht selten mit wechselnden Anschriften. Es genügt, wenn an den **Verwalter** (§§ 20 ff. WEG) für sie mit dem Hinweis zugestellt wird, dass die Zustellung an ihn in seiner Eigenschaft als Verwalter des gemeinschaftlichen Eigentums erfolgt.[4] Zwar ist der Verwalter nicht gesetzlicher Vertreter der Eigentümer, er hat aber in mancher Beziehung nach außen die Stellung eines solchen und ist berechtigt, alle Zustellungen entgegenzunehmen, die an die Wohnungseigentümer in dieser Eigenschaft gerichtet sind (§ 27 Abs. 2 Nr. 1 WEG), sowie alle Maßnahmen zu treffen, die zur Fristwahrung nötig sind (§ 27 Abs. 2 Nr. 2 WEG). Bei Interessenkollision, insbesondere,

---
1 Böttcher, ZVG, § 3 Rn. 19.
2 BayObLG, Rpfleger 1979, 215.
3 OLG Braunschweig, Urteil vom 11.1.2001 – 2 U 120/00, Rpfleger 2001, 254 mit Anmerkung *Thiemann*, DZWIR 2001, 256.
4 OLG Stuttgart, NJW 1966, 1036.

wenn der Verwalter selbst Verfahrensgegner ist, ist die Zustellung an ihn nicht zulässig.[5]

3. (Prozess-)bevollmächtigter

6 Eine Zustellung an einen **Bevollmächtigten** ist nach § 171 ZPO zulässig, wenn im Zeitpunkt der Zustellung eine wirksame schriftliche Vollmacht vorliegt (nicht nötig ist, dass die rechtsgeschäftliche Vertretung vorher dem Gericht angezeigt wurde. Es reicht aus, wenn die Vertretung erstmals bei Ausführung der Zustellung dem Zusteller angezeigt wird[6]). Eine Zustellung an den Vertretenen selbst bleibt aber wirksam.
Anders liegt der Fall, wenn ein **Prozessbevollmächtigter** bestellt ist. Das Verfahren vor dem Vollstreckungsgericht (§ 764 ZPO) gehört gemäß § 172 Abs. 1 Satz 3 ZPO zum ersten Rechtszug. Die Zustellung hat daher gemäß § 172 Abs. 1 Satz 1 ZPO zwingend an den im erstinstanzlichen Vollstreckungstitel bezeichneten Prozessbevollmächtigten zu erfolgen. Das gilt auch dann, wenn aus einem Urteil der höheren Instanz vollstreckt wird.[7] An den erstinstanzlichen Prozessbevollmächtigten muss so lange zugestellt werden, bis dem Vollstreckungsgericht das Erlöschen der Vollmacht (§ 87 Abs. 1 1. HS ZPO, da Verfahren vor dem Amtsgericht) oder die Mandatsniederlegung[8] angezeigt wird. Wenn die Partei im Vollstreckungsverfahren von vornherein persönlich Anträge gestellt hat, ist davon auszugehen, dass sie nicht mehr vertreten wird.[9] Bei mehreren Prozessbevollmächtigten genügt die Zustellung an einen von ihnen; mit der Zustellung an den ersten beginnt die Frist zu laufen.[10] Auseinandersetzungen in der Zwangsvollstreckung, an denen andere Personen als im Ausgangsrechtsstreit beteiligt sind (§§ 771 – 774, 805, 810 Abs. 2 ZPO, § 878 ZPO) fallen nicht unter § 172 ZPO.[11]
Stöber empfiehlt für den Fall, dass Anordnungs- oder Beitrittsbeschlüsse an den im Titel genannten Prozessbevollmächtigten zugestellt werden müssen, eine gleichzeitige formlose Mitteilung an den Schuldner selbst.[12] Andernfalls bestünde die Gefahr, dass der Schuldner die kurze Antragsfrist nach § 30b für den Einstellungsantrag nach § 30a versäume, weil der frühere Prozessbevollmächtigte nicht mehr für ihn tätig sei und den Beschluss unbeachtet lasse oder zurücksende oder verspätet weiter gebe. Dies ist aus rechtlichen Gesichtspunkten jedoch nicht geboten. Einem Prozessbevollmächtigten erwächst aus dem beendeten Anwaltsvertrag jedenfalls die nachwirkende Pflicht, seine frühere Partei über eine an ihn erfolgte Zustellung in Kenntnis zu setzen.[13] Bei Untätigkeit haftet er dem Vertretenen. Die Rechtslage der Vertretungsverhältnisse ist insofern eindeutig. Für eine abweichende Praxis im ZVG-Verfahren aus Gründen des Schuldnerschutzes gibt es keinen Anlass.[14]

V. Verfahren der Zustellung

7 Der Rechtspfleger ordnet zugleich mit seiner Entscheidung (Beschluss oder Verfügung) an, ob und an wen zuzustellen ist.

---

5 BayObLG 1989, 342.
6 *Hornung*, Zustellungsreformgesetz, Rpfleger 2002, 493.
7 *Hagemann*, in: Steiner, ZVG, § 3 Rn. 27.
8 BGH, Beschl. vom 17.10.1990 – XII ZB 105/90, NJW 1991, 295; OLG Koblenz, Beschl. vom 10.1.1978 – 12 W 801/77, Rpfleger 1978, 261.
9 LG Trier, Beschl. vom 22.7.1987 – 6 T 52/87, Rpfleger 1988, 29; OLG München, Beschl. vom 21.8.1979 – 11 W 1881/79, Rpfleger 1979, 465; *Hagemann*, in: Steiner, ZVG, § 3 Rn. 27.
10 *Böttcher*, ZVG, § 3 Rn. 20.
11 *Eichele*, in: Saenger, ZPO, § 172 Rn. 6.
12 *Stöber*, ZVG, § 3 Rn. 3.4.
13 BGH, Urteil vom 14.12.1979 – V ZR 146/78, NJW 1980, 999.
14 So auch *Hagemann*, in: Steiner, ZVG, § 3 Rn. 30.

Der **Urkundsbeamte der Geschäftsstelle** führt die Zustellung aus (§ 168 Abs. 1 ZPO, § 153 GVG), und zwar nach §§ 173 bis 175 ZPO durch Aushändigung an der Amtsstelle, gegen Empfangsbekenntnis oder durch Einschreiben mit Rückschein. Er kann auch ein nach § 33 Abs. 1 des Postgesetzes beliehenes Unternehmen (Post) oder einen Justizbediensteten beauftragen, § 168 Abs. 1 Satz 2 ZPO. Verspricht eine solche Zustellung keinen Erfolg, kann das Gericht (im ZVG-Verfahren der Rechtspfleger) einen Gerichtsvollzieher oder eine andere Behörde mit der Ausführung der Zustellung beauftragen (§ 168 Abs. 2 ZPO). Wird der Post, einem Justizbediensteten oder einem Gerichtsvollzieher ein Zustellungsauftrag erteilt bzw. eine andere Behörde ersucht, richtet sich die Ausführung gemäß § 176 Abs. 2 ZPO nach den §§ 177 bis 181 ZPO. Diese Form der Zustellung bietet die größtmögliche Sicherheit. Sie wird durch eine öffentliche Urkunde dokumentiert (§ 182 ZPO). Die **Zustellungsurkunde** ist kein notwendiger Bestandteil der Zustellung, sie dient aber als öffentliche Urkunde (§§ 182 Abs. 1 Satz 2 ZPO, § 418 ZPO) deren Nachweis.
Eine **öffentliche Zustellung** ist im ZVG-Verfahren wegen §§ 6, 7 nur für den Anordnungs- und Beitrittsbeschluss von Bedeutung.[15] Sie erfolgt dann nach § 185 ZPO.
Eine Zustellung im **Ausland** richtet sich nach den §§ 183, 184 ZPO. Zustellungen **innerhalb der EU** unterliegen gemäß § 183 Abs. 5 ZPO den Regelungen der Europäischen Zustellungsverordnung (EuZVO). Die erste Europäische Zustellungsverordnung aus dem Jahre 2000[16] wurde am 13.11.2008 durch die zweite Europäische Zustellungsverordnung[17] abgelöst. Die deutschen Durchführungsvorschriften finden sich in den §§ 1067 ff. ZPO. Art. 14 EuZVO n. F. regelt nunmehr abschließend, dass in allen EU-Staaten auf dem Postwege per Einschreiben mit Rückschein oder gleichwertigem Beleg zugestellt werden kann. Bei dieser Zustellungsform sind unter der EuZVO n. F. auch die Übersetzungserfordernisse sowie das Annahmeverweigerungsrecht autonom ausgestaltet.[18] Auslandszustellungen **außerhalb der EU** richten sich vorrangig nach völkerrechtlichen Vereinbarungen (§ 183 Abs. 1 Satz 1 ZPO). Hier ist insbesondere an das Haager Zustellungsübereinkommen[19] zu denken. Mit welchen Staaten Deutschland völkerrechtliche Vereinbarungen unterhält, lässt sich der Rechtshilfeordnung in Zivilsachen (ZRHO)[20] entnehmen. Sind nach solchen Vereinbarungen mehrere Zustellungsmöglichkeiten zulässig, ordnet § 183 Abs. 1 Satz 2 ZPO an, dass der deutsche Richter vorrangig auf den postalischen Weg zurückgreifen soll, sofern dieser offen steht. Mit Inkrafttreten des Forderungsdurchsetzungsgesetzes[21] am 13.11.2008 wurde der Anwendungsbereich des § 184 ZPO auf alle Fälle des § 183 ZPO ausgedehnt.

---

15 Vgl. hierzu die Ausführungen zu § 6.
16 Verordnung (EG) Nr. 1348/2000 über die Zustellung gerichtlicher und außergerichtlicher Schriftstücke in Zivil- oder Handelssachen, AblEG Nr. L 160 v. 30.6.2000, S. 37. Im Hinblick auf Dänemark vgl. das Übereinkommen zwischen der EG und Dänemark, AblEU Nr. L 300 v. 17.11.2005, S. 55.
17 Verordnung (EG) Nr. 1393/2007 über die Zustellung gerichtlicher und außergerichtlicher Schriftstücke in Zivil- oder Handelssachen in den Mitgliedstaaten und zur Aufhebung der Verordnung (EG) 1348/2000, AblEU Nr. L 324 v. 10.12.2007, S. 79. Dänemark hat die Mitteilung abgegeben, dass es die durch die neue Zustellungsverordnung bedingten Änderungen ebenfalls anwenden möchte. Daher gilt die neue Zustellungsverordnung auch im Verhältnis zu Dänemark.
18 Vgl. Art. 8 EuZVO sowie das für die entsprechende Belehrung in Anhang II vorgesehene Formblatt; vgl. auch *Vollkommer/Huber*, Neues Europäisches Zivilverfahrensrecht in Deutschland, NJW 2009, 1105.
19 Haager Übereinkommen über die Zustellung gerichtlicher und außergerichtlicher Schriftstücke im Ausland in Zivil- und Handelssachen vom 15.11.1965, BGBl II 1977, 1453.
20 Abrufbar unter http://www.rechtshilfe-international.de.
21 Gesetz zur Verbesserung der grenzüberschreitenden Forderungsdurchsetzung und Zustellung vom 30.10.2008, BGBl I 2008 S. 2122.

Bei der Zustellung von Amts wegen[22] bleiben die **Urschrift** des zuzustellenden Schriftstücks und die Zustellungsurkunde bei den Gerichtsakten. Der Zustellungsempfänger erhält eine **Ausfertigung** oder beglaubigte Abschrift.

VI. Mängel bei der Zustellung/Heilung von Mängeln

8 Ein Verstoß gegen die Zustellungsvorschriften hat grundsätzlich die **Unwirksamkeit** der Zustellung zur Folge.[23] Zustellungsmängel können allerdings **geheilt** werden. Lässt sich die formgerechte Zustellung eines Dokuments nicht nachweisen oder ist das Dokument unter Verletzung zwingender Zustellungsvorschriften zugegangen, so gilt es in dem Zeitpunkt als zugestellt, in dem das Dokument dem Zustellungsadressaten[24] (nicht einer Ersatzperson) tatsächlich zugegangen ist (§ 189 ZPO). Eine Zustellung (und damit auch die Heilung des Zustellungsmangels) setzt aber immer **Zustellungswillen** des Rechtspflegers/Richters bzw. Urkundsbeamten voraus. War nur eine formlose Übersendung beabsichtigt, kann der Zustellungsmangel nicht geheilt werden.[25]

---

22 Vgl. hierzu die Ausführungen zu § 3.
23 *Rosenberg/Schwab/Gottwald*, ZPO, § 75 II 2.
24 Zum Zustellungsadressaten vgl. oben Rn. 4–6.
25 BGH, Urteil vom 17.5.2001 – IX ZR 256/99, NJW 2001, 3713.

§ 3 ZVG [Zustellungen]

Die Zustellungen erfolgen von Amts wegen. Sie können durch Einschreiben mit Rückschein erfolgen. Zum Nachweis genügt der Rückschein.

Übersicht	Rn.
I. Grundsatz der Amtszustellung; Anwendungsbereich	1
II. Bedeutung	2
III. Die Zustellung durch Einschreiben mit Rückschein	3

I. Grundsatz der Amtszustellung; Anwendungsbereich

Ein Gläubiger, der die Zwangsversteigerung betreiben will, muss seinen Vollstreckungstitel vor Antragstellung dem Schuldner durch den Gerichtsvollzieher zustellen lassen (§ 750 Abs. 1 ZPO). Im ZVG-Verfahren erfolgen dagegen fast alle Zustellungen **von Amts wegen**. Zustellungen im Parteibetrieb sind im Zwangsversteigerungsverfahren wirkungslos.
Eine **Ausnahme** besteht nur für die Zustellung der Vorpfändung nach § 22 Abs. 2 Satz 3 i. V. m. § 845 ZPO (nicht aber die des Zahlungsverbots nach § 22 Abs. 1 Satz 1) und die Anordnung zur Einziehung der Forderung zur anderweitigen Verwertung nach § 65 Satz 3 i. V. m. § 835 Abs. 3 ZPO, § 829 Abs. 2 ZPO.

1

II. Bedeutung

Die ZPO sah ursprünglich die Zustellung auf Betreiben der Parteien als Regelfall vor. Für das ZVG-Verfahren war das ungeeignet, weil in diesem Verfahren auch die Rechte und Interessen Dritter berücksichtigt werden müssen.[1] Außerdem dient die Amtszustellung der Beschleunigung des Verfahrens.[2] Deshalb schreibt das ZVG in § 3 Satz 1 die Amtszustellung ausdrücklich vor. Schon seit dem Gesetz zur Vereinfachung und Beschleunigung gerichtlicher Verfahren vom 3.12.1976[3] erfolgen jedoch auch im ZPO-Verfahren Zustellungen grundsätzlich von Amts wegen. Das Zustellungsreformgesetz vom 25.6.2001[4], in Kraft getreten am 1.7.2002, hat die ZPO in **§ 166 Abs. 2 ZPO** dieser Rechtsentwicklung nun auch ausdrücklich angepasst. § 3 Satz 1 trifft daher heute keine von der ZPO abweichende Regelung mehr. Durch Art. 11 Nr. 1 des 2. Justizmodernisierungsgesetzes[5] vom 22. 12. 2006, in Kraft seit 31.12.2006, sind dem § 3 die Sätze 2 und 3 angefügt worden, um das Verfahren an **§ 175 ZPO** anzugleichen. Im Hinblick auf §§ 869, 166 Abs. 2 ZPO hat § 3 seine **eigenständige Bedeutung verloren.**[6]

2

III. Die Zustellung durch Einschreiben mit Rückschein

Die Zustellung durch Einschreiben mit Rückschein wird mit Aushändigung an den Adressaten oder einen Ersatzempfänger (§ 2 Nr. 4 PUDLV) durch den

3

---

1 Denkschrift zum ZVG, in: *Hahn/Mugdan*, Die gesamten Materialien zu den Reichsjustizgesetzen, 5. Band, S. 36.
2 *Hagemann*, in: *Steiner*, ZVG, § 3 Rn. 1.
3 BGBl I S. 3281 mit Wirkung vom 1.7.1977.
4 BGBl. I S. 1206.
5 BGBl. I S. 3416.
6 *Rellermeyer*, in: *Dassler/Schiffhauer/u. a.*, ZVG, § 3 Rn. 4.

Zusteller des Postdienstleistungsunternehmens wirksam. Wer **Ersatzempfänger** sein kann, bestimmt sich, wenn man den Gesetzesmaterialen zu § 175 ZPO folgt[7], nach den allgemeinen Geschäftsbedingungen der Post.[8] Die in § 178 ZPO zur Ersatzzustellung getroffenen Regelungen gelten nicht.[9] Denn die Regelungen über die Ersatzzustellung (§§ 178 – 181 ZPO) gelten, wie die Verweisung in § 176 Abs. 2 ZPO zeigt, nur für Zustellungen, die auf einem formellen Zustellungsauftrag des Gerichts gemäß § 176 Abs. 1 ZPO mit Zustellungsurkunde beruhen, nicht aber für Zustellungen durch Einschreiben mit Rückschein nach § 175 ZPO bzw. § 3. Die Wirksamkeit einer Zustellung kann aber nicht aus den Allgemeinen Geschäftsbedingungen der Post abgeleitet werden. Der Zustellungsadressat braucht die Allgemeinen Geschäftsbedingungen der Post nicht gegen sich gelten lassen, weil er an dem der Zustellung zu Grunde liegenden Vertragsverhältnis, in das sie als Bestandteil einbezogen sind, nicht beteiligt ist. Der Gesetzgeber kann es nicht einem Privatunternehmen und seinen – jederzeit abänderbaren – Allgemeinen Geschäftsbedingungen überlassen, die Frage der Wirksamkeit einer Fristen auslösenden Zustellung zu regeln.[10] Händigt die Post ein Schriftstück durch Einschreiben mit Rückschein an einen in den Allgemeinen Geschäftsbedingungen der Post genannten Ersatzempfänger aus, kann jedoch die Regelung des § 130 Abs. 1 Satz 1 BGB über den Empfangsboten entsprechend herangezogen werden, um Wirksamkeit und Zeitpunkt der Zustellung zu beurteilen.[11]

Die **Zustellung scheitert**, wenn der Adressat oder Ersatzempfänger die Annahme der Einschreibesendung verweigert oder wenn er eine niedergelegte Sendung in der Abholfrist nicht in Empfang nimmt.[12]

Der **Rückschein** erbringt den Zustellungsnachweis (Satz 2). Er wird zu den Akten genommen. Der Rückschein ist (anders als die Zustellungsurkunde) keine öffentliche Urkunde.[13] Seine Beweiskraft unterliegt daher den Regeln des § 416 ZPO.

---

7 BT-Drucksache 14/4554, S. 19 zu § 175 ZPO.
8 So auch *Stöber*, in: Zöller, ZPO, § 175 Rn. 3; *Thomas/Putzo*, ZPO, § 175 Rn. 4.
9 BSG, Beschl. vom 7.10.2004 – B 3 KR 14/04 R, NJW 2005, 1303.
10 So auch BSG, Beschl. vom 7.10.2004 – B 3 KR 14/04 R, NJW 2005, 1303 mit zust. Anmerkung *Eyinck*, MDR 2006, 785; *Kopp/Schenke*, VwGO, § 56 Rn. 21.
11 Vgl. bei *Ellenberger*, in: Palandt, BGB, § 130 Rn. 9.
12 *Stöber*, in: Zöller, ZPO, § 175 Rn. 3; *Hornung*, Zustellungsreformgesetz, Rpfleger 2002, 493.
13 BSG, Beschl. vom 7.10.2004 – B 3 KR 14/04 R, NJW 2005, 1303.

§ 4 ZVG [Zustellung durch Aufgabe zur Post]

Wohnt derjenige, welchem zugestellt werden soll, weder am Ort noch im Bezirk des Vollstreckungsgerichts, so kann die Zustellung durch Aufgabe zur Post erfolgen, solange nicht die Bestellung eines daselbst wohnhaften Prozessbevollmächtigten oder Zustellungsbevollmächtigten dem Gericht angezeigt wird. Die Postsendung muss mit der Bezeichnung „Einschreiben" versehen werden.

Übersicht

		Rn.
I.	Allgemeines	1
II.	Anwendungsbereich	2
III.	Voraussetzungen	3
IV.	Ausführung der Zustellung	4
V.	Wirkung	5

I. Allgemeines

Die §§ 184, 183 ZPO ermöglichen eine Zustellung durch Aufgabe zur Post erst für den Fall, dass nach einer Zustellung im Ausland der Zustellungsadressat, der keinen Prozessbevollmächtigten bestellt hat, entgegen gerichtlicher Anordnung keinen im Inland ansässigen Zustellungsbevollmächtigten bestellt hat. Im ZVG-Verfahren ist die Zustellung durch Aufgabe zur Post dagegen schon zulässig, wenn sich der Wohnsitz des Zustellungsadressaten außerhalb des Bezirks des Vollstreckungsgerichts befindet und er nicht die Bestellung eines Prozess- bzw. Zustellungsbevollmächtigten dem Gericht angezeigt hat. Allerdings kann die Zustellung gemäß § 4 nur als Einschreibesendung bewirkt werden, § 184 Abs. 1 ZPO dagegen lässt auch die Zustellung mit einfachem Brief zu. 1

II. Anwendungsbereich

Die Vorschrift gilt für alle Amtszustellungen im ZVG-Verfahren (auch in der Zwangsverwaltung) mit Ausnahme der Zustellung des Anordnungs- und Beitrittsbeschlusses (§ 8). 2

III. Voraussetzungen

Der Zustellungsadressat darf nicht am Ort oder im Bezirk des Vollstreckungsgerichts wohnen. Es ist der Wohnsitzbegriff der §§ 7 bis 11 BGB zugrunde zu legen. Dem Gericht darf auch nicht die Bestellung eines am Ort oder im Bezirk des Vollstreckungsgerichts wohnhaften **Prozess- oder Zustellungsbevollmächtigten** angezeigt worden sein. Die Bestellung ist auch dann zu berücksichtigen, wenn sie gerichtskundig ist.[1] Umstritten ist, ob die Verhältnisse im **Zeitpunkt der Aufgabe zur Post**[2] oder im Zeitpunkt der Zustellungsanordnung[3] maßgebend sind. Hier ist aus Gründen des Schuldnerschutzes vom zeitlich späteren Zeitpunkt der Aufgabe zur Post auszugehen. 3

---

1 Vgl. hierzu insb. die Ausführungen zu § 5.
2 So *Stöber*, ZVG, § 4 Rn. 1.3; *Rellermeyer*, in: *Dassler/Schiffhauer/u.a.*, ZVG, § 4 Rn. 7.
3 So *Böttcher*, ZVG, § 4 Rn. 2.

IV. Ausführung der Zustellung

4 Die Geschäftsstelle gibt das zuzustellende Schriftstück verschlossen mit Anschrift des Adressaten, Angabe des Absenders und der Geschäftsnummer zur Post. Die Sendung muss mit der Bezeichnung „**Einschreiben**" versehen werden (Satz 2). Die Aufgabe als **Einwurfeinschreibens** ist hierbei nicht zulässig.[4] Der Gesetzeswortlaut ist insofern zwar nicht eindeutig. Das liegt allerdings daran, dass zur Zeit des Inkrafttretens des § 4 die Form des Einwurfeinschreibens noch nicht bekannt war. Eine Zustellung durch Einwurfeinschreiben scheidet aus, weil hierbei keine Übergabe an den Adressaten erfolgt.[5]
Erst nach der Aufgabe des Schriftstücks zur Post macht die Geschäftsstelle in den Akten einen Zustellungsvermerk (§ 184 Abs. 2 Satz 4).

V. Wirkung

5 Die Zustellung gilt gemäß **§ 184 Abs. 2 Satz 1 ZPO** zwei Wochen nach der ordnungsgemäßen Aufgabe zur Post als bewirkt. Dies gilt selbst dann, wenn die Sendung als unzustellbar zurückkommt, verloren geht oder der Adressat zum Zeitpunkt der Aufgabe zur Post bereits ohne Kenntnis des Gerichts verstorben war. Für weitere Zustellungen ist dann gemäß § 6 Abs. 2 ein Zustellungsvertreter zu bestellen.[6]

---

[4] So auch *Rellermeyer*, in: *Dassler/Schiffhauer/u.a.*, ZVG, § 4 Rn. 8.
[5] Vgl. hierzu auch LAG Nürnberg, Beschl. vom 24.11.2008 – 7 Ta 203/08; Brandenburgisches Oberlandesgericht, Beschl. vom 8.6.2004 – 10 WF 90/04, OLG-NL 2005, 208.
[6] Vgl. hierzu die Ausführungen zu § 6 Abs. 2, § 7.

§ 5 ZVG [Zustellungsbevollmächtigter beim Grundbuchamt]

Die Bestellung eines Zustellungsbevollmächtigten bei dem Grundbuchamt gilt auch für das Verfahren des Vollstreckungsgerichts, sofern sie diesem bekannt geworden ist.

Übersicht

	Rn.
I. Voraussetzungen	1
II. Anwendungsbereich	2
II. Wirkungen	3

I. Voraussetzungen

Ein Beteiligter kann dem Grundbuchgericht gegenüber einen **Zustellungsbevollmächtigten** bestellen, der für ihn bestimmte Schriftstücke entgegennehmen darf. Diese Bestellung gilt auch für das ZVG-Verfahren, soweit sie dem Vollstreckungsgericht bekannt wird. § 19 Abs. 2 soll dies sicherstellen. Es ist jedoch unschädlich, wenn das Vollstreckungsgericht auf andere Weise von dem Zustellungsbevollmächtigten Kenntnis erlangt. Ist eine Vollmacht auf das Grundbuchverfahren beschränkt, so ist § 5 nicht anwendbar. Die Zustellungsbevollmächtigung **endet** mit ihrem Widerruf oder der Anzeige des Erlöschens gegenüber dem Grundbuchgericht. Für das ZVG-Verfahren gilt sie als fortbestehend, bis das Vollstreckungsgericht hiervon Kenntnis erlangt. 1

II. Anwendungsbereich

Wie bei § 4. 2

III. Wirkungen

Umstritten ist, ob das Vollstreckungsgericht an den Zustellungsbevollmächtigten zustellen kann[1] oder muss[2]. Dieser Streit hat jedoch keine praktische Bedeutung, da Einigkeit darüber besteht, dass eine Zustellung an den Vertretenen selbst nicht unwirksam ist, weil § 172 ZPO nicht anwendbar ist. Der Zustellungsbevollmächtigte ist nicht Prozessbevollmächtigter.
Ist der Zustellungsbevollmächtigte unbekannten Aufenthalts oder kann an ihn aus sonstigen Gründen nicht zugestellt werden, so gilt er als nicht bestellt.[3] 3

---

[1] So *Rellermeyer*, in: Dassler/Schiffhauer/u. a., ZVG, § 5 Rn. 4.
[2] So *Stöber*, ZVG, § 5 Rn. 2.2; *Böttcher*, ZVG, § 5 Rn. 4.
[3] *Stöber*, ZVG, § 5 Rn. 2.2; *Rellermeyer*, in: Dassler/Schiffhauer/u. a., ZVG, § 5 Rn. 5.

§ 6 ZVG [Bestellung eines Zustellungsvertreters]

(1) Ist der Aufenthalt desjenigen, welchem zugestellt werden soll, und der Aufenthalt seines Zustellungsbevollmächtigten dem Vollstreckungsgericht nicht bekannt oder sind die Voraussetzungen für die öffentliche Zustellung aus sonstigen Gründen (§ 185 der Zivilprozessordnung) gegeben, so hat das Gericht für denjenigen, welchem zugestellt werden soll, einen Zustellungsvertreter zu bestellen.

(2) Das gleiche gilt, wenn im Falle der Zustellung durch Aufgabe zur Post die Postsendung als unzustellbar zurückkommt. Die zurückgekommene Sendung soll dem Zustellungsvertreter ausgehändigt werden.

(3) Statt der Bestellung eines Vertreters genügt es, wenn die Zustellung für nicht prozessfähige Personen an die Vormundschaftsbehörde, für juristische Personen oder für Vereine, die als solche klagen und verklagt werden können, an die Aufsichtsbehörde angeordnet wird.

Übersicht	Rn.
I. Allgemeines	1
II. Anwendungsbereich	2
III. Voraussetzungen der Bestellung eines Zustellungsvertreters	3–6
1. Unbekannter Aufenthalt des Zustellungsadressaten oder -bevollmächtigten (Abs. 1 1. Alt)	3
2. Vorliegen der Voraussetzungen für die öffentliche Zustellung (Abs. 1 2. Alt)	4
3. Unzustellbarkeit der Postsendung (Abs. 2)	5
IV. Bestellung und Auswahl des Zustellungsvertreters	6
V. Zustellung an die Vormundschafts- und Aufsichtsbehörde	7

I. Allgemeines

1 Nach den Vorschriften der ZPO (§§ 185 ff. ZPO) sind Schriftstücke öffentlich zuzustellen, wenn der Aufenthalt des Zustellungsadressaten unbekannt ist. Die hierdurch verursachte Verzögerung soll im Vollstreckungsverfahren vermieden werden. § 6 ZVG sieht daher die Bestellung eines Zustellungsvertreters vor, an den die Zustellung wirksam vorgenommen werden kann.
Die Bestellung eines Zustellungsvertreters liegt nicht im Ermessen des Gerichts. Liegen die Voraussetzungen vor, so hat die Bestellung zu erfolgen.

II. Anwendungsbereich

2 Wie bei § 4.

III. Voraussetzungen der Bestellung eines Zustellungsvertreters

1. Unbekannter Aufenthalt des Zustellungsadressaten oder -bevollmächtigten (Abs. 1 1. Alt.)

3 Der Aufenthalt ist unbekannt, wenn er sich weder aus den Vollstreckungsakten noch aus Mitteilungen des Grundbuchgerichts nach § 19 Abs. 2 ergibt und dem Gericht auch sonst nicht bekannt geworden ist. Genügend ist die **Unkenntnis des Gerichts**. Objektives Unbekanntsein ist anders als bei § 185

Nr. 1 ZPO nicht erforderlich.[1] **Nachforschungen** des Gerichts sind zulässig, soweit dadurch keine Verzögerungen entstehen.[2] Umstritten ist dagegen, inwieweit das Gericht verpflichtet ist, den Aufenthalt zu ermitteln.[3] Hierbei ist zu berücksichtigen, dass der Zustellungsadressat in der Praxis meist keine Kenntnis vom Inhalt der Schriftstücke erlangt, die an einen Vertreter zugestellt werden. Für ihn bedeutet die Bestellung eines Zustellungsvertreters daher den Verlust von Rechtsschutzmöglichkeiten. Das Gericht hat sich daher so gut wie möglich um Klärung des Aufenthalts zu bemühen, soweit dies einer zügigen Fortführung des Verfahrens nicht entgegensteht. Die einmal erfolgte Feststellung der Adresse genügt allerdings. Eine ständige **Überprüfung** ist nicht notwendig.[4]

Dem Fall des unbekannten Aufenthalts steht es gleich, wenn nicht einwandfrei zu klären ist, ob die Bestellung eines bekannten **Zustellungsbevollmächtigten** wirksam ist.[5]

Ist der Zustellungsadressat **verstorben** und damit nicht mehr Beteiligter des Vollstreckungsverfahrens, hat das Gericht nicht von sich aus die Erben des Verstorbenen zu ermitteln. Es bestellt vielmehr einen Zustellungsvertreter für die unbekannten Erben.[6] Liegen die Voraussetzungen des § 779 Abs. 2 ZPO vor, ist dem unbekannten Erben ein einstweiliger besonderer Vertreter zu bestellen.

2. **Vorliegen der Voraussetzungen für die öffentliche Zustellung (Abs. 1 2. Alt)**

Liegen die Voraussetzungen für eine öffentliche Zustellung aus sonstigen Gründen vor, muss das Gericht ebenfalls einen Zustellungsvertreter bestellen. Das ist der Fall, wenn eine Zustellung im Ausland nicht möglich ist oder keinen Erfolg verspricht oder wenn der Ort der Zustellung die Wohnung einer Person ist, die nach §§ 18 bis 20 GVG nicht der deutschen Gerichtsbarkeit unterliegt (§ 185 Nr. 2, 3 ZPO). **4**

3. **Unzustellbarkeit der Postsendung (Abs. 2)**

Kommt eine Sendung bei Aufgabe zur Post nach § 4 als unzustellbar zurück, ist sie wirksam zugestellt (§ 184 Abs. 2 ZPO). **Fristen** werden in Lauf gesetzt. Es ist jedoch ein Zustellungsvertreter zu bestellen, an den weitere Zustellungen zu bewirken sind. Die zurückgekommene Sendung soll dem Zustellungsvertreter ausgehändigt werden (Satz 2). **5**

IV. Bestellung und Auswahl des Zustellungsvertreters

Der Zustellungsvertreter wird durch **Beschluss** bestellt. Der Beschluss ist ihm formlos mitzuteilen (§ 329 Abs. 2 Satz 1). Eine Gerichtsgebühr fällt nicht an. Zu der Frage, welche Amtspflichten dem Vollstreckungsgericht im Hinblick auf die Person des Zustellungsvertreters obliegen, schweigt das Gesetz. Die Anordnung der Bestellung eines Zustellungsvertreters in § 6 zielt offensichtlich darauf ab, die Belange des Vertretenen zu schützen. Das Vollstreckungsgericht hat daher eine zur Übernahme des Amtes **bereite und geeignete Person** auszu- **6**

---

1 Motive zum ZVG, S. 106.
2 *Rellermeyer*, in: *Dassler/Schiffhauer/u.a.*, ZVG, § 6 Rn. 6; *Stöber*, ZVG, § 6 Rn. 2.2.
3 Vgl. hierzu *Stöber*, ZVG, § 6 Rn. 2.3 m.w.N.
4 *Stöber*, ZVG, § 6 Rn. 2.3.
5 *Rellermeyer*, in: *Dassler/Schiffhauer/u.a.*, ZVG, § 6 Rn. 3; *Stöber*, ZVG, § 6 Rn. 2.4; LG Berlin, JW 1935, 3062.
6 *Stöber*, ZVG, § 6 Rn. 2.4; *Rellermeyer*, in: *Dassler/Schiffhauer/u.a.*, ZVG, § 6 Rn. 3; *Hagemann*, in: *Steiner*, ZVG, § 6 Rn. 10.

wählen.[7] Eine Pflicht zur Übernahme des Amtes besteht nicht.[8] Auch ein Gerichtsbediensteter kommt in Betracht. Die Auswahl eines nicht geeigneten Vertreters kann zu Amtshaftungsansprüchen führen.

Umstritten ist, ob das Gericht verpflichtet ist, den Bestellten zu belehren, anzuweisen und im Einzelnen zu **überwachen**.[9] Hierbei ist zu berücksichtigen, dass der Zustellungsvertreter anders als ein Abwesenheitspfleger gemäß § 1911 BGB keine verwaltende Tätigkeit ausübt, sondern nur eine Ermittlungsaufgabe (vgl. § 7 Abs. 2 Satz 1) zu erfüllen hat. Dem Vollstreckungsgericht obliegt daher zwar eine gewisse Überwachungspflicht insoweit, als es einen Zustellungsvertreter, der seine Aufgabe offensichtlich nicht erfüllen kann oder will, entlassen muss. Eine besondere Überwachungspflicht, wie die Anordnung einer periodischen Berichterstattung durch den Zustellungsvertreter, besteht dagegen nicht.[10] Ein **Zwangsgeld** kann gegen den Bestellten nicht verhängt werden.

V. Zustellung an die Vormundschafts- und Aufsichtsbehörde

7 Ist dem Gericht der Aufenthalt des gesetzlichen Vertreters eines **Prozessunfähigen** unbekannt, so kann es nach seinem Ermessen einen Zustellungsvertreter bestellen oder Zustellung an das Vormundschaftsgericht (§§ 35 ff. FGG) anordnen. Dasselbe gilt, wenn ein gesetzlicher Vertreter nicht vorhanden oder wegen Interessenkollision nach §§ 181, 1795 BGB an der Vertretung gehindert ist.[11]

Im Falle einer **juristischen Person** oder eines **rechtsfähigen Vereins** kann wahlweise an die nach öffentlichem Recht zuständige staatliche Aufsichtsbehörde zugestellt werden, soweit eine solche feststellbar ist. Ein satzungsmäßig bestellter Aufsichtsrat oder das Registergericht sind nicht Aufsichtsbehörde im Sinne des § 6 Abs. 3.[12]

---

7 *Stöber*, Handbuch, Rn. 64; *Böttcher*, ZVG, §§ 6, 7 Rn. 4.
8 *Stöber*, Handbuch, Rn. 64.
9 Dagegen *Stöber*, ZVG, § 6 Rn. 3.4; *Rellermeyer*, in: *Dassler/Schiffhauer/u.a.*, ZVG, § 6 Rn. 7; dafür *Böttcher*, ZVG, §§ 6, 7 Rn. 5.
10 RG, Urteil vom 28.2.1938 – V 205/37, RGZ 157, 89.
11 *Böttcher*, ZVG, §§ 6,7 Rn. 14; *Rellermeyer*, in: *Dassler/Schiffhauer/u.a.*, ZVG, § 6 Rn. 8.
12 *Rellermeyer*, in: *Dassler/Schiffhauer/u.a.*, ZVG, § 6 Rn. 9.

§ 7 ZVG [Aufgaben und Vergütung des Zustellungsvertreters]

(1) An den Zustellungsvertreter erfolgen die Zustellungen, solange derjenige, welchem zugestellt werden soll, nicht ermittelt ist.

(2) Der Zustellungsvertreter ist zur Ermittlung und Benachrichtigung des Vertretenen verpflichtet. Er kann von diesem eine Vergütung für seine Tätigkeit und Ersatz seiner Auslagen fordern. Über die Vergütung und die Erstattung der Auslagen entscheidet das Vollstreckungsgericht.

(3) Für die Erstattung der Auslagen haftet der Gläubiger, soweit der Zustellungsvertreter von dem Vertretenen Ersatz nicht zu erlangen vermag; die dem Gläubiger zur Last fallenden Auslagen gehören zu den Kosten der die Befriedigung aus dem Grundstück bezweckenden Rechtsverfolgung.

Übersicht

		Rn.
I.	Allgemeines	1
II.	Anwendungsbereich	2
III.	Aufgaben des Zustellungsvertreters	3–5
1.	Entgegennahme von Zustellungen (Abs. 1)	3
2.	Ermittlung und Benachrichtigung des Vertretenen (Abs. 2)	4
3.	Beendigung	5
IV.	Vergütung und Auslagen (Abs. 2 Satz 2 und 3)	6
V.	Haftung des Gläubigers (Abs. 3)	7

I. Allgemeines

Die Vorschrift regelt Aufgaben sowie Vergütung und Auslagenersatz des Zustellungsvertreters. **1**

II. Anwendungsbereich

Wie bei § 4. **2**

III. Aufgaben des Zustellungsvertreters

1. Entgegennahme von Zustellungen (Abs. 1)

Der Zustellungsvertreter hat in dem Verfahren, für das er bestellt ist, die für den Vertretenen bestimmten Zustellungen entgegenzunehmen. Mit der wirksamen Zustellung an den Vertreter treten alle Wirkungen der Zustellung ein. Zu einer weiteren Vertretung des Zustellungsadressaten im Verfahren ist der Vertreter dagegen nicht berechtigt. **3**

2. Ermittlung und Benachrichtigung des Vertretenen (Abs. 2)

Der Zustellungsvertreter muss weiterhin den Aufenthalt des Vertretenen ermitteln, diesen benachrichtigen und ihm die erhaltenen Schriftstücke aushändigen. Denn nach Ermittlung des Vertretenen wird an diesen nicht nochmals zugestellt. Zu den Möglichkeiten der Ermittlung gehören Anfragen bei der Meldebehörde oder bei der Polizei, eine Anschriftenprüfung der Post, Anfragen bei der Gewerbebehörde, Nachforschungen bei Nachbarn, Vermietern, Firmen, Arbeitgebern und Verwandten sowie die Beauftragung einer Detek- **4** tei.¹ Stellt sich heraus, dass der Vertretene verstorben ist, so hat der Vertreter die **Erben** zu ermitteln und zu benachrichtigen.²

3. Beendigung

5 Das Amt des Zustellungsvertreters endet mit der **Ermittlung des Vertretenen** bzw. dessen Prozess- oder Zustellungsbevollmächtigten. Sobald das Gericht (auf welche Art auch immer) hiervon Kenntnis erlangt, kann an den Zustellungsvertreter nicht mehr wirksam zugestellt werden.

Kann der Zustellungsadressat nicht alsbald ermittelt werden und ist dessen Vertretung im Vollstreckungsverfahren geboten, ist regelmäßig die **Bestellung eines Pflegers** (Abwesenheitspfleger, § 1911 BGB, Pfleger für den unbekannten Beteiligten, § 1913 BGB, Nachlasspfleger, § 1960 BGB) erforderlich.³ Mit Bestellung des Pflegers endet die Aufgabe des Zustellungsvertreters.

IV. Vergütung und Auslagen (Abs. 2 Satz 2 und 3)

6 Der Zustellungsvertreter kann von dem Vertretenen eine Vergütung und den Ersatz seiner Auslagen verlangen (Abs. 2 Satz 2). Vergütung ist eine Entschädigung für die Bemühungen des Zustellungsvertreters. Auslagen sind die von ihm aufgewendeten Kosten. Beides wird auf Antrag des Zustellungsvertreters von dem Vollstreckungsgericht durch **Beschluss** festgesetzt (Abs. 2 Satz 3). Über die Höhe der Vergütung entscheidet das Gericht nach billigem Ermessen. Es hat dabei die Dauer, die Schwierigkeit, die Haftungsgefahr der Tätigkeit, die Forderung und das Interesse des Vertretenen sowie die Arbeitsleistung des Vertreters zu berücksichtigen. Die Auslagen muss der Vertreter darlegen und ggf. glaubhaft machen (§ 294 ZPO). Das RVG ist nicht anwendbar, auch wenn ein Rechtsanwalt als Zustellungsvertreter bestellt war.⁴

Der Feststellungsbeschluss ist **Vollstreckungstitel** gegen den Vertretenen nach § 794 Abs. 1 Nr. 3 ZPO. Auf Antrag wird eine Vollstreckungsklausel erteilt. Der Beschluss wird dem Vertretenen von Amts wegen (ggf. öffentlich) zugestellt, § 329 Abs. 3 ZPO. Eine Zustellung an den Vertreter ist nach dem Normzweck nicht möglich.⁵ Dem Vertreter wird der Beschluss nur dann zugestellt, wenn seinem Antrag nicht voll entsprochen wurde (§ 329 Abs. 3 ZPO), sonst wird er formlos mitgeteilt.

Gegen den Festsetzungsbeschluss ist nach allgemeiner Meinung die **sofortige Beschwerde** statthaft, wenn die Beschwerdesumme 200 Euro übersteigt (entsprechende Anwendung des § 567 Abs. 2 ZPO), sonst die befristete Erinnerung zum Richter (§ 11 Abs. 2 Satz 1 RPflG).

V. Haftung des Gläubigers (Abs. 3)

7 Für die **Auslagen**, nicht für die Vergütung, haftet der betreibende Gläubiger als Zweitschuldner für den Fall, dass der Zustellungsvertreter seinen Anspruch gegen den Vertretenen nicht durchsetzen kann. Dann kann der Gläubiger die Auslagen im Range seines Anspruchs als **Kosten der Rechtsverfolgung** anmelden (§ 7 Abs. 3, § 10 Abs. 2). Dagegen sind die Auslagen des Vertreters (ebenso wie die Vergütung) keine Verfahrenskosten nach § 109 und daher nicht in das geringste Gebot und den Verteilungsplan aufzunehmen. Zahlt der

---

1 *Rellermeyer*, in: *Dassler/Schiffhauer/u.a.*, ZVG, § 7 Rn. 4.
2 *Stöber*, ZVG, § 7 Rn. 2.3.
3 *Stöber*, ZVG, § 7 Rn. 2.2.
4 *Stöber*, ZVG, § 7 Rn. 3.3.
5 *Rellermeyer*, in: *Dassler/Schiffhauer/u.a.*, ZVG, § 7 Rn. 12; *Hagemann*, in: Steiner, ZVG, § 7 Rn. 13.

Gläubiger nicht freiwillig, muss der Vertreter beim Prozessgericht einen Titel erwirken. Das Vollstreckungsgericht kann den gegen den Gläubiger gerichteten Anspruch nicht festsetzen.[6]

---

[6] *Rellermeyer*, in: *Dassler/Schiffhauer/u.a.*, ZVG, § 7 Rn. 15; *Hagemann*, in: *Steiner*, ZVG, § 7 Rn. 16.

§ 8 ZVG [Zustellung des Anordnungs- und Beitrittsbeschlusses]

Die Vorschriften der §§ 4 bis 7 finden auf die an den Schuldner zu bewirkende Zustellung des Beschlusses, durch welchen die Zwangsvollstreckung angeordnet oder der Beitritt eines Gläubigers zugelassen wird, keine Anwendung.

	Übersicht	Rn.
I.	Inhalt	1
II.	Anwendungsbereich	2
II.	Verstoß gegen § 8	3

I. Inhalt

1 Der Anordnungs- und Beitrittsbeschluss kann an den Schuldner nur nach den **Vorschriften der ZPO** über die Zustellung von Amts wegen (§§ 166 ff. ZPO) zugestellt werden, weil es sich um die wichtige Einleitung des Verfahrens handelt und der Schuldner hierdurch besser geschützt werden soll.[1] Bei unbekanntem Aufenthalt des Schuldners können Anordnungs- und Beitrittsbeschlüsse an diesen nur nach den §§ 185 bis 188 ZPO öffentlich zugestellt werden.

II. Anwendungsbereich

2 Die Vorschrift gilt in allen ZVG-Verfahren, auch in der Zwangsverwaltung, aber auch in Verfahren nach §§ 172, 175, 180, also insbesondere in der Teilungsversteigerung für die Zustellung an den Antragsgegner. Sie gilt nur für die Zustellung an den **Schuldner** bzw. an seinen Prozessbevollmächtigten (§ 172 ZPO), nicht aber für die Zustellung eines Anordnungs- und Beitrittsbeschlusses an den Gläubiger. Untersagt ist nur die Zustellung des **Anordnungs- und Beitrittsbeschlusses**, alle sonstigen Zustellungen können auch an den Schuldner in der erleichterten Form der §§ 4 bis 7 erfolgen.

III. Verstoß gegen § 8

3 Eine Zustellung, die dennoch unter den erleichterten Voraussetzungen der §§ 4 bis 7 erfolgt, ist unter Verletzung zwingender Zustellungsvorschriften durchgeführt. Eine **Heilung** nach § 189 ZPO ist möglich.[2] Kann nicht sicher festgestellt werden, dass das zuzustellende Schriftstück dem Zustellungsadressaten zugegangen ist, darf der Versteigerungstermin nicht abgehalten werden (§ 43 Abs. 2) und der Zuschlag ist zu versagen (§ 83 Nr. 1).

---

1 *Rellermeyer*, in: Dassler/Schiffhauer/u. a., ZVG, § 8 Rn. 1.
2 *Stöber*, ZVG, § 8 Rn. 2.1, anders noch in der Vorauflage; vgl. hierzu Vorb. § 3 Rn. 8.

Vorbemerkung vor § 9 ZVG Beteiligte und Dritte

Übersicht

		Rn.
I.	Grundsatz des Beteiligtenverfahrens	1–3
II.	Beteiligte	4–8
III.	Dritte	9–12
IV.	Dreiecksfälle: Verfügungsentziehung, Stellvertretung, Vor- und Nacherbschaft	13–17

I. Grundsatz des Beteiligtenverfahrens

Zwangsversteigerung und -verwaltung berühren regelmäßig nicht nur Rechte und Interessen zweier Parteien. Vielmehr stehen dem Schuldner zumeist eine Vielzahl von Gläubigern und sonstigen Berechtigten gegenüber. Um den **Hauptbetroffenen** die Möglichkeit zu geben, effektiv ihre Rechte wahrzunehmen, ist die Immobiliarvollstreckung als Beteiligtenverfahren ausgestaltet (näher zum Grundsatz des Beteiligtenverfahrens: Verfahrensgrundsätze im ZVG-Verfahren, Rn. 4 ff.). 1

Wer Beteiligter ist, bestimmt § 9. Betreibende Gläubiger (§§ 15, 27), Schuldner und bei Eintragung des Vollstreckungsvermerks (vgl. § 19 Abs. 1) im Grundbuch Eingetragene (§ 9 Nr. 1) sind **von Amts wegen zu beteiligen** – sog. eingetragene Beteiligte (vgl. § 19 Abs. 2 S. 1). Inhaber eines (bei Verfahrenseröffnung) nicht eingetragenen Rechts an dem betroffenen Grundstück (Übertragungsvorgänge außerhalb des Grundbuchs, Zubehöreigentümer, etc.) sowie Mieter und Pächter werden nur auf Anmeldung und ggf. nach Glaubhaftmachung zu Beteiligten (§ 9 Nr. 2) – sog. **Beteiligte kraft Anmeldung**. Ein Anwalt ist verpflichtet, seinen Mandanten auf die verschiedenen Möglichkeiten, die Beteiligtenstellung zu erlangen, hinzuweisen, damit dieser seine Rechte wahrnehmen kann.[1] Im Einzelfall kann auch das Gericht eine dahingehende Pflicht treffen (näher § 9 Rn. 14, 23). 2

Es empfiehlt sich für das Gericht, über die Beteiligten ein laufend aktualisiertes **Verzeichnis** zu führen. Inhalt: (1) Name und Anschrift der Beteiligten, ggf. des Bevollmächtigten, (2) Art der Beteiligung, ggf. unter Angabe des Rechts und seiner Grundbuchstelle sowie (3) je nach Art der Beteiligung die Blattzahl des Anordnungs- oder Beitrittsbeschlusses bzw. der Anmeldung oder ggf. der Glaubhaftmachung und ggf. auch Einstellungen, Fortsetzungen, Aufhebungen.[2] 3

II. Beteiligte

„Beteiligte" im Sinne des § 9[3] sind zum gesamten Verfahren zuzuziehen. Außerdem können sie grundsätzlich sämtliche verfahrensmäßigen Rechte wahrnehmen. Sie haben insbesondere das Recht, **benachrichtigt** und **angehört** zu werden, Anträge zu stellen oder in sonstiger Weise das **Verfahren mitzugestalten** sowie bei Beschwer **Rechtsbehelfe** einzulegen. Grenzen setzen die ein- 4

---

[1] OLG Frankfurt, Urteil v. 30. 5. 2008 – 2 U 254/07 mit zutr. Erwägung dahin, dass die Informationspflicht nicht bezweckt, dem Gläubiger den günstigen Erwerb des schuldnerischen Grundstücks zu ermöglichen.
[2] *Stöber*, ZVG, § 9 Rn. 5; *Böttcher*, ZVG, § 9 Rn. 24.
[3] Außerdem: §§ 163 Abs. 3, 166 Abs. 2, 168b, § 24 ErbbauRG; näher § 9 Rn. 25.

zelnen Regelungen (§§ 63 Abs. 4, 66 Abs. 1, 74, 87 Abs. 3, 113 Abs. 1 gelten beispielsweise nur für *anwesende* Beteiligte) sowie der allgemeine Vorbehalt evidenter Nichtbetroffenheit (betrifft vor allem Mieter und Pächter, etwa bezüglich der §§ 64 f.)[4]. Die Verletzung eines solchen Rechtes kann nur in Ansehung der eigenen Person gerügt werden (arg. § 100 Abs. 2), insbesondere kann der Schuldner gegen eine Zwangsversteigerung nicht einwenden, ein anderer Beteiligter sei nicht korrekt zugezogen worden.[5] Die wesentlichen verfahrensmäßigen Beteiligtenrechte sind:

5   1. **Benachrichtigung:** §§ 41, 43 (Versteigerungstermin); § 88 (Zuschlag); § 103 (Beschwerdeentscheidung); §§ 105, 156 (Verteilungstermin); § 146 (Anordnung der Zwangsverwaltung).

6   2. **Anhörung:** § 66 (Versteigerungstermin); § 74 (Zuschlag); § 87 Abs. 3 (Verkündungstermin), § 113 (Teilungsplan); nur teilweise nach §§ 30b Abs. 2, 3, 30f Abs. 3 (einstweilige Einstellung); § 149 Abs. 3 (Verwaltung landwirtschaftlicher u. ä. Grundstücke); § 153 (Durchführung der Verwaltung); § 153b Abs. 3 (einstweilige Einstellung der Verwaltung auf Antrag des Insolvenzverwalters).

7   3. **Antrags- und Mitgestaltungsrechte:** § 9 Nr. 2 a.E. (Verlangen der Glaubhaftmachung eines angemeldeten Rechts); §§ 59, 62, 63 Abs. 2, 65 (Versteigerungsbedingungen); §§ 67 f., 70 Abs. 3 (Sicherheitsleistung); § 72 (Widerspruch gegen Übergebot); §§ 74a, 83 f., 85 (Versagung des Zuschlags); §§ 106, 115, 138 ff. (Verteilungsverfahren); § 150a (Vorschlag eines Verwalters).

8   4. **Rechtsbehelfe des ZVG:** § 97 (Beschwerdeberechtigung), §§ 115 Abs. 3, 159 (Widerspruch und Klage gegen den Teilungsplan); teilweise auch nach § 30b Abs. 3 (sofortige Beschwerde gegen einstweilige Einstellung); § 74a Abs. 5 S. 3 (sofortige Beschwerde gegen Festsetzung des Grundstückswerts); § 149 Abs. 3 S. 3 (betrifft landwirtschaftliche u. ä. Grundstücke); ausf.: Rechtsbehelfe im ZVG-Verfahren, Rn. 1 ff.

III. Dritte

9   Von § 9 nicht erfasste **Dritte** nehmen hingegen **nur aufgrund ausdrücklicher Anordnung** und nur insoweit teil, als sie **in ihrer Position betroffen** sind. Ihre Teilnahme- und Mitwirkungsrechte sind ihrem jeweiligen spezifischen Interesse am Verfahren entsprechend auf einzelne Aspekte bzw. bestimmte Verfahrensstadien beschränkt. Soweit ihre Interessen reichen und sie mit eigenen Rechten nach dem ZVG ausgestattet sind, sind sie neben den nach § 9 Beteiligten in den Schutzbereich der Amtspflichten im Rahmen der Zwangsversteigerung und -verwaltung einbezogen.[6] Dritte mit spezifischem Interesse sind:

10 1. **Bieter**, ggf. (§ 81 Abs. 2 bis 4) **Meistbietender** sowie **mithaftender Bürge** (§ 69 Abs. 3) nach Maßgabe der §§ 66 ff., 79 ff. (Versteigerung und Zuschlag); § 97 I (Beschwerdeberechtigung); § 105 II (Verteilungstermin). Darüber hinaus ist der Meistbietende analog § 74 auch in die Anhörung über den Zuschlag einzubeziehen, allerdings ohne dass er dadurch zum Beteiligten werden würde.[7] Der **Ersteher** tritt mit dem Zuschlag in die Stellung des Schuldners ein,

---

4   Steiner/*Hagemann*, ZVG, § 9 Rn. 16; *Eickmann*, Zwangsversteigerungs- und Zwangsverwaltungsrecht, S. 16.
5   VerfGH des Saarlandes, Beschl. v. 23. 7. 2004 – Lv 2/04.
6   Für Bieter und Meistbietenden, aber mit verallgemeinerungsfähiger Begründung BGH, Beschl. v. 26. 7. 2001 – III ZR 243/00, Rpfleger 2001, 609 m.w. N. aus der Rspr.
7   I.E. auch *Eickmann*, Zwangsversteigerungs- und Zwangsverwaltungsrecht, S. 17, der den Meistbietenden aber zum Beteiligten erheben will. Das ist indes weder erforderlich noch geboten. Die

ist ab diesem Zeitpunkt also Beteiligter als „Schuldner" im Sinne des § 9 Einleitungssatz (s. dort Rn. 8). Daraus folgt, dass ein Zwangsverwalter jedenfalls dann, wenn er sein Amt über den Zuschlag hinaus fortsetzt, dem Ersteher (nunmehr als „Schuldner" im Sinne des § 9) nach § 154 haftet.[8] Darüber hinaus tendiert der BGH in seiner jüngsten Rspr. zu einer von § 9 losgelösten Ausdehnung des Beteiligtenbegriffs im Sinne des § 154.[9]

2. Der **neu eingetretene Eigentümer** nach §§ 55 II, 67 II, 68 III, 69 III (Versteigerung).

3. Auch der **Verwalter** (§§ 150 ff.) ist *als solcher* nicht Beteiligter, sondern allenfalls in den Fällen der §§ 150b ff. *als Schuldner*. Dritter ist dann die Aufsichtsperson nach § 150c.

4. **Behörden** sind nur nach §§ 6 Abs. 3, 57b Abs. 1 S. 4 Halbs. 2, 71, 150b hinzuzuziehen, nicht jedoch im Rahmen der Grundstücksverkehrskontrolle[10] oder nach § 108 Abs. 6 BauGB[11]. Mit dem Verfahren in Berührung kommen außerdem die Registerbehörden.

5. Wer unter § 9 Nr. 2 fällt, sein Recht aber **nicht anmeldet** oder auf Verlangen **nicht glaubhaft macht** (s. dazu § 9 Rn. 23 f.), ist ebenfalls Dritter. Ihm stehen – obwohl er vom Verfahren (jedenfalls von dessen Ergebnis) betroffen ist – nur sehr begrenzt Rechte nach dem ZVG zu. So haben Zustellungen an ihn auch schon vor Glaubhaftmachung zu erfolgen, §§ 41 Abs. 3, 88 S. 2, 105 Abs. 2 S. 2, 156 Abs. 2 S. 4. Vgl. für Mieter auch §§ 57 bis 57b. Er kann außerdem einzelne Rechtsbehelfe der ZPO einlegen (insbesondere § 771 ZPO). Im Übrigen wird die Erstreckung von Beteiligtenrechten auf Nichtangemeldete überwiegend und zu Recht abgelehnt.[12]

IV. Dreiecksfälle

1. Verfügungsentziehung: Testamentsvollstreckung, Nachlass- und Insolvenzverwaltung

In Fällen der Insolvenzverwaltung (§ 80 InsO), der Nachlassverwaltung (§ 1984 BGB) und der Testamentsvollstreckung (§§ 2205, 2211 BGB) ist der Insolvenzverwalter usw. berechtigt und befähigt, *im eigenen Namen* mit Wirkung für und gegen den materiell-rechtlichen Schuldner oder Gläubiger zu handeln. Auch hinsichtlich der Beteiligtenstellung im Zwangsversteigerungs- und -verwaltungsverfahren **tritt der Insolvenzverwalter**[13] usw. grundsätzlich **an die Stelle des materiell-rechtlichen Schuldners oder Gläubigers**[14]. Dem setzt

---

Frage wird überdies nur dann virulent, wenn der Meistbietende nicht zugleich auch der Ersteher ist, denn anderenfalls ist er (ab Zuschlag) ohnehin als Schuldner Beteiligter (s. sogleich im Text).
8 St. Rspr., zuletzt BGH, Urteil v. 11. 10. 2007 – IX ZR 156/06, Rpfleger 2008, 89 = NZM 2008, 100, 101 m.w.N.; OLG Hamm, Urteil v. 15. 9. 2005 – 27 U 16/05, MDR 2006, 713.
9 BGH, Urteil v. 5.2.2009 – IX ZR 21/07, BGHZ 179, 336 = NJW 2009, 1674 = Rpfleger 2009, 331; BGH, Urteil v. 5.3.2009 – IX ZR 15/08, NJW 2009,1 677 = Rpfleger 2009, 406; ausf. zum Ganzen § 154 Rn. 12 f.
10 Die hierfür nach Maßgabe des § 37 GrdstVG erforderliche RVO ist nicht erlassen worden; vgl. *Schöner/Stöber*, Grundbuchrecht, Rn. 4017; auch die Landwirtschaftsbehörde ist nicht Beteiligte, vgl. m.w.N. *Stöber*, ZVG, § 9 Rn. 3.16.
11 *Stöber*, ZVG, § 9 Rn. 3.5 und § 15 Rn. 6.5.
12 Vgl. für § 154 m.w.N. aus Rspr. und Lit. OLG Hamm, Urteil v. 15. 9. 2005 – 27 U 16/05, MDR 2006, 713; vgl. zu dieser Frage auch oben Fn. 8 und 9.
13 Vgl. zu diesem Fall BGH, Urteil v. 26. 4. 2001 – IX ZR 53/00 = NJW 2001, 2477; LG Lübeck, Beschl. v. 10. 11. 2003 – 3 T 469/03 = RPfleger 2004, 235.
14 Das Problem wird teilweise nur für „Schuldner" i.S.d. § 9 diskutiert, etwa bei *Hintzen*/Wolf, Rn. 11.61 (S. 767) und Dassler/Schiffhauer/*Rellermeyer*, § 9 Rn. 6; ausführlich bei *Stöber*, NZI 1998, 105 ff. Das Gesagte gilt aber – insbesondere mit Blick auf Insolvenzverfahren – für alle Beteiligtenstellungen gleichermaßen (ein Insolvenz-„Schuldner" kann auch „Gläubiger" im Sinne des § 9 sein). So denn auch *Böttcher*, § 9 Rn. 5 a.E.; *Stöber*, § 9 Rn. 3.15.

allerdings die Förmlichkeit des Verfahrens gewisse Grenzen. Außerdem können sich Übergangsfragen stellen. Beides soll im Folgenden überblicksartig dargestellt werden. Zu den Einzelheiten s. unten § 9 Rn. 3 f., 8 und 19 sowie Immobiliarvollstreckung und Insolvenzverfahren, Rn. 1 ff. Für das Gericht dürfte es sich in aller Regel empfehlen, vorsichtshalber sowohl dem materiell-rechtlichen Schuldner oder Gläubiger (d. h. dem Insolvenzschuldner bzw. Erben) als auch dem Verfügungsbefugten Beschlüsse und Terminsbestimmungen zuzustellen und dabei ggf. auf die Rechtslage hinzuweisen.[15]

14 Soll **nach Eintritt der Verfügungsentziehung** gegen den Insolvenzverwalter usw. in der Rolle des „Schuldners" (§ 9 Einleitungssatz) ein **neues Verfahren** eröffnet werden, ist ein Titel gegen den Insolvenzverwalter usw. erforderlich. Umgekehrt bedarf der Insolvenzverwalter usw. eines auf seine Person lautenden Titels, wenn er als betreibender „Gläubiger" (§ 9 Einleitungssatz) nach Eintritt der Verfügungsentziehung ein neues Verfahren beantragen möchte.

15 Ist hingegen **im Zeitpunkt der Verfügungsentziehung bereits ein Verfahren mit dem Insolvenzschuldner bzw. dem Erblasser als Beteiligten eröffnet** (§ 15), übernimmt der Insolvenzverwalter usw. das Verfahren **mit Eintritt der Verfügungsentziehung** grundsätzlich **ipso iure**[16], d. h. ohne dass es einer Titelumschreibung bedürfte, **so, wie es steht** und **soweit**[17] und **solange**[18] die Rechte von der Verfügungsentziehung erfasst sind. Das Verfahren wird nicht kraft Gesetzes unterbrochen, §§ 239, 240 ZPO gelten nicht.[19]
Insbesondere im Insolvenzfall kann es dazu kommen, dass das Gericht auch noch nach Eintritt der Verfügungsentziehung gegenüber dem materiell Berechtigten Verfahrenshandlungen vornimmt, weil und solange es noch keine Kenntnis vom Eintritt der Verfügungsentziehung hat. Solche Verfahrenshandlungen sind aus Gründen der Rechtssicherheit als wirksam zu behandeln, da anderenfalls das Verfahren zu Lasten Dritter, insbesondere der betreibenden Gläubiger, fehlerhaft würde, ohne dass diese oder das Gericht dies vermeiden oder auch nur erkennen könnten.[20] Der eigentlich allein Verfügungsbefugte muss also auch solche zwischenzeitlichen Verfahrenshandlungen noch für und gegen sich gelten lassen, sodass es aus seiner Sicht geboten ist, dem Gericht schnellstmöglich den Übergang der Verfügungsbefugnis mitzuteilen.
Besteht **Ungewissheit** über den Eintritt der Verfügungsentziehung oder die Person des Insolvenzverwalters usw., hat das Gericht das Verfahren **auf Antrag**[21] dessen, der die Verfügungsentziehung zu seinen Gunsten geltend macht, **analog § 30d Abs. 4**, dem der allgemeine Rechtsgrundsatz besonderer Rücksicht-

---

15 Vgl. den Hinweis bei *Storz/Kiderlen*, Praxis des Zwangsversteigerungsverfahrens, TH 1.1.2.5 = S. 87 f.
16 BGH, Beschl. v. 18. 12. 2008 – V ZB 57/08 = NJW 2009, 1283 f.: „Der Schuldner ist daher von der Eröffnung des Insolvenzverfahrens über sein Vermögen an grundsätzlich nicht mehr Beteiligter des Zwangsvollstreckungsverfahrens; seine Stelle wird von dem Insolvenzverwalter eingenommen."
17 Das bedeutet beispielsweise, dass hinsichtlich nicht zur Insolvenzmasse gehörender unpfändbarer Rechte (§ 36 S. 1 InsO; z. B. Nießbrauch, beschränkt dingliches Recht) der Inhaber zunächst selbst Beteiligter bleibt. Erst wenn mit dem Zuschlag an die Stelle des Rechtes ein nunmehr in die Insolvenzmasse fallender Wertersatzanspruch tritt (siehe die Kommentierung zu § 92), wird der Insolvenzverwalter auch insoweit zum Beteiligten. Vgl. dazu *Stöber*, § 9 Rn. 3.15 erster Absatz.
18 Wird nach Beschlagnahmeanordnung die Verfügungsentziehung beendet, übernimmt ipso iure wieder der materiell-rechtliche Gläubiger oder Schuldner die Beteiligtenstellung; vgl. BGH, Beschl. v. 14. 4. 2005 – V ZB 25/05 = Rpfleger 2006, 423 für den Schuldner, dessen Grundstück der Insolvenzverwalter aus der Masse freigibt.
19 Vgl. zu § 239 ZPO *Stöber*, § 15 Rn. 29.12 und zu § 240 ZPO AG Göttingen, Beschl. v. 16. 11. 1999 – 71 K 2/98 = NZI 2000, 95 m. w. N.; allgemein auch BGH, Beschl. v. 28. 3. 2007 – VII ZB 25/05 = NJW 2007, 3132 ff.; Thomas/Putzo/*Hüßtege*, ZPO, Vorbem § 239 Rn. 1.
20 Zutr. *Stöber*, § 9 Rn. 3.15.
21 Zur Unanwendbarkeit der §§ 239 f. ZPO s. oben.

nahme in Übergangsstadien zugrunde liegt, **einstweilen einzustellen** und diesem so den Nachweis seiner Verfügungs- und damit Verfahrensberechtigung zu ermöglichen, ohne dass ihm Nachteile aus etwaigen zwischenzeitlichen Verfahrenshandlungen unter Beteiligung des materiell Berechtigten drohen.
Besonderheiten ergeben sich vor allem bei einer **Verfügungsentziehung auf Seiten des betreibenden Gläubigers** (§ 9 Einleitungssatz). Hier tritt der Insolvenzverwalter usw. entgegen o. g. Grundsatz nicht ipso iure in das Verfahren ein, sondern erst mit Vorlage eines auf ihn lautenden, dem Schuldner zugestellten Titels. Auch insofern kann der Insolvenzverwalter usw. zum Zwecke der Bewirkung von Titelumschreibung und Zustellung allerdings die einstweilige Einstellung des Verfahrens beantragen (näher § 9 Rn. 3).

Der **materiell-rechtliche Schuldner oder Gläubiger, dem die Verfügungsbefugnis entzogen ist**, ist ab Eintritt des Insolvenzverwalters usw. nicht mehr Beteiligter, sondern **Dritter**. Als Insolvenzschuldner kann er gem. § 30d Abs. 2 unter den dort genannten Voraussetzungen die einstweilige Einstellung des Verfahrens beantragen. Außerdem kann er als Vollstreckungsschuldner **Vollstreckungsschutz nach** § 765a ZPO wegen einer Gefahr für Leben und körperliche Unversehrtheit beantragen (arg. Art. 2 II 1 GG).[22]

2. Vorläufige Insolvenzverwaltung

Besonderheiten gelten für den nur vorläufig bestellten sog. *schwachen* Insolvenzverwalter. Auf diesen geht gemäß § 22 Abs. 2 S. 1 InsO die Verfügungsbefugnis grundsätzlich nicht über. Daher bleibt der Schuldner des Insolvenzverfahrens hier selbst Beteiligter. Der vorläufige schwache Insolvenzverwalter ist Dritter mit dem Recht, die einstweilige Einstellung des Verfahrens zu beantragen (§ 30d Abs. 4). Im Falle des § 22 Abs. 1 S. 1 InsO verliert der Schuldner des Insolvenzverfahrens hingegen auch bei nur vorläufiger Insolvenzverwaltung seine Verfügungsbefugnis. Daher ist in diesem Fall der nur vorläufige sog. *starke* Insolvenzverwalter selbst Beteiligter, und zwar nach den allgemeinen Regeln (o. Rn. 13 ff.) an Stelle des Schuldners des Insolvenzverfahrens und nicht etwa neben diesem.[23] Soll nach Anordnung der starken vorläufigen Insolvenzverwaltung ein Verfahren in Ansehung eines zur Insolvenzmasse gehörenden Grundstücks eröffnet werden, so ist dies also nur auf Grundlage eines Titels gegen den vorläufigen starken Insolvenzverwalter möglich (vgl. oben Rn. 14; str.).[24]

3. Stellvertretung, Vor- und Nacherbschaft

Bei **Stellvertretung** übt der Vertreter die Beteiligtenrechte *im Namen des materiell-rechtlich Berechtigen oder Verpflichteten* aus (§ 164 Abs. 1 BGB). Er tritt damit zwar an dessen Stelle, etwa als Zustellungsadressat, seine Rechtsstellung richtet sich aber vollständig nach der des Vertretenen. **Vor- und Nacherben** (§§ 2100 ff. BGB) sind beide nebeneinander Beteiligte.

---

22 BGH, Beschl. v. 18. 12. 2008 – V ZB 57/08 = NJW 2009, 1283, 1284 f.; zu Missbrauchsproblemen in diesem Zusammenhang eingehend *Storz/Kiderlen*, Praxis des Zwangsversteigerungsverfahrens, B 1.1.1 = S. 80 ff.
23 So indes *Stöber*, § 9 Rn. 3.15 zweiter Absatz, der aus dem Wortlaut von § 21 Abs. 2 S. 1 Nr. 3 InsO, wo von „Maßnahmen der Zwangsvollstreckung *gegen den Schuldner*" die Rede ist, folgern möchte, der Schuldner des vorläufigen Insolenzverfahrens sei selbst Adressat der Zwangsvollstreckung und damit Beteiligter neben dem Insolvenzverwalter. Unbeantwortet bleibt dabei freilich die Frage der Behandlung zweier sich widersprechender verfahrensmäßiger Handlungen von Schuldner und Insolvenzverwalter.
24 Zutr. LG Cottbus, Beschl. v. 28.1.2000 –7 T 549/99 = NZI 2000, 183; MünchKommInsO-*Kirchhof/Lwowski/Stürner*, Vorbem. §§ 49–52, Rn. 165a; *Hintzen*, EWiR 2001, 1151 f.; a. A. (Titel gegen den Schuldner ausreichend) LG Halle, Beschl. v. 20.9.2001 – 2 T 151/01 = Rpfleger 2002, 89 m. abl. Anm. *Alff*.

§ 9 ZVG [Beteiligte]

In dem Verfahren gelten als Beteiligte, außer dem Gläubiger und dem Schuldner:
1. diejenigen, für welche zur Zeit der Eintragung des Vollstreckungsvermerks ein Recht im Grundbuch eingetragen oder durch Eintragung gesichert ist;
2. diejenigen, welche ein der Zwangsvollstreckung entgegenstehendes Recht, ein Recht an dem Grundstück oder an einem das Grundstück belastenden Recht, einen Anspruch mit dem Recht auf Befriedigung aus dem Grundstück oder ein Miet- oder Pachtrecht, auf Grund dessen ihnen das Grundstück überlassen ist, bei dem Vollstreckungsgericht anmelden und auf Verlangen des Gerichts oder eines Beteiligten glaubhaft machen.

Übersicht

		Rn.
I.	Normzweck; Anwendungsbereich	1
II.	Gläubiger	2–5
III.	Schuldner	6–8
IV.	Beteiligte kraft Grundbucheintragung, § 9 Nr. 1	9–13
1.	Eingetragene Rechte	10–12
2.	Durch Eintragung gesicherte Rechte	13
V.	Beteiligte kraft Anmeldung, § 9 Nr. 2	14–24
1.	Erfasste Rechte	15–22
	a) Der Zwangsvollstreckung entgegenstehende Rechte	15, 16
	b) Rechte am Grundstück oder an einem das Grundstück belastenden Recht	17–19
	c) Ansprüche mit dem Recht auf Befriedigung aus dem Grundstück	20
	d) Miet- und Pachtrechte	21, 22
2.	Anmeldung und Glaubhaftmachung	23, 24
VI.	Sonderfälle: Erbbaurecht, Gebäudeeigentum, Schiffe	25
VII.	Besonderheiten in Verfahren nach §§ 172, 175, 180	26

I. Normzweck; Anwendungsbereich

1 § 9 legt fest, wer Beteiligter im Sinne des ZVG und damit zum gesamten Verfahren zuzuziehen ist sowie grundsätzlich sämtliche verfahrensmäßigen Rechte wahrnehmen kann (im Einzelnen oben Vor § 9). § 9 gilt für alle ZVG-Verfahren.[1] Laufen **Zwangsversteigerungs- und Zwangsverwaltungsverfahren zeitgleich nebeneinander**, ist die Beteiligtenstellung der betroffenen Personen *für jedes Verfahren gesondert* zu bestimmen. Die Beteiligung an dem einen Verfahren führt nicht notwendig zur Beteiligung auch an dem anderen. Insbesondere Anordnungs- und Beitrittsanträge (§§ 15, 27) sowie Anmeldungen (§ 9 Nr. 2) müssen also ggf. für jedes der beiden Verfahren erklärt werden.[2]

---

[1] Zur Geltung im Zwangsverwaltungsverfahren *Brox/Walker*, ZwangsvollstreckungsR, Rn. 1012.
[2] Ausführlich *Stöber*, ZVG, § 9 Rn. 3.37.

II. Gläubiger

Nicht jeder Gläubiger im materiell-rechtlichen Sinne (persönlicher oder dinglicher Gläubiger) ist zugleich auch „Gläubiger" im Sinne des § 9 Einleitungssatz. Beteiligte nach § 9 Einleitungssatz sind nur diejenigen Gläubiger, auf deren **Antrag** hin das Verfahren betrieben wird (§§ 15, 27, sog. *„betreibende Gläubiger"*[3]). Wer als materiell-rechtlicher Gläubiger das Verfahren nicht betreibt, kann aus seinem Recht bzw. Anspruch Beteiligter nach § 9 Nr. 1, 2 sein. Die betroffenen Rechte bzw. Ansprüche sowie die sich dabei ergebenden Probleme vor allem im Zusammenhang mit Übertragungsvorgängen sind jeweils weitgehend dieselben.   **2**

Der Unterscheidung zwischen materieller Gläubigerstellung und formeller Verfahrensbeteiligung entspricht es, dass ein Dritter, der nach Beantragung des Verfahrens (§ 15) **Rechtsnachfolger** eines betreibenden Gläubigers wird (v. a. **Zessionar**, Ablösender nach §§ 268, 1150 BGB,[4] Überweisungsempfänger nach § 835 ZPO; **Erbe** bzw. **Testamentsvollstrecker**; entsprechend im Falle der Verfügungsentziehung während des Verfahrens: **Insolvenzverwalter, Nachlassverwalter**, Vor § 9 Rn. 13 ff.), nicht ipso iure auch in die verfahrensrechtliche Stellung des betreibenden Gläubigers eintritt. Die Förmlichkeit des Verfahrens macht es vielmehr erforderlich, dass er einen neuen eigenen oder den umgeschriebenen Titel (§ 727 II ZPO) seines Rechtsvorgängers mitsamt Zustellungsbeleg (§§ 750 II, 799 ZPO) vorlegt.[5] Kommt es bei Klauselerteilung und Zustellung zu Verzögerungen, ist zum Schutz des Rechtsnachfolgers bzw. des nunmehr Verfügungsbefugten das Verfahren auf seinen Antrag hin einstweilen einzustellen.[6] Denn bis zu seinem Eintritt in das Verfahren bleibt der ursprüngliche Gläubiger Beteiligter und der Nachfolger muss dessen gesamtes Verhalten gegen sich gelten lassen. Er übernimmt das Verfahren so, wie es steht, erledigte Verfahrensschritte brauchen nicht wiederholt zu werden, zwischenzeitlich vom Rechtsvorgänger vorgenommene Verfahrenshandlungen (z. B. Einstellungsbewilligung)[7] bleiben wirksam.[8] Erst mit dem Eintritt des Rechtsnachfolgers scheidet sein Vorgänger endgültig als Beteiligter aus dem Verfahren aus. Die einstweilige Einstellung *auf Betreiben des Neugläubigers* verhindert außerdem, dass *der Schuldner* in der Zwischenzeit – weil der verfahrensrechtlich nach wie vor betreibende Altgläubiger materiell-rechtlich den Anspruch bereits verloren hat – seinerseits die Einstellung des Verfahrens erreicht. Denn für §§ 767, 775 Nr. 1, 776 ZPO fehlt dem Schuldner in diesem Fall das Rechtsschutzbedürfnis. Für den Antrag hat der Rechtsnachfolger bzw. Verfügungsbefugte seine Berechtigung glaubhaft zu machen, etwa im Wege eidesstattlicher Versicherung (§ 294 Abs. 1 ZPO) seiner Rechtsnachfolge bzw. Verfügungsbefugnis.   **3**

Bei nur teilweisem Gläubigerwechsel (v. a. Teilabtretung) gilt hinsichtlich des übertragenen Teils Entsprechendes. Im Übrigen bleibt hier der („Alt-")Gläubiger mit dem ihm nach wie vor zustehenden Teil selbst Beteiligter.[9] Da ein Erblasser selbst nicht mehr Beteiligter sein kann, kann das Gericht das Verfahren bis zum Eintritt des **Erben** bzw. **Testamentsvollstreckers** (d. h.: Vorlage des   **4**

---

3 So die – präzise – Bezeichnung unter anderem in §§ 10 Nr. 1, 30a ff., 66, 74a, 150b ff.
4 OLG Bremen, Beschl. v. 30. 3. 1987 – 2 W 10/87, Rpfleger 1987, 381 m. Anm. *Bischoff/Bobenhausen*.
5 BGH, Beschl. v. 14. 3. 1963 – III ZR 178/61, VersR 1963, 671; *Stöber*, ZVG, § 15 Rn. 29.7; *Hintzen/Wolf*, Rn. 11.61 (S. 766); *Dassler/Schiffhauer/u. a./Rellermeyer*, ZVG, § 9 Rn. 5.
6 In diese Richtung LG Marburg, Beschl. v. 11.11.2005 – 3 T 296/05 (unveröffentlicht); OLG Düsseldorf, Beschl. v. 22. 10. 1986 – 3 W 309/86, NJW-RR 1987, 247 (i.E. offen gelassen); *Steiner/Teufel*, ZVG, § 27 Rn. 37; a. A. *Stöber*, ZVG, § 15 Rn. 29.6.
7 Für diesen Fall OLG Bremen, Beschl. v. 30. 3. 1987 – 2 W 10/87, Rpfleger 1987, 381 m. Anm. *Bischoff/Bobenhausen*.
8 Statt aller *Stöber*, ZVG, § 15 Rn. 29.5 und 29.8.
9 Statt aller *Stöber*, ZVG, § 15 Rn. 29.11.

zugestellten umgeschriebenen Titels) mit einem Nachlasspfleger (§ 1961 BGB) „für den Erben" (d. h.: für den, den es angeht) fortführen.[10] So ist zu verfahren, wenn die Person des Erben bzw. Testamentsvollstreckers noch unbekannt oder ungewiss ist, also kein Antrag auf einstweilige Einstellung gestellt wird bzw. die Berechtigung vorerst nicht glaubhaft gemacht werden kann.

5 Die Stellung als betreibender Gläubiger **endet** für jeden gesondert mit Aufhebung seines (Einzel-)Verfahrens (§§ 28 Abs. 1 S. 1 Alt. 1, 29, 30 Abs. 1 S. 3, 76 Abs. 2 S. 2; 31 Abs. 1 S. 2), nicht hingegen bei bloß einstweiliger Einstellung (§§ 30 ff.; arg. e. §§ 28 I 2, 30 Abs. 1 S. 3, 31 Abs. 1 S. 2).[11] Der Betroffene kann weiterhin nach § 9 Nr. 1 oder Nr. 2 Beteiligter bleiben.

III. Schuldner

6 Als Schuldner beteiligt ist derjenige, gegen den das Verfahren betrieben wird. Irrelevant ist, woraus er materiell-rechtlich verpflichtet ist (persönlicher oder dinglicher Schuldner). Seine Person kann dem Antrag auf Durchführung des Verfahrens entnommen werden (§ 16). In der Regel ist dies bei Vollstreckung in ein Grundstück der im Grundbuch eingetragene Grundstückseigentümer (§ 17 Abs. 1 Alt. 1). Es kann sich aber auch um dessen (noch nicht eingetragenen) Erben handeln (§ 17 Abs. 1 Alt. 2), im Zwangsverwaltungsverfahren auch um den Eigenbesitzer (§ 147 Abs. 1). Bei Vollstreckung in ein Erbbaurecht ist dessen Inhaber Schuldner (der Grundstückseigentümer ist nach § 24 ErbbauRG zu beteiligen, s. u. Rn. 25, auch zum parallelen Fall des DDR-Gebäudeeigentums).

7 Wechselt[12] der Grundstückseigentümer *nach Eröffnung des Verfahrens*,[13] aber *vor Wirksamwerden der Beschlagnahme* (§ 22), gilt § 28 (vgl. § 26 Rn. 7): Wird das Verfahren (auch) aus dinglichen Rechten betrieben, kann der betreibende Gläubiger nach einstweiliger Einstellung des Verfahrens (§ 28 Abs. 1 Alt. 2) die Klausel berichtigen und zustellen lassen (§§ 325, 727, 750 Abs. 2 ZPO). Sodann wird der **neue Eigentümer** Beteiligter als Schuldner i. S. d. § 9, sein **Rechtsvorgänger** scheidet aus dem Verfahren aus. Wird das Verfahren hingegen nur aus persönlichen Ansprüchen betrieben, ist es nach § 28 Abs. 1 Alt. 1 aufzuheben.
Erfolgt der wirksame Eigentümerwechsel hingegen erst *nach der Beschlagnahme* (§§ 20 ff.; möglich nach §§ 878 und 892 BGB sowie aufgrund einer beschlagnahmewirksamen Vormerkung), bleibt der **bisherige Eigentümer** Beteiligter als Schuldner. Dies folgt aus § 26, wenn das Verfahren aus dinglichen Rechten betrieben und folglich fortgesetzt wird (§ 26 Rn. 5), und aus der Nichtanwendbarkeit des § 28 Abs. 1, wenn das Verfahren ausschließlich durch persönliche Gläubiger betrieben wird, solange es auf Drittwiderspruchsklage (§ 771 ZPO) des neuen Eigentümers hin noch nicht nach §§ 775 Nr. 1, 776 ZPO aufgehoben ist (vgl. § 26 Rn. 8). Hinsichtlich des **neuen Eigentümers** ist zu unterscheiden: Wird er noch vor dem Versteigerungsvermerk (§ 19 Abs. 1) als Eigentümer eingetragen[14] oder war er bereits zuvor sonst wie, insbesondere mit einer Vormerkung, eingetragen, ist er Beteiligter nach § 9 Nr. 1 (u. Rn. 11,

---

10 *Stöber* ZVG, § 15 Rn. 29.12.
11 Ganz h. L., vgl. etwa *Stöber*, ZVG, § 9 Rn. 3.10; *Böttcher*, ZVG, § 9 Rn. 4; Dassler/Schiffhauer/ u. a./*Rellermeyer*, ZVG, § 9 Rn. 5; *Hintzen*/Wolf, Rn. 11.60 (S. 766); a. A. soweit ersichtlich nur OLG Nürnberg, Beschl. v. 16. 7. 1975 – 7 W 15/75, NJW 1976, 902 (nur Leitsatz).
12 Zum Eigentumswechsel gehört stets die Eintragung.
13 Wechselt er schon *vor Eröffnung des Verfahrens* (Anordnungsbeschluss), wird das Verfahren gegen den Rechtsvorgänger gar nicht erst eröffnet (§ 17 Abs. 1).
14 Dazu kann es wegen § 17 GBO praktisch nur kommen, wenn der Eintragungsantrag nach § 13 GBO vor dem Anordnungsbeschluss nach § 19 Abs. 1 beim Grundbuchamt eingeht, aber erst nach dessen Zustellung an den Schuldner (= Beschlagnahmewirkung, § 22) eingetragen wird.

13). Wird er hingegen erst nach Eintragung des Versteigerungsvermerks eingetragen, kann er durch Anmeldung Beteiligter nach § 9 Nr. 2 werden (u. Rn. 19).

Besonderheiten gelten für den **Ersteher:** Wer das verfahrensgegenständliche Grundstück durch Zuschlag erwirbt, ist von da an ipso iure, also ohne dass es einer Anmeldung oder gar Titelumschreibung gegen ihn bedürfte, Beteiligter an Stelle des Schuldners.[15] Auch der **Erbe** bzw. **Testamentsvollstrecker** wird im Erbfall ausnahmsweise ipso iure Beteiligter als Schuldner, wenn das Verfahren bereits zu Lebzeiten des Erblassers eröffnet (§ 15) worden ist (§ 779 ZPO). Anderenfalls ist ein gegen den Erben bzw. Testamentsvollstrecker (§ 748 ZPO) gerichteter bzw. umgeschriebener und zugestellter (§§ 727, 750 Abs. 2 ZPO) Titel erforderlich. In der Zwischenzeit kann das Verfahren einstweilen eingestellt oder dann, wenn die Person des Erben unbekannt oder ungewiss ist (§ 779 Abs. 2 ZPO) mit einem Nachlasspfleger (§ 1961 BGB) „gegen den Erben" (d. h.: gegen den, den es angeht) (fort-)geführt werden.[16] Im Fall des Eintritts von **Nachlass-** oder **Insolvenzverwaltung** gilt nach Maßgabe der §§ 80 Abs. 2 S. 2, 89 InsO, § 1984 BGB, 784 ZPO weitgehend dasselbe. War das Grundstück in diesem Zeitpunkt bereits beschlagnahmt und wird das Verfahren fortgesetzt, ohne dass es einer Titelumschreibung bedarf (s. dazu § 28 Rn. 14 ff.), übernimmt der Verwalter ab Anmeldung oder ggf. Glaubhaftmachung seiner Verfügungsbefugnis die Beteiligtenstellung vom (materiell-rechtlichen) Schuldner so, wie sie ist, und dieser selbst scheidet als Beteiligter aus (Vor § 9 Rn. 13 ff.).[17] Soll hingegen ein neues Verfahren begonnen werden (möglich wiederum nur nach Maßgabe der §§ 89 InsO, 1984 BGB), ist ein Titel gegen den Verwalter oder die Umschreibung und Zustellung eines bestehenden Titels erforderlich (§ 28 Rn. 14 ff.).[18]

IV. Beteiligte kraft Grundbucheintragung, § 9 Nr. 1

Diejenigen, deren Interesse sich **im Zeitpunkt der Eintragung des Vollstreckungsvermerks** (§ 19 I) aus dem **Grundbuch**[19] ergibt, sind von Amts wegen am Verfahren zu beteiligen. Das bedeutet zum einen, dass unerheblich ist, ob die Eintragung mit der wirklichen Rechtslage in Einklang steht, und zum anderen, dass tatsächlich bestehende Rechte, die im Zeitpunkt der Eintragung des Vollstreckungsvermerks nicht im Grundbuch eingetragen sind, nur auf Anmeldung zur Beteiligung des Inhabers führen (§ 9 Nr. 2, u. Rn. 14, 17 f.). Die Beteiligung **endet** mit der Löschung aus dem Grundbuch; bloße Löschungsreife genügt aus Rechtssicherheitsgründen und aufgrund der Formalisierung des Verfahrens grundsätzlich nicht (str.).[20] Ohne Relevanz in der Sache (vgl. auch § 48), aber formal präzise unterscheidet § 9 Nr. 1 zwischen eingetragenen und durch Eintragung gesicherten Rechten.

---

15 St. Rspr., zuletzt BGH, Urteil v. 11. 10. 2007 – IX ZR 156/06, Rpfleger 2008, 89 = NZM 2008, 100, 101 m. w. N.; a. A. wohl *Stöber*, ZVG, § 9 Rn. 3.8. Indes: Der Ersteher ist zwar nicht *als solcher*, wohl aber *als Schuldner* Beteiligter.
16 Vgl. bei *Stöber*, ZVG, § 15 Rn. 30.
17 LG Lübeck, Beschl. v. 10. 11. 2003 – 3 T 469/03, Rpfleger 2004, 235 für den Fall der Eröffnung des Insolvenzverfahrens; vgl. aus verfassungsrechtlicher Sicht (Art. 14 GG) auch BVerfG, Beschl. v. 18. 7. 1979 – 1 BvR 655/79, BVerfGE 51, 405 = NJW 1979, 2510.
18 Vgl. auch BGH, Beschl. v. 14. 4. 2005 – V ZB 25/05, Rpfleger 2006, 423.
19 Nicht maßgeblich ist eine von im Grundbuch abweichende Abschrift, weil diese lediglich der Information des Gerichts über Eintragungen dient (§ 19 Abs. 2); statt aller Dassler/Schiffhauer/ u. a./*Rellermeyer*, ZVG, § 9 Rn. 12.
20 Jedenfalls in der Tendenz auch *Stöber*, ZVG, § 9 Rn. 3.12 am Anfang; a. A. *Böttcher*, ZVG, § 9 Rn. 8 a. E.

1. Eingetragene Rechte

10 „Rechte" im Sinne des § 9 Nr. 1 sind **Dienstbarkeiten** (§§ 1018 ff. BGB: Grunddienstbarkeiten, Nießbrauch, beschränkte persönliche Dienstbarkeiten; §§ 31 ff. WEG: Dauerwohn- und -nutzungsrechte), **dingliche Vorkaufsrechte** (§§ 1094 ff. BGB), **Reallasten** (§§ 1105 ff. BGB; i. V. m. § 9 ErbbauRG auch: Erbbauzins), **Grundpfandrechte** (§§ 1113 ff. BGB: Hypotheken, Grundschulden, Rentenschulden; i. V. m. § 867 ZPO auch Zwangssicherungshypotheken[21]), **Erbbaurechte** (§§ 1 ff. ErbbauRG; § 30 WEG: Wohnungserbbaurechte), öffentliche Lasten (Eintragung ins Grundbuch v. a. in den Fällen der §§ 93a f. GBV;[22] §§ 64 Abs. 3, 6, 81 Abs. 2 BauGB[23] möglich), im Gebiet der ehem. DDR auch das eingetragene Gebäudeeigentum (288 Abs. 4, 292 Abs. 3 ZGB, Art. 231 § 5 Abs. 1, 233 § 4 Abs. 1 EGBGB; weiterhin: Besitzrechte im Sinne des Art. 233 §§ 2a bis 2c EGBGB)[24].

11 Schließlich ist auch das **Grundstückseigentum** selbst erfasst. § 9 Nr. 1 ist insoweit allerdings nur dann von Bedeutung, wenn der Eigentümer nicht schon als Schuldner (§ 9 Einleitungssatz) beteiligt ist. Das betrifft die Zwangsverwaltung gegen den Eigenbesitzer (o. Rn. 6), Übertragungsfälle (o. Rn. 7) sowie Fälle des **Miteigentums** mehrerer (einschließlich **Wohnungs- und Teileigentümern**), wenn nur in einen einzelnen Anteil vollstreckt wird.[25] Auch diejenigen Miteigentümer, die nicht selbst Schuldner sind, können ein schutzwürdiges Interesse daran haben, am Verfahren beteiligt zu werden. Beispielsweise könnte der neue Miteigentümer die Teilungsversteigerung betreiben.[26] Ist die Zahl der Miteigentümer sehr groß, kann das Gericht den Miteigentümern anraten, einen **gemeinsamen Vertreter** zu bestellen, der an ihre Stelle tritt. Als ultima ratio kann das Gericht dies auch selbst tun, wenn es mit Blick auf die erreichte Verfahrensvereinfachung erforderlich und angemessen ist.[27]

12 Bei Vollstreckung gegen ein Mitglied einer Wohnungseigentümergemeinschaft muss grundsätzlich, d. h. vorbehaltlich kollidierender Interessen,[28] deren Verwalter zum Vertreter der übrigen Miteigentümer im ZVG-Verfahren bestellt werden (arg. § 27 Abs. 2 WEG, wonach ohnehin mit Wirkung für und gegen alle Wohnungseigentümer an den Verwalter zugestellt werden kann).[29] Davon zu unterscheiden ist die Frage, ob die Wohnungseigentümergemeinschaft *selbst* Beteiligte ist. Sie fällt unter § 9 Nr. 1, wenn *für sie selbst* ein Recht im Woh-

---

21 Nach §§ 81, 172 ZPO bleibt der im Eintragungsverfahren Bevollmächtigte grundsätzlich ohne weiteres auch im ZVG-Verfahren Vertreter des Gläubigers; ausführlich dazu *Stöber*, ZVG, § 9 Rn. 3.36.
22 I.V.m. § 25 Abs. 6 BBodSchG und der Verordnung über die Eintragung des Bodenschutzlastvermerks v. 18. 3. 99 (BGBl. I, S. 497); ausführlich dazu *Stöber*, ZVG, § 9 Rn. 3.3.
23 Ausführlich dazu *Stöber*, ZVG, § 9 Rn. 3.11, 3.31.
24 Vgl. hierzu *Eickmann*, ZIR 1997, 61, 63; *Stöber*, ZVG, § 9 Rn. 3.38 lit. c).
25 Ganz h.M.; OLG Stuttgart, Beschl. v. 27. 8. 1965 – 8 W 147/65, NJW 1966, 1036 (ratio decidendi: Wohnungseigentümer; obiter dictum aber auch allgemein zu Miteigentümern); Steiner/Hagemann, ZVG, § 9 Rn. 47; *Stöber*, ZVG, § 9 Rn. 3.19; *Böttcher*, ZVG, § 9 Rn. 6, 8; a. A. *Sievers*, Rpfleger 1990, 335 ff.
26 Vgl. im Einzelnen *Stöber*, ZVG, § 9 Rn. 3.19. Das Interesse der Miteigentümer ist insbesondere unabhängig davon, ob Gemeinschaftsregelungen nach § 1010 BGB eingetragen sind; a. A. *Sievers*, Rpfleger 1990, 335, 337.
27 OLG Stuttgart, Beschl. v. 27. 8. 1965 – 8 W 147/65, NJW 1966, 1036 (ratio decidendi: Wohnungseigentümer; obiter dictum aber auch allgemein zu Miteigentümern). In diese Richtung auch *Böttcher*, ZVG, § 9 Rn. 8, der allerdings eine Einschränkung des Beteiligtenkreises im Einzelfall diskutiert, da Miteigentümer die Zwangsversteigerung eines Anteils „idR nicht interessiert". Neben der Möglichkeit für das Gericht, einen gemeinsamen Vertreter zu bestellen, besteht hierfür aber kein Bedürfnis.
28 Vgl. auch BayObLG, Beschl. v. 8. 6. 1973 – BReg 2 Z 19/73, Rpfleger 1973, 310; *Böttcher*, ZVG, § 9 Rn. 8.
29 Vgl. dazu auch LG Göttingen, Beschl. v. 19. 6. 2001, 10 T 42/01, NZM 2001, 1141.

nungsgrundbuch[30] eingetragen ist. Sie kann sich zudem mit eigenen Rechten, insbesondere mit ihrem Anspruch auf Wohngeld aus § 28 Abs. 2 WEG, anmelden (§ 9 Nr. 2, unten Rn. 20). Die Eintragung der Beschränkung der Miteigentumsanteile genügt als solche aber nicht, weil sie kein Recht der Wohnungseigentümergemeinschaft, sondern allenfalls der Miteigentümer ist und zudem bloß die Tatsache ihres Bestehens bekundet.[31]

2. Durch Eintragung gesicherte Rechte

„Durch Eintragung gesicherte Rechte" sind solche, die durch im Grundbuch eingetragene **Vormerkungen** (§§ 883 ff., 1079 BGB; §§ 18 Abs. 2, 76 Abs. 1 GBO), **Widersprüche** (§§ 899, 1139 BGB, §§ 18 Abs. 2, 76 Abs. 1 GBO), **Verfügungsverbote** und -beschränkungen (§§ 135 f. BGB, § 772 ZPO, auch: Nacherbenvermerke, §§ 51 GBO, 773 ZPO) sowie durch **Rechte an Grundstücksrechten**, insbesondere durch **(Pfändungs-)**[32]**Pfandrechte** (wenn sie im Grundbuch eingetragen sind, weil sie sich auf Buchrechte beziehen) gesichert sind. **13**

V. Beteiligte kraft Anmeldung, § 9 Nr. 2

Beteiligter ist schließlich, wer ein **im Zeitpunkt der Eintragung des Vollstreckungsvermerks** (§ 19 I) **nicht eingetragenes Recht,** das sich auf das verfahrensgegenständliche Grundstück bezieht, anmeldet und auf Verlangen glaubhaft macht. Ob das Recht nicht eingetragen ist, weil es **nicht eintragungsfähig** ist, oder aber deswegen, weil das **Grundbuch unrichtig** ist, spielt keine Rolle. Beide Fälle sind gleichermaßen von § 9 Nr. 2 erfasst. Eine Nachforschungspflicht des Gerichts besteht nicht.[33] Erfährt es – etwa durch grundbuchamtliche Mitteilung gemäß § 19 Abs. 3, die die Anmeldung nicht ersetzt – von einer nach Eintragung des Vollstreckungsvermerks erfolgten Eintragung, kann es gemäß § 139 ZPO im Einzelfall aber gehalten sein, den bzw. die Betroffenen auf das Erfordernis einer Anmeldung hinzuweisen.[34] **14**

Ohne Relevanz in der Sache unterscheidet § 9 Nr. 2 vier Fallgruppen. Eine präzise Abgrenzung bei der Zuordnung der Rechte zu einer bestimmten Fallgruppe ist nicht immer möglich, aber auch nicht erforderlich. Insbesondere fallen unter § 9 Nr. 2 **alle Rechte, die** § 9 Nr. 1 erfasst (oben Rn. 10 ff.), die aber im Zeitpunkt der Eintragung des Vollstreckungsvermerks nicht oder für den Falschen eingetragen waren oder später übertragen wurden.

1. Erfasste Rechte

a) **Der Zwangsvollstreckung entgegenstehende Rechte** sind solche, die bei ordnungsgemäßer Durchführung der Zwangsvollstreckung beeinträchtigt würden, ohne dass der Inhaber dies dulden müsste. Wichtigste Fälle sind **Dritteigentum an Grundstück oder Grundstückszubehör**, das Recht desjenigen, zugunsten dessen ein **Verfügungsverbot** (einschließlich Nacherbschaft im Rahmen des § 2115 BGB i.V.m. § 773 ZPO) oder **(Pfändungs-)Pfandrecht**[35] **15**

---

30 Nach § 7 WEG tritt dieses an die Stelle des Grundbuchblattes des Grundstücks.
31 Im Ergebnis ebenso KG, Urteil v. 19. 1. 2007 – 21 U 163/05, NZM 2007, 451. Die Kritik an OLG Stuttgart, Beschl. v. 27. 8. 1965 – 8 W 147/65, NJW 1966, 1036, geht an der Sache vorbei, weil dort die Beteiligung der übrigen (einzelnen) Wohnungseigentümer und nicht die der Wohnungseigentümergemeinschaft selbst in Rede stand.
32 *Böttcher*, ZVG, § 9 Rn. 8, 9; *Stöber*, ZVG, § 9 Rn. 2.4.
33 RGZ 157, 89.
34 *Steiner/Hagemann*, ZVG, § 9 Rn. 64; *Böttcher*, ZVG, § 9 Rn. 10.
35 Vgl. dazu BayObLG, Beschl. v. 13. 2. 1959 – BReg. 2 Z 203/58, NJW 1959, 1780 betr. § 28 (eingetragenes Erbteilspfandrecht). Für *nicht* eingetragene Pfandrechte kann nichts anderes gelten; so i.E. auch *Böttcher*, ZVG, § 9 Rn. 11.

besteht, Anfechtungsrechte nach **AnfG**[36] und **InsO**[37] sowie Rückübertragungsrechte von Alteigentümern nach dem VermG[38].

16 Schuldrechtliche Ansprüche, selbst solche auf Überlassung oder Verschaffung eines dinglichen Rechts, genügen grundsätzlich nicht (str.).[39] Eine Ausnahme gilt, wenn sie geeignet sind, die Geltendmachung eines dinglichen Rechts eines anderen zu beschränken (insbesondere: Rückgewähranspruch auf eine (Sicherungs-) Grundschuld; str.),[40] sowie für schuldrechtliche Herausgabeansprüche, die zur Aussonderung berechtigen[41] (v. a. Vermieter, Verpächter, Verleiher, Verpfänder, Auftraggeber)[42]. Relevant werden letztere nur, wenn der Anspruchsinhaber nicht auch Eigentümer ist. Die daraus erwachsende Beteiligtenstellung geht nicht über die des Eigentümers hinaus, betrifft also nur Grundstückszubehör.[43]

17 b) **Rechte am Grundstück oder an einem das Grundstück belastenden Recht** sind alle (tatsächlich bestehenden) **Rechte im Sinne des § 9 Nr. 1 Alt. 1** (im Einzelnen o. Rn. 10 ff.), die **gar nicht** (Briefrechte; nicht eintragungsfähige Rechte wie Überbau- und Notwegerechte, §§ 912, 917 BGB; ohne Eintragung entstandene Sicherungshypothek, §§ 1287 BGB, 848 Abs. 2 ZPO; sog. altrechtliche Grunddienstbarkeiten, Art. 187 EGBGB; Früchtepfandrechte[44]; gesetzliche Vorkaufsrechte; nicht eingetragene öffentliche Lasten, etwa nach § 20 FlurbG[45]) bzw. **nicht mehr** oder **für den Falschen** (unrichtige Löschung[46] und sonstige Fälle der Unrichtigkeit im Sinne des § 894 BGB) im Grundbuch eingetragen sind.

18 Hierher gehören auch alle Rechte, die nach Eintragung des Vollstreckungsvermerks neu eingetragen oder umgetragen worden sind. **Übertragungen**, die *im Grundbuch vollzogen* werden, führen mit ihrer Eintragung zum Ausscheiden des gelöschten Rechtsvorgängers (Rn. 9) und zur Anmeldungsbefugnis (nicht: Eintritt ipso iure;[47] arg. e. Wortlaut § 9 Nr. 1: „zur Zeit der Eintragung des Vollstreckungsvermerkes") des Rechtsnachfolgers. Übertragungen, die sich

---

36 BGH, Urteil v. 13. 7. 1995 – IX ZR 81/94, BGHZ 130, 314 = NJW 1995, 2846, 2848.
37 BGH, Urteil v. 26. 4. 2001 – IX ZR 53/00, Rpfleger 2001, 443 = NJW 2001, 2477, 2479 (obiter dictum).
38 LG Halle, Beschl. v. 16. 3. 2000 – 2 T 70/00, WuB VI F § 28 ZVG 1.01 m. Anm. *Sayatz/Boesche*; *Dassler/Schiffhauer/u. a./Rellermeyer*, ZVG, § 9 Rn. 16 a. E.; nach § 3b Abs. 2 VermG sind die Anordnung des Verfahrens und Ladungen zu Terminen auch ohne Anmeldung zuzustellen.
39 Vgl. BGH, Urteil v. 6. 7. 1989 – IX ZR 277/88, BGHZ 108, 237 = NJW 1989, 2536, 2538 f. = Rpfleger 1990, 32 zur Aufnahme von Schadenersatz- und Aufwendungsersatzansprüchen in einen Teilungsplan. Daraus folgt, dass auch der Eigenbesitz eines (noch nicht eingetragenen) Käufers nicht genügen kann, vgl. Steiner/*Hagemann*, ZVG, § 9 Rn. 70; *Dassler/Schiffhauer/u. a./Rellermeyer*, ZVG, § 9 Rn. 16. A.A. *Stöber*, ZVG, § 9 Rn. 2.8: Einordnung von Ansprüchen auf Überlassung (nicht: Bestellung, *ders*., aaO., unter § 9 Nr. 2 Alt. 3. Dass Lieferanten, Abnehmer und Arbeitnehmer eines vom Schuldner auf dem verfahrensgegenständlichen Grundstück geführten Gewerbebetriebs keinerlei Rechte aus dem ZVG zustehen, stellt zutr. BAG, Urteil v. 9. 1. 1980 – 5 AZR 21/78, NJW 1980, 2148 heraus.
40 BGH, Urteil v. 20. 12. 2001 – IX ZR 419/98, NJW 2002, 1578, 1579 f. = Rpfleger 2002, 273 für einen Anspruch auf Rückgewähr nicht mehr valutierter Teile von Grundschulden; LG Koblenz, Beschl. v. 27. 6. 2003 – 2 T 372/02, JurBüro 2003, 551, 552. Insoweit wie hier – aber nicht als Ausnahme vom hier vertretenen Grundsatz – auch *Stöber*, ZVG, § 9 Rn. 2.8. A.A. auf Grundlage des hier vertretenen Grundsatzes, d. h. ohne diese Ausnahme, noch die ältere Rspr., OLG Hamm, Beschl. vom 17.1.1992 – 15 W 18/92, Rpfleger 1992, 308; OLG Köln, Beschl. vom 29.2.1988 – 2 W 163/87, Rpfleger 1988, 324 sowie *Hintzen/Wolf*, Rn. 11.67 (S. 768).
41 *Dassler/Schiffhauer/u. a./Rellermeyer*, ZVG, § 9 Rn. 15 a. E.; *Böttcher*, ZVG, § 9 Rn. 11 a. E.
42 Auflistung nach *Braun/Bäuerle*, InsO, § 47 Rn. 58.
43 I.E. auch *Dassler/Schiffhauer/u. a./Rellermeyer*, ZVG, § 9 Rn. 15 a. E.; insoweit unklar *Böttcher*, ZVG, § 9 Rn. 11 a. E. („Sache").
44 Gem. Gesetz zur Sicherung der Düngemittel- und Saatgutversorgung.
45 Zur Flurbereinigung *Stöber*, ZVG, § 9 Rn. 3.9
46 RGZ 88, 278; 94, 5; *Böttcher*, ZVG, § 9 Rn. 12 a. E.; *Stöber*, ZVG, § 9 Rn. 2.6 a. E.
47 So aber wohl *Stöber*, ZVG, § 9 Rn. 3.12.

außerhalb des Grundbuchs vollziehen (v. a. Erbschaft, Briefrechte, Ablösung nach §§ 268, 1150 BGB), führen hingegen grundsätzlich zur Beteiligung des Rechtsnachfolgers, der sein Recht anmeldet und glaubhaft macht, *neben* dem Rechtsvorgänger, wenn und weil dieser weiterhin eingetragen oder angemeldet ist. *Der Rechtsvorgänger* kann und sollte sich selbst abmelden (s. noch u. Rn. 23 a.E.). *Der Rechtsnachfolger* kann ein Ausscheiden seines Vorgängers aus dem Verfahren nur durch Vorlage einer öffentlich beglaubigten Abtretungserklärung (§ 1155 BGB) herbeiführen (arg.: Rechtssicherheit ist Grundbucheintragung vergleichbar).[48] Wird ein Grundpfandrecht (zunächst) ohne rückständige Zinsen oder andere Nebenleistungen abgetreten (§ 1159 BGB), bleibt der bisherige Gläubiger stets und ohne Weiteres, d. h. insbesondere ohne dass er sich nunmehr mit den rückständigen Zinsen anmelden müsste,[49] weiterhin Beteiligter nach § 9 Nr. 1 oder 2 (bestr.).[50]

Im **Erbfall** sowie bei Anordnung bzw. Eröffnung von **Nachlass-** oder **Insolvenzverwaltung** tritt der Erbe, Testamentsvollstrecker oder Verwalter mit Anmeldung und ggf. Glaubhaftmachung des Erbrechts bzw. seiner Verfügungsbefugnis in ein bereits begonnenes Verfahren ein, und zwar stets an Stelle des bis dahin beteiligten Erblassers bzw. Gläubigers (vgl. Vor § 9 Rn. 13 ff.). In diesen Fällen ist das Verfahren zum Zwecke der Glaubhaftmachung auf Antrag ausnahmsweise einstweilen einzustellen, weil es nicht gerechtfertigt ist, dem Erben, Testamentsvollstrecker oder Verwalter insoweit das Verzögerungsrisiko zuzuweisen (s. noch u. Rn. 24).

c) **Ansprüche mit dem Recht auf Befriedigung aus dem Grundstück** im Sinne des § 9 Nr. 2 Alt. 3 sind alle Ansprüche im Sinne des § 10 Abs. 1 Nr. 1 bis 3 (s. im Einzelnen die Kommentierung dort).

d) **Miet- und Pachtrechte** berechtigen zur Anmeldung, wenn dem Mieter oder Pächter[51] das verfahrensgegenständliche Grundstück überlassen, d. h. er **berechtigter Besitzer** ist (vgl. auch § 57 Rn. 3 f.). Ihr Interesse ergibt sich vor allem aus der Möglichkeit, auf die Versteigerungsbedingungen einzuwirken (§ 59, insbes.: Ausschluss des Kündigungsrechts nach § 57a) oder ein Ablösungsrecht nach § 268 BGB auszuüben. Dahingehende Erklärungen sind stets als Anmeldung auszulegen, nicht hingegen auch andere Mitteilungen eines Mieters.[52]

Nach allgemeinen Grundsätzen (vgl. insbesondere § 986 Abs. 1 S. 2 BGB) kann sich auch ein **Untermieter** anmelden, wenn der Mieter zur Überlassung an diesen befugt ist (str.).[53] Hat der Vermieter die Erlaubnis zur Gebrauchsüberlassung nicht (gesondert oder allgemein im Mietvertrag) erteilt, besitzt der Untermieter schon allein deswegen unbefugt (§§ 540, 553 BGB). Dann sind seine Interessen nicht schutzwürdig. Da der Untermieter die Erlaubnis auf Verlangen glaubhaft machen muss, „belastet" diese Frage das Zwangsvollstreckungsverfahren auch nicht so, dass es geboten wäre, den Untermieter nur

---

48 Weitgehend wie hier *Stöber*, ZVG, § 9 Rn. 3.12.
49 So aber unter Verweis auf § 1159 Abs. 2 BGB Dassler/Schiffhauer/u. a./*Rellermeyer*, ZVG, § 9 Rn. 10.
50 Ganz h. L., vgl. *Böttcher*, ZVG, § 9 Rn. 8; *Stöber*, ZVG, § 9 Rn. 3.12; Steiner/*Hagemann*, ZVG, § 9 Rn. 49.
51 Auch: Fälle des DDR-Nutzungsrechts nach § 4 SchuldRAnpG, Art. 232 § 4 Abs. 1 S. 2 EGBGB; dazu *Stöber*, ZVG, § 9 Rn. 3.38 lit. f).
52 *Stöber*, ZVG, § 9 Rn. 2.10 lit. c); Dassler/Schiffhauer/u.a./*Rellermeyer*, ZVG, § 9 Rn. 20.
53 Ohne diese Einschränkung, aber im Grundsatz wie hier *Stöber*, ZVG, § 9 Rn. 2.10 lit. b) und ihm folgend *Böttcher*, ZVG, § 9 Rn. 15. Insgesamt a. A. (Untermieter kann sich unter keinen Umständen anmelden) Steiner/*Hagemann*, ZVG, § 9 Rn. 86 und ihm folgend Dassler/Schiffhauer/u.a./*Rellermeyer*, ZVG, § 9 Rn. 20.

dann auszuschließen, wenn der Vermieter bereits einen Titel auf Unterlassung (§ 541 BGB) erwirkt hätte.[54]

2. Anmeldung und Glaubhaftmachung

23 Anwaltszwang besteht nicht. Die **Anmeldung** bedarf auch **keiner Form**, erfordert aber jedenfalls eine Willenskundgebung dahin, im Verfahren, insbesondere bei der Feststellung des geringsten Gebotes (§ 45 Abs. 1) und der Verteilung des Versteigerungserlöses (§ 114 Abs. 1) berücksichtigt zu werden sowie Angaben zu **Rechtsgrund, Rang, Betrag** und **Fälligkeit** des anzumeldenden Anspruchs oder sonstige nähere Angaben zu dem betroffenen Recht (z. B. Mietvertrag).[55] Außerdem ist die eigene Person mit zustellungsfähiger Anschrift zu benennen und ggf. das Vertretungs- oder Verfügungsverhältnis darzulegen. Eine Erklärung, die lediglich der Informierung des Gerichts dienen soll (Auslegung), genügt nicht, im Einzelfall kann das Gericht aber gehalten sein, auf das Anmeldungserfordernis als solches und den notwendigen Inhalt hinzuweisen (§ 139 ZPO).[56] Weitere Angaben sind nur auf Verlangen im Rahmen der Glaubhaftmachung erforderlich. Die ordnungsgemäße Anmeldung führt **ipso iure**, d. h. ohne dass es einer Handlung seitens des Gerichts bedürfte (ein Zulassungs- oder Zurückweisungsbeschluss kann zweckmäßig sein, ist aber rein deklaratorisch),[57] und **ex-nunc** zur Beteiligung, d. h. der Betroffene tritt in das Verfahren ein, so wie es steht. Die Anmeldung sollte daher **so früh wie möglich** erfolgen; Verspätungen wirken zu Lasten des Anmeldenden (arg. §§ 37 Nrn. 4 und 5, 45, 66 Abs. 2, 110, 114 Abs. 1 S. 1).[58] Als actus contrarius ist auch eine **Abmeldung** möglich. Weil diese aber gewöhnlich nicht den Interessen des Angemeldeten entspricht (relevant aber bei Übertragungen außerhalb des Grundbuchs, o. Rn. 18), sind strenge Anforderungen insbesondere an den Nachweis der Identität zu stellen.

24 Das angemeldete Recht ist auf Verlangen des Gerichts oder eines Beteiligten **glaubhaft zu machen**. Mittel: § 294 ZPO; bei öffentlich-rechtlichen Gläubigern genügt eine spezifizierte Aufstellung von Ansprüchen.[59] Die Glaubhaftmachung kann ohne Angabe von Gründen jederzeit verlangt werden, d. h. auch dann noch, wenn der Betroffene bereits zugezogen worden ist. Das Verlangen eines Beteiligten ist dem Betroffenen aus Rechtssicherheitsgründen über das Gericht mitzuteilen. Dann ist der Betroffene ex tunc[60] nicht mehr Beteiligter. Um damit verbundene Unsicherheiten und Nachteile zu verhindern, kann der Anmeldende mit seiner Anmeldung sogleich die Glaubhaftmachung in eigener Sache verlangen und antreten. Denn über die Beteiligung ergeht im Falle, dass die Glaubhaftmachung verlangt worden ist, anders als über die Beteiligung aufgrund bloßer Anmeldung ohne dahingehendes Verlangen aus Gründen der Rechtssicherheit eine (**konstitutive**) **Entscheidung des Gerichts** dahingehend, dass es das Recht als glaubhaft gemacht erachtet oder nicht. Diese Entscheidung sollte (muss aber nicht) aus Gründen der Rechtssicherheit als **Beschluss** ergehen.[61] Der Betroffene hat Anspruch auf rechtliches Gehör. Im positiven Fall wirkt die Entscheidung wie die Anmeldung nur **ex nunc**,

---

54 So aber *Stöber*, ZVG, § 9 Rn. 2.10 lit. b).
55 BGH, Urteil v. 30. 5. 1956 – V ZR 200/54, BGHZ 21, 30; BGH, Beschl. v. 5.10.2006 – V ZB 2/06, Rpfleger 2007, 93.
56 Vgl. schon oben Rn. 14 sowie *Böttcher*, ZVG, § 9 Rn. 17.
57 *Böttcher*, ZVG, § 9 Rn. 19; anders nach Verlangen der Glaubhaftmachung, s. sogleich Rn. 24.
58 Dassler/Schiffhauer/u. a./*Rellermeyer*, ZVG, § 9 Rn. 21; *Böttcher*, ZVG, § 9 Rn. 18; *Stöber*, ZVG, § 9 Rn. 4.2.
59 Heute wohl unstr., vgl. nunmehr auch Dassler/Schiffhauer/u. a./*Rellermeyer*, ZVG, § 9 Rn. 23 m. w. N. in Fn. 43.
60 *Böttcher*, ZVG, § 9 Rn. 20 a.E.
61 Insgesamt ebenso *Böttcher*, ZVG, § 9 Rn. 22 mit dem zutr. Hinweis darauf, dass der Beschluss nicht selbständig anfechtbar ist.

sodass der Betroffene auch insoweit das Verzögerungsrisiko trägt. In Ausnahmefällen kann zur Vermeidung unverhältnismäßiger Nachteile die einstweilige Einstellung des Verfahrens zum Zwecke der Glaubhaftmachung angezeigt sein (vgl. o. Rn. 19). Zudem ordnen §§ 41 Abs. 3, 88 S. 2, 105 Abs. 2 S. 2, 156 Abs. 2 S. 4 die Zustellung der Bestimmung des Versteigerungs- und des Verteilungstermins sowie des Zuschlagsbeschlusses auch an denjenigen Angemeldeten an, der sein Recht (noch) nicht glaubhaft gemacht hat.

VI. Sonderfälle: Erbbaurecht, Gebäudeeigentum, Schiffe

Bei Vollstreckung in ein mit einem **Erbbaurecht** belastetes *Grundstück* ist der Erbbauberechtigte nach § 9 Nr. 1 Beteiligter. Dasselbe gilt im umgekehrten Fall für den Grundstückseigentümer bei der Vollstreckung in ein *Erbbaurecht* (§ 24 ErbbauRG). Nichts anderes gilt im Ergebnis bei isolierter Vollstreckung in ein *Grundstück* oder eigentumsrechtlich selbständiges *Gebäude* (Gebäudeeigentum nach § 288 Abs. 4, 292 Abs. 3 ZGB, Art. 231 § 5 Abs. 1, 233 § 4 Abs. 1 EGBGB) im Gebiet der **ehemaligen DDR**: Im ersten Fall ist aufgrund Eintragung (§ 9 Nr. 1) oder Anmeldung und Glaubhaftmachung (§ 9 Nr. 2) des dinglichen Nutzungsrechts auch der Eigentümer des Gebäudes Beteiligter, im umgekehrten zweiten Fall aufgrund der funktionellen Vergleichbarkeit mit einem Erbbaurecht und zum Schutz der Interessen des Grundstückseigentümers (etwa in Ansehung möglicher Hinzuerwerbsrechte des Grundstückseigentümers nach §§ 81 ff. SachenRBerG und insbesondere des Erwerbers nach § 78 Abs. 1 S. 2, Abs. 3 SachenRBerG[62]) analog § 24 ErbbauRG auch dieser (bestr.).[63] Bei Vollstreckung in ein **Schiff** gelten Sozialversicherungsträger (§ 163 Abs. 3) als Beteiligte, auch Schiffer und Schiffsgläubiger können nach Maßgabe der §§ 166 Abs. 2, 168b Beteiligte sein.

25

VII. Besonderheiten in Verfahren nach §§ 172, 175, 180

Verfahren nach §§ 172 ff. sind solche in eigener Sache und jedenfalls zum Teil auch solche „gegen sich selbst" (s. § 172 Rn. 5). Daraus ergeben sich folgende Besonderheiten: In Verfahren nach § 172 und § 175 Abs. 1 S. 1 ist der Antragsteller (Insolvenzverwalter[64], Erbe) Beteiligter als Gläubiger *und* Schuldner. In Verfahren nach § 175 Abs. 1 S. 2 und § 180 fallen beide Positionen auseinander, der Antragsteller ist Beteiligter wie ein Gläubiger, der Antragsgegner wie ein Schuldner.

26

---

62 § 78 Abs. 1 S. 2, Abs. 3 SachenRBerG gibt dem Ersteher bei Versteigerung nur des Gebäudes einen Anspruch auf Erwerb auch des Grundstücks gegen dessen Eigentümer; vgl. hierzu MünchKommBGB/*Grüneberg*, § 78 SachenRBerG Rn. 3f. Dies gebietet zwingend die Beteiligung des Grundstückseigentümers.
63 Ganz h. L.: *Keller*, Rpfleger 1992, 501, 502; *Böttcher*, ZVG, § 9 Rn. 23; Dassler/Schiffhauer/ u. a./*Rellermeyer*, ZVG, § 9 Rn. 24; a. A. *Stöber*, ZVG, § 9 Rn. 3.38 lit. a).
64 Nicht Beteiligter ist der materiell-rechtliche Schuldner, vgl. oben Vor § 9 Rn. 16.

§ 10 ZVG [Rangordnung der Rechte auf Befriedigung]

(1) Ein Recht auf Befriedigung aus dem Grundstücke gewähren nach folgender Rangordnung, bei gleichem Range nach dem Verhältnis ihrer Beträge:
1. der Anspruch eines die Zwangsverwaltung betreibenden Gläubigers auf Ersatz seiner Ausgaben zur Erhaltung oder nötigen Verbesserung des Grundstücks, im Falle der Zwangsversteigerung jedoch nur, wenn die Verwaltung bis zum Zuschlage fortdauert und die Ausgaben nicht aus den Nutzungen des Grundstücks erstattet werden können;
1a. im Falle einer Zwangsversteigerung, bei der das Insolvenzverfahren über das Vermögen des Schuldners eröffnet ist, die zur Insolvenzmasse gehörenden Ansprüche auf Ersatz der Kosten der Feststellung der beweglichen Gegenstände, auf die sich die Versteigerung erstreckt; diese Kosten sind nur zu erheben, wenn ein Insolvenzverwalter bestellt ist, und pauschal mit vier vom Hundert des Wertes anzusetzen, der nach § 74a Abs. 5 Satz 2 festgesetzt worden ist;
2. bei Vollstreckung in ein Wohnungseigentum die daraus fälligen Ansprüche auf Zahlung der Beiträge zu den Lasten und Kosten des gemeinschaftlichen Eigentums oder des Sondereigentums, die nach § 16 Abs. 2, 28 Abs. 2 und 5 des Wohnungseigentumsgesetzes geschuldet werden, einschließlich der Vorschüsse und Rückstellungen sowie der Rückgriffsansprüche einzelner Wohnungseigentümer. Das Vorrecht erfasst die laufenden und die rückständigen Beträge aus dem Jahr der Beschlagnahme und den letzten zwei Jahren. Das Vorrecht einschließlich aller Nebenleistungen ist begrenzt auf Beträge in Höhe von nicht mehr als 5 von Hundert des nach § 47a Abs. 5 festgesetzten Wertes. Die Anmeldung erfolgt durch die Gemeinschaft der Wohnungseigentümer. Rückgriffsansprüche einzelner Wohnungseigentümer werden von diesen angemeldet.
3. die Ansprüche auf Entrichtung der öffentlichen Lasten des Grundstücks wegen der aus den letzten vier Jahren rückständigen Beträge; wiederkehrende Leistungen, insbesondere Grundsteuern, Zinsen, Zuschläge oder Rentenleistungen, sowie Beträge, die zur allmählichen Tilgung einer Schuld als Zuschlag zu den Zinsen zu entrichten sind, genießen dieses Vorrecht nur für die laufenden Beträge und für die Rückstände aus den letzten zwei Jahren. Untereinander stehen öffentliche Grundstückslasten, gleichviel ob sie auf Bundes- oder Landesrecht beruhen, im Range gleich. Die Vorschriften des § 112 Abs. 1 und der §§ 113 und 116 des Gesetzes über den Lastenausgleich vom 14. August 1952 (Bundesgesetzbl. IS. 446) bleiben unberührt;
4. die Ansprüche aus Rechten an dem Grundstück, soweit sie nicht infolge der Beschlagnahme dem Gläubiger gegenüber unwirksam sind, einschließlich der Ansprüche auf Beträge, die zur allmählichen Tilgung einer Schuld als Zuschlag zu den Zinsen zu entrichten sind; Ansprüche auf wiederkehrende Leistungen, insbesondere Zinsen, Zuschläge, Verwaltungskosten oder Rentenleistungen, genießen das Vorrecht dieser Klasse nur wegen der laufenden und der aus den letzten zwei Jahren rückständigen Beträge;
5. der Anspruch des Gläubigers, soweit er nicht in einer der vorhergehenden Klassen zu befriedigen ist;
6. die Ansprüche der vierten Klasse, soweit sie infolge der Beschlagnahme dem Gläubiger gegenüber unwirksam sind;
7. die Ansprüche der dritten Klasse wegen der älteren Rückstände;
8. die Ansprüche der vierten Klasse wegen der älteren Rückstände.

(2) Das Recht auf Befriedigung aus dem Grundstücke besteht auch für die Kosten der Kündigung und der die Befriedigung aus dem Grundstücke bezweckenden Rechtsverfolgung.

(3) Zur Vollstreckung mit dem Range nach Absatz 1 Nr. 2 müssen die dort genannten Beträge die Höhe des Verzugsbetrages nach § 18 Abs. 2 N. 2 des Wohnungseigentumsgesetzes übersteigen; liegt ein vollstreckbarer Titel vor, so steht § 30 der Abgabenordnung einer Mitteilung des Einheitswerts an die in Absatz 1 Nr. 2 genannten Gläubiger nicht entgegen. Für die Vollstreckung

Errata-Zettel zum Werk

> Martin Löhnig (Hrsg.)
> # Gesetz über die Zwangsversteigerung und die Zwangsverwaltung

---

Sehr geehrte Damen und Herren,

durch ein technisches Versehen wurde auf den Seiten **306** bis **369** bei der Kommentierung folgender Paragrafen:

§ 10 ZVG
§§ 1179a und 1179b BGB
§§ 11–14 ZVG

in der Fußzeile fälschlich Herr Rachlitz als Bearbeiter angegeben. Der Bearbeiter dieser Seiten ist jedoch **Herr Dr. Fischinger**.

Wir bitten unsere Leser, diesen Fehler zu entschuldigen.

Stuttgart, Januar 2011   Verlag W. Kohlhammer

4. Nebenleistungen	68, 69
5. Zeitliche Begrenzung	70–73
6. Anmeldung	74
7. Rang	75
VII. Rangklasse 3/4 (DüngMSichG)	76–80
VIII. Rangklasse 4	81–100
1. Ansprüche aus Rechten an dem Grundstück	82–89
2. Ansprüche auf Beträge, die zur allmählichen Tilgung einer Schuld als Zuschlag zu den Zinsen zu entrichten sind	90–92
3. Ansprüche auf wiederkehrende Leistungen	93–96
4. Anmeldung	97–99
5. Rang	100
IX. Rangklasse 5	101–105
X. Rangklasse 6	106–110
XI. Rangklasse 7	111, 112
XII. Rangklasse 8	113–115
XIII. Rang nach Rangklasse 8 („Rangklasse 9")	116
XIV. Kündigungs- und Rechtsverfolgungskosten, Abs. 2	117–129
1. Kosten i. S. d. Abs. 2	120–123
2. Notwendigkeit	124, 125
3. Anmeldung	126
4. Gerichtliche Prüfung	127
5. Rechtsbehelfe	128
6. Prozesskostenhilfe/Gebührenfreiheit	129
XV. Verfahrensbetreibung durch die Wohnungseigentümergemeinschaft (Abs. 1 Nr. 2), Abs. 3	130–136
1. Mindesthöhe (Satz 1)	131–133
2. Entbehrlichkeit eines besonderen Duldungstitels (Satz 2); Glaubhaftmachung (Satz 3)	134–136

I. Allgemeines

1. Normzweck und Bedeutung

1 Da der Versteigerungserlös meist nicht zur Befriedigung aller Gläubiger ausreicht, ist § 10 eine der wichtigsten Normen des Gesetzes. Denn er (1) benennt diejenigen **Ansprüche**, die ein Recht auf Befriedigung aus dem Grundstück geben, (2) bestimmt die **Reihenfolge** dieser Ansprüche, indem er sie in bestimmte Rangklassen kategorisiert und (3) regelt das **Verhältnis** dieser Rangklassen zueinander dergestalt, dass zuerst die in die vorgehende Rangklasse fallenden Ansprüche zu befriedigen sind. Gläubiger nachfolgender Rangklassen werden daher jeweils nur befriedigt, soweit danach noch Erlös vorhanden ist.

2 Innerhalb der einzelnen Rangklassen haben die Ansprüche z. T. den gleichen (Nr. 1–3, 7), z. T. aber auch unterschiedlichen (Nr. 4, 5, 6, 8) Rang; letzterenfalls gilt § 11. Für das Verhältnis von Kosten, Nebenleistungen und Hauptanspruch innerhalb desselben Anspruchs gilt § 12. Außerhalb der Rangordnung genügt ein Titel, aus dem die Verpflichtung des Schuldners zur Zahlung, die Art und der Bezugszeitraum des Anspruchs sowie seine Fälligkeit zu erkennen sind. Soweit die Art und der Bezugszeitraum des Anspruchs sowie seine Fälligkeit nicht aus dem Titel zu erkennen sind, sind sie in sonst geeigneter Weise glaubhaft zu machen.

Schrifttum: *Alff/Hintzen,* Hausgelder in der Zwangsversteigerung und Zwangsverwaltung, Rpfleger 2008, 165 ff.; *Drischler,* Das Früchtepfandrecht nach dem Gesetz zur Sicherung der Düngemittel- und Saatgutversorgung, Rpfleger 1948/1948, 499 f.; *ders.,* Zweifelsfragen zur Rangordnung in der Zwangsverwaltung, Rpfleger 1957, 212 ff.; *ders.,* Die Grundsteuer in der Zwangsversteigerung, Rpfleger 1984, 340 ff.; *Hagemann,* Die Zwangssicherungshypothek im Zwangsversteigerungsverfahren, Rpfleger 1982, 165 ff.; *Hintzen,* Grundstücksverwertung durch den Treuhänder in der Verbraucherinsolvenz, ZInsO 2004, 713 ff.; *Schneider,* Ausgewählte Fragestellungen zur Immobiliarvollstreckung nach der WEG-Novelle 2007, ZfIR 2008, 161 ff.

Übersicht

		Rn.
I.	**Allgemeines**	1–8
1.	Normzweck und Bedeutung	1–7
2.	Anwendungsbereich	8
II.	**„Rangklasse 0"**	9–12
1.	Verfahrenskosten	10
2.	Früchtepfandrecht?	11
3.	Verwendung aus baupolizeilichen Gründen	12
III.	**Rangklasse 1**	13–27
1.	Abs. 1 Nr. 1	14–21
2.	§ 155 Abs. 4	22, 23
3.	Land- und ritterschaftliche Kreditanstalten	24
4.	Anmeldung	25, 26
5.	Gleichrang	27
IV.	**Rangklasse 1a**	28–40
1.	Allgemeines und Anwendungsbereich	28–30
2.	Voraussetzungen	31–34
3.	Bewegliche Gegenstände	35, 36
4.	Pauschalisierung der Feststellungskosten	37
5.	Versteigerung mehrerer Grundstücke	38, 39
6.	Anmeldung	40
V.	**Rangklasse 2**	41–59
1.	Allgemeines und Anwendungsbereich	41–46
2.	Zwei Arten der Geltendmachung des Vorrechts	47
3.	Lasten und Kosten	48–51
4.	Zeitliche Begrenzung	52, 53
5.	Begrenzung der Höhe nach	54–56
6.	Anmeldung	57
7.	Zwangssicherungshypothek	58
8.	Lohnansprüche der im Bergbau Beschäftigten in Rangklasse 2 bzw. Rangklasse 2/3	59
VI.	**Rangklasse 3**	60–75
1.	Begriff und Rechtsnatur der öffentlichen Last	61–65
2.	Einzelne öffentliche Lasten	66
3.	Keine öffentliche Lasten	67

und dieser vorgehend („Rangklasse 0"[1]) stehen die Verfahrenskosten (§§ 109, 155 Abs. 1) sowie baupolizeiliche Ansprüche in einigen Bundesländern (Rn. 12).

Die in § 10 festgelegte Rangfolge ist Grundlage für die Berechnung des geringsten Gebots (§§ 44, 49, 52), die Erlösverteilung in der Vollstreckungsversteigerung (§§ 109, 112 ff.) sowie für die Verteilung laufender Nutzungen in der Zwangsverwaltung (§§ 155, 156). **3**

§ 10 ist in all seinen Facetten **zwingend**, d. h. sowohl hinsichtlich der Frage, welche Ansprüche überhaupt befriedigungsfähig sind als auch soweit es um deren Rangfolge geht. Beides ist also der Disposition des Vollstreckungsgerichts und der Beteiligten entzogen.[2] Das gilt selbst dann, wenn nach Befriedigung der letzten Rangklasse ein Erlösüberschuss verbleibt.[3] Jedoch kann **außergerichtlich** eine andere Rangordnung festgelegt werden.[4] Umstritten ist, ob innerhalb des Verfahrens über einen Antrag nach § 59 eine Abänderung der Rangfolge erreicht werden kann. Z. T. wird das bejaht, es handle sich um eine „abweichende Versteigerungsbedingung".[5] Die wohl h. M.[6] lehnt das ab, insbesondere sei auch ein Doppelausgebot (§ 59 Abs. 2) nicht möglich, da zwar die wirtschaftliche Beeinträchtigung desjenigen, der den besseren Rang verlieren soll, erst im Verteilungstermin offenbar werde, seine rechtliche Beeinträchtigung (= Rangverlust) aber schon vorher feststehe. Dem ist zuzustimmen: vor dem Hintergrund, dass § 59 als Ausnahmevorschrift restriktiv auszulegen ist,[7] verbietet sich eine Änderung der für das Versteigerungsverfahren fundamentalen Grundnorm des § 10. Teilt man diese Auffassung nicht, wäre zumindest eine Zustimmung des den besseren Rang verlierenden Gläubigers erforderlich. **4**

Ein **Antrag** im **Erkenntnisverfahren** auf **Feststellung** des Rangs einer Forderung ist regelmäßig mangels des erforderlichen besonderen Feststellungsinteresses unzulässig.[8] **5**

Durch unterlassene oder verspätete Anmeldung oder unterlassene/mangelhafte Glaubhaftmachung kann ein Rangverlust eintreten (§§ 37 Nr. 4, 45 Abs. 1, 66 Abs. 2, 110, 114 Abs. 1, 156 Abs. 2 Satz 4).[9] **6**

Durch das **WEGuaÄndG**[10] (Art. 2 Nr. 1) wurde Abs. 1 Nr. 2 grundlegend geändert sowie Abs. 3 eingefügt. Die maßgebliche Übergangsvorschrift enthält § 62 Abs. 1 WEG, wonach die alte Fassung für am 1.7.2007 anhängige Zwangsversteigerungsverfahren fortgilt; für danach anhängig gewordene Verfahren gilt die Neufassung (näher Rn. 44 f.). Durch Art. 8 **Gesetz zur Reform des Kontopfändungsschutzes**[11] wurde mit Wirkung zum 11.7.2009 Abs. 3 Satz 1 um einen zweiten Halbsatz ergänzt (Rn. 132). **7**

---

1 *Stöber*, ZVG, § 10 Rn. 1.7.
2 BGH, Urteil. vom 25.6.1992 – IX ZR 24/92, NJW 1992, 2629 = Rpfleger 1992, 533, 534.
3 *Böttcher*, ZVG, § 10 Rn. 1.
4 BGH, Urteil vom 25.6.1992 – IX ZR 24/92, NJW 1992, 2629 = Rpfleger 1992, 533, 534 (Umfang der Ausfallshaftung des Bürgen); vgl. auch *Hagemann*, in: *Steiner*, ZVG, Rn. 6: außergerichtliche Abweichung vom festgestellten Teilungsplan.
5 *Hagemann*, in: *Steiner*, ZVG, § 10 Rn. 6; vgl. auch *Storz*, in: *Steiner*, ZVG, § 59 Rn. 7 u. 19: keine Abänderbarkeit der Rangfolge der aus dem Meistgebot zu befriedigenden Rechte, jedoch könne das gleiche praktische Ergebnis durch eine Änderung der Rangfolge der einzelnen Rechte erreicht werden.
6 *Schiffhauer*, Rpfleger 1986, 326, 341; *Hintzen*, in: *Dassler/Schiffhauer/u. a.*, ZVG, § 59 Rn. 22, 34; *Stöber*, ZVG, § 10 Rn. 1.5.
7 *Böttcher*, ZVG, § 59 Rn. 8.
8 Vgl. OLG München, Beschl. vom 18.4.2006 – 32 Wx 34/06, NJW-RR 2006, 1089 (für Rangklasse des Abs. 1 Nr. 1).
9 *Hagemann*, in: *Steiner*, ZVG, § 10 Rn. 7.
10 BGBl. 2007 I S. 370.
11 BGBl. 2009 I S. 1707.

2. Anwendungsbereich

8 § 10 ist auf die Zwangsversteigerung von Grundstücken, grundstücksgleichen Rechten und Grundstücksbestandteilen anwendbar, die im Wege der Zwangsvollstreckung erfolgt. Mit den dort normierten Besonderheiten gilt er ferner für die Zwangsverwaltung (§§ 155, 156), die Insolvenzverwalter- (§ 172), Nachlass- (§ 176) und Teilungsversteigerung (§ 180) sowie die Zwangsversteigerung von Schiffen, Schiffsbauwerken und Luftfahrzeugen (beachte §§ 754 ff. HGB, §§ 102 ff. Binnenschiffahrtsgesetz sowie das Binnenschiffahrtsvollstreckungsschutzgesetz).

II. „Rangklasse 0"

9 Die folgenden Ansprüche stehen außerhalb der Rangordnung des § 10, gehen dieser als „Rangklasse 0" vor und sind daher noch vor den Ansprüchen der Rangklasse 1 zu befriedigen:

1. Verfahrenskosten

10 Nach § 109 Abs. 1 sind bei der Zwangsversteigerung die Kosten des Verfahrens (zum Begriff: § 109 Rn. 2 ff.) vorweg zu entnehmen; § 155 Abs. 1 enthält die entsprechende Regelung für die Zwangsverwaltung (näher § 155 Rn. 14). Die Verfahrenskosten gehen allen anderen Ansprüchen vor, wozu auch die anderen Ansprüche der „Rangordnung 0" zählen.[12]

2. Früchtepfandrecht?

11 Entgegen der herrschenden Auffassung ist das Früchtepfandrecht nach § 2 Abs. 4 DüngMSichG nicht in „Rangklasse 0" einzustufen, sondern in einer eigenen Zwischenklasse 3/4 (Rn. 76 f.).

3. Verwendung aus baupolizeilichen Gründen

12 Nach Art. 28 ff. PrAGZVG steht der zuständigen Kommunalbehörde (vormals: Baupolizeibehörde) ein Anspruch auf Ersatz der von ihr getätigten Aufwendungen zur Abwendung dringender Gefahren bei von Eigentümern vernachlässigten Gebäuden zu. Das gilt in Berlin sowie den früheren preußischen, zum Rechtskreis des ALR gehörenden Landesteilen Nordrhein-Westfalens.[13] Die Behörde kann zur Durchsetzung dieses Anspruchs ein besonderes Zwangsversteigerungsverfahren beantragen; unzweifelhaft genießt ihr Aufwendungsersatzanspruch in *diesem* Verfahren Vorrang vor allen anderen Ansprüchen (mit Ausnahme des § 109), Art. 30 PrAGZVG. Ob dies auch in einem von einem anderen Gläubiger betriebenen allgemeinen Zwangsversteigerungsverfahren gilt, ist dagegen umstritten.[14] Dagegen spricht, dass § 10 die Rangfolge zwingend festlegt und landesrechtliche Abweichungen nur in dem engen, hier nicht einschlägigen Rahmen der §§ 2, 3 EGZVG ermöglicht; zudem steht Art. 30 PrAGZVG systematisch bei den Vorschriften über das *besondere* Verfahren nach Art. 28 ff. PrAGZVG. Unabhängig davon bezieht sich der Vorrang jedenfalls nur auf Aufwendungsersatzansprüche wegen Beseitigung von vom

---

12 *Hagemann*, in: *Steiner*, ZVG, § 10 Rn. 11.
13 Dagegen gelten die Art. 28 ff. PrAGZVG nicht mehr in **Niedersachsen** (aufgehoben durch Art. 3 Abs. 2 Nr. 1 Gesetz vom 6.6.2008, Nds. GVBl. S. 210), vgl. Drucks. 15/3746 des Niedersächsischen Landtags, S. 10.
14 Bejahend LG Berlin, Beschl. vom 14.8.1991 – 81 T 568/91, Rpfleger 1991, 518; ablehnend *Rellermeyer*, in: *Dassler/Schiffhauer/u. a.*, ZVG, § 10 Rn. 5, § 2 EGZVG Rn. 17 ff.

Gebäude ausgehender Gefahren, nicht aber z.B. auf die Sanierungskosten bei Bodenaustausch ölverseuchten Geländes.[15]

III. Rangklasse 1

Zur ersten Rangklasse gehören die in **Abs. 1 Nr. 1** (Rn. 14 ff.) und **§ 155 Abs. 4** (Rn. 22 f.) genannten Ansprüche sowie die Aufwendungen landschaftlicher bzw. ritterschaftlicher Kreditanstalten nach Art. 12 PrAGZVG (Rn. 24). **13**

1. Abs. 1 Nr. 1.

Abs. 1 Nr. 1 privilegiert den Anspruch des die Zwangsverwaltung betreibenden Gläubigers auf Ersatz seiner Ausgaben zur Erhaltung oder nötigen Verbesserung des Grundstücks. Motiv für diese Privilegierung ist, dass derartige Ausgaben dem Grundstück und damit allen Gläubigern zugute kommen.[16] Diese Ausgaben können freiwillig getätigt worden sein oder – in den Fällen des § 161 Abs. 3 – auf Veranlassung des Gerichts beruhen und damit faktisch erzwungen sein.[17] In der **Zwangsversteigerung** gelten Einschränkungen (Rn. 19 ff.). **14**

Naturgemäß kann das Zwangsversteigerungsverfahren wegen der Ansprüche aus Rangklasse 1 **nicht** in diesem Rang **betrieben** werden.[18] Jedoch kann der Gläubiger, wenn die Voraussetzungen für die Vollstreckung vorliegen, die Zwangsversteigerung in Rangklasse 5 (Rn. 101 ff.) betreiben. Handelt es sich um notwendige Kosten der Zwangsvollstreckung, können sie in der Rangklasse der Hauptforderung beigetrieben werden, Abs. 2, § 788 Abs. 1 ZPO.[19] **15**

a) Kreis der Begünstigten. Abs. 1 Nr. 1 erfasst ausschließlich die von Anordnungs- oder Beitrittsgläubigern (§ 27) im Rahmen des Verfahrens getätigte Aufwendungen. Nicht erfasst sind daher insbesondere die Aufwendungen des Erstehers,[20] eines Hypothekengläubigers für die Kosten einer Sicherungsmaßnahme nach §§ 1134, 1135 BGB oder Kosten einer nach §§ 25, 94 angeordneten gerichtlichen Verwaltung; u.U. können sie aber nach Abs. 2 geltend gemacht werden (Rn. 121, 123). Nicht erfasst sind ferner Kosten nach den §§ 165, 170, 171g. Schließlich unterfallen auch durch den Zwangsverwalter geleistete Vorschüsse nicht Abs. 1 Nr. 1, jedoch kann er sie im Rahmen der Zwangsverwaltung als Kosten der Verwaltung aus den Einkünften vorab entnehmen, § 155 Abs. 1.[21] **16**

b) Ausgaben zur Erhaltung oder nötigen Verbesserung. Abs. 1 Nr. 1 erfasst nur Ersatzansprüche für Ausgaben „zur Erhaltung oder nötigen Verbesserung des Grundstücks", die **während des Zwangsverwaltungsverfahrens** gemacht wurden.[22] „Ausgabe" ist dabei insofern weit zu verstehen, als sowohl Sach- und Arbeitsleistungen des Gläubigers als auch Vorschüsse an den Zwangsverwalter erfasst sind.[23] Jedoch genügt es nicht, dass die Vorschüsse lediglich zur Erhaltung/Verbesserung bestimmt waren; vielmehr müssen sie auch zweckentsprechend verwendet worden sein (wofür der Gläubiger darlegungs- und **17**

---

15 LG Berlin, Beschl. vom 14.8.1991 – 81 T 568/91, Rpfleger 1991, 518; *Hagemann*, in: Steiner, ZVG, § 10 Rn. 21.
16 BGH, Urteil vom 25.6.1992 – IX ZR 24/92, NJW 1992, 2629 = Rpfleger 1992, 533, 534.
17 LG Wuppertal, Urteil vom 10.2.2004 – 1 O 305/03, ZMR 2005, 818.
18 *Stöber*, ZVG, § 10 Rn. 2.9.
19 Vgl. LG Bochum, Beschl. vom 30.6.1994 – 7 T 506/94, Rpfleger 1994, 517.
20 OLG Jena, SeuffA 68, 427, 428.
21 *Böttcher*, ZVG, § 10 Rn. 7.
22 RG, Urteil vom 3.10.1934 – V 30/34, 103/34, RGZ 145, 195; vgl. auch OLG Düsseldorf, Urteil vom 4.10.2002 – 14 U 93/02, NZM 2002, 1045.
23 LG Wuppertal, Urteil vom 10.2.2004 – 1 O 305/03, ZMR 2005, 818.

beweisbelastet ist).²⁴ Darüber hinaus müssen sich die Ausgaben tatsächlich werterhöhend ausgewirkt haben (wer bestreitet, dass dies der Fall ist, trägt die Beweislast);²⁵ das kann nicht aus dem Versteigerungsergebnis abgelesen werden;²⁶ der Gläubiger trägt das Risiko des Misserfolgs.²⁷ Nicht erforderlich ist aber, dass der Wert auch noch zum Zeitpunkt des Zuschlags erhöht war.²⁸ Dass ein Gläubiger durch einen Mietvertrag zu den Ausgaben verpflichtet war, hindert nicht die Einstufung der Ausgabe in Abs. 1 Nr. 1, wenn nur der geleistete Mietzins dem Mietwert entspricht.²⁹ Allein die Tatsache, dass die Ausgabe auf Veranlassung des Gerichts gem. § 161 Abs. 3 hin erfolgte, stellt richtigerweise keine hinreichende Bedingung für die Subsumtion unter Abs. 1 Nr. 1 dar. Denn es lässt sich nicht ausschließen, dass die Ausgabe zwar zur Fortsetzung des Verfahrens erforderlich war, aber dennoch nicht der Erhaltung oder notwendigen Verbesserung des Grundstücks diente.³⁰

18 Maßgeblich sind stets die Umstände des konkreten **Einzelfalles**. Ausgaben für Erhaltung/nötige Verbesserung des Grundstück können z.B. sein: **Gebäudereparaturen**, Vollendungs- und Umbauarbeiten³¹ (nicht aber die Errichtung eines Neubaus auf einem unbebauten Grundstück)³², **Lohnzahlung** für zur Bewirtschaft notwendiges Personal,³³ **Vorschüsse** für die Beschaffung von Dünge- und Futtermitteln oder sonstigem landwirtschaftlichen Gerät (das darf nicht mit den Lieferantenansprüchen nach § 155 Abs. 4 verwechselt werden, s. Rn. 22 f.). Auch **Zinsaufwendungen** des Gläubigers für die Beschaffung des Vorschusses unterfallen Abs. 1 Nr. 1,³⁴ jedoch grds. nur, wenn der Gläubiger tatsächlich Zinsaufwendungen hatte; dagegen ist in den Fällen des § 155 Abs. 3 (1 ½ Prozentpunkte über SFR-Zinssatz) kein Nachweis erforderlich. Strittig ist, inwieweit **Hausgeldansprüche** bei Wohnungseigentümergemeinschaften unter Abs. 1 Nr. 1 fallen: Entgegen einer z.T. vertretenen Auffassung³⁵ sind diese nicht automatisch Ausgaben i.S.v. Abs. 1 Nr. 1, unterscheidet doch schon das WEG zwischen Kosten der Verwaltung und solchen der Instandhaltung und -setzung (vgl. §§ 16 Abs. 2, 28 Abs. 1 WEG); insbesondere Verbrauchskosten (z.B. für [Ab-]Wasser, Müllabfuhr, Kabelfernsehen, Bankgebühren usw.) fallen – anders als (unter Umständen) Kosten tatsächlicher Reparaturen – nicht unter Abs. 1 Nr. 1.³⁶ Davon zu trennen ist die Frage, ob auch Ausgaben, die nicht unmittelbar dem Sondereigentum, sondern dem gemeinschaftlichen Eigentum zu Gute kommen, in Rangklasse 1 fallen können. Richtigerweise ist das zu bejahen, weil Gegenstand der Zwangsversteigerung nicht

---

24 BGH, Urteil vom 10.4.2003 – IX ZR 106/02, BGHZ 154, 387 = NJW 2003, 2162 = Rpfleger 2003, 454; so auch schon RG, Urteil vom 19.3.1887 – V 370/86, RGZ 17, 273, 276; OLG Köln, Urteil vom 28.5.1998 – 18 U 243/97, Rpfleger 1998, 482; LG Bochum, Beschl. vom 30.6.1994 – 7 T 506/94, Rpfleger 1994, 517.
25 *Rellermeyer*, in: *Dassler/Schiffhauer/u.a.*, ZVG, § 10 Rn. 6; *Böttcher*, ZVG, § 10 Rn. 8; kritisch *Eickmann*, ZVG, § 4 II 2; a.A. wohl LG Wuppertal, Urteil vom 10.2.2004 – 1 O 305/03, ZMR 2005, 818.
26 *Hagemann*, in: *Steiner*, ZVG, § 10 Rn. 25.
27 *Hagemann*, in: *Steiner*, ZVG, § 10 Rn. 25.
28 *Hagemann*, in: *Steiner*, ZVG, § 10 Rn. 25.
29 BGH, Urteil vom 29.1.1954 – V ZR 54/53, BB 1954, 391.
30 Ebenso OLG Braunschweig, Urteil vom 15.4.2002 – 7 U 113/01, Rpfleger 2002, 580; kritisch wohl *Drischler*, Rpfleger 1957, 212, 213.
31 RG, Urteil vom 4.5.1910 – V 221/09, RGZ 73, 397, 401; KG, OLGE 15, 25, 25 f.
32 KG, OLGE 15, 25.
33 *Böttcher*, ZVG, § 10 Rn. 8.
34 *Hagemann*, in: *Steiner*, ZVG, § 10 Rn. 26.
35 OLG Düsseldorf, Urteil vom 4.10.2002 – 14 U 93/02, NZM 2002, 1045; LG Aachen, Urteil vom 15.9.2000 – 9 O 134/00, NZM 2002, 141.
36 So auch OLG Frankfurt, Urteil vom 6.3.2002 – 23 U 150/01, NJW-RR 2002, 1304; LG Augsburg, Beschl. vom 24.10.2000 – 4 T 3950/00, Rpfleger 2001, 92; LG Mönchengladbach, Beschl. vom 16.7.1999 – 5 T 267/99, Rpfleger 2000, 80.

nur das Sondereigentum, sondern auch der ideelle Anteil am Grundstück ist; berücksichtigt werden kann aber nur der dem Miteigentumsanteil entsprechende Bruchteil.[37] An diesen Aussagen hat sich durch die Privilegierung von Wohngeldansprüchen in Rangklasse 2 durch das WEGuaÄndG (Rn. 41) nichts geändert, wollte der Gesetzgeber doch die Situation der Wohnungseigentümergemeinschaft verbessern,[38] womit es nicht vereinbar wäre, dieser die Möglichkeit zu nehmen, in den Genuss der Rangklasse 1 zu gelangen; da Abs. 1 Nr. 2 keine Zwangsverwaltung voraussetzt und zudem weit mehr Ansprüche erfasst (vgl. Rn. 48 f.) als Nr. 1, verbleibt für Nr. 2 ein ausreichender Anwendungsbereich. Die Kosten einer **Zwangsverwaltung** sind nicht zwangsläufig substanzerhaltend und unterfallen daher nicht automatisch Abs. 1 Nr. 1; vielmehr müssen die Ausgaben der Zwangsverwaltung im Einzelfall festzustellende objekterhaltende oder -verbessernde Wirkung haben.[39] Kosten für **Feuer- und Hagelversicherung** unterfallen Abs. 1 Nr. 1, nicht aber die für Gebäudehaftpflicht- oder sonstige Versicherungen des Grundstücks und der mithaftenden Gegenstände.[40] Keinesfalls unter Abs. 1 Nr. 1 fallen die dem Verwalter entstandenen Kosten einer Haftpflichtversicherung zur Absicherung seiner Haftung gem. § 154, da es sich dabei um seine persönliche Angelegenheit handelt.[41] Da die **Grundsteuer** nicht der Objekterhaltung oder gar -verbesserung dient, fällt ein Anspruch auf Erstattung dafür geleisteter Ausgaben nicht unter Abs. 1 Nr. 1.[42]

c) *Besonderheiten bei der Zwangsversteigerung.* Im Rahmen der Zwangsversteigerung genießt der Ersatzanspruch des Gläubigers nur dann das Vorrecht des Abs. 1 Nr. 1, wenn zwei zusätzliche Voraussetzungen erfüllt sind: **19**

Die Zwangsverwaltung muss bis zum **Zuschlag angedauert** haben.[43] Damit soll sichergestellt werden, dass zwischen (erhöhtem) Versteigerungserlös und der Ausgabe ein Zusammenhang besteht.[44] Wird das Zwangsverwaltungsverfahren vor dem Zuschlag aufgehoben, tritt ein unwiderruflicher, auch nicht durch die sofortige Einleitung eines neuen Zwangsverwaltungsverfahrens „heilbarer" Verlust des Vorrechts ein. Dagegen ist irrelevant, ob der die Zwangsverwaltung betreibende (und Ausgaben tätigende) Gläubiger mit demjenigen identisch ist, der die Zwangsversteigerung betreibt.[45] **20**

Darüber hinaus ist die Einordnung in die Rangklasse 1 insoweit „**subsidiär**", als vorrangig versucht werden muss, die Ausgaben aus den Nutzungen des Grundstücks erstattet zu bekommen. Erforderlich ist daher, dass vor Verteilung des Versteigerungserlöses objektiv festgestellt wird, dass die Ausgaben in der Zwangsverwaltung nicht ersetzt werden können.[46] Dabei trägt der Gläubiger das Risiko eventuellen Fehlverhaltens des Zwangsverwalters.[47] **21**

---

37 LG Wuppertal, Urteil vom 10.2.2004 – 1 O 305/03, ZMR 2005, 818.
38 BT-Drucks. 16/887, S. 43.
39 BGH, Urteil vom 10.4.2003 – IX ZR 106/02, BGHZ 154, 387 = NJW 2003, 2162 = Rpfleger 2003, 454; vgl. auch RG, Urteil vom 13.11.1889 – V 177/89, RGZ 25, 227 und *Stöber*, ZVG, § 10 Rn. 2.1: Vergütung des Zwangsverwalters nur, wenn Anordnung zur Grundstückserhaltung geboten war (ja bei § 1134 Abs. 2 BGB; nein bei § 938 Abs. 2 ZPO); siehe dazu auch LG Frankfurt, Urteil vom 28.3.2002 – 2–15 S 157/01, ZMR 2002, 977.
40 Vgl. BGH, Urteil vom 10.4.2003 – IX ZR 106/02, BGHZ 154, 387 = NJW 2003, 2162 = Rpfleger 2003, 454; *Stöber*, ZVG, § 10 Rn. 2.1.
41 *Hagemann*, in: *Steiner*, ZVG, § 10 Rn. 26.
42 BGH, Urteil vom 10.4.2003 – IX ZR 106/02, BGHZ 154, 387 = NJW 2003, 2162 = Rpfleger 2003, 454.
43 Vgl. auch LG Bochum, Beschl. vom 30.6.1994 – 7 T 506/94, Rpfleger 1994, 517.
44 *Stöber*, ZVG, § 10 Rn. 2.5; kritisch *Hagemann*, in: *Steiner*, ZVG, § 10 Rn. 30.
45 RG, Urteil vom 19.3.1887 – V 370/86, RGZ 17, 273, 275 f.; *Böttcher*, ZVG, § 10 Rn. 10.
46 RG, Urteil vom 13.11.1889 – V 177/89, RGZ 25, 227, 231 f.
47 Näher *Hagemann*, in: *Steiner*, ZVG, § 10 Rn. 31.

2. § 155 Abs. 4.

22 Schafft der Zwangsverwalter Düngemittel, Saatgut oder Futtermittel an, entsteht für die Ansprüche der Lieferanten aus diesen Lieferungen (sowie für Kredite zu deren Finanzierung) ein Vorrecht nach § 155 Abs. 4 in der Rangklasse 1. Das Vorzugsrecht ist sowohl vom Früchtepfandrecht nach § 1 DüngMSichG (Rn. 76 f.)[48] als auch von vom Gläubiger geleisteten Vorschüssen für die Beschaffung von Dünge- und Futtermitteln und sonstigem landwirtschaftlichen Gerät (Rn. 18) zu unterscheiden.

23 Entgegen einer vereinzelten Meinung in der Literatur[49] ist § 155 Abs. 4 auf die **Zwangsverwaltung** zu beschränken und gilt nicht für ein nachfolgendes Zwangsversteigerungsverfahren;[50] dafür spricht die systematische Stellung des § 155 im Abschnitt über die Zwangsverwaltung und die Nichtnennung der Zwangsversteigerung im Rahmen des § 155 Abs. 4, gerade im Vergleich zu ihrer Inbezugnahme in § 155 Abs. 3.

3. Land- und ritterschaftliche Kreditanstalten

24 Besonderheiten gelten schließlich für land- und ritterschaftliche Kreditanstalten in Berlin, Schleswig-Holstein und den ehemaligen preußischen Landesteilen Nordrhein-Westfalens. Diese haben nach Art. 12 Abs. 2, 3 PrAGZVG wegen ihrer Ausgaben zur Erhaltung oder nötigen Verbesserung des Grundstücks ein Befriedigungsrecht in Rangklasse 1 auch insoweit, wie sie diese während eines von ihnen eingeleiteten Zwangsverwaltungsverfahrens (§§ 3 Abs. 2, 5 Abs. 2, 6 LandschKrAG) getätigt haben, weil beide Verfahren als Einheit betrachtet werden.[51]

4. Anmeldung

25 In der **Zwangsversteigerung** müssen die Ansprüche der Rangklasse 1 nebst Kosten (Abs. 2, § 12) vom anspruchsberechtigten Gläubiger (nicht: vom Zwangsverwalter) zur Vermeidung eines Rangverlusts (§ 110) **angemeldet** und auf Verlangen glaubhaft gemacht werden. Das muss spätestens im Versteigerungstermin vor Aufforderung zur Abgabe von Geboten erfolgen, §§ 37 Nr. 4, 45 Abs. 1, 114.

26 In der **Zwangsverwaltung** ist dagegen eine besondere Anmeldung **nicht** erforderlich, da die Ausgaben dem Verwalter und dem Gericht amtsbekannt sind. Leistet der Gläubiger Vorschüsse, so sind sie nach § **155 Abs. 1** als Ausgaben der Verwaltung vorweg zu bestreiten; nur wenn der Verwalter eine Erstattung ablehnt oder der Gläubiger die Ausgaben selbst leistet, greift Abs. 1 Nr. 1 ein.[52]

5. Gleichrang

27 Mehrere in Rangklasse 1 fallende Ansprüche haben in Zwangsversteigerung wie -verwaltung gleichen Rang (§ 11 Rn. 20). Für den Rang innerhalb eines Anspruchs gilt § 12.[53]

---

[48] *Drischler*, Rpfleger 1948/49, 499; *ders.*, Rpfleger 1957, 212, 214.
[49] *Stöber*, ZVG, § 10 Rn. 2.4.
[50] So auch *Eickmann*, ZVG, § 4 II 2; *Hagemann*, in: Steiner, ZVG, § 10 Rn. 22; *Böttcher*, ZVG, § 10 Rn. 13; *Rellermeyer*, in: Dassler/Schiffhauer/u.a., ZVG, § 10 Rn. 8.
[51] *Hagemann*, in: Steiner, § 10 ZVG, Rn. 32; *Rellermeyer*, in: Dassler/Schiffhauer/u.a., ZVG, § 2 EGZVG Rn. 20 f.
[52] *Hagemann*, in: Steiner, § 10 ZVG, Rn. 35; *Böttcher*, ZVG, § 10 Rn. 13.
[53] *Hagemann*, in: Steiner, § 10 ZVG, Rn. 37.

IV. Rangklasse 1a

1. Allgemeines und Anwendungsbereich

Nach §§ 170f. InsO hat die Insolvenzmasse Anspruch auf Erstattung der Kosten, die durch die Feststellung der beweglichen Gegenstände, an denen Absonderungsrechte bestehen, entstehen. Diese Ansprüche sind bei einer Zwangsversteigerung Vorrechte in der Rangklasse 1a, wenn über das Vermögen des Schuldners das Insolvenzverfahren eröffnet ist. Sinn der Regelung ist es zu vermeiden, dass die Insolvenzmasse zum Nachteil der ungesicherten Gläubiger mit Kosten belastet wird, die ausschließlich im Interesse der gesicherten Gläubiger aufgewendet wurden.[54] **28**

Wegen des insolvenzrechtlichen Erstattungsanspruchs kann nach dem eindeutigen Wortlaut des Abs. 1 Nr. 1a („im Falle einer Zwangsversteigerung") die Zwangsversteigerung **nicht betrieben** werden.[55] **29**

Abs. 1 Nr. 1a ist auch bei der Insolvenzverwalter- (§ 174a) und der Nachlassversteigerung **anwendbar**, wenn das Insolvenzverfahren über den Nachlass des Erblassers eröffnet ist (§§ 315 ff. InsO). Bei der Teilungsversteigerung (§§ 180 ff.) wird er nur relevant, wenn das Insolvenzverfahren über das Vermögen aller Miteigentümer eröffnet wurde, also das Grundstück z.B. einer GbR, OHG oder KG oder zum Gesamtgut einer Gütergemeinschaft gehört.[56] **Nicht** anwendbar ist er nach seinem eindeutigen Wortlaut auf die Zwangsverwaltung. **30**

2. Voraussetzungen

Erforderlich ist zunächst, dass das **Insolvenzverfahren** über das Vermögen des Schuldners eröffnet ist. Unschädlich ist es, wenn die Feststellungskosten zwar entstanden sind, das Grundstück aber vor Beginn der Zwangsversteigerung aus der Insolvenzmasse freigegeben wurde.[57] **31**

„Schuldner" i. S. d. Abs. 1 Nr. 1a ist der Eigentümer des Grundstücks, § 17 Abs. 1. Dagegen ist ein neuer Eigentümer, der das Grundstück nach Wirksamwerden (§ 22) der Beschlagnahme erworben hat, zwar Beteiligter nach § 9 Nr. 2, aber nicht „Schuldner" in diesem Sinne. Dann gilt: betreibt sowohl der Gläubiger des vormaligen Eigentümers als auch des neuen Eigentümers, über dessen Vermögen das Insolvenzverfahren eröffnet ist, die Zwangsversteigerung, so fällt wegen der Schutzwirkung der Beschlagnahme der Anspruch der Insolvenzmasse auf Ersatz der Feststellungskosten nur insoweit unter Abs. 1 Nr. 1a, wie nicht das Recht des gegen den vorherigen Eigentümer vollstreckenden Gläubigers auf Befriedigung beeinträchtigt wird.[58] **32**

Schließlich muss ein **Insolvenzverwalter** bestellt sein. In **Eigenverwaltungsverfahren** nach §§ 270 ff. InsO, in denen ein Insolvenzverwalter nicht bestellt wird, besteht kein Anspruch der Masse auf Kostenersatz; dementsprechend existieren auch keine in Rangklasse 1a fallenden Ansprüche.[59] Dagegen ist beim vereinfachten Insolvenzverfahren bei **Verbraucherinsolvenz** (§§ 311 ff. InsO) zwar kein Insolvenzverwalter zu bestellen, seine Aufgaben nimmt aber ein Treuhänder wahr, auf den die Verwertungsrechte des Gläubigers übergeleitet werden können (§§ 313 Abs. 3, 173 Abs. 2 InsO); ist dies geschehen, sind **33**

---

54 BT-Drucks. 12/3803, S. 68 ff.; näher *Vallender*, Rpfleger 1997, 353, 355 f.; *Hintzen*, ZInsO 2004, 713, 718; kritisch *Eickmann*, ZVG, § 4 II 3.
55 *Stöber*, ZVG, § 10 Rn. 3.7.
56 *Stöber*, ZVG, § 10 Rn. 3.9.
57 *Rellermeyer*, in: *Dassler/Schiffhauer/u. a.*, ZVG, § 10 Rn. 16.
58 *Stöber*, ZVG, § 10 Rn. 3.1.
59 *Eickmann*, ZflR 1999, 81, 84.

die Kosten zu berücksichtigen mit der Folge, dass der Ersatzanspruch unter Abs. 1 Nr. 1a fällt.[60]

34 Wird das Grundstück **freihändig** außerhalb des Insolvenzverfahrens veräußert, besteht kein Anspruch des Insolvenzverwalters auf Ersatz seiner Feststellungskosten.[61]

3. Bewegliche Gegenstände

35 Die Insolvenzmasse hat Anspruch auf Ersatz der Kosten der Feststellung der beweglichen Gegenstände, auf die sich die Versteigerung erstreckt. Das bestimmt sich nach § 55 Abs. 1, der auf den Umfang der Beschlagnahme (§§ 20, 21 ZVG, 1120 ff. BGB) verweist. In Betracht kommen daher Zubehörstücke, getrennte Erzeugnisse und sonstige Bestandteile.

36 Nicht berücksichtigt werden können die Feststellungskosten für wesentliche Bestandteile, subjektiv-dingliche Rechte (§§ 96, 1126 BGB), Versicherungsforderungen[62] sowie vor der Versteigerung aus dem Verfahren ausgeschiedenen Gegenstände.[63] Auf sich im Besitz des Schuldners oder eines neu eingetretenen Eigentümers befindliche Zubehörstücke, die im Eigentum eines Dritten stehen, erstreckt sich zwar nach § 55 Abs. 2 u. U. die Zwangsversteigerung, sie gehören jedoch nicht zur Insolvenzmasse (§ 35 InsO) und unterliegen nicht der Verwaltungs- und Verwertungsbefugnis des Insolvenzverwalters; dementsprechend fallen Kosten für die Feststellung solcher Gegenstände nicht unter Abs. 1 Nr. 1a.[64]

4. Pauschalisierung der Feststellungskosten

37 Unabhängig vom tatsächlichen Aufwand[65] wird der Betrag der Feststellungskosten pauschal auf 4 % des nach § 74a Abs. 5 Satz 2 festgesetzten Verkehrswerts der beweglichen Gegenstände, auf die sich die Versteigerung bezieht, festgelegt. Dabei sind zwar beschlagnahmte, aber zu Beginn der Versteigerung (§ 66 Abs. 2) bereits wieder freigegebene Gegenstände nicht zu berücksichtigen;[66] außen vor bleibt auch die Umsatzsteuer für die mitversteigerten Gegenstände.[67] Keine Rolle spielt dagegen, ob die zu berücksichtigenden Gegenstände mit dem Grundstück versteigert oder nach § 65 auf sonstige Weise gesondert verwertet werden. Wurde der Wert der beweglichen Gegenstände im Wertfestsetzungsbeschluss nicht gesondert ausgewiesen, ist er den dem Beschluss zugrundeliegenden Unterlagen wie z. B. Sachverständigengutachten zu entnehmen.[68] Wird kein einziger beweglicher Gegenstand versteigert, sind aufgrund des eindeutigen Wortlauts keinerlei Kosten in Rangklasse 1a anzusetzen, und zwar selbst dann nicht, wenn zur Feststellung, ob sich die Versteigerung auf bewegliche Gegenstände erstrecken wird, tatsächlich Ermittlungen erforderlich waren.[69]

5. Versteigerung mehrerer Grundstücke

38 Mehrere Grundstücke **eines Schuldners** können unter den Voraussetzungen des § 18 in einem Verfahren versteigert werden. Geschieht dies per Einzelausgebo-

---

60 *Rellermeyer*, in: *Dassler/Schiffhauer/u. a.*, ZVG, § 10 Rn. 16; *Hintzen*, ZInsO 2004, 713, 716.
61 LG Heilbronn, Beschl. vom 17.10.2006 – 1 T 408/06 Bm, Rpfleger 2007, 105.
62 A.A. für Sachversicherung *Vallender*, Rpfleger 1997, 353, 356; kritisch auch *Eickmann*, § 4 II 3.
63 *Böttcher*, ZVG, § 10 Rn. 14c; *Rellermeyer*, in: *Dassler/Schiffhauer/u. a.*, ZVG, § 10 Rn. 15; *Stöber*, ZVG, § 10 Rn. 3.2.
64 *Rellermeyer*, in: *Dassler/Schiffhauer/u. a.*, ZVG, § 10 Rn. 15.
65 Vgl. BGH, Urteil vom 11.7.2002 – IX ZR 262/01, NJW 2002, 3475 = Rpfleger 2002, 646.
66 *Böttcher*, ZVG, § 10 Rn. 14d.
67 *Eickmann*, ZfIR 1999, 81, 85.
68 *Rellermeyer*, in: *Dassler/Schiffhauer/u. a.*, ZVG, § 10 Rn. 17.
69 *Stöber*, ZVG, § 10 Rn. 3.4.

ten (§ 63 Abs. 1), sind bei jedem Grundstück nur diejenigen Feststellungskosten in Rangklasse 1a anzusetzen, die sich auf die beweglichen Gegenstände des jeweiligen Grundstücks beziehen. Bei einem Gesamtausgebot (§ 63 Abs. 2) werden hingegen die gesamten Feststellungskosten in Rangklasse 1a berücksichtigt.[70]

Werden Grundstücke **verschiedener Schuldner** versteigert, ist zu unterscheiden: Ist nur über das Vermögen eines der Schuldner das Insolvenzverfahren eröffnet, sind die Feststellungskosten nur aus dem Grundstück dieses Schuldners in der Rangklasse 1a zu befriedigen; ist das Insolvenzverfahren dagegen über das Vermögen aller oder mehrerer Schuldner eröffnet, so sind die zu der jeweiligen Insolvenzmasse gehörenden Erstattungsansprüche aus dem Einzelgrundstück des jeweiligen Insolvenzschuldners bevorrechtigt zu befriedigen.[71] **39**

6. Anmeldung.

Der Insolvenzverwalter muss die Ansprüche der Rangklasse 1a rechtzeitig, d.h. spätestens im Versteigerungstermin vor Aufforderung zur Abgabe von Geboten anmelden, §§ 37 Nr. 4, 45, 114, da anderenfalls die Rangklasse verloren geht (§ 110). Angesichts der Pauschalisierung bedarf es keiner Glaubhaftmachung.[72] **40**

V. Rangklasse 2

1. Allgemeines und Anwendungsbereich

In Rangklasse 2 fallen die in Abs. 1 Nr. 2 genannten Wohngeldansprüche sowie – soweit Landesrecht dies bestimmt – Lohnansprüche der im Bergbau Beschäftigten (Rn. 59). Abs. 1 Nr. 2 wurde durch das **WEGuaÄndG**[73] vom 26.3.2007 grundlegend geändert. Die in der bisherigen Nr. 2 enthaltene Privilegierung sog. Litlohnansprüche[74] wurde vom Gesetzgeber angesichts der zwischenzeitlichen sozialen und rechtlichen Entwicklung als nicht mehr relevant angesehen.[75] Sie wurde daher vollständig gestrichen und durch eine Privilegierung der Wohngeldansprüche gegen säumige Miteigentümer ersetzt. **41**

Nach Ansicht des Gesetzgebers sind Hausgeldansprüche in der Praxis oft nicht oder nur schwer eintreibbar. Zudem fiel eine das Zwangsversteigerungsverfahren betreibende Wohnungseigentümergemeinschaft (Rangklasse 5) mit ihren Hausgeldansprüchen nach der bisherigen Rechtslage meist wegen ihres gegenüber den Realkreditgläubigern (Rangklasse 4) schlechteren Ranges aus. Das hatte in der Praxis oft zur Folge, dass säumige Wohnungseigentümer – im wahrsten Sinne des Wortes: – auf Kosten der anderen Eigentümer in ihren Wohnungen verbleiben konnten und/oder das Gebäude nicht mehr adäquat renoviert wurde, weil die anderen Eigentümer nicht das Risiko des Ausfalls mit ihren Ansprüchen tragen wollten.[76] Der Gesetzgeber sah es daher als notwendig an, die Stellung der Wohnungseigentümer(-gemeinschaft) zu stärken, indem er ihren Hausgeldansprüchen den privilegierten Rang in Rangklasse 2 einräumt.[77] Dadurch werde zugleich den Interessen der Realkreditgläubiger Rechnung getragen; zwar gehen diesen im Rang nun die Wohngeldansprüche vor, aber erstens ist deren Umfang angesichts der zeitlichen (S. 2) und höhen- **42**

---

70 *Stöber*, ZVG, § 10 Rn. 3.5.
71 *Stöber*, ZVG, § 10 Rn. 3.5.
72 *Hintzen*, ZinsO 2004, 713, 716.
73 BGBl. 2007 I S. 370.
74 Dazu ausführlich *Hagemann*, in: Steiner, ZVG, § 10 Rn. 40 ff.
75 BT-Drucks. 16/887, S. 43.
76 BT-Drucks. 16/887, S. 43.
77 BT-Drucks. 16/887, S. 43.

mäßigen (S. 3) Begrenzung überschaubar und zweitens diene der Schutz der Wohnungseigentümer mittelbar auch den Realkreditgläubigern, erhöhe es doch die Chance, dass Gebäude besser erhalten werden.[78] Realkreditgläubiger werden dennoch in der Praxis die Vor- und Nachteile einer **Ablösung** des Rechts der Wohnungseigentümergemeinschaft nach § 268 BGB, § 75 ZVG abwägen müssen.[79]

43 Anwendbar ist Abs. 1 Nr. 2 auch auf das Teileigentum sowie das Wohnungs- und Teilerbbaurecht.[80] In der **Zwangsverwaltung** gelten eine Reihe von Besonderheiten, insb. § 156 Abs. 1 Sätze 2, 3 ZVG (§ 156 Rn. 3, 10 ff.).[81]

44 Die bisherige Rechtslage gilt für alle am **1.7.2007** anhängigen Zwangsversteigerungs- und richtigerweise auch Zwangsverwaltungsverfahren[82] fort, § 62 Abs. 1 WEG. Das ZVG ist zwar grds. durch den Gedanken der Eigenständigkeit mehrerer Verfahren verschiedener Gläubiger geprägt (§ 27 Rn. 1), das kann aber richtigerweise nicht gelten, soweit es um die Anwendung des § 62 Abs. 1 WEG geht, da anderenfalls bei der Feststellung des geringsten Gebots sowie bei der Aufstellung des Teilungsplans vom Gesetzgeber nicht gewünschte Probleme auftreten würde: ist das Verfahren für einen Gläubiger vor, für einen anderen aber nach dem 1.7.2007 anhängig geworden, gilt daher auch bzgl. des zuletzt anhängig gewordenen Verfahrens das ZVG alter Fassung.[83]

45 Davon zu unterscheiden ist, dass die Neufassung – solange nur das Zwangsversteigerungs-/Verwaltungsverfahren nach dem 1.7.2007 anhängig wurde – für alle am 1.7.2007 bestehenden Ansprüche gilt, also nicht nur für die danach entstandenen.[84] Das ist zwar im Hinblick auf das Grundrecht der Inhaber bestehender dinglicher Rechte aus Art. 14 Abs. 1 Satz 1 GG nicht völlig unproblematisch, dürfte aber gerechtfertigt sein, dient der neue Abs. 1 Nr. 2 doch (mittelbar) auch ihrem Schutz (Rn. 42).[85]

46 Ein **Auffangregelung** wie sie Abs. 1 Nr. 7 und 8 für die Rangklassen 3 bzw. 4 vorsehen, hat der Gesetzgeber für Wohngeldansprüche bewusst nicht normiert. Es sei ausreichend, dass die Wohnungseigentümergemeinschaft die Forderung titulieren und ihretwegen die Zwangsversteigerung in Rangklasse 5 betreiben könne.[86]

2. Zwei Arten der Geltendmachung des Vorrechts

47 Abs. 1 Nr. 2 Satz 1 ordnet fällige Haus- oder Wohngeldansprüche der Wohnungseigentümergemeinschaft sowie die Rückgriffsansprüche einzelner Wohnungseigentümer Rangklasse 2 zu und privilegiert sie damit – praktisch relevant – gegenüber den Realkreditgläubigern (Rangklasse 4). Von dem Vorrecht kann auf zwei verschiedene Arten Gebrauch gemacht werden: (1) in einem von einem anderen Gläubiger betriebenen Zwangsversteigerungsverfahren, dann ist zwar Anmeldung erforderlich, § 45 Abs. 3 (Rn. 57), nicht aber ein Vollstreckungstitel;[87] (2) die (anderen) Wohnungseigentümer bzw. die Wohnungsei-

---

78 BT-Drucks. 16/887, S. 43.
79 Dazu ausführlich *Schneider*, ZfIR 2008, 161, 164 ff.; *Goldbach*, FoVO 2008, 8, 14; *Derleder*, ZWE 2008, 12, 16.
80 BT-Drucks. 16/887, S. 45.
81 Vgl. auch *Alff/Hintzen*, Rpfleger 2008, 165, 172 ff.; *Schneider*, ZfIR 2008, 161, 168 f.; *Goldbach*, FoVO 2009, 4 ff.
82 *Schneider*, ZfIR 2008, 161, 168.
83 BGH, Beschl. vom 21.2.2008 – V ZB 123/07, NJW 2008, 1383 = Rpfleger, 2008, 321; *Schneider*, ZfIR 2008, 161, 162.
84 BT-Drucks. 16/887, S. 44; *Zeiser*, Rpfleger 2008, 58; *Alff/Hintzen*, Rpfleger 2008, 165, 166.
85 BT-Drucks. 16/887, S. 44.
86 BT-Drucks. 16/887, S. 45.
87 *Goldbach*, FoVO 2008, 8, 11.

gentümergemeinschaft können/kann die Zwangsversteigerung auch selbst betreiben, wobei die Besonderheiten des Abs. 3 zu beachten sind (Rn. 130 ff.). Letzteres bietet gegenüber der bisherigen Rechtslage zwei Vorteile: Zum einen ist die Wohnungseigentümergemeinschaft nicht mehr – mit der Folge eines Nachrangs gegenüber den Realkreditgläubigern – auf Rangklasse 5 beschränkt, wenn sie die Zwangsversteigerung betreibt, sondern genießt nun den Vorrang; zum anderen brauchen die anderen Eigentümer nun nicht mehr den Verbleib eines säumigen Wohnungseigentümers in der Wohnung auf ihre Kosten dulden, sondern können ihn durch das Zwangsversteigerungsverfahren „vertreiben".[88]

3. Lasten und Kosten

Das Vorrecht erfasst zunächst Lasten (z. B. Müllabfuhrgebühren und Straßenreinigungskosten) und Kosten (z. B. Hausmeisterkosten; Instandhaltungs- und Instandsetzungskosten; Kontoführungskosten; Schornsteinfegergebühren) des **gemeinschaftlichen Eigentums**; dazu zählen auch verbrauchsabhängige Ausgaben wie Strom, Wasser und Gas.[89] Gleiches gilt für über die Gemeinschaft abgerechnete Kosten und Lasten des **Sondereigentums** (z. B. Kaltwasserkosten des Sondereigentums).[90] Auch **Vorschüsse** nach § 28 Abs. 5 und Beiträge zur **Instandhaltungsrückstellung** nach § 21 Abs. 5 Nr. 5 WEG fallen unter Abs. 1 Nr. 2. Ferner werden Kosten, titulierte Zinsen und sonstige **Nebenleistungen** erfasst; bei den Kosten muss es sich aber um solche des Abs. 2 handeln.[91] Ob auch die Titelbeschaffungskosten in die Rangklasse 2 gehören, wenn die Wohnungseigentümergemeinschaft die Zwangsversteigerung betreibt, ist wegen der Entbehrlichkeit eines besonderen Duldungstitels (Abs. 3) zweifelhaft, aber wohl zu bejahen.[92]

Erfasst sind weiter **Regressansprüche** eines Wohnungseigentümers, der (anteilig) für die Lasten und Kosten eines anderen Eigentümers eingesprungen ist.[93] Das ist z. B. bei einer Zweiergemeinschaft ohne Verwalter, in der ein Mehrheitsbeschluss nicht möglich ist (§ 25 Abs. 2 Satz 1 WEG), der Fall, wenn einer der beiden in Vorlage tritt und beim anderen Eigentümer anteiligen Regress nehmen möchte, § 16 Abs. 2.[94] Das wirft die Frage auf, in welchem **Rangverhältnis** die Regressansprüche eines Wohnungseigentümers zu den Ansprüchen der Gemeinschaft stehen; das wird relevant, soweit es um die Überschreitung der Höchstgrenze von Satz 3 geht. Teilweise wird entsprechend § 366 Abs. 2 BGB auf den Entstehungszeitpunkt abgestellt;[95] angesichts des Einleitungssatzes von Abs. 1 dürfte dagegen richtigerweise von Gleichrang auszugehen sein.[96]

Unter die Rangklasse 2 fallen nur die „daraus" fälligen Ansprüche. Gemeint ist, dass sich der rückständige Hausgeldanspruch gerade auf das zu versteigernde Wohnungseigentum (und nicht auf eine andere, demselben Schuldner in dem Haus gehörende Wohnung) beziehen muss, was aus dem Tenor ersicht-

---

88 Als Reaktion auf diese Möglichkeit wird in der notariellen Praxis vorgeschlagen, in der Gemeinschaftsordnung eine Haftung des rechtsgeschäftlichen Erwerbers für Wohngeldrückstände vorzusehen, da anderenfalls für die andere Wohnungseigentümer eine Zwangsversteigerung regelmäßig günstiger wäre als eine rechtsgeschäftliche Veräußerung, *Saumweber*, MittBayNotZ 2007, 357, 367.
89 BT-Drucks. 16/887, S. 43.
90 BT-Drucks. 16/887, S. 44.
91 *Alff/Hintzen*, Rpfleger 2008, 165, 166.
92 *Alff/Hintzen*, Rpfleger 2008, 165, 166.
93 *Schneider*, ZflR 2008, 161, 164; *Derleder*, ZWE 2008, 13, 20.
94 BT-Drucks. 16/887, S. 44.
95 *Derleder*, ZWE 2008, 13, 20.
96 *Schneider*, ZflR 2008, 161, 164.

lich sein muss.⁹⁷ Ein Zahlungstitel über die Gesamtsumme von Hausgeldrückständen für mehrere Wohnungseigentumseinheiten desselben Schuldners genügt daher nur, wenn sich die anteilige Höhe für das konkrete, vom Zwangsversteigerungsverfahren betroffene Wohnungseigentum – zumindest im Wege der Auslegung – aus dem Titel ergibt.⁹⁸

51 Schließlich muss der Hausgeldanspruch **fällig** sein, was bei Leistungen, über die die Wohnungseigentümer noch nicht beschlossen haben, nicht der Fall ist (z. B. Restzahlung aus einer Jahresabrechnung, über die noch nicht befunden wurde).⁹⁹ Für die Zeit nach dem Zuschlag trägt der Ersteher die Lasten, § 56 Satz 2 ZVG.

4. Zeitliche Begrenzung

52 Wie die Ansprüche in den Rangklassen 3 und 4, so ist auch das Vorrecht für rückständige Beträge zeitlich begrenzt. Dies dient dem Schutz der nachfolgenden Gläubiger, da der Vorrang in überschaubaren Grenzen gehalten wird und kalkulierbar bleibt.¹⁰⁰ Die Abgrenzung rückständiger und laufender Beträge richtet sich nach § 13 (§ 13 Rn. 3 ff.). Für die Zweijahresgrenze wird – in Harmonisierung mit der Jahresabrechnung der Wohnungseigentümer, § 28 Abs. 3 WEG – auf das Kalenderjahr abgestellt; bei einer Beschlagnahme gegen Ende des Jahres beträgt der Zeitraum daher fast drei Jahre.¹⁰¹ Es kommt alleine darauf an, dass sich der Anspruch auf das Jahr der Beschlagnahme respektive die zwei davor liegenden Kalenderjahre bezieht; irrelevant ist, ob er in diesen Jahren begründet oder fällig gestellt wurde.¹⁰² Konsequenterweise werden Ansprüche aus einer Jahresabrechnung (§ 28 Abs. 3 WEG), die zwar innerhalb eines Zwei-Jahres-Zeitraums aufgrund eines entsprechenden Beschlusses begründet wurden, sich aber auf davor liegende Zeiträume beziehen, nicht vom Vorrecht des Nr. 2 erfasst.¹⁰³

53 Geht ein **Zwangsverwaltungsverfahren** vor, ist **§ 13 Abs. 4 Satz 2 ZVG** zu beachten: wird die Zwangsversteigerung in das gleiche Wohnungseigentum betrieben, auf das sich auch schon ein Zwangsverwaltungsverfahren bezog, richtet sich – auch für das Versteigerungsverfahren – die Zweijahresgrenze nach dem Zeitpunkt der Beschlagnahme im Rahmen der Zwangsverwaltung.¹⁰⁴

5. Begrenzung der Höhe nach¹⁰⁵

54 Abs. 1 Nr. 2 Satz 3 begrenzt das Vorrecht auf 5 % des nach § 47a Abs. 5 festgestellten Wertes. Damit soll nicht nur die Belastung für die nachfolgenden Gläubiger verringert, sondern auch Vorsorge gegen sonst mögliche Manipulationen durch die Eigentümergemeinschaft (z. B. durch nachträglich beschlossene Sonderumlagen) getroffen werden.¹⁰⁶ Übersteigende Ansprüche können, wenn ein entsprechender Titel vorliegt, in der Rangklasse 5 befriedigt werden. Regelmäßig wird der Verkehrswert bei Anordnung/Beitritt jedoch noch nicht bekannt sein, so dass bei der Prüfung des Antrags die Einhaltung der Obergrenze nicht

---

97 LG Passau, Beschl. vom 4.3.2008 – 2 T 22/08, Rpfleger 2008, 381.
98 LG Passau, Beschl. vom 4.3.2008 – 2 T 22/08, Rpfleger 2008, 381.
99 BT-Drucks. 16/887, S. 45.
100 BT-Drucks. 16/887, S. 45.
101 *Mayer*, RpflStud 2006, 71.
102 *Alff/Hintzen*, Rpfleger 2008, 165, 166.
103 BR-Drucks. 397/05, S. 110.
104 *Alff/Hintzen*, Rpfleger 2008, 165, 167.
105 Zu Sonderfragen bei Ablösung von Rechten siehe *Alff/Hintzen*, Rpfleger 2008, 165, 169 f.
106 BR-Drucks. 397/05, S. 110 f.

zu prüfen ist und der Anspruchsbegrenzung nur durch einen abstrakten Hinweis im Beschluss Rechnung getragen wird.[107]

Zur **Berechnung** sind alle Zinsen und sonstige Nebenleistungen sowie die nach Abs. 2 im gleichen Rang zu verfolgenden Kosten der dinglichen Rechtsverfolgung heranzuziehen.[108] **55**

Abs. 1 Nr. 2 Satz 3 ist in der **Zwangsverwaltung nicht** anwendbar, § 156 Abs. 1 Satz 3. **56**

6. Anmeldung

Betreibt die Wohnungseigentümergemeinschaft bzw. ein anderer Wohnungseigentümer die Zwangsversteigerung nicht selbst, ist zur Vermeidung eines Rangverlustes (§ 110) eine Anmeldung spätestens vor Aufforderung zur Abgabe von Geboten erforderlich, § 37 Nr. 4. Die nunmehr gesetzlich für teilrechtsfähig erklärte Gemeinschaft (§ 10 Abs. 6 WEG) hat ihre Ansprüche – durch den Verwalter – selbst anzumelden (**Satz 4**); hat ein einzelner Wohnungseigentümer einen Rückgriffsanspruch (Rn. 49), so muss er ihn anmelden (**Satz 5**). Zu beachten ist, dass **Glaubhaftmachung** wegen § 45 Abs. 3 auch ohne Widerspruch erforderlich ist; das ist auch durch Niederschrift der Beschlüsse der Wohnungseigentümer (§ 24 Abs. 6 WEG) möglich.[109] **57**

7. Zwangssicherungshypothek

Umstritten ist, ob wegen den Ansprüchen aus Rangklasse 2 eine Zwangssicherungshypothek (§ 867 ZPO) bestellt werden kann. Das wird z.T. verneint, wofür ein Vergleich mit den öffentlichen Lasten aus Rangklasse 3 (§ 54 GBO analog, näher Rn. 63) sowie das fehlende Rechtsschutzbedürfnis angeführt wird, bringe der Wohnungseigentümergemeinschaft doch die Eintragung einer Hypothek in Rangklasse 4 keinerlei rechtlichen oder wirtschaftlichen Vorteile.[110] Das überzeugt nicht.[111] Eine analoge Anwendung des § 54 GBO muss angesichts der erheblichen Unterschiede zwischen der öffentlichen Last und dem Hausgeldanspruch ausscheiden; denn für die öffentliche Last haftet jeder Erwerber, auch wenn er nicht persönlicher Schuldner ist. Der Erwerber von Wohnungseigentum haftet dagegen nicht ohne Weiteres für Zahlungsrückstände gegenüber der Wohnungseigentümergemeinschaft.[112] Auch am fehlenden Rechtsschutzbedürfnis scheitert ein Antrag auf Eintragung der Zwangshypothek nicht, bietet diese doch z.B. beim freihändigen Verkauf Vorteile ggü. den Rechten in Rangklasse 2 (vgl. § 867 Rn. 37). **58**

8. Lohnansprüche der im Bergbau Beschäftigten in Rangklasse 2 bzw. Rangklasse 2/3

Kraft Landesrecht werden z.T. die Lohnansprüche der im Bergbau Beschäftigten wegen der laufenden und aus dem letzten Jahr rückständigen Beträge in Rangklasse 2 privilegiert. Das gilt für **Hessen** (Art. 12 HessAGZPO/ZVG), das **Saarland** (§ 47 SaarlAGJusG) sowie **Thüringen** (§ 6 ThürAGZVG). Da sich diese Normen an Abs. 1 Nr. 2 a.F. und die dort privilegierten Litlohnansprüche anlehnen, ist fraglich, ob die Landesgesetzgeber reagieren werden;[113] **59**

---

107 *Schneider*, ZfIR 2008, 161, 162; *Böhringer/Hintzen*, Rpfleger 2007, 353, 358.
108 *Rellermeyer*, in: *Dassler/Schiffhauer/u.a.*, ZVG, Rn. 26.
109 *Derleder*, ZWE 2008, 13, 17f.
110 *Zeiser*, Rpfleger 2008, 58; so auch das AG Neuss, Beschl. vom 14.5.2008 – NE-19364–15, NZM 2008, 691 (aufgehoben durch LG Düsseldorf, Beschl. vom 16.7.2008 – 19 T 113/08, NJW 2008, 3150).
111 LG Düsseldorf, Beschl. vom 16.7.2008 – 19 T 113/08, NJW 2008, 3150; *Schneider*, ZfIR 2008, 161, 170; *ders.*, ZMR 2008, 820, 822f.; *Derleder*, ZWE 2008, 13, 14.
112 Vgl. auch *Ebeling*, Rpfleger 1986, 125, 126.
113 Das Saarland plant die ersatzlose Streichung des § 47 SaarlAGJusG.

momentan sind die o.g. Normen jedenfalls noch geltendes Recht. In **Bayern** gewährt der Anspruch auf die zur Zeit der Beschlagnahme auf den Kux ausgeschlagenen Beiträge (Art. 146 des Berggesetzes) ein Recht auf Befriedigung aus dem Kux mit dem Rang hinter den in der zweiten und vor den in der dritten Klasse zu befriedigenden Ansprüchen, Art. 39 BayAGGBO/ZVG; das gilt aber nur für die vor Inkrafttreten des Bundesberggesetzes vom 13. August 1980 entstandenen Bergwerke und unbeweglichen Kuxe, Art. 55 Abs. 5 BayAGGVG.

VI. Rangklasse 3

60 Zum Schutz öffentlicher Interessen[114] weist Abs. 1 Nr. 3 den Ansprüchen auf Entrichtung öffentlicher Lasten einen privilegierten Rang zu, begrenzt diesen zugleich aber zeitlich auf vier- bzw. zweijährige Rückstände; ältere Rückstände unterfallen Rangklasse 5 oder 7 (dazu Rn. 101 ff.; 111 f.).

1. Begriff und Rechtsnatur der öffentlichen Last

61 Öffentliche Abgaben sind kraft Gesetzes oder Satzung geschaffene Abgabenverpflichtungen, die in Geld durch wiederkehrende oder einmalige Leistungen zu erfüllen sind. Grundstückslasten im Sinne des Abs. 1 Nr. 3 sind sie nur, wenn sie „in dem für die Abgaben maßgebenden Bundes- oder Landesgesetz als öffentliche Last bezeichnet sind oder aus der gesetzlichen Regelung eindeutig hervorgeht, dass die Abgabenschuld auf dem Grundstück lastet und mithin nicht nur eine persönliche Haftung des Abgabenschuldners, sondern auch die dingliche Haftung des Grundstücks besteht."[115] Bleiben Zweifel, ist die Annahme einer öffentlichen Last ausgeschlossen.[116] Der Qualifikation als öffentlicher Last steht es aber nicht entgegen, wenn im Rahmen eines gegen den Heranziehungsbescheid gerichteten verwaltungsgerichtlichen Verfahrens ein Vergleich über die Abgabehöhe geschlossen wird.[117]

62 Während sich die Entstehung der öffentlichen Last nach öffentlichem Recht richtet, bestimmt sich ihr weiteres Schicksal nach Privatrecht.[118] Durch Satzung kann eine öffentliche Last nur begründet werden, wenn dies durch die gesetzliche Ermächtigungsgrundlage gedeckt ist.[119] Die öffentliche Last lastet auf dem Grundstück und geht mit dem Zuschlag auf den Ersteher über. Zu unterscheiden ist zwischen der öffentlichen Last und der durch Festsetzung/Veranlagung begründeten individuellen Leistungsverpflichtung.[120] Der Veranlagungs-/Festsetzungsbescheid ist bei der Zwangsverwaltung nicht an den Zwangsverwalter, sondern an den Eigentümer bekannt zu geben.[121]

63 Die öffentliche Last kann grds. nicht in das **Grundbuch** eingetragen werden, es sei denn, es ist gesetzlich etwas anders angeordnet (**§ 54 GBO**). Zur Absicherung kann daher grds. weder eine Verkehrshypothek noch eine unbedingte Sicherungshypothek am gleichen Grundstück bestellt werden.[122] Das wäre

---

114 Kritisch *Eickmann*, ZVG, § 4 II 5.
115 BGH, Urteil vom 30.6.1988 – IX ZR 141/87, NJW 1989, 107 = Rpfleger 1988, 541.
116 BGH, Urteil vom 30.6.1988 – IX ZR 141/87, NJW 1989, 107 = Rpfleger 1988, 541; BGH, Urteil vom 22.5.1981 – V ZR 69/80, NJW 1981, 2127 = Rpfleger 1981, 349; OLG Zweibrücken, Urteil vom 27.11.2007 – 8 U 60/07, Rpfleger 2008, 218.
117 BGH, Urteil vom 27.11.1970 – V ZR 52/68, WM 1971, 194; *Hagemann*, in: Steiner, ZVG, § 10 Rn. 63 (öffentlich-rechtlicher Vertrag).
118 *Fischer*, NJW 1955, 1583, 1584.
119 BGH, Urteil vom 30.6.1988 – IX ZR 141/87, NJW 1989, 107 = Rpfleger 1988, 541.
120 RG, Urteil vom 10.2.1904 – V 336/03, RGZ 56, 396, 398.
121 BGH, Urteil vom 9.2.2006 – IX ZR 151/04, Rpfleger 2006, 424 (für Herstellungsbeitrag zur anteilmäßigen Finanzierung der Investitionskosten der öffentlichen Entwässerungsanlagen).
122 *Böttcher*, ZVG, § 10 Rn. 24.

angesichts der bloßen Sicherung in Rangklasse 4 auch regelmäßig widersinnig. An dem Grundstück, an dem die öffentliche Last besteht, kann eine Sicherungshypothek daher nur in zwei Konstellationen bestellt werden:[123] bedingt für den Fall des Entfallens des Vorrechts nach Nr. 3 wegen Zeitablaufs (vgl. § 322 Abs. 5 AO) sowie unbedingt nach Ablauf eben dieser Frist; auf diesem Weg kann sich der Gläubiger die Rangklasse 4 (statt lediglich 5 resp. 7 [Rn. 73]) sichern.[124] Stets möglich ist natürlich die Bestellung einer Sicherungshypothek an einem anderen Grundstück des Schuldners.[125]

Die öffentliche Last kann wegen ihrer besonderen Rechtsnatur **nicht** an eine Privatperson nach §§ 398 ff. BGB abgetreten werden.[126] Da es sich bei der öffentlichen Last nicht um ein persönliches, sondern um am Grundstück haftendes dingliches Recht handelt, ist aber eine **Ablösung** nach entweder § 268 BGB oder § 1150 BGB mit der Folge möglich, dass der Ablösende die gesamte Rechtsstellung und folglich auch die Rangposition des Abgelösten erwirbt.[127] Das gilt jedoch – weil dort keine Rechte verloren gehen – nicht in der Zwangsverwaltung. **64**

Aus der Rangklasse 3 kann die Vollstreckung im **Verwaltungszwangsverfahren betrieben** werden. Wird aus Rangklasse 3 das Zwangsversteigerungsverfahren betrieben, fallen die nachrangigen Gläubiger nicht in das geringste Gebot.[128] **65**

2. Einzelne öffentliche Lasten

Zu den öffentlichen Lasten i.S.v. Abs. 1 Nr. 3 zählen insbesondere: **Abmarkungskosten** in Bayern, Art. 18 BayAbmarkungsG; Kosten für **Bodenveränderungen**, § 25 Abs. 6 BBodSchG; **Deichlasten** (§ 5 Abs. 2 BremAGZVG)[129]; **Erschließungsbeiträge**, § 134 Abs. 2 BauGB; **Flurbereinigungsbeiträge**, §§ 20 Satz 1, 3, 42 Abs. 3 Satz 3, 106 Satz 2 FlurbG; **Grundsteuer**[130], § 12 GrStG, für die der Steuerschuldner (§§ 10, 11 Abs. 1 GrStG), der rechtsgeschäftliche Erwerber[131] gemäß § 11 Abs. 2 GrStG sowie – ab dem Zuschlag, und zwar auch bis zum Ende des Kalenderjahres[132] – der Ersteher (§ 56 Satz 2) haften; **Hypothekengewinnabgabe** nach HAG;[133] **Kirchensteuer** in Baden-Württemberg, § 31 Abs. 2 Nr. 2 BaWüAGGVG; Kostenerstattungsbeitrag bei **Naturschutzmaßnahmen**, § 135a Abs. 3 Satz 4 BauGB; Beiträge zur niedersächsischen **Landwirtschaftskammer**, § 26 Abs, 2 Gesetz vom 1.6.1967 (GVBl. 1967, 223), in der Neufassung vom 10.2.2003 (GVBl. 2003, 61); **Schornsteinfegergebühren**, § 25 Abs. 4 Satz 1 SchfG; **Schmutzwasserbeitragsbescheide**;[134] Ausgleichsbeträge bei **städtebaulichen Sanierungsmaßnahmen**, § 145 Abs. 4 Satz 3 BauGB; Geldleistungen im **Umlegungsverfahren**, §§ 64 Abs. 4, 81 Abs. 2 Satz 4 BauGB; **Viehversicherungen** nach Art. 29 BayAGGVG und Art. 2 **66**

---

123 Vgl. auch VG Koblenz, Urteil vom 8.5.2007 – 7 K 1382/06.KO, NJW 2008, 458.
124 *Stöber*, ZVG, § 10 Rn. 6.24.
125 *Böttcher*, ZVG, § 10 Rn. 24.
126 *Hagemann*, in: Steiner, ZVG, § 10 Rn. 105.
127 Näher *Hintzen*, ZInsO 2004, 713, 716 ff.; *Hagemann*, in: Steiner, § 10 ZVG, Rn. 10 f.; vgl. auch RG, Urteil vom 21.12.1931 – VIII 349/31, RGZ 135, 25, 29 ff.
128 *Hintzen*/Wolf, Rn. 11.103.
129 Der vormals für Berlin, Niedersachen, Nordrhein-Westfalen, Saarland und Schleswig-Holstein geltende Art. 11 Nr. 1 PrAGZVG ist dagegen außer Kraft.
130 Zu Spezialfragen vgl. *Mayer*, Rpfleger 2000, 260.
131 Zu dessen Haftung vgl. Sächsisches OVG, Beschl. vom 8.1.2009 – 5 A 168/08, NZM 2009, 447.
132 BVerwG, Urteil vom 14.8.1992 – 8 C 15.90, NJW 1993, 871 = Rpfleger 1992, 443; OVG Lüneburg, Urteil vom 17.1.1990 – 13 OVG A 124/87, Rpfleger 1990, 377.
133 Ausführlich *Hagemann*, in: Steiner, ZVG, § 10 Rn. 80.
134 BGH, Beschl. vom 24.1.2008 – V ZB 118/07, NJW 2008, 1445; LG Magdeburg, Beschl. vom 28.1.2008 – 3 T 262/07 (n. v.); anders OVG Sachsen-Anhalt, Urteil vom 23.9.2004 – 1 L 264/04 [n. v.] für Anschlussbeträge für zentrale Schmutzwasserbeseitigungsanlage.

Nr. 3 PrAGZVG; **Wasser- und Bodenverbandsbeiträge** nach § 29 Satz 2 WVG. Bei **Kommunalabgaben** ist nach den einzelnen Bundesländer zu differenzieren:[135] **Baden-Württemberg:** Anschluss- und Erschließungsbeiträge (§ 27 BadWürttKAG); Maßnahmekosten der Altlasten- und Bodenschutzbehörden (§ 15 Abs. 2 BadWürttLBodSchAG); Gewässeraufsichtskosten (§ 82 Abs. 4 Satz 3 BadWürttWG); Steuern und Beiträge (§ 13 Abs. 2 BadWürttAGGVG); **Bayern:** Beiträge gem. Art. 5 Abs. 7 Satz 1 BayKAG; Tierlebens- und Schlachtviehversicherungsbeiträge bei landwirtschaftlichen Grundstücken (§ 29 BayAGGVG, Art. 70 AGGVG); **Berlin:** Straßenausbaubeiträge gem. § 18 BerlStrABG; Leistungen, Beiträge und „gemeine Lasten" gem. Art. 1 – 3 PrAGZVG; **Brandenburg:** Beiträge gem. § 8 Abs. 10 BbgKAG; an Zweckverband zu entrichtende Beiträge, §§ 8 Abs. 1, 10 BbgKAG;[136] **Bremen:** Beiträge gem. § 21 BremGebBeitrG; Abgaben und Leistungen gem. § 5 BremAGZPO/InsO/ZVG; **Hamburg:** Gebühren für Wegereinigung (§ 32 Abs. 2 HmbWG); Stellplatz- und Fahrradplatzausgleichsbeträge, § 49 Abs. 3 Satz 1 HmbBauO; Abgaben gem. § 7 Abs. 8 HmbZentrStärkG; Wasserversorgungsbeiträge (§ 3 HmbAGZVG);[137] Sielabgaben (§ 23 HmbSielabgG); Verpflichtungen gem. § 10 HmbMarschG; **Hessen:** Beiträge nach § 11 Abs. 11 HessKAG; Kosten/Ausgleichsbeiträge gem. § 13 Abs. 3, 4 HessAltBodSchG; Ausgleichsbeträge gem. § 50 Abs. 5 HessWG; Abgaben gem. § 7 Abs. 6 HessINGE; Abgaben und Leistungen gem. Art. 2 HessAGZPO/ZVG; **Mecklenburg-Vorpommern:** Beiträge sowie grundstücksbezogene Benutzungsgebühren gem. §§ 6 Abs. 4 Satz 3, 7 Abs. 6 KAG M-V; **Niedersachsen:** Beiträge gem. § 6 Abs. 9 NiedersKAG; Abgaben und Leistungen nach § 1 NiedersAGZVG;[138] **Nordrhein-Westfalen:** grundstücksbezogene Benutzungsgebühren (z. B. Straßenreinigungs-, Abfall- und Abwassergebühren) gem. § 6 Abs. 5 KAG NRW;[139] Beiträge, Leistungen und „gemeine Lasten" gem. Art. 1–3 PrAGZVG; Abgaben nach § 1 LippAGZVG; Kanalabschlusskosten einer Gemeinde;[140] **Rheinland-Pfalz:** Beiträge, Aufwendungsersatz für Grundstücksanschlüsse und grundstücksbezogene Benutzungsgebühren gem. §§ 7 Abs. 7, 10 Abs. 8, 10a Abs. 7, 11 Abs. 1 Satz 3, 13 Abs. 2 Satz 3 RfPflKAG; Gewässeraufsichtskosten (§ 94 Abs. 2 Rh-PflWG); Beiträge und Beitragspflichten nach §§ 8 Abs. 4 Satz 3, 14 Abs. 5 RhPfWeinAufbauG; Abgaben und Leistungen gem. § 4 RhPfAGZPO/ZVG/InsO; **Saarland:** Beiträge gem. § 8 Abs. 12 SaalKAG; Gebühren gem. § 8 Abs. 5 Satz 5 SaarlAWG; Abgaben sowie Leistungen gem. § 42 SaarlAGJusG; **Sachsen:** Beiträge für öffentliche Einrichtungen, Verkehrsanlagen und besondere Wegebeiträge gem. §§ 24, 31, 32 Abs. 2 Satz 1 SächsKAG; Überwachungsmaßnahmenkosten gem. § 12a Abs. 2 SächsABG; **Sachsen-Anhalt:** Beiträge nach § 6 Abs. 9 KAG-LSA; **Schleswig-Holstein:** Beiträge gem. § 8 Abs. 7 SchlHKAG; Beiträge, Leistungen sowie „gemeine Lasten" nach Art. 1–3 PrAGZVG; **Thüringen:** Beiträge gem. § 7 Abs. 11 Satz 1 ThürKAG.[141]

---

135 *Rellermeyer*, in: Dassler/Schiffhauer/u.a., ZVG, § 10 Rn. 37.
136 Brandenburgisches OLG, Urteil vom 7.3.2007 – 7 U 105/06 (n.v.).
137 LG Hamburg, Urteil vom 27.11.2002 – 314 O 54/02 (n.v.).
138 Die bisher in Niedersachsen z. T. geltenden Vorschriften der Art. 1–3 PrAGZVG wurden durch Art. 3 Abs. 2 Nr. 1 Gesetz v. 6.6.2008, Nds. GVBl. S. 210 aufgehoben und durch § 1 Nieders-AGZVG ersetzt, vgl. Drucks. 15/3746 des Niedersächsischen Landtags, S. 6 f.
139 AG Münster, Beschl. vom 5.11.2007 – 9 L 4/06, NVwZ-RR 2008, 442; für **Bayern** und **Niedersachsen** anders: VG Bayreuth, Vgl. vom 12.12.2006 – B 4 K 05.161 (n.v.) und AG Osterholz-Schambeck, Urteil vom 25.9.1986 – 4 C 680/86, Rpfleger 1986, 489.
140 LG Aachen, Urteil vom 20.5.1980 – 1 O 54/80, BauR 1981, 96; vgl. auch BGH, Urteil vom 27.11.1970 – V ZR 52/68, WM 1971, 194; für **Niedersachsen** vgl. aber AG Osterholz-Schambeck, Urteil vom 25.9.1986 – 4 C 680/86, Rpfleger 1986, 489.
141 Vgl. BGH, Urteil vom 9.2.2006 – IX ZR 151/04, Rpfleger 2006, 424, 425 (der Bescheid ist trotz angeordneter Zwangsverwaltung dem Grundstückseigentümer und nicht dem Zwangsverwalter bekannt zu geben; vgl. auch OLG Jena, Urteil vom 25.4.2007 – 7 U 970/06, NJ 2007, 420.

3. Keine öffentliche Lasten

Keine Lasten i. S. v. Abs. 1 Nr. 3 sind nichtdingliche oder nichtöffentliche Lasten. Dazu gehören persönliche Steuern wie z. B. Einkommens-, Umsatz-, Grunderwerbsteuern; Betriebssteuern (§§ 74, 75 AO) wie z. B. Gewerbe- und Körperschaftssteuer;[142] Sozialversicherungsbeiträge (Ausnahme: Knappschaftsbeiträge); Gas- und Stromkosten; Feuerwehrbeiträge und Beiträge für private Feuerversicherungsgesellschaften;[143] Benutzungsgebühren in Bayern;[144] Abfallentsorgungsgebühren nach KAG;[145] Versicherungsbeiträge; Ausgleichsbetrag nach § 154 Abs. 4 Satz 3 BauGB; öffentliche Wohnungsbindung nach dem Wohnungsbindungsgesetz; öffentlich-rechtliche Bau- und Nutzungsbeschränkungen samt Bußgeldern;[146] Straßenreinigungs- und Kanalbenutzungsgebühren in Niedersachsen;[147] Vermögens- (§§ 16 ff. LAG) und Kreditgewinnabgabe (§§ 161 ff. LAG); Geldbetrag zur Ablösung der landesbaurechtlichen KfZ-Stellplatzpflicht;[148] Baulasten;[149] Wohngeldrückstände nach § 16 Abs. 2 WEG – sind jedoch Kehrgebühren und Brandversicherungsbeiträge im Wohngeld enthalten, ist Nr. 3 einschlägig, aber nur, wenn sie vom zuständigen Schornsteinfegermeister bzw. der Versicherungsgesellschaft des öffentlichen Rechts angemeldet werden oder ein Privater nach § 268 BGB nachrückt.[150]

4. Nebenleistungen

Nebenleistungen, die zusätzlich zur öffentlichen Last geltend gemacht werden, nehmen an dessen Vorrecht teil. Steuerliche Nebenleistungen sind in § 3 Abs. 4 AO definiert; unproblematisch sind **Zinsen** (§§ 233–239 AO) Nebenleistungen i. S. v. Abs. 1 Nr. 3. Dagegen ist dies entgegen der wohl herrschenden Meinung für **Säumnis- und Verspätungszuschläge** (§§ 240, 152 AO) für den vorliegenden Zusammenhang zu verneinen,[151] handelt es sich dabei doch um Druckmittel eigener Art[152] und ist in der AO (im systematischen Gegensatz zu § 1118 BGB für die Hypothek) nicht geregelt, dass das Grundstück über die Grundsteuer hinaus auch für Verspätungszuschläge haftet.[153] Auch für das spezielle Beugemittel des **Zwangsgelds** (§ 329 AO) gilt richtigerweise nichts Anderes.[154]

Kosten (§§ 178, 377–345 AO) sind im Rang des Hauptanspruchs zu berücksichtigen, soweit sie auf die Befriedigung aus dem Grundstück und nicht auf

---

142 LG Stuttgart, Beschl. vom 29.1.1976 – 2 T 848/75, Rpfleger 1976, 329 (mit Anm. *Stöber*); *Sievers*, Rpfleger 2006, 522.
143 *Böttcher*, ZVG, § 10 Rn. 38 m. w. N.
144 VG Bayreuth, Vgl. vom 12.12.2006 – B 4 K 05.161 (n. v.); anders für grundstücksbezogene Benutzungsgebühren gem. § 6 Abs. 5 KAG NRW: AG Münster, Beschl. vom 5.11.2007 – 9 L 4/06, NVwZ-RR 2008, 442.
145 So für **Rheinland-Pfalz** und **Nordrhein-Westfalen**: LG Zweibrücken, Urteil vom 2.3.2007 – 1 O 152/06, Rpfleger 2007, 492; AG Dortmund, Beschl. vom 26.6.2008 – 275 K 10/03, ZMR 2008, 999.
146 OLG Köln, Urteil vom 5.5.1976 – 2 U 57/75, MDR 1976, 931 (für § 436 BGB a. F.).
147 AG Osterholz-Schambeck, Urteil vom 25.9.1986 – 4 C 680/86, Rpfleger 1986, 489; vgl. aber BGH, Urteil vom 27.11.1970 – V ZR 52/68, WM 1971, 194; anders für **Nordrhein-Westfalen**: AG Münster, Beschl. vom 5.11.2007 – 9 L 4/06, NVwZ-RR 2008, 442; vgl. auch LG Aachen, Urteil vom 20.5.1980 – 1 O 54/80, BauR 1981, 96.
148 LG Aachen, Urteil vom 21.4.1993 – 4 O 641/01, NJW-RR 1993, 1488.
149 *Drischler*, Rpfleger 1986, 289, 290.
150 Näher *Ebeling*, Rpfleger 1986, 125.
151 *Drischler*, Rpfleger 1984, 340, 341; *Rellermeyer*, in: *Dassler/Schiffhauer/u. a.*, ZVG, Rn. 44; *Gaßner*, Rpfleger 1988, 470; **a. A.** LG Ansbach, Urteil vom 1.10.1998 – 1 S 526/98, Rpfleger 1999, 141; LG Dortmund, Beschl. vom 5.10.2007 – 9 T 120/07, KKZ 2008, 23; *Hagemann*, in: *Steiner*, ZVG, § 10 Rn. 90; *Böttcher*, ZVG, § 10 Rn. 37; *Stöber*, ZVG, § 10 Rn. 6.14.
152 *Pahlke/Koenig/Cöster*, Abgabenordnung, § 152 Rn. 9; § 240 Rn. 3 m. w. N.
153 *Sievers*, Rpfleger 2006, 522 f.
154 *Gaßner*, Rpfleger 1988, 470; *Stöber*, ZVG, § 10 Rn. 6.14; *Drischler*, Rpfleger 1984, 340, 341; **a. A.** *Hagemann*, in: *Steiner*, ZVG, § 10 Rn. 90; *Böttcher*, ZVG, § 10 Rn. 37.

Zahlung durch den persönliche Schuldner gerichtet waren; dazu gehören nicht die Kosten einer vorangegangenen Mobiliarvollstreckung.[155]

5. Zeitliche Begrenzung

70 Abs. 1 Nr. 3 unterscheidet zwischen einmaligen und wiederkehrenden Leistungen; wiederkehrend sind öffentliche Lasten, die nach ihrer Rechtsgrundlage in regelmäßigen oder unregelmäßigen Abständen wiederholt zu erbringen sind, das Gesetz nennt Beispiele („insbesondere"). Der Einmaligkeit einer Leistungsverpflichtung steht es nicht entgegen, dass sie in Teilbeträgen zu erbringen ist.[156] Für die Fristen ist entscheidend, dass die **Fälligkeit** des Anspruchs innerhalb des zwei- bzw. vierjährigen Zeitraums vor dem jeweiligen Stichtag eingetreten ist; die Fälligkeit folgt aus der jeweiligen öffentlich-rechtlichen Norm. Beruht der Anspruch auf einer zunächst unwirksamen Satzung und erfolgt später ein – zulässiger[157] – Austausch der Ermächtigungsgrundlage, so wird der Anspruch erst mit Inkrafttreten der „neuen" Ermächtigungsgrundlage fällig.[158] Die Zeitgrenzen sind **nicht abdingbar,** auch nicht durch Vollstreckungsaufschub, § 258 AO.[159] In **Bayern** ist die Sondernorm des Art. 70 Abs. 2 Bay-AGBGB zu berücksichtigen.

71 Bei **einmaligen** Leistungen fallen alle rückständigen Beträge der letzten vier Jahre unter Abs. 1 Nr. 3. Umstritten ist, wie dieser Zeitraum zu berechnen ist. Nach einer Mindermeinung ist entsprechend § 13 Abs. 4 Satz 1 auf die erste Beschlagnahme abzustellen, d. h. ab diesem Tag zurückzurechnen.[160] Das überzeugt nicht, da § 13 nur für wiederkehrende Leistungen gilt und die dortige Unterscheidung in laufende und rückständige Beträge nur bei diesen Sinn macht. Abzustellen ist daher auf den Tag der Beschlagnahme zugunsten des jeweiligen Gläubigers.[161]

72 **Wiederkehrende** Leistungen werden nur privilegiert, soweit es sich entweder um laufende Beträge (§ 13 Abs. 1 Satz 1) oder um rückständige Beträge (§ 13 Abs. 1 Satz 2), die nicht älter als zwei Jahre sind, handelt. Auch bei freihändigem Verkauf ist nach § 13 die Beschlagnahme und nicht der Zeitpunkt des Kaufvertrages maßgeblich.[162]

73 Für **ältere** als zwei- bzw. vierjährige Rückstände gilt Abs. 1 Nr. 7, es sei denn, die Zwangsversteigerung wird ihretwegen betrieben (dann Abs. 1 Nr. 5).

6. Anmeldung

74 Die öffentlichen Lasten sind nicht im Grundbuch eintragungsfähig (Rn. 63). Bei der **Zwangsversteigerung** müssen sie daher spätestens vor der Aufforderung zur Abgabe von Geboten von der zuständigen Behörde angemeldet und ggf. glaubhaft gemacht werden, §§ 37 Nr. 4, 45 Abs. 1, 110, 114 Abs. 1, 156

---

155 *Sievers*, Rpfleger 2006, 522, 523.
156 *Stöber*, ZVG, § 10 Rn. 6.17.
157 Vgl. BVerwG, Urteil vom 25.11.1981 – 8 C 14/81, BVerwGE 64, 218 = DVBl. 1982, 544; BVerwG, Urteil vom 22.1.1993 – 8 C 40/91, NVwZ 1993, 979 = NJW 1993, 3282.
158 BGH, Beschl. vom 22.11.2007 – V ZB 64/07 (n. v.); BGH, Beschl. vom 24.1.2008 – V ZB 118/07, NJW 2008, 1445.
159 RG, Urteil vom 11.7.1913 – V 60/13, RGZ 83, 87, 90 f. (aber anders, wenn die Fälligkeit von Anfang an auf öffentlich-rechtlicher Grundlage hinausgeschoben war, z. B. mit Veranlagung ist zugleich Stundung erfolgt); *Stöber*, ZVG, § 10 Rn. 6.20.
160 *Rellermeyer*, in: *Dassler/Schiffhauer/u.a.*, ZVG, § 10 Rn. 45 (für Anwendung des § 13); *Hagemann*, in: Steiner, ZVG, § 10 Rn. 94 (für Anwendung von § 22).
161 BGH, Beschl. vom 20.12.2007 – V ZB 89/07, Rpfleger 2008, 393; unklar BGH, Urteil vom 9.2.2006 – IX ZR 151/04, Rpfleger 2006, 424, wo en passant scheinbar auf die „Erteilung des Zuschlags" abgestellt wird (kritisch gegenüber dem Gewicht dieser Aussage auch AG Nordhausen, Urteil vom 19.12.2007 – 27 C 862/07 [n. v.]).
162 LG Erfurt, Urteil vom 22.5.2008 – 1 S 12/08, KKZ 2009, 17.

Abs. 2 Satz 4. Dabei muss der beanspruchte Rang und bei älteren Rückständen – zur Einordnung in die Rangklassen 3 oder 7 – auch angegeben werden, aus welcher Zeit sie stammen.[163] Erfolgt die Anmeldung vor dem Versteigerungstermin, wird der Zuschlag aber später erteilt, ist die Anmeldung so auszulegen, dass alle öffentlichen Lasten bis einen Tag vor dem Zuschlagstag erfasst sein sollen.[164] Werden mehrere Grundstücke versteigert, muss zusätzlich angegeben werden, auf welchem Grundstück welche Last in welcher Höhe geltend gemacht wird;[165] zu beachten ist jedoch, dass wenn mehrere Flurstücke als eine wirtschaftliche Einheit i. S. d. § 70 Abs. 1 BewG eingeordnet wurden, diese Parzellen als ein Grundstück i. S. d. BewG und GrStG angesehen werden mit der Folge, dass die öffentliche Last auf diesem als Gesamtbelastung ruht.[166] Bei der **Zwangsverwaltung** sind die laufenden öffentlichen Lasten vom Verwalter zu berichten, ohne dass es einer Anmeldung oder eines Teilungsplans bedürfte, § 156 Abs. 1 ZVG.

7. Rang

Mehrere in Rangklasse 3 fallende Ansprüche haben in Zwangsversteigerung wie -verwaltung gleichen Rang. Hinzuweisen ist jedoch auf die nach § 64 Abs. 4 BauGB bestehende Möglichkeit, Grundpfandrechten ein Befriedigungsvorrecht vor der öffentlichen Last zu bewilligen.[167] Für den Rang innerhalb eines Anspruchs der Rangklasse 3 gilt § 12. Einen Sonderfall stellt die praktisch bedeutungslose **Hypothekengewinnabgabe** nach den §§ 112 ff. LAG dar, Abs. 1 Nr. 3 Satz 3.[168]

VII. Rangklasse 3/4 (DüngMSichG)

Die Lieferung von Düngemitteln, anerkanntem Saatgut oder zugelassenem Handelssaatgut (Ausnahme: Zuckerrübensamen), die von Eigentümern, Eigenbesitzern, Nutznießern oder Pächtern landwirtschaftlicher Grundstücke im Rahmen einer ordnungsmäßigen Wirtschaftsweise in der für derartige Geschäfte üblichen Art nach dem 31. Juli eines Jahres zur Steigerung des nächsten Ernteertrags beschafft und verwendet worden sind, begründet ein gesetzliches Pfandrecht an den in dieser Ernte anfallenden Früchten (§ 1 Abs. 1 DüngMSichG); Ziel ist es, den Bezug dieser Waren zu erleichtern.[169] Denselben Schutz genießen Ansprüche aus Darlehen für solche Geschäfte (§ 1 Abs. 2 DüngMSichG).[170] Einzelheiten siehe §§ 1–4 DüngMSichG.

Dieses Früchtepfandrecht geht nach § 2 Abs. 4 DüngMSichG allen an den Früchten bestehenden dinglichen Rechten vor. Die wohl h. M. ordnet das Pfandrecht der „Rangklasse 0" zu mit der Folge, dass der Pfandgläubiger ein Vorzugsrecht gegenüber allen von der Zwangsversteigerung/-verwaltung erfassten Ansprüchen (mit Ausnahme der Verfahrenskosten, §§ 109, 155, Rn. 10) genießt.[171] Richtigerweise wird man das Pfandrecht jedoch einer Zwischenklasse 3/4, d. h. zwischen Nr. 3 und Nr. 4 zuordnen müssen, geht es nach § 2 Abs. 4 DüngMSichG doch *nur dinglichen* Rechten vor, nicht aber den

---

163 LG Dortmund, Urteil vom 23.11.1937 – 3 O 273/37, JW 1938, 1054; *Rellermeyer*, in: Dassler/Schiffhauer/u. a., ZVG, § 10 Rn. 47.
164 *Böttcher*, ZVG, § 10 Rn. 46.
165 *Hagemann*, in: Steiner, ZVG, § 10 Rn. 102.
166 *Sievers*, Rpfleger, 2006, 522.
167 *Stöber*, ZVG, § 10 Rn. 6.19.
168 Ausführlich *Hagemann*, in: Steiner, ZVG, § 10 Rn. 80 ff.
169 *Drischler*, Rpfleger 1948/49, 499.
170 Näher zum DüngMSaatG: *Drischler*, Rpfleger 1948/49, 499.
171 *Böttcher*, ZVG, § 10 Rn. 3; *Hagemann*, in: Steiner, § 10 ZVG, Rn. 14; *Hintzen*, in: Dassler/Schiffhauer/u. a., ZVG, § 10 Rn. 4.

nicht-dinglichen Ansprüchen des Nr. 1–3.[172] **Unabhängig** von diesem Meinungsstreit gilt: Der Pfandgläubiger wird mit Anmeldung Beteiligter, § 9 Nr. 2; die Auswirkungen des Früchtepfandrechts auf die **Zwangsversteigerung** hängt vom Zeitpunkt der Ernte ab:

78 Geht die Beschlagnahme der Ernte vor oder erfolgt die Ernte während des laufenden Verfahrens[173], erfasst sie nach § 21 Abs. 1 die noch mit dem Boden verbundenen Erzeugnisse. Der Früchtepfandrechtsgläubiger geht den dinglichen (bzw. nach der Gegenauffassung: allen) Gläubigern vor, muss jedoch sein Recht rechtzeitig (§ 66) geltend machen, § 37 Nr. 4; in diesem Fall wird es im geringsten Gebot als bestehen bleibendes Recht behandelt (§ 52) und der Erwerber erwirbt das Eigentum an den Früchten, jedoch belastet mit dem Früchtepfandrecht. Meldet der Früchtepfandrechtsgläubiger nicht rechtzeitig an, erwirbt der Erwerber dagegen lastenfreies Eigentum und das Recht des Früchtepfandrechtsgläubigers auf Beteiligung am Versteigerungserlös geht allen anderen Ansprüchen nach, § 110. Der Gläubiger kann sein Recht jedoch auch außerhalb der Zwangsversteigerung ausüben und nach § 805 ZPO geltend machen.[174]

79 Wird die Beschlagnahme erst nach der Ernte wirksam (§ 22), erfasst sie die Früchte nur, wenn diese Zubehör des Grundstücks sind, § 21 Abs. 1. Jedoch unterliegen diese wegen § 865 Abs. 2 Satz 1 ZPO nicht der Mobiliarvollstreckung und sind deshalb auch nicht dem Früchtepfandrecht unterworfen, § 1 Abs. 1 Satz 2 DüngMSichG. Der Früchtepfandrechtsgläubiger ist in diesem Fall darauf angewiesen, sein Recht an den nicht Zubehör darstellenden Früchten außerhalb des Zwangsversteigerungsverfahrens durchzusetzen.[175]

80 Im Rahmen der **Zwangsverwaltung** gilt § 21 Abs. 1 nicht (§ 148 Abs. 1), die Beschlagnahme kann daher auch getrennte Erzeugnisse erfassen (näher § 21 Rn. 5; § 20 Rn. 27). Der Früchtepfandrechtsgläubiger hat einen Anspruch auf Vorabbefriedigung aus den Überschüssen, aber nur wenn er sein Recht angemeldet hat und – nach hier vertretener Auffassung – nur gegenüber den Gläubigern der Rangklassen 4 – 8 (vgl. Rn. 77). Geltendmachung außerhalb des Zwangsverwaltungsverfahrens nach § 805 ZPO ist möglich. Zu beachten ist die Besonderheit der Beschaffung von Düngemittel, Saatgut oder Futtermittel durch den **Zwangsverwalter** nach § 155 Abs. 4 (dazu Rn. 22 f.)

VIII. Rangklasse 4

81 Rangklasse 4 bilden die dinglichen Rechte, es sei denn, sie sind gegenüber dem Gläubiger unwirksam (dann: Rangklasse 6, Rn. 106 ff.). Neben Rangklasse 5 ist es die in der Praxis wichtigste Rangklasse.

1. Ansprüche aus Rechten an dem Grundstück

82 Grundstücksrechte in diesem Sinne sind: Hypothek (§ 1113 BGB) samt Sicherungs- und Sicherungshöchstbetragshypothek (§§ 1184; 1190 BGB) sowie Zwangs- und Arresthypothek (§§ 867, 932 ZPO), Grund- und Rentenschuld (§§ 1191; 1199 BGB), Nießbrauch (§ 1030 BGB), Reallast (§ 1115 BGB), dingliches Vorkaufsrecht (§ 1094 BGB), beschränkt persönliche sowie Grunddienstbarkeit (§§ 1090; 1018 BGB), Erbbauzins und -recht (§ 9; 1 ErbbauVO), Dauerwohn- und nutzungsrecht (§ 31 WEG) sowie Wohnungserbbau- und Teilerbbaurecht (§ 30 WEG). Auch die nicht im Grundbuch eintragungsfähi-

---

172 So auch *Stöber*, ZVG, § 10 Rn. 7.1.
173 *Hagemann*, in: *Steiner*, ZVG, § 10 Rn. 17.
174 *Hagemann*, in: *Steiner*, ZVG, § 10 Rn. 16 a.E.
175 *Stöber*, ZVG, § 10 Rn. 7.3.

gen Rechte wie **Überbaurente** (§ 912 BGB), **Notwegrente** (§ 917 BGB) und altrechtliche **Dienstbarkeit** (Art. 187 EGBGB) zählen ebenso hinzu wie die Sicherungshypotheken gemäß § 1187 BGB und § 848 Abs. 2 ZPO.

Aus dem **Beitrittsgebiet** der ehemaligen DDR fallen weiter das Nutzungsrecht nach §§ 288 Abs. 4, 292 Abs. 3 ZGB, das Vorkaufsrecht (§ 306 ZGB), das Mitbenutzungsrecht (§ 286 Abs. 3 ZGB) sowie die Hypotheken gem. §§ 452, 454a, 456 ZBG und §§ 4, 5 Grundstücksvollstreckungsordnung unter die Rangklasse 4. **83**

Auch **Eigentümerrechte** wie z. B. Eigentümerhypothek und Eigentümergrundschuld sowie Eigentümergrunddienstbarkeiten[176] oder Eigentümernießbrauch fallen unter Abs. 1 Nr. 4, sie können durch Zuschlag erlöschen oder bestehen bleiben.[177] Dem Eigentümer stehen Zinsen aber nur für die Zeit eines durch einen anderen beantragten Zwangsverwaltungsverfahrens zu, §§ 1177, 1197 Abs. 2 BGB.[178] **84**

Auch **Rechte** (z. B. Nießbrauch; Pfandrecht) **an Grundstücksrechten** sind in Rangklasse 4 zu berücksichtigen. Auch **Vormerkung** und **Widerspruch** sind, wie § 48 bestätigt, hier zu berücksichtigen, da sie anderenfalls ihren Sicherungszweck nicht erfüllen könnten. **85**

Zu berücksichtigen sind – auf Anmeldung – schließlich auch **zu Unrecht** gelöschte Rechte; zu Unrecht eingetragene Rechte sind bis zur Berichtigung des Grundbuchs zu beachten, es sei denn, sie sind offenkundig unzulässig oder die Tatsache, dass sie nicht entstanden oder aber wieder erloschen sind, ist per Urkunde nachweisbar bzw. offenkundig.[179] **86**

Keine Grundstücksrechte i. S. v. Abs. 1 Nr. 4 sind der Rangvorbehalt (§ 881 BGB); das Zurückbehaltungsrecht (§ 1000 BGB), der Ersatzanspruch (§ 999 BGB) sowie das Befriedigungsrecht (§ 1003 BGB) des Besitzers (nur Rangklasse 5). **87**

Eine Geltendmachung in Rangklasse 4 kommt aber nur bei **gegenüber dem Gläubiger wirksamen Rechten** in Betracht (anderenfalls nur Abs. 1 Nr. 6, Rn. 106 ff.). Das richtet sich nach den §§ 22, 23 ZVG, wobei dies angesichts der Relativität des Verfügungsverbots für jeden Gläubiger gesondert zu bestimmen ist (vgl. § 23 Rn. 2; § 27 Rn. 1, 16). Das Vollstreckungsgericht hat jedoch keine **Prüfungskompetenz**, sondern muss vor bzw. gleichzeitig mit dem Versteigerungsvermerk eingetragene Rechte als wirksam, später eingetragene dagegen als unwirksam behandeln; es ist dann Sache des dadurch Benachteiligten, auf dem Prozesswege eine Klärung herbeizuführen (Ausnahme: die Parteien sind sich über die [Un-]Wirksamkeit einig).[180] **88**

Anders als für wiederkehrende Leistungen (und im Übrigen auch anders als die Hauptansprüche in Rangklasse 3) gilt für diese Ansprüche **keine zeitliche Begrenzung**. **89**

2. **Ansprüche auf Beträge, die zur allmählichen Tilgung einer Schuld als Zuschlag zu den Zinsen zu entrichten sind**

Anders als in Rangklasse 3 gehören derartige Ansprüche auf Tilgungsleistungen hier zum Hauptanspruch, was insbesondere zur Folge hat, dass die Zeitbegrenzung für wiederkehrende Leistungen nicht gilt. Sie sind dadurch gekenn- **90**

---
176 Vgl. BGH, Urteil vom 11.3.1964 – V ZR 78/62, BGHZ 41, 209 = NJW 1964, 1226.
177 *Stöber*, ZVG, § 10 Rn. 8.2; *Hagemann*, in: *Steiner*, ZVG, § 10 Rn. 110 f.
178 *Rellermeyer*, in: *Dassler/Schiffhauer/u. a.*, ZVG, § 10 Rn. 50.
179 *Böttcher*, ZVG, § 10 Rn. 48.
180 *Hagemann*, in: *Steiner*, ZVG, § 10 Rn. 121.

zeichnet, dass es sich um Abzahlungen auf das Kapital handelt.[181] Dabei ist zu unterscheiden:

91 **Tilgungshypotheken**[182]: Die vom Schuldner zu erbringenden Jahresleistungen sind hier stets gleichbleibend, so dass sich durch die bei fortschreitender Tilgung ersparten Zinsen der Anteil der Tilgung sukzessive erhöht (§ 96 Nr. 1 LAG).[183] Im Rahmen der **Zwangsversteigerung** ist zwischen den Tilgungsbeträgen und Zinsen zu unterscheiden. Erstere sind ohne zeitliche Beschränkung zu berücksichtigen, letztere dagegen nur, soweit sie nicht älter als zwei Jahre sind (anderenfalls: Rangklasse 8) – „Zinsen altern, Tilgungsbeträge nicht".[184] In der **Zwangsverwaltung** werden die Tilgungszuschläge im Teilungsplan als wiederkehrende Leistungen behandelt, § 155 Abs. 2.

92 **Abzahlungshypothek**: Der Schuldner erbringt stetig fallende Jahresleistungen, die sich aus – gleichbleibenden – Kapitalrückzahlungsleistungen und einem (fallenden) Zinsanteil zusammensetzen (§ 96 Nr. 2 LAG). Die Tilgungsraten gehören nicht zu den wiederkehrenden Leistungen,[185] sondern werden in der Zwangsversteigerung als Hauptsachebeträge ohne zeitliche Begrenzung befriedigt; in der Zwangsverwaltung werden sie nicht in den Teilungsplan eingesetzt, § 155 Abs. 2.[186]

3. Ansprüche auf wiederkehrende Leistungen

93 Wiederkehrende Leistungen sind die aus dem Hauptrecht entspringenden, fortlaufend in regelmäßigen oder unregelmäßigen Abständen zu entrichtenden Leistungen.[187] Da die gesetzliche Aufzählung nicht abschließend ist, gehören zu ihnen z. B. auch Altenteilsleistungen. Die relative Unwirksamkeit gegenüber dem Gläubiger kann auch oder auch ausschließlich in Bezug auf wiederkehrende Leistungen gelten.[188]

94 Derartige wiederkehrende Leistungen werden nur privilegiert, soweit es sich um laufende Beträge (§ 13 Abs. 1 Satz 1) oder um rückständige Beträge (§ 13 Abs. 1 Satz 2), die nicht älter als zwei Jahre sind, handelt. Ältere Rückstände werden in Rangklasse 8 berücksichtigt, es sei denn, wegen ihnen wird das Verfahren betrieben (dann Abs. 1 Nr. 5). Entscheidend ist allein die Fälligkeit, eine nachträgliche Vereinbarung oder Stundung ist irrelevant.[189]

95 Im Falle der **Löschung** des Grundpfandrechts (§ 875 BGB, § 46 GBO) können grds. auch Nebenforderungen nicht mehr berücksichtigt werden. Etwas anderes muss nach umstrittener, aber überzeugender Auffassung[190] allerdings für rückständige Nebenleistungen gelten, wenn diese an einen anderen abgetreten wurden; hier sind daher rückständige Zinsen auch ohne Bestehen des Stammrechts berücksichtigungsfähig. Denn durch die Abtretung fällt die Rechtsinhaberschaft hinsichtlich Haupt- und Nebenforderung auseinander und letztere kann als Nebenleistungsgrundpfandrecht nur erlöschen, wenn *ihr* Inhaber –

---

181 Vgl. RG, Beschl. vom 4.3.1903 – V 37/03, RGZ 54, 88; RG, Urteil vom 18.1.1922 – V 203/21, RGZ 104, 68, 72.
182 Zu den Sonderformen der Tilgungsfondshypothek und der Aufwertungshypothek siehe *Hagemann*, in: Steiner, ZVG, § 10 Rn. 132, 135.
183 Beispiel bei *Hintzen*/Wolf, Rn. 11.109 f.
184 *Stöber*, ZVG, § 10 Rn. 8.7.
185 LG Köln, Beschl. vom 20.3.1951 – 12 T 96/51, MDR 1951, 487; LG Duisburg (ohne Datum und Az.), RpflJahrbuch 1959, 269.
186 *Stöber*, ZVG, § 10 Rn. 8.8.
187 *Hagemann*, in: Steiner, ZVG, § 10 Rn. 125.
188 Näher *Hagemann*, in: Steiner, ZVG, § 10 Rn. 127.
189 *Hagemann*, in: Steiner, ZVG, § 10 Rn. 125.
190 RG, Urteil vom 6.2.1915 – V 417/14, RGZ 86, 218, 220; *Böttcher*, Rpfleger 1984, 85, 87; *ders.*, ZVG, Rn. 52 m. w. N.; **a. A.** LG Regensburg, Beschl. vom 21.1.1987 – 5 T 398/86, MittBayNot 1987, 102; *Hagemann*, in: Steiner, ZVG, § 10 Rn. 139.

und nicht lediglich der Inhaber des Kapitalgrundpfandrechts – zustimmt, § 875 BGB.

Wegen § 155 Abs. 2 werden in der **Zwangsverwaltung** nur laufende, nicht aber rückständige wiederkehrenden Leistungen erfasst. **96**

4. Anmeldung

Für die Anmeldung ist zu unterscheiden: Zum Zeitpunkt der Eintragung des Vollstreckungsvermerks im Grundbuch bereits eingetragene oder gleichzeitig eingetragene Rechte müssen nicht angemeldet werden; Gleiches gilt für laufende Beträge wiederkehrender Leistungen und sonstige Nebenleistungen (§ 45).[191] Dagegen müssen Ansprüche, die zu diesem Zeitpunkt nicht aus dem Grundbuch ersichtlich sind, angemeldet und ggf. glaubhaft gemacht werden (§§ 37 Nr. 4, 45, 110, 114, 156 Abs. 2 Satz 4); das sind später oder gar nicht eingetragene sowie zu Unrecht gelöschte Rechte, die Kosten dinglicher Rechtsverfolgung sowie die rückständigen wiederkehrenden Leistungen. An der Notwendigkeit einer Anmeldung ändert eine eventuelle Kenntnis des Gerichts vom Bestehen des Rechts nichts.[192] **97**

Der/die **betreibende(n) Gläubiger** muss seine/ihre Ansprüche natürlich **nicht** nochmals anmelden, § 114 Abs. 1 Satz 2. Wenn sich bei wiederkehrenden Leistungen ihr Beginn weder aus der Grundbucheintragung selbst noch aus den (ggf. in Bezug genommenen) Eintragungsunterlagen ergibt, ist davon auszugehen, dass die Leistungen ab Eintragung des Rechts zu erbringen sind.[193] **98**

Die Rangklasse bleibt auch bei **Rechtsnachfolge** durch Abtretung, Ablösung und (Ver-)Pfändung auf Seiten des Berechtigten erhalten. Ist dies zur Zeit der Eintragung des Vollstreckungsvermerks aus dem Grundbuch ersichtlich, ist sie von Amts wegen zu beachten, anderenfalls muss der Berechtigte seine Berechtigung bis zum Verteilungstermin nachweisen. **99**

5. Rang

Für das Rangverhältnis innerhalb der in Rangklasse 4 fallenden Rechte gilt wegen § 11 Abs. 1 das materielle Recht (näher § 11 Rn. 5 ff.). Für Ansprüche aus einem Recht gilt § 12. **100**

IX. Rangklasse 5

In Rangklasse 5 fallen die Ansprüche der das Verfahren betreibenden oder diesem beitretenden (§ 27) Gläubiger (bloße Anmeldung der Ansprüche genügt nicht)[194]. Dies gilt aber selbstverständlich nicht für Ansprüche, die den Rangklassen 1–4 unterfallen, diese behalten ihren Rang (und der Gläubiger steht nicht gleichzeitig auch in Rangklasse 5). Relevant ist Abs. 1 Nr. 5 daher nur für Ansprüche, die eigentlich den Rangklassen 6 – 8 unterfielen, kann der Gläubiger doch durch Betreibung des Verfahrens bzw. Beitritt zu diesem mit derartigen Ansprüchen „aufrücken" und damit seine Position verbessern.[195] **101**

Ein betreibender/beitretender Gläubiger kann mit seinen Ansprüchen in **mehrere Rangklassen** fallen. Vollstreckt ein dinglicher Gläubiger nur wegen eines persönlichen Anspruchs, so fällt er damit in Rangklasse 5, während das dingli- **102**

---

191 *Böttcher*, ZVG, § 10 Rn. 53.
192 BGH, Urteil vom 30.5.1956 – V ZR 200/54, BGHZ 21, 30, 31 ff.
193 OLG Köln, Beschl. vom 2.11.1959 – 8 W 169/59, NJW 1960, 1108.
194 *Hintzen*/Wolf, Rn. 11.118.
195 *Rellermeyer*, in: *Dassler/Schiffhauer/u. a.*, ZVG, § 10 Rn. 56; dogmatisch wird das behandelt, wie wenn der persönliche Gläubiger aus einem dinglichen, an letzter Stelle im Grundbuch stehenden Recht vollstrecken würde (Denkschrift, S. 37).

che Recht in das geringste Gebot fällt und bestehen bleibt, §§ 44, 52.[196] Betreibt er zugleich aus dinglichem wie persönlichem Recht, fällt er zugleich in Rangklasse 4 (dingliches Recht) bzw. 5 (persönliches Recht); befriedigt wird er (natürlich) nur einmal, in aller Regel aus der besseren Rangklasse.[197] Betreibt ein Gläubiger zu Beginn nur wegen eines persönlichen Anspruches und erwirbt er später einen dinglichen Titel, kann er den zunächst ergangenen Beschluss nicht ergänzen lassen; um die Beschlagnahme wegen des dinglichen Anspruchs zu erreichen, muss er beitreten. Die Ansprüche werden dann je nach ihrer Rangstelle berücksichtigt.[198]

103 **Umfang:** Rangklasse 5 umfasst den Hauptanspruch, die Nebenleistungen und die Kosten. Anders als bei Nr. 1 – 4 gelten keinerlei zeitliche Schranken.

104 Einer **Anmeldung** der im Antrag auf Zwangsversteigerung/-verwaltung angegebenen Ansprüche bedarf es nicht, §§ 114 Abs. 1 Satz 3, 156 Abs. 2 Satz 4. Etwas anders gilt für die nicht im Antrag bezifferten Gerichts- und Gläubigerkosten (Abs. 2), §§ 37 Nr. 4, 45 Abs. 1, 110, 114 Abs. 1, 156 Abs. 2 Satz 4. Wie bei Rangklasse 4 ist auch hier eine **Rechtsnachfolge** durch Abtretung, Ablösung und (Ver-)Pfändung möglich (vgl. Rn. 99); befriedigt wird der Rechtsnachfolger jedoch nur, wenn er bis zur Erlösverteilung einen entsprechenden Nachweis beibringt.[199]

105 Das **Rangverhältnis** mehrerer betreibender/beigetretener Gläubiger richtet sich gemäß § 11 Abs. 2 nach dem Zeitpunkt der Beschlagnahme (§ 11 Rn. 17 ff.); für die Ansprüche innerhalb eines Anordnungs- oder Beitrittsbeschlusses gilt § 12.

X. Rangklasse 6

106 Rangklasse 6 erfasst die Ansprüche, die eigentlich in die 4. Rangklasse fallen würden, dem nach Abs. 1 Nr. 5 betreibenden/beigetretenen Gläubiger gegenüber aber aufgrund der Wirkungen der Beschlagnahme unwirksam sind (§ 23 Rn. 4 ff.). Angesichts der Relativität der durch die Beschlagnahme bewirkten Unwirksamkeit (§ 23 Rn. 2; § 27 Rn. 1, 16) kann das Recht gegenüber einzelnen Gläubigern in die Rangklasse 4, gegenüber anderen aber in Rangklasse 6 fallen.[200]

107 Ansprüche aus Rangklasse 6 rücken durch Beitritt zum Verfahren (§ 27) dem Gläubiger, dem gegenüber sie unwirksam sind, in die 5. Rangklasse auf; zwar hilft das gegenüber dem betreibenden oder zuvor beitretenden Gläubigern wegen § 11 Abs. 2 in der Zwangsversteigerung nichts, Vorteile bietet dies jedoch in der Zwangsverwaltung, da hier Ansprüche in Rangklasse 6 nicht berücksichtigt werden, § 155 Abs. 2.

108 Für den **Umfang** gelten die Ausführungen zur Rangklasse 4 entsprechend (Rn. 81 ff.).

109 **Anmeldung:** Da die Rechte der Rangklasse 6 ja gerade deshalb dem Gläubiger gegenüber unwirksam sind, weil sie typischerweise erst nach Eintragung des Versteigerungsvermerks ins Grundbuch eingetragen wurden, muss der Berechtigte sie in der Regel anmelden und ggf. glaubhaft machen, §§ 37 Nr. 4, 45, 110, 114 Abs. 1, 156 Abs. 2 Satz 4 (anderenfalls: Berücksichtigung von Amts

---

196 *Böttcher,* ZVG, § 10 Rn. 57.
197 *Hagemann,* in: *Steiner,* ZVG, § 10 Rn. 145.
198 *Stöber,* ZVG, § 10 Rn. 9.4.
199 *Hagemann,* in: *Steiner,* ZVG, § 10 Rn. 149.
200 Beispiele bei *Böttcher,* ZVG, § 10 Rn. 63 f.

wegen)²⁰¹. Wird wegen der Ansprüche aus Rangklasse 6 das Verfahren betrieben (Rn. 101 ff.), gilt der Antrag als Anmeldung, § 114 Abs. 1 Satz 2. **Rechtsnachfolge** ist auch bei Ansprüchen aus Rangklasse 6 möglich (vgl. Rn. 99).

Für den **Rang** mehrerer in Rangklasse 6 fallenden Ansprüche gilt nach § 11 Abs. 1 das materielle Rangverhältnis (§ 11 Rn. 4 ff.). Innerhalb eines Rechts gilt § 12. **110**

XI. Rangklasse 7

In dieser Rangklasse sind die Ansprüche auf Entrichtung öffentlicher Lasten, die aufgrund Zeitablaufes nicht (mehr) in Rangklasse 3 fallen (näher Rn. 70 ff.), zu befriedigen. Wird wegen dieser Ansprüche allerdings das Verfahren betrieben, rücken sie in Rangklasse 5 auf (Vorteil insbesondere auch bei der Zwangsverwaltung, in der wegen § 155 Abs. 2 Ansprüche der Rangklasse 7 gar nicht berücksichtigt werden); in diesem (Sonder-)Fall ist eine **Anmeldung** nicht erforderlich, § 114 Abs. 1 Satz 2. In aller Regel ist aber zur Verhinderung eines Rangverlusts (§ 110) eine Anmeldung nötig, §§ 37 Nr. 4, 45, 114 Abs. 1, 156 Abs. 2 Satz 4. Dass die Ansprüche u. U. verjährt sind, wird nur auf Einredeerhebung des Schuldners hin berücksichtigt, § 115.²⁰² **111**

Der **Rang** der Ansprüche untereinander richtet sich mangels eines Grundbuchranges nach dem innerhalb der Rangklasse 3, d. h. die Rechte sind grds. gleichrangig (näher Rn. 75). **112**

XII. Rangklasse 8

In die Rangklasse 8 fallen die „Überbleibsel" der Rangklasse 4, d. h. rückständige Beträge (vgl. § 13 Abs. 1 Satz 2) wiederkehrender Leistungen, die älter als zwei Jahre sind. Hauptsacheansprüche und Tilgungszuschläge unterliegen der zeitlichen Begrenzung dagegen nicht und unterfallen daher stets der 4. Klasse.²⁰³ Nach überzeugender, heute wohl h. M. fallen auch die „Überbleibsel" der 6. **Rangklasse** unter die Rangklasse 8.²⁰⁴ Eine **Rechtsnachfolge** in die Rangklasse 8 durch Abtretung, Ablösung oder (Ver-)Pfändung ist möglich. Ein Gläubigerwechsel ändert aber selbstverständlich nichts daran, dass ein zu alter Anspruch aus der 4./6. Rangklasse fällt und nur in der 8. Rangklasse zu befriedigen ist.²⁰⁵ **113**

Wird wegen den unter die Rangklasse 8 fallenden Ansprüchen das Verfahren betrieben, unterfallen sie der 5. Rangklasse und müssen nicht gesondert angemeldet werden, § 114 Abs. 1 Satz 2. In allen anderen Fällen müssen sie zur Verhinderung eines Rangverlusts (§ 110) **angemeldet** werden, §§ 37 Nr. 4, 45, 114 Abs. 1, 156 Abs. 2 Satz 4. Eine eventuelle **Verjährung** der Ansprüche ist nur auf Einrede des Schuldners hin erheblich, § 115. **114**

Der **Rang** unter diesen Rechten bestimmt sich nach der materiellen Rangfolge, § 11 Abs. 1 (§ 11 Rn. 4 ff.). Innerhalb eines Anspruchs gilt § 12. **115**

---

201 *Hagemann*, in: *Steiner*, ZVG, § 10 Rn. 156.
202 *Hintzen*/Wolf, Rn. 11.124.
203 *Böttcher*, ZVG, § 10 Rn. 69.
204 *Hagemann*, in: *Steiner*, ZVG, § 10 Rn. 166; *Stöber*, ZVG, § 10 Rn. 12.1.
205 RG, Urteil vom 12.12.1917 – V 227/17, RGZ 91, 297, 301.

XIII. Rang nach Rangklasse 8 („Rangklasse 9")

116 Rechte, die weder zum Zeitpunkt der Eintragung des Zwangsversteigerungsvermerks aus dem Grundbuch ersichtlich noch bis spätestens vor Aufforderung zur Abgabe der Gebote angemeldet (und ggf. glaubhaft gemacht) wurden, werden bei der Feststellung des geringsten Gebotes nicht berücksichtigt (§ 37 Nr. 4) und stehen – vorausgesetzt sie werden überhaupt noch angemeldet – bei der Erlösverteilung hinter allen anderen Rechten, § 110.

XIV. Kündigungs- und Rechtsverfolgungskosten, Abs. 2

117 Nach Abs. 2 erhalten die Kosten der Kündigung und die der Befriedigung aus dem Grundstück bezweckenden (**dinglichen**) Rechtsverfolgung in allen Rangklassen den gleichen Rang wie der Hauptanspruch. Innerhalb dieses Anspruchs haben sie sogar Vorrang vor dem Hauptanspruch, § 12.

118 Die Kosten müssen notwendig sein (Rn. 124 f.). Eines besonderen Vollstreckungstitels bedarf es grundsätzlich wegen § 788 Abs. 1 Satz 1 ZPO nicht (aber dennoch Festsetzung möglich, zuständig ist der Rechtspfleger des Prozessgerichts).[206] Erforderlich ist ein besonderer Titel jedoch, wenn die Hauptforderung erfüllt wurde, ohne dass wegen ihr die Zwangsversteigerung auch nur begonnen wurde.[207]

119 Fallen die Gläubigerkosten nicht unter Abs. 2, so sind sie im Zwangsversteigerungsverfahren nur zu berücksichtigen, wenn entweder der Gläubiger das Verfahren ihretwegen betreibt (Abs. 1 Nr. 5), sie als Nebenleistungen eines dinglichen Rechts nach § 1115 BGB im Grundbuch eingetragen oder sie durch ein gesondertes Grundpfandrecht gesichert sind (dann Rangklasse 4).

1. Kosten i. S. d. Abs. 2[208]

120 Unter die Kosten der **Kündigung** fallen: Anfertigungs-, Beglaubigungs- und Zustellungskosten; Kosten eines Vertreters nach § 1141 Abs. 2 BGB; im Übrigen sind die Kosten eines Vertreters (z. B. Rechtsanwalt) nur erfasst, wenn der Fall besondere Schwierigkeiten aufweist.[209] Nicht ersatzfähig sind Kosten für die Kündigung eines Grundpfandrechts, wenn diese dem Ersteher gegenüber nach § 54 nicht wirksam bleibt.[210] Bei der Hypothek sind nur die Kosten der Hypothekenkündigung (§ 1141 Abs. 1 BGB), nicht aber diejenigen der Kündigung der gesicherten Forderung gegenüber dem mit dem Eigentümer nicht identischen Schuldner erfasst (Ausnahme: § 1185 Abs. 2 BGB); entsprechendes gilt für die Grundschuld.[211]

121 Kosten der **Rechtsverfolgung** sind die durch Zwangsversteigerung oder -verwaltung veranlassten Aufwendungen, insbesondere solche für:[212] Terminwahrnehmung (Zeitversäumnis; Reisekosten); die Erteilung eines Grundbuchauszuges; Erlangung des dinglichen Vollstreckungstitels (Klage[213] oder §§ 794

---

206 BGH, Beschl. vom 6.2.1986 – 1 ARZ 746/85, Rpfleger; 1986, 236; BayObLG, Beschl. vom 25.11.1986 – AllgReg 73/86, Rpfleger 1987, 124.
207 KG, Beschl. vom 23.7.1991 – 1 W 2934/91, Rpfleger 1992, 31.
208 Details bei *Hagemann*, in: Steiner, ZVG, § 10 Rn. 176.
209 Vgl. RG, Urteil vom 14.11.1888 – V 203/88, RGZ 22, 322.
210 *Böttcher*, ZVG, § 10 Rn. 82.
211 *Stöber*, ZVG, § 10 Rn. 15.3.
212 *Böttcher*, ZVG, § 10 Rn. 74 ff.
213 Das gilt selbst dann, wenn der Schuldner vorher nicht zu einer freiwilligen Unterwerfung aufgefordert wurde oder aber den Anspruch sofort anerkannt hat (Ausnahme: sofortige Beibringung einer Urkunde i. S. v. § 794 Abs. 1 Nr. 5 ZPO), OLG Köln, Beschl. vom 10.8.1976 – 7 W 28/76, NJW 1977, 256; *Böttcher*, § 10 ZVG, Rn. 84.

Abs. 1 Nr. 5, 800 Abs. 1 ZPO[214]); Klage auf vorzeitige Befriedigung nach § 1133 BGB;[215] der Eintragung einer Zwangshypothek, § 867 Abs. 1 Satz 3 ZPO; Erteilung und Zustellung der vollstreckbaren Titelausfertigung, § 788 Abs. 1 Satz 2 ZPO; Mahngebühren, soweit sie vom Titel gedeckt sind; Sicherheitsleistung als Voraussetzung der Zwangsversteigerung; Bankbürgschaft zur Sicherheitsleistung, § 108;[216] Zustellungsvertreter nach § 7 Abs. 3; Sicherungsmaßregeln nach § 25;[217] ein Vollstreckungsschutzverfahren;[218] Gerichtskosten für Anordnung des Verfahrens oder Beitritt zu diesem; Kosten eines Arrest- bzw. einstweiligen Verfügungsverfahrens bzgl. des Grundstücks; Anmeldung der Ansprüche; Grundbuchberichtigung nach Antrag gem. § 14 GBO; Höchstbetragshypothek;[219] Aufgebotsverfahren zum Ausschluss vorgehender Rechte; Grunderwerbsteuer, aber nur, wenn notwendig, um Wiederversteigerung gegen den Ersteher betreiben zu können; Kosten der Rechtsnachfolge auf Schuldnerseite; Kosten der unbegründeten Vollstreckungsabwehrklage nach § 767 ZPO.

122 Die auf die Kosten entfallenden **Umsatzsteuerbeträge** können analog § 104 Abs. 2 Satz 3 ZPO verlangt werden, wenn der Berechtigte sie nicht als Vorsteuer abziehen kann. Für die – nach Widerspruch (§ 37 Nr. 4) notwendige – Glaubhaftmachung zur Rangwahrung[220] genügt grds. die Erklärung des Gläubigers, dass er zum Vorsteuerabzug nicht berechtigt ist; anders aber, wenn die Richtigkeit der Erklärung durch Nachweise entkräftet ist oder sich die offensichtliche Unrichtigkeit aus anderen, dem Gericht bekannten Umständen, zweifelsfrei ergibt.[221]

123 **Keine Kosten** i. S. v. Abs. 2 sind: Kosten früherer Vollstreckungen in das bewegliche Schuldnervermögen[222] und eines Offenbarungsverfahrens (nur Rangklasse 5 möglich); Eintragungskosten für eine (Verkehrs-)Hypothek oder Grundschuld;[223] Kosten einer persönlichen Klage und eventuelle, durch eine Verbindung einer solchen mit einer dinglichen Klage ausgelösten Mehrkosten;[224] Klage auf Bewilligung der Eintragung; Kosten des Grundstückserwerbs, und zwar selbst dann, wenn der Gläubiger, um sein Recht zu „retten", selbst erwirbt; Kosten des Mitbietens (auch: Erteilung einer Bietvollmacht);[225] Maklerkosten, um Bietinteressenten für den Grundstückserwerb zu finden;[226] Kosten für Maßregeln nach § 1134 Abs. 2 BGB (Ausnahme: im unmittelbaren Anschluss wird ein Befriedigungsverfahren durchgeführt).[227]

2. Notwendigkeit

124 Selbst wenn die Kosten dem Grunde nach unter Abs. 2 fallen, sind sie nur erstattungsfähig, wenn sie auch **notwendig** waren. Notwendig sind grds. alle unmittelbar der Vorbereitung und Durchführung der Zwangsversteigerung

---

214 Einschränkend *Böttcher*, ZVG, § 10 Rn. 89.
215 *Wolfsteiner*, in: *Staudinger*, BGB, § 1118 Rn. 10.
216 BGH, Urteil vom 18.12.1973 – VI ZR 158/72, NJW 1974, 693 = Rpfleger 1974, 183.
217 LG Schweinfurt, Beschl. vom 25.7.1966 – 2 T 66/66, WM 1966, 1275.
218 LG Essen, Beschl. vom 25.6.1954 – 11 T 98/54, Rpfleger 1955, 164.
219 RG, Urteil vom 20.3.1917 – VII 399/16, RGZ 90, 71.
220 Anders soweit es um die Aufnahme ins geringste Gebot geht, vgl. *Stöber*, ZVG, § 10 Rn. 15.11.
221 BGH, Beschl. vom 11.2.2003 – VIII ZB 92/02, NJW 2003, 1534 = Rpfleger 2003, 321.
222 LG Dortmund, Beschl. vom 5.10.2007 – 9 T 120/07, KKZ 2008, 23; LG Dortmund, Beschl. vom 4.9.2007 – 9 T 230/07, Rpfleger 2007, 677.
223 Vgl. RG, Urteil vom 22.12.1909 – V 18/09, RGZ 72, 332.
224 RG, Urteil vom 21.4.1917 – V 9/17, RGZ 90, 171, 172.
225 LG Berlin, Urteil vom 19.9.1935 – 252 S 5291/35, JW 1935, 3657; LG Berlin, Urteil vom 14.11.1934 – 287 S 7932/34, JW 1935, 725.
226 OLG Düsseldorf, Urteil vom 11.6.1999 – 16 U 140/98, Rpfleger 1999, 501.
227 BGH, Urteil vom 16.12.1965 – III ZR 46/64, WM 1966, 324; RG, Urteil vom 22.12.1909 – V 18/09, RGZ 72, 332, 334.

dienenden Gläubigerkosten.[228] Sie sind so niedrig wie irgend möglich zu halten, eine Gefährdung der Vollstreckung muss aber nicht in Kauf genommen werden.[229] Eine Orientierung an der Rechtsprechung zu § 1118 BGB und §§ 97, 788 ZPO ist zulässig.[230] Strittig ist, ob eine Vollstreckungsmaßnahme, die sich im Ergebnis als **unzulässig** herausstellt, notwendig sein kann; das ist unzweifelhaft zu verneinen, wenn der Gläubiger bei Anwendung der im Verkehr erforderlichen Sorgfalt die Unzulässigkeit bei/vor Vornahme der Handlung hätte erkennen können. Konnte der Gläubiger dagegen die Unzulässigkeit bei Anwendung dieses Maßstabes nicht erkennen, wird man die Maßnahme nicht allein wegen ihrer Erfolglosigkeit/Unzulässigkeit für nicht notwendig halten können; das erfordert der Gläubigerschutz.[231]

125 Nicht notwendig sind: Aufwendungen des Gläubigers, deren Zweck nicht darin besteht, die Befriedigung der titulierten Forderung zu erreichen;[232] Kosten, die durch sorgfältiges Handeln des Gläubigers oder seines Rechtsvertreters hätten vermieden werden können;[233] Kosten einer vorzeitigen oder verfrühten Vollstreckung[234] sowie einer mehrfachen Vollstreckung, wenn eine ausgereicht hätte;[235] Kosten für eine neue Vollstreckungsklausel und eine erneute Zustellung nach freiwilliger Rechtsnachfolge auf Gläubigerseite; die für einen Kredit zur Zahlung von Vorschüssen an das Gericht anfallenden Zinsen und Kosten;[236] i.d.R. ist die Hebegebühr für einen Rechtsanwalt (RVG Anl. 1 Nr. 1009) nicht notwendig.[237]

3. Anmeldung

126 Die Kosten müssen – soweit sie sich nicht schon aus dem Beschlagnahmeantrag (dann § 114 Abs. 1 Satz 2) ergeben – zur Vermeidung eines anderenfalls eintretenden Rangverlusts vor der Aufforderung zur Abgabe von Geboten angemeldet und ggf. glaubhaft gemacht werden, §§ 37 Nr. 4, 45 Abs. 1, 110. Eines Vollstreckungstitels bedarf es nicht.[238] Erforderlich ist aber eine genaue Spezifizierung der Kosten nach Grund und Betrag (anderenfalls Rangverlust); betragsmäßig bestimmt ist auch der ohne Weiteres errechenbare Ansatz.[239] Pauschalisiert werden können die Kosten nur, soweit eine genaue Berechnung zu diesem Zeitpunkt noch nicht möglich ist (z. B. Kosten der Terminswahrneh-

---

228 OLG Düsseldorf, Beschl. vom 11.8.1954 – 10 W 255/54, Rpfleger 1955, 165.
229 OLG Frankfurt, Beschl. vom 12.8.1980 – 20 W 209/80, Rpfleger 1981, 161.
230 *Hagemann*, in: Steiner, ZVG, § 10 Rn. 173.
231 Im Ergebnis ebenso OLG Hamburg, Beschl. vom 22.10.1962 – 3 W 157/62, NJW 1963, 1015; OLG München, Beschl. vom 21.11.1957 – 11 W 1045/57, NJW 1958, 1687; *Stöber*, ZVG, § 10 Rn. 15.5; a. A. *Böttcher*, ZVG, § 10 Rn. 105; *Hagemann*, in: Steiner, ZVG, § 10 Rn. 176 (Stichwort: „unzulässige Vollstreckungsmaßnahme").
232 BGH, Beschl. vom 14.4.2005 – V ZB 5/05, NJW 2005, 2460 = Rpfleger 2005, 552 (Anm. von *Bergsdorf*, Rpfleger 2006, 31).
233 Sehr streng LG Berlin, Beschl vom 23.2.1968 – 82 AR 9/68, JurBüro 1968, 556, nach dem der Gläubiger selbst die Kosten für die verspätete Rücknahme des Verfahrensantrags tragen muss, wenn er vom Zahlungseingang auf dem Bankkonto trotz Nachfrage keine Mitteilung hatte.
234 AG Düsseldorf, Beschl vom 13.12.1954 – 26 IV M 3585/54, NJW 1955, 594; vgl. auch BVerfG, Beschl. vom 10.12.1998 – 2 BvR 1516/93, BVerfGE 99, 338 = NJW 1999, 778.
235 OLG München, Beschl vom 21.11.1957 – 11 W 1045/57, NJW 1958, 1687; soweit unterschiedliche Wohneinheiten betroffen sind, soll eine Wohnungseigentümergemeinschaft aber berechtigt sein, die Hausgeldansprüche gegen denselben Schuldner in verschiedenen Verfahren geltend zu machen, LG Itzehoe, Beschl vom 28.7.2008 – 11 T 11/08, ZMR 2008, 913.
236 OLG Nürnberg, Beschl vom 17.12.1971 – 4 W 75/71, Rpfleger 1972, 179.
237 Vgl. OLG Frankfurt, Beschl. vom 2.7.1952 – 6 W 341/52, Rpfleger 1952, 445; LG Detmold, Beschl. vom 23.8.2002 – 3 T 239/02, Rpfleger 2003, 36; LG Münster, Beschl. vom 7.2.1980 – 5 T 46/80, Rpfleger 1980, 401 = JurBüro 1980, 1687.
238 *Böttcher*, ZVG, § 10 Rn. 72.
239 *Stöber*, ZVG, § 10 Rn. 15.9.

mung).²⁴⁰ Die Pauschale muss aber ebenfalls vor Aufforderung zur Abgabe von Geboten angemeldet werden und erkennen lassen, wofür sie beansprucht wird; bis zum Verteilungstermin sind zudem die Kosten aufzuschlüsseln – soweit sie sich innerhalb des Rahmens der Pauschale halten, teilen sie die Rangstelle des Hauptanspruchs, im Übrigen tritt Rangverlust ein, § 110.²⁴¹ Es empfiehlt sich daher, bei der Bemessung des Pauschalbetrages großzügig zu verfahren.

4. Gerichtliche Prüfung

127 Unstrittig hat das Vollstreckungsgericht zu prüfen, ob die geltend gemachten Kosten **rechtzeitig** angemeldet wurden (Rn. 126) und Kosten im Sinne des Abs. 2 sind (Rn. 120 ff.). Dagegen ist umstritten, ob das Vollstreckungsgericht auch zu prüfen hat, ob die Kosten in der behaupteten **Höhe** entstanden sind und **notwendig** waren. Das wird vereinzelt²⁴² bejaht, von der heute wohl h. M.²⁴³ aber zu Recht abgelehnt, da anderenfalls wegen § 115 Abs. 2 automatisch eine Widerspruchsbehandlung erfolgen müsste, dem Rechtspfleger aber für die Prüfung der materiellen Berechtigung die Prüfungszuständigkeit fehlt; die Frage kann daher nur auf Widerspruchsklage der Beteiligten hin vom Prozessgericht geklärt werden.²⁴⁴

5. Rechtsbehelfe

128 Gegen die (Nicht-)Aufnahme von Kosten ins geringste Gebot ist Beschwerde statthaft. Beim Teilungsplan ist Widerspruch möglich (beachte § 115 Abs. 2). Wurden in den Teilungsplan Kosten eingestellt, die durch Kostenfeststellungsbeschluss festgestellt wurden, kann ein Anspruch auf Planabänderung nicht auf die unrichtige Kostenfestsetzung, sondern lediglich auf sonstige Gründe gestützt werden.²⁴⁵

6. Prozesskostenhilfe/Gebührenfreiheit

129 Wurde dem Gläubiger Prozesskostenhilfe (§§ 114 ff. ZPO, siehe ausf. „Prozesskostenhilfe im Zwangsversteigerungsverfahren") bewilligt oder genießt er Gebührenfreiheit (§ 2 GKG), hat die Gerichtskasse nach § 4 Abs. 4 KostVfg die Gerichtskosten des Anordnungs- bzw. Beitrittsbeschlusses und andere, unter Abs. 2 fallende, aber nicht eingezogene Vollstreckungskosten²⁴⁶ im Range des Hauptanspruchs zur Befriedigung anzumelden. Dieser Anspruch wird vor den Ansprüchen des Gläubigers befriedigt, § 12.²⁴⁷

XV. Verfahrensbetreibung durch die Wohnungseigentümergemeinschaft (Abs. 1 Nr. 2), Abs. 3

130 Abs. 3 wurde durch **WEGuaÄndG** mit Wirkung zum 1.7.2007 eingeführt (zum Übergangsrecht vgl. Rn. 44 f.); Satz 1 wurde durch Art. 8 **Gesetz zur**

---

240 OLG Braunschweig, Urteil vom 8.1.1932 – 1 V 289/31, DRiZ 1932 Nr. 342; strenger OLG Stettin, Beschl vom 28.5.1935 – 1 U 51/35, HRR 1935, Nr. 1537.
241 *Böttcher*, ZVG, § 10 Rn. 72; *Rellermeyer*, in: *Dassler/Schiffhauer/u. a.*, ZVG, § 10 Rn. 77.
242 *Hagemann*, in: *Steiner*, ZVG, § 10 Rn. 178; OLG Dresden, Beschl. vom 3.11.1906 (ohne Az), OLGE 15, 35, 36.
243 *Rellermeyer*, in: *Dassler/Schiffhauer/u. a.*, ZVG, § 10 Rn. 78; *Stöber*, ZVG, § 10 Rn. 15.10.
244 *Böttcher*, ZVG, § 10 Rn. 73.
245 OLG Dresden, Beschl. vom 3.11.1906 (ohne Az), OLGE 15, 35, 37; *Böttcher*, ZVG, § 10 Rn. 108.
246 Z.B. Kosten im Verfahren nach § 322 AO, OLG Köln, Beschl. vom 28.9.1977 – 17 W 313/77, Rpfleger 1977, 459.
247 *Hagemann*, in: *Steiner*, ZVG, § 10 Rn. 181.

Reform des Kontopfändungsschutzes[248] mit Wirkung zum 11.8.2009 um einen zweiten Halbsatz ergänzt (Rn. 132). Betreibt die Wohnungseigentümergemeinschaft die Zwangsversteigerung zur Durchsetzung von Hausgeldansprüchen in der Rangklasse 2, benötigt sie hierfür einen Vollstreckungstitel. Abs. 3 erleichtert eine solche Zwangsversteigerung insoweit, als er in Satz 2 einen besonderen Duldungstitel für entbehrlich erklärt (Rn. 134 ff.), erschwert sie aber zugleich durch die Festsetzung eines Mindestbetrages (Satz 1, Rn. 131 ff.).

1. Mindesthöhe (Satz 1)

131 Nach Satz 1 kann die Wohnungseigentümergemeinschaft die Zwangsversteigerung wegen der Ansprüche aus Rangklasse 2 nur betreiben, wenn diese mindestens die Höhe des Betrags nach § 18 Abs. 2 Nr. 2 WEG, d. h. 3 % des steuerlichen Einheitswertes (§ 180 Abs. 1 Nr. 1 AO; §§ 19 ff. BewG), erreichen. Hintergrund ist, dass die Zwangsversteigerung in das Wohnungseigentum nicht unter leichteren Voraussetzungen als dessen Entzug nach § 18 WEG möglich sein soll, führt beides für den betroffenen Eigentümer doch praktisch zu ähnlichen Ergebnissen.[249] Dabei kann die Wohnungseigentümergemeinschaft die erforderliche Höhe auch dadurch erreichen, dass sie mehrere Titel über Hausgeldansprüche, die sich auf eine Wohnung des Schuldners beziehen, beibringt.[250] **Satz 1 gilt nur**, wenn die Wohnungseigentümergemeinschaft selbst die Zwangsversteigerung aus Rangklasse 2 betreibt; tritt sie dagegen einem von einem anderen Gläubiger betriebenen Verfahren bei (Rn. 47), können auch kleinere Beträge angemeldet werden, betreibt sie hier doch keine dem § 18 Abs. 2 Nr. 2 WEG vergleichbare Entziehung des Wohnungseigentums.[251]

132 Ein Antrag, der die Wertgrenze nicht erreicht, ist **unzulässig**;[252] das Erreichen der Grenze ist in der Form des § 16 Abs. 2 urkundlich nachzuweisen.[253] In der ursprünglichen Fassung des Abs. 3, die des nunmehrigen Halbsatzes 2 ermangelte, stellte sich in der Praxis das Problem, wie die Wohnungseigentümergemeinschaft nachweisen konnte, dass diese Voraussetzung erfüllt ist. Denn der Einheitswert der zu versteigernden Wohnung ist ihr regelmäßig nicht bekannt und die Finanzämter lehnten unter Hinweis auf das Steuergeheimnis (§ 30 AO) eine Auskunftserteilung ihr gegenüber meist ab.[254] Dieses Problem, mit dem sich der BGH[255] gleich dreimal auseinandersetzen musste, dürfte durch die Einfügung von Halbsatz 2 gelöst sein. Dieser schränkt das Steuergeheimnis des Schuldners ein, indem er eine Offenbarung des Einheitswerts an die in Abs. 1 Nr. 2 genannten Gläubiger (vgl. Rn. 48 f.) i. S. v. § 30 Abs. 4 Nr. 2 AO zulässt, sobald ein vollstreckbarer Titel, der die Voraussetzungen des Abs. 3 Satz 2 oder 3[256] erfüllt, vorliegt. Zwar ist Halbsatz 2 erst zum 11.7.2009 in Kraft getreten, es spricht aber nichts dagegen, dass die Gläubiger von ihm auch in zu diesem Zeitpunkt bereits laufenden Verfahren Gebrauch machen

---

248 BGBl. 2009 I S. 1707.
249 BT-Drucks. 16/887, S. 45.
250 LG Itzehoe, Beschl. vom 28.7.2008 – 11 T 11/08, ZMR 2008, 913.
251 BT-Drucks. 16/887, S. 45 f.
252 BGH, Beschl. vom 17.4.2008 – V ZB 13/08, NJW 2008, 1956 = Rpfleger 2008, 375; *Schneider*, ZMR 2008, 727.
253 *Schneider*, ZMR 2008, 727, 728.
254 Kritisch gegenüber dieser Praxis *Schneider*, ZMR 2008, 727, 728 f.
255 BGH, Beschl. vom 17.4.2008 – V ZB 13/08, NJW 2008, 1956 = Rpfleger 2008, 375; BGH, Beschl. vom 2.4.2009 – V ZB 157/08, NJW 2009, 1888 = Rpfleger 2009, 399 = WuM 2009, 322; BGH, Beschl. vom 7.5.2009 – V ZB 142/08 = NJW 2009, 2066.
256 In der Entwurfsbegründung (BT-Drucks. 16/12714, S. 23) ist fälschlicherweise von „§ 10 Abs. 2 Satz 2 oder Satz 3 ZVG" die Rede – ein offenkundiger Fehler, pars pro toto moderner „Gesetzgebungskunst".

können: Wurden sie entsprechend der vorherigen Rechtsprechung des BGH[257] zunächst in Rangklasse 5 eingestuft, können sie dem Verfahren (auch wenn sie selbst die betreibenden Gläubiger sind, vgl. Rn. § 27 Rn. 4) in Rangklasse 2 beitreten, nachdem sie den Einheitswert vom Finanzamt mitgeteilt bekommen haben. In der Zukunft ist es möglich, nach Mitteilung des Einheitswertes das Verfahren von Anfang an in der Rangklasse 2 zu betreiben. Die Einfügung von Hs. 2 hat aber nicht zur Folge, dass der Eigentümer zur Herausgabe des Einheitswertbescheids an die Wohnungseigentümergemeinschaft verpflichtet ist.[258]

133 Nicht eindeutig geregelt ist, ob die Mindestgrenze allein durch die Hauptforderung erreicht werden muss, oder ob auch die von Nr. 2 erfassten **Nebenleistungen** (Rn. 48) zu berücksichtigen sind. Richtigerweise ist letzteres anzunehmen, da die Zwangsversteigerung wegen des Gesamtanspruchs betrieben werden soll.[259] Ebenfalls nicht gesetzlich geklärt ist, welche Folgen ein **Absinken der Forderung** (z.B. infolge teilweiser Befriedigung) unter die Mindestgrenze nach Anhängigkeit des Verfahrens hat. Das wird man für unbeachtlich halten müssen; der einmal durch die Anordnung/den Beitritt erlangte Vorrang sollte nicht wieder verloren gehen können, weil anderenfalls der säumige Wohnungseigentümer zu Verzögerungs- und Vereitelungsstrategien greifen könnte.[260]

2. **Entbehrlichkeit eines besonderen Duldungstitels (Satz 2); Glaubhaftmachung (Satz 3)**

134 Vergleichbar § 867 Abs. 3 ZPO für die Zwangshypothek erklärt Abs. 3 **Satz 2** einen besonderen Duldungstitel für entbehrlich. Erforderlich, aber auch ausreichend ist ein Zahlungstitel, z.B. ein Urteil oder ein Vollstreckungsbescheid.[261] Die Regelung bezweckt die Vermeidung von Verfahrensverzögerungen.[262]

135 Da die materiell-rechtliche Prüfung Sache des Prozessgerichts im Erkenntnisverfahren und nicht des Vollstreckungsgerichts ist, muss sich aus dem Zahlungstitel jedoch ergeben, dass die Voraussetzungen für einen Anspruch aus Rangklasse 2 vorliegen. Dazu gehört v.a. der Charakter der Forderung als Hausgeldforderung, der Bezugszeitraum und die Fälligkeit. Ein Zahlungstitel über die Gesamtsumme von Hausgeldrückständen für mehrere Wohnungseigentumseinheiten desselben Schuldners genügt nur, wenn sich die anteilige Höhe für das konkrete, vom Zwangsversteigerungsverfahren betroffene Wohnungseigentum – zumindest im Wege der Auslegung – aus dem Titel ergibt.[263]

136 Nach Abs. 3 **Satz 3** ist Glaubhaftmachung (z.B. Vorlage eines Doppels der Klageschrift) erforderlich, soweit der Titel die nach Satz 2 geforderten Angaben – wie v.a. bei Urteilen nach §§ 313a Abs. 1, 2, 313b ZPO – nicht enthält. Nur wenn dies nicht der Fall ist, ist eine Glaubhaftmachung möglich, nicht aber wenn der Titel zwar inhaltlich falsch, aber eindeutig ist.[264] Auch ist Satz 3 schon aufgrund seines Wortlauts nicht auf die Höhe des Hausgeldanspruches anwendbar.[265]

---

257 BGH, Beschl. vom 17.4.2008 – V ZB 13/08, NJW 2008, 1956 = Rpfleger 2008, 375.
258 BGH, Beschluss vom 16.7.2009 – V ZR 57/09, NZM 2009, 707.
259 *Alff/Hintzen*, Rpfleger 2008, 165, 167.
260 *Schneider*, ZfIR 2008, 161, 164; *Bräuer/Oppitz*, ZWE 2007, 326, 329; *Derleder*, ZWE 2008, 13, 15.
261 Näher *Derleder*, ZWE 2008, 13, 13f.
262 BT-Drucks. 16/887, S. 46.
263 LG Itzehoe, Beschl. vom 28.7.2008 – 11 T 11/08, ZMR 2008, 913; LG Passau, Beschl. vom 4.3.2008 – 2 T 22/08, Rpfleger 2008, 381.
264 LG Mönchengladbach, Beschl. vom 4.11.2008 – 5 T 239/08, Rpfleger 2009, 257.
265 LG Passau, Beschl. vom 4.3.2008 – 2 T 22/08, Rpfleger 2008, 381.

§ 1179a BGB Arten der Vollstreckung

(1) Der Gläubiger einer Hypothek kann von dem Eigentümer verlangen, dass dieser eine vorrangige oder gleichrangige Hypothek löschen lässt, wenn sie im Zeitpunkt der Eintragung der Hypothek des Gläubigers mit dem Eigentum in einer Person vereinigt ist oder eine solche Vereinigung später eintritt. Ist das Eigentum nach der Eintragung der nach Satz 1 begünstigten Hypothek durch Sondernachfolge auf einen anderen übergegangen, so ist jeder Eigentümer wegen der zur Zeit seines Eigentums bestehenden Vereinigungen zur Löschung verpflichtet. Der Löschungsanspruch ist in gleicher Weise gesichert, als wenn zu seiner Sicherung gleichzeitig mit der begünstigten Hypothek eine Vormerkung in das Grundbuch eingetragen worden wäre.

(2) Die Löschung einer Hypothek, die nach § 1163 Abs. 1 Satz 1 mit dem Eigentum in einer Person vereinigt ist, kann nach Absatz 1 erst verlangt werden, wenn sich ergibt, dass die zu sichernde Forderung nicht mehr entstehen wird; der Löschungsanspruch besteht von diesem Zeitpunkt ab jedoch auch wegen der vorher bestehenden Vereinigungen. Durch die Vereinigung einer Hypothek mit dem Eigentum nach § 1163 Abs. 2 wird ein Anspruch nach Absatz 1 nicht begründet.

(3) Liegen bei der begünstigten Hypothek die Voraussetzungen des § 1163 vor, ohne dass das Recht für den Eigentümer oder seinen Rechtsnachfolger im Grundbuch eingetragen ist, so besteht der Löschungsanspruch für den eingetragenen Gläubiger oder seinen Rechtsnachfolger.

(4) Tritt eine Hypothek im Range zurück, so sind auf die Löschung der ihr infolge der Rangänderung vorgehenden oder gleichstehenden Hypothek die Absätze 1 bis 3 mit der Maßgabe entsprechend anzuwenden, dass an die Stelle des Zeitpunkts der Eintragung des zurückgetretenen Rechts der Zeitpunkt der Eintragung der Rangänderung tritt.

(5) Als Inhalt einer Hypothek, deren Gläubiger nach den vorstehenden Vorschriften ein Anspruch auf Löschung zusteht, kann der Ausschluss dieses Anspruchs vereinbart werden; der Ausschluss kann auf einen bestimmten Fall der Vereinigung beschränkt werden. Der Ausschluss ist unter Bezeichnung der Hypotheken, die dem Löschungsanspruch ganz oder teilweise nicht unterliegen, im Grundbuch anzugeben; ist der Ausschluss nicht für alle Fälle der Vereinigung vereinbart, so kann zur näheren Bezeichnung der erfassten Fälle auf die Eintragungsbewilligung Bezug genommen werden. Wird der Ausschluss aufgehoben, so entstehen dadurch nicht Löschungsansprüche für Vereinigungen, die nur vor dieser Aufhebung bestanden haben.

Schrifttum: *Hadding/Welter*, Zum Anspruch auf „Löschung" gemäß § 1179a BGB, JR 1980, 89 ff.; *Kollhosser*, Die neuen gesetzlichen Löschungsansprüche (§§ 1179a, b, 1192 BGB), JA 1978, 176 ff.; *ders.*, Neue Probleme bei Abtretung und Verpfändung von Grundschulden, JA 1979, 232 ff.; *Mohrbutter*, Löschungsvormerkungen in der Zwangsversteigerung nach neuerem Recht, KTS 1978, 17 ff.; *Rambold*, Ausgewählte Probleme des gesetzlichen Löschungsanspruchs, Rpfleger 1995, 284; *Stöber*, Löschungsvormerkung und gesetzlich vorgemerkter Löschungsanspruch, Rpfleger 1977, 399 ff.; 425 ff.; *Weirich*, Der gesetzliche Löschungsanspruch und die Löschungsvormerkung, JURA 1980, 127 ff.

Übersicht

		Rn.
I.	Normzweck	1–3
II.	Anwendungsbereich	4, 5
III.	Gläubiger des Löschungsanspruchs	6–8
IV.	Schuldner des Löschungsanspruchs	9, 10

V.	Inhalt des Löschungsanspruchs; vormerkungsgleiche Wirkung, Abs. 1 Satz 3	11–14
1.	Löschung	11
2.	Vormerkungsgleiche Wirkung, Abs. 1 Satz 3	12–14
VI.	Der Löschungsanspruch in der Zwangsversteigerung	15–17
VII.	Rangänderung, Abs. 4	18–21
VIII.	Der Ausschluss des Löschungsanspruchs	22–29
1.	Ausschluss kraft Gesetzes, Abs. 2	22–25
2.	Ausschluss per Vereinbarung, Abs. 5	26–29

I. Normzweck

Nachrangige Gläubiger rücken nach dem System des Rechts der Grundpfandrechte bei Erledigung eines vorrangigen Grundpfandrechts nicht automatisch und gegen den Willen des Eigentümers auf, vielmehr wird das Grundpfandrecht zur Eigentümergrundschuld und sichert so dem Eigentümer die Rangstelle. Die gleich- oder nachrangigen Gläubiger verbesserten bis zur Einführung der §§ 1179a, b BGB ihre Rechtsstellung jedoch regelmäßig durch eine rechtsgeschäftliche Vereinbarung dahingehend, dass der Eigentümer verpflichtet sei, das vor- oder gleichrangige Recht aufzuheben, wenn es sich mit dem Eigentum in einer Person vereinigt. Dieser Anspruch wurde durch eine im Grundbuch eingetragene **Löschungsvormerkung** nach § 1179 BGB a. F. gesichert. Um die Grundbuchämter zu entlasten und das Grundbuch übersichtlicher zu gestalten, wurde durch „Gesetz zur Änderung sachenrechtlicher, grundbuchrechtlicher und anderer Vorschriften vom 22.6.1977"[1] (u. a.) der gesetzliche Löschungsanspruch des § 1179a BGB eingeführt.[2] Dieser ist auch ohne Eintragung im Grundbuch so gesichert, wie wenn zu seinen Gunsten eine Vormerkung eingetragen wäre, Abs. 1 Satz 3. **1**

Rechtspolitisch sehen sich die §§ 1179a, b BGB einer z. T. heftigen Kritik ausgesetzt, da der gesetzliche Löschungsanspruch das dem (ursprünglichen) Recht der Grundpfandrechte zugrunde liegende Prinzip der Rangreservierung und -wahrung zerstört und den Umfang des Eigentums in die Willkür des nachrangigen Gläubigers stellt.[3] **2**

Dogmatisch und terminologisch ist trotz der ungenauen Gesetzesfassung zwischen dem sog. **Löschungsrecht** und dem **Löschungsanspruch** zu unterscheiden. Das Löschungsrecht meint die Befugnis, bei Eintritt eines Vereinigungstatbestandes einen Löschungsanspruch zu erwerben; der Löschungsanspruch meint dagegen den auf einen konkreten Vereinigungsfall bezogenen, aus dem Löschungsrecht entspringenden Anspruch.[4] **3**

II. Anwendungsbereich

§ 1179a BGB gilt nur für Hypotheken, Grundschulden und Rentenschulden (§§ 1192 Abs. 1, 1199 Abs. 1 BGB). Für die Inhaber anderer dinglicher Rechte (wie Reallasten, Dienstbarkeiten) bleibt es bei der vormaligen Rechtslage **4**

---

1 BGBl. I S. 998; vgl. auch *Baur/Stürner*, Sachenrecht, § 46 IV 1 (Rn. 35).
2 Nachweise zu den verschiedenen Reformvorschlägen bei *Kollhosser*, JA 1979, 176.
3 *Waldner*, in: *Prütting/Wegen/Weinreich*, BGB, § 1179a Rn. 3; für Verfassungswidrigkeit gar *Wolfsteiner*, in: *Staudinger*, BGB, § 1179a Rn. 2, 5 ff. m. w. N.; anders BGH, Urteil vom 22.1.1987 – IX ZR 100/86, BGHZ 99, 363 = NJW 1987, 2078 = Rpfleger 1987, 238.
4 *Wolfsteiner*, in: *Staudinger*, BGB, § 1179a Rn. 9.

(Art. 8 § 1 Abs. 3 Satz 2 des Gesetzes v. 22.6.1977[5], vgl. Rn. 1), wobei § 1179 BGB n. F. die Eintragung einer Vormerkung erlaubt. **Kein Löschungsanspruch** steht dem Inhaber einer Arresthypothek (§ 932 Abs. 1 Satz 2 ZPO – zur Verfassungsmäßigkeit s. § 932 Rn. 10), einer Wertpapiersicherungshypothek (§ 1187 Satz 4 BGB) sowie dem Gläubiger einer Wertpapiergrundschuld zu, § 1195 BGB.

5 Zeitlich gilt § 1179a BGB, wenn der Eintragungs**antrag** für das **begünstigte Recht nach** dem 31.12.1977 gestellt wurde (Art. 8 § 1 Abs. 2 des Gesetzes v. 22.6.1977); nicht anwendbar ist er dagegen, wenn der Eintragungsantrag vor dem 1.1.1978 gestellt wurde und nur die **Eintragung** des begünstigten Rechts nach dem 31.12.1977 erfolgte. Besteht demnach ein Löschungsanspruch, gilt dies auch, wenn das betroffene Recht vor dem 1.1.1978 eingetragen wurde.[6] Für zeitlich frühere Vorgänge gilt dagegen die alte Rechtslage fort (Rn. 1).[7]

III. Gläubiger des Löschungsanspruchs

6 Gläubiger des Löschungsanspruchs ist der materiell-rechtlich richtige Inhaber eines gleich- oder nachrangigen Grundpfandrechts (siehe aber Rn. 4); auf die Grundbucheintragung kommt es nicht an, der bloß Buchberechtigte ist nicht Inhaber des Löschungsanspruchs (aber: Rn. 7 f.).[8] Da das Löschungsrecht gesetzlicher Inhalt des Grundpfandrechts ist,[9] geht es auf einen Erwerber des Grundpfandrechts automatisch mit über, ohne dass es eines gesonderten Übertragungsaktes bedürfte. Dementsprechend ist eine **isolierte Übertragung** des Grundpfandrechts oder des Löschungsrechts **ausgeschlossen**; auch eine isolierte Pfändung oder Verpfändung scheidet aus, nur die Ausübung des Löschungsanspruchs ist übertragbar.[10] Wird das begünstigte Recht geteilt, ist jeder der Gläubiger Inhaber des vollen Löschungsanspruchs.[11] Erlischt die Hypothek, erlischt auch der Löschungsanspruch. Zur Konsolidation vgl. näher.[12]

7 Abs. 3 will die Konstellation regeln, in der die **begünstigte** Hypothek zwar im Grundbuch noch als Fremdrecht geführt wird, in Wahrheit aber nach § 1163 BGB (noch oder wieder) Eigentümergrundschuld ist. Dem Gesetzeswortlaut nach wäre auch in diesem Fall der im Grundbuch eingetragene, materiellrechtlich aber nichtberechtigte (§ 1163 Abs. 1 Satz 1 BGB) respektive nichtmehr-berechtigte (§ 1163 Abs. 1 Satz 2 BGB) Gläubiger der begünstigten Hypothek Inhaber des Löschungsanspruchs. Damit hinge es allein vom Willen eines Nichtberechtigten ab, ob Vermögenswerte des Eigentümers dessen hypothekarisch gesicherten Gläubigern zukommen oder dem Eigentümer und dessen persönlichen Gläubigern.[13]

8 Deshalb sieht sich Abs. 3 zu Recht größter Bedenken als „gänzlich unverständlich[e]"[14], an „Unklarheit und Missverständlichkeit der Formulierung kaum

---

5 Abgedruckt bei *Bassenge, Palandt*, BGB, § 1179a Rn. 15.
6 BT-Drucks. 8/89, S. 19; BGH, Urteil vom 22.1.1987 – IX ZR 100/86, BGHZ 99, 363 = NJW 1987, 2078 = Rpfleger 1987, 238.
7 BGH, Beschl. vom 6.3.1981 – V ZB 2/80, BGHZ 80, 119 = NJW 1981, 1503 = Rpfleger 1981, 228.
8 *Rohe* in: *BeckOK*, § 1179a Rn. 5.
9 BGH, Urteil vom 22.1.1987 – IX ZR 100/86, BGHZ 99, 363 = NJW 1987, 2078 = Rpfleger 1987, 238; BayObLG, Beschl. vom 9.10.1991 – 2 Z 131/91, NJW-RR 1992, 306; OLG Düsseldorf, Beschl. vom 8.2.1988 – 3 Wx 503/87, NJW 1988, 1798 = Rpfleger 1988, 308.
10 *Wenzel*, in: *Erman*, BGB, § 1179a Rn. 2.
11 *Wenzel*, in: *Erman*, BGB, § 1179a Rn. 2; *Bassenge*, in: *Palandt*, BGB, § 1179, Rn. 5.
12 *Wolfsteiner*, in: *Staudinger*, BGB, § 1179a Rn. 49.
13 *Wolfsteiner*, in: *Staudinger*, BGB, § 1179a Rn. 45, der von „Willkür" spricht.
14 *Waldner*, in: *Prütting/Wegen/Weinreich*, BGB, § 1179a Rn. 6.

mehr zu übertreffende Regelung"[15] ausgesetzt; *Wolfsteiner* hält Abs. 3 gar für verfassungswidrig[16]. So weit wird man wohl nicht gehen müssen, vorzugswürdig ist eingedenk des Vorrangs der verfassungskonformen Auslegung[17] vielmehr eine korrigierende Auslegung[18] bzw. teleologische Reduktion[19] der Norm. Dementsprechend steht dem Buchgläubiger der Löschungsanspruch nur und erst zu, wenn er (später) die Hypothek auch materiell erwirbt;[20] der Löschungsanspruch gilt dann allerdings rückwirkend ab Eintragung des begünstigten Rechts (sog. „Rückdatierung der Vormerkungswirkungen"[21]).[22] Für die hier vertretene Auslegung spricht, dass der Löschungsanspruch als Inhalt des dinglichen Rechts (Rn. 6) nicht von diesem getrennt werden kann und ein rechtlich billigenswertes Interesse des bloß Buchberechtigten an der Geltendmachung des Löschungsanspruchs nicht anzuerkennen ist.[23]

IV. Schuldner des Löschungsanspruchs

Schuldner des Löschungsanspruchs ist grundsätzlich der Grundstückseigentümer, der Inhaber eines während seines Eigentums entstandenen Eigentümerrechts ist.[24] Nach einem **Eigentümerwechsel** gilt (Abs. 1 Satz 2): bleibt der bisherige Eigentümer Inhaber der Eigentümergrundschuld (die dann zur Fremdgrundschuld wird), bleibt er auch nach dem Eigentumsübergang zur Löschung verpflichtet.[25] Ist dagegen die Eigentümergrundschuld zusammen mit dem Grundstückseigentum auf den Erwerber übergegangen (und somit eine Eigentümergrundschuld geblieben), sind nach h. M. sowohl der alte wie der neue Eigentümer Schuldner des Löschungsanspruchs und der Gläubiger kann wählen, gegen wen er vorgeht.[26] Wählt er (nur) den alten Eigentümer, muss der neue aufgrund der Vormerkungswirkung (Abs. 1 Satz 3) nach § 888 BGB zustimmen. Die Gegenauffassung[27], nach der nur der neue Eigentümer Schuldner des Anspruchs ist, ist mit dem Wortlaut („jeder Eigentümer wegen der zur Zeit seines Eigentums *bestehenden* Vereinigungen") sowie dem eindeutigen gesetzgeberischen Willen[28] nicht vereinbar. Vollzieht sich erst während der Eigentümerzeit des neuen Eigentümers die Vereinigung, ist allein er Schuldner.

---

15 *Eickmann*, in: *MünchKomm*-BGB, § 1179a Rn. 15.
16 *Wolfsteiner*, in: *Staudinger*, BGB, § 1179a Rn. 6 f., 45 ff.
17 Dazu *Stern*, Das Staatsrecht der Bundesrepublik Deutschland, Band III/2, 1994, S. 1148.
18 So *Wenzel*, in: *Erman*, BGB, § 1179a Rn. 3.
19 So *Eickmann*, in: *MünchKomm*-BGB, § 1179a Rn. 18.
20 *Jauernig*, in: *Jauernig*, § 1179a Rn. 6; *Waldner*, in: *Prütting/Wegen/Weinreich*, BGB, § 1179a Rn. 6; *Rohe*, in: *BeckOK*, § 1179a Rn. 5; *Bassenge*, in: *Palandt*, BGB, § 1179a Rn. 2; *Wenzel*, in: *Erman*, BGB, § 1179a Rn. 3; *Thumm*, in: *Zöller*, BGB RGRK, § 1179a Rn. 10; a. A. (schon vor materieller Rechtsinhaberschaft) wohl *Jerschke*, DNotZ 1977, 708, 715; *Schön*, BWNotZ 1978, 50; 54; *Westermann*, FS Hauß, 1978, S. 395, 403.
21 *Stöber*, Rpfleger 1977, 425, 427.
22 *Wenzel*, in: *Erman*, BGB, § 1179a Rn. 3; *Kollhosser*, JA 1979, 176, 180 f.; *Eickmann*, in: *MünchKomm*-BGB, § 1179a Rn. 18; *Bassenge*, in: *Palandt*, BGB, § 1179a Rn. 2.
23 *Eickmann*, in: *MünchKomm*-BGB, § 1179a Rn. 15 ff.; siehe dort auch zur Frage, inwieweit einem Zwischenerwerber der Löschungsanspruch zustehen kann.
24 *Eickmann*, in: *MünchKomm*-BGB, § 1179a Rn. 19.
25 *Wenzel*, in: *Erman*, BGB, § 1179a Rn. 4; *Bassenge*, in: *Palandt*, BGB, § 1179a Rn. 3.
26 *Wolfsteiner*, in: *Staudinger*, BGB, § 1179a Rn. 42; *Bassenge*, in: *Palandt*, BGB, § 1179a Rn. 3; *Jauernig*, in: *Jauernig*, BRB, § 1179a Rn. 8; *Wenzel*, in: *Erman*, § 1179a BGB, Rn. 4; *Eckert*, in: *Hk*-BGB, § 1179a Rn. 2; *Westermann*, FS Hauß, 1978, S. 395, 405 f.
27 *Eickmann*, in: *MünchKomm*-BGB, § 1179a Rn. 21.
28 BT-Drucks. 8/89, S. 11: „Hiernach besteht in den Fällen, in denen die Eigentümergrundschuld zusammen mit dem Eigentum übertragen wird, ein Löschungsanspruch auch gegen den Erwerber. Dass der Anspruch außerdem gegen den Veräußerer fortbesteht, dürfte unschädlich sein und kann hingenommen werden."

10 Wurde eine Hypothek z. T. während der Eigentumszeit des ersten Eigentümers, z. T. erst nach dem Eigentumswechsel (z. B. durch Rückzahlung der gesicherten Forderung in Höhe von zunächst 20 % und später 80 %) in eine Eigentümergrundschuld umgewandelt, wurde der erste Eigentümer Inhaber einer Eigentümergrundschuld in Höhe von 20 %; dementsprechend ist er auch nur insoweit Schuldner des Löschungsanspruchs; hinsichtlich der restlichen 80 % ist sein Rechtsnachfolger Schuldner.[29]

V. Inhalt des Löschungsanspruchs; vormerkungsgleiche Wirkung, Abs. 1 Satz 3

1. Löschung

11 Mit der in Abs. 1 Satz 1 unglücklich gewählten Formulierung „löschen" ist nicht die materiell-rechtlich irrelevante, rein grundbuchrechtliche „Löschung", sondern die Aufgabe des belasteten Rechts nach § 875 BGB gemeint.[30] Der Löschungsanspruch ist daher erst erfüllt, nachdem auf eine entsprechende Aufgabeerklärung des Eigentümers hin die Löschung im Grundbuch vorgenommen wurde.[31] In der Praxis wird der Löschungsanspruch kaum isoliert geltend gemacht;[32] relevant wird er vielmehr meist erst bei der Erlösverteilung nach durchgeführter Zwangsversteigerung (Rn. 15 ff.).

2. Vormerkungsgleiche Wirkung, Abs. 1 Satz 3

12 Nach Abs. 1 Satz 3 ist der Löschungsanspruch gesichert, wie wenn zu seinen Gunsten eine (Löschungs-)vormerkung eingetragen wäre. Verfügungen, die den Löschungsanspruch vereiteln oder beeinträchtigen, sind daher gegenüber dem Inhaber des Löschungsanspruchs relativ unwirksam, § 883 Abs. 2 BGB.[33] Der Schutz gilt bei Abs. 1–3 ab Eintragung der Hypothek,[34] und zwar auch dann, wenn der Gläubiger die Hypothek erst später erwirbt, z. B. wegen zunächst nicht erfolgter Valutierung;[35] bei der Rangänderung (Abs. 4) gilt die Vormerkungswirkung erst ab Eintragung der Rangänderung.[36]

13 Der Inhaber des Löschungsanspruchs kann schuldrechtlich der vormerkungswidrigen Verfügung zustimmen. Dies begründet eine (auf seinen Rechtsnachfolger übertragbare) **Einrede** des Eigentümers gegen die Geltendmachung des Löschungsanspruchs. Dem Rechtsnachfolger des Inhabers des Löschungsanspruchs kann sie nach § 1157 Satz 1 BGB entgegengehalten werden, es sei denn, dieser hat gutgläubig einredefrei erworben, §§ 1157 Satz 2, 892 BGB.[37]

---

29 Dazu *Baur/Stürner*, § 46 IV 2 b) (Rn. 43).
30 BT-Drucks. 8/89, S. 10.
31 *Wenzel*, in: *Erman*, BGB, § 1179a Rn. 10.
32 Zu einer Ausnahme siehe LG Ansbach, Urteil vom 4.12.1997 – 1 S 1131/97, Rpfleger 1998, 212; zum Streitwert in diesen Fällen vgl. AG Oldenburg, Beschl vom 22.3.2008 – 23 C 402/06 (n. v.).
33 So war z. B. bei BGH, Urteil vom 22.1.1987 – IX ZR 100/86, BGHZ 99, 363 = NJW 1987, 2078 = Rpfleger 1987, 238 die Abtretung einer Eigentümergrundschuld an einen Dritten relativ unwirksam, weil dadurch der bestehende Löschungsanspruch vereitelt worden wäre. Der Inhaber des Löschungsanspruch konnte daher sowohl vom Eigentümer (§ 883 II 1 BGB) wie dem Dritten (§ 888 I BGB) Zustimmung zur Löschung der Grundschuld verlangen.
34 OLG Köln, Urteil vom 17.7.1998 – 19 U 251/97, OLGR Köln 1998, 433.
35 *Bassenge*, in: Palandt, BGB, § 1179a Rn. 8.
36 Die Beweislast dafür, dass die angegriffene Verfügung nach diesen Zeitpunkten stattfand, trägt der Gläubiger des Löschungsanspruchs, *Wenzel*, in: *Erman*, BGB, § 1179a Rn. 10; *Schön*, BWNotZ 1978, 50, 52 f.; a. A. *Jerschke*, DNotZ 1977, 708, 714.
37 *Bassenge*, in: Palandt, BGB, § 1179a Rn. 13; *Wolfsteiner*, in: *Staudinger*, BGB, § 1179a Rn. 51; *Kollhosser*, JA 1979, 232, 233; *Hadding/Welter*, JR 1980, 89, 91.

Der Löschungsanspruch ist aber auch nicht weitergehend gesichert als eine Vormerkung. Künftige Ansprüche sind nach der Rechtsprechung nur vormerkbar, wenn sie auf einem sicheren Rechtsboden stehen, d. h. wenn die Entstehung des Anspruchs nur noch vom Willen des künftigen Berechtigen abhängt.[38] Da bis zur Vereinigung von Grundpfandrecht und Eigentum der Löschungsanspruch nur ein künftiger Anspruch ist und seine Entstehung nicht (schon gar nicht: allein) vom Willen des (möglichen) künftigen Inhabers abhängt, besteht bis zur Vereinigung **kein insolvenzgeschützter** Löschungsanspruch.[39] Das gilt auch, wenn die vorrangige Sicherungsgrundschuld zwar bei Eröffnung des Insolvenzverfahrens nicht mehr valutiert ist, eine Übertragung der Grundschuld auf den Eigentümer aber noch nicht stattgefunden hatte.[40] Das ist für den nachrangigen Gläubiger eine ungünstige Situation, umso mehr, als er nach der Rechtsprechung des BGH keinen Anspruch gegen den Grundstückseigentümer hat, sich so zu verhalten, dass der Vereinigungsfall eintritt.[41]

VI. Der Löschungsanspruch in der Zwangsversteigerung

Der Löschungsanspruch ist nach Abs. 1 Satz 3 gesichert, wie wenn er durch eine eingetragene Vormerkung geschützt wäre. Damit besteht zu seinem Schutz die **Vollwirkung**.[42] Das bedeutet:

Erlöschen durch den Zuschlag beide Rechte, d. h. sowohl das belastete wie das begünstigte, muss der bisherige Grundstückseigentümer dem vormaligen Inhaber des begünstigten Rechts den auf die Eigentümergrundschuld entfallenden Betrag in dem Umfang überlassen, wie er diesem zustünde, wenn die Eigentümergrundschuld schon vor dem Zuschlag gelöscht worden wäre.[43] Sind mehrere Löschungsgläubiger vorhanden, werden sie entsprechend dem Rang ihres begünstigten Grundpfandrechts am Erlös beteiligt.[44] Befindet sich zwischen begünstigtem und belastetem Recht ein Zwischenrecht ohne Löschungsanspruch (z. B. weil es sich um eine Wertpapiersicherungshypothek handelt oder der Löschungsanspruch nach Abs. 5 ausgeschlossen wurde), kann der Inhaber des Löschungsanspruchs den auf das belastete Recht entfallenden Erlösanteil nur insoweit beanspruchen, wie wenn die Löschung schon vor dem Zuschlag erfolgt wäre. Denn das Zwischenrecht darf durch die Geltendmachung des Löschungsanspruchs nicht berührt werden.[45]

Erlischt durch den Zuschlag nur das begünstigte Recht, während das betroffene bestehen bleibt, ist weiter zu unterscheiden: wird der Gläubiger aus dem Erlös **befriedigt**, erlischt der Löschungsanspruch nach § 91 Abs. 4 Satz 2 ZVG. Wird er **nicht** befriedigt, müsste der Löschungsanspruch als Teil des Hypothekenrechts eigentlich mit diesem erlöschen; davon macht jedoch die Sonder-

---

38 BGH, Urteil vom 14.9.2001 – V ZR 231/00, BGHZ 149, 1 = NJW 2002, 213.
39 BGH, Urteil vom 9.3.2006 – IX ZR 11/05, BGHZ 166, 319 = NJW 2006, 2408 = Rpfleger 2006, 484; LG Hamburg, Urteil vom 19.7.2006 – 322 O 37/06 = ZInsO 2006, 837; a. A. OLG Köln, Urteil vom 22.12.2004 – 2 U 103/04, Rpfleger 2005, 249; kritisch auch *Hintzen*, Rpfleger 2007, 642, 648; *Rein*, NJW 2006, 3470, 3471 f.
40 BGH, Urteil vom 9.3.2006 – IX ZR 11/05, BGHZ 166, 319 = NJW 2006, 2408 = Rpfleger 2006, 484.
41 BGH, Urteil vom 6.7.1989 – IX ZR 277/88, BGHZ 108, 237 = NJW 1989, 2536 = Rpfleger 1990, 32.
42 *Baur/Stürner*, § 46 IV 4. b) (Rn. 53).
43 BGH, Urteil vom 6.7.1989 – IX ZR 277/88, BGHZ 108, 237 = NJW 1989, 2536 = Rpfleger 1990, 32.
44 *Wolfsteiner*, in: Staudinger, BGB, § 1179a Rn. 57.
45 OLG Düsseldorf, Urteil vom 15.2.1989 – 9 U 205/88, Rpfleger 1989, 422; *Wolfsteiner*, in: Staudinger, BGB, § 1179a Rn. 57; vgl. BGH, Urteil vom 23.10.1957 – V ZR 235/56, BGHZ 25, 382 zur Löschungsvormerkung nach § 1179 BGB a. F.

norm des § 91 Abs. 4 Satz 1 ZVG eine Ausnahme, wenn in diesem Zeitpunkt bei dem in das geringste Gebot fallenden belasteten Recht eine Vereinigungslage besteht; dann bleibt der Löschungsanspruch zunächst erhalten, zu beachten ist aber, dass seine Vormerkungswirkung (Abs. 1 Satz 3) mit der Löschung (§ 130 ZVG) des begünstigten Rechts entfällt, § 130a I ZVG. Daher muss der Gläubiger, will er seine dingliche Sicherung über diesen Zeitpunkt hinaus behalten, spätestens im Verteilungstermin die Eintragung einer Vormerkung beantragen, § 130a Abs. 2 Satz 1 ZVG. Diese sichert den Gläubiger wegen Vereinigungen, die vor dem Zuschlag eingetreten sind;[46] wurde die Vormerkung zu Unrecht eingetragen, muss der Gläubiger sie auf seine Kosten löschen lassen, § 130a Abs. 2 Satz 3 ZVG.[47] Zu beachten ist weiter, dass den Ersteher, wird der Löschungsanspruch geltend gemacht, die Zuzahlungspflicht des § 50 Abs. 2 Nr. 1 ZVG trifft.[48] Da der Antrag nach § 130a Abs. 2 Satz 1 ZVG als eine derartige Geltendmachung anzusehen ist,[49] muss zugleich der Zahlungsbetrag nach § 125 Abs. 2 ZVG verteilt und durch Sicherungshypothek gesichert werden.[50]

VII. Rangänderung, Abs. 4

18 Mit der Verweisung auf Abs. 1–3 bestimmt Abs. 4 für Rangänderungen ergänzend, dass der Inhaber des zurücktretenden Rechts einen Löschungsanspruch hinsichtlich vortretender Rechte hat, wenn diese zur Zeit der Eintragung des Rangrücktritts mit dem Eigentum an dem Grundstück vereinigt sind oder später vereinigt werden.[51] Vereinigungen, die vor der Eintragung der Rangänderung bestanden, aber zwischenzeitlich aufgehoben wurden, lösen keinen Löschungsanspruch aus.[52] **Abs. 4 gilt nicht**, wenn ein Recht, für das der Eintragungsantrag vor dem 1.1.1978 gestellt wurde, im Rang zurücktritt; für ein solches Recht kann nur eine Löschungsvormerkung nach § 1179 BGB n. F. eingetragen werden.[53]

19 Bewusst[54] gesetzlich nicht geregelt wurde die Behandlung sog. **Zwischenrechte**, d. h. Rechte, die im Rang zwischen dem zurücktretenden und dem vortretenden Recht stehen. Prima vista erlischt der Löschungsanspruch des Inhabers des Zwischenrechts gegen das zurücktretende Recht (da dieses nun nachrangig ist), ohne dass ausdrücklich ein Löschungsanspruch gegen das vortretende Recht begründet würde. Diesem Problem wird verbreitet über eine Anwendung des § 880 Abs. 5 BGB zu begegnen gesucht.[55] Dies führt zu folgenden Konsequenzen: stand dem Zwischenrechtsinhaber ein Löschungsrecht gegen das zurücktretende Recht zu, erlischt dieses nicht infolge der Rangänderung, sondern richtet sich nun gegen das vortretende Recht; stand ihm dagegen kein Löschungsrecht gegen das zurücktretende Recht zu, ist analog Abs. 4 das vortretende Recht einem Löschungsrecht des Zwischenrechts ausgesetzt.

20 Diese Aussagen werfen zwei Probleme auf: Wenn (erstens) angenommen wird, dass das Löschungsrecht sich auch dann gegen das vortretende Recht richtet,

---

46 *Eickmann*, in: *MünchKomm*-BGB, § 1179a Rn. 37; *Wolfsteiner*, in: *Staudinger*, BGB, § 1179a Rn. 56.
47 *Mohrbutter*, KTS 78, 17, 21 ff.
48 *Wenzel*, in: *Erman*, BGB, § 1179a Rn. 14.
49 *Stöber*, ZVG, § 130a Rn. 3.2.
50 *Eickmann*, in: *MünchKomm*-BGB, § 1179a Rn. 37.
51 *Stöber*, Rpfleger 1977, 425, 428.
52 *Wolfsteiner*, in: *Staudinger*, BGB, § 1179a Rn. 32.
53 *Eickmann*, in: *MünchKomm*-BGB, § 1179a Rn. 27.
54 BT-Drucks. 8/89, S. 13.
55 So z.B. *Eickmann*, in: *MünchKomm*-BGB, § 1179a Rn. 26; *Rohe*, in: *BeckOK*, § 1179a Rn. 10; *Bassenge*, in: *Palandt*, BGB, § 1179a Rn. 9.

wenn gegen das zurücktretende Recht kein Löschungsrecht bestand (z. B. Grunddienstbarkeit), so passt das nicht zur Rechtsfolge des § 880 Abs. 5 BGB, nach der das Zwischenrecht durch die Rangänderung „nicht berührt" wird, m.a.W. sich die Rechtsstellung des Zwischenrechts nicht verschlechtern, aber auch nicht verbessern darf.[56] Man wird deshalb danach unterscheiden müssen, aus welchem Grund gegen das zurücktretende Recht kein Löschungsanspruch bestand: Beruhte dies auf einem rechtsgeschäftlichen Ausschluss zwischen dem Zwischenrechtsinhaber und dem Eigentümer nach Abs. 5, ist kein Grund ersichtlich, warum gegen das vorrückende Recht – quasi als „Geschenk Gottes" für den Zwischenrechtsinhaber – ein Löschungsanspruch bestehen sollte. Bestand gegen das zurücktretende Recht dagegen aus anderen Gründen kein Löschungsanspruch (z. B. weil es sich um eine Grunddienstbarkeit handelt), wird man in Durchbrechung des § 880 Abs. 5 BGB einen Löschungsanspruch gegen das vortretende Recht bejahen können.[57] Das lässt sich mit den Besonderheiten des Löschungsanspruchs und der gleichgerichteten Interessenlage beim Inhaber des Zwischenrechts – für den es keinen Unterschied macht, ob die Eigentümergrundschuld, die er löschen lassen will, originär vorrangig war oder erst im Wege der Rangänderung vorrangig wurde – rechtfertigen.

Friktionen bestehen zweitens, wenn nach obiger Auffassung gem. § 880 Abs. 5 BGB gegen zurücktretendes wie vortretendes Recht gleichermaßen ein Löschungsrecht besteht, aber dennoch die Position des Zwischenrechtsinhabers beeinträchtigt wird. Das ist z. B. der Fall, wenn das zurücktretende Recht eine Hypothek ist (so dass es bei der Rückzahlung der gesicherten Forderung automatisch zur [sukzessiven] Entstehung einer Eigentümergrundschuld kommt, §§ 1163 Abs. 1 Satz 2, 1177 Abs. 1 BGB), das vortretende Recht aber eine Grundschuld. Denn bei Letzterer ist § 1163 Abs. 1 Satz 2 BGB nicht anwendbar; die für den Löschungsanspruch erforderliche Vereinigung von Grundpfandrecht und Eigentum wird hier oft nicht (sofort) erfolgen.[58] Richtigerweise wird man hier die Rangänderung als relativ unwirksam gegenüber dem Zwischenrechtsinhaber ansehen müssen,[59] wenn dieser nicht vorher zugestimmt hat; das Zustimmungserfordernis folgt dabei aus § 880 Abs. 3 BGB, wobei als das „Recht eines Dritten" der Löschungsanspruch bzw. der im Keim angelegte Löschungsanspruch, d. h. das Löschungsrecht (Rn. 3) ist.[60] Relevant wird die relative Unwirksamkeit regelmäßig im Verteilungsverfahren.

---

56 Vgl. *Bassenge*, in: *Palandt*, BGB, § 880 Rn. 7.
57 A.A. wohl *Rambold*, Rpfleger 1995, 284, 286.
58 Das gleiche Problem stellt sich, wenn das zurücktretende Recht eine Eigentümergrundschuld, das vortretende Recht aber eine Grundschuld oder eine valutierte Hypothek, deren gesicherte Forderung noch nicht erfüllt wurde, ist. Denn während der Zwischenrechtsinhaber hinsichtlich der zurücktretenden Eigentümergrundschuld bereits einen Löschungs*anspruch* hat, besteht ein solcher bzgl. des vortretenden Rechts noch nicht, sondern ist nur im Keim angelegt und daher ein bloßes Löschungs*recht* (zur Terminologie Rn. 3). Vergleichbar ist schließlich die Situation, in der die Laufzeit des Kredits, für den die Hypothek bestellt wurde, beim zurücktretenden Recht kürzer war als beim vortretenden Recht, weil dann der Löschungsanspruch typischerweise erst später entstehen wird (*Hansen*, Der gesetzliche Löschungsanspruch gegenüber Grundpfandrechten, S. 168).
59 So auch *Rambold*, Rpfleger 1995, 284, 287.
60 *Hansen*, Der gesetzliche Löschungsanspruch gegenüber Grundpfandrechten, S. 167 ff.; a.A. *Eickmann*, in: *MünchKomm*-BGB, § 1179a Rn. 26, der davon ausgeht, dass der Gläubiger des Zwischenrechts angesichts der ihm drohenden Verschlechterung sowieso nicht zustimmt, der Schutz des § 880 Abs. 5 BGB reiche aus (s. o. Rn. 19); damit übersieht *Eickmann* aber gerade das geschilderte Problem und verkennt, dass der Gläubiger ggf. (z. B. durch eine Ausgleichszahlung) zur Zustimmung bewegt werden kann.

VIII. Der Ausschluss des Löschungsanspruchs

1. Ausschluss kraft Gesetzes, Abs. 2

22 Bei der **Hypothek** ist der Löschungsanspruch nach **Abs. 2 Satz 1** in den Fällen des § 1163 Abs. 1 Satz 1 BGB, d. h. solange die gesicherte Forderung nicht valutiert wurde, ausgeschlossen. Dahinter steht die Überlegung, dass ein während der Schwebezeit des Noch-nicht-Bestehens der Hypothek geltend gemachter Löschungsanspruch angesichts der Anwartschaft des Hypothekars[61] gem. § 161 BGB sowieso bei Valutierung unwirksam wäre; konsequenterweise wurde der Löschungsanspruch dann gleich ganz versagt.[62] Ein endgültiges Scheitern in diesem Sinne liegt vor, wenn das zugrundeliegende Kreditgeschäft – z.B. wegen Aufhebung, Eintritt einer Bedingung, Rücktritt oder Anfechtung – sicher nicht mehr besteht. Die Beweislast hierfür trägt der sich auf den Löschungsanspruch berufende Gläubiger.[63] Da die **Höchstbetragshypothek** typischerweise nicht zur Sicherung einer einzelnen, sondern wechselnder Forderungen dient, ist bei ihr Abs. 2 Satz 1 erst erfüllt, wenn sicher ist, dass überhaupt keine Forderungen aus dem gesicherten Vertragsverhältnis mehr entstehen werden.[64] Scheitert die Valutierung endgültig, besteht aber rückwirkender Schutz (**Abs. 2 Satz 1 Hs. 2**), so dass der Gläubiger gegen Verfügungen über die vorläufige Eigentümergrundschuld geschützt ist.

23 Solange bei der **Briefhypothek** dem Eigentümer bis zur Briefübergabe nach § 1163 Abs. 2 BGB ein vorläufiges Eigentümerrecht zusteht, besteht ebenfalls kein Löschungsanspruch, II 2. Unabhängig davon, ob der zukünftige Hypothekar in diesem Fall ein Anwartschaftsrecht hat oder nicht[65] würde die Ausübung des Löschungsanspruchs zu unsinnigen und unangemessenen Konsequenzen führen.[66] Sehr umstritten ist, ob der Löschungsanspruch nach Abs. 2 Satz 2 auch dann ausgeschlossen ist, wenn feststeht, dass es mangels zu sichernder Forderung nicht mehr zur Briefübergabe kommen wird und daher das vorläufige zum endgültigen Eigentümerrecht wird. Das wird teilweise mit dem Argument verneint, Abs. 2 Satz 2 sei teleologisch zu reduzieren, da der Gesetzgeber nur die frühere Rechtsprechung übernehmen wollte, in der aber stets anerkannt war, dass der Löschungsanspruch auch bei § 1163 Abs. 2 BGB besteht, wenn das Recht endgültig dem Eigentümer zusteht.[67] Im Übrigen sei es grob unbillig, dem gleich- oder nachrangigen Gläubigern den Löschungsanspruch abzusprechen. Die überzeugende Gegenauffassung verweist dagegen auf den – im Vergleich mit Abs. 2 Satz 1 – eindeutigen Wortlaut des Abs. 2 Satz 2 und wirft der ersten Auffassung zu Recht eine auch mit der Systematik des § 1179a BGB nicht zu vereinbarende Auslegung contra legem vor.[68]

24 Bei der ursprünglichen **Fremdgrundschuld** besteht der Löschungsanspruch, wenn auf die Grundschuld (und nicht auf die Forderung) gezahlt wird, es zur Konsolidation (§ 889 BGB) kommt, der Grundschuldinhaber ausgeschlossen ist (§ 1170 BGB), auf die Grundschuld verzichtet (§ 1168 BGB) oder sie an den

---

61 *Eickmann*, in: *MünchKomm*-BGB, § 1163 Rn. 17 m.w.N.
62 *Eickmann*, in: *MünchKomm*-BGB, § 1179a Rn. 22a.
63 *Bassenge*, in: *Palandt*, BGB, § 1179a Rn. 5.
64 *Waldner*, in: *Prütting/Wegen/Weinreich*, BGB, § 1179a Rn. 5; *Wolfsteiner*, in: *Staudinger*, BGB, § 1179a Rn. 38.
65 Bejahend: *Baur/Stürner*, § 46 Rn. 20; verneinend: OLG Hamm, Beschl. vom 3.7.1980 – 15 W 85/80, NJW 1981, 354 = Rpfleger 1980, 483; *Eickmann*, in: *MünchKomm*-BGB, § 1163 Rn. 34.
66 BT-Drucks. 8/89, S. 12.
67 *Eickmann*, in: *MünchKomm*-BGB, § 1179a Rn. 24; *Bassenge*, in: *Palandt*, BGB, § 1179a Rn. 5; *Wenzel*, in: *Erman*, BGB, § 1179a Rn. 6.
68 *Stöber*, Rpfleger 1977, 425, 429; *Waldner*, in: *Prütting/Wegen/Weinreich*, BGB, § 1179a Rn. 5; *Wolfsteiner*, in: *Staudinger*, BGB, § 1179a Rn. 39; *Kollhosser*, JA 1979, 176, 180.

Eigentümer abtritt.[69] Der Löschungsanspruch gibt nach umstrittener Auffassung des BGH dem nach- oder gleichrangigen Gläubiger aber auch dann keinen Anspruch darauf, dass die Fremd- in eine Eigentümergrundschuld „umgewandelt" wird, wenn der gesicherte schuldrechtliche Anspruch befriedigt oder der Sicherungszweck in sonstiger Weise wegfällt.[70] Für den Gläubiger besteht des Weiteren die Gefahr, dass der Eigentümer den Rückübertragungsanspruch an einen Dritten abtritt, so dass keine Eigentümergrundschuld entsteht; als Ausweg bietet es sich an, dass sich der Gläubiger den Rückgewähranspruch abtreten und dies durch eine Vormerkung sichern lässt.[71] Kein Löschungsanspruch besteht, wenn der Grundschuldgläubiger nach der Zwangsversteigerung des belasteten Grundstücks auf sein Erlöspfandrecht verzichtet und deshalb der frühere Eigentümer des Grundstücks analog § 1168 I BGB das Erlöspfandrecht erwirbt.[72] Da – selbst bei der Sicherungsgrundschuld[73] – eine hypothekengleiche Akzessorietät nicht besteht, ist **Abs. 2 Satz 1 nicht anwendbar**, so dass bei ursprünglicher Nichtvalutierung ein Löschungsanspruch besteht.[74] Dagegen ist **Abs. 2 Satz 2** auf die Briefgrundschuld anzuwenden; auch insoweit vertritt die oben (Rn. 23) abgelehnte Auffassung, dass bei endgültigem Scheitern der Briefübergabe I 1 anzuwenden sei.[75] Das überzeugt bei der nicht-akzessorischen Grundschuld noch weniger (vgl. oben).

Bei der **ursprünglichen Eigentümergrundschuld** besteht zunächst kein **25** Löschungsanspruch, da anderenfalls der Sinn der Eigentümergrundschuld – Freihaltung einer Rangstelle für den Eigentümer – völlig entwertet würde; möglich ist nur eine abweichende Vereinbarung, für die eine Vormerkung (§ 883 BGB) eingetragen wird.[76] Wird die Eigentümergrundschuld jedoch (z. B.) an einen Kreditgeber abgetreten[77] und damit zur Fremdgrundschuld und fällt sie später wieder an den Eigentümer zurück (Eigentümergrundschuld), besteht ab dieser Vereinigung der Löschungsanspruch, § 1196 Abs. 3 BGB.[78] Dabei kann es angesichts der fehlenden Akzessorietät richtigerweise keine Rolle spielen, ob es zur Valutierung kam oder nicht.[79] Da die Abtretung der Briefgrundschuld außerhalb des Grundbuchs erfolgt, stellt sich für die Rechtspraxis das Problem, dass ein (zweiter) Kreditgeber nicht wissen kann, ob die Eigentümerbriefgrundschuld schon einmal abgetreten war oder nicht und ein

---

69 *Wenzel*, in: *Erman*, BGB, § 1179a Rn. 7.
70 BGH, Urteil vom 9.3.2006 – IX ZR 11/05, BGHZ 166, 319 = NJW 2006, 2408 = Rpfleger 2006, 485; BGH, Urteil vom 27.2.1981 – V ZR 9/80, NJW 1981, 1505 = Rpfleger 1981, 292; *Wolfsteiner*, in: *Staudinger*, BGB, § 1179a Rn. 64; a. A. *Vollkommer*, NJW 1980, 1052; OLG München, Urteil vom 17.9.1980 – 27 U 232/80, ZIP 1980, 974 (unzulässige Rechtsausübung).
71 *Bassenge*, in: *Palandt*, BGB, § 1179a Rn. 6; *Baur/Stürner*, § 46 IV 4 a) (Rn. 48 ff.).
72 BGH, Urteil vom 22.7.2004 – IX ZR 131/03, BGHZ 160, 168 = Rpfleger 2004, 717; dazu *Hintzen/Böhringer*, Rpfleger 2004, 661.
73 Das gilt auch nach der Reform durch das Risikobegrenzungsgesetz (BGBl. I 2008, 1666), da durch diese die Sicherungsgrundschuld nur im Hinblick auf ihre Durchsetzung nach der Abtretung akzessorisch ausgestaltet wurde, im Übrigen aber abstrakt bleibt (vgl. *Dieckmann*, NZM 2008, 865, 872).
74 *Bassenge*, in: *Palandt*, BGB, § 1179a Rn. 6.
75 So *Bassenge*, in: *Palandt*, BGB, § 1179a Rn. 6.
76 *Bassenge*, in: *Palandt*, BGB, § 1179a Rn. 7.
77 Nach überzeugender, wohl h. M. reicht angesichts des eindeutigen Wortlauts von § 1196 III BGB die Pfändung oder Verpfändung der ursprünglichen Eigentümergrundschuld nicht aus, da sie nicht dazu führen, dass die Grundschuld „einem anderen als dem Eigentümer" zustand, *Stöber*, Rpfleger 1977, 425, 431; *Kollhosser*, JA 1979, 232, 234 f.; *Wenzel*, in: *Erman*, BGB, § 1179a Rn. 8; a. A. *Eickmann*, in: *MünchKomm*-BGB, § 1196 Rn. 22.
78 BGH, Urteil vom 22.1.1987 – IX ZR 100/86, BGHZ 99, 363 = NJW 1987, 2078 = Rpfleger 1987, 238; *Wenzel*, in: *Erman*, BGB, § 1179a Rn. 8; vgl. OLG Düsseldorf, Beschl. vom 8.2.1988 – 3 Wx 503/87, NJW 1988, 1798 = Rpfleger 1988, 308.
79 So auch OLG Celle, Urteil vom 11.4.1986 – 4 U 76/85, Rpfleger 1986, 398; *Bassenge*, in: *Palandt*, BGB, § 1179a Rn. 7; offen gelassen von BGH, Urteil vom 22.1.1987 – IX ZR 100/86, BGHZ 99, 363 = NJW 1987, 2078 = Rpfleger 1987, 238.

gutgläubig löschungsfreier Erwerb ausgeschlossen ist.[80] Denn besteht angesichts einer zuvor erfolgten Abtretung und Rückabtretung der Eigentümergrundschuld ein Löschungsanspruch eines gleich- oder nachrangigen Gläubigers, ist die nun erfolgende Abtretung der Eigentümergrundschuld an den zweiten Kreditgeber relativ unwirksam, Abs. 1 Satz 3 i. V. m. § 883 Abs. 2 Satz 1 BGB.[81] Zur Sicherung der Verkehrsfähigkeit kann der Eigentümer nur versuchen, in allen Fällen einen rechtsgeschäftlichen Ausschluss des Löschungsanspruch nach Abs. 5 (Rn. 26 ff.) zu erreichen, was ihm aber nur selten gelingen dürfte.[82]

2. Ausschluss per Vereinbarung, Abs. 5

26 Um eine nochmalige Valutierung des getilgten Grundpfandrechts zu ermöglichen[83] sieht Abs. 5 die Möglichkeit vor, den Löschungsanspruch auszuschließen. Der Ausschluss kann schon **anfänglich** bei der Bestellung oder **nachträglich** (auch mit Wirkung für bereits eingetretene Vereineinigungen) erfolgen.[84] Er kann in mehrfacher Hinsicht **beschränkt** werden:[85] *zeitlich* (z. B. nur für künftige Vereinigungsfälle); *gegenständlich* (beispielsweise nur für bestimmte Vereinigungsfälle; bei der Gesamthypothek kann der Ausschluss auf ein einzelnes Grundstück beschränkt werden[86]) und seinem *Umfang* nach (z. B. nur für einen bestimmten Teilbetrag. Bei einer ursprünglichen Eigentümergrundschuld ist der Ausschluss „zukünftiger Fremdgläubiger" möglich;[87] nicht möglich ist es dagegen, das **betroffene** Recht so zu gestalten, dass **ihm gegenüber** keine Löschungsansprüche bestehen.[88]

27 Da Abs. 5 den Ausschluss dogmatisch korrekt als Inhaltsänderung bezeichnet, sind nach §§ 877, 873 I BGB grundsätzlich **Einigung** und Eintragung erforderlich (bei der ursprünglichen Eigentümergrundschuld reicht eine einseitige Erklärung des Eigentümers).[89] Die Einigung kann formlos erfolgen. Wer ein Recht an dem begünstigen Recht hat, muss zustimmen, §§ 877, 876 BGB. Bei *anfänglichem* Ausschluss des Löschungsanspruchs lautet die **Eintragung**: „Eingetragen ohne gesetzlichen Löschungsanspruch gegenüber der Hypothek Nr. 1 gemäß Bewilligung vom [...] am [...]"; bei *späterem* Ausschluss ist dagegen einzutragen: „Der gesetzliche Löschungsanspruch gegenüber den Hypotheken Nr. 1 bis 3 ist ausgeschlossen".[90] Dabei müssen stets die vom Ausschluss erfassten Grundpfandrechte mit der laufenden Nummer ihrer Eintragung

---

80 Vgl. *Kollhosser*, JA 1979, 176, 179f. und 232; *Hadding/Welter*, JR 1980, 89, 91; vgl. auch *Wolfsteiner*, in: *Staudinger*, BGB, § 1179a Rn. 65, 68, der in bestimmten Konstellationen einen gutgläubigen Erwerb für vertretbar hält.
81 BGH, Urteil vom 22.1.1987 – IX ZR 100/86, BGHZ 99, 363 = NJW 1987, 2078 = Rpfleger 1987, 238.
82 Vgl. BT-Drucks. 8/98, S. 13; *Bassenge*, in: *Palandt*, BGB, § 1179a Rn. 7.
83 BGH, Urteil vom 22.1.1987 – IX ZR 100/86, BGHZ 99, 363 = NJW 1987, 2078 = Rpfleger 1987, 238.
84 *Wolfsteiner*, in: Staudinger, BGB, § 1179a Rn. 22; *Waldner*, in: *Prütting/Wegen/Weinreich*, BGB, § 1179a Rn. 11; BT-Drucks. 8/89, S. 13 f.
85 *Eickmann*, in: *MünchKomm*-BGB, § 1179a Rn. 38.
86 BGH, Beschl. vom 6.3.1981 – V ZB 2/80, BGHZ 80, 119 = NJW 1981, 1503 = Rpfleger 1981, 228.
87 BayObLG, Beschl. vom 9.10.1991 – 2 Z 131/91, NJW-RR 1992, 306; vgl. OLG Düsseldorf, Beschl. vom 8.2.1988 – 3 Wx 503/87, NJW 1988, 1798 = Rpfleger 1988, 308; OLG Braunschweig, Beschl. vom 20.10.1986 – 2 W 80/86, DNotZ 1987, 515; LG Wuppertal, Beschl. vom 13.11.1987 – 6 T 979/87, MittRhNotK 1988, 19 (für § 1179b BGB).
88 LG Berlin, Beschl. vom 12.11.2003 – 86 T 1008/03 (n. v.); BayObLG, Beschl. vom 9.10.1991 – 2 Z 131/91, NJW-RR 1992, 306; *Wolfsteiner*, in: *Staudinger*, BGB, § 1179a Rn. 23.
89 BayObLG, Beschl. vom 9.10.1991 – 2 Z 131/91, NJW-RR 1992, 306; OLG Düsseldorf, Beschl. vom 8.2.1988 – 3 Wx 503/87, NJW 1988, 1798 = Rpfleger 1988, 308; OLG Braunschweig, Beschl. vom 20.10.1986 – 2 W 80/86, DNotZ 1987, 515.
90 *Eickmann*, in: *MünchKomm*-BGB, § 1179a Rn. 39.

gekennzeichnet werden, auch wenn sich der Ausschluss auf sämtliche vorgehenden Rechte bezieht;[91] eine Bezugnahme auf die Eintragungsbewilligung ist nicht möglich. Eventuelle Umfangsbeschränkungen sind ins Grundbuch einzutragen (Abs. 5 Satz 2 Hs. 1).

Bei einer **Rangänderung** kommt dem vorrückenden Recht der zugunsten des nachrückenden Rechts eingetragene Ausschluss nicht zugute.[92] Wird jedoch das vorgerückte Recht gelöscht, führt dies zur Wiederherstellung der früheren Rangordnung; der Ausschluss ist also wieder wirksam.[93] Auch soll es möglich sein, für ein nachrangiges Recht unter der Bedingung, dass es vorrückt, den Ausschluss herbeizuführen; Voraussetzung ist eine entsprechende Vereinbarung des Eigentümers mit dem Zwischenrechtsinhaber und die Eintragung ins Grundbuch (str.).[94]

Der Ausschluss kann selbst wieder **aufgehoben** werden, **Abs. 5 Satz 3**; dogmatisch ist auch dies eine Inhaltsänderung (§ 877 BGB) und keine Aufhebung i. S. d. § 875 BGB.[95] Voraussetzung ist die (formlos mögliche) Einigung des Eigentümers mit dem Gläubiger (bzw. bei der Eigentümergrundschuld eine entsprechende einseitige Erklärung des Eigentümers) sowie die Eintragung im Grundbuch. Einer Zustimmung der anderen Hypothekengläubiger nach § 876 BGB bedarf es nicht, da ihre Rechtsstellung nicht beeinträchtigt wird.[96] Als Folge der Aufhebung entsteht für die bei der Aufhebung bestehenden oder danach eintretenden Vereinigungen ein Löschungsanspruch.

---

91 LG Nürnberg-Fürth, Beschl. vom 2.4.1980 – 13 T 1306/80, Rpfleger 1980, 386 = MittBayNot 1980, 71.
92 *Wenzel*, in: *Erman*, BGB, § 1179a Rn. 12; *Bassenge*, in: *Palandt*, BGB, § 1179a Rn. 10.
93 BayObLG 1981, 44, 49.
94 So *Wenzel*, in: Erman, BGB, § 1179a Rn. 12; *Schön*, BWNotZ 1978, 55; a. A. *Stöber*, Rpfleger 1977, 425, 430.
95 *Wolfsteiner*, in: *Staudinger*, BGB, § 1179a Rn. 27.
96 *Waldner*, in: *Prütting/Wegen/Weinreich*, BGB, § 1179a Rn. 11; vgl. BayObLG, Beschl. vom 22.12.1959 – 2 Z 192/59, NJW 1960, 1155.

§ 1179b BGB Löschungsanspruch bei eigenem Recht

(1) Wer als Gläubiger einer Hypothek im Grundbuch eingetragen oder nach Maßgabe des § 1155 als Gläubiger ausgewiesen ist, kann von dem Eigentümer die Löschung dieser Hypothek verlangen, wenn sie im Zeitpunkt ihrer Eintragung mit dem Eigentum in einer Person vereinigt ist oder eine solche Vereinigung später eintritt.

(2) § 1179a Abs. 1 Satz 2, 3, Abs. 2, 5 ist entsprechend anzuwenden.

Übersicht

	Rn.
I. Normzweck; Anwendungsbereich	1, 2
II. Voraussetzungen	3–5
III. Inhalt; Ausschluss	6, 7

I. Normzweck; Anwendungsbereich

1 Vor Einführung der §§ 1179a, b BGB verlangten die Banken regelmäßig nicht nur die Eintragung von Löschungsvormerkungen für vor- oder gleichrangige Grundpfandrechte anderer Gläubiger (§ 1179a Rn. 1), sondern auch für das ihnen bestellte Recht für den Fall, dass dieses mit dem Grundstückseigentum vereinigt wird (sog. „Löschungsvormerkung am eigenen Recht"[1]). Diese Praxis aufgreifend normierte der Gesetzgeber durch „Gesetz zur Änderung sachenrechtlicher, grundbuchrechtlicher und anderer Vorschriften vom 22.6.1977"[2] in § 1179b BGB einen entsprechenden Löschungsanspruch.[3] Die Vorschrift begegnet mannigfachen Bedenken, teilweise wird ihr gar jede tragfähige Begründung abgesprochen und sie für verfassungswidrig gehalten.[4] Überwiegend wird die Norm damit zu legitimieren versucht, dass der Gläubiger ohne sie – z.B. wegen zwischenzeitlichem Eigentumswechsel oder Übertragung der Eigentümergrundschuld außerhalb des Grundbuchs – unzumutbare Schwierigkeiten bei der Feststellung, wer momentan gerade tatsächlich materiell Berechtigter des Eigentümerrechts ist, hätte.[5] Unabhängig davon, ob man dem zustimmt,[6] stellt sich jedenfalls das Problem, dass der Eigentümer der Inanspruchnahme aus § 1179b BGB oft einen Grundbuchberichtigungsanspruch nach § 894 BGB einredeweise entgegenhalten kann (Gläubiger des § 1179b BGB-Anspruches kann ja nur ein materiell nicht berechtigter, bloßer Buchinhaber sein, Rn. 4). Erfolgt aber eine Berichtigung des Grundbuches nach § 894 BGB, besteht auch kein Anspruch aus § 1179b BGB mehr. Zumindest in diesen Konstellationen erscheint § 1179b BGB daher sinnlos.[7]

2 Für den zeitlichen wie sachlichen **Anwendungsbereich** gilt das zu § 1179a Gesagte entsprechend (§ 1179a Rn. 4f.).

---

1 *Eickmann*, in: *MünchKomm*-BGB, § 1179b Rn. 1.
2 BGBl. I S. 998; vgl. auch *Baur/Stürner*, Sachenrecht, § 46 IV 1 (Rn. 35).
3 BT-Drucks. 8/89, S. 14.
4 So *Wolfsteiner*, in: *Staudinger*, BGB, § 1179b Rn. 2 ff., 5.
5 *Baur/Stürner*, § 46 IV 2 d) (Rn. 45); *Eickmann*, in: *MünchKomm*-BGB, § 1179b Rn. 2; zur Begründung bei der rechtsgeschäftlich bestellten Löschungsvormerkung vor Einführung des § 1179b BGB vgl. OLG Bremen, Beschl. vom 31.10.1969 – 1 W 25/69, Rpfleger 1970, 296.
6 Dagegen *Wolfsteiner*, in: *Staudinger*, BGB, § 1179b Rn. 4.
7 So auch *Waldner*, in: *Prütting/Wegen/Weinreich*, BGB, § 1179b Rn. 1.

II. Voraussetzungen

Voraussetzung ist zunächst die ursprüngliche oder nachträgliche **Vereinigung** des Eigentums mit dem Grundpfandrecht. Nach Abs. 2 gelten die Beschränkungen des § 1179a Abs. 2 BGB entsprechend (§ 1179a Rn. 22 ff.). **3**

Gläubiger des Löschungsanspruchs ist der im Grundbuch eingetragene oder nach § 1155 BGB ausgewiesene Inhaber eines Fremdgrundpfandrechts. Entscheidend ist alleine die **formelle** Rechtsstellung, der Gläubiger muss und darf gerade nicht materiell Berechtigter sein. Daraus folgt zugleich, dass der Löschungsanspruch des § 1179b BGB anders als der des § 1179a BGB (§ 1179a Rn. 6) nicht Inhalt des Grundpfandrechts, sondern ein selbständig verdinglichter Anspruch ist.[8] Es kommt deshalb nicht darauf an, ob die durch die Hypothek gesicherte Forderung jemals valutiert wurde oder ob sie zurückbezahlt wurde. Wird das Grundstück geteilt, steht der Löschungsanspruch des § 1179b BGB jedem formell Berechtigten nur für seinen Teil zu; hinsichtlich des anderen Teils ist ein Anspruch aus § 1179a BGB möglich.[9] **4**

Schuldner des Anspruchs ist der Eigentümer, wobei wegen Abs. 2 i. V. m. § 1179a Abs. 1 Satz 2 BGB auch ein Grundstückserwerber Schuldner sein kann (näher § 1179a Rn. 9 f.). **5**

III. Inhalt; Ausschluss

Auch der Löschungsanspruch des § 1179b BGB geht auf **Aufhebung** nach § 875 BGB. Dem Anspruch können neben der Einrede des § 894 BGB (s. o. Rn. 1) die gleichen Einreden wie bei § 1179a BGB entgegengehalten werden (§ 1179a Rn. 13). Der Löschungsanspruch ist so gesichert, wie wenn zu seinem Schutz eine Löschungsvormerkung im Grundbuch eingetragen wäre, Abs. 2 i. V. m. § 1179a Abs. 1 Satz 3 BGB (§ 1179a Rn. 12 ff.). In der **Zwangsversteigerung** kann der Gläubiger den Anspruch nur geltend machen, wenn er ein rechtliches Interesse daran hat.[10] Das wird z. B. anzunehmen sein, wenn er zugleich Gläubiger eines gleich- oder nachrangigen Rechts ist, das aber – aus welchem Grunde auch immer – keinen Löschungsanspruch hat.[11] **6**

Für den vertraglichen **Ausschluss** des Löschungsanspruchs gelten über Abs. 2 die Ausführungen zu § 1179a Abs. 5 BGB entsprechend (§ 1179a Rn. 26 ff.). **7**

---

8 *Wolfsteiner*, in: *Staudinger*, BGB, § 1179b Rn. 6; *Eickmann*, in: *MünchKomm*-BGB, § 1179b Rn. 2.
9 *Wenzel*, in: *Erman*, BGB, § 1179b Rn. 2.
10 *Wolfsteiner*, in: *Staudinger*, BGB, § 1179b Rn. 10; *Eickmann*, in: *MünchKomm*-BGB, § 1179b Rn. 7.
11 *Eickmann*, in: *MünchKomm*-BGB, § 1179b Rn. 7; kritisch *Wolfsteiner*, in: *Staudinger*, BGB, § 1179b Rn. 2.

§ 11 ZVG [Rangfolge in derselben Rangklasse]

(1) Sind Ansprüche aus verschiedenen Rechten nach § 10 Nr. 4, 6 oder 8 in derselben Klasse zu befriedigen, so ist für das Rangverhältnis maßgebend, welches unter den Rechten besteht.

(2) In der fünften Klasse geht unter mehreren Ansprüchen derjenige vor, für welchen die Beschlagnahme früher erfolgt ist.

Schrifttum: *Jansen*, Rangvorbehalt und Zwangsvollstreckung, AcP 152, 508 ff.

Übersicht

		Rn.
I.	Zweck und Anwendungsbereich	1–3
II.	Rangordnung in den Rangklassen 4, 6 und 8, Abs. 1	4–16
1.	Eingetragene Rechte	5–13
2.	Nicht eingetragene Rechte	14–16
III.	Ansprüche aus Rangklasse 5, Abs. 2	17–19
IV.	Ansprüche in den Rangklassen des § 10 Abs. 1 Nr. 1–3, 7	20

I. Zweck und Anwendungsbereich

1 § 11 steht auf der zweiten Stufe einer fiktiven Leiter: Während § 10 im Sinne eines „Grobrasters" zunächst die Ansprüche nach Rangklassen kategorisiert, regelt § 11 das Verhältnis innerhalb dieser Rangklassen (wenn auch nur für die Rangklassen 4 – 6 und 8). Das „Feintuning" erfolgt dann durch § 12, der das Befriedigungsverhältnis innerhalb eines Anspruchs regelt. Die Reihenfolge der Ansprüche ist in der Praxis von großer Bedeutung, wird ein nachrangiges Recht doch erst befriedigt, wenn die vorrangigen Ansprüche vollständig befriedigt wurden (§ 10 Rn. 1).

2 Haben mehrere Rechte in einer Rangklasse den **gleichen Rang** (entweder, weil dies Folge der Verweisung des Abs. 1 ist, oder weil ein Fall von § 10 Abs. 1 Nr. 1 – 3, 7 [Rn. 20] vorliegt), sind die **Gesamtbeträge**, d. h. Kosten, Nebenleistungen und der Hauptsacheansprüche zueinander ins Verhältnis zu setzen und entsprechend dem vorhandenen Erlös zu befriedigen.

3 § 11 gilt für die Zwangsversteigerung. Bei der **Zwangsverwaltung** sind die Sonderregelungen der §§ 155, 156 zu beachten. Bei den Sonderverfahren der §§ 172 ff. gilt nur Abs. 1, nicht aber Abs. 2.[1] Bei der Versteigerung von Schiffen und Luftfahrzeugen gelten Besonderheiten.[2]

II. Rangordnung in den Rangklassen 4, 6 und 8, Abs. 1

4 Die Rangordnung der Rechte in den Rangklassen 4, 6 und 8 richtet sich gemäß Abs. 1 nach dem materiellen Recht. Hierbei ist zwischen eingetragenen (Rn. 5 ff.) und nichteingetragenen Rechten (Rn. 14 ff.) zu unterscheiden; Sonderfragen stellen sich bei Rangvorbehalt (Rn. 11) und -änderung (Rn. 12).

---

1 *Böttcher*, ZVG, § 11 Rn. 1.
2 Siehe *Stöber*, ZVG, § 162 Rn. 9.1; § 171a Rn. 3.

1. Eingetragene Rechte

Die Rangordnung bestimmt sich bei eingetragenen Rechten grds.[3] nach den §§ 879 ff. BGB. Für Einzelheiten sei auf die jeweiligen Kommentierungen des BGB verwiesen.

Relevant sind die §§ 879 ff. BGB nur für **materiell rangfähige Rechte**. Dazu gehören **nicht**: Widersprüche nach § 899 BGB, Vormerkungen nach § 18 Abs. 2 GBO; ferner besteht kein materielles Rangverhältnis zwischen eingetragenen Verfügungsbeschränkungen[4] und dinglichen Rechten sowie zwischen diesen und dem Eigentum. Für die Anwendung der §§ 879 ff. BGB verbleiben damit die in den Abteilungen II und III einzutragenden Grundstücksrechte, die Rechte an solchen Rechten sowie vorgemerkte Rechte (vgl. § 883 Abs. 3 BGB).

§ 879 Abs. 1 BGB liegt der **Prioritätsgrundsatz** zugrunde (Ausnahme: abweichende Vereinbarung, § 879 Abs. 3 BGB). Bei mehreren in **derselben** Abteilung eingetragenen Rechten gilt das Lokusprinzip, d.h. die Eintragungsreihenfolge entscheidet, selbst wenn am gleichen Tag eingetragen wurde, § 879 Abs. 1 Satz 1 BGB. Bei Eintragungen in **verschiedenen** Abteilungen kann dies logischerweise nicht gelten, so dass hier nach dem Datumsprinzip das zeitlich früher eingetragene Recht vorgeht, § 879 Abs. 1 Satz 2 BGB; dabei soll das Datum angegeben werden, § 44 Abs. 1 Satz 1 GBO.[5] Zur Einhaltung des Prioritätsprinzips gebieten §§ 17, 45 GBO dem Grundbuchamt die Bearbeitung der Eintragungsanträge nach der Reihenfolge ihres Eingangs; dagegen verstoßende Eintragung sind jedoch materiell-rechtlich wirksam und gehen im Rang vor, eine Korrektur ist nur mit Zustimmung des Begünstigten über § 880 BGB möglich.[6] Das Vollstreckungsgericht ist an die aus dem Grundbuch ersichtliche Reihenfolge selbst dann gebunden, wenn dessen Unrichtigkeit nachgewiesen wird;[7] es ist Sache der Beteiligten, die materiell-rechtlich richtige Rangfolge im Widerspruchsverfahren bzw. – soweit das geringste Gebot betroffen ist – per Zuschlagsbeschwerde klären zu lassen.[8]

Kommt es zur **Grundstücksvereinigung** nach § 890 **Abs. 1** BGB, bleiben die Belastungen bestehen. Jeder der Grundstücksteile haftet für die zuvor an ihm begründeten Rechte; das neue Grundstück haftet für die nach der Vereinigung eingetragenen Rechte.[9] Bei § 890 **Abs. 2** BGB gilt: Belastungen des zugeschriebenen Bestandteils belasten nicht das Hauptgrundstück; umgekehrt erstrecken sich die auf diesem lastenden Grundpfandrechte auf das Bestandteilgrundstück, jedoch gehen die dort bestehenden Grundpfandrechte diesen Belastungen vor (§§ 1131, 1192 BGB). Bei anderen dinglichen Rechten als Grundpfandrechten wird nur das jeweils schon zuvor belastete Grundstück belastet, es sei denn, das Recht wird nach der Bestandteilszuschreibung eingetragen.[10]

Die h.M. räumt (vorbehaltlich § 879 Abs. 3 BGB) in der **Veränderungsspalte** der Abteilungen II und III erfolgten Eintragungen über ein Nebenrecht denselben Rang wie dem in der Hauptspalte eingetragenen Hauptrecht ein.[11] Wird

---

[3] Sondervorschriften: Art. 118, 184 EGBGB; §§ 900 Abs. 2 Satz 2; 1119 Abs. 1; 1131 BGB; §§ 128; 130 Abs. 3 ZVG; § 10 ErbbauVO.
[4] *Wieling*, JZ 1982, 839, 842.
[5] Zu den Rechtsfolgen bei Verletzung vgl. *Eickmann*, RpflStud 1982, 74, 75.
[6] RG, Urteil vom 13.4.1904 – V 414/03, RGZ 57, 277, 279 f.; *Böttcher*, ZVG, Rn. 6; der durch den Fehler des Grundbuchamts Benachteiligte ist auf Amtshaftungsansprüche (§ 839 BGB) beschränkt.
[7] *Hagemann*, in: *Steiner*, ZVG, § 11 Rn. 10 (soweit hierfür Zeit ist, wird aber das Grundbuchamt um Berichtigung zu ersuchen sein).
[8] *Hagemann*, in: *Steiner*, ZVG, § 11 Rn. 11.
[9] *Hagemann*, in: *Steiner*, ZVG, § 11 Rn. 13.
[10] *Hagemann*, in: *Steiner*, ZVG, § 11 Rn. 13.
[11] RG, Beschl. vom 14.3.1931 – Vb 2/31, RGZ 132, 106, 112; OLG Frankfurt, Beschl. vom 3.2.1978 – 20 W 758/77, Rpfleger 1978, 312; OLG Hamm, Beschl. vom 9.10.1984 – 15 W

ein Grundstück nachverpfändet gilt, wenn nicht anders vermerkt, das Rangverhältnis der Rechte auf dem bereits belasteten Grundstück.[12]

10 Bei **Rechtsnachfolge** gilt: Geht das gesamte Recht über, ändert sich am Rang nichts. Anders dagegen bei Teilrechtsübergang kraft Gesetzes (z. B. §§ 426 Abs. 2; 268 Abs. 3 Satz 2 BGB), näher § 12 Rn. 11. Bei (ggf. mehrfacher) Teilabtretung eines Grundpfandrechts (an mehrere Zessionare) haben die Teile untereinander Gleichrang.[13]

11 Der **Rangvorbehalt** (§ 881 BGB) erlaubt es dem Eigentümer, sich bei der Bestellung eines dinglichen Rechts vorzubehalten, später ein Recht mit einem besseren Rang eintragen zu lassen. Die Ausübung des Rangvorbehalts ist wirkungslos, soweit dies nicht belastete Zwischenrechte beeinträchtigen würde (§ 881 Abs. 4 BGB); diese werden zudem durch die Rangänderung nicht berührt, § 880 Abs. 5 BGB (relatives Rangverhältnis[14]). Nach dem Wirksamwerden der Beschlagnahme (§ 22) ist die Ausübung dem betreibenden Gläubiger gegenüber unwirksam.[15] Zu den Auswirkungen auf das geringste Gebot siehe § 44 Rn. 43 ff.

12 Nach § 880 BGB kann das Rangverhältnis durch **Rangänderung** modifiziert werden. Auch hier gilt, dass Zwischenrechte nicht berührt werden, § 880 Abs. 5 BGB. Jedoch sollen Kosten der dinglichen Rechtsverfolgung ohne Rücksicht auf das Zwischenrecht immer an der Rangstelle des Rechts zu befriedigen sein.[16]

13 Für Grundstücksrechte im **Beitrittsgebiet** der ehemaligen DDR gilt Art. 233 §§ 3, 9 EGBGB.

2. Nicht eingetragene Rechte

14 Bei nicht im Grundbuch eingetragenen Rechten (wie Sicherungshypotheken nach § 1287 Satz 2 BGB oder § 848 Abs. 2 Satz 2 ZPO sowie altrechtlichen Dienstbarkeiten, Art. 184, 186, 187 EGBGB) kommt es – sowohl was deren Verhältnis untereinander als auch zu eingetragenen Rechten betrifft[17] – grundsätzlich auf den **Entstehungszeitpunkt** an.

15 Davon existieren jedoch **Ausnahmen**: Nach §§ 914 Abs. 1 Satz 1, 917 Abs. 2 Satz 2 BGB gehen Überbau- und Notwegrenten allen dinglichen Rechten vor; gleiches gilt nach § 2 Abs. 4 DüngMSichG für das Früchtepfandrecht (näher § 10 Rn. 76 f.). Der Rang von Sicherungshypotheken nach § 1287 Satz 2 BGB/ § 848 Abs. 2 Satz 2 ZPO richtet sich nach dem Zeitpunkt des Erwerbs des Pfandrechts;[18] sie gehen den vorher vom Schuldner bewilligten und nach Eintragung des Eigentumswechsels eingetragenen Grundpfandrechten im Rang vor,[19] es sei denn, es handelt sich um Rechte (z. B. Restkaufgeldhypothek), die dem Veräußerer nach dem Rechtsverhältnis zu bestellen sind, aus dem der ver- bzw. gepfändete Auflassungsanspruch stammt.[20]

250/83, Rpfleger 1985, 17; LG Köln, Beschl vom 7.9.1973 – 11 T 138/73, MittRhNotK 1973, 438, 439; a. A. *Böttcher*, ZVG, § 11 Rn. 11 m. w. N.: Rang richtet sich nach analoger Anwendung von § 879 Abs. 1 Satz 2 BGB.
12 *Rellermeyer*, in: Dassler/Schiffhauer/u. a., ZVG, § 11 Rn. 4.
13 *Hagemann*, in: Steiner, ZVG, § 11 Rn. 16.
14 *Wacke*, in: *MünchKomm*-BGB, § 881 Rn. 19 m. w. N.
15 *Jansen*, AcP 152, 508, 514; RG, Urteil vom 3.4.1928 – 462/27 VII, JW 1928, 1345, 1346.
16 *Stöber*, ZVG, § 11 Rn. 5.2.
17 *Hagemann*, in: Steiner, ZVG, § 11 Rn. 17.
18 *Stöber*, ZVG, § 11 Rn. 3.4.
19 BGH, Beschl. vom 18.12.1967 – V ZB 6/67, BGHZ 49, 197 = NJW 1968, 493; *Damrau*, in: *MünchKomm*-BGB, § 1274 Rn. 35.
20 BayObLG, Beschl. vom 17.2.1972 – 2 Z 88/71, Rpfleger 1972, 182; KG Berlin, Beschl. vom 13.5.1924 – 1 X 693/25, JFG 4, 339; *Stöber*, ZVG, § 11 Rn. 3.4.

Wurde ein Recht **zu Unrecht** im Grundbuch **gelöscht**, erlischt es deshalb nicht materiell-rechtlich und behält deshalb seinen Rang. Der gutgläubige Erwerb eines Dritten kann jedoch zur Rangverschlechterung führen (relative Rangordnung);[21] das gilt – mangels Rechtsgeschäftlichkeit des Erwerbs – nicht für Zwangshypotheken und das Befriedigungsrecht des Beschlagnahmegläubigers.[22] **16**

III. Ansprüche aus Rangklasse 5, Abs. 2

Für die Ansprüche der das Verfahren betreibenden bzw. diesem beitretenden (§ 27) Gläubiger gilt nach Abs. 2 das **Prioritätsprinzip**. Maßgeblich ist der Zeitpunkt des Wirksamwerdens der Beschlagnahme (§§ 22, 151; aber Rn. 19). Ist die Beschlagnahme fehlerhaft (und nicht wegen eines besonders schweren Verstoßes nichtig), kann sie mit ex nunc Wirkung geheilt werden, für den Rang kommt es daher auf den Tag der Heilung an.[23] Abs. 2 gilt auch, wenn um es sich um Ansprüche handelt, die anderenfalls unter die Rangklassen 6 – 8 fallen würden, dadurch, dass (auch) ihretwegen das Verfahren betrieben wird, aber „aufrücken".[24] **17**

Lässt sich nicht feststellen, welcher Gläubiger die frühere Beschlagnahme erwirkt hat, ist von Gleichrang auszugehen (z. B. Zustellung mehrerer Beitrittsbeschlüsse am gleichen Tag ohne Zeitangabe). Das soll nach bisher einhelliger Meinung[25] selbst dann gelten, wenn die Beschlagnahme schon durch den Eingang des Ersuchens des Versteigerungsvermerks beim Grundbuchamt bewirkt wurde (§ 22 Abs. 1 Satz 2); dementsprechend solle das Vollstreckungsgericht beim Vorliegen mehrerer gleichzeitiger Vollstreckungsanträge einen einheitlichen Beschluss (mit der Folge der Gleichrangigkeit) erlassen. Beides überzeugt **nicht**: Erfolgte – wie in der Regel (§ 22 Rn. 3, 5 ff.) – die Beschlagnahme bereits mit Eingang des Eintragungsersuchens (§ 22 Abs. 1 Satz 2), kann nicht einfach ignoriert werden, dass ein Anordnungsgläubiger (beim Beitrittsgläubiger stellt sich das Problem nicht, ist § 22 Abs. 1 Satz 2 hier doch nicht anwendbar, § 22 Rn. 18) „schneller" war als der andere. Gelingt dem sich darauf berufenden und daher beweisbelasteten Gläubiger dieser Nachweis, besteht daher richtigerweise kein Gleichrang, sondern er geht im Rang nach Abs. 2 vor. Anderenfalls würde die (unbewusst) verzögerte Behandlung eines Anordnungsantrags ggf. gravierende Konsequenzen für den schnelleren – und damit schutzwürdigeren – Gläubiger haben. **18**

In der **Zwangsverwaltung** werden in der 2. bis 4. Rangklasse nur Ansprüche auf laufende wiederkehrende Leistungen berücksichtigt. Wegen der rückständigen wiederkehrenden Leistungen muss der Gläubiger daher das Verfahren mit Rangklasse 5 betreiben. Für diese Ansprüche gilt nach wohl h. M. **nicht** der Beschlagnahmezeitpunkt, sondern der Grundbuchrang;[26] sie gehen daher den persönlichen Gläubigern vor.[27] **19**

---

21 *Wacke*, in: *MünchKomm*-BGB, § 879 Rn. 32.
22 RG, Urteil vom 12.3.1914 – V 368/13, RGZ 84, 265, 281.
23 *Hagemann*, in: *Steiner*, ZVG, § 11 Rn. 32.
24 *Hagemann*, in: *Steiner*, ZVG, § 11 Rn. 27.
25 *Stöber*, ZVG, § 11 Rn. 4.1; *Böttcher*, ZVG, § 11 Rn. 15; *Rellermeyer*, in: Dassler/Schiffhauer/ u.a., ZVG, § 11 Rn. 9.
26 RG, Urteil vom 2.12.1916 – V 244/16, RGZ 89, 147, 151; *Hagemann*, in: *Steiner*, ZVG, § 11 Rn. 33.
27 *Hagemann*, in: *Steiner*, ZVG, § 11 Rn. 33.

IV. Ansprüche in den Rangklassen des § 10 Abs. 1 Nr. 1–3, 7

20 Die Ansprüche in den Rangklassen 1–3 und 7 werden von § 11 nicht erfasst. Sie stehen daher im **Gleichrang** (für Rangklasse 3 folgt dies explizit aus § 10 Abs. 1 Nr. 3 Satz 2), vgl. § 10 Abs. 1 Einleitungssatz. Eine Ausnahme bildet die heute wohl bedeutungslose Hypothekengewinnabgabe nach den §§ 112 ff. LAG, § 10 Abs. 1 Nr. 3 Satz 3. Ob Gleichrang auch zwischen Wohngeldansprüchen der Wohnungseigentümergemeinschaft und dem Regressanspruch eines einzelnen Wohnungseigentümers (Rangklasse 2) besteht, ist strittig, richtigerweise aber wohl zu bejahen (vgl. auch § 10 Rn. 49).

§ 12 ZVG [Rangordnung innerhalb desselben Rechts]

Die Ansprüche aus einem und demselben Recht haben untereinander folgende Rangordnung:
1. die Ansprüche auf Ersatz der im § 10 Abs. 2 bezeichneten Kosten;
2. die Ansprüche auf wiederkehrende Leistungen und andere Nebenleistungen;
3. der Hauptanspruch.

Übersicht

		Rn.
I.	Normzweck; Abdingbarkeit; Anwendungsbereich	1–4
II.	Kosten, Nr. 1	5, 6
III.	Ansprüche auf wiederkehrende Leistungen und andere Nebenleistungen, Nr. 2	7–9
IV.	Hauptanspruch, Nr. 3	10
V.	Mehrere Berechtigte	11

I. Normzweck; Abdingbarkeit; Anwendungsbereich

§ 12 normiert den letzten der drei Schritte zur Bestimmung der Befriedigungsreihenfolge (§ 11 Rn. 1), indem er den Rang innerhalb eines einzelnen Anspruchs festlegt. Er gilt nur für Ansprüche **innerhalb derselben Rangklasse** des § 10, so dass nicht die Rückstände in der Rangklasse 7 bzw. 8 den Hauptansprüchen in der 3. oder 4. Klasse vorgehen.[1] Die Reihenfolge des § 12 von Kosten, wiederkehrenden Leistungen und dem Hauptanspruch entspricht der Regelung des § 367 Abs. 1 BGB (aber: Rn. 3). Innerhalb der drei Ranggruppen des § 12 besteht grds. Ranggleichheit, es sei denn, es greift eine gesetzliche Ausnahme (Rn. 11) ein oder es wurde etwas anderes vereinbart (Rn. 2). § 12 gilt auch, wenn Haupt- und Nebenansprüche verschiedenen Berechtigten zustehen. **1**

Anders als §§ 10 und 11 kann § 12 durch Vereinbarung zwischen dem Schuldner und dem jeweiligen Berechtigten **abbedungen** werden. Handelt es sich um ein dingliches Recht und erfolgt diese Vereinbarung schon bei seiner Bestellung, bedarf sie der Eintragung (aber: § 874 BGB); während eines anhängigen Zwangsversteigerungsverfahrens ist sie dagegen formlos möglich.[2] Werden Zinsen abgetreten, so können Zessionar und Zedent eine Abweichung vereinbaren.[3] Die Bestellung einer **Reallast** mit dem Inhalt, dass rückständige Raten Rang nach dem Recht im Übrigen haben sollen, ist nach dem BGH jedoch nicht möglich.[4] **2**

Bei **Verbraucherdarlehensverträgen** bestimmt § 497 Abs. 3 Satz 1 BGB eine von § 367 Abs. 1 BGB abweichende, auch im Rahmen des § 12 zu beachtende Tilgungsreihenfolge (Rechtsverfolgungskosten – geschuldeter Betrag – Zinsen). Das gilt aber nur, wenn der Vollstreckungstitel diese Reihenfolge auch tatsächlich ausweist;[5] zudem gilt § 497 Abs. 3 Satz 1 BGB nicht, wenn die im Titel genannte Hauptforderung auf Zinsen lautet, § 497 Abs. 3 Satz 5 BGB. **3**

---

1 *Rellermeyer,* in: Dassler/Schiffhauer/u.a., ZVG, § 12 Rn. 1.
2 *Hagemann,* in: Steiner, ZVG, § 12 Rn. 3.
3 *Rellermeyer,* in: Dassler/Schiffhauer/u.a., ZVG, § 12 Rn. 8.
4 BGH, Beschl. vom 2.10.2003 – V ZB 38/02, BGHZ 156, 274 = NJW 2004, 361 = Rpfleger 2004, 92; vgl. Stöber, ZVG, § 12 Rn. 4.1, 4.3.
5 Näher *Münzberg,* WM 1991, 170, 172 ff.; Stöber, ZVG, § 12 Rn. 1.5.

4 § 12 ist auf alle Verfahren des ZVG **anwendbar**; bei der Zwangsverwaltung ist aber die Besonderheit des § 155 Abs. 2 Satz 2 zu berücksichtigen.

II. Kosten, Nr. 1

5 Unter Kosten sind die Kosten der Kündigung und der dinglichen Rechtsverfolgung i. S. v. § 10 Abs. 2 (näher § 10 Rn. 120 ff.) zu verstehen. Stehen mehreren Gläubigern Kostenansprüche für Ansprüche, die im gleichen Rang stehen, zu, so besteht auch zwischen diesen Kostenansprüchen Gleichrang.[6]

6 Fraglich ist, wie Kosten, die **nicht** unter § 10 Abs. 2 fallen, zu qualifizieren sind. Diese sind in der Zwangsversteigerung grds. nur zu berücksichtigen, wenn der Gläubiger ihretwegen das Verfahren betreibt (§ 10 Abs. 1 Nr. 5; siehe aber auch § 10 Rn. 119). Das beantwortet aber nicht die Frage, unter welche Nummer des § 12 sie fallen. Z. T. wird ihnen entsprechend Nr. 1 Vorrang vor den Zinsen und dem Hauptanspruch eingeräumt.[7] Das ist abzulehnen, weil der Gesetzgeber offenkundig die Kosten des § 10 Abs. 2 privilegieren wollte und es daher an einer planwidrigen Regelungslücke fehlt. Z. T. wird auf Nr. 3 abgestellt, da wegen ihnen die Zwangsversteigerung betrieben werden muss (§ 788 Abs. 1 oder 2 ZPO), womit sie Hauptanspruch seien oder zu einem solchen gehörten;[8] auch das überzeugt aber nicht, denn als Vollstreckungsanspruch stehen sie neben dem Hauptsacheanspruch und fallen daher am ehesten unter Nr. 2.[9]

III. Ansprüche auf wiederkehrende Leistungen und andere Nebenleistungen, Nr. 2

7 Nr. 2 stuft wiederkehrende Leistungen und andere Nebenleistungen zwischen die Kosten des § 10 Abs. 2 und den Hauptanspruch ein. Das Gesetz ist ungenau formuliert, werden doch nicht nur wiederkehrende Nebenleistungen, sondern auch andere wiederkehrende Leistungen erfasst.[10] Dabei findet § 12 aber natürlich nur Anwendung, wenn es sich um Ansprüche innerhalb einer Rangklasse des § 10 handelt (Rn. 1). Haben **mehrere Gläubiger** aus demselben Recht Ansprüche auf wiederkehrende Leistungen (z. B. ein Zinsanspruch wird nur z. T. oder zwar vollständig, aber an verschiedene Gläubiger abgetreten), so besteht zwischen diesen Gleichrang.[11] Nr. 2 regelt nicht das Verhältnis zwischen laufenden und rückständigen wiederkehrenden Leistungen; entsprechend § 366 Abs. 2 BGB wird den rückständigen der Vorrang einzuräumen sein.[12]

8 Wiederkehrende Leistungen, die keine Nebenleistungen sind, sind:[13] In Rangklasse 2 z. B. Kontoführungskosten; Straßenreinigungskosten; Hausmeisterkosten; Beiträge zur Instandhaltungsrückstellung; titulierte Zinsen. In Rangklasse 3 die laufend und regelmäßig zu zahlenden öffentlichen Lasten (Beiträge, Gebühren, Steuern); in Rangklasse 4 Leistungen aus Altenteilen und Reallasten sowie Renten aus Rentenschulden.

---

6 *Hagemann*, in: *Steiner*, ZVG, § 12 Rn. 5.
7 *Hagemann*, in: *Steiner*, ZVG, § 12 Rn. 5.
8 *Böttcher*, ZVG, § 12 Rn. 5.
9 *Rellermeyer*, in: *Dassler/Schiffhauer/u. a.*, ZVG, § 12 Rn. 3; *Stöber*, ZVG, § 12 Rn. 2.
10 RG, Beschl. vom 4.3.1903 – V 37/03, RGZ 54, 88, 90, 91, 93; *Hagemann*, in: *Steiner*, ZVG, § 12 Rn. 6.
11 *Böttcher*, ZVG, § 12 Rn. 6.
12 *Rellermeyer*, in: *Dassler/Schiffhauer/u. a.*, ZVG, § 12 Rn. 4; *Böttcher*, ZVG, § 12 Rn. 6; *Hagemann*, in: *Steiner*, ZVG, § 12 Rn. 6.
13 *Hagemann*, in: *Steiner*, ZVG, § 12 Rn. 7.

Zu den **Nebenleistungen** gehören Leistungen, die selbst zwar keinen Hauptanspruch darstellen, aber von einem solchen abhängig sind. Es kann sich um einmalige oder wiederkehrende, befristete oder bedingte Leistungen handeln.[14] Sie müssen sich grds. aus dem Titel ergeben bzw. – bei dinglichen Rechten – im Grundbuch eingetragen sein (§ 1115 BGB). Zu nennen sind:[15] Nicht unter § 10 Abs. 2 fallende Kosten (Rn. 5); (gesetzliche/vertragliche) Zinsen; Zinseszinsen i. S. v. § 248 Abs. 2 BGB;[16] vereinbarte Mahngebühren; Kreditgebühren; Vorfälligkeitsentschädigungen;[17] Bearbeitungsgebühren; Strafzinsen; Verwaltungskostenbeiträge[18] und -zuschläge; Disagio/Damnum; Vertragsstrafen;[19] Abschluss- und Umsatzprovisionen;[20] Bürgschaftsgebühr;[21] Verzugs- und Überziehungsgebühren; Geldbeschaffungskosten für Hypothek;[22] Bereitstellungsgebühren; Prämien für Lebensversicherung zur Sicherung einer Hypothekenforderung.[23] **Nicht** dazu gehören aber Tilgungsbeträge bei einer Tilgungshypothek (§ 10 Rn. 91).[24]

IV. Hauptanspruch, Nr. 3

Unter „Hauptanspruch" sind in Rangklasse 1 die Zwangsverwaltungsvorschüsse zu verstehen; in Rangklasse 2 u. a. Instandhaltungs- und Instandsetzungskosten sowie Schornsteinfegerkosten; in Rangklasse 3 die Hauptsachebeträge. Für die Rangklasse 4 gilt: Bei Hypotheken und Grundschulden ist das eingetragene Kapital (§§ 1113 Abs. 1, 1191 BGB), bei der Rentenschuld die Ablösungssumme (§ 1199 Abs. 2 BGB) und bei anderen dinglichen Recht der Anspruch auf Wertsatz nach § 92 „Hautanspruch". In Rangklasse 5 ist schließlich die Hauptforderung des persönlichen Gläubigers gemeint.

V. Mehrere Berechtigte

Steht ein Anspruch mehreren Berechtigten jeweils zum Teil zu, so ist zu unterscheiden: Nach Teilabtretung oder -verpfändung besteht Gleichrang, d. h. es erfolgt Befriedigung nach dem Verhältnis der Beträge, wobei (natürlich) die Reihenfolge des § 12 zu beachten ist.[25] Anders verhält es sich, wenn der (Teil-)Übergang einer Forderung nicht zum Nachteil des Gläubigers gehen darf. Das ist der Fall bei §§ 426 Abs. 2 Satz 2; 774 Abs. 1 Satz 2; 1143 Abs. 1 Satz 2 BGB sowie bei der Teilablösung (§ 268 Abs. 3 Satz 2 BGB) und -pfändung[26]; hier geht der abgelöste/im Wege der cessio legis übergangene Teil im Rang dem Restanspruch des abgelösten/alten Gläubigers nach. Gleiches soll auch gelten, wenn der Gläubiger das Zwangsversteigerungsverfahren aus einem als „erstrangiger Teilbetrag" bezeichneten Teil einer Grundschuld betreibt; der Gläubi-

---

14 *Böttcher*, Rpfleger 1980, 81.
15 *Hagemann*, in: *Steiner*, ZVG, § 12 Rn. 8.
16 Vgl. KG, Beschl. vom 29.3.1909 (ohne Az.), OLGE 20, 408, 409.
17 OLG Karlsruhe, Beschl. vom 25.6.1968 – 3 W 54/68, Rpfleger 1968, 353.
18 OLG Neustadt, Beschl. vom 13.9.1961 – 3 W 79/61, DNotZ 1961, 666, 667; OLG Frankfurt, Beschl. vom 5.9.1978 – 20 W 346/78, Rpfleger 1978, 409.
19 KG, Beschl. vom 8.2.1906 (ohne Az.), OLGE 12, 284; KG, Beschl. vom 29.3.1909 (ohne Az.), OLGE 20, 408, 409.
20 Vgl. BayObLG, Beschl. vom 30.4.1921 (ohne Az.), OLGE 42, 167, 168.
21 LG Bielefeld, Beschl. vom 18.8.1970 – 3 T 306/70, Rpfleger 1970, 335.
22 LG Düsseldorf, Beschl. vom 14.5.1962 – 14 T 898/61, Rpfleger 1963, 50.
23 LG Dresden, Beschl. vom 15.10.1937 – 17 T 320/37, JW 1938, 179.
24 *Rellermeyer*, in: *Dassler/Schiffhauer/u. a.*, ZVG, § 12 Rn. 4; **a. A.** *Hagemann*, in: *Steiner*, ZVG, § 12 Rn. 7.
25 *Böttcher*, ZVG, § 12 Rn. 9 (also erst Befriedigung der Kosten aller Berechtigten, dann alle Zinsen und dann der Hauptanspruch, *Stöber*, § 12 ZVG, Rn. 1.3).
26 OLG Celle, Urteil vom 29.2.1968 – 7 Z 64/67, NJW 1968, 1139.

ger erwerbe eine letztrangige Teilgrundschuld.[27] Stehen dem abgelösten Gläubiger noch weitere Ansprüche zu, so wird deren Rang durch die Ablösung nicht betroffen.[28] Geht die beim abgelösten Gläubiger verbleibende Restforderung durch Abtretung oder kraft Gesetzes an einen Dritten über, bleibt der Rangvorrang gegenüber dem ablösenden Gläubiger erhalten.[29]

---

[27] BGH, Beschl. vom 13.3.1990 – IX ZR 206/89 und OLG Celle, Beschl. vom 7.4.1989 – 4 U 57/88, Rpfleger 1990, 378; a.A. *Muth*, Rpfleger 1990, 380.
[28] Vgl. *Bittner*, in: *Staudinger*, BGB, § 268 Rn. 26.
[29] Vgl. auch *Hagemann*, in: *Steiner*, ZVG, § 12 Rn. 11 der davon aber nur im Zusammenhang mit der Resthypothek spricht.

§ 13 ZVG [Abgrenzung wiederkehrender Leistungen]

(1) Laufende Beträge wiederkehrender Leistungen sind der letzte vor der Beschlagnahme fällig gewordene Betrag sowie die später fällig werdenden Beträge. Die älteren Beträge sind Rückstände.

(2) Absatz 1 ist anzuwenden, gleichviel ob die Ansprüche auf wiederkehrende Leistungen auf öffentlichem oder privatem Recht oder ob sie auf Bundes- oder Landesrecht beruhen oder ob die gesetzlichen Vorschriften andere als die in § 10 Abs. 1 Nr. 3 und 4 bestimmten Fristen festsetzen; kürzere Fristen als die in § 10 Abs. 1 Nr. 3 und 4 bestimmten werden stets vom letzten Fälligkeitstag vor der Beschlagnahme zurückgerechnet.

(3) Fehlt es innerhalb der letzten zwei Jahre an einem Fälligkeitstermin, so entscheidet der Zeitpunkt der Beschlagnahme.

(4) Liegen mehrere Beschlagnahmen vor, so ist die erste maßgebend. Bei der Zwangsversteigerung gilt, wenn bis zur Beschlagnahme eine Zwangsverwaltung fortgedauert hat, die für diese bewirkte Beschlagnahme als die erste.

Schrifttum: *Bauch*, Die Fälligkeit von Grundschuldzinsen, Rpfleger 1985, 466 ff.

Übersicht

		Rn.
I.	Zweck und Anwendungsbereich	1, 2
II.	Grundsätzliche Abgrenzung, Abs. 1	3–6
III.	Fälligkeit der Leistung	7–11
IV.	Fehlender Fälligkeitszeitpunkt, Abs. 3	12, 13
V.	Mehrere Beschlagnahmen, Abs. 4	14–17

I. Zweck und Anwendungsbereich

Das ZVG rekurriert an verschiedenen Stellen auf die Unterscheidung laufender 1 und rückständiger wiederkehrender Leistungen (§§ 10 Abs. 1 Nr. 2, 3, 4, 7, 8, 45 Abs. 2, 114 Abs. 2, 129, 155 Abs. 2, 156 Abs. 1; §§ 3, 2 Abs. 2 EGZVG). Die notwendige Abgrenzung wird einheitlich durch § 13 vorgenommen.

§ 13 ist auf alle Verfahren des ZVG **anwendbar**, jedoch gelten Besonderheiten 2 beim Insolvenzverwalterverfahren (§§ 172–174a, Rn. 4), bei der Nachlassversteigerung und bei Schiffen. Anwendbar ist er auch, wenn es um die Abgrenzung rückständiger und laufender wiederkehrender Leistungen beim freihändigen Verkauf geht.[1] Dagegen ist § 13 auf einmalige Leistungen und soweit der Begriff des Rückstands in anderen Gesetzen (z.B. § 1159 BGB) verwendet wird, **nicht** anwendbar.[2]

II. Grundsätzliche Abgrenzung, Abs. 1

Die Abgrenzung zwischen laufenden und rückständigen wiederkehrenden 3 Leistungen hängt nach Abs. 1 von zwei Faktoren ab: Dem Beschlagnahmezeitpunkt (Rn. 4 f.) und der Fälligkeit (Rn. 7 ff.). Als „laufend" behandelt das Gesetz grds. den letzten vor der Beschlagnahme fällig gewordenen sowie die später fällig werdenden Beträge; ältere Beträge hingegen sind Rückstände. Entscheidend ist dabei die Fälligkeit der Leistung und nicht der Zeitpunkt, auf den

---

1 Vgl. LG Erfurt, Urteil vom 22.5.2008 – 1 S 12/08, KKZ 2009, 17.
2 *Stöber*, ZVG, § 13 Rn. 1.2.

sich die einzelne Leistung bezieht.[3] Auf die Person des Gläubigers kommt es nicht an, auch bei einem **Gläubigerwechsel** bleibt Rückstand, was zuvor Rückstand war.[4]

4 „**Beschlagnahme**" meint den Zeitpunkt des Wirksamwerdens der Beschlagnahme (§ 22 Rn. 3 ff.); erfolgten mehrere Beschlagnahmen, regelt Abs. 4, welche davon maßgeblich ist (Rn. 14 ff.). Wird die Leistung am Tag der Beschlagnahme fällig, kommt es auf den letzten Fälligkeitstermin an;[5] Beispiel: Wird die Beschlagnahme am 1.10. wirksam und sind die Zinsen am 1.5. und 1.10. fällig, so ist der 1.5. maßgeblich, d.h. alle vorherigen Zinsen sind Rückstände.

5 Nach Abs. 2 gilt das Vorstehende unabhängig davon, ob es sich um privat- oder öffentlich-rechtliche Ansprüche handelt und zwar auch dann, wenn gesetzlich eine andere als die in § 10 Abs. 1 Nr. 3, 4 vorgesehene Frist bestimmt ist. Bei kürzeren Fristen wird vom letzten Fälligkeitstag vor der Beschlagnahme zurückgerechnet.[6]

6 Zur Berücksichtigung der laufenden Beträge im **geringsten Gebot** vgl. § 47. Für den **Teilungsplan** gilt: Laufende Beträge wiederkehrender Leistungen öffentlicher Lasten und bestehend bleibender Rechte werden bis einschließlich dem Tag vor dem Zuschlag berücksichtigt. Hingegen werden erlöschende Rechte bis einschließlich des dem Verteilungstermin vorgehenden Tages berücksichtigt; das gilt unabhängig davon, ob nach dem Stichtag noch weitere Fälligkeitstermine eintreten.

III. Fälligkeit der Leistung

7 Wie dargelegt, kommt der Fälligkeit der Leistung entscheidende Bedeutung zu. Fälligkeit meint den Zeitpunkt, ab dem der Schuldner zur Leistung verpflichtet ist und der Gläubiger das Recht hat, sie zu fordern.[7] Nicht maßgeblich ist dagegen der Zeitabschnitt, auf den sich die einzelne Leistung bezieht, der Betrag kann also für den Zeitraum vor oder nach dem Fälligkeitstermin geschuldet sein.[8]

8 Für **Rangklasse 2** gilt: Die Ansprüche auf Zahlung von Vorschüssen und der Jahresabschlussrechung sowie zur Zahlung einer Sonderumlage können nur dann fällig sein, wenn die Wohnungseigentümer einen wirksamen Beschluss gem. § 28 Abs. 2, 5 WEG über einen Wirtschaftsplan oder die Jahresabrechnung getroffen haben, der die konkrete Beitragsschuld begründet.[9] Im Übrigen ist zu unterscheiden: Ansprüche aus Jahresabschluss und Umlagebeschluss werden im Zweifel sofort fällig, § 271 BGB[10]; das kann auch nicht durch Anfechtung des Wirtschaftsplanbeschlusses beseitigt werden.[11] Ansprüche auf

---

3 *Stöber*, ZVG, § 13 Rn. 2.1.
4 *Rellermeyer*, in: *Dassler/Schiffhauer/u.a.*, ZVG, § 13 Rn. 3.
5 *Böttcher*, ZVG, § 13 Rn. 22 ff.
6 Beispiel: Öffentliche Last genießt Vorrecht des § 10 Abs. 1 Nr. 3 nur für Rückstände aus der Zeit von einem Jahr vor Anordnung der Zwangsversteigerung. Laufende wiederkehrende Leistungen sind der letzte vor der Beschlagnahme fällig gewordene Betrag und die später fällig werdenden; berücksichtigungsfähig in Rangklasse 3 sind nur die Beträge, die innerhalb eines Jahres vor dem letzten Fälligkeitstag vor der Beschlagnahme fällig wurden.
7 *Krüger*, in: *MünchKomm*-BGB, § 271 Rn. 2 m.w.N.
8 *Stöber*, ZVG, § 13 Rn. 2.1; Beispiel: Beschlagnahmewirksamkeitszeitpunkt am 1.10., Fälligkeit der Zinsen am 31.8.; dann ist irrelevant, ob die Zinsen für die Zeit vom 1.6. bis 31.8. oder vom 1.9. bis 30.11. zu zahlen sind.
9 BayObLG, Beschl. vom 29.12.2004 – 2Z BR 112/04, ZMR 2005, 384; *Hügel*, in: BeckOK, § 16 WEG, Rn. 26; vgl. BGH, Beschl. vom 21.4.1988 – V ZB 10/87, BGHZ 104, 197 = NJW 1988, 1910 = Rpfleger 1988, 357 (Entstehen der Forderung erst mit dem Beschluss).
10 *Bassenge*, in: *Palandt*, BGB, § 16 WEG Rn. 14.
11 Vgl. BayObLG, Beschl vom 7.12.1995 – 2Z BR 125/95, WE 1996, 239.

Vorschüsse werden, soweit der Wirtschaftsplan keine andere Regelung trifft, erst auf Aufforderung des Verwalters hin fällig.[12] Jedoch können die Wohnungseigentümer nach § 21 Abs. 7 WEG Fälligkeitsbestimmungen treffen; möglich sind z.B. Vorfälligkeitsregelungen[13] oder Fälligkeitsregelungen mit Verfallklausel[14].

Bei den Rechten in den **Rangklasse 4, 6 und 8** folgt die Fälligkeit regelmäßig aus der Grundbucheintragung oder zumindest aus der in Bezug genommenen Eintragungsbewilligung (§§ 1115, 874 BGB). Ist dies nicht der Fall, ist die Leistung mit Entstehung fällig;[15] in Ermangelung anderer Anhaltspunkte ist das der Tag, an dem die Grundbucheintragung erfolgte.[16] Teilweise wird für die **Darlehenshypothek** eine Ausnahme gemacht, indem auf die Notwendigkeit einer Grundbucheintragung verzichtet und unter Anwendung des § 488 Abs. 2 BGB von Fälligkeit der Zinsen jeweils nach Ablauf eines Jahres, gerechnet ab Hingabe des Darlehens, ausgegangen wird.[17] Die h.M. lehnt das zu Recht ab mit der Folge, dass es in solchen Konstellationen an einem Fälligkeitszeitpunkt fehlt. Denn der Fälligkeitszeitpunkt muss sich stets aus dem Grundbuch bzw. der Eintragungsbewilligung ergeben, was bei § 488 Abs. 2 BGB nicht gegeben ist. Daher ist Abs. 3 anzuwenden (Rn. 12 f.). Bei **Grundschulden** kann kalenderjährlich nachträgliche Zinsfälligkeit auch dann vereinbart werden, wenn die Grundschuld als jederzeit ohne Kündigung fällig (d.h. tägliche Fälligkeit) bestellt wird. Denn Akzessorietät heißt in diesem Falle nur, dass der Zinsanspruch nicht mehr entstehen kann, nachdem die Hauptschuld bereits erloschen ist;[18] hingegen wird ein einmal entstandener Zinsanspruch durch das Erlöschen der Hauptschuld nicht berührt, da er selbständig ist und daher auch abtretbar und verpfändbar ist.[19]

9

Bei öffentlichen Lasten (**Rangklassen 3 und 7**) ergibt sich die Fälligkeit i.d.R. aus dem jeweiligen Bundes-/Landesgesetz, der Satzung oder dem Leistungsbescheid; anderenfalls ist analog § 220 Abs. 2 AO entweder auf die Entstehung oder – wenn sich der Anspruch aus der Festsetzung ergibt – auf die Bekanntgabe der Feststellung abzustellen.[20] Die Behörde ist nicht daran gehindert, Leistungen für einen zurückliegenden Zeitabschnitt festzusetzen und zu einem bestimmten Termin fällig zu stellen (z.B. wenn die Berechnungsgrundlagen erst später vorliegen); das Vollstreckungsgericht ist hieran gebunden.[21]

10

Nach heute wohl einhelliger Meinung sind **Stundungen** oder andere fälligkeitsverschiebende (aber nicht erfüllungshindernde) Vereinbarungen wie z.B. Teilzahlungsvereinbarungen oder Ratenbewilligungen unbeachtlich, maßgeblich

11

---

12 *Hügel*, in: *BeckOK*, § 16 WEG Rn. 25; § 28 WEG Rn. 8.
13 Die Vorschüsse sind in monatlichen Teilbeträgen fällig, bei Zahlungsverzug tritt aber Fälligkeit des gesamten noch offenen Betrages ein, *Hügel*, in: *BeckOK*, § 28 WEG Rn. 8.
14 Die Wohngeldzahlungen werden zwar zu Beginn des Wirtschaftsjahres insgesamt fällig, der Eigentümer kann jedoch monatliche Teilzahlungen erbringen, solange er nicht mit mindestens zwei Teilbeträgen im Rückstand ist, BGH, Beschl. vom 2.10.2003 – V ZB 34/03, BGHZ 156, 279 = NJW 2003, 3550.
15 OLG Hamm, Beschl. vom 23.4.1954 – 15 W 175/54, JurBüro 1955, 37, 38; LG Aachen, Beschl. vom 7.2.1962 – 7 T 476/61, Rpfleger 1963, 116.
16 RG, Urteil vom 23.4.1932 – V 3/32, RGZ 136, 232, 235; OLG Köln, Beschl. vom 2.11.1959 – 8 W 169/59, NJW 1960, 1108.
17 *Hagemann*, in: *Steiner*, ZVG, § 13 Rn. 16 (Anwendung auch auf andere Grundpfandrechte).
18 *Böttcher*, ZVG, § 13 Rn. 12.
19 LG Augsburg, Beschl. vom 26.2.1986 – 4 T 644/86, Rpfleger 1986, 211; a.A. *Bauch*, Rpfleger 1985, 466.
20 *Rellermeyer*, in: *Dassler/Schiffhauer/u.a.*, ZVG, § 13 Rn. 7.
21 BGH, Urteil vom 28.11.1955 – III ZR 181/54, BGHZ 19, 163 = NJW 1956, 180; OLG Oldenburg, Urteil vom 14.5.1982 – 11 U 81/81, Rpfleger 1982, 350.

ist stets der ursprüngliche Fälligkeitstermin.[22] Dies ergibt die historische Auslegung der Norm, ging der Gesetzgeber doch davon aus, dass die Fristen des § 10, die auf § 13 rekurrieren, zum Schutze der Realkreditgläubiger von Anfang an feststehen.[23]

IV. Fehlender Fälligkeitszeitpunkt, Abs. 3

12 Fehlt es innerhalb der letzten zwei Jahre vor der Beschlagnahme an einem Fälligkeitszeitpunkt, so entscheidet nach Abs. 3 der Zeitpunkt der Beschlagnahme. Mit dem Tag der Beschlagnahme beginnen demnach die laufenden Beträge, davor bestehende Beträge sind Rückstände. Abs. 3 gilt auch, wenn die erste Fälligkeit erst nach der Beschlagnahme eintritt.[24] Abs. 3 dient v. a. dem Schutz der Realkreditgläubiger (Rangklasse 4), denn je weiter der letzte vor Beschlagnahme liegende Fälligkeitstermin zurückliegt, umso größer sind die in den Rangklassen 2 und 3 zu berücksichtigenden wiederkehrenden Leistungen.[25]

13 Bedeutung hat Abs. 3 v. a. in drei Konstellationen: Bei **gesetzlichen Zinsen**, da diese täglich neu entstehen und einen Fälligkeitszeitpunkt nicht kennen (§§ 288, 291 BGB, Art 48, 49 WG, Art. 45, 46 ScheckG),[26] bei der **Zwangssicherungshypothek**[27] sowie bei **Grundschuldzinsen ohne Fälligkeitsangabe**[28].

V. Mehrere Beschlagnahmen, Abs. 4

14 Das ZVG ist im Grundsatz durch das Prinzip der Eigenständigkeit der einzelnen Gläubigerverfahren geprägt (vgl. § 27 Rn. 1); dementsprechend ist der Beschlagnahmezeitpunkt für jeden Gläubiger isoliert zu bestimmen (§ 23 Rn. 2). Davon macht jedoch Abs. 4 **Satz 1** insoweit eine Ausnahme, als er bestimmt, dass es für die Abgrenzung laufender und rückständiger wiederkehrender Leistungen für alle Gläubiger auf den ersten Beschlagnahmezeitpunkt ankommt. Das gilt selbst dann, wenn der danach maßgebliche Anordnungsbeschluss später aufgehoben wird, solange nur das Verfahren aufgrund des Beitrittsbeschlusses eines anderen oder desselben (§ 27 Rn. 4) Gläubigers weiterbetrieben wird.[29] Etwas anderes gilt jedoch, wenn der Anordnungsbeschluss durch Aufhebung oder Rücknahme[30] bereits erloschen war, bevor der Beitrittsbeschluss wirksam wurde; in diesem Fall kommt es nach Abs. 4 Satz 1 auf das Wirksamwerden der Beschlagnahme für den Beitritt an, wurde durch diesen doch in Wahrheit ein neues Verfahren eingeleitet, so dass ein Anordnungsbeschluss zu erlassen bzw. ein dennoch gefasster Beitrittsbeschluss umzudeuten ist (§ 27 Rn. 8).

15 Wird das Verfahren gegen **mehrere Schuldner** betrieben, die in Gesamthandsgemeinschaft Eigentümer des Grundstücks sind, so bestimmt sich der

---

22 RG, Urteil vom 11.7.1913 – V 60/13, RGZ 83, 87, 90 f.; *Böttcher*, ZVG, § 13 Rn. 13; ausf. *Stöber*, ZVG, § 13 Rn. 2.8; *Hagemann*, in: Steiner, ZVG, § 13 Rn. 25 m. w. N. auch zur heute nicht mehr vertretenen Gegenauffassung.
23 Motive, S. 96–97; *Hahn/Mugdan*, Materialien, S. 37.
24 OLG Oldenburg, Urteil vom 14.5.1982 – 11 U 81/81, Rpfleger 1982, 350.
25 *Hagemann*, in: Steiner, ZVG, § 13 Rn. 17.
26 *Stöber*, ZVG, § 13 Rn. 2.4.
27 *Rellermeyer*, in: Dassler/Schiffhauer/u. a., ZVG, § 13 Rn. 5; *Hagemann*, in: Steiner, ZVG, § 13 Rn. 18 m. w. N.
28 *Böttcher*, ZVG, § 13 Rn. 25.
29 *Stöber*, ZVG, § 13 Rn. 3.1.
30 Zum Zeitpunkt vgl. BGH, Beschl. vom 10.7.2008 – V ZB 130/07, BGHZ 177, 218 = NJW 2008, 3067 = Rpfleger 2008, 586: Nicht schon mit Eingang der Rücknahmeerklärung, sondern erst mit Aufhebungsbeschluss.

Beschlagnahmezeitpunkt regelmäßig nach dem Eingang des Ersuchens auf Eintragung beim Grundbuchamt, § 22 Abs. 1 Satz 2. Greift § 22 Abs. 1 Satz 2 ausnahmsweise nicht ein, kommt es hingegen auf den Zeitpunkt der letzten Zustellung bei einem der Schuldner an (vgl. § 22 Rn. 4).

Davon zu unterscheiden ist die Zwangsversteigerung **mehrerer Grundstücke**. Das ZVG unterwirft jedes Grundstück einem eigenständigen Versteigerungs-/Verwaltungsverfahren; daran ändert auch eine Verbindung der Verfahren nach § 18 nichts.[31] Für jedes der Grundstücke ist daher getrennt der nach § 13 maßgebliche Zeitpunkt zu ermitteln, selbst bei Verbindung nach § 18.[32] Dieselben Grundsätze gelten für **Grundstücksbestandteile**, so dass es hier – anders als bei der Vollstreckung in ein Grundstück, das im Gesamthandseigentum mehrerer Schuldner (Rn. 15) steht – auf die Zustellung beim jeweiligen Eigentümer ankommt und dementsprechend für jeden Bestandteil getrennt der nach § 13 maßgebliche Zeitpunkt zu bestimmen ist.

Besonderheiten gelten bei einem vorhergehenden **Zwangsverwaltungsverfahren**. Grundsätzlich laufen Zwangsversteigerung und -verwaltung parallel und die jeweiligen Beschlagnahmen haben keine Wirkung für das jeweils andere Verfahren. Etwas anderes gilt aber nach Abs. 4 Satz 2: Geht der Zwangsversteigerung eine Zwangsverwaltung voraus und dauert diese bis zur Beschlagnahme im Zwangsversteigerungsverfahren an, so kommt es für die Abgrenzung laufender und rückständiger wiederkehrender Leistungen auf den Zeitpunkt der Beschlagnahme im Rahmen der Zwangsverwaltung an. Das gilt selbst dann, wenn das Zwangsverwaltungsverfahren später aufgehoben wird. Umgekehrt gilt dies jedoch nicht. Geht also einem Zwangsverwaltungsverfahren eine Zwangsversteigerung voraus, bleibt die Beschlagnahme für die Zwangsverwaltung maßgeblich für die Anwendung des § 13;[33] etwas anderes gilt nur bei Überleitung des Zwangsversteigerungsverfahrens in das Zwangsverwaltungsverfahren gemäß § 77 Abs. 2 Satz 2, 3 Halbsatz 1.

---

31 *Stöber*, ZVG, § 13 Rn. 3.4.
32 *Hagemann*, in: *Steiner*, ZVG, § 13 Rn. 8.
33 *Rellermeyer*, in: *Dassler/Schiffhauer/u.a.*, ZVG, § 13 Rn. 11.

§ 14 ZVG Ansprüche von unbestimmten Betrag

Ansprüche von unbestimmtem Betrag gelten als aufschiebend bedingt durch die Feststellung des Betrags.

Schrifttum: *Teufel*, Gedanken zu § 14 ZVG, Rpfleger 1977, 193 ff.

Übersicht

		Rn.
I.	Allgemeines	1, 2
II.	Definition des unbestimmten Betrages	3, 4
III.	Keine Ansprüche unbestimmten Betrages	5, 6
IV.	Behandlung von Ansprüchen unbestimmten Betrages	7

I. Allgemeines

1 § 14, der auf alle ZVG-Verfahren anwendbar ist,[1] fingiert betragsmäßig unbestimmte Ansprüche als aufschiebend bedingte, wobei Bedingung die Feststellung des Betrages ist. Relevanz hat das v. a. für das geringste Gebot und bei der Erlös-/Überschussverteilung (Rn. 7).

2 § 14 ist nicht mehr anwendbar, wenn der Betrag nicht mehr „unbestimmt" ist. Das ist nach **Feststellung** gegeben. Hierfür genügt die Anmeldung durch den Gläubiger nicht; erforderlich ist vielmehr, dass die Zustimmung des Grundstückseigentümers als Vollstreckungsschuldner nachgewiesen wird.[2] Ggf. muss hierfür ein Titel erstritten werden, dessen Tenor den Betrag nennt.[3]

II. Definition des unbestimmten Betrages

3 Unter einem Anspruch unbestimmten Betrages sind Ansprüche, die nicht auf Zahlung eines bestimmten Geldbetrages gerichtet sind, zu verstehen.[4] Darunter fallen Ansprüche, die (1) überhaupt nicht auf Zahlung eines bestimmten oder bestimmbaren Geldbetrages gerichtet sind oder (2) zwar auf einen Geldbetrag gehen, dessen Höhe aber nicht feststeht.

4 Zur ersten Gruppe gehören Ansprüche auf Tun, Dulden oder Unterlassen sowie auf Naturalleistungen wie Reallast- (§ 1105 BGB) oder Altenteilsleistungen.[5] Nicht höhemäßig bestimmte Geldbeträge sind durch **Vormerkung** oder **Widerspruch** gesicherte Ansprüche (aber nur, wenn diese gesicherten Ansprüche selbst unbestimmt i. S. v. § 14 sind), mit einem **Höchstbetrag** des Wertersatzes (§ 882 BGB) eingetragene Rechte (da nur höhenmäßige Begrenzung)[6] sowie **Wertersatzansprüche** (§ 92) für erloschene, nicht auf Kapitalzahlung gerichtete Rechte (wie z. B. dingliches Vorkaufsrecht; Grunddienstbarkeit, Dauerwohn- und Dauernutzungsrecht; Reallasten für bestimmte Dauer[7]). Für **Reallasten auf unbestimmte Dauer** für persönliche Leistungen oder Naturalien, **Nießbrauch** und **beschränkt persönliche Dienstbarkeiten** ist zu unterscheiden: Die aus dem Deckungskapital zu leistenden einzelnen Rentenbeträge fallen unter § 14 (§ 92 Abs. 2), nicht aber das Deckungskapital selbst, welches

---

1 *Stöber*, ZVG, § 14 Rn. 1.
2 *Teufel*, Rpfleger 1977, 193, 195 f.
3 *Böttcher*, ZVG, § 14 Rn. 16 f. mit Formulierungsbeispiel.
4 *Teufel*, in: Steiner, ZVG, § 14 Rn. 7; *Rellermeyer*, in: Dassler/Schiffhauer/u. a., ZVG, § 14 Rn. 2.
5 *Rellermeyer*, in: Dassler/Schiffhauer/u. a., ZVG, § 14 Rn. 2 f.
6 *Teufel*, in: Steiner, ZVG, § 14 Rn. 14.
7 *Böttcher*, ZVG, § 14 Rn. 9.

nach §§ 119 ff. für den Rechtsinhaber und den Eventualberechtigten zu hinterlegen ist.[8]

III. Keine Ansprüche unbestimmten Betrages

Keine Ansprüche unbestimmten Betrages i. S. v. § 14 sind: **Betagte unverzinsliche Ansprüche** (vgl. § 111); **Geldreallasten** bestimmter oder unbestimmter (dann: §§ 92 Abs. 2, 119 ff.) Dauer;[9] **Grundpfandrechte**, da entweder durch den eingetragenen Kapitalbetrag (so bei den §§ 1113 Abs. 1, 1191 Abs. 1 BGB) oder aber die Ablösungssumme (§ 1199 Abs. 2 BGB) hinreichende Bestimmtheit besteht; für Arrest- (§ 932 ZPO), Höchstbetrags- (§ 1190 BGB) und Sicherungshypotheken (§§ 1184 BGB; 866 ff. ZPO) gilt nichts anderes;[10] auch auf eine ausländische Währung lautende Grundpfandrechte unterfallen nicht § 14, da hier eine Umrechnung möglich ist;[11] **Unterhaltsansprüche** in Geld, die bei oder bis zu einem unbestimmten oder ungewissen Ereignis (Heirat, Tod) zu leisten sind;[12] **Schiffshöchstbetragshypotheken**, da diese vom Gesetz als bedingtes Recht behandelt werden (§§ 48, 50 Abs. 2, 119, 120);[13] Ansprüche mit indexierender **Wertsicherungsklausel**, da auch hier eine Berechnung jederzeit möglich ist.[14]

§ 14 gilt ferner nicht, wenn die **Person** des Berechtigten/Schuldners unklar ist.[15] Strittig ist die Anwendbarkeit bei Ungewissheit über das **Bestehen** des Anspruchs als solchen. Vereinzelt wird § 14 auch hier angewandt, schließe diese Ungewissheit doch die Unklarheit über die Höhe des Anspruchs mit ein.[16] Mit der h. M.[17] ist das abzulehnen, da durchaus Konstellationen (z. B. Schadensersatzansprüche) denkbar sind, in denen die Höhe eines – als gegeben unterstellten – Anspruchs unstrittig wäre, das Bestehen der Anspruchsvoraussetzungen aber nicht feststeht.

IV. Behandlung von Ansprüchen unbestimmten Betrages

Unbestimmte Ansprüche stehen nach § 14 aufschiebend bedingten Ansprüchen gleich. Im **geringsten Gebot** sind sie daher wie unbedingte Ansprüche zu behandeln, d. h. es gelten die §§ 48, 51 Abs. 2 (bei wiederkehrenden Naturalleistungen Besonderheiten durch § 46); nicht anwendbar sind aber die §§ 50 Abs. 2 Nr. 1, 51 Abs. 1.[18] Bei der **Erlösverteilung** ist Hilfsverteilung und Planausführung nach §§ 119, 120 erforderlich; die Ausbezahlung des Erlöses ist nur möglich, wenn der Befriedigungsanspruch gegen den Grundstückseigentümer festgestellt ist. Einzelheiten bei § 119 Rn. 6, 9 und § 120, Rn. 5. Einen Antrag auf **Zuschlagsversagung** nach § 74a kann auch derjenige stellen, der bei der Erlösverteilung als Hilfsberechtigter zu berücksichtigen ist.[19]

---

8 *Teufel*, in: *Steiner*, ZVG, § 14 Rn. 19, 27, 37; *Böttcher*, ZVG, § 14 Rn. 8.
9 *Böttcher*, ZVG, § 14 Rn. 10.
10 *Teufel*, in: *Steiner*, ZVG, § 14 Rn. 29 ff.
11 *Teufel*, in: *Steiner*, ZVG, § 14 Rn. 32; *Rellermeyer*, in: *Dassler/Schiffhauer/u. a.*, ZVG, § 14 Rn. 5.
12 *Stöber*, ZVG, § 14 Rn. 2.3.
13 *Stöber*, ZVG, § 14 Rn. 2.3.
14 *Rellermeyer*, in: *Dassler/Schiffhauer/u. a.*, ZVG, § 14 Rn. 7.
15 *Teufel*, Rpfleger 1977, 193, 194; *Böttcher*, ZVG, § 14 Rn. 2.
16 *Teufel*, Rpfleger 1977, 193, 194.
17 *Böttcher*, ZVG, § 14 Rn. 2; *Stöber*, ZVG, § 14 Rn. 2.4; *Rellermeyer*, in: *Dassler/Schiffhauer/u. a.*, ZVG, § 14 Rn. 2.
18 Näher *Teufel*, Rpfleger 1977, 193- 194; *Teufel*, in: *Steiner*, ZVG, § 14 Rn. 17; *Stöber*, ZVG, § 14 Rn. 3.1.
19 *Teufel*, in: *Steiner*, ZVG, § 14 Rn. 21.

Zweiter Teil: Zwangsversteigerung

I. Anordnung der Zwangsversteigerung

Vorbemerkung zu § 15 ZVG

Übersicht	Rn.
I. Allgemeines zum Beginn des Versteigerungsverfahren	1
II. Bestimmungen der §§ 15–27 ZVG	2
III. Zweck des Zwangsversteigerungsverfahren	3
IV. Anwendungsbereich	4, 5

I. Allgemeines zum Beginn des Versteigerungsverfahren

1 Nach Stellung des Antrags auf Zwangsversteigerung durch den Gläubiger ordnet das Gericht die Zwangsversteigerung an. Mit dem Anordnungsbeschluss beginnt somit das Versteigerungsverfahren. Angeordnet werden kann die Zwangsversteigerung gemäß § 15 ZVG oder nach § 133 ZVG – bezeichnet als Wiederversteigerung. Die Wiederversteigerung wird jedoch nur angeordnet, wenn der Ersteher im ersten Zwangsversteigerungsverfahren das Meistgebot nicht gezahlt hat und der Gläubiger sein Ziel – die Befriedigung seiner Forderung – nicht erreicht hat und daher erneut die Zwangsversteigerung beantragen kann. (dazu mehr s. § 133 ZVG)

II. Bestimmungen der §§ 15–27 ZVG

2 Zudem bestimmt der § 16 ZVG, welche Nachweise und Urkunden der Gläubiger dem Zwangsversteigerungsgericht vorlegen muss. Der Schuldner muss auch eingetragener Eigentümer im Grundbuch bzw. Erbe des eingetragenen Eigentümers sein (§ 17 ZVG). Die Anordnung der Zwangsversteigerung kann selbstverständlich nur unter Beachtung der für jede Zwangsvollstreckungsmaßnahme gültigen Voraussetzungen erfolgen (s. §§ 704 ff. ZPO). Beschlagnahmt wird das Grundstück durch den Anordnungsbeschluss (§ 15 ZVG) oder durch einen Beitrittsbeschluss (§ 27 ZVG). Der § 19 ZVG bestimmt, dass ein Zwangsversteigerungsvermerk ins Grundbuch eingetragen wird aufgrund Ersuchens des Vollstreckungsgerichts. Die Wirkung und den Umfang der Beschlagnahme regeln die §§ 20, 21, 23 ZVG. Der Zeitpunkt der Beschlagnahme, der für die Berechnung des geringsten Gebotes (§§ 44, 45 ZVG) ausschlaggebend ist, wird durch § 22 Abs. 1 ZVG bestimmt. Maßnahmen, um eine Gefährdung des beschlagnahmten Grundstücks abzuwenden, kann das Gericht auf Antrag des Gläubigers anordnen, § 25 ZVG. Im Übrigen verbleibt dem Schuldner im Zwangsversteigerungsverfahren die Verwaltung und Benutzung des Grundstücks im Rahmen einer ordnungsgemäßen Wirtschaft gemäß § 24 ZVG.

III. Zweck des Zwangsversteigerungsverfahrens

3 Durch die zwangsweise Veräußerung des Grundstücks, des Grundstücksbruchteils, Wohnungseigentums, Gebäudeeigentums oder grundstücksgleichen Rechts mittels staatlicher Gewalt sollen die Gläubiger bzw. Berechtigten des Grundstücks befriedigt werden.

IV. Anwendungsbereich

Der § 15 ZVG gilt für alle Verfahrensarten des ZVG. Demnach ist der § 15 ZVG auch auf das Zwangsverwaltungsverfahren (§ 146 ZVG), für die Teilungsversteigerung (Zwangsversteigerung zur Aufhebung der Gemeinschaft) nach § 180 ZVG, auf Antrag des Insolvenzverwalters (§ 172 ZVG), die Zwangsversteigerung auf Antrag des Erben (§ 175 ZVG), für die Versteigerung von Schiffen und Schiffsbauwerken (§ 162 ZVG) und für Luftfahrzeuge (§ 171 ZVG) anzuwenden.

4

Die übrigen Bestimmungen sind nur eingeschränkt auf diese Verfahren anwendbar. Abweichungen gelten für den Antrag nach § 16 ZVG hinsichtlich der Teilungsversteigerung (§ 180 ZVG), auf Antrag des Insolvenzverwalters (§ 172 ZVG) und auf Antrag des Erben (§ 175 ZVG). Es gibt in der Teilungsversteigerung keinen vollstreckaren Titel somit auch keinen vollstreckbaren Anspruch, da die Auflösung der Gemeinschaft beantragt wird.[1] Auch in der Zwangsversteigerung auf Antrag des Insolvenzverwalters wird kein Vollstreckungstitel vorgelegt, da die Aufgabe des Insolvenzverwalters die Verwertung und Verwaltung des Vermögens des Schuldners ist.[2] Auch in der Zwangsversteigerung auf Antrag eines Erben ist kein Vollstreckungstitel vorzulegen.[3] § 17 ZVG wird für die Zwangsverwaltung durch § 147 ZVG ergänzt; in der Teilungsversteigerung ist zusätzlich § 181 ZVG zu beachten. Hat ein Erbe den Antrag auf Zwangsversteigerung gemäß § 175 ZVG gestellt, ist § 177 ZVG ebenfalls zu beachten. Die Tatsachen, die das Recht des Erben begründen, um den Antrag auf Zwangsversteigerung zu stellen, sind glaubhaft zu machen. Die §§ 18 und 19 ZVG gelten für alle Verfahrensarten. Bei Schiffen und Schiffsbauwerken wie auch bei den Luftfahrzeugen treten anstelle des Grundbuchs die entsprechenden Register. Hinsichtlich weiterer Ergänzungen – auch für die §§ 24, 25 ZVG – wird auf die §§ 162 und 171a ZVG verwiesen. Die §§ 20–23 ZVG gelten nicht für die Versteigerung auf Antrag des Insolvenzverwalters und auf Antrag eines Erben. Zu den Einschränkungen in der Teilungsversteigerung siehe die Kommentierung zu § 180 ZVG. Der § 24 ZVG gilt in erster Linie für die Vollstreckungsversteigerung. Der Schuldner darf weiterhin im Zwangsversteigerungsverfahren das Grundstück verwalten und benutzen allerdings nur innerhalb einer ordnungsgemäßen Wirtschaft. Gibt es Anlass zur Besorgnis, dass der Schuldner nicht ordnungsgemäß handelt und somit das Grundstück gefährdet, schafft § 25 ZVG die Möglichkeit entsprechende Maßnahmen zur Abwendung der Gefährdung durch das Gericht anordnen zu lassen. Hierzu ist ein Antrag des Gläubigers erforderlich. Der § 24 ZVG spielt in der Zwangsverwaltung keine Rolle. Gemäß § 148 Abs. 2 ZVG sind dem Schuldner die Verwaltung und Benutzung des Grundstücks entzogen. Für die Verfahren nach §§ 172, 175 und 180 ZVG verbleibt die Benutzung und Verwaltung beim Eigentümer, daher ist § 24 ZVG auch hier nicht anzuwenden. § 25 und § 26 ZVG sind für die Verfahren auf Antrag des Insolvenzverwalters und auf Antrag eines Erben ebenfalls nicht anzuwenden. Für die Teilungsversteigerung ist der § 26 ZVG ohne Bedeutung. Der Beitritt, geregelt in § 27 ZVG, ist eingeschränkt anwendbar auf die Nachlassversteigerung, jedoch nicht auf die Versteigerung auf Antrag des Insolvenzverwalters. Ausführlich wird auf die Kommentierung in den entsprechenden Abschnitten verwiesen

5

---

[1] *Stöber*, ZVG § 180 Rn. 4.3.
[2] *Stöber*, ZVG § 172 Rn. 5.1.
[3] *Stöber*, ZVG § 177 Rn. 1.

§ 15 ZVG [Anordnungsbeschluss]

Die Zwangsversteigerung eines Grundstücks wird von dem Vollstreckungsgericht auf Antrag angeordnet.

Übersicht

	Rn.
I. Allgemeines	1
II. Allgemeine Voraussetzungen der Zwangsversteigerung	2–7
1. Antrag	2–6
a) Rechtsschutzbedürfnis	4
b) Bagatellforderung	5
c) Aussichtslose Versteigerung	6
2. Persönliche Prozessvoraussetzungen Partei-/Prozessfähigkeit	7
III. Grundlagen der Zwangsvollstreckung	8–29
1. Vollstreckungstitel	8
a) Duldungstitel	9, 10
b) Ausländische Titel	11
c) Schuldtitel der ehemaligen DDR	12
2. Parteibezeichnungen	13–20
a) Einzelkaufmann	13
b) Handelsgesellschaft	14
c) Kapitalgesellschaften	15
d) BGB-Gesellschaften	16–18
e) Nichtrechtsfähiger Verein	19
f) Eingetragener Verein	20
3. Nachweis der Vertretungsbefugnis	21
4. Mehrheitsbezeichnungen	22
5. Gemeinschaftsverhältnis	23
6. Vollstreckungsklausel	24–28
a) Allgemeines	24–27
b) Besonderheiten	25, 26
c) Verfallklausel	27
7. Zustellung	28
8. Fälligkeit des Anspruchs	29
IV. Besonderheiten in der Zwangsvollstreckung	30–49
1. Kündigung	30
2. Gleichzeitige Unterwerfung des derzeitigen und künftigen Eigentümers	31
3. Unterwerfungserklärung durch Vertreter/Bevollmächtigten	32–34
4. Rechtsnachfolge	35, 36
5. Wartefrist	37
6. Beginn der ZV nach Ablauf eines bestimmten Kalendertages	38
7. Sicherheitsleistung	39, 46
a) Hinterlegung	41
b) Bürgschaft	42–46
8. Sicherungsvollstreckung	47
9. Zug um Zug Leistung	48
10. Wechsel und Scheck	49
V. Besonderheiten und Hindernisse	50–63
1. Eigentümergrundpfandrecht	50–52
2. Wohnungseigentum/Teileigentum	53, 54

3.	Erbbaurecht	55
4.	Insolvenz	56–61
	a) Zwangsversteigerung nach Eröffnung des Insolvenzverfahrens	56
	b) Vollstreckungsantrag vor Eröffnung des Insolvenzverfahren	57
	c) Starker vorläufiger Insolvenzverwalter	58, 59
	d) Freigabe des Grundstücks	60, 61
5.	Flurbereinigung	62
6.	Umlegungsverfahren	63
VI.	Eheliches Güterrecht	64–70
1.	Zugewinngemeinschaft	64
2.	Gütertrennung	65
3.	Gütergemeinschaft	66–68
4.	Lebenspartnerschaft	69
5.	Güterstand der Eigentums- und Vermögensgemeinschaft des FGB-DDR	70
VII.	Tod des Schuldners	71–74
VIII.	Beispiel	75–87
1.	Prüfungsliste für Vollstreckungsgericht	75
2.	Beispiel Anordnungsbeschluss	76
3.	Beispiel Verfügung	77
4.	Erläuterungen	78–86
5.	Kosten der dinglichen Rechtsverfolgung	87
IX.	Aufklärungsverfügung	88
X.	Rechtsmittel	89
XI.	Kosten im Zwangsversteigerungs-,verwaltungsverfahren	90–95
1.	Gerichtskosten	90–92
2.	Kosten des Rechtsanwalts	93–95

I. Allgemeines

Zur Zwangsversteigerung gelangen Immobilien, d.h. Grundstücke, auch Grundstücksbruchteile, Wohnungs- und/oder Teileigentum und grundstücksgleiche Rechte. Des Weiteren findet der § 864 Abs. 1 ZPO auch auf Schiffe und Schiffsbauwerke sowie Luftfahrzeuge (§ 99 LuftfzRG) Anwendung. Die einzelnen Gegenstände der Zwangsversteigerung sind in der Einleitung von Gietl Rn. 2–15 erläutert. **1**

II. Allgemeine Voraussetzungen der Zwangsversteigerung

1. Antrag

Ein Antrag ist Voraussetzung für die Anordnung der Zwangsversteigerung. Eine Anordnung von Amts wegen ist ausgeschlossen.[1] Das Vollstreckungsgericht ist an den Antrag des Gläubigers gebunden. Es kann dem Gläubiger nicht mehr zusprechen als vom Gläubiger verlangt wurde (§ 308 Abs. 1 ZPO). **2**

Bei der ersten Stattgabe des Antrags auf Zwangsversteigerung wird von einem Anordnungsbeschluss gesprochen. Wird einem weiteren Antrag auf Zwangs- **3**

---

1 Stöber, ZVG, § 15 Rn. 3.1.

versteigerung betreffend denselben Schuldner und desselben Grundstücks stattgeben, wird der Beitritt (§ 27 ZVG) zur Zwangsversteigerung zugelassen.

4 a) **Rechtsschutzbedürfnis.** Das Rechtsschutzbedürfnis einer jeden Zwangsvollstreckungsmaßnahme muss vor Beginn von Amts wegen geprüft werden.[2] Generell liegt das Rechtschutzinteresse des Gläubigers vor, wenn die allgemeinen Zwangsvollstreckungsvoraussetzungen vorliegen.[3] Der Gläubiger hat prinzipiell ein Recht auf Befriedigung seiner Forderung, die durch den Vollstreckungstitel festgestellt wurde. Das Rechtsschutzbedürfnis fehlt, wenn der Gläubiger einfacher oder billiger sein Vollstreckungsziel erreichen kann[4] oder das Zwangsversteigerungsverfahren missbraucht oder zweckentfremdet wird.[5]

5 b) **Bagatellforderung.** Es stellt sich die Frage, ob bei einer geringfügigen Forderung das Rechtsschutzinteresse verneint werden kann. Das ZVG hat eine Mindesthöhe der Forderung für die Vollstreckung nicht festgelegt. Ob es sich um eine hohe oder eine niedrige Forderung handelt, hängt von den wirtschaftlichen Verhältnissen des Einzelnen ab. Auch auf die Grenze zur Eintragung einer Zwangshypothek gemäß § 866 Abs. 3 ZPO sollte nach hier vertretener Ansicht nicht abgestellt werden, da für den einen Gläubiger eine Forderung von unter 750,00 € hoch; für einen anderen nur ein geringer Betrag sein kann. Wäre eine Mindesthöhe der Forderung festgelegt, um die Zwangsversteigerung zu betreiben, könnte der Schuldner sich „darauf ausruhen" prinzipiell niedrige Beträge einfach nicht auszugleichen und nur höhere Forderungen zu bezahlen, da ihm gewiss wäre, dass sein Eigentum nicht versteigert werden kann.[6] Auch ist der Gläubiger nicht gezwungen, vor Stellung des Zwangsversteigerungsantrages eine andere Form der Vollstreckung (Pfändung durch Gerichtsvollzieher oder Forderungspfändung) zu versuchen.[7] Der Grundsatz der Verhältnismäßigkeit muss stets gewahrt bleiben.[8] Einfluss des GG Rn. 11.

6 c) **Aussichtlose Versteigerung.** Das Vollstreckungsgericht kann nicht den Antrag auf Zwangsversteigerung zurückweisen oder sogar das Verfahren von Amts wegen aufheben mit der Begründung, dass dem betreibenden Gläubiger so hohe Ansprüche vorgehen, dass eine Befriedigung seinerseits aussichtslos erscheint.[9] In § 77 ZVG ist eine Regelung für den Fall der ergebnislosen Versteigerung getroffen worden, daher kann und darf das Vollstreckungsgericht eine solche Entscheidung nicht vorweg nehmen.[10] Im Übrigen kann das Vollstreckungsgericht die Beweggründe des einzelnen Bieters zur Ersteigerung des Objektes nicht beurteilen und darf die Entscheidung zur Zurückweisung des Antrags bzw. Aufhebung des Verfahrens nicht treffen; schon gar nicht wenn die Festsetzung des Verkehrswertes noch nicht vorliegt.[11]

---

2 *Hagemann*, in: *Steiner*, ZVG, §§ 15, 16 Rn. 126.
3 *Hagemann*, in: *Steiner*, ZVG, §§ 15, 16 Rn. 127.
4 *Brox/Walker*, Zwangsvollstreckungsrecht, § 2 Rn. 28.
5 LG Köln, Rpfleger 2000, 408, *Hintzen*, in: *Dassler/Schiffhauer/u.a.*, ZVG, § 15 Rn. 13; Missbrauch wird bejaht bei Stellung des Versteigerungsantrags nur zur Umgehung der Genehmigungspflicht gem. § 2 Grdst VG, LG Heilbronn, Rpfleger 1994, 223.
6 So auch *Hagemann*, in: *Steiner*, ZVG, §§ 15, 16 Rn. 130, *Hintzen*, in: *Dassler/Schiffhauer/u.a.*, ZVG, § 15 Rn. 16.
7 *Hintzen*, in: *Dassler/Schiffhauer/u.a.*, ZVG, § 15 Rn. 15.
8 BVerfG, Beschl. vom 10.10.1978 – 1 BvR 475/7 = Rpfleger 1979, 12.
9 *Hintzen*, in: *Dassler/Schiffhauer/u.a.*, ZVG, § 15 Rn. 17; LG Stade, Beschl. vom 1.12.1987 – 10 T 126/87, LG Aachen, Beschl. vom 29.12.1987 – 3 T 545/87; LG Göttingen, Beschl. vom 25.3.1988 – 6 T 335/87, Rpfleger 1988, 420.
10 *Hagemann*, in: *Steiner*, ZVG, §§ 15,16 Rn. 137.
11 LG Stade, Beschl. vom 1.12.1987 – 10 T 126/87, Rpfleger 1988, 420; LG Aachen, Beschl. vom 29.12.1987 – 3 T 545/87, Rpfleger 1988, 420; LG Göttingen, Beschl. vom 25.3.1988 – 6 T 335/87, Rpfleger 1988, 420.

2. Persönliche Prozessvoraussetzungen/Partei- und Prozessfähigkeit

Die Beteiligten des Versteigerungsverfahrens müssen partei – und prozessfähig (§§ 50, 51, 52 ZPO) sein. Auch in der Zwangsvollstreckung müssen diese Erfordernisse zu jeder Zeit gegeben sein, da in einem rechtsstaatlichen Verfahren jeder Beteiligte in der Lage sein muss seine Rechte wahrzunehmen.[12] Das Prozessgericht hat die Voraussetzungen im Erkenntnisverfahren zwar bereits geprüft, eine Bindung besteht für das Vollstreckungsgericht jedoch nicht.[13] Parteifähig ist, wer rechtsfähig ist, § 50 Abs. 1 ZPO. Nach § 52 ZPO ist die Prozessfähigkeit gegeben, wenn die Person sich selbständig durch Verträge verpflichten kann. Die Prozessfähigkeit muss vorliegen bevor eine Sachentscheidung getroffen werden darf,[14] so muss auch bereits bei Anordnung der Zwangsversteigerung bzw. Zwangsverwaltung die Prozessfähigkeit vorliegen.[15] Nach anderer Ansicht muss der Schuldner bzw. Antragsgegner bei Anordnung nicht prozessfähig sein.[16] Ist die Prozessfähigkeit nicht gegeben, muss gesetzliche Vertretung erfolgen. Das minderjährige Kind wird von seinen Eltern gemeinsam vertreten, § 1629 BGB, sind die Eltern nicht miteinander verheiratet, vertritt in der Regel die Mutter § 1629a BGB, Ausnahme gemeinsame Sorgerechtserklärung (§ 1629a Abs. 1 Nr. 1 BGB), eventuell auch ein Elternteil allein (§ 1628, § 1629 Abs. 1 S. 3, § 1680 BGB). Eine familiengerichtliche Genehmigung ist nicht erforderlich, um gegen einen Minderjährigen die Vollstreckung einzuleiten.[17] Der Vormund vertritt sein Mündel gemäß § 1793, § 1795 BGB, der Betreuer vertritt den Betreuten im Rahmen seines Aufgabenkreises (§ 1902 BGB), falls ein Pfleger bestellt ist (§ 1794, § 1909 BGB) ebenfalls im Rahmen seines Aufgabenkreises.

III. Grundlagen der Zwangsvollstreckung

1. Vollstreckungstitel:

Ohne Vollstreckungstitel kann der Gläubiger keine Vollstreckungsmaßnahme gegen den Schuldner einleiten.[18] Die Zwangsvollstreckung findet statt aus rechtskräftigen oder aus für vorläufig vollstreckbar erklärten Endurteilen gemäß § 704 ZPO oder aus sonstigen Schuldtitel, die unter § 794 ZPO aufgezählt sind. Der Titel muss auf eine Geldforderung lauten. Die Zwangsvollstreckung darf nur beginnen, wenn Gläubiger und Schuldner in dem Urteil oder in der Vollstreckungsklausel namentlich bezeichnet sind und das Urteil bereits zugestellt ist oder gleichzeitig zugestellt wird, § 750 Abs. 1 ZPO. Die Möglichkeit der gleichzeitigen Zustellung besteht allerdings nicht im Zwangsversteigerungs-/Zwangsverwaltungsverfahren.[19] Die Identität der Personen hat das Vollstreckungsgericht anhand Namen, Anschrift, Geburtsdaten etc. zu überprüfen. Zweifel gehen zu Lasten des Gläubigers.[20]

a) **Dinglicher Vollstreckungstitel/Duldungstitel.** Ein persönlicher Titel, der auf Zahlung einer Geldsumme lautet, kann nur in der Rangklasse 5 (§ 10 Abs. 1 Nr. 5 ZVG) vollstreckt werden. Will der Gläubiger jedoch seinen Anspruch in der bevorrechtigten Rangklasse (§ 10 Abs. 1 Nr. 4 ZVG) d.h. im Rang des ein-

---

12 Zöller, in: Stöber, ZPO, Vor 704 Rn. 16.
13 Hintzen, in: Dassler/Schiffhauer/u.a., ZVG, Vor § 15 Rn. 22.
14 BGH, Urteil vom 10.10.1985 – IX ZR 73/85, NJW 1986, 1350 = NJW-RR 1986, 157.
15 Hintzen, in: Dassler/Schiffhauer/u.a., ZVG, Vor § 15 Rn. 22; Stöber, in: Zöller, ZPO, Vor § 704 Rn. 16 (Ausnahme für Pfändung).
16 OLG Frankfurt, Rpfleger 1975, 441.
17 Kropp, MDR 1960, 464.
18 Ausnahme: Verwaltungszwangsverfahren, dazu Näheres § 16 Rn. 3,4.
19 Stöber, ZVG § 15 Rn. 40.23.
20 Stöber, ZVG, § 15 Rn. 25.1.

getragenen Grundpfandrechts (Hypothek, Grundschuld, Rentenschuld[21]) geltend machen, benötigt der Gläubiger einen Duldungstitel.[22] Durch diesen Titel wird der Eigentümer verpflichtet, die Zwangsvollstreckung in das Grundstück durch den Gläubiger zu dulden. Der Titel muss auf Duldung der Zwangsvollstreckung in das Grundstück lauten, um einen Anspruch auf Zahlung aus dem Grundstück geltend zu machen, § 1147 BGB. Soll aus einer Zwangshypothek vollstreckt werden, gilt hier die Ausnahme gemäß § 867 Abs. 3 ZPO.[23] Zur Befriedigung aus dem Grundstück genügt die Vorlage des vollstreckbaren Titels, der mit dem Vermerk der Eintragung der Zwangshypothek beim Grundbuchamt versehen wurde. Der mit dem Eintragungsvermerk versehene Titel muss anschließend auch nicht erneut nach § 750 Abs. 1 ZPO zugestellt werden.[24] Die Ausnahme gilt jedoch nicht für die Arresthypothek, da § 867 Abs. 3 ZPO nicht anwendbar ist, § 932 Abs. 2 ZPO.[25] Wurde eine Hypothek in eine Grundschuld umgewandelt, ist weder eine neue Unterwerfungserklärung, § 800 ZPO notwendig noch eine erneute Zustellung der Urkunde mit Vollstreckungsklausel, allerdings unter der Voraussetzung dass sich der wesentliche Inhalt der Urkunde aus der Vollstreckungsklausel ergibt.[26]

10 In dem Duldungstitel muss das dingliche Recht bezeichnet sein, aus welchem die Zwangsvollstreckung betrieben wird. Bloße Bezugnahme auf die Grundbuchstelle genügt nicht. Die Bezeichnung im Titel muss mit der Eintragung im Grundbuch übereinstimmen.[27]

11 b) **Ausländische Titel.** Ausländische Titel dürfen zum Schutz der Schuldner in der Regel erst im Inland vollstreckt werden, wenn von einem inländischen Gericht die Vollstreckbarkeit des festgestellten Anspruchs erklärt wurde §§ 722, 723 ZPO.[28] Auch muss nicht der gesamte Anspruch für vollstreckbar erklärt werden, die Beschränkung des Antrags auf einen bestimmten Teil (Höhe der Forderung oder Streitgegenstand) ist möglich.[29] Innerhalb der Europäischen Union wurden Vollstreckungserleichterungen geschaffen wie z. B. die Verordnung (EG) Nr. 805/2004 vom 21.4.2004 zur Einführung eines Europäischen Vollstreckungstitels für unbestrittene Forderungen zum 21.10.2005. Aus einem Titel, der nach der Verordnung (EG) Nr. 805/2004 als Europäischer Vollstreckungstitel bestätigt worden ist, findet die Zwangsvollstreckung im Inland statt, ohne dass es einer Vollstreckungsklausel bedarf, § 1082 ZPO. Der Europäische Zahlungsbefehl bedarf ebenfalls keiner Vollstreckungsklausel, § 1093 ZPO. Der Zahlungsbefehl muss jedoch zuvor nach Art. 18 EuMahnverfVO für vollstreckbar erklärt werden, um vollstrecken zu können.[30] Das Gleiche gilt für ein Urteil, das in einem europäischen Verfahren für geringfügige Forderungen nach der Verordnung (EG) Nr. 861/2007 erlassen wurde, § 1107 ZPO. Hier findet ebenso wie für den Europäischen Titel für unbestrittene Forderungen Art. 38 EuGVVO keine Anwendung, so dass es einer Vollstreckbarkeitserklärung nicht bedarf.[31] Die Vollstreckung kann weiter zulässig sein nach dem Übereinkommen über die gerichtliche Zuständigkeit und die Vollstreckung gerichtlicher Entscheidungen in Zivil- und Handelssachen (EuGVÜ), dem Anerkenntnis und Ausführungsgesetz (AVAG) oder einem

---

21 *Stöber*, ZVG, § 15 Rn. 9.1.
22 *Bassenge*, in: *Palandt*, BGB, § 1147 Rn. 2.
23 Hierzu vgl. *Fischer*, Zwangshypothek § 867 Rn. 5 ff.
24 *Stöber*, ZVG, Einl. Rn. 69.1, Begründung BT-Drucks 13/341.
25 *Bassenge*, in: *Palandt*, BGB, § 1147 Rn. 2.
26 LG Bonn, Beschl. vom 29.7.1997 – 4 T 500/97, Rpfleger 1998, 34,35.
27 *Reuter* MittBayNot 1970,130 (IV), *Stöber*, § 15 Rn. 9.2.
28 *Gottwald*, in: *MünchKomm*-ZPO, § 722 Rn. 1.
29 *Gottwald*, in: *MünchKomm*-ZPO, § 722 Rn. 24, dazu Näheres s. auch *MünchKomm*-ZPO, Anhang zum § 723 ZPO.
30 *Geimer*, in: *Zöller*, ZPO, § 1093 Rn. 1,2.
31 *Geimer*, in: *Zöller*, ZPO, § 1107 Rn. 1.

anderen Staatsvertrag,[32] dazu wird auf die einschlägige Kommentierung zur ZPO § 722, § 723 verwiesen.

c) **Schuldtitel der ehemaligen DDR.** Urteile der ehemaligen DDR aus der Zeit vor dem 3.Oktober 1990 bleiben nach Art. 18 Abs. 1 des Einigungsvertrages wirksam und können weiterhin vollstreckt werden. **12**

2. **Parteibezeichnungen**

a) **Einzelkaufmann.** Der Einzelkaufmann kann unter seiner Firma oder unter seinem bürgerlichen Namen klagen und verklagt werden, § 17 Abs. 2 HGB. Die Firma eines Kaufmanns ist der Name, unter dem er seine Geschäfte betreibt und die Unterschrift abgibt, § 17 Abs. 1 HGB. Die Firma muss Unterscheidungskraft besitzen. Ob der Kaufmann verpflichtet ist, sein Handelsgewerbe zur Eintragung im Handelsregister anzumelden, richtet sich nach §§ 1, 2 und 29 HGB. Eine Eintragung ist für Kannkaufleute möglich, aber nicht vorgeschrieben im Gegensatz zum Istkaufmann.[33] Ist der Einzelkaufmann mit seiner Firma im Handelsregister eingetragen, muss der Zusatz „eingetragene Kauffrau oder eingetragener Kaufmann" geführt werden, § 18 Abs. 1 HGB. Eine allgemein gültige Abkürzung ist für den Zusatz (z.B. e. K. oder e. Kfm./Kfr.) zulässig, § 19 Abs. 1 HGB. Der Vollstreckungstitel kann die Firma oder den bürgerlichen Namen des Kaufmanns bezeichnen. Bezeichnet der Vollstreckungstitel eine Firma, so ist Inhaber der Firma, der bei Eintritt der Rechtshängigkeit Gläubiger oder Schuldner war,[34] und nicht der jeweilige Firmeninhaber gemeint. Mit diesem Titel kann auch in das Privatvermögen des Einzelkaufmanns vollstreckt werden. In das Grundbuch kann der Einzelkaufmann als Berechtigter nur mit seinem bürgerlichen Namen gem. § 15 Abs. 1a) GBV eingetragen werden, auch wenn der Vollstreckungstitel die Firma ausweist.[35] Dabei muss sichergestellt sein, dass der im Vollstreckungstitel genannte Schuldner mit dem eingetragenen Eigentümer im Grundbuch identisch ist. **13**

b) **Handelsgesellschaften.** Juristische Personen-, Handels- und/oder Partnerschaftsgesellschaften sind im Grundbuch mit ihrer Firma und dem Sitz einzutragen, § 15 Abs. 1b) GBV. Die Parteifähigkeit der Gesellschaften besteht auch im Vollstreckungsverfahren.[36] Zur Zwangsvollstreckung gegen eine Personenhandelsgesellschaft wie die OHG bzw. KG oder gegen eine Partnerschaft ist ein gegen die Gesellschaft/Partnerschaft gerichteter Vollstreckungstitel notwendig, §§ 124 Abs. 2, 161 II HGB, 7 Abs. 2 PartGG. Aus einem gegen die Gesellschaft gerichteten Titel kann nicht gegen die Gesellschafter vollstreckt werden, §§ 129 Abs. 4 HGB, 8 Abs. 1 PartGG, obwohl die Gesellschafter auch persönlich als Gesamtschuldner haften. Ein persönlicher Titel gegen alle Gesellschafter ist nicht ausreichend, da § 736 ZPO keine Anwendung findet.[37] Die Zwangsvollstreckung gegen eine GmbH & Co. KG findet aus einem Titel, **14**

---

32 *Fichtner*, DGVZ 04, 1, 2, Anmerkung: Das EuGVÜ hat nur noch eingeschränkten Anwendungsbereich seit In-Kraft-Treten der EuGVVO.
33 *Kindler*, in: *Ebenroth/Boujong/u.a.*, HGB, § 2 Rn. 8, *Zimmer*, in: *Ebenroth/Boujong/u.a.*, HGB, § 29 Rn. 3.
34 BayObLG, Beschl. vom 23.12.1987 – BReg 2 Z 138/87, NJW-RR 1988, 980 = Rpfleger 1988, 309; *Hintzen*, in: *Dassler/Schiffhauer/u.a.*, ZVG, Vor § 15 Rn. 32.
35 BayObLG, Beschl. vom 23.12.1987 – BReg 2 Z 138/87, NJW-RR 1988, 980 = Rpfleger 1988, 309; *Schöner, Stöber*, Grundbuchrecht Rn. 231 und Rn. 2162 bei Eintragung einer Zwangshypothek.
36 *Brox/Walker*, Zwangsvollstreckungsrecht, Rn. 34.
37 *Hintzen*, in: *Dassler/Schiffhauer/u.a.*, ZVG, Vor § 15 Rn. 35.

der nur auf die GmbH lautet, **nicht** statt,[38] da die Gesellschaft für Verbindlichkeiten des Komplementärs nicht haftet.

15 c) **Kapitalgesellschaften.** Der Vollstreckungstitel muss gegen die Aktiengesellschaft (AG), Gesellschaft mit beschränkter Haftung (GmbH) oder die Kommanditgesellschaft auf Aktien gerichtet sein, um in das Vermögen vollstrecken zu können. Es handelt sich hierbei um juristische Personen, die eigene Rechtsfähigkeit besitzen. (§ 1 AktG, § 13 GmbHG, § 278 Abs. 1 AktG)

16 d) **BGB-Gesellschaft.** Zur Zwangsvollstreckung in das Gesellschaftsvermögen einer BGB-Gesellschaft (§ 705 BGB) ist ein gegen alle Gesellschafter ergangenes Urteil notwendig, § 736 ZPO. Ein Titel, der alle Gesellschafter als Schuldner ausweist, berechtigt zur Zwangsvollstreckung in das gesamte Gesellschaftsvermögen aller Gesellschafter.[39] Haben **alle** Gesellschafter in einer Grundschuldurkunde die Unterwerfung unter die sofortige Zwangsvollstreckung gemäß § 800 ZPO erklärt und ist die Grundschuld samt der Erklärung nach § 800 ZPO ins Grundbuch eingetragen, kann die Zwangsvollstreckung in ein Grundstück, das zum Gesellschaftsvermögen gehört, aus dieser Grundschuldurkunde betrieben werden.[40] Ein Titel gegen alle Gesellschafter berechtigt auch zur Zwangsvollstreckung in das private Vermögen der Gesellschafter.[41]

17 Lautet der Titel nur gegen einzelne Gesellschafter, ist die Zwangsvollstreckung auch nur in das Privatvermögen des bezeichneten Gesellschafters gestattet, nicht in das Gesellschaftsvermögen.[42]

18 Die (Außen-) Gesellschaft des bürgerlichen Rechts ist nach der neueren Rechtsprechung des BGH[43] rechts- und parteifähig, wenn sie durch Teilnahme am Rechtsverkehr eigene Pflichten und Rechten begründet. Die Vollstreckung in das Gesellschaftsvermögen ist dann auch aufgrund eines Titels, der die BGB-Gesellschaft bezeichnet, möglich.[44] Die Angabe des Namens der BGB-Gesellschaft, der im Rechtsverkehr verwendet wird, einschließlich des Namens des Geschäftsführers der Gesellschaft des bürgerlichen Rechts als gesetzlicher Vertreter im Titel wird für ausreichend erachtet.[45] Allerdings ist die Zwangsvollstreckung aus einem solchen Titel in das Privatvermögen eines Gesellschafters nicht zulässig.[46] Zur Zwangsvollstreckung in das Privatvermögen eines Gesellschafters s. Rn. 16, 17.

19 e) **Nicht rechtsfähiger Verein.** Zur Zwangsvollstreckung in das Vermögen eines nicht rechtsfähigen Vereins genügt gemäß § 735 ZPO ein Titel gegen den Verein. Der nicht rechtsfähige Verein ist passiv parteifähig. Um in das Vereinsvermögen zu vollstrecken, ist ein Titel gegen alle Vereinsmitglieder nicht notwendig.[47] Es finden die Vorschriften über die Gesellschaft Anwendung, § 54 BGB.

---

38 BayObLG, Beschl. vom 9.5.1986 – BReg 2 Z 45/86, NJW 86, 2578; *Stöber*, in: Zöller, ZPO, § 736 Rn. 8.
39 *Hüßtege*, in: Thomas/Putzo, ZPO, § 736 Rn. 2.
40 BGH, Urt. vom 16.7.2004 – IXa ZB 288/03, NJW 2004, 3632 = Rpfleger 2004, 718; so auch BGH, Beschl. v. 17.10.2006, XI ZR 19/05 (KG) NJW 2007, 1813.
41 *Hüßtege*, in: Thomas/Putzo, ZPO, § 736 Rn. 2.
42 *Hüßtege*, in: Thomas/Putzo, ZPO, § 736 Rn. 3.
43 BGH, Urteil vom 29.1.2001 – II ZR 331/00, NJW 2001, 1056 = BGHZ 146, 341 = Rpfleger 2001, 246.
44 *Hüßtege*, in: Thomas/Putzo, ZPO, § 736 Rn. 4 – § 736 steht nicht dagegen.
45 BGH, Beschl. v. 16.7.2004 – IXa ZB 307/03 NJW-RR 2005, 119.
46 BayObLG, Beschl. vom 14.2.2002 – 2Z BR 176/01, Rpfleger 2002, 261 = NJW-RR 2002, 991; LG Bonn, Beschl. vom 1.3.2004 – 4 T 32/04, DGVZ 2004, 75; *Stöber*, in: Zöller, ZPO, § 736 Rn. 2.
47 *Stöber*, in: Zöller, ZPO, § 735 Rn. 2.

f) **Eingetragener Verein.** Der Verein erlangt durch die Eintragung ins Vereinsregister Rechtsfähigkeit, § 21 BGB. Daher kann der Verein klagen und verklagt werden.

20

3. Nachweis der Vertretungsbefugnis

Das Vollstreckungsgericht muss die Befugnis der Vertretung prüfen. Beim Vormund oder Pfleger geschieht dieses durch Vorlage der Bestallungsurkunde. Die Prozessvollmacht schließt die Zwangsvollstreckung, § 81 ZPO ein. Ist der Prozessbevollmächtigte im Titel genannt, so ist die Vertretungsbefugnis nicht mehr zu prüfen, da dieses bereits durch das Prozessgericht geschehen ist.[48] Bei Handelsgesellschaften kann anhand des Registers bzw. Auszug des Handelsregisters die ordnungsgemäße Vertretung geprüft werden. Der Handelsregisterauszug ist grundsätzlich vom betreibenden Gläubiger vorzulegen, allerdings wird dies als entbehrlich angesehen, wenn der Sitz des Handelsregisters mit dem Sitz des Vollstreckungsgerichts identisch ist. Das Vollstreckungsgericht kann somit Einsicht in das Handelsregister nehmen.

21

4. Mehrheitsbezeichnung

Sind mehrere Gläubiger oder Schuldner im Vollstreckungstitel genannt, dürfen sie nicht unter einem zusammengefassten Begriff aufgeführt sein. Unzulässig sind Bezeichnungen wie Erbengemeinschaft nach A, Rechtsanwalt Y und Partner. Die Personen sind einzeln zu bezeichnen.[49] Das galt bisher auch für die Wohnungseigentümergemeinschaft. Eine Grundbucheintragung z. B. als Gläubiger einer Zwangssicherungshypothek konnte nur unter Aufführung sämtlicher Wohnungseigentümer unter Beachtung der Vorschrift des § 15 Abs. 1 GBV erfolgen. Der **Wohnungseigentümergemeinschaft** wurde nunmehr eine (Teil-) Rechtsfähigkeit zugesprochen, wenn diese im Rahmen ihrer Verwaltung (§ 10 Abs. 6 WEG) handelt.[50] Somit kann die WEG ebenfalls als Gläubigerin auftreten, um die Zwangsversteigerung gegen einen säumigen Miteigentümer zu betreiben. Fraglich ist, ob dies auch für sogenannte „Alttitel" gilt. Bezeichnet der Titel alle Wohnungseigentümer mit ihrem Gemeinschaftsverhältnis kann die Wohnungseigentümergemeinschaft aus diesem vollstrecken bzw. gegen sie vollstreckt werden[51] (zum Wohnungseigentum s. auch § 10 Abs. 1 Nr. 2 ZVG Rn. 18, 41, 42, 51 ff. und auch § 16 Rn. 21).

22

5. Gemeinschaftsverhältnis

Bezeichnet der Vollstreckungstitel mehrere Schuldner oder auch mehrere Gläubiger, muss auch das Beteiligungsverhältnis angegeben sein. Es kann keine Vollstreckung erfolgen, wenn das Haftungsverhältnis fehlt.[52] Der Gläubiger hat für eine Berichtigung Sorge zu tragen.[53] Die Haftung im Wege der Auslegung zu bestimmen,[54] ist nach hier vertretener Ansicht zu vage. Die Haftung würde sich wie im Fall der kammergerichtlichen Entscheidung[55] nach § 427 BGB bestimmen. Demnach haften mehrere Schuldner, die sich zu einer gemeinschaftlichen teilbaren Leistung verpflichten, als Gesamtschuldner.[56] Eine Geld-

23

---

48 *Hagemann*, in: *Steiner*, ZVG, § 15,16, Rn. 11.
49 *Böttcher*, ZVG, § 15, 16 Rn. 25; *Stöber*, ZVG, Rn. 25.8.
50 BGH, Beschl. vom 2.6.2005 – V ZB 32/05, BGHZ 163, 154 = MittBayNot 2008, 380 = Rpfleger 2005, 521 mit Anmerkung *Dümig* = MDR 2005, 1156 = NJW 2005, 2061.
51 *Stöber*, in: *Zöller* § 750 Rn. 4b, jedoch ablehnend MDR 2007, 1161 mit Anmerkung *Demharter*.
52 *Böttcher*, ZVG, § 15, 16 Rn. 25; *Stöber*, ZVG, § 15 Rn. 40.8; OLG Hamburg, Rpfleger 1962, 382 mit ablehn. Bemerkung Berner.
53 LG Berlin, Beschl. vom 6.7.1976 – 8 T 234/76, MDR 1977, 146 = Rpfleger 1976, 437.
54 So KG Berlin, Beschl. vom 29.7.1988 – 1 W 2199/88, MDR 1989,77 = NJW-RR 1988, 1406.
55 KG Berlin, Beschl. vom 29.7.1988 – 1 W 2199/88, MDR 1989,77 = NJW-RR 1988, 1406.
56 KG Berlin, Beschl. vom 29.7.1988 – 1 W 2199/88, MDR 1989,77 = NJW-RR 1988, 1406.

forderung ist grundsätzlich teilbar. Es muss klar und deutlich aus dem Titel hervorgehen, welches Ergebnis erzielt werden soll.[57] Im Gegensatz zu § 427 BGB besagt § 420 BGB, wenn mehrere eine teilbare Leistung schulden oder auch fordern, so ist im Zweifel jeder Schuldner zu einem gleichen Anteil verpflichtet bzw. jeder Gläubiger nur zu einem Anteil verpflichtet. Auch wenn bei Schuldnermehrheit eher von einer Gesamtschuldnerschaft ausgegangen wird,[58] muss für das Vollstreckungsgericht der eigentliche Wille klar zu erkennen sein. Die Entscheidung muss somit klar und deutlich sein. Die Verwirrungen, die entstehen können, sind für den Gläubiger wie auch für den Schuldner m. E. unzumutbar, wenn die einzelnen Instanzen jeweils die Entscheidung der vorhergehenden wieder aufheben wie aus einer Entscheidung des OLG Hamburg hervorgeht.[59]

6. Vollstreckungsklausel

24 a) **Allgemeines.** Zur Durchführung der Zwangsvollstreckung muss der Gläubiger eine vollstreckbare Ausfertigung des Titels vorlegen, § 724 Abs. 1 ZPO. Die Ausfertigung ersetzt die Urschrift im Rechtsverkehr, § 47 BeurkG. Die Vollstreckungsklausel bescheinigt dem Titel die Vollstreckungsreife und seinen Bestand.[60] Ob die Vollstreckungsklausel zu Recht erteilt wurde, entzieht sich der Prüfung des Vollstreckungsgerichts.[61] Es wird nur geprüft, ob die Klausel auf dem Titel vorhanden und ob der zuständige Beamte (§ 724 Abs. 2 ZPO) bzw. Notar (§ 797 Abs. 2 ZPO) formgerecht die Klausel erteilt. Nicht alle Vollstreckungstitel müssen eine Klausel enthalten. Ausnahmen bestehen für den Vollstreckungsbescheid, § 796 Abs. 1 ZPO, den Kostenfestsetzungsbeschluss (§ 795a ZPO), der auf das Urteil gesetzt wurde, einstweiligen Verfügungen (§ 936 ZPO) und Arrestbefehle (§ 929 ZPO).[62] Die Vollstreckungsklausel wird hier nur im Fall der Rechtsnachfolge benötigt (s. dazu Rn. 35, 36).

25 b) **Besonderheiten.** Besonderheiten sind im Fall des § 726 Abs. 1 ZPO bei der Erteilung der Vollstreckungsklausel zu beachten. Wurde die Vollstreckung des Titels von einer Bedingung oder Befristung abhängig gemacht, muss dem Rechtspfleger (§ 20 Nr. 12 RPflG) des Prozessgerichts der Nachweis der vom Gläubiger zu beweisenden Tatsache in öffentlich oder öffentlich beglaubigter Form vor Erteilung der Vollstreckungsklausel vorgelegt werden. Kann dieser Nachweis nicht geführt werden, ist Klage gemäß § 731 ZPO zu erheben.

26 Die Vollstreckung kann abhängig sein von dem Eintritt einer aufschiebenden Bedingung[63] oder von dem Ablauf einer nicht nach dem Kalendertag bestimmten Frist.[64] Dies trifft zum Beispiel auf die Kündigung (Rn. 30) zu, die eine wichtige Rolle für die notariellen Urkunden gemäß § 794 Abs. 1 Nr. 5 ZPO spielt.

27 c) **Verfallklausel.** Auf die Vereinbarung einer kassatorischen Klausel (Verfallklausel) findet § 726 Abs. 1 ZPO keine Anwendung. Hier wurde im Titel (Vergleich oder notarielle Urkunde) verabredet, dass der Schuldner die gesamte Forderung sofort leisten muss, sobald eine fällige Rate nicht pünktlich gezahlt wird oder auch bis zu einem bestimmten Zeitpunkt den Rückstand nicht aus-

---

[57] AaO. LG Berlin, Beschl. vom 6.7.1976 – 81 T 234/76, MDR 1977, 146 = Rpfleger 1976, 437
[58] *Grüneberg*, in: *Palandt*, BGB, § 420 Rn. 2.
[59] OLG Hamburg, Rpfleger 1962, mit Anmerkung Berner, der jedoch dies als Begründung ansieht, die Auslegungsregel zu befürworten.
[60] *Stöber*, in: *Zöller*, ZPO, § 724 Rn. 1, *Hagemann*, in: *Steiner*, ZVG, § 15.16 Rn. 78.
[61] *Hintzen*, in: *Dassler/Schiffhauer/u.a.*, ZVG, Vor § 15 Rn. 44; *Stöber*, in: *Zöller*, ZPO, § 724 Rn. 14.
[62] *Stöber*, in: *Zöller*, ZPO, § 724 Rn. 2 – Arrestbefehle/einstw. Vfg. haben keine Relevanz in der Zwangsversteigerung.
[63] *Stöber*, in: *Zöller*, ZPO, § 726 Rn. 2 – weitere Beispiele § 726 Rn. 2 im *Zöller*.
[64] *Stöber*, in: *Zöller*, ZPO, § 726 Rn. 3.

gleicht o. Ä..⁶⁵ Der Schuldner muss dann den Beweis der rechtzeitigen Zahlung erbringen, und der Gläubiger den Rückstand nachweisen. Die Zwangsvollstreckung wegen des gesamten Anspruchs ist daher möglich.⁶⁶

7. Zustellung

Als weitere Voraussetzung für den Beginn der Zwangsvollstreckung ist in § 750 Abs. 1 ZPO genannt, dass der Titel an den Schuldner zugestellt sein muss. Ausreichend ist auch eine Zustellung im Parteibetrieb. Ist die vollstreckbare Ausfertigung jedoch nach § 726 Abs. 1 oder nach § 727 ff. ZPO erteilt, so muss nicht nur der Titel, sondern auch die Vollstreckungsklausel und sofern die Vollstreckungsklausel auf Grund öffentlicher oder öffentlich beglaubigter Urkunden erteilt ist, auch eine Abschrift dieser Urkunden zugestellt worden sein, § 750 Abs. 2 ZPO. **28**

8. Fälligkeit des Anspruchs

Der Anspruch/die Forderung des Gläubigers muss **fällig** sein. Werden die Ansprüche erst zu einem späteren Zeitpunkt fällig, kann die Anordnung wegen dieser Forderung nicht erfolgen. Darf der Anspruch erst nach einem bestimmten Kalendertag geltend gemacht werden, muss der Kalendertag **abgelaufen** sein, § 751 Abs. 1 ZPO. Das Vollstreckungsgericht ist verpflichtet den Ablauf des Tages anhand des Kalenders zu überprüfen.⁶⁷ **29**

IV. Besonderheiten in der Zwangsvollstreckung

1. Kündigung

Nach dem Risikobegrenzungsgesetz, verkündet am 12. August 2008 – BGBl. I 2008 Nr. 36 – erfolgte eine Änderung des § 1193 BGB. Demnach ist eine Vereinbarung der sofortigen Fälligkeit des Kapitals der Grundschuld nicht mehr möglich für Grundschulden, die zur Sicherung einer Geldforderung bestellt wurden, § 18 Abs. 3 Übergangsvorschrift zum Risikobegrenzungsgesetz. Nach § 1193 Abs. 2 BGB muss die Kündigungsfrist von sechs Monaten eingehalten werden. Diese Änderung gilt für alle Grundschulden, die nach dem 19.8.2008 beurkundet wurden. Eine sofortige Fälligkeit kann somit nicht mehr vereinbart werden. Auch hier gilt, dass die Urkunde erst nach Entstehen des Anspruchs vollstreckbar ausgefertigt werden kann, § 726 Abs. 1 ZPO. Daher muss der Nachweis der Kündigung (Eintritt der aufschiebbaren Bedingung) für die **Erteilung** der Vollstreckungsklausel erbracht werden.⁶⁸ Das Vollstreckungsgericht hat die ordnungsgemäße Kündigung bei Erteilung der Klausel nicht zu prüfen.⁶⁹ **30**

Auf den Nachweis der Fälligkeit/Kündigungsnachweis kann allerdings verzichtet werden, wenn der Schuldner in der Grundschuldbestellungsurkunde auf diesen Tatsachennachweis verzichtet hat. Demzufolge findet die Zwangsvollstreckung **ohne** den Nachweis der Kündigung statt und § 726 Abs. 1 ZPO findet keine Anwendung.⁷⁰

Sollte der Verzicht jedoch **nicht** beurkundet sein, muss der Gläubiger dem Vollstreckungsgericht gem. § 726 Abs. 1 in Verbindung mit § 750 Abs. 2 ZPO den Nachweis erbringen, dass die Kündigung erfolgt und dem Schuldner zugestellt wurde. Dabei soll nicht die erteilte Vollstreckungsklausel überprüft wer-

---

65 *Hagemann*, in: *Steiner*, ZVG, §§ 15, 16 Rn. 86; *Stöber*, in: *Zöller*, ZPO, § 726 Rn. 14.
66 AaO. *Stöber*, in: *Zöller*, ZPO, § 726 Rn. 14; *Stein/Jonas*, ZPO, § 726 Rn. 7.
67 *Stöber*, in: *Zöller*, ZPO, § 751 Rn. 1; *Stein/Jonas*, ZPO, § 751 Rn. 1.
68 *Münzberg*, in: *Thomas/Putzo*, ZPO, § 726 Rn. 5; *Stöber*, in: *Zöller*, ZPO, § 726 Rn. 2.
69 *Stöber*, ZVG, § 15 Rn. 40.14.
70 *Stöber*, ZVG, § 15 Rn. 40.14, so auch LG Bonn 1968, 125.

den.[71] Einwendungen gegen die Erteilung der Vollstreckungsklausel kann der Schuldner gemäß § 732 ZPO geltend machen. Das Kündigungsschreiben mit dem Nachweis der Zustellung ist vorzulegen, um m. E. unter anderem die Identität des Schuldners mit demjenigen, der das Kündigungsschreiben erhalten hat, zu überprüfen. Es wird nicht bestritten, dass auch das Versteigerungsgericht die gleichen Voraussetzungen wie bei der Erteilung der Vollstreckungsklausel prüft. Es wird sich dabei jedoch allein auf die Vorschrift des § 750 Abs. 2 ZPO berufen, davon ist die Kündigung nicht ausgenommen.[72]

2. Gleichzeitige Unterwerfungserklärung des derzeitigen und zukünftigen Eigentümers

31 Bei Kauf eines Grundstücks (Wohnungseigentum etc.) verlangt die Bank als Gläubigerin eines mit Grundschuld gesicherten Darlehens in der Regel, dass die zu bestellende Grundschuld für den zukünftigen Eigentümer schon vor der Eigentumsumschreibung im Grundbuch zur Absicherung eingetragen wird. Die Bank würde ansonsten den Kaufpreis zahlen und hätte (noch) keine Sicherheit für die Schuld des zukünftigen Eigentümers. Die Grundschuld kann erst für den Käufer eingetragen werden, wenn er als Eigentümer in Abteilung I des Grundbuches eingetragen ist. Daher wird oftmals ein Grundpfandrecht vom jetzigen und künftigen Eigentümer (Verkäufer und Käufer) gemeinsam bestellt. Der neue/zukünftige Eigentümer kann sich auch bereits wegen des dinglichen Anspruchs der sofortigen Zwangsvollstreckung unterwerfen (§ 794 ZPO).[73] Gegen den derzeitigen Eigentümer (Verkäufer) findet die Zwangsvollstreckung aus der Urkunde durch die Unterwerfungserklärung statt. Gegen den zukünftigen Eigentümer kann die Urkunde jedoch erst **nach** Entstehen des Anspruchs vollstreckbar ausgefertigt werden, § 726 Abs. 1 ZPO. Hat der neue Eigentümer allerdings auf den Nachweis des Eigentumswechsels verzichtet, so ist die vor Eintragung des Eigentumswechsels erteilte vollstreckbare Ausfertigung ohne Einschränkung gültig, wenn die Klausel keinen Schuldner bezeichnet.[74] Es handelt sich um keinen Fall der Rechtsnachfolge. Gegen den künftigen Eigentümer ist eine Vollstreckung nur möglich, wenn gem. § 17 Abs. 1 ZVG der Eigentümernachweis erbracht ist.

3. Unterwerfungserklärung durch einen Vertreter/Bevollmächtigten

32 Wird in Grundstückskaufverträgen ein Vertreter bevollmächtigt, um das Grundpfandrecht zu bestellen und gleichzeitig die Unterwerfung in die sofortige Zwangsvollstreckung zu erklären, ist die Wirksamkeit einer durch einen Vertreter abgegebene Unterwerfungsklärung nicht davon abhängig, dass die Vollmacht notariell beurkundet ist, jedoch darf die Klausel für eine Urkunde mit einer Unterwerfungserklärung nur erteilt werden, wenn die Vollmacht in öffentlicher oder öffentlich beglaubigter Urkunde nachgewiesen wurde.[75] Der Notar muss vor Erteilung der Klausel prüfen, ob die Vollmacht vorliegt und in öffentlich oder öffentlich beglaubigter Urkunde nachgewiesen worden ist. Für das Vollstreckungsgericht ist nunmehr zu prüfen, ob die Vollmacht (die in der Regel im Kaufvertrag enthalten ist) zusätzlich zu der vollstreckbaren Grundpfandrechtsbestellungsurkunde zugestellt sein muss. Der BGH hat entschie-

---

71 *Baumbach/Lauterbach/u.a.*, ZPO, § 726 Rn. 7, so auch LG Bonn, Rpfleger 1968, 125.
72 Abgelehnt von *Stöber*, ZVG, § 15 Rn. 40.14.
73 KG Berlin, Beschl. vom 12.5.1987 – 1 W 2053/86, Rpfleger 1988, 30.
74 *Stöber*, ZVG, § 15 Rn. 40.17 a).
75 BGH, 17.4.2008 – V ZB 146/07, NJW 2008, 2267 = Rpfleger 2008, 505, a. A.: Vollmacht muss bereits in öffentlich oder öffentlich-beglaubigter Form vorliegen – NJW-RR 2004, 1718, Rpfleger 2005, 612, *Stöber* NotBZ 2008, 209, 210. *Stöber*, ZVG § 15 Rn. 40.18.

den,[76] dass die Zwangsvollstreckung nur zulässig ist, wenn die Vollmacht des Vertreters oder – bei vollmachtslosem Handeln – die Genehmigung von dessen Erklärungen seitens des Vertretenen durch öffentlich – oder öffentlich beglaubigte Urkunde dem Schuldner zugestellt worden ist oder mit dem Beginn der Zwangsvollstreckung zugestellt wird. Dies begründet der BGH damit, dass der Schuldner ebenso in der Lage sein muss, die Zwangsvollstreckungsvoraussetzungen zu überprüfen wie derjenige, der die Klausel erteilt hat.[77] Nach anderer Ansicht[78] ist jedoch die Zustellung des Titels ausreichend, da der Schuldner die Vollmacht selbst erteilt hat und somit auch ohne Zustellung Kenntnis vom Inhalt der Vollmacht und der Unterwerfungserklärung hat. Daher wird eine zusätzliche Notwendigkeit der Warnfunktion verneint. Die Zustellung wird nur im Fall der Rechtsnachfolge auf Seiten des Schuldners bejaht.[79] Jedoch warnt *Alff*[80] davor, auf die Zustellung der Vollmacht in öffentlich bzw. öffentlich beglaubigter Form zu verzichten, solange der BGH seine Rechtsansicht nicht ändert, um sogenannten „Versteigerungsverhinderer", keinen Raum zu bieten.

Der BGH erklärt es für **zulässig**, die Urkunde, die die Vorbelastungsvollmacht enthält, im Verlaufe des Zwangsversteigerungsverfahrens nachträglich zuzustellen, jedoch **vor** Erteilung des Zuschlags.[81] Dies ist wiederum umstritten, da eine einheitliche Zustellung vorliegen muss, denn nur die Unterwerfungserklärung des Vertreters mit der Vollmacht, auf die Bezug genommen wird, ist der Vollstreckungstitel.[82] **33**

Die Zustellung der öffentlichen- oder öffentlich beglaubigten Urkunde, die die Vollmacht enthält, wird auch aus folgendem Grund verlangt: Die Wirksamkeit des Titels hängt von dem Bestand und dem Umfang der Vollmacht ab gemäß § 750 Abs. 1 ZPO.[83] Nach einer BGH-Entscheidung vom 14.4.2005[84] ist dies jedoch dann nicht der Fall, wenn bei Abgabe der Erklärung nicht der jetzige Schuldner, sondern der damalige Eigentümer vertreten wurde.[85] Zudem ist der Schuldner auch der Vertreter des damaligen Eigentümers gewesen. Der Schuldner ist aus diesem Titel gemäß § 185 Abs. 2 BGB verpflichtet, selbst wenn er bei Bestellung nicht bevollmächtigt gewesen wäre. Da die Wirksamkeit in diesem Fall nicht von dem Bestand der Vollmacht abhängt, besteht in diesem Fall auch keine Veranlassung die Vollstreckung von der Zustellung abhängig zu machen.[86] Auch dies ist streitig, da es nach Ansicht *Stöbers*[87] auf den Zeitpunkt des Handelns ankommt. Somit kann die Unterwerfungserklärung gegen den Schuldner nicht vollstreckbar sein, da der Verkäufer (bisheriger Eigentümer) nicht ordnungsgemäß vertreten war. Folgerichtig kann die Unterwerfungserklärung dann auch nicht gegen den Rechtsnachfolger wirksam wer- **34**

---

76 BGH, Beschl. vom 21.9.2006 – V ZB 76/06, Rpfleger 2007, 37 = MittBayNot.2007, 338 mit Anmerkungen *Bolkart*.
77 BGH, Beschl. vom 21.9.2006 – V ZB 76/06, Rpfleger 2007, 37 = MittBayNot.2007, 338 mit Anmerkungen *Bolkart*.
78 *Alff*, Anmerkung zu BGH, Beschl. vom 21.9.2006 – V ZB 76/06, Rpfleger 2007, 37 = MittBayNot.2007, 338, so auch *Hintzen*, in: Dassler/Schiffhauer/u.a., ZVG, Vor § 15 Rn. 50.
79 *Alff*, Anmerkung zu BGH, Beschl. vom 21.9.2006 – V ZB 76/06, Rpfleger 2007, 37 = MittBayNot.2007, 338.
80 *Alff*, Anmerkung zu BGH, Beschl. vom 21.9.2006 – V ZB 76/06, Rpfleger 2007, 37 = MittBayNot.2007, 338.
81 BGH, Beschl. vom 10.4.2008 – V ZB 114/07, Rpfleger 2008, 433.
82 *Stöber*, NotBZ 2008, 209 (213, 215).
83 *Stöber*, ZVG, § 15 Rn. 40.18 im Gegensatz zu *Stöber*, Rpfleger 1993, 393.
84 BGH, Beschl. vom 14.4.2005 – V ZB 9/05, NJW-RR 2005, 1359, 1360.
85 BGH, Beschl. vom 14.4.2005 – V ZB 9/05, NJW-RR 2005, 1359, 1360.
86 BGH, Beschl. vom 14.4.2005 – V ZB 9/05, NJW-RR 2005, 1359, 1360.
87 *Stöber*, NotBZ 2008, 209 ff.

den.[88] Formal geprüft ist diese Ansicht sicherlich richtig – die Lösung des Bundesgerichtshofs wohl eher praxisorientierter.

4. Rechtsnachfolge

35 Bezeichnet der Titel nicht den Schuldner oder Gläubiger für oder gegen den der Antrag auf Zwangsversteigerung/bzw. Zwangsverwaltung gestellt werden soll, so muss der Titel bzw. die Vollstreckungsklausel auf den neuen Gläubiger oder Schuldner umgeschrieben werden, § 727 ZPO.[89] Schuldner und Gläubiger müssen im Titel namentlich bezeichnet sein (s. Rn. 8). Das Vollstreckungsgericht prüft, ob Schuldner und Gläubiger im Antrag und im vorgelegten Titel identisch sind. Ist dies nicht der Fall, wird im Wege einer Aufklärungsverfügung gem. § 139 ZPO der Titel zurückgesandt mit der Bitte, die Umschreibung zu veranlassen und erneut an den Rechtsnachfolger zuzustellen. Zuständig für die Umschreibung der Klausel ist der Notar, der die Urkunde ausgestellt hat, § 797 Abs. 3 ZPO oder der Rechtspfleger des Prozessgerichts, nach § 20 Nr. 12 RPflG. Die Rechtsnachfolge kann eingetreten sein aufgrund Rechtsgeschäfts, durch Erbfall, durch Gesetz oder durch Staatsakt.[90] Rechtsnachfolger können Gesamtrechtsnachfolger (Beispiel – Erbfall) oder Sonderrechtsnachfolger sein. Zu Rechtsnachfolgern zählen auch Parteien kraft Amtes, wie z. B. der Insolvenzverwalter, Zwangsverwalter, Nachlassverwalter oder der Kanzleiabwickler (§ 55 BRAO),[91] wenn für oder gegen sie die Vollstreckung betrieben wird.[92] Der Titel muss auch den **Testamentsvollstrecker** lauten unter der Voraussetzung, dass dieser den gesamten Nachlass verwaltet, § 748 Abs. 1 ZPO. Zur Zwangsvollstreckung wegen eines Pflichtteilsanspruchs ist ein Titel gegen den Erben und gegen den Testamentsvollstrecker erforderlich, § 748 Abs. 3 ZPO (s. dazu auch Rn. 83–88).

Eine Erleichterung auf **Gläubigerseite** sieht § 799 ZPO vor. Hat sich der Eigentümer eines mit einer Grundschuld, Hypothek oder Rentenschuld belasteten Grundstücks in einer gemäß § 794 Abs. 1 Nr. 5 ZPO aufgenommenen Urkunde der sofortigen Zwangsvollstreckung unterworfen und ist dem Rechtsnachfolger des Gläubigers eine vollstreckbare Urkunde erteilt, so ist die Zustellung der die Rechtsnachfolge nachweisenden öffentlich beglaubigten Urkunde **nicht** erforderlich. Dies weicht von § 750 Abs. 2 ZPO ab, weil der Eigentümer über die Rechtsnachfolge bei Eintragung in das Grundbuch vom Grundbuchamt informiert wird (§ 55 GBO).[93]

36 Es handelt sich ebenso um einen Fall der Rechtsnachfolge, wenn sich alle Miteigentumsanteile des Grundstücks in der Hand eines Bruchteilseigentümers durch Erbfall vereinigen. Für die ererbten Miteigentumsanteile muss eine Rechtsnachfolgeklausel erteilt werden, auch wenn der Erbe als damaliger Miteigentümer die Unterwerfung unter die dingliche Zwangsvollstreckung in der Grundpfandrechtsbestellung erklärt hat. Da entsprechend der Regelung des § 864 Abs. 2 ZPO die Zwangsvollstreckung in den Bruchteil eines Grundstücks zugelassen wird, sind die Miteigentumsanteile streng voneinander zu trennen und somit als selbständige Grundstücke zu behandeln. Daher bezieht sich die dingliche Unterwerfungserklärung nach § 800 ZPO auch nur auf den eigenen Anteil.[94]

---

88 *Stöber*, ZVG, § 15 Rn. 40.24.
89 *Hagemann*, in: Steiner, ZVG, § 15, § 16 Rn. 87.
90 Wie Rn. 8 dazu weiteres *Zöller*, ZPO, § 727.
91 BGH 5.7.2005 – VII ZB 16/05 = NJW-RR 2005, 1716; Rpfleger 1995, 243, OLG Karlsruhe, Beschl. vom 9.8.2004 – 19 W 41/04 = MDR 2005, 117 = NJW-RR 2005, 293.
92 *Stöber*, in: Zöller, ZPO, § 727 Rn. 18.
93 *Stöber*, in: Zöller, ZPO, § 799 Rn. 1.
94 LG Münster, Beschl. vom 25.5.2007 – 5 T 1123/06, Rpfleger 2007, 564, so auch *Alff*, Rpfleger 2001, 385 ff.

5. Wartefrist

Für Vollstreckungstitel wie den Kostenfestsetzungsbeschluss, der nicht auf ein Urteil gesetzt ist (§ 104, § 106 ZPO), die **notariellen Urkunden** § 794 Abs. 1 Nr. 5 ZPO, Beschlüsse über den Unterhalt Minderjähriger im vereinfachten Verfahren § 794 Abs. 1 Nr. 2a, Beschlüsse über Vollstreckbarkeit von Anwaltsvergleichen § 794 Abs. 1 Nr. 4b gilt, dass die Zwangsvollstreckung erst beginnen darf, wenn der Schuldtitel **zwei Wochen vorher** zugestellt ist, § 798 ZPO. Die Wartefrist von zwei Wochen gilt auch bei der Sicherungsvollstreckung nach § 720 a ZPO gemäß § 750 Abs. 3 ZPO. Verlängerung oder Verkürzung der Frist ist nicht möglich.[95] Die Berechnung der Frist richtet sich nach § 222 ZPO in Verbindung mit § 187 ff. BGB.[96] Dabei ist zu beachten, dass der Tag der Zustellung nicht mitgerechnet wird. Außerdem kann eine Frist nicht an einem Sonntag, gesetzlichen Feiertag oder an einem Sonnabend ablaufen. Die Frist endet erst mit Ablauf des nächsten Werktages, § 222 Abs. 2 ZPO. Wurde die Wartefrist nicht eingehalten, so ist der Vollstreckungsakt gemäß § 766 ZPO mit der Erinnerung anfechtbar, jedoch nicht nichtig.[97] Die Heilung des Mangels erfolgt durch Fristablauf ex nunc.[98] Der Verstoß wird durch Fristablauf geheilt, selbst wenn der Mangel durch den Schuldner vor Ablauf der Frist gerügt wurde.[99]

37

6. Beginn der Zwangsvollstreckung nach Ablauf eines bestimmten Kalendertages

Ist im Vollstreckungstitel ausgewiesen, dass die Zwangsvollstreckung erst nach Ablauf eines bestimmten Kalendertages beginnen darf gemäß § 751 Abs. 1 ZPO, kann die Vollstreckungsklausel sofort erteilt werden. Dies ist keine Bedingung im Sinne des § 726 Abs. 1 ZPO.[100] Das Vollstreckungsgericht muss den Eintritt dieser Voraussetzung anhand des Kalenders überprüfen bevor dem Anordnungsantrag stattgegeben wird. Bei Vorlage eines Verstoßes gegen § 751 Abs. 1 ZPO ist der Beschluss bezgl. der Eröffnung nur anfechtbar und nicht nichtig.[101]

38

7. Sicherheitsleistung

Wurde dem Gläubiger auferlegt, dass die Zwangsvollstreckung nur gegen Sicherheitsleistung beginnen bzw. fortgesetzt werden darf, so muss die Sicherheitsleistung durch öffentlich oder öffentlich beglaubigte Urkunde nachgewiesen werden und eine Abschrift der Urkunde zugestellt sein, § 751 Abs. 2 ZPO. Dies ist der Fall, wenn ein Urteil nur **gegen Sicherheit** für vorläufig vollstreckbar erklärt worden ist, § 709, § 711, § 712 II ZPO. Eine öffentliche Urkunde ist von einer öffentlichen Behörde oder einer öffentlichen Urkundsperson unter Beachtung der Formvorschrift (§ 418 ZPO) und innerhalb ihrer Zuständigkeit aufgenommen. Bei einer öffentlichen Urkundsperson handelt es sich zum Beispiel um einen Notar, Urkundsbeamten der Geschäftsstelle oder Gerichtsvollzieher.[102] Um eine öffentliche Beglaubigung handelt es sich, wenn die Unter-

39

---

95 *Stöber*, in: *Zöller*, ZPO, § 798 Rn. 3.
96 *Stöber*, in: *Zöller*, ZPO, § 798 Rn. 3.
97 *Böttcher*, ZVG, § 15, 16 Rn. 68; *Stöber*, ZVG, § 15 Rn. 43.3, *Hagemann*, in: *Steiner*, ZVG, § 15,16 Rn. 120.
98 OLG Hamm, Rpfleger 1974, 204
99 OLG Hamm, Rpfleger 1974, 204, *Hagemann*, in: *Steiner*, ZVG, § 15,16 Rn. 232, *Münzberg*, in: *Stein/Jonas* ZPO, § 750 Rn. 11, § 751 Rn. 14, § 798 Rn. 7.
100 *Stöber*, in: *Zöller*, ZPO, § 751 Rn. 2.
101 *Böttcher*, ZVG, § 15, § 16 Rn. 64; *Stöber*, in: *Zöller*, ZPO, § 751 Rn. 8.
102 *Stöber*, in: *Zöller*, ZPO, § 415 Rn. 3 und 4.

schrift unter einer abgegebenen, schriftlichen Erklärung (Privaturkunde)[103] von einem Notar beglaubigt wurde, § 129 BGB.

40 Art und Höhe der Sicherheitsleistung bestimmt das Prozessgericht, § 108 ZPO. Wurde die Art der Sicherheitsleistung nicht bestimmt und haben die Parteien auch keine Vereinbarung getroffen, kann die Sicherheit durch schriftliche, unwiderrufliche, unbedingte und unbefristete Bürgschaft eines im Inland zum Geschäftsbetrieb befugten Kreditinstituts oder durch Hinterlegung von Geld oder Wertpapieren, die nach § 234 Abs. 1 und 3 BGB zur Sicherheit geeignet sind, bewirkt werden, § 108 Abs. 1 S. 2 ZPO. Soll nur ein Teilbetrag der Forderung vollstreckt werden, muss auch die festgesetzte Sicherheit nicht in voller Höhe geleistet werden; sondern nur im Verhältnis des Teilbetrages zum Gesamtbetrag, § 752 ZPO.

41 a) **Hinterlegung.** Soll die Sicherheitsleistung im Wege der Hinterlegung erfolgen, so richtet sich das Verfahren nach der Hinterlegungsordnung.[104] Das Amtsgericht ist gemäß § 1 HO für die Hinterlegung zuständig. Eine Annahmeanordnung der Hinterlegungsstelle ist immer notwendig.[105] Nachgewiesen wird die Hinterlegung durch die Bescheinigung der Hinterlegungsstelle (Hinterlegungsschein).[106]

42 b) **Bürgschaft.** Das Original der Bürgschaftsurkunde muss zugestellt werden.[107] Nach anderer Ansicht reicht Zugang nach § 130 Abs. 1 BGB aus.[108] Es ist zudem streitig, ob die Bürgschaftsurkunde öffentlich beglaubigt sein muss[109] oder nicht[110]. Die Bürgschaftserklärung einer Bank muss auf jeden Fall im Original zugestellt werden, wenn die Bürgschaftserklärung mit der zulässigen Bedingung versehen wurde, dass bei Rückgabe der Bürgschaftserklärung an die Bank die Bürgschaft erlischt, was in der Regel auf alle Bankbürgschaften zutrifft.[111] Nur durch die **Zustellung des Originals** kann daher das vorzeitige Erlöschen gegen den Willen des Schuldners verhindert werden.[112]

43 Empfänger ist der Prozessbevollmächtigte der Partei, der die Sicherheit zu leisten hat, § 172 ZPO. Nach einer BGH-Entscheidung vom 10.4.2008[113] ist die Zustellung durch den Gerichtsvollzieher an den Schuldner zulässig. Ein Nachweis der Bürgschaftsbestellung gegenüber dem Prozessbevollmächtigten ist nicht erforderlich.[114] Der BGH argumentiert, dass der Prozessbevollmächtigte bereits nach Verkündung des Urteils seinen Mandanten über die Folgen der

---

103 *Ellenberger*, in: *Palandt*, BGB, § 129 Rn. 1.
104 Hinterlegungsordnung von 1937 zuletzt geändert durch Gesetz vom 23.11.2007 – BGBl. I. S. 2614.
105 *Hüßtege*, in: *Thomas/Putzo*, ZPO, § 108 Rn. 6.
106 *Brox/Walker*, Zwangsvollstreckungsrecht, Rn. 165, Die Hinterlegungsordnung tritt zum 1.12.2010 außer Kraft.
107 OLG Düsseldorf, Beschl. vom 17.10.1977 – 18 W 40/77, MDR 1978, 489; OLG Koblenz, Beschl. vom 2.2.1993 – 6 W 662/92, Rpfleger 1993, 355; LG Landau MDR 1959, 929.
108 OLG Karlsruhe, Beschl. vom 26.1.1996 – 6 W 98/95, MDR 1996, 525.
109 *Wüllerstorf*, NJW 1966, 1521 (Anmerkung).
110 *Bork*, in: *Stein/Jonas*, ZPO, § 108 Rn. 31, *Herget*, in: *Zöller*, § 108 Rn. 8; OLG Frankfurt, Beschl. vom 24.1.1966 – 6 W 11/66, NJW 1966, 1521, MDR 1975, 763 = NJW 1975, 2025; OLG Koblenz, Rpfleger 1993, 355 – Öffentliche Beglaubigung nur bei besonderer Anordnung durch das Gericht
111 *Kotzur*, DGVZ 90, 65.
112 *Herget*, in: *Zöller*, ZPO, § 108 Rn. 11, *Hintzen*, in: *Dassler/Schiffhauer/u.a.*, ZVG, Vor § 15 Rn. 58.
113 BGH, Beschl. vom 10.4.2008 – I ZB 14/07, NJW 2008, 3220 = Rpfleger 2008, 653 = MDR 2008, 1364.
114 BGH, Beschl. vom 10.4.2008 – I ZB 14/07, NJW 2008, 3220 = MDR 2008, 1364 = WM 2008, 1898, so auch *Hintzen*, in: *Dassler/Schiffhauer/Hintzen/Engels/Rellermeyer*, ZVG, Vor § 15 Rn. 58.

vorläufigen Vollstreckbarkeit gegen Sicherheitsleistung belehren muss. In dem entschiedenen Fall handelt es sich um ein Unterlassungsurteil. Gegen den Schuldner kann für jeden Verstoß gegen den Unterlassungstenor das angedrohte Ordnungsmittel verhängt werden. Ein Verstoß hat daher weit reichende Folgen für den Schuldner. Daher wäre nach hier vertretener Ansicht eine Zustellung an den Prozessbevollmächtigten zu bevorzugen, um dem Mandanten/Schuldner die Folgen vor Augen führen zu können.[115] Nach anderer Ansicht ist keine Ausnahme von der Zustellung an den Prozessbevollmächtigten gem. § 172 ZPO zulässig.[116]

44 Ob § 195 ZPO (Zustellung von Anwalt zu Anwalt) auf die Bürgschaftserklärung anwendbar ist, ist streitig. Nach *Heßler*[117] ist die Zustellung von Anwalt zu Anwalt zulässig, da das schriftliche Empfangsbekenntnis mit einer öffentlich oder öffentlich beglaubigten Urkunde gleichzusetzen ist.[118] Diese Ansicht[119] wird abgelehnt, da das Empfangsbekenntnis keine Urkunde darstellt.

45 Eine Bürgschaftserklärung nach § 350 HGB kommt als Nachweis nicht in Betracht, da über eine mündliche Erklärung kein urkundlicher Nachweis möglich ist.[120]

46 Für die Sicherheitsleistung (Bietsicherheit) im ZVG-Verfahren gelten jedoch die §§ 67 ff. ZVG.

8. Sicherungsvollstreckung

47 Aus einem nur gegen Sicherheit vollstreckbaren Titel, durch das der Schuldner zu einer Geldzahlung verurteilt wurde, darf nur bewegliches Vermögen gepfändet werden oder der Gläubiger hat die Möglichkeit eine Sicherungshypothek eintragen zu lassen, § 720 a ZPO. Diese Maßnahmen dienen nur der Sicherheit des Gläubigers. Daher kann die Zwangsversteigerung oder die Zwangsverwaltung nicht betrieben werden – auch nicht aus der zuvor eingetragenen Sicherungshypothek nach § 720 a ZPO –, da diese die Verwertung zur Folge haben. Eine Verwertung ist erst möglich, wenn das Urteil rechtskräftig ist oder der Gläubiger, die Sicherheitsleitung in voller Höhe erbracht hat.[121] Für den Beginn der Zwangsvollstreckung nach Sicherheitsleistung ist § 751 II ZPO (s. auch Rd. 48 ff.) zu beachten.

9. Zug-um-Zug-Leistung

48 Ist im Titel eine Zug um Zug zu bewirkende Leistung des Gläubigers an den Schuldner angeordnet worden, so kann die Vollstreckungsklausel vom Urkundsbeamten der Geschäftsstelle gemäß § 724 ZPO erteilt werden. Den Beweis der Befriedigung oder des Annahmeverzugs des Schuldners muss das Vollstreckungsgericht überprüfen, **vor** Anordnung der Zwangsversteigerung. Der Beweis muss in öffentlich oder öffentlich beglaubigter Form geführt werden und eine Abschrift der Urkunden bereits zugestellt sein, § 765 Nr. 1 ZPO. Eine Zustellung ist nicht notwendig, wenn der Gerichtsvollzieher bereits eine Zwangsvollstreckung nach § 756 Abs. 1 ZPO begonnen hat (§ 765 Nr. 1).

---

115 Auswirkungen auf die Praxis beschreibt *Dr. Geisler*, juris PR-BGHZivilR 23/2008 Anm. 4.
116 *Stöber*, ZVG, § 15 Rn. 32.8.
117 *Heßler*, in: *MünchKomm*-ZPO, § 751 Rn. 28.
118 So auch *Herget*, in: *Zöller*, ZPO, § 108 Rn. 11; *Putzo*, in: *Thomas/Putzo*, ZPO, § 751 Rn. 6; BGH, Urteil vom 20.11.1978 – VIII ZR 243/77, NJW 1979, 417 = Rpfleger 1979, 54; OLG Koblenz, Beschl. vom 2.2.1993 – 6 W 662/92, Rpfleger 1993, 356.
119 *Stöber*, ZVG, § 15 Rn. 32.9; *Heinrichs*, in: *Palandt*, BGB, § 132 Rn. 2; LG Aurich, Beschl. vom 21.10.1988 – 3 T 226/88, DGVZ 1990, 10.
120 *Bork*, in: *Stein/Jonas*, ZPO, § 108 Rn. 31.
121 *Stöber*, in: *Zöller*, ZPO, § 720a Rn. 6,8.

Wurde eine Vollstreckungsmaßnahme vom Gerichtsvollzieher nach § 756 Abs. 2 ZPO bereits durchgeführt, so darf die Vollstreckung ebenfalls angeordnet werden (§ 765 Nr. 2 ZPO), jedoch muss in **beiden Fällen** das Protokoll des Gerichtsvollziehers als Beweis vorgelegt werden (§ 765 Nr. 1 und 2 ZPO). Das Protokoll des Gerichtsvollziehers muss nicht zusätzlich zugestellt werden.[122]

10. Wechsel- und Scheck als Vollstreckungsunterlagen

49 Der Gläubiger muss den Wechsel oder Scheck mit dem Antrag auf Zwangsversteigerung und **dem Titel** dem Vollstreckungsgericht **vorlegen**, damit die Anordnung des Verfahrens bzw. der Beitritt erfolgen kann.[123] Soll aus einem selbständigen Kostenfestsetzungsbeschluss vollstreckt werden, der zwar im Wechsel- oder Scheckprozess ergangen ist, muss der Wechsel oder Scheck nicht vorgelegt werden, da der Kostenfestsetzungsbeschluss ein eigenständiger Titel ist.[124] Es handelt sich grundsätzlich um keinen Zug um Zug Anspruch, wenn das Urteil auf Zahlung gegen Herausgabe des Wechsels etc. lautet. Es handelt sich um ein besonders ausgestelltes Recht auf Quittung und nicht um eine Gegenleistung.[125]

Anders verhält es sich, wenn der Schuldner ausdrücklich zu einer Leistung **Zug um Zug** gegen Herausgabe von Inhaberschuldverschreibungen verurteilt wurde.[126] Das Vollstreckungsgericht ist nicht befugt die Anordnung des Prozessgerichts eigenmächtig zu ändern.[127] Sollte sich aus den Entscheidungsgründen eine Aushändigung nach § 797 BGB ergeben, käme höchstens eine Berichtigung gem. § 319 ZPO beim Prozessgericht in Betracht.

V. Prüfung eventueller Hindernisse

1. Eigentümergrundpfandrecht

50 Ist der Eigentümer des Grundstücks auch gleichzeitig der Gläubiger des Grundpfandrechts, kann der Eigentümer nicht die Zwangsvollstreckung aus diesem Recht betreiben, § 1197 Abs. 1 BGB. Die Vorschrift hat den Zweck, den Ausfall der nachrangigen Berechtigten mit ihrer Forderung zu vermeiden.[128]

51 Die Beschränkung des § 1197 Abs. 1 BGB gilt jedoch nicht für den Pfand-/Pfändungsgläubiger am Eigentümergrundpfandrecht, da sein Ziel die Befriedigung seiner Forderung ist.[129] Jedoch benötigt der Gläubiger auch noch einen Duldungstitel, nur die Pfändung und Überweisung (§ 835 ZPO) oder die Verpfändung (§§ 1282, 1291 BGB) reicht nicht aus.[130] Liegt ein Duldungstitel in Form einer notariellen Urkunde § 794 Abs. 1 Nr. 5 ZPO) bereits vor, da der Eigentümer die Grundschuld gemäß § 1196 BGB für sich bestellt und gleichzeitig der sofortigen Zwangsvollstreckung unterworfen hat, kann der Gläubiger als Rechtsnachfolger gemäß § 727 ZPO den Titel auf sich umschreiben las-

---

122 *Stöber*, in: Zöller, ZPO, § 765 Rn. 5.
123 OLG Frankfurt, Beschl. vom 12.2.1981 – 20 W 60/81, Rpfleger 1981, 312 = DGVZ 1981, 84; *Böttcher*, ZVG, §§ 15,16 Rn. 81; *Fichtner*, DGVZ 04,1.
124 OLG Frankfurt, Beschl. vom 12.2.1981 – 20 W 60/81, Rpfleger 1981, 312 = DGVZ 1981, 84; *Stöber*, ZVG, § 15 Rn. 44.3.
125 *Putzo*, in: Thomas/Putzo, ZPO, § 756 Rn. 2; *Stöber*, in: Zöller, ZPO, 27. Auflage, § 756 Rn. 4.
126 BGH-Entscheidung vom 8.7.2008 – VII ZB 64/07, s. auch *Stöber*, 28. Auflage ZPO § 756 Rn. 4.
127 BGH-Entscheidung vom 8.7.2008 – VII ZB 64/07.
128 *Bassenge*, in: Palandt, BGB, § 1197 Rn. 2; *Stöber*, ZVG, § 15 Rn. 11.7.
129 BGH, Urteil vom 18.12.1987 – V ZR = Rpfleger 1988, 181 = MDR 1988, 395; *Bassenge*, in: Palandt, BGB, § 1197 Rn. 2.
130 *Hintzen*, in: Dassler/Schiffhauer/u. a., ZVG, § Vor § 15 Rn. 69.

sen.[131] Dies gilt auch wenn das Grundpfandrecht als Hypothek oder Grundschuld Fremdrecht war und der Eigentümer es (z.B. durch Tilgung der Hypothek, § 1163 Abs. 1 Satz 2) erworben hat.[132] Es handelt sich um **keinen** Fall der Rechtsnachfolge, wenn die Hypothek infolge Nichtvalutierung gar nicht erst entstanden ist, § 1163 Abs. 1 S. 1BGB oder auch der Brief gar nicht erst ausgehändigt wurde, § 1163 Abs. 2 BGB.[133]

Die Beschränkung gilt auch nicht für den Insolvenzverwalter. Dieser kann die Vollstreckungsversteigerung wie auch die Versteigerung nach § 172 ZVG betreiben.[134] **52**

2. Wohnungseigentum/Teileigentum

Gem. § 12 WEG können die Wohnungseigentümer bzw. Teileigentümer vereinbaren, dass eine Veräußerung der Zustimmung der Eigentümergemeinschaft oder des Wohnungsverwalters bedarf. Diese Veräußerungsbeschränkung ist in das Grundbuch einzutragen. Eine Bezugnahme auf die Eintragungsbewilligung genügt nicht, § 12 WEG. Diese Veräußerungsbeschränkung steht der Anordnung der Zwangsversteigerung (bzw. dem Beitritt) nicht entgegen. Zu beachten ist die Veräußerungsbeschränkung **erst** bei der Entscheidung zum Zuschlag. Bei Erteilung des Zuschlags muss die Zustimmung der Wohnungseigentümergemeinschaft oder des Verwalters vorliegen. Die Wohnungseigentümergemeinschaft ist Beteiligte gem. § 9 ZVG. Sie kann sich durch einen Verwalter vertreten lassen. Der Verwalter ist befugt, Ansprüche gerichtlich und außergerichtlich geltend zu machen, sofern er hierzu durch Vereinbarung oder Beschluss mit Stimmenmehrheit der Wohnungseigentümer gemäß § 27 Abs. 2 Nr. 5 WEG ermächtigt ist. Auch für die Entgegennahme der Zustellungen (§ 27 Abs. 2 Nr. 1 WEG) muss die Vertretungsberechtigung des Verwalters durch einen aktuellen Beschluss der Hauseigentümergemeinschaft nachgewiesen werden, da die Bestellung des Verwalters auf fünf Jahre gem. § 26 Abs. 1 WEG begrenzt ist. Eine Wiederwahl des Hausverwalters ist jedoch zulässig, § 12 WEG. Die Wohnungseigentümergemeinschaft hat mit Änderung des WEG und anderer Gesetze vom 30.3.2007 – BGBl. I S. 370ff. das Recht, die rückständigen und die laufenden Hausgelder im letzten Jahr der Beschlagnahme und der letzten zwei Jahre in der Rangklasse 2 des § 10 Abs. 1 Nr. 2 ZVG anzumelden oder nach § 10 Abs. 3 ZVG zu betreiben (dazu s. auch § 16 Rn. 21). Dabei ist jedoch zu beachten, dass dieses Vorrecht nur für die Verfahren gilt, die nach dem 1. Juli 2007 anhängig geworden sind. Nach einer Entscheidung des BGH[135] ist der Zeitpunkt des Anordnungsbeschlusses und nicht eines vom Gläubiger nach dem 1.7.2007 beantragten Beitritts ausschlaggebend. **53**

Streitig ist, ob die Vollstreckungsklausel umgeschrieben werden muss, wenn in einer vollstreckbaren Urkunde als Haftungsgegenstand ein Grundstück genannt ist und daraus Wohnungseigentum gem. §§ 3, 8 WEG gebildet wurde. Nach Ansicht[136] ist die Umschreibung nicht erforderlich, jedoch wird nach der Auffassung des *LG Weiden* die Identität des Belastungsgegenstandes bemängelt.[137] **54**

---

131 *Stöber*, ZVG, § 15 Rn. 11.2 b).
132 *Stöber*, ZVG, § 15 Rn. 11.2 b), *Hagemann*, in: *Steiner*, §§ 15, 16 Rn. 182 a.A. *Böttcher*, ZVG, §§ 15, 16 Rn. 80, OLG Hamm, Beschl. vom 27.5.1986 – 15 W 128/86, Rpfleger 1987, 297 mit Anmerkung *Knees*.
133 *Böttcher*, ZVG, §§ 15, 16 Rn. 80 und auch *Stöber*, § 15 Rn. 11.2 b).
134 *Stöber*, § 15 Rn. 11.3 b); *Böttcher*, ZVG, §§ 15, 16 Rn. 80.
135 BGH, Beschl. vom 21. 2. 2008 – V ZB 123/07, NJW 2008, 1383 = Rpfleger 2008, 321.
136 LG Berlin, Beschl. vom 16.5.1984 – 84 AR 23/84, Rpfleger 1985, 159–160.
137 LG Weiden, Beschl. vom 9.2.1984 – 3 T 79/84, Rpfleger 1984, 280.

3. Erbbaurecht

55 Das Erbbaurecht ist im Erbbaurechtsgesetz (ErbbauRG)[138] geregelt. Es handelt sich um ein grundstücksgleiches Recht und unterliegt somit der Immobiliarvollstreckung,[139] § 870 ZPO. Als Inhalt des Erbbaurechts kann vereinbart werden, dass die Veräußerung des Erbbaurectes (§ 5 Abs. 1 ErbbauRG) und/oder die Belastung mit einer Grund- oder Rentenschuld, Hypothek oder Reallast (§ 5 Abs. 2 ErbbauRG) des Grundbuchs der Zustimmung des Grundstückseigentümers bedarf. Diese Beschränkung muss gemäß § 56 GBV in das Grundbuch eingetragen werden.[140] Außerdem gilt sie auch für die Zwangsvollstreckung und den Insolvenzverwalter, § 8 ErbbauRG. Die Anordnung der Zwangsversteigerung/Zwangsverwaltung ist keine Belastung[141] und auch keine Veräßerung. Erst für die Zuschlagsentscheidung muss die Zustimmung des Grundtückseigentümers vorliegen. Verweigert der Grundstückseigentümer die Zustimmung, kann diese gemäß § 7 Abs. 3 ErbbauRG auf Antrag des Schuldners, des Insolvenzverwalters oder auch des beitreibenden Gläubigers ersetzt werden.[142] Allerdings soll der Anordnungsbeschluss für die Zwangsversteigerung des Erbbaurechts an den Grundstückseigentümer zugestellt werden,[143] da der Grundstückseigentümer Beteiligter gem. § 9 ZVG ist. Ist das Erbbaurecht nichtig, ist die Anordnung abzulehnen. Gründe für die Nichtigkeit wären: Das Erbbaurecht ist nicht an erster Rangstelle oder unter einer auflösenden Bedingung bestellt.[144]

4. Insolvenz

56 a) **Zwangsversteigerung nach Eröffnung des Insolvenzverfahrens.** Ist das Insolvenzverfahren gegen den Schuldner eröffnet, ist eine Einzelzwangsvollstreckungsmaßnahme grundsätzlich nicht mehr möglich (§ 89 InsO). Nur der absonderungsberechtigte Gläubiger (§ 49 InsO) hat die Möglichkeit noch die Zwangsversteigerung oder die Zwangsverwaltung nach Insolvenzeröffnung zu betreiben. Ist zum Zeitpunkt der Antragstellung auf Zwangsversteigerung das Insolvenzverfahren bereits eröffnet, muss die Klausel des dinglichen Titels auf den Insolvenzverwalter umgeschrieben und die Zustellung an den Insolvenzverwalter erfolgt sein § 750 Abs. 2 ZPO, um dem Antrag stattgeben zu können. Die Klausel des Titels darf nur wegen des dinglichen Anspruchs umgeschrieben werden, da eine Umschreibung der Klausel wegen des persönlichen Anspruchs zu keiner zulässigen Vollstreckung führen würde. Es mangelt am Rechtschutzinteresse.[145]

57 b) **Vollstreckungsantrag vor Eröffnung des Insolvenzverfahrens.** Wurde die Zwangsversteigerung bereits angeordnet bzw. der Beitritt zugelassen (§ 27 ZVG und ist die Beschlagnahme des Grundstücks (§ 20 ZVG) erfolgt, bevor das Insolvenzverfahren eröffnet wurde, ist eine Umschreibung der Klausel nicht von Nöten.[146] Das Zwangsversteigerungsverfahren läuft weiter. Eine Unterbrechung (§ 240 ZPO) erfolgt nicht. Zu prüfen ist vom Vollstreckungs-

---

[138] Die Erbbaurechtsverordnung ist mit Wirkung vom 30.11.2007 in Erbbaurechtsgesetz umbenannt worden.
[139] *Palandt/Bassenge*, BGB, § 11 ErbbauRG Rn. 9.
[140] *Schöner/Stöber*, Grundbuchrecht Rn. 1781, *Stöber*, ZVG § 15 Rn. 13.5a).
[141] Sollte vereinbart worden sein, dass nur die Belastung der Zustimmung bedarf, wird die Ansicht vertreten, dass die Anordnung auf Antrag eines persönlichen Gläubigers zustimmungsbedürftig ist. *Steiner/Hagemann* ZVG Rn. 68, *Reinke*, Rpfleger 1990, 498 (III 6). Diese Ansicht ist jedoch abzulehnen. S. auch *Stöber*, ZVG § 15, Rn. 13.5c).
[142] *Stöber*, ZVG § 15 Rn. 13.12.
[143] *Stöber*, ZVG § 15 Rn. 47.3.
[144] *Stöber*, Grundbuchrecht, Rn. 1740, 1741, *Stöber*, ZVG § 15 Rn. 13.14.
[145] *Ganter*, in: *Münch-Komm*-InsO, § 49 Rn. 89a; zur Konkursordnung noch a. A.
[146] *Ganter*, in: *Münch-Komm*-InsO, § 49 Rn. 87; BGH, **Beschl. vom 14.4.2005 – V ZB 25/05, Rpfleger 2006, 423** = WM 2005, 1324 mit Anmerk, *Ganter*.

gericht jedoch, ob die Zwangsversteigerung von einem persönlichen Gläubiger oder von einem dinglichen Gläubiger betrieben wird. Bei Betreiben der Zwangsversteigerung aus einem persönlichen Recht (§ 10 Abs. 1 Nr. 5 ZVG) ist die Rückschlagsperre gemäß § 88 bzw. § 312 InsO zu beachten. Hat der Gläubiger im letzten Monat vor dem Eröffnungsantrag (§ 88 InsO) des Insolvenzverfahrens – bzw. 3 Monate vorher in der Verbraucherinsolvenz (§ 312 InsO) – eine Sicherung an dem Grundstück erlangt, das zur Insolvenzmasse gehört, wird diese mit Eröffnung unwirksam. Ist die Anordnung oder der Beitritt eines persönlichen Gläubigers und die Beschlagnahme in dieser Zeit erfolgt (Fristberechnung § 139 InsO), so muss die Zwangsversteigerung hinsichtlich der persönlichen Forderung aufgehoben werden. Wurde die Beschlagnahme aufgrund der persönlichen Forderung **vor** Eintritt der Rückschlagsperre wirksam, läuft das Verfahren weiter. Ab der Eröffnung des Insolvenzverfahrens tritt der Insolvenzverwalter für den Schuldner in das Zwangsversteigerungs- bzw. Zwangsverwaltungsverfahren ein. Die Zustellungen, die bereits vorher wirksam an den Schuldner erfolgt sind, (z. B. Zustellung Anordnungs- oder Beitrittsbeschluss, Wertfestsetzung etc.) müssen nicht noch einmal an den Insolvenzverwalter erfolgen.[147]

c) **Starker vorläufiger Insolvenzverwalter.** Das Insolvenzgericht kann zum Schutz der Gläubiger bis zur Entscheidung über den Insolvenzantrag Maßnahmen nach § 21 InsO anordnen. Unter anderem dem Schuldner ein allgemeines Verfügungsverbot auferlegen und zugleich anordnen, dass Verfügungen des Schuldners nur mit Zustimmung des vorläufigen Insolvenzverwalters zulässig sind, § 21 Abs. 2 Nr. 2 InsO. Nach *Hintzen*[148] ist der Titel gegen den vorläufigen verwaltungs- und verfügungsberechtigten, den sogenannten starken Verwalter im Eröffnungsverfahren umzuschreiben, um dem Antrag auf Zwangsversteigerung oder Zwangsverwaltung stattgeben zu können. *Stöber* verweist auf § 24 Abs. 1 in Verbindung mit §§ 81, 82 InsO.[149] Eine Umschreibung in diesem Verfahrensstadium hat nicht zu erfolgen, auch wenn die Verwaltungs- und Verfügungsbefugnis auf den vorläufigen Insolvenzverwalter übergegangen ist. Dies gilt jedoch nur für rechtsgeschäftliche Verfügungen und Leistungen an den Schuldner. Maßnahmen in der Immobiliarvollstreckung gehören nicht dazu. Die Zustellung der Anordnung/des Beitritts hat daher an den Eigentümer zu erfolgen.[150]

58

Der Insolvenzverwalter ist Beteiligter gem. § 9 ZVG. Im Eröffnungsverfahren ist der vorläufige „starke" Insolvenzverwalter neben dem Schuldner Beteiligter (vgl. auch *Rachlitz* Vor § 9 Rn. 16).

59

d) **Freigabe des Grundstücks.** Der Insolvenzverwalter kann das Grundstück aus der Insolvenzmasse freigeben, in dem er die Freigabe gegenüber dem Schuldner erklärt. Diese Erklärung ist empfangsbedürftig und unwiderruflich mit Zugang an den Schuldner.[151] Nach der Freigabe des Grundstücks bedarf es keiner erneuten Umschreibung des Titels auf den Schuldner und Zustellung an ihn.[152] Wurde das Grunstück vor Anordnung/Beitritt bereits aus der Insolvenzmasse freigegeben, muss der Titel wieder gegen den Schuldner lauten und

60

---

147 *Stöber*, Handbuch zum ZVG, Rn. 140d.
148 *Hintzen*, in: *Dassler/Schiffhauer/u.a.*, ZVG, Vor § 15 Rn. 41; LG Cottbus, Beschl. vom 28.1.2000 – 7 T 549/99, Rpfleger 2000, 294, so auch *Ganter*, in: *Münch-Komm*-InsO, Vor § 49 Rn. 165a.
149 *Stöber*, ZVG, § 15 Rn. 23 b); LG Halle, Beschl. vom 20.9.2001 – 2 T 151/01, Rpfleger 2002, 89 mit ablehnender Anmerkung *Alff*.
150 *Stöber*, ZVG, § 15 Rn. 23.16.
151 *Stöber*, ZVG, § 15 Rn. 23.15.
152 *Ganter*, in: *Münch-Komm*-InsO, § 49 Rn. 89 b.

vom Insolvenzverwalter auf den Schuldner umgeschrieben und zugestellt werden.[153]

61 Findet ein Wechsel in der Person des Insolvenzverwalters während des Insolvenzverfahrens statt, bedarf es ebenfalls keiner Umschreibung der Vollstreckungsklausel. Eine Umschreibung dient allerdings der Klarstellung.[154]

5. Flurbereinigung

62 Die Einleitung eines Flurbereinigungsverfahrens (§ 1 FlurbG) steht der Anordnung der Zwangsversteigerung nicht im Weg.[155] Das Flurbereinigungsverfahren bewirkt keine Grundbuchsperre.[156] Der Anordnungsbeschluss bezeichnet das bisherige Grundstück (Einlagegrundstück), wenn der neue Rechtszustand durch die Ausführungsanordnung noch nicht eingetragen ist.[157] Der Erwerber muss das Verfahren gegen sich gelten lassen, § 15 FlurbG. Die Versteigerung des Einlagegrundstücks erfolgt mit der Maßgabe, dass ein Ersteher in das Flurbereinigungsverfahren eintritt und nur das Ersatzgrundstück erwerben kann. Zur Anordnung eines Verfügungsverbotes gemäß § 52 FlurbG (siehe § 28 Rn. 13).

6. Umlegungsverfahren

63 Auch im Umlegungsverfahren nach den §§ 49 – 84 Baugesetzbuch hindert eine Verfügungssperre die Anordnung der Zwangsversteigerung nicht. Der Ersteher tritt in das Umlegungsverfahren in dem Zustand ein, in dem es sich im Zeitpunkt des Übergangs des Rechts befindet gemäß § 49 BauGB. Es muss keine Genehmigung für die Durchführung des Verfahrens eingeholt werden.[158]

VI. Eheliches Güterrecht

1. Zugewinngemeinschaft

64 Ehegatten leben im Güterstand der Zugewinngemeinschaft (gesetzlicher Güterstand), wenn sie nicht durch Ehevertrag etwas anderes vereinbart haben, § 1363 Abs. 1 BGB. Das Vermögen des Mannes und das Vermögen der Ehefrau werden nicht gemeinschaftliches Vermögen, § 1363 Abs. 2 BGB. Jeder verwaltet sein Vermögen selbst. Nur mit Einwilligung des Ehegatten kann sich der andere Ehegatte verpflichten über sein Vermögen im Ganzen zu verfügen, gem. § 1365 Abs. 1 BGB. Da die Zwangsvollstreckung keine rechtsgeschäftliche Verfügung ist, ist die Einwilligung des Ehegatten nicht erforderlich.[159] Für die Anordnung der Teilungsversteigerung ist der § 1365 BGB allerdings zu beachten (Weiteres § 180 Rn. 4 ZVG). Der Vollstreckungstitel muss den Ehegatten als Schuldner ausweisen, der auch als Eigentümer im Grundbuch eingetragen ist. Ein Duldungstitel gegen den anderen Ehegatten ist nicht erforderlich.[160]

---

153 *Stöber*, ZVG, § 15 Rn. 23.15.
154 *Ganter*, in: *Münch-Komm*-InsO, § Vor 49–52 Rn. 165.
155 OLG Hamm, Beschl. vom 28.1.1987 – 15 W 426/86, Rpfleger 1987, 258; OLG Koblenz, 1967, 417.
156 *Hintzen*, in: *Dassler/Schiffhauer/u. a.*, ZVG, § Vor 15 Rn. 75; *Stöber*, ZVG, § 15, Rn. 17.3.
157 *Stöber*, ZVG, § 15 Rn. 17.6.
158 *Stöber*, ZVG, § 15 Rn. 6.4.
159 *Brudermüller*, in: *Palandt*, BGB, § 1365 Rn. 8; OLG Köln, Beschl. vom 24.11.1988 – 15 W 115/88, NJW-RR 89, 325.
160 *Hintzen* in *Dassler/Schiffhauer/u. a.*, ZVG, Vor § 15 Rn. 93; *Stöber*, ZVG, § 15 Rn. 10.1.

2. Gütertrennung

Bei Vereinbarung der Gütertrennung verwaltet jeder Ehegatte sein Vermögen allein.[161] Zur Vollstreckung ist ein Titel gegen den Ehegatten erforderlich, der als Grundstückseigentümer eingetragen ist.[162] **65**

3. Gütergemeinschaft

Das Vermögen des Ehemannes und das Vermögen der Frau werden durch die Vereinbarung der Gütergemeinschaft im Ehevertrag gemeinschaftliches Vermögen beider Ehegatten, § 1416 BGB. Dieses Vermögen wird als Gesamtgut bezeichnet, § 1416 Abs. 1 BGB. Im Ehevertrag sollen die Ehegatten des Weiteren vereinbaren, ob die Ehefrau oder der Ehemann oder beide gemeinschaftlich das Gesamtgut verwalten. Wird keine Bestimmung getroffen, so verwalten die Ehegatten das Gesamtgut gemeinschaftlich, § 1421 BGB. Wurde ein Ehegatte zur Verwaltung des Vermögens bestimmt, genügt ein Titel gegen den verwaltenden Ehegatten, § 740 Abs. 1 ZPO. Verwalten beide Ehegatten das Vermögen gemeinsam, muss der Titel auch gegen beide Ehegatten lauten, § 740 Abs. 2 ZPO. **66**

Betreibt ein Ehegatte, der das Gesamtgut nicht oder nicht allein verwaltet, selbständig ein Erwerbsgeschäft, so ist zur Zwangsvollstreckung in das Gesamtgut ein gegen ihn ergangenes Urteil genügend. Es sei denn, dass zur Zeit des Eintritts der Rechtshängigkeit der Einspruch des anderen Ehegatten gegen den Betrieb des Erwerbsgeschäfts oder der Widerruf seiner Einwilligung zu dem Betrieb im Güterrechtsregister eingetragen war, § 741 ZPO, § 1431, § 1456 BGB. Haben die Ehegatten die allgemeine Gütergemeinschaft vor dem 1. April 1953 vereinbart, so wird das Gesamtgut weiterhin vom Mann verwaltet, Art 8 I Nr. 6 Gleichberechtigungsgesetz. **67**

Soll die Zwangsvollstreckung in das Vorbehaltsgut (§ 1418 BGB) erfolgen, genügt ein Titel gegen den Ehegatten der Eigentümer des Vorbehaltsgutes ist gem. § 739 ZPO.[163] Das Vorbehaltsgut wird durch jeden Ehegatten selbständig verwaltet, § 1418 Abs. 3 BGB. **68**

4. Lebenspartnerschaft

Für die eingetragene Lebenspartnerschaft (§ 1 LPartG) gilt wie für Ehegatten, dass sie im Güterstand der Zugewinngemeinschaft leben, (§ 6 LPartG), wenn sie nicht durch Vertrag (§ 7 LPartG) etwas anderes vereinbaren. Die § 1363 Abs. 2 und die §§ 1364 bis 1390 BGB sind entsprechend anzuwenden. In § 7 LPartG – Lebenspartnerschaftsvertrag – wird auf die §§ 1409 bis 1563 BGB verwiesen. Daher sind die vorherigen Randnummern 65–68 zu beachten. Die Güterstände der eingetragenen Lebenspartnerschaft wurden durch das Überarbeitungsgesetz vom 15.12.2004 mit Wirkung vom 1.1.2005 dem ehelichen Güterrecht angeglichen.[164] Daher wurde in der Übergangsregelung § 21 Abs. 1 LPartG festgelegt, dass die Lebenspartner, die bis zum 1.1.2005 im Vermögensstand der Ausgleichsgemeinschaft gelebt haben, der Güterstand der Zugewinngemeinschaft gilt, wenn keine anderen Vereinbarungen getroffen wurden. Der bisherige Güterstand der Vermögenstrennung wurde in den Güterstand der Gütertrennung ohne zusätzliche Regelung umgewandelt.[165] Den Lebenspartnern, die bis zum 1.1.2005 in dem Vermögensstand der Ausgleichsgemeinschaft gelebt haben, wurde bis zum 31.12.2005 ermöglicht, durch notarielle **69**

---

161 *Brudermüller*, in: *Palandt*, BGB, Grundzüge § 1414 Rn. 1.
162 *Hintzen* in *Dassler/Schiffhauer/u.a.*, ZVG, Vor § 15 Rn. 94; *Stöber*, ZVG, § 15 Rn. 10.3.
163 *Brudermüller*, in: *Palandt*, BGB, § 1418 Rn. 1.
164 *Brudermüller*, in: *Palandt*, BGB, Einl. Zum LPartG Rn. 2b.
165 *Everts*, FamRZ 05, 1888.

Erklärung gegenüber dem Amtsgericht Gütertrennung zu vereinbaren, § 21 Abs. 2 – 4 LPartG.

5. Güterstand der Eigentums- und Vermögensgemeinschaft des FGB-DDR

70 Nach Art. 234 § 4 Abs. 2 EGBGB konnten die Ehegatten bis zum Ablauf von zwei Jahren nach Wirksamwerden des Beitritts dem Kreisgericht gegenüber erklären, dass für die Ehe der bisherige gesetzliche Güterstand der Eigentums- und Vermögensgemeinschaft des Familiengesetzbuchs der Deutschen Demokratischen Republik fortbestehen soll. Ist eine solche Erklärung nicht abgegeben worden, so gelten von dem Tag des Wirksamwerdens des Beitritts die Vorschriften über den gesetzlichen Güterstand der Zugewinngemeinschaft (Art. 234 § 4 Abs. 1 EGBGB). Dieser Regelung bedurfte es, da die Güterstände in der Bundesrepublik und der DDR unterschiedlich geregelt waren.[166] Leben die Ehegatten weiterhin im Güterstand der Eigentums- und Vermögensgemeinschaft sind für die Zwangsvollstreckung die §§ 740 bis 744, 774 und 860 ZPO entsprechend anzuwenden. Es ist ein Urteil gegen beide Ehegatten notwendig, § 740 Abs. 2 i. Verb. mit § 744a ZPO.

VII. Tod des Schuldners

71 Das Zwangsversteigerungs- bzw. das Zwangsverwaltungsverfahren beginnt mit dem Anordnungsbeschluss. Angeordnet ist es mit der vollzogenen Unterschrift des Rechtspflegers unter dem Beschluss.[167] (Andere Ansicht[168]). Verstirbt der Schuldner vor Anordnung, so muss entweder der Antrag zurückgewiesen oder falls die Anordnung bereits erfolgt ist, das Verfahren aufgehoben werden. Statt der sofortigen Zurückweisung kann auch der Hinweis/Bitte an den Gläubiger erfolgen, den Zwangsversteigerungs- bzw. Zwangsverwaltungsantrags zurückzunehmen. Erhält das Vollstreckungsgericht die Zustellung des Anordnungsbeschlusses mit dem Unzustellbarkeitsvermerk: „Empfänger verstorben" zurück, muss daher geprüft werden, ob der Schuldner vor oder nach der Anordnung des Verfahrens verstorben ist.[169] Das Vollstreckungsgericht bittet das zuständige Standesamt im Wege der Amtshilfe um Übersendung einer Sterbeurkunde, um den Todeszeitpunkt des Schuldners mit dem Zeitpunkt der Anordnung abzugleichen.

72 Ist die Erbschaft noch nicht angenommen, § 1943 BGB, darf die Zwangsvollstreckung nur in den Nachlass und nur wegen einer Nachlassverbindlichkeit vollstreckt werden. Die vom Erben begründeten Verbindlichkeiten dürfen nur gegen den Erben selbst, jedoch nicht gegen den Nachlass vollstreckt werden, § 778 ZPO. Ein Nachlasspfleger ist auf Antrag des Gläubigers zu bestellen.[170] Der Nachlasspfleger ist der gesetzliche Vertreter der unbekannten Erben.[171] Die vollstreckbare Ausfertigung muss daher gegen den Nachlasspfleger als Vertreter der unbekannten Erben umgeschrieben (§ 727 ZPO) und zugestellt werden gem. § 750 Abs. 2 ZPO.

73 Hat die Zwangsvollstreckung zum Zeitpunkt des Todes des Schuldners bereits gegen ihn begonnen, so wird sie gegen den Nachlass fortgesetzt, § 779 Abs. 1 ZPO. Das Verfahren wird ohne Klauselumschreibung (§ 727 ZPO) und erneute Titelzustellung (§ 750 ZPO) in den Nachlass fortgesetzt.

---

166 *Brudermüller*, in: *Palandt*, BGB, Art. 234 § 4 Rn. 1.
167 *Stöber*, ZVG, Einleitung Rn. 20; s. auch *Stöber*, in: *Zöller*, ZPO, Vor § 704 Rn. 33; *Böttcher*, ZVG, § 15, 16 Rn. 69.
168 *Hagemann*, in: *Steiner*, ZVG, § 8 Rn. 9.
169 *Drischler*, JVBl. 1962, 83.
170 *Stöber*, in: *Zöller*, ZPO, § 778 Rn. 6.
171 *Edenhofer*, in: *Palandt*, BGB, § 1960 Rn. 11.

Nach Annahme der Erbschaft muss die vollstreckbare Ausfertigung des Schuldtitels gegen den Erben lauten und zugestellt sein, um die Zwangsvollstreckung in den Nachlass und das eigene Vermögen des Erben beginnen zu können (§ 727, § 750 Abs. 2 ZPO). Dazu s. Rn.35 ff. (Rechtsnachfolge).

VIII. Beispiele mit Erläuterungen:

1. **Prüfungsliste für Vollstreckungsgericht**

Gemäß § 3 Nr. 1 i) RpflG ist der Rechtspfleger für das Zwangsversteigerungsverfahren zuständig. Die Voraussetzungen für die Anordnung müssen vorliegen. Dazu wird empfohlen. Folgendes zu prüfen:
a) Ist die Zuständigkeit des Vollstreckungsgericht gem. § 1 ZVG gegeben?
b) Parteifähigkeit des Schuldners wie Gläubigers § 50 ZPO.
c) Prozessfähigkeit des Schuldners wie Gläubigers § 51 ZPO.
d) Ist der Schuldner im Grundbuch als Eigentümer (bzw. Erbe) eingetragen (§ 17 ZVG).
e) Inhalt des Antrags § 16 ZVG.
f) Nachweise beigefügt:
 a. Vollstreckungstitel,
 b. Vollstreckungsklausel, (falls benötigt?)
 c. Zustellung des Titels mit Nachweisen,
 d. Wartefrist gem. § 798 ZPO zu beachten und abgelaufen?
g) Stehen Rechte der Anordnung gem. § 28 ZVG entgegen?

2. **Beispiel für den Anordnungsbeschluss:**

In der Zwangsvollstreckungssache

(Bezeichnung des Gläubigers mit Name bzw. Firma und Anschrift, evtl. Vertr.)

gegen

(Bezeichnung des Schuldners mit Name und Anschrift, evtl. Vertr.)

Der Schuldner ist Eigentümer des im Grundbuch von ____ Blatt ____ auf seinen Namen eingetragenen Grundstücks lfd. Nr. __ des Bestandsverzeichnisses:

Gemarkung, Flur, Flurstück, Wirtschaftsart und Lage, mit einer Größe von m² (Angaben aus dem Grundbuch).

Aufgrund der (Bezeichnung des Titels, z.B.: vollstreckbaren Urkunde des Notars) vom ____ – Urk.-Nr. ____ steht der Gläubigerin gegen den Schuldner ein dinglicher Anspruch aus dem im vorgenannten Grundbuch in Abteilung III unter Nr. __ eingetragenen Recht zu, und zwar

10.000 € Grundschuldkapital nebst 15 % Zinsen seit dem ____ (Bezeichnung der Forderung einschließlich evtl. Nebenleistung)

sowie die Kosten der gegenwärtigen Rechtsverfolgung.

Auf Antrag der Gläubigerin/des Gläubigers wird die

Zwangsversteigerung

des genannten Grundbesitzes

angeordnet.

Dieser Beschluss gilt zugunsten des Gläubigers/der Gläubigerin als Beschlagnahme des Grundstücks.

Datum/Unterschrift des Rechtspflegers

Nach erfolgtem Anordnungsbeschluss ist vom Rechtspfleger noch die weitere Verfügung zu treffen.

77 3. **Beispiel: Verfügung**

Verfügung

1. Beschlussausfertigung zustellen[172] an
Schuldner/Vertreter unter Beifügung
 aa) der Rechtsbelehrung (§ 30 a ZVG)
 bb) einer Abschrift des Versteigerungsantrags Blatt ___
2. Beschlussausfertigung übersenden an Gläubiger/Vertreter
3. Beschlussausfertigung an Schuldner mit persönlichem Zusatz[173]:
Die Zustellung erfolgt an Ihren prozessbevollmächtigten Rechtsanwalt _____. Die Frist für den Einstellungsantrag beginnt mit der Zustellung an Ihren Bevollmächtigten.
4. Anl. Eintragungsersuchen an das Grundbuchamt ___ absenden.[174]
5. [Anfrage an das Finanzamt _____ nach dem Einheitswert.][175]
6. Schuldtitel und weitere Vollstreckungsunterlagen in einer besonderen Hülle zu den Akten nehmen und im Aktendeckel verwahren.
7. Kosten
8. 2 Wochen nach Zustellung (Zustellungsurkunde prüfen, § 30a-Antrag, Kosten)

Datum, Unterschrift des/der Rechtspflegers/in

4. **Erläuterungen zum Beispiel:**

78 Zustellung des Anordnungsbeschlusses erfolgt von Amts wegen an Schuldner bzw. seinen Prozessbevollmächtigten. §§ 3, 8 ZVG. Die Verfügung gibt zwei Möglichkeiten zur Auswahl: Entweder wird an den Schuldner selbst zugestellt oder an den Prozessbevollmächtigten des Schuldners. Wird der Schuldner durch einen Prozessbevollmächtigten vertreten, erfolgt nur die formlose Übersendung des Anordnungsbeschlusses an den Schuldner. Der Zusatz Ziffer 3 der Verfügung soll nur klarstellend wirken. Ein Zustellungsverzicht des Schuldners ist nicht möglich.[176] Kann keine Zustellung an den Schuldner erfolgen, ist dringend § 8 ZVG zu beachten, da Zustellungserleichterungen für den Anordnungs- bzw. Beitrittsbeschluss nicht gelten.

79 Keine Zustellung des Anordnungsbeschlusses an den Gläubiger, wenn dem Antrag voll entsprochen wird, nur bei teilweiser Zurückweisung erfolgt die Zustellung wegen der Beschwerdemöglichkeit.

80 Bei **Erbbaurechten** ist der Wortlaut im Anordnungsbeschluss anzupassen: ... Der Schuldner ist Eigentümer des im Erbbaugrundbuch von _____ Blatt _____ auf seinen Namen eingetragenen Erbbaurechts lfde. Nr. 1 des Bestandsverzeichnis, Erbbaurecht eingetragen an dem Grundstück Blatt ___ Bestandsverzeichnis Nr. ___ Gemarkung _____, Flur ___, Flurstück _____, Wirtschaftsart und Lage, mit einer Größe von _____ m^2) in Abteilung II Nr. 1 für die Dauer von _____ Jahren seit _____. Aufgrund d. vollstreckbaren Urkunde des Notars _____ in Hannover vom _____ – Urk.Nr. _____ steht d. Gläubigerin ein dinglicher/persönlicher Anspruch zu (aus dem im Grundbuch in Abt. III/Nr. ___) eingetragenen Recht zu und zwar (Bezeichnung der genauen Forderung, einschließlich Nebenleistung und Zinsen). Der Beschluss

---

172 S. Erläuterungen in den Anmerkungen zum Beispiel Rn. 78.
173 Nur wenn Zustellung an den Prozessbevollmächtigten erfolgen soll.
174 S. § 19 ZVG.
175 S. auch § 16 Rn. 21.
176 *Böttcher*, ZVG, §§ 15, 16 ZVG Rn. 125.

gilt zugunsten der Gläubigerin/des Gläubigers als Beschlagnahme des Erbbaurechts. Die Bezeichnung ist dem Erbbaugrundbuch zu entnehmen. Die Zustellung an den Grundstückseigentümer ist dringend wegen einer evtl. eingetragenen Veräußerungsbeschränkung zu beachten. S. Rn. 55.

81 Die Belehrung gemäß § 30 a ZVG ist dem Anordnungsbeschluss und jedem Beitrittsbeschluss **immer** beizufügen (Belehrung für Anordnung und **jeden** Beitritt gesondert). Die Notfrist von 2 Wochen wird gemäß § 30 b ZVG erst in Gang gesetzt ab **Zustellung** der Belehrung. Daher muss das Vollstreckungsgericht die wirksame Zustellung überprüfen und die Frist berechnen.

82 Der Anordnungsbeschluss erfolgt, um das Grundstück für den Gläubiger zu beschlagnahmen.

83 Im Gegensatz zum Antrag muss die Bezeichnung des Grundstücks im Anordnungs- oder Beitrittsbeschluss genaue Angaben enthalten. Daher ist es ratsam, die genaue Bezeichnung dem Grundbuch zu entnehmen. Im oben angegebenen Beispiel wird von der Zwangsversteigerung eines Grundstücks ausgegangen. Bei Versteigerung eines Wohnungseigentums, Erbbaurecht oder Schiffen, Schiffsbauwerk oder Luftfahrzeugen muss der Wortlaut entsprechend angepasst werden.[177]

84 Soll die Versteigerung des **Wohnungs- oder Teileigentums** angeordnet werden, muss das Wohnungs- bzw. Teileigentum genau bezeichnet sein. Die Wohnung oder das Teileigentum (Räume, die nicht zu Wohnzwecken dienen) zählen zum Sondereigentum und sind verbunden mit einem **Miteigentumsanteil** an dem Grundstück. Daher wird die Zwangsversteigerung bzw. Zwangsverwaltung über den (Höhe des) Miteigentumsanteil(s) an dem Grundstück (Bezeichnung des Grundstücks, Gemarkung, Flur, Flurstücksnummer, Wirtschaftsart und Lage, zur Größe von ... m³) verbunden mit dem Sondereigentum an der Wohnung (Bezeichnung der Wohnung oder Teileigentum, z. B. Garage o. Ä.) nach dem Aufteilungsplan angeordnet. Die genaue Bezeichnung ist dem Bestandsverzeichnis im Wohnungsgrundbuch zu entnehmen.

85 Der Anordnungsbeschluss muss den Anspruch des Gläubigers nach der Höhe und nach der Rechtsnatur ob dinglich und/oder persönlich oder öffentlich-rechtlich enthalten.

86 Im Anordnungsbeschluss über die **Zwangsverwaltung** muss der einzusetzende Zwangsverwalter benannt sein (Weiteres s. *Bäuerle* § 146 Rn. 23 ff.).

5. Kosten der dinglichen Rechtsverfolgung:

87 Eine gesonderte Aufführung der Kosten des Verfahrens muss nicht erfolgen, da die Kosten der Rechtsverfolgung immer an der Stelle des Rechts befriedigt werden,[178] § 10 Abs. 2 ZVG. Hinweis wird jedoch für zweckmäßig gehalten.

IX. Aufklärungsverfügung, § 139 ZPO

88 Der Antrag auf Zwangsversteigerung soll zügig bearbeitet werden. Dies ergibt sich aus dem Grundsatz der Rechtsstaatlichkeit. Stellt der Rechtspfleger Mängel im Antrag fest, muss eine Aufklärungsverfügung im Sinne des § 139 ZPO getroffen werden, und dem Antragsteller bzw. dessen Prozessbevollmächtigten die Mängel und die Möglichkeiten zur Behebung schriftlich mitgeteilt werden. Eine Zustellung der Aufklärungsverfügung wird erst für notwendig erachtet[179], falls der Gläubiger die Einwendungen des Rechtspflegers nicht teilt.

---

[177] *Stöber*, ZVG, § 15 Rn. 4.2c).
[178] *Stöber*, ZVG, § 15 Rn. 4.6.
[179] Nach Ansicht *Böttchers* – sofortige Zustellung, *Böttcher*, §§ 15, 16 Rn. 105.

Sodann wird ihm letztmalig Gelegenheit gegeben, die Mängel zu beheben. Dieses erfolgt unter Fristsetzung und Androhung der Zurückweisung des Antrags und wird zugestellt. Der Schuldner erhält keine Kenntnis von der Verfügung, um ihn vor der Vollstreckung nicht zu warnen.[180] Gegen die Ablehnung des Versteigerungsantrags steht dem Gläubiger die sofortige Beschwerde zu.[181]

X. Rechtsmittel:

89 Der Schuldner hat die Möglichkeit, den Anordnungsbeschluss mit der Erinnerung gemäß § 766 ZPO anzufechten, da ihm regelmäßig vor der Anordnung kein rechtliches Gehör gewährt wurde. Gegen die Entscheidung der Erinnerung ist die sofortige Beschwerde gem. § 793 ZPO zulässig. Das heißt wiederum: Sollte der Schuldner vor Anordnung doch angehört worden sein, hat auch er nur die Möglichkeit der sofortigen Beschwerde gemäß § 793 ZPO. Dem Gläubiger steht das Rechtsmittel der sofortigen Beschwerde gegen die Ablehnung seines Zwangsversteigerungsantrags sowie gegen die Zwischenverfügung zur Beseitigung der Mängel zur Verfügung zu.

XI. Kosten im Zwangsversteigerungsverfahren

1. Gerichtskosten

90 Die Kosten des Gerichts für die Entscheidung über die Anordnung der Zwangsversteigerung, Wiederversteigerung, § 133 ZVG oder für den Beitritt betragen 50,00 € (Festgebühr) – KV 2210 GKG Zwangsversteigerung KV 2220 GKG Zwangsverwaltung. Der Antragsteller ist Kostenschuldner. Die Gebühr fällt für die Entscheidung an auch bei zurückweisendem Beschluss. Die Fälligkeit richtet sich nach § 7 Abs. 1 Satz 1 GKG.

91 Wird der Antrag von mehreren Gesamtgläubigern, Gesamthandsgläubigern oder im Fall der Zwangsversteigerung zum Zweck der Aufhebung der Gemeinschaft von mehreren Miteigentümern gemeinsam gestellt, gelten diese als ein Antragsteller. Betrifft ein Antrag mehrere Gegenstände, wird die Gebühr nur einmal erhoben, soweit durch einen einheitlichen Beschluss entschieden (Vorbemerkung zu GKG – KV 2210).

92 Zustellungskosten (KV 9002) fallen neben der Gebühr in voller Höhe an.

2. Kosten des Rechtsanwalts:

93 Für die Tätigkeit des Rechtsanwalts als Vertreter eines Beteiligten richten sich die Gebühren nach § 26 RVG.

Die Verfahrensgebühr VV 3311: 0,4 Gebühr.
Gebühr für die Vertretung des Beteiligten im Termin nach VV 3312: 0,4 Gebühr.

94 Der Gegenstandswert richtet sich, wenn der Rechtsanwalt den Gläubiger vertritt, nach dem Wert des dem Vertretenen zustehenden Anspruchs (Forderung des Gläubigers), der ist jedoch begrenzt durch den Verkehrswert bzw. Versteigerungserlös.

95 Vertritt der Rechtsanwalt den Schuldner, richtet sich der Gegenstandswert nach dem Verkehrswert bzw. Versteigerungserlös.

---

180 *Stöber*, ZVG, § 15 Rn. 3.6.
181 *Stöber*, ZVG, § 15 Rn. 5.2; a. Ansicht *Böttcher*, ZVG, §§ 15, 16 Rn. 106, Erinnerung § 766 ZPO.

§ 16 ZVG [Antrag]

(1) Der Antrag soll das Grundstück, den Eigentümer, den Anspruch und den vollstreckbaren Titel bezeichnen.

(2) Die für den Beginn der Zwangsvollstreckung erforderlichen Urkunden sind dem Antrag beizufügen.

Übersicht

	Rn.
I. Allgemeines	1
II. Form und Inhalt	2–10
1. Verwaltungszwangsverfahren	3, 4
2. Grundstück	5
3. Bezeichnung der Parteien	6, 7
a) Eigentümer	6
b) Gläubiger	7
4. Anspruch	8
5. Vollstreckungstitel	9, 10
III. Veränderungen im Bestand	11–16
1. Teilung	11
2. Vereinigung/Verschmelzung von Grundstücken	12–14
3. Zuschreibung	15, 16
a) Hauptgrundstück	15
b) Zugeschriebenes Grundstück	16
IV. Beizufügende Urkunden – Abs. 2	17–23
1. Vollstreckungsunterlagen	17, 18
2. Steuerbuch-/Liegenschaftskatasterauszug	19
3. Briefrechte	20
4. Wohnungseigentum/Einheitswertbescheid	21

I. Allgemeines

Der § 16 bestimmt den Inhalt des Antrags und die beizufügenden Unterlagen. **1** Das Vollstreckungsgericht ist an den Antrag des Gläubigers gebunden. Es kann dem Gläubiger nicht mehr zusprechen als vom Gläubiger verlangt wurde (§ 308 Abs. 1 ZPO). Der Antrag ist bedingungsfeindlich.[1]

II. Form und Inhalt des Antrags

Der Gläubiger, sein Bevollmächtigter oder sein gesetzlicher Vertreter kann den **2** Antrag auf Zwangsversteigerung schriftlich oder zu Niederschrift der Geschäftsstelle stellen. Der Antrag ist eigenhändig zu unterschreiben.[2] Faksimile genügt daher nicht.[3] Bei Zweifel des Vollstreckungsgerichts sollte beim Antragsteller nachgefragt werden. Bestätigung des Antragstellers wird für ausreichend gehalten. Nachholen der Unterschrift auf dem Antrag ist nicht not-

---

[1] BVerfG, Beschl. vom 17.10.1984 – 1 BvR 620/78, BVerfGE 68, 132 = NJW 1985, 846; *Stöber*, ZVG, § 15 Rn. 3.1.
[2] LG Berlin, Beschl. vom 15.7.1975 – 81 T 175/75, MDR 1976, 148 = Rpfleger 1975, 440; *Müller*, DGVZ 1993, 7.
[3] *Stöber*, ZVG Handbuch, Rn. 102; *Stöber*, ZVG, § 16 Rn. 2.1; *Hintzen/Wolf*, Handbuch Zwangsvollstreckung, Rn. 11.161; andere Ansicht *Dempewolf*, MDR 1977, 801.

wendig.⁴ Allerdings muss die Bestätigung vom Antragsteller unterzeichnet sein. Anwaltszwang besteht für das Verfahren nicht, § 78 Abs. 5 ZPO.

1. Verwaltungszwangsverfahren

3 Um ein Verwaltungszwangsverfahren handelt es sich, wenn der Bund, das Land, die Gemeinde oder sonstige Körperschaften des öffentlichen Rechts ihre Geldforderung vollstrecken wollen. Regelungen zur Verwaltungsvollstreckung befinden sich u. a. in der Abgabenordnung (AO) für alle Steuern einschließlich der Steuervergütungen, die durch Bundesrecht oder Recht der Europäischen Gemeinschaften geregelt sind, soweit sie durch Bundesfinanzbehörden oder durch Landesfinanzbehörden verwaltet werden § 1 AO, im Bundes-Verwaltungs-Vollstreckungsgesetz vom 27. April 1953 (BGBl. I 157) mit Änderungen und in den einzelnen Verwaltungsvollstreckungsgesetzen der Länder.⁵

Der Antrag einer Behörde auf Zwangsversteigerung/Zwangsverwaltung **muss** unterschrieben und sollte mit Dienstsiegel versehen sein. Nach anderer Ansicht ist Abdruck des Dienstsiegels nicht erforderlich.⁶ Es wird für bedenklich gehalten auf das Dienstsiegel zu verzichten, da eine Behörde keinen Vollstreckungstitel benötigt, um die Zwangsvollstreckung einzuleiten.⁷ Daher ist das einzige Merkmal das Dienstsiegel, das dem Vollstreckungsgericht Gewissheit verschafft, dass tatsächlich eine Behörde ihre Antragsberechtigung ausübt. Zur Zwangsvollstreckung in das unbewegliche Vermögen muss der Antrag der Verwaltungsbehörde (Finanzamt, Gerichtskasse oder andere Behörden) die Bestätigung enthalten, dass die gesetzlichen Voraussetzungen für die Vollstreckung vorliegen. Diese Fragen unterliegen nicht der Beurteilung des Vollstreckungsgerichts oder des Grundbuchamts (Antrag auf Eintragung einer Zwangshypothek), § 322 Abs. 3 AO. Der Antrag ersetzt den Titel.

4 In ihrem Antrag bestimmt die Behörde, ob sie dinglich und/oder persönlich vollstrecken will. Dingliche Vollstreckung setzt voraus, dass auch ein dinglicher Anspruch vorliegt. Die Behörde kann aus der für sie eingetragenen Zwangssicherungshypothek die dingliche Zwangsvollstreckung betreiben. Ein dinglicher Titel wird dazu nicht benötigt.⁸ Hat die Verwaltungsbehörde jedoch das Eigentümerrecht gepfändet, gelten die Erleichterungen nicht.⁹

2. Grundstück (Abs. 1)

5 Im Antrag muss das Grundstück bzw. der Grundstücksbruchteil, das Wohnungseigentum, das grundstücksgleiche Recht, das Gebäudeeigentum so genau bezeichnet sein, dass es dem Eigentümer gem. § 17 Abs. 1 ZVG einwandfrei zugeordnet werden kann. Soll die Zwangsversteigerung nur über einen Bruchteil angeordnet werden, muss sich auch dieses aus dem Antrag ergeben.

---

4 *Stöber*, ZVG, § 16 Rn. 2.
5 Verwaltungsvollstreckungsgesetze der Länder jeweils mit Änderungen wie zum Beispiel: Baden-Württemberg vom 12.3.1974 (GBl. S. 93), Bayern vom 11. Nov. 1970 (BayRS 2010–2-I), Brandenburg VwVGBbg vom 18.12.1991 (GBBl. I/91), Hamburg HMbGVBl.1961, S. 79 vom 13.3.1961, Hessen, HessVwVG vom 4.7.1966, GVBl I S. 151, Mecklenburg-Vorpommern VwVfg M-V vom 26.2.2004, GVOBl. M-V 2004, S. 106, Niedersachsen NVwVG vom 2.6.1982, NdsGVBl. S. 139, Nordrhein-Westfalen VwVG NRW vom 13.5.1980, (GV NW S. 510), Rheinland-Pfalz, LVwVG vom 8.7.1957, GVBl. 1957, 101, Sachsen, SächsVwVG vom 17.7.1992, SächsGVBl. S. 327, Sachsen-Anhalt vom 23. Juni 1994, GVBl LSA 1994, S. 710, Schleswig-Holstein LVwG vom 2. Juni 1992, GVO Bl. 1992, S. 243.
6 LG Lüneburg, Nds. Rpfl. 1988, 30
7 *Stöber*, ZVG, § 15 Rn. 34.6.
8 RG, Urteil vom 15.2.1916 – VII 212/15, RGZ 88, 99; *Hintzen*, in: *Dassler/Schiffhauer/u. a.*, ZVG, § 16 Rn. 18; BayObLG, Rpfleger 1952, 133.
9 *Brox, Walker*, Rn. 744; *Eickmann*, in: *MünchKomm*-BGB, § 1197 Rn. 6, Rpfleger 1988, 181; *Hagemann*, in: *Steiner*, ZVG, §§ 15, 16 Rn. 145; *Hintzen*, in: *Dassler/Schiffhauer/u. a.*, ZVG, § 16 Rn. 18.

3. Bezeichnung der Parteien

a) **Eigentümer.** Der im Antrag bezeichnete Schuldner muss mit den Angaben im Vollstreckungstitel und der Eintragung in Abt. I als Eigentümer des Grundbuchs übereinstimmen. Aus dem Antrag muss sich die zustellungsfähige Anschrift des Schuldners ergeben, um die Zustellung des Anordnungsbeschlusses veranlassen zu können.[10]

b) **Gläubiger.** Der Gläubiger muss ebenso wie der Schuldner mit zustellungsfähiger Anschrift bezeichnet sein, um ihn im Anordnungsbeschluss korrekt bezeichnen zu können.[11]

4. Anspruch

Die Forderung muss auf Zahlung eines Geldbetrages gerichtet sein. Der Anspruch ist der Höhe nach mit dem Hauptanspruch, Zinsen und anderen Nebenleistungen sowie der Kosten zu bezeichnen. Der Zinsbeginn ist anzugeben, um auch die Bestimmung der Rangklassen nach § 10 Abs. 1 Nr. 4, 7 und 8 ZVG vorzunehmen. Die Kosten der dinglichen Rechtsverfolgung (wie z.B. Anordnungs- und Beitrittskosten, Eintragungskosten einer Zwangssicherungshypothek etc.) müssen aufgeführt werden, wenn sie geltend gemacht werden sollen. Ebenfalls ist die Rechtsnatur des Anspruchs, ob dinglich (§ 10 Abs. 1 Nr. 4 ZVG) und/oder persönlich (§ 10 Abs. 1 Nr. 5 ZVG) oder öffentlich-rechtlich (§ 10 Abs. 1 Nr. 3 ZVG) im Antrag anzugeben. Der Gläubiger bestimmt als „Herr des Verfahrens" ob wegen des gesamten Anspruchs oder nur wegen eines Teils der Forderung betrieben wird.[12]

5. Vollstreckungstitel

Der Vollstreckungstitel ist urkundliche Grundlage der Vollstreckung,[13] dieser ist ebenfalls im Antrag des Gläubigers zu bezeichnen. Daher sollen Angaben zum Titel gemacht werden. (Urteil oder notarielle Urkunde etc., die ausstellende Behörde z.B. das Gericht oder Notar bezeichnen, das Datum des Titels, das Aktenzeichen oder Urkundennummer)[14]. Es wird unterschieden zwischen einem persönlichen Titel und einem Duldungstitel. Dazu s. § 15 Rn. 9, 10.

Der haftende Gegenstand, das belastete Grundstück muss im Duldungstitel so genau bezeichnet sein, dass aufgrund der Angaben im Titel, der Eigentümer und das belastete Grundstück gemäß § 17 Abs. 1 ZVG sicher festgestellt werden können.

III. Veränderungen im Bestand

1. Teilung des Grundstücks

Wird nach Erwirkung des Duldungstitels, das Grundstück geteilt, so besteht das bestellte Grundpfandrecht als Gesamtrecht gemäß § 1132 BGB an beiden oder mehreren Grundstücken fort. Die Änderung im Bestand, wie die neue katastermäßige Bezeichnung (Flur, Flurstücksnummer) oder eine neue Grundbuchblattnummer haben keine Auswirkungen auf die Vollstreckbarkeit des Titels. Bei Veräußerung eines der neu gebildeten Grundstücke wird in der Regel Pfandentlassung des verkauften Grundstücks erfolgen, da der neue oder zukünftige Eigentümer nicht daran interessiert ist, die „Altschulden" zu über-

---

10 *Stöber*, ZVG, § 16 Rn. 3.2.
11 *Stöber*, ZVG, § 16 Rn. 3.3.
12 *Stöber*, ZVG, § 16 Rn. 3.4 b); *Hintzen*, in: Dassler/Schiffhauer/u.a., ZVG, § 16 Rn. 22.
13 *Stöber*, ZVG, § 16 Rn. 3.5.
14 *Böttcher*, ZVG, §§ 15, 16 Rn. 116.

nehmen. Auch die Pfandhaftentlassung hat keine Auswirkungen auf die Vollstreckbarkeit des Titels.[15]

2. Vereinigung/Verschmelzung von Grundstücken

12 Werden mehrere Grundstücke zu einem Grundstück vereinigt, § 890 Abs. 1 BGB tritt für die Grundpfandrechte der bisher einzelnen Grundstücke keine Änderung ein. Jedes Grundstücksteil bleibt wie bisher belastet.[16] Die nur an einem Grundstück (nach Vereinigung eines Grundstückteils) begründeten Belastungen erstrecken sich **nicht** auf die anderen Grundstücksteile.[17] Daher muss auch der vollstreckbare Titel nicht abgeändert werden. Das ist auch für die **Verschmelzung** der Fall, obwohl das neue Grundstück unter einer neuen Flurstücksnummer gebucht wird.

13 Ein Antrag auf Verschmelzung ist vom Grundbuch **abzulehnen**, wenn dadurch die unterschiedlichen Belastungen nicht mehr ersichtlich sind[18] und eventuell ein Zwangsversteigerungsverfahren erschweren bzw. unmöglich machen. Vertreten wird die Ansicht, dass auch eine Zwangsversteigerung verschmolzener Grundstücke zu einem neuen unproblematisch ist, wenn trotz der neuen Flurstückbezeichnung anhand aler Grundbuch- und Katasteraufzeichnungen sich die vorherigen Flächen der Grundstücke feststellen lassen.[19] Dem ist nach hier vertretener Ansicht nicht zu folgen, da die vorher belasteten Grundstücke nichtmehr bestehen.[20]

14 Dies gilt jedoch nicht, wenn nachträglich die Pfandhafterstreckung auf den anderen unbelasteten Grundstücksteil erklärt wurde. Durch die rechtsgeschäftliche Inhaltsänderung gemäß § 877 BGB[21], muss zur Vollstreckung ein neuer Duldungstitel vorgelegt werden.[22] Ein bisheriges Gesamtgrundpfandrecht wird durch die Vereinigung nicht zum Einzelrecht.[23]

3. Zuschreibung zu einem anderen Grundstück

15 a) **Hauptgrundstück.** Bei der Zuschreibung ändert sich die Haftung gemäß § 1131, § 1192 Abs. 1 BGB und zwar insofern, dass sich die am Hauptgrundstück bestehenden Grundpfandrechte kraft Gesetzes auf das zugeschriebene Grundstück erstrecken.[24] Da die Änderung von Gesetzes wegen eintritt, ist der bisherige Vollstreckungstitel für das belastete Hauptgrundstück Grundlage der Vollstreckung.

16 b) **Zugeschriebenes Grundstück.** Die Haftung des zugeschriebenen Grundstücks für die bisher auf ihm lastenden Grundpfandrechte bleibt unverändert. Die bisher am Grundstück bestehenden Grundpfandrechte erstrecken sich **nicht** auf das Hauptgrundstück. Der Vollstreckungstitel der „alten" Grundpfandrechte ist weiterhin zur Vollstreckung geeignet trotz Änderung der katastermäßigen Bezeichnung.[25] (s. auch Gietl, Gegenstände der Zwangsvollstreckung Rn. 2–15).

---

15 *Stöber,* ZVG, § 16 Rn. 3.8b).
16 *Bassenge,* in: *Palandt,* BGB, § 890 Rn. 4 cc).
17 BGH, Beschl. vom 24.11.2005 – V ZB 23/05, NJW 06, 1000 = Rpfleger 2006, 150.
18 *Bassenge,* in: *Palandt,* BGB, § 890 Rn. 4a), so auch ausführlich dazu *Hintzen,* in: *Dassler/Schiffhauer/u.a.,* ZVG, Vor 15 Rn. 7.
19 *Stöber,* ZVG § 15 Rn. 3; BGH, NJW 2006, 1000.
20 Ausführlich zu der Problematik der Entscheidung des BGHs v. 24.11.2005, NJW 2006; 1000 *Hintzen,* in: *Dassler/Schiffhauer/Hintzen/Engels/Rellermeyer* ZVG Vor 15 Rn. 7.
21 *Bassenge,* in: *Palandt,* BGB, § 877 Rn. 3.
22 *Stöber,* ZVG, § 16 Rn. 3.9.
23 *Schöner/Stöber,* Grundbuchrecht, Rn. 624; *Gursky,* in: *Staudinger,* BGB, § 890 Rn. 34
24 *Bassenge,* in: *Palandt,* BGB, § 1131 Rn. 1, *Stöber,* ZVG, § 16 Rn. 3.10 b); *Hintzen,* in: *Dassler/ Schiffhauer/u.a.,* ZVG, Vor § 15 Rn. 5.
25 *Bassenge,* in: *Palandt,* BGB, § 1131 Rn. 1, *Stöber,* ZVG, § 16 Rn. 3.10 a).

IV. Beizufügende Urkunden – Abs. 2

1. Vollstreckungsunterlagen

Die für die Anordnung erforderlichen Urkunden müssen dem Antrag beigefügt werden. D. h. der Titel § 15 Rn. 8 ff., mit Zustellungsnachweis, Urkunden, die nach § 750 Abs. 2 ZPO vorgelegt werden müssen, (Erbschein, Abtretung etc), Vollmacht mit Zustellungsnachweis bei Unterwerfung eines Vertreters unter die sofortige Zwangsvollstreckung (s. § 15 Rn. 32 ff.), evtl. zugestellter Kündigung, (s. § 15 30), Wechsel und Schecks, Urkunde zum Nachweis der Zug-um-Zug Leistung, Einheitswertbescheid (s. 21 ff.) und evtl. Kostennachweise sind vorzulegen. **17**

Die Vollstreckungsunterlagen können dem Gläubiger nach Anordnung/Beitritt vorerst zurückgegeben werden, falls dieser weitere Vollstreckungsversuche gegen den Schuldner unternehmen möchte.[26] Es wird jedoch empfohlen, Ablichtungen[27] der Vollstreckungsunterlagen zu den Akten zu nehmen. Die Urkunden **müssen** zum Versteigerungstermin wieder vorliegen und sind daher vom Gläubiger wieder rechtzeitig an das Gericht zurückzusenden. Das Gericht sollte sich in den Akten eine Frist notieren, um an die rechtzeitige Übersendung der Vollstreckungsunterlagen zu erinnern. **18**

2. Steuerbuchauszug/Liegenschaftskatasterauszug

Nach § 5 EGZVG kann durch Landesgesetz bestimmt werden, dass dem Antrag auf Zwangsversteigerung ein Auszug aus dem Steuerbuche beigefügt werden soll. Dies hat für die Praxis jedoch keine Bedeutung mehr, da das Liegenschaftskataster mit den Angaben im Grundbuch übereinstimmt.[28] **19**

3. Briefrechte

Für die Anordnung der Zwangsversteigerung ist die Vorlage des Briefes, wenn aus einem Briefrecht betrieben wird, <u>nicht</u> vorgeschrieben.[29] Der Schuldner kann jedoch die Briefvorlage verlangen, wenn er nicht in der Grundpfandrechtsbestellungsurkunde den Verzicht auf die Briefvorlage erklärt hat, § 1160 Abs. 1 BGB. Der Brief **muss** erst zum **Verteilungstermin** vorgelegt werden, um sicherzustellen, dass an den richtigen Berechtigten zugeteilt wird. Wurde der Brief bereits zu den Akten gereicht, ist dieser in amtliche Verwahrung zu nehmen. **20**

4. Wohnungseigentum
Vorlage des Einheitswertbescheides

Soll die Zwangsversteigerung wegen Hausgeldrückständen der Wohnungseigentümergemeinschaft in Rangklasse 2 betrieben werden, so ist die Vorlage des Einheitswertbescheides für das beschlagnahmte Wohnungseigentum unumgänglich, da die Wertgrenze des § 18 Abs. 2 Nr. 2 WEG (3 % des Einheitswerts) gemäß § 10 Abs. 3 Satz 1 ZVG nachgewiesen werden muss. Es ist nicht ausreichend, einen Einheitswertbescheid für eine vergleichbare Eigentumswohnung vorzulegen.[30] Wird der Einheitswertbescheid nicht vorgelegt, so darf die Versteigerung nur in Rangklasse 5 statt in der Rangklasse 2 angeord- **21**

---

26 *Hintzen*, in: *Dassler/Schiffhauer/u.a.*, ZVG, § 16 Rn. 25.
27 *Böttcher*, ZVG, §§ 15,16 Rn. 18 hält sogar beglaubigte Ablichtungen für notwendig.
28 *Hintzen*, in: *Dassler/Schiffhauer/u.a.*, ZVG, § 16 Rn. 23; *Stöber*, ZVG, § 16 Rn. 4.5; a.A. *Böttcher*, ZVG, §§ 15, 16 Rn. 18 Demnach führt die Nichtvorlage zur Ablehnung des Antrags/Verfahrensaufhebung (§ 28 ZVG) bzw. zur Zuschlagsversagung nach § 83 Nr. 6 ZVG.
29 *Hintzen*, in: *Dassler/Schiffhauer/u.a.*, ZVG, § 16 Rn. 24; *Stöber*, ZVG, § 16 4.4.
30 BGH, Beschl. vom 17.4.2008 – V ZB 14/08, NJW-Spezial 2008, 419.

net werden.[31] Bislang war es fraglich, wie die Wohnungseigentümergemeinschaft den Einheitswertbescheid für das zu beschlagnahmende Wohnungseigentum beschaffen sollte. Das Finanzamt hätte die Gläubiger auf § 30 AO verwiesen. Demnach fällt der Einheitswertbescheid unter das Steuergeheimnis und so war es bislang nahezu unmöglich für die Wohnungseigentümergemeinschaft die Wertgrenze gemäß § 18 Abs. 2 Nr. 2 WEG i. Verb. mit § 10 Abs. 3 Satz 1 ZVG zu ermitteln. Durch Reform des Kontopfändungsgesetzes vom 7. Juli 2009 trat die Änderung des § 10 Abs. 3 ZVG mit Wirkung vom 11.7.2009 in Kraft. Demnach steht § 30 AO einer Mitteilung des Einheitswerts an die Gläubiger, die gemäß § 10 Abs. 1 Nr. 2 ZVG vollstrecken wollen nicht entgegen, unter der Voraussetzung, dass ein Vollstreckungstitel vorgelegt wird. Aus diesem Titel müssen sich die Verpflichtung des Schuldners zur Zahlung, die Art und der Bezugszeitraum einschließlich der Fälligkeit ergeben. Die Art und der Zeitraum des Anspruchs sowie die Fälligkeit können glaubhaft gemacht werden, § 10 Abs. 3 ZVG. Das Steuergeheimnis (§ 30 AO) wird **nur** für die Wohnungseigentümergemeinschaft als Gläubigerin im Hinblick auf die Vollstreckung von Hausgeldern außer Kraft gesetzt – in allen anderen Fällen fällt der Einheitswertbescheid unter das Steuergeheimnis und ist somit von der Akteneinsicht im Zwangsversteigerungs-, bzw. Zwangsverwaltungsverfahren ausgeschlossen. Die Mitteilung des Einheitswertes des Finanzamtes wird wie bisher nur für den Fall der Kostenberechnung gemäß § 54 Abs. 1 Satz 4 GKG benötigt, solange noch kein Verkehrswert ermittelt ist.

---

31 BGH, Beschl. vom 17.4.2008 – V ZB 14/08, NJW-Spezial 2008, 419, LG Mönchengladbach, Beschl. vom 4.11.2008 – 5 T 239/08, Rpfleger 2009, 257.

§ 17 ZVG [Voraussetzungen der Anordnung]

(1) Die Zwangsversteigerung darf nur angeordnet werden, wenn der Schuldner als Eigentümer des Grundstücks eingetragen oder wenn er Erbe des eingetragenen Eigentümers ist.
(2) Die Eintragung ist durch ein Zeugnis des Grundbuchamts nachzuweisen. Gehören Vollstreckungsgericht und Grundbuchamt demselben Amtsgericht an, so genügt statt des Zeugnisses die Bezugnahme auf das Grundbuch.
(3) Die Erbfolge ist durch Urkunden glaubhaft zu machen, sofern sie nicht bei dem Gericht offenkundig ist.

Übersicht

		Rn.
I.	Allgemeines	1, 2
II.	Voraussetzungen	3–7
1.	Eintragung ins Grundbuch	3, 4
2.	Zeugnis des Grundbuchamtes	5
3.	Bezugnahme auf das Grundbuch	6, 7
III.	Ausnahmen vom Eintragungsgrundsatz	8–15
1.	offenkundige Tatsachen	9
2.	Glaubhaftmachung	10, 11
3.	Wiederversteigerung	12
4.	Anfechtung	13, 14
5.	Ausnahme und Besonderheiten in der Zwangsverwaltung	15

I. Allgemeines

Der § 17 bestimmt als Anordnungsvoraussetzung, dass der Gläubiger gegenüber dem Vollstreckungsgericht nachweisen muss, dass der Schuldner Eigentümer des Grundstücks oder der Erbe des eingetragenen Erblassers ist. Das Vollstreckungsgericht kann den Nachweis nur formell überprüfen. Nach § 891 BGB wird die Richtigkeit der Eintragung im Grundbuch vermutet.[1] **1**

§ 17 ZVG gilt auch für die Zwangsverwaltung in Verbindung mit § 147 ZVG, für die Teilungsversteigerung, § 180 ZVG evtl. mit familien- bzw. betreuungsgerichtlicher Genehmigung nach § 181 ZVG für Vormund und Betreuer, für die Zwangsversteigerung auf Antrag eines Insolvenzverwalters nach § 172 ZVG und für die Nachlassversteigerung, § 175 i. Verb. mit § 177 ZVG. **2**

II. Voraussetzungen

1. Eintragung im Grundbuch

Der Schuldner muss Eigentümer des Grundstücks sein. Daher muss das zu versteigernde Grundstück[2] in einem Grundbuchblatt gebucht sein. Sollte ein Grundbuchblatt für das Grundstück noch nicht angelegt sein, ist der betreibende Gläubiger berechtigt, die Anlegung des Grundbuchblattes unter Vorlage des vollstreckbaren Titels beim Grundbuchamt zu beantragen (§ 3 Abs. 1, § 14 GBO).[3] **3**

---

1 Hintzen, in: Dassler/Schiffhauer/u. a., ZVG, § 17.1.
2 Entsprechend auf grundstücksgleiche Rechte, Wohnungseigentum oder Gebäudeeigentum anzuwenden.
3 Stöber, ZVG, § 17 Rn. 3,1; Böttcher, ZVG, § 17 Rn. 1.

4 Der sich aus dem Vollstreckungstitel ergebene Schuldner muss mit dem im Grundbuch in Abt. I eingetragenen Grundstückseigentümer übereinstimmen. Ist das Verfahren nur über einen Bruchteil (Miteigentumsanteil) des Grundstücks beantragt, so muss dessen Eigentümer im Grundbuch vermerkt sein.[4] Wird das Verfahren gegen mehrere Schuldner beantragt, so müssen sämtliche Schuldner mit dem für ihre Gemeinschaft maßgeblichen Rechtsverhältnis gemäß § 47 GBO eingetragen sein. Als Beispiel: Ehegatten sind häufig zu je ½ Anteil im Grundbuch als Eigentümer eingetragen.

2. Zeugnis des Grundbuchamtes

5 Der Gläubiger muss gegenüber dem Vollstreckungsgericht den Nachweis erbringen, dass der Schuldner Eigentümer des Grundstücks ist. Dies kann durch ein Zeugnis des Grundbuchamtes, § 17 Abs. 2 Satz 1 ZVG geschehen. Es gibt keine Vorschrift, die den Inhalt des Zeugnisses bestimmt. Ausweisen muss es das Grundstück mit seiner grundbuchmäßigen Bezeichnung (Gemarkung und Blattnummer, dazu die Beschreibung des Grundstückes laut Bestandsverzeichnisses) und den Eigentümer. Verfügungsbeschränkungen der Abt. II des Grundbuchs sollten wegen § 28 ZVG ebenfalls im Zeugnis enthalten sein.[5] Der Urkundsbeamte ist gemäß § 12 c Abs. 1 Nr. 3 GBO für die Erteilung des Zeugnisses zuständig. Beifügung des Dienstsiegels ist nicht zwingend[6], jedoch üblich. Auch ein beglaubigter Grundbuchauszug kann statt des Zeugnisses vorgelegt werden. Das Zeugnis und/oder auch der beglaubigte Grundbuchauszug sollten möglichst „neu" sein. Es liegt im Ermessen des Gerichts zu entscheiden, ob der erbrachte Nachweis noch aktuell ist.[7]

3. Bezugnahme auf das Grundbuch

6 Gehören Vollstreckungsgericht und Grundbuchamt demselben Amtsgericht an, kann auf das Grundbuch im Antrag Bezug genommen werden. Das Zeugnis nach § 17 Abs. 2 ZVG oder eine beglaubigte Grundbuchblattabschrift muss dann nicht mehr beigefügt werden. Nach § 1 Abs. 2 ZVG können die Landesregierungen durch Rechtsverordnung ein gemeinsames Vollstreckungsgericht für mehrere Amtsgerichtsbezirke bestimmen. Das Grundbuch muss innerhalb dieses Amtsgerichts geführt werden, um eine Bezugnahme zu ermöglichen.[8] (s. Fischinger, § 1).

7 In Baden-Württemberg werden die Grundbuchämter von den Notaren geführt; und nicht von den Gerichten. Eine Bezugnahme auf das Grundbuch ist somit nicht möglich.

III. Ausnahmen vom Eintragungsgrundsatz

8 Ist der eingetragene Eigentümer verstorben, so kann die Zwangsversteigerung gemäß § 17 Abs. 3 ZVG gegen den Erben angeordnet werden, wenn die Erbfolge durch Urkunden **glaubhaft gemacht** wird oder **offenkundig** ist. Eine Berichtigung des Grundbuchs ist nicht notwendig.[9]

---

4 *Hintzen*, in: *Dassler/Schiffhauer/u. a.*, ZVG, § 17 Rn. 2; **Böttcher**, ZVG, § 17 Rn. 2; *Stöber*, ZVG, Rn. 3.2.
5 *Böttcher*, ZVG, § 17 Rn. 5; *Hintzen*, in: *Dassler/Schiffhauer/u. a.*, ZVG, § 17 Rn. 9; *Stöber*, ZVG, § 17 Rn. 5.2.
6 LG Stuttgart, Beschl. vom 4.6.1991 – 2 T 352/91, Rpfleger 1992, 34.
7 *Hintzen*, in: *Dassler/Schiffhauer/u. a.*, ZVG, § 17 Rn. 5: nicht älter als 3–4 Wochen; *Böttcher*, ZVG, § 17 Rn. 5 – nicht älter als 1 Monat.
8 *Hagemann*, in: *Steiner*, ZVG, § 17 Rn. 22; *Böttcher*, ZVG, § 17 Rn. 6, *Hintzen*, in: *Dassler/Schiffhauer/u. a.*, ZVG, § 17 Rn. 10.
9 *Stöber*, ZVG, § 17 4.1; *Hintzen*, in: *Dassler/Schiffhauer/u. a.*, ZVG, § 17 Rn. 11.

1. Offenkundige Tatsachen

Offenkundig sind dem Gericht Tatsachen, die aus gerichtlichen Verfahren bekannt sind oder allgemein gültige Tatsachen. Wenn die Nachlassabteilung und das Vollstreckungsgericht demselben Amtsgericht angehören, ist die Erbfolge offenkundig durch Einsichtnahme in die Nachlassakte, in der sich der Erbschein befindet. Aktenvermerk sollte anschließend für die Versteigerungsakte gefertigt werden.[10]

2. Glaubhaftmachung

Urkunden, die zur Glaubhaftmachung geeignet sind, wären der Erbschein (Urschrift oder Ausfertigung, § 2353 BGB, Verfügung von Todes wegen (wie z. B. öffentliches Testament § 2232 BGB) nebst Eröffnungsprotokoll, ausländisches notarielles oder behördliches Zeugnis sowie Privaturkunden und privatschriftliche Testamente. Inwieweit privatschriftliche Testamente und Privaturkunden zur Glaubhaftmachung ausreichen, ist streitig. Nach *Stöber* sollen Privaturkunden und privatschriftliche Testamente nur in Ausnahmefällen zugelassen werden.[11] *Hintzen und Hagemann*[12] erkennen privatschriftliche Testamente an, wenn die Erbfolge eindeutig ist. Nach hier vertretener Ansicht ist sich jedoch der Ansicht *Stöbers* anzuschließen, da privatschriftliche Testamente nicht die gleiche Wertigkeit besitzen wie Erbscheine. Glaubhaftmachung nach § 294 ZPO ist ausgeschlossen (keine Parteivernehmung, Zeugen oder eidesstattliche Versicherung). Die eidesstattliche Versicherung über die Echtheit einer Urkunde oder auch, dass keine weiteren Testamente vorhanden sind, wird in Ausnahmen als zulässig angesehen.[13]

Zur Vollstreckung gegen Testamentsvollstrecker, Nachlassverwalter oder Nachlasspfleger kann die Anordnung ebenfalls ohne Voreintragung des Erben erfolgen.[14]

3. Wiederversteigerung

Die Anordnung der **Wiederversteigerung** ist zulässig, obwohl der Ersteher noch nicht im Grundbuch als Eigentümer eingetragen ist, § 133 ZVG.

4. Anfechtung

Der **Insolvenzverwalter** hat die Möglichkeit Rechtshandlungen, die vor der Eröffnung des Insolvenzverfahrens vorgenommen worden sind und die die Insolvenzgläubiger benachteiligen, anzufechten, §§ 129 ff. InsO. Wird daher eine Grundstücksveräußerung vom Insolvenzverwalter angefochten, um die Zwangsversteigerung zu betreiben, muss der Insolvenzverwalter gegen den Anfechtungsgegner einen Titel auf Duldung der Zwangsversteigerung erwirken. Der Insolvenzschuldner muss nicht wieder ins Grundbuch eingetragen werden.[15]

Auch nach dem **Anfechtungsgesetz** muss der frühere Eigentümer nicht wieder eingetragen werden, um das Verfahren anordnen zu können, wenn der Gläubi-

---

10 *Stöber*, ZVG, § 17 Rn. 4.4.
11 *Stöber*, ZVG, § 17 Rn. 4.2.
12 *Hagemann*, in: *Steiner*, ZVG, § 17 Rn. 45; **Hintzen**, in: *Dassler/Schiffhauer/u. a.*, ZVG, § 17 Rn. 11.
13 *Hintzen*, in: *Dassler/Schiffhauer/u. a.*, ZVG, § 17 Rn. 11 und *Stöber*, ZVG, § 17 Rn. 4.2.
14 *Hintzen*, in: *Dassler/Schiffhauer u. a.*, § 17 Rn. 11; andere Ansicht: *Stöber*, ZVG, § 17 Rn. 3.9.
15 RG, Urteil vom 6.11.1903 – VII 225/03, RGZ 56, 142; RG, Urteil vom 29.10.1907 – VII 44/07, RGZ 67, 20,22; *Hintzen*, in: *Dassler/Schiffhauer/u. a.*, ZVG, § 17 Rn. 15; *Böttcher*, ZVG, § 17 Rn. 4.

ger ein rechtskräftiges Urteil auf Duldung der Vollstreckung in das Grundstück erwirkt hat.[16]

15   5.   Ausnahme und Besonderheiten in der Zwangsverwaltung

Bei einem Antrag auf Zwangsverwaltung sollte das Vollstreckungsgericht Einsicht in die Grundakten nehmen, um zu überprüfen, ob bereits ein Kaufvertrag vorliegt und eine Auflassungsvormerkung eingetragen ist. Sollte der Besitz des Grundstücks laut Kaufvertrag auf den Käufer bereits übergegangen sein, kann die Zwangsverwaltung nicht mehr gegen den derzeitigen Eigentümer angeordnet werden mangels Rechtsschutzbedürfnis.[17] Die Nutzungen stehen dem Eigentümer nicht mehr zu, da der Besitz bereits übergegangen ist. Zur Zwangsverwaltung gegen den Eigenbesitzer, siehe § 147 ZVG.

---

16   RG, Urteil vom 14.1.1902 – VII 362/01, RGZ 50, 121,124.
17   *Stöber*, ZVG, § 17 Rn. 5.9.

§ 18 ZVG [Verbindung der Verfahren]

Die Zwangsversteigerung mehrerer Grundstücke kann in demselben Verfahren erfolgen, wenn sie entweder wegen einer Forderung gegen denselben Schuldner oder wegen eines an jedem der Grundstücke bestehenden Rechtes oder wegen einer Forderung, für welche die Eigentümer gesamtschuldnerisch haften, betrieben wird.

Übersicht

	Rn.
I. Allgemeines	1, 2
II. Voraussetzungen	3–6
1. Gleicher Schuldner	3
2. Gleiches Recht	4
3. Gesamtschuldner	5
4. Zuständigkeit	6
III. Entscheidung	7–10
1. Aktenführung und Trennung	8
2. Zweck	9, 10
IV. Rechtsmittel	11
V. Kosten	12
VI. Beispiel	13

I. Allgemeines

Der § 18 ZVG bestimmt die Ausnahme von dem Grundsatz der Einzelversteigerung, da in der Regel für jedes Grundstück ein Verfahren geführt wird (§ 15, § 63 ZVG). Dies gilt nicht nur für Grundstücke, sondern auch für grundstücksgleiche Rechte (Erbbaurecht), Grundstücksbruchteile, Miteigentumsanteile bei Wohnungs- und Teileigentum etc. **1**

Die Vorschrift gilt für alle ZVG-Verfahren einschließlich der Zwangsverwaltung und Teilungsversteigerung. Die Möglichkeit der Verbindung besteht jedoch nur für gleichartige Verfahren. Eine Forderungsversteigerung mit einer Teilungsversteigerung zu verbinden, ist nicht zulässig.[1] **2**

II. Voraussetzungen

1. Gleicher Schuldner

Wird die Zwangsversteigerung gegen ein – und denselben Schuldner wegen einer Forderung in **mehrere** Grundstücke betrieben, kann eine Verbindung der Verfahren erfolgen. Ebenso ist eine Verbindung der Verfahren zulässig, wenn wegen mehrerer Forderungen eines Gläubigers gegen denselben Schuldner in die gleichen Grundstücke die Zwangsvollstreckung betrieben wird.[2] Diese Voraussetzung liegt jedoch nicht vor, wenn wegen Teile derselben Forderung oder wegen verschiedener Forderungen in verschiedene Grundstücke betrieben **3**

---

[1] *Hintzen*, in: *Dassler/Schiffhauer/u. a.*, ZVG, § 18 Rn. 1; *Stöber*, ZVG, § 18 Rn. 2.4; *Böttcher*, ZVG, § 18 Rn. 1.
[2] *Hagemann*, in: Steiner, ZVG, § 18 Rn. 9; *Stöber*, ZVG, § 18 Rn. 2.1; *Hintzen*, in: *Dassler/Schiffhauer/u. a.*, ZVG, § 18 Rn. 3.

wird oder auch wenn eine persönliche Forderung in das eine Grundstück und ein dinglicher Anspruch in ein anderes Grundstück geltend gemacht wird.[3]

2. Gleiches Recht

4 Die 2. Alternative des § 18 ZVG ermöglicht eine Verbindung der Verfahren, wenn ein Recht auf mehreren Grundstücken lastet (Gesamtgrundpfandrecht § 1132 BGB, Gesamtreallast § 1107, § 1132 BGB) und in diese Grundstücke vollstreckt wird. Dies gilt auch für öffentliche Lasten der Rangklasse 3 des § 10 Abs. 1 ZVG, wofür das gesamte Grundstück haftet, und das Grundstück aus mehreren Bruchteilen besteht.[4] Die Last kann auch an mehreren Grundstücken bestehen, die nicht demselben Eigentümer gehören müssen.

3. Gesamtschuldner

5 Haften mehrere Eigentümer des Grundstücks für eine persönliche Forderung gesamtschuldnerisch, so ist ebenfalls eine Verfahrensverbindung möglich.[5] Sinnvoll ist diese Verfahrensverbindung bei Vollstreckung in das Bruchteileigentum verschiedener Miteigentümer. Als Beispiel: Ehepaare sind häufig zu je ½ Anteil als Eigentümer im Grundbuch eingetragen. Eine Versteigerung ist nur erfolgversprechend, wenn die beiden Verfahren der Bruchteile verbunden werden, da interessierte Bieter in der Regel das Grundstück im Ganzen erwerben wollen und nicht nur einen Bruchteil des Grundstücks.[6]

4. Zuständigkeit des Vollstreckungsgerichts

6 Als weitere Voraussetzung der Verfahrensverbindung ist die gemeinsame Zuständigkeit des Vollstreckungsgerichts nach § 1 oder 2 ZVG. (Weiteres zur Zuständigkeit s. Fischinger § 1 ZVG). Somit können nur die Verfahren verbunden werden, die bei demselben Gericht anhängig sind.

III. Entscheidung über die Verfahrensverbindung

7 Das Gericht trifft die Entscheidung über die Verbindung der Verfahren im Wege des Beschlusses. Ein Antrag eines Beteiligten (§ 9 ZVG) ist nicht zwingend erforderlich; auch von Amts wegen ist eine Verbindung zulässig. Die Verfahren können während des ganzen Verfahrens verbunden werden und zwar bereits im Anordnungs- oder Beitrittsbeschluss oder auch nachträglich durch einen gesonderten Beschluss. Rechtliches Gehör der Beteiligten ist nicht erforderlich.[7] Nach hier vertretener Ansicht können Nachteile für den Schuldner und den Gläubiger nicht entstehen, da auch durch den Verbindungsbeschluss der Grundsatz der Einzelversteigerung (§ 63 ZVG) weiter besteht bleibt. § 63 Abs. 4 ZVG ist weiter zu beachten, d. h. ein Verzicht auf Einzelausgebote muss im Versteigerungstermin nach Erklärung der Beteiligten protokolliert werden.[8] Der Verbindungsbeschluss ist zu begründen.[9] Es ist nach hier vertretener

---

3 *Hintzen*, in: *Dassler/Schiffhauer/u. a.*, ZVG, § 18 Rn. 3; *Stöber*, ZVG, § 18 Rn. 2.1; *Hagemann*, in: *Steiner*, ZVG, § 18 Rn. 9.
4 *Stöber*, ZVG, § 18 Rn. 2.2; *Hintzen*, in: *Dassler/Schiffhauer/u. a.*, ZVG, § 18 Rn. 4.
5 *Böttcher*, ZVG, § 18 Rn. 6.
6 *Stöber*, ZVG, § 18 Rn. 2.3.
7 *Stöber*, ZVG, § 18 Rn. 3.2; Zweckmäßigkeit der Gewährung rechtlichen Gehörs wird bejaht von *Hintzen*, in: *Dassler/Schiffhauer/u. a.*, ZVG, § 18 Rn. 8.
8 S. dazu *Siwonia* § 63 Rn. 4.
9 *Stöber*, ZVG, § 18 Rn. 3.2.

Ansicht eine kurze Begründung unter Verweis der gesetzlichen Grundlage ausreichend. Nach anderer Ansicht[10] ist keine Begründung erforderlich.

1. Aktenführung und Trennung

Für jedes Verfahren wird ein Aktenzeichen vergeben. Nach erfolgter Verbindung ist das führende Aktenzeichen zu bestimmen unter dem die Verfahren einheitlich fortgeführt werden. Ob die Akten zusammen in einem Band geführt werden oder nur auf den verbundenen Bänden das führende Aktenzeichen ergänzt wird, ist eine Frage der Zweckmäßig- und Übersichtlichkeit.[11] Verbundene Verfahren können wieder getrennt werden, wenn sich die Verbindung nachträglich als unzweckmäßig herausgestellt oder unzulässig war. Die Entscheidung trifft das Gericht nach pflichtgemäßem Ermessen.[12] **8**

2. Zweck

Die Zweckmäßigkeit ist vom Gericht zu prüfen. Die Gründe liegen zum Beispiel in der Erzielung eines höheren Erlöses und in der Minderung der Verfahrenskosten.[13] Auch wenn die Grundstücke einheitlich überbaut sind, kann eine Verbindung der Verfahren sachdienlich sein (s. auch § 63 Abs. 1 S. 2 ZVG). **9**

Der Beschluss wird dem Gläubiger, Schuldner und dem Beteiligten (§ 9 ZVG), der die Verbindung beantragt hat, formlos übersandt, (§ 329 Abs. 2 S. 2 ZPO). D. h. falls die Verbindung im Anordnungs- bzw. Beitrittsbeschluss erfolgt, wird sie mit dem anordnenden Beschluss dem Schuldner zugestellt, dem Gläubiger formlos mitgeteilt. Eine Ablehnung der Verbindung soll dem Antragsteller zugestellt werden[14], nach anderer Ansicht ist Zustellung nur bei ablehnender Entscheidung notwendig.[15] **10**

IV. Rechtsmittel:

Der Beschluss ist anfechtbar mit der Erinnerung gemäß § 766 ZPO für den Fall, dass den Beteiligten kein rechtliches Gehör gewährt wurde; ansonsten sofortige Beschwerde gemäß § 793 ZPO nach Anhörung. **11**

V. Kosten

Es sind keine gesonderten Kosten für die Verbindung zu berechnen. Mit der Verfahrensgebühr KV 2211 ist die Verbindung wie auch eine mögliche Trennung abgegolten; auch für den Rechtsanwalt entstehen keine gesonderten Gebühren. **12**

VI. Beispiel für Verbindungsbeschluss:

In der Zwangsvollstreckungssache betreffend das Grundbuch von _____ Blatt ___ Bestandsverzeichnis lfde. Nr. ___
Eigentümer: (Bezeichnung des Schuldners) **13**

---

10 *Hagemann*, in: *Steiner*, ZVG, § 18 Rn. 14; *Jaeckel/Güthe*, Kommentar zum Zwangsversteigerungsgesetz, § 18 Rn. 3; OLG Hamm, Beschl. vom 4.1.1989 – 15 W 597/88, Rpfleger 1989, 249.
11 *Stöber*, ZVG, § 18 Rn. 3.6; Handbuch Rn. 374.
12 *Hintzen*, in: *Dassler/Schiffhauer/u.a.*, ZVG, § 18 Rn. 15.
13 *Hintzen*, in: *Dassler/Schiffhauer/u.a.*, ZVG, § 18 Rn. 11, *Böttcher*, ZVG, § 18 Rn. 1, *Stöber*, ZVG, § 18 Rn. 1.
14 *Stöber*, ZVG, § 18 Rn. 3.5.
15 *Hagemann*, in: *Steiner*, ZVG, § 18 Rn. 16.

werden die Verfahren 3 K 4/08 und 3 K 5/08 miteinander verbunden.
Das Verfahren 3 K 4/08 führt.

Gründe:
Die Verbindung der Verfahren 3 K 4/08 und 3 K 5/08 ist zweckmäßig, da die Schuldner A und B für die Forderung des betreibenden Gläubigers, XY-Bank als Gesamtschuldner haften und je zu ½ als Eigentümer im Grundbuch eingetragen sind.

Unterschrift des Rechtspflegers

§ 19 ZVG [Ersuchen des Vollstreckungsgerichts, Grundbucheintragung]

(1) Ordnet das Gericht die Zwangsversteigerung an, so hat es zugleich das Grundbuchamt um Eintragung dieser Anordnung in das Grundbuchamt zu ersuchen.

(2) Das Grundbuchamt hat nach der Eintragung des Versteigerungsvermerkes dem Gericht eine beglaubigte Abschrift des Grundbuchblatts und der Urkunden, auf welche im Grundbuche Bezug genommen wird, zu erteilen, die bei ihm bestellten Zustellungsbevollmächtigten zu bezeichnen und Nachricht zu geben, was ihm über Wohnort und Wohnung der eingetragenen Beteiligten und deren Vertreter bekannt ist. Statt der Erteilung einer beglaubigten Abschrift der Urkunden genügt die Beifügung der Grundakten oder der Urkunden.

(3) Eintragungen im Grundbuch, die nach der Eintragung des Vermerks über die Anordnung der Zwangsversteigerung erfolgen, soll das Grundbuchamt dem Gericht mitteilen.

Übersicht

		Rn.
I.	Allgemeines	1
II.	Ersuchen	2–10
1.	Inhalt	3–5
2.	Eintragungsvermerk	6–10
III.	Wirkung	11
IV.	Prüfung des Grundbuchamtes	12–17
1.	Formelle Prüfung des Grundbuchamtes	12–14
2.	Reihenfolge der Erledigung der Anträge	15
3.	Eintragung einer Vormerkung	16
4.	Wirksamkeitsvermerk	17
V.	Mitteilung des Grundbuchamtes	18–20
1.	Eintragungsnachricht gemäß § 19 II ZVG	18, 19
2.	Mitteilung gemäß § 19 III ZVG	20
VI.	Löschung	21
VII.	Kosten	22
VIII.	Rechtsbehelfe	23–25

I. Allgemeines

Das Vollstreckungsgericht ist **verpflichtet**, die Anordnung der Zwangsversteigerung in das Grundbuch eintragen zu lassen. Daher wird das Grundbuchamt ersucht, dass durch die Beschlagnahme bewirkte relative Veräußerungsverbot (§ 135 BGB, § 23 ZVG) ins Grundbuch einzutragen. Eine Grundbuchsperre bewirkt der Zwangsversteigerungsvermerk nicht.[1] Jedoch sind Verfügungen, die der Eigentümer nach Eintragung des Vermerks über das beschlagnahmte Grundstück und mithaftende, bewegliche Sachen trifft, dem Gläubiger gegenüber unwirksam (§ 23 Abs. 2 ZVG). Die Gegenstände können nicht mehr gutgläubig erworben werden, § 892 BGB.

1

---

1 *Böttcher*, ZVG, § 19 Rn. 12; *Hintzen*, in: *Dassler/Schiffhauer/u.a.*, ZVG, § 19 Rn. 1.

II. Ersuchen des Vollstreckungsgerichts

2 Das Grundbuchamt muss unverzüglich um die Eintragung ersucht werden (§ 19 Abs. 1 ZVG), um den Gläubiger vor Verfügungen, die der Eigentümer zu seinem Nachteil vornehmen könnte, zu schützen. Das Ersuchen ist schriftlich zu stellen und mit Unterschrift und Dienstsiegel zu versehen, § 29 Abs. 3 GBO.[2]

1. Inhalt:

3 Beispiel:

Die Zwangsversteigerung des im Grundbuch von _____ Blatt ____, (Bezeichnung des Grundstücks) eingetragenen Grundstücks lfde. Nr. ___ des Bestandsverzeichnisses ist angeordnet.

Eigentümer: _____ (zu ___ Anteil)

Es wird ersucht, diese Anordnung in das Grundbuch einzutragen, das Weitere gemäß § 19 Abs. 2 ZVG zu veranlassen[3] und den Zeitpunkt des Eingangs dieses Ersuchens mitzuteilen.

Unterschrift des Rechtspflegers/Dienstsiegel

4 Es wird immer nur ein Zwangsversteigerungsvermerk ins Grundbuch eingetragen, auch wenn später weitere Anträge auf Beitritt für den gleichen Schuldner und das gleiche Grundstück zugelassen werden (dazu s. Rn. 7).

5 Für die Wirksamkeit der Beschlagnahme (§ 22 Abs. 1 ZVG) ist es wichtig, wann das Ersuchen bei dem Grundbuchamt eingegangen ist. Daher sollte immer das Grundbuchamt um Mitteilung des Eingangs des Ersuchens gebeten werden.

2. Eintragungsvermerk

6 Der im Grundbuch in Abt. II einzutragende Vollstreckungsvermerk lautet wie folgt:

7 Die Zwangsversteigerung (6 K 1/08) ist angeordnet. Eingetragen am ......

8 Der Vermerk wird abgeändert, wenn die Zwangsverwaltung oder die Teilungsversteigerung angeordnet wurde, so dass der Vermerk entsprechend lauten muss: „Die Zwangsverwaltung oder die Zwangsversteigerung zur Auflösung der Gemeinschaft ist angeordnet." Für die Zwangsversteigerung nach § 180 ZVG ist es wichtig, dass sich aus dem Grundbuch der Unterschied zwischen Teilungsversteigerung und Forderungsversteigerung ergibt. (Kreditwürdigkeit des Eigentümers).[4] Für die Zwangsversteigerung und die Zwangsverwaltung muss **immer** jeweils **ein** Vermerk in das Grundbuch eingetragen werden auch wenn beide Anordnungen gleichzeitig erfolgt sind.[5]

9 Nach anderer Ansicht[6] sind das Gericht, Aktenzeichen und das Datum der Anordnung im Vollstreckungsvermerk nicht zu bezeichnen, da es nicht sachgerecht wäre. Aufgrund der Übersichtlichkeit und Klarheit sollte zumindest das

---

[2] Hintzen, in: Dassler/Schiffhauer/u.a., § 19 Rn. 4; Jaeckel/Güthe, Kommentar zum Zwangsversteigerungsgesetz, § 19 Rn. 1.
[3] Nach Ansicht Stöber, ZVG, § 19 Rn. 2.5 und Jaeckel/Güthe, Kommentar zum Zwangsversteigerungsgesetz, § 19 Rn. 1 ist es nicht nötig, das Grundbuchamt um Abschriften etc. gem. § 19 Abs. 2 zu ersuchen, da das Grundbuchamt wie auch die Mitteilung von nachfolgenden Eintragungen von Gesetzes wegen zu beachten sind. Die Aufforderung ist nach m. A. jedoch unschädlich.
[4] Stöber, ZVG, § 180 Rn. 6.7, Hagemann, in: Steiner, ZVG, § 19 Rn. 14.
[5] Stöber, ZVG, § 19 Rn. 3.4; Böttcher, ZVG, § 19 Rn. 4.
[6] Schöner/Stöber, Grundbuchrecht, Rn. 1622; Stöber, ZVG, § 19 Rn. 3.4; Böttcher, ZVG, § 19 Rn. 10.

Aktenzeichen des Vollstreckungsgerichts im Vollstreckungsvermerk bezeichnet sein[7], da mehrere Versteigerungsvermerke gleichzeitig eingetragen sein könnten. Beispiel: Nach Anordnung der Wiederversteigerung (§ 133 ZVG) ist unter Umständen der erste Versteigerungsvermerk noch eingetragen.

Das Gericht wäre nach hier vertretener Ansicht nur einzutragen, wenn das Vollstreckungsgericht und das Grundbuchamt nicht identisch sind.[8] Das Muster der Grundbuchverfügung Anlage 2a Abteilung II Nr. 6 gibt vor, dass der Vollstreckungsvermerk nicht nur das Aktenzeichen und das Gericht zu enthalten hat, sondern zusätzlich noch das Datum der Anordnung einzutragen ist. Das ist jedoch nach hier vertretener Auffassung nicht erforderlich, da die Anordnung der Zwangsversteigerung für die Grundbucheintragung an sich nicht relevant ist, sondern nur Bedeutung für das Zwangsversteigerungsverfahren erlangt. Auch die Eintragung der erfolgten Beschlagnahme bedarf nicht der Eintragung in das Grundbuch.[9]

III. Wirkung

Durch die Eintragung des Vermerks ist das mit Beschlagnahme bewirkte Veräußerungsverbot für jeden, der ein Recht an dem Grundstück oder auch an einem mit haftenden Gegenstand (§ 23 Abs. 2 Satz 2 ZVG) durch Rechtsgeschäft erwerben will, ersichtlich. Eine Verfügung des Eigentümers ist somit gegenüber dem Gläubiger unwirksam (§ 135 BGB).[10] Gutgläubig kann der Dritte daher das Recht nicht mehr erwerben, da das Veräußerungsverbot im Grundbuch eingetragen ist (§ 892 Abs. 1 BGB).

IV. Prüfung des Grundbuchamtes

1. Formelle Prüfung des Grundbuchamtes

Das Grundbuchamt hat das Ersuchen nur **formell**, nicht sachlich zu prüfen.[11] Demnach ist zu prüfen: Ist das ersuchende Gericht sachlich (nicht örtlich) zuständig gemäß § 38 GBO (Vollstreckungsgericht nicht das Prozessgericht), entspricht das Grundbuchersuchen den Vorschriften des § 29 Abs. 3 GBO (s. Rn. 2) und ist das Grundstück gemäß § 28 Satz 1 GBO richtig bezeichnet und des Weiteren der Inhalt, vor allen Dingen, wenn mehrere Vermerke einzutragen sind. Das Ersuchen darf nicht durch die Übersendung des Anordnungsbeschlusses ersetzt werden.[12] Der Anordnungsbeschluss kann das Ersuchen nur ergänzen für den Fall, dass mehrere Grundstücke betroffen sind oder um die Aufzählung vieler Flurstücke zu ersparen.[13] Im Übrigen bedarf es weder der Beifügung des Anordnungsbeschlusses noch anderer Unterlagen.[14]

Eine sachliche Prüfung findet durch das Grundbuchamt nicht statt. Es ist Aufgabe des Vollstreckungsgerichts zu überprüfen, ob der Schuldner tatsächlich

---

7 So auch *Hintzen*, in: Dassler/Schiffhauer/u. a., § 19 Rn. 4; demnach wird die Angabe als zweckmäßig angesehen, da ohne Einsicht in die Grundbuchakte der direkte Verweis auf die Zwangsversteigerungsakte möglich ist.
8 So auch *Hagemann*, in: Steiner, ZVG, § 19 Rn. 14; *Hintzen*, in: Dassler/Schiffhauer/u. a., ZVG, § 19 Rn. 8.
9 *Hagemann*, in: Steiner, ZVG, § 19 Rn. 14; *Stöber*, ZVG, § 19 Rn. 3.4.
10 *Stöber*, ZVG, § 19 Rn. 3.5.
11 *Jaeckel/Güthe*, Kommentar zum Zwangsversteigerungsgesetz, § 19 Rn. 2; *Stöber*, ZVG, § 19 Rn. 3.1; *Hagemann*, in: Steiner, ZVG, § 19 Rn. 11, *Schöner/Stöber*, Grundbuchrecht, Rn. 219.
12 *Schöner/Stöber*, Grundbuchrecht, Rn. 201.
13 *Stöber*, ZVG, § 19 Rn. 3.1 und auch *Böttcher*, ZVG, § 19 Rn. 3.
14 *Stöber*, ZVG, § 19 Rn. 2.6.

Eigentümer des Grundstücks ist[15] oder ob der Bruchteil des Miteigentumsanteils richtig angegeben ist.[16] Auch wenn der Insolvenzvermerk eingetragen ist (dazu siehe auch § 15 Rn. 56 ff. ZVG) oder eine andere Verfügungsbeschränkung vorliegt, muss das Grundbuchamt die Eintragung vornehmen. (Zu entgegenstehenden Rechten und weiteren Hindernissen, die vom Vollstreckungsgericht zu beachten sind, siehe § 28 ZVG).

14 Ist das Ersuchen des Vollstreckungsgerichts formell zu beanstanden, so muss das Grundbuchamt eine Zwischenverfügung erlassen oder das Ersuchen zurückweisen.[17] Jedoch ist auch eine formlose Beanstandung als zulässig anzusehen.[18]

2. Reihenfolge der Erledigung der Anträge

15 Grundsätzlich muss das Grundbuchamt gemäß § 17 GBO die Anträge auf Eintragung in das Grundbuch in der Reihenfolge ihres Eingangs erledigen, wenn dasselbe Recht betroffen ist. Dieses ist auch vom Grundbuchamt zu beachten, wenn das Ersuchen des Vollstreckungsgerichts auf Eintragung des Zwangsversteigerungsvermerks (auch Zwangsverwaltungsvermerk) mit weiteren Eintragungsanträgen vorliegt.[19] Eine Eintragung des Zwangsversteigerungsvermerks darf also nicht einfach erfolgen **ohne** vorher zu prüfen, ob noch Anträge älteren Datums vorliegen.[20] Ein Rangverhältnis besteht zwischen dem Versteigerungsvermerk und den Rechten am Grundstück (§ 879 BGB) zwar nicht,[21] da es sich bei dem Versteigerungsvermerk um eine Verfügungsbeschränkung und nicht um ein Recht am Grundstück handelt; jedoch würde die Aushebelung der Grundbuchvorschriften den gutgläubigen Erwerb (§ 892 BGB) verhindern.

3. Eintragung einer Vormerkung gem. § 18 II GBO

16 Es ist streitig, ob eine Vormerkung gem. § 18 Abs. 2 GBO eingetragen werden darf, wenn **bereits** ein Antrag auf Grundbucheintragung vorliegt zum Zeitpunkt des Eingangs des Ersuchens des Vollstreckungsgerichts. Ist der vorherige Antrag noch nicht erledigungsreif, aber das Ersuchen des Vollstreckungsgerichts könnte gem. § 19 Abs. 1 ZVG vollzogen werden, sind drei verschiedene Ansichten zum weiteren Verfahren in der Literatur vertreten. Abzulehnen ist die Meinung, dass der Zwangsversteigerungs- bzw. Zwangsverwaltungsvermerk ohne Rücksicht auf bereits vorliegende Anträge einzutragen ist. Dies stellt einen klaren Verstoß gegen § 17 GBO dar.[22] Eine zweite Meinung[23] befürwortet den Eintrag einer Vormerkung. Nach *Stöber*[24] müssen die Interessen des Beschlagnahmegläubigers gewahrt werden, da dieser keine Nachteile durch die Länge des Eintragungsverfahrens erleiden darf. Ein Problem wird in der eventuellen Veräußerung beschlagnahmter Gegenstände (§ 23 ZVG) gesehen. Dies wird auch hier nicht verkannt. Jedoch ist nach hier vertretener

---

15 *Jaeckel/Güthe*, Kommentar zum Zwangsversteigerungsgesetz, ZVG, § 19 Rn. 2; *Stöber*, ZVG, § 19 Rn. 3.2.
16 *Stöber*, ZVG, Rn. 3.1; *Hagemann*, in: Steiner, ZVG, § 19 Rn. 11.
17 *Hagemann*, in: Steiner, ZVG, § 19 Rn. 12; *Böttcher*, ZVG, § 19 Rn. 8.
18 *Stöber*, ZVG, § 19 Rn. 3.3.; im Gegensatz zu *Böttcher*, ZVG, § 19 Rn. 8.
19 *Hagemann*, in: Steiner, ZVG, § 19 Rn. 13; *Stöber*, ZVG, Rn. 4.1; *Hintzen*, in: Dassler/Schiffhauer/u.a., § 19 Rn. 12; *Böttcher*, ZVG, § 19 Rn. 7; *Hagemann*, Rpfleger 1984, 397 (II2); *Baum*, Rpfleger 1990, 141 (III); *Tröster*, Rpfleger 1985, 337 (IV).
20 *Hagemann*, in: Steiner, § 19 Rn. 13; *Hintzen*, in: Dassler/Schiffhauer/u.a., ZVG, § 19 Rn. 2.
21 *Hagemann*, in: Steiner, ZVG, § 19 Rn. 13; *Stöber*, ZVG, § 19 Rn. 4.8; RG HRR 1940 Nr. 516; *Bassenge*, in: Palandt, BGB, § 879 Rn. 6.
22 So auch *Meikel*, in: Böttcher, Grundbuchrecht, § 18 Rn. 142.
23 *Tröster*, Rpfleger 1985,337; RG HRR 1940 Nr. 516; *Stöber*, ZVG, § 19 4.5c); *Wilke*, in: Bauer/von Oefele, GBO, § 18 Rn. 24.
24 *Stöber*, ZVG, § 19 Rn. 4.6.

Ansicht der Meinung *Hagemanns*[25] zu folgen, dass eine Eintragung einer Vormerkung (Widerspruch) nach § 18 Abs. 2 GBO nicht möglich ist. Ein gutgläubiger Erwerb ist durch die anschließende Eintragung des Zwangsversteigerungsvermerks ausgeschlossen. Den früheren Antragstellern darf nicht die Möglichkeit des gutgläubigen Erwerbs zunichte gemacht werden.[26] Daher darf keine Vormerkung eingetragen werden. Zurückstellung des Ersuchens des Zwangsversteigerungsgerichts muss erfolgen. Der frühere Antragsteller ist nicht geschützt, da der nach materiellem Recht zugelassene gutgläubige Erwerb ausgeschlossen ist, § 892 Abs. 1 S. 2 BGB, § 23 Abs. 2 ZVG.[27]

4. Wirksamkeitsvermerk

Sollten die Anträge auf Eintragung **zusammen** mit dem Ersuchen des Vollstreckungsgerichts erledigungsreif sein, müssen die Einträge mit Rangvermerken versehen sein. Der Zwangsversteigerungsvermerk ist mit einem sogenannten **Wirksamkeitsvermerk**[28] zu versehen, da § 45 GBO nur analog anwendbar ist und der Zwangsversteigerungsvermerk nur eine Veräußerungsbeschränkung darstellt und kein Recht.[29] Es muss jedoch klar gestellt werden, ob der Rechtserwerb gegenüber dem Gläubiger, der durch die Eintragung der Verfügungsbeschränkung geschützt werden soll, wirksam ist.[30]

17

V. Mitteilungen des Grundbuchamtes

1. Eintragungsnachricht gemäß § 19 Abs. 2 ZVG

Nach Vollzug der Eintragung durch das Grundbuchamt ist dem Vollstreckungsgericht eine beglaubigte Abschrift des Grundbuchblatts mit der Eintragungsnachricht und Angaben hinsichtlich evtl. Zustellungsbevollmächtigter, Adressen der Berechtigten und dessen Vertreter, die im Grundbuch eingetragen sind, zu übersenden. Bei älteren eingetragenen Rechten sind die Anschriften der Berechtigten jedoch oft nicht mehr aktuell und müssen daher vom Vollstreckungsgericht überprüft werden wegen der zustellungsfähigen Anschriften. Ebenso können die Firmierungen der eingetragenen Gläubiger bzw. Berechtigen nicht mehr dem aktuellen Stand entsprechen, so dass die Rechtsnachfolge anhand des Handelsregisters zu überprüfen ist, um die Beteiligtenliste vollständig zu erstellen. Es ist zwar nicht Aufgabe des Vollstreckungsgerichts, Ermittlungen hinsichtlich der Anschriften der eingetragenen Berechtigten und dessen Vertreter anzustellen,[31] um das Verfahren jedoch zügig zu bearbeiten, sind eigene Ermittlungen des Vollstreckungsgerichts nach hiesiger Ansicht oft unerlässlich.

18

Des Weiteren sollen dem Vollstreckungsgericht Abschriften der Urkunden, auf welche im Grundbuch Bezug genommen wird, übersandt werden. Es genügt statt der beglaubigten Abschrift der Urkunden die Beifügung der Grundakten oder die Urkunden. In der Regel werden die Grundakten dem Vollstreckungsgericht übersandt werden, da der Aufwand, sämtliche Urkunden auf die im

19

---

25 *Hagemann*, in: *Steiner*, ZVG, § 19 Rn. 13; *Böttcher*, ZVG, § 19 Rn. 9; *Hintzen*, in: *Dassler/ Schiffhauer/u.a.*, ZVG, § 19 Rn. 12; *Baum*, Rpfleger 1990, 141; *Meikel*, in: *Böttcher*, Grundbuchrecht, § 18 Rn. 142.
26 *Hagemann*, in: *Steiner*, ZVG, § 19 Rn. 13; *Hagemann*, Rpfleger 1985, 341, Rpfleger 1984, 397.
27 *Böttcher*, in: *Meikel*, Grundbuchrecht, § 18 Rn. 142.
28 *Bassenge*, in: *Palandt*, BGB, § 879 Rn. 6; BayObLG, Beschl. vom 4.9.2003 – 2Z BR 171/03, Rpfleger 2004, 93–94 = NJW-RR 04, 736.
29 *Böttcher*, ZVG. § 19 Rn. 11.
30 *Bassenge*, in: *Palandt*, BGB, § 879 Rn. 6; *Hagemann*, in: *Steiner*, ZVG, § 19 Rn. 13; *Hintzen*, in: *Dassler/Schiffhauer/u.a.*, ZVG, § 19 Rn. 12.
31 Nach Ansicht *Böttcher*, ZVG, § 19 Rn. 19 und *Hintzen*, in: *Dassler/Schiffhauer/u.a.*, ZVG, § 19 Rn. 14.

Grundbuch Bezug genommen worden ist, zu fotokopieren, sehr groß ist. Es erscheint auch nicht sinnvoll, die Originalurkunden zu übersenden, da Verlustgefahr besteht.[32] Die beigefügten Grundakten sollten jedoch nicht für die Dauer des gesamten Zwangsversteigerungsverfahrens bei den Versteigerungsakten verbleiben, da die Akten in der Regel erst wieder zum Versteigerungstermin benötigt werden.

2. Mitteilungen gem. § 19 Abs. 3 ZVG

20 Das Grundbuchamt soll dem Zwangsversteigerungsgericht alle Eintragungen mitteilen, die nach dem Versteigerungsvermerk im Grundbuch eingetragen werden. Alle Veränderungen Löschungen und sonstigen Vermerke sind daher mitzuteilen.[33] Die nachträglichen Mitteilungen sollen die zu Beginn erteilte Blattabschrift immer auf dem aktuellen Stand halten. Da es sich jedoch um <u>keine</u> Muss-Vorschrift handelt, sollte sich das Vollstreckungsgericht <u>nicht</u> darauf verlassen, dass alle nachträglichen Eintragungen auch tatsächlich mitgeteilt wurden.[34] So ist dringend anzuraten, **vor** jeder Terminierung eines Zwangsversteigerungs- bzw. Verteilungstermin (wie auch in der Zwangsverwaltung) die Grundakten beizuziehen bzw. in das maschinelle Register Einsicht zu nehmen oder eine aktuelle Grundbuchblattabschrift anzufordern. Dabei gilt **zu überprüfen**, ob die Eintragungen von Amts wegen zu beachten sind oder nur auf Anmeldung berücksichtigt werden dürfen. Hinsichtlich der Anmeldungen wird auf die Kommentierung zu § 9 Abs. 2, § 37 Abs. 4, § 45 Abs. 1, § 114 ZVG verwiesen.[35]

VI. Löschung

21 Um den Versteigerungsvermerk im Grundbuch zu löschen, ist immer ein entsprechendes Ersuchen des Vollstreckungsgerichts Voraussetzung (nach Aufhebung des Verfahrens § 29 ZVG oder nach erfolgter Versteigerung und Zuschlagserteilung § 130 ZVG). Wird vor Eintragung des Vermerks der Versteigerungsantrag zurückgenommen und das Löschungsersuchen an das Grundbuchamt gestellt, ist keine Eintragung mehr zu vollziehen.[36]

VII. Kosten

22 Es entstehen keine gesonderten Kosten für das Ersuchen und der Eintragung ins Grundbuch § 69 Abs. 2 KostO.

VIII. Rechtsbehelfe

23 Für die Eintragung des Zwangsversteigerungs- bzw. Zwangsverwaltungsvermerks ist der Urkundsbeamte der Geschäftsstelle zuständig, § 12 Abs. 2 Nr. 3 GBO.

24 Erfolgt die Ablehnung der Eintragung durch den U.d.G ist die Ablehnung mit der Erinnerung anfechtbar, § 12 Abs. 4 GBO. Beschwerdeberechtigt sind das Vollstreckungsgericht und der betreibende Gläubiger.[37] Der U.d.G. kann der Erinnerung abhelfen. Erfolgt keine Abhilfe muss der Grundbuchrichter über

---

32 *Stöber*, ZVG, § 19 Rn. 5.5.
33 *Hintzen*, in: *Dassler/Schiffhauer/u.a.*, § 19 Rn. 16 und *Stöber*, ZVG, § 19 Rn. 5.7.
34 So auch *Stöber*, ZVG, § 19 Rn. 5.7.
35 Eintragungsnachricht ersetzt keine notwendige Anmeldung, s. *Stöber*, ZVG, § 19 Rn. 5.7.
36 *Stöber*, ZVG, § 19 Rn. 3.6
37 *Stöber*, ZVG, § 19 Rn. 6.1; *Hintzen*, in: *Dassler/Schiffhauer/u.a.*, ZVG, § 19 Rn. 18.

die Erinnerung entscheiden. Gegen die Entscheidung des Richters ist die Beschwerde zulässig, § 71 GBO. Auch die weitere Beschwerde ist unter den Zulässigkeitsvoraussetzungen des § 78 GBO möglich.
Hat statt des Urkundsbeamten der Geschäftsstelle der Rechtspfleger die Entscheidung getroffen, so ist die Entscheidung mit der Beschwerde anfechtbar, § 11 Abs. 1 RpflG.

Gegen die Eintragung des Zwangsversteigerungsvermerks durch den U.d.G. ist ebenfalls die Erinnerung zulässig, über die – nach Nichtabhilfe – ebenfalls der Grundbuchrichter entscheidet (s. § 19 vorherige Rn. 23). **25**

§ 20 ZVG [Umfang der Beschlagnahme]

(1) Der Beschluss, durch welchen die Zwangsversteigerung angeordnet wird, gilt zugunsten des Gläubigers als Beschlagnahme des Grundstücks.

(2) Die Beschlagnahme umfasst auch diejenigen Gegenstände, auf welche sich bei einem Grundstück die Hypothek erstreckt.

Schrifttum: *Fischinger*, Die Folgen des Wegfalls von § 120 VVG a.F. für Hypothekenhaftverband und Beschlagnahme beim gestörten Versicherungsverhältnis, VersR 2009, 1032 ff.; *Hoes/Tetzlaff*, Ansprüche des Grundpfandgläubigers gegen den Gebäudeversicherer, ZfIR 2001, 354 ff.; *Klawikowski*, Schadensfälle in der Grundstücksversteigerung, Rpfleger 2005, 342 ff.; *Kollhosser*, Der Kampf ums Zubehör, JA 1984, 196 ff.; *Mümmler*, Bestandteil und Zubehör im Zwangsversteigerungsverfahren, JurBüro 1971, 805 ff.; *Paschold*, Die Grundstücksbeschlagnahme nach § 20 ZVG und ihre Auswirkung auf die Fahrnisvollstreckung des Gerichtsvollziehers, DGVZ 1974, 53 ff.; *Teufel*, Der Beitrag zur Zwangsversteigerung und das Zubehör, Rpfleger 1979, 186 ff.; *Teufel/Graba*, Anwartschaftsrecht am Zubehör in der Grundstücksversteigerung, Rpfleger 1979, 401 ff.; *Weimar*, Die mithaftenden Gegenstände bei den Grundpfandrechten, MDR 1979, 464 ff.; *Wilhelm*, Das Anwartschaftsrecht des Vorbehaltskäufers im Hypotheken- und Grundschuldverband, NJW 1987, 1785 ff.

Übersicht

		Rn.
I.	Allgemeines	1–3
1.	Normzweck	1
2.	Verschiedene Arten der Beschlagnahme	2
3.	Anwendungsbereich	3
II.	Beschlagnahme durch Verfahrensanordnung, Abs. 1	4–9
1.	Verfahrensanordnung	4, 5
2.	Wesen und Wirkungen der Beschlagnahme	6–9
III.	Umfang der Beschlagnahme, Abs. 2	10–53
1.	Allgemeines	10–12
2.	Unbewegliches Vermögen	13
3.	Bestandteile	14–24
4.	Erzeugnisse	25–28
5.	Zubehör	29–33
6.	Anwartschaftsrecht am Zubehör	34–37
7.	Versicherungsforderungen	38–48
8.	Miet- und Pachtzinsforderungen; Ansprüche aus wiederkehrenden Leistungen	49–52
9.	Entschädigungsansprüche	53

I. Allgemeines

1. Normzweck

1 Nach Abs. 1 gilt der Anordnungsbeschluss als Beschlagnahme des Grundstücks. Der Umfang der Beschlagnahme richtet sich nach den Vorschriften über den Hypothekenhaftverband, Abs. 2. Dies erfolgt vor dem Hintergrund, dass die Erweiterung der Haftung nach den §§ 1120 ff. BGB für den dinglichen Gläubiger nur von Wert ist, wenn dies auch für den „worst case", d.h. bei Zwangsversteigerung oder -verwaltung, gilt.[1] Auch für den persönlichen Gläu-

---

[1] *Teufel*, in: *Steiner*, ZVG, § 20 Rn. 1; vgl. auch *Hahn/Mugdan*, Denkschrift, S. 1.

biger ist es günstiger, auf Grundstück und mithaftenden Gegenstände als wirtschaftliche Einheit zugreifen zu können ohne diese (i. d. R. wertmindernd) zerschlagen zu müssen. Abs. 2 wird modifiziert durch § 21.

2. Verschiedene Arten der Beschlagnahme

Wenn im Folgenden von „Beschlagnahme" die Rede ist, sind damit Zwangsversteigerung und -verwaltung gemeint. Es ist aber darauf hinzuweisen, dass – wie § 1147 BGB zeigt – auch die **Pfändung** von Grundstück und mithaftenden Gegenständen (§§ 1120 ff. BGB) aufgrund eines **dinglichen** Titels Beschlagnahme ist;[2] gleiches gilt für die Vollziehung einer **einstweiligen Verfügung**, sofern darin ein Veräußerungsverbot oder sonstige zur Sicherung des Hypothekengläubigers wegen eines dinglichen Anspruchs dienende Anordnungen enthalten sind.[3]

3. Anwendungsbereich

§ 20 gilt uneingeschränkt nur für die Zwangsversteigerung; bei der Zwangsverwaltung sind Besonderheiten zu beachten, vgl. § 148 Rn. 5. Für die Teilungsversteigerung gilt § 20 nur, soweit dessen Zweck passt; nicht anwendbar § 20 auf Insolvenzverwalter- (§ 173) und Nachlassversteigerung (§ 176).

II. Beschlagnahme durch Verfahrensanordnung, Abs. 1

1. Verfahrensanordnung

Die Durchführung eines Zwangsversteigerungs- oder Zwangsverwaltungsverfahrens wird durch Beschluss des Vollstreckungsgerichts angeordnet (§ 15; § 146 Abs. 1). Dieser Anordnungsbeschluss (bzw. beim Beitritt der Beitrittsbeschluss, § 27) führt die Beschlagnahme des Grundstücks und der mithaftenden Gegenstände herbei (Abs. 1), und zwar auch dann, wenn im Beschluss nicht darauf hingewiesen wurde.[4] Die Beschlagnahme wirkt nur relativ (Rn. 7).

Vom maßgeblichen Zeitpunkt für das Wirksamwerden der Beschlagnahme, der sich nach § 22 richtet, ist der **Beginn** der Zwangsvollstreckung zu unterscheiden. Dieser erfolgt mit der Verfügung der Vollstreckungsmaßnahme, im Falle des Anordnungsbeschlusses also mit dessen Verlassen des inneren Geschäftsbetriebs; Zustellung an den Vollstreckungsschuldner ist nicht erforderlich.

2. Wesen und Wirkungen der Beschlagnahme

Die Beschlagnahme ist **öffentlich-rechtlicher**, prozessualer Akt des Vollstreckungsgerichts. Für das Zivilrecht hat sie folgende Wirkungen: Nach § 23 begründet sie ein **Verfügungsverbot** gegen den Vollstreckungsschuldner über das Grundstück und die mithaftenden Gegenstände (§§ 135, 136 BGB). Da das letztendliche Ziel der Zwangsvollstreckung die Befriedigung des Gläubigers ist, verschafft die Beschlagnahme dem Vollstreckungsgläubiger ein **Befriedigungsrecht** am Grundstück resp. dessen Versteigerungserlös (§ 10 Abs. 1 Nr. 5[5]), ohne aber ein Pfandrecht oder sonstiges dingliches Recht zu begrün-

---

2 Vgl. OLG Saarbrücken, Beschl. v. 24.6.1992 – 5 W 184/91, Rpfleger 1993, 80; *Bassenge*, in: *Palandt*, BGB, § 1123 Rn. 3.
3 *Wolfsteiner*, in: *Staudinger*, BGB, § 1121 Rn. 2.
4 Denkschrift S. 12; zur Information der Beteiligten sollte in der Praxis darauf jedoch stets hingewiesen werden.
5 Zu anderen dogmatischen Verortungen vgl. *Teufel*, in: *Steiner*, ZVG, § 20 Rn. 3.

den[6]. Für den aus einem persönlichen Anspruch vollstreckenden Gläubiger wird dieses Befriedungsrecht erstmals mit der Beschlagnahme begründet. Für einen dinglichen Gläubiger hingegen wird das bereits zuvor bestehende Recht lediglich aktualisiert mit der Folge, dass der Vollstreckungsschuldner den Haftungsumfang nicht mehr nach den §§ 1120ff. BGB beeinflussen kann (Rn. 12).[7] Durch die Beschlagnahme entsteht somit ein Sondervermögen des Schuldners, an dem die am Verfahren Beteiligten gemäß der im Gesetz bestimmten Reihenfolge partizipieren können.[8]

7 Die Beschlagnahme wirkt nur **relativ** und ist demzufolge im Hinblick auf Zeitpunkt ihres Wirksamwerdens, ihren Umfang, sowie ihre Folgen (Verfügungsverbot; Befriedigungsrecht) für jeden betreibenden oder beitretenden Gläubiger gesondert zu bestimmen (vgl. auch § 23 Rn. 2, § 27 Rn. 1, 15).

8 Für das weitere Verfahren hat die Beschlagnahme Bedeutung, weil sich die **Versteigerung** auf alle Gegenstände beschränkt, deren Beschlagnahme noch wirksam ist, § 55 Abs. 1.[9] Dies wiederum ist maßgeblich dafür, welche Gegenstände der Ersteher mit dem **Zuschlag** erhält, § 90. Des Weiteren hat sich die **Wertfestsetzung** nicht nur am Grundstück, sondern auch an den mithaftenden Gegenständen zu orientieren.[10]

9 Da die Beschlagnahme von dem jeweiligen Zwangsversteigerungs- oder Zwangsverwaltungsverfahren abhängt, **endet** sie mit dem Verfahren (§ 22 Rn. 20).

III. Umfang der Beschlagnahme, Abs. 2

1. Allgemeines

10 Zur Bestimmung des Umfangs der Beschlagnahme verweist Abs. 2 auf die materiell-rechtlichen Vorschriften des Hypothekenhaftverbandes, §§ 1120ff. BGB; diese gelten auch für Grund- und Rentenschulden (§§ 1192, 1200 BGB), Reallasten (§ 1108 BGB) sowie Eigentümergrundschulden (§ 1196 BGB). Erfasst sind daher neben dem Grundstück z.B. dessen Bestandteile, Erzeugnisse und Zubehör (näher Rn. 14ff.). Die §§ 1120ff. BGB sind **zwingend**, der Umfang der erfassten Gegenstände kann daher vertraglich weder erweitert[11] noch beschränkt[12] werden. Die Verweisung ist insofern „abstrakt", als diese Gegenstände auch dann von der Beschlagnahme erfasst werden, wenn ein Hypothekenhaftverband tatsächlich gar nicht besteht, weil ein persönlicher Gläubiger Zwangsversteigerung oder -verwaltung betreibt.

11 Zu beachten ist jedoch, dass § 21 (s. dort) die Verweisung auf den Hypothekenhaftungsverband für die Zwangsversteigerung z.T. **einschränkt** (für die Zwangsverwaltung gilt wegen § 148 Abs. 1 nur § 21 Abs. 3).

12 Der maßgebliche **Zeitpunkt** für die Bestimmung des Beschlagnahmeumfangs richtet sich nach § 22 (s. dort). Dieser ist für jeden betreibenden oder beitre-

---

6 RG, Urteil v. 26.10.1887 – V 178/87, RGZ 19, 295, 299ff.; daher ist ein persönlicher Gläubiger weder durch § 892 BGB geschützt noch nach § 268 BGB ablösungsberechtigt, *Teufel*, in: *Steiner*, ZVG, § 20 Rn. 19.
7 *Eickmann*, in: *MünchKomm*-BGB, § 1120 Rn. 3.
8 RG, Urteil v. 20.10.1933 – II 30/33, RGZ 142, 85, 93.
9 Zur Änderung des Umfangs der Beschlagnahme nach Wirksamwerden siehe § 55 Rn. 3.
10 *Teufel*, in: *Steiner*, ZVG, § 20 Rn. 31.
11 Z.B. in der Weise, dass ein Dritter die in seinem Eigentum stehende Sache dem Hypothekenhaftverband und damit der Beschlagnahme unterstellt, um sie so einer Pfändung zu entziehen RG, Urteil v. 12.6.1906 – VII 469/05, RGZ 63, 371, 373f.
12 RG, Urteil v. 3.10.1929 – V 258/28, RGZ 125, 362, 365; *Bassenge*, in: *Palandt*, BGB, § 1120 Rn. 1; siehe auch *Teufel*, in: *Steiner*, ZVG, § 20 Rn. 26.

tenden Gläubiger gesondert zu bestimmen, da jeder Gläubiger seine „eigene" Beschlagnahme bewirkt.[13] Ferner ist zwischen dinglichen und persönlichen Gläubigern zu unterscheiden. Beim **dinglichen** Gläubiger ist die Beschlagnahme bloße Aktualisierung des bereits bestehenden dinglichen Rechts (Rn. 6). Dementsprechend ist vom Zeitpunkt der Eintragung des Grundpfandrechts ins Grundbuch auszugehen, jedoch sind vor Wirksamwerden der Beschlagnahme eintretende Änderungen bei den Haftungsgegenständen zu berücksichtigen; im Ergebnis umfasst die Beschlagnahme beim dinglichen Gläubiger daher alle im in § 22 bestimmten Zeitpunkt noch mithaftenden Gegenstände. Beim **persönlichen** Gläubiger hingegen werden die Gegenstände beschlagnahmt, die einer zum Zeitpunkt des Wirksamwerdens der Beschlagnahme *entstehenden* Hypothek haften würden.[14] Daher kann eine zum gleichen Zeitpunkt wirksam werdende Beschlagnahme zugunsten des persönlichen Gläubigers weniger Gegenstände umfassen als bei einem (bereits zuvor gesicherten) dinglichen Gläubiger, z. B. weil der Gegenstand trotz Veräußerung mangels Entfernung vom Grundstück bei Beschlagnahme noch nicht enthaftet war (§ 1121 Abs. 1 BGB).[15]

2. Unbewegliches Vermögen

Unmittelbar von der Beschlagnahme erfasst (und daher – anders als die lediglich mithaftenden Gegenstände [Rn. 14 ff.] – im Anordnungs- oder Beitrittsbeschluss ausdrücklich zu **benennen**[16]) sind folgende Gegenstände: Das Grundstück im Rechtssinne;[17] Wohnungs- und Teileigentum einschließlich etwaiger zugeordneter Sondernutzungsrechte (§§ 1, 6 WEG); Grundstücksbruchteile nur, wenn der Bruchteil in dem Anteil eines Miteigentümers besteht oder wenn sich der Anspruch des Gläubigers auf ein Recht gründet, mit dem der Bruchteil als solcher belastet ist (§ 864 Abs. 2 ZPO); grundstücksgleiche Rechte (§ 870 ZPO): Erbbau- und Wohnungserbbaurechte (§§ 11 f. ErbbauVO); eingetragene/eintragungsfähige Schiffe, Schiffsbauwerke und die Gegenstände, auf die sich die Schiffshypothek (§ 76 SchiffsRG) erstreckt (§ 865 Abs. 1 ZPO; §§ 162 ff.); Luftfahrzeuge (§ 1 Abs. 2 LuftfzRG) samt der Gegenstände, auf die sich das Registerpfandrecht (§§ 24 ff. LuftfzRG) bezieht (§ 47 Abs. 1 LuftfzRG; §§ 171a ff.); für ausländische Schiffe/Luftfahrzeuge siehe § 171. Dem ZVG unterliegt auch die Zwangsvollstreckung in Hochseekabelpfandrechte, §§ 24 ff. KabelPfandG, deren Umfang sich nach §§ 8 ff. KabelPfandG richtet.[18]

3. Bestandteile

Bestandteile des Grundstücks können ebenfalls von der Beschlagnahme umfasst sein. Was Bestandteile sind, regeln die §§ 93 ff. BGB. Deren Zweck ist es, die sinnlose Zerstörung wirtschaftlicher Werte durch Trennung von Bestandteilen, die ihren wirtschaftlichen Wert nur in der von ihnen gebildeten Einheit haben, zu verhindern.[19] Bestandteile sind alle Gegenstände, die von Natur aus eine Einheit bilden oder durch Verbindung ihre Selbständigkeit verloren haben und als einheitliche Sache erscheinen.[20] Maßstab ist die Verkehrsanschauung und eine natürliche Betrachtung unter Zugrundelegung eines technisch-wirtschaftlichen Standpunkts.[21]

---

13 *Hintzen*, in: *Dassler/Schiffhauer/u. a.*, ZVG, § 20 Rn. 4.
14 BGH, Urteil v. 30.11.1995 – IX ZR 181/94, NJW 1996, 835 = Rpfleger 1996, 256.
15 *Teufel*, in: *Steiner*, ZVG, § 20 , Rn. 30.
16 *Teufel*, in: *Steiner*, ZVG, § 20 Rn. 43.
17 Dazu *Baur/Stürner*, Sachenrecht, § 15 III Rn. 18.
18 Zum KabelpfandG siehe auch *Abraham*, Wörterbuch des Völkerrechts, Band 2, S. 179 f.
19 BGH, Urteil v. 3.3.1956 – IV ZR 301/55, BGHZ 20, 154.
20 RG, Urteil v. 19.4.1906 – V 528/05, RGZ 63, 171, 173.
21 BGH, Urteil v. 3.3.1956 – IV ZR 301/55, BGHZ 20, 154.

15 **a) Bestandteilsbegriff.** Wie sich aus dem Gegenschluss zu §§ 93, 94 BGB ergibt, unterscheidet das Gesetz wesentliche und nichtwesentliche (einfache) Bestandteile. Die Wesentlichkeit eines Bestandteils richtet sich wegen § 93 BGB nicht danach, ob er für die Sache (besonders) wichtig ist oder welchen Einfluss die Trennung auf die Gesamtsache hat;[22] entscheidend ist vielmehr, ob durch die Trennung entweder der abgetrennte oder der zurückbleibende Bestandteil zerstört oder in seinem Wesen verändert wird. Zu den wesentlichen Bestandteilen eines Grundstücks gehören nach § 94 Abs. 1 Satz 1 BGB zunächst die mit Grund und Boden fest verbundenen Sachen, insbesondere Gebäude;[23] in Ergänzung dazu bestimmt § 94 Abs. 2 BGB, dass zur Herstellung des Gebäudes[24] eingefügte Sachen – auch ohne feste Verbindung[25] – wesentliche Bestandteile des Gebäudes (und damit mittelbar des Grundstücks) sind. Zu Erzeugnissen siehe Rn. 25 ff.

16 Wesentliche Bestandteile sind nicht sonderrechtsfähig, sie teilen daher das rechtliche Schicksal der Hauptsache; demgegenüber sind – e contrario § 93 BGB – einfache Bestandteile sonderrechtsfähig.[26] Zur Frage, was wesentlicher Bestandteil eines Grundstückes ist, besteht eine umfangreiche Rechtsprechung, die hier nicht adäquat nachgezeichnet werden kann; es sei daher auf die einschlägigen Kommentare verwiesen.[27]

17 **b) Scheinbestandteile, § 95 BGB.** Nicht dauerhaft mit dem Grundstück verbundene Sachen sind gem. § 95 BGB keine „echten" Bestandteile (oder auch nur Zubehör, § 97 BGB[28]), sondern sog. **Scheinbestandteile**. Dabei handelt es sich um einen Gegenstand, der nur zu einem vorübergehenden Zweck mit Grund und Boden verbunden oder in ein Gebäude eingefügt wurde bzw. in Ausübung eines dinglichen Rechts an einem fremden Grundstück mit dem Boden verbunden ist. Vorübergehend ist die Verbindung, wenn ihr Wegfall schon bei Verbindung oder Einfügung beabsichtigt oder nach der Natur des Zwecks sicher ist.[29] Zu Beispielen vgl.[30]

18 Scheinbestandteile behandelt das Gesetz – selbst wenn sie faktisch immobil sind – als bewegliche Sachen.[31] Daher unterliegen sie stets der Zwangsvollstreckung in das bewegliche Vermögen; daran ändern auch Abs. 2 i. V. m. §§ 1120 ff. BGB nichts, da Scheinbestandteile nicht dem Haftungsverband der Hypothek unterfallen[32].

19 **c) Rechte als Bestandteile, § 96 BGB.** § 96 fingiert, dass mit dem Eigentum am Grundstück verbundene Rechte Bestandteile des Grundstücks sind. Ob es sich um wesentliche oder einfache Bestandteile handelt, hängt davon ab, ob sie vom Eigentum am (herrschenden) Grundstück getrennt werden können (dann: einfache) oder nicht (dann: wesentliche).[33] Beispiele: Grunddienstbarkeit; subjektiv-dingliches Vorkaufsrecht; Überbau- und Notwegrente.[34]

---

22 BGH, Urteil v. 27.6.1973 – VIII ZR 201/72, BGHZ 61, 80.
23 Dazu aus jüngerer Zeit BGH, Urteil v. 14.12.2005 – IV ZR 45/05, BGHZ 165, 261 = NJW 2006, 993 = Rpfleger 2006, 213.
24 Das sind alle Teile ohne die das Gebäude nach der Verkehrsanschauung noch nicht fertiggestellt ist (BGH, Urteil v. 25.5.1984 – V ZR 149/83, NJW 1984, 2277).
25 BGH, Urteil v. 10.2.1978 – V ZR 33/76, NJW 1978, 1311.
26 Statt aller OLG Frankfurt, Urteil v. 7.4.1981 – 14 U 80/80, NJW 1982, 653.
27 Z.B. *Holch*, in: *MünchKomm*-BGB, § 94 Rn. 4 ff.; *Ellenberger*, in: *Palandt*, BGB, § 93 Rn. 5.
28 BGH, Urteil v. 23.5.1962 – V ZR 238/60, NJW 1962, 1498.
29 Vgl. BGH, Urteil v. 9.1.1958 – II ZR 275/56, BGHZ 26, 225.
30 *Holch*, in: *MünchKomm*-BGB, § 95 Rn. 14 ff., 21 f.
31 BGH, Urteil v. 23.5.1962 – V ZR 238/60, NJW 1962, 1498.
32 *Holch*, in: *MünchKomm*-BGB, § 95 Rn. 35, 37.
33 BayObLG, Beschl. v. 5.12.2002 – 2Z BR 73/02, Rpfleger 2003, 241.
34 Weitere Beispiele bei *Fritzsche*, in: *BeckOK*-BGB, § 96 Rn. 3.

Als Grundstücksbestandteile unterfallen sie dem Hypothekenhaftverband der §§ 1120 ff. BGB[35], so dass sie von der Beschlagnahme auch ohne besondere Erwähnung mitumfasst werden.[36] Einzelne Leistungen aus diesen Rechten sind aber nach § 21 Abs. 2 von der Beschlagnahme ausgenommen (näher § 21 Rn. 7 ff.). **20**

d) **Die Beschlagnahme von Bestandteilen.** Vom Grundstück ungetrennte wesentliche, einfache und fingierte (§ 96 BGB) Bestandteile unterliegen grds.[37] nicht der Mobiliarvollstreckung, sondern werden zusammen mit dem Grundstück vollstreckt (§ 864 Abs. 1 ZPO). Sie werden daher automatisch – ohne dass es eines entsprechenden Ausspruches bedürfte – von Beschlagnahme, Versteigerung (§ 55 Abs. 1) und Zuschlag (§ 90 Abs. 2) erfasst. Eine auf einen wesentlichen Bestandteil beschränkte Aufhebung oder einstweilige Einstellung des Verfahrens ist nicht möglich, erfolgt sie dennoch, wird der Eigentumserwerb des Erstehers nicht verhindert,[38] der Grundstückseigentümer hat aber u. U. einen persönlichen Herausgabeanspruch.[39] Zu beachten ist jedoch die beschränkte Prüfungskompetenz des Vollstreckungsgerichts: Gibt der Gläubiger den Gegenstand frei oder bewilligt er – bezogen auf diesen – die einstweilige Verfahrenseinstellung, muss das Vollstreckungsgericht eine entsprechende Anordnung erlassen, ohne zur Prüfung der Bestandteilseigenschaft befugt zu sein.[40] **21**

Scheinbestandteile unterliegen der Mobiliarvollstreckung (Rn. 18), sie werden daher von der Beschlagnahme nicht umfasst. **22**

Vom Grundstück **getrennte Bestandteile** unterfallen dem Hypothekenhaftverband und werden von der Beschlagnahme umfasst, soweit nicht mit Trennung gem. §§ 957–957 BGB ein anderer als der Eigentümer oder der Eigenbesitzer das Eigentum daran erworben hat, § 1120 BGB. **23**

e) **Freiwerden von der Haftung.** Nach den §§ 1121, 1122 Abs. 1 BGB können Bestandteile **enthaftet** werden. § 1121 Abs. 1 BGB lässt die Haftung entfallen, wenn der Bestandteil vor Wirksamwerden der Beschlagnahme veräußert *und* vom Grundstück entfernt wurde. Zu den möglichen Konstellationen wenn die Reihenfolge anders ist vgl.[41]. § 1122 Abs. 1 BGB ermöglicht daneben eine Enthaftung auch ohne Veräußerung. Voraussetzung ist, dass die Bestandteile im Rahmen einer ordnungsmäßigen Wirtschaft[42] von dem Grundstück getrennt und *vor* der Beschlagnahme nicht nur zu einem vorübergehenden Zweck vom Grundstück entfernt wurden. Schließlich kann der Vollstreckungsschuldner bei der Zwangsversteigerung (nicht aber bei der Zwangsverwaltung, § 148 Abs. 1 Satz 2) gem. § 23 Abs. 1 Satz 2 auch *nach* der Beschlagnahme innerhalb der Grenzen einer ordnungsmäßigen Wirtschaft über einzelne Stücke verfügen (näher § 23 Rn. 22). **24**

4. Erzeugnisse

Erzeugnisse gehören zusammen mit der sonstigen Ausbeute zu den Früchten, § 99 Abs. 1 BGB. Erzeugnisse sind natürliche Tier- und Bodenprodukte **25**

---

35 RG, Urteil v. 5.7.1913 – V 110/13, RGZ 83, 54, 56; RG, Urteil v. 22.10.1913 – V 220/13, RGZ 83, 198, 200.
36 *Teufel*, in: *Steiner*, ZVG, § 20 , Rn. 53.
37 Eine Ausnahme besteht bei einfachen Bestandteilen, die besonderen Rechten unterstehen und über die der Eigentümer kein Verfügungsrecht hat, vgl. RG, Urteil v. 12.2.1932 – II 404/31, RGZ 135, 197, 201; *Teufel*, in: *Steiner*, ZVG, § 20 – Rn. 44.
38 *Mümmler*, JurBüro 1971, 805, 807; *Böttcher*, ZVG, § 20 Rn. 25.
39 RG, Urteil v. 20.12.1935 – VII 96/35, RGZ 150, 22, 24 f.; *Teufel*, in: *Steiner*, ZVG, § 20 – Rn. 61.
40 Gleiches gilt bei Entscheidungen nach § 769 Abs. 1 ZPO, anders aber bei § 769 Abs. 2 ZPO.
41 *Bassenge*, in: *Palandt*, BGB, § 1121 Rn. 6 f.
42 Vgl. die Nachweise bei *Bassenge*, in: *Palandt*, BGB, § 1122 Rn. 2.

(Samen, Obst, Gemüse), zur sonstigen Ausbeute zählen Bodenbestandteile wie Erde, Lehm, Kies oder Moor. Erzeugnisse sind wesentliche Bestandteile des Grundstücks, solange sie mit dem Boden verbunden sind, § 94 Abs. 1 Satz 1 BGB; die genannten Bodenbestandteile sind dagegen schon nach § 93 BGB wesentliche Bestandteile.[43]

26 Vom Boden **nicht getrennte Erzeugnisse** unterfallen als wesentliche Bestandteile der Hypothekenhaftung und werden daher von der Beschlagnahme umfasst; das gilt auch für die Zwangsversteigerung, da § 21 Abs. 1 nicht eingreift. Als Besonderheit ermöglicht § 810 Abs. 1 ZPO vor Wirksamwerden der Beschlagnahme[44] die Pfändung periodisch abzuerntender[45] Früchte (z. B. Obst);[46] unzulässig ist dies jedoch, wenn die Früchte entweder nach § 811 Nr. 2–4 ZPO unpfändbar sind oder mit Trennung Zubehör werden (§ 865 Abs. 2 ZPO). Beschränkt wird die Beschlagnahme jedoch durch das Fruchtziehungsrecht des Pächters, § 21 Abs. 3 (näher § 21 Rn. 10 f.).

27 Werden die Erzeugnisse vom Boden **getrennt**[47], fallen sie nach § 1120 BGB aus dem Hypothekenhaftungsverband, wenn ein anderer als der Grundstückseigentümer nach §§ 954–957 BGB das Eigentum an den Erzeugnissen erwirbt; dementsprechend erstreckt sich auch die Beschlagnahme nicht auf sie (Abs. 2). Erwirbt dagegen der Grundstückseigentümer das Eigentum an den getrennten Erzeugnissen, erstreckt sich die Hypothekenhaftung und damit – im Grundsatz – auch die Beschlagnahme darauf; zu beachten ist jedoch **§ 21 Abs. 1**, der für die Zwangsversteigerung eine weitreichende Ausnahme macht (das ist bei der Zwangsverwaltung wegen § 148 Abs. 1 anders), näher § 21 Rn. 3 ff.

28 Sind Erzeugnisse von Zubehör (wie z. B. Eier oder Milch) nicht wieder selbst Zubehör (vgl. § 98 Nr. 2 BGB), unterfallen sie nicht dem Hypothekenhaftungsverband und damit auch nicht der Beschlagnahme; der Zwangsverwalter kann sie aber für die Masse verwenden, solange sie nicht gepfändet wurden.[48]

5. Zubehör

29 a) **Begriff.** Bewegliche Sachen, die – ohne Bestandteil der Hauptsache zu sein – deren wirtschaftlichen Zweck zu dienen bestimmt sind, in einer auf Dauer angelegten[49] Zweckbindung und einer der Zweckbestimmung entsprechenden räumlichen Beziehung zur Hauptsache stehen und nicht nach der Verkehrsanschauung nicht als Zubehör angesehen werden, sind Zubehör, **§ 97 BGB**. Der Begriff des „wirtschaftlichen Zwecks" ist weit zu fassen, insbesondere ist eine gewerbliche Nutzung nicht erforderlich, es reicht, dass die Sache in irgendeiner Weise nutzbar ist.[50] Eine vorübergehende Trennung[51] von der Hauptsache beendet die Zubehöreigenschaft nicht, § 98 Abs. 2 Satz 2 BGB. Beispiele für gewerbliches und landwirtschaftliches Inventar enthält **§ 98 BGB**; dieser ist

---

43 *Holch*, in: *MünchKomm*-BGB, § 94 Rn. 5 m. w. N.
44 Mit „Beschlagnahme" ist dabei sowohl die Beschlagnahme im Rahmen der Zwangsverwaltung als auch der -versteigerung zu verstehen, da – angesichts der bestehenden Verbindung der Früchte mit dem Boden – § 21 Abs. 1 auch bei der Zwangsversteigerung den Umfang nicht begrenzt.
45 *Hüßtege*, in: *Thomas/Putzo* ZPO, § 810 Rn. 2 (mit Beispielen).
46 Dazu ausführlich *Noack*, Rpfleger 1969, 113; *Richert*, JurBüro 1970, 567.
47 Erfolgt die Trennung bereits vor Entstehung der Hypothek (relevant nur beim Betreiben der Zwangsversteigerung/-verwaltung durch einen dinglichen Gläubiger), erstrecken sich Haftung/Beschlagnahme unabhängig von der Eigentümerstellung nicht auf die Erzeugnisse. Denn trotz seines zu weit geratenen Wortlautes bezieht sich § 1120 BGB nur auf Erzeugnisse, die zum Zeitpunkt der Entstehung in den Haftungsverband fielen (*Wolfsteiner*, in: *Staudinger*, BGB, § 1120 Rn. 25; *Eickmann*, in: *MünchKomm*-BGB, § 1120 Rn. 19). Eine Haftung ist hier nur als Zubehör für die später bestellte Hypothek denkbar, *Rohe*, in: *BeckOK*-BGB, § 1120 Rn. 5.
48 *Teufel*, in: *Steiner*, ZVG, § 20 , Rn. 65.
49 Vgl. BGH, Urteil. v. 23.5.1962 – V ZR 238/60, NJW 1962, 1498.
50 *Heinrichs/Ellenberger*, in: *Palandt*, BGB, § 97 Rn. 4.
51 Beispiele bei *Holch*, in: *MünchKomm*-BGB, § 97 Rn. 29.

aber einerseits nicht abschließend, andererseits ersetzt er nicht das Vorliegen der Voraussetzungen des § 97 BGB.[52] Zur Frage, was Zubehör ist, existiert eine facettenreiche Rechtsprechung, auf die einschlägigen Kommentare sei verwiesen.[53]

b) **Beschlagnahme.** Nach Abs. 2, § 1120 BGB erstreckt sich die **Beschlagnahme** auf die im **Eigentum** des Grundstückseigentümers stehenden Zubehörstücke; dabei spielt es keine Rolle, ob die Zubehöreigenschaft vor oder nach Beschlagnahme begründet wurde: Auch wenn dies erst nach Wirksamwerden der Beschlagnahme erfolgt, erstreckt sich diese – auch ohne darauf gerichteten Ausspruch[54] – auf den jeweiligen Zubehörgegenstand. Gleiches gilt für erst nach der Beschlagnahme ins Eigentum des Vollstreckungsschuldners gelangte Zubehörstücke. Bei im **Miteigentum** stehendem Zubehör ist zu unterscheiden: Keine Besonderheiten gelten, wenn alle Miteigentümer zugleich Vollstreckungsschuldner sind; steht die Sache im Miteigentum des Vollstreckungsschuldners und eines Dritten, unterliegt nur der Anteil des Schuldners am Zubehör der Beschlagnahme.[55] **30**

c) **Ausnahmen.** Abs. 2 und § 1120 BGB sind **zwingende** Regelungen (Rn. 10). Das schließt jedoch nicht aus, dass der betreibende/beitretende Gläubiger nach der Beschlagnahme durch eine auf das jeweilige Zubehörstück beschränkte Rücknahme des Versteigerungsantrags (§ 29) dieses **freigibt**; das Vollstreckungsgericht hat einen entsprechenden Aufhebungsbeschluss zu erlassen.[56] Da die Beschlagnahme für jeden Gläubiger individuell zu bestimmen ist (§ 23 Rn. 2, § 27 Rn. 1, 16), hindert eine zwischenzeitlich erfolgte Freigabe durch Anordnungsgläubiger (und eventuelle andere Beitrittsgläubiger) nicht die Beschlagnahme zugunsten eines Beitrittsgläubigers.[57] **31**

Die Beschlagnahme umfasst **nicht** das einem **Dritten** gehörende Zubehör. Der Dritte ist damit jedoch nicht notwendigerweise „aus dem Schneider", erstrecken sich doch – bei der Zwangsversteigerung[58] – Zuschlag und Eigentumserwerb des Erstehers auch auf schuldnerfremdes Zubehör, wenn (1) es sich im Besitz des Schuldners oder des neu eingetretenen Eigentümers befindet[59] und (2) der Eigentümer des Zubehörs sein Recht nicht nach § 37 Nr. 5[60] geltend gemacht hat, §§ 55 Abs. 2, 90 Abs. 2. Praktisch relevant wird das v. a. bei auflösend bedingter Sicherungsübereignung und Eigentumsvorbehalt (Rn. 34 ff.); dagegen geschieht die Einbringung eines Gegenstandes auf das Grundstück durch Mieter, Pächter oder dingliche Nutzungsberechtigte regelmäßig nicht in der Absicht dauerhafter Zweckbindung, mangels Zubehöreigenschaft (§ 97 Abs. 2 Satz 1 BGB) greift § 55 Abs. 2 daher nicht ein.[61] **32**

---

52 RG, Urteil v. 29.5.1908 – VII 185/07, RGZ 69, 150, 152; *Weimar*, MDR 1979, 464.
53 Z.B. *Heinrichs/Ellenberger*, in: *Palandt*, BGB, § 97 Rn. 11 f.; *Holch*, in: *MünchKomm-BGB*, § 97 Rn. 33 ff.
54 *Teufel*, in: *Steiner*, ZVG, § 20 Rn. 103.
55 Vgl. *Wolfsteiner*, in: *Staudinger*, BGB, § 1120 Rn. 44 (für Hypothekenhaftverband).
56 Vgl. BGH, Urteil v. 30.11.1995 – IX ZR 181/94, NJW 1996, 835 = Rpfleger 1996, 256; *Böttcher*, ZVG, Rn. 46.
57 *Teufel*, Rpfleger 1979, 186.
58 Anders bei der Zwangsverwaltung, BGH, Urteil v. 15.11.1984 – IX ZR 157/83, NJW 1986, 59 = Rpfleger 1985, 161.
59 Befand sich das schuldnerfremde Zubehör bei Beginn der Versteigerung auf dem Grundstück und im Besitz des Vollstreckungsschuldners, erwirbt der Ersteher des Grundstücks das Eigentum daran auch dann, wenn der (frühere) Eigentümer des Zubehörs dieses vor dem Zuschlag vom Grundstück abgeholt hat, BGH, Urteil v. 19.4.1972 – VIII ZR 24/70, BGHZ 58, 309; *Kollhosser*, JA 1984, 196, 198.
60 Zu anderen Möglichkeiten des Gläubigers vgl. *Wolfsteiner*, in: *Staudinger*, BGB, § 1120 Rn. 43; *Mümmler*, JurBüro 1971, 805, 810.
61 *Teufel*, in: *Steiner*, ZVG, § 20 , Rn. 99.

33 Auch wenn der Zubehörgegenstand im Eigentum des Grundstückseigentümers steht, kommt eine **Enthaftung** nach den §§ 1121 f. BGB in Betracht mit der Folge, dass sich die Beschlagnahme nicht auf den Gegenstand erstreckt. Nach § 1122 Abs. 2 BGB wird durch Aufhebung der Zubehöreigenschaft der Gegenstand auch ohne Veräußerung (und Entfernung) enthaftet, solange dies im Rahmen ordnungsmäßiger Bewirtschaftung[62] und *vor* der Beschlagnahme geschieht. Eine vorübergehende Trennung von der Hauptsache hebt die Zubehöreigenschaft aber nicht auf (§ 97 Abs. 2 Satz 2 BGB); davon zu unterscheiden ist jedoch die zum Wegfall der Zubehöreigenschaft führende Bestimmung, der Zubehörgegenstand solle nur noch vorübergehend genutzt werden.[63] Weiter reichende Enthaftungsmöglichkeiten enthält § 1121 Abs. 1, 2 BGB. Zu den dabei möglichen Konstellationen siehe die einschlägigen Kommentare.[64]

6. Anwartschaftsrecht am Zubehör

34 Ein Anwartschaftsrecht besteht, wenn von einem mehraktigen Erwerbstatbestand so viele Erfordernisse erfüllt sind, dass der Erwerber eine gesicherte Rechtsposition erlangt hat, die der andere an der Entstehung des Rechts Beteiligte nicht mehr einseitig zu zerstören vermag.[65] Das ist v. a. bei unter Eigentumsvorbehalt geliefertem Zubehör und auflösend bedingter Sicherungsübereignung von Zubehörstücken anzunehmen.[66] Als „wesensgleiches Minus" wird das Anwartschaftsrecht weitgehend wie das Volleigentum behandelt.[67] Demzufolge erstreckt sich der Hypothekenhaftverband auch auf das Anwartschaftsrecht[68] (nicht aber auf die Sache selbst, die rechtzeitig vor der Versteigerung ausgenommen werden kann[69]).

35 Tritt (durch Kaufpreiszahlung bzw. Erfüllung der gesicherten Forderung) die Bedingung für den Eigentumserwerb des Vollstreckungsschuldners ein, **wandelt sich die Beschlagnahme am Anwartschaftsrecht automatisch in eine Beschlagnahme der Sache selbst.**[70] Für die Frage, inwieweit im Übrigen auf das Anwartschaftsrecht durch die am Kausalgeschäft Beteiligten eingewirkt werden kann, ist zu unterscheiden:

36 Stets möglich ist der Rücktritt vom oder die Anfechtung des Kausalvertrags durch den Vorbehaltverkäufer,[71] auch wenn dadurch das Anwartschaftsrecht erlischt. Das gilt auch nach Wirksamwerden der Beschlagnahme, da diese nicht das Recht des Vorbehaltskäufers, von einer im Vertrag angelegten Möglichkeit Gebrauch zu machen, beschränken kann. Ferner ist es – **vor Wirksamwerden der Beschlagnahme** – nach Ansicht des BGH möglich, dass die Kaufvertragsparteien auch ohne Zustimmung des Dritten, auf den das Anwartschaftsrecht übertragen wurde, ihn aufheben.[72] Jedoch soll die Erweiterung oder Ausdehnung des Eigentumsvorbehalts (z. B. Vereinbarung eines Konto-

---

62 Die endgültige Betriebsstilllegung überschreitet diese Grenzen und führt daher nicht zur Enthaftung (BGH, Urteil v. 25.6.1971 – V ZR 54/69, BGHZ 56, 298).
63 BGH, Urteil v. 30.5.1969 – V ZR 67/66, NJW 1969, 2135, 2136.
64 Z.B. *Eickmann*, in: *MünchKomm*-BGB, § 1121 Rn. 24 ff.; *Bassenge*, in: Palandt, BGB, § 1121 Rn. 5 ff.; *Wolfsteiner*, in: Staudinger, BGB, § 1121 Rn. 17 ff.
65 Z.B. BGH, Urteil v. 30.4.1982 – V ZR 104/81, BGHZ 83, 395 = NJW 1982, 1639 = Rpfleger 1982, 271 m. w. N.
66 *Quack*, in: *MünchKomm*-BGB, § 929 Rn. 24.
67 BGH, Urteil v. 30.4.1982 – V ZR 104/81, BGHZ 83, 395 = NJW 1982, 1639 = Rpfleger 1982, 271.
68 BGH, Urteil v. 10.4.1961 – VIII ZR 68/60, BGHZ 35, 85; vgl. auch *Mümmler*, JurBüro 1971, 805, 810 f.
69 Näher *Graba/Teufel*, Rpfleger 1979, 401.
70 *Stöber*, ZVG, § 20 Rn. 3.5.
71 Vgl. *Bassenge*, in: Palandt, BGB, § 929 Rn. 50 m. w. N.
72 BGH, Urteil v. 10.10.1984 – VIII ZR 244/83, BGHZ 92, 280 = NJW 1985, 376; zustimmend *Wilhelm*, NJW 1987, 1785.

korrentvorbehalts statt eines einfachen Eigentumsvorbehalts) nur mit Zustimmung des Dritten möglich sein.[73] Dies ist widersprüchlich, weil nicht einzusehen ist, warum die Kaufvertragsparteien zwar die Zustimmung des Dritten für die „bloße" Erschwerung des Bedingungseintritts benötigen, die wesentlich weiterreichende Aufhebung des Anwartschaftsrechts dagegen ohne/gegen dessen Willen möglich sein soll;[74] richtigerweise ist daher in allen Fällen, in denen die an dem Anwartschaftsrecht zugrunde liegenden Kausalgeschäft Beteiligten willkürlich[75] auf das Anwartschaftsrecht einwirken, eine Zustimmung des Dritten (analog § 1276 Abs. 1 Satz 1 BGB) erforderlich. Unabhängig von dieser Streitfrage ist jedenfalls klar, dass der Beschlagnahmegläubiger **nach Wirksamwerden der Beschlagnahme** durch § 23 geschützt wird; auch wenn Rücktritt und Anfechtung möglich bleiben (s. o.), verstoßen Aufhebung des Anwartschaftsrechts und Erweiterung des Eigentumsvorbehalts gegen das Verfügungsverbot und sind daher dem nicht zustimmenden Beschlagnahmegläubiger gegenüber unwirksam.[76]

In Fällen mit Anwartschaftsrechten an Zubehörstücken werden oft die §§ 55 Abs. 2, 90 Abs. 2 relevant: Zwar erfasst die Beschlagnahme nur das Anwartschaftsrecht und nicht die Sache selbst (Rn. 34), dennoch können sich Zuschlag und Eigentumserwerb auf die Sache beziehen. Um dies zu verhindern müssen Vorbehaltsverkäufer/Sicherungsnehmer ihr Recht nach § 37 Nr. 5 anmelden. Aus Sicht des Erstehers ist die Beschlagnahme des Anwartschaftsrechts daher v. a. relevant, wenn die §§ 55 Abs. 2, 90 Abs. 2 hinsichtlich der Sache selbst nicht eingreifen.[77]

37

7. Versicherungsforderungen[78]

a) **Versicherungsforderungen im Hypothekenhaftverband.** Sind die vom Hypothekenhaftungsverband erfassten Gegenstände versichert, erfasst die Haftung nach § **1127 Abs. 1 BGB** auch die jeweilige Versicherungsforderung[79], z.B. aus Feuer-, Unwetter-, Vieh- oder Hausratsversicherung. Zum Schutz des Gläubigers tritt die Versicherungsforderung an die Stelle des haftenden Gegenstandes; da ihre Haftung subsidiär ist, erlischt sie mit Wiederherstellung resp. Ersatzbeschaffung des Gegenstandes (§ 1127 Abs. 2 BGB, Rn. 41). Voraussetzung für § 1127 Abs. 1 BGB ist, dass der Grundstückseigentümer oder der Eigenbesitzer Versicherter ist (irrelevant ist dagegen, wer Versicherungsnehmer ist[80]), dass bei Eintritt des Versicherungsfalles ein wirksamer Versicherungsvertrag vorlag und die Hypothek (oder zumindest eine sie sichernde Vormerkung[81]) bestand.[82] Zu unterscheiden ist zwischen Gebäudeversicherungen (§ 1128 BGB) und sonstigen Schadensversicherungen (§ 1129 BGB) sowie zwischen Versicherungsverträgen mit und ohne Wiederherstel-

38

---

73 Vgl. BGH, Urteil v. 24.10.1979 – VIII ZR 289/78, BGHZ 75, 221 = NJW 1980, 175, 176.
74 Kritisch auch *Tiedtke*, NJW 1985, 1305; *ders.*, NJW 1988, 28; *Kollbosser*, JA 1984, 196, 201; *Böttcher*, ZVG, § 20 Rn. 40; *Bassenge*, in: Palandt, BGB, § 929 Rn. 50.
75 Bei der Frage, ob es sich um eine „willkürliche" Einwirkung handelt, wird man dabei (wie vom BGH im Urteil v. 24.10.1979 – VIII ZR 289/78, BGHZ 75, 221 = NJW 1980, 175, 176 f. angedeutet) die Umstände des Einzelfalles beachten müssen; ersetzt z. B. die Vertragsaufhebung lediglich eine anderenfalls erfolgende Anfechtung oder einen Rücktritt vom Vertrag, ist keine Zustimmung des Dritten nötig.
76 So auch *Stöber*, ZVG , § 20 Rn. 3.5.
77 Ausf. auch *Graba/Teufel*, Rpfleger 1979, 401.
78 Dazu *Klawikowski*, Rpfleger 2005, 342 ff.
79 § 1127 BGB ist eine Ausnahmeregelung, die nicht auf andere Ersatzansprüche anwendbar ist, BGH, Urteil v. 11.5.1989 – IX ZR 278/88, BGHZ 107, 255 = NJW 1989, 2123.
80 *Eickmann*, in: MünchKomm-BGB, § 1127 Rn. 4.
81 RG, Urteil v. 26.6.1936 – VII 16/36, RGZ 151, 389, 391 ff.
82 *Eickmann*, in: MünchKomm-BGB, § 1127 Rn. 10 ff.; *Bassenge*, in: Palandt, BGB, § 1127 Rn. 2.

lungsklausel (§ 1130 BGB, Rn. 40). Besonderheiten gelten beim gestörten Versicherungsverhältnis (Rn. 45 ff.).

39 Bei **Gebäudeversicherungen**[83] schützt **§ 1128 Abs. 1, 2 BGB** den Hypothekengläubiger (bei mehreren den erstrangigen §§ 1128 Abs. 3, 1290 BGB[84]) in bestimmten Konstellationen davor, dass der Versicherer befreiend an den Versicherten zahlt. Die Verweisung in **§ 1128 Abs. 3 BGB** hat v. a. zur Folge, dass die Zustimmung des Hypothekengläubigers für ihn beeinträchtigende Abreden zwischen Versicherungsnehmer und Versicherer erforderlich ist (§ 1276 BGB).[85]

40 § 1128 BGB hat aber kaum noch praktische Bedeutung, da Wiederherstellungsklauseln mittlerweile Standard sind.[86] Nach § **1130 BGB** wird der Versicherer hier durch eine der Wiederherstellungsklausel entsprechende[87] Zahlung an den Versicherten auch dann gegenüber dem Hypothekengläubiger frei, wenn dieser nicht damit einverstanden ist; dies gilt selbst dann, wenn der Versicherte das Geld nicht für die Wiederherstellung verwendet hat (aber: Rn. 43).[88] Verweigert der Schuldner die mögliche Wiederherstellung, kann der Gläubiger nach § 1134 Abs. 2 BGB vorgehen oder – bei einfacher Wiederherstellungsklausel[89] – Zahlung an sich verlangen, §§ 1128 Abs. 3, 1281, 1282 BGB.[90] Letzteres gilt auch wenn die Wiederherstellung unmöglich ist, denn dann gilt § 1130 BGB nicht.[91]

41 Die Haftung der Versicherungsforderung **erlischt** nach § 1127 Abs. 2 BGB mit Wiederherstellung/Ersatzbeschaffung, es haftet der wiederhergestellte bzw. ersatzbeschaffte Gegenstand;[92] bei nur teilweiser Wiederherstellung/Ersatzbeschaffung erlischt die Haftung nur anteilig[93]. Eine Enthaftung findet statt, wenn der versicherte Bestandteil/Zubehörgegenstand nach §§ **1121, 1122 BGB** enthaftet wird[94]. Gleiches gilt für sonstige Schadensversicherungen unter den Voraussetzungen der §§ 1129, 1123 Abs. 2 Satz, 1124 Abs. 1, 3.[95]

42 b) **Die Beschlagnahme der Versicherungsforderung.** Bei der **Zwangsversteigerung** erfasst die Beschlagnahme grds. alle in den Hypothekenhaftungsverband fallende Versicherungsforderungen; eine Ausnahme gilt nach § **21 Abs. 1** lediglich für die Versicherung bestimmter land- und forstwirtschaftlicher Erzeugnisse (§ 21 Rn. 3 ff.). Mangels Geltung des § 21 Abs. 1 umfasst die Beschlagnahme bei der **Zwangsverwaltung** alle der (tatsächlichen oder potentiellen, vgl. Rn. 10) Hypothek haftenden Versicherungsforderungen.

43 Eine Besonderheit gilt nach der Beschlagnahme in Bezug auf § **1130 BGB**. Zwar ist dessen Wortlaut weit gefasst, so dass der Versicherer durch Zahlung an den Grundstückseigentümer auch nach Wirksamwerden der Beschlagnahme gegenüber dem Beschlagnahmegläubiger frei würde. Das wird aber von

---

83 Zum Begriff *Eickmann,* in: *MünchKomm-*BGB, § 1128 Rn. 4; *Wolfsteiner,* in: *Staudinger,* BGB, § 1128 Rn. 2.
84 RG, Urteil v. 26.6.1936 – VII 16/36, RGZ 151, 389, 391.
85 *Wolfsteiner,* in: *Staudinger,* BGB, § 1128 Rn. 20; *Hoes/Tetzlaff,* ZfIR 2001, 354, 355 f.
86 *Eickmann,* in: *MünchKomm-*BGB, § 1128 Rn. 2.
87 Bei nicht entsprechender Leistung kann der Grundpfandrechtsgläubiger erneut Zahlungen verlangen, *Bassenge,* in: *Palandt,* BGB, § 1130 Rn. 2.
88 *Bassenge,* in: *Palandt,* BGB, § 1130 Rn. 2.
89 Zum Begriff *Bassenge,* in: *Palandt,* BGB, § 1130 Rn. 1.
90 *Hoes/Tetzlaff,* ZfIR 2001, 354, 357 m. w. N.
91 RG, Urteil v. 19.6.1931 – VII 393/30, RGZ 133, 117, 123; *Hoes/Tetzlaff,* ZfIR 2001, 354, 357 m. w. N.
92 OLG Frankfurt, Urteil v. 12.4.2006 – 7 U 88/05, RuS 2007, 21.
93 *Stöber,* ZVG, § 20 Rn. 3.6.
94 *Bassenge,* in: *Palandt,* BGB, § 1127 Rn. 1.
95 Dazu RG, Urteil v. 4.7.1906 – V 412/05, RGZ 64, 28, 30.

der ganz herrschenden Meinung[96] zu Recht als nicht sachgerecht empfunden, soll doch die Zahlung der Wiederherstellung des Gebäudes dienen; da der Grundstückseigentümer daran typischerweise kein Interesse hat, wird dieser Zweck kaum je erreicht.[97] Daher gilt: Bei der Zwangsversteigerung wird die Versicherungssumme mitversteigert, der Ersteher erhält sie mit dem Zuschlag (§§ 55 Abs. 1, 90 Abs. 2);[98] hat der Versicherer die Versicherungssumme nach § 372 BGB hinterlegt,[99] wird der Auszahlungsanspruch[100] mitversteigert. Bei der Zwangsverwaltung hingegen zieht der Verwalter die Summe ein. Er muss sie vorrangig zur Wiederherstellung/Ersatzbeschaffung verwenden;[101] nur wo dies unmöglich ist, kann er sie zur Gläubigerbefriedigung verwenden.[102]

Die Beschlagnahme erfasst auch die Versicherungsforderung aus einer vom Zwangsverwalter abgeschlossenen **Feuerversicherung** (§ 152 ZVG). Zahlt der Versicherer den Betrag an den Zwangsverwalter aus, erfasst die Beschlagnahme den Anspruch des Eigentümers auf Auszahlung nach Beendigung der Zwangsverwaltung (dingliche Surrogation). Vom Ersteher wird dieser Anspruch nur miterworben, wenn er von den Versteigerungsbedingungen mitumfasst und im Zuschlagsbeschluss benannt wird; ist er von den Versteigerungsbedingungen nicht mitumfasst, erwirbt ihn der Ersteher auch nicht durch einen zwar rechtskräftigen, aber fehlerhaften Zuschlagsbeschluss.[103] **44**

c) **Besonderheiten beim gestörten Versicherungsverhältnis.** Gestört ist das Versicherungsverhältnis, wenn der Versicherer gegenüber dem versicherten Grundstückseigentümer von seiner Zahlungsverpflichtung frei wird. Da sich dies nach dem VVG richtet und dieses zum 1.1.2008 weitreichend geändert wurde[104], ist zunächst zu klären, welche Fassung des VVG Anwendung findet. **45**

Die einschlägigen Übergangsvorschriften enthalten **Art. 1 und 5 EGVVG**. Einfach ist die Behandlung von **Neuverträgen**, d. h. solcher Versicherungsverträge, die nach dem 31.12.2007 abgeschlossen wurden; hier ist – unabhängig davon, wann das Grundpfandrecht begründet bzw. die Beschlagnahme wirksam wurde – stets nur neues Recht (Rn. 47) anwendbar, da weder Art. 1 Abs. 1 noch Art. 5 Abs. 1 EGVVG einschlägig sind. Komplizierter ist die Situation bei **Altverträgen**, d. h. vor dem 1.1.2008 geschlossener Versicherungsverträge:[105] **46**
(1) Wurde vor dem 1.1.2008 der Versicherungsvertrag geschlossen, das Grundpfandrecht bestellt sowie das Grundstück beschlagnahmt und trat der Versicherungsfall bis einschließlich zum 31.12.2008 ein, gilt das VVG in seiner bis zum 31.12.2007 geltenden Fassung nach Art. 1 Abs. 1 EGVVG; hatte in dieser Konstellation der Grundpfandrechtsgläubiger sein Recht bis spätestens zum 31.12.2008 angemeldet (Art. 5 Abs. 1 Satz 2 EGVVG), gilt das VVG in seiner alten Fassung auch, wenn der Versicherungsfall erst nach dem 31.12.2008 eintritt, Art. 5 Abs. 1 Satz 1 EGVVG.
(2) Wurde der Versicherungsvertrag vor dem 1.1.2008 geschlossen und noch in 2008 das Grundpfandrecht bestellt sowie das Grundstück beschlag-

---

96 *Bassenge*, in: *Palandt*, BGB, § 1130 Rn. 5; *Böttcher*, ZVG, § 20 Rn. 52; *Eickmann*, in: *MünchKomm*-BGB, § 1130 Rn. 4 f.; *Teufel*, in: *Steiner*, ZVG, § 20–Rn. 184.
97 Zahlt der Versicherer die Versicherungssumme aus und verwendet der Grundstückseigentümer sie zur Wiederherstellung/Ersatzbeschaffung, wird der Versicherer zwar nicht nach § 1130 BGB, jedoch nach Abs. 2 i. V. m. § 1127 Abs. 2 BGB frei.
98 Vgl. BGH, Urteil v. 11.5.1989 – IX ZR 278/88, BGHZ 107, 255 = NJW 1989, 2123 = WM 1989, 952; *Schütz*, VersR 1986, 853.
99 Vgl. *Stöber*, ZVG, § 20 Rn. 3.6.
100 Vgl. *Grüneberg*, in: *Palandt*, BGB, Einf v § 372 Rn. 6a.
101 *Wolfsteiner*, in: *Staudinger*, BGB, § 1130 Rn. 7.
102 *Konzen*, in: *Soergel*, § 1130 Rn. 4; *Eickmann*, in: *MünchKomm*-BGB, § 1130 Rn. 4.
103 OLG Schleswig, Beschl. v. 22.6.2000 – 16 W 45/00, InVo 2001, 76.
104 Gesetz zur Reform des Versicherungsvertragsrechts vom 23.11.2007, BGBl. I, 2631.
105 Dazu ausführlich und mit Beispielsfällen *Fischinger*, VersR 2009, 1032, 1034 ff.

nahmt, gilt § 102 VVG a. F. unproblematisch wegen Art. 1 Abs. 1 EGVVG, wenn der Versicherungsfall ebenfalls noch in 2008 eintrat. Ob das – über Art. 5 Abs. 1 EGVVG – auch bei einem nach dem 31.12.2008 eintretenden Versicherungsfall anzunehmen ist, ist zweifelhaft, aber wohl zu bejahen.

(3) Handelt es sich um einen Altvertrag, wurde die Beschlagnahme erst nach dem 31.12.2008 bewirkt und trat der Versicherungsfall zeitlich später ein, ist zu unterscheiden: Erfolgte die Beschlagnahme zugunsten einer bloß persönlichen, dinglich nicht gesicherten Forderung, ist stets das neue VVG anzuwenden, § 102 VVG a. F. gilt nicht. Dagegen spricht manches dafür, dass sich der Gläubiger auch in Bezug auf die Beschlagnahme auf § 102 VVG a. F. berufen kann, wenn die Beschlagnahme zugunsten einer hypothekarisch gesicherten Forderung erfolgt ist und die Hypothek bis spätestens 31.12.2008 bestellt und gegenüber dem Versicherer angemeldet wurde (Art. 5 Abs. 1 EGVVG); der Beschlagnahmegläubiger ist hier schutzwürdig, da die Beschlagnahme nur die bloße Aktualisierung des bereits bestehenden dinglichen Rechts ist (Rn. 6, 12).

47 Ist nach diesen Regeln das VVG in seiner **alten** Fassung anzuwenden, gilt Folgendes: Ein gestörtes Versicherungsverhältnis liegt vor, wenn der Versicherungsnehmer den Versicherungsfall vorsätzlich oder grob fahrlässig herbeiführt (§ 61 VVG a. F.), nach Abschluss des Versicherungsvertrages die Gefahr ohne Einwilligung des Versicherers erhöht (§§ 23 Abs. 1, 25 Abs. 1 VVG a. F.), die Klagefrist des § 12 Abs. 3 VVG a. F. (str.)[106] versäumt oder wenn der Versicherer nach Eintritt des Versicherungsfalles (wirksam) vom Vertrag zurücktritt oder diesen anficht. Für die Feuerversicherung von Gebäuden enthielt **§ 102 Abs. 1 VVG a. F.** eine (nicht analogiefähige[107]) Schutzvorschrift: Der Versicherer wird danach beim gestörten Versicherungsverhältnis zwar gegenüber dem versicherten Grundstückseigentümer frei, nicht jedoch gegenüber dem Grundpfandrechtsgläubiger[108]. Dieser hat aus einem mit Eintritt der Leistungsfreiheit gegenüber dem Versicherungsnehmer entstehenden gesetzlichen Schuldverhältnis ein selbständiges, nicht vom Eigentümer abgeleitetes Recht auf Zahlung der Versicherungssumme (begrenzt auf den Betrag des Grundpfandrechts[109] zzgl. Zinsen und Kosten[110]) an ihn.[111] Dieser Anspruch ist – da selbständig – nicht beschlagnahmt; er geht deshalb weder mit dem Zuschlag auf den Ersteher über[112] noch kommt eine Anordnung nach § 65 oder eine Mitwirkung des Vollstreckungsgerichts bei der Verteilung der Versicherungssumme in Betracht.[113]

48 Das **neue** VVG kennt dagegen **keine** dem § 102 Abs. 1 VVG a. F. entsprechende Vorschrift mehr. Der Versicherer wird daher im Falle der Leistungsfreiheit auch gegenüber dem Hypothekengläubiger (und daher wegen Abs. 2 auch

---

106 Vgl. *Prössl/Martin/Kolhosser*, Versicherungsvertragsgesetz, § 102 Rn. 8 m. w. N.
107 Keine analoge Anwendung auf z. B. Sturm-, Leitungswasser oder Mobiliarversicherung, vgl. BGH, Urteil v. 21.6.1989 – IVa ZR 100/88, BGHZ 108, 82 = NJW 1989, 2621.
108 Der Rang unter mehreren Grundpfandrechtsgläubigern bestimmt sich nach dem Grundbuchrang ihrer Rechte, RG, Urteil v. 26.3.1936 – VII 16/36, RGZ 151, 389, 391; BGH, Urteil v. 19.2.1981 – IVa ZR 57/80, NJW 1981, 1671, 1672 = Rpfleger 1981, 291.
109 Bei der Hypothek auf die Höhe der Valutierung am Tag des Versicherungsfalles, BGH, Urteil v. 4.12.1996 – IV ZR 143/95, VersR 1997, 570, 571.
110 BGH, Urteil v. 4.12.1996 – IV ZR 143/95, NJW-RR 1997, 406; OLG Saarbrücken, Urteil v. 10.9.1997 – 5 U 594/94, NJW-RR 1998, 1486.
111 BGH, Urteil v. 19.2.1981 – IVa ZR 57/80, NJW 1981, 1671 = Rpfleger 1981, 291; *Fischinger*, VersR 2009, 1032; *Hoes/Tetzlaff*, ZfIR 2001, 354, 357.
112 BGH, Urteil v. 19.2.1981 – IVa ZR 57/80, NJW 1981, 1671 = Rpfleger 1981, 291; *Schütz*, VersR 1986, 853; *Römer/Langheid*, Versicherungsvertragsgesetz, § 102 Rn. 10.
113 *Böttcher*, ZVG, § 20 Rn. 52.

dem Beschlagnahmegläubiger gegenüber) frei.[114] Die Tatbestände, die zur Befreiung des Versicherers von der Leistungsfreiheit führen, sind für den Grundpfandgläubiger daher von besonderer Bedeutung. Diese wurden durch die VVG-Reform erheblich eingeschränkt: Die sechsmonatige **Ausschlussfrist** des § 12 Abs. 3 VVG a. F. wurde ersatzlos gestrichen; keine Einschränkung erfuhr zwar das **Anfechtungsrecht** des Versicherers (§ 22 VVG n. F.), sein **Rücktrittsrecht** wegen Verletzung der vorvertraglichen Anzeigepflicht durch des Versicherungsnehmers besteht aber nur noch bei grob fahrlässigem oder vorsätzlichem Handeln (§ 19 Abs. 2, 3 VVG n. F.), und auch dann nur, wenn er den Vertrag bei Kenntnis überhaupt nicht geschlossen hätte (§ 19 Abs. 4 Satz 1 VVG n. F.) – hätte er den Vertrag dagegen zu anderen Bedingungen abgeschlossen, hat er nur ein Vertragsanpassungsrecht.[115] Bei leicht fahrlässigem Handeln kann er dagegen nur unter Einhaltung einer Monatsfrist zurücktreten, so dass die Leistungspflicht für bereits eingetretene Versicherungsfälle bestehen bleibt. **Gefahrerhöhende Handlungen** des Versicherungsnehmers (§§ 23 ff. VVG n. F.) begründen vollständige Leistungsfreiheit nur noch bei vorsätzlichem Verhalten; bei grober Fahrlässigkeit wurde das Alles-oder-Nichts-Prinzip zugunsten einer quotenmäßigen Kürzung aufgegeben (§ 26 Abs. 1 VVG n. F.);[116] leichte Fahrlässigkeit ist völlig unbeachtlich. Gleiches gilt bei Verletzung **vertraglicher Obliegenheiten** (§ 28 VVG n. F.) sowie bei **Herbeiführung des Versicherungsfalls** durch den Versicherungsnehmer (§ 81 VVG n. F.).

8. Miet- und Pachtzinsforderungen; Ansprüche aus wiederkehrenden Leistungen

Der **Hypothekenhaftverband** umfasst nach § 1123 Abs. 1 BGB auch Miet- und Pachtforderungen aus der Vermietung des Grundstücks und der nach § 1120 mithaftenden Gegenstände.[117] Dies gilt stets nur für die Forderung selbst, nicht aber für zur Erfüllung hingegebenes Geld (selbst wenn dieses noch unterscheidbar vorhanden sein sollte).[118] Grds. spielt es keine Rolle, ob der Vertrag auf Vermieter-/Verpächterseite vom Grundstückseigentümer oder z. B. einem Eigenbesitzer geschlossen wurde (anders aber ausnahmsweise bei Vermietung durch im Rang vorgehenden Nießbraucher[119] und bei Forderung aus Untermiet-/Unterpachtvertrag,[120] es sei denn, der Hauptmiet-/Hauptpachtvertrag ist nach § 138 Abs. 1 BGB wegen Vereitelung der Gläubigerrechte nichtig[121]).

49

Für die **Beschlagnahme** ist jedoch § **21 Abs. 2** zu beachten. Bei der Zwangsversteigerung werden diese Forderungen nicht erfasst; das ist bei der Zwangsverwaltung wegen § 148 Abs. 1 BGB anders (näher § 21 Rn. 7 ff.).

50

Da die Beschlagnahme der Miet- und Pachtforderungen im Rahmen der Zwangsverwaltung akzessorisch zu den Regeln über den Haftungsverband einer (tatsächlich bestehenden oder potentiellen, vgl. Rn. 10, 12) Hypothek ist, werden bestehende Forderungen ein Jahr nach ihrer Fälligkeit nach § **1123 Abs. 2 BGB** frei und sind damit nicht von der Beschlagnahme erfasst;[122] Verfügungen über die Forderung, die vor Wirksamwerden der Beschlagnahme

51

---

114 Vgl. BT-Drucks. 16/3945, S. 94 (zu § 145 VVG n. F.); *Fischinger*, VersR 2009, 1032, 1034 ff.; *Schubach*, AnwBl 2008, 27, 29.
115 Näher *Schubach*, AnwBl 2008, 27, 28.
116 Ausführlich *Langheid*, NJW 2007, 3665, 3668 f.; *Schwintowski*, VuR 2008, 1 ff.
117 RG, Urteil v. 6.6.1932 – VIII 91/32, RGZ 136, 407, 409 f.
118 *Eickmann*, in: *MünchKomm*-BGB, § 1123 Rn. 12 m. w. N.
119 *Wolfsteiner*, in: *Staudinger*, BGB, § 1123 Rn. 9 m. w. N.
120 LG Bonn, Beschl. v. 5.5.1981 – 4 T 248/81, ZIP 1981, 730; *Bassenge*, in: *Palandt*, BGB, § 1123 Rn. 1.
121 BGH, Urteil v. 4.2.2005 – V ZR 294/03, Rpfleger 2005, 323.
122 Detaillierte Beispiele bei *Teufel*, in: *Steiner*, ZVG, § 20–Rn. 139, vor 143; s. a. KG Berlin, Urteil v. 21.4.2008 – 8 U 140/07, Grundeigentum 2008, 988.

erfolgten, sind grds. wirksam – etwas anderes gilt nur in dem in **§ 1124 Abs. 2 BGB** bestimmten Umfang[123].

52 Der Hypothekenhaftverband umfasst auch Ansprüche aus **wiederkehrenden Leistungen** aus einem mit dem Eigentum an dem Grundstück verbundenen Recht (§§ 1126, 96 BGB). Dazu gehören Erbbauzinsen, Überbau- und Notwegrenten, subjektiv dingliche Reallasten sowie Ansprüche aus §§ 1021 II, 1022 S. 2.[124] Wegen §§ 21 Abs. 2, 148 Abs. 1 erstreckt sich die Beschlagnahme jedoch nur bei der Zwangsverwaltung auf diese Ansprüche (näher § 21 Rn. 7 ff.). Zu beachten sind weiter die Auswirkungen auf den Hypothekenhaft- und Beschlagnahmeumfang durch die Modifikation der §§ 1123–1125 BGB durch § 1126 BGB.

9. Entschädigungsansprüche

53 Die Hypothek und damit auch die Beschlagnahme erstreckt sich schließlich auf Entschädigungsansprüche des Eigentümers nach Bundes- oder Landesrecht wegen Enteignung, Umlegung oder Bergschäden[125] (Art. 14 GG, 52, 53, 53a, 67, 109 EGBGB, §§ 61 Abs. 2, 63 Abs. 2 BauGB). Dagegen werden Schadensersatzansprüche des Eigentümers wegen Grundstücksbeschädigung nicht erfasst.[126]

---

123 § 1124 Abs. 2 BGB gilt auch für eine Beschlagnahme zugunsten eines persönlichen Gläubigers, obwohl hier mangels vorherigem dinglichen Recht eine potentielle, sich durch die Beschlagnahme lediglich aktualisierende Haftung gar nicht vorliegt (*Teufel,* in: *Steiner,* ZVG, § 20, Rn. 137, 152); § 1124 Abs. 2 BGB ist auch auf die Beschlagnahme einer Forderung durch einen nachrangigen Grundpfandgläubiger anzuwenden, wenn die Forderung zuvor an einen bevorrechtigten Grundpfandrechtsgläubiger abgetreten wurde (BGH, Urteil v. 9.6.2005 – IX ZR 160/04, BGHZ 163, 201 = NJW 2006, 993 = Rpfleger 2005, 684).
124 *Wolfsteiner,* in: *Staudinger,* BGB–§ 1126 Rn. 2.
125 LG Saarbrücken, Urteil v. 18.5.1998 – 1 O 401/97, Rpfleger 1998, 532.
126 BGH, Urteil v. 11.5.1989 – IX ZR 278/88, BGHZ 107, 255 = NJW 1989, 2123.

§ 21 ZVG [Beschlagnahmeumfang in besonderen Fällen]

(1) Die Beschlagnahme umfasst land- und forstwirtschaftliche Erzeugnisse des Grundstücks sowie die Forderung aus einer Versicherung solcher Erzeugnisse nur, soweit die Erzeugnisse noch mit dem Boden verbunden oder soweit sie Zubehör des Grundstücks sind.

(2) Die Beschlagnahme umfasst nicht die Miet- und Pachtforderungen sowie die Ansprüche aus einem mit dem Eigentum an dem Grundstücke verbundenen Rechte auf wiederkehrende Leistungen.

(3) Das Recht eines Pächters auf den Fruchtgenuss wird von der Beschlagnahme nicht berührt.

Übersicht

		Rn.
I.	Normzweck und Anwendungsbereich	1, 2
II.	Land- und forstwirtschaftliche Erzeugnisse und deren Versicherung, Abs. 1	3–6
III.	Miet- und Pachtforderungen, Abs. 2	7–9
IV.	Recht des Pächters auf den Fruchtgenuss, Abs. 3	10, 11

I. Normzweck und Anwendungsbereich

Da sich nach § 20 Abs. 2 der Umfang der Beschlagnahme nach dem Hypothekenhaftungsverband richtet, wären von der Beschlagnahme dem Grunde nach auch Miet- und Pachtzinsforderungen (§§ 1123–1125 BGB),[1] Ansprüche aus einem mit dem Eigentum an dem Grundstück verbundenen Recht auf wiederkehrende Leistungen (§§ 96, 1126 BGB), vom Grundstück getrennte Erzeugnisse (§ 1120 BGB) sowie deren Versicherungen (§§ 1127 ff. BGB) erfasst. Davon machen § 21 Abs. 1, 2 für die Zwangs**versteigerung** eine Ausnahme, da die Verwaltung des Grundstücks grds. Sache des Schuldners bleibt (§ 24); etwas anderes gilt diesem Zweck entsprechend bei der Zwangs**verwaltung**, bei der Abs. 1 und 2 nicht anwendbar sind (§ 148 Abs. 1) und demzufolge Miet- und Pachtzinsforderungen usw. von der Beschlagnahme umfasst sind.

§ 21 **gilt** für Zwangsversteigerung und -verwaltung, bei letzterer aber mit der Erweiterung des § 148 Abs. 1; keine Anwendbarkeit auf Insolvenzverwalter- (§ 173) und Nachlassversteigerung (§ 176), für die Teilungsversteigerung gilt § 21 nur eingeschränkt.

II. Land- und forstwirtschaftliche Erzeugnisse und deren Versicherung, Abs. 1

Ungetrennte land- und forstwirtschaftliche Erzeugnisse unterfallen dem Hypothekenhaftverband; werden sie vom Boden **getrennt**, erstreckt sich der Haftungsverband nur auf sie, wenn nicht ein Dritter, sondern der Grundstückeigentümer Eigentum an ihnen erlangt, § 1120 BGB. Wegen § 20 Abs. 2 gelten diese Aussagen grundsätzlich auch für die Beschlagnahme.

Für die **Zwangsversteigerung** enthält Abs. 1 aber eine weitreichende Durchbrechung: Land- und forstwirtschaftliche Erzeugnisse werden danach von der Beschlagnahme nur erfasst, wenn sie zum Zeitpunkt des Wirksamwerdens der Beschlagnahme (§ 22) entweder mit dem Boden verbunden sind oder zwar von

---

[1] Vgl. BGH, Urteil v. 8.12.1988 – IX ZR 12/88, NJW-RR 1989, 200.

diesem getrennt, aber Zubehör des Grundstücks sind. Einen Anhaltspunkt, was Zubehör des Grundstücks ist, gibt § 98 Nr. 2 BGB (siehe aber § 20 Rn. 29). Erst **nach** der Beschlagnahme getrennte Erzeugnisse bleiben beschlagnahmt, bis sie nach den §§ 1121, 1122 Abs. 1 BGB enthaftet werden.

5 Abs. 1 gilt **nicht** bei der **Zwangsverwaltung** (§ 148 Abs. 1), hier bleibt es deshalb bei den unter § 20 Rn. 27 dargestellten Grundsätzen.

6 Die **Versicherung** land- und forstwirtschaftlicher Erzeugnisse unterliegt in gleicher Weise der Beschlagnahme wie die Erzeugnisse selbst. Versicherungsforderungen werden bei der Zwangsversteigerung folglich nur erfasst, wenn sie sich auf Erzeugnisse erstrecken, die bei Wirksamwerden der Beschlagnahme (§ 22) entweder ungetrennt oder Zubehör waren. Bei der Zwangsverwaltung gelten keine Beschränkungen.

III. Miet- und Pachtforderungen, Abs. 2

7 Miet- und Pachtforderungen sowie Ansprüche aus wiederkehrenden Leistungen unterfallen dem Hypothekenhaftungsverband (§§ 1123 Abs. 1, 1126 BGB), wenn sie nicht nach §§ 1123 Abs. 2, 1124 Abs. 2 BGB enthaftet werden (näher § 20 Rn. 51 f.).

8 Bei der **Zwangsversteigerung** werden diese Forderungen aber nicht von der Beschlagnahme umfasst, Abs. 2; ihre Einziehung bleibt Sache des Schuldners, § 24. Abs. 2 erfasst nicht nur die Vermietung und Verpachtung des Grundstücks, sondern auch die Zubehörvermietung und -verpachtung.

9 Abs. 2 gilt nach § 148 Abs. 1 BGB aber nicht bei der **Zwangsverwaltung**. Daraus folgt: Der persönliche Gläubiger kann die Beschlagnahme der Miet- und Pachtforderungen nur über die Zwangsverwaltung (ggf. in Kombination mit der Zwangsversteigerung, s. § 866 ZPO Rn. 5 ff.) erreichen. Dem dinglichen[2] Gläubiger steht dagegen noch ein weiterer Weg offen, weil er Zwangsversteigerung und Forderungspfändung nach §§ 829, 835 ZPO kombinieren kann; diese Möglichkeit wird allerdings dadurch beschränkt, dass die Forderungspfändung nur möglich ist, solange nicht ein anderer Gläubiger die Zwangsverwaltung betreibt (§ 23 Abs. 1; das Betreiben der Zwangsversteigerung durch einen anderen Gläubiger ist irrelevant, da sie die Miet-/Pachtforderung nicht erfasst)[3] und solange nicht das Insolvenzverfahren über das Vermögen des Schuldners eröffnet wurde[4].

IV. Recht des Pächters auf den Fruchtgenuss, Abs. 3

10 Ist das Grundstück im Besitz eines Pächters und ist dieser nach § 956 BGB Eigentümer **getrennter** Erzeugnisse oder sonstiger Bestandteile, erstreckt sich schon der Hypothekenhaftverband nicht auf diese Erzeugnisse und Bestandteile, § 1120 BGB. Dementsprechend werden sie auch nicht von der Beschlagnahme umfasst. Das bringt Abs. 3 nicht (erneut) zum Ausdruck. Die Bedeutung von Abs. 3 – der anders als Abs. 1 und 2 auch bei der Zwangsverwaltung gilt (e contrario § 148 Abs. 1 Satz 1) – liegt vielmehr darin, dass er auch das schuldrechtliche Recht des Pächters auf den Fruchtgenuss (§ 581 Abs. 1 Satz 1

---

2 RG, Urteil v. 3.4.1911 – V 359/10, RGZ 76, 117, 118; BGH, Urteil v. 9.6.2005 – IX ZR 160/04, BGHZ 163, 201 = NJW 2006, 993 = Rpfleger 2005, 684; zum Rangverhältnis bei Pfändung durch zwei dingliche Gläubiger siehe *Wolfsteiner*, in: *Staudinger*, BGB, § 1123 Rn. 19
3 OLG Saarbrücken, Beschl. v. 24.6.1992 – 5 W 184/91, Rpfleger 1993, 80; *Bassenge*, in: *Palandt*, BGB, § 1123 Rn. 3; *Eickmann*, in: *MünchKomm*-BGB, § 1123 Rn. 27.
4 BGH, Beschl v. 13.7.2006 – IX ZB 301/04, BGHZ 168, 339 = NJW 2006, 3356 = Rpfleger 2006, 549 m. w. N.

BGB) der Beschlagnahme entzieht.[5] Der Pächter ist damit auch zu einer Zeit, in der die Früchte noch mit dem Boden **verbunden** sind, geschützt;[6] auf der anderen Seite können diese Früchte von den Gläubigern des Pächters trotz der parallel laufenden Zwangsversteigerung/-verwaltung nach § 810 ZPO gepfändet werden.[7]

Der Pächter ist daher besser geschützt als der Nießbraucher.[8] Handelt es sich allerdings um den Pächter des Nießbrauchers, gilt nicht Abs. 3, sondern die Regeln über den Nießbrauch, da in diesem Fall das Recht des Pächters ein bloß derivatives ist, das nicht weitergehen kann als das Recht des Nießbrauchers.[9]

---

[5] *Nussbaum*, S. 43.
[6] *Hahn/Mugdan*, Denkschrift, S. 40.
[7] Eine Drittwiderspruchsklage des die Zwangsversteigerung betreibenden Gläubigers nach § 771 ZPO wäre dementsprechend erfolglos, vgl. *Hüßtege*, in: *Thomas/Putzo*, ZPO, § 810 Rn. 7.
[8] *Nussbaum*, S. 43; *Hintzen*, in: *Dassler/Schiffhauer/u. a.*, ZVG, § 21 Rn. 12.
[9] *Stöber*, ZVG, § 21 Rn. 4.2.

§ 22 ZVG [Wirksamwerden der Beschlagnahme]

(1) Die Beschlagnahme des Grundstücks wird mit dem Zeitpunkte wirksam, in welchem der Beschluss, durch den die Zwangsversteigerung angeordnet ist, dem Schuldner zugestellt wird. Sie wird auch wirksam mit dem Zeitpunkt, in welchem das Ersuchen um Eintragung des Versteigerungsvermerks dem Grundbuchamte zugeht, sofern auf das Ersuchen die Eintragung demnächst erfolgt.

(2) Erstreckt sich die Beschlagnahme auf eine Forderung, so hat das Gericht auf Antrag des Gläubigers dem Drittschuldner zu verbieten, an den Schuldner zu zahlen. Die Beschlagnahme wird dem Drittschuldner gegenüber erst mit dem Zeitpunkte wirksam, in welchem sie ihm bekannt oder das Zahlungsverbot zugestellt wird. Die Vorschriften des § 845 der Zivilprozessordnung finden entsprechende Anwendung.

Übersicht

	Rn.
I. Normzweck; Anwendungsbereich	1, 2
II. Grundstücksbeschlagnahme, Abs. 1	3–8
1. Grundsatz, Abs. 1 Satz 1	3, 4
2. Ersuchen an das Grundbuchamt, Abs. 1 Satz 2	5–8
III. Beschlagnahme einer Forderung, Abs. 2	9–17
1. Arrestatorium, Abs. 2 Satz 1	10–12
2. Wirksamwerden der Beschlagnahme, Abs. 2 Satz 2	13, 14
3. Vorpfändung, Abs. 2 Satz 3	15–17
IV. Besonderheiten beim Beitrittsgläubiger	18
V. Dauer der Beschlagnahmewirkung	19–21
1. Grundstück	20
2. Mithaftende Gegenstände	21

I. Normzweck; Anwendungsbereich

1 § 22 bestimmt den Zeitpunkt, in dem die Beschlagnahme wirksam wird. Maßgeblich ist dabei stets der **erste** Zeitpunkt, in dem einer der Tatbestände des § 22 erfüllt ist, § 13 Abs. 4 Satz 1. Dieser ist materiell- wie formell-rechtlich bedeutsam. Die materielle Bedeutung liegt darin, dass sich das Veräußerungsverbot (§ 23) nur auf diejenigen Gegenstände erstreckt, die im Zeitpunkt des Wirksamwerdens der Beschlagnahme von dieser erfasst (§§ 20, 21) sind; vorherige Verfügungen sind wirksam (Ausnahme: § 1124 Abs. 2 BGB), können jedoch eine Vollstreckungsvereitelung nach § 288 StGB darstellen (der Gläubiger kann dann nach AnfG und § 823 Abs. 2 BGB i. V. m. § 288 StGB[1] vorgehen). Formell ist die erste Beschlagnahme für die Unterscheidung wiederkehrender Leistungen in laufende und rückständige Beträge wichtig, § 13 Abs. 1. Ferner entscheidet der Beschlagnahmezeitpunkt über den Rang, soweit es um die Ranklassen 5 und 6 von § 10 Abs. 1 geht. Betreibt der Gläubiger Zwangsverwaltung und -versteigerung parallel, ist mit Ausnahme der §§ 13 Abs. 4 Satz 2; 57b Abs. 2 der Beschlagnahmewirksamkeitszeitpunkt für beide Verfahren getrennt zu beurteilen.

---

[1] § 288 StGB ist Schutzgesetz, vgl. *Sprau*, in: *Palandt*, BGB, § 823 Rn. 69; der Schadensersatzanspruch setzt allerdings voraus, dass der Gläubiger ein materielles Befriedigungsrecht hat, BGH, Urteil v. 7.5.1991 – VI ZR 259/90, BGHZ 114, 305 = NJW 1991, 2420.

§ 22 gilt bei der Zwangsversteigerung, bei der Zwangsverwaltung nur mit den Abweichungen des § 151 (s. Rn. 3, 10, 18); er gilt dagegen nicht für Insolvenzverwalter- und Nachlassverfahren, §§ 173 Satz 1, 176. Bei der Teilungsversteigerung gelten Besonderheiten.[2]

II. Grundstücksbeschlagnahme, Abs. 1

1. Grundsatz, Abs. 1 Satz 1

Die Grundstücksbeschlagnahme wird nach Abs. 1 Satz 1 grundsätzlich in dem Augenblick wirksam, in welchem dem Schuldner der verfahrensanordnende Beschluss (§§ 15, 146 Abs. 1) zugestellt wird; eine etwaige vorherige Kenntnis des Schuldners von der Beschlagnahme ist irrelevant.[3] Die Zustellung richtet sich – wegen § 8 unstrittig – nach den Vorschriften der ZPO. Erforderlich ist eine **ordnungsgemäße** Zustellung, wobei jedoch nach § 189 ZPO der Mangel durch Zugang des Beschlusses geheilt werden kann.[4] Abs. 1 Satz 1 setzt voraus, dass der Schuldner bei Zustellung prozessfähig ist; anderenfalls kann die Beschlagnahme nur unter den Voraussetzungen des Abs. 1 Satz 2 wirksam werden.[5] Abgesehen davon kann eine nicht ordnungsgemäße Zustellung wiederholt werden, mangels ex tunc-Wirkung wird die Beschlagnahme dann aber erst mit Zugang der zweiten (fehlerfreien) Zustellung wirksam.[6] Da die Voraussetzungen des Abs. 1 Satz 2 (siehe Rn. 5 ff.) regelmäßig vorliegen, wird Abs. 1 Satz 1 in der Praxis meist von diesem verdrängt. Bei der **Zwangsverwaltung** genügt ferner auch die Inbesitznahme des Grundstücks durch den Zwangsverwalter, § 151 Abs. 1. Wird im **Insolvenzeröffnungsverfahren** eine Postsperre verhängt, so muss dennoch weiterhin – bis zur Insolvenzeröffnung selbst – an den Schuldner zugestellt werden.[7]

Bei **mehreren Schuldnern** ist zu unterscheiden: Bei Gesamthandsgemeinschaften wird die Beschlagnahme erst mit ordnungsgemäßer Zustellung an den letzten Gesamthänder wirksam; bei Bruchteilseigentum kommt es dagegen auf den Zeitpunkt der Zustellung an den jeweiligen Eigentümer an, so dass unterschiedliche Beschlagnahmezeitpunkte möglich sind.[8]

2. Ersuchen an das Grundbuchamt, Abs. 1 Satz 2

Zum Schutz des Gläubigers vor Verfügungen des Schuldners über das Grundstück und die mithaftenden Gegenstände während der vom Gläubiger nicht beeinflussbaren Zeitspanne bis zur Zustellung des Anordnungsbeschlusses sieht Abs. 1 Satz 2 eine Vorverlagerung des maßgebenden Zeitpunktes vor. Wenn die Eintragung „demnächst" tatsächlich erfolgt, treten die Beschlagnahmewirkungen bereits mit Eingang des Ersuchens des Versteigerungsgerichts um Eintragung des Versteigerungsvermerks (§ 19 Abs. 1) beim Grundbuchamt ein – unterbleibt die Eintragung, ist der Eingang des Eintragungsantrags aber irrelevant.[9] Erstreckt sich die Zwangsversteigerung auf mehrere Grundstücke, die in Bezirken **unterschiedlicher Grundbuchämter** zu belegen sind, tritt die

---

2 *Stöber*, ZVG, § 180 Rn. 6.6.
3 *Stöber*, ZVG, § 22 Rn. 2.2.
4 Kritisch *Eickmann*, ZVG, § 9 VI 3, der in der Regel ein ausdrückliches Empfangsbekenntnis des Schuldners verlangt.
5 LG Saarbrücken, Beschl. v. 13.10.2009 – 5 T 427/09 (n.v.).
6 *Böttcher*, ZVG, § 22 Rn. 4.
7 OLG Braunschweig, Urteil v. 11.1.2001 – 2 U 120/00, Rpfleger 2001, 254; zustimmend *Hintzen*, Rpfleger 2004, 69, 70.
8 *Storz/Kiderlen*, 5.1.1.
9 *Teufel*, in: *Steiner*, ZVG, § 22 Rn. 13.

Beschlagnahme für jedes Grundstück unterschiedlich nach dem Eingang des jeweiligen Ersuchens beim zuständigen Grundbuchamt ein.[10]

6 Wie „**demnächst**" zu verstehen ist, ist – soweit ersichtlich – nicht (höchst-)richterlich geklärt. In der Literatur wird dem z. T. nur entnommen, dass die Eintragung des Vermerks überhaupt erfolgen muss.[11] Ohne sich selbst als davon abweichend zu kennzeichnen, plädieren andere für eine Übertragung der zu § 167 ZPO entwickelten Grundsätze.[12] „Demnächst" wird bei § 167 ZPO bejaht, wenn entweder (1) die Eintragung innerhalb kurzer Zeit[13] erfolgt ist oder (2) zwar erst nach längerer Zeit durchgeführt wurde, der Gläubiger oder sein Vertreter (§ 85 Abs. 2 ZPO) die Verzögerung aber nicht verschuldete, d. h. der Gläubiger alles ihm für eine alsbaldige Eintragung Mögliche und Zumutbare getan hat.[14] Im praktischen Ergebnis unterscheiden sich beide Auffassungen jedoch nicht: „Demnächst" sei die Eintragung auch noch dann, wenn sie zunächst unterbleibe, aber nach einem zusammenhängenden Verfahren, d. h. nach Erlass einer Zwischenverfügung (§ 18 Abs. 1 GBO) oder nach einer Entscheidung des Beschwerdegerichts schließlich vorgenommen wird.[15] Richtigerweise wird man dem so allgemein nicht folgen können, sondern vielmehr – wie bei § 167 ZPO – vorgehen müssen: Wurde die Verzögerung der Eintragung des Vermerks vom Gläubiger oder seinem Vertreter schuldhaft verursacht (z. B. weil ein Fehler im Anordnungsantrag fortwirkt), kann von „demnächst" nur gesprochen werden, wenn die Eintragung innerhalb kurzer Zeit erfolgt – ein Rechtsbehelf hat dann keine (sozusagen) aufschiebende Wirkung. Denn es ist nicht einzusehen, warum der Gläubiger trotz des identischen Wortlauts besser gestellt werden soll als bei § 167 ZPO; auch scheinen dem Gesetzgeber andere als die von der Gegenauffassung angeführten Fallkonstellationen vorgeschwebt zu sein.[16] Trifft den Gläubiger dagegen keine Schuld, ist auch eine längere Verzögerung der Eintragung des Vermerks (z. B. nach Durchführung eines Rechtsbehelfverfahrens) unschädlich.

7 Wird nach Eingang des Ersuchens auf Eintragung, aber vor Eintragung des Vermerks selbst über das Schuldnervermögen ein **Insolvenzverfahren** eröffnet, ist umstritten, ob die Beschlagnahme wirksam wird. Entgegen einer veralteten Auffassung[17] ist dies mit der herrschenden Meinung[18] zu bejahen. Abs. 1 Satz 2 bestimmt eindeutig, dass die Beschlagnahme bereits mit Eingang des Eintragungsersuchens beim Grundbuchamt wirksam wird. Daran vermag die Insolvenzeröffnung als solche nichts zu ändern (aber: Rn. 8). Dieses Ergebnis wird durch § 80 Abs. 2 Satz 2 InsO explizit bestätigt; schließlich steht auch § 89 Abs. 1 InsO nicht entgegen, da der persönliche Beschlagnahmegläubiger

---

10 *Böttcher*, ZVG, § 22 Rn. 5.
11 *Stöber*, ZVG, § 22 Rn. 2.5; *Böttcher*, ZVG, § 22 Rn. 5.
12 *Teufel*, in: Steiner, ZVG, § 22 Rn. 14; *Hintzen*, in: *Dassler/Schiffhauer/u. a.*, ZVG, § 22 Rn. 4.
13 Die Länge richtet sich nach dem Einzelfall, kann aber wohl längstens mehrer Monate umfassen (vgl. z. B. OLG Hamm, Beschl. v. 20.2.2004 – 7 UF 236/03, FamRZ 2004, 1973; *Hüßtege*, in: *Thomas/Putzo*, ZPO, § 167 Rn. 11).
14 Für § 167 ZPO vgl. statt aller BGH, Beschl. v. 9.2.2005 – XII ZB 118/04, NJW 2005, 1194 m. w. N.
15 *Stöber*, ZVG, § 22 Rn. 2.5; *Hintzen*, in: *Dassler/Schiffhauer/u. a.*, ZVG, § 22 Rn. 4; *Teufel*, in: Steiner, ZVG, § 22 Rn. 14.
16 Vgl. *Hahn/Mugdan*, Denkschrift, S. 40.
17 *Eickmann*, KTS 1974, 202, 213 f.; *Mohrbutter*, JurBüro 1956, 355; *ders.*, KTS 1958, 81; unklar OLG Braunschweig, Urteil v. 11.1.2001 – 2 U 120/00, Rpfleger 2001, 254, das im Rahmen von § 22 Abs. 1 Satz 2 auf die Eintragung der Anordnung der Zwangsverwaltung statt (richtigerweise) auf den Zeitpunkt des Eingangs des Eintragungsersuchens beim Grundbuchamt abzustellen scheint.
18 *Böttcher*, ZVG, § 22 Rn. 5; *Hintzen*, in: *Dassler/Schiffhauer/u. a.*, ZVG, § 22 Rn. 5.

durch die wirksame Beschlagnahme ein dingliches Befriedigungs- und folglich ein Absonderungsrecht nach §§ 10 Abs. 1 Nr. 5, 49 InsO erlangt.[19]

Zu beachten ist aber die **Rückschlagssperre** der §§ 88, 312 Abs. 1 Satz 3 InsO, deren Vorliegen die Beschlagnahme unwirksam macht.[20] **8**

III. Beschlagnahme einer Forderung, Abs. 2

Abs. 2 regelt die Behandlung von Forderungen, die der Beschlagnahme unterfallen. Versicherungs- (beachte aber § 21 Abs. 1, dazu § 21 Rn. 6) und Schadenseratzansprüche werden sowohl bei der Zwangsversteigerung als auch der -verwaltung erfasst; Ansprüche aus einem mit dem Eigentum am Grundstück verbundenen Recht auf wiederkehrende Leistungen (§ 1126 BGB)[21] sowie Miet- und Pachtforderungen sind dagegen nur bei der Zwangsverwaltung (§ 148 Abs. 1), nicht aber bei der Zwangsversteigerung (§ 21 Abs. 2) von der Beschlagnahme umfasst (§ 20 Rn. 49 ff.). **9**

1. Arrestatorium, Abs. 2 Satz 1

Während das inhibitorium (Veräußerungsverbot) bereits automatisch im Anordnungsbeschluss enthalten ist[22], ergeht das Zahlungsverbot nur auf Antrag. Antragsberechtigt ist nach dem klaren Wortlaut nur der (Anordnungs- oder Beitritts-)Gläubiger sowie der Zwangsverwalter (§ 151 Abs. 3), nicht aber sonstige Beteiligte (§ 9). Zuständig ist der Rechtspfleger des für Zwangsversteigerungs- oder Zwangsverwaltungsverfahren zuständigen Vollstreckungsgerichts (§§ 1, 15), und nicht das allgemeine Vollstreckungsgericht nach § 828 ZPO.[23] **10**

Das Zahlungsverbot wird dem Drittschuldner von Amts wegen **zugestellt**.[24] Ob sich dies nach den Vorschriften der §§ 3–7[25] oder nach der ZPO[26] richtet, ist strittig; bedeutsam ist das für die Frage, ob eine öffentliche Zustellung nach § 185 ZPO möglich ist. Richtigerweise sind die §§ 3–7 als abschließende Sonderregelung (vgl. § 869 ZPO Rn. 1) anzusehen, da die Bereichsausnahme des § 8 nicht eingreift und die Behauptung der Gegenauffassung, die §§ 3–7 gälten nur für die Zustellung an (sonstige) Beteiligte nach § 9, weder im Wortlaut noch in der Gesetzgebungsgeschichte[27] eine Grundlage hat. Demzufolge scheidet eine öffentliche Zustellung aus.[28] Gläubiger und Vollstreckungsschuldner wird das arrestatorium lediglich formlos mitgeteilt, § 329 Abs. 2 ZPO. **11**

Vor Beschlagnahme des Grundstücks kann eine wirksame Zustellung nicht erfolgen; eine verfrühte Zustellung wird nicht durch eine spätere Beschlagnahme geheilt.[29] **12**

---

19 *Stöber*, ZVG, § 22 Rn. 2.6.
20 Zu den Auswirkungen der Rückschlagssperre auf die Zwangshypothek vgl. § 868 ZPO Rn. 9.
21 Z.B. Erbbauzins, Überbau- und Notwegrenten, Ansprüche aus §§ 1021 Abs. 2, 1022 Satz 2 BGB, vgl. *Wolfsteiner*, in: *Staudinger*, BGB, § 1126 Rn. 2, 5.
22 *Stöber*, ZVG, § 22 Rn. 3.3.
23 *Böttcher*, ZVG, § 22 Rn. 8.
24 Eine Zustellung im Parteibetrieb ist unwirksam, sie hat jedoch insofern Bedeutung, als der Drittschuldner dann „Kenntnis" i.S.v. § 22 Abs. 2 Satz 2 Alt. 1 erlangt.
25 So *Hintzen*, in: *Dassler/Schiffhauer/u.a.*, ZVG, § 22 Rn. 10.
26 *Teufel*, in: Steiner, ZVG, § 22 Rn. 26; *Stöber*, ZVG, § 22 Rn. 3.6; *Böttcher*, ZVG, § 22 Rn. 8 (der aber inkonsequent eine öffentliche Zustellung dennoch ablehnt).
27 Vgl. Hahn/Mudgan, Denkschrift, S. 36.
28 So auch schon RG, Urteil v. 24.10.1888 – I 216/88, RGZ 22, 404, 408.
29 *Böttcher*, ZVG, § 22 Rn. 8.

2. Wirksamwerden der Beschlagnahme, Abs. 2 Satz 2

13 Um den Drittschuldner davor zu schützen, in Unkenntnis der Beschlagnahme an den Vollstreckungsschuldner (nicht-befreiend) zu leisten, bestimmt Abs. 2 in Abweichung zu Abs. 1, dass die Beschlagnahme dem Drittschuldner gegenüber erst wirksam wird, wenn ihm diese entweder bekannt oder ihm das Zahlungsverbot zugestellt wird.[30] Vor diesem Zeitpunkt kann er deshalb auch dann noch befreiend an den Vollstreckungsschuldner leisten, wenn die Beschlagnahme nach Abs. 1 bereits gegenüber allen anderen wirksam geworden ist.[31] Die h. M. wendet darüber hinaus die §§ 407 f. BGB analog an.

14 Für die 1. Alternative (Kenntnis) genügt wegen § 23 Abs. 2 Satz 1 auch die Kenntnis von Zwangsversteigerungs- oder Zwangsverwaltungs**antrag**, nicht aber die Eintragung des Versteigerungs**vermerks**, da § 23 Abs. 2 Satz 2 nur auf bewegliche Sachen anwendbar ist.[32] Bei Miet- und Pachtzinsforderungen ist § 57b Abs. 1 Satz 2 zu beachten. Da das Gesetz lediglich auf die **Kenntnis** des Drittschuldners abstellt, ist die (auch: grob) fahrlässige Unkenntnis von der erfolgten Beschlagnahme irrelevant.[33] Der bloße **Zugang** eines Schreibens, das über die Beschlagnahme informiert, begründet keine Kenntnis i. S. v. Alt. 1;[34] allerdings wird dieser weitreichende Schutz des Schuldners in zweifacher Hinsicht beschränkt: Erstens begründet der Zugang des Benachrichtigungsschreibens prima facie die Vermutung, dass der Schuldner positiv Kenntnis von der Beschlagnahme erlangte[35] (so dass der Schuldner Umstände darlegen und ggf. beweisen muss, aus denen sich die ernsthafte Möglichkeit ergibt, dass er die erforderliche Kenntnis nicht erlangt hat[36]); und zweitens kann es dem Schuldner, dessen Kenntnis nicht erwiesen oder nicht zu vermuten ist, nach Treu und Glauben verwehrt sein, sich hierauf zu berufen.[37]

3. Vorpfändung, Abs. 2 Satz 3

15 Um den Gläubiger davor zu schützen, dass durch von ihm nicht zu verantwortende Verzögerungen der Zustellung des Zahlungsverbots der Drittschuldner lange Zeit (Abs. 2 Satz 2) an den Vollstreckungsschuldner mit befreiender Wirkung leisten kann, erlaubt Abs. 2 Satz 3 dem Gläubiger die Ankündigung des gerichtlichen Zahlungsverbots entsprechend § 845 ZPO.

16 In einem **ersten Schritt** muss der Gläubiger durch den Gerichtsvollzieher den Drittschuldner vom bevorstehenden gerichtlichen Zahlungsverbot benachrichtigen und ihn auffordern, nicht an den Schuldner zu zahlen; dabei muss dem

---

30 Vgl. auch AG Kerpen, Urteil v. 18.7.2000 – 22 C 160/99, ZMR 2002, 202.
31 Maßgebend ist dabei der Zeitpunkt der **Leistungshandlung**, nicht der des Eintritts des Leistungserfolgs (vgl. BGH, Urteil v. 18.3.2004 – IX ZR 177/03, NJW-RR 2004, 1145); erlangt der Schuldner nach Vornahme der Leistungshandlung Kenntnis von der Beschlagnahme, besteht nach dem BGH „grundsätzlich" keine Verpflichtung, den Eintritt des Leitungserfolges zu verhindern – ob dies auch für Daueraufträge gilt, hat der BGH aber ausdrücklich offen gelassen (BGH, Urteil v. 27.10.1988 – IX ZR 27/88, BGHZ 105, 358 = NJW 1989, 905; vgl. auch *Stürner/Stadler*, WuB VI E § 829 ZPO 1.89).
32 *Stöber*, ZVG, § 22 Rn. 3.2.
33 *Teufel*, in: *Steiner*, ZVG, § 22 Rn. 32.
34 LG Berlin, Urteil v. 7.5.2007 – 62 S 61/07, Grundeigentum 2007, 1121; vgl. auch LG Berlin, Urteil v. 13.11.1998 – 63 S 128–98, NZM 1999, 1119; zur Parallele bei § 407 BGB vgl. *Grüneberg*, in: *Palandt*, BGB, § 407 Rn. 7; zu den Folgen der Verletzung der (mietvertraglichen) Obliegenheit, Vorkehrungen für den Zugang mietvertraglich relevanter Erklärungen bereitzuhalten vgl. LG Berlin, Urteil v. 10.10.2001 – 63 S 87/01, Grundeigentum 2002, 194; *Schach*, Grundeigentum 2002, 161 f.
35 Vgl. BGH, Urteil v. 8.12.1976 – VIII ZR 248/75, NJW 1977, 581.
36 Vgl. RG, Urteil v. 21.12.1915 – III 189/15, RGZ 87, 412, 418.
37 Vgl. dazu BGH, Urteil v. 5.3.1997 – VIII ZR 118/96, BGHZ 135, 39 = NJW 1997, 1775; BAG, Urteil v. 9.8.1984 – 2 AZR 400/83, NJW 1985, 823; LG Berlin, Urteil v. 13.11.1998 – 63 S 276/98, Grundeigentum 1999, 44.

Schuldner die Beschlagnahme (Erlass des Zahlungsverbots) angekündigt werden, die Ankündigung der Pfändung der Forderung genügt nicht.[38] Dabei ist Zustellung im Parteibetrieb erforderlich (§ 191 ZPO), die schon vor dem Antrag auf Zwangsversteigerung/-verwaltung zulässig ist.[39] Rechtsfolge der Aufforderung ist die vorläufige Beschlagnahme der Forderung und die Entstehung eines einstweiligen[40] Verfügungsverbots. Keine Wirksamkeitsvoraussetzung ist die Benachrichtigung des Vollstreckungsschuldners vom Zahlungsverbot.[41]

In einem **zweiten Schritt** muss dem Drittschuldner entsprechend § 845 Abs. 2 innerhalb eines Monats nach Zustellung der Ankündigung (Rn. 16) das Zahlungsverbot des Abs. 2 Satz 1 zugestellt werden; die bloße Kenntnis des Drittschuldners von der Beschlagnahme genügt nicht. Nur wenn die Zustellung des Zahlungsverbots rechtzeitig erfolgt ist, bleiben die Beschlagnahmewirkungen erhalten.[42]

17

IV. Besonderheiten beim Beitrittsgläubiger

§ 27 ermöglicht den Beitritt zum laufenden Zwangsversteigerungsverfahren; anstelle eines Versteigerungsbeschlusses erfolgt ein Beitrittsbeschluss (§ 27 Abs. 1 Satz 1), der nicht ins Grundbuch eingetragen wird (§ 27 Abs. 1 Satz 2). Da demzufolge kein Antrag auf Eintragung ans Grundbuchamt gestellt wird,[43] ist Abs. 1 Satz 2 nicht anwendbar.[44] Die Beschlagnahme wird bei der **Zwangsversteigerung** für den Betrittsgläubiger daher stets erst mit Zustellung des Beitrittsbeschlusses an den Schuldner wirksam. Bei der **Zwangsverwaltung** wird sie entweder[45] durch Zustellung an den Schuldner oder durch Zustellung an den Verwalter, der sich bereits im Besitz der Sache befindet (§ 151 Abs. 2), wirksam. Wird ein Anordnungsbeschluss fehlerhaft als Beitrittsbeschluss bezeichnet, ist § 22 Abs. 1 vollständig anzuwenden.[46]

18

V. Dauer der Beschlagnahmewirkung

Endet die Beschlagnahme, kann der Vollstreckungsschuldner wieder frei über die zuvor beschlagnahmten Gegenstände verfügen. Sind am Verfahren **mehrere Gläubiger** beteiligt, ist angesichts der Selbständigkeit der Verfahren (vgl. § 23 Rn. 2; § 27 Rn. 1) die Dauer der Beschlagnahmewirkung für jeden Gläubiger getrennt zu bestimmen. Es ist zu unterscheiden:

19

1. Grundstück

Diesbezüglich endet die Beschlagnahmewirkung durch **Aufhebung des Anordnungsbeschlusses** (§§ 28, 31 Abs. 1 Satz 2, 86). Wie der BGH[47] nun zu Recht entschieden hat, entfallen die Wirkungen der Beschlagnahme dagegen nicht bereits mit Eingang der Erklärung der Rücknahme des Verfahrensantrages (§§ 29, 76 Abs. 2 Satz 2) bei Gericht[48]. Dafür spricht nicht nur das Gebot der

20

---

38 AG Heilbronn, Urteil v. 21.5.2008 – 8 C 518/08, ZfJR 2008, 770.
39 *Teufel*, in: *Steiner*, ZVG, § 22 Rn. 35.
40 Dieses ist auflösend bedingt, vgl. *Hüßtege*, in: *Thomas/Putzo*, ZPO, § 846, Rn. 5.
41 Vgl. *Musielak/Becker*, ZPO § 829 Rn. 15; § 845 Rn. 5; so auch *Stöber*, ZVG, § 22 Rn. 3.4.
42 Vgl. BGH, Urteil v. 30.3.1983 – VIII ZR 7/82, BGHZ 87, 166 = NJW 1983, 1738.
43 Vgl. BGH, Urteil v. 31.5.1988 – IX ZR 103/87, Rpfleger 1988, 543.
44 Vgl. auch OLG Stuttgart, Beschl. v. 4.12.1969 – 8 W 299/69, Rpfleger 1970, 102.
45 Vgl. *Stöber*, ZVG, § 151 Rn. 2.4; *Hagemann*, in: *Steiner*, ZVG, § 151 Rn 1 f.
46 *Teufel*, in: *Steiner*, ZVG, § 22 Rn. 19.
47 BGH, Beschluss vom 10.7.2008–V ZB 130/07, NJW 2008, 3067, 3068.
48 So aber z. B. *Stöber*, ZVG, § 22 Rn. 2.7.

Rechtssicherheit und ein Vergleich mit der Mobiliarvollstreckung, bei der die Pfändung auch erst mit ihrer gerichtlichen Aufhebung, und nicht bereits durch die Freigabeerklärung des Gläubigers endet[49], sondern vor allem die rechtsdogmatische Überlegung, dass die Beschlagnahmeanordnung als hoheitlicher Akt nicht durch eine private Maßnahme aufgehoben werden kann. Sind mehrere Gläubiger beteiligt, wird das Grundstück nur frei, wenn alle Beitrittsbeschlüsse aufgehoben werden, da anderenfalls der nächste Beitrittsbeschluss als Anordnung gilt (§ 27 Rn. 16). Ob die Beschlagnahme mit Erteilung des **Zuschlags** endet, ist umstritten; die zutreffende h. M. verneint dies und nimmt eine Surrogation der Beschlagnahme am Versteigerungserlös an. Demgemäß endet die Beschlagnahme erst nach vollständiger Verfahrensbeendigung, d. h. Auskehr des Versteigerungserlöses und Inbesitznahme durch den Ersteigerer.[50] Die bloße Löschung des Zwangsversteigerung- oder Zwangsverwaltungsvermerks als solche beendet die Beschlagnahme nicht; ist die Löschung Ursache für einen (sonst nicht möglichen, § 23 Abs. 2 Satz 2) gutgläubigen Erwerb durch einen Dritten, kommt ein Amtshaftungsanspruch des Vollstreckungsgläubigers in Betracht (siehe auch „Staatshaftung des Vollstreckungsgerichts"). Die einstweilige Einstellung beendet die Beschlagnahme dagegen nicht.[51]

2. Mithaftende Gegenstände

21 Endet die Beschlagnahme des Grundstücks (Rn. 20), endet sie auch für die mithaftenden Gegenstände. Darüber hinaus endet diese bei wirksamer Verfügung über die Sache (dazu § 23 Rn. 20 ff.), bei der Aufhebung des Verfahrens hinsichtlich der Zubehörgegenstände sowie im Sonderfall des § 1127 Abs. 2 BGB.

Mustertexte:

Zahlungsverbot an den Drittschuldner nach § 22 Abs. 2 Satz 1 ZVG bei Zwangsverwaltung[52]

Herrn/Frau[53]

[• Name, Adresse Drittschuldner]

Durch Beschluss des [• Gericht] vom [•] wurde die Zwangsverwaltung des in der Gemarkung [•] gelegenen Grundstückes, eingetragen im Grundbuch des Amtsgerichts [•] auf den Namen des [•] als Fl.Nr. [•] (weitere Angaben falls möglich), angeordnet.

Damit ist dem Vollstreckungsschuldner die Verwaltung und Benutzung des Grundstücks entzogen.

Zum Zwangsverwalter wurde [•] bestellt.

Da sich die Beschlagnahme des Grundstücks auch auf Miet- und Pachtzinsforderungen erstreckt[54], **wird ihnen daher als Drittschuldner verboten, die von Ihnen zu leistende Miet- oder Pachtzinsen an den Vollstreckungsschuldner zu zahlen.**

Diese Zahlungen haben stattdessen an den Zwangsverwalter zu erfolgen.

---

49 Vgl. MünchKomm–ZPO/*Gruber*, § 803 Rn. 45 m. m. N.
50 *Teufel*, in: Steiner, ZVG, § 22 Rn. 38; *Böttcher*, ZVG, § 22 Rn. 10; *Hintzen*, in: Dassler/Schiffhauer/u. a., ZVG, § 22 Rn. 14; a. A. *Stöber*, ZVG, § 22 Rn. 2.7.
51 Storz/Kiderlen, 5.1.1.
52 Das Zahlungsverbot ergeht nur auf Antrag eines Gläubigers bzw. des Zwangsverwalters; dazu sowie zur Zuständigkeit § 22 Rn. 10.
53 Das Zahlungsverbot muss dem Drittschuldner zugestellt werden, eine öffentliche Zustellung ist nach h. M. nicht möglich, § 22 Rn. 11.
54 Gilt nur für Zwangsverwaltung, nicht auch für die -versteigerung (vgl. § 22 Rn. 9).

§ 23 ZVG [Wirkung der Beschlagnahme]

(1) Die Beschlagnahme hat die Wirkung eines Veräußerungsverbots. Der Schuldner kann jedoch, wenn sich die Beschlagnahme auf bewegliche Sachen erstreckt, über einzelne Stücke innerhalb der Grenzen einer ordnungsmäßigen Wirtschaft auch dem Gläubiger gegenüber wirksam verfügen.
(2) Kommt es bei einer gegen die Beschlagnahme verstoßenden Verfügung nach § 135 Abs. 2 des Bürgerlichen Gesetzbuchs darauf an, ob derjenige, zu dessen Gunsten verfügt wurde, die Beschlagnahme kannte, so steht die Kenntnis des Versteigerungsantrags einer Kenntnis der Beschlagnahme gleich. Die Beschlagnahme gilt auch in Ansehung der mithaftenden beweglichen Sachen als bekannt, sobald der Versteigerungsvermerk eingetragen ist.

Übersicht

		Rn.
I.	Normzweck; Rechtsnatur; Anwendungsbereich	1–3
II.	Grundstücke	4–19
1.	Begriff der Verfügung	4–7
2.	Wirksamkeit der Verfügung	8–13
3.	Grundbuchrechtliche Fragen	14–16
4.	Wirkung des Verfügungsverbots im Zwangsversteigerungsverfahren	17–19
III.	Bewegliche Sachen	20–23
IV.	Forderungen	24

I. Normzweck; Rechtsnatur; Anwendungsbereich

1 § 23 ZVG dient dem Ausgleich mehrerer diametraler Interessen. Das Veräußerungsverbot (§§ 136, 135 BGB) bezweckt zunächst, die haftenden Gegenstände möglichst ungeschmälert für die spätere Versteigerung zu erhalten und somit den **Gläubiger** vor Handlungen des Schuldners zu schützen. Andererseits soll mit Abs. 1 Satz 2, der Verfügungen in den Grenzen einer ordnungsmäßigen Wirtschaft erlaubt, das Interesse des **Schuldners** an der Wahrung seiner wirtschaftlichen Bewegungsfreiheit gesichert werden. Durch die Möglichkeit gutgläubigen Erwerbs nach den §§ 136, 135 Abs. 2 BGB wird schließlich den Interessen der im allgemeinen Rechtsverkehr tätig werdenden **Dritten** Rechnung getragen.

2 Abs. 1 Satz 1 spricht – ungenau – von einem Veräußerungsverbot. Da § 23 ZVG aber den Gläubiger möglichst umfassend schützen will, ist es präziser, von „**Verfügungsverbot**" zu sprechen (vgl. Rn. 4, 20). Dieses führt nicht dazu, dass die Verfügung a priori unwirksam ist; vielmehr ist sie schwebend wirksam und wird erst bei Geltendmachung durch den Gläubiger diesem gegenüber relativ unwirksam. Das Verbot gilt stets nur **relativ**, seine Geltung ist daher für jeden Gläubiger gesondert zu bestimmen; für beitretende Gläubiger wird es beispielsweise erst mit Zustellung des Beitrittsbeschlusses wirksam (§ 27 Rn. 1, 16).[1] Eine Grundbucheintragung kann daher gegenüber einem Gläubiger wirksam, gegenüber einem anderen aber relativ unwirksam sein. Das Verfügungsverbot ist im Anordnungs- bzw. Beitrittsbeschluss enthalten, ein gesonderter Ausspruch muss daher nicht erfolgen.

3 **Anwendungsbereich:** § 23 ZVG gilt sowohl für Zwangsversteigerung wie -verwaltung, nicht jedoch für die Sonderverfahren der §§ 172 ff. ZVG. Es spielt

---
1 BGH, Urteil v. 31.5.1988 – IX ZR 103/87, Rpfleger 1988, 543; Jursnik, MittBayNot 1999, 125.

keine Rolle, ob der Gläubiger das Verfahren wegen eines dinglichen oder persönlichen Anspruchs betreibt.[2] Erfasst sind nicht nur rechtsgeschäftliche Verfügungen, sondern auch solche im Wege der Arrestvollziehung und der Zwangsvollstreckung, § 135 Abs. 1 Satz 2 BGB (siehe Rn. 10, 12, und 16).

II. Grundstücke

1. Begriff der Verfügung

4 a) Bzgl. eines Grundstücks liegt eine **Verfügung** insbesondere vor: bei Eigentumsübertragung, Belastung, Ausübung eines Rangvorbehalts,[3] Umwandlung eines Grundpfandrechts (nach den §§ 1116, 1182, 1187, 1195, 1199, 1203 BGB; str.[4]), Teilung,[5] Vereinigung, Bestandteilszuschreibung, Bestellung einer Baulast nach § 86 LBauO RPf[6] sowie Erhöhung der Ablösungssumme einer Rentenschuld. Auch eine Zinserhöhung ist beschlagnahmewidrig, wobei strittig ist, ob dies auch gilt, wenn sich die Zinserhöhung in den Grenzen des § 1119 BGB hält.[7] Da das Verfügungsverbot nur greift, wenn der Gegenstand selbst beschlagnahmt wurde, verletzt die Verfügung über ein Eigentümergrundpfandrecht grds. nicht das Verfügungsverbot. Das soll nach einer Auffassung auch gelten, wenn im Gefolge der Abtretung, Pfändung oder Verpfändung des **Eigentümergrundpfandrechts** § 1197 Abs. 2 BGB keine Anwendung mehr findet und deshalb Zinsen anfallen;[8] die überzeugende Gegenauffassung dagegen berücksichtigt die Zinsen gegenüber nachrangigen Gläubigern nur in der Rangklasse des § 10 Abs. 1 Nr. 6 ZVG, es sei denn, zugunsten des Dritten greifen die §§ 878, 892 BGB ein.[9]

5 Das Verfügungsverbot ist entgegen einer vereinzelt gebliebenen Auffassung[10] auch anzuwenden, wenn der Schuldner nach Wirksamwerden der Beschlagnahme (§ 22 ZVG) das Grundstück nach § 8 WEG aufteilt.[11] Denn Abs. 1 Satz 1 verbietet zum Schutz des Gläubigers alle schuldnerischen Rechtshandlungen, die in irgendeiner Weise für den Gläubiger nachteilig sein können. Die Bildung von Wohnraumeigentum kurz vor dem Versteigerungstermin kann (muss aber nicht) für den Gläubiger bei der Verwertung seines Pfandes erhebliche Nachteile mit sich bringen. Macht der Gläubiger die (relative) Unwirksamkeit geltend, ist daher mangels wirksamer Aufteilung das ursprüngliche Grundstück zu versteigern.[12] Eine Versteigerung der Wohnungseigentumseinheiten nach § 63 ZVG findet dagegen statt, wenn der Gläubiger die Aufteilung genehmigt. Worin die Geltendmachung der Unwirksamkeit zu sehen ist, ist ebenfalls umstritten: AG und LG Würzburg[13] nehmen offenbar an, dass

---

2 BGH, Urteil v. 31.5.1988 – IX ZR 103/87, Rpfleger 1988, 543.
3 RG JW 1907, 703, 704.
4 *Teufel*, in: *Steiner*, ZVG, § 23 Rn. 20; vgl. OLG Hamm, Beschl. v. 27.5.1986 – 15 W 128/86, Rpfleger 1987, 297; a.A. *Stöber*, ZVG, § 23 Rn. 2.2.
5 BayObLG, Beschl. v. 15.2.1996 – 2Z BR 102/95, Rpfleger 1996, 333.
6 VG Neustadt a.d. Weinstraße, Urteil v. 4.9.2008 – 4 K 571/08. NW (n.v.).
7 Bejahend BayObLGZ 14, 499; OLG Hamburg OLG 26, 136; *Teufel*, in: *Steiner*, ZVG, § 23 Rn. 15; a.A. *Hintzen*, Handbuch, C, Rn. 140.
8 *Teufel*, in: *Steiner*, ZVG, § 23 Rn. 17.
9 *Böttcher*, ZVG, § 23 Rn. 10; *Eickmann*, ZVG, § 9 IV 6; *Hintzen*, Handbuch, C, Rn. 140.
10 LG Essen, Beschl. v. 29.3.1988 – 7 T 97/88, Rpfleger 1989, 116; *Eickmann*, ZVG, § 9 IV 4: nach dieser Auffassung werden stets Wohnungseigentumseinheiten nach § 63 ZVG versteigert.
11 OLG Frankfurt, Beschl. v. 5.12.1986 – 20 W 410/86, EWiR 1987, 627 (*Eickmann*); LG Würzburg, Beschl. v. 21.7.1988 – 3 T 1554/88, Rpfleger 1989, 117; AG Würzburg, Beschl v. 21.6.1988 – 2 K 129/87, Rpfleger 1989, 117; *Hintzen*, in: *Dassler/Schiffhauer/u.a.*, ZVG, § 23 Rn. 17 mit Fn. 17.
12 Näher *Meyer-Stolte*, Rpfleger 1989, 118.
13 LG Würzburg, Beschl. v. 21.7.1988 – 3 T 1554/88, Rpfleger 1989, 117; AG Würzburg, Beschl. v. 21.6.1988 – 2 K 129187, Rpfleger 1989, 117.

bereits mit dem Versteigerungsantrag die Unwirksamkeit geltend gemacht wird; das wird man so pauschal nicht annehmen können, da die Aufteilung für den Gläubiger u. U. wirtschaftlich günstig ist, was ggf. durch einen Gutachter festzustellen ist. Das Vollstreckungsgericht sollte daher dem Gläubiger durch eine Aufklärungsverfügung nach § 139 ZPO Gelegenheit zur Äußerung geben.[14]

b) **Keine Verfügung** stellen die nachträgliche Valutierung einer Hypothek, die Ausfüllung einer zuvor nicht voll valutierten Höchstbetragshypothek,[15] die Forderungsauswechslung nach § 1180 BGB, die Kündigung einer Hypothek oder Grundschuld,[16] die Unterwerfung nach § 800 ZPO, die Eintragung eines durch eine Vormerkung gesicherten Rechts[17], der Verzicht auf ein materielles baurechtliches Abwehrrecht[18] sowie rein tatsächliche Handlungen dar. **6**

Nach Durchführung der Versteigerung tritt der **Versteigerungserlös** an die Stelle des Grundstücks; das Verfügungsverbot des Abs. 1 Satz 1 gilt nun für diesen. **7**

2. **Wirksamkeit der Verfügung**

Abs. 1 Satz 1 i. V. m. §§ 135, 136 BGB bewirkt **keine Grundbuchsperre**, der Schuldner kann also nach wie vor über das Grundstück verfügen, Eintragungen in das Grundbuch sind möglich (näher Rn. 14 f.). Jedoch wird die zunächst nur schwebend wirksame Verfügung (endgültig) relativ unwirksam, wenn der jeweilige (s. Rn. 2) Gläubiger das Verfügungsverbot geltend macht, wovon regelmäßig bei Antragstellung auf Verfahrensanordnung oder Beitrittszulassung auszugehen ist (anders bei Rn. 5). Beruft sich der Gläubiger auf das Verfügungsverbot, hat er gegen den Erwerber einen Grundbuchberichtigungsanspruch aus § 888 Abs. 2, 1 BGB.[19] **8**

Die Verfügung verstößt aber in den folgenden Fällen nicht gegen das Verbot des Abs. 1 Satz 1 und ist daher **wirksam:** **9**

Ist vor Wirksamwerden der Beschlagnahme (§ 22 ZVG) die für den Rechtserwerb des Erwerbers erforderliche Erklärung bindend geworden und der Antrag auf Eintragung gestellt worden, ist die Verfügung nach § 878 BGB wirksam.[20] Auf die Redlichkeit des Erwerbers kommt es nicht an, da § 878 BGB keine Norm des gutgläubigen Erwerbs ist. Mangels rechtsgeschäftlichen Erwerbsvorgangs ist § 878 BGB jedoch bei Verfügungen im Wege der Arrestvollziehung (§ 932 ZPO) und der Zwangsvollstreckung nicht anwendbar,[21] so dass Arresthypothek, Zwangshypothek und die Vormerkung auf Grund einstweiliger Verfügung (§ 885 BGB) auch dann relativ unwirksam sind, wenn der Eintragungsantrag vor dem Zeitpunkt des § 22 ZVG gestellt wurde. **10**

Wirksam ist die Verfügung ferner bei vorheriger **Einwilligung** des Gläubigers (§ 185 Abs. 1 BGB)[22] oder späterer **Genehmigung** (§ 185 Abs. 2 Satz 1 Alt. 2 BGB). Die Genehmigung, die ex tunc wirkt,[23] ist wegen §§ 55 Abs. 1, 90 **11**

---

14 *Böttcher*, ZVG, § 23 Rn. 11.
15 *Teufel*, in: *Steiner*, ZVG, § 23 Rn. 19.
16 Zur Frage, ob diese Kündigung gegenüber dem Ersteher wirkt, vgl. § 54 ZVG.
17 *Hintzen*, Handbuch, C, Rn. 140; *Stöber*, ZVG, § 23 Rn. 2.2.
18 VG Neustadt a. d. Weinstraße, Urteil v. 4.9.2008 – 4 K 571/08.NW, (n. v.).
19 Vgl. BayObLG, Beschl. v. 15.12.1996 – 2Z BR 102/95, Rpfleger 1996, 333 = MittBayNot 1996, 108; *Heinrichs*, in: *Palandt*, BGB, §§ 135, 136 Rn. 7.
20 Vgl. BGH, Urteil v. 31.5.1988 – IX ZR 103/87, Rpfleger 1988, 543 (für Fall des § 27 ZVG); *Böttcher*, Rpfleger 1985, 381, 383.
21 *Teufel*, in: *Steiner*, ZVG, § 23 Rn. 11 mit Fn. 8.
22 OLG Frankfurt, Beschl. v. 7.3.1979 – 20 W 50/79, Rpfleger 1979, 205; *Kohler*, in: *Staudinger*, BGB, § 135 Rn. 63.
23 RG, Urteil v. 21.4.1937 – V 297/36, RGZ 154, 355, 367; *Böttcher*, ZVG, § 23 Rn. 7.

Abs. 2 ZVG, nach denen der Erwerber die bei Beginn der Versteigerung mitbeschlagnahmten Gegenstände erwirbt, nur bis zur Versteigerung möglich.[24] Wird der **Versteigerungsantrag zurückgenommen** oder das **Verfahren aufgehoben**, wird die Verfügung ex nunc wirksam, § 185 Abs. 2 Satz 1 Alt. 2 BGB analog;[25] ex tunc wird sie dagegen wirksam, wenn das Verfügungsverbot **nachträglich wegfällt**.

12 Das Verfügungsverbot kann schließlich durch **gutgläubigen Erwerb** überwunden werden, §§ 135 Abs. 2, 136, 892 (bzw. 1138, 1155) BGB. Bezugspunkt des guten Glaubens ist das Nichtbestehen des Verfügungsverbots,[26] wobei nach § 892 Abs. 1 Satz 2 BGB die Eintragung des Zwangsversteigerungsvermerks der Kenntnis gleichsteht. Darüber hinaus genügt nach **Abs. 2 Satz 1** die Kenntnis des Versteigerungsantrags, und zwar auch dann, wenn der Antrag ursprünglich mangelhaft war (und erst auf eine Zwischenverfügung des Vollstreckungsgerichts hin ergänzt wurde) oder nach Anfechtung der Zurückweisung doch zur Verfahrensanordnung führt;[27] etwas anderes gilt nur, wenn der Antrag rechtskräftig zurückgewiesen wurde. Für den Erwerb einer Zwangshypothek, Arresthypothek oder Vormerkung kraft einstweiliger Verfügung (§ 885 BGB) gilt § 892 BGB nicht, da hier kein Rechtsgeschäft vorliegt;[28] das gegenüber dem Beschlagnahmegläubiger unwirksame Recht unterfällt § 10 Abs. 1 Nr. 6 ZVG.[29]

13 Die Auswirkungen der Grundstücksveräußerung auf das **Versteigerungsverfahren** regelt § 26 ZVG.

3. Grundbuchrechtliche Fragen

14 Ist der Zwangsversteigerungs- oder -verwaltungs**vermerk** im **Grundbuch nicht eingetragen** und geht zuerst der Antrag auf Eintragung der Verfügung (Rn. 4ff.) und noch vor dessen Vollzug das Eintragsersuchen hinsichtlich des Vermerks ein, ist strittig, wie das Grundbuchamt vorzugehen hat. Grob lassen sich zwei Ansichten unterscheiden: Nach einer Auffassung darf die Verfügung nur eingetragen werden, wenn der Gläubiger zustimmt, § 878 BGB eingreift und/oder zugleich mit der Verfügung der Vermerk eingetragen wird.[30] Die Gegenauffassung sieht den Rechtspfleger als verpflichtet an, die Verfügung ohne weiteres vorzunehmen.[31] Dies überzeugt, da alle Verfahrensvoraussetzungen für die Eintragung vorliegen und es nicht Aufgabe des Grundbuchamtes ist, § 17 GBO zu umgehen, nur um dadurch einen nach den materiellen Gutglaubensnormen möglichen Rechtserwerb zu verhindern. Im Übrigen wird das Grundbuch durch die Eintragung nicht unrichtig, da die Verfügung bis zur Geltendmachung ihrer relativen Unwirksamkeit schwebend wirksam ist (Rn. 2).

15 Ist der Versteigerungs**vermerk** schon **im Grundbuch eingetragen** oder ist das Ersuchen auf seine Eintragung zeitlich vor dem Antrag auf Eintragung der Verfügung eingegangen (§ 17 GBO), steht dies der Eintragung der Verfügung ebenfalls nicht entgegen. Denn das Verfügungsverbot begründet keine Grund-

---

24 Wird danach (bis zur Erteilung des Zuschlags) die Zustimmung erklärt, ist dies als Antragsrücknahme oder Einstellungsbewilligung nach §§ 29, 30 zu verstehen, *Stöber*, ZVG, § 23 Rn. 2.1.
25 *Böttcher*, ZVG, § 23 Rn. 8.
26 RG, Urteil v. 20.6.1917 – V 70/17, RGZ 90, 335, 338.
27 *Böttcher*, Rpfleger 1985, 381, 383.
28 RG, Urteil v. 20.6.1917 – V 70/17, RGZ 90, 335, 340.
29 *Teufel*, in: *Steiner*, ZVG, § 23 Rn. 36.
30 Vgl. LG Frankenthal, Beschl. v. 24.8.1981 – 1 T 201/81, Rpfleger 1981, 438; BayObLG, Beschl. v. 30.5.2003 – 2Z BR 129/02, Rpfleger 2003, 573 = ZfIR 2003, 776.
31 *Teufel*, in: *Steiner*, ZVG, § 23 Rn. 29; *Böttcher*, Rpfleger 1985, 381, 385f.; *ders.*, ZfIR 2007, 551.

buchsperre; im Übrigen ist die Verfügung ja auch nicht a priori unwirksam, sondern zunächst schwebend wirksam (Rn. 2).³²

Auch wenn der Erwerb von Zwangshypothek (§ 867 ZPO), Arresthypothek (§ 932 ZPO) und der Vormerkung aufgrund einstweiliger Verfügung (§ 885 BGB) stets unwirksam ist, wenn die Beschlagnahme vor Eintragung wirksam geworden ist, hat das Grundbuchamt – auch bei Kenntnis der Beschlagnahme – die Eintragung vorzunehmen; § 772 S. 1 ZPO steht nicht entgegen, denn er untersagt nur die Veräußerung und Überweisung eines vom Verfügungsverbots erfassten Gegenstandes.³³

4. Wirkung des Verfügungsverbots im Zwangsversteigerungsverfahren

Relevanz entfaltet das Verfügungsverbot im Zwangsversteigerungsverfahren im Rahmen von § 10 Abs. 1 Nr. 4, 6 ZVG: Macht der Gläubiger die relative Unwirksamkeit geltend, wird das Recht in der 6. Klasse – und damit im Rang hinter dem Gläubiger (Nr. 5) – berücksichtigt, wenn der Tag seiner Eintragung im Grundbuch nach der Beschlagnahme liegt; anderenfalls wird das Recht in der 4. Klasse berücksichtigt. Ob es für die Einordnung des Rechts unter Nr. 4 oder Nr. 6 auf die Eintragung des Zwangsversteigerungsvermerks ankommt, ist strittig. Nach einer Ansicht hat das Vollstreckungsgericht die Reihenfolge der Eintragungen zu beachten mit der Folge, dass das Recht nach Nr. 4 zu behandeln sei, wenn das Grundstücksrecht vor dem Vermerk eingetragen wurde (anderenfalls nach § 10 Abs. 1 Nr. 6 ZVG).³⁴ Das überzeugt nicht, da der Vermerk nur die Aufgabe hat, einem eventuellen gutgläubigen Erwerb vorzubeugen.³⁵ Es kommt also allein auf die materielle Wirksamkeit gegenüber dem Beschlagnahmegläubiger an. Sind Beschlagnahme- und Eintragungstag identisch und ist unklar, was zeitlich früher erfolgte, ist das Recht in Nr. 4 einzugruppieren.³⁶

Ist die verbotswidrige Verfügung ausnahmsweise wirksam (Rn. 10 ff.), ist dies aber nicht aus dem Grundbuch ersichtlich (z. B. § 878 oder § 892 BGB), muss derjenige, der sich auf die Wirksamkeit beruft, dies nach §§ 37 Nr. 4, §§ 45, 110, 114 anmelden, um sich die 4. Rangklasse zu sichern (anderenfalls § 10 Abs. 1 Nr. 6 ZVG). Die einfache Anmeldung des Rechts genügt hierfür nicht, erforderlich ist eine spezielle, auf § 878 oder § 892 BGB rekurrierende Anmeldung.³⁷ Fällt er infolgedessen unter § 10 Abs. 1 Nr. 4 ZVG, kann der das Zwangsversteigerungsverfahren betreibende Gläubiger nach § 45 Abs. 1 ZVG widersprechen, so dass der Inhaber des Rechts dieses glaubhaft machen muss. Gelingt ihm dies nicht, fällt er in die 6. Rangklasse zurück; anderenfalls bleibt er im 4. Rang, da dann das Recht dem Gläubiger gegenüber als wirksam zu behandeln ist, was aber wiederum nicht die Möglichkeit eines (späteren) Prozesses über die Wirksamkeit des Rechts ausschließt.³⁸

Eine Berücksichtigung in der 4. Klasse ist im Teilungsplan möglich, wenn sich der Inhaber des Rechts auf § 878 oder § 892 BGB beruft und diese nicht offenkundig unanwendbar sind; das Widerspruchsrecht des die Zwangsversteigerung betreibenden Gläubigers folgt aus § 115 ZVG.

---

32 *Böttcher*, Rpfleger 1985, 386 m. w. N.
33 *Böttcher*, ZVG, § 23 Rn. 22.
34 *Hagemann*, in: Steiner, ZVG, § 10 Rn. 121.
35 *Teufel*, in: Steiner, ZVG, § 23 Rn. 31; *Stöber*, ZVG, § 23 Rn. 7.7.
36 *Böttcher*, ZVG, § 23 Rn. 17.
37 *Eickmann*, ZVG, § 9 IV 3; *Teufel*, in: Steiner, ZVG, § 23 Rn. 33.
38 *Teufel*, in: Steiner, ZVG, § 23 Rn. 33.

III. Bewegliche Sachen

20 Das Verfügungsverbot des Abs. 1 Satz 1 erfasst auch nach §§ 20, 21 ZVG mitbeschlagnahmte bewegliche Sachen. **Verfügungen** sind die Veräußerung (§§ 929 ff. BGB) sowie die dingliche Belastung mit einem Pfandrecht (§§ 1204 ff. BGB) oder einem Nießbrauchsrecht (§§ 1030 ff. BGB).

21 Bei Einwilligung oder Genehmigung durch den Gläubiger ist die Verfügung trotz Abs. 1 Satz 1 wirksam (näher Rn. 11). Möglich ist auch ein **gutgläubiger Erwerb** (§§ 136, 135 Abs. 2 i. V. m. §§ 932 ff. BGB bzw. § 1032 bzw. §§ 1207, 1244 BGB bzw. § 366 HGB). Bezugspunkt ist auch hier grds. das Nichtbestehen des Verfügungsverbots;[39] da dem Gesetzgeber der strafrechtliche Schutz nicht weit genug ging,[40] genügt nach **Abs. 2 Satz 1** aber schon die Kenntnis des Versteigerungsantrags, denn der Erwerber muss mit einer in der Zwischenzeit erfolgten Beschlagnahme rechnen (näher Rn. 12); eine weitere Verschärfung enthält **Abs. 2 Satz 2**, der nach der Eintragung des Versteigerungsvermerks ins Grundbuch den gutgläubigen Erwerb auch an den mithaftenden beweglichen Sachen ausschließt. Selbstverständlich ist der gute Glaube an die fehlende Zugehörigkeit zum haftenden Vermögen nicht geschützt.[41]

22 Die Verfügung über einzelne bewegliche Sachen ist nach **Abs. 1 Satz 2** wirksam, soweit der Schuldner innerhalb der Grenzen einer **ordnungsmäßigen Wirtschaft** handelt. Das setzt voraus, dass die Maßnahme wirtschaftlich geboten oder zumindest statthaft erscheint, was nach den Umständen des Einzelfalles zu bestimmen ist (näher § 24 Rn. 4). Über den durch die Maßnahme erlangten Erlös kann der Schuldner frei verfügen, da ihm nach § 24 ZVG die Verwaltungsbefugnis bei der Zwangsversteigerung gerade erhalten bleibt.[42] Der Gläubiger kann sich vor derartigen Verfügungen schützen, indem er einen Antrag auf Zwangsverwaltung stellt, denn dann gilt Abs. 1 Satz 2 nach § 148 I 2 ZVG nicht.

23 Verstößt der Schuldner gegen das Verfügungsverbot, hat der Gläubiger die Wahl: Er kann vom Schuldner Schadensersatz aus § 823 II BGB, § 136 StGB sowie nach § 823 I BGB wegen Verletzung der Hypothek als sonstiges Recht oder – nach Genehmigung (§ 185 II 1 Alt. 2 BGB) – Herausgabe des erzielten Erlöses (§ 816 I BGB) verlangen; dieses Vorgehen macht Sinn, wenn der Schuldner als Drittsicherungsgeber nur dinglich mit dem Grundstück haftet. Alternativ kann der Gläubiger den (relativ unwirksam erwerbenden) Dritten auf Rückschaffung der Sache auf das Grundstück in Anspruch nehmen; dieser Anspruch geht auf den Ersteher des Grundstücks über, wenn der Gegenstand bei der Versteigerung noch beschlagnahmt war (§§ 90 Abs. 2, 55 Abs. 1);[43] in diesem Fall kann der Ersteher nach § 93 ZVG vorgehen. Verblieb hingegen ein wirksam veräußertes (Rn. 21) Zubehörstück im Besitz des Schuldners, muss der Erwerber rechtzeitig sein Recht nach Maßgabe des § 37 Nr. 5 ZVG geltend machen um zu verhindern, dass sich die Versteigerung auch auf dieses Zubehörstück erstreckt, § 55 Abs. 2 ZVG.

IV. Forderungen

24 Nach §§ 20, 21 ZVG beschlagnahmte Forderungen (§ 20 Rn. 49 ff.; § 21 Rn. 7 ff.) werden vom Verfügungsverbot des Abs. 1 Satz 1 erfasst. Zur Wirksamkeit der vom Schuldner abgeschlossenen Miet- und Pachtverträge siehe

---

39 RG, Urteil v. 20.6.1917 – V 70/17, RGZ 90, 335, 338.
40 *Hahn/Mugdan*, Denkschrift, S. 41.
41 *Eickmann*, ZVG, § 9 IV, 1 b).
42 *Storz/Kinderlen*, B 5.3.1 (2).
43 RG, Urteil v. 11.3.1909 – V 245/08, RGZ 70, 378.

§ 24 Rn. 8. Ein gutgläubiger Forderungserwerb scheidet nach der Systematik des BGB mangels Rechtsscheinsträgers aus (die Ausnahme des § 405 BGB spielt hier keine Rolle). Auch Abs. 1 Satz 2 ist **nicht** anwendbar.[44] Der Drittschuldner ist über § 22 Abs. 2 Satz 2 ZVG geschützt (§ 22 Rn. 13 f.); die heute h. M. wendet darüber hinaus aus Wertungsgesichtspunkten trotz des entgegenstehenden Willens des Gesetzgebers[45] und dem eindeutigen Wortlaut des § 135 Abs. 2 BGB die §§ 407 f. BGB analog an.[46]

---

[44] *Teufel*, in: *Steiner*, ZVG, § 23 Rn. 41.
[45] Motive I, S. 214.
[46] Dafür BGH, Urteil v. 26.1.1983 – VIII ZR 258/81, BGHZ 86, 337 = NJW 1983, 886 = Rpfleger 1983, 118; *Heinrichs*, in: *Palandt*, BGB, §§ 135, 136 Rn. 9; *Armbrüster*, in: *MünchKomm*-BGB, § 135 Rn. 47; *Hefermehl*, in: *Soergel*, BGB, §§ 135, 136 Rn. 22 m. w. N.

§ 24 ZPO [Verwaltung und Benutzung durch den Schuldner]

Die Verwaltung und Benutzung des Grundstücks verbleibt dem Schuldner nur innerhalb der Grenzen einer ordnungsmäßigen Wirtschaft.

Übersicht

		Rn.
I.	Allgemeines; Anwendungsbereich	1, 2
II.	Verwaltungs- und Benutzungsrecht	3–5
III.	Rechtsfolgen	6–8

I. Allgemeines; Anwendungsbereich

1 Durch die Verwaltung und Benutzung des beschlagnahmten Grundstücks durch den Schuldner wird der Zweck des Zwangsversteigerungsverfahrens grundsätzlich nicht beeinträchtigt, so dass es nicht gerechtfertigt ist, ihm die Befugnis hierzu a priori zu nehmen.[1] Jedoch müssen die Interessen des Gläubigers gewahrt werden, können diese doch durch tatsächliche Handlungen ebenso gefährdet werden wie durch rechtsgeschäftliche Verfügungen. Dem Ausgleich dieser konträren Interessen dient § 24.

2 § 24 ist nur anwendbar auf die Zwangsversteigerung, nicht aber auf die Zwangsverwaltung (§ 148 Abs. 2), da dem Schuldner dort die Verwaltung und Benutzung gerade entzogen ist.[2] Bei den §§ 172 ff. hat § 24 keine Bedeutung, da bei diesen Sonderverfahren dem Schuldner das Verwaltungs- und Benutzungsrecht verbleibt. Bei Schiffen und Luftfahrzeugen gelten Besonderheiten.

II. Verwaltungs- und Benutzungsrecht

3 Erfasst sind neben dem Grundstück auch die nach §§ 20, 21 mitbeschlagnahmten Gegenstände. Unter Verwaltung ist die Sorge um und der Gebrauch des Grundstücks zu verstehen. Erfasst sind z.B. die Fruchtziehung, die Änderung der Zweckbestimmung bei Zubehörstücken[3] sowie die Vermietung und Verpachtung des Grundstücks (aber: Rn. 8). Für Verfügungen gilt § 24 nur, wenn diese durch § 23 Abs. 1 Satz 2 gestattet sind.[4] In der Insolvenz geht das Recht auf den Insolvenzverwalter über, § 80 InsO (Ausnahme: § 270 Abs. 1 InsO). Schafft der Schuldner Zubehör an und erwirbt er daran Eigentum, erstreckt sich die Beschlagnahme auch darauf; bei Veräußerung gilt daher § 23.[5]

4 Die Verwaltung und Benutzung ist nur innerhalb der Grenzen ordnungsmäßiger Wirtschaft zulässig, d.h. die Maßnahme muss wirtschaftlich geboten oder zumindest statthaft erscheinen, was sich nach den Umständen des Einzelfalles bestimmt.[6] Anhaltspunkte hierfür geben die §§ 1036, 1037, 1041–1045 BGB. **Einzelfälle:** Ernten und Veräußern reifer Früchte ist ordnungsmäßig.[7] Eine **Betriebsstilllegung** und die damit verbundene Aufhebung der Zubehöreigenschaft der Betriebseinrichtung gehen über die Grenzen einer ordnungsmäßigen Wirtschaft hinaus; die Zubehörstücke werden in einem solchen Fall auch dann

---

1 *Storz/Kinderlen*, B 5.3.1 (4).
2 AG Ellwangen, Urteil v. 30.12.1991 – C 236/91, WuM 1992, 237.
3 *Böttcher*, ZVG, § 24 Rn. 1.
4 *Teufel*, in: *Steiner*, ZVG, § 24 Rn. 7.
5 *Stöber*, ZVG, § 24 Rn. 2.3.
6 *Hintzen*, in: *Dassler/Schiffhauer/u.a.*, ZVG, § 23 Rn. 25.
7 BGH, Urteil v. 7.12.1992 – II ZR 262/91, BGHZ 120, 368 = NJW 1993, 1791.

nicht von der Haftung frei, wenn der einzige Grundpfandgläubiger ihrem Verkauf – ohne Entfernung vom Grundstück – zustimmt und der Erlös zu seiner Befriedigung verwendet wird.[8] Rodet der Schuldner einen beschlagnahmten **Weinberg** und veräußert er das Wiederbepflanzungsrecht des § 6 Abs. 1 WeinG, kann dies eine nicht ordnungsmäßige Wirtschaft darstellen.[9]

§ 24 gibt nur ein Verwaltungs- und Benutzungs**recht**, statuiert aber **keine Pflicht**.[10] Bewirtschaftet der Schuldner das Grundstück nicht und mindert er damit letztlich den potentiellen Versteigerungserlös, begründet dies daher keine Schadensersatzpflicht (aber: Maßregel nach § 25 möglich, vgl. § 25 Rn. 1, 4). Deshalb unterliegt der Schuldner **keiner Aufsicht** durch den Gläubiger und hat auch keine Rechenschaftspflichten.

III. Rechtsfolgen

Die Verwaltung erfolgt auf eigene **Rechnung des Schuldners**. Mit den erzielten Einnahmen hat er zunächst die Bedürfnisse der Wirtschaft zu bestreiten, darüber hinausgehende Überschüsse gebühren jedoch ihm selbst,[11] da die Abschöpfung der Grundstücksüberschüsse nicht Aufgabe des Zwangsversteigerungs-, sondern des Zwangsverwaltungsverfahrens ist. Umgekehrt werden dem Schuldner aber auch Auf- und Verwendungen nicht ersetzt.[12]

Überschreitet der Schuldner die Grenzen der ordnungsmäßigen Wirtschaft, kann das straf- (§ 136 StGB) wie zivilrechtliche Konsequenzen haben. So kann der Gläubiger auf **Unterlassung** bzw. Anordnung der erforderlichen Maßnahmen nach §§ 1134, 1135 BGB klagen und hierfür eine einstweilige Verfügung (**§ 938 Abs. 2 ZPO**) erwirken.[13] Daneben kann er **Schadensersatz** aus § 823 Abs. 2 BGB, § 136 StGB verlangen, Maßnahmen nach § 25 beantragen und/oder die **Zwangsverwaltung** betreiben (§ 148 Abs. 2, s. Rn. 2).

Umstritten ist die Wirksamkeit von Miet- und Pachtverträgen, die vom Schuldner unter Überschreitung der Grenzen einer ordnungsmäßigen Wirtschaft abgeschlossen wurden.[14] Z.T. werden derartige Verträge als wirksam betrachtet, da § 24 nicht das Verhältnis Schuldner-Ersteher regele und der Ersteher im Übrigen ausreichend durch §§ 57, 57a bzw. – soweit es um Wohnraum geht – durch die Möglichkeit zur Mieterhöhung nach § 557ff. BGB geschützt sei.[15] Das überzeugt nicht, der Vertrag ist vielmehr dem Vollstreckungsgläubiger und dem Ersteher gegenüber unwirksam, §§ 23 ZVG, 136, 135 Abs. 1 BGB,[16] und zwar unabhängig davon, ob dies als besondere Versteigerungsbedingung nach § 59 ZVG vorbehalten wurde. Denn die schuldnerbeschränkenden Vorschriften der §§ 23, 24 dienen insbesondere auch dazu, eine möglichst lastenfreie Veräußerung des Grundstücks zu ermöglichen, so dass

---

8 BGH, Urteil v. 30.11.1995 – IX ZR 181/94, NJW 1996, 835 = Rpfleger 1996, 256.
9 Näher *Kirsch*, Rpfleger 1998, 192.
10 *Schmidberger*, Rpfleger 2008, 105, 106.
11 Das gilt auch, wenn ein nach § 25 eingesetzter Verwalter (§ 25 Rn. 10) Überschüsse erzielt, so auch *Stöber*, ZVG, § 25 Rn. 4.5, 5.1.
12 *Stöber*, ZVG, § 24 Rn. 2.5; *Böttcher*, ZVG, § 24 Rn. 1.
13 *Hintzen*, in: *Dassler/Schiffhauer/u.a.*, ZVG, § 24 Rn. 9.
14 Z.B. die Vermietung zu einem unangemessen niedrigen Mietzins.
15 *Stöber*, ZVG, § 24 Rn. 2.4; *Hintzen*, in: *Dassler/Schiffhauer/u.a.*, ZVG, § 24 Rn. 2.
16 Wie hier LG Kassel, Urteil v. 6.7.1989 – 1 S 283/89, NJW-RR 1990, 976 (verfassungsrechtlich gebilligt durch BVerfG, Beschl. v. 5.12.1989 – 1 BvR 1188/89, WuM 1990, 138); LG Kiel, Urteil v. 26.2.1998 – 1 S 169/97, WuM 1999, 570 (für Vermietung mit Verlust); *Teufel*, in: *Steiner*, ZVG, § 24 Rn. 17; *Hintzen*, Handbuch, Teil C, Rn. 136; vgl. auch AG Bremen, Urteil v. 20.10.1999 – 25 C 0190/99, NZM 2000, 1062 (Sittenwidrigkeit eines Mietzinses i.H.v. 40 % des Mietwertes); für die Zwangsverwaltung (§ 148 Abs. 2 ZVG) ebenso AG Ellwangen, Urteil v. 30.12.1991 – C 236/91, WuM 1992, 237.

ein möglichst hoher Erlös erzielt werden kann. § 57a nützt dem Ersteher regelmäßig nichts, da auch im Rahmen dieses Sonderkündigungsrechts nach allgemeiner Auffassung § 573 BGB beachtet werden muss[17] (§§ 57, 57a) und die Möglichkeit, durch eine anderweitige Vermietung einen höheren Mietzins zu erzielen, kein berechtigtes Interesse in dessen Sinne begründet.[18] Auch die §§ 557 ff. BGB helfen bei Situationen, in denen das Mietobjekt mit Verlust vermietet wird, regelmäßig nicht weiter. Der Vertrag ist daher auch dem Ersteher gegenüber unwirksam. Ein gutgläubiger Erwerb des Mieters ist nicht möglich, da dem BGB der gutgläubige Erwerb von Forderungen grds. fremd ist und die gesetzlichen Ausnahmen hier nicht eingreifen.[19]

---

[17] OLG Hamm, Beschl v. 22.8.1994 – 30 REMiet 2/94, NJW-RR 1994, 512 (für § 564b BGB a. F.); *Engels*, in: *Dassler/Schiffhauer/u. a.*, ZVG, § 57a Rn. 16 m.w.N.
[18] § 57a hilft dem Ersteher also nur insoweit, als er bei einer Kündigung nicht an die Vertragslaufzeit und vertragliche Kündigungsfristen gebunden ist.
[19] Missverständlich LG Kassel, Urteil v. 6.7.1989 – 1 S 283/89, NJW-RR 1990, 976 Rn. 15 a.E.

§ 25 ZVG [Sicherung der ordnungsmäßigen Bewirtschaftung]

Ist zu besorgen, dass durch das Verhalten des Schuldners die ordnungsmäßige Wirtschaft gefährdet wird, so hat das Vollstreckungsgericht auf Antrag des Gläubigers die zur Abwendung der Gefährdung erforderlichen Maßregeln anzuordnen. Das Gericht kann die Maßregeln aufheben, wenn der zu deren Fortsetzung erforderliche Geldbetrag nicht vorgeschossen wird.

Übersicht

		Rn.
I.	Zweck; Verhältnis zur Zwangsverwaltung; Anwendungsbereich	1–3
II.	Voraussetzungen	4
III.	Verfahren	5–13
1.	Antrag; Verfahren; Vorschusspflicht	5–7
2.	Entscheidung; mögliche Maßnahmen	8–11
3.	Änderung und Aufhebung der Maßregel	12, 13
IV.	Rechtsbehelfe	14
V.	Kosten	15, 16

I. Zweck; Verhältnis zur Zwangsverwaltung; Anwendungsbereich

§ 25 ist Ergänzung zu § 24, der das Verwaltungs- und Benutzungsrecht des Schuldners auf Maßnahmen im Rahmen einer ordnungsmäßigen Wirtschaft begrenzt. Gerade weil aus § 24 keine Pflicht des Schuldners zur Bewirtschaftung folgt (§ 24 Rn. 5) und der Schuldner oft nach der Beschlagnahme das Interesse an dem Grundstück verliert,[1] erlaubt § 25 dem Gläubiger, mit Hilfe des Gerichts die Maßnahmen zu ergreifen, um eine Gefährdung seiner Befriedigungschance zu verhindern. Die in § 24 Rn. 7 genannten weiteren Möglichkeiten des Gläubigers reichen hierfür oft nicht aus, da sie i. d. R. zeitraubend und/oder mit nicht unerheblichen Kosten verbunden sind. 1

Besonders sorgfältig abwägen muss der Gläubiger, ob er nach § 25 vorgeht oder die **Zwangsverwaltung** beantragt; Vorteile der Zwangsverwaltung: Die erwirtschafteten Überschüsse stehen – anders als bei § 25 (siehe § 24 Rn. 6) – nicht dem Schuldner, sondern dem Gläubiger zu; während bei § 25 die Maßregeln im Voraus festgelegt werden müssen, kann mit der Zwangsverwaltung flexibler auf tatsächliche Veränderungen reagiert werden; ein weiterer Nachteil des § 25 ist, dass die dem Gläubiger dadurch entstehenden Kosten nur unter § 10 Abs. 2 fallen (unten Rn. 15), während die Kosten der Zwangsverwaltung – soweit sie nicht ohnehin bereits aus den Erträgen gedeckt werden – ohne Rücksicht auf den Rang des betreibenden Gläubigers unter § 10 Abs. 1 Nr. 1 fallen können. § 25 hat daher v. a. dort Bedeutung, wo es um klar abgrenzbare Maßnahmen geht oder wo die Einsetzung eines Verwalters (Rn. 10) ausreichend erscheint. 2

§ 25 gilt für die Vollstreckungs- und die Teilungsversteigerung (Antragsgegner als Schuldner i. S. v. § 25), nicht aber für die Verfahren der §§ 172 ff., da dort der Verwalter selbst die notwendigen Maßnahmen ergreifen muss. Ob § 25 in der Zwangsverwaltung anwendbar ist, kann dahinstehen, da er dort jedenfalls keine Bedeutung hat, bieten doch die §§ 146 ff. insoweit bessere Möglichkeiten.[2] Bei Schiffen und Luftfahrzeugen gelten Sonderregeln (§§ 165, 171c). 3

---

[1] Vgl. *Storz/Kinderlen*, TH 5.3.2.1.
[2] *Teufel*, in: *Steiner*, ZVG, § 25 Rn. 1; OLG Koblenz, Beschl. v. 24.2.1956 – 5 W 50/56, MDR 1957, 172.

II. Voraussetzungen

4 Erforderlich ist eine Gefährdung der ordnungsmäßigen Wirtschaft durch das Verhalten des Schuldners, das nicht schuldhaft sein muss; eine objektive Gefährdung genügt.[3] Es reicht auch, dass der Schuldner eine Gefährdung durch Dritte nicht verhindert. Dringlichkeit ist nicht erforderlich, es genügt Besorgnis der Gefährdung. Das ist z.B. anzunehmen: bei Zerstörung, Beiseiteschaffen oder Verschleudern von Bestandteilen oder Zubehör; bei der zum Verlust des Versicherungsschutzes führenden Nichtzahlung der Versicherungsprämien;[4] bei drohendem Verderb der Ernte; bei Unterlassen der Aussaat; bei mangelnder Aufsicht über Maschinen usw.; bei Nichteinzug von Mieten[5].

III. Verfahren

1. Antrag; Verfahren; Vorschusspflicht

5 Erforderlich ist stets ein Antrag des betreibenden oder eines beitretenden Gläubigers; andere Gläubiger haben kein Antragsrecht, sie sind auf den Prozessweg beschränkt.[6] Der Antrag kann zugleich mit dem Antrag auf Anordnung des Zwangsversteigerungsverfahrens (§ 15) bzw. dem Antrag auf Zulassung des Beitritts (§ 27) gestellt werden. Ob die Befugnis mit Verkündung des Zuschlagsbeschlusses endet, ist umstritten.[7] Bejaht man dies, sind Maßnahmen gegen den Ersteher nach § 94 möglich, gegen das Grundstück gefährdende Handlungen des enteigneten Schuldners dagegen nur eine einstweilige Verfügung (Schutz bietet u.U. aber das Strafrecht, §§ 303, 242, 246, 266 StGB[8]).

6 Der Gläubiger muss die (drohende) Gefährdung darlegen und auf Verlangen des Gerichts **glaubhaft** machen (§ 294 Abs. 1 ZPO). Der Schuldner ist – schon wegen eines Erst-Recht-Schlusses zu den §§ 938 Abs. 2, 937 Abs. 2 ZPO – vor der Entscheidung **nicht anzuhören**,[9] da anderenfalls die Gefahr besteht, dass der Erfolg der Maßnahme vereitelt wird; Auch bedarf es keiner mündlichen Verhandlung über den Antrag, § 764 Abs. 3 ZPO.[10]

7 Schon vor Anordnung der Maßregel kann das Gericht vom Gläubiger die Zahlung eines **Vorschusses** verlangen. Dieser fällt nicht in die Zwangsversteigerungsmasse, sondern ist Treuhandgeld, das nur für diesen Zweck verwendet werden darf; wird er hierfür nicht vollständig verbraucht, ist er an den Gläubiger zurückzuzahlen.

2. Entscheidung; mögliche Maßnahmen

8 Das Gericht entscheidet durch begründungsbedürftigen Beschluss (§ 764 Abs. 3 ZPO), der den anderen Verfahrensbeteiligten nicht mitgeteilt wird (§ 146 Abs. 2 gilt nicht).[11] Hinsichtlich des „Ob" der Anordnung einer Maßre-

---

3 LG Schweinfurt, Beschl. v. 25.7.1966 – 2 T 66/66, WM 1966, 1275.
4 Vgl. RG, Beschl. v. 15.10.1902 – V 170/02, RGZ 52, 295.
5 So *Böttcher*, ZVG, § 25 Rn. 2; *Stöber*, ZVG, § 25 Rn. 2.1; a.A. *Schmidberger*, Rpfleger 2008, 105, 107.
6 Zum Gläubigerbegriff vgl. *Mayer*, Rpfleger 1983, 264.
7 So *Stöber*, ZVG, § 25 Rn. 3.1; a.A. *Hintzen*, in: *Dassler/Schiffhauer/u.a.*, ZVG, § 25 Rn. 5 (Rechtskraft des Zuschlagsbeschlusses).
8 AG Linz, Urteil v. 17.8.1995 – 2102 Js 5011/93 3 Cs, ZMR 1996, 269.
9 A.A. *Teufel*, in: *Steiner*, ZVG, § 25 Rn. 20; *Böttcher*, ZVG, § 25 Rn. 6 (Ausnahme: Eilbedürftigkeit; Gefährdung der Maßnahme).
10 *Hintzen*, in: *Dassler/Schiffhauer/u.a.*, ZVG, § 25 Rn. 6; a.A. *Teufel*, in: *Steiner*, ZVG, § 25 Rn. 19; *Stöber*, ZVG, § 25 Rn. 3.2 (vor schwerwiegenden Anordnungen zu empfehlen); *Böttcher*, ZVG, § 25 Rn. 6 („ratsam").
11 Vgl. BT-Drucks. 1/3668, S. 16.

gel besteht bei Vorliegen der Tatbestandsvoraussetzungen kein Ermessen; etwas anderes gilt für die Auswahl der konkreten Maßregel.[12] Nach überzeugender h.M ist das Gericht zwar an den Gläubigerantrag nicht gebunden, es gilt jedoch § 308 Abs. 1 ZPO, so dass das Gericht keine weitergehenden Maßnahmen anordnen darf.[13] Der Gläubiger sollte daher möglichst viele Maßregeln vorschlagen.

Das Gericht darf nur Sicherungsmaßnahmen anordnen; eine Befriedigung des Gläubigers ist nicht zulässig.[14] Dem Schuldner kann die Möglichkeit eingeräumt werden, durch Sicherheitsleistung eine Aufhebung der Maßnahme herbeizuführen. Die geleistete Sicherheit gehört nicht zur Masse, sondern sichert den Antragssteller gegen Schäden, die bei Durchführung der Maßnahme hätte vermieden werden können.[15]

Mögliche **Maßnahmen** sind: Ermahnung des Schuldners (die aber regelmäßig keinen Erfolg haben dürfte)[16]; Androhung und Verhängung von Zwangsgeldern oder – nach Einholung einer Entscheidung des Richters (§ 4 Abs. 2 Nr. 2, Abs. 3 RPflG) – von Zwangshaft; Entzug der Verwaltungs- und Benutzungsbefugnis; Ge- oder Verbot bestimmter Handlungen;[17] Ermächtigung an den Gläubiger, Brandversicherungsbeiträge zu zahlen (diese Kosten fallen unter §§ 10 Abs. 2, 12 Nr. 1)[18]. Möglich ist auch die Einsetzung eines Sequesters oder einer Aufsichtsperson (vgl. § 150c), z.B. zur Wintersicherung oder zur Ernteeinbringung;[19] das Gericht hat den Sequester zu beaufsichtigen, diesen trifft umgekehrt eine Auskunfts- und Rechenschaftspflicht (analog § 666 BGB).[20] Da das Milchkontigent nicht zu den mit dem Eigentum am Grundstück verbundenen Rechten i.S.v. § 96 BGB gehört, sondern betriebsbezogen ist und folglich nicht von der Beschlagnahme erfasst wird,[21] kann der Gläubiger nicht nach § 25 vorgehen, wenn der Schuldner das Kontingent gefährdet; notwendig ist eine sonstige Maßnahme oder ein Antrag auf Zwangsverwaltung.[22]

Die Maßregeln sind ohne Vollstreckungsklausel sofort vollstreckbar. Wurde ein Sequester oder Verwalter bestellt, ist dieser hierfür zuständig, anderenfalls das Gericht. Falls erforderlich, kann ein Gerichtsvollzieher eingeschaltet werden, z.B. um den Widerstand des Schuldners zu überwinden (§ 892 ZPO analog).[23]

3. Änderung und Aufhebung der Maßregel

Die Maßregel kann grds. nicht von Amts wegen aufgehoben werden. Von diesem Grundsatz bestehen zwei Ausnahmen: Erstens, wenn der Gläubiger den zur Fortsetzung der Maßnahme erforderlichen Geldbetrag nicht vorschießt (Satz 2) und zweitens, wenn der Schuldner eine ihm im Beschluss gestattete Sicherheitsleistung (Rn. 9) erbringt.[24] In allen anderen Fällen ist ein **Antrag**

---

12 *Stöber*, ZVG, § 25 Rn. 3.1.
13 *Hintzen*, in: *Dassler/Schiffhauer/u.a.*, ZVG, § 25 Rn. 5, 7; *Schmidberger*, Rpfleger 2008, 105, 108 m.w.N.
14 *Schmidberger*, Rpfleger 2008, 105, 108.
15 *Teufel*, in: *Steiner*, ZVG, § 25 Rn. 22.
16 *Schmidberger*, Rpfleger 2008, 105, 108.
17 *Teufel*, in: *Steiner*, ZVG, § 25 Rn. 10.
18 Vgl. RG, Beschl. v. 15.10.1902 – V 170/02, RGZ 52, 295.
19 Ob der Verwalter oder Sequester auch Mieten einziehen darf, ist strittig (*Schmidberger*, Rpfleger 2008, 105, 108 m.w.N.).
20 *Stöber*, ZVG, § 25 Rn. 4.3.
21 BGH, Urteil v. 26.4.1991 – V ZR 53/90, BGHZ 114, 277 = NJW 1991, 3280 = Rpfleger 1991, 429; vgl. auch BGH, Urteil v. 25.4.1997 – LwZR 4/96, BGHZ 135, 284 = NJW 1997, 2316.
22 *Hintzen*, in: *Dassler/Schiffhauer/u.a.*, ZVG, § 25 Rn. 9.
23 *Böttcher*, ZVG, § 25 Rn. 7.
24 *Böttcher*, ZVG, § 25 Rn. 8; *Hintzen*, in: *Dassler/Schiffhauer/u.a.*, ZVG, § 25 Rn. 11.

erforderlich. Nimmt der Gläubiger, der die Maßregel beantragt hatte, den Versteigerungsantrag zurück oder beantragt er oder ein anderer Gläubiger die Zwangsverwaltung, ist die Maßnahme auf Antrag des Schuldners aufzuheben.[25] Wirtschaftet der Schuldner wieder ordnungsmäßig und macht er dies glaubhaft, kann er die Aufhebung der Maßnahme beantragen[26] (nach a. A.[27] muss er hierfür einen Rechtsbehelf einlegen – nicht einsichtig, Antrag genügt).

13 Die Aufhebung steht im **Ermessen** des Gerichts; in den obigen Fällen wird aber regelmäßig aufzuheben sein. Einer ausdrücklichen Aufhebung bedarf es **nicht** bei Erledigung der Maßnahme oder Eintritt der Rechtskraft des Zuschlagsbeschlusses.[28] Wird die Verwaltung nach § 94 angeordnet, ruht die Verwaltung nach § 25; es bietet sich an, den gleichen Verwalter einzusetzen.[29]

IV. Rechtsbehelfe

14 Da es sich bei den Maßregeln um Akte der Zwangsvollstreckung handelt, sind die üblichen Rechtsbehelfe möglich:[30] Gegen die Ablehnung ist ebenso § 793 ZPO statthaft wie gegen die Anordnung der Maßregel, wenn der Schuldner angehört wurde. Bei Anordnung ohne vorherige Anhörung hat der Schuldner nur die Erinnerung nach § 766 ZPO.[31] § 95 steht der Statthaftigkeit jeweils nicht entgegen, da die Maßregeln des § 25 nicht dem Zuschlag dienen und auch nicht innerlich mit diesem zusammenhängen.[32]

V. Kosten

15 Die dem **Gläubiger** durch die Maßregeln entstehenden Kosten fallen unter §§ 10 Abs. 2, 12 Nr. 1.[33] Der **Rechtsanwalt** erhält für sein Tätigwerden keine gesonderte Vergütung, da dieses durch die Verfahrensgebühr mit abgegolten ist (RVG-VV Nr. 3311 Nr. 1). Auch die Tätigkeit des Gerichts wird durch die allgemeine Verfahrensgebühr abgegolten (KV Nr. 2211).

16 Ob Verwalter und Sequester analog §§ 17 ff. ZwVwV eine Vergütung erhalten, ist noch nicht gerichtlich entschieden. Nachdem der BGH dies aber für einen nach § 848 ZPO bestellten Sequester bejaht hat,[34] dürfte dies auch hier anzunehmen sein.[35]

---

25 *Schmidberger*, Rpfleger 2008, 105, 108.
26 *Hintzen*, in: *Dassler/Schiffhauer/u.a.*, ZVG, § 25 Rn. 11.
27 *Stöber*, ZVG, § 25 Rn. 3.3.
28 *Schmidberger*, Rpfleger 2008, 105, 109; *Teufel*, in: *Steiner*, ZVG, § 25 Rn. 30.
29 *Schmidberger*, Rpfleger 2008, 105, 109.
30 Vgl. KG, Beschl. v. 14.2.1966 – 1 W 195/66, OLGZ 1966, 446 = NJW 1966, 1273.
31 Abweichend OLG Koblenz, Beschl. v. 24.2.1956 – 5 W 50/56, MDR 1957, 172: in Zwangsverwaltung § 793 ZPO.
32 KG, Beschl. v. 14.2.1966 – 1 W 195/66, OLGZ 1966, 446 = NJW 1966, 1273; LG Schweinfurt, Beschl. v. 25.7.1966 – 2 T 66/66, WM 1966, 1275.
33 *Teufel*, in: *Steiner*, ZVG, § 25 Rn. 34.
34 BGH, Beschl. v. 14.4.2005 – V ZB 55/05, Rpfleger 2005, 549.
35 *Hintzen*, in: *Dassler/Schiffhauer/u.a.*, ZVG, § 25 Rn. 8; *Schmidberger*, Rpfleger 2008, 105, 109: für Halbierung der Sätze für die Mindestvergütung nach § 20 ZwVwV.

§ 26 ZVG [Veräußerung nach Beschlagnahme]

Ist die Zwangsversteigerung wegen des Anspruchs aus einem eingetragenen Recht angeordnet, so hat eine nach der Beschlagnahme bewirkte Veräußerung des Grundstücks auf den Fortgang des Verfahrens gegen den Schuldner keinen Einfluss.

Schrifttum: *Jursnik*, Veräußerung von Grundbesitz nach Anordnung der Zwangsversteigerung, MittBayNot 1999, 125 ff.; *dies.*, Störungen der Vertragsabwicklung durch Anordnung der Zwangsversteigerung nach Beurkundung des Kaufvertrages, MittBayNot 1999, 433 ff.

Übersicht	Rn.
I. Normzweck; Anwendungsbereich	1, 2
II. Voraussetzungen	3–6
1. Grundstücksveräußerung	3
2. Dinglicher Gläubiger	4
3. Veräußerung nach Beschlagnahme	5, 6
III. Abweichende Konstellationen	7–10
1. Veräußerung vor Beschlagnahme	7
2. Veräußerung nach Beschlagnahme bei persönlichem Gläubiger	8
3. Sonderfall Auflassungsvormerkung	9, 10

I. Normzweck; Anwendungsbereich

Wird das Grundstück nach der Beschlagnahme veräußert, ist dies dem betreibenden Gläubiger gegenüber grds. relativ unwirksam, § 23 ZVG, §§ 135, 136 BGB. Dass in einem solchen Fall das laufende Zwangsversteigerungsverfahren weitergeht, ist eine Selbstverständlichkeit, die § 26 **nicht** erneut zum Ausdruck bringen möchte. Er wird vielmehr relevant, wo trotz Beschlagnahme die Grundstücksveräußerung **wirksam** ist, weil die Voraussetzungen von § 892 oder § 878 BGB vorliegen.[1] Grundsätzlich wäre das Verfahren auf Antrag des Erwerbers nach § 37 Nr. 5 ZVG, §§ 771, 769 ZPO aufzuheben und eine Fortsetzung des Verfahrens nur möglich, wenn gegen den Erwerber ein zugestellter Titel vorliegt und die Vollstreckungsklausel umgeschrieben und zugestellt wird, §§ 727, 750, 235 ZPO.[2] Davon abweichend ordnet § 26 bei einem **dinglichen** Gläubiger die **Fortsetzung des Verfahrens** an, da das dingliche Recht auch gegenüber dem Erwerber Bestand hat. Das legt einen Vergleich von § 26 mit den §§ 265, 325 Abs. 3 ZPO nahe.[3] **1**

§ 26 gilt für Zwangsversteigerungs- und Zwangsverwaltungsverfahren, nicht aber bei §§ 172, 175, 180 ff. und sonstigen Sonderverfahren. **2**

II. Voraussetzungen

1. Grundstücksveräußerung

Mit Veräußerung meint § 26 nicht das schuldrechtliche Verpflichtungsgeschäft, sondern das **dingliche** Rechtsgeschäft durch Auflassung und Eintra- **3**

---
1 *Teufel*, in: Steiner, ZVG, § 26 Rn. 2 f.
2 *Jursnik*, MittBayNot 1999, 433, 434; *Hintzen*, in: Dassler/Schiffhauer/u. a., ZVG, § 26 Rn. 1.
3 Vgl. BGH, Beschl. v. 14.4.2005 – V ZB 25/05, Rpfleger 2006, 423; BVerwG, Urteil v. 6.4.1995 – 7 C 5/94, BVerwGE 98, 137 = DÖV 1995, 1008; *Hintzen*, WuB VI E § 26 ZVG 1.07.

gung. Erfasst sind rechtsgeschäftliche Übereignungen, der Erwerb nach § 928 Abs. 2 BGB und die Vereinbarung einer Gütergemeinschaft, §§ 1414, 1415 BGB.[4] Dagegen sind Enteignung, Erwerb in der Zwangsversteigerung, Vererbung (hier § 779 ZPO), Ersitzung und Verzicht nach § 928 Abs. 1 BGB keine Veräußerung i. S. v. § 26.[5] Auch die Freigabe eines vom Insolvenzverfahren erfassten Grundstücks durch den Verwalter fällt nicht unter § 26, da es an dem erforderlichen Übergang von einer Person auf eine andere fehlt.[6]

2. Dinglicher Gläubiger

4 § 26 gilt nur für Gläubiger, deren Recht im Grundbuch eingetragen ist. Erfasst sind damit Hypothek, Grundschuld, Reallast und Rentenschuld. Betreibt der Gläubiger gleichzeitig das Verfahren wegen eines persönlichen und eines dinglichen Anspruchs, greift § 26 nur bzgl. letzterem; der Fortsetzung des Verfahrens wegen des persönlichen Anspruchs kann der Erwerber widersprechen (näher Rn. 8).[7]

3. Veräußerung nach Beschlagnahme

5 Ist die Grundstücksveräußerung wegen Verstoßes gegen § 23 ZVG, §§ 135, 136 BGB relativ **unwirksam** (§ 23 Rn. 8), wird das Verfahren schlicht gegen den bisherigen Eigentümer weiterbetrieben; § 26 ist hier nicht einschlägig. Relevant ist er vielmehr bei einer Grundstücksveräußerung nach Beschlagnahme, die wegen § 878 BGB oder § 892 BGB (dazu: § 23 Rn. 10, 12) **wirksam** ist. Hier ordnet § 26 die Fortsetzung des Verfahrens an, ohne dass es einer – nach § 727 ZPO umgeschriebenen – Vollstreckungsklausel gegen den Erwerber oder eines Fortsetzungsbeschlusses bedürfte.[8]

6 Damit schließt § 26 es zugleich aus, dass sich der Erwerber gegen den Verfahrensfortgang mit der Drittwiderspruchsklage wehrt; auch ein Vorgehen nach § 28 kommt nicht in Betracht. Unbenommen bleibt dem Erwerber aber selbstverständlich die Geltendmachung von Einwendungen gegen den Bestand des eingetragenen Rechts nach §§ 771, 769 ZPO, § 37 Nr. 5 ZVG.[9] Für die Beteiligtenstellung des Erwerbers gilt § 9 Nr. 1, wenn er vor oder spätestens zeitgleich mit dem Vollstreckungsvermerk ins Grundbuch eingetragen wird; anderenfalls ist nur § 9 Nr. 2 möglich.[10]

III. Abweichende Konstellationen

1. Veräußerung vor Beschlagnahme

7 Vollzieht sich der Eigentumsübergang schon vor der Beschlagnahme, ist er auch gegenüber dem betreibenden Gläubiger wirksam, § 26 ist hier nicht anwendbar;[11] will der Gläubiger in das Grundstück vollstrecken, müssen die Vollstreckungsvoraussetzungen gegen den Erwerber vorliegen. § 26 hilft auch nicht, wenn der Eigentumswechsel zwischen Verfahrensanordnung und Wirksamwerden der Beschlagnahme (§ 22) vollendet wird. Dann ist § 28 anzuwen-

---

4 *Teufel*, in: *Steiner*, ZVG – § 26 Rn. 7.
5 *Teufel*, in: *Steiner*, ZVG – § 26 Rn. 8.
6 Offen gelassen, aber stark in diese Richtung tendierend BGH, Beschl. v. 14.4.2005 – V ZB 25/05, Rpfleger 2006, 423.
7 *Stöber*, ZVG, § 26 Rn. 2.8.
8 BGH, Beschl. v. 25.1.2007 – V ZB 125/05, BGHZ 170, 378 = NJW 2007, 2993 = Rpfleger 2007, 333; *Jursnik*, MittBayNot 1999, 125, 126.
9 *Teufel*, in: *Steiner*, ZVG, § 26 Rn. 21.
10 *Stöber*, ZVG, § 26 Rn. 2.9.
11 Zu beachten ist auch in diesem Zusammenhang, dass die Beschlagnahmewirkungen für jeden Gläubiger gesondert zu bestimmen sind (§ 23 Rn. 2).

den und bei einem persönlichen Gläubiger das Verfahren nach § 28 Abs. 1 Satz 1 Alt. 1 aufzuheben; bei einem dinglich berechtigten Gläubiger ist das Verfahren dagegen einstweilen gem. § 28 Abs. 1 Satz 1 Alt. 2 einzustellen und dem Gläubiger Gelegenheit zur Umschreibung des Titels nach § 727 ZPO zu geben.[12]

2. Veräußerung nach Beschlagnahme bei persönlichem Gläubiger

§ 26 ist hier nicht anwendbar. Ist die Veräußerung nach § 23 ZVG, §§ 135, 136 BGB **unwirksam**, ist das Verfahren gegen den bisherigen Eigentümer weiterzubetreiben. Wie vorzugehen ist, wenn die Veräußerung nach § 878 BGB oder § 892 BGB **wirksam** ist, ist dagegen umstritten. Nach der herrschenden Auffassung scheidet eine Aufhebung nach § 28 Abs. 1 Satz 1 Alt. 1 aus, der Erwerber muss sein Recht nach § 771 ZPO, § 37 Nr. 5 ZVG geltend machen;[13] das Dritteigentum wird erst bei Vorlage eines Einstellungsbeschlusses (§§ 771 Abs. 3 Satz 1, 769, 775 Nr. 2 ZPO) oder einer Entscheidung des Prozessgerichts über die Drittwiderspruchsklage (§§ 775 Nr. 1, 776 ZPO) berücksichtigt. Nach der Gegenauffassung[14] ist die materielle Rechtslage zu berücksichtigen, wenn diese klar aus dem Grundbuch ersichtlich ist. Das Verfahren sei dann analog § 28 Abs. 1 Satz 1 Alt. 2 befristet bis zur Beibringung einer Entscheidung nach §§ 771, 769 ZPO einzustellen. Dem kann nicht zugestimmt werden, da weder bei § 892 BGB noch bei § 878 BGB alle Voraussetzungen aus dem Grundbuch ersichtlich sind; insb. genügt hierfür die gesetzliche Vermutung des guten Glaubens bei § 892 BGB nicht. Eine Heranziehung der Eintragungsunterlagen ist nach dem eindeutigen Wortlaut des § 28 („aus dem Grundbuch ersichtliches Recht") nicht statthaft.

8

3. Sonderfall Auflassungsvormerkung

Sonderfragen können auftreten, wenn der Erwerber durch eine Auflassungsvormerkung geschützt ist. Hier ist zu unterscheiden: Wurden Vormerkung und Eigentumsänderung (§ 873 BGB) **vor** Beschlagnahme im Grundbuch eingetragen, spielt die Vormerkung keine Rolle; es gelten die Ausführungen unter Rn. 7. Wurden Vormerkung wie Eigentumsänderung **nach** Beschlagnahme eingetragen, hilft die Vormerkung auch nicht weiter, da sowohl sie als auch der Eigentumserwerb dem Gläubiger ggü. relativ unwirksam ist und daher nach § 26 zu verfahren ist (wie oben Rn. 5).

9

Strittig ist dagegen die Konstellation, in der die Auflassungsvormerkung **vor**, die Eigentumsänderung des § 873 BGB aber **nach** Wirksamwerden der Beschlagnahme eingetragen wird und ein dinglicher Gläubiger, dessen Recht **vor** Eintragung der Vormerkung ins Grundbuch eingetragen wurde,[15] die Zwangsversteigerung betreibt. Unproblematisch vermag hier das Beschlagnahmeverbot den Eigentumserwerb des Erwerbers **nicht** zu verhindern, da die Beschlagnahme selbst dem Erwerber gegenüber wegen der Vormerkung nach § 883 Abs. 2 BGB relativ unwirksam ist.[16] Genauso unbestreitbar ist jedoch, dass das Grundpfandrecht des Gläubigers wirksam ist. Daher stellt sich die

10

---

12 *Jursnik*, MittBayNot 1999, 433, 434; *Böttcher*, ZVG, § 26 Rn. 3; zu § 727 ZPO vgl. OLG Hamm, Beschl. v. 18.12.1989 – 5 W 123/89, Rpfleger 1990, 215.
13 *Jursnik*, MittBayNot 1999, 433, 434; *Teufel*, in: *Steiner*, ZVG, § 26 Rn. 16; *Hintzen*, in: *Dassler/Schiffhauer/u.a.*, ZVG – § 26 Rn. 5.
14 *Böttcher*, ZVG, § 26 Rn. 5.
15 Unproblematisch ist wiederum der Fall, in dem das dingliche Recht des betreibenden Gläubigers **nach** der Vormerkung eingetragen wurde. Da hier das dingliche Recht ggü. dem Erwerber relativ unwirksam ist (§ 883 Abs. 2 BGB), ist das Zwangsversteigerungsverfahren nach § 28 Abs. 1 Satz 1 Alt. 1 aufzuheben oder der Zuschlag zu versagen, § 33; so auch *Jursnik*, MittBayNot 1999, 433, 436.
16 BGH, Beschl. v. 14.4.2005 – V ZB 25/05, Rpfleger 2006, 423.

Frage, ob das Zwangsversteigerungsverfahren nach § 26 fortzusetzen ist. Nach einer Auffassung greift § 26 hier nicht, vielmehr sei das Verfahren nach § 28 Abs. 1 Satz 1 Alt. 2 einstweilen einzustellen und dem Gläubiger Gelegenheit zur Umschreibung des Titels (§ 727 ZPO) und dessen Neuzustellung an den Erwerber (§ 750 Abs. 2 ZPO) zu geben.[17] Demgegenüber wendet der BGH § 26 an.[18] Das überzeugt, da § 26 gerade für Fälle der materiell wirksamen Grundstücksveräußerung nach Wirksamwerden der Beschlagnahme konzipiert wurde (Rn. 1). Die Vormerkung steht nicht entgegen, da diese den Berechtigten nur vor Vereitelung/Beeinträchtigung des Erwerbs des belasteten Eigentums schützt, nicht aber davor, dass der Gläubiger eines vorrangigen Rechts dieses im Wege der Zwangsvollstreckung durchsetzt.[19] Im Übrigen darf nicht verkannt werden, dass auch unter Zugrundelegung der Gegenauffassung der Grundpfandrechtsinhaber gegen den Erwerber vollstrecken kann;[20] geschützt ist dieser nur insoweit, als der Gläubiger einen Titel gegen ihn benötigt, was aber gem. § 1147 BGB regelmäßig kein Problem sein dürfte.

---

17 OLG Hamm, Beschl. v. 4.5.1984 – 15 W 136/84, Rpfleger 1984, 426; *Böttcher*, ZfIR 2007, 551, 553; *Storz/Kinderlen*, B 5.3.1 (1).
18 BGH, Beschl. v. 14.4.2005 – V ZB 25/05, Rpfleger 2006, 423 m.w.N.; *Hintzen*, Rpfleger 2007, 642, 644; i.E., nicht aber der Begründung zustimmend *Stöber*, BGH Report 2007, 580.
19 So auch *Stöber*, ZVG, § 28 Rn. 4.8 c).
20 Das räumt auch *Böttcher*, ZfIR 2007, 551, 553 ein.

§ 27 ZVG [Beitritt zum Versteigerungsverfahren]

(1) Wird nach der Anordnung der Zwangsversteigerung ein weiterer Antrag auf Zwangsversteigerung des Grundstücks gestellt, so erfolgt statt des Versteigerungsbeschlusses die Anordnung, dass der Beitritt des Antragstellers zu dem Verfahren zugelassen wird. Eine Eintragung dieser Anordnung in das Grundbuch findet nicht statt.

(2) Der Gläubiger, dessen Beitritt zugelassen ist, hat dieselben Rechte, wie wenn auf seinen Antrag die Versteigerung angeordnet wäre.

Übersicht

		Rn.
I.	Allgemeines; Anwendungsbereich	1, 2
II.	Beitrittsvoraussetzungen	3–11
1.	Antrag	4
2.	§ 27 Abs. 1 Satz 1	5–9
3.	Probleme bei Rechtsnachfolge	10, 11
III.	Beitrittsbeschluss	12–14
IV.	Wirkungen der Zulassung	15, 16
V.	Rechtsbehelfe	17
VI.	Kosten	18

I. Allgemeines; Anwendungsbereich

Kernaussage von § 27 ist, dass bezüglich eines Grundstücks nicht mehrere Zwangsversteigerungsverfahren parallel betrieben werden können, sondern nur ein einziges **Gesamtversteigerungsverfahren**. Dennoch sind die Verfahren der einzelnen betreibenden Gläubigers **eigenständig**,[1] insb. – angesichts der nur relativen Wirkung des Verfügungsverbots des § 23 (vgl. § 23 Rn. 2) – was Umfang, Zeitpunkt und damit Wirkung der Beschlagnahme angeht, aber auch, soweit es um Einstellung, Aufhebung und Fortsetzung des Verfahrens geht. 1

§ 27 ist auf Vollstreckungs-, Teilungs- und Nachlassversteigerung anwendbar, nicht aber auf die Insolvenzverwalterversteigerung.[2] 2

II. Beitrittsvoraussetzungen

Neben den allgemeinen und besonderen Voraussetzungen der Zwangsvollstreckung[3] erfordert § 27, dass nach Anordnung der Zwangsversteigerung ein **weiterer Vollstreckungsantrag** gestellt wird, dieser sich auf den **gleichen Vollstreckungsgegenstand** bezieht und die **gleiche Verfahrensart** betrifft. 3

1. Antrag

Notwendig ist zunächst der Antrag eines Gläubigers[4]. Gläubiger in diesem Sinne ist auch der Gläubiger, der bereits – als Anordnungs- oder Beitrittsgläu- 4

---

1 OLG Stuttgart, Beschl. v. 4.12.1969 – 8 W 299/69, Rpfleger 1970, 102.
2 *Stöber*, ZVG, § 27 Rn. 1.2.
3 Dazu *Brox/Walker*, Rn. 29 ff.; dafür, dass ein auf Geld gerichteter Titel erforderlich ist vgl. LG Deggendorf, Beschl. v. 22.1.1990 – 1 T 3/90, Rpfleger 1990, 308; vgl. auch LG Berlin, Beschl. v. 9.5.1978 – 81 T 144/78, Rpfleger 1978, 335 (kein Beitritt wegen erst künftig fälliger Unterhaltsansprüche).
4 Zum Gläubigerbegriff ausf. *Mayer*, Rpfleger 1983, 264.

biger – ein Verfahren betreibt;[5] relevant ist das z. B. bei der Zwangsvollstreckung wegen einer anderen Forderung oder wenn es um eine andere Rechtsnatur des gleichen Anspruchs geht (dinglicher Anspruch nach § 1147 BGB vs. persönliche Forderung).[6] Aus dem Antrag muss nur ersichtlich sein, dass der Gläubiger die Zwangsversteigerung betreiben will; unschädlich ist es, wenn er fälschlicherweise Verfahrensanordnung statt Beitritt beantragt. Ein Nachweis nach § 17 Abs. 2 muss nur vorgelegt werden, wenn in der Zwischenzeit ein Eigentumswechsel erfolgt ist.[7] Im Übrigen gelten die Ausführungen zum Anordnungsantrag (§ 15) entsprechend.

2. § 27 Abs. 1 Satz 1

5 a) *Gleicher Vollstreckungsgegenstand.* Der Vollstreckungsgegenstand (Grundstück, Grundstücksbruchteil…), auf den sich der Beitrittsantrag bezieht, und der Gegenstand, bzgl. dessen bereits ein Verfahren läuft, müssen identisch sein.[8] Entscheidend ist die Identität des Hauptgegenstandes, auf die nach § 865 Abs. 1 ZPO, § 20 Abs. 2 ZVG, §§ 1120 ff. BGB von der Beschlagnahme erfassten Zubehörstücke usw. kommt es demgegenüber nicht an.[9]

6 Wird das beschlagnahmte Grundstück nach Anordnung des Verfahrens mit einem anderen Grundstück vereinigt oder wird ihm ein anderes Grundstück zugeschrieben, so ist hinsichtlich des den Beitritt begehrenden Gläubigers zum Teil der Beitritt zuzulassen, z. T. das Verfahren neu anzuordnen.[10] Dies gilt auch, wenn nach § 18 mehrere Grundstücke in einem Verfahren zwangsversteigert werden: Wird hier das Verfahren wegen einzelner Grundstücke aufgehoben und beantragt danach ein Gläubiger die Vollstreckung aller Grundstücke,[11] wird in Bezug auf Grundstücke, hinsichtlich derer das Verfahren fortbesteht, nach § 27 der Beitritt zugelassen, im Übrigen aber das Verfahren neu angeordnet; die erneute Verbindung ist unter den Voraussetzungen des § 18 möglich. Für **Grundstücksbruchteile** (§ 864 Abs. 2 ZPO) gilt das für Grundstücke Gesagte entsprechend.[12] Das **ErbbauR** und das mit ihm belastete Grundstück sind verschiedene Gegenstände i. S. v. § 27.[13]

7 b) *Gleiches Verfahren.* Weitere Voraussetzung des § 27 ist die wirksame Anordnung eines (noch) anhängigen Zwangsversteigerungsverfahrens.[14] Ob die Beschlagnahme zugunsten des Anordnungsgläubigers wirksam ist, spielt dagegen keine Rolle. Anhängig ist das Verfahren bereits ab Erlass des Anordnungsbeschlusses, auf dessen Zustellung oder gar Grundbucheintragung kommt es nicht an.[15]

8 Der Anhängigkeit steht es nicht entgegen, wenn die Voraussetzungen für die Aufhebung des Verfahrens gegeben sind, ein erforderlicher Rücktrittsbeschluss aber noch nicht ergangen ist (z. B. bei § 31 Abs. 1 Satz 2); auch die einstweilige Einstellung (vgl. §§ 30, 30a ff., 33, 86 ZVG, §§ 765a, 775 Nr. 2, 4, 5 ZPO)

---

5 BGH, Beschl. v. 17.4.2008 – V ZB 13/08, NJW 2008, 1956 = Rpfleger 2008, 375.
6 *Hintzen*, in: *Dassler/Schiffhauer/u. a.*, ZVG, § 27 Rn. 1.
7 *Böttcher*, ZVG, § 27 Rn. 5; *Stöber*, ZVG, § 27 Rn. 3.2.
8 BGH, Beschl. v. 17.4.2008 – V ZB 13/08, NJW 2008, 1956 = Rpfleger 2008, 375.
9 BGH, Beschl. v. 17.4.2008 – V ZB 13/08, NJW 2008, 1956 = Rpfleger 2008, 375.
10 *Teufel*, in: *Steiner*, ZVG, § 27 Rn. 5.
11 Der beitrittswillige Gläubiger kann den Beitritt auf einzelne Grundstücke beschränken.
12 Wurde die Zwangsversteigerung also z. B. ursprünglich nur bzgl. eines Bruchteils angeordnet und beantragt der Beitretende die Zwangsversteigerung des gesamten Grundstücks, liegt z. T. ein Beitritt und z. T. eine Neuanordnung des Verfahrens vor; Verbindung nach § 18 möglich.
13 *Teufel*, in: *Steiner*, ZVG, § 27 Rn. 12.
14 Der Beitritt zu einer Teilungsversteigerung ist nicht zulässig, *Hamme*, Rpfleger 2002, 248; *Ebeling*, Rpfleger 1991, 349; a. A. LG Hamburg, Beschl. v. 30.10.1967 – 76 T 42/67 = KTS 1970, 235.
15 *Stöber*, ZVG, § 27 Rn. 2.3.

schließt § 27 nicht aus.[16] Nach Beendigung des Verfahrens (Aufhebungsbeschluss; Rechtskraft Zuschlagsbeschluss) ist ein Beitritt nicht mehr möglich, ein Beitrittsantrag wird hier aber ohne weiteres in einen Antrag auf Anordnung eines (neuen) Verfahrens umgedeutet (gleiches gilt für einen fälschlicherweise erlassenen Beitrittsbeschluss, § 319 ZPO, z. B. wenn gar keine wirksame Anordnung vorlag); notwendig ist allein, den alten Zwangsversteigerungsvermerk zu löschen und einen neuen einzutragen.[17] Dies gilt auch, wenn vor Zustellung des Beitrittsbeschlusses der Anordnungsantrag zurückgenommen wurde (entscheidend ist der Eingang der Rücknahmeerklärung bei Gericht).

Erfolgt der Beitritt erst nach Aufforderung zur Abgabe von Geboten, wird er beim geringsten Gebot (§ 44 Abs. 2) nicht mehr berücksichtigt. Ein Beitritt nach Verkündung des Zuschlagsbeschlusses aber vor dessen Rechtskraft ist nur bedingt möglich, wobei Bedingung die Nichtaufhebung des Zuschlagsbeschlusses ist.[18] Wird der Zuschlagsbeschluss, aufgehoben, hat der Beitritt zunächst weiterhin Bestand; jedoch ist er aufzuheben, wenn die Aufhebung des Zuschlagsbeschlusses rechtskräftig wird. **9**

3. Probleme bei Rechtsnachfolge

a) Auf Gläubigerseite. Ohne dass es eines besonderen Rechtsaktes – insb. eines Beitrittsbeschlusses – bedürfte, gehen mit der vollstreckbaren Forderung die Rechte aus der Beschlagnahme auf den Rechtsnachfolger über, §§ 412, 401 Abs. 2 BGB. Zur weiteren Betreibung des Verfahrens ist aber eine Titelumschreibung nach § 727 ZPO und die Zustellung nach § 750 Abs. 2 ZPO erforderlich. **10**

b) Auf Schuldnerseite. Nach § 17 ist die Zwangsversteigerung nur zulässig, wenn der im Titel genannte Vollstreckungsschuldner zugleich im Grundbuch als Eigentümer eingetragen ist. Das gilt auch für den Beitritt. Ist daher vor Beitritt ein neuer Eigentümer eingetragen worden, müssen gegen diesen die Zwangsvollstreckungsvoraussetzungen vorliegen. Ist dagegen im Grundbuch nach Beitrittszulassung, aber vor dessen Zustellung ein neuer Eigentümer eingetragen worden, ist gemäß § 28 zu verfahren.[19] Nach Tod des Vollstreckungsschuldners ist der Beitrittsantrag zwar gegen den/die Erben zu richten, gem. § 17 genügt aber die Eintragung des Erblassers. **11**

III. Beitrittsbeschluss

Zuständig ist das Vollstreckungsgericht, dort der Rechtspfleger, § 3 Nr. 1 lit. i RPflG. Das Gericht hat – unter Beachtung der Besonderheiten des § 27 – wie beim Beschluss auf Anordnung des Verfahrens vorzugehen. Das gilt insb. für Mitteilungen und Zustellungen. Liegen gleichzeitig **mehrere** Beitrittsanträge vor, ist zur Vermeidung von Zufälligkeiten hinsichtlich des Wirksamwerdens der Beschlagnahme ein gemeinsamer Beitragsbeschluss zu erlassen;[20] jedoch sollte zur Wahrung des Prioritätsprinzips versucht werden, jeden Antrag unverzüglich zu bescheiden und ein Aufstauen mehrerer Anträge zu vermeiden. War der beitretende Gläubiger bisher nicht am Verfahren beteiligt, müssen ihm **Terminsbestimmung** und **Wertfestsetzungsbeschluss** zugestellt werden; können die gesetzlichen Fristen für die Terminsbestimmung nicht mehr einge- **12**

---

16 *Böttcher*, ZVG, § 27 Rn. 3.
17 *Stöber*, ZVG, § 27 Rn. 4.6.
18 OLG Stuttgart, Beschl. v. 4.12.1969 – 8 W 299/69, Rpfleger 1970, 102.
19 *Teufel*, in: *Steiner*, ZVG, § 27 Rn. 35.
20 *Hintzen*, in: *Dassler/Schiffhauer/u. a.*, ZVG, § 27 Rn. 3; *Teufel*, in: Steiner, ZVG, § 27 Rn. 28; a. A. *Knoche/Biersack*, NJW 2003, 476, 480 da damit das zwangsvollstreckungsrechtliche Prioritätsprinzip verletzt werde.

halten werden, darf der Beitrittsbeschluss beim geringsten Gebot nicht berücksichtigt werden.[21]

13 Der Beitrittsbeschluss wird grds. nicht im Grundbuch eingetragen, **Abs. 1 Satz 2**, da der Versteigerungsvermerk auch zugunsten des Beitretenden wirkt. Eine Eintragung muss aber erfolgen, wenn der fälschlicherweise als Beitrittsbeschluss bezeichnete Beitritt in Wahrheit eine Verfahrensanordnung ist. Gleiches gilt, wenn der Antrag ein bisher nicht in das Verfahren einbezogenes Grundstück erfasst, da insoweit eine erstmalige Verfahrensanordnung vorliegt.

14 Auch eine **fehlerhafte** Beitrittszulassung ist wirksam und hindert nicht die Verteilung des Versteigerungserlöses nach materiell-rechtlichen Grundsätzen.[22] Wird der Fehler geheilt, scheidet eine Erinnerung des Vollstreckungsschuldners und solcher Dritter, die erst nach der Heilung Rechte am Grundstück erworben haben, aus; vor Mängelbehebung wirksam gewordene Beitritte ermöglichen jedoch auch noch nach Mängelbehebung die Erinnerung, die zu einem Rangtausch des Erinnerungsführers mit dem zunächst beigetretenen Gläubiger führt.[23]

IV. Wirkungen der Zulassung

15 Nach Abs. 2 hat der beitretende Gläubiger die gleichen Rechte, wie wenn er einen Antrag auf Durchführung der Zwangsversteigerung gestellt hätte. Die Beschlagnahmewirkungen (§ 20 Abs. 2) treten – da § 22 Abs. 1 Satz 2 mangels Eintragung des Beitrittsbeschlusses ins Grundbuch (Abs. 1 Satz 2) nicht anwendbar ist – zu seinen Gunsten allerdings erst ein, wenn der Beschluss dem Schuldner bzw. – bei der Zwangsverwaltung – dem Verwalter (§ 151 Abs. 2) zugestellt wird;[24] das gilt auch, wenn der beitretende Gläubiger zugleich der ursprünglich das Verfahren betreibende Gläubiger ist.[25] Vor Zustellung eingetragene dingliche Rechte sind dem Beitrittsgläubiger gegenüber wirksam, Rangklasse 4 (ggü. dem Anordnungsgläubiger sind sie aber unwirksam, § 23; Folge: Rangklasse 6).

16 Zwar ist die auf den ursprünglichen Anordnungsantrag erfolgte erste Beschlagnahme für die Abgrenzung laufender und rückständiger wiederkehrender Leistungen maßgeblich, im Übrigen sind die **Verfahren** der einzelnen Gläubiger aber voneinander **unabhängig**. Das zeigt sich nicht nur durch die unterschiedlichen Beschlagnahmewirkungen (oben Rn. 1), sondern auch dadurch, dass das Verfahren des beitretenden Gläubigers auch dann weiterläuft, wenn der ursprüngliche Versteigerungsantrag zurückgenommen oder das Verfahren insoweit eingestellt wird. Darüber hinaus wird **Zubehör** – solange dieses nur bei Zustellung des Beitrittsbeschlusses beschlagnahmefähig ist – auch dann von der Beschlagnahme zugunsten des Beitrittsgläubigers erfasst, wenn es vom Anordnungsgläubiger bereits freigegeben wurde; eines darauf gerichteten Beschlusses bedarf es nicht.[26] Schließlich kann der Beitretende einen vor Beitritt erfolgten **Wertfestsetzungsbeschluss** (§ 74a Abs. 5) selbst dann noch anfechten, wenn dieser ggü. den anderen Beteiligten schon unanfechtbar ist. Jedoch darf ein vor Beitritt festgesetzter Versteigerungster-

---

21 *Stöber*, ZVG, § 27 Rn. 9.1.
22 BGH, Urteil v. 5.12.1969 – V ZR 159/66, BGHZ 53, 110 = NJW 1970, 473 = Rpfleger 1970, 87.
23 *Stöber*, Rpfleger 1962, 9, 11; *Teufel*, in: *Steiner*, ZVG, § 27 Rn. 32.
24 BGH, Urteil v. 31.5.1988 – IX ZR 103/87, Rpfleger 1988, 543.
25 BGH, Urteil v. 31.5.1988 – IX ZR 103/87, Rpfleger 1988, 543.
26 OLG Zweibrücken, Urteil v. 4.6.1976 – 1 U 239/75, OLGZ 1977, 212, 218 f.

min nicht verschoben werden, da anderenfalls die übrigen Gläubiger benachteiligt würden.[27]

V. Rechtsbehelfe

Für die Rechtsbehelfe gilt: der **Gläubiger**, dessen Antrag zurückgewiesen wurde, kann sofortige Beschwerde nach § 11 Abs. 1 RPflG, § 793 ZPO einlegen; hilft der Rechtspfleger nicht ab, ist dem Landgericht als Beschwerdegericht vorzulegen. Gegen eine Aufklärungsverfügung, die heilbare Mängel der Antragsstellung rügt, ist – wenn der Gläubiger zuvor nicht gehört wurde – die Erinnerung (§ 766 ZPO) statthaft. Der **Schuldner** kann gegen die Beitrittszulassung mit der sofortigen Beschwerde (§ 793 ZPO, § 11 Abs. 1 RPflG) vorgehen, wenn er ausnahmsweise zuvor gehört wurde; hilft der Rechtspfleger nicht ab, ist dem Beschwerdegericht vorzulegen, § 572 Abs. 1 Satz 1 ZPO. Wurde der Schuldner vor Beitrittszulassung nicht angehört, ist die Erinnerung statthaft (§ 766 ZPO[28]); hilft der Rechtspfleger – obwohl er dazu befugt ist[29] – nicht ab, muss er die Erinnerung dem Richter vorlegen (§ 20 Nr. 17 RPflG), gegen dessen Entscheidung dann die sofortige Beschwerde (§ 793 ZPO) möglich ist. **17**

VI. Kosten

Der **Rechtsanwalt** erhält die in VV-RVG Nr. 3311, 3312 vorgesehenen Gebühren, deren Wert sich nach § 26 Nr. 1–3 RVG bemisst. An **Gerichtsgebühren** fallen unabhängig vom Grundstückswert und der Höhe der Gläubigerforderung 50 € an, KV-GKG Nr. 2210; bezieht sich der Antrag auf mehrere Grundstücke: Vorb. 2.2 zu KV-GKG Nr. 2210; bei mehreren Gesamt(hands)gläubigern fällt die Gebühr nur einmal an; Auslagen für Zustellung: KV-GKG Nr. 9002.[30] **18**

---

27 *Böttcher*, ZVG, § 27 Rn. 18.
28 Vgl. OLG Hamm, Beschl. v. 2.2.1977 – 15 W 26/77, KTS 1977, 177.
29 OLG Frankfurt, Beschl. v. 23.11.1978 – 20 W 778/78, Rpfleger 1979, 111.
30 Näher *Helwich*, JurBüro 2009, 343, 347.

§ 28 ZVG [Entgegenstehende grundbuchmäßige Rechte; Verfügungsbeschränkung; Vollstreckungsmangel]

(1) Wird dem Vollstreckungsgericht ein aus dem Grundbuch ersichtliches Recht bekannt, welches der Zwangsversteigerung oder der Fortsetzung des Verfahrens entgegensteht, so hat das Gericht das Verfahren entweder sofort aufzuheben oder unter Bestimmung einer Frist, binnen welcher der Gläubiger die Hebung des Hindernisses nachzuweisen hat, einstweilen einzustellen. Im letzteren Falle ist das Verfahren nach dem Ablaufe der Frist aufzuheben, wenn nicht inzwischen der Nachweis erbracht ist.

(2) Wird dem Vollstreckungsgericht eine Verfügungsbeschränkung oder ein Vollstreckungsmangel bekannt, ist Absatz 1 entsprechend anzuwenden.

Übersicht	Rn.
I. Normzweck und Anwendungsbereich	1–3
II. Grundbuchersichtlichkeit des Gegenrechtes	4
III. Verfügungsbeschränkung oder Vollstreckungsmangel	5
IV. Einzelfälle	6–25
V. Verfahren	26
VI. Rechtsbehelfe	27

I. Normzweck und Anwendungsbereich

1 § 28 ist eine verfahrensrechtliche Sondervorschrift des ZVG für die Beachtlichkeit von grundbuchersichtlichen Drittrechten. Abs. 2 erweitert die Regel auf dem Vollstreckungsgericht bekannte Verfügungsbeschränkungen und Vollstreckungsmängel.

2 Gegenstand der Zwangsvollstreckung kann nur das Vermögen des Vollstreckungsschuldners sein. Um aber eine möglichst durchsetzungsstarke und effektive Vollstreckung zu gewährleisten, wird bei der Zwangsvollstreckung nur auf leicht zu prüfende, formalisierte Kriterien abgestellt, bei der Mobiliarvollstreckung ist das der Gewahrsam des Schuldners (§ 808 Abs. 1 ZPO), bei der Immobiliarvollstreckung die Eintragung des Vollstreckungsschuldners im Grundbuch (§ 17). Mit dem Einhalten dieser formalen Kriterien liegt eine wirksame Beschlagnahme vor; es besteht jedoch kein materielles Verwertungsrecht für den Zugriff auf das Eigentum oder andere Rechte Dritter. Der Dritte muss sein Recht klageweise geltend machen, § 771 ZPO. Wegen der besonderen Bedeutung des Grundbuchs als Verfahrensgrundlage wird die Situation für grundbuchersichtliche Rechte vereinfacht: Zunächst darf eine Versteigerung gar nicht angeordnet werden (§ 17) bzw. ist ein Versteigerungsverfahren angeordnet worden, ist es nach § 28 Abs. 1 von Amts wegen einzustellen, beispielsweise wenn das Recht nach Verfahrensanordnung eingetragen wurde und der Zwangsversteigerung oder der Fortsetzung des Verfahrens entgegensteht. Absatz 2 erweitert diese Regel auf Verfügungsbeschränkungen und Vollstreckungsmängel. Für die Wahrung nicht grundbuchersichtlicher Rechte ist der Dritte weiterhin auf § 771 ZPO verwiesen.[1] Auch wenn es sich meist um Gegenrechte eines Dritten handelt, erfasst § 28 grundsätzlich auch Gegenrechte des Schuldners (basierend auf Verfahrensmängeln oder materiellrechtli-

---

[1] *Eickmann*, ZVG, § 5 I; *Stöber*, ZVG, § 28 Rn. 2–3.

chen Einwendungen gegen den geltend gemachten Anspruch: Tilgung, Stundung, Aufrechung, Erlass etc.).[2]

Die Norm ist im Vollstreckungsversteigerungsverfahren anwendbar; mit Einschränkungen auch in den Verfahren nach §§ 172, 175, 180 sowie mit Einschränkungen bei der Zwangsverwaltung (§ 146).[3]

II. Grundbuchersichtlichkeit des Gegenrechtes

Entscheidend ist allein die Eintragung des Rechts und die Kenntnis des Vollstreckungsgerichts. Unerheblich ist es, ob die Eintragung nach den Regeln der GBO richtigerweise erfolgt ist, oder ob das Recht tatsächlich besteht sowie auch, ob es vor oder nach dem Zwangsversteigerungsvermerk eingetragen wurde, solange es nur beschlagnahmewirksam ist.[4] Jedenfalls muss sich aus dem Grundbuch allein (also ohne Heranziehung etwa der Eintragungsbewilligung) nicht nur das Recht als solches ergeben, sondern auch, dass es der Zwangsversteigerung oder ihrer Fortsetzung entgegensteht.[5]

III. Verfügungsbeschränkung oder Vollstreckungsmangel

Verfügungsbeschränkungen und relevante Vollstreckungsmängel sind von Amts wegen beachtlich, sobald sie dem Vollstreckungsgericht bekannt werden. Wie Abs. 1 greift auch Abs. 2 nur ein, wenn die Verfügungsbeschränkung oder der Vollstreckungsmangel der Zwangsversteigerung entgegenstehen.[6]

Der Begriff Vollstreckungsmangel erfasst alle allgemeinen und besonderen Vollstreckungsvoraussetzungen wie sie auch bei der Verfahrensanordnung und dem Verfahrensbeitritt zu beachten sind.[7] Dabei ist nicht jeder Verfahrensmangel ein Vollstreckungsmangel i. S. d. § 28 Abs. 2. Eine unterbliebene oder nicht wirksame Zustellung (§ 8) stellt beispielsweise keinen nach § 28 Abs. 2 beachtlichen Vollstreckungsmangel dar. Dies ergibt sich aus einem Rückschluss aus der Regelung des § 43 Abs. 2, der für diesen Fall die Aufhebung und Neubestimmung des Termins anordnet.[8]

IV. Einzelfälle

1. § 75 BVersG

Das Verfügungsverbot beeinträchtigt das Verfahren nicht, wenn ein persönlicher Gläubiger aufgrund einer vor der Eintragung des Verbots wirksamen Beschlagnahme betreibt.[9] Auch aus einem vor dem Verfügungsverbot eingetragenen oder nach dem Verfügungsverbot mit Genehmigung der zuständigen Landesverwaltungsbehörde eingetragenen dinglichen Recht kann die Versteigerung ohne Hinderungsgrund betrieben werden. In den Fällen der Betreibung eines persönlichen Gläubigers ohne Genehmigung (bei Wirksamkeit der Beschlagnahme nach Eintragung des Verbots) oder eines dinglichen Gläubi-

---

2 *Eickmann*, in: *Steiner*, ZVG, Rn. 11; a. A. *Rosenberg/Gaul/u. a.*, Zwangsvollstreckungsrecht, § 62 II 1a.
3 *Stöber*, ZVG, § 28 Rn. 2.2.
4 *Eickmann*, in: Steiner, ZVG, Rn. 12 f.
5 BGH, Beschl. vom 29.11.2007 – V ZB 26/07, RPfleger 2008, 215 zum Zeitpunkt des Erwerbs eines GbR-Anteils bei der Teilungsversteigerung.
6 OLG Karlsruhe, Beschl. vom 24.3.2000 – 11 W 32/00, RPfleger 2000, 405.
7 *Stöber*, ZVG, § 28 Rn. 9.1.
8 BGH, Beschl. vom 18.10.2007 – V ZB 52/07; allgemein *Stöber*, ZVG, § 28 Rn. 9.1: Keinen Vollstreckungsmangel begründet ein Verfahrensmangel.
9 *Böttcher*, ZVG, § 28 Rn. 27; a. A. *Eickmann*, in: Steiner, ZVG, Rn. 62.

gers, dessen Recht nach Eintragung des Verbots ohne Genehmigung eingetragen wurde, ist das Verfahren nach § 28 einstweilen einzustellen.[10] Die Genehmigung ist dabei schon bei Anordnung und Beitritt erforderlich, nicht erst bei Zuschlagserteilung.[11]

2. Dritteigentum/Vormerkung

7 Das **Eigentum Dritter** steht der Zwangsversteigerung grundsätzlich entgegen, da diese nur in das Schuldnervermögen erfolgt. Bei Verfahrensanordnung (§ 17) ist das aus dem Grundbuch ersichtliche Eigentum des Dritten, auch wenn der Schuldner der wahre Eigentümer ist, zu berücksichtigen. Nach der Verfahrensanordnung ist für die Anwendbarkeit des § 28 Abs. 1 entscheidend, ob der Dritte das Eigentum (beschlagnahme-) wirksam erworben hat. Erfolgen Auflassung und Eintragung in das Grundbuch vor der Beschlagnahme (§ 22), so erwirbt der Dritte unabhängig von dem Bestehen einer Vormerkung wirksam Eigentum (zu den Auswirkungen auf das Verfahren vgl. § 26 Rn. 7). Wird der Erwerb mit Auflassung und Eintragung im Grundbuch erst nach der Beschlagnahme vollzogen, so ist er relativ unwirksam, §§ 23 Abs. 1 Satz 1 ZVG, 135, 136 BGB, wenn nicht § 878 BGB oder die Gutglaubensvorschriften über §§ 135 ABs. 2, 136 BGB eingreifen (näher § 23 Rn. 10ff.).[12] Betreibt der Gläubiger aus einem dinglichen Recht, wird das Versteigerungsverfahren auch gegen den neuen Eigentümer fortgesetzt, § 26 (siehe § 26 Rn. 5f.).[13] Betreibt hingegen ein persönlicher Gläubiger, kann das Eigentum in diesen Fällen über § 771 ZPO geltend gemacht werden. § 28 Abs. 1 ist nicht einschlägig, da weder die Voraussetzungen für § 878 BGB noch für die Gutgläubigkeit aus dem Grundbuch ersichtlich sind.[14]

8 Die **Vormerkung** selbst ist kein der Zwangsversteigerung entgegenstehendes Recht. Sie kann aber einen Eigentumserwerb ermöglichen, der i. R. v. § 28 beachtlich ist. Eine Vormerkung, die erst nach der Beschlagnahme wirksam erworben wird, ermöglicht den Eigentumserwerb nicht, da auch sie relativ unwirksam ist (§§ 23 Abs. 1 Satz 1 ZVG, 135, 136 BGB).[15] Wurde die Vormerkung jedoch vor der Beschlagnahme wirksam erworben und die Eigentumsumschreibung vor Zuschlag vollzogen, dann erwirbt der Dritte mit der Eintragung des Eigentums im Grundbuch voll wirksam Eigentum. Der Vormerkungsberechtigte ist analog § 883 Abs. 2 BGB auch vor Verfügungen im Rahmen der Zwangsvollstreckung geschützt, soweit sie seinen Anspruch vereiteln oder beeinträchtigen würden.[16]

9 Das so erworbene Eigentum ist jedoch nicht in jedem Fall bestandskräftig. Ist der betreibende Gläubiger ein persönlicher Gläubiger (§ 10 Abs. 1 Nr. 5)[17, 18] oder ein dinglicher Gläubiger, dessen Recht im Rang nach der Vormerkung

---

10 *Eickmann* in: *Steiner*, ZVG, Rn. 61.
11 *Böttcher*, ZVG, § 28 Rn. 27; *Eickmann* in: *Steiner*, ZVG, Rn. 61; *Stöber*, ZVG, § 15 Rn. 7.4; a. A. *Hintzen*, in: *Dassler/Schiffhauer/u. a.*, ZVG, § 28 Rn. 14.
12 *Stöber*, ZVG, § 28 Rn. 4.5.
13 BGH, Beschl. vom 25.1.2007 – V ZB 125/05, BGHZ 170, 378 = NJW 2007, 2993 = Rpfleger 2007, 333.
14 *Eickmann*, ZVG, § 9 IV 2; str. vgl. zur Streitdarstellung § 26 Rn. 8.
15 BGH, Urteil vom 14.6.2007 – IX ZR 219/05, BGHZ 172, 360 = NJW 2008, 376 = Rpfleger 2007, 538.
16 BGH, Beschl. vom 25.1.2007 – V ZB 125/05, BGHZ 170, 378 = NJW 2007, 2993 = Rpfleger 2007, 333; BGH, Urteil vom 27.5.1966 – V ZR 200/63, NJW 1966, 1509; LG Frankenthal, Beschl. vom 30.5.1985 – 1 T 138/85, Rpfleger 1985, 371.
17 LG Frankenthal, Beschl. vom 30.5.1985 – 1 T 138/85, Rpfleger 1985, 371; *Jursnik*, MittBayNot 1999, 433, 436.
18 Zum Aufeinandertreffen von Vormerkung mit persönlichen Ansprüchen der Rangklasse 2 sowie den daraus resultierenden Gefahren für die Vormerkung vgl. *Kesseler*, NJW 2009, 121.

steht,[19] so muss das Gericht das Verfahren nach § 28 Abs. 1 aufheben bzw. den Zuschlag versagen, § 33. Vollstreckt dagegen ein dinglicher Gläubiger aus einem Recht im Rang vor der Vormerkung, so kann er grundsätzlich weiter vollstrecken, § 26 (§ 26 Rn. 10). Die Auflassungsvormerkung schützt nicht vor der Fortsetzung eines eingeleiteten Zwangsversteigerungsverfahrens, es kommt nicht zu einer einstweiligen Einstellung nach § 28 Abs. 1.[20] Das Verfahren wird ohne Weiteres, also ohne Umschreibung des Titels (§ 727 ZPO) und erneute Zustellung (§ 750 Abs. 2 ZPO) fortgesetzt.[21]

3. Einstweilige Verfügung

Die Zwangsversteigerung aus einem Recht, das vor der Eintragung eines durch einstweilige Verfügung erwirkten Verfügungsverbots eingetragen wurde, ist nicht gehindert.[22] Gleiches gilt für die vor der Entstehung des Verfügungsverbotes erfolgte Beschlagnahme eines persönlichen Gläubigers.[23]

10

Ist die Beschlagnahme eines persönlichen Gläubigers nach der Entstehung des Verfügungsverbots wirksam geworden oder wird die Zwangsversteigerung aus einem nach dem Verfügungsverbot eingetragenen Recht betrieben, ist § 28 Abs. 2 anwendbar. Soweit das Verfügungsverbot ein Veräußerungsverbot ausspricht, so ist der Zuschlag zu versagen (§ 772 ZPO). Die Verfahrensanordnung bzw. der Beitritt sind nach wie vor möglich, da hierdurch keine Veräußerung erfolgt. Aus prozessökonomischen Gründen ist aber vor der Versagung des Zuschlags bereits das Verfahren nach § 28 Abs. 2 einzustellen, bis der Gläubiger einen Duldungstitel gegen den Berechtigten oder dessen Zustimmung vorlegen kann.[24]

11

4. § 5 ErbbauRG (früher ErbbauVO)

Die Veräußerung (§ 5 Abs. 1 ErbbauRG) oder/und die Belastung (§ 5 Abs. 2 ErbbauRG) des Erbbaurechts können von der Zustimmung des Grundstückseigentümers abhängig gemacht werden. In beiden Fällen ist eine ohne die erforderliche Zustimmung eingetragene Belastung des Erbbaurechts zunächst nicht wirksam entstanden, § 6 Abs. 1 ErbbauRG. Der Eigentümer kann gegen die Zwangsversteigerung nach § 771 ZPO vorgehen, § 28 ist hier nicht einschlägig.[25]

12

Die Zwangsversteigerung aus einem Recht, das vor der Eintragung des Zustimmungserfordernisses eingetragen wurde, ist nicht gehindert. Gleiches gilt für die vor der Eintragung des Zustimmungserfordernisses erfolgte Beschlagnahme eines persönlichen Gläubigers.

Wird die Zwangsvollstreckung in das Erbbaurecht aus einem dinglichen Recht betrieben, das mit der nach § 5 Abs. 1 ErbbauRG erforderlichen Zustimmung des Eigentümers eingetragen wurde, so ist erneut dessen Zustimmung erfor-

---

19 LG Trier, Beschl. vom 22.11.1999 – 6 T 100/99, RPfleger 2000, 286; *Eickmann*, in: *Steiner*, Rn. 16.
20 BGH, Beschl. vom 25.1.2007 – V ZB 125/05, BGHZ 170, 378 = NJW 2007, 2993 = Rpfleger 2007, 333; *Jursnik*, MittBayNot 1999, 433, 436; a.A. OLG Hamm, Beschl. vom 4.5.1984 – 15 W 136/84, 15 W 137/84, Rpfleger 1984, 426.
21 BGH, Beschl. vom 25.1.2007 – V ZB 125/05, BGHZ 170, 378 = NJW 2007, 2993 = Rpfleger 2007, 333; *Stöber*, ZVG, § 28 Rn. 4.8 c; a.A. OLG Hamm, Beschl. vom 4.5.1984 – 15 W 136/84, 15 W 137/84, Rpfleger 1984, 426: Einstellung und Fristsetzung zur Umschreibung und Neuzustellung des Titels.
22 OLG Köln, Beschl. vom 24.3.1983 – 2 W 52/83, RPfleger 1983, 450.
23 *Böttcher*, ZVG, § 28 Rn. 28.
24 *Böttcher*, ZVG, Rn. 28; a.A. *Stöber*, ZVG, § 15 Rn. 36.1: § 772 ZPO bewirkt gesetzlich Stillstand des Verfahrens.
25 *Böttcher*, ZVG, § 28 Rn. 30; *Stöber*, ZVG, § 15 Rn. 13.5c a.E.; *Reincke*, RPfleger 1990, 498, 499; a.A. *Eickmann*, in: *Steiner*, ZVG, Rn. 66: Verfahrenshindernis wegen schwebender Unwirksamkeit (§ 6 I ErbbauRG), § 28 anwendbar.

derlich, die jedoch erst beim Zuschlag vorliegen muss. Damit wird das Verfahren nicht gehindert und § 28 Abs. 2 ist nicht anzuwenden. Gleiches gilt für den persönlicher Gläubiger, wenn die Beschlagnahme erst nach Eintragung des Verfügungsverbots erfolgt ist.[26] Kann das Verfahren eines persönlichen Gläubigers zur Eintragung einer Sicherungshypothek führen (bei § 5 Abs. 2 ErbbauRG), so ist die Zustimmung bereits Voraussetzung des Verfahrens und § 28 Abs. 2 ist anwendbar.[27]

5. Flurbereinigung

13 Ihre Anordnung und Durchführung steht der Versteigerung nicht entgegen.[28] § 28 ist nicht anwendbar.[29]

6. Insolvenz

14 Im Insolvenzverfahren stehen den Interessen des einzelnen vollstreckenden Gläubigers die Interessen der Insolvenzgläubiger entgegen. Letztere werden durch das i. R. v. § 28 Abs. 2 beachtliche Vollstreckungsverbot des § 89 InsO geschützt. Die Eröffnung des Insolvenzverfahrens wird in das Grundbuch eingetragen, § 32 InsO.

15 Ein Vollstreckungsverbot nach § 89 InsO liegt nicht vor, wenn der Gläubiger ein Absonderungsrecht nach § 49 InsO hat und damit kein Insolvenzschuldner ist. Dies ist der Fall, wenn er aus einem Recht der Rangklasse § 10 Abs. 1 Nr. 1 – 4 betreibt, also insbesondere dann, wenn er aus einem dinglichen Recht vorgeht.[30] § 28 Abs. 2 ist nicht anwendbar.
Verfahrenstechnisch ist aber der jeweils Verfügungsbefugte zu beachten: Nach der Insolvenzeröffnung ist dies der Insolvenzverwalter, so dass eine vollstreckbare Ausfertigung des Titels gegen diesen erforderlich ist und ihm zugestellt werden muss, §§ 727 analog, 750 Abs. 2 ZPO.[31]
Ist die Versteigerung zunächst aufgrund eines Titels gegen den Schuldner angeordnet worden und die Beschlagnahme vor Insolvenzeröffnung wirksam geworden, so wird diese von den Wirkungen der Insolvenz nicht mehr berührt, § 80 Abs. 2 Satz 2 InsO. Eine auf den Schuldner lautende Vollstreckungsklausel muss nicht auf den Insolvenzverwalter umgeschrieben und neu zugestellt werden. Dies gilt entsprechend auch für den umgekehrten Fall, dass die Zwangsversteigerung zunächst aufgrund eines Titels gegen den Insolvenzverwalter angeordnet war und das Grundstück dem Insolvenzverfahren nicht (mehr) unterliegt.[32]

16 Vollstreckt der Gläubiger wegen einer Masseverbindlichkeit (§§ 54, 55 InsO) in die Masse, so entspricht dies außer in den Fällen des § 90 Abs. 1 InsO und des § 210 InsO den insolvenzrechtlichen Regeln. Auch hier besteht kein Vollstreckungsverbot nach § 89 InsO[33] und ist § 28 Abs. 2 nicht anwendbar.[34]

17 Betreibt der Gläubiger die Zwangsversteigerung aus einem persönlichen Recht (§ 10 Abs. 1 Nr. 5), so kommt es für das Bestehen eines Absonderungsrechts

---

26 BGH, Beschl. vom 8. 7. 1960 – V ZB 8/59, BGHZ 33, 76; *Eickmann*, in: *Steiner*, ZVG, Rn. 67.
27 *Eickmann*, in: *Steiner*, ZVG, Rn. 68; *Böttcher*, ZVG, § 28 Rn. 31.
28 OLG Hamm, Beschl. vom 28.1.1987 – 15 W 426/86, RPfleger 1987, 258.
29 *Eickmann*, in: *Steiner*, ZVG, Rn. 28; *Hintzen*, in: *Dassler/Schiffhauer/u.a.*, ZVG, § 28 Rn. 18.
30 *Breuer*, MünchKomm-InsO, § 89 Rn. 21.
31 OLG Hamm, Beschl. vom 24.1.1985 – 15 W 423/84, RPfleger 1985, 310; OLG Hamm, Beschl. vom 31.3.1965 – 15 W 354/64, RPfleger 1966, 24; *Hüßtege*, in: *Thomas/Putzo*, § 727 Rn. 3a.
32 BGH, Beschl. vom 14.4.2005 – V ZB 25/05, RPfleger 2006, 432; a. A. OLG Hamm, Beschl. vom 24.1.1985 – 15 W 423/84, RPfleger 1985, 310; *Böttcher*, ZVG, § 28 Rn. 17: einstweilige Einstellung des Verfahrens nach § 28 zur Titelumschreibung und Neuzustellung an den Insolvenzverwalter.
33 *Breuer*, in: *MünchKomm-InsO* § 89 Rn. 24.
34 *Eickmann*, ZVG, § 5 II 2.

und damit für die Anwendbarkeit des § 28 darauf an, ob er ein wirksames Recht auf Befriedigung erlangt hat. Ein solches bleibt auch nach der Eröffnung des Insolvenzverfahrens bestehen, § 80 Abs. 2 Satz 2 InsO. Entscheidend ist insoweit der Zeitpunkt der Beschlagnahme. Ist die Beschlagnahme vor der Eröffnung des Insolvenzverfahrens und auch vor Beginn der Monatsfrist des § 88 InsO erfolgt, so hat der Gläubiger ein Absonderungsrecht und es liegt kein Fall des § 28 vor.

Ist die Beschlagnahme dagegen nach der Eröffnung des Insolvenzverfahrens erfolgt, verstößt sie gegen das Vollstreckungsverbot des § 89 InsO. Das Verfahren ist nach § 28 Abs. 2 aufzuheben.[35] Ist die Beschlagnahme erst innerhalb der Monatsfrist des § 88 InsO wirksam geworden oder wird sie aufgrund einer innerhalb dieser Monatsfrist erworbenen Zwangshypothek betrieben, so ist ebenfalls das Verfahren nach § 28 Abs. 2 aufzuheben.[36]

7. Nacherbschaft

Relevant ist nicht der Nacherbenvermerk (§ 51 GBO), sondern das Nacherbenrecht an sich. Bei diesem handelt es sich nicht um ein Recht am Grundstück, sondern um eine Verfügungsbeschränkung des Vorerben (vorbehaltlich einer Befreiung nach § 2136 BGB). Nach § 2115 Satz 2 BGB hindert das Nacherbenrecht die Zwangsvollstreckung nicht, wenn der Anspruch eines Nachlassgläubigers (auch Nachlasserbenschulden)[37] oder ein dem Nacherben gegenüber wirksames Recht am Erbschaftsgegenstand geltend gemacht wird. In diesen Fällen muss der Nacherbe die Vollstreckung dulden, § 28 Abs. 2 findet keine Anwendung. Ihm verbleibt ein Vorgehen nach §§ 771, 773 ZPO.[38]

Ist der Anspruch dem Nacherben gegenüber jedoch unwirksam, so steht das Nacherbenrecht der Zwangsvollstreckung entgegen, §§ 2115 Satz 1 BGB, 773 ZPO. § 28 Abs. 2 ist anwendbar.[39] Von den Vollstreckungseinschränkungen des § 2115 Satz 1 BGB kann der Vorerbe nicht befreit werden, § 2136 BGB. Zwar ist erst der Zuschlag Verfügung i. S. d. § 2115 BGB, so dass die Verfahrensanordnung bzw. der Beitritt weiterhin möglich sind. Gründe der Prozessökonomie sprechen aber dafür, dass nicht das Verfahren bis zum Zuschlag fortgeführt und dieser dann versagt wird. Das Vollstreckungsgericht stellt das Verfahren vorübergehend ein, bis der Nacherbe der Vollstreckung zustimmt oder zu ihrer Duldung verurteilt ist, § 28 Abs. 2.[40]

8. Nachlassverwaltung

Ist die Anordnung der Nachlassverwaltung vor Anordnung oder Beitritt erfolgt, so ist eine Zwangsvollstreckung in den Nachlass nur durch Nachlassgläubiger (§ 1984 Abs. 1 BGB) und nur durch einen gegen den Nachlassverwalter gerichteten Titel (§ 1984 Abs. 2 BGB) möglich. Ist der betreibende Gläubiger kein Nachlassgläubiger, so ist das Verfahren nach § 28 Abs. 2 aufzuheben. Ist der Titel gegen den Erben gerichtet, so ist das Verfahren nach § 28 Abs. 2 einstweilen einzustellen, damit der Gläubiger den Titel umschreiben und zustellen lassen kann (§§ 727 Abs. 2, 750 Abs. 2).[41]

---

35 Böttcher, ZVG, § 28 Rn. 18; OLG Hamm, Beschl. vom 31.3.1965 – 15 W 354/64, RPfleger 1966, 24; Hintzen, RPfleger 1999, 256, 258.
36 Eickmann, ZVG, 9 II 2.
37 BGH, Urteil vom 31.1.1990 – IV ZR 326/88, BGHZ 110, 176 = NJW 1990, 1237.
38 Hintzen, in: Dassler/Schiffhauer/u.a., ZVG, § 28 Rn. 28.
39 Hintzen, in: Dassler/Schiffhauer/u.a., ZVG, § 28 Rn. 29, Eickmann, in: Steiner, ZVG, Rn. 40; Klawikowski, RPfleger 1998, 100; a.A. Stöber, ZVG, § 28 Rn. 8.3, § 15 Rn. 30.12: § 773 ZPO bewirkt gesetzlich Stillstand des Verfahrens.
40 LG Berlin, Beschl. vom 1.6.1987 – 81 T 344/87, RPfleger 1987, 457; so auch die Lit, vgl. Hintzen, in: Dassler/Schiffhauer/u.a., ZVG, § 28 Rn. 29, Fn. 48 m.w.N; a.A. BayObLG, Beschl. vom 19.4.1968 – 2 Z 4/68, RPfleger 1968, 221 (Versagung des Zuschlags).
41 Böttcher, ZVG, § 28 Rn. 23.

Wird die Nachlassverwaltung nach Wirksamwerden der Beschlagnahme angeordnet, so ist das Verfahren ohne Titelumschreibung fortzusetzen.[42] Dies ergibt sich aus dem Gedanken einer entsprechenden Anwendung des § 26 nach einem Erst-Recht-Schluss: Wenn schon der vollständige Eigentümerwechsel das Verfahren nicht unterbricht, dann erst recht nicht der bloße Wechsel der Verfügungsbefugnis.[43] Dies entspricht im Ergebnis auch der Lösung beim Insolvenzverwalter (Rn. 15). Der Nachlassverwalter kann nach §§ 784 II, 785 ZPO gegen betreibende Nicht-Nachlassgläubiger vorgehen.

9. Nießbrauch

20 Hierbei handelt es sich um kein Gegenrecht i. S. d. § 28 Abs. 1.[44]

10. Pfandrechte

21 Wird die Versteigerung nicht aus einem vor dem Entstehen des Pfandrechts eingetragenen dinglichen Recht betrieben, so stehen Pfandrechte an Erbanteilen oder anderen Gesamthandsanteilen der Versteigerung entgegen, wenn das Grundstück in Gesamthandseigentum ist. § 28 ist anwendbar.[45] Erforderlich ist die Zustimmung des Pfandgläubigers oder ein gegen ihn gerichteter Titel auf Duldung der Zwangsvollstreckung.[46]

11. Testamentsvollstreckung

22 Ist Testamentsvollstreckung angeordnet und tritt der Erbfall nach der Beschlagnahme des Grundstücks ein, so wird das Verfahren ohne Titelumschreibung nach § 779 ZPO fortgesetzt.[47] Tritt der Erbfall bei angeordneter Testamentsvollstreckung vor der Verfahrensanordnung ein, so muss nach § 748 Abs. 1 – 3 ZPO ein Titel gegen den Testamentsvollstrecker erwirkt oder umgeschrieben werden, §§ 749 Satz 1, 727 Abs. 1, 750 Abs. 2 ZPO.[48] Eine Beschlagnahme mit einem gegen den Erben lautenden Titel ist nicht möglich, das Verfahren wird nach § 28 Abs. 2 eingestellt.[49]

11. Vorkaufsrecht

23 Weder ein rechtsgeschäftlich begründetes noch ein gesetzliches Vorkaufsrecht stellen ein Gegenrecht i. S. d. § 28 dar.[50]

12. Vormerkung nach § 18 GBO

24 Sie ist wie die Auflassungsvormerkung zu behandeln (Rn. 8).[51]

---

42 *Böttcher*, ZVG, § 28 Rn. 23; *Stöber*, ZVG, § 15 Rn. 30.7c; a. A. *Eickmann*, in: *Steiner*, ZVG, Rn. 42; *Hintzen*, in: *Dassler/Schiffhauer/u. a.*, ZVG, § 28 Rn. 31: einstweilige Einstellung des Verfahrens nach § 28.
43 Für den Fall des Insolvenzverwalters vorgeschlagen von *Kesseler*, DNotZ 2006, 84, Anm. zu BGH, Beschl. vom 14.4.2005 – V ZB 25/05, RPfleger 2006, 432.
44 *Böttcher*, ZVG, § 28 Rn. 24; *Stöber*, ZVG, § 15 Rn. 26; *Hintzen*, in: *Dassler/Schiffhauer/u. a.*, ZVG, § 28 Rn. 32; 28 anwendbar bei der Beschlagnahme von land- und forstwirtschaftlichen Erzeugnissen und einem rangbesseren Nießbrauch: *Eickmann*, in: *Steiner*, ZVG, Rn. 48.
45 BayObLG, Beschl. vom 13.2.1959 – BReg. 2 Z 203/58, NJW 1959, 1780.
46 *Böttcher*, ZVG, § 28 Rn. 25.
47 *Böttcher*, ZVG, § 28 Rn. 26; *Stöber*, ZVG, § 15 Rn. 30.7e.
48 *Böttcher*, ZVG, § 28 Rn. 26; *Hintzen*, in: *Dassler/Schiffhauer/u. a.*, ZVG, § 28 Rn. 37.
49 *Böttcher*, ZVG, § 28 Rn. 26.
50 *Hintzen*, in: *Dassler/Schiffhauer/u. a.*, ZVG, § 28 Rn. 41; *Eickmann*, in: *Steiner*, ZVG, Rn. 74.
51 *Eickmann*, in: *Steiner*, ZVG, Rn. 75.

13. Widerspruch

Allein der Widerspruch gegen das Eigentum stellt kein Gegenrecht i.S.d. § 28 dar.[52] **25**

V. Verfahren

In den Fällen des § 28 muss das Vollstreckungsgericht von Amts wegen tätig **26** werden. Durch Beschluss erfolgt die einstweilige Einstellung oder sofortige Aufhebung. Zwischen diesen beiden Möglichkeiten kann das Gericht jedoch nicht frei wählen, sondern ist ähnlich wie bei § 18 Abs. 1 GBO daran gehalten, die durch die Beschlagnahme erworbene Rechtsstellung des Gläubigers möglichst zu bewahren. Steht das Gegenrecht der Vollstreckung auf Dauer und unbehebbar entgegen, so wird das Verfahren aufgehoben. Ist das Hindernis behebbar, so ist das Verfahren einstweilen einzustellen und dem Antragsteller eine Frist zur Behebung zu setzen. Ist das Hindernis innerhalb der Frist beseitigt worden, ist das Verfahren von Amts wegen fortzusetzen. Konnte dagegen das Hindernis innerhalb der Frist nicht beseitigt werden, so ist das Verfahren von Amts wegen aufzuheben (§ 28 Abs. 1 Satz 2). Nach dem Abschluss der Bieterstunde ist nur noch die Versagung des Zuschlags möglich, § 33.[53]

VI. Rechtsbehelfe

Gegen den Einstellungsbeschluss nach § 28 ist nach vorheriger Anhörung die **27** sofortige Beschwerde nach § 793 ZPO statthaft. Ist die gebotene Anhörung unterblieben, ist nach § 766 ZPO die Vollstreckungserinnerung statthaft.

---

52 *Böttcher*, ZVG, § 28 Rn. 36; *Hintzen*, in: *Dassler/Schiffhauer/u.a.*, ZVG, § 28 Rn. 42; *Eickmann*, in: *Steiner*, ZVG, Rn. 76.
53 *Hintzen*, in: *Dassler/Schiffhauer/u.a.*, ZVG, § 28 Rn. 43 ff.; *Eickmann*, in: *Steiner*, ZVG, Rn. 78 ff.; *Stöber*, ZVG, § 28 Rn. 7.2.

§ 29 ZVG [Zurücknahme des Antrages]

Das Verfahren ist aufzuheben, wenn der Versteigerungsantrag von dem Gläubiger zurückgenommen wird.

Übersicht

		Rn.
I.	Allgemeines	1
II.	Die Rücknahme des Antrags	2–8
1.	Form	2
2.	Inhalt	3
3.	Vertretung	4
4.	Rechtsnachfolger	5
5.	Zeitliche Zulässigkeit	6
6.	Beschränkung	7, 8
III.	Wirkung	9, 10
1.	Wirksamwerden	9
2.	Auswirkungen	10
IV.	Rechtsbehelfe	11

I. Allgemeines

1 Der Antrag des Gläubigers ist Verfahrensvoraussetzung für die Zwangsversteigerung. Als „Herr des Verfahrens"[1] kann der Gläubiger diesen zurücknehmen und damit eine Fortsetzung des Verfahrens verhindern. Da sich der Antrag nur auf das jeweils vom Gläubiger betriebene Einzelverfahren beziehen kann, läuft das Gesamtverfahren weiter, wenn noch weitere Verfahren im Gang sind.[2] In einigen Fällen wird eine Antragsrücknahme auch gesetzlich fingiert: § 30 Abs. 1 Satz 3, § 76 Abs. 2 Satz 2.

II. Die Rücknahme des Antrags

1. Form

2 Ein Formerfordernis ist nicht vorgesehen. Damit kann die Antragsrücknahme mündlich, schriftlich, telefonisch (bei Identitätskontrolle durch Rückruf), elektronisch oder per Telefax abgegeben werden. Bei Abgabe im Termin ist dies in das Protokoll aufzunehmen, (§§ 78, 80, 159 ff. ZPO).[3]

2. Inhalt

3 Der Gläubiger braucht die Rücknahme nicht ausdrücklich als solche zu bezeichnen und auch nicht zu begründen. Es genügt, wenn (bei relativ großzügiger Auslegung) zum Ausdruck kommt, dass der Gläubiger die Zwangsversteigerung aus seinem Einzelverfahren endgültig beenden will. Bei Auslegungszweifeln ist wegen der weitreichenden Konsequenzen aber beim Gläubiger nachzufragen.[4] Als Prozesshandlung kann die Rücknahmeerklärung nicht bedingt oder befristet abgegeben werden, sie ist auch unwiderruflich (vgl. Rn. 9).[5]

---

[1] Storz, in: Steiner, ZVG, Rn. 1.
[2] Hintzen, in: Dassler/Schiffhauer/u.a., ZVG, § 29 Rn. 1.
[3] Storz, in: Steiner, ZVG, Rn. 24; Böttcher, ZVG, § 29 Rn. 3.
[4] Storz, in: Steiner, ZVG, Rn. 21 ff.
[5] Stöber, ZVG, § 29 Rn. 2.2 – 2.3.

3. Vertretung

Ein Vertreter mit Prozessvollmacht (§ 81 ZPO) kann die Rücknahme des Antrags für den Gläubiger erklären.[6] Da die Rücknahme Prozesshandlung ist, kann sie auch von einem Vormund, Betreuer, Pfleger oder den Eltern ohne Genehmigung des Vormundschafts- bzw. Familiengerichts abgegeben werden. § 1822 (Nr. 13) BGB gilt hier nicht. Für die Rücknahme des Antrages eines persönlichen Gläubigers ergeben sich nach der h. M. keine Unterschiede.[7] Beachtlich ist jedoch der Einwand von *Eickmann*[8], dass bei der Verfahrensaufhebung eines persönlichen Gläubigers das materielle Befriedigungsrecht und dessen Rang innerhalb des § 10 Abs. 1 Nr. 5 erlischt. Die in der Wirkung vergleichbare Freigabe gepfändeter Sachen ist von § 1822 Nr. 13 BGB erfasst.[9] Nach dem Sinn und Zweck der Norm sollte sie auch für den vorliegenden Fall entsprechend anwendbar sein.

4

4. Rechtsnachfolger

Der Rechtsnachfolger des Gläubigers kann den Antrag zurücknehmen, sobald der Titel auf ihn umgeschrieben und dem Schuldner zugestellt ist, §§ 727, 750 Abs. 2 ZPO. Bis zu diesem Zeitpunkt behält der alte Gläubiger formal die Stellung eines betreibenden Gläubigers i. S. d. ZVG. (Vgl. hierzu § 9 Rn. 3)[10]

5

5. Zeitliche Zulässigkeit

Der Antrag kann erst zurückgenommen werden, nachdem das Verfahren wirksam angeordnet wurde. Wird zuvor zurückgenommen, so wird das Versteigerungsverfahren ohne Anwendung des § 29 nicht angeordnet. Entsprechendes gilt für den Beitritt.[11] Die Antragsrücknahme ist bis kurz vor Verkündung des Zuschlags zulässig.[12] Eine nach Zuschlagsverkündung erklärte Antragsrücknahme ist im Beschwerdeverfahren nicht mehr beachtlich, § 100.[13] Bei der Versagung des Zuschlags hingegen ist das Grundstück noch nicht der Verfügungsmacht von Schuldner und Gläubiger entzogen; eine Rücknahme des Antrags ist damit weiterhin möglich.[14]

6

6. Beschränkung

Die Rücknahme des Antrags kann auf rechtlich selbständige Objekte beschränkt werden, so z. B. auf einzelne Grundstücke oder Grundstücksteile, nicht aber auf reale Grundstücksteile ohne eigene Flurstücknummer.[15] Auch eine Teilrücknahme bezüglich einzelner Zubehörstücke ist möglich und dann anzunehmen, wenn Dritte Eigentumsrechte geltend machen und der betreibende Gläubiger diese freigibt.[16] Einer Mitwirkung der nicht betreibenden

7

---

6 *Storz*, in: *Steiner*, ZVG, Rn. 25.
7 *Stöber*, ZVG, § 29 Rn. 2.4; *Storz*, in: *Steiner*, ZVG, Rn. 25; *Hintzen*, in: *Dassler/Schiffhauer/u. a.*, ZVG, § 29 Rn. 3.
8 *Eickmann*, RPfleger 1983, 199; so auch *Böttcher*, ZVG, § 29 Rn. 4.
9 *Engler*, in: *Staudinger*, BGB, § 1822 Rn. 163.
10 OLG Düsseldorf, Beschl. vom 22.10.1986 – 3 W 309/86, NJW-RR 1987, 247; OLG Bremen Beschl. vom 30.3.1987 – 2 W 10/87, RPfleger 1987, 381; a. A. *Hintzen*, in: *Dassler/Schiffhauer/u. a.*, ZVG, § 29 Rn. 4.
11 *Böttcher*, ZVG, § 29 Rn. 8.
12 RG, Urteil vom 23.2.1917 – III 387/16, RGZ 89, 426; OLG Frankfurt, Beschl. vom 12.2.1991 – 20 W 9/91 = RPfleger 1991, 470.
13 OLG Frankfurt, Beschl. vom 12.2.1991 – 20 W 9/91, RPfleger 1991, 470; *Stöber*, ZVG, § 29 Rn. 2.7, § 100 Rn. 2.4.
14 LG Aachen, Beschl. vom 12.4.1985 – 3 T 19/85, RPfleger 1985, 452; *Stöber*, ZVG, § 29 Rn. 2.7; *Böttcher*, ZVG, § 29 Rn. 9; a. A. *Hintzen*, in: *Dassler/Schiffhauer/u. a.*, ZVG, § 29 Rn. 11.
15 *Storz*, in: *Steiner*, ZVG, Rn. 16; *Hintzen*, in: *Dassler/Schiffhauer/u. a.*, ZVG, § 29 Rn. 6.
16 *Storz*, in: *Steiner*, ZVG, Rn. 17.

Gläubiger bedarf es nicht.[17] Das Vollstreckungsgericht prüft dabei nicht nach, ob es sich um Zubehör oder einen wesentlichen Bestandteil handelt, der für sich allein nicht freigegeben werden kann.[18] Wird jedoch aus dem Grundbuch nicht ersichtliches (sonst § 28 Abs. 1) selbständiges Gebäudeeigentum (Art. 233, §§ 2b, 4, 8 EGBGB) freigegeben, so ist die Zustimmung des Schuldners erforderlich.[19]

8 Es handelt sich jedoch nicht um eine Beschränkung der Rücknahme, wenn der Gläubiger seine Vollstreckungsforderung dadurch reduziert, dass er eines oder mehrere der von ihm betriebenen Einzelverfahren aufheben lassen will. § 29 bezieht sich ohnehin auf das konkrete Einzelverfahren. Ermäßigt der Gläubiger die zu vollstreckende Forderung an sich, so beeinflusst das die Vollstreckung als solche und die Beschlagnahme nicht. Der Schuldner ist zu benachrichtigen.[20]

III. Wirkung:

1. Wirksamwerden

9 Die Rücknahme des Antrags wird mit Zustellung[21] des Aufhebungsbeschlusses[22] wirksam und nicht bereits mit ihrem Zugang bei Gericht. Bedeutsam ist der genaue Zeitpunkt der Wirksamkeit für den Wegfall der Beschlagnahme und damit des relativen Verfügungsverbots.[23]

Die früher vertretene Annahme, dass die Antragsrücknahme bereits mit Zugang wirksam wird, stützt sich auf § 130 Abs. 1 und 3 BGB und führt dazu, dass die Rücknahme ab Zugang bei Gericht nicht mehr widerrufen werden kann. Der Aufhebungsbeschluss hat demnach nur deklaratorische Wirkung.[24] Dem widerspricht nun auch der BGH[25], nach dem die Rücknahme erst durch den Aufhebungsbeschluss wirksam wird; der Aufhebungsbeschluss also konstitutive Wirkung hat. Hierfür spricht, dass auch der actus contrarius, also die Verfahrensanordnung, durch konstitutiven Beschluss erfolgt.[26] Darüber hinaus fördert ein Abstellen auf den Aufhebungsbeschluss die Rechtssicherheit. Bei Auslegungszweifeln an der Erklärung des Gläubigers besteht so keine Unsicherheit über das Verfahrensende.[27] Zudem ist unklar, warum § 130 BGB

---

17 OLG Düsseldorf, Beschl. vom 25. 3. 1954 – 3 W 31–32/54, NJW 1955, 188.
18 OLG Düsseldorf, Beschl. vom 25. 3. 1954 – 3 W 31–32/54, NJW 1955, 188; OLG Koblenz, Beschl. vom 26.4.1988 – 4 W 191/88, RPfleger 1988, 493; OLG Hamm, Beschl. vom 9.3.1967 – 15 W 363/66, OLGZ 1967, 445; *Storz*, in: *Steiner*, ZVG, Rn. 18.
19 Der Zustimmung bedarf es nicht, wenn der Dritte einen gegen den Schuldner gerichteten rechtskräftigen Titel vorlegt, der die Unzulässigkeit der Zwangsvollstreckung in das Gebäudeeigentum ausspricht oder feststellt, dass der Dritte Inhaber selbständigen Eigentums an dem beschlagnahmten Gebäude ist. BGH, Beschl. vom 26.10.2006 – V ZB 188/05, BGHZ 169, 305 = Rpfleger 2007, 155 = NJW-RR 2007, 194.
20 *Storz*, in: *Steiner*, ZVG, Rn. 19 f.; *Stöber*, ZVG, § 29 Rn. 4.4.
21 *Hintzen*, Anm. zu BGH, Beschl. vom 10.7.2008 – V ZB 130/07, BGHZ 177, 218 = NJW 2008, 3067 = RPfleger 2008, 586, RPfleger 2009, 68, 70.
22 BGH, Beschl. vom 10.7.2008 – V ZB 130/07, BGHZ 177, 218 = NJW 2008, 3067 = RPfleger 2008, 586.
23 *Stöber*, ZVG, § 22 Rn. 2.7; *Eickmann*, ZVG, § 9 VIII.
24 AG Bamberg, Beschl. vom 19.11.1968 – K 28/68, RPfleger 1969, 99; AG Euskirchen, Beschl. vom 16.11.1972 – 8 K 47/72, RPfleger 1973, 149; OLG Koblenz, Beschl. vom 26.4.1988 – 4 W – 191/88, RPfleger 1988, 493; *Stöber*, ZVG, § 29 Rn. 2.5; *Storz*, in: *Steiner*, ZVG, Rn. 27. So auch Denkschrift, S. 42.
25 BGH, Beschl. vom 10.7.2008 – V ZB 130/07, BGHZ 177, 218 = NJW 2008, 3067 = RPfleger 2008, 586.
26 BGH, Beschl. vom 10.7.2008 – V ZB 130/07, BGHZ 177, 218 = NJW 2008, 3067 = RPfleger 2008, 586; *Hintzen*, in: Dassler/Schiffhauer/u. a., ZVG, § 29 Rn. 8.
27 BGH, Beschl. vom 10.7.2008 – V ZB 130/07, BGHZ 177, 218 = NJW 2008, 3067 = RPfleger 2008, 586; *Eickmann*, ZVG, § 6 VI 2a; *Böttcher*, ZVG, § 29 Rn. 6.

auf die Antragsrücknahme, die eine Prozesshandlung ist, ohne nähere Begründung Anwendung finden soll. Grundsätzlich ist § 130 BGB auf Prozesshandlungen nämlich nicht anwendbar.[28] Als Prozesshandlung ist die Rücknahmeerklärung unwiderruflich.[29]
Nach beiden Ansichten ist ein Widerruf der Antragsrücknahme nicht möglich. Eine Fortsetzung des Verfahrens nach Eingang der Antragsrücknahme bei Gericht ist ebenfalls nach beiden Ansichten unzulässig und mit der Beschwerde nach §§ 96, 100 Abs. 1, 83 Nr. 6 angreifbar.
Auch eine dem Vollstreckungsgericht versehentlich zugeleitete Rücknahme ist wirksam, wenn nicht spätestens gleichzeitig mit Zugang ein Widerruf erfolgt.[30]

2. Auswirkungen

Mit Wirksamwerden der Antragsrücknahme (Rn. 9) entfallen die Wirkungen der Beschlagnahme für den betreffenden Gläubiger und das jeweilige Verfahren ist ohne Sachprüfung aufzuheben.[31] Ist er der einzige betreibende Gläubiger, so ist das Versteigerungsverfahren insgesamt aufzuheben und der Zwangsversteigerungsvermerk zu löschen. Betreiben neben dem rücknehmenden Gläubiger noch weitere Gläubiger die Zwangsversteigerung, so läuft das Gesamtverfahren weiter, der Zwangsversteigerungsvermerk wird nicht gelöscht.[32] Wird das Einzelverfahren aufgehoben, aus dem bisher bestrangig betrieben wurde, so hat dies Auswirkungen auf das geringste Gebot und damit auch auf das verbleibende Gesamtverfahren und die Einzelverfahren.[33]

IV. Rechtsbehelfe

Gegen den Aufhebungsbeschluss ist die sofortige Beschwerde statthaft, §§ 95 ZVG, 793 ZPO. Die Aufhebung kann aber nicht rückgängig gemacht werden, sondern nur der Beginn eines neuen Verfahrens erreicht werden. Damit dürfte dem Gläubiger regelmäßig das Rechtsschutzinteresse fehlen, da er auch ein neues Verfahren beantragen kann.[34]

---

28 *Einsele*, in: *MünchKomm*, BGB, § 130 Rn. 44; *Hefermehl*, in: *Soergel*, § 130 Rn. 4; *Wendtland*, in: *Bamberger/Roth*, BGB, § 130 Rn. 4; allg. zur Unanwendbarkeit des BGB auf Prozesshandlungen *Rauscher*, in: *MünchKomm*, ZPO, Einl, Rn. 581.
29 *Hintzen*, in: *Dassler/Schiffhauer/u. a.*, ZVG, § 29 Rn. 8; *Eickmann*, ZVG, § 6 VI 2a; a. A. *Böttcher*, ZVG, § 29 Rn. 7: widerruflich bis zum Erlass des Beschlusses.
30 AG Euskirchen, Beschl. vom 16.11.1972 – 8 K 47/72, RPfleger 1973, 149.
31 *Hintzen*, in: *Dassler/Schiffhauer/u. a.*, ZVG, § 29 Rn. 7; *Stöber*, ZVG, § 29 Rn. 2.5; *Storz*, in: *Steiner*, ZVG, Rn. 27; *Böttcher*, ZVG, § 29 Rn. 9.
32 *Böttcher*, ZVG, § 29 Rn. 9.
33 *Storz*, in: *Steiner*, ZVG, Rn. 38 ausführlich zu den Folgen.
34 *Stöber*, ZVG, § 29 Rn. 2.10; *Böttcher*, ZVG, § 29 Rn. 15; *Hintzen*, in: *Dassler/Schiffhauer/u. a.*, ZVG, § 29 Rn. 18.

§ 30 ZVG [Einstweilige Einstellung auf Bewilligung des Gläubigers]

(1) Das Verfahren ist einstweilen einzustellen, wenn der Gläubiger die Einstellung bewilligt. Die Einstellung kann wiederholt bewilligt werden. Ist das Verfahren auf Grund einer Bewilligung des Gläubigers bereits zweimal eingestellt worden, so gilt eine erneute Einstellungsbewilligung als Rücknahme des Versteigerungsantrags.

(2) Der Bewilligung der Einstellung steht es gleich, wenn der Gläubiger die Aufhebung des Versteigerungstermins bewilligt.

Übersicht

		Rn.
I.	Allgemeines, Anwendungsbereich	1–3
II.	Einstellungsbewilligung	4–6
1.	Form und Frist	4
2.	Inhalt	5
3.	Wirkungen	6
III.	Einstellungsbeschluss	7–12
1.	Inhalt	7, 8
2.	Wirkungen	9–12
IV.	Wiederholte Einstellungsbewilligung	13
V.	Verhältnis zu anderen Vorschriften	14–19
1.	Einstellungen nach dem ZVG	15–17
2.	Einstellungen nach der ZPO	18, 19
VI.	Rechtsmittel	20

I. Allgemeines, Anwendungsbereich

1 Das Gesetz lässt die einstweilige Einstellung des Verfahrens zu, wenn der Gläubiger die Einstellung bewilligt. Die Regelung ist Ausfluss der in § 15 normierten Dispositionsmaxime: Da die Zwangsvollstreckung nur auf Antrag des Gläubigers angeordnet wird, soll dieser auch in die Lage versetzt werden, das Verfahren vorübergehend zum Stillstand zu bringen. Zwar hat der Gläubiger auch die Möglichkeit, den Versteigerungsantrag zurückzunehmen. In diesem Fall ist das Verfahren aber aufzuheben (§ 29). Der Gläubiger kann nach der unwiderruflichen Prozesshandlung der Rücknahme nur noch dem von einem anderen Gläubiger betriebenen Verfahren beitreten oder ein neues Verfahren anstrengen. Im ersten Fall kommt es (beim persönlichen Gläubiger) zum Rangverlust, im zweiten zu zusätzlichen Kosten, weil vom Schuldner nur notwendige Kosten zu tragen sind, also nicht die einer zweimaligen Vollstreckung. Demgegenüber bringt die Bewilligung der einstweiligen Einstellung das Verfahren lediglich vorübergehend zum Stillstand. Die Beschlagnahme (§ 22) bleibt erhalten. Für die – zu beantragende (§ 31) – Fortsetzung des Verfahrens entsteht keine besondere Gerichts- oder Anwaltsgebühr.

2 Der Gläubiger soll das Verfahren nicht unbegrenzt aufhalten können. Andernfalls würden nicht nur die am Grundstück Berechtigten infolge des fortlaufenden Anwachsens der Leistungen geschädigt (vgl. § 10 I Nrn. 2–4; § 13).[1] Vielmehr entbehrt eine Beschlagnahme ohne zeitlich bestimmbare nachfolgende Versteigerung der inneren Rechtfertigung. Der Gläubiger muss daher die Fortsetzung des Verfahrens binnen sechs Monaten beantragen. Tut er es nicht, ist

---
[1] *Stöber*, ZVG, § 30 Rn. 1.1.

das Verfahren aufzuheben (§ 31 Abs. 1 Satz 2). Ist das Verfahren bereits zweimal eingestellt worden, gilt eine erneute Einstellungsbewilligung als Rücknahme des Versteigerungsantrags (§ 30 Abs. 1 Satz 2).

Die Norm gilt für alle Versteigerungsverfahren nach dem ZVG, nicht aber für das – grundsätzlich einstellungsfeindliche – Zwangsverwaltungsverfahren.[2]   3

II. Einstellungsbewilligung

1. Form und Frist

Die Einstellung kann bis zur Verkündung der Entscheidung über den Zuschlag bewilligt werden. Die Einstellungsbewilligung unterliegt keinen besonderen Formvorschriften. Sie kann auch mündlich erklärt werden.[3] Problematisch ist die – grundsätzlich mögliche – fernmündliche Erklärung der Einstellungsbewilligung, da die Identität des Erklärenden hier nicht zweifelsfrei feststeht. In der Praxis empfiehlt es sich in einem solchen Fall, einen Aktenvermerk anzufertigen und eine schriftliche Bestätigung[4] des Gläubigers anzufordern.   4

2. Inhalt

Die Bewilligung der Einstellung ist Prozesshandlung. Daraus folgt, dass sie **weder** mit einer **Bedingung**[5] **noch** einer **Befristung**[6] versehen werden kann. Sie muss nicht ausdrücklich als solche bezeichnet sein. Der Gläubiger muss lediglich zum Ausdruck bringen, dass er die Fortführung des Verfahrens – derzeit – nicht wünscht. Erklärungen sind daher nach den üblichen Regeln auszulegen. Auf eine **Einstellungsbewilligung lassen** z. B. **schließen**: Erklärung, das Ruhen des Verfahrens solle angeordnet werden[7] oder mit dem Schuldner sei eine Stundungsvereinbarung geschlossen worden[8]. Als Einstellungsbewilligung gilt auch die Zustimmung zur Einstellungsbewilligung eines anderen Gläubigers.[9] **Keine** Einstellungsbewilligung liegt in rein passivem Verhalten des Gläubigers. Deshalb kann eine Einstellung nicht auf fehlende Zahlung des Kostenvorschusses, Nichtreaktion auf Anfrage, ob das Verfahren eingestellt werden soll, oder fehlenden Widerspruch gegen einen Schutzantrag des Schuldners gestützt werden.[10] Ebenso wenig gilt als Einstellungsbewilligung die Zustimmung zum Vertagungsantrag des Schuldners nach § 227 ZPO,[11] der Antrag auf Vertagung des Termins aus verfahrensrechtlichen Gründen,[12] der Antrag auf spätere Veröffentlichung der Terminsbestimmung,[13] auf Versagung des Zuschlags nach § 74a. **Streitig** ist, ob in der Rücknahme eines Fortsetzungsantrags eine Einstellungsbewilligung liegt;[14] ebenso für die Zustimmung zum Einstellungsantrag des Schuldners nach § 765a BGB.[15]   5

---

2 *Stöber*, ZVG, § 146 Rn. 6.1, 6.5.
3 *Hintzen*, in: *Dassler/Schiffhauer/u.a.*, ZVG, § 30 Rn. 2.
4 *Stöber*, ZVG, § 30 Anm. 2.3, hält einen Rückruf für ausreichend.
5 *Stöber*, ZVG, § 30 Anm. 2.4.
6 LG Traunstein, Beschl. vom 24.6.1988 – 4 T 2069/88, RPfleger 1989, 35.
7 *Stöber*, ZVG, § 30 Rn. 2.3; *Hintzen*, in: *Dassler/Schiffhauer/u.a.*, ZVG, § 30 Rn. 4.
8 *Storz*, in: *Steiner*, ZVG, § 30 Rn. 27; *Stöber*, ZVG, § 30 Rn. 2.3; *Dassler/Schiffhauer/u.a.*, ZVG, § 30 Rn. 4.
9 *Storz*, in: *Steiner*, ZVG, § 30 Rn. 27; *Hintzen*, in: *Dassler/Schiffhauer/u.a.*, ZVG, § 30 Rn. 4.
10 *Stöber*, ZVG, § 30 Anm. 2.3; *Hintzen*, in: *Dassler/Schiffhauer/u.a.*, ZVG, § 30 Rn. 4.
11 *Storz*, in: *Steiner*, ZVG, § 30 Rn. 29.
12 *Storz*, in: *Steiner*, ZVG, § 30 Rn. 29.
13 *Storz*, in: *Steiner*, ZVG, § 30 Rn. 29.
14 So wohl *Stöber*, ZVG, § 30 Rn. 2.3; a. A. *Storz*, in: *Steiner*, ZVG, § 30 Rn. 28.
15 So *Stöber*, ZVG, § 30 Rn. 2.3; a. A. *Storz*, in: *Steiner*, ZVG, § 30 Rn. 28.

3. Wirkungen

6 Die Einstellungsbewilligung entfaltet als solche noch keine (Außen-)Wirkung. Sie bewirkt lediglich, dass der Gläubiger sich von nun an jeder Vollstreckungshandlung zu enthalten hat. Die Wirkungen der Einstellungsbewilligung treten erst durch den konstitutiven Einstellungsbeschluss des Vollstreckungsgerichts ein. Daher kann der Gläubiger seine Einstellungsbewilligung bis zum Erlass des Beschlusses zurücknehmen.[16]

III. Einstellungsbeschluss

1. Inhalt

7 Der Einstellungsbeschluss ist von Amts wegen zu erlassen: Der Gläubiger beantragt die Einstellung nicht, sondern bewilligt sie. Ein wie auch immer geartetes Ermessen des Gerichts besteht in diesem Fall nicht. Im Beschluss sind die Gründe der Einstellung anzugeben, insbesondere aufgrund welcher Vorschrift eingestellt worden ist.[17] Dies empfiehlt sich schon deswegen, weil der Zeitpunkt der Verfahrensaufhebung davon abhängt, nach welcher Vorschrift das Verfahren einstweilen eingestellt worden war (vgl. § 31 Abs. 2). Der Beschluss lautet auf einstweilige Einstellung (§ 30 Abs. 1 Satz 1 und 2) oder Aufhebung (§ 30 Abs. 1 Satz 3) des konkreten Einzelverfahrens. Er soll einen Hinweis darauf enthalten, dass die Beschlagnahme bestehen bleibt und die Verfahren der anderen Gläubiger nicht berührt werden. War bereits Versteigerungstermin angesetzt, ist er im Einstellungsbeschluss abzusetzen.[18] Betreiben noch andere Gläubiger die Zwangsvollstreckung und wird der bereits angesetzte Versteigerungstermin für diese durchgeführt, empfiehlt es sich, im Beschluss darauf hinzuweisen, dass der Versteigerungstermin bestehen bleibt. Auflagen, Fristen oder Bedingungen dürfen in den Beschluss nicht aufgenommen werden, auch wenn sich Gläubiger und Schuldner insoweit geeinigt haben sollten.[19]

8 Im Hinblick auf § 31 Abs. 3 ist der Gläubiger zu belehren, dass das Verfahren nur auf seinen Antrag fortgesetzt wird und bei Ablauf der Frist des § 31 Abs. 1 das Verfahren aufzuheben ist. Bei einer zweiten Einstellung empfiehlt sich ein Hinweis auf die Bedeutung einer eventuellen dritten Bewilligung (§ 30 Abs. 1 Satz 3: Antragsrücknahme).[20] Hat das Gericht den Schluss der Versteigerung verkündet (§ 73 Abs. 2), darf die Einstellung gem. § 33 nur noch durch Versagung des Zuschlags (§ 83) erfolgen.[21]

2. Wirkungen

9 Da die Einstellung des Verfahrens erst durch den Einstellungsbeschluss eintritt, hat dieser konstitutive Wirkung. Hinsichtlich der Wirkungen der Einstellung ist zwischen unmittelbaren und mittelbaren zu unterscheiden. **Unmittelbar** wirkt sich die Einstellung nur auf das vom Gläubiger konkret betriebene Einzelverfahren aus, für das er die Einstellung bewilligt hat. Betreibt also ein Gläubiger mehrere Einzelverfahren, hat die Bewilligung der Einstellung eines dieser Verfahren für die anderen vom selben Gläubiger betriebenen Einzelverfahren keine Folgen. Dasselbe gilt (erst recht) für Verfahren, die von anderen Gläubigern betrieben werden. Je nach Verfahrensstand und Rang des einge-

---

16 *Böttcher*, ZVG, § 30 Rn. 4.
17 *Stöber*, ZVG, § 30 Rn. 2.9.
18 *Böttcher*, ZVG, 30 Rn. 12.
19 *Hintzen*, in: *Dassler/Schiffhauer/u.a.*, ZVG, § 30 Rn. 11.
20 *Böttcher*, ZVG, § 30 Rn. 10.
21 BGH, Beschl. vom 15.3.2007 – V ZB 95/06, Rpfleger 2007, 414 = NJW-RR 2007, 1005.

stellten Verfahrens ergeben sich aber mittelbare Wirkungen für die anderen Verfahren:

a) Bei Einstellung **aller** Einzelverfahren darf das Gesamtverfahren gemäß § 31 Abs. 1 Satz 1 nicht fortgesetzt werden. Stellt keiner der Gläubiger binnen sechs Monate Fortsetzungsantrag, ist das Verfahren aufzuheben. Von der Verfahrenseinstellung unbeeinflusst bleiben sowohl Beschlagnahme als auch eventuelle Sicherungsmaßnahmen, ebenso der Zwangsversteigerungsvermerk. Ein anstehender Versteigerungstermin ist aufzuheben. Hat die Bietstunde bereits begonnen, ist sie abzubrechen. Die bis dahin abgegebenen Gebote erlöschen (§ 72 Abs. 3). Nach Ablauf der Bietzeit kann das Verfahren nur noch durch Versagung des Zuschlags eingestellt werden (§ 33).[22]

b) Bei **Einstellung nur einzelner Verfahren** ist zu unterscheiden: Wird das **bestrangig betriebene Einzelverfahren fortgesetzt**, hat die Einstellung einzelner oder aller ansonsten betriebenen Einzelverfahren keine Auswirkungen auf das Gesamtverfahren. Voraussetzung hierfür ist aber, dass für das bestrangig betriebene Verfahren die Fristen nach § 43 Abs. 3, § 44 Abs. 2 eingehalten worden sind.[23] Hintergrund ist der Umstand, dass dann das geringste Gebot nicht berührt wird.

Wird das **bestrangig betriebene Einzelverfahren eingestellt,** hat dies erhebliche Auswirkungen auf das Gesamtverfahren, weil sich das geringste Gebot gemäß § 44 ausschließlich nach dem bestrangig betriebenen Verfahren richtet. Daraus folgt: Hat noch kein Versteigerungstermin stattgefunden, ist dieser ggf. im Hinblick auf § 43 Abs. 2, § 44 Abs. 2 aufzuheben und neuer Termin zu bestimmen. Hat die Bietzeit bereits begonnen, muss sie abgebrochen werden; bereits abgegebene Gebote erlöschen (§ 72 Abs. 3). Zur Fortsetzung des Verfahrens ist ein neues geringstes Gebot zu berechnen und wieder die volle Bietzeit einzuhalten. Bei einer Einstellung zwischen Schluss der Versteigerung und Verkündung des Zuschlags muss dieser versagt werden.[24]

IV. Wiederholte Einstellungsbewilligung

Der Gläubiger kann die Einstellung des Verfahrens wiederholt bewilligen. Allerdings soll er dies mit Rücksicht auf die Interessen der am Grundstück Beteiligten nicht unbegrenzt oft tun können. § 30 Abs. 1 Satz 3 stellt daher die dritte Einstellungsbewilligung einer Rücknahme des Versteigerungsantrags gleich. Dabei ist darauf zu achten, dass insoweit nur Einstellungsbewilligungen desselben Schuldners aus dem demselben Beschlagnahmebeschluss berücksichtigt werden. Die Bewilligung der Aufhebung des Versteigerungstermins ist zu berücksichtigen, weil sie gemäß § 30 Abs. 2 einer Einstellungsbewilligung gleichgestellt ist. Nicht mitzuzählen, weil nicht vom Gläubiger ausgehend, sind Einstellungen des Prozessgerichts oder solche, die vom Schuldner oder Insolvenzverwalter (vgl. § 30 d) beantragt worden sind.[25] Aus der Rechtsnatur der Einstellungsbewilligung als Prozesshandlung folgt ihre Unwiderruflichkeit. Das heißt aber nicht, dass sich das Gericht im Hinblick auf die weitreichenden Folgen einer derartigen dritten Einstellungsbewilligung beim Gläubiger vergewissern sollte, ob er tatsächlich die Rechtsfolgen einer Rücknahme des Versteigerungsantrags herbeiführen will.[26] Eine Belehrung des Gläubigers im zweiten Einstellungsbeschluss über die Folgen einer weiteren Einstellung reicht aus. Eine nochmalige Nachfrage anlässlich des dritten Einstellungsantrags könnte

---

22 *Böttcher,* ZVG, § 30 Rn. 10.
23 *Storz,* in: *Steiner,* ZVG, § 30 Rn. 44.
24 *Storz,* in: *Steiner,* ZVG, § 30 Rn. 48.
25 *Böttcher,* ZVG, § 30 Rn. 17.
26 So aber *Storz,* in: *Steiner,* ZVG, § 30 Rn. 53.

leicht den – bei Schuldnern ohnehin oft herrschenden – Eindruck entstehen lassen, das Gericht nehme zu sehr auf die Interessen des Gläubigers Rücksicht.

V. Verhältnis zu anderen Vorschriften

14 Über § 30 hinaus gibt es zahlreiche Rechtsvorschriften, die zu einer Einstellung des Verfahrens führen können. Liegen die Voraussetzungen für die Einstellung nach unterschiedlichen Normen vor und ist das Verfahren bisher nach keiner der in Betracht kommenden Rechtsgrundlagen eingestellt worden, stellt sich die Frage, welcher Vorrang zukommt. Dies spielt insbesondere im Hinblick auf die unterschiedlichen Rechtsfolgen der jeweiligen Einstellung eine Rolle.

1. Einstellungen nach dem ZVG

15 a) § 28: Das Verhältnis von § 28 und § 30 ist umstritten. Nach einem Teil der Literatur soll § 28 der Vorrang zukommen, weil die Vorschrift weitergehende Folgen habe und insbesondere zur Aufhebung führen könne.[27] Das überzeugt nicht: Der Umstand allein, dass eine Norm weitergehende Folgen als die andere hat, sagt über ihren Vorrang nichts aus. Soll der Grundsatz Ernst genommen werden, dass der Gläubiger Herr des Verfahrens ist, muss auch die von ihm bewilligte Einstellung Vorrang vor der des § 28 haben.[28] Sofern die Voraussetzungen einer anderen Einstellungsnorm gegeben sind, hat dies aber ggf. Auswirkungen auf die Fortsetzung des Verfahrens.

16 b) § 30a-d: Sind die Voraussetzungen der §§ 30a-d gegeben, ohne dass bereits ein Einstellungsbeschluss gefasst worden wäre, führt die Einstellungsbewilligung des Gläubigers in jedem Fall zu einer Einstellung nach § 30[29]; dies auch dann, wenn eine Beschwerde im Hinblick auf eine Einstellung nach § 30a läuft.[30] Eine andere Frage ist es, ob der Gläubiger eine Einstellung nach § 30 anstreben wird, wenn er die Möglichkeit hat, eine Einstellung nach § 30a zu erreichen (vgl. § 30 Abs. 1 Satz 3).

17 c) § 77: Die Einstellungsbewilligung des Gläubigers geht einer Einstellung des Verfahren nach § 77 Abs. 1 vor. Dasselbe gilt im Verhältnis zur Aufhebung gem. § 77 Abs. 2.[31]

2. Einstellungen nach der ZPO

18 a) § 765a: Die Vorschrift des § 765a ZPO gilt zwar gemeinhin als Generalklausel für den Schuldnerschutz. Die Rechtsordnung räumt dem Schuldnerschutz aber keine höhere Bedeutung ein als der Dispositionsbefugnis des Gläubigers über das Verfahren. § 30 geht daher einer Einstellung nach § 765a ZPO grundsätzlich vor.[32] Anders verhält es sich, wenn die Voraussetzungen für eine Aufhebung des Verfahrens nach § 765a ZPO gegeben wären.[33] Dem Schuldner kann nicht zugemutet werden, der Gefahr der Fortsetzung des aufgrund Bewilligung des Schuldners (lediglich) eingestellten Verfahrens ausgesetzt zu sein, obwohl die Voraussetzungen für eine Verfahrensaufhebung vorliegen. Ist das Verfahren bereits gemäß § 765a ZPO eingestellt, scheidet eine nochmalige Einstellung nach § 30 aus.[34]

---

27 *Stöber*, ZVG, § 30 Rn. 6.1; *Böttcher*, ZVG, § 30 Rn. 18.
28 *Storz*, in: *Steiner*, ZVG, § 30 Rn. 10, 13; *Hintzen*, in: *Dassler/Schiffhauer/u. a.*, ZVG, § 30 Rn. 33; *Wangeman*, NJW 1961, 105.
29 *Stöber*, ZVG, § 30 Rn. 6.2.
30 *Böttcher*, ZVG, § 30 Rn. 19.
31 A.A. LG Mainz, Beschl. vom 28.4.1988 – 8 T 9/88, RPfleger 1988, 376 f.
32 *Stöber*, ZVG, § 30 Rn. 6.9.
33 *Storz*, in: *Steiner*, ZVG, § 30 Rn. 12.
34 *Böttcher*, ZVG, § 30 Rn. 20.

b) § 766 Abs. 1 i. V. m. § 732 Abs. 2, §§ 769, 771 Abs. 3, § 775: Einstellungen nach § 30 gehen vor.[35]

19

VI. Rechtsmittel

Für den Gläubiger ist die sofortige Beschwerde gegeben, wenn er vor Erlass des Einstellungsbeschlusses angehört worden ist (§ 11 Abs. 1 RPflG, § 95 ZVG, § 793 ZPO). Ansonsten kann er (unbefristete) Vollstreckungserinnerung gemäß § 766 ZPO mit der anschließenden Möglichkeit der sofortigen Beschwerde erheben. Anwendungsfälle sind selten. Bedeutung erlangen die Rechtsschutzmöglichkeiten insbesondere dann, wenn nicht eindeutige Erklärungen oder Verfahrenshandlungen als Einstellungsbewilligung ausgelegt werden, darüber hinaus, wenn das Verfahren wegen einer dritter Einstellungsbewilligung aufgehoben wird.

20

---

35 *Stöber*, ZVG, § 30 Rn. 6.10.

§ 30a ZVG [Einstweilige Einstellung auf Antrag des Schuldners]

(1) Das Verfahren ist auf Antrag des Schuldners einstweilen auf die Dauer von höchstens sechs Monaten einzustellen, wenn Aussicht besteht, dass durch die Einstellung die Versteigerung vermieden wird, und wenn die Einstellung nach den persönlichen und wirtschaftlichen Verhältnissen des Schuldners sowie nach der Art der Schuld der Billigkeit entspricht.

(2) Der Antrag ist abzulehnen, wenn die einstweilige Einstellung dem betreibenden Gläubiger unter Berücksichtigung seiner wirtschaftlichen Verhältnisse nicht zuzumuten ist, insbesondere ihm einen unverhältnismäßigen Nachteil bringen würde, oder wenn mit Rücksicht auf die Beschaffenheit oder die sonstigen Verhältnisse des Grundstücks anzunehmen ist, dass die Versteigerung zu einem späteren Zeitpunkt einen wesentlich geringeren Erlös bringen würde.

(3) Die einstweilige Einstellung kann auch mit der Maßgabe angeordnet werden, dass sie außer Kraft tritt, wenn der Schuldner die während der Einstellung fällig werdenden wiederkehrenden Leistungen nicht binnen zwei Wochen nach Eintritt der Fälligkeit bewirkt. Wird die Zwangsversteigerung von einem Gläubiger betrieben, dessen Hypothek oder Grundschuld innerhalb der ersten sieben Zehntel des Grundstückswertes steht, so darf das Gericht von einer solchen Anordnung nur insoweit absehen, als dies nach den besonderen Umständen des Falles zur Wiederherstellung einer geordneten wirtschaftlichen Lage des Schuldners geboten und dem Gläubiger unter Berücksichtigung seiner gesamten wirtschaftlichen Verhältnisse, insbesondere seiner eigenen Zinsverpflichtungen, zuzumuten ist.

(4) Das Gericht kann ferner anordnen, dass der Schuldner Zahlungen auf Rückstände wiederkehrender Leistungen zu bestimmten Terminen zu bewirken hat.

(5) Das Gericht kann schließlich die einstweilige Einstellung von sonstigen Auflagen mit der Maßgabe abhängig machen, dass die einstweilige Einstellung des Verfahrens bei Nichterfüllung dieser Auflagen außer Kraft tritt.

Übersicht

		Rn.
I.	Allgemeines, Anwendungsbereich	1–3
II.	Einstellungsvoraussetzungen	4–11
1.	Antrag	4, 5
2.	Aussicht auf Vermeidung Versteigerung	6–8
3.	Billigkeit der Einstellung	9–11
III.	Zumutbarkeit für den Gläubiger	12–15
IV.	Einstellung unter Auflagen	16–19
V.	Verhältnis zu anderen Vorschriften	20–23
1.	Zu § 30	21
2.	zu § 30d	22
3.	Zu § 765a ZPO	23

I. Allgemeines; Anwendungsbereich

1 § 30a ist in der Praxis „die" **Schuldnerschutznorm** schlechthin. Bereits die Nomenklatur zeigt, dass die Norm zunächst nicht im Gesetz enthalten war. Sie geht zurück auf Kriegsnotrecht während der Zeit des Ersten Weltkriegs, wurde

nach der Weltwirtschaftskrise aufgegriffen[1] und fand schließlich 1953[2] Eingang ins ZVG.

Zweck des § 30a ist es, dem Schuldner die Abwendung der Zwangsverwertung zu ermöglichen und die unwirtschaftliche Verschleuderung von Grundstücken zu verhindern. Letztendlich handelt es sich bei § 30a um eine aus Art. 14 GG folgende Bestimmung des Verfahrensrechts, die sicherstellt, dass im Rahmen der Zwangsversteigerung der Grundsatz der Verhältnismäßigkeit und das Übermaßverbot beachtet werden.[3]

§ 30a gilt im Rahmen der Vollstreckungsversteigerung, einschließlich der Wiederversteigerung nach § 133, uneingeschränkt. Nicht anwendbar ist die Norm lediglich in den Fällen, in denen über das Vermögen des Schuldners bereits das Insolvenzverfahren eröffnet ist. Insoweit wird der Schuldnerschutz durch die §§ 30d – 30f gewährleistet. Keine Anwendung findet § 30a auf die Teilungsversteigerung (vgl. § 180 Abs. 2 und 3) sowie auf die Insolvenzverwalter- und Nachlassversteigerung.[4] Die Zwangsverwaltung kennt keine Einstellung, sie ist hier mangels Schutzbedürfnisses auch nicht nötig.

II. Einstellungsvoraussetzungen

1. Antrag

Unabdingbare Voraussetzung für die Einstellung nach § 30a ist ein entsprechender Antrag des Schuldners. Das Vollstreckungsgericht gewährt also **keinen Vollstreckungsschutz von Amts wegen**.[5] Dies gilt selbst dann, wenn dem Gericht Anhaltspunkte vorliegen, dass die Voraussetzungen des § 30a erfüllt sein könnten. Sofern die Informationen vom Schuldner stammen, wird das Gericht aber zu prüfen haben, ob in entsprechenden Äußerungen des Schuldners ein Antrag auf Einstellung der Zwangsvollstreckung liegt. In der Praxis spricht der – anwaltlich nicht vertretene – Schuldner oft von „Widerspruch", „Einspruch" oder „Beschwerde", ohne sich explizit auf § 30a zu berufen. Angesichts der grundrechtlichen Dimension der Verfahrensgestaltung dürfen insoweit aber **keine überhöhten Anforderungen** gestellt werden. Aus dem Verhalten des Schuldners muss lediglich deutlich werden, dass er einen – vorübergehenden oder endgültigen – Stopp der Zwangsvollstreckung wünscht.[6] Der Antrag ist nicht formbedürftig.[7]

Das Gesetz spricht vom Antrag „des Schuldners". Gemeint ist damit der eingetragene Grundstückseigentümer als Vollstreckungsschuldner. Wer persönlicher Schuldner ist, spielt im Rahmen von § 30a keine Rolle.[8]

2. Aussicht auf Vermeidung der Versteigerung

Nach § 30a Abs. 1 ist eine einstweilige Einstellung der Zwangsvollstreckung nur dann gerechtfertigt, wenn die Aussicht besteht, dass durch die Einstellung die Versteigerung vermieden wird. Missverständlich ist in diesem Zusammenhang der gemeinhin verwendete[9] Begriff der „Sanierungsfähigkeit". Er sugge-

---

1 Vgl. zur geschichtlichen Entwicklung: *Arnold*, MDR 1979, 358, 362.
2 Gesetz über Maßnahmen auf dem Gebiete der Zwangsvollstreckung vom 20.8.1953 (BGBl I S. 952).
3 Vgl. BVerfG, Beschl. vom 27.9.1978 – 1 BvR 361/78, BVerfGE 49, 220 ff. = NJW 1979, 534 = Rpfleger 1979, 296 mit Sondervotum *Böhmer*.
4 *Stöber*, ZVG, § 30a Rn. 1.2.
5 *Storz*, in: *Steiner*, ZVG, § 30a Rn. 28.
6 *Böttcher*, ZVG, § 30a Rn. 6.
7 *Storz*, in: *Steiner*, ZVG, § 30a Rn. 29.
8 *Böttcher*, ZVG, § 30a Rn. 8; *Stöber*, ZVG, § 30a Rn. 3.3.
9 Vgl. statt vieler *Stöber*, ZVG, § 30a Rn. 3.2, *Böttcher*, ZVG, § 30a Rn. 10.

riert, eine Einstellung nach § 30a komme nur dann in Betracht, wenn Aussicht für eine endgültige und umfassende Sanierung der Vermögensverhältnisse des Schuldners innerhalb der Einstellungsfrist besteht. Das ist gerade nicht der Fall: „Sanierungsfähig" müssen nicht die Vermögensverhältnisse des Schuldners insgesamt sein.[10] Vielmehr bezieht sich die entsprechende Erwartung ausschließlich und gerade auf den Vollstreckungsgläubiger, der das konkrete Verfahren betreibt. Kann etwa die konkrete Forderung voraussichtlich innerhalb der Einstellungszeit befriedigt werden oder besteht beispielsweise die Aussicht auf einen Forderungsverzicht gerade des Vollstreckungsgläubigers, sind die Voraussetzungen des § 30a Abs. 1 gegeben – und zwar auch dann, wenn bereits absehbar ist, dass der Schuldner im Hinblick auf andere Vollstreckungsgläubiger nicht sanierungsfähig, eine von diesen betriebene Versteigerung also voraussichtlich erfolgreich sein wird.[11]

7 Obwohl § 30a Abs. 1 von einer Einstellungsdauer von sechs Monaten spricht, muss die Vermeidung der Versteigerung nicht in dieser Frist zu erwarten sein. Es genügt vielmehr, wenn die Versteigerung innerhalb der Frist einer etwaigen erneuten Einstellung (§ 30c) verhindert wird, also innerhalb von **zwölf Monaten**.[12]

Die Praxis zeigt, dass der Schuldner, dessen Grundstück versteigert wird, nach jedem Strohhalm greift. Versicherungen, man werde in Bälde einen Kredit erhalten oder es sei eine Einigung mit dem Gläubiger zu erwarten, genügen für eine Einstellung der Zwangsvollstreckung nicht.[13] Der Schuldner muss **konkrete** Tatsachen vortragen und ggf. glaubhaft machen, die einen Erfolg seiner Bemühungen erwarten lassen. Dabei reicht es nicht aus, dass eine Vermeidung der Zwangsvollstreckung nur möglich erscheint. Unter Berücksichtigung der berechtigten Gläubigerinteressen muss die vom Gericht anzustellende Prognose ergeben, dass die Versteigerung **tatsächlich** vermieden werden wird. Eine Prognose, wonach die Vermeidung der Versteigerung wahrscheinlicher als die Nicht-Vermeidung ist, genügt nicht.

8 Die in der Praxis nahezu formelhaft gebrauchte Einwendung, ein **freihändiger Verkauf** werde mehr erbringen als eine Versteigerung, rechtfertigt eine Einstellung dann, wenn der freihändige Verkauf innerhalb der Einstellungszeit bewerkstelligt werden kann und der Erlös ausreicht, die Forderung des Vollstreckungsgläubigers zu erfüllen.[14] Die meisten Einwendungen, die von Schuldnern in der Praxis vorgebracht werden, rechtfertigen eine Einstellung nach § 30a nicht. In der Regel ist der Schuldner in diesem fortgeschrittenen Stadium der Zwangsvollstreckung nicht mehr in der Lage, die Zwangsversteigerung tatsächlich abzuwenden. Meist enthalten die Einwendungen – zumindest implizit – die Behauptung, die Zwangsversteigerung stelle eine unzumutbare Härte dar und sei unbillig. Derartigen Einwendungen hat das Vollstreckungsgericht durch die Prüfung von § 765a ZPO Rechnung zu tragen, der uneingeschränkt auch im Zwangsversteigerungsverfahren gilt. (§ 765a ZPO)

3. Billigkeit der Einstellung

9 Das Verfahren ist auch bei positiver Sanierungsprognose davon abhängig, dass die Einstellung nach den persönlichen und wirtschaftlichen Verhältnissen des Schuldners sowie nach der Art der Schuld der Billigkeit entspricht. Das Gesetz gewährt nur dem Schutz, der diesen Schutz verdient. **Persönliche Umstände**

---

10 Anders wohl *Storz*, in: *Steiner*, ZVG, § 30a Rn. 36.
11 Vgl. *Stöber*, ZVG, § 30a Rn. 3.2.
12 *Storz*, in: *Steiner*, ZVG, § 30a Rn. 35.
13 *Stöber*, ZVG, § 30a Rn. 3.2 a. E.
14 So wohl auch *Storz*, in: *Steiner*, ZVG, § 30a Rn. 36; a. A. wohl *Muth*, in: *Dassler/Schiffhauer/ u. a.*, ZVG, § 30a Rn. 6.

sind etwa Krankheit, Arbeitslosigkeit oder Tod eines Familienmitglieds.[15] **Wirtschaftliche Umstände** können sowohl allgemeiner („Finanzkrise", Unwetterkatastrophe) als auch individueller (z. B. Zahlungsausfälle durch Insolvenz) Natur sein.[16] In der Regel werden sie umso eher zu berücksichtigen sein, je weniger der Schuldner für sie kann. Eine Einstellung ist aber nicht zwangsläufig deshalb ausgeschlossen, weil der Schuldner an seinen nachteiligen wirtschaftlichen Verhältnissen „selbst schuld" ist, etwa weil er ihm zustehende Forderungen nicht rechtzeitig vor der Insolvenz des Geschäftspartners eingezogen hat.

Ob die Einstellung des Verfahrens der Billigkeit entspricht, ist schließlich nach der **Art der Schuld** zu beurteilen. Es macht einen Unterschied, ob wegen einer Forderung aus unerlaubter bzw. strafbarer Handlung bzw. wegen Unterhaltsrückständen vollstreckt wird, oder aus einem Warenlieferungsvertrag im Rahmen einer „normalen" Geschäftsbeziehung zwischen Kaufleuten.[17] Die hier zu prüfenden Gesichtspunkte spielen nicht selten auch im Rahmen der Frage eine Rolle, ob die einstweilige Einstellung dem Gläubiger zuzumuten ist. **10**

Wann die Einstellung des Verfahrens der Billigkeit entspricht, ist einzelfallabhängig. Generalisierende Betrachtungsweisen helfen nicht weiter. Fehlinvestitionen oder Fehlkalkulationen des Schuldners lassen diesen jedenfalls nicht generell als nicht schutzwürdig erscheinen.[18] Richtig ist es aber, eine Einstellung der Zwangsvollstreckung umso weniger zu bewilligen, je mehr der Gläubiger dem Schuldner durch Stundung und Zahlungsaufschub bereits entgegengekommen ist.[19] Der Gläubiger hat dem Schuldner in diesem Fall bereits überobligatorisch eine „Atempause" bei der Erfüllung seiner Verbindlichkeiten eingeräumt. Der Schuldner kann billigerweise nicht erwarten, im Vollstreckungsverfahren einen weiteren Aufschub auf Kosten eines großzügigen Gläubigers zu bekommen. **11**

III. Zumutbarkeit für den Gläubiger (Abs. 2)

Nach § 30 Abs. 2 ist der Antrag unter zwei Voraussetzungen abzulehnen: Zum einen, wenn die einstweilige Einstellung dem Gläubiger unter Berücksichtigung seiner wirtschaftlichen Verhältnisse nicht zumutbar ist, zum anderen, wenn der Gläubiger mit Blick auf die konkreten Verhältnisse des Grundstücks damit rechnen muss, dass er bei einer späteren Entscheidung einen geringeren Erlös erzielt. **12**

§ 30 Abs. 2 hat im Ergebnis nur einen eingeschränkten eigenständigen Anwendungsbereich. Oftmals spielen Gesichtspunkte, die bereits im Rahmen von Abs. 1 zu prüfen sind, auch im Rahmen vom Abs. 2 eine Rolle.[20] Liegen der Zwangsvollstreckung etwa Unterhaltsforderungen zugrunde, spricht dies nach der Art der Schuld gegen die Billigkeit – eigentlicher Hintergrund hierfür ist aber der Umstand, dass der Unterhaltsgläubiger in der Regel nicht in der Lage ist, seinen Unterhalt ohne den Schuldner zu bestreiten, so dass eine Einstellung (auch) im Hinblick darauf scheitert, dass dem Gläubiger die Einstellung unter Berücksichtigung seiner wirtschaftlichen Verhältnisse nicht zuzumuten wäre. **13**

---

15 Vgl. eingehend *Stöber*, ZVG, § 30a Rn. 3.3.
16 *Hintzen*, in: *Dassler/Schiffhauer/u. a.*, ZVG, § 30a Rn. 9.
17 *Stöber*, ZVG, § 30a Rn. 3.3.
18 So aber stellvertretend für viele *Muth*, in: *Dassler/Schiffhauer/u. a.*, ZVG, § 30a Rn. 11.
19 *Stöber*, ZVG, § 30a Rn. 3.3 a.E.
20 Vgl. etwa die Aufzählung in *Stöber*, ZVG, § 30a Rn. 5.1, die im Ergebnis größtenteils bereits unter Abs. 1 zu subsumieren wäre.

14 **Wirtschaftlich nicht zuzumuten** ist dem Gläubiger eine Einstellung des Verfahrens insbesondere dann, wenn er auf den Erlös der Zwangsversteigerung dringend angewiesen ist, etwa wegen eigenen dringenden Geldbedarfs.[21] **Dringender Geldbedarf** besteht nicht nur dann, wenn der Gläubiger ohne den Versteigerungserlös seinen Lebensunterhalt nicht decken kann. Es reicht schon aus, wenn der Gläubiger selbst eigene gewichtige Verpflichtungen erfüllen muss. Soweit ein Teil der Literatur für die Frage, ob dem Gläubiger die Einstellung wirtschaftlich zuzumuten ist, auf ein „Verschulden des Gläubigers" abstellen will,[22] ist dem nicht beizupflichten. Den Gläubiger treffen weder eine Obliegenheit und schon gar nicht ein Verschulden, bei Zahlungsausfällen eigener Schuldner eigene Verpflichtungen nur besonders vorsichtig einzugehen.[23] Etwas anderes mag aber dann gelten, wenn der Gläubiger bei bereits anhängigem Zwangsvollstreckungsverfahren leichtfertig Verpflichtungen eingeht und einen dringen Geldbedarf mit der Begründung anmeldet, er habe mit der Erfüllung der Forderung durch den Schuldner gerechnet. Dem Gläubiger ist eine Einstellung auch dann nicht zuzumuten, wenn der Schuldner seine begrenzten finanziellen Mittel zur **Befriedigung** von Forderungen **rangschlechterer Gläubiger** in der Hoffnung verwendet hat, gegenüber den rangbesseren Gläubigern eine Einstellung nach § 30a zu erwirken:[24] Auch ein rangschlechterer Gläubiger ist zwar berechtigt, die Zwangsversteigerung zu betreiben, wird aber in der Regel davon absehen, weil er hieraus nichts zu erwarten hat.

Wirtschaftlich nicht zuzumuten ist dem Gläubiger eine Einstellung darüber hinaus bei einem **Anwachsen der Zinsrückstände** beim Schuldner, das nicht durch Auflagen nach § 30a Abs. 3 – 5 verhindert werden kann.[25] Dem Gläubiger ist die Einstellung aber umso eher zuzumuten, je unwahrscheinlicher es ist, dass er aufgrund seiner Rangstelle aus der Zwangsversteigerung einen Erlös erzielt.[26]

15 Eine Ablehnung des Antrags mit der Begründung, mit Rücksicht auf die Beschaffenheit oder die sonstigen Verhältnisse des Grundstücks sei anzunehmen, dass die Versteigerung zu einem späteren Zeitpunkt einen **wesentlich geringeren Erlös** bringen würde, wird nur selten in Betracht kommen. Insbesondere ist dies nicht mit der Begründung möglich, die dem Gläubiger vorhergehenden bzw. seine eigenen **Ansprüche** würden bei gleichbleibendem Grundstückswert des Versteigerungsobjekts **anwachsen**.[27] Da dies nahezu immer der Fall ist, wäre eine Einstellung kaum mehr möglich.[28] Ein Abstellen auf den allgemeinen **Preisverfall** auf dem Immobilienmarkt oder für Objekte der zu versteigernden Art ist möglich. Hierfür reicht es aber nicht aus, wenn der Gläubiger die Möglichkeit eines solchen Preisverfalls abstrakt in den Raum stellt. Ohne Weiteres kann auf diesen Gesichtspunkt abgestellt werden, wenn der Schuldner das Grundstück verkommen lässt. Dies wird aber bereits im Rahmen von Abs. 1 zu berücksichtigen sein.

---

21 *Böttcher*, ZVG, § 30a Rn. 15.
22 Vgl. etwa *Stöber*, ZVG, § 30a Rn. 5.2.
23 So wohl im Ergebnis auch Storz, in: *Steiner*, ZVG, § 30a Rn. 46.
24 *Stöber*, ZVG, § 30a Rn. 5.2.
25 *Storz*, in: *Steiner*, ZVG, § 30a Rn. 46.
26 *Storz*, in: *Steiner*, ZVG, § 30a Rn. 46.
27 So aber *Storz*, in: *Steiner*, ZVG, § 30a Rn. 49.
28 So im Ergebnis auch *Muth*, in: *Dassler/Schiffhauer/u.a.*, ZVG, § 30a Rn. 14; *Böttcher*, ZVG, § 30a Rn. 16.

IV. Einstellung unter Auflagen (Abs. 1 bis 3)

Das Gesetz räumt dem Vollstreckungsgericht die Möglichkeit ein, die Zwangsvollstreckung lediglich unter **Auflagen** einzustellen. Hiermit soll den berechtigten Interessen des Gläubigers Rechnung getragen werden. Obwohl die Einstellung unter Auflagen regelmäßig zweckmäßig und gerechtfertigt ist[29], erfolgt sie in der Praxis nicht selten aus Praktikabilitätsgründen ohne die Anordnung von Auflagen. Um seine Interessen zu wahren, empfiehlt es sich für den Gläubiger, dem Gericht gegenüber **auf** die Anordnung konkreter **Auflagen hinzuwirken.** Überflüssig ist dies nur dort, wo das Gericht schon von Gesetzes wegen tätig werden muss. Dies betrifft den Fall der Versteigerung aus einem Grundpfandrecht, das innerhalb der ersten sieben Zehntel des Grundstückswertes steht. Das Gericht ordnet in diesem Fall an, dass die einstweilige Einstellung außer Kraft tritt, wenn der Schuldner die während der Einstellung fällig werdenden wiederkehrenden Leistungen nicht binnen zwei Wochen nach Eintritt der Fälligkeit bewirkt. Das Gericht darf nur dann von der Auflage absehen, wenn dies zur Herstellung einer geordneten wirtschaftlichen Lage des Schuldners geboten und dem Gläubiger zuzumuten ist (Abs. 3 Satz 2). Unter Grundstückswert ist dabei der nach § 74a Abs. 5 festgesetzte Wert zu verstehen.[30] Sofern eine Festsetzung bisher unterblieben ist, muss das Gericht den Wert – nach Anhörung der Beteiligten (§ 9) – schätzen.[31]

16

Gemäß § 30a Abs. 4 können dem Schuldner auch Zahlungen auf Rückstände von wiederkehrenden Leistungen auferlegt werden. Unter Rückständen sind die bis Verfahrensanordnung (Beschlagnahme) fällig gewordenen Beträge und die danach bis zur Einstellung fällig gewordenen Leistungen zu verstehen.[32] Obwohl in Abs. 4 nicht ausdrücklich davon gesprochen wird, erfolgt die Anordnung auch hier unter der Maßgabe, dass sie bei Nichterfüllung der Auflage außer Kraft tritt.[33]

17

§ 30a Abs. 5 eröffnet dem Gericht die Möglichkeit, weitere Auflagen anzuordnen. Bei Nichtzahlung tritt die Einstellung außer Kraft. In Betracht kommen etwa Zahlungen auf öffentliche Lasten. Sinn der Regelung ist es, die Stellung des betreibenden Gläubigers während der Einstellungszeit nicht durch das Anwachsen vorhergehender Ansprüche zu verschlechtern.[34]

18

Erfüllt der Schuldner die angeordneten Auflagen nicht, tritt die Einstellung außer Kraft, gleich ob der Schuldner die Nichterfüllung zu vertreten hat oder nicht.[35] Das Verfahren wird in diesem Fall nicht von Amts wegen fortgesetzt. Vielmehr muss der Gläubiger die Fortsetzung binnen der Frist des § 31 eigens beantragen.[36] Nach Anhörung von Gläubiger und Schuldner entscheidet das Gericht in diesem Fall über die Fortsetzung, wobei es festzustellen hat, ob die Einstellung außer Kraft getreten ist. Die Ablehnung der Fortsetzung kann der Gläubiger, die Fortsetzung der Schuldner mit der sofortigen Beschwerde anfechten (vgl. § 30b Abs. 3 Satz 1). Die verspätete Erfüllung der Auflagen verhindert die Verfahrensfortsetzung nicht. Eine erneute Einstellung ist aber möglich.[37]

19

---

29 Vgl. *Muth*, in: *Dassler/Schiffhauer/u.a.*, ZVG, § 30a Rn. 15.
30 *Hintzen*, in: *Dassler/Schiffhauer/u.a.*, ZVG, § 30a Rn. 16.
31 *Böttcher*, ZVG, § 30a Rn. 22.
32 *Stöber*, ZVG, § 30a Rn. 6.4.
33 *Hintzen*, in: *Dassler/Schiffhauer/u.a.*, ZVG, § 30a Rn. 17.
34 *Stöber*, ZVG, § 30a Rn. 6.5.
35 *Hintzen*, in: *Dassler/Schiffhauer/u.a.*, ZVG, § 30a Rn. 19.
36 *Storz*, in: *Steiner*, ZVG, § 30a Rn. 59.
37 *Storz*, in: *Steiner*, ZVG, § 30a Rn. 60.

V. Verhältnis zu anderen Vorschriften

20 Auch bei § 30a stellt sich die Frage nach dem Verhältnis zu anderen Einstellungsvorschriften in und außerhalb des ZVG.

1. Zu § 30

21 Da der Gläubiger Herr des Verfahrens ist, geht die Einstellung nach § 30 vor.[38] Ob die Voraussetzungen des § 30a vorliegen, ist in diesem Fall nicht mehr zu prüfen – und zwar auch dann nicht mehr, wenn sich der § 30a-Antrag bereits in der Beschwerdeinstanz befindet;[39] vgl. im Übrigen auch Kommentierung zu § 30 Rn. 16.

2. Zu § 30 d

22 Ist das Verfahren nach § 30a eingestellt, wird diese Einstellung durch die Eröffnung des Insolvenzverfahrens nicht obsolet, weil diese das Vollstreckungsverfahren nicht nach § 240 ZPO unterbricht. Eine Einstellung nach § 30d kommt erst nach Fortsetzung des nach § 30a eingestellten Verfahrens in Betracht.[40]

3. Zu § 765a ZPO

23 § 765a ZPO, verschiedentlich als „Magna Charta des Vollstreckungsschutzes" bezeichnet[41], geht § 30a weder vor noch nach. Als allgemeine Schutzvorschrift kann sich der Schuldner bei Zwangsvollstreckungen aller Art in jeder Phase des Verfahrens auf § 765a ZPO berufen. Schwierigkeiten bereitet in der Praxis, dass – zumindest der anwaltlich nicht vertretene – Schuldner nicht zwischen Anträgen nach § 30a oder § 765a ZPO differenziert. Ihm geht es darum, die Zwangsversteigerung soweit wie möglich hinauszuschieben oder ganz zu verhindern. Da das Gericht schon zur Prüfung und Entscheidung der Voraussetzungen des § 765a ZPO verpflichtet ist, wenn die tatsächlichen Behauptungen des Schuldners die Möglichkeit einer sittenwidrigen Vollstreckung ergeben, auch wenn er das Wort „Sittenwidrigkeit" nicht gebraucht und den Antrag explizit (nur) auf § 30a stützt,[42] wird in der Praxis im Rahmen eines Einstellungsantrags nach § 30a meist auch über die Frage der Sittenwidrigkeit nach § 765a ZPO entschieden. Dagegen ist nichts einzuwenden: Ein Begehren ist bereits als Antrag nach § 765a ZPO auszulegen, wenn sich aus den Umständen ergibt, dass der Schuldner jede gesetzliche Möglichkeit einer Einstellung beansprucht will.[43] So verhält es sich in der überwiegenden Mehrzahl der Fälle. Trotzdem ist darauf zu achten, nicht in jedem Antrag des Schuldners nach § 30a einen Schuldnerschutzantrag nach § 765a ZPO zu sehen. Der Schuldner mag Gründe dafür haben, dem Gläubiger nicht den Vorwurf der Sittenwidrigkeit zu machen. Möglicherweise will er einen Antrag nach § 765a ZPO auch nur für den Fall der Erfolglosigkeit des Antrags nach § 30a stellen und ihn noch gesondert begründen. Angesichts dessen wird insbesondere bei Beschwerden anwaltlich vertretener Schuldner ein explizit nur auf § 30a gestützter und nur unter dessen Tatbestandsvoraussetzungen subsumierter Antrag nicht zugleich auch als Antrag nach § 765a ZPO auszulegen sein. Sofern das Beschwerdegericht – anders als die erste Instanz – zum Ergebnis kommen sollte, dass in dem Antrag nach § 30a auch ein Schuldnerschutzantrag nach § 765a ZPO enthalten ist, darf es nicht ohne Anhörung der Parteien

---

38 *Stöber*, ZVG, § 30 Rn. 6.2.
39 *Muth*, in: Dassler/Schiffhauer/u.a., ZVG, § 30 Rn. 25.
40 *Stöber*, ZVG, § 30d Rn. 9.
41 *Grund*, NJW 1956, 126.
42 *Stöber*, ZVG, Einleitung Rn. 57.1.
43 OLG München, Beschl. vom 5.7.1954 – 4 W 158/54, NJW 1955, 149.

entscheiden. Es muss vor dem Hintergrund von Art. 103 Abs. 1 GG allen Beteiligten Gelegenheit geben, sich zu dieser vom Erstgericht nicht in Erwägung gezogenen Einstellungsmöglichkeit zu äußern.[44]

---

44 Vgl. OLG Karlsruhe, Beschl. vom 2.3.1995 – 11 W 171/94, Rechtspfleger 1995, 426.

§ 30b ZVG [Antrag auf einstweilige Einstellung]

(1) Die einstweilige Einstellung ist binnen einer Notfrist von zwei Wochen zu beantragen. Die Frist beginnt mit der Zustellung der Verfügung, in welcher der Schuldner auf das Recht zur Stellung des Einstellungsantrages, den Fristbeginn und die Rechtsfolgen eines fruchtlosen Fristablaufs hingewiesen wird. Der Hinweis ist möglichst zugleich mit dem Beschluss, durch den die Zwangsversteigerung angeordnet wird, zuzustellen.

(2) Die Entscheidung über den Antrag auf einstweilige Einstellung des Verfahrens ergeht durch Beschluss. Vor der Entscheidung sind der Schuldner und der betreibende Gläubiger zu hören; in geeigneten Fällen kann das Gericht mündliche Verhandlung anberaumen. Der Schuldner und der betreibende Gläubiger haben ihre Angaben auf Verlangen des Gerichts glaubhaft zu machen.

(3) Gegen die Entscheidung ist die sofortige Beschwerde zulässig; vor der Entscheidung ist der Gegner zu hören.

(4) Der Versteigerungstermin soll erst nach Rechtskraft des die einstweilige Einstellung ablehnenden Beschlusses bekanntgegeben werden.

Übersicht

		Rn.
I.	Allgemeines, Anwendungsbereich	1, 2
II.	Belehrung	3, 4
III.	Antrag	5–7
IV.	Verfahren	8–10
V.	Entscheidung	11–16
VI.	Rechtsmittel	17–19

I. Allgemeines, Anwendungsbereich

1 § 30b regelt das **Verfahren** für Anträge nach §§ 30a, c und d. Die Norm gilt wie § 30a bei der Vollstreckungsversteigerung einschließlich der Wiederversteigerung nach § 133. Nicht anwendbar ist sie in der Zwangsverwaltung und im Rahmen von Verfahren nach §§ 172 und 175, in der Teilungsversteigerung nur nach Maßgabe der § 180 Abs. 2, 3 und § 185. Beantragen Insolvenzverwalter oder Schuldner nach Eröffnung des Insolvenzverfahrens die Einstellung der Zwangsvollstreckung, sind nur § 30b Abs. 2 bis 4 anwendbar (vgl. § 30d Abs. 3).

2 Die Frist des Abs. 1 dient vorrangig dem Gläubigerinteresse: Der Schuldner soll die Zwangsvollstreckung **nicht** nach Belieben durch die Stellung von Einstellungsanträgen **verzögern** können.

II. Belehrung

3 Der Schuldner soll seine **Rechtsschutzmöglichkeiten kennen**. Er muss daher über das Antragsrecht, den Fristablauf sowie die Folgen der Fristversäumnis gem. Abs. 1 Satz 2 belehrt werden. Die Zwei-Wochen-Frist des Abs. 1 Satz 1 beginnt nicht zu laufen, bevor die Belehrung erfolgt ist. Abs. 1 Satz 3 ordnet daher im Interesse einer zügigen Verfahrensabwicklung an, dass der Hinweis möglichst zugleich mit dem Beschluss, durch den die Zwangsversteigerung angeordnet wird, zuzustellen ist. Da die Einstellung sich immer (nur) auf das konkrete Vollstreckungsverfahren des jeweils betreibenden Gläubigers bezieht, muss der Schuldner nach einem eventuellen Beitrittsbeschluss oder einem Fortsetzungsbeschluss erneut belehrt werden. In letzterem Fall gilt die Belehrungspflicht aber nur dann, wenn eine erneute Einstellung überhaupt noch möglich ist.

Das Gesetz spricht von einer „Verfügung", ohne die Form der Belehrung zu bestimmen. Insbesondere wird keine Regelung dazu getroffen, ob die Belehrung auf dem jeweiligen Anordnungs-, Beitritts- und Fortsetzungsbeschluss selbst erscheinen muss oder ob sie auch auf einem eigenständigen Belehrungsformular enthalten sein kann, wie es in der Praxis weit verbreitet ist. Am zweckmäßigsten wird es sein, die Belehrung – wie es auch bei Rechtsbehelfsbelehrungen anderer gerichtlicher Beschlüsse praktiziert wird – zum Bestandteil des Beschlusses selbst zu machen. Ein eigenständiges Formular kann nicht verlorengehen oder übersehen werden.[1] 4

III. Antrag

Der Antrag auf einstweilige Einstellung ist innerhalb von zwei Wochen nach Zustellung der Belehrung zu beantragen. Es handelt sich um eine Notfrist, die nicht verkürzt oder verlängert werden kann (§ 224 Abs. 1, 2 ZPO). Auf Antrag ist Wiedereinsetzung in den vorigen Stand zu gewähren (§ 233 ff. ZPO). Die Einstellung muss bei dem Vollstreckungsgericht beantragt werden, dass den Anordnungs-, Beitritts- oder Fortsetzungsbeschluss erlassen hat. Wird er bei einem anderen Vollstreckungsgericht eingereicht und gibt dieses den Antrag nicht innerhalb der Zwei-Wochen-Frist an das zuständige Gericht weiter, ist der Antrag verfristet.[2] 5

Aus dem Antrag muss hervorgehen, welcher Schuldner in welcher konkreten Vollstreckungssache die einstweilige Einstellung beantragt. Weder muss die Einstellungsnorm genannt werden noch von einer „Einstellung" gesprochen werden. Es genügt, dass aus dem Antrag im Wege der Auslegung hervorgeht, dass der Schuldner einen Aufschub begehrt. Im Hinblick auf § 308 Abs. 1 ZPO darf das Gericht nicht länger einstellen, als beantragt. Wird – wie oft in der Praxis – keine konkrete Einstellungsdauer genannt, ist wie gesetzlich vorgesehen für sechs Monate einzustellen. Der Antrag muss nicht begründet werden. Er ist dann aber sinnlos, weil für das Einstellungsverfahren die **allgemeinen Grundsätze des ZPO-Verfahrens** gelten. Dem Schuldner obliegt die Darlegungs- und Beweislast dafür, dass die gesetzlichen Voraussetzungen einer Einstellung erfüllt sind (vgl. Rn 8 ff.). Ein nicht begründeter Antrag ist ohne Weiteres zurückzuweisen, wobei sich im Hinblick auf § 103 Abs. 1 GG empfiehlt, den Schuldner auf diese Rechtslage aufmerksam zu machen. Eine Fristproblematik ergibt sich auch dann nicht, wenn die Begründung auf einen solchen Hinweis hin nach Ablauf der Zwei-Wochen-Frist gegeben wird, weil diese für die Begründung nicht gilt. Zum Teil wurde bei fehlender Begründung von einer Pflicht des Gerichts ausgegangen, über das in § 30b Abs. 2 Satz 2, 3 vorgesehene Verfahren aufzuklären, ob die Einstellungsvoraussetzungen vorliegen.[3] Dem ist nicht beizupflichten: Das Gericht muss im Zwangsversteigerungsverfahren nicht weniger als im Erkenntnisverfahren Neutralität wahren. Es ist nicht dazu da, dem unredlichen oder nachlässigen Schuldner durch Amtsermittlungsmaßnahmen einen vom Gesetz nicht vorgesehenen Aufschub zu verschaffen. Soweit die Gegenmeinung auf die Verringerung des Risikos 6

---

1 Storz, in: Steiner, ZVG, § 30b Rn. 15; vgl. auch Stöber, ZVG, § 30b Rn. 2.2, der auf die Mehrkosten im anderen Fall verweist.
2 Stöber, ZVG, § 30b Rn. 3.3.
3 Storz, in: Steiner, ZVG, § 30b Rn. 16, 22 ff.; jetzt wohl aufgegeben, vgl. Storz, Praxis des Zwangsversteigerungsverfahrens, 9. Aufl. 2004, Rn. B 3.1.1.

7 Aus der Rechtsnatur des Antragsverfahrens folgt, dass der Schuldner den Antrag so lange zurücknehmen kann, wie über ihn noch nicht rechtskräftig entschieden worden ist. Ein bereits ergangener, noch nicht rechtskräftiger Einstellungsbescheid, muss nicht ausdrücklich aufgehoben werden; er ist durch die Rücknahme des Antrags wirkungslos geworden.[5] In der Praxis wird bisweilen versucht, einen Verzicht des Schuldners auf sein Antragsrecht zu erlangen. Die Rechtmäßigkeit eines solchen Verzichts ist umstritten.[6] Die h. M.[7] differenziert nach dem **Zeitpunkt der Verzichtserklärung**: Wird sie bereits bei Eingehen der Schuld abgegeben, soll sie unwirksam sein, weil der Schuldner hier oft noch zu allem bereit sei und die künftigen Verhältnisse nicht übersehen könne. Erklärt der Schuldner nach begonnener Vollstreckung einen Verzicht, soll dies nicht mehr gelten, weil nunmehr die Tragweite des Verzichts offen liege.[8] Das überzeugt nicht: Der Schuldner befindet sich nach Beginn der Vollstreckung in einer ungleich schwächeren Position als bei Eingehen der Verbindlichkeit. Der Gesetzgeber sieht daher die Notwendigkeit, den Schuldner über die Folgen einer Fristversäumnis zur Stellung des Antrags zu belehren. Die Frist läuft gar nicht erst an, wenn die Belehrung nicht ordnungsgemäß erfolgt ist. Angesichts des vom Gesetzgeber bejahten Schutzbedürfnisses des Schuldners ist es folgerichtig, einen Verzicht auch nach begonnener Vollstreckung erst dann als wirksam anzusehen, wenn der Schuldner gemäß § 30b Abs. 1 Satz 2 über die Folgen dieses Verzichts belehrt worden ist.[9] Daraus folgt aber auch die grundsätzliche Wirksamkeit eines Verzichts, der bereits bei Eingehen der Schuld erklärt worden ist, sofern der Gläubiger den Schuldner analog § 30b Abs. 1 Satz 2 bereits vor oder bei Eingehen der Schuld belehrt hat. Der Schuldner muss sich – wie etwa auch bei der Unterwerfung unter die sofortige Zwangsvollstreckung – überlegen, was er erklärt. Dem Gläubiger obliegt allerdings die Darlegungs- und Beweislast dafür, dass der Schuldner ordnungsgemäß belehrt worden ist. Zweckmäßigerweise ist die Belehrung daher in die Urkunde aufzunehmen, mit der die Verbindlichkeit eingegangen wird.

IV. Verfahren

8 Im Einstellungsverfahren gilt die Parteimaxime. Eine Amtsermittlung findet nicht statt. Dem Schuldner obliegt daher die Darlegungs- und Beweislast für die Gründe, die eine Einstellung rechtfertigen, dem Gläubiger für die Gründe, die dagegen sprechen. Wird entsprechenden Erklärungen nicht widersprochen, können diese der Entscheidung zugrunde gelegt werden. Das Gericht hat lediglich darauf hinzuwirken, dass die Parteien sich über alle erheblichen Tatsachen vollständig erklären und sachdienliche Anträge stellen (§ 869 ZPO, § 139 ZPO). Das Gericht kann, muss aber nicht die Glaubhaftmachung der Parteiangaben verlangen (Abs. 2 Satz 3). Eine Glaubhaftmachung wird immer dann anzuordnen sein, wenn der Parteivortrag weder zugestanden (§ 288 ZPO), unstreitig (§ 138 Abs. 3 ZPO) noch offensichtlich ist (§ 291 ZPO). Schuldner und Gläubiger können zur Glaubhaftmachung die üblichen Beweismittel

---

4 *Storz*, in: *Steiner*, ZVG, § 30b Rn. 25.
5 *Stöber*, ZVG, § 30b Rn. 4.7.
6 Ablehnend etwa OLG Hamm, Beschl. vom 25.9.1959 – 15 W 383/59, MDR 1960, 312; zustimmend LG Mannheim, Beschl. vom 17.10.1960 – 5 T 150/60, MDR 1963, 226; sämtliche Entscheidungen sind zum WBewG ergangen.
7 Vgl. nur *Stöber*, ZVG, § 30a Rn. 8; *Storz*, in: *Steiner*, ZVG, § 30a Rn. 34.
8 *Storz*, in: *Steiner*, ZVG, § 30a Rn. 34.
9 So auch noch *Stöber*, in: *Zeller/Stöber*, 15. Aufl. 1996, § 30a Rn. 8.

(§ 371 ff. ZPO) wählen. Eine eidesstattliche oder anwaltschaftliche Versicherung (§ 294 Abs. 1 ZPO) reichen aber ebenso aus wie die Vorlage unbeglaubigter Kopien von Schriftstücken.[10] Wird der Antrag erst im Versteigerungstermin oder kurz davor gestellt, soll die sofortige Glaubhaftmachung der Angaben wegen Gefahr der Rechtsmissbräuchlichkeit erforderlich sein.[11]

Vor der Entscheidung sind die Parteien im Hinblick auf Art. 103 Abs. 1 GG **anzuhören**. Das Gericht muss den Schuldner darauf hinweisen, dass der Antrag unzulässig bzw. unbegründet ist und Gelegenheit zur Äußerung einräumen (um dem Schuldner etwa Gelegenheit zu geben, Wiedereinsetzung zu beantragen). Grundsätzlich reicht es, wenn den Parteien einmal Gelegenheit zur Stellungnahme gegeben worden ist. Werden aber neue erhebliche Tatsachen oder Beweismittel vorgebracht, muss eine nochmalige Anhörung erfolgen.[12]

In geeigneten Fällen kann das Gericht eine mündliche Verhandlung anberaumen (Abs. 2 Satz 2 HS 2). Richtig ist, dass eine mündliche Verhandlung im Einzelfall sachdienlich sein kann.[13] In der Regel verzögert sie aber angesichts der in der Mehrzahl der Fälle aussichtslosen Einstellungsanträge das Verfahren,[14] was der Grund Grund dafür ist, dass in der **Praxis nahezu ausschließlich im schriftlichen Verfahren** entschieden wird.

V. Entscheidung

Das Gesetz schreibt eine Entscheidung durch Beschluss vor (Abs. 2 Satz 1). Dieser ist zu begründen. Bei fehlender Begründung liegt ein wesentlicher Verfahrensmangel vor, der das Beschwerdegericht zur Aufhebung des Beschlusses und Zurückverweisung der Sache berechtigt.[15] Gibt das Gericht dem Antrag statt, hat es über die Dauer der Verfahrenseinstellung zu bestimmen. Hat der Schuldner keine konkrete Frist genannt, stellt das Gericht für die Dauer von **sechs Monaten** ein. Ergibt sich aus dem Beschluss nicht, wie lange das Gericht eingestellt hat, ist das Verfahren für sechs Monate einstweilen eingestellt.[16] Der verfassungsrechtliche Grundsatz effektiven Rechtsschutzes (Art. 19 Abs. 4 GG) gebietet eine zügige Bearbeitung des Einstellungsantrags durch das Gericht. Insbesondere muss es über einen – entscheidungsreifen – Antrag vor Erteilung des Zuschlags entscheiden.[17] Der Beschluss kann Zahlungsbedingungen oder sonstige Auflagen enthalten (§ 30a Abs. 3 bis 5; vgl. Kommentierung zu § 30a Rn. 16–19). Liegen mehrere Einstellungsanträge des Schuldners gegenüber mehreren Gläubigern vor, kann über diese – Entscheidungsreife jeweils vorausgesetzt – in einem Beschluss gemeinsam entschieden werden.

Wird der Antrag erst **nach Schluss der Versteigerung** entscheidungsreif, darf nicht mehr nach § 30a eingestellt werden. In einem solchen Fall erfolgt die Einstellung des Verfahrens durch Versagung des Zuschlags, der wie eine einstweilige Einstellung wirkt (§ 86).

---

10 OLG Köln, Urt. vom 6.1.1983 – 25 UF 194/82, FamRZ 1983, 709; OLG Hamm, Beschl. vom 10.2.1958 – 15 W 658/57, NJW 1958, 834; OLG Koblenz, Beschl. vom 6. 10. 1954 – 5 W 420/54, NJW 1955, 148.
11 OLG Koblenz, Beschl. vom 6. 10. 1954 – 5 W 420/54, NJW 1955, 148.
12 *Muth*, in: *Dassler/Schiffhauer/u. a.*, ZVG, § 30b Rn. 6.
13 *Stöber*, ZVG, § 30b Rn. 4.4.
14 Dagegen *Stöber*, a. a. O., der von einer Beschleunigung des Verfahrens ausgeht.
15 OLG Celle, Beschl. vom 26.1.1966 – 8 W 2/66, Rpfleger 1967, 20.
16 *Muth*, in: *Dassler/Schiffhauer/u. a.*, ZVG, § 30b Rn. 10.
17 BVerfG, Beschl. vom 27.9.1978 – 1 BvR 361/78, BVerfGE 49, 220, 225 ff. = NJW 1979, 534 = Rpfleger 1979, 296 mit Sondervotum *Böhmer*.

13 Eine **einstweilige Anordnung** ist in § 30b zwar ausdrücklich nicht vorgesehen, wäre aber entsprechend §§ 707, 719 ZPO möglich. Allerdings besteht dafür **kein Bedürfnis**, weil das Gericht das Verfahren nach Eingang eines Einstellungsantrags ohnehin nicht mehr fortführt.

14 Der zusprechende **Beschluss** ist an die Parteien **zuzustellen** (§ 32), also nur an den Schuldner und den das Verfahren konkret betreibenden Gläubiger, nicht etwa an noch andere mögliche Gläubiger. Eine Zustellung nach § 32 ist auch dann erforderlich, wenn der Beschluss in einer mündlichen Verhandlung verkündet worden ist, weil nur so die Rechtsbehelfsfrist in Gang gesetzt wird.

15 Da von unterschiedlichen Gläubigern unabhängig voneinander betriebene Verfahren auch ein unabhängiges Schicksal haben, wirkt die Einstellung nur singulär. Eingestellt wird immer das konkrete Einzelverfahren. Erst wenn alle Einzelverfahren eingestellt sind, kommt das Gesamtverfahren zum Stillstand. Sind noch andere Verfahren anhängig, ist bezüglich der Wirkung der Einstellung eines Einzelverfahrens **nach dem Rang zu differenzieren**: Ist das eingestellte Einzelverfahren nachrangig, hat die Einstellung keine Auswirkung auf das Gesamtverfahren, und zwar weder im Hinblick auf die Wirksamkeit von Geboten, noch auf das geringste Gebot oder den Zuschlag. Wird das bestrangig betriebene Verfahren eingestellt, unterbricht dies nicht den Fortgang des Gesamtverfahrens. Gemäß § 72 Abs. 3 erlöschen aber alle bereits abgegebenen Gebote. Er muss ein neues geringstes Gebot aufgestellt werden.[18]

16 Für den Versteigerungstermin hat der Beschluss Bedeutung, weil der Termin nach Abs. 4 erst nach der rechtskräftigen Ablehnung des Einstellungsantrags bekanntgegeben werden soll. Entgegen dem missverständlichen Wortlaut ist mit Bekanntgabe die **Ansetzung des Termins** gemeint. Ein Verstoß gegen diese Sollvorschrift hat keine Auswirkungen auf die Wirksamkeit der Terminsbestimmung.[19] Eine Verletzung der Soll-Vorschrift des § 30b Abs. 4 begründet in der Regel keinen Zuschlagsversagungsgrund. Die unterbliebene Belehrung über das Recht, einen Einstellungsantrag nach § 30a zu stellen, steht der Erteilung des Zuschlags grundsätzlich nicht entgegen.[20]

V. Rechtsmittel

17 Nach Abs. 3 ist gegen die Entscheidung die **sofortige Beschwerde** zulässig. Dies gilt sowohl für den Schuldner bei Ablehnung seines Antrags wie für den Gläubiger bei Einstellung seines Verfahrens. Der Schuldner kann sich auch dann beschweren, wenn das Gericht nur unter Auflagen eingestellt hat, der Gläubiger, wenn das Gericht die von ihm beantragten Auflagen nicht oder nur zum Teil ausgesprochen hat.

18 Bis zum 31.12.2001 fand gemäß Abs. 3 Satz 2 eine weitere Beschwerde gegen die Entscheidung des Beschwerdegerichts nicht statt. Mit Inkrafttreten von Art. 9 des Gesetzes zur Reform des Zivilprozesses vom 27.7.2001[21] am 1.1.2002 ist Satz 2 ersatzlos gestrichen worden. Gegen die Beschwerdeentscheidung ist nunmehr nach den allgemeinen Voraussetzungen die Rechtsbeschwerde zulässig. Diese muss aber vom Beschwerdegericht zugelassen werden (§ 574 Abs. 2, 3 ZPO). Finden sich im Beschluss keine Ausführungen zur Zulassung der Rechtsbeschwerde, ist davon auszugehen, dass das Gericht die

---

18 Böttcher, ZVG, § 30b Rn. 14.
19 Stöber, ZVG, § 30b Rn. 11.
20 BGH, Beschl. vom 19.2.2009 – V ZB 118/08, Rpfleger 2009, 403 = WM 2009, 903 ff.
21 BGBl I S. 1887.

Rechtsbeschwerde nicht zugelassen hat.[22] Die Nichtzulassung ist nicht anfechtbar.[23]

Ist die Belehrung nach Abs. 1 Satz 2 nicht vollständig oder ordnungsgemäß erfolgt, muss der Schuldner dagegen mit der Vollstreckungserinnerung vorgehen,[24] weil § 95 für diesen Fall die – direkte – sofortige Beschwerde ausschließt. Über die Vollstreckungserinnerung entscheidet anders als über die sofortige Beschwerde der Richter des Vollstreckungsgerichts (§ 20 Nr. 17 RPflG). Wird die Vollstreckungserinnerung zurückgewiesen, steht dem Schuldner dann aber wieder die sofortige Beschwerde zu (§ 793 ZPO). **19**

---

22 *Heßler*, in: *Zöller*, ZPO, § 574 Rn. 16.
23 BGH, Beschl. vom 23.7.2003 – XII ZB 91/03, NJW 2003, 3137 = WM 2004, 599.
24 *Hintzen*, in: *Dassler/Schiffhauer/u.a.*, ZVG, § 30b Rn. 17.

§ 30c ZVG [Erneute Einstellung]

War das Verfahren gemäß § 30a einstweilen eingestellt, so kann es auf Grund des § 30a einmal erneut eingestellt werden, es sei denn, dass die Einstellung dem Gläubiger unter Berücksichtigung seiner gesamten wirtschaftlichen Verhältnisse nicht zuzumuten ist. § 30b gilt entsprechend.

Übersicht

		Rn.
I.	Allgemeines, Anwendungsbereich	1, 2
II.	Einstellungsvoraussetzungen	3–6
1.	„Erneute Einstellung"	3
2.	Sachliche Voraussetzungen	4
3.	Belehrung	5
4.	Verfahren	6
III.	Verhältnis zu § 765a BGB	7

I. Allgemeines, Anwendungsbereich

1 Eine Situation, die eine Einstellung nach § 30a rechtfertigt, kann nicht nur einmal im Laufe des Versteigerungsverfahrens eintreten. Das Gesetz gibt dem Schuldner deshalb die Möglichkeit, trotz einer bereits erfolgten Einstellung des Verfahrens eine **erneute Einstellung** zu erreichen. Für den Gläubiger birgt dies die Gefahr, dass der Schuldner versucht, durch immer neue Anträge nach § 30a die Zwangsversteigerung zu verschleppen. Die am Grundstück Berechtigten sind der Gefahr ausgesetzt, dass durch die Verfahrensverzögerung die Leistungen Besserberechtigter fortlaufend anwachsen. Das Gesetz will mit der Regelung des § 30c Gläubiger und Grundstücksberechtigte vor solchen Verschleppungsversuchen schützen. Dies zeigte sich besonders deutlich in der bis zum Zweiten Gesetz zur Modernisierung der Justiz (2. JuModG) vom 22.12.2006 (BGBl I 3416) geltenden Fassung der Vorschrift. Der nunmehr aufgehobene Absatz 2 bestimmte bis dahin, dass nach einer erneuten Einstellung auch § 765a ZPO nicht mehr anzuwenden sei (zu den Motiven der Aufhebung vgl. unten Rn. 7).

2 Der Anwendungsbereich von § 30c deckt sich mit dem von § 30a (vgl. dort Rn. 3). Nicht anwendbar ist § 30c auf Verfahren nach §§ 172 und 175. Für die Teilungsversteigerung gilt die Sondervorschrift des § 180 Abs. 2 und 3.[1]

III. Einstellungsvoraussetzungen

1. „Erneute" Einstellung

3 Das Gesetz gibt dem Gericht die Möglichkeit, das Verfahren auf Grund des § 30a einmal „erneut" einzustellen, wenn es bereits einmal nach § 30a eingestellt worden war. Das ursprünglich nach § 30a eingestellte Verfahren muss also **nach § 31 Abs. 1 fortgesetzt** worden sein. Eine nochmalige Einstellung scheidet nur auf der Grundlage des § 30a aus. Nach dem klaren Wortlaut begrenzt die Vorschrift Einstellungen aus anderen Gründen (etwa nach § 30) nicht. Da jedes Einzelverfahren selbständig zu betrachten ist, ist der Schuldner nur im Hinblick auf ein Verfahren desselben Gläubigers aus demselben Beschlagnahmebeschluss auf zwei Einstellungen nach § 30a beschränkt.

---

1 *Stöber*, ZVG, § 30c, Rn. 1.2.

Ob ein Zwangsversteigerungsverfahren, das nicht gemäß § 30a, sondern aus einem anderen Grunde – etwa § 28, 30 oder § 765a ZPO – einstweilen eingestellt war, nach Fortsetzung des Verfahrens auf Antrag des Schuldners erneut unter den Voraussetzungen von § 30a ZVG eingestellt werden kann, ist im Gesetz nicht ausdrücklich geregelt. Mit dem Wortlaut von 30c Abs. 1 Satz 1, der eine erneute Einstellungsmöglichkeit nur nach einer vorangegangenen Einstellung nach § 30a, nicht aber nach anderen Vorschriften vorsieht, wäre es nicht vereinbar, dem Schuldner auch dann ein erneutes Antragsrecht nach § 30a ZVG einzuräumen, wenn diese Möglichkeit (ein erstes Mal) durch fruchtloses Verstreichenlassen der Frist gemäß § 30b Abs. 1 Satz 2 oder durch bestandskräftige Ablehnung des Antrages durch das Vollstreckungsgericht verbraucht worden ist.[2]

2. Sachliche Voraussetzungen

§ 30c spricht von einer erneuten Einstellung nach § 30a. Damit sind im Rahmen der neuerlichen Einstellungsentscheidung grundsätzlich **dieselben Voraussetzungen** zu prüfen wie bei einer erstmaligen Einstellung nach dieser Vorschrift. Allerdings werden an die **Zumutbarkeit** der neuerlichen Einstellung **höhere Anforderungen** zu stellen sein, als bei einer erstmaligen Einstellung. Dies ergibt sich schon aus dem Wortlaut des § 30c, der die neuerliche Einstellung noch einmal ausdrücklich unter den Vorbehalt der Zumutbarkeit für den Gläubiger stellt. Es kann dahinstehen, ob es sich insoweit um eine reine Wiederholung von § 30a Abs. 2 ohne Hintergedanken[3] oder um eine bewusste Entscheidung des Gesetzgebers für eine erhöhte Begründungslast handelt.[4] Sachlich ist es jedenfalls gerechtfertigt, bei einer zweiten Einstellung schon deshalb höhere Anforderungen zu stellen, weil die Befriedigung des Gläubigers durch die erstmalige Einstellung verzögert worden ist.

3. Belehrung

§ 30c Satz 2 erklärt § 30b für entsprechend anwendbar. Das heißt, dass die einstweilige Einstellung binnen einer **Notfrist von zwei Wochen** zu beantragen ist (§ 30b Abs. 1 Satz 1), wobei die Notfrist erst mit Zustellung einer Verfügung anläuft, in der er auf das Recht zur Stellung des Einstellungsantrags, den Fristbeginn und die Rechtsfolgen eines fruchtlosen Fristablaufs hingewiesen wird (§ 30b Abs. 1 Satz 2).

4. Verfahren

Infolge der Verweisung in § 30c Satz 2 gelten auch für das Verfahren der erneuten Einstellung die Vorschriften des **§ 30b entsprechend** (vgl. dort Rn. 8–10).

IV. Verhältnis zu § 765a

In ihrer bis zum Zweiten Gesetz zur Modernisierung der Justiz (2. JuModG) vom 22.12.2006 (BGBl I 3416) geltenden Fassung bestimmte die Vorschrift in Absatz 2, dass nach einer erneuten Einstellung auch § 765a ZPO nicht mehr anzuwenden sei. Diese Bestimmung ist auf umfangreiche Kritik gestoßen. Angesichts des klaren Wortlauts nicht überraschend wurde von einem Teil der Rechtsprechung wie auch des Schrifttums angenommen, dass eine zweite oder dritte Einstellung auf Grund von § 765a ZPO ausgeschlossen sei.[5] Wer sich

---

2 LG Aachen, Beschl. vom 20.10.2008 – 3 T 304/08, *BeckRS* 2008, 23353.
3 So *Hintzen*, in: *Dassler/Schiffhauer/u. a.*, ZVG, § 30c Rn. 8.
4 So z. B. *Stöber*, ZVG, § 30c Rn. 3.3.
5 Vgl. nur *Stöber*, ZVG, § 30c Rn. 7.2 m. w. N.

nicht dazu durchringen konnte, die Sittenwidrigkeit in Kauf zu nehmen, versuchte durch Umgehungsversuche zu helfen.[6] Ein einflussreicher Teil der Literatur sah durch die Vorschrift – mit Recht – grundsätzliche Postulate der Gerechtigkeit verletzt.[7] Zum Teil wurde eine Richtervorlage ans Bundesverfassungsgericht gem. Art. 100 GG angeregt.[8] Der Gesetzgeber hat auf die Kritik an der wenig durchdachten Regelung reagiert und sie aufgehoben. Damit besteht nunmehr kein Zweifel mehr daran, dass eine Einstellung nach **§ 765a ZPO auch dann** in Betracht kommt, wenn das Verfahren bereits zweimal nach § 30a eingestellt war.[9]

---

[6] Vgl. etwa LG Osnabrück, Rpfleger 1956, 247 mit Anm. *Mohrbutter.*
[7] Vgl. etwa die engagierten Ausführungen Stöbers, ZVG, § 30c Rn. 7.6.
[8] *Storz*, in: *Steiner*, ZVG, § 30d a. F. Rn. 43.
[9] Vgl. zu möglichen Anwendungsfällen *Stöber*, ZVG, § 30c Rn. 7.6.

§ 30d ZVG [Einstweilige Einstellung während eines Insolvenzverfahrens]

(1) Ist über das Vermögen des Schuldners ein Insolvenzverfahren eröffnet, so ist auf Antrag des Insolvenzverwalters die Zwangsversteigerung einstweilen einzustellen, wenn
1. im Insolvenzverfahren der Berichtstermin nach § 29 Abs. 1 Nr. 1 der Insolvenzordnung noch bevorsteht,
2. das Grundstück nach dem Ergebnis des Berichtstermins nach § 29 Abs. 1 Nr. 1 der Insolvenzordnung im Insolvenzverfahren für eine Fortführung des Unternehmens oder für die Vorbereitung der Veräußerung eines Betriebs oder einer anderen Gesamtheit von Gegenständen benötigt wird,
3. durch die Versteigerung die Durchführung eines vorgelegten Insolvenzplans gefährdet würde oder
4. in sonstiger Weise durch die Versteigerung die angemessene Verwertung der Insolvenzmasse wesentlich erschwert würde.

Der Antrag ist abzulehnen, wenn die einstweilige Einstellung dem Gläubiger unter Berücksichtigung seiner wirtschaftlichen Verhältnisse nicht zuzumuten ist.

(2) Hat der Schuldner einen Insolvenzplan vorgelegt und ist dieser nicht nach § 231 der Insolvenzordnung zurückgewiesen worden, so ist die Zwangsversteigerung auf Antrag des Schuldners unter den Voraussetzungen des Absatzes 1 Satz 1 Nr. 3 Satz 2 einstweilen einzustellen.

(3) § 30b Abs. 2 bis 4 gilt entsprechend mit der Maßgabe, dass an die Stelle des Schuldners der Insolvenzverwalter tritt, wenn dieser den Antrag gestellt hat, und dass die Zwangsversteigerung eingestellt wird, wenn die Voraussetzungen für die Einstellung glaubhaft gemacht sind.

(4) Ist vor der Eröffnung des Insolvenzverfahrens ein vorläufiger Verwalter bestellt, so ist auf dessen Antrag die Zwangsversteigerung einstweilen einzustellen, wenn glaubhaft gemacht wird, dass die einstweilige Einstellung zur Verhütung nachteiliger Veränderungen in der Vermögenslage des Schuldners erforderlich ist.

Übersicht

		Rn.
I.	Normzweck, Rechtsnatur, Anwendungsbereich	1, 2
II.	Voraussetzungen der Einstellung	3–10
1.	Bevorstehender Berichtstermin	5
2.	Fortführung des Betriebs	6
3.	Gefährdung eines Insolvenzplans/Insolvenzplan des Schuldners	7
4.	Erschwernis der Verwertung	8
5.	Nachteilige Änderung der Vermögenslage im Insolvenzeröffnungsverfahren	9
6.	Gegenrecht des Gläubigers	10
III.	Verfahren, Rechtsmittel	11

I. Normzweck, Rechtsnatur, Anwendungsbereich

Die Vorschrift schließt an die früheren Regelungen der §§ 30c und d an, diese gelten allein noch für eröffnete Konkurs- und Gesamtvollstreckungsverfahren. Zweck der Norm ist die Intention des Gesetzgebers der Insolvenzordnung, lebende Betriebe in ihrem Bestand zu erhalten und durch den Insolvenzverwalter fortführen zu lassen. Durch Reorganisation, Neustrukturierung und (Eigen-) Sanierung soll der mit der Zerschlagung meist verbundenen Wertverlust im Interesse der Gläubigergesamtheit vermieden werden. Anders als noch zur Geltung der Konkurs- und Gesamtvollstreckungsordnung, die im Wesent-

1

lichen auf Haftungsverwirklichung durch Liquidation ausgerichtet waren, hat sich der Gesetzgeber der Insolvenzordnung vom Gedanken eines betriebs- wie volkswirtschaftlich gewünschten Erhalts im Kern gesunder oder mit einigermaßen bestehender Aussicht sanierbarer Betriebe tragen lassen (siehe insbesondere §§ 22 Abs. 1 Ziff. 2 InsO; § 158 InsO; Regelungen zum Insolvenzplan, §§ 217 ff. InsO; Regelungen zur Eigenverwaltung, §§ 270 ff. InsO). [1]
In einem solchen (vorläufigen) Insolvenzverfahren können die Interessen eines Absonderungsgläubigers mit denen des (vorläufigen) Insolvenzverwalters und/oder Schuldners kollidieren. Während der Absonderungsgläubiger primär seine Individualinteressen im Blick hat, hat der Insolvenzverwalter nicht nur (aber auch!) die Interessen des Absonderungsgläubigers zu wahren und zu schützen, sondern vorrangig diejenigen der Gläubigergesamtheit. An dieser potentiellen Konfliktlinie hat der Gesetzgeber mit den Regelungen des § 30d ZVG dem agierenden (vorläufigen) Insolvenzverwalter ein Instrumentarium an die Hand gegeben, mit dem dieser insbesondere in der kritischen Zeit des Insolvenzeröffnungsverfahrens sowie unmittelbar nach Verfahrenseröffnung den Aufschub eines Versteigerungsverfahrens erreichen kann, um gegebenenfalls vorteilhaftere Verwertungslösungen als eine solche der Zwangsversteigerung zu prüfen und mit den maßgeblichen Gläubigern zu kommunizieren.
Es ist zu berücksichtigen, dass die Regelungen der §§ 30d, e auch für die Versteigerung von Schiffen und Luftfahrzeugen gemäß §§ 162, 171a gelten.

2 In der **Praxis** wird die Regelung jedoch kaum angewandt: Zum einen ist die für die Masse oft ungünstige finanzielle Ausgleichsregelung des § 30e zu beachten[2]. Zum anderen ist jedem Insolvenzverwalter bewusst, dass er nicht dauerhaft in die Rechte des absonderungsberechtigten Gläubigers eingreifen kann. Wird vielmehr der Konsens auch und gerade mit dem Grundpfandgläubiger für eine Sanierungslösung benötigt, so spricht schon dies gegen einen Antrag nach § 30d. Es ist allerdings zu beobachten, dass der Hinweis des (vorläufigen) Verwalters auf § 30d die Kommunikation mit einem Grundpfandgläubiger (wieder)herstellen kann. Die Wirkung des § 30d liegt in praxi daher eher in der Möglichkeit des Antrags und dem damit verbundenen Druckpotential als in der Antragswirkung selbst.

II. Voraussetzungen der Einstellung

3 In § 30d Abs. 1 sind vier wahlweise Voraussetzungen der Einstellung definiert. Dabei ist die dritte Möglichkeit – Gefährdung eines Insolvenzplans – ausgedehnt auf einen vom Schuldner eingereichten Insolvenzplan, § 30d Abs. 2. Hinzu kommt in § 30d Abs. 4 eine fünfte Möglichkeit der Einstellung im Insolvenzeröffnungsverfahren. Aus § 30d Abs. 1 letzter Satz ergibt sich eine Negativvoraussetzung, nämlich der Fall der Unzumutbarkeit der einstweiligen Einstellung für den Gläubiger unter Berücksichtigung seiner wirtschaftlichen Verhältnisse.

4 Voraussetzung ist immer ein Antrag auf einstweilige Einstellung durch den Insolvenzverwalter, das Vollstreckungsgericht prüft die Voraussetzungen der einstweiligen Einstellung nicht von Amts wegen. Im Fall des § 30d Abs. 2 ist ausnahmsweise der Schuldner berechtigt, einen Antrag zu stellen. Eine solche Berechtigung für den Schuldner ergibt sich in allen anderen Fällen nicht, da mit Eröffnung des Insolvenzverfahrens die Verfügungsgewalt über das schuldnerische Vermögen auf den Insolvenzverwalter übergeht, § 80 Abs. 1 InsO. Auch vor der Eröffnung des Insolvenzverfahrens steht dem Schuldner das

---

1 Insb. zur ratio des Gesetzes: *Mönning/Zimmermann*, NZI 2008, S. 134 ff.
2 Zum Meinungsstreit über die Art der „geschuldeten Zinsen" s. § 30e Rn. 4.

Recht auf Antragstellung nicht zu, da § 30d Abs. 4 diese Möglichkeit dem vorläufigen Insolvenzverwalter vorbehält.
Im vereinfachten Insolvenzverfahren gemäß §§ 304, 305 ff. InsO steht das Recht des Insolvenzverwalters dem Treuhänder zu (§ 313 Abs. 1 InsO). Im (seltenen) Fall der Eigenverwaltung kann der Schuldner die sonst dem Insolvenzverwalter zustehenden Rechte wahrnehmen, §§ 270, 282 InsO; in diesem Fall hat § 30d Abs. 2 keine Bedeutung.

1. Bevorstehender Berichtstermin

Ist das Insolvenzverfahren eröffnet, hat aber die (erste!) Gläubigerversammlung (Berichtstermin gemäß § 29 Abs. 1 Nr. 1 InsO), die vom Insolvenzgericht im Eröffnungsbeschluss angesetzt wird, noch nicht stattgefunden, kann der Insolvenzverwalter ohne das Vorliegen weiterer Voraussetzungen die vorläufige Einstellung des Zwangsversteigerungsverfahrens beantragen. Ratio dieser Einstellungsmöglichkeit ist, dass die Gläubigerversammlung auf der Basis des Berichtes des Insolvenzverwalters in dieser ersten Versammlung über den Fortgang des Verfahrens, insbesondere auch über die Art und Weise der Verwertung des schuldnerischen Vermögens, entscheiden soll. Die Gläubigerversammlung soll dabei nicht vor vollendete Tatsachen gestellt werden.

5

Gleiches muss auch gelten, wenn das Insolvenzgericht gemäß § 5 Abs. 2 InsO keine Gläubigerversammlung terminiert, sondern das schriftliche Verfahren beschließt. Hier endet das Antragsrecht des Insolvenzverwalters mit dem Tag, welchen das Insolvenzgericht als Stichtag für die Forderungsprüfung ansetzt.

2. Fortführung des Betriebes

Ist das Insolvenzverfahren eröffnet und hat die erste Gläubigerversammlung bereits stattgefunden (sonst Abs. 1 Ziff. 1), kann der Insolvenzverwalter die vorläufige Einstellung der Zwangsverwaltung beantragen, wenn das betroffene Grundstück für eine Fortführung des Unternehmens oder für die Vorbereitung der Veräußerung eines Betriebes oder einer anderen Gesamtheit von Gegenständen benötigt wird. Dies betrifft die klassische Konstellation einer Fortführung mit anschließender „übertragender Sanierung" durch Veräußerung einer Vielzahl betrieblicher Vermögenswerte an einen Übernehmer.

6

Der Wille der Gläubigergesamtheit kann sich dabei ergeben aus einem (Mehrheits-) Beschluss der Gläubigerversammlung (§ 157 InsO), aber auch aus der Entscheidung des Insolvenzverwalters, sofern kein Beschluss der Gläubigerversammlung zustande kommt (ratio des § 160 Abs. 1 S. 3 InsO).

Das Gesetz erfordert dabei nicht, dass es sich beim Schuldner um ein Unternehmen handeln muss;[3] weder ist der Begriff des „Unternehmens" hinreichend bestimmt, noch ergibt sich eine solche Einschränkung aus dem Gesetz. Nicht selten sind in der Insolvenzpraxis insbesondere Fälle natürlicher Personen, die privat Vermögen verwalten, z.B. Wohnimmobilien, oder Freiberufler, die in einer finanzierten Immobilie praktizieren. Auch in diesen Fällen kann es sinnvoll sein, im Rahmen einer geplanten Sanierung oder Gesamtverwertung Einzelgläubiger von der schnellen Versteigerung einzelner Vermögensbestandteile abzuhalten.[4]

3. Gefährdung eines Insolvenzplans/Insolvenzplan des Schuldners

Hat der Insolvenzverwalter einen Insolvenzplan vorgelegt und gefährdet die Versteigerung die Durchführung des Insolvenzplans, kann der Insolvenzverwalter den Antrag auf vorläufige Einstellung stellen. Dieser Einstellungsgrund beruht auf der Ratio der §§ 233, 223 Abs. 2 InsO. Es soll zunächst der Gläubi-

7

---

3 So aber: *Tetzlaff*, in: *Lwowski*, MünchKomm, Inso, § 165 Rn. 94.
4 So auch *Mönning/Zimmermann*, NZI 2008, 134 (135).

gerversammlung im Erörterungs- und Abstimmungstermin die Möglichkeit gegeben werden, über den vorgelegten Plan zu entscheiden, ohne dass ein einzelner absonderungsberechtigter Gläubiger durch eine zwischenzeitliche Versteigerung eine Grundlage des Insolvenzplans beeinträchtigt. Ein solches Recht kann auch dann bestehen, wenn nach den Planprämissen die unmittelbare Nutzung des Grundstücks nicht vorgesehen ist, jedoch Finanzierungsbeiträge aus der weiteren Bewirtschaftung benötigt werden.

Dasselbe Recht steht dem Schuldner zu, der einen Insolvenzplan vorgelegt hat, § 30d Abs. 2, und das Insolvenzgericht diesen Antrag nicht nach § 231 InsO von Amts wegen zurückgewiesen hat. Das Antragsrecht des Schuldners besteht dabei nur, wenn es sich um einen von ihm vorgelegten Plan handelt, nicht um einen vom Verwalter vorgelegten Plan.

4. Erschwernis der Verwertung

8 Der Insolvenzverwalter kann den Antrag auf einstweilige Einstellung auch damit begründen, dass die Versteigerung die angemessene Verwertung der Insolvenzmasse wesentlich erschwert. Voraussetzung ist hier, dass konkrete Anhaltspunkte dafür bestehen, dass der Insolvenzverwalter durch eine (alsbaldige) freihändige Veräußerung letztlich im Interesse des Absonderungsgläubigers wie der Gläubigergemeinschaft einen voraussichtlich höheren Veräußerungserlös erzielen kann als ansonsten durch das Zwangsversteigerungsverfahren.[5]

Ein solches Einstellungsrecht besteht nicht aus dem Grund, dass der Insolvenzverwalter von der Anfechtbarkeit des Absonderungsrechts ausgeht. In einem solchen Fall liegt die Voraussetzung des Einstellungsgrundes gerade nicht vor, da es nicht um einen höheren Verwertungserlös im Rahmen der freihändigen Veräußerung geht, sondern die Infragestellung der Rechtsposition des Absonderungsgläubigers überhaupt. Diesen Rechtsstreit hat der Insolvenzverwalter jedoch im Rahmen eines Anfechtungsprozesses vor dem Prozessgericht zu führen.[6]

Ein solcher Einstellungsgrund ist auch nicht gegeben, wenn die sonstigen Gegenstände der Vermögensmasse ohne Weiteres isoliert von dem absonderungsbehafteten Gegenstand verwertet werden können.

5. Nachteilige Änderung der Vermögenslage im Insolvenzeröffnungsverfahren

9 Ist das Insolvenzverfahren beantragt, über den Eröffnungsbeschluss jedoch noch nicht entschieden, spricht man vom Insolvenzeröffnungsverfahren (§ 13 Abs. 1 InsO). Hier kann der vorläufige Insolvenzverwalter bereits den Antrag hinsichtlich der vorläufigen Einstellung des Zwangsversteigerungsverfahrens stellen. Er muss dabei glaubhaft machen, dass die einstweilige Einstellung zur Verhütung nachteiliger Veränderungen der Vermögenslage des Schuldners erforderlich ist.

§ 30d Abs. 4 gilt auch für den Fall des vorläufigen Treuhänders im Verbraucherinsolvenzverfahren, §§ 306 Abs. 2, 313 Abs. 1 InsO. Es ist für das Antragsrecht unerheblich, ob ein vorläufiger Insolvenzverwalter bei gleichzeitiger Anordnung eines allgemeinen Zustimmungsvorbehalts (sogenannter „schwacher" vorläufiger Insolvenzverwalter, § 21 Abs 2 Ziff. 2 2. Alt. InsO) oder ein vorläufiger Insolvenzverwalter bei gleichzeitiger Anordnung eines all-

---

[5] LG Ulm, Beschl. vom 21.4.1980 – 1 T 2/80, ZIP 1980, S. 477; zu weitgehend *Mönning/Zimmermann*, NZI 2008, 134 (136): Eine Erschwernis der Verwertung liegt schon vor, wenn zu besorgen ist, dass eine sofortige Versteigerungsanordnung einer Anreicherung der Insolvenzmasse entgegensteht. Letztlich könnte jede Zwangsversteigerung uneingeschränkt in erheblicher Weise verzögert werden.

[6] *Stöber*, ZVG, § 30d Rn. 2, 2.3 m.w.N.

gemeinen Verfügungsverbots (sogenannter „starker" vorläufiger Insolvenzverwalter, § 21 Abs. 2 Ziff. 2 1. Alt. InsO) bestellt wurde; das Antragsrecht steht beiden zu.

6. Gegenrecht des Gläubigers

§ 30d Abs. 1 Satz 2 normiert, dass der Antrag abzulehnen ist, wenn die einstweilige Einstellung dem Gläubiger unter Berücksichtigung seiner wirtschaftlichen Verhältnisse nicht zuzumuten ist. Es handelt sich hierbei um die Abwägung des Partikularinteresses des Vollstreckungsgläubigers gegen das Interesse der Gläubigergesamtheit, bei der grundsätzlich das Gesamtinteresse der Gläubigergemeinschaft höher anzusetzen ist. Ein solches besonderes Vollstreckungsgläubigerinteresse ist anzunehmen, wenn die sofortige Durchführung des Zwangsversteigerungsverfahrens notwendig ist, um dessen eigene wirtschaftliche Existenz zu erhalten. Eine weitere Fallgruppe ist diejenige, dass der Insolvenzverwalter den möglicherweise gebotenen und zulässigen Antrag unnötig verzögert hat und allein aus vollstreckungstaktischen Gründen das Versteigerungsverfahren behindern will.

III. Verfahren, Rechtsmittel

Der Antrag des Insolvenzverwalters (§ 30d Abs. 1), des vorläufigen Insolvenzverwalters (§ 30d Abs. 4) oder des Schuldners (§ 30d Abs. 2) sind nicht fristgebunden, § 30b Abs. 1 gilt nicht entsprechend, § 30d Abs. 3. Der Antrag ist damit zulässig bis unmittelbar vor Zuschlagsentscheidung. Die verspätete Antragstellung kann jedoch einen Ablehnungsgrund im Sinne von § 30d Abs. 1 Satz 2 darstellen, vgl. Rn 10. Ist der Antrag nach Schluss der Versteigerung und Gebotsabgabe gestellt, ist nach § 33 durch Erteilung oder Versagung des Zuschlags zu entscheiden. Ist der Antrag erst im Versteigerungstermin oder kurz zuvor gestellt worden, so kann die Entscheidungsverkündung auch über eine Woche hinausgeschoben werden (§ 33, § 87). Aus dem Antrag müssen sich der Vollstreckungsgegenstand sowie das Einstellungsbegehren, das sich auf § 30d stützt, erkennen lassen. Der Vortrag muss entsprechende Tatsachen enthalten. Die Einstellungsvoraussetzung ist durch den (vorläufigen) Insolvenzverwalter oder durch den Schuldner glaubhaft zu machen; § 30d Abs. 3 modifiziert damit die Voraussetzungen des ansonsten in Bezug genommenen § 30b Abs. 2. Hinsichtlich des Verfahrens und Anhörungsrechts (Gläubiger, Insolvenzverwalter, gegebenenfalls Schuldner im Fall des Abs. 2) gelten über § 30d Abs. 3 die Vorschriften des § 30b Abs. 2 bis 4.
Die gerichtliche Entscheidung ergeht über den Einstellungsgrund des § 30d Abs. 1 Nr. 1 bis 4, der zur Zeit der Entscheidung des Gerichts über den Antrag erfüllt ist. Es kommt nicht darauf an, ob und gegebenenfalls welcher Grund zum Zeitpunkt der Stellung des Antrags erfüllt war, d.h., dass das Gericht seine Entscheidung auf einen Einstellungsgrund stützen kann, der im ursprünglichen Einstellungsantrag nicht genannt war.[7] Das Gericht kann die mündliche Verhandlung ansetzen, § 30b Abs. 2 Satz 2. Das Gericht entscheidet per Beschluss, der zu begründen ist. Der Beschluss enthält die Anordnung der einstweiligen Einstellung nach § 30d ohne Angabe einer Frist. Der Beschluss ergeht ohne Kostenentscheidung.
Hinsichtlich der Rechtsbehelfe wird auf die Kommentierung zu § 30b Abs. 3 verwiese (§ 30b Rn. 17 ff.).

---

7 *Stöber*, ZVG, § 30d Rn. 5, 5.6.

§ 30e ZVG [Auflagen der Einstellung infolge eines Insolvenzverfahrens]

(1) Die einstweilige Einstellung ist mit der Auflage anzuordnen, dass dem betreibenden Gläubiger für die Zeit nach dem Berichtstermin nach § 29 Abs. 1 Nr. 1 der Insolvenzordnung laufend die geschuldeten Zinsen binnen zwei Wochen nach Eintritt der Fälligkeit aus der Insolvenzmasse gezahlt werden. Ist das Versteigerungsverfahren schon vor der Eröffnung des Insolvenzverfahrens nach § 30d Abs. 4 einstweilen eingestellt worden, so ist die Zahlung von Zinsen spätestens von dem Zeitpunkt an anzuordnen, der drei Monate nach der ersten einstweiligen Einstellung liegt.

(2) Wird das Grundstück für die Insolvenzmasse genutzt, so ordnet das Gericht auf Antrag des betreibenden Gläubigers weiter die Auflage an, dass der entstehende Wertverlust von der Einstellung des Versteigerungsverfahrens an durch laufende Zahlungen aus der Insolvenzmasse an den Gläubiger auszugleichen ist.

(3) Die Absätze 1 und 2 gelten nicht, soweit nach der Höhe der Forderung sowie dem Wert und der sonstigen Belastung des Grundstücks nicht mit einer Befriedigung des Gläubigers aus dem Versteigerungserlös zu rechnen ist.

Übersicht

		Rn.
I.	Normzweck, Rechtsnatur, Anwendungsbereich	1
II.	Auflagen	2–8
1.	Geschuldete Zinsen	2–6
2.	Entstehender Wertverlust	7
3.	Keine Auflagen zugunsten voraussichtlich ausfallender Gläubiger	8
III.	Rechtsbehelf	9

I. Normzweck, Rechtsnatur, Anwendungsbereich

1 § 30e stellt ein wirtschaftliches Korrektiv für den Rechtsnachteil dar, den ein Vollstreckungsgläubiger durch einen (erfolgreichen) Antrag nach § 30d auf einstweilige Einstellung während des Insolvenzverfahrens erleidet. Nach einem solchen Antrag soll der Vollstreckungsgläubiger mit seinem Individualinteresse zurückstehen hinter das Gesamtinteresse der optimalen Masseverwertung und damit einhergehender Gläubigerbefriedigung. Hierfür soll der Vollstreckungsgläubiger nach § 30e einen laufenden finanziellen Ausgleich erhalten, durch den Zeitablauf soll der Gläubiger grundsätzlich keinen Schaden erleiden.[1]

II. Auflage

1. Geschuldete Zinsen

2 Die einstweilige Einstellung nach § 30d ist vom Vollstreckungsgericht mit der Auflage zu verbinden, dass dem betreibenden Gläubiger für die Zeit nach dem Berichtstermin (erste Gläubigerversammlung) nach § 29 Abs. 1 Ziff. 1 InsO laufend die geschuldeten Zinsen binnen zwei Wochen nach Eintritt der Fälligkeit aus der Insolvenzmasse gezahlt werden. Sofern das Vollstreckungsverfahren schon vor Eröffnung des Insolvenzverfahrens nach § 30d Abs. 4 einstweilig eingestellt worden ist (d. h. auf Antrag des vorläufigen Insolvenzverwalters), so ist die Zahlung von Zinsen spätestens von dem Zeitpunkt an anzuordnen, der

---

[1] Begründung BT-Drucks 12/2443, S. 176.

drei Monate nach der ersten einstweiligen Einstellung liegt. Da die Auflage vom Gericht von Amts wegen zu treffen ist, bedarf es keines Gläubigerantrags.

Aus der Insolvenzmasse zu zahlen sind dabei die laufend geschuldeten Zinsen, nicht weiter fällige. Gläubiger dieser Zinszahlung kann allein der die Vollstreckung betreibende Gläubiger sein. Bei der Zinsauflage handelt es sich für den Insolvenzverwalter um eine Masseverbindlichkeit im Sinne von § 55 Abs. 1 Ziff. 1 InsO. **3**

Wird auf Antrag eines vorläufigen Insolvenzverwalters nach § 30d Abs. 4 entschieden und dauert die vorläufige Verwaltung noch länger als drei Monate an (§ 30e Abs. 1 Satz 2), ist zu unterscheiden, ob es sich um einen vorläufigen Insolvenzverwalter bei gleichzeitiger Anordnung eines allgemeinen Veräußerungsverbots („starker" vorläufiger Verwalter) oder um einen Fall der gleichzeitigen Anordnung eines allgemeinen Zustimmungsvorbehalts („schwacher" vorläufiger Insolvenzverwalter) handelt. Im ersteren Fall handelt es sich jedenfalls um eine Masseverbindlichkeit im Sinne des § 55 Abs. 2 S. 1 InsO, im letzteren jedoch nur um eine Tabellenforderung im Sinne von § 38 InsO für den Zeitraum bis zur Eröffnung des Insolvenzverfahrens.

Der Zahlungsanspruch hat im Übrigen den Charakter eines Anspruchs auf Befriedigung aus dem Grundstück im Sinne von § 10 Abs. 1.

Der Zinsanspruch selbst gilt als Nebenleistung des vollstreckten Anspruchs des betreibenden Gläubigers, unabhängig davon, ob auch wegen der Zinsen die Zwangsversteigerung betrieben wird. Wird nur wegen einer Teilforderung die Vollstreckung betrieben, kann sich die anzuordnende Zinszahlungsauflage auch nur auf den entsprechenden Teil der vollstreckten Forderung beziehen.[2] **4**

Was unter den „geschuldeten Zinsen" verstanden wird, ist umstritten. Nach einer Meinung sind unter den geschuldeten Zinsen zu verstehen die (dinglichen) Grundschuldzinsen, dies ergäbe sich aus der abstrakten Rechtsnatur der Grundschuld. Auch die vertraglich eingeräumten dinglichen Zinsen seien vertraglich eingeräumte und damit geschuldete Zinsen. Schließlich sei es praktikabel, in einem Versteigerungsverfahren die sich aus dem Grundbuch ergebenden dinglichen Zinsen zur Berechnung heranzuziehen[3].

Die Gegenansicht[4] greift zurück auf die Motive des Gesetzgebers, wonach auf die Zinsen abzustellen ist, die der Gläubiger aufgrund seiner Rechtsverhältnisses mit dem Schuldner beanspruchen kann, gleich ob vertraglich vereinbarte oder gesetzlich geschuldete. Der Gläubiger könne aber nicht die dinglichen Zinsen fordern, sondern aus diesen nur die Vollstreckung betreiben.

Die letztere Ansicht ist vorzugswürdig: Die Motive des Gesetzgebers sind eindeutig, ginge man von der Richtigkeit ersterer Ansicht aus, die im wesentlichen basiert auf der systematischen Einordnung der §§ 30d – f in das Regelwerk des ZVG, so käme die gewollte Sanierungs- und Fortführungserleichterung wegen der in der Regel deutlich höheren dinglichen Zinsen kaum je zur Anwendung. Zu berücksichtigen ist dabei auch, dass der Regelungsgehalt der §§ 30d – f, 153b – c ursprünglich Teil der Insolvenzordnung werden sollte, und nur zur Entlastung der Insolvenzgerichte die systematische Einordnung wie Zuständigkeit in das ZVG verlagert wurde. Allein Fragen der Praktikabilität überzeugen nicht, den bequemeren Weg der dinglichen Zinsen einzuschlagen und die gesetzliche Regelung ad absurdum zu führen.[5]

Die Auflage kann sich nicht auf weiter zukünftig fällig werdende Zinsen erstrecken, diese sind Nebenleistungen des nicht vollstreckbaren Kapitalbetrags und

---

2 LG Göttingen, Beschl. vom 27.1.2000 – 10 T 1/2000, Rpfleger 2000, 228 = NZI 2000, S. 186.
3 *Stöber*, ZVG, § 30e Rn. 2, 2.2; *Hintzen*, RPfleger 1999, S. 256 ff.; Alff, RPfleger 2000, S. 228.
4 LG Göttingen, Beschl. vom 27.1.2000 – 10 T 1/2000, Rpfleger 2000, 228 = NZI 2000, 186; LG Stade, Beschl. vom 19.3.2002 – 7 T 47/02, RPfleger 2002, 472; *Dithmar/Schneider*, in: *Braun*, InsO, § 165 Rn. 7.
5 Ausführlich: *Mönning/Zimmermann*, NZI 2008, 134 (136, 137).

unterliegen damit nicht dem Anspruch des betreibenden Gläubigers. Auch Verzugszinsen als wiederkehrende Leistungen im Sinne des § 10 Abs. 1 Ziff. 4 gehören zu den Zinsen, die dem Insolvenzverwalter als Zahlungsauflage erteilt werden können. Andere wiederkehrende Nebenleistungen als Zinsen sowie Tilgung sind keine Zinsen im Sinne des § 30e Abs. 1, deren Zahlung kann nicht zur Auflage gemacht werden[6]. Betreibt ein Gläubiger die Vollstreckung aus einem persönlichen Anspruch im Sinne des § 10 Abs. 1 Ziff. 5, so kann nur die Zahlung der Zinsen zur Auflage gemacht werden, für die infolge der Beschlagnahme ein Recht auf Befriedigung aus dem Grundstück erlangt ist.

Die Zahlung ist dem Verpflichteten binnen zwei Wochen nach Eintritt der Fälligkeit aufzubürden. Die Höhe der Zinszahlung berechnet sich insoweit nicht ab dem Fälligkeitszeitpunkt. Sie ist vielmehr zu errechnen vom Tag nach dem Berichtstermin an bzw. nach Ablauf von drei Monaten im Fall der Anordnung der § 30d Abs. 4. Die Zinsen sind entweder bei Fälligkeit zu zahlen, bei einem fehlenden Fälligkeitstermin fortlaufend (§ 13 Rn. 12 f.).

Erfolgt die einstweilige Einstellung der Zwangsversteigerung auf Antrag erst nach dem Berichtstermin, so ist die Zinszahlungspflicht als Auflage ab dem Tag der Bekanntgabe der vorläufigen Einstellung der Zwangsversteigerung an den Insolvenzverwalter anzuordnen. Dabei darf nicht angeordnet werden, dass auch rückständige Zinsen – beispielsweise zwischen dem Berichtstermin und dem späteren Tag der einstweiligen Einstellung der Zwangsversteigerung – zu zahlen sind.

5 Zahlt der (vorläufige) Insolvenzverwalter oder der Schuldner den zur Auflage gestellten Betrag nicht, ist die einstweilige Einstellung aufzuheben, § 30f Abs. 1.

6 Auch wenn die Auflage nach § 30e Abs. 1 von Amts wegen zu treffen ist, steht es im Belieben des Schuldners, sich beispielsweise mit einem niedrigeren Zinsbetrag zufriedenzugeben.

Betreiben mehrere Gläubiger die Zwangsversteigerung, muss der Antrag auf einstweilige Einstellung nach § 30d für jeden einzelnen Gläubiger gesondert gestellt werden. In jeder Vollstreckungssache ist daher gesondert die Zinszahlung gemäß § 30e Abs. 1 anzuordnen. Insoweit ist auch für jeden einzelnen Gläubiger nach seinem Rangverhältnis zu prüfen, ob ein Ausnahmefall des § 30e Abs. 3 vorliegt oder nicht.

2. Entstehender Wertverlust

7 Nutzt der Insolvenzverwalter das Grundstück für die Insolvenzmasse dadurch, dass er Früchte oder Gebrauchsvorteile in Anspruch nimmt, ist auf Antrag des Gläubigers eine weitere Zahlungsanordnung für den Wertverlust zu treffen. Voraussetzung hierfür ist, dass ein tatsächlicher Wertverlust des Vollstreckungsgegenstandes und mithaftender Gegenstände entsteht[7]. Ein solcher Wertverlust ist vom Gläubiger darzulegen und auf Verlangen des Gerichts glaubhaft zu machen. Denkbar sind hierbei insbesondere Fälle, in denen ein Grundstück ausgekiest wird, Tonerde abgebaut wird o. Ä.

Die Ausgleichszahlung für den Wertverlust ist von der vorläufigen Einstellung des Zwangsversteigerungsverfahrens an zu leisten. Die sich aus § 30e Abs. 1 ergebenden Entstehungszeiträume (ab dem Berichtstermin/ab drei Monate nach Anordnung) gelten hier nicht. Die Zahlungsauflage kann zusammen mit dem Beschluss hinsichtlich der vorläufigen Einstellung des Versteigerungsverfahrens getroffen werden oder durch einen gesonderten Beschluss, wenn beispielsweise ein Gläubiger erst später einen Antrag nach § 30e Abs. 2 stellt.

---

6 *Stöber*, ZVG, § 30e, Rn. 2, 2.2 m.w.N.
7 *Stöber*, ZVG, § 30e Rn. 3 m.w.N.

3. Keine Auflagen zugunsten voraussichtlich ausfallender Gläubiger

Abs. 3 bezieht sich sowohl auf die Auflage der geschuldeten Zinsen als auch des entstehenden Wertverlustes gemäß Abs. 1 und Abs. 2. Eine solche Zahlungsauflage ist nicht zu treffen, wenn der betreibende Gläubiger eine Befriedigung aus dem Versteigerungserlös gerade nicht zu erwarten hat. Ist nur eine teilweise Befriedigung des Gläubigers zu erwarten, kann nur auf diesen niedrigeren Betrag eine Zinszahlung angeordnet werden. Es handelt sich hier um eine Prognoseentscheidung des Gerichts nach pflichtgemäßem Ermessen. Anhaltspunkt für das Gericht kann ein ermittelter Verkehrswert sein, sofern dieser bereits festgesetzt sein sollte.
Betreiben mehrere Gläubiger das Verfahren, ist bei der Ausgleichszahlung zu prüfen, welcher Gläubiger in welcher Rangfolge aus dem Versteigerungserlös profitierte, um den Bestimmungen des § 30e Abs. 3 Genüge zu tun. Dies kann auch bedeuten, dass für einen das Verfahren zunächst betreibenden rangniedrigeren Gläubiger, zu dessen Gunsten ein Wertausgleich vorgesehen ist, durch den späteren Beitritt eines rangbesseren Gläubigers, dessen Vollstreckungsantrag ebenfalls das Schicksal des § 30d erleidet, sich die Befriedigungsaussichten verschlechtern. Der angeordnete Wertausgleich des rangniedrigeren Gläubigers ist daher durch einen weiteren Beschluss ganz oder teilweise herabzusetzen.

III. Rechtsbehelf

Es findet die sofortige Beschwerde statt, § 30d Abs. 3 i.V.m. § 30b Abs. 3. Diese kann auf die Zahlungsauflage beschränkt werden oder darauf, dass die Zahlungsauflage gemäß § 30e Abs. 3 unzulässig ist. Auch gegen einen Beschluss, der eine Zahlungsauflage gesondert anordnet oder abändert, findet die sofortige Beschwerde statt.

§ 30f ZVG [Aufhebung der Einstellung infolge des Insolvenzverfahrens]

(1) Im Falle des § 30d Abs. 1 bis 3 ist die einstweilige Einstellung auf Antrag des Gläubigers aufzuheben, wenn die Voraussetzungen für die Einstellung fortgefallen sind, wenn die Auflagen nach § 30e nicht beachtet werden oder wenn der Insolvenzverwalter, im Falle des § 30d Abs. 2 der Schuldner, der Aufhebung zustimmt. Auf Antrag des Gläubigers ist weiter die einstweilige Einstellung aufzuheben, wenn das Insolvenzverfahren beendet ist.

(2) Die einstweilige Einstellung nach § 30d Abs. 4 ist auf Antrag des Gläubigers aufzuheben, wenn der Antrag auf Eröffnung des Insolvenzverfahrens zurückgenommen oder abgewiesen wird. Im Übrigen gilt Absatz 1 Satz 1 entsprechend.

(3) Vor der Entscheidung des Gerichts ist der Insolvenzverwalter, im Falle des § 30d Abs. 2 der Schuldner, zu hören. § 30b Abs. 3 gilt entsprechend.

Übersicht

	Rn.
I. Normzweck, Rechtsnatur, Anwendungsbereich	1
II. Aufhebung der einstweiligen Einstellung	2–7
1. Schlechterfüllung der Auflage	4
2. Zustimmung des Insolvenzverwalters/Schuldners	5
3. Beendigung des Insolvenzverfahrens/Freigabe des Grundstücks aus dem Insolvenzbeschlag	6
4. Rücknahme oder Abweisung des Insolvenzeröffnungsantrags	7
III. Verfahren, Rechtsbehelf	8

I. Normzweck, Rechtsnatur, Anwendungsbereich

1 Zweck der Norm ist die Möglichkeit der Fortsetzung des einstweilen eingestellten Versteigerungsverfahrens. Hierfür ist es erforderlich, die Anordnung der einstweiligen Einstellung aufzuheben. § 30f sieht verschiedene Gründe vor.

II. Aufhebung der einstweiligen Einstellung

2 Auf Antrag des Gläubigers kann das Vollstreckungsgericht die Aufhebung der einstweiligen Einstellung anordnen und damit dem Vollstreckungsverfahren Fortgang geben. Das Verfahren setzt gemäß Abs. 3 voraus, dass vor der Entscheidung des Gerichts der Insolvenzverwalter, im Fall des § 30d Abs. 2 der Schuldner zu hören ist. Im Übrigen wird auf § 30b Abs. 3 verwiesen. Voraussetzung für einen erfolgreichen Antrag ist, dass eine der Voraussetzungen des § 30f Abs. 1 oder Abs. 2 vorliegt.

3 Unter dem Fortfall der Voraussetzung für die einstweilige Einstellung des Vollstreckungsverfahrens ist zu verstehen, dass sämtliche in Betracht kommenden Voraussetzungen des § 30d für die Verfahrenseinstellung weggefallen sind[1]. Dieses ist insbesondere bei den Einstellungsgründen des § 30d Abs. 4 sowie § 30d Abs. 1 Satz 1 Ziff. 1 zu beachten: Diese Einstellungsgründe erledigen sich bereits mit Zeitablauf, der des § 30d Abs. 4 mit dem Übergang vom Eröffnungsverfahren in das eröffnete Insolvenzverfahren und derjenige des § 30d Abs. 1 Satz 1 Ziff. 1 mit der Durchführung des Berichtstermins.
Dennoch gilt eine einmal angeordnete einstweilige Einstellung grundsätzlich für die Dauer des gesamten Insolvenzverfahrens, sofern einer der in § 30d nor-

---

[1] *Stöber*, ZVG, § 30f Rn. 2, 2.4 m. w. N.

mierten Einstellungsgründe vorliegt. Ansonsten müsste das Vollstreckungsgericht auf Antrag des vorläufigen Verwalters das Verfahren zunächst nach § 30d Abs. 4 einstellen, um dann nach Eröffnung des Verfahrens wieder Fortgang zu geben. Auf einen weiteren Einstellungsantrag des Insolvenzverwalters nach § 30d Abs. 1 Satz 1 Ziff. 1 müsste erneut die Einstellung angeordnet werden, um nach dem Berichtstermin die einstweilige Einstellung wieder aufzuheben, damit danach der Verwalter möglicherweise einen Antrag nach § 30d Abs. 1 Satz 1 Ziff. 2 oder Ziff. 4 stellt.[2]

Zu den einzelnen Aufhebungsgründen:

1. **Schlechterfüllung der Auflage**

Die einstweilige Einstellung ist aufzuheben, wenn der (vorläufige) Insolvenzverwalter bzw. der Schuldner die Auflagen nach § 30e Abs. 1 oder Abs. 2 nicht, nur teilweise oder verspätet geleistet hat.   **4**

2. **Zustimmung des Insolvenzverwalters/Schuldners**

Ein weiterer Grund für die Aufhebung ist die Zustimmung des (vorläufigen) Insolvenzverwalters oder Schuldners im Fall des § 30d Abs. 2. Dies ist insbesondere bei einer Einigung des Verfahrensbeteiligten mit dem Vollstreckungsgläubiger denkbar, beispielsweise über eine spätere Erlösverteilung, Restschuldenerlass, etc.   **5**

3. **Beendigung des Insolvenzverfahrens/Freigabe des Grundstücks aus dem Insolvenzbeschlag**

Die vorläufige Einstellung ist ebenso aufzuheben, wenn das Insolvenzverfahren aufgehoben ist. Mit Aufhebung des Insolvenzverfahrens und Beendigung des Insolvenzbeschlags kann dann wieder der Schuldner über sein Vermögen verfügen. Der besonderen Einstellungsmöglichkeiten des § 30d bedarf es dann nicht mehr. Denkbar sind hier insbesondere Konstellationen der vorzeitigen Einstellung des Insolvenzverfahrens als masssearm nach § 207 InsO, der Aufhebung nach Bestätigung eines Insolvenzplans oder aber der regulären Aufhebung des Insolvenzverfahrens nach § 200 InsO, bei dem sich die Immobilie als nicht veräußerbar erwiesen hat und der Insolvenzverwalter diese als nicht verwertbaren Vermögensgegenstand in den Schlussunterlagen führt.   **6**

Die Möglichkeit des § 30f Abs. 1 Satz 2 gilt auch dann, wenn im laufenden Insolvenzverfahren der Insolvenzverwalter das betreffende Grundstück aus dem Insolvenzbeschlag freigegeben hat. Zwar ist das angeordnete Insolvenzverfahren weiter anhängig, jedoch unterliegt die Immobilie dann nicht mehr dem Vollstreckungsbeschlag des Insolvenzverwalters. Auch hier ist Voraussetzung, dass die Einstellungsgründe des § 30d Abs. 1, Abs. 4 nicht mehr vorliegen. Insoweit ist im Fall der Freigabe § 30f Abs. 1 Ziff. 2 analog anzuwenden.[3]

4. **Rücknahme oder Abweisung des Insolvenzeröffnungsantrags**

Diese Möglichkeit des § 30f Abs. 2 Satz 1 gilt für den einstweiligen Einstellungsgrund des § 30d Abs. 4. Es ist möglich, dass das Insolvenzeröffnungsverfahren nicht in ein eröffnetes Insolvenzverfahren mündet, wenn der Insolvenzantrag zurückgenommen oder der Antrag abgewiesen wird, entweder mangels Vorhandensein eines Insolvenzgrundes oder mangels einer die Kosten des Verfahrens deckenden Masse, § 26 InsO.   **7**

---

2 *Stöber*, ZVG, § 30f Rn. 2.
3 *Stöber*, ZVG, § 30f Rn. 2, 2.7.

III. Verfahren, Rechtsbehelf

8 Gemäß § 30f Abs. 3 ist vor der Entscheidung über den Antrag des Gläubigers der Insolvenzverwalter zu hören, sofern das Insolvenzverfahren nicht bereits beendet ist und das Amt des Insolvenzverwalters damit nicht mehr besteht. Im Fall des § 30d Abs. 2 ist der Schuldner zu hören. Der Gläubiger hat die notwendigen Tatsachen vorzutragen, im Bestreitensfall zu beweisen. Das Gericht kann die mündliche Verhandlung anberaumen. Über den Antrag entscheidet das Vollstreckungsgericht durch Beschluss, der zu begründen ist. Lehnt das Gericht den Antrag ab, ist dieser dem Gläubiger zuzustellen und dem (vorläufigen) Insolvenzverwalter oder Schuldner bekanntzugeben. Gibt das Vollstreckungsgericht dem Antrag statt, ist der Beschluss dem (vorläufigen) Insolvenzverwalter und im Fall des § 30d Abs. 2 dem Schuldner zuzustellen sowie dem Gläubiger bekanntzugeben.
Gegen den Beschluss ist die sofortige Beschwerde statthaft, § 30f Abs. 3 Satz 2 i.V.m. § 30b Abs. 3. Beschwerdeberechtigt ist derjenige, der durch den Beschluss in seiner Rechtsstellung betroffen ist.
Wenn mehrere Gläubiger betroffen sind, ist der Antrag nach § 30f von jedem Gläubiger einzeln zu stellen und vom Gericht in jedem einzelnen Fall zu entscheiden.
Bei rechtskräftiger Abweisung des Antrags kann der Gläubiger einen erneuten Antrag nur stellen, wenn er vorträgt, dass sich die maßgeblichen Verhältnisse geändert haben.

§ 31 ZVG [Fortsetzung auf Antrag des Gläubigers]

(1) Im Falle einer einstweiligen Einstellung darf das Verfahren, soweit sich nicht aus dem Gesetz etwas anderes ergibt, nur auf Antrag des Gläubigers fortgesetzt werden. Wird der Antrag nicht binnen sechs Monaten gestellt, so ist das Verfahren aufzuheben.

(2) Die Frist nach Absatz 1 Satz 2 beginnt
a) im Falle des § 30 mit der Einstellung des Verfahrens,
b) im Falle des § 30a mit dem Zeitpunkt, bis zu dem die Einstellung angeordnet war,
c) im Falle des § 30f Abs. 1 mit dem Ende des Insolvenzverfahrens, im Falle des § 30f Abs. 2 mit der Rücknahme oder der Abweisung des Antrags auf Eröffnung des Insolvenzverfahrens,
d) wenn die Einstellung vom Prozessgericht angeordnet war, mit der Wiederaufhebung der Anordnung oder mit einer sonstigen Erledigung der Einstellung.

(3) Das Vollstreckungsgericht soll den Gläubiger auf den Fristbeginn unter Bekanntgabe der Rechtsfolgen eines fruchtlosen Fristablaufs hinweisen; die Frist beginnt erst zu laufen, nachdem der Hinweis auf die Rechtsfolgen eines fruchtlosen Fristablaufs dem Gläubiger zugestellt worden ist.

Übersicht

		Rn.
I.	Allgemeines und Anwendungsbereich	1–3
II.	Fortsetzungsantrag des Gläubigers (Abs. 1 Satz 1)	4–9
1.	Antragsnotwendigkeit	4
2.	Voraussetzungen	5, 6
3.	Antragsrücknahme	7
4.	Bedingte und mit Einstellungsbewilligung verbundene Fortsetzungsanträge	8, 9
III.	Antragsfrist (Abs. 1 Satz 2, Abs. 2)	10–22
1.	Fristdauer und Fristversäumung	10, 11
2.	Fristberechnung und Fristbeginn	12–22
	a) Im Falle des § 30	13
	b) Im Falle des § 30a	14
	c) Im Falle des § 30f	15–17
	d) Bei Anordnung der Einstellung durch das Prozessgericht	18, 19
	e) Sonstige nicht in § 31 geregelte Einstellungen	20–22
IV.	Belehrung des Gläubigers (Abs. 3)	23, 24
V.	Entscheidung	25–28
VI.	Rechtsbehelfe	29, 30
1.	Des Schuldners	29
2.	Des Gläubigers	30

I. Allgemeines und Anwendungsbereich

§ 31 gilt für alle Zwangsvollstreckungsverfahren und regelt in Abs. 1 die Fortsetzung der eingestellten Zwangsversteigerung, sowie die gänzliche Aufhebung des Verfahrens von Amts wegen im Falle, dass der Gläubiger nicht fristgerecht (Rn. 10 ff.) die Fortsetzung beantragt. Die zeitliche Beschränkung des Antrags auf Fortsetzung durch Abs. 1 Satz 2 soll den zügigen Ablauf des Verfahrens garantieren.¹ In Abs. 2 ist der Fristbeginn, unterschieden nach dem Grund der Verfahrenseinstellung, geregelt und in Abs. 3 sieht das Gesetz eine Belehrungspflicht des Vollstreckungsgerichts gegenüber dem Gläubiger vor, um diesen vor unverschuldetem Rechtsverlust zu schützen.²

2 Die Fortsetzung des Verfahrens ist alleine bei **einstweilig eingestellten Verfahren** möglich, insbesondere also nicht bei Verfahren die noch nicht eingestellt sind³ und nicht bei Verfahren, die bereits aufgehoben oder aber auf sonstige Weise beendet wurden, bei denen dann nur eine Neuanordnung des Verfahrens in Betracht kommt.⁴ § 31 findet auch dann Anwendung, wenn das ZVG eine bestimmte Entscheidung der einstweiligen Einstellung gleichstellt, etwa in den Fällen von § 30 Abs. 2 oder § 86. Ebenso bei einstweiligen Einstellungen die gesetzlich angeordnet sind, wie beispielsweise § 3 Abs. 1 BahnG⁵. Bei verbundenen Verfahren gem. § 18 wirkt die Fortsetzung für alle Verfahren, ist dies nicht gewünscht, so ist eine Abtrennung einzelner Verfahren möglich.⁶

3 § 31 gilt nur für die Fälle, in denen die Fortsetzung des Verfahrens auf Antrag des Gläubigers betrieben wird, was freilich der Regelfall ist, da die Verfahrensfortsetzung ja in seinem Interesse liegt.⁷ § 31 ist nicht anwendbar, wenn sich aus dem Gesetz etwas anderes ergibt. Dies ist ausnahmsweise der Fall, wenn die **Fortsetzung des Verfahrens von Amts wegen** stattfindet. Eine Fortsetzung von Amts wegen erfolgt, wenn bei Einstellungen gem. § 28 ZVG, §§ 769 Abs. 2, 771 Abs. 3 ZPO, §§ 766 Abs. 1 Satz 2, 732 Abs. 2 ZPO, § 570 Abs. 2 und 3 ZPO, § 815 Abs. 2 Satz 2 ZPO, die dem Verfahren entgegenstehenden Hindernisse beseitigt sind.⁸

II. Fortsetzungsantrag des Gläubigers (Abs. 1 Satz 1)

1. Antragsnotwendigkeit

4 Für die Fortsetzung des Verfahrens ist gem. § 31 Abs. 1 Satz 1 ein Antrag des Gläubigers erforderlich. Diese Antragsnotwendigkeit gilt für alle einstweilig eingestellten Verfahren,⁹ aber auch nur für diese (Rn. 2) und nur soweit sich nicht aus dem Gesetz etwas Anderes ergibt, was bei von Amts wegen fortzusetzenden Verfahren der Fall ist (Rn. 3). Eine Antragsnotwendigkeit ist auch dann gegeben, wenn die Einstellungsvoraussetzungen wegfallen, etwa bei der Nichterfüllung von Auflagen gem. §§ 30a Abs. 3 bis 5, 30e oder aber bei einer befristeten einstweiligen Einstellung.¹⁰ Bei Fortsetzung ohne einen notwendigen Antrag, ist die Fortsetzung zwar wirksam, stellt aber einen Verfahrensverstoß dar.¹¹

2. Voraussetzungen

5 Antragsberechtigt ist der Gläubiger, der das jeweilige Einzelverfahren betreibt. Der Rechtsnachfolger des Gläubigers darf eine Verfahrensfortsetzung erst

---

1 *Hintzen*, in: *Dassler/Schiffhauer/u.a.*, ZVG, § 31 Rn. 1.
2 *Storz*, in: *Steiner*, ZVG, § 31 Rn. 37.
3 Beschl. vom 19.11.2009 – V ZB 118/09, Rpfleger 2010, 226.
4 *Storz*, in: *Steiner*, ZVG, § 31 Rn. 14; *Hintzen*, in: *Dassler/Schiffhauer/u.a.*, ZVG, § 31 Rn. 7.
5 Gesetz über Maßnahmen zur Aufrechterhaltung des Betriebs von Bahnunternehmen des öffentlichen Verkehrs, RGBl II 1934, 91.
6 *Storz*, in: *Steiner*, ZVG, § 31 Rn. 8.
7 *Böttcher*, ZVG, § 31 Rn. 1.
8 *Stöber*, ZVG, § 31 Rn. 1.2.
9 *Böttcher*, ZVG, § 31 Rn. 2.
10 *Hintzen*, in: *Dassler/Schiffhauer/u.a.*, ZVG, § 31 Rn. 2; *Storz*, in: *Steiner*, ZVG, § 31 Rn. 11.
11 BGH, Beschl. vom 19.11.2009 – V ZB 118/09, Rpfleger 2010, 226; *Böttcher*, ZVG, § 31 Rn. 2.

dann betreiben, wenn der Titel aus dem vollstreckt werden soll auf ihn umgeschrieben und zugestellt ist (zur Frist siehe unten Rn. 11).[12]

Der Antrag muss beim **zuständigen Vollstreckungsgericht** gestellt werden, die fortzusetzende Vollstreckungssache bezeichnen und zum Ausdruck bringen, dass der Gläubiger die Fortsetzung des Verfahrens verlangt. Ausreichend für einen Antrag ist daher, dass der Gläubiger gleich in welcher Weise erkennen lässt, dass er die weitere Durchführung des Verfahrens wünscht.[13] Dennoch sollte versucht werden, den Fortsetzungsantrag ausdrücklich zu formulieren. Für den Antrag hat das Gesetz keine bestimmte Form vorgeschrieben und auch einer Begründung bedarf es nicht. Der Gläubiger kann seinen Fortsetzungsantrag auf bestimmte (Einzel-)Gegenstände der Zwangsversteigerung beschränken und hat unter Umständen die Gründe für die Fortsetzung des Verfahrens nachzuweisen, etwa die Nichterfüllung von Auflagen gem. §§ 30a Abs. 3 bis 5, 30e.[14]

3. Antragsrücknahme

Eine Antragsrücknahme ist möglich, solange über den Fortsetzungsantrag noch nicht entschieden ist. Eine schlichte Antragsrücknahme vor einer Entscheidung des Gerichts über den Fortsetzungsantrag führt dazu, dass das Verfahren eingestellt bleibt. Diese Antragsrücknahme vor der Entscheidung ist nicht etwa als (neue) Einstellungsbewilligung zu verstehen. Nur eine Antragsrücknahme die zeitlich der Fortsetzungsentscheidung nachgelagert ist, kann als (neue) Einstellungsbewilligung des Gläubigers angesehen werden.[15] Wird der Fortsetzungsantrag nach Ablauf der Frist von § 31 Abs. 1 Satz 2 zurückgenommen, so muss dies zur sofortigen Verfahrensaufhebung führen.[16]

4. Bedingte und mit Einstellungsbewilligung verbundene Fortsetzungsanträge

Als Prozesshandlung sind **Fortsetzungsanträge bedingungsfeindlich,** wenn ihre Wirksamkeit von außerprozessualen Ereignissen abhängig gemacht wird. Insbesondere der Fortsetzungsantrag unter der Bedingung, dass auch andere Gläubige ihr Verfahren fortsetzen ist daher unzulässig.[17]

Zulässig ist eine Verbindung von Fortsetzungsantrag und Einstellungsbewilligung, es kann also das Verfahren fortgesetzt und sofort wieder eingestellt werden. Bewilligt ein Gläubiger gegen Ende der Fortsetzungsfrist die Einstellung, so ist diese als Fortsetzungsantrag, verbunden mit einer ernuten Einstellungsbewilligung anzusehen.[18] Dies gilt nicht im Fall des § 30 Abs. 1 Satz 2, wenn es sich um die dritte Einstellungsbewilligung handelt, da diese als Rücknahme des Versteigerungsantrags anzusehen ist. Der umgekehrte Fall, Bewilligung der Einstellung verbunden mit einer Fortsetzung nach Ablauf einer bestimmten Frist, ist aber als unzulässige Einstellung auf Zeit anzusehen.[19] Anderenfalls

---

12 *Storz,* in: *Steiner,* ZVG, § 31 Rn. 15; LG Detmold, Beschl. vom 28.11.2007 – 3 T 320/07, Rpfleger 2008, 148.
13 *Stöber,* ZVG, § 31 Rn. 4.1; *Hintzen,* in: *Dassler/Schiffhauer/u.a.,* ZVG, § 31 Rn. 4; BGH, Beschl. vom 19.11.2009 – V ZB 118/09, Rpfleger 2010, 226.
14 *Hintzen,* in: *Dassler/Schiffhauer/u.a.,* ZVG, § 31 Rn. 5.
15 *Böttcher,* ZVG, § 31 Rn. 8; *Hintzen,* in: *Dassler/Schiffhauer/u.a.,* ZVG, § 31 Rn. 10 empfiehlt im Lichte des § 139 ZPO Rücksprache mit dem Gläubiger zu halten.
16 *Stöber,* ZVG, § 31 Rn. 4.7.
17 *Böttcher,* ZVG, § 31 Rn. 7.
18 *Stöber,* ZVG, § 31 Rn. 4.4.
19 *Stöber,* ZVG, § 31 Rn. 4.4; a.A. *Hintzen,* in: *Dassler/Schiffhauer/u.a.,* ZVG, § 31 Rn. 6.

müsste in jeder unzulässig[20] zeitlich befristeten Einstellung ein solcher befristeter Fortsetzungsantrag zu sehen sein.[21]

III. Antragsfrist (Abs. 1 Satz 2, Abs. 2)

1. Fristdauer und Fristversäumung

10 Die Fristdauer beträgt gem. § 31 Abs. 1 Satz 2 sechs Monate. Mangels eines gesetzlich[22] besonders bestimmten Falles kann das Gericht diese Frist als gesetzliche Frist weder verlängern noch verkürzen, § 224 Abs. 2 ZPO a. E.[23] § 76 Abs. 2 Satz 2 verkürzt ausnahmsweise die Fristdauer auf drei Monate bei der Einstellung der Zwangsversteigerung wegen Deckung des Gläubigers aus einem Einzelausgebot. Durch Parteivereinbarung kann die Frist des § 31 Abs. 1 Satz 2 allerdings stets verkürzt werden,[24] da gem. § 224 Abs. 1 Satz 1 ZPO alle richterlichten und gesetzlichen Fristen durch formlosen Prozessvertrag verkürzt werden können, auch außergerichtlich und ohne Anwaltszwang.[25] Eine Verlängerung ist allerdings nicht möglich.[26] Von der Eröffnung des Insolvenzverfahrens wird die einstweilige Einstellung des Zwangsversteigerungsverfahrens nicht berührt. Die Frist für die Stellung des Fortsetzungsantrags gemäß § 31 Abs. 1 Satz 2 läuft unverändert weiter.[27]

11 Das Verfahren ist bei Fristversäumung von Amts wegen aufzuheben. Bei Fristversäumung, die auch dann vorliegt, wenn der verspätete Fortsetzungsantrag vor dem Aufhebungsbeschluss eingeht,[28] besteht nicht die Möglichkeit der Wiedereinsetzung in den vorigen Stand, § 233 ff. ZPO, da es sich bei der Frist des § 31 Abs. 1 Satz 2 nicht um eine Notfrist handelt.[29] Bei Rechtsnachfolge müssen zur Wahrung der Frist des § 31 Abs. 1 Satz 2 nicht nur der Fortsetzungsantrag, sondern auch die Vollstreckungsvoraussetzungen (Rechtsnachfolgeklausel, erneute Zustellung gem. § 750 Abs. 2 ZPO, Ablauf der Wartefrist gem. § 798 ZPO) innerhalb der Sechsmonatsfrist des § 31 Abs. 1 Satz 2 vorliegen.[30] Der Aufhebungsbeschluss ist zu begründen und wird gem. § 32 zugestellt.[31] Gegen den Aufhebungsbeschluss ist das Rechtsmittel der sofortigen Beschwerde statthaft (Rn. 30). Die Aufhebung des Verfahrens wird sofort mit der Bekanntgabe der aufhebenden Entscheidung wirksam, ohne dass es auf die Rechtskraft der Entscheidung ankommt. Auch bei einer erfolgreichen sofortigen Beschwerde gegen die Aufhebung erfordert die Fortführung der Vollstreckung eine Neuvornahme und kann nicht durch die Aufhebung der Aufhe-

---

20 Für die Unzulässigkeit der Befristung auch *Hintzen*, in: *Dassler/Schiffhauer/u.a.*, ZVG, § 30 Rn. 11.
21 LG Traunstein, Beschl. vom 24.6.1988 – 4 T 2069/88, Rpfleger 1989, 35 f.; a. A. LG Frankfurt a. M., Beschl. vom 27.1.1986 – 2/9 T 1294/85, Rpfleger 1986, 231.
22 *Stadler*, in: *Musielak*, ZPO, § 224 Rn. 3.
23 *Hintzen*, in: *Dassler/Schiffhauer/u.a.*, ZVG, § 31 Rn. 8; LG Frankenthal, Beschl. vom 17.12.1982 – 1 T 370/82, Rpfleger 1983, 120.
24 *Hintzen*, in: *Dassler/Schiffhauer/u.a.*, ZVG, § 31 Rn. 8; *Böttcher*, ZVG, § 31 Rn. 9; a. A. *Stöber*, ZVG, § 31 Rn. 3.11.
25 *Roth*, in: *Stein/Jonas*, ZPO, § 224 Rn. 2; *Stadler*, in: *Musielak*, ZPO, § 224 Rn. 1; *Gehrlein*, in: *MünchKomm*, BGB, § 224 Rn. 2; *Stöber*, in: *Zöller*, ZPO, § 224 Rn. 2.
26 *Hintzen*, in: *Dassler/Schiffhauer/u.a.*, ZVG, § 31 Rn. 8; *Böttcher*, ZVG, § 31 Rn. 9; *Storz*, in: *Steiner*, ZVG, § 31 Rn. 18; a. A. *Jonas/Pohle*, Zwangsvollstreckungsnotrecht, 16. Aufl., 1954, § 31 Anm. 3e; ohne klare Entscheidung: *Stöber*, ZVG, § 31 Rn. 3.11.
27 AG Göttingen, Beschl. vom 16.11.1999 – 71 K 2/98, Rpfleger 2000, 121; zustimmend *Hintzen*, EWiR 2000, 255.
28 *Böttcher*, ZVG, § 31 Rn. 19.
29 *Böttcher*, ZVG, § 31 Rn. 9.
30 LG Detmold, Beschl. vom 28.11.2007 – 3 T 320/07, Rpfleger 2008, 148; a. A. *Alff*, RPfleger 2008, 148.
31 *Storz*, in: *Steiner*, ZVG, § 31 Rn. 53; *Hintzen*, in: *Dassler/Schiffhauer/u.a.*, ZVG, § 31 Rn. 9.

bungsentscheidung wiederhergestellt werden.³² Mit Aufhebung der Vollstreckungsmaßnahme erlöschen damit alle ihre Wirkungen und es besteht insbesondere für den Gläubiger die Gefahr des Rangverlustes der Vollstreckungsmaßnahme.³³ Um dieser für den Gläubiger ungünstigen Situation und einem damit etwaig einhergehenden Schaden vorzubeugen ist es angezeigt im Beschluss anzuordnen, dass das Verfahren erst mit Rechtskraft des Beschlusses aufgehoben ist.³⁴

2. Fristberechnung und Fristbeginn

12 Für den Fortsetzungsantrag bemisst sich die Fristberechnung nach §§ 186 ff. BGB i. V. m. §§ 222 ZPO. Da der Gläubiger vor unverschuldetem Rechtsverlust geschützt werden soll, beginnt die Frist für den Fortsetzungsantrag frühestens zu laufen, wenn dem Gläubiger der Hinweis auf die Rechtsfolgen eines fruchtlosen Fristablaufs (Rn. 11) zugestellt worden ist, § 31 Abs. 3. Der Gläubiger kann die Fortsetzung immer erst dann verlangen, wenn der Einstellungsgrund weggefallen ist, weshalb sich der Fristbeginn im Einzelnen auch stets nach dem Einstellungsgrund richtet:³⁵

13 a) **Im Falle des § 30.** Im Falle des § 30 bewilligt der Gläubiger von sich aus die Einstellung des Verfahrens (vgl. § 30), daher kann er auch die Fortsetzung des Verfahrens jederzeit betreiben und die Antragsfrist dafür beginnt mit der Einstellung selbst, § 31 Abs. 2 Buchst. a.³⁶ Unter Einstellung ist die Zustellung des Einstellungsbeschlusses zu verstehen, im Falle einer Zuschlagsversagung ist die Rechtskraft des Versagungsbeschlusses maßgeblich, da dieser ab Rechtskraft wie eine einstweilige Einstellung wirkt, §§ 33, 86.³⁷

14 b) **Im Falle des § 30a.** § 30a regelt die Einstellung auf Antrag des Schuldners, im Falle einer solchen Einstellung beginnt die Frist für den Fortsetzungsantrag mit dem Zeitpunkt zu laufen, bis zu dem die Einstellung angeordnet war, § 31 Abs. 2 Buchst. b. § 31 Abs. 2 Buchst. b gilt auch für Einstellungen nach § 30c und analog für Einstellungen nach §§ 180 Abs. 2 und 3 und § 765a ZPO.³⁸ Grundsätzlich ist eine Verfahrensfortsetzung für den Gläubiger erst dann möglich, wenn die im Einstellungsbeschluss bestimmte Einstellungsdauer, § 30a Abs. 1, abgelaufen ist, es gibt hier folglich einen Gleichlauf von Fristbeginn und Außerkrafttreten der Verfahrenseinstellung. Anders verhält es sich in den Fällen des § 30a Abs. 3 bis 5, obgleich hier bei Verletzung der vom Gericht angeordneten Auflagen ein Außerkrafttreten der Verfahrenseinstellung stattfindet und der Gläubiger dann bereits die Verfahrensfortsetzung verlangen kann (vgl. § 30a Rn. 16 ff.), ist auch hier der Fristbeginn erst in dem Zeitpunkt des im Einstellungsbeschluss angeordneten Einstellungsendes, § 31 Abs. 2 Buchst. b.³⁹

15 c) **Im Falle des § 30f.** § 30f regelt die Voraussetzungen für die Aufhebung der einstweiligen Einstellung, die gem. § 30d durch ein Insolvenzverfahren veranlasst war. Fristbeginn für den Fortsetzungsantrag ist im Falle des § 30f Abs. 1 das Ende des Insolvenzverfahrens, § 31 Abs. 2 Buchst. c. Da § 31 Abs. 2 Buchst. c im Zusammenhang mit §§ 30d, 30f steht, gilt er nur nach dem 31. Dezember 1998 beantragte Insolvenzverfahren, für diejenigen, die vor dem 1. Januar 1999 beantragt wurden, müssen die §§ 30d, 30f a. F. herangezogen

---

32 OLG Saarbrücken, Beschl. vom 17.6.1991 – 5 W 66/91, Rpfleger 1991, 513.
33 *Hintzen*, in: *Dassler/Schiffhauer/u. a.*, ZVG, § 31 Rn. 9 m. w. N.
34 *Storz*, in: *Steiner*, ZVG, § 31 Rn. 53; *Stöber*, ZVG, § 31 Rn. 4.3; *Böttcher*, ZVG, § 31 Rn. 19; *Hintzen*, in: *Dassler/Schiffhauer/u. a.*, ZVG, § 31 Rn. 9.
35 *Stöber*, ZVG, § 31 Rn. 3.1.
36 *Stöber*, ZVG, § 31 Rn. 3.3.
37 *Storz*, in: *Steiner*, § 31 Rn. 24.
38 *Stöber*, ZVG, § 31 Rn. 3.3, 3.5; *Böttcher*, ZVG, § 30a Rn. 56.
39 *Hintzen*, in: *Dassler/Schiffhauer/u. a.*, ZVG, § 31 Rn. 14.

werden.⁴⁰ Beendet ist das Insolvenzverfahren entweder bei Aufhebung, §§ 200, 258 InsO oder bei Einstellung, §§ 207, 211, 212, 213 InsO. Fälle des § 30f Abs. 1 sind die Einstellung des Verfahrens auf Antrag des Insolvenzverwalters, § 30d Abs. 1, die auf Antrag des Schuldners nach Vorlage des Insolvenzplans, § 30d Abs. 2 und die auf Antrag des Schuldners im Verfahren der Eigenverwaltung.⁴¹ Wirksam beendet ist das Insolvenzverfahren erst mit öffentlicher Bekanntmachung, §§ 200 Abs. 2 Satz 1, 258 Abs. 3 Satz 1, 215 Abs. 1 Satz 1 InsO, diese gilt mit Ablauf des zweiten Tages nach dem Tag der Veröffentlichung als bewirkt, § 9 Abs. 1 Satz 1 InsO.⁴² Auch wenn eine Verfahrensfortsetzung gem. § 30f Abs. 1 Satz 1 bereits früher für den Gläubiger möglich ist, ist Fristbeginn erst mit Ende des Insolvenzverfahrens, also mit wirksamer Bekanntmachung.⁴³

16 Für den Fortsetzungsantrag im Falle des § 30f Abs. 2, also wenn das Verfahren auf Antrag des vorläufigen Insolvenzverwalters im Eröffnungsverfahren gem. §§ 30d Abs. 4, 30f Abs. 2 einstweilen eingestellt wurde, ist Fristbeginn mit der Rücknahme oder der Abweisung des Antrags auf Eröffnung des Insolvenzverfahrens, § 31 Abs. 2 Buchst. c.

17 Auch wenn ein Insolvenzverwalter ein Grundstück aus der Insolvenzmasse freigegeben hat, liegt keine wirksame Insolvenzbeschlagnahme mehr vor und das Zwangsversteigerungsverfahren kann ebenfalls auf Antrag des Gläubigers fortgesetzt werden.⁴⁴ Zwar führt § 30f Abs. 1 und 2 die Freigabe des Grundstücks durch den Insolvenzverwalter aus der Insolvenzmasse nicht als Aufhebungsgrund auf, doch handelt es sich auch hier um einen Aufhebungsgrund gem. § 30f Abs. 1 Satz 2, denn der Schuldner erlangt mit der Freigabe wieder die volle Verwaltungs- und Verfügungsbefugnis über das Grundstück, das zur Insolvenzmasse gehört hat.⁴⁵ Fristbeginn muss dann die wirksame Freigabe sein; die Freigabe ist eine einseitige empfangsbedürftige Willenserklärung, § 130 Abs. 1 BGB gegenüber dem Schuldner⁴⁶ und damit folglich mit Zugang beim Schuldner wirksam.

18 **d) Bei Anordnung der Einstellung durch das Prozessgericht.** § 31 Abs. 2 Buchst. d gilt nach seinem Wortlaut in direkter Anwendung nur für Einstellungen durch das Prozessgericht, in analoger Anwendung gilt er für Einstellungen durch das Vollstreckungsgericht gem. §§ 732 Abs. 2, 766 Abs. 1 Satz 2, 769 Abs. 2 ZPO.⁴⁷

19 Das Prozessgericht kann die Einstellung des Verfahrens durch Einstellungsbeschluss, einstweilige Anordnung oder einstweilige Verfügung anordnen, vgl. z. B. §§ 707, 719, 769, 770 ZPO, §§ 767, 768, 771 Abs. 3 ZPO.⁴⁸ Ist dies der Fall, so besteht für den Gläubiger erst ab der Wiederaufhebung durch das Prozessgericht oder aber bei sonstiger Erledigung der Einstellung die Möglichkeit, eine Fortsetzung des Verfahrens zu betreiben.⁴⁹ Auch in diesem Zeitpunkt beginnt gem. § 31 Abs. 2 Buchst. d die Frist für den erforderlichen Fortsetzungsantrag zu laufen. Wiederaufhebung ergeht durch einen (Abänderungs-) Beschluss des Prozessgerichts, beispielsweise gem. §§ 707, 719, 769 ZPO.⁵⁰

---

40 *Stöber*, ZVG, § 31 Rn. 1.3, § 30d Rn. 1.3.
41 *Stöber*, ZVG, § 31 Rn. 3.4.
42 *Böttcher*, ZVG, § 31 Rn. 13.
43 *Hintzen*, in: *Dassler/Schiffhauer/u. a.*, ZVG, § 31 Rn. 15; *Storz*, in: *Steiner*, § 31 Rn. 26; *Stöber*, ZVG, § 31 Rn. 3.4.
44 *Hintzen*, in: *Dassler/Schiffhauer/u. a.*, ZVG, § 31 Rn. 18; *Stöber*, ZVG, § 31 Rn. 3.4.
45 *Stöber*, NZI, 1998, 105, 110.
46 *Lwowski/Peters*, in: *MünchKomm*-InsO, § 35 Rn. 100.
47 *Storz*, in: *Steiner*, ZVG, § 31 Rn. 32.
48 *Storz*, in: *Steiner*, ZVG, § 31 Rn. 30.
49 *Stöber*, ZVG, § 31 Rn. 3.6.
50 *Krüger/Schmidt*, in: *MünchKomm*-ZPO, § 707 Rn. 22, § 769 Rn. 27.

Eine sonstige Erledigung liegt vor, wenn die Einstellungszeit abgelaufen ist oder sich der Prozess in dessen Rahmen die Einstellung stattfand, rechtskräftig erledigt hat, etwa durch Zurückweisung des Rechtsmittels oder durch einen Vergleich.[51] Das Wegfallen der Einstellung hat der Gläubiger nachzuweisen, etwa durch Vorlage des Beschlusses, eines Urteils oder eines Vergleichs.[52]

e) **Sonstige nicht in § 31 geregelte Einstellungen.** Stellt das Vollstreckungsgericht gem. § 76 Abs. 1 ein, so gilt eine auf drei Monate verkürzte Antragsfrist gem. § 76 Abs. 2 Satz 2. Fristbeginn ist bei dieser Ereignisfrist gem. § 187 Abs. 1 BGB der Tag nach dem Versteigerungstermin. **20**

Bei der Einstellung nach § 3 Abs. 1 Satz 2 BahnG (s. o. Fn. 4) ist bis zum Erlöschen der Betriebsgenehmigung oder bis zur Erteilung der Zustimmung der Aufsichtsbehörde die Zwangsversteigerung, auch wenn sie nach Inkrafttreten dieses Gesetzes angeordnet wird, einstweilen eingestellt. Gem. § 3 Abs. 3 BahnG beginnt die Antragsfrist nach § 31 Abs. 2 konsequenter Weise auch erst mit diesem Zeitpunkt, in dem die Einstellung endet. **21**

Für die Fälle einer Einstellung durch das Vollstreckungsgericht gem. § 75 (Einzahlungs- oder Überweisungsnachweis im Termin), gem. § 77 (Mangel an Geboten) und der Einstellungen gem. § 775 ZPO regelt das Gesetz keine Einstellungszeit, deshalb ist es dem Gläubiger jederzeit möglich, die Fortsetzung des Verfahrens zu betreiben. Für die Antragsfrist gilt § 31 Abs. 2 analog, sodass diese mit der Zustellung der Belehrung über den Fortsetzungsantrag beginnt, § 31 Abs. 3. **22**

IV. Belehrung des Gläubigers (Abs. 3)

Der Gläubiger soll auf den Fristbeginn und auf die Rechtsfolgen eines erfolglosen Fristablaufes hingewiesen werden. Zuständig dafür ist das Vollstreckungsgericht, das das Verfahren eingestellt oder die Einstellung vollzogen hat. Um dem Sinn dieser Bestimmung gerecht zu werden, bestimmt das Gesetz, dass Fristbeginn für den Fortsetzungsantrag frühestens mit dieser Belehrung eintritt. Die Belehrung ist nicht an eine bestimmte **Form** gebunden und erfolgt in der Regel sofort mit dem Einstellungsbeschluss, kann aber auch gesondert (nachgeholt und) zugestellt werden. Zu beachten ist, dass die Belehrung so rechtzeitig zu erfolgen hat, dass sich der Fristbeginn nicht verzögert.[53] **23**

Die Belehrungspflicht gilt nicht nur für die Fälle, die § 31 Abs. 2 ausdrücklich aufführt, sondern grundsätzlich für alle Einstellungen.[54] Eine Belehrungspflicht entfällt aber, wenn der Gläubiger seinen Fortsetzungsantrag schon gestellt hat oder auch wenn das Verfahren ohnehin von Amts wegen fortzusetzen ist (Rn. 3).[55] Auch im Falle der Frist des § 76 Abs. 2 Satz 2 ist keine Belehrung erforderlich,[56] wenngleich sie doch ein nobile officium des Gerichts darstellt.[57] **24**

V. Entscheidung

Die Fortsetzung durch das Vollstreckungsgericht erfolgt üblicherweise durch Beschluss, obgleich keine gesetzliche Regelung hierzu besteht, denn die Fort- **25**

---

51 *Stöber*, ZVG, § 31 Rn. 3.6.
52 *Hintzen*, in: *Dassler/Schiffhauer/u. a.*, ZVG, , § 31 Rn. 19.
53 *Stöber*, ZVG, § 31 Rn. 2.3.
54 *Hintzen*, in: *Dassler/Schiffhauer/u. a.*, ZVG, § 31 Rn. 24, *Stöber*, ZVG, § 31 Rn. 2.5.
55 *Böttcher*, ZVG, § 31 Rn. 18.
56 A.A. ohne nähere Begründung: *Hintzen*, in: *Dassler/Schiffhauer/u. a.*, ZVG, § 31 Rn. 24.
57 *Böttcher*, ZVG, § 76 Rn. 7.

setzung ist der actus contrarius zur Verfahrenseinstellung, die gem. § 32 durch Beschluss erfolgt.[58] Ein Fortsetzungsbeschluss ist nach allg. M.[59] empfehlenswert, da den Beteiligten von der Verfahrensfortsetzung Kenntnis zu erteilen ist, weiter festgestellt werden kann, wer das Verfahren noch betreibt, ob der Schuldner gem. § 30b Abs. 1 Satz 2 belehrt wurde und welcher Anspruch gem. § 44 dem geringsten Gebot zugrunde zu legen ist. Eine Begründung des Beschlusses ist empfehlenswert, da die fehlende Begründung einen Verfahrensmangel darstellen kann.[60] Auch ohne Fortsetzungsbeschluss muss, falls noch ein Einstellungsantrag möglich ist, eine Belehrung des Schuldners gem. § 30b Abs. 1 Satz 2 erfolgen.[61]

26 Zuzustellen ist der Fortsetzungsbeschluss an sich nicht und die formlose Mitteilung gem. § 329 Abs. 2 Satz 1 ZPO wäre ausreichend. Die Belehrung des Vollstreckungsschuldners ist aber gem. § 30b Abs. 1 Satz 2 zuzustellen und in anderen Fällen, etwa bei § 44 Abs. 2, kann Zustellung erforderlich sein.[62] Jedenfalls sollte daher der Fortsetzungsbeschluss dem Schuldner zugestellt werden.

27 Eine Verfahrensfortsetzung ist bis zur Rechtskraft des Zuschlags möglich. Das gilt jedenfalls vor Zuschlagserteilung, danach kann bis zur Rechtskraft des Zuschlags unter der aufschiebenden Bedingung, dass der Zuschlag durch ein Rechtsmittel wieder aufgehoben wird, fortgesetzt werden. Durch den Eintritt der Bedingung betreibt der Gläubiger das Verfahren wieder, falls er seinen Fortsetzungsantrag innerhalb der Antragsfrist gestellt hat.[63]

28 Auch die Ablehnung eines Fortsetzungsantrages ergeht durch Beschluss, der dem Schuldner mitgeteilt wird und dem Gläubiger zuzustellen ist.[64] Bei nicht fristgerechtem Fortsetzungsantrag ergeht die Ablehnung im Rahmen der Verfahrensaufhebung gem. § 31 Abs. 1 Satz 2 und muss nicht besonders verbeschieden werden.[65]

VI. Rechtsbehelfe

1. Des Schuldners

29 Hält der Schuldner den Fortsetzungsbeschluss für fehlerhaft, kann er dagegen mit der sofortigen Beschwerde gem. § 11 Abs. 1 RPflG, § 793 ZPO vorgehen. Wurde er vor Erlass nicht gehört, so kommt noch die Vollstreckungserinnerung gem. § 766 ZPO in Betracht.
Hält der Schuldner die Fortsetzung aus materiellen Gründen für unzulässig, muss er gem. § 767 ZPO klagen. Im Falle einer Einstellung nach § 775 Nr. 4 und Nr. 5 ZPO braucht der Gläubiger nur das Vorliegen der Voraussetzungen zu bestreiten, bei der Fortsetzung der Vollstreckung kann der Schuldner nur noch die Vollstreckungsabwehrklage gem. § 767 ZPO erheben.[66] Die mit der Fortsetzung verbundene Belehrung gem. § 30b I 2 kann isoliert mit der Vollstreckungserinnerung gem. § 766 ZPO angegriffen werden.[67]

---

58 *Hintzen*, in: *Dassler/Schiffhauer/u. a.*, ZVG, § 31 Rn. 11.
59 *Stöber*, ZVG, § 31 Rn. 5.5 m. w. N. in Fn. 21.
60 *Storz*, in: *Steiner*, § 31 Rn. 44.
61 *Stöber*, ZVG, § 31 Rn. 5.4.
62 *Stöber*, ZVG, § 31 Rn. 5.8.
63 *Stöber*, ZVG, § 31 Rn. 5.11.
64 *Stöber*, ZVG, § 31 Rn. 5.10.
65 *Storz*, in: *Steiner*, ZVG, § 31 Rn. 45.
66 *Lackmann*, in: *Musielak*, ZPO, § 775 Rn. 13.
67 *Böttcher*, ZVG, § 31 Rn. 26.

2. Des Gläubigers

Im Falle der Ablehnung des Fortsetzungsantrags und bei der Verfahrensaufhebung nach Fristablauf gem. § 31 I 2 ist die sofortige Beschwerde gem. § 11 Abs. 1 RPflG, § 793 ZPO gegeben, § 95 ZVG.[68] Die mit der Fortsetzung verbundene Belehrung gem. § 30b I 2 kann isoliert mit der Vollstreckungserinnerung gem. § 766 ZPO angegriffen werden.[69]

---

[68] *Brox/Walker*, ZwangsVollstr. Recht, Rn. 883.
[69] *Böttcher*, ZVG, § 31 Rn. 26.

§ 32 ZVG [Zustellung des Aufhebungs- oder Einstellungsbeschlusses]

Der Beschluss, durch welchen das Verfahren aufgehoben oder einstweilen eingestellt wird, ist dem Schuldner, dem Gläubiger und, wenn die Anordnung von einem Dritten beantragt war, auch diesem zuzustellen.

Übersicht

		Rn.
I.	Allgemeines und Anwendungsbereich	1, 2
II.	Zustellungsempfänger	3–6
III.	Formlose Mitteilungen	7–8

I. Allgemeines und Anwendungsbereich

1 § 32 bestimmt für das Vollstreckungsgericht an wen der Aufhebungs- oder Einstellungsbeschluss zuzustellen ist. Die Zustellung erfolgt gem. §§ 3 ff. von Amts wegen, auch wenn sich die Verfahrensaufhebung oder -einstellung nur auf einen Zubehörgegenstand beschränkt.[1] Ein Verzicht auf die Zustellung ist nicht möglich,[2] da sie nicht nur im Interesse des Zustellungsempfängers liegt, sondern auch Fristen in Gang setzt und andere Rechtsfolgen auslöst.[3] Insbesondere die Rechtsmittelfrist beginnt erst mit der Zustellung zu laufen. Zwar werden verkündete Beschlüsse erst mit deren Verkündung wirksam, doch ist die Einlegung eines Rechtsmittels schon zwischen Verkündung und Zustellung möglich.[4]

2 Die Zustellungsverpflichtung gilt grundsätzlich für alle Aufhebungs- und Einstellungsbeschlüsse des Vollstreckungsgerichts, die Zustellung erfolgt unabhängig von der Verkündung des Beschlusses – § 32 verdrängt insoweit § 329 ZPO. § 32 ist aber nicht anwendbar, wenn der Aufhebungs- oder Einstellungsbeschluss nach dem Schluss der Versteigerung in Form der Zuschlagsversagung verkündet wurde, §§ 33, 86, 87 Abs. 1. In diesem Fall ist zu beachten, dass falls eine Fortsetzung noch zulässig ist, eine Belehrung gem. § 31 Abs. 3 schon der Zustellung bedarf und insbesondere auch die Rechtsmittelfrist bereits mit der Verkündung zu laufen beginnt, § 98.[5] Ebenfalls nicht anwendbar ist § 32 wenn der Aufhebungs- oder Einstellungsantrag abgelehnt wird, insofern gilt § 329 Abs. 3 ZPO und es wird nur an den Antragsteller zugestellt. Wurde der Gegner besonders gehört, erhält er eine formlose Mitteilung.[6]

II. Zustellungsempfänger

3 Zuzustellen ist dem **Schuldner**, dem **Gläubiger** und, wenn die Anordnung von einem **Dritten** beantragt war, auch diesem.

4 Das Gesetz versteht unter **Schuldner** den Vollstreckungsschuldner, § 9, seinen Rechtsnachfolger und den Insolvenzverwalter. Dem nach der Beschlagnahme eingetretenen Eigentümer, § 26, ist nur zuzustellen, wenn er selbst Vollstreckungsschuldner geworden ist (§ 26 Rn. 5 f.).[7]

---

[1] Hintzen, in: Dassler/Schiffhauer/u.a., ZVG, § 32 Rn. 2.
[2] Böttcher, ZVG, § 32 Rn. 1.
[3] Stöber, ZVG, § 32 Rn. 2.2; Hintzen, in: Dassler/Schiffhauer/u.a., ZVG, § 32 Rn. 4; Storz, in: Steiner, ZVG, § 32 Rn. 4.
[4] Storz, in: Steiner, ZVG, § 32 Rn. 7.
[5] Stöber, ZVG, § 32 Rn. 2.3, Rn. 6.
[6] Storz, in: Steiner, ZVG, § 32 Rn. 9.
[7] Hintzen, in: Dassler/Schiffhauer/u.a., ZVG, § 32 Rn. 5.

Das Gesetz versteht unter **Gläubiger** den Vollstreckungsgläubiger, § 9 und dessen Rechtsnachfolger. Nur der betreibende Gläubiger ist von dem Aufhebungs- bzw. Einstellungsbeschluss betroffen, weshalb wegen der Selbstständigkeit der Einzelverfahren nur diesem zuzustellen ist, anderen Gläubigern ist nicht zuzustellen.[8] Werden bei Vollstreckungsgläubigermehrheit mehrere Einzelverfahren gleichzeitig aufgehoben oder eingestellt, so ist freilich allen Einzelgläubigern zuzustellen.[9]

Dritten ist dann zuzustellen, wenn von diesen die Aufhebung oder Einstellung beantragt wurde, z. B. nach § 28 oder nach § 769 Abs. 2 ZPO.[10]

III. Formlose Mitteilungen

Unter Umständen kann es sinnvoll sein, den Aufhebungs- oder Einstellungsbeschluss formlos mitzuteilen, wenn eine Zustellung nicht erforderlich ist. Etwa ist die Benachrichtigung des nach Beschlagnahme eingetretenen Grundstückeigentümers, § 26, (oben Rn. 4) ratsam. Die Mitteilung an den Drittschuldner, § 22 Abs. 2, ist sinnvoll und wenn der Anordnungsbeschluss weiteren Personen oder Stellen zugestellt bzw. mitgeteilt worden ist, sollte auch die Aufhebung oder Einstellung des Verfahrens mitgeteilt werden.[11] Wurde bei einer Ablehnung des Aufhebungs- oder Einstellungsantrags der Gegner besonders gehört, so erhält er eine formlose Mitteilung (oben Rn. 2).

Wurde die Terminsbestimmung mehreren Beteiligten zugestellt und muss wegen des Beschlusses auch der Versteigerungstermin aufgehoben werden, so muss an alle Beteiligten eine formlose Mitteilung der Terminsabladung ergehen.[12]

---

8 *Stöber*, ZVG, § 32 Rn. 2.2.
9 *Storz*, in: Steiner, ZVG, § 32 Rn. 12.
10 *Hintzen*, in: *Dassler/Schiffhauer/u. a.*, ZVG, § 32 Rn. 4.
11 *Hintzen*, in: *Dassler/Schiffhauer/u. a.*, ZVG, § 32 Rn. 5; *Stöber*, ZVG, § 32 Rn. 2.2.
12 *Hintzen*, in: *Dassler/Schiffhauer/u. a.*, ZVG, § 32 Rn. 5; *Stöber*, ZVG, § 32 Rn. 2.2.

§ 33 ZVG [Entscheidung durch Versagung des Zuschlags]

Nach dem Schlusse der Versteigerung darf, wenn ein Grund zur Aufhebung oder zur einstweiligen Einstellung des Verfahrens oder zur Aufhebung des Termins vorliegt, die Entscheidung nur durch Versagung des Zuschlags gegeben werden.

Schrifttum: Mohrbutter, Berufung auf § 765a ZPO nach dem Schluss der Versteigerung (§ 73 Abs. 2 ZVG), Rpfleger 1967, 102.

Übersicht	Rn.
I. Allgemeines und Anwendungsbereich	1–7
1. Sinn und Zweck der Norm	1
2. Sachlicher Anwendungsbereich	2, 3
3. Zeitlicher Anwendungsbereich	4–7
II. Versagung des Zuschlags	8–16
1. Aufhebungs- und Einstellungsgründe	8, 9
2. Teilaufhebung und Teileinstellung	10
3. Versagung des Zuschlags bei mehreren Gläubigern	11–16
III. Entscheidung	17–19
IV. Rechtsbehelfe	20, 21

I. Allgemeines und Anwendungsbereich

1. Sinn und Zweck der Norm

1 § 33 regelt für den Fall eines Aufhebungs- oder Einstellungsgrundes, der sich erst nach Schluss der Versteigerung ergibt, dass die Entscheidung durch Versagung des Zuschlags ergehen muss. Sinn und Zweck dieser Regelung ist, dass etwaige Fehlentscheidungen, die positiv über eine Aufhebung oder einstweilige Einstellung des Verfahrens ergehen, nicht zu einem sofortigen Erlöschen des Meistgebots gem. § 72 Abs. 3 führen. § 33 vermeidet durch die Versagung des Zuschlags diese Rechtsfolge und ermöglicht es, dass das Meistgebot im Falle eines erfolgreichen Rechtsmittels gem. § 86 wirksam bleibt und sodann den Zuschlag erhält.[1]

2. Sachlicher Anwendungsbereich

2 § 33 gilt für alle Versteigerungsverfahren, auch für die Insolvenzverwalter-, Nachlass- und Teilungsversteigerung und auch für Aufhebungs- und Einstellungsfälle aller Art, z.B. §§ 28, 29, 30, 30a, 30c, 30d, 31, 75, 76 sowie §§ 765a, 769, 775, 776 ZPO, auch wenn § 28 entsprechend anzuwenden ist.[2]

3 § 33 gilt unmittelbar nur, wenn nur **ein Gläubiger** aus einer Forderung die Zwangsversteigerung betreibt und dafür Aufhebungs- oder Einstellungsgründe vorliegen,[3] oder bei **mehreren Gläubigern** (hierzu Rn. 11 ff.) die Aufhebungs- oder Einstellungsgründe sich auf alle betriebenen Verfahren,[4] zumindest aber das bestrangig betriebene Verfahren,[5] das dem Geringsten Gebot, §§ 44 ff.,

---

1 Hintzen, in: Dassler/Schiffhauer/u.a., ZVG, § 33 Rn. 1.
2 Storz, in: Steiner, ZVG, § 33 Rn. 4.
3 OLG Köln, Beschl. vom 16.6.1989 – 2 W 47/89, Rpfleger 1990, 176.
4 Hintzen, in: Dassler/Schiffhauer/u.a., ZVG, § 33 Rn. 7.
5 Storz, in: Steiner, ZVG, § 33 Rn. 9.

zugrunde liegt, beziehen. Hingegen nicht, wenn sich die Aufhebungs- oder Einstellungsgründe nicht auf das bestrangig betriebene Verfahren beziehen.[6]

3. Zeitlicher Anwendungsbereich

Der zeitliche Anwendungsbereich liegt **nach Verkündung des Schlusses der Versteigerung**, § 72 Abs. 2 und **vor der Entscheidung über den Zuschlag**, also vollständiger Verkündung des Zuschlags. In diesem Zeitraum muss die Entscheidung über die Aufhebung oder Einstellung durch Versagung des Zuschlags erfolgen.[7] Ist allerdings in diesem Zeitraum kein zulässiges Gebot abgegeben worden oder sind alle Gebote erloschen, so gilt die Sonderregelung des § 77, wonach das Verfahren von Amts wegen einzustellen oder aufzuheben ist und § 33 daher keine Anwendung findet.[8]

Ist der Schluss der Versteigerung noch nicht verkündet, so führt dies nicht zu Versagung des Zuschlags, sondern zum Beginn einer neuen Bietzeit.

Auch für den Fall, dass der Aufhebungs- oder Einstellungsgrund bereits vor Schluss der Versteigerung entstanden ist, allerdings noch nicht bekannt war oder berücksichtigt wurde, gilt die Regelung des § 33.[9] Ausreichend ist, dass das Vollstreckungsgericht einen früher entstandenen Grund, entgegen seiner vorherigen Ansicht, bei erneuter Prüfung als Aufhebungs- oder Einstellungsgrund erachtet.[10]

§ 33 gilt auch im Rechtsmittelverfahren.[11] Das Rechtmittelgericht, das den Zuschlag aufgehoben hat, muss dann gem. § 33 den Zuschlag versagen, wenn ein nach Schluss der Versteigerung und vor der Entscheidung über den Zuschlag eingetretener Aufhebungs- oder Einstellungsgrund bei Erteilung des Zuschlags nicht berücksichtigt worden ist (Rn. 21).[12]

II. Versagung des Zuschlags

1. Aufhebungs- und Einstellungsgründe

§ 33 gilt für alle Aufhebungs- und Einstellungsfälle mit Ausnahme von § 77 (oben Rn. 2 und Rn. 4).

Im Falle eines Antrags beim Vollstreckungsgericht auf Einstellung des Verfahrens nach § 769 Abs. 2 ZPO, der nach Schluss der Versteigerung und vor Verkündung des Zuschlags gestellt wird, hat das Vollstreckungsgericht den Verkündungstermin, § 87, bis zu einer Entscheidung des Prozessgerichts hinaus zu schieben.[13] Andernfalls hätte das Vollstreckungsgericht zu Unrecht den Zuschlag versagt, wenn das Prozessgericht in seiner Entscheidung die Einstellung ablehnt. Wurde der Zuschlag rechtskräftig durch das Vollstreckungsgericht versagt, so bedarf es einer Fortsetzung der Zwangsvollstreckung mit erneuter Versteigerung, die Einstellung hätte ein Erlöschen der Gebote zur Folge, § 72 Abs. 3.[14]

---

6 *Stöber*, ZVG, § 33 Rn. 2.2.
7 *Hintzen*, in: *Dassler/Schiffhauer/u. a.*, ZVG, § 33 Rn. 6.
8 *Stöber*, ZVG, § 33 Rn. 2.1.
9 *Stöber*, ZVG, § 33 Rn. 2.1.
10 *Hintzen*, in: *Dassler/Schiffhauer/u. a.*, ZVG, § 33 Rn. 2.
11 *Stöber*, ZVG, § 33 Rn. 2.5 m.w.N.; a.A. KG Berlin, Beschl. vom 12.5.1966 – 1 W 1119/66, Rpfleger 1966, 310.
12 *Stöber*, ZVG, § 33 Rn. 2.5.
13 *Böttcher*, ZVG, § 33 Rn. 6.
14 *Stöber*, § 33 Rn. 2.1.

2. Teilaufhebung und Teileinstellung

10 Sind die Aufhebungs- oder Einstellungsgründe beispielsweise auf einzelne Grundstücke, Bruchteile oder Zubehörstücke davon, also gegenständlich, beschränkt, so muss grundsätzlich im Ganzen eine Zuschlagsversagung gem. § 33 stattfinden, der Zuschlag wäre anderenfalls fehlerhaft, §§ 83 Nr. 1, 100, denn dem Meistbietenden kann nicht gegen seinen Willen weniger zugeschlagen werden, als er nach seinem Meistgebot erwerben sollte und wollte.[15] Ausnahmsweise kann daher aber doch ein Zuschlag hinsichtlich der nicht von den Aufhebungs- oder Einstellungsgründen betroffenen Gegenstände erfolgen, wenn der Meistbietende zu Protokoll des Gerichts der Herausnahme der jeweiligen Gegenstände zustimmt.[16] Gleiches gilt wenn mehrere Einzelausgebote und ein Gesamtausgebot gem. § 63 zugelassen waren und nur Einzelgrundstücke von Aufhebungs- oder Einstellungsgründen betroffen sind, hier müssen dann der Erwerber und der Gläubiger, der das Gesamtausgebot verlangt hat, zustimmen oder gem. § 84 Abs. 1 das Verfahren genehmigen.[17]

3. Versagung des Zuschlags bei mehreren Gläubigern

11 Wenn die Aufhebungs- oder Einstellungsgründe nur bei nachrangig betreibenden Gläubigern vorliegen, so ist nur ihnen gegenüber einzustellen und nicht gem. § 33 der Zuschlag zu versagen, da ihr Wegfall auf das geringste Gebot, § 44 ff., keinen Einfluss hat. Liegen für alle Gläubiger Aufhebungs- oder Einstellungsgründe vor, muss auch im Ganzen einheitlich durch Versagung des Zuschlags entschieden werden, nicht nur für den bestrangigen Gläubiger (auch oben Rn. 3).[18]

12 Liegen alleine beim bestrangig betreibenden Gläubiger nach dem Schluss der Versteigerung die Aufhebungs- oder Einstellungsgründe vor, so ist umstritten wie zu verfahren ist,[19] insbesondere ob der Zuschlag noch auf das Meistgebot aus der durchgeführten Bietstunde erteilt werden kann, oder aber ob er gem. § 33 versagt werden muss.[20] Dadurch dass der bestrangig betreibende Gläubiger nun wegfällt wird das festgestellte geringste Gebot, §§ 44 ff., nach h. M.[21] unrichtig, was bedeutet, dass für die nachrangig betreibenden Gläubiger der Zuschlagsversagungsgrund gem. § 83 Nr. 1 entsteht.[22] Ein weiterer Zuschlagsversagungsgrund gem. § 83 Nr. 6 i. V. m. § 33, der gem. § 84 nicht heilbar wäre, liegt aber nicht vor, da bei Zuschlagserteilung nicht auf den einstellenden Gläubiger abgestellt wird, sondern auf den nächstrangig betreibenden Gläubiger.[23]

13 Der Zuschlagsversagungsgrund gem. § 83 Nr. 1 ist dann irrelevant, wenn das Recht des Beteiligten durch den Zuschlag nicht beeinträchtigt wird oder wenn der Beteiligte das Verfahren genehmigt, § 84 Abs. 1, der Verstoß ist somit unter bestimmten Voraussetzungen heilbar.

14 Eine solche Beeinträchtigung von Rechten eines Beteiligten liegt dann vor, wenn bei Änderung des geringsten Gebots ein anderes Versteigerungsergebnis

---

15 LG Bonn, Beschl. vom 26.7.2004 – 6 T 186/04.
16 *Storz*, in: *Steiner*, ZVG, § 33 Rn. 29.
17 *Storz*, in: *Steiner*, ZVG, § 33 Rn. 30.
18 *Stöber*, ZVG, § 33 Rn. 3.1, 3.3.
19 *Hintzen*, in: *Dassler/Schiffhauer/u. a.*, ZVG, § 33 Rn. 9.
20 *Storz*, in: *Steiner*, ZVG, § 33 Rn. 12.
21 *Hintzen*, in: *Dassler/Schiffhauer/u. a.*, ZVG, § 33 Rn. 9; *Böttcher*, ZVG, § 33 Rn. 12; *Storz*, in: *Steiner*, ZVG, § 33 Rn. 15; *Stöber*, § 33 Rn. 3.4.; OLG Stuttgart, Beschl. vom 22.4.1997 – 8 W 50/97, Rpfleger 1997, 397, 398; OLG Köln, Beschl. vom 16.6.1989 – 2 W 47/89, Rpfleger 1990, 176 m. Anm. *Storz*.
22 *Böttcher*, ZVG, § 33 Rn. 12.
23 *Eickmann*, ZVG, S. 65; *Böttcher*, ZVG, § 33 Rn. 12; *Hintzen*, in: *Dassler/Schiffhauer/u. a.*, ZVG, § 33 Rn. 10.

nicht ausgeschlossen ist.[24] Jedenfalls also dann, wenn das abgegebene Meistgebot niedriger ist als das neu aufzustellende geringste Gebot,[25] denn die Berechtigten, deren Rechte dem Anspruch des jetzt (allein) betreibenden Gläubigers vorgehen, haben einen Anspruch darauf, dass der Zuschlag nur auf ein ihre Rechte deckendes Gebot erteilt wird.[26] Aber auch wenn diese Deckung erreicht wird, müssen sich diese Beteiligten nicht mit einer Barzahlung zufrieden geben, wenn sie das Bestehenbleiben ihrer Rechte verlangen können.[27] Zudem kann der Schuldner benachteiligt sein, wenn das mögliche Versteigerungsergebnis durch das neue geringste Gebot für den Schuldner besser wäre, weil die Bieter zu höheren Geboten gezwungen wären und so eine bessere Schuldentilgung erreicht würde, evtl. sogar eine vollständiger Schuldentilgung oder gar ein Überschuss. Dieser Fall würde zudem zu einer Benachteiligung der weiteren Gläubiger führen.[28]

Ist ein solcher möglicher Nachteil gegeben, so ist gem. § 84 Abs. 1 zwingend eine Genehmigung aller Benachteiligten erforderlich, die durch öffentlich beglaubigte Urkunde nachzuweisen ist, § 84 Abs. 2; anderenfalls ist der Zuschlag zu versagen. Auch der Meistbietende muss mit dem Zuschlag einverstanden sein.[29] Geht der Meistbietende, durch die Ablösung des betreibenden Berechtigten durch den nächstrangig betreibenden Gläubiger, ersichtlich von einer Zuschlagsversagung aus, so ist er vor Erteilung des Zuschlags gem. § 139 ZPO auf die Rechtslage hinzuweisen.[30]

Einigkeit[31] besteht darin, dass auch bei Einverständnis aller Beteiligten keine neue Bietzeit eröffnet werden kann, da dies einen neuen Versteigerungstermin darstellt, dieser müsste gem. § 43 Abs. 1 sechs bzw. zwei Wochen vorher bekannt gemacht werden, ein Verstoß dagegen wäre immer unheilbar, § 84 Abs. 1 und müsste gem. § 83 Nr. 7 zur Versagung des Zuschlags führen. Auch ist mit oben Gesagtem (Rn. 14) grundsätzlich ein Zuschlag zu versagen und nur nicht in den besonderen Ausnahmen, dass eine Rechtsverletzung der Beteiligten ausgeschlossen werden kann oder eine Genehmigung aller möglicher Weise Beeinträchtigten vorliegt.

III. Entscheidung

Das Verfahren für eine Entscheidung nach § 33 richtet sich nach den §§ 79 ff. und für die Aufhebungs- und Einstellungsgründe sind die §§ 28 ff. maßgeblich. Die Entscheidung gem. § 33 beinhaltet aber insofern eine solche nach §§ 28 ff. und schließt diese daher aus.

Das Gericht versagt den Zuschlag durch Beschluss, dieser entfaltet gem. § 86 erst mit Rechtskraft die Wirkung als Aufhebung oder Einstellung (oben Rn. 1). Gem. § 87 ist der Versagungsbeschluss in dem Versteigerungstermin oder in einem sofort zu bestimmenden Termin zu verkünden. Zugestellt muss der Beschluss an sich nicht werden, eine Belehrung bei Fortsetzbarkeit des Verfahrens gem. § 31 Abs. 3 aber freilich schon.

---

24 *Hintzen*, in: *Dassler/Schiffhauer/u.a.*, ZVG, § 33 Rn. 11.
25 OLG Stuttgart, Beschl. vom 22.4.1997 – 8 W 50/97, Rpfleger 1997, 397, 398.
26 RG, Urteil vom 23.2.1917 – III 387/16, RGZ 89, 427, 429 f.
27 *Böttcher*, ZVG, § 33 Rn. 12.
28 *Stöber*, ZVG, § 33 Rn. 3.5.
29 *Böttcher*, ZVG, § 33 Rn. 12.
30 LG Waldshut-Tiengen, Beschl. vom 24.10.1985 – 1 T 35/85, Rpfleger 1986, 102.
31 *Hintzen*, in: *Dassler/Schiffhauer/u.a.*, ZVG, § 33 Rn. 9; *Böttcher*, ZVG, § 33 Rn. 12; *Storz*, in: *Steiner*, ZVG, § 33 Rn. 11; RG, Urteil vom 23.2.1917 – III 387/16, RGZ 89, 427, 429; OLG Köln, Beschl. vom 16.6.1989 – 2 W 47/89, Rpfleger 1990, 176 m. Anm. *Storz*.

19 Der Beschluss muss den Aufhebungs- oder Einstellungsgrund ersehen lassen, da hiervon Fortsetzung und Fristen abhängen.[32] Auch empfehlenswert ist der Hinweis, dass die Zuschlagserteilung nach Rechtskraft die Wirkung einer Aufhebung oder Einstellung hat, § 86. Wird hier fälschlicher Weise zusätzlich zu Zuschlagsversagung die einstweilige Einstellung erklärt, so ist dieser Fehler lediglich als ein solcher Hinweis auf § 86 zu verstehen und dementsprechend auszulegen, §§ 133, 157 BGB, und die Gebote erlöschen nicht nach § 72 Abs. 3.[33] Der Ausspruch einer Einstellung ist nur als Verdeutlichung einerseits des Grundes für die Zuschlagsversagung und andererseits der mit ihr verbundenen Rechtsfolgen zu verstehen.[34] Obgleich des eindeutigen Wortlauts des § 72 Abs. 3 ist eine solche Lösung sachgerecht, da diese Auslegung im Interesse aller Beteiligten steht und auch etwaige Amtshaftungsansprüche vermieden werden.

IV. Rechtsbehelfe

20 Gegen die Entscheidung über den Zuschlag ist die sofortige Beschwerde, § 793 ZPO, nach Maßgabe der §§ 95 ff. statthaft. (Beschwerdeberechtigung vgl. § 97 Rn. 2, 5) Gem. § 98 Satz 1 beginnt die Beschwerdefrist bereits mit Verkündung zu laufen.

21 Die Ablehnung eines Antrags auf Aufhebung oder Einstellung des Verfahrens nach Bietzeit durch Beschluss kann nicht gesondert mit einem Rechtsmittel angefochten werden. Ist noch ein früherer Rechtsbehelf gegen eine Ablehnung eines Antrages auf Aufhebung oder Einstellung anhängig, so wird dieser mit Zuschlagserteilung gegenstandslos.[35] Einzige Möglichkeit ist nach Ende der Bietzeit die Anfechtung des Zuschlags mit der Zuschlagsbeschwerde nach § 97, in deren Rahmen auch die Aufhebungs- und Einstellungsgründe Berücksichtigung finden (oben Rn. 7).[36] Zu beachten ist, dass der Aufhebungs- oder Einstellungsgrund bereits vor Zuschlagsverkündung existent und dem Gericht auch bekannt gewesen sein muss, dahingehend sind nämlich die Beschwerdegründe der Zulassungsbeschwerde beschränkt, § 100.[37]

---

32 *Stöber*, ZVG, § 33 Rn. 2.7.
33 H.M. *Böttcher*, ZVG, § 33 Rn. 13; *Stöber*, ZVG, § 33 Rn. 2.7; *Mohrbutter*, Rpfleger 1967, 102, 103; OLG Stuttgart, Beschl. vom 22.4.1997 – 8 W 50/97, Rpfleger 1997, 397, 398; OLG Hamm, Beschl. vom 12. 7. 1965 – 15 W 237/65, NJW 1965, 2410; a. A. mit Hinweis auf den eindeutigen Wortlaut von § 72 Abs. 3 und sodann auf einen Amtshaftungsanspruch verweisend *Storz*, in: Steiner, ZVG, Rn. 35; *Hintzen*, in: *Dassler/Schiffhauer/u.a.*, ZVG, § 33 Rn. 15.
34 OLG Stuttgart, Beschl. vom 22.4.1997 – 8 W 50/97, Rpfleger 1997, 397, 398.
35 BGH, Urteil vom 13.7.1965 – V ZR 269/62, BGHZ 44, 138 = NJW 1965, 2107 = WM 1965, 937.
36 *Hintzen*, in: *Dassler/Schiffhauer/u.a.*, ZVG, § 33 Rn. 16.
37 *Böttcher*, ZVG, § 100 Rn. 3.

§ 34 ZVG [Löschung des Versteigerungsvermerkes]

Im Falle der Aufhebung des Verfahrens ist das Grundbuchamt um Löschung des Versteigerungsvermerkes zu ersuchen.

Übersicht

	Rn.
I. Allgemeines und Anwendungsbereich	1
II. Löschung des Vermerks	2–9
1. Löschungsersuchen	2–5
2. Tätigkeit des Grundbuchamts	6–9
IV. Rechtsbehelfe	10

I. Allgemeines und Anwendungsbereich

§ 34 gilt für alle ZVG-Verfahren und regelt die Verpflichtung des Vollstreckungsgerichts bei Aufhebung des Verfahrens das Grundbuchamt von Amts wegen um die Löschung des Zwangsversteigerungsvermerks (§ 19) zu ersuchen.[1] § 34 gilt nur für die Verfahrensaufhebung, nicht für die Einstellung des Verfahrens, da diese nur zu einem Ruhen des Verfahrens führt.[2] Weiter gilt § 34 auch für die Fälle, dass der Zuschlag rechtskräftig versagt wurde und die Fortsetzung des Verfahrens unzulässig ist, § 86, und wenn das Grundstück vom betreibenden Gläubiger aus der Pfandhaft freigegeben wurde,[3] da diese Fälle ihrer Wirkung nach wie eine Aufhebung des Verfahrens sind. **1**

II. Löschung des Vermerks

1. Löschungsersuchen

Das Löschungsersuchen gem. § 38 GBO des Vollstreckungsgerichts ist zu unterschreiben und mit Siegel oder Stempel zu versehen, § 29 Abs. 3 GBO.[4] Es ist auch dann erforderlich, wenn der Rechtspfleger gleichzeitig für Grundbuch und Zwangsvollstreckung zuständig ist.[5] **2**

Bei Verfahrensaufhebung hinsichtlich eines von mehreren beschlagnahmten Grundstücken oder lediglich hinsichtlich eines Grundstücksanteils ist auch nur die Löschung hinsichtlich des jeweiligen Grundstücks oder Grundstücksteils zu ersuchen, für das die Beschlagnahmewirkung durch die Aufhebung beendet wurde.[6] **3**

Das Löschungsersuchen des Vollstreckungsgerichts an das Grundbuchamt erfolgt grundsätzlich nach Zustellung oder Verkündung des Aufhebungsbeschlusses, unabhängig von dessen Rechtskraft. Da es sich oftmals empfiehlt, die Wirksamkeit der Aufhebung des Verfahrens bis zur Rechtskraft der aufhebenden Entscheidung aufzuschieben, um den Gläubiger vor etwaigem Rechtsverlust zu bewahren (§ 31 Rn. 11), erfolgt hier dann auch das Löschungsersuchen erst mit Rechtskraft.[7] Wird der Aufhebungsbeschluss durch Rechtsmittel aufgehoben, so kann die Beschlagnahme nicht rückwirkend wiederhergestellt **4**

---

1 *Stöber*, ZVG, § 34 Rn. 1.
2 *Storz*, in: *Steiner*, ZVG, § 34 Rn. 4.
3 *Hintzen*, in: *Dassler/Schiffhauer/u.a.*, ZVG, § 34 Rn. 1.
4 *Böttcher*, ZVG, § 34 Rn. 3.
5 *Storz*, in: *Steiner*, ZVG, § 34 Rn. 8.
6 *Stöber*, ZVG, § 34 Rn. 2.1.
7 *Stöber*, ZVG, § 34 Rn. 2.1.

werden. Das Verfahren muss auf Antrag neu angeordnet und ein neuer Vollstreckungsvermerk eingetragen werden. Anders wenn die Wirksamkeit bis zur Rechtskraft aufgeschoben wurde: Wird hier ein Vermerk fälschlicher Weise vor Rechtskraft gelöscht, so besteht die Beschlagnahme dennoch weiter und der Vermerk ist ohne Neuanordnung des Verfahrens wieder ins Grundbuch einzutragen.[8] Zu beachten ist, dass wenn der Versteigerungsvermerk gelöscht ist, ein gutgläubiger Erwerb von Rechten am Grundstück möglich ist.

5 Bei Verfahrensaufhebung wegen Antragsrücknahme ist ein Ersuchen bereits vor Zustellung des Aufhebungsbeschlusses möglich.[9] Für den Fall, dass das Verfahren wegen Antragsrücknahme bereits vor Eintragung des Versteigerungsvermerks aufgehoben wurde, ist dennoch ein Ersuchen des Vollstreckungsgerichts erforderlich, damit das Grundbuchamt eine Eintragung unterlässt; war das Eintragungsersuchen noch nicht gefertigt und noch nicht dem Grundbuchamt zugeleitet, bedarf es keines Ersuchens.[10]

2. Tätigkeit des Grundbuchamts

6 Die Löschung wird vom Grundbuchamt nur auf Ersuchen des Vollstreckungsgerichts gelöscht. Zuständig für die Eintragung der Löschung ist gem. § 3 Nr. 1 Buchst. h RPflG der Rechtspfleger, da § 12c Abs. 2 Nr. 3 GBO nur für die Ersteintragung des Vermerks gilt.[11]

7 Das Löschungsersuchen wird vom Grundbuchamt nur auf seine formelle Richtigkeit anhand der GBO, nicht auf seine sachliche Richtigkeit überprüft.[12] Fehlt dem Ersuchen jede Rechtsgrundlage und erlangt das Grundbuchamt die sichere Überzeugung, dass durch die Eintragung das Grundbuch unrichtig wird, so muss es ausnahmsweise nach allgemeinen grundbuchrechtlichen Grundsätzen das Ersuchen zurückweisen.[13]

8 Das Grundbuchamt soll dem Vollstreckungsgericht als Antragsteller und dem Grundstückseigentümer die Löschung bekannt machen, § 55 Abs. 1 GBO.

9 Ein über den Anspruch auf Rötung des Zwangsversteigerungsvermerks hinausgehender Anspruch des Grundstückseigentümers auf Umschreibung des Grundbuchblattes, damit der Vermerk nicht mehr ersichtlich ist, besteht nicht.[14] Ein solcher Anspruch ergibt sich auch nicht aus dem Recht auf informationelle Selbstbestimmung und hätte insbesondere nur beschränkte Auswirkungen auf die Kreditwürdigkeit des Eigentümers, da etwaige Kreditgeber wegen berechtigtem Interesse gem. § 12 Abs. 1 GBO ohnehin Einsicht in die Grundakten nehmen könnten, die auch die nicht mit übernommenen Eintragungen beinhalten.[15]

IV. Rechtsbehelfe

10 Gegen die Ablehnung des Ersuchens durch den Rechtspfleger findet gem. § 11 Abs. 1 RPflG, § 71 Abs. 1 GBO die Beschwerde statt. Hilft dieser das Grundbuchamt gem. § 75 GBO nicht ab, so entscheidet das örtlich zuständige Landgericht als Beschwerdegericht, § 72 GBO, unter den Voraussetzungen des § 78

---

[8] *Böttcher*, ZVG, § 34 Rn. 2; *Stöber*, ZVG, § 34 Rn. 2.1.
[9] *Stöber*, ZVG, § 34 Rn. 2.1.
[10] *Stöber*, ZVG, § 34 Rn. 2.2.
[11] *Hintzen*, in: *Dassler/Schiffhauer/u. a.*, ZVG, § 34 Rn. 4.
[12] *Stöber*, ZVG, § 34 Rn. 2.4.
[13] *Hintzen*, in: *Dassler/Schiffhauer/u. a.*, ZVG, § 34 Rn. 4 m. w. N.
[14] *Stöber*, ZVG, § 34 Rn. 2.5.
[15] BayObLG, Beschl. vom 14.5.1992 – 2Z BR 33/92, Rpfleger 1992, 513; OLG Düsseldorf, Beschl. vom 3.7.1987 – 3 Wx 144/87, NJW 1988, 975 = Rpfleger 1987, 409; a. A. *Hagemann*, in: *Steiner*, ZVG, § 19 Rn. 20.

GBO ist gegen diese Entscheidung eine weitere Beschwerde zum Oberlandesgericht möglich.

§ 35 ZVG [Ausführung durch Vollstreckungsgericht]

Die Versteigerung wird durch das Vollstreckungsgericht ausgeführt.

Übersicht

	Rn.
I. Zuständigkeit	1
II. Vorbereitung des Versteigerungstermins	2

I. Zuständigkeit

1 Die Zuständigkeit des Vollsteckungsgerichts ergibt sich schon aus § 1 Abs. 1. Mit Aufhebung von § 13 EGZVG, der die Übertragung der Verfahrensdurchführung auf andere Stellen gestattete und Außerkrafttreten landesrechtlicher Besonderheiten in Baden-Württemberg, hat § 35 seine ursprüngliche Bedeutung verloren.

II. Vorbereitung des Versteigerungstermins

2 Zur Gewährleistung eines formgerechten Verfahrens müssen vor der Bestimmung eines Versteigerungstermins sorgfältig die **Voraussetzungen der Zulässigkeit der Verfahrensdurchführung** geprüft werden. Die Terminsbestimmung erfordert insbesondere die wirksame Beschlagnahme des Grundstücks (§ 36 Abs. 1), den Eingang der Mitteilungen des Grundbuchamts (§ 36 Abs. 1, § 19 Abs. 2), die Rechtskraft des die einstweilige Einstellung ablehnenden Beschlusses (§ 30b Abs. 4) oder den fruchtlosen Ablauf der Antragsfrist von zwei Wochen (§ 30b Abs. 1), die Überprüfung, dass aus dem Grundbuch ersichtliche entgegenstehende Rechte nach § 28 Abs. 1 und Abs. 2 nicht vorhanden sind, die Wertfestsetzung (§ 74a Abs. 5) und das Vorliegen des Schuldtitels des vollstreckenden Gläubigers.

§ 36 ZVG [Terminsbestimmung]

(1) Der Versteigerungstermin soll erst nach der Beschlagnahme des Grundstücks und nach dem Eingange der Mitteilungen des Grundbuchamts bestimmt werden.

(2) Der Zeitraum zwischen der Anberaumung des Termins und dem Termin soll, wenn nicht besondere Gründe vorliegen, nicht mehr als sechs Monate betragen. War das Verfahren einstweilen eingestellt, so soll diese Frist nicht mehr als zwei Monate, muss aber mindestens einen Monat betragen.

(3) Der Termin kann nach dem Ermessen des Gerichts an der Gerichtsstelle oder an einem anderen Orte im Gerichtsbezirk abgehalten werden.

Schrifttum: *Büchmann*, Schuldnerschutz bei Vorbereitung des Zwangsversteigerungstermins, ZIP 1985, 138.

Übersicht

		Rn.
I.	Allgemeines	1
II.	Anwendungsbereich	2
III.	Zeitpunkt der Terminsbestimmung (Abs. 1)	3
IV.	Fristen für die Terminsbestimmung (Abs. 2)	4–7
1.	Allgemeines	4
2.	Regelfrist (Abs. 2 Satz 1)	5
3.	Frist nach einstweiliger Einstellung des Verfahrens (Abs. 2 Satz 2)	6
4.	Frist nach Versagung des Zuschlags	7
V.	Versteigerungsort (Abs. 3)	8
VI.	Rechtsbehelfe	9

I. Allgemeines

Die Vorschrift regelt Einzelheiten über Zeit und Ort des Versteigerungstermins. Die Regelung soll den Beteiligten die Vorbereitung auf die Grundstücksverwertung ermöglichen und eine ordnungsgemäße Gestaltung des Verfahrens gewährleisten.[1]

Die Terminsbestimmung ergeht durch **Beschluss**.[2] Als solcher ist sie mit dem vollen Namen des Rechtspflegers zu unterzeichnen[3] und gemäß § 329 Abs. 2 Satz 2 ZPO zuzustellen.

II. Anwendungsbereich

Die Vorschrift gilt für alle Versteigerungsverfahren des ZVG. Eine Besonderheit gilt für die Bestimmung eines neuen Termins nach Versagung des Zuschlags auf ein Meistgebot unter 7/10 (§ 74a Abs. 3)[4] oder unter der Hälfte

---

1 *Stöber*, ZVG, § 36 Rn. 1.
2 *Stöber*, ZVG, § 36 Rn. 2.1; *Hintzen*, in: Dassler/Schiffhauer/u. a., ZVG, § 36 Rn. 1.
3 *Vollkommer*, in: Zöller, ZPO, § 329 Rn. 36.
4 Vgl. bei § 74a Rn. 3.

des Grundstückswerts (§ 85a Abs. 2)[5]. Für Schiffe und Luftfahrzeuge sind ebenfalls Besonderheiten zu beachten.[6]

III. Zeitpunkt der Terminsbestimmung (Abs. 1)

3 Der Versteigerungstermin soll erst bestimmt werden, wenn die Beschlagnahme nach § 22 wirksam ist und die Mitteilungen des Grundbuchamts gemäß § 19 Abs. 2 beim Vollstreckungsgericht eingegangen sind. Des weiteren soll nach § 30b Abs. 4 die Versteigerung erst nach Rechtskraft des die einstweilige Einstellung ablehnenden Beschlusses bekannt gegeben werden. Es empfiehlt sich daher, den Ablauf der Antragsfrist nach § 30b Abs. 1 Satz 1 abzuwarten.[7] In der Praxis wird regelmäßig auch die Rechtskraft des Verkehrswertfestsetzungsbeschlusses nach § 74a Abs. 5 abgewartet. Dagegen soll im Sinne einer zügigen Durchführung des Verfahrens das Ergebnis einer Erinnerung des Schuldners gegen den Beschlagnahmebeschluss oder über Anträge nach § 765a ZPO nicht abgewartet werden. Andernfalls besteht die Gefahr, dass der Schuldner durch immer neue Erinnerungen die Terminsbestimmung verzögert.[8]

IV. Fristen für die Terminsbestimmung (Abs. 2)

1. Allgemeines

4 Das ZVG gibt Mindestfristen vor, damit sich die Beteiligten rechtzeitig auf die Versteigerung des Grundstücks vorbereiten können. Die vorgesehenen Höchstfristen sollen dafür sorgen, dass das Verfahren nicht unangemessen verzögert wird.[9]

2. Regelfrist (Abs. 2 Satz 1)

5 Der Zeitraum zwischen Terminsbestimmung und Termin soll nicht mehr als sechs Monate betragen. Von der **Sechs-Monats-Frist** kann nur bei Vorliegen besonderer Gründe abgewichen werden. Solche werden nur im Ausnahmefall gegeben sein. Dabei ist zu beachten, dass die Vorschriften über die einstweilige Einstellung des Verfahrens nach § 30a dazu bestimmt sind zu prüfen, ob eine Versteigerung des Grundstücks vermieden werden kann. Es stellt daher keinen besonderen Grund im Sinne von Abs. 2 Satz 1 dar, wenn der Schuldner um Terminsaufschiebung ersucht, um das Grundstück freihändig zu verwerten.[10]

3. Frist nach einstweiliger Einstellung des Verfahrens (Abs. 2 Satz 2)

6 Ist das Verfahren bereits durch eine einstweilige Einstellung verzögert worden, soll der Versteigerungstermin so schnell wie möglich stattfinden. Abs. 2 Satz 2 sieht für diesen Fall vor, dass der Zeitraum zwischen Anberaumung des Termins und Termin **nicht mehr als zwei Monate**, mindestens aber einen Monat, betragen soll. Wegen der zwingend einzuhaltenden Ladungsfrist von vier Wochen nach § 43 Abs. 2 ist die Mindestfrist von einem Monat heute ohne praktische Bedeutung.
Abs. 2 Satz 2 bezieht sich auf alle Arten von Einstellungen (zB §§ 30, 30a–e, 77, 86, §§ 765a, 769 ZPO).

---

5 Vgl. bei § 85a Rn. 3–12.
6 Vgl. bei §§ 162–171n.
7 Vgl. *Stöber*, ZVG, § 36 Rn. 2.4.
8 *Stöber*, ZVG, § 36 Rn. 2.4.
9 *Hintzen*, in: Dassler/Schiffhauer/u.a., ZVG, § 36 Rn. 4; *Stöber*, ZVG, § 36 Rn. 3.1.
10 *Böttcher*, ZVG, §§ 35, 36 Rn. 6; *Stöber*, ZVG, § 36 Rn. 3.3; a. A. *Papke* KTS 1965, 140, IV 2.

Umstritten ist die Anwendung der Fristenverkürzung, wenn **mehrere Gläubiger** das Verfahren betreiben. Nach einer Ansicht soll die Verkürzung nur für den Gläubiger gelten, dessen Verfahren eingestellt war, während für die anderen Gläubiger die normalen Fristen gelten.[11] Nach anderer Meinung ist in diesem Fall auf das Verfahren des bestbetreibenden Gläubigers abzustellen.[12] Vorzugswürdig ist die dritte Ansicht, nach der die Sonderregelung in diesem Fall gar nicht zur Anwendung kommt.[13]

4. Frist nach Versagung des Zuschlags

Wird der Zuschlag nach § 74a oder § 85a versagt, so ist von Amts wegen ein neuer Termin zu bestimmen. § 86 findet keine Anwendung. Zwischen beiden Terminen sollen **mindestens drei, höchstens aber sechs Monate** liegen, § 74a Abs. 3 Satz 2, § 85a Abs. 2 Satz 1.

V. Versteigerungsort (Abs. 3)

Das Vollstreckungsgericht entscheidet nach pflichtgemäßem Ermessen, ob der Versteigerungstermin an der Gerichtsstelle oder an einem anderen Ort im Gerichtsbezirk durchgeführt wird. Denkbar ist ein Termin im Rathaus der Gemeinde, in der das Grundstück belegen ist oder auch auf dem zu versteigernden Grundstück selbst. Dabei muss auch auf die Frage der Sicherheit der Durchführung des Verfahrens geachtet werden.

VI. Rechtsbehelfe

§ 36 stellt eine **Ordnungsvorschrift** dar („soll"). Ein Verstoß gegen die Regelung beeinträchtigt daher das weitere Verfahren nicht. Das gilt auch für die Mindestfrist des Abs. 2 Satz 2 trotz des Wortes „muss".[14]

Die Terminsbestimmung wird nicht schon mit der Verfügung des Gerichts existent und damit anfechtbar, sondern erst mit deren Herausgabe an die Beteiligten.[15]

Bei Verstößen gegen § 36 ist die Vollstreckungserinnerung nach § 766 ZPO statthaft. Das gilt auch, wenn die Terminsbestimmung trotz Terminreife unbegründet unterlassen oder hinausgeschoben wird.[16] Dagegen ist die sofortige Beschwerde durch § 95 ausgeschlossen.

---

11 *Mohrbutter/Drischler/u.a.*, Muster 33 Anm. 3 f.
12 *Stöber*, ZVG, § 36 Rn. 3.5.
13 So auch *Teufel*, in: *Steiner*, ZVG, § 36 Rn. 31.
14 *Böttcher*, ZVG, §§ 35, 36 Rn. 9.
15 LG Lübeck, Beschl. vom 6.4.1982 – 7 T 88/82, SchlHA, 1982, 199.
16 *Papke*, KTS 1965, 140, III 7; *Stöber*, ZVG, § 36 Rn. 3.9.

§ 37 ZVG [Wesentlicher Inhalt der Terminsbestimmung]

Die Terminsbestimmung muss enthalten:
1. die Bezeichnung des Grundstücks;
2. Zeit und Ort des Versteigerungstermins;
3. die Angabe, dass die Versteigerung im Wege der Zwangsvollstreckung erfolgt;
4. die Aufforderung, Rechte, soweit sie zur Zeit der Eintragung des Versteigerungsvermerkes aus dem Grundbuche nicht ersichtlich waren, spätestens im Versteigerungstermine vor der Aufforderung zur Abgabe von Geboten anzumelden und, wenn der Gläubiger widerspricht, glaubhaft zu machen, widrigenfalls die Rechte bei der Feststellung des geringsten Gebotes nicht berücksichtigt und bei der Verteilung des Versteigerungserlöses dem Anspruche des Gläubigers und den übrigen Rechten nachgesetzt werden würden;
5. die Aufforderung an diejenigen, welche ein der Versteigerung entgegenstehendes Recht haben, vor der Erteilung des Zuschlags die Aufhebung oder einstweilige Einstellung des Verfahrens herbeizuführen, widrigenfalls für das Recht der Versteigerungserlös an die Stelle des versteigerten Gegenstandes treten würde.

Schrifttum: *Drischler*, Zinsfragen im Immobiliarvollstreckungs- und Insolvenzverfahren, RpflJb 1990, 220; *Grabe/Teufel*, Anwartschaftsrecht am Zubehör in der Grundstücksversteigerung, Rpfleger 1979, 401; *Grund*, Zwangsversteigerung und Restitution – der missverstandene § 9a EGZVG, ZIP 1999, 1617; *Mock*, Die Teilungsversteigerung unter familien- und erbrechtlichen Gesichtspunkten, ZAP Fach 14, 581; *Schiffhauer*, Zur Verlegung des Versteigerungstermins in ein anderes Zimmer, Rpfleger 1985, 312; *Stoltenberg*, Öffentliche Lasten in der Zwangsversteigerung, RpflJb 1988, 370; *Streuer*, Verfügungsbeschränkungen und Eigentumsvormerkung in der Zwangsversteigerung des Grundstücks, Rpfleger 2000, 357.

Übersicht

		Rn.
I.	Allgemeines	1
II.	Anwendungsbereich	2
III.	Bezeichnung des Grundstückes (Nr. 1)	3
IV.	Zeit und Ort des Versteigerungstermins (Nr. 2)	4
V.	Angabe der Versteigerungsart (Nr. 3)	5
VI.	Nicht grundbuchersichtliche Rechte (Nr. 4)	6–10
1.	Allgemeines	6
2.	Anzumeldende Rechte	7
3.	Nicht anmeldepflichtige Rechte	8
4.	Anmeldung und Glaubhaftmachung	9
5.	Wirkungen und Mängel	10
VII.	Entgegenstehende Rechte (Nr. 5)	11–14
1.	Allgemeines	11
2.	Rechte Dritter	12
3.	Geltendmachung der Rechte	13
4.	Wirkungen und Mängel	14
VIII.	Rechtsbehelfe	15

I. Allgemeines

Die Terminsbestimmung erfolgt durch **Beschluss**. § 37 bestimmt ihren zwingenden Inhalt. Durch diese Regelung sollen die am Erwerb des Grundstücks Interessierten auf die Gelegenheit aufmerksam gemacht werden und alle, deren Rechte von dem Verfahren berührt werden, zur Wahrung dieser Rechte veranlasst werden.[1]

II. Anwendungsbereich

Die Vorschrift gilt für alle Versteigerungen, mit gewissen Abweichungen für Grundstücksrechte, Schiffe, Luftfahrzeuge, Insolvenzverwalter-, Nachlass- und Teilungsversteigerung.

III. Bezeichnung des Grundstücks (Nr. 1)

Das Versteigerungsobjekt (Grundstück, Wohnungseigentum, Erbbaurecht, ideeller Miteigentumsanteil) muss von dem Vollstreckungsgericht in der Terminsbestimmung so genau bezeichnet werden, dass **über seine Identität keinerlei Zweifel** bestehen, d. h. jede Verwechslungsgefahr ausgeschlossen ist.[2] Die strengen Anforderungen sind nötig, weil bei einer Unklarheit oder Verwechslung der Versteigerungserfolg gefährdet wird und weil dem Eigentümer des betroffenen Grundstücks ein erheblicher Rufschaden entstehen kann.

Die Bezeichnung des Grundstücks wird in der Regel dem **Grundbucheintrag** entsprechend nach Flurstücksnummer, Gemarkung, Lage (Straße, Hausnummer), Wirtschaftsart, Flächeninhalt und Grundbuchstelle erfolgen. Wenn die Angaben im Grundbuch nicht mehr zutreffend sind, muss die Terminsbestimmung einen Hinweis auf die **aktuell gegebene Situation** enthalten.[3] Wegen der wirtschaftlichen Bedeutung der Nutzungsart muss die Bekanntmachung so aussagekräftig sein, dass sie geeignet ist, ein breites Publikum auf das Objekt aufmerksam zu machen und **Anstoß** zu geben, sich weitere Einzelinformationen selbst zu beschaffen.[4] Ist die Nutzungsart im Grundbuch nur noch mit einer Gruppenbezeichnung eingetragen, muss das Grundstück mit der im Liegenschaftsbuch ausgewiesenen konkreten Nutzungsart bezeichnet werden.[5] Bei einem gewerblich genutzten Grundstück muss die tatsächliche Nutzungsart zumindest schlagwortartig angegeben werden.[6]

Das Vollstreckungsgericht darf bei der Mitteilung der Nutzungsart die Angaben des Sachverständigen in dem Verkehrswertgutachten übernehmen und sich auf eine auszugsweise Wiedergabe beschränken, wenn darauf hingewiesen wird, dass es sich bei den weiteren Angaben um eine Objektbeschreibung „laut Gutachten" handle.[7] Die Angabe der tatsächlichen Nutzung eines Objekts –

---

1 Denkschrift zum ZVG, in: *Hahn/Mugdan*, Die gesamten Materialien zu den Reichsjustizgesetzen, 5. Band, S. 43.
2 OLG Düsseldorf, Beschl. vom 20.12.1996 – 3 W 502/96, Rpfleger 1997, 225 mit kritischer Anmerkung von *Muth*, EWiR 1997, 287.
3 LG Frankenthal, Beschl. vom 7.3.1984 – 1 T 49/84, Rpfleger 1984, 326 mit Anmerkung Meyer-Stolte, Rpfleger 1984, 326.
4 OLG Düsseldorf, Beschl. vom 20.12.1996 – 3 W 502/96, Rpfleger 1997, 225.
5 *Stöber*, ZVG, § 37 Rn. 2.2.
6 OLG Hamm, Beschl. vom 22.11.1990 – 15 W 355/90, Rpfleger 1991, 71; OLG Hamm, Beschl. vom 2.12.1996 – 15 W 453/96, Rpfleger 1997, 226; OLG Hamm, Rpfleger 2000, 172; OLG Koblenz, Urteil vom 18.1.2000 – 1 U 1429/96, Rpfleger 2000, 342.
7 OLG Hamm, Rpfleger 2000, 172.

hier Schankwirtschaft – gibt aber keinen Vertrauensschutz dafür, dass die Nutzung rechtlich zulässig ist.[8]
Wegen fehlerhafter Grundstücksbezeichnung ist z.B. in folgenden Fällen der Zuschlag aufgehoben worden:
- Alleinige Angabe des Grundbuchblattes und der laufenden Nummer des Bestandsverzeichnisses.[9]
- Angabe von „Gebäude- und Freifläche" ohne Hinweis, dass es sich dabei um ein gewerblich genutztes Grundstück handelt.[10] Eine Mindermeinung vertritt hier das LG Ellwangen, das die Bezeichnung des Grundstücks als „Gebäude- und Freifläche" auch bei Bebauung mit einer Industriehalle für ausreichend hält.[11]
- Bezeichnung als „Gebäude- und Freifläche, Waldfläche ..." ohne Hinweis auf die Nutzung des Grundstücks als Hotel.[12]
- Bezeichnung „Hof- und Gebäudefläche" für ein gewerblich genutztes, in einem Gewerbegebiet gelegenes Grundstück, das mit einem Büro- und Hallengebäude bebaut ist.[13]
- Bezeichnung „Ackerland" bei einem als Gartenbaubetrieb genutzten Grundstück.[14]
- Bezeichnung „Hof- und Gebäudefläche, ..., Grünland, Wald, Weg" ohne Hinweis auf die tatsächliche Nutzung bei einem schlossähnlichen Gebäude aus der Barockzeit.[15]
- Bezeichnung „mehrere Teilstücke verschiedener Wirtschaftsart und Lage" für ein Grundstück mit Gehöft, das aus einem Wohnhaus mit zwei Wohnungen, einer Reithalle mit eingebauten Pferdeställen und zwei Remisen besteht.[16]
- Bezeichnung als „Hoffläche und Gebäudefläche", obgleich es sich bei den auf dem Grundstück vorhandenen Gebäudeteilen allein um Überbauten handelt, die Bestandteile der Nachbargrundstücke sind und daher nicht mitversteigert werden. Eine solche falsche Bezeichnung ist nur dann unschädlich, wenn die Angaben über Wert, Größe und Lage des Grundstücks deutlich erkennen lassen, dass etwa vorhandene Gebäude für den wirtschaftlichen Wert des Grundstücks ohne Bedeutung sind.[17]

Für ausreichend gehalten wurde die Bezeichnung der Nutzungsart in Anlehnung an die Katasterbeschreibung „Gebäude- und Freifläche", wenn es sich um ein Grundstück handelt, das mit einem privat genutzten Wohnhaus bebaut ist.[18] Die Angabe „Mehrfamilienhaus" ist entbehrlich.[19] Die Bezeichnung „radizierte Bierwirtschaftsgerechtsame mit Weinausschank" gibt einen ausreichenden Hinweis auf die tatsächliche oder mögliche gewerbliche Nutzung im Rahmen eines Gaststätten- und/oder Hotelbetriebs.[20]

Bei der Versteigerung von **Wohnungs- und Teileigentum, Erbbaurechten** und sonstigen **grundstücksgleichen Rechten** gelten die Ausführungen sinngemäß. Bei der Versteigerung eines Erbbaurechts sind besonders genaue Angaben und

---

8 OLG Karlsruhe, Urteil vom 9.2.1989 – 9 U 148/87, MDR 1990, 452.
9 RG, Urteil vom 16.3.1904 – V 388/03, RGZ 57, 200.
10 OLG Hamm, Beschl. vom 2.12.1996 – 15 W 453/96, Rpfleger, 1997, 226.
11 LG Ellwangen, Beschl. vom 22.4.1996 – 1 T 46/96, Rpfleger 1996, 361.
12 OLG Nürnberg, Urteil vom 9.11.2005 – 4 U 920/05, Rpfleger 2006, 215 mit Anmerkung *Storz/Kiderlen*, Rpfleger 2006, 615.
13 OLG Köln, Beschl. vom 11.11.1994 – 2 W 152/94, InVo 1996, 24.
14 LG Frankenthal, Beschl. vom 7.3.1984 – 1 T 49/84, Rpfleger 1984, 326 mit Anmerkung *Meyer-Stolte*, Rpfleger 1984, 326.
15 OLG Hamm Rpfleger 2000, 172.
16 LG Oldenburg, Beschl. vom 29.11.1978 – 5 T 254/78, Rpfleger 1979, 115.
17 LG Oldenburg, Beschl. vom 7.3.1980 – 5 T 39/80, Rpfleger 1980, 306.
18 OLG Hamm Rpfleger 1992, 122.
19 OLG Düsseldorf, Beschl. vom 20.12.1996 – 3 W 502/96, Rpfleger 1997, 225.
20 OLG München, Beschl. vom 23.1.1998 – 24 W 338/97, OLGR München 1998, 119.

auch der Hinweis auf die Zustimmungspflicht des Eigentümers erforderlich.[21] Die Angabe eines falschen Stockwerks der zu versteigernden Eigentumswohnung[22] oder auch einer falschen Wohnfläche[23] stellt in der Regel einen Versagungsgrund für den Zuschlag dar.

IV. Zeit und Ort (Nr. 2)

Der Beginn des Termins ist nach Jahr, Monat, Stunde und Minute anzugeben. **4** Der Versteigerungsort ist nach Ort, Straße, Hausnummer und ggf. Zimmer- bzw. Saalnummer so genau zu bezeichnen, dass er von den Beteiligten und Interessenten zuverlässig gefunden werden kann.[24]
Vielfach beschäftigt hat die Gerichte die Frage der **Verlegung des Versteigerungstermins in einen anderen Gerichtssaal** als den ursprünglich bestimmten. Überzogen erscheinen hier die Anforderungen, die das OLG Hamm und ihm folgend zunächst das LG Oldenburg aufgestellt haben. Diese haben es für nötig gehalten, nicht nur einen deutlichen Hinweiszettel anzubringen, sondern den ursprünglichen Ort während der ganzen Dauer der Versteigerung durch einen Gerichtswachtmeister beobachten zu lassen, um die zuverlässige Unterrichtung aller Interessenten zu gewährleisten. Dies müsse zudem von dem Rechtspfleger überwacht werden.[25] In einer späteren Entscheidung hielt das LG Oldenburg es dann zutreffenderweise für ausreichend, dass durch Anbringung entsprechender Zettel vor beiden Räumen auf die Verlegung der Versteigerungsverhandlung deutlich aufmerksam gemacht wird. Damit ist gewährleistet, dass auch unerfahrene Personen zuverlässig über den wirklichen Terminsort unterrichtet werden.[26] Nach einer Entscheidung des LG Essen liegt kein Verstoß gegen die Pflicht zur rechtzeitigen Bekanntmachung aus § 43 Abs. 1 vor, wenn das Gericht durch weitere Maßnahmen – im konkreten Fall Anbringen eines Aushangs am ursprünglichen Sitzungssaal mit Verweis auf den neuen Saal, Nachschau vor Aufruf der Sache im ursprünglichen Saal, Abstellen eines Wachtmeisters zur Information von Bietinteressenten im Eingangsbereich – sicherstellt, dass sowohl die Beteiligten als auch die Bietinteressenten über die Verlegung des Versteigerungsortes informiert werden.[27]

V. Angabe der Versteigerungsart (Nr. 3)

Die Terminsbestimmung muss die Angabe enthalten, dass die Versteigerung **im** **5** **Wege der Zwangsvollstreckung** erfolgen wird. Bei einer Wiederversteigerung ist es wegen § 128 Abs. 4 zweckmäßig, auf diese Besonderheit hinzuweisen. Der Hinweis ersetzt jedoch nicht die zwingend vorgeschriebene Angabe, dass die Versteigerung im Wege der Zwangsvollstreckung erfolgen wird.[28]
Bei Verfahren nach §§ 172 ff. ist darauf hinzuweisen, dass die Versteigerung auf Antrag des Insolvenzverwalters, des Erben oder zur Aufhebung der Gemeinschaft erfolgt. Nr. 3 ist hier mit dieser Abwandlung anzuwenden.[29]

---

21 *Stöber*, ZVG, § 37 Rn. 2.7.
22 LG Augsburg, Beschl. vom 8.12.1998 – 4 T 4878/98, Rpfleger 1999, 232.
23 OLG Karlsruhe, Beschl. vom 31.12.1992 – 18a W 30/92, Rpfleger 1993, 256 mit Anmerkung *Meyer-Stolte*, Rpfleger 1993, 257.
24 LG Oldenburg, Beschl. vom 16.8.1990 – 6 T 497/90, Rpfleger 1990, 470; *Böttcher*, ZVG, § 38 Rn. 7.
25 OLG Hamm, Beschl. vom 7.9.1978 – 15 W 40/78, 15 W 237/78, NJW 1979, 1720 = Rpfleger 1979, 29; LG Oldenburg, Beschl. vom 22.2.1985 – 6 T 94/85, Rpfleger 1985, 311.
26 LG Oldenburg, Beschl. vom 16.8.1990 – 6 T 497/90, Rpfleger 1990, 470.
27 LG Essen, Beschl. vom 20.1.2006 – 7 T 574/05, Rpfleger 2006, 665.
28 *Stöber*, ZVG, § 37 Rn. 4.1.
29 OLG Koblenz, NJW 1959, 1833.

VI. Nicht grundbuchersichtliche Rechte (Nr. 4)

1. Allgemeines

6 Da sich nicht alle Ansprüche und Rechte, die bei einer Versteigerung zu berücksichtigen sind, zur Zeit der Eintragung des Versteigerungsvermerks aus dem Grundbuch ergeben, kann im Einzelfall eine **Anmeldung** erforderlich sein, §§ 45 Abs. 1, 114 Abs. 1. Eine wirksame und rechtzeitige Anmeldung hat zur Folge, dass das Recht im Verfahren **rangwahrend** (§ 110) berücksichtigt wird. Die nachstehenden Gläubiger können durch die Anmeldung berechnen, wie hoch das Gebot ausfallen muss, damit ihre Ansprüche gedeckt sind.

2. Anzumeldende Rechte

7 Angemeldet werden müssen grundsätzlich solche Rechte und Ansprüche, die bei Eintragung des Versteigerungsvermerks **nicht im Grundbuch** standen, also dingliche Rechte, die **eintragungsfähig** sind, aber erst nach dem Versteigerungsvermerk oder überhaupt noch nicht eingetragen wurden. In Abteilung II sind dies Eintragungen mit nachrangiger Nummer in Spalte 1 (§ 879 Abs. 1 Satz 1 BGB), in Abteilung III Rechte, wenn sie unter Angabe eines späteren Tages eingetragen worden sind (§ 879 Abs. 1 Satz 2 BGB).
Anzumelden sind ferner Ansprüche auf **rückständige wiederkehrende Leistungen**, selbst wenn sich das Recht aus dem Grundbuch ergibt (§ 45 Abs. 2, § 114 Abs. 2).
Des Weiteren sind anzumelden **Ansprüche der Rangklassen 1 bis 3 des § 10**, die nicht im Grundbuch eingetragen werden, **Kosten der Kündigung und dinglichen Rechtsverfolgung** gemäß § 10 Abs. 2, außerdem **Zinsen nicht eingetragener Rechte**[30] sowie **Zinsrückstände** eingetragener Rechte nach § 45 Abs. 2.
Anmeldepflichtig sind auch **Rechte, die nicht im Grundbuch eingetragen sein müssen**, wie die Sicherungshypothek des Pfandgläubigers aus § 1287 BGB, die Entschädigungsforderung des Erbbauberechtigten aus § 28 ErbbauVO oder der Nießbrauch des § 1075 BGB.
Außerdem ist ein bei Eintragung des Versteigerungsvermerks aus dem Grundbuch nicht ersichtlicher **Vorrang**,[31] genauso wie der gegenüber dem Gläubiger einer Vollstreckungsforderung erlangte Vorrang,[32] anzumelden.
Der Anmeldung bedarf es des Weiteren in den Fällen des **§ 53 Abs. 2** (persönliche Haftung des Schuldners bei Grundschuld für Übergang auf den Ersteher), **§ 54 Abs. 1** (Kündigung eines Grundpfandrechts zur Wirksamkeit gegen den Ersteher)[33] und **§ 325 Abs. 3 Satz 2 ZPO** (Rechtshängigkeit für Urteilswirkung gegen den Ersteher).

3. Nicht anmeldepflichtige Rechte

8 Nicht anmeldepflichtig sind Rechte, die zur Zeit der Eintragung des Versteigerungsvermerks **aus dem Grundbuch ersichtlich** waren, sowie **laufende wiederkehrende Leistungen aus eingetragenen Rechten** (§§ 45 Abs. 2, 114 Abs. 2). Dasselbe gilt für Ansprüche, wegen derer das **Verfahren betrieben** wird (§ 114 Abs. 1 Satz 2). Der Versteigerungs- bzw. ein Beitrittsantrag ist die stärkste Form der Anmeldung. Er macht daher eine weitere Anmeldung zum Versteigerungstermin oder Verteilungstermin überflüssig, wenn im Antrag ausdrücklich auch die anmeldebedürftigen Rechte angesprochen sind.[34]
Von Amts wegen zu berücksichtigen sind auch nicht eingetragene Rechte, die gesetzlich trotz Nichtaufnahme in das geringste Gebot **bestehen bleiben**, wie

---

30 RG, Urteil vom 23.4.1932 – V 3/32, RGZ 136, 232.
31 RG, Urteil vom 22.9.1928 – V 61/28, RGZ 122, 61.
32 *Stöber*, ZVG, § 37 Rn. 5.6 und § 23 Rn. 5.4.
33 Wegen der Neufassung von § 1193 BGB wird dem künftig wohl mehr Bedeutung zukommen.
34 *Storz/Kinderlen*, B 6.2.3.

z. B. Überbau- und Notwegrente (§ 52 Abs. 2, §§ 912 – 917 BGB), altrechtliche Grunddienstbarkeiten und Leibgedinge nach Landesrecht (§ 9 EGZVG) und die Höhe des Ersatzbetrages für ein Wohnrecht.[35]
Gleiches gilt für Rechte oder Ansprüche, die nur dazu führen, dass ein aus dem Grundbuch ersichtliches Recht ganz oder teilweise entweder (wie bei Erfüllung des Rückgewähranspruchs des Grundschuldbestellers durch Löschung der Grundschuld) ersatzlos entfällt, oder aber dazu, dass (wie bei Erfüllung durch Rückübertragung oder durch Verzicht) an seine Stelle in entsprechender Höhe eine Eigentümergrundschuld tritt. Maßgebend ist hierbei, dass die aus der Eintragung bereits ersichtliche Belastung durch Änderungen dieser Art **keine Erweiterung** erfährt.[36] Deshalb bedarf auch der **Wechsel in der Person** des aus dem eingetragenen Recht Berechtigten keiner Eintragung.[37] In den zuletzt genannten Fällen ist eine Anmeldung aber dennoch zur Sicherstellung der Erlösauszahlung an den richtigen Berechtigten sinnvoll.

4. Anmeldung und Glaubhaftmachung

Die Anmeldung muss spätestens bis zur Aufforderung des Gerichts zur Abgabe von Geboten vorliegen. Das Gericht hat auf die Ausschließung weiterer Anmeldungen **hinzuweisen**, § 66 Abs. 2. Widerspricht ein betreibender Gläubiger dem angemeldeten Recht, so ist es glaubhaft zu machen, § 294 ZPO. Ein Gläubiger kann jedoch mangels Rechtsschutzbedürfnisses nicht widersprechen, wenn der Anmeldende rangmäßig hinter seinem Anspruch steht.[38]
Die Anmeldung ist **Prozesshandlung**. Der Gläubiger muss seinen Willen kundtun, dass sein Recht bei der Feststellung des geringsten Gebotes und bei der Verteilung des Versteigerungserlöses berücksichtigt werde. Die Anmeldung muss Rechtsgrund und Rang des Anspruchs, bei Anmeldung zum geringsten Gebot und zur Berücksichtigung bei Erlösverteilung auch einen bestimmten Betrag angeben.[39] Sie ist auch nicht unter dem Gesichtspunkt von Treu und Glauben entbehrlich, wenn das Gericht oder die Beteiligten von dem Recht bereits Kenntnis haben.[40] Mitteilungen des Grundbuchamts ersetzen die Anmeldung nicht.

5. Wirkungen und Mängel

Die wirksame und rechtzeitige Anmeldung führt zur Erlangung der Stellung als **Beteiligter** (§ 9 Nr. 2), der Berücksichtigung des Anspruchs für das **geringste Gebot** (§ 45), der **Rangwahrung** (§ 110), der Übernahme der persönlichen Schuld durch den Ersteher bei bestehen bleibender Grundschuld oder Rentenschuld (§ 53 Abs. 2), der Wirksamkeit einer nicht grundbuchersichtlichen Fälligkeit gegenüber dem Ersteher (§ 54), der Aufnahme des Anspruchs in den Teilungsplan (§ 114) und der Urteilswirkung gegen den Ersteher (§ 325 Abs. 3 Satz 2 ZPO).
Jede Anmeldung gilt für die gesamte Dauer des Verfahrens. Eine Anmeldung zum Zwangsverwaltungsverfahren gilt aber nicht für die Zwangsversteigerung und umgekehrt.[41]
Die **Nichtberücksichtigung einer Forderungsanmeldung** vor dem Zuschlag ist nicht mit einem förmlichen Rechtsbehelf anfechtbar. Dies gilt auch, wenn das Vollstreckungsgericht die Anmeldung ausdrücklich zurückgewiesen hat.[42] Eine

---

35 OLG Koblenz, Beschl. vom 11.1.1984 – 4 W 632/83, Rpfleger 1984, 242.
36 BGH, Beschl. vom 20.12.1977 – 4 StR 560/77, NJW 1978, 652 = Rpfleger 1978, 363.
37 RG, Urteil vom 13.11.1911 – V 174/11, RGZ 77, 296.
38 *Hintzen*, in: Dassler/Schiffhauer/u.a., ZVG, § 37 Rn. 18.
39 BGH, Urteil vom 30.5.1956 – V ZR 189/54, BGHZ 21, 30 = NJW 1956, 1356.
40 BGH, Urteil vom 30.5.1956 – V ZR 189/54, BGHZ 21, 30 = NJW 1956, 1356.
41 *Böttcher*, ZVG, § 38 Rn. 15.
42 LG Augsburg, Beschl. vom 24.10.2000 – 4 T 3950/00, Rpfleger 2001, 92.

Anmeldung, der nicht entsprochen wird, gilt als **Widerspruch gegen den Teilungsplan**, § 115 Abs. 2.
Die Terminsbestimmung muss die Rechtsnachteile einer unterbleibenden Anmeldung androhen, sonst ist das Verfahren mangelhaft.[43] Es genügt, wenn die Terminsbestimmung den Wortlaut der Aufforderung der Nr. 4 enthält.
Unterbleibt eine Anmeldung trotz ordnungsgemäßer Aufforderung völlig, wird der Anspruch weder im geringsten Gebot (§ 45) noch im Teilungsplan (§ 114) berücksichtigt. Wird die Anmeldung oder Glaubhaftmachung spätestens im Verteilungstermin **nachgeholt**, so wird das Recht ohne Rücksicht auf seinen ursprünglichen Rang an die letzte Rangstelle gesetzt (§ 110). Der **Rangverlust** ist endgültig und gewährt dem dadurch benachteiligten Gläubiger keinen Bereicherungsanspruch gegen den Begünstigten.[44] Mehrere nicht rechtzeitig angemeldete Ansprüche kommen in der Rangfolge des § 10 zum Zuge.[45]
Die Rechtsnachteile treten nur ein, sofern nicht erneut zur Abgabe von Geboten aufgefordert wird. Die Anmeldung kann in einem **neuen Verfahren** nachgeholt werden.[46]
Auf das Bestehen der Forderung des Gläubigers hat die unterbliebene Anmeldung keinen Einfluss. Unterlässt es beispielsweise eine Gemeinde, ihre Beitragsforderung im Verfahren der Zwangsversteigerung anzumelden, hat dies nur zur Folge, dass das Grundstück nach dem Zuschlag nicht mehr zum Zwecke der Befriedigung in Anspruch genommen werden kann. Die persönliche Beitragspflicht bleibt davon jedoch grundsätzlich unberührt.[47]

VII. Entgegenstehende Rechte (Nr. 5)

1. Allgemeines

11 Der Ersteher erwirbt das Grundstück und die mitversteigerten Gegenstände frei von Rechten, die sich nicht aus den Versteigerungsbedingungen ergeben, §§ 55, 90, 91. Deswegen müssen Dritte, deren Rechte der Zwangsversteigerung entgegenstehen, aufgefordert werden, das **Verfahren vor Zuschlagserteilung einstellen oder aufheben** zu lassen, damit ihr Recht nicht erlischt.
Das Recht des Dritten kann der Zwangsversteigerung des Grundstücks oder derjenigen eines mithaftenden (§ 90 Abs. 2, § 50 Abs. 1, § 20 Abs. 2; § 1120 BGB) oder mitversteigerten (§ 90 Abs. 2, § 55 Abs. 2) Gegenstandes entgegenstehen.

2. Rechte Dritter

12 Unter Rechte im Sinne der Nr. 5 fällt zunächst das **Eigentum** Dritter.
Von großer Bedeutung sind **Rechte am Zubehör**. § 865 ZPO erstreckt die Immobiliarvollstreckung auf die in den Haftungsverband der Hypothek fallenden Gegenstände. In den Haftungsverband der Hypothek fällt Zubehör gemäß § 1120 BGB nur dann, wenn es im Eigentum des Grundstückseigentümers oder -eigenbesitzers steht. Abweichend hiervon erwirbt der Ersteher gemäß § 90 Abs. 2 i.V.m. § 55 Abs. 2 Eigentum an Zubehörstücken, die sich im Besitz des Schuldners oder eines neu eingetretenen Eigentümers befinden, auch dann, wenn sie einem Dritten gehören, es sei denn, dass dieser sein Recht nach Maßgabe des § 37 Nr. 5 geltend gemacht hat.[48] So erwirbt der Ersteigerer

---

43 Siehe unten Rn. 15.
44 BGH, Urteil vom 30.5.1956 – V ZR 189/54, BGHZ 21, 30 = NJW 1956, 1356; RG, Urteil vom 14.6.1911 – V 549/10, RGZ 76, 379.
45 *Teufel*, in: Steiner, ZVG, §§ 37, 38 Rn. 64.
46 *Böttcher*, ZVG, § 38 Rn. 16.
47 Niedersächsisches Oberverwaltungsgericht, Beschl. vom 13.9.1994 – 9 M 4213/94, KKZ 1996, 12.
48 Vgl. bei § 55 Rn. 7–12.

eines Hofes Eigentum an Pferden, die sich im Zeitpunkt des Zuschlags auf der versteigerten Fläche befanden, wenn der Eigentümer keine Rechte nach Nr. 5 geltend gemacht hat.[49] An bereits im Zeitpunkt der Versteigerung des Grundstücks **entferntem Fremdzubehör** erwirbt der Ersteher dagegen kein Eigentum, auch wenn der Rechtspfleger entgegen § 55 Abs. 2 die Versteigerung darauf erstreckt.[50]
Weiterhin fallen unter Nr. 5 **Veräußerungsverbote** z. B. aus Insolvenzverfahren und **Verwertungsverbote** bei Nacherbschaft.
Eine **Vormerkung** als solche steht der Zwangsversteigerung nicht entgegen.[51] Übertragen geschiedene Eheleute das ihnen bisher in Gütergemeinschaft gehörende Hausgrundstück auf den Ehemann zu Alleineigentum und vereinbaren sie hierbei, dass im Falle der Anordnung der Zwangsversteigerung das Eigentum an die gemeinsamen Kinder weiter zu übertragen ist, diese einen Anspruch hierauf jedoch erst nach Ableben der Mutter erwerben sollen, so steht eine zur Sicherung dieses künftigen Anspruchs eingetragene Vormerkung dem Anspruch eines Gläubigers des Vaters auf Duldung der Zwangsvollstreckung aus einer später eingetragenen Zwangshypothek nicht entgegen, wenn die Mutter bei Entstehung des Duldungsanspruchs noch lebte.[52]

3. Geltendmachung der Rechte

Entgegenstehende Rechte eines Dritten, die **aus dem Grundbuch ersichtlich** sind, führen gemäß § 28 **von Amts wegen** zur Einstellung oder Aufhebung der Zwangsvollstreckung.
Ist das Recht **nicht aus dem Grundbuch ersichtlich**, muss der **Dritte selbst** die Einstellung oder Aufhebung des Verfahrens herbeiführen, um sein Recht zu erhalten. Anders als bei Nr. 4 genügt eine Anmeldung und Glaubhaftmachung nicht.
Der betreibende Gläubiger kann die Freigabe des Grundstücks freiwillig insoweit erklären, als das Recht des Dritten betroffen ist, durch Einstellung nach § 30 oder Antragsrücknahme nach § 29. Betreiben mehrere Gläubiger das Verfahren, muss es von allen eingestellt werden.
Weigert sich der betreibende Gläubiger, das Verfahren einzustellen oder aufzuheben, muss der Dritte sein Recht durch **Drittwiderspruchsklage nach § 771 ZPO** geltend machen. Zugleich kann er beantragen, dass das Prozessgericht (§ 769 Abs. 1 ZPO) oder in dringenden Fällen das allgemeine Vollstreckungsgericht (§ 769 Abs. 2 ZPO) die Einstellung der Zwangsvollstreckung einstweilen anordnet.
Die Einstellung oder Aufhebung des Verfahrens müssen vor Erteilung des Zuschlags herbeigeführt werden.

4. Wirkung und Mängel

Wurde das Verfahren rechtzeitig eingestellt oder aufgehoben, erwirbt der Ersteher den betreffenden Gegenstand nicht mit.
Wird das Drittrecht trotz ordnungsgemäßer Aufforderung nicht geltend gemacht, erwirbt der Ersteher ohne Rücksicht auf seinen guten oder bösen Glauben[53] das Recht an dem Gegenstand. Das Recht des Dritten setzt sich durch **dingliche Surrogation** am Versteigerungserlös fort. Der Umfang des Anspruchs ergibt sich aus der Art des untergegangenen Rechts. Ein Rangverlust nach § 110 findet nicht statt.

---

49 OLG Celle, Beschl. vom 14.2.2000 – 4 W 361/99, OLGR Celle 2000, 234.
50 OLG Rostock, Urteil vom 16.1.2003 – 1 U 78/01, OLGR Rostock 2003, 223.
51 BGH, Urteil vom 28.10.1966 – V ZR 11/64, BGHZ 46, 124.
52 BGH, Urteil vom 26.4.2007 – IX ZR 139/06, Rpfleger 2007, 490.
53 *Hintzen*, in: *Dassler/Schiffhauer/u. a.*, ZVG, § 37 Rn. 31; kritisch zum Schutz des bösgläubigen Erwerbers *Marotzke*, Öffentlichrechtliche Verwertungsmacht und Grundgesetz, NJW 1978, 133.

Ist der Dritte Verfahrensbeteiligter (§ 9 Nr. 2), kann er seinen Anspruch auf den Versteigerungserlös im Verteilungstermin geltend machen. Er kann der Zuteilung von Erlös auf Rechte, die ihm gegenüber unwirksam sind, **nach § 115 widersprechen**. Andernfalls wird der Erlös ohne Rücksicht auf sein Recht verteilt. Er kann dann noch Bereicherungsklage gegen den als letzten aus der Masse Befriedigten aus ungerechtfertigter Bereicherung nach § 812 BGB erheben. Voraussetzung ist jedoch, dass der Dritte sein Eigentum **infolge des Zuschlages** verloren hat. Das Eigentum eines Installateurs an in ein Mietshaus unter Eigentumsvorbehalt eingebauten Badewannen-, Aufwaschtisch-, und Waschtischanlagen erlischt jedoch schon durch das Aufstellen und Anschließen nach §§ 93, 94 Abs. 2 BGB, § 946 BGB, da diese Anlagen mit dem Grundstück dergestalt verbunden werden, dass sie wesentliche Bestandteile des Grundstücks bilden.[54]

Eine Zwangsversteigerung der streitbefangenen Sache gemäß § 817 Abs. 2 ZPO bzw. §§ 90, 55 Abs. 2 BGB, gegen die der Hausgabekläger nicht als Berechtigter gemäß § 771 ZPO bzw. § 37 Nr. 5 interveniert hat, ist regelmäßig als Veräußerung der streitbefangenen Sache durch ihn anzusehen und eröffnet dem Herausgabebeklagten den Einwand des § 265 Abs. 3 ZPO.[55]

VIII. Rechtsbehelfe

15 Gegen Mängel der Terminsbestimmung ist die Vollstreckungserinnerung nach § 766 ZPO statthaft. Eine sofortige Beschwerde ist wegen § 95 nicht zulässig. Enthält die Terminsbestimmung **Angaben, die nach § 37 zwingend vorgeschrieben sind**, nicht oder nicht richtig, und kann der Mangel innerhalb der Fristen des § 43 nicht mehr behoben werden, so muss der Termin aufgehoben werden. Findet der Termin statt, ist der Zuschlag zu versagen bzw. aufzuheben, weil ein Verstoß gegen § 43 Abs. 1 vorliegt (§ 83 Nr. 7). Eine Heilung tritt auch bei Zustimmung aller Beteiligter nicht ein, § 83 Nr. 7, § 84 Abs. 1. Ein Verstoß kann mit der Zuschlagsanfechtung gerügt werden (§ 100 Abs. 1).

---

54 OLG Braunschweig, Urteil vom 26.4.1955 – 1 U 32/55.
55 BGH, Urteil vom 4.2.2002 – II ZR 37/00, NJW 2002, 2101 mit Anmerkung *Löhnig*, JA 2002, 833.

§ 38 ZVG [Weitere Angaben in der Terminsbestimmung]

(1) Die Terminsbestimmung soll die Angabe des Grundbuchblatts, der Größe und des Verkehrswerts des Grundstücks enthalten. Ist in einem früheren Versteigerungstermin der Zuschlag aus den Gründen des § 74a Abs. 1 oder des § 85a Abs. 1 versagt worden, so soll auch diese Tatsache in der Terminsbestimmung angegeben werden.

(2) Das Gericht kann Wertgutachten und Abschätzungen in einem für das Gericht bestimmten elektronischen Informations- und Kommunikationssystem öffentlich bekannt machen.

Übersicht

	Rn.
I. Allgemeines	1
II. Anwendungsbereich	2
III. Sollbestandteile nach Abs. 1	3–6
1. Grundbuchblatt	3
2. Grundstücksgröße	4
3. Verkehrswert	5
4. Frühere Zuschlagsversagungen	6
IV. Veröffentlichung des Wertgutachtens (Abs. 2)	7
V. Rechtsbehelfe	8

I. Allgemeines

Die Vorschrift ergänzt § 37 und zählt die **Sollbestandteile** der Terminsbestimmung auf. Diese müssen im Regelfall erfüllt sein.[1] Weitere Angaben für die Terminsbestimmung können aufgrund **landesrechtlicher Regelungen** vorgeschrieben sein (§ 6 EGZVG).[2]
Nicht mehr genannt wird der zur Zeit des Versteigerungsvermerks eingetragene Eigentümer des Grundstücks. Die früher vorgeschriebene Angabe des Namens ist mit Inkrafttreten des 1. Justizmodernisierungsgesetzes zum 1.9.2004[3] entfallen.

II. Anwendungsbereich

Die Vorschrift gilt für alle Versteigerungsarten mit natürlichen Abweichungen für grundstücksgleiche Rechte, Schiffe und Luftfahrzeuge.

---

1 BGH, Beschl. vom 19.6.2008 – V ZB 129/07, Rpfleger 2008, 588.
2 Einführungsgesetz zu dem Gesetz über die Zwangsversteigerung und Zwangsverwaltung vom 24.3.1897, RGBl. 1897, 135. Landesrechtliche Vorschriften existieren in Niedersachsen, § 3 Nds. AG ZVG; Thüringen, § 2 ThürAGZVG; Saarland, § 46 AGJusG; Baden-Württemberg, § 1 ZVTBestV BW; Bayern, Art. 31 AGGVG; Schleswig-Holstein, Art. 5 ZVGAG SH, Art. 69 FGGPR SH 1971; Hessen, Art. 96 Hess. FGG; Nordrhein-Westfalen, Art. 5 ZVGAG NW 1899, Art. 69 PRFGG NW 1899.
3 BGBl I 2004, 2198.

III. Sollbestandteile nach Abs. 1

1. Grundbuchblatt

3 Das Vollstreckungsgericht soll das Grundbuchblatt angeben, in dem das zu versteigernde Grundstück, Wohnungs- oder Teileigentum, Erbbaurecht oder der Miteigentumsanteil gebucht ist. Werden mehrere Grundstücke gemeinsam versteigert, die in mehreren Grundbüchern eingetragen sind, sind alle Grundbuchblätter zu bezeichnen.

2. Grundstücksgröße

4 Die Grundstücksgröße soll benannt werden, wobei jedoch keine Garantie für die tatsächliche Größe übernommen wird, § 56 Satz 3. Die Größenangabe sollte nach den amtlichen Maßeinheiten (ha, a, qm) erfolgen.

3. Verkehrswert

5 Der Grundstückswert (Verkehrswert, § 74a Abs. 5) soll ebenfalls angegeben werden. Dieser bildet zum einen die Grundlage für die Berechnung der Sicherheitsleistung nach § 68 Abs. 1, zum anderen soll Bietinteressenten eine Orientierungshilfe für die Entscheidung an die Hand gegeben werden, ob sie am Verfahren teilnehmen und bis zu welcher Höhe sie Gebote abgeben wollen.[4] Dabei dürfen auch Einzelwerte ausgewiesen werden, soweit dies von Interesse ist. Wenn mehrere Grundstücke zur Versteigerung anstehen (§ 18), ist der Verkehrswert für jedes Grundstück zu bezeichnen.[5] Gerade im ersten Versteigerungstermin kommt dem Verkehrswert wegen der Wertgrenzen des § 85a Abs. 1 (5/10) und § 74a Abs. 1 (7/10) eine große Bedeutung zu.
Ändert das Vollstreckungsgericht den mitgeteilten Verkehrswert (etwa wegen eingetretener Schäden durch Feuer, Wasser, etc.), so muss der **geänderte Wert** rechtzeitig innerhalb der Frist des § 43 Abs. 1 Satz 1 bekannt gemacht werden. Davon darf lediglich abgesehen werden, wenn der neue Wert nur unwesentlich von dem bekannt gemachten abweicht.[6] Eine Änderung von weniger als 10 Prozent ist nach Auffassung des Bundesgerichtshofs nicht als wesentlich anzusehen.[7]

4. Frühere Zuschlagsversagungen

6 Wurde der Zuschlag bereits in einem früheren Termin nach § 74a Abs. 1 (Nichterreichen der 7/10 Grenze) oder § 85a Abs. 1 (Nichterreichen der 5/10 Grenze) rechtskräftig versagt, ist dies ausdrücklich anzugeben. Der Hinweis ist für Bietinteressenten von großer Bedeutung, da in einem weiteren Termin diese Wertgrenzen nicht mehr zu einer Versagung des Zuschlags führen (§ 74a Abs. 4, § 85a Abs. 2 Satz 2).

IV. Veröffentlichung des Wertgutachtens (Abs. 2)

7 Durch das Justizkommunikationsgesetz vom 22.3.2005[8] wurde mit Wirkung zum 1.4.2005 die Veröffentlichung des Wertgutachtens im Internet zugelassen. Dies spart Kosten und dient der Verbesserung der Verwertungsmöglichkeiten

---

[4] BGH, Beschl. vom 18.5.2006 – V ZB 142/05, Rpfleger 2006, 554 = NJW-RR 2006, 1389.
[5] *Stöber*, ZVG, § 38 Rn. 3.2.
[6] BGH, Beschl. vom 19.6.2008 – V ZB 129/07, Rpfleger 2008, 588 mit Anmerkung *Böttcher*, ZfIR 2008, 687.
[7] BGH, Beschl. vom 19.6.2008 – V ZB 129/07, Rpfleger 2008, 588.
[8] BGBl I 2005, 837.

im Zwangsversteigerungsverfahren. Personenbezogene Daten und Namen dürfen aus Gründen des Datenschutzes nicht öffentlich gemacht werden.[9]

V. Rechtsbehelfe

Auch gegen Mängel der Sollbestandteile der Terminsbestimmung ist die Vollstreckungserinnerung nach § 766 ZPO statthaft.
Der BGH ist in der Entscheidung vom 19.6.2008[10] der Auffassung entgegengetreten, § 38 sei eine reine Ordnungsvorschrift, deren Nichtbeachtung das weitere Verfahren grundsätzlich nicht behindere.[11] Ebenso hat der BGH die Meinung Stöbers abgelehnt, wonach eine erneute Terminsbestimmung nur dann erforderlich sei, wenn durch eine Unrichtigkeit im Sollinhalt der Terminsbestimmung eine wesentliche Angabe aus dem Mussinhalt (§ 37) unklar oder unvollständig wird.[12] Eine solche Einschränkung sei dem Gesetz nicht zu entnehmen. Dass es sich bei der Norm um eine Sollvorschrift handele, bedeute nichts anderes, als dass deren Vorgaben **im Regelfall erfüllt sein müssten**. Dann aber sei ein Verstoß gegen § 38 Abs. 1 auch stets bei der Frage nach einer erneuten Terminsbestimmung (§ 43) zu beachten.[13]

---

9 *Hintzen*, in: *Dassler/Schiffhauer/u.a.*, ZVG, § 38 Rn. 11.
10 BGH, Beschl. vom 19.6.2008 – V ZB 129/07, Rpfleger 2008, 588.
11 so aber OLG Hamm, Beschl. vom 22.11.1990 – 15 W 355/90, Rpfleger 1991, 71; OLG Karlsruhe, Beschl. vom 31.12.1992 – 18a W 30/92, Rpfleger 1993, 256.
12 So *Stöber*, ZVG, § 37 Rn. 1.2.
13 BGH, Beschl. vom 19.6.2008 – V ZB 129/07, Rpfleger 2008, 588.

§ 39 ZVG [Bekanntmachung der Terminsbestimmung]

(1) Die Terminsbestimmung muss durch einmalige Einrückung in das für Bekanntmachungen des Gerichts bestimmte Blatt oder in einem für das Gericht bestimmten elektronischen Informations- und Kommunikationssystem öffentlich bekannt gemacht werden.

(2) Hat das Grundstück nur einen geringen Wert, so kann das Gericht anordnen, dass die Einrückung oder Veröffentlichung nach Absatz 1 unterbleibt; in diesem Falle muss die Bekanntmachung dadurch erfolgen, dass die Terminsbestimmung in der Gemeinde, in deren Bezirke das Grundstück belegen ist, an die für amtliche Bekanntmachungen bestimmte Stelle angeheftet wird.

	Übersicht	Rn.
I.	Allgemeines	1
II.	Anwendungsbereich	2
III.	Veröffentlichung (Abs. 1)	3
IV.	Bekanntmachung bei geringem Grundstückswert (Abs. 2)	4
V.	Inhalt	5
VI.	Wirkung	6
VII.	Rechtsbehelfe	7

I. Allgemeines

1 Die Terminsveröffentlichung im Amtsblatt oder Internet soll einen möglichst großen Interessentenkreis auf die Versteigerung aufmerksam machen, damit das Grundstück bestmöglich verwertet wird. Darüber hinaus soll gewährleistet werden, dass Dritte die Möglichkeit haben, ihre nicht grundbuchersichtlichen (§ 37 Nr. 4) oder der Versteigerung entgegenstehenden (§ 37 Nr. 5) Rechte zu wahren. Zusätzliche sonstige Veröffentlichungen sind zulässig, aber nicht zwingend (§ 40 Abs. 2).

II. Anwendungsbereich

2 Die Vorschrift gilt für alle Versteigerungsarten, Abs. 2 jedoch nicht bei der Versteigerung von Schiffen (§ 168 Abs. 3) und Luftfahrzeugen (§ 171d Abs. 2).

III. Veröffentlichung (Abs. 1)

3 Die Terminsbestimmung muss einmalig im **Amtsblatt** veröffentlicht werden. Gemeint ist damit das amtliche Bekanntmachungsblatt des Versteigerungsgerichts. Dies gilt auch für das gemäß § 1 Abs. 2 gemeinsam zuständige und das nach § 2 bestimmte Vollstreckungsgericht.[1] Amtsblatt und Art der Veröffentlichung können gemäß § 7 EGZVG[2] **landesrechtlich** bestimmt werden.[3] Seit Inkrafttreten des Justizkommunikationsgesetzes am 1.4.2005 ist nunmehr auch die Veröffentlichung im **Internet** möglich. Abs. 1 sieht die Veröffentli-

---

1 *Böttcher*, ZVG, §§ 39, 40 Rn. 2.
2 Einführungsgesetz zu dem Gesetz über die Zwangsversteigerung und Zwangsverwaltung vom 24.3.1897, RGBl. 1897, 135.
3 Landesrechtliche Vorschriften existieren in Baden-Württemberg, § 32 AGGVG, Bayern, Art. 31 AGGVG, Hessen, Art. 97 Hess.FGG, und Thüringen, § 2 ThürAGZVG.

chung im Amtsblatt oder Internet alternativ, nicht kumulativ vor. Zu den Defiziten des Bundesportals www.justiz.de im Hinblick auf eine öffentliche Bekanntmachung unter dieser Internet-Adresse vgl. BGH, Beschluss vom 16.10.2008.[4]

IV. Bekanntmachung bei geringem Grundstückswert (Abs. 2)

Hat das Grundstück nur einen geringen Wert, so kann das Vollstreckungsgericht die Terminsbestimmung anstelle einer Veröffentlichung im Amtsblatt oder Internet an der **Gemeindetafel** anheften lassen. Die Bestätigung der Gemeindeverwaltung über die Anheftung wird als Nachweis zu den Akten genommen.

Es gibt keine bestimmte **Wertgrenze** für die Beurteilung der Geringfügigkeit. Ein geringer Wert kann dann angenommen werden, wenn die Verfahrenskosten einen großen Anteil des zu erwartenden Versteigerungserlöses ausmachen würden.[5] Die Unsicherheit bei der Bestimmung der Geringfügigkeit ist problematisch. Denn nimmt das Vollstreckungsgericht irrtümlich ein Grundstück von geringem Wert an und unterlässt die Veröffentlichung nach Abs. 1, dann fehlt es an einer ordnungsgemäßen Bekanntmachung.[6] Die Einschätzung des Werts und damit des nach Abs. 2 entscheidenden Tatbestandsmerkmals unterliegt voll der gerichtlichen Kontrolle. Das Vollstreckungsgericht hat hier **kein Ermessen**. Sein Ermessen beschränkt sich auf die Rechtsfolge, nämlich darauf, ob nach § 39 Abs. 1 oder Abs. 2 zu verfahren ist, wenn das Grundstück einen geringen Wert hat.[7] Von der Bekanntmachung nach Abs. 2 sollte daher zurückhaltend Gebrauch gemacht werden.

V. Inhalt

Die Terminsbestimmung muss mit dem durch § 37 zwingend vorgeschriebenen Inhalt und regelmäßig auch mit den Inhaltsvorgaben des § 38 Abs. 1[8] veröffentlicht werden.

Werden mehrere Terminsbestimmungen gleichzeitig veröffentlicht, dürfen die Aufforderungen nach § 37 Nr. 4 und 5 zusammengefasst und -durch Fettdruck hervorgehoben- vorangestellt werden.[9]

Eine fehlerhafte Veröffentlichung muss korrigiert und vollständig wiederholt werden, wobei die Frist des § 43 einzuhalten ist. Eine bloße Berichtigung der fehlerhaften Teile in einer nachträglichen Veröffentlichung reicht nicht aus.[10]

VI. Wirkung

Bekannt gemacht ist die Terminsbestimmung mit dem Tag der Auslieferung der Nummer des Amtsblatts oder wenn sie im Internet vollständig zur Einsicht zur Verfügung steht.[11] Die Veröffentlichung wird aktenkundig gemacht. Eine Bekanntmachung bei einem verlinkten Portal wie dem Portal www.justiz.de ist

---

4 BGH, Beschl. vom 16.10.2008 – V ZB 94/08, NJW 2008, 3708 = Rpfleger 2009, 99; der Aufbau des Bundesportals entspricht nach wie vor dem Zustand, über den der BGH zu entscheiden hatte.
5 *Böttcher*, ZVG, §§ 39, 40 Rn. 3.
6 *Stöber*, ZVG, § 39 Rn. 3.2.
7 *Teufel*, in: Steiner, ZVG, § 39 Rn. 17.
8 BGH, Beschl. vom 19.6.2008 – V ZB 129/07, Rpfleger 2008, 588.
9 LG Frankenthal, Beschl. vom 9.5.1988 – 1 T 154/88, Rpfleger 1988, 421.
10 LG Kaiserslautern Rpfleger 1964, 120.
11 *Stöber*, ZVG, § 39 Rn. 2.7; *Hintzen*, in: Dassler/Schiffhauer/u.a., ZVG, § 39 Rn. 5.

elektronisch bekannt gemacht, wenn die Bekanntmachungsdaten auf dem Server des Portals abgelegt und zum Abruf bereitgestellt sind, mit dem das Bekanntmachungsportal für den Abruf der Daten verlinkt ist.[12]

VII. Rechtsbehelfe

7 § 39 ist eine **Mussvorschrift**. Wird sie nicht beachtet, ist je nach Verfahrensstand der Versteigerungstermin aufzuheben (§ 43 Abs. 1 Satz 1) oder der Zuschlag zu versagen bzw. aufzuheben (§ 83 Nr. 7).
Die Unrichtigkeit der Bekanntmachung oder auch die fehlerhafte Anordnung nach Abs. 2 kann mit der Vollstreckungserinnerung nach § **766 ZPO** gerügt werden, ohne die weitere Möglichkeit einer sofortigen Beschwerde im Falle ihrer Zurückweisung (§ 95). Wird der Zuschlag trotz Verstoßes gegen § 39 erteilt, kann er mit der **Zuschlagsbeschwerde** gemäß § 100 Abs. 1 angefochten werden.

---

12 BGH, Beschl. vom 16.10.2008 – V ZB 94/08, NJW 2008, 3708 = Rpfleger 2009, 99.

§ 40 ZVG [Anheftung an die Gerichtstafel]

(1) Die Terminsbestimmung soll an die Gerichtstafel angeheftet werden. Ist das Gericht nach § 2 Abs. 2 zum Vollstreckungsgericht bestellt, so soll die Anheftung auch bei den übrigen Gerichten bewirkt werden. Wird der Termin nach § 39 Abs. 1 durch Veröffentlichung in einem für das Gericht bestimmten elektronischen Informations- und Kommunikationssystem öffentlich bekannt gemacht, so kann die Anheftung an der Gerichtstafel unterbleiben.

(2) Das Gericht ist befugt, noch andere und wiederholte Veröffentlichungen zu veranlassen; bei der Ausübung dieser Befugnis ist insbesondere auf den Ortsgebrauch Rücksicht zu nehmen.

Übersicht

		Rn.
I.	Allgemeines	1
II.	Anwendungsbereich	2
III.	Anheftung an die Gerichtstafel (Abs. 1)	3
IV.	Sonstige Veröffentlichungen (Abs. 2)	4
V.	Private Veröffentlichungen	5
VI.	Rechtsbehelf	6

I. Allgemeines

§ 40 ergänzt als Ordnungsvorschrift die zwingende Bekanntmachungsregelung des § 39. Entsprechend der Regelung in § 39 Abs. 1, Veröffentlichungen im Internet zuzulassen, wurde auch Abs. 1 Satz 2 durch das am 1.4.2005 in Kraft getretene Justizkommunikationsgesetz[1] angefügt.

II. Anwendungsbereich

Die Vorschrift gilt für alle Versteigerungsarten. Besonderheiten gelten für Schiffe (§ 168) und Luftfahrzeuge (§ 171d).

III. Anheftung an die Gerichtstafel (Abs. 1)

Bei einer Veröffentlichung im Amtsblatt soll die vollständige Terminsbestimmung (§§ 37, 38) zusätzlich an die Gerichtstafel angeheftet werden (Abs. 1 Satz 1).
Sind Grundstücke in **verschiedenen Amtsgerichtsbezirken** belegen und wird das Vollstreckungsgericht nach § 2 Abs. 2 bestimmt, so soll die Terminsbestimmung in allen Amtsgerichten angeheftet werden, in deren Bezirk die Grundstücke belegen sind (Abs. 1 Satz 2). Außerdem dürfte es in dem Fall, dass ein zentrales Amtsgericht nach § 1 Abs. 2 ein Grundstück versteigert, das im Bezirk eines zugeordneten Gerichts liegt, sinnvoll (nicht aber erforderlich) sein, die Terminsbestimmung auch an der Gerichtstafel des Belegenheitsorts anzuheften.[2]
Der Aushang wird von der Geschäftsstelle vorgenommen. Es wird vermerkt, wann er angeheftet und wann er abgenommen wurde. Nach dem Termin wird der Aushang als Nachweis zu den Akten genommen.

---
1 BGBl I 2005, 837.
2 So auch *Böttcher*, ZVG, §§ 39, 40 Rn. 5; *Stöber*, ZVG, § 40 Rn. 2.3.

Die Anheftung an die Gerichtstafel kann nach Abs. 1 Satz 3 unterbleiben, wenn der Termin im Internet veröffentlicht wurde.

IV. Sonstige Veröffentlichungen (Abs. 2)

4 Das Gericht kann nach eigenem Ermessen die Versteigerung durch anders gestaltete und wiederholte Veröffentlichungen bekannt machen, wobei insbesondere auf den Ortsgebrauch Rücksicht zu nehmen ist. Die Bekanntmachungsfrist des § **43 gilt** für solche Veröffentlichungen **nicht**. Damit sind insbesondere werbewirksame Anzeigen in örtlichen **Tages- und Wochenzeitungen** möglich. Die hierdurch entstehenden Kosten zählen zu den Verfahrenskosten nach § 109. Veröffentlichungen können nach § 7 EGGVG[3] auch durch Landesrecht vorgeschrieben sein.
Veranlasst das Gericht eine derartige Veröffentlichung, muss sie allerdings richtig sein. Das gebietet der **Grundsatz des fairen Verfahrens**.[4] So ist der Zuschlag wegen Verstoßes gegen den Grundsatz des fairen Verfahrens zu versagen, wenn in einer vom Vollstreckungsgericht veranlassten Veröffentlichung der Terminsbestimmung in der örtlichen Presse die Uhrzeit unzutreffend mit 14 Uhr statt richtig mit 13 Uhr wiedergegeben und gleichwohl bereits um 13.45 Uhr der Schluss der Versteigerung verkündet worden ist.[5]

V. Private Veröffentlichungen

5 Sind Anzeigen, die der Schuldner, der Gläubiger oder sonstige Beteiligte veröffentlicht haben, **fehlerhaft**, kann das Gericht eine Gegenbekanntmachung veranlassen, im Übrigen im Termin die Verhältnisse klarstellen. Insoweit falsche Angaben stellen aber **keinen Verstoß gegen** §§ **37, 39** dar, der zur Versagung des Zuschlags nach § 83 Nr. 7 führen würde.[6]

VI. Rechtsbehelf

6 Ein Verstoß gegen § 40 beeinträchtigt das Verfahren solange nicht, als kein Verstoß gegen den Grundsatz des fairen Verfahrens vorliegt.[7] Solange führt ein Verstoß weder zur Aufhebung des Termins noch zur Versagung oder Aufhebung des Zuschlags. Ob weitere Veröffentlichungen nach Abs. 2 vorzunehmen sind, entscheidet das Gericht nach pflichtgemäßem Ermessen. Gegen sein Verhalten ist die Vollstreckungserinnerung nach § **766 ZPO** statthaft.

---

3 Landesrechtliche Vorschriften existieren in Baden-Württemberg, § 32 AGGVG, Bayern, Art. 31 AGGVG , Hessen, Art. 97 Hess.FGG, und Thüringen, § 2 ThürAGZVG.
4 *Hintzen*, in: *Dassler/Schiffhauer/u. a.*, ZVG, § 40 Rn. 8.
5 OLG Oldenburg, Beschl. vom 9.10.2000 – 2 W 144/00, InVo 2001, 348; a.A. LG Göttingen, Beschl. vom 2.12.1997 – 10 T 3/97, Rpfleger 1998, 211, wonach kein Grund für eine Zuschlagsversagung vorliege, wenn der Text der Bekanntmachung des Versteigerungstermins in einer Tageszeitung unvollständig oder falsch ist.
6 LG Göttingen, Beschl. vom 2.12.1997 – 10 T 3/97, Rpfleger 1998, 211.
7 vgl. Rn. 4.

§ 41 ZVG [Zustellung an die Beteiligten]

(1) Die Terminsbestimmung ist den Beteiligten zuzustellen.
(2) Im Laufe der vierten Woche vor dem Termin soll den Beteiligten mitgeteilt werden, auf wessen Antrag und wegen welcher Ansprüche die Versteigerung erfolgt.
(3) Als Beteiligte gelten auch diejenigen, welche das angemeldete Recht noch glaubhaft zu machen haben.

Übersicht

		Rn.
I.	Allgemeines	1
II.	Beteiligte im Sinne des § 41	2
III.	Zustellung an Beteiligte (Abs. 1, Abs. 3)	3
IV.	Mitteilung über Betreibende und Ansprüche (Abs. 2)	4
V.	Sonstige Mitteilungen	5
VI.	Mängel und Rechtsbehelfe	6

I. Allgemeines

Nicht immer kann die öffentliche Bekanntmachung sicherstellen, dass die Beteiligten auch tatsächlich vom Termin Kenntnis erhalten. Wegen der Bedeutung des Verfahrens muss die Terminsbestimmung den Beteiligten zugestellt werden.[1] Außerdem sind die Beteiligten vor dem Termin darüber zu informieren, auf wessen Antrag und wegen welcher Ansprüche die Versteigerung erfolgt. Denn nur so können sie sich auf den Termin vorbereiten und beurteilen, inwieweit ihre Rechte durch das Verfahren berührt werden.

II. Beteiligte im Sinne des § 41

Wer am Verfahren beteiligt ist, ergibt sich zunächst aus § 9. Personen im Sinne des § 9 Nr. 2, die ein angemeldetes Recht noch glaubhaft zu machen haben, werden durch Abs. 3 den Beteiligten gleichgestellt. Im Fall des § 85 ist die Zustellung auch an den Meistbietenden vorgeschrieben, § 85 Abs. 2.

III. Zustellung an Beteiligte (Abs. 1, Abs. 3)

Die Terminsbestimmung ist zwingend allen Beteiligten zuzustellen, die zur Zeit der Terminsanberaumung bekannt sind. Sie ist ohne Einhaltung der Frist auch den später bekannt gewordenen Beteiligten zuzustellen, soweit die Terminsbestimmung diese noch spätestens am Tag vor dem Termin erreichen kann.[2] Denn § 41 bezieht sich auf **alle Beteiligte** und damit anders als § 43 Abs. 2 nicht nur auf diejenigen, die schon zur Zeit der Terminsanberaumung bekannt waren.[3] Hat der später hinzutretende Beteilige bereits Kenntnis von der Terminsbestimmung, erübrigt sich eine Zustellung.[4]

---

1 Denkschrift zum ZVG, in *Hahn/Mudgan*, Die gesamten Materialien zu den Reichsjustizgesetzen, 5. Band, S. 19.
2 *Stöber*, ZVG, § 41 Rn. 2.2.
3 So auch *Teufel*, in: Steiner, ZVG, § 41 Rn. 5, 9; *Stöber*, ZVG, § 41 Rn. 2.2.
4 *Stöber*, ZVG, § 41 Rn. 2.2.

Kommt es zu einem **neuen Termin**, ist der Zeitpunkt der neuen Terminsanberaumung für die Zustellungsfrist des § 43 Abs. 2 maßgebend. Beteiligte, für die im Hinblick auf den vorausgegangenen Termin § 43 Abs. 2 nicht zu beachten war, können nunmehr ein Recht auf fristgerechte Zustellung haben.[5]
Ist an einen Beteiligten die Terminsbestimmung ordnungsgemäß zugestellt worden, so gilt die Zustellung auch gegenüber seinem **Rechtsnachfolger** (Abtretung, Erbfolge, Ablösung, etc.) und muss nicht noch einmal wiederholt werden.[6]
In den neuen Bundesländern ist die Terminsbestimmung auch dem nach § 2 **VermG** Berechtigten zuzustellen (§ 3b Abs. 2 VermG).
Für die Zustellung gelten die §§ 3 ff. i. V. m. §§ 869, 166 ff. ZPO.

IV. Mitteilung über Betreibende und Ansprüche (Abs. 2)

4 Nach Abs. 2 soll den Beteiligten im Laufe der vierten Woche vor dem Termin mitgeteilt werden, wer die betreibenden Gläubiger sind und aufgrund welcher Ansprüche die Versteigerung stattfinden wird. Die Mitteilung ermöglicht den Beteiligten die Prüfung, ob und inwieweit sie von der Zwangsversteigerung betroffen sind.
Daher muss die Benachrichtigung erkennen lassen, ob wegen eines **dinglichen** oder eines **persönlichen Anspruchs** vollstreckt wird.[7] Auch der **Rang** ist nach allgemeiner Meinung anzugeben. Es genügt jedoch, wenn sich dieser durch einen Hinweis auf die Grundbucheintragung ergibt.[8] Aus der Angabe, eine Gemeinde betreibe wegen eines Anspruchs aus Rangklasse § 10 Abs. 1 Nr. 3 das Verfahren, wird hinreichend erkennbar, dass sämtliche in Abteilung II und III des Grundbuchs eingetragenen Rechte erlöschen werden.[9]
Nicht aufzunehmen sind dagegen die sonstigen Rechte der Vollstreckungsgläubiger und die Ansprüche der Gläubiger, die das Verfahren nicht betreiben.[10]
Betreiben **mehrere Gläubiger** das Verfahren, ist wegen § 44 Abs. 2 anzugeben, wessen Anspruch für die Berechnung des geringsten Gebots maßgebend ist.[11]
Beschlagnahmegläubiger, deren Verfahren eingestellt ist, werden nicht angeführt, da ihnen keine Bedeutung für die Vorbereitung der Beteiligten auf den Termin zukommt.[12]

V. Sonstige Mitteilungen

5 § 41 regelt die Mitteilungspflichten nicht abschließend. Zu beachten ist insbesondere die Anordnung über **Mitteilungen in Zivilsachen** (MIZI). Sie sieht u. a. Mitteilungen an die Gemeindeverwaltung und an Stellen, die öffentliche Lasten einziehen, vor. Daneben können zusätzliche landesrechtliche Mitteilungspflichten zu beachten sein.

---

5 *Teufel*, in: *Steiner*, ZVG, § 41 Rn. 8.
6 *Böttcher*, ZVG, § 41 Rn. 3.
7 RG, Urteil vom 2.10.1931 – III 383/30, RGZ 134, 56.
8 *Stöber*, ZVG, § 41 Rn. 3.3.
9 LG Traunstein, Beschl. vom 28.4.1982 – 4 T 1237/82, Rpfleger 1982, 232.
10 *Teufel*, in: *Steiner*, ZVG, § 41 Rn. 13.
11 *Böttcher*, ZVG, § 41 Rn. 6.
12 *Böttcher*, ZVG, § 41 Rn. 6; *Stöber*, ZVG, § 41 Rn. 3.4; a.A. *Teufel*, in: *Steiner*, ZVG, § 41 Rn. 14.

VI. Mängel und Rechtsbehelfe

Die nicht ordnungsgemäß erfolgte Zustellung der Terminsbestimmung kann mit der Vollstreckungserinnerung nach § 766 ZPO gerügt werden mit dem Antrag, die Zustellung vorzunehmen oder (bei Nichtwahrung der Zustellungsfrist des § 43 Abs. 2) den Versteigerungstermin aufzuheben.[13] Ein anderes Rechtsmittel ist wegen § 95 nicht statthaft.

Im Hinblick auf die Frist des § 43 Abs. 2 können Zustellungsmängel zur Aufhebung des Termins bzw. Versagung oder Aufhebung des Zuschlags führen, § 83 Nr. 1 und mit der Zuschlagsanfechtung gerügt werden. Dabei ist die Heilungsmöglichkeit nach § 84 Abs. 1 zu beachten.

Ein Zuschlagsbeschluss ohne förmliche Ladung aller Gläubiger zum Zwangsversteigerungstermin stellt aber keine Verletzung der landesrechtlichen Eigentumsgarantie dar.[14]

Abs. 2 wird teilweise als reine Ordnungsvorschrift betrachtet, deren Missachtung sich auf das weitere Verfahren nicht auswirke und allenfalls Amtshaftungsansprüche nach sich ziehe.[15] Dem ist nicht zu folgen. Eine unrichtige und unvollständige Benachrichtigung nach Abs. 2 kann bei den Beteiligten falsche Vorstellungen über ihre Stellung im Verfahren oder die Berechnung des geringsten Gebots hervorrufen und damit unter Umständen so schwer wiegen, dass der Zuschlag in Frage gestellt werden muss.[16]

---

13 *Stöber*, ZVG, § 41 Rn. 2.9.
14 Verfassungsgerichtshof des Saarlandes, Beschl. vom 23.7.2004 – Lv 2/04.
15 OLG Düsseldorf VersR 1982, 102; *Stöber*, ZVG, § 41 Rn. 3.1.
16 So auch *Teufel*, in: *Steiner*, ZVG, § 41 Rn. 15.

§ 42 ZVG [Akteneinsicht]

(1) Die Einsicht der Mitteilungen des Grundbuchamts sowie der erfolgten Anmeldungen sind jedem gestattet.

(2) Das gleiche gilt von anderen das Grundstück betreffenden Nachweisungen, welche ein Beteiligter einreicht, insbesondere von Abschätzungen.

Schrifttum: *Mock*, Die Teilungsversteigerung unter familien- und erbrechtlichen Gesichtspunkten, ZAP Fach 14, 581.

Übersicht	Rn.
I. Allgemeines	1
II. Anwendungsbereich	2
III. Personenkreis	3
IV. Umfang	4
V. Verfahren	5
VI. Besichtigung des Grundstücks	6
VII. Rechtsbehelf	7

I. Allgemeines

1 § 42 gewährt für alle Versteigerungsverfahren ein **erweitertes Akteneinsichtsrecht**, damit insbesondere Interessenten Kenntnis von den Unterlagen erlangen können, die für den Erwerb des Grundstücks wichtig sind. § 42 fasst zwar den Kreis der zur Einsicht berechtigten Person weiter als die ZPO, dafür beschränkt die Vorschrift die Einsicht selbst auf bestimmte Aktenteile.
Daneben können sich Verfahrensbeteiligte (§ 9) auf das **allgemeine Akteneinsichtsrecht nach** § 299 Abs. 1 ZPO i. V. m. § 869 ZPO stützen und sich Ausfertigungen, Auszüge und Abschriften erteilen lassen. Dritten kann das Gericht die Einsicht in Aktenteile, die nicht unter § 42 fallen, ohne Einwilligung der Parteien dagegen nur gestatten, wenn sie ein rechtliches Interesse glaubhaft machen, § 299 Abs. 2 ZPO. Ein Gläubiger, der im Besitz eines Titels gegen den Schuldner ist, hat kein rechtliches Interesse auf Einsicht in Akten früherer den Schuldner betreffender Zwangsversteigerungen. Sein Interesse, durch Akteneinsicht möglicherweise irgendwelche Anhaltspunkte zu gewinnen, ob das Betreiben eines Zwangsversteigerungsverfahrens zum gegenwärtigen Zeitpunkt wirtschaftlich sinnvoll ist, ist jedenfalls gegenüber den Ansprüchen des Schuldners und anderer Gläubiger, ihre Vermögensbeziehungen nicht offenbart zu sehen, nachrangig.[1]

II. Anwendungsbereich

2 Die Vorschrift gilt für alle Versteigerungsverfahren, auch bei Schiffen und Luftfahrzeugen, in der Teilungsversteigerung, Insolvenzverwalter- und Nachlassversteigerung.

---

1 OLG Köln, Beschl. vom 13.9.1990 – 7 VA 8/90, KTS 1991, 204.

III. Personenkreis

Jede Person, gleich ob am Verfahren beteiligt oder nicht, kann ohne Darlegung eines rechtlichen Interesses und ohne sich auszuweisen Einsicht in die Versteigerungsakte nehmen.

IV. Umfang

Die Akteneinsicht ist für die nicht am Verfahren Beteiligten beschränkt auf Mitteilungen des Grundbuchamts (§ 19 Abs. 2, Abs. 3), Anmeldungen der Gläubiger, Mieter und sonstigen Beteiligten (§ 9 Nr. 2, § 37 Nr. 4, Nr. 5) und das Grundstück betreffende Nachweisungen (z. B. Gutachten, Brandversicherungsurkunde, Einheitswertbescheid). Hierzu gehören auch die vom Gericht nach § 74a eingeholten Gutachten.[2] Andere Nachweise und Unterlagen aus den Vollstreckungsunterlagen wie Vollstreckungsschutzunterlagen, Vollstreckungstitel, Vollmachten, Erbscheine, Abtretungsurkunden, usw. dürfen nicht eingesehen werden.

Urkunden über eine Sicherheitsleistung für Gebote dürfen vor der Zuschlagsentscheidung weder nach § 42 noch nach § 299 ZPO eingesehen werden.[3]

§ 42 grenzt das Einsichtsrecht **zeitlich** nicht ausdrücklich ein. Die zeitliche Schranke ergibt sich jedoch aus dem Zweck der Regelung, die Bietinteressenten eine Unterrichtung über die Verhältnisse des Grundstücks ermöglichen soll. Das erweiterte Einsichtsrecht besteht demnach bis zur Erteilung des Zuschlags.[4]

V. Verfahren

Über die Gewährung der Akteneinsicht entscheidet das **Vollstreckungsgericht**. Die Akten dürfen nur auf der Geschäftsstelle während der Dienststunden eingesehen werden. Ein Recht auf Aushändigung oder Übersendung der Akten besteht nicht. Es besteht im Gegensatz zu § 299 ZPO kein Anspruch auf gerichtliche Abschriften, es können aber Aufzeichnungen und Abschriften selbst gefertigt werden.[5]

VI. Besichtigung des Grundstücks

Das Vollstreckungsgericht kann die Besichtigung des Versteigerungsgrundstücks nicht erlauben oder erzwingen. Eine Besichtigung ist **nur möglich, wenn der Schuldner dies gestattet**. Bei leer stehenden Gebäuden oder unvermieteten Grundstücken kann der Zwangsverwalter die Besichtigung erlauben. Ein Anspruch des Erwerbsinteressenten auf Gestattung besteht insoweit aber nicht.[6]

---

2 *Stöber*, ZVG, § 42 Rn. 2.2; *Böttcher*, ZVG, § 42 Rn. 3.
3 *Böttcher*, ZVG, § 42 Rn. 7; *Stöber*, ZVG, § 42 Rn. 2.2.
4 So auch *Hintzen*, in: *Dassler/Schiffhauer/u. a.*, ZVG, § 42 Rn. 6.; a. A. *Stöber*, ZVG, § 42 Rn. 2.1 und *Böttcher*, ZVG, § 42 Rn. 2.3., die das erweiterte Einsichtsrecht nur bis zum Schluss der Versteigerung gemäß § 73 Abs. 2 gewähren wollen; offen gelassen von OLG Frankfurt, Beschl. vom 6.12.1991 – 20 VA 13/91, Rpfleger 1992, 267; sehr weitgehend *Meyer-Stolte*, Rpfleger 1992, 267, demzufolge Dritten auch Auskunft über das Meistgebot erteilt werden kann.
5 LG Berlin, Beschl. vom 14.12.2005 – 81 T 1056/05, Rpfleger 2006, 274.
6 *Stöber*, ZVG, § 42 Rn. 3.

VII. Rechtsbehelf

7 Bei einer Ablehnung der Akteneinsicht durch den Rechtspfleger ist die Erinnerung nach § 766 ZPO statthaft.[7]

---

[7] So auch *Böttcher,* ZVG, § 42 Rn. 4; a.A. *Hintzen,* in: *Dassler/Schiffhauer/u.a.,* ZVG, § 42 Rn. 8 der sofortige Beschwerde annimmt, dabei aber § 95 übersieht.

§ 43 ZVG [Terminsaufhebung]

(1) Der Versteigerungstermin ist aufzuheben und von neuem zu bestimmen, wenn die Terminsbestimmung nicht sechs Wochen vor dem Termin bekannt gemacht ist. War das Verfahren einstweilen eingestellt, so reicht es aus, dass die Bekanntmachung der Terminsbestimmung zwei Wochen vor dem Termin bewirkt ist.

(2) Das Gleiche gilt, wenn nicht vier Wochen vor dem Termin dem Schuldner ein Beschluss, auf Grund dessen die Versteigerung erfolgen kann, und allen Beteiligten, die schon zur Zeit der Anberaumung des Termins dem Gericht bekannt waren, die Terminsbestimmung zugestellt ist, es sei denn, dass derjenige, in Ansehung dessen die Frist nicht eingehalten ist, das Verfahren genehmigt.

Übersicht

		Rn.
I.	Allgemeines	1
II.	Anwendungsbereich	2
III.	Bekanntmachungsfrist (Abs. 1)	3
IV.	Beschlusszustellungsfrist (Abs. 2, Alt. 1)	4
V.	Terminszustellungsfrist (Abs. 2, Alt. 2)	5
VI.	Fristberechnung	6
VII.	Aufhebung und Neubestimmung des Termins	7
VIII.	Terminsverlegung	8
IX.	Mängel, Rechtsbehelfe	9

I. Allgemeines

Damit die Beteiligten ausreichend Zeit haben, sich auf den Termin vorzubereiten, sieht § 43 Mindestfristen für die öffentliche Bekanntmachung der Terminsbestimmung (§§ 39, 40), für die Zustellung an die Beteiligten (§ 41 Abs. 1) und die Zustellung der Versteigerungsbeschlüsse (§ 22 Abs. 1) vor. Die Fristen des § 43 sind abgestimmt auf die in den § 41 Abs. 2 und § 44 Abs. 2 geregelten Fristen, die alle den gleichen Zweck haben.

II. Anwendungsbereich

Die Vorschrift gilt für alle Versteigerungsverfahren, mit Besonderheiten für Schiffsbauwerke (§ 170a Abs. 2) und Luftfahrzeuge (§ 171 Abs. 1). Für Schiffe gelten diese Besonderheiten nicht.

III. Bekanntmachungsfrist (Abs. 1)

Die Bekanntmachung der **Terminsbestimmung** nach § 39 muss **sechs Wochen** vor dem Tag des Versteigerungstermins erfolgen (Satz 1). Die Terminsbestimmung muss die nach § 37 wesentlichen Angaben[1] und regelmäßig auch die Angaben des § 38 Abs. 1[2] enthalten.

---

1 OLG Köln, Beschl. vom 11.11.1994 – 2 W 152/94, InVo 1996, 24.
2 BGH, Beschl. vom 19.6.2008 – V ZB 129/07, Rpfleger 2008, 588.

War das **Verfahren schon einmal eingestellt**, verkürzt sich die Frist auf zwei Wochen (Satz 2). Die abgekürzte Frist bezieht sich auf alle Arten von Einstellungen.[3] Sind mehrere Vollstreckungsgläubiger vorhanden, ist umstritten, ob die abgekürzte Frist nur dann gilt, wenn die Verfahren aller betreibenden und für den Termin maßgebenden Gläubiger mindestens einmal eingestellt waren[4] oder ob auf den Gläubiger abzustellen ist, der die Versteigerung bestrangig betreibt[5]. Praktisch hat dieser Streit kaum Bedeutung, weil auch bei Verkürzung der Bekanntmachungsfrist die Beschluss- und Terminszustellungsfristen nach Abs. 2 voll einzuhalten sind.

IV. Beschlusszustellungsfrist (Abs. 2, 1. Alt.)

4 Die Zwangsversteigerung darf nur erfolgen, wenn der **Anordnungs- bzw. Beitrittsbeschluss** und, im Falle einer Einstellung, der **Fortsetzungsbeschluss** dem Vollstreckungsschuldner mindestens **vier** Wochen vor dem Termin zugestellt worden ist. Die Zustellung erfolgt nach §§ 3 ff. i. V. m. §§ 869, 166 ff. ZPO. Zu beachten ist insbesondere § 8. Betreiben mehrere Gläubiger das Verfahren, muss der Vollstreckungsbeschluss zumindest für einen fristgerecht zugestellt sein.[6] Eine Wiederholung der Zustellung vor einem neuen Termin ist nicht notwendig.[7]

V. Terminszustellungsfrist (Abs. 2, 2. Alt.)

5 Die Terminsbestimmung muss allen **Beteiligten**, die dem Vollstreckungsgericht bei Anberaumung des Termins **bekannt** waren, **vier** Wochen vor dem Termin zugestellt werden. Die Zustellung an einen erst danach bekannt gewordenen Beteiligten weniger als vier Wochen vor dem Termin (vgl. § 41 Abs. 1) ermöglicht die Terminsaufhebung dagegen nicht.

Die Terminsbestimmung muss die nach § 37 wesentlichen Angaben und regelmäßig die Angaben des § 38 Abs. 1[8] enthalten und ordnungsgemäß nach §§ 3 ff. i. V. m. §§ 869, 166 ff. ZPO zugestellt werden.

Wer **beteiligt** ist, ergibt sich aus § 9. Umstritten ist, ob gemäß § 41 Abs. 3 auch an denjenigen fristgerecht zugestellt werden muss, der sein angemeldetes Recht noch glaubhaft machen muss. Die Befürworter dieser Ansicht machen geltend, dass Abs. 2 den § 41 seiner Funktion nach vervollständige und der Begriff des Beteiligten deshalb identisch sein müsse.[9] Dem kann nicht gefolgt werden. Stöber[10] weist zurecht darauf hin, dass die weitreichende Auswirkung eines Verstoßes gegen Abs. 2 (Terminsaufhebung und Zuschlagsversagung) nicht ohne ausdrückliche gesetzliche Grundlage ausgeweitet werden kann. Wer ein angemeldetes Recht noch glaubhaft zu machen hat, hat noch keine Rechtsstellung im Verfahren erlangt, die ohne überprüfbare Anmeldung solche Folgen rechtfertigen würde.

Die Berechtigten im Sinne von **§ 3b Abs. 2 VermG** stehen den sonstigen Beteiligten im Sinne des Abs. 2 gleich, an die Zustellungen nur vorzunehmen sind, sofern sie dem Gericht namentlich bekannt sind.[11]

---

3 *Teufel*, in: *Steiner*, ZVG, § 43 Rn. 12.
4 So *Teufel*, in: *Steiner*, ZVG, § 43 Rn. 12.
5 So *Hintzen*, in: *Dassler/Schiffhauer/u. a.*, ZVG, § 43 Rn. 5; *Stöber*, ZVG, § 43 Rn. 3.3.
6 *Hintzen*, in: *Dassler/Schiffhauer/u. a.*, ZVG, § 43 Rn. 7; *Stöber*, ZVG, § 43 Rn. 4.1.
7 *Böttcher*, ZVG, § 43 Rn. 4.
8 BGH, Beschl. vom 19.6.2008 – V ZB 129/07, Rpfleger 2008, 588.
9 So *Hintzen*, in: *Dassler/Schiffhauer/u. a.*, ZVG, § 43 Rn. 10; *Teufel*, in: *Steiner*, ZVG, § 43 Rn. 19; *Böttcher*, ZVG, § 43 Rn. 3.
10 *Stöber*, ZVG, § 43 Rn. 5.2.
11 LG Berlin, Beschl. vom 1.12.1993 – 81 T 682/93, Rpfleger 1994, 175.

Unter Terminsanberaumung ist der Zeitpunkt zu verstehen, in dem die Terminsbestimmung den inneren Geschäftsbereich des Vollstreckungsgerichts verlässt und nicht die Unterschrift des Rechtspflegers unter die Terminsbestimmung.[12]

Wird ein **Termin vertagt oder aufgehoben**, ist die Terminszustellungsfrist für den neuen Termin ebenfalls einzuhalten.

VI. Fristberechnung

Für die Berechnung der Fristen gelten gemäß § 222 Abs. 1 ZPO, § 869 ZPO die §§ **186 bis 193 BGB**. Es handelt sich um Ereignisfristen. § 187 BGB regelt unmittelbar nur den Fall, dass der Fristbeginn festgelegt ist und das Fristende ermittelt werden soll. Er ist entsprechend anwendbar, wenn die Frist von einem Endzeitpunkt (Versteigerungstermin) ab zu berechnen ist. Analog § 187 Abs. 1 BGB zählt der Tag des Endzeitpunkts, von dem ab zurückzurechnen ist, nicht mit.[13]

VII. Aufhebung und Neubestimmung des Termins

Nach § 43 muss der Termin aufgehoben und ein neuer Termin bestimmt werden, wenn die gesetzlichen Fristen nicht eingehalten sind. Die Aufhebung kann, muss aber nicht mit der Neubestimmung eines Termins verbunden werden. Geschieht die Aufhebung vor Terminsbeginn, spricht man von Verlegung, bei bereits begonnenen Terminen von Vertagung. Bei der neuen Terminsbestimmung müssen wieder Veröffentlichung (§§ 39, 40 Abs. 2), Anheftung an die Gerichtstafel (§ 40 Abs. 1), Zustellung an die Beteiligten (§ 41 Abs. 1) und sonstige Mitteilungen (§ 41 Abs. 2) unter Wahrung der Fristen des § 43 erfolgen.[14]

VIII. Terminsverlegung

§ 43 schließt eine Verlegung oder Vertagung des Termins von Amts wegen oder auf Antrag aus anderen Gründen nicht aus. Nach §§ 869, 227 ZPO ist dies möglich, wenn **erhebliche Gründe** dafür vorliegen. Darunter fallen zwingende verfahrensmäßige Gründe wie die Verhinderung des zuständigen Rechtspflegers, wenn kurzfristig kein Vertreter zur Verfügung steht oder das Fehlen der Akten. Bei der Ermessensentscheidung, ob ein Termin wegen Krankheit des Schuldners zu verlegen ist, hat der Rechtspfleger im Hinblick auf Art. 14 GG die Interessen des Schuldners (ua Schutzwirkung von § 67 für diesen) und die des Gläubigers in gleicher Weise zu wahren.[15]

IX. Mängel, Rechtsbehelfe

§ 43 bestimmt, dass bei Nichtbeachtung seiner Fristen der Versteigerungstermin aufzuheben und von neuem zu bestimmen ist.

---

12 LG Lübeck, Beschl. vom 6.4.1982 – 7 T 88/82, SchlHA 1982, 199.
13 *Heinrichs*, in: *Palandt*, BGB, § 187 Rn. 4; BSG ZIP 1995, 35; BAG, Urteil vom 12.12.1985 – 2 AZR 82/85, FamRZ 1986, 901 = NJW 1986, 2905; eine ausdrückliche Regelung findet sich in § 123 Abs. 4 AktG; a. A. *Stöber*, ZVG, § 43 Rn. 2.3, der die Frist vom Ereignis zum Terminstag hin rechnet, was aber zu keinem abweichenden Ergebnis führt.
14 OLG Celle MDR 1954, 557.
15 BVerfG, Kammerbeschl. vom 22.1.1988 – 1 BvR 33/88, 1 BvQ 2/88, 1 BvR 33/88, 1 BvQ 2/88, KTS 1988, 564.

Ist die **Bekanntmachungsfrist** (**Abs. 1**) von sechs bzw. zwei Wochen nicht eingehalten, liegt ein **unheilbarer** Verfahrensverstoß vor, der in jeder Verfahrenslage und auch noch im Rechtsmittelverfahren von Amts wegen zu berücksichtigen ist (§ 83 Nr. 7, § 100 Abs. 3). Er führt zwingend zur Aufhebung des Termins oder zur Versagung bzw. Aufhebung des Zuschlags. Er kann auch mit der Zuschlagsbeschwerde gerügt werden (§ 100 Abs. 1).

Ein Verstoß gegen die **Beschluss- bzw. Terminszustellungsfrist** (**Abs. 2**) kann nach § 84 Abs. 1 **geheilt** werden. Genehmigt derjenige das Verfahren, demgegenüber die Frist nicht gewahrt ist, kann der Zuschlag erteilt werden. Dasselbe gilt, wenn das Recht des Beteiligten durch den Zuschlag nicht beeinträchtigt ist. Dies ist –ausgehend vom Zeitpunkt der Zuschlagserteilung- dann anzunehmen, wenn für den Beteiligten auch bei Einhaltung des vorgeschriebenen Zustellungsverfahrens eine Aussicht auf Befriedigung aus dem Grundstück nicht bestanden hätte.[16] Findet eine Heilung nicht statt, kann eine nicht ordnungsgemäße Zustellung der Terminsbestimmung mit der Zuschlagsbeschwerde gerügt werden (§ 100 Abs. 1).

---

16 OLG Celle, Beschl. vom 10.4.1995 – 4 W 39/95, OLGR Celle 1995, 250.

§ 44 ZVG [Begriff des geringsten Gebots]

(1) Bei der Versteigerung wird nur ein solches Gebot zugelassen, durch welches die dem Anspruche des Gläubigers vorgehenden Rechte sowie die aus dem Versteigerungserlöse zu entnehmenden Kosten des Verfahrens gedeckt werden.

(2) Wird das Verfahren wegen mehrerer Ansprüche von verschiedenem Range betrieben, so darf der vorgehende Anspruch der Feststellung des geringsten Gebotes nur dann zugrunde gelegt werden, wenn der wegen dieses Anspruchs ergangene Beschluss dem Schuldner vier Wochen vor dem Versteigerungstermin zugestellt ist.

Schrifttum: *Drischler*, Das geringste Gebot in der Zwangsversteigerung, RpflJahrbuch 1960, 347; *Eickmann*, Der Rang der Grundstücksrechte, RpflStud 1982, 74 und 85; *Schiffhauer*, Die Wirkung des Rangvorbehalts in der Zwangsversteigerung, BlGrBW 1962, 17; *Maier*, Die Aufnahme des Deckungs- und Übernahmeprinzips in das Zwangsversteigerungsgesetz, Tübingen 1984; *Schmidt*, Das geringste Gebot bei Fortsetzung eingestellter Zwangsversteigerungsverfahren, DRiZ 1959, 119.

Übersicht

		Rn.
I.	Allgemeines	1, 2
II.	Bestandteile des geringsten Gebots	3–10
1.	Anspruch des Gläubigers als Ausgangspunkt	3, 4
2.	Bestehen bleibende Rechte	5–10
3.	Geringstes Bargebot	8–10
III.	Einzelne Rechte im geringsten Gebot	11–35
1.	Altenteil	11, 12
2.	Arresthypothek	13
3.	Auflassungsvormerkung	14
4.	Baulast	15
5.	Dauerwohnrecht	16–18
6.	Eigentümergrundpfandrecht	19
7.	Erbbaurecht	20–22
8.	Erbbauzinsreallast	23
9.	Gesamtgrundpfandrechte	24
10.	Höchstbetragshypothek	25
11.	Reallast	26–28
12.	Tilgungshypothek	29–32
13.	Verfügungsbeeinträchtigungen	33
14.	Vorkaufsrecht	34
15.	Zwangssicherungshypothek	35
IV.	Mehrere betreibende Gläubiger	36–39
V.	Rangfragen	40–47
1.	Allgemeines	40
2.	Rangänderung	41, 42
3.	Rangvorbehalt	43–47

I. Allgemeines

Im vierten Abschnitt des Zwangsversteigerungsgesetzes werden das geringste Gebot und die Versteigerungsbedingungen geregelt. Von den gesetzlichen 1

Bedingungen kann im Rahmen des § 59 abgewichen werden. Das geringste Gebot ist vom Vollstreckungsgericht aufzustellen, im Versteigerungstermin zu verlesen und festzustellen, § 66 I.

2 Geprägt ist das geringste Gebot vom so genannten **Deckungsgrundsatz** des § 44 Abs. 1: Bei der Versteigerung wird nur ein solches Gebot zugelassen, durch welches die dem Anspruche des Gläubiges **vorgehenden** Rechte sowie die aus dem Versteigerungserlöse zu entnehmenden Kosten des Verfahrens gedeckt werden. Damit werden durch die Norm all diejenigen Ansprüche gesichert, die nach § 10 Vorrang vor dem Anspruch des vollstreckenden Gläubigers haben. Das geringste Gebot bildet für die im Versteigerungstermin abzugebenden Gebote die **Untergrenze**. Gebote, die darunter abgegeben werden, sind zurückzuweisen, § 71 Abs. 1. Die dem Gläubiger vorgehenden Ansprüche sind dabei entweder durch Zahlung (§ 49 Abs. 1) oder durch Übernahme (§ 52) zu decken. Das geringste Gebot orientiert sich damit **nicht** am festgesetzten Verkehrswert; vielmehr werden nur diejenigen Ansprüche geschützt, die dem betreibenden Gläubiger nach der Rangordnung des § 10 Abs. 1 im Range vorgehen (nicht auch gleich stehen). Der Anspruch des vollstreckenden Gläubigers selbst ist im geringsten Gebot nicht zu berücksichtigen und zwar auch dann nicht, wenn er nur wegen eines Teilbetrages vollstreckt.[1] Damit liegt das Risiko des Ausfalls in der Zwangsversteigerung beim bestrangig vollstreckenden Gläubiger und allen nachrangigen Berechtigten.

II. Bestandteile des geringsten Gebots

1. Anspruch des Gläubigers als Ausgangspunkt

3 Bereits im Antrag auf Anordnung der Zwangsversteigerung oder auf Zulassung des Beitritts zum Verfahren hat der vollstreckende Gläubiger seinen Anspruch anzugeben, §§ 27, 16. Hierbei ist nicht nur die betragsmäßige Angabe erforderlich, vielmehr ist auch die entsprechende Rechtsnatur anzugeben (dinglich oder persönlich oder beides). Im Beschlagnahmebeschluss sind Rechtsnatur und Rangklasse des Gläubigers durch das Vollstreckungsgericht anzugeben. Maßgeblich ist die Einordnung des Anspruchs in die Rangsystematik der §§ 10 – 12. Ausgehend vom Anspruch des Gläubigers sind dann all diejenigen Ansprüche durch das geringste Gebot zu decken, die diesem Anspruch im Range vorgehen. Der Anspruch des Gläubigers selbst sowie gleich- und nachrangige Ansprüche werden daher im geringsten Gebot **nicht** berücksichtigt. Damit ist der Gläubiger derjenige, der das Risiko des Vollstreckungserfolges trägt. Ist ihm das Versteigerungsergebnis zu niedrig, kann er selbst nach Schluss der Versteigerung noch die einstweilige Einstellung des Verfahrens nach § 30 mit der Folge der Zuschlagsversagung (§ 33) bewilligen. Vollstreckt ein Gläubiger aus Ansprüchen verschiedener Rangklassen (zum Beispiel wegen der dinglichen Forderung aus § 10 Abs. 1 Nr. 4 und wegen der persönlichen Forderung aus § 10 Abs. 1 Nr. 5), so ist sein jeweils besserrangiger Anspruch maßgeblich und zwar unabhängig davon, ob sich die Ansprüche aus ein- und demselben oder aus verschiedenen Beschlagnahmebeschlüssen ergeben. Vollstreckt ein Grundpfandrechtsgläubiger nur aus seinem persönlichen Anspruch der Rangklasse § 10 Abs. 1 Nr. 5 ZVG, ist sein vorrangiges dingliches Recht in der Rangklasse 4 und damit im geringsten Gebot zu berücksichtigen.

4 Ist nur ein vollstreckender Gläubiger vorhanden, muss der Beschluss, auf Grund dessen die Versteigerung erfolgen soll und der für das geringste Gebot

---

[1] *Jaeckel/Güthe*, § 44 Rn. 2, *Stöber*, § 44, Rn. 4.3. Eine Ausnahme gilt nur bei Teilablösung oder Teilabtretung mit Rangbestimmung und Vollstreckung aus dem nachrangigen Teilbetrag: der vorrangige Anspruch, der sich nun verselbstständigt hat, ist in das geringste Gebot mit aufzunehmen.

maßgeblich sein soll, dem Schuldner mindestens 4 Wochen vor dem Termin zugestellt sein, § 43 Abs. 2. Andernfalls ist der Termin aufzuheben.

2. Bestehen bleibende Rechte

Gemäß § 52 Abs. 1 Satz 1 bleibt ein Recht insoweit bestehen, als es bei der Feststellung des geringsten Gebots berücksichtigt und nicht durch Zahlung zu decken ist. Diese Norm knüpft lediglich an den Deckungsgrundsatz des § 44 Abs. 1 an. Die Deckung derjenigen Ansprüche, die nach dem Gesetz nicht bar zu zahlen sind (§ 49 Abs. 1), erfolgt durch Bestehenbleiben des dinglichen Rechts und **Übernahme durch den Ersteher**. Dies bringt für diesen den Vorteil, dass er unter Umständen nicht den gesamten Betrag seines Meistgebots durch Zahlung erbringen muss.[2]

Maßgeblich für die Frage, ob Rechte nach den Versteigerungsbedingungen bestehen bleiben oder nicht, ist auch hier allein der Anspruch des vollstreckenden Gläubigers. Ist das Recht vorrangig und damit im geringsten Gebot zu berücksichtigen, bleibt es bestehen und ist dadurch gedeckt; ist es nachrangig oder gleichrangig mit dem Anspruch des bestbetreibenden Gläubigers, erlischt es grundsätzlich mit dem Zuschlag.

Vollstreckt beispielsweise die Stadt/Gemeinde wegen Ansprüchen der Rangklasse § 10 Abs. 1 Nr. 3, so sind im geringsten Gebot nur die ihr vorgehenden Ansprüche und damit lediglich die Verfahrenskosten sowie gegebenenfalls Ansprüche nach § 10 Abs. 1 Nr. 1 bis 2 zu berücksichtigen. Im Grundbuch eingetragene Rechte erlöschen in diesem Fall grundsätzlich, da sie nicht im geringsten Gebot zu berücksichtigen sind, § 52 Abs. 1 Satz 2. Gleiches gilt für den Fall, dass der erstrangige im Grundbuch eingetragene Gläubiger vollstreckt. Damit sind die bestehen bleibenden Rechte nicht Bestandteil jedes geringsten Gebots.

3. Geringstes Bargebot

Das geringste Bargebot ist **zwingend Bestandteil jedes geringsten Gebots**. Für Vollstreckungsgericht und Bietinteressenten gleichermaßen wichtig ist, dass die Bieter nur diesen Teil des Gebots im Termin nennen. Bleiben daneben Rechte nach den Versteigerungsbedingungen bestehen, sind diese vom Ersteher **zusätzlich** zu seinem baren Meistgebot zu übernehmen.

Das geringste Bargebot enthält immer die Verfahrenskosten nach § 109 Abs. 1. Zu den Verfahrenskosten gehören nicht die Gebühren für die Anordnung bzw. die Zulassung des Beitritts, KV 2210 GKG. Diese Kosten sind dem jeweiligen Antragsteller in Rechnung zu stellen und können von ihm im Rang seines Rechts über § 10 Abs. 2 geltend gemacht werden. Vorweg aus dem Versteigerungserlös zu entnehmen und damit im geringsten Gebot anzusetzen, sind lediglich die Verfahrensgebühr, die Terminsgebühr und die Verteilungsgebühr, KV 2211, 2213 und 2215 GKG sowie die im Verfahren angefallenen Auslagen, insbesondere für Zustellungen, Veröffentlichungen und die Tätigkeit des Sachverständigen. Die Gebühren ermitteln sich nach § 54 GKG. Hierbei ist für die Berechung der Verfahrens- und Terminsgebühr in der Regel der Verkehrswert maßgeblich, für die Berechnung der Verteilungsgebühr das Meistgebot. Da dieses im Rahmen der Aufstellung des geringsten Gebots noch nicht bekannt ist, wird hier vorläufig der vom Vollstreckungsgericht festgesetzte Verkehrswert herangezogen.

Im Übrigen ist auch hier vom Anspruch des bestbetreibenden Gläubigers auszugehen. Das Vollstreckungsgericht hat nur die seinem Anspruch nach der

---

[2] Obwohl eine bare Zahlung durch Interessenten und Ersteher nicht mehr möglich ist (vgl. §§ 117, 69 ZVG), wird der Begriff auf Grund des üblichen Sprachgebrauchs dennoch weiter verwendet.

Rangsystematik der §§ 10 – 12 vorgehenden Ansprüche im geringsten Gebot zu berücksichtigen. Je nach Fallsituation sind danach bar zu decken: die Ansprüche der Rangklassen § 10 Abs. 1 Nr. 1 bis 3 sowie die Kosten und Zinsen bzw. sonstigen Nebenleistungen von bestehen bleibenden Rechten aus der Rangklasse § 10 Abs. 1 Nr. 4. Die Aufzählung in § 49 Abs. 1 ist dabei allerdings nicht abschließend. Ausnahmsweise kann auch ein Anspruch eines betreibenden Gläubigers aus der Rangklasse des § 10 Abs. 1 Nr. 5 im geringsten Bargebot zu berücksichtigen sein, wenn sein Verfahren einstweilen eingestellt ist und bestbetreibender Gläubiger ein anderer aus derselben Rangklasse vollstreckender Beteiligter ist.[3]

III. Einzelne Rechte im geringsten Gebot

1. Altenteil

11 Das Altenteil (auch als Leibgeding, Leibzucht oder Auszug bezeichnet) ist kein eigenständiges dingliches Recht, sondern vielmehr eine Sammelbezeichnung für nach dem numerus clausus der Sachenrechte zulässige Einzelrechte, die nur für die grundbuchmäßige Buchung zusammengefasst werden, § 49 GBO. Die Zulässigkeit der Bestimmungen im Rahmen der Bestellung eines Altenteils richtet sich dabei allein nach den jeweiligen Vorschriften für die Einzelrechte. Das Altenteil wird in der Regel auf Lebenszeit des Berechtigten bestellt und dient seiner persönlichen Versorgung und Absicherung.

12 Grundsätzlich gilt auch hier wie für alle anderen dinglichen Rechte auch, dass es bestehen bleibt, wenn es dem bestbetreibenden Gläubiger im Rang vorgeht und erlischt, falls es gleich- oder nachrangig ist. Ist es nach §§ 44, 52 als bestehen bleibend im geringsten Gebot zu berücksichtigen, ist ein Zuzahlungsbetrag nach § 51 Abs. 2 zu bestimmen. Besonderheiten regelt insoweit lediglich § 9 EGZVG. Danach kann Landesrecht vorsehen, dass das Recht von der Zwangsversteigerung unberührt bleibt, obwohl es nach den gesetzlichen Versteigerungsbedingungen grundsätzlich erlöschen würde, weil es nicht im geringsten Gebot zu berücksichtigen ist.[4]

2. Arresthypothek

13 Die Arresthypothek ist eine Höchstbetragshypothek, §§ 932 ZPO, 1190 BGB. Zinsen sind daher im geringsten Bargebot nicht einzustellen, § 1190 Abs. 2. Geht das Recht dem betreibenden Gläubiger vor, ist es mit dem Hauptsachebetrag bei den bestehen bleibenden Rechten einzustellen.

3. Auflassungsvormerkung

14 Geht dem bestbetreibenden Gläubiger eine Auflassungsvormerkung im Rang vor, ist auch diese als bestehen bleibend im geringsten Gebot zu berücksichtigen. Als ein Recht, das nicht auf Kapitalzahlung gerichtet ist, ist für sie ein Zuzahlungsbetrag nach § 51 Abs. 2 zu bestimmen (vgl. § 51 Rn. 9). Wird in einem solchen Fall der Zuschlag erteilt, ist dies als vormerkungswidrige Verfügung im Sinne des § 883 Abs. 2 BGB zu betrachten. Der Anspruch auf Übereignung zu Gunsten des Berechtigten der Vormerkung ist weiterhin durch den Vollstreckungsschuldner zu erfüllen. Der Ersteher, der vormerkungswidrig Eigentum erlangt hat, ist verpflichtet, der Eintragung des Vormerkungsberechtigten als neuen Eigentümer über § 888 BGB zuzustimmen.[5] Damit hat eine Versteigerung, bei der eine Auflassungsvormerkung nach den Versteigerungsbedingungen bestehen bleibt, kaum Aussicht auf Erfolg. Für den Ersteher

---

[3] BGH 66, 217 (227) = MDR 1976, 825.
[4] Vgl. hierzu die Kommentierung zu § 9 EGZVG.
[5] Stöber, § 52 Rn. 2.6.

besteht auch kein Anspruch auf eine noch nicht erbrachte Gegenleistung.[6] Als schuldrechtliche Komponente ist die Gegenleistung durch das Vollstreckungsgericht im formalisierten Zwangsversteigerungsverfahren weder zu prüfen noch festzustellen.

4. Baulast

Die Baulast ist die öffentlich-rechtliche Verpflichtung eines Grundstückseigentümers, bestimmte das Grundstück betreffende Handlungen zu tun, zu unterlassen oder zu dulden. Als öffentliche landesrechtliche Verpflichtung ist sie nicht bei den Rechten einzuordnen, die im geringsten Gebot zu berücksichtigen sind.[7] Die Baulast erlischt nicht durch den Zuschlag, da sie kein Recht im Sinne der §§ 52 Abs. 1 und 91 Abs. 1 ist.[8]

5. Dauerwohnrecht

Auch das Dauerwohnrecht nach §§ 31 ff. WEG unterliegt grundsätzlich den allgemeinen Vorschriften. Demnach bleibt das Recht im geringsten Gebot bestehen und ist vom Ersteher zu übernehmen, wenn es einen Rang vor dem bestbetreibenden Gläubiger hat. Im Übrigen erlischt das Recht. Als Inhalt des Dauerwohnrechts kann jedoch nach § 39 Abs. 1 WEG vereinbart werden, dass das Dauerwohnrecht im Falle der Zwangsversteigerung des Grundstücks abweichend von § 44 auch dann bestehen bleiben soll, wenn der Gläubiger einer dem Dauerwohnrecht im Range vorgehenden oder gleichstehenden Hypothek, Grundschuld, Rentenschuld oder Reallast die Zwangsversteigerung in das Grundstück betreibt.

Diese Vereinbarung bedarf für ihre Wirksamkeit zum einen der Eintragung im Grundbuch, zum anderen auch der Zustimmung derjenigen, denen eine dem Dauerwohnrecht im Rang vorgehende oder gleichstehende Hypothek, Grundschuld, Rentenschuld oder Reallast zusteht, § 39 Abs. 2 WEG.

Darüber hinaus verlangt § 39 Abs. 3 WEG, dass der Dauerwohnberechtigte im Zeitpunkt der Feststellung der Versteigerungsbedingungen seine fälligen Zahlungsverpflichtungen gegenüber dem Eigentümer erfüllt hat.[9] Betreibt ein vorrangiger Berechtigter der Rangklassen 1 bis 3 des § 10 Abs. 1 das Verfahren, so kann § 39 WEG nicht eingreifen, das Recht würde auch bei abweichender Vereinbarung erlöschen. Vollständigen Schutz kann diese Vorschrift daher nicht bieten. Problematisch an der Norm ist die Tatsache, dass das Bestehenbleiben davon abhängig gemacht wird, dass die schuldrechtlichen Zahlungsverpflichtungen erfüllt worden sind. Es ist nicht Aufgabe des Vollstreckungsgerichts, im formalisierten Vollstreckungsverfahren schuldrechtliche Ansprüche zu klären. Das Vollstreckungsgericht kann allenfalls im Rahmen seiner Aufklärungspflicht den Sachstand mit den Beteiligten erörtern. Bleiben Zweifel, ist das Recht als bedingtes Recht in das geringste Gebot aufzunehmen.[10]

6. Eigentümergrundpfandrecht

Eigentümergrundpfandrechte sind selbstständige Vermögensrechte des Eigentümers und daher in der Vollstreckungsversteigerung grundsätzlich wie Fremdrechte zu behandeln. Geht ein Eigentümerrecht dem bestbetreibenden Gläubiger im Range vor, ist dieses als bestehen bleibend im geringsten Gebot zu berücksichtigen. Mit dem Zuschlag wird es dann zum Fremdrecht. In der

---

6 *Drischler*, Rpfleger 1967, 357.
7 *Sachse*, NJW 1979, 2857.
8 BVerwG, Rpfleger 1993, 208, OVG Hamburg, Rpfleger 1993, 209, Oberverwaltungsgericht für das Land Schleswig-Holstein 1. Senat, Gemeinde 1993, 16.
9 Die Nichterfüllung unerheblicher Teilbeträge ist ohne Bedeutung, vgl. *Stöber*, § 44 Rn. 5.29 lit e).
10 *Stöber*, § 44 Rn. 5.29 lit. e).

Zwangsversteigerung kann der Eigentümer jedoch keine Zinsen aus seinem Recht beanspruchen, § 1197 Abs. 2 BGB. Diese Beschränkung trifft einen eventuellen Pfändungsgläubiger jedoch nicht.[11]

7. Erbbaurecht

20 Lastet ein Erbbaurecht als Belastung des Grundstücks am Versteigerungsobjekt, ist durch das Vollstreckungsgericht zu unterscheiden, ob es sich um ein Erbbaurecht alter Art (entstanden bis 21.1.1919) oder um ein neues Erbbaurecht handelt, welches nach diesem Zeitpunkt entstanden ist.

21 Erbbaurechte alter Art sind wie sonstige Grundstücksbelastungen aus Abteilung II des Grundbuchs zu behandeln. Das Erbbaurecht alter Art bleibt daher bestehen, wenn es dem bestbetreibenden Gläubiger im Range vorgeht und erlischt mit Anspruch auf Wertersatz nach § 92 Abs. 2 bei hinreichendem Versteigerungserlös.

22 Das Erbbaurecht neuer Art kann gemäß § 10 Abs. 1 ErbbauRG nur zur ausschließlich ersten Rangstelle bestellt werden. Andere Eintragungen sind inhaltlich unzulässig und wären vom Grundbuchamt gemäß § 53 Abs. 1 Satz 2 GBO von Amts wegen zu löschen und auch vom Vollstreckungsgericht im Rahmen der Versteigerung nicht zu beachten. Damit droht dem Erbbaurecht in der Zwangsversteigerung dann kein Rechtsverlust, wenn aus einem anderen im Grundbuch eingetragenen Recht vollstreckt wird, da dieses naturgemäß nur Nachrang haben kann und das Erbbaurecht damit durch Bestehenbleiben geschützt ist. Gemäß § 25 ErbbauRG bleibt es jedoch auch dann bestehen, wenn es nach den allgemeinen Regeln nicht im geringsten Gebot zu berücksichtigen ist, also insbesondere dann, wenn ein Gläubiger der Rangklassen § 10 Abs. 1 Nr. 1 bis 3 das Zwangsvollstreckungsverfahren betreibt.

8. Erbbauzinsreallast

23 Hierfür gelten zunächst die Ausführungen zur Reallast entsprechend, vgl. auch § 9 Abs. 1 Satz 1 ErbbauRG.[12] Gemäß § 9 Abs. 3 Nr. 1 ErbbauG kann als Inhalt des Erbbauzinses vereinbart werden, dass die Reallast abweichend von § 52 Abs. 1 des Gesetzes über die Zwangsversteigerung und die Zwangsverwaltung mit ihrem Hauptanspruch bestehen bleibt, wenn der Grundstückseigentümer aus der Reallast oder der Inhaber eines im Rang vorgehenden oder gleichstehenden dinglichen Rechts oder der Inhaber der in § 10 Abs. 1 Nr. 2 des Gesetzes über die Zwangsversteigerung und die Zwangsverwaltung genannten Ansprüche auf Zahlung der Beiträge zu den Lasten und Kosten des Wohnungserbbaurechts die Zwangsversteigerung des Erbbaurechts betreibt. Dies wurde mittlerweile auch in § 52 Abs. 2 Satz 2 lit. a) normiert: Danach bleibt das Recht bestehen, wenn nach § 9 Abs. 3 ErbbauRG das Bestehenbleiben des Erbbauzinses als Inhalt der Reallast vereinbart worden ist. Die „Bestehenbleibensvereinbarung" bezieht sich dabei allerdings nur auf das Stammrecht, wie die Formulierung der Vorschrift zeigt. Damit sind die aus der Erbbauzinsreallast geschuldeten wiederkehrenden Leistungen weiterhin im geringsten Bargebot mit dem Endzeitpunkt nach § 47 Satz 1 zu berücksichtigen.

9. Gesamtgrundpfandrechte

24 Gehen dem bestbetreibenden Gläubiger Gesamtgrundpfandrechte im Rang vor, sind diese nach dem allgemeinen Grundsatz der §§ 1192, 1132 BGB mit dem vollen Betrag im geringsten Gebot anzusetzen. Auf die mögliche Zuzah-

---

[11] DSHER, *Hintzen*, § 44 Rn. 16, *Palandt/Bassenge*, § 1197 Rn. 5, a. A. *Stöber*, § 44 Rn. 5.4.
[12] Vgl. Rn. 26 ff.

lungsverpflichtung nach § 50 Abs. 2 Nr. 2 sind die Bietinteressenten hinzuweisen, § 139 ZPO.[13]

10. Höchstbetragshypothek

Im Betrag des Rechts sind die Zinsen bereits enthalten, § 1190 Abs. 2 BGB. Über den bestehen bleibenden Hauptsacheanspruch hinaus können daher keine wiederkehrenden Leistungen im geringsten Bargebot berücksichtigt werden. Daneben können allerdings Kosten der dinglichen Rechtsverfolgung im Sinne des § 10 Abs. 2 Berücksichtigung finden.

11. Reallast

Geht eine Reallast dem bestbetreibenden Gläubiger im Range vor, ist auch diese in das geringste Gebot als bestehen bleibendes Recht aufzunehmen und ein entsprechender Zuzahlungsbetrag nach § 51 Abs. 2 für das Stammrecht zu bestimmen. Kosten im Sinne des § 10 Abs. 2 und wiederkehrende Leistungen werden im geringsten Bargebot nach § 49 Abs. 1 berücksichtigt, hierbei muss bei eventuell vereinbarten Naturalleistungen ein Geldbetrag nach § 46 festgesetzt werden.

Vollstreckt ein Reallastberechtigter aus fälligen Einzelleistungen und ist er damit bestbetreibender Gläubiger, erlischt auch das Stammrecht. Eine abweichende Vereinbarung dahingehend, dass bei der Vollstreckung fälliger Einzelleistungen das Stammrecht der Reallast als vorgehender Anspruch in das geringste Gebot aufzunehmen sei, ist unwirksam.[14] Nebenleistungen teilen damit wie bei allen anderen Rechten grundsätzlich auch (in gewissen zeitlichen Beschränkungen) den Rang des Hauptrechts.

Handelt es sich um eine Reallast, deren wiederkehrende Leistungen wertgesichert sind (häufig auch bei Erbbauzinsreallasten der Fall), sind diese wiederkehrenden Leistungen wie sonstige Leistungen auch im Barteil des geringsten Gebots zu berücksichtigen. Kann der Geldbetrag auf Grund der Grundbucheintragung und der Anpassungsklausel ohne Weiteres ermittelt werden, handelt es sich um bestimmte Ansprüche, die wie sonstige betragsmäßig bestimmte Ansprüche auch im geringsten Gebot untergebracht werden können. Ist der Anspruch betragsmäßig nicht ohne Weiteres bestimmbar, weil beispielsweise eine Bindung an den Wert des belasteten Grundstücks vorgenommen worden ist, sind die Leistungen von unbestimmtem Betrag und damit aufschiebend bedingt durch die Feststellung. Im geringsten Gebot sind bedingte Ansprüche wie unbedingte zu behandeln, da dieses als Grundlage der Versteigerung nicht an Bedingungen geknüpft werden kann. Im Teilungsplan hingegen hat regelmäßig Hilfszuteilung zu erfolgen, § 119.

12. Tilgungshypothek

Dieses Recht wird häufig auch als Annuitätenhypothek bezeichnet. Bei diesem Recht sind an bestimmten Fälligkeitsterminen Zuschläge zu den Zinsen zur allmählichen Tilgung des Kapitals zu entrichten. Der Schuldner hat gleich bleibende, sich aus Zinsen und Tilgungsbeträgen zusammensetzende Jahresleistungen (Annuitäten) in einem bestimmten Prozentsatz des ursprünglichen Kapitals bis zur vollständigen Tilgung zu entrichten. Da das Kapital und damit auch die jährliche Zinsschuld immer kleiner wird, wächst der Anteil der Tilgung an der Annuität ständig. Die einzelnen Beträge für Zinsen und Tilgung ergeben sich in der Regel aus einem Tilgungsplan, der unter Bezugnahme auf die Eintragungsbewilligung mittelbarer Inhalt der Grundbucheintragung ist,

---

13 Vgl. hierzu § 50 Rn. 9 ff.
14 OLG Hamm, Rpfleger 2003, 24, LG Münster Rpfleger 2002, 435 = InVo 2002, 254.

§ 874 BGB und vom Vollstreckungsgericht entsprechend berücksichtigt werden kann.

30 Ist ein solches Recht im geringsten Gebot zu berücksichtigen, sind die Zinsanteile ebenso wie die Zinsen bei den sonstigen Rechten zu behandeln. Berücksichtigungsfähig sind sie damit in der Rangklasse § 10 Abs. 1 Nr. 4 nur mit den laufenden und den rückständigen Leistungen. Endzeitpunkt für die Berechnung der laufenden Leistungen ist § 47 S. 1. Ältere Rückstände fallen in Rangklasse § 10 Abs. 1 Nr. 8 und sind damit nicht im geringsten Gebot einzustellen.

31 Tilgungsanteile unterliegen im Gegensatz dazu nicht der zeitlichen Beschränkung des § 10 Abs. 1 Nr. 4. Im geringsten Gebot sind all diejenigen Tilgungsbeträge zu berücksichtigen, die vor dem Versteigerungstermin fällig waren. Für die Berechnung dieser wiederkehrenden Tilgungsanteile kann der Endzeitpunkt des § 47 S. 1 keine Bedeutung erlangen, da Tilgungsanteile nicht für einen bestimmten Zeitraum, sondern an bestimmten festgelegten Tagen zu entrichten sind.[15] Liegt zwischen Versteigerungstermin und Zuschlagserteilung ein weiterer Fälligkeitstermin, so bleibt das Recht mit der Maßgabe bestehen, dass die Teilfälligkeit fortbesteht.

32 Da die Tilgungsanteile den wiederkehrenden Leistungen gleichgestellt werden, sind auch diese ausnahmsweise als Hauptsacheleistung im geringsten **Bargebot** zu berücksichtigen. Da das Recht dann insoweit durch Befriedigung aus dem Grundstück erlischt, vgl. § 1181 BGB, müssen die entsprechend im Barteil berücksichtigten Tilgungsanteile vom Kapitalbetrag des bestehen bleibenden Rechts in Abzug gebracht werden, um eine Doppelberücksichtigung zu vermeiden.

13. Verfügungsbeeinträchtigungen

33 Beeinträchtigungen in der Verfügungsbefugnis, die im Grundbuch eingetragen sind (z.B. Insolvenzvermerk, Nacherbenvermerk, Testamentsvollstreckervermerk), sind keine Rechte am Grundstück und daher im geringsten Gebot nicht zu berücksichtigen.

14. Vorkaufsrecht

34 Dieses Recht ist, wenn es dem bestbetreibenden Gläubiger im Range vorgeht, als bestehen bleibendes Recht im geringsten Gebot mit einem entsprechenden Zuzahlungsbetrag nach § 51 Abs. 2 zu berücksichtigen – unabhängig davon, ob es sich um ein Vorkaufsrecht für einen oder für mehrere Verkaufsfälle handelt. Hieran ändert auch die Tatsache nichts, dass das Vorkaufsrecht für einen Verkaufsfall in der Zwangsvollstreckung nicht ausgeübt werden kann, §§ 1098 I, 471 BGB.[16] Hintergrund für die nötige Aufnahme ist, dass das Recht bereits einen durch Ausübung entstandenen Anspruch auf Eigentumsübertragung sichern kann. Anderes gilt nur dann, wenn der Berechtigte dem Vollstreckungsgericht das Erlöschen mitteilt.

15. Zwangssicherungshypothek

35 Dieses Recht ist grundsätzlich wie ein normales Grundpfandrecht im geringsten Gebot zu behandeln. Besonderheiten gibt es bei der Zinsberechnung insoweit, als die tägliche Fälligkeit der Zinsen keinen Beschlagnahmezeitraum im Sinne des § 13 begründet und die Zinsen daher analog § 13 Abs. 3 vom Zeitpunkt der ersten Beschlagnahme an bis zum Endzeitpunkt nach § 47 S. 1 zu berechnen sind. Kosten können gemäß § 10 Abs. 2 auch hier im Rang des Rechts geltend gemacht werden. Hierzu zählen insbesondere die Kosten für die

---

[15] Stöber, Rn. 6.2 zu § 49 m.w.N.
[16] DSHER, *Hintzen*, Rn. 34 zu § 44, *Stöber*, Rn. 5.27 zu § 44, a.A.: *Jaeckel/Güthe*, Rn. 5 zu § 48, *Steiner/Eickmann*, Rn. 119 zu § 44.

Eintragung (Gerichts- und ggfs. Anwaltskosten), für die das Grundstück kraft Gesetzes haftet, § 867 Abs. 3 ZPO. Ist das Recht im Rahmen der Sicherungsvollstreckung nach § 720a ZPO eingetragen worden, ergeben sich lediglich Verteilungsprobleme, im geringsten Gebot stellt sich die Problematik nicht.

IV. Mehrere betreibende Gläubiger

36 Nach der generellen Systematik des ZVG ist Gläubiger grundsätzlich nur derjenige, zu dessen Gunsten ein Anordnungs- oder Beitrittsbeschluss ergangen ist. Dem geringsten Gebot zugrunde gelegt werden können nur diejenigen Gläubiger, deren Verfahren **aktiv** laufen. Ist das Verfahren eines Gläubigers (aus welchen Gründen auch immer) einstweilen eingestellt, kann dieser Gläubiger der Ermittlung des geringsten Gebots nicht zugrunde gelegt werden.

37 Betreiben mehrere Gläubiger aktiv das Verfahren, ist grundsätzlich derjenige der Ermittlung des geringsten Gebots zugrunde zu legen, der nach der Rangsystematik des § 10 den **besten Rang** hat, § 44 Abs 2. Betreibt ein- und derselbe Gläubiger wegen verschiedener Ansprüche in unterschiedlichen Rangklassen, so ist sein besserrangiger Anspruch bei der Vergleichsbetrachtung mit den übrigen Gläubigern heranzuziehen. Der danach bestrangige Anspruch darf aber nur dann für die Bildung des geringsten Gebots herangezogen werden, wenn der wegen dieses Anspruchs ergangene Beschluss dem Schuldner **vier Wochen vor dem Versteigerungstermin zugestellt ist**, Abs. 2. Hintergrund für diese Regelung ist die Tatsache, dass es den Verfahrensbeteiligten rechtzeitig vor dem Versteigerungstermin möglich sein muss, ihre Rechte zu wahren und festzustellen, ob und inwieweit ihre Ansprüche im geringsten Gebot berücksichtigt und damit gedeckt werden. Ebenso wie die vorherige Mitteilung nach § 41 Abs. 2 sollen auch hier die Beteiligten vor Überraschungen geschützt werden.

38 Maßgeblicher Beschluss im Sinne des Absatzes 2 ist der Anordnungs-, Beitritts- oder Fortsetzungsbeschluss. Ist die Frist bei dem nach der Maßgabe des § 10 eigentlich bestbetreibenden Gläubiger nicht eingehalten, ist der rangnächste der Feststellung des geringsten Gebots zugrunde zu legen, wenn für ihn die Frist gewahrt ist. Dies hat zur Folge, dass der Anspruch desjenigen Gläubigers, der mangels Fristwahrung dem geringsten Gebot bislang nicht zugrunde gelegt werden konnte, nun im geringsten Gebot zu berücksichtigen ist.

39 § 44 Abs. 2 ist entsprechend anzuwenden, wenn innerhalb der letzten vier Wochen vor dem Versteigerungstermin eine Rangänderung (die zur Berücksichtigung notwendigerweise angemeldet werden muss, § 45 Abs. 1) im Grundbuch eingetragen worden ist, die den betreibenden Gläubiger nur dadurch zum bestbetreibenden Gläubiger macht, also im Ergebnis dazu führt, dass das geringste Gebot unter Berücksichtigung der Rangänderung niedriger als ohne Berücksichtigung selbiger ist.[17]

V. Rangfragen

1. Allgemeines

40 Das Ranggefüge in der Zwangsversteigerung wird von den §§ 10 bis 12 ZVG bestimmt. Innerhalb der praktisch bedeutsamen Rangklasse des § 10 Abs. Abs. 1 Nr. 4 gilt dabei gemäß § 11 Abs. 1 der Grundbuchrang nach § 879 BGB. Das Rangverhältnis unter mehreren im Grundbuch eingetragenen Rech-

---

17 DSHER/*Hintzen*, § 44, Rn. 110.

ten bestimmt sich, wenn die Rechte in ein- und derselben Abteilung eingetragen sind, nach der Reihenfolge der Eintragungen (Locusprinzip des § 879 Abs. 1 Satz 1 BGB). Das Recht, das den Platz „weiter oben" einnimmt, hat auch dann den besseren Rang, wenn die Eintragung an demselben Tag erfolgt ist. Sind die Rechte in verschiedenen Abteilungen eingetragen, hat das unter Angabe des früheren Tages eingetragene Recht Vorrang; diejenigen Rechte, die unter Angabe desselben Tages eingetragen sind, haben den gleichen Rang (Tempusprinzip des § 879 Abs. 1 Satz 2 BGB). Ursprünglich bestehende Rangverhältnisse können nachträglich unter den Voraussetzungen des § 880 BGB geändert werden.

2. Rangänderung

41 Nachträglich im Grundbuch eingetragene Rangänderungen sind vom Vollstreckungsgericht von Amts wegen zu berücksichtigen, sofern sie vor Eintragung des Zwangsversteigerungsvermerks vollzogen worden sind, § 45 Abs. 1. Nach Eintragung des Zwangsversteigerungsvermerks vollzogene Rangänderungen sind gemäß § 37 Nr. 4 anzumelden, damit sie Berücksichtigung finden. Eine Rangänderung, durch die das geringste Gebot niedriger wird, weil sich der Rang des betreibenden Gläubigers verbessert, muss in entsprechender Anwendung von § 44 Abs. 2 mindestens vier Wochen vor dem Versteigerungstermin eingetragen worden sein.[18]

42 Das im Rang vorgetretene Recht verliert seinen Rang dann wieder, wenn das zurücktretende Recht kraft Gesetzes oder durch Zeitablauf erlischt, § 880 Abs. 4 BGB. Zwischenrechte dürfen von einer Rangänderung nicht beeinträchtigt werden, § 880 Abs. 5 BGB. Vortretende Rechte können daher in ihrem Umfang mit Hauptsache und Zinsen nur insoweit tatsächlich Vorrang erhalten, als dieser dem im Rang Zurücktretenden zustand. Kosten im Sinne des § 10 Abs. 2 werden jedoch ohne Rücksicht auf Zwischenrechte immer an der Rangstelle berücksichtigt, an der der Anspruch selbst Berücksichtigung findet.[19]

3. Rangvorbehalt

43 Der Eigentümer kann sich bei der Belastung des Grundstücks mit einem Recht die Befugnis vorbehalten, ein anderes, dem Umfang nach bestimmtes Recht mit dem Rang vor jenem Recht eintragen zu lassen, § 881 BGB. Zulässig ist auch die Einräumung des Gleichrangs anstelle des Vorrangs.[20]

44 Der aus dem Grundbuch ersichtliche Rangvorbehalt hat dann keinen Einfluss auf das geringste Gebot, wenn zu diesem Zeitpunkt das vorbehaltene Recht noch nicht eingetragen oder aber nach dem Zwangsversteigerungsvermerk eingetragen und nicht angemeldet worden ist und damit vom Vollstreckungsgericht nicht von Amts wegen zu berücksichtigen ist. Ist das Recht, bei dem der Rangvorbehalt eingetragen ist, im geringsten Gebot zu berücksichtigen und bleibt damit nach §§ 44, 52 Abs. 1 bestehen, bleibt auch die Befugnis, den Rangvorbehalt später auszuüben, bestehen. Die Befugnis steht dann dem Ersteher zu, § 881 Abs. 3 BGB. Erlischt das vorbehaltsbelastete Recht, erlischt auch die Befugnis, den Rangvorbehalt auszunutzen, eine gesonderte Erlöszuteilung auf den Rangvorbehalt erfolgt nicht.

45 Ist der Rangvorbehalt bereits ausgeübt worden, ist die Behandlung für das Vollstreckungsgericht dann unproblematisch, wenn das unter Ausnutzung des Vorbehalts eingetragene Recht und das vorbehaltsbelastete Recht im Rang

---

18 Vgl. Fn. 39.
19 *Stöber*, Rn. 6.2; *Böttcher*, Rn. 15 ff. mit Berechnungsbeispielen zur nachträglichen Rangänderung.
20 BayObLGZ 1956, 462.

unmittelbar nacheinander folgen. Das mit späterem Datum neu eingetragene Recht hat dann Vorrang vor dem vorbehaltsbelasteten Recht. Der Rangvorbehalt kann jeweils mit Teilbeträgen auch mehrfach ausgenutzt werden. Der Rang unter mehreren Rechten, die unter Ausnutzung des Rangvorbehalts vor dem vorbehaltsbelasteten Recht eingetragen werden, richtet sich nach den allgemeinen Grundsätzen des § 879 Abs. 1 BGB. Demnach hat das jenige Recht Vorrang, das zuerst unter Ausnutzung des Rangvorbehaltes im Grundbuch eingetragen worden ist.

Komplizierte Berechnungen können allerdings dann erforderlich werden, wenn vor der Eintragung des Rechts, dem der Vorrang beigelegt ist, Zwischenrechte vorhanden sind, die später eingetragen wurden und für die der Vorbehalt nicht ausgeübt worden ist. Gemäß § 881 Abs. 4 BGB hat der Vorrang insoweit keine Wirkung, als das mit dem Vorbehalt eingetragene Recht infolge der inzwischen eingetretenen Belastung eine über den Vorbehalt hinausgehende Beeinträchtigung erleiden würde. Dem Zwischenrecht darf dabei kein höherer Betrag vorgehen als vor der Rangänderung. Ist das Zwischenrecht vom Umfang her größer als das vorbehaltene Recht, geht das vorbehaltene Recht diesem nicht vor. Ist das Zwischenrecht betragsmäßig kleiner, geht diesem das vorbehaltene Recht nur mit dem Differenzbetrag vor. Es entsteht ein relatives Rangverhältnis: dem vorbehaltsbelasteten Recht geht nur das vorbehaltene Recht vor; dem eingetragenen Zwischenrecht geht nur das vorbehaltsbelastete Recht vor und dem vorbehaltenen Recht geht nur das Zwischenrecht vor. Die Erlösverteilung erfolgt dabei nach der Herfurth'schen Formel:[21]

Vorbehaltsbelastetes Recht: Erlös abzüglich vorbehaltenes Recht
Zwischenrecht: Erlös abzüglich vorbehaltsbelastetes Recht
Vorbehaltenes Recht: Resterlös

Berechnungsbeispiel:
Aus dem Grundbuch ergibt sich folgende Rangfolge:
III/1 Grundschuld 40.000 € mit Rangvorbehalt für ein Grundpfandrecht bis 20.000 €
III/2 Grundschuld 100.000 €
III/3 Grundschuld 20.000 € eingetragen unter Ausnutzung des Rangvorbehalts III/1

Im Zwangsversteigerungsverfahren wird ein Erlös in Höhe von 60.000 € erzielt. Die Erlösverteilung vollzieht sich folgendermaßen:
III/1: Erlös abzüglich vorbehaltenes Recht = 60.000 – 20.000 = 40.000
III/2: Erlös abzüglich vorbehaltsbelastetes Recht = 60.000 – 40.000 = 20.000
III/3: Rest = 0

Beträgt der Erlös alternativ nur 20.000 €, wird wie folgt zugeteilt:
III/1: 20.000 – 20.000 = 0
III/2: 20.000 – 40.000 = 0
III/3: Rest = 20.000 €

---

21 DSHER/*Hintzen*, Rn. 102 zu § 44. Die Formel ist universell für die Auflösung jedes relativen Rangverhältnisses anwendbar.

§ 45 ZVG [Feststellung des geringsten Gebots]

(1) Ein Recht ist bei der Feststellung des geringsten Gebots insoweit, als es zur Zeit der Eintragung des Versteigerungsvermerkes aus dem Grundbuch ersichtlich war, nach dem Inhalte des Grundbuchs, im übrigen nur dann zu berücksichtigen, wenn es rechtzeitig angemeldet und, falls der Gläubiger widerspricht, glaubhaft gemacht wird.

(2) Von wiederkehrenden Leistungen, die nach dem Inhalte des Grundbuchs zu entrichten sind, brauchen die laufenden Beträge nicht angemeldet, die rückständigen nicht glaubhaft gemacht zu werden.

(3) Ansprüche der Wohnungseigentümer nach § 10 Abs. 1 Nr. 2 sind bei der Anmeldung durch einen entsprechenden Titel oder durch die Niederschrift der Beschlüsse der Wohnungseigentümer einschließlich ihrer Anlagen oder in sonst geeigneter Weise glaubhaft zu machen. Aus dem Vorbringen müssen sich die Zahlungspflicht, die Art und der Bezugszeitraum des Anspruchs sowie seine Fälligkeit ergeben.

Übersicht

		Rn.
I.	Allgemeines	1–5
II.	Ansprüche, die von Amts wegen berücksichtigt werden	6–10
1.	Verfahrenskosten	6
2.	Grundbuchersichtliche Ansprüche	7–10
III.	Ansprüche, die auf Anmeldung berücksichtigt werden	11–24
1.	Anmeldepflichtige Ansprüche	11
2.	Zeitpunkt der Anmeldung	12–14
3.	Inhalt und Form der Anmeldung	15–19
4.	Glaubhaftmachung	20–23
5.	Rechtsbehelfe	24
IV.	Besonderheiten	25–30

I. Allgemeines

1 Nachdem § 44 regelt, welche Ansprüche generell im geringsten Gebot eingestellt werden können, regelt § 45, unter welchen verfahrensrechtlichen Voraussetzungen die Ansprüche tatsächlich Berücksichtigung finden. Die Vorschrift gilt für alle Versteigerungsverfahren; in der Verteilung gilt die Spezialregelung des § 114 ZVG.

2 Für die Berücksichtigung von Ansprüchen im geringsten Gebot gibt es grundsätzlich drei Möglichkeiten:
- Berücksichtigung von Amts wegen
- Berücksichtigung auf Grund Anmeldung
- Berücksichtigung auf Grund des Betreibens des Verfahrens

Letzteres ergibt sich aus § 114 Abs. 1 Satz 2, dessen Grundgedanke hier entsprechend anzuwenden ist: Ergeben sich die Ansprüche des Gläubigers bereits aus seinem Versteigerungsantrag, ist eine zusätzliche Anmeldung nicht erforderlich.

3 Generell gilt im Versteigerungsverfahren, dass diejenigen Ansprüche, die aus dem **Grundbuch ersichtlich** sind, **von Amts wegen** durch den Rechtspfleger am Vollstreckungsgericht zu berücksichtigen sind. Hintergrund hierfür ist die Bedeutung des mit öffentlichem Glauben versehenen Grundbuchs, § 891 BGB.

Grundbuchersichtlich sind dabei nur diejenigen Rechte, die **vor dem Zwangs-** **4**
versteigerungsvermerk eingetragen worden sind. Über Rechte, die danach eingetragen werden, hat das Grundbuchamt das Vollstreckungsgericht nach § 19 Abs. 3 zu unterrichten, eine Veranlassung zum Tätigwerden besteht jedoch nach entsprechender Mitteilung nicht. Gegebenenfalls ist der eingetragene Berechtigte nach Anmeldung als Beteiligter nach § 9 Nr. 2 zu führen und sein Recht zu berücksichtigen, wenn es angemeldet worden ist.

Absatz 3 ist zum 1. Juli 2007 eingefügt worden; für Verfahren, die vor diesem **5**
Datum anhängig waren, gilt die bisherige Fassung ohne Absatz 3.[1]

II. Ansprüche, die von Amts wegen berücksichtigt werden

1. Verfahrenskosten

Die gemäß § 109 Abs. 1 vorweg aus dem Versteigerungserlös zu entnehmen- **6**
den Kosten sind von Amts wegen im geringsten Gebot zu berücksichtigen.

2. Grundbuchersichtliche Ansprüche

Nach Absatz 1 sind Rechte, die zur Zeit der Eintragung des Versteigerungsvermerks **7**
aus dem Grundbuch ersichtlich waren, nach dem Inhalt des Grundbuchs zu berücksichtigen. Hintergrund dafür ist die Bedeutung des Grundbuchs. Dies gilt unabhängig von einer vorherigen Beschlagnahme. Ist ein Recht nach der Beschlagnahme entstanden, aber vor dem Zwangsversteigerungsvermerk eingetragen und dem bestbetreibenden Gläubiger gegenüber vorrangig, so ist das Recht grundbuchersichtlich im Sinne der Norm und damit von Amts wegen im geringsten Gebot einzustellen.

Rechte aus Abteilung II des Grundbuchs sind grundbuchersichtlich dann, **8**
wenn sie mit der laufenden Nummer **vor** dem Versteigerungsvermerk eingetragen worden sind und zwar auch dann, wenn Versteigerungsvermerk und das Recht an demselben Tag gebucht sind. Rechte aus Abteilung III sind grundbuchersichtlich, wenn sie unter Angabe eines früheren Tages eingetragen worden sind und ebenso, wenn Versteigerungsvermerk und fragliches Recht an demselben Tag gebucht worden sind.[2]

Ist lediglich der Berechtigte nicht aus dem Grundbuch ersichtlich (beispiels- **9**
weise bei einer Höchstbetragshypothek oder einer verdeckten Eigentümergrundschuld), so ändert dies nichts an der Tatsache, dass das Recht als solches grundbuchersichtlich und damit von Amts wegen zu berücksichtigen ist, wenn es vor dem Zwangsversteigerungsvermerk eingetragen ist und natürlich nach den allgemeinen Regeln des § 44 als im Rang vorgehend in das geringste Gebot fällt.

Berücksichtigung bei einem solchen Recht findet das Stammrecht, eingetragene **10**
einmalige Nebenleistungen sowie laufende wiederkehrende Leistungen, § 45 Abs. 2 i.V.m. § 13 Abs. 1. Die Grundbuchersichtlichkeit gilt auch für den eingetragenen Rang. Für zinslose Rechte sind keine wiederkehrenden Leistungen zu berücksichtigen. Liegt eine Haftung nach § 1118 BGB vor, sind diese Zinsen als nicht grundbuchersichtlich entsprechend anzumelden.

---

1 Vgl. Art. 2 Nr. 1 lit.a WEGuaÄndG.
2 *Stöber*, ZVG, § 37 Rn. 5.3, a.A.: *Eickmann, in: Steiner*, § 45 Rn. 10.

III. Ansprüche, die auf Anmeldung berücksichtigt werden

1. Anmeldepflichtige Ansprüche

11 Anmeldepflichtig sind diejenigen Ansprüche des § 10, die zur Zeit der Eintragung des Versteigerungsvermerks **nicht aus dem Grundbuch ersichtlich** waren. Hierzu gehören die Ansprüche der Rangklassen § 10 Abs. 1 Nr. 1, 1a, 2 und 3. In der Rangklasse 4 sind die rückständigen wiederkehrenden Leistungen ebenso wie nicht eingetragene gesetzliche Zinsen anzumelden. Gleiches gilt für **nicht im Grundbuch eingetragene Rechte** (beispielsweise Überbaurente und Notwegrente); **Rechte, die nach dem Zwangsversteigerungsvermerk** eingetragen worden sind (diese sind in ihrem vollen Umfang, also mit Stammrecht und sämtlichen Nebenleistungen anzumelden) sowie **Rechte, die außerhalb des Grundbuchs entstanden sind** (Sicherungshypothek nach § 848 ZPO oder § 1287 BGB). Anmeldepflichtig sind auch die **Kosten der Kündigung** und der **dinglichen Rechtsverfolgung** nach § 10 Abs. 2. Denkbar sind hier die Kosten der Terminswahrnehmung durch einen Gläubigervertreter. Hier ist es ausreichend, wenn die Kosten im Versteigerungstermin pauschaliert angemeldet werden, die endgültige Aufschlüsselung ist im Verteilungstermin ausreichend.[3]

2. Zeitpunkt der Anmeldung

12 Gemäß § 37 Nr. 4 muss die Terminsbestimmung die Aufforderung enthalten, Rechte, soweit sie zur Zeit der Eintragung des Versteigerungsvermerks aus dem Grundbuch nicht ersichtlich waren, **spätestens im Versteigerungstermin vor der Aufforderung zur Abgabe von Geboten** anzumelden und, wenn der Gläubiger widerspricht, glaubhaft zu machen, widrigenfalls die Rechte bei der Feststellung des geringsten Gebots nicht berücksichtigt und bei der Verteilung des Versteigerungserlöses dem Anspruche des Gläubigers und den übrigen Rechten nachgesetzt werden würden.

13 Maßgeblicher Zeitpunkt ist daher die Aufforderung zur Abgabe von Geboten im Versteigerungstermin, § 66 II. Die Anmeldung hat zunächst **für jedes Verfahren getrennt** zu erfolgen – eine im Zwangsverwaltungsverfahren vorliegende Anmeldung ersetzt nicht die Anmeldung für ein parallel laufendes Zwangsversteigerungsverfahren. Wird die Frist im ersten Termin versäumt und in diesem kein Zuschlag erteilt (z.B. § 77 Abs. 1 oder §§ 85 a, 74a), so kann die versäumte Anmeldung in einem späteren Termin rechtzeitig nachgeholt werden. Eine einmal erfolgte **Anmeldung gilt für die gesamte Restdauer des Verfahrens**; eine Wiederholung der bereits rechtzeitig für den ersten Termin erfolgten Anmeldung für später stattfindende Termine ist daher nicht notwendig. Es empfiehlt sich jedoch aus Beteiligtensicht, die Anmeldung für später stattfindende Termine jeweils zu konkretisieren, um etwaige eingetretene Änderungen zu berücksichtigen. Als Verfahrenshandlung kann die Anmeldung auch zurück genommen werden. Erfolgt die Rücknahme jedoch nach Aufforderung zur Abgabe von Geboten, so hat dies keinen Einfluss auf das bereits aufgestellte geringste Gebot.

14 Wird der Anspruch/das Recht erst nach dem maßgeblichen Zeitpunkt angemeldet, kann im geringsten Gebot keine Berücksichtigung mehr erfolgen; in der Verteilung steht der verspätet angemeldete Anspruch den übrigen Ansprüchen der Rangklassen des § 10 nach und hat damit in der Praxis kaum Befriedigungsaussichten, § 110. Denkbar ist allenfalls eine rechtzeitige Wiederholung in einem späteren Versteigerungstermin oder die Verfolgung des Anspruchs in einem parallel laufenden Zwangsverwaltungsverfahren. Der

---

[3] *Hintzen*, in: *Dassler/Schiffhauer/u.a.*, ZVG, § 45 Rn. 15.

Rangverlust kann jedoch dann nicht eintreten, wenn die Terminsbestimmung entgegen § 37 Nr. 4 die Aufforderung zur Anmeldung nicht enthielt.[4]

3. Inhalt und Form der Anmeldung

Die Anmeldung ist **Prozesshandlung** und dient der Wahrung der Rechte eines Beteiligten. Anmeldung erfordert eine Willenskundgebung des Gläubigers dahingehend, dass sein Recht bei der Feststellung des geringsten Gebots und bei der Verteilung des Erlöses berücksichtigt werde. Kenntnis des Versteigerungsrechtspflegers und der übrigen Beteiligten vom Vorhandensein des Rechts macht die Anmeldung auch aus dem Gesichtspunkt von Treu und Glauben heraus nicht entbehrlich.[5] Sie hat durch den Rechtsinhaber oder durch denjenigen zu erfolgen, der dessen Rechte wahrnimmt. Inhaltlich muss aus der Anmeldung zweifelsfrei erkennbar sein, dass ein Recht/ein Anspruch bei der Feststellung des geringsten Gebots Berücksichtigung finden soll; **Auslegung der Anmeldung ist möglich**. Es ist erforderlich, dass Rechtsgrund und Rang sowie ein bestimmter Betrag angemeldet werden.[6]

Meldet der Berechtigte eines Anspruchs weniger an, als für ihn nach der Grundbuchlage von Amts wegen zu berücksichtigen wäre, handelt es sich um eine sogenannte **Minderanmeldung**. Da einem Berechtigten nicht mehr gebühren kann, als er selbst verlangt, begrenzt die Anmeldung in Bezug auf die ansonsten von Amts wegen zu berücksichtigenden Leistungen die in das geringste Gebot (und später auch in den Teilungsplan) aufzunehmenden Beträge, §§ 869, 308 ZPO. Ein sonst von Amts wegen zu berücksichtigender höherer Anspruch wird so zur Aufnahme in das geringste Gebot begrenzt.[7] Wird nach einer vor Aufforderung zur Abgabe von Geboten erfolgten Minderanmeldung im Verteilungsverfahren ein darüber hinaus gehender Anspruch geltend gemacht, erleidet dieser Anspruch Rangverlust nach § 110.[8] Die Minderanmeldung kann nur dann entsprechend berücksichtigt werden, wenn sie **ausdrücklich** erfolgt. Betreibt ein Gläubiger nur wegen eines Teilbetrages der laufenden Zinsen und liegt keine ausdrückliche Minderanmeldung vor, muss das Vollstreckungsgericht dennoch die vollen grundbuchersichtlichen laufenden Zinsen im geringsten Gebot berücksichtigen.[9]

Meldet der Berechtigte bei Ansprüchen, die ohne Anmeldung gar nicht berücksichtigt werden würden, weniger an, handelt es sich begrifflich **nicht** um eine Minderanmeldung. Auch hier darf natürlich nicht über den angemeldeten Anspruch hinaus gegangen werden, da für die weitergehende Berücksichtigung ja bereits die verfahrensrechtlich notwendige Anmeldung fehlt und die rechtliche Grundlage für eine Berücksichtigung von Amts wegen fehlt.

Eine **Form** ist für die Anmeldung **nicht vorgeschrieben**.[10] Sie erfolgt in der Regel schriftlich durch Einreichung zur Akte, kann auch mündlich zu Protokoll der Geschäftsstelle erklärt werden. Auch eine fernmündliche Erklärung ist möglich.[11] Wird die Anmeldung im Versteigerungstermin erklärt, ist dies entsprechend durch das Vollstreckungsgericht zu protokollieren.

---

4 *Stöber*, ZVG, § 37 Rn. 5.16.
5 BGH, Urteil vom 30.5.1956 – V ZR 200/54, BGHZ 21, 30–34 = WM 1956, 1023–1026.
6 BGH, Urteil vom 30.5.1956 – V ZR 200/54, BGHZ 21, 30–34 = KTS 1956, 120.
7 OLG Oldenburg, Urteil vom 23.11.1987 – 13 U 72/87, NdsRpfl 1988, 8–9; die Motive, die der Minderanmeldung zugrunde liegen, sind angesichts der förmlichen Ausgestaltung des Verfahrens unbeachtlich.
8 OLG Oldenburg, Beschl. vom 14.7.1980 – 2 W 56/80, Rpfleger 1980, 485.
9 *Böttcher*, ZVG, §§ 44, 45 Rn. 44.
10 LG Lübeck, Beschl. vom 6.4.1982 – 7 T 88/82, SchlHA 1982, 199.
11 BGH, Urteil vom 30.5.1956 – V ZR 200/54, BGHZ 21, 30–34 = WM 1956, 1023–1026.

19 Ergeben sich die Ansprüche des Gläubigers aus dem Versteigerungsantrag, gelten seine Ansprüche bereits als angemeldet, § 114 Abs. 1 Satz 2. Eine erneute Anmeldung im Verfahren ist dann entbehrlich. Dies gilt auch dann, wenn das Verfahren des Gläubigers einstweilen eingestellt ist. Nimmt ein betreibender Gläubiger seinen Antrag hingegen zurück und erlässt das Gericht daraufhin einen entsprechenden Aufhebungsbeschluss insoweit, so gilt auch die darin enthaltene Anmeldung als zurückgenommen.[12]

4. Glaubhaftmachung

20 Gemäß Absatz 1 ist ein Anspruch, der nicht von Amts wegen in das geringste Gebot aufgenommen wird, nur dann zu berücksichtigen, wenn er rechtzeitig angemeldet und, **falls der Gläubiger widerspricht, glaubhaft gemacht** wird. Rückständige grundbuchersichtliche wiederkehrende Leistungen müssen nicht glaubhaft gemacht werden, § 45 Abs. 2. Das Gericht hat keine Möglichkeit, die Glaubhaftmachung zu verlangen, dieses Recht steht nur den betreibenden Gläubigern zu (jedem von ihnen). Voraussetzung für ein begründetes Verlangen ist ein aktives Verfahren, das nicht einstweilen eingestellt ist. Gläubigern, deren Verfahren einstweilen eingestellt ist, steht kein Widerspruchsrecht zu, da die Versteigerung nicht für sie durchgeführt wird.[13] Da das Versteigerungsverfahren ein Verfahren nach der ZPO mit Besonderheiten ist, gilt für die **Glaubhaftmachung** § 294 ZPO; bei einer anmeldenden Behörde reicht eine spezifizierte Anmeldung aus.

21 Ansprüche der **Wohnungseigentümer nach § 10 Abs. 1 Nr. 2** sind bei der Anmeldung durch einen entsprechenden Titel oder durch die Niederschrift der Beschlüsse der Wohnungseigentümer einschließlich ihrer Anlagen oder in sonst geeigneter Weise glaubhaft zu machen. Aus dem Vorbringen müssen sich die Zahlungspflicht, die Art und der Bezugszeitraum des Anspruchs sowie seine Fälligkeit ergeben, § 45 Abs. 3.

22 Diese Ansprüche aus der neu eingefügten Rangklasse § 10 Abs. 1 Nr. 2 sind daher im Unterschied zu den sonstigen anzumeldenden Ansprüchen nicht erst auf Widerspruch durch einen aktiv betreibenden Gläubiger, **sondern bereits bei der Anmeldung glaubhaft zu machen**. Damit soll das Verfahren von vornherein effektiver und für die übrigen Beteiligten nachvollziehbarer gestaltet werden und keine Verzögerung durch einen zu erwartenden Widerspruch eintreten.

23 Die Glaubhaftmachung kann hierbei nach dem Gesetzeswortlaut durch einen vorliegenden **Titel** oder auch durch die **Niederschrift der Beschlüsse der Wohnungseigentümer einschließlich der Anlagen** (Wirtschaftsplan, Jahresrechnung) erfolgen, wenn hieraus die Zahlungspflicht, Art und Bezugszeitraum des Anspruchs und die Fälligkeit hervorgeht. Darüber hinaus lässt der Gesetzeswortlaut auch sonstige Glaubhaftmachung zu. Eine öffentliche Beglaubigung der Beschlüsse der Eigentümerversammlung ist nicht vorgesehen und damit auch nicht erforderlich. Wird der Anspruch bei der Anmeldung nicht glaubhaft gemacht, gibt das Gericht die Möglichkeit zur Nachholung durch Zwischenverfügung. Erfolgt keine Nachreichung der entsprechenden Unterlagen, bleibt der Anspruch unberücksichtigt.

5. Rechtsbehelfe

24 Die Entscheidung des Rechtspflegers über die Berücksichtigung oder Nichtberücksichtigung von Ansprüchen ist Teil des geringsten Gebots und damit lediglich Vorbereitung der Entscheidung über den Zuschlag. Als eine solche

---

[12] *Stöber*, ZVG, § 37 Rn. 5.17.
[13] *Stöber*, ZVG, § 45 Rn. 4.1.

unselbstständige Vorentscheidung ist die Aufstellung des geringsten Gebots **nicht selbstständig anfechtbar**, § 95. Wer durch die Nichtberücksichtigung oder Berücksichtigung eines Anspruchs benachteiligt ist, kann dagegen nur durch Anfechtung des Zuschlags vorgehen.

IV. Besonderheiten

Im Grundbuch eingetragene Rechte werden dann nicht berücksichtigt, wenn es sich um **nichtige, erloschene oder löschungsreife Rechte** handelt. 25

Nichtig ist ein Recht beispielsweise dann, wenn es ohne Angabe eines Berechtigten eingetragen ist, bei einer Dienstbarkeit der Inhalt nicht schlagwortartig bezeichnet ist oder eine Zwangshypothek unter dem gesetzlich erforderten Mindestbetrag eingetragen worden ist. Diese aus dem Grundbuch ersichtlichen Fälle sind durch das Vollstreckungsgericht von Amts wegen zu beachten – eine Aufnahme des betroffenen Rechts in das geringste Gebot erfolgt nicht.[14] 26

Gleiches gilt für ein **erloschenes Recht**, wenn das Erlöschen objektiv feststeht.[15] Ein für die Löschung beim Grundbuchamt nötiger Antrag ist nicht erforderlich. Denkbar sind diese Fälle bei Rechten, die entweder rechtsgeschäftlich oder kraft Gesetzes auf Lebenszeit des Berechtigten beschränkt sind, z.B. Nießbrauch, § 1061 S. 1 BGB, beschränkte persönliche Dienstbarkeit, §§ 1090 Abs. 2, 1061 Satz 1 BGB. Steht das Erlöschen eines solchen Rechts objektiv fest (beispielsweise durch Vorlage der Sterbeurkunde des Berechtigten), so ist das Recht nicht als bestehen bleibend im geringsten Gebot zu berücksichtigen. Bei rückstandsfähigen Rechten (Reallast, Nießbrauch, Grundpfandrechte u.s.w.) erfolgt auch bei Versteigerung innerhalb eines Jahres nach dem Tod des Berechtigten (§ 23 Abs. 1 GBO) und nicht eingetragener Vorlöschungsklausel keine Berücksichtung des Rechts.[16] 27

Auch Erlöschen eines Rechts auf andere Art und Weise ist vom Vollstreckungsgericht zu berücksichtigen, beispielsweise Erlöschen eines Gesamtrechts durch Befriedigung, § 1181 BGB in einem Zwangsverwaltungsverfahren oder in einem anderen Zwangsversteigerungsverfahren über das mithaftende Grundstück. Eine Berücksichtigung des erloschenen Gesamtrechts erfolgt auch dann nicht, wenn im Verfahren des mithaftenden Grundstücks eine Liegenbelassungsvereinbarung nach § 91 Abs. 3 getroffen worden ist.[17] Bestreitet der Berechtigte das Erlöschen des Rechts, dann ist dieses als bestehen bleibend im geringsten Gebot zu berücksichtigen, eine mögliche Zuzahlungspflicht ist im Verteilungsverfahren nach § 125 Abs. 2 zu behandeln. 28

Ein **löschungsreifes Recht** liegt dann vor, wenn dem Vollstreckungsgericht sämtliche Unterlagen vorliegen, die das Grundbuchamt für eine Löschung benötigen würde. Löschungsreife Rechte werden nicht im geringsten Gebot berücksichtigt.[18] Der nach § 13 Abs. 1 GBO erforderliche Antrag muss nicht vorgelegt werden, wenn die sonstigen Löschungsunterlagen in der entsprechenden Form eingereicht werden.[19] 29

---

14 *Stöber*, ZVG, § 45 Rn. 6.2 m.w.N.
15 OLG Hamm, JurBüro 1966, 894.
16 *Stöber*, ZVG, § 45 Rn. 6.4 b), a.A. *Böttcher*, ZVG, §§ 44, 45 Rn. 52 d, der bei Rechten ohne Löschungserleichterungsklausel und Versteigerung innerhalb des Sperrjahres stets und nach Ablauf des Jahres Berücksichtigung des Rechtes dann verlangt, wenn der Rechtsnachfolger des eingetragenen Berechtigten der Nichtberücksichtigung widerspricht.
17 OLG Hamm, OLGZ 1967, 57.
18 RG, Urteil vom 23.3.1904 – V 394/03, RGZ 57, 209; *Stöber*, ZVG, § 45 Rn. 6.6, *Böttcher*, ZVG, §§ 44, 45 Rn. 54.
19 *Böttcher*, ZVG, §§ 44, 45 Rn. 54, a.A. *Stöber*, ZVG, § 45 Rn. 6.6.

30 Im Grundbuch zugunsten natürlicher Personen eingetragene nicht vererbliche und nicht veräußerbare Rechte, insbesondere Nießbrauche, beschränkte persönliche Dienstbarkeiten und Wohnungsrechte, **gelten** unbeschadet anderer Erlöschenstatbestände **mit dem Ablauf von einhundertundzehn Jahren von dem Geburtstag des Berechtigten an als erloschen,** sofern nicht innerhalb von 4 Wochen ab diesem Zeitpunkt eine Erklärung des Berechtigten bei dem Grundbuchamt eingegangen ist, dass er auf dem Fortbestand seines Rechts bestehe, § 5 I GBBerG. Ist der Geburtstag bei Inkrafttreten dieses Gesetzes nicht aus dem Grundbuch oder den Grundakten ersichtlich, so ist der Tag der Eintragung des Rechts maßgeblich. Ein nach Maßgabe des Absatzes 1 als erloschen geltendes oder gemäß Absatz 2 erloschenes Recht kann von dem Grundbuchamt von Amts wegen gelöscht werden. Ist die Löschung noch nicht erfolgt, ist das Recht als löschungsreif bei Aufstellung des geringsten Gebots nicht zu berücksichtigen.

§ 46 ZVG [Wiederkehrende Naturalleistungen]

Für wiederkehrende Leistungen, die nicht in Geld bestehen, hat das Gericht einen Geldbetrag festzusetzen, auch wenn ein solcher nicht angemeldet ist.

Übersicht

		Rn.
I.	Allgemeines, Anwendungsbereich	1
II.	Festsetzung eines Geldbetrages	2
III.	Rechtsbehelfe	3

I. Allgemeines, Anwendungsbereich

Sind im Barteil des geringsten Gebots nach § 49 Abs. 1 **wiederkehrende Naturalleistungen** einzustellen, sind diese in einen **Geldbetrag umzurechnen**, da im geringsten Gebot nur Geldansprüche berücksichtigt werden können. Hierzu zählen zum Beispiel Sachleistungen einer Reallast.[1] Die Vorschrift gilt für regelmäßig und unregelmäßig wiederkehrende Leistungen und findet für alle Versteigerungsverfahren des ZVG Anwendung.

II. Festsetzung eines Geldbetrages

Der Geldbetrag für die im geringsten Gebot von Amts wegen oder auf Anmeldung zu berücksichtigenden Naturalleistungen ist **unabhängig von einer Anmeldung** durch den Berechtigten immer festzusetzen, dies ergibt sich bereits aus dem eindeutigen Wortlaut der Vorschrift.[2] Das Gericht hat nach billigem Ermessen den objektiven Geldwert der Sachleistungen festzusetzen, nötigenfalls mit Hilfe eines Sachverständigen. Eine von dem Berechtigten der Leistungen vorgenommene Anmeldung dient dem Vollstreckungsgericht hierbei als Orientierungshilfe und begrenzt den zu berücksichtigenden Geldbetrag nach oben, §§ 869, 308 Abs. 1 ZPO. Keinesfalls jedoch ist das Gericht an die Anmeldung gebunden, wenn der Berechtigte einen objektiv zu hohen Betrag anmeldet.[3] Bedeutung hat die Festsetzung nur für die Ermittlung des geringsten Bargebots, nicht für einen Zuzahlungsbetrag nach § 51 Abs. 2 oder für die Zuschlagsversagungsgründe der §§ 85a, 74a. Die vorgenommene Festsetzung ersetzt im Erlösverteilungsverfahren Anmeldung und Glaubhaftmachung durch den Berechtigten.[4]

III. Rechtsbehelfe

Da das geringste Gebot nicht selbständig anfechtbar ist, kann eine Anfechtung durch die Beteiligten bei einer zu hohen Festsetzung und durch den Berechtigten bei einer zu niedrigen Festsetzung allenfalls mit der Zuschlagsbeschwerde

---

1 Weitere Beispiele vgl. *Stöber*, ZVG, Rn. 2.
2 Anders nur OLG Celle, NdsRpfl. 1951, 139.
3 So auch *Böttcher*, ZVG, Rn. 5, *Stöber*, ZVG, Rn. 2.3, *Hintzen*, in: *Dassler/Schiffhauer/u. a.*, ZVG, Rn. 3.
4 *Hintzen*, in: *Dassler/Schiffhauer/u. a.*, ZVG, Rn. 3, *Böttcher*, ZVG, Rn. 6, unklar *Stöber*, ZVG, Rn. 2.4, der § 46 für die Verteilung des Erlöses nicht für anwendbar hält, aber eine gesonderte Anmeldung zum Teilungsplan nach § 114 nicht mehr für erforderlich hält.

erfolgen, § 95.⁵ Im Erlösverteilungsverfahren können Beteiligte mit dem Widerspruch nach § 115 vorgehen, der Berechtigte des Rechtes kann bis zum Verteilungsverfahren einen entsprechend höheren Betrag anmelden, erleidet dann dort allerdings Rangverlust nach § 110.⁶

---

5 Dies ist jedoch zweifelhaft, da in der Regel keine Beeinträchtigung nach § 84 vorliegen wird, vgl. *Hintzen*, in: *Dassler/Schiffhauer/u.a.*, ZVG, Rn. 5, *Böttcher* schließt die Zuschlagsanfechtung mangels Beeinträchtigung generell aus, *Böttcher*, ZVG, Rn. 5.
6 *Hintzen*, in: *Dassler/Schiffhauer/u.a.*, ZVG, Rn. 5, *Böttcher*, ZVG, Rn. 5.

§ 47 ZVG [Wiederkehrende Geldleistungen]

Laufende Beträge regelmäßig wiederkehrender Leistungen sind für die Zeit bis zum Ablaufe von zwei Wochen nach dem Versteigerungstermine zu decken. Nicht regelmäßig wiederkehrende Leistungen werden mit den Beträgen berücksichtigt, welche vor dem Ablaufe dieser Frist zu entrichten sind.

Übersicht	Rn.
I. Allgemeines	1
II. Regelmäßig wiederkehrende Leistungen	2
III. Nicht regelmäßig wiederkehrende Leistungen	3
IV. Besonderheiten	4

I. Allgemeines

Die Norm regelt den **Endzeitpunkt für die Berücksichtigung der wiederkehrenden Leistungen** im geringsten Gebot und dient der Wahrung des Deckungsgrundsatzes. Die endgültige Berechnung kann erst im Rahmen der Erlösverteilung erfolgen. Ab Zuschlag trägt der Ersteher die Lasten des Grundstücks (beispielsweise Grundsteuern oder Zinsen der bestehenbleibenden Rechte), § 56 Satz 2. Bei Aufstellung des geringsten Gebots ist dieser Zeitpunkt noch nicht bekannt, daher kann es sich bei der Berücksichtigung der wiederkehrenden Leistungen im geringsten Gebot stets nur um eine **vorläufige Berechnung** handeln. Der Zuschlag selbst wird im Versteigerungstermin oder in einem gesondert zu bestimmenden Verkündungstermin erteilt, § 87. Um die im geringsten Gebot enthaltenen Ansprüche auch bis zu diesem künftigen Zeitpunkt zu decken, sieht § 47 eine Berechnung der wiederkehrenden Leistungen zwei Wochen über den Versteigerungstermin hinaus vor. Die Verletzung dieser Norm ist unbeachtlich, wenn das im Versteigerungstermin erzielte bare Meistgebot höher ist als das geringste Bargebot unter Berücksichtigung des § 47.[1]

1

II. Regelmäßig wiederkehrende Leistungen

Diese sind gemäß § 47 Satz 1 **bis zwei Wochen (einschließlich des 14. Tages) nach dem Versteigerungstermin** zu decken. Hierzu zählen beispielsweise Grundsteuern, Zinsen oder Reallastleistungen. Nicht in Geld bestehende Leistungen sind nach § 46 umzurechnen. Die Zeit der Fälligkeit der Leistungen ist hierbei unbeachtlich.

2

III. Nicht regelmäßig wiederkehrende Leistungen

Diese werden gemäß § 47 Satz 2 mit den Beträgen berücksichtigt, welche vor dem Ablaufe dieser Frist zu entrichten sind. Denkbar sind hier beispielsweise Ansprüche eines Berechtigten eines Altenteils auf nicht regelmäßig anfallende Arztkosten.

3

---

1 LG Frankfurt, Beschl. vom 27.6.1988 – 2/9 T 663/88, Rpfleger 1988, 494 = NJW-RR 1988, 1276; LG Lübeck, SchlHA 1973, 129.

IV. Besonderheiten

4 Hintergrund für die Regelung des § 47 ist die Tatsache, dass der Ersteher gemäß § 56 Satz 2 ab Zuschlag die Lasten des Grundstücks trägt. Da eben dieser Zuschlagszeitpunkt bei Erstellung des geringsten Gebots nicht bekannt ist, sind die wiederkehrenden Leistungen grundsätzlich bis zwei Wochen nach dem Versteigerungstermin zu decken. Sind nun im geringsten Gebot Leistungen zu berücksichtigen, die der Ersteher nicht zu übernehmen hat, kann diese Norm keine Anwendung finden. Denkbar sind hier die Fälle des § 128 Abs. 4 (**Sicherungshypothek nach Nichtbelegung des Bargebots**), die Berücksichtigung eines **persönlichen Gläubigers** aus der Rangklasse des § 10 Abs. 1 Nr. 5, dessen Verfahren einstweilen eingestellt ist sowie Zinsen für Zwangsverwaltungsvorschüsse. In diesen Fällen schließt sich keine Lastentragung durch den Ersteher an, diese Ansprüche sind im Verteilungsverfahren bis einen Tag vor dem Verteilungstermin zu decken, daher muss auch hier bei Aufstellung des geringsten Gebots der **mutmaßliche Verteilungstermin** als Endzeitpunkt für die Berücksichtigung der wiederkehrenden Leistungen (Zinsen) dieser Ansprüche **maßgeblich** sein.[2]

---

[2] *Stöber*, ZVG, Rn. 4, *Böttcher*, ZVG, Rn. 4, *Hintzen*, in: *Dassler/Schiffhauer/u.a.*, ZVG, Rn. 3.

§ 48 ZVG [Bedingte Rechte; Vormerkung und Widerspruch]

Bedingte Rechte sind wie unbedingte, Rechte, die durch Eintragung eines Widerspruchs oder einer Vormerkung gesichert sind, wie eingetragene Rechte zu berücksichtigen.

Übersicht
		Rn.
I.	Allgemeines	1
II.	Bedingte Rechte	2
III.	Widerspruchsgesicherte Rechte	3
IV.	Vormerkungsgesicherte Rechte	4
V.	Sonderfall Auflassungsvormerkung	5–7

I. Normzweck; Anwendungsbereich

Das geringste Gebot als Grundlage der Versteigerung muss betragsmäßig feststehen, daher sind bedingte, widerspruchsgesicherte und vormerkungsgesicherte Rechte **wie endgültig feststehende Belastungen** zu berücksichtigen. Die Vorschrift ist nur bei Aufstellung des geringsten Gebots zu beachten, im Erlösverteilungsverfahren gelten die Spezialvorschriften §§ 119, 120, 125. 1

II. Bedingte Rechte

Ein bedingtes Recht liegt dann vor, wenn der Bestand des Rechts von einem zukünftigen ungewissen Ereignis abhängt. § 48 gilt sowohl für aufschiebend bedingte (§ 158 Abs. 1 BGB) als auch für auflösend bedingte Rechte (§ 158 Abs. 2 BGB). Die Berücksichtigung des Rechts erfolgt nach den allgemeinen Grundsätzen des § 45. Steht das **Erlöschen des Rechts daher objektiv fest**, weil die auflösende Bedingung eingetreten bzw. die aufschiebende Bedingung ausgefallen ist, **wird das Recht** im geringsten Gebot **nicht berücksichtigt**.[1] Nicht in den Anwendungsbereich dieser Vorschrift fällt die Höchstbetragshypothek, da dort der betragsmäßige Umfang der Belastung feststeht, unbekannt ist lediglich der Berechtigte.[2] 2

III. Widerspruchsgesicherte Rechte

In den Anwendungsbereich des § 48 fallen nur solche widerspruchsgesicherten Rechte, die bei einer Durchsetzung des Widerspruchs zu einer **Belastungserweiterung** des Versteigerungsobjektes führen. Hierunter können Widersprüche nach §§ 18 Abs. 2, 53, 76 GBO sowie § 899 BGB fallen. Das Recht muss also, wäre es selbst im Grundbuch eingetragen, eine neue eigenständige Belastung des Versteigerungsobjektes darstellen (Widersprüche gegen die Löschung eines Rechtes oder gegen die Nichteintragung eines Rechtes, das ohne Grundbucheintragung entstanden ist). Nicht unter § 48 fallen daher Widersprüche gegen das Eigentum am Grundstück (hierfür gilt § 37 Nr. 5), gegen Rangverschlechterungen sowie gegen das Bestehen eines eingetragenen Rechts und einen eingetragenen Berechtigten.[3] 3

---

1 *Stöber*, ZVG, Rn. 2.2; *Böttcher*, ZVG, Rn. 2. Als Nachweis hierfür kann beispielsweise ein rechtskräftiges Urteil dienen.
2 *Hintzen*, in: *Dassler/Schiffhauer/u.a.*, ZVG, Rn. 2; *Stöber*, ZVG, Rn. 2.4.
3 *Stöber*, Rn. 4.2, *Böttcher*, Rn. 4, *Hintzen*, in: *Dassler/Schiffhauer/u.a.*, ZVG, Rn. 4.

IV. Vormerkungsgesicherte Rechte

4 Vormerkungsgesicherte Rechte fallen dann unter § 48, wenn sie im Ergebnis zu einer **Belastungserweiterung** führen, das Recht also, wäre es selbst eingetragen, eine neue eigenständige Belastung des Versteigerungsobjektes darstellen würde. Hierzu zählen Vormerkungen auf Neubestellung eines Rechts oder auf betragsmäßige Erhöhung eines bereits entstandenen Rechts nach den §§ 883 BGB und §§ 18, 76 GBO.[4] Nicht in den Anwendungsbereich der Norm fallen Vormerkungen, die Ansprüche auf Übertragung und Aufhebung eines Rechts, auf Einräumung eines Rechts an einem Recht oder auf Rangänderung sichern. Diese Vormerkungen sind als Nebenrechte der im geringsten Gebot zu berücksichtigenden betroffenen Rechte nicht zusätzlich aufzunehmen.[5] Ist das vorgemerkte Recht verzinslich, gilt § 48 auch für die Nebenleistungen des Rechts, diese sind so zu berücksichtigen, als sei das Recht bereits eingetragen.[6]

V. Sonderfall Auflassungsvormerkung

5 Geht eine Vormerkung zur Sicherung des Anspruchs auf Eigentumsübertragung dem bestbetreibenden Gläubiger im Range vor, so ist sie nach den allgemeinen Grundsätzen in das geringste Gebot aufzunehmen und ein entsprechender Zuzahlungsbetrag nach § 51 Abs. 2 festzusetzen.[7] Dies gilt auch dann, wenn ein bedingter Anspruch gesichert wird.[8] Die Auflassungsvormerkung hat grundsätzlich den Rang nach dem Zeitpunkt ihrer Eintragung oder einer nachfolgenden Rangänderung.

6 Vollstreckt der nachrangige Grundpfandrechtsgläubiger, bleibt die Vormerkung nach den allgemeinen Grundsätzen bestehen. Hat der bestbetreibende Gläubiger sein Recht erst nach Eintragung der Vormerkung erlangt, ist dieses Recht dem Vormerkungsberechtigten gegenüber grundsätzlich relativ unwirksam (§ 883 Abs. 2 BGB). Voll wirksam kann das Recht dann entstehen, wenn der Vormerkungsberechtigte zustimmt und damit die relative Unwirksamkeit endgültig beseitigt.[9] Ist dem Vollstreckungsgericht die Zustimmung und damit die Wirkungslosigkeit gegenüber dem bestbetreibenden Gläubiger durch öffentliche oder öffentlich-beglaubigte Urkunde nachgewiesen oder aber grundbuchersichtlich durch einen eingetragenen **Wirksamkeitsvermerk**, so ist die vorrangig eingetragene Auflassungsvormerkung nicht im geringsten Gebot zu berücksichtigen.[10]

7 Steht im Versteigerungstermin objektiv fest, dass der vorgemerkte Anspruch nicht besteht, ist die Vormerkung nach den allgemeinen Grundsätzen nicht im geringsten Gebot zu berücksichtigen. Stellt sich dies erst später heraus, führt dies zu einer Zuzahlungsverpflichtung für den Ersteher nach §§ 50, 51 ZVG. Der Ersteher des Versteigerungsobjektes mit der bestehen gebliebenen Auflassungsvormerkung hat nach Geltendmachung der Vormerkung durch den Berechtigten das Grundstück bzw. das sonstige Versteigerungsobjekt an den Berechtigten der Vormerkung herauszugeben und die Zustimmung nach § 888

---

4 BGH, Urteil vom 7.11.1969 – V ZR 85/66, BGHZ 53, 47 = NJW 1970, 565 = Rpfleger 1970, 60.
5 *Böttcher*, ZVG, Rn. 3.
6 *Stöber*, ZVG, Rn. 3.1.
7 BGH, Urteil vom 14.10.1966 – V ZR 206/63, BGHZ 46, 107 = NJW 1967, 566 = Rpfleger 1967, 9, vgl. hierzu auch § 51 Rn. 9.
8 *Stöber*, ZVG, Rn. 3.2.
9 *Stöber*, MittBayNot 1997, 144.
10 *Stöber*, a. a. O., vgl. Fn. 9, *Skidzun*, Rpfleger 2002, 11, zum Spezialfall des Wiederauflebens einer erloschenen Auflassungsvormerkung vgl. *Hintzen*, in: *Dassler/Schiffhauer/u. a.*, ZVG, Rn. 6 sowie *Stöber*, ZVG, Rn. 3.4.

Abs. 2 BGB zu erteilen. Da der Ersteher nicht in das schuldrechtliche Grundgeschäft eintritt, gebührt eine vertragsmäßige Gegenleistung dem Vollstreckungsschuldner und nicht dem Ersteher.[11] Berücksichtigung findet die Vormerkung im geringsten Gebot nach dem allgemeinen Grundsatz des § 45 Abs. 2 ZVG von Amts wegen dann, wenn sie vor dem Versteigerungsvermerk eingetragen ist und im übrigen nach rechtzeitiger Anmeldung, § 37 Nr. 4.

---

11 *Böttcher*, ZVG, Rn. 3.

§ 49 ZVG [Bargebot]

(1) Der Teil des geringsten Gebots, welcher zur Deckung der Kosten sowie der im § 10 Nr. 1 bis 3 und im § 12 Nr. 1, 2 bezeichneten Ansprüche bestimmt ist, desgleichen der das geringste Gebot übersteigende Betrag des Meistgebots ist von dem Ersteher vor dem Verteilungstermin zu berichtigen (Bargebot).

(2) Das Bargebot ist von dem Zuschlag an zu verzinsen.

(3) Das Bargebot ist so rechtzeitig durch Überweisung oder Einzahlung auf ein Konto der Gerichtskasse zu entrichten, dass der Betrag der Gerichtskasse vor dem Verteilungstermin gutgeschrieben ist und ein Nachweis hierüber im Termin vorliegt.

(4) Der Ersteher wird durch Hinterlegung von seiner Verbindlichkeit befreit, wenn die Hinterlegung und die Ausschließung der Rücknahme im Verteilungstermine nachgewiesen werden.

Übersicht

		Rn.
I.	Allgemeines	1
II.	Gebotsbegriffe	2
III.	Zusammensetzung des geringsten Bargebots	3
IV.	Zahlungspflicht	4
V.	Verzinsung	5
VI.	Hinterlegung	6

I. Allgemeines

1 Die Norm enthält die Legaldefinition für den Begriff des Bargebots und regelt die Zusammensetzung des **geringsten Bargebots** als in jedem Fall vorhandenen Teil des geringsten Gebots. Daneben werden die **Zahlungsmodalitäten** für den Ersteher geregelt (Zahlungszeitpunkt und Verzinsung).

II. Gebotsbegriffe

2 Am Ende eines jeden (erfolgreichen) Versteigerungstermins steht ein **Meistgebot**. Dieses setzt sich begrifflich aus dem **baren Meistgebot** und den gegebenenfalls nach den Versteigerungsbedingungen vom Ersteher daneben zu übernehmenden und **bestehen bleibenden Rechten** zusammen. Das bare Meistgebot wiederum besteht aus dem geringsten Bargebot und dem dieses übersteigenden Betrag (Mehrgebot) und wird gesetzlich als das Bargebot bezeichnet.

III. Zusammensetzung des geringsten Bargebots

3 Das geringste Bargebot setzt sich nach Abs. 1 aus den Verfahrenskosten, den Ansprüchen nach § 10 Abs. 1 Nr. 1 bis 3 sowie den im § 12 Nr. 1 und 2 bezeichneten Ansprüchen zusammen.[1] Die Verfahrenskosten nach § 109 Abs. 1 sind hierbei vorläufig zu ermitteln, da der Wert für die Ermittlung der Verteilungsgebühr (KV 2215 GKG) sowie die endgültige Auslagenhöhe zum

---

[1] Der Gesetzestext ist insoweit unsauber, als § 10 aus den Absätzen 1 bis 3 besteht. Daher müsste in § 49 konsequenterweise auch Abs. 1 zitiert werden.

Zeitpunkt der Aufstellung des geringsten Gebots noch nicht feststehen. Im bar zu zahlenden Teil des geringsten Gebots sind weiterhin zu berücksichtigen die Ansprüche der Rangklassen § 10 Abs. 1 Nr. 1 bis 3, die Kosten der Rechtsverfolgung im Sinne des § 10 Abs. 2 und die wiederkehrenden und sonstigen Nebenleistungen (beispielsweise einmalige Nebenleistungen) der bestehen bleibenden Rechte. Fällt ausnahmsweise der Anspruch eines persönlichen Gläubigers nach § 10 Abs. 1 Nr. 5 ZVG in das geringste Gebot, weil sein Verfahren einstweilen eingestellt ist und ein nachrangiger Gläubiger aus derselben Rangklasse bestbetreibender Gläubiger ist (§ 11 Abs. 2), so gehört auch sein Anspruch mit Kosten, Nebenleistungen und Hauptanspruch in den Barteil des geringsten Gebots, da dieser Anspruch nicht durch Bestehenbleiben im Sinne des § 52 zu decken ist.[2] Die Regelung des § 49 Abs. 1 ist **nicht abschließend**, so sind im geringsten Gebot zu berücksichtigende Sicherungshypotheken im Wiederversteigerungsverfahren immer bar zu decken, § 128 Abs. 4.

IV. Zahlungspflicht

Nach § 49 Abs. 1 ist das Bargebot vom Ersteher **vor dem Verteilungstermin** zu berichtigen. Eine Barzahlung des Bargebots im Verteilungstermin ist nach der Änderung des § 49 nicht mehr möglich.[3] Dennoch bleiben die Begrifflichkeiten erhalten, da sie in Literatur und Rechtsprechung gefestigt sind. Nach Abs. 3 ist das Bargebot so rechtzeitig durch Überweisung oder Einzahlung auf ein Konto der Gerichtskasse zu entrichten, dass der Betrag der Gerichtskasse vor dem Verteilungstermin gutgeschrieben ist und ein Nachweis hierüber im Termin vorliegt.[4] Der Nachweis kann durch die entsprechende Zahlungsanzeige geführt werden und muss im Verteilungstermin vorliegen. Kann der Nachweis nicht geführt werden, ist der Teilungsplan durch Forderungsübertragung nach § 118 auszuführen.

V. Verzinsung

Das Bargebot ist vom Ersteher gemäß § 49 Abs. 2 vom Wirksamwerden des Zuschlags an (§§ 89, 104) zu verzinsen. Dabei wird dieser Tag für die Berechnung der Zinsen mit eingerechnet. Hintergrund für die Zinspflicht ist § 56 S. 2: Ab Zuschlag gebühren dem Ersteher die Nutzungen des Grundstücks. Als Ausgleich für seine Eigentümerstellung mit Zuschlag und den damit verbundenen Nutzungsmöglichkeiten unabhängig von seiner Zahlung ist das Bargebot mit dem gesetzlichen Zinssatz des § 246 BGB (4 %) zu verzinsen. Eine Abweichung vom gesetzlichen Zinssatz ist im Rahmen des § 59 denkbar. Die Zinspflicht endet grundsätzlich einen Tag vor dem Verteilungstermin (vgl. aber Rn. 6). Hieran ändert auch eine Liegenbelassungsvereinbarung gemäß § 91 Abs. 2 nichts,[5] zur Frage der Verzinsung bei einer Befriedigungserklärung des Erstehers vgl. § 107 Rn. 19. Die Zinsberechnung erfolgt üblicherweise mit Banktagen (360 Tage im Jahr und 30 Tage im Monat), eine gesetzliche Regelung insoweit fehlt allerdings.[6]

---

[2] BGH, Urteil vom 19.2.1976 – III ZR 75/74, BGHZ 66, 217 (227) = MDR 1976, 825.
[3] Die Neufassung des Abs. 3 erfolgte durch das Zweite Gesetz zur Modernisierung der Justiz (2. JuModG) vom 22. Dezember 2006.
[4] Zu weiterführenden Zahlungsmöglichkeiten des Erstehers vgl. § 107 Rn. 15 ff.
[5] BGH, Urteil vom 13.3.1970 – V ZR 71/67, BGHZ, 53, 327 = Rpfleger 1970, 219.
[6] *Hintzen*, in: Dassler/Schiffhauer/u.a., ZVG, Rn. 12; Stöber will hier eine Berechnung nach Kalendertagen vornehmen – eine Berechnung nach Bankzinstagen sei gesetzlich nicht vorgesehen und auch nicht allgemein verkehrsüblich, vgl. *Stöber*, ZVG, Rn. 3.4.

VI. Hinterlegung

6 Die Zahlungspflicht des Erstehers kann auch durch Hinterlegung erlöschen (Abs. 4). Die Hinterlegung ist bewirkt, wenn die Annahme der Hinterlegung durch die Hinterlegungsstelle beim Amtsgericht[7] verfügt worden ist und das bare Meistgebot gezahlt ist. Befreiung von der Zahlungspflicht tritt nur dann ein, wenn der Ersteher der Hinterlegungsstelle gegenüber den Verzicht auf das Recht der Rücknahme erklärt hat. Mit dem letzten Erfordernis der Hinterlegung endet auch die Pflicht des Erstehers, das Bargebot zu verzinsen.

---

[7] Empfehlenswert ist hier die Hinterlegungsstelle beim Amtsgericht, bei dem auch das Vollstreckungsgericht angesiedelt ist, vorgeschrieben ist dies indes nicht.

§ 50 ZVG [Erhöhung des zu zahlenden Betrages]

(1) Soweit eine bei der Feststellung des geringsten Gebots berücksichtigte Hypothek, Grundschuld oder Rentenschuld nicht besteht, hat der Ersteher außer dem Bargebot auch den Betrag des berücksichtigten Kapitals zu zahlen. In Ansehung der Verzinslichkeit, des Zinssatzes, der Zahlungszeit, der Kündigung und des Zahlungsortes bleiben die für das berücksichtigte Recht getroffenen Bestimmungen maßgebend.

(2) Das gleiche gilt:
1. wenn das Recht bedingt ist und die aufschiebende Bedingung ausfällt oder die auflösende Bedingung eintritt
2. wenn das Recht noch an einem anderen Grundstücke besteht und an dem versteigerten Grundstücke nach den besonderen Vorschriften über die Gesamthypothek erlischt.

(3) Haftet der Ersteher im Falle des Absatzes 2 Nr. 2 zugleich persönlich, so ist die Erhöhung des zu zahlenden Betrages ausgeschlossen, soweit der Ersteher nicht bereichert ist.

Übersicht

		Rn.
I.	Normzweck; Anwendungsbereich	1, 2
II.	Nichtbestehen eines Grundpfandrechtes – Abs. 1	3, 4
1.	Allgemeines, Ursachen	3
2.	Einzelfälle	4
III.	Bedingte Rechte – Abs. 2 Nr. 1	5–8
IV.	Gesamtrechte – Abs. 2 Nr. 2	9, 10
V.	Wegfall bei persönlicher Haftung – Abs. 3	11, 12
VI.	Behandlung des Zuzahlungsbetrages	13, 14
1.	Höhe, Zins und Zahlungspflicht	13
2.	Behandlung im Verteilungsverfahren	14

I. Normzweck; Anwendungsbereich

Bleiben nach den im Einzelfall geltenden Versteigerungsbedingungen Rechte bestehen, die der Ersteher nach § 52 zu übernehmen hat, so bilden diese Rechte gemeinsam mit dem von ihm gebotenen baren Meistgebot sein wirtschaftliches Gebot für das Versteigerungsobjekt. Die bestehen bleibenden Rechte sind damit Teil seiner Gegenleistung. Bestehen diese Rechte tatsächlich aber nicht oder fallen später weg, wäre der Ersteher ungerechtfertigt bereichert. Die Norm sieht daher eine Erhöhung der Zahlungspflicht für den Ersteher in bestimmten Fällen vor. Der vom Ersteher „nachzuschießende Betrag" kommt denjenigen Berechtigten zugute, die bislang ausgefallen sind; in Ermangelung solcher gebührt der Zuzahlungsbetrag dem ehemaligen Eigentümer und Vollstreckungsschuldner. § 50 findet für Grundpfandrechte Anwendung, § 51 übernimmt den Grundsatz der Zuzahlungspflicht für Nichthypothekenrechte in Abteilung II des Grundbuchs. Die Vorschrift gilt für alle Versteigerungsarten des ZVG, im Teilungsplan ist § 125 zu beachten. **1**

Voraussetzung für die Anwendbarkeit des § 50 ist immer, dass das betroffene Recht im geringsten Gebot **als bestehen bleibend berücksichtigt** worden ist. Wurde das Recht versehentlich **nicht** im geringsten Gebot berücksichtigt, kann auch kein Zuzahlungsfall eintreten, da der Ersteher in diesen Fällen nicht **2** davon ausging, das Recht übernehmen zu müssen.[1] Wurde ein Recht zu Unrecht im geringsten Gebot berücksichtigt, liegt ein Zuzahlungsfall nur dann vor, wenn tatsächlich einer der Tatbestände des § 50 greift, die bloße unrechtmäßige Berücksichtigung selbst führt nicht zu einer Zuzahlungspflicht.[2] Eine Zuzahlungspflicht liegt auch dann nicht vor, wenn ein Recht nur relativ, d. h. einer bestimmten Person gegenüber, unwirksam ist.[3]

II. Nichtbestehen eines Grundpfandrechtes – Absatz 1

1. Allgemeines, Ursachen

3 Hat das Vollstreckungsgericht eine Hypothek, Grundschuld oder Rentenschuld als bestehen bleibend im geringsten Gebot berücksichtigt und besteht dieses Recht im Zeitpunkt des Wirksamwerdens des Zuschlags (§§ 89, 104) tatsächlich nicht, trifft den Ersteher die Zuzahlungspflicht. Ein späterer Wegfall führt nicht zu einer Verpflichtung für den Ersteher, da seine Rechte und Pflichten mit dem Zuschlag begründet werden und nachträglich eintretende Tatsachen ihm nicht zum Nachteil gereichen dürfen. Denkbar ist es, dass das Recht im Zeitraum zwischen Abgabe des Meistgebots und Wirksamwerden des Zuschlags erlischt. Aber auch ein bereits vor Abgabe des Meistgebotes nicht bestehendes Recht kann eine Zuzahlungspflicht auslösen, wenn dem Gericht das Nichtbestehen nicht bekannt war oder es zu Unrecht nicht beachtet worden ist. Der Zuzahlungsfall tritt dann nicht ein, wenn das Recht nur einer anderen Person als dem bislang eingetragenen Berechtigten zusteht. Daher hat der Ersteher keine Zuzahlung zu leisten, wenn aus einem Fremdrecht ein Eigentümerrecht entstanden ist, zum Beispiel durch Zahlung der gesicherten Forderung bei einer Hypothek, §§ 1163, 1177 BGB. Ein Zuzahlungsfall könnte jedoch nach § 50 Abs. 2 Nr. 1 dann eintreten, wenn ein nachrangiger Beteiligter seinen Löschungsanspruch verwirklicht.

2. Einzelfälle

4 Ursachen für das Nichtbestehen eines Rechts können sein:[4]
- Mängel bei der nach § 873 BGB erforderlichen Einigung
- Fehlerhafte Grundbucheintragung, die zur Nichtigkeit des Rechtes führt (z. B. fehlende Angabe des Berechtigten)
- Erlöschen kraft Gesetzes (z. B. durch Zahlung in einem parallel laufenden Zwangsverwaltungsverfahren, § 1181 BGB)

III. Bedingte Rechte – Abs. 2 Nr. 1

5 Fällt bei einem aufschiebend bedingten Recht die Bedingung aus oder tritt bei einem auflösend bedingten Recht die Bedingung ein, so führt auch dies zu einer Zuzahlungspflicht für den Ersteher. Im Unterschied zum Absatz 1 führt hier auch ein Wegfall **nach** Wirksamwerden des Zuschlags zu einer Zuzahlungsverpflichtung. Fiel die Bedingung bereits vor Wirksamwerden des Zuschlags aus oder trat sie ein, greift bereits Absatz 1. Hintergrund für die unterschiedliche Behandlung von Absatz 1 und Absatz 2 ist die Tatsache, dass Bedingungen unmittelbar im Grundbuch eingetragen werden müssen und die

---

1 *Hintzen*, in: Dassler/Schiffhauer/u. a., ZVG, Rn. 3; RG, Urteil vom 3.12.1904 – V 153/04, RGZ 59, 266; *Stöber*, ZVG, Rn. 2.4; *Böttcher*, ZVG, Rn. 5.
2 *Stöber*, ZVG, Rn. 2.4.
3 RG, Urteil vom 29.10.1932 – V 240/32, RGZ 138, 126.
4 Die Aufzählung ist nicht abschließend, weiterführende Beispiele vgl. *Hintzen*, in: Dassler/Schiffhauer/u. a., ZVG, Rn. 6.

dem Bestand des Rechts anhaftende Unsicherheit vom Ersteher bewusst beachtet wird.[5]

Befristete Rechte werden den bedingten hier nicht gleichgestellt. Tritt der Endtermin nach dem Wirksamwerden des Zuschlags ein, ist der Ersteher nicht zur Zuzahlung verpflichtet, da er die ihm obliegende Gegenleistung für das Grundstück erbracht hat und das Recht für die Dauer seines Bestandes übernommen hat.[6] Lag der Endtermin vor der Aufstellung des geringsten Gebots, ist das Recht als erloschenes Recht nicht zu berücksichtigen; ein Zuzahlungsfall kann dann nicht eintreten.[7] **6**

Ursprünglich bedingt bestellte Rechte kommen in der Praxis nicht häufig vor. Der häufigste Anwendungsfall des § 50 Abs. 2 Nr. 1 liegt in der Behandlung der Eigentümergrundschuld als auflösend bedingtes Recht im Rahmen der Geltendmachung des Löschungsanspruchs. **7**

Auf Grundpfandrechte, die durch Vormerkung oder Widerspruch gesichert sind, findet Abs. 2 Nr. 1 entsprechende Anwendung. Zwar sind Vormerkung oder Widerspruch selbst nicht bedingt, jedoch steht nicht sicher fest, ob die Rechte entstehen werden. Die Interessenlage ist daher vergleichbar.[8] **8**

IV. Gesamtrechte – Abs. 2 Nr. 2

Der Ersteher ist zur Zuzahlung verpflichtet, wenn ein in voller Höhe (§ 1132 BGB) im geringsten Gebot berücksichtigtes Gesamtgrundpfandrecht am versteigerten Grundstück nach den besonderen Vorschriften über die Gesamtrechte erlischt. Dabei ist es unerheblich, ob das Gesamtrecht bereits als solches bestellt worden ist oder erst nachträglich entsteht.[9] Auch in diesem Fall führt ein Wegfall nach Wirksamwerden des Zuschlags zu einer Zuzahlungsverpflichtung, da sich die Gesamthaft immer unmittelbar aus dem Grundbuch ergibt und der Ersteher deshalb die Unsicherheit im Bestand des Rechts erkennen kann. War das Recht bereits im Zeitpunkt des Wirksamwerdens des Zuschlags erloschen, greift Absatz 1.[10] **9**

Gesamtbelastungen können nach folgenden BGB-Normen erlöschen: §§ 1181 Abs. 2, 1173, 1174, 1175, 1172 Abs. 2.[11] **10**

V. Wegfall bei persönlicher Haftung – Absatz 3

Haftet im Fall des Abs. 2 Nr. 2 der Ersteher zugleich persönlich, so ist nach Absatz 3 die Erhöhung des zu zahlenden Betrages ausgeschlossen, soweit der Ersteher nicht bereichert ist. Grundlage für eine mögliche persönliche Haftung ist allein § 53. Besteht gar keine persönliche Forderung oder hat der Ersteher diese nicht übernommen, kann die Einschränkung nicht greifen. Nach dem Sinn und Zweck der Zuzahlungskonstellationen kann den Ersteher eine solche Verpflichtung nur dann treffen, wenn das Erlöschen ohne sein Zutun eingetreten ist.[12] Erlangt der Ersteher durch den Wegfall des dinglichen Rechts keinen Vorteil, weil er die persönliche Schuld trägt, kann ihn nach der ratio der Norm **11**

---

5   *Eickmann*, ZVG, § 12 1.
6   *Stöber*, ZVG, Rn. 3.1.
7   Kritisch zu den Rechten mit unbestimmtem Endtermin insoweit *Eickmann*, ZVG, § 12 1.
8   *Böttcher*, ZVG, Rn. 10.
9   *Hintzen*, in: *Dassler/Schiffhauer/u.a.*, ZVG, Rn. 25.
10 *Böttcher*, ZVG, Rn. 12.
11 Sehr ausführlich und übersichtlich insoweit: *Hintzen*, in: *Dassler/Schiffhauer/u.a.*, ZVG, Rn. 28 ff.
12 *Eickmann*, ZVG, § 12 1.

auch keine Zuzahlungsverpflichtung treffen. Vorstellbar ist dies bei den oben aufgeführten Zuzahlungsfällen nur bei Befriedigung durch einen vom persönlichen Schuldner verschiedenen Eigentümer oder beim Gläubigerverzicht. Denkbar ist jedoch auch hier eine Konstellation, in der das dingliche Recht durch Verzicht des Gläubigers erloschen ist, dieser die persönliche Forderung gegenüber einem anderen Eigentümer geltend macht, der keinen Ersatzanspruch gegen den Ersteher hat und dadurch befriedigt wird. Damit würde im Ergebnis auch der Ersteher ohne sein Zutun von seiner persönlichen Forderung befreit. Absatz 3 formuliert daher am Ende die Einschränkung, dass die Zuzahlungspflicht nur dann entfällt, wenn der Ersteher nicht bereichert ist.

12 Bei einem eventuellen Streit der Beteiligten über die Konstellation des Absatzes 3 obliegt die Entscheidung dieser materiell-rechtlichen Frage dem Prozess- und nicht dem Vollstreckungsgericht.

VI. Behandlung des Zuzahlungsbetrages

1. Höhe, Zins und Zahlungspflicht

13 Bei den Grundpfandrechten ist der im geringsten Gebot bei den bestehen bleibenden Rechten berücksichtigte Kapitalbetrag der Betrag, den der Ersteher zu leisten hat (Stammbetrag bei Grundschuld und Hypothek bzw. Ablösungssumme bei der Rentenschuld). Fällt ein Recht nur teilweise weg, ist auch nur dieser Teilbetrag vom Ersteher zu leisten. Die im geringsten Bargebot berücksichtigten Ansprüche (Kosten und Nebenleistungen des betroffenen Rechts) sind für die Höhe des Zuzahlungsbetrages nicht maßgeblich. Die Zahlungsbedingungen für den Betrag regelt § 50 ebenso: Hinsichtlich der Verzinslichkeit, des Zinssatzes, der Fälligkeit, der Kündigung und des Zahlungsortes bleiben die für das berücksichtigte Recht getroffenen Bestimmungen maßgeblich. Daher hat der Ersteher den Zuzahlungsbetrag im Regelfall nicht sofort zu erbringen. Tut er dies dennoch, kann der Betrag zur Teilungsmasse genommen und entsprechend verteilt werden.

2. Behandlung im Verteilungsverfahren

14 Im Verteilungsverfahren sind feststehende Zuzahlungsfälle nach § 125 Abs. 1, streitige oder ungewisse Zuzahlungsfälle nach § 125 Abs. 2 zu behandeln. Wird die (ggfs streitige oder ungewisse) Zuzahlungspflicht im Teilungsplan nicht festgestellt, haben die Berechtigten, denen die entsprechenden Beträge zugute kommen würden, im Prozesswege gegen den Ersteher mit der materiell-rechtlichen Anspruchsgrundlage des § 50 vorzugehen. Eine Nachtragsverteilung durch das Vollstreckungsgericht erfolgt nicht.[13]

---

13 *Stöber*, ZVG, Rn. 6.

§ 51 ZVG [Erhöhung bei Nichthypothekenrechten]

(1) Ist das berücksichtigte Recht nicht eine Hypothek, Grundschuld oder Rentenschuld, so finden die Vorschriften des § 50 entsprechende Anwendung. Der Ersteher hat statt des Kapitals den Betrag, um welchen sich der Wert des Grundstücks erhöht, drei Monate nach erfolgter Kündigung zu zahlen und von dem Zuschlag an zu verzinsen.

(2) Der Betrag soll von dem Gerichte bei der Feststellung des geringsten Gebots bestimmt werden.

Übersicht

		Rn.
I.	Allgemeines	1, 2
II.	Zuzahlungsbetrag	3–6
1.	Höhe	3
2.	Festsetzung	4, 5
3.	Verzinsung, Zahlung	6
III.	Einzelfälle	7–18
1.	Altenteil	7, 8
2.	Auflassungsvormerkung	9
3.	Dienstbarkeiten	10
4.	Dauerwohnrecht/Dauernutzungsrecht	11
5.	Erbbaurecht	12
6.	Erbbauzinsreallast	13
7.	Mitbenutzungsrechte im Beitrittsgebiet	14
8.	Nießbrauch	15
9.	Reallast	16
10.	Vorkaufsrecht	17
11.	Vormerkung/Widerspruch	18

I. Allgemeines

Während § 50 eine Zuzahlungspflicht nur für die im geringsten Gebot berücksichtigten Hypotheken, Grundschulden und Rentenschulden vorsieht, erweitert § 51 den Anwendungsbereich auch auf **Nichthypothekenrechte** aus Abteilung II des Grundbuchs, da die Interessenlage vergleichbar ist. Auch in diesem Fall soll die ungerechtfertigte Bereicherung des Erstehers vermieden werden. 1

Der Ersteher hat daher Zuzahlung zu leisten, wenn das im geringsten Gebot berücksichtigte Recht im Zeitpunkt des Wirksamwerdens des Zuschlags nicht besteht (Abs. 1 i. V. m. § 50 Abs. 1), wenn bei einem bedingten Recht die aufschiebende Bedingung ausfällt oder die auflösende Bedingung eintritt (Abs. 1 i. V. m. § 50 Abs. 2 Nr. 1) oder bei bestehendem Gesamtrecht ein Erlöschen nach den besonderen Vorschriften über Gesamtrechte eintritt (Abs. 1 i. V. m. § 50 Abs. 2 Nr. 2).[1] Für den Zeitpunkt des Wegfalls gelten die Ausführungen zu § 50 entsprechend. Praktischer Anwendungsfall ist beispielsweise der Tod des Berechtigten eines Wohnungsrechtes (§ 1061 S. 1 BGB) vor Wirksamwerden des Zuschlags. Tritt der Tod und damit das Erlöschen des Rechts erst später ein und liegt kein Fall von §§ 51 I, 50 Abs. 2 vor, so trifft den Ersteher keine Zuzahlungsverpflichtung. 2

---

[1] Dieser Fall ist praktisch nur bei der Gesamtreallast denkbar, vgl. *Hintzen*, in: *Dassler/Schiffhauer/u.a.*, ZVG, Rn. 9.

II. Zuzahlungsbetrag

1. Höhe

3 Nach dem Gesetzeswortlaut hat der Ersteher den Betrag zu zahlen, um welchen sich der Wert des Grundstücks erhöht, § 51 Abs. 1 Satz 2. Für die Höhe des Betrages gibt es keine allgemeingültige Regel. Der Betrag ist im **Einzelfall** zu ermitteln. Die Höhe des Zuzahlungsbetrages bemisst sich nach dem Betrag, um den der **Wert** des Versteigerungsobjektes **objektiv durch die Belastung gemindert** ist; der somit bei Veräußerung des Grundstücks ohne die zu wertende Einzelbelastung über den bei Veräußerung des belasteten Grundstücks erreichbaren Kaufpreis hinaus erzielt werden könnte.[2] Nicht maßgeblich für den Zuzahlungsbetrag ist ein eventuell nach § 882 BGB im Grundbuch eingetragener Höchstbetrag des Wertersatzes.[3] Ebenso wenig maßgeblich ist eine Anmeldung durch den Berechtigten, da im Rahmen des § 51 nur die objektive Wertminderung maßgeblich ist, subjektive Äußerungen der Berechtigten können nur im Rahmen des § 92 Beachtung finden. In der Regel kann bei der Ermittlung der Höhe des Zuzahlungsbetrages auf die Erfahrungen der Sachverständigen, die im Rahmen der Festsetzung des Verkehrswertes tätig werden (§ 74a Abs. 5) zurückgegriffen werden, im Übrigen lässt sich der Betrag durch die Rechtspfleger nur in freier Schätzung nach pflichtgemäßem Ermessen ermitteln.

2. Festsetzung

4 Die Festsetzung des Zuzahlungsbetrages erfolgt durch das Vollstreckungsgericht bei der Feststellung des geringsten Gebots, § 51 Abs. 2 – unabhängig davon, ob tatsächlich Anhaltspunkte für eine eventuelle Zuzahlung vorliegen oder nicht. Bei der Ermittlung des Verkehrswertes sind die Rechte **nicht** wertmindernd zu berücksichtigen. Die **Festsetzung** des Betrages ist gesetzliche Versteigerungsbedingung und erfolgt **nach Anhörung der anwesenden Beteiligten** im Versteigerungstermin, § 66 Abs. 1. In schwierigen Fällen kann für die Anhörung auch ein Vortermin nach § 62 anberaumt werden. Eine Belehrung über die Bedeutung und Ermittlung des Betrages gebieten bereits die rechtsstaatlichen Verfahrensgrundsätze. Die Festsetzung des Betrages hat für jeden Versteigerungstermin selbstständig zu erfolgen, Bindung an eine frühere Festsetzung besteht hierbei nicht.

5 § 51 Abs. 2 ist zwar eine Soll-Vorschrift, jedoch stellt die unterlassene oder unrichtige Festsetzung des Betrages einen Zuschlagsversagungsgrund nach § 83 Nr. 1 dar (mit der Möglichkeit der Heilung im Rahmen des § 84). Die Festsetzung allein ist nicht selbstständig anfechtbar, hierfür steht den Beteiligten nur die Zuschlagsbeschwerde offen, § 95. Wird der Zuschlagsbeschluss trotz unrichtiger Festsetzung rechtskräftig, kann die Festsetzung nicht mehr nachträglich angegriffen werden, sie ist auch für das Prozessgericht bindend.[4]

3. Verzinsung, Zahlung

6 Der Zuzahlungsbetrag ist **vom Zuschlag an** zu verzinsen, § 51 Abs. 1 Satz 2. Die Verzinsung erfolgt vom Tag des Wirksamwerdens des Zuschlags an, §§ 89, 104. Zinssatz ist der gesetzliche Zinssatz nach § 246 BGB: **4 v.H. jährlich**. Eine Abweichung hiervon ist denkbar über § 59. Die Verzinsungspflicht endet wie bei jeder sonstigen Schuld auch einen Tag vor Erfüllung oder schuldbefreiender Hinterlegung.[5] Die Zahlung des Betrages hat drei Monate nach erfolgter

---

2 OLG Hamm, Beschl. vom 6.10.1983 – 15 W 137/83, OLGZ 1984, 71 = Rpfleger 1984, 30.
3 OLG Hamm, Beschl. vom 6.10.1983 – 15 W 137/83, OLGZ 1984, 71 = Rpfleger 1984, 30.
4 BGH, Urteil vom 2.11.1965 – V ZR 82/63, NJW 1966, 154 = Rpfleger 1966, 206.
5 *Stöber*, ZVG, Rn. 6.1.

Kündigung zu erfolgen, § 51 Abs. 1 Satz 2. Berechtigt zur Kündigung ist derjenige, dem die Forderung im Rahmen der Aufstellung des Teilungsplanes übertragen wird. Eine Zahlung durch den Ersteher ist auch ohne vorherige Kündigung möglich.

III. Einzelfälle

1. Altenteil

Das Altenteil als Zusammenfassung mehrerer dinglicher Rechte dient der meist lebenslänglichen Versorgung des Berechtigten. Das Recht setzt sich häufig aus beschränkter persönlicher Dienstbarkeit, Reallast bzw. Nießbrauch zusammen. Ist ein Altenteil als bestehen bleibend im geringsten Gebot aufgenommen worden, ist für dieses auch ein entsprechender Zuzahlungsbetrag festzusetzen, der sich an den einzelnen Rechten orientieren muss, die Gegenstand des Altenteils sind. Daher wird auf die entsprechenden Ausführungen dort verwiesen. Grundlage für die Bemessung des Wertes wird die statistische Lebenserwartung des Berechtigten sein.

Gemäß § 9 EGZVG kann landesrechtlich bestimmt werden, dass ein Altenteil auch dann bestehen bleibt, wenn es nach den gesetzlichen Versteigerungsbedingungen nicht im geringsten Gebot zu berücksichtigen ist und daher grundsätzlich erlöschen würde. Auch in diesem Fall ist ein Zuzahlungsbetrag nach § 51 Abs. 2 festzusetzen.[6]

2. Auflassungsvormerkung

Auch für die Auflassungsvormerkung ist ein Zuzahlungsbetrag festzusetzen. Dies gilt auch dann, wenn sie nur einen bedingten Anspruch sichert.[7] Bei der Höhe des Betrages ist vom Verkehrswert des Grundstücks auszugehen, der um den Wert der Rechte zu mindern ist, die der Vormerkungsberechtigte hätte übernehmen müssen.[8] Ist der gesicherte Anspruch bedingt, hat dies keinen Einfluss auf die Höhe des Zuzahlungsbetrages, da die Vormerkung selbst auch wie das bereits eingetragene Recht zu berücksichtigen ist, § 48.[9] Auf die Wahrscheinlichkeit des Bedingungseintritts kommt es nicht an. Bezieht sich die Auflassungsvormerkung nur auf einen Teil des Grundstücks, ist auch nur ein entsprechender Teil des Grundstücks maßgeblich, der im Verhältnis der Größe ermittelt werden kann, aber nicht muss. Es ist im Einzelfall nach dem Wert der Teilfläche zu entscheiden.

3. Dienstbarkeiten

Beschränkte persönliche Dienstbarkeit und Grunddienstbarkeit unterscheiden sich lediglich in der Person des Berechtigten – nicht inhaltlich. Die beschränkte persönliche Dienstbarkeit wird zugunsten einer bestimmten Person bestellt, die Grunddienstbarkeit hingegen besteht immer zugunsten des jeweiligen Eigentümers eines anderen Grundstücks. Für beide Rechte ist im geringsten Gebot ein Zuzahlungsbetrag zu bestimmen. Zuzahlungsbetrag ist die Differenz des Verkehrswertes ohne die wertmindernde Dienstbarkeit zum Verkehrswert unter Berücksichtigung der Dienstbarkeit.[10] Hierbei wird in der Praxis regelmäßig auf Schätzungen zurückgegriffen – Wegerechte und Leitungsrechte beispiels-

---

6 So auch *Hintzen*, in: Dassler/Schiffhauer/u.a., ZVG, Rn. 8; *Schiffhauer*, Rpfleger 1986, 326, a.A. *Stöber*, ZVG, Rn. 4.1.
7 BGH, Urteil vom 28.10.1966 – V ZR 11/64, BGHZ 46, 124 = Rpfleger 1967, 9.
8 BGH, Beschl. vom 3.1.1967 – II ZR 156/66, NJW 1967, 566 = Rpfleger 1967, 9; *Stöber*, ZVG, Rn. 4.2.
9 *Stöber*, ZVG, Rn. 4.2d.
10 *Schiffhauer*, Rpfleger 1975, 187.

weise für Versorgungsunternehmen werden in der Regel einen geringen Zuzahlungsbetrag haben. Das zu übernehmende Recht wird das Ergebnis der Versteigerung häufig kaum beeinträchtigen. Anders verhält es sich bei einem vom Ersteher zu übernehmenden Wohnungsrecht (beschränkte persönliche Dienstbarkeit). Der Zuzahlungsbetrag wird hier aus dem Jahreswert der Nutzungen multipliziert mit der statistischen Lebenserwartung des Berechtigten zu ermitteln sein.

4. Dauerwohnrecht/Dauernutzungsrecht

11 Das Dauerwohnrecht bzw. Dauernutzungsrecht nach §§ 31 ff. WEG gibt dem Berechtigten das Recht, unter Ausschluss des Eigentümers eine Wohnung oder andere nicht zu Wohnzwecken dienende Räume zu nutzen und ähnelt daher dem Wohnungsrecht nach § 1093 BGB. Da das Dauerwohnrecht im Gegensatz zum BGB-Wohnrecht jedoch vererblich ist, kann die Lebenserwartung des Berechtigten für die Bemessung des Zuzahlungsbetrages keine Rolle spielen.[11] Die Wertdifferenz richtet sich hier nach Art und Umfang des Rechts; maßgeblich ist insbesondere, inwieweit der Eigentümer in seinen Rechten behindert wird.

5. Erbbaurecht

12 Für das Erbbaurecht ist immer ein Zuzahlungsbetrag festzusetzen. Es bleibt in der Versteigerung auch dann bestehen, wenn es nach den gesetzlichen Versteigerungsbedingungen erlöschen würde, vgl. § 25 ErbbauVO. Der Zuzahlungsbetrag wird aus dem Monatswert multipliziert mit der Restdauer des Rechtes ermittelt.[12]

6. Erbbauzinsreallast

13 Wie bei jeder anderen Reallast ist auch hier ein Zuzahlungsbetrag zu ermitteln. Der Wert der zu erbringenden Leistungen ist Anhaltspunkt für die wertmindernde Auswirkung der Reallast. Daher ist der Jahreswert mit der Restdauer des Rechts zu vervielfältigen. Häufig vereinbarte Wertsicherungen hinsichtlich künftiger Veränderungen bleiben dabei außer Betracht.[13]

7. Mitbenutzungsrechte im Beitrittsgebiet

14 Mitbenutzungsrechte nach §§ 321, 322 ZGB gelten als dingliche Rechte am Grundstück, Art. 233 § 5 EGBGB. Bleiben diese Rechte in der Versteigerung bestehen, ist auch für sie ein Zuzahlungsbetrag zu ermitteln, der sich an den Regeln für Dienstbarkeiten orientiert (vgl. Rn. 10).

8. Nießbrauch

15 Der Nießbrauch gibt dem Berechtigten das Recht, die Nutzungen des Grundstücks zu ziehen, § 1030 BGB. Daher ist ein festzusetzender Zuzahlungsbetrag regelmäßig sehr hoch. Er wird aus dem jährlichen Nutzungswert multipliziert mit der Restlaufzeit des Rechtes (statistische Lebenserwartung) ermittelt. Ein bestehen bleibender Nießbrauch erschwert in der Regel die Verwertbarkeit in der Zwangsversteigerung, da dem Ersteher keine Nutzungen des Grundstücks gebühren würden.

---

11 Stöber, ZVG, Rn. 4.4; *Hintzen*, in: *Dassler/Schiffhauer/u.a.*, ZVG, Rn. 42.
12 *Hintzen*, in: *Dassler/Schiffhauer/u.a.*, ZVG, Rn. 38; *Stöber*, ZVG, Rn. 4.6. a.A. *Böttcher*, ZVG, Rn. 30, *Helwich*, Rpfleger 1989, 389, 392: Der Zuzahlungsbetrag werde in Richtung „null" tendieren. Der rechtliche Vermögensvorteil für den Ersteher bei nichtigem Erbbaurecht entspreche dem Wert des Gebäudes plus Nutzungsvorteil beim Grundstück. Dagegenzuhalten seien der Verlust auf Geltendmachung der Erbbauzinsen und die Geldentschädigung für das Haus.
13 *Böttcher*, ZVG, Rn. 31; *Stöber*, ZVG, Rn. 4.7; *Streuer*, Rpfleger 1997, 141, 145.

9. Reallast

Bei der Reallast sind wiederkehrende Leistungen aus dem Grundstück zu **16**
erbringen, die in Geld, Naturalien oder Handlungen bestehen können,
§§ 1105 ff. BGB. Für die Ermittlung des Zuzahlungsbetrages sind die wiederkehrenden Leistungen zu bewerten und zu kapitalisieren; Naturalien und Handlungen entsprechend in Geldbeträge umzuwandeln und die Summe der zu erbringenden Leistungen mit der voraussichtlichen Restlaufzeit des Rechtes zu multiplizieren.

10. Vorkaufsrecht

Das Vorkaufsrecht (§§ 1094 ff. BGB) kann für einen oder für mehrere Verkaufsfälle bestellt werden. Wird es nur für einen Verkaufsfall bestellt, kann es in der Versteigerung nicht ausgeübt werden. Da es im formalisierten Vollstreckungsverfahren nicht Aufgabe des Gerichts ist, das Erlöschen des Rechts festzustellen, ist das Recht dennoch im geringsten Gebot zu berücksichtigen. Bei der Festsetzung des Zuzahlungsbetrages ist es jedoch mit Null zu bewerten. Handelt es sich um ein Vorkaufsrecht für mehrere Verkaufsfälle, bemisst sich der Zuzahlungsbetrag nicht nach dem Verkehrswert des Grundstücks, sondern vielmehr nach dem Betrag, um den sich der Grundstückswert durch die Behinderung der freien Verwertbarkeit vermindert. Als Faustregel für die Bemessung des Wertes werden 2–3 % des Verkehrswertes angenommen.[14] **17**

11. Vormerkung/Widerspruch

Vormerkung und Widerspruch sind nach § 48 wie eingetragene Rechte zu **18**
berücksichtigen. Für einen festzusetzenden Zuzahlungsbetrag wird daher auf die Ausführungen zu den einzelnen Rechten verwiesen.

---

14 *Hintzen*, in: *Dassler/Schiffhauer/u. a.*, ZVG, Rn. 33; *Böttcher*, ZVG, Rn. 35.

§ 52 ZVG [Bestehenbleibende Rechte]

(1) Ein Recht bleibt insoweit bestehen, als es bei der Feststellung des geringsten Gebots berücksichtigt und nicht durch Zahlung zu decken ist. Im übrigen erlöschen die Rechte.

(2) Das Recht auf eine der in den §§ 912 bis 917 des Bürgerlichen Gesetzbuchs bezeichneten Renten bleibt auch dann bestehen, wenn es bei der Feststellung des geringsten Gebots nicht berücksichtigt ist. Satz 1 ist entsprechend anzuwenden auf
a) den Erbbauzins, wenn nach § 9 Abs. 3 des Erbbaurechtsgesetzes das Bestehenbleiben des Erbbauzinses als Inhalt der Reallast vereinbart worden ist;
b) Grunddienstbarkeiten und beschränkte persönliche Dienstbarkeiten, die auf dem Grundstück als Ganzem lasten, wenn in ein Wohnungseigentum mit dem Rang nach § 10 Abs. 1 Nr. 2 vollstreckt wird und diesen kein anderes Recht der Rangklasse 4 vorgeht, aus dem die Versteigerung betrieben werden kann.

Übersicht

		Rn.
I.	Allgemeines	1, 2
II.	Bestehen bleibende Rechte	3–5
III.	Erlöschende Rechte	6
IV.	Ausnahmen und Besonderheiten	7–17
1.	Notwege- und Überbaurente	8
2.	Erbbauzins	9–13
3.	Dienstbarkeiten im Rahmen der Vollstreckung in Wohnungseigentum	14–16
4.	Altenteil und altrechtliche Dienstbarkeiten	17

I. Allgemeines

1 Gemäß Abs. 1 Satz 1 bleibt ein Recht insoweit bestehen, als es bei der Feststellung des geringsten Gebots berücksichtigt und nicht durch Zahlung zu decken ist. Damit trägt die Norm dem Deckungsgrundsatz des § 44 Rechnung. Die dem Anspruch des bestbetreibenden Gläubigers vorgehenden dinglichen Rechte, die am Grundstück lasten, sind nicht durch Barzahlung zu decken, sondern **bleiben am Versteigerungsgegenstand bestehen** und sind vom **Ersteher zu übernehmen**. Damit besteht für den im geringsten Gebot berücksichtigten Berechtigten des Rechts auch der Schutz vor anderweitiger Deckung (Barzahlung).

2 Der Ersteher hat die Hauptsache des Rechts bzw. das sonstige Recht (beispielsweise Nutzungsrechte aus Abteilung II des Grundbuchs) zu übernehmen und fortan zu dulden (**Übernahmegrundsatz**). Für die bei Grundpfandrechten zugrunde liegende persönliche Forderung hat der Gesetzgeber mit § 53 eine Spezialregelung geschaffen. Ab Zuschlag übernimmt der Ersteher nicht nur das dingliche Recht, sondern auch die Nebenleistungen, vgl. § 56 S. 2. Grundbuchersichtliche einmalige Nebenleistungen sowie die Zinsen aus dem Recht bis einen Tag vor dem Zuschlag werden vom Vollstreckungsgericht im Teilungsplan berücksichtigt und an den Berechtigten ausgezahlt. Bei Aufstellung des geringsten Gebots sind diese Beträge entsprechend in den Barteil des geringsten Gebots einzustellen, § 49 Abs. 1. Da der Zuschlagszeitpunkt in diesem Moment noch nicht feststeht, sind die laufenden Zinsen bis zwei Wochen über den Versteigerungstermin hinaus zu berücksichtigen, um den Deckungsgrundsatz zu wahren, § 47.

II. Bestehen bleibende Rechte

Rechte, die bei der Feststellung des geringsten Gebots berücksichtigt wurden, bleiben am versteigerten Objekt bestehen und sind vom Ersteher zu übernehmen. Dabei ist es unerheblich, ob es sich um Belastungen aus Abteilung II oder III des Grundbuchs handelt. Der Ersteher erwirbt ein belastetes Objekt. **3**

Grundlage für eine Übernahmepflicht durch den Ersteher können die gesetzlichen oder auch die abweichenden Versteigerungsbedingungen nach § 59 sein. Dies gilt selbst dann, wenn das Recht zu Unrecht im geringsten Gebot aufgenommen worden ist.[1] Die im konkreten Fall bestehen bleibenden Rechte sind im Zuschlagsbeschluss aufzuführen, § 82. Besteht das zu Recht berücksichtigte Recht tatsächlich nicht, muss es der Ersteher auch nicht übernehmen. Ein bislang nicht entstandenes Recht kann nicht durch den Zuschlag wirksam werden; den Ersteher trifft jedoch in diesem Fall die Zuzahlungspflicht nach §§ 50, 51. **4**

Im geringsten Gebot sind die aus dem Grundbuch ersichtlichen Rechte nach dem Inhalt desselben zu berücksichtigen. Damit sind Sicherungsgrundschulden mit dem vollen Betrag einzustellen, auch, wenn die gesicherte persönlich Forderung bereits getilgt worden ist.[2] Inhaltlich bleibt das Recht unverändert bestehen. Bestehen Nebenrechte am betroffenen Recht (zum Beispiel Pfandrecht) bleiben sie als Belastung des Hauptrechtes mit bestehen, eine ausdrückliche Benennung im Zuschlagsbeschluss ist nicht erforderlich. **5**

III. Erlöschende Rechte

Gemäß Abs. 1 Satz 2 erlöschen alle Rechte, die im geringsten Gebot nicht berücksichtigt waren. Damit ist für einen Bietinteressenten und künftigen Ersteher die Sicherheit dafür gegeben, dass er nur insoweit in Anspruch genommen werden kann, wie es die Versteigerungsbedingungen für den konkreten Fall vorgeben. Die Berechtigten der erloschenen Rechte können keine Ansprüche mehr gegen das Grundstück geltend machen. An die Stelle des Grundstücks ist der Versteigerungserlös getreten. Soweit im Versteigerungstermin ein Gebot über dem geringsten Gebot abgegeben worden ist, werden die Ansprüche derjenigen Beteiligten insoweit gedeckt, wie Erlös vorhanden ist; die Ansprüche gehen damit nicht ersatzlos unter (**Surrogationsgrundsatz**). **6**

IV. Ausnahmen und Besonderheiten

In besonderen Fällen bleiben Rechte auch dann bestehen, wenn sie durch das Vollstreckungsgericht nicht im geringsten Gebot zu berücksichtigen waren. **7**

1. Notwege- und Überbaurente

Das Recht auf Notwege- und Überbaurente (§§ 912–917 BGB) bleibt auch dann bestehen, wenn das Recht im geringsten Gebot nicht berücksichtigt worden ist. Die Rechte werden im Grundbuch nicht eingetragen und können daher vom Vollstreckungsgericht nicht berücksichtigt werden. Hat das Gericht Anhaltspunkte für das Bestehen eines solchen Rechtes, hat es im Termin im **8**

---

[1] BGH, Urteil vom 7.11.1969 – V ZR 85/66, BGHZ 53, 47 = NJW 1970, 565 = Rpfleger 1970, 60.
[2] OLG Celle, Beschl. vom 14.10.1998 – 4 W 216/98, OLGR Celle 1999, 95–96.

Rahmen der Aufklärungspflicht darauf hinzuweisen, § 139 ZPO. Unabhängig von einem entsprechenden gerichtlichen Hinweis hat der Ersteher das Recht jedoch immer zu übernehmen. Eine Anmeldung durch den Berechtigten ist nicht erforderlich.

2. Erbbauzins

9 Die zur Sicherung des Erbbauzinses als Belastung des Erbbaurechts bestehende Reallast ist grundsätzlich wie jede andere dingliche Belastung auch zu behandeln. Damit erlischt das Recht, wenn es bei Feststellung des geringsten Gebots nicht zu berücksichtigen ist, weil es dem bestbetreibenden Gläubiger im Range gleich steht oder Nachrang hat, Abs. 1 Satz 2.[3] Ein Ersteher erwirbt dann ein Erbbaurecht ohne Belastung mit Erbbauzins; er tritt nicht in den schuldrechtlichen Vertrag ein. Abweichend hiervon kann das Bestehenbleiben über § 59 vereinbart werden. Geht die Reallast dem bestbetreibenden Gläubiger im Range vor, ist das Recht als bestehen bleibend (ggfls. auch mit einer Anpassungsklausel nach § 1105 Abs. 2 BGB) im geringsten Gebot zu berücksichtigen, §§ 44 Abs. 1, 52 Abs. 1 Satz 1.

10 Bestehen bleibt die bei Feststellung des geringsten Gebots nicht berücksichtigte Erbbauzinsreallast auch dann, wenn nach § 9 Abs. 3 der Verordnung über das Erbbaurecht das Bestehen bleiben des Erbbauzinses als Inhalt der Reallast vereinbart worden ist, Abs. 2 Satz 1 lit. a.[4] Als Inhalt der Reallast kann danach vereinbart werden, dass die Reallast abweichend von § 52 Abs. 1 des Gesetzes über die Zwangsversteigerung und die Zwangsverwaltung mit ihrem Hauptanspruch bestehen bleibt, wenn der Grundstückseigentümer aus der Reallast oder der Inhaber eines im Range vorgehenden oder gleichstehenden dinglichen Rechts oder der Inhaber der in § 10 Abs. 1 Nr. 2 des Gesetzes über die Zwangsversteigerung und die Zwangsverwaltung genannten Ansprüche auf Zahlung der Beiträge zu den Lasten und Kosten des Wohnungserbbaurechts die Zwangsversteigerung des Erbbaurechts betreibt.

11 § 9 Abs. 3 des Erbbaurechtsgesetzes wurde durch die WEG-Novelle mit Wirkung vom 1.7.2007 auch auf die von § 10 Abs. 1 Nr. 2 ZVG erfassten Ansprüche erweitert. Für die in der Fassung bis zum 1.7.2007 in dieser Rangklasse zu berücksichtigenden Ansprüche konnte das Bestehenbleiben der Reallast nicht vereinbart werden. Das Recht ist bei dieser auf dem Willen der Parteien beruhenden Vereinbarung als bestehen bleibend im geringsten Gebot zu berücksichtigen, auch, wenn es dem bestbetreibenden Gläubiger im Range nachgeht oder gleich steht. Für das Recht ist ein entsprechender Zuzahlungsbetrag nach § 51 Abs. 2 ZVG zu bestimmen. Zu beachten ist allerdings, dass lediglich das Stammrecht als bestehen bleibend zu berücksichtigen ist; die bis zum Zuschlag anfallenden Erbbauzinsleistungen sind nicht im geringsten Bargebot zu berücksichtigen und nehmen an der Erlösverteilung nur im Rang des Rechts selbst (damit nach dem betreibenden Gläubiger) teil.[5]

12 Wird die Vereinbarung nach § 9 Abs. 3 ErbbauRG erst nachträglich getroffen, ist für die Wirksamkeit die Zustimmung der vorgehenden oder gleichstehenden Berechtigten erforderlich, Abs. 3 Satz 2. Als Inhaltsänderung ist für die Wirksamkeit der Vereinbarung die Grundbucheintragung erforderlich, §§ 877, 873, 874 BGB. Erfolgt die Eintragung erst nach Eintragung des Zwangsver-

---

3 BGH, Urteil vom 25.9.1981 – V ZR 244/80, BGHZ 81, 358 = NJW 1982, 234 = MDR 1982, 131 = Rpfleger 1981, 478, Rpfleger 1987, 257.
4 Mittlerweile § 9 Abs. 3 Erbbaurechtsgesetz. Die bisherige Erbbaurechtsverordnung (ErbbauVO) ist – inhaltlich unverändert – mit Wirkung vom 30.11.2007 in Erbbaurechtsgesetz umbenannt worden.
5 *Stöber*, ZVG, Rn. 6.6.

steigerungsvermerks, ist die Inhaltsänderung zum Verfahren anzumelden, vgl. § 45 Abs. 1.

Auch für eine nach § 9 Abs. 3 ErbbauRG bestehende Vormerkung zur Sicherung des Anspruchs auf Erhöhung des Erbbauzinses kann ein entsprechendes Bestehenbleiben vereinbart werden. Eine Vereinbarung für die Reallast erstreckt sich nicht automatisch auch auf die Anpassungsvormerkung. Die Vormerkung bleibt damit auch nur dann bestehen, wenn dies entsprechend als Inhalt vereinbart ist.[6] **13**

3. Dienstbarkeiten im Rahmen der Vollstreckung in Wohnungseigentum

Wird in ein Wohnungseigentum vollstreckt, gelten für das Erlöschen von Rechten die allgemeinen Grundsätze der §§ 44, 52 ZVG. Lastet am versteigerten Objekt (und an den übrigen WE-Einheiten) eine dem bestbetreibenden Gläubiger im Range nachgehende Dienstbarkeit (beispielsweise ein Wegerecht), dann erlischt diese am versteigerten Wohnungseigentum nach den allgemeinen Vorschriften durch den Zuschlag. An den übrigen WE-Einheiten ist das Recht durch das Grundbuchamt als inhaltlich unzulässig von Amts wegen zu löschen, § 51 Abs. 1 Satz 2 GBO, da sie nur am gesamten Grundstück ausgeübt werden kann.[7] **Abhilfe konnte hier bislang nur im Rahmen des § 59 geschaffen werden.** **14**

Für Verfahren, die seit dem 1.7.2007 anhängig sind, kann nunmehr § 52 Abs. 2 Satz 2 lit. b zur Anwendung kommen. Danach bleiben Grunddienstbarkeiten und beschränkte persönliche Dienstbarkeiten, die auf dem Grundstück als Ganzem lasten, auch dann außerhalb des geringsten Gebots bestehen, wenn in ein Wohnungseigentum mit dem Rang nach § 10 Abs. 1 Nr. 2 vollstreckt wird und diesen kein anderes Recht der Rangklasse 4 vorgeht, aus dem die Versteigerung betrieben werden kann. Durch die Einschränkung, dass kein vorgehendes Recht der Rangklasse 4 vorhanden sein darf, wird gewährleistet, dass denjenigen Berechtigten, die bislang nicht auf erstrangige Eintragung hingewirkt haben, durch die Einführung der neuen Rangklasse 2 kein Vorteil zugute kommt, der ihnen bislang nicht zustand. **15**

Damit ist die praktische Problematik jedoch nicht hinfällig, da das Bestehenbleiben bei Nichtvorhandensein eines vorrangigen Grundpfandrechts nur dann eintritt, wenn aus Rangklasse 2 vollstreckt wird. Betreibt ein Gläubiger aus Rangklasse 3 das Verfahren, (was praktisch durchaus vorkommt), findet Abs. 2 Satz 2 lit. b keine Anwendung. **16**

4. Altenteil und altrechtliche Dienstbarkeiten

Auf Grund besonderer gesetzlicher Vorschriften können daneben Altenteil und altrechtliche Dienstbarkeiten nach Landesrecht bestehen bleiben, vgl. hierzu die Kommentierung zu § 9 EGZVG. **17**

---

6 *Stöber*, ZVG, Rn. 6.8.
7 *Stöber*, ZVG, § 91 Rn. 2.4. lit. B).

§ 53 ZVG [Schuldübernahme]

(1) Haftet bei einer Hypothek, die bestehen bleibt, der Schuldner zugleich persönlich, so übernimmt der Ersteher die Schuld in Höhe der Hypothek; die Vorschriften des § 416 des Bürgerlichen Gesetzbuchs finden mit der Maßgabe entsprechende Anwendung, dass als Veräußerer im Sinne dieser Vorschriften der Schuldner anzusehen ist.

(2) Das gleiche gilt, wenn bei einer Grundschuld oder Rentenschuld, die bestehen bleibt, der Schuldner zugleich persönlich haftet, sofern er spätestens im Versteigerungstermine vor der Aufforderung zur Abgabe von Geboten die gegen ihn bestehende Forderung unter Angabe ihres Betrages und Grundes angemeldet und auf Verlangen des Gerichts oder eines Beteiligten glaubhaft gemacht hat.

Übersicht

		Rn.
I.	Allgemeines	1
II.	Voraussetzungen der Schuldübernahme	2
III.	Rechtsfolgen	3–6
IV.	Besonderheiten bei Grundschuld oder Rentenschuld	7–10
V.	Reallast	11

I. Allgemeines

1 Zweck der Norm ist der Schutz des Schuldners, der in einem Zwangsversteigerungsverfahren sein Grundstück verliert. Bleibt nach den Versteigerungsbedingungen eine Hypothek bestehen, so wird durch § 53 der dingliche Übernahmegrundsatz des § 52 durch einen persönlichen Übernahmegrundsatz ergänzt. Durch eine gesetzlich für die hypothekarisch gesicherte Forderung angeordnete Schuldübernahme, die mit Besonderheiten auch bei der Grundschuld gilt, soll der Schuldner vor einer weiteren Inanspruchnahme aus seiner persönlichen Verbindlichkeit geschützt werden.[1] Da der Ersteher auf Grund der dinglichen Übernahme ein niedrigeres bares Meistgebot abgegeben hat, soll er auch die persönliche Forderung übernehmen, da er ansonsten bereichert wäre.[2]

II. Voraussetzungen der Schuldübernahme

2 Die Hypothek muss nach den gesetzlichen Versteigerungsbedingungen (§§ 44, 52) durch Aufnahme in das geringste Gebot oder auf Grund abweichender Vereinbarung (§ 59) bestehen bleiben. Bei einer Liegenbelassungsvereinbarung nach § 91 Abs. 2 hingegen findet die Norm keine Anwendung.[3] Das Recht muss im Zeitpunkt des Wirksamwerdens des Zuschlags (§§ 89, 104) tatsächlich auch bestehen. Falls das nicht der Fall ist, tritt eine Zuzahlungsverpflichtung für den Ersteher ein, § 50 Abs. 1. Der Grundstückseigentümer als dinglicher Schuldner muss zum Zeitpunkt des Zuschlags zugleich auch Schuldner der persönlichen Forderung sein. Liegt die persönliche Haftung bei einer anderen Person, greift § 53 nicht ein. Gleiches gilt dann, wenn der Vollstreckungs-

---

1 BGH, Urteil vom 4.6.1996 – IX ZR 291/95, BGHZ 133, 51 = Rpfleger 1996, 520 = NJW 1996, 2310 = MDR 1996, 1178.
2 BGH, Urteil vom 4.6.1996 – IX ZR 291/95, BGHZ 133, 51 = Rpfleger 1996, 520 = NJW 1996, 2310 = MDR 1996, 1178.
3 BGH, Urteil vom 26.11.1980 – V ZR 153/79, NJW 1981, 1601 = MDR 1981, 482 = Rpfleger 1981, 140.

schuldner und Grundstückseigentümer Erfüllungsübernehmer (§ 415 Abs. 3 BGB) gegenüber dem persönlichen Schuldner ist.[4] Die Norm ist selbst dann anwendbar, wenn der Ersteher des Grundstücks und der Gläubiger der hypothekarisch gesicherten Forderung identisch sind.[5] Die persönliche Forderung erlischt dann in der Höhe der Hypothek, weil sie sich mit der Schuld in einer Person vereinigt.[6] Die Norm ist entsprechend anwendbar, wenn ein neu eingetretener Eigentümer die persönliche Schuld übernommen hat.[7]

III. Rechtsfolgen

Liegen die Voraussetzungen der Norm vor, hängt die weitere Wirkung vom Verhalten des Gläubigers ab. Gegen seinen Willen kann ihm der Ersteher nicht als neuer Schuldner aufgezwängt werden.   **3**

Mit Zuschlag entsteht kraft Gesetzes ein Übernahmevertrag hinsichtlich der persönlichen Forderung zwischen Ersteher und Vollstreckungsschuldner.[8] Die Norm selbst verweist auf § 416, der allerdings nicht als einzige Norm des bürgerlichen Rechts zur Anwendung kommt. Vielmehr gelten die §§ 414 ff. BGB in ihrer Gesamtheit auch für die gesetzlich angeordnete Schuldübernahme des § 53. Damit kann der Gläubiger dann keine Rechte aus der Schuldübernahme geltend machen, wenn er die Genehmigung nicht erteilt, ihm gegenüber haftet dann weiterhin der Vollstreckungsschuldner. Es wird jedoch in diesem Fall eine Erfüllungsübernahme nach § 415 Abs. 3 BGB begründet: im Innenverhältnis trifft den Ersteher gegenüber dem Vollstreckungsschuldner die Verpflichtung, die Schuld zu tilgen.[9] Befriedigt in diesen Fällen der Vollstreckungsschuldner den Gläubiger, hat er gegen den Ersteher einen Erstattungsanspruch nach § 670 BGB. Dieser wiederum ist durch die Hypothek, die insoweit, wie er gezahlt hat, auf ihn übergeht, gesichert, § 1164 BGB.[10]   **4**

Eine Genehmigung der Schuldübernahme durch den Gläubiger ist denkbar in Form eines Vertrages mit dem Ersteher gemäß § 414 BGB oder aber gemäß § 415 BGB durch ausdrückliche Erklärung seitens des Gläubigers. Die Genehmigung bewirkt einen Wechsel in der Person des Schuldners. Die besonderen Voraussetzungen des § 416 BGB sind in diesen Fällen nicht einzuhalten.[11] Die Genehmigung kann hierbei dem Schuldner oder dem Ersteher gegenüber erklärt werden, § 182 BGB. Die Genehmigung muss nicht zwingend ausdrücklich erklärt werden, auch in Handlungen durch den Gläubiger kann diese konkludent erblickt werden, so liegt die Genehmigung in einer Klageerhebung gegen den Ersteher,[12] in einer Aufrechungserklärung,[13] in einer Stundungsvereinbarung mit dem Ersteher[14] oder der Zustimmungserklärung des Gläubigers nach § 59, wenn das Bestehenbleiben des Rechts vereinbart worden ist.[15]   **5**

---

4 *Böttcher*, ZVG, Rn. 2; *Stöber*, ZVG, Rn. 2.1.
5 BGH, Urteil vom 4.6.1996 – IX ZR 291/95, BGHZ 133, 51 = MDR 1996, 1178 = NJW 1996, 2310 = Rpfleger 1996, 520.
6 BGH, Urteil vom 4.6.1996 – IX ZR 291/95, BGHZ 133, 51 = MDR 1996, 1178 = NJW 1996, 2310 = Rpfleger 1996, 520.
7 *Böttcher*, ZVG, Rn. 3. Auf eine Titelumschreibung kommt es insoweit nicht an. a. A.: *Hintzen*, in: *Dassler/Schiffhauer/u. a.*, ZVG, Rn. 4.
8 *Böttcher*, ZVG, Rn. 4.
9 BGH, Urteil vom 4.6.1996 – IX ZR 291/95, BGHZ 133, 51 = MDR 1996, 1178 = NJW 1996, 2310 = Rpfleger 1996, 520.
10 *Stöber*, ZVG, Rn. 2.7 m. w. N.
11 RG, Urteil vom 10.3.1906 – V 387/05, RGZ 63, 42.
12 BGH, WPM 1975, 331.
13 *Eickmann*, in: *Steiner*, ZVG, § 53 Rn. 17.
14 RG JW 1910, 13 Nr. 18.
15 *Eickmann*, in: *Steiner*, ZVG, Rn. 16.

6 Handelt der Gläubiger nicht, kann sich der Vollstreckungsschuldner Gewissheit über die Schuldübernahme und damit seine Haftung nach § 416 BGB verschaffen. Diese Norm fingiert unter bestimmten Voraussetzungen die Genehmigung des Gläubigers und findet mit der Maßgabe Anwendung, dass der Schuldner als Veräußerer anzusehen ist, Abs. 1 2. Halbsatz. Hierfür ist es erforderlich, dass der Schuldner (nicht der Ersteher) dem Gläubiger die Schuldübernahme nach Erteilung des Zuschlags schriftlich mitteilt. In dieser Mitteilung ist der Gläubiger darauf hinzuweisen, dass der Ersteher an die Stelle des Schuldners tritt, wenn nicht der Gläubiger innerhalb von sechs Monaten nach Zugang der Mitteilung die Verweigerung seiner Genehmigung erklärt.

IV. Besonderheiten bei Grundschuld oder Rentenschuld

7 Das häufigste rechtsgeschäftliche Sicherungsmittel an Grundstücken stellt in der Praxis die Sicherungsgrundschuld dar. Im Gegensatz zur Hypothek setzt die Grundschuld generell keine gesicherte Forderung voraus, sie ist abstrakt, § 1191 BGB. Da sie praktisch der Sicherung von Forderungen dient, wird die notwendige Verknüpfung zwischen Forderung und Grundpfandrecht durch den Sicherungsvertrag herbeigeführt. Auch für Sicherungsgrundschulden findet § 53 gemäß Abs. 2 grundsätzlich Anwendung. Für isolierte Grundschulden, die keine Forderung sichern, gilt er indes nicht.[16]

8 Voraussetzung für eine Schuldübernahme ist zunächst all das, was auch für die Hypothek gilt. Zusätzlich ist bei der Sicherungsgrundschuld gemäß Abs. 2 erforderlich, dass der Schuldner die gegen ihn bestehende Forderung spätestens im Versteigerungstermin vor der Aufforderung zur Abgabe von Geboten unter Angabe des Betrages und des Grundes anmeldet und auf Verlangen eines Beteiligten oder des Vollstreckungsgerichts glaubhaft macht.[17] Hierbei muss auch die Sicherungsabrede selbst angemeldet werden.

9 Hintergrund für die Notwendigkeit der Anmeldung ist die Aufklärung der Bietinteressenten über die evtl. eintretende Haftung. Hinsichtlich der Wirkungen gelten die Ausführungen zur Hypothek entsprechend. Wird die Anmeldung durch den Schuldner verspätet oder gar nicht vorgenommen, tritt keine Schuldübernahme ein, der Vollstreckungsschuldner bleibt persönlicher Schuldner, es tritt auch keine Erfüllungsübernahme ein.[18] Die sich aus dem Sicherungsvertrag zwischen Vollstreckungsschuldner und Gläubiger ergebenden Einreden kann der Ersteher als dinglicher Schuldner des Rechts nicht geltend machen.[19] Gegen den Ersteher bestehen keine bereicherungsrechtlichen Ansprüche, wenn der persönliche Schuldner die Schuld tilgt.[20]

10 Soweit der Ersteher die persönliche Forderung übernimmt, gehen auch die Rückgewähransprüche insoweit, wie das Recht noch valutiert ist, auf den Ersteher über; im Übrigen (bei Erlöschen der Forderung vor Zuschlag) verbleibt der Rückgewähranspruch beim Vollstreckungsschuldner.[21]

---

16 *Hintzen*, in: *Dassler/Schiffhauer/u.a.*, ZVG, Rn. 19.
17 Für den Beteiligtenbegriff gilt hier nicht wie üblich § 9, sondern nur diejenigen Beteiligten, die Interesse am Ausschluss der Schuldübernahme haben können, zum Beispiel Beteiligte, die nicht im geringsten Gebot stehen oder Mieter und Pächter, *Böttcher*, ZVG, Rn. 11.
18 *Scholtz*, ZflR 1999, 165.
19 BGH, Urteil vom 21.5.2003 – IV ZR 452/02, BGHZ 155, 63 = NJW 2003, 2673 = Rpfleger 2003, 522.
20 BGH, Urteil vom 21.5.2003 – IV ZR 452/02, BGHZ 155, 63 = NJW 2003, 2673 = Rpfleger 2003, 522, a.A. offensichtlich: *Hintzen*, in: *Dassler/Schiffhauer/u.a.*, ZVG, Rn. 22.
21 *Böttcher*, ZVG, Rn. 13.

V. Reallast

Auf die Reallast findet § 53 wegen der bestehenden Spezialregelung des § 1108 BGB keine Anwendung.[22] Bei einer nach den Versteigerungsbedingungen bestehen bleibenden Reallast haftet nach Zuschlag sowohl der Vollstreckungsschuldner als auch der Ersteher dem Gläubiger gegenüber als Gesamtschuldner im Sinne des § 426 BGB.

---

22 RG, Urteil vom 28.1.1905 – VII 554/04, RGZ 60, 56.

§ 54 ZVG [Kündigung von Grundpfandrechten]

(1) Die von dem Gläubiger dem Eigentümer oder von diesem dem Gläubiger erklärte Kündigung einer Hypothek, Grundschuld oder einer Rentenschuld ist dem Ersteher gegenüber nur wirksam, wenn sie spätestens im Versteigerungstermine vor der Aufforderung zur Abgabe von Geboten erfolgt und bei dem Gericht angemeldet worden ist.

(2) Das gleiche gilt von einer aus dem Grundbuche nicht ersichtlichen Tatsache, infolge deren der Anspruch vor der Zeit geltend gemacht werden kann.

Übersicht

		Rn.
I.	Allgemeines	1
II.	Anmeldung der Kündigung	2, 3
III.	Anmeldung von nicht grundbuchersichtlichen Tatsachen	4, 5
IV.	Rechtskraftwirkung nach § 325 Abs. 3 ZPO	6

I. Allgemeines

1 Die Norm ist eine **Schutzvorschrift zugunsten des Erstehers**. Hat dieser nach den Versteigerungsbedingungen ein Grundpfandrecht zu übernehmen, will § 54 ihn vor einer vorzeitigen Rückzahlung schützen. Tatsachen, die eine Fälligkeit des Grundpfandrechtes herbeiführen und nicht aus dem Grundbuch ersichtlich sind, müssen daher vom Berechtigten angemeldet und dadurch für den Ersteher kalkulierbar gemacht werden. Begrifflich ist Gläubiger hier ausnahmsweise der Berechtigte des Grundpfandrechtes, nicht wie sonst im ZVG üblich der betreibende Gläubiger.

II. Anmeldung der Kündigung

2 § 54 Abs. 1 setzt eine wirksame **Kündigung** des dinglichen Grundpfandrechtes voraus, vgl. §§ 1193, 1141 BGB. Durch die Norm wird weder eine neue Kündigungsmöglichkeit geschaffen noch die Zulässigkeit der Kündigung geregelt.[1] Die Vorschrift kann nur dann zur Anwendung kommen, wenn die Kündigung materiell-rechtlich wirksam ist. Falls dies nicht der Fall war, muss nach dem Zuschlag gegenüber dem Ersteher neu gekündigt werden. Ist eine vom Eigentümer dem Gläubiger gegenüber oder eine vom Gläubiger dem Eigentümer gegenüber ausgesprochene Kündigung materiell-rechtlich wirksam, so entfaltet sie Wirkung gegenüber dem Ersteher nur dann, wenn sie spätestens im Versteigerungstermin vor der Aufforderung zur Abgabe von Geboten angemeldet worden ist, § 66 Abs. 2.

3 Die **Anmeldung** bedarf keiner besonderen Form und kann wie üblich schriftlich eingereicht oder zur Protokoll der Geschäftsstelle erklärt werden. Die Anmeldung kann vom Grundpfandrechtsgläubiger, vom Vollstreckungsschuldner oder einem Dritten, der ein rechtliches Interesse daran hat (z.B. Pfand- oder Pfändungsgläubiger, Nießbraucher) vorgenommen werden.[2] Eine Glaubhaftmachung im Sinne des § 294 ZPO sieht das Gesetz nicht vor. Ebenso erfolgt keine Prüfung durch das Vollstreckungsgericht, die Anmeldung wird lediglich nach § 66 Abs. 1 bekannt gegeben. Unterbleibt die entsprechende

---

[1] *Stöber*, ZVG, Rn. 2.6.
[2] *Güthe*, in: *Jaeckel*, ZVG, Rn. 3; *Stöber*, ZVG, Rn. 2.2.

Anmeldung, ist die Kündigung gegenüber dem Ersteher nur dann wirksam, wenn er auf sonstige Art und Weise von ihr **Kenntnis** erlangt hat.[3]

III. Anmeldung von nicht grundbuchersichtlichen Tatsachen

Kann der Anspruch aus dem Grundpfandrecht auf Grund von **anderen Tatsachen als** einer vorausgegangenen **Kündigung** vorzeitig geltend gemacht werden, so müssen diese Tatsachen ebenfalls spätestens vor der Aufforderung zur Abgabe von Geboten eingetreten und angemeldet worden sein. Die Anmeldung ist jedoch dann entbehrlich, wenn die Tatsachen, die die Fälligkeit herbeiführen, unmittelbar oder mittelbar über die Bezugnahme auf die Eintragungsbewilligung nach § 874 BGB aus dem Grundbuch ersichtlich sind. Hierunter fällt beispielsweise die Vereinbarung des Eintritts der Fälligkeit bei Einleitung des Zwangsversteigerungs- und/oder Zwangsverwaltungsverfahrens oder bei Eröffnung des Insolvenzverfahrens. Sind diese Tatsachen **grundbuchersichtlich** (weil die entsprechenden Vermerke eingetragen sind), ist eine zusätzliche Anmeldung entbehrlich. In den Anwendungsbereich des Absatzes 2 fallen beispielsweise kassatorische Klauseln. Für die Vornahme der Anmeldung und die Kenntnis des Erstehers gilt im Übrigen Rn. 3 entsprechend.

Vorzeitige Geltendmachung im Sinne der Norm liegt hingegen dann nicht vor, wenn das Grundpfandrecht erst bei Eintritt einer bestimmten nicht grundbuchersichtlichen Tatsache (beispielsweise Tod einer Person, Heirat) geltend gemacht werden kann. In diesem Fall bewirkt der Eintritt des Ereignisses erst die Fälligkeit – eine **vorzeitige Geltendmachung** liegt daher nicht vor.

IV. Rechtskraftwirkung nach § 325 Abs. 3 ZPO

Hat ein Grundpfandrechtsgläubiger seinen dinglichen Anspruch aus § 1147 BGB gegenüber dem Vollstreckungsschuldner gerichtlich geltend gemacht, wirkt das Urteil gegen den Ersteher nur dann, wenn die Rechtshängigkeit des Anspruchs spätestens im Versteigerungstermin vor der Aufforderung zur Abgabe von Geboten angemeldet worden ist, § 325 Abs. 2 Satz 2 ZPO. Die Kenntnis des Erstehers genügt hier nicht.[4] Ist das Urteil bereits vor der Aufforderung zur Abgabe von Geboten rechtskräftig geworden, ist diese im Sinne des Absatzes 2 anzumelden.[5] Wird die Anmeldung durch den Gläubiger nicht (rechtzeitig) vorgenommen, muss er erneut gegen den Ersteher klagen, eine Umschreibung im Sinne des § 727 ZPO kann dann nicht vorgenommen werden.

---

3 *Hintzen*, in: *Dassler/Schiffhauer/u.a.*, ZVG, Rn. 4; *Böttcher*, ZVG, Rn. 4; a.A.: *Stöber*, ZVG, Rn. 2.3, der eine nicht angemeldete Kündigung auch bei Kenntnis des Erstehers diesem gegenüber für unwirksam hält. Diese Meinung ist abzulehnen – Sinn und Zweck der Norm ist der Schutz des Erstehers, den dieser bei Kenntnis der entsprechenden Kündigung nicht mehr braucht.
4 *Hintzen*, in: *Dassler/Schiffhauer/u.a.*, ZVG, Rn. 5; RG, Urteil vom 23.10.1928 – VII 198/28, RGZ 122, 156.
5 *Böttcher*, ZVG, Rn. 7; *Hintzen*, in: *Dassler/Schiffhauer/u.a.*, ZVG, Rn. 5; a.A. *Stöber*, ZVG, Rn. 4.2.

§ 55 ZVG [Gegenstand der Versteigerung]

(1) Die Versteigerung des Grundstücks erstreckt sich auf alle Gegenstände, deren Beschlagnahme noch wirksam ist.

(2) Auf Zubehörstücke, die sich im Besitz des Schuldners oder eines neu eingetretenen Eigentümers befinden, erstreckt sich die Versteigerung auch dann, wenn sie einem Dritten gehören, es sei denn, dass dieser sein Recht nach Maßgabe des § 37 Nr. 5 geltend gemacht hat.

Übersicht

		Rn.
I.	Allgemeines	1
II.	Beschlagnahmte Gegenstände	2–6
1.	Umfang der Beschlagnahme	2
2.	Maßgeblicher Zeitpunkt	3
3.	Zweifelsfälle	4
4.	Überbau	5, 6
III.	Zubehör	7–12
1.	Allgemeines	7
2.	Voraussetzungen	8–10
3.	Wirkungen	11
4.	Anwartschaftsrecht am Zubehör	12

I. Allgemeines

1 Die Vorschrift regelt, welche Gegenstände der Ersteher im Zwangsversteigerungsverfahren erwirbt und sichert die **wirtschaftliche Einheit von Grundstück und beweglichen Gegenständen**. Mit dem Zuschlag wird der Ersteher Eigentümer des Grundstücks, § 90 Abs. 1. Mit dem Grundstück erwirbt er zugleich die Gegenstände, auf welche sich die Versteigerung erstreckt hat, § 90 Abs. 2. Die Gegenstände, auf die sich die Versteigerung erstreckt, regelt § 55. Nach Absatz 1 erwirbt er alle Gegenstände, deren Beschlagnahme noch wirksam ist, nach Absatz 2 wird unter bestimmten Voraussetzungen auch nicht beschlagnahmtes Fremdzubehör mit versteigert.

II. Beschlagnahmte Gegenstände

1. Umfang der Beschlagnahme

2 Gemäß § 55 Abs. 1 erstreckt sich die Versteigerung auf alle Gegenstände, deren Beschlagnahme noch wirksam ist. Dazu gehören beispielsweise Bestandteile, Zubehör im Eigentum des Vollstreckungsschuldners und Versicherungsforderungen, vgl. hierzu ausführlich §§ 20, 21. Das Verhältnis zur Mobiliarvollstreckung regelt § 865 ZPO. Mithaftende Gegenstände können, soweit sie nicht Zubehör sind, solange durch das zuständige Vollstreckungsorgan gepfändet werden, als nicht im Wege der Immobiliarvollstreckung die Beschlagnahme erfolgt ist. Zubehör (§ 97 BGB) ist der Mobiliarvollstreckung gänzlich entzogen, § 865 Abs. 2. Maßgeblich für den Umfang der Beschlagnahme ist allein das Zwangsversteigerungsverfahren; ist gleichzeitig ein Zwangsverwaltungsverfahren mit einem erweiterten Beschlagnahmeumfang anhängig (§ 148 ZVG), zählt dennoch allein der Umfang der Beschlagnahme in der Zwangsversteigerung.¹ Abweichungen von der Norm sind denkbar über § 59 oder § 65.

2. Maßgeblicher Zeitpunkt

§ 55 Abs. 1 spricht insoweit nur von einer **noch wirksamen** Beschlagnahme, trifft allerdings keine weitergehende Regelung, auf welchen Zeitpunkt für die Frage abzustellen ist, welche Gegenstände der Ersteher erwirbt. Maßgeblich hierfür ist der Beginn der Versteigerung, mithin die **Aufforderung zur Abgabe von Geboten**. In dem Moment, in dem die Bietinteressenten Gebote abgeben können, muss für sie ersichtlich sein, was sie konkret erwerben können.² Zwischen dem Wirksamwerden der Beschlagnahme (§ 22) und dem Beginn der Versteigerung (§ 66 Abs. 2) können sich Änderungen im Umfang der Beschlagnahme ergeben. So kann sich der Umfang dadurch erweitern, dass beispielsweise neues Zubehör auf das Grundstück gelangt. Eine Verringerung ist denkbar durch Verfügung seitens des Eigentümers innerhalb der Grenzen einer ordnungsmäßigen Wirtschaft, § 23 Abs. 1 Satz 2, durch gutgläubigen Erwerb, durch Aufhebung des Verfahrens bezüglich einzelner Gegenstände oder durch Vernichtung bzw. Untergang von ursprünglich beschlagnahmten Gegenständen.

3. Zweifelsfälle

Bestehen über den Umfang der Beschlagnahme und damit über den Gegenstand der Versteigerung Zweifel, hat der zuständige Rechtspfleger im Rahmen seiner Aufklärungspflicht (§ 139 ZPO) zu versuchen, den Sachverhalt aufzuklären. Eine abschließende Entscheidung über die materiell-rechtliche Frage kann letztlich jedoch nur das Prozessgericht treffen, eine vom Rechtspfleger geäußerte Rechtsansicht ist unverbindlich.³ Eine Gewähr dafür, dass ein Gegenstand, der als Zubehör im Verkehrswertgutachten, Wertfestsetzungsbeschluss oder Zuschlagsbeschluss bezeichnet worden ist, tatsächlich auch Zubehör ist, besteht nicht. Umgekehrt erwirbt der Ersteher auch dann das Eigentum an einem wesentlichen Bestandteil, wenn dieser im Zuschlagsbeschluss ausgenommen worden ist.⁴

4. Überbau

Ein Überbau liegt vor, wenn der Eigentümer eines Grundstücks bei der Errichtung eines Gebäudes über die Grenze gebaut hat, § 912 BGB. Es ist zwischen dem **entschuldigten** und dem **unentschuldigten** Überbau zu unterscheiden. Ersterer liegt vor, wenn der Überbauer ohne Vorsatz oder grobe Fahrlässigkeit gehandelt hat und der Nachbar keinen Widerspruch erhoben hat. In diesem Fall ist der Erbauer Eigentümer des Überbaus, der Nachbar ist Eigentümer des überbauten Grundstücksanteils. Im Zwangsversteigerungsverfahren über das Stammgrundstück, also das Grundstück, von dem der Überbau ausgeht, wird dann das gesamte Gebäude mitversteigert. Umgekehrt erfasst die Versteigerung des überbauten Grundstücks nur das Grundstück selbst.

Beim unentschuldigten Überbau teilt die Grundstücksgrenze auch das Gebäude.⁵ Die Zwangsversteigerung eines der Grundstücke erfasst daher immer auch den jeweiligen Gebäudeteil.⁶ Dieser Grundsatz gilt auch bei einer

---

1 *Böttcher*, ZVG, Rn. 2.
2 RG, Urteil vom 16.12.1933 – V 179/33, RGZ 143, 33; BGH, Urteil vom 19.4.1972 – VIII ZR 24/70, BGHZ 58, 309 = Rpfleger 1972, 248.
3 OLG Hamm, JurBüro 1967, 1026; *Dorn*, Rpfleger 1987, 143, 145.
4 OLG Koblenz, Beschl. vom 26.4.1988 – 4 W 191/88, Rpfleger 1988, 493.
5 BGH, Urteil vom 30.4.1958 – V ZR 215/56, BGHZ 27, 204 = NJW 1958, 1182.
6 *Böttcher*, ZVG, Rn. 17.

nachträglichen Grundstücksteilung, wenn die Grenze durch ein bereits bestehendes Gebäude verläuft.[7]

III. Fremdzubehör

1. Allgemeines

7 Gemäß § 55 Abs. 2 erstreckt sich die Versteigerung auf Zubehörstücke, die sich im Besitz des Schuldners oder eines neu eingetretenen Eigentümers befinden, auch dann, wenn sie einem Dritten gehören, es sei denn, dass dieser sein Recht nach Maßgabe des § 37 Nr. 5 geltend gemacht hat. Ein Bieter soll unabhängig von den Eigentumsverhältnissen an den Zubehörgegenständen stets die rechtliche Gewissheit haben, dass er sämtliche Zubehörstücke ersteigert und damit die wirtschaftliche Einheit des Grundstücks gewahrt bleibt.[8] Zubehör im Eigentum eines Dritten fällt nicht bereits unter § 55 Abs. 1, da es nicht dem hypothekarischen Haftungsverband unterliegt, §§ 20 Abs. 2, 1120 BGB und damit im Versteigerungsverfahren nicht beschlagnahmt wird.

2. Voraussetzungen

8 Es muss sich zunächst um **Zubehör** im Sinne der §§ 97, 98 BGB handeln, vgl. hierzu § 20 Rn. 29 ff. Der Gegenstand des Zubehörs muss sich zudem im **Besitz des Schuldners** oder des neu eingetretenen Eigentümers befinden. Hierbei kann es sich um unmittelbaren oder mittelbaren Besitz handeln, nicht ausreichend sind fehlerhafter Besitz oder bloße Besitzdienerschaft.[9] Maßgeblicher Zeitpunkt für den Besitz des Vollstreckungsschuldners ist auch hier die Aufforderung zur Abgabe von Geboten. Besitz im Beschlagnahmezeitpunkt reicht daher nicht aus, ebenso muss er im Zeitpunkt des Wirksamwerdens des Zuschlags nicht mehr vorliegen.[10] Das nicht bereits nach Absatz 1 beschlagnahmte Zubehör muss im **Eigentum eines Dritten** stehen, klassischer Anwendungsfall ist der Vorbehaltsverkäufer, der dem Schuldner ein Zubehörstück unter Eigentumsvorbehalt übereignet hat. Voraussetzung für den Eigentumserwerb durch den Ersteher ist weiterhin, dass der Dritte sein Recht **nicht rechtzeitig nach § 37 Nr. 5 ZVG geltend gemacht** hat.

9 Für eine Geltendmachung im Sinne der Vorschrift reicht eine bloße Anmeldung des Dritteigentums nicht aus, der Dritteigentümer muss vielmehr die Verfahrensaufhebung oder einstweilige Einstellung hinsichtlich aller betreibender Gläubiger herbeiführen. Dafür stehen ihm mehrere Möglichkeiten offen:
- Antragsrücknahme durch sämtliche das Verfahren betreibende Gläubiger hinsichtlich des betroffenen Gegenstandes mit sich anschließender Verfahrensaufhebung nach § 29 insoweit;
- Bewilligung der einstweiligen Einstellung des Verfahrens bezüglich des betroffenen Gegenstandes durch sämtliche betreibende Gläubiger;
- Vorlage einer entsprechenden Entscheidung des Prozessgerichts nach § 771 ZPO gegebenenfalls in Verbindung mit einer einstweiligen Anordnung nach § 769 Abs. 1 ZPO, die das Vollstreckungsgericht entsprechend der §§ 775, 776 ZPO umzusetzen hat;
- Vorlage einer Entscheidung des (allgemeinen) Vollstreckungsgerichts nach § 769 Abs. 2 ZPO in den dringenden Fällen, in denen es dem Dritteigentü-

---

7 BGH, Urteil vom 20.6.1975 – V ZR 206/74, BGHZ 64, 333 = NJW 1975, 1553.
8 BGH, Urteil vom 30.5.1969 – V ZR 67/66, NJW 1969, 2135.
9 *Böttcher*, ZVG, Rn. 7.
10 *Böttcher*, ZVG, Rn. 14: Unschädlich ist das Wegschaffen von Fremdzubehör zwischen Versteigerungsbeginn und Zuschlagserteilung, der Ersteher erwirbt trotzdem Eigentum daran, BGH, Urteil vom 19.4.1972 – VIII ZR 24/70, BGHZ 58, 309.

mer nicht mehr möglich war, die Entscheidung des Prozessgerichts nach § 769 Abs. 1 ZPO herbeizuführen.

Die Geltendmachung muss hierbei rechtzeitig **vor dem Zuschlag erfolgen,** § 37 Nr. 5. Die Mitversteigerung kann daher dann nicht mehr erfolgen, wenn die Geltendmachung bereits vor der Aufforderung zur Abgabe von Geboten erfolgte. Die Geltendmachung nach Beginn der Bietzeit und vor Schluss der Versteigerung (§ 73 Abs. 2) bringt alle bisher abgegebenen Gebote zum Erlöschen und führt zu einer neuen Bietzeit.[11] Erfolgen Aufhebung bzw. Einstellung erst nach Schluss der Versteigerung, muss der Zuschlag insgesamt versagt werden, § 33 ZVG. Dies gilt jedoch dann nicht, wenn der Meistbietende damit einverstanden ist, dass ihm der Zuschlag auch ohne das Zubehörstück erteilt wird.[12]

3. **Wirkungen**

Kann die Freigabe durch den Dritten nicht mehr rechtzeitig erlangt werden, verliert der Dritteigentümer sein Eigentum an dem versteigerten Gegenstand und es greift der **Surrogationsgrundsatz:** Anstelle des mitversteigerten Gegenstandes tritt für den bisherigen Eigentümer der Anspruch auf den entsprechenden Erlösanteil. Dieser wird nach allgemeiner Meinung nach folgender Formel ermittelt:[13]

$$\frac{M \times Z}{G + Z}$$

M = Meistgebot (bares Meistgebot + bestehen bleibende Rechte)
Z = Wert des Zubehörgegenstandes
G = Grundstückswert

Zur weiteren Geltendmachung des Ersatzanspruches im Verteilungsverfahren vgl. § 115 Rn. 16.

4. **Anwartschaftsrecht am Zubehör**

Kauft der Vollstreckungsschuldner einen Zubehörgegenstand unter Eigentumsvorbehalt, ist er, solange noch nicht alle Raten gezahlt sind, nicht Eigentümer der Sache, da die Übereignung unter der aufschiebenden Bedingung der Kaufpreiszahlung vorgenommen wurde, §§ 455, 929, 930, 158 BGB. Durch die bedingte Übereignung erlangt er allerdings ein Anwartschaftsrecht am Zubehör, das der Beschlagnahme unterliegt, vgl. § 20 Rn. 34 ff. Demzufolge erstreckt sich die Versteigerung gemäß § 55 Abs. 1 auch auf das Anwartschaftsrecht an dieser Sache. Dies gilt auch dann, wenn der Zubehörgegenstand nicht mit versteigert wird.[14] Der Ersteher erwirbt daher gemäß § 90 Abs. 2 auch das Anwartschaftsrecht und mit Bedingungseintritt auch das Eigentum am Zubehör. Ein Widerspruchsrecht für den Vorbehaltsverkäufer in Bezug auf die Versteigerung des Anwartschaftsrechtes gibt es nicht, er muss vielmehr die Rechte an dem Gegenstand selbst geltend machen.[15]

---

11 *Böttcher*, ZVG, Rn. 12; *Eickmann*, ZVG, § 9 III b bb; aA. *Stöber*, ZVG, Rn. 3.5: Danach habe sich die Versteigerung auf den Gegenstand erstreckt, so dass der Zuschlag insgesamt versagt werden muss, wenn nicht der Meistbietende die Herausnahme des Gegenstandes ausdrücklich genehmigt.
12 OLG Hamm, OLGZ 19767, 445.
13 *Stöber*, ZVG, § 92 Rn. 8; *Böttcher*, ZVG, Rn. 16; *Hintzen*, in: *Dassler/Schiffhauer/u.a.*, ZVG, Rn. 21.
14 *Böttcher*, ZVG, Rn. 3.
15 *Graba/Teufel*, Rpfleger 1979, 401.

§ 56 ZVG [Gefahrübergang]

Die Gefahr des zufälligen Unterganges geht in Ansehung des Grundstücks mit dem Zuschlag, in Ansehung der übrigen Gegenstände mit dem Schlusse der Versteigerung auf den Ersteher über. Von dem Zuschlag an gebühren dem Ersteher die Nutzungen und trägt er die Lasten. Ein Anspruch auf Gewährleistung findet nicht statt.

Schrifttum: *Finkelnburg, Klaus/Ortloff, Karsten-Michael*, Öffentliches Baurecht, München, 1981; *Lassek/Mendermann*, Rechtsfortbildung der Baulast, NJW 1993, 424; *Lohre*, Fehler und Fehlerfolgen bei der Baulasteintragung, NJW 1987, 877; *Masloh*, Zivilrechtliche Aspekte der öffentlichrechtlichen Baulasten, NJW 1995, 1993; *Stenneken/Thomale*, Die neuen Netzanschlussverordnungen Strom und Gas, N & R 2007, 51;

	Übersicht	Rn.
I.	Allgemeines	1
II.	Gefahrübergang	2–6
III.	Nutzungen	7
IV.	Lasten	8–15
V.	Gewährleistung	16

I. Allgemeines

1 Die Vorschrift regelt Versteigerungsbedingungen für alle Arten der Versteigerung. Sie trifft von den bürgerlich-rechtlichen Normen abweichende Regeln für den Gefahrübergang (lex specialis zu § 446 Satz 1 BGB), die Nutzungen und Lasten (speziell zu § 446 Satz 2 und 3 BGB) sowie der Gewährleistung (lex specialis zu § 445 BGB).

II. Gefahrübergang

2 Satz 1 regelt die Auswirkungen des zufälligen Untergangs der versteigerten Objekte und knüpft dabei für das Grundstück an die Wirksamkeit des Zuschlags an (§§ 87 Abs. 1, 89 oder § 104 nach Beschwerde), für die mitversteigerten Gegenstände (siehe Pfändungen im Zusammenhang mit einer ZwV) an den Schluss der Versteigerung (§ 73 Abs. 2). Ab dem Moment des Gefahrübergangs ist der Ersteher verpflichtet das Meistgebot zu entrichten, unabhängig vom Schicksal des Grundstücks, soweit es sich um eine zufällige Einwirkung handelt.[1] Schuldrechtlich gewendet regelt Satz 1 die Preisgefahr.

1. Untergang des Grundstücks vor Zuschlag

3 Zwischen Abgabe des Gebots und Wirksamkeit des Zuschlags trägt der Meistbietende die Gefahr bzgl. des Grundstücks im Umkehrschluss eben noch nicht. Daher ist in diesem Falle der Zuschlag nach § 83 Nr. 6 zu versagen oder falls er erteilt wird im Beschwerdeverfahren aufzuheben.[2] Findet keine Beschwerde statt ist der Ersteher an den Zuschlag gebunden. Der Untergang des Grundstücks kann dabei in tatsächlicher (dauerhafte Überflutung), rechtlicher (Enteignung) oder wirtschaftlicher (Beschädigung) Hinsicht erfolgen. Dabei genügt auch teilweiser Untergang, der jedoch von einer bloßen Verschlechterung, die

---

1 H*intzen*, in: *Dassler/Schiffhauer/u.a.*, ZVG, § 56, Nr. 1.
2 *Stöber*, ZVG, § 83 Rn. 4.1 Nr. 6 h.

nach § 56 Satz 3 unbeachtlich ist, abzugrenzen ist.³ Die Abgrenzung der Verschlechterung vom teilweisen Untergang hat anhand der Frage zu erfolgen, ob der betroffene Teil für den wirtschaftlichen Teil des Grundstücks werterheblich ist (z. B. eine Produktionsanlage, Mietwohnhaus, Gebäudeflügel, nicht nur einfaches Gebäude oder die zum Grundstück gehörenden ungetrennten Früchte[4]) und sodann ist zu beurteilen, ob dieser Teil untergegangen ist oder lediglich verschlechtert. Ein Untergang ist anzunehmen, wenn eine Reparatur mit vertretbarem wirtschaftlichem Aufwand nicht möglich ist – in jedem Fall bei vollständiger Zerstörung. Entscheidend ist letztlich eine an der Verkehrsanschauung orientierte Wertung. Das Vollstreckungsgericht hat vor Entscheidung über den Zuschlag von Amts wegen zu ermitteln, ob ein teilweiser Untergang oder eine Verschlechterung vorliegt.[5]

2. Untergang mithaftender Gegenstände vor Ende der Versteigerung

Die Gefahr bezüglich mithaftender Gegenstände geht bereits mit dem Schluss der Versteigerung auf den Ersteher über, also zeitlich vor der Gefahr bzgl. des Grundstücks. Den Umfang der mithaftenden Gegenstände bestimmt § 55, sie erstreckt sich auf alle beschlagnahmten Gegenstände. Zu beachten ist hier, dass wesentliche Bestandteile (§ 93 ff. BGB) zum Grundstück gehören und nicht als mithaftende Gegenstände gelten. Der Untergang eines mithaftenden Gegenstandes ist im Regelfall ohne Auswirkungen für den Fortgang des Verfahrens, solange nicht der Untergang des Gegenstandes als (Teil-)Untergang des Grundstücks in wirtschaftlicher Hinsicht anzusehen ist. Dies mag etwa bei besonders wertvollem Zubehör oder getrennten Früchten anzunehmen sein, relevant ist dies aber nur, wenn diese tatsächlich vor Schluss der Versteigerung untergehen. 4

3. Zufälligkeit des Untergangs

Die Norm regelt direkt nur die Frage bzgl. eines Untergangs des Grundstücks nach Wirksamkeit des Zuschlags und verlangt für den Übergang des Preisgefahr einen zufälligen Untergang. Für die sich aus dem Umkehrschluss ergebende Haftung für den Untergang des Grundstücks vor Wirkung des Zuschlags dürfte die Frage nach der Zufälligkeit irrelevant sein. Allenfalls bei einer Beschädigung durch den Ersteher ist hier § 86 Nr. 6 aufgrund § 242 BGB nicht anzuwenden und der Zuschlag zu erteilen. Insofern ist hier Zufälligkeit mit Stöber als durch den Ersteher nicht zu vertreten, zu formulieren.[6] Da der Ersteher mit Wirksamkeit des Zuschlags Eigentümer wird (§ 90), trägt er von diesem Moment an die Sachgefahr selbstverständlich vollständig. Jede anschließende Einwirkung, unabhängig davon von wem sie ausgeht, ist daher ohne Auswirkung auf die Zwangsversteigerung. § 56 Satz 1 will dieses Risiko auch nicht für zufällige Einwirkungen auf jemand anderen überleiten und hat daher für das Grundstück nur deklaratorische Wirkung. 5

Lediglich für mitversteigerte Gegenstände trifft den Ersteher die Gefahr bereits mit Ende der Versteigerung, so dass hier § 56 Satz 1 tatsächlich konstitutiven Regelungsgehalt hat, da der Ersteher noch nicht Eigentümer der Gegenstände ist. Insofern ist hier die Frage der Zufälligkeit relevant. Diese wird im bürgerlichen Recht als ohne Verschulden der Parteien verstanden.[7] Demgegenüber wird zu § 56 vertreten, zufällig sei die Einwirkung, wenn sie nicht vom Ersteher zu vertreten ist.[8] Analog zum BGB wird aber auch hier formuliert, sie sei 6

---

3 LG Frankfurt, Beschl. vom 29.11.1988 – 2/9 T 1149/88, Rpfleger 1989, 296.
4 Hintzen, in: *Dassler/Schiffhauer/u. a.*, ZVG, § 56 Rn. 4.
5 Hintzen, in: *Dassler/Schiffhauer/u. a.*, ZVG, Vor § 15 Nr. 2.
6 *Stöber*, ZVG, § 56 Rn. 2.1.
7 *Westermann*, in: *MünchKomm*, BGB, § 446 Rn. 2.
8 *Stöber*, ZVG, § 56 Rn. 2.1.

zufällig, wenn keiner der Beteiligten sie zu vertreten habe.[9] Erstere Ansicht dürfte sich auf den Zeitraum vor Zuschlagserteilung beziehen, wo § 56 Satz 1 direkt nicht anwendbar ist und wie gezeigt eine Lösung über § 242 BGB herbeizuführen ist. Das Risiko, dass die Gegenstände durch den Ersteher verschuldet untergehen, trägt dieser natürlich selbst. Zu unterschiedlichen Ergebnissen kommen die beiden Ansichten nur bei der Frage, ob auch eine Beschädigung der mitversteigerten Gegenstände zwischen Ende der Versteigerung und Zuschlag verschuldet durch andere Verfahrensbeteiligte zu Lasten des Erstehers gehen sollen oder der Untergang dieser Gegenstände verschuldet durch andere Verfahrensbeteiligte zur Versagung des Zuschlags führen soll. Bei diesen Einwirkungen handelt es sich nicht um Zufall, da schuldhaftes Verhalten der anderen Verfahrensbeteiligten nach hier vertretener Ansicht nicht zu Lasten des Erstehers gehen dürfen. Die Regelung würde sonst nur die Selbstverständlichkeit erfassen, dass der Ersteher für seine eigenen Handlungen verantwortlich ist.

III. Nutzungen, Satz 2

7 Die Nutzungen des Grundstücks (Früchte, § 99 BGB und andere Vorteile, § 100 BGB) und der mitversteigerten Gegenstände gebühren ab Wirksamkeit des Zuschlags, also ab Eigentumserwerb (§ 90) dem Ersteher. Darunter fallen auch die Rechtsfrüchte, also die Miete und der Pachtzins (siehe dazu §§ 57ff.), die nach § 101 Nr. 2 BGB ab dem Moment der Berechtigung (also Zuschlag) dem Ersteher gebühren. Daher ist eine wiederkehrende Miete im Verhältnis der Berechtigung nach Tagen zu teilen. Der Ersteher gilt ab 0 Uhr am Tag des Zuschlags als berechtigt.[10] Zu beachten ist hier, dass § 101 Nr. 1 BGB anordnet, dass Sachfrüchte (§ 99 Abs. 1 BGB) nur dann dem Ersteher gebühren, wenn sie nach Zuschlagswirksamkeit gezogen werden (also bspw. geerntet werden). Der Ersteher kann, wenn der Vollstreckungsschuldner das Grundstück weiter nutzt, von diesem den marktangemessenen Zinssatz verlangen, §§ 56, 57 ZVG, 812 BGB.[11]

IV. Lasten

8 Ebenfalls einheitlich mit dem Zuschlag gehen private und öffentliche Lasten auf den Ersteher über. Wiederkehrende Lasten sind ebenso wie wiederkehrende Nutzungen nach der Dauer der Eigentümerstellung zu teilen, § 103 BGB. Die Norm gibt direkt einen Anspruch auf Vornahme eines Ausgleichs.[12] Relevant ist wiederum der Beginn des Tags an dem der Zuschlag wirksam wird.[13] § 56 regelt lediglich das Innenverhältnis von Ersteher und Vollstreckungsschuldner. Wer primär Schuldner der Lasten ist, richtet sich nach den Vorschriften über deren Entstehung. Der Zwangsverwalter kann nach Beendigung der Zwangsverwaltung die Lasten für die Zeit nach dem Zuschlag nicht mehr nach § 103 BGB verlangen, da ihm die Prozessführungsbefugnis hierzu fehlt.[14]

---

9 Hintzen, in: Dassler/Schiffhauer/u.a., ZVG, § 56 Rn. 2.; „auf keiner Seite ein Verschulden": Böttcher, ZVG, § 56 Rn. 4.
10 Stöber, ZVG, § 56 Rn. 3.1.
11 LG Hagen, Urteil vom 12.11.1993 – 1 S 194/93, DWW 1994, 51–52; LG Stuttgart, Beschl. vom 10.4.1992 – 2 T 292/92, WuM 1992, 638.
12 Stöber, ZVG, § 56 Rn. 3.1.
13 BGH Urteil vom 19.5.2009 – Az. IX ZR 89/08, Rpfleger 2009, 635.
14 BGH Urteil vom 19.5.2009 – Az. IX ZR 89/08, Rpfleger 2009, 635.

1. Erschließungsbeiträge

Erschließungsbeiträge als einmalige öffentliche Lasten schuldet nach § 135 Abs. 1 BauGB grundsätzlich derjenige, der zum Zeitpunkt der Ausstellung des Bescheids Eigentümer des Grundstücks ist. Das ist ab Wirksamkeit des Zuschlags der Ersteher. Diese Situation wurde bisher bei einem Erwerb durch ZwV ebenso wie im Kaufrecht nicht im Innenverhältnis ausgeglichen.[15] Kaufrechtlich haftet der Verkäufer jedoch seit dem SMG nach § 436 BGB dem Käufer für die Erschließungsbeiträge, die sich auf Erschließungen vor Eigentumserwerb beziehen. Eine Übertragung auf die Veräußerung im Wege der Zwangsvollstreckung ist jedoch aufgrund der spezielleren Regelung des Innenverhältnisses durch § 56 abzulehnen. Ein Vorausleistungsbescheid nach § 133 Abs. 3 BauGB muss von der Kommune aufgrund des Zuschlags nicht aufgehoben werden,[16] auch im Falle eines Eigentümerwechsels findet eine Verrechnung statt, § 133 Abs 3 S 2 BauGB[17], ein Ausgleichsanspruch des alten Eigentümers besteht nicht.

2. Anschlusskosten

Keine derartigen öffentlichen Lasten sind Anschlusskosten für Gas, Wasser,[18] Strom[19], Breitbandkabel und Telefon. Es handelt sich um privatrechtliche Entgelte, die aufgrund eines Vertrags zwischen Leistungserbringer und Auftraggeber erbracht werden. Daher schuldet der Ersteher nicht die Zahlung dieser Anschlusskosten und zwar selbst dann nicht, wenn er erstmals den Anschluss benutzt hat. Dabei kann der Stromlieferant auch nicht, wenn der alte Anschluss gekündigt wurde, für die Stromlieferung an den Ersteher einen Baukostenzuschuss verlangen, da dieser nur für die Erstellung des Zugangs gewährt wird und nachdem dieser einmal bereit gestellt wurde, kein solcher Anspruch mehr entsteht.[20]

3. Grundsteuer

Die Grundsteuer trägt im Innenverhältnis der Ersteher, wenn sie nach Zuschlag fällig wird. Fälligkeitstermine sind der 15. Februar/Mai/August/November (§ 28 GrundSteuerG), Steuerschuldner im Außenverhältnis ist nach §§ 10 Abs. 1, 9 GrundSteuerG auch nach Zuschlag für das laufende Jahr der Vollstreckungsschuldner. Die eigentlich nach § 10 GrundSteuerG bestehende Haftung des Erstehers für Altverbindlichkeiten entfällt nach § 11 Abs. 2 Satz 2 GrundSteuerG, auch die dingliche Haftung des Grundstücks für alte Grundsteuern entfällt mit Zuschlag – soweit sie nicht in das geringste Gebot fallen – egal ob dies zumindest teilweise unmöglich war, weil bspw. kein Messbetrag vom Finanzamt festgesetzt war.[21] Das Grundstück haftet jedoch nach § 12 GrundSteuerG dinglich für alle Ansprüche, die nach Zuschlag fällig wurden,[22] da diese Haftung nicht, wie eventuell vorher bestehende Grundsteuerforderun-

---

15 RG, Urteil vom 2.11.1898 – V 139/98, RGZ 88, 357; RG, Urteil vom 28.6.1916 – V 180/16, RGZ 88, 357.
16 Zum alten § 134 BBauG: RG, Urteil vom 28.6.1916 – V 180/16, RGZ 88, 357; zum BauGB: BVerwG 8. Senat, Urteil vom 16.9.1981 – 8 C 1/81, 8 C 2/81, BVerwGE 64, 67–70 = NJW 1982, 951; OVG Münster, Urteil vom 2.3.1982 – 3 A 518/81, KTS 1983, 153.
17 *Eidiing*, in: § 133 BauGB, Nr. 77 ff.
18 BGH, Urteil vom 29.3.1990 – IX ZR 190/89, NJW 1990, 2130 = Rpfleger 1990, 309.
19 BGH, Urteil vom 1.4.1987 – VIII ZR 167/86, BGHZ 100, 299–312 = NJW 1987, 2084 = Rpfleger 1988, 274.
20 BGH, Urteil vom 1.4.1987 – VIII ZR 167/86, BGHZ 100, 299–312 = NJW 1987, 2084 = Rpfleger 1988, 274; Dies gilt nach dem alten § 9 AVBEltV ebenso wie nach dem neuen § 9 NAV; siehe dazu Stenneken/Thomale, N & R 2007, 51.
21 BVerwG, Urteil vom 7.9.1984 – 8 C 30/82, BVerwGE 70, 91 = NJW 1985, 756 = Rpfleger 1985, 35.
22 BVerwG, Urteil vom 14.8.1992 – 8 C 15/90, NJW 1993, 871 = Rpfleger 1992, 443.

gen, mit dem Zuschlag untergegangen ist. Diese dingliche Haftung kann mit Duldungsbescheid der Gemeinde durchgesetzt werden.[23]

4. WEG

12 Mit Zuschlag tritt der Ersteher in die Eigentümergemeinschaft ein, § 10 Abs. Satz 1 WEG, unabhängig von der Eintragung im Grundbuch.[24] Er haftet für alle Forderungen der Gemeinschaft dann, wenn sie nach Zuschlag fällig[25] werden – also für Hausgeld und Sonderumlagen, unabhängig davon, zu welchem Zeitpunkt der Beschluss darüber gefasst wurde[26]. Für Zahlungsrückstände des Vollstreckungsschuldners haftet der Ersteher nicht. Dies kann auch nicht durch einen Beschluss der WEG oder in der Gemeinschaftsordnung festgesetzt werden, da § 56 Satz 2 insofern zwingendes Außenrecht darstellt und daher nach § 134 BGB nichtig sein soll.[27] Dieser Ansicht ist im Ergebnis zu folgen, jedoch nicht aufgrund eines Verstoßes gegen § 56 Satz 2, sondern aufgrund eines Verstoßes gegen die gemeinschaftlichen Treuepflichten bzw. des Verbots eines Vertrags zu Lasten Dritter.[28] Im Rahmen eines eventuellen erneuerten Haushaltsplans für vergangene Jahre dürfen diese Beträge ebenfalls nicht auf den Ersteher umgewälzt werden, da diesem Plan keine Novationswirkung zukommt. Etwas anderes gilt für den Haushaltsplan übersteigende Ausgaben, die auf alle Eigentümer verteilt werden.[29] Steht der Ausfall des Vollstreckungsschuldners für die Forderungen der WEG endgültig fest, können die Wohnungseigentümer durch Beschluss diesen mit einer Nachtragsumlage unter sich verteilen – dabei haftet der Ersteher natürlich anteilig mit.[30] (Zum Rang von WEG-Forderungen in der Zwangsvollstreckung siehe § 10 Rn. 44.)

5. Versicherung

13 Bei Versicherungen, die das Grundstück betreffen, tritt nach §§ 99, 95 Abs. 1 VVG 2008[31] der Ersteher in die Rechte und Pflichte ein, es finden nach § 99 VVG 2008 die Vorschriften bzgl. rechtsgeschäftlichen Übergangs Anwendung. Der Eigentumsübergang ist dem Versicherer vom Versicherungsnehmer und Ersteher[32] unverzüglich nach Zuschlag (§ 121 BGB[33]) anzuzeigen, ansonsten erlischt nach einem Monat der Versicherungsschutz, §§ 99, 97 Abs. 1 VVG 2008. Allerdings kann sich aus § 242 BGB ein abweichendes Ergebnis ergeben.[34] Für die Prämien haften im Außenverhältnis Ersteher und Versicherungs-

---

23 BVerwG, Urteil vom 7.9.1984 – 8 C 30/82, BVerwGE 70, 91 = NJW 1985, 756 = Rpfleger 1985, 35; VG Stade, Entscheidung vom 25.6.1981 – 1 A 165/79, KTS 1982, 147.
24 *Kreuzer*, in *Staudinger*: 10 WEG, Rn. 14.
25 OLG Köln Urteil vom 31. 8. 2001 – Az. 16 Wx 137/01, NZM 2002, 351.
26 BayObLG Urteil vom 21.7.1994 – Az. 2Z BR 43/94, Rpfleger 1984, 123; LG Saarbrücken Urteil vom 27.5.2009 – Az. 5 S 26/08, NZM 2009, 590.
27 *Stöber*, ZVG, § 56 Rn 5.3; BGH 5. Zivilsenat, Beschl. vom 22.1.1987 – V ZB 3/86, BGHZ 99, 358–363 = EBE/BGH 1987, 125–127 = WM 1987, 545–546 = DB 1987, 932–933 = BB 1987, 641–641 = NJW 1987, 1638–1639 = igentum 1987, 721–723 = MDR 1987, 485–486 = Wohnungseigentümer 1987, 61–61 = Rpfleger 1987, 208–209 = DNotZ 1988, 27–29 = ZMR 1987, 273–274 = WuB VI F § 56 ZVG 1.87 = WuM 1987, 326–327 = JR 1988, 203–205 = MittBayNot 1987, 136–137 = KTS 1987, 535–538 BGHR BGB § 134 Wohnungseigentum 1 = BGHR WEG § 10 Abs 2 Wohngeldrückstände 1 = BGHR ZVG § 56 S 2 Wohnungseigentum 1 = BGH-DAT Zivil.
28 *Hintzen*, in: *Dassler/Schiffhauer/u.a.*, ZVG, § 56 Nr. 11.
29 BGH, Beschl. vom 23.9.1999 – V ZB 17/99, BGHZ 142, 290 = NJW 1999, 3713 = Rpfleger 2000, 78.; *Hintzen*, in: *Dassler/Schiffhauer/u.a.*, ZVG, § 56, Rn. 11.
30 KG, NJW-RR , 443.; BGH, Beschl. vom 24.2.1994 – V ZB 43/93, NJW 1994, 2950 = Rpfleger 1994, 498.
31 §§ 73, 69 Abs. 1 VVG a. F.; Die VVG-Reform bringt für die vorliegenden Fragen nur redaktionelle Änderungen.
32 *Kollhosser*, in: *Prölss/Martin*, VVG, 73 Rn. 4.
33 OLG Hamm, Urteil vom 6.3.1992 – Az. 20 U 239/91, NJW 1992, 1121.
34 OLG Hamm, Urteil vom 6.3.1992 – Az. 20 U 239/91, NJW 1992, 1121.

nehmer als Gesamtschuldner, §§ 99, 95 Abs. 2 VVG – im Innenverhältnis gilt § 103 BGB, der Ausgleich findet über § 426 BGB statt.

6. Öffentliche Baulasten

Zur Sicherung öffentlich-rechtlicher baurechtlicher Ansprüche auf ein Tun oder Unterlassen kann in allen Bundesländern außer Bayern[35] und Brandenburg[36] notariell eine öffentliche Baulast für ein Grundstück bestellt werden.[37] Dabei ist je nach Bundesland für die Wirksamkeit eine Eintragung ins – vom Grundbuch zu unterscheidenden – Baulastenverzeichnis notwendig oder diese sind lediglich deklaratorisch.[38] Das verfassungsgemäße[39] Institut dient der Sicherung von Abstandsflächen, der Erschließung über Nachbargrundstücke oder Stellplatzpflichten und entzieht diese im Gegensatz zur normalen Grunddienstbarkeit der Disposition der Grundstückseigentümer, was durch das materielle Baurecht nicht möglich ist. Sie ist nur durch die Bauaufsichtsbehörde durchsetzbar. Eine Baulast erlischt nicht durch Zuschlag.[40] Die abweichenden Ansichten wollen die Baulast jedenfalls dann erlöschen lassen, soweit die ZwV von dinglichen Gläubigern betrieben wird, deren Recht am Grundstück vor der Baulast entstand und die ihr nicht zugestimmt haben.[41] Zum Ganzen siehe auch § 89 Rn. 30 und § 90 Rn. 55 ff.

7. Dingliche Belastungen

Forderungen aus dinglichen Belastungen des Grundstücks, die bestehen bleiben, wie Hypotheken, Grundschulden oder Reallasten sind vom Ersteher ab Zuschlag zu begleichen. Die gesicherten Verbindlichkeiten gehen dabei natürlich nicht auf den Ersteher über, er haftet lediglich dinglich. Etwas anderes gilt nach § 1108 BGB nur für die Reallast, für die der Ersteher auch persönlich haftet und zwar im Außenverhältnis gesamtschuldnerisch mit dem schuldrechtlich verpflichteten Besteller der Reallast. Im Innenverhältnis soll der Ersteher jedoch vollständig alleine haften und dem Besteller nach § 426 BGB zum Ausgleich verpflichtet sein.[42]

V. Gewährleistung

§ 56 Satz 3 schließt jede Art der kaufrechtlichen Gewährleistung aus und zwar für Sach- und Rechtsmängel. Es besteht, kein Recht auf Minderung, Rücktritt oder Schadensersatz. Da keine Haftung für den Zustand des Grundstücks und der mitversteigerten Gegenstände besteht kann folglich auch keine Anfechtung des Gebots zugelassen werden (siehe § 71 Rn. 3). Für Schäden, die der Vollstreckungsschuldner vor Zuschlag am Grundstück verursacht, besteht mangels Rechtsgutverletzung und Schuldverhältnis kein Schadensersatzanspruch des Erstehers. Soweit sich die Beschädigung nicht in der Höhe des Gebots ausge-

---

35 *Lassek/Mendermann*, NJW 1993, 424, 424.
36 *Masloh*, NJW 1995, 1993, 1993.
37 In Bayern und Brandburg wird stattdessen mit Grunddienstbarkeiten gearbeitet: *Lassek/Mendermann*, NJW 1993, 424, 425.; *Masloh*, NJW 1995, 1993, 1993.; Übersicht über die landesrechtlichen Regelungen in den Bauordnungen bei *Finkelnburg/Ortloff*, 359.
38 Dazu und zu anderen Fehlerfolgen: Lohre, NJW 1987, 877.
39 BVerwG, 27.9.1990 Urteil vom – Az. 4 B 34/90, NJW 1991, 713.
40 *Lohre*, NJW 1987, 877, 879.; Masloh, NJW 1995, 1993, 1996.; BVerwG, Urteil vom 29.10.1992, Az 4 B 218/92, NJW 29.10.1992, 480; Hintzen, in: *Dassler/Schiffhauer/u.a.*, ZVG, § 56, Rn. 18.; a.A. Stöber, ZVG, § 56 Rn. 6.5.; Böttcher, ZVG, § 56 Rn. 7.
41 *Stöber*, ZVG, § 66 Rn. 6.5.; *Böttcher*, ZVG, § 56 Rn. 7.
42 *Westermann*, in *MK, BGB*: § 1108, Rn. 9.; BGH, Urteil vom 8.7.1993 – IX ZR 222/92, BGHZ 123, 178, 181 f. = NJW 1993, 2617 = Rpfleger 1993, 503; ausführlich: *Stöber*, ZVG, § 56 Rn. 3.6; LG Frankfurt, Beschl. vom 29.11.1988 – 2/9 T 1149/88, Rpfleger 1989, 296.; LG Bielefeld, Urteil vom 3.3.1978, Az. 3 T 663/77, MDR 3.3.1978, 678

wirkt hat, kommt jedoch womöglich eine Drittschadensliquidation zusammen mit den betreibenden Gläubigern in Betracht.[43] Diese haben mangels Schaden (wenn die Zwangsvollstreckung nicht beeinträchtigt wurde) keinen vollständigen Anspruch und der Ersteher den Schaden. Wirkt sich dagegen die Beschädigung auf den Versteigerungserlös aus, haben die betreibenden Gläubiger einen vollständigen Anspruch, der ihnen auch endgültig zusteht – der Ersteher hat dagegen keinen Schaden, da er einen geringeren Preis zahlen musste.

---

43 So im Ansatz: *Stöber*, ZVG, § 56 Rn. 4.3.

Geringstes Gebot, Versteigerungsbedingungen **§ 57, 57a, 57b ZVG**

§ 57, 57a, 57b ZVG

Schrifttum:

Übersicht

		Rn.
I.	Allgemeines	1
II.	Zuschlag bricht nicht Miete	2
III.	Überlassung an Mieter oder Pächter	3
IV.	Verfahrensbeteiligung	4
V.	Räumungsvollstreckung	5
VI.	Sonderkündigungsrecht	6–15
VII.	Handlungen des Zwangsverwalters	16
VIII.	Rechtsgeschäfte über Miete/Pacht	17–26
IX.	Mietkaution	27
X.	Nutzungsüberlassung durch Gesellschafter/ Eigenkapitalersetzende Nutzungsüberlassung	28

§ 57 ZVG   [Mieter, Pächter]

Ist das Grundstück einem Mieter oder Pächter überlassen, so finden die Vorschriften der §§ 566, 566a, 566b Abs. 1, §§ 566c und 566d des Bürgerlichen Gesetzbuchs nach Maßgabe der §§ 57a und 57b entsprechende Anwendung.

§ 57a ZVG   [Kündigungsrecht des Erstehers]

Der Ersteher ist berechtigt, das Miet- oder Pachtverhältnis unter Einhaltung der gesetzlichen Frist zu kündigen. Die Kündigung ist ausgeschlossen, wenn sie nicht für den ersten Termin erfolgt, für den sie zulässig ist.

§ 57b ZVG   [Vorausverfügungen über Miet- oder Pachtzins]

(1) Soweit nach den Vorschriften des § 566b Abs. 1 und der §§ 566c, 566d des Bürgerlichen Gesetzbuchs für die Wirkung von Verfügungen und Rechtsgeschäften über die Miete oder Pacht der Übergang des Eigentums in Betracht kommt, ist an dessen Stelle die Beschlagnahme des Grundstücks maßgebend. Ist dem Mieter oder Pächter der Beschluss, durch den die Zwangsversteigerung angeordnet wird, zugestellt, so gilt mit der Zustellung die Beschlagnahme als dem Mieter oder Pächter bekannt; die Zustellung erfolgt auf Antrag des Gläubigers an die von ihm bezeichneten Personen. Dem Beschluss soll eine Belehrung über die Bedeutung der Beschlagnahme für den Mieter oder Pächter beigefügt werden. Das Gericht hat auf Antrag des Gläubigers zur Feststellung der Mieter und Pächter eines Grundstücks Ermittlungen zu veranlassen; es kann damit einen Gerichtsvollzieher oder feinen sonstigen Beamten beauftragen, auch die zuständige örtliche Behörde um Mitteilung der ihr bekannten Mieter und Pächter ersuchen.

(2) Der Beschlagnahme zum Zwecke der Zwangsversteigerung steht die Beschlagnahme zum Zwecke der Zwangs Verwaltung gleich, wenn sie bis zum Zuschlag fortgedauert hat. Ist dem Mieter oder Pächter der Beschluss, durch den ihm verboten wird, an den Schuldner zu zahlen, zugestellt, so gilt mit der Zustellung die Beschlagnahme als dem Mieter oder Pächter bekannt.

(3) Auf Verfügungen und Rechtsgeschäfte des ZwangsVerwalters finden diese Vorschriften keine Anwendung.

I. Allgemeines

1 Die Vorschriften § 57 bis § 57b regeln die Auswirkungen des Zuschlags auf bestehende Miet- und Pachtverhältnisse über das Grundstück. § 57 regelt vor allem den Eintritt des Erstehers in die Miet- und Pachtverhältnisse bzgl. des erstandenen Grundstücks oder von -teilen und -bestandteilen ohne den Ersteher darüber hinaus zum Rechtsnachfolger des Vollstreckungsschuldners zu machen. § 57a gewährt bzgl. dieser Mietverhältnisse ein außerordentliches Kündigungsrecht und § 57b regelt, inwiefern dem Ersteher Rechtsgeschäfte über die Miete/Pacht zugerechnet werden. Die §§ 57c, d sind durch das 2. JuMoG zum 1.2.2007 außer Kraft getreten §§ 57a, b finden in der **Teilungsversteigerung** keine Anwendung, § 183, aber in jeder anderen Versteigerungsart des ZVG, jedoch nicht in der Zwangsverwaltung.

II. Zuschlag bricht nicht Miete

2 Als Kern der Regelung ist die Verweisung des § 57 auf den § 566 BGB zu sehen, der den Eintritt des neuen Eigentümers – hier des Erstehers – in bestehende Miet- oder Pachtverträge anordnet und somit den Erwerb durch Zuschlag als originären Rechtserwerb dem rechtsgeschäftlichen für die Wirkung auf Mietverträge gleichstellt.

III. Überlassung an Mieter oder Pächter

3 Da Anknüpfungspunkt der Vorschriften ein Vertrag über die Überlassung des Grundstücks an einen Mieter oder Pächter ist, folgt daraus, dass der Vollstreckungsschuldner nicht der Überlassende sein muss. Es genügt, dass der schuldrechtlich Berechtigte aufgrund eines Miet- oder Pachtvertrags dem Vollstreckungsschuldner gegenüber zum Gebrauch berechtigt war, dem Vollstreckungsschuldner also kein Anspruch aus § 985 BGB gegen den Berechtigten zustand. Daher genügt auch die Vermietung durch einen dinglich berechtigten Nießbraucher, dessen Recht nicht ins geringste Gebot fällt und so untergeht. Hat das Recht Bestand, haben die §§ 57ff. keine praktische Relevanz, da Vermieter der Nießbraucher bleibt und so dem Mieter weiter die Berechtigung vermittelt.[1] Die Überlassung an den Nutzer muss jedoch vor Zuschlag im Hinblick auf die vertrgliche Verpflichtung aus dem Miet- oder Pachtvertrag erfolgt sein.[2] Die Vermietung durch einen Miteigentümer genügt nicht,[3] die Einwilligung der anderen Miteigentümer zu einem späteren Zeitpunkt dagegen soll genügen.[4] Besteht ein Untermietverhältnis tritt der Erwerber in den Hauptmietvertrag ein, nicht in den Untermietvertrag (siehe aber VI. 4.). Ein unentgeltliches als Vermächtnis gegenüber dem Vollstreckungsschuldner als Erben verpflichtendes Wohnrecht bindet den Ersteher dagegen nicht.[5]

---

1 *Engels, in: Dassler/Schiffhauer/u. a., ZVG, § 57 Rdnr. 3.*
2 BGH, Beschluss vom 14.2.2008 – Az. V ZB 108/07.
3 OLG Düsseldorf, Beschl. vom 11.12.2007 – I-10 W 160/07, 10 W 160/07, ZMR 2008, 787 = OLG Düsseldorf 2008, 693.
4 OLG Karlsruhe, Rechtsentscheid vom 10.2.1981 – 3 REMiet 1/81, OLGZ 1981, 207–211 = NJW 1981, 1278–1279.
5 OLG Schleswig, Urteil vom 3.6.2004 – 16 U 39/04, (zit. nach Juris)

IV. Verfahrensbeteiligung

Der Mieter/Pächter ist, wenn er sich bei Gericht als solcher anmeldet, Beteiligter und zum Termin zu laden. Das Verlangen abweichender Versteigerungsbedingungen ist in eine Anmeldung als Beteiligter umzudeuten.[6] Über das Bestehen eines Mietrechts sind die Beteiligten zu informieren. Eine fehlende Ladung des Mieters lässt die Wirksamkeit des Zuschlags jedoch unberührt.[7]

4

V. Räumungsvollstreckung

Gegen den Mieter oder Pächter ist keine Räumungsvollstreckung nach § 93 Abs. 1 Satz 1 möglich, da aufgrund § 57 ZVG, § 566 BGB dessen Recht eben gerade nicht erlischt.[8] Dies gilt auch für den Untermieter, dessen Recht ebenfalls erst durch Kündigung des Hauptvertrags erlischt. Der Inhaber eines Rechts, das nach § 57 ZVG nicht erlischt, hat im Verfahren nach § 93 Abs. 1 Satz 2 ZVG nicht den Vollbeweis dafür zu erbringen, dass sein Recht besteht. Es genügt vielmehr, dass er Anhaltspunkte dafür darlegt, die sein Besitzrecht nahelegen.[9] Gegen die Versagung dieses Schutzes kann er sich im Wegen des § 771 ZPO wehren.[10]

5

VI. Sonderkündigungsrecht

Dem vom Vollstreckungsschuldner verschiedenen[11] Erwerber steht – außer in der Teilungsversteigerung, § 183 – ein Sonderkündigungsrecht nach § 57a zu. Der Zuschlag in der ZwV stellt jedoch für sich alleine keinen Kündigungsgrund dar. Soweit der Zuschlag vor dem 1.2.2007 erteilt wurde, finden die Beschränkungen der § 57c/d noch Anwendung, auch wenn der Zuschlag erst später wirksam wurde.[12] Entscheidend ist alleine der Zuschlag, nicht der Beginn des Verfahrens.[13] Das Sonderkündigungsrecht wird außerdem in den Beitrittsgebieten bis zum 3.10.2015 durch § 23 SchuldRAnpG eingeschränkt.[14]

6

1. Kündigungsgrund

Soweit eine Kündigung nach den mietrechtlichen Vorschriften über die ordentliche Beendigung einen Kündigungsgrund voraussetzt, muss dieser auch hier gegeben sein und liegt nicht im Zuschlag begründet. Dies ist insbesondere bei der Kündigung von Wohnraum zu beachten (§ 573ff. BGB). Insofern ist die Vorschrift nur dann für den Ersteher von Nutzen, wenn es sich um ein ordentlich unkündbares Miet- oder Pachtverhältnis handelt oder für den Vermieter ungünstige abweichende Kündigungsregelungen vertraglich getroffen wurden.

7

---

6 *Rellermeyer*, in: Dassler/Schiffhauer/u.a., ZVG, § 9 Rdnr. 20.
7 OLG Düsseldorf, Beschl. vom 27.1.1995 – 3 W 676/94, WuM 1995, 492–493 = ZMR 1995, 414–415 = Rpfleger 1995, 373.
8 *Stöber*, ZVG, Kap. § 93 Rn. 3.1.
9 OLG Düsseldorf, Beschl. vom 11.12.2007 – I-10 W 160/07, 10 W 160/07, ZMR 2008, 787; BGH 9a. Zivilsenat, Beschl. vom 27.2.2004 – IXa ZB 269/03, Rpfleger 2004, 368; a. A. Hanseatisches OLG Hamburg, Urteil vom 24.5.1995 – 4 U 60/95, WuM 1996, 41–42.
10 OLG Frankfurt, Beschl. vom 31.7.1987–20 W 251/87, RPfleger 1989, 209–210.
11 *Stöber*, ZVG, Kap. § 57 Rn. 2.6.
12 BGH, Urteil vom 11.3.2009 – VIII ZR 83/08, NJW 2009, 2312 = Rpfleger 2009, 468.
13 BGH, Beschluss vom 9.7.2009 – Az. V ZB 190/08, WuM 2009, 590–591.
14 AG Luckenwalde, Urteil vom 25.8.1999 – 17 C 193/99, ZOV 1999, 441–442.

2. Fristen

8 Im Regelfall wird es sich dabei um ein befristetes Mietverhältnis handeln, das ordentlich gesetzlich nicht kündbar ist. Dann ordnet § 57a die Geltung der gesetzlichen Kündigungsfrist an.[15] Die Kündigung ist mit gesetzlicher Frist (S.1) zum ersten möglichen Termin nach Wirksamkeit des Zuschlags zu erklären (S.2). Der Ersteher muss also die erste Möglichkeit für die Beendigung des Vertrags nutzen. Diese Frist ist nicht schematisch anzuwenden, sondern unter Berücksichtigung der tatsächlichen Möglichkeit des Erstehers zu interpretieren. Der Ersteher ist daher berechtigt auch zum zweiten Termin zu kündigen, wenn zwischen Zuschlag und Kündigungstermin keine Woche liegt.[16] Diese Überlegungsfrist läuft nur, wenn der Ersteher vom Miet- oder Pachtverhältnis Kenntnis hat[17] oder grob fahrlässig[18] keine Kenntnis hatte.

3. Geltung des Mietrechts

9 Alle weiteren Bestimmungen des Mietrechts bzgl. der Kündigung finden unmodifiziert Anwendung. Für diese Fragen ist daher hier auf die mietrechtliche Literatur zu verweisen. Insbesondere gelten die Mieterschutzvorschriften des sozialen Mietrechts. Es gelten die Vorschriften über den Widerspruch (§ 574 BGB) und auch die Wartefrist nach Begründung von Wohneigentum des § 577a BGB ist einzuhalten, so dass bis zur Wirksamkeit der Kündigung bis zu 10 Jahre vergehen können.[19] Dabei gilt der Zuschlag als Veräußerung, so dass es genügt, dass in den letzten 3 Jahren Wohneigentum begründet wurde.[20] Bestand eine für den Wohnraummieter unerkannte Untervermietung mit einem gewerblichen Zwischenvermieter, bestünde grundsätzlich kein Kündigungsschutz nach den Vorschriften über Wohnraum, da mit der Kündigung des gewerblichen Mietvertrags auch das Besitzrecht des Untervermieters erlischt.[21] Trotzdem verlangt die Rechtsprechung die Einhaltung der Vorschriften über Wohnraum auch durch den Ersteher im Rahmen des § 57a, wenn der Untermieter nicht erkannte, dass er nicht Hauptmieter ist, also davon ausging sein Vermieter wäre dinglich Berechtigter.[22] Auch gegen den Untermieter findet keine Vollstreckung nach § 93 Abs. 1 Satz 1 statt.[23] Mietrecht gilt nicht für den Vollstreckungsschuldner, da er kein Mieter ist – stattdessen ist hier Vollstreckungsschutz zu suchen. Der Kündigungsgrund der angemessenen wirtschaftlichen Verwertung durch den Erwerber (§ 573 Abs. 2 Nr. 3 BGB) kann dabei zu besonderen Schwierigkeiten nach erfolger Zwangsvollstreckung führen.[24]

---

15 *Mayer*, Rpfleger 1999, 210.
16 OLG Oldenburg, Urteil vom 17.12.2001 – 11 U 63/01, OLGR Oldenburg 2002, 47–48 = Rpfleger 2002, 325–326; OLG Düsseldorf – Az. 10 U 66/02 Urteil vom 5.9.2002 = WuM 2002, 674; Kündigung möglich, wenn die Beobachtung der erforderlichen Sorgfalt eine frühere Kündigung unmöglich machte. OLG Frankfurt, Urteil vom 19.6.2009 – Az. 2 U 303/08.
17 BGH, Urteil vom 9.11.2001 – LwZR 4/01, NJW 2002, 1194–1196 = Rpfleger 2002, 133.
18 *Stöber*, ZVG, Kap. § 57a Rn. 5.
19 BayObLG, Rechtsentscheid vom 10.6.1992 – RE-Miet 2/92, BayObLGZ 1992, 187–195 = NJW-RR 1992, 1166–1168 = = Rpfleger 1992, 531–533; AG Weinheim, Urteil vom 5.12.1988 – 4 C 325/87, DWW 1989, 86–87.
20 BayObLG, Rechtsentscheid vom 10.6.1992 – RE-Miet 2/92, BayObLGZ 1992, 187–195 = NJW-RR 1992, 1166–1168 = = Rpfleger 1992, 531–533.
21 LG München I, Urteil vom 28.6.1989 – 14 S 15492/88 WuM 1989, 412.
22 BGH, Rechtsentscheid vom 21.4.1982 – VIII ARZ 16/81, BGHZ 84, 90–101 = NJW 1982, 1696–1699 = Rpfleger 1982, 303–304.
23 *Stöber*, ZVG, § 57a Rn. 7.3.
24 Dazu ausführlich zum § 564b Abs. 2 Nr. 3 Satz 1 a.F. *Witthinrich*, Rpfleger 1987, 98.

4. Aufhebung des Zuschlags

Wird der Zuschlag später aufgehoben, so soll die Kündigung des Erstehers wirksam bleiben, da dieser zum Zeitpunkt der Kündigung Berechtigter gewesen sei.[25] Aufgrund der ex tunc Wirkung der Zuschlagsaufhebung[26] war der Kündigende aber im Moment der Kündigung gerade eben nicht Berechtigter. Diese Konstruktion ist auch zur Erreichung der von den Vertretern der Ansicht gewollten Rechtssicherheit[27] für den Mieter/Pächter nicht erforderlich. Vielmehr bietet es sich hier an den neuen Eigentümer aufgrund des Rechtsscheins, den der zwischenzeitliche Scheineigentümer gesetzt hat, an der Kündigung lediglich einseitig festzuhalten. Dem Mieter/Pächter ist jedoch die Möglichkeit zu geben, die Kündigung nach erneuter Entscheidung über den Zuschlag zurückzuweisen, wie es im Falle unwirksamer Kündigung im Mietrecht anerkannt ist.[28]

5. Schadensersatz für Mieter/Bereicherungshaftung

Der Vollstreckungsschuldner ist dem Mieter/Pächter aus §§ 280, 283 BGB zum Schadensersatz verpflichtet, wenn der Ersteher den Mietvertrag außerordentlich kündigt[29] und zwar abweichend vom Regelfall[30], dass nach Zuschlag fällige Schadensersatzansprüche aus dem Mietverhältnis vom Ersteher zu tragen sind. Von dieser Haftung wird der Vermieter nicht nach § 566 Abs. 2 Satz 2 BGB durch Mitteilung an den Mieter frei. Dagegen ist der Ersteher Schuldner eines womöglich bzgl. werterhöhender Verwendungen bestehenden Bereicherungsanspruchs des Mieters.[31]

6. Miteigentumsteil

Wird ein Miteigentumsanteil versteigert, kann nur die Gemeinschaft der Miteigentümer den Vertrag kündigen, dieser steht jedoch – da sie nicht Ersteher ist – kein Sonderkündigungsrecht zu.[32]

7. Abweichende Vereinbarungen/Bedingungen

Das Kündigungsrecht kann nicht durch Vertrag zwischen Vollstreckungsschuldner und Mieter ausgeschlossen werden.[33] Abweichende Versteigerungsbedingungen unter Ausschluss des § 57a sind möglich,[34] führen aber zur Folge des § 59 Abs. 2 (Doppelausgebot).[35] Zulasten des Mieters sind keine Abweichungen vom Kündigungsschutz des Mieters möglich.[36]

---

25 *Stöber*, ZVG, § 57a Rn. 2.9.
26 *Böttcher*, ZVG, § 90 Rn. 4; RG, Urteil vom 5.6.1943 – VII (VIII) 108/42, RGZ 171, 120.
27 *Teufel*, in: Steiner, § 57 Rn. 47; *Stöber*, ZVG, § 57a Rn. 2.9.
28 *Blank*, in: Blank/Börstinghaus, Miete, § 542, Nr. Rn. 79.
29 RG, Urteil vom 16.3.1906 – III 348/05, RGZ 63, 66; *Eckert*, in: *MünchKomm*, Inso, § 111, Rn. 28; ausführlich *Marotzke*, Gegenseitige Verträge im neuen Insolvenzrecht, 6.37 ff.; OLG Köln 13. Zivilsenat, Urteil vom 15.10.2001 – 13 U 94/99, (zit. nach Juris).
30 *Emmerich*, in: *Staudinger*, BGB, § 566 Nr. 51.
31 BGH, Urteil vom 29.4.2009 – XII ZR 66/07, NJW 2009, 2374; BGH, Urteil vom 16.9.2009 – Az. XII ZR 72/07 und 71/07.
32 *Teufel*, in: Steiner, § 57 Rn. 50; *Engels*, in: Dassler/Schiffhauer/u.a., ZVG, § 57a, Rn. 25.
33 *Stöber*, ZVG, Nr. § 57a Rn. 8.1.
34 OLG Düsseldorf, Beschl. vom 27.1.1995 – 3 W 676/94, WuM 1995, 492–493 = ZMR 1995, 414–415 = Rpfleger 1995, 373.
35 *Stöber*, ZVG, Nr. § 57a Rn. 8.1.
36 *Stöber*, ZVG, Nr. § 57a Rn. 6.1.

8. Zuständigkeit und Hinweispflichten

14 Das Versteigerungsgericht ist für eine Entscheidung über die Wirksamkeit der Kündigung nach § 57a nicht zuständig, hat aber im Verfahren darauf und auf den Mieterschutz hinzuweisen.[37]

9. Zwangsverwaltung

15 Wurde für das vermietete Objekt Zwangsverwaltung angeordnet, so endet diese nicht automatisch durch Zuschlag, sondern mit ihrer Aufhebung, § 161 ZVG. Allerdings beschränkt diese nur den Schuldner in der Verwaltung des Grundstücks, § 148 II ZVG. Der Ersteher ist daher zur Kündigung berechtigt, die Zwangsverwaltung, die nur noch auf Beendigung gerichtet ist, bietet keinen hinreichenden Grund, das Recht zu beschneiden. Sollte der Zuschlag aufgehoben werden, sollte die Lösung unter 4. angewendet werden.[38]

VII. Handlungen des Zwangsverwalters

16 Hat ein Zwangsverwalter das Mietverhältnis begründet, so gelten die §§ 56 ff. unverändert. Der Ersteher tritt in das Mietverhältnis ein und kann kündigen. Daher sieht die ZwVwV in § 6 vor, dass der Zwangsverwalter Schadensersatzansprüche des Mieters vertraglich ausschließen muss, damit der Zwangsverwalter nicht für die Folgen eines eventuellen Zuschlags haften muss (siehe dazu § 6 ZwVwV Rn. 6). In diese Schadensersatzpflicht des Vollstreckungsschuldners tritt der Ersteher nicht ein (Rn 10). Die gesetzlich zwingenden Kündigungsvorschriften kann auch der Zwangsverwalter nicht zu Ungunsten des Mieters verändern – aber für den Vermieter ungünstige Kündigungsfristen werden von § 57a verdrängt. Verfügungen des Zwangsverwalters unterliegen nicht der Modifkation des § 57b, wie dessen Abs. 3 klarstellt, so dass hier die Verweisung nach § 57 uneingeschränkt gilt.

VIII. Rechtsgeschäfte über Miete/Pacht

17 § 57b regelt, inwieweit Rechtsgeschäfte über die Miete auch dem Ersteher gegenüber gültig sind. Bei reiner Anwendung des § 57 ZVG i.V.m. § 566 BGB wäre jede Verfügung des Mieters oder Vermieters bzgl. der Miete auch für den Ersteher wirksam, da er in das Mietverhältnis eintritt, wie er es zum Zeitpunkt des Zuschlags vorfindet.[39] Daher wurde zum Schutz des Erstehers oder Käufers (im BGB) Vorschriften geschaffen, auf die das ZVG verweist, um den Besonderheiten der ZwV gerecht zu werden. Dazu modifiziert das ZVG die §§ 566b Abs. 1 BGB und 566c/d, die § 57 bereits für anwendbar erklärt. Im Folgenden werden die Vorschriften nur kommentiert, soweit sich Abweichungen vom BGB ergeben und ansonsten auf die reichhaltige Mietrechtsliteratur verwiesen. Die Normen gelten auch, wenn ein Nießbraucher, dessen Recht erlischt, verfügt. Sie finden ebenfalls Anwendung, wenn die Miete nicht nach Monaten bestimmt ist, sondern nach anderen Zeitabschnitten, dann aber jeweils nur auf Monate anteilig – und zwar unabhängig davon, wann die Beträge fällig sind. Lediglich, wenn die Miete tatsächlich in einem Einmalbetrag besteht, finden sie keine Anwendung.[40] Demgegenüber ist die Vereinba-

---

[37] Stöber, ZVG, Nr. § 57a Rn. 6.3.
[38] Zum Ganzen – ohne ersichtliche Lösung: Stöber, ZVG, Kap. § 57a Rn. 2.8.
[39] Anders: Engels, in: Dassler/Schiffhauer/u.a., ZVG, § 57b Nr. 1, der von Unwirksamkeit ausgeht.
[40] BGH, Urteil vom 5.11.1997 – VIII ZR 55/97 , BGHZ 137, 106–115 = NJW 1998, 595–597.

rung, dass die Mieten mit vereinbarten Modernisierungen durch den Mieter verrechnet werden sollen eine Verfügung, die den Ersteher nicht bindet.[41]

1. § 566b Abs. 1 BGB

Die Norm behandelt **einseitige Verfügungen** des Vermieters gegenüber dem Mieter (Aufrechnung gegen Forderungen des Mieters) oder Dritte (Abtretung der Mietforderung an den Dritten oder Pfändung durch Dritte). Abweichend von § 566b Abs. 1 ist für den Zeitraum über den wirksam verfügt werden kann, nicht der Monat des Eigentumsübergangs entscheidend, sondern der Monat der Beschlagnahme, bzw. wenn die Beschlagnahme nach dem 15. erfolgt, der Folgemonat. Daraus ergibt sich die Situation, dass zwischen Beschlagnahme im Zwangsversteigerungsverfahren und dem Zuschlag der Vermieter nicht dem Ersteher gegenüber wirksam über die Miete verfügen kann, obwohl sie ihm nach § 56 zusteht, soweit es sich um Mieten aus dem Grundstück handelt. Die Beschlagnahme für die Zwangsverwaltung, die bis zum Zuschlag besteht, steht der Beschlagnahme zur Zwangsversteigerung gleich, § 57b Abs 2.

2. § 566c BGB

Der Verweis auf § 566c BGB bezieht sich auf Rechtsgeschäfte zwischen Vermieter und Mieter über zukünftige Mietforderungen. Sie betrifft nur Rechtsgeschäfte, die sich auf einzelne Mietforderungen beziehen, nicht Vertragsänderungen, wie eine generelle Herabsetzung oder Änderung der Miete. Dagegen sehr wohl die Zahlung im Voraus, den Erlass, die Stundung und andere Verfügungen über einzelne zukünftige Mietforderungen. Während die Norm im Original auf den Eigentumsübergang abstellt, modifiziert § 57b wiederum den Zeitpunkt auf die Beschlagnahme, die wiederum ebenfalls schon aus der Zwangsverwaltung vorwirkt, § 57b Abs. 3. Darüber hinaus wird statt Kenntnis des Mieters vom Eigentumsübergang folgerichtig Kenntnis von der Beschlagnahme, die durch Zustellung des Beschlusses an den Mieter auf Antrag des Gläubigers ersetzt werden kann, verlangt. Daraus ergibt sich wie unter Rn. 18 die Situation, dass der Mieter nach Beschlagnahme nicht mehr befreiend an den Vermieter zahlen kann, obwohl diesem nach § 56 noch die Miete zusteht und diese Zahlung bereits im Mietvertrag vereinbart war.[42] Diese Zahlung ist für den Mieter jedoch gefahrlos, soweit der Zuschlag nicht in dem Monat, für den er zahlen will, fallen wird, denn nur der Ersteher kann sich auf die Unwirksamkeit des Rechtsgeschäfts berufen. Dies aber natürlich nur, soweit ihm nach § 57 ZVG, § 566 BGB die Miete gebührt. Da der Versteigerungstermin und mit ihm der Zuschlag mindestens 6 Wochen vorher bekannt gegeben werden muss (§§ 43 I 1, 39), kann ein Mieter, der als Beteiligter über die Terminsbestimmung zu informieren ist, nicht unwissentlich für Monate über die Miete verfügen, die nach Zuschlag fällig werden. Für den Monat, in dem der Zuschlag fallen könnte, steht ihm das Mittel der Hinterlegung als Erfüllungssurrogat (§ 372 BGB) zur Verfügung, da Gläubigerungewissheit besteht. Hat er für einen längeren Zeitraum im Voraus zu bezahlen, sind auch dann schon die Voraussetzungen des § 372 BGB erfüllt und der Mieter kann hinterlegen. Auf keinen Fall gerät der Mieter mit der Zahlung der Miete in Verzug, sobald er mit einem Zuschlag für den Zahlungszeitraum rechnen muss, da er den Verzug wegen Ungewissheit über die Person des Gläubigers nicht zu vertreten hat.[43] Die Norm findet keine Anwendung, wenn die Zahlung für die komplette Laufzeit in einer Einmalzahlung besteht.[44]

---

41 LG Berlin, Beschl. vom 25.8.2008 – 67 T 102/08, Grundeigentum 2008, 1428.
42 BGH, Urteil vom 11.7.1962 – VIII ZR 98/61, BGHZ 37, 346–353 = WM 1962, 901–903.
43 *Löwitsch*, in: *Staudinger*, BGB, § 286 Rdnr. 151.
44 BGH, Urteil vom 5.11.1997 – VIII ZR 55/97, BGHZ 137, 106–115 = NJW 1998, 595–597. G

3. § 566d BGB

20 Für den Zeitraum, für den Vermieter und Mieter nach 2. wirksam im Voraus über die Miete verfügen kann, darf er auch gegen Mieten, die nach § 56 dem Ersteher zustehen, aufrechnen. Dies jedenfalls, soweit er die Forderung mit der er aufrechnet erst nach Kenntnis von der Beschlagnahme erlangt hat oder die Forderung erst nach dieser Kenntnis und der Miete fällig wird. Die Modifikation des § 57b beschränkt sich hier wiederum auf die Vorverlegung der Kenntnis vom Eigentumsübergang auf die Beschlagnahme.

4. Kenntnis von der Beschlagnahme

21 Erforderlich ist die positive Kenntnis des Mieters von der Beschlagnahme – (grob) fahrlässige Unkenntnis steht dem nicht gleich. Dem steht die Zustellung (§§ 3 ff.) des Beschlusses über die Beschlagnahme an den Mieter gleich (Abs. 1 Satz 2). Das Vollstreckungsgericht hat auf Antrag des Gläubigers, der die ZwV betreibt, den Beschluss den Personen zuzustellen, die der Gläubiger benennt. Satz 3 ordnet an, dass dem Beschluss eine Belehrung über die Folgen der Beschlagnahme (§ 57ff) beizufügen ist. Dies ist jedoch nicht zwingend und führt nicht dazu, dass die Folgen der Kenntnis nicht eintreten, kann jedoch zu einem Amtshaftungsanspruch des Gerichts führen. Wird dem Mieter im Verfahren der Zwangsverwaltung ein Zahlungsverbot per Beschluss zugestellt (Abs. 2 Satz 2), so hat diese Zustellung, wenn sie bis zum Zuschlag andauert, die gleiche Wirkung.

5. Ermittlung der Mieter

22 Auf Antrag des Gläubigers hat das Gericht die Mieter zu ermitteln (Abs. 1 Satz 4). Dazu kann es sich der Meldebehörden, anderer Beamter oder des Gerichtsvollziehers bedienen. Die Kosten dafür sind der Masse vorab zu entnehmen, § 109.

6. Rückforderung des Mieters/Dritte

23 Der Mieter muss sich bzgl. der Rückforderung von unwirksam beglichenen Mieten an den Leistungsempfänger halten und nach § 812 Abs. 1 Satz 1 Alt. 1 BGB kondizieren. Die Miete nach Zuschlag muss er, soweit sie nach Rn. 18, 19 unwirksam geleistet wurde, erneut an den Ersteher zahlen. Hat der Mieter aufgrund einer nach Rn. 18 unwirksamen Abtretung an einen Dritten geleistet, kommt ihm bei eigener Unkenntnis § 409 BGB zu Gute, die Miete gilt also dem Vollstreckungsschuldner ggü. als wirksam geleistet. Da der Mieter keine Kenntnis von der Beschlagnahme hat, ist seine Leistung damit endgültig bewirkt. Der Ausgleich hat für den Zeitraum nach Zuschlag zwischen Ersteher und Dritten nach § 816 BGB zu erfolgen.

7. Staatshaftung

24 Die Ermittlung und Zustellung an die Mieter sind eine dem Vollstreckungsgericht gegenüber dem Gläubiger bestehende Amtspflicht, die zu staatshaftungsrechtlichen Ansprüchen führen kann, wenn dadurch der Versteigerungserlös negativ beeinträchtigt wird. Auch der Mieter kann staatshaftungsrechtliche Ansprüche haben (siehe Rn 20).

8. Baukostenzuschüsse

25 Durch den Wegfall der §§ 57c/d richtet sich die Frage nach der Bindung von Baukostenzuschüssen für den Ersteher nunmehr nach den Regeln des BGB, modifiziert durch §§ 57a/b. Entscheidend für die Frage, ob die § 57 c/d noch anwendbar sind, ist der Zeitpunkt der Zuschlagserteilung (siehe Rn 6). Demnach finden die Regelungen des § 547 BGB Anwendung, soweit es sich bei den Vorauszahlungen um Baukostenzuschüsse handelte, die nicht unter § 566b

BGB fallen.[45] D.h. in solchen Fällen muss der Ersteher bei Beendigung die Mieten, die auf die Zeit nach Beendigung entfallen, dem Mieter nach § 547 BGB erstatten[46] oder ihn so lange wie vereinbart mietfrei oder zur reduzierter Miete[47] wohnen lassen. Die Beweislast, dass die Baukostenzuschüsse tatsächlich zum Aufbau verwendet wurden, soll dabei den Mieter treffen.[48] Für Einen eventuell bestehender Bereicherungsanspruch gilt Rn. 10.

9. Zwangsverwalter

Die Modifikationen des § 57b finden auf den Zwangsverwalter keine Anwendung. Es bleibt daher bei den Beschränkungen, die § 57 ZVG iVm § 566ff BGB aufstellt. Entscheidend ist nicht die Beschlagnahme, sondern der Eigentumsübergang durch Zuschlag (§ 57b Abs. 3). **26**

IX. Mietkaution

Der Ersteher und der Zwangsverwalter treten nach § 57 ZVG, § 566 BGB in das Mietverhältnis vollumfänglich ein. Dies betrifft auch die bezahlte Mietkaution und zwar unabhängig davon, ob der Vollstreckungsschuldner sie, wozu er verpflichtet ist, an den Ersteher oder Zwangsverwalter ausgekehrt hat.[49] Der Mieter hat also gegen Ersteher oder Zwangsverwalter bei Beendigung des Mietverhältnisses Anspruch auf Rückgewähr[50] der Kaution und bei noch bestehendem Mietverhältnis Anspruch auf Anlage der Kaution[51] getrennt vom restlichen Vermögen des (neuen) Vermieters. **27**

X. Nutzungsüberlassung durch Gesellschafter/ Eigenkapitalersetzende Nutzungsüberlassung

Die Rechtsprechung zum Eigenkapitalersatzrecht, die vor dem MoMig auch auf sog. Eigenkapitalersetzende Nutzungsüberlassungen angewandt wurden, sind nunmehr durch die Regelung des § 135 Abs. 3 InsO ersetzt worden. Ist Vollstreckungsschuldner ein GmbH-Gesellschafter, der mindestens 10 % an der Gesellschaft hält und hat er der Gesellschaft einen betriebswichtiges Grundstück überlassen, steht ihm im Falle der Insolvenz der GmbH nicht die vereinbarte Miete, sondern ein Jahr lang nur ein Ausgleich zu, § 135 Abs. 3 Satz InsO. Dies muss auch der Ersteher in der Zwangsvollstreckung gegen sich gelten lassen, da er nach altem Eigenkapitalersatzrecht auch den Wegfall der vollständigen Vergütung gegen sich gelten lassen musste. Nach altem Recht konnte der Vollstreckungsschuldner das Grundstück auch nicht vom Insolvenzverwalter herausverlangen, also nicht nach § 57a ZVG kündigen. Hierfür gilt nun nach § 135 Abs. 3 Satz 1 InsO eine Frist von einem Jahr nach Insolvenzeröffnung, die auch für den Ersteher gilt. **28**

---

45 *Gather*, in: *Schmidt-Futterer*, § 566c, 9; BGH 5. Zivilsenat, Urteil vom 26.11.1954 – V ZR 24/54, BGHZ 15, 296–305 = WM 1955, 180–182.
46 Zu § 555 BGB a. F. BGH 5. Zivilsenat, Urteil vom 17.12.1954 – V ZR 4/54, BGHZ 16, 31–37 = WM 1955, 182–183.
47 LG Bochum, Urteil vom 24.3.1981 – 11 S 387/80, WuM 1982, 135–135.
48 BGH, Urteil vom 25.11.1958 – VIII ZR 151/57, WM 1959, 120–122.
49 OLG Hamburg, Urteil vom 9.4.1996 – 4 U 136/96, Grundeigentum 1997, 959; LG Berlin, Urteil vom 29.2.2000 – 63 S 315/99, Grundeigentum 2000, 605–606.
50 LG Berlin, Urteil vom 19.2.2001 – 67 S 275/00, Grundeigentum 2001, 698 = MM 2001, 246.
51 BGH, Urteil vom 11.3.2009 – VIII ZR 184/08, NJW 2009, 1673–1674 = Rpfleger 2009, 468.

§ 58 ZVG [Kosten des Zuschlagsbeschlusses]

Die Kosten des Beschlusses, durch welchen der Zuschlag erteilt wird, fallen dem Ersteher zur Last.

Übersicht

		Rn.
I.	Allgemeines	1
II.	Gerichtskosten	2
III.	Geschäftswert	3
IV.	Kostenschuldner	4

I. Allgemeines

1   Die Norm entspricht dem § 448 Abs. 2 BGB, der beim rechtsgeschäftlichen Erwerb zur Anwendung kommt und erlegt die Kosten des Zuschlagsbeschlusses dem Ersteher auf. Die Vorschrift gilt für alle Versteigerungsverfahren des ZVG. Die Kosten des Zuschlagsbeschlusses zählen nicht zu den Kosten des Verfahrens im Sinne des § 109 Abs. 1 und dürfen daher nicht dem Erlös vorweg entnommen werden.

II. Gerichtskosten

2   Die Gebühr für die Erteilung des Zuschlags beträgt 0,5 (KV GKG 2214). Die Gebühr entfällt, wenn der Zuschlag in der Beschwerdeinstanz aufgehoben wird. Wird der Zuschlag vom Vollstreckungsgericht versagt, entsteht dafür keine Gebühr. Die Gebühr wird fällig mit der Verkündung des Zuschlags bzw. mit der Zustellung des Beschlusses an den Ersteher, soweit das Beschwerdegericht den Zuschlag erteilt, vgl. § 7 Abs. 1 Satz 2 GKG. Die Zustellung des Beschlusses ist im Regelfall nicht Wirksamkeitsvoraussetzung, die dafür anfallenden Auslagen nach KV 9002 fallen daher nicht dem Ersteher zur Last. Praktisch lässt sich dieses Problem dadurch umgehen, dass dem Ersteher der Zuschlagsbeschluss und die Terminsbestimmung für den Verteilungstermin gemeinsam zugestellt werden. Die dann nur einmal entstehenden Auslagen können problemlos unter § 109 gefasst werden.

III. Geschäftswert

3   Der Geschäftswert für die Erteilung des Zuschlags richtet sich nach dem Gebot ohne Zinsen, für welches der Zuschlag erteilt ist, zuzüglich des Betrages, in dessen Höhe der Ersteher nach § 114a als aus dem Grundstück befriedigt gilt, § 54 Abs. 2 GKG. Maßgeblich ist das Meistgebot – bestehend aus barem Meistgebot und gegebenenfalls nach den Versteigerungsbedingungen bestehen bleibenden Rechten. Bei bestehen bleibenden Rechten aus Abteilung II ist der Zuzahlungsbetrag nach §§ 51, 50 maßgeblich. Unerheblich für den Geschäftswert ist der Wert eines liegenbelassenen Rechts oder von Rechten, die außerhalb des geringsten Gebots bestehen bleiben.

IV. Kostenschuldner

4   Für die Kosten des Zuschlagsbeschlusses haftet der Ersteher, § 26 Abs. 2 Satz 1 GKG. Im Falle der Abtretung der Rechte aus dem Meistgebot (§ 81 Abs. 2)

oder der verdeckten Vertretung (§ 81 Abs. 3) haften der Ersteher und der Meistbietende als Gesamtschuldner. Bei einer Wiederversteigerung haftet der neue Ersteher nicht für die Kosten des ersten Zuschlags. Mehrere Kostenschuldner haften als Gesamtschuldner, § 31 Abs. 1 GKG.

§ 59 ZVG [Abweichende Feststellung des geringsten Gebots und der Versteigerungsbedingungen]

(1) Jeder Beteiligte kann spätestens im Versteigerungstermin vor der Aufforderung zur Abgabe von Geboten eine von den gesetzlichen Vorschriften abweichende Feststellung des geringsten Gebots und der Versteigerungsbedingungen verlangen. Der Antrag kann spätestens zu dem in Satz 1 genannten Zeitpunkt zurückgenommen werden. Wird durch die Abweichung das Recht eines anderen Beteiligten beeinträchtigt, so ist dessen Zustimmung erforderlich.

(2) Sofern nicht feststeht, ob das Recht durch die Abweichung beeinträchtigt wird, ist das Grundstück mit der verlangten Abweichung und ohne sie auszubieten.

(3) Soll das Fortbestehen eines Rechtes bestimmt werden, das nach § 52 erlöschen würde, so bedarf es nicht der Zustimmung eines nachstehenden Beteiligten.

Übersicht

		Rn.
I.	Allgemeines	1, 2
II.	Verlangen nach Abweichung	3–5
III.	Gerichtliches Verfahren	6–8
IV.	Beeinträchtigung/Doppelausgebot	9–15
1.	Offene Beeinträchtigung	9–14
2.	Ungewisse Beeinträchtigung – Doppelausgebot	15
V.	Zuschlagsentscheidung	16–19
VI.	Einzelfälle	20–31
1.	Bestehenbleiben eines erloschenen Rechts	20–22
2.	Erlöschen eines bestehen bleibenden Rechts	23
3.	Erhöhte Verzinsung des Bargebots	24
4.	Ansprüche persönlicher Gläubiger	25
5.	Mieter/Pächter	26
6.	Sicherheitsleistung	27
7.	Übergebote	28
8.	Versteigerungsgegenstand	29, 30
9.	Zinsen einer Sicherungshypothek nach § 128	31

I. Allgemeines

1 Die vom ZVG aufgestellten gesetzlichen Versteigerungsbedingungen sind nicht zwingender Natur. Die Norm stellt klar, dass eine Abweichung auf Antrag eines Beteiligten unter bestimmten Voraussetzungen möglich ist. Ziel des Versteigerungsverfahrens ist aus Sicht eines jeden daran Beteiligten immer die Erzielung des bestmöglichen Ergebnisses. Daher kann dieser Personenkreis (nicht die Bietinteressenten) eine Abweichung von den gesetzlichen Bedingungen herbeiführen. Die Norm bereitet in der Praxis häufig Schwierigkeiten und bietet Angriffsfläche, um eine Versteigerung zu verzögern und eventuelle Bietinteressenten abzuschrecken.

2 Grundlegende zwingende Verfahrensvorschriften des ZVG können im Rahmen der Norm nicht abgeändert werden. Hierzu zählen die Regelungen über die Sicherheitsleistung,[1] über das Erlöschen von Geboten § 72, die Mindest-

---
[1] *Hintzen*, in: *Dassler/Schiffhauer/u.a.*, ZVG, Rn. 22.

dauer der Bietzeit § 73, über die Zuschlagserteilung an den Meistbietenden § 81, die Vollstreckbarkeit des Zuschlagsbeschlusses § 93,[2] die Befriedigungsreihenfolge des § 10 und den Eigentumsübergang nach § 90.

II. Verlangen nach Abweichung

Nach Abs. 1 Satz 1 kann jeder Beteiligte verlangen, dass von den gesetzlichen Vorschriften abgewichen wird. Von Amts wegen kann daher keine Abweichung berücksichtigt werden, auch dann nicht, wenn es aus Sicht des Vollstreckungsgerichts sinnvoll erscheint. Wird die Änderung rechtzeitig verlangt, hat das Gericht keinen Ermessensspielraum bei der Entscheidung. Es hat vielmehr dem Verlangen stattzugeben, wenn die entsprechenden Voraussetzungen vorliegen. Für die Frage der Beteiligtenstellung ist § 9 maßgeblich. 3

Für das Abweichungsverlangen ist keine besondere Form vorgeschrieben. Es kann vor dem Termin schriftlich oder im Termin zu Protokoll erklärt werden. 4

Das Verlangen muss spätestens im Versteigerungstermin vor der Aufforderung zur Abgabe von Geboten gestellt werden. Auch die Rücknahme eines solchen Verlangens kann nur bis zu diesem Zeitpunkt erfolgen, Absatz 1 Satz 2. Hintergrund für die seit 1. August 1998 geltende Zeitgrenze (vorher war der Antrag bis zum Schluss der Versteigerung zulässig) ist die Notwendigkeit der Schaffung klarer Verhältnisse für die Beteiligten und die Bietinteressenten. Sie sollen sich auf die verlesenen und festgestellten Versteigerungsbedingungen verlassen können. Nach Beginn der Bietzeit können die Versteigerungsbedingungen nicht mehr abgeändert werden. Werden Anträge verspätet gestellt, weist das Vollstreckungsgericht im Rahmen seiner Aufklärungspflicht darauf hin. Besteht der Beteiligte auf seinen Antrag, ist dieser zu protokollieren und durch Beschluss als unzulässig zu verwerfen.[3] 5

III. Gerichtliches Verfahren

Aus dem Grundsatz der Gewährung rechtlichen Gehörs folgt, dass über zulässige Abweichungsverlangen mit den erschienenen Beteiligten im Versteigerungstermin verhandelt wird. Ist es dem Vollstreckungsgericht nicht möglich, im Versteigerungstermin über ein gestelltes Abweichungsverlangen sofort zu entscheiden, kann der Termin jederzeit unterbrochen werden.[4] 6

Findet im Versteigerungstermin ein Doppelausgebot statt (Rn. 9 ff.) und verlangt ein Beteiligter von einem Bieter Sicherheitsleistung nach § 67 ff., hat derjenige Bieter, der sowohl auf die gesetzlichen als auch auf die abweichenden Versteigerungsbedingungen bietet, nur einmal Sicherheit zu leisten. Die Sicherheitsleistung dient der Sicherung der Zahlung des Meistgebots. Nach Schluss der Versteigerung kann das Vollstreckungsgericht nur auf eine Ausgebotsform zuschlagen, der Bieter muss im Ergebnis nur einmal zahlen. Eine doppelte Sicherheitsleistung ist nach der ratio der Norm nicht erforderlich.[5] 7

Werden mehrere Abweichungsverlangen gestellt, sind diese jeweils einzeln zu erörtern. Mehrere Abweichungen können dabei auch in einem Ausgebot zusammengefasst werden.[6] 8

---

2 *Bötter*, ZVG, § 59 Rn. 8.
3 *Hintzen*, in: *Dassler/Schiffhauer/u.a.*, ZVG, Rn. 15; a.A. *Stöber*, ZVG, Rn. 3.3 (gesonderte Zurückweisung ist nicht erforderlich).
4 *Böttcher*, ZVG, Rn. 2.
5 *Hintzen*, in: *Dassler/Schiffhauer/u.a.*, ZVG, § 67 Rn. 11; unklar bleibt *Stöber*, ZVG, § 67 Rn. 2.6.
6 *Stöber*, ZVG, Rn. 3.7.

IV. Beeinträchtigung, Doppelausgebot

1. Offene Beeinträchtigung

9 Wird durch die Abweichung das Recht eines anderen Beteiligten beeinträchtigt, so ist dessen Zustimmung erforderlich, Abs. 1 Satz 3. Sofern nicht feststeht, ob das Recht durch die Abweichung beeinträchtigt wird, ist das Grundstück mit der verlangten Abweichung und ohne sie auszubieten, Abs. 2. Maßgebliches Kriterium für die Frage, ob ein Doppelausgebot stattfinden muss oder nicht, ist damit die Beeinträchtigung des Rechts eines anderen Beteiligten.

10 Das Recht, das durch die Abweichung beeinträchtigt sein kann, kann hierbei jedes Recht sein, dessen Wahrung das geringste Gebot und die gesetzlichen Versteigerungsbedingungen sicherstellen.[7] Für den Beteiligtenbegriff gilt § 9. Beeinträchtigt sein können diejenigen, die einen Anspruch auf Befriedigung aus dem Grundstück nach § 10 haben; der Schuldner ebenso wie ein neu eingetretener Eigentümer oder diejenigen, die ein der Versteigerung entgegenstehendes Recht haben.

11 Der Begriff der Beeinträchtigung ist dabei nicht definiert und weit auszulegen. Es spielt keine Rolle, ob die Beeinträchtigung formellrechtlicher oder materiellrechtlicher Natur ist.[8] Der Beteiligte muss durch die Abweichung nachteilig berührt werden. Dabei muss es sich nicht zwingend um eine wirtschaftliche Beeinträchtigung handeln.[9] Beeinträchtigung liegt daher vor, wenn das Recht eine andere Deckungsform erfährt – zum Beispiel Bestehenbleiben statt Barzahlung oder umgekehrt. Eine Beeinträchtigung liegt auch dann vor, wenn das geringste Gebot eine Höhe erreicht, bei der kein Interessent ein Gebot abgibt. Abzustellen ist hierbei nicht auf ungünstigere Konditionen aus Sicht des Erstehers – geschützt werden durch das Zustimmungserfordernis nur die Beteiligten nach § 9. Der Schuldner ist dann beeinträchtigt, wenn durch die abweichenden Versteigerungsbedingungen weniger Schulden als gesetzlich durch ein höheres Gebot getilgt werden oder gar kein wirksames Gebot abgegeben worden wäre.[10] Erfährt nur das Recht des Antragstellers eine Beeinträchtigung, ist dessen Zustimmung nicht erforderlich, da nach dem Gesetzeswortlaut nur die „anderen Beteiligten" geschützt werden.

12 Wird durch die Abweichung das Recht eines anderen Beteiligten beeinträchtigt, so ist zur Durchführung der Versteigerung nach den abgeänderten Bedingungen dessen Zustimmung erforderlich. Diese offene Beeinträchtigung festzustellen, ist in der Praxis sehr schwierig. Bei der Prüfung der Beeinträchtigung ist auch eine mögliche Wiederversteigerung zu beachten.[11] Kann das Vollstreckungsgericht die Beeinträchtigung feststellen, ist die ausdrückliche Zustimmung des Beteiligten erforderlich und im Protokoll zu vermerken, wenn der Beteiligte im Termin die Zustimmung erklärt. Stillschweigen ist keine Zustimmung.[12] Maßgeblich für die Notwendigkeit der Zustimmung ist allein die Frage der Beeinträchtigung, nicht auch die Anwesenheit des betroffenen Beteiligten im Versteigerungstermin. Daher ist auch die Zustimmung eines nicht erschienenen Beeinträchtigten erforderlich. Hierfür schreibt das Gesetz keine

---

[7] *Stöber*, ZVG, Rn. 4.1.
[8] *Hintzen*, in: *Dassler/Schiffhauer/u.a.*, ZVG, Rn. 52.
[9] *Stöber*, ZVG, Rn. 4.2.
[10] LG Rostock, Beschl. vom 26.4.2001 – 2 T 144/00, 2 T 126/00, Rpfleger 2001, 509f.
[11] *Schiffhauer*, Rpfleger 1981, 155.
[12] *Stöber*, ZVG, Rn. 4.3.

besondere Form vor, die Zustimmungserklärung ist daher als Prozesshandlung formfrei möglich.[13]

Liegt bei offener Beeinträchtigung die erforderliche Zustimmung bis zur Aufforderung zur Abgabe von Geboten vor, wird das Versteigerungsobjekt nur zu den abweichenden Bedingungen ausgeboten; ein Doppelausgebot ist dann nicht durchzuführen. **13**

Wird die Zustimmung ausdrücklich verweigert, ist das Grundstück nur zu den gesetzlichen Bedingungen auszubieten, der Antrag auf abweichende Versteigerungsbedingungen ist durch Beschluss zurückzuweisen und dies entsprechend im Protokoll zu vermerken. **14**

2. Ungewisse Beeinträchtigung – Doppelausgebot

Die offene Beeinträchtigung ist in der Praxis der Ausnahmefall, da die Beeinträchtigung im Regelfall vom Versteigerungsergebnis abhängt. Ein Doppelausgebot bei ungewisser Beeinträchtigung findet dann nicht statt, wenn alle möglicherweise Beeinträchtigten rechtzeitig zustimmen.[14] Wird die Zustimmung nicht erklärt, ist das Objekt im Rahmen des Doppelausgebots einmal unter gesetzlichen und einmal unter abweichenden Versteigerungsbedingungen auszubieten. Durch dieses doppelte Ausgebot (das nebeneinander und nicht nacheinander durchgeführt wird) kann die Beeinträchtigung ermittelt werden. Die Bieter haben dabei jeweils zu erklären, auf welche Ausgebotsform sie ihr Gebot abgeben. Die Bietzeit beginnt mit der einheitlichen Aufforderung zur Abgabe von Geboten und endet mit dem einheitlichen Schluss der Versteigerung. **15**

V. Zuschlagsentscheidung

Wurde nur ein Ausgebot nach gesetzlichen Versteigerungsbedingungen oder nur ein Ausgebot unter abweichenden Bedingungen durchgeführt, kann auch jeweils nur auf diese Ausgebotsform zugeschlagen werden. **16**

Wurde bei durchgeführtem Doppelausgebot nur auf die Ausgebotsform zu den gesetzlichen Bedingungen geboten, ist auch dort der Zuschlag zu erteilen. Wurde beim Doppelausgebot nur auf die abweichenden Bedingungen geboten, so ist zu differenzieren, ob eine Beeinträchtigung vorliegt oder nicht.[15] Sinn und Zweck der Durchführung des Doppelausgebots ist es gerade, die vorher ungewisse Beeinträchtigung nun festzustellen. Bei feststehender Beeinträchtigung verlangt die Norm die Zustimmung der betroffenen Beteiligten. Dies kann nach Durchführung der Versteigerung nicht anders sein als bei der Entscheidung über die Durchführung des Doppelausgebots selbst. Stimmt der Beteiligte zu oder liegt keine Beeinträchtigung vor, so kann der Zuschlag erteilt werden.[16] Stimmt der Beteiligte bei gegebener Beeinträchtigung nicht zu, muss der Zuschlag versagt werden. Steht die Beeinträchtigung nach dem Ergebnis des Doppelausgebots nicht sicher fest, kann der Zuschlag auch ohne eine Zustimmung erteilt werden, da für den Zuschlag weder Gebote auf beide Aus- **17**

---

13 So auch *Hintzen*, in: *Dassler/Schiffhauer/u.a.*, ZVG; *Schiffhauer*, Rpfleger 1986, 326; **a.A.**: *Stöber*, ZVG,Rn. 4.3, der in Analogie zu § 84 Abs. 2 öffentlich-beglaubigte Erklärungen verlangt.
14 *Stöber*, ZVG, Rn. 4.4.
15 So auch *Hintzen*, in: *Dassler/Schiffhauer/u.a.*, ZVG, Rn. 69. Diese Frage ist heftig umstritten, a.A.: *Stöber*, der immer auf die Abweichung zuschlagen will, vgl. Rn. 6.3. Vertreten wird darüber hinaus auch die Meinung, dass gar nicht zugeschlagen werden könne, da kein Vergleich der Gebote zwischen den verschiedenen Ausgebotsarten vorgenommen werden könne, LG Rostock, Beschl. vom 26.4.2001 – 2 T 144/00, 2 T 126/00, Rpfleger 2001, 509; *Schiffhauer*, Rpfleger 1986, 326. Dies soll nur dann nicht gelten, wenn alle Beteiligten zustimmen.
16 *LG Berlin*, Beschl. vom 28.9.2005 – 81 T 766/05, Rpfleger 2006, 93.

gebotsformen noch der Beweis, dass eine Benachteiligung ausgeschossen ist, erforderlich ist.[17]

18 Wurde im Rahmen des durchgeführten Doppelausgebots auf beide Ausgebotsformen ein Meistgebot abgegeben, sind diese miteinander zu vergleichen. Aus Sicht des Vollstreckungsgerichts empfiehlt es sich, nach Anhörung der Beteiligten über den Zuschlag, § 74, die Entscheidung über den Zuschlag in einem gesonderten Verkündungstermin zu treffen, § 87. Bei der Entscheidung über den Zuschlag hat grundsätzlich das Meistgebot in der Ausgebotsform der abweichenden Versteigerungsbedingungen Vorrang.[18]

19 Beim Vergleich der Meistgebote ist von den wirtschaftlichen Geboten auszugehen.[19] Eventuelle nach den Versteigerungsbedingungen bestehen bleibende Rechte sind in die Vergleichsberechnung einzubeziehen.[20] Stellt sich beim Vergleich heraus, dass kein Beteiligter nach § 9 durch die Abweichung beeinträchtigt wird, ist auf das abweichende Ausgebot zuzuschlagen. Ergibt der Gebotsvergleich, dass eine Beeinträchtigung vorliegt, kann der Zuschlag dann auf die abweichende Ausgebotsform erteilt werden, wenn jeder Beeinträchtigte zustimmt.[21] Die Zustimmung ist in diesem Fall zu Protokoll des Vollstreckungsgerichts oder in öffentlich-beglaubigter Form einzureichen, da hierdurch ein fehlerhaftes Verfahren genehmigt wird, § 84 Abs. 2. Maßgeblich ist damit nicht primär das höhere Meistgebot, sondern vielmehr nur die Frage der Beeinträchtigung. Stimmt auch nur einer von eventuell mehreren betroffenen Beteiligten nicht zu, ist auf das Ausgebot nach den gesetzlichen Versteigerungsbedingungen zuzuschlagen.

VI. Einzelfälle

1. Bestehenbleiben eines erlöschenden Rechts

20 Das Abweichungsverlangen nach dem Bestehenbleiben eines Rechts, das nach den gesetzlichen Bedingungen als ein dem bestbetreibenden Gläubiger im Rang gleich- oder nachrangiges Recht erlöschen würde, ist ein durchaus praxisrelevanter Fall. Beeinträchtigt ist in jedem Fall der Inhaber des Rechts selbst. Ist er nicht selbst auch der Antragsteller, ist damit auch seine Zustimmung erforderlich. Liegt diese nicht vor, findet das Ausgebot nur zu den gesetzlichen Bedingungen statt. Für die Zustimmung sonstiger Beteiligter regelt Abs. 3, dass die Zustimmung eines dem nunmehr bestehen bleibenden Recht im Rang nachgehenden (nicht auch gleichstehenden) Beteiligten nicht erforderlich ist, da eine Beeinträchtigung im Regelfall ausgeschlossen ist. Daher sei der „Vereinfachung halber" vorgeschrieben, dass die Zustimmung nicht erforderlich ist.[22] Ob der Schuldner zustimmen muss, ist streitig. Das Gesetz regelt nur die Entbehrlichkeit der Zustimmung der nachrangigen Berechtigten. Der Schuldner zählt (mit Ausnahme des Falles, dass für ihn ein Eigentümerrecht besteht) nicht dazu, seine Zustimmung ist daher erforderlich.[23]

---

17 A.a.O., vgl. Fn. 15.
18 *Drischler*, RpflJahrbuch 1974, 335.
19 OLG Celle 3. Zivilsenat, Urteil vom 20.5.2009 – 3 U 268/08.
20 *Stöber*, ZVG, Rn. 6.5, OLG Celle 3. Zivilsenat, Urteil vom 20.5.2009 – 3 U 268/08.
21 *Hintzen*, in: *Dassler/Schiffhauer/u.a.*, ZVG, Rn. 67; *Stöber*, ZVG, Rn. 6.2.
22 *Stöber*, ZVG, Rn. 7.1. Dies ist nicht unumstritten, *Muth*, JurBüro 1985, 13 legt Absatz 3 als widerlegbare Vermutung aus und will die mögliche Beeinträchtigung des nachrangigen Beteiligten im Wege des Doppelausgebots klären.
23 So auch: *Hintzen*, in: *Dassler/Schiffhauer/u.a.*, ZVG, Rn. 44 m.w.N.; a.A.: *Stöber*, ZVG, Rn. 7.1.

21 Befinden sich zwischen dem nunmehr bestehen bleibenden Recht und den gesetzlich bestehen bleibenden Rechten Zwischenberechtigte, ist regelmäßig doppelt auszubieten.[24]

22 Ein entsprechender Antrag auf Bestehenbleiben eines Rechts, das grundsätzlich erlöschen würde, hat nur zur Folge, dass dieses Recht in das geringste Gebot aufgenommen wird. Kosten sowie wiederkehrende Leistungen werden nur auf gesonderten Antrag auch in das geringste Bargebot aufgenommen; für eine derartige zusätzliche Erweiterung wäre auch Absatz 3 nicht anwendbar und damit die Zustimmung der nachrangigen Berechtigten erforderlich.[25]

2. Erlöschen eines bestehen bleibenden Rechts

23 Ein Recht, das grundsätzlich nach den gesetzlichen Versteigerungsbedingungen (§§ 44, 52) bestehen bleiben würde, kann über § 59 zum Erlöschen gebracht werden. Beeinträchtigt ist in diesem Fall definitiv der Rechtsinhaber (andere Deckungsform). Liegt seine Zustimmung vor (beispielsweise, weil er selbst den Antrag gestellt hat), ist sein Anspruch nunmehr im geringsten Bargebot zu berücksichtigen, da die Norm keinen Einfluss auf den für das geringste Gebot maßgeblichen Deckungsgrundsatz hat. Durch das nunmehr erhöhte geringste Bargebot kann sich eine Beeinträchtigung der nachrangigen Berechtigten und auch des Schuldners ergeben, die jedoch ungewiss ist. Daher hat ein entsprechendes Doppelausgebot zu erfolgen.[26]

3. Erhöhte Verzinsung des Bargebots

24 Gemäß § 49 Abs. 2 ist das Bargebot grundsätzlich vom Zuschlag bis einen Tag vor dem Verteilungstermin mit 4 % zu verzinsen, § 246 BGB. Dieser Zinssatz kann im Rahmen des § 59 erhöht werden. Beeinträchtigt sein können hier der Schuldner sowie all diejenigen Beteiligten, die ein Recht auf Befriedigung aus dem Erlös des Grundstücks haben, da sich durch eine höhere Verzinsungspflicht ein niedrigeres Meistgebot ergeben könnte. Es ist ein Doppelausgebot durchzuführen. Daran ändert auch die Möglichkeit des Erstehers nichts, sich noch am Tag des Zuschlags durch Hinterlegung unter Rücknahmeverzicht nach § 49 Abs. 4 von der Zinspflicht zu befreien.[27] Liegt nach durchgeführtem Doppelausgebot auf beide Ausgebotsarten ein wirksames Meistgebot vor, ist jedoch bei der Prüfung der Frage der Beeinträchtigung nicht auf den Zeitpunkt der Erlösverteilung, sondern auf den Zeitpunkt des Zuschlags abzustellen.[28] Sind die Meistgebote daher gleich hoch, ist auf die Abweichung zuzuschlagen.[29]

4. Ansprüche persönlicher Gläubiger

25 Ungesicherten Gläubigern, die das Verfahren nicht betreiben und sich in keine Rangklasse nach § 10 einordnen lassen, kann über die Norm kein Recht auf Befriedigung aus dem Grundstück verschafft werden. Die Befriedigungsreihenfolge des § 10 ist zwingendes Verfahrensrecht, von dem nicht abgewichen werden kann, vgl. Rn. 2.

5. Mieter/Pächter

26 Über § 59 kann auf Verlangen das Sonderkündigungsrecht des Erstehers nach § 57a ausgeschlossen werden. Spätestens ab dem Zeitpunkt, zu dem ein Mie-

---

24 *Stöber*, ZVG, Rn. 7.2.
25 *Stöber*, ZVG, Rn. 7.4.
26 *Hintzen*, in: *Dassler/Schiffhauer/u.a.*, ZVG, Rn. 47; *Stöber*, ZVG, Rn. 5.6.
27 *Stöber*, ZVG, Rn. 5.19.
28 *LG Münster*, Beschl. vom 3.3.1981 – 5 T 843/80, Rpfleger 1982, 77, a.A.: *LG Freiburg*, Rpfleger 1975, 105 mit abl. Anmerkung *Schiffhauer*.
29 *Schiffhauer*, Rpfleger 1982, 326.

ter/Pächter dies verlangt, ist er als Beteiligter des Verfahrens nach § 9 Nr. 2 zu führen. Der Ausschluss des Sonderkündigungsrechts kann naturgemäß zu einer Einschränkung des Bietinteresses führen. Daher hat das Vollstreckungsgericht ein Doppelausgebot durchzuführen, wenn nicht sämtliche Beteiligte zustimmen.

6. Sicherheitsleistung

27 Die Normen über die im Verfahren mögliche Sicherheitsleistung, §§ 67 – 70, sind nicht im Rahmen von § 59 abänderbar. Bereits aus der Gesetzessystematik ergibt sich, dass es sich hierbei nicht um Versteigerungsbedingungen handelt.

7. Übergebote

28 Das ZVG trifft keine Regelung darüber, um welchen Betrag ein später abgegebenes Gebot das vorher abgegebene übersteigen muss. Ausreichend ist daher der Betrag von 0,01 €. Da es damit mithin bereits an einer gesetzlichen Versteigerungsbedingung fehlt, kann diese auch nicht dadurch abgeändert werden, dass Mindestschritte verlangt werden.[30] Gebote, die lediglich in diesen Schritten abgegeben werden, können vom Vollstreckungsgericht als unzulässige Rechtsausübung im Rahmen des § 226 BGB zurückgewiesen werden.[31]

8. Versteigerungsgegenstand

29 Gegenstand der Versteigerung und damit verbundener Eigentumserwerb des Erstehers sind gesetzlich in den §§ 90, 55 geregelt. Der darin festgelegte Umfang kann verringert, nicht jedoch erweitert werden. Hinsichtlich beweglicher Gegenstände und Forderungen ist die Spezialvorschrift des § 65 zu beachten, § 59 kann sich nur auf Gegenstände beziehen, die nicht bereits von § 65 erfasst werden. Sollen danach Gegenstände aus der Versteigerung herausgelöst werden, ist ein Doppelausgebot erforderlich.[32]

30 Ein auf dem Grundstück befindlicher Gewerbebetrieb wird von der Zwangsversteigerung nicht erfasst, eine Abweichung über § 59 ist unzulässig.[33]

9. Zinsen einer Sicherungshypothek nach § 128

31 Es ist streitig, ob eine gegen den Ersteher nach § 118 ZVG übertragene Forderung und die nach § 128 dafür einzutragende Sicherungshypothek mit dem gesetzlichen Zinssatz (4%) oder mit dem Verzugszinssatz (5 Prozentpunkte über dem Basiszinssatz) zu verzinsen ist, vgl. hierzu § 128 Rn. 12 und § 118 Rn. 17. Vor Anpassung des Verzugszinssatzes konnte über § 59 eine erhöhte Verzinsung der Forderung und damit auch der Sicherungshypothek verlangt werden. Das Problem hat sich praktisch mittlerweile entschärft. Auch, wenn vom Vollstreckungsgericht im Ersuchen nur der Zinssatz von 4% angegeben ist, haftet im Falle des Verzugs des Erstehers das Grundstück kraft Gesetzes für die Verzugszinsen als gesetzliche Zinsen, § 1118 BGB. Die Eintragung eines Verzugszinssatzes und damit auch eine abweichende Vereinbarung über § 59 sind damit entbehrlich.[34]

---

30 Nicht richtig insoweit OLG Oldenburg, Beschl. vom 23.7.1980 – 2 W 37/80, Rpfleger 1981, 315, das die Änderung für zulässig erachtet.
31 *Schiffhauer*, Rpfleger 1981, 315.
32 *Hintzen*, in: *Dassler/Schiffhauer/u. a.*, ZVG, Rn. 32; *Storz* § 65 Rn. 6.
33 *Schiffhauer*, Rpfleger 1986, 326; a. A.: *Riedel*, JurBüro 1961, 425.
34 Im Übrigen dürfte allerdings das Grundbuchamt, wenn das Vollstreckungsgericht um Eintragung der Sicherungshypotheken nebst Verzugszinssatz ersucht, die Eintragung nicht mit der Begründung ablehnen können, dass die Eintragung überflüssig sei, weil es sich um gesetzliche Zinsen handele, für die das Grundstück ohne Eintragung hafte, vgl. *KG*, Beschl. vom 10.12.2002 – 1 W 288/02, Rpfleger 2003, 204.

§ 60 und § 61 aufgehoben durch G v. 1.2.1979 (BGBl. I S. 127)

§ 62 ZVG [Erörterungen über das geringste Gebot]

Das Gericht kann schon vor dem Versteigerungstermin Erörterungen der Beteiligten über das geringste Gebot und die Versteigerungsbedingungen veranlassen, zu diesem Zwecke auch einen besonderen Termin bestimmen.

Übersicht

	Rn.
I. Allgemeines, Anwendungsbereich	1
II. Erörterungstermin	2

I. Allgemeines, Anwendungsbereich

Die Norm ermöglicht eine Verfahrensgestaltung zur Entlastung des Versteigerungstermins und gilt für alle Versteigerungsverfahren des ZVG. Die Versteigerungsbedingungen werden endgültig erst im Versteigerungstermin festgestellt und vorher vorbereitet. Im Rahmen dieser Vorbereitungen ermöglicht die Vorschrift einen Erörterungstermin, um spezielle Rechtsfragen zu klären. Geeignet für einen Vortermin sind beispielsweise die Klärung von Eigentumsverhältnissen an Zubehörstücken, Rangfragen in Bezug auf am Versteigerungsobjekt lastende Rechte, Festsetzung von Geldwerten nach § 46 oder § 51 Abs. 2, abweichende Versteigerungsbedingungen nach § 59 oder aber über die speziellen Vorschriften für die Versteigerung mehrerer Grundstücke – §§ 63, 64. Insbesondere im Rahmen der Aufhebungsversteigerung nach §§ 180 ff. sind auch vergleichsweise Regelungen während eines Erörterungstermins denkbar. In diesem Fall trifft das Vollstreckungsgericht dieselbe Aufklärungs- und Beratungspflicht wie einen Notar auch.[1]

1

II. Erörterungstermin

Die Entscheidung darüber, ob ein solcher Termin stattfindet, liegt allein im Ermessen des Rechtspflegers am Vollstreckungsgericht. In der Praxis hat er wenig Bedeutung. Zum Termin werden die Beteiligten formlos geladen, die Anwesenheit sämtlicher Beteiligter ist nicht erforderlich. Ein Ausbleiben im Termin bedeutet keinerlei Rechtsnachteile. Der Termin selbst ist im Gegensatz zum Versteigerungstermin nicht öffentlich, da er keine Verhandlung im Sinne des § 169 GVG enthält. Die Vorgänge und Ergebnisse eines Erörterungstermins sind in einem Protokoll festzuhalten. Allerdings sind die Ergebnisse eines solchen Termins nicht bindend für die Feststellung des geringsten Gebots, soweit nicht Anträge gestellt werden, die auch schon vor dem Termin gestellt werden können, zum Beispiel auf Durchführung eines Gesamtausgebots nach § 63 Abs. 2 oder auf abweichende Versteigerungsbedingungen nach § 59 oder die Beteiligten die Verbindlichkeit ausdrücklich vereinbaren.[2] Besondere Kosten fallen für die Durchführung des Erörterungstermins nicht an, die Kosten sind mit der allgemeinen Gebühr für das Verfahren nach KV 2211 GKG abgedeckt.

2

---

1 BGH, Urteil vom 22.4.1975 – VI ZR 90/74, BGHZ 64, 246 = NJW 1975, 1270 = MDR 1975, 834.
2 Stöber, ZVG, Rn. 2; Böttcher, ZVG, Rn. 1.

§ 63 ZVG [Einzel-, Gesamt- und Gruppenausgebot mehrerer Grundstücke]

(1) Mehrere in demselben Verfahren zu versteigernde Grundstücke sind einzeln auszubieten. Grundstücke, die mit einem einheitlichen Bauwerk überbaut sind, können auch gemeinsam ausgeboten werden.

(2) Jeder Beteiligte kann spätestens im Versteigerungstermin vor der Aufforderung zur Abgabe von Geboten verlangen, dass neben dem Einzelausgebot alle Grundstücke zusammen ausgeboten werden (Gesamtausgebot). Sofern einige Grundstücke mit einem und demselben Recht belastet sind, kann jeder Beteiligte auch verlangen, dass diese Grundstücke gemeinsam ausgeboten werden (Gruppenausgebot). Auf Antrag kann das Gericht auch in anderen Fällen das Gesamtausgebot einiger der Grundstücke anordnen (Gruppenausgebot).

(3) Wird bei dem Einzelausgebot auf eines der Grundstücke ein Meistgebot abgegeben, das mehr beträgt als das geringste Gebot für dieses Grundstück, so erhöht sich bei dem Gesamtausgebote das geringste Gebot um den Mehrbetrag. Der Zuschlag wird auf Grund des Gesamtausgebots nur erteilt, wenn das Meistgebot höher ist als das Gesamtergebnis der Einzelausgebote.

(4) Das Einzelausgebot unterbleibt, wenn die anwesenden Beteiligten, deren Rechte bei der Feststellung des geringsten Gebots nicht zu berücksichtigen sind, hierauf verzichtet haben. Dieser Verzicht ist bis spätestens vor der Aufforderung zur Abgabe von Geboten zu erklären.

Übersicht

		Rn.
I.	Allgemeines	1, 2
II.	Einzelausgebot	3–5
1.	Grundsatz	3
2.	Verzicht	4, 5
III.	Gesamtausgebot	6, 7
1.	Einheitliches Bauwerk	6
2.	Antrag eines Beteiligten	7
IV.	Gruppenausgebot	8
V.	Geringstes Gebot	9–12
1.	Einzelausgebot	9
2.	Gesamtausgebot	10
3.	Erhöhung	11, 12
VI.	Zuschlagsentscheidung	13–17

I. Allgemeines

1 Die Norm kommt dann zur Anwendung, wenn in nach § 18 ZVG verbundenen Verfahren mehrere Grundstücke bzw. sonstige Versteigerungsobjekte gemeinsam versteigert werden. Die Norm gibt verschiedene **Ausgebotsmöglichkeiten** vor, um am Ende des Verfahrens das bestmögliche wirtschaftliche Ergebnis zu erzielen. Das Zwangsversteigerungsgesetz geht vom **Grundsatz des Einzelausgebots** aus: Jedes Grundstück wird unabhängig von seiner wirtschaftlichen Zugehörigkeit zu anderen Grundstücken einzeln versteigert. Die Norm lässt in Abweichung von diesem Grundsatz ein **Gesamtausgebot sämtlicher Grundstücke** (bzw. sonstiger Versteigerungsobjekte im Sinne des § 864 ZPO) oder **Gruppenausgebote von mehr als einem und weniger als allen**

Grundstücken zu. Dies kann zu einer Vielzahl von Ausgebotsarten führen.[1] Um daraus resultierende Schwierigkeiten im Verfahren zu vermeiden, sollte im Vorfeld bereits darauf geachtet werden, dass wirtschaftlich zusammengehörige Versteigerungsobjekte als eigenes Grundstück im Grundbuch gebucht werden und als solches auch belastet werden.

Bei der Grundstücksversteigerung zum Zwecke der Aufhebung der Gemeinschaft ist das Einzelausgebot der Miteigentumsanteile unzulässig, da Sinn und Zweck dieses Sonderverfahrens die Aufhebung der Gemeinschaft ist und ein solches Einzelausgebot diesem Zweck zuwider laufen würde.[2]

II. Einzelausgebot

1. Grundsatz

Nach § 63 Abs. 1 Satz 1 sind mehrere in demselben Verfahren zu versteigernde Grundstücke einzeln auszubieten. Das sogenannte Einzelausgebot bildet damit den vom Gesetz gewählten Grundsatz – unabhängig von einer möglicherweise bestehenden wirtschaftlichen Einheit der in dem Verfahren zu versteigernden Grundstücke. Das Einzelausgebot darf nur dann unterbleiben, wenn ein ordnungsgemäßer Verzicht nach Abs. 4 vorliegt.

2. Verzicht

Nach § 63 Abs. 4 Satz 1 unterbleibt das Einzelausgebot dann, wenn die anwesenden Beteiligten, deren Rechte bei der Feststellung des geringsten Gebots nicht zu berücksichtigen sind, hierauf verzichtet haben, dies gilt auch im Falle des § 63 Abs. 1 Satz 2.[3] Liegen die Verzichtserklärungen nicht (ordnungsgemäß) vor, sind die Einzelausgebote durchzuführen, auch, wenn sie nicht zweckmäßig erscheinen (beispielsweise bei Miteigentumsanteilen an Grundstücken). Nur ausnahmsweise darf das Einzelausgebot auch ohne Zustimmung der anwesenden Beteiligten unterbleiben, wenn die Versagung der Zustimmung rechtsmissbräuchlich zur Störung des Versteigerungsverfahrens erfolgt.[4] Der Verzicht kann sich auch auf einzelne Einzelausgebote beschränken.[5] Ist der Vollstreckungsschuldner anwesend, muss auch er zustimmen.[6] Die Beteiligten, die durch das geringste Gebot gedeckt sind, müssen nicht zustimmen. Gleiches gilt für anwesende Mieter/Pächter; diese können zwar Beteiligte nach § 9 Nr. 2 sein, haben aber kein Recht auf Befriedigung aus dem Grundstück im Sinne des § 10 ZVG.[7]

Der Verzicht ist **bis spätestens vor der Aufforderung zur Abgabe von Geboten** zu erklären, Abs. 4 Satz 2. Beteiligte, die erst während der laufenden Bietzeit erscheinen, werden nicht mehr gehört und müssen daher auch nicht mehr verzichten. Die Erklärung muss ausdrücklich im Termin erfolgen und ist entsprechend zu protokollieren. Vorab eingegangene Erklärungen sind bedeutungslos und müssen im Termin wiederholt werden, da der Verzicht nach dem Gesetzeswortlaut durch die im Termin anwesenden Beteiligten erklärt werden muss.[8]

---

1 *Muth*, Rpfleger 1990, 502.
2 BGH, Beschl. vom 7.5.2009 – V ZB 12/09, Rpfleger 2009, 579–580 = WM 2009, 1617 ff.= MDR 2009, 1071.
3 BGH, Beschl. vom 30.10.2008 – V ZB 41/08, Rpfleger 2009, 98 f. = WM 2009, 271 f. = MDR 2009, 222 f. = NJW-RR 2009, 158 f.
4 OLG Karlsruhe, Beschl. vom 2.6.1993 – 11 W 152/92, Rpfleger 1994, 376.
5 BGH, Beschl. vom 28.9.2006 – V ZB 55/06, Rpfleger 2007, 95; *Hintzen*, in: *Dassler/Schiffhauer/ u.a.*, ZVG, Rn. 8.
6 OLG Saarbrücken, Beschl. vom 26.8.1991 – 5 W 124/91, Rpfleger 1992, 123.
7 *Stöber*, ZVG, Rn. 2.1; *Böttcher*, ZVG, Rn. 3; *Hintzen*, in: *Dassler/Schiffhauer/u.a.*, ZVG, Rn. 8.
8 *Böttcher*, ZVG, Rn. 3.

Ein Verzicht durch schlüssiges Handeln reicht nicht aus, da die Versteigerungsbedingungen feststehen müssen. Es sind daher eindeutige Erklärungen von den Beteiligten zu verlangen.[9] Der BGH macht in einer jüngeren Entscheidung deutlich, dass der Verzicht ein positives Tun mit eindeutigem Erklärungsgehalt voraussetzt.[10] Schweigen der Beteiligten ist keine Zustimmung.[11]

III. Gesamtausgebot

1. Einheitliches Bauwerk

6 Nach Abs. 1 Satz 2 können Grundstücke, die mit einem **einheitlichen Bauwerk** überbaut sind, auch gemeinsam ausgeboten werden. Die Entscheidung über das Gesamtausgebot liegt hier im **Ermessen des Vollstreckungsgerichts**. Die Vorschrift erfordert insoweit weder einen Antrag noch die Zustimmung der Beteiligten. Maßgeblich für die Durchführung des Gesamtausgebots ist allein die Frage, ob dadurch ein besseres Versteigerungsergebnis zu erwarten ist.[12] Sind von mehreren zu versteigernden Grundstücken nur einige einheitlich überbaut, kann das Vollstreckungsgericht von Amts wegen auch ein Gruppenausgebot durchführen. Unabhängig davon gilt auch bei einem Gesamt-/Gruppenausgebot nach Abs. 1 Satz 2, dass bei nicht vorliegendem Verzicht daneben noch Einzelausgebote durchzuführen sind.[13] Die gemeinsame Versteigerung ist als Versteigerungsbedingung vor der Aufforderung zur Abgabe von Geboten festzustellen und ist danach nicht mehr abänderbar. Ob ein einheitliches Bauwerk im Sinne der Norm vorliegt, kann in der Regel dem Sachverständigengutachten entnommen werden.[14] Mehrere Bauwerke, die eine wirtschaftliche Einheit bilden, sind kein einheitliches Bauwerk im Sinne der Vorschrift.[15] Hauptanwendungsfall sind Grundstücke, die (beispielsweise bei Ehegatten) im Miteigentum stehen und mit einem Bauwerk bebaut sind. Hier sind die Bruchteile grundsätzlich einzeln auszubieten, § 63 Abs. 1 Satz 2 ermöglicht von Amts wegen das wirtschaftlich sinnvolle Gesamtausgebot.[16]

2. Antrag eines Beteiligten

7 Während § 63 Abs. 1 Satz 2 ein Gesamtausgebot von Amts wegen ermöglicht, ist in allen anderen Fällen ein Antrag erforderlich, § 63 Abs. 2. Antragsberechtigt sind die Beteiligten nach § 9. Der Antrag ist spätestens im Versteigerungstermin vor der Aufforderung zur Abgabe von Geboten zu stellen; er kann daher auch schon vorher gestellt werden. Soll der Antrag zurückgenommen werden, muss dies auch bis zu diesem Zeitpunkt erfolgen, da die Versteigerungsbedingungen vor der Bietzeit eindeutig feststehen müssen.[17] Auch hier gilt, dass die Einzelausgebote daneben nur dann entfallen dürfen, wenn die Voraussetzungen des Abs. 4 (Verzicht) vorliegen.

---

9 OLG Saarbrücken, Beschl. vom 26.8.1991 – 5 W 124/91, Rpfleger 1992, 123; *Böttcher*, ZVG, Rn. 3; *Stöber*, ZVG, Rn. 2.1; a.A.: LG Aurich, Beschl. vom 26.2.1980 – 3 T 16/80, Rpfleger 1980, 306.
10 BGH, Beschl. vom 30.10.2008 – V ZB 41/08, Rpfleger 2009, 98 f. = WM 2009, 271 f. = MDR 2009, 222 f. = NJW-RR 2009, 158 f.
11 *Hintzen*, in: *Dassler/Schiffhauer/u.a.*, ZVG, Rn. 9.
12 *Hornung*, NJW 1999, 460, 463.
13 OLG Jena, Beschl. vom 10.7.2000 – 6 W 433/00, Rpfleger 2000, 509; *Böttcher*, ZVG; *Hintzen*, in: *Dassler/Schiffhauer/u.a.*, ZVG, Rn. 12.
14 Ein einheitliches Bauwerk liegt dann vor, wenn es sich um eine in sich zusammenhängende Anlage auf mehreren Grundstücken handelt, vgl. *Hornung*, NJW 1999, 460, 464.
15 *Böttcher*, ZVG, Rn. 3a.
16 *Hornung*, NJW 1999, 46, 464.
17 *Hintzen*, in: *Dassler/Schiffhauer/u.a.*, ZVG, Rn. 14.

IV. Gruppenausgebot

8 Im Rahmen eines Gruppenausgebots werden mehr als ein Grundstück, aber nicht sämtliche in dem Verfahren zu versteigernde Grundstücke gemeinsam ausgeboten. **Gruppenausgebote sind im Verhältnis zum Gesamtausgebot wie Einzelausgebote** zu behandeln, im **Verhältnis zum Einzelausgebot gelten sie als Gesamtausgebot.**[18] Nach Abs. 2 Satz 2 kann jeder Beteiligte verlangen, dass Grundstücke, die mit ein- und demselben Recht belastet sind, gemeinsam ausgeboten werden. Erforderlich ist auch hier ein rechtzeitiger Antrag eines Beteiligten, insofern kann auf die Ausführungen zum Gesamtausgebot Bezug genommen werden, vgl. Rn. 7. Wird bei Gesamtbelastung ein entsprechender ordnungsgemäßer Antrag gestellt, ist diesem stattzugeben, ein Ermessensspielraum seitens des Vollstreckungsgerichts besteht insoweit nicht. Liegen keine Gesamtbelastungen vor, kann das Gericht auch in anderen Fällen das Gruppenausgebot anordnen, Abs. 2 Satz 2. Aus der Formulierung des Gesetzestextes ergibt sich bereits, dass hier im Gegensatz zu Abs. 2 Satz 1 ein Ermessen für den Rechtspfleger am Vollstreckungsgericht besteht. Erscheint die Versteigerung einzelner Grundstücke wirtschaftlich sinnvoll, ist dem Antrag stattzugeben.

V. Geringstes Gebot

1. Einzelausgebot

9 Für jede Ausgebotsform hat das Vollstreckungsgericht ein eigenes geringstes Gebot aufzustellen. Die geringsten Gebote müssen jeweils vor Aufforderung zur Abgabe von Geboten festgestellt werden, da die **Bietzeit einheitlich für sämtliche Ausgebotsarten** läuft. Alle Ausgebote sind gleichzeitig zu beginnen und zu schließen.[19] Während der gesamten Bietzeit kann auf jedes Ausgebot geboten werden, solange nicht die Versteigerung insgesamt geschlossen worden ist. Hintergrund hierfür ist die Erzielung eines wirtschaftlich bestmöglichen Ergebnisses.[20] Bei der Ermittlung der geringsten Gebote für die Einzelausgebote sind alle Barbeträge und bestehenbleibenden Rechte einzustellen, die das einzelne Grundstück betreffen. Dem Vollhaftungsgrundsatz entsprechend sind **Gesamtbelastungen** dabei bei jedem Grundstück **voll anzusetzen**, da der Gläubiger die Wahl hat, aus welchem Grundstück er befriedigt werden möchte, § 1132 BGB.[21] Verfahrenskosten werden nach dem Verhältnis der Grundstückswerte in die geringsten Gebote aufgenommen.[22] Dies gilt auch für die Ansprüche aus den Rangklassen § 10 Abs. 1 Nr. 1 bis 3, falls sie alle oder mehrere Grundstücke belasten und keine anderweitige Anmeldung durch die Berechtigten vorliegt. Gruppenausgebote sind im Verhältnis zu einem Gesamtausgebot bei der Feststellung des geringsten Gebots wie ein Einzelausgebot zu behandeln.

---

18 RG, Urteil vom 19.10.1907 – V 44/07, RGZ, 66, 391; OLG Koblenz Rpfleger 1963, 53.
19 *Stöber*, ZVG, Rn. 5.1.
20 Die abweichende frühere Regelung ist mittlerweile aufgehoben worden, Gesetz vom 18.2.1998, BGBl. I S. 866.
21 Missverständlich insoweit *Hintzen*, in: *Dassler/Schiffhauer/u.a.*, ZVG, Rn. 19, der auch Ansprüche der Rangklassen § 10 Abs. 1 Nr. 6 und 8 im geringsten Gebot bei den einzelnen Grundstücken voll ansetzen möchte und dabei verkennt, dass diese Rangklassen nie im geringsten Gebot auftauchen können. Hierbei handelt es sich allein um ein Verteilungsproblem, für welches die Sonderregelung des § 122 greift.
22 *Stöber*, ZVG, Rn. 2.5.

2. Gesamtausgebot

10 Das geringste Gebot im Gesamtausgebot kann der Summe der geringsten Gebote in den Einzelausgeboten entsprechen, falls keine Gesamtrechte zu berücksichtigen sind. Es ist grundsätzlich gesondert zu berechnen. Es enthält alle Ansprüche, die im konkreten Fall zu berücksichtigen sind, unabhängig davon, ob nur eines der Grundstücke dafür haftet oder mehrere. Dingliche Rechte, die nach den Versteigerungsbedingungen bestehen bleiben und in den Einzel- bzw. Gruppenausgeboten jeweils voll angesetzt werden, sind hier nur einmal anzusetzen. Gruppenausgebote werden im Verhältnis zum Gesamtausgebot wie Einzelausgebote behandelt.

3. Erhöhung

11 Findet neben dem Einzelausgebot auch ein Gesamtausgebot statt und wird bei einem oder bei mehreren **Einzelausgeboten mehr als das** dort festgestellte **geringste Gebot geboten**, so **erhöht sich** das **geringste Gebot im Gesamtausgebot um den Mehrbetrag**, Abs. 3 Satz 1. Hintergrund für diese vorzunehmende Erhöhung ist die Sicherstellung derjenigen Berechtigten, die durch das Gebot über dem geringsten Gebot in den Einzelausgeboten **Deckung** erlangen. Diese Deckung soll ihnen auch in den anderen Ausgebotsformen zugute kommen. Da das Gruppenausgebot im Verhältnis zum Einzelausgebot als Gesamtausgebot zu behandeln ist, gilt dies entsprechend auch für Gruppenausgebote. Die kraft Gesetzes eintretende Erhöhung erhöht den Barteil des geringsten Gebots im Gruppen- bzw. Gesamtausgebot nach jedem abgegebenen Gebot ex nunc. Daher ist eine besondere Aufmerksamkeit des Vollstreckungsgerichts gefordert, ein ständiges Mitrechnen ist unerlässlich. Für Gebote, die nach der eingetretenen Erhöhung auf das Gruppen- bzw. Gesamtausgebot abgegeben werden, ist der erhöhte Betrag der neue Betrag, der zu nennen ist, damit das Gebot wirksam ist. Bereits vor der Erhöhung auf Gesamt- bzw. Gruppenausgebote abgegebene Gebote bleiben auch im Nachhinein wirksam.[23]

12 Das Vollstreckungsgericht hat im Rahmen seiner Aufklärungspflicht die anwesenden Personen auf die jeweilige Mindesthöhe der Gebote hinzuweisen und die Bietinteressenten insoweit aufzuklären. Die Versteigerung wird hinsichtlich aller Ausgebotsarten einheitlich geschlossen.

VI. Zuschlagsentscheidung

13 Auch bei der Versteigerung mehrerer Grundstücke gilt der Grundsatz, dass der Meistbietende den Zuschlag erhält, sofern keine Zuschlagsversagungsgründe vorliegen, § 81 Abs. 1. Nach Abs. 3 Satz 2 wird der Zuschlag auf Grund des Gesamtausgebots nur erteilt, wenn das Meistgebot höher ist als das Gesamtergebnis der Einzelausgebote. Im Umkehrschluss bedeutet dies, dass bei der Zuschlagsentscheidung die Meistgebote auf die Einzelausgebote grundsätzlich Vorrang haben. Hat kein Gesamtausgebot stattgefunden, kann naturgemäß der Zuschlag nach den allgemeinen Grundsätzen nur auf die Ausgebotsart erfolgen, in der wirksame Gebote vorliegen, mithin die Einzelausgebote. Gleiches gilt für den Fall, dass nur ein Gesamtausgebot stattgefunden hat oder aber daneben Einzelausgebote stattfanden, auf die keine Gebote abgegeben wurden. Auch hier liegt ein zuschlagsfähiges Gebot nur in einer Ausgebotsart vor, daher kann selbstredend der Zuschlag nur auf diese Ausgebotsart erteilt werden.

14 Sind auf alle Ausgebotsarten wirksame Gebote abgegeben worden, hat ein **Gebotsvergleich** stattzufinden. Hierbei ist die Summe der Meistgebote in den

---

23 *Stöber*, ZVG, Rn. 6.2.

Einzelausgeboten mit dem Meistgebot im Gesamt- bzw. Gruppenausgebot zu vergleichen, Abs. 3 Satz 2. Hierbei sind die baren Meistgebote und die bestehenbleibenden Rechte zu berücksichtigen.[24] Der Zuschlag auf das Gesamtausgebot ist danach nur zu erteilen, wenn das Meistgebot dort höher (nicht nur gleich hoch) ist als die Summe der Meistgebote in den Einzelausgeboten. Der Gebotsvergleich ist auch dann vorzunehmen, wenn entweder einzelne Grundstücke von vornherein nicht einzeln ausgeboten wurden (Verzicht nach Abs. 4) oder auf eines oder mehrere keine Gebote abgegeben worden sind. Betragsmäßig sind die Meistgebote in den Einzelausgeboten dann jeweils mit „null" anzusetzen.[25] Eine gesetzliche Regelung besteht insoweit allerdings nicht. Dabei wird bewusst in Kauf genommen, dass möglicherweise der Zuschlag auf Grund des Gesamtausgebots erteilt werden kann, wenn der Gebotsvergleich zugunsten des Gesamtsausgebots ausfällt. Auch beim Gebotsvergleich gelten Gruppenausgebote im Verhältnis zum Gesamtausgebot als Einzelausgebot. Fällt der Gebotsvergleich zugunsten des Gesamtausgebots aus, ist **zusätzlich erforderlich, dass das Meistgebot im Gesamtausgebot das nach Abs. 3 Satz 1 um den Mehrbetrag erhöhte geringste Gebot beim Gesamtausgebot übersteigt.** Zwar wird das ursprünglich wirksam auf das Gesamtausgebot abgegebene Gebot nicht durch eine nachträgliche Erhöhung unwirksam, da diese nur ex nunc für spätere Gebote gilt, dennoch ist für die Erteilung des Zuschlags erforderlich, dass das Meistgebot das um den Mehrbetrag erhöhte geringste Gebot übersteigt.[26] Das Gericht ist an die damalige Zulassung des Gebots nicht gebunden, § 79 ZVG. Der Zuschlag auf das Gesamtausgebot ist im Ergebnis nach § 83 Nr. 1 ZVG zu versagen, auch, wenn der Gebotsvergleich zugunsten des Gesamtausgebots ausfällt.[27]

15 Fiel der Gebotsvergleich zugunsten der Einzelmeistgebote aus, ist durch das Vollstreckungsgericht stets noch § 76 zu beachten.

16 Bewilligt der bestbetreibende Gläubiger nach Schluss der Versteigerung für ein oder mehrere Grundstücke die einstweilige Einstellung des Verfahrens, kann naturgemäß kein Zuschlag auf das Gesamtmeistgebot mehr erteilt werden. Eine Zuschlagserteilung hinsichtlich der von der einstweiligen Einstellung nicht erfassten Grundstücke scheidet ebenfalls aus, da nunmehr keine Vergleichsmöglichkeit mehr gegeben ist.[28]

17 Nachdem das Vollstreckungsgericht den Gebotsvergleich nach Abs. 3 Satz 2 vorgenommen hat, sind die Zuschlagsversagungsgrenzen der §§ 85a bzw. 74a zu prüfen (letzterer nur auf Antrag). Scheidet danach die Zuschlagserteilung auf Grund des Gesamtausgebots aus, kann auf die Ergebnisse der Einzelausgebote zurückgegriffen werden, selbst wenn der Gebotsvergleich ursprünglich zugunsten des Gesamtausgebots ausgefallen war.

---

24 OLG Koblenz, Rpfleger 1963, 53.
25 BGH, Beschl. vom 28.9.2006 – V ZB 55/06, Rpfleger 2007, 95; OLG Frankfurt, Beschl. vom 19.5.1995 – 15 W 25/95, Rpfleger 1995, 512; OLG Hamm, Rpfleger 1959, 57.
26 BGH; a.a.O. Fn. 22. Dies war bereits vor der Entscheidung des BGH herrschende Meinung, vgl. *Stöber*, ZVG, Rn. 7.4; *Böttcher*, ZVG, Rn. 17; *Eickmann*, ZVG, § 23 IV 2 b; a.A.: *Bachmann*, Rpfleger 1992, 3.
27 BGH a.a.O, Fn. 22; *Hintzen*, in: *Dassler/Schiffhauer/u.a.*, ZVG, Rn. 28, für eine Zuschlagsversagung nach § 83 Nr. 6: *Böttcher*, ZVG, Rn. 17; *Stöber*, ZVG, Rn. 7.4. Der Unterschied liegt lediglich in der Möglichkeit der Heilung, die bei § 83 Nr. 1 gegeben ist (§ 84), im Übrigen läge ein absoluter Zuschlagsversagungsgrund vor, der auch vom Beschwerdegericht von Amts wegen zu beachten wäre, § 100 Abs. 3.
28 OLG Hamm, Rpfleger 1972, 149; OLG Stuttgart, Beschl. vom 31.10.2001 – 8 W 427/01, Rpfleger 2002, 165; *Stöber*, Rpfleger 1971, 326; a.A. OLG Köln Rpfleger 1971, 326.

§ 64 ZVG [Gesamthypothek]

(1) Werden mehrere Grundstücke, die mit einer dem Anspruche des Gläubigers vorgehenden Gesamthypothek belastet sind, in demselben Verfahren versteigert, so ist auf Antrag die Gesamthypothek bei der Feststellung des geringsten Gebots für das einzelne Grundstück nur zu dem Teilbetrage zu berücksichtigen, der dem Verhältnisse des Wertes des Grundstücks zu dem Werte der sämtlichen Grundstücke entspricht; der Wert wird unter Abzug der Belastungen berechnet, die der Gesamthypothek im Range vorgehen und bestehen bleiben. Antragsberechtigt sind der Gläubiger, der Eigentümer und jeder dem Hypothekengläubiger gleich- oder nachstehende Beteiligte.

(2) Wird der im Absatz 1 bezeichnete Antrag gestellt, so kann der Hypothekengläubiger bis zum Schlusse der Verhandlung im Versteigerungstermine verlangen, dass bei der Feststellung des geringsten Gebots für die Grundstücke nur die seinem Anspruche vorgehenden Rechte berücksichtigt werden; in diesem Falle sind die Grundstücke auch mit der verlangten Abweichung auszubieten. Erklärt sich nach erfolgtem Ausgebote der Hypothekengläubiger der Aufforderung des Gerichts ungeachtet nicht darüber, welches Ausgebot für die Erteilung des Zuschlags maßgebend sein soll, so verbleibt es bei der auf Grund des Absatzes 1 erfolgten Feststellung des geringsten Gebots.

(3) Diese Vorschriften finden entsprechende Anwendung, wenn die Grundstücke mit einer und derselben Grundschuld oder Rentenschuld belastet sind.

Übersicht

		Rn.
I.	Allgemeines	1, 2
II.	Verteilung	3–9
1.	Antrag	3–5
2.	Verteilungsprinzip	6–9
III.	Gegenantrag	10–13
1.	Ziel	10
2.	Antrag	11
3.	Folge	12, 13
IV.	Wahlrecht und Zuschlag	14–16
V.	Sonstige Verteilungsmöglichkeiten	17
VI.	Entsprechende Anwendung	18
VII.	Rechtsbehelf	19
VIII.	Beispiel	20

I. Allgemeines

1 Werden mehrere Grundstücke in einem nach § 18 verbundenen Verfahren versteigert, sind an diesen Grundstücken lastende und im geringsten Gebot zu berücksichtigende Gesamtgrundpfandrechte bei der Durchführung der Einzelausgebote dem Vollhaftungsgrundsatz entsprechend mit dem gesamten Betrag anzusetzen, § 1132 Abs. 1 BGB. Dies kann dazu führen, dass die geringsten Gebote in den Einzelausgeboten sehr hoch ausfallen und die Verwertbarkeit dieser Objekte im Rahmen der Einzelausgebote nur sehr gering ist. Bietinteressenten müssen die Gesamtrechte in voller Höhe einkalkulieren, vgl. § 50 Abs. 2 Nr. 2.

§ 64 möchte die Verwertungsmöglichkeiten im Rahmen der Einzelausgebote dadurch erhöhen, dass die **Gesamtgrundpfandrechte aufgeteilt** werden. Diese Aufteilung kann zunächst auch gegen den Willen des Gesamtgrundpfandrechtsgläubigers vorgenommen werden, er hat jedoch die Möglichkeit, im Rahmen eines Gegenantrages nach Abs. 2 ein Doppelausgebot zu verlangen. Ein Agieren des betroffenen Gläubigers im Termin ist hierfür unerlässlich, so dass es den Grundpfandrechtsgläubigern dringend angeraten ist, den Versteigerungstermin wahrzunehmen, um ihre Rechte bestmöglich geltend zu machen. Die Norm findet für Hypotheken ebenso wie für Grundschulden und Rentenschulden Anwendung, Abs. 1 und 3.

II. Verteilung

1. Antrag

Die Verteilung eines Gesamtgrundpfandrechtes erfolgt nur auf **Antrag**. Eine Verteilung von Amts wegen kann das Vollstreckungsgericht nicht vornehmen, es ist jedoch befugt, eine entsprechende Antragstellung anzuregen. Voraussetzung ist daneben, dass es sich um bestehen bleibende Gesamtgrundpfandrechte handelt und die Verfahren nach § 18 verbunden sind. In diesem Verfahren müssen Einzelausgebote stattfinden. Erfolgt nur ein Gesamtausgebot, kann die Norm nicht zur Anwendung kommen. Es ist nicht erforderlich, dass das Gesamtrecht an allen zu versteigernden Grundstücken lastet, es reicht vielmehr die Belastung nur einiger Objekte.

Antragsberechtigt sind die vollstreckenden Gläubiger, der Eigentümer und jeder dem Grundpfandrechtsgläubiger gleich- oder nachstehende Beteiligte, Abs. 1 Satz 2. Der Grundpfandrechtsgläubiger selbst hat grundsätzlich kein Antragsrecht, es sei denn, er befindet sich gleichzeitig in der Position eines Antragsberechtigten. Das ist z.B. dann der Fall, wenn das Gesamtgrundpfandrecht eine Eigentümergrundschuld ist. Ein Antragsrecht besteht nicht für Mieter oder Pächter.[1] Sind mehrere bestehen bleibende Gesamtrechte vorhanden, kann der Antrag für jedes gesondert gestellt werden.

Der Antrag kann formlos (auch bereits vor dem Versteigerungstermin) gestellt werden. Eine Frist für die Stellung des Antrags sieht das Gesetz nicht vor. Da Ziel des Antrags ein neues geringstes Gebot im Einzelausgebot ist, muss der Antrag spätestens im Versteigerungstermin vor der Aufforderung zur Abgabe von Geboten gestellt werden. Bis zu diesem Zeitpunkt sind die Versteigerungsbedingungen abänderbar, danach hat die Bietzeit zu den vorher bekannt gegebenen Bedingungen begonnen; eine Änderung ist dann nicht mehr möglich.[2] Ein Antrag nach Beginn der Bietzeit ist für den weiteren Verlauf der Versteigerung unbeachtlich.[3] Der Antrag kann zurückgenommen werden, dies allerdings auch nur bis zur Aufforderung zur Abgabe von Geboten.

2. Verteilungsprinzip

Nach dem Gesetzeswortlaut ist für das einzelne Grundstück das Gesamtgrundpfandrecht nur zu dem Teilbetrag zu berücksichtigen, der dem **Verhältnisse des Wertes des Grundstücks zu dem Werte der sämtlichen Grundstücke** entspricht. Der Wert wird unter Abzug der Belastungen berechnet, die dem Gesamtgrundpfandrecht im Range vorgehen und bestehen bleiben.

---

1 *Böttcher*, ZVG, Rn. 2, *Güthe*, in: *Jaeckel*, ZVG, Rn. 9.
2 *Hintzen*, in: *Dassler/Schiffhauer/u.a.*, ZVG, Rn. 8; LG Krefeld, Beschl. vom 24.2.1987 – 6 T 395/86, Rpfleger 1987, 323; a.A.: *Güthe*, in: *Jaeckel*, ZVG, Rn. 10.
3 *Stöber*, ZVG, Rn. 3.4; a.A. *Drischler*, Rpfleger 1967, 357 ff.

7 Hierbei ist von den nach § 74a Abs. 5 festgesetzten Verkehrswerten auszugehen. Von den Verkehrswerten sind dann die an den jeweiligen Grundstücken vorrangig lastenden und damit auch bestehenbleibenden Rechte abzuziehen. Hierbei ist bei Hypotheken und Grundschulden der Kapitalbetrag ohne Nebenleistungen, bei Rentenschulden die Ablösesumme und bei Rechten aus Abteilung II des Grundbuchs der nach § 51 Abs. 2 festgesetzte Zuzahlungsbetrag anzusetzen. Sind hierbei nicht verteilte vorrangige Gesamtrechte zu berücksichtigen, müssen diese bei jedem Grundstück voll angesetzt werden. Andere vorgehende Ansprüche (Verfahrenskosten, Rangklassen § 10 Abs. 1 Nr. 1 bis 3) bleiben unberücksichtigt. Neben dem Kapitalbetrag des aufzuteilenden Grundpfandrechtes sind auch die zu berücksichtigenden Nebenleistungen in demselben Verhältnis auf die einzelnen Grundstücke aufzuteilen.

8 Liegt ein Aufteilungsantrag für mehrere Grundpfandrechte vor, sind diese in der Reihenfolge ihres Grundbuchranges (§ 879 BGB) aufzuteilen. Bei den nachrangigen Aufteilungen sind dann als vorrangige Belastung jeweils nur die aufgeteilten Beträge zu berücksichtigen.

9 Die Verteilung nach § 64 Abs. 1 ist dann nicht zulässig, wenn der Wert aller Grundstücke durch bestehende Vorbelastungen erschöpft ist oder nur ein Grundstück mit „freier Spitze" übrig bleibt. Rechtsfolge der Verteilung ist das Bestehenbleiben des Rechtes jeweils nur als Einzelbelastung mit dem aufgeteilten Betrag im geringsten Gebot des jeweiligen Versteigerungsobjektes. Kommt eine Zuschlagserteilung auf die Einzelausgebote nach Schluss der Versteigerung in Betracht, erlischt das Gesamtrecht in Höhe der nicht im geringsten Gebot für die Einzelgrundstücke stehenden Beträge. Erfolgt die Zuschlagserteilung nur auf einzelne Grundstücke, bleibt das Recht an den nicht zugeschlagenen Grundstücken Gesamtbelastung.

III. Gegenantrag

1. Ziel

10 Die Aufteilung nach § 64 Abs. 1 kann gegen den Willen des Gesamtgrundpfandrechtsgläubigers erfolgen. Durch die Aufteilung geht sein bisheriges Recht, seine Befriedigung aus jedem der Grundstücke voll verlangen zu können, verloren. Um diesen möglichen Nachteil auszugleichen, gibt ihm das Gesetz die Möglichkeit, einen **Gegenantrag** zu stellen.

2. Antrag

11 Der Gegenantrag kann nur dann zum Tragen kommen, wenn ein Aufteilungsantrag nach § 64 Abs. 1 vorliegt. Ist ein solcher nicht gestellt oder zurückgenommen worden, scheidet auch der Gegenantrag aus. Der Gesamtgrundpfandrechtsgläubiger kann verlangen, dass **bei der Feststellung des geringsten Gebots** für die Grundstücke **nur die seinem Anspruch vorgehenden Rechte berücksichtigt** werden. Ebenso wie der Antrag nach § 64 Abs. 1 ist auch der Gegenantrag **formlos** möglich. Nach dem Gesetzeswortlaut ist der Antrag spätestens bis zum Schluss der Verhandlung im Termin zu stellen. Nach dem Wortlaut könnte der Antrag dann auch noch während der Verhandlung über den Zuschlag gestellt werden (§ 74), denn auch diese gehört zum Versteigerungstermin. Systemwidrig hätte das einen Wiedereinstieg in die Bietzeit zur Folge, dies kann nicht richtig sein. Der Antrag kann daher nur bis zum Schluss der Versteigerung gestellt werden, § 73 Abs. 2.[4]

---

[4] So die hM, vgl. *Stöber*, ZVG, Rn. 5.3 m.w.N.; *Böttcher*, ZVG, Rn. 5.; a.A. *Hintzen*, in: *Dassler/Schiffhauer/u.a.*, ZVG (Aufforderung zur Abgabe von Geboten) mit unrichtigem Verweis auf Stöber.

3. Folge

12 Liegt ein Gegenantrag des Gesamtgrundpfandrechtsgläubigers vor, sind die Grundstücke auch mit der verlangten Abweichung auszubieten. Der Gegenantrag führt mithin zu einem **Doppelausgebot im Einzelausgebot**: zum einen sind die Grundstücke mit dem nach § 64 Abs. 1 verteilten Gesamtrecht auszubieten, zum anderen nach § 64 Abs. 2 unter Berücksichtigung des Grundpfandrechtsgläubigers als fiktiven bestbetreibenden Gläubiger. In die nach dem Gegenantrag aufzustellenden geringsten Gebote für die einzelnen Grundstücke sind nur die Ansprüche aufzunehmen, die dem Grundpfandrechtsgläubiger selbst im Range vorgehen. Er wird damit **fiktiv als der bestbetreibende Gläubiger** behandelt. Dies erscheint auf den ersten Blick verwunderlich, gibt doch auch der Grundpfandrechtsgläubiger selbst seine bislang bestehende Deckung auf. Diese wird jedoch durch § 83 Nr. 3 abgesichert.

13 § 64 hat immer nur Auswirkungen auf die Einzelausgebote. Daneben findet § 63 unverändert Anwendung, insbesondere auch Abs. 3.[5] Wird also im Rahmen der Einzelausgebote mit dem nach § 64 Abs. 1 verteilten Gesamtrecht ein Gebot abgegeben, das mehr beträgt als das geringste Gebot für dieses Grundstück, ist das geringste Gebot beim Gesamtausgebot um den Mehrbetrag zu erhöhen. Erfolgen auch Gebote auf die Einzelausgebote mit den nach § 64 Abs. 2 aufgestellten geringsten Geboten, decken die Gebote, die über das geringste Gebot in dieser Ausgebotsart hinausgehen, zunächst diejenigen Ansprüche, die ohnehin bereits im geringsten Gebots des Gesamtausgebots zu berücksichtigen waren. Da Sinn und Zweck der Erhöhung nach § 63 Abs. 3 Satz 1 die Deckung derjenigen weiteren Berechtigten ist, die bislang nicht im geringsten Gebot enthalten waren, kann die Erhöhung erst dann eintreten, wenn die Gebote im Rahmen des § 64 Abs. 2 auch den Betrag, der nach § 64 Abs. 1 ermittelt worden ist, übersteigen. Erst dann tritt eine zusätzliche Deckung ein, da bei der Ausgebotsart nach § 64 Abs. 2 immer nur ein fiktiv bestbetreibender Gläubiger zugrunde gelegt wird.[6]

IV. Wahlrecht und Zuschlag

14 Nachdem die Versteigerung insgesamt geschlossen worden ist, besteht für den Gläubiger des Gesamtgrundpfandrechtes ein **Wahlrecht** dahingehend, welche Ausgebotsform der Zuschlagsentscheidung des Vollstreckungsgerichts zugrunde gelegt werden soll – diejenige nach Abs. 1 oder nach Abs. 2. Nach § 64 Abs. 2 Satz 2 **muss** er sich nach Aufforderung durch das Gericht **erklären**, ob für die Zuschlagsentscheidung das Ausgebot mit dem aufgeteilten Grundpfandrecht oder aber das abweichende Ausgebot maßgeblich sein soll.

15 Gibt der Gesamtrechtsgläubiger keine Erklärung ab oder wählt er die Ausgebotsart nach Abs. 1, so erlöschen alle Gebote, die auf die abweichende Ausgebotsart nach Abs. 2 abgegeben worden sind. Nachdem nunmehr das Doppelausgebot im Einzelausgebot „beseitigt" worden ist, kann das Vollstreckungsgericht den Gebotsvergleich mit dem Gesamtausgebot nach § 63 Abs. 3 Satz 2 vornehmen. Das Wahlrecht kann nur im Versteigerungstermin selbst wahrgenommen werden. Ist der Gläubiger zu diesem Zeitpunkt nicht mehr anwesend, wird er behandelt, als habe er keine Erklärung abgegeben.[7]

16 Wählt der Gesamtgrundpfandrechtsgläubiger die Ausgebotsart nach § 64 Abs. 2, erlöschen alle Gebote, die auf § 64 Abs. 1 abgegeben worden sind.

---

[5] Hintzen, in: Dassler/Schiffhauer/u.a., ZVG, Rn. 25; Stöber, ZVG, Rn. 6; Böttcher, ZVG, Rn. 9.
[6] Stöber, ZVG, Rn. 6.2 m.w.N.
[7] Stöber, ZVG, Rn. 34; Hintzen, in: Dassler/Schiffhauer/u.a., ZVG, Rn. 31; a.A.: Böttcher, ZVG, Rn. 10, der eine schriftliche Aufforderung des Gläubigers verlangt.

Auch hier ist im Anschluss der Gebotsvergleich nach § 63 Abs. 3 Satz 2 durchzuführen. Scheidet eine Zuschlagserteilung auf das Gesamtausgebot danach aus oder hat ein solches gar nicht stattgefunden, steht die Zuschlagserteilung in den Einzelausgeboten unter der weiteren Voraussetzung des § 83 Nr. 3. Der Zuschlag ist dann zu versagen, wenn die Hypothek, Grundschuld oder Rentenschuld oder das Recht eines gleich- oder nachstehenden Beteiligten, der dem bestbetreibenden Gläubiger vorgeht, durch das Gesamtergebnis der Einzelausgebote nicht gedeckt werden. § 64 Abs. 2 geht lediglich von einem fiktiv bestbetreibenden Gläubiger aus. Alle Ansprüche, die nach den Meistgeboten in den abweichenden Ausgebotsarten nach § 64 Abs. 2 nicht gedeckt sind, aber dem wahren bestbetreibenden Gläubiger vorgehen, dürfen nicht beeinträchtigt werden und sind bar zu decken. Die nunmehr andere Deckungsform (Barzahlung statt Bestehenbleiben) ist hierbei keine Beeinträchtigung.

V. Sonstige Verteilungsmöglichkeiten

17 Eine Verteilung des Gesamtgrundpfandrechtes ist auch außerhalb des Zwangsversteigerungsverfahrens nach § 1132 BGB möglich. Nach § 1132 Abs. 2 BGB ist der Gläubiger berechtigt, den Betrag der Forderung auf die einzelnen Grundstücke in der Weise zu verteilen, dass jedes Grundstück nur für den zugeteilten Betrag haftet. Auf die Verteilung finden dabei die Vorschriften der §§ 875, 876, 878 BGB entsprechende Anwendung, § 1132 Abs. 2 Satz 2 BGB. Demnach ist für die wirksame Verteilung die Eintragung im Grundbuch erforderlich, die durch den Gläubiger im Versteigerungstermin entsprechend nachzuweisen ist, wenn er sich darauf berufen will. Die Höhe der einzelnen Beträge liegt dabei allein im Ermessen des Gläubigers.

VI. Entsprechende Anwendung

18 Fällt ausnahmsweise ein Anspruch eines persönlich betreibenden Gläubigers aus der Rangklasse § 10 Abs. 1 Nr. 5 in das geringste Bargebot, weil sein Verfahren einstweilen eingestellt ist und der nachrangig betreibende Gläubiger bestbetreibender Gläubiger ist, so ist, wenn dieser Gläubiger in mehrere Grundstücke vollstreckt, sein Gesamtbefriedigungsrecht, das er durch die Beschlagnahme erlangt hat, vergleichbar mit einem Anspruch eines Gesamtgrundpfandrechtsgläubigers. § 64 ist in diesem Fall entsprechend anzuwenden, eine Anwendung des § 1132 BGB scheidet allerdings aus.[8]

VII. Rechtsbehelf

19 Gegen Zurückweisung eines Antrags nach § 64 Abs. 1 oder Abs. 2 kann wegen unrichtiger Aufstellung des geringsten Gebots nur Zuschlagsbeschwerde eingelegt werden, vgl. § 95 ZVG. Eine selbstständige Anfechtung findet nicht statt.

VIII. Beispiel[9]

20 Versteigert werden drei Grundstücke in einem Verfahren nach § 18. Die Grundstücke sind jeweils mit folgenden bestehenbleibenden Rechten belastet:

---

[8] *Stöber*, ZVG, Rn. 2.1; AG Gmünd, Rpfleger 1957, 88.
[9] Im Fall blieben Kosten und sonstige Nebenleistungen unberücksichtigt, diese wären in demselben Verhältnis wie die Hauptsachebeträge aufzuteilen.

Geringstes Gebot, Versteigerungsbedingungen   20   § 64 ZVG

Grundstücke:	1	2	3	1 + 2 + 3
Wert: €	320.000	210.000	150.000	680.000
Bestehenbleibende Rechte:	§ 63 Abs. 1	§ 63 Abs. 1	§ 63 Abs. 1	§ 63 Abs. 2
III/1 €	70.000			70.000
III/2 €		60.000		60.000
III/3 €			50.000	50.000
III/4 €	20.000	20.000	20.000	20.000
III/5 €		24.000		24.000
III/6 €			36.000	36.000
III/7 €	70.000	70.000	70.000	70.000
Summe	160.000	174.000	176.000	330.000

Der die Versteigerung wegen persönlicher Ansprüche betreibende Gläubiger beantragt, die Gesamtrechte gemäß § 64 Abs. 1 aufzuteilen. Der Gläubiger des Rechtes Abt. III Nr. 4 stellt den Gegenantrag nach § 64 Abs. 2.

Antrag durch einen Gläubiger nach § 10 Abs. 1 Nr.: 5 Aufteilung nach § 64 Abs. 1:

Grundstücke:	1	2	3	1 + 2 + 3
Rechte:				
III/1	70.000			70.000
III/2		60.000		60.000
III/3			50.000	50.000
III/4	10.000	6.000	4.000	20.000
III/5		24.000		24.000
III/6			36.000	36.000
III/7	40.000	20.000	10.000	70.000
Summe Rechte:	120.000	110.000	100.000	330.000

III/4   freie Werte: Grundstück 1:   250.000
                              Grundstück 2:   150.000
                              Grundstück 3:   100.000

III/7   freie Werte: Grundstück 1:   240.000 (320.000 – 70.000 – 10.000)
                              Grundstück 2:   120.000 (210.000 – 60.000 – 6.000 – 24.000)
                              Grundstück 3:   60.000 (150.000 – 50.000 – 4.000 – 36.000)

Gegenantrag § 64 Abs. 2 durch Gläubiger III/4

Grundstücke:	1	2	3
Rechte:	70.000	–	–
III/1	–	60.000	–
III/2	–	–	50.000
III/3	–	–	–
III/4	–	–	–
	70.000	60.000	50.000

Am Schluss der Versteigerung sind folgende Gebote abgegeben worden: Meistgebot im Gesamtausgebot von 146.000 €. Bei der Ausgebotsart nach § 64 Abs. 1 wurde auf das Grundstück 1 ein Meistgebot mit 104.000 €; auf das Grundstück 2 eines mit 37.000 € und auf das Grundstück 3 mit 5.000 € abgegeben. Auf die Ausgebotsart nach § 64 Abs. 2 ergaben sich folgende Meistgebote: Grundstück 1 163.000 €; Grundstück 2 95.000 € und Grundstück 3 39.000 €.

Grundstücke:	1	2	3	1 + 2 + 3
Ausgebotsarten:				
§ 64 I	104.000	37.000	5.000	
§ 64 II	163.000	95.000	39.000	
§ 63 II				146.000

a) **Gläubiger III/4 wählt nicht oder die Ausgebotsart § 64 Abs. 1:**

Grundstücke:	1	2	3	
Bargebot:	104.000	37.000	5.000	
b. Rechte:	120.000	110.000	100.000	
	224.000	147.000	105.000	= 476.000

Vergleich mit dem Gesamtausgebot (§ 63 Abs. 3 Satz 2)
Bargebot: 146.000
b. Rechte: 330.000
Summe: 476.000
Ergebnis: Zuschlag auf Einzelausgebote, kein Zuschlag auf Gesamtausgebot

b) **Gläubiger III/4 wählt die Ausgebotsart § 64 Abs. 2**

Grundstücke:	1	2	3	
Bargebot:	163.000	95.000	39.000	
b. Rechte:	70.000	60.000	50.000	
	233.000	155.000	89.000	= 477.000

Ergebnis: Kein Zuschlag auf das Gesamtausgebot, da der Gebotsvergleich zugunsten der Einzelmeistgebote ausfällt (§ 63 Abs. 3 Satz 2); kein Zuschlag auf Gebote nach § 64 Abs. 1, weil diese durch Wahl von § 64 Abs. 2 erloschen sind.
Die Zuschlagserteilung auf die Meistgebote in den Einzelausgeboten nach § 64 Abs. 2 steht unter der weiteren Voraussetzung des § 83 Nr. 3: Es müssen alle

diesem Gesamtrecht gleich- oder nachrangigen Rechte gedeckt sein, solange sie nur dem wirklich bestrangig betreibenden Gläubiger vorgehen.
Hier: Verstoß gegen § 83 Nr. 3, Berechtigter III/4 würde 4.000 bekommen, III/6 müsste 36.000 bekommen, bei Grundstück 3 sind aber nur 39.000 vorhanden → III/6 bekäme nur 35.000.
Streitig ist, ob der Zuschlag bei den anderen Grundstücken erteilt werden kann, wenn er bei nur einem oder einiger anderer wegen § 83 Nr. 3 versagt werden muss.[10] Da § 83 Nr. 3 ausdrücklich eine Gesamtbewertung der Einzelausgebote vornimmt, ist der Zuschlag insgesamt zu versagen. Zudem kann eine Verdrängung des Ergebnisses eines durchgeführten Gesamtausgebots im Rahmen des Gebotsvergleichs nur durch die Ergebnisse sämtlicher Einzelmeistgebote gerechtfertigt werden.

---

10 Versagung: *Stöber*, ZVG, Rn. 3.3; *Eickmann*, ZVG, § 24 III 2; Erteilung: *Storz*, in: *Steiner*, ZVG, § 83 Rn. 16.

§ 65 ZVG [Besondere Versteigerung, anderweitige Verwertung]

(1) Das Gericht kann auf Antrag anordnen, dass eine Forderung oder eine bewegliche Sache von der Versteigerung des Grundstücks ausgeschlossen und besonders versteigert werden soll. Auf Antrag kann auch eine andere Art der Verwertung angeordnet, insbesondere zur Einziehung einer Forderung ein Vertreter bestellt oder die Forderung einem Beteiligten mit dessen Zustimmung an Zahlungs Statt überwiesen werden. Die Vorschriften der §§ 817, 817a Abs. 3, 835 der Zivilprozessordnung finden entsprechende Anwendung. Der Erlös ist zu hinterlegen.

(2) Die besondere Versteigerung oder die anderweitige Verwertung ist nur zulässig, wenn das geringste Gebot erreicht ist.

Übersicht

		Rn.
I.	Normzweck; Anwendungsbereich	1
II.	Möglichkeiten der Verwertung	2
III.	Antrag	3–5
IV.	Anordnung	6, 7
V.	Durchführung	8–11
VI.	Rechtsbehelfe	12

I. Normzweck; Anwendungsbereich

1 Die Vorschrift ermöglicht die gesonderte Versteigerung und anderweitige Verwertung von beweglichen Sachen und Forderungen, die ansonsten gemäß § 55 mitversteigert werden. Unter Herauslösung der Gegenstände bzw. Forderungen soll ein höherer Erlös als bei gemeinschaftlicher Verwertung erzielt werden. Insoweit sind abweichende Versteigerungsbedingungen nach § 59 auf Grund der spezielleren Vorschrift des § 65 auch ausgeschlossen.[1]

II. Möglichkeiten der Verwertung

2 Als Möglichkeiten der Verwertung sieht die Norm im Abs. 1 Satz 1 die gesonderte Versteigerung und in Abs. 1 Satz 2 die andere Art der Verwertung vor. Letzteres ist beispielsweise in Form einer freihändigen Veräußerung oder Überweisung einer Forderung an Zahlungs Statt denkbar.

III. Antrag

3 Besondere Versteigerung und anderweitige Verwertung setzen einen Antrag voraus, eine Anordnung von Amts wegen erfolgt nicht. Der Antragsteller muss in seinem Antrag angeben, welche Art der abweichenden Verwertung gewünscht wird, nötigenfalls hat das Gericht im Rahmen seiner Aufklärungspflicht nach § 139 ZPO entsprechend nachzufragen.

4 Die **Antragsberechtigung** ist gesetzlich nicht geregelt. Ziel des Antrags ist es, eine Verwertung durchzuführen, die durch die Loslösung einzelner Gegenstände oder Forderungen einen höheren Erlös bringt als im Rahmen der Gesamtverwertung. Antragsberechtigt sind daher nur Beteiligte des Verfahrens

---

[1] *Stöber*, ZVG, Rn. 1.

nach § 9, die ein Interesse an der Erlöshöhe haben, mithin auch der Vollstreckungsschuldner. Kein Antragsrecht besteht daher für Mieter oder Pächter.[2] Beteiligte, deren Ansprüche bereits durch das geringste Gebot gedeckt sind, haben in der Regel kein Antragsrecht, da zumindest dieses geboten werden muss, um die Anordnung auszuführen, vgl. Abs. 2.[3] Antragsberechtigt sind sie nur dann, wenn sie nicht durch das geringste Gebot gedeckte Ansprüche in anderen Rangklassen haben.

Der Antrag kann bereits vor dem Versteigerungstermin schriftlich oder in einem Vortermin gemäß § 62 oder auch im Versteigerungstermin mündlich zu Protokoll gestellt werden; eine besondere Form hierfür ist nicht vorgesehen. Der Antrag muss **spätestens im Versteigerungstermin vor der Aufforderung zur Abgabe von Geboten** im Sinne des § 66 Abs. 2 gestellt werden. Ein Antrag danach ist unzulässig, da die Versteigerungsbedingungen für jeden Bietinteressenten und die Beteiligten vor Beginn der Bietzeit objektiv feststehen müssen.[4]

5

IV. Anordnung

Gegenstand der Anordnung sind bewegliche Sachen und Forderungen, die ohne die Anordnung im Rahmen des § 55 mitversteigert werden würden. Ist das Verfahren hinsichtlich eines Zubehörgegenstandes bereits auf Grund rechtzeitiger Geltendmachung im Sinne des § 37 Nr. 5 ZVG aufgehoben worden, erstreckt sich die Versteigerung nicht mehr auf diesen Gegenstand, eine abgesonderte Versteigerung oder anderweitige Verwertung kann daher nicht erfolgen. Dem Gläubiger bleibt nach Erteilung des Zuschlags nur noch die Mobiliarvollstreckung, um Befriedigung aus dem ihm nach wie vor haftenden Gegenstand zu erlangen.[5] Wurde das Verfahren hinsichtlich des Zubehörgegenstandes vor Zuschlag lediglich einstweilen eingestellt, kann nach rechtzeitigem Fortsetzungsantrag und Wegfall des Einstellungsgrundes eine Einzelverwertung im Rahmen des § 65 noch erfolgen.

6

Vor der Entscheidung ist Grundpfandrechtsgläubigern, deren Rechte im geringsten Gebot bestehen bleiben, rechtliches Gehör zu gewähren, da sie ein Widerspruchsrecht haben, wenn ihre Haftung verschlechtert wird, vgl. §§ 1134, 1135 BGB.[6] Nach dem Gesetzeswortlaut „kann" die Anordnung erfolgen. Das Vollstreckungsgericht entscheidet daher nach pflichtgemäßem Ermessen durch Beschluss. Die Einzelverwertung ist dann geboten, wenn durch die Herausnahme des Gegenstandes bzw. der Forderung ein höherer Erlös zu erwarten ist als bei der gemeinsamen Verwertung oder der Gegenstand von einem Dritten in Anspruch genommen wird.[7] Bei der Entscheidung hat das Vollstreckungsgericht die Interessen der Grundpfandrechtsgläubiger (§§ 1134, 1135 BGB) von Amts wegen zu beachten.[8]

7

---

2 *Böttcher*, ZVG, Rn. 3; *Hintzen*, in: *Dassler/Schiffhauer/u.a.*, ZVG, Rn. 5.
3 *Hintzen*, in: *Dassler/Schiffhauer/u.a.*, ZVG, Rn. 5; a.A. *Böttcher*, ZVG, Rn. 3; *Stöber*, ZVG, Rn. 2, der zwar richtig davon ausgeht, dass das Gesetz keine Beschränkung in dieser Hinsicht enthält, allerdings auch keine besondere Regelung für die Antragsberechtigung enthält, so dass mit dem Sinn und Zweck der Norm (höherer Erlös) nur eine Antragsberechtigung der nicht im geringsten Gebot stehenden Beteiligten in Betracht kommt.
4 *Stöber*, ZVG, Rn. 2, a.A. *Güthe*, in: *Jaeckel*, ZVG, Rn. 4.
5 OLG Hamm, Beschl. vom 26.10.1993 – 15 W 272/93, Rpfleger 1994, 176.
6 Denkschrift S. 51, *Böttcher*, ZVG, Rn. 3, etwas unklar: *Hintzen*, in: *Dassler/Schiffhauer/u.a.*, ZVG, der allen anwesenden Beteiligten rechtliches Gehör gewähren will.
7 Denkschrift, Seite 51.
8 *Stöber*, ZVG, Rn. 3.2, *Böttcher*, ZVG, Rn. 4.

V. Durchführung

8 Die Anordnung nach Absatz 1 ist so lange möglich wie der Antrag selbst, die Ausführung jedoch darf erst nach Schluss der Versteigerung (§ 73 Abs. 2) und auch nur dann erfolgen, wenn im Termin mindestens das geringste Gebot erreicht worden ist, Abs. 2. Das ist dann der Fall, wenn das erste wirksame Gebot abgegeben worden ist. Anordnung und Ausführung sind daher sauber zu trennen.[9] Liegt ein wirksames Gebot nicht vor, entfällt die Anordnung ohne weitere Maßnahmen des Vollstreckungsgerichts.[10] Das Versteigerungsobjekt ist danach einschließlich des vorher herausgelösten Gegenstandes oder der vorher herausgelösten Forderung erneut auszubieten.

9 Die besondere Versteigerung kann durch das Vollstreckungsgericht selbst durchgeführt werden oder durch einen von diesem zu beauftragenden Gerichtsvollzieher. Dessen Verfahren richtet sich nach seinen allgemeinen Vorschriften, insbesondere sind §§ 817, 817a ZPO zu beachten. Im Rahmen der besonderen Versteigerung erfolgt der Eigentumsübergang nicht nach § 90 ZVG, sondern mit der Übergabe an den Ersteher.[11] Die besondere Versteigerung darf dann nicht mehr erfolgen, wenn die Gläubiger bereits aus der Versteigerung des Grundstücks befriedigt werden können oder nach § 114a als befriedigt gelten.[12] Auch aus diesem Grund ist zwingend der Schluss der Versteigerung abzuwarten, bevor die Anordnung ausgeführt wird.

10 Andere Art der Verwertung bedeutet beispielsweise freihändigen Verkauf durch den Gerichtsvollzieher oder Überweisung einer Forderung an Zahlungs Statt, § 835 ZPO. Der Überweisungsbeschluss ist den Beteiligten von Amts wegen zuzustellen, für die Drittschuldnerzustellung ist der Berechtigte selbst verantwortlich.

11 Nach Ausführung der Anordnung sind die Einzelerlöse für Grundstück und den herausgelösten Gegenstand wieder zusammenzuführen. Die Verteilung darf nur insgesamt mit dem Grundstückserlös erfolgen, bis zu diesem Zeitpunkt ist der Erlös zu hinterlegen, Abs. 1 Satz 4, § 107 Abs. 1 Satz 2.

VI. Rechtsbehelfe

12 Hat das Gericht eine Anordnung nach Absatz 1 erlassen, ist hiergegen Vollstreckungserinnerung und Zuschlagsbeschwerde nach §§ 83 Nr. 1, 100 Abs. 1 zulässig.[13] Nicht erhoben werden kann Vollstreckungserinnerung durch den angeblichen Eigentümer des Gegenstandes, ihm verbleibt hierfür nach den allgemeinen Regelungen nur Drittwiderspruchsklage nach § 771 ZPO. Wird der Antrag abgelehnt, ist hiergegen ein Vorgehen nur im Rahmen der Zuschlagsbeschwerde möglich, §§ 83 Nr. 1, 100 Abs. 1.[14]

---

9 A.A. *Böttcher*, ZVG, Rn. 5: Danach ist die Durchführung bereits dann möglich, wenn das erste wirksame Gebot abgegeben worden ist, der Versteigerungsschluss sei nicht abzuwarten. Dies widerspricht allerdings dem Zweck der Norm, der darin besteht, einen möglichst hohen Erlös zu erzielen. Im Ergebnis könnte eine vor Schluss der Versteigerung durchgeführte gesonderte Verwertung dazu führen, dass der losgelöste Gegenstand übereignet wird und im Übrigen der Zuschlag ggfs. versagt werden müsste, §§ 85a, 74a.
10 *Böttcher*, ZVG, Rn. 5; *Stöber*, ZVG, Rn. 3.7.
11 *Stöber*, ZVG, Rn. 3.6.
12 *Böttcher*, ZVG, Rn. 5; *Hintzen*, in: Dassler/Schiffhauer/u.a., ZVG, Rn. 17.
13 LG Frankenthal, Beschl. vom 22.11.1985 – 1 T 341/85, Rpfleger 1986, 146.
14 *Hintzen*, in: Dassler/Schiffhauer/u.a., ZVG, Rn. 21.

§ 66 ZVG [Verfahren im Termin]

(1) In dem Versteigerungstermine werden nach dem Aufrufe der Sache die das Grundstück betreffenden Nachweisungen, die das Verfahren betreibenden Gläubiger, deren Ansprüche, die Zeit der Beschlagnahme, der vom Gericht festgesetzte Wert des Grundstücks und die erfolgten Anmeldungen bekannt gemacht, hierauf das geringste Gebot und die Versteigerungsbedingungen nach Anhörung der anwesenden Beteiligten, nötigenfalls mit Hilfe eines Rechnungsverständigen, unter Bezeichnung der einzelnen Rechte festgestellt und die erfolgten Feststellungen verlesen.

(2) Nachdem dies geschehen ist, hat das Gericht auf die bevorstehende Ausschließung weiterer Anmeldungen hinzuweisen und sodann zur Abgabe von Geboten aufzufordern.

Übersicht

		Rn.
I.	Allgemeines	1, 2
II.	Einleitender Teil des Zwangsversteigerungstermins bis zur Aufforderung zur Abgabe von Geboten	3–17
1.	Zum Versteigerungstermin allgemein	3–9
2.	Aufruf der Sache	10
3.	Bekanntmachungen	11–14
	a) Informationen zum Versteigerungsobjekt	12
	b) Informationen aus und zu dem Zwangsversteigerungsverfahren	13
	c) Allgemeine Hinweise	14
4.	Anmeldungen	15
5.	Geringstes Gebot und Bedingungen der Versteigerung	16
6.	Ausschließung weiterer Anmeldungen und Beginn der Bietzeit (Absatz 2)	17

I. Allgemeines

1. Allgemeines zum 5. Abschnitt

Die eigentliche Versteigerung ist in §§ 66 bis 78 geregelt (5. Abschnitt). Die Vorschriften dieses Abschnitts können wie folgt unterteilt werden: **1**

§§ 66 und 73	Grundsätzlicher Ablauf des Termins
§§ 67 bis 70	Sicherheitsleistung
§§ 71 und 72	Zurückweisung bzw. Erlöschen eines Gebots
§ 74	Verhandlung über den Zuschlag
§§ 74a und 74b	Verkehrswert bzw. Zuschlagsversagung
§§ 75 bis 77	Einstellung der Versteigerung
§ 78	Protokollführung

2. Allgemeines zu § 66

Die Vorschrift betrifft alle Arten der Versteigerung. Sie regelt den Ablauf des Termins bis zur Aufforderung zur Abgabe von Geboten. **2**

II. Einleitender Teil des Zwangsversteigerungstermins bis zur Aufforderung zur Abgabe von Geboten

1. Zum Versteigerungstermin allgemein

a) **Ablauf.** Der Versteigerungstermin ist in drei Teile geteilt. **3**

1. Vorbereitung der Versteigerung
2. Bietzeit
3. Konsequenzen aus dem Ergebnis der Bietzeit

4 b) **Sitzungsleitung und Protokoll.** Der Versteigerungstermin ist ein ordentlicher Gerichtstermin im Sinne des GVG. Daraus resultierend hat der versteigernde Rechtspfleger mit Ausnahme der Verhängung von Ordnungshaft (§ 4 Abs. 2 RPflG) alle Befugnisse im Sinne von §§ 175 ff. GVG. Insbesondere können Personen ausgeschlossen oder auch besondere Schutzmaßnahmen durch die Gerichtswachtmeisterei angeordnet werden. Gegen Ordnungsmittel ist binnen einer Woche Beschwerde gemäß § 181 GVG möglich.

Da über alle Vorgänge im Termin Protokoll zu führen ist, sollte in besonderen Verfahren bzw. Terminen grundsätzlich mit gesondertem Protokollführer gearbeitet werden.[1] Hier ist das übliche Maß geboten. Personalknappheit sollte nicht als Argument für die grundsätzliche Verweigerung eines Protokollführers akzeptiert werden.

5 c) **Öffentlichkeit.** Der Versteigerungstermin ist nicht zuletzt auch im Hinblick auf den Kreis der Bieter öffentlich (§ 169 Abs. 1 GVG).[2] **Ton- und Bildaufnahmen** während des Termins sind unzulässig (§ 169 Abs. 2 GVG).

6 d) **Zeit und Ort der Versteigerung.** Die Wahl von Zeit und Ort der Versteigerung erfolgte schon bei der Terminsbestimmung nach pflichtgemäßem Ermessen. Grundsätzlich ist dabei vom Gericht zu beachten, dass Zeit und Raum dem Versteigerungsverfahren entsprechen. Bei zu erwartendem großen Andrang muss ein entsprechender Raum gewählt werden, damit alle Interessenten an dem Termin teilnehmen können. Dennoch stellt es keinen Mangel an Öffentlichkeit dar, wenn nicht alle Interessierten den zu kleinen Gerichtssaal betreten können. Dann ist es wohl sinnvoll, den Beteiligten und den Bietinteressenten vorrangig Einlass zu gewähren und für sonstige Interessierte die Saaltür zum Gerichtsflur offen zu lassen damit ein freier Zugang möglich bleibt.[3]

Die Verlegung des Termins in einen **anderen Gerichtssaal** ist möglich. In diesem Fall genügen deutliche Hinweise über die Verlegung in beiden Saalaushangkästen oder in sonstiger sicherer und geeigneter Weise an beiden Räumen.[4] Im Sitzungsprotokoll ist vom Gericht hierüber ein Vermerk aufzunehmen.

Sofern der Termin in ein anderes Gebäude verlegt wird, gilt Vorstehendes entsprechend. Deutliche Hinweise sollten in diesem Fall zusätzlich schon im Eingangsbereich oder bei der Eingangskontrolle erfolgen.

Zeitliche Verlegungen des Termins auf einen anderen Tag können nur unter Einhaltung der Vorschriften §§ 36 bis 43 erfolgen. In Frage kommt also lediglich eine unwesentliche Verzögerung des Terminsbeginns aus besonderen Gründen. Die Teilnahme aller Interessierten ist auch in diesem Fall durch geeignete Informationen am Sitzungssaal sicher zu stellen. Ein Beteiligter hat keinen Anspruch auf verzögerten Beginn des Termins, weil er dem Gericht

---

[1] Vgl. Ausführungen zu § 78 ZVG.
[2] OLG Köln, Beschl. vom 8.1.1987 – 2 W 279/86, Rpfleger 1987, 167 (168 am Ende); ausführlicher, *Hintzen* in: *Dassler/Schiffhauer/u. a.*, ZVG, § 66 Rn. 4.
[3] Zur Frage des zu kleinen Gerichtssaals: LG Bielefeld, Beschl. vom 30.12.1988 – 3 T 415/88, Rpfleger 1989, 379 (380).
[4] LG Essen, Beschl. vom 20.1.2006 – 7 T 574/05, Rpfleger 2006, 665; Frühere Ansichten, dass dies zuverlässig nur durch einen Gerichtswachtmeister vor dem ursprünglichen Sitzungssaal erfolgen kann, (so u. a. das OLG Hamm, Beschl. vom 7.9.1978 – 15 W 40/78, Rpfleger 1979, 29 = NJW 1979, 1720), werden nicht mehr vertreten.

seine Verspätung telefonisch mitgeteilt hat.[5] Ein verzögerter Terminsbeginn ist ebenfalls wie die Raumverlegung mit Gründen im Protokoll zu vermerken.

e) **Unterbrechung des Termins.** Aus besonderen Gründen ist eine Unterbrechung des Termins mit anschließender Fortsetzung möglich.[6] **Unterbrechung** ist von **Vertagung** zu unterscheiden. Vertagung (Anberaumung eines neuen Termins im Sinne von § 227 ZPO) kann nur unter Einhaltung der üblichen Terminsbestimmungsvorschriften erfolgen und damit hier vernachlässigt werden. Unterbrechung bedeutet verhandlungsfreier Zwischenraum (im Falle eines Wochenendes bis zu mehreren Tagen) in einem zusammenhängenden Versteigerungstermin.[7]

Die Unterbrechung kann erfolgen, wenn dies aus besonderen Gründen gerechtfertigt erscheint, zum Beispiel:
- Ablehnung des versteigernden Rechtspflegers.[8]
- Anträge zum geringsten Gebot oder sonstige Verfahrensanträge, die ein zurückgezogenes Arbeiten des Rechtspflegers erfordern.
- Fortgeschrittene Zeit (evtl. Mittagspause, insbesondere aber Dienstschluss).
- Sonstige besondere Ereignisse in der Sitzung, wie Schwächeanfall eines Anwesenden oder Störung der Sitzung durch Anwesende.

Nicht aber: Besonderheiten, die nur im persönlichen Verantwortungsbereich eines Anwesenden liegen, wie zum Beispiel: Besorgung der erforderlichen Sicherheit durch einen Bietinteressenten oder Wahrnehmung eines parallel laufenden weiteren Versteigerungstermins.

Die Entscheidung über die Unterbrechung ist als verfahrensleitende Maßnahme grundsätzlich keiner Überprüfung unterworfen (entsprechend § 227 Abs. 4 ZPO). Anträge auf Unterbrechung können lediglich als Anregung angesehen werden. Wie bei allen unanfechtbaren Entscheidungen des Rechtspflegers dürfte aber die Rechtspflegererinnerung im Sinne von § 11 Abs. 2 RPflG möglich sein.

Die Unterbrechung ist vom Gericht mit Gründen genau auf die Minute im Protokoll zu vermerken. Wird während der laufenden Bietzeit unterbrochen, muss die restliche Bietzeit nach der Fortsetzung genau eingehalten werden.

f) **Befangenheitsanträge.** Grundsätzlich kann der Rechtspfleger wie auch der Richter wegen der Besorgnis der Befangenheit abgelehnt werden, § 10 RPflG i. V. m. §§ 42 ff. ZPO[9]. Besorgnis der Befangenheit liegt vor, wenn ein Grund vorliegt, der geeignet ist, Misstrauen gegen die Unparteilichkeit des Rechtspflegers zu rechtfertigen[10]. Über das Ablehnungsgesuch entscheidet der Abteilungsrichter, § 10 Satz 2 RPflG. Über offensichtlich **rechtsmissbräuchlich gestellte Ablehnungsgesuche** kann der abgelehnte Rechtspfleger selbst durch Beschluss entscheiden[11]. Als Rechtsmissbräuchlich wird eingestuft, wenn die Ablehnung lediglich der Verfahrensverschleppung dient. Erfolgt die **nicht rechtsmissbräuchliche Ablehnung** während der Bietzeit oder kurz vorher, kann der Termin gemäß § 47 Abs. 2 ZPO vom Rechtspfleger einstweilen fortgeführt

---

5 So entschieden für den verspätet eintreffenden Schuldner: OLG Hamm, Beschl. vom 7.3.1994 – 15 W 53/94, Rpfleger 1994, 428.
6 So auch *Stöber*, ZVG, § 66 Rn. 11; *Hintzen*, in: *Dassler/Schiffhauer/u.a.*, ZVG, § 66 Rn. 11; *Böttcher*, ZVG, § 66 Rn. 9.
7 OLG Köln, Beschl. vom 13.2.1984 – 2 W 179/83, Rpfleger 1984, 280.
8 BGH, Beschl. vom 21.6.2007 – V ZB 3/07, Rpfleger 2007, 619.
9 BGH, Beschl. vom 14.3.2003 – IXa ZB 27/03, Rpfleger 2003, 453; *Marx*, Zur Ablehnung eines Rechtspflegers wegen der Besorgnis der Befangenheit, Rpfleger 1999, 518.
10 BGH, Beschl. vom 14.3.2003 – IXa ZB 27/03, Rpfleger 2003, 453.
11 BGH, Beschl. vom 14.4.2005 – V ZB 7/05, Rpfleger 2005, 415.

werden[12] oder aber bis zu einer zeitnahen Entscheidung des Richters unterbrochen werden. Im Falle der einstweiligen Fortführung muss das Gericht die Entscheidung über den Zuschlag sodann ausgesetzen.[13] Anders verhält es sich im Anschluss an die Zurückweisung des rechtsmissbräuchlichen Ablehnungsgesuchs durch den Rechtspfleger selbst. Im Anschluss an die Zurückweisung kann dieser über den Zuschlag selbst entscheiden.[14] Ob die sofortige Zuschlagsentscheidung noch im Termin tunlich ist, muss vor Ort entschieden werden.

9 g) **Mehrere Termine gleichzeitig.** Nicht unüblich ist der Aufruf eines weiteren Versteigerungstermins zu einem „verwandten" aber im Übrigen selbständigen Verfahren vor Beginn oder während der Bietzeit eines Termins. Die verschiedenen Termine laufen also zumindest teilweise zeitgleich nebeneinander. Diese Verfahrensweise wird mittlerweile vom **BGH** für zulässig befunden, wenn sie aus besonderen Gründen gerechtfertigt erscheint.[15] Dennoch bleibt das Schrifttum hierzu weiterhin geteilter Meinung. Mehrere gleichzeitige Termine erfordern ein Höchstmaß an Fürsorge und Belehrung der Erschienenen durch das Gericht. Die einleitenden Verfahrenshandlungen während der Bietzeit eines anderen Verfahrens müssen zwangsläufig zur Unterbrechung der schon laufenden Bietzeit und deren Protokollierung führen. Das Gericht hat in diesem Fall den ersten Termin zu unterbrechen und anschließend die dortige Bietzeit entsprechend fortzusetzen. Laufen mehrere Bietzeiten gleichzeitig, müssen genügend Gelegenheit und Hinweise gegeben werden, in allen Verfahren zu bieten. Sinnvollerweise wird die Bietzeit im Falle von regem Bietgeschehen oder zeitaufwändigen Sicherheitsverlangen zu verlängern sein, so dass in jedem der zeitgleichen Verfahren mindestens 30 Minuten zum Bieten zur Verfügung stehen.[16] Behindern die mehreren Bietzeiten einander nicht (etwa weil kein Gebot abgegeben wird) so ist eine **Verlängerung nicht erforderlich**.[17]
Von hier aus wird empfohlen, von der gleichzeitigen Abhaltung mehrer Termine nur in absoluten Ausnahmefällen Gebrauch zu machen. Die Risiken im Hinblick auf Unsicherheiten und Fehler überwiegen gegenüber den Vorteilen insbesondere bei unvorhergesehener Aktivität im Termin. Dabei bleibt auch kaum eine Zeitersparnis im Verhältnis zur unbedenklichen Anberaumung unmittelbar nacheinander im 45-Minuten-Takt.

2. Aufruf der Sache

10 Gemäß § 220 ZPO beginnt der Termin mit dem Aufruf der Sache. Dieser hat im Sitzungssaal bzw., wenn Personen auf dem Flur stehen, auch dort zu erfolgen. Üblich ist der namentliche Aufruf beim Eintreffen in der Saaltür bzw. über die Lautsprecheranlage des Saales.

---

12 BGH, Beschl. vom 21.6.2007 – V ZB 3/07, Rpfleger 2007, 619; OLG Celle, Beschl. vom 17.8.1988 – 4 W 119/88, NJW-RR 1989, 569; anderer Meinung, die sich aber nicht durchgesetzt hat: LG Konstanz, Beschl. vom 4.8.1983 – 1 T 167/83, Rpfleger 1983, 490.
13 BGH, Beschl. vom 14.4.2005 – V ZB 7/05, Rpfleger 2005, 415; BGH, Beschl. vom 21.6.2007 – V ZB 3/07, Rpfleger 2007, 619; *Storz*, Praxis, B 1.6.1; *Hintzen*, in: *Dassler/Schiffhauer/u.a.*, ZVG, § 66 Rn. 21.
14 BGH, Beschl. vom 14.4.2005 – V ZB 7/05, Rpfleger 2005, 415; BGH , Beschl. vom 21.6.2007 – V ZB 3/07, Rpfleger 2007, 619; *Storz*, Praxis, B 1.6.1; Anderer Meinung: *Hintzen*, in: *Dassler/Schiffhauer/u.a.*, ZVG, § 66 Rn. 23 möchte den Rechtspfleger im Falle der rechtsmissbräuchlichen Ablehnung nach erfolgter Zurückweisung nicht über den Zuschlag entscheiden lassen. Dies scheint nicht durchdacht, da eine weitere Entscheidung über das Ablehnungsgesuch mit Ausnahme eines Rechtsmittels nicht zu erwarten ist.
15 BGH, Beschl. vom 22.3.2007 – V ZB 138/06, NJW 2007, 2995 = Rpfleger 2007, 410 mit weiteren Nachweisen auch zur ablehnenden Meinung (u.a.: *Stöber*, ZVG, § 66 Rn. 10).
16 *Hintzen*, in: *Dassler/Schiffhauer/u.a.*, ZVG, § 66 Rn. 18.
17 BGH, Beschl. vom 18.9.2008 – V ZB 18/08, NJW 2008, 3710 = Rpfleger 2009, 95.

Daran anschließend werden die erschienenen **Beteiligten** (§ 9 ZVG) **und ihre Vertreter** festgestellt und im Protokoll vermerkt. Nur wenn ein Beteiligter sich als solcher zu erkennen gibt, ist er zu erfassen. Eigene Ermittlungspflichten treffen das Gericht nicht. Soweit **Beteiligtenvertreter** anwesend sind, ist deren Vollmacht zu prüfen. Abzugrenzen vom Beteiligtenvertreter ist der **Beistand im Sinne von** § 90 ZPO, der nicht als Vertreter sondern zusätzlich zum Beteiligten selbst im Termin anwesend ist. Daher kann eine Verfahrenserklärung eines (eventuell nicht zugelassenen) Beistands durch einfache Bestätigung des anwesenden Beteiligten immer auch direkt dem Beteiligten zugeordnet werden. Eine Vollmacht ist also nicht erforderlich.

Vertreter in rechtlichen Angelegenheiten unterliegen sowohl den Vorschriften der ZPO wie auch des Rechtsdienstleistungsgesetzes (RDG)[18]. Der früher für Terminsvertreter geltende § 157 ZPO regelt nur noch die Untervollmacht. Danach kann ein Rechtsanwalt in Untervollmacht nur einen bei ihm beschäftigten Referendar für sich auftreten lassen. Alle **sonstige Angestellte (auch angestellte Assessoren) des Rechtsanwalts** scheiden damit eindeutig aus.[19] Die Vorschriften über Vertretung der Beteiligten im zivilprozessualen Verfahren sind § 79 ZPO gebündelt worden. **Banken und Versicherungen** können nur noch durch eigene Beschäftigte oder Beschäftigte eines mit ihnen verbundenen Unternehmens (§§ 15 ff. AktG) vertreten werden. Dazu zählen auch Mehrheitsbeteiligungen an anderen Unternehmen bzw. gegenseitige Beteiligungen von mehr als einem Viertel. Die Verbundenheit im Sinne von § 15 AktG ist entsprechend nachzuweisen. Behörden und juristische Personen des öffentlichen Rechts (auch Sparkassen u. ä.) können sich durch Beschäftigte anderer Behörden oder juristischer Personen des öffentlichen Rechts vertreten lassen. **Angehörige als Terminsvertreter** können nur Verlobte, Ehegatten, Verwandte und Verschwägerte in gerader Linie, Geschwister und deren Kinder, Ehegatten von Geschwistern und Geschwister der Ehegatten, Geschwister der Eltern sowie Pflegekinder bzw. Pflegeeltern sein.[20] **Bietvollmachten** fallen nicht unter das oben Gesagte.[21] Da Bieter keine Beteiligte sind, müssen deren Vertreter im Falle eines Gebots zum Zwecke des Grundstückserwerbs lediglich die materiellrechtliche Vertretungsmacht über die Spezialvorschrift des § 71 Absatz 2 ZVG durch öffentlich beglaubigte Urkunde nachweisen. Die Vertretung in diesem Zusammenhang durch § 79 ZPO zu beschränken, wäre eine unnötige Einschränkung, zumal auch die Möglichkeit des verdeckten Bietens oder der Abtretung der Rechte aus dem Meistgebot bestünde.

Nicht geeignete Vertreter sind gemäß § 79 Abs. 3 ZPO zurück zu weisen. Der Beschluss ist laut der Vorschrift – vom Richter erlassen – unanfechtbar, d. h. im Zwangsversteigerungsverfahren mit befristeter Rechtspflegererinnerung gemäß § 11 Absatz 2 RPflG anfechtbar. Nach der **Zurückweisung** ist eine Terminswahrnehmung durch den zurückgewiesenen Vertreter (bis zur Aufhebung der Zurückweisung) nicht möglich. Bei regelmäßig auftretenden Vertretungskonstellationen sollte das Gericht im Hinblick auf seine Aufklärungspflicht bei der Zustellung der Terminsbestimmung vorab auf die bevorstehende Nichtzulassung von bestimmten (evtl. vor der Gesetzesänderung durch das Rechtsberatungneuregelungsgesetz zugelassenen) Vertretern hinweisen. Ein Beteiligter

---

18 Eingeführt durch Gesetz zur Neuregelung des Rechtsberatungsgesetzes vom 12.12.2007, BGBl. I 2007, 2840, in Kraft seit 1.7.2008.
19 A. A. *Klawikowski*, Rpfleger 2008, 404 (405), der aber an dieser Stelle nicht berücksichtigt, dass durch die Neuregelungen (Fußnote 17) auch §§ 79 und 157 ZPO geändert wurden. Später in derselben Abhandlung (407) wird die Untervertretung durch Büroangestellte für unzulässig gehalten.
20 Vgl. § 15 Abgabenordnung.
21 A.A *Klawikowski*, Rpfleger 2008, 404 (407), der aber verkennt, dass die Vertretung in diesem Falle ausschließlich materiellrechtlichen Charakter hat. Der Bietvertreter dürfte in diesem Falle grundsätzlich auch nicht dem Rechtsdienstleistungsgesetz (RDG) unterliegen, es sei denn, er wäre gewerbsmäßiger Bietervertreter.

oder Bietinteressent sollte anstehende Fragen rechtzeitig vor dem Termin mit dem Gericht klären.

Erscheinen Beteiligte erst verspätet, so wird dies nebst dem entsprechenden Zeitpunkt im Protokoll vermerkt. **Vorzeitiges Verlassen** des Termins (z. B. während der Bietzeit) muss nicht vermerkt werden. Dies kann aber durchaus sachdienlich sein, insbesondere, wenn besondere Verfahrenssituationen eine Befragung sinnvoll erscheinen lassen würde.

Der Schuldner und sonstige Beteiligte müssen im Termin nicht anwesend sein. Nachteile gehen jeweils zu ihren Lasten. Ein Termin wird auch durchgeführt, wenn keiner der Beteiligten anwesend ist. Sofern ein Inhaftierter (z. B. als Vollstreckungsschuldner) am Termin teilnehmen möchte, muss er dies selbst in der Justizvollzugsanstalt in die Wege leiten. Das Gericht kann keine Vorführung anordnen.[22]

3. Bekanntmachungen

11 Das Gericht hat die Beteiligten und Bietinteressenten über das Versteigerungsobjekt und wesentliche Teile des Zwangsversteigerungsverfahrens zu **informieren**. Alle Bekanntmachungen müssen so deutlich erfolgen, dass auch ungeübte Beteiligte und Bietinteressenten diesen folgen können. Bei Unklarheiten sollten Beteiligte oder Interessenten in jedem Fall nachfragen.

12 a) **Informationen zum Versteigerungsobjekt.** Zu verlesen ist der wesentliche **Inhalt des Grundbuchs** und erforderlichenfalls der Urkunden, auf die Bezug genommen wurde. Des Weiteren ist der festgesetzte **Verkehrswert** des Grundstücks und des Zubehörs im Sinne von § 74a Abs. 5 ZVG mitzuteilen. Ergeben sich aus dem Verkehrswertgutachten Besonderheiten zum Grundstück wie Baumängel, Altlasten oder ähnliches, so sollte hierauf gesondert hingewiesen werden.

Ergibt sich aus dem Grundbuch oder aus der Bewilligung zu Rechten, dass ein **Altenteil** in Betracht kommt, so kann dieses auch außerhalb der gesetzlichen Versteigerungsbedingungen bestehen bleiben. In solchen Fällen muss das Gericht hierauf und auf die Möglichkeit des § 9 Abs. 2 EGZVG hinweisen, dass auf Antrag eines Beeinträchtigten ein weiteres Ausgebot erfolgen kann, mit dem Inhalt, dass das Altenteil erlischt.[23] Bei der Beurteilung der Altenteilseigenschaft eines Rechts kommt es nicht auf den konkreten Wortlaut des Grundbuchs oder der Bewilligung an, sondern auf den Sinn der Rechte.[24]

Öffentlichrechtliche **Baulasten** werden im Normalfall im Rahmen der Bewertung des Grundbesitzes vom Sachverständigen ermittelt. Grundsätzlich erlischt die Baulast nicht durch die Zwangsversteigerung, da sie kein dingliches Recht im Sinne von § 52 ZVG darstellt.[25] Zu den Einzelheiten siehe auch § 56 Rn. 13, § 89 Rn. 30 sowie § 90 Rn. 55 ff. Wurde eine Baulast festgestellt, muss auf deren Fortbestand außerhalb der Versteigerungsbedingungen hingewiesen werden.

Sofern ein **Erbbaurecht oder Wohnungs- bzw. Teileigentum** versteigert wird, kann die Erteilung des Zuschlags von der Zustimmung des Grundstückseigentümers (§ 5 Abs. 1 ErbbauRG) bzw. des WEG-Verwalters (§ 12 Abs. 1 WEG

---

22 *Stöber*, ZVG, § 66 Rn. 4.5; *Hintzen*, in: *Dassler/Schiffhauer/u. a.*, ZVG, § 66 Rn. 25.
23 BGH, Urteil vom 21.3.1991 – III ZR 118/89, NJW 1991, 2759 = Rpfleger 1991, 329.
24 BGH, Beschl. vom 3.2.1994 – V ZB 31/93, BGHZ 125, 69 = NJW 1994, 1158 = Rpfleger 1994, 347.
25 BVerwG, Beschl. vom 29.10.1992 – 4 B 218/92, NJW 1993, 480 = Rpfleger 1993, 208; OVG Hamburg, Urteil vom 12.11.1992 – OVG Bf II 29/91; OVG NRW, Urteil vom 26.4.1994 – 11 A 2345/92, NJW 1994, 3370 = Nordrhein-Westfälische Verwaltungsblätter 1994, 416; *Hintzen*, in: *Dassler/Schiffhauer/u. a.*, ZVG, § 66 Rn. 41; a.M: *Stöber*, ZVG, § 66, Rn. 6.5; *Böttcher*, ZVG, § 56 Rn. 7, die zwischen der Baulast und einem dinglichem Recht ein Rangverhältnis begründet sehen.

abhängig sein. Dass die Zustimmung bis zur Zuschlagsentscheidung vorliegen muss, ist vom Gericht bekannt zu machen.

Ob der **Einheitswert** des Grundstücks vom Gericht bekannt gemacht werden soll, ist umstritten.[26] Die Einholung erfolgt zum Zwecke der Gebührenberechnung, für den Fall, dass bei Aufhebung des Verfahrens noch kein Wert nach § 74a Abs. 5 ZVG festgesetzt worden ist. Da der Wert grundsätzlich wie auch andere steuerlich relevante Informationen dem **Steuergeheimnis** im Sinne des § 30 Abgabenordnung unterliegt, sollte das Gericht auf eine öffentliche Verlesung im Termin verzichten. Dem Steuergeheimnis unterliegt nämlich auch das Gericht, wenn es eine relevante Information von der Finanzbehörde erhalten hat. Die Nichtveröffentlichung ist aber auch unschädlich, da der Wert für Beteiligte im Rahmen des Termins unwichtig[27] und für Bietinteressenten nur von sehr geringer Bedeutung ist. Andererseits sollte nicht verkannt werden, dass durch die Verpflichtung zur Verlesung der Anmeldung zur Grundsteuer auch der Einheitswert mittelbar bekannt gemacht wird. Die eventuell angemeldete Grundsteuer errechnet sich nämlich nach öffentlich bekannten Grundlagen anhand des Einheitswertes.[28]

Falls im Rahmen einer laufenden **Flurbereinigung/Umlegung** das Abfindungsgrundstück für das unter Versteigerung stehende Grundstück schon feststeht, so ist die Mitteilung der Flurbereinigungsbehörde (Umlegungsbehörde) bekannt zu machen.

Anmeldungen von **Mietern/Pächtern** sind nach dem Wegfall von § 57d ZVG nicht mehr zu erwarten. Wenn dem Gericht ein Miet- oder Pachtverhältnis bekannt ist, sollte hierauf im Termin hingewiesen werden. Zur Ermittlung der Mieter auf Antrag siehe §§ 57 ff. Rn. 22.

Sofern der Sachverständige bei der Begutachtung einen **Überbau** festgestellt hat, ist auf diesen und auf mögliche rechtliche Konsequenzen hin zu weisen. Hinsichtlich weiterer Einzelheiten siehe § 90 Rn. 63 ff. Eine verbindlich erscheinende Würdigung sollte weder durch das Gericht noch durch Beteiligte auch bei entsprechenden Nachfragen der Bieter erfolgen, da diese letztlich dem Prozessgericht vorbehalten bleibt.

b) **Informationen aus und zu dem Zwangsversteigerungsverfahren.** Bekannt zu machen sind der Zeitpunkt der **ersten Beschlagnahme** im Sinne von § 13 ZVG und die **betreibenden Gläubiger** mit ihren Beschlagnahmeansprüchen. Alle Anmeldungen zum Verfahren bzw. aktuell die zum Termin erfolgten, sind zu verlesen, auch wenn sie unberechtigt erscheinen oder eine Glaubhaftmachung noch aussteht.[29]

c) **Allgemeine Hinweise**[30] (auch noch nach Beginn der Bietzeit möglich.). Das Gericht weist auf die Regelungen des **Grunderwerbsteuergesetzes** hin. Danach ist im Falle der Erteilung des Zuschlags vom Ersteher Grunderwerbsteuer zu zahlen. Erst dann wird die für die Grundbucheintragung erforderliche Unbedenklichkeitsbescheinigung vom Finanzamt erteilt, 22 Abs. 1 Satz 1 GrEStG.[31] Daneben wird im Falle der Erteilung des Zuschlags auch derjenige, der das Meistgebot abtritt, erwerbsteuerpflichtig. Ebenfalls die nachträgliche Erklä-

---

26 *Stöber*, ZVG, § 66 Rn. 5 am Ende, hält die Veröffentlichung für unzulässig; a.M: *Storz*, in: Steiner, ZVG, § 66 Rn. 96 hält die Veröffentlichung für zulässig.
27 Anders verhält es sich mit dem Einheitswert im Falle des Beitritts einer WEG-Gemeinschaft aus Hausgeldansprüchen. In diesem Fall ist er von außerordentlicher Bedeutung. Daher kann der Einheitswert in diesem Fall trotz des Steuergeheimnisses aufgrund der Regelung in § 10 Abs. III Satz 1, 2. Halbsatz ZVG an die Gläubiger mitgeteilt werden.
28 Vgl. Grundsteuergesetz; so auch *Schneider*, ZMR 2008, 728,629.
29 *Storz*, in: *Steiner*, ZVG, § 66 Rn. 104; *Hintzen*, in: *Dassler/Schiffhauer/u. a.*, ZVG, § 66 Rn. 32.
30 Vgl. BVerfG, Beschl. vom 24.3.1976 – 2 BvR 804/75, BVerfGE 42, 64 = NJW 1976, 1391 = Rpfleger 1976, 389.
31 Zu den Einzelheiten der Grunderwerbsteuerpflicht vgl. *Böhringer*, Rpfleger 2000, 99 ff.

rung, für einen Dritten geboten zu haben, gilt dabei steuerrechtlich als Abtretung des Meistgebots.
Hingewiesen werden kann – muss aber nicht – auf die Frage der **Umsatzsteuer**. Der Ersteher ist grundsätzlich nicht umsatzsteuerpflichtig (§ 4 Nr. 9a Umsatzsteuergesetz). Dies gilt nicht für das Zubehör. Der gebotene Betrag ist aber auch im Falle der Umsatzsteuerpflicht, und zwar auch für das Zubehör, ein Nettobetrag, der ungeschmälert an das Gericht zu zahlen ist.[32] Sollte der bisherige Eigentümer (als Unternehmer) von der Möglichkeit Gebrauch machen, auf die Befreiung von der Umsatzsteuer zu verzichten, so trifft den Ersteher (der ebenfalls Unternehmer sein muss) die Umsatzsteuer. Das Gericht ist davon nicht betroffen. Gemäß § 9 Abs. 3 Umsatzsteuergesetz ist dieser Verzicht aber nur noch bis zur Aufforderung zur Abgabe von Geboten möglich[33] und vom bisherigen Eigentümer dem Gericht mitzuteilen.
Bietinteressenten werden über das Bieten unterrichtet:
Abgabe des Bargebots und daneben bestehen bleibende Rechte, Bietzeit, Ausweispflicht, Nachweis der Vertretungsmacht, Sicherheitsleistung, Grenzen gemäß §§ 74a, 85a ZVG, Eigentumserwerb durch den Zuschlag.
Die Einzelheiten ergeben sich aus den jeweiligen Paragrafen und deren Kommentierung.
Sinnvoll kann auch der Hinweis über die Unzulässigkeit von Eigengeboten eines Beteiligtenvertreters sein.

4. Anmeldungen

15 Die schon vorliegenden Anmeldungen werden vom Gericht **bekannt gemacht**, auch wenn sie unberechtigt erscheinen oder eine Glaubhaftmachung noch aussteht.[34] Im Hinblick auf den drohenden Rangverlust (§ 110 ZVG) werden Anmeldungen im Termin vor der Aufforderung zur Abgabe von Geboten entweder in schriftlicher Form zu den Akten oder zu Protokoll des Gerichts genommen. Das Gericht weist auf das **Erfordernis der Anmeldung** hin. Aus dem Protokoll sollte sich auch die *rechtzeitige* Einreichung von Anmeldungen zur Akte ergeben.
Erfolgt eine Anmeldung während der Bietzeit, also verspätet, so nimmt das Gericht sie gleichwohl entgegen und vermerkt sie mit einem entsprechenden Hinweis auf die Verspätung im Protokoll.

5. Geringstes Gebot und Bedingungen der Versteigerung

16 Schon vor dem Termin wird das Gericht das geringste Gebot vorbereiten, erforderlichenfalls sogar basierend auf einem Vortermin im Sinne von § 62 ZVG. Sofern sich daran nichts mehr aufgrund von nachträglichen Anträgen geändert hat, wird das geringste Gebot, bestehend aus den bestehen bleibenden Rechten und dem geringsten Bargebot verlesen, bei Bedarf erörtert und abschließend festgestellt.
Rechnungsverständige als gerichtliche Hilfspersonen spielen in der Praxis nach hiesiger Erkenntnis keine Rolle mehr. Der Rechtspfleger ist aber auch im Falle der Hinzuziehung eines Rechnungsverständigen selbst für die Richtigkeit des geringsten Gebots verantwortlich.
Nach der Feststellung des geringsten Gebots gibt das Gericht die **Bedingungen der Versteigerung** bekannt. Diese beinhalten im Normalfall Angaben zu bestehen bleibenden Rechten und dass sie neben dem gebotenen Betrag bestehen

---

[32] BGH, Urteil vom 3.4.2003 – IX ZR 93/02, BGHZ 154, 327 = NJW 2003, 2238 = Rpfleger 2003, 450.
[33] *Stöber*, ZVG, § 81 Rn. 7.10; *Storz*, D 5.3.4; a. M. *Hintzen*, in: *Dassler/Schiffhauer/u.a.*, ZVG, § 58 Rn. 22, die aber wahrscheinlich durch die Änderung des Umsatzsteuergesetzes 2005 überholt ist.
[34] *Storz*, in: *Steiner*, ZVG, § 66 Rn. 104; *Hintzen*, in: *Dassler/Schiffhauer/u.a.*, ZVG, § 66 Rn. 32.

bleiben, zur Höhe des geringsten Bargebots, zur Verzinsung des Bargebots und deren Beendigung, zur Zahlungspflicht des Erstehers zum Verteilungstermin und zur Haftung für die Gerichtskosten der Zuschlagserteilung. Es gelten aber daneben alle im Gesetz festgelegten Regelungen zum Zwangsversteigerungsverfahren.

Falls **Zubehör von der Versteigerung ausgenommen** ist, müssen diese Tatsache und die betroffenen Gegenstände in den Versteigerungsbedingungen ausdrücklich und eindeutig genannt werden, damit später keine Unklarheit über den Eigentumsübergang auf den Ersteher aufkommt.

Abweichende Versteigerungsbedingungen aus § 59 ZVG sind genau zu formulieren und deren Folge sowie das eventuelle Doppelausgebot allen Anwesenden zu erläutern.

Erfolgen **mehrere Ausgebote**, z. B. aufgrund der §§ 63, 64 ZVG, so sind alle Ausgebotsvarianten bekannt zu machen und festzustellen.

Eine **nachträgliche Änderung** des geringsten Gebots bzw. der Versteigerungsbedingungen im Laufe der Bietzeit kann nicht erfolgen. Lediglich im Falle des Wegfalls (einstweilige Einstellung oder Aufhebung) des bestrangig betreibenden Gläubigers oder eines nachträglich festgestellten Fehlers im geringsten Gebot muss das Gericht die **Bietzeit abbrechen**, da ansonsten der Zuschlag versagt werden müsste. Schon abgegebene Gebote erlöschen. Wenn die Fristen für den übrigbleibenden bestrangig betreibenden Gläubiger gewahrt sind, bzw. nach Behebung des Fehlers, ist das neue geringste Gebot erneut zu verlesen und festzustellen. Danach ist nach dem Wortlaut des § 66 Abs. 1 ZVG zu Anmeldungen (erneut) aufzufordern, mit dem (erneuten) Hinweis, dass verspätete Anmeldungen einen Rangverlust erleiden. Anmeldungen sind in diesem seltenen Fall, obwohl sie aufgrund der früheren Aufforderung schon einen Rangverlust erlitten hatten, dennoch für das neue Ausgebot noch einmal rangwahrend möglich.[35] Dies kann hingenommen werden, da der Rangverlust ja auch im Falle eines neuen Versteigerungstermins nicht endgültig bleibt. Schließlich ist erneut zur Abgabe von Geboten aufzufordern. Es läuft danach eine **neue Bietzeit** von mindestens 30 Minuten.

6. Ausschließung weiterer Anmeldungen und Beginn der Bietzeit (Absatz 2)

Zum Abschluss des ersten Terminsteils fordert das Gericht erneut auf, Anmeldungen nunmehr zu tätigen und weist gleichzeitig auf den ansonsten eintretenden **Rangverlust für spätere Anmeldungen** hin. Die im Gesetz angegebene „Ausschließung späterer Anmeldungen" findet nicht statt. Sie sind als verspätet (mit Rangverlust) entgegen zu nehmen. Beteiligte tun gut daran, sich sofort im Anschluss an die Aufforderung zu melden, wenn ihre Anmeldung bis dahin noch nicht oder nicht vollständig bei Gericht vorlag. Bis jetzt noch mögliche Anträge zum geringsten Gebot und zu den Versteigerungsbedingungen sind hingegen „verspätet" nicht mehr möglich. Also ist ein solcher Antrag spätestens zum Zeitpunkt dieser Aufforderung zu stellen. Es empfiehlt sich aber, solche Anträge schon früher zu stellen oder sogar dem Gericht vorab anzukündigen, damit der Termin ordnungsgemäß und ohne große Verzögerung abgehalten werden kann.

Im Anschluss an die obige Aufforderung stellt das Gericht die genaue Uhrzeit (Stunde und Minute) fest und fordert unter Angabe der festgestellten Uhrzeit zur Abgabe von Geboten auf. Gleichzeitig sollten die Anwesenden nochmals auf den Ablauf der regulären Bietzeit hingewiesen werden. Sofern noch nicht erfolgt, kann jetzt auch die allgemeine Bieterbelehrung stattfinden.

---

35 *Storz*, in: *Steiner*, ZVG, § 66 Rn 133; *Stöber*, ZVG, §66 Rn. 7.4 und 7.7; *Storz/Kiderlen*, TH C 3.5.3; a.M: *Hintzen*, in: *Dassler/Schiffhauer/u.a.*, ZVG, § 66 Rn. 49 und *Schiffhauer*, Rpfleger 1986, 326 (333).

§ 67 ZVG [Verlangen einer Sicherheitsleistung]

(1) Ein Beteiligter, dessen Recht durch Nichterfüllung des Gebots beeinträchtigt werden würde, kann Sicherheitsleistung verlangen, jedoch nur sofort nach Abgabe des Gebots. Das Verlangen gilt auch für weitere Gebote desselben Bieters.

(2) Steht dem Bieter eine durch das Gebot ganz oder teilweise gedeckte Hypothek, Grundschuld oder Rentenschuld zu, so braucht er Sicherheit nur auf Verlangen des Gläubigers zu leisten. Auf Gebote des Schuldners oder eines neu eingetretenen Eigentümers findet diese Vorschrift keine Anwendung.

(3) Für ein Gebot des Bundes, der Deutschen Bundesbank, der Deutschen Genossenschaftsbank, der Deutschen Girozentrale (Deutsche Kommunalbank) oder eines Landes kann Sicherheitsleistung nicht verlangt werden.

Übersicht

		Rn.
I.	Allgemeines	1
II.	Antrag auf Sicherheitsleistung	2–7
1.	Antragsberechtigung	2–6
2.	Frist	7
III.	Befreiung von der Leistungspflicht	8, 9
1.	Gebote von Grundpfandrechtsgläubigern (Absatz 2)	8
2.	Gebote des Bundes u. Ä. (Absatz 3)	9

I. Allgemeines zu § 67

1 Die Vorschrift betrifft alle Arten der Versteigerung. Bei der Teilungsversteigerung ist zusätzlich § 184 ZVG zu beachten.
Der Sinn der Sicherheitsleistung liegt darin, dass bei der Abgabe der Gebote und der sich an die Bietungsstunde anschließenden Erteilung des Zuschlags keine Bonitätsüberprüfung des Erstehers erfolgt. Der Ersteher erhält den Zuschlag, muss aber erst zum Verteilungstermin den Steigpreis leisten. Darin liegt eine große Ausfallgefahr. Um Gebote von nicht liquiden Bietern zu verhindern, besteht die Möglichkeit, eine Sicherheitsleistung von regulär 10 % des Verkehrswertes zu verlangen. Von dieser Möglichkeit machen die betreibenden Gläubiger im Allgemeinen auch bei ihnen nicht bekannten Bietern Gebrauch.
Alle Details zur Sicherheitsleistung wie Antragstellung und Leistung sind im Terminsprotokoll festzuhalten (§ 78 ZVG).

II. Antrag auf Sicherheitsleistung

1. Antragsberechtigung

2 Nach dem Wortlaut der Vorschrift muss die Sicherheit „verlangt" werden. Das bedeutet nichts anderes, als dass ein **Antrag zu stellen** ist. Berechtigt, die Sicherheit zu verlangen, ist nur ein Beteiligter im Sinne von § 9 ZVG. Zudem muss er durch eine eventuelle Nichterfüllung des betroffenen Gebots „beeinträchtigt" sein.

3 Unter diese Eigenschaften fallen:
- Alle Gläubiger, die aus dem gebotenen Betrag zumindest teilweise zu befriedigen wären.
- Auch die Inhaber der bestehen bleibenden Rechte, die keinen Anspruch auf Barzahlung haben, da ihre Rechte im Falle der Nichtzahlung durch vorran-

gig einzutragenden Sicherungshypotheken für Verfahrenskosten und Ansprüche vorrangiger Rangklassen beeinträchtigt würden[1].
- Auch der Vollstreckungsschuldner, der keinen zu befriedigenden Anspruch (Eigentümerrecht oder Erlösüberschuss) hat, wenn – wie fast immer – auf dem Grundstück lastende Ansprüche aus dem Gebot befriedigt würden, für die er persönlich haftet.[2]

Zu ermitteln ist die Beeinträchtigung durch einen **fiktiven Teilungsplan** für das abgegebene Gebot. 4

Keine Sicherheit können **Mieter und Pächter** verlangen, da die Nichterfüllung sie nicht beeinträchtigt. 5

Der Antragsteller hat sein Antragsrecht nicht dadurch verwirkt, dass er erst bei **späteren Geboten** desselben Bieters die Sicherheit beantragt[3]. Dies kommt relativ häufig vor, wenn zunächst eher unrealistisch geringe Gebote abgegeben werden.

Zudem kann der Antragsteller sein Sicherheitsleistungsbegehren auch wieder **zurücknehmen**, wenn sich z. B. Probleme bei der Leistung der Sicherheit ergeben, er aber nicht möchte, dass das Gebot zurückgewiesen werden muss. Nach der Leistung der Sicherheit bewirkt die Antragsrücknahme nicht, dass die Sicherheit zurückgegeben werden muss.

Der einmal gestellte Antrag auf Sicherheit gilt auch bei **weiteren Geboten desselben Bieters** (Absatz 1 Satz 2). Diese Vorschrift hatte im Hinblick auf die frühere Abhängigkeit der Höhe der Sicherheit von der Höhe des Gebots erheblich mehr Bedeutung. Aktuell kann die Regelung noch Bedeutung bekommen bei mehreren Ausgeboten im Termin. Nach dem Gesetzeswortlaut gilt das Verlangen für alle weiteren Gebote desselben Bieters. Damit ist eindeutig auch der Fall **mehrerer Ausgebotsvarianten** gemeint. Ansonsten hätte der Gesetzgeber diesen Teil der Vorschrift mit der Pauschalisierung der Höhe der Sicherheit streichen können. Selbst wenn mehrere Grundstücke in demselben Termin versteigert werden, muss wohl davon ausgegangen werden, dass auch für weitere Gebote desselben Bieters auf andere Einzelausgebote oder das Gesamtausgebot der Antrag auf Sicherheit gelten soll. (Dies gilt nicht, wenn er ausdrücklich für ein solches späteres Gebot zurückgenommen wird.) In einem solchen Fall muss der Bieter dann noch weitere Sicherheit leisten entsprechend dem Verkehrswert des weiteren betroffenen Grundstücks. Für ein Gebot auf das Gesamtausgebot entfällt danach aber die weitere Sicherheit, wenn der Bieter schon Sicherheit geleistet hat auf Gebote zu allen Einzelausgeboten. **Mehrfache Sicherheitsleistung für denselben Grundbesitz** macht in dem Zusammenhang keinen Sinn. Denn es geht letztlich um die vereinfachte Prüfung der Bonität bezogen auf die Person des Bieters.[4] 6

Bietet der Bieter hingegen später in einer Gemeinschaft mit einem anderen Interessenten, so muss wieder eine gesonderte Sicherheit beantragt und geleistet werden.

---

1 *Stöber*, ZVG, § 67 Rn. 2.2; *Hintzen*, in: *Dassler/Schiffhauer/u. a.*, ZVG, § 67 Rn. 4; a. A. *Storz/Kiderlen*, D 3.2.1.1, der aber verkennt, dass Beeinträchtigung ohne einen Barzahlungsanspruch auch vorliegen kann, wenn das Ausbleiben des Steigpreises das bestehen bleibende Recht des Berechtigten anderweitig negativ beeinflusst (Rangverlust etc.).
2 LG Essen. Beschl. vom 4.8.2005 – 7 T 303/05, Rpfleger 2006, 31; *Stöber*, ZVG, § 67 Rn. 2.2; *Hintzen*, in: *Dassler/Schiffhauer/u. a.*, ZVG, § 67 Rn. 5; Für eine generelles Antragsrecht des Schuldners: OLG Düsseldorf, Beschl vom 6.5.1988 – 3 W 92/88, Rpfleger 1989, 36 mit ablehnender Anmerkung *Meyer-Stolte*; *Hornung*, Sicherheitsverlangen des Schuldners im Zwangsversteigerungstermin, Rpfleger 2000, 529.
3 *Stöber*, ZVG, § 67 Rn. 2.5.
4 *Hintzen*, in: *Dassler/Schiffhauer/u. a.*, ZVG, § 67 Rn. 11, 12; teilweise anderer Ansicht ist *Stöber*, ZVG, § 67 Rn. 2.6, der aber nicht auf den Wortlaut der Vorschrift abstellt.

2. Frist

7 Der Antrag auf Sicherheit ist **sofort nach Abgabe des Gebots** zu stellen. Konkret bedeutet dies, nicht unmittelbar nach dem Ausspruch des Gebots durch den Bieter, sondern bis zum Abschluss der das Gebot betreffenden Formalien wie Aufnahme der Personalien des Bieters bzw. Protokollierung des Gebots durch das Gericht.[5] Es empfiehlt sich aber für den Antragsteller, das Begehren auf Sicherheit möglichst unmittelbar zu signalisieren, damit keine Rechtsunsicherheiten aufkommen. **Verspätete Anträge** auf Sicherheit sind zurückzunehmen oder vom Gericht zurückzuweisen. Das schließt nicht das unmittelbare Verlangen von Sicherheit nach Abgabe eines weiteren späteren Gebots desselben Bieters aus.

Verlangt ein Beteiligter erst Sicherheit, nachdem der Antrag eines anderen Beteiligten auf Sicherheit zurückgewiesen wurde, ist sein Begehren verspätet und zurückzuweisen. Der Antrag ist eben nicht sofort nach Abgabe des Gebots gestellt.

Vor der Abgabe des Gebots z. B. zum Beginn der Bietungszeit kann der Antrag auf Sicherheit wegen des eindeutigen Wortlauts im Gesetz nicht gestellt werden. Er muss sich vielmehr auf ein schon abgegebenes konkretes Gebot eines bestimmten Bieters beziehen.

III. Befreiung von der Leistungspflicht

1. Gebote von Grundpfandrechtsgläubigern (Absatz 2)

8 Bietet ein beteiligter Grundpfandrechtsgläubiger wenn auch nur teilweise in seinen Anspruch hinein, so ist er von der allgemeinen Sicherheit gemäß Absatz 1 zunächst nicht erfasst. Er muss lediglich Sicherheit leisten, wenn der betreibende Gläubiger diese beantragt. Damit ist jeder aktiv betreibende Gläubiger gemeint, dessen Fristen nach §§ 43, 44 ZVG gewahrt sind. Hinzu kommt natürlich die Voraussetzung nach Absatz 1, dass der Antragsteller durch die Nichterfüllung beeinträchtigt ist (siehe insoweit Ausführungen zur Antragsberechtigung).

Das Privileg des Absatzes 2 gilt auch für Gläubiger von bestehen bleibenden Grundpfandrechten, die einen Barzahlungsanspruch im geringsten Gebot haben, also in diesen hineinbieten.[6]

Der bietende Schuldner bzw. ein nach Beschlagnahme neu eingetretener Eigentümer (vgl. § 26 ZVG), der in sein Grundpfandrecht hineinbietet, kann den Schutz des Absatzes 2 nicht beanspruchen (vgl. Absatz 2 Satz 2).

2. Gebote des Bundes u. Ä. (Absatz 3)

9 Keinen Sinn würde es machen, die öffentliche Hand auf ihre Bonität zu prüfen. Daher sind Bund, Länder, Bundesbank, Deutsche (Zentral-)Genossenschaftsbank (kurz: DZ-Bank), Deutsche Girozentrale (derzeit: DEKA-Bank Deutsche Girozentrale) gemäß Absatz 3 von Sicherheitsleistung befreit. In vielen Bundesländern ist diese Befreiung gemäß § 10 EGZVG erweitert durch jeweilige Landesgesetze[7] auf kommunale Körperschaften wie Städte, Gemeinden und Kreise sowie deren Kreditanstalten, also Sparkassen. Die Nachfolgebank der Landes-

---

[5] Hintzen, in: *Dassler/Schiffhauer/u. a.*, ZVG, § 67 Rn. 13; zu den Einzelheiten *Storz*, in: *Steiner*, ZVG, § 67 Rn. 320.

[6] *Storz*, in: *Steiner*, ZVG, § 67 Rn. 32.

[7] Vgl. § 36 Bad-WürttAusfGZVG; Art. 32 BayAusfGZVG; Berlin: Art. 9 PreußAusfGZVG; § 6 BremAusfGZVG; Art. 5 HessAusfGZVG; § 3 NiedersAusfGZVG vom 17.6.2008; NRW: Art. 9 PreußAusfGZVG und § 5 LippAusfGZVG; § 6 RhldPfälzAusfGZVG; § 44 SaarlAusfGZVG; Schleswig-Holstein: Art. 9 PreußAusfGZVG; § 4 ThürAusfGZVG. Die übrigen Länder haben keine ensprechende Vorschrift.

rentenbanken, die DSL-Bank, ist seit dem Jahr 2000 kein öffentliches Bankinstitut mehr, sondern privatwirtschaftlich (Postbankkonzern) und damit nicht mehr befreit von Sicherheit.

§ 68 ZVG [Höhe der Sicherheit]

(1) Die Sicherheit ist für ein Zehntel des in der Terminsbestimmung genannten, anderenfalls des festgesetzten Verkehrswerts zu leisten. Übersteigt die Sicherheit nach Satz 1 das Bargebot, ist der überschießende Betrag freizugeben. Ist die Sicherheitsleistung durch Überweisung auf das Konto der Gerichtskasse bewirkt, ordnet das Gericht die Auszahlung des überschießenden Betrags an.

(2) Ein Beteiligter, dessen Recht nach § 52 bestehenbleibt, kann darüber hinausgehende Sicherheitsleistung bis zur Höhe des Betrags verlangen, welcher zur Deckung der seinem Recht vorgehenden Ansprüche durch Zahlung zu berichtigen ist.

(3) Bietet der Schuldner oder ein neu eingetretener Eigentümer des Grundstücks, so kann der Gläubiger darüber hinausgehende Sicherheitsleistung bis zur Höhe des Betrags verlangen, welcher zur Deckung seines Anspruchs durch Zahlung zu berichtigen ist.

(4) Die erhöhte Sicherheitsleistung nach den Absätzen 2 und 3 ist spätestens bis zur Entscheidung über den Zuschlag zu erbringen.

Übersicht

		Rn.
I.	Allgemeines	1
II.	Reguläre Sicherheitsleistung (Absatz 1)	2, 3
1.	Höhe	2
2.	Freigabe der nicht benötigten Sicherheit (Satz 3 und 4)	3
III.	Erhöhte Sicherheitsleistung	4–6
1.	Antrag des Berechtigten eines bestehen bleibenden Rechtes (Absatz 2)	4
2.	Schuldnergebote oder Gebote des neu eingetretenen Eigentümers (Absatz 3)	5
3.	Spätere Leistung der erhöhten Sicherheit (Absatz 4)	6

I. Allgemeines zu § 68

1 Die Vorschrift betrifft alle Arten der Versteigerung. Sie wurde zunächst 1998 geändert. Dadurch ist eine pauschalierte Sicherheit an die Stelle der gebotsabhängigen Sicherheit getreten. Durch das 2. JuModG vom 22.12.2006[1] erfolgte eine weitere Änderung, indem die bis dahin übliche Barzahlung im Termin an das Gericht abgeschafft wurde. Diese Änderung trat am 1.2.2007 in Kraft und betrifft hinsichtlich der Sicherheitsleistungsvorschriften auch die späteren Termine der zu diesem Zeitpunkt schon anhängigen Verfahren (vgl. § 186 ZVG). Zuletzt wurde die Vorschrift noch einmal geändert durch Gesetz vom 29.7.2009 (BGBl. I S. 2258). Dadurch entfiel die bis dahin festgelegte Mindesthöhe der Sicherheit in Höhe der zu entnehmenden Verfahrenskosten.

II. Reguläre Sicherheitsleistung (Absatz 2)

1. Höhe

2 Die reguläre Sicherheit beträgt **1/10 des in der Terminsbestimmung genannten festgesetzten Verkehrswertes**. Damit orientiert sich das Gesetz bewusst an der ordnungsgemäß veröffentlichten Terminsbestimmung, auf die sich auch die

---

1 BGBl. I S. 3416.

zum Termin erscheinenden Interessenten verlassen. Nachträgliche Änderungen des Verkehrswertes oder Fehler in der Terminsbestimmung sollen nicht zu Lasten des Bieters gehen, der sich aufgrund der Terminsbestimmung und deren Veröffentlichung ordnungsgemäß auf den Versteigerungstermin und die Sicherheitsleistung vorbereitet hat.[2]

2. Freigabe der nicht benötigten Sicherheit (Absatz 1 Satz 3 und 4)

Die reguläre Sicherheit in Höhe von 10 % des Verkehrswertes ist auch zu leisten, wenn sie **höher ist als der gebotene Betrag**. Diese Möglichkeit hat der Gesetzgeber eindeutig in Kauf genommen (Absatz 1 Satz 3 und 4). Im Anschluss an die Versteigerung, wenn das Meistgebot feststeht, muss dann der nicht benötigte überschießende Betrag vom Gericht freigegeben werden. Dies bedeutet für den Bieter in den Fällen, in denen Geld überwiesen wurde, dass der überschießende Teilbetrag **zurücküberwiesen** wird. Ein Scheck muss zunächst eingelöst werden, danach erst kann die Rückzahlung des überschießenden Betrages erfolgen.

3

Sofern die Bargebotszinsen noch weiterlaufen und der Zuschlag erteilt wird, sind die **Zinsen zum Bargebot hinzuzurechnen** und nicht freizugeben. Es wäre aber auch sinnlos, diesen Betrag zunächst zurückzuerstatten, um dann den Ersteher wieder zur Zahlung der noch offenstehenden Zinsen bis zum Verteilungstermin aufzufordern.

III. Erhöhte Sicherheitsleistung

1. Antrag des Berechtigten eines bestehen bleibenden Rechtes (Absatz 2)

Bleibt das Recht eines Beteiligten gemäß § 52 ZVG bestehen, kann dieser (ebenfalls nur sofort) **erhöhte Sicherheit** verlangen. Dies muss ausdrücklich und zusätzlich zur regulären Sicherheit nach Absatz 1 erklärt werden[3]. Der Grund für diese Bevorzugung der bestehen bleibenden Rechte ist ihre Gefährdung im Falle der Nichtzahlung durch die anwachsenden Ansprüche aus vorrangigen Rangklassen, für die am Ende sogar vorrangige Sicherungshypotheken (vgl. § 128 ZVG) eingetragen werden.

4

Sofern ein Recht aus anderen als im § 52 ZVG genannten Gründen bestehen bleibt, wie beim Altenteil (§ 9 EGZVG) oder im Falle von abgeänderten Versteigerungsbedingung (§ 59 ZVG) besteht **kein Antragsrecht** auf erhöhte Sicherheit.[4] Erbbauzinsreallast und Dienstbarkeiten im Sinne von § 52 Absatz 2 Satz 2 ZVG hingegen berechtigen zu erhöhter Sicherheit.
Die erhöhte Sicherheit ist die Summe aller Ansprüche, die
- im geringsten Gebot stehen und
- den Ansprüchen des Antragstellers aus seinem bestehen bleibenden Recht vorgehen.

Seine **eigenen** im geringsten Gebot berücksichtigten **Baransprüche** aus dem bestehen bleibenden Recht sind nicht in die Sicherheitsleistung aufzunehmen. Falls der Antragsteller **Inhaber mehrerer bestehen bleibender Rechte** ist, muss er dem Gericht das Recht, nach dem sich die Sicherheit richten soll, benennen. Die erhöhte Sicherheit nach Absatz 2 hat spätestens seit der Pauschalisierung der regulären Sicherheit auf 10 % des Verkehrswertes ihre Bedeutung verloren. In den meisten Fällen liegt die reguläre Sicherheit nämlich oberhalb der Sicherheit nach Absatz 2. Eine **Reduzierung** der regulären Sicherheit durch Absatz 2

---

2 Stöber, ZVG, § 68 Rn. 2.1; Hintzen, in: Dassler/Schiffhauer/u. a., ZVG, § 68 Rn. 3; Storz/Kiderlen, D 3.2.1.3; a. A. Hornung, Änderungen des Zwangsversteigerungsrechts, NJW 1999, 460.
3 Stöber, ZVG, § 68 Rn. 3.3; Hintzen, in: Dassler/Schiffhauer/u. a., ZVG, § 68 Rn. 7.
4 Storz, in: Steiner, ZVG, § 68 Rn. 12; Stöber, ZVG, § 68 Rn. 3.1.

ist **aber nicht möglich** (vgl. Wortlaut in Absatz 2: „darüber hinausgehende Sicherheit").[5]

2. Schuldnergebote oder Gebote des neu eingetretenen Eigentümers (Absatz 3)

5 Falls der Schuldner oder ein neu eingetretener Eigentümer (§ 26 ZVG) allein oder in Gemeinschaft mit einem Dritten bietet, ergibt sich für den aktiv betreibenden Gläubiger des Termins die Möglichkeit, **erhöhte Sicherheit** nach Absatz 3 zu verlangen. Für den Status des betreibenden Gläubigers gilt das zu § 67 Absatz 2 Gesagte (§ 67 Rn. 8). Der Antrag ist wie bei Absatz 2 ausdrücklich und sofort zu stellen. Handelt es sich beim Antragsteller nicht um den bestrangig betreibenden Gläubiger, muss zusätzlich die **Beeinträchtigung** durch die Nichtzahlung des Gebots geprüft werden (vgl. § 67 Absatz 1 ZVG). Falls er nicht beeinträchtigt sein sollte, besteht kein Antragsrecht. § 68 Absatz 3 erweitert nämlich nicht das Antragsrecht, sondern regelt lediglich die Höhe der möglichen Sicherheit.

Bietet der **Schuldner als Vertreter** für einen anderen, ist die erhöhte Sicherheit nach Absatz 3 ausgeschlossen. Das gilt auch, wenn der Schuldner als gesetzlicher Vertreter einer von ihm allein gegründeten juristischen Person oder für seine Kinder bietet. Gibt hingegen ein **Dritter für den Schuldner** ein Gebot ab, ist die erhöhte Sicherheit möglich. Das gilt auch, wenn der Insolvenzverwalter des Schuldners für diesen bietet.[6]

Nach dem Wortlaut des Absatzes 3 muss die Sicherheitsleistung im Hinblick auf das hohe Risiko, dass der Schuldner nicht in der Lage ist, den Steigpreis zu zahlen, folgende **Ansprüche abdecken**:
- Alle Ansprüche, die dem antragstellenden betreibenden Gläubiger vorgehen, zuzüglich
- Gesamtanspruch des antragstellenden betreibenden Gläubigers aus seiner Beschlagnahme einschließlich angemeldeter Kosten und Zinsen.

Das Gericht muss also einen **fiktiven Teilungsplan** aufstellen bis einschließlich des Anspruchs des Antragstellers.

Sollte die nach Absatz 3 errechnete Sicherheit höher sein als das abgegebene Gebot, endet die Sicherheitsverpflichtung des Schuldners beim Bargebot (einschließlich evtl. anfallender Bargebotszinsen bis zum Verteilungstermin).[7]

Da die **Teilungsversteigerung** keinen Schuldner kennt, findet Absatz 3 dort keine Anwendung.

3. Spätere Leistung der erhöhten Sicherheit (Absatz 4)

6 Mit dem 2. JuModG vom 22.12.2006[8] hat der Gesetzgeber die Möglichkeit eröffnet, die erhöhte Sicherheit noch **bis zur Entscheidung über den Zuschlag** zu erbringen. Die reguläre Sicherheit muss hingegen sofort nachgewiesen oder erbracht werden.

Problematisch ist diese Ungleichbehandlung vor dem Hintergrund, dass der Gesetzgeber damit zwei klare Grundsätze aufgegeben hat:
- Jedes Gebot, für das keine Sicherheit geleistet werden wird, ist **zurückzuweisen** (vgl. § 70 Absatz 2 ZVG). Nach der Zurückweisung wird auf der Basis des zugelassenen Vorgebotes weitergeboten.

---

[5] *Storz,* in: *Steiner,* ZVG, § 68 Rn. 14; *Stöber,* ZVG, § 68 Rn. 3.2; *Hintzen,* in: *Dassler/Schiffhauer/u.a.,* ZVG, § 68 Rn. 10.
[6] *Storz,* in: *Steiner,* ZVG, § 68 Rn 16; *Stöber,* ZVG, § 68 Rn. 4.1; *Hintzen,* in: *Dassler/Schiffhauer/u.a.,* ZVG, § 68 Rn. 11.
[7] *Hintzen,* in: *Dassler/Schiffhauer/u.a.,* ZVG, § 68 Rn. 11 am Ende.
[8] BGBl. I S. 3416.

- Wird das Gebot nach geleisteter Sicherheit zugelassen, so **erlischt das Vorgebot**, wenn nicht sofort Widerspruch erhoben wird (vgl. § 72 Absatz 1 Satz 1).

Wird die erhöhte Sicherheit für erforderlich erklärt, bleibt das abgegebene Gebot, sofern es nicht überboten wird, **in der Schwebe** bis zur Entscheidung über den Zuschlag.

Erfolgt die Sicherheitsleistung vor dem Zuschlagstermin, so erlischt das Vorgebot. Unterbleibt die Sicherheitsleistung, kann auf das Vorgebot der Zuschlag erteilt werden. Das Vorgebot ist nämlich gemäß § 72 Absatz 4 ZVG aufgrund dieses Schwebezustands nicht erloschen.

Welche Auswirkungen diese unsystematischen Regelungen haben, zeigt sich an folgendem **Beispiel zum Ablauf einer Bietungszeit:**
Verkehrswert: 250.000,00 Euro
Anspruch des betreibenden Gläubigers: 225.000,00 Euro
1. Gebot des Schuldners kurz nach Beginn der Bietungszeit: 300.000,00
2. Antrag auf erhöhte Sicherheit durch den antragsberechtigten betr. Gläubiger
3. Schuldner leistet die reguläre Sicherheit von 25.000,00 Euro und erklärt, die erhöhte Sicherheit von 200.000,00 Euro bis zum Zuschlag leisten zu wollen.
4. Ein weiterer Interessent fragt, ob er sein Gebot von 200.000,00 Euro noch abgeben kann.

Hätte der Interessent zuerst sein Gebot abgegeben, wäre er aufgrund der gesetzlichen Regelung bis zum Zuschlagstermin noch zuschlagsberechtigt, falls der Schuldner seine erhöhte Sicherheit nicht leisten sollte.

Das muss auch in obigem Fall gelten. Es muss also zulässig sein, nach einem Gebot des Schuldners, über das mangels Sicherheitsverpflichtung noch nicht entschieden werden kann, eine „normale" Versteigerung auch mit **Geboten unterhalb des Schuldnergebots** durchzuführen.[9]

Der Schuldner kann nur die erhöhte Sicherheit bis zur Zuschlagsentscheidung leisten. Die **reguläre Sicherheit ist sofort** zu erbringen. Also muss der Schuldner 1/10 des Verkehrswertes sofort erbringen. Der übersteigende erhöhte Betrag kann bis zum Zeitpunkt der Zuschlagsentscheidung geleistet werden.

Die Entscheidung über den Zuschlag erfolgt entweder unmittelbar im Anschluss an die Versteigerung oder in einem gesonderten Verkündungstermin, vgl. § 87 ZVG. Sofern das Gericht keinen Grund sieht, über den Zuschlag in einem gesonderten Termin zu entscheiden, muss die erhöhte Sicherheit also spätestens bis zum Ende des Zwangsversteigerungstermins beigebracht werden. Allein die Tatsache, dass der Schuldner die erhöhte Sicherheit erst noch besorgen muss, kann eine **Aussetzung der Zuschlagsentscheidung** um bis zu einer Woche nicht rechtfertigen.[10] Denn, wie bei der früheren Regelung, nach der der Schuldner die erhöhte Sicherheit sofort leisten musste, muss der Schuldner sich auch bei der jetzigen Regelung die gesetzlichen Besonderheiten der Sicherheitsleistung bis zu einer eventuellen unmittelbaren Zuschlagsentscheidung vorhalten lassen. Hinzu kommt, dass auch der weitere Bieter, dessen Gebot nach § 72 Absatz 4 ZVG nicht erloschen ist, einen Anspruch auf angemessene schnelle Entscheidung hat.

---

9 So auch *Alff*, in: *Hintzen/Alff*, Änderungen des ZVG aufgrund des Zweiten JuMoDG, Rpfleger 2007, 237; a. A. *Hintzen*, in: *Hintzen/Alff*, Änderungen des ZVG aufgrund des Zweiten JuMoDG, Rpfleger 2007, 237.
10 A. A. *Hintzen*, in: *Dassler/Schiffhauer/u.a.*, ZVG, § 68 Rn. 18, der meint, das Ermessen des Vollstreckungsgerichts reduziere sich in einem solchen Fall auf die Bestimmung eines gesonderten Verkündungstermins.

§ 69 ZVG [Art der Sicherheit]

(1) Eine Sicherheitsleistung durch Barzahlung ist ausgeschlossen.

(2) Zur Sicherheitsleistung sind Bundesbankschecks und Verrechnungsschecks geeignet, die frühestens am dritten Werktag vor dem Versteigerungstermin ausgestellt worden sind. Dies gilt nur, wenn sie von einem im Geltungsbereich dieses Gesetzes zum Betreiben von Bankgeschäften berechtigten Kreditinstitut oder der Bundesbank ausgestellt und im Inland zahlbar sind. Als berechtigt im Sinne dieser Vorschrift gelten Kreditinstitute, die in der Liste der zugelassenen Kreditinstitute gemäß Artikel 3 Abs. 7 und Artikel 10 Abs. 2 der Richtlinie 77/780/EWG des Rates vom 12. Dezember 1977 zur Koordinierung der Rechts- und Verwaltungsvorschriften über die Aufnahme und Ausübung der Tätigkeit der Kreditinstitute (ABl. EG Nr. L 322 S. 30) aufgeführt sind.

(3) Als Sicherheitsleistung ist eine unbefristete, unbedingte und selbstschuldnerische Bürgschaft eines Kreditinstituts im Sinne des Absatzes 2 zuzulassen, wenn die Verpflichtung aus der Bürgschaft im Inland zu erfüllen ist. Dies gilt nicht für Gebote des Schuldners oder eines neu eingetretenen Eigentümers.

(4) Die Sicherheitsleistung kann durch Überweisung auf ein Konto der Gerichtskasse bewirkt werden, wenn der Betrag der Gerichtskasse vor dem Versteigerungstermin gutgeschrieben ist und ein Nachweis hierüber im Termin vorliegt.

Übersicht

		Rn.
I.	Allgemeines	1
II.	Arten der Sicherheitsleistung	2–7
1.	Schecks (Absatz 2)	2–4
2.	Bankbürgschaft (Absatz 3)	5
3.	Überweisung (Absatz 4)	6
4.	Andere Arten der Sicherheit	7

I. Allgemeines zu § 69

1 Der Gesetzgeber hat die Art der Sicherheitsleistung in § 69 abschließend geregelt. Daneben gibt es keine anderen Möglichkeiten, auch nicht im Rahmen von § 59 ZVG. Durch das 2. JuModG vom 22.12.2006[1] erfolgte eine Änderung, indem die bis dahin übliche Barzahlung im Termin an das Gericht abgeschafft wurde. Diese Änderung trat am 1.2.2007 in Kraft und betrifft hinsichtlich der Sicherheitsleistungsvorschriften auch die späteren Termine der zu diesem Zeitpunkt **schon anhängigen Verfahren** (vgl. § 186 ZVG).

II. Arten der Sicherheitsleistung

1. Schecks (Absatz 2)

2 Sicherheit kann durch Bundesbankschecks oder Verrechnungsschecks geleistet werden.

---

[1] BGBl. I S. 3416.

Bundesbankschecks sind auf die Bundesbank[2] bezogene Schecks. Diese können ausschließlich von Kreditinstituten ausgestellt werden, da nur sie ein Konto bei der Bundesbank unterhalten (vgl. Art. 3 ScheckG). Eine Bestätigung der Schecks[3] durch die Bundesbank im Sinne von § 23 Absatz 1 Bundesbankgesetz ist nach dem Gesetz nicht mehr erforderlich. Es empfiehlt sich für Bieter, auf die Bestätigung wegen der zusätzlichen Kosten und der zeitlichen Verzögerung zu verzichten[4].

Die achttägige **Vorlegungsfrist** beginnt mit dem im Scheck angegebenen Ausstellungsdatum (vgl. Art. 29 ScheckG). Nach Ablauf der Frist kann der Scheck zwar gemäß Art. 32 Absatz 1 ScheckG widerrufen werden. Erfolgt jedoch kein Widerruf, wird der Bezogene die Zahlung im Normalfall auch nach Ablauf der Vorlegungsfrist noch leisten, vgl. Art. 32 Absatz 2 ScheckG.

Im Hinblick auf die Vorlegungsfrist hat der Gesetzgeber bestimmt, dass das **Ausstellungsdatum** des Schecks frühestens am dritten Werktag vor dem Zwangsversteigerungsterminstag liegen darf.

Es handelt sich nicht um eine materiellrechtliche Frist (wie die Vorlegungsfrist für einen Scheck nach Art. 29 ScheckG), sondern um eine verfahrensrechtliche Frist im Sinne der ZPO. Solche Fristen werden nicht in die Vergangenheit zurückgerechnet, sondern in die Zukunft. Also muss diese Frist vom Tage der Ausstellung her berechnet werden. Die dreitägige Frist, in der der Scheck als Sicherheitsleistung geeignet ist, endet mit **Ablauf des dritten Werktages nach dem Tag der Ausstellung**, wobei dieser nicht mit zu zählen ist[5]. Der Versteigerungstermin muss also spätestens am 3. Tag nach dem Ausstellungstag stattfinden. Innerhalb der Frist zählt der Samstag als normaler Werktag. Fällt hingegen das Ende der Frist, innerhalb der der Scheck als Sicherheit geeignet ist, auf einen Samstag, so endet sie mit Ablauf des nächsten folgenden Werktages (vgl. § 222 ZPO)[6].

1. Beispiel:
Ausstellungsdatum: Mittwoch, 29. Oktober
Zuzügl. 3 Werktage: Donnerstag, Freitag, Samstag
Versteigerungstermin: Montag, 3. November
Der am Mittwoch ausgestellte Scheck ist ausreichend. Das Fristende wird von Samstag auf Montag verlegt (§ 222 ZPO). Also kann der Scheck schon am Mittwoch ausgestellt werden[7].

2. Beispiel:
Ausstellungsdatum: Donnerstag, 30. Oktober
Zuzügl. 3 Werktage: Freitag, Samstag, Montag
Versteigerungstermin: Dienstag, 4. November
Der Donnerstag ausgestellte Scheck wäre zu alt, da die dreitägige Frist am Montag vor dem Termin ablaufen würde. Also muss ein rechtzeitiger Scheck ab Freitag ausgestellt werden. Gehört der 31. Oktober (Reformationstag) oder 1. November (Allerheiligen) in dem Bundesland des Versteigerungsgerichts zu den gesetzlichen Feiertagen, so zählt er nicht als Werktag. Damit wäre die Frist

---

2   Die örtlichen Landeszentralbanken sind regionale Hauptverwaltungen der Deutschen Bundesbank geworden. Landeszentralbanken befinden sich in Stuttgart, München, Berlin, Hannover, Hamburg, Frankfurt am Main, Düsseldorf, Mainz und Leipzig.
3   Darin bestätigt die Bundesbank, dass sie sich dem Inhaber gegenüber zur Einlösung verpflichtet.
4   Anders *Storz/Kiderlen*, D 3.2.1.4, der aber scheinbar die Gesetzesänderung 2007 nicht ordnungsgemäß berücksichtigt hat.
5   Der Tag der Ausstellung ist als Ereignistag nicht mit zu rechnen, §§ 187 Absatz 1 BGB, 222 Absatz 1 ZPO.
6   *Stöber*, ZVG-Handbuch, Rn. 328.
7   *Stöber*, ZVG, § 69 Rn. 3.2; a. A. *Stöber*, ZVG-Handbuch, Rn. 328, der davon ausgeht, dass bei einem am <u>Donnerstag</u> ausgestellten Scheck die Frist schon am Samstag endet. Dies ist nicht nachvollziehbar.

in diesem besonderen Fall gewahrt und der Scheck noch für die Sicherheitsleistung geeignet.

4 Daneben sind auch **Verrechnungsschecks**[8] als Sicherheit zugelassen, sofern sie **von einem Kreditinstitut auf ein anderes Kreditinstitut** ausgestellt sind. Also kann **kein Privatscheck** des Bieters bezogen auf seine Hausbank zugelassen werden. Wohl aber kann seine Hausbank den Scheck ausstellen auf eine andere Bank. Sparkassen und Genossenschaftsbanken stellen die Schecks normalerweise auf ihre zentralen Verbandsbanken aus. Denkbar ist auch, dass der Bankenvertreter den Verrechnungsscheck im Termin ausstellt, um einem Bieter, der ohne Sicherheit erschienen ist, das Bieten zu ermöglichen[9].
Die **ausstellende Bank** muss in Deutschland zum Betreiben von Bankgeschäften berechtigt sein. Diese Eigenschaft können auch ausländische Banken erfüllen. Zum Nachweis dient normalerweise die im Gesetz genannte umfangreiche **Liste der Kreditinstitute**, die regelmäßig aktualisiert wird.
Des Weiteren muss der Verrechnungsscheck **im Inland zahlbar** sein (vgl. Art. 8 ScheckG). Damit soll verhindert werden, dass die Justiz keine Sicherheitsleistungsschecks im Ausland einlösen muss.
Hinsichtlich der Vorlegungsfrist gilt das oben zum Bundesbankscheck Gesagte.
Ein Bieter kann einen zu hoch ausgestellten Scheck auch auf mehrere Verfahren aufteilen, wenn die Höhe für die Sicherheit in allen Verfahren ausreicht. Das Gericht muss aber in der Lage sein, die Eignung des Schecks im späteren Verfahren zu prüfen. Dies ist dann unzweifelhaft gegeben, wenn der Scheck sich in den Akten desselben Versteigerungsgerichts befindet[10].

2. Bankbürgschaft (Absatz 3)

5 Als Sicherheit kann ebenfalls eine Bürgschaft eines im Inland zum Betreiben von Bankgeschäften berechtigten Kreditinstituts dienen.
Diese **Bankbürgschaft** muss folgende Eigenschaften erfüllen:
- unbefristet und selbstschuldnerisch,
- im Inland zahlbar.

Selbstschuldnerisch (§ 773 Absatz 1 Nummer 1 BGB) ist eine Bürgschaft einer Bank, die Kaufmannseigenschaft hat, auch, wenn dies nicht ausdrücklich in der Bürgschaftsurkunde enthalten ist (vgl. § 349 HGB). Dies ist jede Bank, die als Kapitalgesellschaft verfasst ist, § 6 HGB.
Normalerweise bedarf eine Bürgschaftserklärung gemäß § 766 BGB der **Schriftform**. Diese ist aber gemäß § 350 HGB für Banken, die Kaufmannseigenschaft besitzen, nicht vorgeschrieben. Der im Termin anwesende Bankenvertreter kann daher auch eine Bürgschaftserklärung mündlich abgeben. Diese ist in das Protokoll aufzunehmen[11]. Die Legitimation des Bankenvertreters muss dem Gericht nachgewiesen werden.
Eine vorab erteilte Bürgschaftsurkunde ist dem Gericht **im Original** vorzulegen und bleibt bei den Gerichtsakten.
Für **Gebote des Schuldners** und des neu eingetretenen Eigentümers (§ 26 ZVG) besteht die Möglichkeit der Sicherheitsleistung durch Bankbürgschaft nicht. Diese überraschende und durch nichts gerechtfertige Ausnahmeregelung des Gesetzgebers in der Vorschrift ist aber verbindlich.

---

[8] *Stöber*, ZVG, § 69 Rn. 3.1; *Hintzen*, in: *Dassler/Schiffhauer/u.a.*, ZVG, § 69 Rn. 7.
[9] *Storz/Kiderlen*, D 3.2.2.4 am Ende.
[10] BGH, Beschl. vom 15.5.2008 – V ZB 122/07, Rpfleger 2008, 515.
[11] *Storz/Kiderlen*, D 3.2.1.4; *Stöber*, ZVG, § 69 Rn. 4.4; *Hintzen*, in: *Dassler/Schiffhauer/u.a.*, ZVG, § 69 Rn. 8.

3. Überweisung (Absatz 4)

Statt Barzahlung ist durch das 2. JuModG vom 22.12.2006[12] die **Überweisungsmöglichkeit** für Sicherheit geschaffen worden. Voraussetzungen für diese Art der Sicherheitsleistung sind
- Überweisung auf ein **Konto der Gerichtskasse** (Justizkasse) und
- **Gutschrift** auf dem Gerichtskassenkonto vor dem Termin und
- Vorliegen des **Nachweises** über die Gutschrift bei Gericht.

Der Bieter hat sich vorab darüber zu informieren, wann und wohin genau er die Sicherheit zu überweisen hat und welche **Angaben im Verwendungszweck** zu machen sind, damit die Überweisung rechtzeitig und ordnungsgemäß bei der Gerichtskasse verbucht werden kann[13]. Es empfiehlt sich, im Verwendungszweck folgende Angaben zu machen:
- Stichwort „Versteigerungssicherheit",
- Name des Amtsgerichts,
- Aktenzeichen des Verfahrens,
- Terminsdatum.

Daneben muss der **Name des Bieters** als Überweisender erkennbar sein. Ein fremder Überweisender muss eine zusätzliche **Zweckerklärung**, für welchen Bieter er Sicherheit leistet, abgeben. Tut er dies nicht, so ist die Sicherheit nicht erbracht.

Die Gerichtskasse bucht die Überweisung als „Verwahrgeld" und gibt dem Zwangsversteigerungsgericht möglichst schnell Nachricht über die Sicherheitsleistung (in NRW per E-Mail[14]). Liegt dem Gericht im Versteigerungstermin **kein Nachweis** der Gerichtskasse über die Gutschrift vor, ist die **Sicherheit nicht erbracht**. Dieses Prozedere wird normalerweise in den **Merkblättern** der Gerichte für Bietinteressenten genau beschrieben.

Nachteil der Sicherheitsleistung per Überweisung ist der teilweise doch recht lange Weg im Falle der **Rückerstattung**. Nach dem Versteigerungstermin muss sich der Bieter nämlich grundsätzlich selbst darum bemühen, dass seine nicht benötigte Sicherheit auf sein Konto zurück erstattet wird. In NRW erfolgt diese Rückzahlung ohne Aufforderung von Seiten des Bietinteressenten aufgrund eines formlosen schriftlichen Ersuchens des Versteigerungsgerichts an die Gerichtskasse. Die ungenutzte Sicherheit dürfte aber dennoch ca. 2 bis 3 Wochen unterwegs sein[15].

Sofern die Sicherheit in dem ursprünglichen Verfahren nicht benötigt wurde, dürfte es wohl zulässig sein, sie in einem **anderen Verfahren** desselben Versteigerungsgerichts zu verwenden. Voraussetzung ist aber wie beim Scheck[16], dass im Termin des anderen Verfahrens für das Gericht die Möglichkeit besteht, die Voraussetzungen festzustellen. Zweifel gehen insoweit eindeutig zu Lasten des Bieters.

Ob und in welchen Fällen die Gerichtskassen **Einzahlungen in bar** annehmen, ist eine Frage der Justizverwaltung und nicht der ordnungsgemäßen Sicherheit. Mit der Formulierung im Absatz 1 „...Barzahlung ist ausgeschlossen" hat der Gesetzgeber in erster Linie die Barzahlung an das Versteigerungsgericht abgeschafft. Die Formulierung in Absatz 4 „durch Überweisung auf ein Konto der Gerichtskasse" weist lediglich auf den „Normalfall" hin. Sonderfälle der Annahme von Bargeld durch die Gerichtskassen sind von der Justizverwaltung

---

12 BGBl. I S. 3416.
13 *Hintzen/Alff*, Änderungen des ZVG aufgrund des Zweiten JuModG, Rpfleger 2007, 234; *Hintzen*, in: *Dassler/Schiffhauer/u. a.*, ZVG, § 69 Rn. 11.
14 Geregelt durch AV des Justizministers NRW vom 24.7.2008 (5221 – Z.24).
15 Die Warnung von *Storz/Kinderlen*, D TH 3.2.2.3, „Finger weg von der Sicherheitsleistung durch Überweisung" dürfte aber eindeutig übertrieben sein.
16 BGH, Beschl. vom 15.5.2008 – V ZB 122/07, Rpfleger 2008, 515.

zu regeln[17]. Ein Bieter kann sich im Termin nicht darauf berufen, er wolle wegen besonderer Umstände die Sicherheit in bar vor Ort einzahlen[18].

4. Andere Arten der Sicherheit

7 Die Arten der Sicherheit sind in § 69 abschließend geregelt. **Anderweitige Möglichkeiten**, wie Hinterlegung von Geld, Vorlage von Sparbüchern, Privatschecks, Wertpapieren oder ähnlichem sind auch dann **ausgeschlossen**, wenn der die Sicherheit Verlangende das Gericht bittet, dies als Sicherheit zu akzeptieren. Entweder wird der Antrag auf Sicherheit zurück genommen oder aber das Gebot muss zurück gewiesen werden (vgl. § 70 Absatz 2 Satz 3).

Im Termin stellt sich indessen ab und zu das Problem, wenn ein solventer Bieter eine **unzulässige Sicherheit** (vielleicht auch aufgrund der früheren Möglichkeit: Bargeld) bei sich führt. Es bleibt lediglich die Lösung, dass der Antragsteller seinen **Antrag auf Sicherheitsleistung zurück nimmt** und mit dem Bieter intern eine andere Regelung für das Problem findet. Das Gericht ist in einem solchen Fall nicht betroffen. Die **interne Vereinbarung** der Betroffenen kann **nicht zu Protokoll** des Gerichts genommen werden, da es sich dabei nicht um einen „Vorgang im Termin" im Sinne von § 78 handelt.

---

17 In NRW ist durch AV des Justizministers vom 24.7.2008 (5221 – Z.24) bestimmt, dass im Falle des § 69 Absatz 4 lediglich Überweisungen an die Oberjustizkasse angenommen werden. Das LG Berlin hat eine angenommene Bareinzahlung bei der Gerichtskasse als zulässige Sicherheit eingestuft, Beschl. vom 5.8.2008 – 82 T 567/08, Rpfleger 2008, 660.

18 *Hintzen/Alff*, Änderungen des ZVG aufgrund des Zweiten JuModG, Rpfleger 2007, 235; *Hintzen*, in: Dassler/Schiffhauer/u.a., ZVG, § 69 Rn. 15.

§ 70 ZVG [Entscheidung über die Sicherheit und Leistung]

(1) Das Gericht hat über die Sicherheitsleistung sofort zu entscheiden.

(2) Erklärt das Gericht die Sicherheit für erforderlich, so ist sie sofort zu leisten. Die Sicherheitsleistung durch Überweisung auf ein Konto der Gerichtskasse muss bereits vor dem Versteigerungstermin erfolgen. Unterbleibt die Leistung, so ist das Gebot zurückzuweisen.

(3) Wird das Gebot ohne Sicherheitsleistung zugelassen und von dem Beteiligten, welcher die Sicherheit verlangt hat, nicht sofort Widerspruch erhoben, so gilt das Verlangen als zurückgenommen.

Übersicht

		Rn.
I.	Allgemeines	1
II.	Entscheidung (Absatz 1)	2
III.	Leistung (Absatz 2)	3–5
1.	Sofortige Leistung	3
2.	Prüfung und Entscheidung	4
3.	Rechtsbehelf	5
IV.	Zulassung ohne beantragte Sicherheit (Absatz 3)	6

I. Allgemeines zu § 70

Der Verfahrensablauf im Falle des Verlangens von Sicherheitsleistung wird von § 70 geregelt. Er gilt für alle Zwangsversteigerungsverfahren. Alle Vorgänge zur Sicherheitsleistung sind im Terminsprotokoll festzuhalten (§ 78 ZVG). Durch das 2. JuModG vom 22.12.2006[1] erfolgte eine Änderung zu § 70 Absatz 2 Satz 2. Diese Änderung trat am 1.2.2007 in Kraft und betrifft auch die späteren Termine der zu diesem Zeitpunkt **schon anhängigen Verfahren** (vgl. § 186 ZVG). 1

II. Entscheidung (Absatz 1)

Da der Antrag auf Sicherheitsleistung sofort nach Abgabe des Gebots zu stellen ist, ist es nur konsequent, wenn auch die **Entscheidung über die Sicherheit sofort** zu erfolgen hat. Dies beinhaltet sowohl die Entscheidung über die Erforderlichkeit der Sicherheitsleistung als auch die Entscheidung über die ordnungsgemäße Leistung der für erforderlich erklärten Sicherheit. 2

Die Entscheidung über die Erforderlichkeit hat **unmittelbar** nach der Protokollierung des Verlangens zu erfolgen. Dabei steht dem Gericht **kein Ermessen** zu aufgrund eigener Erkenntnisse über den Bieter.[2] Auch die schon erfolgte **Abgabe eines höheren Gebots** beinhaltet nicht die Erledigung des Sicherheitsverlangens. Zunächst muss daher das vorherige Gebot und dessen Sicherheit ordnungsgemäß beschieden werden.

Unzulässig ist es, die Entscheidung zur Sicherheitsleistung bis zum Ende der Bietzeit offen zu lassen. Dies widerspricht eindeutig der Regelung im Gesetz.

Die Entscheidung über das Sicherheitsverlangen muss **nicht durch ausdrücklichen Beschluss** erfolgen. Es reicht aus, die Sicherheit für erforderlich zu erklä-

---

1 BGBl. I S. 3416.
2 *Storz*, in: Steiner, § 70 Rn. 3; *Stöber*, ZVG, § 70 Rn. 2.1; *Hintzen*, in: Dassler/Schiffhauer/u. a., ZVG, § 70 Rn. 3.

ren und die Höhe der Sicherheit zu nennen oder andernfalls das Gebot ohne Sicherheit zu zulassen.

III. Leistung (Absatz 2)

1. Sofortige Leistung

3 Wenn das Gericht die Sicherheitsleistung für erforderlich erklärt, muss der Bieter die erforderliche Leistung im Normalfall **sofort** danach **nachweisen**. Zum Begriff „sofort" wurden in der Vergangenheit unterschiedliche Meinungen vertreten.[3] Hierzu ist unterdessen eine eindeutige obergerichtliche Entscheidung ergangen, dass ein Bieter **weder Anspruch auf einen Aufschub** bei der Sicherheitsleistung bzw. **noch einen Anspruch auf ausdrückliche Belehrung** über einen nicht möglichen Aufschub habe.[4]
Die Sicherheitsleistung durch **Überweisung** an die Gerichtskasse muss vor dem Versteigerungstermin erfolgen. Dies ist schon ausreichend durch § 69 Absatz 4 ZVG geregelt. Eine Wiederholung im hiesigen Absatz 2 hat keine eigenständige Bedeutung.
Besonderheiten ergeben sich zur **erhöhten Sicherheit**, die gemäß § 68 Absatz 4 ZVG erst bis zur Entscheidung über den Zuschlag zu erbringen ist. Also muss in einem solchen Fall lediglich die „normale" Sicherheit sofort geleistet werden.

2. Prüfung und Entscheidung

4 Das **Gericht prüft**, ob die Sicherheit in der zulässigen **Art** und in ausreichender **Höhe** erbracht ist. Sollte die Sicherheit nicht in der gebotenen Art und Höhe geleistet worden sein, so ist dies öffentlich zu erklären. Dem die Sicherheit Verlangenden sollte Gelegenheit gegeben werden, sein Verlangen zurück zu nehmen oder betragsmäßig zu reduzieren.[5] Er kann aber nicht verlangen, dass das Gericht andere Sicherheit als die vom Gesetz vorgesehene (z.B. Bargeld) annimmt. In einem solchen Fall bleibt lediglich die **Zurücknahme des Verlangens**.
Bei nicht ordnungsgemäßer Sicherheitsleistung muss das Gericht das Gebot öffentlich zurückweisen (Satz 2). Wurde ordnungsgemäß Sicherheit geleistet, ist dies ebenfalls öffentlich festzustellen.
Erlischt das Gebot, für welches Sicherheit geleistet wurde, durch ein nachträgliches **Übergebot**, so wird die Sicherheit nicht sofort zurückgegeben. Die Rückgabe von Sicherheitsleistungen bzw. die Anordnung der Rückzahlung von überwiesener Sicherheitsleistung erfolgen am **Ende des Termins**. Problematisch ist die Rückgabe der Sicherheit, wenn ein **Rechtsmittel gegen die Zuschlagsentscheidung** zu erwarten ist. Dann sollte sorgfältig geprüft werden, wessen Gebot und damit wessen Sicherheit noch Bedeutung erlangen könnte.
Damit die gesetzliche **Verzinsung des Meistgebots** (§ 49 Absatz 2 ZVG) im Falle einer Sicherheitsleistung durch Überweisung oder einzulösenden Scheck gestoppt wird, sollte am Ende des Termins vom Meistbietenden die Erklärung zu Protokoll gegeben werden, dass seine Sicherheitsleistung für den Fall der rechtskräftigen Erteilung des Meistgebots **unter Verzicht auf die Rücknahme hinterlegt** sein soll (§ 49 Absatz 4 ZVG).[6]

---

3 *Storz, in: Steiner,* § 70 Rn. 7; *Stöber,* ZVG, § 70 Rn. 3.2; *Hintzen,* in: *Dassler/Schiffhauer/u.a.,* ZVG, § 70 Rn. 5 jeweils mit weiteren Nachweisen.
4 BGH, Beschl. vom 12.1.2006 – V ZB 147/05, Rpfleger 2006, 211.
5 *Stöber,* ZVG, § 68, Rn. 2.3.
6 *Hintzen,* in: *Dassler/Schiffhauer/u.a.,* ZVG, § 70, Rn. 14.

3. Rechtsbehelf

Die Entscheidung über die Sicherheitsleistung ist **keinem eigenständigen Rechtsbehelf**, auch nicht der Erinnerung gemäß § 11 Absatz 2 RPflG, unterworfen. Fehlerhafte Entscheidungen können nur mit einem **Rechtsmittel gegen die Zuschlagsentscheidung** angefochten werden.

Um ein zurückgewiesenes Gebot in der Schwebe und damit zuschlagsfähig zu halten, muss der Bieter oder ein Beteiligter **der Zurückweisung widersprechen** im Sinne von § 72 Absatz 2 ZVG. Widerspricht niemand, erlischt das Gebot mit der Zurückweisung unwiderruflich und ist auch im Rechtsmittelweg nicht mehr zuschlagsfähig.[7]

Den anderen Fall, dass ein Gebot ohne die verlangte Sicherheit vom Gericht zugelassen wird, regelt Absatz 3.

IV. Zulassung ohne beantragte Sicherheit (Absatz 3)

Entscheidet das Gericht, dass das Gebot ohne die geforderte Sicherheit zugelassen wird, unterliegt auch dies **keinem eigenständigen Rechtsmittel** (s. o. III. 3. Rechtsbehelf, Rn. 5). Sofern der die Sicherheit Verlangende der Zulassung nicht widerspricht, gilt sein Sicherheitsbegehren nach dem Gesetzeswortlaut als **zurück genommen**. Er kann damit auch nicht nachträglich die Zuschlagsbeschwerde mit einer fehlerhaften Entscheidung zur Sicherheitsleistung begründen.

---

[7] BGH, Beschl. vom 14.2.2008 – V ZB 80/07, Grundeigentum 2008, 535.

§ 71 ZVG [Entscheidung über unwirksame Gebote]

(1) Ein unwirksames Gebot ist zurückzuweisen.

(2) Ist die Wirksamkeit eines Gebots von der Vertretungsmacht desjenigen, welcher das Gebot für den Bieter abgegeben hat, oder von der Zustimmung eines anderen oder einer Behörde abhängig, so erfolgt die Zurückweisung, sofern nicht die Vertretungsmacht oder die Zustimmung bei dem Gericht offenkundig ist oder durch eine öffentlich beglaubigte Urkunde sofort nachgewiesen wird.

Übersicht

		Rn.
I.	Allgemeines	1
II.	Unwirksames Gebot (Absatz 1)	2–8
1.	Das Bieten	3, 4
	a) Abgabe von Geboten	3
	b) Ausländer	4
2.	Gründe für die Unwirksamkeit	5–8
	a) Geschäftsfähigkeit	5
	b) Rechtsmissbräuchlichkeit	6
	c) Anfechtung	7
	d) Sonstiges	8
III.	Vertretungsmacht oder Zustimmung (Absatz 2)	9–20
1.	Sofortiger Nachweis oder Offenkundigkeit	9
2.	Prüfung und Entscheidung	10
3.	Einzelfälle der Vertretungsmacht	11–15
4.	Einzelfälle der Zustimmung	16–20

I. Allgemeines zu § 71

1 Die Vorschrift befasst sich mit der Unwirksamkeit von Geboten. Alle Beteiligten und Interessenten sollen sich im Klaren sein über die Wirksamkeit und die Höhe eines Gebots. § 71 gilt für alle Zwangsversteigerungsverfahren. Alle Einzelheiten zu Geboten im Rahmen des Termins sind im Protokoll festzuhalten (§ 78 ZVG). Kein Anwesender im Termin ist verpflichtet, ein Gebot abzugeben. Das Gericht muss auf alle wichtigen Einzelheiten zum Versteigerungsobjekt und der Zwangsversteigerung vorab hinweisen. Ein Interessent hat jedoch kein Recht auf eine individuelle Beratung durch das Gericht bevor er sein Gebot abgibt.

II. Unwirksames Gebot (Absatz 1)

2 Wird ein unwirksames Gebot abgegeben, so ist dieses vom Gericht **zurück zu weisen**. Aber auch falls die Zurückweisung des unwirksamen Gebots irrtümlich nicht erfolgte, ist dieses **nicht zuschlagsfähig**. Es muss dann trotz der Zulassung der Zuschlag auf das unwirksame Gebot versagt werden, § 79 ZVG. Die Zulassung des unwirksamen Gebots als Übergebot hat aber auch in diesem Fall zur Folge, dass ein vorheriges Gebot erloschen ist, wenn nicht ein Beteiligter der Zulassung widerspricht, § 72 Absatz 1 ZVG. Wird hingegen der Zuschlag auf ein unwirksames Gebot erteilt, so ist die Zuschlagserteilung uneingeschränkt wirksam, aber anfechtbar.

1. Das Bieten

a) Abgabe von Geboten. Ein Gebot ist mündlich, in **deutscher Sprache** (§ 184 GVG) und so deutlich abzugeben, dass das Gericht es wahrnehmen kann. **Stumme oder taube Bieter** können gemäß § 186 GVG schriftlich bieten. Bei der deutschen Sprache nicht mächtigen Bietern ist das Gericht nicht verpflichtet, einen **Dolmetscher** oder sonstigen Sprachkundigen hinzuzuziehen. Hierfür hat der Bieter selbst Sorge zu tragen.[1]

Das Gebot wird mit dem **Zugang** (§ 130 BGB) beim Rechtspfleger (Wahrnehmung) wirksam, also nicht erst mit der Protokollierung durch das Gericht. Der Bieter hat sich dabei dem Gericht gegenüber bekannt zu machen und einen **Identitätsnachweis** vorzulegen. Vorgeschrieben ist nicht, wie sich das Gericht von der Identität des Bieters überzeugen soll. Üblich ist aber als Nachweis der Personalausweis oder der Reisepass. Führerscheine oder sonstige Lichtbildausweise weisen normalerweise nicht die Identität nach (insbesondere, wenn sie schon älter sind). Der Bieter sollte in einem solchen Fall vorab ein klärendes Gespräch mit dem Gericht führen, wenn kein anderes Identitätspapier zur Verfügung steht.

Geboten wird ausschließlich **in Euro**, auch wenn im Grundbuch Rechte in anderer Währung eingetragen sind. Das Gebot des Bieters gibt nur den von ihm bar zu zahlenden Betrag an. Die **bestehen bleibenden Rechte** müssen daneben übernommen werden. Über die bestehen bleibenden Rechte belehrt das Gericht vor Beginn der Bietungszeit deutlich. Eine **Anfechtung des Gebots** durch den Bieter wegen falscher Vorstellungen über die bestehen bleibenden Rechte ist **nicht möglich**.[2]

Bieten mehrere gemeinsam, muss des Weiteren auch die Art der **Bietergemeinschaft** eindeutig angegeben werden. Darüber hinaus muss klar zum Ausdruck kommen, dass, wenn (wie üblich) einer der Interessenten das Gebot für die Gemeinschaft abgibt, die übrigen im Sitzungssaal Anwesenden **einverstanden sind**. Kopfnicken oder anderweitig erkennbares gemeinschaftliches Bieten reicht dabei aus.[3] Für **Nichtanwesende** gelten die Grundsätze der **Vertretung**. Neben natürlichen Personen können auch **juristische Personen** sowie OHG und KG durch ihre Vertreter bieten. Ein **Einzelkaufmann** kann zwar unter seiner Firma bieten, aber nur als Privatperson den Zuschlag erhalten, da er nur als solche im Grundbuch eingetragen werden kann. Die **Vor-GmbH** (GmbH in Gründung) ist zwar noch nicht rechtsfähig, kann aber durch ihren Geschäftsführer schon Grundbesitz erwerben, also auch bieten und im Grundbuch eingetragen werden (allgemeine Meinung).[4] Erfolgt noch vor der Erteilung des Zuschlags die Eintragung der GmbH im Handelsregister, so ist der GmbH und nicht der bietenden Vor-GmbH der Zuschlag zu erteilen.[5]

b) Ausländer. Selbstverständlich können auch natürliche oder juristische Personen **aus dem Ausland** in der Zwangsversteigerung Gebote abgeben und den Zuschlag erhalten.

Art. 2 Abs. 3 i. V. m. Art. 1 Nr. 2 der *Verordnung (EG) Nr. 881/2002 des Rates vom 25. Mai 2002 über die Anwendung bestimmter spezifischer restriktiver Maßnahmen gegen bestimmte Personen und Organisationen, die mit Osama bin Laden, dem **Al-Qaida-Netzwerk** und den **Taliban** in Verbindung stehen,* beinhaltet ein vom Zwangsversteigerungsgericht zu beachtendes **relatives Ver-**

---

1 *Storz*, in: *Steiner*, § 71 Rn. 14; *Stöber*, ZVG, § 71 Rn. 4.2.
2 BGH, Beschl. vom 5.6.2008 – V ZB 150/07, BGHZ 177, 62 = NJW 2008, 2442 = Rpfleger 2008, 515.
3 *Storz*, in: *Steiner*, § 71 Rn. 79; *Stöber*, ZVG, § 71 Rn. 2.2.
4 Zuletzt noch einmal bestätigt: BGH, Beschl. vom 9.10.2003 – IX ZB 34/03, Rpfleger 2004, 118 unter Hinweis auf BGH, Urteil vom 28.11.1997 – V ZR 178/96, NJW 1998, 1079, und weitere BGH-Entscheidungen; *Hintzen*, in: *Dassler/Schiffhauer/u.a.*, ZVG, § 71 Rn. 39.
5 LG München II, Beschl. vom 9.4.1987 – 7 T 431/87, NJW-RR 1987, 1519.

äußerungsverbot[6]. Ein Grundstück darf demnach nicht an eine der vom Sanktionsausschuss benannte und in Anhang I der Verordnung namentlich aufgeführte natürliche oder juristische Person versteigert werden. Damit sind schon **Gebote** der aufgelisteten natürlichen und juristischen Personen **unzulässig**. Wie das Gericht diese zwar wichtige aber unpraktikable Regelung umsetzt, muss vor Ort entschieden werden.

Sobald Ausländer in Deutschland rechtlich tätig werden, spielt immer auch das **Internationale Privatrecht** eine Rolle. Dies ist auch bei der Abgabe von Geboten der Fall. Grundsätzlich stellt sich die Frage, ob Heimatrecht oder deutsches Recht anzuwenden ist. Für das Verfahrensrecht gilt das **lex fori**, also immer das **deutsche Recht**.

Besonders relevant wird das Internationale Privatrecht bei Geboten von ausländischen juristischen Personen. Die Frage der Rechtsfähigkeit und der gesetzlichen Vertretung einer **juristischen Person aus dem Ausland** beurteilt sich nämlich nach dem sogenannten **Gesellschaftsstatut**. In Deutschland bestehen dazu derzeit noch keine Vorschriften, sondern lediglich obergerichtliche Entscheidungen. Grundsätzlich gilt danach für **Gesellschaften aus dem Bereich der Europäischen Union** sowie Island, Liechtenstein und Norwegen die sog. **Gründungstheorie**, d.h. die Gesellschaft wird nach dem Recht des Landes beurteilt, **in dem sie wirksam gegründet** wurde.[7] Im Übrigen gilt die sog. **Sitztheorie**, d.h. die Gesellschaft wird nach dem Recht des Landes beurteilt, in dem sie ihren **tatsächlichen Verwaltungssitz** (nicht unbedingt auch den satzungsmäßigen Sitz) hat. Der Verwaltungssitz ist dort, von wo aus sie ihre Geschäfte tatsächlich und hauptsächlich tätigt. Hinsichtlich der Einzelheiten wird auf die Literatur zum Internationalen Gesellschaftsrecht verwiesen.[8]

Wenn Ausländer verheiratet sind, kann es über das **ausländische Güterrecht** zu Problemen beim Eigentumserwerb und damit beim Bieten kommen. Teilweise können Eheleute ausschließlich in dem speziellen Güterstand ihres Heimatlandes gemeinschaftlich Grundbesitz erwerben. Sofern das Zwangsversteigerungsgericht hiervon verlässliche Kenntnis hat, muss es Güterstandsvorschriften des ausländischen Rechts berücksichtigen. Im Übrigen ist des Sache der Bieter, ein unrichtiges Grundbuch später berichtigen zu lassen.

Möglich ist, gemäß Art. 15 Abs. 3 EGBGB für den beabsichtigten Immobilienerwerb das deutsche Recht zu wählen. Diese Rechtswahl ist aber nicht gegenüber dem Versteigerungsgericht möglich, sondern muss **notariell beurkundet** werden, Art. 14 Abs. 4 Satz 1 EGBGB. Damit müssen sich die Bietinteressenten **vorab für die Rechtswahl zum Notar** begeben, wenn Sie beim Bieten das deutsche Recht wählen wollen.

2. Gründe für die Unwirksamkeit

5 a) **Geschäftsfähigkeit.** Ist der Bieter zum Zeitpunkt der Abgabe des Gebots geschäftsunfähig oder beschränkt geschäftsfähig, so ist sein **Gebot unwirksam**. Beschränkt geschäftsfähig sind Jugendliche bis zur Vollendung des 18. Lebensjahres, § 106 BGB. Die Geschäftsunfähigkeit von Kindern unter 7 Jahren sowie von Geisteskranken ergibt sich aus § 104 BGB. Für den nicht Geschäftsfähigen kann nur sein gesetzlicher Vertreter bieten. Es gelten dabei die Grundsätze des Absatzes 2 (hier Abschnitt III, Rn. 9).

6 b) **Rechtsmissbräuchlichkeit.** Gebote, die in der Absicht abgegeben werden, keine Zahlung leisten zu können und/oder zu wollen, sind **sittenwidrig** und

---

6 LG Berlin Beschl. vom 27.9.2005 – 86 T 219/05, Rpfleger 2006, 183.
7 BGH, Urteil vom 13.3.2003 – VII ZR 370/98, BGHZ 154, 185 = NJW 2003, 1461 = Rpfleger 2003, 444; BGH, Urteil vom 19.9.2005 – II ZR 372/03, BGHZ 164, 148 = NJW 2005, 3351 = Rpfleger 2006, 20.
8 Zu EU-Gesellschaften: *Steffen*, Auslandsgesellschaften, Schriftenreihe der FHR NRW, 2008, 18 ff.; eine Länderübersicht findet sich in *Bauer/von Oefele*, GBO, Internationale Bezüge.

damit analog § 138 BGB unwirksam[9]. Das trifft dann zu, wenn ein „Strohmann" zum Bieten „engagiert" wird, der weder finanziell in der Lage noch Willens ist, den Steigpreis zu leisten. Dieser Fall kann natürlich nur in absoluten Ausnahmefällen zum Zuge kommen.[10]
Nach der gefestigten Rechsprechung des BGH ist ein **Eigengebot eines Bankenvertreters**[11] oder **eines Beauftragten eines Gläubigers**[12] rechtsmissbräuchlich und damit unwirksam, wenn es lediglich aus dem Grund abgegeben wird, dass das Gericht den Zuschlag aus den Gründen § 85a Absatz 1 ZVG versagt und damit in der nächsten Versteigerung keine Zuschlagsgrenzen mehr gelten. Wenn das Gericht das rechtsmissbräuchliche Eigengebot zulässt und anschließend den Zuschlag fälschlich auf das rechtsmissbräuchliche Eigengebot gemäß § 85a Absatz 1 ZVG versagt, hat der **Schuldner hiergegen entgegen § 97 Absatz 1 ZVG ein Rechtsmittelrecht.**[13]
Anders liegt hingegen der Fall, wenn ein **Erwerbsinteressierter weniger als 5/10 bietet**, um etwa in einem späteren Termin das Objekt zu einem günstigen Steigpreis zu erwerben. Sein Gebot unterhalb von 5/10 ist zweifelsohne zulässig und wirksam und sogar vom ZVG in § 85a ausdrücklich vorgesehen.[14]

c) **Anfechtung.** Problematisch ist der Fall, dass der Bieter nachträglich die Anfechtung seines abgegebenen und zugelassenen Gebots nach den materiellen Vorschriften des BGB (§ 119 BGB) erklärt.
Die Anfechtung des Gebots wird – zwar mit Einschränkungen – schon seit langem für **zulässig** erachtet[15].
Anfechtungsgründe können sein, dass der Bieter sich über den Inhalt seiner Erklärung geirrt hat, eine Erklärung dieses Inhalts nicht abgeben wollte oder er sich über eine wesentliche Eigenschaft des Grundstücks geirrt hat. Solche Gründe können vielfältig sein.
Kein Anfechtungsgrund liegt in der irrigen Annahme des verspätet eintreffenden Bieters, er übernehme keine bestehen bleibenden Rechte, obwohl das Gericht zu Beginn des Termins hierauf hingewiesen hat.[16] Anders als im Grundstücksvertragsrecht hat der Haftungsausschluss nach § 56 Satz 3 ZVG zur Folge, dass der Ersteher den **Zuschlag nicht wegen Irrtums über eine verkehrswesentliche Eigenschaft nach § 119 Abs. 2 BGB anfechten** kann, sofern das Fehlen der Eigenschaft einen Sachmangel begründet. Siehe auch § 56 Rn. 16. So wurde als Anfechtungsgrund abgelehnt, dass der Bieter aufgrund der **fehlerhaften Veröffentlichung** des Gerichts von einer viel zu hohen Wohn- und Nutzfläche des Objekts ausgegangen ist.[17] Ebenfalls als Anfechtungsgrund abgelehnt wurde der **fehlende Zugang eines Grundstücks zum Ufer eines Sees**, von dem der Bieter ausgegangen war.[18]
Besteht ein Anfechtungsgrund, so muss die **Anfechtung gegenüber dem Versteigerungsgericht**[19] erfolgen, und zwar **unverzüglich** nach bekannt werden des

---

9 OLG Hamm, Beschl. vom 6.1.1994 – 15 W 371/93, Rpfleger 1995, 34; OLG Naumburg, Beschl. vom 16.1.2002 – 5 W 67/01, Rpfleger 2002, 324.
10 LG Lüneburg, Beschl. vom 23.4.2007 – 4 T 131/06, Rpfleger 2007, 419.
11 BGH, Beschl. vom 10.5.2007 – V ZB 83/06, BGHZ 172, 218 = NJW 2007, 3279 = Rpfleger 2007, 483.
12 BGH, Beschl. vom 17.7.2008 – V ZB 1/08, BGHZ 177, 334 = Rpfleger 2008, 587.
13 BGH, Beschl. vom 18.10.2007 – V ZB 75/07, Rpfleger 2008, 147.
14 BGH, Beschl. vom 24.11.2005 – V ZB 98/05, NJW 2006, 1355 = Rpfleger 2006, 144.
15 BGH, Urteil. vom 17.4.1984 – VI ZR 191/82, NJW 1984, 1950 = Rpfleger 1984, 243; *Storz*, in: Steiner, ZVG, § 71 Rn. 9; *Stöber*, ZVG, § 71 Rn. 3; *Hintzen*, in: *Dassler/Schiffhauer/u.a.*, ZVG, § 71 Rn. 15.
16 BGH, Beschl. vom 5.6.2008 – V ZB 150/07, BGHZ 177, 62 = NJW 2008, 2442 = Rpfleger 2008, 515; **a.A.**: *Storz*, in: Steiner, ZVG, § 71 Rn. 97; *Stöber*, ZVG, § 71 Rn. 3.1; *Hintzen*, in: *Dassler/Schiffhauer/u.a.*, ZVG, § 71 Rn. 15.
17 BGH, Beschl. vom 18.10.2007 – V ZB 44/07, Rpfleger 2008, 92.
18 LG Neuruppin, Beschl. vom 8.8.2001 – 5 T 17/01, Rpfleger 2002, 40.
19 *Storz*, in: *Steiner*, ZVG, § 71 Rn. 100.

Grundes (§ 121 BGB). Im Termin wird die Anfechtung nebst Grund im Protokoll vermerkt, § 78 ZVG. Möglich ist auch noch eine Anfechtung nach Erteilung des Zuschlags. Sie berechtigt zur Anfechtung des Zuschlags. Nach der **Rechtskraft** des Zuschlags kann eine Anfechtung nicht mehr erfolgen.[20]

Nach erfolgter **ordnungsgemäßer Anfechtung** wird das angefochtene Gebot nichtig, § 142 BGB. Dennoch lebt das überbotene Gebot nicht wieder auf. Es ist gemäß § 72 Absatz 1 ZVG durch Zulassung des angefochtenen Gebots erloschen (wenn nicht ausnahmsweise ein Beteiligter der Zulassung des angefochtenen Gebots widersprochen hatte).[21] In einem solchen Fall bleibt nur die Versagung des Zuschlags.

Nicht vom Versteigerungsgericht zu klären ist die **materielle Schadensersatzpflicht** des Anfechtenden aus § 122 BGB.

8 d) **Sonstiges.** Bedingungen und Befristungen im Rahmen der Abgabe eines Gebots sind **unzulässig** und führen zur Unwirksamkeit des Gebots.

Ebenfalls zur Unwirksamkeit des Gebots führt ein Ausschluss des Bieters, der in seiner Person begründet ist. So können weder der **versteigernde Rechtspfleger** noch der im Termin hinzugezogene **Protokollführer** Gebote abgeben.

Ein für einen Beteiligten oder einen Dritten auftretender „Strohmann" kann grundsätzlich frei bieten. Er muss vorab nicht erklären, für wen er letztlich auftritt (vgl. § 81 Absätze 2 und 3 ZVG). Er kann nur nicht für einen noch zu benennenden Dritten bieten, sondern muss zunächst für sich selbst bieten. Vor der Zuschlagsentscheidung muss er sich erklären, wenn er für einen Dritten geboten hat oder wenn er die Rechte aus dem Meistgebot abgetreten hat. Andernfalls erhält er selbst den Zuschlag und wird Eigentümer

Für die Abgabe von Geboten gilt § 118 BGB. Das heißt, wenn der Bieter ein „**Scherzgebot**" oder ähnliches abgibt und jeder den **Mangel der Ernstlichkeit** erkennen kann, so ist dieses Gebot unwirksam und sofort zurück zu weisen[22].

III. Vertretungsmacht oder Zustimmung (Absatz 2)

1. Sofortiger Nachweis oder Offenkundigkeit

9 Bietet jemand öffentlich als Vertreter für eine andere Person oder bedarf er materiellrechtlich einer **Zustimmung**, so muss der **Vertretungsnachweis** oder die Zustimmung sofort nach Abgabe des Gebots nachgewiesen werden. Als Zustimmung im Sinne von Absatz 2 gelten auch erforderliche **Genehmigungen des Familiengerichts oder des Betreuungsgerichts,** wenn ein gesetzlicher Vertreter bietet. Auch diese Genehmigung muss sofort nachgewiesen und damit vorab erteilt werden. Also muss sich der gesetzliche Vertreter vorab mit dem Familien- oder Betreuungsgericht in Verbindung setzen. Auch hier empfiehlt sich daneben noch die Voraberörterung mit dem Zwangsversteigerungsrechtspfleger.

Der Nachweis ist **sofort** zu erbringen. Das heißt, wie bei der Sicherheitsleistung, **unmittelbar im Anschluss an die Abgabe des Gebots.** Keinesfalls darf die restliche Bietungszeit zur Verfügung gestellt werden, um den noch fehlenden Nachweis nach zu reichen. Das Gericht sollte sich genug Zeit nehmen für diesen Nachweis, auch wenn schon das nächste Gebot eines Dritten angekündigt ist.

Ein **verspäteter Nachweis** hat keine Heilungswirkung. Noch nicht einmal dann, wenn das Gebot irrtümlich ohne Vertretungsnachweis zugelassen

---

20 *Storz,* in: *Steiner,* ZVG, § 71 Rn. 99; *Stöber,* ZVG, § 71 Rn. 3.2.
21 BGH, Beschl. vom 17.4.1984 – VI ZR 191/82, NJW 1984, 1950 = Rpfleger 1984, 243
22 *Storz,* in: *Steiner,* ZVG, § 71 Rn. 88; (wohl irrtümlich) andere Kommentierung: *Hintzen,* in: *Dassler/Schiffhauer/u.a.,* ZVG, § 71 Rn. 13.

wurde, soll der Zuschlag erteilt werden können.[23] Diese Ansicht dürfte aber für die Praxis übertrieben formalistisch sein.
Der Nachweis erfolgt durch **öffentlich beglaubigte Urkunde**, wenn er nicht offenkundig ist. Der **Inhalt der Vollmacht** muss zunächst einmal unzweifelhaft zum Bieten (sogenannte Bietvollmacht) berechtigen. **Ausreichend** ist daher eine Prokura oder eine Generalvollmacht. **Nicht ausreichend** sind hingegen die reine Terminsvollmacht oder die Prozessvollmacht eines Rechtsanwalts im Sinne von § 80 ZPO. Zweifel beim Inhalt der Vollmacht gehen zu Lasten des Bieters.
Die normale Bietvollmacht muss mit einer **öffentlichen Unterschriftsbeglaubigung** im Sinne von § 129 BGB versehen sein. Sonstige Zustimmungen sind ebenfalls in der Form des § 129 BGB vorzulegen. Die öffentliche Urkunde ersetzt die öffentliche Beglaubigung gemäß § 129 Absatz 2 BGB. Bei **Behördenurkunden** reicht die Originalunterschrift nebst Siegel (vgl. § 29 Absatz 3 GBO).
Vorzulegen ist das **Original** oder zumindest die **Ausfertigung** einer Vollmacht, eine beglaubigte Abschrift reicht wegen § 172 BGB nicht aus.
Bei im Handelsregister oder in ähnlichen Registern eingetragenen Vertretern erfolgt der Nachweis durch einen aktuellen **amtlichen Ausdruck aus dem Register** (§§ 9 HGB, 69 BGB). Ersatzweise kann eine **Notarbescheinigung** gemäß §§ 39 BeurkG, 21 BNotO vorgelegt werden. Die Meinungen, wann der Registernachweis noch aktuell ist, gehen auseinander. Im Hinblick auf § 15 HBG reicht ein bis zu 15 Tage alter Ausdruck in jedem Fall. Das Gericht muss im Einzelfall entscheiden. So können **mehrere Monate alte Registernachweise** im Ausnahmefall als ausreichend angesehen werden, wenn keine sonstigen Unsicherheitskriterien hinzukommen.[24] Auch hier gehen Zweifel zu Lasten des Bieters, der sich sinnvollerweise vorab beim Gericht erkundigen sollte.
Offenkundigkeit (§ 291 ZPO) kann nur dann angenommen werden, wenn die Vertretungsmacht oder die Zustimmung dem Rechtspfleger einwandfrei bekannt ist. Es reicht nicht aus, dass sich eine Zustimmung oder ordnungsgemäße Vollmacht **in irgendeiner anderen gerichtlichen Akte** befindet. Das Gericht ist nicht verpflichtet vor oder im Termin Erkundigungen einzuholen, etwa beim Registergericht.
Fälle der **Offenkundigkeit**:
- Vollmacht wurde schon zeitnah in einem **Parallelverfahren** für in Ordnung befunden.
- Ordnungsgemäße Vollmacht befindet sich bei den **Generalakten** des Gerichts und dies ist dem Rechtspfleger bekannt.

2. Prüfung der Entscheidung

Hat das Gericht im Termin irrtümlich ein unwirksames Gebot zugelassen, so muss es diese Entscheidung in der Zuschlagsentscheidung korrigieren und den **Zuschlag versagen**. Denn Grundlage für die Erteilung des Zuschlags kann nur ein wirksam abgegebenes Gebot sein. Auf der anderen Seite führt aber die Zulassung des unwirksamen Gebots im Termin gemäß § 72 Absatz 1 ZVG zum Erlöschen des überbotenen Gebots. Dies gilt dann nicht, wenn ein Beteiligter der Zulassung des Übergebots **widerspricht**, was jedoch höchst selten vorkommt. Also kann in diesem Fall auch auf das widerspruchslos überbotene Gebot nicht der Zuschlag erteilt werden.
Erteilt das Gericht den Zuschlag auf ein unwirksames Gebot, so erfolgt der wirksame Eigentumserwerb dennoch ohne jegliche Einschränkung. Mit der Zuschlagsbeschwerde kann aber die Unwirksamkeit des Gebots geltend gemacht werden, soweit der Zuschlag noch nicht rechtskräftig ist.

---

23 *Storz*, in: *Steiner*, ZVG, § 71 Rn. 28.
24 *Stöber*, ZVG, § 71 Rn. 6; *Hintzen*, in: *Dassler/Schiffhauer/u.a.*, ZVG, § 71 Rn. 37.

3. Einzelfälle der Vertretungsmacht

11 a) **Eltern** vertreten ihr Kind gemäß §§ 1626, 1629 BGB gemeinsam. Also müssen auch **beide Elternteile** im Normalfall gemeinsam bieten bzw. die Zustimmung des nicht Bietenden muss bei der Abgabe des Gebots in öffentlich beglaubigter Form vorgelegt werden. Eines **Nachweises der gesetzlichen Vertretungsmacht** der Eltern bedarf es nicht.
Zum Bieten benötigen die Eltern die **familiengerichtliche Genehmigung** gemäß § 1643 Absatz 1 und § 1821 Absatz 1 Nr. 5 BGB. Diese muss **vorab erteilt** und bei der Abgabe des Gebots vorgelegt werden.[25]
Betreuer, Vormund und Pfleger weisen ihre gesetzliche Vertretung durch das Original der gerichtlichen Bestallung nach. Außerdem müssen sie die gerichtliche Genehmigung gemäß § 1821 Absatz 1 Nr. 5 BGB vorweisen.

12 b) **Juristische Personen, OHG, KG und Partnerschaftsgesellschaften** können durch ihren **gesetzlichen Vertreter oder einen Prokuristen** bieten. Nachgewiesen werden kann die ausreichende Vertretungsmacht durch einen aktuellen amtlichen Ausdruck aus dem Register oder eine Notarbescheinigung (vgl. oben Rn. 9). Sofern **Gesamtvertretungsmacht** besteht, muss die Zustimmung des zweiten Vertreters bei der Abgabe des Gebots in öffentlich beglaubigter Form vorgelegt werden.
Auch die **Vor-GmbH** kann bereits Eigentum an Grundstücken erwerben (allgemeine Meinung).[26] Folglich kann sie auch durch den **Vor-Geschäftsführer** bieten. Da er seine Vertretungsmacht nicht durch einen Handelsregisterausdruck nachweisen kann, muss er die Gründungssatzung nebst Geschäftsführerbestellung in notarieller Form vorlegen. Sollte die GmbH vor Erteilung des Zuschlags im Register eingetragen worden sein, so ist der GmbH der Zuschlag zu erteilen, da die Vor-GmbH in der GmbH ohne Eigentumsübergang aufgeht.[27]
Eine **Gesellschaft mit Sitz im Ausland** kann ebenfalls bieten, wenn sie in der Lage ist, Träger von Rechten und Pflichten zu sein. Der Bieter muss dem Gericht nachweisen, dass die Gesellschaft rechtsfähig ist und dass er zum Bieten berechtigt ist, entweder aufgrund gesetzlicher Vertretungsmacht oder aufgrund Vollmacht. Ausländische Urkunden bedürfen dabei der **beglaubigten Übersetzung** und einer **Apostille** oder einer **Legalisation** (§ 438 ZPO). Für Belgien, Dänemark, Frankreich, Griechenland, Italien und Österreich sind zwischenstaatliche Vereinbarungen getroffen, dass selbst auf die Apostille verzichtet wird.
Streitig ist, ob ein deutscher Notar eine sogenannte **Notarbescheinigung (§ 21 BNotO) zu einer ausländischen Gesellschaft** abgeben kann. Dies wird bislang zumindest im Grundbuchbereich differenziert gesehen.[28] Dennoch sollten die Gerichte auch aus Gründen der Erleichterung des Rechtsverkehrs mit dem Ausland die Notarbescheinigung gemäß § 21 BNotO zulassen. Es ist dann Sache des mit öffentlichem Glauben ausgestatteten deutschen Notars, sich von der Existenz der Gesellschaft und dem Vertretungsorgan der ausländischen Gesellschaft zu überzeugen. Darauf muss ein Gericht sich verlassen können.
Weniger Sicherheit als die doch zwangsweise recht zügige Prüfung der Unterla-

---

25 *Hintzen*, in: *Dassler/Schiffhauer/u.a.*, ZVG, § 71 Rn. 45.
26 Zuletzt noch einmal bestätigt: BGH, Beschl. vom 9.10.2003 – IX ZB 34/03, Rpfleger 2004, 118 unter Hinweis auf BGH, Urteil vom 28.11.1997 – V ZR 178/96, NJW 1998, 1079, und weitere BGH-Entscheidungen; *Stöber*, ZVG, § 71 Rn. 7.13; *Hintzen*, in: *Dassler/Schiffhauer/u.a.*, ZVG, § 71 Rn. 39.
27 *Stöber*, ZVG, § 71 Rn. 7.14; *Hintzen*, in: *Dassler/Schiffhauer/u.a.*, ZVG, § 71 Rn. 39.
28 Für den Grundbuchverkehr: OLG Hamm, Beschl. vom 18.8.1994 – 15 W 209/94, Rpfleger 1995, 153; a.A.: LG Aachen, Beschl. vom 20.4.1988 – 3 T 20/88, MittRhNotK 1988, 157, LG Wiesbaden, Beschl. vom 8.6.2005 – 12 T 5/05, Schleswig-Holsteinisches OLG, Beschl. vom 13.12.2007 – 2 W 198/07, Rpfleger 2008, 498 = DNotz 2008,709.

gen nach Abgabe des Gebots im Rahmen des Terminsgeschehens dürfte als Argument ausscheiden.[29] Aber auch hier empfiehlt sich ein Vorabgespräch mit dem Versteigerungsgericht zur Abklärung der obigen Fragen.

c) Beim Bieten für **Gesellschaften bürgerlichen Rechts** (GbR) oder **andere Bietergemeinschaften** muss die Zustimmung aller Beteiligten vorgelegt werden. Daran ändert auch die mittlerweile anerkannte Fähigkeit der GbR nichts, Träger von Rechten und Pflichten zu sein.[30] Vermutlich ist die Rechtsprechung des BGH zur GbR noch weiter im Wandel. Im Hinblick auf seine jüngste Entscheidung zur Grundbuchfähigkeit[31] dürfte auch ein Gebot einer GbR unter ihrem individuellen Namen (z. B. „Seniorenpark Sonnenschein, Köln-Nippes") ohne Nennung der Gesellschafternamen möglich gewesen sein. Mit der Änderung der Vorschriften über die Gesellschaften bürgerlichen Rechts (Gesetz zur Einführung des elektronischen Rechtsverkehrs und der elektronischen Akte im Grundbuchverfahren sowie zur Änderung weiterer grundbuch-, register- und kostenrechtlicher Vorschriften, ERVGBGG v. 11.8.2009, BGBl. I S. 2713) hat sich diese Möglichkeit erledigt. Vielmehr sind (auch) die Gesellschafter namentlich und mit persönlichen Daten beim Bieten zu benennen, damit sie später im Grundbuch eingetragen werden können, vgl. § 47 Absatz 2 GBO.

Im Übrigen hat der Bieter bei der Abgabe eines Gebots für eine Bietergemeinschaft die Namen und Geburtsdaten aller, für die er mitbietet und das konkrete Beteiligungsverhältnis (z. B. Bruchteile zu je 1/3) anzugeben.

Eine **WEG-Gemeinschaft** kann unter ihrem Namen gemäß § 10 Absatz 6 WEG[32] Rechte erwerben und Pflichten eingehen. Damit wird ihr auch die Fähigkeit verliehen, Gebote abzugeben (etwa auf eine Wohnungseinheit, die als Hausmeisterwohnung gedacht ist). Vertreten wird die Gemeinschaft durch den **WEG-Verwalter**, der aber wiederum nur aufgrund ausdrücklicher und zusätzlicher Ermächtigung durch die WEG-Gemeinschaft (Mehrheitsbeschluss) im Sinne von § 27 Absatz 3 Nr. 7 WEG zur Vertretung berechtigt ist. Der Verwalter muss daher seine Vertretungsmacht durch eine Vollmachts- und Ermächtigungsurkunde im Sinne von § 27 Absatz 6 WEG in **notarieller Form** nachweisen.

Erforderlich ist gemäß § 10 Absatz 6 Satz 4 WEG die Angabe eines unverwechselbaren Namens mit dem Zusatz „Wohnungseigentümergemeinschaft". Das kann die Straße und Hausnummer des Wohnhauses sein. Es kann aber auch die Gemarkungs- und Flurbezeichnung des Grundstücks verwendet werden.

d) **Gemeinden** können nur so bieten, wie es die **landesrechtlichen Vorschriften** für die Vertretung der Kommunen vorsieht. So sieht § 64 Gemeindeordnung NRW vor, dass Verpflichtungen der Gemeinde nur durch den Bürgermeister oder seinen Vertreter und einen weiteren vertretungsberechtigten Beamten unterzeichnet werden können. Bietet also der zwar gemäß § 63 GO NRW vertretungsberechtigte Bürgermeister, so muss er eine Zustimmung eines weiteren vertretungsberechtigten Beamten vorlegen. Eine bayerische Gemeinde wird gemäß § 38 GO Bayern von ihrem ersten Bürgermeister bei der Eingehung von Verpflichtungen allein vertreten. Also kann er auch allein bieten[33], selbst wenn

---

29 *Steffen*, Schriftenreihe der FHR NRW, 2008, Auslandsgesellschaften, S. 25.
30 BGH, Urteil vom 29.1.2001 – II ZR 331/00, BGHZ 146, 341 = NJW 2001, 1056 = Rpfleger 2001, 246.
31 BGH, Beschl. vom 4.12.2008 – V ZB 74/08, BGHZ 179, 102 = NJW 2009, 594 = Rpfleger 2009, 141.
32 In Kraft seit 1.7.2007, BGBl. I S. 370.
33 So im Ergebnis mit weiteren Hinweisen: BGH, Urteil vom 20.1.1994 – VII ZR 174/92, NJW 1994, 1528; *Stöber*, ZVG, § 71 Rn. 7.7; a. A. für Grundbuchgeschäfte: BayObLG, Beschl. vom 15.1.1997 – 3Z BR 153/96, BayObLGZ 1997, 37 = NJW-RR 1998, 161; a. A. für Gebote: AG Bayreuth, Beschl. vom 26.6.1969 – K 56/67; Rpfleger 1969, 397.

er intern zur Legitimation eines Beschlusses des Gemeinderates bedarf. Das ist aber eine Frage des Innenverhältnisses zum Bürgermeister und nicht der Außenwirksamkeit der Vertretung.

15 e) **Sparkassen** können als siegelführende Körperschaften des öffentlichen Rechts ihre Mitarbeiter – wie eine Behörde – mit unterschriebener und gesiegelter Vollmacht ausstatten (vgl. § 29 Absatz 3 GBO).

4. Einzelfälle der Zustimmung

16 a) **Insolvenzverwalter** bedürfen keiner Zustimmung zum Bieten (§ 80 InsO), auch wenn intern der Gläubigerausschuss dem Erwerb zustimmen muss.

17 b) Das gleiche gilt für **Testamentsvollstrecker**, §§ 2206, 2216 BGB.

18 c) Katholische und evangelische **Kirchen (Pfarrgemeinden)** bedürfen der Zustimmung der kirchlichen Aufsichtsbehörde.[34] Ohne die vorgelegte Zustimmung ist das Gebot unwirksam. Da die kirchlichen Organe Körperschaften des öffentlichen Rechts sind und ein Siegel führen, muss die Zustimmung lediglich **schriftlich und gesiegelt** vorgelegt werden (vgl. § 29 Absatz 3 GBO).[35]

19 d) **Hypothekenbanken, Versicherungen und Bausparkassen** unterliegen zwar besonderen Vorschriften. Diese wirken aber lediglich intern und haben keine Auswirkungen auf die Fähigkeit, Gebote vor Gericht abzugeben.

20 e) **Unter Betreuung stehende Personen** bedürfen zur Abgabe von Geboten nicht der Zustimmung des Betreuers. Dies gilt nicht, wenn sie unter **Einwilligungsvorbehalt** (§ 1903 BGB) stehen. Dann muss der Betreute bei der Abgabe des Gebots die Zustimmung des Betreuers ordnungsgemäß nachweisen.

---

[34] OLG Hamm, Beschl. vom 27.5.1993 – 15 W 27/93, Rpfleger 1994, 19: Es gelten die jeweiligen landesrechtlichen Kirchenordnungen und Kirchenvermögensgesetze, z.B. für NRW: Preußisches Gesetz über die Verwaltung des Katholischen Kirchenvermögens vom 24.7.1924, kurz KVG; Weiteres findet sich bei *Stöber/Schöner*, Grundbuchrecht, Rn. 471.

[35] *Bauer/von Oefele*, GBO, § 29 Rn. 102.

§ 72 ZVG   [Erlöschen eines Gebots; Übergebot]

(1) Ein Gebot erlischt, wenn ein Übergebot zugelassen wird und ein Beteiligter der Zulassung nicht sofort widerspricht. Das Übergebot gilt als zugelassen, wenn es nicht sofort zurückgewiesen wird.
(2) Ein Gebot erlischt auch dann, wenn es zurückgewiesen wird und der Bieter oder ein Beteiligter der Zurückweisung nicht sofort widerspricht.
(3) Das gleiche gilt, wenn das Verfahren einstweilen eingestellt oder der Termin aufgehoben wird.
(4) Ein Gebot erlischt nicht, wenn für ein zugelassenes Übergebot die nach § 68 Abs. 2 und 3 zu erbringende Sicherheitsleistung nicht bis zur Entscheidung über den Zuschlag geleistet worden ist.

Übersicht	Rn.
I. Allgemeines	1
II. Übergebot (Absatz 1)	2–5
1. Zulassung	3
2. Wirkung	4
3. Widerspruch gegen das Übergebot	5
III. Zurückweisung eines Gebots (Absatz 2)	6
IV. Einstweilige Einstellung, Terminsaufhebung (Absatz 3)	7
V. Nachträgliche Leistung der erhöhten Sicherheit (Absatz 4)	8–10

I. Allgemeines zu § 72

Die Vorschrift befasst sich mit dem Erlöschen von Geboten und nennt die Erlöschensgründe. Der Bieter ist an sein Gebot bis zur Zuschlagsentscheidung gebunden, wenn es nicht vorher erlischt. Zurücknehmen kann der Bieter sein Gebot nicht. 1

Ob ein Gebot zugelassen oder zurückgewiesen wurde, widersprochen wurde oder Ähnliches hat das Gericht im **Protokoll** festzuhalten (§ 78 ZVG). Allein auf dem Protokoll basierend trifft das Gericht die Entscheidung über den Zuschlag (§ 80 ZVG).

Absatz 4 wurde durch das 2. JuModG vom 22.12.2006[1] eingeführt. Diese Änderung trat am 1.2.2007 in Kraft und betrifft hinsichtlich der Sicherheitsleistungsvorschriften auch die späteren Termine der zu diesem Zeitpunkt schon anhängigen Verfahren (vgl. § 186 ZVG).

§ 72 ZVG gilt für alle Versteigerungsverfahren.

II. Übergebot (Absatz 1)

Ein Gebot erlischt durch die Zulassung eines Übergebots, wenn nicht ein Beteiligter sofort der Zulassung widerspricht. Wegen des Begriffes Übergebot ist vorausgesetzt, dass das Übergebot **einen höheren Betrag** (1 Cent reicht aus) beinhaltet. 2

1. Zulassung

Hinsichtlich der Zulassung des Übergebots gelten natürlich dieselben **Voraussetzungen wie für alle Gebote** (vgl. § 71 ZVG). Weist das Gericht das Überge- 3

---

[1] BGBl. I S. 3416.

bot nicht sofort zurück, gilt es als zugelassen (Absatz 1 Satz 2), selbst wenn diese Zulassung nicht ordnungsgemäß ist.

2. Wirkung

4 Die ausdrückliche oder stillschweigende Zulassung des Übergebots führt zum **Erlöschen des überbotenen Gebots**, wenn nicht ein Beteiligter der Zulassung widerspricht. Im Falle des **Widerspruchs** erlischt das überbotene Gebot nicht und kann theoretisch den Zuschlag erhalten, wenn es nicht durch ein anderes zugelassenes Übergebot wiederum überboten wird. Auch eine (widerspruchslose) **fälschliche Zulassung eines Übergebots** führt zum Erlöschen des vorherigen Gebots. Bemerkt das Gericht die fehlerhafte Zulassung, so muss es den Zuschlag versagen. Auf das überbotene Gebot kann in diesem Fall der Zuschlag nicht erteilt werden, da es erloschen ist.

3. Widerspruch gegen das Übergebot

5 Das Übergebot führt **nicht zum Erlöschen des überbotenen Gebots**, wenn ein Beteiligter Widerspruch gegen die Zulassung des Übergebots einlegt. Widerspruchsberechtigt ist nach dem ausdrücklichen Gesetzeswortlaut nur ein **Beteiligter** im Sinne von § 9 ZVG, nicht jedoch der überbotene Bieter selbst.
Der Widerspruch selbst hat **keinen Rechtsmittelcharakter**. Der Widerspruch soll lediglich bewirken, das Erlöschen des Gebots bis zur Zuschlagsentscheidung zu verhindern, um dem Gericht eine eingehende Prüfung und Korrektur außerhalb des Bietgeschehens zu ermöglichen. Über den Widerspruch entscheidet das Gericht nicht in der Bietungsstunde, sondern im Rahmen der Zuschlagserteilung.
Da der Widerspruch des Beteiligten bewirkt, dass der überbotene Bieter nach wie vor an sein Gebot gebunden bleibt, kann der widersprechende Beteiligte seinen einmal eingelegten Widerspruch (ähnlich wie ein Bieter das einmal abgegebene Gebot) **nicht mehr zurück ziehen**.[2] Die Zuschlagsentscheidung, in der sich das Gericht zwischen dem überbotenen Gebot und dem Übergebot entscheiden kann, beendet diesen Schwebezustand, wie bei jedem sonstigen Gebot.

III. Zurückweisung eines Gebots (Absatz 2)

6 Wird ein Gebot abgegeben, so kann das Gericht dieses (im Falle der Unwirksamkeit) **unmittelbar nach der Abgabe zurückweisen**. Auch ein Mangel hinsichtlich der für erforderlich erklärten Sicherheitsleistung ist ein Zurückweisungsgrund (vgl. § 70 Absatz 2 Satz 3 ZVG). Die Zurückweisung führt dazu, dass das Gebot als nicht abgegeben gilt. Das zurückgewiesene Gebot erlischt, ein überbotenes Gebot erlischt hingegen nicht.
Das Erlöschen tritt jedoch nicht ein, wenn der Zurückweisung sofort **widersprochen** wird. Dann bleibt das Gebot eventuell neben dem überbotenen Gebot wirksam. Nur im Falle des Widerspruchs gegen die Zurückweisung kann das Gericht auf das Gebot den Zuschlag erteilen oder der Bieter gegen den sein Gebot übergehenden Zuschlag Rechtsmittel einlegen[3]. **Widerspruchsberechtigt** ist im Falle des Absatzes 2 neben den Beteiligten auch der Bieter des zurückgewiesenen Gebots selbst. Ein Bieter sollte also im Falle der Zurückweisung seines Gebots durchaus einen Widerspruch in Erwägung ziehen, damit sein Gebot noch zuschlagsfähig bleibt.

---

2 *Stöber*, ZVG, § 72 Rn. 5.6; *Hintzen*, in: *Dassler/Schiffhauer/u.a.*, ZVG, § 72 Rn. 5; a.A.: *Storz*, in: Steiner, ZVG, § 72 Rn. 10.
3 BGH, Beschl. vom 14.2.2008 – V ZB 80/07, Grundeigentum 2008, 535.

Das **zurückgewiesene Gebot** gilt auch im Falle des Widerspruchs gegen die Zurückweisung nicht als „normales" Gebot. Ein Bieter kann daher ein zulässiges Gebot abgeben, das oberhalb des letzten zugelassenen Gebots, aber unterhalb des zurückgewiesenen Gebots liegt.

Beispiel (in zeitlicher Reihenfolge):
- Zugelassenes Gebot 70.000,00
- Zurückgewiesenes Gebot (mit Widerspruch): 90.000,00
- Zulässiges Gebot: 80.000,00

Der **Nachbieter** riskiert dabei, dass – im Falle der Rechtmäßigkeit des Widerspruchs – der Zuschlag auf das zunächst zurückgewiesene Gebot erteilt wird. Das Gebot von 80.000,00 ist nicht zuschlagsfähig, da es in diesem Fall ein Untergebot darstellt.

Erweist sich die Zurückweisung als rechtmäßig, so ist der Zuschlag auf das Gebot von 80.000,00 zu erteilen.

Das Gebot von 70.000,00 ist durch das zurückgewiesene Gebot von 90.000,00 nicht erloschen. Aber das spätere Übergebot von 80.000,00 hat zu seinem Erlöschen geführt.

IV. Einstweilige Einstellung, Terminsaufhebung (Absatz 3)

Wird das gesamte Verfahren einstweilen eingestellt oder der Versteigerungstermin aufgehoben, so **erlischt ein abgegebenes Gebot**, egal aus welchem Grund die Einstellung oder Aufhebung erfolgt. Das gleiche gilt, wenn nur der bestrangig betreibende Gläubiger (nach dem sich das geringste Gebot richtet) sein Verfahren einstweilen einstellt. Erfolgt diese **Einstellung innerhalb der Bietzeit** und existieren noch weitere betreibende Gläubiger, ist ein neues geringstes Gebot aufzustellen und erneut zur Abgabe von Geboten unter neuem geringsten Gebot und neuer Bietzeit aufzufordern.

Wenn der bestbetreibende Gläubiger die **Einstellung nach Schluss der Versteigerung** bewilligt, so lautet die Entscheidung: **Versagung des Zuschlags** (vgl. § 33 ZVG).

Das Erlöschen des Gebots kann im Falle des Absatzes 3 **nicht mit Widerspruch** verhindert werden. Auch bei irrtümlicher einstweiliger Einstellung bzw. Terminsaufhebung ist das Gebot unwiderruflich erloschen.[4]

Falls lediglich hinsichtlich eines von mehreren im Termin zur Versteigerung stehenden Grundstücken die einstweilige Einstellung erfolgt, so kann im Falle des Gesamtausgebots im Sinne von § 63 Absatz 2 ZVG (neben dem Einzelausgebot) weder auf das **Gesamtausgebot** noch auf die „nicht betroffenen" Einzelgrundstücke der Zuschlag erfolgen.[5]

V. Nachträgliche Leistung der erhöhten Sicherheit (Absatz 4)

Systemwidrig hat der Gesetzgeber durch die Einführung des Absatzes 4 mit dem Grundsatz gebrochen, dass im Rahmen der Bietzeit für jeden Anwesenden klar ist, ob ein Gebot wirksam oder unwirksam ist und damit nicht zuschlagsfähig.

Die **erhöhte Sicherheit** im Sinne von § 68 Absatz 2 und 3 ZVG kann vom Bieter **bis zur Entscheidung über den Zuschlag** erbracht werden. Bis dahin bleiben sein Gebot und das von ihm überbotene Gebot in der „Schwebe".

Leistet der Bieter die erhöhte Sicherheit ordnungsgemäß bis zur Zuschlagsentscheidung, so führt sein Gebot zum **Erlöschen** des von ihm überbotenen Gebo-

---

[4] *Storz, in: Steiner,* ZVG, § 72 Rn. 20.
[5] *Storz, in: Steiner,* ZVG, § 72 Rn. 19; *Stöber,* ZVG, § 72 Rn. 4.2.

tes. Andernfalls ist das überbotene Gebot zuschlagsfähig, da es **nicht erloschen** ist.

9 Welche **Auswirkungen** diese unsystematischen Regelungen haben, zeigt sich an folgendem Ablauf einer Bietungszeit:
Verkehrswert: 250.000,00 Euro
1. Gebot des **Schuldners** kurz nach Beginn der Bietungszeit: 300.000,00
2. Antrag auf **erhöhte Sicherheit** durch betr. Gläubiger
3. Schuldner leistet die reguläre Sicherheit von 25.000,00 Euro und erklärt, die erhöhte Sicherheit von 200.000,00 Euro bis zum Zuschlag leisten zu wollen.
4. Ein **weiterer Interessent** fragt, ob er sein Gebot von 200.000,00 Euro noch abgeben kann.

Hätte der Interessent zuerst sein Gebot abgegeben, wäre er aufgrund der gesetzlichen Regelung bis zum Zuschlagstermin noch zuschlagsberechtigt, falls der Schuldner seine erhöhte Sicherheit nicht leisten sollte.
Das muss auch in obigem Fall gelten. Es muss also zulässig sein, nach einem Gebot des Schuldners, über das mangels Sicherheitsverpflichtung noch nicht entschieden werden kann, eine „normale" Versteigerung auch mit **Geboten unterhalb des Schuldnergebots** durchzuführen.[6]
Der Schuldner kann die erhöhte Sicherheit bis zur Zuschlagsentscheidung leisten. Die reguläre Sicherheit von **1/10 ist sofort** von ihm erbringen. Der übersteigende erhöhte Betrag kann bis zum Zeitpunkt der Zuschlagsentscheidung geleistet werden.

10 Die **Entscheidung über den Zuschlag** erfolgt entweder unmittelbar im Anschluss an die Versteigerung oder in einem gesonderten Verkündungstermin, vgl. § 87 ZVG. Sofern das Gericht keinen Grund sieht, über den Zuschlag in einem gesonderten Termin zu entscheiden, muss die erhöhte Sicherheit also spätestens bis zum Ende des Zwangsversteigerungstermins beigebracht werden. Allein die Tatsache, dass der Schuldner die erhöhte Sicherheit erst noch besorgen muss, kann eine **Aussetzung der Zuschlagsentscheidung** um bis zu einer Woche **nicht rechtfertigen**.[7] Denn, wie bei der früheren Regelung, nach der der Schuldner die erhöhte Sicherheit sofort leisten musste, muss der Schuldner sich auch bei der jetzigen Regelung die gesetzlichen Besonderheiten der Sicherheitsleistung bis zu einer eventuellen unmittelbaren Zuschlagsentscheidung vorhalten lassen. Hinzu kommt, dass auch der weitere Bieter, dessen Gebot nach § 72 Absatz 4 ZVG nicht erloschen ist, einen Anspruch auf angemessene schnelle Entscheidung hat. Sofern der betreibende Gläubiger an einer schnellen Entscheidung interessiert ist, sollte der Terminsvertreter dies dem Gericht im Falle eines Schuldnergebots auch ausdrücklich zu erkennen geben und beantragen, über den Zuschlag sofort zu entscheiden.

---

[6] So auch *Alff*, in: *Hintzen/Alff*, Änderungen des ZVG aufgrund des Zweiten JuModG, Rpfleger 2007, 237; a. A. *Hintzen*, in: *Hintzen/Alff*, Änderungen des ZVG aufgrund des Zweiten JuModG, Rpfleger 2007, 237.

[7] A. A. *Hintzen*, in: *Dassler/Schiffhauer/u. a.*, ZVG, § 68 Rn. 18, der meint, das Ermessen des Vollstreckungsgerichts reduziere sich in einem solchen Fall auf die Bestimmung eines gesonderten Verkündungstermins.

§ 73 ZVG [Bietzeit; Schluss der Versteigerung]

(1) Zwischen der Aufforderung zur Abgabe von Geboten und dem Zeitpunkt, in welchem bezüglich sämtlicher zu versteigernder Grundstücke die Versteigerung geschlossen wird, müssen 30 Minuten liegen. Die Versteigerung muss so lange fortgesetzt werden, bis der Aufforderung des Gerichts ungeachtet ein Gebot nicht mehr abgegeben wird.

(2) Das Gericht hat das letzte Gebot und den Schluss der Versteigerung zu verkünden. Die Verkündung des letzten Gebots soll mittels dreimaligen Aufrufs erfolgen.

Übersicht

		Rn.
I.	Allgemeines	1
II.	Bietzeit (Absatz 1)	2–4
1.	Mindestdauer	2
2.	Verlängerung	3
3.	Mehrere Grundstücke	4
III.	Letztes Gebot und Schluss der Versteigerung (Absatz 2)	5

I. Allgemeines

Die Vorschrift befasst sich mit der Dauer und dem Ende der Bietzeit. Die Bietzeit stellt nach der Einleitung den zweiten Teil des Versteigerungstermins dar. Im Anschluss an die Bietungszeit folgt die Verhandlung über den Zuschlag. Die frühere „Bietungsstunde" wurde im Jahr 1998 aus praktischen Erwägungen auf die Mindestbietzeit von 30 Minuten halbiert. Diese und die übrigen Formalien sollen die Beteiligten vor einer „Schnell"-Versteigerung schützen. Häufig werden Gebote auch nach dieser Reduzierung aus taktischen Gründen erst in den letzten Minuten der Bietzeit abgegeben.
§ 73 ZVG gilt für alle Versteigerungsverfahren.

II. Bietzeit (Absatz 1)

1. Mindestdauer

Zwischen dem Beginn der Versteigerung durch die Aufforderung zur Abgabe von Geboten und der Verkündung des Schlusses der Versteigerung müssen in jedem Fall **volle 30 Minuten** liegen. Dass diese Formalie beachtet wurde, ergibt sich aus dem **Protokoll**, in dem der Beginn und das Ende des Bietgeschehens mit **Stunde und Minuten** festzuhalten ist (vgl. § 78 ZVG).
Beispiel:
Aufforderung zur Gebotsabgabe laut Protokoll: 10.10 Uhr
Frühestes Ende der Bietzeit laut Protokoll: 10.41 Uhr
Maßgebend ist die Uhr des versteigernden Rechtspflegers und nicht etwa die Uhr auf dem Gerichtsflur oder die eines Beteiligten[1]. Sinnvoll und aus Gründen des fairen Verfahrens geboten ist die **Bekanntgabe der maßgeblichen Uhrzeit** zu Beginn der Bietzeit unter Hinweis auf das Ende der regulären Bietzeit. Während der gesamten Bietzeit muss der versteigernde Rechtspfleger **anwesend und ansprechbar** sein[2]. Die reguläre Bietzeit ist auch dann einzuhalten, wenn sie **unterbrochen** werden muss. Das Gericht stellt dann im Protokoll zeit-

---
1 OLG Hamm, Beschl. v. 10.2.1989 – 15 W 25/89, Rpfleger 1989, 379.
2 *Storz*, in: *Steiner*, ZVG, § 73 Rn 20.

lich genau fest, wann unterbrochen wurde und wann die Bietzeit fortgesetzt wurde (zu den Einzelheiten siehe Kommentierung zu § 66 Rn. 7).

2. Verlängerung (Absatz 1 Satz 2)

3   Nach Ablauf der regulären 30minütigen Bietzeit fordert das Gericht (erneut) die im Saal Anwesenden auf, (weitere) Gebote abzugeben. Soweit erkennbar für das Gericht weitere Gebote beabsichtigt sind, verlängert sich die Bietzeit ohne weitere Ankündigung des Gerichts. Auch in der Verlängerung ist **erneut aufzufordern**, Gebote abzugeben. Die Bietzeit endet **nach dreimaligem Aufruf** des letzten Gebots erst mit der **Verkündung** des Schlusses der Versteigerung.

3. Mehrere Grundstücke

4   Werden mehrere Grundstücke oder Bruchteile in einem Verfahren gleichzeitig versteigert, so darf bei verschiedenen Ausgebotsvarianten (Einzel-, Gruppen- und/oder Gesamtausgebot) der **Schluss der Versteigerung** nur in allen Ausgeboten **gleichzeitig** erfolgen[3]. Damit soll das Interesse an einem möglichst hohen Versteigerungsergebnis geschützt und jedem Bieter eröffnet werden, höhere Gebote in allen Ausgeboten abzugeben.
Lange war die Möglichkeit umstritten, mehrere Verfahren terminlich zusammen zu legen, so dass **parallele Versteigerungstermine** laufen. Inzwischen wird das parallele Abhalten von Terminen (z. B. bei gleichartigen Grundstücken) für zulässig gehalten[4] (Einzelheiten siehe Kommentierung zu § 66 Rn. 9). Sofern das Bietgeschehen der verschiedenen Verfahren nicht zeitlich miteinander kollidiert, also gleichzeitige Gebote oder Ähnliches in den verschiedenen Verfahren einander behindern, muss **nicht einmal die reguläre Bietzeit verlängert** werden[5].

III. Letztes Gebot und Schluss der Versteigerung (Absatz 2)

5   Das vermeintlich letzte Gebot (Meistbargebot) ist vom Gericht wie auch bei Auktionen dreimal aufzurufen. Üblich und zulässig sind die einmalige Nennung des **Bieternamens** und das dreimalige Aufrufen des gebotenen **Bargebots**. Der dritte Aufruf ist aber nicht das Ende der Möglichkeit zu bieten. Wenn erst nach der erneuten Aufforderung, Gebote nunmehr noch abzugeben, kein Bieter mehr bietet, **verkündet** das Gericht den **Schluss der Versteigerung**. Dieser Satz beendet das Bieten. Im Hinblick auf ein möglichst gutes Versteigerungsergebnis sollte das Gericht in diesem Verfahrensbereich gemächlich vorgehen. Kein Bieter ist insofern mit seinem Gebot schützenswert, falls sich ein anderer Mitbieter „in letzter Sekunde" überlegt, doch noch ein Übergebot abzugeben. Wird nach dreimaligem Aufruf und Aufforderung zu bieten, **erneut geboten**, muss wiederum dreimalig aufgerufen und aufgefordert werden zu bieten[6].
Bei mehreren Ausgeboten ist jedes letzte Gebot einzeln aufzurufen. Erst nach Aufruf aller letzten Gebote und der erneuten Aufforderung weiterzubieten, wird der **Schluss der Versteigerung für alle Ausgebote gemeinsam** verkündet[7]. Sowohl der dreimalige Aufruf als auch die anschließende nochmalige Aufforderung zum Bieten müssen **protokolliert** werden (vgl. §§ 78, 80 ZVG). Das Fehlen der nochmaligen Bietaufforderung stellt einen **Verfahrensfehler** und damit Zuschlagsversagungsgrund gemäß § 83 Nr. 7 ZVG dar[8].

---

3   BGH, Beschl. v. 9.5.2003 – IXa ZB 25/03, Rpfleger 2003, 452.
4   BGH , Beschl. v. 22.3.2007 – V ZB 138/06, NJW 2007, 2995 = Rpfleger 2007, 410 mit weiteren Nachweisen auch zur ablehnenden Meinung (u. a.: Stöber, ZVG, § 66 Rn. 10).
5   BGH, Beschl. v. 18.9.2008 – V ZB 18/08, NJW 2008, 3710 = Rpfleger 2009, 95.
6   OLG Karlsruhe, Beschl. v. 24.10.1997 – 14 W 45/97, Rpfleger 1998, 79.
7   BGH, Beschl. v. 9.5.2003 – IXa ZB 25/03, Rpfleger 2003, 452 = NJW 2003, 2753.
8   OLG Karlsruhe, Beschl. v. 24.10.1997 – 14 W 45/97, Rpfleger 1998, 79.

Die Verkündung des Schlusses der Versteigerung ist **nicht** wie häufig von Anwesenden angenommen wird, der **Schluss des Termins**. Es schließt sich vielmehr bei Vorliegen eines Gebots die Verhandlung über den Zuschlag an.

§ 74 ZVG [Verhandlung über den Zuschlag]

Nach dem Schlusse der Versteigerung sind die anwesenden Beteiligten über den Zuschlag zu hören.

Übersicht	Rn.
I. Allgemeines	1
II. Anhörung; Anträge	2, 3

I. Allgemeines zu § 74

1 Die Vorschrift befasst sich mit dem 3. **Teil des Versteigerungstermins** und damit seinem Abschluss, nämlich der Anhörung der Beteiligten zum Versteigerungsergebnis, bevor das Gericht die Entscheidung über den Zuschlag trifft. Die Beteiligten können Anträge zur Zuschlagsentscheidung stellen oder die einstweilige Einstellung bewilligen oder aber auf ihrer Meinung nach vorhandene Zuschlagsversagungsgründe hinweisen.
§ 74 gilt für alle Versteigerungsverfahren.

II. Anhörung; Anträge

2 Das Ergebnis der Bietzeit muss nicht auch das **Endergebnis** des Zwangsversteigerungsverfahrens sein. Insbesondere für den betreibenden Gläubiger, aber auch für den Schuldner, gibt die Verhandlung über den Zuschlag die Gelegenheit, das Verfahren **im eigenen Interesse zu gestalten**. Gläubiger und Schuldner müssen sich darüber klar sein, ob sie mit der Erteilung des Zuschlags an den Meistbietenden einverstanden sind oder ob sie einen weiteren Termin mit vielleicht besserem Ergebnis anstreben.
Laut Gesetzestext sind lediglich die **Beteiligten** zum Zuschlag zu hören. Da aber der **Bieter, dessen Gebot noch nicht erloschen ist**, gemäß § 97 ZVG sowohl im Falle der Erteilung als auch im Falle der Versagung des Zuschlags beschwerdeberechtigt ist, muss wohl auch ihm abweichend vom gesetzlichen Wortlaut das **rechtliche Gehör** gewährt werden. Es wäre unsinnig, wenn dieser Bieter Beschwerde einlegen, aber seine Bedenken nicht vorab schon dem Gericht unterbreiten könnte[1].

3 Für die Gläubiger besteht Gelegenheit – in Ausnahmefällen nach entsprechender Belehrung durch das Gericht[2] –, **Anträge** auf Versagung des Zuschlags gemäß § 74a ZVG zu stellen oder auf die Zuschlagsversagung von Amt wegen gemäß § 85a ZVG **hinzuweisen**. Betreibende Gläubiger können die **einstweilige Einstellung** bewilligen. Der Schuldner kann – gegebenenfalls nach entsprechender Belehrung durch das Gericht[3] – einen Antrag auf **Zuschlagsversagung gemäß § 765a ZPO** stellen. Beteiligte können einen Antrag auf einen neuen Termin im Sinne von § 85 ZVG stellen oder aber vorhandene Zuschlagsversagungsgründe gemäß § 83 Nr. 1 bis 5 ZVG durch die Erteilung einer **Genehmigung** zu Protokoll des Gerichts heilen (vgl. § 84 ZVG). Jeder Beteiligte einschließlich des Bieters kann die Anberaumung eines gesonderten **Zuschlagsverkündungstermins** anregen.

---

1 *Storz*, in: *Steiner*, ZVG, § 74 Rn 7; *Hintzen*, in: *Dassler/Schiffhauer/u.a.*, ZVG, § 74 Rn. 2.
2 BVerfG, Beschl. v. 23.7.1992 – 1 BvR 14/90, Rpfleger 1993, 32 = NJW 1993, 1699.
3 BVerfG, Beschl. v. 24.3.1976 – 2 BvR 804/75, BVerfGE 42, 64 = NJW 1976, 1391 = Rpfleger 1976, 389.

Sachdienlichen Hinweisen sollte das Gericht in dieser Phase des Verfahrens immer aufgeschlossen gegenüber sein. Es geht letztlich um die Erzielung eines möglichst guten Versteigerungsergebnisses im Rahmen eines fairen und ordnungsgemäßen Verfahrens.

Anträge zur **Sicherheitsleistung oder Widersprüche** gegen die Zulassung oder Zurückweisung von Geboten sind in diesem Verfahrensstadium **nicht mehr möglich**. Unzulässig ist auch die verspätete Leistung der normalen Bietsicherheit zu diesem Zeitpunkt[4].

Bei einem **sehr schlechten Versteigerungsergebnis** kann es unter Umständen geboten sein, dem nicht anwesenden Schuldner Gelegenheit zu geben, Anträge zum Zuschlag noch schriftlich nachzureichen. Daher unterbleibt in einem solchen Fall die sofortige Zuschlagsentscheidung zum Schluss des Zwangsversteigerungstermins. Die Verkündung hat vielmehr in einem **gesonderten Termin** (vgl. § 87 ZVG) zu erfolgen, bis zu dem der Schuldner Gelegenheit hat, sich zu äußern und gegebenenfalls einen Antrag auf Zuschlagsversagung über § 765a ZPO zu stellen[5].

---

4 BGH, Beschl. v. 12.1.2006 – V ZB 147/05, Rpfleger 2006, 211.
5 BGH, Beschl. v. 5.11.2004 – IXa ZB 27/04, Rpfleger 2005, 151.

§ 74a ZVG [Zuschlagsversagung auf Antrag; Wertfestsetzung]

(1) Bleibt das abgegebene Meistgebot einschließlich des Kapitalwertes der nach den Versteigerungsbedingungen bestehenbleibenden Rechte unter sieben Zehnteilen des Grundstückswertes, so kann ein Berechtigter, dessen Anspruch ganz oder teilweise durch das Meistgebot nicht gedeckt ist, aber bei einem Gebot in der genannten Höhe voraussichtlich gedeckt sein würde, die Versagung des Zuschlags beantragen. Der Antrag ist abzulehnen, wenn der betreibende Gläubiger widerspricht und glaubhaft macht, dass ihm durch die Versagung des Zuschlags ein unverhältnismäßiger Nachteil erwachsen würde.

(2) Der Antrag auf Versagung des Zuschlags kann nur bis zum Schluss der Verhandlung über den Zuschlag gestellt werden; das gleiche gilt von der Erklärung des Widerspruchs.

(3) Wird der Zuschlag gemäß Absatz 1 versagt, so ist von Amts wegen ein neuer Versteigerungstermin zu bestimmen. Der Zeitraum zwischen den beiden Terminen soll, sofern nicht nach den besonderen Verhältnissen des Einzelfalles etwas anderes geboten ist, mindestens drei Monate betragen, darf aber sechs Monate nicht übersteigen.

(4) In dem neuen Versteigerungstermin darf der Zuschlag weder aus den Gründen des Absatzes 1 noch aus denen des § 85a Abs. 1 versagt werden.

(5) Der Grundstückswert (Verkehrswert) wird vom Vollstreckungsgericht, nötigenfalls nach Anhörung von Sachverständigen, festgesetzt. Der Wert der beweglichen Gegenstände, auf die sich die Versteigerung erstreckt, ist unter Würdigung aller Verhältnisse frei zu schätzen. Der Beschluss über die Festsetzung des Grundstückswertes ist mit der sofortigen Beschwerde anfechtbar. Der Zuschlag oder die Versagung des Zuschlags können mit der Begründung, dass der Grundstückswert unrichtig festgesetzt sei, nicht angefochten werden.

Übersicht

		Rn.
I.	Allgemeines	1
II.	Zuschlagsversagung	2–9
1.	Gebot unter 7/10	3
2.	Antragsberechtigung	4, 5
3.	Widerspruch des betreibenden Gläubigers	6
4.	Weiterer Verfahrensgang	7, 8
5.	Rechtsbehelfe	9
III.	Verkehrswertfestsetzung (Absatz V)	10–18
1.	Wertermittlung	11–15
	a) Sachverständiger	12
	b) Vorgehensweise	13
	c) Methoden der Wertermittlung	14
	d) Zubehör	15
2.	Festsetzungsverfahren	16
3.	Rechtsmittel	17, 18

I. Allgemeines zu § 74a

1 Die Vorschrift ist zweigeteilt. Einerseits befasst sie sich mit einem Schutzantrag des Gläubigers. Dieser kann einmalig **Versagung des Zuschlags** beantragen, wenn der Steigpreis unter 7/10 des Wertes liegt. Andererseits finden sich – an völlig unsystematischer Stelle – im Absatz 5, die Regelungen zur **Verkehrswert-**

Versteigerung 2–4 § 74a ZVG

festsetzung. § 74a ZVG gilt für alle Versteigerungsverfahren mit Ausnahme der Versteigerung von Seeschiffen (vgl. § 169a ZVG) und Binnenschiffen (vgl. Gesetz über Vollstreckungsschutz für die Binnenschifffahrt).
Bei der Auseinandersetzungsversteigerung kommt der Antrag auf Zuschlagsversagung selten zur Anwendung, aber auch hier kann ein Gläubiger (nicht der Antragsteller) theoretisch diesen Schutz in Anspruch nehmen. Der Verkehrswert ist hingegen immer festzusetzen.

II. Zuschlagsversagung

Den Gläubigerschutz des § 74a ZVG kann der Gläubiger im Rahmen der Verhandlung über den Zuschlag per Antrag geltend machen, wenn er als durch das schlechte Ergebnis des „ersten" Termins Beeinträchtigter die Hoffnung hat, dass in einem **weiteren Termin** ein **besseres Ergebnis** zu erzielen wäre. In besonderen Ausnahmefällen muss das Gericht über diese Möglichkeit entsprechend **belehren bzw. aufklären**.[1] **2**

Ist in einem früheren Termin schon der Zuschlag wegen Nichterreichens von 5/10 des Verkehrswertes von Amts wegen versagt worden (vgl. § 85a ZVG), so kann **kein Zuschlagsversagungsantrag** mehr nach § 74a Absatz 1 gestellt werden (vgl. § 85a Absatz 2 ZVG).

Der Antrag kann nicht später als **zur Verhandlung über den Zuschlag** gestellt werden, also nicht mehr zum gesonderten Verkündungstermin. Dann ist er als unzulässig zu verwerfen und der Zuschlag zu erteilen. Jeder Antragsberechtigte sollte **seinen eigenen Antrag** stellen, damit er eine möglichst gewichtige Verfahrensposition im Rahmen der Zuschlagsentscheidung hat. Das gilt auch dann, wenn schon ein Versagungsantrag von einem anderen Gläubiger gestellt wurde.

Zurücknehmen kann der Antragsteller seinen Versagungsantrag bis zur Entscheidung über den Zuschlag.[2] Das geschieht recht häufig, insbesondere dann, wenn mit dem Bieter noch eine Vereinbarung über eine **außergerichtliche Zuzahlung** zum gebotenen Betrag geschlossen wird. Denkbar ist auch, dass ein besserrangiger Gläubiger mit Interesse an einer schnellen Zuschlagsentscheidung sich zur Zahlung einer „Rücknahmeprämie" entschließt.

1. Gebot unter 7/10

Zunächst einmal kann der Versagungsantrag nur bei Geboten **unterhalb von 7/10** des Verkehrswertes gestellt werden. Bestehen **bleibende Rechte** sind mit dem Kapitalbetrag oder dem Zuzahlungsbetrag im Sinne von §§ 50, 51 ZVG (Abt. II) zum gebotenen Betrag **hinzuzurechnen**, da sie ja auch vom Ersteher zu übernehmen wären.[3] **Fiktive Bargebotszinsen** werden nicht hinzugerechnet.[4] Über die 7/10-Grenze belehrt das Gericht schon vor oder zu Beginn der Bietungszeit. **3**

2. Antragsberechtigung

Der Antragsteller muss zwei Voraussetzungen erfüllen, um den Schutz des § 74a in Anspruch nehmen zu können: **4**
- Aufgrund des abgegebenen Meistgebots erleidet er zumindest einen **Teilausfall**.

---

1 BVerfG, Beschl. vom 23.7.1992 – 1 BvR 14/90, NJW 1993, 1699 = Rpfleger 1993, 32.
2 Storz, in: Steiner, ZVG, § 74a Rn. 47; Stöber, ZVG, § 74a Rn. 4.5; Hintzen, in: Dassler/Schiffhauer/u.a., ZVG, § 74a Rn. 23.
3 Storz, in: Steiner, ZVG, § 74a Rn. 36; Hintzen, in: Dassler/Schiffhauer/u.a., ZVG, § 74a Rn. 7.
4 Stöber, ZVG, § 74a Rn. 3.2.

- Bei einem Gebot von 7/10 des Verkehrswertes würde er **mehr an Zuteilung** erhalten (oder sogar voll befriedigt).

Überschlägig sollte das Gericht sich schon bei der Terminsvorbereitung orientiert haben, wer als Antragsteller für § 74a ZVG in Betracht kommt.

Ob der Antragsteller einen konkreten Ausfall erleidet, muss anhand eines **fiktiven Teilungsplans** festgestellt werden. Das Gericht stellt auf einen fiktiven Verteilungstermin ca. 6 bis 8 Wochen nach dem Versteigerungstermin ab. **Bargebotszinsen** werden nicht zum Meistgebot hinzugerechnet, da ungewiss ist, ob der gebotene Betrag nicht unverzüglich unter Verzicht auf die Rücknahme hinterlegt wird.[5] **Dingliche Zinsen und sonstige wiederkehrende Leistungen der erlöschenden Rechte** sind nach dem Inhalt des Grundbuchs – wie üblich – bis zum Tag vor dem (fiktiven) Verteilungstermin zu berechnen.

Was schon zum Versteigerungstermin **angemeldet** wurde, kann berücksichtigt werden. Im Übrigen bleiben nicht angemeldete aber anmeldepflichtige Ansprüche unberücksichtigt. Es wird nicht spekuliert, ob die Anmeldung noch erfolgen würde.

In Zweifelsfällen sollte der an einer Zuschlagsversagung interessierte Berechtigte sich mit dem Gericht abstimmen, in welchem Rahmen ein 7/10-Antrag möglich ist.

Zusammenfassung:

5 Im **fiktiven Teilungsplan** kann alles berücksichtigt werden, was nach **gegenwärtigem Kenntnisstand** auch in einem echten Teilungsplan zum fiktiven Datum berücksichtigt würde.

Der fiktive Teilungsplan ist in Zweifelsfällen nicht nur für den für gebotenen Bargebotsbetrag aufzustellen, sondern sicherheitshalber auch für das fiktive 7/10-Gebot, damit beide Voraussetzungen der Antragsberechtigung (s.o.) geprüft werden können.

Natürlich kann im Falle des teilweisen Ausfalles zum gebotenen Betrag auf die zweite Variante verzichtet werden, da dann eine Mehrzuteilung im Falle des höheren Gebots über 7/10 offensichtlich ist.

Das Antragsrecht steht jedem Berechtigten zu, der etwas aus dem Teilungsplan in bar erhalten würde, egal ob **dinglicher oder persönlicher Gläubiger**, egal ob **betreibender**[6] oder nicht betreibender **Gläubiger**, egal in welcher Rangklasse. Hat der **Schuldner** oder sein **Insolvenzverwalter** ein Eigentümerrecht im fraglichen Bereich, steht auch ihm der Schutz des § 74a zu. Kein Antragsrecht hat der Schuldner hingegen, wenn er seinen Anspruch aus dem Erlösüberschuss herleitet.[7] Das gilt auch für seinen **Pfandgläubiger**.

3. Widerspruch des betreibenden Gläubigers

6 In besonderen Fällen kann der betreibende Gläubiger dem Antrag auf Zuschlagsversagung widersprechen. Dies kann aber nur der **aktiv betreibende Gläubiger**. Zudem muss er einen **unverhältnismäßigen Nachteil** vortragen und **glaubhaft machen**. Es ist in diesem Zusammenhang abzuwägen, ob das Interesse des Widersprechenden höher einzustufen ist als das Interesse des Antragstellers. Alle übrigen Beteiligten sind bei der Abwägung nicht betroffen. Die Gründe für den Widerspruch sind **glaubhaft zu machen** (§ 294 ZPO).

---

5 *Hintzen*, in: *Dassler/Schiffhauer/u.a.*, ZVG, § 74a Rn. 11; a.A.: *Storz, in: Steiner*, ZVG, § 74a Rn. 34.

6 Für einen von mehreren betreibenden Gläubigern bejaht: BGH, Beschl. vom 14.10.1966 – V ZR 206/63, BGHZ 46, 107 = Rpfleger 1967, 109; auch bei lediglich einem betreibenden Gläubiger: *Storz, in: Steiner*, ZVG, § 74a Rn. 20; *Hintzen*, in: *Dassler/Schiffhauer/u.a.*, ZVG, § 74a Rn. 15; *Stöber*, ZVG, § 74a Rn. 3.7.

7 *Storz, in: Steiner*, ZVG, § 74a Rn. 25, 27; *Hintzen*, in: *Dassler/Schiffhauer/u.a.*, ZVG, § 74a Rn. 16, 17; *Stöber*, ZVG, § 74a Rn. 3.6.

Widerspruch und Gründe müssen ebenfalls **im Rahmen der Verhandlung über den Zuschlag** erklärt werden. Die Glaubhaftmachung kann noch später erfolgen. Der Widersprechende ist berechtigt, seinen Widerspruch bis zur Zuschlagsentscheidung **zurückzunehmen**.

4. Weiterer Verfahrensgang (Absätze 3 und 4)

Das Gericht entscheidet über den Versagungsantrag und eventuell über den Widerspruch hiergegen im Rahmen der Zuschlagsentscheidung. Die zu begründende Entscheidung lautet entweder **Zuschlagsversagung oder Erteilung des Zuschlags** unter Zurückweisung des Versagungsantrags.

Im Falle der antragsgemäßen Zuschlagsversagung bestimmt das Gericht **von Amts** wegen einen neuen Zwangsversteigerungstermin. Für diesen neuen Termin gelten die „normalen" Terminsbestimmungsregeln. Zeitlich soll der neue Termin **frühesten drei Monate** nach dem vorherigen Termin liegen. Er darf nach dem eindeutigen Wortlaut des Gesetzes **nicht mehr als sechs Monate** später angesetzt werden.[8] Die Rechtskraft der Zuschlagsversagung muss nicht bis zur Terminsbestimmung abgewartet werden.

Wegfall der Grenzen §§ 74a/85a ZVG

In dem neuen Termin und allen späteren Versteigerungsterminen kann **kein erneuter Zuschlagsversagungsantrag gemäß § 74a Absatz 1 ZVG** wegen eines Gebots unter 7/10 gestellt werden. Auch eine Zuschlagsversagung von Amts gemäß § 85a ZVG im Falle eines Gebots unter 5/10 des Verkehrswertes **entfällt** (vgl. Absatz 4). Auf diese Besonderheit ist in der **Terminsbestimmung** hinzuweisen (vgl. § 38 Absatz 1 Satz 2 ZVG).
Umgekehrt ist im Falle der Zuschlagsversagung gemäß § 85a ZVG bei einem Gebot unter 5/10 des Verkehrswertes in einem späteren Versteigerungstermin auch der Zuschlagsversagungsantrag gemäß § 74a Absatz 1 ZVG ausgeschlossen.
Dennoch gilt auch nach dem Wegfall der Grenzen bei äußerst geringen Versteigerungsergebnissen das nach dem Grundgesetz bestehende grundsätzliche Verbot der Verschleuderung des Schuldnereigentums.[9] Alle übrigen Zuschlagsversagungsgründe oder ein ergebnisloser Termin ohne Gebot beeinträchtigen die Grenzen gemäß §§ 74a/85a ZVG nicht.

5. Rechtsbehelfe

Sowohl die Erteilung des Zuschlags (trotz Versagungsantrag) wie auch die Versagung des Zuschlags sind mit **sofortiger Beschwerde** anfechtbar, §§ 95 ff. ZVG. Beschwerdeberechtigt ist der jeweilige Beschwerte.

III. Verkehrswertfestsetzung (Absatz V)

Der Grundstückswert, das ist laut Legaldefinition der **Verkehrswert**, muss vom Gericht im Rahmen des Zwangsversteigerungsverfahrens festgesetzt werden. Auf diesen Wert beziehen sich eine Vielzahl von anderen Vorschriften, wie die 5/10 und 7/10-Grenzen oder auch aus dem Kostenrecht. Nicht zuletzt orientieren sich die Gläubiger und die Bieter an dem festgesetzten Wert. Es ist also mit großer Sorgfalt an die Wertfestsetzung heranzugehen.
Auch bei der Versteigerung von Bruchteilen, Wohnungs- oder Teileigentum sowie Erbbaurechten ist der Wert festzusetzen.

---

8 A. A. *Stöber*, ZVG, § 74a Rn. 6.2.
9 Vgl. dazu Art. 14 Absatz 1 Satz 1 GG; BVerfG, Beschl. vom 24.4.1979 – 1 BvR 787/78, BVerfGE 51, 150 = Rpfleger 1979, 296 sowie BGH, Beschl. vom 5.11.2004 – IXa ZB 27/04, Rpfleger 2005, 151.

Werden mehrere Grundstücke in einem Verfahren versteigert, so ist für jedes ein **separater Verkehrswert** festzusetzen.

1. Wertermittlung

11 Der Verkehrswert wird gemäß § 194 BauGB „durch den Preis bestimmt, der in dem Zeitpunkt, auf den sich die Ermittlung bezieht, im gewöhnlichen Geschäftsverkehr nach den rechtlichen Gegebenheiten und tatsächlichen Eigenschaften, der sonstigen Beschaffenheit und der Lage des Grundstücks oder des sonstigen Gegenstands der Wertermittlung ohne Rücksicht auf ungewöhnliche oder persönliche Verhältnisse zu erzielen wäre". Das BauGB spricht auch vom „**Marktwert**".
Liegen besondere Gründe vor, so muss das Gericht nicht unbedingt einen Sachverständigen mit der Erstellung eines Gutachtens beauftragen.[10] Besondere Gründe können ein schon vorliegendes **Gutachten aus einem Parallelverfahren** sein. Es kann aber auch ein von einem Beteiligten vorgelegtes **Privatgutachten**, das den Erfordernissen der Wertermittlung genügt, ausreichen.[11]
Im Normalfall wird aber ein entsprechendes Sachverständigengutachten in Auftrag gegeben werden müssen. Ob das Gericht ein recht ausführliches oder aber ein eher knappes Gutachten wünscht, ist in sein Ermessen gestellt, eventuell auch nach Lage des Falles zu beurteilen.

12 a) **Sachverständiger.** Das Gericht beauftragt einen **Sachverständigen**, von dem es überzeugt ist, dass er ein geeignetes Wertermittlungsgutachten erstellen wird. Dabei ist das Gericht an keine Vorschläge oder Wünsche seitens der Beteiligten oder der Justizverwaltung gebunden. Eine **Ablehnung** des Gutachters kann allenfalls auf Ablehnungsgründen des § 406 ZPO basieren.
Auch die bei den Kreisen oder Städten und Gemeinden bestellten **Gutachterausschüsse** für Grundstückswerte können insbesondere mit der Verkehrswertermittlung insbesondere bei unbebauten Grundstücken beauftragt werden. Gemäß § 193 BauGB ist dies ausdrücklich vorgesehen. Daneben sind auch noch landesrechtliche Besonderheiten möglich.[12]

13 b) **Vorgehensweise.** Der Sachverständige bekommt vom Gericht einen genau umschriebenen **Auftrag**. Das Gericht entwirft sinnvollerweise ein Formschreiben, das alle für wichtig gehaltenen Einzelheiten beinhaltet. Genauigkeit ist allein schon wegen der späteren Abrechnung des Sachverständigen wichtig.
Im Hinblick auf die mittlerweile vorgesehene Möglichkeit der Einsicht in die Wertgutachten über das Internet (vgl. § 38 Absatz 2 ZVG) kann auch eine zusätzliche **digitalisierte Version des Gutachtens** in Kurzform in Auftrag gegeben werden. Dabei sollte der Sachverständige auf zu beachtende **daten- und urheberschutzrechtliche Vorschriften** insbesondere bei Fotos und Kartenmaterial hingewiesen werden.
Der Verkehrswert ist **ohne Abzug von bestehen bleibenden Rechten** zu ermitteln. Falls zusätzlich Zuzahlungsbeträge von Rechten in Abteilung II (§§ 50, 51 ZVG) bewertet werden sollen, so sind auch diese **nicht** bei der Wertermittlung in Abzug zu bringen[13]. Der Bieter muss diese von ihm zu übernehmenden Rechte eigenverantwortlich bei seinem Gebot berücksichtigen.
Anders verhält es sich mit sonstigen den Wert beeinflussenden **öffentlichrechtlichen Gegebenheiten** (vgl. § 6 Absatz 2 Immobilienwertermittlungsverord-

---

10 LG Hildesheim, Beschl. vom 11.9.2003 – 5 T 332/03, Rpfleger 2003, 236.
11 *Storz*, in: *Steiner*, ZVG, § 74a Rn. 69; *Stöber*, ZVG, § 74a Rn. 7.8; *Hintzen*, in: *Dassler/Schiffhauer/u.a.*, ZVG, § 74a Rn. 41, 42.
12 Gemäß § 18 des hessischen OrtsgerichtsG kann auch das hessische Ortsgericht Gutachten zu Grundstücken erstellen.
13 A. A. LG Heilbronn, Beschl. vom 18.7.2003 – 1b T 246/03, Rpfleger 2004, 56 mit zutreffender ablehnender Anmerkung Hintzen.

nung vom 01.07.2010[14]), die vom Sachverständigen zu ermitteln und aufzuklären sind. Diese können nämlich erheblichen Einfluss auf den Wert haben, wie zum Beispiel Vorgaben im Bebauungsplan. Hierzu gehören auch **Baulasten** (vgl. § 61 Absatz 1 BauGB), die eine erhebliche Beeinträchtigung der Bebaubarkeit und damit des Verkehrswerts mit sich bringen können. Wertmindernde Baulasten sind daher genauso wie werterhöhende Baulasten vom Sachverständigen zu ermitteln und bei der Wertermittlung zu berücksichtigen.[15]

Der Sachverständige hat das Objekt **vor Ort zu besichtigen**. Allen Beteiligten ist der Termin mitzuteilen, falls sie daran teilnehmen möchten. Hilfreich in dem Zusammenhang ist auch, wenn das **Gericht selbst** sich einen Eindruck vom Objekt verschafft. Der **Zutritt** kann nicht erzwungen werden.[16] Auch das Versteigerungsgericht hat diesbezüglich keine Handhabe. Für den betreibenden Gläubiger besteht aber die Möglichkeit, die **Zwangsverwaltung** zu beantragen und dann den Zutritt über den Zwangsverwalter zu ermöglichen. **Verweigert der Schuldner die Besichtigung** des Objekts, fehlt ihm anschließend für die Beschwerde gegen den Wertfestsetzungsbeschluss das Rechtsschutzbedürfnis, wenn das Gutachten nicht an einem schwerwiegenden sonstigen Mangel leidet[17].

c) **Methoden der Wertermittlung.** Die **Immobilienwertermittlungsverordnung** vom 01.07.2010[18] ist heranzuziehen. Ergänzend dazu sind die **Wertermittlungsrichtlinien 2006**[19] ergangen. Die Wertermittlung hat für einen bestimmten Zeitpunkt zu erfolgen, damit nachträgliche Veränderungen fixiert werden können. Es existieren hauptsächlich drei Methoden für die Wertermittlung:

- Sachwertverfahren
- Ertragswertverfahren
- Vergleichswertverfahren

Das **Sachwertverfahren** ist hauptsächlich bei nicht ertragsorientierten Objekten wie eigengenutzten Ein- oder Zweifamilienhäusern heranzuziehen. Das **Ertragswertverfahren** wird schwerpunktmäßig bei Miet- oder Geschäftsobjekten angewandt. Das **Vergleichswertverfahren** vergleicht die Werte gleichartiger Objekte zum Zwecke der Wertermittlung beispielsweise bei Eigentumswohnungen. Häufig werden **mehrere Wertermittlungsmethoden** vergleichend angewandt. Es ist die Methode heranzuziehen, die im Einzelfall für das Objekt zur Wertermittlung am geeignetsten erscheint.[20] Zusätzlich sind unter Umständen besondere **Wertminderungs- oder Werterhöhungsfaktoren** nach den Wertermittlungsrichtlinien zu berücksichtigen.

Eine positiv beschiedene **Bauvoranfrage** kann sich werterhöhend auswirken[21]. **Altlasten** bzw. Verunreinigungen wirken sich wertmindernd aus. Dabei hat das Gericht alle Informationsquellen zu nutzen, die sich anbieten, um die Bodenbeschaffenheit zu erkunden. Selbst ein **Bodengutachten** ist gerechtfertigt, wenn die Kosten angemessen erscheinen.[22] Ein schwebendes **Flurbereinigungsverfah-**

---

14 BGBl. I 2010, 639.
15 Stöber, ZVG, § 74a Rn. 7.4; a.A. *Hintzen*, in: Dassler/Schiffhauer/u.a., ZVG, § 74a Rn. 49 ohne nachvollziehbare Begründung.
16 Storz, in: Steiner, ZVG, § 74a Rn. 86; Stöber, ZVG, § 74a Rn. 10.5; *Hintzen*, in: Dassler/Schiffhauer/u.a., ZVG, § 74a Rn. 51.
17 LG Mühlhausen, Beschl. vom 5.5.2008 – 2 T 94/08; LG Dortmund Beschl. vom 20.4.2000 – 9 T 400/00, Rpfleger 2000, 466.
18 BGBl I 2010, 639.
19 Veröffentlicht im Bundesanzeiger Nr. 108a vom 10. Juni 2006 (Berichtigung vom 1. Juli 2006 BAnz. Nr. 121 S. 4798); aber auch im **Internet** abrufbar auf der Seite des Bundesbauministeriums unter http://www.bmvbs.de/artikel-,302.7628/Wertermittlungsrichtlinien.htm
20 BGH, Urteil vom 2.7.2004 – V ZR 213/03, BGHZ 160, 8 = NJW 2004, 2671 = Rpfleger 2005, 40.
21 OLG Köln, Beschl. vom 1.6.1983 – 2 W 59/83, Rpfleger 1983, 362.
22 BGH, Beschl. vom 18.5.2006 – V ZB 142/05, Rpfleger 2006, 554.

ren hat bis zum endgültigen Untergang der Einlagegrundstücke keine Auswirkung auf die Wertermittlung.
Für die Bewertung eines **Erbbaurechts** gelten besondere Grundsätze in der Immobilienwertermittlungsverordnung und den Wertermittlungsrichtlinien. Wichtig hierbei ist aber, dass **keine Wertminderung durch die bestehen bleibende Erbbauzinsreallast** erfolgen darf. Für sie gilt das oben zu bestehen bleibenden Rechten Gesagte.

15 d) **Zubehör (Absatz 5 Satz 2).** Zusammen mit dem Grundstück werden Bestandteile und Zubehör versteigert (vgl. § 55 ZVG). Also ist auch für das Zubehör ein Wert festzusetzen.
Grundsätzlich ist der Wert des Zubehörs **frei zu schätzen**. Handelt es sich dabei jedoch um Gegenstände von erheblichem Wert, kann es erforderlich sein, einen besonderen Sachverständigen eigens mit der Bewertung zu beauftragen. Für das Zubehör wird ein **Gesamtwert** festgesetzt. Der Gutachter sollte beauftragt werden, den Wert von verschiedenartigem Zubehör gesondert zu ermitteln und zu benennen. Falls Zubehörgegenstände später freigegeben werden, ist auch der Verkehrswert des Zubehörs neu festzusetzen. Was im Einzelnen **Zubehöreigenschaft** hat, entscheidet letztlich aber nicht das Versteigerungsgericht sondern am Ende das **Prozessgericht**.[23] Für die Bewertung als Zubehör und die Festsetzung seines Verkehrswerts reicht der **erste Anschein** aus.

2. **Festsetzungsverfahren**

16 Das Gericht beauftragt den Sachverständigen, binnen einer angemessenen Zeit (z.B. 2 Monate) sein Gutachten einzureichen. Nach der Vorlage des Gutachtens hat das Gericht dieses inhaltlich zu prüfen. Den Beteiligten hat das Gericht **rechtliches Gehör** zu gewähren, indem es jedem von ihnen ein Exemplar des Gutachtens mit der Gelegenheit zur Äußerung zukommen lässt.
Nach Ablauf der gewährten Frist setzt das Gericht den Verkehrswert per **Beschluss** fest, der zu begründen ist. Sodann muss der Beschluss allen Beteiligten im Hinblick auf ihr befristetes Rechtsmittelrecht **zugestellt** werden. Nach Ablauf der Rechtsmittelfrist erwächst der Verkehrswertbeschluss in Rechtskraft. Das heißt, der Beteiligte ist nicht mehr befugt, Rechtsmittel gegen den Beschluss einzulegen. Das bedeutet aber nicht, dass im Falle von Veränderungen (zum Beispiel Schäden durch Brand oder ähnliches) der Verkehrswert nicht mehr abänderbar wäre. Auch längere Zeitspannen im Verfahren und deutliche Wertveränderungen auf dem Grundstücksmarkt können das Gericht zu einer **erneuten Überprüfung** zwingen.
Bei rechtskräftiger, aber dennoch fehlerhafter Verkehrswertfestsetzung kann es zu Haftungsansprüchen gegen das Gericht oder den ermittelnden Sachverständigen kommen.[24]
Einem nach der Festsetzung des Verkehrswertes **später beitretenden Gläubiger**, der vorher kein Beteiligter war, kann selbstverständlich kein rechtliches Gehör mehr gewährt werden. Er hat aber noch ein Anfechtungsrecht, da der Festsetzungsbeschluss ihm gegenüber noch nicht rechtskräftig geworden ist. Wird der Zuschlag vor der endgültigen Rechtskraft erteilt, so kann der betroffene Beteiligte, demgegenüber die Rechtskraft nicht vorliegt, den Zuschlag gemäß § 83 Nr. 5 ZVG anfechten.[25]
Nachdem im Verfahren schon ein Termin durchgeführt wurde mit dem Ergebnis, dass der Zuschlag gemäß § 74a oder § 85a ZPO wegen Nichterreichens der Grenzen (7/10, 5/10) versagt worden ist, soll ein **Rechtsschutzinteresse** für

---

23 Hintzen, in: Dassler/Schiffhauer/u.a., ZVG, § 74a Rn. 38.
24 Zum Gutachterausschuss: BGH, Urteil vom 6.2.2003 – III ZR 44/02, Rpfleger 2003, 310; allgemeiner: OLG Frankfurt, Beschl. vom 10.12.2004 – 1 W 69/04, MDR 2005, 1051.
25 Stöber, ZVG, § 74a Rn. 9.10; Hintzen, in: Dassler/Schiffhauer/u.a., ZVG, § 74a Rn. 59.

die Abänderung des Verkehrswertes nicht mehr vorhanden sein.[26] Ansonsten würde die Einmaligkeit der 5/10- und 7/10-Grenzen unterlaufen.
Diese Meinung erscheint bedenklich, da auch sonstige Beteiligte und Bieter ein Recht auf einen ordnungsgemäßen Verkehrswert haben. So wird der Verkehrswert in der Terminsbestimmung veröffentlicht und hat eine entsprechende Wirkung auf Bietinteressenten. Selbst bei der Zuschlagsentscheidung kann dem Verkehrswert im Rahmen von § 765a ZPO noch einmal Bedeutung zukommen.
Nach alledem muss auch nach einer Zuschlagsversagung gemäß §§ 74a/85a ZVG noch eine Abänderung beantragt werden können.[27]

3. Rechtsmittel (Absatz 5 Sätze 3 und 4)

Gegen die Verkehrswertfestsetzung findet die **sofortige Beschwerde** binnen 2 Wochen ab Zustellung statt. Beschwerdeberechtigt sind alle Beteiligten[28]. Dem **Erbbauberechtigten** steht gegen die Verkehrswertfestsetzung zum Grundstück selbst kein Beschwerderecht zu, obwohl er Beteiligter dieses Verfahrens ist.[29]

Die fehlende Rechtskraft oder das Rechtsmittel der Beschwerde hindert nicht unbedingt die Terminsbestimmung, auch wenn der Verkehrswert in der Terminsbestimmung bekannt gemacht werden soll (Sollvorschrift, vgl. § 38 ZVG). Oftmals ist es gar nicht möglich, gegenüber allen Beteiligten die formelle Rechtskraft herbeizuführen, wenn sie erst kurz vor dem Termin den Beteiligtenstatus aufgrund Anmeldung erhalten. Dies nimmt das ZVG wohl bewusst in Kauf.

Der Zuschlag kann gemäß Absatz 5 Satz 4 nicht mit einer Beschwerde angefochten werden, unter der Begründung der Verkehrswert sei falsch festgesetzt. Das soll verhindern, dass Verkehrswertstreitigkeiten noch im Zuschlag zu Rechtsmittelverfahren führen. Letztlich soll also der **Verkehrswertbeschluss in eigener Rechtskraft** erwachsen, die auch für den Zuschlag verbindlich ist.

Wohl möglich ist aber die **Zuschlagsbeschwerde** mit der Begründung, das Gericht habe es unterlassen, den Verkehrswert trotz Aufforderung anzupassen und der Zuschlag beruhe auf der Unterlassung.[30]

Nach **Anpassung des Verkehrswertes** aufgrund Veränderungen muss eine erneute Zustellung an alle Beteiligte erfolgen mit der Folge eines erneuten Anfechtungsrechts aufgrund der Veränderung.

Unter den Voraussetzungen des § 574 ZPO kann gegen die Entscheidung des Beschwerdegerichts die Rechtsbeschwerde zum BGH eingelegt werden.

---

26 BGH, Beschl. vom 10.10.2003 – IXa ZB 128/03, Rpfleger 2004, 172.
27 So auch *Hintzen*, in: *Dassler/Schiffhauer/u. a.*, ZVG, § 74a Rn. 62.
28 Der Insolvenzschuldner ist nicht beschwerdeberechtigt, wenn es sich um ein zur Insolvenzmasse gehöriges Grundstück handelt, BGH, Beschl. vom 29.5.2008 – V ZB 3/08, Rpfleger 2008, 590.
29 BGH, Beschl. vom 5.7.2007 – V ZB 8/07, WM 2007, 1748 = Grundeigentum 2007, 1242 = MDR 2007, 1343.
30 OLG Hamm, Beschl. vom 15.9.1999 – 15 W 283/99, Rpfleger 2000, 120.

§ 74b ZVG [Nichtanwendung von § 74a beim Gebot eines Gläubigers]

Ist das Meistgebot von einem zur Befriedigung aus dem Grundstück Berechtigten abgegeben worden, so findet § 74a keine Anwendung, wenn das Gebot einschließlich des Kapitalwertes der nach den Versteigerungsbedingungen bestehenbleibenden Rechte zusammen mit dem Betrage, mit dem der Meistbietende bei der Verteilung des Erlöses ausfallen würde, sieben Zehnteilen des Grundstückswertes erreicht und dieser Betrag im Range unmittelbar hinter dem letzten Betrage steht, der durch das Gebot noch gedeckt ist

Übersicht	Rn.
I. Allgemeines	1
II. Anwendung	2–4
1. Berechnung des Ausfalls	3
2. Rang nach dem zuletzt gedeckten Gläubigeranspruch	4
III. Sonderfälle	5, 6
1. Pfandrecht	5
2. Abtretung der Rechte aus dem Meistgebot	6

I. Allgemeines

1 Zunächst einmal muss festgestellt werden, dass § 74b in der Praxis kaum Bedeutung hat, da seine Voraussetzungen so gut wie nie gegeben sind. Der BGH hat schon 1966 festgestellt unter Verweis auf das Schrifttum, **dass sich auch nichts ändern würde, wenn § 74b nicht vorhanden wäre**[1].
Die Vorschrift gilt für alle Versteigerungsverfahren in denen auch § 74a anwendbar ist.

II. Anwendung

2 Es müssen folgende Voraussetzungen vorliegen, damit § 74b das Antragsrecht des § 74a beseitigt:
- Meistgebot durch einen aus dem Grundstück zu befriedigenden (aber) **ausfallenden Gläubiger.**
- Gebot + bestehen bleibende Rechte + Ausfall des Bieters **erreichen 7/10** des Verkehrswerts.
- Ausfallender Anspruch des Bieters muss im Rang **unmittelbar** im Anschluss an den letzten gedeckten Betrag kommen.

Das bedeutet, dass einem Bieter mit einem Meistgebot unterhalb von 7/10, der aber einen Ausfall bis zur 7/10-Grenze erlangt, der Zuschlag nicht gemäß § 74a versagt werden darf. Gäbe es die Vorschrift nicht, so würde der ausfallende Bieter eben bis knapp über die 7/10-Grenze bieten und entsprechend mehr aus dem Erlös erhalten. Im Übrigen ist der Schuldner bei solchen Geboten durch die Befriedigungsfiktion des § 114a bis zu 7/10 geschützt.

1. Berechnung des Ausfalls

3 Es ist wie üblich der Ausfall anhand eines **fiktiven Teilungsplans** zu ermitteln. Insoweit gilt das zu § 74a Gesagte (dort Rn. 4). Die Zinsen der erlöschenden Rechte sind bis zu einem fiktiven Verteilungstermin weiter zu berechnen.

---

1 BGH, Urteil v. 14.10.1966 – V ZR 206/63, BGHZ 46, 107 = Rpfleger 1967, 109.

2. **Rang unmittelbar nach dem zuletzt gedeckten Gläubigeranspruch**

Beispiel 1 (mit pauschalierten Beträgen ohne Zinsen): **4**
Verkehrswert: 100.000,00 (7/10: 70.000,00)
A-Bank Grundschuld 1   60.000,00 (betreibende Gläubigerin)
B-Bank Grundschuld 2   70.000,00
Keine bestehen bleibende Rechte. Geringstes Gebot: 10.000,00
Gebot der A-Bank: 20.000,00
Ergebnis:
Der Ausfall der A-Bank von 50.000,00 ist dem Gebot von 20.000,00 hinzuzurechnen. Ein Antrag auf Zuschlagsversagung durch die B-Bank wäre aber auch schon deshalb ausgeschlossen, weil sie auch bei einem fiktiven 7/10-Gebot keine Zuteilung erhalten würde.

Beispiel 2 (mit pauschalierten Beträgen ohne Zinsen):
Verkehrswert: 100.000,00 (7/10: 70.000,00)
A-Bank Grundschuld 1   50.000,00
B-Bank Grundschuld 2   70.000,00 (betreibende Gläubigerin)
C-Bank Grundschuld 3   50.000,00
Grundschulden 2 und 3 haben **Gleichrang**.
Bestehen bleibendes Recht: Grundschuld 1. Geringstes Gebot: 10.000,00
Gebot der B-Bank: 10.000,00
Ergebnis:
Gebot 10.000,00 + bestehen bleibendes Recht 50.000,00 = 60.000,00, also unterhalb von 7/10. Aber: + Ausfall von 70.000,00 = 130.000,00.
Folge: Die C-Bank kann, obwohl sie einen Ausfall erleidet und bei einem Gebot von 7/10 teilweise befriedigt würde, keinen Antrag auf Versagung gemäß § 74a stellen, da dies durch § 74b ausgeschlossen wird.
Dies ist der Anwendungsfall, bei dem § 74b Bedeutung erlangt.

III. Sonderfälle

1. Pfandrecht

Wurde eine **Eigentümergrundschuld** von einem Gläubiger gepfändet, so stellt **5** sich die Frage, ob der Pfändungsgläubiger im Sinne von § 74b wie der Fremdinhaber eines Grundpfandrechts zu behandeln ist. Eine **Gleichstellung** mit dem Fremdinhaber eines Grundpfandrechts ist zu bejahen, wenn die durch das Pfand gesicherte Forderung schon fällig ist oder aber das Recht dem Gläubiger zur Einziehung überwiesen wurde[2].

2. Abtretung der Rechte aus dem Meistgebot

Fraglich ist die Anwendung von § 74b im Falle der Abtretung der Rechte aus **6** dem Meistgebot bzw. beim verdeckten Bieten. Es können zwei Konstellationen vorkommen:
- Der **im Termin auftretende Bieter ist Ausfallender** im Sinne von § 74b, aber nicht derjenige, der den Zuschlag nach Abtretung bzw. Offenlegung der Vertretung erhalten soll.
- Der **im Termin auftretende Bieter ist <u>kein</u> Ausfallender** im Sinne von § 74b, aber der potentielle Zuschlagsempfänger.

Richtig kann nur die Lösung sein, die aus dem Gesamtschuldnergedanken des § 81 Absatz 4 heraus **beide Fälle gleich einstuft**[3]. Es ist egal, für wen von beiden beteiligten Gesamtschuldnern die Anrechnung des Ausfalles gemäß § 74b

---

[2] *Storz*, in: *Steiner*, ZVG, § 74b Rn 17.
[3] *Storz*, in: *Steiner*, ZVG, § 74b, Rn 10 und 11.

möglich wäre. In beiden Fällen ist sie anzuwenden. Konsequent ist dann natürlich auch die Anwendung der Befriedigungsfiktion des § 114a auf beide Beteiligte.

§ 75 ZVG [Befriedigungsnachweis im Termin]

Das Verfahren wird eingestellt, wenn der Schuldner im Versteigerungstermin einen Einzahlungs- oder Überweisungsnachweis einer Bank oder Sparkasse oder eine öffentliche Urkunde vorlegt, aus der sich ergibt, dass der Schuldner oder ein Dritter, der berechtigt ist, den Gläubiger zu befriedigen, den zur Befriedigung und zur Deckung der Kosten erforderlichen Betrag an die Gerichtskasse gezahlt hat.

Übersicht

		Rn.
I.	Allgemeines	1
II.	Befriedigungsnachweis	2–10
1.	Allgemein	2
2.	Nachweismöglichkeit	3, 4
	a) Zeitpunkt des Nachweises	3
	b) Form des Nachweises	4
3.	Zahlungsberechtigte	5–7
	a) Schuldner	5
	b) Dritter	6, 7
4.	Gläubiger	8
5.	Zahlung an die Gerichtskasse	9
6.	Teilzahlung	10
III.	Folgen der Befriedigung	11
IV.	Folgen der Ablösung durch einen Dritten	12
V.	Rechtsbehelf	13
VI.	Ablösung außerhalb von § 75 ZVG	14–19
1.	Ablösbare Gläubiger	15
2.	Ablösungsrecht	16
3.	Zahlung des Dritten	17
4.	Wirkung der Ablösung	18, 19

I. Allgemeines zu § 75

Die Vorschrift betrifft alle Arten der Vollstreckungsversteigerung, nicht jedoch die Verfahren gemäß §§ 172, 175, und 180. Sie wurde durch das 2. JuModG vom 22.12.2006[1] geändert, durch das die bis dahin mögliche Barzahlung im Termin an das Gericht abgeschafft wurde. Diese Änderung trat am 1.2.2007 in Kraft und betrifft hinsichtlich auch die späteren Termine der zu diesem Zeitpunkt schon **anhängigen Verfahren** (vgl. § 186 ZVG).
Der Schuldner bzw. ein ablösungsberechtigter Dritter sollen bis zum Zuschlag den betreibenden Gläubiger befriedigen können, um damit die Versteigerung zu verhindern und das Objekt zu erhalten. **1**

II. Befriedigungsnachweis

1. Allgemein

Von der Befriedigung bzw. Ablösung des betreibenden Gläubigers gemäß § 75 muss die **direkte Befriedigung** des Gläubigers durch den Schuldner bzw. die **2**

---

[1] BGBl. I S. 3416.

direkte **Ablösung** des betreibenden Gläubigers durch einen Dritten unterschieden werden (siehe Rn. 14 ff.). In § 75 ist lediglich Überweisung an die Gerichtskasse vorgesehen. Außerdem müssen neben der Forderung des betreibenden Gläubigers auch die Kosten des Verfahrens gedeckt sein.

2. Nachweismöglichkeit

3 a) **Zeitpunkt des Nachweises.** Die einstweilige Einstellung gemäß § 75 kann frühestens erreicht werden durch Vorlage eines Überweisungsnachweises **ab dem Beginn des Versteigerungstermins**, also ab dem Aufruf der Sache. Vor dem Versteigerungstermin ist eine Einstellung gemäß § 75 nicht möglich.

Die **Zahlung** an die Gerichtskasse, die dem Befriedigungsnachweis zugrunde liegt, kann natürlich früher erfolgt sein. Sofern die Einstellung gemäß § 75 geplant wird, sollte bei Gericht nach der zu befriedigenden Forderungshöhe und den Kosten des Verfahrens nachgefragt werden, damit eine unnötige Diskrepanz in der Berechnung vermieden wird.

Der Befriedigungsnachweis kann spätestens **bis zur Verkündung der Entscheidung über den Zuschlag** vorgelegt werden. Nach der Zuschlagsverkündung ist sie ohne Wirkung und führt insbesondere nicht zu einer eigenständigen Beschwerdeberechtigung.

Erfolgt die Einstellung nach § 75 **vor oder während der Bietungszeit** und wird das Verfahren von einem **weiteren nachrangigen Gläubiger** aktiv betrieben, so ist das geringste Gebot neu zu berechnen. Anschließend muss erneut zur Abgabe von Geboten aufgefordert werden. Schon abgegebene Gebote der ersten Bietungszeit sind durch den Abbruch der Bietzeit **erloschen**.

Wird hingegen der Zahlungsnachweis an die Gerichtskasse erst **nach Ablauf der Bietungszeit** vorgelegt, kann nur durch Versagung des Zuschlags entschieden werden, (vgl. § 33 ZVG).

4 b) **Form des Nachweises.** Die Zahlung an die Gerichtskasse ist nur nachweisbar durch **Originalbeleg** oder **öffentliche Urkunde** (Ausfertigung ist ausreichend, § 47 BeurkG). Dieser Beleg muss die Zahlung an die Gerichtskasse auch tatsächlich beweisen. Daher reicht nicht ein einfacher Überweisungsauftrag, auch dann nicht, wenn er den Eingangsstempel der Bank trägt. Der Überweisungsbeleg reicht aber aus, wenn eine **Ausführungsbestätigung der Bank** beigefügt ist. Diese kann auch per **Telefax** erfolgen.[2] Also muss normalerweise eine Einzahlungs- oder Überweisungsquittung der kontenführenden Bank vorgelegt werden. Natürlich reicht auch eine **Gerichtskassenquittung**, da diese eine öffentliche Urkunde darstellt.

Entgegen dem Wortlaut des Gesetzestextes („der Schuldner ... vorlegt") kann der ablösende **Dritte** seinen Zahlungsnachweis natürlich **selbst vorlegen**.[3]

3. Zahlungsberechtigte

5 a) **Schuldner.** Der oder die Schuldner sind vorrangig zahlungsberechtigt.

6 b) **Dritter.** Ein Dritter ist nur unter den Voraussetzungen der §§ 268, 1150 BGB ablöseberechtigt. Seine **Ablöseberechtigung** muss der Dritte dem Gericht **darlegen**.

Ablöseberechtigt ist ein Dritter gemäß § 268 BGB dann, wenn er Gefahr läuft, durch die Zwangsversteigerung ein **Recht an dem Grundstück zu verlieren**. Dies trifft auf jeden Gläubiger/Berechtigten eines nachrangigen ausfallbedrohten Anspruchs/Rechts zu, auch wenn das Recht erst nach der Anordnung der

---

[2] BGH, Beschl. vom 5.10.2006 – V ZB 2/06, Rpfleger 2007, 93. Diese Entscheidung erging zwar zum Nachweis der direkten Ablösung eines nachrangigen Gläubigers, kann für den Fall des § 75 ZVG herangezogen werden.
[3] BGH, Beschl. vom 16.10.2008 – V ZB 48/08, NJW 2009, 81 = Rpfleger 2009, 96.

Zwangsversteigerung entstanden ist.[4] Ausfallbedroht ist ein Anspruch oder ein Recht dann nicht, wenn er/es durch das geringste Gebot voll abgesichert ist. Auch der **persönlich betreibende Gläubiger** hat ein Ablöserecht. Der **Eigentümer**, der nicht zugleich persönlicher Schuldner ist, hat zwar auch ein Recht (nämlich sein Eigentum) zu verlieren, aber ihn trifft die Position des Schuldners der Zwangsversteigerung, da sich die Zwangsversteigerung gegen ihn und sein Grundstück richtet. Er ist also schon als Schuldner/Eigentümer zahlungsberechtigt.[5]

Mieter und Pächter eines Grundstücks sind ebenfalls ablöseberechtigt wegen der Rettung ihres Besitzrechts am Grundstück.[6] Dem Gläubiger eines **Rückgewähranspruchs** einer Grundschuld steht **kein Ablöserecht** zu, da er lediglich einen schuldrechtlichen Anspruch darstellt, wohl aber dem Pfandgläubiger eines dinglichen Rechts (vgl. §§ 1150, 1249 BGB).[7] **7**

Verneint das Gericht das Ablösungsrecht des Dritten muss es den Zahlungsnachweis per **Beschluss** zurückweisen. Das Verfahren wird dann nicht einstweilen eingestellt, sondern fortgesetzt. Gegen die anschließende Erteilung des Zuschlags ist dann nur die Zuschlagsbeschwerde möglich.

4. Gläubiger

Befriedigt werden kann über § 75 nur ein **aktiv betreibender Gläubiger**. Dabei spielt es keine Rolle, in welcher Rangklasse der Gläubiger betreibt. Auch der aus persönlichem Anspruch betreibende Gläubiger kann befriedigt bzw. abgelöst werden. Hat der Gläubiger das Verfahren einstweilen eingestellt, besteht kein Recht zur Befriedigung bzw. Ablösung über § 75. Insoweit ist das Befriedigungs- und Ablösungsrecht des § 75 eingeschränkter als das Ablöserecht im Sinne des § 268 BGB. **8**

5. Zahlung an die Gerichtskasse

Der Gesetzgeber wollte mit der Neufassung des § 75 die Barzahlung an das Gericht beseitigen. Aufgrund der Formulierung „Einzahlungs- oder Überweisungsnachweis" hat er aber die Möglichkeit der **Bareinzahlung** bei der Gerichtskasse oder auf ihr Konto bei einer Bank nicht abgeschafft. Ob die Möglichkeit der Bareinzahlung bei der Gerichtskasse weiterhin besteht, muss die Justizverwaltung intern regeln.[8] **9**

In NRW ist beispielsweise aufgrund einer AV des Justizministers[9] nur ein bestimmtes Konto der Oberjustizkasse Hamm bei der Westdeutschen Landesbank (WestLB) für diese Zahlung bzw. Überweisung vorgesehen.

6. Teilzahlung

Zu zahlen ist, neben den bis dahin entstandenen Gerichtskosten des Verfahrens[10] der Gesamtbetrag der Forderung nebst Zinsen und Kosten, wegen derer der Gläubiger betreibt bzw. die er angemeldet hat. Bei einer **Grundschuld** ist **10**

---

4 BGH, Beschl. vom 5.10.2006 – V ZB 2/06, Rpfleger 2007, 93.
5 *Stöber*, ZVG, § 15 Rn. 20.2; a. A. aber ohne praktische Auswirkung: *Hintzen*, in: *Dassler/Schiffhauer/u. a.*, ZVG, § 75 Rn. 30.
6 *Storz*, in: *Steiner*, ZVG, § 75 Rn. 38.
7 Zum Rückgewähranspruch wie auch zum Pfandrecht an einem dinglichen Recht: OLG Köln, Beschl. vom 29.2.1988 – 2 W 163/87, Rpfleger 1988, 324.
8 Ermächtigung aufgrund § 1 Absatz 1 des Gesetzes über den Zahlungsverkehr mit Gerichten und Justizbehörden vom 22.12.2006, BGBl. I S. 3416.
9 AV des Justizministers zur Behandlung des Bargebots und von Sicherheitsleistungen im Zwangsversteigerungsverfahrens vom 24.7.2008, JMBl. NRW 2008, S. 185.
10 Also ohne die künftige noch nicht entstandene Verteilungsverfahrensgebühr KV 2215 GKG; so auch BGH, Beschl.vom 5.10.2006 – V ZB 2/06, Rpfleger 2007, 93, 95.

nicht die persönliche Schuld maßgebend, sondern der dingliche Anspruch, wegen dem betrieben wird.[11]

Betreibt der dingliche Gläubiger nicht aus Rangklasse 4 sondern auch aus Rangklasse 8 (ältere Zinsen), so kann der Ablösende sich mit seiner Zahlung gemäß § 75 auf die Rangklasse 4 beschränken. Er muss nicht auch die schlechtere Rangklasse 8 befriedigen[12]. Das gleiche gilt, wenn der Gläubiger mehrere Beschlagnahmebeschlüsse erwirkt hat. Dann reicht es aus, wenn der Ablösende sich auf die Ansprüche aus einem der Beschlagnahmebeschlüsse beschränkt.

Teilzahlung ist nicht möglich und daher **zurückzuweisen**. Falls der Ablösende lediglich einen **geringen Fehlbetrag** zu wenig überweist, so ist dies unschädlich.[13] Es empfiehlt sich aber, mit dem Gericht vorab Kontakt aufzunehmen hinsichtlich der Gerichtskosten sowie der Kosten und Zinsen des Gläubigers.

III. Folgen der Befriedigung durch den Schuldner

11 Zunächst einmal ist die Folge der ordnungsgemäßen Überweisung an die Gerichtskasse gemäß § 75, dass das Verfahren des betroffenen betreibenden Gläubigers **einstweilen eingestellt** wird. Handelt es sich dabei um den bestrangig oder einzigen betreibenden Gläubiger, so ist die laufende Bietungszeit **abzubrechen**. Bereits abgegebene Gebote erlöschen gemäß § 72 Absatz 3 ZVG. Falls die Bietungszeit noch nicht beendet ist und ein weiterer nachrangiger betreibender Gläubiger das Verfahren fristgerecht betreibt, kann die Versteigerung mit neuer Bietungszeit und neuem geringstem Gebot von vorne beginnen. In diesem geringsten Gebot ist der durch die Einstellung betroffene Anspruch im Sinne von § 75 wie üblich zu berücksichtigen. Da der Gläubiger noch keine Zahlung erhalten hat (das Geld befindet sich bei der Gerichtskasse), ist er nach wie vor Anspruchsinhaber.

Erfolgt der Überweisungsnachweis im Sinne von § 75 erst **nach dem Schluss der Versteigerung**, muss der **Zuschlag versagt** werden (vgl. § 33 ZVG).

Die einstweilige Einstellung erfolgt wie üblich durch begründeten **Beschluss**. Dieser ist mit der **Belehrung nach** § 31 ZVG an den betroffenen Gläubiger zuzustellen.

Der bei der Gerichtskasse gutgeschriebene Betrag wird anschließend zunächst für die **bis dahin entstandenen Kosten** des Verfahrens vereinnahmt. Der Restbetrag wird an den betroffenen Gläubiger ausgezahlt. Erst **mit dem Eingang beim Gläubiger** tritt die **Befriedigungswirkung** des § 362 BGB ein. Sollte noch ein Restbetrag für die vollständige Befriedigung fehlen, kann der Gläubiger die Fortsetzung des Verfahrens beantragen. Wenn der Gläubiger vollständig befriedigt ist, muss er die Aufhebung bewilligen. Ansonsten wäre der Schuldner berechtigt, Vollstreckungsabwehrklage gemäß § 767 ZPO zu erheben. Das Zwangsversteigerungsgericht kann das Verfahren nicht aufgrund eigener Ermittlungen oder Erkenntnisse zur Befriedigung des Gläubigers aufheben. Vielmehr muss sich das Gericht an § 776 ZPO halten und darf das Verfahren ohne die Aufhebungsbewilligung des betreibenden Gläubigers nur aufheben, wenn die Voraussetzungen des § 775 Nr. 1 oder Nr. 3 ZPO erfüllt sind.

IV. Folgen der Ablösung durch einen Dritten

12 Zahlt ein ablösungsberechtigter Dritter an die Gerichtskasse, so hat das Gericht zunächst die **Ablösungsberechtigung** zu prüfen. Bejaht das Gericht das

---

11 BGH, Urteil vom 11.5.2005 – IV ZR 279/04, NJW 2005, 2398 = Rpfleger 2005, 555.
12 OLG München, Beschl. vom 12.12.2007 – 34 Wx 118/07, Rpfleger 2008, 253.
13 Storz, in: *Steiner*, ZVG, § 75 Rn. 84.

Ablösungsrecht, stellt es das Verfahren im Falle der ordnungsgemäßen Leistung einstweilen ein (s. o. Rn. 11). Für das weitere Verfahren gilt das unter III. Gesagte.
Der Anspruch des betroffenen Gläubigers erlischt aber durch die Weiterleitung des bei der Gerichtskasse gutgeschriebenen Betrages nicht. Vielmehr **geht der Anspruch bzw. das abgelöste dingliche Recht über** auf den Ablösenden (vgl. 268 Absatz 3 BGB).
Bei einer **Grundschuld** muss der vollständige **dingliche Anspruch, aus dem betrieben wird,** abgelöst werden. Ansonsten ist die Ablösung im Sinne von § 75 zurück zu weisen. Das gilt auch für den Fall, dass der Schuldner den einer **Sicherungsgrundschuld** zugrunde liegenden persönlichen Anspruch schon teilweise beglichen hat. Auch die Tatsache, dass der Ablösende in einem solchen Fall eine auf Dauer zumindest teilweise einredebehaftete Grundschuld erwirbt, ändert daran nichts.[14] An der rechtlichen Lage hat sich auch aufgrund der Einführung von § 1192 Absatz 1a BGB[15] nichts geändert. Auch schon vorher war ein gutgläubiger einredefreier Erwerb der Grundschuld aufgrund der Ablösung im Sinne von § 75 (also kraft Gesetzes) ausgeschlossen.
Die **Rechtsstellung** des bisherigen Gläubigers einschließlich der Beschlagnahmewirkung **geht auf den neuen Gläubiger über** (vgl. §§ 401, 412 BGB). Auch die **Rangklasse** geht mit über. Das gilt auch für öffentliche Grundstückslasten in Rangklasse 3 oder WEG-Ansprüche in Rangklasse 2.[16]
Die **Beteiligtenstellung** geht nicht uneingeschränkt auf den Ablösenden über. Abwickelnde Anträge wie **Einstellung oder Aufhebung** kann der Ablösende ohne Weiteres stellen.[17] Aktiv gestaltende Anträge wie Fortsetzungsanträge sind nur möglich, wenn er die verfahrensrechtlichen Voraussetzungen als betreibender Gläubiger ordnungsgemäß geschaffen hat.[18] Das heißt mit anderen Worten er muss den Titel auf sich umschreiben lassen (Rechtsnachfolgeklausel, § 727 ZPO) und diesen dann erneut an den Schuldner zustellen (§ 750 ZPO).
Den **öffentlichrechtlichen Titel** und das Verwaltungszwangsverfahren kann der neue Gläubiger **nicht** übernehmen und umschreiben lassen. Also bleibt ihm in diesem Fall lediglich der titellose Anspruch in der ursprünglichen Rangklasse. Einen Fortsetzungsantrag kann er nicht stellen, da er dafür aktiv betreiben muss. Und das geht wiederum nur mit einem dinglichen Titel, den er ausschließlich im Wege der Klage erhalten kann.

V. Rechtsbehelf

Gegen die einstweilige Einstellung gemäß § 75 bzw. die Versagung des Zuschlags gemäß §§ 75 und 33 ist die **sofortige Beschwerde** gemäß §§ 11 Absatz 1 RpflG, 793 ZPO möglich. Im Falle der Zuschlagsversagung beginnt die Beschwerdefrist gemäß § 98 ZVG mit der **Verkündung**. Im Übrigen beginnt die Frist mit der **Zustellung** des Einstellungsbeschlusses. Erfolgt die Verweigerung der Einstellung und daraus resultierend die Erteilung des Zuschlags, ist nur die **Zuschlagsbeschwerde** möglich (vgl. §§ 95 ff. ZVG).

---

14 BGH, Urteil vom 11.5.2005 – IV ZR 279/04, NJW 2005, 2398 = Rpfleger 2005, 555.
15 Eingefügt durch Risikobegrenzungsgesetz mit Wirkung vom 18.8.2008, BGBl. I 2008, S. 1666.
16 *Storz*, in: *Steiner*, ZVG, § 75 Rn. 62.
17 BGH, Beschl. vom 5.10.2006 – V ZB 2/06, Rpfleger 2007, 93; a. A. *Böttcher*, ZVG, § 75 Rn. 37 (vor der Entscheidung des BGH).
18 *Storz*, in: *Steiner*, ZVG, § 75 Rn. 69, 70; *Stöber*, ZVG, § 15 Rn. 20.24; *Hintzen*, in: *Dassler/Schiffhauer/u. a.*, ZVG, § 75 Rn. 38.

VI. Ablösung außerhalb von § 75 ZVG

14 Auch außerhalb des ZVG besteht ein Ablösungsrecht gemäß §§ 1150, 268 BGB. Wenn ein Gläubiger Befriedigung aus dem Grundstück verlangt, so hat jeder, der Gefahr läuft, durch die Zwangsvollstreckung ein Recht an dem Grundstück zu verlieren, das Recht zur Ablösung des Gläubigers. Da bei der Zwangsverwaltung kein Rechts- oder Besitzverlust droht, kommt die Ablösung im Rahmen der Zwangsverwaltung nicht in Betracht.[19]

1. Ablösbare Gläubiger

15 Abgelöst werden kann jeder, der die Zwangsvollstreckung in das Grundstück betreibt. Dabei spielt es keine Rolle, in welcher Rangklasse der Gläubiger betreibt. Für alle betreibenden Gläubiger – auch persönliche Gläubiger in Rangklasse 5 – gilt § 268 BGB. Für dingliche Grundpfandrechtsgläubiger (auch Rangklasse 6[20]) gilt § 1150 BGB. Nach dem Wortlaut des § 1150 BGB (anders als in § 268 BGB: „Betreiben der Zwangsvollstreckung") reicht schon die Androhung der dinglichen Vollstreckung aus. Ob allerdings schon die Kündigung des Rechts als Vorbereitung der dinglichen Zwangsvollstreckung für ein Ablösungsrecht ausreicht, ist umstritten.[21] Sinn der Regelung des § 1150 BGB ist, dass auch die Kosten für die Beschaffung des dinglichen Titels vermieden werden sollen. Sofern aber dieser Titel schon als Urkunde besteht und in der Urkunde – wie vor der Einführung des § 1192 Abs. 2 Satz 2[22] üblich – die Grundschuld schon fällig gestellt ist, dürfte ein Ablösungsrecht nicht von Anfang an bestehen. Hinzu kommen muss dann vielmehr noch eine konkrete Zahlungsaufforderung bzw. Ankündigung der dinglichen Vollstreckung durch den Gläubiger. Bloße Anmeldung von wiederkehrenden Leistungen oder Kosten zur Aufnahme in das geringste Gebot stellen keine Vollstreckung oder Androhung dar.

Nach einstweiliger Einstellung durch den Gläubiger entfällt das Ablösungsrecht, da die Vollstreckung nicht mehr betrieben wird.[23] Dies ermöglicht dem betreibenden Gläubiger, eine nicht gewollte Ablösung vorübergehend zu verhindern.

Auch für die Rangklassen 2 und 3 besteht ein Ablösungsrecht, aber nur das gemäß § 268 BGB. Das bedeutet, dass der Gläubiger die Zwangsvollstreckung in das Grundstück betreiben muss. Bloße Anmeldung zum Versteigerungsverfahren reicht nicht aus.[24] § 1150 BGB als Grundpfandrechtsvorschrift hat einen anderen Sinn und soll insoweit tatsächlich nur auf Grundpfandrechte angewendet werden.

Für die Ansprüche der Rangklasse 1 und 1a besteht kein Ablöserecht, da wegen dieser Ansprüche nicht die Vollstreckung im Sinne von § 268 BGB betrieben wird.

2. Ablösungsrecht

16 Ein Dritter ist nur unter den Voraussetzungen der §§ 268, 1150 BGB ablöseberechtigt. Seine **Ablöseberechtigung** muss der Dritte **darlegen**.

---

19 *Bassenge, in: Palandt*, BGB, § 1150 Rn. 2b).
20 BGH, Beschl. vom 5.10.2006 – V ZB 2/06, Rpfleger 2007, 93.
21 *Storz*, in: *Steiner*, § 75 Rn. 26, 27; *Stöber*, ZVG, § 15 Rn. 20.1; *Böttcher*, ZVG, § 75 Rn. 16; *Hintzen*, in: *Dassler/Schiffhauer/u.a.*, ZVG, § 75 Rn. 21.
22 Eingefügt durch Risikobegrenzungsgesetz mit Wirkung vom 18.8.2008, BGBl. I 2008, S. 1666.
23 *Storz*, in: *Steiner*, ZVG, § 75 Rn. 30.
24 Streitig: Für die Anwendung von § 268 BGB: *Storz*, in: *Steiner*, ZVG, § 75 Rn. 29; *Stöber*, ZVG, § 15 Rn. 20.14; *Bassenge, in: Palandt*, BGB, § 1150 Rn. 1; ohne klare Stellungnahme: *Hintzen*, in: *Dassler/Schiffhauer/u.a.*, ZVG, § 75 Rn. 21; Für die Anwendung von § 1150 BGB: *Böttcher*, ZVG, § 75 Rn. 16.

Ablöseberechtigt ist ein Dritter gemäß § 268 BGB dann, wenn er Gefahr läuft, durch die Zwangsversteigerung ein **Recht an dem Grundstück zu verlieren.** Dies trifft auf jeden Gläubiger/Berechtigten eines nachrangigen ausfallbedrohten Anspruchs/Rechts zu, auch wenn das Recht erst nach der Anordnung der Zwangsversteigerung entstanden ist[25] oder wenn er selbst die Zwangsversteigerung betreibt. Ausfallbedroht ist ein Anspruch oder ein Recht dann nicht, wenn er/es durch das geringste Gebot voll abgesichert ist. Egal ist aber, ob schon ein Gebot abgegeben wurde, durch das der Ablösende gedeckt ist. Ob der Ablösende die Zwangsversteigerung verhindern möchte, kann dahin stehen.[26]

Auch der **persönlich betreibende Gläubiger** hat ein Ablöserecht, wenn er wie üblich nicht durch das geringste Gebot abgesichert ist.

Miteigentümern steht ein Ablöserecht zu, wenn sie beim abzulösenden Gläubiger nicht persönlich in der Haftung stehen (dann könnten sie einfach erfüllen gemäß § 362 BGB) und das abzulösende Recht nicht auf ihrem Anteil lastet (dann stünde ihnen die Erfüllung gemäß § 1142 BGB zur Verfügung).[27]

Mieter und Pächter eines Grundstücks sind ebenfalls ablöseberechtigt wegen der Rettung ihres Besitzrechts am Grundstück.[28] Dem Gläubiger eines **Rückgewährsanspruchs** einer Grundschuld steht **kein Ablöserecht** zu, da der Rückgewährsanspruch lediglich einen schuldrechtlichen Anspruch darstellt. Bejaht wird aber das Ablöserecht des **Pfandgläubigers** eines ablöseberechtigten dinglichen Rechts (vgl. §§ 1150, 1249 BGB).[29]

Auch der Berechtigte einer **Auflassungsvormerkung** kann ein Ablöserecht haben, obwohl die Vormerkung kein dingliches Recht darstellt. Die Interessenlage ist aber mit der eines dinglichen Gläubigers gleich zu setzen.[30]

3. Zahlung des Dritten

Der ablösende Gläubiger kann die Höhe des Ablösebetrages aus der Anmeldung in der Zwangsversteigerungsakte bzw. anhand der Mitteilung nach § 41 Absatz 2 ZVG ermitteln, wenn der Abzulösende nicht bereit ist, die Forderungshöhe mitzuteilen.

Grundsätzlich muss der Dritte die gesamte Forderung, wegen der vollstreckt wird, ablösen. Mit einer **Teilzahlung** erreicht er wegen des Verbots der Schlechterstellung aus § 268 Absatz 2 Satz 3 BGB nicht das gewünschte Ziel, in die volle Position des vorrangig betreibenden Gläubigers einzutreten. Er erwirbt dann lediglich einen nachrangigen Teilanspruch. Der restliche Anspruch verbleibt aber beim vorrangigen Gläubiger, mit dem Recht, die Versteigerung weiter zu betreiben.[31] Das gilt auch für den Fall einer Sicherungsgrundschuld, bei der aufgrund der Erfüllung der persönlichen Forderung schon ein Rückgewährsanspruch für den Eigentümer besteht. In einem solchen Fall steht dem Ablösenden anschließend noch nicht einmal ein bereicherungsrechtlicher Ausgleichsanspruch wegen der übergegangenen einredebehafteten Sicherungsgrundschuld zu.[32]

Sofern unterschiedliche Forderungen bzw. Ansprüche in verschiedenen Rangklassen bestehen, kann der Ablösende sich auf die bestrangige Forderung beschränken.[33]

---

25 BGH, Beschl. vom 5.10.2006 – V ZB 2/06, Rpfleger 2007, 93.
26 BGH, Beschl. vom 1.3.1994 – XI ZR 149/93, NJW 1994, 1475 = Rpfleger 1994, 374.
27 *Stöber*, ZVG, § 15 Rn. 20.2; vgl. zum (Mit-)Eigentümer Rn. 6.
28 *Storz*, in: *Steiner*, ZVG, § 75 Rn. 38.
29 zum Rückgewährsanspruch wie auch zum Pfandrecht an einem dinglichen Recht: OLG Köln, Beschl. vom 29.2.1988 – 2 W 163/87, Rpfleger 1988, 324.
30 BGH, Beschl. vom 1.3.1994 – XI ZR 149/93, NJW 1994, 1475 = Rpfleger 1994, 374.
31 *Storz*, in: *Steiner*, ZVG, § 75 Rn. 47.
32 BGH, Urteil vom 11.5.2005 – IV ZR 279/04, NJW 2005, 2398 = Rpfleger 2005, 555.
33 *Storz*, in: *Steiner*, ZVG, § 75 Rn. 48, 49.

Hinsichtlich der **Zahlungsart** ist der Ablösende freier als bei der Ablösung nach § 75 ZVG. Gemäß § 268 Absatz 2 BGB sind auch Hinterlegung und Aufrechnung möglich. Auch Barzahlung im Termin an den anwesenden Gläubiger ist möglich. Der abgelöste Gläubiger kann die Zahlung nicht zurück weisen.

4. Wirkung der Ablösung

18 Die Ablösung bewirkt gemäß § 268 Absatz 3 Satz 1 BGB den **Übergang der Forderung mit allen Nebenrechten** auf den Ablösenden. Bei der Hypothek geht also die Forderung und die für sie bestellte Hypothek auf den Ablösenden über, §§ 401, 412, 1153 Absatz 1 BGB. Bei der Grundschuld geht nur die dingliche Forderung über. Zusätzlich geht die Rechts- und Beteiligtenstellung des Abgelösten im Verfahren einschließlich der Rangklasse des Anspruchs auf den Dritten über.[34] Das gilt auch für öffentliche Grundstückslasten in Rangklasse 3 oder WEG-Ansprüche in Rangklasse 2.[35]

19 Für die **aktive Ausübung der Rechte als betreibender Gläubiger** muss der Dritte aber die Zwangsvollstreckungsvoraussetzungen herbeiführen.[36] Falls öffentliche Grundstückslasten abgelöst wurden, muss erst noch ein Titel erstritten werden. Der Abgabenbescheid der Kommune steht für den Dritten nicht zur Verfügung. Ein schon vorhandener verwendbarer Titel muss auf den Rechtsnachfolger umgeschrieben und zugestellt werden (vgl. §§ 727, 750 Absatz 2 ZPO).
Zugestanden wird dem Ablösenden aber die **Bewilligung der einstweiligen Einstellung** unmittelbar nach erfolgter Anmeldung und Vorlegung eines Vorab-Nachweises der Ablösung durch Vorlage eines Telefaxes über einen Bankeinzahlungsbeleg.[37] Wenn die Rechtslage im Versteigerungstermin nicht geklärt werden kann, darf das Gericht jedoch nicht den Zuschlag erteilen. Vielmehr gebietet der Grundsatz des fairen Verfahrens, den Beteiligten Gelegenheit zur Klarstellung zu geben.[38]
Die Anmeldung und Glaubhaftmachung der Ablösung nach §§ 268, 1150 BGB führt nicht unweigerlich zu einer Einstellung des Verfahrens durch das Zwangsversteigerungsgericht.[39] Das Einstellungsrecht geht vielmehr auf den Ablösenden über. Er muss es aber ausüben. Fraglich ist, ob auch der abgelöste bisherige Rechtsinhaber noch Verfahrenserklärungen wie die Einstellung abgeben kann. Bis zum Nachweis der Ablösung durch ordnungsgemäße Vollstreckungsunterlagen ist formal gesehen noch der bisherige Gläubiger der Herr des Verfahrens. Daher muss ihm auch das Recht zur Stellung von Verfahrensanträgen (insbesondere Einstellungsbewilligung) zustehen.[40] Sollten seine Anträge und die Anträge des Ablösenden miteinander kollidieren, muss das Gericht nach dem Grundsatz des fairen Verfahrens entscheiden. Abzulehnen ist aber, in der Übergangszeit von einem generellen Verlust des Einstellungsrechts auszugehen.[41]

---

34 *Hintzen*, in: *Dassler/Schiffhauer/u.a.*, ZVG, § 75 Rn. 38.
35 *Storz*, in: *Steiner*, ZVG, § 75 Rn. 62; *Hintzen*, in: *Dassler/Schiffhauer/u.a.*, ZVG, § 75 Rn. 39.
36 *Stöber*, ZVG, § 15 Rn. 20.24.
37 BGH, Beschl. vom 5.10.2006 – V ZB 2/06, Rpfleger 2007, 93.
38 BGH, Beschl. vom 5.10.2006 – V ZB 2/06, Rpfleger 2007, 93.
39 So *Böttcher*, ZVG, § 75 Rn. 36; a.M: *Stöber*, ZVG, § 15 Rn. 20.24.
40 OLG Düsseldorf, Beschl. vom 22.10.1986, Rpfleger 1987, 75; OLG Bremen, Beschl. vom 30.3.1987 – 2 W 10/87, Rpfleger 1987, 381.
41 *Hintzen*, in: *Dassler/Schiffhauer/u.a.*, ZVG, § 75 Rn. 38 ohne weitere Begründung.

§ 76 ZVG [Einstellung wegen Befriedigung des Gläubigers aus einem Einzelausgebot]

(1) Wird bei der Versteigerung mehrerer Grundstücke auf eines oder einige so viel geboten, dass der Anspruch des Gläubigers gedeckt ist, so wird das Verfahren in Ansehung der übrigen Grundstücke einstweilen eingestellt; die Einstellung unterbleibt, wenn sie dem berechtigten Interesse des Gläubigers widerspricht.

(2) Ist die einstweilige Einstellung erfolgt, so kann der Gläubiger die Fortsetzung des Verfahrens verlangen, wenn er ein berechtigtes Interesse daran hat, insbesondere wenn er im Verteilungstermin nicht befriedigt worden ist. Beantragt der Gläubiger die Fortsetzung nicht vor dem Ablauf von drei Monaten nach dem Verteilungstermin, so gilt der Versteigerungsantrag als zurückgenommen.

Übersicht

		Rn.
I.	Allgemeines	1
II.	Befriedigung des Gläubiger aus einem der Grundstücke (Absatz 1)	2–6
1.	Versteigerung mehrer Grundstücke	2
2.	Ausreichend hohes Gebot auf einem Grundstück	3, 4
	a) Berechnung der zu deckenden Ansprüche	3
	b) Einzel- oder Gruppenausgebot	4
3.	Widersprechende Interessen des Gläubigers	5
4.	Verfahren	6
III.	Fortsetzung des Verfahrens (Absatz 2)	7
IV.	Rechtsbehelf	8

I. Allgemeines zu § 76

Die Vorschrift betrifft alle Arten der Vollstreckungsversteigerung, nicht jedoch die Verfahren gemäß §§ 172, 175, und 180. Sie kann nur dann Anwendung finden, wenn mehrere Grundstücke oder Grundstücksanteile gemeinsam versteigert werden (vgl. § 18 ZVG). Dabei resultiert die Vorschrift aus dem Grundsatz, dass der Gläubiger nicht mehr vollstrecken darf, als zu seiner Befriedigung erforderlich ist. **1**

II. Befriedigung des Gläubiger aus einem der Grundstücke (Absatz 1)

1. Versteigerung mehrer Grundstücke

Die einstweilige Einstellung wegen Deckung aus einem der beteiligten Grundstücke kommt nur in Frage, wenn **mehrere Grundstücke in einem Verfahren** aufgrund einer Verbindung gemäß § 18 ZVG gemeinsam versteigert werden. Laufen mehrere **separate Verfahren** gegen denselben Schuldner, kommt § 76 nicht zur Anwendung. Es ist dann Sache des Gläubigers, seine Vollstreckung zu beenden. Andernfalls muss der Schuldner gemäß § 767 ZPO vorgehen. Ebenfalls anwendbar ist § 76 dann, wenn mehrere **grundstücksgleiche Rechte bzw. Miteigentumsanteile** zusammen versteigert werden. **2**

2. Ausreichend hohes Gebot auf einem Grundstück

3 a) **Berechnung der zu deckenden Ansprüche.** Gedeckt werden muss der Anspruch des betreibenden Gläubigers und alles, was seinem Anspruch im Range vorgeht. Es muss also ein **fiktiver Teilungsplan** zu einem fiktiven Verteilungstermin erstellt werden, um die **Befriedigung des betreibenden Gläubigers** zu ermitteln. **Bargebotszinsen** gemäß § 49 ZVG werden nicht zum Gebot hinzuaddiert. Die **Zinsen der Rechte** sind wie bei einem tatsächlichen Teilungsplan zu berechnen.
Betreiben mehrere Gläubiger das Verfahren aktiv, so müssen die Ansprüche aller aktiv betreibenden Gläubiger durch das Gebot gedeckt sein.

4 b) **Einzel- oder Gruppenausgebot.** Die Grundstücke oder Miteigentumsanteile müssen einzeln ausgeboten werden für § 76. Erfolgt im Termin nur ein **Gesamtausgebot unter Verzicht auf Einzelausgebote**, kommt § 76 mangels Einzelgeboten nicht zum Zuge. Denkbar ist aber auch, wenn neben dem Gesamtausgebot ein **Gruppenausgebot** erfolgt, dass dieses zur Einstellung im Sinne von § 76 führt.
Falls die Voraussetzungen des § 76 für mehrere Grundstücke vorliegen, muss das Gericht nach pflichtgemäßem **Ermessen** entscheiden, welches Grundstück dem Schuldner erhalten bleiben soll. Der betreibende Gläubiger kann aber durch eine **einstweilige Einstellung** bezüglich eines Grundstücks gemäß § 30 ZVG der Entscheidung des Gerichts zuvor kommen. Denn mit der Einstellung des Gläubigers erlöschen die auf dieses Grundstück abgegebenen Gebote (vgl. § 72 Absatz 3 ZVG). Für § 76 bleibt dann kein Platz mehr.

3. Widersprechende Interessen des Gläubigers

5 Falls **besondere Umstände** vorliegen, dass die Einstellung im Sinne von § 76 den Interessen des betreibenden Gläubigers widerspricht, unterbleibt sie. Das bedeutet, auf **alle Meistgebote** ist der **Zuschlag** zu erteilen. Ob solche Interessen des betreibenden Gläubigers vorliegen, ist im Rahmen seiner Anhörung zu ermitteln.

4. Verfahren

6 Im Rahmen der Versteigerung mehrer Grundstücke muss das Gericht **fortlaufend mitrechnen**, ab welchem Gebot der betreibende Gläubiger gedeckt ist.
Sobald die **rechnerische Deckung** des betreibenden Gläubigers erreicht ist, kommt die Einstellung nach § 76 in Betracht. Diese Entscheidung ist **von Amts wegen** zu treffen.
Fraglich ist, ob die Einstellung noch innerhalb der Bietungszeit erfolgen soll oder erst im Rahmen der Zuschlagsentscheidung. Beide Varianten sind wohl zulässig. **Nach dem Schluss der Versteigerung** dürfte aber eine **einfachere Beurteilung** der Situation möglich sein. Dann ist auch die Frage von widersprechenden Interessen des Gläubigers einfacher zu beantworten[1].
Vor der Entscheidung ist **allen Beteiligten** Gelegenheit zu geben, sich zu äußern. Sinnvoll kann in diesem Zusammenhang auch die Anberaumung eines gesonderten **Zuschlagsverkündungstermins** sein, wenn maßgebliche Beteiligte im Versteigerungstermin nicht anwesend sind.
Entscheidet das Gericht über die Einstellung gemäß § 76 **nach Abschluss der Bietungszeit** (wie hier empfohlen), so kommt statt der Einstellung nur die **Zuschlagsversagung** im Sinne von § 33 ZVG in Betracht. In der Begründung des Versagungsbeschlusses ist auf die Einstellung nach § 76 hinzuweisen.
Die Entscheidung nach § 76 erfolgt in jedem Fall durch begründeten **Beschluss**. Erfolgt die Entscheidung durch Zuschlagsversagung, so muss keine

---

1 Storz in: *Steiner*, ZVG, § 76 Rn. 9; *Stöber*, ZVG, § 76 Rn. 2.4, *Hintzen*, in: *Dassler/Schiffhauer/ u. a.*, ZVG, § 76 Rn. 9.

Zustellung des Beschlusses erfolgen. Ansonsten ist **zuzustellen** (vgl. § 32 ZVG). Eine Belehrung über die Fortsetzungsfrist des Absatzes 2 muss nicht erfolgen, da § 31 Absatz 3 ZVG hier nicht anwendbar ist.
Die Einstellung nach § 76 hat zur Folge, dass auch auf das **Gesamtausgebot kein Zuschlag** mehr erfolgen darf. Eines der Grundstücke aus dem Gesamtausgebot ist ja durch die Einstellung aus der aktiven Versteigerung herausgefallen. Das Gleiche gilt für das Gruppenausgebot, wenn das Grundstück darin enthalten ist.

III. Fortsetzung des Verfahrens (Absatz 2)

Es handelt sich bei § 76 nur um eine einstweilige Einstellung. Daher ist auch die **Fortsetzung** möglich. Das Verfahren bleibt eingestellt bis der betreibende Gläubiger die Aufhebung bewilligt. Gleich zu setzen ist, wenn die **Frist von 3 Monaten** ab dem Verteilungstermin, in dem die Befriedigung des betreibenden Gläubigers erfolgt, abgelaufen ist. Denn dann gilt der Antrag als zurückgenommen. Beides führt zur Aufhebung des Verfahrens per Beschluss. Die Beschlagnahmewirkung entfällt auch bei der Aufhebung durch den Gläubiger nach der Entscheidung des BGH[2] erst durch den Aufhebungsbeschluss und nicht schon vorher.
Fortsetzung auf Antrag des betreibenden Gläubigers kommt dann in Betracht, wenn der betreibende Gläubiger im Verteilungstermin nicht in dem erwarteten Maße voll befriedigt wurde. Der betreibende Gläubiger kann also nicht wie sonst üblich einen unbegründeten Antrag auf Fortsetzung stellen, sondern muss sein **berechtigtes Interesse darlegen**.

IV. Rechtsbehelf

Hinsichtlich der möglichen Rechtsbehelfe ergeben sich keine Besonderheiten. Es sind die üblichen Rechtsbehelfe statthaft.

---

2 BGH, Beschl. v. 10.7.2008 – V ZB 130/07, BGHZ 177, 218 = NJW 2008, 3067 = Rpfleger 2008, 586.

§ 77 ZVG [Ergebnislose Versteigerung]

(1) Ist ein Gebot nicht abgegeben oder sind sämtliche Gebote erloschen, so wird das Verfahren einstweilen eingestellt.

(2) Bleibt die Versteigerung in einem zweiten Termin gleichfalls ergebnislos, so wird das Verfahren aufgehoben. Liegen die Voraussetzungen für die Anordnung der Zwangsverwaltung vor, so kann auf Antrag des Gläubigers das Gericht anordnen, dass das Verfahren als Zwangsverwaltung fortgesetzt wird. In einem solchen Fall bleiben die Wirkungen der für die Zwangsversteigerung erfolgten Beschlagnahme bestehen; die Vorschrift des § 155 Abs. 1 findet jedoch auf die Kosten der Zwangsversteigerung keine Anwendung.

Übersicht

		Rn.
I.	Allgemeines	1
II.	Kein Gebot im Termin (Absatz 1)	2–5
1.	Kein Gebot oder Gebote sind erloschen	2
2.	Einstellung	3
3.	Fortsetzung auf Antrag des Gläubigers	4
4.	Verfahren	5
III.	Ergebnislose Versteigerung auch im zweiten Termin (Absatz 2)	6–9
1.	Zweiter Termin	6
2.	Aufhebung	7
3.	Überleitung in Zwangsverwaltung	8, 9
	a) Antrag	8
	b) Wirkungen	9
IV.	Rechtsbehelf	10

I. Allgemeines

1 Die Vorschrift gilt für **alle Zwangsversteigerungsarten**. Sie stellt eine Besonderheit dar im Verhältnis zu § 803 Absatz 2 ZPO, der in der Zwangsversteigerung nicht gilt. Ein Zwangsversteigerungsverfahren darf demnach nicht über § 803 Absatz 2 ZPO abgewiesen oder aufgehoben werden mit der Begründung, es sei kein Erlös zu erwarten. Dafür gilt die speziellere Regelung des § 77[1].
Die Überleitung ins Zwangsverwaltungsverfahren kommt nur im Falle der richtigen Schuldversteigerung in Betracht. Entsprechend dem Grundsatz des fairen Verfahrens sollte das Gericht Gläubiger, die von einer Einstellung oder Aufhebung nach § 77 betroffen sein könnten, während des Termins auf die Problematik hinweisen oder aber allgemeine Hinweise dazu geben.

II. Kein Gebot im Termin (Absatz 1)

1. Kein Gebot oder Gebote sind erloschen

2 Wird im Versteigerungstermin kein Gebot abgegeben, so erfolgt die einstweilige Einstellung bezüglich des betreibenden Gläubigers dieses Termins. Dabei muss es sich nicht um den sogenannten „ersten" Termin handeln. Es ist nur die Konsequenz, wenn zum ersten Mal eine **Bietzeit ohne Gebot zu Ende** geht. Gleichzusetzen ist der Fall, wenn ein abgegebenes **Gebot erloschen** ist, zum Beispiel aufgrund widerspruchsloser Zurückweisung (vgl. § 72 Absatz 2

---

[1] BGH, Beschl. vom 30.1.2004 – IXa ZB 233/03, Rpfleger 2004, 302.

ZVG). Insbesondere wird ein Gebot als **rechtsmissbräuchlich** zurückgewiesen, wenn ein Gläubigervertreter oder ein von der Gläubigerin Beauftragter im eigenen Namen bietet, um die Grenzen der §§ 74a/85a ZVG zu Fall zu bringen[2]. Das heißt, der Termin war dann ebenfalls ergebnislos.

Der **Widerspruch gegen die Zurückweisung** eines (z. B. rechtsmissbräuchlichen) Gebots führt dazu, dass das Gebot erhalten bleibt. Dann ist der Termin (jedenfalls zunächst) nicht ergebnislos, es sei denn das Gericht stellt in der Zuschlagsversagung gemäß § 33 ZVG endgültig die Unwirksamkeit des rechtsmissbräuchlichen Gebots fest. Der Versagungsbeschluss hat dann die Wirkung der einstweiligen Einstellung gemäß § 77 (vgl. § 86 ZVG)[3]. Es kann keinen Unterschied zwischen einem Termin mit unwidersprochener Zurückweisung eines Gebots und einer rechtskräftigen Zurückweisung per Zuschlagsversagung nach erfolgtem Widerspruch gegen die Zurückweisung (im Termin) geben.

Stellt der bestrangig betreibende Gläubiger das Verfahren **einstweilen ein gemäß § 30 ZVG** und bringt damit das abgegebene Meistgebot zum Erlöschen, handelt es sich hingegen nicht um einen ergebnislosen Termin. Es sei denn, die Einstellung erfolgt während der Bietzeit, und die daraufhin folgende neue Bietzeit mit einem neuen geringsten Gebot bleibt ohne Bieter.

Streitig ist, ob für eine einstweilige Einstellung des Gläubigers gemäß § 30 ZVG noch Raum ist, wenn nach dem Schluss der Versteigerung die Ergebnislosigkeit des Termins bereits feststeht.

Für die Möglichkeit der vorrangigen Behandlung der Einstellung nach § 30 ZVG spricht die Verfahrensherrschaft des betreibenden Gläubigers über sein Verfahren[4]. Teilweise wird dann systemwidrig vertreten, dass dieses Vorrecht aber dann nicht mehr für den 2. ergebnislosen Termin (Absatz 2 Satz 2) gelte[5]. Diese Ansichten vermögen **nicht zu überzeugen**. Das **LG Mainz**[6] hat überzeugend dargelegt, dass die Wirkungen des § 77 grundsätzlich **Vorrang vor der Verfahrensherrschaft des Gläubigers** haben. Der Leitsatz der Entscheidung lässt zwar die Meinung entstehen, es gehe nur um die Frage der Aufhebung gemäß § 77 Absatz 2, die Gründe decken aber eindeutig auch den Fall der einstweiligen Einstellung nach § 77 Absatz 1 ab.

Es geht bei § 77 ZVG gerade um die **Durchbrechung der Parteiherrschaft** des Antragstellers. Wenn ein Termin bis zum Schluss der Versteigerung ergebnislos bleibt, so ist das Verfahren wegen § 77 zunächst einmal der Verfahrensherrschaft des betreibenden Gläubigers entzogen. Es wird von Amts wegen einstweilen eingestellt gemäß § 77. Der erste ergebnislose Termin ist damit manifestiert. Dieses Ergebnis zum Schutz der übrigen Beteiligten kann der betreibende Gläubiger allenfalls während der Bietungszeit (also noch vor der Feststellung der Ergebnislosigkeit) verhindern, indem er kurz vor deren Ablauf die einstweilige Einstellung bewilligt[7].

Problematisch ist dann wohl der Fall der Zuschlagsversagung wegen eines zurückgewiesenen Gebots, bei dem **Widerspruch gegen die Zurückweisung** eingelegt wurde (s. o.). Systematisch richtig muss in diesem Fall noch die einstweilige Einstellung des Gläubigers gemäß § 31 ZVG möglich sein bis zur Entscheidung über die Unwirksamkeit durch den rechtskräftigen Zuschlagsversa-

---

2 Gilt für Terminsvertreter des Gläubigers: BGH, Beschl. vom 10.5.2007 – V ZB 83/06, BGHZ 172, 218 = NJW 2007, 3279 = Rpfleger 2007, 483; gilt auch für Beauftragten des Gläubigers: BGH, Beschl. vom 17.7.2008 – V ZB 1/08, BGHZ 177, 334 = Rpfleger 2008, 587.
3 A. A. *Hintzen*, in: *Dassler/Schiffhauer/u. a.*, ZVG, § 77 Rn. 2.
4 *Storz*, in: *Steiner*, ZVG, § 77 Rn. 5; *Stöber*, ZVG, § 77 Rn. 2; *Hintzen*, in: *Dassler/Schiffhauer/ u. a.*, ZVG, § 77 Rn. 7.
5 *Stöber*, ZVG, § 77 Rn. 2.4; *Hintzen*, in: *Dassler/Schiffhauer/u. a.*, ZVG, § 77 Rn. 7.
6 LG Mainz, Beschl. vom 28.4.1998 – 8 T 9/88, Rpfleger 1988, 376.
7 Anm. *Meyer-Stolte* zu LG Mainz, Rpfleger 1988, 377; *Storz/Kiderlen*, D 4.2.2.5.

gungsbeschluss. Die Ergebnislosigkeit des Termins bleibt ja noch bis zur Zuschlagsentscheidung in der Schwebe.

2. Einstellung

3 Wird kein Gebot abgegeben oder ein abgegebenes Gebot unwidersprochen zurückgewiesen, so erfolgt die einstweilige **Einstellung hinsichtlich aller aktiv betreibender Gläubiger** dieses Termins. Im Einstellungsbeschluss ist festzuhalten, auf welchen betreibenden Gläubiger sich die einstweilige Einstellung bezieht[8].
Die Einstellung erfolgt unabhängig davon, ob der Gläubiger schon ein- oder zweimal die einstweilige Einstellung gemäß § 31 ZVG bewilligt hatte. Die Einstellung nach § 77 und die maximal zweimalig mögliche Bewilligung der Einstellung gemäß § 31 ZVG sind also **unabhängig voneinander.**

3. Fortsetzung auf Antrag des Gläubigers

4 Jeder betroffene Gläubiger muss seinen Fortsetzungsantrag wie üblich **selbständig** stellen. Der Antrag ist nur innerhalb der Frist des § 31 ZVG (6 Monate ab Zustellung der Fristbelehrung) möglich. Ansonsten hebt das Gericht das Verfahren des säumigen Gläubigers auf (vgl. § 31 Absatz 1 ZVG). Dieser hat natürlich wiederum wie üblich die Möglichkeit, erneut die Zwangsversteigerung zu beantragen.

4. Verfahren

5 Die einstweilige Einstellung nach § 77 erfolgt durch begründeten **Beschluss.** In dem Beschluss sind **alle betroffenen betreibenden Gläubiger anzugeben.** Der Beschluss wird **zugestellt** (vgl. § 32 ZVG). Wegen des Beginns der Fortsetzungsfrist des § 31 ZVG muss auch die **Belehrung über die Frist** erfolgen und zugestellt werden.
Wenn noch über den Widerspruch gegen die Zurückweisung eines Gebots entschieden werden muss, so erfolgt die Einstellung im Falle der Zurückweisung durch **Zuschlagsversagung** (vgl. § 33 ZVG). Aber auch in diesen Beschluss ist der Hinweis auf die Wirkung der einstweiligen Einstellung nach § 77 wie auch die Angabe, welche Gläubiger betroffen sind, aufzunehmen. Zwar kann auf die Zustellung des Zuschlagsversagungsbeschlusses grundsätzlich wegen der Verkündung (vgl. § 87 Absatz 1 ZVG) verzichtet werden, doch empfiehlt sie sich dennoch. Jedenfalls ist Mehraufwand nicht zu erwarten, da die Belehrung über die Fortsetzungsfrist auch in diesem Fall zugestellt werden muss.

III. Ergebnislose Versteigerung auch im zweiten Termin (Absatz 2)

1. Zweiter Termin

6 Bleibt auch ein zweiter Termin des betreibenden Gläubigers ergebnislos, so ist sein Verfahren aufzuheben (Absatz 2). Es kommt auf den **jeweiligen betreibenden Gläubiger** an, für den diese Frage individuell zu beantworten ist. Bei mehreren betreibenden Gläubigern kann also der Termin sowohl „zweiter" als auch „erster" Termin sein, nur mit unterschiedlichen Folgen für die Gläubiger[9].
Zudem muss auch der Gegenstand der Versteigerung derselbe sein. Es muss sich also um **dasselbe Grundstück** handeln. Bei mehreren Grundstücken (Anteilen) ist es aber unschädlich, wenn verschiedene Ausgebotsvarianten oder

---

[8] Hintzen, in: Dassler/Schiffhauer/u.a., ZVG, § 77 Rn. 8.
[9] Storz, in: Steiner, ZVG, § 77 Rn. 7.

geringste Gebote zugrunde liegen[10]. Es kommt lediglich auf den Gegenstand der Versteigerung an. Er muss derselbe sein.

2. Aufhebung

Die Aufhebung erfolgt durch begründeten **Beschluss** unter Nennung des **betroffenen Gläubigers**.
Wegen der Möglichkeit der Aufhebung des Beschlusses im Rechtsmittelverfahren empfiehlt es sich, die **Rechtswirkungen** der Aufhebung (unwiederbringlicher Wegfall der Beschlagnahmewirkung) bis zur Rechtskraft **aufzuschieben**. Dies muss ausdrücklich in den Aufhebungsbeschluss aufgenommen werden.

3. Überleitung in Zwangsverwaltung

a) **Antrag und Beschluss.** Bleibt auch der zweite Termin ergebnislos, kann der betreibende Gläubiger beantragen, sein Verfahren – statt es aufzuheben – in ein **Zwangsverwaltungsverfahren** überzuleiten. Der betroffene Gläubiger darf den **Antrag** schon vorsorglich vorab zum Termin stellen. Nicht mehr möglich ist der Antrag nach Wirksamwerden des Aufhebungsbeschlusses[11]. Wirksam wird der Aufhebungsbeschluss mit der Verkündung im Termin oder aber im Falle der Nichtverkündung mit der Zustellung.
Eine Überleitung ist nur dann möglich, wenn alle **Voraussetzungen für die Zwangsverwaltung** vorliegen. Für Antragsteller der Auseinandersetzungsversteigerung ist die Überleitung damit ausgeschlossen.
Die erfolglose Versteigerung **mehrerer Grundstücke** kann auch nur wegen einzelner Grundstücke übergeleitet werden. Dann wird wegen des Rests der Grundstücke gemäß § 77 aufgehoben.
Die Überleitung erfolgt durch **Beschluss**, in dem auf § 77 Bezug zu nehmen ist. Das Grundbuchamt ist um Eintragung eines **Vermerks** zu ersuchen, dass die Zwangsversteigerung gemäß § 77 (evtl. wegen eines betreibenden Gläubigers) als Zwangsverwaltung fortgesetzt wird. Der Versteigerungsvermerk wird wegen der Fortwirkung der Beschlagnahme, auch wenn nur ein Gläubiger betreibt, erst nach endgültiger Aufhebung der Zwangsverwaltung gelöscht.

b) **Wirkungen.** Mit der Überleitung des Versteigerungsverfahrens des einzigen betreibenden Gläubigers ist das Versteigerungsverfahren ohne weiteren Beschluss erledigt aber **nicht aufgehoben**. Aufgehoben wird es wegen der besonderen Wirkungen der Überleitung nicht.
Der **Überleitungsbeschluss** gilt zugunsten des betroffenen Gläubigers als **Beginn** der Zwangsverwaltung. Das Versteigerungsverfahren der übrigen betreibenden Gläubiger geht normal weiter. Die Beschlagnahmewirkung in der Versteigerung gilt auch weiterhin in der Zwangsverwaltung (Absatz 2 Satz 3, 1. Halbsatz) mit allen positiven Konsequenzen für den Gläubiger und sein Recht. **Mietern** gegenüber wird die Zwangsverwaltung erst mit der Zwangsverwaltungsbeschlagnahme (z. B. Inbesitznahme des Zwangsverwalters gemäß § 151 ZVG) wirksam. Das gilt auch für die **Entziehung der Verwaltung und Benutzung** gemäß § 148 Absatz 2 ZVG.
Die übergeleitete Zwangsverwaltung kann nicht rückgeführt werden in eine Zwangsversteigerung. Wird ein neuer Zwangsversteigerungsantrag vom Überleitungsgläubiger gestellt, so erfolgt zu seinen Gunsten für dieses Verfahren eine neue spätere Beschlagnahme. **§ 13 Abs. 4 ZVG kann in diesem Fall nicht gelten**, da keine Schutzwürdigkeit des Gläubigers mehr besteht[12]. Das Versteigerungsverfahren war ja schon erfolglos versucht worden. Ansonsten könnte

---

10 *Stöber*, ZVG, § 77 Rn. 2.5; *Hintzen*, in: *Dassler/Schiffhauer/u.a.*, ZVG, § 77 Rn. 11.
11 LG Krefeld, Beschl. vom 14.2.1986 – 6 T 39/86, Rpfleger 1986, 233 mit zustimmender Anmerkung *Meyer-Stolte*.
12 *Hintzen*, in: *Dassler/Schiffhauer/u.a.*, ZVG, § 77 Rn. 19. a.A. *Storz*, in: *Steiner*, ZVG, § 77 Rn. 15; *Stöber*, ZVG, § 77 Rn. 3.5 und 3.9.

die einmal erwirkte Beschlagnahme über die Überleitung nach § 77 und § 13 Absatz 4 ZVG ins Unendliche weiter erhalten werden.

Die **Kosten des bisherigen Zwangsversteigerungsverfahrens** können nicht nach § 155 Absatz 1 ZVG vorweg aus der Zwangsverwaltungsmasse entnommen werden (Absatz 2 Satz 3, 2. Halbsatz). Das Gericht erhebt die Kosten vom Gläubiger. Diesem bleibt nur die Geltendmachung im Range des Anspruchs als Kosten der dinglichen Vollstreckung im Sinne von § 10 Absatz 2 ZVG.

IV. Rechtsbehelf

10 Die Einstellung, Aufhebung oder Überleitung unterliegen als eigenständige Entscheidungen der **sofortigen Beschwerde** gemäß § 95 ZVG.

§ 78 ZVG [Protokoll]

Vorgänge in dem Termin, die für die Entscheidung über den Zuschlag oder für das Recht eines Beteiligten in Betracht kommen, sind durch das Protokoll festzustellen; bleibt streitig, ob oder für welches Gebot der Zuschlag zu erteilen ist, so ist das Sachverhältnis mit den gestellten Anträgen in das Protokoll aufzunehmen.

Übersicht

		Rn.
I.	Allgemeines	1
II.	Terminsprotokoll	2–6
1.	Inhalt	2, 3
2.	Beweiskraft	4
3.	Berichtigung	5
4.	Führung und Verlesung	6
III.	Rechtsbehelf	7

I. Allgemeines

Die Vorschrift gilt für **alle Zwangsversteigerungsarten**. Wie über jeden Gerichtstermin, so ist auch über den Versteigerungstermin ein Protokoll zu führen. Es gelten zunächst einmal über § 869 ZPO die allgemeinen Vorschriften §§ 159 ff. ZPO. **1**

II. Terminsprotokoll

1. Inhalt

Bei der Anfertigung des Protokolls sind zunächst einmal die grundsätzlichen **Informationen zum Versteigerungstermin** aufzunehmen. Diese ergeben sich aus § 160 ZPO: **2**
- Ort und Tag der Versteigerung,
- Name des Rechtspflegers und – falls vorhanden – des Urkundsbeamten, der das Protokoll aufgenommen hat,
- Bezeichnung der Versteigerungssache mit Geschäftszeichen, Name des Schuldners und Bezeichnung des Grundbesitzes,
- Namen der erschienen Beteiligten (vgl. § 9 ZVG),
- Angabe, dass öffentlich versteigert wurde,
- Angaben zu wesentlichen Vorgängen im Termin,
  - Anträge und Anmeldungen,
  - Einstellungs- und Aufhebungsbewilligungen,
  - Entscheidungen, die verkündet wurden,
  - Vergleiche zu Protokoll des Gerichts,
  - Rechtsmittelverzicht.

Daneben sind die gemäß ZVG **vorgeschriebenen Handlungen und Bekanntmachungen** im Protokoll festzuhalten, da aus deren Fehlen ein für die Zuschlagsentscheidung in Betracht kommender Zuschlagsversagungsgrund im Sinne von § 83 ZVG resultieren könnte. Dazu gehören: **3**
- Sämtliche Bekanntmachungen im Sinne von § 66 Absatz 1 ZVG,
- Hinweise und Belehrungen im Sinne von § 139 ZPO,
- Gewährung des rechtlichen Gehörs,

- Anträge und Verzichtserklärungen zu Ausgebotsvarianten[1],
- Alle wesentlichen Informationen zur Einhaltung der Bietzeit und eventuell zur Verlegung des Versteigerungsorts (-raums),
- Alle Vorgänge rund um das Bieten[2], wie Abgabe, Höhe des Gebots, Personalien des Bieters, Gemeinschaftsverhältnis mehrer Bieter, Antrag auf Sicherheit, Leistung der Sicherheit, Rückgabe der Sicherheit, Zurückweisung, Widerspruch.

2. **Beweiskraft**

4 Über Vorgänge im Termin kommt dem Protokoll die **volle Beweiskraft** zu (vgl. § 165 ZPO). Von einem **nicht protokollierten Vorgang** wird im Rahmen der Zuschlagsentscheidung angenommen, dass er nicht stattgefunden hat (vgl. § 80 ZVG), auch wenn dies angezweifelt wird. Auch für das Rechtmittelgericht ist das Protokoll bindend.
Ob das Gericht sich geirrt hat, kann in einem denkbaren Schadenersatzprozess später dann frei gewürdigt werden[3].

3. **Berichtigung**

5 Wird eine **Unrichtigkeit im Protokoll** festgestellt, so kann sie gemäß § 164 berichtigt werden. Diese Berichtigung kann zwar angeregt werden, sie erfolgt aber **von Amts wegen**. Möglich ist sie auch noch, wenn sie im Rahmen der Zuschlagsbeschwerde festgestellt wird, **bis zur Rechtskraft der Entscheidung über den Zuschlag**[4]. Danach ist der Zuschlag bindend und keine Protokollberichtigung hinsichtlich für den Zuschlag wesentlicher Vorgänge mehr möglich.

4. **Führung und Verlesung**

6 Geführt wird das Protokoll entweder vom Rechtspfleger oder – wenn ein Protokollführer hinzugezogen wurde – von diesem. Der Protokollführer fertigt das Protokoll eigenständig in Absprache mit dem Rechtspfleger. In der Praxis empfiehlt es sich, das Protokoll schon – so weit es geht – vorzubereiten. Dafür stehen entsprechende **Formulare in Papier oder in digitaler Form** zur Verfügung. Dennoch darf natürlich nur das, was im Termin tatsächlich geschehen ist, auch im Protokoll erscheinen.
Aufzeichnungsgeräte wie bei Zivilsitzungen sind zwar zulässig, aber wegen des besonderen Ablaufs des Versteigerungstermins nicht sonderlich geeignet.
Das Protokoll ist gemäß § 163 ZPO vom Rechtspfleger und – soweit vorhanden – vom Urkundsbeamten **zu unterschreiben**.
Zu Verlesen ist das Protokoll grundsätzlich nicht. Nur die Feststellungen im Sinne von § 66 Absatz 1 ZVG müssen vorgelesen werden. Daneben sind Anträge zu verlesen (vgl. §§ 162 Absatz 1 Satz 2 und 160 Absatz 3 ZPO).

III. Rechtsbehelf

7 Ein Rechtmittel auf Berichtigung des Protokolls ist **nicht statthaft**, da das Protokoll nur von den Beteiligten Urkundspersonen berichtigt werden kann. Auch die Erinnerung nach § 11 Absatz 2 RpflG ist nicht statthaft. Allenfalls wenn

---

1 Der Verzicht auf das Einzelausgebot ist zu protokollieren, BGH, Beschl. v. 30.10.2008 – V ZB 41/08, Rpfleger 2009, 98.
2 Es ist ratsam, jedes Gebot zu protokollieren, auch wenn anschließend ein Übergebot erfolgt. Bei der Abgabe eines Gebots kann das Gericht ja noch nicht überblicken, ob diesem Gebot noch Bedeutung bei der Zuschlagsentscheidung zukommt.
3 Storz, in: Steiner, ZVG, § 78 Rn. 23.
4 Storz, in: Steiner, ZVG, § 78 Rn. 24; Hintzen, in: Dassler/Schiffhauer/u.a., ZVG, § 78 Rn. 19.

eine unzuständige Person die Berichtigung abgelehnt hat, ist diese Entscheidung überprüfbar[5].

---

[5] *Storz*, in: *Steiner*, ZVG, § 78 Rn. 26; *Hintzen*, in: *Dassler/Schiffhauer/u.a.*, ZVG, § 78 Rn. 20.

§ 79 ZVG [Keine Bindung des Gerichts an seine früheren Entscheidungen]

Bei der Beschlussfassung über den Zuschlag ist das Gericht an eine Entscheidung, die es vorher getroffen hat, nicht gebunden.

Schrifttum: (Siehe für Standardwerke auch das Gesamtliteraturverzeichnis)
Fischer, Nikolaj, Die unverhältnismäßige Zwangsvollstreckung, Rpfleger 2004, 588–603

Übersicht

		Rn.
I.	Vorbemerkungen zu §§ 79–94 ZVG	1–4
1.	Der Zuschlag als zentrales Rechtsinstitut der Zwangsversteigerung	1
2.	Der Charakter des Zuschlags	2–4
II.	§ 79 ZVG, Ziele, Inhalte und Ausnahmen von der fehlenden Bindung an dem Zuschlag vorausgehende Entscheidungen	5–8
1.	Ziele des § 79 ZVG	5
2.	Ausnahmen vom Wegfall der fehlenden Bindung an Zwischenentscheidungen	6–8

I. Vorbemerkungen zu §§ 79–94 ZVG

1. Der Zuschlag als zentrales Rechtsinstitut der Zwangsversteigerung

1 Der Zuschlag ist das verfahrensrechtliche Schlussstück des Versteigerungsverfahrens gegen den Schuldner, wenn man von dem Verteilungsverfahren der §§ 105 ff. ZVG absieht. Dieses ist aber nicht mehr der eigentlichen Zwangsverwertung der Immobilie gewidmet, sondern nur noch der materiell und verfahrensrechtlich ordnungsgemäßen Verteilung des Steigerlöses einschließlich der Einziehung desselben von dem zur Erbringung des Meistgebots verpflichteten Ersteher usw. (vgl. §§ 49 ff. ZVG). Daran ändert auch die Tatsache nichts, dass auch gegen den säumigen **Ersteher** infolge des § 118 Abs. 2 ZVG[1] ein **neues** Versteigerungsverfahren durchgeführt werden kann.

2. Der Charakter des Zuschlags[2]

2 Mittels des (zu verkündenden) Zuschlagsbeschlusses wird durch hoheitlichen Akt das Eigentum vom Schuldner auf den Ersteher übertragen (§§ 89, 90 Abs. 1 ZVG). Die Zuschlagsbeschwerde führt nur rückwirkend wieder zum Eigentumsverlust des Erstehers. Der Eigentumserwerb ist öffentlich-rechtlicher staatlicher Hoheitsakt.[3] Das hat zwei Konsequenzen: Einmal erwirbt der

---

1 Eine im Einzelfall dramatische Folge kann ggf. für den Berechtigten entstehen, wenn der Meistbietende das Bargebot nicht befriedigt und der Berechtigte (Grundpfandgläubiger) den Antrag auf Wiederversteigerung gegen den säumigen Meistbietenden **nicht fristgerecht** beantragt. Die schuldrechtliche Forderung wird nach § 118 Abs. 2 Satz 1 ZVG als befriedigt fingiert. Siehe dazu die Kommentierung zu § 118 ZVG.
2 Für weitere Einzelheiten wird auf die Kommentierung zu § 90 ZVG verwiesen.
3 Vgl. nur BGH, Urteil vom 15.5.1986 – IX ZR 2/85, Rpfleger 1986, 396 = WM 1986, 945, II/1. der Entscheidungsgründe; Urteil vom 4.7.1990 – IV ZR 174/89, BGHZ 112, 59 ff./61 m.w.N. = NJW 1990, 2744 = Rpfleger 1990, 522; Urteil vom 29.6.2004 – IX ZR 258/02, BGHZ 159, 397 = NJW 2004, 2900 = Rpfleger 2004, 644, II 3b) der Entscheidungsgründe. Vgl. auch *Riedel*, in: *Steiner*, ZVG, § 90 Rn. 2; zum Zuschlag als „richterlichem Hoheitsakt" siehe bereits RG, Urteil vom 20.1.1937 – V 194/36, RGZ 153, 252 ff. bzw. vom 28.5.1930 – V 58/29, RGZ 129, 155 u. vom 28.1.2005 – Rep. V 339/04, RGZ 60, 48 ff. (sämtlich bei *Auerbach* (Hrsg.), Entschdg. des

Ersteher nicht derivativ vom bisherigen Eigentümer, dem Schuldner, im Versteigerungsverfahren. Zum Weiteren verliert der Schuldner sein Immobiliareigentum, so dass es sich um einen staatlichen Eingriff in ein grundrechtlich geschütztes Gut, das Eigentum nach Art. 14 GG, handelt. Der staatliche Eingriff rechtfertigt sich durch das Interesse des Gläubigers, der ansonsten seine ebenfalls eigentumsrechtlich geschützte Forderung nicht gegen den Schuldner durchsetzen könnte. Die Rechts- und Wirtschaftsordnung benötigt ein funktionierendes Zwangsvollstreckungsrecht, um die Interessen der Beteiligten sachgerecht ausgleichen zu können.[4] Aufgrund der massiven Eingriffe in ein Grundrecht des Schuldners bedarf es eines transparenten rechtsstaatlichen und justizförmigen Verfahrens über den Zuschlag. Siehe auch das Kapitel Einfluss des Grundgesetzes.

Zudem bedarf der Ersteher der Rechtssicherheit beim Erwerb, ob er nun Eigentümer mit allen Rechten und Pflichten, die mit dem Grundstückseigentum verbunden sind, geworden ist oder nicht. Zu beachten ist dabei, dass der Eigentumsübergang anders als beim rechtsgeschäftlichen Erwerb weder der dinglichen Einigung (Auflassung, §§ 873, 925 BGB) noch des Antrags beim Grundbuchamt und schon gar nicht der Eintragung bedarf, um wirksam zu sein. Die „Umschreibung" im Grundbuch ist vielmehr nur Grundbuchberichtigung im Sinne des § 894 BGB. Auch dieser Aspekt fordert ein transparentes justizförmiges Verfahren.

Schließlich begründet die heute unangefochtene Lehre und Rechtsprechung vom Charakter des Zuschlags als staatlicher Hoheitsakt zwanglos u. a. die fehlende Gewährleistung für Mängel aller Art (§ 56 Satz 3 ZVG) sowie die fehlende Anfechtbarkeit nach AnfG und Insolvenzordnung, wenn nicht kollusives Handeln zwischen Eigentümer und Bieter zu bejahen ist.[5]

II. § 79 ZVG, Ziele, Inhalte und Ausnahmen von der fehlenden Bindung an dem Zuschlag vorausgehende Entscheidungen

1. Ziele des § 79 ZVG

Gegenstand der Prüfung im Zusammenhang mit dem Zuschlagsbeschluss soll das **gesamte Versteigerungsverfahren** sein.[6] Die Bindung an **eigene vorherige** Entscheidungen, mögen sie auch formell rechtskräftig geworden sein, entfällt. Für den Zuschlagsbeschluss wird somit die formelle Rechtskraft früherer Entscheidungen durchbrochen. Die Bestimmung ist auf alle Versteigerungen anzuwenden. Nicht frei ist das Vollstreckungsgericht von Entscheidungen der Beschwerde- bzw. der Rechtsbeschwerdeinstanz, die damit nicht nach § 79 ZVG in Frage gestellt werden können. Von der dortigen Entscheidung darf das Gericht nicht abweichen. Die weite Fassung ermöglicht es indes den Rechtsmittelgerichten, im Rahmen des Beschwerdeverfahrens über den Zuschlag von eigenen früheren Beschlüssen Abstand zu nehmen, da auch für sie wieder § 79 ZVG heranzuziehen ist. An eine frühere Entscheidung der nachgeordneten

---

RG in Zivilsachen/ZVG, 1954, S. 154 ff., 173 ff., 181 ff.); in der frühen Literatur ebenso unter Darstellung des Meinungsstreits *Güthe*, in: *Jaeckel*, ZVG, 4. Aufl., 1912, § 81 Rn. 7.

4 Vgl. zu der damit allgemein verbundenen Problematik des Grundsatzes der Verhältnismäßigkeit *Fischer*, Rpfleger 2004, 599 ff./603 f.

5 BGH IX ZR 2/85 bzw. IX ZR 258/02, siehe oben Fn. 3.

6 So schon *Güthe*, in: *Jaeckel*, a.a.O., § 79 Rn. 1, der die Parallele zu dem Urteil im Zivilprozess zieht. Die Entscheidungen vor dem Zuschlag stehen – von Ausnahmen abgesehen – unter dem Vorbehalt der Endentscheidung durch den Zuschlagsbeschluss. Das zeigt auch den engen Zusammenhang mit § 95 ZVG (vgl. die dortige Kommentierung). *Güthe*, in: *Jaeckel*, a.a.O., § 79 ZVG Rn. 1, § 95 ZVG Rn. 1 weist darauf hin, § 95 ZVG hätte ursprünglich § 79 Abs. 2 ZVG werden sollen.

Instanz sind sie ohnehin nicht gebunden.[7] Zutreffend wird von *Hintzen* auf den Zusammenhang mit § 95 ZVG (beschränkte Anfechtung von Beschlüssen vor dem Zuschlag) hingewiesen;[8] es ist daher auch richtig, wenn er folgert, bejahte man eine Bindung des Gerichts auch an die nicht in § 95 ZVG genannten Zwischenentscheidungen (siehe Ziffer 2 nachfolgend und die Kommentierung zu § 95 ZVG), müsste man konsequenter Weise die Anfechtung aller dem Zuschlag vorausgehenden Entscheidungen zulassen. Damit wäre – bedenkt man auch den Instanzenzug – eine Verfahrensverzögerung zwangsläufig, eine Fehlallokation zur Verfahrensverschleppung evident.[9] Die Erfordernisse eines rechtsstaatlichen Verfahrens sind gewahrt, da im Rahmen des Zuschlags eben das gesamte Verfahren nochmals auf dem Prüfstand steht.

2. Ausnahmen vom Wegfall der fehlenden Bindung an Zwischenentscheidungen

6 Die Tragweite des § 79 ZVG hat der BGH in seinem Beschluss vom 26.10.2006[10] herausgearbeitet. **Ausgenommen** von der fehlenden Bindung an die eigene Entscheidung sind Zwischenentscheidungen im Versteigerungsverfahren, die ihrerseits nach der jeweiligen gesetzlichen Regelung einen eigenen Instanzenzug haben. Das sind
- die einstweiligen Einstellungen der §§ 30 ff. ZVG, die die sofortige Beschwerde nach §§ 30b Abs. 3 ZVG mit Verweisen darauf in anderen Bestimmungen der §§ 30–30f ZVG zulassen;
- die Verkehrswertbeschwerde nach § 74a Abs. 5 Satz 3 ZVG;
- der Vollstreckungsschutz gem. § 765a ZPO.[11]

Die Differenzierung zwischen Entscheidungen mit und ohne eigenen Instanzenzug wird in der Literatur als nicht überzeugend abgelehnt. *Kuhn* (siehe Fn. 12) postuliert als Lösung teleologische Reduktion des § 79 ZVG.

7 Die fehlende Bindungswirkung besteht auch dann, wenn die betreffende Entscheidung gem. § 95 ZVG anfechtbar ist, wenn sie aber effektiv nicht angefochten wurde. Zutreffend betont der BGH, bei anderer Sichtweise könne der etwa fehlerhafte Anordnungsbeschluss im Rahmen der Zuschlagsentscheidung nicht mehr berücksichtigt werden, obwohl ein vom Amts wegen zu beachtender „unheilbarer" Versagungsgrund zu bejahen ist (§ 83 Nr. 6 ZVG).[12]

8 Zu beachten ist das Zusammenwirken der §§ 79, 86 ZVG bei der **rechtskräftigen Versagung** des Zuschlags. Wenn dasselbe Verfahren fortgesetzt wird, entfällt bei erneuter Entscheidung über den Zuschlag auch insoweit wieder eine Bindung an den Versagungsbeschluss. Die Versagung des Zuschlags selbst in dem früheren Termin ist nicht mehr „*änderbar*", insoweit besteht Bindung. Die neuere Rechtsprechung des BGH hat gerade im Zusammenhang mit der Versagung des Zuschlags (nach § 85a ZVG) die fehlende Bindungswirkung

---

7 Vgl. BGH, Beschl. vom 5.7.2007 – V ZB 118/06, Rn. 8, Rpfleger 2007, 617 = NJW 2007, 3360.
8 *Hintzen*, in: *Dassler/Schiffhauer/u.a.*, ZVG, § 79 ZVG Rn. 1.
9 *Hintzen*, a.a.O., der zurückhaltend nur eine Gefahr der Verschleppung sieht.
10 BGH, Beschl. vom 26.10.2006 – V ZB 188/05, BGHZ 169, 305 ff. = ZfIR 2007, 506 = Rpfleger 2007, 155; BGH, Beschl. v. 10.5.2007 – V ZB 83/06, BGHZ 172/218 ff./236; st. Rspr.
11 Siehe die Kommentierung zu § 765a ZPO; BGH, V ZB 88/05 Rn. 29.
12 BGH, Beschl. vom 26.10.2006 – V ZB 188/05, Rn. 30 m.w.N. aus Rechtsprechung und Literatur, bestätigt in den Beschlüssen vom 10.5.2007 – V ZB 83/06, Rn. 43, BGHZ 172, 305 ff. = NJW 2007, 3279 = Rpfleger 2007, 483, vom 5.7.2007 – V ZB 118/06, Rn. 8, Rpfleger 2007, 617 = NJW 2007, 3360 = WM 2007, 1747 und vom 11.10.2007 – V ZB 178/06, Rn. 9, Rpfleger 2008, 214. S. *Kuhn* in dem Kapitel Rechtsbehelfe im ZVG-Verfahren zur Kritik an der Rechtsprechung des BGH, Rn. 63 ff./66 und Fn. 96 dort.

unterstrichen. Auch die etwa materielle Rechtskraft des Versagungsbeschlusses ist ohne Belang, da nur der Tenor davon umfasst wird.[13]

---

13 Vgl. insgesamt zu diesem Themenumfeld BGH, Beschl. vom 10.5.2007 – V ZB 83/06, Rn. 43 f. s. o., BGHZ 172, 236 f. = NJW 2007, 3279 = Rpfleger 2007, 483 unter Hinweis auf *Stöber*, ZVG, Kommentar, § 79 Rn. 4.5.

§ 80 ZVG [Ausschließliche Berücksichtigung protokollierter Vorgänge aus dem Versteigerungstermin]

Vorgänge in dem Versteigerungstermin, die nicht aus dem Protokoll ersichtlich sind, werden bei der Entscheidung über den Zuschlag nicht berücksichtigt.

Schrifttum: Auf das Gesamtliteraturverzeichnis wird verwiesen.

Übersicht

		Rn.
I.	Der Grundsatz der Maßgeblichkeit des gerichtlichen Terminsprotokolls	1, 2
II.	Die Tragweite des „Maßgeblichkeitsgrundsatzes", der Fälschungseinwand, Auslegungsfähigkeit des Protokolls	3, 4

I. Der Grundsatz der Maßgeblichkeit des gerichtlichen Terminsprotokolls

1 Das über den Ablauf des Zwangsversteigerungstermins zu führende Protokoll (§ 78 ZVG i. V. m. §§ 159 ff., 510a ZPO) ist nach § 80 ZVG die entscheidende Grundlage für den Zuschlagsbeschluss.[1] Die Regelung des § 80 ZVG muss zusammen mit § 78 ZVG betrachtet werden, der seinerseits vorschreibt, alle für den Zuschlag und das Recht eines Beteiligten etwa relevanten Tatsachen seien zu protokollieren.[2] Wird die Frage streitig, auf welches Gebot der Zuschlag in Frage kommt, sind alle entsprechenden Anträge im Protokoll zu erfassen. Konsequent ist es dann, für die Zuschlagsentscheidung ausschließlich die im Protokoll dokumentierten Sachangaben zu verwenden. Die Bedeutung des Protokolls unterstreicht der Wortlaut des § 80 ZVG.

2 Fehler des Gerichts können Amtshaftungsansprüche gem. Art. 34 GG, 839 BGB auslösen.[3] § 80 ZVG gilt allerdings ausschließlich für die Zuschlagsentscheidung, nicht für das Verfahren insgesamt,[4] wie Wortlaut und systematische Stellung der Vorschrift zeigen.

II. Die Tragweite des „Maßgeblichkeitsgrundsatzes", der Fälschungseinwand, Auslegungsfähigkeit des Protokolls

3 Die Rechtsprechung des BGH geht sehr weit, wenn sie postuliert, nicht „*das tatsächliche Geschehen in dem Versteigerungstermin*" sei entscheidend für die Zuschlagsentscheidung, sondern das „*protokollierte*".[5] § 80 ZVG hat daher ein „positives" und ein „negatives" Ergebnis. Einerseits dürfen aus dem Protokoll **nicht** hervorgehende Umstände für die Erteilung oder Versagung des Zuschlags nicht herangezogen werden, auch nicht in der Rechtsmittelinstanz,

---

[1] Die analoge Anwendung der §§ 159 ff ZPO im Versteigerungstermin ist bereits in den Gesetzesmaterialien unstreitig, s. *Güthe*, in: Jaeckel, ZVG, 4. Aufl. 1912, § 78 ZVG Rn. 2 mit Zitaten aus den Motiven.
[2] Vgl *Hintzen*, in: Dassler/Schiffhauer/u. a., ZVG, § 80 ZVG Rn. 1, 3 f.
[3] So auch *Hintzen*, a. a. O.; vgl. das Kapitel „*Staatshaftung des Vollstreckungsgerichts*" sowie die Kommentierung zu § 83 ZVG Rn. 17 und Fn. 24 m. w. N.
[4] § 80 ZVG gilt auch nicht für andere mit der Zwangsversteigerung im Zusammenhang stehende Rechtsstreite, vgl. *Böttcher*, ZVG, 4. Aufl., 2005, § 80 ZVG Rn. 1 m. w. N.
[5] Vgl. z. B. BGH, Beschl. v. 22.3.2007 – V ZB 138/06, III 2b) der Gründe, ZfIR 2007, 725 m. Anm. *Keller* = Rpfleger 2007, 410 = NJW 2007, 2995, unter Hinweis auf RGZ 142, 383 ff., 387.

wie der Wortlaut des § 80 ZVG zeigt („negative" Wirkung). Andererseits müssen Tatsachen so hingenommen werden, wie sie protokolliert sind, auch wenn das Protokoll insoweit nicht richtig wäre („positive" Wirkung). Allerdings kann der Protokollinhalt selbstverständlich wie jede Erklärung nach *„Sinn und Zusammenhang"*[6] ausgelegt werden. Zudem kann das Protokoll *„jederzeit"* bei Unrichtigkeiten korrigiert werden (§ 164 ZPO), was die Rigidität der Vorschrift erheblich reduziert. Schließlich ist der Nachweis der Fälschung[7] möglich, der dann den Protokollinhalt in dem entsprechenden Punkt erschüttert (vgl. § 165 Satz 2 ZPO).

4 Die in der Literatur mit älterer Rechtsprechung geäußerte Auffassung, die objektive Verletzung rechtlichen Gehörs könne entgegen § 80 ZVG gerügt werden, also auch ohne dass der Verfahrensfehler dem Protokoll entnommen werden könne,[8] ist schon aufgrund der Anhörungsrüge des § 321a ZPO evident. Diese wäre bei strikter Anwendung des § 80 ZVG ausgeschlossen, da mangels zulässiger Darlegung der Rechtsverletzung der Rüge nicht abgeholfen werden könnte (§ 321a Abs. 1 Satz 1 Nr. 2, Abs. 4, 5 ZPO).

---

6 So zutreffend auch *Stöber*, ZVG, § 80 ZVG Rn. 2.4; *Hintzen* (Fn. 2), a.a.O., Rn. 7.
7 *Stöber*, in: Zöller, ZPO, § 165 ZPO Rn. 5; LG Augsburg, Beschl. v. 14.7.2008 – 4 T 1866/08, Rpfleger 2008, Rpfleger 2009, 40.
8 *Hintzen* (Fn. 2), a.a.O., Rn. 4 m.w.N.

§ 81 ZVG [Die Erteilung des Zuschlags an den Meistbietenden oder den Zessionar des Rechts aus dem Meistgebot, Abgabe eines Gebots als Vertreter bei verdeckter Stellvertretung, Haftung der Beteiligten für das Meistgebot]

(1) Der Zuschlag ist dem Meistbietenden zu erteilen.

(2) Hat der Meistbietende das Recht aus dem Meistgebot an einen anderen abgetreten und dieser die Verpflichtung aus dem Meistgebot übernommen, so ist, wenn die Erklärungen im Versteigerungstermin abgegeben oder nachträglich durch öffentlich beglaubigte Urkunden nachgewiesen werden, der Zuschlag nicht dem Meistbietenden, sondern dem anderen zu erteilen.

(3) Erklärt der Meistbietende im Termin oder nachträglich in einer öffentlich beglaubigten Urkunde, dass er für einen anderen geboten habe, so ist diesem der Zuschlag zu erteilen, wenn die Vertretungsmacht des Meistbietenden oder die Zustimmung des anderen entweder bei dem Gericht offenkundig ist oder durch eine öffentlich beglaubigte Urkunde nachgewiesen wird.

(4) Wird der Zuschlag erteilt, so haften der Meistbietende und der Ersteher als Gesamtschuldner.

Schrifttum: (Auswahl, siehe insbesondere für Standardwerke auch das Gesamtliteraturverzeichnis)
Helwich, Günther, Die Mithaft des Meistbietenden in der Zwangsversteigerung, Rpfleger 1988, 467 – 470, *Helwich, Günther; Strauch, Volker,* Nochmals: Die Mithaft des Meistbietenden in der Zwangsversteigerung, Rpfleger 1989, 316, *Kesseler, Christian,* Kaufverträge nach Abgabe des Meistgebots in der Zwangsversteigerung, DNotZ 2006, 487 – 497, *Zipperer, Helmut,* Anm. zu BGH, Beschl. vom 18.10.2007 – V ZB 44/07 (*Anfechtung des Gebots wegen Irrtums*), ZfIR 2008, 203

Übersicht

		Rn.
I.	Der Grundsatz des Zuschlags an den Meistbietenden, das Erfordernis des wirksamen Meistgebots, Anfechtbarkeit des Meistgebots (§ 119 BGB)	1–3
II.	Der Zuschlag an den Zessionar des Meistbietenden, § 81 Abs. 2 ZVG	4–12
1.	Die Abtretbarkeit des Meistgebots	4–6
2.	Das schuldrechtliche Verpflichtungsgeschäft zwischen Meistbietendem und Zessionar	7, 8
3.	Folgen der Abtretung des Meistgebots im Hinblick auf §§ 85a, 114a ZVG	9–11
4.	Grunderwerbsteuer und Abtretung des Meistgebots	12
III.	Die verdeckte Stellvertretung, § 82 Abs. 4 ZVG	13
IV.	Die gesamtschuldnerische Haftung von Zedent und Zessionar, Vertreter und Vertretenem, § 81 Abs. 4 ZVG	14, 15

I. Der Grundsatz des Zuschlags an den Meistbietenden, das Erfordernis des wirksamen Meistgebots, Anfechtbarkeit des Meistgebots (§ 119 BGB)

1 Der Zuschlag muss an denjenigen erteilt werden, der das Meistgebot abgegeben hat, das freilich wirksam sein muss. Darüber hinaus darf kein Versagungsgrund vorliegen, so dass die Zuschlagsversagungsgründe (u.a. der §§ 83 ff. ZVG) sich als negative Tatbestandsmerkmale des § 81 ZVG zeigen. Der

Zuschlag aufgrund staatlichen Hoheitsaktes, also öffentlich-rechtlich, bedingt zugleich, dass auch der **Anspruch auf Erteilung des Zuschlags öffentlich-rechtlichen Charakter** hat.[1] Der materiell bestehende Anspruch kann allerdings nur durch Anfechtung des den Zuschlag versagenden Beschlusses unter den Voraussetzungen der Begründetheit der Zuschlagsbeschwerde durchgesetzt werden.[2] So geht der Anspruch ins Leere, wenn z. B. der bestbetreibende Gläubiger nach § 30 Abs. 1 ZVG die einstweilige Einstellung vor der Verkündung des Zuschlagsbeschlusses bewilligt. Der Meistbietende kann gegen den Versagungsbeschluss, der die zwingende Folge der einstweiligen Einstellung ist (§ 33 ZVG), nicht erfolgreich Zuschlagsbeschwerde einlegen.

Da der Zuschlag ein wirksames Gebot voraussetzt, stellt sich u. a. die Frage der **Anfechtbarkeit des Meistgebots wegen Irrtums** (§ 119 BGB) durch Erklärung gegenüber dem Vollstreckungsgericht (§ 143 Abs. 3 Satz 2 BGB), die das Gebot rückwirkend als nichtig entfallen lässt (§ 142 BGB). Die Anfechtbarkeit wird zwar ganz überwiegend bejaht,[3] der Bieter ist jedoch Schadensersatzrisiken gem. § 122 BGB demjenigen gegenüber ausgesetzt, der auf die Wirksamkeit des Gebotes vertraut und daher Maßnahmen unterlassen hat.[4] Die Anfechtung scheidet jedoch aus den Gründen des § 56 ZVG aus, wenn der Ersteher sich über einen Sachmangel des Versteigerungsobjekts geirrt hat.[5] Sie ist auch dann nicht möglich, wenn dem Meistbietenden bestehen bleibende Rechte unbekannt geblieben sind.[6]

Meistgebote, die in der fraudulenten Absicht abgegeben werden, keine Zahlung zu leisten und die Versteigerung zu verzögern, sind rechtsmissbräuchlich und daher als unwirksam zurückzuweisen (§ 71 ZVG), ein Anspruch auf den Zuschlag entsteht nicht. Wird die Problematik vor der Verkündung des Zuschlags, aber erst nach dem Termin erkannt oder wird der Zurückweisung des Gebots widersprochen (§§ 71 Abs. 1, 72 Abs. 2 ZVG), ist das ein Zuschlagsversagungsgrund nach § 83 Nr. 6 ZVG.[7]

---

1 BGH, Urteil vom 15.3.1990 – III ZR 131/89, 2a) der Entscheidungsgründe, BGHZ 111, 14 = NJW 1990, 3141 = Rpfleger 1990, 471 ff./16 = WM 1990, 1502; Vgl. *Böttcher*, ZVG, § 81 Rn. 3; *Hintzen*, in: *Dassler/Schiffhauer/u. a.*, ZVG, § 81 Rn. 2.
2 *Hintzen*, in: *Dassler/Schiffhauer/u. a.*, ZVG, § 81 Rn. 2, unter Hinweis auf RG, Urteil vom 13.6.1911 – VII 618/10, RGZ 76, 350. Vgl. auch die Kommentierung zu §§ 96 ff. ZVG. Desgleichen *Güthe*, in: *Jaeckel*, Kommentar zum Zwangsversteigerungsgesetz, 4. Aufl., 1912, § 81 Rn. 1 unter Zitierung aus den Motiven und unter Hinweis auf RG, Urteil vom 22.4.1903 – Rep. V 136/03, RGZ 54, 308 ff.; eine „*prozessrichterliche Entscheidung*" könne nicht herbeigeführt werden.
3 BGH, Beschl. vom 18.10.2007 – V ZB 44/07, Rpfleger 2008, 92 = ZfIR 2008, 203 f. m. Anm. *Zipperer*; BGH, Urteil vom 17.4.1984 – VI ZR 191/82, Rpfleger 1984, 243 = NJW 1984, 1950; so bereits *Güthe*, in: *Jaeckel*, Kommentar zum Zwangsversteigerungsgesetz, 4. Aufl., 1912, §§ 71, 72 ZVG Rn. 14 m. w. N. Für weitere Einzelheiten als auch der Kommentierung zu den §§ 71 f. ZVG verwiesen werden. Der Irrtum über den Grundstückswert ist aber unbeachtlich, Bewirtschaftungskosten sind keine verkehrswesentliche Eigenschaft, OLG Hamm, Beschl. vom 8.6.1998 – 15 W 223/98, Rpfleger 1998, 439.
4 BGH, VI ZR 191/82, Rpfleger 1984, 243 = NJW 1984, 1950.
5 Vgl. im Einzelnen die Kommentierung zu § 56 ZVG.
6 BGH, V ZB 44/07 (Fn. 3) bzw. LG Lüneburg, Beschl. vom 4.12.2007 – 4 T 171/07, Rpfleger 2008, 272 f. (*bestehen bleibende Rechte*).
7 Vgl. zu dergleichen Fallkonstellationen LG Essen, Beschl. vom 4.11.1993 – 7 T 601/93, Rpfleger 1995, 34 und OLG Hamm, Beschl. vom 6.1.1994 – 15 W 371/93, Rpfleger 1995, 34 ff.; AG Bremen, Beschl. vom 26.5.1998 – 26 K 326/95, Rpfleger 1999, 88; LG Bremen, Beschl. vom 29.7.1998, OLG Bremen, Beschl. vom 1.9.1998 – 2 W 92/98, sämtlich Rpfleger 1999, 89 (*Fälle vielfach auftretender Serientäter*). Siehe auch die Kommentierung zu § 83 Nr. 6, Rn. 11n.

II. Der Zuschlag an den Zessionar des Meistbietenden, § 81 Abs. 2 ZVG

1. Die Abtretbarkeit des Meistgebots

4 § 81 Abs. 2 ZVG regelt die Erteilung des Zuschlags an den Zessionar der Ansprüche aus dem Meistgebot. Abs. 3 regelt den Zuschlag an denjenigen, den der Meistbietende in verdeckter Stellvertretung vertreten wollte.

5 Absatz 2 enthält zunächst die Aussage, dass das Meistgebot abtretbar ist. Die Übertragung der Rechte daraus wird durch **Abtretungsvertrag gem. §§ 398 ff. BGB** vorgenommen. Da die Abtretung der Ansprüche aus dem Meistgebot jedoch nicht zugleich die Übernahme der Verpflichtungen in sich birgt, die mit dem Zuschlag als Folge des Meistgebots verbunden sind, nämlich die Erbringung des geringsten Bargebots nebst Zinsen und die Übernahme der bestehen bleibenden Rechte, tritt der Zessionar erst in dem Zeitpunkt in die Rechte aus dem Meistgebot ein, ab dem er die entsprechenden Pflichten übernimmt. Bis dahin wirkt die Abtretung nur unter den Parteien des Zessionsvertrages. Abtretung und Übernahme der Verpflichtungen können im Versteigerungstermin erklärt werden und zwar zu Protokoll gem. § 80 ZVG. Erfolgt dies nach dem Versteigerungstermin, muss der Nachweis in notariell beglaubigter Urkunde[8] erfolgen (§§ 129 BGB, 39, 39a,[9] 40 ff. BeurkG). Ist der Zuschlag zum Zeitpunkt des Zugangs der Erklärung beim Versteigerungsgericht bereits anderweitig erteilt, nämlich nach § 81 Abs. 1 ZVG an den Meistbietenden, ist eine **Zession nicht mehr möglich**.[10]

6 Die Folge der Abtretbarkeit ist die Verpfändbarkeit des Meistgebots nach den Vorschriften über die Verpfändung von Rechten (§ 1273 ff., 1274 Abs. 1 Satz 1, Abs. 2 BGB) ebenso wie die Pfändbarkeit. Beides ist sowohl beim Meistbietenden, aber auch beim Zessionar möglich. Der Pfandgläubiger hat die Verpflichtung nach § 81 Abs. 2 ZVG nicht zu übernehmen, weil ihm nicht der Zuschlag zu erteilen ist. Er erwirbt vielmehr nach Eigentumserwerb des Meistbietenden bzw. Zessionars nur eine **Sicherungshypothek** an dem zugeschlagenen Grundbesitz, aus dem er sich dann befriedigen kann, § 1287 Satz 2 BGB analog. Der BGH mahnt freilich, die Befriedigung aus dem Grundstück könne voraussetzen, dass der Gläubiger die mit dem Zuschlag verbundenen Kosten einschließlich der Grundbuchkosten für die Umschreibung auf den Ersteher trägt.[11]

---

8 Notarielle Beurkundung ist nicht erforderlich, da § 81 ZVG dies nicht vorsieht und die Formvorschrift des § 311b Abs. 1 Satz BGB (mit der Nichtigkeitsfolge des § 125 BGB bei Nichtbeachtung) nicht Verfügungen erfasst, sondern nur das obligatorische Geschäft, das die Verpflichtung enthält, den zum Zuschlag, also dem Eigentumserwerb, führenden Anspruch abzutreten. Aber auch das schuldrechtliche Geschäft selbst bedarf vorliegend nicht der Beurkundung, da die Verpflichtung zur Zession sich auf einen **Anspruch** bezieht, **nicht auf ein Grundstück** vgl. statt aller *Grüneberg*, in: *Palandt*, BGB, § 311b Rn. 6 m.w.N.; BGH, Urteil vom 11.11.1983 – V ZR 211/82, BGHZ 89, 41 ff. = NJW 1984, 973 = Rpfleger 1984, 143, Ls. und S. 46 f. (*Abtretung des Auflassungsanspruchs*).

9 Die Notare können Beglaubigungen elektronisch errichten, § 39a BeurkG; inwieweit bzw. wann dies bei den Vollstreckungsgerichten bundesweit ohne Weiteres möglich sein wird, muss vorliegend offen bleiben. Die verfahrensrechtlichen Voraussetzungen sind geschaffen, vgl. § 130a Abs. 2 ZPO sowie zum aktuellen Stand (Februar 2009) unter www.justiz.de/ERV. Siehe zur Gleichstellung des beglaubigten elektronischen Dokuments und dessen Ausdruck zusammen mit der beglaubigten Urkunde §§ 416a, 371a Abs. 2 ZPO.

10 Spätestens im Verkündungstermin muss der Nachweis geführt werden, LG Coburg, Beschl. vom 16.6.1999 – 8 T 530/99, Rpfleger 1999, 554 f.

11 BGH, III ZR 131/89, Fn. 1. Vgl. u. a. zur Sicherungshypothek *Stöber*, ZVG, Rn. 3.7; siehe auch *Böttcher*, ZVG, Rn 3; *Hintzen*, in: *Dassler/Schiffhauer/u. a.*, ZVG, § 81 Rn. 10.

2. Das schuldrechtliche Verpflichtungsgeschäft zwischen Meistbietendem und Zessionar[12]

Für den Schuldner und die sonst Verfahrensbeteiligten ebenso wie das Vollstreckungsgericht ist nur die Abtretung von Interesse, also das dingliche Verfügungsgeschäft sowie die Verpflichtungserklärung des Zessionars. Der der Zession im Verhältnis zwischen Zedent (= Meistbietender) und Zessionar zugrunde liegende Rechtsgrund mag Kauf oder ein ähnliches obligatorisches Geschäft sein,[13] das weitere Absprachen zum Gegenstand haben kann (vgl. Rn. 5). Legt man einen Kauf zugrunde, handelt es sich um einen **Rechtskauf**,[14] bei dem Teil des Kaufpreises die Übernahme der Verbindlichkeiten aus dem Meistgebot ist. Erfüllt wird diese Verpflichtung durch die Erklärung des Zessionars nach Absatz 2, die Verpflichtungen aus dem Meistgebot zu übernehmen. Zugleich wird der Verkäufer (= Meistbietender) fordern, von der gesamtschuldnerischen Haftung nach Absatz 4 durch den Ersteher (= Zessionar) freigestellt zu werden.

Zu den **Risiken des Zedenten** gehört damit u. a. auch ein etwaiges **Gewährleistungsrisiko** oder das **Risiko der Verletzung von Aufklärungspflichten** (§§ 280, 241 BGB), die je nach Vertragsgestaltung aus dem obligatorischen Geschäft resultieren. Für den betreibenden Grundpfandgläubiger beispielsweise, der das Meistgebot abgegeben hat, dann aber doch den Zuschlag nicht möchte, dürfte sich daher die Abtretung der Ansprüche aus dem Meistgebot an einen Dritten steuerlich und zivilrechtlich wie ein Erwerb mit anschließendem Weiterverkauf[15] darstellen.

3. Folgen der Abtretung des Meistgebots im Hinblick auf §§ 85a, 114a ZVG

Im Zusammenhang mit der Abtretung des Meistgebots und dem Zuschlag an den Zessionar müssen jedenfalls zwei weitere Fragen beantwortet werden.

Die eine betrifft die Frage des Zuschlags in den Fällen des § 85a Abs. 3 ZVG, wenn dessen Voraussetzungen zwar beim Meistbietenden (= Zedenten), nicht jedoch beim Zessionar vorliegen oder umgekehrt nur beim Zessionar.[16] Die streitige Frage ist vor dem Hintergrund des Schutzzwecks des § 85a Abs. 3 ZVG und dem Zusammenspiel mit § 114a ZVG zu beantworten. Der Zuschlag kann in beiden Fällen erteilt werden, wenn unter den weiteren Voraussetzungen des § 85a Abs. 3 ZVG beide, Zedent und Zessionar, ein Recht zur Befriedigung aus dem Grundstück haben.

Dies hat zugleich Auswirkungen auf die Befriedigungsfiktion des § 114a ZVG. Rechtsprechung und Literatur stehen hier richtiger Weise auf dem Standpunkt, dass die Befriedigungsfiktion ebenfalls gegen **beide**, Zedent und Zessionar,

---

12 Zu den Risiken bzw. Problemfeldern der Zession des Meistgebots siehe *Helwich*, Rpfleger 1988, 467 ff. sowie *ders./Strauch*, Rpfleger 1989, 314 ff. Zu Risiken von „Kaufverträgen nach Abgabe des Meistgebots in der Zwangsversteigerung" siehe *Kesseler*, DNotZ 2006, 487 ff. der aus Sicht des Notars zutreffend u. a. die bestehende Problematik und Schutzmechanismen für den Käufer darstellt.
13 Das RG hat im Urteil vom 20.3.1936 – V 191/35, RGZ 150, 397, die Haftung des Zedenten zutreffend in dem schuldrechtlichen Geschäft zwischen Zedenten/Zessionar gesehen.
14 Gekauft wird der Anspruch auf den Zuschlag, wobei der noch ungewisse Eigentumserwerb des Erstehers nur Motivation, nicht Kaufgegenstand ist.
15 Selbstverständlich kommt auch – wie z. B. bei einer großen Gewerbe- oder Wohnimmobilie – die Einbringung als gezeichnetes Kapital in eine Projekt-GmbH oder KG als Sachgründung-/erhöhung in Frage, also gesellschaftsrechtlich. Die Sinnhaftigkeit der jeweiligen Lösung kann sich nur bei Betrachtung des Einzelfalls ergeben.
16 Vgl. die Kommentierung zu § 85a ZVG, Rn. 19 ff.

wirkt.[17] Damit wird zugleich auch der dem Gesetzeszweck entsprechende Gleichlauf zwischen §§ 74a, 85a ZVG und § 114a ZVG erreicht. Dem **Schuldner** ist aber der Wert von 7/10 **nicht mehrfach anzurechnen,** sondern insgesamt nur einmal, da er andernfalls zu Lasten seiner Gläubiger **doppelt** enthaftet wäre. Es bleibt daher nur mit *Storz* die gleichwohl problematische Lösung, die „Verteilung" der fiktiven Erlösanteile **anteilig nach dem Rang** des § 10 ZVG vorzunehmen.

4. Grunderwerbsteuer und Abtretung des Meistgebots

12 Des Weiteren löst die Abtretung des Rechts aus dem Meistgebot **zwei** Grunderwerbsteuervorgänge aus, denn sowohl der Meistbietende als auch der Zessionar werden zur Grunderwerbsteuer veranlagt (§ 1 Abs. 1 Nr. 4 GrErwStG (*Meistgebot*) bzw. Nr. 5 (*Abtretung der Rechte daraus*).[18] Hinzu kommt, dass sich der Meistbietende als grunderwerbsteuerliche Gegenleistung die Beträge anrechnen lassen muss, bezüglich derer die Befriedigungsfiktion des § 114a ZVG wirkt.[19] Ebenso sind bestehen bleibende Rechte Gegenstand der steuerlichen Bemessungsgrundlage.[20] Der steuerliche Tatbestand knüpft an das jeweilige Verständnis des Zwangsversteigerungsrechts für die Frage der Befriedigungsfiktion bzw. der bestehen bleibenden Rechte an.

III. Die verdeckte Stellvertretung, § 82 Abs. 4 ZVG

13 Verdeckte Stellvertretung ist in der Zwangsversteigerung, u. a. als taktische Variante, zulässig, wie § 81 Abs. 3 ZVG belegt. Das Verfahrensrecht weicht damit von dem *Offenheitsgrundsatz* des materiellen Rechts (§ 164 BGB) ab. Weist der Meistbietende rechtzeitig vor dem Zuschlag nach, dass er in Wahrheit nicht für sich, sondern nur als Vertreter geboten hat, erfolgt zwar der Zuschlag an den Vertretenen. Der Meistbietende wird aber – insoweit im Einklang mit § 164 Abs. 2 BGB – an seiner Erklärung festgehalten, wenn ihm der Nachweis der Vertretungsmacht nicht (rechtzeitig) gelingt oder der Vertretene nicht selbst – beides in mindestens notariell beglaubigter – Urkunde – zustimmt. *Hintzen* spricht zu Recht davon, damit werde der „*Strohmann gesetzlich..*" ermöglicht.[21]

IV. Die gesamtschuldnerische Haftung von Zedent und Zessionar, Vertreter und Vertretenem, § 81 Abs. 4 ZVG

14 Ein nicht geringes Risiko trifft den Meistbietenden in den Fällen des § 81 Abs. 2, 3 ZVG, nämlich die solidarische Haftung von Bieter und Ersteher als gesetzliche Folge des Zuschlags. Ist also einer der Beteiligten zahlungsunfähig, trifft den anderen die Haftung mit der Folge des Gesamtschuldnerausgleichs im Innenverhältnis (§§ 426 BGB). Der Meistbietende ist aber in nachteiliger Position, da er infolge des Zuschlags an den anderen Beteiligten nicht Eigentümer und auch nicht Inhaber von Sicherungsrechten zur Abdeckung seines Risi-

---

17 Vgl. BGH, Urteil vom 6.7.1989 – IX ZR 4/89, BGHZ 108, 248 ff. m. w. N. = Rpfleger 1989, 421 = NJW 1989, 2346.
18 Siehe bereits BFH, Beschl. vom 24.10.2000 – II B 38/00, BFH/NV 2001, 482; Urteil vom 16.3.1994 – II R 14/91, KTS 1994, 512.
19 Vgl. unter Zusammenfassung bisheriger Rechtsprechung BFH, Beschl. vom 8.10.2008 – II B 42/08, juris Rn. 9 = DRsp Nr. 2008/21030, st. Rspr.
20 BFH, Beschl. vom 14.10.2008 – II ZB 65/07, juris, Rn. 2 = DRsp Nr. 2008/24189, BFH II 38/00, siehe die obige Fn.
21 *Hintzen*, in: *Dassler/Schiffhauer/u. a.*, ZVG, § 81 Rn. 30. § 81 ist eine in der Gesetzgebung ziemlich einmalige Regelung, die dem „Marktgeschehen" geschuldet ist, wohingegen sonst die Verwendung eines „*Strohmanns*" auf Ablehnung der Rechtsordnung stößt.

kos geworden ist.²² Er trägt das Insolvenzrisiko des Zessionars bzw. des von ihm Vertretenen. Im Innenverhältnis wird er vorab mit dem Zessionar bzw. dem von ihm verdeckt Vertretenen alleinige Risikotragung des Zessionars bzw. Vertretenen verabreden.

Bei einer **Kette von Zessionaren** hat **jeder** die Verpflichtungserklärung gem. § 81 Abs. 2 ZVG abzugeben, andernfalls die beabsichtigte Wirkung des Erwerbs des Anspruchs auf den Zuschlag nicht eintreten kann. Daher haften auch alle anderen Zessionare, nicht nur der Ersteher, auf Zahlung aus dem Meistgebot (§§ 81 Abs. 4 ZVG i.V.m. Abs. 2 und i.V.m. §§ 421ff. BGB mit entsprechendem Innenausgleich gem. § 426 BGB).²³ Andernfalls würde die Verschiebung auf einen zahlungsunfähigen Zessionar erleichtert.

15

---

22 Kritisch dazu *Hintzen*, in: *Dassler/Schiffhauer/u.a.*, ZVG, § 81 Rn. 27 sowie *Helwich*, Rpfleger 1988, 467; *ders.*, Rpfleger 1989, 316.
23 So zutreffend *Böttcher*, ZVG, § 81 Rn. 22, ebenso *Stöber*, ZVG, § 81 Rn. 6, jeweils ohne Begründung; der allein am Wortlaut des § 81 Abs. 4 orientierten und Absatz 2 ausblendenden gegenteiligen Meinung von *Hintzen*, in: *Dassler/Schiffhauer/u.a.*, ZVG, § 81 Rn. 27 kann daher nicht zugestimmt werden.

§ 82 ZVG [Mindestinhalte des Zuschlagsbeschlusses]

In dem Beschluss, durch welchen der Zuschlag erteilt wird, sind das Grundstück, der Ersteher, das Gebot und die Versteigerungsbedingungen zu bezeichnen; auch sind im Falle des § 69 Abs. 3 der Bürge unter Angabe der Höhe seiner Schuld und im Falle des § 81 Abs. 4 der Meistbietende für mithaftend zu erklären.

Übersicht	Rn.
I. Zielsetzung des § 82 ZVG, Allgemeines	1, 2
II. Die einzelnen Angaben	3–19

Schrifttum: (Auswahl im Wesentlichen jüngerer Publikationen, siehe insbesondere für Standardwerke auch das Gesamtliteraturverzeichnis)
Reymann, Anm. zu BGH, Beschl. v. 0.12.2008 – V ZB 74/08 (*Grundbuchfähigkeit der GbR*), BB 2009, 346

I. Zielsetzung des § 82 ZVG, Allgemeines

1 Der **Zuschlagsbeschluss**[1] ist nicht nur **Vollstreckungstitel** (§ 93 ZVG, vgl. auch die Kommentierung zu § 93 ZVG), sondern überhaupt das **entscheidende Dokument** über den Eigentumswechsel, der zudem außerhalb des Grundbuchs erfolgt. Ferner informiert er, u. a. im Interesse von bisherigem Eigentümer und Grundpfandgläubigern, wie sich die neue rechtliche Situation darstellt, auch wer gegen wen welche Rechte und Zahlungsansprüche hat. Der Zuschlagsbeschluss bedarf daher sorgfältiger Abwägung und Formulierung.

2 Wie jede gerichtliche Entscheidung ist der Zuschlagsbeschluss durch den **Rechtspfleger** zu **unterzeichnen**. Es kann auch keinen Zweifel geben, dass er wie jeder rechtsmittelfähige Beschluss (§§ 11 Abs. 1 RPflG, 96 ff. ZVG) im notwendigen Umfang **begründet** werden muss.[2] Ebenso selbstverständlich kann das Vollstreckungsgericht den Beschluss bei offenbaren Unrichtigkeiten wie Schreib-, Rechenfehlern usw. jederzeit korrigieren (§ 319 ZPO). Eine Änderung in der Sache ist jedoch unzulässig.[3] Der Zuschlagsbeschluss ist wie jede gerichtliche Entscheidung in Grenzen auslegbar,[4] allerdings darf in den Tenor nicht etwas hineininterpretiert werden, was sich nicht explizit daraus ergibt.[5]

---

[1] Das Beschlussverfahren erklärt sich dadurch, dass dem Zuschlag keine (obligatorische) mündliche Verhandlung im Sinne der ZPO vorausgeht (vgl. §§ 128 Abs. 1, 4, 329 ZPO).

[2] Siehe dazu statt aller *Vollkommer*, in: *Zöller*, ZPO, § 329 Rn. 24 m.w.N. auch aus der Rechtsprechung des BGH, unangefochtene Meinung, Rn. 36. Der Gedanke des § 329 ZPO gilt für das gesamte Zivilprozessrecht, für den Zuschlag siehe *Stöber*, ZVG, § 82 Rn. 3.2. Die gegenteilige Meinung zur Frage der Notwendigkeit der Begründung von *Böttcher*, ZVG, Rn. 8, bzw. von *Hintzen*, in: *Dassler/Schiffhauer/u.a.*, ZVG, § 82 Rn. 13, die eine Begründung nicht stets als zwingend ansehen, überzeugt aus praktischer, indes nicht aus rechtlicher Sicht. Sogar der unanfechtbare Beschluss über die Verwerfung der Gehörsrüge soll begründet werden (§ 321a Abs. 4 Satz 4 ZPO). Um so mehr muss das für den anfechtbaren Zuschlagsbeschluss gelten.

[3] *Stöber*, ZVG, § 82 Rn. 4, allg. Meinung seit RG, Urteil vom 28.5.1930 – V 58/29, RGZ 129, 155 ff.

[4] BGH, Urteil vom 15.3.1996 – V ZR 273/94, Rpfleger 1996, 417 = WM 1996, 1376 = KTS 1996, 480.

[5] *Stöber*, ZVG, § 82 Rn. 4.5. So schon sehr klar RG, Urteil vom 28.1.1905 – Rep. V 339/04, RGZ 60, 48 ff. = Auerbach, ZVG, 1954, 154 ff. Dies gilt auch dann, wenn der Beschluss relevante Details des Protokolls nicht enthält (RG, a.a.O., *Auerbach* (Hrsg.), Entschdg. des Reichsgerichts in Zivilsachen, ZVG, 1954, S. 159). Ebenso RG, Urteil vom 20.1.1937 – V 194/36, RGZ 153, 252 ff. (*Auerbach*, a.a.O., S. 181 ff.).

II. Die einzelnen Angaben

Anzugeben ist daher im **Tenor**[6] des Beschlusses (fakultative, wenn auch zweckmäßige Angaben sind nachfolgend gleichfalls erwähnt) Folgendes: **3**

der **Ausspruch** über die **Erteilung** des Zuschlages; **4**

die genaue Bezeichnung des Grundbesitzes, wie er im Grundbuch (aktuell) vermerkt ist und bezüglich dessen die Versteigerung durchgeführt wurde mit den dortigen Angaben über die Nutzungsart nebst weiteren Angaben, wenn die Beschreibung im Grundbuch nicht vollständig mit der tatsächlich eingetretenen Situation übereinstimmen sollte; diese letztere Thematik betrifft eine etwaige Bebauung sowie bauplanungsrechtliche Änderungen; **5**

die **nicht von der Versteigerung erfassten Gegenstände** (vgl. zu fremdem Zubehör § 55 Abs. 2 ZVG) sind mindestens aus Gründen der Zweckmäßigkeit anzugeben;[7] **6**

subjektiv-dingliche Rechte, die **Bestandteile** (§ 96 BGB) des zugeschlagenen Grundeigentums als herrschendes Grundstück darstellen, sind zweckmäßig gleichfalls in dem Beschluss zu bezeichnen;[8] **7**

die **Personalien des Erstehers** nach Vor- und Zunamen, Geburtsdatum, Beruf,[9] Wohnanschrift[10] oder Geschäftsadresse (bei Kaufleuten, §§ 1 ff. HGB), die Firmierung beim eingetragenen Kaufmann (§ 19 HGB); **8**

bei **juristischen Personen und eingetragenen Personengesellschaften** der Sitz mit Adresse nebst Angabe der aus dem jeweiligen (aktuell eingesehenen) Register erkennbaren gesetzlichen (organschaftlichen) Vertreter; **9**

bei **mehreren Erstehern nach Bruchteilen**[11] deren Angabe, da dies § 47 GBO fordert; bei der **BGB-Gesellschaft** ist die Angabe der Gesellschafter nach Maßgabe des § 57 Abs. 2 GBO neben der Angabe zur BGB-Gesellschaft selbst notwendig, die ihrerseits analog § 124 BGB damit grundbuchfähig ist;[12] **10**

---

6 Es ist sicher zweckmäßig, wenn auch nicht vorgeschrieben, zwischen Tenor und Gründen im Beschlussaufbau zu unterscheiden, siehe *Vollkommer*, in: *Zöller, ZPO*" § 329 Rn. 24.
7 *Böttcher*, ZVG, § 82 Rn. 2 m.w.N.
8 So auch *Böttcher*, ZVG, § 82 Rn. 2 m.w.N. Zu Einzelheiten solcher Rechte vgl. *Ellenberger*, in: *Palandt*, BGB, § 96 Rn. 2 m.w.N.
9 Die Angaben zum Ersteher sind erforderlich, um ihn sowohl als Eigentümer (§ 90 ZVG) als auch als Schuldner des Meistgebots (siehe nur für den Fall der Wiederversteigerung §§ 118 Abs. 2 Satz 2, 132 Abs. 2 ZVG) identifizieren zu können. Die persönlichen Daten des Erstehers sind Basis der Grundbuchberichtigung und des Ersuchens des Vollstreckungsgerichts gegenüber dem Grundbuchamt gem. § 130 Abs. 1 ZVG. Daher ist auch § 15 Abs. 1 lit. a) GBV zu beachten, der u.a. das Geburtsdatum fordert, wenn aus den Eintragungsunterlagen (hier: Ersuchen gem. § 130 ZVG) oder dem in beglaubigter Abschrift beigefügten Zuschlagsbeschluss erkennbar. Bei Angabe des Geburtsdatum fordert die GBV keine Angabe zu Beruf oder Wohnort; letzteres ist aber wieder relevant für die Durchsetzung der Ansprüche aus dem Meistgebot gegen den Ersteher. Mit anderen Worten ist die Berufsbezeichnung nicht notwendig, wenn ausnahmsweise das Geburtsdatum nicht bekannt sein sollte; aA (*keine Angabe des Berufs*) Hintzen, a.a.O, § 82 ZVG Rn. 10 und *Stöber* (*zwingende Angabe des Berufs*), a.a.O., § 82 ZVG Rn. 2.4.
10 Die Wohnanschrift umschließt natürlich den Wohnort, der eine eigenständige Relevanz nicht hat.
11 *Hintzen*, in: *Dassler/Schiffhauer/u.a.*, ZVG, § 82 Rn. 10.
12 Vgl. zur Rechtsfähigkeit BGH, Urteil vom 29.1.2001 – II ZR 331/00, BGHZ 146, 341 ff. = NJW 2001, 1056 = Rpfleger 2001, 246 = ZIP 2001, 330; zur Grundbuchfähigkeit siehe BGH, Beschl. vom 4.12.2008 – V ZB 74/08 – juris, Ls. a), b), Rn. 18 ff. = BGHZ 179, 102 = NJW 2009, 594 = Rpfleger 2009, 141 = BB 2009, 346 m. Anm. *Reymann*. § 47 Abs. 2 GBO wurde durch das „Gesetz zur Einführung des elektronischen Rechtsverkehrs und die elektronische Akte im Grundbuchverfahren und zur Änderung weiterer grundbuch-, register- und kostenrechtlicher Vorschriften (ERVGBG)" v. 11.8.2009, BGBl. 2009 I, S. 2713 ff., eingefügt. Siehe zu dem Themenkomplex auch OLG München, Beschl. v. 5.2.2010 – 34 Wx 116/09, juris = Rpfleger 2010, 362 f. = juris PR–HaGesR 4/2010, Anm. 4, *Cranshaw*.

11 das **Meistgebot** mit seinen Einzelheiten einschließlich der Angaben über den Erwerb des Meistgebots infolge Zession oder verdeckter Stellvertretung, um Kompatibilität mit dem Protokoll herzustellen (vgl. § 80 ZVG);

12 das „*bare Meistgebot*" und dessen Verzinsung (§ 49 Abs. 1, 2 ZVG), das ist das „Gebot" im Sinne des § 92 ZVG;[13]

13 die von den gesetzlichen Bedingungen etwa **abweichenden Versteigerungsbedingungen** des § 59 ZVG. Nur der Klarstellung dient im Übrigen der übliche Hinweis auf die andernfalls zugrunde liegenden gesetzlichen Bedingungen.[14]

14 die **bestehen bleibenden Rechte**;[15]

15 die **Mithaftung etwaiger Bürgen** nebst der Angabe der Bürgschaftsschuld;

16 die **Mithaftung des Meistbietenden** und der **Zessionare** des „*Rechts aus dem Meistgebot*";[16]

17 bei **Erwerb** für einen **Nachlass** bzw. **eine Insolvenzmasse** der Hinweis auf Nachverwaltung und Testamentsvollstreckung bzw. die Eröffnung des Insolvenzverfahrens über das Vermögen des Erstehers (Folge des § 80 InsO) sowie der Zuschlag an die Erben bei Tod des Meistbietenden (Folge aus § 1922 BGB);[17]

18 etwa sonstige Besonderheiten des konkreten Zuschlags;[18]

19 der **deklaratorische Kostenausspruch** zu Lasten des Erstehers (§ 58 ZVG), der damit nicht Kostenentscheidung ist.[19]

---

13 *Hintzen*, in: *Dassler/Schiffhauer/u.a.*, ZVG § 82 Rn. 11, *Stöber*, ZVG, § 82 Rn. 2.5.
14 So zutreffend das Muster bei *Böttcher*, ZVG, § 82 Rn. 12.
15 Dies wird zu Recht von *Stöber*, ZVG, § 82 Rn. 2.5 hervorgehoben. Ebenso *Böttcher*, ZVG, Rn. 5, der die Angabe wegen der Konkretisierung des § 52 ZVG für zwingend hält; dem ist zuzustimmen.
16 Das ist abhängig davon, ob man die Haftung etwa weiterer Zessionare bei einer Abtretungskette bejaht oder ablehnt, siehe dazu die Kommentierung zu § 81 Abs. 2 ZVG.
17 Der Insolvenzschuldner wird dennoch Eigentümer. Im Grundbuch ist ein Sperrvermerk einzutragen, weshalb im Hinblick auf § 130 ZVG das Grundbuchamt entsprechend zu unterrichten, der Zuschlagsbeschluss entsprechend zu fassen ist. Zum Erwerb durch den Schuldner vgl. *Kayser*, in: *Kreft* (Hrsg.), HK-InsO, § 80 Rn. 18 m.w.N. Ähnlich *Stöber*, ZVG, Rn. 3.4, § 82 Rn. 2.10, der den Hinweis nur für „*nicht unzweckmäßig*" hält. Zu Testamentsvollstreckung usw. vgl. auch *Hintzen*, in: *Dassler/Schiffhauer/u.a.*, ZVG, § 82 ZVG Rn. 10.
18 Die Kommentarliteratur hat dabei nicht eingetragene „*altrechtliche*" Lasten nach § 9 EG ZVG (entstanden vor dem 1.1.1900) im Auge, vgl. *Stöber*, ZVG, § 82 Rn. 2.5, *Hintzen*, in: *Dassler/Schiffhauer/u.a.*, ZVG, § 9 EG ZVG Rn. 3 f.; § 82 Rn. 12, zu einem solchen Fall siehe RG, Urteil vom 28.1.1905 – Rep. V 339/04, RGZ 60, 48 ff. Die dort geregelten Altenteile usw. sind als eingetragene Rechte auch in der heutigen Praxis aber nicht unüblich (vgl. § 49 GBO), vgl. z.B. BGH, Beschl. vom 19.6.2008 – V ZB 129/07, Rpfleger 2008, 588 = DRsp Nr. 2008/14689.
19 *Stöber*, ZVG, § 82 Rn. 2.9, sieht die Kostenlast zutreffend als den gesetzlichen Versteigerungsbedingungen zugehörig.

§ 83 ZVG [Gründe zur Versagung des Zuschlags]

Der Zuschlag ist zu versagen:
1. wenn die Vorschrift des § 43 Abs. 2 oder eine der Vorschriften über die Feststellung des geringsten Gebots oder der Versteigerungsbedingungen verletzt ist;
2. wenn bei der Versteigerung mehrerer Grundstücke das Einzelausgebot oder das Gesamtausgebot den Vorschriften des § 63 Abs. 1, Abs. 2 Satz 1, Abs. 4 zuwider unterblieben ist;
3. wenn in den Fällen des § 64 Abs. 2 Satz 1, Abs. 3 die Hypothek, Grundschuld oder Rentenschuld oder das Recht eines gleich- oder nachstehenden Beteiligten, der dem Gläubiger vorgeht, durch das Gesamtergebnis der Einzelausgebote nicht gedeckt werden;
4. wenn die nach der Aufforderung zur Abgabe von Geboten erfolgte Anmeldung oder Glaubhaftmachung eines Rechtes ohne Beachtung der Vorschrift des § 66 Abs. 2 zurückgewiesen ist;
5. wenn der Zwangsversteigerung oder der Fortsetzung des Verfahrens das Recht eines Beteiligten entgegensteht;
6. wenn die Zwangsversteigerung oder die Fortsetzung des Verfahrens aus einem sonstigen Grund unzulässig ist;
7. wenn eine der Vorschriften des § 43 Abs. 1 oder des § 73 Abs. 1 verletzt ist;
8. wenn die nach § 68 Abs. 2 und 3 verlangte Sicherheitsleistung nicht bis zur Entscheidung über den Zuschlag geleistet worden ist.

Schrifttum (Auswahl im Wesentlichen jüngerer Publikationen, siehe insbesondere für Standardwerke auch das Gesamtliteraturverzeichnis) *Alff, Erhard*, Anm. zu LG Neubrandenburg, 4 T 96/04, Rpfleger 2005, 42 ff. (*Gundsatz des fairen Verfahrens*); *Cranshaw, Friedrich L.*, Anm. zu BGH, Beschl. v. 27.9.2007 – IX ZB 16/06 (*prozessuale Überholung*, ZInsO 2007, 1226), jurisPR extra, Beilage zum Anwaltsblatt 2008, S. 28 f.; *Ertle*, Probleme mit „Versteigerungsverhinderern", Rpfleger 2003, 14 ff.; *Hahn/Mugdan*, Die gesammten Materialien zu den Reichs-Justizgesetzen, 5. Band, 1897, Denkschrift zum Entwurf eines Gesetzes über die Zwangsversteigerung und Zwangsverwaltung; *Heese*, Anm. zu BGH, Beschl. v. 14.4.2006 – V ZB 25/05 (*keine Titelumschreibung auf den Schuldner, wenn der Insolvenzverwalter den Gegenstand aus der Masse freigibt*), KTS 2006, 465; *Hintzen, Udo; Alff, Erhard*, Änderungen des ZVG aufgrund des Zweiten JuModG, Rpfleger 2007, 233 ff./238; *Keller, Ulrich*, Anm. zu BGH, Beschl. v. 22.3.2007 – V ZB 138/06 („*faires Verfahren*"), ZfIR 2007, 725 ff.; *Storz, Karl-Alfred/ Kiderlen, Bernd*, Anm. zu OLG Nürnberg, Urt. v. 9.11.2005 – 4 U 920/05 (*Notwendigkeit von Hinweisen auf Details der Nutzung des Versteigerungsobjekts*), Rpfleger 2006, 215 ff.; *Storz, Karl-Alfred/Kiderlen, Bernd*, Praxis des Zwangsversteigerungsverfahrens, 11. Aufl., München, 2008; *Zimmer*, Anm. zu BGH Beschl. v. 10.4.2008 – V ZB 114/07 (*Heilung des Mangels der Zustellung der Vollmacht für die Vollstreckungsunterwerfung*), ZfIR 2008, 469 ff.

Übersicht

		Rn.
I.	Die Struktur des § 83 ZVG	1–3
II.	Die Versagungsgründe der Nrn. 1–5	4–21
1.	§ 83 Nr. 1 ZVG	4–10
2.	§ 83 Nr. 2 ZVG	11–15
3.	§ 83 Nr. 3 ZVG	16
4.	§ 83 Nr. 4 ZVG	17
5.	§ 83 Nr. 5 ZVG	18–21
III.	Die sogenannten unheilbaren Verfahrensmängel	22–51
1.	§ 83 Nr. 6 Unzulässigkeit der Versteigerung oder ihrer Fortsetzung aus „einem sonstigen Grunde", stets ein Fall der „Unheilbarkeit"?	22–43

2. § 83 Nr. 7 ZVG   44–50
3. Fehlende Sicherheitsleistung gem. § 83 Nr. 8 ZVG –
   ein nicht heilbarer Mangel?   51

I. Die Struktur des § 83 ZVG

1 Die anlässlich der Zuschlagserteilung vorzunehmende Prüfung des Verfahrens insgesamt (ohne Bindung des Gerichts an vorausgehende Entscheidungen, § 79 ZVG)[1] erfolgt systematisch insbesondere anhand der Zuschlagsversagungsgründe. § 83 1. Hs. ZVG formuliert, dass der Zuschlag unter den weiteren Voraussetzungen der Nrn. 1–8 versagt werden **muss**. Mit anderen Worten bleibt dem Vollstreckungsgericht keine Handlungsalternative zu der Rechtsfolge der Zuschlagsversagung in jenen Fällen. Die **Versagung** bedarf keines Antrags, sie hat **amtswegig** zu erfolgen.

2 § 83 ZVG ist die wesentliche Norm für die Versagung des Zuschlages, wenn er auch strukturell **keinen numerus clausus** der Versagungsgründe enthält. Zu beachten ist vielmehr das Zusammenspiel des § 83 ZVG mit § 100 ZVG zum Rechtsmittelverfahren, der die zur Erhebung der Zuschlagsbeschwerde berechtigenden Gründe enumerativ aufführt. Neben § 83 ZVG stehen daher die §§ 81, 83–85a ZVG und der Zuschlag zu anderen Bedingungen als denjenigen, die der Versteigerung zugrunde gelegen haben. Zudem ist der Zuschlag aus Gründen des § 74a ZVG und auf Antrag des dazu Befugten zu versagen. Außerhalb des ZVG steht der Vollstreckungsschutz nach § 765a ZPO, der nach der Rechtsprechung von BVerfG und BGH auch im Rahmen der Zuschlagsbeschwerde möglich ist und der bei Aufrechterhaltung der Systematik der Beschwerde (§ 100 ZVG) unter § 83 Nr. 6 ZVG[2] subsumiert werden kann.

3 Das Gesetz unterscheidet terminologisch sehr scharf zwischen den Verfahrensfehlern des § 83 Nrn. 1–5 ZVG und denen der Nrn. 6 und 7, wie § 84 Abs. 1 ZVG[3] zum einen, § 100 Abs. 3 ZVG zum anderen zeigt. Eine nicht recht identifizierbare **Sonderrolle** spielt die neue Regelung der Nr. 8 (siehe Rn. 50). Die Verfahrensfehler der Nrn. 1–5 werden in Literatur und Rechtsprechung auch „*heilbare*" oder „*relative*" Mängel genannt, die der Nr. 6 und 7 werden demgemäss als „*unheilbar*" oder „*absolut*" bezeichnet.[4]

II. Die Versagungsgründe der Nrn. 1–5

1. § 83 Nr. 1 ZVG

4 § 83 Nr. 1 ZVG führt zur Zuschlagsversagung, wenn
- § 43 Abs. 2 ZVG **oder**
- eine der Bestimmungen zum geringsten Gebot (§§ 44 ff. ZVG) **oder**
- eine Regelung über die Versteigerungsbedingungen (vgl. § 59 ZVG)

im Laufe des Verfahrens verletzt wurden **und nicht ausgeschlossen** werden kann, dass dadurch das Recht eines Beteiligten (§ 9 ZVG) verletzt wurde. Anders ist dies, wenn der Betroffene ungeachtet der ihm bekannten Rechtsver-

---

1 Vgl. im Einzelnen die Kommentierung zu § 79 ZVG Rn 6 m.w.N.
2 Vgl. nur BGH, Beschl. v. 18.12.2008 – V ZB 57/08 (§ 83 Nr. 6), Rn. 19 m.w.N., WM 2008, 358 = jurisPR-InsR 4/2009, Anm. 1, *Tetzlaff*. Vgl. im Einzelnen die Kommentierung zu § 765a ZPO.
3 Zu Einzelheiten s. die Kommentierung zu § 84 ZVG.
4 Begrifflichkeit nach *Stöber*, ZVG, § 83 ZVG Rn. 2.1. S. zur Bedeutung des § 84 ZVG in diesem Zusammenhang auch die Kommentierung zu § 83 Nr. 6 ZVG, nachfolgend unter Rn. 22 ff.

letzung das „*Verfahren*" in öffentlich beglaubigter Urkunde genehmigt oder sein Recht in Wahrheit überhaupt nicht beeinträchtigt wurde (§ 84 ZVG).[5]

Die Bestimmung des § 83 Nr. 1 ZVG umfasst mit ihren drei Tatbeständen eine große Palette von Gründen, die zur Zuschlagsversagung führen.   5

Die Zuschlagsversagung wegen **Verletzung des § 43 Abs. 2 ZVG** wahrt das rechtsstaatliche Verfahren der Versteigerung durch Ahndung der Nichtbekanntgabe sowie der fehlerhaften bzw. nicht fristgerechten Bekanntgabe der Bestimmung des Termins der Zwangsversteigerung. Der Mangel besteht nicht, wenn der jeweils Betroffene das fehlerhafte Procedere genehmigt (§ 43 Abs. 2 letzter Hs. ZVG).   6
Keine Verletzung des § 43 Abs. 2 ZVG liegt schon nach dessen Wortlaut vor, wenn Beteiligte erst nach Terminbestimmung bekannt werden und auch nicht zum Termin „nachgeladen" werden.[6]
Ebenso wenig soll eine Rolle spielen, ob der Schuldner die Ladung zum Termin bekommen hat, da es ausgeschlossen werden könne, dass sich dadurch das Versteigerungsergebnis verbessere, so dass auch eine Verletzung des Rechts des Schuldners nicht erkennbar ist (Fall des § 84 Abs. 1 1. Hs. ZVG).[7]

Beispiel zur **Heilung der Verletzung** der Vorschriften über das **geringste Gebot**: Führt die nach Schluss der Bietzeit erfolgte **Ablösung des in Rangklasse 3 bestrangig betreibenden Gläubigers** ausschließlich zu einer Erhöhung des Bargebots, dann fehlt es nach dem LG Kassel an einer Beeinträchtigung der Rechte Beteiligter, obwohl das geringste Gebot unrichtig geworden ist. Nachteile waren nicht zu erwarten, Auswirkungen auf das Meistgebot wurden verneint, so dass Heilung des eigentlich zur Versagung führenden Mangels gem. § 83 Nr. 1 ZVG nach § 84 ZVG möglich war.[8]   7

Auswirkungen hat auch die **fehlende formelle Rechtskraft des Wertfestsetzungsbeschlusses gem. § 74a Abs. 5 ZVG:**[9]   8
Sie begründet einen Versagungsgrund (nach § 83 Nr. 1 oder Nr. 5 ZVG), da eine Prüfung des Wertes in der Sache im Rahmen der Zuschlagsbeschwerde ausscheidet.[10] Die Erwägungen des OLG Hamm, bei erfolgreichem Angriff auf die Wertfestsetzung mit der Begründung, der Verkehrswert sei zu niedrig festgesetzt, könne in einem erneuten Termin ein höheres Gebot resultieren, sind richtig. Damit kann ein Nachteil für den Schuldner im Sinne des § 84 ZVG nicht ausgeschlossen werden, so dass der Zuschlag in solchen Fällen zu versagen ist.

Die Änderung des rechtskräftig festgesetzten Verkehrswerts nach § 74a ZVG gehört nach zutreffender Auffassung indes nicht zu den Versteigerungsbedingungen, so dass § 83 Nr. 1 ZVG ausscheiden dürfte. Der Verfahrensfehler ist zudem wohl unter § 83 Nr. 5, nicht aber unter Nr. 6 ZVG zu subsumieren.[11] Ist allerdings der Zuschlag schon einmal nach den §§ 74a, 85a ZVG versagt worden, führt der Grundsatz der „*Einmaligkeit*" der §§ 85a Abs. 2 Satz 2, 74a   9

---

5 S. die Kommentierung zu § 84 ZVG.
6 OLG Düsseldorf, Beschl. v. 27.1.1995 – 3 W 676/94, Rpfleger 1995, 373.
7 LG Berlin, Beschl. v. 31.7.1996 – 81 T 290/96, Rpfleger 1997, 123; immerhin könnte der Schuldner einwenden, er könne noch im Termin einen Bietinteressenten akquirieren und den Ablauf des Termins beeinflussen, so dass der Beschluss nicht recht überzeugend ist.
8 LG Kassel, Beschl. v. 8.2.2000 – 3 T 2/00, Rpfleger 2000, 408 f. § 33 ZVG war ebenfalls zu verneinen, da dort nicht nur eine Gläubigerin im Rang 3 (die Stadt), sondern noch andere Gläubiger das Verfahren betrieben haben.
9 Vgl. für Einzelheiten die Kommentierung zu § 74a ZVG.
10 OLG Hamm, Beschl. v. 15.9.1999 – 15 W 283/99, Rpfleger 2000, 120 f.
11 Das OLG Hamm, vorige Fn., lässt das unter Hinweis auf den Meinungsstand offen. Da es an dem für § 83 Nr. 6 ZVG notwendigen Moment der „Unübersehbarkeit" der Folgen fehlen soll, lehnt *Stöber*, ZVG, a. a. O., § 74a ZVG Rn. 9.11, die Anwendung des § 83 Nr. 6 ZVG ab.

ZVG nach der neueren Rechtsprechung des BGH dazu, dass ein **Antrag auf Änderung** des formell rechtskräftigen Wertfestsetzungsbeschlusses **prozessual überholt** und damit unzulässig ist.[12] Im Umkehrbeschluss bestätigt das die Entscheidung des OLG Hamm.

10 Der Zuschlagsversagung steht auch nicht entgegen, wenn beim **Doppelausgebot** nur Gebote auf das Ausgebot zu abgeänderten Versteigerungsbedingungen erfolgen, da § 59 Abs. 1 Nr. 3 ZVG einen Nachweis konkreter Nachteile fordert und nicht umgekehrt deren Ausschluss.[13]

2. § 83 Nr. 2 ZVG[14]

11 Der Zuschlag ist **nach dem Wortlaut** des § 83 Nr. 2 ZVG zu **versagen**, wenn ein Verfahrensfehler dahingehend festzustellen ist, dass **entgegen** den Bestimmungen des § 63 Abs. 1, Abs. 2 Satz 1 und Abs. 4 ZVG entweder kein Gesamt- oder kein Einzelausgebot erfolgte. Der Gesetzestext ist in sich **nicht schlüssig**, da er an Anträge Beteiligter, denen zwingend nachzukommen ist, einmal die Folge der Zuschlagsversagung knüpft (§ 63 Abs. 2 Satz 1 ZVG), ein andermal nicht (§ 63 Abs. 2 Satz 2 ZVG). Ähnlich führen von der Abwägung des Gerichts abhängige Ausgebote im einen Fall zur Zuschlagsversagung (§ 63 Abs. 1 Satz 2), im anderen nicht (§ 63 Abs. 2 Satz 3 ZVG), wenn auch Abs. 2 Satz 3 den Antrag eines Beteiligten fordert.

12 Die **Kommentarliteratur** will daher bei § 83 Nr. 2 ZVG differenzieren, ob Beteiligte verlangt haben, neben dem Einzelausgebot ein Gesamt- und/oder Gruppenausgebot zuzulassen (§ 63 Abs. 2 Satz 2 ZVG) oder ob die Anordnung des Gruppenausgebots auf dem **Ermessen des Gerichts** beruht (§ 63 Abs. 2 Satz 3 ZVG). Im ersteren Falle soll ein Verfahrensfehler die Zuschlagsversagung begründen.[15] Dem wird man beipflichten müssen, die fehlende Bezugnahme in § 83 Nr. 2 ZVG auf das Gruppenausgebot in § 63 Abs. 2 Satz 2 ZVG ist nicht sinnvoll und dürfte Redaktionsversehen des Gesetzgebers sein. Umgekehrt entfällt aus demselben Grund – entgegen dem Gesetzeswortlaut – die Zuschlagsversagung bei einem Verfahrensfehler, der § 63 Abs. 1 Satz 2 ZVG betrifft.

13 Beispiele aus der Rechtsprechung bei verschiedenen Ausgebotsarten:
Der BGH hat in einem Fall, der die Versteigerung von Bruchteilseigentum mehrerer Bruchteile betraf, die nach „*Gesamt-, Gruppen- und Einzelausgeboten*" versteigert worden waren, den Zuschlag nach § 83 **Nr. 7** ZVG (!) versagt, da der Rechtspfleger für das Gesamtausgebot die Versteigerung früher geschlossen habe als für die anderen „*Gebotsarten*", Verstoß gegen § 73 Abs. 1 Satz 2 ZVG. Die Beteiligte, Inhaberin eines Wohnrechts nach § 1093 BGB und Mieterin der versteigerten Eigentumswohnungen, sah sich dadurch beeinträchtigt.[16] Dieser Verfahrensfehler fiel also nicht unter den „heilbaren" Mangel der Nr. 2, obwohl er die Art des Gebots betraf.

14 In einem **weiteren Fall der Versteigerung von Bruchteilseigentum** stellte sich der BGH auf den Standpunkt, trotz der sachgerechten Anordnung des Gesamtausgebots nach § 63 Abs. 2 Satz 1 ZVG seien mehrere im selben Ver-

---

12 BGH, Beschl. v. 10.10.2003 – IXa ZB 128/03, NJW-RR 2004, 302 = ZfIR 2004, 167 = WM 2004, 98; allgemein zur prozessualen Überholung siehe auch BGH, Beschl. v. 27.9.2007 – IX ZB 16/06, ZInsO 2007, 1226 = ZIP 2007, 2330, Anm. *Cranshaw* in: jurisPR extra, Beilage zum Anw.blatt 2008, S. 28 f.
13 Siehe bei § 83 Nr. 5 ZVG (Rn. 18 ff.).
14 Zu der hier nicht wiederzugebenden Historie der Bestimmung s. bei *Stöber*, ZVG, a.a.O., § 83 ZVG Rn. 3.2.
15 *Stöber* (Fn. 4), ZVG, § 83 ZVG Rn. 3.2.
16 BGH, Beschl. v. 9.5.2003 – IXa ZB 25/03, NJW-RR 2003, 1077–1078 = Rpfleger 2003, 452 = WM 2003, 1181 = KTS 2003, 701.

fahren versteigerte Grundstücke jedenfalls auch einzeln auszubieten, sofern nicht die *„anwesenden Beteiligten"*, deren Rechte nicht in das geringste Gebot fallen, den Verzicht gem. § 63 Abs. 4 ZVG erklärt haben. Das Einzelausgebot sei vorrangig, es könne nicht ausgeschlossen werden, dass dadurch ein höherer Versteigerungserlös hätte erzielt werden können. Der Senat hat den Zuschlag gem. § 83 **Nr. 2** ZVG sowie „unter *Berücksichtigung [...] des § 84 ZVG*" versagt.[17] Zugleich hat er gefordert, der **Verzicht nach** § **63 Abs. 4 ZVG** habe ausdrücklich zu sein und er müsse protokolliert werden.[18]

Bewilligt der (**bestrangig betreibende**) **Gläubiger**, der mehrere Grundstücke versteigert, bei der Anordnung von unterschiedlichen Ausgeboten (Einzel-, Gruppen-, Gesamtausgebot) nach Beendigung der Bietzeit die **einstweilige Einstellung bezüglich derjenigen Grundstücke, bei denen kein Einzelausgebot möglich war**, versagt das OLG Stuttgart dem Meistgebot den Zuschlag auf ein Grundstück, bei dem Einzelausgebot angeordnet worden war.[19] Unter anderem werde dadurch ein höheres Gesamtausgebot zum Nachteil des Schuldners und entgegen § 63 ZVG verhindert.[20] **15**

3. § 83 Nr. 3 ZVG

Die Bestimmung der **Nr. 3** ist auf die **Besonderheit der Versteigerung mehrerer**[21] **mit einem bestehen bleibenden Gesamtrecht belasteter Grundstücke** zurückzuführen, wenn nach § 64 Abs. 1 Satz 1 ZVG beantragt[22] wird, das Gesamtrecht im geringsten Gebot nur anteilig nach dem Verhältnis der Werte der versteigerten Grundstücke zu berücksichtigen, um die Versteigerung aufgrund völlig überdimensionierten geringsten Gebotes nicht zu verunmöglichen. Stellt dann der betroffene Gesamtrechtsinhaber den „**Gegen**"**antrag** nach § 64 Abs. 2 Satz 1 ZVG, im geringsten Gebot nur seinem Recht vorgehende Rechte zu berücksichtigen, **müssen** die Grundstücke auch mit dieser Abweichung ausgeboten werden. Übt dann der **Gesamtrechtsinhaber** nach Beendigung des Versteigerungstermins sein **Wahlrecht** nach § **64 Abs. 2 Satz 2 ZVG** dahingehend aus, dass für den Zuschlag die Gebote gem. § 64 Abs. 2 ZVG, nicht diejenigen gem. § 64 Abs. 1 ZVG maßgeblich sein sollen, stellt sich die Frage nach den Folgen der Änderung des geringsten Gebots, die aus § 64 Abs. 2 Satz 1 1. Hs. ZVG resultiert. Schlüssige Konsequenz und Ausprägung des Deckungsprinzips ist dann die Versagung des Zuschlags nach § 83 Nr. 3 ZVG, wenn durch die Einzelausgebote das Gesamtrecht (§ 83 Nr. 3 1. Hs. 1. Alt. ZVG) sowie das Recht eines anderen dem Gesamtrechtsinhaber gleichrangigen oder nachrangigen Beteiligten, das aber dem bestrangig betreibenden Gläubiger vorgeht (2. Alt.), nicht gedeckt sind.[23] **16**

4. § 83 Nr. 4 ZVG

§ 83 Nr. 4 ZVG betrifft **Verletzungen des** § **66 Abs. 2 ZVG**, der das Gericht verpflichtet, vor der Aufforderung, Gebote abzugeben, auf die **Ausschließung weiterer Anmeldungen** hinzuweisen und dies auch zu protokollieren. Die Folgen der unterlassenen Anmeldung sind für die nicht aus dem Grundbuch **17**

---

17 BGH, Beschl. v. 30.10.2008 – V ZB 41/08, NJW-RR 2009, 158–159 = DRsp Nr. 2008/21766 = Rpfleger 2009, 98.
18 BGH, vorige Fn., a.a.O., III 1b) der Gründe.
19 OLG Stuttgart, Beschl. v. 31.10.2001 – 8 W 427/01, Rpfleger 2002, 165 f.
20 Vgl. die Kommentierung zu § 63 ZVG.
21 Vgl. § 18 ZVG.
22 Antragsbefugt sind der Eigentümer als Vollstreckungsschuldner, betreibende Gläubiger und Beteiligte (§ 9 ZVG), die dem Gesamtrechtsinhaber gleich- oder nachrangig sind, § 64 Abs. 1 Satz 2 ZVG, s. die dortige Kommentierung, nicht jedoch der Gesamtrechtsinhaber.
23 Für Einzelheiten wird auf die Kommentierung zu § 64 ZVG verwiesen. S. auch die Berechnungen bei *Hintzen*, in: *Dassler/Schiffhauer/u.a.*, ZVG, § 83 ZVG Rn. 15 ff.

erkennbaren Rechte Beteiligter gravierend, da sie dazu führt, dass solche Rechte nicht in das geringste Gebot aufgenommen werden und bei der Erlösverteilung nur nachrangig berücksichtigt werden. Sie erleiden also einen Rangverlust (§§ 37 Nr. 4, 45 Abs. 1 ZVG). Dasselbe geschieht, wenn ein Gläubiger der Anmeldung widerspricht und der Inhaber sein Recht nicht glaubhaft macht (§ 294 ZPO). Unterbleibt der Hinweis des Gerichts und werden dennoch Rechte angemeldet, die unter §§ 37 Nr. 4, 45 Abs. 1 ZVG fallen, darf der Rechtspfleger diese nicht zurückweisen (§ 83 Nr. 4 ZVG). Erfolgt dies gleichwohl, führt der Verfahrensfehler zur Versagung des Zuschlags (§ 100 Abs. 1 ZVG).[24]

5. § 83 Nr. 5 ZVG

18 Nach § 83 Nr. 5 ZVG ist der Zuschlag dann zu versagen, wenn entweder die Zwangsversteigerung grundsätzlich oder die Fortsetzung des laufenden Verfahrens das **konkrete Recht eines Beteiligten (im Sinne des § 9 ZVG) verletzen** (würden). Der Mangel ist wie die anderen der Nrn. 1–4 gem. § 84 ZVG „*heilbar*"; das ist konsequent, da es keinen Grund gibt, den Zuschlag zu versagen, wenn der in seinen Rechten Betroffene deren Beeinträchtigung wirksam zustimmt.

---

24 Wie stets generieren Verfahrensfehler, die zur Zuschlagsversagung oder zur Aufhebung im Rechtsmittelverfahren führen, tendenziell Haftungsrisiken des Gerichts, s. auch Stöber (Fn. 4), ZVG, § 66 ZVG Rn. 8.2. Auf die damit in Zusammenhang stehenden Fragen zu einer Berufshaftpflichtversicherung des Rechtspflegers bzw. Richters und die beamtenrechtlichen Fragen von Regress und Haftungsfreistellung kann im Rahmen dieser Darstellung nicht detailliert eingegangen werden. Vorliegend soll daher im Wesentlichen auf die Entscheidung des BGH v. 23.3.2000 – III ZR 152/99, NJW 2000, 3358 ff., hingewiesen werden, die der Rechtspflegerin in dem zu dem Haftungsprozess gegen das Land Berlin führenden Versteigerungsverfahren unbezweifelbar schuldhafte Amtspflichtverletzung bescheinigt hat. Schließlich zeigt das illustrative Urt. des OLG Brandenburg v. 31.7.2008 – 5 U 176/06, DRsp Nr. 2008/17813, dass der verminderte Haftungsmaßstab im Arbeitsrecht nach der Rechtsprechung der Arbeitsgerichtsbarkeit im Beamtenrecht wohl noch keinen Niederschlag gefunden hat. Der Dienstherr dürfte aufgrund seiner Fürsorgepflicht gleichwohl veranlasst sein, entweder das Risiko auf seine Kosten zu versichern, soweit am Markt angeboten, oder maßvollen Rückgriff zu nehmen, der lediglich die Kosten einer geeigneten Versicherung abdecken würde oder ähnliche Maßstäbe für Höchstbeträge. Aus der Rechtsprechung des BGH zur Amtshaftung des Rechtspflegers im Versteigerungsverfahren darf zur Ergänzung auf den Beschl. v. 26.7.2001 – III ZR 243/00, NJW-RR 2002, 124 = ZfIR 2001, 777, aufmerksam gemacht werden, wonach keine Amtspflicht des Gerichts gegenüber „*dem Zedenten eines zur Sicherheit an den Vollstreckungsgläubiger abgetretenen Grundpfandrechts*" besteht. Geschützt wird aber der **Meistbietende als Dritter** im Sinne des § 839 BGB, was in dem Urteil des BGH v. 13.9.2001 – III ZR 228/00, RPfleger 2002, 37 = NJW-RR 2002, 307 = ZfIR 2001, 1028, zu einer Verurteilung des beklagten Landes führte, da der Rechtspfleger des Versteigerungsgerichts fehlerhaft den Zuschlag unter Verletzung der §§ 83 Nr. 1, 43 Abs. 2 ZVG erteilt hatte, weshalb die Zuschlagsentscheidung später aufgehoben worden war. Der Kläger konnte jedoch nicht mit seinem Begehren nach entgangenem Gewinn durchdringen, da seine Gewinnvorstellungen nicht vom Schutzbereich der Haftungsnorm erfasst sind, denn das Gesetz schützt den Meistbietenden nur vor dem Verlust von Aufwendungen, die er im „*Vertrauen auf die Gesetzmäßigkeit des bisherigen Verfahrens*" getätigt hat. Im Zusammenhang damit hat der BGH in dem Vers.urteil v. 22.1.2009 – III ZR 172/08, juris, judiziert, die Amtspflicht des Versteigerungsgericht schütze auch den Vollstreckungsgläubiger, u. a. davor, dass „*der Zuschlagsbeschluss wegen eines Zustellungsfehlers ... aufgehoben wird und in einem nachfolgenden Versteigerungstermin ein geringerer Erlös erzielt wird*" (BGH, a.a.O., Rn. 12 f.). Allerdings werden die mit dieser Rechtsprechung verbundenen erheblichen Haftungsrisiken der Länder, für ihre Versteigerungsgerichte einstehen zu müssen, dadurch abgemildert, dass der BGH gleichzeitig zum Ausdruck gebracht hat, die sachliche Unabhängigkeit des Rechtspflegers (§ 9 RPflG) setze voraus, dass der zur Haftung führende Fehler auf einer „*nicht mehr vertretbaren Rechtsanwendung beruht*". Ein Verschulden setzt danach voraus, dass „*Entscheidung ... oder Verfahren objektiv nicht mehr vertretbar erscheinen.*" (BGH, III ZR 172/08, Rn. 13). Entsprechend reduziert sich das Haftungsrisiko für Richter und Rechtspfleger. S. auch das Kapitel „*Staatshaftung des Vollstreckungsgerichts*", Rn 9 f.

Die hierunter zu subsumierenden Fälle sind angesichts der weiten Fassung der Bestimmung tendenziell zahllos. Ziff. 5 betrifft jedoch insbesondere die Verletzung der Rechte gem. § 28 ZVG und § 37 Nr. 5 ZVG. Die Abgrenzung zu den nicht heilbaren Verletzungen des § 83 Nr. 6 ZVG ist aufgrund des dortigen Merkmals der „Ungewissheit" schwierig. In der Praxis spielt das aber eine entscheidende Rolle, weil eben, wenn unter § 83 Nr. 5 ZVG subsumiert werden kann, Heilung nach § 84 ZVG möglich ist. **19**

Unter Nr. 5, nicht jedoch unter Nr. 6, fällt z.B. die Thematik, dass der Zuschlag erteilt wird, **ohne** dass der **Wertfestsetzungsbeschluss** (§ 74a Abs. 5 ZVG) formell **rechtskräftig** ist.[25] Ist er rechtskräftig, kann der Schuldner nur mehr den Schuldnerschutzantrag gem. § 765a ZVG stellen. **20**

Ein Recht des **Schuldners** ist **nicht im Sinne des** § 83 Nr. 5 ZVG verletzt, wenn bei **Doppelausgebot auf Gläubigerantrag** (infolge des § 59 Abs. 2 ZVG)[26] **nur Gebote auf die abweichenden**, nicht auch auf die gesetzlichen Versteigerungsbedingungen abgegeben werden, auch wenn der Schuldner dem nicht zugestimmt hat. Da der Schuldner nicht die etwaige Verletzung der Rechte Dritter rügen kann, ist seine Zuschlagsbeschwerde in jenen Fällen erfolglos. Das Ergebnis der Versteigerung (nur Gebote auf die abweichenden Bedingungen) indiziert, dass die Versteigerung allein zu den gesetzlichen Bedingungen nicht zu einer Beeinträchtigung führt. Über § 59 Abs. 1 Satz 3 ZVG folgert das LG Berlin, der Zuschlag könne erteilt werden, soweit eine Beeinträchtigung des Schuldners nicht feststehe.[27] **21**

III. Die sogenannten unheilbaren Verfahrensmängel

1. § 83 Nr. 6 Unzulässigkeit der Versteigerung oder ihrer Fortsetzung aus „einem sonstigen Grunde", stets ein Fall der „Unheilbarkeit"?

„Sonstiger Grund" im Sinne der Vorschrift ist die Abgrenzung zu Nr. 5, bei dem der Zuschlag am **Recht eines Beteiligten** im Sinne des § 9 ZVG[28] scheitert, aber auch die Abgrenzung zu den Nrn. 1–4. Damit sind generalklauselartig alle Konstellationen umfasst, die dem Verfahren entgegen stehen, wie der Wortlaut eindrücklich zeigt. Diese Gründe sind so gravierend, dass der Gesetzgeber sie als hinreichend ansah, um unabhängig davon, ob das Recht eines Beteiligten beeinträchtigt sei, den Zuschlag zu versagen. Der BGH geht daher zutreffend von einem *„Auffangtatbestand"* aus.[29] **22**

Nach den Gesetzesmaterialien erfasst die Vorschrift alle Rechtsverletzungen, in denen **nicht mit Gewissheit** festgestellt werden kann, inwieweit Rechte der Beteiligten berührt sind, aus welchem Grunde der Zuschlag generell zu versagen sei.[30] Die Auffassung von der *„Unheilbarkeit"*, wie sie in der Literatur vertreten wird, ist also dem historischen Gesetzgeber geschuldet; sie deckt sich mit § 84 Abs. 1 ZVG, da Nr. 6 nicht in dem Katalog derjenigen Tatbestände enthalten ist, bei denen der Zuschlag erteilt werden kann, wenn ein Recht nicht beeinträchtigt ist oder der Betroffene das Verfahren genehmigt. Der BGH **23**

---

25 S.o. die Kommentierung zu § 83 Nr. 1 ZVG Rn. 4 ff., 8.
26 S. im Einzelnen die Kommentierung zu § 59 ZVG.
27 LG Berlin, Beschl. v. 28.9.2005 – 81 T 766/05, Rpfleger 2006, 93 f.
28 Beteiligter in diesem Sinne ist u. a. der Grundpfandgläubiger oder sonst Grundbuchberechtigte einschließlich des Inhabers einer Vormerkung zum maßgeblichen Zeitpunkt der Eintragung des Vollstreckungsvermerks im Grundbuch, s. im Einzelnen die Kommentierung zu § 9 ZVG.
29 BGH, Beschl. v. 30.1.2004 – IXa ZB 285/03, NJW-RR 2004, 1366 = Rpfleger 2004, 368 = ZfIR 2004, 489.
30 Denkschrift zum Entwurf eines Gesetzes über die Zwangsversteigerung und die Zwangsverwaltung, Vgl. *Hahn/Mugdan*, Die gesammten Materialien zu den Reichs-Justizgesetzen, 5. Band, 1897, Denkschrift ..., S. 91; so auch dezidiert *Stöber* (Fn. 4). ZVG, § 83 ZVG Rn. 2.1, 4.

will in seiner jüngsten Rechtsprechung die Dinge aber nicht formal betrachten, sondern eine Interessenabwägung vornehmen. Verfahrensfehler nach § 83 Nr. 6 ZVG sind somit nicht stets „unheilbar", sondern das Ergebnis einer Einzelfallprüfung. Daher ist z. B. aus dem Blick des BGH nicht erforderlich, dass der Vollstreckungstitel bei den Akten verbleibt, wenn nur feststeht, dass er über die gesamte Zeit des Verfahrens bestand und jedenfalls im Beschwerdeverfahren wieder vorgelegt wird.[31] Die umrissene Rechtsprechung des BGH ist in der Literatur auf erhebliche Kritik gestoßen, da der Senat damit mindestens praeter legem (§ 84 ZVG) die Unterscheidung zwischen heilbaren und nicht heilbaren Verfahrensfehlern aufgegeben hat. Die Literaturauffassung hat nicht nur die Meinung des historischen Gesetzgebers für sich, sondern insbesondere den Wortlaut des § 84 ZVG. Der 5. Senat des BGH hält indes an dieser Rechtsprechung fest, die mittlerweile als gefestigt bezeichnet werden kann.[32] In der Praxis führt die Interessenabwägung allerdings nur in begrenztem Ausmaß dazu, dass der Zuschlag erteilt werden kann, wie die bereits zitierten Entscheidungen und die folgenden Fälle zeigen.

24 Unter Ziff. 6 ist (beispielsweise) Folgendes zu subsumieren:

25 Das **Fehlen der Parteifähigkeit**,[33] der **Prozessfähigkeit**[34] sowie der **Prozessführungsbefugnis**, Folge aus §§ 51 ff., 864 ZPO i. V. m. den weiteren Vorschriften dazu. In der Praxis sind das die Problematik der etwaigen Geschäftsunfähigkeit oder beschränkten Geschäftsfähigkeit des Schuldners (= Fehlen der Prozessfähigkeit), aber auch der fehlenden Prozessführungsbefugnis des Insolvenzschuldners, die aus § 80 InsO resultiert. Die Fortsetzung des Versteigerungsverfahrens gegen den Insolvenzschuldner, das vor Eröffnung des Insolvenzverfahrens angeordnet worden war, bedarf **nach dessen Eröffnung** nicht der Umschreibung und erneuten Zustellung an den Verwalter.[35]

26 Das **Fehlen der Zuständigkeit des angegangenen Gerichts**.

---

31 BGH, IX ZB 285/03 (Fn. 29), a.a.O; nach BGH, Beschl. vom 18.03.2010, WM2010, 1233 = MDR 2010, 771, muss der Titel bei Versteigerung und Zuschlag vorliegen; der Mangel kann noch im Beschwerdeverfahren geheilt werden.
32 S. BGH, Beschl. v. 30.1.2004 – IXa ZB 286/03, ZfIR 2004, 751, II 3b) der Gründe; Beschl. v. 5.11.2004 – IXa ZB, 76/04, FamRZ 2005, 200 f., II 2d) der Gründe (*keine Heilung bei „Geschäfts- und Prozessunfähigkeit"*); Beschl. v. 10.4.2008 – V ZB 114/07, juris, Ls a), Rn. 14 ff. (*Heilung von Mängeln der Titelzustellung, hier: Unterbleiben der Zustellung der Vollmacht für die Vollstreckungsunterwerfung*) = Rpfleger 2008, 433 ff. = ZfIR 2008, 469 ff. mit zustimmender Anm. *Zimmer* mit dem Hinweis auf den grundlegenden Beschl. zur Notwendigkeit der Vollmachtszustellung v. 21.9.2006 – V ZB 76/06, NJW-RR 2007, 358 f. = Rpfleger 2007, 37 f. = ZfIR 2007, 110 ff. m. Anm. *Zimmer*; Beschl. v. 18.12.2008 – V ZB 57/08, juris Rn. 19 (*keine Heilung bei begründetem Antrag gem. § 765a ZPO*) = WM 2009, 358 = ZInsO 2009, 254 f. = NJW 2009, 259 f. = jurisPR-InsR 4/2009, Anm. 1 (*Tetzlaff*).
33 Hierbei geht es im Wesentlichen um die Frage der Parteifähigkeit von Scheinauslandsgesellschaften mit tatsächlichem Verwaltungssitz in der Bundesrepublik, die unter Zugrundelegung des Rechts des Gründungsstaats („*Gründungstheorie*") rechts- und parteifähig sind, soweit sie aus den EU-Staaten (EuGH, Urt. v. 30.9.2003 – Rs C-167/01, „*Inspire Art*", ZIP 2003, 1885), dem EWR und den USA stammen. Dergleichen Gesellschaften aus anderen Staaten (auch der Schweiz) sind dagegen heute noch ohne Neugründung in Deutschland als Sitzstaat („*Sitztheorie*") als juristische Person ausländischen Rechts nicht parteifähig. Sie sind jedoch als „*rechtsfähige Personengesellschaft*" nach inländischem Recht anzusehen (BGH, Urt. v. 27.10.2008 – II ZR 158/06, zu einer schweizerischen Gesellschaft, siehe insb. I 1b) aa) der Entscheidungsgründe, NJW 2009, 289). Die geplante Änderung des deutschen Internationalen Gesellschaftsrechts stellt generell auf die Gründungstheorie ab und wird die umrissene Problematik bereinigen.
34 Zur Prozessfähigkeit vgl. OLG Stuttgart, Beschl. v. 31.5.1996 – 8 W 127/95, Rpfleger 1996, 36.
35 Siehe dazu *Lohmann*, in: *Kreft* (Hrsg.), HK-InsO, § 49 Rn. 24 f. m.w.N. BGH, Beschl. v. 24.11.2005 – V ZB 84/05, Rpfleger 2006, 423 = ZfIR 2006, 151. Nach Freigabe durch den Verwalter ist keine weitere Umschreibung nötig, die Fortsetzung des Verfahrens ohne eine solche ist kein Verfahrensfehler nach § 83 Nr. 6 ZVG, BGH, Beschl. v. 14.4.2005 – V ZB 25/05, WM 2005, 1324 = Rpfleger 2006, 423 = KTS 2006, 465 m. Anm. *Heese*.

Die Erledigung des Verfahrens durch **Rücknahme des Versteigerungsantrags** 27 (§ 29 ZVG).

Die Erledigung des Verfahrens durch **Befriedigung der betreibenden Gläubiger**. 28 Bei den Grundpfandrechtsinhabern muss allerdings der dingliche Anspruch befriedigt sein (siehe §§ 1147, 1112 ff., 1192 BGB).[36] Der Eigentümer leistet nach Einleitung der Versteigerung aber stets auf die dingliche Forderung.[37]

Die **einstweilige Einstellung des Verfahrens**, auch aus den Gründen des § 765 a 29 ZPO.

Verfahrensverstöße, die Verfassungsrecht (*„Verfahrensgrundrechte"*) tangie- 30 ren, etwa den Grundsatz des „**fairen Verfahrens**",[38] der zugleich einen Anwendungsfall des § 139 ZPO darstellt. Gefordert werden die in der konkreten Situation angemessenen Hinweispflichten des Gerichts.[39]

Zu dieser Fallgruppe gehört auch die Frage des Verstoßes gegen **Art. 101 GG** 31 („**gesetzlicher Richter**"), u. a. wenn das Verfahren der Geschäftsverteilung des Vollstreckungsgerichts nicht den verfassungsrechtlichen Maßstäben zu Art. 101 GG standhalten sollte. Der BGH hat dies jedoch verneint, denn die Vorschriften über den gesetzlichen Richter seien auf den Rechtspfleger *„weder unmittelbar noch entsprechend"* anzuwenden, es gibt daher kein Recht auf den „gesetzlichen Rechtspfleger". § 83 Nr. 6 ZVG führt in jenen Fällen nicht zur Zuschlagsversagung.[40] Die Geschäftsverteilung muss in dem funktionell dem Rechtspfleger ordnungsgemäß zugewiesenen Aufgabenbereich nicht *„abstrakt-generell im Voraus ... bestimmt sein ..."*, vielmehr sind *„ad hoc"*-Zuweisungen zulässig. Das Rechtspflegergesetz fordert dies ebenfalls nicht.[41]

Hingegen hat der BGH eine **Verletzung des Art. 101 GG bejaht**[42], wenn über 32 die (in dem entschiedenen Fall auf § 83 Nr. 6 ZVG gestützte) Zuschlagsbeschwerde durch den Einzelrichter der Kammer des Landgerichts und nicht die mit drei Richtern besetzte Kammer entschieden wird, wobei es sich allerdings nicht um einen spezifischen unter § 83 Nr. 6 ZVG zu subsumierenden Verfahrensfehler handelt, sondern eben um die Verletzung von grundgesetzlichen Verfahrensrechten.

Die **Gehörsrüge**, die die Verletzung von Art. 103 GG moniert, ist bereits im 33 Rahmen der Zuschlagsbeschwerde geltend zu machen, Fehler sind nach § 83 Nr. 6 ZVG zu berücksichtigen. Die Umstände, die die fehlerhafte Versagung

---

36 Die Leistung des Schuldners auf die persönliche Forderung des Grundschuldinhabers, die dadurch erlischt (§ 362 BGB), führt lediglich zu einem Anspruch aus dem Sicherungsvertrag, der durch Vollstreckungsabwehrklage geltend zu machen ist (§ 767 ZPO). Sie führt auf Antrag zur einstweiligen Einstellung des Versteigerungsverfahrens aufgrund einstweiliger Anordnung des Prozessgerichts.
37 Vgl. dazu *Clemente*, D. Grundschuld, in: *Assies/Beule/u. a.*, Handb. des Fachanwalts, Bank- und Kapitalmarktrecht, Kap. 5, Kreditsicherungsrecht, Rn. 1074 ff./1077 u. Fn. 1244 m. w. N. aus der Rechtsprechung des BGH.
38 Vgl. *Stöber* (Fn. 4), ZVG, § 83 ZVG Rn. 4.1 lit. m). Zum *„fairen Verfahren"* s. BGH, Beschl. v. 22.3.2007 – V ZB 138/06, ZfIR 2007, 725 m. Anm. *Keller* = Rpfleger 2007, 410 = NJW 2007, 2995. Aus der Instanzrechtsprechung vgl. LG Neubrandenburg, Beschl. v. 3.6.2004 – 4 T 96/04, Rpfleger 2005, 42 f. m. Anm. *Alff*; LG Heilbronn, Beschl. v. 22.6.1995 – 1b T 214/95, Rpfleger 1996, 79.
39 Vgl. *Hintzen*, in: *Dassler/Schiffhauer/u. a.*, ZVG, § 83 ZVG Rn. 29 ff.; vgl. auch das Kapitel „*Einfluss des GG"*, Rn. 12 ff.
40 BGH, Beschl. v. 10.12.2009 – V ZB 111/09, juris, Ls a), b), Rn. 9, 13 ff.
41 BGH, a. a. O., vorige Fn., Ls b), Rn. 19 ff. Die scharfe Abgrenzung zwischen Richter und Rechtspfleger vermag schon angesichts dessen, dass der Rechtspfleger als Vollstreckungsgericht weitreichende Entscheidungen trifft, die am Ende des Instanzenzuges sogar zur Rechtsbeschwerde zum BGH führen mögen, nicht vollends zu überzeugen. Auf die vertiefenswerte Thematik kann indes im vorliegenden Rahmen nicht weiter eingegangen werden.
42 BGH, Beschl. v. 17.9.2009 – V ZB 44/09, juris Rn. 5 f., 8.

des rechtlichen Gehörs tragen, müssen dem Beschwerdeführer freilich bekannt sein. Der förmliche Rechtsbehelf der Rüge gem. § 321a ZPO ist in diesem Verfahrensstadium nicht möglich, denn er setzt gerade eine unanfechtbare Entscheidung und Unkenntnis der Verletzung des Art. 103 GG voraus (§ 321a Abs. 1 Nr. 1, Abs. 2 Satz 1 ZPO).[43]

34 Die **sittenwidrige Ausnutzung einer kollusiv mit einem anderen unlauter herbeigeführten** *„günstigen Rechtslage"*:
Nach dem Sachverhalt einer Entscheidung des OLG Naumburg hatte man den Erwerb durch einen zahlungsunwilligen oder gar zahlungsunfähigen Erwerber manipuliert, der dann vor der Wiederversteigerung dem wahren Interessenten Grundpfandrechte einräumte, um über § 85a Abs. 3 ZVG zu dem gewünschten Ergebnis billigen Grunderwerbs zu kommen.[44]

35 Nach Auffassung des LG Münster soll es indes weder sittenwidrig noch rechtsmissbräuchlich sein, wenn bei der **Teilungsversteigerung** ein Antragsteller die Innenbesichtigung der Immobilie vereitelt, im Versteigerungstermin Interessenten aber über Mängel des Objekts unterrichtet, sich auf einen mit ihm bestehenden Mietvertrag beruft und erklärt, er werde nicht *„freiwillig"* räumen.[45]

36 Das **Abhalten eines Bietinteressenten von der Abgabe eines Gebotes durch Zahlung einer Geldsumme** an ihn ist nach Meinung des LG Saarbrücken zwar dann sittenwidrig, wenn der gezahlte Betrag weder Schuldner noch Gläubigern zugute kommt. Einen Zuschlagsversagungsgrund soll dieses Verhalten aber nicht darstellen. Das von dem Vorgang ins Kenntnis gesetzte Gericht müsse aber dem Schuldner *„Gelegenheit zur Stellungnahme"* und zu einem etwaigen Vollstreckungsschutzantrag gem. § 765a ZPO geben.[46]

37 Ein solches **negatives Bietabkommen** (*„pactum de non licitando"*) ist auch nach Auffassung des OLG Koblenz erst dann sittenwidrig, wenn sich das aus dem Gesamtbild des Geschehens ergibt. Ein solcher Fall liegt vor, wenn Rechte von Grundpfandgläubigern, denen des sittenwidrig handelnden Beteiligten vorgehen, beeinträchtigt werden. Hinreichend ist die Vereitelung der „bestmöglichen Verwertung", unbeachtlich ist, ob die benachteiligten Gläubiger Gebote abgegeben haben.[47] Bei Kenntnis des Gerichts dürfte aber doch ein Versagungsgrund nach § 83 Nr. 5 oder Nr. 6 zu bejahen sein, da sowohl die Rechte von Beteiligten geschädigt werden als auch die Fortsetzung des Verfahrens unter diesen Umständen nicht zulässig ist. Der denkbare Ersatzanspruch nach § 826 BGB ist kein Äquivalent für den Verlust der „bestmöglichen" Versteigerung. Der Vollstreckungsschutzantrag nach § 765a ZPO muss aber jedenfalls zur Zuschlagsversagung führen, denn in dergleichen Fällen ist die Vollstreckungsmaßnahme sittenwidrig. Unterbleibt der notwendige Hinweis durch das Gericht gem. § 139 ZPO auf die Möglichkeit des Antrags nach § 765a ZPO, ist das wieder ein Grund zur Versagung des Zuschlags nach § 83 Nr. 6 ZVG. Wird dies nicht erkannt, ist der Zuschlag auf Beschwerde hin aufzuheben.[48]

---

43 Vgl. zur Anhörungsrüge die Vorbemerkungen vor §§ 95 ff., Rn. 14 ff. sowie das Kapitel „*Rechtsbehelfe im ZVG-Verfahren*", Rn. 86 ff.
44 OLG Naumburg, Beschl. v. 16.1.2002 – 5 W 67/01, Rpfleger 2002, 324. Es bedarf keiner Erörterung, dass ein derartiges taktisches Verhalten sittenwidrig und auch wohl unter verschiedenen hier nicht zu erörternden Aspekten strafbar sein kann und zu Ersatzansprüchen Geschädigter (§ 826 BGB) führen mag. Ähnlich auch der vom LG Münster – 5 T 293/02, Rpfleger 2002, 639 zitierte Fall des OLG Hamm – 15 W 371/93, Rpfleger 1995, 34.
45 LG Münster, Beschl. v. 17.6.2002 – 5 T 293/02, Rpfleger 2002, 639, s. o.
46 LG Saarbrücken, Beschl. v. 16.7.1999 – 5 T 267/99, Rpfleger 2000, 80 f. m. w. N.
47 OLG Koblenz, Urteil v. 20.6.2002 – 5 U 1608/01, Rpfleger 2002, 637 f.; s. auch *Hintzen*, in: *Dassler/Schiffhauer/u. a.*, ZVG, § 83 ZVG Rn. 23 m. w. N.
48 Das OLG Karlsruhe hat im Fall einer Bietabsprache, die zu einem Meistgebot von 65 % des festgesetzten Verkehrswerts geführt hatte, infolge Kenntnis des Gerichts hiervon vor der Zuschlags-

Ein Verstoß gegen Nr. 6 ist auch dann zu bejahen, wenn die **Abtretung des** **38** **Meistgebots** sich als sittenwidrig und als Umgehung der gesetzlichen Vorschriften darstellt, insbesondere wenn das Meistgebot „*erkennbar*" nicht bezahlt werden soll.[49] Dasselbe gilt bei der **Offenlegung der verdeckten Stellvertretung** (vgl. auch § 81 ZVG und die dortige Kommentierung, Rn. 4 ff., 13).

Der Zuschlag ist auch dann nach Nr. 6 zu versagen, wenn ein gerichtsbekannt **39** (§ 291 ZPO) **notorischer Nichtzahler ein Gebot abgibt**, um die Versteigerung zu verhindern, der „Bieter" der Zurückweisung seines Gebotes sofort widerspricht (§§ 71 Abs. 1, 72 Abs. 2 ZVG) und damit das Gebot wirksam bleibt bzw. wenn die Problematik erst später vor der Verkündung des Zuschlags erkannt wird.[50]

Ferner ist unter § 83 Nr. 6 ZVG generell der rechtzeitig vor dem Zuschlag **40** gestellte und begründete **Vollstreckungsschutzantrag nach § 765a ZPO** zu subsumieren.[51]

§ 83 Nr. 6 ZVG führt auch dann zur Zuschlagsversagung, wenn bei Doppel- **41** ausgeboten der **Schluss der Versteigerung** für Einzelausgebote und Gesamtausgebot nicht gleichzeitig erfolgt.[52]

Hingegen begründet die **Verletzung der Sollbestimmung des § 30b Abs. 4** **42** **ZVG**, wonach der Versteigerungstermin erst nach Eintritt der Rechtskraft desjenigen Beschlusses bekannt gegeben werden soll, der die einstweilige Einstellung ablehnt, nur dann die Zuschlagsversagung, wenn dadurch „*schutzwürdige Belange des Schuldners beeinträchtigt*" werden.[53] Die etwa unterlassene **Belehrung** über die **Möglichkeit des Einstellungsantrags gem. § 30a ZVG** hindert die Zuschlagserteilung hingegen grundsätzlich nicht.[54]

Der **Beitritt eines Gläubigers** schließlich hat nur Einfluss auf den bereits anberaumten Versteigerungstermin, der aufzuheben ist, wenn dessen Forderung **43** gegenüber derjenigen des bisher bestrangig betreibenden Gläubigers, die für das geringste Gebot bzw. die Versteigerungsbedingungen maßgeblich ist, vorrangig ist. Beispielsweise ist der Beitritt eines Gläubigers an Rangstelle 30 irrelevant, wenn der weitere betreibende Gläubiger die Rangstelle 10 einnimmt. In dergleichen Fällen ist der Beitritt ohne Bedeutung.[55]

---

verkündung einen gesonderten Termin hierfür und einen Hinweis des Gerichts auf die Möglichkeit des Antrags nach § 765a ZPO für sachdienlich bzw. notwendig erachtet. Die Zuschlagsbeschwerde könne indes nicht darauf gestützt werden, Beschl. v. 21.4.1993 – 11 W 15/93, Rpfleger 1993, 413 m. Anm. *Böttcher*.

49 Vgl. zu dieser Thematik AG Bremen, Beschl. v. 26.5.1998 – 26 K 326/95, Rpfleger 1999, 88 f., vom LG Bremen bestätigt; sofortige weitere Beschwerde wurde vom OLG Bremen verworfen (Rpfleger, a. a. O., S. 89). Das AG Bremen wollte seine Entscheidung allgemein unter den Grundsatz von Treu und Glauben (§ 242 BGB) subsumieren, der auch im Verfahrensrecht gelte. Dem ist zuzustimmen. Tatsächlich handelt es sich auch um einen Anwendungsfall von § 83 Nr. 6 ZVG, wenn das Gebot des fraudulent Handelnden nicht als solches erkannt und damit nicht sofort zurückgewiesen wird (§ 71 ZVG), wobei es sich um den verfahrensrechtlich gebotenen Weg handelt, s. dazu auch LG Essen, Beschl. v., 4.11.1993 – 7 T 601/93 und OLG Hamm, Beschl. v. 6.11.1994 – 15 W 371/93, Rpfleger 1995, 34 ff. Zur Zurückweisung des Gebots des zahlungsunwilligen oder zahlungsunfähigen Bieters s. auch OLG Nürnberg, Beschl. v. 23.9.1998 – 4 W 1810/98, Rpfleger 1999, 87 f.
50 S. *Ertle*, Rpfleger 2003, 14 ff., 17 m. w. N. aus Rechtsprechung und Literatur.
51 BGH, Beschl. v. 18.12.2008 – V ZB 57/08, juris, Rn. 19, WM 2009, 358; vgl. im Einzelnen die Kommentierung zu § 765a ZPO. Siehe oben Fn. 32 a. E.
52 LG Berlin, Beschl. v. 8.8.1994 – 81 T 346/94, Rpfleger 1995, 80.
53 BGH, Beschl. v. 19.2.2009 – V ZB 118/08, juris, Ls a) und Rn. 10 f.
54 BGH, V ZB 118/08, vorige Fn., Rn. 19 f.
55 Vgl., auch zu dem Beispiel, BGH, Beschl. v. 17.9.2009 – V ZB 44/09, juris Rn. 11; zur Bedeutung des § 43 Abs. 2 ZVG vgl. die dortige Kommentierung Rn. 4 f.

2. § 83 Nr. 7 ZVG

44 Zu den gleichfalls **nicht „heilbaren" Verfahrensmängeln** gehört die Verletzung des § 43 Abs. 1 ZVG (fehlerhaft unterlassene Aufhebung des Termins bei verspäteter Bekanntmachung) und des 73 Abs. 1 ZVG (fehlerhafte Nichteinhaltung der Bietzeit). Das ist konsequent.

45 Hebt der **Rechtspfleger** entgegen § 43 ZVG den gem. §§ 37 ff. ZVG zu bestimmenden und bekannt zu machenden Termin nicht auf, obwohl er feststellt, dass die Bekanntmachung (§ 39 ZVG, ggf. auch in einer zugelassenen elektronischen Plattform) innerhalb der Sechswochenfrist vor dem ersten Termin liegt bzw. bei einstweiliger Einstellung innerhalb der Zweiwochenfrist vor einem weiteren Termin, verletzt er den Anspruch der Beteiligten auf ein faires Verfahren. Berücksichtigt man dies, so ist zwangsläufig die fehlerhafte oder nicht vollständige Bekanntmachung der verspäteten gleich zu achten.[56] Durch den Fehler wird das unmittelbare Ziel der Vorschrift, die Versteigerung tatsächlich erfolgreich zu Ende zu bringen, unterlaufen.[57]

46 Dasselbe gilt für die **Einhaltung der Zeit, die für Gebote mindestens** bestehen muss, nämlich die 30 Minuten nach § 73 Abs. 1 ZVG,[58] die sog. „Bietzeit" (früher „Bietstunde").[59] Die Frist sichert die Abgabe von Geboten während dieses Zeitraums. Sie dient ebenfalls dem Erfolg der Versteigerung und ist zugleich Ausdruck des rechtsstaatlich fairen und transparenten Verfahrens. Man darf dabei nicht verkennen, dass im Versteigerungstermin in eigentümlicher Weise ein Marktgeschehen, nämlich die Übertragung des Eigentums an einer Immobilie usw. auf einen anderen (zu einem sich im Termin bildenden Preis) und ein formenstrenges hoheitliches Vollstreckungsverfahren miteinander verschränkt sind. Letzteres bestimmt bei Abweichungen von seinen Normen das weitere Schicksal des Erwerbs von Eigentum an Grundbesitz und den anderen der Zwangsversteigerung unterliegenden Gegenständen durch einen Bieter.

47 Zum Umfeld einer ordnungsgemäßen Versteigerung gehört auch die **ordnungsgemäße Bestimmung des Ortes der Versteigerung** und die **Bekanntgabe der Änderung** desselben. Aufgrund der großen Bedeutung, die Ort und Zeit der Versteigerung haben, stellen fehlerhafte Änderungen einen Verstoß gegen § 43 ZVG dar und damit einen von Amts wegen zu beachtenden Versagungsgrund nach § 83 Nr. 7 ZVG. Das Gericht muss z. B. eine durch unerwartet großes Interesse notwendige Verlegung in einen anderen Sitzungssaal hinreichend publizieren und organisatorisch sicherstellen, dass Interessenten über den richtigen Raum informiert werden. Nur dann ist die Verletzung des § 43 Abs. 1 ZVG zu verneinen, wie das LG Essen zutreffend judiziert hat.[60]

---

56 Vgl. nur OLG Düsseldorf, Beschl. v. 20.12.1996 – 3 W 502/96, Rpfleger 1997, 225.
57 So zutreffend zum Zweck des § 43 ZVG *Stöber* (Fn. 4), ZVG, § 43 Rn. 1.1; s. im Übrigen die Kommentierung zu § 43 ZVG, Rn. 3, 6, 7 und zu § 37 Rn. 4.
58 Früher 1 Stunde, ab dem 1.8.1998, BGBl. 1998 I, S. 866, die heutigen 30 Minuten. Ob durch die Verkürzung das Bietgeschehen dynamischer wurde oder ob mit der Verkürzung noch einer „*übereilten Erledigung der Versteigerung*" vorgebeugt wird, wie *Steiner/Riedel*, ZVG, Band II, § 73 ZVG Rn. 2 meinen, mag offen bleiben, zumal in Rechtsprechung und Literatur Unterbrechungen postuliert werden, soweit dies im Zusammenhang (etwa) mit Sicherheitsleistungen und (Biet)Vollmachten geboten sei, vgl. dazu anschaulich *Storz/Kiderlen*, Praxis des Zwangsversteigerungsverfahrens, Rn. D 131, S. 515.
59 Es ist evident, dass es sich um eine Mindestdauer handelt, wenn auch der Gesetzgeber das Wort „mindestens" gestrichen hat, aA *Stöber* (Fn. 4), ZVG, § 73 ZVG Rn. 1, 1.3 der in der Wiedergabe des Gesetzes das Wort „mindestens" beibehalten will und insoweit zutreffend von „*Mindestbietzeit*" spricht.
60 LG Essen, Beschl. v. 20.1.2006 – 7 T 574/05, Rpfleger 2006, 665 f.; OLG Hamm, Beschl. v. 7.9.1978 – 15 W 237/78, NJW 1979, 1720 (Ls.) = Rpfleger 1979, 29.

Eine nicht unbedeutende Rolle spielt die Frage, welche **Anforderungen an den** **48** **Inhalt der Bekanntmachung des Termins im Hinblick auf die Nutzungsart** des versteigerten Grundbesitzes zu richten sind, um dem Verdikt der Zuschlagsversagung nach § 83 Nr. 7 ZVG zu entgehen oder die Zuschlagsbeschwerde bei Nichtbeachtung zu begründen. Die Rechtsprechung folgert aus § 37 ZVG, die Aussage über das Grundstück sei inhaltlich so zu strukturieren, dass sie das Bietinteresse möglichst vieler Interessenten weckt und sie veranlasst, ggf. weitere Informationen als die vom Gericht publizierten einzuholen.[61] Sie fordert z. T. einen Hinweis auf die konkrete Nutzung, wenn die bloße Grundbuchbeschreibung nicht *„aussagekräftig"* ist. Dem ist im Interesse eines möglichst hohen Versteigerungserlöses beizupflichten. Der Verstoß gegen diese Grundsätze führt nach dem OLG Hamm zur Zuschlagsversagung gem. § 83 Nr. 7 ZVG. Die Einzelheiten dessen, was notwendig erscheint, sind umstritten. Hinreichend in diesem Sinne und kein Versagungsgrund, aber auch geboten, ist nach weit reichender Forderung des OLG Hamm, dass eine wichtige vormalige Nutzung einprägsam in Schlagworten beschrieben und im Übrigen auf die Angaben im Verkehrswertgutachten verwiesen wird.[62] Zwar muss mit *Stöber*[63] *„.... das ... Vollstreckungsgericht ... wissen,* (was) *es versteigert ...* (und) *wie es die ... Öffentlichkeit"* informiert. Die Marktteilnehmer dürften aber schon bei Angabe von Schlagworten und bei dem Hinweis auf das Gutachten bei ernsthaftem Interesse von sich aus weitere Informationen einholen.

Das OLG Nürnberg hat in einem **Haftungsprozess gem.** § **839 BGB** die **49** Beschreibung der **Nutzung** mit einem **Schlagwort** gefordert, wenn der Betrieb der Immobilie durch die Baulichkeiten vorgegeben ist. Bei Betriebseinstellung, schlechter Substanz usw., so das OLG Nürnberg, hätte auch auf den vormaligen Betrieb hingewiesen werden können.[64]

Die **Angabe eines falschen Stockwerks** bei der Versteigerung einer Eigentumswohnung ist gleichfalls ein zur Versagung nach Nr. 7 führender Fehler.[65] (Die zitierte Entscheidung des LG Augsburg zeigt, wie leicht dem Versteigerungsrechtspfleger **„unheilbare"** Verfahrensfehler unterlaufen können.) Dasselbe soll nach dem OLG Karlsruhe gelten, wenn die Wohnfläche in der Bekanntma- **50**

61　OLG Hamm, Beschl. v. 23.12.1999 – 15 W 421/99, Rpfleger 2000, 172 f. In dem behandelten Fall einer gemischtwirtschaftlich genutzten Immobilie (*„schlossähnliches Gebäude aus der Barockzeit"*), war es fehlerhaft, lediglich wiederzugeben *„... Nr. 396, Hof- und Gebäudefläche, ...strasse, Grünland, Wald, Weg ..."*.
62　OLG Hamm, Beschl. v. 23.12.1999, 15 W 453/99, Rpfleger 2000, 172 (*„Getreidemühle"*). Kritisch zu dem Verweis auf das Gutachten *Stöber* (Fn. 4), ZVG, a.a.O., § 37 ZVG Rn. 2.2 m.w.N. und 2.3 (*zu der Folge des § 83 Nr. 7 ZVG als Konsequqnz der unzureichenden Angaben*). Das LG Ellwangen lässt in einer älteren Entscheidung dagegen ausreichen, wenn *„Gebäude und Freifläche"* bei einem gemischt-genutzten Grundstück angegeben werden, Beschl. v. 22.4.1996 – 1 T 46/96, Rpfleger 1996, 361, da daraus private ebenso wie gewerbliche Nutzung abgeleitet werden könnten. Das OLG Koblenz hat judiziert, die *„Wirtschaftsart"* sei hinreichend zu beschreiben, eine Pflicht, die auch gegenüber dem Meistbietenden bestehen soll, Urteil v. 18.1.2000 – 1 U 1429/96, Rpfleger 2000, S. 342 ff. m. Anm. *Storz*, S. 344 f. Das OLG Düsseldorf (Fn. 56), Rpfleger 1997, 225 fordert genaue Bezeichnung des Grundbesitzes bei der Bekanntmachung, damit erkennbar ist, was versteigert wird, weitere Einzelheiten sind danach entbehrlich. Für weitere Details wird auf die Kommentierung zu § 37 ZVG Rn. 3 verwiesen.
63　*Stöber* (Fn. 4), ZVG, a.a.O., § 37 ZVG Rn. 2.2 aE.
64　OLG Nürnberg, Urt. v. 9.11.2005 – 4 U 920/05, Rpfleger 2006, 215 f., m. Anm. *Storz/Kiderlen*, S. 615 ff.= MDR 2006, 656 = DRsp Nr. 2006/911. S. zu Haftungsfragen auch Fn. 24 oben sowie das Kapitel *„Staatshaftung des Vollstreckungsgerichts"*, Rn 9 f.
65　LG Augsburg, Beschl. v. 8.12.1998 – 4 T 4878/98, Rpfleger 1999, 232 f.

chung unzutreffend angegeben wurde.⁶⁶ Selbstredend ist auch das Stockwerk von erheblicher Bedeutung für den Verkehrswert.⁶⁷

3. Fehlende Sicherheitsleistung gem. § 83 Nr. 8 ZVG – ein nicht heilbarer Mangel?

51 Bis zum 2. Justizmodernisierungsgesetz waren ausschließlich die Mängel nach § 83 Nr. 6, 7 ZVG unheilbar. Als Folge der Änderung des § 68 ZVG wurde § 83 Nr. 8 ZVG eingefügt und ein weiterer scheinbar unheilbarer Verfahrensfehler geschaffen, der die Zuschlagsbeschwerde begründet. In der Literatur ist diese Gesetzesänderung zutreffend kritisiert worden. Wird die erhöhte Sicherheitsleistung (§ 68 Abs. 4 ZVG) nämlich nicht erbracht, erlischt das Gebot, wie der Umkehrschluss aus der Regelung zum Übergebot nach § 72 Abs. 4 ZVG zeigt. Ist das Gebot erloschen, kann kein Zuschlag darauf erfolgen, denn dieser setzt ein wirksames Meistgebot voraus (§ 81 Abs. 1 ZVG). § 83 Nr. 8 ZVG geht daher ins Leere bzw. schafft einen unnötigen Grund zur Begründung der Zuschlagsbeschwerde. Zudem soll dieser über die Systematik des § 84 ZVG unheilbar sein.⁶⁸ Anders als die Mängel nach Nrn. 6 und 7 wäre aber der Verfahrensfehler nach Nr. 8 **nicht von Amts wegen** zu beachten (vgl. § 100 Abs. 3 ZVG). Das ist ein innerer Widerspruch der Bestimmung, auf den die Gesetzesbegründung nicht eingeht.⁶⁹ Berücksichtigt man die jüngere Rechtsprechung des BGH zu § 83 Nr. 6 ZVG, sollte der Mangel der fehlenden Sicherheitsleistung aus denselben Erwägungen heilbar sein.⁷⁰

---

66 OLG Karlsruhe, Beschl. v. 31.12.1992 – 18a W 30/92, Rpfleger 1993, 256 f. m. Anm. *Meyer-Stolte*, der die Entscheidungspraxis der Beschwerdesenate schon damals als „praxisfremd" identifizieren will und von *„zunehmender Entwertung der Immobiliarvollstreckung"* spricht.
67 In einer Ferienwohnanlage wird die Wohnung im obersten Stockwerk mit ansprechendem See- bzw. Gebirgsblick eine ganz andere Bewertung haben wie eine solche im 1. Obergeschoss zur Strasse hin, ggf. unmittelbar über der für die Infrastruktur der Anlage möglicherweise durchaus wertvollen Gewerbepassage.
68 Ebenso *Hintzen/Alff*, Rpfleger 2007, 233 ff./238.
69 BT-Drs. 16/3038, S. 11, 42.
70 Siehe zur Kritik an § 83 Nr. 8 ZVG *Hintzen*, in: *Dassler/Schiffhauer/u. a.*, § 83 ZVG Rn. 38 ff., 43, der den Gesetzgeber zur Aufhebung der Bestimmung aufruft.

§ 84 ZVG [Behandlung heilbarer und nicht heilbarer Verfahrensmängel des § 83 ZVG]

(1) Die im § 83 Nr. 1 bis 5 bezeichneten Versagungsgründe stehen der Erteilung des Zuschlags nicht entgegen, wenn das Recht des Beteiligten durch den Zuschlag nicht beeinträchtigt wird oder wenn der Beteiligte das Verfahren genehmigt.

(2) Die Genehmigung ist durch eine öffentlich beglaubigte Urkunde nachzuweisen.

Schrifttum: Auf das Gesamtliteraturverzeichnis wird verwiesen.

Übersicht

		Rn.
I.	Funktion des § 84 ZVG, Alternativen der Heilung von Verfahrensmängeln des § 83 ZVG	1, 2
II.	Das Fehlen der Beeinträchtigung von Rechten Beteiligter trotz Verfahrensfehlern, die Voraussetzung der Genehmigung, § 84 Abs. 1 2. Alt., Abs. 2 ZVG	3–6
1.	Die Heilung bei fehlender Beeinträchtigung der Rechte Betroffener	3–5
2.	Die Heilung durch Genehmigung	6

I. Funktion des § 84 ZVG, Alternativen der Heilung von Verfahrensmängeln des § 83 ZVG

§ 84 ZVG ist die Basis der Unterscheidung der *„heilbaren"*[1] oder *„relativen"* Verfahrensverstöße, die nach § 83 ZVG zur Versagung des Zuschlags führen, von den *„nicht heilbaren"*. Dabei zeigt sich allerdings eine sprachliche Unschärfe insoweit, als die Heilung nach der 1. Alternative der Vorschrift voraussetzt, dass das Recht eines Beteiligten (nach § 9 ZVG) durch den **Zuschlag** nicht verletzt wird. § 83 Nr. 5 ZVG setzt aber eben jene Verletzung voraus. Das hat zur Folge, dass der Verfahrensfehler des § 83 Nr. 5 ZVG nur bei Genehmigung durch den betroffenen Beteiligten nach der 2. Alt. des § 84 Abs. 1 ZVG folgenlos bleibt, ansonsten ist der Zuschlag zu versagen bzw. der erteilte Zuschlag auf Beschwerde aufzuheben (§ 100 ZVG).

1

Die Trennschärfe des § 84 Abs. 1 ZVG ist allerdings jüngst durch die Rechtsprechung des BGH zu § 83 Nr. 6 ZVG erheblich herabgemindert worden, da der dortige Versagungsgrund je nach Fallkonstellation ebenfalls heilbar sein soll.[2] Maßgeblich ist danach, ob bei einer Interessenabwägung Rechte der Beteiligten *„verkürzt"*[3] wurden oder nicht. In den in Fn. 2 unten zitierten Fällen ist das aus Sicht des BGH zu verneinen. Anders ist das beispielsweise, wenn der Vollstreckungsschuldner geschäfts- bzw. prozessunfähig ist; dann scheidet die Heilung aus.[4] Die Kritik an dem neuen § 83 Nr. 8 ZVG[5] in der Literatur

2

---

1 *Stöber*, ZVG, § 84 Rn. 2.1 f., *Böttcher*, ZVG, § 84 Rn. 1, *Riedel*, in: *Steiner*, ZVG, § 84 Rn. 1, *Hintzen*, in: *Dassler/Schiffhauer/u.a.*, ZVG, § 83 Rn. 2.
2 Vgl. die Kommentierung zu § 83 Nr. 6 ZVG im Einzelnen sowie BGH, Beschl. vom 10.4.2008 – V ZB 114/07, juris Rn. 13 ff. (*Mangel: Die Zustellung der Vollmacht bei Vollstreckungsunterwerfung war unterblieben*) = Rpfleger 2008, 433 = DRsp Nr. 2008/10933; BGH, Beschl. vom 30.1.2004 – IXa ZB 285/03 (Mangel: „*Fehlen der Ausfertigung des Titels im Versteigerungstermin*", Ls.), Rpfleger 2004, 368 = NJW-RR 2004, 1366 f., st. Rspr.
3 BGH, Beschl. vom 30.1.2004 – IXa ZB 285/03, Rpfleger 2004, 368 = NJW-RR 2004, 1366 f., II 3b) der Gründe.
4 BGH, Beschl. vom 5.11.2004 – IXa ZB 76/04, II 2b) der Gründe, FamRZ 2005, 200.

will aber nichts an der Unheilbarkeit des Mangels ändern, wenngleich anerkannt wird, inhaltlich handele es sich um einen Verfahrensfehler, der eigentlich heilbar sein sollte, wobei dies (nur) durch den Wortlaut des § 84 Abs. 1 ZVG verhindert werde.[6] Dem ist aus den Gründen der Erwägungen des BGH zu §§ 83 Nr. 6, 84 ZVG nicht zu folgen, zudem verweist § 100 Abs. 3 ZVG nicht auf § 83 Nr. 8 ZVG, so dass eine amtswegige Berücksichtigung ohnehin nicht zu erfolgen hat.[7] Ein Verfahrensfehler im Kontext mit § 83 Nr. 8 ZVG ist daher „heilbar".

II. Das Fehlen der Beeinträchtigung von Rechten Beteiligter trotz Verfahrensfehlern, die Voraussetzung der Genehmigung, § 84 Abs. 1 2. Alt., Abs. 2 ZVG

1. Die Heilung bei fehlender Beeinträchtigung der Rechte Betroffener

3 Die unter § 84 Abs. 1 ZVG zu subsumierenden Verfahrensfehler sind grundsätzlich heilbar: Zunächst einmal stellt sich dabei aber die Frage, ob das Recht eines Beteiligten **konkret** beeinträchtigt sein muss oder ob es hinreichend ist, wenn nur ein bloßes **Risiko der Beeinträchtigung** zu bejahen ist. Literatur und Rechtsprechung sehen zutreffend das Risiko als ausreichend an. Dem ist zuzustimmen, da der Wortlaut des Gesetzes den **Ausschluss** der Rechtsverletzung fordert, der dann verneint werden muss, wenn eine Möglichkeit der Beeinträchtigung (= Risiko) besteht. Die Heilung fordert also den Ausschluss der Rechtsbeeinträchtigung[8] und zwar aus Sicht des Vollstreckungsgerichts „*mit an Sicherheit grenzender Wahrscheinlichkeit*".[9]

4 Der **Schuldner** ist z.B. beeinträchtigt, wenn bei einem erneuten Termin aufgrund geänderten Verkehrswertes ein höheres Gebot nicht ausgeschlossen werden kann[10] oder wenn er – verallgemeinernd – ohne den Verfahrensfehler möglicherweise das Eigentum nicht verloren hätte (§ 90 ZVG).[11]

5 Ein **Gläubiger** ist in diesem Sinne beeinträchtigt, wenn nicht ausgeschlossen werden kann, dass er durch den Verfahrensfehler ganz oder teilweise ausfällt oder der Ausfall dadurch höher ist oder sein Recht nicht bestehen bleibt.[12]

2. Die Heilung durch Genehmigung

6 Kann die Möglichkeit einer Rechtsbeeinträchtigung nicht ausgeschlossen werden, bedarf die Heilung der **ausdrücklichen Genehmigung**[13] des Betroffenen in

---

5 Zuschlagsversagung wegen nicht rechtzeitiger Erbringung der weitergehenden Sicherheit gem. § 68 Abs. 2, 3 ZVG. Vgl. zur berechtigten Kritik z.B. *Hintzen*, in: *Dassler/Schiffhauer/u.a.*, ZVG, § 84 Rn. 38 ff.
6 *Hintzen*, in: *Dassler/Schiffhauer/u.a.*, ZVG, § 84 Rn. 40 a.E.
7 Vgl. auch die Kommentierung zu § 83 Nr. 8.
8 *Böttcher*, ZVG, § 84 Rn. 2 m.w.N. aus der Rechtsprechung; *Hintzen*, in: *Dassler/Schiffhauer/u.a.*, ZVG, § 84 Rn. 3 f.; *Stöber*, ZVG, § 84 Rn. 2.2, *Riedel*, in: *Steiner*, ZVG, § 84 Rn. 2 m.w.N., allg. Meinung.
9 So *Riedel*, in: *Steiner*, ZVG, a.a.O., m.w.N. aus Kommentarliteratur und älterer Rechtsprechung, ebenso *Hintzen*, in: *Dassler/Schiffhauer/u.a.*, ZVG, § 84 Rn. 3, vgl. aus der Rechtsprechung nur OLG Hamm, Beschl. vom 6.3.1985 – 15 W 38/85, Rpfleger 1985, 246.
10 OLG Hamm, Beschl. vom 15.9.1999 – 15 W 283/99, Rpfleger 2000, 120 = ZfIR 2000, 230.
11 Zu Beeinträchtigungen auf Schuldner- bzw. Gläubigerseite siehe die Übersichten bei *Böttcher*, ZVG, § 84 Rn. 2 m.w.N. sowie bei *Riedel*, in: *Steiner*, ZVG, § 84 Rn. 2.
12 Man muss als Beeinträchtigung vermutlich auch den von *Böttcher*, ZVG, zitierten Fall des AG Bamberg (*Rpfleger 1968*, 98), betrachten, bei dem ein Recht infolge des Verfahrensfehlers bestehen bleibt, wenn der Rechtsinhaber als Grundpfandgläubiger bei Erlöschen des Rechts eine hinreichende Zuteilung erhielte, während er beim Bestehen bleiben des Rechts dasselbe erst noch gegen den neuen Eigentümer durchsetzen muss.
13 *Böttcher*, ZVG, § 84 Rn. 3, *Hintzen*, in: *Dassler/Schiffhauer/u.a.*, ZVG, § 84 Rn. 9 f.

(mindestens) **öffentlich beglaubigter** Urkunde eines Notars (§§ 40 ff. BeurkG) oder zu Protokoll im **Versteigerungstermin**, wobei die Erklärung auch von einem hierzu entsprechend Bevollmächtigten abgegeben werden kann.[14] Nach der **Verkündung** des den **Zuschlag versagenden Beschlusses** (vgl. § 87 ZVG) ist denknotwendig eine Genehmigung nicht mehr möglich, da durch sie gerade ein Zuschlagshindernis beseitigt werden soll. In der Rechtsmittelinstanz scheidet die Genehmigung daher ebenfalls aus.[15] Sie ist Verfahrenserklärung,[16] ein **Widerrufsrecht besteht nicht**.[17]

---

14 *Stöber*, ZVG, § 84 Rn. 3.1, *Böttcher*, ZVG, § 84 Rn. 3. Aus Gläubigersicht unterstreicht das die Notwendigkeit einer weiten Vollmacht für den Terminvertreter, mag er auch im Innenverhältnis enger gebunden sein.
15 Eingehender *Riedel*, in: *Steiner*, ZVG, § 84 Rn. 3 (4) m. w. N.
16 So auch *Hintzen*, in: *Dassler/Schiffhauer/u. a.*, ZVG, § 84 Rn. 9.
17 Allgemeine Meinung, ohne weitere Begründung; z..T. Hinweis darauf, dass die Genehmigung Verfahrenshandlung sei, vgl. *Hintzen*, in: Dassler/Schiffhauer/u. a., ZVG, § 84 Rn. 12, *Riedel*, in: *Steiner*, ZVG, § 84 Rn. 3 (3), *Böttcher*, ZVG, § 84 Rn. 3 a.E., *Stöber*, ZVG, § 84 Rn. 3.2. Die fehlende „*Widerrufsmöglichkeit*" der Genehmigung folgt daraus, dass sie Basis der positiven Zuschlagsentscheidung ist und daher unmittelbar auf die Entstehung der Rechte Dritter einwirkt (vgl. §§ 90, 91, 52 ZVG); zu der Bindung an Prozesshandlungen allgemein siehe *Greger*, in: *Zöller*, ZPO, vor § 128 Rn. 14 f., 18, 23. Siehe zur Genehmigung auch die weitgreifende Entscheidung des BGH, Beschl. v. 19.11.2009 – V ZB 118/09, juris = WM 2010, 424 = DRsp Nr. 2009/ 28076, s. § 86 Rn. 9 a. E. und Fn. 18.

§ 85 ZVG [Antrag auf Versagung des Zuschlags und Anberaumung eines neuen Versteigerungstermins durch einen Beteiligten, Verpflichtung zur Schadloshaltung und Sicherheitsleistung in diesem Fall]

(1) Der Zuschlag ist zu versagen, wenn vor dem Schluss der Verhandlung ein Beteiligter, dessen Recht durch den Zuschlag beeinträchtigt werden würde und der nicht zu den Berechtigten des § 74a Abs. 1 gehört, die Bestimmung eines neuen Versteigerungstermins beantragt und sich zugleich zum Ersatz des durch die Versagung des Zuschlages entstehenden Schadens verpflichtet, auch auf Verlangen eines anderen Beteiligten Sicherheit leistet. Die Vorschriften des § 67 Abs. 3 und des § 69 sind entsprechend anzuwenden. Die Sicherheit ist in Höhe des bis zum Verteilungstermin zu berichtigenden Teils des bisherigen Meistgebots zu leisten.

(2) Die neue Terminsbestimmung ist auch dem Meistbietenden zuzustellen.

(3) Für die weitere Versteigerung gilt das bisherige Meistgebot mit Zinsen von dem durch Zahlung zu berichtigenden Teile des Meistgebots unter Hinzurechnung derjenigen Mehrkosten, welche aus dem Versteigerungserlöse zu entnehmen sind, als ein von dem Beteiligten abgegebenes Gebot.

(4) In dem fortgesetzten Verfahren findet die Vorschrift des Absatzes 1 keine Anwendung.

Schrifttum: Auf das Gesamtliteraturverzeichnis wird verwiesen.

Übersicht

		Rn.
I.	Die Zielsetzung des § 85 Abs. 1 ZVG, die Tatbestandsvoraussetzungen	1–10
1.	Die Ausgangslage	1
2.	Antragsbefugnis und Beeinträchtigung des Rechts des Beteiligten, § 85 Abs. 1 ZVG	2–6
3.	Weitere Tatbestandsvoraussetzungen, Risiken für den Antragsteller	7–10
II.	Die korrespondierenden Regeln des § 85 Abs. 2–4 ZVG	11–19
1.	§ 85 Abs. 2 und Abs. 4 ZVG	11–13
2.	Risiken für den Antragsteller nach § 85 Abs. 3 ZVG, die Schadenersatzpflicht gem. § 85 Abs. 1 ZVG	14–19

I. Die Zielsetzung des § 85 Abs. 1 ZVG, die Tatbestandsvoraussetzungen

1. Die Ausgangslage

1 Hintergrund des § 85 ZVG ist die Erwartung des Antragstellers, wirtschaftlich werde in einem neuen Termin ein besseres Versteigerungsergebnis erzielt als das in dem soeben beendeten Termin. Grund mag die Annahme sein, einem günstigeren Resultat stünden nur „vorübergehend" (wirtschaftliche) Hemmnisse entgegen.[1] Bei Betrachtung der heutigen langfristigen Immobiliensituation sowie der eher zeitnah anzuberaumenden Terminierung sind kaum Situationen denkbar, in denen § 85 ZVG praktische Relevanz haben kann. § 85

---

[1] *Hintzen*, in: *Dassler/Schiffhauer/u.a.*, ZVG, § 85 Rn. 1. *Riedel*, in: *Steiner*, ZVG, § 85 Rn. 1 m.w.N. So bereits die Motivation des Gesetzgebers des ZVG, vgl. *Güthe*, in: *Jaeckel*, Kommentar zum Zwangsversteigerungsgesetz, 4. Aufl., 1912, § 85 Rn. 1.

ZVG scheint heute verfehlt.² Die Vorschrift ist auf alle Versteigerungsfälle anwendbar.

2. **Antragsbefugnis und Beeinträchtigung des Rechts des Beteiligten, § 85 Abs. 1 ZVG**

Der **Antrag** auf Bestimmung eines neuen Versteigerungstermins muss vor Schluss des Termins über den Zuschlag (§ 74 ZVG)³ gestellt werden, also nach dem Versteigerungstermin. **Ausschließlich antragsbefugt** ist ein Beteiligter nach § 9 ZVG, der nicht unter § 74a ZVG fällt. Mit anderen Worten schließen sich der mögliche Antrag nach § 85 ZVG und nach § 74a ZVG gegenseitig in der Person des jeweils Antragsbefugten aus.⁴ Dasselbe gilt in der Versteigerung von Binnenschiffen gem. § 162 ZVG, bei denen der dem § 74a ZVG inhaltlich entsprechende § 13 BinSchVollstrSchG als lex specialis vorgeht.⁵

Die (im Hinblick auf § 85 Abs. 3 ZVG) zu verneinende Frage, ob der Antrag zurückgenommen werden kann, ist obsolet, sofern der etwa zur Sicherheitsleistung aufgeforderte Antragsteller Abstand von seinem Antrag dadurch nimmt, dass er die Sicherheit nach Satz 1 nicht leistet.⁶ Das hat zur Folge, dass es an einem Tatbestandsmerkmal des § 85 Abs. 1 ZVG fehlt, so dass die Rechtsfolge, die Versagung des Zuschlags, nicht eintreten kann. Der Zuschlag ist dann zu erteilen, wenn nicht sonstige Hemmnisse entgegenstehen.

Weitere Voraussetzung ist die **Beeinträchtigung des Rechts des Beteiligten**, der zugleich nicht unter § 74a ZVG zu subsumieren ist, also Gläubiger, Schuldner und sonst Berechtigte gem. § 9 ZVG, deren Ansprüche bei 7/10 des Verkehrswerts (§ 74a Abs. 5 ZVG), der damit auch in § 85 ZVG hineinwirkt, „*voraussichtlich*" gerade nicht gedeckt sein würden (§ 74a Abs. 1 Satz 1 ZVG). Anders als bei § 84 ZVG fordert § 85 Abs. 1 ZVG die **tatsächlich bestehende**, nicht nur mögliche Beeinträchtigung, wenn der Zuschlag nicht versagt würde. Ein Nachteil für den Grundpfandgläubiger ist z. B. zu bejahen, wenn er bei Erteilung des Zuschlags ganz oder teilweise ausfiele, ein Nachteil für den Schuldner bzw. Eigentümer, wenn der (gem. § 74a ZVG rechtskräftig festgesetzte) Grundstückswert nicht erreicht wurde.⁷

Da der Antrag zugleich zur Fiktion eines Gebotes gem. Absatz 3 führt, bedarf es bei Abgabe der Erklärung nach Abs. 1 für einen Dritten der öffentlich beglaubigten Bietvollmacht (§ 71 Abs. 2 ZVG).

Während des Zwangsversteigerungsgeschehens mag eine Konfliktsituation entstehen, wenn gleichzeitig von den **jeweils dazu Befugten** Anträge nach § 85 ZVG und nach § 74a ZVG gestellt werden. Mit *Storz*⁸ wird man bejahen müssen, dass der Zuschlag aus beiden Gründen versagt werden kann, da die Vorschriften verschiedene Zielrichtungen haben, die nicht in einem Rangverhältnis⁹ stehen.

---

2 Für Aufhebung des § 85 auch *Hintzen*, in: *Dassler/Schiffhauer/u.a.*, ZVG, § 85 Rn. 1 a.E.
3 Vgl. hierzu die Kommentierungen zu § 74.
4 Siehe im Einzelnen die Kommentierung zu § 74a.
5 *Gesetz über Vollstreckungsschutz für die Binnenschifffahrt*, vom 24.5.1933 i.d.F. bis Art. 59 d. Ges. vom 19.4.2006, BGBl. I 2006 S. 866.
6 *Hintzen*, in: *Dassler/Schiffhauer/u.a.*, ZVG, § 85 Rn. 7, *Böttcher*, ZVG, § 85 Rn. 5; *Storz/Kiderlen*, Rn. D 4.5.1, S. 637.
7 Angesichts der zunehmend geringeren praktischen Bedeutung des festgesetzten Wertes für das tatsächliche Bietgeschehen macht § 85 auch insoweit wenig Sinn.
8 *Storz/Kiderlen*, D 4.5.1, S. 637 f.
9 AA, für ein Rangverhältnis *Böttcher*, ZVG, § 85 Rn. 1 a.E.

3. Weitere Tatbestandsvoraussetzungen, Risiken für den Antragsteller

7 Die Bestimmung des § 85 Abs. 1 ZVG ist einigermaßen **risikobehaftet** für den, der sich ihrer bedient.[10] Parallel zu dem Antrag auf einen neuen Versteigerungstermin, der die Folge der Zuschlagsversagung im aktuellen Termin zur Folge hat, steht die Schadenersatzpflicht des Beteiligten (Rn. 12 ff.). Der Antragsteller muss daher abwägen, ob er die Beeinträchtigung seines Rechts hinnimmt und den Antrag doch nicht stellt. In der Praxis ist der Antrag gem. § 85 ZVG daher ohne Bedeutung. Die **Schadenersatzverpflichtung** (Rn. 12 ff.) ist keine gesetzliche Folge des Antrags, vielmehr ist der Antrag nur erfolgreich, wenn der Antragsteller die **Verpflichtung zum Schadenersatz** ausdrücklich übernimmt, eine nicht mehr widerrufliche prozessuale Erklärung mit **zivilrechtlichen Folgen außerhalb des Versteigerungsverfahrens**. Aus der Erklärung resultiert dann die Haftung, die **nicht** im Versteigerungsverfahren, sondern vor dem Prozessgericht geltend zu machen ist.[11]

8 Auf Antrag eines anderen Beteiligten (= § 9 ZVG) hat der Antragsteller des § 85 Abs. 1 ZVG Sicherheit in voller Höhe des Bargebotes des Dritten (§ 49 Abs. 1 ZVG), dem der Zuschlag versagt wurde, zu leisten. Mangels Zuschlags entfällt jedoch weitere Sicherheitsleistung im Umfang der Verzinsung gem. § 49 Abs. 2 ZVG.

9 Die Befreiungstatbestände der §§ 67 Abs. 3, 10 EGZVG von der Verpflichtung zur Sicherheitsleistung[12] gelten auch im Falle des Antrags nach § 85 Abs. 1 ZVG.

10 Die Sicherheit kann wie auch sonst nur durch Bundesbankscheck oder Verrechnungsscheck bzw. Bürgschaft eines **geeigneten Kreditinstituts** geleistet werden (§ 69 Abs. 2, 3 Satz 1 ZVG).[13]

II. Die korrespondierenden Regeln des § 85 Abs. 2–4 ZVG

1. § 85 Abs. 2 und Abs. 4 ZVG

11 § 85 Abs. 2–3 ZVG befassen sich mit dem neu anzuberaumenden Versteigerungstermin. Abs. 2 eröffnet dem Meistbietenden, dem infolge des Antrags nach § 85 ZVG rechtskräftig der Zuschlag verwehrt wurde, die Möglichkeit, erneut ein Gebot abzugeben. Die Formulierung des Abs. 2, wonach *„auch"* ihm die neue Terminsbestimmung zuzustellen sei, unterstreicht, dass das Verfahren mit einem nächsten Versteigerungstermin fortzusetzen ist, auf den die §§ 37 ff. ZVG uneingeschränkt anzuwenden[14] sind. Damit ist auch die Vorschrift des § 41 ZVG über die Zustellung der Terminbestimmung an die Beteiligten (§ 9 ZVG), zu denen der **Meistbietende nicht gehört**, heranzuziehen, so dass es der Sonderregelung in § 85 Abs. 2 ZVG bedurfte.

---

10 *Storz/Kiderlen*, S. 636 ff., *Hintzen*, in: *Dassler/Schiffhauer/u.a.*, ZVG, § 85 Rn. 9 f., der zutreffend darauf hinweist, dass der Antragsteller auch für den *„zufälligen Untergang ...* (bzw.) *... Verschlechterung ..."* des Grundbesitzes einzustehen hat. Das ergibt sich aus der **garantieähnlichen Haftungsstruktur** des § 85 Abs. 1 (die kein Verschulden voraussetzt) i. V. m. § 85 Abs. 3.

11 In der Literatur (u. a. *Hintzen*, in: *Dassler/Schiffhauer/u.a.*, ZVG, § 85 Rn 6; *Böttcher*, ZVG, § 85 Rn. 6) wird zutreffend darauf hingewiesen, dass infolge der Wirkung des Antrags als Gebot § 1821 Abs. 1 Nr. 5 BGB anzuwenden ist, so dass der Vormund, Betreuer (§ 1908i Abs. 1 BGB), Eltern (§ 1643 Abs. 1 BGB) der Genehmigung durch das Vormundschaftsgericht bedürfen (ab 1.9.2009 bzgl. der Eltern *„Familiengericht"*, Art. 50 Nr. 37, Art. 112 FGG-RG, BGBl. I 2008 S. 2586 ff., 2724, 2743; bzgl. des Betreuten ist das „Betreuungsgericht" zuständig, Art. 50 Nr. 49 FGG-RG); siehe *Diederichsen*, in: *Palandt*, BGB, § 1821 Rn. 15 m. w. N.

12 Zugunsten von Bund, Ländern, Kommunen, Kommunalverbänden und bestimmten öffentlichen Unternehmen nach Landesrecht. Siehe dazu weitergehend die Kommentierung zu § 67.

13 Vgl. im Einzelnen die Kommentierung zu § 69.

14 *Stöber*, ZVG, § 85 Rn. 4, *Hintzen*, in: *Dassler/Schiffhauer/u.a.*, ZVG, § 85 Rn. 12.

12 Mangels Details in § 85 Abs. 1 ZVG, wann der neue Termin anzuberaumen ist, gelten auch hier die allgemeinen Erwägungen zu den §§ 36 ff. ZVG.[15] Das Verfahren soll nicht unnötig verzögert werden (*Hintzen*), die Zinsen der Gläubiger (*Böttcher*) sollen nicht unnötig ansteigen.[16] Bedenkt man das, wird das Vollstreckungsgericht unverzüglich nach Rechtskraft des Versagungsbeschlusses in seinem üblichen Geschäftsgang neu terminieren müssen. Die damit in etwa zu kalkulierenden Zeiträume werden kaum je zu einer Verbesserung des Steigerlöses führen, zumal der nicht unter § 74a ZVG fallende Antragsteller sich stetig gegenüber vorrangigen dinglichen Gläubigern verschlechtert.

13 Zur Vermeidung sich ständig wiederholender Anträge nach § 85 ZVG ist die Möglichkeit des Antrags auf Bestimmung eines neuen Termins **nach einmaliger Antragstellung verbraucht** (§ 85 Abs. 4 ZVG), eine Parallele zu den Einstellungsmöglichkeiten wegen des Nichterreichens der Wertgrenzen nach den §§ 74a Abs. 4, 85a Abs. 2 Satz 2 ZVG.

2. **Risiken für den Antragsteller nach § 85 Abs. 3 ZVG, die Schadenersatzpflicht gem. § 85 Abs. 1 ZVG**

14 Das ökonomische Risiko des Antragstellers folgt aus Abs. 3 der Vorschrift, der das infolge der Zuschlagsversagung gem. § 85 ZVG obsolet gewordene Meistgebot als dasjenige des Antragstellers fingiert und zwar für das **gesamte Verfahren**.[17]

15 Der Antragsteller haftet auf das bare Meistgebot des bisherigen Meistbietenden **zuzüglich Zinsen** und einschließlich der Beträge, die „*aus dem Versteigerungserlöse zu entnehmen sind*"; das sind die Kosten nach § 109 ZVG. Die Zinsen sind die gesetzlichen Zinsen (4 % p.a., § 246 BGB). Die Zinspflicht ist eine konsequente Fortsetzung des § 49 Abs. 2 ZVG, denn das Bargebot wäre ab dem Zuschlag entsprechend zu verzinsen gewesen.

16 Der Schadenersatz beschränkt sich im Wesentlichen auf die Meistgebotsfiktion des Abs. 3, wenn später der Zuschlag darauf bei ansonsten unveränderter Situation erfolgen sollte.[18] Das wäre der Fall der Naturalrestitution nach § 249 Abs. 1 BGB,[19] denn der Antragsteller stellt mittels der Meistgebotsfiktion den Zustand wieder her, wäre auf das Meistgebot des Dritten hin der Zuschlag erfolgt. Einen Schaden erleiden die anderen Beteiligten aber auch dann, wenn der Antragsteller aufgrund der Meistgebotsfiktion im nächsten Termin den Zuschlag erhält und befriedigt, wenn sie die aus dem Meistgebot im ersten Versteigerungstermin erhaltenen Beträge hätten zinsgünstiger anlegen können (§§ 251 252 BGB).

17 Die Schadenersatzpflicht ist bei **veränderten Bedingungen und Zuschlagserteilung** allerdings **nicht** auf das Meistgebot beschränkt, da ansonsten § 85 Abs. 1 ZVG ins Leere ginge. In dem fortgesetzten Verfahren kann sich z.B. das geringste Gebot durch Aktivitäten anderer Beteiligter ändern, worauf der Antragsteller überhaupt keinen Einfluss hat. Liegt das geringste Gebot (§ 44 ZVG) unterhalb des fingierten Gebots nach Abs. 3, so bleibt der Antragsteller mangels Übergebots (§ 72 Abs. 1 ZVG) Meistbietender. Ist das geringste Gebot hingegen höher, geht das Gebot nach § 85 Abs. 3 ZVG ins Leere.

---

15 Siehe hierzu insbesondere die Kommentierung zu den §§ 36 ff..
16 *Hintzen*, in: Dassler/Schiffhauer/u.a., ZVG, § 36 Rn. 4, *Böttcher*, ZVG, § 36 Rn. 6.
17 *Stöber*, ZVG, § 85 Rn. 4.2.
18 Das entspricht auch der Motivation des historischen Gesetzgebers zur Schaffung der Meistgebotsfiktion, vgl. dazu *Güthe*, in: *Jaeckel*, Kommentar zum Zwangsversteigerungsgesetz, 4. Aufl., 1912, § 85 Rn. 6 mit Nachweisen.
19 Vgl. *Heinrichs*, in: Palandt, BGB, § 249 Rn. 2 m.w.N.

18 Wird in dem **fortgesetzten Verfahren überhaupt kein Zuschlag** erteilt, schuldet der Antragsteller Schadenersatz nach § 251 BGB in derselben Höhe. Die Durchsetzung des Ersatzanspruchs erfolgt im Klagewege vor den ordentlichen Gerichten.[20] Die Streitfrage in der Literatur,[21] ob nur die **betreibenden Gläubiger** Anspruch auf Schadenersatz haben, wenn es **nicht zum Zuschlag** kommt, ist mit dem Wortlaut des Absatzes 1 und mit der Dogmatik des zivilrechtlichen Schadenersatzes zu beantworten: Daraus folgt, dass der Antragsteller den Schaden auszugleichen hat, der auf seinen Antrag und die damit verbundene Fortsetzung des Verfahrens – also auch ggf. dessen endgültiges Scheitern – zurückzuführen ist. Schutzzweck der Schadenersatzregelung ist die **Schadloshaltung aller Beteiligten**. Auf Verschulden kommt es dabei nicht an, ebenso wenig darauf, ob die nicht betreibenden Gläubiger einen „*Anspruch auf die Versteigerung*"[22] haben. Allerdings werden Beteiligte, die durch Einstellungsanträge usw. die Entstehung ihres Schadens begünstigt haben, sich den Einwand des § 254 Abs. 1 BGB (analog) entgegen halten lassen müssen.[23]

19 Bedenkt man die vielfältigen Einstellungsmöglichkeiten auf Betreiben anderer Gläubiger und des Schuldners sowie die möglichen Rechtsmittelverfahren, kann das Ersatzrisiko desjenigen, der den Antrag nach § 85 ZVG stellt, in ökonomisch sinnwidrige Höhen anwachsen. **Daher muss im Allgemeinen von einem solchen Antrag nachdrücklich abgeraten werden.**

---

20 Der Weg zum Prozessgericht muss auch beschritten werden, wenn der Antragsteller den Zuschlag erhält und nur ein überschießender Zinsschaden besteht, siehe Rn. 15.
21 Für Schadenersatz *Storz/Kiderlen*, S. 638; dagegen *Stöber*, ZVG, § 85 Rn. 4.5.
22 *Stöber*, ZVG, § 85 Rn. 4.5.
23 Zu dem Grundsatz des § 254 Abs. 1 BGB als „*Verschulden in eigener Angelegenheit*" und der Anwendbarkeit auf alle Schadensersatzansprüche vgl. *Heinrichs*, in: *Palandt*, BGB, § 254 Rn. 1 f. sowie BGH, Urteil vom 3.7.1951 – I ZR 44/50, BGHZ 3, 46 ff./49.

§ 85a ZVG [Versagung des Zuschlags bei Meistgebot unter 5/10 des festgesetzten Verkehrswerts, weiteres Verfahren in diesen Fällen]

(1) Der Zuschlag ist ferner zu versagen, wenn das abgegebene Meistgebot einschließlich des Kapitalwertes der nach den Versteigerungsbedingungen bestehenbleibenden Rechte die Hälfte des Grundstückswertes nicht erreicht.

(2) § 74a Abs. 3, 5 ist entsprechend anzuwenden. In dem neuen Versteigerungstermin darf der Zuschlag weder aus den Gründen des Absatzes 1 noch aus denen des § 74a Abs. 1 versagt werden.

(3) Ist das Meistgebot von einem zur Befriedigung aus dem Grundstück Berechtigten abgegeben worden, so ist Absatz 1 nicht anzuwenden, wenn das Gebot einschließlich des Kapitalwertes der nach den Versteigerungsbedingungen bestehenbleibenden Rechte zusammen mit dem Betrag, mit dem der Meistbietende bei der Verteilung des Erlöses ausfallen würde, die Hälfte des Grundstückswertes erreicht.

Schrifttum: (Auswahl im Wesentlichen jüngerer Publikationen, siehe insbesondere für Standardwerke das Gesamtliteraturverzeichnis)
Assies, Paul H.; Beule, Dirk u. a. (Hrsg.), Handbuch des Fachanwalts – Bank- und Kapitalmarktrecht, Köln, 2008; *Fischer, Michael; Freckmann, Peter u. a.* (Hrsg.), FCH-Sicherheitenkompendium, 2. Aufl., Heidelberg, 2007; *Gaberdiel, Heinz; Gladenbeck, Martin,* Kreditsicherung durch Grundschulden, 8. Aufl., Stuttgart, 2008; *Groß, Franz-Peter,* Das Eigengebot des Terminvertreters ist wirksam, Rpfleger 2008, 545 ff.; *Hasselblatt, Fabian,* Scheingebote im Zwangsversteigerungsverfahren oder: Werden Gläubigervertreter noch ernst genommen?, NJW 2006, 1320 – 1322; *Hornung, Anton,* Kein Ausschluss der Schutzgrenzen nach ergebnisloser Zwangsversteigerung, Rpfleger 2000, 363 – 367; *Keller, Ulrich,* Schuldnerschutz oder Schutz des Rechtsverkehrs? – Zur Unwirksamkeit eines Gebots zur Beseitigung der 5/10-Grenze, ZfIR 2008, 671 – 673; *Ders.,* Aktuelle Rechtsprechung zur Zwangsverwaltung, ZfIR 2008, 349 ff./356; *Ders.,* Die Erhaltung der „5/10"-Grenze bei ergebnisloser Zwangsversteigerung und die Rechte des insolventen Schuldners. ZfIR 2008, 134–137; *Kirsch, Matthias,* Ergebnislose Zwangsversteigerung, Rpfleger 2000, 147–149; *Krainhöfner, Heinz,* Anm. zu LG Mainz 8 T 247/06, Beschl. v. 22.11.2006 (*Zuschlagsversagung nach §§ 74a, 85a ZVG, wenn der erste Termin nach § 77 ZVG ergebnislos war*), Rpfleger 2007, 421; *Maske, Christian; Langenstein, Rainer,* Grundpfandrechte: Eigengebote von Gläubigervertreter, BankPraktiker 2008, 332 ff.; *Storz, Karl-Alfred; Kiderlen, Bernd,* Der Gesetzgeber, der BGH und die Zwangsversteigerung, NJW 2007, 1846 – 1851; Dies, Anm. zu BGH, Beschl. v. 10.5.2007 – V ZB 83/06 (*Rechtsmissbrauch durch unter 5/10 liegendem Gebot des Terminvertreters des Gläubigers*), NJW 2007, 2385.

Übersicht

		Rn.
I.	Die Funktion des § 85a ZVG	1, 2
II.	Der Grundtatbestand des § 85a Abs. 1 ZVG, Voraussetzungen der Zuschlagsversagung bei Verfehlung des Erreichens der 5/10-Grenze	3–12
1.	Der Grundtatbestand des § 85a Abs. 1 ZVG	3–5
2.	Die bestehen bleibenden Rechte	6–12
III.	Der Grundsatz der einmaligen Einstellung wegen Nichterreichung der Wertgrenzen und die Folgen	13–29
1.	Der Inhalt des § 85a Abs. 2 ZVG	13–16
2.	Die Problematik des unter 5/10 liegenden Gebotes zur Ermöglichung der Versteigerung	17–29
IV.	§ 85a Abs. 3 ZVG	30–36

I. Die Funktion des § 85a ZVG

1 § 85a ZVG ist das Kernstück des Eigentumsschutzes des Schuldners aus Art. 14 GG. Die Vorschrift schützt gegen Verschleuderung unter dem Wert, ein Schutz, der ansonsten nur nach § 765a ZPO möglich ist.[1] Zudem wirkt die Vorschrift auch zugunsten des Gläubigers im Interesse der Erzielung vernünftiger Ergebnisse der Versteigerung. Die Vorschrift ergänzt § 74a ZVG, wie dessen Abs. 4 zeigt. Wenn einmal die „Wertgrenzen" der 7/10 bzw. 5/10 des Verkehrswertes infolge von wirksamen Geboten „gefallen" sind, sind die Schutzwirkungen beider Grenzen „verbraucht".[2] § 85a ZVG ist dem Gesetz zur Änderung vollstreckungsrechtlicher Vorschriften vom 1.2.1979 geschuldet.[3] Wie bereits die systematische Stellung, aber auch die teleologische Betrachtung zeigt, ist die Bestimmung in allen Versteigerungsverfahren, auch der Teilungsversteigerung, heranzuziehen, jedoch mit Ausnahme der Versteigerung von Seeschiffen (§ 169a ZVG).[4]

2 Auf die Einhaltung des § 85a ZVG kann nach wohl einhelliger Meinung in der Kommentarliteratur nicht verzichtet werden. Der Grund hierfür liegt zum einen in dem klaren Wortlaut, wonach „[…] der *Zuschlag zu versagen* […]" ist. Der entscheidende Grund ist aber, dass die Vorschrift ebenso wie § 765a ZPO auch öffentlichen Interessen dient.[5]

II. Der Grundtatbestand des § 85a Abs. 1 ZVG, Voraussetzungen der Zuschlagsversagung bei Verfehlung des Erreichens der 5/10-Grenze

1. Der Grundtatbestand des § 85a Abs. 1 ZVG

3 Die Grundregel des § 85a Abs. 1 ZVG lautet, dass 5/10 des Verkehrswertes durch das Meistgebot erreicht werden müssen, wobei der Kapitalwert der bestehen bleibenden Rechte eingeschlossen wird. Der Verweis auf § 74a Abs. 5 ZVG in § 85a Abs. 2 Satz 1 ZVG zeigt, dass mit Grundstückswert der rechtskräftig festgesetzte Verkehrswert gemeint ist, wobei terminologisch „Verkehrswert" und „Grundstückswert" in § 74a Abs. 5 ZVG – und damit auch hier – synonym gebraucht werden. Wie in § 74a ZVG ist auch vorliegend der Wert damit normativ, nicht etwa der „wahre" Wert (den es nicht gibt), auch nicht der Marktwert, denn dieser bildet sich erst im Veräußerungsgeschehen heraus, d. h. im Versteigerungstermin. Zudem dürfen die durchaus erheblichen Bewertungsunterschiede von Gutachtern nicht übersehen werden. Die Praxis beklagt zu Recht unentwegt fast durchweg (deutlich) zu hohe, selten zu tiefe Bewertungen.[6] Die negativen Folgen des „falschen" Wertes für die Versteigerungsfähigkeit und die Formalien des Verfahrens sind evident. Einer der Gründe liegt

---

1 Die Bestimmung des 765a ZPO ist neben § 85a ZVG anwendbar.
2 In der Sache bedeutet das aber keinen vollständigen Verlust des verfahrensrechtlichen Schutzes gegen unwirtschaftlichen Eigentumsverlust, da der Eigentumsschutz dann eben über § 765a ZVG i. V. m. Art. 14 GG zu gewährleisten ist. Vgl. zu der Ausnahme auch *Stöber*, ZVG, § 169a Rn. 1. Ebenso *Storz/Kiderlen*, D 4651, S. 642.
3 Art. 2 Nr. 12 des Gesetzes, BGBl. 1979 I, S. 127 ff. Siehe dazu BT-Drs. 8/693 des Entwurfs eines Vierten Gesetzes zur Änderung der Pfändungsfreigrenzen, der in Art. 2 Nr. 12 § 85a enthält. Die Begründung weist auf die parallele Bestimmung des § 817a Abs. 2 ZPO zur Mobiliarvollstreckung hin, BT-Drs. 8/693, S. 52.
4 BT-Drs. 8/693, a. a. O.
5 Zu dem auch öffentlichen Interessen dienendem Zweck des Vollstreckungsschutzes siehe *Stöber*, in: *Zöller*, ZPO, § 765a Rn. 25; *ders.*, ZVG, § 85a Rn. 2.8; *Hintzen*, in: *Dassler/Schiffhauer/u. a.*, ZVG, § 85a Rn. 5; *Böttcher*, ZVG, § 85a Rn. 1; OLG Hamm, Beschl. vom 30.9.1959 – 15 W 383/59, NJW 1960, 104 f.
6 Siehe dazu u. a. *Groß*, Rpfleger 2008, 545 ff./546.

in Beurteilungsspielräumen des Gutachters, ein anderer darin, dass im Einzelfall nicht vollständig geeignete Methoden für die Wertermittlung angewandt werden, wieder ein anderer, dass ein Gutachter ganz anders als ein mit der „Vermarktung" beauftragter Makler an die Wertermittlung herangehen muss. Schließlich darf man wohl die Frage bejahen, ob nicht die allgemein verbreitete Erwartung, in der Versteigerung könne man günstig unter dem „wahren" Wert erwerben, wenn man nur taktisch geschickt auftrete, zu schwachen Versteigerungsergebnissen beiträgt. Eine zu hohe Wertfestsetzung dürfte nicht im Vordergrund der Betrachtungen der Bieter stehen. Hier können sich auch das notwendig formale Vollstreckungsverfahren und der Eigentumsschutz der §§ 74a, 85a ZVG tendenziell negativ auswirken, da der kundige Interessent weiß, dass mehrere Termine stattfinden können und es immerhin die Möglichkeit gibt, sogar unter 50 % des vom Gericht beschlossenen Wertes zu erwerben. Hinzu kommt, dass der Erwerber in der Versteigerung ohne jede Gewährleistung erwirbt. All das wird ins Kalkül einbezogen, hat aber nicht originär etwas mit dem Wert am „allgemeinen" Markt zu tun, der erzielt werden mag, wenn der Eigentümer und Verkäufer keinen „Verkaufsdruck" hat.

Tatbestandsvoraussetzung der Zuschlagsversagung des § 85a Abs. 1 ZVG ist das Unterschreiten der 50 %-Grenze durch das im Termin wirksam abgegebene Meistgebot. Parameter sind der rechtskräftig festgesetzte Verkehrswert sowie das Bargebot des § 49 Abs. 1 ZVG mit seinen verschiedenen Facetten und der Kapitalwert der kraft Gesetzes bestehen bleibenden Rechte nach § 52 ZVG, nicht jedoch diejenigen Rechte, die gem. § 91 Abs. 2 ZVG[7] aufgrund *„Liegenbelassungserklärung"* aufrecht erhalten bleiben. Die gesetzgeberische Lösung entspricht dem versteigerungsrechtlichen *„Deckungsgrundsatz"* ebenso wie dem *„Übernahmegrundsatz"*.[8] **4**

Rechtsfolge ist die **Versagung von Amts wegen**. **5**

2. Die bestehen bleibenden Rechte

Im Kern geht es dabei um bestehen bleibende Grundpfandrechte: **6**

Die Grundschuld ist mit ihrem Nominalbetrag anzusetzen, auch bei der nunmehr in §§ 1192 Abs. 1a BGB kodifizierten Sicherungsgrundschuld.[9] Die Einrede aus dem Sicherungsvertrag kann dem Erwerber der Grundschuld entgegen gehalten werden, ein gutgläubig einredefreier Erwerb scheidet aus.[10] Das mag die Diskussion beleben, ob nach § 52 ZVG (und damit nach § 85a ZVG) der Betrag der schuldrechtlichen Forderung zu berücksichtigen ist oder der Betrag der „dinglichen" Forderung, wie er sich aus dem Grundbuch ergibt und wie er ohne Weiteres daraus festzustellen ist. Entsprechende Erwägungen eines Erstehers wären jedoch unbehelflich, da er bereits nach dem Wortlaut des § 1192 Abs. 1a) BGB nicht der dort gemeinte Eigentümer ist, bei dem es sich vielmehr um den Darlehensschuldner bzw. den Drittsicherungsgeber handelt, der Einreden aus dem mit ihm bestehenden schuldrechtlichen Sicherungsvertrag geltend machen kann. Das kann der Ersteher nicht, da er nicht Vertragspartei oder deren Rechtsnachfolger ist. Allein unter dem Aspekt des § 85a ZVG betrachtet, würde diese schuldrechtliche Sicht der abstrakten Grundschuld zu erheblichen praktischen Problemen des Zwangsversteigerungsverfahrens führen, da für die Prüfung der 5/10-Grenze die schuldrechtliche Forderung im Termin zu beachten wäre, ohne Rücksicht darauf, ob sie bestritten ist oder nicht. In das Vollstreckungsverfahren würden ihm fremde Verfahrensele- **7**

---

7 *Stöber*, ZVG, § 91 Rn. 3, § 85a Rn. 2.2, *Storz/Kiderlen*, S. 616.
8 *Storz/Kiderlen*, S. 258.
9 Nach Maßgabe des Risikobegrenzungsgesetzes vom 12.8.2008, BGBl. 2008 I S. 1666; die Bestimmung gilt nur für ab jenem Zeitpunkt bestellte Grundschulden.
10 Siehe zu der Thematik *Dörrie*, ZBB 2008, 2092 ff./304 ff./305.

mente integriert und Rechtsfragen abgehandelt, die Gegenstand der Vollstreckungsabwehrklage des § 767 ZPO und von dem Prozessgericht zu entscheiden sind, das seinerseits über die einstweilige Anordnung gem. § 769 ZPO die Zwangsversteigerung einstellen kann. Es bleibt daher auch für die nach dem Risikobegrenzungsgesetz bestellten Grundschulden bei der Entscheidung des BGH vom 21.5.2003, wonach dem Ersteher keine Einreden aus dem Sicherungsvertrag zustehen, er also das bestehen bleibende Recht dinglich in vollem Umfang abzulösen hat, sofern nicht nach § 53 Abs. 2 i.V.m. Abs. 1 ZVG, § 416 Abs. 1 BGB die persönliche Schuld und der Rückgewähranspruch auf den Ersteher übergegangen sind.[11] Regelmäßig unterlässt aber der Schuldner die dazu notwendige Anmeldung. Außerdem muss der Gläubiger der dadurch zugunsten des Vollstreckungsschuldners (= persönlicher Schuldner als Darlehensnehmer) ermöglichten privativen Schuldübernahme zustimmen, da ansonsten die befreiende Schuldübernahme scheitert.[12] Maßgeblich bleibt daher der Nominalbetrag des Grundpfandrechts, wie er sich nach § 45 ZVG aus dem Grundbuch ergibt und der sich aus dem Kapitalbetrag und Nebenleistungen, insbesondere damit den dinglichen Zinsen, zusammensetzt. Diese Sicht hat der 9. Zivilsenat des BGH in dem Beschluss vom 27.2.2004 bestätigt und anderweitigen Stimmen aus Literatur und Rechtsprechung eine Absage erteilt.[13] Nicht zu berücksichtigen sind jedoch bei dieser Berechnung die dinglichen Zinsen **bis zum Zuschlag**, da sie Teil des bar zu zahlenden Teils des Bargebots sind (§ 49 Abs. 1 ZVG i.V.m. § 10 Abs. 1 Nr. 4, 2. Halbsatz, § 12 Nr. 2 ZVG) und die, soweit sie nicht gedeckt sind, erlöschen (§ 52 Abs. 1 ZVG). Der Ersteher wird damit „nur" mit dem einfach zu kalkulierenden **Kapitalbetrag** belastet sowie den nach Rechtskraft des Zuschlagsbeschlusses entstehenden dinglichen Zinsen.[14] In Literatur und Rechtsprechung wird einprägsam das bestehen bleibende Grundpfandrecht (wirtschaftlich) als Teil des *„Erwerbspreises für das Grundstück"* betrachtet.[15]

8 Beispiel:
Beträgt der rechtskräftig festgesetzte Verkehrswert eines Einfamilienhauses 300.000 € und ist die Immobilie mit einer Grundschuld in Abt. III Nr. 1 in Höhe von 100.000 € belastet, in Abt. III Nr. 2 mit einer solchen in Höhe von weiteren 140.000 € und betreibt allein der Gläubiger des Rechts in Abt. III Nr. 2, so sind Teil des Bargebots und Maßstab des § 85a ZVG
- die vom Gericht (vorläufig) angenommenen Verfahrenskosten nach § 109 ZVG;
- die Ansprüche der verschiedenen Berechtigten nach §§ 10 Abs. 1 Nr. 1–3, 12 Nr. 1, 2, 10 Abs. 2 ZVG einschl. derjenigen, die dem Inhaber der Grundschuld in Abt. III Nr. 1 zustehen;
- die laufenden und rückständigen Zinsen aus dem Recht Abt. III Nr. 1, die rückständigen nur **für zwei Jahre**, berechnet jeweils nach der Beschreibung im Grundbuch ab der Beschlagnahme (§ 13 Abs. 1 ZVG) bis zwei Wochen **nach** dem **Versteigerungstermin** (§ 47 ZVG).

---

[11] BGH, Urteil vom 21.5.2003 – IV ZR 452/02, BGHZ 155, 63 ff. = NJW 2003, 2673 = Rpfleger 2003, 522.

[12] Insoweit verkürzt und nur auf die Anmeldung gem. § 53 abstellend BGH, Urteil vom 21.5.2003 – IV ZR 452/02, BGHZ 155, 65 = NJW 2003, 2673 = Rpfleger 2003, 522; zutreffend *Storz/Kiderlen*, 4.3.2, S. 203.

[13] BGH, Beschl. vom 27.2.2004 – IXa ZB 135/03, zu § 74a ZVG, BGHZ 158, 159 ff. = Rpfleger 2004, 432 = NJW 2004, 1803.

[14] *Stöber*, ZVG, § 52 Rn. 2.1, passim; eingehend *Storz/Kiderlen*, Rn. B 625, S. 257 ff./258 ff., siehe dort auch das Berechnungsbeispiel, S. 265 f.

[15] *Clemente*, Zwangsversteigerung...bei Immobilien, in: *Assies/Beule/u.a.*, Handb. des Fachanwalts, Kap. 5 J, Rn. 1434 ff./S. 999.

Das Recht Abt. III Nr. 2 erlischt, das Recht Abt. III Nr. 1 bleibt nach § 52 ZVG **9** bestehen und wirkt gegen den Ersteher. Dessen erfolgreiches Gebot muss, um nicht an der Grenze des § 85a ZVG zu scheitern, mindestens 150.000 € betragen. Davon 100.000 € für das bestehen bleibende Recht abgesetzt, müssen mindestens 50.000 € als Summe aus dem bar zu zahlenden Teil des Bargebots und dem Mehrgebot erreicht werden.

Die immer seltenere **Hypothek** wird als bestehen bleibend mit dem Betrag **10** angesetzt, der noch nicht getilgt ist und der auch nicht als Teil des Bargebots anzusehen ist (§ 49 Abs. 1 i. V. m. § 12 Nr. 2, § 10 Abs. 1 Nr. 4 ZVG). **Unbezahlte Tilgungsanteile** einer **annuitätisch** zu tilgenden Hypothekenfinanzierung sind allerdings ohne die Beschränkung auf 2 Jahre wie bei den Zinsen anzusetzen, da es sich um einen rückständigen Kapitalbetrag handelt.[16]

Bei der ebenfalls in der Praxis selten anzutreffenden **Rentenschuld** (§§ 1199 ff. **11** BGB) ist der Wert der Ablösesumme entscheidend für die Einbeziehung in das geringste Gebot (§ 1199 Abs. 2 BGB). Diese hat nichts mit den regelmäßigen Zahlungen zu tun, die per definitionem aus dem Grundstück zu zahlen sind.[17]

Bestehen bleibende Rechte in Abt. II des Grundbuchs sind für die Zwecke des **12** § 85a ZVG mit einem Kapitalbetrag anzugeben und zwar nach Maßgabe der §§ 50 f. ZVG. Diese Bestimmungen behandeln den Fall, dass das bestehen bleibende Recht in Wahrheit nicht besteht oder als nur bedingtes Recht später erlischt bzw. nicht zur Entstehung gelangt (§ 50 Abs. 2 ZVG). Der Ersteher hat den Zuzahlungsbetrag zu erbringen, der sich bei Grundpfandrechten nach der Eintragung im Grundbuch richtet, bei den hier relevanten Rechten in Abt. II nach der dadurch hervorgerufenen Belastung des Wertes des versteigerten Grundstücks, der eben ohne die scheinbar wirksame Belastung höher gewesen wäre.[18] Die festgelegten Werte müssen im Grundsatz den wirtschaftlichen Wert des belastenden Rechts in Abt. II widerspiegeln (man denke an Nießbrauch, Leitungs- und Wegerechte, Dienstbarkeiten zum Betrieb einer Tankstelle, einer Solaranlage, einer Windenergieanlage bei eigentlich land- oder forstwirtschaftlich genutzten Grundstücken usw.). Die **Wertbeeinträchtigung** kann erheblich sein und die **Beleihungsfähigkeit** des Grundbesitzes **nachhaltig beeinträchtigen**.[19] Die vom Rechtspfleger für die Zwecke des § 85a ZVG festzulegenden Zuzahlungswerte haben für den weniger kundigen Ersteher die etwas verwirrende Folge, dass er durch das Angebot ihrer Zahlung an den Berechtigten dennoch **nicht die Löschungsbewilligung** durchsetzen kann, da die Rechte eben fortbestehen und zwar mit dem eingetragenen Rang. Dies kann wiederum die Finanzierungsmöglichkeiten des Erwerbs durch den Ersteher schmälern.

---

16 *Stöber*, ZVG, § 49 Rn. 6.2, *ders.*, ZVG-Handbuch, Rn. 77, 78; *Storz/Kiderlen*, Rn. B 625, S. 261.
17 Vgl. die Übersicht bei *Bassenge*, in: *Palandt*, BGB, § 1199 Rn. 2, 3. Sie fällt auch nicht etwa im Falle des Erlöschens unter § 92 Abs. 3. Die dortige „Ablösungssumme" meint Rechte in Abt. II, so auch *Stöber*, ZVG, § 92 Rn. 5 m. w. N. zur gegenteiligen Auffassung.
18 *Stöber*, ZVG, § 51 Rn. 3. Dieser Wert soll von demjenigen nach § 92 zu unterscheiden sein, *Stöber*, ZVG, m. w. N.; dies ist angesichts der §§ 92 Abs. 2, 121 und der damit verbundenen normativen Bewertung zutreffend, wenn auch ökonomisch nicht recht überzeugend.
19 Nicht zuletzt deswegen werden die **finanzierenden Gläubiger** den Nachrang der Eintragungen in Abt. II des Grundbuchs hinter der Finanzierungssicherungsgrundschuld anstreben, der **nachrangige Energieversorger** umgekehrt das Bestehenbleiben seines Durchleitungsrechts. Siehe zu der Thematik paradigmatisch *Freckmann*, Grundschulden, in: *Cranshaw/Fischer/u. a.*, FCH-Sicherheitenkompendium, Rn. 526 ff./S. 211 ff., Rn. 536 – 552, S. 215–222 mit Checkliste, die die Beleihbarkeit bei Lasten in Abt. II bewertet. Der Nießbrauch schließt danach – zutreffend – die Finanzierung aus, wenn er vorrangig ist, ebda., Rn. 820 ff.

III. Der Grundsatz der einmaligen Einstellung wegen Nichterreichung der Wertgrenzen und die Folgen

1. Der Inhalt des § 85a Abs. 2 ZVG

13 Die (rechtskräftige) Versagung des Zuschlags nach Absatz 1 führt zur **Fortsetzung des Verfahrens** (§ 86 ZVG).[20] Die Bestimmung des **neuen** Versteigerungstermins ist **von Amts wegen** vorzunehmen (§ 85a Abs. 2 Satz 1, § 74a Abs. 3 Satz 1 ZVG). Die Frist zwischen den beiden Terminen soll nicht kürzer sein als drei Monate, sie darf nicht länger als sechs Monate andauern (§ 74a Abs. 3 Satz 2 ZVG). Die Bestimmung ist freilich nur Ordnungsvorschrift, ihre Verletzung vermag die Zuschlagsbeschwerde nicht zu begründen.[21]

14 Der neue Termin ist nach §§ 37 ff. ZVG zu bestimmen. U.a. sind die Angaben zu dem Grundstück zu konkretisieren (§§ 37 Nr. 1, 39 ZVG). Die Terminbestimmung ist bekannt zu machen und den Beteiligten zuzustellen (§§ 39, 41 ZVG). Fehler begründen jeweils einen Grund für die Versagung des Zuschlags nach § 83 Nr. 7 ZVG. Die Anberaumung des Termins bedarf folgerichtig auch nicht des Gläubigerantrags (wie bei der einstweiligen Einstellung, 31 Abs. 1 ZVG) bzw. der Belehrung (§ 31 Abs. 4 ZVG), sondern sie erfolgt von Amts wegen. Letzteres erscheint schlüssig angesichts der **amtswegig** gebotenen **Zuschlagsversagung gem. § 85a Abs. 1 ZVG**, nicht zwingend jedoch bei Versagung nach § 74a Abs. 1 ZVG, die nur auf Antrag erfolgt. Die Einheitlichkeit des Verfahrens erlaubt hier indes keine unterschiedliche Vorgehensweise. Die Fristen des § 74a Abs. 3 Satz 2 ZVG treten an die Stelle derjenigen des § 36 Abs. 2 ZVG und sind wie diese nach überkommener Auffassung bloße „Ordnungsvorschriften", die die Wirksamkeit des Verfahrens nicht berühren. Sie führen lediglich zur Vollstreckungserinnerung (§ 766 ZPO)[22], die vorliegend jedenfalls begründet ist, wenn sechs Wochen vor Ablauf der Sechsmonatsfrist der Termin noch nicht bestimmt ist, da er dann bis zum Ablauf der Höchstfrist im Hinblick auf die Bekanntmachungsfrist des § 43 Abs. 1 Satz 1 ZVG nicht mehr stattfinden kann.[23]

15 Eine erneute Einstellung wegen Verfehlung der Wertgrenzen in dem **weiteren Termin** ist nicht mehr möglich (§§ 85a Abs. 2 Satz 2, 74a ZVG, Grundsatz der „*Einmaligkeit*"). Die Einstellung aus anderen Gründen bleibt unberührt. Wird der Verkehrswert geändert (§§ 85a Abs. 2 Satz 1, 74a Abs. 5 ZVG), ist nach zutreffender Literaturmeinung aber auch wieder die Zuschlagsversagung gem. § 85a Abs. 1 ZVG bezogen auf den neuen Wert möglich (damit ist auch die Wertgrenze des § 74a ZVG wieder zu beachten).[24]

16 Die analoge Anwendung des § 74a Abs. 5 ZVG bedeutet zwar, dass die Zuschlagsentscheidung in dem neuen Termin nicht mit der Begründung angegriffen werden kann, der Verkehrswert sei unrichtig festgesetzt worden. Durch den Beschluss des IXa-Senats des BGH vom Oktober 2003 ist jedoch auch die vorherige Anpassung des Verkehrswertes ausgeschlossen, wenn die Grenzen

---

20 Vgl. die Kommentierung zu § 86.
21 Siehe die Kommentierung zu § 74a.
22 Die sofortige Beschwerde scheitert an § 95.
23 Vgl. *Stöber*, ZVG, § 74a Rn. 6.2; für § 36 und die überkommene Auffassung siehe *Riedel*, in: *Steiner*, ZVG, § 36 Rn. 15 f.; danach wirkt die Nichtterminierung wie eine einstweilige Einstellung. Dem ist zuzustimmen.
24 Siehe *Hintzen*, in: *Dassler/Schiffhauer/u.a.*, ZVG, § 85a Rn. 39 ff. m. w. N. zu der nicht zutreffenden Auffassung von *Kirsch*, Rpfleger 2000, 147, der die ergebnislose Versteigerung gem. § 77 Abs. 1 systemwidrig der Einstellung gem. § 85a Abs. 1 gleichstellen will.

der §§ 74a, 85a ZVG bereits „gefallen" sind, weil es hierfür am Rechtsschutzinteresse fehle.[25]

2. **Die Problematik des unter 5/10 liegenden Gebotes zur Ermöglichung der Versteigerung**

Der Grundpfandgläubiger ist regelmäßig an schneller Verwertung interessiert, da er ansonsten u. a. das Marktänderungsrisiko der Immobilie trägt, die vom Eigentümer im Zweifel mangels Finanzmitteln u. a. nicht mehr ordnungsgemäß instandgehalten werden kann. Sein Ausfallrisiko erhöht sich nicht selten. Für die nachrangigen Gläubiger wird die Lage mit der Dauer des Verfahrens regelmäßig ebenfalls ökonomisch zunehmend prekärer. Die persönliche Schuld des Eigentümers bzw. Kreditnehmers wächst an. Aus diesem Grunde besteht eine überkommene von den Gerichten bis jüngst nicht hinterfragte Praxis, bei als zu hoch erkannten Verkehrswerten im **1. Termin** durch ein **Gebot unter 5/10** des Verkehrswertes die **Versagung des Zuschlags nach § 85a Abs. 1 ZVG** herbeizuführen, um im folgenden Termin den Zuschlag **unabhängig von den Wertgrenzen** (§§ 85a, 74a ZVG) zu ermöglichen.[26] In der Gerichtspraxis sind zudem die Fälle geläufig, in denen der Terminvertreter des Gläubigers *persönlich* bietet, auch das aber nicht oder kaum in wirklicher Erwerbsabsicht.

Ausgangspunkt der jüngsten Rechtsprechung ist, dass ein abgegebenes Gebot wirksam (§ 71 Abs. 1 ZVG) sein muss, um die Grundlage für die Zuschlagsentscheidung zu bieten (§§ 71, 72 ZVG). Das unwirksame Gebot ist zurück zu weisen. Im Kern steht die Frage, ob das in Rdnr. 17 erwähnte Gebot eines Gläubigers oder des Terminvertreters unter 5/10 des festgesetzten Wertes wirksam ist. Die Bandbreite der Meinungen hierzu zeigt paradigmatisch der Beschluss des OLG Koblenz aus dem Jahr 1999 auf der einen, des LG Neubrandenburg von 2004 auf der einen Seite.[27] Anders als das OLG Koblenz beanstandete das LG Neubrandenburg die Praxis; es sah in dem niedrigen Gebot eine Verletzung des Grundsatzes des fairen Verfahrens. In der Literatur haben *Hornung* und *Kirsch* bereits vor Jahren die Zurückweisung von entsprechenden Eigengeboten des Terminvertreters postuliert.[28] In seiner jüngsten Rechtsprechung hat nun der 5. Senat des BGH die kritischen Stimmen aufgenommen und dergleichen Eigengebote des Terminvertreters mehrfach für unwirksam erklärt.[29]

Der Schritt hin zur „materiellen" Prüfung, ob dem Eigengebot für den Gläubiger selbst (ungeachtet der Folge des § 114a ZVG) tatsächlich ein (zu prüfendes) Erwerbsinteresse gegenübersteht, ist nicht weit. Tatsächlich ist es sicherlich ein sehr praxisorientiertes Steuerungsinstrument, die Grenzen der §§ 74a, 85a ZVG durch ein Gebot des betreibenden Gläubigers zu erledigen, um dann im nächsten Termin frei zu sein, den Zuschlag auf niedrigere Gebote zu erwirken. Für die Vollstreckungsgerichte ist die im Folgenden umrissene Rechtsprechung des BGH angesichts der Formenstrenge des Vollstreckungsrechts äußerst problematisch zu handhaben. Ferner bedeutet die Abgabe eines Gebotes durch einen Gläubiger, das im 1. Termin unter 5/10 des festgesetzten Wertes liegt, nicht ohne Weiteres einen Missbrauch und es lässt auch nicht zwingend auf fehlenden Erwerbswillen schließen. Auch ein „Billigerwerb" scheidet für ihn aus. Im Gegenteil muss der Gläubiger sich nach § 114a ZVG stets 7/10

---

25 BGH, Beschl. vom 10.10.2003 – IXa ZB 128/03, Rpfleger 2004, 172 = NJW-RR 2004, 320; siehe auch die Kommentierung zu § 83 Nr. 1.
26 Dem Schuldner bleibt der Antrag gem. § 765a ZPO wegen angeblicher „*Verschleuderung*", wofür er aber konkret vortragen muss, siehe im Einzelnen die Darstellung zu § 765a ZPO.
27 OLG Koblenz, Beschl. vom 16.1.1999 – 4 W 880/98, Rpfleger 1999, 407 f.; LG Neubrandenburg, Beschl. vom 3.6.2004 – 4 T 96/04, RPfleger 2005, 42 ff. m. kritischer Anm. *Alff*.
28 *Kirsch*, Rpfleger 2000, 147 f. und darauf die Erwiderung von *Hornung*, Rpfleger 2000, 363 ff.
29 Vgl. dazu auch die Ausführungen in dem Kapitel zur „*Taktik in der Zwangsversteigerung*".

des Verkehrswerts anrechnen lassen, eine Befriedigungsfiktion, die die Rechtsprechung auch auf Beteiligungsgesellschaften des Gläubigers ausgedehnt hat und die grunderwerbsteuerlich zu Belastungen führt. Der betroffene Gläubiger hat unter Kostenaspekten nichts von einem Gebot, das 7/10 des festgesetzten Wertes unterschreitet.[30]

20 Die bisherige instanzgerichtliche Rechtsprechung ist alles andere als einheitlich. Zweifellos kann es Situationen geben, in denen sich das Gebot des Terminvertreters oder des Gläubigers als unwirksam erweisen mögen, z. B. unter dem Aspekt der Verschleuderung des Grundbesitzes. Ein Generalverdacht zu Lasten des Gläubigers oder Terminvertreters, wie ihn faktisch die im folgenden umrissene Rechtsprechung des 5. Zivilsenats voraussetzt, ist jedoch nicht angezeigt und auch nicht mit den gesetzlichen Strukturen vereinbar. Der Gläubiger nimmt lediglich eine gesetzliche Möglichkeit wahr. Folgt man der vom BGH eröffneten Argumentationslinie, könnten ähnliche Erwägungen für die einstweilige Einstellung durch den bestbetreibenden Gläubiger gelten, wenn im Termin keine „vernünftigen" Angebote abgegeben wurden.

21 Die **Entscheidungsserie des BGH** beginnt mit dem Beschluss vom 24.11.2005:[31]
In dem entschiedenen Fall hatte der Terminvertreter eines betreibenden Gläubigers „*im eigenen Namen*" ein Gebot unter 5/10 des Verkehrswertes[32] abgegeben, worauf der Zuschlag gem. § 85a ZVG versagt worden war. Im nächsten Termin kam es zu keinem Gebot, im 3. Termin blieb ein Dritter Meistbietender mit ca. 34 % des Verkehrswertes und erhielt den Zuschlag. Das LG Frankenthal hatte die Zuschlagsbeschwerde des Schuldners zurückgewiesen und eine Verschleuderung ebenso wie eine Verletzung des Grundsatzes des fairen Verfahrens verneint. Der Umstand, dass die 5/10-Grenze durch den Terminvertreter in dem ersten Termin zu Fall gebracht worden war, sei nicht sittenwidrig. Die Rechtsbeschwerde wurde im Hinblick darauf zugelassen, ob bei der gegebenen Konstellation ein Fall des § 83 Nr. 6 ZVG vorliege und der Zuschlag deswegen zu versagen gewesen sei. Der BGH stellt fest, das Gebot eines **dritten Bieters** unter 5/10 sei **kein Scheingebot im Sinne der §§ 116 ff. BGB**[33], ein solches Gebot sei auch nicht missbräuchlich. Anders sei dies nur, wenn in Wirklichkeit kein Erwerbsinteresse an der Immobilie bestehe, dann liege überhaupt kein Gebot vor, das nur scheinbare Gebot sei unwirksam und nach § 71 Abs. 1 ZVG zurückzuweisen. Eine Zuschlagsentscheidung darauf scheide aus. So liegen aus dem Blick des Senats die Dinge beim Terminvertreter. Dessen Gebot habe nur zum Ziel, im nächsten Termin den Zuschlag für einen Dritten unter 5/10 bzw. 7/10 des Verkehrswerts zu ermöglichen. Es soll also die Grenzen erledigen, die der Verschleuderung des schuldnerischen Grundbesitzes entgegenwirken. Da das Gebot als unwirksam zurückzuweisen

---

30 Die Grunderwerbsteuer und die Zuschlagskosten (§ 54 GKG) sind aus 7/10 des festgesetzten Wertes zu ermitteln, Maßstab ist damit die Befriedigungsfiktion des § 114a, siehe *Böttcher*, ZVG, § 58 Rn. 4. Nur dann, wenn seine Forderung unter 7/10 des Verkehrswertes läge, ein seltener Fall, hätte er scheinbar günstig erworben.

31 BGH, Beschl. vom 24.11.2005 – V ZB 98/05, NJW 2006, 1355 = Rpfleger 2006, 144 u. 2007, 91 = ZfIR 2006, 682 = WM 2006, 237. Beschwerdegericht war das LG Frankenthal – 1 T 76/05, unv. Das LG Dessau-Roßlau, Beschl. v. 25.4.2008 – 5 T 46/08, juris, hat entsprechend entschieden, wenn der Terminvertreter für eine 100 %-ige Tochtergesellschaft des Gläubigers geboten hat und für beide, Gläubiger und verbundene Gesellschaft, bevollmächtigt war.

32 Das Gebot belief sich auf 3.000 €, der festgesetzte Wert auf 165.000 €, die Forderung der Gläubigerin betrug in der Hauptsache ca. 128.000 €.

33 Unabhängig davon, ob man in dem Gebot mit der h. M. eine Willenserklärung sieht oder eine Prozesshandlung, sind die §§ 104 ff., 116 ff. BGB darauf anzuwenden, vgl. *Böttcher*, ZVG, § 71 Rn. 1, 3 f., 9 *Hüßtege*, in: *Thomas/Putzo*, ZPO, § 52 Rn. 1 ff. Vgl. für Einzelheiten die Kommentierung zu § 71.

ist, stelle sich die Frage nach Rechtsmissbrauch und Sittenwidrigkeit nicht.[34] Der Senat hat an das Beschwerdegericht zurück verwiesen und ihm aufgegeben, aufzuklären, ob der **Terminvertreter ernsthaften Erwerbswillen** hatte oder nicht. Je nach dem Ergebnis folgt dann nach dieser Meinung die Zurückweisung des Gebots oder die Zuschlagsversagung gem. § 85a Abs. 1 ZVG, woraus wiederum die Fortexistenz der Wertgrenzen oder deren Wegfall resultiert.

Dieser Beschluss war die Vorbereitung der eigentlichen **Leitentscheidung** des Senats zu der Thematik vom **10.5.2007**.[35] Dort gab die **Terminvertreterin des Gläubigers im ersten Termin** ein Eigengebot zu ca. 36 % des festgesetzten Werts ab. Im 2. Termin kam es zu einem Drittgebot in Höhe von 40 %, worauf der Rechtspfleger ergebnislos schriftlich im Ergebnis anfragte, ob die Terminvertreterin Interesse am Erwerb gehabt habe oder nur die Grenzen habe zu Fall bringen wollen. Als keine Antwort einging, versagte er den Zuschlag erneut gem. § 85a Abs. 1 ZVG. Die dagegen gerichtete Beschwerde war durch die Instanzen erfolglos. Der BGH bekräftigt, die Beschwerdeentscheidung des LG Wuppertal[36] entspreche dem vom BGH entwickelten Grundsätzen in dem vorstehend umrissenen Beschluss V ZB 98/05, an denen er trotz Kritik in Literatur und Rechtsprechung festhalte. Allerdings stützt er sich **nicht mehr** darauf, das Gebot des Terminvertreters sei **kein Gebot** im Sinne des ZVG.[37] Die **§§ 116 ff.** BGB seien schon deswegen **nicht anwendbar**, weil es dem Bieter genau auf die Folge der Zuschlagsversagung nach § 85a Abs. 1 ZVG ankomme. Das Eigengebot des Terminvertreters sei jedoch **rechtsmissbräuchlich und unwirksam**, weil die damit verfolgte Absicht, die Grenzen des § 85a ZVG zu beseitigen, ein Verstoß gegen den Grundsatz von Treu und Glauben sei (§ 242 BGB), der auch im Prozessrecht gelte.[38] Während jedoch der dritte Bieter nach Ansicht des Senats (im Allgemeinen) nur seine gesetzliche Möglichkeit zu einem unter 5/10 liegenden Gebot wahrnimmt, um ggf. im nächsten Termin günstig zu erwerben, soll dies bei dem **Gläubiger anders** sein. Der BGH leitet das aus der *„gesetzlichen Risikoverteilung"* ab, denn bei einem ergebnislosen Termin sei nach § 77 ZVG einzustellen, ein Risiko, das den Gläubiger treffe. Dem Schuldner bleibe im nächsten Termin der Schutz des § 85a ZVG. Gebe der Gläubiger oder der Terminvertreter ein die 5/10-Grenze erledigendes Gebot ab, werde dieser Schuldnerschutz unterlaufen.[39] Dieser Schutz gegen Verschleuderung wird aus Sicht des BGH geradezu in sein Gegenteil verkehrt, wenn der Gläubiger *„nach Belieben"* die 5/10-Grenze „kippen" könnte. Das Eigengebot des Terminvertreters, dessen Verhalten sich der Gläubiger auch ohne Weisung nach § 278 BGB zurechnen lassen müsse, unterlaufe die gesetzlichen Schutzmechanismen (der §§ 85a, 74a ZVG). Für **Rechtsmissbrauch** spreche bei dergleichen Geboten eine **tatsächliche Vermutung**, zumal ein solcher Erwerb durch den angestellten Terminvertreter die Interessen des Arbeitgebers verletze, so dass (überdies) eine Interessenkollision zu bejahen sei.[40] Die Versagung des Zuschlags nach § 85a Abs. 1 ZVG im ersten Termin auf das Gebot der Terminvertreterin war fehlerhaft, da das Gebot nach § **71 Abs. 1 ZVG als unwirksam** hätte zurückgewiesen werden müssen. Mangels einer solchen Zurückweisung hätte der Zuschlag im Hinblick auf das Fehlen eines

---

34 BGH, Beschl. vom 24.11.2005 – V ZB 98/05, NJW 2006, 1355 = Rpfleger 2006, 144, Rn. 11, 17 f.
35 BGH, Beschl. vom 10.5.2007 – V ZB 83/06, BGHZ 172, 218 ff. = Rpfleger 2007, 483 = ZfIR 2007, 2191 = NJW 2007, 3279.
36 LG Wuppertal, Beschl. vom 17.5.2006 – 6 T 138/06, unv.
37 BGH, Beschl. vom 10.5.2007 – V ZB 83/06, BGHZ 172, 218 = NJW 2007, 3279 = Rpfleger 2007, 483, Rn. 9 a.E.
38 BGH, a.a.O., Rn. 11 ff.
39 BGH, a.a.O., Rn. 20 ff.
40 BGH, a.a.O., Rn. 36. Dieser Folgerung ist natürlich zuzustimmen; es ist nicht anzunehmen, dass der Vertreter ggf. arbeitsrechtliche Risiken auf sich nehmen will.

wirksamen Gebotes versagt werden müssen, da das Gericht bei der Zuschlagsentscheidung an vorherige Entscheidungen nicht gebunden ist (§ 79 ZVG). Das gilt auch für die Gebote im späteren Termin, die formelle Rechtskraft der Zuschlagsversagung im 1. Termin steht dem nicht entgegen, § 79 ZVG umfasst auch die Vorentscheidungen im Sinne des § 95 ZVG.[41] Daher blieb die Wertgrenze des § 85a ZVG erhalten und der Zuschlag war vom Amtsgericht zutreffend (zum zweiten Mal) nach § 85a Abs. 1 ZVG versagt worden.

23 Der Senat hat seine Rechtsprechung in weiteren Beschlüssen in Facetten ausgebaut. Bleibt bei der in Rdnr. 21, 22 geschilderten Situation der **nächste Termin ergebnislos**, dann ist im 3. Termin unverändert die Grenze des § 85a Abs. 1 ZVG zu beachten, weil im 2. Termin nach § 77 Abs. 1 ZVG einzustellen war. Dem Schuldner bleibt dann aufgrund der von dem BGH entwickelten Grundsätze der Schutz der 5/10-Grenze.[42]

24 Die Grenze des § 85a ZVG besteht sonach auch dann, wenn **einer** von verschiedenen Terminen vor dem Fall der 5/10-Grenze ohne Abgabe von Geboten bleibt und daher nach § 77 Abs. 1 ZVG einstweilen eingestellt wird.[43] Die Nichtabgabe von Geboten steht damit der Abgabe eines Gebotes unter den gesetzlichen Wertgrenzen nicht gleich.

25 Die 5/10-Grenze bleibt aus denselben Gründen aufrecht erhalten, wenn der Terminvertreter wiederum **im ersten Termin ein Gebot unter 5/10** abgibt, das Amtsgericht (**fehlerhaft**) nach § 85a Abs. 1 ZVG den Zuschlag versagt und im 2. Termin der Zuschlag nach dem Schluss der Versteigerung nach § 33 ZVG versagt wird, weil der betroffene Gläubiger die einstweilige Einstellung bewilligt hat (§ 30 ZVG).[44] Das ist richtig, da sich die hier relevanten §§ 74a, 85a und 77 ZVG in den tatbestandlichen Voraussetzungen und im Detail in den Folgen unterscheiden.[45]

26 In Fortführung des Beschlusses V ZB 83/06 hat der BGH erweiternd in dem **Beschluss vom 17.7.2008** festgestellt,[46] dass die dort entwickelten Grundsätze auch dann gelten, wenn der dritte Bieter sein Gebot nur abgibt, um dem **Gläubiger**, der ihn darum gebeten hat, **gefällig** zu sein und für ihn (angesichts der Rechtsprechung des BGH) für den Wegfall der 5/10-Grenze zu sorgen. Es kommt also nicht einmal darauf an, ob der Bieter Terminvertreter ist oder nicht, ob er (nach dem Leitsatz des zitierten Beschlusses vom Juli 2008) Terminvollmacht hat oder nicht. Der Unterschied zum Terminvertreter soll nur darin bestehen, dass bei jenem eine tatsächliche Vermutung für den Missbrauch besteht, während er bei **dem Dritten positiv festgestellt** werden müsse.

27 Der BGH hat in dem weiteren **Beschluss vom 9.10.2008**[47] judiziert, die dort agierende Gläubigerin habe ein wirksames Gebot abgegeben, obwohl nur knapp 35 % geboten worden waren. Allerdings hatte das abgegebene Gebot zusammen mit dem Ausfall der Gläubigerin mehr als 5/10 des festgesetzten Wertes erreicht (§§ 85a Abs. 3 i. V. m. § 114a ZVG). Ohne Belang war bei dieser Wertung, ob die des Gläubigers die 5/10-Grenze zu Fall bringen wollte, da

---

41 BGH, Beschl. vom 10.5.2007 – V ZB 83/06, BGHZ 172, 218 = NJW 2007, 3279 = Rpfleger 2007, 483, Rn. 41 ff.
42 BGH, Beschl. vom 19.7.2007 – V ZB 15/07, juris = DRsp Nr. 2007/15885.
43 LG Mainz, Beschl. vom 22.11.2006 – 8 T 247/06, Rpfleger 2007, 218 f. mit zustimmender Anm. *Krainhöfner*, Rpfleger 2007, 421 f.
44 BGH, Beschl. vom 18.10.2007 – V ZB 141/06, Rpfleger 2008, 146 = ZfIR 2008, 150.
45 So auch LG Mainz, Beschl. vom 22.11.2006 – 8 T 247/06, Rpfleger 2007, 218 f. mit zustimmender Anm. *Krainhöfner*, Rpfleger 2007, 421 f.; vgl. auch *Kirsch*, Rpfleger 2000, 147 ff.
46 BGH, Beschl. vom 17.7.2008 – V ZB 1/08, BGHZ 177, 334 = Rpfleger 2008, 587 = ZIP 2008, 1847 = MDR 2008, 1360.
47 BGH, Beschl. vom 9.10.2008 – V ZB 21/08, Rpfleger 2009, 39 = juris = DRsp Nr. 2008/20025.

„*objektiv*" kein den Schuldnerschutz beeinträchtigendes Gebot vorlag.[48] Der Beschluss ist also auf die Besonderheiten des § 85a ZVG und die Befriedigungsfiktion des § 114a ZVG zurückzuführen. Auch der Gläubiger, nicht nur der Terminvertreter, handelt damit aus Sicht des Senats wohl missbräuchlich, wenn er im 1. Termin ein unter 5/10 liegendes Gebot abgibt.

In der Literatur wird treffend die „*unterschwellige*" Prämisse des BGH, der Gläubiger sei an günstigem Erwerb interessiert, hinterfragt.[49] Der institutionelle Gläubiger (= Kreditgeber) hat im Allgemeinen **kein Erwerbsinteresse**, sondern es geht ihm um den Ausgleich seiner Kreditforderungen und um Minimierung des Verlustrisikos.

Eine Literaturstimme aus der Gerichtspraxis kritisiert die BGH-Rechtsprechung unter verschiedenen Aspekten. Den dortigen Erwägungen ist zuzustimmen: Eine „pauschale" Verdächtigung der Gläubiger hat mit deren Praxis nichts zu tun. Das wesentliche Problem der Versteigerung (und die Notwendigkeit, die Grenzen wegzufertigen) sei die Folge der zu hohen Wertfestsetzungen. Insgesamt kann von einem Rechtsmissbrauch des Gläubigers nicht die Rede sein.[50]

Dogmatisch kann man mit dem BGH zu V ZB 98/95 (siehe Rn. 21) der Auffassung sein, das tatsächlich nicht ernst gemeinte und als solches auch erkannte Gebot sei unwirksam (§§ 116 ff. BGB), wenn man zugelassenes taktisches Verhalten ausblendet. Diese Auffassung hat der BGH aber selbst wieder verworfen (Rn. 22). Sehr fraglich ist aber die Annahme des Rechtsmissbrauchs, zumal entsprechende **taktische Gebote Dritter zugelassen** werden. Das ZVG ermöglicht „Taktik", um das Bietgeschehen zu beeinflussen. Nicht zuletzt sind auch die Möglichkeiten der Abtretung des Meistgebots oder die verdeckte Stellvertretung (§ 81 Abs. 2, 3 ZVG) Taktiken. Da der Gläubiger, ob er nun ein Erwerbsinteresse wirklich hat oder nicht, im Termin mit den anderen Bietern in Konkurrenz steht, gebietet es auch die Gleichbehandlung der Konkurrenten, jedenfalls sein eigenes Gebot nicht am Missbrauchseinwand scheitern zu lassen. *Groß*[51] schlägt als Lösung des Dilemmas jüngst vor, § 115 ZVG im Interesse des Anliegens des BGH fruchtbar zu machen und den Gläubiger so zu behandeln als habe er ein 7/10-Gebot abgegeben, wenn der Terminvertreter die 5/10-Grenze „gekippt" hat. Da die Annahme von *Groß*, der Gläubiger wolle nur das Risiko des § 114a ZVG vermeiden, nicht zutrifft, scheidet diese Lösung aus.

---

48 BGH, Beschl. vom 9.10.2008 – V ZB 21/08, Rpfleger 2009, 39 = juris = DRsp Nr. 2008/20025, Rn. 6 f.
49 *Keller*, ZfIR 2008, 134 ff./136.
50 So zu Recht *Groß*, Rpfleger 2008, 545 ff./546 f. Allerdings kann auch *Groß* nicht beigepflichtet werden, wenn er die Meinung vertritt, die Kreditinstitute wollten durch mindestens tolerierte Eigengebote ihrer Terminvertreter das Risiko eines mit § 114a ZVG verbundenen Eigengebots (mit evtl. Zuschlag) vermeiden. Diese Meinung verkennt die Ablaufprozesse dieser Gläubigergruppe. Auch wenn § 114a ZVG vermieden werden könne, was nicht der Fall ist, wäre das im Ergebnis ohne Belang. Die Versteigerung findet nur als ultima ratio statt. Ist die Immobilie verwertet, kann man im Allgemeinen kaum mehr Befriedigung etwa noch offener Forderungen erwarten. Ist die Forderung geringer als 7/10, erhält der Schuldner natürlich keine „Zuzahlung". Die Ausschöpfung des Rechtswegs gegen die Festsetzung des Verkehrswerts ist regelmäßig wenig sinnvoll, zumal der BGH den Wert nur mehr als nur einen von verschiedenen Kriterien betrachtet, die derjenige heranzieht, der als Dritter im Versteigerungsverfahren erwerben will. Ungeachtet dessen verlängert sich dadurch das Verfahren mit Erhöhung der Verschuldung des Eigentümers. Selten wird sich auch das auf standardisierten Verfahren beruhende Wertermittlungsverfahren angreifen lassen, auch wenn gerade nicht der am Markt erzielbare Wert resultiert.
51 *Groß*, Rpfleger 2008, 546.

IV. § 85a Abs. 3 ZVG

30 Die Bestimmung des § 85a Abs. 3 ZVG enthält eine Sonderregelung für den Fall der Abgabe des Meistgebots durch einen Grundpfandgläubiger. Bei dieser Konstellation ist der 5/10-Wert abweichend zu berechnen. Das gilt nicht nur für den bestrangig betreibenden Gläubiger, sondern für jeden, der einen Anspruch auf Befriedigung aus dem Grundstück hat und das Meistgebot abgibt. § 85a Abs. 3 ZVG lehnt sich an § 74b ZVG an.[52]

31 Die sich als Privilegierung darstellende Abweichung von Absatz 1 wird mit der Rechtsfolge begründet: Wenn der Grundpfandgläubiger das Meistgebot abgibt, tritt die Befriedigungsfiktion des § 114a ZVG ihm gegenüber ein. Damit übersteigt der Erlös aus Schuldnersicht die 5/10-Grenze. Die Diskussion, ob der fingierte **Ausfall des Meistbietenden** nach § 85a Abs. 3 ZVG schuldrechtlich oder dinglich zu berechnen ist, hat der BGH in dem Beschluss vom 27.2.2004[53] im Sinne der **Berücksichtigung des dinglichen Wertes** beantwortet.[54] Anders als § 74a ZVG fordert § 85a Abs. 3 ZVG nicht, dass der meistbietende Grundpfandgläubiger mit seinem Gebot in Teile seines Rechtes „hineinbietet".[55] Vielmehr genügt, dass die Summe aus Bargebot und bestehen bleibenden Rechten zuzüglich des Ausfallbetrages des privilegierten Meistbietenden die 5/10-Grenze erreicht, ein schon im ersten Termin mögliches Ergebnis. Die vorrangigen Gläubiger können somit durch das sehr niedrige Meistgebot geschädigt werden, wenn nicht der Antrag nach § 74a Abs. 1 ZVG von dem dazu Befugten gestellt wird.[56]

32 **Fallbeispiel:**
Die zu versteigernde Immobilie, ein gewerbliches Objekt der insolventen X-GmbH, hat einen gem. § 74a ZVG festgesetzten Wert von 2 Mio. €.

33 Im Grundbuch sind für verschiedene Banken- bzw. Versicherungsgläubiger Sicherungsgrundschulden eingetragen, nämlich
- Gläubiger A. in Abt. III Nr. 1 mit 200.000 €; er ist **bestrangig betreibender** Gläubiger, seine zum Termin neben dem Kapitalbetrag angemeldete dingliche Zinsforderung beläuft sich auf 60.000 €;
- Gläubiger B. in Abt. III Nr. 2 mit 500.000 €; B. **betreibt nicht**, seine zum Termin neben dem Kapitalbetrag angemeldete dingliche Zinsforderung beläuft sich auf 150.000 €;
- Gläubiger C. in Abt. III Nr. 3 mit 800.000 €; C. **betreibt nicht**, seine zum Termin neben dem Kapitalbetrag angemeldete dingliche Zinsforderung beläuft sich auf 250.000 €;
- Gläubiger D. in Abt. III Nr. 4 mit 900.000 €; D. **betreibt nicht**, seine zum Termin neben dem Kapitalbetrag angemeldete dingliche Zinsforderung beläuft sich auf 270.000 €.

34 Den dinglichen Forderungen stehen entsprechend hohe persönliche Forderungen gegenüber.
Die Kosten und die anderen unter § 10 Nrn. 1–3, § 12, Nrn. 1, 2 ZVG fallenden Beträge (vgl. § 49 Abs. 1 ZVG) belaufen sich auf 100.000 €. Gläubiger D. hält den festgesetzten Wert des Grundbesitzes (§ 74a ZVG) für inakzeptabel

---

[52] Siehe die dortige Kommentierung. Die Gesetzesbegründung verweist auf die Anlehnung an § 74b, BT-Drs. 8/693, S. 52.
[53] BGH, Beschl. vom 27.2.2004 – IXa ZB 135/03, zu § 74a ZVG, BGHZ 158, 169 ff. = Rpfleger 2004, 432 = NJW 2004, 1803.
[54] Dies dürfte, wie *Storz/Kiderlen*, Rn. D 431 m.w.N. (dort Fn. 31 f.), anmerken, die herrschende Meinung sein.
[55] Das ist auch der Unterschied zu § 74b, der fordert, dass der Ausfallbetrag im Rang unmittelbar nach dem durch das 7/10-Gebot noch gedeckten Betrag steht.
[56] Auf dieses Risiko weisen *Storz/Kiderlen*, Rn. D 432, 4325 f., hin.

niedrig; dort meint man, ein Verkauf sei mit geringen Investitionen innerhalb eines Jahres für über 2 Mio. € möglich. Daher **bietet D**, gleichwohl vorsichtig, im **1. Termin 500.000 € (= 25 % des Verkehrswertes) und bleibt Meistbietender.**

Hieraus resultiert im Zusammenwirken des § 85a Abs. 1, Abs. 3 ZVG mit § 114a ZVG („7/10"-Befriedigungsfiktion) Folgendes: **35**

- Das bare Meistgebot beläuft sich auf 500.000 €, da A. bestrangig betreibt. Aus demselben Grunde bleiben Rechte nicht bestehen (§§ 44, 52 ZVG). Das Meistgebot wird nach Abzug der Kosten usw. (100.000 €) zunächst dem Gläubiger A. in Höhe von 260.000 € zugeteilt, der somit voll befriedigt wird.
- Die verbleibenden 500.000 ./. 100.000 ./. 260.000 € = **140.000 €** erhält B, der mit 510.000 € ausfällt, falls der Zuschlag auf das unter 5/10 liegende Gebot erteilt wird. C. fiele vollständig aus.
- Der Meistbietende D. fällt gleichfalls **vollständig** aus. Unter Berücksichtigung von §§ 85a Abs. 3, 114a ZVG ist nun zu prüfen, in welcher Höhe der Meistbietende D. bei einem *fiktiven* Gebot von 7/10 = 1.400.000 € ausfiele. Hiervon ist zunächst das (A. und B. bzw. den Kosten usw. zuzuordnende) bare Meistgebot (500.000 €) abzusetzen, so dass noch 900.000 € bei dem *fiktiven* Gebot verblieben, die – ebenfalls *fiktiv* – D. zuzuteilen wären. Die ganz oder teilweise ausfallenden **Zwischenrechte** sind nach § **114a Satz 2 ZVG** bei der Berechnung des Ausfalls des D. **nicht zu beachten**, so dass D. mit einem Betrag von 1.170.000 € [Summe seines dinglichen Rechts] ./. 900.000 € = 270.000 € *fiktiv* ausfällt. Dieser Ausfall zusammen mit dem baren Meistgebot von 500.000 ergibt 770.000 €. Das sind weniger als 5/10, so dass der Zuschlag zu versagen ist.[57]
- Würde D. wieder 500.000 € bieten, wäre aber **C. bestrangig betreibend**, würde zur Prüfung, ob der Zuschlag unter Beachtung des § 85a Abs. 3 ZVG erteilt werden kann, zunächst der auf D. entfallende Betrag nach § 114a ZVG ermittelt (i), sodann der *fiktive* Ausfall des D., der tatsächlich auch bei einem 7/10-Gebot keine Zuteilung erhielte (ii). Im dritten Schritt ermittelt sich dann der Betrag nach § 85a Abs. 3 ZVG aus der Addition des baren Meistgebots mit den bestehen bleibenden Rechten und dem fiktiven Ausfall (iii). Da A. und B. nicht betreiben, sind die Kapitalwerte ihrer Rechte in Gesamthöhe von 700.000 € bestehen bleibend.
  i. 900.000 € [verbleibender Betrag des *fiktiven* Gebots nach § 114a ZVG], wie oben;
  ii. 1.170.000 € [Recht des D.] ./. 900.000 € [anzurechnender Teil des fiktiven Gebots] = 270.000 € [*fiktiver* Ausfall des D.], ebenfalls wie oben (liegt der Betrag des Rechts des D. bei höchstens 900.000 €, hat er keinen fiktiven Ausfall).
  iii. 500.000 € [Meistgebot des D.] + 700.000 € [bestehen bleibende Rechte] + 270.000 € [*fiktiver* Ausfall des D.] = 1.470.000 € [mehr als 5/10, daher ist § 85a Abs. 3 ZVG anwendbar.] Wie oben fällt D. *tatsächlich* indes *vollständig* aus. (Da 5/10 bereits mit 1,0 Mio. erreicht sind, könnte D. bereits mit einem baren Meistgebot von knapp unter 300.000 € bei dieser Konstellation den Zuschlag erhalten.)
  iv. Resultat: Der Zuschlag ist zu erteilen, § 85a Abs. 1 ZVG steht nicht entgegen.
    C. kann den Antrag nach § 74a ZVG stellen, da die 7/10 Grenze mit 1,2 Mio. € (Bargebot + bestehen bleibende Rechte) tatsächlich nicht

---

57 Ist die tatsächliche Forderung geringer als der fiktive Befriedigungsbetrag nach § 114a, ist die Anrechnung natürlich auf die wirkliche Forderung begrenzt. Vgl. zu diesem Zusammenhang die Darstellung von *Knees*, Zwangsversteigerung und Zwangsverwaltung, 5. Aufl. 2007, S. 116 ff. und *Böttcher*, ZVG, § 85a Rn. 19, 21, der auch Konstellationen wie hier erörtert.

erreicht worden ist, wenn er auch eine Zuteilung von 190.000 € erhält, die sich aber bei 7/10 und ohne Bestehen bleiben von Rechten auf 490.000 € steigern würde.

36 Im Hinblick auf diese Verlustrisiken und die in der Praxis nicht selten im Vergleich zu dem vorstehenden Beispiel komplexere Struktur bestehen bleibender Rechte vertritt die Kommentarliteratur unter Hinweis auf Rechtsprechung der Instanzgerichte die Auffassung einer **recht weitgehenden prozessualen „Hinweis- und Belehrungspflicht"** (*Hintzen*)[58] bzw. **„*Prozessleitungspflicht*"**[59] des Vollstreckungsgerichts als Ausprägung des § 139 ZPO. Das Vollstreckungsgericht soll die prozessuale Pflicht haben, Gläubiger auf Risiken aus § 85a Abs. 3 ZVG hinzuweisen, jedenfalls, soweit es sich nicht um institutionelle Gläubiger mit Erfahrungen in der Zwangsversteigerung handelt.[60] Der BGH hat seinerseits in einer Zwangsversteigerungssache zum Ausdruck gebracht, das Vollstreckungsgericht müsse im Interesse eines grundrechtlich determinierten fairen Verfahrens nach § 139 ZPO „[...] *eine umfassende tatsächliche und rechtliche Klärung aller für die Zuschlagsentscheidung erheblichen Gesichtspunkte herbei führen*".[61]

---

58 So wörtlich *Hintzen*, in: Dassler/Schiffhauer/u. a., ZVG, § 85a Rn. 30 m. w. N.
59 Vgl. zur Begrifflichkeit im allgemeinen Prozessrecht *Greger*, in: Zöller, ZPO, § 139 Rn. 1, 2, 6.
60 *Hintzen*, in: Dassler/Schiffhauer/u. a., ZVG, § 85a Rn. 30 m. w. N. Der **unrichtige Hinweis** generiert aber wieder **Amtshaftungsansprüche**.
61 BGH, Beschl. vom 5.10.2006 – V ZB 2/06, Rn. 25, Rpfleger 2007, 93 = NJW-RR 2007, 165 = WM 2006, 2316 unter Bezugnahme auf die st. Rechtsprechung des BVerfG sowie *Stöber*, ZVG, Einleitung 33.1.

§ 86 ZVG [Verfahrensrechtliche Folgen der Versagung des Zuschlags]

Die rechtskräftige Versagung des Zuschlags wirkt, wenn die Fortsetzung des Verfahrens zulässig ist, wie eine einstweilige Einstellung, anderenfalls wie die Aufhebung des Verfahrens.

Schrifttum: Auf das Gesamtliteraturverzeichnis wird verwiesen.

Übersicht

	Rn.
I. Die rechtskräftige Versagung des Zuschlags mit der Wirkung der einstweiligen Einstellung	1–8
1. Die formelle Rechtskraft des Zuschlagsbeschlusses	1, 2
2. Voraussetzungen der Fortsetzung des Verfahrens nach Rechtskraft des den Zuschlag versagenden Beschlusses, das Prinzip der Maßgeblichkeit der einzelnen anhängigen Verfahren	3–5
3. Die Fortsetzung der Versteigerung nach einstweiliger Einstellung	6–8
II. Die rechtskräftige Versagung des Zuschlags mit der Wirkung der Aufhebung des Verfahrens	9

I. Die rechtskräftige Versagung des Zuschlags mit der Wirkung der einstweiligen Einstellung

1. Die formelle Rechtskraft des Zuschlagsbeschlusses

Die Versagung des Zuschlags wird (formell) rechtskräftig,[1] wenn kein Rechtsmittel dagegen mehr zulässig ist, d. h. wenn
- der Beschluss des Amtsgerichts/Vollstreckungsgerichts über die Versagung nicht mit der sofortigen Beschwerde angegriffen wurde **oder**
- die Beschwerde zurückgewiesen **und**
- die Rechtsbeschwerde nicht zugelassen wurde **oder**
- vom BGH zurückgewiesen worden ist.

1

Die Vorschrift enthält mit der Bestimmung der Folgen der Zuschlagsversagung zugleich eine Regelung über Tenorierung und Begründung.[2] Die bloße Versagung des Zuschlags lässt für die Beteiligten nicht erkennen, welche Konsequenzen das aus Sicht des Gerichts hat, ob nun Aufhebung oder einstweilige Einstellung des Verfahrens. Da der Beschluss aber einer dieser beiden Wirkungen hat und dadurch in die Rechte Beteiligter eingreift, muss auch deutlich werden, welche Konsequenzen er aus Sicht des Gerichts hat; dies ist auch zu begründen.[3] Andernfalls kann der durch den Versagungsbeschluss Beschwerte seinerseits sein Rechtsmittel kaum substantiiert begründen.[4]

2

---

[1] Nur der Beschluss, der den Zuschlag **erteilt**, ist der materiellen Rechtskraft fähig, eine Korrektur ist dann nicht mehr möglich, vgl. bereits RG, Urteil vom 26.2.1930 – V 556/28, RGZ 127, 272 ff. (= *Auerbach* (Hrsg.), Entschdg. des RG in Zivilsachen, ZVG, 1954, S. 136 ff.), *Vollkommer*, in: Zöller, ZPO, vor § 322 Rn. 9.
[2] Vgl. zu dieser Thematik die Kommentierung zu § 82.
[3] Sehr deutlich *Riedel*, in: Steiner, ZVG, § 86 Rn. 1.
[4] Im Ergebnis ebenso (ohne Begründung) *Stöber*, ZVG, § 86 Rn. 2.

2. Voraussetzungen der Fortsetzung des Verfahrens nach Rechtskraft des den Zuschlag versagenden Beschlusses, das Prinzip der Maßgeblichkeit der einzelnen anhängigen Verfahren

3 Das Verfahren kann nach rechtskräftiger Zuschlagsversagung fortgesetzt werden, wenn die **Fortsetzung** zulässig ist, so dass die **Zuschlagsversagung zwingend nur die Wirkung einer einstweiligen Einstellung** hat. Der Beschluss selbst stellt keine einstweilige Einstellung dar, sondern er hat in diesen Fällen nur die **Wirkung** eines Einstellungsbeschlusses. Die Voraussetzungen der einstweiligen Einstellung ergeben sich somit nicht aus § 86 ZVG, sondern aus denjenigen Vorschriften, die die Versagung des Zuschlags mit der *Folge der einstweiligen Einstellung* begründen. Ferner ist die Wirkung der Zuschlagsversagung für **jedes anhängige Verfahren** jedes einzelnen Gläubigers **gesondert zu betrachten** mit jeweils ggf. ganz unterschiedlichen Ergebnissen.[5]

4 Die Fortsetzung ist daher zulässig,[6] wenn der Zuschlag versagt wird u. a. im Hinblick auf
- § 33 ZVG bei Vorliegen eines Grundes zur einstweiligen Einstellung gem. §§ 30 ff. ZVG (u.a. § 30 Abs. 1 ZVG bis zur zweimaligen Bewilligung durch den Gläubiger; §§ 30a, 30c ZVG auf Antrag des Schuldners; § 30d ZVG auf Antrag des Insolvenzverwalters) bzw. zur Aufhebung des Termins (§ 43 ZVG).
- § 33 ZVG i.V.m. § 75 ZVG bei Einzahlung des zur Befriedigung des Gläubigers notwendigen Betrages an die Gerichtskasse bzw. § 76 ZVG bei Deckung des Gläubigers aus dem Einzelausgebot bei der Versteigerung mehrerer Grundstücke;
- § 77 ZVG wegen der erstmaligen Nichtabgabe bzw. des Erlöschens von Geboten;
- § 33 ZVG i.V.m. § 765a ZPO sowie einstweilige Anordnungen des Prozessgerichts bzw. des Vollstreckungsgerichts, u. a. nach §§ 732 Abs. 2, 769 Abs. 2, 771 Abs. 3, 775 ZPO.[7]

5 Die Frage, inwieweit Versagungsgründe des § 83 Nrn. 1 ff. ZVG der Fortsetzung entgegen stehen, wird in der Literatur nicht ganz einheitlich beantwortet.[8] Umstritten ist die Wirkung der Versagungsgründe des § 83 Nrn. 5–7 ZVG, während bei den Nrn. 1–4 auf die Heilungsmöglichkeiten des § 84 ZVG abgestellt wird. Nr. 7 dürfte aber gleichfalls der Fortsetzung nicht entgegen stehen[9], Nr. 6 unter Berücksichtigung der jüngsten Rechtsprechung des BGH nur von Fall zu Fall, abhängig von dem zur Einstellung führenden Sachverhalt.[10] Die Zuschlagsversagung nach dem neuen § 83 Nr. 8 ZVG hat ebenfalls **nicht** die Wirkung der **Verfahrensaufhebung**.

3. Die Fortsetzung der Versteigerung nach einstweiliger Einstellung

6 Die Fortsetzung richtet sich nach den für die einstweilige Einstellung geltenden Vorschriften. Der **Gläubiger** muss daher im Allgemeinen **selbst initiativ** sein

---

5 Vgl. *Böttcher*, ZVG, § 86 Rn. 8; BGH, Beschl. vom 16.10.2008 – V ZB 48/08, NJW 2009, 81 = Rpfleger 2009, 96 unter Hinweis auf RG, Urteil vom 7.6.1929 – III 463/28, RGZ 125, 24 ff./30.
6 Die Fälle der einstweiligen Einstellung in Rn. 4 sind angesichts der Fülle der möglichen einstweiligen Einstellungen nur paradigmatisch; für Einzelheiten wird auf die Kommentierung der einschlägigen Vorschriften, insb. zu § 33, verwiesen.
7 *Hintzen*, in: *Dassler/Schiffhauer/u. a.*, ZVG, § 86 Rn. 7, sieht § 769 Abs. 2 ZPO nicht als einstweilige Einstellung in diesem Sinne.
8 Vgl. *Stöber*, ZVG, § 86 Rn. 2.2, *Hintzen*, in: *Dassler/Schiffhauer/u. a.*, ZVG, § 86 Rn. 5, *Böttcher*, ZVG, § 86 Rn. 3, *Riedel*, in: *Steiner*, ZVG, § 86 Rn. 2.
9 *Hintzen*, in: *Dassler/Schiffhauer/u. a.*, ZVG, § 86 Rn. 5 unter Hinweis auf LG Augsburg, Beschl. vom 8.12.1998 – 4 T 4878/98, Rpfleger 1999, 232.
10 Vgl. die Kommentierung zu § 83 Nr. 6 sowie aus der Rechtsprechung des BGH den Beschl. vom 10.4.2008 – V ZB 114/07, Rpfleger 2008, 433 = juris Rn. 13 ff. = DRsp Nr. 2008/10933.

und die Fortsetzung innerhalb von sechs Monaten beantragen (§ 31 Abs. 1 Satz 1 ZVG),[11] will er nicht die Aufhebung riskieren (§ 31 Abs. 1 Satz 2 ZVG). Eine „**amtswegige**" Fortsetzung bei Zuschlagsversagung kennt die Systematik des ZVG nur **ganz ausnahmsweise**. Die Risiken der Verfahrensaufhebung (§ 31 Abs. 1 Satz 2 ZVG) werden dadurch gemildert, dass das Vollstreckungsgericht den Gläubiger über den Fristbeginn und die Folgen derselben **belehrt,** § 31 Abs. 3 ZVG.[12] Da die Belehrung aber systematisch nicht dasselbe ist wie die Zuschlagsversagung, dürfte es mit *Stöber* richtig oder doch zweckmäßig sein, die Belehrung gesondert zuzustellen.[13] Nach Einstellung durch das Prozess- bzw. Vollstreckungsgericht nach der ZPO (s.o., Rn. 4) wird die Vollstreckung in den Fällen der **befristeten Einstellung von Amts wegen** nach Fristablauf fortgesetzt (§ 769 Abs. 2 ZPO),[14] ansonsten ist sie erst nach klageabweisendem Urteil oder nach Aufhebung der Einstellung durch das Gericht zulässig.[15] Ein Antrag ist nur im Falle des § **769 Abs. 2 ZPO nicht** erforderlich, im Falle des § **769 Abs. 1 ZPO** ist er hingegen **notwendig** (vgl. § 31 Abs. 2 Buchst. d ZVG).[16]

Die Frist beginnt mit der Rechtskraft des Versagungsbeschlusses, demgemäß zwei Wochen nach dessen Verkündung (§§ 98, 96 ZVG, 569 Abs. 1 ZPO), frühestens jedoch mit der Zustellung der Belehrung gem. § 31 Abs. 3 2. Halbsatz ZVG. Erfolgt die Versagung erst in der Beschwerde- oder Rechtsbeschwerdeinstanz, wird der Fristbeginn zudem durch die zeitlich letzte Zustellung an die Beteiligten beeinflusst (§ 103 ZVG).[17]

7

§ 86 ZVG beschreibt trotz des breiten Anwendungsbereichs nicht vollständig die Folgen der Zuschlagsversagung. Von der *Fortsetzung mit Einstellungswirkung* ist die Versagung des Zuschlags nach § **74a Abs. 3 ZVG** bzw. nach § **85a Abs. 1, Abs. 2 Satz 1 ZVG** zu unterscheiden; insoweit muss ein neuer Termin von Amts wegen bestimmt werden, ein Antrag ist entbehrlich.

8

II. Die rechtskräftige Versagung des Zuschlags mit der Wirkung der Aufhebung des Verfahrens

Unzulässig ist die Fortsetzung u.a., wenn

9

- die einstweilige Einstellung nicht mehr zulässig ist und ihre Bewilligung zur Aufhebung führt (§ 30 Abs. 1 Satz 3 ZVG);
- das Recht eines Dritten nicht nur vorübergehend die Versteigerung hindert (§ 28 ZVG);
- der Antrag zurückgenommen wird oder als zurückgenommen gilt (§§ 29, § 76 Abs. 2 Satz 2, § 30 Abs. 1 Satz 3 ZVG);
- der zweite Termin ohne Abgabe eines Gebotes verlaufen ist (§ 77 Abs. 2 Satz 1 ZVG);
- der Zuschlag aus den Gründen des § 83 Nr. 6 ZVG aufgrund von im laufenden Verfahren nicht mehr heilbaren Verfahrensmängeln eingestellt worden ist, z.B. wegen Fehlens einer (nicht mehr nachholbaren) Vollstre-

---

11 Ausnahme ist § 76 Abs. 2 ZVG, wonach der Gläubiger die Fortsetzung beantragen kann, sobald er ein rechtlich geschütztes Interesse hat, höchstens jedoch bis zum Ablauf von drei Monaten nach der Rechtskraft des Versagungsbeschlusses.
12 Keine Belehrung erfolgt über die besondere Frist des § 76 Abs. 2 Satz 2 ZVG.
13 *Stöber*, ZVG, § 86 Rn. 2.8.
14 *Herget*, in: *Zöller*, ZPO, § 769 Rn. 10, *Stöber*, ebda., § 775 Rn. 12.
15 *Herget*, in: *Zöller*, ZPO, § 769 ZPO Rn. 10.
16 *Güthe*, in: *Jaeckel*, Kommentar zum Zwangsversteigerungsgesetz, 4. Aufl., 1912, § 31 Rn. 1, 2 kleidet das Problem bereits in die griffige zutreffende Formel, ein Antrag sei immer vonnöten, wenn keine „*gesetzliche Ausnahme*" vorliege; als eine solche betrachtet er zutreffend § 769 Abs. 2 ZPO sowie die einstweilige Einstellung gem. § 28, wenn der Nachweis fristgerecht erbracht wird.
17 Vgl. im Einzelnen die Kommentierung zu §§ 98, 103.

ckungsvoraussetzung. Der BGH hat allerdings mit Beschluss vom 19.11.2009 entschieden, die rechtsfehlerhafte Fortetzung könne dennoch zur Zuschlagserteilung von Amts wegen führen, wenn „der beitreibende Gläubiger bei der Anhörung über den Zuschlag (§ 74 ZVG) das Verfahren genehmigt". Das könne auch mit der Zustimmung zur Zuschlagserteilung an den Meistbietenden erfolgen. Die fehlerhafte Verfahrensfortsetzung durch Terminbestimmung anstelle eines Fortsetzungsbeschlusses führt nicht zu einem Zuschlagsversagungsgrund gem. § 83 Nr. 6 ZVG, da sich das weitere Verfahren nach der *„formell rechtskräftig gewordenen Zwichenentscheidung bestimmt"*, mag diese auch rechtsfehlerhaft sein.[18]

---

18 BGH, Beschluss v. 19.11.2009 – V ZB 118/09, WM 2010, 424 = DRsp Nr. 200928076, Lsa)–c).

§ 87 ZVG [Verkündung der Zuschlagserteilung]

(1) Der Beschluss, durch welchen der Zuschlag erteilt oder versagt wird, ist in dem Versteigerungstermin oder in einem sofort zu bestimmenden Termin zu verkünden.

(2) Der Verkündungstermin soll nicht über eine Woche hinaus bestimmt werden. Die Bestimmung des Termins ist zu verkünden und durch Anheftung an die Gerichtstafel bekanntzumachen.

(3) Sind nachträglich Tatsachen oder Beweismittel vorgebracht, so sollen in dem Verkündungstermin die anwesenden Beteiligten hierüber gehört werden.

Übersicht

		Rn.
I.	Norminhalt	1–3
1.	Anwendungsbereich	3
II.	Verkündung der Zuschlagsentscheidung	4–14
1.	Grundsätzliches	4–9
2.	Der Beschluss über die Zuschlagserteilung	10–12
3.	Der Beschluss über die Zuschlagsversagung	13, 14
III.	Besonderer Verkündungstermin	15–32
1.	Warum ein besonderer Verkündungstermin?	15, 16
2.	Pflicht zur Anberaumung besonderen Verkündungstermins	17–21
3.	Wochenfrist	22
4.	Gründe für das Hinausschieben des Verkündungstermins	23–26
5.	Wann ist das Hinausschieben des Verkündungstermins unzulässig?	27, 28
6.	Terminbestimmung und Bekanntmachung	29
7.	Wer leitet den Verkündungstermin?	30, 31
8.	Protokoll	32
IV.	Neue Tatsachen, Beweismittel und Erklärungen	33, 34

I. Norminhalt

Die Vorschrift des § 87 ZVG befasst sich mit der Verkündung der **Zuschlagsentscheidung**. Sie regelt, dass durch das Vollstreckungsgericht jede Zuschlagsentscheidung, unabhängig davon ob es sich hierbei um eine Zuschlags**erteilung** oder eine Zuschlags**versagung** handelt, zu verkünden ist. **Ausnahme** bildet die Zuschlagsentscheidung des Beschwerdegerichts; diese wird nur zugestellt (§ 103 ZVG). **1**

Mit der Verkündung soll sichergestellt werden, dass alle Verfahrensbeteiligten unmittelbar über den Inhalt der Zuschlagsentscheidung mindestens jedoch über den Termin der Verkündung der Zuschlagsentscheidung Kenntnis erlangen. Bezweckt wird außerdem, dass die Beteiligten und der Meistbietende im Nachgang zum Versteigerungstermin zeitnah Gewissheit darüber erlangen, ob der Zuschlag erteilt oder versagt wurde. Um dies gewährleisten zu können, sollte das Vollstreckungsgericht deshalb stets darauf achten, dass zwischen dem Versteigerungstermin und der Verkündung der Zuschlagsentscheidung kein allzu großer Zeitraum verstreicht. Andernfalls kann dies zu einer Verletzung des Deckungsgrundsatzes führen (§ 47 ZVG). **2**

1. Anwendungsbereich

3 Die Vorschrift gilt für alle Versteigerungsverfahren des ZVG.[1]

II. Verkündung der Zuschlagsentscheidung

1. Grundsätzliches

4 Der Beschluss über die Zuschlagsentscheidung ist nach der Vorschrift des § 87 S. 1 ZVG **im Versteigerungstermin** oder in einem **sofort zu bestimmenden Termin** (= besonderer oder auch gesonderter Verkündungstermin) zu verkünden. Dieser sollte zur Wahrung des Deckungsgrundsatzes (Rn. 2) und im Interesse der Herstellung klarer Rechtsverhältnisse nicht später als **eine Woche** nach dem Versteigerungstermin anberaumt werden. Der besondere Verkündungstermin gilt als Fortsetzung des eigentlichen Versteigerungstermins, er ist damit auch **öffentlich**.

5 Es obliegt dem Vollstreckungsgericht darüber zu befinden, ob es die Verkündung der Zuschlagsentscheidung unmittelbar im Anschluss an die Verhandlung oder in einem besonderen Verkündungstermin vornimmt. Aus der Gewährleistung des Eigentums und deren Einwirkung auf das Versteigerungsverfahren lassen sich hierfür keine allgemeingültigen Verfahrensregeln herleiten.[2]

6 Der dem Vollstreckungsgericht gegebene Ermessensspielraum sollte nicht dahingehend verstanden werden, dass die Verkündung der Zuschlagsentscheidung stets in einem besonderen Verkündungstermin erfolgt. Vielmehr soll das Vollstreckungsgericht die Zuschlagsentscheidung regelmäßig unmittelbar im Anschluss an die Verhandlung über den Zuschlag verkünden (§ 74 ZVG). Dies schon deshalb, weil zu diesem Zeitpunkt die frische Erinnerung des Vollstreckungsgerichts sowie der Beteiligten ausgenutzt werden kann.[3] Ob die Ansetzung eines besonderen Termins zur Entscheidungsverkündung geboten ist, sollten die Umstände des Einzelfalls bestimmen. Im Sinne einer fairen Verfahrensgestaltung sollte daher nicht Belieben, sondern das Vorliegen nachvollziehbarer Gründe das Entscheidungskriterium für das Abhalten eines besonderen Versteigerungstermins bilden. So hindert bspw. das Nichterscheinen des Vollstreckungsschuldners zum Versteigerungstermin die sofortige Erteilung des Zuschlages regelmäßig nicht.

7 Zur Veranschaulichung nachfolgendes Beispiel:
Im vorliegenden Fall war der Vater des Vollstreckungsschuldners 3 Tage vor dem Versteigerungstermin beerdigt worden. Der IXa-Zivilsenat des BGH weist die sofortige Beschwerde des Vollstreckungsschuldners gegen den amtsgerichtlichen Zuschlagsbeschluss mit der Begründung zurück, das der Vollstreckungsschuldner aufgrund der bereits drei Tage zuvor erfolgten Beerdigung nicht gehindert war, am Versteigerungstermin teilzunehmen oder sich zumindest vertreten zu lassen.[4]

8 Das Vollstreckungsgericht ist an Anträge des Meistbietenden und der Beteiligten nicht gebunden, das heißt, die Beteiligten können die Vorschrift des § 87 auch nicht durch Inanspruchnahme der Vorschrift des § 59 ZVG (= Beantra-

---

1 *Böttcher*, ZVG, § 87 Rn. 1.
2 BGH, Beschl. vom 30.1.2004 – IXa ZB 196/03, Rpfleger 2004, 434 = NJW-RR 2004, 1074 = MDR 2004, 774 = WM 2004, 901.
3 *Teufel*, in: *Steiner*, ZVG, § 87 Rn. 2.
4 Vgl. BGH, Beschl. vom 30.1.2004 – IXa ZB 196/03, Rpfleger 2004, 434 o. auch OLG Frankfurt, Beschl. vom 12.2.1991 – 20 W 9/91, Rpfleger 1991, 470: Danach ist die Abwesenheit des Schuldners im Versteigerungstermin allein kein zwingender Anlass, einen besonderen Termin zur Verkündung des Zuschlages anzusetzen.

gung abweichender Versteigerungsbedingungen) „aushebeln". Die Vorschrift des § 87 ZVG stellt **keine Zwangsversteigerungsbedingung** dar.

Es kann sich jedoch auch eine **Pflicht**[5] des Vollstreckungsgerichts zur Anberaumung eines gesonderten Verkündungstermins ergeben (vgl. Rn. 17). 9

2. Der Beschluss über die Zuschlagserteilung

Der **Zuschlagserteilungsbeschluss** wird neben seiner Verkündung auch an bestimmte Personen **zugestellt** (§ 88 ZVG). 10
Beachte wegen unterlassener Verkündung: Wird ein Zuschlagsbeschluss entgegen der zwingenden Vorschrift des § 87 Abs. 1 ZVG in einem ordnungsmäßig anberaumten Verkündungstermin nicht verkündet, sondern nur schriftlich zu den Akten genommen und anschließend allen Beteiligten zugestellt, dann liegt darin ein heilbarer Verfahrensmangel, der der Wirksamkeit und der Anfechtbarkeit des Zuschlagsbeschlusses nicht entgegensteht.[6]
Im vor dem OLG Köln verhandelten Fall[7] hatte der Rechtspfleger nach Abgabe des Meistgebotes beschlossen, die Zuschlagsentscheidung in einem besonderen Termin zu verkünden. Unter dem Datum des Verkündungstermins befand sich zwar ein Zuschlagsbeschluss bei den Akten, jedoch kein Vermerk oder Protokoll über seine Verkündung. Der Beschluss wurde sämtlichen Beteiligten zugestellt. Der Vollstreckungsschuldner hatte ihn aus sachlichen Gründen angefochten.

Es ist umstritten, wie der Verlautbarungsmangel „Zustellung statt Verkündung" geheilt werden kann. Neben der Nachholung der Verkündung durch den Rechtspfleger kommt die Nachholung der Verkündung durch das Beschwerdegericht in Betracht, welches sich seinerseits dann auf die Anwendung des § 104 ZVG beschränken würde bzw. die analoge Anwendung des § 104 ZVG auf das Verfahren im ersten Rechtszug mit der Konsequenz, dass die Zustellung vollwertiger Verkündungsersatz wäre. In Rechtsprechung und Schrifttum besteht dahingehend Einigkeit, dass ein Fehlgreifen zwischen den vom Gesetz vorgeschriebenen Formen, durch die eine Entscheidung zum Entstehen gebracht werden kann (Zustellung und Verkündung) nicht zur Unwirksamkeit der Entscheidung führen kann, wenn den Beteiligten hieraus kein Nachteil erwachsen kann. Das Existentwerden des Beschlusses sowie dessen Nachprüfbarkeit durch das Beschwerdegericht werden durch das Fehlgreifen in den Verlautbarungsmitteln nicht behindert. 11

Zusammenfassend: Da gem. der Vorschrift des § 89 ZVG der Zuschlag mit seiner Verkündung wirksam wird, entsteht wegen der fehlenden Verkündung ein Anfechtungsgrund. Ist aus Sicht des Richters für den Fall der Rechtspflegererinnerung bzw. des Beschwerdegerichts für den Fall der Zuschlagsbeschwerde die Zuschlagentscheidung sachlich gerechtfertigt, so muss unter Aufhebung des streitigen Zuschlagsbeschlusses (§ 101 Abs. 2 ZVG) der Zuschlag 12

---

5 BVerfG, Beschl. vom 7.12.1977 – 1 BvR 734/77, BVerfGE 46, 325 = NJW 1978, 368 = Rpfleger 1978, 206 = MDR 1978, 380: Im vorliegenden Fall war der Schuldner im Zwangsversteigerungsverfahren nicht anwesend. Bei einem Verkehrswert iHv DM 95.000,00 wurde lediglich ein Gebot iHv. DM 10.000,00 abgegeben. Gem. Beschl. des BVerfG vom 7.12.1977 – 1 BvR 734/77, BVerfGE 46, 325 = NJW 1978, 368 = Rpfleger 1978, 206 = MDR 1978, 380 muss das Gericht in diesem Fall des krassen Missverhältnisses die Entscheidung über den Zuschlag vertagen, um so dem Schuldner die Möglichkeit zu geben, Vollstreckungsschutz zu beantragen.
6 OLG Köln, Beschl. vom 16.11.1981 – 2 W 91/81, Rpfleger 1982, 113 = MDR 1982, 330; *Gerhardt*, in: *Dassler/Schiffhauer/u.a.*, § 87 Rn. 17; Mindermeinungen: OLG München, 7. Zivilsenat, Beschl. vom 30.3.1954 – 7 W 701/54, BayJMBl 1954, 161 = MDR 1954, 424; LG Braunschweig, Beschl. vom 21.12.1967 – 8 T 469/67, MDR 1968, 675; *Güthe*, in: *Jaeckel*, ZVG, § 89 Rn. 1: (Zustellung statt Verkündung ist wirksam); *Storz*, in: *Steiner*, ZVG, § 87 Rn. 7: (fehlende Verkündung ist nur anfechtbar).
7 OLG Köln, Beschl. vom 16.11.1981 – 2 W 91/81, Rpfleger 1982, 113 = MDR 1982, 330.

neu erteilt werden. Dessen Wirksamkeit tritt dann gem. der Vorschrift des
§ 104 ZVG mit seiner Zustellung ein.[8]

3. Der Beschluss über die Zuschlagsversagung

13 Der **Zuschlagsversagungsbeschluss** hingegen wird neben seiner Verkündung **nicht zugestellt**.

14 Beachte: Wird der Beschluss über die **Zuschlagsversagung** entgegen der zwingenden Vorschrift des § 87 Abs. 1 ZVG **nicht verkündet**, hat dies lediglich zur Folge, dass die Anfechtungsfrist nicht zu laufen beginnt (§ 98 S. 1 ZVG); ein Anfechtungsgrund liegt darin nicht.[9] Mit einfacher Zustellung beginnt die Anfechtungsfrist nach § 98 ZVG zu laufen.

III. Besonderer Verkündungstermin

1. Warum ein besonderer Verkündungstermin?

15 Ein besonderer Verkündungstermin ist immer dann erforderlich, wenn die Sachlage nicht einfach ist, der Zwangsversteigerungstermin schwierig verlaufen ist und das Ergebnis einer eingehenden Prüfung bedarf.[10]

16 Das Abhalten eines besonderen Verkündungstermins **kann** sich bei Eintritt nachfolgend aufgeführter Verfahrenskonstellationen als zweckmäßig erweisen:
- nach Ablauf der Bietstunde werden Anträge, Bewilligungen, Erklärungen, Widersprüche oder Handlungen nach den Vorschriften der §§ 28, 29, 30, 30a, 30c, 30d, 37 Nr. 5 und 75 ZVG vorgenommen;
- es wird ein Antrag eines Berechtigten auf Zuschlagsversagung wegen Nichterreichens der 7/10-Grenze nach der Vorschrift des § 74a Abs. 1 ZVG gestellt;
- eine Entscheidung nach der Vorschrift des § 85a Abs. 1, 3 ZVG macht sich notwendig;
- es wird ein Vollstreckungsschutzantrag des Schuldners nach der Vorschrift des § 765a ZPO (Rn. 18) gestellt;
- es ist ein wirtschaftlich unzureichendes Ergebnis gegeben (Verschleuderungsverdacht): Das Meistgebot weicht erheblich vom Verkehrswert des Versteigerungsobjektes ab mit der Folge, dass die Erteilung des Zuschlags nach Maßgabe der im Versteigerungstermin vorliegenden Voraussetzungen zu einer Verschleuderung des Grundbesitzes führt.
- Nachweis des Erbringens erhöhter Sicherheitsleistung nach der Vorschrift des § 68 Abs. 3 und Abs. 4 ZVG;
- fehlende Genehmigungen nach den Vorschriften der §§ 172, 175, 180 ff. ZVG bzw. des § 5 ErbauRVO;
- bestehende Vorkaufsrechte gem. BbauG 1976, StBauFG, RHeimstG;
- Abwesenheit des Vollstreckungsschuldners im Versteigerungstermin; Beachte: Die Abwesenheit des Vollstreckungsschuldners im Versteigerungstermin stellt jedoch keinen zwingenden Grund für die Anberaumung eines besonderen Verkündungstermins dar (Rn. 5).

2. Pflicht zur Anberaumung besonderen Verkündungstermins

17 Neben den Gründen, die es dem Vollstreckungsgericht zweckmäßig erscheinen lassen, einen besonderen Verkündungstermin anzuberaumen, kann sich jedoch auch eine **Pflicht** für die Anberaumung eines besonderen Verkündungstermins

---

8 *Stöber*, ZVG, § 87 Rn. 2.5.
9 OLG Hamm, Beschl. vom 12.7.1965 – 15 W 237/65, NJW 1965, 2410, Anm Schriftleit. = OLGZ 1965, 311.
10 *Gerhardt*, in: *Dassler/Schiffhauer/u.a.*, ZVG, § 87 Rn. 5.

ergeben. Diese ergibt sich regelmäßig dann, wenn das wirtschaftliche Ergebnis des Versteigerungstermins vollkommen unzureichend ist und die Verschleuderung des zu versteigernden Grundstückes droht; bspw. dann, wenn das Meistgebot in einem zweiten oder dritten Versteigerungstermin weniger als 10 % des gerichtlich festgesetzten Verkehrswertes ausmacht.
So ist es unter Verweis auf die **Eigentumsgarantie des Grundgesetzes**,[11] welches die Gerichte verpflichtet, die Verhandlung fair zu führen und dem Eigentümer effektiven Rechtsschutz zu gewähren, für das Vollstreckungsgericht idR verpflichtend, einen besonderen Verkündungstermin anzuberaumen, um in diesem die betroffenen Beteiligten über die wirtschaftliche Bedeutung des abgegebenen Meistgebotes **aufzuklären**.[12]

Das Vollstreckungsgericht ist in Anlehnung an die Eigentumsgarantie des Grundgesetzes verpflichtet, einem Vollstreckungsschuldner bei einem wirtschaftlich unangemessenen Versteigerungsergebnis und gleichzeitig realistischer Aussicht auf ein kurzfristig erreichbares besseres Ergebnis die Möglichkeit einzuräumen, einen **Vollstreckungsschutzantrag gem. § 765a ZPO** zu stellen.

Zur Veranschaulichung nachfolgendes Beispiel[13]:
Im vorliegenden Fall betreibt eine Gemeinde wegen ausstehender öffentlich-rechtlicher Ansprüche an einem Grundstück (Straßenbaubeiträge, Grundsteuer u.a.) iHv 3.000,00 € die Zwangsversteigerung in das Grundstück (gerichtlich festgesetzter Verkehrswert 290.000,00 €). Im dritten Versteigerungstermin wird das Grundstück zum Meistgebot iHv 35.000,00 € zugeschlagen. Gegen den Zuschlagsbeschluss legt der Vollstreckungsschuldner Beschwerde ein. Er macht geltend, dass der Zuschlag gegen das Verschleuderungsverbot verstoße und mithin nichtig sei. Zudem bestünden durch die Bereitschaft einer Hypothekenbank, bis zur Hälfte des festgesetzten Verkehrswertes für das Versteigerungsobjekt zu bieten, konkrete Anhaltspunkte, die ein weitaus besseres wirtschaftliches Ergebnis erwarten lassen.
Der IXa-Zivilsenat des BGH lässt die Rechtsbeschwerde des Vollstreckungsschuldners mit der Begründung zu, dass das Vollstreckungsgericht idR verpflichtet ist, einen besonderen Termin zur Verkündung über die Zuschlagsentscheidung anzuberaumen, sofern die Zuschlagserteilung nach Maßgabe der im Versteigerungstermin vorliegenden Voraussetzungen zu einer Verschleuderung des Versteigerungsobjektes führt.[14]

Auch für den Fall, dass bspw. das Meistgebot im 3. Zwangsversteigerungstermin lediglich 7 % des Verkehrswertes erreicht, ist das Vollstreckungsgericht bei **Abwesenheit des Vollstreckungsschuldners** im Versteigerungstermin grundsätzlich verpflichtet, einen gesonderten Zuschlagstermin anzuberaumen,[15] um

---

11 OLG Frankfurt, Beschl. vom 12.2.1991 – 20 W 9/91, Rpfleger 1991, 470: Das BVerfG hat mehrfach auf die Bedeutung der rechtsstaatlichen Verfahrensgestaltung bei der Versteigerung eines Grundstückes und dabei auch auf die besondere Bedeutung der Eigentumsgarantie im sozialen Rechtsstaat hingewiesen. Nach dieser Rechtsprechung beeinflusst insbesondere die verfassungsrechtliche Gewährleistung des Eigentums nicht nur die Ausgestaltung des materiellen Rechts; sie wirkt zugleich auf das zugehörige Verfahrensrecht ein. Aus Art. 14 GG folgt unmittelbar die Pflicht der Gerichte, bei Eingriffen in dieses Grundrecht einen effektiven Rechtsschutz zu gewährleisten. Dies schließt den Anspruch auf eine „faire" Verfahrensführung ein, der zu den wesentlichen Ausprägungen des Rechtsstaatsprinzips gehört.
12 *Gerhardt*, in: *Dassler/Schiffhauer/u.a.*, ZVG, § 87 Rn. 6; OLG Frankfurt, Beschl. vom 12.2.1991 – 20 W 9/91, Rpfleger 1991, 470: Es ist anerkannt, dass das Versteigerungsgericht eine Aufklärungspflicht trifft, was sich auch dahin auswirken kann, dass zum Schutz der im Versteigerungstermin nicht anwesenden Verfahrensbeteiligten der Zuschlag nicht sofort erfolgen darf, sondern ein besonderer Verkündungstermin anzusetzen ist.
13 BGH, Beschl. vom 5.11.2004 – IXa ZB 27/04, Rpfleger 2005, 151.
14 BGH, Beschl. vom 5.11.2004 – IXa ZB 27/04, Rpfleger 2005, 151.
15 LG Mönchengladbach, Beschl. vom 25.2.2004 – 5 T 40/04, Rpfleger, 2004, 436.

dem Vollstreckungsschuldner Gelegenheit zu geben, durch einen Vollstreckungsschutzantrag den Zuschlag zu verhindern. Art. 103 Abs. 1 GG, § 139 ZPO sowie der allgemeine Grundgedanke der **gerichtlichen Fürsorgepflicht** gebieten es, den abwesenden Vollstreckungsschuldner über das geringe Höchstgebot in Kenntnis zu setzen und ihm die Möglichkeit zur Vollstreckungsschutzantragsstellung gem. der Vorschrift des § 765a ZPO wegen Verschleuderung seines Grundeigentum zu gewähren.[16] Andernfalls würde die sich aus Art. 14 GG ergebende Verpflichtung der Gerichte zur „fairen" Verfahrensgestaltung regelrecht ad absurdum geführt.

21 Anders verhält es sich jedoch dann, wenn ein Vollstreckungsschutzantrag von vornherein als aussichtslos zu qualifizieren ist.[17] Hiervon ist bspw. auszugehen, wenn das im Versteigerungstermin abgegebene Meistgebot 50 % des Verkehrswertes erreicht.[18] In diesem wie für den Fall, dass der Vollstreckungsschutzantrag des Vollstreckungsschuldners erkennbar lediglich zum Zweck des Zeitgewinnens und der Verzögerung des Versteigerungsverfahrens (**Verschleppungsabsicht**: In diesem Fall sollte das Vollstreckungsgericht den Antrag sofort zurückweisen.) gestellt wurde, ist das Vollstreckungsgericht zur Abhaltung eines gesonderten Verkündungstermins nicht verpflichtet.

3. Wochenfrist

22 Der Verkündungstermin sollte durch das Vollstreckungsgericht **nicht länger als eine Woche** nach dem Versteigerungstermin anberaumt werden (Wahrung des Deckungsgrundsatzes, Rn. 2). Bei dieser Vorschrift handelt es sich jedoch nur um eine sogenannte **Ordnungsvorschrift**,[19] die dem § 310 Abs. 1 ZPO entspricht. Das heißt, ein Verstoß gegen sie ist unschädlich.[20] Bei Vorliegen verschiedener „erheblicher Gründe" kann der Verkündungstermin notfalls auch über eine Woche hinaus anberaumt werden bzw. mehrmals verlegt werden (= Vertagung, § 227 Abs. 1 ZPO).[21]

4. Gründe für das Hinausschieben des Verkündungstermins

23 Bei Vorliegen bestimmter Fallkonstellationen ist es ggf. notwendig, den Verkündungstermin länger als eine Woche nach dem Versteigerungstermin anzuberaumen; in manchen Fällen muss dies ggf. auch wiederholt geschehen, bspw. wenn:
- die Zustimmung des Grundstückseigentümers zum Zuschlag eines Erbbaurechts beizubringen oder gerichtlich zu ersetzen ist[22] oder

---

16 OLG Frankfurt, Beschl. vom 12.2.1991 – 20 W 9/91, Rpfleger 1991, 470.
17 OLG Frankfurt, Beschl. vom 7.3.1979 – 20 W 14/79, Rpfleger 1979, 391.
18 LG Kiel, Beschl. vom 8.3.1988 – 13 T 572/87, Rpfleger 1988, 277: Auch auf ein Meistgebot in Höhe der Hälfte des Grundstückswertes ist der Zuschlag sofort zu erteilen, wenn nach dem Ermessen des Rechtspflegers keine Veranlassung besteht, einen besonderen Verkündungstermin anzusetzen. Dies gilt auch dann, wenn der einzig betreibende Gläubiger den Versteigerungstermin nicht wahrnimmt. Anmerkung: Bei Säumnis des Gläubigers vorliegend: Abwesenheit im Versteigerungstermin- muss eine Verpflichtung des Gerichts zur Bestimmung eines besonderen Verkündungstermins die Ausnahme bleiben, etwa dann, wenn erkennbar ungünstige Witterungsverhältnisse ein Erscheinen im Termin verhindert haben könnten oder ein sonstiger besonderer Anlass dazu besteht.
19 *Mohrbutter*, Rpfleger 1967, 102; BGH, Urteil vom 8.7.1960 – V ZB 8/59, BGHZ 33, 76 = NJW 1960, 2093.
20 *Storz*, in: *Steiner*, ZVG, § 87 Rn. 13.
21 OLG Hamm, Beschl. vom 27.6.1994 – 15 W 203/94, Rpfleger, 1995, 176; *Stöber*, ZVG, § 87 Rn 3.3.
22 BGH, Beschl. vom 8.7.1960 – V ZB 8/59, BGHZ 33, 76 = NJW 1960, 2003: Vorliegender Fall befasst sich mit der notwendigen Zustimmungserteilung des Grundstückseigentümers bzw. deren gerichtlicher Ersetzung bei der Zwangsversteigerung eines Erbbaurechts. Danach bedarf es der Anberaumung eines besonderen Termins zur Verkündung des Zuschlagsbeschlusses, um dem Grundstückseigentümer vor seiner Entschließung Gelegenheit zu etwa erforderlichen

- bei Bruchteilsmiteigentum in der Vollstreckungs- oder Teilungsversteigerung ein Miteigentümer einen Auflassungsanspruch für den (allein oder mit dem anderen Anteil) zu versteigernden Anteil hat und darüber ein Prozess schwebt, aus dem er eine Entscheidung beibringen soll.[23]

Im Fall des **Rechtsmitteleinsatzes** durch einen Vollstreckungsschuldner gegen eine noch nicht rechtskräftige Wertfestsetzung[24] innerhalb der dafür vorgesehenen Frist von einem Monat, weil er der Auffassung ist, dass der Versteigerungsgegenstand einen höheren als dem vom Vollstreckungsgericht festgesetzten Verkehrswert hat, ist der Verkündungstermin durch das Vollstreckungsgericht so anzusetzen, dass die Rechtsmittelentscheidung über den Wert hinreichend weit vor dem Verkündungstermin vorliegt.

Für den Fall, dass ein **Terminvertreter einer Gläubigerin** sich bei seinen Gremien noch die Zustimmung für die Beantragung der Zuschlagserteilung einholen muss, weil das Meistgebot geringer als von der Gläubigerin erwartet ausgefallen ist, wird er das Vollstreckungsgericht darum ersuchen, den Zuschlag erst zwei oder drei Wochen später zu erteilen. Die Praxis zeigt, dass sich die Vollstreckungsgerichte nicht zuletzt im Interesse eines aus Eigentümerperspektive wirtschaftlich vertretbaren Versteigerungsergebnisses dem nicht verweigern. Dies allerdings auch nur, sofern die Interessen anderer Beteiligter hierüber nicht über Gebühr beeinträchtigt werden.

Es sei nochmals betont: Die Vorschrift des § 87 Abs. 1 ZVG enthält die Forderung nach einer **unverzüglichen Verkündung** der Zuschlagsentscheidung, weil alle Beteiligten an einer raschen Klärung der Rechtslage interessiert sind und weil der Meistbietende die ganze Zeit über an sein Gebot gebunden bleibt, gleichzeitig aber doch im Unklaren ist, ob er den Zuschlag erhalten wird. Daher sollte die Wochenfrist nur in wirklich **begründeten Ausnahmefällen** überschritten werden. Wichtig ist vor allem, dass nicht einzelne Beteiligte durch eine Verzögerung begünstigt werden.

5. Wann ist das Hinausschieben des Verkündungstermins unzulässig?

Unzulässig ist, die Zuschlagsverkündung für mehrere Monate auszusetzen, um bspw. der Meistbietenden (Gläubigerin) die Möglichkeit zu eröffnen, einen Interessenten zwecks **Zession** der Rechte aus dem Meistgebot zu finden. Dies ist auch gut so, weil das ZVG mit seinen Vorschriften hinreichend „Handlungsspielräume" bietet, die es der Gläubigerseite ermöglichen sollten, ihre wirtschaftlichen Interessen zu wahren. Verwiesen sei i. d. Zshg. auf die Vorschriften der §§ 30, 31, 33 ZVG (= Antrag auf Zuschlagsversagung bei zügiger Beantragung der Verfahrensfortsetzung). Das Beispiel verdeutlicht, wie essentiell es für einen wirtschaftlich positiven Verlauf des Versteigerungsverfahrens ist, dass die Verfahrensbeteiligten – und damit ist nicht nur die Grundschuldgläubigerin gemeint –, sich bspw. unter Einbindung von Immobilienmaklern frühzeitig um Bietinteressenten mit hinreichender Bonität bemühen.

Ermittlungen zu geben. Dazu wie für eine ggf. notwendige gerichtliche Entscheidung im Falle der Zustimmungsversagung durch den Eigentümer bestätigt der BGH ausdrücklich ein weiteres Hinausschieben des Verkündungstermins unter Hinweis darauf, dass es sich bei der Vorschrift des § 87 Abs. 2 ZVG um eine Ordnungsvorschrift handelt.

23 *Stöber*, ZVG, § 87 Rn 3.3.
24 OLG Düsseldorf, Beschl. vom 13.10.1980 – 3 W 207/80, NJW 1981, 235 = Rpfleger 1981, 69: Danach ist seit Inkrafttreten des § 85a ZVG am 1.7.1979 in jedem Falle die rechtskräftige Festsetzung des Grundstückswertes vor der Erteilung des Zuschlages erforderlich. Zudem besagt die Entscheidung, dass der Zuschlag bis nach Rechtskraft der Wertfestsetzung auszusetzen ist. Ein ggf. vor Rechtskrafterlangung ergangener Zuschlagsbeschluss ist auf Beschwerde hin aufzuheben und über den Zuschlag nach Rechtskraft der Wertfestsetzung neu zu entscheiden.

28 Ist noch ein Rechtsmittelverfahren wegen eines **abgelehnten Vollstreckungsschutzantrages** gem. § 765a ZPO anhängig, so entfaltet dies keine Verpflichtung für das Vollstreckungsgericht, die Verkündung zu verschieben.[25] Dem Vollstreckungsgericht ist unbenommen, den Zuschlag ohne Weiteres zu erteilen.[26]

6. Terminbestimmung und Bekanntmachung

29 Nach der Vorschrift des § 87 Abs. 2 S. 2 ZVG ist die Bestimmung des Termins zu verkünden und zwar sofort, d. h. noch im Versteigerungstermin. Unzulässig ist daher ein Beschluss im Versteigerungstermin, wonach der Verkündungstermin später angesetzt wird.[27] Ist die Verkündung des Termins versehentlich nicht erfolgt, so bedarf es der Information der im Versteigerungstermin erschienenen Beteiligten sowie des Meistbietenden mittels **Zustellung der Terminbestimmung**. Eine Zustellung an alle Beteiligten ist jedoch nicht notwendig, da die im Versteigerungstermin nicht anwesenden Beteiligten auch im Fall der ordnungsgemäßen Verfahrensabwicklung keine Kenntnis vom gesonderten Verkündungstermin erhalten hätten.[28] Eine allgemeine Bekanntmachung erfolgt nach der Vorschrift des § 87 Abs. 2 S. 2 ZVG lediglich durch **Anheftung an die Gerichtstafel**. Die Anheftung an die Gerichtstafel ist keine Wirksamkeitsvoraussetzung des Vertagungsbeschlusses, d. h. der Zuschlagsbeschluss bleibt wirksam, ist aber anfechtbar. Die Notwendigkeit einer förmlichen Zustellung des Vertagungsbeschlusses an die Beteiligten sieht das Gesetz zudem nicht vor.[29]

7. Wer leitet den Verkündungstermin?

30 Der Verkündungstermin kann auch von einem anderen Rechtspfleger als dem der den eigentlichen Versteigerungstermin geleitet hat, wahrgenommen werden.[30] Die Verkündung des Beschlusses über die Zuschlagsentscheidung wird durch den Rechtspfleger vorgenommen, kann auf dessen Anordnung hin aber auch durch einen Urkundsbeamten erfolgen.[31] Hierbei handelt es sich jedoch eher um einen Ausnahmefall.

31 **Verkündung heißt**, das Verlesen des Beschlusses über die Zuschlagsentscheidung oder die mündliche Bekanntgabe seines wesentlichen Inhaltes;[32] und

---

25 OLG Köln, Beschl. vom 14.12.1988 – 2 W 133/88, Rpfleger 1989, 298 = WM 1989, 2754: Danach ist die Zuschlagserteilung nicht dadurch gehindert, dass eine vorangegangene Entscheidung des Versteigerungsgerichts mit einer -noch nicht beschiedenen- Beschwerde angefochten wird.
26 BGH, Urteil vom 13.7.1965 – V ZR 269/62, BGHZ 44, 138 = MDR 1965, 899 = NJW 1965, 2107 = Rpfleger 1965, 302: Das Versteigerungsgericht kann vor der Entscheidung über die Beschwerde gegen seinen einen Antrag aus § 765a ZPO ablehnenden Beschluss den Zuschlag erteilen.
27 *Stöber*, ZVG, § 87 Rn. 3.2.
28 OLG Köln, Beschl. vom 19.8.1996 – 2 W 165/96, Rpfleger 1997, 34.
29 OLG Köln, Beschl. vom 19.8.1996 – 2 W 165/96, Rpfleger 1997, 34.
30 LG Aachen, Beschl. vom 5.8.1985 – 3 T 318/85, Rpfleger 1986, 59: Vorliegend hatte der Vollstreckungsschuldner den den Versteigerungstermin leitenden Rechtspfleger wegen Besorgnis der Befangenheit abgelehnt. Dies, weil der Rechtspfleger dessen Antrag auf Verfahrenseinstellung gem. § 765a ZPO im Versteigerungstermin zurückgewiesen hatte. Nachdem der zuständige Richter am AG das Ablehnungsgesuch für unbegründet erklärt hatte, sowie das LG die hiergegen gerichtete Beschwerde im Weiteren zurückwies, wurde durch den Vollstreckungsschuldner neuerlich Beschwerde eingelegt. Letztlich wurde im Verkündungstermin durch einen anderen Rechtspfleger der Zuschlag an die Meistbietende erteilt. Das LG entschied darüber hinaus, dass ein Rechtspfleger für den Fall seiner Ablehnung durch einen Beteiligten nicht gehindert ist, den Termin zu Ende zu führen, da diese Handlung keinen Aufschub gestattet.
31 *Gerhardt*, in: Dassler/Schiffhauer/u. a., ZVG, § 87 Rn. 2.
32 OLG Köln, Beschl. vom 16.11.1981 – 2 W 91/81, Rpfleger 1982, 113; *Güthe, in: Jaeckel*, ZVG, §§ 87, 88 Rn. 2; *Korintenberg-Wenz*, ZVG, § 87 Rn. 2; *Böttcher*, ZVG, § 87 Rn. 2.

zwar auch dann, wenn keiner der Beteiligten im Termin anwesend ist. Unterschrieben wird der Beschluss über die Zuschlagserteilung von demjenigen, der die Entscheidung erlassen hat.

8. Protokoll

Die **Verkündung** der Zuschlagsentscheidung muss im **Terminprotokoll** festgehalten werden (§ 78 ZVG, § 160 Abs. 3 Nr. 7 ZPO); das gilt gleichermaßen für den besonderen Verkündungstermin. Der Beschluss über die Zuschlagsentscheidung selbst wird idR Bestandteil des Terminprotokolls.
Inhalt des Protokolls sind nachfolgende Angaben:
- mitwirkende Gerichtspersonen,
- erschienene Beteiligte,
- die Meistbietenden,
- die genaue Zeit und der Ort der Verkündung sowie
- alle neu vorgebrachten Tatsachen, Beweismittel, Anträge und Erklärungen (vgl. Rn. 33).

IV. Neue Tatsachen, Beweismittel und Erklärungen

Neue Tatsachen, Beweismittel und Erklärungen können schriftlich oder mündlich bis zur Verkündung der Zuschlagsentscheidung vorgebracht werden, weil der besondere Verkündungstermin – wie bereits erwähnt – den Versteigerungstermin fortsetzt.[33]
Vorgebracht werden können folgende für die Zuschlagsentscheidung erhebliche Tatsachen nach folgenden Vorschriften der:
- § 64 Abs. 2 ZVG   Verteilung des vorrangigen Gesamtgrundpfandrechts;
- § 75 ZVG   Nachweis der Zahlung;
- § 29 ZVG   Verfahrensaufhebung wegen Rücknahme Versteigerungsantrag;
- § 30 ZVG   einstweilige Verfahrenseinstellung;
- § 81 Abs. 2, 3 ZVG   Abtretung der Rechte aus dem Meistgebot oder Erklärung über verdeckten Vollmachtgeber;
- § 83 ZVG   Verfahrensmängel;[34]
- § 84 Abs. 2 ZVG   Genehmigung von Verfahrensmängeln, Anträge aus § 765a ZPO

Unzulässig sind jedoch Anträge und Erklärungen, die in einem früheren Verfahrensstadium hätten erfolgen bzw. vorgetragen werden müssen. Hierzu zählen insbesondere Anträge bzw. Erklärungen nach folgenden Vorschriften:
- § 64 Abs. 2 ZVG   Verteilung des vorrangigen Gesamtgrundpfandrechts;
- § 67 Abs. 1 S. 1 ZVG   Verlangen nach Sicherheitsleistung;
- § 70 Abs. 3 ZVG   sofortige Entscheidung über Sicherheitsleistung;
- § 72 ZVG   Erlöschungstatbestände von Geboten, Übergebot;
- § 74a Abs. 2 ZVG   Anhörung der Beteiligten über den Zuschlag;
- § 85 ZVG   Zuschlagsversagung bei Antrag auf neuen Termin mit Schadenersatzverpflichtung;

---

33 Storz, in: Steiner, ZVG, § 87 Rn. 17; Gerhardt, in: Dassler/Schiffhauer/u.a., ZVG, § 87 Rn. 5.
34 § 83 ZVG differenziert in zwei Gruppen von Verfahrensmängeln: (a) gem. § 83 Abs. 1 bis Abs. 5 ZVG = *heilbare Verfahrensmängel*, die der Zuschlagserteilung nicht entgegenstehen, sofern keine Beeinträchtigung der Rechte von Verfahrensbeteiligten gegeben ist oder aber deren Genehmigung vorliegt (§ 84 ZVG); (b) gem. § 83 Abs. 6, 7 = *unheilbare Verfahrensmängel*, die auf jeden Fall zur Versagung des Zuschlags führen.

- § 9 Abs. 2 EGZVG   Erlöschen eines nach Landesrecht begründeten Rechts an einem Grundstück (keine Hypothek) auf Antrag eines vorrangig gesicherten Verfahrensbeteiligten

Seitens des Vollstreckungsgerichts müssen alle vor Verkündung der Zuschlagsentscheidung mündlichen oder schriftlichen Erklärungen erkennbar berücksichtigt werden.[35] Vorher müssen gem. der Vorschrift des § 87 Abs. 3 ZVG alle im besonderen Verkündungstermin anwesenden Beteiligten zu den hervorgebrachten Tatsachen, Beweismitteln und Erklärungen gehört werden. Sie können ihrerseits wiederum Gegenerklärungen abgeben.

---

[35] OLG Hamm, Beschl. vom 13.8.1959 – 15 W 312/59, Rpfleger 1960, 410: Danach müssen bis zur Hinausgabe der Entscheidung über den Zuschlag eingehende Schriftsätze der Beteiligten erkennbar in der Entscheidung verwertet werden. Andernfalls liegt ein Verfahrensfehler vor. Zudem stellt eine mangelhafte Behandlung eines bei Gericht eingegangenen Schriftsatzes im Geschäftsgang ebenso einen Fehler im Verfahren dar, wie wenn den Richtern selbst ein Verfahrensfehler unterlaufen wäre.

§ 88 ZVG [Zustellung des Zuschlagsbeschlusses]

Der Beschluss, durch welchen der Zuschlag erteilt wird, ist den Beteiligten, soweit sie weder im Versteigerungstermin noch im Verkündungstermin erschienen sind, und dem Ersteher sowie im Falle des § 69 Abs. 3 dem für mithaftend erklärten Bürgen und im Falle des § 81 Abs. 4 dem Meistbietenden zuzustellen. Als Beteiligte gelten auch diejenigen, welche das angemeldete Recht noch glaubhaft zu machen haben.

Übersicht

		Rn.
I.	Norminhalt	1, 2
1.	Anwendungsbereich	2
II.	Zustellung des Zuschlagsbeschlusses	3–11
1.	An wen wird zugestellt?	3
2.	Verzicht auf Zustellung	4
3.	Beteiligte, Ersteher, Meistbietender, Bürge und weitere Zustellungsadressaten	5–9
4.	Der Zuschlagsbeschluss	10, 11
III.	Wer erhält noch Kenntnis vom Zuschlagsbeschluss?	12–17

I. Norminhalt

Die materielle Wirksamkeit des Zuschlages entsteht gem. der Vorschrift des § 89 ZVG mit seiner Verkündung (Ausnahme hierzu: § 104 ZVG). Die Vorschrift des § 88 ZVG, die sich mit der **Zustellung** des **Zuschlagsbeschlusses** befasst, entfaltet mithin lediglich Wirkungen für den Beginn der Rechtsmittelfrist. Zielstellung ist, den Beteiligten des Versteigerungsverfahrens Kenntnis von der Zuschlagserteilung bzw. vom besonderen Verkündungstermin (§ 87 Abs. 1 ZVG) zu verschaffen. **1**

1. Anwendungsbereich

Die Vorschrift gilt für alle Versteigerungsverfahren des ZVG.[1] **2**

II. Zustellung des Zuschlagsbeschlusses

1. An wen wird zugestellt?

Zuzustellen ist der Zuschlagsbeschluss an den in § 88 ZVG bezeichneten Personenkreis. Die Zustellung des Zuschlagsbeschlusses erfolgt nach den Vorschriften der §§ 3 – 7 ZVG. **3**

2. Verzicht auf Zustellung

Ein Verzicht auf die Zustellung ist **zulässig**. Dies mit der Folge, dass dann die Beschwerdefrist bereits mit der Verkündung zu laufen beginnt.[2] Dem entgegen stehen die Beschlüsse des Beschwerdegerichts (§ 104 ZVG). **4**

3. Beteiligte, Ersteher, Meistbietender, Bürge und weitere Zustellungsadressaten

Die Zustellung des Zuschlagsbeschlusses hat zu erfolgen an: **5**

---
1 *Stöber*, ZVG, § 88 Rn. 1.2.
2 *Storz*, in: *Steiner*, ZVG, § 88 Rn. 10; *Böttcher*, ZVG, § 88 Rn. 1; dies relativierend: *Stöber*, ZVG, § 88 Rn. 2.4.

- alle **Beteiligten** des Versteigerungsverfahrens nach der Vorschrift des § 9 ZVG, welche weder im Versteigerungstermin noch im Verkündungstermin erschienen sind.[3] Dies gilt auch für die Beteiligten, die ihr angemeldetes Recht noch nicht glaubhaft gemacht haben.
- den **Ersteher**, also an denjenigen, der den Zuschlag auf sein Gebot erhalten hat. Bei Zuschlagserteilung an mehrere Personen muss die Zustellung an alle erfolgen.
- den für mithaftend erklärten **Bürgen** nach der Vorschrift des § 69 Abs. 2 ZVG sowie
- den mithaftenden **Meistbietenden** nach der Vorschrift des § 81 Abs. 4 ZVG.

6 Nicht zugestellt wird der Zuschlagsbeschluss folglich an die Verfahrensbeteiligten, die im Versteigerungs- oder im Verkündungstermin anwesend gewesen sind.[4] Sie sollen durch eine Zustellung nicht über den Lauf der Beschwerdefrist oder darüber getäuscht werden, dass der Zuschlag bereits wirksam ist.[5]

7 Befindet sich der Zustellungsadressat in Insolvenz, so wird an den **Insolvenzverwalter** zugestellt.[6] Für den Fall, dass über das Vermögen des Meistbietenden bzw. des Erstehers nach Gebotsabgabe das Insolvenzverfahren eröffnet wird, erfolgt trotz Zuschlags an den Meistbietenden bzw. Ersteher die Zustellung an den Insolvenzverwalter.

8 Bei Tod des Adressaten erfolgt die Zustellung an den Testamentsvollstrecker, den Nachlassverwalter oder die Erben.

9 Für Zustellungsadressaten, für die ein **Prozessbevollmächtigter** bestellt ist, kann wirksam nur an diesen zugestellt werden (§ 172 ZPO).

4. Der Zuschlagsbeschluss

10 Der Beschluss über die Zuschlagserteilung ist stets in Ausfertigung, d.h. der vollständige Zuschlagsbeschluss mit Begründung, zuzustellen (§ 317 ZPO). Damit soll sichergestellt werden, dass die Adressaten über die Bedingungen, unter denen der Zuschlag erteilt wurde, Kenntnis erhalten. Der Zuschlagsbeschluss beinhaltet folgende **Angaben**:
- die exakte Bezeichnung des Versteigerungsobjektes;
- die exakte Bezeichnung des Erstehers, d.h. bei mehreren Erstehern auch das Rechtsverhältnis, in dem sie das Versteigerungsobjekt erstanden haben;
- die ausdrückliche Benennung der Gegenstände, die nicht Gegenstand des Versteigerungsverfahrens gewesen sind;
- die exakte Bezeichnung der Rechte, die als Teile des geringsten Gebotes bestehen geblieben sind;
- die Höhe des Bargebotes versehen mit dem Hinweis, dass dieses vom Tag der Zuschlagserteilung bis zum Verteilungstermin i. H. v. 4 % verzinst wird und bis zum Verteilungstermin durch Zahlung auf ein Konto der zuständigen Gerichtszahlstelle zu erbringen ist;

---

3 Kurzfristige Anwesenheit in einem der beiden Termine ist ausreichend; Nachweisführung hierüber kann durch das Protokoll erfolgen (§ 78 ZVG); so auch OLG Köln, Beschl. vom 10.4.1980 – 2 W 23–24/80, Rpfleger 1980, 354 = ZIP 1980, 476.
4 OLG Celle, Beschl. vom 3.9.1986 – 4 W 191/86, Rpfleger 1986, 489: Danach bestimmt § 88 ZVG eindeutig, dass den entweder im Versteigerungstermin oder im Verkündungstermin erschienen Beteiligten der Zuschlagsbeschluss nicht zugestellt werden braucht. Daran ändert auch die Vorschrift des § 329 (3) ZPO nichts, da die Vorschriften des ZVG als Spezialregelungen vorgehen.
5 *Hock/Mayer/u.a.*, Rn. 540.
6 Anmerkung: Der Schuldner bleibt jedoch bei nachfolgend benannten Konstellationen legitimiert: a) Das Versteigerungsobjekt ist vom Insolvenzverwalter aus dem Massebeschlag freigegeben worden. b) Der Schuldner bietet aus seinem nicht vom Insolvenzbeschlag erfassten Vermögen.

- dass der Ersteher die Kosten des Verfahrens zu tragen hat.

Hingegen wird der Beschluss über die Zuschlagsversagung nicht zugestellt, sondern lediglich verkündet (§ 87 Rn. 13). Für den Bieter, dem der Zuschlag auf sein Gebot nicht erteilt wurde, wirkt die Zuschlagserteilung an einen anderen wie eine Zuschlagsversagung ihm gegenüber.[7] Er ist folglich auch kein Zustellungsadressat.[8] **11**

III. Wer erhält noch Kenntnis vom Zuschlagsbeschluss?

Neben den in der Vorschrift des § 88 ZVG vorgeschriebenen Zustellungen ist der Zuschlagsbeschluss durch formlose Übersendung weiteren Institutionen bekannt zu machen: **12**

Gem. Ziffer XI. 2 der Anordnung über die Mitteilung von Zivilsachen (MiZi)[9] sind **13**
(1) alle Zuschlagsbeschlüsse in Zwangsversteigerungsverfahren über Grundstücke und grundstücksgleiche Rechte, z. B. Erbbaurechte und Wohnungseigentum, ohne Rücksicht darauf, ob der Rechtsübergang **grunderwerbsteuerpflichtig** ist (§ 18 Abs. 1 S. 1 Nr. 3 und Abs. 3 Satz 2 GrEStG) mitzuteilen.
(2) die Mitteilungen nach amtlich vorgeschriebenem Vordruck (§ 18 Abs. 1 Satz 1 GrEStG) binnen zwei Wochen nach der Verkündung des Zuschlagsbeschlusses zu bewirken und ist ihnen eine Abschrift des Zuschlagsbeschlusses beizufügen (§ 18 Abs. 1 Satz 2 GrEStG). Die Absendung der Mitteilung ist zudem auf der Urschrift des Zuschlagsbeschlusses zu vermerken (§ 18 Abs. 4 GrEStG).[10]
(3) die Mitteilungen schriftlich zu richten
1. bei einem Zuschlagsbeschluss, der sich auf ein Grundstück (Erbbaurecht) bezieht, an das **Finanzamt**, in dessen Bezirk das Grundstück (Erbbaurecht) oder der wertvollste Teil des Grundstücks (Erbbaurechts) liegt (§ 17 Abs. 1, § 18 Abs. 5 GrEStG);
2. bei einem Zuschlagsbeschluss, der sich auf mehrere Grundstücke (Erbbaurechte) bezieht,
a) die im Bezirk eines Finanzamtes liegen, an dieses Finanzamt,
b) die in den Bezirken verschiedener Finanzämter liegen, an das Finanzamt, in dessen Bezirk der wertvollste Grundstücksteil (Erbbaurecht) oder das wertvollste Grundstück (Erbbaurecht) oder der wertvollste Bestand an Grundstücksteilen (Erbbaurechten) oder Grundstücken (Erbbaurechten) liegt (§ 17 Abs. 2 GrEStG).[11]

Eine elektronische Übermittlung der Mitteilungen ist ausgeschlossen. **14**

Des Weiteren ist gem. Ziffer XI. 2 der Anordnung über die Mitteilung von Zivilsachen (MiZi) der jeweils zuständige **Gutachterausschuss** zu Wertermittlungszwecken über die Zuschlagserteilung durch Überlassung einer Beschlussausfertigung in Kenntnis zu bringen.[12] **15**

---

7 *Korintenberg-Wenz*, ZVG, § 88 Rn. 1; Dassler/*Schiffhauer*/u. a., ZVG, § 88 Rn. 4.
8 *Korintenberg-Wenz*, ZVG, § 88 Rn. 1; Dassler/*Schiffhauer*/u. a., ZVG, § 88 Rn. 4; a. A. *Güthe*, in: *Jäckel*, ZVG, §§ 87, 88 Rn. 6.
9 Hierbei handelt es sich um die mit Wirkung vom 1.6.1998 in Kraft getretene Neufassung.
10 Anmerkung: In Baden-Württemberg und Nordrhein-Westfalen existieren von Absatz (2) tw. abweichende Regelungen.
11 Anmerkung: In Rheinland-Pfalz, im Saarland sowie in Sachsen existieren von Absatz (3) tw. abweichende Regelungen.
12 Vgl. hz. auch § 195 (1) „Kaufpreissammlung" BauGB, § 200 „Grundstücke; Rechte an Grundstücken; Baulandkataster" BauGB.

16 Das Vollstreckungsgericht ist weiterhin verpflichtet, dem zuständigen **Grundbuchamt** eine Ausfertigung des Zuschlagsbeschlusses zu überlassen.[13] Eine zügige Überlassung des Zuschlagsbeschlusses ist zwingend, da mit der Verkündung des Zuschlages ein Eigentümerwechsel vonstatten gegangen ist. Sollte die sich daraus ergebende notwendige Berichtigung des Grundbuches nicht umgehend erfolgen, besteht die Gefahr, dass dem Grundbuchamt noch vorliegende, den vorherigen Eigentümer (Vollstreckungsschuldner) betreffende Anträge (bspw. ein Antrag auf Eintragung einer Sicherungshypothek) noch grundbuchliche Umsetzung erfahren. Gleichfalls kann bei nicht zeitnaher Eigentumsumschreibung die vom Ersteher beantragte Eintragung von Finanzierungsgrundschulden oder die Sicherung von gegen ihn gerichteten titulierten Ansprüchen mittels Sicherungshypothek behindert werden.[14]

17 Darüber hinaus können Mitteilungen an Erbbaurechtsgeber, die Gemeinde, den Bezirksschornsteinfeger sowie Mieter und Pächter ergehen.

---

[13] *Hornung*, Rpfleger 1979, 279: M.E. hat der Ersteher einen Anspruch darauf, dass die Grundbucheintragungen mit dem Rechtszustand übereinstimmen, der durch die im Zuschlagsbeschluss niedergelegten Versteigerungsbedingungen festgelegt ist. Vorsorglich sollte jedenfalls das Grundbuchamt sofort eine Ausfertigung des Zuschlagsbeschlusses zur Kenntnis erhalten, damit Eintragungen auf Bewilligung des Vollstreckungsschuldners oder aufgrund eines gegen ihn gerichteten Titels nicht mehr stattfinden.

[14] LG Lahn-Gießen, Beschl. vom 24.1.1979 – 7 T 26/79, Rpfleger 1979, 352: Vorliegend war die Ersteherin eines Grundstücks (Zuschlagsbeschluss vom 15.9.1978) noch nicht im Grundbuch als Eigentümerin hinterlegt, als eine Gläubigerin am 28.11.1978 die Eintragung einer Zwangssicherungshypothek an ihrem ersteigerten Grundstück beantragte. Diesen Antrag wies das zuständige Amtsgericht zurück. Die Beschwerde der Gläubigerin/Antragstellerin führte zur Aufhebung des angefochtenen Beschlusses.

§ 89 ZVG [Wirksamwerden des Zuschlags]
Der Zuschlag wird mit der Verkündung wirksam.

Übersicht

	Rn.
I. Norminhalt	1, 2
1. Anwendungsbereich	2
II. Wirksamwerden des Zuschlages	3–5
III. Wirkung des Zuschlags	6
V. Aufhebung des Zuschlages	7
VI. Schutzvorschriften	8

I. Norminhalt

Die Vorschrift des § 89 ZVG legt fest, **wann** der **Zuschlag wirksam** wird. **1**

1. Anwendungsbereich

Die Vorschrift gilt für alle Versteigerungsverfahren des ZVG.[1] **2**

II. Wirksamwerden des Zuschlages

Der Zuschlag wird bereits mit seiner **Verkündung** wirksam. Dies gilt im Übrigen auch für den Fall, dass der Meistbietende und die Beteiligten im Verkündungstermin nicht zugegen waren. Im Gegensatz dazu wird die Zuschlagsversagung erst mit Rechtskrafterlangung wirksam. Der Gesetzgeber hat für das Wirksamwerden des Zuschlages den eindeutigen Zeitpunkt der Verkündung und nicht den mehr oder minder ungewissen Zeitpunkt des Eintritts der Rechtskraft gewählt.[2] Ursächlich hierfür sind die mit dem durch das Vollstreckungsgericht erteilten Zuschlag einhergehenden erheblichen **Rechtsänderungen**. **3**

Ein vom **Beschwerdegericht** nach vorheriger Versagung durch das Vollstreckungsgericht erteilter Zuschlag wird mit seiner Zustellung an den Ersteher wirksam. Für diese Konstellation greift die Vorschrift des § 104 ZVG. **4**

Wird durch ein Versehen des Vollstreckungsgerichts der Zuschlag entgegen der Vorschrift des § 87 Abs. 1 ZVG **nicht verkündet** und erfolgt keine Anfechtung, so wird er mit seiner Zustellung an den Ersteher wirksam. Das Vollstreckungsgericht bringt mit der **Zustellung** des Zuschlagsbeschlusses zum Ausdruck, dass der Zuschlag wirksam sein soll.[3] **5**

III. Wirkung des Zuschlags

Den Wirkungen des Zuschlags widmet sich ein eigenes Kapitel als Einleitung zum Abschnitt 79 ff. ZVG. **6**

---

1 *Stöber*, ZVG, § 89 Rn. 1.
2 *Dassler/Schiffhauer/u.a.*, ZVG, § 89 Rn. 1.
3 Dann analoge Anwendung der Vorschrift des § 104 ZVG, d.h. die Wirkungen des Zuschlages greifen mit Zustellung des Zuschlagsbeschlusses.

IV. Aufhebung des Zuschlages

7 Das Wirksamwerden des Zuschlages gem. der Vorschrift des § 89 ZVG setzt voraus, dass dieser gem. der Vorschrift des § 90 Abs. 1 ZVG nicht wieder rechtskräftig aufgehoben. wird. Dies ist aber **keine aufschiebende Bedingung**, da die Wirksamkeit des Zuschlages sofort eintritt. Zudem ist es **keine auflösende Bedingung**, da dies damit einherginge, dass der Ersteher bis zur Aufhebung des Zuschlages Eigentümer des Grundstücks ist. Dies ist jedoch nicht der Fall. Würde infolge eines Rechtsmitteleinsatzes das Beschwerdegericht den Zuschlag aufheben, so würde der Zuschlag bis zu seiner rechtkräftigen Aufhebung wirksam bleiben. Mit rechtskräftiger Aufhebung des Zuschlages würden sodann alle Wirkungen als niemals eingetreten gelten, d.h. der Zustand vor Zuschlagserteilung würde wieder hergestellt.

Um sich vor der Gefahr von zwischenzeitlichen, ggf. auch wertmindernden Verfügungen des Erstehers über das Grundstück zu schützen, bietet die Vorschrift des § 94 Abs. 1 ZVG das Instrumentarium der gerichtlichen Verwaltung an.

V. Schutzvorschriften

8 Da der Ersteher das Eigentum erwirbt, ohne Zahlung geleistet zu haben, ist zum Schutz der Beteiligten gegen nachteilige rechtliche und tatsächliche Verfügungen des Erstehers Folgendes vorgesehen:
- die Berichtigung des Grundbuchs erfolgt erst nach Verteilung des Erlöses bzw. Übertragung der Forderung gegen den Ersteher gemäß den Vorschriften der §§ 118, 128 – 130 ZVG;
- das Grundstück kann gem. der Vorschrift des § 94 Abs. 1 ZVG auf Antrag eines durch das Meistgebot gedeckten Befriedigungsberechtigten für Rechnung des Erstehers in gerichtliche Verwaltung (= **Sicherungsverwaltung**) genommen werden, bis der Ersteher das Bargebot bezahlt oder hinterlegt hat (§ 94 ZVG);
- das Vollstreckungsgericht oder Beschwerdegericht kann nach eingelegter Beschwerde auf Antrag oder von Amts wegen die Vollziehung des Zuschlagsbeschlusses gem. der Vorschrift des § 572 Abs. 2 und Abs. 3 ZPO aussetzen.

§ 90 ZVG [Eigentumsübergang]

(1) Durch den Zuschlag wird der Ersteher Eigentümer des Grundstücks, sofern nicht im Beschwerdeweg der Beschluss rechtskräftig aufgehoben wird.

(2) Mit dem Grundstück erwirbt er zugleich die Gegenstände, auf welche sich die Versteigerung erstreckt hat.

Übersicht

	Rn.
I. Norminhalt	1, 2
1. Anwendungsbereich	2
II. Eigentumserwerb durch den Ersteher	3–59
1. Charakteristik des Eigentumserwerbs in der Zwangsversteigerung	3–13
a) Guter und böser Glaube	8, 9
b) Erfüllung der Zahlungspflicht	10
c) Verfügungen des Erstehers	11
d) Anfechtbarkeit	12, 13
2. Zeitpunkt des Grundstückserwerbs	14, 15
3. Umfang und Grenzen des Grundstückserwerbs	16–59
a) Grundsätzliches	16–21
b) Wesentliche Bestandteile	22–26
c) Zubehör	27–35
d) Versicherungsverträge	36–38
e) Altlasten	39–45
f) Öffentliche Förderung	46–54
g) Öffentliche Baulasten	55–59
III. Sonderfälle	60–69
1. Doppelbuchung	60–62
2. Überbauung	63–67
3. Dritteigentum	68, 69
IV. Folgen der Zuschlagsaufhebung	70–78
1. Schwebezustand in der Eigentumslage	70
2. Zwischenzeitliche Rechtsänderungen	71–74
a) Rechtsänderungen als Zuschlagswirkungen	71
b) durch Rechtshandlungen des Erstehers bewirkte Rechtsänderungen	72–74
3. Lasten und Nutzungen	75–78

I. Norminhalt

In der Vorschrift des § 90 ZVG erfolgt die Regelung der ersten Zuschlagsfolge, dem **Eigentumsübergang** am versteigerten Grundstück nebst den mit versteigerten Gegenständen. Weitere Zuschlagsfolgen ergeben sich aus den Vorschriften der §§ 91, 92 ZVG.   **1**

1. Anwendungsbereich

Die Vorschrift gilt für alle Versteigerungsverfahren des ZVG.[1]   **2**

---

[1] *Stöber*, ZVG, § 90 Rn. 1.1.

II. Eigentumserwerb durch den Ersteher

1. Charakteristik des Eigentumserwerbs in der Zwangsversteigerung

3 Der Ersteher erwirbt das Eigentum am versteigerten Grundstück nebst den mit versteigerten Gegenständen mit der Verkündung des Zuschlags (§ 89 ZVG) oder bei der Zuschlagserteilung durch das Beschwerdegericht mit der Zustellung an den Ersteher (§ 104 ZVG) und nicht erst durch die Eintragung im Grundbuch. Mit Rechtskrafterlangung des Zuschlagsbeschlusses wird der Eigentumserwerb **unanfechtbar**. Gegenüber dem Ersteher kann auch von einer **ungerechtfertigten Bereicherung** keine Rede sein, da der Zuschlag einen selbständigen Erwerbsgrund für den Ersteher bildet.[2] Dem Ersteher des versteigerten Grundstücks sowie der mit versteigerten Gegenstände wird mit der Verkündung des Zuschlagsbeschlusses (= konstitutiv wirkender **Staatshoheitsakt**[3] in Form eines der materiellen Rechtskraft fähigen Richterspruchs[4]) **originär Eigentum**[5] verschafft, d. h. der Ersteher ist nicht Rechtsnachfolger des Schuldners.[6] Er leitet sein Eigentum nicht vom Vollstreckungsschuldner ab, so das mit Zuschlagserteilung quasi „völlig neues Eigentum" entsteht. Das bisherige Eigentum des Vollstreckungsschuldners geht mit dem Eigentumserwerb durch den Ersteher unter.

4 Der Erwerb des Eigentums hat **keinen rechtsgeschäftlichen Charakter**, d. h. er erfolgt nicht kraft eines Vertrages aufgrund vertragstypischer Pflichten der Beteiligten eines Kaufvertrages (§ 433 BGB), sondern mittels „Richterspruch" (= Zuschlagserteilung) an den Meistbietenden.[7] Gleichwohl sind die Wirkungen des Zuschlags privatrechtlicher Natur. Obgleich der Ersteher nicht Rechtsnachfolger des Vollstreckungsschuldners im eigentlichen Sinne ist, wird er als solcher i. S. der Vorschriften der §§ 1164, 1165 BGB, §§ 265, 325 Abs. 3 ZPO behandelt.[8]

5 Der originäre Eigentumserwerb wirkt im Übrigen auch für den Fall, dass der bisherige Eigentümer der Ersteher ist. Auch in diesem Fall wird völlig neues Eigentum begründet, welches im Grundbuch dann auch neu zu buchen ist.

6 Soweit der Versteigerungsgegenstand nicht dem Vollstreckungsschuldner, sondern einem Dritten gehörte, wirkt gegen diesen die Androhung des **Rechtsver-**

---

2 RG V. ZS, Urteil vom 17.10.1908 – Rep. V. 582/07, RGZ 69, 279.
3 BGH, Urteil vom 19.10.1959 – VII ZR 68/58, BB 1960, 65 = WM 1960, 25, 26: Der Zuschlag im Zwangsversteigerungsverfahren ist ein konstitutiv wirkender Staatshoheitsakt, der Eigentum nicht überträgt, sondern frei von nicht ausdrücklich bestehend bleibenden Rechten begründet.
4 OLG Karlsruhe, 3. ZS, Beschl. vom 3.10.1953 – 3 W 9/53, MDR 1954, 112.
5 BGH, Urteil vom 29.6.2004 – IX ZR 258/02, BGHZ 159, 397 = NJW 2004, 2900 = Rpfleger 2004, 644: Der Zuschlag in der Zwangsversteigerung ist ein öffentlich-rechtlicher Eigentumsübertragungsakt, durch den der Ersteher das Eigentum originär, nicht abgeleitet vom Schuldner, erwirbt; BGH, Urteil vom 4.7.1990 – IV ZR 174/89, BGHZ 112, 59 = NJW 1990, 2744 = Rpfleger 1990, 522: Im Zwangsversteigerungsverfahren vollzieht sich der Eigentumserwerb nicht aufgrund eines Kaufvertrags, sondern aufgrund eines staatlichen Hoheitsaktes.
6 BGH, Urteil vom 15.5.1986 – IX ZR 2/85, ZIP 1986, 926 = Rpfleger 1986, 396: Durch diese der materiellen Rechtskraft fähige, einem Urteil vergleichbare Entscheidung (= Zuschlag im Zwangsversteigerungsverfahren) erwirbt der Ersteher Eigentum originär, nicht als Rechtsnachfolger des Schuldners.; *Zeller*, ZVG, § 81 Rn. 1, 5, § 90 Rn. 2; *Dassler/Schiffhauer/*u. a., ZVG, § 82 Rn. 1.
7 BGH, Urteil vom 7.11.1969 – V ZR 85/66, BGHZ 53, 47 = Rpfleger 1970, 60 = NJW 1970, 565 = MDR 1970, 222; *Böttcher*, ZVG, § 90 Rn. 2: Die Entscheidung gem. der Vorschrift des § 90 ZVG gehört zur Rechtsprechung im materiellen Sinn, die unter Art. 92 GG fällt; der Rechtspfleger kann sie treffen, weil er Richter im Sinne des GG ist.
8 RG V. ZS, Urteil vom 28.10.1916 – Rep. 209/16, RGZ 89, 80: An dem Grundsatze, dass der Zuschlag an sich keine Rechtsnachfolge schafft, ist festzuhalten. Er erleidet aber da eine Einschränkung, wo im Zwangsversteigerungsverfahren Hypotheken, die auf dem Grundstücke stehen bleiben, in Anrechnung auf den Kaufpreis übernommen werden und insoweit durch die Schuldübernahme der Ersteher in ein Rechtsverhältnis zu dem Vollstreckungsschuldner tritt.

lustes gem. der Vorschrift des § 37 Abs. 5 ZVG. Der Dritte kann sich dann nur noch an den Versteigerungserlös halten. Der Rechtsverlust des Dritten als wahrem Grundstückseigentümer greift jedoch dann nicht ein, wenn dieser mangels einer Aufforderung nach der Vorschrift des § 37 Abs. 5 ZVG oder mangels hinreichend deutlicher Bezeichnung des zu versteigernden Grundstücks in der Bekanntmachung der Terminbestimmung nicht erkennen konnte, dass das ihm gehörende Grundstück den Versteigerungsgegenstand bildet.[9]

Unschädlich für den Eigentumserwerb am Grundstück ist auch der **Willensmangel** beim Gebot[10] oder aber das Fehlen von **Zustimmungen** nach dem WEG oder der ErbbauVO.[11]
Der Wechsel im Eigentum am Grundstück vollzieht sich auch dann, wenn das **Grundbuch unrichtig** war, jedoch nicht für den Fall, dass das Grundstück im Zuschlagsbeschluss nicht benannt wurde.

a) **Guter und böser Glaube.** Die Kenntnis des Erstehers davon, dass das Grundstück oder aber ein mit diesem versteigerter Gegenstand nicht im Eigentum des Vollstreckungsschuldners gestanden hat, schließt den Eigentumserwerb im Rahmen der Zwangsversteigerung nicht aus, da es auf den **guten Glauben** des Erstehers nicht ankommt.[12]

Der Zuschlag enthält keine **ungerechtfertigte Bereicherung** des Erstehers. Der bisherige vom Vollstreckungsschuldner verschiedene Eigentümer hat keinen Bereicherungsanspruch gegen den Ersteher.[13] Letzterer kann sich nur dann nicht auf die Zuschlagserteilung berufen, wenn er -bei Vorliegen besonderer Umstände (§ 826 BGB)- rechtsmissbräuchlich handelte[14].

---

9   RG V. ZS, Urteil vom 10.10.1914 – Rep. V. 156/14, RGZ 85, 316: Jedoch nimmt der Berufungsrichter andererseits an, ein Rechtsverlust dritter, an dem Grundstück berechtigter Personen trete nur dann ein, wenn die Terminbestimmung bezüglich des Grundstücks alle Angaben enthalte, welche etwaige Berechtigte in den Stand setzen könnten, ihr Recht in dem Zwangsversteigerungsverfahren gehörig zu verfolgen. Im vorliegenden Falle erachtet der Berufungsrichter den Inhalt der in Rede stehenden Terminbestimmung hinsichtlich der streitigen beiden Parzellen als diesen Anforderungen nicht entsprechend; RG V. ZS. Urteil vom 16.3.1904 – Rep. V. 388/03, RGZ 57, 202: Der Berufungsrichter hat die Klage abgewiesen, weil u.a. das dem Zuschlage vorausgegangene Aufgebot derjenigen, welche ein der Versteigerung entgegenstehendes Recht haben (§ 37 Ziff. 5 des Gesetzes über die Zwangsversteigerung und Zwangsverwaltung vom 24. März 1897), nicht in gehöriger Weise erfolgt sei und demzufolge der Zuschlag nicht die Kraft habe, das für den Beklagten begründete Recht zum Besitze zu vernichten. a.A. *Teufel*, in: *Steiner*, ZVG, § 37 Rn. 72.
10 OLG Karlsruhe, 3. ZS, Beschl. vom 3.10.1953 – 3 W 9/53, MDR 1954, 112.
11 *Reinke*, Rpfleger 1990, 498, 499.
12 RG V. ZS, Urteil vom 8.12.1909 – Rep. V 40/09, RGZ 72, 271: Die §§ 891 flg. BGB beziehen sich nur auf den Erwerb durch Rechtsgeschäft, nicht auf den Erwerb im Wege der Zwangsversteigerung. Bei diesem Erwerb entscheidet nach der ständigen Rechtsprechung des Reichsgerichts über den Gegenstand der Zwangsversteigerung und des Zuschlags lediglich die Bekanntmachung und der Zuschlagsbeschluss, nicht aber der gute oder der böse Wille des Erstehers; RG V. ZS, Urteil vom 8.1.1910 – Rep. V. 71/09, RGZ 72, 358: Ob der Kläger die Verhältnisse so, wie sie lagen, beim Erwerbe des Grundstücks gekannt hat, ist schon deshalb unerheblich, weil gegenüber dem Ersteher der Einwand des mangelnden guten Glaubens nicht geltend gemacht werden kann; RG V. ZS, Urteil vom 28.5.1930 – V 58/29, RGZ 129, 155, 159: Eigentum verschafft der Zuschlag ohne Rücksicht auf den guten oder bösen Glauben des Erstehers.
13 RG V. ZS, Urteil vom 17.10.1908 – Rep. V. 582/07, RGZ 62, 277, 279: Der Zuschlagsbeschluss ist indessen rechtskräftig geworden und kann infolge dessen im Rechtswege nicht mehr angefochten werden; da er einen selbständigen Rechtsgrund bildet, so kann ihm gegenüber, wie der Berufungsrichter des Weiteren mit Recht angenommen hat, auch von einer grundlosen Bereicherung der Beklagten nicht die Rede sein.
14 RG V. ZS, Urteil vom 17.10.1908 – Rep. V. 582/07, RGZ 69, 277, 280f.: Diesem Schadenersatzanspruch steht der rechtskräftige Zuschlagsbeschluss nicht entgegen; denn es ist in der Rechtsprechung des Reichsgerichts anerkannt, dass auch der durch rechtswidrige Erwirkung formell rechtskräftiger Urteile verursachte Schaden beim Vorhandensein der sonstigen Voraussetzungen des § 826 BGB ersetzt werden muss.

10 b) **Erfüllung der Zahlungspflicht.** Der Eigentumserwerb im Rahmen der Zwangsversteigerung ist auch nicht von der **Erfüllung der Zahlungspflicht** des Erstehers aus dem Meistgebot im Verteilungstermin abhängig.

11 c) **Verfügungen des Erstehers.** Auch die **Eigentumseintragung** im Grundbuch ist für den originären Eigentumserwerb nicht erforderlich (§ 130 ZVG[15]). Wegen dieser weitgehenden Auslieferung an den Ersteher können sich die Gläubiger gegen tatsächliche wie rechtliche Verfügungen des Erstehers kraft der Vorschriften der §§ **94 und 130 ZVG** schützen.

12 d) **Anfechtbarkeit.** Ein auf das **Anfechtungsgesetz** gestützter Zugriff eines Gläubigers des Schuldners des Zwangsversteigerungsverfahrens ist ausgeschlossen. Denn gem. § 7 Abs. 1 AnfG setzt jede Anfechtung voraus, dass durch die angefochtene Rechtshandlung etwas aus dem Vermögen des Schuldners veräußert, weggegeben oder aufgegeben worden ist. Für die Anfechtung genügt mithin nicht jede mittelbare Benachteiligung des Gläubigers, sondern nur eine solche, die sich aus Veräußerung, Weggabe oder Aufgabe eines Gegenstandes aus dem schuldnerischen Vermögen ergibt.[16]

13 Der Verlust des Grundeigentums des Schuldners und der Erwerb desselben durch den Ersteher beruhen gerade nicht auf einer der in den §§ 3 und 7 AnfG beschriebenen Rechtshandlungen des Schuldners, sondern allein auf dem einen rechtsgestaltenden Urteil vergleichbaren Zuschlagsbeschluss. In diesem Fall kann ein Vollstreckungszugriff dergestalt, dass der Zuschlag gegenüber dem Gläubiger als nicht erfolgt gilt, wie bei einem rechtskräftigen Urteil allenfalls aus § 826 BGB hergeleitet werden. Für den Zuschlag gilt dasselbe wie bei der Ausnutzung eines als sachlich unrichtig erkannten Urteils, das nur beim Hinzutreten besonderer Umstände als sittenwidrig i. S. d. § 826 BGB zu qualifizieren ist.[17]

2. Zeitpunkt des Grundstückserwerbs

14 Der **Erwerb des Eigentums** am versteigerten Grundstück und an den mit versteigerten Gegenständen vollzieht sich nicht erst mit der Eintragung in das Grundbuch, sondern **unmittelbar** mit Zuschlagswirksamkeit, d. h. mit seiner Verkündung bzw. bei Zuschlagserteilung durch das Beschwerdegericht mit Zustellung des Zuschlagsbeschlusses an den Ersteher (§ 104 ZVG).

15 Da die Eigentumsverschaffung im Zuge des Zwangsversteigerungsverfahrens keinen rechtsgeschäftlichen Vorgang darstellt, ist auch § 873 BGB nicht anwendbar. Die Eigentumsumschreibung im Grundbuch (§ 130 ZVG (= Grundbuchberichtigung)) wirkt somit nicht konstitutiv, sondern lediglich **deklaratorisch**.

---

15 Die Eintragung ist vorliegend nur Berichtigung.

16 BGH, Urteil vom 5.12.1985 – IX ZR 165/84, ZIP 1986, 452 = EWiR § 29 KO 1/86, 279: Für die Anfechtung genügt nicht jede mittelbare Benachteiligung des Konkursgläubigers, sondern nur eine solche, die sich aus der Veräußerung, Weggabe oder Aufgabe von Werten des Schuldnervermögens ergibt. Dies ist ein maßgeblicher Grundsatz bei der Konkurs- bzw. Insolvenzanfechtung, welcher auch für die Anfechtung von Rechtshandlungen außerhalb von Konkurs- bzw. Insolvenzsachverhalten gilt.

17 BGH, V. ZS, Urteil vom 7.11.1969 – V ZR 85/66, BGHZ 53, 47, 50 = NJW 1970, 565 = Rpfleger 1970, 60: Dem Berufungsgericht ist schließlich darin beizutreten, dass ein solches gegen Treu und Glauben verstoßendes Verhalten nur dann zu bejahen ist, wenn zu der Ausnutzung der Rechtskraft des Zuschlagsbeschlusses noch besondere Umstände hinzutreten, welche die Ausnutzung als unzulässige Rechtsausübung erscheinen lassen. Es kann in dieser Hinsicht nichts anderes gelten wie bei der Ausnutzung eines als sachlich unrichtig erkannten Urteils, die auch nur beim Hinzutreten besonderer Umstände als sittenwidrig i. S. d. § 826 BGB anzusehen ist; BGH, Urteil vom 19.3.1971 – V ZR 153/68, NJW 1971, 1751 = Rpfleger 1971, 212; BGH, Urteil vom 24.10.1978 – VI ZR 67/77, BGHZ 72, 234 = NJW 1979, 162.

3. Umfang und Grenzen des Grundstückserwerbs

a) Grundsätzliches 16
Durch den Zuschlag wird der Ersteher Eigentümer des Grundstücks und der Gegenstände, auf die sich die Versteigerung erstreckt hat (siehe dazu „Gegenstände der ZwV").

Der **Umfang** des zugeschlagenen Grundstückes als Teil der Erdoberfläche 17 bestimmt sich nach dem Inhalt des Zuschlagsbeschlusses.[18] In diesem muss das zugeschlagene Grundstück so **eindeutig** bezeichnet sein, so dass dieses rechtlich sowie sachlich eindeutig bestimmt werden kann. Grundlage hierfür bilden das **Grundbuch** sowie das **Liegenschaftskataster** (§ 2 Abs. 2 GBO). Sollten sich auf dieser Grundlage die Grundstücksgrenzen nicht ermitteln lassen, so kommen die Vorschriften über die **Grenzverwirrung** (§ 920 BGB) zum Tragen.

Sollte das zugeschlagene Grundstück tatsächlich nicht existieren, so kann der 18 Ersteher auch kein Eigentum erwerben.[19] Ggf. ergeben sich für diese Konstellation Ansprüche des Erstehers gegen das Grundbuchamt oder das Vollstreckungsgericht (dazu grundsätzlich „Amtshaftung des Vollstreckungsgerichts").

Sollten die Grundstücksangaben im Liegenschaftskataster nicht schlüssig sein 19 oder mit den Grundbuchangaben kollidieren, so können die Terminbestimmung, der Zuschlagsbeschluss und das Grundbuch allein zugrunde gelegt werden.[20]

Mit der Zuschlagserteilung erwirbt der Ersteher zusammen mit dem Grund- 20 stück auch alle **Gegenstände**, auf die sich die Versteigerung erstreckt hat (§ 90 Abs. 2 ZVG). Die Vorschrift des § 55 ZVG unterscheidet zwei Gruppen von Gegenständen, die hiervon betroffen sind. Das sind zum einen die Gegenstände, deren **Beschlagnahme** zum Zeitpunkt der Zwangsversteigerung noch wirksam gewesen ist (§ 55 Abs. 1 ZVG). Der Umfang der Beschlagnahme richtet sich nach den Vorschriften der §§ 20 Abs. 2, 21 i.V.m. § 1120ff. BGB. Zum anderen erstreckt sich die Zwangsversteigerung gemäß der Vorschrift des § 55 Abs. 2 ZVG auch auf die im Besitz des Vollstreckungsschuldners oder eines neu eingetretenen Eigentümers befindlichen **Zubehörstücke**, selbst für den Fall, dass sie im Eigentum eines Dritten stehen.

Zu den mit versteigerten Gegenständen zählen die wesentlichen Bestandteile, 21 das Zubehör sowie die subjektiv-dinglichen Rechte.[21]

b) Wesentliche Bestandteile 22
Nach der gesetzlichen Definition des § 94 BGB sind **wesentliche Bestandteile** eines Grundstücks die mit dem Grund und Boden fest verbundenen Sachen. Das Gesetz nennt als Beispiel Gebäude und mit dem Boden zusammenhängende Erzeugnisse des Grundstücks.

Da Gebäude wesentliche Bestandteile von Grundstücken sind, bilden somit die 23 wesentlichen Bestandteile des Gebäudes auch wesentliche Bestandteile des Grundstücks. Zudem stellt die Vorschrift des § 94 Abs. 2 BGB fest, dass die zur Herstellung des Gebäudes eingefügten Sachen wesentliche Bestandteile des Gebäudes sind. Zur Herstellung sind z.B. eingefügt: Schwimmbecken, Garten-

---

18 OLG Köln, Urteil vom 24.5.2004 – 2 U 32/04, NJOZ 2004, 2898: Der Zuschlagsbeschluss ist für die Gestaltung der Rechtsbeziehungen zwischen den Beteiligten maßgebend, ohne Rücksicht darauf, ob er mit dem Gesetz in Einklang steht oder grobe Rechtsverstöße enthält. Wird er nicht mittels Beschwerde angefochten und abgeändert, so haben die Beteiligten selbst eine rechtswidrige Gestaltung ihrer gegenseitigen Rechtsbeziehungen sich gelten zu lassen.
19 BGH, Urteil vom 15.3.1996 – V ZR 273/94, Rpfleger 1996, 417 = KTS 1996, 480ff.
20 Müller, in: *Dassler/Schiffhauer/u.a.*, ZVG, § 90 Rn. 5.
21 OLG Koblenz, Beschl. vom 26.4.1988 – 4 W 191/88, Rpfleger 1988, 493.

gewächshäuser bzw. Gartenhäuser, Garagen, Fenster und Türen sowie Heizungsanlagen. Eine Einbauküche gehört dann zu den wesentlichen Bestandteilen eines Gebäudes, wenn sie gemäß den Räumlichkeiten individuell eingepasst wurde.

24 Erzeugnisse des Grund und Bodens sind wesentliche Grundstücksbestandteile, solange sie mit ihm zusammenhängen, wie z. B. Bäume, Sträucher, alle Arten von Pflanzen im Boden, Obst und Früchte. Letztere soweit sie mit den Pflanzen zusammenhängen.
Die Abgrenzung erfolgt gemäß § 93 BGB danach, ob jede Einzelsache nach einer Trennung für sich brauchbar bliebe.

25 Rechtliche Folgen sind: Wesentliche Bestandteile sind **nicht sonderrechtsfähig**, d. h. sie können vom Eigentumsübergang auch durch eine Vereinbarung nach der Vorschrift des § 59 ZVG nicht ausgeschlossen werden.[22] Dingliche Rechtsänderungen des Grundstücks erstrecken sich stets auch auf die wesentlichen Bestandteile. Diese Rechtsfolge kann nicht von den Parteien abgeändert werden bzw. eine Vereinbarung hätte keine dingliche, sondern nur eine schuldrechtliche Wirkung.

26 Auch die beschränkt dinglichen Rechte[23] schließen die wesentlichen Bestandteile mit ein.

27 c) **Zubehör**
Neben den gesetzlichen Bestandteilen eines Grundstücks ist auch das **Zubehör** von erheblicher Bedeutung. Zubehör sind nach der gesetzlichen Definition des § 97 BGB bewegliche Sachen, wenn sie, ohne schon Bestandteil der Hauptsache zu sein, nicht nur vorübergehend deren **wirtschaftlichem Zweck** zu dienen bestimmt sind und zu ihr in einem dieser Bestimmung entsprechenden **räumlichen Verhältnis** stehen.[24] Die Vorschrift des § 98 BGB enthält Beispiele für eine solche wirtschaftliche Zweckbestimmung.[25] Die danach erforderliche Zweckbestimmung erfolgt in der Regel durch schlüssige Handlung, für die die tatsächliche Benutzung der Sache für den wirtschaftlichen Zweck einer anderen Sache ein Indiz sein kann. Dazu genügt nicht, dass die Verbindung nur für

---

22 RG, VII. ZS, Urteil vom 27.9.1910 – Rep. VII. 634/09, RGZ 74, 201 u. VII. ZS, Urteil vom 20.12.1935 – VII 96/35, RGZ 150, 22: Sollte eine solche Vereinbarung dennoch geschlossen worden sein, so soll nach allgemein anerkannter Auffassung der Ersteher die Wegnahme des Gegenstandes schuldrechtlich zu dulden haben, d. h. zur Abtrennung und Herausgabe an den Vollstreckungsschuldner verpflichtet sein, weil er sich dem Ausschluss des Gegenstandes durch sein Gebot unterworfen habe; *Zeller*, ZVG, § 90 Rn. 2; *Dassler/Schiffhauer* u. a., ZVG, § 90 Rn. 5; Mindermeinung: Steiner/*Eickmann*/Teufel u. a., Zwangsversteigerung und Zwangsverwaltung, § 90 Rn. 9: Dies ist abzulehnen, denn eine Vereinbarung diesen Inhaltes ist auf rechtlich Unmögliches gerichtet und deshalb nichtig. Sie in eine -als solche zulässige- Abtrennungsvereinbarung umzudeuten, wäre nur unter den Voraussetzungen des § 140 BGB möglich. Dafür ist erforderlich, dass insbesondere der Ersteher eine solche Abtrennungsvereinbarung bei Kenntnis der Nichtigkeit gewollt hätte. Dieser für § 140 BGB wesentliche hypothetische Parteiwille wird beim Ersteher regelmäßig nicht angenommen werden können, denn er würde vernünftigerweise ein Mehr an Erwerb bei gleichem Meistgebot nicht ausschlagen.
23 Von einem beschränkt dinglichen Recht spricht man bei einem dinglichen Recht, das dem Inhaber, im Gegensatz zum umfassenden dinglichen Recht Eigentum, nur hinsichtlich einzelner Befugnisse eine Herrschaft über die Sache zuordnet. Das BGB kennt die dinglichen Nutzungsrechte (z. B. Grunddienstbarkeit, Nießbrauch, Wohnrecht und Erbbaurecht), die dinglichen Verwertungsrechte und das dingliche Vorkaufsrecht. Die beschränkt dinglichen Rechte wirken auch gegenüber dem jeweiligen Eigentümer, d. h. nach Veräußerung wirken sie auch gegenüber einem neuen Eigentümer.
24 BGH, Urteil vom 14.12.2005 – IV ZR 45/05, BGHZ 165, 261 ff. = NJW 2006, 993 = Rpfleger 2006, 213: Ein Gebäude kann nicht nur durch seine Gliederung, Einteilung, Eigenart oder Bauart, sondern auch aufgrund seiner Ausstattung mit betriebsähnlichen Maschinen und sonstigen Gerätschaften als für einen gewerblichen Betrieb dauernd eingerichtet angesehen werden.
25 BGH, Urteil vom 23.10.1968 – VIII ZR 228/66, NJW 1969, 36.

einen von vornherein **begrenzten Zeitraum** oder lediglich zur Befriedigung der Bedürfnisse des derzeitigen Nutzers erfolgt.[26]

Als Zubehör werden z. B. der in den Tanks befindliche Heizölvorrat, die hauseigenen Mülltonnen, die auf dem Grundstück lagernde Fertiggarage, die Alarmanlage eines Wohnhauses oder die Sportgeräte eines Fitnesscenters angesehen. Auch Fahrzeuge eines Unternehmens, die zur An- und Auslieferung bestimmt sind, gelten als Zubehör. Ferner ist hierzu gewerbliches und landwirtschaftliches Inventar zu zählen. Wesentlich ist, dass der Kern der wirtschaftlichen Nutzung des Zubehörs auf dem betreffenden Grundstück liegt. So sind bspw. die Fahrschulfahrzeuge kein Zubehör eines Fahrschulverwaltungsgebäudes.

Beim Zubehör bedarf es der Differenzierung nach den dem Vollstreckungsschuldner gehörenden und folglich von der Beschlagnahme erfassten Gegenständen (§ 20 Abs. 2 ZVG) und den dem Vollstreckungsschuldner nicht gehörenden und damit von der Beschlagnahme nicht erfassten, sondern lediglich mit versteigerten Gegenständen (§ 55 Abs. 2 ZVG).

Das Eigentum an erstgenannten Gegenständen erlangt der Ersteher auch für den Fall, dass der Gegenstand nach der Grundstücksbeschlagnahme auf das Grundstück gelangt ist oder aber der Gegenstand vor der Zuschlagserteilung dem Grundstück entzogen wurde. Eine Ausnahme hierzu bildet lediglich die **Freigabe** des Gegenstandes aus der Beschlagnahme durch die die Zwangsversteigerung betreibende Gläubigerin.[27]

Bei den gemäß der Vorschrift des § 55 Abs. 2 ZVG mit versteigerten Gegenständen erlangt der Ersteher lediglich Eigentum für den Fall, dass der das Eigentum an dem Gegenstand inne habende Dritte seine Rechte vor Erteilung des Zuschlages an den Ersteher durch Aufhebung oder einstweilige Einstellung des Verfahrens bezüglich des in seinem Eigentum befindlichen Gegenstandes gem. der Vorschrift des § 37 Abs. 5 ZVG nicht geltend gemacht hat. Die Vorschrift des § 55 ZVG stellt somit einen **Ausnahmetatbestand** zum üblichen Beschlagnahmeumfang der Vorschrift des § 20 Abs. 2 ZVG i. V. m. der Vorschrift des § 1120 BGB dar.

Rechtliche Folgen sind: Zubehör bleibt grundsätzlich **rechtlich selbständig**, gilt aber im Zweifel als „mitverkauft", wenn das Grundstück „veräußert" wird. Die Abgrenzung zwischen wesentlichen Bestandteilen und Zubehör kann unter Umständen Probleme bereiten.

Beispiel: Vielfach kursiert die Auffassung, dass Einbaumöbel (z. B. Einbauküchen) weder wesentlicher Bestandteil noch Zubehör sind, wenn sie an anderer Stelle problemlos wieder aufgestellt werden können. Ist eine Einbauküche allerdings besonders in das Gebäude eingepasst, so soll sie dann Zubehör oder sogar wesentlichen Bestandteil bilden.

Dem entgegen steht u. a. das vom 20.11.2008 datierende Urteil des BGH:[28]

---

26 BGH, Urteil vom 14.12.1973 – V ZR 44/72, BGHZ 62, 49, 52: Wird ein Gewerbe in einem Gebäude betrieben, das nicht nach seiner objektiven Beschaffenheit dauernd dafür eingerichtet ist, so gehören die dem Gewerbe dienenden Maschinen und Gerätschaften nicht zum Zubehör des Grundstücks.; BGH, Urteil vom 1. 2.1990 – IX ZR 110/89, WM 1990, 603, 605.
27 BGH, Urteil vom 30.11.1995 – IX ZR 181/94, NJW 1996, 835 = Rpfleger 1996, 256 = ZIP 1996, 223 = EWiR 1996, 259: Ohne formelle Freigabe werden die Zubehörgegenstände selbst dann von der Zwangsversteigerung erfasst, wenn die Grundpfandrechtsgläubigerin ihrem Verkauf zwar zugestimmt und den Verkaufserlös vereinnahmt hat, die Zubehörgegenstände jedoch wegen des an einen Mieter erfolgten Verkaufs nicht vom von der Zwangsversteigerung betroffenen Grundstück entfernt wurden.
28 BGH, Urteil vom 20.11.2008 – IX ZR 180/07, NJW 2009, 1078 = Rpfleger 2009, 253 = NZM 2009, 121.

Eine Frau ersteigerte ein Grundstück. Bei Zuschlagserteilung befand sich in der Wohnung eine Einbauküche, die später Streitgegenstand war. Die Mieter der Wohnung hatten eine Einbauküche einbauen lassen. Mit Auszug nahmen sie die Küche mit. Der Ersteher klagte gegen den Mieter auf Rückgabe der Einbauküche.
Der BGH entschied hierzu wie folgt:
Die vom Mieter eingebrachte Einbauküche ist nach der Verkehrsauffassung[29] regelmäßig kein Zubehör des Gebäudes. Sie dient dem wirtschaftlichen Zweck der Hauptsache nur vorübergehend, so dass die Zubehöreigenschaft nach § 97 Abs. 2 S. 1 BGB ausgeschlossen ist.
Zur Begründung führt er folgendes aus:
Die Frau hat gegen den Mieter keinen Anspruch auf Herausgabe der Einbauküche nach § 985 BGB:
1. Die Mieter waren unmittelbare Besitzer nach § 854 Abs. 1 BGB.
2. Die Ersteherin wurde gemäß der Vorschrift des § 90 Abs. 1 ZVG mit Zuschlagserteilung Eigentümer des Grundstücks.
3. Kraft Gesetz erstreckt sich der Eigentumserwerb auch auf die wesentlichen Bestandteile (§ 90 Abs. 2 ZVG).
4. Zu den wesentlichen Bestandteilen von Grund und Boden gehören das Gebäude und die zu seiner Herstellung eingefügten Sachen.
5. Eine Einbauküche stellt -nach der Verkehrsauffassung- keinen wesentlichen Bestandteil dar.
6. Der Eigentümer der Einbauküche muss im Versteigerungsverfahren seine Rechte gemäß der Vorschrift des § 37 Nr. 5 ZVG geltend machen. Macht er dies nicht, erstreckt sich die Versteigerung auch auf das Zubehör -vorliegend die Einbauküche-.
7. Gemäß der Vorschrift des § 97 Abs. 1 S. 2 BGB stellt eine Einbauküche Zubehör dar, wenn sie dem wirtschaftlichen Zweck der Hauptsache dient und im Verkehr auch als Zubehör angesehen wird. Die Zubehöreigenschaft fehlt jedoch, wenn die Benutzung der Sache für den wirtschaftlichen Zweck der Hauptsache nur vorübergehend sein soll.

35 Im Übrigen existieren durchaus **regionale Unterschiede** in der Beantwortung der Frage, ob Einbauküchen als Zubehör oder Bestandteil anzusehen sind oder auch nicht. Im süddeutschen Raum entspricht es eher nicht der Verkehrsauffassung, dass Einbauküchen als Zubehör zu qualifizieren sind, hingegen werden im norddeutschen Raum Einbauküchen als Zubehör oder sogar wesentlicher Gebäudebestandteil betrachtet und auch im Rahmen von Zwangsversteigerungen entsprechend behandelt. Obgleich die Rechtsprechung hierzu uneinheitlich ist, kann davon ausgegangen werden, dass die Mehrzahl der Gerichte die Bestandteils- und Zubehöreigenschaft kraft Verkehrsauffassung verneint.
Hierzu zählen die OLG Zweibrücken, Hamm, Frankfurt am Main, Düsseldorf und Karlsruhe.[30]

---

29 Nach der Rechtsprechung des BGH handelt es sich bei der Verkehrsauffassung um „einen Gegenstand fachlicher Erfahrung", der eine Beweiserhebung dann nicht erfordert, wenn das Gericht über eigene Sachkunde verfügt.
30 PfälzOLG Zweibrücken, Beschl. vom 26.10.1992 – 3 W 176/92, Rpfleger 1993, 169, 170: Angesichts des Ergebnisses der durchgeführten Beweisaufnahme teilt der Senat die Auffassung der Zivilkammer, dass es sich bei der verfahrensgegenständlichen Einbauküche nicht um einen wesentlichen Bestandteil i. S. d. § 94 Abs. 2 BGB handelt. Nach den getroffenen Festlegungen ist die Einbauküche auch nicht gemäß § 93 BGB wesentlicher Bestandteil des Grundstücks geworden; OLG Hamm, Urteil vom 24.11.1988 – 27 U 68/88, NJW-RR 1989, 333: Eine Einbauküche ist weder als wesentlicher Bestandteil noch als Zubehör einer Eigentumswohnung anzusehen; OLG Hamm, 4. FamS, Beschl. vom 15.5.1997 – 4 UF 491/96, FamRZ 1998, 1028: Jedenfalls im westfälischen Gebiet stellt nach der Verkehrsauffassung eine Einbauküche, von Ausnahmen abgesehen, weder einen wesentlichen Bestandteil noch Zubehör einer Wohnung dar; OLG

d) Versicherungsverträge 36

Die Frist zur **Kündigung** eines Versicherungsvertrages beginnt für den Ersteher mit dem Zuschlag. Die Frist zur Kündigung eines Versicherungsvertrages gemäß der Vorschriften des § 96 Abs. 2 VVG durch den Ersteher beginnt auch dann mit dem Zuschlag, wenn das Grundstück gemäß der Vorschrift des § 94 ZVG in **gerichtliche Verwaltung** genommen worden ist. Für einen solchen Fall obliegt die Bewirkung der Kündigung dem Zwangsverwalter.[31]

Mit Zuschlagserteilung gehen auch die Gegenstand der Zwangsversteigerung bildenden Ansprüche des Vollstreckungsschuldners auf **Versicherungsentschädigung** aus Versicherungsverträgen, das versteigerte Grundstück und die mitversteigerten Gegenstände betreffend auf den Ersteher über. Für den Fall der Hinterlegung der Entschädigungsleistung der Versicherungsgesellschaft bildet der Zuschlagsbeschluss die Legitimation gegenüber der Hinterlegungsstelle.[32] 37

Anders als der Erfüllungsanspruch auf die Versicherungsleistung fällt ein an seine Stelle tretender **Schadensersatzanspruch** gegen den Gebäudeversicherer wegen eines Brandes aus Verschulden bei Vertragsabschluss nicht unter die Hypothekenhaftung; er geht daher auch nicht gemäß der Vorschriften der §§ 90 Abs. 2, 55 Abs. 1 und 20 Abs. 2 auf den Ersteher in der Zwangsversteigerung über.[33] 38

e) Altlasten 39

Mit dem mit Zuschlagserteilung bewirkten originären Eigentumserwerb am Grundstück und den mitversteigerten Gegenständen verbindet sich auch die Frage nach den Pflichten des Erstehers bezüglich bestehender Altlasten[34]. Hierbei ist zunächst zu differenzieren nach den **Duldungspflichten** des Erstehers gegenüber den auf der Grundlage des bestehenden Polizei-, Ordnungs- und

---

Frankfurt/Main, Urteil vom 2.12.1987 – 21 W 46/87, ZMR 1988, 136: Bei der Einbauküche handelt es sich weder um einen Bestandteil noch um Zubehör des Hausgrundstücks; OLG Düsseldorf, Urteil vom 19.1.1994 – 11 U 45/93, Rpfleger 1994, 374 = VersR 1995, 559: Eine aus serienmäßig hergestellten Einzelteilen zusammengesetzte Einbauküche ist regelmäßig weder wesentlicher Bestandteil der Wohnung, noch wird sie nach der im OLG-Bezirk Düsseldorf maßgeblichen Verkehrsauffassung als Zubehör angesehen; OLG Karlsruhe, Urteil vom 12.11.1987 – 9 U 216/86, Rpfleger 1988, 542 = NJW-RR 1988, 459, 460: Auch in Südbaden ist eine nicht fest in den Baukörper eingefügte Kücheneinrichtung (Einbauküche) weder wesentlicher Bestandteil noch Zubehör des Hausgrundstücks.

31 RG, VII. ZS, Urteil vom 2.2.1915 – Rep. VII 355/14, RGZ 86, 191: Was die rechtliche Stellung des Verwalters und sein Verhältnis zum Ersteher betrifft, so ist er zwar nicht Stellvertreter des Erstehers, aber er übt seine Tätigkeit für Rechnung des Erstehers kraft des ihm übertragenen Amtes im eigenen Namen aus. Innerhalb des ihm übertragenen Pflichtenkreises ist er zur Ausübung und Wahrnehmung der Rechte und Interessen des Erstehers berufen. Hierzu gehört auch die Ausübung des dem Erwerber des versicherten Grundstücks durch § 70 Abs. 2 Vers VG (heute: § 96 Abs. 2 VVG) verliehenen Kündigungsrechts.

32 OLG Frankfurt, 20. ZS, Beschl. vom 28.2.1978 – 20 VA 2/78, Rpfleger 1978, 325: Durch einen rechtskräftigen Zuschlagsbeschluss ist für eine mitversteigerte Brandversicherungsentschädigung die Empfangsberechtigung des Erstehers mit Wirkung gegen die Hinterlegungsbeteiligten festgestellt.

33 BGH, Urteil vom 9.11.2005 – IV ZR 224/03, NJW 2006, 771 = VersR 2006, 112 = InVo 2006, 168.

34 Gem. MinBlatt NW 1980, 769 handelt es sich hierbei um „Schadstoffanreicherungen in Boden und Grundwasser, die auf umweltgefährdende Nachwirkungen der industriellen Produktion und Nachwirkungen aus den beiden Weltkriegen zurückgehen, z.B. „verlassene und stillgelegte Ablagerungsplätze sowie wilde Ablagerungen, Aufhaldungen und Verfüllungen mit umweltgefährdenden Produktionsrückständen, auch in Verbindung mit Bergematerial und Bauschutt, Schadstoffanreicherungen auf dem Gelände stillgelegter oder noch betriebener Anlagen, Schadstoffanreicherungen durch Kriegseinwirkungen, Unfälle, defekte Abwasserkanäle, unsachgemäße Lagerung wassergefährdender Stoffe u. Ä.".

Umweltrechts tätig werdenden öffentlichen Einrichtungen einerseits und den daraus resultierenden **Kostentragungspflichten** auf der anderen Seite.[35]

40 Der Verwaltungsgerichtshof Baden-Württemberg hat hinsichtlich der Duldungspflicht eindeutig Stellung bezogen.[36] Nach seiner Auffassung besteht eine Verpflichtung des Eigentümers (Erstehers) -im Übrigen losgelöst von der Art und Weise des Eigentumserwerbs-, Untersuchungsmaßnahmen (z. B. Probebohrungen) zu dulden, sofern ein hinreichender Kontaminationsverdacht gegeben ist.

41 Grundsätzlich kann den Eigentümer (Ersteher) eine Verpflichtung zur Kostenübernahme dann treffen, wenn dieser mit der Eigentumsverschaffung im Rahmen des Zwangsversteigerungsverfahrens in die Haftung des Vollstreckungsschuldners als **Zustandsstörer**[37] eintritt. Zu dem sich ganz allgemein als Rechtsnachfolgeproblem bei bestehenden öffentlich-rechtlichen Haftungsansprüchen darstellenden Sachverhalt bezieht Papier eindeutig Position. Er verweist darauf, dass dem öffentlichen Recht die Haftung des Rechtsnachfolgers im Eigentum fremd ist.[38]

42 Kloepfer hingegen bemerkt in diesem Zusammenhang, dass zwischen vertretbaren und höchst persönlichen Verantwortlichkeiten zu differenzieren sei.[39]

43 Die **Zustandsverantwortlichkeit** des Erstehers eines Grundstücks in der Zwangsversteigerung entfaltet sich mit dem Zuschlag. Das heißt, für vor der Zuschlagserteilung bereits für Sanierungsmassnahmen angefallene Kosten (maßgeblich ist hierbei die Fälligkeit des Anspruchs) haftet der Vollstreckungsschuldner.[40] Dies gilt auch für den Fall, dass die Sanierungshandlungen bis nach der Zuschlagserteilung andauern.

44 Die nach Eigentumsübergang des Grundstückes auf den Ersteher fällig gewordenen Kosten treffen sodann den Ersteher als nunmehr originär Zustandsverantwortlichen.
Letztlich bietet auch der Umstand, dass im Einzelfall vorrangig der **Handlungsstörer**[41] haftbar gemacht wird, weil dessen Verantwortlichkeit die des Zustandsstörers überwiegt[42], keine Rechtssicherheit in diesem Bereich.

45 Dorn hält folgerichtig eine differenzierte Herangehensweise beim Eigentumsübergang in der Zwangsversteigerung für geboten: Hat der Ersteher eines Grundstücks keine Kenntnis von vorhandenen Umweltbelastungen, befindet er sich demnach in einer „**Opferposition**", eine Kostentragungspflicht dürfte regelmäßig auszuschließen sein. Dabei dürften jedoch nur die Konstellationen in Betracht kommen, in denen Altlasten erst nach der Zuschlagserteilung auftreten. In allen anderen Fällen kann sich der neue Eigentümer nicht mehr auf Unkenntnis berufen. Im Weiteren hängt seine Inanspruchnahme als Zustands-

---

35 *Dorn*, Altlasten in der Immobiliarvollstreckung, Rpfleger 1988, 301.
36 VGH Baden-Württemberg, Urteil vom 13.2.1985 – 5 S 1380/83, DÖV 1985, 687.
37 = Eigentümer oder Besitzer des Grundstücks; *Papier*, Altlasten und polizeiliche Störerhaftung, DVBl 1985, 873: Besitzer i. S. d. Vorschriften des öffentlichen Rechts ist der Inhaber der tatsächlichen Gewalt.
38 *Papier*, Altlasten und polizeiliche Störerhaftung, DVBl 1985, 878: Die öffentlich-rechtliche Haftung des Rechtsnachfolgers im Eigentum ist nicht derivativ. Eine Rechtsnachfolge in diese verwaltungsrechtliche Pflichtenposition liegt nicht vor; es besteht auch kein argumentativer Bedarf für eine entsprechende Rechtskonstruktion.
39 *Kloepfer*, Die Verantwortlichkeit für Altlasten im öffentlichen Recht, Natur + Recht 1987, 17.
40 *Kloepfer*, Die Verantwortlichkeit für Altlasten im öffentlichen Recht Natur + Recht 1987, 18.
41 *Görgens/Jähner*, Der Gemeindehaushalt 1987, 130: Der Handlungsstörer ist eigentlicher Verursacher der Altlasten; *Papier*, Altlasten und polizeiliche Störerhaftung, DVBl 1985, 875: Es kann dies der Abfallerzeuger, aber auch ein Dritter (z. B. ein Fuhrunternehmer) sein.
42 *Kloepfer*, Die Verantwortlichkeit für Altlasten im öffentlichen Recht, Natur + Recht 1987, 18: Grundsätzlich sollen (nicht müssen) nach dem allgemeinen Polizeirecht Verhaltensverantwortliche vor den Zustandsverantwortlichen in Anspruch genommen werden.

störer auch davon ab, inwieweit die Schadstoffanreicherung bereits die **Wertfestsetzung** und das Bietverhalten der Interessenten beeinflusst haben. Falls der Ersteher durch die Ersteigerung aufgrund einer bekannten Umweltbelastung bereits einen quasi-Vermögensvorteil erzielt hat, ist seine nunmehrige Inanspruchnahme für die Sanierungskosten auch gerechtfertigt.[43]

f) Öffentliche Förderung 46

Die Förderung mit öffentlichen Mitteln betrifft in erster Linie den **sozialen Wohnungsbau**. Sofern der Bau einer Wohnung mittels Einsatz öffentlicher Mittel Förderung erfahren hat, entfalten sich für den Eigentümer Wirkungen gemäß den Vorschriften des § 4 ff. WoBindG.[44]

Hierneben ergeben sich bei der Zwangsversteigerung öffentlich subventionierter wohnwirtschaftlich genutzter Objekte für den Fall der grundpfandrechtlichen Sicherung der öffentlichen Darlehensmittel als auch der Bezuschussung nachfolgende **Konstellationen**: 47

Bei einer Zwangsversteigerung des Grundstücks gilt die **Wohnung**, für die öffentliche Mittel als Darlehen bewilligt worden sind, bis zum Ablauf des dritten Kalenderjahres nach dem Kalenderjahr, in dem der Zuschlag erteilt worden ist, als öffentlich gefördert, sofern die wegen der öffentlichen Mittel begründeten Grundpfandrechte mit dem Zuschlag erlöschen. 48

Abweichend hiervon gilt ein **Eigenheim**, eine **Eigensiedlung** oder eine eigengenutzte **Eigentumswohnung** im Sinne der Vorschrift des § 16 Abs. 5 WoBindG nur bis zum Zuschlag als öffentlich gefördert, sofern die wegen der öffentlichen Mittel begründeten Grundpfandrechte mit dem Zuschlag erlöschen. 49

Sind die öffentlichen Mittel lediglich als Zuschüsse bewilligt worden, so gelten die Wohnungen bis zum Zuschlag als öffentlich gefördert. Soweit nach den Vorschriften des § 15 oder des § 16 WoBindG die Wohnungen nur bis zu einem früheren Zeitpunkt als öffentlich gefördert gelten, ist dieser Zeitpunkt maßgebend.[45] 50

Sind die wegen der öffentlichen Mittel begründeten Grundpfandrechte mit dem Zuschlag nicht erloschen, so gelten die Wohnungen bis zu dem sich aus den Vorschriften der §§ 15 oder 16 ergebenden Zeitpunkt als öffentlich gefördert.[46] 51

Die bisher in den Vorschriften der §§ 2a und 2b WoBindG enthaltenen Regelungen zur Umwandlung von geförderten Mietwohnungen in Eigentumswohnungen sowie zu einer anschließenden Veräußerung der Eigentumswohnungen wurden gestrafft, auf die wesentlichen Aspekte konzentriert und in der Vorschrift des § 32 Abs. 3 in das **Wohnraumförderungsgesetz (WoFG)** aufgenommen. Die Vorschrift des § 32 Abs. 3 WoFG soll durch die Verweisung in der Vorschrift des neuen § 2 WoBindG auf die Vorschrift des § 32 Abs. 2 bis 4 WoFG auch für den nach altem Recht geförderten Bestand entsprechend zur Anwendung kommen. Gerade auch unter dem Aspekt der Verschlankung und Vereinfachung der gesetzlichen Regelungen erscheint der Regelungsgehalt der Vorschrift des § 32 Abs. 3 WoFG, neben dem außerdem die Vorschriften des Bürgerlichen Gesetzbuchs gelten, ausreichend. Zudem wird auf diese Weise sichergestellt, dass sowohl für den nach altem Recht geförderten Bestand als 52

---

43 *Dorn*, Altlasten in der Immobiliarvollstreckung, Rpfleger 1988, 298 ff.; vgl. auch *Hohmann*, Einschränkung der Kostentragungspflicht des Grundstückseigentümers beim Ablagern von Giftfässern, DVBl 1984, 997 ff.
44 Hier in der Fassung der Bekanntmachung vom 13.9.2001 (BGBl. I S. 2404), zul. geändert durch Art. 87 der Verordnung vom 31.10.2006 (BGBl. I S. 2407).
45 = § 17 WoBindG Abs. 1.
46 = § 17 WoBindG Abs. 2.

auch für die nach dem Wohnraumförderungsgesetz neu geförderten Wohnungen insbesondere hinsichtlich der Mitteilungspflichten bei Umwandlung von Mietwohnungen in Eigentumswohnungen und deren Veräußerung die gleichen Verfahrensregeln gelten.

53 Gemäß der vormaligen Vorschrift des § 2b Abs. 1 WoBindG[47] stand dem Mieter einer öffentlich geförderten Wohnung, die in eine Eigentumswohnung umgewandelt worden ist oder werden soll, das gesetzliche **Vorkaufsrecht** zu, wenn die Wohnung an einen Dritten verkauft wird. Dies allerdings nur für den ersten Verkaufsfall nach Umwandlung der Mietwohnung.[48]

54 Sofern der Eigentumswechsel im Wege der Zwangsversteigerung erfolgte, konnte das Vorkaufsrecht durch den Mieter gemäß der Vorschrift des § 2b Abs. 1 WoBindG nicht mehr ausgeübt werden.[49]

55 g) **Öffentliche Baulasten**

Bei der öffentlichen Baulast handelt es sich um ein **eigenständiges Rechtsinstitut** des Landesrechts. Das Landesrecht kann daher auch bestimmen, unter welchen formellen und materiellen Voraussetzungen eine öffentliche Baulast erlischt. Das Bundesrecht ergibt nicht, dass eine öffentliche Baulast im Zwangsversteigerungsverfahren aufgrund eines erteilten Zuschlags erlischt.[50]

56 Die bundesrechtliche Ermächtigung an den Landesgesetzgeber ergibt sich mittelbar aus der Vorschrift des Art. 72 Abs. 1 GG i. V. m. dem bundesrechtlichen Baurecht, ausdrücklich zudem aus dem Vorbehalt der Vorschrift des Art. 111 EGBGB. Insbesondere wird der Landesgesetzgeber weder durch die Vorschrift des Art. 74 Nr. 1 GG noch durch die Vorschriften der §§ 1018, 1090 BGB gehindert, öffentlich-rechtliche Baulastvorschriften im Rahmen des Bauordnungsrechts vorzusehen und auszugestalten.[51]

57 Die öffentliche Baulast ist kein einer **privat-rechtlichen Grunddienstbarkeit** vergleichbares Recht an einem Grundstück, sondern eine öffentlich-rechtliche Baubeschränkung, die insoweit dem materiell öffentlichen Baurecht dient. Diese Aufgabe wird auch von dem durch das Zwangsversteigerungsverfahren herbeigeführten Eigentumswechsel nicht tangiert. Etwas anderes ergibt sich auch nicht aus den Regelungen der Vorschriften der §§ 10 Abs. 1 Nr. 3, 52 Abs. 1 S. 2, 91 Abs. 1 ZVG, obgleich diese Vorschriften Bundesrecht darstellen. In Rechtssprechung und Schrifttum ist unumstritten, dass die Vorschrift des § 52 Abs. 1 ZVG entgegen seinem Wortlaut nicht abschließend zu verstehen ist. Außerhalb des geringsten Gebotes bleiben Rechte bestehen, wenn dies im Einzelfall gesetzlich bestimmt ist. Dabei mag dahinstehen, ob die öffentliche Baulast überhaupt als ein Recht in diesem Sinne zu verstehen ist.

58 Das (landesrechtliche) Rechtsinstitut der öffentlichen Baulast ist im öffentlichen Baurecht zu einem Zeitpunkt entstanden, als das Zwangsversteigerungsrecht in der heutigen Ausprägung bereits existent gewesen ist. Maßgebend sind

---

47 § 2b WoBindG mit Wirkung vom 1.1.2002 aufgehoben durch Gesetz vom 13.9. 2001 (BGBl. I S. 2376).
48 BGH, Urteil vom 14.4.1999 – VIII ZR 384/97, BGHZ 141, 194 = NJW 1999, 2044 = Rpfleger 1999, 405: Nach der Rechtsprechung des BGH besteht das Mietervorkaufsrecht des § 577 BGB nur beim ersten Verkaufsfall. Zu dem in seinen Tatbestandsvoraussetzungen ähnlich gestalteten Mietervorkaufsrecht des § 2b Abs. 1 WoBindG a. F. hatte der BGH entschieden, dass das Vorkaufsrecht beim zweiten Verkauf nicht mehr ausgeübt werden kann, auch wenn es beim ersten Verkauf nicht ausgeübt werden konnte, da der erste Verkauf im Wege der Zwangsvollstreckung erfolgte (§ 512 BGB a. F. = § 471 BGB n. F.).
49 BGH, Urteil vom 14.4.1999 – VIII ZR 384/97, BGHZ 141, 194 = NJW 1999, 2044 = Rpfleger 1999, 405.
50 BVerwG, Beschl. vom 29.10.1992 – 4 B 218/92, NJW 1993, 480 = Rpfleger 1993, 208 ff.
51 BVerwG, Beschl. vom 27.9.1990 – 4 B 34 u. 35/90, NJW 1991, 713 = UPR 1991, 72 = BauR 1991, 62.

die in den Vorschriften der §§ 2 Abs. 1, 4 Abs. 1 und 9 Abs. 1 EGZVG[52] enthaltenen Vorbehalte zugunsten der Landesgesetzgebung. Sie eröffnen losgelöst von der Vorschrift des Art. 111 EGBGB dem Landesgesetzgeber die Möglichkeit, für bestimmte Rechte abweichende Regelungen zu treffen. Insbesondere der in der Vorschrift des § 2 Abs. 1 EGZVG enthaltene Bezug auf vergleichbare Vorbehalte zugunsten der Landesgesetzgebung im EGBGB verdeutlicht, dass der Landesgesetzgeber ermächtigt werden sollte, bestimmte Rechte vom Zwangsversteigerungsverfahren auszuschließen.

Wegen der Übernahme öffentlicher Baulasten siehe auch Wirkungen des „Zuschlags" Rn. 26. **59**

III. Sonderfälle

1. Doppelbuchung

Von einer Doppelbuchung wird gesprochen, wenn ein Grundstück für sich allein auf **mehreren Grundbuchblättern** eingetragen ist.[53] Das heißt konkret für den Fall der Zwangsversteigerung: das betreffende Grundstück ist sowohl -irrtümlich- auf dem Grundbuchblatt des Vollstreckungsschuldners als auch auf dem Grundbuchblatt des wahren Eigentümers gebucht. **60**

Nach höchstrichterlicher Meinung kommt es für diesen Fall auf den Inhalt der **Terminbestimmung** an. Der Eigentumswechsel tritt danach nicht ein, sofern der wahre Grundstückseigentümer aufgrund unvollständiger und ungenauer Bezeichnung des versteigerungsgegenständlichen Grundstückes in der Terminbestimmung nicht erkennen konnte, dass es sich dabei um sein Grundstück handelt, weshalb er nicht seine Rechte nach der Vorschrift des § 37 Abs. 5 ZVG geltend machen konnte.[54] Dort, wo das zugeschlagene Grundstück nicht existent ist, kann auch kein Eigentum an diesem erworben werden. **61**

Eine andere Auffassung besagt, dass es auch bei der Doppelbuchung zum Eigentumserwerb durch den Ersteher kommt. Argumentativ gestützt wird die Auffassung auf die Wirkungslosigkeit der Aufforderung nach der Vorschrift des § 37 Abs. 5 ZVG, sofern diese ungenau, widersprüchlich und/oder unvollständig ist. Der somit gegebene Verfahrensmangel begründet eine **Zuschlagsanfechtbarkeit**. Die wohl wichtigste Zuschlagswirkung, die Eigentumsverschaffung für den Ersteher zu unterbinden, ist jedoch nicht vertretbar.[55] **62**

2. Überbauung

Um eine **Überbauung** handelt es sich, wenn sich ein einheitliches Gebäude auf oder unterhalb der Erdoberfläche auf das Nachbargrundstück erstreckt.[56] **63**

---

52 Soweit in dem Einführungsgesetz zum Bürgerlichen Gesetzbuch zugunsten der Landesgesetze Vorbehalte gemacht sind, gelten sie auch für die Vorschriften der Landesgesetze über die Zwangsversteigerung und die Zwangsverwaltung.
Durch Landesgesetz kann bestimmt werden, dass gewisse öffentliche Lasten anderen im Range vorgehen. Soweit ein nach Landesgesetz begründetes Recht an einem Grundstück, das nicht in einer Hypothek besteht, zur Wirksamkeit gegen Dritte der Eintragung nicht bedarf oder soweit eine Dienstbarkeit oder eine Reallast als Leibgedinge, Leibzucht, Altenteil oder Auszug eingetragen ist, bleibt das Recht nach Maßgabe des Landesgesetzes von der Zwangsversteigerung unberührt, auch wenn es bei der Feststellung des geringsten Gebots nicht berücksichtigt ist.
53 § 38 Abs. 1 GBV.
54 *Stöber*, ZVG, § 90 Rn. 2.4; RG, V. ZS, Urteil vom 16.3.1904 – Rep. V. 388/03, RGZ 57, 200; 85, 316; OLG Koblenz, Beschl. vom 26.4.1988 – 4 W 191/88, JurBüro 1988, 1723 ff. = Rpfleger 1988, 493 ff.
55 *Teufel*, in: *Steiner*, ZVG, § 37 Rn. 72.
56 Brandenburgisches OLG, Urteil vom 26.6.2008 – 5 U 136/05, DB 1972, 2298.

64 Beim Überbau wird nach **entschuldigtem** Überbau, **nicht entschuldigtem** Überbau sowie **Eigengrenzüberbau** unterschieden.

65 a) Beim **entschuldigten (auch gestatteten) Überbau** bildet der übergebaute Gebäudeteil keinen wesentlichen Bestandteil des überbauten Grundstücks. Das Eigentum am übergebauten Gebäudeteil verbleibt beim Eigentümer des Grundstückes, von welchem der Überbau ausgeht (auch Stammgrundstück). Die Zwangsversteigerung des Grundstückes, von welchem der Überbau ausgeht, umfasst somit das gesamte Gebäude. Folglich ist für den Fall der Zwangsversteigerung des überbauten Grundstücks der übergebaute Gebäudeteil vom Verfahren nicht erfasst. Analoges gilt für den Eigengrenzüberbau.[57]

66 b) Von einem **Eigengrenzüberbau** spricht man, wenn von einem Grundstück auf ein anderes Grundstück desselben Eigentümers übergebaut wird. Nach herrschender Meinung sind für die eigentumsrechtliche Zuordnung eines solchen Eigengrenzüberbaus zunächst dieselben Grundsätze maßgeblich wie für den **Fremdüberbau**.[58] Der Überbau wird eigentumsrechtlich dem Stammgrundstück zugeordnet. Der BGH gibt für den Fall des Eigengrenzüberbaus in ständiger Rechtsprechung dem in der Vorschrift des § 93 BGB geregelten Grundsatz des **einheitlichen Eigentums an einer Sache** den Vorzug gegenüber der in der Vorschrift des § 94 Abs. 1 BGB vorgesehenen Bindung des Eigentums an einem Gebäude an das Eigentum am Grundstück.

67 c) Anders als beim entschuldigten Überbau teilt die Grundstücksgrenze beim **unentschuldigten Überbau** auch das übergebaute Gebäude, das Eigentum am Gebäude wird auf der Grenzlinie real geteilt.[59] Folglich ist Eigentümer des übergebauten Gebäudeteils der Eigentümer des von der Überbauung betroffenen Grundstückes. Dies gilt auch für eine nachträgliche Teilung des Grundstücks. Die Zwangsversteigerung eines der beiden Grundstücke umfasst mithin stets nur den darauf befindlichen Gebäudeteil.

3. Dritteigentum

68 Sollte der Vollstreckungsschuldner nicht Eigentümer des versteigerungsgegenständlichen Grundstücks sein, so wird damit die Eigentumsübertragung auf den Ersteher nicht behindert.[60] Der in der Vorschrift des § 37 Abs. 5 angedrohte Rechtsverlust wird gegen den Dritten wirksam, sofern dieser nicht rechtzeitig seine Rechte in gehöriger Form geltend macht. Wegen der ggf. drastischen

---

57 BGH, Urteil vom 12.10.2001 – V ZR 268/00, Rpfleger 2002, 71 = NJW 2002, 54 = DNotZ 2002, 290 = NZM 2002, 43 = MDR 2002, 22 = WM 2002, 603 = NotBZ 2002, 28; *Stöber*, ZVG, § 55 Rn. 6.3.

58 BGH, Urteil vom 20.6.1975 – V ZR 206/74, BGHZ 64, 333, 336 = DNotZ 1976, 224 = NJW 1975, 1553: Wird ein Grundstück in der Weise aufgeteilt, dass ein aufstehendes Gebäude von der Grenze der beiden neu gebildeten Grundstücke durchschnitten wird und gelangen danach diese Grundstücke in das Eigentum verschiedener Personen, so bleibt das Eigentum an dem Gebäude jedenfalls dann, wenn sich der nach Umfang, Lage und wirtschaftlicher Bedeutung eindeutig maßgebende Teil des Gebäudes auf einem der Grundstücke befindet, mit dem Eigentum an diesem Grundstück verbunden; BGH, Urteil vom 23.2.1990 – V ZR 231/88, BGHZ 110, 298 = DNotZ 1991, 595 = NJW 1990, 1791: Auch beim Eigengrenzüberbau beantwortet sich die Frage, welches der beiden Grundstücke als Stammgrundstück im Sinne von § 912 BGB anzusehen ist, soweit möglich, nach den Absichten des Erbauers (Ergänzung zu BGH, Urteil vom 20.6.1975 – V ZR 206/74, BGHZ 64, 333, 336 = NJW 1975, 1553). Indizien für diese Absicht können bestimmte objektive Gegebenheiten sein, z.B. die wirtschaftliche Interessenlage, die Zweckbeziehung des übergebauten Gebäudes und die räumliche Erschließung durch einen Zugang; *Säcker*, in: *MünchKomm*, BGB, § 912 BGB Rn. 52; *Bassenge*, in: *Palandt*, § 912 BGB Rn. 14; *Roth*, in: *Staudinger*, BGB, § 912 BGB Rn. 54ff.

59 BGH, Urteil vom 30.4.1958 – V ZR 215/56, BGHZ 27, 204 = NJW 1958, 1182; BGH, Urteil vom 8.5.1963 – V ZR 173/61, NJW 1963, 1868.

60 RG, V. ZS, Urteil vom 28.1.1905 – Rep. V. 339/04, RGZ 60, 48, 54; RG, V. ZS, Urteil vom 8.1.1910 – Rep. V. 71/09, RGZ 72, 355, 358; RG, V. ZS, Urteil vom 28.5.1930 – V 58/29, RGZ 129, 155, 159.

Wirkungen (Eigentumsverlust für den Dritten) kommt der **Terminbekanntmachung** hinsichtlich Eindeutigkeit, Genauigkeit und Vollständigkeit gemachter Angaben eine besondere Bedeutung zu. Für den Dritten muss mühelos die Betroffenheit seines Rechts erkennbar sein.

Wegen des guten und bösen Glaubens des Erstehers hinsichtlich der Eigentumsverhältnisses siehe auch Rn. 6, 8 und 9. **69**

IV. Folgen der Zuschlagsaufhebung

1. Schwebezustand in der Eigentumslage

Das zeitliche Auseinanderfallen von **Zuschlagserteilung** einerseits und Erlangung der **Rechtskraft** des Zuschlagsbeschlusses mit einhergehender Unanfechtbarkeit des Rechtserwerbs andererseits führen zu einem übergangsweisen **Schwebezustand** in der Eigentumslage, der durchaus zu skurrilen Konstellationen führen kann. **70**

Ausgangssituation:
Das Vollstreckungsgericht (Amtsgericht) hat A den Zuschlag erteilt.
Szenarien:
a) Das Beschwerdegericht (Landgericht) versagt die Zuschlagserteilung an A, der Zuschlagsversagungsbeschluss wird rechtskräftig.
b) Das Beschwerdegericht (Landgericht) versagt die Zuschlagserteilung an A und erteilt B den Zuschlag. Der Beschluss erlangt Rechtskraft.
c) Das Oberlandesgericht stellt den Beschluss des Vollstreckungsgerichts (Amtsgericht) wieder her.

Wirkungen:
a) A ist bis zur Rechtskrafterlangung des Zuschlagsversagungsbeschlusses Eigentümer. Ab diesem Zeitpunkt fällt das Eigentum an B wieder zurück, das von A hebt sich ex tunc auf.
b) Es entfaltet sich der in Rn. 70 beschriebene Schwebezustand in der Eigentumslage. A ist bis zur Rechtskraft des Versagungsbeschlusses Eigentümer, andererseits erlangt der B erteilte Zuschlag mit seiner Zustellung an ihn (§ 104 ZVG) Wirksamkeit. Wer darf sich zu diesem Zeitpunkt Eigentümer nennen?[61]
Wird der Versagungsbeschluss rechtskräftig, so geht A das Eigentum, das er mit dem Zuschlag erlangt hatte, endgültig verloren.
c) Für diesen Fall ist die Situation wie zuvor dargestellt. Nach der Rechtskraft ist A von Anfang an und unangreifbar Eigentümer.

2. Zwischenzeitliche Rechtsänderungen

a) **Rechtsänderungen als Zuschlagswirkungen.** Die rechtskräftige Aufhebung des Zuschlages beseitigt seine **Wirkungen ex tunc**[62], es ist so, als ob er nie erteilt worden wäre. Sowohl das Eigentum des Vollstreckungsschuldners als auch erloschene Rechte (= unmittelbar herbeigeführte Rechtsänderungen) leben rückwirkend wieder auf. **71**

b) **Durch Rechtshandlungen des Erstehers bewirkte Rechtsänderungen.** Von den unmittelbar herbeigeführten Rechtsänderungen zu unterscheiden, sind die **72**

---

61 *Eickmann*, in: *Steiner*, ZVG, § 90 Rn. 22 f.: Es gibt nur die Lösung, dass A in der Zwischenzeit als Eigentümer angesehen wird. Dies um zu vermeiden, dass das Grundstück in der Zeit bis zur Rechtskraft des landgerichtlichen Beschlusses herrenlos ist. Im Weiteren sieht *Eickmann* die Berechtigung, dies mit der Priorität des zugunsten des A ergangenen Staatsaktes, dessen Wirkung sich gegenüber einem anderslautenden Akt solange durchsetzt, bis er rechtskräftig aufgehoben ist, zu begründen.
62 RG, VII. ZS, Urteil vom 5.6.1943 – VII (VIII) 108/42, RGZ 171, 120, 121.

durch **Verfügungen** des Erstehers entstandenen Rechtsänderungen. Hierbei handelt es sich hauptsächlich um Verfügungen über bewegliche Sachen und Forderungen sowie Verwaltungshandlungen (z. B. Kündigung von Mietverträgen), die der Ersteher mit dem Zuschlag erworben hat.

73 Die Behandlung der vom Ersteher nach Zuschlagserteilung jedoch vor Rechtskrafterlangung des Aufhebungsbeschlusses bewirkten Rechtsänderungen gestaltet sich **nicht ganz unproblematisch**. Dies, weil der Ersteher einerseits zunächst als **Berechtigter** handelt (§ 90 Abs. 2 ZVG), obgleich er nicht das Vollrecht besitzt, da sein Recht von der Voraussetzung der Rechtskrafterlangung des Zuschlagsbeschlusses abhängig ist. Das Eigentum geht ihm mit Rechtskraft der Zuschlagsversagung verlustig, so dass er nachträglich als **Nichtberechtigter** behandelt werden muss. Jemand, der in der Zeit zwischen Zuschlagserteilung und rechtskräftiger Zuschlagsaufhebung vom Ersteher erwirbt, wird nach den Maßgaben der Vorschriften der §§ 892, 893, 932 ff., 1155, 1207 BGB geschützt, sofern nicht § 185 BGB ohnehin eingreift. Derjenige, der vom Ersteher vor Rechtskraft erwirbt, muss bezüglich der noch möglichen Anfechtbarkeit des Zuschlagsbeschlusses **gutgläubig** sein (anders[63]: zwischenzeitlicher Erwerb sehr wohl wirksam; Gutglaubensvorschriften greifen nicht ein). Dabei kann letztlich dahingestellt bleiben, auf was sich der gute Glaube des erwerbenden Dritten erstreckt, die Vorschrift des § 142 BGB oder des § 161 BGB.[64]

74 Ein gutgläubiger Erwerb des **Grundstücks** ist nahezu ausgeschlossen. Dieser sollte bereits daran scheitern, dass die Eigentumsumschreibung auf den Ersteher im Grundbuch gemäß der Vorschrift des § 130 Abs. 1 ZVG erst mit Rechtskraft des Zuschlagsbeschlusses vorgenommen wird. Zudem stehen der Eintragung von rechtlichen Verfügungen durch den Ersteher die Vorschriften des § 130 Abs. 3 sowie des § 39 GBO entgegen.

3. Lasten und Nutzungen

75 Hatte der Ersteher des Grundstückes **Lasten** zu tragen, so kann er diese vom Vollstreckungsschuldner gemäß den Vorschriften der §§ 994, 995 BGB ersetzt verlangen.[65]
Die bis zur Rechtskrafterlangung des Zuschlags vom Ersteher ggf. getätigten Aufwendungen in das Grundstück macht dieser auf **eigene Gefahr**. Ansprüche kann der Ersteher im Fall der Zuschlagsaufhebung gegen den Vollstreckungsschuldner (bisherigen Eigentümer) nur geltend machen, wenn und soweit dieser bereichert ist.[66]

76 Vom Ersteher gezogene **Nutzungen** sind nach den Grundsätzen der Vorschriften der §§ 988, 101 BGB an den Vollstreckungsschuldner herauszugeben.

77 Für den Fall, dass der Zuschlag endgültig versagt wurde, ist als Grundstückseigentümer der Vollstreckungsschuldner an den herauszugebenden Nutzungen berechtigt.

78 Sollte der Zuschlag einem anderen Bieter erteilt werden, so ist bis zur Wirksamkeit des zweiten Zuschlags der Vollstreckungsschuldner und ab da der neue Ersteher an den herauszugebenden Nutzungen berechtigt.[67] Die hierüber zu führende Auseinandersetzung erfolgt außerhalb des Zwangsversteigerungs-

---

63 *Stöber*, ZVG, § 90 Rn. 2.3.: Allerdings sind die inzwischen vom Ersteher vorgenommenen Verfügungen und Verwaltungshandlungen nicht unwirksam, sondern bleiben wirksam, weil § 90 davon nichts sagt, weil es sich hier nicht um eine auflösende Bedingung des BGB handelt, sondern um eine Rechtsbedingung, auf die § 161 Abs. 2 BGB nicht anwendbar ist.
64 *Eickmann*, in: *Steiner*, ZVG, § 90 Rn. 26.
65 *Eickmann*, in: *Steiner*, ZVG, § 90 Rn. 28.
66 Dassler/*Schiffhauer*/u. a., ZVG, § 90 Rn. 26.
67 RG, VII. ZS., Urteil vom 5.6.1943 – VII (VIII) 108/42, RGZ 171, 120, 121.

verfahrens, bei nicht zu erzielender Einigung zwischen den Beteiligten auch **prozessual**.[68]

---

[68] *Stöber*, ZVG, § 90 Rn. 6.3.

§ 91 ZVG [Erlöschen von Rechten, Liegenbelassungsvereinbarung]

(1) Durch den Zuschlag erlöschen unter der im § 90 Abs. 1 bestimmten Voraussetzung die Rechte, welche nicht nach den Versteigerungsbedingungen bestehen bleiben sollen.

(2) Ein Recht an dem Grundstück bleibt jedoch bestehen, wenn dies zwischen dem Berechtigten und dem Ersteher vereinbart ist und die Erklärungen entweder im Verteilungstermin abgegeben oder, bevor das Grundbuchamt um Berichtigung des Grundbuchs ersucht ist, durch eine öffentlich beglaubigte Urkunde nachgewiesen werden.

(3) Im Falle des Absatzes 2 vermindert sich der durch Zahlung zu berichtigende Teil des Meistgebots um den Betrag, welcher sonst dem Berechtigten gebühren würde. Im Übrigen wirkt die Vereinbarung wie die Befriedigung des Berechtigten aus dem Grundstück.

(4) Das Erlöschen eines Rechts, dessen Inhaber zur Zeit des Erlöschens nach § 1179a des Bürgerlichen Gesetzbuchs die Löschung einer bestehenbleibenden Hypothek, Grundschuld oder Rentenschuld verlangen kann, hat nicht das Erlöschen dieses Anspruchs zur Folge.

Übersicht

		Rn.
I.	Norminhalt	1, 2
1.	Anwendungsbereich	2
II.	Erlöschen von Rechten gemäß den Versteigerungsbedingungen (Abs. 1)	3–55
1.	Grundsätzliches	3–16
2.	Löschungsvormerkung und Löschungsanspruch	17–27
3.	Grundstücksbruchteile, Dienstbarkeiten	28–34
4.	Die Auflassungsvormerkung (Eigentumsvormerkung)	35–40
5.	Tilgungshypothek (Annuitätenhypothek) – Zins, Tilgungsbeiträge	41–47
6.	Persönliche Forderung	48, 49
7.	Surrogationshaftung des Versteigerungserlöses	50–55
III.	Das Liegenbelassen von Rechten mittels Vereinbarung (Abs. 2)	56–110
1.	Allgemeine Anmerkungen	56, 57
2.	Welche Rechte sind betroffen?	58–61
3.	Die Vereinbarung	62–82
	a) Die Beteiligten der Vereinbarung	62–66
	b) Genehmigungserfordernisse	67–73
	c) Form und Inhalt der Vereinbarung	74–76
	d) Zeitliche Zulässigkeit der Vereinbarungsmöglichkeit	77–82
4.	Wirkungen der Liegenbelassungsvereinbarung	83–110
	a) Bestehenbleiben des Rechts (Abs. 2)	83–88
	b) Minderung des Bargebots (Abs. 3)	89–92
	c) Befriedigungswirkung (§ 91 Abs. 3 S. 2)	93
	d) Auswirkungen auf die persönliche Forderung	94–102
	e) Auswirkungen auf eine Gesamthypothek	103–105
	f) Auswirkungen, wenn Gläubiger und Ersteher personenidentisch sind	106
	g) Umfang der Befriedigung	107–110
IV.	Löschungsanspruch (Abs. 4)	111–113

I. Norminhalt

Während § 90 ZVG die Eigentumsübertragung des versteigerten Grundstücks sowie der mitversteigerten Gegenstände behandelt, bestimmt die Vorschrift des § 91 ZVG in Abschnitt 1 als weitere Zuschlagswirkung das Erlöschen von Rechten. Nachdem sich § 52 ZVG mit dem Faktum des Erlöschens von Rechten befasst, wird nunmehr der Zeitpunkt des Erlöschens behandelt. Hierneben thematisieren die Abschnitte 2 und 3 die Möglichkeit des Liegenbelassens eines mit Zuschlagserteilung grundsätzlich erlöschenden Rechts durch Vereinbarung zwischen dem Ersteher und dem Berechtigten. Abschnitt 4 behandelt eine Ausnahme für gesetzliche Löschungsansprüche.[1]

1. Anwendungsbereich

Die Vorschrift des § 91 ZVG gilt für alle Versteigerungsverfahren des ZVG.[2]

II. Erlöschen von Rechten gemäß den Versteigerungsbedingungen (Abs. 1)

1. Grundsätzliches

Das Recht der Zwangsversteigerung ist, soweit nicht der Deckungsgrundsatz Rechtswahrung gebietet, vom Grundsatz des lastenfreien Erwerbs durch den Ersteher beherrscht.[3] Dies mit der Folge, dass hinsichtlich der erloschenen Rechte eine Befriedigung aus dem Grundstück nicht mehr verlangt werden kann. Es sei denn, die Ansprüche werden aufgrund des nicht bezahlten Bargebotes gem. der Vorschriften der §§ 118 und 128 ZVG wieder verdinglicht.

Das Erlöschen der Rechte am Grundstück vollzieht sich, soweit sie nicht nach den gesetzlichen oder besonderen Versteigerungsbedingungen (§§ 52, 59 ZVG) bestehen bleiben sollen.

Sofern der Zuschlag nicht wieder aufgehoben wird (§ 90 Abs. 1 ZVG), sind von einem Ersteher die Rechte zu übernehmen,
a) die Gegenstand des geringsten Gebotes[4] (§ 44 ZVG[5]) sind,
b) die außerhalb des geringsten Gebotes wegen der Existenz einer besonderen Regelung (§ 52 Abs. 1[6]) bestehen bleiben und
c) deren Bestehen aufgrund gewillkürter (auch: abweichender) Versteigerungsbedingungen festgestellt wird (§ 59 ZVG).

---

1 Diese Vorschrift ist durch das „Gesetz zur Änderung sachenrechtlicher, grundbuchrechtlicher und anderer Vorschriften v. 22.6.1977 (BGBl. I, 998)" neu eingefügt worden.
2 Zeller/Stöber, ZVG, 19. Aufl., § 90 Rn. 1.2.
3 Dittus, MDR 1957, 1.
4 Das geringste Gebot bezeichnet die Höhe des Gebots, welches mindestens erreicht werden muss, damit das Gebot durch das Vollstreckungsgericht zugelassen wird. Ein darunter liegendes Gebot wird als unzulässig zurückgewiesen. Das geringste Gebot setzt sich aus dem Mindestbargebot und den bestehen bleibenden Rechten zusammen.
5 Aufgrund des Deckungsgrundsatzes des § 44 ZVG werden alle dem Anspruch des betreibenden Gläubigers im Rang vorgehenden Rechte ins geringste Gebot aufgenommen. (Deckungsgrundsatz besagt: Das Zwangsversteigerungsverfahren darf vorrangige Rechte nicht beeinträchtigen. Betreibt der Gläubiger einer zweitrangigen Grundschuld die Zwangsversteigerung, darf das erstrangige Recht keinen Verlust erleiden. Dies folgt aus dem Rangprinzip. § 44 ZVG trägt dem Rechnung. Es wird nur ein Gebot zugelassen, welches die dem Anspruch des Gläubigers vorgehenden Rechte voll deckt. Hierneben müssen die Kosten des Zwangsversteigerungsverfahrens aus dem Erlös beglichen werden. Man nennt dieses Gebot das „geringste Gebot").
6 § 52 beinhaltet den Übernahmegrundsatz, der Folgendes besagt: In dem Maße, wie ein Recht nicht in den bar zu zahlenden Teil des geringsten Gebotes (= als Mindestpreis, den ein Ersteher für ein Grundstück aufzuwenden hat, beschreibt es, was von einem Ersteher bar zu leisten und was an Rechten zu übernehmen ist), also in Höhe des Hauptsachebetrages, eingestellt ist, bleibt es am Grundstück bestehen und ist folglich vom Ersteher zu übernehmen.

6   Im Übrigen erlöschen die Rechte als dingliche Grundstücksbelastung und setzen sich am Versteigerungserlös, der an die Stelle des Grundstücks tritt, mit ihrem bisherigen Inhalt und Rang fort (Surrogationsgrundsatz[7]).

7   Maßgeblicher Zeitpunkt für das Erlöschen der Rechte ist das Wirksamwerden des Zuschlags gem. §§ 89 und 104 ZVG.

8   Die Rechte gelten rückwirkend als nicht erloschen, sofern der Zuschlag wieder aufgehoben wird.[8] In der Konsequenz dessen ist das Erlöschen von Rechten in seiner Rechtswirkung davon abhängig, dass der Zuschlagsbeschluss Bestand hat.

9   Über den Umfang des Erlöschens oder Bestehenbleibens von Rechten entscheidet grundsätzlich der Inhalt des Zuschlagsbeschlusses, in dem auch die Versteigerungsbedingungen definiert sind (§ 82 ZVG).

10 Trifft der Zuschlagsbeschluss keine Aussage zum Erlöschen oder Bestehenbleiben von Rechten, erlöschen diese in dem durch die gesetzlichen Versteigerungsbedingungen definierten Umfang (§§ 52 Abs. 1, 44 Abs. 1 ZVG).[9] Insoweit ist auch eine sich aus dem Terminprotokoll ergebende Versteigerungsbedingung dann unbeachtlich (§ 59 ZVG).[10]

11 Ein Recht kommt auch dann zum Erlöschen, wenn es in den im Zuschlagsbeschluss formulierten Versteigerungsbedingungen nur versehentlich nicht als bestehenbleibend aufgeführt ist.

12 Eine im Versteigerungstermin festgesetzte, im Terminprotokoll festgehaltene, aber im Zuschlagsbeschluss nicht erwähnte Versteigerungsbedingung darf nicht ergänzend zum Zuschlag verwertet werden.[11]

13 Soweit ein nach Landesgesetz begründetes Recht an einem Grundstück, das nicht in einer Hypothek besteht, zur Wirksamkeit gegen Dritte der Eintragung nicht bedarf oder soweit eine Dienstbarkeit oder eine Reallast als Leibgedinge,

---

7 RG, V. ZS, Urt. v. 26.9.1908 – Rep. V. 550/07, RGZ 69, 251: Eine Konsequenz des Surrogationsprinzips ist es, dass die Natur des beeinträchtigten Realrechtes am Entschädigungsanspruche nicht geändert wird. Insbesondere behält eine Hypothek diesen Charakter auch in Ansehung des haftenden Entschädigungsanspruches, was namentlich wegen des Ranges und der Art der Geltendmachung des Rechts von Bedeutung ist; RG, V. ZS, Urt. v. 22.2.1911 – Rep. V. 186/10, RGZ 75, 316: Denn Hypotheken und Grundschulden erlöschen mit dem Zuschlag nur insoweit, als sie das Grundstück belasten. An die Stelle dieses Grundstücks tritt als Surrogat der Versteigerungserlös, und an diesem dauern die Rechte und die früheren Rechtsbeziehungen fort.

8 RG, VII. ZS, Urt. v. 5.6.1943 – VII (VIII) 108/42, RGZ 171, 122: Mit dem Zuschlag in der Zwangsversteigerung wird aber nicht nur der Ersteher bedingter Eigentümer der zugeschlagenen Liegenschaft, sondern damit erlöschen auch vorläufig die Pfandrechte. Die Pfandgläubiger haben deshalb nur noch Anspruch auf das Meistgebot. Beim Abschluss des Versicherungsvertrages waren also die Pfandrechte im gegebenen Fall bedingt erloschen. Durch die Bewilligung der Wiederversteigerung ist der Grund des Erlöschens der Pfandrechte weggefallen; die Pfandrechte bestehen bis zur Wiederversteigerung weiter und bleiben sogar bei Einstellung der Zwangsversteigerung bestehen.

9 *Jaeckel/Güthe*, ZVG, 7. Auflage, § 91 Rn. 1: Schweigt der Beschluss in dieser Hinsicht, so ist er so zu lesen, dass die Rechte in dem durch die gesetzlichen Versteigbedingungen vorgesehenen Umfang erlöschen sollen.

10 RG, V. ZS, Urt. v. 20.1.1937 – V 194/36, RGZ 153, 252: Die Vorgänge im Versteigerungstermin können zwar zur Erläuterung des Zuschlagsbeschlusses insofern benutzt werden, als hieraus eine in ihm enthaltene Bestimmung eine von allen Beteiligten verstandene Bedeutung erhalten kann; es darf aber nicht eine Versteigerungsbedingung, die im Versteigerungstermin festgesetzt wurde, jedoch im Zuschlagsbeschluss nicht aufgeführt ist, aus dem Versteigerungsprotokoll zur Ergänzung des Zuschlagsbeschlusses verwertet werden. Denn der § 82 ZVG bestimmt ausdrücklich, dass die Versteigerungsbedingungen im Zuschlagsbeschluss zu bezeichnen sind, damit die Beteiligten, auch soweit sie im Versteigerungstermin nicht anwesend gewesen waren, durch die Mitteilung des Beschlusses (§ 88 ZVG) in die Lage versetzt werden, zu prüfen, ob der Beschluss ihre Rechte verletzt.

11 RG, V. ZS, Urt. v. 20.1.1937 – V 194/36, RGZ 153, 252.

Leibzucht, Altenteil oder Auszug (vgl. § 9 EGZVG Rn 5 ff.) eingetragen ist, bleibt das Recht nach Maßgabe des Landesgesetzes von der Zwangsversteigerung unberührt, auch wenn es bei der Feststellung des geringsten Gebots nicht berücksichtigt ist. Das Erlöschen eines solchen Rechts ist auf Verlangen eines Beteiligten als Versteigerungsbedingung zu bestimmen, wenn durch das Fortbestehen ein dem Recht vorgehendes oder gleichstehendes Recht des Beteiligten beeinträchtigt werden würde; die Zustimmung eines anderen Beteiligten ist nicht erforderlich (Vgl. zum Ganzen auch die Kommentierung zu § 9 EGZVG).

Mit den Rechten am Grundstück erlöschen auch alle Rechte an den mit versteigerten Gegenständen. Für den Fall, dass ein der Grundpfandrechtshaftung unterliegender Gegenstand von der Versteigerung ausgenommen war, erlischt das Recht nicht nur am Grundstück, sondern auch an der Mobilie, weil es daran nicht allein bestehen kann.[12] Unter Umständen tritt an die Stelle des mit versteigerten Gegenstandes ein Bereicherungsanspruch gegen den aus dem Meistgebot zuletzt Befriedigten.[13]

14

Ein zu Unrecht gelöschtes Recht, welches im geringsten Gebot keine Berücksichtigung erfahren hat, erlischt endgültig. Gleiches gilt auch für den Berichtigungsanspruch, sofern nichts Gegenteiliges gem. der Vorschrift des § 59 ZVG bestimmt wurde.[14] In der Konsequenz dessen ist auch die Eintragung eines Amtswiderspruchs[15] gegen die Löschung eines Rechts, das auch nach den Zwangsversteigerungsbedingungen nicht bestehen bleibt, nach der Zuschlagserteilung unzulässig.[16]

15

Zu erst nach dem Zuschlag eingetragene Rechte vgl. § 130 ZVG.

16

---

12 Steiner/*Eickmann*, Zwangsversteigerung und Zwangsverwaltung, 9. Auflage, § 91 Rn. 8: Die Einbeziehung beweglicher Sachen in den aus dem Grundstück und anderen Gegenständen bestehenden Haftungsverband der §§ 1120 ff BGB rechtfertigt sich aus dem Bedürfnis nach Schaffung wirtschaftlicher Einheiten. Im Gegensatz dazu steht die Auffassung des RG, V. ZS, Urt. v. 27.1.1934 – V 236/33, RGZ 143, 241, wonach ein der Hypothekenhaftung unterliegender Gegenstand von der Versteigerung auszunehmen ist und die am Grundstück erlöschende Hypothek am Gegenstand haften bleibt.
13 Zeller/*Stöber*, ZVG, 19. Auflage, § 91 Rn. 2.3.
14 RG, V. ZS, Urt. v. 3.12.1904 – Rep. V. 153/04, RGZ 59, 266: Wenn eine dem betreibenden Gläubiger vorgehende Hypothek bei der Feststellung des geringsten Gebotes nicht berücksichtigt worden ist und daher nach § 52 Abs. 1 Satz 2 erlischt, so ist es Sache des übergangenen Gläubigers, den Zuschlag wegen unrichtiger Feststellung des geringsten Gebotes, durch die er in seinem Rechte verletzt wird, anzufechten (§ 83 Nr. 1, § 100 Nr. 1, § 97 Abs. 1 ZVG). Zu diesem Zwecke schreibt das Gesetz vor, dass der Beschluss, durch den der Zuschlag erteilt wird, den Beteiligten, soweit sie weder im Versteigerungstermin noch im Verkündungstermin erschienen sind, zugestellt werden muss (§ 88 ZVG), und in ihm auch die Versteigerungsbedingungen zu bezeichnen sind (§ 82 ZVG). Lässt der übergangene Gläubiger den Zuschlag rechtskräftig werden, so kann er auch die Versteigerungsbedingungen, die für andere Gläubiger das Bestehenbleiben ihrer Forderungen festsetzen, nicht mehr anfechten.
15 § 53 Abs. 1 S. 1 GBO: Ergibt sich, dass das Grundbuchamt unter Verletzung gesetzlicher Vorschriften eine Eintragung vorgenommen hat, durch die das Grundbuch unrichtig geworden ist, so ist von Amts wegen ein Widerspruch einzutragen. Erweist sich eine Eintragung nach ihrem Inhalt als unzulässig, so ist sie von Amts wegen zu löschen.
16 BayObLG, 2. ZS, Beschl. v. 14.7.1981 – 2 Z 36/81, Rpfleger 1981, 397: Die Eintragung eines Amtswiderspruchs kommt nur in Betracht, wenn das Grundbuch auch jetzt noch unrichtig ist. Dies ist nicht der Fall, wenn zwischenzeitlich die Eintragung (Löschung), hier infolge lastenfreien Erwerbs aufgrund eines Zuschlags im Zwangsversteigerungsverfahren, mit der wirklichen Rechtslage übereinstimmt; Beschl. v. 2.3.1978, 2. ZS, BReg. – 2 Z 1/77, Rpfleger 1978, 298: Nach Erteilung des Zuschlags mit der Maßgabe, dass Rechte in Abt. III des Grundbuchs nicht bestehen bleiben, kommt die Eintragung eines Amtswiderspruchs gegen die vor dem Versteigerungstermin im Grundbuch vorgenommene Löschung eines Grundpfandrechts nicht mehr in Betracht.

2. Löschungsvormerkung und Löschungsanspruch

17 Rechtsgrundlage für die Löschungsvormerkung bildet § 1179 BGB, für den Löschungsanspruch bei fremden Rechten § 1179a BGB.
Die §§ 1179, 1179a und 1179b BGB heutiger Fassung beruhen auf einer Gesetzesänderung von 1977, die am 1.1.1978 in Kraft trat. Danach müssen die Löschungsvormerkung alten Rechts (§ 1179 a. F.) und die Löschungsvormerkung neuen Rechts (§ 1179 n. F.) unterschieden werden.
Löschungsvormerkungen waren nach § 1179 BGB a. F. uneingeschränkt möglich und sind seitdem nur noch in den in § 1179 BGB n. F. bestimmten Fällen zulässig. Unzulässig geworden sind Löschungsvormerkungen vor allem zugunsten von Gläubigern gleich- und nachrangiger Grundpfandrechte (§ 1179a BGB) sowie am eigenen Recht des Grundpfandrechtsgläubigers (§ 1179b BGB), die nunmehr in den Genuss eines gesetzlichen Löschungsanspruchs kommen. Der gesetzliche Löschungsanspruch mit Vormerkungswirkung für Gläubiger gleich- oder nachrangiger Grundpfandrechte (§ 1179a BGB) und bezüglich des eigenen Rechts (§ 1179 b BGB) macht die zur Regel gewordene Eintragung einer Löschungsvormerkung im Grundbuch (§ 1179 a. F. BGB) überflüssig.

18 Bisher musste die Verpflichtung des Grundstückseigentümers, ein durch die Vereinigung mit dem Eigentum in einer Person entstehendes vor- oder gleichrangiges Eigentümergrundpfandrecht aufzuheben, erst durch eine rechtsgeschäftliche Vereinbarung mit dem Inhaber des begünstigten nachrangigen Grundpfandrechts begründet werden (§ 305 BGB). Basierend auf einer rechtsgeschäftlichen Bewilligung des Eigentümers (§ 885 BGB Abs. 1 S. 1) konnte zur Sicherung des Anspruchs auf Löschung bzw. Aufhebung eine Vormerkung im Grundbuch eingetragen werden (§ 883 Abs. 1 S. 1 BGB). Einer zur Wahrung des Interesses an der Löschung des Eigentümergrundpfandrechts und dem Aufrücken eines nachrangigen Rechts begründeten schuldrechtlichen Löschungsverpflichtung des Eigentümers verschaffte § 1179 BGB dingliche Wirkung; die Vorschrift erweiterte somit materiell § 883 BGB und durchbrach formell § 39 GBO.[17] Dies war im Übrigen auch dann schon möglich, wenn der Eigentümer in Ermangelung einer Vereinigung mit dem Eigentum in einer Person noch gar nicht Inhaber des von der Vormerkung betroffenen Rechts geworden war (§ 1179 BGB a. F.).
Auf diesem Weg konnte somit die rangwahrende Wirkung von Eigentümergrundschulden abgebaut werden, die vor allem durch die Tilgung vormals grundpfandrechtlich gesicherter Forderungen entstanden waren (§§ 1163 Abs. 1 S. 2, 1177 Abs. 1 S. 1 BGB).

19 Vorgenannte Rechtswirkungen treten jetzt kraft Gesetz ein. Im Kern geht es im neugefassten § 1179 sowie § 1179a BGB darum, dass ein Berechtigter gegen den Eigentümer einen Anspruch auf Löschung einer seinem Recht im Range vorgehenden oder gleichstehenden Hypothek hat, wenn sie mit dem Eigentum in einer Person vereinigt ist oder sich später vereinigen wird. Für den Inhaber eines nachrangigen oder gleichrangigen Rechts entsteht gem. § 1179a Abs. 1 S. 1 BGB also ein „Löschungsanspruch". Gleich § 1177 BGB knüpfen die §§ 1179, 1179a BGB an das apostrophierte Tatbestandsmerkmal der „Vereinigung der Hypothek mit dem Eigentum in einer Person an".[18] Das neue Recht gilt nach den Übergangsbestimmungen des Art. 8 des Änderungsgesetzes nicht für „Altrechte" und „Übergangsrechte". Ein Anspruch auf Löschung samt Vormerkungswirkung ist nur dann ausgeschlossen, wenn es als Inhalt eines vor- oder gleichrangigen Grundpfandrechts vereinbart und im Grundbuch

---

17 Vgl. *Stöber*, Rpfleger 1977, 399.
18 Vgl. *Stöber*, Rpfleger 1977, 399.

angegeben ist (§ 1179a Abs. 5 BGB).[19] Das bis dato gültige Verhältnis von gesetzlicher Regel und rechtsgeschäftlicher Modifikation ist damit umgekehrt worden. Die bis dahin als rechtliche Ausnahme und den Einzelinteressen der Beteiligten Rechnung tragende Löschungsvormerkung (§ 1179 BGB) ist nunmehr gesetzliche Regel.

Das alte Recht ist auf eine Löschungsvormerkung anzuwenden, **20**
– die bis zum 31.12.1977 zur Eintragung gelangt ist (= „Altrecht");
– die nach diesem Zeitpunkt eingetragen wurde, sofern der Eintragungsantrag beim Grundbuchamt vor dem 1.1.1978 gestellt wurde (= „Übergangsrecht") sowie
– auf eine nach dem im 1. Halbsatz genannten Zeitpunkt eingetragene Löschungs-vormerkung, sofern sie zugunsten eines gleich- oder nachrangigen Berechtigten oder zugunsten des eingetragenen Gläubigers des betroffenen Rechts bestellt wurden, wenn ein gesetzlicher Löschungsanspruch[20] nicht besteht. Für diesen Fall ist die Löschungsvormerkung alten Rechts somit auch noch nach dem 31.12.1977 eintragungsfähig.

Wegen des Umfangs der Löschungsverpflichtung ist Bezugnahme hinreichend.[21] Berechtigter kann jeder sein, der ein Interesse an der Löschung des Rechts hat.[22]

Die Löschungsvormerkung neuen Rechts kann nur für den Gläubiger eingetragen werden, dem ein von einem Grundpfandrecht verschiedenes Recht oder dem ein Anspruch auf Einräumung eines solchen Rechts oder auf Eigentumsübertragung zusteht. Nicht mehr statthaft ist die Löschungsvormerkung zugunsten des jeweiligen Inhabers eines Grundpfandrechts, wohl aber zugunsten des Berechtigten eines subjektiv-dinglichen Rechts.[23] Gleichsam nicht statthaft ist die Löschungsvormerkung zugunsten einer Person, unabhängig von deren Stellung als Berechtigter eines dinglichen Rechts.[24] **21**

Die Umstände, die für die Regelung des § 1179 a BGB anlassbildend gewesen **22** sind, verknüpfen sich eng mit der Finanzierungspraxis. An ihr lässt sich beispielhaft nachvollziehen, dass das im BGB vorgesehene System der Rangwahrung seine Bedeutung praktisch verloren hat. Das Prinzip der Rangwahrung (feste Rangstelle) beruht auf der verschiedenen Bewertung der Rangstellen nach den wirtschaftlichen Verhältnissen zur Zeit der Entstehung des BGB. Je schlechter die Rangstelle im Grundbuch für ein Grundpfandrecht war, umso höher war das mit dem nachrangigen Recht besicherte Darlehen zu verzinsen. Der Gesetzgeber ging mithin davon aus, dass der nur nachrangig gesicherte Darlehensgeber sich das so in Kauf genommene Risiko auch adäquat vergüten ließ. Bei Wegfall des vorgehenden Fremdrechts sollte das nachgehende Grundpfandrecht nicht aufrücken und in eine seiner Verzinsung nicht entsprechende Grundbuchposition gelangen. Dem Grundstückseigentümer sollte es so möglich gemacht werden, das entstehende Eigentümergrundpfandrecht an vorran-

---

19 Vgl. *Bayer*, Rpfleger 198, 139.
20 Vgl. hz. Rn. 111 ff.
21 *Jansen*, DNotZ 56, 385; *Rötelmann*, DNotZ 58, 545; *Bruhn*, Rpfleger 1958, 56.
22 RG, V. ZS, Urt. v. 11.4.1906 – Rep. V. 435/05, RGZ 63, 154.
23 BayObLG, Beschl. v. 5.5.1980 – BReg. 2 Z 50/79, DNotZ 80, 483: Die Eintragung einer Löschungsvormerkung zugunsten des jeweiligen Inhabers eines gleich- oder nachrangigen Rechts, das nicht ein Grundpfandrecht ist, ist nach der Neufassung des § 1179 BGB nicht mehr möglich. Dies schließt aber die Eintragung einer Löschungsvormerkung zugunsten des Berechtigten eines subjektiv-dinglichen Rechts (hier: Belastung eines Erbbaurechts durch Erbbauzins und subjektivdingliches Vorkaufsrecht zugunsten des jeweiligen Grundstückseigentümers) nicht aus.
24 KG, Beschl. v. 7.3.1980 – 1 W 4820/79, DNotZ 80, 487: Nach der Neuregelung des Rechts der Löschungs-vormerkung ist eine neu einzutragende Löschungsvormerkung für den gegenwärtigen Gläubiger eines nachstehenden Grundpfandrechts unabhängig von der Inhaberschaft an dem dinglichen Recht nicht mehr möglich.

giger Grundbuchposition zur neuerlichen Erlangung eines zinsgünstigen Darlehens nutzen zu können. Demgegenüber trug die Löschungsvormerkung (§ 1179 BGB) als rechtliche Ausnahme dem Einzelinteresse der Beteiligten Rechnung. Abweichend von den gesetzlichen Regelungen konnte mit ihr die Löschung des Eigentümergrundpfandrechts und das Aufrücken des nachgehenden Rechts bewirkt werden. Einhergehend mit der wirtschaftlichen Entwicklung änderte sich auch die Praxis der Darlehenssicherung. Mittlerweile spiegeln die Rangverhältnisse der Grundpfandrechte in der Wohnungsbaufinanzierung nicht mehr die Abstufungen in den Darlehensbedingungen (z.B. Verzinsung) wider. Die Zinsen für die „erste" Hypothek sind zumeist am höchsten, die nachrangigen Grundpfandrechte von Bausparkassen und aus öffentlichen Mitteln sind in aller Regel niedriger verzinst. Damit ist zugleich das Interesse nachrangiger Grundpfandrechtsgläubiger gestiegen, im Rang aufzurücken, andererseits aber auch (vermeintlich) das Interesse des Grundstückseigentümers entfallen, die erste Rangstelle freizuhalten. Die Kreditsicherungspraxis hat somit wesentlich dazu beigetragen, dass sich das vom Gesetzgeber geschaffene Regel-/Ausnahmeverhältnis ins Gegenteil verkehrt hat. Bei der Beleihung war es zur Regel geworden, dass sich der Eigentümer gegenüber den Grundpfandrechtsgläubigern verpflichtet hat, die im Range vorgehenden Grundpfandrechte den für den Fall der Vereinigung mit dem Eigentum löschen zu lassen. Der schuldrechtliche Anspruch wurde nach § 1179 BGB mittels Eintragung einer Löschungsvormerkung dinglich gesichert. Mit Eintragung einer Vielzahl von Löschungsvormerkungen kam es zu einer starken Beanspruchung der Grundbuchämter.[25] Zudem haben bei den am Grundbuchverkehr beteiligten Wirtschaftskreisen die Notwendigkeit hierfür Briefe vorzulegen und deren Rückgabe zu überwachen, sowie damit einhergehende Verzögerungen bei der Valutierung von zu sichernden Darlehensmittel einen nicht unbeträchtlichen Zeit- und Kostenaufwand verursacht. Das im BGBl. I Nr. 38 vom 29.6.1977 verkündete Änderungsgesetz sollte die gesetzliche Rechtslage wieder in Übereinstimmung mit dem Regel-/Ausnahmeverhältnis der Kreditsicherungspraxis bringen und eine wesentliche Entlastung und Beschleunigung des Grundstücksverkehrs ermöglichen. Dem dienen vornehmlich die Neufassung des § 1179 BGB sowie die neu geschaffenen §§ 1179a und 1179b BGB.[26]

a) **Beteiligte Rechte**

23 Grundsätzlich stehen sich beim Löschungsanspruch zwei Rechte gegenüber. Das ist zum einen das betroffene Recht (auch: Eigentümerrecht) und zum anderen das begünstigte Recht (auch: vormerkungsberechtigtes Recht).
Beim betroffenen Recht handelt es sich um das Grundpfandrecht, das dem Eigentümer nach Eintragung des begünstigten Rechts zugestanden hat. Der vorgemerkte Löschungsanspruch richtet sich gegen das betroffene Recht. Der gesetzliche Löschungsanspruch (§ 1179a BGB) richtet sich grundsätzlich gegen jedes dem begünstigten Recht vorgehende oder gleichstehende Recht.[27]
Das begünstigte Recht ist demzufolge das Recht, dessen Inhaber der Anspruch zusteht. Nach § 1179 n.F. BGB kann die Vormerkung auch für einen Gläubiger bestellt werden, der einen Anspruch auf Einräumung eines Rechts in Abt. II oder auf Eigentumsübertragung inne hat.
Die Vormerkung gem. § 1179 a.F. hingegen konnte auch für jemanden bestellt werden, der kein Gläubiger eines Rechts am Grundstück ist.

---

[25] *de With*, DRiZ 1977, 186: Die Zahl der 1970 von den Grundbuchämtern eingetragenen Löschungsvormerkungen kann mit einer Million beziffert werden.
[26] Vgl. ausführl. Darstellg. *Stöber*, Rpfleger 1977, 399 ff.; *Hadding/Welter*, JR 1980, 89 ff.
[27] Vgl. hz. *Eickmann*, Zwangsversteigerungs- und Zwangsverwaltungsrecht, 2. Aufl., S. 273 ff.

Vorausgesetzt es handelt sich um ein „Neurecht"[28], steht der gesetzliche Löschungsanspruch jedem nachgehenden oder gleichstehenden Grundpfandrecht zu.

b) Auswirkungen des Löschungsanspruchs in der Zwangsversteigerung

In Abhängigkeit von der Situation im Versteigerungsverfahren können sich nach-folgend skizzierte Konstellationen ergeben:

a) Das betroffene Recht als auch das begünstigte Recht fallen in das geringste Gebot – weil sie beide dem Recht des bestrangig betreibenden Gläubigers vorgehen – und bleiben damit nach dem Zuschlag bestehen. Dies mit der Folge, dass der Löschungsanspruch außerhalb des Versteigerungsverfahrens geltend zu machen ist.

b) Das betroffene Recht als auch das begünstigte Recht fallen nicht in das geringste Gebot und erlöschen damit nach Zuschlag. Auch für diesen Fall bleibt dem vormerkungsberechtigten Recht der Löschungsanspruch erhalten. Dieser ist jetzt aber, wie bereits gesagt, nicht mehr auf die Löschung des Eigentümerrechts gerichtet. Der Anspruch auf Löschung des Eigentümerrechts wandelt sich in das Recht, den dem Eigentümerrecht zustehenden Erlösanteil insoweit zu erhalten, wie er dem Berechtigten bei Löschung der Eigentümergrundschuld schon vor dem Zuschlag zugestanden hätte.

c) Folgt das begünstigte Recht unmittelbar dem betroffenen Recht im Rang, kommt der auf das betroffene Recht entfallende Erlösanteil dem begünstigten Recht auch unmittelbar zugute. Im Gegensatz zur Löschung des betroffenen Rechts vor dem Zuschlag rücken nachrangige Rechte nicht auf. Ein zur vollen Befriedigung des begünstigten Rechts nicht benötigter Erlösanteil (überschießender Betrag) entfällt auf das betroffene Recht.

d) In der Rechtsprechung war lange Zeit umstritten, wie sich der Fall, in dem das begünstigte Recht dem betroffenen Recht aufgrund bestehender Zwischenrechte, die einen vorgemerkten Löschungsanspruch nicht auf sich vereinigen oder nicht geltend machen, nicht unmittelbar folgt auf den Löschungsanspruch auswirkt.

Entfaltet die Geltendmachung der Löschungsvormerkung die gleiche Wirkung wie die Löschung selbst, bewirkt sie ein Aufrücken der vor dem durch die Löschungsvormerkung begünstigten Recht befindlichen Zwischenrechte im Verteilungsverfahren? Oder bleiben die Zwischenrechte unberührt, erhalten mithin nur so viel, als wenn die Löschungsvormerkung nicht bestanden hätte oder nicht geltend gemacht worden wäre?

Mit den Urteilen des BGH aus den Jahren 1957: „Ist eine mit einer Löschungsvormerkung nach § 1179 BGB belastete Eigentümergrundschuld im Zeitpunkt des Zuschlags in der Zwangsversteigerung noch nicht gelöscht, so hat der durch die Löschungsvormerkung begünstigte Grundpfandrechtsgläubiger beim Vorhandensein von Zwischenrechten, auch wenn diese nicht durch eine Löschungsvormerkung begünstigt sind, nur insoweit Anspruch auf den auf die Eigentümergrundschuld entfallenden Erlösanteil, als er auch bei vor dem Zuschlag durchgeführter Löschung der Eigentümergrundschuld zum Zuge gekommen wäre."[29] und 1963: „Die Geltendmachung der Löschungsvormerkung nach Zuschlag im Zwangsversteigerungsverfahren kommt nicht, wie die wirkliche Löschung des Grundpfandrechts es getan hätte, den Zwischenberechtigten zugute."[30] wurden diese Fragen klärend beantwortet.

---

28 Hierbei handelt es sich um die begünstigten Rechte, deren Grundbucheintragung nach dem 1.1.1978 beantragt und vollzogen wurde.
29 BGH, V. ZS, Urt. v. 23.10.1957 – V ZR 235/56, BGHZ 25, 382 = MDR 1958, 24 = NJW 1958, 21.
30 BGH, V. ZS, Urt. v. 13.3.1963 – V ZR 108/61, BGHZ 39, 242 = NJW 1963, 1497.

25 Beispiele:
1. betroffenes Recht: 25.000,00 €
   Zwischenrecht: 50.000,00 €
   begünstigtes Recht: 75.000,00 €
   Wenn auf das betroffene Recht ein Erlösanteil in Höhe von 25.000,00 € entfiele, würde das begünstigte Recht nichts erhalten. Infolge der Höhe des Zwischenrechts wäre das begünstigte Recht auch im Fall einer vor dem Zuschlag erfolgten Löschung der Eigentümergrundschuld leer ausgegangen.
2. betroffenes Recht: 75.000,00 €
   Zwischenrecht: 25.000,00 €
   begünstigtes Recht: 75.000,00 €
   Stünde für das betroffene Recht ein Erlösanteil in Höhe von 75.000,00 € zur Verfügung, so käme das begünstigte Recht mit einem Betrag in Höhe von 50.000,00 € zum Zuge. Diese wäre auch der Betrag gewesen, den das begünstigte Recht für den Fall der Löschung der Eigentümergrundschuld vor dem Zuschlag hätte beanspruchen können. Der verbleibende Betrag in Höhe von 25.000,00 € verbleibt beim betroffenen Recht.
3. betroffenes Recht: 20.000,00 €
   Zwischenrecht: 30.000,00 €
   begünstigtes Recht: 60.000,00 €
   Bei einem in Höhe von 90.000,00 € zur Verfügung stehenden Versteigerungserlös erfährt das begünstigte Recht volle Befriedigung. Da der hiernach verbleibende Versteigerungserlös die Höhe des betroffenen Rechts übersteigt, kommt auch das Zwischenrecht in den Genuss einer Erlöszuweisung, und zwar in Höhe von 10.000,00 € (= 90.000,00 € abzgl. 60.000,00 € für begünstigtes Recht abzgl. 20.000,00 € für betroffenes Recht).

26 Der Löschungsanspruch muss im Verteilungsverfahren geltend gemacht werden. Dies geschieht durch Anmeldung und, sofern auf das Eigentümerrecht als nicht bestehend bleibendes Recht ein Erlösanteil entfällt, durch Widerspruch des Löschungsvormerkungsberechtigten gegen die Ausführung des Teilungsplanes.

27 Bedingt durch die rasante wirtschaftliche Entwicklung und damit einhergehende Finanzierungsbedürfnisse vor allem in der Bauindustrie verstärkte sich die praktische Bedeutung der Löschungsvormerkung immens und ließ diese in ihrer Anzahl geradezu inflationär anwachsen. Mit der Normierung eines gesetzlichen Löschungsanspruches als Inhalt der Hypothek (vgl. Rn. 111 ff.) anstelle der Löschungsvormerkung nach § 1179 BGB sollte der hoffnungslosen Überlastung der Grundbuchämter entgegengewirkt werden.

3. Grundstücksbruchteile, Dienstbarkeiten

28 Bei der Versteigerung nur eines Grundstücksbruchteils aus einem Recht, das einer das gesamte Grundstück erfassenden Dienstbarkeit oder beschränkten persönlichen Dienstbarkeit im Rang vorgeht oder gleichgestellt ist, erlischt die Dienstbarkeit mit Zuschlag an dem versteigerungsgegenständlichen Grundstücksbruchteil und wird unzulässig an den nicht versteigerten Grundstücksbruchteilen. Dies mit der Folge, dass die Dienstbarkeit oder die beschränkt persönliche Dienstbarkeit auch an den nicht versteigerten Grundstücksbruchteilen erlischt.[31] Dies ergibt sich daraus, dass ein Grundstückbruchteil nicht

---

[31] KG Berlin, 1. ZS, Beschl. v. 10.8.1973 – 1 W 955/73, Rpfleger 1975, 68 = MDR 1975, 151: Wird der ideelle Bruchteil eines Grundstücks versteigert, so erlischt eine -bis dahin auf dem ganzen Grundstück lastende- Dienstbarkeit an dem versteigerten Bruchteil, wenn sie nach den Versteigerungsbedingungen nicht bestehen bleiben soll. Die Löschung der Dienstbarkeit auf dem

mit einer Dienstbarkeit oder beschränkten persönlichen Dienstbarkeit belastet werden kann, das Recht mithin dort nicht ausgeübt werden kann und folglich die Eintragung inhaltlich unzulässig ist.

Bei der Versteigerung von einem in Wohnungseigentum aufgeteilten Grundstück tritt das Erlöschen der Dienstbarkeit oder der beschränkt persönlichen Dienstbarkeit nur dann ein, wenn diese das Grundstück als Ganzes belasten (z. B. Wegerecht, Bebauungsverbot, Zaunrecht), nicht jedoch für den Fall, dass lediglich einzelne Wohnungs- oder Teileigentumsanteile erfasst sind (z. B. Wohnungsrecht, Wohnungsbesetzungsrecht).

Eine Dienstbarkeit oder beschränkt persönliche Dienstbarkeit, die eine einzelne Wohnungseinheit belastet, erlischt bei der Versteigerung der Wohnungseinheit nur für den Fall, dass sie nach den Versteigerungsbedingungen nicht bestehen bleiben soll. Von der Versteigerung der Wohnungseinheiten anderer Miteigentümer wird sie nicht tangiert.[32]

Eine auf dem in Wohnungs- oder Teileigentum aufgeteilten Grundstück als Ganzes lastende Dienstbarkeit oder beschränkt persönliche Dienstbarkeit wird mit dem Erlöschen an dem Wohnungs- oder Teileigentumsanteil eines Eigentümers durch den Zuschlag auch an den Wohnungs- oder Teileigentumsanteilen der übrigen Miteigentümer unzulässig und erfährt folglich auch für diese Löschung.[33]

Im vor dem OLG Frankfurt seinerzeit entschiedenen Fall bildete eine im Nachrang zu einer Buchhypothek in Höhe von DM 1.896.000,00 befindliche Grunddienstbarkeit an einem Grundstück den Streitgegenstand. Das Grundstück war in 41 Miteigentumsanteile, jeweils verbunden mit dem Sondereigentum an einer Wohnungseinheit in dem darauf errichteten Gebäude, geteilt. Die in Form der Hypothek sowie der Grunddienstbarkeit auf dem Grundstück lastenden Rechte wurden in die Wohnungsgrundbücher übertragen. Auf Antrag des Hypothekengläubigers wurde eine der Wohnungseinheiten versteigert. Nach dem Inhalt des Zuschlagsbeschlusses blieben keine Rechte bestehen. Auf Ersuchen des Vollstreckungsgerichts (§ 130 ZVG) wurden sämtliche Belastungen in dem betreffenden Wohnungsgrundbuch, einschließlich der Grunddienstbarkeit, gelöscht. Anlehnend an § 53 Abs. 1 S. 2 GBO[34] verfügte das Grundbuchamt hierauf von Amts wegen die Löschung der inhaltlich unzulässig gewordenen Grunddienstbarkeit auch in den übrigen 40 Wohnungsgrundbüchern. Hiergegen richtete sich die weitere Beschwerde des Berechtigten an der Grunddienstbarkeit mit dem Ziel eines Amtswiderspruchs gegen die verfügte Löschung. Das OLG Frankfurt bestätigt die Entscheidung der Vorinstanz, wonach das Grundbuchamt nicht unter Verletzung gesetzlicher Vorschriften gehandelt hat (§ 53 Abs. 1 S. 2 GBO), indem es die Grunddienstbarkeit von Amts wegen als inhaltlich unzulässig gelöscht hat. Dieses Ergebnis fußt im Wesentlichen auf dem Beschluss des 1. ZS des KG vom 3.11.1932[35],

---

versteigerten Bruchteil hat zur Folge, dass ihre Eintragung auf dem nicht versteigerten Bruchteil als inhaltlich unzulässig zu löschen ist; OLG Frankfurt, JurBüro 1979, 1232 = MittRhNotK 1979, 175 = Rpfleger 1979, 149; *Drischler*, KTS 1976, 42; *Tamm*, BWNotZ 1965, 20; *Schiffhauer*, Rpfleger 1975, 187; BayObLG, DNotZ 1997, 475.

32 LG Göttingen, Beschl. v. 3.2.1997 – 6 T 292/96, NJW RR 1997, 1105: Erlischt bei einer Eigentumswohnung eine zunächst auf allen Eigentumswohnungen eines Grundstücks lastende beschränkte persönliche Dienstbarkeit, wonach das Grundeigentum ausschließlich für Zwecke des gewerblichen Fremdenverkehrs genutzt werden darf (Fremdenverkehrsdienstbarkeit), führt dies bei den anderen Eigentumswohnungen nicht zum Erlöschen der Dienstbarkeit und daher nicht zu ihrer Löschung im Wohnungsgrundbuch.

33 OLG Frankfurt, 20. ZS, Beschl. v. 11.7.1978 – 20 W 126/78, Rpfleger 1979, 149.

34 Erweist sich eine Eintragung nach ihrem Inhalt als unzulässig, so ist sie von Amts wegen zu löschen.

35 1. ZS des KG, Beschl. v. 3.11.1932 – 1 X 724/32, DNotZ 1934, 52.

nach dessen Inhalt das Zwangsversteigerungsverfahren im Fall der Bruchteilseigentumsversteigerung auch die auf dem ganzen Grundstück lastenden Grunddienstbarkeiten erfasst und diese erlöschen, wenn sie nach den Versteigerungsbedingungen an dem versteigerten Bruchteil nicht bestehen bleiben sollen. Die auf dem nicht versteigerten Bruchteil verbleibenden Grunddienstbarkeitseintragungen sind nach ihrem Inhalt dann unzulässig und unterliegen der Amtslöschung.

33 Diese Entscheidung hat keine ungeteilte Zustimmung und zum Teil auch Ablehnung[36] erfahren. Die gegen sie gerichtete Kritik stützt sich insbesondere auf das als unbillig empfundene Ergebnis der Versteigerung eines Grundstücksbruchteils, nach dem der Dienstbarkeitsberechtigte seines Rechtes an allen übrigen Miteigentumsanteilen verlustig geht.

34 Trotz dessen hat der 1. ZS des KG Berlin in seinem bereits erwähnten Beschluss vom 10.8.1973 (vgl. Rn. 28) an seinem Rechtsstandpunkt festgehalten und diesen auch auf beschränkte persönliche Dienstbarkeiten und diesen gleichstehende Rechte, die wegen ihres altenteilähnlichen Charakters den besonderen Versteigerungsbedingungen der Vorschrift des § 9 EGZVG unterliegen, ausgedehnt. Im Schrifttum erfährt diese überwiegend Zustimmung.[37]

4. Die Auflassungsvormerkung (Eigentumsvormerkung)[38]

35 Der Zweck der Auflassungsvormerkung besteht darin, dem Vormerkungsberechtigten den Erwerb des Grundstücks zu sichern. Bei ihr handelt es sich um ein aufschiebend bedingtes Recht. Bei Bedingungseintritt (z. B. Kaufpreiszahlung, befristetes Verkaufsangebot) muss der Eigentümer die Auflassung erklären, d. h. der Eigentümer ist verpflichtet, das Grundstück dem Vormerkungsberechtigten zu den vertraglich fixierten Bedingungen aufzulassen. Derjenige, der mit seinem Recht der Auflassungsvormerkung im Rang folgt, muss es dem Auflassungsberechtigten gegenüber aufgeben und seiner grundbuchlichen Eintragung als Eigentümer zustimmen. Sie ermöglicht es so, dem schuldrechtlichen Anspruch des Erwerbers eines Grundstücks eine dingliche Sicherung gegenüber Dritten zu verschaffen.[39] Durch die Eintragung einer Auflassungs-

---

36 LG Heidelberg, Beschl. v. 5.7.1963 – 1 T 24/63, BWNotZ 1958, 41; *Tamm*, BWNotZ 1965, 20.
37 Vgl. *Schiffhauer*, Rechtspfleger 1975, 187; *Drischler*, KTS 1976, 42.
38 *Weirich*, NJW 1989, 1979: Gemeint ist die Vormerkung künftigen Eigentums, der bei weitem wichtigste Hauptfall der Vormerkung des § 883 I BGB. Tatsächlich hat diese Vormerkung mit der Auflassung überhaupt nichts zu tun. Sie sichert weder den Anspruch aus dem Verpflichtungsgeschäft auf Abgabe der Auflassungserklärung noch einen Anspruch aus einer bereits abgegebenen Auflassungserklärung. Ihr Zweck und ihre Wirkung bestehen darin, das zukünftige Eigentum des Erwerbers gegen Verfügungen zwischen dem Abschluss des Verpflichtungsgeschäfts und seiner dinglichen Erfüllung zu sichern. Wird der Erwerber als Eigentümer eingetragen, tritt ihre Wirkung ein. Der Erwerber kann die Löschung der Belastungen und Verfügungsbeschränkungen verlangen, soweit sie sein Eigentumsrecht beeinträchtigen, Rang nach seiner Vormerkung haben und ohne seine Mitwirkung eingetragen worden sind (§§ 883 I, 888 BGB). Dies gilt auch, wenn die beeinträchtigende Eintragung im Wege der Zwangsvollstreckung oder durch den Konkursverwalter (heute: Insolvenzverwalter) erfolgt ist (§ 883 II 2 BGB). Die Vormerkung betrifft also weder die Erklärung der Auflassung noch den öffentlich-rechtlichen Anspruch des Erwerbers gegen das Grundbuchamt auf Umschreibung des Eigentums gemäß §§ 17, 18 GBO, sondern ist der Platzhalter für das künftige Eigentumsrecht. Der sprachlogisch richtige Ausdruck lautet deshalb „Eigentumsvormerkung".
39 LG Tübingen, Urt. v. 14.9.1955 – 1 Q 1/55, NJW 1956, 874: Die Vormerkung stellt zwar für sich allein noch kein eigentliches dingliches Recht am Grundstück oder einem es belastenden Grundstücksrecht dar. Sie ist einem solchen aber angenähert. Denn es sind ihr in gewissem Umfange dingliche Wirkungen verliehen, die das Sicherungsmittel als Belastung im weiteren Sinne erscheinen lassen. Hiernach erlangt der Vormerkungsberechtigte durch die Sicherung seines vormerkungsberechtigten Anspruchs eine Stellung, welche derjenigen des Inhabers eines dinglichen Rechts im eigentlichen Sinne ziemlich angeglichen ist.

vormerkung wird somit der Zugriff auf das mit ihr belastete Grundstück erschwert.

Bei der Auflassungsvormerkung handelt es sich nach hM[40] um kein der Zwangsversteigerung entgegenstehendes Recht im Sinn der §§ 28, 37 Nr. 5 ZVG. Mithin kann ein Gläubiger des Eigentümers die Zwangsversteigerung des mit ihr belasteten Grundstückes betreiben. Jedoch verhindert die vorrangige Auflassungsvormerkung einen Zugriff auf den Wert des Grundstücks. Für den Fall, dass die Auflassungsvormerkung dem das Zwangsversteigerungsverfahren bestrangig betreibenden Gläubiger vorgeht, wird sie in das geringste Gebot aufgenommen (§§ 44, 48 ZVG)[41] und somit vor dem Erlöschen bewahrt. Dies gilt auch dann, wenn die Vormerkung einen bedingten Anspruch sichert.[42] **36**

Dies hat zur Folge, dass dem Meistbietenden das Grundstück unter der Maßgabe zuzuschlagen ist, dass er das Grundstück wieder herauszugeben hat, wenn der aus der Auflassungsvormerkung Berechtigte mit seinem Auflassungsanspruch durchdringt.[43] Der Eigentumserwerb des Erstehers ist gegenüber dem Vormerkungsberechtigten somit relativ unwirksam. Der aus der Auflassungsvormerkung Berechtigte kann seinen Eigentumsverschaffungsanspruch nach dem Zuschlag gegen den Ersteher nach den Vorschriften der §§ 883 Abs. 2, 888 Abs. 1 durchsetzen und Zustimmung zur Auflassung und Herausgabe verlangen[44] ohne dass Letztgenannter einen Anspruch auf die vom Vormerkungsberechtigten geschuldete Gegenleistung hat.[45] Die vertragsgemäße Gegenleistung steht dem Schuldner zu und nicht dem Ersteher, der auch keinen Anspruch auf Ersatz seiner im Versteigerungsverfahren gemachten Aufwendungen hat.[46] Der Ersteher kann allenfalls, sofern er Gläubiger des bisherigen Eigentümers ist, die Pfändung und Überweisung des Kaufpreisanspruchs beantragen und Aufrechnung erklären.[47] **37**

---

40 BGH, Urt. v. 11.7.1996 – IX ZR 226/94 (Hamm), NJW 1996, 3147; BGHZ 46, 124 = NJW 1967, 566 = LM § 44, 48 ZVG; So auch: Dassler/*Schiffhauer*/Gerhardt, Zwangsversteigerungsgesetz, 12. Aufl., § 48 Rn. 7; Steiner/Eickmann, Zwangsversteigerung und Zwangsverwaltung, 9. Aufl., § 44 Rn. 100; Zeller/*Stöber*, ZVG, 18. Aufl., § 48 Rn. 3.2; a. A: *Streuer*, Rpfleger 2000, 363.

41 In der Literatur ist jedoch die Frage umstritten, ob eine Auflassungsvormerkung nach § 48 ZVG überhaupt zum Gegenstand des geringsten Gebotes gemacht werden darf. Die sie negierende Ansicht fußt im Wesentlichen auf folgenden Annahmen: Die Vormerkung der §§ 883 ff BGB kommt für § 48 ZVG nur insoweit in Betracht, als sie den Anspruch auf Eintragung eines begrenzten Rechts am Grundstück sichert, das, wenn es eingetragen wäre, eine neue selbständige Belastung des Grundstücks ergeben würde; danach gilt § 48 ZVG nicht für die den Anspruch auf Eigentumsübertragung sichernde Auflassungsvormerkung; sie wird als ein die Veräußerung hinderndes und damit nach § 37 Nr. 5 ZVG oder gar der Vorschrift des § 28 ZVG zu behandelndes Recht angesehen.

42 BGH, V. ZS, Urt. v. 28.10.1966 – V ZR 11/64, BGHZ 46, 124 = DNotZ 1967, 490 = MDR 1967, 34 = NJW 1967, 566 = Rpfleger 1967, 9 = MDR 1997, 52 = NJW 1996, 3147 = Rpfleger 1997, 76.

43 BGH, V. ZS, Urt. v. 28.10.1966 – V ZR 11/64, BGHZ 46, 124.

44 BFH, Urt. v. 15.10.1996 – VII R 35/96 (Bremen), NJW-RR 97, 399: Von demjenigen, der das Grundstück im Wege einer etwaigen Zwangsversteigerung erwerben würde, könnte die Klägerin (hier: Auflassungsvormerkungsberechtigte) allerdings die Zustimmung zur Auflassung und zu ihrer Eintragung als Grundstückseigentümerin verlangen.

45 *Drischler*, Rpfleger 1967, 357: Eine Gegenleistung könnte der Ersteher gegenüber dem Vormerkungsberechtigten lediglich für den Fall geltend machen, wenn er den Anspruch des Eigentümers auf die vom Vormerkungsberechtigten zu erbringende Gegenleistung gepfändet hat und gegenüber diesem die Aufrechnung erklärt.

46 DNotZ 1963, 654 = BWNotZ 1971, 11 = Steiner/Eickmann, ZVG, 9. Aufl., § 48 Rn. 21 = *Böttcher*, ZVG, 3. Aufl., § 48 Rn. 3.

47 BGH, V. ZS, Urt. v. 15.12.1972 – V ZR 76/71, BGHZ 60, 46 = MDR 1973, 302 = RheinNotK 1967, 586.

38 Eine dem bestrangig betreibenden Gläubiger vorgehende Auflassungsvormerkung wird jedoch dann nicht zum Gegenstand des geringsten Gebotes und erlischt folglich mit Zuschlagserteilung, wenn der aus der Vormerkung Berechtigte der Bestellung des nachrangigen Grundpfandrecht zugestimmt hat, das nachrangige Grundpfandrecht also Wirksamkeit gegenüber der Auflassungsvormerkung besitzt.[48]

39 Geht die Auflassungsvormerkung dem das Zwangsversteigerungsverfahren betreibenden Gläubiger im Rang nach, so erlischt sie.[49] Sie kann folglich dem ihr immanenten Zweck nicht gerecht werden. Zudem kommt die Zuteilung eines Wertersatzes aus dem Versteigerungserlös in Betracht (§ 92 Abs. 1 ZVG). Dem Surrogationsprinzip folgend ergibt sich dieser Wertersatz aus dem nach Deckung vorgehender Rechte verbleibenden Versteigerungserlös.[50]

40 Wird der Auflassungsvormerkungsberechtigte zwischen Beschlagnahme und Zuschlagserteilung als Eigentümer im Grundbuch eingetragen, so ist das Versteigerungsverfahren aufzuheben.[51] Das geänderte Eigentum am zu versteigernden Grundstück ist dann ein aus dem Grundbuch ersichtliches Recht, das der Verfahrensfortsetzung entgegensteht. Das gilt im Übrigen auch, wenn nach Beschlagnahme bei Eintragung des Vormerkungsbegünstigten als Eigentümer die vor Verfahrensanordnung eingetragene Auflassungsvormerkung im Grundbuch gelöscht wird.[52]

5. Tilgungshypothek (Annuitätenhypothek) – Zins, Tilgungsbeiträge

41 Die Tilgungshypothek ist dadurch bestimmt, dass zu bestimmten Fälligkeitsterminen eine einheitliche wiederkehrende und stets gleich hohe Leistung (Annuität) geschuldet wird, die sich ihrerseits aus einem Zins- und einem Tilgungsanteil zusammensetzt. Durch die fortschreitende Kapitaltilgung erhöht sich innerhalb der Annuität durch das Absinken des Zinsanteils der Tilgungsanteil. Der ersparte Zins wächst somit der Tilgung zu.[53] Üblicherweise erfolgt bankseitig die Darstellung der Annuitäten mittels eines Tilgungsplans, der dem Darlehensnehmer über die Zins- und Kapitalanteile zum jeweiligen Fälligkeitstermin sowie die hiernach verbleibende Darlehensrestvaluta Auskunft gibt.

42 Beispiel mit folgender Ausgangssituation:
100.000,00 € Hypothekendarlehen

---

48 *Lehmann*, NJW 1993, 1558: Neben der Vorrangeinräumung des Grundpfandrechts gegenüber der Eigentumsvormerkung des Käufers (§ 880 BGB) oder der Bestellung eines Grundpfandrechts unter Ausnutzung eines bei der Eigentumsvormerkung eingetragenen Rangvorbehaltes (§ 881 BGB) ist die Zustimmung zur Wirksamkeit des Grundpfandrechts gegenüber der Auflassungsvormerkung mittels Wirksamkeitsvermerk im Grundbuch oder mittels öffentlich oder öffentlich beglaubigter Urkunde eine materiell-rechtlich naheliegende und zudem gebührenmäßig vorteilhaftere Gestaltungsoption zur Ausschaltung der sog. Elisionskraft der Vormerkung (§ 883 Abs. 2 BGB).
49 BGH, V. ZS, Beschl. v. 25.1.2007 – V ZB 125/05, Rpfleger 2007, 333: Wird die Zwangsversteigerung eines Grundstücks aus einem Recht betrieben, das einer vor der Beschlagnahme eingetragenen Auflassungsvormerkung im Rang vorgeht, hat eine nach der Beschlagnahme erfolgte Umschreibung des Eigentums auf den Vormerkungsberechtigten keinen Einfluss auf den Fortgang des Verfahrens.
50 RG, V. ZS, Urt. v. 28.4.1934 – V. 6/34, RGZ 144, 281.
51 LG Frankenthal, 1. ZK, Beschl. v. 30.5.1985 – 1 T 138/85, Rpfleger 1985, 371: Ein Eigentumswechsel ist der Beschlagnahme durch einen persönlich betreibenden Gläubiger gegenüber wirksam, wenn zum Zeitpunkt der Beschlagnahme für den Erwerber eine Auflassungsvormerkung im Grundbuch eingetragen war. Dies gilt auch für den Fall, dass nach der Beschlagnahme im Wege der Berichtigung ein weiterer Berechtigter der Auflassungsvormerkung eingetragen worden ist und dieser das Miteigentum erwirbt.
52 OLG Hamm, 15. ZS, Beschl. v. 18.3.1968 – 15 W 481/67, Rpfleger 1968, 284.
53 *Kapp*, DR 1941, 401; *Eickmann*, MünchKomm, 5. Aufl., § 1113 Rn. 88.

7,00 % quartalsweise nachträglich zahlbare Annuität, sich zusammensetzend aus
4,00 % p. a. Zinsen
3,00 % Tilgungsanteil (entspricht ca. Darlehenslaufzeit von 21 Jahren)
Tilgungsplan (auszugsweise) wie folgt:

Quartal	Annuität	Zinsanteil	Tilgungsanteil	Restvaluta
per 31. 3.2009	1.750,00	1.000,00	750,00	99.250,00
per 30. 6.2009	1.750,00	992,50	757,50	98.492,50
per 30. 9.2009	1.750,00	984,93	765,07	97.727,43
per 31.12.2009	1.750,00	977,27	772,73	96.954,70
per 31. 3.2010	1.750,00	969,55	780,45	96.174,25
per 30. 6.2010	1.750,00	961,74	788,26	95.385,99

– alle Ziffernangaben in € –

43 Da mit der Annuität nur eine einheitliche wiederkehrende Leistung geschuldet wird, kann sie auch nur in dieser einheitlichen Form in den bar zu zahlenden Teil des geringsten Gebotes eingestellt werden.

44 Hierbei ist jedoch zu berücksichtigen, dass die Vorschrift des § 47 S. 1 ZVG nur auf den in der Annuität enthaltenen Zinsanteil Anwendung findet. Von den Tilgungsanteilen sind nur die Beträge in den bar zu zahlenden Teil des geringsten Gebotes aufzunehmen, die vor dem Zwangsversteigerungstermin Fälligkeit erlangt haben. Warum ist das so?

45 Die Tilgungsanteile stellen Kapitalleistungen dar, die nicht für eine bestimmte Zeitperiode anfallen, sondern zu feststehenden Fälligkeitsterminen zahlbar sind. Wird also eine Kapitalleistung erst nach dem Zwangsversteigerungsverfahren zahlbar, so kann diese folglich nicht im Bargebot des geringsten Gebots berücksichtigt werden. Sollte der Zuschlag erst nach der Fälligkeit erteilt werden (z. B. innerhalb der Zweiwochenfrist), so hat der Ersteher das Recht, unter der Maßgabe der zwischenzeitlich gegen ihn eingetretenen Fälligkeit diese zu übernehmen. Von der letzten vor dem Zwangsversteigerungstermin zahlbar gewordenen Annuität bis zum Ablauf der Zweiwochenfrist sind nur noch die Zinsen zu berechnen.

46 In Höhe der im Bargebot des geringsten Gebotes berücksichtigten Tilgungsleistungen erlischt die Hypothek gem. § 1181 Abs. 1 BGB. Da das betroffene Recht keine doppelte Berücksichtigung erfahren darf, ist das Kapital des gem. der Vorschrift des § 52 Abs. 1 S. 1 als bestehen bleibend zu berücksichtigenden Rechts in Höhe der im Zuge der Erlösverteilung befriedigten Tilgungsanteile zu kürzen.

47 Das Zwangsversteigerungsverfahren kann somit auch zu einem teilweisen Erlöschen eines als bestehen bleibend ins geringste Gebot aufzunehmenden Rechts führen.

6. Persönliche Forderung

48 § 91 Abs. 1 regelt lediglich das Schicksal der dinglichen Rechte. Die Wirkungen der Zwangsversteigerung auf die persönliche Forderung hingegen werden durch die allgemeinen Regeln ergänzt um § 114a ZVG festgelegt. Danach erlischt die persönliche Forderung eines Gläubigers erst dann und nur in dem Umfang, wie sie im Rahmen der Zwangsversteigerung aus dem Erlös oder durch einen anderen Vorgang, der wie eine Befriedigung gewirkt hat (§ 114a

ZVG), Befriedigung erlangt hat. Sofern dies nicht der Fall ist, besteht die Forderung gegen den bisherigen persönlichen Schuldner fort.

49 Hat sich beispielsweise ein Darlehensnehmer bei der Bestellung einer Sicherungsgrundschuld der sofortigen Zwangsvollstreckung in sein gesamtes Vermögen unterworfen[54], so wird diese Zwangsvollstreckung nicht unzulässig, wenn die Grundschuld in der Zwangsversteigerung gem. der Vorschrift des § 91 Abs. 1 ZVG erloschen ist, ohne dass es zu einer Befriedigung des Gläubigers kam.[55] Würde die persönliche Haftungsübernahme ausgerechnet dann entfallen, wenn die Grundschuld sich im Zwangsversteigerungsverfahren als nicht werthaltig erweist, so wäre das eigentliche Ziel der persönlichen Schuldhaftübernahme, nämlich dem Grundschuldgläubiger eine weitere Sicherheit zu gewähren, ja auch nicht erreicht.[56]

7. Surrogationshaftung des Versteigerungserlöses

50 Neben dem Deckungsgrundsatz und dem Übernahmegrundsatz stellt der Surrogationsgrundsatz[57] eine der drei tragenden Säulen des Zwangsversteigerungsverfahrens dar.

51 Die mit dem Zuschlag erlöschenden Rechte am Grundstück gehen nicht ersatzlos unter. Vielmehr tritt nach dem allgemein geltenden Surrogationsgrundsatz, wie er in § 92 Abs. 1 ZVG für die dort bezeichneten Rechte ausdrücklich ausgesprochen worden ist, für alle nach § 91 ZVG „erlöschenden" Rechte mit dem Zuschlag an die Stelle des Grundstücks der Erlös. „Der Hypothekengläubiger erlangt also an Stelle der als dingliches Recht am Grundstücke erlöschenden Hypothek ein Recht, das materiell gerichtet ist auf die Erfüllung

---

54 Vielfach enthalten die Grundschuldbestellungsformulare der Banken einen Passus, der die Übernahme der persönlichen Schuldhaft durch den Grundschuldbesteller für die Zahlung eines Geldbetrages in Höhe des Grundschuldbetrages vorsieht. Der Sinn dieser Vereinbarung besteht zum einen in der Begründung eines neuen, abstrakten Schuldversprechens gem. § 780 BGB und zum anderen im vereinfachten Erhalt einer vollstreckbaren Titulierung, mit der die Bank in das gesamte Vermögen, d.h. auch das nicht der Zwangsversteigerung unterliegende immobile Vermögen, des Schuldners vollstrecken kann.

55 BGH, Urteil v. 2.10.1990 – XI ZR306/89, Rpfleger 1991,74: In dem hier entschiedenen Fall hatten die Darlehensnehmer für ein ihnen gewährtes Darlehen in Höhe von DM 1,2 Mio. Grundschulden bei gleichzeitiger persönlicher Haftungsübernahme in Höhe des Grundschuldbetrages bestellt und sich insoweit der Zwangsvollstreckung in ihr gesamtes persönliches Vermögen unterworfen. Im Ergebnis der Zwangsversteigerung erloschen die Grundschulden gem. § 91 ZVG. Die Gläubigerin fiel mit ihrer Forderung gänzlich aus und betrieb in der Folge die Zwangsvollstreckung in das übrige Vermögen des Darlehensnehmers. Nach dem LG die Vollstreckungsgegenklage der Darlehensnehmer abgewiesen hatte, gab das OLG ihr statt und erklärte die Zwangsvollstreckung für unzulässig. Der BGH hob das OLG-Urteil auf und verwies die Sache zurück.

56 BGH, Urteil v. 29.9.1989 – V ZR 326/87, WM 1989, 1862 = BGHZ 98, 256 = WM 1986, 1467 = WM 1987, 228: Die persönliche Haftungsübernahme verschafft dem Gläubiger eine die Grundschuld bestärkende Sicherheit; BGH, Urteil v. 3. 12.1987 – III ZR 261/86 , WM 1988, 109 = NJW 1988, 107: Eine vollstreckbare Urkunde über die Bestellung einer Grundschuld, in der auch eine persönliche Schuld in Höhe des Geldbetrages der Grundschuld anerkannt und bestimmt wird, dass Grundschuld und Schuldanerkenntnis der Sicherung aller gegenwärtigen und zukünftigen Ansprüche aus der bankmäßigen Geschäftsverbindung dienen sollen, ist in der Regel dahin auszulegen, dass der Gläubiger aus der Urkunde den angegebenen Betrag nur einmal verlangen und vollstrecken kann, auch wenn die gesicherte Forderung höher ist.

57 Surrogation (lat.) stellt im Zivilrecht eine gesetzlich geregelte besondere Art und Weise der Ersetzung eines Vermögensgegenstandes durch einen anderen Gegenstand oder eine Ersatzforderung dar und wird begrifflich vom Surrogat (Ersatz) abgeleitet. Im Zusammenhang mit der Zwangsversteigerung heißt das, ein infolge des Zuschlags erlöschendes dingliches Recht setzt sich am Versteigerungserlös, der an die Stelle des Grundstücks tritt, mit dem bisherigen Inhalt und Rang fort.

seines Hypothekenrechts durch Auszahlung des nach dem Range der Hypothek auf diese entfallenden Erlöses."[58]

Der Surrogationsgrundsatz besagt, dass sich die als Folge des Zuschlags erlöschende Bindung dinglicher Rechte am Grundstück am Versteigerungserlös mit ihrem bisherigen Rang fortsetzen, d. h. an ihre Stelle treten Ersatzansprüche.[59] Es tritt mithin ein Wechsel des Gegenstandes der dinglichen Rechte ein, die Rechte und vormaligen Rechtsbeziehungen dauern jetzt am Erlös als verselbständigten Haftungswert fort. Belastete bis dato das Grundpfandrecht das Grundstück, richtet sich nunmehr der Ersatzanspruch gegen den Versteigerungserlös.[60] **52**

Für den Vollstreckungsschuldner tritt der Anspruch auf den Versteigerungserlös mit den sich aus dem ZVG ergebenden Verfügungsbeschränkungen an die Stelle seines Eigentums.[61] **53**

Das Ersatzrecht geht jedoch nicht schon mit Zuschlagserteilung unter. Der Zuschlag ist noch keine Befriedigung. Das Ersatzrecht erlischt erst mit der tatsächlichen Entgegennahme des Versteigerungserlöses (materielle Löschung des Grundpfandrechts gem. § 1181 Abs. 1 BGB) und wird gegenstandslos, sobald der Versteigerungserlös nicht mehr ausreicht, um das Ersatzrecht zu erfüllen. **54**

Da das Ersatzrecht kein Recht am Grundstück mehr ist, wird es nach den allgemeinen Zessionsregeln übertragen (§§ 398 ff. BGB).[62] Gepfändet wird es nach den für Geldforderungen geltenden Regeln (§§ 829 ff. ZPO).[63] **55**

III. Das Liegenbelassen von Rechten mittels Vereinbarung (Abs. 2)

1. Allgemeine Anmerkungen

Gemäß § 91 Abs. 1 ZVG erlöschen mit dem Zuschlag alle Rechte, die nicht infolge der Versteigerungsbedingungen bestehen bleiben sollen. Das Bestehenbleiben eines Rechts kann sich wie folgt ergeben: **56**

---

58 RG, V. ZS, Urt. v. 26.9.1908 – Rep. V. 550/07, RGZ 69, 247.
59 RG, V. ZS, Urt. v. 7.6.1916 – Rep. V. 59/16, RGZ 88, 300; RG, V. ZS, Urt. v. 15.12.1920 – V 140/20, RGZ 101, 117; RG, V. ZS, Urt. v. 27.2.1929 – V 200/28, RGZ 123, 338; RG, V. ZS, Urt. v. 8.3.1930 – V 18/29, RGZ 127, 350; BGH, V. ZS, Urt. v. 26.6.1957 – V ZR 148/55, BGHZ 25, 27; BGH, V. ZS, Urt. v. 23.2.1973 – V ZR 10/71, BGHZ 60, 226.
60 Zu den verschiedenen Theorien hinsichtlich der Rechtsnatur des Anspruchs auf Befriedigung aus dem Versteigerungserlös vgl. auch *Jaeckel/Güthe*, Zwangsversteigerungsgesetz, 7. Aufl., § 92 Rn. 1, S. 454.
61 BGH, IX. ZS, Urt. v. 11.10.1984 – IX ZR 111/82 (KG), NJW 1985, 388.
62 RG, V. ZS, Urt. v. 3.10.1929 – V 258/28, RGZ 125, 362: Demgemäß wird insbesondere allgemein angenommen, dass bei Verfügungen über das bestehen gebliebene Recht nicht mehr die Form erforderlich ist, in der zur Zeit der Grundstückshaftung über das Recht verfügt werden musste, sondern dass das Recht nunmehr formlos übertragen werden kann; Vgl. auch BGH, V. ZS, Urt. v. 6.11.1963 – V ZR 55/62, NJW 1964, 813: Wer durch formlose Abtretung ein Recht auf Befriedigung aus dem Versteigerungserlös an Stelle des bisherigen Beteiligten erworben hat, ist ebenfalls – Anmeldung vorausgesetzt (§ 9 Nr. 2 ZVG) – Beteiligter. RG, V. ZS, Urt. v. 3.10.1929 – V 258/28, RGZ 125, 362; Steiner/*Eickmann*, Zwangsversteigerung und Zwangsverwaltung, 9. Aufl., § 91 Rn. 17.
63 BGH, VIII. Zivilsenat, Urt. v. 5. 4 1972 – VIII ZR 31/71, BGHZ 58, 298: Das Recht aus dem Anspruch auf Befriedigung aus dem Versteigerungserlös kann von den Gläubigern der Schuldnerin gepfändet werden. Für eine solche Pfändung gelten nicht die Vorschriften der §§ 857 Abs. 6, 830 ZPO über die Pfändung einer Grundschuld (Übergabe des Briefes bzw. Eintragung im Grundbuch). Denn das Ersatzrecht auf Befriedigung aus dem Erlös ist nicht mehr ein Recht am Grundstück und die für die Pfändung solcher Rechte geltenden besonderen Vorschriften des § 830 ZPO können deshalb auf die Pfändung des Ersatzrechts keine Anwendung finden. Der Anspruch des Eigentümers und Inhabers einer nach § 91 ZVG erloschenen Eigentümergrundschuld auf den Erlös ist vielmehr gemäß §§ 829, 857 Abs. 1 und 2 ZPO zu pfänden.

- Kraft der gesetzlichen Versteigerungsbedingungen fällt das Recht in das geringste Gebot.
- Aufgrund abweichender Versteigerungsbedingungen bleibt das Recht bestehen.
- Das Recht bleibt aufgrund landesgesetzlicher Bestimmungen auch außerhalb des geringsten Gebotes bestehen.
- Das Bestehenbleiben eines Rechts kann aber auch durch Vereinbarung des Liegenbelassens zwischen dem Ersteher und dem Berechtigten bewirkt werden.

57 Warum eine Liegenbelassungserklärung?
Der Gesetzgeber hatte ähnlich dem § 59 ZVG mit dieser Regelung die Intention, das Zwangsversteigerungsverfahren möglichst flexibel zu gestalten, um so den Beteiligten die Möglichkeit zur Durchsetzung ihrer mannigfaltigen Individualinteressen einzuräumen. Hierneben verfolgt der § 91 Abs. 2 auch den Zweck, bestehende Belastungen am Grundstück auf kostengünstige Art und Weise für weitere Verwendungen zu erhalten. So wird einem Gläubiger beispielsweise nicht daran gelegen sein, ein gerade gewährtes Darlehen bei Zinsverlust wieder zurücknehmen zu müssen, während andererseits dem Interesse des Erstehers an Liquiditätsschonung dadurch entsprochen werden kann, dass er den auf das Recht des Gläubigers entfallenden Erlösanteil im Verteilungstermin nicht bar zu zahlen hat und ihm die Tilgungsmöglichkeit des übernommenen Rechts über einen längeren Zeitraum gegeben wird. Zudem birgt das Liegenbelassen eines Grundpfandrechts für den Ersteher den Vorteil, dass er das Recht später erneut zur Besicherung einer Darlehensverpflichtung verwenden kann, ohne neuerlich die mit der Bestellung eines Grundpfandrechts anfallenden Kosten für Notar und Grundbucheintragung ausgleichen zu müssen. Auch bei nicht auf Kapitalzahlung ausgerichteten Rechten können sich die Interessenlagen von Ersteher und Berechtigtem ergänzen. So kann dem Berechtigten eher etwas am Erhalt seines Rechts gelegen sein, als dessen monetäre Abgeltung durch Beteiligung am Versteigerungserlös, während das Liegenbelassen des Rechts für den Ersteher keinen Nachteil mit sich bringt.

2. Welche Rechte sind betroffen?

58 Das Liegenbelassen kann vereinbart werden für alle Rechte nach § 10 Abs. 1 Nr. 4 und 6, mithin alle Rechte aus Abteilung II und III, die nicht als bestehen bleibend oder bar zu zahlend in das geringste Gebot aufgenommen wurden.

59 Das Liegenbelassen kann somit für die auf Zahlung eines Geldbetrages gerichteten Rechte (Abt. III), als auch für die nicht auf Kapitalzahlung ausgerichteten Rechte (Abt. II) des Grundbuchs vereinbart werden; dies zudem unabhängig davon, ob auf sie im Rahmen der Verteilung des Versteigerungserlöses ein Anteil entfällt oder nicht.

60 Sofern ein Recht teilbar ist, so kann auch das Liegenbelassen lediglich eines Teilbetrages vereinbart werden.[64] Das betroffene Recht muss jedoch auf eine Leistung ausgerichtet sein, weil dies erst die Teilbarkeit des Rechts ermöglicht (Grundpfandrechte, Reallasten). Folglich können Nutzungs- oder Gebrauchsrechte[65] mangels Teilungsfähigkeit nicht zum Gegenstand einer nur einen Teil eines Rechts erfassenden Liegenbelassungsvereinbarung gemacht werden.

---

[64] Steiner/*Eickmann*, Zwangsversteigerung und Zwangsverwaltung, 9. Aufl., § 91 Rn. 28; Dassler/*Schiffhauer*/Gerhardt, Zwangsversteigerungsgesetz, 12. Aufl., § 91 Rn. 9; Zeller/*Stöber*, ZVG, 19. Aufl., § 91 Rn. 3.3.

[65] Rechte, die zugunsten einer bestimmten Person auf einer Sache oder auf einem Grundstück lasten können und durch schuldrechtliche (Miete, Pacht oder Leihe) oder dingliche Vereinbarung (Nießbrauch, Grunddienstbarkeiten oder beschränkt persönliche Dienstbarkeiten) eingeräumt werden.

Beispiel:
Für eine erstrangige Hypothek in Höhe von 50.000,00 € vereinbaren der Ersteher und der Berechtigte aus der Hypothek das Liegenbelassen eines erstrangigen Teilbetrages aus der Hypothek in Höhe von 20.000,00 €. Dies mit der Folge, dass der rangletzte Teil der Hypothek in Höhe von 30.000,00 € mit dem Zuschlag erlischt, jedoch in dem Maß an der Verteilung des Versteigerungserlöses teilnimmt, wie dieser zur Deckung des rangletzten Hypothekenteils ausreicht.

Auch das Liegenbelassen eines Rechts ohne bestimmte Nebenleistungen kann Vereinbarungsgegenstand sein.[66] Die Verminderung eines Rechts ist keine Inhaltsänderung i.S.v. § 877 BGB, bei ihr liegt vielmehr eine Teilaufhebung i.S.v. § 875 BGB vor.[67] Die nicht liegen belassenen Nebenleistungen (z.B. Herabsetzung des Zinssatzes, Wegfall der einmaligen Nebenleistung) werden entsprechend dem Verteilungsplan behandelt. Insoweit ist dann auch das Vollstreckungsgericht berechtigt, gem. § 130 Abs. 1 ZVG das Grundbuchamt um Teillöschung zu ersuchen.[68]

3. Die Vereinbarung

a) Die Beteiligten der Vereinbarung. Die Vereinbarung über das Liegenbelassen eines Rechts muss grundsätzlich zwischen dem Ersteher und dem Berechtigten aus dem betroffenen Recht getroffen werden. Der Berechtigte muss die Verfügungsbefugnis (Rechtsinhaberschaft) haben. In der Regel ergibt sich diese aus dem Grundbuch. So dies bspw. infolge Erbschaft oder einem verbrieften Recht nicht der Fall ist, ist dem Vollstreckungsgericht die Berechtigung gem. § 29 GBO[69] nachzuweisen.

Ist der Berechtigte Gläubiger eines Briefgrundpfandrechts, so hat er sich durch Vorlage des Briefes zu legitimieren.

Sind Ersteher und Berechtigter personenidentisch, so kann der Ersteher allein das Liegenbelassen des ihm gehörenden Rechts erklären.[70] Dies mit der Folge,

---

66 OLG Köln, 2. ZS, Beschl. v. 24.11.1982 – 2 Wx 36/82, Rpfleger 1983, 168: Haben die Beteiligten vereinbart, dass ein durch Zuschlag erloschenes Grundpfandrecht nur teilweise bestehen bleiben soll, hier ohne eine bestimmte Nebenleistung, so kann das Vollstreckungsgericht das Grundbuchamt um die Löschung des nicht liegenbelassenen Teils ersuchen.
67 KG, Urt. v. 17.3.1932 – 1 X 112/32, HRR 1932, Nr. 1657; Staudinger/*Gursky*, BGB, 12. Aufl., § 877 Rn. 3; Soergel/*Stürner*, BGB, 12. Aufl., § 877 Rn. 2; *Wacke*, MünchKomm, 4. Aufl., § 877 Rn. 2; RG, V. ZS, Beschl. v. 19.1.1910 – Rep. V. 208/09, RGZ 72, 366: Ist das Zinsrecht einer Hypothek, wie dargetan, selbst eine Hypothek, so kann die Herabsetzung des Zinssatzes nichts anderes sein als teilweise Aufhebung einer solchen Hypothek im Sinne von §§ 875, 1183 BGB, gleichviel ob der Zinssatz 5 % übersteigt, oder ob er niedriger ist.
68 Vgl. Mohrbutter/*Drischler*, Zwangsversteigerungs- und Zwangsverwaltungspraxis, 5. Aufl., S. 593; Zeller/*Stöber*, ZVG, 18. Aufl., § 130 Rn. 2.1; *Böttcher*, ZVG, 4. Auflage, § 91 Rn. 6.
69 Eine Eintragung soll nur vorgenommen werden, wenn die Eintragungsbewilligung oder die sonstigen zu der Eintragung erforderlichen Erklärungen durch öffentliche oder öffentlich beglaubigte Urkunden nachgewiesen werden. Andere Voraussetzungen der Eintragung bedürfen, soweit sie nicht bei dem Grundbuchamt offenkundig sind, des Nachweises durch öffentliche Urkunden.
70 BGH, V. ZS, Urt. v. 5.11.1975 – V ZR 145/73, MDR 1976, 131 = NJW 1976, 805 = KTS 1976, 231 = Rpfleger 1976, 10: Die in Abt. III des Grundbuchs eingetragenen Rechte sind bestehen geblieben, weil der Beklagte (Ersteher des Grundstücks) dies mit sich selbst „vereinbart" hat. Seine Erklärung hatte rückwirkende Kraft. Die Übernahme der Rechte galt also rückwirkend vom Zuschlag an als erfolgt. Durch Vereinbarung bestehen gebliebene Rechte gehen im Allgemeinen der gem. §§ 118, 128 ZVG eingetragenen Sicherungshypothek vor. Der Ersteher darf durch das Bestehenbleiben nichts gewinnen, aber auch nichts einbüßen; BGH, III. ZS, Urt. v. 23.10.1980 – III ZR 100/79, ZIP 1981, 161 = MDR 1981, 568: § 91 Abs. 2 ZVG ist auch anzuwenden, wenn der Ersteher und der Berechtigte die gleiche Person sind; BGH, V. ZS, Urt. v. 26.11.1980 – V ZR 153/79, KTS 1981, 413 = Rpfleger 1981, 140 = MDR 1981, 482 = NJW 1981, 1601: Erklärt in einem Zwangsversteigerungsverfahren der Ersteher eines Grundstücks

dass aus der Hypothek eine Eigentümergrundschuld entsteht (§ 1177 Abs. 1 BGB). Abweichend vom gesetzlichen Regelfall ersetzt dann eine einfache Erklärung die Vereinbarung.

65 Eine Liegenbelassungsvereinbarung ist einem Pfandgläubiger nur möglich, sofern ihm das Recht bzw. der Ersatzanspruch an Zahlungsstatt überwiesen wurde.

66 Bevollmächtigte haben eine Vollmacht vorzulegen; eine Prozessvollmacht ist hinreichend.[71]

67 b) **Genehmigungserfordernisse.** Welche vormundschaftsgerichtlichen Genehmigungserfordernisse bestehen, wenn das Liegenbelassen eines Rechts vereinbart werden soll und ein nicht voll geschäftsfähiger Beteiligter (Kind, Mündel, Betreuter, Pflegling) als Gläubiger dieses Rechts oder aber Ersteher in Erscheinung tritt?
a) Kind, Mündel, Betreuter, Pflegling als Gläubiger des betroffenen Rechts.
Ist ein Kind Gläubiger des Rechts, welches liegen bleiben soll, benötigen dessen Eltern keine familiengerichtliche Genehmigung.[72]
Hingegen benötigen Vormund, Betreuer und Pfleger die Genehmigung des Gegenvormunds oder Vormundschaftsgerichts nach § 1812 BGB. Dies gilt auch, wenn ein Recht der Abt. II zum Gegenstand einer Liegenbelassungsvereinbarung gemacht werden soll.
b) Kind, Mündel, Betreuter, Pflegling als Ersteher.
Ist das Kind, der Mündel, der Betreute oder der Pflegling Ersteher eines Grundstücks, so ist die Liegenbelassung eines Rechts eine Verfügung über das ersteigerte Grundstück. Damit macht sich nach § 1821 Abs. 1 Nr. 1 die familien- oder vormundschaftsgerichtliche Genehmigung der Vereinbarung erforderlich.[73]

68 In der Literatur umstritten ist die Frage, ob die vom RG entwickelte[74] und vom BGH übernommene[75] Lehre von der Erwerbsmodalität auf die Vorgänge bei der Liegenbelassung übertragbar sind.

69 Nach Eickmann ist dies dann der Fall, wenn das liegen belassene Recht im Falle seines Erlöschens aus dem Erlös volle Deckung erlangt hätte und somit die Bargebotsminderung nach § 91 Abs. 3 ZVG eintritt. Sofern vom Familien- oder Vormundschaftsgericht ein Gebot sanktioniert wurde, welches unter Einschluss bestehen bleibender Rechte, dem Meistgebot entspricht, so ist seiner Ansicht nach dann kein Anlass für ein erneutes Durchlaufen eines Genehmigungsverfahrens bei diesem gegeben, wenn sich innerhalb des vormundschaftsgerichtlich genehmigten Gesamtlimits durch das Liegenbelassen eines Rechts

---

als Inhaber einer darauf lastenden voll valutierenden Darlehenshypothek, diese solle bestehen bleiben, obwohl sie bei der Erlösverteilung teilweise ausfällt, dann hat der Ersteher gegen den Darlehensschuldner jedenfalls einen Bereicherungsanspruch auf Wertersatz (§ 812 Abs. 1 S. 1, § 812 Abs. 2 BGB) in der Höhe, in der die Darlehensforderung nicht durch die Erlöszuteilung befriedigt ist. Offen bleibt, ob mit jener Erklärung über § 91 Abs. 3 Satz 2 ZVG die hypothekarisch gesicherte Darlehensforderung überhaupt in vollem Umfang erlischt.

71 Steiner/*Eickmann*, Zwangsversteigerung und Zwangsverwaltung, 9. Aufl., § 91 Rn. 32; Dassler/*Schiffhauer*/Gerhardt, Zwangsversteigerungsgesetz, 12. Aufl., § 91 Rn. 17; Zeller/*Stöber*, ZVG, 18. Aufl., § 91 Rn. 3.6; a. A: *Jaeckel/Güthe*, Zwangsversteigerungsgesetz, 7. Aufl., § 91 Rn. 6; Korintenberg/*Wenz*, Zwangsversteigerung und Zwangsverwaltung, 6. Aufl., § 91, Rn. 2: Der Bevollmächtigte hat seine Vertretungsmacht durch öffentliche oder öffentlich beglaubigte Vollmacht nachzuweisen.

72 Zeller/*Stöber*, ZVG, 19. Aufl., § 91 Rn. 3.7; a. A: Steiner/*Eickmann*, Zwangsversteigerung und Zwangsverwaltung, 9. Aufl., § 91 Rn. 33.

73 *Haegele*, Rpfleger 1970, 232.

74 RG, V. ZS, Beschl. v. 1.7.1924 – V B. 2/24, RGZ 108, 356; RG, V. ZS, Urt. v. 9.2.1925 – V 161/24, RGZ 110, 173.

75 BGH, IV. ZS, Beschl. v. 6.6.1957 – IV ZB 53/57, BGHZ 24, 372.

und die damit einhergehende Bargebotsminderung lediglich das Verhältnis von bar zu zahlendem Gebot zu übernommenen Recht verschiebt. Gänzlich anders gelagert ist freilich der Fall, wenn das liegen belassene Recht im Falle seines Erlöschens teilweise oder gar vollumfänglich ausfällt, d.h. aus dem Versteigerungserlös nur partielle oder keine Deckung erfährt. Dem liegen belassenen Recht stünde somit keine adäquate Reduktion des bar zu zahlenden Teils gegenüber. Das durch die Liegenbelassung übernommene Recht ist damit nichts anderes als eine die Genehmigungslage übersteigende zusätzliche Leistung, die deshalb einer Nachgenehmigungsentscheidung durch das Familien- oder Vormundschaftsgericht erforderlich macht.

Nach *Haegele*[76] und *Zeller*[77] ist die Liegenbelassungsvereinbarung keine genehmigungsfreie Erwerbsmodalität. Ihre Auffassung begründen sie mit dem durch Zuschlag erfolgenden Eigentumserwerb. Die zeitlich nachfolgende Liegenbelassung ist damit eine Verfügung über das dem Kind (Mündel, Betreuter, Pflegling) bereits gehörende Grundstück und folglich nicht mehr Belastung im Zusammenhang mit dem nach § 1821 Abs. 1 Nr. 5 genehmigungspflichtigen entgeltlichen Grundstückserwerb. **70**

Gemeinden bedürfen für eine Liegenbelassungsvereinbarung keiner Genehmigung ihrer Rechtsaufsichtsbehörde. § 28 Abs. 1 S. 2 Buchst. 1 GO NW stellt nach Auffassung des BGH lediglich eine interne Zuständigkeitsregelung dar, die auf die Vertretung der Gemeinde nach außen ohne Einfluss ist.[78] Die Zustimmung ist mithin nicht Genehmigungserfordernis. Jedoch legt der BGH Förmlichkeitsvoraussetzungen als Vertretungsregelungen aus, die die Vertretungsmacht der handelnden Organe einschränken.[79] **71**

Die Belastung eines Grundstücks oder eines grundstücksgleichen Rechts kann die Zustimmung Dritter erforderlich machen, so. z.B. nach der Erbbaurechtsverordnung (ErbbauVO) oder dem Wohnungseigentümergesetz (WEG). Gleichwohl die neben § 5 Abs. 2 ErbbauVO hierfür einschlägige Vorschrift des § 10 WEG lediglich den Veräußerungsvorgang als genehmigungspflichtig erfasst, kann nach der vom 15.3.1951 datierenden Entscheidung des BGH[80] auch die Gewährung von Dauerwohnrechten und Wohnrechten nach § 1093 BGB hierunter subsumiert werden. Derlei Rechte behindern ihr Liegenbelassen nicht, d.h. ein Zustimmungserfordernis ist nicht gegeben.[81] Dies, weil diese Rechte ja bereits bestanden haben und ihre seinerzeitige Eintragung nur mit Zustimmung des aus dem Recht Begünstigten (Geschützten) erfolgen konnten. Der mit einem solchen Recht Geschützte hat keinen Anspruch auf Löschung. Der Geschützte hat den Erhalt des Zustandes, der vor der Versteigerung gegeben war, hinzunehmen. **72**

---

76 *Haegele*, Rpfleger 1970, 232.
77 Zeller/*Stöber*, ZVG, 19. Aufl., § 91 Rn. 3.7.
78 BGH, III. ZS, Urt. v. 20.9.1984 – III ZR 47/83, BGHZ 92, 164: Der Vorbehalt gründet sich auf § 28 Abs. 1 S. 2 Buchst. 1 GO NW, wonach der allzuständige Rat der Gemeinde die Entscheidung u. a. über die Veräußerung von Grundstücken -soweit es sich nicht um einfache Geschäfte der laufenden Verwaltung handelt- nicht auf andere Organe übertragen kann. Diese Vorschrift stellt jedoch nur eine interne Zuständigkeitsregelung dar, die auf die Vertretung der Gemeinde nach außen ohne Einfluss ist; BGH, VII. ZS, Urt. v. 6.3.1986 – VII ZR 235/84, BGHZ 97, 224; BGH, VII. ZS, Urt. v. 20.1.1994 – VII ZR 174/92, DNotZ 1994, 474 = NJW 1994, 1528.
79 BGH, VII. ZS, Urt. v. 6.3.1986 – VII ZR 235/84, BGHZ 97, 224; BGH, VII. ZS, Urt. v. 20.1.1994 – VII ZR 174/92, DNotZ 1994, 474 = NJW 1994, 1528.
80 Leitsatz: Als Inhalt des Sondereigentums kann auch vereinbart oder durch den Eigentümer bei Begründung des Wohnungseigentums durch Teilung bestimmt werden, dass ein Wohnungseigentümer zur Überlassung der Wohnung an eine Dritten zur Benutzung der Zustimmung des Verwalters oder der Wohnungseigentümergemeinschaft bedarf.
81 So auch: Steiner/*Eickmann*, Zwangsversteigerung und Zwangsverwaltung, 9. Aufl., § 91 Rn. 35; *Böttcher*, ZVG, 3. Aufl., § 91 Rn. 7; Dassler/*Schiffhauer*/Gerhardt, Zwangsversteigerungsgesetz, 12. Aufl. § 91 Rn. 16; a. A: Zeller/*Stöber*, ZVG, 19. Aufl., § 91 Rn. 3.8.

73 Bei Vereinbarung der Liegenbelassung eines Grundpfandrechts oder einer Reallast im Rahmen der Versteigerung eines Erbbaurechts ist nach überwiegender Auffassung in der Literatur die Zustimmung des Eigentümers nicht erforderlich, soweit dieser bei der ursprünglichen Bestellung des betroffenen Grundpfandrechts oder der Reallast am Erbbaurecht zugestimmt hat (§ 5 ErbbauVO).[82] Es handelt sich nicht um eine Belastung des Erbbaurechts, das Recht lebt mit rückwirkender Kraft wieder auf. Dies gilt im Übrigen auch dann, wenn das betroffene Recht für den Fall seines Erlöschens keine oder nur partielle Zuteilung aus dem Versteigerungserlös erfahren hätte.

74 c) **Form und Inhalt der Vereinbarung.**
Form. Die Erklärungen müssen entweder mündlich im Versteigerungs-, Zuschlagsverkündungs- oder Verteilungstermin gegenüber dem Versteigerungsgericht erklärt (dann Aufnahme ins Protokoll, Verlesung und Genehmigung) oder durch notariell beglaubigte Erklärungen nachgewiesen werden.[83] Eine gleichzeitige Präsenz von Ersteher und Berechtigtem ist nicht erforderlich. Mithin können auch beide Erklärungsformen dergestalt miteinander verknüpft werden, dass bspw. der Berechtigte sich mündlich zu Protokoll des Versteigerungsgerichts erklärt, während der Ersteher seine Erklärung in notariell beglaubigter Form abgibt oder umgekehrt.[84]

75 **Inhalt.** Inhaltlich kann eine Liegenbelassungserklärung wie folgt ausgestaltet sein:
„Herr ... als Gläubiger des Rechts Abt. III Nr. 3 und der Ersteher erklären übereinstimmend: Wir sind darüber übereingekommen, dass die Grundschuld Abt. III Nr. 3 zu 50.000,00 € in voller Höhe (oder in Höhe eines Teilbetrages) gem. § 91 Abs. 2 ZVG bestehen bleiben soll.
V. u. g."
Diese zu Protokoll des Versteigerungsgerichts abgegebene Erklärung ist gem. § 162 ZPO vorzulesen und von den Erklärenden zu genehmigen.

76 Sofern das liegen zu belassende Recht ein Recht des Erstehers ist, so kommt das Liegenbelassen durch einseitige Erklärung des Erstehers zustande; hinsichtlich Form und Inhalt gilt analoges.

77 d) **Zeitliche Zulässigkeit der Vereinbarungsmöglichkeit.** Die Liegenbelassungserklärung muss mit den Erklärungen beider Beteiligter entweder im Versteigerungstermin selbst (dann Aufnahme in Terminprotokoll) oder bevor, mindestens jedoch gleichzeitig, das Grundbuchamt durch das Versteigerungsgericht gem. § 130 ZVG um Berichtigung des Grundbuchs ersucht worden ist, erfolgt sein (dann mittels öffentlich beglaubigter Urkunde).[85] Entscheidend ist hierbei der Zeitpunkt des Eingangs des Berichtigungsersuchens beim Grundbuchamt. Die Liegenbelassungsvereinbarung kann daher nach allgemeiner Auffassung auch nach Bezahlung des Bargebots und sogar Ausführung des Teilungsplans getroffen werden.[86] Deshalb ist es für ein den Ersteher finanzierendes Kreditinstitut von besonderem Interesse, vor Bereitstellung von Darlehensmitteln gesicherte Kenntnis darüber zu haben, dass keines der eingetragenen

---

82 LG Detmold, Beschl. v. 2.3.2001 – 3 T 46/01, Rpfleger 2001, 312: Durch eine Liegenbelassungsvereinbarung bleibt für den Eigentümer der Zustand vor der Versteigerung des Erbbaurechts bestehen. Die Belastung, der er schon vorher zugestimmt hatte, muss er weiterhin hinnehmen. Er hat keinen Anspruch darauf, dass die Belastungen durch die Versteigerung erlöschen und somit ein für ihn günstigerer Zustand hergestellt wird.
83 Steiner/*Eickmann*, Zwangsversteigerung und Zwangsverwaltung, 9. Aufl., § 91 Rn. 36; Dassler/Schiffhauer/Gerhardt, Zwangsversteigerungsgesetz, 12. Aufl., § 91 Rn. 17; *Hornung*, Rpfleger 1972, 203.
84 *Hornung*, Rpfleger 1972, 203.
85 *Jaeckel/Güthe*, Zwangsversteigerungsgesetz, 7. Aufl., § 91 Rn. 3; Steiner/*Eickmann*, Zwangsversteigerung und Zwangsverwaltung, 9. Aufl., § 91 Rn. 38.
86 A. A: *Sickinger*, MittRhNotK 1996, 241.

und an sich erloschenen Rechte vom Ersteher zum Gegenstand einer Liegenbelassungsvereinbarung gemacht wurde. Andernfalls liefe das Kreditinstitut Gefahr, dass die zur Sicherung der auszuzahlenden Darlehensmittel zu bestellenden Grundpfandrechte dem liegenbelassenen Recht im Rang nachgehen. Mittels vorheriger Bestätigung durch den die Grundpfandrechtsbestellung zugunsten des Kreditinstitutes beurkundenden Notar, dass einer Eintragung des Grundpfandrechts an vom Kreditinstitut geforderter Rangposition nichts im Wege steht, lässt sich vorbeschriebener Ereigniseintritt vermeiden.

78 Liegt eine wirksame Liegenbelassungsvereinbarung vor, so nimmt das Versteigerungsgericht dann davon Abstand, das Grundbuchamt um die Löschung des betroffenen Rechts zu ersuchen.

79 Eine nachträglich eingereichte Erklärung entfaltet keine Wirkung mehr. Das Vollstreckungsgericht darf dann sein Ersuchen nicht mehr korrigieren; dies mit der Folge, dass das Recht gelöscht wird.

80 Das Zustandekommen einer Liegenbelassungsvereinbarung ist auch schon vor der Zuschlagserteilung möglich (künftige Liegenbelassungsvereinbarung). Sie steht für diesen Fall aber unter der aufschiebenden Bedingung, dass zugunsten des Bietinteressenten auch die Zuschlagserteilung erfolgt. Sie wird auch mit Zuschlagserteilung wirksam.[87]

81 Die Liegenbelassungsvereinbarung wird weder durch eine Ausführung des Teilungsplanes eingeschränkt noch gar durch die in der Verteilung erfolgte Forderungsübertragung, die nach § 118 Abs. 2 ZVG wie eine Befriedigung wirkt, in irgend einer Weise berührt. Bei Eingang einer Liegenbelassungsvereinbarung nach dem Verteilungstermin, wird eine Forderungsübertragung gegenstandslos, soweit sich die Zahlungspflicht des Erstehers mindert. Um eine Eintragung einer Sicherungshypothek gem. § 128 ZVG ist insoweit nicht mehr zu ersuchen.[88] Die Liegenbelassung kann auch noch nach Ablauf der 3-Monatsfrist gem. § 118 ZVG Abs. 2 vereinbart werden.[89]

82 Die vertragliche Aufhebung einer Liegenbelassungsvereinbarung ist durch das Vollstreckungsgericht gleichermaßen bis zu dem in Rn. 77 benannten Zeitpunkt zu berücksichtigen.

4. Wirkungen der Liegenbelassungsvereinbarung

83 a) **Bestehenbleiben des Rechts (Abs. 2).** Das von der Liegenbelassungsvereinbarung erfasste Recht erlischt nicht mit Zuschlagserteilung, es bleibt mit seinem bisherigen Inhalt und Rang am Grundstück haften. Sofern das Liegenlassen eines Rechts vor dem Zuschlag vereinbart worden ist, wirkt die Vereinbarung mit der Zuschlagserteilung. Die Wirkungen des § 91 Abs. 1 werden damit aufgehoben, sie sind sodann suspendiert.

84 Kam die Vereinbarung erst nach der Zuschlagserteilung zustande, so hat sie rückwirkende Kraft insoweit, als die Übernahme des betroffenen Rechts als von Zuschlagserteilung an als bewirkt gilt.[90] Auch in diesem Fall ist das Recht

---

87 Es empfiehlt sich, eine künftige Liegenbelassungsvereinbarung auch notariell zu schließen, weil für den Fall der späteren Weigerung des Erstehers die gerichtliche Durchsetzung der Liegenbelassungsvereinbarung bis zum Verteilungstermin nicht gestaltbar sein dürfte.
88 LG Frankfurt, 9. ZK, Beschl. v. 4.10.1979 – 2/9 T 952/79, Rpfleger 1980, 30.
89 Steiner/*Teufel*, Zwangsversteigerung und Zwangsverwaltung, 9. Aufl., § 118 Rn. 31; Zeller/*Stöber*, ZVG, 19. Aufl., § 118 Rn. 5.3.
90 BGH, V. ZS, Urt. v. 13.3.1970 – V ZR 89/67, BGHZ 53, 327 = MDR 1970, 497 = NJW 1970, 1188: Richtig ist zwar, dass eine Vereinbarung über das Bestehenbleiben eines Rechts nach § 91 Abs. 2 ZVG rückwirkende Kraft hat, die Übernahme des Rechts also vom Zuschlag an als erfolgt gilt; BGH, V. ZS, Urt. v. 5.11.1975 – V ZR 145/73, Rpfleger 1976, 10 = KTS 1976, 231 = MDR 1976, 131 = NJW 1976, 805: Mit dem Berufungsgericht ist davon auszugehen, dass die in Abt. III Nr. 22 und 23 eingetragenen Rechte bestehen geblieben sind, weil der Beklagte dies

ohne Unterbrechung bestehen geblieben (dingliche Kontinuität).[91] Obgleich die Liegenbelassungsvereinbarung gem. Abs. 3 S. 2 gegenüber dem Vollstreckungsschuldner wie eine Befriedigung aus dem Grundstück wirkt, geht das Erlöschen des Rechts gem. § 1181 Abs. 1 BGB mit ihr nicht einher, da § 91 Abs. 2 insoweit als lex specialis wirkt. Die Regelung des § 1181 Abs. 1 BGB wird folglich von ihr verdrängt.[92]

85 Als Wirkung der dinglichen Kontinuität behält das liegenbelassene Recht seinen bisherigen Grundbuchrang. Somit gelangt das liegenbelassene Recht an die erste Grundbuchposition, sofern die diesem bis dato vorgehenden Rechte aus dem Versteigerungserlös volle Befriedigung erlangen und erlöschen. Dem liegenbelassenen Recht im Rang vor gehen die aufgrund der Versteigerungsbedingungen weiter bestehenden Rechte. Werden besserrangige erlöschende Rechte nicht befriedigt, so gehen die dafür einzutragenden Sicherungshypotheken (§ 128 Abs. 1 S. 1 ZVG) dem kraft Vereinbarung liegen belassenen Recht ebenfalls vor. Das liegenbelassene Recht bleibt jedoch im Rang vor den wegen Nichtzahlung des Bargebots einzutragenden Sicherungshypotheken (§ 128 Abs. 1 S. 1 ZVG) für Ansprüche nachrangiger Gläubiger. Hat der Ersteher zugleich als Berechtigter die Liegenbelassung bewirkt, ändert sich das Rangverhältnis nicht entsprechend.[93]

86 Da das Versteigerungsgericht keine Beurkundungszuständigkeit inne hat, können auch keine Inhaltsänderungen des betroffenen Rechts (z. B. Änderungen der Zahlungs- und Verzinsungsbedingungen) zu Protokoll des Gerichts vereinbart werden.[94] Sollte dies dennoch der Fall sein, so erfahren diese Änderungen mangels Erfüllung des § 29 GBO keinen grundbuchlichen Vollzug.

87 Das Liegenbelassen eines Teils eines Rechts wird als zulässige Änderung betrachtet. Das dingliche Recht als Ganzes oder ein Teil desselben, die Zinsen ab dem Zeitpunkt der Zuschlagserteilung (§ 56 S. 2 ZVG) sowie einmalig fällige Nebenleistungen[95] können liegenbelassen werden.

88 Bis zum Zuschlag anfallende Zinsen werden von der Wirkung der Liegenbelassungsvereinbarung nicht erfasst. Diese Beträge sind dem Berechtigten stets aus dem Versteigerungserlös zu zahlen.[96]

b) **Minderung des Bargebots (Abs. 3)**

---

mit sich selbst „vereinbart" hat. Seine Erklärung hatte rückwirkende Kraft. Die Übernahme der Rechte galt also rückwirkend vom Zuschlag an als erfolgt; BGH, IX. ZS, Urt. v. 11.10.1984 – IX ZR 111/82, Rpfleger 1985, 74 = KTS 1985, 134 = MDR 1985, 405: Die Vereinbarung der Beklagten mit den Erstehern, die Grundschuld bestehen zu lassen, bewirkte, dass die Grundschuld rückwirkend vom Zeitpunkt des Zuschlages wieder auflebte.

91 BGH, V. ZS, Urt. v. 5.11.1975 – V ZR 145/73, Rpfleger 1976, 10 = KTS 1976, 231 = MDR 1976, 131 = NJW 1976, 805: § 91 Abs. 2 ZVG bringt die Kontinuität des Rechts zum Ausdruck.

92 Steiner/*Eickmann*, Zwangsversteigerung und Zwangsverwaltung, 9. Aufl., § 91 Rn. 43.

93 BGH, V. ZS, Urt. v. 5.11.1975 – V ZR 145/73, Rpfleger 1976, 10 = KTS 1976, 231 = MDR 1976, 131 = NJW 1976, 805: Ein nach § 91 Abs. 2 ZVG bestehen gebliebenes Recht behält seinen Vorrang vor der infolge Nichtberichtigung des Bargebots eingetragenen Sicherungshypothek; § 128 Abs. 3 ZVG findet keine entsprechende Anwendung.

94 *Hornung*, Rpfleger 1972, 208: Bis auf die im Beurkundungsgesetz vorgesehenen Ausnahmen, die hier nicht eingreift, besteht seit dem 1.1.1970 keine Rechtsgrundlage für eine Beurkundungstätigkeit der Gerichte neben der dafür zuständigen Notaren. Eine Beurkundung durch das Versteigerungsgericht kann daher nicht mehr stattfinden; die Beteiligten müssen an den Notar verwiesen werden. Eine dennoch vorgenommene Beurkundung wäre wegen der mangelnden sachlichen Zuständigkeit unwirksam; das Grundbuchamt müsste einen darauf gestützten Eintragungsantrag zurückweisen.

95 OLG Hamm, 15. ZS, Beschl. v. 5.11.1984 – 15 W 303/84, Rpfleger 1985, 247: Vereinbaren der Ersteher eines Grundstücks und ein Grundpfandrechtsgläubiger das Bestehenbleiben des Grundpfandrechts, so ist auch eine einmalige fällige Nebenleistung vom Bargebot abzuziehen.

96 Zeller/*Stöber*, ZVG, 19. Aufl., § 91 Rn. 3.3; *Mayer*, Rpfleger 1969, 3.

Durch die Liegenbelassungsvereinbarung vermindert sich der durch Zahlung **89** zu berichtigende Teil des Meistgebots um den Betrag, der sonst dem Berechtigten bei Verteilung des Versteigerungserlöses gebühren würde (§ 91 Abs. 3 S. 1), wenn das Recht gem. § 91 Abs. 1 unterginge.

Über die Frage in welcher Weise der Teilungsplan durch die Existenz einer Lie- **90** genbelassungsvereinbarung betroffen ist, herrschte in der Vergangenheit in Schrifttum und Rechtsprechung erheblicher Streit. Die zentrale Rolle fiel hierbei der Ermittlung der Bargebotszinsen zu.
Nachfolgend skizzierte drei Auffassungen sind bekannt:

1. Nach der ersten Auffassung, die auf eine Entscheidung des LG München[97] zurückgeht, ist das Bargebot um den Betrag zu kürzen, den der Gläubiger des liegenbelassenen Rechts auf das Kapital und die Zinsen vom Zuschlag bis zum Verteilungstermin erhalten hätte. Die Bargebotszinsen gem. § 49 Abs. 2 ZVG sind nur aus dem auf diese Weise gekürzten Bargebot zu berechnen (auch: „Vollanrechnung mit geschmälerter Zinspflicht").
2. Der zweiten vom OLG Köln[98] vertretenen und vom BGH[99] mitgetragenen Auffassung folgend ist das Bargebot nur um den Betrag des Kapitals zu kürzen, den der Gläubiger des liegenbelassenen Rechts erhalten hätte. Die Bargebotszinsen gem. § 49 Abs. 2 ZVG sind ebenfalls nur aus dem auf diese Weise gekürzten Bargebot zu berechnen (auch: „Kapitalanrechnung mit geschmälerter Zinspflicht").
3. Gleich der Auffassung zu 1) ist das Bargebot zu kürzen. Die Bargebotszinsen gem. § 49 Abs. 2 ZVG sind jedoch aus dem ungekürzten Bargebot zu ermitteln (auch: „Vollanrechnung mit ungekürzter Zinspflicht").[100]

Allein die verbale Beschreibung der drei Sichtweisen verdeutlicht, dass diese wirtschaftlich zu sehr unterschiedlichen Ergebnissen führen müssen.[101] Vor allem der Ersteher sowie das am Versteigerungserlös zuletzt partizipierende Recht sind hiervon tangiert.
Beispiel[102] mit folgender Ausgangssituation:

Recht III/1: 200.000,00 € (liegenbelassenes Recht)
Recht III/2: 100.000,00 €
Bargebot: 300.000,00 €
Verzinsung: 15 % p. a.
Zuschlag am: 15.3.2009
Verteilungstermin am: 15.6.2009 (90 Zinstage)

Die im Versteigerungsverfahren anfallenden Verfahrens-/Gerichtskosten sowie die Grunderwerbsteuer wurden aus Vereinfachungsgründen unberücksichtigt gelassen.

	Auffassung zu 1)	Auffassung zu 2)	Auffassung zu 3)
bar zu zahlendes Gebot	300.000,00	300.000,00	300.000,00
abzüglich Kapital aus Recht III/1	200.000,00	200.000,00	200.000,00

---

97 LG München I, Entscheidung v. 29.4.1958 – 13 T 133/57 (unveröffentlicht).
98 OLG Köln, 1. ZS, Beschl. v. 1.9.1965 – 1 W 103, 121/65, OLGZ 1966, 190.
99 BGH, VII. ZS, Urt. v. 31.3.1977 – VII ZR 336/75, BGHZ 68, 276 = NJW 1977, 1287 = Rpfleger 1977, 246.
100 Diese Auffassung wird von *Drischler* in NJW 1966, 766 = Rpfleger 1967, 359 sowie *Schiffhauer* in: Dassler/Schiffhauer/Gerhardt, § 91 Rn. 23 vertreten.
101 *Mayer*, Rpfleger 1969, 3: Die verschiedenen Ansichten, die sich gebildet haben, führen - wirtschaftlich gesehen – zu solch großen Unterschieden, dass es für den Ersteher einem Lotteriespiel gleichkommen kann, einer Liegenbelassungserklärung zuzustimmen. Die Ansicht des Vollstreckungsgerichts mag er noch erfragen können; ob sie aber gegebenenfalls vom Rechtsmittelgericht oder vom Prozessgericht geteilt wird, ist sein finanzielles Risiko.
102 I.W. an ausführlicher Darstellung von *Mayer*, Rpfleger 1969, 3 anlehnend.

abzüglich Zinsen 15 % v. 15.3. b. 14.6.2009	7.500,00	entfällt	7.500,00
bar zu zahlender Betrag	92.500,00	100.000,00	92.500,00
zuzüglich 4 % Bargebotszinsen v. 15.3. b. 14.6.2009	925,00	1.000,00	3.000,00
verbleiben für Recht III/2	93.425,00	101.000,00	95.500,00

– alle Ziffernangaben in € –

Ohne das Zustandekommen einer Liegenbelassungsvereinbarung für das Recht III/1 würde sich für den Ersteher nachfolgend aufgeführter Zahlbetrag ergeben:

bar zu zahlendes Gebot	300.000,00
abzüglich Kapital aus Recht III/1	entfällt
abzüglich Zinsen für 3 Monate	entfällt
zuzüglich 4 % Bargebotszinsen v. 15.3. b. 14.6.2009	1.000,00
Gesamtbetrag	303.000,00

– alle Zifferngaben in € –

Mit Zustandekommen einer Liegenbelassungsvereinbarung ergeben sich basierend auf den drei streitenden Auffassungen nachfolgende Zahllasten für den Ersteher:

	Auffassung zu 1)	Auffassung zu 2)	Auffassung zu 3)
an Recht III/1 zahlbar			
– Kapital	200.000,00	200.000,00	200.000,00
– 15 % Zinsen v. 15.3. b. 14.6.2009	7.500,00	7.500,00	7.500,00
an Recht III/2 zahlbar	93.425,00	101.000,00	95.500,00
Gesamtbetrag	300.925,00	308.500,00	303.000,00

– alle Ziffernangaben in € –

Sofern das Vollstreckungsgericht der Auffassung zu 1) zugeneigt ist, ergibt sich für den Ersteher bei Zustandekommen einer Liegenbelassungsvereinbarung ein finanzieller Vorteil i. H. v. 2.075,00 €. Sollte das Vollstreckungsgericht jedoch der Auffassung zu 2) entsprechen, bedeutet dies für den Ersteher einen finanziellen Verlust i. H. v. dann 5.500,00 €.
Für das aus dem Versteigerungserlös zuletzt zu bedienende Recht gilt hingegen das Umgekehrte: Zu Lasten des Erstehers würde die Auffassung zu 2) diesem Recht im Falle des Zustandekommens einer Liegenbelassungsvereinbarung einen um 5.500,00 € höheren Erlösbeitrag bescheren.

91 Der Streit über die Auslegung des § 91 Abs. 3 S. 1 ZVG ist zwischenzeitlich beigelegt. Die neuere Literatur wie auch die überwiegende Praxis der Gerichte folgt heute der Auffassung zu 3). Und dies zu Recht. Wird doch mit der Auffassung zu 3) dafür Sorge getragen, dass zum einen der Ersteher den gleichen Betrag zahlt, den er auch ohne eine Liegenbelassungsvereinbarung gem. § 91 Abs. 2 ZVG gezahlt hätte. Zum anderen bewirkt die Auffassung zu 3), dass auch der zuletzt aus dem Versteigerungserlös zu befriedigende Gläubiger den gleichen Betrag erhält, den er auch ohne das Zustandekommen einer Liegenbelassungserklärung erhalten hätte. Seine Position ist damit von einer Liegenbelassungsvereinbarung nicht betroffen. Das nachfolgende Beispiel[103] soll dies nochmals verdeutlichen:

folgende Ausgangssituation:
Recht III/1: 200.000,00 €
Recht III/2: 100.000,00 €
Bargebot: 300.000,00 €
Verzinsung: 15 % p. a.
Zuschlag am: 15.3.2009
Verteilungstermin am: 15.6.2009

Die im Versteigerungsverfahren anfallenden Verfahrens-/Gerichtskosten sowie die Grunderwerbsteuer wurden aus Vereinfachungsgründen unberücksichtigt gelassen.

a) Sofern ein Liegenbelassen für das Recht III/1 nicht vereinbart wird, die eingetragenen Grundpfandrecht nach den Versteigerungsbedingungen erlöschen, so gilt für die Barzahlungspflicht des Ersteher und die Erlösverteilung Folgendes:

Bargebot	300.000,00 €
zuzüglich Bargebotszinsen v. 15.3. b. 14.6.2009 (90 Zinstage)	3.000,00 E
zu zahlendes Bargebot	**303.000,00 €**
Zuteilung:	
Recht III/1	
15 % Zinsen v. 15.3.2007 b. 14.6.2009	67.500,00 €
Kapital (810 Zinstage)	200.000,00 €
Recht III/2	
15 % Zinsen v. 15.3.2007 b. 14.6.2009	33.750,00 €
Kapital (810 Zinstage)	1.750,00 E
	0,00 €

Der Gläubiger des Rechts III/2 erhält i. H. v. € 98.250,00 keine Zuweisung aus dem Versteigerungserlös. In dieser Höhe fällt sein Recht aus.

b) Sofern ein Liegenbelassen zwischen Ersteher und Gläubiger des Rechtes III/1 vereinbart wurde gilt folgendes:

Bargebot	300.000,00 €
zuzüglich Bargebotszinsen v. 15.3. b. 14.6.2009 (90 Zinstage)	3.000,00 E
zu zahlendes Bargebot	**303.000,00 €**
abzüglich:	
Kapital Recht III/1	200.000,00 €
15 % Zinsen v. 15.3. b. 14.6.2009 (90 Zinstage)	7.500,00 E
Zwischensumme	**92.500,00 €**
Zuteilung	
Recht III/1	
15 % Zinsen v. 15.3.2007 b. 14.3.2009 (720 Zinstage)	60.000,00 €
Recht III/2	
15 % Zinsen v. 15.3.2007 b. 14.6.2009 (810 Zinstage)	33.750,00 €
Kapital	1.750,00 E
	0,00 €

Auch bei Abschluss einer Liegenbelassungsvereinbarung erhält der Gläubiger des Rechts III/2 lediglich eine Erlöszuweisung i. H. v. 1.750,00 €. Mit dem Restbetrag fällt das Recht analog Szenario zu a) aus.

---

[103] I.W. an ausführlicher Darstellung von *Sickinger*, MittRhNotK 1996, 241 anlehnend.

92 Losgelöst davon, ob eine Liegenbelassungsvereinbarung abgeschlossen wird oder nicht, sind die Ergebnisse für den Gläubiger des Rechts III/2 (Ausfall seines Rechts i. H. v. 98.250,00 €) in beiden Szenarien ökonomisch identisch. Somit ist belegt, dass nachrangige Rechte vom Zustandekommen einer Liegenbelassungsvereinbarung nicht betroffen sind, sofern die Auffassung zu 3) bei der Ermittlung des durch Zahlung zu berichtigenden Teils des Meistgebots zur Anwendung gelangt.

93 c) **Befriedigungswirkung (§ 91 Abs. 3 S. 2).** Die Liegenbelassung wirkt gem. § 91 Abs. 3 S. 2 „im Übrigen" wie die Befriedigung des Gläubigers aus dem Grundstück. Entgegen § 1181 Abs. 1 BGB hat dies jedoch nicht das Erlöschen des Grundpfandrechts zur Folge, da das Grundpfandrecht aufgrund der Liegenbelassungsvereinbarung gerade bestehen bleiben soll.[104] § 91 Abs. 2 wirkt insoweit als lex specialis.

Die Liegenbelassungsvereinbarung hat in erster Linie Auswirkungen auf die persönliche Forderung. Hierneben freilich auch auf Mithaftende, Bürgen, die, sofern sie nicht in die Liegenbelassung eingewilligt haben, von ihren Verpflichtungen befreit sind.[105]

94 d) **Auswirkungen auf die persönliche Forderung.** Bezüglich der Auswirkungen auf die persönliche Forderung ist zunächst zu klären, ob der Ersteher gewillt ist die persönliche Haftung zu übernehmen oder nicht. Zur Beantwortung dieser Frage ist § 53 Abs. 1 ZVG, der bei Grundpfandrechten, die nach den Versteigerungsbedingungen bestehen bleiben, eine gesetzliche Schuldübernahme anordnet, nicht einschlägig.[106] Ausschließlich der Wille der beiden Beteiligten ist maßgeblich, wobei davon ausgegangen werden kann, dass der Ersteher auch die persönliche Schuldhaft übernimmt, da nur so dem Gläubiger des liegenbelassenen Rechts mindestens ein adäquater[107] Ersatz für die „verlorengegangene" persönliche Schuldhaft des Vollstreckungsschuldners gegeben wird.

95 Inwieweit mit einer Liegenbelassungsvereinbarung auch die Übernahme einer persönlichen Schuld durch den Ersteher gesehen werden kann, ist streitbefangen. Die herrschende Meinung geht davon aus, dass mit einer Liegenbelassungsvereinbarung regelmäßig auch die Übernahme der persönlichen Schuldhaft durch den Ersteher verbunden sei.[108]

96 Um sicher zu gehen, dass durch den Ersteher nicht nur die Herbeiführung der dinglichen Wirkung der Liegenbelassungsvereinbarung gewollt gewesen ist, bietet es sich daher an, die Übernahme des persönlichen Haftungsmoments durch den Ersteher ausdrücklich erklären zu lassen. Eine solche schuldrechtliche Erklärung kann auch zusammen mit der Liegenbelassungserklärung zu

---

104 *Böttcher*, ZVG, 3. Aufl. , § 91 Rn. 17; Zeller/*Stöber*, ZVG, 19. Aufl., § 91 Rn. 5.1; Dassler/*Schiffhauer*/Gerhardt, Zwangsversteigerungsgesetz, 12. Aufl., § 91 Rn. 26; BGH, V. ZS, Urt. v. 26.11.1980 – V ZR 153/79, NJW 1981, 1601.
105 *Eickmann*, MünchKomm, 5. Aufl., § 1181, Rn. 10; Dassler/*Schiffhauer*/Gerhardt, Zwangsversteigerungsgesetz, 12. Aufl., § 91 Rn. 26; LG Limburg, Urt. v. 12.3.1986 – 2 O 473/84, WM 1986, 532: Da die Vereinbarung über das Bestehenbleiben einer Grundschuld in der Zwangsversteigerung wie eine Befriedigung des Berechtigten aus dem Grundstück wirkt, werden sowohl der persönliche Schuldner als auch der Bürge frei.
106 BGH, V. ZS, Urt. v. 26.11.1980 – V ZR 153/79, Rpfleger 1981, 140.
107 Mindestens adäquat deshalb, weil doch davon auszugehen ist, dass die Bonität des Erstehers eine bessere ist als die des Vollstreckungsschuldners.
108 *Böttcher*, ZVG, 3. Aufl., § 91 Rn. 17: Festzuhalten ist vorab, dass in der Vereinbarung der Liegenbelassung nicht auch die Übernahme der persönlichen Schuldhaft durch den Ersteher erblickt werden kann, da dies ihn uU schlechter stellt; dafür wäre eine ausdrückliche Erklärung erforderlich, worauf das Vollstreckungsgericht hinzuweisen hat. So auch Steiner/*Eickmann*, Zwangsversteigerung und Zwangsverwaltung, 9. Aufl., § 91 Rn. 57; a. A: Zeller/*Stöber*, ZVG, 18. Aufl., § 91 Rn. 3.12; *Sickinger*, MittRhNotK 1996, 241; RG, VI. ZS, Urt. v. 18.3.1909 – VI. 435/08, RGZ 70, 411.

Protokoll des Vollstreckungsgerichts erklärt werden.[109] Die vom Gläubiger des liegenbelassenen Rechts gern gesehene sofortige Zwangsvollstreckungsunterwerfung des Erstehers bedarf dann natürlich der notariellen Beurkundung.

Sofern der Ersteher keine persönliche Haftung übernimmt und Eigentümer/Vollstreckungsschuldner und persönlicher Schuldner sich in einer Person vereinigen, hat dies das Erlöschen der Forderung zur Folge.[110] Handelt es sich bei dem liegenbelassenen Recht um eine Hypothek, so entsteht keine Eigentümergrundschuld gem. § 1163 Abs. 1 S. 2, § 1177 Abs. 1 S. 1 BGB, sondern eine Fremdgrundschuld.[111]

Ist der Eigentümer/Vollstreckungsschuldner mit dem persönlichen Schuldner nicht personenidentisch (Drittsicherheit), so greift § 1143 BGB ein. Die Forderung gegen den persönlichen Schuldner geht auf den Eigentümer/Vollstreckungsschuldner über. Eine liegenbelassene Hypothek wird sodann zur Fremdgrundschuld.

Übernimmt der Ersteher die persönliche Haftung so gilt auch hier: Die ursprüngliche Forderung kommt zum Erlöschen, wenn zwischen Eigentümer/Vollstreckungsschuldner und persönlichem Schuldner Personenidentität herrscht. Sind sie personenverschieden, so geht die Forderung auf den Eigentümer/Vollstreckungsschuldner über.

Mit der zwischen Ersteher und Gläubiger getroffenen Vereinbarung wird eine neue, dann abstrakte Verbindlichkeit begründet.[112] Der Ersteher kann demzufolge Einreden aus den vormaligen Forderungen gegen den Gläubiger nicht geltend machen.[113]

Ist das liegenbelassene Recht eine Sicherungsgrundschuld, so ist mit der Liegenbelassungsvereinbarung die als Sicherheit dienende Grundschuld durch den Gläubiger als verwertet zu betrachten.[114] Aufgrund der Befriedigungswirkung darf sie nicht mehr geltend gemacht werden. Der Sicherungsvertrag ist mit dem Sicherungsgeber beendet.[115] Die ihm zugrundliegende Forderung muss an den Eigentümer zurückzediert werden.[116] Die verwertete Sicherheit muss der Gläubiger nicht zurückgewähren.

Im Verhältnis zu einem Berechtigten aus einem Rückgewähranspruch muss sich der Gläubiger aber so behandeln lassen, als hätte er den Betrag der liegenbelassenen Grundschuld erhalten.[117] Sofern der Betrag die persönliche Forderung des Gläubigers übersteigt, entsteht dann ein Zahlungsanspruch des Rückgewährberechtigten in Höhe des den gesicherten Anspruch übersteigenden Betrages.[118]

e) **Auswirkungen auf eine Gesamthypothek.** Wenn der Ersteher und der Gläubiger das Liegenbelassen eines Gesamtgrundpfandrechts vereinbaren, stellt sich hinsichtlich des Eintritts der Befriedigungswirkung die Frage, ob der Vollstreckungsschuldner Eigentümer der mitbelasteten Grundstücke ist.

---

109 *Hornung*, Rpfleger 1972, 203.
110 *Eickmann*, MünchKomm, 5. Aufl., § 1181 Rn. 15; Soergel/*Konzen*, BGB, 13. Aufl., § 1181 Rn. 8; Staudinger/*Wolfsteiner*, BGB, 12. Aufl., § 1181 Rn. 19.
111 *Böttcher*, ZVG, 3. Aufl., § 91 Rn. 18.
112 *Eickmann*, MünchKomm, 5. Aufl., § 1181 Rn. 15; Staudinger/*Wolfsteiner*, BGB, 12. Aufl., § 1181 Rn. 23; Steiner/*Eickmann*, Zwangsversteigerung und Zwangsverwaltung, 9. Aufl., § 91 Rn. 59; Zeller/*Stöber*, ZVG, 18. Aufl., § 91 Rn. 3.12.
113 Steiner/*Eickmann*, Zwangsversteigerung und Zwangsverwaltung, 9. Aufl., § 91, Rn. 59.
114 BGH, Urt. v. 11.10.1984 – IX ZR 111/82, NJW 1985, 388.
115 BGH, Urt. v. 11.10.1984 – IX ZR 111/82, NJW 1985, 388.
116 *Muth*, Rpfleger 1990, 2.
117 BGH, Urt. v. 11.10.1984 – IX ZR 111/82, NJW 1985, 388.
118 BGH, Urt. v. 11.10.1984 – IX ZR 111/82, NJW 1985, 388.

104 Sofern alle belasteten Grundstücke im Eigentum des Vollstreckungsschuldners stehen, werden die nicht versteigerten Grundstücke gem. § 1181 Abs. 2 BGB frei. Das liegenbelassene Grundpfandrecht erlischt an diesen Grundstücken.[119] Am versteigerten Grundstück hingegen bleibt das Grundpfandrecht entgegen § 1181 Abs. 1 BGB erhalten.

105 Stehen hingegen die nicht versteigerten Grundstücke nicht im Eigentum des Vollstreckungsschuldners, dann erlöschen die Grundpfandrechte an diesen nur für den Fall, dass der Vollstreckungsschuldner gegenüber den Eigentümern der nicht versteigerten Grundstücke nicht Ersatz verlangen kann. Hat der Vollstreckungsschuldner gegenüber den Eigentümern der nicht versteigerten Grundstücke einen Ersatzanspruch, dann erlischt das Grundpfandrecht an diesen nicht, sondern geht auf den Vollstreckungsschuldner über (§ 1182 BGB).[120]

106 **f) Auswirkungen, wenn Gläubiger und Ersteher personenidentisch sind.** Die Liegenbelassung eines dem Ersteher zustehenden Rechts kann mittels einseitiger Erklärung bewirkt werden. Nach Auffassung des BGH ist für den Fall, dass der Ersteher eines Grundstücks als Inhaber einer darauf lastenden voll valutierten Darlehenshypothek deren Liegenbelassen erklärt, obgleich diese bei der Erlösverteilung teilweise ausfällt, dem Ersteher gegen den Darlehensschuldner ein Bereicherungsanspruch auf Wertersatz (§ 812 Abs. 1 S. 1, § 818 Abs. 2 BGB) in der Höhe, in der die Darlehensforderung nicht durch die Erlöszuteilung befriedigt ist, gegeben.[121]

107 **g) Umfang der Befriedigung.** Gem. § 91 Abs. III S. 2 soll der Umfang der Befriedigungswirkung immer gleich dem Umfang des Liegenbelassens sein. D. h. die persönliche Forderung erlischt in Höhe des Nennbetrages des liegenbelassenen Rechts; dies auch dann, wenn der Gläubiger des liegenbelassenen Rechts aus dem Versteigerungserlös nur teilweise oder gar nicht befriedigt worden wäre.[122]

108 Sofern das liegenbelassene Recht aus dem Versteigerungserlös vollumfänglich bedient worden wäre, ist hieran auch nichts auszusetzen. Jedoch kann auch ein durch das bare Meistgebot nur teilweise oder gar nicht gedecktes Grundpfandrecht Gegenstand einer Liegenbelassungsvereinbarung sein. Die Bargebotsminderung tritt in diesem Fall nur insoweit ein, wie das liegenbelassene Recht aus dem Versteigerungserlös Deckung erhalten hätte, wenn die Liegenbelassung nicht zustande gekommen wäre. Die Befriedigungswirkung soll nach h. M.[123] jedoch in voller Höhe auch hier eintreten. Dies hätte zur Folge, dass der Gläubiger eines solchen Rechts, der mit dem Liegenbelassen einverstanden ist, seiner persönlichen Forderung gegen den Vollstreckungsschuldner teilweise oder sogar gänzlich verlustig geht. Das Ergebnis ist eine durch die Liegenbelassung bewirkte deutliche Besserstellung des Vollstreckungsschuldners gegenüber einer baren Auszahlung des Versteigerungserlöses. Dies kann so nicht gewollt sein. Die Grundtendenz dieser Regelung, wonach die Beteiligten im Fall des Liegenbelassens nicht schlechter gestellt sein sollen als für den Fall der Barzahlung des Versteigerungserlöses, wird so konterkariert.

109 Beim Liegenbelassen nicht erlösgedeckter Rechte muss sich der Umfang der Befriedigung gem. § 91 Abs. 3 S. 2 nach dem Umfang der Zuteilung aus dem

---

119 Steiner/*Eickmann*, Zwangsversteigerung und Zwangsverwaltung, 9. Aufl., § 91 Rn. 60; Dassler/*Schiffhauer*/Gerhardt, Zwangsversteigerungsgesetz, 12. Aufl., § 91 Rn. 26.
120 Steiner/*Eickmann*, Zwangsversteigerung und Zwangsverwaltung, 9. Aufl., § 91 Rn. 61.
121 BGH, V. ZS, Urt. v. 26.11.1980 – V ZR 153/79, Rpfleger 1981, 140.
122 *Böttcher*, ZVG, 3. Aufl., § 91 Rn. 21.
123 RG, VII. ZS, Urt. v. 30.11.1937 – VII 127/37, RGZ 156, 271; BGH, V. ZS, Urt. v. 26.11.1980 – V ZR 153/79, NJW 1981, 1601 = Rpfleger 1981, 140 = ZIP 1981, 151 = MDR 1981, 568; LG Bonn, Beschl. v. 12.7.1965 – 4 T 282–284/5, NJW 1965, 2113; BGH, IX. ZS, Urt. v. 11.10.1984 – IX ZR 111/82, Rpfleger 1985, 74 = ZIP 1984, 1536 = NJW 1985, 388.

Versteigerungserlös gem. Teilungsplan richten. Die Erlöschenswirkung für die persönliche Forderung tritt folglich nur in Höhe der Kürzung des Bargebots gem. § 91 Abs. 3 S. 1 ein.[124] Im Interesse der Rechtssicherheit bedarf es der Korrektur dieser widersprüchlichen Auslegung des § 91 durch die Rechtsprechung selbst oder auf gesetzgeberischem Weg.

Für die Praxis ist empfehlenswert, sich vor Beurkundung oder Beglaubigung einer Liegenbelassungsvereinbarung Kenntnis darüber zu verschaffen, ob das betroffene Recht durch den Versteigerungserlös gedeckt ist. Alternativ hierzu bietet sich an, die Liegenbelassung von vornherein nur in Höhe des vom Bargebot gedeckten Teils des betroffenen Rechts zu schließen. **110**

IV. Behandlung des Löschungsanspruchs (Abs. 4)

Abs. 4 ist durch das Gesetz zur Änderung sachenrechtlicher, grundbuchrechtlicher und anderer Vorschriften vom 22.6.1977 eingefügt worden. Er bezieht sich nur auf den Fall eines gesetzlichen Löschungsanspruchs nach § 1179a BGB gegenüber Grundpfandrechten, Hypotheken und Rentenschulden, die Eigentümerrecht werden oder geworden sind.[125] Mit dem Gesetz zur Änderung sachenrechtlicher, grundbuchrechtlicher und anderer Vorschriften vom 22.6.1977 vollzog sich eine Umgestaltung des Rechts der Löschungsvormerkung. Der neu geschaffene § 1179a BGB als gesetzlicher Bestandteil des Hypothek, der als Kernstück der Neuregelung einen Löschungsanspruch (korrekt: Aufhebung) eines Gläubigers einer Hypothek, aber auch einer Grund- oder Rentenschuld, gegen gleich- und vorrangige Eigentümerrechte kraft Gesetz statuiert, bedarf im Gegensatz zum bis dato gültigen Recht keines schuldrechtlichen Anspruches mehr. Er wirkt nach der Vorschrift des § 1179a Abs. 1 S. 3 BGB, wie wenn zu seiner Sicherung gleichzeitig mit dem begünstigten Grundpfandrecht eine Vormerkung in das Grundbuch eingetragen worden wäre.[126] Durch den Gesetzgeber wurde mit dem Gesetz vor allem die Vereinfachung und Beschleunigung der Arbeit der Grundbuchämter bezweckt. Die neuen Vorschriften traten am 1.1.1978 in Kraft. Abgrenzungskriterium bildet der Zeitpunkt der Eintragung des begünstigten Rechts, ggf. auch der Zeitpunkt der Stellung des Eintragungsantrages für das begünstigte Recht. Ein gesetzlicher Löschungsanspruch besteht nicht für vor dem 1.1.1978 eingetragene Gläubiger eines Grundpfandrechts[127]. Für die so begünstigten Rechte verblieb es bei der Möglichkeit, einen schuldrechtlichen Anspruch auf Löschung zu erlangen und diesen mittels Löschungsvormerkungseintragung im Grundbuch zu sichern. Kam das begünstigte Recht nach dem 1.1.1978 zur Grundbucheintragung, so ist der Zeitpunkt der Eintragungsbeantragung maßgeblich.[128] Erfolgte die Beantragung vor dem 1.1.1978 besteht kein gesetzlicher Löschungsanspruch für das begünstigte Recht, so dies nach dem 1.1.1978 der Fall gewesen ist besteht dieser. **111**

Der gesetzliche Löschungsanspruch gem. § 1179 a BGB für Grundpfandrechte, Hypotheken und Rentenschulden gegenüber Eigentümerrechten erlischt nicht mit dem begünstigten Recht, sondern erst für den Fall, dass der aus ihnen Berechtigte vollumfänglich befriedigt wurde.[129] Diese Neuregelung **112**

---

124 *Böttcher*, ZVG, 3. Aufl., § 91 Rn. 21; So auch Dassler/*Schiffhauer*/Gerhardt, Zwangsversteigerungsgesetz, 9. Aufl., § 91 Rn. 28; *Muth*, Rpfleger 1990, 2.
125 Zeller/*Stöber*, ZVG, 19. Aufl., § 91 Rn. 6.1.
126 *Kissel*, NJW 1977, 1760.
127 Vgl. Art. 8 des Gesetzes zur Änderung sachenrechtlicher, grundbuchrechtlicher und anderer Vorschriften v. 22.6.1977, BGBl. I 1977, 998.
128 Grundlage hierfür bildet die Vorschrift des § 13 Abs. 2 S. 2 GBO.
129 Vgl. *Stöber*, Rpfleger 1977, 399.

hat nicht nur die Änderung der §§ 91 Abs. 4 und 130 ZVG, sondern überdies auch die Einfügung des § 130a ZVG erforderlich gemacht. § 130a ermöglicht die dingliche Sicherung des Löschungsanspruchs.

113 Wegen der Geltendmachung des Löschungsanspruchs vgl. § 114 ZVG.

§ 92 ZVG [Wertersatz für erlöschende Rechte]

(1) Erlischt durch den Zuschlag ein Recht, das nicht auf Zahlung eines Kapitals gerichtet ist, so tritt an die Stelle des Rechts der Anspruch auf Ersatz des Wertes aus dem Versteigerungserlös.

(2) Der Ersatz für einen Nießbrauch, für eine beschränkte persönliche Dienstbarkeit sowie für eine Reallast von unbestimmter Dauer ist durch Zahlung einer Geldrente zu leisten, die dem Jahreswert des Rechts gleichkommt. Der Betrag ist für drei Monate vorauszuzahlen. Der Anspruch auf eine fällig gewordene Zahlung verbleibt dem Berechtigten auch dann, wenn das Recht auf die Rente vor dem Ablauf der drei Monate erlischt.

(3) Bei ablösbaren Rechten bestimmt sich der Betrag der Ersatzleistung durch die Ablösungssumme.

Übersicht

		Rn.
I.	Norminhalt	1–5
1.	Anwendungsbereich	5
II.	Der Surrogationsgrundsatz bei nicht auf Kapitalzahlung gerichteten Rechten	6
III.	Bestimmung des Wertersatzes	7–51
1.	Wertersatz für Grundpfandrechte	12–17
2.	Wertersatz bei den anderen Rechten – Zur Systematik im Gesetz	18–21
3.	Die Geldrente gem. Abs. 2	22–28
4.	Der Ersatzbetrag gem. Abs. 1	29–31
5.	Der Ablösungsbetrag gem. Abs. 3	32
6.	Die Anmeldung des Ersatzbetrages	33–39
7.	Die Bindung für das Vollstreckungsgericht	40
8.	Die Feststellung des Ersatzbetrages	41, 42
9.	Widerspruch	43–46
10.	Vorsorgliche Maßnahmen	47
11.	Empfangsberechtigter des Ersatzbetrages	48–51
IV.	Einzelfälle für den Wertersatz durch Zahlung einer Geldrente (§ 92 Abs. 2)	52–67
1.	Allgemeines	52
2.	Nießbrauch (§ 1030 BGB)	53–58
3.	Beschränkte persönliche Dienstbarkeit (§ 1090 BGB)	56–58
4.	Reallast von unbestimmter Dauer (§ 1105 BGB)	59–62
5.	Altenteil (Leibgedinge, Leibzucht, Auszug)	63–66
6.	Dauerwohnrecht nach § 31 WEG	67
V.	Einzelfälle für den Wertersatz durch einmalige Kapitalleistung (§ 92 Abs. 1)	68–81
1.	Allgemeines	68
2.	Reallast von bestimmter Dauer (§ 1105 BGB)	69
3.	Grunddienstbarkeit (§ 1018 BGB)	70
4.	Vorkaufsrecht (§ 1094 BGB)	71
5.	Auflassungsvormerkung (Eigentumsvormerkung, § 883 BGB)	72–75
6.	Erbbaurecht, Erbbauzins	76, 77
7.	Vormerkungen	78–80
8.	Mitbenutzungsrecht (Grundstücksrecht in der ehemaligen DDR)	81

Pestel

I. Norminhalt

1 Der Surrogationsgrundsatz, nach dem der Versteigerungserlös an die Stelle des Versteigerungsgegenstandes tritt, an welchem sich sodann das Eigentum und die anderen dinglichen Rechte unter Wahrung ihrer bisherigen Rangposition fortsetzen, liegt dem § 92 ZVG zugrunde. Er enthält eine besondere Regelung, die die Umwandlung der nicht auf Kapitalzahlung gerichteten Rechte (das sind alle Rechte in Abt. II des Grundbuchs) betrifft, die Bestimmung des Wertersatzes für infolge des Zuschlages erlöschende Rechte (Abs. 1).

2 Für die auf Kapitalzahlung gerichteten Rechte (Hypotheken, Grundschulden, Rentenschulden) gilt freilich der Surrogationsgrundsatz auch. Sie können aus dem Versteigerungserlös befriedigt werden, soweit dieser zur Verteilung reicht. Bei ihnen kommt Kapitalzahlung in Betracht, eines Wertersatzes bedarf es nicht. Der Gesetzgeber sah den Surrogationsgrundsatz für derlei Rechte offenbar als so selbstverständlich an, dass eine ausdrückliche Regelung hierzu unterblieb.[1]

3 Dass der Gesetzgeber für die nicht auf Kapitalzahlung gerichteten Rechte hingegen eine Regelung vorsieht, mag dem Umstand geschuldet sein, dass sich im Gegensatz zu den Grundpfandrechten die Surrogation bei den von der Norm des § 92 ZVG erfassten Rechten doppelt vollzieht. Neben der Wandlung des Versteigerungsgegenstandes in den Versteigerungserlös (einfache Surrogation) vollzieht sich in einem weiteren Schritt noch eine Inhaltsänderung dieser Rechte.

4 Die Absätze 2 und 3 thematisieren die Durchführung der Surrogation.

1. Anwendungsbereich

5 Die Vorschrift des § 92 ZVG gilt für alle Zwangsversteigerungsverfahren.[2]

II. Der Surrogationsgrundsatz bei nicht auf Kapitalzahlung gerichteten Rechten

6 Im Interesse der Systemklarheit hat der Gesetzgeber auch für die nicht auf Kapitalzahlung gerichteten Rechte die Surrogation angeordnet. Das heißt: Bleibt ein nicht auf Kapitalzahlung gerichtetes Recht nach den Versteigerungsbedingungen nicht bestehen, so teilt es das Schicksal eines auf Kapitalzahlung gerichteten Rechts (Hypotheken, Grundschulden, Rentenschulden): Es erlischt und setzt sich am Versteigerungserlös als Surrogat des Haftungsgegenstandes „Grundstück" fort. Zugleich wandelt sich infolge des Zuschlags jedoch der Inhalt des nicht auf Kapitalzahlung gerichteten Rechts insoweit, als an seine Stelle der Anspruch auf Wertersatz in Geld tritt. Weil die nicht auf Kapitalzahlung gerichteten Rechte am Versteigerungserlös als Ergebnis der einfachen Surrogation nicht haften bleiben können, tritt als notwendige Folge der „Verflüssigung" des Grundstückswertes vorbeschriebene Wandlung ein, die insbesondere hinsichtlich Rangstelle und Umfang die dingliche Bindung des Grundstückswertes ebenso unberührt lässt wie bei den auf Kapitalzahlung gerichteten Rechten.[3] Mit der Wandlung des Haftungsgegenstandes „Grundstück" in den Versteigerungserlös einerseits und der „Metamorphose" aller am Grundstück bestehenden Berechtigungen andererseits kann das jetzt Haftende, nämlich der Versteigerungserlös, den Berechtigungen entsprechen. Während bei den auf Kapitalzahlung gerichteten Rechten die Surrogation nur einmal, und

---

1 Steiner/*Eickmann*, Zwangsversteigerung und Zwangsverwaltung, 9. Aufl., § 92 Rn. 1.
2 Zeller/*Stöber*, ZVG, 19. Auflage, § 92 Rn. 1.
3 *Jaeckel-Güthe*, Zwangsversteigerungsgesetz, 7. Aufl., § 92 Rn. 1.

zwar bezüglich des Haftungsgegenstandes „Grundstück", eintritt (Umwandlung der Haftungssubstanz), vollzieht sie sich für die nicht auf Kapitalzahlung gerichteten Rechte zweistufig: Neben der Surrogation bezüglich des Haftungsgegenstandes „Grundstück" erfolgt auch eine Surrogation in Bezug auf das Recht. An die Stelle des dem Recht einnwohnenden Inhaltes (Nutzungen) tritt der Geldanspruch als Ersatzanspruch, dessen Ausgestaltung im Falle des § 92 Abs. 2 ZVG allerdings die Wirkungen des Rechts weitestgehend wiederherstellt (inhaltserneuernde Surrogation).[4] Ist die beschränkt persönliche Dienstbarkeit gem. § 1092 Abs. 1 S. 1 BGB, § 857 ZPO nicht übertragbar und nur beschränkt pfändbar, gilt dies für den Geldanspruch für eine mit dem Zuschlag in der Versteigerung erloschene beschränkte persönliche Dienstbarkeit nicht mehr. Diese Beschränkungen setzen sich am Ersatzanspruch nicht mehr fort.[5]

III. Bestimmung des Wertersatzes

An die Stelle des Rechts tritt der Anspruch auf Ersatz des Wertes aus dem Versteigerungserlös (Abs. 1). Der Anspruch auf Wertersatz ist auf die Zahlung eines Geldbetrages gerichtet und im Versteigerungserlös vergegenständlicht. Mit Befriedigung aus dem Versteigerungserlös erlischt der Anspruch auf Wertersatz. Er wird in dem Maße gegenstandslos, wie eine Befriedigung aus dem Versteigerungserlös nicht mehr möglich ist. **7**

Den am Versteigerungserlös Berechtigten steht der Vollstreckungsschuldner gegenüber, der vorbehaltlich übernommener persönlicher Haftungsmomente, lediglich mit dem Versteigerungserlös dinglich haftet. **8**

Der Versteigerungserlös ist kraft der Beschlagnahme zugunsten der Rechte, die im Zeitpunkt der Zuschlagserteilung am Grundstück bestanden, dinglich gebunden. Er ist für die Rechte ein Ersatz für das versteigerte Grundstück.[6] **9**

Die Verfügungsgewalt über dem Versteigerungserlös steht ausschließlich dem Versteigerungsgericht zu, welches zudem für die Entgegennahme des Versteigerungserlöses und dessen Verteilung an die Berechtigten Sorge zu tragen hat.[7] **10**

Nachdem das dingliche Recht mit dem Zuschlag erloschen ist, greifen jetzt auch nicht mehr die formellen Grundsätze des Grundbuchrechts. Das dingliche Recht ist jetzt durch das Ersatzrecht ersetzt worden. Die zur Zeit des Bestehens des jetzt erloschenen Rechts gültigen materiellen Bestimmungen sind nunmehr auf den am Versteigerungserlös haftenden Ersatzanspruch zu übertragen. Dies natürlich nur insoweit, als dessen Natur als Geldanspruch dies auch zulässt. Am Ersatzanspruch erhalten bleiben in jedem Fall der bisherige **11**

---

4 Vgl. ausführl. hz. Steiner/*Eickmann*, Zwangsversteigerung und Zwangsverwaltung, 9. Aufl., § 92 Rn. 4.
5 LG Frankfurt, 8. ZK, Urt. v. 26.9.1973 – 2/8 O312/73, Rpfleger 1974, 122: Der als Ersatzforderung für eine mit dem Zuschlag in der Zwangsversteigerung erloschene beschränkte persönliche Dienstbarkeit entstandene Erlösanspruch ist als Geldforderung ohne Weiteres übertragbar und pfändbar; so auch: Dassler/*Schiffhauer*/Gerhardt, ZVG, 12. Aufl., § 92 Rn. 4; *Wilhelmi-Vogel*, ZVG, 5. Aufl., § 92 Rn. 1.
6 RG, V. ZS, Urt. v. 7.6.1916 – Rep. V. 59/16, RGZ 88, 300: Der Versteigerungserlös ist keine reine Mobiliarmasse, sondern kraft der gesetzlichen Surrogation für den Zweck der Liquidation der Rechtsverhältnisse, die an dem Grundstücke bestanden haben, dinglich gebunden (Vgl. Urt. des erkennenden Senats in RGZ 77, 313); So auch: BGH, 5. ZS, Urt. v. 26.6.1957 – V ZR 191/55, Rpfleger 1958, 51 = MDR 1958, 24 = DNotZ 1958, 313.
7 BGH, VIII. ZS, Urt. v. 5.4.1972 – VIII ZR 31/71, Rpfleger 1972, 218 = NJW 1972, 1135: Andererseits steht die Verfügungsbefugnis über den Anspruch gegen den Ersteher auf Zahlung des Erlöses allein dem Vollstreckungsgericht zu. Dieses verteilt entweder den Erlös gem. § 117 ZVG oder hinterlegt ihn gem. §§ 124, 120 Abs. 1 S. 1 ZVG für die Berechtigten.

Grundbuchrang[8], Nießbrauch, Pfandrechte[9], alle Einreden und Beschränkungen. Der Ersatzanspruch ist frei übertragbar, pfändbar und verpfändbar.[10]

1. Wertersatz für Grundpfandrechte

12 Die auf Kapitalzahlung aus dem Grundstück gerichteten, durch den Zuschlag erlöschenden Rechte können aus dem Versteigerungserlös befriedigt werden, soweit dieser reicht. Das sind die Grundpfandrechte (Hypotheken, Grundschulden, Rentenschulden). Bei ihnen kommt Kapitalzahlung in Betracht. Der auf sie aus dem Versteigerungserlös entfallende Betrag ergibt sich aus der Grundbucheintragung. Bei diesen Rechten erfolgt also eine unmittelbare Anweisung des Geldbetrages des Rechts einschließlich der Zinsen und Renten auf den Erlös.[11]

13 Da der Ersatzanspruch keine Hypothek oder Grundschuld mehr ist, § 1154 BGB greift mithin nicht mehr, kann er formlos übertragen werden.[12]

14 Bei einer Hypothek setzt sich ihr akzessorischer Charakter im Ersatzanspruch fort.[13]

15 Resultiert der Ersatzanspruch aus einer Höchstbetragssicherungshypothek, so steht dem Berechtigten ein Ersatz nur insoweit zu, als die mit ihr gesicherte Forderung auch zum Entstehen gekommen ist und noch Bestand hat. Andernfalls gebührt der Ersatzanspruch dem Vollstreckungsschuldner (Eigentümer).

---

8 RG, V. ZS, Urt. v. 7.6.1916 – Rep. V. 59/16, RGZ 88, 300: Soll aber in Ansehung der Rechte der Versteigerungserlös den Ersatz (das Surrogat) für das Grundstück bilden, so müssen die für den materiell-rechtlichen Inhalt der Rechte, so lange sie an dem Grundstücke bestanden, maßgebend gewesenen gesetzlichen Vorschriften auch weiter auf die nunmehr an dem Versteigerungserlöse bestehenden Rechte insoweit entsprechende Anwendung finden, als die Anwendung nicht dadurch ausgeschlossen wird, dass nicht mehr ein Grundstück den Gegenstand der Rechte bildet. Dadurch verbietet es sich, schlechthin die Grundsätze über das Mobiliarpfandrecht an Forderungen auf die Befriedigungsrechte am Versteigerungserlös anzuwenden, welche an die Stelle der Pfandrechte an dem Grundstücke (Hypotheken, Grundschulden) getreten sind. Die möglichste Aufrechterhaltung der bisherigen Rechte und rechtlichen Beziehungen hinsichtlich ihres materiell-rechtlichen Inhaltes ist daher geboten; So auch: BGH, V. ZS, Urt. v. 26.6.1957 – V ZR 148/55, BGHZ 25, 27 = NJW 1957, 1553; *Jaeckel-Güthe*, ZVG, 7. Aufl., § 92 Rn. 1; *Wilhelmi-Vogel*, ZVG, 5. Aufl., § 92 Rn. 1.

9 BGH, V. ZS, Urt. v. 29.3.1961 – V ZR 179/59, Rpfleger 1961, 291 = MDR 1961, 675: Hat ein Gläubiger des Grundstückseigentümers dessen Anspruch gegen einen Grundschuldgläubiger auf Übertragung des nicht valutierten Teils der Grundschuld gepfändet und ist die Grundschuld durch Erteilung des Zuschlags in der Zwangsversteigerung erloschen, dann bleibt das Pfandrecht an dem Anspruch des Grundstückseigentümers auf einen entsprechenden Teil des Versteigerungserlöses, in den sich der Übertragungsanspruch mit Erteilung des Zuschlags umgewandelt hat, bestehen; So auch: *Wilhelmi-Vogel*, ZVG, 5. Aufl., § 114 Rn. 8; *Westermann*, Sachenrecht, 4. Aufl., § 116 Abs. 3 S. 1 a. S. 574; *Wörbelauer*, NJW 1958, 1705.

10 Vgl. hz. Rn. 6.

11 *Jaeckel-Güthe*, ZVG, 7. Aufl., § 92 Rn. 2.

12 BGH, V. ZS, Urt. v. 6.11.1963 – V ZR 55/62, NJW 1964, 813: Nach dem Erlöschen der Hypothek war die Übertragung des Rechts auf den Versteigerungserlös nicht mehr an die oben erwähnte Form -Eintragung der Abtretung im Grundbuch gem. § 866 ZPO, § 1185 BGB-gebunden, sie war vielmehr formfrei möglich. So auch: *Wilhelmi-Vogel*, ZVG, 5. Aufl., § 92 Rn. 1: Wer durch formlose Abtretung ein Recht auf Befriedigung aus dem Versteigerungserlös an Stelle des bisherigen Beteiligten erworben hat, ist ebenfalls -Anmeldung vorausgesetzt (§ 9 Nr. 2 ZVG)- Beteiligter.

13 RG, V. ZS, Urt. v. 3.4.1907 – Rep. V. 423/06, RGZ 65, 415: Wenn daher § 401 Abs. 1 BGB vorschreibt, dass mit der Forderung auch die für sie bestehende Hypothek auf den neuen Gläubiger übergeht, so muss von dem an die Stelle der durch den Zuschlag erloschenen Hypothek getretenen, dem Gläubiger als ein Nebenrecht der Forderung zustehenden Anspruche auf Befriedigung aus dem Versteigerungserlöse das Gleiche gelten.

16 Das Ersatzrecht kann sich nicht mehr in eine Eigentümergrundschuld verwandeln, gleichwohl kann der Ersatzanspruch unter gleichen Voraussetzungen auf den Eigentümer übergehen.[14]

17 Verzichtet der Gläubiger auf eine Grundschuld nach Zuschlag im Zwangsversteigerungsverfahren, so kommt der Verzicht nicht den im Rang nachstehenden Berechtigten, sondern dem Vollstreckungsschuldner (Eigentümer) zu.[15]

2. Wertersatz bei den anderen Rechten – Zur Systematik im Gesetz

18 Das Gesetz differenziert bei den nicht in Grundpfandrechten bestehenden Rechten, für die infolge ihres Erlöschens nach Zuschlagserteilung Wertersatz zu leisten ist:
a) nach Rechten, die auf wiederkehrende Leistungen gerichtet sind und übrigen Rechten, hiernach
b) nach ablösbaren und nicht ablösbaren Rechten und schussendlich
c) nach der Art der Zuteilung (Zahlung einer Geldrente oder einmalige Kapitalabfindung)

19 Für den Nießbrauch, für beschränkte persönliche Dienstbarkeiten und für Reallasten von unbestimmter Dauer erfolgt die Abfindung durch Gewährung einer Geldrente (Abs. 2), sofern diese Rechte nicht ablösbar sind.

20 Mit einer einmaligen Kapitalzahlung werden alle anderen Rechte, die nicht in § 92 Abs. 2 ZVG benannt sind abgefunden: die Reallast von bestimmter Dauer, die Grunddienstbarkeit, das Vorkaufsrecht, die Auflassungsvormerkung, der Erbbauzins, Widersprüche, die ein unter § 92 ZVG fallendes Recht sichern sowie Veräußerungsverbote. Die Zugehörigkeit des Dauerwohnrechts nach § 31 WEG[16] zu Abs. 1 ist im Schrifttum streitbefangen.[17]

21 Für die Bestimmung der Höhe der Ersatzleistung sind folgende Grundsätze maßgeblich:
a) Sofern ein Recht ablösbar ist, so wird sein Ersatzbetrag durch die Ablösungssumme bestimmt (Abs. 3).
b) Ist ein Höchstbetrag (§ 882 BGB)[18] im Grundbuch eingetragen, dann bestimmt dieser den Ersatzbetrag.
c) Bei im Grundbuch eingetragenen Geldleistungen (Geldrentenreallast von bestimmter Dauer, Erbbauzins) wird, sofern eine Anmeldung nicht vorliegt, von Amts wegen kapitalisiert.

---

14 BGH, V. ZS, Urt. v. 13.3.1963 – V ZR 108/61, MDR 1963, 580 = Rpfleger 1963, 234: Nach dem System der Grundpfandrechte ist, solange das Grundpfandrecht besteht, im Falle der Löschung das Aufrücken der Zwischenrechte nicht zu vermeiden. Aber die Verbesserung ihrer Stellung, der Schutz ihrer Interessen an einer Befriedigung im Versteigerungsverfahren, ist nicht das Interesse, das durch § 1179 BGB geschützt werden soll. Daraus ist zu folgern, dass nach Erlöschen des Grundpfandrechts und der Vormerkung der auf das erloschene Grundpfandrecht an sich zuzuteilende Betrag lediglich dem früheren Vormerkungsberechtigten bei Geltendmachung seiner Rechte zusteht, allerdings nur insoweit, als er bei vor dem Zuschlag durchgeführter Löschung Anspruch gehabt hätte.
15 BGH, V. ZS, Urt. v. 13.3.1963 – V ZR 108/61, MDR 1963, 580 = Rpfleger 1963, 234.
16 Ein Grundstück kann in der Weise belastet werden, dass derjenige, zu dessen Gunsten die Belastung erfolgt, berechtigt ist, unter Ausschluss des Eigentümers eine bestimmte Wohnung in einem auf dem Grundstück errichteten oder zu errichtenden Gebäude zu bewohnen oder in anderer Weise zu nutzen (Dauerwohnrecht). Das Dauerwohnrecht kann auf einen außerhalb des Gebäudes liegenden Teil des Grundstücks erstreckt werden, sofern die Wohnung wirtschaftlich die Hauptsache bleibt.
17 Vgl. hz. Rn. 67.
18 Wird ein Grundstück mit einem Recht belastet, für welches nach den für die Zwangsversteigerung geltenden Vorschriften dem Berechtigten im Falle des Erlöschens durch den Zuschlag der Wert aus dem Erlös zu ersetzen ist, so kann der Höchstbetrag des Ersatzes bestimmt werden. Die Bestimmung bedarf der Eintragung im Grundbuch.

Sollten die zuvor benannten Konstellationen a) bis c) bei der Ermittlung des Ersatzbetrages nicht gegeben sein, so ist der Ersatzbetrag für erlöschende Rechte ohne Kapitalbetrag nur für den Fall seiner Anmeldung berücksichtigungsfähig. Erfolgt keine Anmeldung, dann bleibt das Recht auch unberücksichtigt.[19]

3. Die Geldrente gem. Abs. 2

22 a) **Grundsätzliches.** Handelt es sich bei dem erlöschenden Recht um einen Nießbrauch, eine beschränkte persönliche Dienstbarkeit[20] oder eine Reallast von unbestimmter Dauer[21], so bedarf es der Feststellung einer Geldrente. Die Geldrente wird aus einem Kapitalwert und den auf diesen entfallenden Zinsen gezahlt. Bei vorgenannten Rechten handelt es sich um Rechte mit Versorgungscharakter, denen eben wegen ihres Charakters eine Kapitalabfindung nicht gerecht werden würde. „Diese Regelung entspricht im Hinblicke auf die Schwierigkeit und Unsicherheit der Schätzung der gedachten Lasten nicht allein dem Interesse des Berechtigten, sondern in der Regel auch dem Interesse der nachstehenden Gläubiger, da diesen im Falle der Schätzung leicht ein zu hohes Kapital entzogen werden könnte. Aber auch wenn unter Umständen die nachstehenden Gläubiger ein Interesse an der sofortigen Abfindung des Berechtigten haben, so wird ihnen doch in Anbetracht ihrer Stellung in der Rangordnung durch eine der Natur und dem Zweck des Rechts entsprechende Befriedigung des Berechtigten keinesfalls zu nahe getreten. Zu berücksichtigen sind vornehmlich die Altenteile, da der Zweck eines solchen Rechts bei der Surrogation verlorengehen würde, wenn der Berechtigte eine Kapitalabfindung erhielte."[22]

23 Diese dem Wesen von Reallasten von unbestimmter Dauer, zu denen der Altenteil auch (Leibgedinge, Leibzucht, Austrag) zugehörig ist, entnomme Begründung trifft auch auf beschränkte persönliche Dienstbarkeiten zu. Dies schon deshalb, weil Altenteile in der Regel neben Reallasten auch beschränkte persönliche Dienstbarkeiten umfassen (z.B. Gebrauchsrechte, Wohnungsrechte). Zur Frage, wann das Altenteil erlischt siehe die Kommentierung zu § 9 EGZVG.

24 Auch der Nießbrauch wird unter § 92 Abs. 2 ZVG aufgeführt, da er durch Ausschluss einzelner Nutzungen beschränkt (§ 1030 Abs. 2 BGB)[23] und damit im Ergebnis einer beschränkt persönlichen Dienstbarkeit sehr nahe gebracht werden kann. „Der Nießbraucher würde, lediglich auf die Zinsen des zu seiner Befriedigung verfügbaren Kapitals angewiesen, nicht selten weniger als den Jahreswert des Nießbrauchs erhalten, hierdurch aber schlechter gestellt werden als bei den fraglichen Reallasten und beschränkten persönlichen Dienstbarkeiten der Berechtigte, da zu dessen Befriedigung, wenn die Zinsen nicht hinreichen, auch das Kapital angegriffen werden muss. Ein stichhaltiger Grund für eine solche Zurücksetzung des Nießbrauchers ist ebenso wenig ersichtlich wie für die mit derselben verbundene Begünstigung nachstehender Gläubiger".[24]

25 b) **Das Deckungskapital.** Für den Ersatzanspruch eines Nießbrauchs, einer Reallast von unbestimmter Dauer sowie einer beschränkten persönlichen Dienstbarkeit wird gem. § 121 Abs. 1 ZVG ein Deckungskapital in den Tei-

---

19 Vgl. hz. Rn. 33 ff.
20 Hierunter fällt auch das Wohnungsrecht gem. § 1093 BGB.
21 Von unbestimmter Dauer kann heißen: unbefristet oder auf Lebenszeit oder auflösend bedingt.
22 Motive zum BGB bei Steiner/*Eickmann*, Zwangsversteigerung und Zwangsverwaltung, 9. Aufl., § 92 Rn. 10.
23 Der Nießbrauch kann durch Ausschluss einzelner Nutzungen beschränkt werden.
24 Motive zum BGB bei Steiner/*Eickmann*, Zwangsversteigerung und Zwangsverwaltung, 9. Aufl., § 92 Rn. 11.

lungsplan aufgenomen. Das Deckungskapital ermittelt sich aus der Summe aller künftigen, d. h. ab dem Tag nach dem Verteilungstermin fällig werdenden Leistungen zuzüglich der sich aus der Anlage des Kapitals ergebenden Zinsen, beschränkt auf eine Dauer von längstens 25 Jahren.

26 Sollte das Recht dem Berechtigten auf Lebenszeit eingeräumt sein, dann bemisst sich der Wert des Deckungskapitals aus der Summe aller künftigen Leistungen für die Dauer der unbestimmten Lebenszeit des Berechtigten, höchstens jedoch für 25 Jahre. Wegen der nicht vorausssehbaren Lebensdauer des Berechtigten ist von der statistischen Lebenserwartung[25] auszugehen.[26] Nicht gefolgt werden kann der Gegenauffassung des OLG Oldenburg[27], wonach die mit „einer gewissen Wahrscheinlichkeit vom Berechtigten erreichbare Lebensdauer" Grundlage für die Ermittlung des Deckungskapitals bilden soll. Ebenso untauglich, weil mit dem Ablauf eines Zwangsversteigerungsverfahrens schlichtweg nicht vereinbar, ist die Herangehensweise des HansOLG Hamburg[28], wonach sogar „alle Zweifel hinsichtlich der mutmaßlichen Lebensdauer zugunsten des Berechtigten zu berücksichtigen sind". Analoges gilt für die Inanspruchnahme ärztlicher Expertise[29] im Zwangsversteigerungstermin.[30]

27 Im Falle des Ablebens des Berechtigten zwischen Zuschlag und Verteilungstermin, ist für die Ermittlung des Ersatzwertes nur der Zeitraum zwischen Zuschlagswirksamkeit und Ende des Todesvierteljahres maßgeblich.[31]

28 c) **Die Geldrente.** Die Geldrente ist dahingehend aufschiebend bedingt, dass der Berechtigte den Beginn der jeweiligen Dreimonatsperiode erlebt. Ihre auflösende Bedingtheit ergibt sich aus dem Verbrauch des Deckungskapitals (Erschöpfung des Deckungskapitals).[32] Der Berechtigte erhält aus dem Deckungskapital sowie den sich aus der Kapitalanlage ergebenden Zinsen (§ 121 Abs. 1 S. 1) eine fortlaufende Geldrente, die dem Jahreswert des Rechts entspricht (Abs. 2 S. 1). Die Geldrente steht dem Berechtigten grundsätzlich für die gesamte Dauer des Rechts zu. Sofern es mit dem Tod endet, dann bis dahin. Die Geldrente wird dem Berechtigten in Zwölfteln des Jahreswertes ausgezahlt; dies für drei Monate im Voraus (Abs. 2 S. 2). Sollte das Recht innerhalb eines laufenden Dreimonatsabschnittes zum Erlöschen kommen, bleibt der Anspruch auf die Dreimonatsleistung hiervon unberührt (Abs. 2 S. 3); es erfolgt keine Teilrückzahlung. Da das Recht mit dem Zuschlag erlischt (§§ 89, 104 ZVG), wird die erste Rate der Geldrente an diesem Tag fällig; die Auszahlung erfolgt im Verteilungstermin.[33]

---

25 Vgl. Tabelle im Anhang.
26 So auch: *Jaeckel-Güthe*, ZVG, 7. Aufl., § 121 Rn. 2; Zeller/*Stöber*, ZVG, 19. Aufl., § 92 Rn. 4.4; § 121 Rn. 2.2; Steiner/*Eickmann/Teufel*, Zwangsversteigerung und Zwangsverwaltung, 9. Aufl., § 92 Rn. 13; § 121 Rn. 11.
27 OLG Oldenburg, 2. ZS, Urt. v. 19.6.1963 – 2 U 64/63, Rpfleger 1965, 80.
28 HansOLG Hamburg, Urt. v. 9. 3. 1961 – 6 U 225/60, MDR 1961, 696.
29 *Schiffhauer*, BlGrBW 1966, 93.
30 Zeller/*Stöber*, ZVG, 19. Aufl. § 92 Rn. 4.4.
31 BGH, V. ZS, Urt. v. 23.6.1972 – V ZR 125/70, WM 1972, 1032.
32 LG Berlin, Beschl. v. 23.10.1957 – 84 T 153/57, WM 1958, 267: Beschränkte persönliche Dienstbarkeiten sind „Ansprüche von unbestimmten Betrage" im Sinne des § 14 ZVG. Die Ersatzrente (§ 92 Abs. 2 ZVG) ist aufschiebend bedingt dadurch, dass der Dienstbarkeitsberechtigte den Quartalsersten erlebt (bei juristischen Personen oder Firmen als Inhaber des Rechts: dass die Firma noch besteht) und auflösend bedingt durch den Verbrauch des Deckungskapitals (§ 121 ZVG); Steiner/*Eickmann*, Zwangsversteigerung und Zwangsverwaltung, 9. Aufl., § 92 Rn. 16.
33 Zeller/*Stöber*, ZVG, 19. Aufl., § 92 Rn. 4.7.

4. Der Ersatzbetrag gem. Abs. 1

29 Für Inhaber von erloschenen Rechten, die nicht unter Abs. 2 fallen und zudem nicht ablösbar sind ist gem. Abs. 1 ein Ersatzwert festzustellen. Dieser Ersatzwert ist nicht zu verwechseln mit dem nach § 51 Abs. 2 ZVG zu ermittelnden Zuzahlungsbetrag.[34] Der Ersatzwert soll dem Berechtigten einen Wertausgleich für das erloschene Recht verschaffen. Die Höhe des Geldbetrages richtet sich somit nach dem Wert, den das Recht für den Berechtigten hatte. Dies gilt auch für spekulative Werte (z.B. das Recht auf Entnahme von Bodenbestandteilen).[35]

30 Maßgeblich für die Ermittlung des Ersatzwertes ist der Zeitpunkt des Wirksamwerdens des Zuschlags[36] (§§ 89, 104 ZVG) und nicht der Verteilungstermin[37].

31 Zu ermitteln ist der reale Wert des Rechts für den Berechtigten. Analog Rn. 21 sind hierfür nachfolgende Grundsätze maßgeblich:
a) Bei ablösbaren Rechten ist die Ablösungssumme festzustellen.[38]
b) Ist ein Höchstbetrag nach § 882 BGB eingetragen, so ist dieser festzustellen[39].
c) Sofern der Ersatzwert durch Kapitalisierung[40] eingetragener Geldleistungen möglich ist, wird diese von Amts wegen vorgenommen, es sei denn es liegt eine Anmeldung vor.
Für alle übrigen Fälle bedarf es der Anmeldung des Ersatzwertes durch den Berechtigten. Andernfalls kann sein Recht keine Berücksichtigung erfahren.[41]

5. Der Ablösungsbetrag gem. Abs. 3

32 Ist ein Recht ablösbar, so wird der Ersatzbetrag durch die Ablösungssumme bestimmt. Hierzu gehören die Rentenschuld, bei der gem. § 1199 Abs. 2 S. 2 BGB die Ablösungssumme im Grundbuch eingetragen sein muss, sowie die

---

34 Der nach § 51 Abs. 2 ZVG ermittelte Ersatzbetrag ist der Wert, um den das Grundstück mehr Wert wäre, wenn es nicht mit diesem dinglichen Recht belastet wäre. Der nach § 92 ZVG zu ermittelnde Wertersatz ist das Surrogat, d.h. der materielle Gegenwert für das bisherige Recht eines Begünstigten an dem Grundstück, das er durch den Zuschlag verloren hat.
35 RG, V. ZS, Urt. v. 13.1.1934 – V. 254/33, HRR 1934, Nr. 1060: Der in den Teilungsplan aufzunehmende Betrag einer durch Schätzung zu ermittelnden Abfindungssumme für ein durch den Zuschlag erlöschendes Recht richtet sich nach der spätestens im Verteilungstermin erforderlichen Anmeldung des Berechtigten. Streit mit nachfolgenden nichtbefriedigten Realberechtigten über den angemeldeten Betrag ist durch Widerspruchsklage auszutragen. Auch spekulative Werte sind zu schätzen.
36 Steiner/*Eickmann*, Zwangsversteigerung und Zwangsverwaltung, 9. Aufl., § 92 Rn. 27; *Schiffhauer*, Rpfleger 1975, 187: Der BGH vertritt in seiner Entscheidung vom 25.1.1974 die Ansicht, dass für die Bestimmung des Ersatzbetrages der Zeitpunkt des Verteilungstermins zugrunde zu legen ist. Dieser Ansicht kann nicht zugestimmt werden. Vielmehr ist für die Bestimmung des Ersatzbetrages der Zeitpunkt des Wirksamwerdens des Zuschlages maßgebend. Der BGH übersieht, dass das Recht in diesem Zeitpunkt erloschen ist und sich kraft des Surrogation als Anspruch auf Zahlung des Ersatzbetrages aus dem Versteigerungserlös fortsetzt. Mithin kann es keine Umstände geben, die nach diesem Zeitpunkt einen Einfluss auf den Wert der Dienstbarkeit ausüben könnten, denn die Dienstbarkeit als solche ist nicht mehr existent.
37 So aber: BGH, V. ZS, Urt. v. 25.1.1974 – V ZR 68/72, NJW 1974, 702 = Rpfleger 1974, 187 = MDR 1974, 573 = KTS 1974, 168: Auch für die Bestimmung des Ersatzwertes -*vorliegend handelte es sich um die Bestimmung des Ersatzwertes für eine erloschene beschränkte persönliche Dienstbarkeit*- ist die Sach- und Rechtslage im Zeitpunkt des Verteilungstermins zugrunde zu legen. Das schließt jedoch nicht aus, die spätere Entwicklung insoweit heranzuziehen, als sich aus ihr Anhaltspunkte für diese Bestimmung ergeben.
38 Vgl. hz. Rn. 32.
39 Vgl. hz. Rn. 34.
40 Die Kapitalisierung erfolgt gem. § 111 ZVG.
41 Vgl. hz. Rn. 33.

nach landesrechtlichen Vorschriften[42] gem. dem Vorbehalt in Art. 113 EGBGB ablösbaren Dienstbarkeiten und Reallasten.

6. Die Anmeldung des Ersatzbetrages

Sofern die zuvor aufgeführten Grundsätze[43] nicht einschlägig sind, bedarf es der Anmeldung des Ersatzbetrages für ein erlöschendes Recht ohne Kapitalbetrag. Zwischenzeitlich einheitliche Auffassung im Schrifttum ist, dass der Ersatzbetrag nur auf Anmeldung hin im Teilungsplan berücksichtigungsfähig ist.[44] **33**

Höchstbetrag: Sofern gem. § 882 BGB ein Höchstbetrag für den Wertersatz im Grundbuch eingetragen ist und keine anderslautende Anmeldung erfolgt, ist dieser gem. § 114 Abs. 1 in den Teilungsplan aufzunehmen. Sollte ein niedrigerer Betrag angemeldet werden, dann ist dieser maßgebend, da § 882 BGB den Maximalbetrag des Ersatzwertes definiert. **34**

Mehrere Berechtigte: Sind mehrere Berechtigte des erloschenen Rechts vorhanden, so sind für die Beantwortung der Frage, wer für den Ersatzbetrag anmeldeberechtigt ist, die Bestimmungen des Gemeinschaftsverhältnisses maßgebend. Bei Bruchteilseigentum bedarf es der Anmeldung aller Berechtigter (§ 747 S. 2 BGB[45]), analoges gilt für eine Gesamthand. Bei einer Gesamtgläubigerschaft ist die Anmeldung durch einen Berechtigten hinreichend (§ 428 BGB[46]).[47] **35**

Zeitpunkt der Anmeldung: Die Anmeldung des Ersatzbetrages kann grundsätzlich erstmals auch im Verteilungstermin erfolgen ohne den in § 110 angedrohten Rangverlust zu riskieren.[48] Dies, weil es sich um einen Anspruch handelt, der zwar dem Grunde nach, nicht jedoch auch der Höhe nach, feststeht. Auch wenn der Berechtigte zum Versteigerungstermin einen Ersatzbetrag angemeldet hat, kann er im Verteilungstermin einen davon abweichenden, folglich auch höheren Ersatzbetrag zur Anmeldung bringen. Hieraus kann sich für die Gläubiger gleich- und nachrangiger Rechte hinsichtlich der Höhe des auf ihr jeweiliges Recht entfallenden Anteils am Versteigerungserlös ein hohes Maß an Unsicherheit ergeben.[49] **36**

Ist das Recht hingegen erst nach Eintragung des Zwangsversteigerungsvermerks ins Grundbuch gelangt, so tritt Rangverlust gem. § 110 i. V. m. § 37 Nr. 4 ein, sofern die Anmeldung des Rechts nicht bis zur Aufforderung zur Abgabe von Geboten erfolgt. Andernfalls hat der Berechtigte auch keinen Bereicherungsanspruch, dies im Übrigen auch dann nicht, wenn das Vollstre- **37**

---

42 Vgl. hz. Zusammenstellung in Steiner/*Eickmann*, Zwangsversteigerung und Zwangsverwaltung, 9. Aufl., § 92 Rn. 22.
43 Vgl. hz. Rn. 21, 31.
44 Dassler/*Schiffhauer*/Gerhardt, ZVG, 12. Aufl., § 92 Rn. 32; *Jaeckel-Güthe*, ZVG, 7. Aufl., § 92 Rn. 7; *Korintenberg*/Wenz, 6. Aufl., § 92 Rn. 5; Steiner/*Eickmann*, Zwangsversteigerung und Zwangsverwaltung, 9. Aufl., § 92 Rn. 19; *Schiffhauer*, Rpfleger 1975, 187; *Wörbelauer*, DNotZ 1963, 718.
45 Über den gemeinschaftlichen Gegenstand im Ganzen können die Teilhaber nur gemeinschaftlich verfügen.
46 Sind mehrere eine Leistung in der Weise zu fordern berechtigt, dass jeder die ganze Leistung fordern kann, der Schuldner aber die Leistung nur einmal zu bewirken verpflichtet ist (Gesamtgläubiger), so kann der Schuldner nach seinem Belieben an jeden der Gläubiger leisten. Dies gilt auch dann, wenn einer der Gläubiger bereits Klage auf die Leistung erhoben hat.
47 Steiner/*Eickmann*, Zwangsversteigerung und Zwangsverwaltung, 9. Aufl., § 92 Rn. 24.
48 OLG Koblenz, 4. ZS, Beschl. v. 11.1.1984 – 4 W 632/83, Rpfleger 1984, 242: Der Ersatzbetrag des nicht auf Zahlung eines Kapitals gerichteten Rechts (hier: Wohnrecht) bedarf keiner Anmeldung gem. § 37 Nr. 4 ZVG. Bei Bezifferung nach Aufforderung zur Abgabe von Geboten erleidet das Recht keinen Rangverlust.
49 Vgl. hz. Rn. 43 ff.

ckungsgericht oder weitere Beteiligte von dem Recht auf andere Art und Weise Kenntnis erlangt haben.[50]

38 Inhalt der Anmeldung: Die Anmeldung des Ersatzwertes muss den monatlich oder jährlich zu berücksichtigenden Kapitalbetrag enthalten. Die herrschende Meinung im Schrifttum verlangt zudem die Angabe der voraussichtlichen Dauer des Rechts.[51]

39 Berechtigungszeitpunkt: Für die Berechnung des Ersatzwertes bestimmend ist die Sach- und Rechtslage im Zeitpunkt des Wirksamwerdens des Zuschlages und nicht der vom BGH in seinem Urteil vom 25.1.1974 angenommene Verteilungstermin. Das Recht als solches geht mit dem Zuschlag ja unter und kann folglich hiernach auch keine Wertveränderung mehr erfahren.[52]

7. Die Bindung für das Vollstreckungsgericht

40 Der Ersatzbetrag ist in der angemeldeten Höhe und mit dem Rang in den Teilungsplan aufzunehmen. In aller Regel wird sich das Vollstreckungsgericht auch an die Anmeldung des Ersatzbetrages halten, obgleich sie nicht verbindlich ist. Sie unterliegen seiner Prüfung darauf, ob nach Betrag und Dauer gesetzlich Anspruch auf Wertersatz aus dem Versteigerungserlös besteht.[53] Hält z. B. das Vollstreckungsgericht den angemeldeten Ersatzbetrag und/oder die angenommene Laufzeit für zu hoch, so wird der nach Auffassung des Vollstreckungsgerichts angemessene Betrag in den Teilungsplan genommen. Die Anmeldung gilt sodann gem. § 115 Abs. 2 als Widerspruch gegen den Teilungsplan.[54]
Beispiel: Das Wohnrecht eines 70-jährigen wird mit 20-jähriger Laufzeit zur Anmeldung gebracht. Der Anspruch auf Ersatz aus dem Versteigerungserlös lässt aber nur das Zugrundelegen einer Lebenserwartung von 13,54 zu. Obgleich Besonderheiten des Einzelfalls entsprochen werden kann, ist klar, dass die angemeldete Laufzeit von 20 Jahren nicht berücksichtigt werden kann.[55]

8. Die Feststellung des Ersatzbetrages

41 Der Kapitalabfindungsanspruch gem. Abs. 1 als auch der Rentenzahlungsanspruch gem. Abs. 2 sind durch die Feststellung des Betrages aufschiebend bedingt (§ 14 ZVG). D. h., Vollstreckungsschuldner und Berechtigter aus dem Recht müssen entweder mittels Vereinbarung oder durch Prozessurteil den Wertersatzbetrag feststellen. Dem Vollstreckungsgericht ist hierfür keine Befugnis gegeben. Die einseitige Anmeldung des Ersatzbetrages durch den Berechtigten vermag das Feststellunggeschäft nicht zu ersetzen.[56] Die Anmeldung ist lediglich Verlautbarung des Willens, dass ein Anspruch berücksichtigt

---

50 BGH, V. ZS., Urt. v. 30.5.1956 – V ZR 200/54, BGHZ 21, 30: Die Anmeldung eines bei Eintragung des Zwangsversteigerungsvermerks aus dem Grundbuch nicht ersichtlichen Rechts erfordert eine Willenskundgebung des Gläubigers dahin, dass sein Recht bei Feststellung des geringsten Gebotes und bei der Verteilung des Versteigerungserlöses berücksichtigt werde. Kenntnis des Versteigerungsrichters und der übrigen Beteiligten von dem Vorhandensein des Rechts macht die Anmeldung nicht entbehrlich, auch nicht aus dem Gesichtspunkt von Treu und Glauben.
51 Korintenberg/Wenz, ZVG, 6. Aufl. § 121 Rn. 3; Dassler/Schiffhauer/Gerhardt, ZVG, 12. Aufl., § 121, Rn. 4; Steiner/Eickmann, Zwangsversteigerung und Zwangsverwaltung, 9. Aufl., § 92 Rn. 26; a. A: Zeller/Stöber, ZVG, 19. Aufl., § 92 Rn. 4.9; Jaeckel-Güthe, ZVG, 7. Aufl., § 121 Rn. 2: Die Lebensdauer des Berechtigten muss vom Vollstreckungsgericht angenommen werden.
52 Vgl. hz. Rn. 30.
53 Zeller/Stöber, ZVG, 19. Aufl., § 92 Rn. 3.5.
54 Dassler/Schiffhauer/Gerhardt, ZVG, 12. Aufl., § 92 Rn. 33; Steiner/Eickmann, Zwangsversteigerung und Zwangsverwaltung, 9. Aufl., § 92 Rn. 28; Zeller/Stöber, ZVG, 19. Aufl., § 92 Rn. 3.5.
55 Vgl. Tabelle im Anhang.
56 Teufel, Rpfleger 1977, 193.

werde. Da für das Feststellungsgeschäft übereinstimmende Willenserklärungen von Vollstreckungsschuldner und Berechtigtem erforderlich sind, bewirkt auch das Schweigen des Vollstreckungsschuldners zur Anmeldung keine gültige Feststellung. In keinem Fall darf allein aufgrund der bloßen Anmeldung an den Berechtigten ausgezahlt werden.[57]

Solange der Wertersatzbetrag bzw. die Rentenleistung nicht festgestellt sind, wird der Erlösanteil bzw. das Deckungskapital dem anmeldenden dinglich Berechtigten als Haupthebungsberechtigten und den Ausfallgläubigern in der Reihenfolge des § 10 ZVG als Hilfsberechtigten gem. § 119 ZVG zugeteilt und sodann gem. § 120 ZVG hinterlegt und zwar auch dann, wenn ein Ausfallgläubiger nicht widerspricht. Widerspricht der Ausfallgläubiger jedoch, so wird sowohl unter den Bedingungen der §§ 119, 120 ZVG als auch der §§ 115, 124 ZVG zugeteilt und jeweils gem. § 120 ZVG hinterlegt.[58] **42**

9. Widerspruch

Abgesehen von formalen Unzulänglichkeiten des Teilungsplanes, denen der Ausfallgläubiger mit der sofortigen Erinnerung (§ 11 RpflG, §§ 869, 567 ff., 755, 793 ZPO) begegnen kann, sieht das Gesetz für den Ausfallgläubiger den Widerspruch gem. § 115 ZVG als Rechtsmittel gegen einen überhöhten Ersatzbetrag vor.[59] Das Vollstreckungsgericht hat im Falle des Widerspruchs im Teilungsplan zu bestimmen, wem der streitige Betrag in erster Linie zugeteilt wird und wem er zusteht, falls der Widerspruch für begründet erklärt wird (§ 124 Abs. 1 ZVG). Der streitige Betrag ist für den Berechtigten zu hinterlegen (§ 124 Abs. 2 i. V. m. § 120 ZVG), falls der widersprechende Ausfallgläubiger keine andere Art der Anlage bestimmt. Die Verfügungsbefugnis über den hinterlegten Betrag bleibt ausschließlich bei dem Vollstreckungsgericht.[60] **43**

Steht im Zeitpunkt der Erlöszuteilung fest, dass sich Vollstreckungsschuldner und Berechtigter auf einen bestimmten Wertersatzbetrag „geeinigt"[61] haben, kommt also eine Vereinbarung zwischen beiden zustande, so kann ein Ausfallgläubiger, der der Auffassung ist, dass der Wertersatz überhöht festgestellt wurde, gem. § 115 Abs. 1 ZVG widersprechen. Seine Berechtigung zum Widerspruch ergibt sich hierbei aus den §§ 876, 877 BGB. Die überhöhte Feststellung des Wertersatzes stellt nämlich eine vom Ausfallgläubiger zu sanktionierende Umfangserweiterung dar.[62] **44**

Bei fehlender Einigung auf einen Wertersatzbetrag zwischen Vollstreckungsgläubiger und Berechtigtem im Zeitpunkt der Erlöszuteilung hingegen ist dem Ausfallgläubiger das Widerspruchsrecht gem. § 115 Abs. 1 ZVG nicht gegeben. Dies zumindest so lange nicht, als er nicht durch Übertragung bzw. Pfändung des Feststellungsanspruchs des Vollstreckungsschuldners (§§ 857 Abs. 1, 829 ZPO), Überweisung (§§ 835, 836 ZPO) und Zustellung an den Berechtigten die Rechtsposition des Vollstreckungsschuldners vereinnahmt hat. Kann der Ausfallgläubiger sodann im Verteilungstermin die rechtsgeschäftliche Übertragung bzw. Pfändung und Überweisung des Feststellungsanspruchs belegen, ist ihm kraft seiner Aktivlegitimation die Möglichkeit zur Herbeiführung des Feststellungsgeschäftes mit dem Berechtigten entweder mittels Vereinbarung oder aber im Wege der Klage gegen diesen gegeben.[63] **45**

---

57 *Teufel*, Rpfleger 1977, 193.
58 *Teufel*, Rpfleger 1977, 193.
59 Ausführl. hz. *Gaßner*, Rpfleger 1988, 51.
60 *Schiffhauer*, Rpfleger 1975, 187.
61 Die zwischen Vollstreckungsschuldner und Berechtigtem zu findende Einigung bedarf nicht der öffentlichen Form (§ 125 BGB).
62 *Wacke*, MünchKomm, 4. Aufl., § 877 Rn. 9.
63 So auch: *Gaßner*, Rpfleger 1988, 51; a. A: *Muth*, Zwangsversteigerungspraxis, 1989, S. 195 Rn. 28: Diese Auffassung überzeugt meines Erachtens nicht. Wie das Antragsrecht auf Zustim-

46 Versäumt es der Ausfallgläubiger trotz zwischen Vollstreckungsschuldner und Berechtigtem bewirktem Feststellungsgeschäft seinen Widerspruch gem. § 115 Abs. 1 ZVG zu erklären, so verbleiben ihm als Mittel zur Intervention gegen den aus seiner Sicht überhöht festgesetzten Wertersatzbetrag nur noch die Möglichkeiten der Anfechtung nach dem AnfG oder aber der Bereicherungsklage gem. § 812 ff. BGB.

10. Vorsorgliche Maßnahmen

47 Ist ein Grundstück mit einem Recht aus Abt. II im Grundbuch belastet und soll es weiter beliehen werden, so stellt das vorgehende Recht mit dem unbestimmten Wertersatzbetrag ein Beleihungsrisiko für den kreditgebenden Nachranggläubiger dar, da er die Höhe des Wertersatzbetrages für den Fall einer Zwangsversteigerung des zu beleihenden Objektes nicht einzuschätzen vermag. Sofern der Kreditgeber einen Rangrücktritt des seinem Recht vorgehenden Rechts in Abt. II nicht bewirken konnte, hat man sich in der Vergangenheit des Abschlusses sogenannter Bewertungsvereinbarungen (auch Wertbeschränkungserklärung oder 50 DM-Erklärung[64]) mit dem Berechtigtem aus dem vorgehenden Recht bedient. Inhalt einer solchen Bewertungsvereinbarung ist die Verpflichtung des Berechtigten aus dem Recht in Abt. II, sich im Falle der Zwangsversteigerung nur einen bestimmten Betrag aus der Verteilungsmasse zu entnehmen und im Übrigen auf die Zuteilung zu verzichten. Es handelt sich hierbei um eine schuldrechtliche Vereinbarung, die keinerlei sachenrechtliche Auswirkungen hat noch das Zwangsversteigerungsverfahren an sich beeinflusst. Der Berechtigte ist nicht gehindert, im Versteigerungsverfahren einen Betrag anzumelden, der dem tatsächlichen Wert des Rechts entspricht. Das Vollstreckungsgericht hat diesen Betrag sodann zu berücksichtigen. Wohl auch deshalb ist die Bewertungsvereinbarung kein von den Banken wirklich akzeptiertes Instrumentarium zur Minimierung von Ausfallrisiken.

11. Empfangsberechtigter des Ersatzbetrages

48 Bei subjektiv-persönlichen Rechten liegt die Empfangsberechtigung beim zuletzt eingetragenen Gläubiger des Rechts oder dem ordnungsgemäßen Abtretungsempfänger des Ersatzrechts.[65]

49 Bei subjektiv-dinglichen Rechten (z.B. der Grunddienstbarkeit) gestaltet sich die Beantwortung der Frage, wem der Ersatzbetrag für den Fall des Wechsels des Eigentums am herrschenden Grundstück zwischen Zuschlagswirksamkeit und Verteilungstermin zusteht, nicht ganz unkompliziert. Das LG Ellwangen[66] vertritt die Auffassung, dass derjenige empfangsberechtigt ist, der letzter Inhaber des Rechts vor Zuschlagserteilung war, somit der Eigentümer des herrschenden Grundstücks im Zeitpunkt der Zuschlagswirksamkeit (§§ 89, 104 ZVG). Es begründet dies damit, dass die Verbindung des § 96 BGB, die zwi-

---

mung zur Veräußerung oder Belastung eines Erbbaurechts ist der Feststellungsanspruch des Vollstreckungsschuldners von der Beschlagnahme erfasst. Der Vollstreckungsschuldner kann mithin nicht wirksam zum Nachteil seines Beschlagnahmegläubigers den Anspruch feststellen. Fraglich kann allenfalls sein, wann der Anspruch von der Beschlagnahme frei wird. Im Verteilungstermin ist es jedenfalls dem nachrangigen Gläubiger, der mit seinen Ansprüchen teilweise ausfällt, möglich, Widerspruch gegen die Zuteilung zu erheben.

64 50 DM-Erklärung deshalb, weil früher häufig zwischen dem Berechtigten und dem Gläubiger des im Range nachgehenden Grundpfandrechts vereinbart wurde, dass der Berechtigte im Falle des Erlöschens seines Rechts in Abt. II im Ergebnis eines Zwangsversteigerungsverfahrens lediglich DM 50,00 aus der Teilungsmasse begehrt.

65 Steiner/*Eickmann*, Zwangsversteigerung und Zwangsverwaltung, 9. Aufl., § 92 Rn. 31.

66 LG Ellwangen, Urt. v. 18.12.1964 – II O 109/64, BWNotZ 1965, 41 mit Anmerkg. *Staudenmaier*; So auch: *Staudenmaier*, BWNotZ 1964, 308; *Zeller*, ZVG, 8. Aufl., § 92 Rn. 3; Zeller/*Stöber*, ZVG, 19. Aufl., § 92 Rn. 6.5.

schen Dienstbarkeit und herrschendem Grundstück bestand, mit Zuschlagserteilung endet.

Im Gegensatz dazu steht die sich am Surrogationsgedanken orientierende Auffassung.[67] Das Surrogationsprinzip besagt, dass die Rechtsbeziehungen, die bis dato am Grundstück bestanden, sich auch fortsetzen. Veränderungen stellen sich lediglich dergestalt ein, dass zum einen die Haftungsmasse des Grundstücks in einen Erlösanspruch (einfache Surrogation) und zum anderen der bisherige Inhalt des Rechts in einen Geldanspruch transformiert werden. Bezüglich der Zuordnung des Rechts tritt eine Änderung hingegen nicht ein. Somit gebührt der Ersatzbetrag dem Eigentümer des herrschenden Grundstücks im Zeitpunkt der Erlösverteilung. Dem ist zu folgen. Sofern das herrschende Grundstück mit Grundpfandrechten und Reallasten belastet ist, so sind auch die Gläubiger dieser Rechte am Ersatzwert des Rechts aus Abt. II empfangsberechtigt; dies dann gemeinsam mit dem Eigentümer des herrschenden Grundstücks. Die Einigung über die Verteilung haben die Berechtigten im Innenverhältnis zu bewerkstelligen. Kommt diese nicht zustande, wird der Ersatzbetrag für diese Berechtigten durch das Vollstreckungsgericht hinterlegt.[68]

Sollte auch das herrschende Grundstück Versteigerungsgegenstand sein, so gehört der Ersatzbetrag nicht zur Teilungsmasse in diesem Verfahren, da er ja auch nicht aus dieser Versteigerung stammt.[69]

IV. Einzelfälle für den Wertersatz durch Zahlung einer Geldrente (§ 92 Abs. 2)

1. Allgemeines

Die Abfindung durch eine Geldrente wird für den Nießbrauch, beschränkte persönliche Dienstbarkeiten sowie Reallasten von unbestimmter Dauer vorgesehen. Diese Regelung entspricht nicht nur den Interessen der Berechtigten (insbesondere dem Berechtigten aus einem Altenteil), sondern oftmals auch dem der nachfolgenden Gläubiger. Die Geldrente wird aus einem Kapitalwert und den Zinsen bezahlt. Wegen des Versorgungscharakters der Rechte würde ihnen eine Abfindung mittels einmaliger Kapitalzahlung nicht gerecht werden. Für den Ersatzanspruch ist ein Betrag in den Teilungsplan einzustellen (das Deckungskapital), der der Summe aller künftigen Leistungen entspricht, jedoch das 25-fache des Jahresbetrages nicht übersteigen darf (§ 121 Abs. 1 ZVG). Das Deckungskapital bestimmt sich grundsätzlich nach der wahrscheinlichen Lebensdauer des Berechtigten. Sofern das Recht auf die Lebenszeit des Berechtigten oder seiner Natur nach begrenzt ist, dann muss bei der Ermittlung des Wertes des Deckungskapitals von der statistischen Lebenserwartung des Berechtigten ausgegangen werden.[70]

2. Nießbrauch (§ 1030 BGB)

Der Nießbrauch ist das höchstpersönliche dingliche Recht, grundsätzlich sämtliche Nutzungen des belasteten Gegenstandes zu ziehen.[71] Da der Nießbrauch mit dem Tod des Nießbrauchers erlischt (§ 1061 BGB), wird er auf unbestimmte Zeit bestellt und fällt somit unter Abs. 2. Das Deckungskapital

---

67 *Schiffhauer*, Rpfleger 1975, 187: Die Ansicht des LG Ellwangen beruht m. E. auf einer Verkennung der Bedeutung des Surrogationsgrundsatzes, der das gesamte ZVG beherrscht; sie ist daher abzulehnen; So auch: Steiner/*Eickmann*, Zwangsversteigerung und Zwangsverwaltung, 9. Aufl., § 92 Rn. 32, 33.
68 Dassler/Schiffhauer/*Gerhardt*, ZVG, 12. Aufl. § 117 Rn. 6.
69 Dassler/Schiffhauer/*Gerhardt*, ZVG, 12. Aufl., § 117 Rn. 6.
70 Ausführl. hz. Rn. 22 ff.
71 *Muth*, Zwangsversteigerungspraxis, 1989, S. 533 Rn. 1.

gem. § 121 Abs. 1 ZVG errechnet sich mithin aus dem mit der statistischen Lebenserwartung[72] des Berechtigten zu multiplizierenden Jahreswert, jedoch beschränkt auf höchstens 25 Jahre. Da der Nießbrauch prinzipiell alle Nutzungen am Grundstück umfasst[73], ist die Ermittlung des Jahresbetrages auch entsprechend vorzunehmen, jedoch beschränkt auf einen nach § 882 BGB eingetragenen Höchstbetrag.

54 Handelt es sich bei dem Nutzungsgegenstand um ein wohnwirtschaftlich nutzbares Grundstück, so ist der ortsübliche Mietzins Grundlage für die Ermittlung des Jahreswertes; bei gewerblich nutzbaren Objekten der Pachtzins.[74]

55 An einzelnen beweglichen Sachen hat der Nießbrauch keine praktische Bedeutung. Hingegen wird der Nießbrauch an Immobilien vor allem im Rahmen der vorweggenommen Erbfolge, zu Versorgungszwecken oder als Mittel der Einkommensverlagerung bestellt.

3. Beschränkte persönliche Dienstbarkeit (§ 1090 BGB)

56 Sie ist ein Anspruch von unbestimmtem Betrag (§ 14 ZVG); sie fällt unter Abs. 2. Die beschränkte persönliche Dienstbarkeit[75] erlischt mit dem Tod des Berechtigten oder mit der berechtigten juristischen Person (§§ 1061, 1090 Abs. 2 BGB). Das Deckungskapital ergibt sich somit aus dem mit der statistischen Lebenserwartung[76] des Berechtigten zu vervielfältigendem Jahreswert, maximal aber auf 25 Jahre beschränkt. Der Maximalbetrag ist insbesondere bei juristischen Personen von Bedeutung, da diesen ja keine Lebenserwartung im eigentlichen Sinne zukommt. Dem Lebenszyklus einer juristischen Person ist auch die hinsichtlich der Dauer nur schwer schätzbare Phase ihrer Liquidation zugehörig.

57 Der Jahreswert für die gesicherte Nutzung bestimmt sich nach dem Wert des Rechts für seinen Berechtigten, begrenzt auf den nach § 882 BGB eingetragenen Höchstbetrag. Bei einem Wohnungsrecht bestimmt sich das Interesse des Berechtigten nach dem ortsüblichen Mietzins.[77] Für die Bewertung des Wohnungsrechts nach § 1093 BGB im Zwangsversteigerungsverfahren kommen nur die durch den Eintragungsvermerk (Eintragungsbewilligung) bezeichneten Gebäudeteile in Betracht, nicht jedoch die lediglich mit schuldrechtlicher Wirkung (unter aufschiebender Bedingung, hier: Heirat) noch anderweitig genannten.[78]

58 War das Recht nur für eine bestimmte Zeit bestellt worden (z.B. Tankstellenrecht), hat es gleichfalls Ersatzanspruch nur nach Abs. 2. Das Recht erlischt

---

72 Vgl. Tabelle im Anhang.
73 Prinzipiell, weil nach § 1030 Abs. 2 BGB der Umfang des Nießbrauchs durch den Ausschluss einzelner Nutzungen rechtsgeschäftlich beschränkt werden kann.
74 Steiner/*Eickmann*, Zwangsversteigerung und Zwangsverwaltung, 9. Aufl., § 92 Rn. 44.
75 Wo grenzt sich die beschränkt persönliche Dienstbarkeit vom Nießbrauch formell ab? Der Unterschied wird darin gesehen, dass beim Nießbrauch die einzelnen Befugnisse nicht näher genannt werden, da grundsätzlich alle Nutzungsmöglichkeiten erfasst sind, während bei der Dienstbarkeit die Befugnisse im Einzelnen vereinbart werden müssen. Ein Nießbrauch liegt dem folgend stets dann vor, wenn von den Parteien nicht genannte Befugnisse dem Nießbraucher zustehen sollen, dagegen eine Dienstbarkeit, wenn nicht genannte Befugnisse dem Eigentümer zustehen sollen. Jedes spezifizierte Nutzungsrecht wäre demnach eine Dienstbarkeit, jedes nicht spezifizierte Nutzungsrecht ein Nießbrauch. So: BayObLG, Beschluss vom 23.11.1989 – BReg. 2 Z 55/89, NJW-RR 1990, 208; *Wehrens*, DNotZ 1963, 24; *Schöner*, DNotZ 1982, 416; *Ertl*, MitBayNot. 1988, 53; Soergel/*Stürner*, BGB, 13. Aufl., § 1030 Rn. 10; a. A: *Dietzel*, Rpfleger 1987, 295.
76 Vgl. Tabelle im Anhang.
77 *Rahn*, BWNotZ 1965, 45.
78 BayObLG, 1. ZS, Beschl. v. 11.11.1982 – H 1 Z 4/82, Rpfleger 1983, 81.

dann vor Zeitablauf mit dem Tod des Berechtigten oder mit der berechtigten juristischen Person.[79]

4. Reallast von unbestimmter Dauer (§ 1105 BGB)

Wenn die Dauer der Reallast unbestimmt ist, so fällt sie unter Abs. 2. Der Anspruch bei der Reallast in Geld ist bestimmt, weil die zu bewertenden Geldleistungen feststehen. Das Deckungskapital wird bei der Geldrentenreallast durch bloße Addition der Jahreswerte ermittelt. Andernfalls ist der Anspruch von unbestimmtem Betrag (§ 14 ZVG). Er bestimmt sich sodann nach dem Wert, den das Recht mit seinen zu entrichtenden wiederkehrenden Leistungen für den Berechtigten hatte, limitiert durch einen nach § 882 BGB im Grundbuch eingetragenen Höchstbetrag. Bei Leistungen in Naturalien kann man nach ortsüblichen Preisen umrechnen.

Sofern die Reallast an die Lebensdauer des Berechtigten gebunden ist[80], macht sich die Vervielfältigung des Jahreswertes mit der statistischen Lebenserwartung[81] erforderlich, dann jedoch auch hier auf das 25-fache des Jahreswertes begrenzt.

Oftmals ist für Reallasten eine Wertsicherungsklausel vereinbart. In diesen Fällen ist der Jahreswert unter Berücksichtigung der Wertsicherung nach dem aktuellen Wert im Zeitpunkt der Berechnung zu ermitteln. Zukünftige Erhöhungen oder Minderungen bleiben unberücksichtigt, da es an sicheren Kriterien zur Erfassung der Veränderungen und deren Umsetzung in einen Geldbetrag mangelt.[82]

Für Eheleute wird getrennt gerechnet. Ist das Recht bei zwei Berechtigten auf die Lebensdauer des Erstversterbenden begrenzt, entscheidet die Lebenserwartung des Älteren, wenn das Recht auf die Lebenserwartung des Letztversterbenden begrenzt ist, die des Jüngeren.[83]

5. Altenteil (Leibgedinge, Leibzucht, Auszug)[84]

Der Begriff des Altenteils ist gesetzlich nicht definiert. Entscheidend ist allein der Inhalt des der Eintragung des Altenteils zugrunde liegenden Vertrages.[85] Es ist nicht erforderlich, dass das zu bestellende Recht ausdrücklich als „Altenteil" bezeichnet wird, wohl aber muss sich unmissverständlich erkennen lassen, aus welchen dinglichen Einzelrechten das zu bestellende Recht bestehen soll und welches Grundstück damit zu belasten ist. Zum Altenteil siehe auch § 9 EGZVG.[86]

Unter einem Altenteil versteht man den Inbegriff der dinglich gesicherten Nutzungen und Leistungen, die aus und auf einem Grundstück zu gewähren sind, die der allgemeinen persönlichen Versorgung des Berechtigten dienen und eine

---

79 Zeller/Stöber, ZVG, 19. Aufl., § 92 Rn. 6.2.
80 Dies geschieht oftmals durch Kombination mit einer beschränkten persönlichen Dienstbarkeit innerhalb eines Altenteils.
81 Vgl. Tabelle im Anhang.
82 Streuer, Rpfleger 1997, 141; So auch: Zeller/Stöber, ZVG, 19. Aufl., § 92 Rn. 6.4; Steiner/Eickmann, Zwangsversteigerung und Zwangsverwaltung, 9. Aufl., § 92 Rn. 47; Dassler/Schiffhauer/Gerhardt, ZVG, 12. Aufl., § 92 Rn. 22; Böttcher, ZVG, 3. Aufl., § 92 Rn. 21, 28.
83 Vgl. hz. ausführl. Darstellung mit Berechnungsbeispielen von Drischler, KTS 1971, 145 = Rpfleger 1983, 229.
84 Vgl. hz. § 91 Rn. 13.
85 Drischler, Rpfleger 1983, 299.
86 OLG Hamm, 15. ZS, Beschl. v. 7.7.1975 – 15 W 33/74, Rpfleger 1975, 357: Bei Bestellung eines Altenteils muss nicht aus der Eintragung im Grundbuch, wohl aber aus der Eintragungsbewilligung eindeutig ersichtlich sein, aus welchen dinglichen Einzelrechten sich das Altenteil zusammensetzt und auf welchen Grundstücken diese Einzelrechte lasten sollen.

– regelmäßig lebenslängliche – Verknüpfung des Berechtigten mit dem Grundstück bezwecken.[87]

65 Das Altenteil hat insbesondere im Leben der ländlichen Bevölkerung Bedeutung.[88]

66 Das Altenteil wird in aller Regel unter Abs. 2 fallen, da es für gewöhnlich aus einer auf Lebenszeit gewährten Reallast und/oder einer beschränkten persönlichen Dienstbarkeit besteht. In Konsequenz dessen setzt sich das Deckungskapital des Altenteils aus den jeweiligen Ersatzwerten der Einzelrechte[89] zusammen.[90]

6. Dauerwohnrecht nach § 31 WEG

67 Im Schrifttum wird überwiegend die Auffassung vertreten, dass das Dauerwohnrecht Abs. 1 zuzuordnen ist.[91] Aus der Systematik des Gesetzes[92] kann die Frage der Zugehörigkeit des Dauerwohnrechts nicht beantwortet werden, da das WEG[93] weitaus später als das ZVG entstanden ist. Beizupflichten ist *Eickmann* dahingehend, dass die Lösung folglich nur aus dem Vergleich der im Gesetz geregelten Rechtstypen gewonnen werden kann. Sofern es auf unbestimmte Zeit bestellt wurde, wird es in aller Regel unter Abs. 2 zu erfassen sein.

V. Einzelfälle für den Wertersatz durch einmalige Kapitalleistung (§ 92 Abs. 1)

1. Allgemeines

68 Alle nicht unter § 92 Abs. 2 ZVG fallenden Rechte werden mit einer einmaligen Kapitalzahlung abgefunden. Der nach § 92 ZVG zu bestimmende Wertersatz bildet den materiellen Gegenwert (Surrogat) für das bisher dem Begünstigten am Grundstück bestellte Recht, welches er im Ergebnis der Zuschlagserteilung (§§ 89, 104 ZVG) verloren hat. Der Ersatzwert korrespondiert nicht mit dem Zuzahlungsbetrag nach § 51 Abs. 2.[94]

2. Reallast von bestimmter Dauer (§ 1105 BGB)

69 Die Reallast von bestimmter Dauer fällt unter Abs. 1. Der Kapitalbetrag bestimmt sich aus der mit der Restlaufzeit des Rechts zu vervielfältigenden

---

87 RG, V. ZS, Urt. v. 30.10.1939 – V 83/39, RGZ 162, 57.
88 Wenn der Eigentümer einer Besitzung sich infolge seines Alters zur Ruhe setzen will, überträgt er bspw. sein Eigentum an einem landwirtschaftlichen Betrieb im Weg der vorweggenommenen Erbfolge an eines seiner Kinder. In dem hierbei abzuschließenden Überlassungsvertrag wird zugleich zur Sicherung der Altersversorgung der den Betrieb abgebenden Eltern ein Altenteil bewilligt und dessen Eintragung im Grundbuch beantragt.
89 Vgl. hz. Rn. 59 ff.
90 Vgl. hz. ausführl. Darstellung mit Berechnungsbeispielen von *Drischler*, KTS 1971, 145 = Rpfleger 1983, 229.
91 *Stöber*, ZVG-Handbuch, 7. Aufl., Rn. 458; Zeller/*Stöber*, ZVG, 19. Aufl., § 92 Rn. 6.3; Dassler/*Schiffhauer*/Gerhardt, ZVG, 12. Aufl., § 92 Rn. 10; a. A: Steiner/*Eickmann*/Teufel, Zwangsversteigerung und Zwangsverwaltung, 9. Aufl., § 92 Rn. 39, § 114 Rn. 117; *Böttcher*, ZVG, 3. Aufl., § 92 Rn. 23: Abs. 2 wurde für solche Rechte vorgesehen, denen im Rechtsalltag häufig Versorgungscharakter zukommt. Dies wird beim „eigentumsähnlichen" Dauerwohnrecht häufig der Fall sein. In seiner Rechtsform ist es am ehesten mit den Dienstbarkeiten vergleichbar, dort wiederum – vom Inhalt und der subjektiv-persönlichen Bestellung her – mit dem Wohnungsrecht des § 1093 BGB, von dem es sich freilich durch die Veräußerlichkeit und Vererbbarkeit unterscheidet.
92 Was nicht unter Absatz 2 fällt, fällt unter Abs. 1.
93 = Wohnungseigentumsgesetz (Gesetz über das Wohnungseigentum und das Dauerwohnrecht) v. 15.3.1951.
94 Ausführl. hz. Rn. 29 ff.

Jahresleistung bei Abzug eines Zwischenzinses gem. § 111 ZVG. D. h. bei der Bestimmung des Kapitalbetrages wird ein Zwischenzins in Höhe des gesetzlichen Zinses von 4 %[95] (§ 246 BGB) in Abzug gebracht; zudem werden Zinseszinsen nicht berücksichtigt.[96] Bezüglich der Wertermittlung vgl. auch Rn. 59 ff. mit der Einschränkung, dass eine Beschränkung auf das 25-fache der Jahresleistung vorliegend nicht durchgreift.

3. Grunddienstbarkeit (§ 1018 BGB)

70 Die Grunddienstbarkeit fällt unter Abs. 1. Der Ersatzanspruch bestimmt sich nach dem Wert, den das Recht für das herrschende Grundstück hatte.[97] Ein eingetragener Höchstbetrag nach § 882 BGB darf nicht überschritten werden. Der Anspruch ist von unbestimmtem Betrag nach § 14 ZVG. Auch für die durch den Zuschlag (§§ 89, 104 ZVG) erloschene Eigentümergrunddienstbarkeit besteht der Anspruch auf Zahlung eines Geldbetrages. Andernfalls würde dies zu einer rechtlich nicht vertretbaren Schädigung der Gläubiger von Grundpfandrechten und Reallasten am herrschenden Grundstück, denen die Grunddienstbarkeit gem. den §§ 96, 1120, 876 BGB als Rechtsbestanteil mithaftet, führen.[98] Bezüglich der Empfangsberechtigung des Wertersatzes vgl. auch Rn. 48 ff.

4. Vorkaufsrecht (§ 1094 BGB)

71 Anspruch auf Wertersatz begründet grundsätzlich lediglich das dingliche Vorkaufsrecht, nicht das schuldrechtliche (§ 463 BGB). Beim dinglichen Vorkaufsrecht ist sodann zu differenzieren nach dem für einen Verkaufsfall und dem für mehrere Verkaufsfälle bestellten Vorkaufsrecht. Eine Berücksichtigung des für einen Verkaufsfall bestellten Rechts findet im Rahmen des § 92 ZVG nicht statt. Mit Zuschlagserteilung (§§ 89, 104 ZVG) erlischt es. Das für mehrere Verkaufsfälle eingeräumte Recht erhält einmaligen Wertersatz, sofern es nach dem Deckungsgrundsatz erlischt. Der Anspruch ist von unbestimmtem Betrag nach § 14 ZVG. Eine Bewertung des Rechts ist mangels objektiver Kriterien[99] nicht unproblematisch. Der Wertersatz kann letztlich nur das Interesse des Berechtigten entschädigen[100], mithin den Schaden ausgleichen, den der Berechtigte dadurch erleidet, dass er das Recht nicht mehr ausüben kann[101]. Sofern keine besonderen Umstände vorliegen, bspw. dann, wenn das Grundstück dem Vorkaufsberechtigten zur Arrondierung seines bereits vorhandenen Grundbesitzes dienen soll oder wenn eine spezielle Nutzung des Grundstückes nur dem

---

95 Der gesetzliche Zinssatz kann nur über die Beantragung abweichender Versteigerungsbedingungen nach § 59 ZVG anders bestimmt werden.
96 So: Steiner/*Eickmann*, Zwangsversteigerung und Zwangsverwaltung, 9. Aufl. § 92 Rn. 19; Zeller/*Stöber*, ZVG, 19. Aufl., Rn. 6.9, 6.4; *Böttcher*, ZVG, 3. Aufl. § 92 Rn. 28.; a. A: *Streuer*, Rpfleger 1997, 141: Die Anwendung dieser Berechnung führt zu einer Kapitalisierung der Rente, die dem Sinn des Wertersatzes nach § 92 Abs. 1 ZVG nur unvollkommen gerecht wird. Maßgebend im Rahmen des § 92 Abs. 1 ZVG ist der tatsächliche Wert des Rechts aus der Sicht des Berechtigten. Wie dieser Wert sich berechnet, sagt das Gesetz nicht. Es liegt auf der Hand, dass eine Bewertung der Rente nach § 111 ZVG wegen der Diskontierung mit lediglich 4 % und wegen des Ausschlusses von Zinseszinsen dem Berechtigten einen unangemessen hohen Ersatzbetrag zuweist und dadurch zugleich die im Range folgenden Berechtigten und den Schuldner benachteiligt. Der Berechtigte kann die Kapitalabfindung in der Regel zu einem höheren Zins anlegen und zusätzlich Zinseszinsen erzielen. Sachgerechter ist deshalb eine Kapitalisierung der Rentenreallast, die einen den Verhältnissen auf dem Finanzmarkt angemessenen höheren Diskontierungssatz als 4 % heranzieht und Zinseszinsen berücksichtigt.
97 *Schiffhauer*, Rpfleger 1975, 187.
98 *Schiffhauer*, Rpfleger 1975, 187.
99 *Glaser*, BlGrBW 1953, 326; *Stoll*, BB 1953, 49.
100 LG Hildesheim, Urt. v. 31.8.1989 – 5 O 66/89, Rpfleger 1990, 87 = ZIP 1990, 200.
101 *Sichtermann*, BB 1953, 54.

Vorkaufsberechtigten möglich ist, wird der Wertersatz mit 2 %[102] des gerichtlich festgestellten Verkehrswertes bestimmt. Dies rechtfertigt sich daraus, dass das Vorkaufsrecht im Regelfall keinen besonderen wirtschaftlichen Vorteil darstellt, da der Vorkaufsberechtigte gem. § 505 Abs. 2 BGB nur zu den vom Verpflichteten mit einem Dritten ausgehandelten Bedingungen das Grundstück erwerben kann, regelmäßig also nur zum Marktpreis.[103]

5. Auflassungsvormerkung (Eigentumsvormerkung, § 883 BGB)

72 Die Auflassungsvormerkung besteht nur dann, wenn der gesicherte schuldrechtliche Anspruch besteht. Wenn dies der Fall ist, fällt sie unter Abs. 1.[104]

73 Die Bestimmung des Ersatzbetrages für den vorgemerkten Eigentumsübertragungsanspruch ist im Schrifttum streitbefangen. Einigkeit besteht dahingehend, dass der nach Befriedigung der der Auflassungsvormerkung vorgehenden Rechte verbleibende Betrag Berechnungsgrundlage bildet, d. h. konkret:

          Bargebot
abzüglich geringstes Gebotes
abzüglich zu befriedigende vorrangige Rechte
=   auf Auflassungsvormerkung entfallender Erlösteil

Der Streit entbrennt sich daran, ob von dem auf die Auflassungsvormerkung sodann entfallenden Betrag der nach dem schuldrechtlichen Vertrag vom Vormerkungsberechtigten geschuldete Kaufpreis als zu erbringende Gegenleistung abzuziehen ist[105] oder nicht.

74 Den Befürwortern der Differenztheorie[106] zufolge soll der Vormerkungsberechtigte dasjenige erhalten, was der Anspruch auf das Grundstück für ihn wert war. Der Ersatzwert soll sich danach aus der Differenz aus dem auf die Auflassungsvormerkung entfallenden Erlösanteil[107] und der vom Vormerkungsberechtigten noch zu erbringenden Gegenleistung für die Übertragung des Eigentums am Grundstück (Kaufpreis) ergeben.

75 Nach der dem Surrogationsprinzip folgenden Gegenansicht[108] soll der an der erlöschenden Auflassungsvormerkung Berechtigte den nach Abzug des geringsten Gebotes sowie der seinem Recht vorgehenden Rechte verbleibenden Erlösteil (Rest) als Wertersatz beanspruchen dürfen.

6. Erbbaurecht, Erbbauzins

76 Das Erbbaurecht nach der ErbbauVO kann nicht erlöschen. Infolge dessen wird es von den §§ 91, 92 auch nicht erfasst.[109]

---

102 Steiner/*Eickmann*, Zwangsversteigerung und Zwangsverwaltung, 9. Aufl. § 92 Rn. 49; *Sichtermann*, BB 1953, 54; Dassler/*Schiffhauer*/Gerhardt, ZVG, 12. Aufl., § 92 Rn. 24; *Böttcher*, ZVG, 4. Aufl., § 92 Rn. 29: Auch 2–3 % des Verkehrswertes des Grundstücks.
103 LG Hildesheim, Urt. v. 31.8.1989 – 5 O 66/89, Rpfleger 1990, 87 = ZIP 1990, 200: Der Ersatzwert für ein durch Zuschlag erlöschendes dingliches Vorkaufsrecht beträgt in der Regel 2 % des Verkehrswertes des Grundstücks.
104 Steiner/*Eickmann*, Zwangsversteigerung und Zwangsverwaltung, 9. Aufl. § 92 Rn. 36.
105 = Differenztheorie.
106 *Zeller*, ZVG, 11. Aufl., § 92 Rn. 3 (12 b)); *Wacke*, MünchKomm, 12. Aufl., § 833 Rn. 52; *Blomeyer*, DNotZ 1979, 528; *Knott*, MittRhNotK 1967, 586; *Wörbelauer*, DNotZ 1963, 718; *Siegmann*, DNotZ 1995, 209.
107 Vgl. hz. Rn. 76.
108 Steiner/*Eickmann*, Zwangsversteigerung und Zwangsverwaltung, 9. Aufl., § 92 Rn. 36; Dassler/*Schiffhauer*/Gerhardt, ZVG, 12. Aufl., § 92 Rn. 27; *Böttcher*, ZVG, 4. Aufl., § 92 Rn. 25; Mohrbutter/*Drischler*, Zwangsversteigerungspraxis, 6. Aufl., Muster 44 Rn. 3; Staudinger/*Gursky*, BGB, 12. Aufl., § 883 Rn. 191; *Haegele*, BWNotZ 1971, 1; *Jursnik*, MittBayNot 1999, 125; *Keuk*, NJW 1968, 476; *Fischer*, BWNotZ 1963, 37; BGH, IX ZS, Urt. v. 14.4.1987 – IX ZR 237/86, NJW-RR 1987, 890; RG, V. ZS, Urt. v. 28.4.1934 – V 6/34, RGZ 144, 281.
109 Steiner/*Eickmann*, Zwangsversteigerung und Zwangsverwaltung, 9. Aufl., § 92 Rn. 41.

Der Erbbauzins kann im Ergebnis einer Zwangsversteigerung des Erbbaurechts nach dem Deckungsgrundsatz erlöschen. Er wird dann wie eine Reallast von bestimmter Dauer[110] behandelt (§ 9 Abs. 1 S. 1 ErbbauVO) und fällt somit unter Abs. 1. Der Erbbauzins wird unter Berücksichtigung der Restlaufzeit des Erbbaurechts und unter Abzug des Zwischenzinses kapitalisiert.[111] **77**

7. Vormerkungen

Wenn die Vormerkung zur Sicherung des Anspruchs auf Eintragung eines erhöhten Erbbauzinses (§ 9a ErbbauVO) erlischt, tritt an ihre Stelle der Wertersatz nach Abs. 1, der aufschiebend bedingt und demzufolge gem. den §§ 119, 120 ZVG zu behandeln ist.[112] **78**

Vormerkungen auf beschränkte dingliche Rechte werden wertmäßig wie das vorgemerkte Recht behandelt. Hinsichtlich ihrer Behandlung bei der Erlösverteilung vgl. §§ 114, 119. **79**

Wegen der Auflassungsvormerkung (Eigentumsvormerkung) vgl. Rn. 72 ff. **80**

8. Mitbenutzungsrecht (Grundstücksrecht in der ehemaligen DDR)

Der dingliche Inhalt des Mitbenutzungsrechts ist nach dem ZGB (§§ 321, 322) nur umrißhaft geregelt. Obwohl eine Verwandtschaft zur Grunddienstbarkeit oder beschränkten persönlichen Dienstbarkeit des BGB in der Art der Ausübung besteht, hat der Gesetzgeber eine Verweisung oder gleiche Regelung nicht unternommen. Das Recht kann nach § 322 Abs. 2 ZGB vererblich sein, so, wenn es im Grundbuch, nicht konstitutiv, eingetragen ist, oder, wenn die Vererblichkeit vereinbart ist. Ist ein am Grundstück bestehendes Nutzungsrecht nicht im Grundbuch eingetragen, so wird es nur auf Anmeldung berücksichtigt (§ 37 Abs. 4 ZVG). Kommt das Recht durch den Zuschlag (§§ 89, 104 ZVG) zum Erlöschen, so ist es aus dem Versteigerungserlös mit einem Wertersatz zu befriedigen.[113] **81**

Anhang: Tabelle der durchschnittlichen Lebenserwartung 2006/2008
(Quelle: Sterbetafel des Statistischen Bundesamtes in Wiesbaden)

Alter	männlich	weiblich
	Lebenserwartung	
0	77,17	82,40
1	76,49	81,67
2	75,51	80,70
3	74,53	79,71
4	73,54	78,72
5	72,55	77,73
6	71,56	76,74
7	70,56	75,74
8	69,57	74,75
9	68,58	73,75
10	67,58	72,76
11	66,59	71,76
12	65,60	70,77

---

110 = Laufzeit des Erbbaurechts
111 Steiner/*Eickmann*, Zwangsversteigerung und Zwangsverwaltung, 9. Aufl., § 92 Rn. 42.
112 *Böttcher*, ZVG, 4. Aufl., § 92 Rn. 26; Zeller/*Stöber*, ZVG, 19. Aufl., § 92 Rn. 6.4; a. A: *Streuer*, Rpfleger 1997, 141; Steiner/*Eickmann*, Zwangsversteigerung und Zwangsverwaltung, 9. Aufl. § 92 Rn. 52.
113 Vgl. hz. ausführl. Darstellung *Keller*, Rpfleger 1992, 501.

Alter	männlich	weiblich
	Lebenserwartung	
13	64,60	69,78
14	63,61	68,78
15	62,62	67,79
16	61,63	66,80
17	60,65	65,81
18	59,67	64,82
19	58,71	63,84
20	57,74	62,85
21	56,78	61,86
22	55,81	60,88
23	54,84	59,89
24	53,87	58,91
25	52,91	57,92
26	51,94	56,93
27	50,97	55,94
28	50,00	54,96
29	49,03	53,97
30	48,06	52,99
31	47,09	52,00
32	46,13	51,02
33	45,16	50,04
34	44,19	49,05
35	43,23	48,07
36	42,27	47,10
37	41,30	46,12
38	40,35	45,14
39	39,39	44,17
40	38,44	43,20
41	37,49	42,23
42	36,55	41,27
43	35,61	40,31
44	34,68	39,35
45	33,76	38,40
46	32,84	37,45
47	31,93	36,51
48	31,04	35,57
49	30,15	34,64
50	29,27	33,71
51	28,39	32,79
52	27,53	31,87
53	26,68	30,96
54	25,83	30,05
55	24,99	29,15
56	24,17	28,25
57	23,35	27,36
58	22,53	26,47
59	21,73	25,59

Alter	männlich	weiblich
	Lebenserwartung	
60	20,93	24,71
61	20,15	23,84
62	19,38	22,98
63	18,61	22,12
64	17,86	21,27
65	17,11	20,41
66	16,38	19,57
67	15,65	18,72
68	14,93	17,89
69	14,23	17,06
70	13,54	16,25
71	12,86	15,44
72	12,20	14,65
73	11,56	13,88
74	10,94	13,12
75	10,34	12,38
76	9,76	11,66
77	9,21	10,95
78	8,67	10,27
79	8,16	9,61
80	7,65	8,97
81	7,17	8,36
82	6,71	7,78
83	6,27	7,22
84	5,86	6,69
85	5,46	6,19
86	5,10	5,72
87	4,78	5,30
88	4,46	4,90
89	4,16	4,53
90	3,84	4,15
91	3,56	3,80
92	3,32	3,51
93	3,10	3,26
94	2,90	3,06
95	2,71	2,88
96	2,54	2,72
97	2,38	2,54
98	2,24	2,38
99	2,10	2,23
100	1,98	2,10

§ 93 ZVG [Titelfunktion des Zuschlagsbeschlusses; Verwendungsersatzansprüche des Alteigentümers]

(1) Aus dem Beschluss, durch welchen der Zuschlag erteilt wird, findet gegen den Besitzer des Grundstücks oder einer mitversteigerten Sache die Zwangsvollstreckung auf Räumung und Herausgabe statt. Die Zwangsvollstreckung soll nicht erfolgen, wenn der Besitzer auf Grund eines Rechts besitzt, das durch den Zuschlag nicht erloschen ist. Erfolgt gleichwohl die Zwangsvollstreckung, so kann der Besitzer nach Maßgabe des § 771 der Zivilprozessordnung Widerspruch erheben.

(2) Zum Ersatz von Verwendungen, die vor dem Zuschlag gemacht sind, ist der Ersteher nicht verpflichtet.

Schrifttum: (Auswahl, siehe insbesondere für Standardwerke auch das Gesamtliteraturverzeichnis) *Graue, Eugen Dietrich*, Der Eigentumsvorbehalt an eingebauten Schiffsmotoren, BB 1959, 1282; *Kaiser, Jan*, Das Eigentümer-Besitzer-Verhältnis nach Zuschlagsaufhebung in der Zwangsversteigerung, NJW 2007, 2823 ff.; *Medicus, Dieter*, Bürgerliches Recht, 18. Aufl., 1999; *Reymann, Christoph*, Fotovoltaikdienstbarkeiten bei Anlagen auf fremden Grundstücken, DNotZ 2010, 84 ff.; *Schölerman, Hinrich/ Schmid-Burgk, Klaus*, Flugzeuge als Kreditsicherheit, WM 1990, 1137 ff.

Übersicht

		Rn.
I.	Die Funktion des § 93 ZVG als Vollstreckungstitel zur Durchsetzung des Eigentumserwerbs in der Versteigerung	1–3
II.	Der Tatbestand des § 93 Abs. 1 Satz 1 ZVG	4–44
1.	Die allgemeinen Voraussetzungen der Vollstreckung aus dem Zuschlagsbeschluss	4–11
2.	Die Durchführung der Räumungs- bzw. Herausgabevollstreckung	12–14
3.	Adressaten der Räumungs- bzw. Herausgabevollstreckung	15–19
4.	Die Vollstreckung durch den Rechtsnachfolger des Erstehers	20
5.	Die Herausgabevollstreckung in die mitversteigerten beweglichen Sachen	21–35
	a) Das mitversteigerte Zubehör von Grundstücken, die Versteigerung von im Dritteigentum stehenden Zubehörstücken	22–28
	b) Im Dritteigentum stehende andere Zubehörstücke – aussonderungsfähige Gegenstände: Leasing, Miete, verwandte Konstruktionen	29
	c) Der Scheinbestandteil des § 95 BGB, seine Behandlung in der Versteigerung	30–32
	d) Mitversteigerte bewegliche Sachen in der Versteigerung eingetragener Schiffe, Schiffsbauwerke und von Luftfahrzeugen	33–35
6.	Die Vollstreckung in mit dem Zuschlag übergegangene Forderungen und Urkunden bzw. Unterlagen	36–38
7.	Der Überbau und seine Herausgabe	39–43
8.	Die Vollstreckung aus dem Zuschlagsbeschluss vor Eintritt der Rechtskraft	44
III.	Vollstreckungshindernisse nach § 93 Abs. 1 Sätze 2, 3 ZVG	45–52
1.	Die Voraussetzungen des § 93 Abs. 1 Sätze 2, 3 ZVG; Beispiele	45–49
2.	Die rechtlichen Folgen des Vorliegens einer nach § 93 Abs. 1 Sätze 2 und 3 BGB geschützten Position	50–52

IV.	Der Tatbestand des Ausschlusses von Verwendungsersatzansprüchen nach § 93 Abs. 2 ZVG	53–62
1.	Ansprüche des Besitzers auf Verwendungsersatzansprüche gegen den Ersteher für Verwendungen vor dem Zuschlag	53–56
2.	Verwendungsersatzansprüche nach dem Zuschlag	57–62
V.	Das Eigentümer-Besitzer-Verhältnis zwischen Versteigerungsschuldner und Ersteher bei rechtskräftiger Aufhebung des Zuschlags	63–66

I. Die Funktion des § 93 ZVG als Vollstreckungstitel zur Durchsetzung des Eigentumserwerbs in der Versteigerung

Ist der Eigentumswechsel durch den Zuschlag erfolgt, bedarf es der Räumung bzw. Herausgabe des übergegangenen Gegenstands der Versteigerung durch den bisherigen (Eigen)Besitzer. Weigert sich dieser, bedürfte es ohne § 93 ZVG der anderweitigen Titulierung, um die Räumungs- bzw. Herausgabevollstreckung durchführen zu können. Da dies unnötige Förmelei wäre, ersetzt der Zuschlagsbeschluss den ansonsten gesondert zu erstreitenden Räumungs-/Herausgabetitel zu recht. Die Gesetzesbegründung des historischen Gesetzgebers ist ähnlich; die Verweisung des Erstehers auf den Weg der Herausgabeklage werde dem Zweck der Zwangsversteigerung nicht gerecht. Vielmehr sei es so, dass das Vollstreckungsgericht *„… ähnlich wie der Gerichtsvollzieher bei der Versteigerung beweglicher Sachen, den Ersteher in den Besitz setze und folglich, wenn ein anderer besitze, diesem den Besitz entziehe.“*[1] Dem bisherigen Eigentümer und Vollstreckungsschuldner der Zwangsversteigerung ist der Verlust seines Eigentums bekannt, ein Recht zum Besitz gegenüber dem neuen Eigentümer (vgl. § 986 BGB) steht ihm nicht zu, soweit es keinen gesonderten Besitztitel zwischen ihm und dem Ersteher gibt.[2] Die prozessökonomische Funktion des Zuschlagsbeschlusses als gleichzeitiger Räumungs-/Herausgabetitel gegen den Eigentümer und andere Besitzer ist auch kein Widerspruch zu Art. 13 GG, vielmehr darf der Gedanke des Schutzes der Wohnung[3], soweit er denn überhaupt tangiert sein sollte, hinter der Erwägung zurücktreten, dass zugleich mit dem Eigentumsschutz, den Art. 14 GG verfassungsrechtlich gewährt, auch dem Wohnungsschutz durch das streng justizförmige Immobiliarvollstreckungsverfahren Rechnung getragen worden ist.[4] Der verfassungsrechtliche Schutz der Wohnung wird ferner durch die Notwendigkeit gewährleistet, die Herausgabevollstreckung in Gegenstände der Versteigerung, die mit der Durchsuchung der Wohnung durch den Gerichtsvollzieher verbunden sind, wie auch sonst von der richterlichen Genehmigung (§ 758a Abs. 1 ZPO)

---

1 *Jaeckel/Güthe*, Zwangsversteigerungsgesetz, 4. Aufl., 1912, § 93 ZVG Rn. 1 zu § 143 ZVG-Entwurf I.
2 S. § 93 Abs. 1 Sätze 2 und 3 ZVG und deren Kommentierung in den nachfolgenden Rn. 45 ff.
3 Der Begriff ist sehr weit und schließt auch betriebliche Räumlichkeiten aller Art ein (soweit diese nicht für das Publikum öffentlich zugänglich sind), Nebengebäude (wie Garagen, landwirtschaftliche Nebenräumlichkeiten), umfriedete Freiflächen („Garten"), ggf. sogar zur Wohnung dienende Wohnwagen. Wohnmobile und Wohnschiffe, vgl. *Papier*, in: *Maunz/Dürig*, GG, Art. 13 GG Rn. 10 ff., ebenso *Stöber*, in: *Zöller*, ZPO, § 758a ZPO Rn. 4, jeweils m.w.N. Zu der Schnittstelle zwischen Art. 14 und Art. 13 GG s. *Papier*, a.a.O., Art. 13 GG Rn. 150.
4 Dazu gehört auch die mögliche, im Regelfall mit kurzen Fristen ausgestattete, einstweilige Einstellung der Zwangsversteigerung infolge eines gegen die drohende Räumung als Konsequenz des Zuschlagsbeschlusses gerichteten Vollstreckungsschutzantrags gem. § 765a ZPO in denjenigen Fällen, in denen Gesundheits- bzw. Lebensgefahren eingewandt werden können; siehe im Einzelnen die Kommentierung zu § 765a ZPO Rn. 30–52.

abhängig zu machen.⁵ Eine wesentliche Ausnahme hiervon ist aber eben die Räumungs- bzw. Herausgabevollstreckung in **Räume** (§ 885 ZPO, einschl. **Schiffe und Schiffsbauwerke**), zu der eine **richterliche Anordnung** gem. § 758a Abs. 2 ZPO **nicht** erforderlich ist.⁶

2 Betrachtet man den systematischen Aufbau des § 93 Abs. 1 ZVG, so lassen sich mehrere Gruppen von Besitzern unterscheiden, gegen die der Ersteher vorgehen muss, wenn er seine mit der Eigentumsübertragung verbundenen Besitzrechte (vgl. §§ 903, 985 BGB) auf Erlangung unmittelbaren oder mittelbaren Besitzes an dem Versteigerungsgegenstand durchsetzen will.

3 Es handelt sich dabei um
 a) den bisherigen Eigentümer des Versteigerungsgegenstandes, der zugleich Vollstreckungsschuldner des Versteigerungsverfahrens nach dem ZVG war und der im im allgemeinen offenkundig (§ 291 ZPO) der Besitzer ist.
 b) Den bisherigen Eigentümer mitversteigerter Gegenstände gem. § 90 Abs. 2 ZVG, auch schuldnerfremder Gegenstände im Sinne des § 55 Abs. 2 ZVG, deren Besitz seitens des Versteigerungsschuldners ebenfalls offenkundig sein mag.
 c) Familienangehörige des Versteigerungsschuldners, die das selbstgenutzte Wohnhaus, die Eigentumswohnung usw. mit benutzen und bei denen im Einzelnen streitig sein kann, inwieweit sich die Wirkungen des Zuschlagsbeschlusses auf sie erstrecken (s. u. sowie Buchstabe d) und f);
 d) Besitzer des Versteigerungsgegenstandes, die ein Besitzrecht gegenüber dem Vollstreckungsschuldner geltend machen konnten, das mit dem Zuschlag nicht untergegangen ist (das sind die Fälle des § 93 Abs. 1 Satz 2 ZVG); dazu kann unter bestimmten Voraussetzungen auch der Versteigerungsschuldner selbst gehören.
 e) Besitzer des Versteigerungsgegenstandes, deren „Besitztitel" mit der Versteigerung gem. § 90 ZVG erloschen ist;
 f) Besitzer, die mit dem Ersteher über ein gesondertes Besitzverhältnis verbunden sind, das auch nur vorübergehend sein mag.⁷

II. Der Tatbestand des § 93 Abs. 1 Satz 1 ZVG

1. Die allgemeinen Voraussetzungen der Vollstreckung aus dem Zuschlagsbeschluss

4 Die Zwangsvollstreckung bedarf auch in den Fällen der Räumung und Herausgabe von Gegenständen, an denen Eigentum durch Zwangsversteigerung erworben wurde, der üblichen Vollstreckungsvoraussetzungen.

5 Der Zuschlagsbeschluss ist der Vollstreckungstitel, der mit der **Vollstreckungsklausel** zu versehen ist (§ 724 ZPO). Der bisherige Eigentümer (= Vollstreckungsschuldner des Versteigerungsverfahrens) ist **nicht** vorher anzuhören

---

5 Vgl. auch OLG Bremen, Beschl. v. 23.8.1993 – 4 W 3/93, Rpfleger 1994, 77; AG Wolfsburg, Beschl. v. 6.4.1994 – 18 M 596/94, DGVZ 1995, 13.
6 Das Betreten der Räume usw., um die Räumungs- bzw. Herausgabevollstreckung zu vollziehen, ist nicht die auf die Suche von Vollstreckungsgegenständen, Sachverhaltsermittlung usw. abzielende Durchsuchung nach Art. 13 Abs. 2 GG und unterliegt daher nicht dem Richtervorbehalt dieser Vorschrift, s. *Papier* (Fn. 3), a.a.O., Art. 13 GG Rn. 22. Vgl. auch *Stöber* (Fn. 3), a.a.O., § 758a ZPO Rn. 33f. Auch der Zuschlagsbeschluss als der für Räumung und Herausgabe notwendige Vollstreckungstitel unterliegt als Folge des § 93 Abs. 1 Satz 1 ZVG nicht etwa einem Richtervorbehalt, denn funktionell zuständig ist der Rechtspfleger, s. § 3 Nr. 1 Buchst. i) RPflG.
7 S. auch die Übersicht bei *Böttcher*, ZVG, § 93 ZVG Rn. 3ff., insb. Rn. 6,7

(§ 730 ZPO).⁸ Der Schuldner kann sich mit der Klauselerinnerung gem. § 732 ZPO wehren.

Der Titel ist spätestens unmittelbar vor Beginn der Vollstreckung dem Versteigerungsschuldner zuzustellen (§ 750 Abs. 1 ZPO). Umstritten ist, ob die Zustellung des Beschlusses mit der auf ihm angebrachten („beigefügten", §§ 724, 725 ZPO) Klausel erfolgen muss; dafür spricht, dass sich der Titel nicht gegen den Besitzer, sondern den Eigentümer richtet.⁹ Wenn man den offenkundig (§ 291 ZPO) bestehenden Besitz des in dem Beschluss genannten Versteigerungsschuldners bejahen kann, kann man aber doch wohl auf die Zustellung eines **mit der Klausel** versehenen Beschlusses verzichten.¹⁰ In diesem Kontext ist zudem zwischen der Wirksamkeit des Zuschlagsbeschlusses und den Voraussetzungen der Vollstreckung daraus, zu unterscheiden. Der Zuschlag wird mit der Verkündung wirksam (§§ 87, 89 ZVG), soweit nicht das Beschwerdegericht ihn erstmals erteilt, denn dann gewinnt er erst mit der Zustellung seine Wirksamkeit (§ 104 ZVG).¹¹ Dem Räumungs- bzw. Herausgabeschuldner, dem bisherigen Eigentümer, ist der Zuschlagbeschluss nicht notwendig von Amts wegen zuzustellen, sondern nur dann, wenn er im Versteigerungs- oder Zuschlagstermin nicht anwesend war (§ 88 Satz 1 ZVG), worüber das Protokoll Aufschluss gibt (§ 80 ZVG). Die Zustellung erfolgt dann aber wie erwähnt von Amts wegen (§ 3 ZVG), so dass eine Zustellung entsprechend § 317 ZPO zu bejahen ist.¹² Ist der Räumungs-/Herausgabeschuldner im Termin anwesend und wird ihm daher der Beschluss **nicht** von Amts wegen zugestellt,¹³ bedarf es zur **Schaffung der Vollstreckungsvoraussetzungen** der Zustellung einer Ausfertigung des Beschlusses (§ 750 Abs. 1 Satz 1 ZPO) und zwar im „*Parteibetrieb*"¹⁴ durch den Ersteher als Vollstreckungsgläubiger, wobei jedenfalls aus Gründen der Praktibilität und in Ansehung der oben umrissenen verschiedenen Auffassungen zur Zustellung der Vollstreckungsklausel zweckmäßig eine vollstreckbare Ausfertigung zugestellt wird.

Zuständiges Vollstreckungsorgan ist der **Gerichtsvollzieher**, der wie auch in den sonstigen Fällen der Vollstreckung auf Antrag des Gläubigers tätig wird.¹⁵ Die **Vollstreckungskosten** gehen zu Lasten des Schuldners nach § 788 ZPO, sie werden zusammen mit dem vollstreckbaren Hauptanspruch vollstreckt. Zutreffend weist *Hintzen* auf die Möglichkeit des gesonderten Kostenfestsetzung durch Kostenfestsetzungsbeschluss des Vollstreckungsgerichts gem. § 788 Abs. 2, §§ 103 ff. ZPO hin.¹⁶

---

8 Zur Zwangsvollstreckung gegenüber dritten Personen, die nicht im Zuschlagsbeschluss bezeichnet sind, s. Rn. 15 ff..
9 Mit dieser praxisgerechten Argumentation vertritt *Stöber*, ZVG, § 93 ZVG Rn. 2.3, die Notwendigkeit der Zustellung mit der Vollstreckungsklausel auch an den besitzenden Versteigerungsschuldner, während *Hintzen*, in: *Dassler/Schiffhauer/u.a.*, ZVG, § 93 ZVG Rn. 13, die Zustellung des Beschlusses ohne Klausel hinreichend sein lässt, eine natürlich andererseits verfahrensökonomische Lösung.
10 Der Wortlaut des § 750 Abs. 1 ZPO gibt diese Möglichkeit her: „... *Die Zwangsvollstreckung darf [...] beginnen, wenn die Personen, für und gegen die sie stattfinden soll, in dem Urteil **oder** in der [...] Vollstreckungsklausel namentlich bezeichnet sind* ...".
11 S. die Kommentierung zu den §§ 87, 89, 104 ZVG.
12 *Böttcher*, ZVG, 4. Aufl., 2005, § 93 ZVG Rn. 14 m.w.N.
13 *Böttcher*, vorige Fn., a.a.O., Rn 14 geht wohl vom Gegenteil aus.
14 S. *Böttcher*, vorige Fn., a.a.O., der dies allerdings folgerichtig vor dem Hintergrund seiner Meinung zu § 88 ZVG nur für die Vollstreckung gegen im Titel nicht genannte Dritte fordert.
15 Da zwischen dem Gerichtsvollzieher und dem Gläubiger ein öffentlich-rechtliches Rechtsverhältnis zustande kommt, ist der Begriff „Auftrag" in § 753 ZPO nach heutiger Dogmatik missverständlich, s. dazu statt aller *Stöber* (Fn. 3), a.a.O., § 753 ZPO Rn. 2 m.w.N.
16 *Hintzen*, in: *Dassler/Schiffhauer/u.a.*, ZVG, § 93 ZVG Rn. 21 m.w.N.; BGH, Beschl. v. 15.2.2005 – X ARZ 409/04, *zu §§ 788 Abs. 2 ZPO und zum früheren 19 Abs. 1 BRAGO (= § 11 RVG)*, NJW 2005, 1273 = Rpfleger 2005, 322 = FamRZ 2005, 883.

8 Das Problem für den Ersteher ist jedoch, dass der räumungsunwillige Schuldner häufig nicht zahlungsfähig sein wird, wenn er sich nicht ohnehin im eröffneten Insolvenzverfahren befindet. Im letzteren Fall ist das Verfahren gegen den Insolvenzverwalter zu führen oder fortzusetzen (§ 49 InsO), das Vollstreckungsverbot des § 89 InsO steht nicht entgegen. Damit richtet sich der Zuschlag gegen den **Insolvenzverwalter** und stellt ihm gegenüber ebenfalls einen Räumungs- bzw. Herausgabetitel dar (§ 985 BGB, s. u.). Die Weigerung der Räumung generiert die Vollstreckung aus dem Zuschlagsbeschluss, deren Kosten daher als Masseverbindlichkeiten zu tragen sind (§ 55 Abs. 1 Nr. 1 InsO, § 788 ZPO).[17]

9 Dem Ersteher obliegt es aber, wenn er die Räumung und Herausgabe durchsetzen will, dem Gerichtsvollzieher den notwendigen Vorschuss gem. § 4 Abs. 1, 2 GvKostG zu leisten; **Kostenschuldner** ist der „Auftraggeber", d. h. der Titelgläubiger ebenso wie der Schuldner (§ 13 Abs. 1 Nr. 1, 2 GvKostG).[18] Die Räumung einer Wohnung bzw. eines Hauses kann Vorschüsse von ein paar Tausend Euro erfordern. Die bei Räumung einer Mietwohnung oder sonstiger Gebäude in der Rechtsprechung des BGH entschiedene erhebliche Reduzierung des Vorschusses auf wenige hundert Euro beruht auf dem Bestehen eines Vermieterpfandrechts an allen Gegenständen in der zu räumenden Wohnung.[19] Sie ist auf die Vollstreckung nach § 93 ZVG nur teilweise anwendbar, wenn nämlich mitversteigerte Gegenstände sich in den zu räumenden Gebäuden usw. befinden und dort auch bleiben sollen. Der Ersteher wird daher im Einzelfall auch Räumungskosten bei seinem Gebot in die Abwägung einbeziehen.

10 Der zur Räumung und Herausgabe Verpflichtete wehrt sich gegen die Vollstreckung mit den auch sonst in Frage kommenden Rechtsbehelfen, u.a. mit der **Erinnerung gem. § 766 ZPO**. Wird im Rahmen der Zuschlagsbeschwerde im Beschwerderechtszug der Vollzug des Zuschlagsbeschlusses nach § 570 Abs. 2, 3 ZPO ausgesetzt, hat der Gerichtsvollzieher die dennoch fortgesetzte Räumungs- und Herausgabevollstreckung einzustellen, wenn ihm die Ausfertigung des Beschlusses nach § 570 Abs. 2, 3 ZPO zugeleitet wird (§ 775 Nr. 2 ZPO). Die zwar grundsätzlich mögliche **Vollstreckungsabwehrklage (§ 767 ZPO)** des (Titel)Schuldners aus dem Zuschlagsbeschluss[20] kommt gegenüber der Herausgabe bzw. Räumung nur in Frage, wenn sich der Schuldner mit dem Ersteher über einen Mietvertrag oder eine sonstige Nutzung geeinigt hat oder wenn von ihm eine Räumungsfrist bewilligt worden ist.[21]

11 Gegen die Räumungs- und Herausgabevollstreckung von **Wohnraum**, z. B. des eigengenutzten und dem Ersteher zugeschlagenen Einfamilienhauses oder der Eigentumswohnung des Versteigerungsschuldners, steht diesem Vollstre-

---

17 Zum weiten Handlungsbegriff des § 55 Abs. 1 Nr. 1 InsO, der Rechtsverletzungen umfasst, vgl. *Uhlenbruck/Berscheid*, in: *Uhlenbruck*, InsO, 12. Aufl., 2003, § 55 InsO Rn. 20; s. *Sinz*, in: *Uhlenbruck/Hirte/Vallender* (Hrsg.), InsO, 13. Aufl., 2010, § 55 InsO Rn. 23 ff., zu Prozesshandlungen Rn. 15 ff.; s. auch *Lohmann*, in: *Kreft* (Hrsg.), HK-InsO, 5. Aufl., 2008, § 55 InsO Rn. 3 ff. Zur Herausgabevollstreckung durch Gläubiger, die nicht Insolvenzgläubiger sind – wie der Ersteher – vgl. *Kayser*, in: *Kreft* (Hrsg.), HK-InsO, § 89 InsO Rn. 12, „*Inhaber von Aussonderungsrechten*", m.w.N.
18 Gerichtsvollzieherkostengesetz, GvKostG, v. 19.4.2001, BGBl. 2001 I, S. 623 i. d. F. bis zu Art. 3 d. Gesetzes v. 30.7.2009, BGBl. 2009 I, S. 2474.
19 Vgl. BGH, Beschl. v. 16.7.2009 – I ZB 80/05, NJW-RR 2009, 1384, Rn. 7 f., 4.000 € Vorschussanforderung für die Räumung von zwei Wohnungen; siehe auch die Parallelentscheidung I ZB 81/05; *Reduzierung aus Sicht des Senats auf 500 €* – BGH, Beschl. v. 10.8.2006 – I ZB 135/05, Rpfleger 2006, 663 = NJW 2006, 3273.
20 Vgl. *Herget*, in: *Zöller*, ZPO, § 767 ZPO Rn. 6 „*Zwangsversteigerungsverfahren*", allg. Meinung.
21 So die selbstverständlichen und in der Kommentarliteratur durchgängig angegebenen Beispiele, vgl. *Böttcher* (Fn. 7), § 93 ZVG Rn. 15 m.w.N.; *Stöber*, ZVG, § 93 Rn. 4, 4.4;

ckungsschutz gem. § 765a ZPO[22] zu, **nicht** jedoch die Möglichkeit der Bewilligung einer **Räumungsfrist gem.** § **721 ZPO**. Diese Vorschrift ist auf das Versteigerungsverfahren vor dem Vollstreckungsgericht nicht anwendbar, da es sich um eine Anordnung des Prozessgerichts im Räumungsprozess handelt, also um eine Maßnahme im Erkenntnisverfahren, die im Urteil ihren Niederschlag zu finden hat.[23]

2. **Die Durchführung der Räumungs- bzw. Herausgabevollstreckung**

Die **Räumungs-/Herausgabevollstreckung** wird nach § 885 Abs. 1 Satz 1 ZPO dadurch ausgeführt, dass der Gerichtsvollzieher den Schuldner aus dem Besitz „setzt" und den Vollstreckungsgläubiger in den Besitz einweist. Betroffen hiervon sind alle unbeweglichen Gegenstände, also **Grundstücke,**[24] **Gebäude, Wohnungen,** aber auch eingetragene Schiffe und Schiffsbauwerke (§ 162 ZVG i.V.m. § 93 Abs. 1 Satz 1 ZVG). Inkludiert sind über den Begriff des Grundstücks in § 885 BGB auch alle grundstücksgleichen Rechte wie Wohnungs-/Teileigentum nach dem WEG sowie Erbbaurechte nach Maßgabe des ErbbauRG. **12**

Zwar ist auch auf in der **Luftfahrzeugrolle eingetragene Luftfahrzeuge** § 93 Abs. 1 ZVG über den Verweis in § 171a Abs. 1 ZVG anwendbar, wobei es sich hier indes nicht um den Fall der Räumungsvollstreckung, sondern um **Herausgabevollstreckung** handelt. Diese ist bei Flugzeugen nicht unter § 885 ZPO zu subsumieren, sondern sie erfolgt gem. § 883 ZPO, der die Herausgabe beweglicher Sachen zum Gegenstand hat. Das ist nur scheinbar ein Widerspruch zu der Subsumtion der Behandlung der **eingetragenen** Luftfahrzeuge im ZVG unter die unbeweglichen Sachen. Das Luftfahrzeug bleibt natürlich sachenrechtlich bewegliche Sache, § 171a ZVG ordnet folgerichtig auch nur die entsprechende Anwendung des ersten Abschnitts des ZVG an. Nicht zu verkennen ist, dass dies bei Schiffen (schon weniger bei Schiffsbauwerken) strukurell nicht anders ist. Die Kommentarliteratur wendet in den Fällen der **Räumung** beweglicher Sachen allerdings § 885 ZPO analog an,[25] eine sachgerechte Lösung, die auch für Flugzeuge gelten muss, soweit dort eine Räumung in tatsächlicher Hinsicht überhaupt in Frage kommen kann. Damit findet § 885 ZPO im Einklang mit seinem Wortlaut auf die **Herausgabevollstreckung** in eingetragene Luftfahrzeuge keine Anwendung. **13**

Die **Räumungsvollstreckung** ist auf die Räumung des versteigerten Grundstücks, Wohnungseigentums usw. gerichtet. Ist der versteigerte Grundbesitz mit einem **Erbbaurecht** belastet, scheidet die Räumung der dortigen Gebäude (Bauwerke) der Natur der Sache nach aus, da diese nicht wesentlicher Bestandteil des Grundstückes, sondern des Erbbaurechtes sind (§ 12 Abs. 1, 2 ErbbauRG). Anders ist dies, wenn vor der Versteigerung das **Erlöschen** des Erbbaurechts eingetreten und dessen Bestandteile zu solchen des Grundstückes geworden sind (§ 12 Abs. 3 ErbbauRG). Die Zubehörstücke des Erbbaurechts werden zwar von § 12 ErbbauRG nicht erwähnt, indes wird mit dem Untergang des Erbbaurechts der auf dem Grundstück befindliche oder mit ihm in **14**

---

22 S. die Kommentierung zu § 765a ZVG, Rn. 26, 30 ff.
23 Die Bestimmung ist auch nicht auf andere Räumungstitel anwendbar, s. *Hüßtege,* in: *Thomas/Putzo,* § 721 ZPO, 30. Aufl., 2009, Rn. 2; ebenso *Stöber,* (Fn. 3), a.a.O., § 721 ZPO Rn. 3, 6, 7. Die unmittelbare Parallele zu § 93 ZVG ist einmal § 148 Abs. 2 InsO zu dem Insolvenzeröffnungsbeschluss als Vollstreckungstitel, kraft dessen der Insolvenzverwalter die Masse, also auch die Wohnung des Schuldners, in Besitz nehmen kann. Im ZVG selbst sind die Parallelen § 150 Abs. 2 ZVG bzw. § 94 Abs. 2 ZVG i.V.m. § 150 Abs. 2 ZVG; s. die Kommentierung zu § 94 ZVG.
24 BGH, Beschl. v. 4.12.2008 – I ZB 120/05 (*landwirtschaftliche Fläche*), Rpfleger 2009, 250 = NJW-RR 2009, 445 = WM 2009, 902.
25 Vgl. nur *Stöber,* in: *Zöller,* ZPO, § 885 ZPO Rn. 1 m.w.N. (*Wohnwagen usw.*)

einer Nähebeziehung befindliche bewegliche Gegenstand einfacher Bestandteil bzw. Grundstückszubehör, wenn insoweit die Voraussetzungen des § 97 BGB vorliegen. Der Heimfall (vgl. § 2 Nr. 4, §§ 32 f. ErbbauRG) lässt das Erbbaurecht als Eigentümererbbaurecht bestehen; ist er vor dem Zuschlag vollzogen, bleibt das Erbaurecht beim Versteigerungsschuldner des Grundstücks. Der Zuschlagsbeschluss verschafft dem Ersteher des Grundstücks keine Rechte (Folge des § 889 BGB), da das Erbbaurecht mit der Veräußerung des Grundstücks zum Fremdrecht wird,[26] auch wenn der Eigentumswechsel des Grundstücks im Wege der Versteigerung geschieht.

3. Adressaten der Räumungs- bzw. Herausgabevollstreckung

15 Wer Adressat der Räumungs- bzw. Herausgabevollstreckung sein wird, erschliesst sich aus dem Wortlaut des § 93 Abs. 1 Satz 1 ZVG z. T. ohne Weiteres. Entscheidend ist die Überlegung, dass die Räumung durch den Gerichtsvollzieher die **Durchsetzung des Vindikationsanspruchs** des Eigentümers gegen den Besitzer gem. § 985 BGB bedeutet, der sachenrechtliche Anspruch ist auf Besitzeinräumung **gegen jeden Besitzer** gerichtet, der kein Recht zum Besitz gegenüber dem aktivlegitimierten neuen Eigentümer hat (§ 986 BGB). Nach Sinn und Zweck des § 93 ZVG ist damit Adressat der Räumungsvollstreckung aus dem Zuschlagsbeschluss zunächst derjenige, der Vollstreckungsschuldner des erledigten Zwangsversteigerungsverfahrens selbst ist, in erweiterter Betrachtung auch dessen Ehegatte,[27] seine sonstigen Familienangehörigen und „Hausgenossen",[28] mit denen er zusammen lebt und mit denen er im Ergebnis die Innehabung des Besitzes teilt (§§ 854, 865, 866 BGB), die also wie er „Gewahrsam" haben (vgl. § 886 BGB). Davon zu unterscheiden ist der Besitzdiener des § 855 BGB, der gerade kein Besitzer ist.

16 **Verfahrensrechtlich** richtet sich die Vollstreckung als Konsequenz des § 750 Abs. 1 Satz 1 ZPO zunächst allein gegen denjenigen, der im Zuschlagsbeschluss als bisheriger Eigentümer und damit auch als Besitzer **namentlich** bezeichnet ist, insoweit besteht Offenkundigkeit des Besitzes (§ 291 ZPO).[29] Die Vollstreckungsklausel gegen ihn ist problemlos. Entscheidend ist in den anderen Fällen, dass gegen den in Anspruch genommenen Räumungs- bzw. Herausgabeschuldner die Vollstreckungsklausel erteilt wird, der Zuschlagsbeschluss benennt ihn nicht. Zur Erteilung der Klausel muss der Besitz des ins Auge gefassten Adressaten der Räumungs- bzw. Herausgabevollstreckung durch mindestens öffentlich beglaubigte Urkunden nachgewiesen werden, Folge aus § 727 ZPO (i. V. m. § 325 Abs. 1 ZPO[30]), der in diesen Fällen direkt oder analog anzuwenden ist.[31] Ihm ist sodann der Titel mit der Vollstreckungsklausel und den zugehörigen Unterlagen zuzustellen (§ 750 Abs. 2 ZPO). Die **analoge** Anwendung der §§ 727, 325 ZPO ist eine Folge der materiell-rechtlichen „Rechtsnachfolge" des Erstehers in das Eigentum des zu räumenden Grundbesitzes, der dem anderen Besitzer oder Mitbesitzer, der nicht Vollstreckungsschuldner im Versteigerungsverfahren ist, das Recht zum Besitz nimmt,

---

26 S. BGH, Urteil v. 12.12.2008 – V ZR 49/08 (*zur Eigentümergrundschuld*), NJW 2009, 847 ff./ 848 Rn. 22.
27 Vgl. AG Heilbronn, Beschl. v. 11.8.1993 – 3 M 1003/93, DGVZ 1993, 174 f.
28 LG Köln, Beschl. v. 12.7.1993 – 19 T 196/93, WuM 1993, 747 f. und OLG Köln, Beschl. v. 7.2.1994, WuM 1994, 285 ff.
29 So auch *Hintzen*, in: *Dassler/Schiffhauer/u. a.*, ZVG, § 93 ZVG Rn. 9 m. w. N.
30 § 325 Abs. 3 Satz 2 ZPO hingegen ist vorliegend ohne Belang, die Vorschrift betrifft den Fall eines bestehenbleibenden Grundpfandrechts bzw. einer Reallast. Urteile gegen den Rechtsvorgänger des Erstehers wirken diesem gegenüber nur bei Anmeldung im Versteigerungstermin, so dass sich § 325 Abs. 3 ZPO als konsequente Fortsetzung des Gedankens des § 54 ZVG darstellt, zutreffend *Vollkommer*, in: *Zöller*, ZPO, § 325 ZPO Rn. 49; siehe auch die Kommentierung zu § 54 ZVG.
31 *Stöber*, in: *Zöller*, ZPO, § 727 ZPO Rn. 17; *Vollkommer*, in: *Zöller*, ZPO, § 325 ZPO Rn. 21 f.

der dem Betroffenen wiederum von dem Versteigerungsschuldner kraft der ehelichen Lebensgemeinschaft oder anderer Nähebeziehungen geschuldet war. Damit kann nicht die Rede davon sein, diese seien lediglich Besitzdiener (§ 855 BGB). Dies gilt für Ehegatten, Lebenspartner usw., für in der gemeinsamen Wohnung lebende Kinder hingegen nach der Rechtsprechung nicht, auch für erwachsene Kinder wird Besitz (= „Gewahrsam" im Sinne des § 886 ZPO) verneint. In all diesen Fällen des (Mit)Gewahrsams bedarf es daher der Erteilung der Klausel gegen alle betroffenen Personen.[32] Davon sind die Fallkonstellationen zu unterscheiden, die davon geprägt sind, dass der auf Räumung und Herausgabe in Anspruch Genommene einen eigenen **gegen den Ersteher wirkenden Besitztitel** inne hat, so dass die Vollstreckung gegen ihn eines in einem gesonderten Erkenntnisverfahren erstrittenen Titels bedarf (Rn. 45 ff.).

Scheitert der Nachweis des Besitzes im Klauselerteilungsverfahren, so bleibt dem Ersteher die Klausel(feststellungs)klage gem. § 731 ZPO gegen den auf Räumung bzw. Herausgabe in Anspruch zu nehmenden Besitzer, die aber die Räumungs-/Herausgabeklage aus § 985 BGB nicht unzulässig macht.[33] In der Praxis haben diese Themen wohl nur eine äußerst geringe Bedeutung, zumal der betroffene Räumungs-/Herausgabeschuldner, gegen den die Klausel gem. § 726 Abs. 1 ZPO, §§ 727–729 ZPO erteilt wird, nach § 730 ZPO zweckmäßig vor der Klauselerteilung angehört wird, gleich, ob man dies unter Art. 103 GG subsumiert und rechtlich für notwendig hält oder nicht.[34] Der von der Räumung Betroffene wird bei der Anhörung seinen Besitz im Ergebnis bestätigen, aber evtl. anderweitige Einwendungen vorbringen, so dass ein gerichtliches Geständnis gem. § 288 ZPO vorliegt, das die Klauselerteilung ermöglicht, soweit sie nicht verweigert wird, weil zur Überzeugung des Gerichts feststeht, dass ein die Klauselerteilung nicht zu rechtfertigendes Hindernis besteht, z. B. ein des vorherigen Räumungsprozesses bedürfender Mietvertrag (Rn. 3 Fallgruppe d). In diesen Fällen ist ein erneuter Prozess erforderlich, da es an einer Vindikationslage fehlt. **17**

Die Räumungsvollstreckung gegen Ehegatten, sonstige Familienangehörige, erwachsene Kinder, Lebenspartner der nichtehelichen Lebensgemeinschaft (s. Rn. 3 Fallgruppe c) kann somit § 93 Abs. 1 Satz 1 ZVG unterfallen, es kann aber auch ein selbstständiger Titel außerhalb des Zuschlagsbeschlusses erforderlich sein. Ob letzteres bejaht werden muss, ist, wie in Rn. 16 umrissen, abhängig davon, ob der Betroffene ein eigenes Besitzrecht auf der Basis eines Miet- oder sonstigen Überlassungs- bzw. Nutzungsvertrags hat, der dem Besitzer ein Recht zum Besitz zu Lasten der Erstehers verschafft. **18**

Behauptet der Familienangehörige **einen Mietvertrag** (oder eine sonstige obligatorische Nutzungsvereinbarung), so ist bereits nach einer älteren Entscheidung des LG Detmold eine vollstreckbare Entscheidung gegen den Familienangehörigen notwendig.[35] Die neuere Rechtsprechung des BGH bestätigt diese Sicht und die vorstehend in diesem Sinne beschriebene Rechtslage.[36] Auf die **19**

---

32 Ob das im Hinblick auf erwachsene Kinder zutreffend ist, hängt sicherlich vom Einzelfall ab und kann nicht mit der bisher herrschenden Meinung ohne Weiteres stets verneint werden, vgl. zur h. M. *Stöber*, in: *Zöller*, ZPO, § 885 ZPO Rn. 7 m. w. N. aus der Rspr.; zur berechtigten Kritik daran s. *Hintzen*, in: *Dassler/Schiffhauer/u. a.*, § 93 ZVG Rn. 13 m. w. N.
33 BGH, Urteil v. 9.4.1987 – IX ZR 138/86 – DB 1987, 1531 = NJW 1987, 2863 = WM 1987, 756; vgl. auch *Stöber*, in: *Zöller*, ZPO, § 731 ZPO Rn. 7.
34 *Hintzen*, in: *Dassler/Schiffhauer/u. a.*, ZVG, § 93 ZVG Rn. 7, geht in Ausnahmefällen, z. B. zur Vermeidung der Beschaffung der öffentlichen Urkunden usw. für den Antragsteller, von einer Anhörungspflicht des Gerichts aus.
35 LG Detmold, Beschl. v. 24.3.1987 – 2 T 4/87, RPfleger 1987, 323.
36 BGH, Beschl. v. 25.6.2004 – IXa ZB 29/04 (*Keine Vollstreckung gegen den Ehegatten des Wohnungsmieters aus einem Räumungsurteil gegen den Mieter, wohl aber gegen die minderjährige*

Situation des § 93 ZVG übertragen, führt der Mitgewahrsam des Ehegatten zur Notwendigkeit der Klauselerteilung gegen ihn (s. o.), denn der Zuschlagsbeschluss ist Titel gegen jeden Besitzer, soweit der materielle Anspruch des Gläubigers (Erstehers) aus § 985 BGB resultiert. Besteht zwischen dem Versteigerungsschuldner und dem anderen Gewahrsaminhaber ein **wirksamer** Miet- oder sonstiger Nutzungsvertrag, bedarf es, wie erwähnt, einer neuen Räumungsklage, da es nicht Aufgabe des Gerichtsvollziehers ist, bei der Räumung die materielle Rechtslage zu entscheiden (vgl. Rn 16).

4. Die Vollstreckung durch den Rechtsnachfolger des Erstehers

20 Der Zuschlagsbeschluss ermöglicht auch die Vollstreckung durch den Rechtsnachfolger des Erstehers, wenn dieser den ersteigerten Grundbesitz oder einfache Bestandteile[37] bzw. mitersteigertes Zubehör (zu dessen Herausgabevollstreckung siehe die nachfolgenden Rn. 21 ff.) veräußert hat. Voraussetzung ist die Erteilung der Vollstreckungsklausel für den Rechtsnachfolger gem. § 727 ZPO unter den dortigen Voraussetzungen für die Klauselumschreibung.[38]

5. Die Herausgabevollstreckung in die mitversteigerten beweglichen Sachen

21 Der Zuschlagsbeschluss ermöglicht neben der Räumung und Herausgabe der Immobilie (s. o.) des Weiteren die Herausgabevollstreckung von mitversteigerten beweglichen Sachen, denn auch deren Eigentümer ist der Ersteher gem. § 90 Abs. 2 ZVG geworden.[39] Adressat ist der Besitzer, jedenfalls der Schuldner, ggf. auch sonstige Dritte, die sich im Besitz des Gegenstandes befinden. Allerdings ist dort die ausdrückliche Benennung des **Dritten** im Beschluss notwendig bzw. die **Klausel** muss sich gegen ihn richten; ihm gegenüber ist die Zustellung erforderlich (vgl. § 750 Abs. 1 ZPO). Zur Erteilung der Klausel muss der Besitz des ins Auge gefassten Adressaten der Herausgabevollstreckung durch mindestens öffentlich beglaubigte Urkunden nachgewiesen werden. Auf die obigen Ausführungen zur Räumung wird verwiesen. Abzugrenzen ist das Zubehör des Grundstücks oder grundstücksgleichen Rechts nach § 97 BGB von den einfachen, rechtlich selbstständigen und den wesentlichen Bestandteilen des § 94 BGB, die nicht sonderrechtsfähig sind. Die Details sind einzelfallbezogen und mitunter problematisch. Auf die Übersichten in den

---

Tochter), Rpfleger 2004, 640 = NJW 2004, 3041. s. auch den nachfolgenden Abschnitt III, Rn. 45 ff. Bei den Minderjährigen fehlt es an dem eigenen Gewahrsam, dem Mitbesitz.

37 Die einfachen Bestandteile sind von den wesentlichen Bestandteilen im Sinne des § 93 BGB abzugrenzen und sonderrechtsfähig, das BGB definiert sie nicht. Zu Beispielen vgl. *Holch*, in: *MünchKomm*-BGB, 5. Aufl., 2006, § 93 BGB Rn. 16 m. w. N.; *Eickmann*, in: *MünchKomm*-BGB, a. a. O., § 1120 BGB Rn. 11. Über § 20 Abs. 2 ZVG i. V. m. § 1120 BGB ergibt sich deren Beschlagnahme nur, wenn sie im Eigentum des Versteigerungsschuldners sind. Fremdeigentum bleibt davon unberührt, wobei die Abgrenzung zum Zubehör zeigt, dass Fremdzubehör nicht der Beschlagnahme unterliegt (§ 55 Abs. 2 ZVG). Es wird aber mitversteigert. Grund ist der Schutz des Erstehers, der darauf vertrauen darf, dass alles vorhandene Zubehör zugeschlagen wird, BGH, Urteil v. 30.5.1969 – V ZR 67/66, NJW 1969 2135 f./2136.

38 Vgl. hierzu LG Göttingen, Beschl. v. 29.1.1996 – 6 T 183/95, RPfleger 1996, 300.

39 S. im Einzelnen die Kommentierung zu § 90 ZVG, Rn. 27 ff., 68 f.; zur fehlenden rechtlichen Bedeutung der Bösgläubigkeit des Erstehers beim Eigentumserwerb über die mitversteigerten Mobilien (§ 932 Abs. 2, § 935 Abs. 1 BGB) kommt es nicht an, da der Eigentumserwerb nicht durch Rechtsgeschäft („Einigung") erfolgt, sondern eben durch Hoheitsakt. Der Betroffene muss seine Rechte nach § 37 Nr. 5 ZVG im Versteigerungsverfahren geltend machen (siehe die Kommentierung zu § 90 ZVG Rn. 6 ff., 68) oder den Weg der Drittwiderspruchsklage gem. § 771 ZPO gehen, notfalls den Weg der einstweiligen Anordnung durch das Prozessgericht beschreiten, §§ 771 Abs. 3, 769 f. ZPO. Zu § 771 ZPO siehe das Kapitel *Rechtsbehelfe im ZVG-Verfahren*, Rn. 27 sowie die Kommentierung zu § 37 ZVG, Rn. 11 ff./13.

Kommentaren zum BGB darf im Wesentlichen verwiesen werden.[40] Neben der Schnittstelle zu den wesentlichen Bestandteilen stehen die Scheinbestandteile des § 95 BGB (siehe hierzu sogleich Buchstabe c).

a) **Das mitversteigerte Zubehör von Grundstücken, die Versteigerung von im Dritteigentum stehenden Zubehörstücken.** Die mitversteigerten beweglichen Sachen sind, wie § 55 Abs. 2 ZVG zeigt, zum einen die Zubehörstücke gem. § 97 BGB, die rechtlich selbstständig sind, aber dem wirtschaftlichen Zweck der Hauptsache (d.h. dem Grundstück) zu dienen bestimmt sind und zu ihm eine räumliche Nähe haben.[41] Aufgrund seiner Sonderrechtsfähigkeit kann Zubehör im **Eigentum eines Dritten** („Fremdzubehör") stehen, es muss sich also gerade nicht im Eigentum des Vollstreckungsschuldners befinden. Der Eigentumsverlust tritt nach § 90 Abs. 2 ZVG ein. Praxisrelevant ist auch der Verlust der Rechte an belasteten Zubehörstücken als Folge des Zuschlags, wobei hier das Sicherungseigentum eines anderen Gläubigers als des Grundpfandgläubigers sowie das Vorbehaltseigentum Dritter relevant sind. Auf guten Glauben des Erstehers nach Maßgabe des § 936 BGB kommt es nicht an.[42] 22

Beispiel: 23
Kreditinstitut A. finanziert für den Unternehmer K. die gewerbliche Immobilie. Für seine besondere Produktion benötigt er Maschinenanlagen und sonstige Mobilien, die sich dauernd auf dem Gelände bzw. in den dortigen Gebäuden befinden. Die Finanzierung derselben hat das Kreditinstitut B. übernommen, es hat sich dafür in der üblichen Weise das Sicherungseigentum übertragen lassen (haftungsrechtlich siehe § 51 Nr. 1 InsO i.V.m. § 50 InsO).[43] Teilweise stehen die Gegenstände noch im Vorbehaltseigentum von Lieferanten, § 449 BGB. Maschinen und sonstiges Inventar sind, wenn sie sich bei Entstehung des Sicherungsrechts im Eigentum des Grundstückseigentümers befinden, unzweifelhaft versteigerungsfähiges Zubehör im Sinne des § 97 BGB, da sie in den Haftungsverband der Hypothek bzw. Grundschuld einbezogen und als Konsequenz hiervon von der Versteigerung bzw. dem Zuschlag erfasst werden (§§ 55 Abs. 2, 90 Abs. 2 ZVG).

Beim Eigentumsvorbehalt erfasst die hypothekarische Haftung auch das Anwartschaftsrecht des Grundstückseigentümers.[44] 24

In beiden Fällen erwirbt der Ersteher das **Fremdzubehör** nur dann, wenn der Grundstückseigentümer zugleich Besitzer ist (§ 55 Abs. 2 ZVG), im Falle des 25

---

40 Vgl. z.B. die Übersicht von *Ellenberger*, in: *Palandt*, BGB, 69. Aufl., 2010, § 97 BGB Rn. 11f., m.w.N.
41 Vgl. *Ellenberger*, vorige Fn., a.a.O., Rn. 8 m.w.N.
42 S. die Kommentierung zu § 37 ZVG, Rn. 11. Die Kommentierung von *Bassenge*, in *Palandt*, a.a.O., § 1121 Rn. 6, die § 936 BGB für unanwendbar erklärt, betrifft allerdings den umgekehrten Fall des gutgläubigen Erwerbs des nicht mit dem Grundpfandrecht nach Maßgabe des § 1120 BGB belasteten Eigentums am Zubehör und ist für die vorliegende Konstellation ohne Bedeutung.
43 Nicht hinreichend ist dabei der verbreitete Raumsicherungsübereignungsvertrag, wenn bereits ein Grundpfandrecht oder eine Vormerkung zu dessen Eintragung im Grundbuch eingetragen sind, denn dann geht die Sicherungsübereignung gegenüber dem Grundpfandgläubiger insoweit ins Leere als er nicht unbelastetes, sondern mit dem Grundpfandrecht belastetes Eigentum erwerben würde, vgl. *Oechsler*, in: *MünchKomm*-BGB, Anh. §§ 929–936 Rn. 24. Vgl. auch BGH, Urteil v. 10.4.1961 – VIII ZR 68/60, BGHZ 35, 86ff./87f., 89 (*zur Zubehörhaftung von Anwartschaftsrechten*). In dergleichen Fällen ist die Sicherungsübereignung dinglich vor der Einbringung auf das Grundstück zu vollziehen, z.B. durch Markierungsvertrag, oder es ist ein Verzicht des Grundpfandgläubigers auf die Zubehörhaftung zu verabreden, der dieser auch auf seine Rechtsnachfolger erstrecken muss, wenn eine solche Vereinbarung auch nur schuldrechtliche Wirkung hat.
44 BGH, Urteil v. 10.4.1961 – VIII ZR 68/60, BGHZ 35, 86ff./87f., 89 (*Zubehörhaftung von Anwartschaftsrechten*).

sein Eigentum verlierenden Lieferanten also das Volleigentum. Das mit dem Sicherungsrecht der Bank belastete Zubehör erwirbt er jedenfalls lastenfrei, wenn man nämlich das Sicherungseigentum lediglich als haftungsrechtlich zugeordnetes dem Pfandrecht gleichstehendes Eigentum wertet. Hat also der Sicherungseigentümer bzw. Vorbehaltseigentümer keine Freigabe des Grundpfandgläubigers einholen können, bleibt ihm jedenfalls der Weg der §§ 37 Nr. 5 ZVG, 771 ZPO, um die Versteigerung zu verhindern, sofern die betreibenden Gläubiger nicht zustimmen. Die Folge davon ist, dass der Zuschlagsbeschluss den Herausgabetitel gegen den Vollstreckungsschuldner des Versteigerungsverfahrens darstellt, sofern er **Besitzer der Zubehörstücke ist.**

26 Die Enthaftung des Zubehörs ist nur unter den Voraussetzungen der §§ 1121 bzw. 1122 Abs. 2 BGB möglich. Für die „fehlerhafte" Sicherungsübereignung, die dinglich durch Raumsicherungsvertrag erfolgte, als das Grundstück bereits mit dem Grundpfandrecht belastet war, also „Veräußerung" im Sinne des § 1121 Abs. 1 BGB ist,[45] gilt, dass die Enthaftung „greift", wenn das Zubehörstück **vor der Beschlagnahme** vom Grundstück entfernt wurde. Auf guten Glauben des Sicherungseigentümers nach § 1121 Abs. 2 BGB kommt es dabei nicht an.[46]

27 Unproblematisch ist die Vollstreckung aus dem Zuschlagsbeschluss insbesondere dann, wenn sich das Zubehör auf dem Grundstück befindet und im Besitz des Versteigerungsschuldners ist (s.o.). Entscheidend ist der Besitz an dem Zubehörstück, nicht dessen Belegenheit, da es auch Zubehörstücke gibt, die sich nicht ständig auf dem versteigerten Grundbesitz befinden.[47] Offen ist die Frage, ob die fehlerhafte „Enthaftung" nach Beschlagnahme zum Eigentum des Erstehers führt und der Zuschlagsbeschluss somit Titel gegenüber dem Drittbesitzer sein kann. Der Wortlaut des § 90 Abs. 2 ZVG deckt das ab. Beispiel wäre die Herausgabe von nach § 74a Abs. 5 ZVG mitbewerteten Zubehörstücken wenige Tage vor der Versteigerung durch den Vollstreckungsschuldner an den Sicherungseigentümer oder den Vorbehaltsverkäufer, die sich auf diese Weise das Vorgehen nach §§ 37 Nr. 5, 771 ZPO ersparen wollten oder die von der Versteigerung infolge Fahrlässigkeit nichts gewusst haben. Voraussetzung ist wie stets, dass die bürgerlich-rechtlichen Voraussetzungen für das Herausgabeverlangen begründet waren und Vorbehaltseigentum bzw. Sicherungseigentum bestanden. Im Versteigerungstermin wird der Grundbesitz nebst den Mobilien dem Ersteher zugeschlagen, der auf das in der Sache richtige Gutachten nach § 74a Abs. 5 ZVG vertraut hat. Das Vollstreckungsgericht hat keine Kenntnis von den tatsächlichen Veränderungen, der Schuldner ist nicht erschienen und war zudem der Auffassung, zur Herausgabe verpflichtet zu sein (zur Lösung der Problematik siehe Rn. 28).

28 Die gesetzlichen Regelungen der §§ 55 Abs. 2, 90 Abs. 2 ZVG einerseits und des § 1120 BGB andererseits weisen einen Bruch insoweit auf, als § 1120 BGB bezüglich des Zubehörs von dem Eigentum des Grundpfandrechtsschuldners (= der spätere Vollstreckungsschuldner und Grundstückseigentümer) ausgeht, das ZVG jedoch auch das nicht schuldnereigene Zubehör einschliesst. Bei der Lösung des entstehenden Kollisionsproblems zwischen der Haftung nach §§ 1120f. und dem Recht des Dritten darf freilich auch nicht verkannt werden, dass das ZVG auf seine Rechte insoweit Rücksicht nimmt, als an die

---

45 S. *Eickmann*, in: MünchKomm-BGB, § 1121 Rn. 13 m.w.N.
46 S. *Eickmann*, in: MünchKomm-BGB, § 1121 Rn. 25ff., 31ff. m.w.N.; zur Bösgläubigkeit vgl. § 23 Abs. 2 ZVG und die Kommentierung dazu.
47 Vgl. die entsprechenden Beispiele in der Übersicht bei *Holch*, in: MünchKomm-BGB, § 97 BGB Rn. 33 – 38, wobei es sich regelmäßig um den Fuhrpark und ähnliche Fahrzeuge handeln wird. Des Weiteren darf auf § 98 Nr. 2 BGB verwiesen werden, siehe bei *Holch*, a.a.O., § 98 BGB Rn. 14ff., 23.

Stelle des Rechts der Erlös tritt. Das ist aber keine hinreichende Lösung der kollidierenden Interessen. Sachgerecht ist vielmehr die vom OLG Rostock vertretene Lösung, die an das Tatbestandsmerkmal des Besitzes des Vollstreckungsschuldners gem. § 55 Abs. 2 ZVG anknüpft, denn nur das sind die zulässig mitversteigerten Zubehörstücke gem. § 90 Abs. 2 ZVG, da die letztere Vorschrift als Tatbestandsmerkmal die Voraussetzungen des § 55 Abs. 2 ZVG einschliesst. Ist der sicherungsübereignete Gegenstand, ist die unter Eigentumsvorbehalt stehende Maschine **vor dem Zuschlag** herausgegeben worden,[48] hat der Ersteher daher mangels Besitzes des Vollstreckungsschuldners kein Eigentum erworben. Damit hat er keinen Vindikationsanspruch, der Zuschlagsbeschluss ist gegenüber dem Besitzer (Eigentumsvorbehaltsverkäufer, Sicherungseigentümer) kein Titel,[49] auch dann nicht, wenn das schuldnerfremde und vom Grundbesitz entfernte Zubehör vom Zuschlagsbeschluss ausdrücklich erfasst wird.[50] Die **Vollstreckungsklausel** kann gegen ihn **nicht** erteilt werden. Dem OLG Rostock ist im Ergebnis, nicht jedoch in der Begründung der behaupteten Irrelevanz der Rechtsauffassung des Rechtspflegers zuzustimmen.[51] Die Frage ist zunächst, ob bzw. wie der Beschluss die Erstreckung auf das „Fremdzubehör" tenoriert oder nicht. Wird nur allgemein wie üblich tenoriert, der Zuschlag erstrecke sich auf die mitversteigerten Gegenstände nach § 90 Abs. 2 ZVG, lässt sich mit den Urteilen des OLG Rostock und Frankfurt (vgl. Fn. 49) vertreten, das Fremdzubehör sei in den Fällen des fehlenden Besitzes nicht ohne Weiteres mit umfasst. Das ist aber eine Frage der Auslegung des Beschlusses, jedenfalls dann, wenn Zubehör gem. § 74a Abs. 5 ZVG mitbewertet und sein Wert deshalb im Gebot des Erstehers berücksichtigt wurde. Wurden die Gegenstände im Zuschlagsbeschluss konkretisiert und vertritt das

---

48 Bei der **Sicherungsübereignung** setzt das Herausgabeverlangen Verwertungsreife, d.h. regelmäßig Kündigung der Finanzierung und Widerruf etwaiger Veräußerungsbefugnisse voraus (verbreitet ist in der Praxis die Befugnis des Sicherungsgebers, sicherungsübereignetes Anlagevermögen – Inventar usw. – bis zu einem bestimmten im Vertrag festgehaltenen Volumen zu veräußern bzw. zu ersetzen). Beim **Vorbehaltseigentum** ist der Rücktritt vom Kaufvertrag erforderlich (§ 449 Abs. 2 BGB). Befindet sich der Vollstreckungsschuldner im eröffneten Insolvenzverfahren und ist der Sicherungseigentümer nicht zugleich bestrangig betreibender Insolvenzgläubiger, wird der sicherungsübereignete Gegenstand vom Insolvenzverwalter nach Maßgabe der §§ 166 ff. InsO verwertet, so dass der Ersteher an dem Zubehör bzw. dem Vorbehaltsgut vor dem Zuschlag wiederum mangels Besitzes kein Eigentum erwirbt. Die haftungsrechtliche Kollision zwischen den §§ 166 ff. InsO i.V.m. § 51 InsO (= Sicherungsübereignung als Absonderungsrecht des Gläubigers) und §§ 1120 BGB, 90 Abs. 2 ZVG ist im Hinblick auf §§ 55 Abs. 2, 37 Nr. 5 ZVG zugunsten des Sicherungseigentümers aufzulösen. Dem Insolvenzverwalter stehen die Rechte nach § 37 Nr. 5 ZVG bzw. die Klage nach § 771 ZPO gegen den betreibenden Grundpfandgläubiger zu, da er als Folge des § 80 InsO das Vermögen des Schuldners verwaltet und darüber verfügt; im Falle der §§ 166 ff. InsO ist die Verfügungsmacht des Gläubigers und Absonderungsberechtigten zugunsten des Insolvenzverwalters aufgehoben. Der gegenteiligen Auffassung, dass das Verwertungsrecht des § 166 InsO erlischt, wenn die Zwangsversteigerung durchgeführt wird, ist nur für den Fall, dass Identität zwischen Grundpfandgläubiger und Sicherungseigentümer besteht, siehe dazu *Landfermann*, in: HK-InsO, 5. Aufl., 2008, § 166 InsO Rn. 11. Das Urteil des OLG Dresden v. 25.7.2002 – 13 U 833/02, ZInsO 2003, 472, verhält sich nur zu der Thematik der Verwertung von schuldnereigenem Zubehör, nicht zu schuldnerfremdem bzw. belastetem Zubehör und auch nicht zu der Frage der Doppelhaftung von Zubehör, das zugleich an den Grundpfandgläubiger sicherungsübereignet wurde.

49 So auch die Kommentierung zu § 37 Nr. 5 ZVG; vgl. für den Fall der Sicherungsübereignung von Gaststätteninventar das in der zitierten Kommentierung zu § 37 Nr. 5 ZVG erwähnte Urteil des OLG Rostock v. 16.1.2003 – 1 U 78/01, OLGR-Rostock 2003, 223 = DRsp Nr. 2003/12333, A I 2), a) aa) (1); bb), b) der Entscheidungsgründe. Ebenso OLG Frankfurt, Urteil v. 19.6.2007 – 14 U 181/06, ZMR 2008, 145 m. Anm. *Both*.

50 OLG Rostock, a.a.O., Tatbestand und A I 2), b) der Entscheidungsgründe, das die Beschlussfassung der Rechtspflegerin dahingehend würdigt, dass, die *„vom „Rechtspfleger geäußerte oder in seinem Handeln zutage getretene Rechtsauffassung […] ohne Belang* [sei]. *An diese* [knüpfe] *das Gesetz kein Vertrauen."*

51 OLG Rostock, a.a.O., vorige Fn.

Vollstreckungsgericht wie in dem vom OLG Rostock entschiedenen Fall die Meinung, trotz fehlenden Besitzes des Vollstreckungsschuldners zum maßgeblichen Zeitpunkt[52] sei der Ersteher Eigentümer geworden, hat das Versteigerungsgericht offenkundig gegen die Wertung des § 55 Abs. 2 ZVG verstoßen, die Gegenstand des § 93 Abs. 1 Satz 1 ZVG geworden ist. Damit ist der Zuschlagsbeschluss in diesem Punkt entscheidend fehlerhaft. Es geht dabei freilich nicht um Vertrauensschutz des Erstehers und auch nicht um die Rechtsauffassung des entscheidenden Rechtspflegers, wie das OLG Rostock meint. Vielmehr ist die Frage zu entscheiden, ob nur Teilunwirksamkeit oder gar Teilnichtigkeit des Zuschlagsbeschlusses anzunehmen ist, die keiner Anfechtung bedarf, da es erkennbar an jeder Befugnis des Vollstreckungsgerichts fehlte, die Entscheidung so zu treffen wie geschehen. Man wird (wie jüngst der BGH) den Gedanken der Regelung des § 44 VwVfG (Bund) zur Nichtigkeit von Verwaltungsakten für die Nichtigkeit bzw. Teilnichtigkeit staatlicher Akte insgesamt heranziehen dürfen.[53] Der Zuschlagsbeschluss ist in dergleichen Fällen teilnichtig. Einer Anfechtung bedarf es nicht, sie ist jedoch gleichwohl zulässig.

29 b) **Im Dritteigentum stehende andere Zubehörstücke – aussonderungsfähige Gegenstände: Leasing, Miete, verwandte Konstruktionen.** Die vorstehend geschilderte Problematik besteht gerade auch dann, wenn der Maschinenpark oder anderes Zubehör gemietet oder etwa im Finanzierungsleasing geleast wurde bzw. diesen Strukturen vergleichbare Finanzierungsformen festgestellt werden können. Die Problematik, die für den Sicherungseigentümer zu bejahen war, ist bei dieser Gruppe von Dritteigentümern, die von der Versteigerung unter dem Aspekt der §§ 37 Nr. 5, 55 Abs. 2, 90 Abs. 2 ZVG betroffen sein können, eher noch kritischer. Während das Sicherungseigentum nur haftungsrechtlich aus dem Vermögen des Schuldners „*ausgeschieden*" ist, geht es in den hier umrissenen Fällen um Fremdeigentum, das in der Insolvenz des Schuldners wie das Vorbehaltseigentum aussonderungsfähig ist (vgl. § 47 InsO). Es wäre ein erheblicher Wertungswiderspruch, wenn das betroffene Fremdeigentum in der Einzelvollstreckung nach dem ZVG Dritten zugeschlagen werden könnte, nicht jedoch in der „Gesamtvollstreckung". Dennoch zwingt der rigor iuris des Vollstreckungsrechts den Fremdeigentümer von Zubehör, seine Rechte rechtzeitig zu wahren.

30 c) **Der Scheinbestandteil des § 95 BGB, seine Behandlung in der Versteigerung.** Der Begriff des Scheinbestandteils knüpft an den **anfänglich bestehenden Willen** der Beteiligten an, die mit dem Grund und Boden tatsächlich verbundenen beweglichen Sachen in rechtlicher Hinsicht **gerade nicht zum wesentlichen Bestandteil** werden zu lassen (§ 95 Abs. 1 Satz 1 BGB).[54] Auf den Umstand, ob es sich bei tatsächlicher Betrachtung um Mobilien oder um unbewegliche Gegenstände handelt, kommt es **nicht** an. Zudem fehlt es an jeder für Dritte erkennbaren Publizität des Scheinbestandteils, wenn man davon absieht, dass die der Ausübung einer beschränkt persönlichen Dienstbarkeit dienenden Sachen (mag diese auch in der Versteigerung nicht in das geringste Gebot fal-

---

52 Der relevante Zeitpunkt der Zuschlagsentscheidung folgt aus dem Zusammenspiel der §§ 37 Nr. 5, 90 Abs. 2 ZVG. Nötigenfalls muss ein gesonderter Termin für die Entscheidung über den Zuschlag anberaumt werden, mindestens im Hinblick auf die mitversteigerten Mobilien, um die Problematik des „*Fremdzubehörs*" zu bereinigen. Der fehlerhafte Beschluss kann Schadenersatzrisiken des Versteigerungsgerichts gem. § 839 BGB in sich bergen.
53 Vgl. BGH, Urteil v. 10.12.2009 – IX ZR 206/08, ZIP 2010, 102 ff. = jurisPR-InsR 3/2010, Anm. 2, *Cranshaw*. § 44 VwVfG ist Ausdruck der verwaltungsverfahrensrechtlichen Evidenztheorie, wonach nur der an einem schweren und offenkundigen Fehler leidende staatliche Akt, weil von Anfang nichtig, wirkungslos bleibt.
54 Vgl. zu den Voraussetzungen des Scheinbestandteils statt Aller *Ellenberger*, in: Palandt, BGB, a. a. O., § 95 BGB Rn. 2, 3, 5 f.

len und erlöschen) offenbar versteigerungsfähiges Eigentum des Schuldners nicht darstellen können. Dies ergibt sich aber bereits aus der Regelung des § 95 Abs. 1 Satz 2 BGB, der ausdrücklich solche Fallgestaltungen erfasst. Ansonsten bestehen erhebliche Abgrenzungsprobleme im Einzelfall. So kann der Scheinbestandteil als eben „scheinbar" wesentlicher Bestandteil mitversteigert und nach § 90 Abs. 1 ZVG zugeschlagen werden oder als scheinbares Zubehör gem. § 90 Abs. 2 ZVG. Der Scheinbestandteil ist stets sonderrechtsfähig und wird wie eine bewegliche Sache behandelt. Ein gutgläubiger Erwerb des Erstehers nach Maßgabe der §§ 932 f. BGB scheidet aus, da er durch Hoheitsakt Eigentümer wird, soweit die Tragweite des Zuschlagsbeschlusses reicht.

31 Der Scheinbestandteil kann sich nach seinem äußeren Bild als einfacher bzw. wesentlicher Bestandteil oder als Zubehör präsentieren. Aktuell ist der Meinungsstreit zu der **Windkraftanlage**, die auf fremdem Grundstück errichtet wurde, da sie aus einer Fülle von Bestandteilen zusammengesetzt ist, bezüglich derer verschiedene rechtliche Deutungen möglich sind.[55] Die **Praxis** vermeidet diese Unsicherheiten, indem dem Windkraftanlagenunternehmer eine beschränkte persönliche Dienstbarkeit bestellt und die Zustimmung der Grundpfandgläubiger zum Vorrang der Dienstbarkeit oder zum Bestehenbleiben im Falle der Versteigerung eingeholt und soweit als möglich im Grundbuch eingetragen wird. Eine entsprechende Problematik besteht bei **Fotovoltaikanlagen**, bei denen wie bei den Windkraftanlagen neben dem Unternehmer auch dessen Finanzierer ein entscheidendes Interesse daran hat, dass die Versteigerung des Grundstücks auf dem sich die Anlage befindet, weder zur Mitversteigerung der Anlage führt noch zum Wegfall der Berechtigung, auf dem Grundstück eine Fotovoltaikanlage zu betreiben, auszubauen, zu erneuern, den Betreiber in dessen Insolvenz auswechseln zu können usw.[56] Auch bei der Fotovoltaikanlage bedarf es einer geeigneten (beschränkten persönlichen) Dienstbarkeit mit entsprechendem Vorrang.[57] In nahezu allen Fällen der energiepolitisch gewünschten Anlagen zur Erzeugung erneuerbarer Energien nach dem EEG[58] geht es um den Bau auf fremdem Grund und Boden oder die Herbeiführung einer dinglichen Lage auf einem Eigengrundstück, die die Energieerzeugungs- oder Leitungsanlagen als Mobilie finanzierbar macht; das setzt die Möglichkeit der Sicherungsübereignung voraus und damit die Eigenschaft als Scheinbestandteil, unabhängig von den sonstigen Wertungen der §§ 93, 94 BGB bzw. des § 97 BGB. Neben Foltovoltaik und Windenergie sind Anlagen zur Energieerzeugung aus Biomasse zu erwähnen. Ähnlich unklar wie die vorstehend aufgeführten Beispiele auf dem Sektor der erneuerbaren Energien, ob ggf. Scheinbestandteil oder nicht, erscheint der Fall einer elektrische Energie und Dampfenergie erzeugenden Anlage (Dampf-/Heizkraftwerk) auf einem

---

55 Zu Einzelheiten der Windkraftanlage, die sachenrechtlich im Sinne der §§ 93 ff. zergliedert und verschieden zugeordnet werden, vgl. *Holch*, in: *MünchKomm*-BGB, § 94 BGB Rn. 12–15 m.w.N. Nach der von *Holch* zitierten Literatur kann ein Scheinbestandteil angenommen und vereinbart werden, wenn die Nutzung der Anlage auf dem Grundstück hinter der betriebsüblichen Nutzungsdauer um 10 % zurückbleibe, *Holch*, a.a.O., § 94 BGB Rn. 13 m.w.N. Aufgrund der außergewöhnlich dynamischen technischen Entwicklung kann wohl kaum von einer wirklich sicheren Prognose der betriebsüblichen Nutzungsdauer gesprochen werden, zumal die heutige staatliche Förderung der erneuerbaren Energien, die ökonomische Motivation der Anlagen, ebenfalls auf längere Sicht trotz des EEG (s. Fn. 58) nicht als völlig gesichert betrachtet werden kann. Steuerrechtliche Erwägungen zur etwa betriebsgewöhnlichen Nutzungsdauer führen im vorliegenden Kontext zudem nicht weiter.
56 S. dazu *Reymann*, DNotZ 2010, 84 ff., 86–88, 91 ff.
57 Vgl. *Reymann*, vorige Fn., S. 87 f.
58 Gesetz für den Vorrang Erneuerbarer Energien (Erneuerbare-Energien-Gesetz, EEG) v. 25.10.2008, BGBl. 2008 I, S. 2074 i.d.F. bis zu Art. 12 d. Gesetzes v. 22.12.2009, BGBl. 2009 I, S. 3950.

Industriegrundstück, die ebenfalls ein Dritter errichtet hat und die einzig und allein der Energieerzeugung für den Schuldnerbetrieb auf dem fraglichen Grundbesitz dient (ggf. anders, wenn die Energieleistungen an den Schuldnerbetrieb **und** Dritte veräußert werden). Dasselbe gilt für Telekommunikationsanlagen und Energiespeicheranlagen. Im Ergebnis wird in der Praxis in all diesen Fällen die Eigenschaft als Scheinbestandteil durch eine (beschränkte persönliche) Dienstbarkeit vermittelt, § 95 Abs. 1 Satz 2 BGB. Offen ist dabei aus Sicht des Grundpfandgläubigers die Frage, ob tatsächlich stets die Eigenschaft als Scheinbestandteil von Anfang an bestehen muss (s. Rn. 30) oder ob eine spätere Umwidmung möglich ist, beispielsweise durch die **nachträgliche** Bestellung einer beschränkten persönlichen Dienstbarkeit. Mit der h. M. und *Reymann* ist die nachträgliche Umwidmung eines wesentlichen Bestandteils in einen Scheinbestandteil im Interesse der Aussagekraft des Grundbuchs jedenfalls in den Fällen des § 95 Abs. 1 Satz 1 BGB abzulehnen.[59] Die Entscheidung des BGH vom 2.12.2005 („*Straßengrundstück*"-Urteil), die insoweit die Entstehung von Scheinbestandteilen durch **nachträgliche** Willensentscheidung, „*die Sache nur zu einem vorübergehenden Zweck mit dem Grundstück zu verbinden*", davon abhängig macht, ob ein „*berechtigtes Interesse an einer veränderten, nunmehr vorübergehenden Nutzung besteht, das die Neubegründung der Sonderrechtsfähigkeit erfordert*", bezieht sich in Fortführung des Urteils des BGH vom 11.7.1962 („*Ruhrschnellweg*") auf Leitungen von Infrastrukturnetzen (Gas, Wasser) im öffentlichen Straßenraum.[60] Die Rechtsprechung des BGH (zu § 95 Abs. 1 Satz 1 BGB) ist wegen der Anbindung an ein berechtigtes Interesse wohl **nicht verallgemeinerungsfähig**.[61] Wird hingegen in den Fällen des § 95 Abs. 1 Satz 2 BGB nachträglich eine (beschränkte persönliche) Dienstbarkeit bestellt, um bisher wesentliche Bestandteile in Scheinbestandteile umzuwidmen, dürfte das mit *Reymann* und neuerer Literatur entgegen der überkommenen Rechtsauffassung möglich sein, da die Rechtsänderungen aus dem Grundbuch erkennbar sind.[62] Der Grundpfandgläubiger – in den Fällen nachträglicher Dienstbarkeiten jedenfalls der, der zum Zeitpunkt der „Umwidmung" bereits sein Pfandrecht inne hatte – wird so oder so geschützt; in dem „*Straßengrundstück*"-Urteil hat der Senat zutreffend zum Ausdruck gebracht, die nachträgliche Umwidmung führe aus den Gründen der §§ 1121, 1222 BGB vor der Entfernung vom Grundstück nicht zur Enthaftung.[63] Da die Werthaltigkeit der genannten Anlagen im Regelfall ganz entscheidend damit steht und fällt, ob sie auf dem betroffenen Grundstück **tatsächlich betrieben** werden können,[64] spielt die Entfernung letzten Endes wohl kaum eine praktische Rolle. Ist die Dienstbarkeit nachrangig, schadet sie dem Grundpfandgläubiger ohnehin nicht.

Damit entfällt in den Fällen der bestehenbleibenden (beschränkten persönlichen) Dienstbarkeit (Fall des § 95 Abs. 1 Satz 2 BGB) der Zuschlag der im Fremdeigentum stehenden Anlage und die Funktion des Zuschlagsbeschlusses als Vollstreckungstitel.

32 Kommt es zum Zuschlag, dann unterliegt der bereits anfänglich bestehende **Scheinbestandteil** (zu der Ausnahme nachträglicher Umwidmung von Infra-

---

[59] *Reymann*, a. a. O., DNotZ 2010, 94; *Ellenberger*, in: *Palandt*, BGB, a. a. O., § 95 Rn. 4.
[60] Vgl. BGH, Urt. v. 2.12.2005 – V ZR 35/05 (*Straßengrundstück*), Rn. 24 ff. – BGHZ 165, 184 ff. = NJW 2006, 990 = WM 2006, 1020 = ZfIR 2006, 762; BGH, Urt. v. 11.7.1962 – V ZR 175/60 (*Ruhrschnellweg*) – BGHZ 37, 353 ff.
[61] *Reymann*, a. a. O., DNotZ 2010, 94.
[62] *Reymann*, a. a. O., DNotZ 2010, 94/95 und Fn. 47 ff. dort m. w. N.
[63] BGH, V ZR 35/05, s. o., Rn. 28.
[64] Nicht die separate Verwertung des Sicherungseigentums an Mobilien, den Scheinbestandteilen, ist ökonomisch ausschlaggebend, sondern das Sicherungseigentum ist Vehikel zur Absicherung der Finanzierung durch Gewährleistung des Anlagenbetriebs und der daraus resultierenden Generierung von Erträgen, die ihrerseits soweit möglich sicherungszediert sein mögen.

strukturnetzen siehe Rn. 31), **auch wenn keine vorrangige Dienstbarkeit** vorliegt, nicht der Räumungs- oder Herausgabevollstreckung. Tatsächlich ist der Ersteher nicht Eigentümer geworden, da Dritteigentum vorliegt und die Voraussetzungen der Mitversteigerung nicht gegeben sind; **die Voraussetzungen des § 55 Abs. 2 ZVG liegen insgesamt nicht vor.** Verfahrensrechtlich liegt die Beweislast bei dem Eigentümer des Scheinbestandteils, sein Recht muss er nach Maßgabe des § 771 ZPO gegen den Ersteher verfolgen. Ist er, wie wohl regelmäßig, selbst Besitzer, dann muss er der Herausgabe- bzw. Räumungsvollstreckung (bei Gebäuden auf dem versteigerten Grundstück als Scheinbestandteil), ebenfalls mit der Drittwiderspruchsklage (§ 771 ZPO) begegnen. Im Klauselerteilungsverfahren kann die Problematik nicht gelöst werden, vielmehr ist hierzu das Erkenntnisverfahren erforderlich. Wird die Erteilung der Vollstreckungsklausel verfolgt, ist in analoger Anwendung des § 93 Abs. 1 Satz 2 ZVG die Erteilung der Klausel abzulehnen.

d) **Mitversteigerte bewegliche Sachen in der Versteigerung eingetragener Schiffe, Schiffsbauwerke und von Luftfahrzeugen.** Betrachtet man neben den Grundstücken und grundstücksgleichen Rechten die anderen Gegenstände, die nach dem ZVG versteigert werden, nämlich u. a. eingetragene Schiffe und Schiffsbauwerke bzw. eingetragenen Luftfahrzeuge, so stellt sich dort gleichermaßen die Problematik der Versteigerung von fremdem Zubehör oder im Fremdeigentum stehenden nicht wesentlichen Bestandteilen oder Scheinbestandteilen. Zu denken ist etwa an Schiffsmotoren und Steuerruder von Schiffen oder an Triebwerke von Flugzeugen, die sonderrechtsfähig sind oder dazu gemacht werden. Dabei ist ebenfalls das Zubehör von den wesentlichen Bestandteilen abzugrenzen (§ 93 BGB). **33**

Zum **Zubehör eines Schiffes** gehören die Boote einschliesslich der sonstigen Rettungsmittel sowie – im Zweifel – auch die *„in das Schiffsinventar eingetragenen Gegenstände"* (§ 478 HGB, eine Sondervorschrift gegenüber § 97 BGB). Sie werden als Mobilien, wenn im Dritteigentum stehend, z. B. eines Leasinggebers oder Sicherungseigentümers, nach §§ 55 Abs. 2, 90 Abs. 2 ZVG von der Versteigerung erfasst. Dies sollte unstreitig sein. Schiffsmotoren wurden vom BGH analog § 94 Abs. 2 BGB grundsätzlich als wesentliche Bestandteile angesehen.[65] Dem ist heute entgegen zu halten, dass die Finanzierung teurer und neuartiger Schiffsantriebe die jedenfalls teilweise Abkehr von der Theorie vom wesentlichen Bestandteil fordert. Die Meinung des BGH, das Schiff sei ohne Antrieb kein Schiff, sondern *„ein Schiffskörper",*[66] überzeugt gleichfalls nicht vollends. Es darf auch auf die heute zunehmenden Antriebe durch mehrere Propellergondeln (*„pods"*) u. Ä. Antriebe in der Schiffskonstruktion hingewiesen werden, deren Austausch und Finanzierung wie bei den Luftfahrzeugen (siehe im folgenden) Sonderrechtsfähigkeit des Antriebs nach der Verkehrsanschauung ermöglichen sollte. Dieser kann damit gem. § 90 Abs. 2 **34**

---

65 BGH, Urteil v. 9.1.1958 – II ZR 275/56 (*im Schiffsregister eingetragenes Schiff*), BGHZ 26, 225 ff./228 f.. Kritisch *Ellenberger*, in: *Palandt*, a.a.O., § 94 BGB Rn. 5, der zutreffend hervorhebt, nur die Begründung des BGH, der auf die Vergleichbarkeit des Schiffsregisters mit dem Grundbuch und die notwendige Rechtssicherheit abhebt, rechtfertige die entsprechende Anwendbarkeit des § 94 Abs. 2 BGB auf eingetragene Schiffe. Die Rechtsprechung des BGH, die auf das Urteil des RG v. 4.8.1936 – II 50/36 (*Segelschiff mit Hilfsmotor*), RGZ 152, 91 ff., 97 zurückgeht, das Schiffe als Bauwerke betrachtete (anders noch RG, Urteil v. 5.5.1908, JW 1913, 132), kritisiert bereits *Graue*, BB 1959, 1282 ff. Das Reichsgericht stellt auf den „Einheitsgegenstand" ab, auf den Zweck der Hauptsache (das Schiff), denn aufgrund des Fortschritts der Technik sei es natürlich, dass Teile nach ihrer Lebensdauer ausgetauscht würden, RGZ 152, 98 ff./100. Maßgeblich sei nach den Motiven zum BGB (Band 3, 41, 43), das *„volkswirtschaftliche Interesse an der Erhaltung"* der Einheit, RG, a.a.O. In dem vom RG entschiedenen Fall waren in den Tatsacheninstanzen Schifffahrtssachverständige zu der Frage des wesentlichen Bestandteils gehört worden.
66 BGHZ 26, 225 ff./229, s. o.

ZVG zugeschlagen werden und der Herausgabevollstreckung gem. § 93 Abs. 1 Satz 1 2. Alt. ZVG unterliegen oder eben als **Fremdeigentum** nicht. Die zentrale auf das konkrete Schiff zugeschnittene und eingebaute Gasturbinen- bzw. Dieselanlage ist aber im Allgemeinen unverändert wesentlicher Bestandteil.

35 Zum Zubehör von **Luftfahrzeugen**[67] gehören nicht ohne Weiteres die „*Ersatzteile*" des § 68 LuftfzG,[68] auch wenn man diese zutreffend als nicht wesentliche Bestandteile begreift, sondern als Mobilien. Die Vorschrift verhält sich zu der Möglichkeit, das Registerpfandrecht an dem Luftfahrzeug auf die Ersatzteile des § 68 Abs. 1 LuftfzG zu erstrecken. Dies erlaubt damit aber nicht zugleich die Folgerung, dass die dort genannten Teile Zubehör seien. Mit dem Einbau in das Luftfahrzeug können einzelne „Ersatzteile" ihre Sonderrechtsfähigkeit verlieren. Die Zubehöreigenschaft ergibt sich bei Flugzeugen daher ebenfalls aus § 97 BGB und nicht aus § 68 LuftfzG. Die Antwort auf die Frage, was wesentlicher Bestandteil des Luftfahrzeugs ist, gibt § 93 BGB. § 94 Abs. 2 BGB ist nicht analog anwendbar. **Triebwerke** bzw. **Flugzeugmotoren** sind sonderrechtsfähig, nicht jedoch wesentlicher Bestandteil, aber entweder einfacher Bestandteil oder – wohl richtiger – Zubehör.[69] Damit ist das geleaste oder sicherungsübereignete Triebwerk den Regelungen der §§ 55 Abs. 2, 90 Abs. 2 ZVG mit den oben beschriebenen Folgen unterworfen. Ohne Bedeutung ist, dass das eingetragene Luftfahrzeug nach dem ZVG versteigert wird. Diese verfahrensrechtliche Lösung führt nicht zwingend zur Anwendung des § 94 Abs. 2 BGB.

6. Die Vollstreckung in mit dem Zuschlag übergegangene Forderungen und Urkunden bzw. Unterlagen

36 In § 93 ZVG nicht ausdrücklich erwähnt sind die mit dem Zuschlag über den versteigerten Gegenstand zugleich „*mit zugeschlagenen*" Forderungen und Unterlagen.[70] Die Kommentarliteratur behandelt sie jedoch zutreffend zusammen mit dem Besitzerwerb an den mitversteigerten Sachen.[71] Die dem Haf-

---

[67] Die Rechte an Flugzeugen sind aufgrund der in der Natur der Sache liegenden internationalen Mobilität in wesentlichem Umfang durch internationale Abkommen geprägt, siehe dazu *von Bodungen*, Mobiliarsicherungsrechte an Luftfahrzeugen und Eisenbahnrollmaterial im nationalen und internationalen Rechtsverkehr, Berlin, 2009, Diss., zur Zwangsversteigerung s. S. 35 ff. Internationale Abkommen sind insbesondere das „*Genfer Pfandrechtsabkommen*", das „*Abkommen über die internationale Anerkennung von Rechten an Luftfahrzeugen*" v. 19.6.1948, BGBl. 1959 II, S. 129 sowie die „*Kapstadt-Konvention*", das „*Übereinkommen über internationale Sicherungsrechte an beweglicher Ausrüstung*" nebst dem zugehörigen Protokoll v. 1.3.2006, für die Europäische Union in Kraft ab 1.8.2009, ABl. (EU) L 121 v. 15.5.2009, S. 8 ff., 25 ff.
[68] Gesetz über Rechte an Luftfahrzeugen v. 26.2.1959, BGBl. III 409-3, i. d. F. bis zu Art. 4 Abs. 11 d. G. v. 11.8.2009, BGBl. 2009 I, S. 2713.
[69] Vgl. zu dieser umstrittenen Frage *Schmid-Burgk/Schölermann*, WM 1990, 1143; *Holch*, in: MK-BGB, 5. Aufl., 2007, § 94 BGB Rn. 5. Man muss bei der Prüfung dieser Thematik zum einen berücksichtigen, dass sich die Rechtsnatur der Mobilie, ob wesentlicher Bestandteil oder Zubehör, insbesondere nach der Verkehrsanschauung richtet. Zum anderen darf nicht verkannt werden, dass die Finanzierung von Triebwerken und deren regelmäßiger Austausch üblich bzw. erforderlich ist, z.B. zur Überarbeitung des Triebwerks. Schliesslich ergibt schon der äußere Anschein des Triebwerks, das über die Triebwerkshalterung z.B. an den Tragflächen des Flugzeugs verbolzt ist, dass es sich nicht um einen wesentlichen Bestandteil handelt. Zieht man nunmehr § 68 LuftfzG hinzu und bedenkt, dass das Triebwerk „Ersatzteil" ist, folgt hieraus ohne Weiteres die Zubehöreigenschaft.
[70] Vgl. dazu *Jaeckel/Güthe* (Fn. 1), ZVG, § 93 ZVG Rn. 9 (*Forderungen*), 6 (*Urkunden*); *Böttcher* (Fn. 3), a. a. O., § 93 ZVG Rn. 4 m. w. N.; *Stöber* (Fn. 9), ZVG, § 93 Rn. 2, 5 (*Beweisurkunden bzgl. der Rechtsverhältnisse an dem zugeschlagenen Grundbesitz*), 2.6 (*Forderungen, bezüglich derer Stöber die Titelfunktion des § 93 verneint, wohl aber die Einziehungsberechtigung gegenüber dem Forderungsschuldner, z.B. der Objektversicherung, bejaht*); *Hintzen*, in: Dassler/Schiffhauer/u.a.*, ZVG, § 93 Rn. 32, 34.
[71] *Hintzen*, vorige Fn., a. a. O., § 93 ZVG Rn. 31 ff.

tungsverband des Grundpfandrechts unterliegenden Forderungen bzw. Rechte auf Leistungen nebst Entschädigungen, die von der Beschlagnahme umfasst sind, gehen mit dem Zuschlag auf den Ersteher über (§ 865 ZPO, §§ 90, 20, 55 ZVG i.V.m. §§ 1120 ff. 1123 ff. BGB). Dasselbe gilt für landesrechtliche Entschädigungspflichten – mögen sie auch z.T. zudem auf Bundesrecht (Art. 14 GG) gestützt werden können – nach Maßgabe des Art. 52 EG BGB, des Art. 53 EG BGB[72] i.V.m. § 1128 BGB, des Art. Art. 53a EG BGB (*Schiffe und Schiffsbauwerke*) i.V.m. §§ 32, 33 SchRG[73] sowie des Art. 109 EG BGB.

Einer Vollstreckung aus dem Zuschlagsbeschluss bedarf es aufgrund des gesetzlichen Übergangs der Forderungen nicht, so dass eine gesonderte Pfändung mit *Hintzen*[74] als unzulässig anzusehen ist. Einem entsprechenden Pfändungsantrag würde das Rechtsschutzinteresse fehlen.

Auf diejenigen Urkunden, die erforderlich sind, um die rechtlichen Verhältnisse des erworbenen Grundbesitzes bzw. des sonstigen Versteigerungsgegenstandes feststellen und beweisen zu können, erstreckt sich der Zuschlag als Hoheitsakt ebenfalls ohne Weiteres.[75] Der Zuschlagsbeschluss ist daher Vollstreckungstitel zur Wegnahme von dergleichen Unterlagen, bei denen es sich nach einhelliger Kommentarliteratur um jegliche Art von Beweisurkunden handelt, von Steuerbescheiden bezüglich des ersteigerten Gegenstandes über Versicherungsunterlagen bis hin zu Miet-, Pacht- und sonstigen Nutzungsverträgen, die die **Versteigerung überdauert** haben. Erfasst werden zudem Leasingverträge in der Versteigerung gegen den Leasinggeber, Kaufverträge, notarielle Urkunden aller Art und wohl auch alle Unterlagen über bestehenbleibende Rechte.[76] Der Übergang dieser „Urkunden" beruht auf § 402 BGB i.V.m. § 412 BGB analog, da der Rechtsübergang kraft **Hoheitsakts** demjenigen durch Rechtsgeschäft gleichsteht.[77] Daher stellt der Zuschlagsbeschluss auch bezüglich dieser Urkunden im Sinne des § 402 BGB einen Vollstreckungstitel dar. Im Einzelfall muss der Gerichtsvollzieher wie beim Zubehör entscheiden, was er wegnehmen kann. Der Ersteher hat einen geeigneten Antrag zu stellen.

7. Der Überbau und seine Herausgabe

Für Räumung und Herausgabe des unrechtmäßigen, aber unter den Voraussetzungen des § 912 Abs. 1 BGB zu **duldenden** („*entschuldigten*") **Überbaus** gelten die obigen Ausführungen zur Herausgabe des Grundbesitzes entsprechend, wenn das Grundstück versteigert wird, von dem die Überbauung ausgegangen

---

72 Einführungsgesetz zum Bürgerlichen Gesetzbuche i.d.F. d. Bek. v. 21.9.1994, BGBl. 1994 I, S. 2494 bis zur Änderung d. Art. 2 d. Gesetzes v. 24.9.2009, BGBl. 2009 I, S. 3145.
73 Gesetz über Rechte an eingetragenen Schiffen und Schiffsbauwerken v. 15.11.1940, BGBl. III 403-4 i.d.F. bis zu Art. 56 d. Gesetzes v. 17.12.2008, BGBl. 2008 I, S. 2586.
74 *Hintzen*, in: *Dassler/Schiffhauer/u. a.*, ZVG § 93 ZVG Rn. 34 mit Verweis auf seine Kommentierung zu § 20 Rn. 6 ff., ebda.
75 Die Kommentarliteratur weist auf den aufgehobenen § 444 BGB a.F. hin, *Hintzen*, vorige Fn., § 93 ZVG Rn. 32; *Stöber*, § 93 ZVG Rn. 2, 2.5.
76 Dazu dürfte **in den Fällen des** § 53 Abs. 2 ZVG (vgl. die dortige Kommentierung) bei einer bestehen bleibenden Sicherungsgrundschuld auch der Sicherungsvertrag gehören bzw. eine Abschrift hiervon, da nur dann der Ersteher beurteilen kann, inwieweit die Verwertung dulden muss und unter welchen Voraussetzungen er ggf. Klage gegen den Sicherungsnehmer auf Freigabe der Grundschuld oder Vollstreckungsabwehrklage erheben kann, obwohl er nicht Vertragspartner des Sicherungsvertrages des bisherigen Eigentümers mit dem Sicherungsnehmer geworden ist. Andernfalls kann er die etwa bestehende Einrede nach §§ 1192 Abs. 1a, 1157 BGB i.V.m. § 53 Abs. 2 ZVG kaum ordnungsgemäß geltend machen. Vgl. zu dieser Thematik BGH, Urteil v. 21.5.2003 – IV ZR 452/02, BGHZ 155, 63 ff.; die Voraussetzungen des § 53 ZVG lagen dort allerdings gerade nicht vor.
77 Vgl. BGH, Urteil v. 23.10.2008 – IX ZR 202/07, NJW-RR 2009, 190 = ZInsO 2008, 1269 = ZIP 2008, 2272 = DZWiR 2009, 77, Rn 25; *Grüneberg*, in: *Palandt*, BGB, § 412 BGB Rn. 1.

ist („*Stammgrundstück*").[78] Bebauung, die z. T. das fremde Grundstück überbaut, ist zum einen wesentlicher Bestandteil des Stammgrundstücks (§ 94 Abs. 1 BGB), im Hinblick auf die Überbauuung jedoch nach Maßgabe des § 95 Abs. 1 Satz 2 BGB i. V. m. § 93, 94 Abs. 2 BGB.[79]

40 Ähnliches gilt für den sog. „*Eigengrenzüberbau*", die Realisierung eines einheitlichen Gebäudes auf mehreren Grundstücken desselben Eigentümers.[80] Das Gebäude wird ansonsten wesentlicher Bestandteil des Stammgrundstücks, von dem die Bebauung offenbar ausgeht; maßgeblich ist der seinerzeitige Wille des Überbauenden. Der BGH leitet dieses Ergebnis in ständiger Rechtsprechung aus § 93 BGB her unter ausdrücklicher Ablehnung des § 94 Abs. 1 BGB. Dem ist beizupflichten. Dieselben Überlegungen gelten in dem in praxi seltenen Fall der Grundstücksteilung, bei dem die Grenze eine bestehende Bebauung durchschneidet. Im Ergebnis geht es um die Erhaltung zusammen gehörender wirtschaftlicher Werte, was dazu führt, dass wirtschaftlich selbständige Teile dem Grundstück angehören sollen, auf dem sie stehen.[81]

41 Der mit **Zustimmung** des Eigentümers des anderen Grundstücks bestehende Überbau ist ohne Weiteres Eigentum des Überbauenden.[82]

42 Der vorsätzliche oder grob fahrlässige „*unentschuldigte*"[83] Überbau führt zu Beseitigungsansprüchen des Eigentümers des überbauten Grundstücks, der überbaute Teil wird zudem Eigentum des Eigentümers des überbauten Grundstücks. Der Schutz des Überbauenden sowie die §§ 93 f. BGB treten zurück.[84]

43 Diese Rechtslage hat zur Konsequenz, dass der Ersteher des „Stammgrundstücks" den Überbau ebenfalls nach § 90 ZVG erwirbt mit der weiteren Folge, dass er auch insoweit Herausgabe und Räumung fordern und **aus dem Zuschlagsbeschluss vollstrecken** kann.

8. Die Vollstreckung aus dem Zuschlagsbeschluss vor Eintritt der Rechtskraft

44 Die Vollstreckung aus dem Zuschlagsbeschluss ist systematisch richtig bereits mit dessen Wirksamkeit möglich, der Rechtskraft bedarf es nicht[85]. Der Beschwerde gegen den Zuschlagsbeschluss wohnt kein *Suspensiveffekt*[86] inne (Folge aus § 96 ZVG, §§ 793, 567, 570 Abs. 1 ZPO), wodurch die Durchschlagskraft der Vollstreckung aus dem Zuschlagsbeschluss erheblich gesteigert wird, ein Nebeneffekt auch des § 93 ZVG, der die Vollstreckung nicht von der Rechtskraft des Beschlusses abhängig macht. Die Konsequenz hiervon ist, dass die Vollstreckbarkeit des Zuschlagsbeschlusses bis zum Abschluss des Beschwerde-/Rechtsbeschwerdeverfahrens unberührt bleibt. Wenn im Beschwerderechtszug die untergerichtliche Zuschlagserteilung aufgehoben und zurückverwiesen wird, kann das Beschwerde- bzw. Rechtsbeschwerdegericht

---

78 BGH, Urteil v. 23.2.1990 – V ZR 231/88 (*zum Eigengrenzüberbau*) – BGHZ 110, 298 ff./300 f..
79 BGH, V ZR 231/88, vorige Fn., BGHZ 110, 300; aA *Bassenge*, in: *Palandt*, BGB, a. a. O., § 912 BGB Rn. 12, der §§ 93, 94 Abs. 2 BGB unmittelbar anwendet.
80 In der Praxis sollte hier ein Problem nicht auftreten, da der institutionelle Finanzier sich mindestens ein Gesamtgrundpfandrecht auf allen überbauten Grundstücken einräumen lassen wird und im Übrigen u. a. darauf dringen wird, dass die Grundstücke vereinigt werden, so dass das Problem des Überbaus bereinigt ist.
81 Vgl. BGH, Urteil v. 12.10.2001 – V ZR 268/00, NJW 2001, 54 f. m. w. N. = Rpfleger 2002, 71.
82 Vgl. *Bassenge*, in: *Palandt*, BGB, a. a. O., § 912 BGB Rn. 2 m. w. N.
83 S. die Übersicht bei *Hintzen*, in: *Dassler/Schiffhauer/u.a.*, § 20 ZVG Rn. 10 m. w. N.
84 Vgl. *Bassenge*, BGB, a. a. O., Rn. 17 f., m. w. N.; vgl. auch BGH, Urteil v. 30.4.1958 – V ZR 215/56, BGHZ 27, 204 ff./207 f. zum „*unentschuldigten Überbau*", m. w. N. zu der Fallkonstellation gemeinsamer Grenzmauer, BGHZ 27, 107 ff.
85 BGH, Beschl. v. 12.3.2009 – V ZB 155/08, ZInsO 2009, 1029; *Stöber*, ZVG, § 93 ZVG Rn. 2.1.; siehe bereits AG Bad Hersfeld, Beschl. v. 6.9.1993 – 5 M 882/93, DGVZ 1993, 175.
86 Vgl. die Kommentierung zu § 101 ZVG Rn. 2 und Fn. 2.

nach seinem Ermessen die Aussetzung der Vollstreckung bis zur erneuten Entscheidung des Beschwerde- bzw. des Ausgangsgerichts anordnen (§ 570 Abs. 3, 2. HS ZPO; im Rechtsbeschwerdeverfahren vor dem BGH nach §§ 575 Abs. 5, 570 Abs. 3 ZPO).[87]

III. Vollstreckungshindernisse nach § 93 Abs. 1 Sätze 2, 3 ZVG

1. Die Voraussetzungen des § 93 Abs. 1 Sätze 2, 3 ZVG; Beispiele

45 § 93 Abs. 1 Sätze 2 und 3 ZVG befassen sich mit einem Ausnahmesachverhalt, nämlich der Innehabung eines gegen den neuen Eigentümer, den Ersteher, gerichteten *„Besitztitels"* des bisherigen Eigentümers und anderer Besitzer, der sich nicht auf das bisherige Eigentum gründet. Gemeint ist damit zum einen das Besitzrecht auf der Basis eines dinglichen, im Grundbuch verlautbarten geschützten Rechtes zum Besitz, das in der Zwangsversteigerung nicht erloschen ist, also dem bestbetreibenden Gläubiger gegenüber vorgeht.

46 Dabei kann es sich u. a. handeln um
– eine **Eigentümerdienstbarkeit**:
Beispiel:
Der Vollstreckungsschuldner ist Eigentümer von zwei benachbarten Grundstücken A. und B., bezüglich derer wechselseitig **erstrangig** Wege- und Fahrrechte eingetragen sind, um Zufahrten zum öffentlichen Verkehrsraum zu sichern, zudem zu Lasten des später versteigerten Grundbesitzes A. das Recht, Parkplatzflächen inne zu haben und diese auszubauen. Mit der Grunddienstbarkeit verbunden sind bestimmte weitergehende Besitzrechte. Der Zuschlag beeinträchtigt dieses Recht nicht.
– eine **beschränkt persönliche Eigentümerdienstbarkeit**:
Beispiel:
Der Eigentümer des später versteigerten Grundbesitzes hat sich eine beschränkt persönliche Dienstbarkeit an **erster Rangstelle** eintragen lassen, die ihm auf einer Teilfläche des Grundbesitzes den Betrieb einer Solarenergieanlage gestattet und die der Natur der Sache nach ebenfalls mit Besitzrechten ausgestattet ist (siehe oben Rn. 21).
Ein typisiertes Beispiel ist das **dingliche Eigentümerwohnrecht** nach § 1093 BGB, das nießbrauchsähnlich ist und den Ersteher von der Nutzung des belasteten Grundbesitzes praktisch ausschliesst.
– einen vorrangig eingetragenen **Eigentümernießbrauch**:

47 Dogmatisch zeichnen sich alle diese Rechte in Abt. II des Grundbuchs dadurch aus, dass sie eben aufgrund ihres Vorrangs bestehen bleiben. Die herrschende Meinung gestattet dergleichen Eigentümerrechte,[88] wobei sich die Frage der Notwendigkeit eines besonderen rechtlichen Interesse an der Möglichkeit der anfänglichen Begründung eines solchen Rechtes stellt.[89] Für die Grunddienstbarkeit wird das Erfordernis eines solchen Interesse verneint, für die beschränkt persönliche Dienstbarkeit z. T. bejaht, eine insoweit systemwidrige Auffassung. Für das aus gesetzessystematischer Sicht zu den beschränkt persönlichen Dienstbarkeiten gehörende dingliche Wohnrecht des § 1093 BGB, das dem Nießbrauch strukturell nahe steht, gilt dasselbe. Für den Nießbrauch

---

87 BGH, V ZB 155/08, s. o., III 2. der Gründe, sowie BGH, Beschl. v. 18.12.2008 – V ZB 57/08, ZInsO 2009, 254 = Rpfleger 2009, 259 = NJW 2009, 1283, III 5. der Gründe. Zum Ermessen vgl. *Reichold*, in: *Thomas/Putzo*, ZPO, § 570 ZPO Rn. 2.
88 Vgl. für die Eigentümergrunddienstbarkeit *Bassenge*, in: *Palandt*, BGB, a. a. O., § 1018 Rn. 3, m. w. N.; BGH, Urteil v. 8.4.1988 – V ZR 120/87, NJW 1988, 2362 = WM 1988, 1091; BGH, Urteil v. 11.3.1964 – V ZR 78/62, BGHZ 41, 209, 210; RGZ 142, 231, 234 ff.
89 *Sprau*, in: *Palandt*, BGB, a. a. O., vor § 889 BGB Rn. 6, verneint das im Hinblick auf die Ablehnung der sog. dinglichen Konsolidation des § 889 BGB

wird ebenfalls zum Teil ein *„besonderes Bestellungsinteresse"* postuliert.[90] Aus Sicht des Verfassers bedarf es in der Tat keinerlei materieller Voraussetzungen außer der durch das Grundbuchverfahren eben gewährleisteten Publikation der Belastung. Nachdem die Eigentümergrundschuld in § 1196 BGB ausdrücklich geschaffen wurde, ist kein sachlicher Grund erkennbar, in Abt. II des Grundbuchs zu verlautbarende, von Anfang an bestehende Eigentümerrechte, an besondere materielle Voraussetzungen zu knüpfen. Die fehlende ausdrückliche Regelung im Gesetz steht dem nicht entgegen, auf § 889 BGB darf verwiesen werden. Kann eines der dort angesprochenen anfänglichen Fremdrechte durch Erwerb des belasteten Grundbesitzes seitens des Rechtsinhabers oder des Erwerbs des Rechts durch den Eigentümer des Grundstücks mit dem Eigentum an dem belasteten Grundbesitz zusammenfallen, ohne dass das Recht beeinträchtigt wird, ist nicht erkennbar, warum dieses derivative Zusammenfallen zwischen dem belastenden Recht und dem Eigentum möglich sein soll, der originäre Erwerb (**„anfängliches"** **Eigentümerrecht**) aber nicht. Darüber hinaus wäre in der Praxis das geforderte Interesse an der Begründung eines Fremdrechts, z. B. wegen des beabsichtigten Verkaufs des Grundbesitzes unter gleichzeitiger Belastung mit einem Recht für den Verkäufer, einfach begründbar. Gläubigerschutzaspekte spielen dabei keine Rolle. An die wertausschöpfende vorrangige Eigentümergrundschuld ist zu erinnern: Auch wenn dem Eigentümer und Rechtsinhaber des belastenden Rechts die Vollstreckung daraus nicht möglich ist, so fällt doch dieses Hemmnis weg, wenn entweder die Grundschuld auf einen Dritten übergegangen ist oder wenn – umgekehrt – der Berechtigte nicht mehr Eigentümer des Grundstücks ist. Zieht man diese (wenn auch angesichts des anderen Inhalts der Rechte in Abt. II nicht vollends bruchlose) Parallele zur Eigentümergrundschuld, wird erst recht nicht erkennbar, warum das bei den erwähnten Rechten in Abt. II anders sein soll.

48 Die etwa anzunehmende Behinderung der Versteigerung von mit dergleichen Besitzrechten belastetem Grundbesitz ist ebenfalls kein Grund, die Eigentümerrechte nach Abt. II des Grundbuchs zu erschweren. Der Finanzier und Grundpfandrechtsgläubiger wird die Grundbuchsituation sorgfältig prüfen und einschätzen, inwieweit er eine vorrangige Belastung in Abs. II akzeptiert oder ob er den dinglichen Nachrang oder eine schuldrechtliche Verpflichtung dazu fordert. Persönliche Gläubiger, die sich nicht auf die nachteilige Grundbuchsituation einstellen können, haben ebenfalls kein erkennbares rechtlich schützenswertes Interesse, dass dergleichen Belastungen unterbleiben. Probleme durch Belastungen mit gläubigerschädigendem Hintergrund können nur durch das Anfechtungsrecht nach dem AnfG oder die Insolvenzanfechtung gem. §§ 129 ff. InsO in der Insolvenz des Grundstückseigentümers gelöst werden.

49 Zum anderen können auch bloß **obligatorische Rechte** der Vollstreckung entgegenstehen, z. B. das auf einem Mietvertrag beruhende Besitzrecht.[91] Die Erteilung der Klausel zur **Räumungsvollstreckung** aus dem Zuschlagsbeschluss gegen Familienangehörige des Schuldners ist zulässig, soweit nicht das Bestehen eines Mietvertrages substantiiert vorgetragen wird.[92]

---

90 Vgl., auch zur Begrifflichkeit, *Bassenge*, in: *Palandt*, BGB, a.a.O., § 1030 BGB Rn. 3, m. w. N., der allerdings die Notwendigkeit eines solchen Interesse ablehnt.
91 BGH, Beschl. v. 27.2.2004 – IXa 269/03, juris, Rn. 7 = Rpfleger 2004, 368 = ZflR 2004, 561 f. = WM 2004, 754 f.
92 OLG Frankfurt, Beschl. v. 31.7.1987 – 20 W 251/87, Rpfleger 1989, 209 f.; vgl. auch *Flatow*, jurisPR-MietR 17/2007, Anm. 4; *Seip*, DVGZ 2005, 46.

2. Die rechtlichen Folgen des Vorliegens einer nach § 93 Abs. 1 Sätze 2 und 3 BGB geschützten Position

Hat der Versteigerungsschuldner oder ein anderer Besitzer eines der zum Besitz berechtigenden dinglichen Rechte inne, wie sie vorstehend umrissen wurden, steht dieses Recht der Vindikation durch den Ersteher im Wege (§ 986 Abs. 1 Satz 1 BGB), eine Einwendung, die im Prozess des Erstehers gegen den Besitzer von Amts wegen zu beachten ist, wenn der beklagte Besitzer oder auch der klagende Ersteher entsprechende Tatsachen vortragen.[93]

Würde man dem Zuschlagsbeschluss im Falle etwa begründeter Einwendungen des Besitzers die vollstreckungsrechtliche Wirkung **gänzlich** versagen, wäre entgegen prozessökonomischen Erwägungen zum einen stets ein neuer Rechtsstreit erforderlich, wenn sich der Vollstreckungsschuldner auf ein solches Recht berufen würde und wenn dieses aus dem Grundbuch erkennbar wäre. Die Eintragung eines Rechts im Grundbuch besagt der Natur der Sache nach nur mehr dessen buchmäßige Existenz, nicht jedoch beispielsweise, ob das Recht wirksam entstanden ist und noch besteht. Daher hat der Gesetzgeber eine mittlere Lösung verfolgt, die anordnet, dass die Vollstreckung nicht erfolgen soll. Dies bedeutet aber umgekehrt, dass sie nur in Ausnahmefällen zulässig sein kann und ansonsten unterbleiben muss. Das Gericht **darf**[94] die Vollstreckungsklausel **nicht erteilen**. Dem Rechtsinhaber wird aber für den Fall der Vollstreckung auferlegt, sein Recht durch die Vollstreckungsabwehrklage gem. § 771 ZPO geltend zu machen.[95] Die Klage richtet sich gegen den Ersteher. Der Klagantrag geht dahin, die Räumungs- bzw. Herausgabevollstreckung aus dem Zuschlagsbeschluss im Hinblick auf das in Abt. II des Grundbuch eingetragene und bestehen gebliebene dingliche Recht für unzulässig zu erklären, solange und soweit das betroffene Recht Besitzansprüche an dem versteigerten Grundbesitz begründet.

Dasselbe gilt bei den bloss obligatorischen Ansprüchen aus Miet-, Pacht- und ähnlichen zum Besitz berechtigenden (Nutzungs)Verträgen. Materiell-rechtlich obliegt es dem Rechtsinhaber, sein besseres Recht nach § 986 BGB zu beweisen,[96] so dass der Vindikationsanspruch des Erstehers, der als solcher bereits durch den Zuschlagsbeschluss tituliert schien, ins Leere geht.

IV. Der Tatbestand des Ausschlusses von Verwendungsersatzansprüchen nach § 93 Abs. 2 ZVG

1. Ansprüche des Besitzers auf Verwendungsersatzansprüche gegen den Ersteher für Verwendungen vor dem Zuschlag

Strukturell anders ist der Inhalt des § 93 Abs. 2 ZVG, der mit der Vollstreckung aus dem Zuschlagsbeschluss systematisch erst in zweiter Linie zu tun hat. Im Kern geht es darum, ob bzw. inwieweit der **Besitzer, also auch der Versteigerungsschuldner**, gegen den Ersteher als neuem Eigentümer Ansprüche aus

---

[93] Vgl. *Baldus*, in: *MünchKomm*-BGB, § 986 BGB Rn. 37 ff. m.w.N., h.M.; BGH, Urteil v. 22.4.1999 – I ZR 37/99, NJW 1999, 3716 = WM 1999, 2550.

[94] S., auch zur Begrifflichkeit, die zutreffende Auffassung von *Stöber*, ZVG, § 93 ZVG Rn. 3.1 m.w.N. Zutreffend weist *Stöber*, a.a.O., auf Schadenersatzrisiken des Gerichts bei Verstößen hin.

[95] Vgl. hierzu die Kommentierung zu § 771 ZPO in dem Kapitel *Rechtsbehelfe im ZVG-Verfahren*, Rn. 25 ff.

[96] *Baldus*, in: *MünchKomm*-BGB, § 986 BGB Rn. 40, unter Hinweis auf BGH, Urteil v. 6.10.1981 – X ZR 57/80, BGHZ 82, 13 ff./17 f. (dort ohne nähere Begründung). Zutreffend verweist *Baldus*, a.a.O., darauf, dass der Besitzer auch die Berechtigung zur Besitzübertragung an ihn durch eine Mittelsperson zu beweisen hat.

dem Eigentümer-/Besitzverhältnis der §§ 987 ff. BGB auf Ersatz von Verwendungen haben könnte.

54 Im Mittelpunkt steht daher das **Eigentümer-/Besitzverhältnis**, das auf die durch den Zuschlag hervorgerufene bereits erwähnte Vindikationslage zurückgeht. Die §§ 985 ff. BGB begründen ein gesetzliches Schuldverhältnis zwischen dem Eigentümer und dem Besitzer.[97] Folge davon sind u. a. Ansprüche auf die Herausgabe von Nutzungsentgelten, von Schadenersatzansprüchen wegen Verschlechterung oder Untergang der herauszugebenden Sache, aber auch Verwendungsersatzansprüche des Besitzers. Von Bedeutung für die jeweiligen Tatbestände ist u. a. die Differenzierung zwischen dem berechtigten und dem unberechtigten Besitzer und zwischen dem gutgläubigen Besitzer, der bei Besitzerwerb vom Bestehen seines vermeintlichen Besitzrechts ausgehen durfte und dem bösgläubigen Besitzer, der wusste, dass er nicht oder nicht mehr zum Besitz berechtigt war. Auf den Versteigerungsschuldner bzw. den Eigentümer mitversteigerter Sachen ist z. B. § 990 Abs. 1 Satz 2 BGB anzuwenden, so dass er ab dem Zuschlag als unberechtigter bösgläubiger Besitzer dem Ersteher gegenüber haftet, u. a. nach § 989 BGB auf Schadensersatz. Für die in § 93 Abs. 2 ZVG angesprochenen Verwendungsersatzansprüche der §§ 994 ff. BGB hat die Differenzierung entsprechende Auswirkungen.

55 Der bisherige Eigentümer (Versteigerungsschuldner) ist im Sinne dieser Vorschriften deshalb nicht gutgläubig, weil er weiß, dass sein Besitzrecht durch den Zuschlag erloschen ist. Aus sachgerechter Sicht der Interessen des Erstehers, der eben nicht mehr für den ersteigerten Grundbesitz aufwenden möchte, als er im Versteigerungsverfahren geboten hat, ist von **Bösgläubigkeit des bisherigen Versteigerungsschuldners** (= Besitzer) nach Maßgabe des § 990 BGB bereits **ab dem Zuschlag** auszugehen und nicht erst ab dessen Rechtskraft. Bei anderer Sichtweise hätte es der Schuldner in der Hand, den Erwerb für den Ersteher teurer zu machen. Zudem harmoniert das mit dem System der §§ 93, 94 ZVG und der fehlenden Suspensivwirkung der (Zuschlags)beschwerde.

56 Die zentrale Aussage des § 93 Abs. 1 BGB ist diejenige, dass Verwendungen, die **vor dem Zuschlag** liegen, nicht zu einem Anspruch gegen den Ersteher führen können. Die Vorschrift ist zugleich lex specialis zu § 999 BGB;[98] dem Besitzer steht wegen solcher Verwendungen daher auch nicht das Zurückbehaltungsrecht („Retentionsrecht") gem. § 1000 BGB zu. Auf die Rechtskraft des Zuschlags kommt es bei § 93 Abs. 2 ZVG nicht an.[99] Dabei geht es **nicht um originär eigene** Verwendungen des Versteigerungsschuldners, denn im Verhältnis zwischen ihm und dem Ersteher hat vor dem Zuschlag nicht die Vindikationslage nach § 985 BGB bestanden, die Voraussetzung der Anwendung der §§ 994 ff. BGB ist. § 999 BGB begründet allerdings keinen Anspruch,[100] sondern die Bestimmung enthält in Absatz 1 den gesetzlichen Übergang des Anspruchs sämtlicher Vorbesitzer des Vollstreckungsschuldners auf Verwendungsersatz gem. §§ 994 ff. BGB gegen den jeweiligen Eigentümer, in Absatz 2 eine gesetzliche Schuldübernahme diesen gegenüber für Verwendungen auch vor dem Eigentumserwerb. Passivlegitimiert wäre der Ersteher im Hinblick auf den zugeschlagenen Grundbesitz und die mitversteigerten Gegenstände. Diese Risiken für den Ersteher aus der Zeit **vor dem Zuschlag** „kappt" § 93 Abs. 2 ZVG.[101]

---

97 Vgl. *Bassenge*, in: *Palandt*, BGB, Vorb § 987 BGB Rn. 1 m. w. N.; siehe auch die Übersicht bei *Medicus*, Bürgerliches Recht, 18. Aufl., 1999, Rn. 575 ff.
98 *Böttcher*, ZVG, § 93 ZVG Rn. 17.
99 So auch *Stöber*, ZVG, § 93 ZVG Rn. 6; aA *Hintzen*, in: *Dassler/Schiffhauer/u. a.*, ZVG, § 93 ZVG Rn. 36, der Verwendungsersatzansprüche von der Rechtskraft des Zuschlags abhängig machen will.
100 *Bassenge*, in: *Palandt*, a. a. O., § 999 BGB Rn. 1.
101 Vgl. auch *Bassenge*, vorige Fn., a. a. O., § 999 BGB Rn. 5, § 1000 BGB Rn. 2.

2. Verwendungsersatzansprüche nach dem Zuschlag

§ 93 Abs. 2 ZVG ist die Konsequenz aus der durch den Zuschlagsbeschluss hervorgerufenen Vindikationslage zwischen Ersteher und Besitzern von versteigerten Gegenständen Die Vorschrift hat aufgrund eines Umkehrschlusses Bedeutung für Verwendungen des Besitzers, auch des Versteigerungsschuldners, die **nach dem Zuschlag** liegen. Gleichgültig ist dabei (s.o.), ob die Verwendungen vor oder nach Rechtskraft des Zuschlags getätigt werden. § 93 Abs. 2 ZVG enthält im Ergebnis eine Rechtsfolgenverweisung auf das Eigentümer-Besitzer-Verhältnis. Nach der Kommentarliteratur soll der Besitzer, auch der Versteigerungsschuldner, generell Ansprüche nach Maßgabe der §§ 994 ff. BGB und insoweit auch das Zurückbehaltungsrecht nach § 1000 Satz 1 BGB haben, bis er wegen der getätigten Verwendungen befriedigt ist.[102] **57**

Allerdings sind Einschränkungen festzustellen: Aufgrund der zu bejahenden Bösgläubigkeit sind die notwendigen Verwendungen des § 990 BGB nicht auf jeden Fall zu ersetzen, vielmehr stehen dem weichenden Eigentümer gegenüber dem Ersteher die eingeschränkten Ansprüche aus Geschäftsführung ohne Auftrag zu (§§ 990 Abs. 1 Satz 2, 994 Abs. 2, 995, 677 ff. BGB). **Ansprüche auf die nützlichen Verwendungen** stehen dem Versteigerungsschuldner gegen den Ersteher gleichfalls **nicht** zu (§ 996 BGB i.V.m. § 990 BGB). **58**

§ 93 Abs. 2 ZVG betrifft nicht die unter Abschnitt III abgehandelte Thematik, dass der bisherige Eigentümer aufgrund **fortbestehenden dinglichen Rechts** unverändert oder eingeschränkt den versteigerten Grundbesitz weiterhin berechtigt in Besitz hat. Verwendungen in diesem Zusammenhang richten sich nach dem durch das dingliche Recht und die zugehörigen schuldrechtlichen Abreden begründeten Rechtsverhältnis. Dasselbe gilt für Dritte, die dem Ersteher gegenüber ein obligatorisches Recht zum Besitz im Sinne des § 986 BGB haben. **59**

Sind somit nach § 93 Abs. 2 ZVG i.V.m. § 994 Abs. 2 BGB ausschließlich notwendige Verwendungen zu ersetzen, bei denen zugleich die Voraussetzungen der Geschäftsführung ohne Auftrag vorliegen, so zeigt sich daran der eher geringe Umfang der möglichen Ansprüche des „Alteigentümers". Er wird sich jedenfalls den tatsächlichen Nutzungswert, den der Besitz bis zur Räumung hatte, anrechnen lassen müssen (vgl. § 994 Abs. 1 Satz 2 BGB). Die „gewöhnlichen Erhaltungskosten" muss er tragen (§ 994 Abs. 1 Satz 2 BGB analog).[103] **60**

Soweit ein Verwendungsersatzanspruch besteht, darf die Regelung der §§ 1001–1003 nicht übersehen werden, denn der Besitzer kann den Anspruch nur durchsetzen, wenn der Eigentümer den Besitz erlangt oder die Verwendung genehmigt (§ 1001 Satz 1 BGB). Die Genehmigung wird fingiert, wenn der Besitzer die Besitzübertragung unter Vorbehalt der Zahlung der Verwendungen an den Eigentümer vornimmt und dieser die „angebotene Sache" annimmt. **61**

Verfahrensrechtlich ändert das Bestehen eines Verwendungsersatzanspruchs und des darauf zu stützenden Zurückbehaltungsrechts nichts daran, dass dennoch aus dem Titel gem. § 93 Abs. 1 ZVG vollstreckt werden kann. Der zum Ersatz seiner Verwendungen Berechtigte muss sein Recht aus § 1000 BGB durch **Drittwiderspruchsklage** nach § 771 ZPO durchsetzen, ggf. mit dem Antrag gem. §§ 771 Abs. 3, 769, 770 ZPO auf Erlass oder Bestätigung einer einstweiligen Anordnung. Da das Retentionsrecht des § 1000 BGB materiell- **62**

---

102 Siehe dazu den generellen Hinweis auf die Bestimmungen über den Verwendungsersatz im Eigentümer-Besitzer-Verhältnis bei *Hintzen*, in: *Dassler/Schiffhauer/u.a.*, ZVG, § 93 ZVG Rn. 35, 36.
103 BGH, Urteil v. 8.11.1965 – VIII ZR 300/63, BGHZ 44, 237 ff./239 f.

rechtlich ist, kann es **nicht** durch Klauselerinnerung gem. § 732 ZPO durchgesetzt werden, der Gerichtsvollzieher hat den Einwand nicht zu beachten.

V. Das Eigentümer-Besitzer-Verhältnis zwischen Versteigerungsschuldner und Ersteher bei rechtskräftiger Aufhebung des Zuschlags

63 Hat also der Ersteher nach den obigen Ausführungen unter IV. zwar ggf. – wenn auch in praxi kaum realisierbare – Ansprüche aus dem Eigentümer-Besitzer-Verhältnis gegenüber dem Versteigerungsschuldner bzw. früheren Eigentümer und muss er im Gegenzug auch kaum Verwendungsersatzansprüche zufolge des § 93 Abs. 2 ZVG fürchten, so stellt sich die umgekehrte Frage, wie die Dinge sich verhalten, wenn der Zuschlag aufgehoben wird.[104] Dann entsteht, wenn der Ersteher in der Zwischenzeit in den Besitz des Grundbesitzes oder mitversteigerter Sachen gekommen ist (z.B. infolge der Vollstreckung aus dem Zuschlagsbeschluss) und er Schäden an dem bis zur Rechtskraft der Zuschlagsversagung in seinem Eigentum stehenden Immobilie usw. verursacht hat oder wenn er Verwendungen getätigt hat, die Frage, welche rechtlichen Folgen dies auslöst.[105]

64 Das ZVG regelt diesen Sachverhalt nicht. Damit verbleibt es bei den allgemeinen Vorschriften der §§ 989 ff., 994 ff. BGB, wenn man denn mit dem OLG Celle und *Kaiser*[106] die bürgerlich-rechtlichen Vorschriften zum Eigentümer-Besitzer-Verhältnis anwendet, wobei nur die analoge Anwendung in Frage kommen kann. Im Zentrum steht dabei als Folge der Aufhebung des Zuschlags der rückwirkende Wegfall der Wirkungen desselben.[107] Die ausgewogene Interessenlage der sachenrechtlichen Regelungen des Eigentümer-Besitzer-Verhältnisses gebietet deren analoge Anwendung, zumal damit auch der Gleichlauf zwischen den Ansprüchen des Erstehers nach dem Zuschlag gegenüber dem bisherigen Eigentümer herbeigeführt wird. In beiden Fällen besteht eine Vindikationslage, im Hinblick auf den Ersteher durch die rückwirkende Aufhebung der Zuschlagswirkungen.

65 Im Einzelnen:
Als Folge der §§ 90, 93 Abs. 1 ZVG ist der Ersteher zunächst berechtigter, nach rechtskräftiger Zuschlagsaufhebung unberechtigter Besitzer und demzufolge als Besitzer des zugeschlagenen Gegenstandes der Rückforderung nach § 985 BGB ausgesetzt. Im Unterschied zu dem Ersteher ist jedoch mangels einer § 93 Abs. 1 Satz 1 ZVG vergleichbaren Wirkung des Aufhebungsbeschlusses der Herausgabeanspruch des Vollstreckungsschuldners im Wege der **Herausgabeklage** erst durchzusetzen.

66 Der Ersteher haftet **ab Rechtskraft der Aufhebung** des Zuschlags als **bösgläubiger Besitzer** gem. §§ 990 Abs. 1, 987, 989 BGB auf Herausgabe von Nutzungen und Schadenersatz. **Vor diesem Zeitpunkt ist er als unberechtigter, aber redlicher Besitzer** zu betrachten (analoge Anwendung des § 993 BGB) und haf-

---

104 Eine solche Situation kann jederzeit eintreten, z.B. auch im Hinblick auf die aus Sicht des Verf. besonders gefährliche Beschwerde des Vollstreckungsschuldners, die sich auf § 765a ZPO mit der substantiierten Begründung stützt, sein Eigentum sei verschleudert worden, der Ersteher habe also viel zu günstig erworben („*Schnäppchenthematik*").
105 Zu einem solchen Fall siehe OLG Celle, Urteil v. 9.8.2006 – 3 U 92/06, NJW 2006, 3440 ff. m. Anm. *Medicus*, in: WuB 1/2007 IV A. § 989 BGB 1.7. Siehe zur Schnittstelle des Eigentümer-Besitzer-Verhältnisses zur Zwangsversteigerung das Vers.Urteil d. BGH v. 29.6.2001 – V ZR 215/00, NJW 2001, 2885 = ZfIR 2001, 731 = DNotZ 2001, 801.
106 *Kaiser*, NJW 2007, 2823 ff., zu dem Urteil des OLG Celle zu 3 U 92/06, vorige Fn.
107 Vgl. die Kommentierung zu § 90 Rn. sowie bei *Böttcher*, ZVG, § 90 ZVG Rn. 5; *Jäckel/Güthe* (Fn. 1), § 90 ZVG Rn. 5.

tet demgemäß ab Besitzerlangung nur bereicherungsrechtlich auf die Herausgabe übermäßiger Fruchtziehung. Er hat bis dahin auch Anspruch auf Erstattung der notwendigen Verwendungen einschliesslich der gewöhnlichen Lasten (§ 994 Abs. 1 BGB). Die *„gewöhnlichen"* Erhaltungskosten schuldet der Vollstreckungsschuldner (= Versteigerungsschuldner) indes nicht, soweit dem Ersteher die Nutzungen des Grundbesitzes geblieben sind (§ 994 Abs. 1 Satz 2 BGB). Die nützlichen Verwendungen sind zu erstatten, soweit der Eigentümer davon noch Wertvorteile zum Zeitpunkt der Rechtskraft der Aufhebung des Zuschlagsbeschlusses hat (§ 996 BGB).[108]

---

[108] „Der BGH hat entgegen der hier vertretenen Auffassung jüngst in einem Fall, der dadurch geprägt war, dass der Zuschlag an den ursprünglichen Ersteher in der Beschwerdeinstanz aufgehoben und einem anderen erteilt wurde, dem neuen Ersteher ab Zustellung des Zuschlags den Anspruch auf Herausgabe der Nutzung nach § 987 BGB zuerkannt und bis dahin die Haftung des ursprünglichen Erstehers nach § 988 BGB bejaht, BGH, Urt. v. 5.03.2010 – V ZR 106/09, juris, Ls. a), B) = ZInsO 2010, 965 ff.

§ 94 ZVG [Gerichtliche Verwaltung für Rechnung des Erstehers]

(1) Auf Antrag eines Beteiligten, der Befriedigung aus dem Bargebot zu erwarten hat, ist das Grundstück für Rechnung des Erstehers in gerichtliche Verwaltung zu nehmen, solange nicht die Zahlung oder Hinterlegung erfolgt ist. Der Antrag kann schon im Versteigerungstermin gestellt werden.

(2) Auf die Bestellung des Verwalters sowie auf dessen Rechte und Pflichten finden die Vorschriften über die Zwangsverwaltung entsprechende Anwendung.

Schrifttum: (Auswahl, siehe insbesondere für Standardwerke auch das Gesamtliteraturverzeichnis) *Muth, Johannes M.*; Anmerkung zu OLG Düsseldorf, Urteil v. 21.3.1997 – 22 U 235/96, ZfIR 1997, 363, EWiR 1997, 575 f.; *Stumpe, Bernd*, Anmerkung zu LG Dortmund, Beschl. v. 3.11.1993 – 9 T 241/93, Rpfleger 1994, 121

	Übersicht	Rn.
I.	Funktion des § 94 ZVG, Anwendungsbereich, Verhältnis zu § 93 Abs. 1 Satz 1 ZVG	1–8
II.	Die Voraussetzungen der gerichtlichen Verwaltung gem. § 94 Abs. 1 ZVG, gerichtliche Anordnung und Rechtsbehelfe	9–18
1.	Die Voraussetzungen der Anordnung der gerichtlichen Verwaltung	9–16
2.	Anordnungsbeschluss und Rechtsbehelfe	17, 18
III.	Die Durchführung der gerichtlichen Verwaltung, § 94 Abs. 2 ZVG	19–31
1.	Die Durchführung der Verwaltung in Analogie zu den §§ 146 ff. ZVG, Kostentragung	19–24
2.	Schnittstellen der gerichtlichen Verwaltung mit der Zwangsverwaltung	25–28
3.	Die Aufgaben des gerichtlichen Verwalters	29, 30
4.	Die Beendigung der Sicherungsverwaltung	31

I. Funktion des § 94 ZVG, Anwendungsbereich, Verhältnis zu § 93 Abs. 1 Satz 1 ZVG

1 Die Aufgabe des § 94 ZVG ist eindeutig. Die Beteiligten (§ 9 ZVG), die nach dem Ergebnis der Versteigerung Befriedigung aus dem Bargebot erwarten dürfen, laufen als Folge der Bestimmung des § 93 ZVG Gefahr, dass der Ersteher sich den Besitz des versteigerten Grundbesitzes verschafft einschließlich der mitversteigerten Gegenstände und anschließend das Gebot nicht bezahlt.[1] Verfügt er sodann über den Gegenstand der Versteigerung, z.B. durch Einziehung der Miete, erleiden die hier in Frage kommenden Beteiligten, der Schuldner ebenso wie der Gläubiger, Schäden. Es geht also darum, dem Ersteher den Besitz zu versagen, bis er das Bargebot bezahlt hat. Das ist eine ganz andere Zielrichtung als diejenige des § 118 ZVG, da es dort um die Folgen der Nichtzahlung geht, nämlich die Übertragung der Forderung nach § 118 Abs. 1 ZVG oder die Wiederversteigerung gem. § 118 Abs. 2 ZVG.[2] Die Sicherheitsleistung ist gleichfalls kein Äquivalent für die den Beteiligten potentiell drohenden Risi-

---

1 Vgl. bereits *Jaeckel/Güthe*, Kommentar zum Zwangsversteigerungsgesetz, 4. Aufl., 1912, § 94 ZVG Rn. 1, 2.
2 S. hierzu die Kommentierung zu § 118 ZVG. In den Fällen der Fiktion des § 118 Abs. 2 Satz 1 ZVG fällt allerdings das Rechtsschutzinteresse an der Verwaltung gem. § 94 ZVG weg.

ken, denn gem. § 68 Abs. 1 ZVG beläuft sich die Sicherheitsleistung in der Regel nur auf 10% des Verkehrswerts gem. § 74a Abs. 5 ZVG, ist also im Allgemeinen geringer als das Bargebot gem. § 49 Abs. 1 ZVG.

Richtig ist zwar, dass der Ersteher im Hinblick auf § 130 Abs. 3 ZVG über den im Grundbuch eingetragenen Gegenstand der Versteigerung selbst nicht erfolgreich verfügen kann, da ein vom ihm zur Eintragung bewilligtes Recht, auch etwa die Eigentumsumschreibung bei Weiterveräußerung durch ihn, erst eingetragen wird, wenn zuvor der Teilungsplan ausgeführt und der Zuschlagsbeschluss rechtskräftig ist. Zudem müssen die zu seinen Lasten einzutragenden Sicherungshypotheken zuvor eingetragen sein (§ 130 Abs. 1 ZVG).[3]

Das etwaige Schadenspotential ist dennoch erheblich. So etwa ist an die mögliche Veräußerung von Zubehör und nicht wesentlichen Bestandteilen sowie die bereits erwähnte Einziehung der Miete u.ä. Konstellationen zu denken, ganz abgesehen von den möglichen Schäden, die der Besitzer auch ohne Verfügung an dem ihm zugeschlagenen Eigentum hervorrufen kann. In dem letzteren Kontext sind z.B. ein stecken gebliebener Neubau, Umbau oder Rückbau aufstehender Gebäude oder gar deren Abriss zu sehen. Der spätere Ersatzanspruch gegen den Ersteher hilft den betroffenen Gläubigern bzw. Berechtigten wenig.
Allein der Besitz eines Erstehers, der sich nach dem Zuschlag als dubioser Bieter erweist, der keineswegs beabsichtigt oder in der Lage ist, das Meistgebot zu bezahlen, genügt, um der Wiederversteigerung erhebliche Schwierigkeiten zu bereiten.[4]

In der **Praxis** ist die gerichtliche Verwaltung bis zur Leistung des Bargebots dennoch kaum relevant, zumal sie ihrerseits mit Kosten verbunden ist (vgl. Rn. 19ff.).

Strukturell handelt es sich nicht um „Zwangsverwaltung"[5] sondern um eine **Sicherungsmaßnahme** zugunsten des antragstellenden **Gläubigers des bisherigen Versteigerungsschuldners**. Die Maßnahme soll den versteigerten und zugeschlagenen Grundbesitz bis zur Zahlung des Bargebots *„vorläufig ... sichern und in einem dem Zustande zur Zeit des Zuschlags entsprechenden wirtschaftlichen Stande ... erhalten"*.[6]

Die Anordnung nach § 94 ZVG führt dazu, dass dem Ersteher die Vollstreckungsklausel während der Dauer der gerichtlichen Verwaltung versagt werden muss (§§ 94 Abs. 2, 150 Abs. 1 ZVG), denn nur der Verwalter ist zum Besitz berechtigt. Vollstreckt der Ersteher dem entgegen mittels einer ihm vorliegenden vollstreckbaren Ausfertigung des Zuschlagsbeschlusses, steht dem Vollstreckungsgegner infolge der zeitweise fehlenden Verfügungsbefugnis des Erstehers die Erinnerung zu, wenn er eine Ausfertigung des Anordnungsbeschlusses vorlegen kann (§ 775 Nr. 1 ZPO bzw. § 775 Nr. 2 ZPO, der wohl eher der Zielrichtung des Anordnungsbeschlusses gerecht wird), aber wohl auch die Klauselabwehrklage in analoger Anwendung des § 768 ZPO[7] und die Klauselerinnerung nach § 732 ZPO.

---

3 S. hierzu im Einzelnen die Kommentierung zu § 130 ZVG.
4 Vgl. nur AG Dortmund, Beschl. v. 27.4.1993 – 147 K 190/92 (*Abgabe von Geboten in der von vornherein gefassten Absicht, diese nicht zu bezahlen*), Rpfleger 1994, 119f. sowie LG Dortmund, Beschl. v. 3.11.1993 – 9 T 241/93, Rpfleger 1994, 121 m. Anm. *Muth.* S. auch das Kapitel „Taktik in der Zwangsversteigerung", Rn. 104.
5 Zu Schnittstellen mit Zwangsverwaltungsverfahren s. Rn. 24ff.
6 So treffend bereits *Jaeckel/Güthe,* Kommentar zum Zwangsversteigerungsgesetz, § 94 ZVG Rn. 7; Hervorhebungen im Text in Anlehnung an *Güthe.*
7 Vgl. Hüßtege, in: *Thomas/Putzo,* ZPO, § 768 ZPO Rn. 2, 10 (Tenorierung). Voraussetzung der Klauselerteilung war die Annahme, dass eine Anordnung nach § 94 ZVG nicht bestehe oder angeordnet werde (§ 726 ZPO analog), so dass die Vollstreckbarkeit daraus während der Dauer

7 Die Vorschrift bezieht sich auf Grundstücke und grundstücksgleiche Rechte, **nicht jedoch auf Schiffe bzw. Schiffbauwerke**, da § 170 Abs. 1 ZVG an die Stelle der gerichtlichen Verwaltung die **gerichtliche Bewachung und Verwahrung** des versteigerten Schiffes setzt. Für Schiffsbauwerke gilt das entsprechend (§ 170a Abs. 2 Satz 1 ZVG).[8]

8 Auch für **Luftfahrzeuge** kommt die gerichtliche Verwaltung nicht in Frage. Auch hier tritt die **gerichtliche Bewachung und Verwahrung** an die Stelle der Verwaltung nach § 94 Abs. 1 ZVG, wie aus § 171 g Abs. 1 ZVG hervorgeht; dies gilt auch für die Versteigerung eines ausländischen Luftfahrzeugs (§ 171 h ZVG i. V. m. § 170 g ZVG).[9]

II. Die Voraussetzungen der gerichtlichen Verwaltung gem. § 94 Abs. 1 ZVG, gerichtliche Anordnung und Rechtsbehelfe

1. Die Voraussetzungen der Anordnung der gerichtlichen Verwaltung

9 Die **Anordnung** der gerichtlichen Verwaltung bedarf des Antrags eines Berechtigten, der allerdings nachzuweisen hat, dass er Befriedigung aus dem Bargebot erwarten darf (**Antragsbefugnis**). Dabei ist nicht vollständige Befriedigung der im Teilungsplan zu berücksichtigenden Ansprüche gefordert, hinreichend ist, dass überhaupt irgend eine Befriedigung erfolgt. Eine Bagatellgrenze gibt es zutreffend nicht. Die so strukturierte Antragsbefugnis schließt es aus, den Antrag im Interesse anderer Beteiligter zu stellen, so dass es hierfür einer Vollmacht der Betroffenen bedürfte.
Der **Antrag** kann zu Protokoll der Geschäftsstelle, schriftlich, am zweckmäßigsten aber wohl zu Protokoll des Versteigerungsgerichts im Versteigerungstermin gestellt werden, wenn auch § 80 ZVG insoweit ohne Belang ist.

10 Liegen die beiden Voraussetzungen der Anordnung der gerichtlichen Verwaltung vor, nämlich ein entsprechender **Antrag** eines **antragsbefugten Beteiligten**, muss das Versteigerungsgericht die gerichtliche Verwaltung anordnen. Ein Ermessen besteht nicht.

11 **Negatives Tatbestandsmerkmal** der Anordnung der gerichtlichen Verwaltung ist die Zahlung oder Hinterlegung des Bargebotes, wodurch zugleich die zeitliche Grenze der gerichtlichen Verwaltung markiert ist („… *solange nicht die Zahlung […] erfolgt ist.*", § 94 Abs. 1 Satz 1 aE). Der Ersteher muss die Zahlung des Bargebots bzw. die Hinterlegung nachweisen.

12 **Besitz des Erstehers**, den er z. B. durch Zwangsvollstreckung nach § 93 Abs. 1 ZVG aus dem Zuschlagsbeschluss verfolgt oder bereits erlangt hat, ist **nicht Tatbestandsmerkmal** der Anordnung der gerichtlichen Verwaltung, obgleich er im Ergebnis den Grund für die Risikolage darstellt, die § 94 ZVG beheben will. Er kann sich daher im Beschwerdeverfahren mit der Argumentation fehlenden Besitzes nicht erfolgreich gegen die gerichtliche Verwaltung wenden.[10] Ebenso wenig wird die Anordnung nach § 94 ZVG im Grundbuch verlautbart. Gerade zur Bekämpfung von „*Versteigerungsbetrügern*"[11] ist die Sicherungsverwaltung geeignet, so dass es kontraproduktiv wäre, den Besitz

---

der Verwaltung beseitigt werden muss. Die Klauselabwehrklage erscheint hierfür neben der Erinnerung gem. § 732 ZPO die richtige Lösung, wenn auch der Verlust der zeitweiligen Verfügungsbefugnis des Erstehers als materiell-rechtlicher Einwand auf die Vollstreckungsabwehrklage nach § 767 ZPO hinweisen mag.

8 Auf die Kommentierung zu den §§ 170, 170a ZVG wird verwiesen.
9 S. die Kommentierung zu den §§ 171 g, 171 h ZVG. S. auch die Kommentierung zu § 93 ZVG Rn. 5 u. Fn. 67.
10 Vgl. LG Dortmund, Beschl. v. 3.11.1993 – 9 T 241/93, Rpfleger 1994, 121 m. Anm. *Stumpe*.
11 Vgl. AG Dortmund, Beschl. v. 27.4.1993 – 147 K 190/92, Rpfleger 1994, 119 f.

des Erstehers als Tatbestandsvoraussetzung der Verwaltung gem. § 94 ZVG zu fordern. In dergleichen kritischen Fällen darf es schon nicht zu der Möglichkeit kommen, dass sich der Ersteher in den Besitz des Grundbesitzes setzt. Dadurch würde ihm erst die Möglichkeit der Schädigung der Beteiligten (s. Rn. 3) an die Hand gegeben.

Die Möglichkeit der Befriedigung der Zahlungspflicht des Erstehers aus dem Meistgebot durch **Hinterlegung** ergibt sich aus § 49 Abs. 4 ZVG.[12] Der Ersteher kann sich von seiner Verbindlichkeit zur Zahlung des Bargebots durch Hinterlegung allerdings nur befreien, wenn er auf die Rücknahme ausdrücklich verzichtet (§§ 376 Abs. 2 Nr. 1, 378 BGB); auch das hat er dem Versteigerungsgericht nachzuweisen. Die Hinterlegung erfolgt **zugunsten des Versteigerungsschuldners**, denn zu dessen Vermögen gehört das Bargebot, wenn es auch infolge der daraus zu befriedigenden Gläubigerrechte entsprechend belastet ist.[13] Im Hinterlegungsantrag (§ 6 Satz 2 Nr. 1 HinterlO) ist als Folge der Verfügungsbeschränkung des Versteigerungsschuldners anzugeben, dass die Hinterlegung zugleich an das allein **empfangszuständige Versteigerungsgericht** erfolge, das die Hinterlegung ebenso wie die Zahlung nur *„in amtlicher Eigenschaft"* entgegen nimmt und den resultierenden Betrag an die berechtigten Gläubiger *„weiterleitet"*.[14]

Die **Hinterlegung** kann im Hinblick auf § 1 HinterlO bei der Hinterlegungsstelle jedes Amtsgerichts erfolgen, eine örtlich „zuständige" Stelle, etwa das Amtsgericht, dem auch das Versteigerungsgericht angehört, ist weder dem ZVG noch der Hinterlegungsordnung zu entnehmen.[15] Die Zahlung des Betrages ist an die für die Hinterlegungsstelle zuständige Justizkasse vorzunehmen (§ 1 Abs. 3 HinterlO). Maßgeblich für die Befreiung des Erstehers ist die Annahmeanordnung der Hinterlegungsstelle. Wird bei einer örtlich anderen Hinterlegungsstelle als der des Amtsgerichts der Versteigerung hinterlegt, liegt ein Fall des § 4 HinterlO (analog) vor, so dass aus Gründen der Praxis an das Amtsgericht/Hinterlegungsstelle am Sitz des Versteigerungsgerichts abgegeben werden kann.

Solange Zahlung bzw. Hinterlegung nicht bewirkt sind, hat das Versteigerungsgericht die Anordnung der gerichtlichen Verwaltung durch Beschluss vorzunehmen und auch aufrecht zu erhalten. Erfolgt der entsprechende Nachweis durch den Ersteher, so ist der Anordnungsbeschluss aufzuheben. Das kann auch im Beschwerderechtszug erfolgen.

Der **Antrag** kann nach § 94 Abs. 1 Satz 2 ZVG erstmals bereits im **Versteigerungstermin** gestellt werden, der Zuschlag ist nicht abzuwarten. Die **Anordnung** selbst bedarf jedoch, wie sich aus Sinn und Zweck des § 94 ZVG ergibt, eines wirksamen Zuschlagsbeschlusses (§§ 89, 104 ZVG). Der Anordnungsbeschluss vor dem Zuschlag wäre nichtig, da er jeglicher gesetzlicher Grundlage ermangeln würde. Im Anordnungsbeschluss selbst bestellt das Gericht den Verwalter analog § 150 ZVG.

---

12 Vgl. die Kommentierung zu § 49 ZVG.
13 *Böttcher*, ZVG, § 49 ZVG Rn. 8.
14 BGH, Urteil v. 31.3.1977 – VII ZR 336/75 (*Haftungsprozess gegen das Land bei fehlerhafter Erlösverteilung durch das Versteigerungsgericht*), BGHZ 68, 276 ff./278 = NJW 1977, 1287 = Rpfleger 1977, 246. Vgl. *Böttcher*, ZVG, § 49 ZVG Rn. 8; *Hintzen*, in: *Dassler/Schiffhauer/u.a.*, ZVG, § 49 ZVG Rn. 15, § 107 ZVG Rn. 11.
15 Vgl. die Kommentierung zu § 49 ZVG; s. auch *Stöber*, ZVG, § 49 ZVG Rn. 5.1 b); wohl auch *Hintzen*, in: *Dassler/Schiffhauer/u.a.*, § 49 ZVG Rn. 15, wobei allerdings in derselben Rn. davon die Rede ist, die *„Hinterlegung an eine unzuständige Stelle"* wirke nicht schuldbefreiend.

2. Anordnungsbeschluss und Rechtsbehelfe

17 Die Entscheidung ergeht durch dem Ersteher und dem Antragsteller **zuzustellenden** (§ 329 Abs. 2 Satz 2 ZPO)[16] **und beschwerdefähigen Beschluss** des Versteigerungsgerichts (§§ 793, 567 ff. ZPO bzw. § 11 Abs. 1 RpflG). Gegenüber dem Versteigerungsschuldner ist die formlose Mitteilung gem. § 329 Abs. 2 Satz 1 ZPO hinreichend. Ist im Zwangsversteigerungstermin oder im Zuschlagstermin über die gerichtliche Verwaltung mündlich verhandelt worden und ergeht der Beschluss gem. § 94 ZVG im Anschluss an den Zuschlag, ist er zu verkünden (§ 329 Abs. 1 ZPO) und als Folge hiervon nach § 329 Abs. 3 ZPO an Ersteher und Antragsteller zuzustellen. Zweckmäßig kann es sein, dem Ersteher zuvor rechtliches Gehör unter Fristsetzung zu gewähren mit dem Hinweis nach § 139 ZPO, dass die Anordnung erlassen werden müsse, wenn die Zahlung oder Hinterlegung nicht nachgewiesen werde und die gerichtliche Verwaltung bis dahin andauern werde. Des Weiteren ist der Hinweis angebracht, dass der Ersteher bis dahin keinen Besitz erlangen und etwa eingeräumten Besitz wieder verlieren werde. Wird rechtliches Gehör nicht gewährt, verbleibt es bei der unbefristeten Erinnerung nach § 766 ZPO. § 95 ZVG ist nicht anzuwenden, da der Beschluss nicht vor dem Zuschlag erlassen werden kann.

18 Die **Erinnerung** bzw. die sofortige **Beschwerde des Erstehers** sind erfolgreich, wenn er das Fehlen einer der beiden Anordnungsvoraussetzungen darlegt (Rn. 9 f.) oder die Vornahme der Zahlung oder Hinterlegung beweist, wobei neues Vorbringen sowohl im Hinblick auf die Abhilfeentscheidung als auch im Beschwerderechtszug selbst möglich sind, da das Beschwerdeverfahren nur begrenzte Präklusionswirkungen nach Maßgabe des § 571 Abs. 3 ZPO kennt.[17] Umgekehrt dringt der **Antragsteller** (Beteiligter), der nur für sich antragsbefugt ist, mit der Erinnerung bzw. im Beschwerderechtszug durch, wenn das Gericht fehlerhaft eine Anordnungsvoraussetzung verneint oder unzutreffend Zahlung bzw. Hinterlegung angenommen hat.

III. Die Durchführung der gerichtlichen Verwaltung, § 94 Abs. 2 ZVG

1. Die Durchführung der Verwaltung in Analogie zu den §§ 146 ff. ZVG, Kostentragung

19 Die **Inhalte und die Durchführung der gerichtlichen Verwaltung** regelt § 94 Abs. 2 ZVG durch die analoge Anwendung der Vorschriften der §§ 146 ff. ZVG über die Zwangsverwaltung, **allerdings nur soweit, als es sich um die Bestellung (und Abberufung) des Verwalters und dessen Rechte und Pflichten handelt.** Ein umfassender Verweis auf das Zwangsverwaltungsverfahren ist das nicht, die gerichtliche Verwaltung des § 94 ZVG ist nicht „Zwangsverwaltung", wie bereits die Terminologie zum Ausdruck bringt. Aufgabe des Verwalters ist die in Rn. 5 thematisierte vorläufige Sicherung gegen nachteilige Veränderungen des Versteigerungsgegenstandes.[18]

---

16 Wie hier *Vollkommer*, in: *Zöller*, ZPO, § 329 ZPO Rn. 16, 27 zu den nicht verkündeten Beschlüssen. A.A. teilweise *Stöber*, ZVG, § 94 ZVG Rn. 2.6, bzw. *Hintzen*, in: *Dassler/Schiffhauer/u.a.*, ZVG, § 94 ZVG Rn. 7, wonach nur dem Ersteher zugestellt werden soll.

17 Vgl. *Heßler*, in: *Zöller*, ZPO, § 571 ZPO Rn. 3–7; s. BGH, Beschl. v. 27.3.2008 – IX ZB 144/07 (*zum relevanten Zeitpunkt für die Entscheidung über einen Antrag auf Eröffnung des Insolvenzverfahrens im Beschwerderechtszug*), NJW 2008, 2343 = ZIP 2008, 1034.

18 *Muth*, EWiR 1997, 575 f., Anm. zu OLG Düsseldorf, ZfIR 1997, 363, s. die nachfolgende Fn., betont zu recht, dass es um die Aufrechterhaltung des bestehenden Zustandes des zugeschlagenen Grundbesitzes geht.

Die gerichtliche Verwaltung wird wirtschaftlich ggf. zunächst auf Kosten des **20**
Antragstellers durchgeführt, soweit dieser Vorschüsse gem. § 161 Abs. 3 ZVG
leistet. Sie wird bei rechtlicher Betrachtung indes **nicht auf dessen Gefahr und
letzten Endes auch nicht auf dessen Rechnung** geführt (siehe schon den Wortlaut des § 94 Abs. 1 Satz 1 ZVG). Sind die Erträge der Immobilie hinreichend,
um die Kosten einschließlich derjenigen des gerichtlich bestellten Verwalters zu
decken, löst sich die Problematik naturgemäß auf.[19] Der Antragsteller, der die
Verwaltung bei nicht kostendeckenden Erträgen aufrecht erhalten will, trägt
demzufolge das Kostenrisiko, dem er sich aber durch Nichtleistung (weiterer)
Vorschüsse für die Zukunft entziehen kann (§ 161 Abs. 3 ZVG).

Im Einzelnen ist bzw. sind vor dem Hintergrund des begrenzten Zweckes der **21**
gerichtlichen Verwaltung und der Beschränkungen der analogen Anwendung
der §§ 146 ff. ZVG **anwendbar**[20]
- § 150 ZVG über die **Bestellung des Verwalters** durch das Gericht und die
  Besitzübertragung an ihn bzw. die im Beschluss angeordnete Ermächtigung, sich selbst den Besitz zu verschaffen. Der Beschluss gem. § 94 ZVG
  ist mit der **Vollstreckungsklausel**[21] zu versehen, damit sich der Verwalter
  den Besitz des Grundbesitzes **gegenüber Dritten** verschaffen kann (§ 150
  Abs. 2 ZVG analog). Im Verhältnis zu dem Ersteher ist der Anordnungsbeschluss nebst der Ermächtigung hinreichend, einer Vollstreckungsklausel
  bedarf es nicht.[22] Im Verhältnis zum **besitzenden Versteigerungsschuldner**
  oder den **weiteren Besitzern** mitversteigerter Gegenstände ist die Vollstreckung durch den Verwalter aus dem **Anordnungsbeschluss als eine
  Zwangsvollsteckungsmaßnahme** zu werten. Insoweit ist angesichts der
  ähnlichen Interessenlage ergänzend auf die Kommentierung zu § 93 ZVG
  zu verweisen.
- § 151 Abs. 3 ZVG, der notwendig ist, um dem Verwalter zu ermöglichen,
  die Forderungen gegen Drittschuldner einzuziehen;
- die Bestimmungen über die Aufgaben des Verwalters und seine Haftung,
  § 152 ZVG, § 152a ZVG i. V. m. der ZwVwV und § 154 ZVG;
- § 153 ZVG über die Aufsicht seitens des Versteigerungsgerichts;
- die §§ **155 Abs. 1, 3, 4 ZVG und 156 Abs. 1 ZVG** über die Verwendung
  der Grundstückserträge und die Überschussverteilung, wobei die Kosten
  vorab zu decken sind, §§ 155 Abs. 1 ZVG analog. Ansonsten ist dem
  Gläubiger aus den vorhandenen Mitteln der Betrag seiner Vorschüsse zu
  erstatten, soweit noch ausschüttungsfähige Beträge vorhanden sind. § 155
  Abs. 2 ZVG i. V. m. § 10 ZVG ist nicht anwendbar, da eine Rangfolge, wie

---

[19] Nach anderer Ansicht, s. *Hintzen*, in: *Dassler/Schiffhauer/u. a.*, ZVG, § 94 ZVG Rn. 13, der sich auf RGZ 86, 187 beruft, wird die gerichtliche Verwaltung von *„Rechnung und Gefahr des Antragstellers"* ausgeführt. *Jaeckel/Güthe*, Kommentar zum Zwangsversteigerungsgesetz, § 94 ZVG Rn. 7 a. E., vertritt dagegen zutreffend die Auffassung, dass die Verwaltung für den Ersteher geführt werde. Das OLG Düsseldorf, Urteil v. 21.3.1997 – 22 U 235/96, I 1b) der Entscheidungsgründe, NJW-RR 1997, 1100 = DRspR Nr. 1997/4546 = ZfIR 1997, 363, spricht in einem Haftungsprozess des Erstehers gegen den gerichtlichen Verwalter, der zugleich Zwangsverwalter war, zutreffend gleichfalls davon, die Verwaltung sei auf Rechnung des Klägers erfolgt.

[20] S. auch die Kommentierung zu den einzelnen Vorschriften der §§ 146 ff. ZVG.

[21] Zum Anordnungsbeschluss als Vollstreckungstitel gegen den Ersteher vgl. *Böttcher*, ZVG, § 94 ZVG Rn. 4 aE; *Jaeckel/Güthe*, Kommentar zum Zwangsversteigerungsgesetz, § 94 ZVG Rn. 1, sieht ebenso den Anordnungsbeschluss als Vollstreckungstitel. *Hintzen*, in: *Dassler/Schiffhauer/u. a.*, ZVG, § 94 ZVG Rn. 9, meint, gegen den Ersteher sei der Anordnungsbeschluss zwar hinreichend, gegenüber Dritten fordert er eine **vollstreckbare Ausfertigung des Zuschlagsbeschlusses**; dieser letzteren Erwägung ist nicht zu folgen (s. o.).

[22] Vgl. BGH, Beschl. v. 14.4.2005 – V ZB 6/05 (*zur Befugnis des Zwangsverwalters, aufgrund „Zwangsverwalterausweises" dem Vermieter/Eigentümer/Vollstreckungsschuldner die Mietkaution wegzunehmen*), Rn. 11, 13 m. w. N. – RPfleger 2005, 463 f. m. Anm. *Schmidberger*, Rpfleger 2005, 464 f. = NJW-RR 2005, 1032 f. = WM 2005, 1321 ff.

sie § 10 ZVG vorsieht, mangels Zwangsverwaltung nicht in Frage kommt.[23]
- § 161 Abs. 1 und Abs. 3 ZVG über die Aufhebung des Verfahrens sowie § 161 Abs. 4 ZVG i. V. m. §§ 28, 29, 32 ZVG.

22 Nicht anwendbar[24] ist bzw. sind
- § 148 ZVG, da es keine Beschlagnahme gibt,[25] wenn auch der Ersteher die Verfügungsbefugnis über den zugeschlagenen Grundbesitz und die mitversteigerten Sachen während der Dauer der Sicherung verliert;
- §§ 146, 147 ZVG, die nur die Anordnung und die Voraussetzungen der Zwangsverwaltung tangieren, so dass es weder eine Eintragung im Grundbuch noch eine Mitteilung gem. § 146 Abs. 2 ZVG geben kann;
- § 149 ZVG im Verhältnis zum Versteigerungsschuldner, da der Wohnraum und Unterhalt des Schuldners als Folge des wirksamen Zuschlags keine Bedeutung haben können. Der in § 149 ZVG angesprochene bisherige Eigentümer kann sich gegen das Räumungsbegehren des Sicherungsverwalters aber mit dem Vollstreckungsschutzantrag gem. § 765a ZPO wehren.[26] Auch im Verhältnis zum Ersteher, der den Besitz erlangt hat, ist nicht erkennbar, warum er nach § 149 ZVG privilegiert werden soll, muss er doch lediglich das Bargebot erlegen, um zum Ziel zu kommen.[27] Auch hier mag § 765a ZPO (analog) in Ausnahmefällen anwendbar sein.
- die §§ 150a – 150e ZVG über die Institutszwangsverwaltung und den Schuldner als Verwalter, da zum einen kein Zwangsverwaltungsverfahren zugunsten eines Grundpfandgläubigers vorliegt und zum anderen der Sicherungscharakter der Bestellung des Erstehers entgegen steht;
- § 151 Abs. 1, 2 ZVG, der ebenfalls zwangsverwaltungsspezifisch ist;
- Die „*überholte*" Vorschrift des § 153a ZVG,[28] da es den Schuldner als „Verwalter" in der Sicherungsverwaltung (die Analogie würde sich sinnwidrig auf ihn beziehen) nicht gibt;
- die §§ 153b, 153c ZVG,[29] da die Insolvenz des bisherigen Eigentümers als Konsequenz des wirksamen Zuschlags ohne Bedeutung für dessen Insolvenzmasse ist. Ist zwischenzeitlich die Insolvenz des Erstehers eingetreten, kann dessen Insolvenzverwalter erst recht kein Anspruch zustehen, da zunächst die Gläubiger des bisherigen Eigentümers aus dem Bargebot zu befriedigen sind.

---

23 Ob dem Gläubiger gegen den Ersteher wegen der in Erhalt und ggf. „Verbesserung" der Immobilie geflossenen Vorschüsse ein Anspruch zusteht, wird offenbar in der Literatur nicht diskutiert. Ohne dass dies vorliegend vertieft werden kann, mag bei Betrachtung der beiderseitigen Interessenlagen des Erstehers und des Antragstellers ein Bereicherungsanspruch unter dem Aspekt der Aufwendungskondiktion in Frage kommen und zwar im Umfang nach dem Maßstab des Verwendungsersatzanspruchs der §§ 995, 996 BGB. Ungeklärt erscheint dabei zudem, dass die Vermögensmehrung auf der Ebene des Erstehers nur mittelbar im Dreiecksverhältnis durch den Vollzug der Sicherungsverwaltung und ggf. nicht konkretisiert eintritt; vgl. zu den Problemen der in diesem Kontext zu erörternden Aufwendungs- bzw. Verwendungskondiktion *Medicus*, Bürgerliches Recht, 18. Aufl., 1999, Rn 892 ff.; *Koppensteiner/Kramer*, Ungerechtfertigte Bereicherung, 1976, S. 79 f., 174.
24 Vgl. die von den obigen Rn. 21, 22 teilweise abweichende, ggf. unvollständige Wertung, von *Böttcher*, ZVG, § 94 ZVG Rn. 5, aber auch von *Hintzen*, in: *Dassler/Schiffhauer/u. a.*, ZVG, § 94 ZVG Rn. 6; beide Kommentierungen sind kursorisch und ohne weitere Begründung. Siehe auch die Begründung bei *Stöber*, ZVG, § 94 ZVG Rn. 3.1 und die Übersicht bei *Jaeckel/Güthe*, Kommentar zum Zwangsversteigerungsgesetz, § 94 ZVG Rn. 6.
25 So auch *Hintzen*, in: *Dassler/Schiffhauer/u. a.*, ZVG, § 94 ZVG Rn. 12.
26 Siehe im Einzelnen die Kommentierung zu § 765a ZPO.
27 A.A. *Stöber*, ZVG, § 94 ZVG Rn. 3.2 m. w. N.
28 S. dazu, auch zur Begrifflichkeit, *Hintzen*, in: *Dassler/Schiffhauer/u. a.*, ZVG, § 153a ZVG Rn. 1.
29 A.A. *Hintzen*, in: *Dassler/Schiffhauer/u. a.*, ZVG, § 94 ZVG Rn. 6, ohne weitere Begründung.

- die §§ 156 Abs. 2, 157 – 160 ZVG, da es sich hierbei um zwangsverwaltungsspezifische Bestimmungen handelt, die für die Verwaltung als Sicherungsmaßnahme nicht heranzuziehen sind;
- § 161 Abs. 2 ZVG, da es nicht um „Befriedigung" eines Gläubigers geht und § 161 Abs. 4 i. V. m. § 34 ZVG, weil es keinen Grundbuchvermerk bei der Sicherungsverwaltung gibt.

Die **Kosten der gerichtlichen Verwaltung** trägt wirtschaftlich möglicher Weise der Antragsteller (s. Rn. 20). Verbleibt nach Beendigung der Verwaltung eine Liquiditätslücke, die eine Rückzahlung der Vorschüsse des Antragstellers nicht (vollständig) erlaubt, geht das zu Lasten des Antragstellers, soweit dieser Vorschüsse geleistet hat. Ein Anspruch auf Befriedigung aus der Teilungsmasse des Zwangsversteigerungsverfahrens steht ihm nicht zu.[30] **23**

Verbleibt ein **Überschuss der Erträge** über die Aufwendungen der Verwaltung, so steht der Überschuss dem Ersteher zu, denn er ist Eigentümer; die gerichtliche Verwaltung ist gerade **nicht** gegen ihn gerichtete Zwangsverwaltung. Die Überschüsse fallen daher auch **nicht** in die Teilungsmasse zugunsten der Gläubiger des Versteigerungsschuldners (§ 107 ZVG). Das gilt auch dann, wenn der Zuschlag später wieder aufgehoben wird. Der Ausgleich erfolgt dann gesondert zwischen Ersteher und Versteigerungsschuldner, auf etwaige Ansprüche des Versteigerungsschuldners können dann dessen Gläubiger gesondert zugreifen.[31] **24**

2. Schnittstellen der gerichtlichen Verwaltung mit der Zwangsverwaltung

Zwischen der **Sicherungsverwaltung und der Zwangsverwaltung** können im Einzelfall **Schnittstellen** bestehen. **25**

So kann zum Zeitpunkt des Zuschlags noch die **Zwangsverwaltung gegen den Versteigerungsschuldner** anhängig sein, so dass sich eine Überlappung mit der Sicherungsverwaltung ergibt. *Stöber* weist zu Recht darauf hin, dass die Zwangsverwaltung gegen den bisherigen Eigentümer der Sicherungsverwaltung vorgeht.[32] **26**

Eine weitere Schnittstelle besteht, wenn **ein Gläubiger des Erstehers** – auch ein solcher des früheren Versteigerungsschuldners, dessen Grundpfandrechtrecht bestehen geblieben ist – die **Zwangsverwaltung** aus einem gegen den Ersteher gerichteten persönlichen oder dinglichen Titel nach dem Zuschlag betreibt. Der Logik der Sicherungsverwaltung zufolge geht diese nunmehr der Zwangsverwaltung gegen den Ersteher vor (siehe Rn. 23, 24 im Hinblick auf Kosten und die Abrechnung des Verfahrens sowie Rn. 26). **27**

In allen Fällen kann es sein, dass die Verwaltungen von ein- und demselben Verwalter durchgeführt werden. Eine Interessenkollision sollte dabei nicht bestehen, da die Zwangsverwaltung gegen den Versteigerungsschuldner mit dem Zuschlag endet und in die Sicherungsverwaltung übergeht, so dass es zweckmäßig sein dürfte, den mit der Immobilie bereits vertrauten Verwalter zu bestellen.[33] Die jeweiligen Verwaltungen sind getrennt zu führen und abzu- **28**

---

30 *Hintzen*, a. a. O., § 94 ZVG Rn. 13. Bei paralleler Zwangsverwaltung gegen den Ersteher (Rn. 27) geht die Sicherungsverwaltung auch im Hinblick auf die Rückzahlung der Vorschüsse zu.
31 S. hierzu die Kommentierung zu § 93 ZVG Rn. 63 ff.
32 *Stöber*, ZVG, § 94 ZVG Rn. 3.5.
33 *Hintzen*, in: *Dassler/Schiffhauer/u. a.*, ZVG, § 94 ZVG Rn. 9 und *Stöber*, ZVG, § 94 Rn. 2.6 befürworten diese Vorgehensweise, wenn die Zwangsverwaltung gegen den Versteigerungsschuldner besteht und die Sicherungsverwaltung angeordnet wird. Dieselben Erwägungen dürften auch heranzuziehen sein, wenn später die Zwangsverwaltung gegen den Ersteher angeordnet werden sollte, wenn noch die Sicherungsverwaltung läuft und fortbesteht.

rechnen,[34] die Verfahren erhalten vom Gericht demgemäß verschiedene Geschäftsnummern.

3. Die Aufgaben des gerichtlichen Verwalters

29 Entsprechend der gesetzgeberischen Intention des § 94 ZVG[35] hat der Verwalter der Sicherungsverwaltung die Pflicht, den Grundbesitz in seinem Bestand zu erhalten und alle dafür notwendigen Handlungen vorzunehmen. Er hat die Verwaltung wirtschaftlich angemessen zu führen. Dabei ergeben sich indes Besonderheiten daraus, dass die Sicherungsverwaltung sehr kurz sein kann und praktisch jeden Tag aufgehoben werden kann. Daher ist zu fragen, in welchem Umfang der Verwalter in bestehende Miet- und ähnliche Nutzungsverhältnisse eingreifen oder neue derartige Verträge schließen darf. In der oft zitierten Entscheidung des OLG Düsseldorf vom 21.3.1997[36] betont der Senat zutreffend, dass langfristige Nutzungsverträge (mögen sie auch von dem Verwalter wirksam geschlossen werden können) doch der Abstimmung mit dem Ersteher bedürfen, soweit dies nicht die Pflichten gegenüber dem antragstellenden Gläubiger verletzt.

30 Es ist dabei auch an die Rechtsprechung des BGH zu der Nichtigkeit insolvenzzweckwidriger Verträge durch den Insolvenzverwalter[37] zu denken; die dortigen Ausführungen gelten für den Zwangs- bzw. **Sicherungsverwalter als Partei kraft Amtes**[38] entsprechend. Damit kann dessen rechtsgeschäftliches Handeln, wenn es denn den von § 94 ZVG gezogenen Rahmen der tendenziell zeitlich kurzen Sicherung überschreitet, zweckwidrig und unwirksam sein. Erforderlich ist dazu die Evidenz der Zweckwidrigkeit, die sich zudem dem Geschäftspartner (Mieter usw.) ohne Weiteres aufdrängen muss.[39] Da der Sicherungsverwalter **seine Legitimation durch den Anordnungsbeschluss** nachweist, kann der Geschäftspartner auch ohne Weiteres erkennen, dass dem Verwalter Grenzen gesetzt sind. In derartigen Situationen wird der Verwalter den Ersteher fragen und sich nach seinen Vorstellungen richten, wenn nicht diese wiederum nach dem grundsätzlich bestehenden Ermessen des Verwalters den Zweck des § 94 ZVG vereiteln oder gefährden. Aufgrund der begrenzten Aufgaben des Verwalters gem. § 94 ZVG dürfte das ihm zustehende Ermessen im Vergleich zum Insolvenz- bzw. Zwangsverwalter nicht unerheblich geringer sein.

4. Die Beendigung der Sicherungsverwaltung

31 Die **Sicherungsverwaltung endet durch Aufhebungsbeschluss** des Versteigerungsgerichts (§ 161 Abs. 1 ZVG), der erlassen werden muss, wenn
– der Antragsteller seinen **Antrag zurücknimmt**; nicht erforderlich ist dabei, ob das Meistgebot schon bezahlt wurde, §§ 161 Abs. 4, 29 ZVG;
– die **Bezahlung oder Hinterlegung des Meistgebots** erfolgt und nachgewiesen ist, da dann die Antragsbefugnis wegfällt, § 94 Abs. 1 Satz 1 ZVG;
– der **Antragsteller** den jeweils notwendigen **Kostenvorschuss nicht zahlt**, § 161 Abs. 3 ZVG;

---

34 So auch *Stöber*, ZVG, § 94 ZVG Rn. 3.5 zur Notwendigkeit der Trennung der verschiedenen Verwaltungsmassen (= getrennte Rechnungslegung des Verwalters) und Rn. 3.7 zum Verhältnis der Sicherungsverwaltung zur Zwangsverwaltung gegen den Ersteher.
35 Vgl. Rn. 5 oben.
36 OLG Düsseldorf (Fn. 19), ZfIR 1997, 363.
37 Vgl. BGH, Urteil v. 25.4.2002 – IX ZR 313/99, BGHZ 150, 353 ff./360 f. und Ls. d) = NJW 2002, 2783 = ZInsO 2002, 577.
38 *Böttcher*, ZVG, § 94 ZVG Rn. 6. Zur Prozessführungsbefugnis des Zwangsverwalters, die aus § 152 Abs. 1, 2. HS ZVG abzuleiten ist, vgl. BGH, Urteil v. 8.5.2003 – IX ZR 385/00, BGHZ 155, 38 ff./43.
39 BGHZ 150, 353 ff., s. Fn. 37.

- der **Zuschlagsbeschluss** rechtskräftig **aufgehoben** wird. Es fehlt dann am Rechtsschutzinteresse für die Sicherungsverwaltung, da eine rechtliche Grundlage für ihre Aufrechterhaltung nicht mehr besteht.
- der betroffene Gläubiger durch **Übertragung der Forderung nach § 118 Abs. 2 Satz 1 ZVG** als befriedigt gilt.

Vorbemerkungen vor §§ 95–104 ZVG – das Rechtsbehelfssystem im Zwangsversteigerungsverfahren im Überblick, Abgrenzung zu sonstigem Rechtsschutz am Vollstreckungsgeschehen Beteiligter

Schrifttum: (Auswahl im Wesentlichen jüngerer Publikationen, siehe insbesondere für Standardwerke auch das Gesamtliteraturverzeichnis)
Dörrie, Robin, Immobilienfinanzierungen und Verkauf von Kreditforderungen nach Inkrafttreten des Risikobegrenzungsgesetzes, ZBB 2008, 292–306; *Habscheid, Walther,* Verfahren vor dem Rechtspfleger – Rechtliches Gehör und faires Verfahren, Rpfleger 2001, 209–215; *Rellermeyer, Klaus,* Zwangsversteigerung und Zwangsverwaltung von Bergwerkseigentum, unbeweglichen Bergwerksanteilen und Salzabbaugerechtigkeiten, Rpfleger 2008, 462–475

Übersicht

	Rn.
I. Systematik der Rechtsbehelfe bzw. Rechtsmittel im Verfahren nach dem ZVG	1–19
1. Die Teilregelung der Rechtsbehelfe in den Vorschriften des ZVG über die sofortige Beschwerde	1–10
a) Die Systematik der §§ 95 ff. ZVG über das Beschwerdeverfahren	1
b) Anwendungsbereich der §§ 95 ff. ZVG	2–6
c) Die selbstständigen Beschwerdeverfahren nach dem ZVG	7
d) Anzuwendendes Verfahrensrecht	8, 9
e) Der Dualismus der Maßnahmen und Entscheidungen des Richters und des Rechtspflegers	10
2. Rechtsschutz gegen Vollstreckungsakte	11–14
a) Die Vollstreckungserinnerung, § 766 ZPO	11
b) Die verfahrensmäßige Behandlung der Erinnerung	12
c) Das Erinnerungsverfahren vor dem Rechtspfleger	13, 14
3. Rechtsschutz gegen gerichtliche Entscheidungen	15–19
a) Die sofortige Beschwerde gegen gerichtliche Entscheidungen, § 793 ZPO	15, 16
b) Die Rechtspflegererinnerung, § 11 Abs. 2 Sätze 2–4 RPflG	17
4. Der Widerspruch gegen den Teilungsplan, § 115 ZVG	18, 19
II. Die Rechtsbeschwerde	20–23

I. Systematik der Rechtsbehelfe bzw. Rechtsmittel im Verfahren nach dem ZVG

1. Die Teilregelung[40] der Rechtsbehelfe in den Vorschriften des ZVG über die sofortige Beschwerde

1 **a) Die Systematik der §§ 95 ff. ZVG über das Beschwerdeverfahren.** Die Systematik der §§ 95 ff. ZVG bildet kein abschließendes System der Rechtsbehelfe bzw. Rechtsmittel im Zwangsversteigerungsverfahren. Zu unterscheiden ist nach diesen Vorschriften die befristete **sofortige Beschwerde** gegen bestimmte **Entscheidungen vor dem Zuschlag** (§ 95 ZVG) und die **Zuschlagsbeschwerde** (§§ 96 ff. ZVG). § 869 ZPO zeigt, dass das Rechtsschutzsystem der Zwangsvollstreckung in der ZPO auch im Zwangsversteigerungsverfahren anzuwen-

---

[40] S. im Einzelnen das Kapitel *Rechtsbehelfe im ZVG-Verfahren.*

den ist,[41] soweit nicht die leges speciales der §§ 95 ff. ZVG vorgehen. Diese sind zwangsversteigerungsspezifische Vorschriften, die im Zwangsverwaltungsverfahren nicht anzuwenden sind.[42]

b) **Anwendungsbereich der §§ 95 ff. ZVG.** Die §§ 95 ff. ZVG gelten in Versteigerungsverfahren **von Grundstücken und grundstücksgleichen Rechten (Erbbaurecht, Wohnungs- bzw. Teileigentum sowie entsprechende Erbbaurechte daran, Miteigentumsanteile an Grundstücken usw., Gebäudeeigentum**[43]**)**.[44]
Sie sind ferner infolge von Verweisungen anzuwenden bei der Versteigerung anderer Gegenstände, die der Immobiliarvollstreckung unterliegen:

Dazu gehören im **Schiffsregister** eingetragene bzw. **eintragungsfähige Schiffe und Schiffsbauwerke** (§§ 864 Abs. 1, 870a ZPO, § 162 ZVG)[45]; § 85a ZVG ist jedoch bei Seeschiffen nicht anzuwenden (§ 169a Abs. 1 1. Halbsatz ZVG).

Ebenso findet über in die Luftfahrzeugrolle **eingetragene Luftfahrzeuge** die Zwangsversteigerung nach dem ZVG statt (§§ 171a ff. ZVG i. V. m. § 99 Luftfahrzeugrechtegesetz (LuftfzRG),[46] §§ 864 f., 870a ZPO). Bei den Rechtsmitteln besteht eine Sonderregelung in § 171 l und § 171 m ZVG.[47]

Von der Versteigerung zum Zweck der Aufhebung einer Gemeinschaft (§ 180 Abs. 1 ZVG, *„Teilungsversteigerung"*) sind betroffen die (Bruchteils)Gemeinschaft nach §§ 1008 ff., 741 ff. BGB, die Erbengemeinschaft zufolge der §§ 2042 Abs. 1, 753 BGB. Anderen **Gesamthandsgemeinschaften** steht nur **ausnahmsweise** die Teilungsversteigerung offen, so der GbR nach Auflösung und Absprache der Gesellschafter, der OHG und KG ebenfalls nur bei entsprechender Abrede der Gesellschafter (§ 145 HGB).[48]

Zu den landesrechtlichen Bestimmungen über die Vollstreckung in das Bergwerkseigentum und damit zusammenhängende Gegenstände sowie zur Vollstreckung in sog. Salzabbaugerechtigkeiten bzw. weitere der Immobiliarvollstreckung unterworfene Gegenstände darf auf die einschlägige Literatur verwiesen werden.[49]

c) **Die selbstständigen Beschwerdeverfahren nach dem ZVG.** Die Einschränkung der Beschwerdemöglichkeiten in § 95 ZVG lässt die gesetzlich ausdrücklich geregelten selbstständigen Beschwerdeverfahren zur Verkehrswertfestsetzung, zu den einstweiligen Einstellungen jedoch ebenso unberührt wie die Beschwerde gegen den Anordnungsbeschluss (§ 15 ZVG) bzw. die Zulassung des Beitritts (§ 27 ZVG) und andere Entscheidungen des Gerichts, die *„außerhalb"* der besonderen Beschlussgegenstände des § 95 ZVG und der Vorbereitung der Zuschlagsentscheidung stehen.[50]

---

41 Zum systematischen Zusammenhang siehe *Stöber*, in: Zöller, ZPO, § 869 Rn. 1 m. w. N.; vgl. auch *Güthe*, in: *Jaeckel*, Kommentar zum Zwangsversteigerungsgesetz, 4. Aufl., 1912, S. 1 mit Zitaten aus den Motiven des Gesetzgebers zum ZVG als integraler Bestandteil der ZPO.
42 So schon *Riedel*, in: *Steiner*, ZVG Band II, § 95 Rn. 1 (1) m. w. N.
43 Siehe dazu im Einzelnen *Stöber*, ZVG, Einleitung Rn. 14.
44 Für weitere Einzelheiten wird auf das Kapitel *Gegenstände der Zwangsvollstreckung und -verwaltung* verwiesen.
45 Zu eingetragenen Schiffen, Schiffsbauwerken und dem Register siehe das „Gesetz über Rechte an eingetragenen Schiffen und Schiffsbauwerken", BGBl. III 403 – 4 i. d. F. bis zu dem Gesetz v. 11.8.2009, BGBl. 2009 I, S. 2713.
46 Gesetz über Rechte an Luftfahrzeugen v. 26.2.1959, BGBl. I 1959, S. 57, 223 i. d. F. bis zu dem Gesetz v. 11.8.2009 (Fn. 6).
47 Siehe im Einzelnen die Kommentierung zu § 100 ZVG.
48 Vgl. *Stöber*, ZVG, § 180 Rn. 2.4 f); *Baumbach/Hopt*, HGB, § 145 Rn. 10.
49 Vgl. *Stöber*, ZVG, Einleitung Rn. 13.1 ff., *Rellermeyer*, Rpfleger 2008, 462–475, der die Bestimmungen des Landesrechts zu Recht für weitgehend überholt und in der Praxis bedeutungslos ansieht.
50 Siehe auch die Kommentierung zu § 95 ZVG.

8   d) **Anzuwendendes Verfahrensrecht.** Auf die Beschwerden im Versteigerungsverfahren sind die Vorschriften der ZPO anzuwenden (§§ 793, 567 ff.).[51]

9   Die sog. **Nichtigkeitsbeschwerde** (siehe § 569 Abs. 1 Satz 3 i.V.m. §§ 579 ff. ZPO) ist kein eigenständiger Beschwerdetyp, sondern nur die Verlängerung der Beschwerdefrist unter den Voraussetzungen der Restitutions- bzw. Nichtigkeitsklage. Sie ist auch im Zwangsvollstreckungsverfahren möglich (im Hinblick auf § 793 ZPO).

10   e) **Der Dualismus der Maßnahmen und Entscheidungen des Richters und des Rechtspflegers.** Zugleich ist in der Zwangsversteigerung der Dualismus der Tätigkeit des Rechtspflegers zum einen, des Richters zum anderen zu beachten, der zu einer Differenzierung der Rechtsbehelfsmöglichkeiten führt.

2. **Rechtsschutz gegen Vollstreckungsakte**

11   a) **Die Vollstreckungserinnerung, § 766 ZPO.** Da Art. 19 Abs. 4 GG zu einem lückenlosen Rechtsschutz Anlass gibt, die Zwangsvollstreckung Ausübung hoheitlicher Gewalt ist, um Ansprüche des Gläubigers durchzusetzen und zudem die vorherige Anhörung des Schuldners zu einzelnen Vollstreckungsakten häufig den Vollstreckungserfolg konterkarieren würde, werden **Vollstreckungshandlungen im Allgemeinen ohne Gewährung vorherigen rechtlichen Gehörs** des Schuldners durchgeführt. So ordnet etwa das Vollstreckungsgericht die Zwangsversteigerung ohne Anhörung des Schuldners an.[52] Dem gemäß bedarf es der Möglichkeit eines Rechtsbehelfs des Schuldners, der gegen einzelne Vollstreckungsakte und somit gegen die *„Art und Weise der Zwangsvollstreckung"*[53] vorgehen will. Vor diesem Hintergrund ist die Erinnerung nach § 766 ZPO zu sehen, die gegen alle Vollstreckungshandlungen der Vollstreckungsorgane zulässig ist, also auch gegen solche des Vollstreckungsgerichts[54], sei es durch den Rechtspfleger, sei es durch den Richter. Wird die begehrte Vollstreckungshandlung abgelehnt, steht die Erinnerung auch dem Gläubiger zu. Sie ist unbefristet, kann mehrfach wiederholt werden und wird erst mit Beendigung der Zwangsvollstreckung unzulässig.

12   b) **Die verfahrensmäßige Behandlung der Erinnerung.** Der **Richter** des Vollstreckungsgerichts kann der Erinnerung ganz oder teilweise abhelfen, ansonsten entscheidet er darüber im Beschlusswege (§ 764 Abs. 3 ZPO; zum Rechtsmittel dagegen siehe sogleich Ziff. 3) und weist sie zurück. Dabei ergeben sich ganz verschiedene Konstellationen, abhängig davon, wer Erinnerung eingelegt hat und ob abgeholfen wurde oder nicht. Hat der **Schuldner** sich gegen die Vollstreckungshandlung zur Wehr gesetzt und wurde auf die Erinnerung im Wege der Abhilfe die Vollstreckung aufgehoben, steht dagegen dem **Gläubiger**, der **anzuhören** war, die sofortige Beschwerde zu. Hatte der Schuldner keinen Erfolg und musste der Richter über die Erinnerung entscheiden, steht ihm nicht mehr die unbefristete Erinnerung gegen die nunmehrige Entscheidung nach § 764 Abs. 3 ZPO zu, sondern die befristete sofortige Beschwerde (§§ 567, 793 ZPO).

13   c) **Das Erinnerungsverfahren vor dem Rechtspfleger.** In den Verfahren nach dem ZVG sind die richterlichen Aufgaben des Amtsgerichts dem Rechtspfleger übertragen (§ 3 Nr. 1 Buchst. i) RPflG bzw. § 20 Nr. 17 RPflG i.V.m. §§ 1 Abs. 1 ZVG, 764 ZPO, 22 f. GVG). Damit steht bei Anordnung oder Ablehnung von Vollstreckungsakten durch den Rechtspfleger den jeweils Betroffe-

---

51   Siehe im Einzelnen die Kommentierungen zu den §§ 95 ff. ZVG.
52   *Riedel*, in: *Steiner*, ZVG Band II, § 15 Rn. 6d, 9a m.w.N.
53   So umschreibt § 766 Abs. 1 Satz 1 ZPO die Vollstreckungsakte oder *„Vollstreckungsmaßnahmen"*, zu dieser Terminologie siehe *Stöber*, in: *Zöller*, ZPO, § 766 Rn. 2.
54   So etwa gegen den Anordnungsbeschluss gem. § 15 ZVG; siehe Fn. 6, 7.

nen die Erinnerung nach § 766 ZPO ebenfalls zu, allerdings mit der wesentlichen Abweichung, dass der Rechtspfleger zwar abhelfen, aber nicht die ablehnende Entscheidung nach § 764 Abs. 3 ZPO über die Erinnerung treffen kann. Diese ist dem Richter vorbehalten (§ 20 Nr. 17 Satz 2 RPflG). Von der Erinnerung nach § 766 ZPO ist die Bestimmung des § 11 RPflG zu unterscheiden, die bei **Entscheidungen** des Rechtspflegers zwischen dem *„zulässigen Rechtsmittel"* (§ 11 Abs. 1 RPflG) differenziert und dem besonderen Rechtsbehelf der **befristeten Rechtspflegererinnerung** (§ 11 **Abs. 2** RPflG), wenn es ein Rechtsmittel im Sinne des Absatzes 1 gegen die Entscheidung nicht gibt; das ist bei den unanfechtbaren Zwischenentscheidungen des § 95 ZVG der Fall (siehe dort).

Die **Trennlinie** zwischen der **gerichtlichen Entscheidung** und der **Vollstreckungsmaßnahme**, somit zwischen der (Vollstreckungs)erinnerung und der sofortigen Beschwerde, stellt die Anhörung der Parteien und die Möglichkeit der Beteiligung am Verfahren dar. Die **Entscheidung** schließt die Instanz ab. **14**

3. **Rechtsschutz gegen gerichtliche Entscheidungen**

a) **Die sofortige Beschwerde gegen gerichtliche Entscheidungen, § 793 ZPO.** **15**
Das Rechtsmittel gegen gerichtliche **Entscheidungen mit freigestellter mündlicher Verhandlung** ist die sofortige Beschwerde nach § 793 ZPO i. V. m. §§ 567 ff. ZPO. Infolge des § 864 ZPO gelten diese Bestimmungen auch für die Beschwerde nach §§ 95 ff. ZVG. Die sofortige Beschwerde ist sowohl gegen die Entscheidung des Richters als auch des Rechtspflegers (§ 11 Abs. 2 Satz 1 RPflG) zulässig, soweit sie nach zwangsvollstreckungsrechtlichen Sonderregeln nicht unstatthaft[55] ist (siehe etwa § 95 ZVG).

Der Richter bzw. der Rechtspfleger, der die angegriffene Entscheidung getroffen hat, kann dem Rechtsbehelf infolge der Bestimmung des § 572 Abs. 1 ZPO abhelfen – und er ist bei dessen Begründetheit auch dazu verpflichtet (*„Abhilfebefugnis"*). Ansonsten ist dem Beschwerdegericht *„unverzüglich"* vorzulegen, § 572 Abs. 1 Satz 2 ZPO. **Beschwerdegericht** ist in Vollstreckungssachen das **Landgericht** (§ 72 GVG). Gegen seine Entscheidungen ist nur die Rechtsbeschwerde unter den für sie geltenden Voraussetzungen statthaft (siehe sogleich II). **16**

b) **Die Rechtspflegererinnerung, § 11 Abs. 2 Sätze 2–4 RPflG.** Ist gegen eine Entscheidung des Rechtspflegers nach allgemeinen Vorschriften (s.o.) ein Rechtsmittel **nicht statthaft** (§ 11 Abs. 2 Satz 1 i. V. m. Abs. 1 RPflG), bleibt den von der Entscheidung Betroffenen die befristete Rechtspflegererinnerung, der der Rechtspfleger abhelfen, aber nicht über sie entscheiden kann; er muss sie vielmehr dem Richter vorlegen (§ 11 Abs. 2 Sätze 2–4 RPflG). Gegen die **Entscheidung des Richters** ist dann – systemkonform – **kein weiteres Rechtsmittel** statthaft. **17**

4. **Der Widerspruch gegen den Teilungsplan, § 115 ZVG**[56]
Der **Widerspruch** gegen den Teilungsplan, der dessen Vollzug hemmt (§ 115 Abs. 1 Satz 2 ZVG, §§ 876 Sätze 1, 4 sowie 878 Abs. 1 Satz 2 ZPO), richtet sich gegen dessen **materielle Richtigkeit** und strebt eine andere Verteilung an. **Verfahrensrechtliche Fehler** im Teilungsplanverfahren unterliegen der **sofortigen Beschwerde** (s.o.). Wie auch sonst bei gerichtlichen Entscheidungen sind die **allgemeinen Vorschriften** der ZPO bei Schreibversehen usw. anwendbar (vgl. § 319 ZPO). Der nicht im Verhandlungstermin ausgeräumte Widerspruch **18**

---

55 § 793 ZPO regelt die Statthaftigkeit der sofortigen Beschwerde in der Zwangsvollstreckung, wobei etwa § 95 ZVG lex specialis für die dort von der sofortigen Beschwerde zugelassenen bzw. ausgeschlossenen Beschlussgegenstände ist, vgl. *Stöber*, ZVG, § 95 Rn. 1.
56 Siehe hierzu insbesondere die Kommentierung zu § 115 ZVG.

(§ 115 Abs. 1 Satz 2 ZVG, § 876 ZPO) führt bei **Zulässigkeit** schließlich zur **befristeten „Widerspruchsklage"** vor dem Prozessgericht (mit dem ausschließlichen Gerichtsstand der §§ 879 Abs. 1, 802 ZPO), die im Erfolgsfalle mit einem geänderten Teilungsplan endet (§§ 878–882 ZPO), die also prozessuale Gestaltungsklage ist.[57]

19 **Widerspruchsbefugt** sind die Beteiligten des § 9 ZVG.[58] Der **Schuldner** muss jedoch bei einem **vollstreckbaren Anspruch** seinen Widerspruch im Wege der Vollstreckungsabwehrklage bzw. im Wege der einstweiligen Anordnung durch das Prozessgericht verfolgen (§ 115 Abs. 3 ZVG, §§ 767, 769 f. ZPO).

II. Die Rechtsbeschwerde

20 Gegen die **zweitinstanzlichen Beschwerdeentscheidungen** der Landgerichte ist nur im Einzelfall die Rechtsbeschwerde möglich. **Rechtsbeschwerdegericht ist der BGH**, § 133 GVG. Dort müssen sich die Parteien durch einen beim BGH zugelassenen Anwalt vertreten lassen, sie sind selbst nicht postulationsfähig (§ 78 Abs. 1 Satz 3 ZPO); da die Rechtsbeschwerde nicht vor dem Urkundsbeamten der Geschäftsstelle eingelegt werden kann, ist der vom Anwaltszwang befreiende § 78 Abs. 5 ZPO nicht anwendbar.

21 Die Rechtsbeschwerde ist nur statthaft, wenn sie ausdrücklich **gesetzlich zugelassen** ist oder das **Beschwerdegericht** sie **zugelassen** hat (§ 574 Abs. 1 Satz 1 ZPO). Der BGH ist an die Zulassung gebunden. Das Beschwerdegericht muss sie zulassen, wenn die zu entscheidende Rechtsfrage grundsätzliche Bedeutung hat oder wenn die Fortbildung des Rechts oder die Einheitlichkeit der Rechtsordnung eine Entscheidung des BGH erfordern (§ 574 Abs. 3 Satz 1 i. V. m. Abs. 1 ZPO). Eine die Zulassungsvoraussetzungen fehlerhaft verneinende Entscheidung des Beschwerdegerichts ist allerdings mangels einer „Nichtzulassungsbeschwerde" im Beschwerdeverfahren nicht weiter angreifbar. Es bleibt in dergleichen Fällen ggf. nur noch die Anhörungsrüge (§ 321a i. V. m. § 793 ZPO) oder in den engen Grenzen hierfür die Verfassungsbeschwerde, z. B. wegen der Verletzung von Verfahrensgrundrechten (Art. 103 GG, soweit nicht die Gehörsrüge greift oder wegen Verletzung des Art. 101 GG, gesetzlicher Richter.

22 Die Rechtsbeschwerde ist in den Fällen der Beschwerdeverfahren nach dem ZVG (damit auch nach den **§§ 95 ff. ZVG**) stets **Zulassungsrechtsbeschwerde**.

23 Da auch in den wichtigen Fällen des § 765a ZPO die mündliche Verhandlung fakultativ ist (§§ 764 Abs. 3, 128 Abs. 4 ZPO), ist dort ebenfalls die sofortige Beschwerde statthaft (§ 793 ZPO). Die Beschwerdeentscheidung unterliegt der Überprüfung durch die **Rechtsbeschwerde** ebenfalls nur bei **Zulassung** durch das Landgericht.

---

57 Siehe im Einzelnen *Hüßtege*, in: *Thomas/Putzo*, ZPO, § 878 Rn. 1 ff., § 879 Rn. 1.
58 *Böttcher*, ZVG, § 115 Rn. 4 m. w. N.

§ 95 ZVG [Zulässigkeit der sofortigen Beschwerde gegen Entscheidungen vor dem Zuschlag]

Gegen eine Entscheidung, die vor der Beschlussfassung über den Zuschlag erfolgt, kann die sofortige Beschwerde nur eingelegt werden, soweit die Entscheidung die Anordnung, Aufhebung, einstweilige Einstellung oder Fortsetzung des Verfahrens betrifft.

Schrifttum: (Auswahl im Wesentlichen jüngerer Publikationen, siehe insbesondere für Standardwerke auch das Gesamtliteraturverzeichnis)
Goldbach, Rainer, Anm. zu LG Chemnitz, Beschl. v. 30.7.2007 – 3 T 400/07 (*unwirksame Vertretung bei Verstoß gegen das RBerG*), Rpfleger 2008, 324/325 f.; *Klawikowski, Horst,* Vertretung von Beteiligten und Bietern im Zwangsversteigerungsverfahren, Rpfleger 2008, 404–408; *Stöber, Kurt,* Anm. zu BGH, Beschl. v. 14.6.2007 – V ZB 28/07, NJW 2007, 3719; *Toussaint, Matthias,* Anm. zu BGH, Beschl. v. 26.10.2006 – V ZB 188/05, ZfIR 2007, 506

Übersicht

		Rn.
I.	Die beschränkte Anfechtbarkeit von Entscheidungen, die dem Zuschlag vorausgehen; die Verbindung des § 95 mit § 79 ZVG	1–6
II.	Zulässigkeit der sofortigen Beschwerde gegen nicht unter § 95 ZVG fallende Entscheidungen und in Zwischenverfahren nach dem ZVG	7, 8
III.	Beispiele aus der Rechtsprechung	9–15

I. Die beschränkte Anfechtbarkeit von Entscheidungen, die dem Zuschlag vorausgehen; die Verbindung des § 95 mit § 79 ZVG

Entsprechend der gesetzlichen Systematik (siehe Vorbemerkungen vor §§ 95 ff. ZVG, I.) ist Gegenstand der zulässigen Beschwerde nach § 95 ZVG nur die Entscheidung über die in der Vorschrift genannten besonderen Beschwerdegegenstände (siehe sogleich Rn. 5 ff.). Ansonsten sind Entscheidungen unanfechtbar, soweit sie aus Sicht des Gesetzgebers des ZVG lediglich den Zuschlag vorbereiten und Verfahrensfehler mit der Zuschlagsbeschwerde angegriffen werden können.[1] Mit anderen Worten ist im Rahmen des § 95 ZVG zu differenzieren zwischen

- Entscheidungen, die den **Zuschlag vorbereiten,**
- solchen, die damit nichts zu tun haben, sondern **andere Entscheidungsgegenstände** betreffen und daher der sofortigen Beschwerde (§ 793 ZPO) zugänglich sind,
- sowie den **selbstständigen Verfahren** nach § 95 Satz 2. Halbsatz ZVG.

Zu den gesondert anfechtbaren Entscheidungen **ohne Bezug zum Zuschlag** gehören z.B. die in der Literatur erwähnten bzw. in der Rechtsprechung behandelten Fälle, die folgende Gegenstände betreffen:
- die Bestimmung des **zuständigen Gerichts** nach § 2 ZVG[2] i.V.m. § 36 ZPO;

---

[1] Vgl. zur seinerzeitigen gesetzgeberischen Intention bei *Stöber,* ZVG, § 95 Rn. 4 mit dem Hinweis auf die „Denkschrift" zum ZVG, in: Hahn/Mugdan, Die gesammten Materialien zu den Reichs-Justizgesetzen, Bd. 5, 1897, S. 357. Vgl. auch *Böttcher,* ZVG, § 95 Rn. 1 sowie *Güthe,* in: Jaeckel/, Kommentar zum Zwangsversteigerungsgesetz, 12. Aufl., 1912, § 95 Rn. 1 unter Heranziehung der Gesetzesmaterialien.
[2] *Stöber,* ZVG, § 95 Rn. 4.5

§ 95 ZVG 3

- die Bestellung des **Zustellungsvertreters** gem. § 6 ZVG, dessen Vergütung nach § 7 Abs. 3[3] bzw. die **Vergütung des besonderen Verwalters** gem. § 94 ZVG;
- die **Verfahrenstrennung und –verbindung** bei der Versteigerung mehrerer Grundstücke usw.;[4]
- die Anordnung gem. § 25 ZVG, um die **ordnungsgemäße Bewirtschaftung** sicherzustellen;[5]
- die Frage der Aufhebung des Anordnungsbeschlusses, wenn die **Vollmacht des Gläubigervertreters** (z. B. nach dem früheren Rechtsberatungsgesetz) nichtig ist.[6]

3 Die in der Praxis wohl bedeutendsten Entscheidungen in diesem Zusammenhang betreffen aber die einstweiligen Einstellungen mit oder ohne Sicherheitsleistung auf einstweilige Anordnung des Prozessgerichts oder des Vollstreckungsgerichts (in dringenden Fällen) nach Maßgabe des § 769 Abs. 1, 2 ZPO.[7] Diese Entscheidung ist indes nicht anfechtbar, wie die herrschende Meinung in entsprechender Anwendung von § 707 Satz 2 ZPO wohl zu Recht folgert.[8]

---

3 *Stöber*, ZVG, § 95 Rn. 4.5 (zur Vergütung des Vertreters).
4 *Stöber*, ZVG, § 95 Rn. 4.5 und § 18 Rn. 3.10.
5 Die Maßnahme betrifft tendenziell eher landwirtschaftliche Grundstücke, siehe die Beispiele bei *Böttcher*, ZVG, § 25 Rn. 2; ihre Anwendung scheint heute selten. Bei den landwirtschaftlichen Grundstücken umfasst sie nicht die vielfach wirtschaftlich interessantesten Gegenstände, wie Leistungen nach Gemeinschaftsrecht, die nicht an das Grundstück (wenn auch an den Betrieb) gebunden sind. Vgl. in diesem Kontext zu der Gemeinsamen Marktorganisation für Milch mit Referenzmengen der Betriebe BGH, Urt. v. 26.4.1991 – V ZR 53/90, BGHZ 114, 277 = NJW 1991, 3280 = Rpfleger 1991, 429; das BVerwG hat in neuerer Rechtsprechung bestätigt, dass die flächenlos verpachtete Referenzmenge keinen Schutz genießt, Urt. v. 16.9.2004 – 3 C 35.03 – BVerwGE 121, 382 = NJW 2005, 1065. Eine Parallele: Die Beschlagnahme und Versteigerung von Schiffen nach §§ 162 ff. ZVG umfasst nicht Fangkapazitäten nach §§ 1, 3 SeeFischG (der nationalen „Umsetzung" der Verordnung 2371/2002/EG), vgl. VG Hamburg, Urt. v. 25.6.2007 – 15 K 1994/06, jurisPR-InsR 26/2007, Anm. 6, *Cranshaw*.
6 Das betrifft die geschäftsmäßige Besorgung durch selbstständige Gewerbebetreibende, die nicht Rechtsanwälte sind. Das LG Fulda, Beschl. v. 14.8.2008 – 5 T 195/08, Rpfleger 2008, 659 f., will zu Recht den Vertreter ausschließen, nicht das Verfahren aufheben. Die Verfahrenshandlungen seien bis zum Ausschluss wirksam; dem ist zuzustimmen. De lege lata folgt das auch aus der analogen Anwendung des zum 1.7.2008 neu gefassten § 79 ZPO (vgl. BT-Drs. 16/3655, S. 93); den Gläubigern ist zwar generell zumutbar, eigene Mitarbeiter bzw. diejenigen von verbundenen Unternehmen (§ 79 Abs. 2 ZPO) oder Rechtsanwälte zu beauftragen. Die Unwirksamkeit von Verfahrenshandlungen war aber auch nach dem RBerG nicht die Folge des Verstoßes. Unzutreffend daher LG Chemnitz, Beschl. v. 30.7.2007 – 3 T 400/07, Rpfleger 2008, 324, soweit die Anordnung aufgehoben wurde, richtig zur Nichtigkeit der Vollmacht; insoweit auch zutreffend die Anmerkung von *Goldbach*, Rechtspfleger 2008, S. 325 f., der auf die Risiken für die Gläubiger in dergleichen Fällen dann fehlender Terminvertretung hinweist. Vgl. zu der Thematik der ordnungsgemäßen Vertretung insgesamt *Klawikowski*, Rpfleger 2008, 405 ff.
7 Im Mittelpunkt steht in der Praxis dabei die Vollstreckungsabwehrklage des Schuldners, der im Rahmen des aufgrund notarieller Urkunde beantragten Versteigerungsverfahrens materielle Einwendungen aus dem zugrunde liegenden Schuldverhältnis erhebt und die Einstellung des Verfahrens verfolgt.
8 h. M., vgl. *Herget*, in: Zöller, ZPO, § 769 Rn. 13 m. w. N.; im Sinne der fehlenden Statthaftigkeit der Beschwerde auch BGH, Beschl. v. 21.4.2004 – XII ZB 279/03, BGHZ 159, 14 ff. = NJW 2004, 2224.

Die Vorschrift des § 95 ZVG gilt für alle Zwangsversteigerungsarten,[9, 10] **nicht** **4** **jedoch für die Zwangsverwaltung**.[11] Die Beschwerde gegen Entscheidungen des Vollstreckungsgerichts in der Zwangsverwaltung ist systematisch anders angelegt, da es dort nicht wie in den §§ 95 ff. ZVG um Fragen des Zuschlags oder dem vorausgehende Entscheidungen gehen kann. Gegen die **Anordnung** **der Zwangsverwaltung** steht dem **Schuldner**, gegen deren **Ablehnung** dem **Gläubiger**, die sofortige Beschwerde zu (§§ 793, 572 ZPO, 11 Abs. 1 RPflG), soweit nicht die Erinnerung nach § 766 ZPO vorgeschaltet ist.[12]

Im Rahmen der Entscheidung über den Zuschlag soll das gesamte Versteigerungsverfahren einer Überprüfung der Gesetzmäßigkeit unterzogen werden können, ohne durch vorausgehende „Zwischenentscheidungen"[13] präjudiziert zu sein. Umgekehrt hat das zur Folge, dass zwar die Erinnerung gegen die einzelne Maßnahme stets zulässig ist, die sofortige Beschwerde nebst dem Instanzenzug aber nur in den Ausnahmefällen der Entscheidungen über die Anordnung bzw. den Beitritt zur Versteigerung oder über die Aufhebung und die einstweilige Einstellung des Verfahrens oder dessen Fortsetzung. **5**

Zugleich erfordert dieses Ziel, dass das Vollstreckungsgericht an vorausgehende Entscheidungen, die den Zuschlag vorbereiten, nicht gebunden ist (§ 79 ZVG).[14] **6**

II. Zulässigkeit der sofortigen Beschwerde gegen nicht unter § 95 ZVG fallende Entscheidungen und in selbstständigen Zwischenverfahren nach dem ZVG

§ 95 ZVG ist somit nicht abschließend, vielmehr ist die sofortige Beschwerde **7** außerdem nach weiteren Vorschriften des ZVG zulässig.

Die sofortige Beschwerde ist – im Einklang mit dem Grundgedanken des § 95 **8** 2. Halbsatz ZVG – ferner zulässig gegen die Entscheidung über den Antrag des Schuldners auf einstweilige Einstellung gem. § 30b Abs. 3 ZVG, ebenso gegen die Entscheidung über den Antrag des Insolvenzverwalters auf einstweilige Einstellung gem. §§ 30d Abs. 3, 30b Abs. 3 ZVG und gegen die Aufhebung der einstweiligen Einstellung im letzteren Fall (§ 30 f Abs. 3 Satz 2, 30b Abs. 3

---

9   § 95 ZVG ist damit nicht nur anwendbar auf die Vollstreckungsversteigerung, sondern infolge Verweisung auch entsprechend auf die Versteigerung von Schiffen und Schiffsbauwerken (§ 162 ZVG), die in ein Schiffs- oder Schiffsbauregister tatsächlich eingetragen oder die eintragungsfähig sind. Ferner gilt § 95 ZVG entsprechend in den Fällen der Versteigerung von Luftfahrzeugen (§ 171a ZVG; mit Abweichungen bei der Zuschlagsbeschwerde nach § 96 i. V. m. § 171 m ZVG), in denjenigen der Insolvenzverwalterversteigerung (§ 172 ZVG) und der Versteigerung auf Antrag des Erben im Rahmen des § 175 ZVG (infolge des Verweises in § 176 ZVG). Ebenso ist § 95 ZVG in der Teilungsversteigerung entsprechend anzuwenden (§ 180 Abs. 1 ZVG).
10 § 95 ZVG gilt der Natur der Sache nach nicht für die sog. *„freiwillige Versteigerung"* unter Zuhilfenahme eines Notars (vgl. § 20 Abs. 3 BNotO), denn diese ist Kauf unter Einschaltung eines Auktionators, der durch den „Zuschlag" im Sinne des § 156 BGB zustande kommt, vgl. *Ellenberger*, in: Palandt, BGB, § 156 Rn. 1,2 sowie BGH Urt. v. 5.10.2001 – V ZR 275/00, II 1a) der Entscheidungsgründe, NJW 2002, 208 = ZIP 2001, 2283. Die **frühere** (ebenfalls nicht § 95 ZVG unterfallende) freiwillige Versteigerung von Wohnungseigentum durch den Notar nach Verurteilung des Eigentümers zur Veräußerung (§§ 18 f. WEG a.F., §§ 53 ff. WEG a.F., Beschwerde nach dem damaligen FGG) ist mit dem Gesetz v. 26.3.2007, BGBl. I 2007, S. 630, **ersatzlos zugunsten der Zwangsversteigerung weggefallen**.
11 *Depré/Mayer*, Die Praxis der Zwangsverwaltung, Rn. 84 ff.
12 Vgl. dazu auch *Depré/Mayer*, Die Praxis der Zwangsverwaltung, Rn. 84 ff.
13 Zum Begriff vgl. schon *Güthe*, in: *Jaeckel*, Kommentar zum Zwangsversteigerungsgesetz, 4. Aufl., 1912, § 95 Rn. 1 S. 401 f., mit Zitaten aus den Gesetzesmotiven.
14 Siehe hierzu die Kommentierung zu § 79 ZVG. Siehe auch im Kapitel *Rechtsbehelfe im ZVG-Verfahren* die Rn. 63 ff./66 und Fn. 97, die z. T. von der hier sowie in § 79 ZVG vertretenen Meinung abweichen.

ZVG). Des Weiteren ist sie zulässig gegen Entscheidungen über den Vollstreckungsschutz gem. § 765a ZPO i. V. m. § 793 ZPO.

III. Beispiele aus der Rechtsprechung

9 Zu den in einem **selbstständigen Zwischenverfahren** ergangenen Entscheidungen in diesem Sinne gehört der Beschluss des LG Aachen vom 20.10.2008, der dem Schuldner den wiederholten Antrag auf einstweilige Einstellung nach § 30a ZVG mit der wohl herrschenden Meinung und Rechtsprechung versagt, wenn der Erstantrag erfolglos war und mit der formellen Rechtskraft (z.B. durch Verfristung der Beschwerdefrist des § 30b Abs. 1 ZVG) des entsprechenden Gerichtsbeschlusses die Antragsmöglichkeit gem. § 30a ZVG „verbraucht" wurde.[15]

10 **Selbstständiges Zwischenverfahren** ist das Verfahren über die **Festsetzung des Verkehrswerts** oder der Antrag auf Neufestsetzung. Die sofortige Beschwerde gegen die Ablehnung der Anpassung des einmal rechtskräftig festgesetzten Verkehrswertes (§ 74a Abs. 5 ZVG) wird mit Verkündung des Zuschlagsbeschlusses unzulässig, weil **prozessual überholt**.[16] Auch der Beschluss über den Zuschlag ist **nicht mehr** mit der Begründung der unrichtigen Wertfestsetzung infolge geänderter Umstände anfechtbar, wenn die Wertuntergrenzen der §§ 74a, 85a ZVG „gefallen" sind und in einem früheren Termin zur Versagung des Zuschlags geführt hatten.[17] Nach einer neueren Entscheidung des LG Berlin soll darüber hinaus „... *gegen die Ablehnung der Abänderung eines* (bereits rechtskräftig – Anm. d. Verfassers) *festgesetzten Verkehrswerts ... kein eigenes Rechtsmittel statthaft*"[18] sein, ein Beschluss, der zu weit geht, wenn tatsächlich „wesentlich neue Tatsachen" die Wertanpassung notwendig machen.[19]

11 Die **Verkehrswertbeschwerde des Schuldners**, der die **Herabsetzung** des Verkehrswerts verfolgt, ist unzulässig; ihr fehlt jedenfalls dann das Rechtsschutzinteresse, wenn er dem gerichtlich bestellten Sachverständigen den Zutritt verweigert und dadurch ohne triftigen Grund die eingehendere Ermittlung der für den Verkehrswert etwa maßgeblichen Tatsachen vereitelt.[20]

12 Mit der Tragweite von selbstständig anfechtbaren Zwischenentscheidungen befasst sich auch der Beschluss des BGH vom 24.11.2005, der im Beschwerdeverfahren über die Zurückweisung eines Antrags auf Zulassung des Beitritts (§ 27 Abs. 1 Satz 1 ZVG) die Bindung des Beschwerdegerichts an seine eigene frühere Entscheidung bejaht, in der das Landgericht zunächst an das Amtsge-

---

15 LG Aachen, Beschl. v. 20.10.2008 – 3 T 304/08, juris Rn. 1, 3, 5.
16 BGH, Beschl. v. 10.10.2003 – IXa ZB 128/03, Rpfleger 2004, 172 = NJW-RR 2004, 302 = ZfIR 2004, 167.
17 BGH, Beschl. v. 10.10.2003 – IXa ZB 128/03, Rpfleger 2004, 172 = NJW-RR 2004, 302. § 74a Abs. 5 Satz 2 ZVG steht der Anfechtung des Zuschlagsbeschlusses nicht entgegen, wenn die Zuschlagsbeschwerde darauf gestützt wird, neue vor dem Zuschlag liegende Tatsachen hätten zu Wertänderungen geführt, die zu neuer Wertfestsetzung Anlass gegeben hätten, da die zitierte Vorschrift eben nur die Festsetzung des Wertes auf der Basis damaliger Umstände erfasst. Zu der Thematik der auf einen zu niedrigen Verkehrswert gestützten Zuschlagsbeschwerde siehe auch LG Kempten, Beschl. v. 4.5.1998 – 4 T 19/98, Rpfleger 1998, 359 (*ablehnend*); LG Osnabrück, Beschl. v. 30.10.1991 – 8 T 46/91, Rpfleger 1991, 209 u. OLG Oldenburg, Beschl. v. 23.12.1991 – 2 W 162/91, Rpfleger 1992, 209 (*fehlende Rechtskraft der Verkehrswertfestsetzung ist Zuschlagsversagungsgrund*); m.Anm. *Hornung*, S. 210 f.
18 LG Berlin, Beschl. v. 12.3.2008 – 82 T 215/08, Rpfleger 2008, 518 f., zur Statthaftigkeit unzutreffend, ansonsten dem Beschluss beizupflichten.
19 So auch BGH Beschl. v. 10.10.2003 – IXa ZB 128/03, Rpfleger 2004, 172 = NJW-RR 2004, 302, II 4a) der Gründe m. w. N.
20 LG Lüneburg, Beschl. v. 5.7.2007 – 4 T 92/07, Rpfleger 2008, 38 ff. m. w. N. aus der Rechtsprechung, die z. T. die Begründetheit der Beschwerde verneinen. Voraussetzung ist, dass der Verkehrswertfestsetzung ansonsten kein wesentlicher Mangel anhaftet.

richt zurückverwiesen hatte, um dann erneut mit der Angelegenheit befasst zu werden.[21]

Dieser Beschluss des BGH ist zugleich eine Schnittstelle zur Frage der Bindungswirkung früherer Entscheidungen (des Vollstreckungsgerichts) nach § 79 ZVG, kommt es schließlich zum Zuschlagsbeschluss. Insoweit hat der BGH entschieden, die nach § 95 ZVG anfechtbare Entscheidung, die aber nicht angegriffen wurde und daher formell rechtskräftig geworden ist, löse keine Bindung des Vollstreckungsgerichts aus.[22] Dieser Beschluss ist mit demjenigen vom 24.11.2005 vereinbar, der lediglich die Bindung des Rechtsmittelgerichts an seine eigene frühere Entscheidung im selbstständigen Verfahren zum Ausdruck bringt. **13**

Die Beschwerde des **Schuldners** gegen die fehlerhafte **Versagung des Zuschlags** gem. § 85a Abs. 1 ZVG, der sich mit dem Rechtsmittel gegen ein nach jüngster Rechtsprechung des BGH rechtsmissbräuchliches (und nach § 71 ZVG zurück zu weisendes) Gebot[23] zur Wehr setzen will, ist nicht unter § 95 ZVG zu subsumieren, sondern unter §§ 96 ff. ZVG, weil der Schuldner gegen eine Entscheidung über den Zuschlag vorgeht. Ausnahmsweise steht ihm bei dieser Konstellation trotz Versagung des Zuschlags die Zuschlagsbeschwerde nach § 97 Abs. 1 ZVG zu.[24] Dergleichen Fälle betreffen **nicht die selbstständigen Zwischenentscheidungen** des § 95 ZVG. **14**

Im Zusammenhang mit den vielfältigen Anträgen gem. § 765a ZVG[25] hat der BGH in der Zurückweisung des Antrages auf Vollstreckungsschutz durch das Vollstreckungsgericht unter gleichzeitiger Erteilung des Zuschlags eine **einheitliche Entscheidung** gesehen und als Rechtsmittel dagegen die Zuschlagsbeschwerde für zutreffend gehalten, deren Begründung sich auf § 765a ZPO stützt.[26] **15**

---

21 BGH, Beschl. v. 24.11.2005 – V ZB 23/05, Rpfleger 2006, 150 = NJW 2006, 1000.
22 BGH, Beschl. v. 26.10.2006 – V ZB 188/05, BGHZ 169, 305 ff. = Rpfleger 2007, 155 = ZfIR 2007, 506 m. Anm. *Toussaint*; Gegenstand war die Aufhebung des Teilungsversteigerungsverfahrens von Gebäudeeigentum nach dem Recht der DDR, vgl. §§ 29 ZVG, 9a EGZVG; BGH, a.a.O., Rn. 1–3. LG Gera und BGH haben das im konkreten Fall für fehlerhaft gehalten. Entgegen den Beschwerdegericht hat der BGH der Zuschlagsbeschwerde aber zum Erfolg verholfen, da es im Hinblick auf §§ 79, 95 ZVG nicht schädlich war, dass gegen den Aufhebungsbeschluss kein Rechtsmittel eingelegt worden war.
23 Der Gläubigervertreter hatte im ersten Termin, in dem überhaupt ein Gebot abgegeben worden war, als einziger Bieter ein Gebot (von unter 5/10 des Verkehrswertes) abgegeben, worauf der Zuschlag von Amts wegen gem. § 85a ZVG versagt worden war. Siehe dazu eingehend die Kommentierung zu § 85a ZVG.
24 Vgl. BGH, Beschl. v. 18.10.2007 – V ZB 75/07, Rpfleger 2008, 147 = NJW-RR 2008, 688.
25 Siehe die Kommentierung zu § 765a ZPO, insbesondere zu der Frage des Gesundheits- und Lebensschutzes durch die einstweilige Einstellung der Zwangsvollstreckung. Vgl. auch die grundlegende Entscheidung des BGH v. 10.5.2007 – V ZB 83/06, BGHZ 172, 218 = Rpfleger 2007, 483 = ZIP 2007, 2192 = NJW 2007, 3279.
26 BGH, Beschl. v. 14.6.2007 – V ZB 28/07, Rpfleger 2007, 561 = NJW 2007, 3719 m. Anm. *Stöber*.

§ 96 ZVG [Zuschlagsbeschwerde, subsidiäre Geltung der Zivilprozessordnung]

Auf die Beschwerde gegen die Entscheidung über den Zuschlag finden die Vorschriften der Zivilprozessordnung über die Beschwerde nur insoweit Anwendung, als nicht in den §§ 97 bis 104 ein anderes vorgeschrieben ist.

Schrifttum: (Siehe für Standardwerke das Gesamtliteraturverzeichnis) *Rimmelspacher, Bruno, Fleck Wolfgang,* Die Kostentragung im Fall der Hinzuziehung nach § 99 Abs. 1 ZVG, WM 2005, 1777

Übersicht

	Rn.
I. Struktur des § 96 ZVG	1–9
II. Das Verfahren über die Zuschlagsbeschwerde nach den allgemeinen Vorschriften der ZPO	10–18

I. Struktur des § 96 ZVG

1 Die Bestimmung ordnet die Strukturen der Zuschlagsbeschwerde durch die Festlegung, dass es sich bei dem Zuschlag um eine **Entscheidung**, nicht eine bloße Vollstreckungshandlung im Rahmen des Versteigerungsverfahrens handelt. Zum anderen werden die §§ 97 ff. ZVG zu leges speciales allein für die Zuschlagsbeschwerde, die indes nicht das Verfahren insgesamt regeln, denn „insoweit" sind die Vorschriften der Zivilprozessordnung heranzuziehen. Das ist systematisch richtig, da eben das ZVG ein verselbstständigter Teil der Immobiliarvollstreckung für die Zwangsversteigerung und die Zwangsverwaltung nach der ZPO ist, wie die §§ 864 ff. ZPO, insbesondere § 869 ZPO und auch § 866 Abs. 1 ZPO zeigen. Demzufolge gilt für die Beschwerde nach §§ 96 ff. ZVG („Zuschlagsbeschwerde") das Rechtsmittelsystem der ZPO in Vollstreckungssachen. Hieraus folgt die nach §§ 97 ff. ZVG subsidiäre Geltung der §§ 567 ff. ZPO über die sofortige Beschwerde. Die Verweisung in § 96 ZVG auf die ZPO umfasst nicht diejenige auf § 793 ZPO, da diese Bestimmung lediglich die Statthaftigkeit der Beschwerde (und der Rechtsbeschwerde[1]) regelt, die bereits § 96 ZVG enthält.

2 Die Zuschlagsbeschwerde ist **nicht zwangsläufig** ein **kontradiktorisches** Verfahren mit gegenläufigen Anträgen von Schuldner und Gläubiger, so dass in den Rechtsmittelverfahren die **Kostenbestimmungen der §§ 91 ff. ZPO** nur dann heranzuziehen sind, wenn das Verfahren konkret vom Interessenwiderstreit bestimmt ist,[2] wie das z. B. in einem Teilungsversteigerungsverfahren der Fall ist, wenn Miteigentümer verschiedene Interessen vertreten und Anträge stellen.[3] § 97 ZPO ist auf den unterliegenden Rechtsbeschwerdeführer anzuwenden, wenn der Zuschlag auf dessen Einzelausgebote erteilt wird und der Beschwerdeführer den Zuschlag auf das von ihm ebenfalls abgegebene Gesamtausgebot verfolgt.[4] § 97 ZPO ist aber unanwendbar, wenn sich der

---

1 BGH, Beschl. v. 15.8.2008 – V ZB 122/07, Rn. 7, Rpfleger 2008, 515 = ZIP 2008, 1400.
2 BGH, Beschl. v. 26.10.2006 – V ZB 188/05, IV. der Gründe, BGHZ 169, 305 = Rpfleger 2007, 155 = ZfIR 2007, 506 m. Anm. *Toussaint*; Beschl. v. 25.1.2007 – V ZB 125/05, Rn. 8, BGHZ 170, 378 ff./381 f. = NJW 2007, 2993 = Rpfleger 2007, 333; *Stöber*, ZVG, § 99 Rn. 2.5.
3 BGH, Beschl. v. 5.10.2006 – V ZB 168/05, III. der Gründe, Rpfleger 2006, 665 = NJW-RR 2007, 143.
4 BGH, Beschl. v. 28.9.2006 – V ZB 55/06, Rn. 27, RPfleger 2007, 95 = WM 2006, 2371 = NJW-RR 2207, 1139, ohne weitere Begründung zu § 97 ZPO. Siehe zu der Kostenthematik auch *Rimmelspacher/Fleck*, WM 2005, 1777.

gem. § 99 ZVG zugezogene „Antragsgegner" der Zuschlagsbeschwerde nur als Bieter gegen den Zuschlag und die finanziellen Folgen davon wendet.[5] Umgekehrt ergeht eine Kostenentscheidung gem. § 97 ZPO, wenn im Rechtsbeschwerdeverfahren die aus den Gründen der §§ 569 Abs. 1 Nr. 3, 579 Abs. 1 Nr. 1 ZPO eingelegte Nichtigkeitsbeschwerde gegen den Zuschlagsbeschluss als unstatthaft verworfen wird.[6]

Die Kostenrechtsprechung des BGH ist strukturell zutreffend, in den Einzelheiten zur ausnahmsweisen Bejahung des Kostenausspruchs aber nicht ganz klar, weil von einem jeweils kontradiktorischen Verhältnis im Einzelfall abhängig, also eine Wertungsfrage entschieden wird. **3**

Im Rahmen der Zuschlagsbeschwerde ist zur Vermeidung von Gefahren für Rechte Beteiligter die **einstweilige Anordnung** gem. § 570 Abs. 3 ZPO statthaft, die auch das Rechtsbeschwerdegericht erlassen kann.[7] **4**

Einzelfragen: **5**

Die **Nichtzulassung der Rechtsbeschwerde** in der Beschwerdeentscheidung über die Zuschlagsbeschwerde führt dazu, dass ein **PKH-Antrag** zur Durchführung der Rechtsbeschwerde vom BGH abzulehnen ist.[8] **6**

Die **Wiederversteigerung** nach § 133 ZVG stellt den Zuschlag nicht in Frage und ist nicht Gegenstand des Zuschlagsbeschwerdeverfahrens.[9] **7**

Anträge (an den BGH) „*nach § 96 ZVG*" mit dem Antrag, Versteigerungsverfahren „*in den alten Stand*" zurückzuversetzen oder einen anderen Gerichtsstand zu bestimmen, sind **unzulässig**.[10] **8**

Ist das zugeschlagene Grundstück von dem Ersteher veräußert worden und der **Eigentumswechsel des gutgläubigen Erwerbers** eingetreten, ist die **Zuschlagsbeschwerde** mangels Rechtsschutzinteresse des Antragstellers **unzulässig**, da ihr Ziel, die Aufhebung des Zuschlags, infolge des rechtsgeschäftlichen Eigentumsübergangs auf einen Dritten nicht mehr erreicht werden kann.[11] **9**

II. Das Verfahren über die Zuschlagsbeschwerde nach den allgemeinen Vorschriften der ZPO

Die sofortige Beschwerde ist infolge des § 96 ZVG statthaft im Sinne des § 567 Abs. 1 Nr. 2 ZPO, die Anschlussbeschwerde ist zulässig, wenn der Beschwerdegegner beschwerdebefugt ist (§ 567 Abs. 2 ZPO, §§ 97, 96 ZVG). **10**

Die Frist zur Einlegung der Beschwerde ist eine **Notfrist** von zwei Wochen (§ 569 Abs. 1 Satz 1 ZPO). Hinsichtlich des Beginns der Frist ist im Hinblick auf § 567 Abs. 1 Satz 2 ff. ZPO, § 98 ZVG zu unterscheiden, ob
- der Zuschlag **erteilt** wurde **oder**
- ob er **versagt** worden ist.

Wurde der Zuschlag **erteilt**, beginnt die **Beschwerdefrist** mit der **Verkündung** des Zuschlags für alle diejenigen Beteiligten (im Sinne des § 9 ZVG), die im Termin anwesend oder ordnungsgemäß vertreten waren (§ 98 Satz 2 ZVG).[12] **11**

---

5 BGH, Beschl. v. 28.2.2008 – V ZB 107/07, Rpfleger 2008, 517 = NJW-RR 2008, 1084.
6 BGH, Beschl. v. 27.9.2007 – V ZB 196/06, NJW-RR 2008, 448.
7 BGH, Beschl. v. 14.2.2003 – IXa ZB 10/03 bzw. IX ZB 570/02, DRsp Nr. 2003/3693.
8 BGH, Beschl. v. 21.3.2002 – IX ZA 18/02 , NJW 2002, 2181 = Rpfleger 2002, 368 = ZVI 2002, 123.
9 BGH, Beschl. v. 14.3.2003 – IX a ZB 43/03, DRsp Nr. 2003/6298.
10 BGH, Beschl. v. 14.6.2005 – X ARZ 228/05, DRsp Nr. 2005/9581.
11 OLG Frankfurt, Beschl. v. 31.1.1991 – 20 W 32/90, Rpfleger 1991, 380.
12 Nach OLG Köln, Beschl. v. 19.8.1996 – 2 W 165/96, Rpfleger 1997, 34 = DRsp Nr. 1997/2049, gilt das auch für den Vollstreckungsschutzantrag gem. § 765a ZPO, wenn über diesen im

Ansonsten beginnt für die Beteiligten die zweiwöchige Notfrist mit der **Zustellung des Zuschlagsbeschlusses** (§ 569 Abs. 1 Satz 2 ZPO, § 88 ZVG).

12 Da der **Ersteher** für die **Erbringung des Meistgebots** haftet, das als **Bürge** für die Sicherheitsleistung fungierende Kreditinstitut aus der Bürgschaft,[13] der **Zessionar des Rechts aus dem Meistgebot** und der stellvertretend für einen anderen **agierende Meistbietende als Gesamtschuldner** zusammen mit dem Ersteher, sind sie **beschwerdebefugt** nach § 97 ZVG. Ihnen gegenüber beginnt die Frist stets mit der **Zustellung des Zuschlagsbeschlusses**, § 567 Abs. 1 Satz 2 Alt. 1 ZPO. Spätestens beginnt die Frist jedoch 5 Monate nach der Verkündung, § 567 Abs. 1 Satz 2 Alt. 2 ZPO. Die Beschwerdefrist für die oben genannten Beschwerdeführer ist bei **Erteilung des Zuschlags** weder unter § 98 Satz 2 ZVG zu subsumieren, da sie nicht im Sinne des § 9 ZVG beteiligt sind, noch unter § 98 Satz 1 ZVG, denn dieser setzt die **Versagung des Zuschlags** voraus.

13 Wurde der **Zuschlag versagt**, beginnt die Frist mit der **Verkündung**, § 98 Satz 1 ZVG und zwar für alle Beteiligten (§ 9 ZVG) und die sonst Betroffenen. Der Beschluss wird infolge des § 87 ZVG verkündet, aber nicht zugestellt.

14 Die Zweiwochenfrist des § 569 ZPO ebenso wie der Fristbeginn nach § 98 ZVG beginnen nicht zu laufen, wenn ein Sachverhalt vorliegt, der zur „*außerordentlichen Beschwerde*"[14] oder Nichtigkeitsbeschwerde des § 569 Abs. 1 Satz 3 ZPO Anlass gibt. Zwar verweist § 569 ZPO auf die Bestimmungen der §§ 578 ff. zu Nichtigkeits- bzw. Restitutionsklage; dennoch ist die „Nichtigkeitsbeschwerde" strukturell sofortige Beschwerde, deren Beschwerdefrist indes nach § 586 ZPO erst **einen Monat nach Kenntnis eines Beschwerdegrundes** gem. §§ 579 f. ZPO **beginnt**. Voraussetzung ist die Rechtskraft der angefochtenen Entscheidung (§ 578 ZPO), die unter den Voraussetzungen der §§ 578 ff. ZPO durchbrochen werden kann. Hauptanwendungsgebiet der seltenen Nichtigkeitsbeschwerde ist die Zuschlagsbeschwerde.[15] Sie ist jedoch nur statthaft, wenn
- eine der Voraussetzungen/Gründe der §§ 579 ff. ZPO vorliegt;
- der zur Beschwerde führende Grund im Falle des § 578 ZPO nicht zuvor durch ein Rechtsmittel hat geltend gemacht werden können, § 579 Abs. 2 ZPO **oder**
- der entsprechende Vortrag erfolglos war **oder**[16]
- im Falle eines Restitutionsgrundes nach § 580 ZPO seitens des Beschwerdeführers die nötige prozessuale Sorgfalt eingehalten wurde, insbesondere der bekannt gewesene Restitutionsgrund nicht in einem früheren Verfahren eingewandt werden konnte (§ 582 ZPO).[17]

15 In der Praxis wird im Fokus der auf §§ 569 Abs. 1 Satz 3, 579 ZPO gestützten Beschwerde der Versuch stehen, das versteigerte Eigentum durch die Rüge der

---

Zuschlagsbeschluss entschieden wurde. Dem ist zwar zuzustimmen, die Thematik hat aber nichts damit zu tun, dass im Rahmen der fristgerecht eingelegten Beschwerde auch über einen späteren Antrag nach § 765a ZPO entschieden werden kann, siehe dazu die Kommentierung zu § 765a ZPO.

13 Zutreffend *Stöber*, ZVG, § 97 Rn. 2.9 unter Hinweis auf *Hornung*, Rpfleger 1979, 321; siehe auch die Kommentierung zu § 97 bzw. § 98 ZVG.

14 Begrifflichkeit nach *Stöber*, ZVG, § 96 Rn. 3.2 ff.. Angesichts der vom BGH verwendeten Terminologie sollte man es bei dem Begriff „*Nichtigkeitsbeschwerde*" belassen, siehe auch *Heßler*, in: Zöller, ZPO, § 569 Rn. 6 ff.

15 *Heßler*, in: Zöller, ZPO, § 569 Rn. 6 m. w. N.

16 So zur Nichtigkeitsbeschwerde im Falle des Angriffs auf einen Zuschlagsbeschluss BGH, Beschl. v. 27.9.2007 – V ZB 196/06 – NJW-RR 2008, 448 = BB 2007, 2707 m. w. N.

17 *Heßler*, in: Zöller, ZPO, § 582 Rn. 3 – 5, 8.

fehlerhaften **Besetzung des Gerichts** (Art. 101 GG) zumindest vorübergehend zu retten.[18]

Die **Einlegung** der Zuschlagsbeschwerde erfolgt durch **Beschwerdeschrift**, die zu unterzeichnen ist oder der elektronischen Signatur nach dem Signaturgesetz bedarf (§§ 569 Abs. 2 Satz 1, 129, 130a ZPO). Ist der Beschwerdeführer nicht anwaltlich vertreten, ist eine *„großzügige Auslegung"* geboten. Es genügt, dass der Beschwerdeführer aus dem Schriftsatz hervorgeht und die angefochtene Entscheidung bezeichnet ist; zudem muss festgestellt werden können, dass die angegebene Entscheidung überprüft werden soll. Den Begriff „Beschwerde" muss der Beschwerdeführer nicht zwingend verwenden.[19] **16**

Eine Alternative ist die **Einlegung der Beschwerde zu Protokoll** der Geschäftsstelle, weil die Erstentscheidung eine solche des Amtsgerichts war und damit kein Anwaltszwang bestand (§§ 78, 569 Abs. 3 Nr. 1 ZPO). Da die Beschwerde sowohl beim Amtsgericht als iudex a quo als auch beim Landgericht als iudex ad quem[20] zulässig eingelegt werden kann, ergibt sich hieraus die von *Stöber* und älterer Rechtsprechung verneinte Frage, ob der bei der Verkündung anwesende Beschwerdeführer die Beschwerde zu Protokoll des Verkündungstermins erklären kann; der Inhalt des Protokolls folgt den allgemeinen Bestimmungen der §§ 159–165 ZPO. Ein anderes Thema ist, ob die vom Protokollführer vorgenommene Aufnahme dennoch wirksam ist, dies ist vom BayObLG bejaht worden.[21] Angesichts der eher geringen Voraussetzungen für eine formgerechte Einlegung der Beschwerde dürfte es richtig sein, wenn das Gericht die Aufnahme der Beschwerde in das Protokoll ablehnen kann, aber auch keine Bedenken gegen die gegenteilige Handhabung bestehen. Die Beschwerde gegenüber dem Rechtspfleger als Richter a quo im Versteigerungsverfahren (§ 3 Nr. 1 Buchst. i) RPflG) muss derjenigen gegenüber dem Urkundsbeamten der Geschäftsstelle mindestens gleich geachtet werden (vgl. §§ 26 RPflG, 153 GVG).[22] Dies gilt insbesondere dann, wenn der Beschwerdeführer seinen Antrag begründet, da die Aufgabe der Aufnahme der entsprechenden Erklärung ohnehin dem Rechtspfleger übertragen ist (§ 24 Abs. 1 RPflG). **17**

Die Beschwerde bedarf zwar scheinbar nicht zwingend der Begründung (§ 571 Abs. 1 ZPO), wenngleich bei deren Fehlen nicht erkennbar ist, ob der Beschwerdeführer sein Rechtsmittel auf einen **zulässigen Beschwerdegrund** stützt (§ 100 ZVG). Damit ist § 571 Abs. 1 ZPO für die Zuschlagsbeschwerde jedenfalls obsolet.[23] Auch sonst ist die ohne Begründung vorgebrachte Beschwerde zwar zulässig, jedoch im Allgemeinen unbegründet.[24] Gerade in diesen Fällen wird daher das Gericht unter Beachtung des Art. 103 GG dem Beschwerdeführer eine Frist zur Begründung und Stellungnahme setzen und **18**

---

18 In dem Beschluss V ZB 196/06 ging es um den *„gesetzlichen Rechtspfleger"*. Ein von der Mitwirkung kraft Gesetzes ausgeschlossener Richter war auch Anlass, für das Reichsgericht, die Zuschlagsbeschwerde als statthaftes Rechtsmittel in den Fällen der §§ 579f. ZPO anzusehen, RG, Urteil v. 30.3.1910 – V 318/09, RGZ 73, 194ff.
19 BGH, Beschl. v. 23.10.2003 – IX ZB 369/02, NJW 2004, 1112 = ZIP 2004, 684 = WM 2004, 198. Dennoch kann vor einem solchen Vorgehen, das die Wirksamkeit des Rechtsmittels auf Auslegung stützt, nicht genug gewarnt werden, der BGH hat eine Stellungnahme des Schuldners in einer insolvenzrechtlichen Beschwerde nicht in eine sofortige Beschwerde umgedeutet. Ebenso *Heßler*, in: Zöller, ZPO, § 769 ZPO Rn. 7a.
20 *Reichold*, in: Thomas/Putzo, ZPO, vor § 567 Rn. 4, 5.
21 *Stöber*, ZVG, § 96 Rn. 2.2, unter Hinweis u.a. auf BayObLG, Beschl. v. 24.5.1989 – 3 Z 45/89, Rpfleger 1989 = NJW-RR 1989, 1241 zur Aufnahme einer Beschwerde durch den Richter anstelle des Rechtspflegers, Folge aus § 8 Abs. 1 RPflG.
22 So überzeugend auch *Heßler*, in: Zöller, ZPO, § 569 Rn. 9 m.w.N.
23 *Stöber*, ZVG, § 100 Rn. 2.2 m.w.N.
24 *Reichold*, in: Thomas/Putzo, ZPO, § 571 ZPO Rn. 1; *Heßler*, in: Zöller, ZPO, § 571 ZPO Rn. 2 differenziert und löst die Problematik fehlenden Sachvortrags mit Präklusionsmechanismen.

auf die Präklusionsfolgen des § 571 Abs. 3 Sätze 2, 3 ZPO ebenso hinweisen wie auf die Erfordernisse des § 100 ZVG. Dies ist auch deswegen von Belang, weil dem hinzugezogenen „Beschwerdegegner" des § 99 ZVG rechtliches Gehör zu gewähren ist. Wird die Beschwerde trotz Aufforderung und Belehrung nicht begründet, bleibt dem Beschwerdegericht nur übrig, sie als unbegründet zurückzuweisen, da sie zwar zulässig ist, aber mangels Sach- und Rechtsvortrag nicht erkennbar ist, wo die zulässige Beschwer liegt. Das angegangene Amtsgericht wird damit auch nicht abhelfen können (§ 572 Abs. 1 ZPO), sondern unmittelbar dem Beschwerdegericht vorlegen.[25]

---

[25] *Heßler*, in: *Zöller*, ZPO, § 572 ZPO Rn. 8

§ 97 ZVG [Beschwerdebefugnis bei Zuschlagserteilung]

(1) Die Beschwerde steht im Falle der Erteilung des Zuschlags jedem Beteiligten sowie dem Ersteher und dem für zahlungspflichtig erklärten Dritten, im Falle der Versagung dem Gläubiger zu, in beiden Fällen auch dem Bieter, dessen Gebot nicht erloschen ist, sowie demjenigen, welcher nach § 81 an die Stelle des Bieters treten soll.

(2) Im Falle des § 9 Nr. 2 genügt es, wenn die Anmeldung und Glaubhaftmachung des Rechtes bei dem Beschwerdegericht erfolgt.

Schrifttum: Auf das Gesamtliteraturverzeichnis wird verwiesen.

Übersicht

		Rn.
I.	Struktur	1
II.	Einzelheiten der Regelungen in § 97 Abs. 1 und Abs. 2 ZVG	2–6

I. Struktur

Die Vorschrift regelt die **besondere Beschwerdebefugnis**[1] für die Zuschlagsbeschwerde, sie ist besondere Zulässigkeitsvoraussetzung und Ausprägung eines gesonderten Rechtsschutzinteresses. Sie kann für jeden der Beteiligten und die sonst in § 97 ZVG genannten Beschwerdeführer anders aussehen. Nimmt der Betroffene verschiedene Positionen ein, so bestimmt sich die Beschwerdebefugnis für jede dieser Positionen getrennt. Der Grundpfandgläubiger, der die etwa problembehaftete Immobilie im „Rettungserwerb" ersteigert, ist beschwerdebefugt in seiner Eigenschaft als Ersteher als auch als beteiligter Grundpfandgläubiger (§ 9 Nr. 1 ZVG).

II. Einzelheiten der Regelungen in § 97 Abs. 1 und Abs. 2 ZVG

Wird der **Zuschlag erteilt**, können sich dagegen wenden
- der **Ersteher** mit dem Vortrag, der Zuschlag sei wider die Versteigerungsbedingungen erteilt worden;
- der **Bürge** des § 69 Abs. 2 ZVG (aufgrund der Erklärung über die Mithaftung nach § 82 2. Halbsatz ZVG im Zuschlagsbeschluss);
- der **Zedent** des Meistgebots infolge der gesamtschuldnerischen Haftung zusammen mit dem Ersteher (§ 81 Abs. 4 i.V.m. Abs. 3 ZVG);
- der **Bieter**, „*dessen Gebot nicht erloschen ist*"; das ist derjenige, der mangels Übergebots oder aus den anderen Gründen des § 72 ZVG Meistbietender geblieben ist;
- der **Zessionar** des Meistbietenden oder dem durch den Meistbietenden (verdeckt) **Vertretenen** (§ 81 Abs. 3, 4 ZVG, soweit der Nachweis der Zession oder der Vertretungsmacht in gehöriger Form erfolgt ist);
- die **Beteiligten** des § 9 ZVG, also Gläubiger, Schuldner sowie Grundbuchberechtigte, die mit einem Recht oder einer Vormerkung eingetragen sind.

Der **Rückgewährberechtigte** der Sicherungsgrundschuld (§ 1192 Abs. 1a BGB) ist jedoch erst dann beschwerdebefugt, wenn der Rückgewähranspruch erfüllt wurde und der Berechtigte oder Zessionar Inhaber der Grundschuld geworden ist.[2]

---

1 Siehe auch § 96 Rn. 13.
2 Vgl. zur Wirkung der verschiedenen Rückgewähransprüche *Clemente*, Grundschuld, in: *Handbuch des Fachanwalts*, Bank- und Kapitalmarktrecht, 2008, Kap. 5, Rn. 1046 ff., S. 926 ff. Der zu

§ 97 ZVG 4–6

4 Die **Zuschlagsbeschwerde** wird mangels Rechtsschutzinteresse **unzulässig**, wenn der Ersteher vor der Entscheidung über die Beschwerde den ersteigerten Grundbesitz veräußert hat und das Eigentum durch Auflassung und Eintragung auf einen Dritten übergegangen ist, der gutgläubig gem. § 892 BGB vom Ersteher durch Rechtsgeschäft in Unkenntnis der Anfechtung des Zuschlags erworben hat.[3] Grund ist der fehlende Suspensiveffekt der Beschwerde (§ 570 Abs. 1 ZPO), der deshalb durch einstweilige Anordnung des Beschwerdegerichts nach § 570 Abs. 3 ZPO zu kompensieren ist.

5 Der Anmeldeberechtigte des § 9 Nr. 2 ZVG[4] wahrt seine Beschwerdebefugnis spätestens durch Anmeldung und Glaubhaftmachung beim Beschwerdegericht, nicht mehr danach. Bis zur Anmeldung war er nicht beteiligt. § 97 Abs. 2 ZVG führt jedoch nicht dazu, dass deswegen die Beschwerdefrist des § 98 ZVG verlängert ist.[5]

6 Wird der Zuschlag **versagt**, sind beschwerdebefugt
- der **betreibende Gläubiger**, gleichgültig ob aus persönlicher oder dinglicher Forderung und gleichgültig, ob auf seinen Antrag hin das Verfahren angeordnet wurde oder ob er später beigetreten ist;
- der **Bürge** des § 69 Abs. 2 ZVG (s. o.), der **Meistbietende**, der **Zessionar** des Meistgebots und der **verdeckt Vertretene** (s. o.);
- der **Bieter**, dessen Gebot nicht erloschen ist (s. o.);
- **nicht** jedoch **im Allgemeinen** der Schuldner, der kein rechtliches Interesse an optimierter Verwertung dadurch hat, dass der Zuschlag erteilt werde, also gegen den den Zuschlag versagenden Beschluss.[6]

Umgekehrt hat der BGH **ausnahmsweise** ein Rechtsschutzinteresse des Schuldners an der Versagung des Zuschlags in den häufig behaupteten Fällen angeblicher Verschleuderung bejaht, wobei die Zuschlagsbeschwerde mit einem Vollstreckungsschutzantrag gem. § 765a ZPO einhergehen kann.[7] Ebenfalls **ausnahmsweise** steht dem Schuldner die Beschwerde auch dann zu, wenn der Zuschlag nach jüngster BGH-Rechtsprechung fehlerhaft nach § 85a Abs. 1 ZVG versagt worden ist anstatt das Meistgebot des Gläubigervertreters, das unter 5/10 des Verkehrswertes lag, nach § 71 ZVG als unwirksam zurückzuweisen.[8]

---

der hier vertretenen gegenteiligen Meinung von *Stöber*, ZVG, § 97 Rn. 2.3, die an den Rückübertragungsanspruch und die Frage, wie Zahlungen verrechnet werden, anknüpft (ob auf die Grundschuld oder die persönliche Schuld), kann nicht gefolgt werden, ebenso nicht, wenn eine Briefgrundschuld ohne Briefübergabe abgetreten wurde. Diese Auffassungen verkennen die dingliche Grundlage der Beschwerdebefugnis und die Tragweite der Sicherungstreuhand zwischen Eigentümer (= Sicherungsgeber sowie Zedent des Rückgewähranspruchs) und Sicherungsnehmer (= Inhaber der Sicherungsgrundschuld). Vgl. zur Behandlung des Rückgewähranspruchs in der Versteigerung auch *Clemente*, a. a. O., Rn. 1062 ff.

3 OLG Frankfurt, Beschl. v. 31.1.1991 – 20 W 32/90, Rpfleger 1991, 380.
4 Vgl. zu Einzelheiten die Kommentierung zu § 9 ZVG.
5 BGH, Beschl. v. 5.7.2007 – V ZB 48/06, Rpfleger 2007, 675, vgl. die Kommentierung zu § 98 ZVG, Rn. 5
6 *Stöber* (Fn. 2), ZVG, § 97 Rn. 2.11.
7 Siehe zu § 765a ZPO in diesem Zusammenhang BGH, V ZB 83/06, BGHZ 172, 218 sowie die Kommentierung zu § 95 Rn. 15 bzw. Fn. 25.
8 Vgl. BGH, Beschl. v. 18.10.2007 – V ZB 75/07, Rpfleger 2008, 147 = NJW-RR 2008, 688, s. auch die Kommentierung zu § 95 ZVG.

§ 98 ZVG [Beginn der Frist zur Einlegung der Zuschlagsbeschwerde]

Die Frist für die Beschwerde gegen einen Beschluss des Vollstreckungsgerichts, durch welchen der Zuschlag versagt wird, beginnt mit der Verkündung des Beschlusses. Das Gleiche gilt im Falle der Erteilung des Zuschlags für die Beteiligten, welche im Versteigerungstermin oder im Verkündungstermin erschienen waren.

Schrifttum: Auf das Gesamtliteraturverzeichnis wird verwiesen.

Übersicht

		Rn.
I.	Struktur	1
II.	Einzelheiten zu der Vorschrift des § 98 ZVG	2–6
III.	Die Beschwerdefrist bei der Versteigerung von ausländischen Luftfahrzeugen im Inland, §§ 171h ff., 171m ZVG	7

I. Struktur

§ 98 ZVG generiert im Interesse der Beteiligten und sonst Beschwerdebefugten des § 97 ZVG Sonderregelungen für den Fristbeginn, die insbesondere auch der wichtigen Verkündung des Zuschlags Rechnung tragen. 1

II. Einzelheiten zu der Vorschrift des § 98 ZVG[1]

Einer Detailregelung zur Beschwerdefrist bedurfte es nicht, weil infolge des § 869 ZPO die Zwangsversteigerung Teil der Vollstreckung nach der ZPO ist.[2] Daher ist die Zuschlagsbeschwerde (befristete) sofortige Beschwerde, die innerhalb von **zwei Wochen ab Verkündung** eingelegt werden muss, wenn der **Zuschlag versagt** wurde. 2

Wurde der **Zuschlag hingegen erteilt, spaltet sich die Frist**: Der im Versteigerungs- oder im (gesonderten) Verkündungstermin **Erschienene** muss innerhalb der Zweiwochenfrist nach Verkündung agieren. Für denjenigen, der **nicht erschienen** ist und auch nicht ordnungsgemäß vertreten war, beginnt die Frist erst mit der Zustellung (§§ 88 ZVG, 569 Abs. 1 ZPO), spätestens jedoch **fünf Monate** nach Verkündung, sofern die Entscheidung zugestellt werden musste, dies aber unterlassen worden ist.[3] Über § 569 Abs. 1 Satz 3 ZPO ergibt sich eine Verlängerung der Frist, wenn die Voraussetzungen der Nichtigkeits- oder Restitutionsklage vorliegen (sog. „*Nichtigkeitsbeschwerde*").[4] 3

Die Rechtsbeschwerde erfasst § 98 ZVG nicht; diese ist vielmehr innerhalb eines Monats nach Zustellung der Beschwerdeentscheidung des LG beim Bundesgerichtshof durch einen dort zugelassenen Anwalt einzulegen, soweit sie ihrerseits zugelassen wurde (§ 575 Abs. 1 Satz 1 ZPO). Der BGH hat allerdings in einem Sonderfall nicht nur Wiedereinsetzung gegen die Versäumung 4

---

1 Ergänzend wird auf die obigen Vorbemerkungen zu §§ 95 ff. sowie die Kommentierung zu § 96 ZVG verwiesen.
2 Folge aus § 869 ZPO, vgl. *Stöber*, in: *Zöller*, ZPO, § 869 Rn. 1; zur entsprechenden Intention des hist. Gesetzgebers siehe auch *Güthe*, in: Jaeckel, Kommentar zum Zwangsversteigerungsgesetz, 4. Aufl., 1912, Vorbem. S. 1.
3 Trotz der Entscheidung des BGH, Beschl. v. 5.7.2007 – V ZB 48/06, Rpfleger 2007, 675 = NJW-RR 2008, 146 dürfte die Fünfmonatsfrist zutreffend sein, wenn Zuschlag erteilt wurde und der Beschluss daher gem. § 88 ZVG zuzustellen war.
4 Vgl. Vorbemerkungen vor §§ 95 ff. Rn. 4a.

der Frist zur Einlegung der Rechtsbeschwerde gewährt (§ 234 ZPO), sondern auch gegen die Versäumung der Frist zu deren Begründung, da die Prozessakten nicht zur Verfügung standen.[5]

5 In derselben Entscheidung hat der Senat die **Rechtsbeschwerde** allerdings als **unbegründet** zurückgewiesen, weil die **Beschwerde unzulässig** war: Der Beschwerdeführer hatte von der gesetzlichen Möglichkeit der Anmeldung seines Rechts nach §§ 97 Abs. 2, 9 Nr. 2 ZVG erst im Beschwerdeverfahren gegenüber dem Beschwerdegericht Gebrauch gemacht. Er war mit einer Auflassungsvormerkung auf einem Teil des Versteigerungsgrundstücks eingetragen, die später auf einen anderen Berechtigten übertragen wurde. Am Tag des Zuschlags wurde der Beschwerdeführer als neuer Eigentümer eines mit der Vormerkung und dem Versteigerungsvermerk belasteten Flurstücks eingetragen. Er wandte sich gegen den Zuschlagsbeschluss mit der Begründung, seine Vormerkung sei vor der Beschlagnahme eingetragen worden. Seine Beschwerde scheiterte nicht an § 97 ZVG, obwohl er durch die Übertragung der Vormerkung zunächst nicht mehr im Sinne der §§ 97 Abs. 1, 9 ZVG beteiligt war, denn mit der Eigentumserlangung am Tag des Zuschlags und der sich daran anschließenden Zuschlagsbeschwerde erlangte er wieder die Position als Beteiligter gem. § 9 Nr. 2 i. V. m. § 97 Abs. 2 ZVG. Die **Beschwerde** war jedoch **verfristet**, weil der (historische) Gesetzgeber offenbar irrig der Auffassung war, der **Fristbeginn** bereits ab dem **Verkündungstermin** (§ 98 Satz 2 ZVG) für die anwesenden Beteiligten werde durch die **Zustellung** an die **nicht anwesenden anderen Beteiligten** kompensiert. An die viel spätere Anmeldung des Rechtes nach § 97 Abs. 2 ZVG habe man seinerzeit nicht gedacht. Diese Lücke sei durch analoge Anwendung des § 98 Satz 2 ZVG zu schließen. Damit war die Zuschlagsbeschwerde aus Sicht des BGH unzulässig.[6] Das Ergebnis leitet der Senat aus der Historie des § 98 ZVG nach den Materialien zu den Reichs-Justizgesetzen ab.[7] Überzeugend ist dies dennoch nicht, weil zwar sicherlich gewollt war, die Frist entweder mit Zustellung oder Verkündung beginnen zu lassen. Hat der historische Gesetzgeber indes ein Detailproblem übersehen, das sich später als Beeinträchtigung der Rechte eines Beteiligten herausstellt, erscheint es sachgerechter, die unstreitig bestehende Lücke nicht durch die weit reichende Analogie zu § 98 Satz 2 ZVG zu schließen. Vielmehr sollte die Frist mit formloser Bekanntgabe der Entscheidung beginnen; daraus im Einzelfall resultierende Unzuträglichkeiten für andere Beteiligte kann man mit dem Institut der Verwirkung, das auch im Prozessrecht gilt,[8] begegnen.

6 Nicht ernsthaft zweifelhaft kann freilich sein, dass die Frist des § 98 Satz 2 ZVG bereits mit der Verkündung beginnt, wenn der Beteiligte durch einen Vertreter mit **geeigneter Verfahrensvollmacht** vertreten war.[9]

---

5 BGH, Beschl. v. 5.7.2007 – V ZB 48/06, Rpfleger 2007, 675 = NJW-RR 2008, 146.
6 Der BGH, V ZB 48/06, vorige Fn., a. a. O., Rn. 17 ff./20 f. meint, § 569 Abs. 1 Satz 2 ZPO mit der dortigen Fünfmonatsfrist sei (*in dem entschiedenen Sonderfall – Anm. d. Verf.*) nicht anwendbar, da §§ 96 ff. ZVG als leges speciales, vorgehen.
7 Der BGH bezieht sich auf die Denkschrift zum ZVG, in: *Hahn/Mugdan*, Die gesammten Materialien zu den Reichs-Justizgesetzen, Bd. 5, 1897, S. 57.
8 Vgl. *Heßler*, in: *Zöller*, ZPO, § 569 Rn. 4.
9 BGH, Beschl. v. 28.2.2008 – V ZB 107/07, RPfleger 2008, 517 = NJW-RR 2008, 1084. Letztlich ist das eine Frage der Auslegung des Inhalts der Vollmacht, die z. B. lauten sollte: „Wir ermächtigen hiermit [*Name, Anschrift des Vollmachtnehmers*], uns/mich in dem Zwangsversteigerungsverfahren gegen [*Schuldnerangabe*], derzeit Amtsgericht [*Angabe des Gerichts*] zu dem Az.: [*Aktenzeichen*] uneingeschränkt zu vertreten und Erklärungen aller Art abzugeben und entgegen zu nehmen. Die Vollmacht umfasst insbesondere die uneingeschränkte Wahrnehmung aller Rechte in Zwangsversteigerungsterminen sowie die Abgabe von Geboten aller Art und in beliebiger Höhe. Der Bevollmächtigte ist von den Beschränkungen des § 181 BGB befreit. [*Ort, Datum, Unterschrift des Vollmachtgebers* – bei institutionellen Gläubigern möglichst Unterschriften von im Handelsregister eingetragenen Personen, bei öffentlich-rechtlichen Gläubigern Hinzufügung

III. Die Beschwerdefrist bei der Versteigerung von ausländischen Luftfahrzeugen im Inland, §§ 171h ff., 171m ZVG[10]

Bei der Versteigerung ausländischer Luftfahrzeuge[11] gem. §§ 171h ff. ZVG kann Zuschlagsbeschwerde noch innerhalb von sechs Monaten erhoben werden, wobei der Fristbeginn sich nach § 98 ZVG richtet (§§ 171h, 171a Satz 1 ZVG). Wird die Beschwerde innerhalb der Zweiwochenfrist des § 98 ZVG eingelegt, kann sich der Beschwerdeführer auf alle Gründe des § 100 ZVG stützen, danach nur noch auf die Verletzung des § 171 l Abs. 2 ZVG.[12] Grund für diese Abweichung ist Art. VII Abs. 2, 3 des Genfer Luftfahrtabkommens (Fn. 11).

---

des Dienstsiegels, soweit eines geführt wird]." Ansonsten ist die Vollmacht, soweit Bietvollmacht, öffentlich zu beglaubigen, vgl. § 71 Abs. 2 ZVG und die dortige Kommentierung.
10 Vgl. zu Details die Kommentierung zu § 171m ZVG.
11 Das sind solche, die in das öffentliche Register des Heimatstaates nach Maßgabe des „Abkommens über die internationale Anerkennung der Rechte an Luftfahrzeugen" („Genfer Abkommen" v. 19.6.1948) eingetragen sind. Das Abkommen wurde von der Bundesrepublik nach dem Gesetz v. 26.2.1959, BGBl. II 1959, S. 129 ff., ratifiziert.
12 § 171 l Abs. 2 ZVG fordert eine Mindestfrist von sechs Wochen zwischen der Terminierung und der Abhaltung des Termins. Die Zustellung an im Ausland domizilierende Beteiligte erfolgt „tunlichst" durch „Luftpost" als „Einschreiben". Der betreibende Gläubiger muss den Termin zudem mindestens einen Monat davor nach dem Recht des Heimatstaates des „Luftfahrzeugs" dort bekannt machen.

§ 99 ZVG [Bestimmung des „Beschwerdegegners", Verbindung mehrerer Zuschlagsbeschwerden]

(1) Erachtet das Beschwerdegericht eine Gegenerklärung für erforderlich, so hat es zu bestimmen, wer als Gegner des Beschwerdeführers zuzuziehen ist.

(2) Mehrere Beschwerden sind miteinander zu verbinden.

Schrifttum: (Siehe auch das Gesamtliteraturverzeichnis)
Rimmelspacher, Bruno; Fleck, Wolfgang, Die Kostentragung im Fall der Hinzuziehung nach § 99 Abs. 1 ZVG, WM 2005, 1777.

	Übersicht	Rn.
I.	Zielsetzung und Voraussetzungen des § 99 Abs. 1 ZVG, Kostenfolgen?	1–3
II.	Die Verfahrensverbindung des § 99 Abs. 2 ZVG	4
III.	Anwendung des § 99 ZVG auf die Rechtsbeschwerde	5

I. Zielsetzung und Voraussetzungen des § 99 Abs. 1 ZVG, Kostenfolgen?

1 Das Beschwerdeverfahren ist kein „Streitverfahren". Daher gibt es keinen Beschwerdegegner im eigentlichen Sinne und kein eigentlich kontradiktorisches Verfahren. Ungeachtet dessen ist dem von der Beschwerde Betroffenen jeweils rechtliches Gehör zu gewähren; das ist die wesentliche Aufgabe des § 99 ZVG.[1] Tatbestandsmerkmal des § 99 Abs. 1 ZVG ist die Erforderlichkeit einer Gegenerklärung aus Sicht des Beschwerdegerichts, so dass bei offenbarer Unzulässigkeit (z. B. wegen Verfristung) oder Unbegründetheit der Beschwerde die Bestimmung eines Beschwerdegegners nicht geboten ist.[2]

2 Aus dieser Zielsetzung folgt das pflichtgemäße Ermessen des Beschwerdegerichts zu prüfen, wen es anhört (= Gelegenheit zur Gegenerklärung) und im Sinne des § 99 Abs. 1 ZVG zum Beschwerdegegner erklärt. Im Grundsatz können alle diejenigen zugezogen werden, die durch eine Beschwerdeentscheidung zugunsten des Beschwerdeführers in ihren Rechten beeinträchtigt sein **könnten**.[3] Gleichwohl wird der Hinzugezogene keine „echte" Verfahrenspartei. Er muss sich nicht am Verfahren beteiligen, es trifft ihn auch keine prozessuale Obliegenheit. Zur Antragstellung ist er ebenfalls nur berechtigt, aber nicht veranlasst.[4]

3 Die Frage, ob dem Hinzugezogenen Kosten auferlegt werden können, wenn er sich *„aktiv"* durch Antragstellung an dem Verfahren beteiligt hat, ist umstritten.[5] Das BVerfG hat zu dieser Thematik judiziert, Parteien der Zuschlagsbeschwerde seien *„in erster Linie Schuldner und Gläubiger"*. Die Kostenlast des Vollstreckungsverfahrens treffe als Konsequenz des § 788 ZPO *„grundsätzlich"* den Schuldner. Die Hinzuziehung eines „Beschwerdegegners" nach § 99 Abs. 1 ZVG führe zur Abhängigkeit einer etwaigen Kostenlast (entgegen dem

---

[1] So BVerfG, Beschl. v. 12.1.2005 – 1 BvR 328/04, 1 BvR 1092/04, NJW-RR 2005, 936, Kammerentscheidung.
[2] So auch *Steiner/Riedel,* ZVG, 8. Aufl., 1975, Band II, § 99 ZVG Rn. 2 sowie Jaeckel/*Güthe*, Kommentar zum Zwangsversteigerungsgesetz, 4. Aufl., 1912, § 99 ZVG Rn. 1.
[3] *Stöber,* ZVG, § 99 tvG Rn. 2.2.
[4] BVerfG, 1 BvR 328/04 u. a. (Fn. 1).
[5] *Stöber* (Fn. 3) ZVG, § 99 ZVG Rn. 2.5, auch zu der – verneinten – Frage der Kostenerstattung zugunsten des Hinzugezogenen.

Verursacherprinzip der prozessualen Kostenregelungen) von dem Ermessen des Gerichts. Das sei ein Verstoß gegen das verfassungsrechtliche Willkürverbot (Art. 3 GG). Daher seien die Gerichte veranlasst, gem. § 139 ZPO auf hohe Kostenrisiken hinzugeben, wenn man dem Hinzugezogenen ggf. Kosten auferlegen wolle. Maßgeblich sind aus dem Blick des BVerfG (das über zwei Verfassungsbeschwerden entschieden und der einen stattgegeben hat, der anderen nicht)[6] die Höhe der Kostenlast sowie Art und Umfang der Beteiligung des Hinzugezogenen. Die Rechtsfrage der Kostenentscheidungen zu Lasten des Hinzugezogenen ist damit zwar wesentlich entschärft, aber nicht abschließend geklärt. Diese Aufgabe obliegt den Fachgerichten.[7]

II. Die Verfahrensverbindung des § 99 Abs. 2 ZVG

Mehrere Beschwerden sind nach Abs. 2 miteinander zu verbinden, ein Ermessen steht dem Gericht nicht zu. Es muss andererseits mit seiner Entscheidung auch nicht zuwarten, bis etwa weitere Beschwerden eingegangen sind. Da eine einheitliche Entscheidung bei gleichem Gegenstand mindestens zweckmäßig ist, haben die Gerichte die Verbindung vorzunehmen. Der Verstoß gegen § 99 Abs. 2 ZVG bleibt allerdings folgenlos, da die Bestimmung als bloße Ordnungsvorschrift angesehen wird.[8]

4

III. Anwendung des § 99 ZVG auf die Rechtsbeschwerde

§ 99 ZVG ist entsprechend seiner Zielsetzung auch im Rechtsbeschwerdeverfahren heranzuziehen.

5

---

6 Die Verfassungsbeschwerde zu 1 BvR 328/04 (Fn. 1) hat die zuständige Kammer des 1. Senats angenommen und ihr stattgegeben, da das Kostenrisiko (aus einem Gegenstandswert für die Beschwerde von 180.100 €) aus Sicht der Kammer so hoch war, dass nicht „auszuschließen (ist, dass) *die Beschwerdeführer, wären sie aufgeklärt worden, angesichts des hohen Kostenrisikos von einer Beteiligung am Beschwerdeverfahren Abstand genommen [...] hätten ...*", BVerfG, a.a.O, II 1d) cc) der Gründe. Die Verfassungsbeschwerde zu 1 BvR 1092/04 wurde von der Kammer des BVerfG nicht zur Entscheidung angenommen, da „*die Kostenbelastung [...]angesichts des niedrigen Beschwerdewerts von 3.000 EURO keinen besonders schweren Nachteil im Sinne des § 93a Abs. 2 [...] BVerfGG ..."* darstelle (und aufgrund weiterer Umstände auch keine Erfolgsaussicht bestand), BVerfG (Fn. 1), a.a.O, III der Gründe.
7 BVerfG, 1 BvR 328/04 u.a. (Fn. 1), II 1d) bb) (1), III 1 der Gründe.
8 *Stöber* Fn. (3) ZVG § 99 ZVG Rn. 3; *Steiner/Riedel* (Fn. 2), ZVG, a.a.O., § 99 ZVG Rn. 3; *Böttcher*, ZVG, § 99 ZVG Rn. 3.

§ 100 ZVG [Beschränkung der Beschwerdegründe, Rechtsschutzinteresse, amtswegige Berücksichtigung bestimmter Versagungsgründe]

(1) Die Beschwerde kann nur darauf gestützt werden, dass eine der Vorschriften der §§ 81, 83 bis 85a verletzt oder dass der Zuschlag unter anderen als den der Versteigerung zugrunde gelegten Bedingungen erteilt ist.

(2) Auf einen Grund, der nur das Recht eines anderen betrifft, kann weder die Beschwerde noch ein Antrag auf deren Zurückweisung gestützt werden.

(3) Die im § 83 Nr. 6, 7 bezeichneten Versagungsgründe hat das Beschwerdegericht von Amts wegen zu berücksichtigen.

Schrifttum: Auf das Gesamtliteraturverzeichnis wird verwiesen.

Übersicht

		Rn.
I.	Struktur des § 100 ZVG	1–3
II.	Die einzelnen Bestimmungen des § 100 ZVG	4

I. Struktur des § 100 ZVG

1 Die zulässigen Beschwerdegründe sind in § 100 Abs. 1 ZVG **enumerativ** aufgezählt.[1] Auf andere kann die Beschwerde nicht gestützt werden. Das führt zugleich dazu, dass eine Begründung faktisch zwingend ist, da ansonsten der Beschwerdegrund nicht dargelegt ist; schon von daher ist die Beschwerde ohne **substantiierte** Begründung regelmäßig unbegründet, wenn sie auch aufgrund der bloßen Sollbestimmung des § 571 Abs. 1 ZPO nicht unzulässig ist.[2] Die Bestimmung betrifft alle Zuschlagsentscheidungen, also sowohl die Erteilung desselben als auch die Versagung.

2 Die beschwerdefähigen Tatsachen betreffen[3]
- zu § 81 ZVG den fehlerhaften Zuschlag auf ein nicht wirksames Meistgebot oder an den Zessionar bzw. den Vertretenen des § 81 Abs. 2, 3 ZVG (z.B. weil der Nachweis der Abtretung bzw. der Vertretungsmacht in öffentlicher Urkunde nicht rechtzeitig geführt worden ist);
- zu § 83 Nrn. 1–8 ZVG die dort beschriebenen Rechtsverletzungen, soweit nicht in den Fällen der Nrn. 1–5 nach § 84 ZVG eine Beeinträchtigung der Rechte des Betroffenen ausgeschlossen ist oder das Verfahren von dem Rechtsinhaber genehmigt wird;[4]
- zu § 85 ZVG etwa die Ablehnung der Versagung des Zuschlags, weil die Sicherheit nicht ordnungsgemäß geleistet wurde, die Vollmacht des Vertreters des antragstellenden Gläubigers nicht hinreichend war u.Ä.
- § 85a ZVG nach jüngster Rechtsprechung des BGH, wenn z.B. das Meistgebot eines Gläubigervertreters im 1. Termin unter 5/10 des festgesetzten Wertes (§ 74a Abs. 5 ZVG) lag und das Gericht daraufhin den Zuschlag gem. § 85a Abs. 1 ZVG versagte anstatt das Gebot als rechtsmissbräuchlich und unwirksam zurückzuweisen (§§ 71, 72 ZVG).

---

[1] *Stöber*, ZVG, § 100 Rn. 2; BGH, Beschl. v. 27.6.2003 – IXa ZA 5/03, juris = BGH-Report 2003, 1258, III 1 der Gründe; BGH, Beschl. v. 5.11.2004 – IXa ZB 76/04, juris, II 2b) der Gründe m.w.N. = BGH-Report 2005, 401; aus der Rechtsprechung siehe auch OLG Oldenburg, Beschl. v. 18.10.1989 – 2 W 154/88, NJW-RR 1991, 61 = RPfleger 1990, 179.
[2] *Reichold*, in: *Thomas/Putzo*, ZPO, § 571 Rn. 1.
[3] Vgl. zu Beispielen auch *Stöber*, ZVG, § 100 Rn. 2.3ff.
[4] Vgl. hierzu die Kommentierung zu § 83 Nrn. 6, 7 ZVG.

Bei Luftfahrzeugen (§ 171a ZVG) können die **Gründe des** § 100 ZVG nur in **3**
den beiden ersten Wochen geltend gemacht werden; der Fristbeginn richtet
sich nach § 98 i.V.m. § 171a ZVG. Danach sind nur noch die besonderen
Beschwerdegründe nach dem *Genfer Abkommen* zulässig.[5]

II. Die einzelnen Bestimmungen des § 100 ZVG

Die Regelung des § 100 **Abs. 2 ZVG** beschränkt die Beschwerdebefugnis **4**
zutreffend auf die Verletzung eines **eigenen Rechts** des Beschwerdeführers und
schließt damit an der Beeinflussung des Versteigerungsergebnisses bzw.
Zuschlags (wirtschaftlich oder aus sonstigen Gründen) interessierte andere
Verfahrensbeteiligte von dem Rechtsmittel aus.

§ 100 **Abs. 3 ZVG** führt dazu, dass die Versagungsgründe des § 83 Nrn. 6, 7 **5**
ZVG **amtswegig** zu berücksichtigen sind. Ihre „volle" Wirkung auf das Versteigerungsverfahren entfalten sie somit erst im Zusammenwirken mit den
§§ 84 und 100 Abs. 3 ZVG. Der BGH hat allerdings in seiner jüngsten Rechtsprechung judiziert, § 83 Nr. 6 ZVG sei nicht in allen Fällen der Verletzung
von Verfahrensregeln ein „absoluter" Versagungsgrund, sondern Heilung sei
vielmehr auch hier unter den Voraussetzungen des § 84 ZVG im Einzelfall
möglich.[6]

---

[5] Vgl. die Kommentierung zu § 98 ZVG Rn. 7 u. Fn. 11.
[6] Zur Änderung der Rechtsprechung siehe die Kommentierung zu § 83 ZVG sowie BGH, Beschl. v. 30.1.2004 – IXa ZB 285/03, Rpfleger 2004, 368 = ZfIR 2004, 489 und den Beschl. v. 10.4.2008 – V ZB 114/07, Rpfleger 2008, 433 ff. = ZfIR 2008, 469 ff.

§ 101 ZVG [Sachentscheidung durch das Beschwerdegericht über den Zuschlag bei Begründetheit der Beschwerde, Entscheidung durch das Rechtsbeschwerdegericht]

(1) Wird die Beschwerde für begründet erachtet, so hat das Beschwerdegericht unter Aufhebung des angefochtenen Beschlusses in der Sache selbst zu entscheiden.

(2) Wird ein Beschluss, durch welchen der Zuschlag erteilt ist, aufgehoben, auf Rechtsbeschwerde aber für begründet erachtet, so ist unter Aufhebung des Beschlusses des Beschwerdegerichts die gegen die Erteilung des Zuschlags erhobene Beschwerde zurückzuweisen.

Schrifttum: Auf das Gesamtliteraturverzeichnis wird verwiesen.

Übersicht

	Rn.
I. Der Gang des Rechtsmittelverfahrens bei begründeter Beschwerde, § 101 Absatz 1 ZVG	1–7
II. § 101 Abs. 2 ZVG, Sachentscheidung durch den BGH?	8–15

I. Der Gang des Rechtsmittelverfahrens bei begründeter Beschwerde, § 101 Absatz 1 ZVG

1 § 101 ZVG beschleunigt das Verfahren gegenüber dem Beschwerdeverfahren nach der ZPO insoweit, als die Zurückverweisung nach § 572 Abs. 3 ZPO an das Amtsgericht entfällt. Als lex specialis schließt die Vorschrift auch die Anwendung des § 793 ZPO zur Statthaftigkeit der Beschwerde im Vollstreckungsverfahren aus.

2 Die sofortige Beschwerde ist beim Amtsgericht oder dem Beschwerdegericht einzulegen. Mangels anderweitiger Regelungen kann und muss das Amtsgericht bei Begründetheit abhelfen, § 572 Abs. 1 ZPO. Ansonsten ist dem Beschwerdegericht „*unverzüglich*" vorzulegen. Es kann aber die Beschwerde nicht selbstständig zurückweisen, denn dies verhindert der *Devolutiveffekt*[1] des § 572 Abs. 1 ZPO. Da der Beschwerde nach § 96 ZVG i. V. m. § 570 Abs. 1 ZPO keine *Suspensivwirkung*[2] zukommt, kann den negativen Folgen, sollte der den Zuschlag erteilende Beschluss aufgehoben werden, nur durch einstweilige Anordnung des Beschwerdegerichts begegnet werden, insbesondere durch die Aussetzung des angefochtenen Zuschlagsbeschlusses, § 570 Abs. 3 ZPO. Hierüber hat das Beschwerdegericht von Amts wegen zu befinden.[3]

3 Im Abhilfeverfahren kann auch das Vollstreckungsgericht den Vollzug aussetzen (§ 570 Abs. 2 ZPO).

4 Die Entscheidung des LG über die Beschwerde gegen den Zuschlagsbeschluss des Amtsgerichts hängt davon ab, ob die Beschwerde
- unzulässig **oder**
- zulässig, aber unbegründet **oder**
- zulässig **und** begründet ist.

5 Ist die Beschwerde mangels Prozessfähigkeit, bei fehlendem allgemeinem Rechtsschutzinteresse, bei fehlender Beschwer oder mangels Prozessführungs-

---

[1] Vgl. zur Begrifflichkeit *Heßler*, in: *Zöller*, ZPO, vor § 511 Rn. 4 m. w. N.
[2] *Heßler*, in: *Zöller*, ZPO, § 511 Rn. 4 sowie § 570 Rn. 2.
[3] *Heßler*, in: *Zöller*, ZPO, § 570 Rn. 4; *Reichold*, in: *Thomas/Putzo*, ZPO, § 570 ZPO Rn. 2 will die Aussetzung auf Antrag oder von Amts wegen vornehmen.

befugnis[4] oder aus einem ähnlichen Grund **unzulässig** (siehe §§ 97, 98, 100 ZVG), ist sie vom Beschwerdegericht als unzulässig zu verwerfen, § 572 Abs. 2 Satz 2 ZPO.

Ist sie in vollem Umfang **unbegründet**, so hat das Beschwerdegericht selbst zu entscheiden und die Beschwerde zurückzuweisen. **6**

Ist sie **begründet**, kann es infolge der Sperrwirkung des Absatzes 1 nicht an das Erstgericht zurückverweisen. **7**

II. § 101 Abs. 2 ZVG, Sachentscheidung durch den BGH?

Auch die Entscheidung des BGH über die Rechtsbeschwerde hängt von verschiedenen Konstellationen ab, ob nämlich **8**
- die Rechtsbeschwerde statthaft und zulässig **oder**
- ob sie zwar zulässig, aber nicht begründet ist **oder**
- ob die Beschwerde ihrerseits zulässig war **oder**
- ob zwar diese Voraussetzung vorlag, die Beschwerde aber unbegründet **oder**
- ob sie begründet war.

Fehlt es an der **Zulassung** durch das **Beschwerdegericht**, ist die Rechtsbeschwerde nicht statthaft (§ 574 Abs. 1 Satz 1 Nr. 4 ZPO). Der BGH ist an die Zulassung und die Nichtzulassung gebunden (§ 574 Abs. 3 Satz 2 ZPO). **9**

Die Frage der **Zulässigkeit** der **Beschwerde** ist eine Frage der Begründetheit der Rechtsbeschwerde, nicht ihrer Zulässigkeit. Fehlt es daran, ist die Rechtsbeschwerde vom BGH zurückzuweisen. **10**

Erweist sich die Rechtsbeschwerde als **unbegründet**, so ist sie vom BGH zurückzuweisen. **11**

Ist sie **begründet**, ist das Procedere komplexer: **12**
Hat das **Ausgangsgericht den Zuschlag erteilt** und hat ihn das **Beschwerdegericht** (auf Beschwerde des Schuldners) **aufgehoben**, erweist sich aber darauf die Rechtsbeschwerde des Erstehers als begründet, dann muss das Rechtsbeschwerdegericht
- den Beschluss des Beschwerdegerichts aufheben **und**
- die Zuschlagsbeschwerde des Schuldners gegen den Zuschlagsbeschluss des Vollstreckungsgerichts zurückweisen.

§ 101 Abs. 2 ZVG geht in diesen Fällen generell § 577 Abs. 5 ZPO vor.

Hat das **Amtsgericht** den **Zuschlag versagt**, wurde er aber (nach § 101 Abs. 1 ZVG) auf Beschwerde des Erstehers vom **Beschwerdegericht erteilt** und erachtet der BGH wiederum diese Entscheidung auf zugelassene Rechtsbeschwerde hin für fehlerhaft, dann wird er **13**
- den Beschluss des Beschwerdegerichts aufheben **und**
- an das Beschwerdegericht zurückverweisen mit einer „Segelorder", nach welchen Grundsätzen nunmehr zu beschließen sei (§ 577 Abs. 4 ZPO).

Stellt der Senat eine Rechtsverletzung fest, dann wird die Rechtsbeschwerde dennoch zurückgewiesen, wenn der Beschluss des Beschwerdegerichts sich aus **anderen Gründen als richtig** erweist (§ 577 Abs. 3 ZPO). **14**

Bei bloßer Rechtsverletzung und Entscheidungsreife entscheidet das Rechtsbeschwerdegericht ebenfalls selbst (§ 577 Abs. 5 ZPO i. V. m. §§ 96 ZVG, 793, 574 Abs. 1 Nr. 2 ZPO). Der BGH hat die Sachentscheidung des Revisionsgerichts stets als Ausprägung der Prozessökonomie, ja als prozessuale Pflicht **15**

---

[4] Das ist z. B. der Fall, wenn über das Vermögen des Beschwerdeführers das Insolvenzverfahren eröffnet ist, § 80 InsO.

angesehen. Angesichts der identischen Formulierungen des Revisionsrechts (§ 563 Abs. 3 ZPO) und der Rechtsbeschwerde (§ 577 Abs. 5 ZPO) sind die dortigen Erwägungen entsprechend heranzuziehen.[5]

---

5 Vgl. dazu *Heßler*, in: *Zöller*, ZPO, § 577 Rn. 4, § 563 Rn. 10, 11 sowie BGH, Urteil v. 30.4.1993 – V ZR 234/91, BGHZ 122, 309 ff./316 = NJW 1993, 2178; BGH, Urteil v. 23.11.1960 – V ZR 102/59, BGHZ 33, 398 ff./400 f. = NJW 1961, 362.

§ 102 ZVG [Erweiterte Befugnis zur Rechtsbeschwerde bei Aufhebung des Zuschlags nach Erlösverteilung]

Hat das Beschwerdegericht den Beschluss, durch welchen der Zuschlag erteilt war, nach der Verteilung des Versteigerungserlöses aufgehoben, so steht die Rechtsbeschwerde, wenn das Beschwerdegericht sie zugelassen hat, auch denjenigen zu, welchen der Erlös zugeteilt ist.

Schrifttum: (Siehe auch das Gesamtliteraturverzeichnis)
Kaiser, Jan, Das Eigentümer-Besitzer-Verhältnis nach Zuschlagsaufhebung in der Zwangsversteigerung (OLG Celle, NJW 2006, 3440), NJW 2007, 2823–2825

Übersicht

		Rn.
I.	Allgemeines	1
II.	Inhalte des § 102 ZVG	2–10

I. Allgemeines

§ 102 ZVG zeigt ein Dilemma des ZVG auf: Die Einlegung der Zuschlagsbeschwerde ändert an dem Eigentumserwerb des Erstehers nichts, wenn der Zuschlag erteilt wurde (vgl. §§ 89, 90 Abs. 1 ZVG). Ist die Beschwerde begründet, kann der Zuschlagsbeschluss sogar noch **nach der Erlösverteilung** aufgehoben werden. Daher hat zunächst der Ersteher ein rechtliches Interesse an der Einlegung der vom Landgericht etwa zugelassenen Rechtsbeschwerde, seine Befugnis folgt jedoch bereits aus § 97 Abs. 1 ZVG. Rechtsbeschwerdebefugt muss jedoch u. a. auch der sein, dem der **Erlös tatsächlich ausbezahlt** wurde, sei es der Eigentümer, sei es der Grundpfandgläubiger infolge Zuteilung auf seine Grundschuld oder der Zessionar des Rückgewähranspruchs, auf den der Anspruch auf den anteiligen Versteigerungserlös, der auf die erloschene Grundschuld entfiel, übertragen worden ist.[1]

1

II. Inhalte des § 102 ZVG

§ 102 ZVG regelt daher eine **Zulässigkeitsvoraussetzung bestimmter Beteiligter** für den Sonderfall der „faktischen" Beendigung des Zwangsversteigerungsverfahrens nach der Beschlussfassung über die Erlösverteilung **und deren Vollzug**. Die Statthaftigkeit der **Rechtsbeschwerde** wird nicht erweitert, der Konditionalsatz, *„wenn das Beschwerdegericht [...]"*, hat nur deklaratorische Bedeutung. Die Bestimmung „greift" nur bei dem unter I. umrissenen Dilemma.

2

Beschwerdebefugt sind bei der gegebenen Konstellation in Erweiterung des Kreises der Berechtigten somit diejenigen, denen ein Erlös **zugeteilt** worden ist, d. h. alle **Grundpfandgläubiger** und die **persönlichen Gläubiger**, die eine **Zahlung** aus dem Steigerlös in Vollzug des Teilungsplans tatsächlich **erhalten haben** (§ 117 Abs. 1 ZVG)[2] oder an die **auf sonstige Weise Zuteilung** erfolgt

3

---

1 Vgl. zur Herausgabepflicht des „Übererlöses" an den Rückgewährberechtigten BGH, Urt. v. 18.2.1992 – XI ZR 134/91, NJW 1992, 1620 = WM 1992, 566. Vgl. *Clemente*, Grundschulden, in: *Assies/Beule/u. a."* Handb. des Fachanwalts, Kap. 5 D Rn. 1058/S. 929 m. w. N.; zur Notwendigkeit der dinglichen Rechtsänderung vgl. *Stöber*, ZVG-Handbuch, Rn. 446d. Hat der Rückgewährberechtigte zum Verteilungstermin angemeldet und Erlösanteile erhalten, hat er ein rechtliches Interesse an der Einlegung der (zugelassenen) Rechtsbeschwerde.

2 Unterbleibt der Vollzug des Plans, fehlt es an der Beschwerdebefugnis nach § 102 ZVG, ebenso wenn der betroffene Gläubiger **ausgefallen** ist (einhellige Meinung, vgl. nur *Hintzen*, in: *Dassler/*

ist. Dazu gehören die Hinterlegung (§ 117 Abs. 3 ZVG), die Forderungsübertragung (§ 118 ZVG), die außergerichtlichen Erlösverteilungen (§§ 143 f. ZVG), aber auch die Liegenbelassungserklärungen (§ 91 Abs. 2 ZVG).

4 Unverändert nicht beschwerdebefugt ist bei der gegebenen Sachlage im Allgemeinen der Schuldner, denn der Zuschlag wurde aufgehoben, so dass es für ihn am Rechtsschutzinteresse fehlt. Er ist auch dann nicht rechtsbeschwerdebefugt, wenn ihm auf ein **Eigentümergrundpfandrecht** Beträge zugeteilt wurden.[3]

5 Ob die nach § 116 ZVG dazu Berechtigten in einem solchen Fall zweckmäßig die Aussetzung des Vollzugs des Teilungsplans **beantragen** (§ 116 ZVG), mag fraglich sein. Die Erlösverteilung vor Rechtskraft des Zuschlags ist im Ergebnis problematisch. Die Bestimmung des § 105 ZVG, die die Verteilung ermöglicht, bevor der Zuschlag rechtskräftig ist, darf man rechtspolitisch hinterfragen. In der Kommentarliteratur werden zutreffend weitreichende Folgen der vollständigen Rückabwicklung für den Ersteher als Konsequenz der Aufhebung des Zuschlags beschrieben.[4] Paradigmatisch darf auf die nur nach **Bereicherungsrecht** abzuwickelnde Rückforderung der Bezahlung des Steigerlöses hingewiesen werden,[5] bei der der Ersteher das Insolvenzrisiko der befriedigten Gläubiger trägt. In der Literatur hat jüngst *Kaiser* auf **weitere** potentielle drastische **Konsequenzen** aus dem Eigentümer-Besitzer-Verhältnis für den **Ersteher** hingewiesen, der vor Rechtskraft des Zuschlags auf dem ersteigerten Grundbesitz Baumaßnahmen (bzw. sonstige Aktivitäten) realisiert.[6]

6 Da der Zuschlag als causa der Erlösverteilung weggefallen ist, können die Gläubiger gegen die Rückforderung auch nicht einwenden, sie hätten nur Befriedigung der ihnen zustehenden dinglichen oder persönlichen Ansprüche (wenn aus einer persönlichen Forderung betrieben wurde) erlangt. Auf den Wegfall der Bereicherung (§ 818 Abs. 3 BGB) können sie sich nicht berufen, da dieselbe Lage wieder herzustellen ist, wie sie vor dem Zuschlag bestand.

7 Die „Rückabwicklung" erfolgt nach Vollzug des Teilungsplans verfahrensrechtlich im gewöhnlichen Erkenntnisverfahren durch das **Prozessgericht**.

8 Ein weiterer Aspekt des bestehenden rechtlichen Dilemmas besteht in den ständig weiter anwachsenden Zinsforderungen der Gläubiger, denn pari passu dazu verschlechtert sich die Position anderer Gläubiger mit nachrangigen Rechten, worauf *Hintzen* zu Recht hinweist.[7] Die Vermeidung solcher Schädigungen spricht umgekehrt für zügige Erlösverteilung.

9 Bei diesem Sachverhalt wird das Vollstreckungs- oder Beschwerdegericht zur Vermeidung der negativen Folgen alternativ
- den **noch nicht stattgefundenen Verteilungstermin** nach Erhebung der Zuschlagsbeschwerde aufheben;

Schiffhauer/u. a., ZVG, § 102 Rn. 5) oder soweit sein Recht bestehen bleibt, *Stöber*, ZVG, § 102 Rn. 2.2
3   Siehe die Kommentierung zu § 97 ZVG Rn. 6 und Fn. 6–8.
4   Vgl. im Einzelnen die Kommentierung zu § 105 ZVG. Der historische Gesetzgeber des ZVG hat das Problem gekannt und hingenommen, vgl. dazu *Güthe*, in: *Jaeckel*, Kommentar zum Zwangsversteigerungsgesetz, 4. Aufl., 1912, § 102 Rn. 1, 2, S. 418 f., § 105 Rn. 1, S. 424 f. m. w. N. und Zitaten aus den Materialien. Grund war u. a. die angenommene geringe Quote von Zuschlagsbeschwerden, wovon auch *Hintzen* in: *Dassler/Schiffhauer/u. a.*, ZVG, § 105 Rn. 4 ausgeht.
5   Siehe *Riedel*, in: *Steiner*, ZVG Band II, § 102 Rn. 2 (2b), 3; *Hintzen*, in: *Dassler/Schiffhauer/u. a.*, ZVG, Rn. 8; *Stöber*, ZVG, § 96 Rn. 3.7; *Güthe*, in: *Jaeckel*, Kommentar zum Zwangsversteigerungsgesetz, 4. Aufl., 1912, § 102 Rn. 2, S. 419.
6   *Kaiser*, NJW 2007, 2823 ff./2825, zugleich Anm. zu OLG Celle, Urt. v. 9.8.2006 – 3 U 92/06, NJW 2006, 3440. Siehe auch die Kommentierung zu § 104 ZVG Rn. 8 m. w. N sowie diejenige zu § 93 ZVG Rn. 63 ff.
7   *Hintzen* (Fn. 2), § 105 ZVG Rn. 11.

- die **Vollziehung des Teilungsplans von Amts wegen aussetzen,** § 570 **Abs. 1, 3 ZPO,** eine Maßnahme, die dem Rechtsbeschwerdegericht, dem Beschwerdegericht ebenso wie dem Ausgangsgericht von Amts wegen obliegt. Das Beschwerdegericht kann auch im Wege der einstweiligen Anordnung die Aussetzung mit Auflagen verbinden. Sachgerecht kann es im Einzelfall sein, die Erlösverteilung gegen Sicherheitsleistung fortzusetzen.

Die praktische Lösung des geschilderten Problems besteht letztlich freilich darin, mit der **Erlösverteilung** bis zur Rechtskraft des Zuschlags zuzuwarten.[8]

---

8 *Hintzen* (Fn. 2), § 102 ZVG Rn. 2 aE, § 116 Rn. 1 aE.

§ 103 ZVG [Adressaten der Zustellung der Entscheidung des Beschwerdegerichts]

Der Beschluss des Beschwerdegerichts ist, wenn der angefochtene Beschluss aufgehoben oder abgeändert wird, allen Beteiligten und demjenigen Bieter, welchem der Zuschlag verweigert oder erteilt wird, sowie im Falle des § 69 Abs. 3 dem für mithaftend erklärten Bürgen und in den Fällen des § 81 Abs. 2, 3 dem Meistbietenden zuzustellen. Wird die Beschwerde zurückgewiesen, so erfolgt die Zustellung des Beschlusses nur an den Beschwerdeführer und den zugezogenen Gegner.

Schrifttum: Auf das Gesamtliteraturverzeichnis wird verwiesen.

Übersicht

	Rn.
I. Die Aufhebung des Zuschlagsbeschlusses, § 103 Satz 1 ZVG	1–4
II. Die Zurückweisung der Zuschlagsbeschwerde, § 103 Satz 2 ZVG	5
III. Der Verzicht auf die Zustellung	6

I. Die Aufhebung des Zuschlagsbeschlusses, § 103 Satz 1 ZVG

1 Die Bestimmung des § 103 ZVG erfasst alle Entscheidungen der Beschwerde- und Rechtsbeschwerdeinstanz über Zuschlagsbeschwerden. Die Aufhebung des Zuschlagsbeschlusses oder dessen Abänderung, gleichgültig, ob der Zuschlag damit erteilt, geändert oder versagt wird, berührt alle in Satz 1 der Vorschrift genannten Betroffenen in ihren Rechten. Daher ist ihnen der Beschluss des Landgerichts **zuzustellen**. Die Beschlüsse im Beschwerderechtszug sind ferner in Abweichung von §§ 87, 88 ZVG stets auch dann zuzustellen, wenn der Beschluss aufgrund stattgefundener mündlicher Verhandlung verkündet worden sein sollte. Dem gegenüber ist der angefochtene Beschluss des Amtsgerichts grundsätzlich zu verkünden (§ 87 ZVG), aber nur einem bestimmten Adressatenkreis zuzustellen (§ 88 ZVG).[1]

2 Ohne Bedeutung ist, ob die Rechtsbeschwerde zugelassen wird oder nicht.

3 Die Zustellung ist an die Beteiligten im Sinne des § 9 ZVG zu bewirken. Ferner muss der Beschluss dem Bieter und dem Bürgen (= bürgende Bank gem. § 69 Abs. 3 ZVG) zugestellt werden. Zustellungsadressat ist auch der Meistbietende als Zedent des Anspruchs aus dem Meistgebot und der Zessionar (= Bieter nach § 103 Satz 1 ZVG), dem er das Meistgebot nach § 81 Abs. 2 ZVG abgetreten hat, wenn die weiteren Tatbestandsvoraussetzungen des § 81 Abs. 2 ZVG vorliegen. Entsprechend gilt das für den Meistbietenden, der für einen Dritten (= Bieter nach § 103 Satz 1 ZVG) zunächst in verdeckter Stellvertretung aufgetreten ist und dann seine Funktion offen gelegt und nachgewiesen hat (§ 81 Abs. 3 ZVG).[2]

4 Die Folge der Zuschlagsaufhebung im Beschwerdeverfahren ist die Rückabwicklung etwa vollzogener Teilungspläne, weswegen es mindestens zweckmäßig ist, den Vollzug des Teilungsplans zunächst bis zur Beschwerdeentscheidung auszusetzen.

---

1 Vgl. im Einzelnen die Kommentierung zu §§ 87, 88 ZVG.
2 Für Details siehe die Kommentierung zu § 81 ZVG.

II. Die Zurückweisung der Zuschlagsbeschwerde, § 103 Satz 2 ZVG

Wird die Beschwerde oder Rechtsbeschwerde zurückgewiesen oder – mangels Zulässigkeit – verworfen,[3] sind nur der Beschwerdeführer und der nach § 99 Abs. 1 ZVG zugezogene Gegner in ihren Rechten berührt. Daher ist der Beschluss nur ihnen zuzustellen. Für die anderen Betroffenen nach Satz 1 ändert sich nichts. Wurde der Zuschlag erteilt, bleibt der Ersteher Eigentümer, die Haftenden bleiben gleichermaßen unberührt. Ist der Zuschlag versagt worden und haben Betroffene die für sie etwa bestehende Möglichkeit zur Einlegung der sofortigen Beschwerde wahrgenommen, ist ihnen der Beschluss zuzustellen.

III. Der Verzicht auf die Zustellung

Auf die Zustellung kann mit nur einer Ausnahme verzichtet werden: Der Verzicht seitens des **Erstehers** ist unwirksam, wenn der **Zuschlag** im **Beschwerderechtszug erstmals** erteilt wird, da er erst mit der Zustellung an den Ersteher wirksam wird (§ 104 ZVG).[4]

---

3 Aus Gründen des Art. 103 Abs. 1 GG ist auch die Verwerfung der Beschwerde unter § 103 Satz 2 ZVG zu subsumieren und zuzustellen. Im Ergebnis so auch *Riedel*, in: *Steiner*, ZVG Band II, § 103 Rn. 3.
4 Hierauf weist u. a. *Stöber*, ZVG, § 103 Rn. 2.5 zutreffend hin, allg. Meinung.

§ 104 ZVG [Wirksamwerden der Erteilung des Zuschlags durch Zustellung der Beschwerdeentscheidung]

Der Beschluss, durch welchen das Beschwerdegericht den Zuschlag erteilt, wird erst mit der Zustellung an den Ersteher wirksam.

Schrifttum: Auf das Gesamtliteraturverzeichnis wird verwiesen.

Übersicht

		Rn.
I.	Struktur des § 104 ZVG	1
II.	Weitere Folgen des § 104 ZVG	2–11

I. Struktur des § 104 ZVG

1 § 104 ZVG behandelt den Fall der Beschwerde gegen die Versagung des Zuschlags durch das Vollstreckungsgericht. Hält das Beschwerdegericht die Beschwerde für begründet, so hebt es den Beschluss des Amtsgerichts auf, entscheidet pflichtgemäß selbst in der Sache (§ 101 ZVG) und erteilt den Zuschlag. Der Ersteher wird mit der **Zustellung** der Beschwerdeentscheidung Eigentümer (§ 90 ZVG). In **Abweichung von** § 89 ZVG wird der **Zuschlagsbeschluss** des Beschwerdegerichts nicht schon mit der Verkündung wirksam. Die etwa zugelassene Rechtsbeschwerde hat keinen Suspensiveffekt. Wird sie nicht zugelassen, kann der Beschluss begrenzt praktisch nur noch mit der **Anhörungsrüge** angegriffen werden.[1]

II. Weitere Folgen des § 104 ZVG

2 § 104 ZVG korrespondiert mit § 101 Abs. 2 ZVG insoweit, als die erfolgreiche Rechtsbeschwerde gegen die Beschwerdeentscheidung, die die Zuschlagserteilung aufgehoben hatte, zur Wiederherstellung des amtsgerichtlichen Zuschlagsbeschlusses führt. Da es dann an einer Aufhebung des Zuschlags fehlt, weil die Beschwerde gegen seine Erteilung erfolglos war, ist der Eigentumserwerb des Meistbietenden mit der **Verkündung** des **amtsgerichtlichen Beschlusses** eingetreten (§§ 90, 89 ZVG).

3 Ändert die Beschwerde- oder Rechtsbeschwerdeinstanz den Zuschlagsbeschluss ab, wird der **abgeänderte Teil mit der Zustellung** an den Ersteher wirksam, ansonsten verbleibt es bei § 89 ZVG.

4 Insgesamt ergibt sich **folgendes Bild im Beschwerdeverfahren**, jeweils abhängig, ob das Amtsgericht den Zuschlag versagt (§ 104 ZVG) oder **erteilt hat** (§§ 81, 89, 90 ZVG):

5 Ist das **Beschwerdeverfahren gegen die Erteilung des Zuschlags** in den Instanzen **erfolglos**, ist die Wirkung des Zuschlagsbeschlusses nach § 89 ZVG mit der Verkündung durch das Versteigerungsgericht eingetreten.

6 War die Beschwerde dagegen beim **LG erfolgreich** und wird der Zuschlagsbeschluss **aufgehoben**, hat dies zunächst bis zur Rechtskraft keine Wirkung auf den Eigentumserwerb (§§ 86, 90 ZVG), der Zuschlagsbeschluss bleibt wirksam.

---

[1] Siehe vor §§ 95 ff. Rn. 21; zur Gegenvorstellung siehe das Kapitel *Rechtsbehelfe im ZVG-Verfahren*, Rn. 94 ff. dort Rn. 17, ihre Tragweite ist auf schwerwiegende Verstöße gegen Verfahrensgrundrechte begrenzt und (heute) zweifelhaft. Subsidiär bleibt noch die Verfassungsbeschwerde.

Für die dagegen gerichtete (zugelassene) und erfolgreiche Rechtsbeschwerde **7** eines weiteren Beteiligten oder sonst zur Beschwerde Befugten (§ 97 ZVG) gilt die in Rn. (2) geschilderte Folge; der amtsgerichtliche Beschluss wird wiederhergestellt.

Weist das Rechtsbeschwerdegericht die zugelassene Rechtsbeschwerde gegen **8** die Aufhebung des Zuschlags indes zurück, wird die Beschwerdeentscheidung rechtskräftig und der Zuschlag fällt **rückwirkend** weg (§ 86 ZVG). § 104 ZVG ist nicht anzuwenden.[2]

Hat das Amtsgericht den **Zuschlag versagt**, das **Landgericht ihn aber erteilt**, ist **9** das die Ausgangslage des § 104 ZVG. Mit der Zustellung an den Ersteher wird dieser Eigentümer. Die dagegen gerichtete zugelassene und erfolgreiche Rechtsbeschwerde hat wieder die Folge des § 86 ZVG, der Eigentumserwerb fällt rückwirkend weg. Der Beschluss des BGH ist nach § 103 Satz 1 ZVG zuzustellen.

Ist die Rechtsbeschwerde erfolglos, verbleibt es bei dem Zuschlag als Folge des **10** landgerichtlichen Beschlusses mit den Folgen der Rn. 9.

Rechtskraft tritt in allen Fällen mit Unanfechtbarkeit der Beschwerdeentscheidung ein, die **Anhörungsrüge** hemmt diese nicht.[3] **11**

---

2 *Riedel*, in: *Steiner* ZVG Band II, § 104 Rn. 3; *Stöber*, ZVG, § 104 Rn. 2.4; des von *Stöber*, a.a.O, geschilderten Schwebezustandes (wohl im Hinblick auf § 90 Abs. 1 2. Halbsatz ZVG) bedarf es nicht, vielmehr kommt es zur Rückabwicklung, siehe die illustrative Darstellung bei *Riedel*, in: *Steiner*, ZVG Band II, § 90 Rn. 6. Siehe auch die Kommentierung zu § 102 ZVG Rn. 4 ff. m.w.N.
3 *Reichold*, in: *Thomas/Putzo*, ZPO, § 321a Rn. 16.

Vorbemerkung vor § 105 ZVG – Übersicht zum Verteilungsverfahren und Handlungsmöglichkeiten

Übersicht

		Rn.
I.	Allgemeines	1–3
II.	Ablaufgliederung	4–28
1.	Standardverfahren	4–13
2.	Besonderheiten	14–27
	a) Widerspruch	14, 15
	b) Nichtzahlung	16
	c) Bedingte Rechte etc.	17–21
	d) Versteigerung mehrerer Objekte	22
	e) Mithaftende Grundstücke	23
	f) Unbekannte Beteiligte	24
	g) Zuzahlungsbeträge	25, 26
	h) Vollstreckung gegen den Ersteher pp	27
3.	Alternativen – §§ 143–145	28
III.	Handlungsmöglichkeiten	29–31
IV.	Anwendung §§ 105 ff. ZVG außerhalb der Zwangsversteigerung, § 3 Nr. 1 l u. m RPflG	32

I. Allgemeines

1 Die §§ 105 bis 145 enthalten Regelungen zur letzten Phase eines Versteigerungsverfahrens. Diese Phase beginnt mit der Erteilung des Zuschlags (§§ 89, 90, 104). Da die Zuschlagserteilung nicht von der vorherigen Zahlung des Meistgebotes abhängt (§ 81) und zum Eigentumserwerb des Erstehers führt (§ 90), schließt sich daran das Verfahren zur Erlösverteilung und Grundbuchberichtigung an. Der Versteigerungserlös (Teilungsmasse, § 107) tritt mit Wirksamwerden des Zuschlags an die Stelle des Versteigerungsobjektes (Surrogationsgrundsatz – siehe § 92) und gehört zunächst zum Vermögen des bisherigen Grundstückseigentümers (i. d. R. der Vollstreckungsschuldner).[1] Der Anspruch des ehemaligen Grundstückseigentümers gegen den Ersteher und ggf. Mithaftende (Bürgen oder Meistbietende, §§ 82, 81 Abs. 4) unterliegt wie zuvor das Versteigerungsobjekt der Beschlagnahme und ist insoweit seiner Verfügung entzogen, als der Erlös zur Befriedigung der am Grundstück Berechtigten benötigt wird.[2]

2 In der Regel erfolgt die Erlösverteilung durch das Versteigerungsgericht (siehe §§ 105, 107 ff.), jedoch besteht die Möglichkeit einer außergerichtlichen Einigung über die Erlösverteilung oder einer außergerichtlichen Befriedigung der Berechtigten (Rn. 28, §§ 143–145). Das gerichtliche Verfahren lässt sich in das Standardverfahren (Rn. 4 ff.) und Besonderheiten (Rn. 14 ff.) unterteilen, die nachfolgend unter II.2. überblicksartig dargestellt werden. Die Details, genauen Voraussetzungen und exakten Verfahrensregelungen entnehmen Sie bitte den Kommentierungen zu den einzelnen Normen.

3 Über § 2 EGZVG und §§ 11, 12 EGZVG gelten allgemeine und besondere Vorbehalte zu Gunsten des **Landesrechts**.

---

[1] § 107 Rn. 15; *Stöber*, ZVG, § 114 Rn. 1.4.
[2] § 107 Rn. 15; *Hintzen*, in: *Dassler/Schiffhauer/u. a.*, ZVG, § 105 Rn. 1.

II. Ablaufgliederung

1. Standardverfahren. Gemäß § 105 Abs. 1 erfolgt nach Zuschlagserteilung **4**
die **Bestimmung des Verteilungstermins** (Termin zur Verteilung des Versteigerungserlöses). Die Rechtskraft des Zuschlagsbeschlusses ist weder für die Terminsbestimmung noch für die Terminsdurchführung notwendig.[3] Um das Risiko einer Erlösverteilung vor Zuschlagsrechtskraft zu vermeiden, hat der Ersteher, mithaftende Bürge oder mithaftende Meistbietende die Möglichkeit, die Aussetzung der Teilungsplanausführung bis zur Zuschlagsrechtskraft gemäß § 116 zu beantragen. Die Anberaumung oder Terminsdurchführung mit Ausnahme der Planausführung wird dadurch jedoch nicht verhindert. § 105 enthält Bestimmungen zu Ladungsfristen und zur Bekanntmachung des Termins.

Gemäß § 106 kann das Gericht die Beteiligten zur **Vorbereitung des Termins** **5**
auffordern, binnen zwei Wochen eine Berechnung ihrer Ansprüche einzureichen, hat dann aber auch spätestens drei Tage vor dem Termin den entworfenen Plan zur Einsicht der Beteiligten auf der Geschäftsstelle niederzulegen. Näheres siehe Kommentierung zu § 106.

Der **Verteilungstermin** dient der Aufstellung des Teilungsplans nach Anhörung **6**
der Beteiligten (§ 113) und ist im Gegensatz zum Versteigerungstermin nichtöffentlich (§ 169 GVG). Im Verteilungstermin wird gemäß § 115 Abs. 1 sofort über den Plan verhandelt und es können im Weg eines Widerspruchs materiellrechtliche Einwendungen gegen die Zuteilungen des Erlöses geltend gemacht werden.[4] § 115 enthält auch die Regelungen für das Verfahren im Falle von Widersprüchen gegen den aufgestellten Teilungsplan.[5] Es wird ein Terminsprotokoll gefertigt (§§ 159 ff. ZPO), wobei der Teilungsplan meist durch Bezugnahme als Anlage zum Protokollinhalt gemacht wird (§ 160 Abs. 5 ZPO).

Der **Teilungsplan** gliedert sich in die folgenden Bereiche **7**
– **Teilungsmasse** (§ 107): sie kann sich aus Meistgebot, Meistgebotszinsen nach § 49 Abs. 2 bis 4, Erlös aus gesondert versteigerten oder anderweit verwerteten Gegenständen (§ 107 Abs. 1 Satz 2) und Zuzahlungsbeträgen[6] zusammensetzen (Näheres siehe Kommentierung zu § 107),
– **bestehen bleibende Rechte** (§ 113 Abs. 2: Rechte, die nach § 91 nicht durch den Zuschlag erloschen sind),
– **Schuldenmasse** (Auflistung der Ansprüche auf Befriedigung aus dem Versteigerungserlös unter Berücksichtigung der Ränge der Ansprüche untereinander; siehe auch § 114) und
– **Zuteilung** der Masse auf die einzelnen Ansprüche aus der Schuldenmasse entsprechend der geltenden Rangordnung. Im Übrigen siehe § 113 Rn. 3.
Hinzu kommen gegebenenfalls Vorbemerkungen[7] und Hilfszuteilungen (§§ 119, 121, 123, 124, 126; Rn. 14 ff.).

Zentraler Bereich des Teilungsplan ist die **Schuldenmasse**. § 114 ZVG normiert die formellen Voraussetzungen für die Berücksichtigung eines Anspruches bei der Erlösverteilung, d.h. welche Ansprüche von Amts wegen bei der Planaufstellung zu berücksichtigen sind und welche Ansprüche nur auf spätestens im Verteilungstermin erfolgte Anmeldung hin berücksichtigt werden. Für jeden Berechtigten ist es daher von zentraler Bedeutung festzustellen, ob sein Anspruch von Amts wegen berücksichtigt wird, oder ob seine Anmeldung erforderlich ist. Zu beachten ist hier insbesondere, dass Ansprüche, nur soweit **8**

---
3 § 105 Rn. 3; § 116 Rn. 1.
4 *Stöber*, ZVG, § 115 Rn. 3.2.
5 Siehe Kommentierung zu § 115 und Rn. 14 f. (Besonderheiten).
6 §§ 50, 51, 125 ZVG; Rn. 25 f.
7 § 113 Rn. 3.

ihr Betrag oder Höchstbetrag zur Zeit der Eintragung des Versteigerungsvermerks aus dem Grundbuch ersichtlich war, von Amts wegen nach dem Inhalt des Grundbuchs in den Plan aufgenommen werden (§ 114 Abs. 1 Satz 1; bzgl. wiederkehrender Leistungen siehe § 114 Abs. 2). Diese Bestimmung weicht von der entsprechenden Norm für die Berücksichtigung im geringsten Gebot (§ 45) ab.

9   Die **Ausführung des Teilungsplans** gemäß §§ 117 ff. erfolgt, sofern keine Widersprüche erhoben oder sie im Termin erledigt wurden und keine Aussetzung gemäß § 116 erfolgte. Die Zahlung an den Berechtigten (§ 117) oder eine entsprechende Forderungsübertragung (§ 118) setzt allerdings voraus, dass dieser sich dem Gericht gegenüber ordnungsgemäß legitimiert hat. § 126 bestimmt das Vorgehen für den Fall, dass die Person des Berechtigten unbekannt ist (z. B. mangels Briefvorlage). Die weitere Verfahrensgestaltung bei Vorliegen von Widersprüchen wird in § 115 i. V. m. §§ 876 ff. ZPO geregelt.[8] Des Weiteren sind viele Besonderheiten z. B. in Bezug auf bedingte, betagte oder verspätet angemeldete Ansprüche bestimmt.[9]

10 Übersteigt die Teilungsmasse die Schuldenmasse, steht der überschießende Erlös dem bisherigen Grundstückseigentümer zu.

11 Die Behandlung von **Grundpfandrechtsbriefen und Vollstreckungstiteln** regelt § 127, der im Absatz drei auch bestimmt, dass die auf Grundpfandrechtsbriefen und Vollstreckungstiteln anzubringenden Vermerke durch das Protokoll festgestellt werden.[10]

12 Gegen den Teilungsplan kann die sofortige Beschwerde (Rüge wegen Verstößen gegen Verfahrensvorschriften; § 11 Abs. 1 RPflG, §§ 793, 567 ff. ZPO) oder der Widerspruch (§ 115) erhoben werden.[11]

13 Nach Teilungsplanausführung und Rechtskraft des Zuschlagsbeschlusses ersucht das Versteigerungsgericht das Grundbuchgericht u. a. um Eintragung des Erstehers als Grundstückseigentümer, Löschung des Versteigerungsvermerkes und Löschung der durch den Zuschlag erloschenen Rechte (§ 130). Daneben kann sich das **Ersuchen** auch noch auf weitere Eintragungen erstrecken (§§ 128, 129, 130a). Hinsichtlich des Erfordernisses der Vorlegung von Grundpfandrechtsbriefen etc. gelten Besonderheiten (z. B.: § 131). Nach Erledigung des Ersuchens und Kontrolle der Eintragungsnachrichten endet grundsätzlich das Versteigerungsverfahren.

2. Besonderheiten

14 a) **Widerspruch.** Über den Teilungsplan wird im Versteigerungstermin sofort verhandelt (§ 115 Abs. 1 Satz 1). Gegen den Teilungsplan ist die sofortige Beschwerde (§ 11 Abs. 1 RPflG §§ 793, 567 ff. ZPO), der Widerspruch (§ 115) oder eine Klage gemäß § 812 BGB bzw. § 878 ZPO gegeben.[12] Mit dem Widerspruch können materiellrechtliche Einwendungen gegen die Zuteilung eines Betrages geltend gemacht werden. Die Verhandlung sowie die Erledigung von Widersprüchen und die Planausführung sind in §§ 876 bis 882 ZPO geregelt (§ 115 Abs. 1 Satz 2). Ein Widerspruch kann ausdrücklich im Termin erklärt werden, aber auch die nicht antragsgemäße Aufnahme eines vor dem Termin angemeldeten Anspruchs gilt als Widerspruch (§ 115 Abs. 2). Zunächst hat das Gericht zu prüfen, ob der erhobene Widerspruch zulässig

---

8   Siehe § 115 und Rn. 14 f.
9   Siehe z. B.: §§ 110, 111, 119.
10 Näheres siehe Kommentierung zu § 127.
11 Näheres siehe Kommentierung zu § 113.
12 Siehe § 113 Rn. 13 ff.; *Teufel*, in: *Steiner*, ZVG, § 113 Rn. 20.

ist.[13] Die Prüfung umfasst die Beteiligtenstellung des Widersprechenden ebenso wie den Umstand, ob der Widersprechende bei Erfolg des Widerspruchs eine Zuteilung aus dem Erlös erhalten würde.[14] Zulässig ist ein Widerspruch auch dann, wenn der Widersprechende ein eigenes, mittelbares Interesse an der angestrebten anderweitigen Verteilung hat.[15] Das Versteigerungsgericht prüft nicht, ob der Widerspruch (materiell-rechtlich) begründet ist.[16] Ein unzulässiger Widerspruch wird vom Versteigerungsgericht per Beschluss zurückgewiesen und sodann der ursprüngliche Plan ausgeführt (§ 876 Satz 1 ZPO).[17]

15 Für den Fall der Zulässigkeit des Widerspruchs ist das weitere Prozedere in §§ 876 ff. ZPO und § 124 (Hilfsverteilung und Hinterlegung des streitigen Betrages) geregelt. Im Übrigen wird auf die Kommentierungen zu §§ 115, 124 verwiesen.

16 b) **Nichtzahlung:** Das Bargebot (nebst Zinsen) ist gemäß § 49 Abs. 3 so rechtzeitig durch Überweisung oder Einzahlung auf das Konto der Gerichtskasse zu entrichten, dass der Betrag der Gerichtskasse vor dem Verteilungstermin gutgeschrieben ist und ein entsprechender Nachweis im Termin vorliegt. Sofern dies nicht gegeben ist, bestimmen §§ 118, 128 den weiteren Verfahrensgang. Statt einer Zahlung auf den Anspruch eines Berechtigten erhält dieser einen Teil der Forderung des ehemaligen Grundstückseigentümers gegen den oder die Zahlungsverpflichteten übertragen.[18] Die übertragene Forderung wird durch Eintragung einer Sicherungshypothek gemäß § 128 gesichert. Hinsichtlich des Ranges dieser Sicherungshypothek siehe die Kommentierungen zu §§ 128, 129.

17 c) **Bedingte Rechte etc.:** Für die durch den Zuschlag erloschenen Rechte tritt der Versteigerungserlös an die Stelle des Grundstücks (Surrogationsgrundsatz; siehe § 92 Abs. 2). Gemäß § 111 gelten **betagte Ansprüche** als fällig, so dass eine Erfüllung im Verteilungsverfahren zulässig ist. Sofern es sich jedoch um unverzinsliche Rechte handelt, bestimmt die Norm eine Abzinsung.[19]

18 Bei Zuteilung auf **bedingte Ansprüche** ist gemäß § 119 durch den Teilungsplan festzustellen, wie der Betrag anderweit zugeteilt werden soll, wenn der Anspruch wegfällt.[20] Nur für den Fall der Zuteilung auf **aufschiebend bedingte Ansprüche** schreibt § 120 die Hinterlegung des Betrages für die Berechtigten (bzw. die bedingte Forderungsübertragung) vor. Geregelt ist auch, wer die Art der Anlegung bestimmt.

19 Da auch **Ansprüche von unbestimmtem Betrag** als aufschiebend bedingt durch die Feststellung gelten (§ 14), greifen diesbzgl. §§ 119, 120.[21]

20 Sofern ein durch den Zuschlag erlöschendes Recht nicht auf Zahlung eines Kapitals gerichtet ist, tritt gemäß § 92 Abs. 1 an die Stelle des Rechts der Anspruch auf Ersatz des Wertes aus dem Versteigerungserlös. § 92 Abs. 2 bestimmt außerdem, dass hinsichtlich bestimmter Rechte (z.B.: Altenteil) keine einmalige Auszahlung des auf den Ersatzbetrag entfallenden Erlösanteils erfolgt, sondern eine Geldrente, die dem Jahreswert des Rechts gleichkommt

---

13 § 115 Rn. 3 ff.
14 *Böttcher*, ZVG, § 115 Rn. 24 f; *Stöber*, ZVG, § 115 Rn. 3.11.
15 *Stöber*, ZVG, § 115 Rn. 3.11.
16 *Hintzen*, in: *Dassler/Schiffhauer/u.a.*, ZVG, § 115 Rn. 4; *Teufel*, in: *Steiner*, ZVG, § 115 Rn. 66.
17 OLG Köln, Beschl. vom 30.9.1991 – 2 W 131/91, Rpfleger 1991, 519; *Teufel*, in: *Steiner*, ZVG, § 115 Rn. 61; *Stöber*, ZVG, § 115 Rn. 3.11; *Böttcher*, ZVG, § 115 Rn. 25.
18 Näheres zur Übertragung und ihrer Wirkungen siehe Kommentierung zu § 118.
19 Näheres siehe Kommentierung zu § 111.
20 Der Anspruchswegfall kann durch Ausfall der aufschiebenden Bedingung oder Eintritt der auflösenden Bedingung eintreten; siehe auch § 119 Rn. 3 ff.
21 Siehe auch Kommentierung zu § 14 und § 119.

und alle drei Monate im Voraus gezahlt wird. Zu diesem Zweck wird ein Deckungskapital für das erloschene Recht ermittelt, der darauf entfallende Anteil des Versteigerungserlöses hinterlegt und aus dem Hinterlegungsbetrag zzgl. Zinsen die Rentenzahlung ermöglicht (§§ 121, 119, 120). Zugleich bedarf es auch einer Bestimmung, wem der hinterlegte Betrag nebst Zinsen zusteht, wenn der Rentenanspruch erlischt. Näheres entnehmen Sie bitte den Kommentierungen zu §§ 92, 121.

21 Ein Recht steht bei der Verteilung den übrigen Rechten nach (§ 111), wenn es entgegen der Aufforderung gemäß § 37 Nr. 4 nicht rechtzeitig angemeldet oder glaubhaft gemacht wurde. Damit es an dieser Rangposition überhaupt Berücksichtigung findet, muss es jedoch spätestens im Verteilungstermin angemeldet werden, § 114.[22]

22 d) **Versteigerung mehrerer Objekte.** Gemäß § 18 kann bei Vorliegen bestimmter Voraussetzungen die Versteigerung mehrerer Grundstücke in einem Verfahren erfolgen. Hinsichtlich der geringsten Gebote und der Zuschlagsentscheidung enthalten §§ 63, 64, 83 besondere Bestimmungen. Auch hinsichtlich der Erlösverteilung sind besondere Regelungen von Nöten. Dies gilt insbesondere, wenn der Zuschlag auf das Gesamtausgebot erteilt wurde, die Masse zur vollständigen Befriedigung der Gläubiger der unterschiedlich belasteten Grundstücke nicht ausreicht oder die Grundstücke verschiedenen Eigentümern gehörten (§ 112).[23] § 122 enthält außerdem Sonderregelungen für die Zuteilung auf Gesamtrechte.

23 e) **Mithaftende Grundstücke.** Wird für einen Anspruch, für den auch ein anderes Grundstück haftet, der zugeteilte Betrag nicht gezahlt, ist § 123 zu beachten. Die Norm greift sowohl in den Fällen, in denen alle oder einige mithaftende Grundstücke in einem Verfahren versteigert werden, als auch im Fall der Versteigerung nur eines der mithaftenden Objekte.[24]

24 f) **Unbekannte Beteiligte.**[25] Gemäß § 117 ist der Teilungsplan durch Zahlung an die Berechtigten auszuführen. Es ist auf die tatsächliche Berechtigung nach materiellem Recht abzustellen,[26] so dass es beispielsweise bei Zuteilung auf den Kapitalbetrag eines Briefgrundpfandrechts der Vorlage des Grundpfandrechtsbriefes bedarf. Ist der Berechtigte einer Zahlung unbekannt, so ist gemäß § 126 im Teilungsplan festzustellen, wem der Betrag zusteht, sofern der Beteiligte nicht ermittelt wird. Gleichzeitig wird gemäß § 135 ein Vertreter zur Ermittlung des Unbekannten bestellt. Sofern der Berechtigte dann nachträglich ermittelt wird, wird der Plan entsprechend ausgeführt (§ 137). Sollte aber der Berechtigte nicht innerhalb von drei Monaten seit dem Verteilungstermin ermittelt werden, ermächtigt das Gericht gemäß § 138 auf Antrag den Begünstigten der alternativen Zuteilung zur Beantragung des Aufgebotsverfahrens mit dem Ziel des Ausschlusses des unbekannten Berechtigten. Das Aufgebotsverfahren ist nicht Bestandteil des Versteigerungsverfahrens und über § 12 EGZVG sind **landesspezifische Abweichungen** bzgl. Art der Bekanntmachung und der Aufgebotsfristen von §§ 435, 437 FamFG möglich (siehe § 12 EGZVG). Soweit über § 140 keine Sonderregelungen greifen, gelten im Übrigen für das Aufgebotsverfahren §§ 433 ff. FamFG. Auch das weitere Verfahren für den Fall der Ermittlung des Berechtigten nach Erteilung der Aufgebotsermächtigung oder Erlass des Ausschließungsbeschlusses ist in §§ 135 ff. geregelt.

---

[22] Siehe auch Kommentierung zu §§ 111, 114.
[23] Siehe auch Kommentierung zu § 112.
[24] Siehe § 123 Rn. 3 ff.
[25] Siehe auch Kommentierung zu §§ 126, 135 ff.
[26] *Stöber*, ZVG, § 117 Rn. 2.2; *Teufel*, in: *Steiner*, ZVG, § 117 Rn. 4.

g) **Zuzahlungsbeträge**[27]. Ein Recht, welches der Ersteher gemäß § 52 ZVG als bestehen bleibendes Recht zu übernehmen hätte, das aber bereits vor dem Zuschlag erloschen oder nie zur Entstehung gelangt ist, würde dem Ersteher einen wirtschaftlichen Vorteil zu Lasten des ehemaligen Grundstückseigentümers geben. Durch den gemäß §§ 50, 51 ZVG vom Ersteher zu zahlenden „Zuzahlungsbetrag" wird dieser Vorteil ausgeglichen. Ein Zuzahlungsbetrag ist vom Ersteher außerdem zu entrichten, wenn ein im geringsten Gebot berücksichtigtes Recht (§ 52) bedingt ist und die aufschiebende Bedingung ausfällt oder die auflösende Bedingung eintritt oder wenn das Recht noch an einem weiteren Grundstück besteht und an dem versteigerten Grundstück nach den besonderen Vorschriften über die Gesamthypothek erlischt (§ 52 Abs. 2). Der den Zuzahlungsfall gemäß § 52 Abs. 2 auslösende Wegfall des Rechtes tritt erst nach dem Zuschlag ein. Die Höhe des Zuzahlungsbetrages bestimmt § 50 Abs. 1 für den Wegfall einer Hypothek, Grund- oder Rentenschuld. Sofern es sich um ein anderes Recht handelt, hat das Gericht bereits bei der Aufstellung des geringsten Gebotes den Zuzahlungsbetrag bestimmt (§ 51 Abs. 2).

25

Bei der Erlösverteilung wird der Zuzahlungsbetrag, sofern die entsprechenden Voraussetzungen gegeben sind, gemäß § 125 berücksichtigt. Sofern ungewiss oder streitig ist, ob ein solcher Betrag vom Ersteher zu zahlen ist, erfolgen die Zuteilung und die Übertragung unter der entsprechenden Bedingung (§ 125 Abs. 2). Sofern sich erst nach dem Verteilungstermin herausstellt, dass ein Zuzahlungsbetrag durch den Ersteher zu entrichten ist (§§ 50, 51) und dieser Umstand bei der Aufstellung des Teilungsplanes keine Berücksichtigung gefunden hat, findet keine Nachtragsverteilung durch das Versteigerungsgericht statt.[28] Ein ausgefallener Gläubiger, der den Zuzahlungsbetrag für sich in Anspruch nimmt, hat diesen im Prozesswege gegen den Ersteher geltend zu machen.[29]

26

h) **Vollstreckung gegen den Ersteher pp.** Der Zuschlagsbeschluss ist gemäß § 93 Abs. 1 Satz 1 ein Titel, der die Zwangsvollstreckung gegen den Besitzer des Grundstücks oder eines mitversteigerten Gegenstandes auf Räumung oder Herausgabe ermöglicht. Im Fall der Nichtzahlung des Versteigerungserlöses tituliert er nach Ausführung des Teilungsplanes einschließlich Forderungsübertragung gegen den Ersteher und mithaftende Bürgen oder Meistbietende gemäß § 132 auch den persönlichen und dinglichen Anspruch (aus einer Sicherungshypothek gem. § 128) gegen den Ersteher. Keine Titulierung erfolgt hinsichtlich von Zuzahlungsbeträgen (§ 132 Abs. 1 Satz 2, §§ 50, 51). Näheres zur Klausel regelt § 133 Abs. 2. Außerdem enthalten §§ 132, 133 ZVG Erleichterungen für die Zwangsvollstreckung in das Versteigerungsobjekt.

27

3. **Alternativen – §§ 143–145.** Die Erlösverteilung durch das Versteigerungsgericht unterbleibt, soweit eine **außergerichtliche Einigung der Beteiligten über die Erlösverteilung** durch öffentliche oder öffentlich beglaubigte Urkunden nachgewiesen wird. Sie unterbleibt auch, wenn der Ersteher, mithaftende Bürge oder mithaftende Meistbietenden den Nachweis einer **außergerichtlichen Befriedigung** der Berechtigten mittels öffentlicher oder öffentlich beglaubigter Urkunden erbringt. Dies reduziert die Gerichtskosten gemäß § 109 ZVG, da sich die Gebühr für das Verteilungsverfahren (Nr. 2215 KV GKG) auf 0,25 reduziert (Nr. 2216 KV GKG). Hierdurch reduziert sich jedoch nicht

28

---

27 Siehe auch Kommentierung zu §§ 50, 51, 125.
28 *Teufel*, in: *Steiner*, ZVG, § 125 Rn. 23 (der jedoch eine Nachtragsverteilung unter Umständen für möglich ansieht); *Hintzen*, in: *Dassler/Schiffhauer/u.a.*, ZVG, § 125 Rn. 14; *Jaeckel/Güthe*, ZVG, § 125 Rn. 9; a. A.: OLG Hamm, JMBlNW 1961, 134.
29 BGH, Urteil vom 2.11.1965 – V ZR 82/63, NJW 1966, 154; *Hintzen*, in: *Dassler/Schiffhauer/u.a.*, ZVG, § 125 Rn. 14.

die Zahlungspflicht des Erstehers (oder mithaftenden Bürgen bzw. mithaftenden Meistbietenden), sondern nur der aus der Teilungsmasse vorweg zu entnehmende Betrag für die Gerichtskosten. Eine außergerichtliche Einigung der Beteiligten ermöglicht u. a. eine von den gesetzlichen Grundlagen abweichende Erlösverteilung. Für den bzw. die Zahlungspflichtigen könnten im Falle von §§ 143, 144 geänderten Zahlungsmodalitäten von Vorteil sein. Allerdings besteht bei der außergerichtlichen Befriedigung der Berechtigten die Gefahr, dass es in Folge einer fristgerechten Erinnerung eines Beteiligten (§ 144 Abs. 2) dennoch zur Durchführung des gerichtlichen Verteilungsverfahrens kommt.[30] Hinsichtlich der genauen Verfahrensabläufe und Voraussetzungen wird auf die Kommentierungen zu §§ 143 bis 145 verwiesen.

III. Handlungsmöglichkeiten

29 Auch im Verteilungsverfahren gibt es vielfältige Möglichkeiten der Einflussnahme durch die Verfahrensbeteiligten. Exemplarisch sind nachfolgend einige der Möglichkeiten aufgeführt. Details etc. können den Kommentierungen der entsprechenden Normen entnommen werden.

30 **Ersteher, mithaftende Meistbietende** oder **mithaftende Bürgen** haben beispielsweise die Möglichkeit, sich durch Nachweis der Hinterlegung des Betrages unter Ausschließung der Rücknahme im Verteilungstermin von ihren Verbindlichkeiten zu befreien (§ 49)[31], das Meistgebot nebst Zinsen gemäß § 49 Abs. 3 zu entrichten oder den Versteigerungserlös nicht zu entrichten (§§ 118, 128). Alternativ könnte auch die außergerichtliche Befriedigung gemäß § 144 oder die außergerichtliche Einigung über die Erlösverteilung gemäß § 143 nachgewiesen werden (Rn. 28 f.).[32] Des Weiteren kann der Antrag auf Aussetzung der Ausführung des Teilungsplanes vor Rechtskraft des Zuschlagsbeschlusses gemäß § 116 gestellt werden.[33]

31 **Beteiligte** können das Verteilungsverfahren beispielsweise durch Anmeldung ihrer Ansprüche (§ 114), Teilnahme am Verteilungstermin einschließlich Verhandlung über den Zuschlag (§§ 113, 115, §§ 878 ff. ZPO) inklusive Einlegung eines Widerspruchs oder einer sofortigen Beschwerde (§ 113 Rn. 13 ff.) beeinflussen.[34] Im Falle der Hinterlegung von Beträgen kann unter Umständen die Art der Anlegung bestimmt werden (z. B.: § 120 Abs. 2). Berechtigte von Gesamtgrundpfandrechten können die Verteilung gemäß § 122 ZVG durch Verteilung gemäß § 1132 Abs. 1 Satz 2 BGB umgehen. Durch ordnungsgemäße (und rechtzeitige) Legitimation gemäß § 126 wird das Verfahren gemäß §§ 126, 135 ff. vermieden. Beteiligte, die eine Zuteilung für den Fall erhalten, dass ein unbekannter Berechtigter nicht ermittelt wird (§ 126), haben die Möglichkeit, drei Monate nach dem Verteilungstermin den Antrag auf Erteilung der Ermächtigung zur Beantragung des Aufgebotsverfahrens zum Zwecke der Ausschließung des Unbekannten zu stellen (§ 138).[35] Auch die Vermeidung des gerichtlichen Verteilungsverfahrens durch Nachweis einer außergerichtlichen Einigung über die Erlösverteilung gemäß § 143 ist den Beteiligten möglich(Rn. 28 f.).[36] Im Falle einer außergerichtlichen Befriedigung können die

---

30 Siehe § 144 Rn. 13.
31 Zum Ende der Verzinsung siehe § 107 Rn. 5.
32 Siehe auch Kommentierung zu §§ 143,144.
33 Siehe Rn. 4 und Kommentierung zu § 116.
34 Siehe die entsprechenden Kommentierungen zu §§ 113, 115.
35 Siehe Kommentierungen zu §§ 126, 135 ff.
36 Siehe auch Kommentierung zu §§ 143,144, 145.

Beteiligten Einsicht in die niedergelegten Urkunden nehmen und Erinnerungen binnen zwei Wochen geltend machen (§ 144).[37]

IV. Anwendung außerhalb des Zwangsversteigerungsverfahrens

Gemäß § 3 Nr. 1 l und m RPflG ist der Rechtspfleger auch für Verteilungsverfahren zuständig, die außerhalb der Zwangsversteigerung nach den für die Verteilung des Erlöses im Falle der Zwangsversteigerung geltenden Vorschriften jedoch mit Abweichungen oder Besonderheiten durchzuführen sind. Dies sind beispielsweise folgende Verfahren:[38] **32**
- § 119 Abs. 3 BauGB (im Rahmen des Enteignungsverfahrens),
- § 75 Abs. 2 FlurbG,
- § 54 Abs. 3 Landesbeschaffungsgesetz (Gesetz über die Landbeschaffung für Aufgaben der Verteidigung),
- § 94 Abs. 4 Bundesberggesetz,
- § 28 Abs. 2 Luftverkehrsgesetz,
- § 55 Bundesleistungsgesetz,
- Art. 53 Abs. 1, Art. 53a EGBGB
- § 12 Schutzbereichsgesetz (Gesetz über die Beschränkung von Grundeigentum für die militärische Verteidigung).

---

37 Siehe Kommentierung zu §§ 144, 145.
38 Siehe auch *Arnold/Meyer-Stolte/u.a.*, RPflG, § 3 Rn. 75 ff. und *Teufel*, in: *Steiner*, ZVG, Vorbem. zu §§ 105 ZVG Rn. 6 ff.

§ 105 ZVG [Bestimmung des Verteilungstermins]

(1) Nach der Erteilung des Zuschlags hat das Gericht einen Termin zur Verteilung des Versteigerungserlöses zu bestimmen.

(2) Die Terminsbestimmung ist den Beteiligten und dem Ersteher sowie im Falle des § 69 Abs. 3 dem für mithaftend erklärten Bürgen und in den Fällen des § 81 Abs. 2, 3 dem Meistbietenden zuzustellen. Als Beteiligte gelten auch diejenigen, welche das angemeldete Recht noch glaubhaft zu machen haben.

(3) Die Terminsbestimmung soll an die Gerichtstafel angeheftet werden.

(4) Ist die Terminsbestimmung dem Ersteher und im Falle des § 69 Abs. 3 auch dem für mithaftend erklärten Bürgen sowie in den Fällen des § 81 Abs. 2, 3 auch dem Meistbietenden nicht zwei Wochen vor dem Termin zugestellt, so ist der Termin aufzuheben und von neuem zu bestimmen, sofern nicht das Verfahren genehmigt wird.

Übersicht

		Rn.
I.	Allgemeines	1, 2
II.	Terminsbestimmung (Abs. 1)	3–6
1.	Terminsanberaumung	3
2.	Inhalt der Terminsbestimmung	4, 5
3.	Fristen (Abs. 2 + 4)	6
III.	Zustellung der Terminsbestimmung (Abs. 2 + 4)	7
IV.	Bekanntmachung der Terminsbestimmung (Abs. 3)	8
V.	Terminsverlegung oder –unterbrechung	9–11
VI.	Rechtsbehelfe	12, 13

I. Allgemeines

1 Gemäß § 90 Abs. 1 ist das Grundstückseigentum auf den Ersteher übergegangen und der Versteigerungserlös tritt an die Stelle des Eigentums am Versteigerungsobjekt (§ 92 ZVG – Surrogationsprinzip). Das Versteigerungsverfahren wird nunmehr durch die gerichtliche Erlösverteilung (Ausnahme: §§ 143, 144) weitergeführt.

2 Die Norm ist außer in der Vollstreckungsversteigerung **anwendbar** bei der Versteigerung zur Aufhebung der Gemeinschaft (§ 180 ZVG), der Versteigerung auf Antrag des Insolvenzverwalters (§§ 172 ff.) und in der Nachlassversteigerung (§§ 175 ff.). Hinsichtlich der Zwangsverwaltung sind Besonderheiten zu beachten (§ 156). Im Übrigen siehe Einführung vor § 105.

II. Terminsbestimmung (Abs. 1)

3 1. **Terminsanberaumung.** Die Terminsanberaumung schließt sich unmittelbar an die wirksame Zuschlagserteilung (§§ 89, 104) an. Keine Voraussetzung ist die Rechtskraft des Zuschlages (siehe auch § 116). Die Anberaumung sollte unmittelbar an die Zuschlagserteilung anschließen, so dass in einer Verfügung die Zustellungen etc. verbunden werden (Ersparnis von zusätzlichen Kosten).

4 2. **Inhalt der Terminsbestimmung.** Anders als im Falle des Versteigerungstermins (§§ 37, 38) gibt es diesbzgl. keine gesetzlichen Regelungen. Die Terminsbestimmung sollte jedoch Folgendes enthalten: Angabe des Gerichts und des Terminszweckes, Bezeichnung des Verfahrens, Datum, Uhrzeit und Ort des

Termins.¹ Sinnvoll ist außerdem ein Hinweis auf die evtl. Notwendigkeit der Vorlage von Legitimationspapieren (Legitimation als Beteiligter zur Teilnahme am Termin, §§ 117, 126). Vielfach werden die Beteiligten um Übersendung einer Berechnung ihrer Ansprüche gebeten (kein Fall von § 106; § 106 Rn. 9). Möglich ist auch ein Hinweis auf § 114 und die Folgen einer unterlassenen Anmeldung. Zur Verfahrensvereinfachung sollten auch Hinweise über die Entrichtung des Bargebotes (§§ 49, 107) erfolgen.²

Der Termin wird an der Gerichtsstelle (§ 219 ZPO) oder nach Ermessen des Gerichts an einem anderen Ort im Gerichtsbezirk (analog § 36 Abs. 3) abgehalten. **5**

3. **Fristen (Abs. 2 + 4).** Die Zustellung der Terminsbestimmung an die Zahlungsverpflichteten (Ersteher, für mithaftend erklärten Bürgen oder Meistbietende) muss mindestens zwei Wochen vor dem Termin erfolgen. Bei Nichteinhaltung der Frist ist der Termin aufzuheben und von neuem bestimmen, sofern das Verfahren von den betroffenen Zahlungsverpflichteten nicht genehmigt wird. **6**

III. Zustellung der Terminsbestimmung (Abs. 2 + 4)

Die Terminsbestimmung ist den Beteiligten, dem Ersteher (siehe auch Rn. 6), den für mithaftend erklärten Bürgen (§ 69 Abs. 3) und dem für mithaftend erklärten Meistbietenden (§ 81 Abs. 4) zuzustellen (Abs. 2). Sie soll auch der Justizkasse zugestellt werden.³ Soweit nicht die Ladungsfristen gemäß Abs. 4 zu beachten sind, hat die Zustellung so rechtzeitig vor dem Termin zu erfolgen, dass den Beteiligten eine ordnungsgemäße Terminsvorbereitung möglich ist.⁴ **7**

IV. Bekanntmachung der Terminsbestimmung (Abs. 3)

Die Terminsbestimmung ist an die Gerichtstafel zu heften. Weitere Veröffentlichungen sind nicht vorgesehen, da es sich um eine nichtöffentliche Sitzung handelt (§ 113 Rn. 2). **8**

V. Terminsverlegung oder -unterbrechung

Bei Nichteinhaltung der Ladungsfrist (Abs. 4) ist der Termin aufzuheben und von neuem zu bestimmen, wenn das Verfahren von dem oder den Betroffenen nicht genehmigt wird. Einer bestimmten Form bedarf die Erklärung nicht, so dass sie auch konkludent erfolgen kann. Eine fehlende oder unzumutbar verspätete Terminszustellung an einen Beteiligten ist wie eine Nichteinhaltung einer Ladungsfrist zu behandeln.⁵ **9**

Aus erheblichen Gründen kann der Termin gemäß § 227 ZPO aufgehoben oder verlegt sowie eine Verhandlung vertagt werden. **10**

Im Falle einer Zuschlagsbeschwerde kann das Vollstreckungs- oder Beschwerdegericht den Termin gemäß **§ 570 Abs. 2 und 3 ZPO** aufheben und die Aussetzung der Verteilung anordnen (§ 116 Rn. 1).⁶ **11**

---

1 Muster einer Terminsbestimmung: *Stöber*, ZVG-Handbuch, Rn. 403.
2 Muster eines Merkblattes zur Entrichtung des Bargebotes: *Stöber*, ZVG-Handbuch, Rn. 404.
3 *Perger*, Rpfleger 1991, 45.
4 *Hintzen*, in: *Dassler/Schiffhauer/u.a.*, ZVG, § 105 Rn. 5.
5 *Stöber*, ZVG, § 105 Rn. 7.3.
6 *Hintzen*, in: *Dassler/Schiffhauer/u.a.*, ZVG, § 105 Rn. 4.

VI. Rechtsbehelfe[7]

12 Nichtbeachtung der Ladungsfrist gemäß Abs. 4 kann mit **sofortiger Beschwerde** (§ 11 Abs. 1 RPflG, §§ 793, 576 ff. ZPO) gerügt werden.[8] Ist der Erlös noch nicht verteilt, ist der Termin aufzuheben und von neuem zu bestimmen. Sofern der Teilungsplan jedoch bereits ausgeführt wurde, ist zu differenzieren: Ist die Zahlung des Zahlungspflichtigen (Ersteher, mithaftender Meistbietender oder mithaftender Bürge) erfolgt, liegt darin i.d.R. die Genehmigung i.S.d. Abs. 4, so dass die sofortige Beschwerde keine Erfolgsaussicht hat.[9] Erfolgte die Planausführung durch Forderungsübertragung gemäß § 118, führt die Verfahrensaufhebung zur Unwirksamkeit der Forderungsübertragung, so dass in einem neuen Termin ein neuer Teilungsplan aufgestellt und ausgeführt wird.[10]

13 Die Verzögerung der Terminsbestimmung kann mit einer Dienstaufsichtsbeschwerde oder der Vollstreckungserinnerung § 766 ZPO angegriffen werden.[11]

---

[7] Siehe auch: Rechtsbehelfe im ZVG Rn. 3 und 51 ff.
[8] *Teufel*, in: Steiner, ZVG, § 105 Rn. 29.
[9] *Teufel*, in: Steiner, ZVG, § 105 Rn. 29.
[10] *Hintzen*, in: Dassler/Schiffhauer/u.a., ZVG, § 105 Rn. 6.
[11] *Stöber*, ZVG, § 105 Rn. 4.5.

§ 106 ZVG [Terminsvorbereitung; vorläufiger Teilungsplan]

Zur Vorbereitung des Verteilungsverfahrens kann das Gericht in der Terminsbestimmung die Beteiligten auffordern, binnen zwei Wochen eine Berechnung ihrer Ansprüche einzureichen. In diesem Fall hat das Gericht nach dem Ablaufe der Frist den Teilungsplan anzufertigen und ihn spätestens drei Tage vor dem Termin auf der Geschäftsstelle zur Einsicht der Beteiligten niederzulegen.

Übersicht

		Rn.
I.	Allgemeines	1, 2
II.	Terminsvorbereitung	3
III.	Aufforderung	4, 5
IV.	Teilungsplan	6
V.	Niederlegung (Satz 2)	7
VI.	Alternative	8, 9

I. Allgemeines

Die Vorschrift findet auf alle Versteigerungsverfahren nach dem ZVG Anwendung. **1**

Die Norm regelt eine besondere Form der Terminsvorbereitung. Dies bedeutet nicht, dass das Gericht ansonsten den Verteilungstermin nicht vorzubereiten hat.[1] **2**

II. Terminsvorbereitung

Es handelt sich um die einzige gesetzlich normierte Vorbereitung des Verteilungstermines. Das Gericht hat sich immer auf einen Verteilungstermin vorzubereiten. Insbesondere die Fertigung eines Entwurfs des Teilungsplans stellt einen üblichen und notwendigen Teil der Vorbereitung dar. Wird von § 106 Gebrauch gemacht, hat das Gericht einen vorläufigen Teilungsplan aufzustellen und spätestens drei Tage vor dem Termin niederzulegen. **3**

III. Aufforderung

Die Aufforderung der Beteiligten zur Einreichung einer **Berechnung** ihrer Ansprüche binnen zwei Wochen ist grundsätzlich mit der Terminsbekanntmachung gemäß § 105 Abs. 2 Satz 2 zu verbinden, kann aber auch gesondert erfolgen.[2] Gleichzeitig ist auf die Rechtsfolge (Pflicht zur Erstellung eines vorläufigen Plans und dessen Niederlegung zur Einsicht der Beteiligten auf der Geschäftsstelle spätestens drei Tage vor Termin) hinzuweisen.[3] **4**

Die Beteiligten werden zur Berechnung ihrer Ansprüche aufgefordert, also nicht nur zur Einreichung einer Anmeldung. Dies dient der Arbeitserleichterung des Rechtspflegers und der Vermeidung von Fehlern.[4] Die Beteiligten sind **5**

---

1 Bzgl. des Versteigerungstermins: *Stöber*, ZVG, § 66 Rn. 3.4 m. w. N.
2 *Teufel*, in: *Steiner*, ZVG, § 106 Rn. 8.
3 *Hintzen*, in: *Dassler/Schiffhauer/u. a.*, ZVG, § 106 Rn. 5.
4 *Teufel*, in: *Steiner*, ZVG, § 106 Rn. 12.

nicht gezwungen, dieser Aufforderung zu folgen, sondern können die Berechnung im Verteilungstermin nachreichen, ergänzen oder ändern.⁵ Es wird also der Zeitpunkt für eine notwendige Anmeldung gemäß § 114 durch § 106 nicht verlagert (§ 114 Rn. 2 ff.).

IV. Teilungsplan

6 Auch wenn im Gesetzestext nicht (ausdrücklich) normiert, handelt es sich bei dem in Folge der Aufforderung vom Gericht zu erstellenden Plan nur um einen vorläufigen Teilungsplan. § 113 bleibt ebenso wie §§ 107 ff. unverändert bestehen und das Gericht ist im Verteilungstermin nicht an diesen Plan gebunden.⁶

V. Niederlegung (Satz 2)

7 Der vom Gericht erstellte vorläufige Teilungsplan ist vom Gericht spätestens drei Tage vor dem Termin auf der Geschäftsstelle zur Einsicht der Beteiligten niederzulegen. Dieser Planentwurf ist kein gerichtsinterner Entwurf (§ 299 Abs. 4 ZPO), so dass die Beteiligten eine Abschrift des Entwurfs gemäß § 299 Abs. 1 ZPO verlangen können.⁷

VI. Alternative

8 Die Praxis macht von § 106 kaum Gebrauch. Sinnvoll kann (auch ergänzend) ein besonderer (Vor-) Termin zur Erörterung sein.⁸

9 Eine Bitte um Einreichung einer Berechnung zwei Wochen vor dem Termin löst für das Gericht keine Pflicht zur Planerstellung und Niederlegung aus, eingereichte Berechnungen erleichtern jedoch die Terminsvorbereitung. Der daraufhin erstelle Planentwurf ist lediglich ein gerichtsinterner Entwurf (§ 299 Abs. 4 ZPO), von dem keine Abschriften verlangt werden können (Rn 7).

---

5 *Hintzen*, in: *Dassler/Schiffhauer/u. a.*, ZVG, § 106 Rn. 4.
6 *Hintzen*, in: *Dassler/Schiffhauer/u. a.*, ZVG, § 106 Rn. 5.
7 *Teufel*, in: *Steiner*, ZVG, § 106 Rn. 16.
8 *Teufel*, in: *Steiner*, ZVG, § 106 Rn. 5.

§ 107 ZVG [Teilungsmasse]

(1) In dem Verteilungstermin ist festzustellen, wieviel die zu verteilende Masse beträgt. Zu der Masse gehört auch der Erlös aus denjenigen Gegenständen, welche im Falle des § 65 besonders versteigert oder anderweit verwertet sind.

(2) Die von dem Ersteher im Termine zu leistende Zahlung erfolgt an das Gericht. § 49 Abs. 3 gilt entsprechend.

(3) Ein Geldbetrag, der zur Sicherheit für das Gebot des Erstehers bei der Gerichtskasse einbezahlt ist, wird auf die Zahlung nach Absatz 2 Satz 1 angerechnet.

Schrifttum: *Schiffhauer*, zur Abgabe von Befriedigungserklärungen im Verteilungstermin, 1988, 498; *Krammer/Riedel*, Pfändung des Anspruchs aus dem Meistgebot, Rpfleger 1989, 144; *Hock*, Die Verbannung des Bargeldes durch das 2. Justizmodernisierungsgesetz aus dem Zwangsversteigerungsverfahren – eine kritische Betrachtung, RpflStud 2007, 97; *Böttcher*, Schuldner, Bieter- und Erstehzahlungen im Versteigerungsverfahren, ZfIR 2007, 597.

Übersicht

		Rn.
I.	Normzweck	1
II.	Allgemeines	2
III.	Teilungsmasse	3–9
1.	Allgemeines	3
2.	Bares Meistgebot	4
3.	Zinsen auf das bare Meistgebot	5
4.	Hinterlegungszinsen	6
5.	Erlös einer besonderen Verwertung (§ 65)	7
6.	Zuzahlungsbetrag (§§ 50, 51)	8
7.	Umsatzsteuer	9
IV.	Reduktion der Teilungsmasse	10, 11
V.	Feststellung der Teilungsmasse	12–14
VI.	Entrichtung der Teilungsmasse	15–21
1.	Zahlung ans Gericht (Abs. 2 Satz 1)	15–17
2.	Hinterlegung	18
3.	Befriedigungserklärung des Erstehers	19
4.	Befriedigungserklärung eines Berechtigten	20
5.	Aufrechnung durch den Ersteher	21
VII.	Sicherheitsleistung (Abs. 3)	22
VIII.	Rechtsbehelf	23

I. Normzweck

Geregelt wird der Umfang, die Feststellung und die Form der Entrichtung der Teilungsmasse. **1**

II. Allgemeines

2 Die Norm gilt für alle Versteigerungsverfahren des ZVG. § 107 Abs. 3 greift jedoch nicht im Falle der außergerichtlichen Befriedigung oder Erlösverteilung (§§ 143, 144, s. a. § 143 Rn. 3, § 144 Rn. 3 ff.).

III. Teilungsmasse

3 **1. Allgemeines.** Die Teilungsmasse stellt das Entgelt des Erstehers für den Erwerb des Eigentums dar und gehört zum Vermögen desjenigen, der vor dem Zuschlag Eigentümer des Versteigerungsobjektes war. Das Grundstückseigentum hat der Ersteher gemäß § 90 Abs. 1 ZVG ohne vorherige Entrichtung seines Meistgebotes erwerben können. Die Teilungsmasse besteht überwiegend aus Bargebot und Bargebotszinsen.

4 **2. Bares Meistgebot.** Das Bargebot ist Teil der Teilungsmasse und setzt sich gemäß § 49 Abs. 1 ZVG aus dem geringsten Bargebot und dem vom Ersteher darüber hinaus gebotenen Betrag zusammen. Schuldner des baren Meistgebotes ist der Ersteher. Außerdem besteht u. U. eine gesamtschuldnerische Haftung des Meistbietenden (§§ 82, 81 Abs. 4) bzw. des für mithaftend erklärten Bürgen (§§ 82, 69 Abs. 3).

5 **3. Zinsen auf das bare Meistgebot.** Gemäß § 49 Abs. 2 ZVG ist das Bargebot vom Zuschlag an (§§ 89, 101 Abs. 2, § 104; inkl.) zu verzinsen. Die Zinspflicht (4 %, § 246 BGB; siehe auch § 49 Rn. 5 und § 118 Rn. 16 ff.) endet einen Tag vor der Erfüllung der Leistungspflicht (für diesen Tag fallen noch Zinsen an).[1]

6 **4. Hinterlegungszinsen.** Durch Hinterlegung und Verzicht auf das Recht zur Rücknahme wird der Ersteher von seiner Zahlungspflicht befreit (§ 49 Abs. 4) und die Verzinsungspflicht endet einen Tag vor Eintritt der entsprechenden Voraussetzungen. Anfallende Hinterlegungszinsen (§ 8 HinterlO[2]) sind Teil der Teilungsmasse.

7 **5. Erlös einer besonderen Verwertung (§ 65).** Auch der Erlös einer besonderen Versteigerung oder anderweitigen Verwertung gemäß § 65 gehört zur Teilungsmasse. Dies gilt auch für den Erlös einer gesonderten Verwertung von Gegenständen, deren Versteigerung zunächst einstweilen eingestellt war (§ 37 Nr. 5, analog § 65; § 65 Rn. 11).[3]

8 **6. Zuzahlungsbetrag (§§ 50, 51).** Soweit ein im geringsten Gebot als bestehen bleibend berücksichtigtes Recht nicht besteht, hat der Ersteher einen Zuzahlungsbetrag zu leisten (§§ 50, 51). Dieser Betrag dient ebenfalls der Gläubigerbefriedigung und gehört insofern zur Teilungsmasse.[4] Unter den Voraussetzungen des § 125 ist ein Zuzahlungsbetrag im Teilungsplan zu berücksichtigen. Zahlungen sind insoweit aber nicht an das Gericht zu leisten, sondern werden durch Forderungsübertragung gegen den Ersteher ausgeführt (§ 125 Rn. 11 ff.).

---

[1] *Hintzen*, in: Dassler/Schiffhauer/u. a., ZVG, § 107 Rn. 4, 5.
[2] Hinterlegungsordnung aufgehoben m.W.v. 1.12.2010 durch Art. 17 des zweiten Gesetzes über die Bereinigung von Bundesrecht im Zuständigkeitsbereich des Bundesministeriums der Justiz. Gem. § 39 HinterlO können die Bundesländer schon vor dem 1.12.2010 abweichende Regelungen treffen; *Ruckheim*, Rpfleger 2010, 1.
[3] *Jaeckel/Güthe*, ZVG, § 107 Rn. 1 ff.; *Hintzen*, in: Dassler/Schiffhauer/u. a., ZVG, § 107 Rn. 6.
[4] So auch *Teufel*, in: Steiner, ZVG, § 125 Rn. 7; anders: *Hintzen*, in: Dassler/Schiffhauer/u. a., ZVG, § 107 Rn. 7.

7. **Umsatzsteuer.** Bei dem Meistgebot einschließlich des auf Zubehör entfallenden Teilbetrages handelt es sich um einen Nettobetrag.[5] Ein Vorsteuerabzug ist dem Ersteher daher nicht möglich.[6]

IV. Reduktion der Teilungsmasse

Die Vereinbarung, dass ein durch Zuschlag erloschenes Recht bestehen bleibt (§ 91 Abs. 2), mindert die Teilungsmasse um den Betrag, welcher sonst dem Berechtigten gebühren würde (§ 91 Abs. 3; § 91 Rn. 85 ff.).

Eine Befriedigungserklärung des Erstehers oder eines Beteiligten mindert nicht die Teilungsmasse. Näheres siehe Rn. 15.

V. Feststellung der Teilungsmasse

In dem Verteilungstermin stellt das Gericht die Höhe und Zusammensetzung der Teilungsmasse fest. Dies erfolgt i.d.R. als Teil des gemäß § 113 aufzustellenden Teilungsplans (§ 113 Rn. 3).

Die Teilungsmasse stellt das Surrogat für das durch Zuschlag verlorene Grundstückseigentum des Vollstreckungsschuldners dar. Leistet der Ersteher infolge einer fehlerhaften Berechnung und Feststellung der Teilungsmasse einen zu **hohen Betrag** ans Gericht, kann er vom letztrangig Befriedigten keine Herausgabe wegen ungerechtfertigter Bereicherung verlangen.[7] Die Gläubiger werden aus dem schuldnerischen Vermögen befriedigt und nicht aus dem Vermögen des Erstehers.[8]

Eine Fehlerhafte Berechnung der Teilungsmasse kann mit der sofortigen Beschwerde angefochten werden (§ 11 Abs. 1 RPflG; § 793 ZPO, siehe Rn. 23). Wegen des Vertrauens auf die Richtigkeit der gerichtlichen Feststellung der Teilungsmasse führt ein Unterlassen der Anfechtung der Feststellung i.d.R. nicht zu einem Haftungsausschluss gemäß § 839 Abs. 3 BGB.[9]

VI. Entrichtung der Teilungsmasse

1. **Zahlung ans Gericht (Abs. 2 Satz 1).** Die vom Ersteher zu leistende Zahlung erfolgt gemäß Abs. 2 Satz 1 an das Gericht und § 49 Abs. 3 gilt entsprechend (Abs. 2 Satz 2). Das Gericht ist nicht Gläubiger der Erlösforderung.[10] Der Anspruch auf den Versteigerungserlös steht dem bisherigen Grundstückseigentümer zu und ist mit sämtlichen Ansprüchen auf Befriedigung aus dem Grundstück belastet, die nicht den Ersteher treffen.[11]

Die **Pfändung** des Anspruchs des Grundstückseigentümers ist erst ab Zuschlagserteilung möglich (zuvor nur Vollstreckung in das Grundstück, §§ 864 ff. ZPO).[12] Die Pfändung wird mit Zustellung des entsprechenden

---

5 BGH, Urteil vom 3.4.2003 – IX ZR 93/02, BGHZ 154, 327 = NJW 2003, 2238 = Rpfleger 2003, 450.
6 *Hintzen*, in: *Dassler/Schiffhauer/u.a.*, ZVG, § 58 Rn. 23.
7 BGH, Urteil vom 31.3.1977 – VII ZR 336/75, BGHZ 68, 276 = NJW 1977, 1287 = Rpfleger 1977, 246; *Teufel*, in: *Steiner*, ZVG, § 107 Rn. 34.
8 *Teufel*, in: *Steiner*, ZVG, § 107 Rn. 34.
9 BGH, Urteil vom 31.3.1977 – VII ZR 336/75, BGHZ 68, 276 = NJW 1977, 1287 = Rpfleger 1977, 246; *Teufel*, in: *Steiner*, ZVG, § 107 Rn. 35.
10 BGH, Urteil vom 31.3.1977 – VII ZR 336/75, BGHZ 68, 276 = NJW 1977, 1287 = Rpfleger 1977, 246
11 *Teufel*, in: *Steiner*, ZVG, § 107 Rn. 59.
12 *Stöber*, ZVG, § 114 Rn. 5.20 m.w.N.

Beschlusses an den Vollstreckungsschuldner wirksam (§ 857 Abs. 2 ZPO), da es an einem Drittschuldner fehlt.[13] Näheres siehe unter § 117 Rn. 5 und „Pfändungen im Zusammenhang mit einer ZwV".

17 Der Ersteher hat den Betrag durch **Überweisung** oder **Einzahlung** auf das Gerichtskonto so rechtzeitig zu entrichten, dass für die Gutschrift des Betrags im Verteilungstermin ein Nachweis gegeben ist (Abs. 2 Satz 2, § 49 Abs. 3). Das Fehlen des entsprechenden (rechtzeitigen) Nachweises führt zur Forderungsübertragung gemäß § 118.

18 2. **Hinterlegung.** Durch Hinterlegung wird der Ersteher von seiner Verbindlichkeit befreit, wenn die Hinterlegung und der Verzicht auf das Recht zur Rücknahme im Verteilungstermin nachgewiesen werden (§ 49 Abs. 4). Im Übrigen siehe § 49 Rn. 5.

19 3. **Befriedigungserklärung des Erstehers.** Sollte dem Ersteher aus der Teilungsmasse ein Befriedigungsrecht zustehen, so kann er eine Befriedigterklärung (unechte Befriedigungserklärung) abgeben, die zur Folge hat, dass an ihn als Berechtigten bei der Erlösverteilung nichts mehr ausgezahlt wird und die Zahlungspflicht des Erstehers, insoweit er mit seinem Anspruch bei Ausführung des Teilungsplanes zum Zuge gekommen wäre, entfällt.[14] Die Befriedigterklärung des Erstehers kann im Verteilungstermin zu Protokoll erklärt oder schriftlich nachgewiesen werden und wird mit Eingang beim Gericht wirksam und einen Tag vor diesem Zeitpunkt endet insoweit die Verzinsungspflicht des Erstehers.[15] Auch ein evtl. Zinsanspruch des Erstehers als Berechtigter endet einen Tag vor Wirksamwerden der Befriedigungserklärung.[16] Wegen unterschiedlicher Zinssätze kann dies zu Veränderungen der Zuteilung an den letztrangig zu befriedigenden Gläubiger führen. Nach anderer Ansicht ändert die Befriedigungserklärung nichts an den Zinspflichten des Erstehers und den Zinsansprüchen gegen den Vollstreckungsschuldner.[17] Folgt man letzterer Ansicht, wirkt sich die Erklärung nicht auf die Schuldenmasse und Zuteilung aus.

20 4. **Befriedigungserklärung eines Berechtigten.** Form und Wirkung der Befriedigungserklärung eines Berechtigten entsprechen derjenigen des Erstehers (Rn. 19).

21 5. **Aufrechnung durch den Ersteher.** Da der Anspruch auf den Versteigerungserlös dem Vollstreckungsschuldner (Eigentümer vor Zuschlagserteilung) zusteht, ist dem Ersteher die Erklärung einer Aufrechnung gegenüber Gläubigern mit einem Recht auf Befriedigung aus dem Versteigerungserlös erst nach Forderungsübertragung gemäß § 118 möglich.[18] Eine Aufrechnung des Erstehers gegen den Anspruch des Vollstreckungsschuldners wegen des auf diesen entfallenden Erlösüberschusses ist vor dessen Feststellung im Verteilungstermin ebenfalls ausgeschlossen, da der Vollstreckungsschuldner nicht über das Bargebot verfügen kann.[19]

---

13 *Teufel,* in: *Steiner,* ZVG, § 107 Rn. 60.
14 BGH, Urteil vom 17.5.1988 – IX ZR 5/87, Rpfleger 1988, 495 = NJW-RR 1988, 1146; *Schiffhauer,* Rpfleger 1988, 498.
15 *Schiffhauer* aaO.; a.A: *Stöber,* § 117 Rn. 4.2.: Schriftform nicht ausreichend, Nachweis der Befriedigungserklärung in öffentlicher oder öffentlich beglaubigter Urkunde erforderlich.
16 *Teufel,* in: *Steiner,* ZVG, § 107 Rn 64.
17 *Stöber,* ZVG, § 49 Rn. 3.3, § 117 Rn. 4.5; *Teufel,* in: *Steiner,* ZVG, § 117 Rn. 37 jeweils m.w.N.
18 *Hintzen,* in: *Dassler/Schiffhauer/u.a.,* ZVG, § 107 Rn. 18; *Teufel,* in: *Steiner,* ZVG, § 117 Rn. 76–78; BGH, Urteil vom 9.4.1987 – IX ZR 146/86, Rpfleger 1987, 381; RG, Urteil vom 8.1.1910 – V 87/09, RGZ 72, 344.
19 *Hintzen,* in: *Dassler/Schiffhauer/u.a.,* ZVG, § 107 Rn. 17 m.w.N; *Teufel,* in: *Steiner,* ZVG, § 117 Rn. 76–78.

VII. Sicherheitsleistung (Abs. 3)

Eine gemäß § 69 Abs. 4 geleistete (und nicht zurückgezahlte) Sicherheit wird auf die Zahlung der Teilungsmasse gemäß Abs. 2 Satz 1 angerechnet.[20] Der im Versteigerungstermin nachgewiesene Betrag gilt als im Verteilungstermin geleisteter Teil der Teilungsmasse. Die Änderung der Regelungen zur Sicherheitsleistung in § 69 Abs. 4 durch Art. 11 Nr. 7 Buchst. e des Gesetzes vom 22.12.2006[21] und der Wegfall der Bestimmung, dass die Übergabe der Sicherheit an das Gericht die Wirkung der Sicherheitsleistung hat, bedeutet, dass die Überweisung gemäß § 69 Abs. 4 keine Hinterlegungswirkung entfaltet und somit auch nicht zur Minderung der Zinspflicht gemäß § 49 Abs. 4 führt.[22]

VIII. Rechtsbehelf

Gegen die Feststellung der Teilungsmasse ist die sofortige Beschwerde gemäß § 11 Abs. 1 RPflG, § 793 ZPO i. V. m. §§ 567 ff. ZPO gegeben. § 115 ist nicht einschlägig (§ 113 Rn. 13 ff. zur Abgrenzung von Widerspruch und § 793). Siehe auch: Rechtsbehelfe im ZVG und § 113 Rn. 12 ff.

---

[20] Bzgl. der Handhabung im Falle der Rückzahlung einer geleisteten Sicherheit: *Hintzen*, in: *Dassler/Schiffhauer/u. a.*, ZVG, § 107 Rn. 20: a. A.: *Teufel*, in: *Steiner*, ZVG, § 107 Rn. 53.
[21] Zweites Gesetz zur Modernisierung der Justiz (2. JuModG) vom 22.12.2006, BGBl. I 3416.
[22] Anderer Ansicht: *Hintzen*, in: *Dassler/Schiffhauer/u. a.*, ZVG, § 69 Rn. 18 ff.

§ 108 ZVG (aufgehoben)

1 § 108 ZVG (Verwertung hinterlegter Wertpapiere) wurde durch Art. 1 Nr. 10 des Gesetzes vom 18.2.1998 (BGBl. I S. 866) m.W.v. 1.8.1998 aufgehoben. Es handelt sich um eine Folgeänderung, da Sicherheitsleistung durch Wertpapiere infolge der Änderung von § 69 nicht mehr möglich ist.

§ 109 ZVG [Verfahrenskosten; Überschuss]

(1) Aus dem Versteigerungserlöse sind die Kosten des Verfahrens vorweg zu entnehmen, mit Ausnahme der durch die Anordnung des Verfahrens oder den Beitritt eines Gläubigers, durch den Zuschlag oder durch nachträgliche Verteilungsverhandlungen entstehenden Kosten.

(2) Der Überschuß wird auf die Rechte, welche durch Zahlung zu decken sind, verteilt.

Übersicht

		Rn.
I.	Allgemeines	1
II.	**Verfahrenskosten (Abs. 1)**	2–6
1.	Allgemeines	2, 3
2.	Vorrangige Kosten	4
3.	Keine vorrangigen Kosten	5
4.	Entnahme	6
III.	Überschuss (Abs. 2)	7–10
1.	Verteilung	7
2.	Rest	8, 9
3.	Pfändung	10

I. Allgemeines

Die Norm ergänzt § 10 ZVG und bestimmt, dass ein Teil der durch das Verfahren verursachten Gerichtskosten aus dem Versteigerungserlös vorweg zu befriedigen sind. Somit wird sichergestellt, dass die Finanzierung der Befriedigung einzelner Gläubiger nicht durch die Allgemeinheit erfolgt. Die Norm ist in allen Versteigerungsverfahren des ZVG anzuwenden. Für die Zwangsverwaltung enthält § 155 Abs. 1 eine entsprechende Regelung. **1**

II. Verfahrenskosten (Abs. 1)

1. Allgemeines. Unter die Norm fallen nur (einige) Gerichtskosten des Versteigerungsverfahrens, also nicht die einem Beteiligten im Zusammenhang mit dem Verfahren entstehenden Kosten. Diese können u.U. unter § 10 Abs. 2 ZVG fallen (§ 10 Rn. 117ff.). Siehe auch: Kosten des ZVG-Verfahrens. **2**

Bei den unter die Norm fallenden Gerichtskosten ist es irrelevant, ob der Gläubiger die Gerichtskasse (Justizkasse; Fiskus) oder ein Beteiligter mit einem **Vorschuss** (§ 15 GKG) ist. Eine gesetzliche Regelung des Rangverhältnisses innerhalb der Rangklasse fehlt. Es wird jedoch von einem Vorrang der Gerichts-/Justizkasse vor vorschussleistenden Gläubigern, die untereinander Gleichrang haben, ausgegangen.[1] **3**

2. Vorrangige Kosten. Aus dem Versteigerungserlös sind folgende Gebühren und Auslagen vorweg zu entnehmen: **4**
a) allgemeine Verfahrensgebühr (Nr. 2211 bzw. Nr. 2212 KV GKG),
b) Gebühr für die Abhaltung mindestens eines Versteigerungstermins mit Aufforderung zur Gebotsabgabe (Nr. 2213 KV GKG),
c) Gebühr für das Verteilungsverfahren (Nr. 2215 bzw. Nr. 2216 KV GKG),
d) Zustellungsauslagen (Nr. 9002 KV GKG),

---

[1] *Stöber*, ZVG, § 109 Rn. 2.4; a.A.: *Hintzen*, in: Dassler/Schiffhauer/u.a., ZVG, § 109 Rn. 7 u. 8: Gerichtskasse und vorschussleistende Gläubiger haben Gleichrang.

e) Bekanntmachungskosten (Nr. 9004 KV GKG),
f) nach dem JVEG zu zahlende Beträge (Nr. 9005 KV GKG),
g) ggf. weitere Auslagen des Teils 9 KV zum GKG (siehe auch Rn. 5),
h) ggf. Rechnungsgebühren gemäß § 70 GKG.

5 3. **Keine vorrangigen Kosten.** Folgende Kosten gehören nicht zu den gemäß § 109 vorrangig zu befriedigenden Kosten des Verfahrens:
a) Kosten der Entscheidung über einen Anordnungs- oder Beitrittsantrag (Nr. 2210, 9002 KV GKG, Anwaltskosten),
b) Kosten für die Zuschlagserteilung (Nr. 2214, 9002 KV GKG; gemäß § 58 und § 26 Abs. 2 GKG fallen sie dem Ersteher zur Last)[2],
c) Kosten, die durch zusätzliche Verteilungstermine verursacht werden (§§ 139, 141),
d) Kosten eines Beschwerdeverfahrens (§ 26 Abs. 3 GKG; inkl. zusätzlicher Sachverständigenkosten; Nr. 2240 ff. KV GKG)[3],
e) Auslagen, für die besondere Kostenschuldner bestehen[4].

6 4. **Entnahme.** Die unter § 109 fallenden Kosten sind dem Versteigerungserlös vorweg zu entnehmen. Geltend gemachte Kostenvorschüsse bedürfen eines Nachweises der Leistung.[5] Der Vorrang greift auch im Falle einer Gerichtskosten- oder Gerichtsgebührenbefreiung oder Prozesskostenhilfebewilligung zugunsten eines betreibenden Gläubigers.[6] Für den Fall der Nichtzahlung der Teilungsmasse siehe: Kommentierung zu § 118.

III. Überschuss (Abs. 2)

7 1. **Verteilung.** Der nach Vorwegentnahme der vorrangigen Kosten verbleibende Rest der Teilungsmasse (§ 107) wird auf die durch Zahlung zu deckenden Rechte unter Berücksichtigung der Rangordnung etc. verteilt (§§ 110 ff.).

8 2. **Rest.** Ein nach Befriedigung der zu deckenden Rechte (Rn. 7) verbleibender Überschuss steht dem insoweit nicht frei verfügungsbefugten Schuldner und ehemaligen Grundstückseigentümer zu (§ 107 Rn 15).[7] Mehreren Vollstreckungsschuldnern steht der Erlösüberschuss gemeinschaftlich – ohne Rücksicht auf das ehemalige Gemeinschaftsverhältnis am Grundstück – zu.[8]

9 Im Falle der Versteigerung eines **herrenlosen Grundstücks** ist der nach Befriedigung der Berechtigen verbleibende Erlösüberschuss vom gemäß § 787 ZPO bestellten Vertreter zu hinterlegen (§ 372 BGB). Das Aneignungsrecht steht gemäß § 928 Abs. 2 BGB dem jeweiligen Landesfiskus zu.[9]

10 3. **Pfändung.** Es ist zwischen der Pfändung der Forderung eines befriedigungsberechtigten Gläubigers (§ 117 Rn. 5) und der Pfändung des Anspruchs des Schuldners auf den Erlösüberschuss zu unterscheiden. Die **Pfändung** des Anspruchs des Grundstückseigentümers ist erst ab Zuschlagserteilung möglich (zuvor nur Vollstreckung in das Grundstück, §§ 864 ff. ZPO).[10] Die Pfändung wird mit Zustellung des entsprechenden Beschlusses an den Vollstreckungs-

---

2 LG Freiburg, Beschl. vom 8.3.1991 – 4 T 14/91, Rpfleger 1991, 382 = JurBüro 1991, 1211 (m. Anm. *Mümmler*).
3 OLG Koblenz, Beschl. vom 7.1.2005 – 14 W 17/05, Rpfleger 2005, 383.
4 *Hintzen*, in: *Dassler/Schiffhauer/u. a.*, ZVG, § 109 Rn. 4.
5 *Hornung*, Rpfleger 2000, 529.
6 *Teufel*, in: *Steiner*, ZVG, § 109 Rn. 12.
7 BGH, Urteil vom 31.3.1977 – VII ZR 336/75, BGHZ 68, 276 = NJW 1977, 1287 = Rpfleger 1977, 246; RG, Urteil vom 8.1.1910 – V 87/09, RGZ 72, 344.
8 *Hintzen*, in: *Dassler/Schiffhauer/u. a.*, ZVG, § 109 Rn. 4.
9 *Stöber*, ZVG, § 114 Rn. 10.3 m.w.N; *Hintzen*, in: *Dassler/Schiffhauer/u. a.*, ZVG, § 109 Rn. 17.
10 *Stöber*, ZVG, § 114 Rn. 5.20 m. w. N.

schuldner wirksam (§ 857 Abs. 2 ZPO), da es an einem Drittschuldner fehlt.[11] Näheres siehe § 117 Rn. 5 und *Hintzen*.[12] Siehe auch: Pfändungen im Zusammenhang mit einer ZwV.

---

[11] *Teufel*, in: *Steiner*, ZVG, § 107 Rn. 60.
[12] *Hintzen*, in: *Dassler/Schiffhauer/u.a.*, § 109 Rn. 14–16.

§ 110 ZVG [Rangverlust]

Rechte, die ungeachtet der im § 37 Nr. 4 bestimmten Aufforderung nicht rechtzeitig angemeldet oder glaubhaft gemacht worden sind, stehen bei der Verteilung den übrigen Rechten nach.

Schrifttum: *Riedel*, Die Anmeldungen im Laufe des Zwangsversteigerungsverfahrens, JurBüro 1974, 689.

Übersicht

		Rn.
I.	Allgemeines	1
II.	Voraussetzungen eines Rangverlustes	2–5
1.	Notwendigkeit einer Anmeldung gem. § 37 Nr. 4	2
2.	Aufforderung gem. § 37 Nr. 4	3
3.	Verspätete Anmeldung	4
4.	Verspätete Glaubhaftmachung	5
III.	Rechtsfolge	6–9

I. Allgemeines

1 Geregelt wird die sogenannte *9. Rangklasse*. Diese Norm ist in allen Versteigerungsverfahren des ZVG (nicht jedoch in der Zwangsverwaltung) anwendbar.[1] Sie stellt eine Parallele zu § 45 ZVG dar. Wegen der Besonderheiten in der Schiffsversteigerung siehe BGH.[2] Zum Sinn des § 37 Nr. 4 siehe § 37 Nr. 4 Rn. 6 ff.

II. Voraussetzungen des Rangverlustes

2 **1. Notwendigkeit einer Anmeldung gem. § 37 Nr. 4.** Einer Anmeldung nach § 37 Nr. 4 bedürfen Rechte (Ansprüche), die zur Zeit der Eintragung des Versteigerungsvermerkes nicht aus dem Grundbuch ersichtlich sind. Erfasst werden also nur Rechte auf Befriedigung aus dem Versteigerungserlös i. S. v. § 10, die nicht von Amts wegen zu beachten sind. Nicht unter § 37 Nr. 4 fällt die Anmeldung eines Wertersatzes gemäß § 92 für ein aus dem Grundbuch zum Zeitpunkt der Versteigerungsvermerkseintragung ersichtliches Recht (§ 114 Rn. 5).[3] Bzgl. der Rechte nach § 9 EGZVG siehe: Kommentierung zu § 9 EGZVG und *Teufel*, in: Steiner, ZVG, § 110 Rn. 12 ff. Für die Anwendung von § 110 ist es nicht von Bedeutung, ob das Recht im Falle einer rechtzeitigen Anmeldung oder Glaubhaftmachung im geringsten Gebot zu berücksichtigen wäre oder nicht.[4]

3 **2. Aufforderung gem. § 37 Nr. 4.** Voraussetzung eines Rangverlustes ist eine wirksame Aufforderung als Teil der Terminsbestimmung. Die Aufforderung umfasst auch die Androhung des Rechtsnachteils (Rangverlustes) und ist gem. § 43 bekanntzumachen.[5] Ein Verstoß gegen § 37 Nr. 4 stellt gemäß §§ 43, 83 Nr. 7 einen unheilbaren Zuschlagsversagungsgrund dar (§ 43 Rn. 6 und § 83

---

1 *Stöber*, ZVG, § 110 Rn. 1; *Teufel*, in: Steiner, ZVG, § 110 Rn. 3.
2 BGH, Urteil vom 6.7.1961 – II ZR 161/60, NJW 1961, 1672 = MDR 1961, 831.
3 OLG Koblenz, Beschl. vom 11.1.1984 – 4 W 632/83, Rpfleger 1984, 242; *Stöber*, ZVG, § 110 Rn. 2.2; tlw a. A.: *Teufel*, in: Steiner, ZVG, § 110 Rn. 14.
4 *Jaeckel/Güthe*, ZVG, § 110 Rn. 2.
5 *Teufel*, in: Steiner, ZVG, § 110 Rn. 27.

Rn. 43 ff.). Sollte dennoch der Zuschlag erteilt werden, kommt es jedoch zu keinen Rangverlusten gemäß § 110, da die entspr. Voraussetzungen nicht vorliegen.[6]

3. Verspätete Anmeldung. Die Anmeldung hat spätestens im Versteigerungstermin vor der Aufforderung zur Abgabe von Geboten zu erfolgen. Gemeint ist der Versteigerungstermin, der Grundlage für die spätere Zuschlagserteilung ist. Vor der Aufforderung zur Abgabe von Geboten wird auf die bevorstehende Ausschließung weiterer (fristgerechter) Anmeldungen hingewiesen (§ 66 Abs. 2 und § 66 Rn. 17). **4**

4. Verspätete Glaubhaftmachung. Gemäß § 45 Abs. 1 müssen angemeldete Rechte im Falle eines Widerspruchs des betreibenden Gläubigers glaubhaft gemacht werden (Ausnahme: § 45 Abs. 2). Widersprüche sonstiger Beteiligter sind – anders als bei § 9 Nr. 2 – irrelevant.[7] Hinsichtlich des Zeitpunkts der Glaubhaftmachung siehe Rn. 3 und 4. **5**

III. Rechtsfolge

Eine trotz ordnungsgemäßer Aufforderung verspätete Anmeldung oder Glaubhaftmachung führt zu einem Rangverlust, d.h. dass das Recht bei der Verteilung den übrigen Rechten nachsteht. Eine Berücksichtigung im Teilungsplan erfordert aber eine Anmeldung spätestens im Verteilungstermin (§ 114). Unter mehreren verspätet angemeldeten oder glaubhaft gemachten Rechten bestimmt sich der Rang nach §§ 10–12.[8] **6**

Im Falle des Eintritts der Rechtsfolgen des § 110 ist eine Wiedereinsetzung mangels Vorliegens der Voraussetzungen des § 233 ZPO nicht möglich. Außerdem ist eine Bereicherungsklage desjenigen, der den Rangverlust des § 110 erlitten hat, gegenüber vorrangigen Berechtigten ausgeschlossen.[9] **7**

Der Rangverlust wird erst durch den Zuschlag (§§ 89, 90, 104) realisiert.[10] **8**

Wurde ein rechtzeitig angemeldetes Recht entgegen §§ 44 ff. ZVG im geringsten Gebot nicht berücksichtigt, tritt kein Rangverlust gem. § 110 ein und das Recht ist im Teilungsplan an seiner ursprünglichen Rangstelle zu berücksichtigen.[11] **9**

---

6 Siehe *Teufel*, in: *Steiner*, ZVG, § 110 Rn. 27.
7 *Teufel*, in: *Steiner*, ZVG, § 110 Rn. 24.
8 *Hintzen*, in: *Dassler/Schiffhauer/u.a.*, ZVG, § 110, Rn. 1; *Jaeckel/Güthe*, ZVG, § 110 Rn. 4; *Teufel*, in: *Steiner*, ZVG, § 110 Rn. 41.
9 *Jaeckel/Güthe*, ZVG, § 110 Rn. 4; *Hintzen*, in: *Dassler/Schiffhauer/u.a.*, ZVG, § 110 Rn. 5; RG, Urteil vom 22.9.1928 – V 61/28, RGZ 122, 61 (63).
10 *Hagemann*, Rn. 20.3.6.2
11 *Teufel*, in: *Steiner*, ZVG, § 110 Rn. 38 ff.; *Eickmann*, in: *Steiner*, ZVG § 44 Rn. 48 ff. (Unanfechtbarkeit des geringsten Gebotes).

§ 111 ZVG [Betagte Ansprüche; unverzinsliche Ansprüche]

Ein betagter Anspruch gilt als fällig. Ist der Anspruch unverzinslich, so gebührt dem Berechtigten nur die Summe, welche mit Hinzurechnung der gesetzlichen Zinsen für die Zeit von der Zahlung bis zur Fälligkeit dem Betrage des Anspruchs gleichkommt; solange die Zeit der Fälligkeit ungewiss ist, gilt der Anspruch als aufschiebend bedingt.

Schrifttum: *Konzelmann*, „Ad Fontes" – Die „Methode Hoffmann" zur Zwischenzinsberechnung, JurPC 1995, 3163; *Streuer*, Bewertung des Erbbauzinses und des „reinen" Erbbaurechts in der Zwangsversteigerung des Erbbaurechts, Rpfleger 1997, 141.

Übersicht

		Rn.
I.	Allgemeines	1, 2
II.	Bedingter Anspruch	3
III.	Betagter Anspruch	4–6
1.	Verzinslich	5
2.	Unverzinslich	6
IV.	Berechnung der Abzinsung	7–10
V.	Betagter Anspruch mit ungewisser Fälligkeit	11

I. Allgemeines

1 Die Norm enthält eine Bestimmung für die Behandlung betagter Rechte bei der Erlösverteilung, die auf Kapitalzahlung gerichtet sind und nicht bestehen geblieben sind.[1] Diese Rechte existieren, jedoch können sie bis zur Fälligkeit nicht realisiert werden. Dies würde das Verteilungsverfahren behindern, so dass eine Fiktion bzgl. der Fälligkeit normiert wurde. Durch eine vorzeitige Fälligkeit würde der Berechtigte eines unverzinslichen betagten Rechts einen wirtschaftlichen Vorteil erlangen (er erhielte den Kapitalbetrag ohne Abzüge zeitlich früher). Dies wird durch die Abzinsung des § 111 Satz 2 vermieden. Sofern die Fälligkeit des unverzinslichen, betagten Rechts nicht feststeht, ist eine Berechnung des Zwischenzinses nicht möglich, so dass § 111 Satz 3 die Fiktion einer aufschiebenden Bedingung enthält.

2 Die Norm greift bei allen Versteigerungsverfahren nach dem ZVG.

II. Bedingter (befristeter) Anspruch

3 Ein bedingter Anspruch i.S.v. §§ 158 ff. BGB hängt von einem künftigen, ungewissen Ereignis ab. Unterschieden wird zwischen aufschiebend und auflösend bedingten Ansprüchen (§ 158 BGB). Die Behandlung bedingter Ansprüche bei der Erlösverteilung regeln §§ 119, 120.

III. Betagter Anspruch

4 Dies ist ein Anspruch, dessen Fälligkeit vom Eintritt eines künftigen, gewissen Ereignisses abhängt (z. B.: ein Kalendertag, Ablauf einer bestimmten Frist). § 111 ist nur anwendbar, wenn der Anspruch zum Zeitpunkt des Verteilungs-

---

[1] *Jaeckel/Güthe*, ZVG, § 111 Rn. 1.

termins noch betagt ist. Tritt die Fälligkeit zuvor ein, greift § 111 nicht mehr.[2] Beispiele betagter Ansprüche: Kapital mit Fälligkeit am 1.2.2050; Kapitalfälligkeit mit Tod einer bestimmten lebenden Person; Kapitalfälligkeit: Beginn der 22. Legislaturperiode des Deutschen Bundestages. Wird ein Anspruch erst in Folge einer Kündigung fällig, ist er ebenfalls zunächst ein betagter Anspruch.[3] Ein betagter Anspruch, bei dem die künftige Fälligkeit von einem gewissen Ereignis abhängt, dessen Zeitpunkt jedoch nicht feststeht, gilt als aufschiebend bedingt (Satz 2 2.HS; Rn. 11 ff.).

1. **Verzinslicher betagter Anspruch (Satz 1).** Der Anspruch gilt als fällig und ist somit in den Teilungsplan – ohne weitere Besonderheiten – aufzunehmen (§ 114 Rn. 2 ff.). Einer Abzinsung bedarf es nicht, da der Berechtigte zwar vorzeitig befriedigt wird, jedoch einen geringeren Zinsbetrag erhält.[4] Auch wenn der Anspruch mit einem Zinssatz von unter 4 % verzinslich ist, greift Satz 2 nicht.[5]

2. **Unverzinslicher betagter Anspruch (Satz 2).** Auch dieser Anspruch gilt als fällig und ist somit im Teilungsplan zu berücksichtigen. Allerdings wird nicht der volle Nennbetrag des Anspruchs angesetzt. Dem Berechtigten steht nur der Betrag zu, welcher unter Hinzurechnung der gesetzlichen Zinsen (§ 246 BGB) für die Zeit von der Zahlung bis zur Fälligkeit dem Nennbetrag des Anspruchs entspricht. Dies ist erforderlich, damit der Berechtigte keinen ungerechtfertigten Vorteil durch die Fiktion der Anspruchsfälligkeit und die vorzeitige Befriedigung erhält. Entsprechende Regelungen sind u. a. in § 41 Abs. 2 Satz 1 InsO und § 1133 Satz 3 BGB für vergleichbare Situationen getroffen worden.

IV. Berechnung der Abzinsung

Bei der Berechnung der Abzinsung bzw. des Zwischenzinses greift § 248 Abs. 1 BGB, so dass keine Zinseszinsen zu berücksichtigen sind. Die Berechnung erfolgt i. d. R. nach **der Hoffmannschen Formel**[6]:

K = gesuchter (abgezinster) Kapitalbetrag
N = Nennbetrag der unverzinslichen Forderung
Z = Zinssatz = 4
J = Zeitraum vom Zahlungstermin (einschließlich) bis einen Tag vor Fälligkeit in Jahren

$$K = \frac{100 \cdot N}{100 + (Z \cdot J)} \text{ oder } K = \frac{100 \cdot N}{100 + (4 \cdot J)}$$

Die Berechnung kann aber auch wie folgt erfolgen:

$$K = \frac{Nennbetrag}{(1 + 0{,}04 \cdot t)}$$

wobei t = Zeitraum vom Zahlungstermin (einschl.) bis einen Tag vor Fälligkeit in Jahren ist.

---

2 *Böttcher*, ZVG, § 111 Rn. 6.
3 *Teufel*, in: *Steiner*, ZVG, § 111 Rn. 15.
4 Zinsen werden bis 1 Tag vor Verteilungstermin berechnet; § 114 Rn. 26.
5 *Stöber*, ZVG, § 111 Rn. 2.8; *Teufel*, in: *Steiner*, ZVG, § 112 Rn. 26.
6 *Böttcher*, ZVG, § 111, Rn. 8; *Hintzen*, in: *Dassler/Schiffhauer/u. a.*, ZVG, § 111 Rn. 5; *Stöber*, ZVG, § 111 Rn. 2.12 und Tab. 3; *Konzelmann aaO*; zum Zwischenzinsabzug (Abzinsung) bei kapitalisierten wiederkehrenden Leistungen siehe *Stöber*, ZVG, Tab 3.

10 Beispiel:[7] Die unverzinsliche Grundschuld über 102.000 € ist am 1.6.2010 fällig. Verteilungstermin ist auf den 1.12.2009 anberaumt.

$$K = \frac{100 \cdot 102.000\ \text{€}}{100 + (4 \cdot 0{,}5)} = 100.00\ \text{€}$$

$$K = \frac{102.000\ \text{€}}{(1 + 0{,}04 \cdot 0{,}5)} = 100.00\ \text{€}$$

Bei einem Zeitraum von 12 Tagen ist in den Formeln bzgl. J bzw. t bei Berechnung nach Kalendertagen ein Betrag von 12/365 = 0,0328767 bzw. 12/366 = 0,032786 anzugeben.[8]

V. Betagter Anspruch mit ungewisser Fälligkeit (Satz 2 2. HS)

11 Für unverzinsliche Ansprüche, deren Fälligkeitszeitpunkt von einem künftigen gewissen Ereignis abhängt, dessen Zeitpunkt jedoch nicht feststeht (Beispiel: Fälligkeit bei Tod einer zurzeit lebenden Person) enthält Satz 2 2.HS eine Sonderregelung.

12 Ist bei einem unverzinslichen, betagten Anspruch der genaue Fälligkeitstermin unbekannt, so ist die Berechnung der Abzinsung bzw. des Zwischenzinses nicht möglich. Betagte Ansprüche mit ungewisser Fälligkeit gelten als aufschiebend bedingte Ansprüche (Satz 2 2. HS), so dass §§ 119, 120 greifen (Näheres siehe Kommentierung zu §§ 119, 120).

13 Problematisch ist die Behandlung von unverzinslichen Ansprüchen, die erst mit Kündigung fällig werden. Im Falle der Kündigung vor dem Verteilungstermin steht die Fälligkeit fest und es handelt sich nicht um einen bedingten Anspruch. Ein ungekündigter unverzinslicher Anspruch hat einen ungewissen Fälligkeitstermin, so dass dieser Anspruch als bedingt gilt und §§ 119, 120 anzuwenden sind.[9] Nach anderer Ansicht handelt es sich nicht um einen bedingten Anspruch, da die Fälligkeit durch die Kündigungsfrist bestimmt ist und der Zwischenzins mit der Maßgabe zu berechnen ist, dass im Verteilungstermin die Kündigung erfolgt.[10]

---

7 Weitere Beispiele: *Stöber*, ZVG, Tab. 3; *Hintzen*, in: Dassler/Schiffhauer/u. a., ZVG, § 111 Rn. 5 (mit Schreibfehler in der Formeldarstellung des Beispiels (4 % statt 4).
8 Bei Berechnung nach Banktagen entsprechend 12/360 = 0,0333.
9 *Teufel*, in: *Steiner*, ZVG, § 111 Rn. 16.
10 *Jaeckel/Güthe*, ZVG, § 111 Rn. 3; *Hintzen*, in: *Dassler/Schiffhauer/u. a.*, ZVG, § 111 Rn. 8.

§ 112 ZVG [Erlösverteilung beim Gesamtausgebot]

(1) Ist bei der Versteigerung mehrerer Grundstücke der Zuschlag auf Grund eines Gesamtausgebots erteilt und wird eine Verteilung des Erlöses auf die einzelnen Grundstücke notwendig, so wird aus dem Erlöse zunächst der Betrag entnommen, welcher zur Deckung der Kosten sowie zur Befriedigung derjenigen bei der Feststellung des geringsten Gebots berücksichtigten und durch Zahlung zu deckenden Rechte erforderlich ist, für welche die Grundstücke ungeteilt haften.

(2) Der Überschuss wird auf die einzelnen Grundstücke nach dem Verhältnisse des Wertes der Grundstücke verteilt. Dem Überschusse wird der Betrag der Rechte, welche nach § 91 nicht erlöschen, hinzugerechnet. Auf den einem Grundstücke zufallenden Anteil am Erlöse wird der Betrag der Rechte, welche an diesem Grundstücke bestehen bleiben, angerechnet. Besteht ein solches Recht an mehreren der versteigerten Grundstücke, so ist bei jedem von ihnen nur ein dem Verhältnisse des Wertes der Grundstücke entsprechender Teilbetrag in Anrechnung zu bringen.

(3) Reicht der nach Absatz 2 auf das einzelne Grundstück entfallende Anteil am Erlöse nicht zur Befriedigung derjenigen Ansprüche aus, welche nach Maßgabe des geringsten Gebots durch Zahlung zu berichtigen sind oder welche durch das bei dem Einzelausgebote für das Grundstück erzielte Meistgebot gedeckt werden, so erhöht sich der Anteil um den Fehlbetrag.

Übersicht

		Rn.
I.	Normzweck und Anwendungsbereich	1
II.	Voraussetzungen	3–7
1.	Zuschlag auf ein Gesamtausgebot	3
2.	Notwendigkeit der Verteilung	4–7
III.	Verteilung	8–15
1.	Vorwegnahme, Abs. 1	8
2.	Erlösverteilung pro Grundstück – Sondermasse	9–15
	a) Hinzurechnung, Abs. 2 Satz 2	9, 10
	b) Verhältnismäßige Aufteilung, Abs. 2 Satz 1	11
	c) Abzug bestehen bleibender Rechte, Abs. 2 Satz 3 + 4	12, 13
	d) Notleidende Einzelmassen, Abs. 3	14, 15
IV.	Rechtsbehelfe	16
V.	Berechnungsbeispiel	17, 18

I. Normzweck und Anwendungsbereich

Im Falle der Versteigerung mehrerer Grundstücke[1] im Wege eines Gesamt- oder Gruppenausgebotes (§ 63) wird ein Gesamterlös für die Immobilien erzielt. U.a. unterschiedliche Grundstücksbelastungen machen jedoch eine Zuweisung von Erlösteilen auf die Grundstücke notwendig. Die Norm regelt die Ermittlung des auf jedes Grundstück entfallenden Erlösteils. Sie greift außerdem im Falle der Versteigerung eines Grundstücks mit unterschiedlicher

---

1 Siehe Kommentierung zu § 18 – auch ideelle Grundstücksteile oder unterschiedlich belastete reale Grundstücksteile (RG, Urteil vom 15.12.1920 – V 140/20, RGZ 101, 117).

Belastung von realen[2] oder ideellen Grundstücksteilen[3]. Siehe auch: Gegenstände der Zwangsversteigerung und -verwaltung.

2 Die Norm ist auf alle Versteigerungsverfahren des ZVG anwendbar. Eine entsprechende Anwendung der Norm kommt bei der Versteigerung zur Aufhebung einer Gemeinschaft (§§ 180 ff.) bei unterschiedlich belasteten Anteilen in Betracht.[4]

II. Voraussetzungen

3 **1. Zuschlag auf ein Gesamtausgebot.** Erforderlich ist die Versteigerung mehrerer Grundstücke oder ideeller Miteigentumsanteile an einem Grundstück in einem Verfahren (§ 18). Der Zuschlag muss auf das Gesamt- oder ein Gruppenausgebot erteilt worden sein. Wird bei der Versteigerung eines Grundstücks, das durch Vereinigung unterschiedlich belasteter Grundstücke entstanden ist, der Zuschlag für Grundstücksteile an verschiedene Eigentümer erteilt, besteht grds. Bedarf für die (entsprechende) Anwendung von § 112 ZVG.[5]

4 **2. Notwendigkeit der Verteilung.** Sie liegt bei unterschiedlicher Belastung der Versteigerungsobjekte (nicht nur Gesamtrechte) oder einem Erlös, der nicht zur Befriedigung aller Gläubiger ausreicht, vor.[6] Die Verteilung ist außerdem notwendig, wenn die Versteigerungsobjekte verschiedenen Eigentümern gehören oder der Erlös eines der Objekte von einem Dritten beansprucht wird, der seine Rechte nicht rechtzeitig im Sinne des § 37 Nr. 5 geltend gemacht hat, oder wenn das Bargebot nicht vollständig entrichtet wird.[7]

5 Unnötig ist eine Verteilung, wenn sich sämtliche Beteiligten (einschließlich des Vollstreckungsschuldners) über eine abweichende Erlösverteilung einigen.[8] Die Norm ist auch dann nicht anzuwenden, wenn das Meistgebot das geringste Gebot nicht übersteigt.[9]

6 Nach Teufel[10] bedarf es einer Aufteilung in Einzelmassen, wenn ein Gesamtrecht vorhanden ist, auf das voraussichtlich eine Zuteilung erfolgt, und der Berechtigte keine Verteilung gemäß § 1132 Abs. 1 Satz 2 BGB[11] vorgenommen hat.

7 Da eine unnötige Anwendung von § 112 ZVG jedoch keinen Schaden verursacht, sollten im Zweifel Einzelmassen gebildet werden.[12]

III. Verteilung

8 **1. Vorwegnahme (Abs. 1).** Aus dem Gesamterlös werden vorab
  – die Kosten des Verfahrens (§ 109) und
  – die im geringsten Bargebot berücksichtigten Ansprüche, für die alle Grundstücke und ideellen Grundstücksteile ungeteilt haften, berücksichtigt.

---

2 *Hintzen*, in: *Dassler/Schiffhauer/u.a.*, ZVG, § 112 Rn. 1.
3 *Teufel*, in: *Steiner*, ZVG, § 112 Rn. 7.
4 *Böttcher*, ZVG, § 112 Rn. 1; *Hintzen*, Rpfleger 2010, 449.
5 BGH, Beschl. vom 24.11.2005 – V ZB 23/05, NJW 2006, 1000 = Rpfleger 2006, 150; *Hintzen*, in: *Dassler/Schiffhauer/u.a.*, ZVG, § 112 Rn. 2.
6 *Stöber*, ZVG, § 112 Rn. 2.4, *Hintzen*, in: *Dassler/Schiffhauer/u.a.*, ZVG, § 112 Rn. 6.
7 *Teufel*, in: *Steiner*, ZVG, § 112 Rn. 10.
8 *Stöber*, ZVG, § 112 Rn. 2.5.
9 *Jaeckel/Güthe*, ZVG, § 112 Rn. 4.
10 *Teufel*, in: *Steiner*, ZVG, § 112 Rn. 10.
11 Entsprechende Anwendung von §§ 875, 876, 878 BGB: Erklärung des Gläubigers gegenüber Grundbuchamt und Eigentümer und Löschung auf den entsprechenden Grundbuchblättern: BGH, Urteil vom 27.2.1976 – V ZR 104/74, WM 1976, 585.
12 *Teufel*, in: *Steiner*, ZVG, § 112 Rn. 11.

Bei letzteren Ansprüchen handelt es sich um solche, für die alle Versteigerungsobjekte *gesamtschuldnerisch* haften und die unter § 10 Abs. 1 Nr. 1–3, 5 fallen oder Kosten und Zinsen, die unter §§ 10 Abs. 1 Ziffer 4, Abs. 2 ZVG fallen.[13] Es ist für § 112 zunächst irrelevant, ob den genannten Ansprüchen im geringsten Gebot noch Ansprüche vorgehen, für die nur eines oder einige der Versteigerungsobjekte haften. Problematisch wird dies nur, wenn die Teilungsmasse nur teilweise entrichtet wird und somit die Rangfolge auch der durch das Meistgebot gedeckten Ansprüche zu realisieren ist. Über die in diesem Falle erforderliche Vorgehensweise besteht Uneinigkeit.[14]

2. Erlösverteilung pro Grundstück – Sondermassen

a) **Hinzurechnung, Abs. 2 Satz 2.** Zu dem nach der Vorwegnahme verbleibenden (Erlös-)Überschuss sind die nach § 91 bestehen bleibenden Rechte hinzuzurechnen. Die zu addierenden Rechte sind diejenigen, die gemäß § 91 nicht erlöschen, d.h. die gemäß § 52 oder auf Grund abweichender Versteigerungsbedingung (§ 59) bestehen bleiben. Nicht berücksichtigt werden hier die Rechte, die auf Grund einer Liegenbelassungsvereinbarung gemäß § 91 Abs. 2 bestehen bleiben, da diesbzgl. eine Deckung aus dem Meistgebot nicht zwingend ist.[15] Ebenfalls unberücksichtigt bleiben die Kraft besonderer Vorschriften bestehen bleibenden Rechte (z.B.: § 9 Abs. 1 EGZVG).[16]

Der Betrag des hinzuzurechnenden Rechts ist bei Hypotheken und Grundschulden der Kapitalbetrag, bei Rentenschulden und ablösbaren Reallasten die Ablösungssumme und ansonsten der gemäß § 51 Abs. 2 bestimmte Zuzahlungsbetrag.[17] Der Kapitalbetrag eines Gesamtrechts wird nur einmal berücksichtigt. Ein an allen Versteigerungsobjekten bestehen bleibendes Gesamtrecht kann unberücksichtigt bleiben, da es sich auf das Ergebnis der Sondermassenbildung nicht auswirkt.[18]

b) **Verhältnismäßige Aufteilung, Abs. 2 Satz 1.** Der nach der Hinzurechnung gemäß Abs. 2 Satz 2 ermittelte Betrag ist auf die einzelnen Grundstücke im Verhältnis der Grundstückswerte aufzuteilen. Zur Ermittlung des Grundstückswertes sind über § 11 EGZVG landesrechtliche Besonderheiten geregelt, die aber allgemein als überholt angesehen werden, so dass die Aufteilung entsprechend der Verkehrswerte gemäß § 74a Abs. 5 erfolgt.[19] Der nunmehr für die einzelnen Grundstücke ermittelte Betrag stellt noch nicht die verteilungsfähige Einzelmasse dar. Es bedarf noch des Abzugs gemäß Abs. 2 Satz 3 und 4.

c) **Abzug bestehen bleibender Rechte, Abs. 2 Satz 3 und 4.** Von dem einem Grundstück zugewiesenen Betrag ist der Betrag an diesem Grundstück bestehenbleibenden Rechte in Abzug zu bringen. Zur Bewertung der einzelnen Rechte siehe Rn. 10. Sofern ein Recht auf mehreren versteigerten Grundstücken (Miteigentumsanteilen) lastet, ist bei jedem der Grundstücke nur ein dem Verhältnis der Grundstückswerte entsprechender Teilbetrag des Rechtes in Abzug zu bringen. Insgesamt muss die Summe der Abzüge nach Abs. 2 Satz 3 und 4 dem Betrag der Hinzurechnungen gemäß Abs. 2 Satz 2 entsprechen.

Der nach Abzug für jedes Grundstück ermittelte Betrag stellt den auf dieses Grundstück entfallenden Erlös dar. Die weitere Erlösverteilung erfolgt wie bei

---

13 Bzgl. § 10 Abs. 1 Nr. 5: *Böttcher, ZVG,* § 112 Rn. 3; bzgl. § 10 Abs. 1 Nr. 1 – 3 abweichend: *Böttcher, ZVG,* § 112 Rn. 3 und *Teufel,* in: *Steiner, ZVG,* § 112 Rn. 16, die davon ausgehen, dass die Beträge im geringsten Gebot verteilt wurden.
14 *Stöber, ZVG,* § 112 Rn. 3.2; *Teufel,* in: *Steiner, ZVG,* § 112 Rn. 15.
15 *Jaeckel/Güthe, ZVG,* § 112 Rn. 7; *Teufel,* in: *Steiner, ZVG,* § 112 Rn. 18 m.w.N.
16 *Teufel,* in: *Steiner, ZVG,* § 112 Rn. 18.
17 *Jaeckel/Güthe, ZVG,* § 112 Rn. 8.
18 *Teufel,* in: *Steiner, ZVG,* § 112 Rn. 20.
19 *Stöber, ZVG,* § 112 Rn. 4.5; *Teufel,* in: *Steiner, ZVG,* § 112 Rn. 21; *Hintzen,* in: *Dassler/Schiffhauer/u.a., ZVG,* § 112 Rn. 11; *Böttcher, ZVG,* § 112 Rn. 5.

der Versteigerung eines einzelnen Grundstücks. Zunächst sind die Ansprüche zu berücksichtigen, die im geringsten Gebot standen, einen Anspruch auf Befriedigung aus dem jeweiligen Versteigerungsobjekt haben und daher zu decken sind.

14 d) **Notleidende Einzelmassen, Abs. 3.** Auch wenn bei Erteilung des Zuschlags auf das Gesamt- oder Gruppenausgebot der Deckungsgrundsatz beachtet wurde, ist es möglich, dass bei Bildung der Einzel- oder Sondermassen für die einzelnen Versteigerungsobjekte diese zur Befriedigung der aus dieser Masse zu befriedigenden Ansprüche nicht ausreicht (Abs. 3). Eine solche Masse wird als *notleidend* bezeichnet. Wären alle Massen notleidend, hätte der Zuschlag nicht erteilt werden dürfen, da das Meistgebot nicht zur Befriedigung der im geringsten Gebot stehenden Ansprüche ausreicht.

15 Laut Gesetz ist der Anteil um den Fehlbetrag zu erhöhen, also sind die übrigen Einzelmassen entsprechend zu kürzen, ohne dabei andere Einzelmassen notleidend zu machen. Eine gesetzliche Regelung für die Berechnung der Kürzungsbeträge fehlt. Denkbar ist die Ausgleichung des Fehlbetrages aus den übrigen Einzelmassen im Verhältnis von deren restlichen Erlösanteilen.[20] Überwiegend wird heute der Ausgleichsbetrag im Verhältnis der Grundstückswerte zueinander ermittelt.[21] Inwieweit die durch den Ausgleich zugunsten einer notleidenden Masse ausfallenden Berechtigten der ausgleichpflichtigen Grundstücke einen Bereicherungsanspruch gemäß § 812 BGB geltend machen können, ist im Versteigerungsverfahren nicht zu prüfen.[22]

IV. Rechtsbehelfe

16 Einwendungen gegen die Anwendung und Umsetzung der Norm bzw. der Unterlassung der Anwendung können mit der sofortigen Beschwerde bzw. dem Widerspruch gegen den Teilungsplan (§ 115) verfolgt werden.[23]

V. Berechnungsbeispiel

17

Grundstücke	1	2	3	4
§ 74a V	50.000 €	80.000 €	50.000 €	20.000 €
GB-Inhalt	III/1 20.000 €	III/2 10.000 €	III/3 10.000 €	II/1: 4.000 €*
	III/4 60.000 €	III/4 60.000 €	III/4 60.000 €	III/4 60.000 €
		III/5 30.000 €	III/5 30.000 €	
Betr. Gl.	III/6 80.000 €	III/6 80.000 €	III/6 80.000 €	III/6 80.000 €
*) § 51 II.				

	bares Meistgebot	110.000 €	
	abzgl. Kosten (§ 109)	4.000 €	§ 112 Abs. 1
	abzgl. Kosten/Zinsen III/4	6.000 €	§ 112 Abs. 1
		100.000 €	
	zzgl. III/1	20.000 €	§ 112 Abs. 2 Satz 2
	zzgl. III/2	10.000 €	§ 112 Abs. 2 Satz 2
	zzgl. III/3	10.000 €	§ 112 Abs. 2 Satz 2
	zzgl. II/1	4.000 €	§ 112 Abs. 2 Satz 2

---

20 *Jaeckel/Güthe*, ZVG, § 112 Rn. 13.
21 *Stöber*, ZVG, § 112 Rn. 5.4; *Teufel*, in: *Steiner*, ZVG, § 112 Rn. 25; *Hintzen*, in: *Dassler/Schiffhauer/u.a.*, ZVG, § 112 Rn. 15.
22 *Stöber*, ZVG, § 112 Rn. 5.6.
23 Kommentierung zu § 115 und § 113 Rn. 13 ff.

Verteilung des Erlöses　　　　　　　　　　　　18　**§ 112 ZVG**

	zzgl. III/4	60.000 €	§ 112 Abs. 2 Satz 2
	zzgl. III/5	30.000 €	§ 112 Abs. 2 Satz 2
	Überschuss	234.000 €	

Verhältnis	5:	8:	5:	2	§ 112 II 1
Aufteilung des Überschusses	58.500 €	93.600 €	58.500 €	23.400 €	§ 112 II 1
abzgl.	III/1 20.000 €	III/2 10.000 €	III/3 10.000 €	II/1 4.000 €	§ 112 II 3
abzgl.	III/4 15.000 €	III/4 24.000 €	III/4 15.000 €	III/4 6.000 €	§ 112 II 4
abzgl.		III/5 18.461,54 €	III/5 11.538,46 €		§ 112 II 4
Einzelmassen (Summe: 100.000 €)	23.500 €	41.138,46 €	21.961,54 €	13.400 €	

Alternative mit „notleidender Einzelmasse":

Grundstücke	1	2	3	4
§ 74a V	50.000 €	80.000 €	50.000 €	20.000 €
GB-Inhalt		III/2 10.000 €	III/1 20.000 €	II/1: 4.000 €*
			III/3 10.000 €	
	III/4 60.000 €	III/4 60.000 €	III/4 60.000 €	III/4 60.000 €
		III/5 30.000 €	III/5 30.000 €	
Betr. Gl.	III/6 80.000 €	III/6 80.000 €	III/6 80.000 €	III/6 80.000 €

*) § 51 II

	bares Meistgebot	110.000 €	
abzgl.	Kosten (§ 109)	4.000 €	§ 112 Abs. 1
abzgl.	Kosten/Zinsen III/4	6.000 €	§ 112 Abs. 1
		100.000 €	
	zzgl. III/1	20.000 €	§ 112 Abs. 2 Satz 2
	zzgl. III/2	10.000 €	§ 112 Abs. 2 Satz 2
	zzgl. III/3	10.000 €	§ 112 Abs. 2 Satz 2
	zzgl. II/1	4.000 €	§ 112 Abs. 2 Satz 2
	zzgl. III/4	60.000 €	§ 112 Abs. 2 Satz 2
	zzgl. III/5	30.000 €	§ 112 Abs. 2 Satz 2
	Überschuß	234.000 €	

Verhältnis	5:	8:	5:	2	§ 112 II 1
Aufteilung des Überschusses	58.500 €	93.600 €	58.500 €	23.400 €	§ 112 II 1
abzgl.		III/2 10.000 €	III/1 20.000 € III/3 10.000 €	II/1 4.000 €	§ 112 II 3
abzgl.	III/4 15.000 €	III/4 24.000 €	III/4 15.000 €	III/4 6.000 €	§ 112 II 4
abzgl.		III/5 18.461,54 €	III/5 11.538,46 €		§ 112 II 4
Einzelmassen (Summe: 100.000 €)	43.500 €	41.138,46 €	1.961,54 €	13.400 €	
Zuteilung:					
Kosten/Zinsen notleidende Masse			III/1 4.000,00 € − 2.038,46 €		
Entnahmeverhältnis	5:	8:		2:	§ 112 III
	− 679,49 €	− 1.087,18 €		− 271,79 €	
Einzelmassen (Summe: 100.000 €)	42.820,51 €	40.051,28 €	0,00 €	13.128,21 €	

§ 113 ZVG [Teilungsplanaufstellung]

(1) In dem Verteilungstermine wird nach Anhörung der anwesenden Beteiligten von dem Gerichte, nötigenfalls mit Hilfe eines Rechnungsverständigen, der Teilungsplan aufgestellt.

(2) In dem Plane sind auch die nach § 91 nicht erlöschenden Rechte anzugeben.

Schrifttum: *Perger,* Zustellung des Teilungsplans und Auszahlung des Versteigerungserlöses, Rpfleger 1991, 45; *Hintzen,* Die Entwicklung im Zwangsversteigerungs- und Zwangsverwaltungsrecht seit 2008, Rpfleger 2009, 659.

Übersicht

		Rn.
I.	Normzweck und Anwendungsbereich	1
II.	Verteilungstermin (Protokoll)	2
III.	Teilungsplan	3–5
IV.	Planaufstellung	6–11
1.	Vorbereitung	6
2.	Form	7
3.	Anmeldung	8
4.	Anhörung	9
5.	Rechnungsverständiger	10
6.	Zustellung	11
V.	Planausführung	12
VI.	Rechtsbehelfe	13–16
1.	Allgemeines	13
2.	Sofortige Beschwerde	14
3.	Widerspruch	15
4.	Klage	16

I. Normzweck und Anwendungsbereich

1 Der Teilungsplan stellt die Grundlage der Erlösverteilung dar. Die Vorschrift gilt für alle Versteigerungsverfahren des ZVG. Bzgl. der Zwangsverwaltung siehe § 146 Abs. 1 und § 156 Abs. 2 Satz 4 (§ 156 Rn. 22 ff.).

II. Verteilungstermin (Protokoll)

2 In dem nichtöffentlichen Termin (§ 169 GVG, Rn. 6 vor § 105) erfolgt zunächst die Feststellung der Erschienenen und die allgemeinen Feststellungen zur Terminsbestimmung, Fristeinhaltung etc. Gem. §§ 159 ff. ZPO ist ein Terminsprotokoll zu führen, in das neben den vorstehenden Feststellungen auch die Planaufstellung inkl. Anhörungen, Verhandlungen und ggf. Widersprüche (§ 115), die Planausführung sowie die Behandlung von Urkunden (§ 127) aufzunehmen sind. Ein Vergleich zwischen den Beteiligten ist zu beurkunden, wobei bzgl. des möglichen Vergleichsgegenstandes Uneinigkeit herrscht.[1]

---

[1] Nur bzgl. des Erlöses: *Hornung,* Rpfleger 1972, 203; ohne Beschränkungen: *Stöber,* ZVG-Handbuch, Rn. 411.

III. Teilungsplan

Der Aufbau bzw. Inhalt des Plans ist teilweise gesetzlich geregelt. Die nachstehende Gliederung hat sich in der Praxis bewährt: **3**
A. **Vorbemerkungen**[2] (stichwortartige Zusammenstellung der für die Planaufstellung wesentlichen Informationen; z. B.: erste Beschlagnahme, Zuschlagsdatum, Meistgebotshöhe),
B. **Feststellung der Teilungsmasse** (§ 107),
C. **Feststellung der bestehen bleibenden Rechte** (Abs. 2, §§ 52, 91),
D. **Feststellung der Schuldenmasse** (§ 114),
E. **Zuteilung der Masse auf die Ansprüche**,[3]
F. ggf. **Hilfszuteilung** (§§ 119, 121, 123, 124, 126).

Die Feststellung der Schuldenmasse hat alle Ansprüche zu umfassen und nicht nur diejenigen, die befriedigt werden können. Insbesondere im Hinblick auf § 124 und mögliche Zuzahlungspflichten (§§ 50, 51) sollte aus Vereinfachungsgründen kein Verzicht auf eine vollständige Auflistung erfolgen.[4] **4**

Im Plan sind die gemäß § 91 bestehen bleibenden Rechte auszuweisen, d. h. die nach § 52, auf Grund abweichender Vereinbarung (§ 59) oder Liegenbelassungsvereinbarung (§ 91 Abs. 2) bestehen bleibenden Rechte. Nicht erfasst werden die außerhalb des geringsten Gebotes bestehen bleibenden Rechte (§ 52 Abs. 2, § 9 EGZVG).[5] **5**

IV. Planaufstellung

1. **Vorbereitung:** Auch wenn der Plan erst im Verteilungstermin aufgestellt wird, ist zu diesem Termin ein Entwurf vorzubereiten. Dies gilt unabhängig von § 106. Im Übrigen § 106 Rn. 9. **6**

2. **Form:** Der Plan ist eine formelle Entscheidung, die u. a. mit der sofortigen Beschwerde angegriffen werden kann (Rn. 13 ff.). Er hat aber, anders als der Zuschlag, nicht die Wirkung eines Richterspruchs.[6] Der Teilungsplan wird i. d. R. in Form eines Beschlusses gefertigt, der als Anlage zum Terminsprotokoll genommen wird. **7**

3. **Anmeldung:** Im Verteilungstermin können noch Anmeldungen erfolgen (§ 114), ggf. eingetretene Rangverluste (§ 110) werden jedoch nicht verhindert. Sofern die Erlösverteilung tatsächlich schon abgeschlossen ist, sind nachträgliche Anmeldungen nicht mehr zu beachten (§ 115 Rn. 18).[7] **8**

4. **Anhörung:** Gemäß Abs. 1 erfolgt die Planaufstellung nach Anhörung der anwesenden Beteiligten (§ 9) im Verteilungstermin. Danach wird sofort über den Plan verhandelt (§ 115). **9**

5. **Rechnungsverständiger:** Das Gericht kann sich – soweit im Landesgesetz vorgesehen – einen Rechnungsverständigen hinzuziehen (§ 66 Rn. 16). **10**

6. **Zustellung:** Ob der verkündete Teilungsplan zuzustellen ist, ist umstritten.[8] Beschlüsse über die Aufstellung und Ausführung des Teilungsplans sind jedoch **11**

---

2 Ablehnend: *Stöber*, ZVG, § 113 Rn. 3.2.
3 Die Ausführung des Planes erfolgt nach §§ 115 ff.
4 *Teufel*, in: *Steiner*, ZVG, § 113 Rn. 7.
5 *Stöber*, ZVG, § 113 Rn. 4.
6 RG, Urteil vom 20.1.1937 – V 194/36, RGZ 153, 252; *Teufel*, in: *Steiner*, ZVG, § 113 Rn. 2; OLG Köln, Beschl. vom 20.4.1967 – 10 U 168/66, MDR 1969, 401.
7 *Jaeckel/Güthe*, ZVG, § 113 Rn. 2.
8 Keine Zustellung: OLG Stuttgart, Beschl. vom 25.11.1999 – 8 W 140/99, Rpfleger 2000, 226; OLG Schleswig, Beschl. vom 18.1.1983 – 1 W 179/82, SchlHA 1983, 194; OLG Karlsruhe, Beschl. vom 16.12.1994 – 11 W 182/94, Rpfleger 1995, 427; *Teufel*, in: *Steiner*, ZVG, § 113

gemäß § 329 Abs. 3 ZPO zuzustellen, da es an einer abweichenden Bestimmung im ZVG mangelt.[9]

V. Planausführung

12 Die Planausführung ist im Wesentlichen in den §§ 117, 118, 124 ZVG geregelt und ist im Sitzungsprotokoll festzustellen. Beschlüsse über die Planausführung bedürfen laut BGH[10] der Zustellung. Fraglich ist, ob vor Planausführung die Rechtskraft des Planes abzuwarten ist (siehe Randnummer 14).[11] Dagegen spricht allerdings, dass die Berechnung der Teilungsmasse und der Forderungen der Anspruchsgläubiger im Hinblick auf den Verteilungstermin erfolgt und eine spätere Planausführung zu Verlusten bei den Gläubigern führen würde.[12]

VI. Rechtsbehelfe

13 1. **Allgemeines:** Gegen den Teilungsplan ist die sofortige Beschwerde (§ 11 Abs. 1 RPflG §§ 793, 567 ff. ZPO), der Widerspruch (§ 115) oder eine Klage gemäß § 812 BGB bzw. § 878 ZPO gegeben.[13] Bedingt durch die Anhörung (Abs. 1) scheidet eine Erinnerung gemäß § 766 ZPO aus.[14] Außerdem ist eine Berichtigung gemäß § 319 ZPO denkbar.

14 2. **Sofortige Beschwerde:** Im Falle der Rüge eines Verstoßes gegen Verfahrensvorschriften (z.B. Berechnung der Teilungsmasse) ist die sofortige Beschwerde (§ 11 Abs. 1 RPflG, §§ 793, 567 ff. ZPO) gegeben. Die Beschwerdefrist beginnt mit der Planzustellung (siehe Rn. 11 m.w.N; nach anderer Ansicht mit Planverkündung).[15] Die sofortige Beschwerde gegen die Erlösverteilung ist jedoch nach vollständiger Planausführung unzulässig.[16] Eine **Belehrung** über das Beschwerderecht und die Beschwerdefrist ist erforderlich.[17] Eine unterlassene Rechtsmittelbelehrung steht aber weder der Wirksamkeit der gerichtlichen Entscheidung noch dem Beginn des Rechtsmittelfristlaufes entgegen.[18] Siehe auch Kommentierung zu § 115 und Rechtsbehelfe im ZVG-Verfahren.

15 3. **Widerspruch:** Mit dem Widerspruch gemäß § 115 i.V.m. §§ 876 ff. ZPO können sachliche Einwendungen gegen den Teilungsplan erhoben werden.[19] Siehe § 115 Rn. 5 ff.

Rn. 28; *Hintzen*, in: *Dassler/Schiffhauer/u.a.*, ZVG, § 113 Rn. 14; Notwendigkeit der Zustellung: BGH, Beschl. vom 19.2.2009 – V ZB 54/08, WuM 2009, 326; OLG Hamm, Beschl. vom 15.4.1985 – 15 W 75/85, Rpfleger 1985, 453; *Böttcher*, ZVG, § 113 Rn. 10.

9 BGH, Beschl. vom 19.2.2009 – V ZB 54/08, WuM 2009, 326.
10 BGH, Beschl. vom 19.2.2009 – V ZB 54/08, WuM 2009, 326.
11 Siehe § 117 Rn. 11 m.w.N.
12 Gläubiger, die laut Plan durch die Zuteilung voll befriedigt werden würden, erleiden einen Verlust in Höhe der Zinsen ab Verteilungstermin bis 1 Tag vor der tatsächlichen Befriedigung, während nachrangige Gläubiger u.U. eine Befriedigung erlangen; siehe auch *Hintzen*, Rpfleger 2009, 659 (666).
13 *Teufel*, in: *Steiner*, ZVG, § 113 Rn. 20.
14 *Jaeckel/Güthe*, ZVG, § 113 Rn. 5.
15 BGH, Beschl. vom 19.2.2009 – V ZB 54/08, WuM 2009, 326; a.A.: *Jaeckel/Güthe*, ZVG, § 113 Rn. 5; OLG Stuttgart, Beschl. vom 25.11.1999 – 8 W 140/99, Rpfleger 2000, 226.
16 OLG Düsseldorf, Beschl. vom 2.11.1994 – 3 W 533/94, Rpfleger 1995, 265; OLG Köln, Beschl. vom 30.9.1991 – 2 W 131/91, Rpfleger 1991, 519 (m.Anm. *Meyer-Stolte*; bzgl. Widerspruchszulässigkeit); *Hintzen*, in: *Dassler/Schiffhauer/u.a.*, ZVG, § 113 Rn. 14.
17 BGH, Beschl. vom 26.3.2009 – V ZB 174/08, Rpfleger 2009, 405; a.A.: LG Rostock, Beschl. vom 5.9.2003 – 2 T 2/03.
18 BGH, Beschl. vom 26.3.2009 – V ZB 174/08, Rpfleger 2009, 405.
19 *Jaeckel/Güthe*, ZVG, § 113 Rn. 5.

4. Klage: Ein unterlassener Widerspruch führt nicht zur Anerkennung der materiellen Planrichtigkeit, so dass die Geltendmachung eines Bereicherungsanspruchs nach § 878 Abs. 2 ZPO, § 812 BGB nicht ausgeschlossen ist.[20] Siehe § 115 Rn. 23.

---

[20] RG, Urteil vom 17.2.1928 – II 286/27, RGZ 119, 321 (326); *Hintzen*, in: *Dassler/Schiffhauer/ u.a.*, ZVG, § 115 Rn. 27.

§ 114 ZVG [Aufnahme in den Teilungsplan]

(1) In den Teilungsplan sind Ansprüche, soweit ihr Betrag oder ihr Höchstbetrag zur Zeit der Eintragung des Versteigerungsvermerkes aus dem Grundbuch ersichtlich war, nach dem Inhalte des Buches, im übrigen nur dann aufzunehmen, wenn sie spätestens in dem Termin angemeldet sind. Die Ansprüche des Gläubigers gelten als angemeldet, soweit sie sich aus dem Versteigerungsantrag ergeben.

(2) Laufende Beträge wiederkehrender Leistungen, die nach dem Inhalte des Grundbuchs zu entrichten sind, brauchen nicht angemeldet zu werden.

Schrifttum: *Riedel*, Die Anmeldung im Laufe des Zwangsversteigerungsverfahrens, JurBüro 1974, 690; *Blomeyer*, Die Auflassungsvormerkung in der Zwangsversteigerung, DNotZ 1979, 515; *Hagemann*, Die Tilgungshypothek im geringsten Gebot und Teilungsplan, RpflStud 1982, 25; *Limberger*, Die Zwangssicherungshypothek und die Arresthypothek im Zwangsversteigerungsverfahren, RpflStud 2002, 63; *Alff*, Der gesetzliche Löschungsanspruch im Verteilungsverfahren nach §§ 105 ff. ZVG, Rpfleger 2006, 241; *Stöber*, Löschungs"vormerkung" und Grundschulderlösanspruch, WM 2006, 607; *Böttcher*, Gesetzlicher Löschungsanspruch (§ 1179a BGB) gegenüber durch Verzicht entstandener Eigentümerrechte, RpflStud 2007, 116.

Übersicht

		Rn.
I.	Normzweck und Anwendungsbereich	1
II.	Berücksichtigung im Teilungsplan	2–14
1.	Ansprüche	2, 3
2.	Von Amts wegen	4–6
3.	Auf Anmeldung	7–9
4.	Verzicht, Nicht- oder Minderanmeldung	10–12
5.	Berechtigte	13
6.	Rangordnung	14
III.	Einzelfälle (alphabetische Sortierung)	15–36

I. Normzweck und Anwendungsbereich

1 Festgelegt werden die Voraussetzungen zur Berücksichtigung von Ansprüchen (§ 10) im Teilungsplan. Die Norm ist in allen Versteigerungsverfahren des ZVG anzuwenden. Bzgl. der Zwangsverwaltung: siehe § 146 Abs. 1 und § 156 Abs. 2 Satz 4.

II. Berücksichtigung im Teilungsplan

2 1. **Ansprüche:** Bei der Feststellung der Schuldenmasse sind nur solche Ansprüche zu berücksichtigen, die ein Recht auf Befriedigung aus dem Grundstück haben (§§ 10, 109). Der Anspruch eines gemäß § 37 Nr. 5 ausgeschlossenen Rechtsinhabers richtet sich nicht auf Aufnahme in die Schuldenmasse, sondern auf Zuteilung des ihm zustehenden Erlösteils (§ 37 Nr. 5 Rn. 11–14).[1] Berücksichtigt werden auch **betagte** (§ 111), **bedingte** (§§ 119, 120) oder **befristete** (§ 92 Abs. 2, § 121) Ansprüche.

3 Ein nach Deckung der Verfahrenskosten (§ 109) und der Deckung der durch Zahlung zu befriedigenden Ansprüche (§ 10) verbleibender **Überschuss** steht

---

[1] *Hintzen*, in: *Dassler/Schiffhauer/u. a.*, ZVG, § 114 Rn. 3.

dem Vollstreckungsschuldner zu, da der Versteigerungserlös mit Zuschlag an die Stelle seines Grundstückseigentums getreten ist.[2] Im Falle einer Miteigentümergemeinschaft findet mangels Rechtsgrundlage v.A.w keine Aufteilung des Überschusses an die Miteigentümer statt.[3]

2. **Von Amts wegen.** Ein Anspruch wird im Teilungsplan von Amts wegen berücksichtigt, wenn sein Betrag oder Höchstbetrag (z. B. § 882 BGB) zur Zeit der Eintragung des Versteigerungsvermerkes grundbuchersichtlich war (Abs. 1). Dies gilt auch für grundbuchersichtliche **laufende wiederkehrende Leistungen** (Abs. 2, § 13). Allerdings bedürfen im Umkehrschluss aus Abs. 2 **rückständige wiederkehrende Leistungen** der Anmeldung. 4

Grundbuchersichtlichkeit bedeutet, dass der **Anspruch sowie sein Betrag** oder **Höchstbetrag** aus dem Einschrieb im Grundbuch und oder aus der durch Bezugnahme zum Grundbuchinhalt gemachten Eintragsbewilligung (§ 874 BGB) zum Zeitpunkt der Eintragung des Zwangsversteigerungsvermerkes ersichtlich sind.[4] Tritt die Grundbuchersichtlichkeit erst später ein, wird der Anspruch nur auf Anmeldung berücksichtigt. 5

Der Betrag (oder Höchstbetrag) ergibt sich aus dem Grundbuch, wenn er nach dessen Inhalt errechnet werden kann.[5] 6

3. **Auf Anmeldung.** Einer Anmeldung bedürfen alle nicht von Amts wegen zu berücksichtigenden Ansprüche. Dies sind zum Beispiel: 7
– Ansprüche gem. § 10 Abs. 1 Nr. 1 bis 3,
– Ansprüche gem. § 10 Abs. 2,
– rückständige wiederkehrende Leistungen von grundbuchersichtlichen Rechten (zum Zeitpunkt der Zwangsversteigerungsvermerkseintragung),
– Ansprüche aus nach dem Versteigerungsvermerk im Grundbuch eingetragenen Rechten,
– Ansprüche eines im Grundbuch in Abteilung II eingetragenen Rechts ohne Betrags- oder Höchstbetragseintragung,
– Ersatzansprüche gemäß § 37 Nr. 5[6].

Die Ansprüche des Beschlagnahmegläubigers gelten als angemeldet, soweit sie sich aus dem Versteigerungs- bzw. Beitrittsantrag ergeben (Abs. 1 Satz 2). Die Anmeldung muss spätestens im Verteilungstermin erfolgen. Eine Anmeldung zum geringsten Gebot muss nicht wiederholt werden. Für gem. § 46 bewertete, im geringsten Gebot berücksichtigte Beträge für wiederkehrende Naturalleistungen bedarf es keiner gesonderten Anmeldung zum Verteilungstermin.[7] Im Übrigen siehe Kommentierung zu § 45 (Form, Inhalt, Rechtsnatur). 8

Im Gegensatz zu § 45 ist hier keine **Glaubhaftmachung** vorgeschrieben. Da die Erlösverteilung jedoch kein rein formaler Akt ist, ist bei Zweifeln über den Bestand einer angemeldeten Forderung das Versteigerungsgericht (oder ein betreibender Gläubiger) berechtigt, die Berücksichtigung im Teilungsplan von der vorherigen Glaubhaftmachung abhängig zu machen.[8] Das Gericht ist an die Anmeldung nicht gebunden.[9] 9

4. **Verzicht, Nicht- oder Minderanmeldung, unzulässige Anmeldungen** 10

---

2 LG Karlsruhe, Urteil vom 30.3.1994 – 2 O 451/93, Rpfleger 1994, 312 bzgl. Überschuss bei Wiederversteigerung.
3 OLG Köln, Urteil vom 25.10.1973 – 7 U 123/73, MDR 1974, 240.
4 *Hintzen*, in: *Dassler/Schiffhauer/u. a.*, ZVG, § 114 Rn. 5.
5 *Teufel*, in: *Steiner*, ZVG, § 114 Rn. 18.
6 *Jaeckel/Güthe*, ZVG, § 114 Rn. 9.
7 *Stöber*, ZVG, § 46 Rn. 2.4; *Hintzen*, in: *Dassler/Schiffhauer/u. a.*, ZVG, § 46 Rn. 4.
8 *Teufel*, in: *Steiner*, ZVG, § 114 Rn. 30; *Hintzen*, in: *Dassler/Schiffhauer/u. a.*, ZVG, § 114 Rn. 61.
9 *Blomeyer*, DNotZ 1979, 515.

Die Erklärung eines Berechtigten, er mache einen Anspruch, der v.A.w. zu berücksichtigen wäre, nicht geltend, stellt eine **Minderanmeldung** dar, so dass der Anspruch keine Berücksichtigung findet.[10] Die Minderanmeldung entfaltet nur für das Versteigerungsverfahren Wirkung und berührt die materielle Berechtigung des Gläubigers nicht.[11] Die Minderanmeldung vor der Aufforderung zur Abgabe von Geboten bewirkt einen Rangverlust gemäß § 110, der durch eine Anmeldung zum Verteilungstermin nicht rückgängig gemacht wird.[12] Das Unterlassen einer zur Berücksichtigung erforderlichen Anmeldung (**Nichtanmeldung**) führt zur Nichtberücksichtigung des Anspruchs bei Planaufstellung.

11 Neben der Minderanmeldung (Verzicht auf verfahrensrechtliche Geltendmachung einer Rechtsposition) ist auch ein **Verzicht** auf die materielle Rechtsposition möglich. Der Verzicht des Gläubigers einer nach § 91 Abs. 1 erloschenen Hypothek oder Grundschuld nach Zuschlag auf das Erlöspfandrecht (Surrogat für das erloschene Recht) analog §§ 1168, 1192 BGB bedarf zu seiner Wirksamkeit keiner Grundbucheintragung und bewirkt den Übergang des Erlöspfandrechts analog § 1168 Abs. 1, § 1192 BGB auf den Grundstückseigentümer.[13] Der Erlösanspruch wird also nicht an nachrangige (ausfallende) Befriedigungsberechtigte zugeteilt.[14] Hinsichtlich des Erlösanspruchs für Kosten und Zinsen erlischt dieser in Folge des Verzichts analog § 1178 Abs. 1 Satz 1 BGB mit Übergang auf den Eigentümer.[15] Zur Wirkung des Verzichts in Bezug auf einen Löschungsanspruch eines nachrangigen Berechtigten siehe Rn. 27, § 115 (Widerspruch) und §§ 1179, 1179a, 1179b BGB. Ein Verzicht zugunsten Dritter ist kein Fall des § 1168 BGB, sondern kann eine Zustimmung zur Auszahlung zu Gunsten des Rückgewähransprungsgläubigers sein.[16] Der Verzicht eines persönlich betreibenden Gläubigers auf seinen Erlösanteil kommt den nachstehenden Berechtigten und nicht direkt dem Schuldner zu Gute, es sei denn, es handelt sich um eine Abtretung zu Gunsten des Vollstreckungsschuldners oder den Überschuss.[17]

12 **Unzulässige Anmeldungen** (z. B.: Anmeldung von Ansprüchen ohne Recht auf Befriedigung aus dem Grundstück) werden bei Aufstellung des Teilungsplans nicht berücksichtigt.[18] *Teufel* hält – wohl zu Recht – eine Mitteilung an den Anmeldenden über die Nichtberücksichtigung und deren Grund für erforderlich.[19] Zur Frage der Widerspruchswirkung einer unzulässigen Anmeldung oder eines Rechtsbehelfs gegen die Nichtberücksichtigung der Anmeldung: § 115 Rn. 17 f.

13 5. **Berechtigte:** § 114 regelt die Aufnahme von Ansprüchen (Bestand, Umfang, Rang) in den Teilungsplan, während §§ 117 ff. sich mit der subjektiven Berechtigung befassen.[20] Zur Person des Berechtigten siehe § 117 Rn. 3 ff.

---

10 OLG Oldenburg, Beschl. vom 14.7.1980 – 2 W 56/80, Rpfleger 1980, 485 (m. Anm. *Laube*; Minderanmeldung im Versteigerungstermin); a.A.: LG Frankenthal, Beschl. vom 27.11.1985 – 1 T 329/85, Rpfleger 1986, 232 (Minderanmeldung im Versteigerungstermin soll im Verteilungstermin unbeachtlich sein; m. Anm. *Meyer-Stolte*).
11 *Stöber*, ZVG, § 45 Rn. 7.4.
12 *Teufel*, in: *Steiner*, ZVG, § 114 Rn. 33; a.A.: *Meyer-Stolte*, Rpfleger 1986, 233 (im Verteilungsverfahren kann nicht mehr als bei Aufforderung zum geringsten Gebot angemeldet werden).
13 BGH, Urteil vom 22.7.2004 – IX ZR 131/03, BGHZ 160, 168 = Rpfleger 2004, 717.
14 *Hintzen*, in: *Dassler/Schiffhauer/u.a.*, ZVG, § 114 Rn. 41 ff.
15 *Alff*, Rpfleger 2006, 241.
16 OLG Celle, Urteil vom 31.5.1985 – 4 U 91/84, WM 1985, 1112.
17 *Stöber*, ZVG, § 114 Rn. 11.4.
18 *Hintzen*, in: *Dassler/Schiffhauer/u.a.*, ZVG, § 114 Rn. 61.
19 *Teufel*, in: *Steiner*, ZVG, § 114 Rn. 44.
20 *Stöber*, ZVG, § 114 Rn. 3.1.

6. Rangordnung. In den Teilungsplan werden die Ansprüche entsprechend ihres Ranges gemäß §§ 10 – 12, 109, 110 i. V. m. §§ 879 ff. BGB aufgenommen. Bzgl. Ersatzansprüchen gem. § 37 Nr. 5 siehe Einzelfälle (Rn. 15 ff.). **14**

III. Einzelfälle (alphabetische Sortierung)

Ablösungsbetrag. Bei ablösbaren Rechten bestimmt er den Ersatzbetrag. Näheres siehe § 92 Abs. 3.[21] **15**

Abtretung. Der schuldrechtliche Anspruch auf Rückgewähr einer Grundschuld kann im Gegensatz zum dinglichen Anspruch des Grundschuldgläubigers auf Befriedung aus dem Versteigerungserlös, vor der Zuschlagserteilung wirksam abgetreten werden.[22] Siehe auch Rückgewährsanspruch. **16**

Altenteil (Leibzucht, -gedinge). Gemäß § 49 GBO können Dienstbarkeiten und Reallasten unter diesem Begriff im Grundbuch eingetragen werden. Besonderheiten bei der Zwangsversteigerung: siehe § 9 EGZVG und landesrechtliche Bestimmungen. Berücksichtigung im Teilungsplan: siehe Dienstbarkeit bzw. Reallast und §§ 14, 121, 119, 120. **17**

Arresthypothek. Durch Feststellung der Forderung aufschiebend bedingte Eigentümergrundschuld;[23] siehe auch Höchstbetragshypothek. Nach Nachweis der Forderungsfeststellung ist insoweit unbedingte Zuteilung an den Gläubiger möglich. Siehe auch § 119 Rn. 3. **18**

Auflassungsvormerkung.[24] Der Ersatzbetrag gemäß § 92 Abs. 1 bedarf der Anmeldung. Im Übrigen sind §§ 14, 119, 120 zu beachten. **19**

Beschränkte persönlich Dienstbarkeit. Als Surrogat für eine gem. § 91 Abs. 1 erloschene Dienstbarkeit setzt sich der Wertersatz (Geldrente) nach § 92 Abs. 2 am Erlös fort und wird bei fehlender Grundbuchersichtlichkeit nur auf Anmeldung im Teilungsplan berücksichtigt. §§ 14, 121, 119, 120 sind zu beachten. Ein eingetragener Höchstbetrag des Wertersatzes (§ 882 BGB) begrenzt den Wertersatz nach oben.[25] **20**

Eigentümergrundschuld. Das Recht wird ebenso wie Fremdrechte berücksichtigt. Gemäß § 1197 Abs. 2 BGB können Zinsen im Versteigerungsverfahren zugunsten des Vollstreckungsschuldners nicht angesetzt werden (auch nicht ab Zuschlag bis Tag vor dem Verteilungstermin).[26] Hinsichtlich möglicher Löschungsansprüche siehe unten und Kommentierung zu §§ 1179a, 1179b BGB. **21**

Ersatzanspruch gem. § 37 Nr. 5. Das Recht eines Berechtigten, der sein der Versteigerung entgegenstehendes Recht i. S. d. § 37 Nr. 5 nicht rechtzeitig durchgesetzt hat, setzt sich als Surrogat am Versteigerungserlös fort. Insoweit Rechte auf Befriedigung gemäß § 10 dem Berechtigten gegenüber unwirksam sind, besteht kein Rangverhältnis.[27] Im Übrigen: § 37 Rn. 11–14. **22**

Fremdwährung. Siehe § 145a. **23**

Grunddienstbarkeit. Der Wertersatz gem. § 92 Abs. 1 oder 3 (Surrogat für ein erloschenes Recht) wird bei fehlender Grundbuchersichtlichkeit auf Anmel- **24**

---

21 *Eickmann*, in: *Steiner*, ZVG, § 92 Rn. 20 ff.; *Hintzen*, in: *Dassler/Schiffhauer/u. a.*, ZVG, § 92 Rn. 16–18 m. w. N.
22 BGH, Beschl. vom 20.3.1986 – IX ZR 118/85, Rpfleger 1986, 312 und 443.
23 *Limberger*, RPflStud 2002, 63.
24 *Blomeyer*, Die Auflassungsvormerkung in der Zwangsversteigerung, DNotZ 1979, 515.
25 *Teufel*, in: *Steiner*, ZVG, § 114 Rn. 103 und 107.
26 *Hintzen*, in: *Dassler/Schiffhauer/u. a.*, ZVG, § 114 Rn. 53; *Stöber*, ZVG, § 114 Rn. 6.14; a. A.: *Bassenge*, in: *Palandt*, BGB, § 1197 Rn. 3; BGB-RGRK/Joswig, § 1197 Rn. 4 m. w. N.
27 *Teufel*, in: *Steiner*, ZVG, § 114 Rn. 6.

dung berücksichtigt und ist bis zur Feststellung gemäß § 14 auflösend bedingt (§ 119). Bei grundbuchersichtlichem (Rn. 5) Höchstbetrag (§ 882 BGB) wird der Wertersatz (max. in Höhe des Höchstbetrages) v.A.w. berücksichtigt.

25 **Grundschuld.** Berücksichtigung von Kosten, Nebenleistungen und Hauptsache siehe Hypothek (Rn. 26). Über das Recht kann der Gläubiger durch Übertragung (§§ 398, 413, 1154, 1155, 873, 1192 Abs. 1 BGB), Aufhebung (§§ 875, 1183, 1192 Abs. 1 BGB) oder Verzicht (§§ 1168, 1192 Abs. 1 BGB) verfügen (nach Erlöschen durch Zuschlag bzgl. des Erlösanspruchs ohne Grundbucheintragung). Hinsichtlich möglicher Rückgewähransprüche oder Löschungsansprüche siehe unter jeweiligem Stichwort. Siehe auch: Sicherungsgrundschuld.

26 **Hypothek.** Ohne Anmeldung werden die Hauptsache (§ 52 oder Schuldenmasse) und die laufenden wiederkehrenden Leistungen des grundbuchersichtlichen Rechts (Rn. 4f.) berücksichtigt (beim bestehen bleibenden Recht bis einen Tag vor dem Zuschlag sonst bis einen Tag vor Planausführung, § 56). Auf Anmeldung werden Kosten und rückständige wiederkehrende Leistungen des Rechts sowie eine nicht grundbuchersichtliche Hypothek (Kosten, wiederkehrende Leistungen, Hauptsache) berücksichtigt. Hinsichtlich des Ranges siehe §§ 10 – 13, 110. Ohne Eintragung haftet das Grundstück auch für gesetzliche Zinsen (§ 1118 BGB) und gesetzliche Verzugszinsen (§ 1146 BGB). Für nicht fällige Ansprüche greift § 111. Hinsichtlich der Besonderheiten bei Gesamtrechten: §§ 112, 122, 123. Bei einer **Tilgungshypothek** ist zu beachten, dass Tilgungsbeträge keiner Zeitbeschränkung i. S. d. § 10 Abs. 1 Ziffer 4 ZPO unterliegen und Zuteilungen auf Tilgungsanteile das Stammrecht reduzieren.[28] Eine **Sicherungshypothek** (§§ 1184 ff. BGB) ist ohne Nachweis der Forderungsfeststellung zugunsten des eingetragenen Gläubigers zu berücksichtigen.[29] Einwendungen des Schuldners gegen die gesicherte Forderung sind im Widerspruchsverfahren (§ 115) zu verfolgen.[30] Der Streit bezieht sich nicht auf den Bestand der Grundstücksbelastung, sondern auf die Person des Berechtigten, was jedoch wegen § 1197 Abs. 2 BGB auch Auswirkungen auf den Teilungsplan hat (§ 119).[31] Eine **Höchstbetragshypothek** (§ 1190 BGB) steht, soweit die gesicherte Forderung nicht besteht dem Eigentümer zu. Die Kosten gem. § 10 Abs. 2 sind nicht in den Höchstbetrag einzurechnen.[32]

27 **Löschungsanspruch, -vormerkung.** Ein Anspruch auf Löschung eines dem Grundstückseigentümer zustehenden Grundpfandrechtes kann als schuldrechtlicher (vertraglicher) oder gesetzlicher (§ 1179a BGB) Anspruch bestehen.[33] Der Anspruch kann durch Vormerkung (§ 1179 BGB i.d.F. bis 31.12.1977 und ab 1.1.1978; siehe Fußnote 33) oder kraft Gesetzes (§ 1179a BGB) dinglich gesichert sein. Bleiben betroffenes und begünstigtes Recht bestehen, haben gesetzlicher Löschungsanspruch und Löschungsvormerkung gem. § 1179 BGB (alte und neue Fassung) keine Auswirkungen auf das Verteilungsverfahren (Ausnahme: § 50 Abs. 2 Nr. 1). Durch das Erlöschen des begünstigten und des betroffenen Rechtes durch den Zuschlag (§ 91 Abs. 1) geht der gesetzliche Löschungsanspruch oder der Löschungsanspruch des Vormerkungsberechtigten nicht unter, sondern wandelt sich in einen Anspruch gegen den Löschungsverpflichteten auf Überlassung des diesem zustehenden Erlösanteils um, der bei Löschung des Eigentümerrechts vor Zuschlag dem

---

28 *Hagemann,* RpflStud 1982, 25.
29 *Böttcher,* ZVG, § 117 Rn. 19; *Hintzen,* in: Dassler/Schiffhauer/u. a., ZVG, § 114 Rn. 22.
30 *Hintzen,* in: Dassler/Schiffhauer/u. a., ZVG, § 114 Rn. 22.
31 *Teufel,* in: Steiner, ZVG, § 114 Rn. 62/63.
32 RG, Urteil vom 21.4.1917 – V 9/17, RGZ 90, 171.
33 § 1179a BGB gilt ab 1.1.1978, Übergangsrecht: Art. 8 § 1 des Gesetzes vom 22.6.1977 (BGBl I 998); siehe auch Kommentierung zu §§ 1179a, 1179b BGB.

Anspruchsberechtigten zugestanden hätte.[34] Über den Bestand und die Durchsetzbarkeit des Anspruchs entscheidet nicht das Versteigerungsgericht, sondern der Berechtigte muss dies im Verteilungstermin geltend machen und im Rahmen des Widerspruchs (§ 115) gegen die Zuteilung verfolgen (§ 115 Rn. 5 ff.).[35] Den Fall des Bestehenbleibens des zu löschenden Eigentümerrechts bei erlöschendem begünstigten Recht regelt § 91 Abs. 4 (s. a. §§ 50, 130a).[36] Bleibt ein mit der Löschungsvormerkung gem. § 1179 BGB belastetes Grundpfandrecht bestehen und erlischt das durch die Vormerkung begünstigte Recht, so kann deren Rechtsinhaber, sofern er bei der Erlösverteilung ausfällt, den Löschungsanspruch gegen den Ersteher durchsetzen und dadurch einen Zuzahlungsbetrag gem. § 50 Abs. 2 Nr. 1 auslösen.[37] Näheres siehe § 115.

Das Eigentümererlöspfandrecht, das durch Verzicht des Gläubigers eines gemäß § 91 Abs. 1 erloschenen Grundpfandrechts nach Zuschlag analog §§ 1168, 1178, 1192 BGB entstanden ist (Rn. 10 f.), ist nicht durch Surrogation einer Eigentümergrundschuld entstanden und führt somit nicht zu einem Löschungsanspruch eines nachrangigen Grundpfandrechtsgläubigers analog §§ 1179a, 1192 BGB.[38] Ein dennoch unter Hinweis auf einen angeblichen Löschungsanspruch erhobener Widerspruch ist zulässig jedoch nach Ansicht des BGH unbegründet, worauf das Vollstreckungsgericht hinweisen sollte.[39]

Nießbrauch. Ein gemäß § 52 bestehen bleibendes Recht wird in der Schuldenmasse mangels Leistungspflichten nicht berücksichtigt.[40] Surrogat für einen erlöschenden Nießbrauch: § 92 Abs. 2. Im Übrigen siehe: beschränkte persönliche Dienstbarkeit (Rn. 20). **28**

Reallast. Bzgl. der wiederkehrenden Leistungen siehe Rn. 4 ff.; sofern es sich um Naturalleistungen handelt, sind §§ 14, 119, 120 zu beachten. Bei Grundbuchersichtlichkeit (Rn. 5) eines Höchstbetrages (§ 882 BGB) oder einer Ablösungssumme wird der Ersatzbetrag gem. § 92 v.A.w. im Übrigen auf Anmeldung berücksichtigt. **29**

Rentenschuld (§§ 1199 ff. BGB). Sonderform der Grundschuld; die einzelnen Renten sind wiederkehrende Leistungen (siehe Rn. 4 u. 7).[41] An die Stelle des gem. § 91 Abs. 1 erloschenen Rechts tritt die (grundbuchersichtliche) Ablösungssumme (§ 1199 Abs. 2 BGB).[42] **30**

Rückgewährsanspruch. Der Sicherungsgeber einer Sicherungsgrundschuld hat aus dem Sicherungsvertrag bzw. der –abrede einen durch Wegfall des Sicherungszwecks aufschiebend bedingten Anspruch auf Rückgewähr der Grundschuld.[43] Der Anspruch wandelt sich nach Erlöschen der Grundschuld gem. § 91 Abs. 1 in einen Anspruch auf Herausgabe des Übererlöses um und ist durch Widerspruch gegen die Zuteilung an den Sicherungsnehmer gem. § 115 zu verfolgen.[44] Eine Berücksichtigung v.A.w. durch das Versteigerungsgericht **31**

---

34 *Teufel,* in: *Steiner,* ZVG, § 114 Rn. 88; BGH, Urteil vom 23.10.1957 – V ZR 235/56, BGHZ 25, 382; RG, Beschl. vom 24.1.1914 – V 11/13, RGZ 84, 78 (84).
35 *Hintzen,* in: *Dassler/Schiffhauer/u. a.,* ZVG, § 114 Rn. 103 f.
36 *Stöber,* WM 2006, 607; siehe auch Kommentierung zu §§ 1179a, 1179b BGB.
37 Hanseatisches OLG Bremen, Beschl. vom 25.1.1989 – 2 W 114/88.
38 BGH, Urteil vom 22.7.2004 – IX ZR 131/03, BGHZ 160, 168 = Rpfleger 2004, 717; ablehnend: *Stöber,* WM 2006, 607.
39 So auch *Hintzen,* in: *Dassler/Schiffhauer/u. a.,* ZVG, § 114 Rn. 107 und *Alff,* Rpfleger 2006, 241.
40 *Teufel,* in: *Steiner,* ZVG, § 114 Rn. 109.
41 *Jaeckel/Güthe,* ZVG, § 12 Rn. 3.
42 *Stöber,* ZVG, § 114 Rn. 5.23.
43 BGH, Urteil vom 11.10.1995 – XII ZR 62/94, NJW-RR 1996, 234; bei unwirksamer Sicherungsabrede: § 812 Abs. 1 Satz 2 BGB (*Teufel,* in: *Steiner,* ZVG, § 114 Rn. 80).
44 BGH, Urteil vom 18.2.1992 – XI ZR 134/91, NJW 1992, 1620; OLG München, Beschl. vom 13.6.1997 – 15 W 1506/97.

erfolgt nicht.[45] Der Rückgewähranspruch kann durch den Verpflichteten im Zwangsversteigerungsverfahren – auch im Verteilungstermin – erfüllt werden. Der Anspruch auf Rückgewähr des nicht valutierenden Teils einer durch Zuschlag erloschenen Grundschuld wandelt sich in einen entsprechenden Anspruch auf den Versteigerungserlös um.[46] Der Grundpfandrechtsgläubiger kann den Anspruch grds. durch Aufhebung (§§ 875, 1183, 1192 BGB), Verzicht (§§ 1168, 1192 BGB) oder Abtretung (§§ 398, 413, 1154, 1155, 1192 BGB) – jeweils ohne GB-Eintragung bei gem. § 91 erloschenem Recht – mit unterschiedlichen Wirkungen erfüllen. Der schuldrechtliche Anspruch auf Rückgewähr einer Grundschuld kann vor der Zuschlagserteilung wirksam abgetreten, gepfändet oder verpfändet werden.[47] Im Übrigen: § 115.

32 **Sicherungsgrundschuld.** Durch die Sicherungsabrede bzw. den Sicherungsvertrag werden die gegenseitigen Ansprüche von Sicherungsgeber und -nehmer schuldrechtlich festgehalten. Das dingliche Recht ist dennoch nicht akzessorisch. Das Schicksal der persönlichen Forderung hat keine Auswirkungen auf die Grundschuld,[48] siehe daher: Grundschuld (Rn. 25). Strittig ist, ob der Sicherungsnehmer Zinsen auch für den nicht valutierenden Teil des Rechts geltend machen kann.[49] Die Anmeldung, dass das Recht ganz oder teilweise nicht valutiert, stellt grds. keinen Verzicht dar,[50] sondern höchstens eine Minderanmeldung bzgl. der wiederkehrenden Leistungen.[51] Rückgewähransprüche oder Löschungsansprüche siehe unter jeweiligem Stichwort.

33 **Vormerkung.** Durch Vormerkung gesicherte Ansprüche auf Eintragung oder Übertragung eines Rechts stehen aufschiebend bedingten Ansprüchen gleich: § 119 Rn. 7 und § 92. Die durch Vormerkung gesicherten Ansprüche auf Löschung oder Rangänderung sind auflösend bedingte Ansprüche.[52]

34 **Vorkaufsrecht.** Der Wertersatz für ein durch Zuschlag erloschenes Recht richtet sich nach § 92 (beachte § 14).

35 **Wohngeld/Hausgeld.** Die Ansprüche gemäß § 10 Abs. 1 Nr. 1 bedürfen mangels Grundbuchersichtlichkeit der Anmeldung, § 114.

36 **Zwangshypothek.** Siehe Hypothek und Sicherungshypothek; bzgl. der Abgrenzung lfd. und rückständiger Zinsen: § 13 Abs. 3. Bei Eintragung im Rahmen der Sicherungsvollstreckung (§ 720a ZPO) setzt eine unbedingte Zuteilung an den Vollstreckungsgläubiger den Nachweis der Sicherheitsleistung gemäß § 751 Abs. 2 ZPO oder der Titelrechtskraft voraus.[53] Verfahren im Falle eines nicht geführten Nachweises: siehe §§ 119, 120.

---

45 Schuldrechtlicher Anspruch; ebenso: *Hintzen*, in: *Dassler/Schiffhauer/u.a.*, ZVG, § 114 Rn. 50.
46 *Hintzen*, in: Dassler/Schiffhauer/u.a., ZVG, § 114 Rn. 49.
47 BGH, Beschl. vom 20. 3.1986 – IX ZR 118/85, Rpfleger 1986, 312 und 443; *Hintzen*, in: *Dassler/Schiffhauer/u.a.*, ZVG § 114 Rn. 44 ff.
48 Ausnahme: § 17 Abs. 2 Satz 2 RHeimstG und Art. 6 § 1 Abs. 1 RHeimstGAufhG; so auch *Stöber*, ZVG, § 15.
49 Ablehnend: OLG München, Urteil vom 17.9.1980 – 27 U 232/80, ZIP 1980, 974; bejahend: *Stöber*, ZIP 1980, 976; *Teufel*, in: *Steiner*, ZVG, § 114 Rn. 37, 50 m. w. N.
50 ohne Verzicht wird der volle Grundschuldkapitalbetrag zugunsten des Gläubigers berücksichtigt, da keine dingliche Rechtsänderung erfolgt (s.a.: *Hintzen*, in: *Dassler/Schiffhauer/u.a.*, ZVG, § 114 Rn. 39; BGH, Urteil vom 6. 7.1960 – V ZR 74/59, WM 1960, 1092). Bei Nichtannahme des zugeteilten Betrages: § 117 Abs. 2 Satz 3 ZVG.
51 *Stöber*, ZVG, § 114, 7.5 m. w. N.
52 *Stöber*, ZVG, § 119, 2.2.
53 *Limberger*, RpflStud 2002, 63; *Teufel*, in: *Steiner*, ZVG, § 117 Rn. 28.

§ 114a ZVG [Befriedigungsfiktion bzgl. des Erstehers]

Ist der Zuschlag einem zur Befriedigung aus dem Grundstück Berechtigten zu einem Gebot erteilt, das einschließlich des Kapitalwertes der nach den Versteigerungsbedingungen bestehen bleibenden Rechte hinter sieben Zehntelen des Grundstückswertes zurückbleibt, so gilt der Ersteher auch insoweit als aus dem Grundstück befriedigt, als sein Anspruch durch das abgegebene Meistgebot nicht gedeckt ist, aber bei einem Gebot zum Betrage der Sieben-Zehnteile-Grenze gedeckt sein würde. Hierbei sind dem Anspruch des Erstehers vorgehende oder gleichstehende Rechte, die erlöschen, nicht zu berücksichtigen.

Schrifttum: *Ebeling*, Befriedigungsfiktion des § 114a ZVG in der Vollstreckungspraxis, Rpfleger 1985, 279; *Bauch*, Zur Befriedigungsfiktion nach § 114a ZVG, Rpfleger 1986, 457; *Muth*, Probleme bei der Abgabe eines Gebots in der Zwangsversteigerung aus Gläubigersicht, ZIP 1986, 350; *Muth*, Alte und neue Fragen zur Befriedigungsfiktion des § 114a ZVG, Rpfleger 1987, 89; *Häusele*, Zur Verfassungswidrigkeit der Befriedigungsfiktion des § 114a ZVG, KTS 1991, 47; *Keller*, Grundstücksverschleuderung und § 114a ZVG, ZfIR 2005, 859.

Übersicht

		Rn.
I.	Allgemeines (Normzweck und Anwendungsbereich)	1–3
II.	Voraussetzungen	4–17
1.	Ersteher = Befriedigungsberechtigter	4–6
2.	Gebot < 7/10	7, 8
3.	Ersteher nicht vollständig befriedigt	9
4.	Umfang der Befriedigungsfiktion	10–15
5.	Bedeutung	16
6.	Ausschluss der Befriedigungsfiktion	17

I. Normzweck und Anwendungsbereich

Die Vorschrift soll verhindern, dass ein innerhalb der 7/10-Grenze liegender Berechtigter das Grundstück in der Zwangsversteigerung günstig erwirbt und sodann den ungedeckten Restbetrag seiner persönlichen Forderung gegen den Schuldner in voller Höhe geltend macht.[1] Bietet ein Befriedigungsberechtigter lediglich an die untere Grenze seines Rechtes heran, kann dies andere Bietinteressenten von der Gebotsabgabe abhalten, da der Befriedigungsberechtigte ohne wirtschaftliche Nachteile höhere Gebote (bis zur Obergrenze seines Rechts) abgeben kann.[2] Die Anrechnungspflicht stellt eine Rechtsfolge außerhalb des Versteigerungsverfahrens dar, die sich innerhalb des Verfahrens nur in Ausnahmefällen auswirkt, und über die bei Streit das Prozessgericht entscheidet.[3]

Die Norm gilt grds. für alle Versteigerungsverfahren (einschl. der Teilungsversteigerung, Schiffen, Schiffsbauwerken und Luftfahrzeugen)[4]. Sie greift nicht

---

1 BGH, Urteil vom 6.7.1989 – IX ZR 4/89, BGHZ 108, 248 = Rpfleger 1989, 421 = NJW 1989, 2396 m. w. N.
2 Im Ergebnis ebenso: *Stöber*, ZVG, § 114a Rn. 2.2.
3 BGH, Beschl. vom 27.2.2004 – IXa ZB 298/03 = Rpfleger 2004, 433.
4 *Eickmann*, in: Steiner, ZVG, § 114a Rn. 6 + 8; §§ 169a, 171 Abs. 5 Satz 1 regeln nichts Abweichendes.

bei der Versteigerung von Binnenschifffen, da § 14 des Gesetzes über Vollstreckungsschutz für Binnenschiffe[5] eine besondere Regelung trifft.

3 Entgegen der von *Häusele*[6] geäußerten Auffassung ist die Norm mit dem Grundgesetz vereinbar.[7]

II. Voraussetzungen

4 1. **Ersteher = Befriedigungsberechtiger.** Die Norm erfordert, dass der Zuschlag einem zur Befriedigung aus dem Grundstück Berechtigten erteilt wird. Die Befriedigungsberechtigung bzgl. des Versteigerungsobjektes richtet sich nach § 10 (unabhängig von der Rangordnung).[8] Zu den Befriedigungsberechtigten gehören auch betreibende **Pfandgläubiger**, denen ein Recht zur Einziehung überwiesen wurde.[9] Nach dem Wortlaut wird auf die Person des Erstehers abgestellt, so dass sie auch greift, wenn die Voraussetzungen nur beim Ersteher, nicht aber beim Meistbietenden vorliegen (§ 81 Abs. 2).[10] Bei Zuschlagserteilung an einen Dritten infolge **Abtretung des Meistgebots** (§ 81 Abs. 2) des Befriedigungsberechtigten ist § 114a ebenfalls (zu Lasten des Meistbietenden) anzuwenden,[11] auch wenn keine Gesetzesumgehung vorliegt.[12] Dem ist zuzustimmen, da es nicht entscheidend sein kann, ob die Verwertung des Immobilienerwerbs vor oder nach dem Zuschlag erfolgt und die abschreckende Wirkung des Gebots eines Befriedigungsberechtigten nicht durch Abtretung nach dem Schlusse der Bietungsstunde wegfällt. Problematisch ist jedoch, wenn sowohl Meistbietender, als auch Ersteher im Falle der Abtretung zur Befriedigung aus dem Grundstück berechtigt sind. Nach dem Gesetzeswortlaut greift § 114a bzgl. der Person des Erstehers.[13] *Hintzen* geht hier von einer Befriedigungsfiktion sowohl der Ansprüche des Zedenten als auch des Zessionars aus, wobei sich hier die Reihenfolge aus § 10 ergeben soll.[14] Dem ist nicht zuzustimmen. Vielmehr ist § 114a zunächst auf die Forderung des Erstehers anzuwenden und wenn diese hinter 7/10 zurückbleibt bzgl. der Differenz auch auf den Meistbietenden.[15] Entsprechend ist auch bei einer Kettenabtretung zu verfahren.[16]

5 Ein Gebot des Befriedigungsberechtigten in **Vertretung** für einen Dritten mit dem Ziel der Umgehung von § 114a ist nicht nichtig, vielmehr ist § 114a auf die Forderung des Befriedigungsberechtigten anwendbar.[17] Auch wenn der Berechtigte durch einen **Strohmann**, einen **uneigennützigen Treuhänder**, eine

---

5   BGBl III Gliederungsnummer 310-15, zuletzt geändert durch Art. 59 G v. 19.4.2006 (BGBl I, 866).
6   KTS 1991, 47.
7   BGH, Urteil vom 9.1.1992 – IX ZR 165/91, BGHZ 117, 8 = NJW 1992, 1702 = Rpfleger 1992, 264
8   So auch *Stöber*, ZVG, § 114a Rn. 2.4; anders LG Verden, Beschl. vom 21.7.1993 – 2 T 138/93, Rpfleger 1994, 34.
9   *Stöber*, ZVG, § 114a Rn. 2.4.
10 *Eickmann*, in: *Steiner*, ZVG, § 114a Rn. 11; a.A.: *Stöber*, ZVG, § 114a Rn. 2.7.
11 BGH, Urteil vom 6.7.1989 – IX ZR 4/89, BGHZ 108, 248 = NJW 1989, 2396 = Rpfleger 1989, 421 m.w.N; Gleichstellung mit Verwertung nach Zuschlag; a.A.: *Muth*, ZIP 1986, 350.
12 OLG Celle, Urteil vom 2.12.1988 – 4 U 66/88, NJW-RR 1989, 639 (Meistgebot durch betreibenden Gläubiger).
13 *Muth*, ZIP 1986, 350.
14 *Hintzen*, in: *Dassler/Schiffhauer/u.a.*, ZVG, § 114a Rn. 22.
15 Zunächst Anwendung nach dem Wortlaut und danach analog.
16 A.A.: *Hintzen*, in: *Dassler/Schiffhauer/u.a.*, ZVG, § 114a Rn. 23; ablehnend auch *Stöber*, ZVG, § 114a Rn. 2.4, der Anwendung auf den Zessionar generell ablehnt.
17 BGH, Beschl. vom 14.4.2005 – V ZB 9/05, NJW-RR 2005, 1359.

100 %ig **Tochtergesellschaft** oder eine von ihm **abhängige Gesellschaft** das Grundstück ersteigern lässt, kann § 114a greifen.[18]

§ 114a stellt nicht auf die Person des persönlichen und dinglichen Schuldners ab und ist somit auch anzuwenden, wenn diesbezüglich keine Personenidentität besteht.[19] Dies entspricht auch dem Sinn und Zweck der Norm (Rn. 1).

2. **Gebot < 7/10** – Die Norm stellt auf den **Grundstückswert** und damit auf den Verkehrswert gemäß § 74a Abs. 5 ab,[20] der das Prozessgericht regelmäßig bindet.[21] Entfällt aber im Verfahrensablauf das Rechtsschutzinteresse für eine Anpassung des festgesetzten Wertes, ist der festgesetzte Wert für das Prozessgericht im Rahmen von § 114a nicht bindend.[22] Dies kann jedoch zu Schwierigkeiten im Rahmen der Zuschlagsentscheidung (Antrag auf Zuschlagsversagung gem. § 765a ZPO wegen Grundstücksverschleuderung) führen.[23] Abgestellt wird auf das Verhältnis von Gebot einschließlich des Kapitalwertes der nach den Versteigerungsbedingungen bestehen bleibenden Rechte. Unter Gebot ist das **Bargebot** i.S.d. § 49 einschließlich der **Bargebotszinsen** (§ 49 Abs. 2) zu verstehen.[24] Als **bestehen bleibende Rechte** nach den Versteigerungsbedingungen sind alle Rechte hinzuzurechnen, die infolge gesetzlicher oder abweichender Versteigerungsbedingungen (§ 59) bestehen bleiben. Es wird nicht auf das geringste Gebot abgestellt, so dass auch Rechte, die kraft Gesetzes außerhalb des geringsten Gebotes bestehen bleiben, hinzugerechnet werden.[25] Rechte, die auf Grund einer Liegenbelassungsvereinbarung (§ 91 Abs. 2) bestehen bleiben, werden nicht berücksichtigt.[26]

Bei der Berechnung werden bestehen bleibende Rechte aus Abteilung III mit ihrem Kapitalbetrag und Rechte aus Abteilung II mit dem Zuzahlungsbetrag gem. § 51 Abs. 2 ZVG berücksichtigt.[27]

3. **Ersteher nicht vollständig befriedigt.** Voraussetzung für den Eintritt der Befriedigungswirkung ist, dass der Ersteher durch das abgegebene Gebot nicht bzw. nicht vollständig gedeckt wird.

4. **Umfang der Befriedigungsfiktion.** Über die tatsächliche Befriedigung durch das abgegeben Gebot hinaus gilt der Ersteher insoweit als befriedigt, als er bei einem fiktiven Gebot in Höhe von 7/10 befriedigt worden wäre. Zur Ermittlung des Betrages ist zunächst eine Verteilung des tatsächlichen Erlöses erforderlich. Anschließend ist zu prüfen, inwieweit der Ersteher bei einem Gebot in Höhe von 7/10 befriedigt worden wäre. Bei dieser Berechnung sind Rechte, die dem Anspruch des Erstehers im Range vorgehen oder gleich stehen und erlöschen, nicht zu berücksichtigen (Satz 2).

Beispiel:

---

18 BGH, Urteil vom 9.1.1992 – IX ZR 165/91, BGHZ 117, 8 = NJW 1992, 1702 = Rpfleger 1992, 264 (auch zur Befriedigungsfiktion bei Konzernabhängigkeit); OLG Celle, Urteil vom 19.10.1988 – 6 U 33/88, Rpfleger 1989, 118 (m. Anm. *Muth*); OLG Karlsruhe, Urteil vom 22.2.2007 – 9 U 122/06, NJW-RR 2007, 1222.
19 *Hintzen*, in: *Dassler/Schiffhauer/u.a.*, ZVG, § 114a Rn. 14 m.w.N.; a.A.: *Kahler*, MDR 1983, 903.
20 BGH, Urteil vom 9.1.1992 – IX ZR 165/91, BGHZ 117, 8 = NJW 1992, 1702 = Rpfleger 1992, 264 (einschl. des Wertes mitversteigerten Zubehörs).
21 BGH, Urteil vom 13.11.1986 – IX ZR 26/86, BGHZ 99, 110, 118 f. = NJW 1987, 503 = Rpfleger 1987, 120; BGH, Urteil vom 9.1.1992 – IX ZR 165/91, BGHZ 117, 8 = NJW 1992, 1702 = Rpfleger 1992, 264.
22 BGH, Beschl. vom 27.2.2004 – IXa ZB 298/03, Rpfleger 2004, 433.
23 *Keller*, ZfIR 2005, 859; *Hintzen*, in: *Dassler/Schiffhauer/u.a.*, ZVG, § 114a Rn. 1.
24 *Eickmann*, in: *Steiner*, ZVG, , § 114a Rn. 13; a.A.: *Böttcher*, ZVG, § 114a Rn. 8 (abzulehnen, da der Gesetzgeber in § 54 Abs. 3 GKG ausdrücklich von Gebot ohne Zinsen spricht).
25 *Eickmann*, in: *Steiner*, ZVG, , § 114a Rn. 13.
26 *Böttcher*, ZVG, § 114a Rn. 8.
27 *Eickmann*, in: *Steiner*, ZVG, , § 114a Rn. 13; a.A.: *Muth*, ZIP 1986, 350.

Grundstückswert: 200.000 €   5/10-Grenze greift nicht mehr
7/10-Betrag: 140.000 €
Grundstücksbelastungen: A II/1 (§ 52 II: 20.000 €)
                              B III/1 40.000 € (betreibender Gläubiger)
                              C III/2 30.000 €
                              D III/3 72.000 €
Ger. Bargebot: 12.000 €
Meistgebot: 52.000 €   Meistbietender: D

Meistgebot 52.000 € + bestehen bleibendes Recht (II/1 – 20.000 €) = 72.000 € < 7/10
Meistbietender: zur Befriedigung aus Grundstück berechtigt – voller Ausfall.
Für ein 7/10 Gebot hätte D zusätzlich zu den 52.000 € weitere 68.000 € bieten müssen. In dieser Höhe gilt er als befriedigt, da C bei der fiktiven Berechnung nicht zu berücksichtigen ist (Satz 2).

12 Umstritten ist, ob bei der Befriedigungswirkung auf den **Zeitpunkt** des Zuschlags[28] oder des Verteilungstermins[29] abzustellen ist. Richtigerweise ist auf den Verteilungstermin abzustellen,[30] denn auch die tatsächliche Befriedigung tritt erst zu diesem Zeitpunkt ein. Für eine Vorverlagerung im Falle des § 114a fehlt es an einer gesetzlichen Regelung.

13 Problematisch ist, auf welchen **Anspruch des Erstehers** bei einer nicht oder nur teilweise valutierenden **Sicherungsgrundschuld**[31] des Erstehers abzustellen ist (Nennbetrag oder auf den Betrag der persönlichen Forderung). Bei der Berechnung der fiktiven Befriedigung im Rahmen von § 74a Abs. 1 ist laut BGH[32] auf den Nennbetrag abzustellen. Da die Entscheidung bzgl. § 74a vom Vollstreckungsgericht zu treffen ist und nicht vom Prozessgericht wie bei § 114a (Rn. 16) erscheint die Anwendbarkeit der Entscheidung auf vorliegendes Problem fragwürdig. Bzgl. § 85a Abs. 3 siehe dortige Kommentierung. Die Adressaten der Normen sind unterschiedlich: § 85a: Gericht, § 114a Ersteher bzw. Schuldner.[33]

14 Bleibt die persönliche Forderung hinter dem Betrag zurück, für den der Ersteher nach § 114a als befriedigt gilt, braucht er die Differenz zwischen diesen Beträgen nicht an den persönlichen Schuldner und Eigentümer auszufolgen, auch wenn er das bei einem Gebot bis zu 7/10 des Grundstückswertes tun müsste.[34] Der BGH hat in seiner Entscheidung damit klargestellt, dass auf die Grundschuld abgestellt wird, jedoch die persönliche Forderung mitbefriedigt ist und ein Ausgleichsanspruch nicht besteht.[35] Auch wenn nach dem Wortlaut der Entscheidung auf den Nennbetrag abgestellt wird, ist im Endeffekt die persönliche Forderung maßgeblich.[36] Die überwiegende Ansicht in Rechtsprechung und Schrifttum stellt auf die persönliche Forderung ab.[37] Würde auf

---

28 *Ebeling*, Rpfleger 1985, 279; *Eickmann*, in: Steiner, ZVg, § 114a Rn. 24.
29 *Bauch*, Rpfleger 1986, 457; *Muth*, Rpfleger 1987, 89.
30 *Hintzen*, in: Dassler/Schiffhauer/u. a., ZVG, § 114a Rn. 9.
31 Grundschuld, die mittels schuldrechtlicher Sicherungsabrede oder Sicherungsvertrag der Sicherung einer (persönlichen) Forderung dient. Welche Befriedigungswirkung auf die Forderung eintritt, hängt von der Sicherungsabrede ab (*Stöber*, ZVG, § 114a Rn. 3.6).
32 BGH, Beschl. vom 27.2.2004 – IXa ZB 135/03, BGHZ 158, 159 = NJW 2004, 1803 = Rpfleger 2004, 432.
33 *Muth*, Rpfleger 1987, 89.
34 BGH, Urteil vom 13.11.1986 – IX ZR 26/86, BGHZ 99, 110 = Rpfleger 1987, 120 = NJW 1987, 503.
35 *Ebeling*, Rpfleger 1987, 122.
36 *Ebeling*, Rpfleger 1987, 122; a.A.: *Stöber*, ZVG, § 114a Rn. 3.7..
37 *Hintzen*, in: Dassler/Schiffhauer/u. a., ZVG, § 114a Rn. 11 m.w.N.; nach *Muth* (Rpfleger 1987, 89 (93)) kann die Konstruktion eines Ergebnisses dahinstehen, solange gewährleistet ist, dass es dem Gesetz entspricht (Schutz des Schuldners vor wirtschaftlicher Bereicherung des Erstehers).

den Nennbetrag des dinglichen Rechts abgestellt und der 7/10 Betrag übersteigt den valutierenden Teil der Sicherungsgrundschuld, so wäre das entsprechende Guthaben an den Schuldner auszuzahlen.[38] Dies kann durch Verzicht auf den nicht valutierenden Grundschuldteil nach Zuschlag vor Verteilung vermieden werden.[39] In jedem Falle erfasst die Befriedigungsfiktion nur fällige[40], in den Deckungsbereich der Grundschuld eingestellte, persönliche Forderungen.[41]

15 Wie jede andere Art der Erfüllung tritt die Befriedigungswirkung auch gegenüber eventuellen **Mitschuldnern** oder im Hinblick auf **weitere Sicherungsmittel** ein.[42] Zu den Besonderheiten bei **Gesamtrechten**: *Eickmann*[43]

16 **5. Bedeutung.** Es handelt sich um eine materiell-rechtliche Norm und eine Folge des Zuschlags, deren Wirkung im Verteilungstermin nicht festgestellt wird.[44] Im Streitfalle hat das Prozessgericht über die Befriedigungswirkung zu entscheiden.[45] Allerdings hat das Versteigerungsgericht § 114a im Rahmen von § 765a ZPO (Antrag auf Versagung des Zuschlags an Ersteher) zu beachten.[46] Auf dem Vollstreckungstitel oder dem Grundpfandrechtsbrief erfolgt kein Vermerk (§ 127) über § 114a (s. a. Rn. 9 zu § 127).

17 **6. Ausschluss der Befriedigungsfiktion.** Überwiegend wird davon ausgegangen, dass die Befriedigungswirkung des § 114a durch Vertrag (vor dem Zuschlag) mit dem Vollstreckungsschuldner ausgeschlossen werden kann.[47] Ohne Gegenleistungsvereinbarung zu Gunsten des Schuldners handelt es sich um eine Schenkung, so dass § 518 BGB zu beachten ist.[48] Der vertragliche Ausschluss wirkt jedoch nur zwischen den Vertragsparteien, also bzgl. **Bürgen** und **Mitschuldner** nur bei deren Verzicht auf die Befriedigungswirkung.[49]

---

38 *Scherer*, Rpfleger 1984, 259; anders: BGH Urteil vom 13.11.1986 – IX ZR 26/86, BGHZ 99, 110 = NJW 1987, 503 = Rpfleger 1987, 120.
39 *Bauch*, Rpfleger 1986, 59; *Hintzen*, in: *Dassler/Schiffhauer/u. a.*, ZVG, § 114a Rn. 12 – vorausgesetzt, man stellt bzgl. § 114a auf den Verteilungstermin ab (siehe Rn. 12).
40 *Hintzen*, in: *Dassler/Schiffhauer/u. a.*, ZVG, § 114a Rn. 13; a. A.: BGH, Urteil vom 13.11.1986 – IX ZR 26/86, BGHZ 99, 110 = NJW 1987, 503 = Rpfleger 1987, 120.
41 *Muth*, Rpfleger 1987, 89; *Hintzen*, in: *Dassler/Schiffhauer/u. a.*, ZVG, § 114a Rn. 13.
42 *Muth*, ZIP 1986, 350.
43 *Eickmann*, in: Steiner, ZVG, § 114a Rn. 30 ff.
44 *Stöber*, ZVG, § 114a Rn. 3.11.
45 BGH, Beschl. vom 27. 2.2004 – IXa ZB 298/03, Rpfleger 2004, 433 = NJW-RR 2004, 666.
46 *Ebeling*, Rpfleger 1987, 122.
47 *Böttcher*, ZVG, § 114a Rn. 16; *Hintzen*, in: *Dassler/Schiffhauer/u. a.*, ZVG, § 114a Rn. 27 ff.; *Eickmann*, in: Steiner, ZVG, § 114a Rn. 20; ablehnend: *Muth*, ZIP 1986, 350.
48 *Eickmann*, in: Steiner, ZVG, § 114a Rn. 20, *Hintzen*, in: *Dassler/Schiffhauer/u. a.*, ZVG, § 114a Rn. 30.
49 *Hintzen*, in: Dassler/Schiffhauer/u. a., ZVG, § 114a Rn. 28.

§ 115 ZVG [Verhandlung über den Teilungsplan; Widerspruch]

(1) Über den Teilungsplan wird sofort verhandelt. Auf die Verhandlung sowie auf die Erledigung erhobener Widersprüche und die Ausführung des Planes finden die §§ 876 bis 882 der Zivilprozessordnung entsprechende Anwendung.

(2) Ist ein vor dem Termin angemeldeter Anspruch nicht nach dem Antrag in den Plan aufgenommen, so gilt die Anmeldung als Widerspruch gegen den Plan.

(3) Der Widerspruch des Schuldners gegen einen vollstreckbaren Anspruch wird nach den §§ 767, 769, 770 der Zivilprozessordnung erledigt.

(4) Soweit der Schuldner durch Sicherheitsleistung oder Hinterlegung die Befriedigung eines solchen Anspruchs abwenden darf, unterbleibt die Ausführung des Planes, wenn die Sicherheit geleistet oder die Hinterlegung erfolgt ist.

Schrifttum: *Wieser*, Das Verteilungsverfahren als Zwangsvollstreckung, ZZP 103, 170; *Perger*, Zustellung des Teilungsplanes und Auszahlung des Versteigerungserlöses, Rpfleger 1991, 45 ff.; *Zwingel*, Widerspruch des Schuldners gegen nicht valutierenden Teil einer Grundschuld, Rpfleger 2000, 437; *Alff*, Der gesetzliche Löschungsanspruch im Verteilungsverfahren nach §§ 105 ff. ZVG, Rpfleger 2006, 241; *Rückheim*, Aufhebung der Hinterlegungsordnung, Rpfleger 2010, 1.

Übersicht

		Rn.
I.	Normzweck und Anwendungsbereich	1, 2
II.	Verhandlung über den Plan (Abs. 1 Satz 1 u. 2)	3, 4
III.	Widerspruch	5–23
1.	Allgemeines	5
2.	Gegenstand	6
3.	Widerspruchsberechtigung	7–16
	a) Allgemeines	7
	b) Ersteher	8
	c) Vollstreckungsschuldner	9–12
	d) Neuer Eigentümer	13
	e) Übrige Beteiligte	14–16
4.	Erhebung (Form Zeitpunkt Art)	17, 18
5.	Verfahren	19–23
	a) Zulässigkeitsentscheidung	20, 21
	b) Wirkung eines zulässigen Widerspruchs	22
	c) Unterlassener Widerspruch	23
IV.	Widerspruchsklage	24–34
1.	Allgemeines	24–28
2.	Frist (§ 878 ZPO)	29–31
3.	Urteil	32–34

I. Normzweck und Anwendungsbereich

1 Geregelt werden die Verhandlung über den Zuschlag und das hierbei einzuhaltende Verfahren sowie die Möglichkeit eines Widerspruchs gegen den Plan und das weitere Verfahren bei dessen Erhebung. Die Verteilung im Falle eines Widerspruchs wird außerdem in § 124 geregelt.

Die Norm ist grundsätzlich in allen Versteigerungsverfahren des ZVG anwendbar. Hinsichtlich der Teilungsversteigerung siehe Kommentierung zu § 180. Bezüglich der Zwangsverwaltung siehe §§ 146, 156 Abs. 1 Satz 3.

II. Verhandlung über den Plan (Abs. 1 Satz 1 u. 2)

Über den Teilungsplan wird sofort verhandelt (Abs. 1 Satz 1), auch wenn vor seiner Aufstellung bereits die anwesenden Beteiligten vom Gericht angehört wurden (§ 113). Dadurch soll festgestellt werden, ob die Beteiligten über die Erlösverteilung einig sind, ob Widerspruch gegen die Planausführung erhoben wird und ob sich ein solcher durch die Verhandlung erledigen lässt.[1] Wird **kein Widerspruch** gegen den Plan erhoben, ist der Plan auszuführen (Abs. 1 Satz 2 i. V. m. § 876 Satz 1 ZPO). Sofern ein Gläubiger, der nicht zum Verteilungstermin erschienen ist, zuvor keinen Widerspruch erhoben hat, wird angenommen, dass er mit der Planausführung einverstanden ist (§ 877 Abs. 1 ZPO).

Im Falle eines **Widerspruch**s hat sich jeder dabei beteiligte Gläubiger sofort dazu zu erklären (§ 876 Satz 2 ZPO). Ist ein beteiligter Gläubiger nicht zum Termin erschienen, ist davon auszugehen, dass er den Widerspruch nicht als begründet anerkennt (§ 877 Abs. 2 ZPO). Wird der Widerspruch von allen insoweit Beteiligten als begründet anerkannt oder kommt anderweitig eine Einigung zustande, wird der Plan entsprechend des Anerkenntnisses oder der Einigung berichtigt und anschließend ausgeführt (§ 876 Satz 3 und 1 ZPO). Erledigt sich der Widerspruch nicht, wird der Plan insoweit ausgeführt, als er vom Widerspruch nicht betroffen ist (§ 876 Satz 4 ZPO). Sofern der Widerspruch zulässig ist (siehe Rn. 20 f.) hat das Vollstreckungsgericht gemäß § 124 zu verfahren (siehe Kommentierung zu § 124) und der Widerspruch ist gem. §§ 878 ff. ZPO zu verfolgen (siehe Rn. 24 ff.).

III. Widerspruch

1. Allgemeines. Mit dem Widerspruch möchte ein Beteiligter eine andere Erlösverteilung erreichen.[2] Ein Widerspruch kann sich gegen Rechte, die durch Barzahlung zu decken sind oder deren Bestehen bleiben nach § 91 Abs. 2 vereinbart ist, richten.[3] Zur Abgrenzung von Widerspruch und sofortiger Beschwerde siehe § 113 Rn. 13 ff. Infolge der Anhörung der Beteiligten ist eine Vollstreckungserinnerung gem. § 766 ZPO nicht möglich.[4] Im Übrigen siehe auch Kommentierungen zu §§ 877–882 ZPO.

2. Gegenstand. Der Widerspruch muss sich gegen die Zuteilung eines bestimmten Betrages des Versteigerungserlöses richten. Es muss also deutlich werden, durch welchen Anspruch oder durch welchen Berechtigten sich der Widersprechende benachteiligt sieht, da sonst eine Verhandlung über den Widerspruch (Abs. 1 i. V. m. § 876 Satz 2 ZPO) nicht möglich wäre.[5] Der Widerspruch kann sich auch gegen ein Recht richten, das gemäß § 91 Abs. 2 bestehen geblieben ist, da geltend gemacht werden kann, dass der Erlösanteil nach § 91 Abs. 3 Satz 1 nicht dem Berechtigten zustehe.[6] Bzgl. Einwendungen gegen Rechte, die im geringsten Gebot als bestehenbleibend berücksichtigt wurden, siehe Kommentierung zu § 125.

---

1 *Jaeckel/Güthe*, ZVG, § 115 Rn. 10.
2 *Teufel*, in: *Steiner*, ZVG, § 115 Rn. 8.
3 *Jaeckel/Güthe*, ZVG, § 115 Vorbem.
4 *Teufel*, in: *Steiner*, ZVG, § 115 Rn. 10.
5 *Teufel*, in: *Steiner*, ZVG, § 115 Rn. 15 f.
6 *Böttcher*, ZVG, § 115 Rn. 3; *Hintzen*, in: *Dassler/Schiffhauer/u. a.*, ZVG, § 115 Rn. 16.

3. Widerspruchsberechtigung

7 a) **Allgemeines.** Widerspruchsberechtigt ist derjenige Beteiligte i.S.d. § 9, der in seinem Recht auf Befriedigung aus dem Versteigerungserlös durch den von einem anderen erhobenen Anspruch verdrängt wird.[7] Auch ein schuldrechtlicher Anspruch begründet ein Widerspruchsrecht gegen die Erlösauszahlung, wenn der Anspruch geeignet ist, die Geltendmachung des dinglichen Rechts eines anderen zu beschränken oder auszuschließen, d.h. diesen anderen zu verpflichten, den auf sein dingliches Recht entfallenden Erlösanteil zu überlassen.[8] Dem Widersprechenden muss ein Befriedigungsrecht aus dem Erlös zustehen, welches durch die Zuteilung an den anderen beeinträchtigt wird.[9] Die Rüge, dass die **Teilungsmasse fehlerhaft** zu niedrig berechnet wurde und dadurch der Rügende ausfällt, stellt keinen Widerspruch dar, da nicht die Zuteilung an einen Dritten die Benachteiligung herbeiführt. Dieser Mangel ist mit der sofortigen Beschwerde anzugreifen (§ 113 Rn. 14).

8 b) **Ersteher.** Ihm steht, sofern er nicht auch befriedigungsberechtigter Beteiligter ist, kein Widerspruchsrecht zu, da er nicht daran beteiligt ist, wie der von ihm gezahlte Erlös an die Befriedigungsberechtigten verteilt wird.[10] In Bezug auf eine Liegenbelassungsvereinbarung: siehe Rn. 6.

9 c) **Vollstreckungsschuldner.** Zu unterscheiden ist zwischen dem Widerspruch auf Grund eines dinglichen Rechts des Eigentümers, dem Widerspruch hinsichtlich der Berücksichtigung eines Anspruchs oder dem Rang eines berücksichtigten Anspruchs. Seine Widerspruchsberechtigung besteht auch, soweit er einen Erlösüberschuss beansprucht. Der Vollstreckungsschuldner kann außerdem einen Widerspruch zu Gunsten eines bestimmten Berechtigten erheben, da er ein mittelbares Interesse an der Einhaltung der materiellen Rechtslage hat.[11] Der Vollstreckungsschuldner kann seinen aufschiebend-bedingten Anspruch auf Rückgewähr des nicht valutierenden Teils einer Sicherungsgrundschuld im Falle deren Verwertung durch Widerspruch und Widerspruchsklage mit dem Ziel der Abänderung des Teilungsplans geltend machen.[12]

10 Der Widerspruch des Schuldners gegen einen **vollstreckbaren Anspruch** wird gem. Abs. 3 nach §§ 767, 769, 770 ZPO erledigt.[13] Unbeachtlich ist in diesem Zusammenhang, ob aus dem Titel vollstreckt wird oder nicht.[14] Da die Planausführung nicht automatisch gehemmt wird, muss der Schuldner eine Anordnung des Prozessgerichts oder in Eilfällen des Vollstreckungsgerichts gemäß § 769 ZPO erwirken. Sofern der **Vollstreckungstitel nicht rechtskräftig** ist, hat der Schuldner den anhängigen Rechtsstreit fortzusetzen, statt eine Vollstreckungsgegenklage zu erheben.[15] Die einstweilige Einstellung erfolgt in diesem Falle über § 719 ZPO oder § 707 ZPO.[16]

11 Soweit der Schuldner die Befriedigung eines titulierten Anspruchs durch Sicherheitsleistung oder Hinterlegung abwenden darf, unterbleibt die Ausfüh-

---

7 RG, Urteil vom 29.10.1919 – I 125/19, RGZ 97, 61 (65); BGH, Urteil vom 23.6.1972 – V ZR 125/70, WM 1972, 1032; *Hintzen*, in: *Dassler/Schiffhauer/u.a.*, ZVG, § 115 Rn. 9.
8 BGH, Urteil vom 20.3.1981 – V ZR 85/80, WM 1981, 693; LG Koblenz, Beschl. vom 27.6.2003 – 2 T 372/02, JurBüro 2003, 551; *Stöber*, ZVG, § 115 Rn. 3.4.
9 LG Koblenz, Beschl. vom 27.6.2003 – 2 T 372/02, JurBüro 2003, 551.
10 *Jaeckel/Güthe*, ZVG, § 115 Rn. 6; *Teufel*, in: *Steiner*, ZVG, § 115 Rn. 54; *Hintzen*, in: *Dassler/Schiffhauer/u.a.*, ZVG, § 115 Rn. 11.
11 *Teufel*, in: *Steiner*, ZVG, § 115 Rn. 37.
12 OLG München, Beschl. vom 13.6.1997 – 15 W 1506/97.
13 **Ausnahme:** Widerspruch richtet sich nur gegen den Rang des Anspruchs, der sich nicht aus dem Titel ergibt. So auch: *Teufel*, in: *Steiner*, ZVG, § 115 Rn. 39.
14 *Stöber*, ZVG, § 115 Rn. 6.1.
15 *Teufel*, in: *Steiner*, ZVG, § 115 Rn. 39; *Hintzen*, in: *Dassler/Schiffhauer/u.a.*, ZVG, § 115 Rn. 19.
16 So auch: *Jaeckel/Güthe*, ZVG, § 115 Rn. 1.

rung des Teilungsplans, wenn die Sicherheit geleistet oder die Hinterlegung erfolgt ist (**Abs. 4**), sofern dies dem Versteigerungsgericht rechtzeitig bekannt wird.

Unterbleibt die Planausführung gem. **Abs. 4**, so ist gem. § 124 Abs. 3 durch den Plan festzustellen, wie der streitige Betrag verteilt werden soll, wenn der Widerspruch für begründet erklärt wird, und der Betrag ist zu hinterlegen (§ 120). Näheres siehe § 124. **12**

d) **Neuer Eigentümer.** Ein neu eingetretener Eigentümer, der sein Recht angemeldet und auf Verlangen glaubhaft gemacht hat (§ 9 Nr. 2), ist ebenfalls widerspruchsberechtigt. Die Absätze 3 und 4 finden auf seinen Widerspruch Anwendung, soweit der Vollstreckungstitel sich gegen ihn richtet.[17] **13**

e) **Übrige Beteiligte.** Widerspruchsberechtigt ist jeder Beteiligte (§ 9), der ein Recht auf Befriedigung aus dem Versteigerungserlös hat, jedoch durch andere Beteiligte verdrängt wird (siehe Rn. 7). Der Einwand, ein Recht sei zu Unrecht gem. § 110 im Range zurückgesetzt worden, rügt einen Verstoß gegen eine Verfahrensbestimmung und eröffnet nicht das Widerspruchsverfahren.[18] **14**

Die Geltendmachung eines **Löschungsanspruch**s gem. § 1179a BGB oder § 1179 BGB eines ausfallenden Gläubigers eines erloschenen Grundpfandrechts stellt einen Widerspruch gegen die Zuteilung auf das vom Anspruch betroffene (erloschene) Recht dar (§ 114 Rn. 27). Zur Geltendmachung eines Löschungsanspruchs gegen ein Eigentümererlöspfandrecht, das erst durch Verzicht auf die Zuteilung zu Gunsten eines erloschenen Eigentümergrundpfandrechtes entstanden ist, siehe § 114 Rn. 11 und 27. **15**

Ein Dritter, der sein Eigentum an einem nicht der Beschlagnahme unterliegenden, jedoch gem. § 55 Abs. 2 versteigerten Gegenstand durch Zuschlag verloren hat (§ 37 Nr. 5, § 90 Abs. 2), kann die Aussonderung des auf seinen mitversteigerten Gegenstand entfallenden Erlösteils durch Widerspruch (und Widerspruchsklage) gegen den oder die letztrangigen Erlösempfänger geltend machen.[19] **16**

4. **Erhebung.** Da für den Widerspruch im Gesetz keine besondere **Form** vorgeschrieben ist, ist jede Erklärung und ggf. auch eine schlüssige Handlung, mit der eine andere Erlösverteilung verlangt wird, als Widerspruch zu werten.[20] Gemäß **Abs. 2** gilt eine **Anmeldung** als Widerspruch, sofern der vor dem Termin angemeldete Anspruch nicht nach dem Antrag (der Anmeldung) im Plan berücksichtigt wird. Es handelt sich daher auch um einen Widerspruch, wenn die Anmeldung eines nicht berücksichtigungsfähigen Anspruchs[21] erfolgt. Die Vorlegung des urkundlichen Nachweises eines Pfändungsbeschlusses nebst Zustellungsnachweis wird ebenfalls als Anmeldung und im Falle der Nichtberücksichtigung als Widerspruch angesehen.[22] Aus dem Widerspruch muss sich ergeben, gegen welche Feststellung im Plan widersprochen wird und welche anderweitige Verteilung angestrebt wird. **17**

Gemäß Abs. 1 Satz 1 in Verbindung mit § 876 Satz 1 ZPO ergibt sich als **Zeitpunkt** der Widerspruchserhebung, dass diese spätestens im Verteilungstermin zu erfolgen hat. Mit der vollständigen Ausführung des Teilungsplanes kommt dessen nachträgliche Änderung durch das Versteigerungsgericht nicht mehr in **18**

---

17 *Jaeckel/Güthe*, ZVG, § 115 Rn. 4; *Teufel*, in: *Steiner*, ZVG, § 115 Rn. 44.
18 OLG Koblenz, Beschl. vom 11.1.1984 – 4 W 632/83, Rpfleger 1984, 242; s. a.: § 113 Rn. 14.
19 RG, Urteil vom 28.6.1916 – V 180/16, RGZ 88, 351 (356); *Teufel*, in: *Steiner*, ZVG, § 115 Rn. 14.
20 *Teufel*, in: *Steiner*, ZVG, § 115 Rn. 57, 58; *Böttcher*, ZVG, § 115 Rn. 20; mündlich oder schriftlich oder Erklärung zu Protokoll lt. *Hintzen*, in: *Dassler/Schiffhauer/u. a.*, ZVG, § 115 Rn. 13.
21 Anspruch, der weder unter § 109 ZVG noch unter § 10 ZVG fällt.
22 *Teufel*, in: *Steiner*, ZVG, § 115 Rn. 59; *Böttcher*, ZVG, § 115 Rn. 20.

Betracht, so dass Beschwerden, die eine andere Erlösverteilung anstreben, gegenstandslos und damit unzulässig sind.[23] Gegen einen Gläubiger, der weder vor noch im Termin Widerspruch erhebt, wird gem. § 877 Abs. 1 ZPO angenommen, dass er mit der Planausführung einverstanden ist.

19 5. **Verfahren.** Es besteht keine Verpflichtung zu einer Belehrung der Anwesenden über die Möglichkeit eines Widerspruchs gegen den Teilungsplan.[24]

20 a) **Zulässigkeitsentscheidung.** Das Versteigerungsgericht prüft die Zulässigkeit eines erhobenen Widerspruchs.[25] Die Prüfung umfasst die Beteiligtenstellung des Widersprechenden ebenso wie den Umstand, ob der Widersprechende bei Erfolg des Widerspruchs eine Zuteilung aus dem Erlös erhalten würde.[26] Zulässig ist ein Widerspruch auch dann, wenn der Widersprechende ein eigenes, mittelbares Interesse an der angestrebten anderweitigen Verteilung hat.[27] Das Versteigerungsgericht prüft nicht, ob der Widerspruch (materiell-rechtlich) begründet ist.[28]

21 Im Falle der Unzulässigkeit des Widerspruchs weist ihn das Versteigerungsgericht per Beschluss, gegen den die sofortige Beschwerde zulässig ist, zurück.[29] Sodann wird der Plan ausgeführt, § 876 Satz 1 ZPO.

22 b) **Wirkung eines zulässigen Widerspruchs:** Über einen zulässigen Widerspruch ist sofort zu verhandeln, Abs. 1 Satz 2 und § 876 Abs. 1 Satz 2 ZPO (siehe Rn. 3 ff.). Er führt zu einer **Planänderung**, wenn er von den daran beteiligten anerkannt wird oder sie eine anderweitige Einigung erzielen (§ 876 Satz 3 ZPO), oder zu einer **Planergänzung** nebst –**aussetzung** gemäß § 124 und §§ 876 Satz 4, 878 ZPO. Sofern sich der Widerspruch nicht erledigt, hat das Versteigerungsgericht gemäß § 876 Satz 4 ZPO und § 124 zu verfahren (siehe Kommentierung zu § 124).

23 c) **Unterlassener Widerspruch.** Das Unterlassen eines Widerspruchs führt nicht zu einem Anerkenntnis der materiellen Richtigkeit des Teilungsplanes, so dass der Berechtigte sein Recht trotzdem mittels Bereicherungsklage durchsetzen kann.[30] Auch bei Versäumen der Teilnahme am Versteigerungsverfahren kann noch im Wege der Bereicherungsklage der Anspruch auf Einwilligung in die Auszahlung des auf das streitige Recht entfallenden Erlösanteils geltend gemacht werden.[31]

IV. Widerspruchsklage

24 1. **Allgemeines.** Das Versteigerungsgericht hat lediglich die Zulässigkeit des Widerspruchs zu prüfen und nicht seine sachliche Begründetheit (siehe Rn. 20). Erledigt sich der Widerspruch nicht gem. Abs. 1 Satz 2 i. V. m. § 876

---

23 OLG Düsseldorf, Beschl. vom 2.11.1994 – 3 W 533/94, Rpfleger 1995, 265; a. A.: OLG Köln, Beschl. vom 30.9.1991 – 2 W 131/91, Rpfleger 1991, 519 (mit kritischer Anm. *Meyer-Stolte*): Widerspruch ist bis zum Ende des Verteilungstermins möglich, d. h. auch nach Anordnung der Auszahlung jedoch vor Barauszahlung.
24 LG Rostock, Beschl. vom 5.9.2003 – 2 T 2/03.
25 *Stöber*, ZVG, § 115 Rn. 3.11; *Teufel*, in: *Steiner*, ZVG, § 115 Rn. 61; *Böttcher*, ZVG, § 115 Rn. 23.
26 *Böttcher*, ZVG, § 115 Rn. 24 f; *Stöber*, ZVG, § 115 Rn. 3.11.
27 *Stöber*, ZVG, § 115 Rn. 3.11.
28 *Hintzen*, in: *Dassler/Schiffhauer/u. a.*, ZVG, § 115 Rn. 4; *Teufel*, in: *Steiner*, ZVG, § 115 Rn. 66.
29 OLG Köln, Beschl. vom 30.9.1991 – 2 W 131/91, Rpfleger 1991, 519; *Teufel*, in: *Steiner*, ZVG, § 115 Rn. 61; *Stöber*, ZVG, § 115 Rn. 3.11; *Böttcher*, ZVG, § 115 Rn. 25.
30 *Jaeckel/Güthe*, ZVG, § 113 Rn. 1; *Böttcher*, ZVG, § 115 Rn. 37.
31 BGH, Urteil vom 26.4.2001 – IX ZR 53/00, NJW 2001, 2477 = Rpfleger 2001, 443; *Marotzke*, EWiR § 9 ZVG 1/01, 696.

Satz 3 ZPO, so ist gemäß § 876 Satz 4, § 878 ZPO und § 124 ZVG zu verfahren.

25 Der widersprechende Gläubiger muss (ohne vorherige Aufforderung) binnen einer Frist von einem Monat (beginnend mit dem Terminstag) die **Widerspruchsklage** erheben und dem Versteigerungsgericht gegenüber den Nachweis der Klageerhebung erbringen (§ 878 ZPO). Es handelt sich um eine prozessuale Gestaltungsklage.[32]

26 **Zuständig** für die Widerspruchsklage ist (ausschließlich) gem. §§ 879, 802 ZPO das Amts- bzw. Landgericht, in dessen Bezirk das Versteigerungsverfahren anhängig ist.[33] Das Landgericht ist für sämtliche Klagen zuständig, auch wenn die Landgerichtszuständigkeit nach dem Inhalt der erhobenen und im Termin nicht erledigten Widersprüche nur bei einer Klage begründet ist, sofern sich nicht sämtliche beteiligten Gläubiger einigen, dass das Verteilungsgericht über alle Widersprüche entscheiden soll (§ 879 Abs. 2 ZPO). Siehe auch Rn. 10 (Vollstreckungsabwehrklage). Die Widerspruchsklage ist auch gegen den Bestand und die Höhe **öffentlich-rechtlicher Ansprüche** zu erheben, jedoch muss auch der nach den einschlägigen Gesetzen vorgesehene Rechtsbehelf ergriffen werden und ggf. das Widerspruchsklageverfahren für dessen Dauer ausgesetzt werden.[34]

27 Die Widerspruchsklage ist gegen alle Beteiligten zu richten, die den Widerspruch nicht anerkannt haben; dazu gehört ggf. auch der Schuldner.[35] Sie richtet sich gegen den Ersteher, wenn dieser einen Grundpfandrechtsgläubiger außergerichtlich befriedigt hat und vom Vollstreckungsschuldner gegen dessen Berücksichtigung im Verteilungsplan Widerspruch erhoben wird.[36]

28 Wer zu Recht durch den Teilungsplan etwas zugeteilt erhält, erwirbt ein Recht auf Auszahlung, das durch spätere Ereignisse grundsätzlich nicht beeinträchtigt werden kann.[37] Dies bedeutet, dass für den Widerspruchsprozess die Sachlage zum Zeitpunkt des Verteilungstermins maßgeblich ist.

29 2. **Frist (§ 878 ZPO)**. Der widersprechende Gläubiger muss binnen einer Frist von einem Monat dem Gericht die Klageerhebung nachweisen (§ 878 Abs. 1 Satz 1 ZPO). Die Frist beginnt gem. § 878 Abs. 1 Satz 1 ZPO mit dem Verteilungstermin, ohne dass es einer vorherigen Aufforderung oder Ähnlichem bedarf. Abweichende Regelungen zum Fristbeginn enthalten § 137 Abs. 2 Satz 2 und § 139 Abs. 2 Satz 2. Da es sich nicht um eine Notfrist handelt (§ 224 Abs. 1 Satz 2 ZPO), kann die Frist durch Parteivereinbarung verkürzt werden (§ 224 Abs. 1 Satz 1 ZPO).[38] Während des Fristlaufes verbleibt der vom Widerspruch betroffene Betrag der Teilungsmasse in der Hinterlegung (§ 876 Satz 4 ZPO, § 124 Abs. 1 und 2).

30 Der **Nachweis** der Klageerhebung kann durch eine Bestätigung des Prozessgerichts oder durch Bezugnahme auf die beim gleichen Gericht geführten Prozessakten erbracht werden.[39] Gemäß § 253 Abs. 1 ZPO (ggf. i.V.m. § 495 ZPO) erfolgt die **Klageerhebung** durch Zustellung der Klageschrift (§§ 271,

---

32 BGH, Urteil vom 26.4.2001 – IX ZR 53/00, NJW 2001, 2477 = Rpfleger 2001, 443.
33 *Teufel*, in: *Steiner*, ZVG, § 115 Rn. 68; *Hintzen*, in: *Dassler/Schiffhauer/u.a.*, ZVG, § 115 Rn. 36.
34 So: *Stöber*, ZVG, § 115 Rn. 5.1; *Teufel*, in: *Steiner*, ZVG, § 115 Rn. 69; *Hintzen*, in: *Dassler/Schiffhauer/u.a.*, ZVG, § 115 Rn. 37.
35 OLG Celle, Urteil vom 18.7.1995 – 18 U 44/94, FamRZ 1996, 1228.
36 BGH, Urteil vom 30.4.1980 – V ZR 159/78, BGHZ 77, 107 = NJW 1980, 2586 = Rpfleger 1980, 339 m.w.N.
37 BGH, Urteil vom 13.12.1990 – IX ZR 118/90, BGHZ 113, 169 = NJW 1991, 1063 = Rpfleger 1992, 32.
38 *Hintzen*, in: *Dassler/Schiffhauer/u.a.*, ZVG, § 115 Rn. 28.
39 *Hintzen*, in: *Dassler/Schiffhauer/u.a.*, ZVG, § 115 Rn. 29; *Stöber*, ZVG, § 115 Rn. 5.9.

495 ZPO). Wegen der fehlenden Einflussmöglichkeit auf die Zustellung genügt zur Fristwahrung der fristgerechte Nachweis der Klageeinreichung beim zuständigen Gericht sowie entweder der Zahlung des Prozesskostenvorschusses oder Einreichung eines Prozesskostenhilfeantrages.[40] Sofern durch die Zustellung eine Frist gewahrt werden soll, tritt gemäß § 167 ZPO diese Wirkung bereits mit Eingang des Antrages oder der Erklärung ein, wenn die Zustellung demnächst erfolgt.[41] Entgegen *Stöber*[42] und *Böttcher*[43] bedarf es unabhängig vom fristgerechten Nachweis der Klageeinreichung und Zahlung des Prozesskostenvorschusses oder Stellung eines Prozesskostenhilfeantrages noch unverzüglich nach Fristablauf des Nachweises, dass die Zustellung demnächst erfolgt ist.[44]

31 Nach einem **fruchtlosen Fristablauf** wird gemäß § 878 Abs. 1 Satz 2 ZPO die Ausführung des Plans ohne Rücksicht auf den Widerspruch angeordnet. Wiedereinsetzung in den vorigen Stand ist nicht möglich, §§ 224 I 2, 233 ZPO.[45] Auch ein verspäteter Klageerhebungsnachweis hindert die Auszahlung gem. § 878 I 2 ZPO nicht.[46] Das Versäumen der Frist und die Planausführung hindern den widersprechenden Gläubiger nicht, seine Ansprüche im Wege der Klage gegen einen Gläubiger, der einen Geldbetrag nach dem Plan erhalten hat, geltend zu machen (878 Abs. 2 ZPO).

32 **3. Urteil.** Durch das Urteil im Widerspruchsprozess wird der Widerspruch entweder für unbegründet erklärt und die Klage zurückgewiesen oder der Widerspruch für begründet erklärt. In dem Urteil ist gemäß § 880 Satz 1 ZPO zugleich zu bestimmen, an welche Gläubiger und in welchen Beträgen der streitige Betrag auszuzahlen ist; dies ist jedoch im Hinblick auf die gemäß § 124 vom Versteigerungsgericht vorgenommene Eventualverteilung meist entbehrlich.[47] Gemäß § 880 Satz 2 ZPO kann das Prozessgericht auch die Anfertigung eines neuen Planes und ein anderweitiges Verteilungsverfahren im Urteil anordnen. Hat jedoch das Versteigerungsgericht auf Grund des § 124 Abs. 1 (unwidersprochen) im Teilungsplan festgestellt, wie der streitige Betrag zu verteilen ist, kommt diese Vorschrift nicht mehr zum Zuge.[48] Ein Versäumnisurteil gegen den widersprechenden Gläubiger lautet gemäß § 881 ZPO darauf, dass der Widerspruch als zurückgenommen anzusehen ist.

33 Das Versteigerungsgericht ist an die Entscheidung gebunden.[49] Weist der Gläubiger dem Versteigerungsgericht das rechtskräftige Urteil nach, hat das Versteigerungsgericht auf der Grundlage des erlassenen Urteils das weitere Verfahren gemäß § 882 ZPO und §§ 117, 118 durchzuführen.[50]

34 Hinsichtlich der Zustellung von Beschlüssen über die Planaufstellung und -ausführung siehe § 113 Rn. 11 und 12.

---

40 *Stöber, in: Zöller,* ZPO, § 878 Rn. 6.
41 *Stöber,* ZVG, § 115 Rn. 5.9; *Teufel, in: Steiner,* ZVG, § 115 Rn. 75.
42 *Stöber,* ZVG, § 115 Rn. 5.9.
43 *Böttcher,* ZVG, § 115 Rn. 34.
44 HansOLG Bremen, Beschl. vom 7.4.1982 – 2 W 12/82, MDR 1982, 762; wohl ebenso: *Hintzen, in: Dassler/Schiffhauer/u.a.,* ZVG, § 115 Rn. 29; *Teufel, in: Steiner,* ZVG, § 115 Rn. 75.
45 *Teufel, in: Steiner,* ZVG, § 115 Rn. 74.
46 AG Hannover, Beschl. vom 30.11.1992 – 732b K 32/91, Rpfleger 1993, 296.
47 *Teufel, in: Steiner,* ZVG, § 115 Rn. 83.
48 BGH, Urteil vom 9.12.1985 – II ZR 5/85, BGHZ 96, 332 = NJW 1987, 131; *Stöber,* ZVG, § 124 Rn. 2.6; *Hintzen, in: Dassler/Schiffhauer/u.a.,* ZVG, § 124 Rn. 4.
49 *Stöber, in: Zöller,* ZPO, § 880 Rn. 1.
50 *Teufel, in: Steiner,* ZVG, § 115 Rn. 87; *Hintzen, in: Dassler/Schiffhauer/u.a.,* ZVG, § 115 Rn. 41/42.

§ 116 ZVG [Planaussetzung bis Zuschlagsrechtskraft]

Die Ausführung des Teilungsplans soll bis zur Rechtskraft des Zuschlags ausgesetzt werden, wenn der Ersteher oder im Falle des § 69 Abs. 3 der für mithaftend erklärte Bürge sowie in den Fällen des § 81 Abs. 2, 3 der Meistbietende die Aussetzung beantragt.

Übersicht

		Rn.
I.	Allgemeines	1
II.	Antrag	2–4
III.	Entscheidung	5
IV.	Wirkungen	6–9

I. Allgemeines

Für die Anberaumung und Durchführung des Verteilungstermins ist die Rechtskraft des Zuschlagsbeschlusses keine Voraussetzung (§ 105; § 105 Rn. 3 ff.). § 116 gewährt den Zahlungspflichtigen (Erstehern und ggf. mithaftenden Bürgen oder Meistbietenden; auf Antrag) einen Schutz ihrer Interessen vor Eintritt der Zuschlagsrechtskraft. Im Falle einer Zuschlagsbeschwerde kann das Vollstreckungs- oder das Beschwerdegericht im Wege einer einstweiligen Einstellung des Verfahrens einen entsprechenden Schutz gemäß § 570 Abs. 2 und 3 ZPO auch v. A. w. gewähren.[1]   **1**

II. Antrag

Die **Antragstellung** ist dem Ersteher und den für mithaftend erklärten Bürgen und Meistbietenden (§§ 82, 69 Abs. 3, § 81 Abs. 4) möglich. Eine **Frist** für die Antragstellung ist nicht vorgesehen, allerdings darf der Zuschlag noch keine Rechtskraft erlangt haben.[2]   **2**

Eine bestimmte **Form** ist für den Aussetzungsantrag nicht vorgeschrieben.   **3**

Gemäß § 139 ZPO hat ein **Hinweis** auf die Möglichkeit zur Antragstellung zu erfolgen.[3]   **4**

III. Entscheidung

Es handelt sich um eine „Soll-Vorschrift", so dass *Teufel*[4] und *Hintzen*[5] zutreffend dem Gericht einen Entscheidungsspielraum zubilligen, jedoch gleichzeitig davon ausgehen, dass dem Antrag regelmäßig zu entsprechen sei.[6] *Jaeckel/Güthe*[7] geht hingegen davon aus, dass bei Vorliegen der Voraussetzungen ein richterliches Ermessen ausgeschlossen ist, somit ein Recht auf Aussetzung für den Antragsteller anerkannt sei, aber die Nichtbeachtung der Ordnungsvorschrift auf die Wirksamkeit des Verfahrens ohne Einfluss ist. Gegen den statt-   **5**

---

1 *Jaeckel/Güthe*, ZVG, § 116 Rn. 2.
2 *Jaeckel/Güthe*, ZVG, § 116 Rn. 1; *Stöber*, ZVG, § 116 Rn. 2.
3 *Teufel*, in: *Steiner*, ZVG, § 116 Rn. 8; *Hintzen*, RpflStud 2003, 161.
4 *Teufel*, in: *Steiner*, ZVG, § 116 Rn. 10.
5 *Hintzen*, in: *Dassler/Schiffhauer/u. a.*, ZVG, § 116 Rn. 3.
6 *Teufel*, in: *Steiner*, ZVG, § 116 Rn. 10; *Hintzen*, in: *Dassler/Schiffhauer/u. a.*, ZVG, § 116 Rn. 3.
7 *Jaeckel/Güthe*, ZVG, § 116 Rn. 3.

gebenden oder ablehnenden Beschluss ist die sofortige Beschwerde zulässig (§ 11 Abs. 1 RPflG, §§ 793, 567 ff. ZPO; siehe auch: Rechtsbehelfe im ZVG).

IV. Wirkungen

6 Die Anordnung verhindert nicht generell die Abhaltung des Verteilungstermins. So wird der Teilungsplan (Teilungsmasse, bestehen bleibende Rechte, Schuldenmasse) aufgestellt und über ihn und evtl. Widersprüche verhandelt.[8]

7 Bei Anordnung der Aussetzung der Planausführung unterbleibt die Auszahlung (§ 117) ebenso wie eine Forderungsübertragung (§ 118) sowie Maßnahmen gemäß §§ 127, 130. Eine Klauselerteilung gem. § 132 Abs. 2 ist während der Aussetzungsphase nicht möglich.[9]

8 Nach Eintritt der Rechtskraft des Zuschlags hat das Gericht v. A. w. **einen neuen Verteilungstermin** anzuberaumen, in dem weitere Anmeldungen und Widersprüche möglich sind.[10] Der Teilungsplan ist nicht vollständig neu aufzustellen, jedoch sind die **Zinsen** einer bisher nicht entrichteten Teilungsmasse ebenso wie die wiederkehrenden Leistungen in der Schuldenmasse bzgl. Rechten, die nicht vom Ersteher übernommen wurden, bis zum Tag vor dem neuen Termin (neu) zu berechnen.[11] In jedem Falle erfolgt eine Ausführung des Teilungsplans gemäß § 117 oder § 118.

9 Im Falle einer Zuschlagsaufhebung gibt es keine Besonderheiten durch § 116 im weiteren Verfahrensablauf.

---

[8] *Jaeckel/Güthe*, ZVG, § 116 Rn. 3; *Stöber*, ZVG, § 116 Rn. 2.4.
[9] *Teufel*, in: *Steiner*, ZVG; § 116 Rn. 13.
[10] *Stöber*, ZVG, § 116 Rn. 2.6; *Stöber*, ZVG-Handbuch Rn. 463.
[11] *Stöber*, ZVG, *aaO*; *Teufel*, in: *Steiner*, ZVG, § 116 Rn. 15 f.

§ 117 ZVG [Planausführung bei Bargebotszahlung]

(1) Soweit der Versteigerungserlös in Geld vorhanden ist, wird der Teilungsplan durch Zahlung an die Berechtigten ausgeführt. Die Zahlung ist unbar zu leisten.

(2) Die Auszahlung an einen im Termine nicht erschienenen Berechtigten ist von Amts wegen anzuordnen. Die Art der Auszahlung bestimmt sich nach den Landesgesetzen. Kann die Auszahlung nicht erfolgen, so ist der Betrag für den Berechtigten zu hinterlegen.

(3) Im Falle der Hinterlegung des Erlöses kann statt der Zahlung eine Anweisung auf den hinterlegten Betrag erteilt werden.

Schrifttum: *Sievers*, Sofortige Auszahlung des Versteigerungserlöses?, Rpfleger 1989, 53; *Drischler*, Nochmals: Sofortige Auszahlung des Versteigerungserlöses, Rpfleger 1989, 359; *Perger*, Zustellung des Teilungsplanes und Auszahlung des Versteigerungserlöses, Rpfleger 1991, 45; *Hintzen*, Die Entwicklung im Zwangsversteigerungs- und Zwangsverwaltungsrecht seit 2008, Rpfleger 2009, 659 (666).

	Übersicht	Rn.
I.	Normzweck und Anwendungsbereich	1, 2
II.	Berechtigte	3–10
1.	Definition	3
2.	Feststellung (inkl. Zeitpunkt)	4
3.	Pfändung/Verpfändung	5
4.	Erbfolge	6
5.	Unbekannte Berechtigte	7
6.	Ungewissheit der Person des Berechtigten	8
7.	Einzelfälle	9, 10
III.	Zahlung an Berechtigte (Abs. 1 u. 2)	11–13
1.	Entrichtung der Teilungsmasse	11
2.	Anwesende Berechtigte	12
3.	Abwesende Berechtigte	13
IV.	Anweisung auf hinterlegten Betrag (Abs. 3)	14
V.	Aufrechnung/Befriedigungserklärung/Verzicht	15, 16

I. Normzweck und Anwendungsbereich

Die Norm regelt die Ausführung des Teilungsplans für den Fall, dass der Ersteher, Meistbietende oder mithaftende Bürge die Teilungsmasse entrichtet hat. Voraussetzung ist daher, dass ein Teilungsplan aufgestellt wurde, die entsprechenden Verhandlungen (§ 115) abgeschlossen sind und die Teilungsmasse in Geld vorhanden ist. Zur Frage der Notwendigkeit der Rechtskraft des Teilungsplanes siehe § 113 Rn. 12 und 14. Sofern die Teilungsmasse nicht entrichtet wurde, regelt § 118 die Planausführung. **1**

Die Norm gilt für alle Versteigerungsverfahren des ZVG. **2**

II. Berechtigte

1. Definition. Die Zahlung hat nach dem Wortlaut der Norm an die Berechtigten zu erfolgen. Dies sind nicht die Beteiligten (§ 9) oder die bei Feststellung **3**

des geringsten Gebotes zu Berücksichtigenden oder diejenigen, die gem. § 114 in den Teilungsplan aufgenommen wurden.[1] Es ist auf die tatsächliche Berechtigung nach materiellem Recht abzustellen,[2] so dass es beispielsweise bei Zuteilung auf den Kapitalbetrag eines Briefgrundpfandrechts der Vorlage des Grundpfandrechtsbriefes bedarf, anderenfalls gemäß § 126 zu verfahren ist.

4 **2. Feststellung (inkl. Zeitpunkt).** Fraglich ist, auf welchen Zeitpunkt hinsichtlich der Stellung des Berechtigten abzustellen ist. *Stöber*[3] führt aus, dass der bei Aufstellung und Ausführung des Teilungsplanes nach materiellem Recht Berechtigte festzustellen sei. Dabei stellt er auf den Stand des Grundbuchs bei Zuschlagserteilung ab, da sich zu diesem Zeitpunkt das dingliche Recht in einen Erlösanspruch (Forderungsrecht) wandelt.[4] Diesbzgl. greift zunächst die (widerlegbare) Vermutung des § 891 BGB.[5] Jedoch sind auch die später (bis zur Planausführung) eintretenden Rechtsänderungen (z.B.: Abtretung, Pfändung, Verpfändung) zu beachten.[6] Bei Zahlungen auf nicht erloschene Rechte ist der Grundbuchstand zum Zeitpunkt der Auszahlung maßgebend (§ 891 BGB), sofern dem Gericht nichts Gegenteiliges bekannt wird.[7]

5 **3. Pfändung/Verpfändung.** Pfändungen und Verpfändungen müssen vom Gläubiger spätestens im Verteilungstermin vor Planausführung geltend gemacht werden.[8] Ein Pfändungspfandrecht oder Pfandrecht an einem Grundpfandrecht (§§ 830, 857 Abs. 6 ZPO), das vor dem Zuschlag wirksam wurde, setzt sich am Erlösanspruch fort.[9] Der Anspruch auf Befriedigung aus dem Erlös (**Erlösanspruch**) ist eine Geldforderung und als solcher ab Zuschlag pfändbar (§ 857 Abs. 1, § 829 ZPO).[10] Die Pfändung wird mit Zustellung des entsprechenden Beschlusses an den früheren Eigentümer bewirkt (§ 857 Abs. 2 ZPO).[11] Die Pfändung des auf einen Anspruch **zugeteilten Erlöses** nach dessen Hinterlegung gemäß § 124 infolge Widerspruchs wird erst mit Zustellung des Pfändungsbeschlusses an die Hinterlegungsstelle bewirkt.[12] Die Abtretung oder Verpfändung der **Rückgewähransprüche** hinsichtlich eines Grundpfandrechts hindern den Grundpfandrechtsgläubiger nicht an der Verwertung des Grundpfandrechts (durch Abtretung).[13] Jedoch kann der Gläubiger, der den Rückgewähranspruch gepfändet und überwiesen bekommen hat, von dem Grundpfandrechtsgläubiger die Abtretung des Anspruchs auf Befriedigung aus dem Versteigerungserlös verlangen.[14]

6 **4. Erbfolge.** Der Nachweis einer Erbfolge wird grundsätzlich durch einen Erbschein (§§ 2353 ff. BGB) geführt. Hinsichtlich der Leistungen an einen Erb-

---

1 *Jaeckel/Güthe*, ZVG, § 117 Rn. 2.
2 *Stöber*, ZVG, § 117 Rn. 2.2; *Teufel*, in: Steiner, ZVG, § 117 Rn. 4.
3 *Stöber*, ZVG, § 117 Rn. 2.2.
4 *Stöber*, ZVG, § 117 Rn. 2.6; a.A.: RG, Urteil vom 8.4.1910 – III 265/09, RGZ 73, 298 (Grundbuchinhalt zum Zeitpunkt der Auszahlung ist maßgeblich).
5 So auch *Teufel*, in: Steiner, ZVG, § 117 Rn. 9.
6 *Teufel*, in: Steiner, ZVG, § 117 Rn. 9; *Stöber*, ZVG, § 117 Rn. 2.7.
7 *Teufel*, in: Steiner, ZVG, § 117 Rn. 11; *Böttcher*, ZVG, § 117 Rn. 6; RG, Urteil vom 8.4.1910 – III 265/09, RGZ 73, 298.
8 *Hintzen*, in: *Dassler/Schiffhauer/u.a.*, ZVG, § 109 Rn. 16.
9 *Stöber*, Forderungspfändung, Rn. 1980.
10 *Hintzen*, in: *Dassler/Schiffhauer/u.a.*, ZVG, § 109 Rn. 14 f.; RG, Urteil vom 3.2.1909 – V 58/08, RGZ 70, 278; RG, Urteil vom 3.10.1929 – V 258/28, RGZ 125, 362 (367); *Stöber*, ZVG, § 114 Rn. 5.20 (auch zur vereinzelten Gegenmeinung).
11 *Hintzen*, in: *Dassler/Schiffhauer/u.a.*, ZVG, § 109 Rn. 15; *Teufel*, in: Steiner, ZVG, § 117 Rn. 16.
12 BGH Urteil vom 5.4.1972 – VIII ZR 31/71, BGHZ 58, 298.
13 SchlHOLG, Beschl. vom 23.1.1997 – 2 W 96/96, Rpfleger 1997, 267.
14 *Dempewolf*, NJW 1959, 556.

scheinserben greift dann § 2367 BGB.[15] Allgemein wird aber auch ein Nachweis entsprechend §§ 35, 29 GBO durch öffentliches Testament mit Eröffnungsniederschrift für ausreichend erachtet.[16]

5. **Unbekannte Berechtigte.** § 126 regelt, wie im Falle des Unbekanntseins eines Berechtigten zu verfahren ist. **7**

6. **Ungewissheit der Person des Berechtigten.** Die Zahlung an einen Berechtigten setzt voraus, dass das Gericht hinsichtlich seiner Person Gewissheit erlangt hat. Auch für das Zwangsversteigerungsgericht greift § 891 BGB. Bei Zweifeln hat das Gericht v. A. w. zu ermitteln, wobei den Ermittlungen Grenzen gesetzt sind, da das Vollstreckungsgericht nicht Prozessgericht ist.[17] Es kommt eine Hinterlegung gemäß § 372 BGB in Betracht, sofern nicht gemäß § 126 zu verfahren ist.[18] **8**

7. **Einzelfälle.** Eine **Höchstbetragssicherungshypothek** ist eine unbedingte Grundstücksbelastung in Höhe des Höchstbetrages, bei der die abschließende Zuordnung, inwieweit das Recht dem Gläubiger oder Schuldner/Eigentümer[19] zusteht, erst durch Forderungsfeststellung erfolgt.[20] Sofern zum Zeitpunkt des Verteilungstermins die Feststellung nicht nachgewiesen ist, hat das Gericht den Betrag an den eingetragenen Gläubiger unter der Bedingung seiner Forderungsfeststellung und an den Schuldner/Eigentümer unter der gegenläufigen Bedingung zuzuteilen und zu hinterlegen.[21] **9**

Im Falle der Zuteilung auf eine **Sicherungshypothek gem. §§ 1184 ff. BGB** steht der Betrag dem zuletzt im Grundbuch eingetragenen Berechtigten zu, auch wenn dieser sich zum Beweis der Forderung nicht auf die Grundbucheintragung berufen kann, da sich diese Beweislastregelung erst in einem Widerspruchsprozess auswirkt.[22] Zu einer im Rahmen der Sicherungsvollstreckung gemäß § 720a ZPO eingetragenen Zwangshypothek siehe § 119 Rn. 4. **10**

III. Zahlung an Berechtigte (Abs. 1 u. 2)

1. **Entrichtung der Teilungsmasse.** Siehe auch § 107 Abs. 2. Gemäß § 49 Abs. 3 ist das Bargebot so rechtzeitig durch Überweisung oder Einzahlung auf ein Konto der Gerichtskasse zu entrichten, dass der Betrag der Gerichtskasse vor dem Verteilungstermin gutgeschrieben ist und ein Nachweis hierüber im Termin vorliegt. Gemäß § 49 Abs. 4 wird der Ersteher auch unter den dort genannten Voraussetzungen durch Hinterlegung von seiner Verbindlichkeit befreit. Sofern der Erlös in Geld vorhanden ist, wird der Teilungsplan durch Zahlung an die Berechtigten ausgeführt (Abs. 1 Satz 1). Insoweit Ansprüche in **Fremdwährung** bestehen, ist § 145a zu beachten. Inwieweit die Ausführung sofort erfolgen kann oder erst nach Rechtskraft des Teilungsplanes ist umstritten.[23] **11**

---

15 § 2367 BGB schützt nicht nur den Schuldner, sondern jeden Leistenden: *Meyer*, in: *MünchKomm-BGB*, § 2367 Rn. 4.
16 *Böttcher*, ZVG, § 117 Rn. 11; *Teufel*, in: *Steiner*, ZVG, § 117 Rn. 12.
17 *Teufel*, in: *Steiner*, ZVG, § 117 Rn. 23.
18 *Teufel*, in: *Steiner*, ZVG, § 117 Rn. 23.
19 Verschiedenheit von persönlichem und dinglichem Schuldner: *Eickmann*, in: *MünchKomm-BGB*, § 1190 Rn. 14 ff.
20 *Sievers*, Rpfleger 1988, 499; a. A. im Falle einer Höchstbetragshypothek wegen Umrechnung einer Fremdwährungsschuld: LG Traunstein, Beschl. vom 9.5.1988 – 4 T 1114/88, Rpfleger 1988, 499.
21 *Sievers*, Rpfleger 1988, 499.
22 *Teufel*, in: *Steiner*, ZVG, § 117 Rn. 26.
23 S. a. § 113 Rn. 12. Sofortige Ausführung: *Perger*, Rpfleger 1991, 45; *Drischler*, Rpfleger 1989, 359; *Hintzen*, in: *Dassler/Schiffhauer/u. a.*, ZVG, § 117 Rn. 29; *Hintzen*, Rpfleger 2009, 659. Ausführung nach Rechtskraft des Teilungsplanes: *Sievers*, Rpfleger 1989, 53.

12 **2. Anwesende Berechtigte.** Gem. Abs. 1 Satz 1 hat die Zahlung, soweit die Teilungsmasse in Geld vorhanden ist, an die Berechtigten zu erfolgen. Die Zahlung erfolgt **unbar** (Abs. 1 Satz 2). Neben der Prüfung der sachlichen Berechtigung (Rn. 3 ff.) ist auch die Prüfung der persönlichen Berechtigung (z. B.: Personalausweis, Geldempfangsvollmacht, Bestallung eines gesetzlichen Vertreters) erforderlich.[24] Die Auszahlungen sind im **Protokoll** festzuhalten und ihre Ausführung vom Gericht zu kontrollieren.[25]

13 **3. Abwesende Berechtigte.** Sofern der Empfangsberechtigte einer Zahlung im Verteilungstermin nicht anwesend ist, wird die Auszahlung an ihn von Amts wegen angeordnet (Abs. 2 Satz 1). Die Art der Auszahlung wird durch das jeweilige Landesgesetz bestimmt (Abs. 2 Satz 2).[26] Nur wenn eine Auszahlung nicht erfolgen kann, ist der Betrag für den Berechtigten zu hinterlegen (Abs. 2 Satz 3). Das Nichterscheinen eines Beteiligten stellt keinen Annahmeverzug i. S. d. § 293 BGB dar.[27]

IV. Anweisung auf hinterlegten Betrag (Abs. 3)

14 Ist der Erlös hinterlegt (§ 49 Abs. 4, § 65 Abs. 1 Satz 4, § 107 Abs. 3, §§ 124, 126), kann die Zahlung durch Anweisung auf den hinterlegten Betrag erfolgen. Nicht erfasst werden Hinterlegungen gemäß § 120 und Abs. 2 Satz 3, da hier jeweils die vollstreckungsgerichtliche Tätigkeit beendet ist.[28]

V. Aufrechnung/Befriedigungserklärung/Verzicht

15 Zur Aufrechnungsmöglichkeit im Falle der Forderungsübertragung siehe § 118 Rn. 30. Die **Befriedigungserklärung** des Erstehers, der einen Anspruch auf Befriedigung aus dem Versteigerungserlös hat, stellt eine vereinfachte Zahlung auf den Erlös dar.[29] Zu Form und Wirkung siehe § 107 Rn. 19. Erklärt sich ein anderer Gläubiger für befriedigt, hat dies zur Folge, dass an diesen bei der Erlösverteilung keine Zahlung mehr geleistet wird und insoweit er bei der Planausführung zum Zuge gekommen wäre, entfällt die Zahlungspflicht des Erstehers.[30] Zu Form und Wirkung siehe § 107 Rn. 20.

16 Der Gläubiger eines durch Zuschlag erloschenen Grundpfandrechts kann auf seinen Anspruch (noch) verzichten (ohne Grundbucheintragung).[31] Der aus dem Verzicht resultierende entsprechende Erlösanspruch steht mit Ausnahme des auf Zinsen entfallenden Betrages, dem früheren Eigentümer zu (analog §§ 1168, 1178, 1192 BGB).[32] Der Eigentümererlösanspruch wird nicht von einem Löschungsanspruch entsprechend § 1179a BGB erfasst.[33]

---

24 *Stöber*, ZVG, § 117 Rn. 3.2; *Hintzen*, in: *Dassler/Schiffhauer/u. a.*, ZVG, § 117 Rn. 30 f.
25 *Teufel*, in: *Steiner*, ZVG, § 117 Rn. 34.
26 Laut *Hintzen*, in: *Dassler/Schaffhauer/u. a.*, ZVG, § 117 Rn. 33 sind die landesechtlichen Vorschriften gegenstandslos; so auch *Teufel*, in: *Steiner*, ZVG, § 117 Rn. 36. So auch *Teufel*, in: *Steiner*, ZVG, § 117 Rn. 33.
27 *Jaeckel/Güthe*, ZVG, § 117 Rn. 4.
28 *Hintzen*, in: *Dassler/Schiffhauer/u. a.*, ZVG, § 117 Rn. 35; a. A.: *Jaeckel/Güthe*, ZVG, § 117 Rn. 5.
29 BGH Urteil vom 17.5.1988 – IX ZR 5/87, WM 1988, 1137 = NJW-RR 1988, 1146 = Rpfleger 1988, 495.
30 BGH Urteil vom 17.5.1988 – IX ZR 5/87, WM 1988, 1137 = NJW-RR 1988, 1146 = Rpfleger 1988, 495.
31 *Teufel, in: Steiner*, ZVG, § 117 Rn. 41.
32 *Hintzen*, in: *Dassler/Schiffhauer/u. a.*, ZVG, § 117 Rn. 12.
33 BGH, Urteil vom 22.7.2004 – IX ZR 131/03, BGHZ 160, 168 = Rpfleger 2004, 717; *Alff*, Rpfleger 2006, 241; a. A. *Stöber*, WM 2006, 607.

§ 118 ZVG [Planausführung bei Nichtzahlung des Bargebots]

(1) Soweit das Bargebot nicht berichtigt wird, ist der Teilungsplan dadurch auszuführen, dass die Forderung gegen den Ersteher auf die Berechtigten übertragen und im Falle des § 69 Abs. 3 gegen den für mithaftend erklärten Bürgen auf die Berechtigten mitübertragen wird; Übertragung und Mitübertragung erfolgen durch Anordnung des Gerichts.

(2) Die Übertragung wirkt wie die Befriedigung aus dem Grundstücke. Diese Wirkung tritt jedoch im Falle des Absatzes 1 nicht ein, wenn vor dem Ablaufe von drei Monaten der Berechtigte dem Gerichte gegenüber den Verzicht auf die Rechte aus der Übertragung erklärt oder die Zwangsversteigerung beantragt. Wird der Antrag auf Zwangsversteigerung zurückgenommen oder das Verfahren nach § 31 Abs. 2 aufgehoben, so gilt er als nicht gestellt. Im Falle des Verzichts soll das Gericht die Erklärung dem Ersteher sowie demjenigen mitteilen, auf welchen die Forderung infolge des Verzichts übergeht.

Schrifttum: *Fischer*, Forderungsübertragung und Sicherungshypothek im Zwangsversteigerungsverfahren, NJW 1956, 1095; *Strauch*, Die Befriedigungsfiktion im Zwangsversteigerungsgesetz, München 1993; *Hannemann*, Die Verzinsung der nach § 118 ZVG übertragenen Forderung, RpflStud 2001, 169; *Streuer*, Verzinsung der gemäß § 118 Abs. 1 ZVG übertragenen Forderung und Neuregelung des Schuldnerverzugs im Fall einer Geldforderung, Rpfleger 2001, 401; *Cuypers*, Zugewinnausgleich und Teilungsversteigerung, MDR 2008, 1012; *Petershagen*, Der Verzug des säumigen Erstehers bei Übertragung der Forderung an den Berechtigten, Rpfleger 2009, 442.

Übersicht

		Rn.
I.	Normzweck und Anwendungsbereich	1, 2
II.	Forderungsübertragung	3–21
1.	Allgemeines	3
2.	Nichtzahlung	4, 5
3.	Forderung (zu übertragende)	6, 7
4.	Forderungsschuldner	8
5.	Empfänger	9–15
	a) Allgemeines	9–11
	b) Ersteher	12
	c) Meistbietender	13
	d) Schuldner	14, 15
6.	Verzinsung und Verzugsschaden	16–19
7.	Gerichtliche Anordnung	20
8.	Rechtsmittel	21
III.	Übertragungswirkungen	22–31
1.	Allgemein	22, 23
2.	Sicherung (§ 128)	24
3.	Abs. 2	25–29
4.	Aufrechnung	30
5.	Irrige Übertragung	31
IV.	Verzicht	32–34
1.	Allgemein (Abs. 2 S. 2)	32
2.	Wirkung	33
3.	Mitteilung (Abs. 2 Satz 4)	34
V.	Versteigerung	35, 36

I. Normzweck und Anwendungsbereich

1 Die Zahlungspflicht auf Grund des Zuschlags umfasst den Betrag des baren Meistgebots zzgl. der Bargebotszinsen (§ 49 Abs. 1 u. 2, § 246 BGB). Die Entrichtung des baren Meistgebots stellt keine Voraussetzung für den Zuschlag und damit für den Rechtserwerb durch den Ersteher dar (§ 90). Sie hat gemäß § 49 Abs. 3 so rechtzeitig zu erfolgen, dass der Betrag im Verteilungstermin verteilt werden kann. § 118 regelt die Ausführung des Teilungsplanes für den Fall der Nichtzahlung des Meistgebotes durch den oder die zu seiner Zahlung Verpflichteten. Hinsichtlich eines ggf. nach §§ 50, 51 zu zahlenden Zuzahlungsbetrages enthält § 125 eine Sonderbestimmung.

2 Die Norm gilt in allen Versteigerungsverfahren des ZVG. Zur Anwendung der Norm in der Teilungsversteigerung siehe § 180 und *Teufel*.[1]

II. Forderungsübertragung

3 **1. Allgemeines.** Die Forderung gegen den Ersteher (mithaftenden Meistbietenden oder mithaftenden Bürgen) bildet den Gegenwert für den Eigentumserwerb des Erstehers und steht daher zunächst dem bisherigen Grundstückseigentümer zu, so dass andere Beteiligte sie nur infolge einer Übertragung geltend machen können.[2]

4 **2. Nichtzahlung.** Die Übertragung setzt die (vollständige oder teilweise) Nichtzahlung des **Bargebots** voraus. Das Bargebot ist in § 49 Abs. 1 definiert und gem. § 49 Abs. 2 vom Zuschlag an zu verzinsen (Rn. 16). Nicht unter § 118 fällt ein ggf. zu entrichtender Zuzahlungsbetrag gem. §§ 50, 51 (§ 125 Rn. 11 ff. und 14 f.). Im Falle des teilweisen Nichtzahlens ist der Plan sowohl nach § 117 als auch nach § 118 auszuführen.[3] Die Zahlung hat an das Gericht zu erfolgen (§ 107 Abs. 2). Das Bargebot ist gem. § 49 Abs. 3 so rechtzeitig durch Überweisung oder Einzahlung auf ein Konto der Gerichtskasse zu entrichten, dass der Betrag der Gerichtskasse vor dem Verteilungstermin gutgeschrieben ist und ein Nachweis hierüber im Termin vorliegt. Alternativ ist der Nachweis über eine Hinterlegung unter Ausschluss des Rechts zur Rücknahme im Verteilungstermin möglich (§ 49 Abs. 4). Ein zur **Sicherheit** für das Gebot des Erstehers bei der Gerichtskasse eingezahlter Betrag wird auf die Zahlung angerechnet (§ 107 Abs. 3).

5 Erklärt sich ein Gläubiger im Verteilungstermin insoweit für befriedigt, als er mit seinem Anspruch bei Ausführung des Teilungsplanes zum Zuge gekommen wäre, entfällt in diesem Umfang die Zahlungspflicht.[4] Im Falle einer **außergerichtlichen Einigung** über die Erlösverteilung (§ 143) oder einer **außergerichtlichen Befriedigung** gem. § 144 erfolgt keine Forderungsübertragung gem. § 118.[5]

6 **3. Forderung.** Bei der zu übertragenden Forderung handelt es sich um das **Bargebot** (§ 49), also um das bare Meistgebot nebst der Zinsen (§ 49 Abs. 2, § 246 BGB) vom Zuschlag bis einen Tag vor dem Verteilungstermin. Auch wenn § 118 die Bargebotszinsen nicht ausdrücklich erwähnt, gehören sie zur Teilungsmasse und bilden einen (letztrangigen) Teilbetrag der zu übertragen-

---

1 *Teufel*, in: *Steiner*, ZVG, § 118 Rn. 2 und § 180 Rn. 193.
2 Denkschrift zum ZVG, s. *Hahn/Mugdan*, Die gesammelten Materialien zu den Reichsjustizgesetzen, 1897, Bd. 5 S. 59.
3 *Teufel*, in: *Steiner*, ZVG, § 118 Rn. 10.
4 BGH, Urteil vom 17.5.1988 – IX ZR 5/87, Rpfleger 1988, 495.
5 *Teufel*, in: *Steiner*, ZVG, § 118 Rn. 12.

den Forderung.[6] Hinsichtlich eines zur Teilungsmasse gehörenden Zuzahlungsbetrages (§§ 50, 51) ist § 125 anzuwenden. Die zu übertragende Forderung steht zunächst dem bisherigen Grundstückseigentümer/Vollstreckungsschuldner) und nicht dem Versteigerungsgericht zu,[7] auch wenn gem. § 108 Abs. 2 Satz 1 die im Termin zu leistenden Zahlungen an das Gericht zu erfolgen haben.

Sofern die Teilungsmasse teilweise entrichtet wurde (z. B. § 107 Abs. 3), erfolgt die Forderungsübertragung nur wegen der offenen Restforderung. Hinsichtlich des vorhandenen Teilbetrages wird nach § 117 Abs. 1 Satz 1 entsprechend der Rangfolge verfahren.[8] **7**

4. **Forderungsschuldner.** Durch den Zuschlag wird der **Ersteher** zur Zahlung des Bargebots verpflichtet.[9] Übertragen wird daher die Forderung gegen den Ersteher. Wurde eine Sicherheitsleistung durch Bürgschaft erbracht (§ 69 Abs. 3) wird der Bürge im Zuschlagsbeschluss gemäß § 82 für mithaftend erklärt. In diesem Fall ist die Forderung gegen den **Bürgen** mit zu übertragen (Satz 1 a. E.).[10] Wurden die Rechte aus dem Meistgebot gem. § 81 Abs. 2 abgetreten oder in verdeckter Vollmacht gem. § 81 Abs. 3 geboten, haften **Meistbietender** und Ersteher als Gesamtschuldner (§ 81 Abs. 4). Gem. § 82 wurde der Meistbietende im Zuschlag für mithaftend erklärt. Fraglich ist, ob die Forderungsübertragung auch gegen den mithaftenden Meistbietenden zu erfolgen hat. § 118 normiert nur die Forderungsübertragung gegen den Ersteher und Mitübertragung gegen den mithaftenden Bürgen.[11] Da die gesamtschuldnerische Haftung des Meistbietenden im Gegensatz zu der des Bürgen kraft Gesetzes gegeben ist (§ 81 Abs. 4), ist eine (ausdrückliche) Übertragung nicht erforderlich.[12] Auch der Wortlaut des § 132 stellt nicht auf eine Forderungsübertragung gegen den Ersteher als Grundlage der Vollstreckbarkeit ab.[13] Eine klarstellende Aufnahme der Gesamthaft von Ersteher und Meistbietendem bei der Forderungsübertragung ist jedoch sinnvoll. **8**

5. **Empfänger**

a) **Allgemeines.** Die Forderungsübertragung erfolgt auf die **Berechtigten** (Abs. 1), die sich aus dem Teilungsplan ergeben. Siehe diesbezüglich Ausführungen zu § 117. Steht der Anspruch laut Teilungsplan mehreren Berechtigten zu, erfolgt die Übertragung entsprechend der Anteilsberechtigung.[14] Wird die Forderung auf mehrere Berechtigte übertragen, spaltet sie sich in mehrere selbständige Teilforderungen auf.[15] Die Rangfolge zwischen den Berechtigten ist für die Eintragung von Sicherungshypotheken relevant (§§ 128, 129).[16] Einer Forderungsübertragung im Hinblick auf einen ggf. verbleibenden Übererlös zu Gunsten Dritter, die durch Zuschlag das Eigentum an Zubehörstücken gem. **9**

---

6 *Teufel,* in: *Steiner,* ZVG, § 118 Rn. 13; *Hintzen,* in: *Dassler/Schiffhauer/u.a.,* ZVG, § 118 Rn. 17; *Böttcher,* ZVG, § 118 Rn. 3.
7 *Jaeckel/Güthe,* ZVG, § 118 Rn. 1; BGH, Urteil vom 31.3.1977 – VII ZR 336/75, BGHZ 68, 276 = NJW 1977, 1287 = Rpfleger 1977, 246; *Teufel,* in: *Steiner,* ZVG, § 118 Rn. 4.
8 *Hintzen,* in: *Dassler/Schiffhauer/u.a.,* ZVG, § 118 Rn. 7; Zur Frage der Verrechnung einer Sicherheitsleistung zunächst auf die Bargebotszinsen siehe *Schiffhauer,* Rpfleger 1986, 103.
9 BGH, Urteil vom 31.3.1977 – VII ZR 336/75, BGHZ 68, 276 = NJW 1977, 1287 = Rpfleger 1977, 246.
10 *Teufel,* in: *Steiner,* ZVG, § 118 Rn. 14; *Stöber,* ZVG, § 118 Rn. 3.1.
11 So auch *Helwich,* Rpfleger 1988, 467.
12 *Hintzen,* in: *Dassler/Schiffhauer/u.a.,* ZVG, § 118 Rn. 11; *Stöber,* ZVG, § 118 Rn. 3.1; a.A.: *Böttcher,* ZVG, § 118 Rn. 5; *Teufel,* in: *Steiner,* ZVG, § 118 Rn. 14; *Strauch,* Rpfleger 1989, 314; *Helwich,* Rpfleger 1988, 467.
13 *Hintzen,* in: *Dassler/Schiffhauer/u.a.,* ZVG, § 118 Rn. 11.
14 *Hintzen,* in: *Dassler/Schiffhauer/u.a.,* ZVG, § 118 Rn. 22.
15 *Hintzen,* in: *Dassler/Schiffhauer/u.a.,* ZVG, § 118 Rn. 21.
16 *Jaeckel/Güthe,* ZVG, § 118 Rn. 3.

§ 55 Abs. 2 verloren haben, erfolgt nicht, da sie am Erlös nach dem Surrogationsprinzip unmittelbar berechtigt sind.[17]

10 Für den Fall eines **unbekannten Berechtigten** eines zugeteilten Betrages enthält § 126 besondere Regelungen. In den Fällen der §§ 120, 121, 123, 124 erfolgt eine **bedingte Forderungsübertragung**.[18]

11 **Rechte Dritter** am erloschenen Recht (z. B.: Pfandrecht, Nießbrauch, Pfändungspfandrecht) setzten sich im Surrogationswege am Anspruch fort.[19]

12 b) **Ersteher.** Die Forderungsübertragung findet auch zu Gunsten eines anspruchsberechtigten Erstehers statt.[20] Erklärt sich der Ersteher wegen seines Anspruchs für befriedigt, handelt es sich um eine vereinfachte Zahlung auf die Teilungsmasse.[21] Bzgl. der Wirkungen der Übertragung siehe Rn. 28.

13 c) **Meistbietender.** Ebenso wie beim anspruchsberechtigten Ersteher erfolgt auch auf einen anspruchsberechtigten Meistbietenden eine Forderungsübertragung.[22] Bzgl. der Wirkungen der Übertragung siehe Rn. 27.

14 d) **Schuldner.** Ein dem Vollstreckungsschuldner auf ein ihm zustehendes Recht (z. B. **Eigentümergrundschuld**) zugeteilter Betrag führt ebenfalls zu einer Forderungsübertragung.[23]

15 Im Falle eines dem Grundstückseigentümer **zustehenden Erlösüberschuss**es erfolgt keine Forderungsübertragung, sondern lediglich eine Zuweisung zur freien Verfügung.[24] Stand das Eigentum mehreren nach **Bruchteilen** zu, steht ihnen ein Erlösüberschuss als Mitberechtigte gem. § 432 BGB zu (jeder Miteigentümer kann vom Ersteher Zahlung nur an alle Berechtige gemeinschaftlich verlangen).[25] Im Falle des Zuschlags an einen Miteigentümer im Rahmen einer **Teilungsversteigerung** wird die Forderung gegen den Ersteher auf die gemeinschaftlich verbundenen bisherigen Eigentümer „unverteilt übertragen", denn mehreren Eigentümern des Grundstücks zur Zeit des Zuschlags steht die übertragene Forderung gemeinschaftlich in ihrem bisherigen Rechtsverhältnis zu (Bruchteilsgemeinschaft am Grundstück führt zu einer Mitberechtigung nach § 432 bzgl. der Forderung).[26]

16 6. **Verzinsung und Verzugsschaden.** Das Bargebot ist vom Zuschlag an mit 4 % zu verzinsen (§ 49 Abs. 2, § 246 BGB; siehe Kommentierung zu § 49; zum Ende der Zinspflicht: § 49 Abs. 4). Die im Teilungsplan festgestellte Teilungsmasse setzt sich u. a. aus dem Bargebot und den Bargebotszinsen (4 %, § 49 Abs. 2, § 246 BGB ab dem Zuschlag bis einen Tag vor dem Verteilungstermin zusammen, es sei denn, die Zinspflicht endet früher (§ 49 Abs. 4). Im Falle der Nichtzahlung erfolgt die Übertragung verzinslich, soweit die Teilungsmasse aus dem Bargebot besteht, da § 49 Abs. 2 weiter gilt. Dies gilt auch dann, wenn die Forderung des Berechtigten und Übertragungsempfängers bisher

---

17 *Teufel*, in: *Steiner*, ZVG, § 118 Rn. 20.
18 *Teufel*, in: *Steiner*, ZVG, § 118 Rn. 28.
19 *Hintzen*, in: *Dassler/Schiffhauer/u.a.*, ZVG, § 118 Rn. 6; *Teufel*, in: *Steiner*, ZVG, § 118 Rn. 21–23; *Stöber*, ZVG, § 118 Rn. 3.7.
20 *Teufel*, in: *Steiner*, ZVG, § 118 Rn. 26; *Hintzen*, in: *Dassler/Schiffhauer/u.a.*, ZVG, § 118 Rn. 13.
21 BGH, Urteil vom 17.5.1988 – IX ZR 5/87, Rpfleger 1988, 495.
22 *Hintzen*, in: *Dassler/Schiffhauer/u.a.*, ZVG, § 118 Rn. 12.
23 *Teufel*, in: *Steiner*, ZVG, § 118 Rn. 24; a. A.: *Hintzen*, in: Dassler/Schiffhauer/u.a., ZVG, § 118 Rn. 14.
24 *Teufel*, in: *Steiner*, ZVG, § 118 Rn. 25.
25 *Hintzen*, in: *Dassler/Schiffhauer/u.a.*, ZVG, § 118 Rn. 23; *Stöber*, ZVG, § 118 Rn. 3.2; BGH, Urteil vom 20.2.2008 – XII ZR 58/04, BGHZ 175, 297 = NJW 2008, 1807 = Rpfleger 2008, 379 (Teilungsversteigerung und Zuschlag an einen der vorherigen Bruchteilseigentümer).
26 BGH, Urteil vom 20.2.2008 – XII ZR 58/04, BGHZ 175, 297 = NJW 2008, 1807 = Rpfleger 2008, 379; *Teufel*, in: *Steiner*, ZVG, § 180 Rn. 190 + 193; a. A. *Cuypers*, MDR 2008, 1012.

unverzinslich war.[27] Der Teil der Teilungsmasse, den die kapitalisierten Zinsen bilden, ist unverzinslich (Zinseszinsverbot, § 289 BGB) und daher erfolgt auch die Forderungsübertragung insoweit unverzinslich.[28]

Fraglich ist die Höhe des **Zinssatzes** der übertragenen Forderung. Der gesetzliche Zinssatz gemäß § 246 beträgt 4 % und der gesetzliche Verzugszinssatz gem. § 288 BGB 5 %-Punkte über dem Basiszinssatz (§ 247 BGB). Voraussetzung für die Anwendung von § 288 BGB ist der Verzug des Schuldners (§ 286 BGB) und die Anwendbarkeit der Norm.[29] Das Vorliegen des Verzugs (§ 286 Abs. 2 Nr. 2 BGB) wird von der neueren Rechtsprechung wiederholt bejaht.[30] Dies ist unzutreffend, da durch die Nichtzahlung des Meistgebots im Verteilungstermin kein Verzug i. S. v. § 286 BGB eintritt.[31] Eine Mahnung i. S. v. § 286 Abs. 1 BGB ist nicht erfolgt. Vom Erfordernis der Mahnung entbindet § 286 Abs. 2 BGB nicht, da für die Leistung keine Zeit nach dem Kalender bestimmt ist, durch die Terminsbestimmung keine nach dem Kalender zu berechnende angemessene Frist für die Zahlung bestimmt wird, die ernsthafte und endgültige Leistungsverweigerung des Schuldners nicht offensichtlich ist und auch keine besonderen Gründe unter Abwägung der beiderseitigen Interessen den sofortigen Verzugseintritt rechtfertigen.[32] Den Verzug des Schuldners herbeizuführen und die Voraussetzungen des Verzugseintritts zu prüfen, ist nicht Aufgabe des Vollstreckungsgerichts.[33] Den Gläubigern bleibt es nach Übertragung der Forderung unbenommen, den Ersteher in Verzug zu setzen. Die verzinsliche Forderungsübertragung erfolgt daher mit einem Zinssatz i. H. v. 4 %,[34] sofern nicht gem. § 59 ein abweichender Zinssatz bestimmt wurde.[35]

Im Falle des Verzugs beträgt der Zinssatz 5 Prozentpunkte über dem Basiszins (§ 288 BGB).[36] Das Grundstück haftet kraft der Sicherungshypothek im Falle des Verzugs des Erstehers auch für die gesetzlichen Verzugszinsen (§ 1118 BGB).[37] Erfolgte die Forderungsübertragung mit einem Zinssatz von 5 %-Punkten über dem Basiszins, lautet das Grundbuchersuchen gem. § 130 auf Eintragung der Sicherungshypotheken mit diesem variablen Zinssatz, ohne dass es der Angabe eines Höchstzinssatzes bedarf.[38]

---

27 *Stöber*, ZVG, § 118 Rn. 3.8.
28 LG Oldenburg, Beschl. vom 8.11.1985 – 6 T 920/85, Rpfleger 1986, 103; *Teufel*, in: *Steiner*, ZVG, § 118 Rn. 16; *Stöber*, ZVG, § 118 Rn. 3.3 u. 3.8; *Hintzen*, in: *Dassler/Schiffhauer/u.a.*, ZVG, § 118 Rn. 7; a. A.: *Eickmann*, ZVG, S. 282.
29 Gegen die Anwendbarkeit der Norm: *Hintzen*, in: *Dassler/Schiffhauer/u.a.*, ZVG, § 118 Rn. 18.
30 LG Hannover, Beschl. vom 11.1.2005 – 13 T 84/04, Rpfleger 2005, 324; LG Augsburg, Beschl. vom 18.2.2002 – 4 T 498/02, Rpfleger 2002, 374.
31 LG Zweibrücken, Beschl. vom 1.9.2004 – 4 T 154/04; *Hintzen*, in: *Dassler/Schiffhauer/u.a.*, ZVG, § 118 Rn. 18; *Stöber*, ZVG, § 118 Rn. 5.1.
32 So im Ergebnis auch LG Zweibrücken, Beschl. vom 1.9.2004 – 4 T 154/04; *Stöber*, ZVG, § 118 Rn. 5.1.; *Peterhagen* (Rpfleger 2009, 442) hält die Anwendung von § 286 Abs. 2 Nr. 1 BGB für gut vertretbar.
33 *Hintzen*, in: *Dassler/Schiffhauer/u.a.*, ZVG, § 118 Rn. 18; *Streuer*, Rpfleger 2001, 401.
34 *Stöber*, ZVG, § 118 Rn. 5.1.
35 Zur Zulässigkeit einer entsprechenden abweichenden Versteigerungsbedingung: LG Aurich, Beschl. vom 5.10.1979 – 3 T 175/79, Rpfleger 1981, 153 und § 59 Rn. 24.
36 *Stöber*, ZVG, § 118 Rn. 5.2.
37 *Bassenge, in: Palandt*, BGB, § 1118 Rn. 2; *Hintzen*, in: *Dassler/Schiffhauer/u.a.*, ZVG, § 118 Rn. 18.
38 OLG Frankfurt, Beschl. vom 8.3.2002 – 20 W 46/2002; LG Kassel, Beschl. vom 13.2.2001 – 3 T 23/01, Rpfleger 2001, 176.

19 Zusätzlich zum Verzugszinssatz kann ein **Verzugsschaden** bei Nichtzahlung des Erlöses geltend gemacht werden (§ 288 Abs. 4, § 289 Satz 2 BGB),[39] der jedoch außerhalb des Versteigerungsverfahrens durchzusetzen ist.[40]

20 **7. Gerichtliche Anordnung.** Die Forderungsübertragung ist ein Akt der Zwangsvollstreckung und hat die Natur einer Überweisung i. S. d. ZPO.[41] Sie erfolgt durch gerichtliche Anordnung, also durch eine ins Protokoll aufzunehmende Erklärung (sinnvoll: Beschlussform).[42] Es bedarf einer ausdrücklichen Übertragung.[43] Im Falle einer Übertragung außerhalb des Verteilungstermins tritt an die Stelle der Verkündung die Zustellung der Anordnung an den Ersteher und den oder die Berechtigten.[44]

21 **8. Rechtsmittel.** Gegen die Forderungsübertragung ist die sofortige Beschwerde gem. § 793 ZPO (§ 11 Abs. 1 RPflG) zulässig.[45]

III. Übertragungswirkungen

22 **1. Allgemein.** Die Forderung des Vollstreckungsschuldners gegen den Ersteher wird durch die Übertragung auf die Berechtigten geteilt. Die selbständigen **Teilforderungen** stehen untereinander nicht in einem Rangverhältnis, ein solches besteht jedoch hinsichtlich der Sicherungshypotheken (Rn. 24).[46] Die dem Berechtigten in Folge der Übertragung zustehende Forderung gegen den Ersteher ist nicht identisch mit der im Teilungsplan berücksichtigten Forderung gegen den Vollstreckungsschuldner.[47] **Einreden** und **Einwendungen** des Vollstreckungsschuldners gegen die Forderung des Berechtigten aus dem ursprünglichen Schuldverhältnis kann der Ersteher nicht geltend machen, jedoch werden Einreden und Einwendungen, die auf Vereinbarungen zwischen Ersteher und Berechtigten beruhen, nicht berührt.[48] Sofern der Anspruch des Berechtigten auf Befriedigung aus dem Erlös mit Rechten Dritter belastet ist (z. B. Pfändung), bestehen diese an der übertragenen Forderung weiter (Rn. 11).[49]

23 Nach der Ausführung des Teilungsplanes ist die Forderung gegen den Ersteher vollstreckbar (§ 132 Abs. 1). Bzgl. Vollstreckbarkeit und Titulierung: siehe § 132.

24 **2. Sicherung (§ 128).** Soweit für einen Anspruch die Forderung gegen den Ersteher übertragen wird, ist gemäß § 128 für die Forderung eine **Sicherungshypothek** an dem Versteigerungsobjekt mit dem Range des Anspruchs einzutragen. Näheres siehe Kommentierung zu § 128.

25 **3. Abs. 2.** Die Übertragung wirkt wie die **Befriedigung aus dem Grundstück** (Abs. 2 Satz 1). Dies bedeutet, dass die ursprüngliche Forderung mit allen

---

39 AG Landshut, Urteil vom 18.3.1985 – 1 C 711/84, Rpfleger 1985, 314; *Hintzen*, in: *Dassler/Schiffhauer/u. a.*, ZVG, § 118 Rn. 20; OLG Karlsruhe, Urteil vom 2.12.1999 – 19 U 198/99, InVo 2000, 150; *Stöber*, ZVG, § 118 Rn. 5.2.
40 *Hintzen*, in: *Dassler/Schiffhauer/u. a.*, ZVG, § 118 Rn. 20; *Petershagen*, Rpfleger 2009, 442.
41 *Jaeckel/Güthe*, ZVG, § 118 Rn. 1; a. A. *Teufel*, in: *Steiner*, ZVG, § 118 Rn. 33 und *Böttcher*, ZVG, § 118 Rn. 14: hoheitlicher Akt, kein Akt der Zwangsvollstreckung.
42 *Fischer*, NJW 1956, 1095; *Hintzen*, in: *Dassler/Schiffhauer/u. a.*, ZVG, § 118 Rn. 16.
43 *Teufel*, in: *Steiner*, ZVG, § 118 Rn. 34.
44 *Teufel*, in: *Steiner*, ZVG, § 118 Rn. 35; *Hintzen*, in: *Dassler/Schiffhauer/u. a.*, ZVG, § 118 Rn. 16; a.A: *Stöber*, ZVG, § 118 Rn. 3.6 u. *Böttcher*, ZVG, § 118 Rn. 14 (Unzulässigkeit nachträglicher Übertragung und Zustellung).
45 *Teufel*, in: *Steiner*, ZVG, § 118 Rn. 37; *Hintzen*, in: *Dassler/Schiffhauer/u. a.*, ZVG, § 118 Rn. 27; siehe auch: Rechtsbehelfe im ZVG.
46 *Teufel*, in: *Steiner*, ZVG, § 118 Rn. 39.
47 RG, Urteil vom 8.3.1930 – V 18/29, RGZ 127, 350 (356).
48 *Teufel*, in: *Steiner*, ZVG, § 118 Rn. 40; *Stöber*, ZVG, § 118 Rn. 4.7.
49 *Teufel*, in: *Steiner*, ZVG, § 118 Rn. 38.

Nebenrechten erlischt.[50] Die Forderungsübertragung im Rahmen von § 125 (§§ 50, 51) hat keine Befriedigungswirkung (§ 125 Abs. 3). Die Befriedigungswirkung tritt jedoch im Falle von Abs. 1 nicht ein, wenn vor dem Ablauf von drei Monaten der Berechtigte dem Versteigerungsgericht gegenüber auf die Rechte aus der Übertragung **verzicht**et oder die **Zwangsversteigerung** beantragt (Abs. 2 Satz 2). Die **Frist** von drei Monaten beginnt mit der Forderungsübertragung im Verteilungstermin.[51] Nach Übertragung und vor fruchtlosem Fristablauf hat der Berechtigte sowohl den Anspruch aus der Übertragung gegen den Ersteher, als auch seine ursprüngliche Forderung.[52]

26 Erfolgt die Forderungsübertragung auf Grund einer als Sicherheit gegebenen Grundschuld, hat dies die Wirkung einer Abtretung erfüllungshalber für den dinglichen Anspruch auf Befriedigung aus dem Grundstück und lässt den Fortbestand der persönlichen Forderung, jedenfalls bis sie zur endgültigen Befriedigung aus dem Grundstücks geführt hat, unberührt.[53]

27 Erfolgt die Forderungsübertragung gegen den Ersteher zu Gunsten eines anspruchsberechtigten Gläubigers, der zugleich **Meistbietender** war (§ 81 Abs. 2), vereinigt sich der Anspruch des Gläubigers mit seiner Zahlungsverpflichtung gem. § 81 Abs. 4.[54] Umstritten ist, ob die Vereinigung zum Erlöschen der Zahlungspflicht des Erstehers und zur Befriedigung des Meistbietenden führt.[55] Es soll keine Erfüllungswirkung mit Konfusion auch für den anderen eintreten (§§ 422, 425 BGB), so dass der meistbietende Berechtigte nicht durch den Ersteher als befriedigt gilt und es somit auch der Eintragung einer Sicherungshypothek zugunsten des Meistbietenden bedarf.[56] Einreden des Meistbietenden sind nicht vom Vollstreckungsgericht zu prüfen, so dass die Forderungsübertragung nebst Absicherung durch Sicherungshypothek zu erfolgen hat.[57]

28 Eine Forderungsübertragung findet auch zu Gunsten des anspruchsberechtigten **Erstehers** statt. Unstreitig erlischt im Moment der Forderungsübertragung der Anspruch infolge Vereinigung von Forderung und Schuld.[58] Die Forderungsübertragung erfolgt nicht, wenn sich der Ersteher für befriedigt erklärt.[59] Fraglich ist, ob eine Forderungsübertragung auch zu erfolgen hat, wenn der **Ersteher zugleich Gesamtberechtigter** eines Anspruchs auf Zahlung aus dem Erlös ist. *Hintzen*[60] lehnt dies mit der Begründung ab, dass Konfusion bereits mit der Zuschlagserteilung und nicht erst mit Forderungsübertragung eintritt

---

50 *Böttcher*, ZVG, § 118 Rn. 21.
51 Auch bei auflösend bedingtem Anspruch des Berechtigten: *Hintzen*, in: *Dassler/Schiffhauer/u. a.*, ZVG, § 118 Rn. 31; bzgl. aufschiebend bedingten Ansprüchen: siehe § 120 Rn. 7.
52 *Hintzen*, in: *Dassler/Schiffhauer/u. a.*, ZVG, § 118 Rn. 30; *Strauch*, S. 144; *Stöber*, ZVG, § 118 Rn. 4.8.
53 BGH, Urteil vom 8.1.1987 – IX ZR 66/85, BGHZ 99, 292 = NJW 1987, 1026 = Rpfleger 1987, 323.
54 *Hintzen*, in: *Dassler/Schiffhauer/u. a.*, ZVG, § 118 Rn. 12; *Böttcher*, ZVG, § 118 Rn. 12; *Stöber*, ZVG, § 118 Rn. 3.2; *Helwich*, Rpfleger 1988, 467; AG u. LG Dortmund, Beschl. vom 25.8. bzw. 20.9.1990 – 147 K 508/88 und 9 T 539/99, Rpfleger 1991, 168.
55 Bejahend: *Helwich*, Rpfleger 1988, 467; *ders.* Rpfleger 1989, 314; AG u. LG Dortmund, Beschl. vom 25.8. bzw. 20.9.1990 – 147 K 508/88 und 9 T 539/99, Rpfleger 1991, 168; verneinend: *Hintzen*, in: *Dassler/Schiffhauer/u. a.*, ZVG, § 118 Rn. 12; *Böttcher*, ZVG, § 118 Rn. 12; *Stöber*, ZVG, § 118 Rn. 3.2; *Strauch*, Rpfleger 1989, 314.
56 So *Hintzen*, in: *Dassler/Schiffhauer/u. a.*, ZVG, § 118 Rn. 12; *Böttcher*, ZVG, § 118 Rn. 12; *Stöber*, ZVG, § 118 Rn. 3.2; *Strauch*, Rpfleger 1989, 314; ablehnend: *Helwich*, Rpfleger 1988, 467; *ders.* Rpfleger 1989, 314; AG u. LG Dortmund Beschl. vom 25.8. bzw. 20.9.1990 – 147 K 508/88 und 9 T 539/99, Rpfleger 1991, 168.
57 *Stöber*, ZVG, § 118 Rn. 3.2; *Hintzen*, in: *Dassler/Schiffhauer/u. a.*, ZVG, § 118 Rn. 12.
58 *Stöber*, ZVG, § 118 Rn. 3.2; *Böttcher*, ZVG, § 118 Rn. 11; *Teufel*, in: *Steiner*, ZVG, § 118 Rn. 26.
59 *Böttcher*, ZVG, § 118 Rn. 11.
60 *Hintzen*, in: *Dassler/Schiffhauer/u. a.*, ZVG, § 118 Rn. 25.

(§ 429 Abs. 2 BGB).⁶¹ Die Konfusion kann jedoch nur dann mit Zuschlagserteilung eintreten, wenn der Ersteher zugleich Gesamtberechtigter des Anspruchs auf Zahlung des Versteigerungserlöses (Entrichtung der Teilungsmasse) ist, so dass insoweit keine Forderungsübertragung erfolgt.⁶² Im Übrigen hat eine Forderungsübertragung zu erfolgen, die dann zu der Konfusion führen kann. Laut OLG Celle⁶³ kann der Anspruch auf Zahlung des Meistgebotes auf Grund des Zuschlags gegen den Ersteher eines im Rahmen einer **Teilungsversteigerung** versteigerten Objektes, der Mitglied der früheren Grundstückseigentümergemeinschaft war, geltend gemacht werden. Eine zusätzliche Forderungsübertragung gegen den Ersteher auf die Berechtigten gem. § 118 habe nur deklaratorische Bedeutung und deswegen nicht zur Folge, dass durch die Vereinigung von Forderung und Schuld in der Person des Erstehers Konfusion gem. § 429 Abs. 2 BGB eintritt. Im Übrigen siehe zur Teilungsversteigerung und § 118: Kommentierung zu § 180 und *Teufel*, in: *Steiner*, ZVG, § 180 Rn. 193.

29 Auch nach Forderungsübertragung und Ablauf der dreimonatigen Frist des Abs. 2 Satz 2 ist noch eine **Liegenbelassungsvereinbarung** gemäß § 91 Abs. 2 möglich und bewirkt den Wegfall der Erfüllungswirkung der Forderungsübertragung, so dass das Eintragungsersuchen entsprechend zu berichtigen oder der Vollzug rückgängig zu machen ist, sofern nicht Rechte Dritter beeinträchtigt werden.⁶⁴

30 **4. Aufrechnung.** Nach der Forderungsübertragung ist dem Ersteher die Aufrechnung gegen den Anspruch des berechtigten Gläubigers möglich.⁶⁵ War das dingliche Recht jedoch schon zuvor beschlagnahmt, ist die Aufrechnung ausgeschlossen.⁶⁶ Hinsichtlich des dem Schuldner zustehenden Übererlöses ist die Aufrechnung erst nach Überlassung zur freien Verfügung (Zuweisung) möglich.⁶⁷ Die Prüfung und Entscheidung, inwieweit die Aufrechnung die Forderung zum Erlöschen bringt (§ 389 BGB), obliegt dem Prozessgericht.⁶⁸

31 **5. Irrige Übertragung.** Der Forderungserwerb tritt auch dann ein, wenn das Versteigerungsgericht die Forderung auf eine Person überträgt, die nicht oder nicht mehr zu den Berechtigten gem. §§ 117, 118 zählt.⁶⁹

IV. Verzicht

32 **1. Allgemein (Abs. 2 Satz 2).** Die Befriedigungswirkung tritt nicht ein, wenn und soweit vor dem Ablauf von drei Monaten der Berechtigte dem Gericht gegenüber den Verzicht auf die Rechte aus der Übertragung erklärt.⁷⁰ Die Verzichtserklärung kann schriftlich oder zu Protokoll der Geschäftsstelle erfolgen und wird mit Zugang beim Versteigerungsgericht wirksam.⁷¹ Sofern die über-

---

61 A.A.: LG Bielefeld, Beschl. vom 23.10.1984 – 3 T 835/84, Rpfleger 1985, 246 (bestätigt durch OLG Hamm, Beschl. vom 3.1.1985 – 15 W 429/84 – mitgeteilt Rpfleger 1985, 428); *Stöber*, ZVG, § 118 Rn. 3.2.
62 a.A.: *Stöber*, ZVG, § 118 Rn. 3.2.
63 OLG Celle, Urteil vom 16.5.1997 – 4 U 179/95, OLGR Celle 1997, 181.
64 LG Frankfurt, Beschl. vom 4.10.1979 – 2/9 T 952/79, Rpfleger 1980, 30; *Teufel*, in: *Steiner*, ZVG, § 118 Rn. 31; *Stöber*, ZVG, § 118 Rn. 6.2.
65 BGH, Urteil vom 9.4.1987 – IX ZR 146/86, Rpfleger 1987, 381; RG, Urteil vom 8.1.1910 – V 87/09, RGZ 72, 344.
66 *Teufel*, in: *Steiner*, ZVG, § 117 Rn. 77.
67 *Teufel*, in: *Steiner*, ZVG, § 117 Rn. 77.
68 *Hintzen*, in: *Dassler/Schiffhauer/u.a.*, ZVG, § 118 Rn. 26.
69 *Teufel*, in: *Steiner*, ZVG, § 118 Rn. 67; *Güthe*, in: *Jaeckel*, ZVG, § 118 Rn. 4.
70 *Teufel*, in: *Steiner*, ZVG, § 118 Rn. 52 + 53.
71 *Hintzen*, in: *Dassler/Schiffhauer/u.a.*, ZVG, § 118 Rn. 33; *Jaeckel/Güthe*, ZVG, § 118 Rn. 8; lt. *Teufel*, in: *Steiner*, ZVG, § 118 Rn. 54 auch fernmündlich.

tragene Forderung mit Rechten Dritter belastet ist, hängt die Verzichtswirksamkeit von der rechtzeitigen Zustimmung des Dritten zur Erklärung des Berechtigten ab.[72]

2. Wirkung. Ein wirksamer Verzicht bewirkt, dass der Berechtigte die ihm übertragene Forderung gegen den Ersteher verliert und seine ursprüngliche Forderung gegen den Vollstreckungsschuldner unverändert fortbesteht.[73] Der Verzicht hat nicht das Erlöschen der übertragenen Forderung zur Folge, vielmehr geht sie kraft Gesetzes auf den- oder diejenigen Berechtigten über, der oder die den Erlösanteil erhalten hätten, wenn schon im Verteilungstermin auf die Forderungsübertragung verzichtet worden wäre (nächst ausfallender Berechtiger oder bisheriger Grundstückseigentümer).[74] Verzichtet ein Gläubiger auf die Forderungsübertragung, der seinen Anspruch aus einem erloschenen Grundpfandrecht ableitet, geht die Forderung gegen den Ersteher infolge des Verzichts auf den bisherigen Grundstückseigentümer (Vollstreckungsschuldner) über.[75] Im Fall des auf ein Gesamtgrundpfandrecht entfallenden Erlösteils geht die Forderung infolge des wirksamen Verzichts auf den nach § 123 festgestellten Erlösberechtigten über.[76] 33

3. Mitteilung. Im Falle eines Verzichts teilt das Versteigerungsgericht die Erklärung dem Ersteher sowie dem- oder denjenigen mit, auf den bzw. die die Forderung infolge des Verzichts übergeht (Abs. 2 Satz 4). Einer erneuten Forderungsübertragung bedarf es nicht.[77] 34

V. Versteigerung

Ein innerhalb der 3 Monatsfrist gestellter Antrag auf eine (erneute) Versteigerung bewirkt, dass der Antragsteller durch die Forderungsübertragung nicht als aus dem Grundstück befriedigt gilt (Abs. 2 Satz 1). Der Berechtigte behält daher neben der übertragenen Forderung auch alle Rechte aus dem bisherigen Schuldverhältnis, die im Falle der Befriedigung im erneuten Versteigerungsverfahren erlöschen.[78] Für die Versteigerung gegen den Ersteher und nunmehrigen Grundstückseigentümer gelten außer den Besonderheiten der §§ 133, 128 Abs. 4 bzw. § 132 keine Besonderheiten. Näheres siehe §§ 132, 133. 35

Die Rücknahme des Versteigerungsantrages oder die Verfahrensaufhebung gem. § 31 Abs. 2[79] bewirken, dass der Antrag i. S. v. § 118 als nicht gestellt gilt (Abs. 2 Satz 3). 36

---

72 *Teufel*, in: *Steiner*, ZVG, § 118 Rn. 55.
73 *Teufel*, in: *Steiner*, ZVG, § 118 Rn. 56; *Hintzen*, in: *Dassler/Schiffhauer/u.a.*, ZVG, § 118 Rn. 34.
74 *Hintzen*, in: *Dassler/Schiffhauer/u.a.*, ZVG, § 118 Rn. 35; *Teufel*, in: *Steiner*, ZVG, § 118 Rn. 56.
75 *Jaeckel/Güthe*, ZVG, § 118 Rn. 8.
76 *Hintzen*, in: *Dassler/Schiffhauer/u.a.*, ZVG, § 118 Rn. 35.
77 *Teufel*, in: *Steiner*, ZVG, § 118 Rn. 57.
78 *Hintzen*, in: *Dassler/Schiffhauer/u.a.*, ZVG, § 118 Rn. 37.
79 § 31 Abs. 2 normiert (heute) keinen Aufhebungstatbestand. § 118 Abs. 2 Satz 3 bezieht sich auf § 31 Abs. 2 in der bis zur Änderung durch das ZwVMG vom 20.8.1953 (BGBl. I. 952) geltenden Fassung (Aufhebung des Verfahrens, sofern kein fristgerechter Fortsetzungsantrag gestellt wird). Es wird heute auf die Aufhebungen gem. § 31 Abs. 1 Satz 2 abgestellt (so *Stöber*, ZVG, § 118 Rn. 4.7.).

§ 119 ZVG [Zuteilung auf bedingte Ansprüche]

Wird auf einen bedingten Anspruch ein Betrag zugeteilt, so ist durch den Teilungsplan festzustellen, wie der Betrag anderweit verteilt werden soll, wenn der Anspruch wegfällt.

Schrifttum: *Blohmeyer*, Die Auflassungsvormerkung in der Zwangsversteigerung, DNotZ 1979, 515; *Gaßner*, Erloschene Rechte „von unbestimmtem Betrag", Rpfleger 1988, 51; *Limberger*, Die Zwangssicherungshypothek und die Arresthypothek im Zwangsversteigerungsverfahren, Rpfleger 2002, 63.

Übersicht

		Rn.
I.	Normzweck und Anwendungsbereich	1, 2
II.	Bedingte Ansprüche	3–8
1.	Allgemeines	3–5
2.	Fiktiv bedingte Ansprüche	6
3.	Vorgemerkte Ansprüche	7
4.	Widerspruch	8
III.	Behandlung im Teilungsplan/Hilfszuteilung	9–11
1.	Aufschiebend bedingte Ansprüche	9
2.	Auflösend bedingte Ansprüche	10, 11

I. Normzweck und Anwendungsbereich

1 Bei Feststellung des geringsten Gebotes werden bedingte Rechte gem. § 48 wie unbedingte behandelt. Bei Aufstellung des Teilungsplanes bedarf es jedoch besonderer Bestimmungen, die den Umstand berücksichtigt, dass eine auflösende Bedingung eintreten oder eine aufschiebende Bedingung ausfallen kann. § 119 greift für die durch Zahlung zu deckenden bedingten Ansprüche. Bei diesen Ansprüchen (Recht auf Befriedigung aus dem Erlös) ist unklar, ob sie entstehen werden oder endgültig wegfallen.

2 Die Norm findet in allen Versteigerungsverfahren des ZVG Anwendung.

II. Bedingte Ansprüche

3 **1. Allgemeines.** Bedingte Ansprüche sind von einem künftigen, ungewissen Ereignis abhängig. Von § 119 werden nur die durch Zahlung zu deckenden bedingten Ansprüche erfasst, während § 50 Abs. 2 Nr. 1 i.V.m. § 125 die entsprechende Regelung für bestehen bleibende Rechte enthält.[1] Es ist zwischen aufschiebend und auflösend bedingten Ansprüchen zu unterscheiden (§§ 158 ff. BGB). Für betagte Ansprüche (noch nicht fällig) regelt § 111 die Handhabung bei der Erlösverteilung. Bei **Höchstbetragshypotheken** (§ 1190 BGB und § 932 ZPO) ist die Belastung des Grundstücks unbedingt, jedoch die Berechtigung des Gläubigers bzw. des Grundstückseigentümers bedingt. § 119 findet daher auf Höchstbetragshypotheken keine Anwendung, vielmehr wird der auf das Recht entfallende Erlösanteil dem Gläubiger und hilfsweise dem Grundstückseigentümer zugeteilt und für beide hinterlegt, sofern die Forderung weder vom Schuldner anerkannt noch wirksam gegen ihn festgestellt

---

[1] *Jaeckel/Güthe*, ZVG, §§ 119, 120 Rn. 2.

wurde.² Auf ein **bedingtes Grundpfandrecht** ist § 119 anzuwenden.³ Dies bedeutet, dass bei Ausfall der aufschiebenden Bedingung oder Eintritt der auflösenden Bedingung kein Eigentümerrecht entsteht und damit der auf das Recht zugeteilte Betrag nicht dem Eigentümer, sondern ausgefallenen Berechtigten zusteht.⁴

Die Zuteilung und die entsprechende Planausführung an den zuletzt eingetragenen Berechtigten einer im Rahmen der **Sicherungsvollstreckung gem. § 720a ZPO** eingetragenen **Zwangshypothek** setzen den Nachweis der Sicherheitsleistung gem. § 751 ZPO oder den der Vollstreckbarkeit des zu Grunde liegenden Titels ohne Sicherheitsleistung voraus.⁵ Ohne diese Nachweise soll gem. §§ 119, 120 zu verfahren sein, d. h. die Position des eingetragenen Gläubigers wird als aufschiebend bedingt angesehen, so dass Hilfsberechtigter für den Kapitalbetrag der Grundstückseigentümer gem. § 868 ZPO sei und hinsichtlich der rückständigen Nebenleistungen und Kosten der nächste ausfallende Gläubiger.⁶ Da die Rechtseintragung jedoch unbedingt erfolgte und nur die Gläubigerstellung bedingt ist, greifen §§ 119, 120 bzgl. des Kapitals nicht (siehe Höchstbetragshypothek), sondern nur bzgl. der Beträge für rückständige Nebenleistungen und Kosten (§§ 1178 Abs. 1, 1197 Abs. 2 BGB).⁷ 4

Steht zum **Zeitpunkt** des Verteilungstermins fest, dass die aufschiebende Bedingung ausfällt bzw. die auflösende Bedingung eingetreten ist, erfolgt ohne Bedingung sofort eine Zuteilung an den Hilfsberechtigten.⁸ 5

2. Fiktiv bedingte Ansprüche. Ansprüche von unbestimmtem Betrag gelten gemäß § 14 als aufschiebend bedingt durch die Betragsfeststellung, so dass § 119 anwendbar ist. Betagte unverzinsliche Ansprüche, deren Fälligkeitszeitpunkt ungewiss ist, gelten gemäß § 111 Abs. 1 Satz 2 als aufschiebend bedingt, so dass § 119 ebenfalls greift. 6

3. Vorgemerkte Ansprüche. Ansprüche, die durch Eintragung einer Vormerkung gesichert sind, werden gem. § 48 bei Aufstellung des geringsten Gebotes wie eingetragene Rechte behandelt. Rechte auf Einräumung eines Rechts, die durch Vormerkung gesichert werden, stehen (aufschiebend) bedingten Rechten gleich.⁹ Eine Vormerkung zur Sicherung des Anspruchs auf Übertragung eines Rechtes wird wie ein aufschiebend bedingter Rechtserwerb des Vormerkungsberechtigten angesehen, so dass § 119 keine Anwendung findet.¹⁰ § 119 greift jedoch auch bei Vormerkungen zur Sicherung eines Anspruchs auf Löschung oder Rangänderung.¹¹ 7

4. Widerspruch. Rechte, die durch Eintragung eines Widerspruchs gesichert sind, werden bei Aufstellung des geringsten Gebotes wie eingetragene Rechte berücksichtigt (§ 48). Ein Widerspruch, der sich gegen die Eintragung eines Rechtes richtet, führt dazu, dass das Recht und der sich daraus ergebende Befriedigungsanspruch als auflösend bedingt angesehen werden, wohingegen 8

---

2 *Teufel*, in: *Steiner, ZVG*, §§ 119, 120 Rn. 4; *Stöber, ZVG*, § 119 Rn. 2.8; *Hintzen*, in: *Dassler/Schiffhauer/u.a., ZVG*, § 114 Rn. 28 f.; LG Traunstein, Beschl. vom 9.5.1988 – 4 T 1114/88, Rpfleger 1988, 499.
3 *Teufel*, in: *Steiner, ZVG*, §§ 119, 120 Rn. 4.
4 *Hintzen*, in: *Dassler/Schiffhauer/u.a., ZVG*, § 119 Rn. 4.
5 *Teufel*, in: *Steiner, ZVG*, §§ 119, 120 Rn. 5; *Limberger*, Rpfleger 2002, 63 (69).
6 *Teufel*, in: *Steiner, ZVG*, §§ 119, 120 Rn. 5; a. A.: *Limberger*, Rpfleger 2002, 63 (69), der zwischen Kapitalbetrag, Nebenleistungen und Kosten nicht differenziert und den bisherigen Grundstückseigentümer als Hilfsberechtigten ansieht.
7 *Teufel*, in: *Steiner, ZVG*, §§ 119, 120 Rn. 5; *Stöber, ZVG*, § 114 Rn. 5.31.
8 *Stöber, ZVG*, § 119 Rn. 2.5.
9 *Jaeckel/Güthe, ZVG*, §§ 119, 120 Rn. 2; *Teufel*, in: *Steiner, ZVG*, §§ 119, 120 Rn. 11; *Hintzen*, in: *Dassler/Schiffhauer/u.a., ZVG*, § 119 Rn. 7.
10 *Teufel*, in: *Steiner, ZVG*, §§ 119, 120 Rn. 11.
11 *Stöber, ZVG*, § 119 Rn. 2.2.

ein Widerspruch gegen die Löschung oder Nichteintragung zur Behandlung als aufschiebend bedingtes Recht führt.[12]

III. Behandlung im Teilungsplan/Hilfszuteilung

9 1. **Aufschiebend bedingte Ansprüche.** Im Teilungsplan wird der auf den Anspruch entfallende Erlösanteil diesem zugeteilt und sodann bestimmt, wie der Betrag anderweit verteilt wird, falls der aufschiebend bedingte Anspruch durch Ausfall der Bedingung wegfällt (Hilfszuteilung). Die weitere Behandlung regelt § 120 (Hinterlegung oder Forderungsübertragung unter entsprechender Bedingung). Im Fall eines den Anspruch betreffenden Widerspruchs ist die Hilfszuteilung gem. § 119 mit derjenigen nach § 124 zu kombinieren.[13]

10 2. **Auflösend bedingte Ansprüche.** Im Teilungsplan wird der auf den Anspruch entfallende Erlösanteil diesem zugeteilt und sodann bestimmt, wie der Betrag anderweit verteilt wird, falls der auflösend bedingte Anspruch durch Eintritt der Bedingung wegfällt (Hilfszuteilung). Eine § 120 entsprechende Norm fehlt. Die Planausführung erfolgt daher ohne Berücksichtigung der Bedingung, d. h. der Erstberechtigte erhält die Zahlung oder, soweit der Ersteher nicht gezahlt hat, die Forderungsübertragung gegen den Ersteher und die Sicherungshypothekeneintragung zu seinen Gunsten.[14]

11 Tritt dann später die Bedingung ein, hat der Hilfsberechtigte einen Rückgewährsanspruch gegen den Erstberechtigten, dessen Geltendmachung er selbständig vornehmen muss.[15]

---

12 *Teufel, in: Steiner, ZVG,* §§ 119, 120 Rn. 12.
13 *Hintzen,* in: *Dassler/Schiffhauer/u. a., ZVG,* § 119 Rn. 14.
14 *Teufel, in: Steiner, ZVG,* §§ 119, 120 Rn. 27; *Hintzen,* in: *Dassler/Schiffhauer/u. a., ZVG,* § 119 Rn. 15; *Böttcher, ZVG,* §§ 119, 120 Rn. 10; *Jaeckel/Güthe, ZVG,* §§ 119, 120 Rn. 6.
15 *Teufel, in: Steiner, ZVG,* §§ 119, 120 Rn. 27.

§ 120 ZVG [Planausführung bei aufschiebend bedingten Ansprüchen]

(1) Ist der Anspruch aufschiebend bedingt, so ist der Betrag für die Berechtigten zu hinterlegen. Soweit der Betrag nicht gezahlt ist, wird die Forderung gegen den Ersteher auf die Berechtigten übertragen. Die Hinterlegung sowie die Übertragung erfolgt für jeden unter der entsprechenden Bedingung.

(2) Während der Schwebezeit gelten für die Anlegung des hinterlegten Geldes, für die Kündigung und Einziehung der übertragenen Forderung sowie für die Anlegung des eingezogenen Geldes die Vorschriften der §§ 1077 bis 1079 des Bürgerlichen Gesetzbuchs; die Art der Anlegung bestimmt derjenige, welchem der Betrag gebührt, wenn die Bedingung ausfällt.

Schrifttum: *Blomeyer*, Die Auflassungsvormerkung in der Zwangsversteigerung, DNotZ 1979, 515.

	Übersicht	Rn.
I.	Normzweck und Anwendungsbereich	1, 2
II.	Teilungsplanausführung	3–7
1.	Hinterlegung (Abs. 1 Satz 1)	3–6
2.	Forderungsübertragung (Abs. 1 Satz 2)	7
III.	Schwebezeit (Abs. 2)	8

I. Normzweck und Anwendungsbereich

Bei Zuteilung auf aufschiebend bedingte Ansprüche steht die Person des Gläubigers nicht fest (§ 119). Zur Sicherung der Rechtspositionen des bedingten Berechtigten sowie desjenigen, der bei Ausfall der Bedingung Berechtigter ist, bestimmt § 120 die Hinterlegung bzw. Forderungsübertragung zu Gunsten der Berechtigten unter der jeweils entsprechenden Bedingung. Hinsichtlich der im Wege der Sicherungsvollstreckung gem. § 720a ZPO entstandenen Zwangshypothek siehe § 119 Rn. 4. 1

Die Norm ist in allen Versteigerungsverfahren des ZVG anwendbar. 2

II. Teilungsplanausführung

1. **Hinterlegung (Abs. 1 Satz 1).** Der auf den aufschiebend bedingten Anspruch zugeteilte – in Geld vorhandene Betrag (§ 117 Abs. 1) kann weder an den (Erst-) Berechtigten vor Bedingungseintritt noch an den gem. § 119 bestimmten Hilfsberechtigten vor Ausfall der Bedingung ausgezahlt werden.[1] Der Betrag ist gem. Abs. 1 Satz 1 zu hinterlegen und zwar für den Berechtigten und den Hilfsberechtigten unter den jeweiligen Bedingungen (Abs. 1 Satz 3). Zum Erlöschen der Rechte auf den hinterlegten Betrag siehe § 142. 3

Auch wenn sich der Betrag gem. § 49 Abs. 3 in einer Hinterlegung befindet, ist die Hinterlegung gem. § 120 nicht entbehrlich, da sie einen anderen Rechtsgrund, Empfänger und andere Auszahlungsvoraussetzungen hat.[2] Sie unter- 4

---

[1] *Hintzen*, in: *Dassler/Schiffhauer/u.a.*, ZVG, § 120 Rn. 2; *Teufel*, in: *Steiner*, ZVG, §§ 119, 120 Rn. 23.
[2] Im Ergebnis so auch *Teufel*, in: *Steiner*, ZVG, §§ 119, 120 Rn. 19.

bleibt jedoch, wenn sich die insoweit Beteiligten bzw. Betroffenen spätestens im Verteilungstermin über die Betragsauszahlung einigen.³

5 Das Versteigerungsgericht ersucht die Hinterlegungsstelle um Hinterlegung unter genauer Angabe, an welchen Berechtigten unter welchen Voraussetzungen eine Auszahlung erfolgen kann. Diesbzgl. ist eine Ungewissheit des Berechtigten aus anderen Gründen (z. B. § 14) ebenfalls zu beachten.⁴ Mit der Hinterlegung endet die diesbzgl. Angelegenheit für das Versteigerungsgericht, da es den Berechtigten überlassen bleibt, ihren Auszahlungsanspruch gegen die Hinterlegungsstelle entsprechend den Bestimmungen und Bedingungen geltend zu machen.⁵

6 Die **Hinterlegungszinsen** gebühren grundsätzlich demjenigen, dem der Hinterlegungsbetrag zusteht. Da erst mit Bedingungseintritt das Recht dem Erstberechtigten zusteht, hat er im Zweifel vor Bedingungseintritt keinen Anspruch auf die Zinsen.⁶ Vorbehaltlich einer Erstattungspflicht gem. § 159 BGB sollen sie dem Eventualberechtigten zustehen.⁷ Das Versteigerungsgericht hat bei Hinterlegung auch eine Bestimmung hinsichtlich der Gläubigerschaft in Bezug auf die Zinsen zu treffen.⁸

7 2. Forderungsübertragung (Abs. 1 Satz 2). Ist der Versteigerungserlös nicht in Geld vorhanden, erfolgt eine Forderungsübertragung gem. § 118 an den Erst- und den Hilfsberechtigten unter den jeweiligen Bedingungen (Abs. 1 Satz 2). Mangels Ausnahmeregelung wie in § 125 Abs. 3 hat die Übertragung die Befriedigungswirkung gem. § 118 Abs. 2.⁹ Die Frist gem. § 118 Abs. 2 Satz 2 beginnt hier jedoch erst mit Kenntnis des (bedingt) Berechtigten vom Eintritt oder Ausfall der Bedingung.¹⁰

III. Schwebezeit (Abs. 2)

8 Für die Dauer der Schwebezeit bestimmt Abs. 2 die Anwendbarkeit der §§ 1077 bis 1079 BGB (Nießbrauch an Rechten; Zahlung, Einziehung, Anlegung). Dies bedeutet u. a., dass während der Schwebezeit nur beide bedingt Berechtigten zusammen über das Kapital verfügen können. Da mit der Hinterlegung die Angelegenheit des Versteigerungsgerichts beendet ist (Rn. 5) und die bedingt Berechtigten einander zur Mitwirkung bei der verzinslichen Anlegung nach den für die Mündelgeldanlegung geltenden Vorschriften verpflichtet sind, wirkt das Versteigerungsgericht bei der Anlegung nicht mit.¹¹ Einigen sich der Erstberechtigte und der Hilfsberechtigte spätestens im Verteilungstermin über die Art der Anlegung, zahlt das Gericht entsprechend der Einigung den Betrag an die von ihnen bestimmte Stelle.¹² Hinsichtlich des Zinsanspruchs während der Schwebezeit siehe Rn. 6.

---

3 *Jaeckel/Güthe*, ZVG, §§ 119, 120 Rn. 4; *Teufel*, in: *Steiner*, ZVG, §§ 119, 120 Rn. 21; *Hintzen*, in: *Dassler/Schiffhauer/u.a.*, ZVG, § 120 Rn. 2.
4 *Hintzen*, in: *Dassler/Schiffhauer/u.a.*, ZVG, § 120 Rn. 3.
5 *Jaeckel/Güthe*, ZVG, §§ 119, 120 Rn. 4; *Böttcher*, ZVG, §§ 119, 120 Rn. 11.
6 *Hintzen*, in: *Dassler/Schiffhauer/u.a.*, ZVG, § 120 Rn. 8; *Stöber*, ZVG, § 120 Rn. 2.3; a. A. *Böttcher*, ZVG, §§ 119, 120 Rn. 11; widersprüchlich: *Teufel*, in: *Steiner*, ZVG, § 117 Rn. 62 und §§ 119, 120 Rn. 31.
7 *Hintzen*, in: *Dassler/Schiffhauer/u.a.*, ZVG, § 120 Rn. 8.
8 *Teufel*, in: *Steiner*, ZVG, § 117 Rn. 62; *Hintzen*, in: *Dassler/Schiffhauer/u.a.*, ZVG, § 120 Rn. 8.
9 *Jaeckel/Güthe*, ZVG, §§ 119, 120 Rn. 4.
10 *Teufel*, in: *Steiner*, ZVG, § 118 Rn. 50; *Hintzen*, in: *Dassler/Schiffhauer/u.a.*, ZVG, § 118 Rn. 31; *Böttcher*, ZVG, §§ 119, 120 Rn. 11.
11 *Hintzen*, in: *Dassler/Schiffhauer/u.a.*, ZVG, § 120 Rn. 7; *Teufel*, in: *Steiner*, ZVG, §§ 119, 120 Rn. 31.
12 *Stöber*, ZVG, § 120 Rn. 3.1; *Hintzen*, in: *Dassler/Schiffhauer/u.a.*, ZVG, § 120 Rn. 8.

§ 121 ZVG [Zuteilung auf Ersatzansprüche]

(1) In den Fällen des § 92 Abs. 2 ist für den Ersatzanspruch in den Teilungsplan ein Betrag aufzunehmen, welcher der Summe aller künftigen Leistungen gleichkommt, den fünfundzwanzigfachen Betrag einer Jahresleistung jedoch nicht übersteigt; zugleich ist zu bestimmen, dass aus den Zinsen und dem Betrage selbst die einzelnen Leistungen zur Zeit der Fälligkeit zu entnehmen sind.

(2) Die Vorschriften der §§ 119, 120 finden entsprechende Anwendung; die Art der Anlegung des Geldes bestimmt der zunächst Berechtigte.

Schrifttum: *Drischler*, Das Altenteil in der Zwangsversteigerung, Rpfleger 1983, 229; *Gaßner*, Erloschene Rechte „von unbestimmtem Betrag", Rpfleger 1988, 51; *Drischler*, Das Altenteil in der Immobiliarvollstreckung, RpflJB 1991, 196.

Übersicht	Rn.
I. Normzweck und Anwendungsbereich	1, 2
II. Deckungskapital	3–6
1. Anwendungsbereich	3
2. Berechnung	4–6
III. Teilungsplan	7–12
1. Aufnahme in den Plan	7–9
2. Ausführung des Teilungsplans	10–12

I. Normzweck und Anwendungsbereich

Der Ersatz für ein unter § 92 Abs. 2 fallendes Recht, das durch den Zuschlag erloschen ist, ist durch Zahlung einer Geldrente zu erbringen. § 121 bestimmt hierzu, welcher Betrag in den Teilungsplan aufzunehmen ist und wie dessen Auszahlung erfolgt. Hierbei wird auch der Umstand berücksichtigt, dass der Rentenanspruch vor Kapitalerschöpfung erlöschen kann. **1**

Die Norm gilt in allen Versteigerungsverfahren des ZVG. **2**

II. Deckungskapital

1. **Anwendungsbereich.** Gem. § 92 Abs. 2 ist eine Geldrente als Ersatz nur für einen **Nießbrauch**, für eine **beschränkte persönliche Dienstbarkeit** sowie für eine **Reallast von unbestimmter Dauer** zu erbringen. Eine analoge Anwendung auf andere Rechte kommt nicht in Betracht.[1] Im Übrigen siehe § 92. **3**

2. **Berechnung.** Der Ersatzbetrag besteht gem. § 92 Abs. 2 in einer Geldrente, die dem Jahreswert des Rechts gleichkommt und für drei Monate im Voraus gezahlt wird. In den Teilungsplan ist gem. Abs. 1 ein **Deckungskapital** aufzunehmen, welches der Summe der künftigen Leistungen entspricht, jedoch maximal das Fünfundzwanzigfache eines Jahresbetrages beträgt. Maßgeblicher **Zeitpunkt** für die Berechnung ist die Zuschlagserteilung.[2] Die Berechnung **4**

---

[1] *Teufel*, in: Steiner, ZVG, § 121 Rn. 2.
[2] *Hintzen*, in: Dassler/Schiffhauer/u.a., ZVG, § 121 Rn. 5; Stöber, ZVG, § 92 Rn. 3.2; *Eickmann*, in: Steiner, ZVG, § 92 Rn. 27; a. A.: BGH, Urteil vom 25.1.1974 – V ZR 68/72, NJW 1974, 702 = WM 1974, 371, der auf den Verteilungstermin abstellt.

des Deckungskapitals erfordert zunächst die Feststellung des **Jahresbetrages**.[3] Hinsichtlich des Erfordernisses einer Anmeldung etc. siehe § 92 Rn. 21, 31, 33 ff. und § 114 Rn. 7 ff.

5 Der Jahresbetrag wird, wenn die Bezugsdauer feststeht, mit dieser (in Jahren) multipliziert. Im Übrigen ist der Berechnung die wahrscheinliche Laufzeit zu Grunde zu legen.[4] Bei Rechten auf Lebenszeit des Berechtigten ist auf die (statistische) Lebenserwartung (siehe Tabelle zur Lebenserwartung) abzustellen.[5] Die Höhe des Deckungskapitals wird in zweifacher Hinsicht nach oben begrenzt. Maximal kann der fünfundzwanzigfache Jahresbetrag berücksichtigt werden (Abs. 1) und der im Grundbuch eingetragene Höchstbetrag (§ 882 BGB) angesetzt werden.[6] Bei der Berechnung des Maximalbetrages des Deckungskapitals werden Kapitalerhöhungen durch verzinsliche Anlegung nicht berücksichtigt.[7]

6 Aus dem Deckungskapital zzgl. der auflaufenden Zinsen (Abs. 1; Rn. 12) werden die Rentenzahlungen für drei Monate im Voraus – beginnend mit dem Zuschlag – entrichtet.[8] Zur Berücksichtigung im Teilungsplan siehe Rn. 7. Sofern das Recht gem. § 92 Abs. 2 im **Gleichrang** mit einem anderen Recht stand oder einem anderen Recht den **Vorrang** eingeräumt hat, ergeben sich nicht für die Berechnung des Deckungskapitals jedoch für die Aufnahme in den Teilungsplan und dessen Ausführung Besonderheiten.[9] Sofern das unter § 92 Abs. 2 fallende Recht einem anderen Recht den Vorrang eingeräumt hatte (§ 880 BGB), sind § 880 Abs. 4 und 5 BGB zu beachten.

III. Teilungsplan

7 **1. Aufnahme in den Plan.** Hinsichtlich des Erfordernisses einer Anmeldung zur Berücksichtigung oder Berechnung des Deckungskapitals siehe Rn. 4 m. w. N. und § 114 Rn. 7 f. Das Deckungskapital wird an Stelle des erloschenen Rechts gem. § 92 Abs. 2 in der Schuldenmasse aufgeführt.[10] Im Plan sind auch die Berechnungsgrundlagen, die Fälligkeit und der Beginn der Vierteljahreszeiträume (§ 92 Abs. 2) anzugeben.[11] Die Berechnung des Deckungskapitals durch das Versteigerungsgericht führt nicht zu einer Feststellung des Betrages i. S. v. § 14 ZVG, so dass der Betrag und die Rente bis zur Forderungsfeststellung als **aufschiebend bedingt** gelten und nach §§ 119, 120 zu verfahren ist (Hilfszuteilung und Hinterlegung des Betrages).[12] Außerdem ist das Erlöschen des Anspruchs vor dem vollständigen Verbrauch des Deckungskapitals möglich, so dass eine **Hilfszuteilung** gem. § 119 zu erfolgen hat (Abs. 2). Im Plan ist anzugeben, wem der Betrag des Deckungskapitals (nebst aufgelaufenen Zinsen) unter welchen Voraussetzungen zusteht.

---

3 *Hintzen*, in: *Dassler/Schiffhauer/u. a.*, ZVG, § 121 Rn. 5 stellt bei wechselnden Jahresleistungen auf den Durchschnittsbetrag ab.
4 *Eickmann*, in: Steiner, ZVG, § 92 Rn. 12.
5 *Teufel*, in: *Steiner*, ZVG, § 121 Rn. 11; *Hintzen*, in: *Dassler/Schiffhauer/u. a.*, ZVG, § 121 Rn. 5; *Böttcher*, ZVG, § 121 Rn. 3; *Hoebelt*, Rpfleger 1974, 122; a. A: OLG Oldenburg, Rpfleger 1965, 80.
6 *Teufel*, in: *Steiner*, ZVG, § 121 Rn. 9 und *Eickmann*, in: Steiner, ZVG, § 92 Rn. 12 ff.
7 *Hintzen*, in: *Dassler/Schiffhauer/u. a.*, ZVG, § 121 Rn. 5.
8 *Teufel*, in: *Steiner*, ZVG, § 121 Rn. 5; *Hintzen*, in: *Dassler/Schiffhauer/u. a.*, ZVG, § 121 Rn. 9; *Hoebelt*, Rpfleger 1974, 122.
9 *Hintzen*, in: *Dassler/Schiffhauer/u. a.*, ZVG, § 121 Rn. 7 (bzgl. Gleichrang).
10 Da das Deckungskapital an die Stelle des erloschenen Rechts tritt, können daneben rückständige und lfd. Leistungen bis zum Zuschlag Berücksichtigung finden.
11 *Teufel*, in: Steiner, ZVG, § 121 Rn. 12.
12 § 14 Rn. 3 ff.; *Teufel*, in: *Steiner*, ZVG, § 121 Rn. 3 und 14; *Hintzen*, in: *Dassler/Schiffhauer/u. a.*, ZVG, § 14 Rn. 4 und § 121 Rn. 8; *Gaßner*, Rpfleger 1988, 51; a. A.: *Teufel*, in: *Steiner*, ZVG, § 14 Rn. 19, der § 14 nicht auf das Deckungskapital für anwendbar hält.

Gläubiger nachrangiger Ansprüche können Einwendungen gegen die Höhe des Deckungskapital durch **Widerspruch** (§ 115 Abs. 1 Satz 1) geltend machen.[13]

Bei der **Zuteilung** der Teilungsmasse sind aus dem Deckungskapital die zum Zeitpunkt des Verteilungstermins fälligen Beträge an den Berechtigten auszuzahlen (§ 92 Abs. 2).[14] Im Teilungsplan ist ferner zu bestimmen, dass und unter welchen Voraussetzungen dem Berechtigten aus den Zinsen und dem restlichen Deckungskapital zum jeweiligen Fälligkeitstermin die Rente gem. § 92 Abs. 2 zusteht.[15] Der Anspruch auf eine fällig gewordene Zahlung verbleibt beim Berechtigten auch im Falle des Erlöschens des Anspruchs auf die Rente vor dem Ablauf der drei Monate (§ 92 Abs. 2 Satz 3). Auf die **Rentenhöhe** ist der Umfang der Deckung des Deckungskapitals ohne Einfluss.[16] Gem. § 119 wird bestimmt, wem das restliche Deckungskapital im Falle des Erlöschens des Rentenanspruchs zusteht (Abs. 2, § 119: **Hilfszuteilung**).

2. **Ausführung des Teilungsplans.** Ist die auf das Deckungskapital entfallende Teilungsmasse entrichtet worden, erfolgt die Zahlung der fälligen Beträge (§ 117 Abs. 1) an den Berechtigten (bei Nachweis der entsprechenden Voraussetzungen), es sei denn wegen Unbestimmtheit des Betrages gem. § 14 ZVG hat eine Hilfszuteilung und **Hinterlegung** gem. §§ 119, 120 zu erfolgen.[17] Die auf das restliche Deckungskapital entfallende Teilungsmasse ist für den Erst- und den Hilfsberechtigten unter Angabe der Auszahlungsmodalitäten zu hinterlegen (§ 121 Abs. 2, § 120).[18] Der Erstberechtigte kann von der Hinterlegungsstelle die Auszahlung der Rente aus den Zinsen und anschließend aus dem Kapital zum jeweiligen Fälligkeitstermin gegen Vorlage der jeweiligen Nachweise zum Bestand seines Anspruchs verlangen.[19] Bei Vorliegen und Nachweis der entsprechenden Voraussetzungen kann der Hilfsberechtigte die Auszahlung durch die Hinterlegungsstelle an sich verlangen. Zum Erlöschen der Rechte auf den hinterlegten Betrag siehe § 142.

Sofern die auf das Deckungskapital entfallende Teilungsmasse nicht entrichtet wurde, erfolgt unter den bereits genannten entsprechenden Bedingungen eine Forderungsübertragung gegen den Ersteher zu Gunsten von Erst- und Hilfsberechtigten, § 118. Im Übrigen siehe: §§ 118, 128.

Gemäß Abs. 2 bestimmt der Erstberechtigte die Art der Anlegung des Geldes, im Übrigen greift während der Schwebezeit § 120 Abs. 2 (§ 120 Rn. 8).

---

13 LG Berlin WM 1958, 267; *Teufel, in: Steiner*, ZVG, § 121 Rn. 14; *Hintzen*, in: Dassler/Schiffhauer/u. a., ZVG, § 121 Rn. 6; insbesondere zur Zulässigkeit und Begründetheit: *Gaßner*, Rpfleger 1988, 51.
14 Vor Feststellung gem. § 14 ZVG sind jedoch §§ 119, 120 zu beachten!
15 *Stöber*, ZVG, § 121 Rn. 2.4.
16 *Stöber*, ZVG, § 121 Rn. 2.4.
17 *Teufel, in: Steiner*, ZVG, § 121 Rn. 15.
18 *Teufel, in: Steiner*, ZVG, § 121 Rn. 15; Achtung: Die Hinterlegung erfolgt gem. § 121 Abs. 2 i. V. m. § 120 und ggf. gem. §§ 14, 119, 120 sowie § 124.
19 *Hintzen*, in: Dassler/Schiffhauer/u. a., ZVG, § 121 Rn. 14; *Teufel, in: Steiner*, ZVG, § 121 Rn. 16; z. B.: Nachweis des Erlebens des Fälligkeitstermins u./od. Feststellung des Betrages i. S. v. § 14.

§ 122 ZVG [Erlösverteilung bei Gesamtrechten]

(1) Sind mehrere für den Anspruch eines Beteiligten haftende Grundstücke in demselben Verfahren versteigert worden, so ist, unbeschadet der Vorschrift des § 1132 Abs. 1 Satz 2 des Bürgerlichen Gesetzbuchs, bei jedem einzelnen Grundstücke nur ein nach dem Verhältnisse der Erlöse zu bestimmender Betrag in den Teilungsplan aufzunehmen. Der Erlös wird unter Abzug des Betrags der Ansprüche berechnet, welche dem Anspruche des Beteiligten vorgehen.

(2) Unterbleibt die Zahlung eines auf den Anspruch des Beteiligten zugeteilten Betrags, so ist der Anspruch bei jedem Grundstück in Höhe dieses Betrags in den Plan aufzunehmen.

Übersicht

		Rn.
I.	Normzweck und Anwendungsbereich	1
II.	Verteilung gemäß § 1132 BGB	2
III.	Verteilung gemäß § 122	3–11
1.	Voraussetzungen	3–7
	a) Gesamtrechte	3
	b) Anspruchszugehörigkeit zur Schuldenmasse	4
	c) Einheitliches Versteigerungsverfahren	5
	d) Verteilungsmasse	6
	e) Keine Verteilung gem. § 1132 BGB	7
2.	Umsetzung	8–11
IV.	Nichtzahlung des Erlöses (Abs. 2)	12–15
1.	Bzgl. eines oder mehrerer Grundstücke	12–14
2.	Bzgl. aller Grundstücke	15

I. Normzweck und Anwendungsbereich

1 Geregelt wird die Befriedigung eines Anspruchs, für den mehrere Immobilien ungeteilt haften, aus dem Erlös mehrerer Versteigerungsobjekte, die in einem Verfahren versteigert wurden. Zu beachten ist in diesem Zusammenhang auch § 123 (Hilfsübertragung bei Gesamtrechten). Die Vorschrift gilt für alle Versteigerungsverfahren des ZVG.

II. Verteilung gemäß § 1132 BGB

2 Lastet ein Grundpfandrecht auf mehreren Grundstücken, so haften diese jeweils für den gesamten Betrag (§§ 1132, 1192 BGB). Gleiches gilt für die an die Stelle der Grundstücke getretenen Versteigerungserlöse. Gemäß § 1132 Abs. 1 Satz 2 BGB kann der Gläubiger die Befriedigung aus jedem Grundstück ganz oder zum Teil suchen. Dieses Wahlrecht steht ihm auch im Falle der Versteigerung zu (Abs. 1 Satz 1). Das Wahlrecht steht auch einem die Versteigerung betreibenden Gesamtgrundpfandrechtsgläubiger zu und kann ohne Rücksicht auf nachrangige Berechtigte ausgeübt werden.[1] Dem Wahlrecht sind jedoch durch §§ 226, 826 BGB Grenzen gesetzt.[2] Die Ausübung des Wahlrechts ist noch im Verteilungstermin vor Ausführung des Teilungsplanes möglich und kann gegenüber dem Versteigerungsgericht formlos schriftlich oder

---

[1] RG, Urteil vom 22.1.1896 – V 219/95, RGZ 36, 308.
[2] Teufel, in: Steiner, ZVG, § 122 Rn. 14.

mündlich erklärt werden.³ Eine dem Versteigerungsgericht zugegangene Erklärung ist unwiderruflich, jedoch ggf. anfechtbar.⁴

III. Verteilung gemäß § 122

1. Voraussetzungen

a) **Gesamtrechte.** Voraussetzung für die Verteilung entsprechend § 122 ist, dass mehrere Grundstücke (Versteigerungsobjekte) ungeteilt für den Anspruch eines Gläubigers auf Grund eines (Gesamt-)Grundpfandrechts, einer Reallast oder eines entsprechenden Anspruchs gemäß § 10 Abs. 1 Nr. 1 bis 3 und 5 haften.⁵

b) **Anspruchszugehörigkeit zur Schuldenmasse.** Die Verteilung setzt des Weiteren voraus, dass der Gesamtanspruch nicht bestehen bleibt, sondern Teil der Schuldenmasse(n) ist. Bei bestehen bleibenden Rechten ist § 122 auf die in der Schuldenmasse berücksichtigten Kosten, wiederkehrenden Leistungen und anderen Nebenleistungen (§ 12 Nr. 1 u. 2) anzuwenden.

c) **Einheitliches Versteigerungsverfahren.** Weitere Voraussetzung ist die Versteigerung mehrerer oder aller für das Gesamtrecht haftender Grundstücke in einem Verfahren (§ 18). Eine Verfahrensverbindung nach der Versteigerung ist daher nicht ausreichend. Nicht erforderlich ist die Versteigerung im Wege eines Gesamt- oder Gruppenausgebotes (Rn. 6).

d) **Verteilungsmasse.** § 122 setzt die Zuteilung aus mehreren Einzelmassen auf das Gesamtrecht voraus. Sofern der Zuschlag auf ein Gesamtausgebot erteilt wurde, muss die Notwendigkeit der Erlösverteilung gem. § 112 gegeben sein, da ansonsten kein Bedarf für eine Aufteilung gegeben bzw. die Aufteilung unmöglich ist.⁶

e) **Keine Verteilung gemäß § 1132 BGB.** Eine Verteilung durch das Versteigerungsgericht unterbleibt, wenn der Gesamtrechtsberechtigte von seinem Recht auf Verteilung gemäß § 1132 BGB Gebrauch macht (Rn. 2).

2. Umsetzung. Bei Vorliegen der genannten Voraussetzungen (Rn. 3–7) hat das Gericht von Amts wegen Gesamtansprüche im Verhältnis der Einzelerlöse zueinander auf die einzelnen Grundstücke bzw. Teilungspläne aufzuteilen.⁷ Maßgeblich sind nicht die jeweiligen Teilungsmassen gem. § 107, sondern die nach Abzug der dem Gesamtanspruch vorgehenden Beträge verbleibenden Resterlöse (Abs. 1 Satz 2). Der Anspruch des Gesamtrechts wird somit bei der Verteilung der Einzelerlöse nicht jeweils voll berücksichtigt, sondern nur anteilig.

Beispiel 1:
Grundstücke A, B, C wurden gem. § 18 in einem Verfahren versteigert (Einzelausgebote). Die Teilungsmassen (§ 107, bare Meistgebote einschließlich Bargebotszinsen) betragen 12.500 €, 27.000 € bzw. 35.000 €. Dem Gesamtrecht III/3 (12.000 €) geht am Grundstück B das Recht III/1 (4.000 €) und am Grundstück C das Recht III/2 (3.000 €) im Range vor. Die Verteilung des Rechts III/3 wird, wie nachstehend aufgezeigt, berechnet:

---

3 *Jaeckel/Güthe*, ZVG, § 122 Rn. 4; beachte: § 130a ZPO.
4 *Teufel*, in: Steiner, ZVG, § 122 Rn. 17, *Hintzen*, in: Dassler/Schiffhauer/u. a., ZVG, § 122 Rn. 6.
5 *Hintzen*, in: Dassler/Schiffhauer/u. a., ZVG, § 122 Rn. 2.
6 So auch: *Teufel*, in: Steiner, ZVG, § 122 Rn. 9.
7 $\dfrac{\text{Gesamtrechtsbetrag} \cdot \text{Einzelresterlös}}{\text{Summe der Einzelresterlöse des Gesamtrechts}}$ = Auf Grundstück des Einzelresterlöses entfallender Anteil

	A	B	C
Teilungsmasse	12.500 €	27.000 €	35.000 €
abzgl. Ansprüchen gem. §§ 109, 10 Abs. 1 Nr. 1 bis 3	2.500 €	3.000 €	2.000 €
abzgl. Kosten/Zinsen/Hauptfo III/1		4.000 €	
abzgl. Kosten/Zinsen/Hauptfo III/2			3.000 €
(Einzel-)Resterlöse	10.000 €	20.000 €	30.000 €
Verteiltes Gesamtrecht III/3 (1:2:3)	2.000 €	4.000 €	6.000 €
verbleibende Resterlöse	8.000 €	16.000 €	24.000 €

Auf das Grundstück A entfallen 2.000 €[8], auf das Grundstück B 4.000 €[9] und auf das Grundstück C 6.000 €[10] des Gesamtanspruchs.

10 Sind **mehrere Gesamtrechte** vorhanden, richtet sich deren Verteilung nach dem Verhältnis der Einzelerlöse nach Abzug der jeweils vorgehenden Ansprüche. Bei vorhandenen Zwischenrechten kann das Verteilungsverhältnis der Gesamtrechte also unterschiedlich sein.

11 Beispiel 2:
Fortsetzung des Beispiels (Rn. 9): Die Grundstücke A, B und C sind mit dem weiteren Gesamtrecht III/6 (9.000 €) belastet, dem an dem Grundstück B das Recht III/4 (6.000 €) und am Grundstück C das Recht III/5 (12.000 €) im Range vorgehen. Die Verteilung des Rechtes III/6 hat wie folgt zu erfolgen:

verbleibende Resterlöse	8.000 €	16.000 €	24.000 €
abzgl. Kosten/Zinsen/Hauptfo III/4		6.000 €	
abzgl. Kosten/Zinsen/Hauptfo III/5			12.000 €
verbleibende (Einzel-) Resterlöse	8.000 €	10.000 €	12.000 €
verteiltes Gesamtrecht III/6 (4:5:6)	2.400 €	3.000 €	3.600 €
verbleibende (Einzel-) Resterlöse	5.600 €	7.000 €	8.400 €

IV. Nichtzahlung des Erlöses (Abs. 2)

12 1. **Bzgl. eines oder mehrerer Grundstücke.** Für den Fall, dass der Ersteher eines oder mehrerer Grundstücke den Versteigerungserlös nicht oder nur teilweise entrichtet und dies dazu führt, dass die Zahlung auf ein verteiltes Gesamtrecht aus einer Einzelmasse nicht möglich ist, bestimmt Abs. 2 den weiteren Verfahrensgang: der eigentlich gedeckte Anspruchsteil, auf den keine Zahlung möglich ist, ist bei jedem Grundstück in Höhe dieses Betrages aufzunehmen. Laut *Jaeckel/Güthe* wird so klargestellt, dass eine verhältnismäßige Heranziehung nur dann und insoweit stattfindet, als die auf jedem Grundstück dem Gesamtgläubiger zugeteilten Beträge an ihn gezahlt (oder für ihn hinterlegt) werden können.[11] Auf diese Weise werden Nachteile für den Gesamtrechtsgläubiger als Folge der Verteilung durch das Gericht vermieden. Der Gesamtrechtsgläubiger muss sich also im Rahmen von § 122 nicht mit einer Forderungsübertragung begnügen, wenn seine Befriedigung aus den mithaf-

---

8 $\frac{12.000 € \cdot 10.000 €}{60.000 €} = 2.000 €$

9 $\frac{12.000 € \cdot 20.000 €}{60.000 €} = 4.000 €$

10 $\frac{12.000 € \cdot 30.000 €}{60.000 €} = 6.000 €$

11 *Jaeckel/Güthe*, ZVG, § 122 Rn. 7.

tenden, mitversteigerten Grundstücken möglich ist.[12] Zunächst hat also eine Aufteilung gemäß Abs. 1 zu erfolgen.

Beispiel 3: 13
Im Beispielsfall 1 (Rn. 9) hat der Ersteher des Grundstücks C die Teilungsmasse nicht entrichtet, so dass aus dem Einzelerlös in Höhe von 30.000 € keine 6.000 € auf das verteilte Gesamtrecht gezahlt werden können.

(Einzel-)Resterlöse	10.000 €	20.000 €	30.000 €
Verteiltes Gesamtrecht III/3 (1:2:3)	2.000 €	4.000 €	(6.000 €)
verbleibende Resterlöse	8.000 €	16.000 €	
Verteilung der 6.000 € für III/3 vom Grundstück C (1:2)	2.000 €	4.000 €	
verbleibende Resterlöse	6.000 €	12.000 €	30.000 €

Diese Verteilung führt dazu, dass für die dem Gesamtrecht III/3 an den Grund- 14
stücken A und B nachrangigen Berechtigten geringere Resterlöse bzw. keine Resterlöse zur Befriedigung zur Verfügung stehen. Da sich die Berechtigten dieser Grundstücke das Gesamtrecht in voller Höhe vorgehen lassen mussten, werden sie durch die Regelung des Abs. 2 nicht benachteiligt. Reichen die Resterlöse der anderen Grundstücke zur vollen Befriedigung des Gesamtrechts, das aus den Massen eigentlich voll gedeckt wird, nicht aus, erfolgt hinsichtlich des ausfallenden Betrages eine Forderungsübertragung.[13]

2. Bzgl. aller Grundstücke. Wird bzgl. aller Grundstücke die Teilungsmasse 15
nicht oder nicht im erforderlichen Maße gezahlt und führt dies zu keiner oder einer unvollständigen Erfüllung des an sich gedeckten Gesamtanspruchs, so ist der mangels Zahlung der Ersteher nicht erfüllbare Teil des Gesamtanspruchs entsprechend der von den Einzelerlösen verfügbaren Beträge (ggf. der Gesamtanspruch in voller Höhe) bei jedem der Grundstücke in den Teilungsplan aufzunehmen. Sodann ist entsprechend §§ 118, 123, 128 zu verfahren (Forderungsübertragungen auf den Gesamtanspruchsgläubiger, bedingte Hilfsübertragungen gem. § 123 und entsprechende Sicherungshypothekeneintragungen). Diese Sicherungshypotheken stellen keine Gesamtrechte i.S.d. § 1132 BGB dar, da sie keine einheitliche Forderung sondern unterschiedliche Forderungen sichern.[14]

---

[12] *Hintzen*, in: Dassler/Schiffhauer/u. a., ZVG, § 122 Rn. 11.
[13] *Teufel*, in: Steiner, ZVG, § 122 Rn. 27.
[14] *Teufel*, in: Steiner, ZVG, § 122 Rn. 30 und § 128 Rn. 31, *Fischer*, NJW 1956, 1095; *Hintzen*, in: Dassler/Schiffhauer/u. a., ZVG, § 122 Rn. 14.

§ 123 ZVG [Alternativzuteilung bei Gesamtrechten]

(1) Soweit auf einen Anspruch, für den auch ein anderes Grundstück haftet, der zugeteilte Betrag nicht gezahlt wird, ist durch den Teilungsplan festzustellen, wie der Betrag anderweit verteilt werden soll, wenn das Recht auf Befriedigung aus dem zugeteilten Betrage nach Maßgabe der besonderen Vorschriften über die Gesamthypothek erlischt.

(2) Die Zuteilung ist dadurch auszuführen, dass die Forderung gegen den Ersteher unter der entsprechenden Bedingung übertragen wird.

Übersicht

		Rn.
I.	Normzweck und Anwendungsbereich	1, 2
II.	Voraussetzungen	3–8
1.	Gesamthaft	3, 4
2.	Zwangsvollstreckung eines der Belastungsobjekte	5
3.	Zuteilung auf (Gesamthafts-)Anspruch	6
4.	Nichtzahlung des zugeteilten Betrages	7, 8
III.	Zuteilung (Abs. 1)	9
IV.	Forderungsübertragung (Abs. 2)	10–12

I. Normzweck und Anwendungsbereich

1 Die Regelung der Norm dient der Umsetzung der Besonderheiten eines Anspruchs, für den mehrere Grundstücke ungeteilt haften, im Falle der Notwendigkeit einer Forderungsübertragung, da der Anspruchsgläubiger eine Erfüllung seines Anspruchs auch aus einem anderen haftenden Objekt erhalten kann. In diesem Falle könnte der Befriedigungsanspruch nach der Forderungsübertragung nach den besonderen Vorschriften über die Gesamthypothek erlöschen (§ 1143 Abs. 2, §§ 1173–1176, 1181, 1182 BGB).

2 Die Norm gilt für alle Versteigerungsverfahren nach dem ZVG.

II. Voraussetzungen

3 1. **Gesamthaft.** Nach dem Wortlaut der Norm bedarf es eines Gesamtgrundpfandrechts (Gesamthypothek, -grundschuld, -rentenschuld), da hier die besonderen Vorschriften über die Gesamthypothek greifen, jedoch wird die Norm auch für die Fälle einer Hilfsübertragung gemäß § 122 Abs. 2 für anwendbar angesehen.[1] Auch eine Gesamthaft der Rangklassen 1 bis 3 und 5 des § 10 sowie aus Reallasten ist denkbar.[2]

4 Die besonderen Vorschriften über Gesamthypotheken, nach denen das Gesamtrecht erlöschen könnte, sind § 1143 Abs. 2 BGB, §§ 1173 bis 1176 BGB und §§ 1181, 1182 BGB.

5 2. **Zwangsvollstreckung eines der Belastungsobjekte.** Erforderlich für die Anwendung der Norm ist die Versteigerung mindestens eines der mit dem

---

[1] *Jaeckel/Güthe*, ZVG, § 123 Rn. 1; *Stöber*, ZVG, § 123 Rn. 1 und 2.1; *Hintzen*, in: Dassler/Schiffhauer/u.a., ZVG, § 123 Rn. 1 und 2; *Teufel*, in: Steiner, ZVG, § 123 Rn. 4; a.A. *Böttcher*, ZVG, § 123 Rn. 1: gilt nur im Falle von § 122 Abs. 2.
[2] *Jaeckel/Güthe*, ZVG, § 123 Rn. 1; *Teufel*, in: Steiner, ZVG, § 123 Rn. 2 und 4 und § 122 Rn. 7; *Hintzen*, in: Dassler/Schiffhauer/u.a., ZVG, § 123 Rn. 2.

Gesamtrecht belasteten Objekte.³ Im Falle der Versteigerung mehrerer Belastungsobjekte ist es irrelevant, ob dies in einem Verfahren gemäß § 18 als Gesamt- oder Einzelausgebot oder in verschiedenen Verfahren erfolgt.

3. Zuteilung auf (Gesamthafts-)Anspruch. Eine Hilfsübertragung setzt voraus, dass im Falle der Entrichtung der Versteigerungsmasse ein Betrag auf den Gesamtanspruch entfallen wäre. Dies kann auch auf Grund eines Zuzahlungsbetrages gemäß §§ 50, 51 gegeben sein.⁴ **6**

4. Nichtzahlung des zugeteilten Betrages. Der auf den Gesamtanspruch zugeteilte Betrag wird ganz oder tlw. nicht entrichtet. Dabei ist irrelevant, ob der Ersteher zur Zahlung im Termin verpflichtet war (§ 49 Abs. 3, § 107) oder nicht (§§ 50, 51).⁵ **7**

§ 123 findet im Falle der Zahlung des auf den Gesamtanspruch zugeteilten Betrages keine Anwendung, denn dann erlischt das Gesamtrecht auch an den mithaftenden Grundstücken, sofern es dort nicht auf einen ersatzberechtigten Eigentümer oder persönlichen Schuldner übergeht (§§ 1181, 1182 BGB).⁶ Im Zusammenhang mit § 123 soll auch § 114a zu beachten sein.⁷ **8**

III. Zuteilung (Abs. 1)

Im Teilungsplan ist festzustellen, wie der auf den Gesamtanspruch zugeteilte Betrag anderweit verteilt werden soll, wenn das Recht auf Befriedigung aus dem zugeteilten Betrag nach Maßgabe der besonderen Vorschriften für die Gesamthypothek erlischt.⁸ Der Vorteil einer anderweitigen Befriedigung des Gesamtanspruchs soll nicht dem Ersteher, sondern den sonst ausfallenden (nachrangigen) Berechtigten (Eventualberechtiger) zu Gute kommen.⁹ Da zum Zeitpunkt der Planaufstellung ungewiss ist, ob die anderweitige Befriedigung des Gesamtrechtsgläubigers eintritt, erfolgt eine auflösend bedingte Zuteilung¹⁰ an den Gesamtrechtsgläubiger und eine entsprechende aufschiebend bedingte Zuteilung an den/die Alternativberechtigte/n. **9**

IV. Forderungsübertragung (Abs. 2)

Die Zuteilung wird dadurch ausgeführt, dass die auf den Gesamtanspruch entfallende Forderung gegen den Ersteher unter der auflösenden Bedingung (Rn. 9) an den Gesamtanspruchsgläubiger und unter der aufschiebenden Bedingung (Rn. 9) an den Eventualberechtigten übertragen wird. **10**

Die aufschiebende Bedingung fällt aus, wenn der Gesamtanspruch aus dem Versteigerungserlös Befriedigung erlangt, d.h. mit Einziehung der übertragenen Forderung (§ 118) oder mit fruchtlosem Ablauf der Frist gemäß § 118 Abs. 2.¹¹ **11**

---

3   *Teufel*, in: *Steiner*, ZVG, § 123 Rn. 5; *Stöber*, ZVG, § 123 Rn. 2.1 und 2.3; a.A.: *Böttcher*, ZVG, § 123 Rn. 1: gilt nur im Fall von § 122 Abs. 2.
4   *Teufel*, in: *Steiner*, ZVG, § 123 Rn. 7; *Hintzen*, in: *Dassler/Schiffhauer/u.a.*, ZVG, § 123 Rn. 1.
5   *Jaeckel/Güthe*, ZVG, § 123 Rn. 2; *Stöber*, ZVG, § 123 Rn. 2.4.
6   *Teufel*, in: *Steiner*, ZVG, § 123 Rn. 8.
7   *Teufel*, in: *Steiner*, ZVG, § 123 Rn. 8.
8   Bei Zuteilung auf Gesamtansprüche anderer Art sollte die Zuteilung angepasst und die Formulierung „nach Maßgabe der Vorschriften über die Gesamthypothek" vermieden werden. So auch *Teufel*, in: *Steiner*, ZVG, § 123 Rn. 12.
9   *Jaeckel/Güthe*, ZVG, § 123 Rn. 3.
10 Auflösende Bedingung, dass bis zur Erfüllung des Gesamtanspruchs dieser nicht nach Maßgabe der besonderen Vorschriften über die Gesamthypothek erlischt. So auch: *Teufel*, in: *Steiner*, ZVG, § 123 Rn. 11.
11 *Stöber*, ZVG, § 123 Rn. 2.6; *Teufel*, in: *Steiner*, ZVG, § 123 Rn. 9, 16, 15; *Nussbaum*, § 34 I.

12 Die gemäß § 128 Abs. 1 einzutragende Sicherungshypothek für den Erst- und Eventualberechtigten erfolgt unter der entsprechenden Bedingung (Rn. 9).[12]

---

12 *Hintzen*, in: *Dassler/Schiffhauer/u.a.*, ZVG, § 123 Rn. 8; *Stöber*, ZVG, § 123 Rn. 3; *Teufel*, in: *Steiner*, ZVG, § 123 Rn. 13; a.A.: *Stöber*, ZVG, § 128 Rn. 6.3 (eine unbedingte Sicherungshypothek für die bedingten Gläubigerrechte mit (abweichendem) Rangvermerk für den Fall des Eintritts der auflösenden bzw. aufschiebenden Bedingung); *Böttcher*, ZVG, § 123 Rn. 1.

§ 124 ZVG [Alternativzuteilung bei Widerspuch gegen den Teilungsplan und § 115 Abs. 4]

(1) Im Falle eines Widerspruchs gegen den Teilungsplan ist durch den Plan festzustellen, wie der streitige Betrag verteilt werden soll, wenn der Widerspruch für begründet erklärt wird.
(2) Die Vorschriften des § 120 finden entsprechende Anwendung; die Art der Anlegung bestimmt derjenige, welcher den Anspruch geltend macht.
(3) Das gleiche gilt, soweit nach § 115 Abs. 4 die Ausführung des Planes unterbleibt.

Übersicht

		Rn.
I.	Normzweck und Anwendungsbereich	1–3
II.	Hilfszuteilung (Abs. 1)	4–8
III.	Planausführung (Abs. 2)	9–11
IV.	Schuldnerische Sicherheitsleistung (Abs. 3)	12

I. Normzweck und Anwendungsbereich

Geregelt werden die Auswirkungen eines zulässigen Widerspruchs, der sich nicht durch Einigung oder Anerkenntnis erledigt hat, auf den Teilungsplan.[1] Da die Entscheidung über den Widerspruch vom Prozess- und nicht vom Versteigerungsgericht getroffen wird (§ 115 i.V.m. §§ 876 ff. ZPO), ist im Plan festzustellen, wie im Falle eines für begründet erklärten Widerspruchs der Erlös zu verteilen ist. 1

Die Norm greift außerdem, wenn der Schuldner Widerspruch gegen einen vollstreckbaren Befriedigungsanspruch erhebt (Abs. 3 und § 115 Abs. 4). 2

Die Vorschrift gilt für alle Versteigerungsverfahren des ZVG. 3

II. Hilfszuteilung (Abs. 1)

Voraussetzung ist ein zulässiger Widerspruch gegen den Teilungsplan, der sich nicht durch Einigung oder Anerkenntnis erledigt hat (§ 115 Abs. 1 Satz 2, § 876 ZPO). Gemäß § 876 Satz 4 ZPO wird der (ursprüngliche) Teilungsplan insoweit ausgeführt, als er vom Widerspruch nicht betroffen ist. Der Plan ist sodann dahingehend zu ergänzen, dass die Zuteilung des vom Widerspruch betroffenen (streitigen) Betrages nur insoweit an den im ursprünglichen Plan zunächst vorgesehenen Gläubiger unter der Bedingung erfolgt, als der Widerspruch für nicht begründet erklärt wird oder kein fristgerechter Nachweis der Klageerhebung (§ 878 ZPO) erfolgt.[2] Außerdem wird der streitige Betrag an den Widersprechenden zugeteilt, wenn und soweit der Widerspruch für begründet erklärt wird. Die Ergänzungen des Teilungsplanes erfolgen durch **Beschluss**.[3] 4

Wenn sich der **Widerspruch mehrerer Beteiligter** gegen denselben Anspruch richtet, erfolgt die Hilfszuteilung[4] an die Widersprechenden unter Berücksich- 5

---

1 Die verfahrensrechtliche Behandlung wird in § 115 ZVG geregelt.
2 *Teufel*, in: Steiner, ZVG, § 124 Rn. 5; *Böttcher*, ZVG, § 124 Rn. 3; *Drischler*, RpflJB 1973, 338.
3 *Hintzen*, in: Dassler/Schiffhauer/u.a., ZVG, § 124 Rn. 2.
4 Auch *Eventualzuteilung* genannt.

tigung ihres Rangverhältnisses gemäß § 10 ZVG untereinander.[5] Entsprechendes gilt laut *Hintzen*[6] bei einem Widerspruch gegen ein Recht, das gemäß § 91 Abs. 2 bestehen bleibt.

6 Die Hilfszuteilung erfolgt grundsätzlich zu Gunsten des oder der Widersprechenden. Vom Widerspruch werden **Zwischenberechtigte**, die keinen Widerspruch erhoben haben, nicht begünstigt.[7] Etwas anderes soll nur gelten, wenn der Vollstreckungsschuldner zu Gunsten eines Zwischenberechtigten den Widerspruch erhoben hat.[8]

7 Auch die Hilfszuteilung gem. § 124 kann selbständig mit einem Widerspruch angegriffen werden.[9] Im Übrigen siehe § 115.

8 Gemäß **§ 880 Satz 2 ZPO** kann das Prozessgericht im Urteil (Widerspruchsklage) bestimmen, an welche Gläubiger und in welchen Beträgen der streitige Teil der Masse auszuzahlen ist. Diese Vorschrift kommt nicht zum Zuge, wenn das Versteigerungsgericht auf Grund von Abs. 1 im Teilungsplan festgestellt hat, wie der streitige Betrag im Falle der Begründetheit des Widerspruchs zu verteilen ist.[10] Siehe hierzu auch: § 115 Rn. 32.

III. Planausführung (Abs. 2)

9 Sofern die **Teilungsmasse entrichtet** wurde, wird der vom Widerspruch betroffene Betrag für den ursprünglich Berechtigten und den Begünstigten der Hilfszuteilung unter den entsprechenden Bedingungen (Rn. 4) hinterlegt (Abs. 2 Satz 2 i. V. m. § 120 Abs. 1 Satz 1 und 3). Sofern auch aus einem anderen Grunde eine Hinterlegung erforderlich ist (z. B. §§ 119, 120), sind auch diese Bedingungen bei der Hinterlegung zum Ausdruck zu bringen.[11] Für die Schwebezeit gilt § 120 Abs. 2 mit der Abweichung, dass derjenige die Art der Anlegung bestimmt, der den Anspruch geltend macht. Im Übrigen siehe § 120 Rn. 8 ff.

10 Für den Fall der **Nichtzahlung der Teilungsmasse** greift § 120 Abs. 1 Satz 2 u. 3, d. h. die Forderung gegen den Ersteher wird auf beide Berechtigte (ursprünglicher und Begünstigter der Hilfszuteilung) unter den entsprechenden (gegenläufigen) Bedingungen (Rn. 4) übertragen. Gemäß § 128 wird die übertragene Forderung durch Eintragung einer Sicherungshypothek gesichert (siehe auch § 128).

11 Es handelt sich zunächst um eine **vorläufige Planausführung**, denn die endgültige Planausführung erfolgt erst nach Klärung der Rechtslage durch Einigung der insoweit Beteiligten, Entscheidung des Prozessgerichts oder Vergleich im Widerspruchsprozess.[12] Das Versteigerungsgericht veranlasst in diesem Falle die entsprechende Auszahlung oder Grundbuchberichtigung.[13] Zur Sachbehandlung, wenn die Erhebung der Widerspruchsklage nicht fristgerecht nachgewiesen wurde, siehe § 115 Rn. 31.

---

5 *Hintzen*, in: Dassler/Schiffhauer/u. a., ZVG, § 124 Rn. 2; *Jaeckel/Güthe*, ZVG, § 124 Rn. 3; *Teufel*, in: Steiner, ZVG, § 124 Rn. 9.
6 *Hintzen*, in: Dassler/Schiffhauer/u. a., ZVG, § 124 Rn. 2.
7 *Jaeckel/Güthe*, ZVG, § 124 Rn. 3.
8 *Teufel*, in: Steiner, ZVG, § 124 Rn. 8; *Jaeckel/Güthe*, ZVG, § 124 Rn. 3.
9 *Stöber*, ZVG, § 124 Rn. 2.5; *Hintzen*, in: Dassler/Schiffhauer/u. a., ZVG, § 124 Rn. 3.
10 BGH Urteil vom 9.12.1985 – II ZR 5/85, BGHZ 96, 332 = NJW 1987, 131; *Stöber*, ZVG, § 124 Rn. 2.6; *Hintzen*, in: Dassler/Schiffhauer/u. a., ZVG, § 124 Rn. 4.
11 LG Berlin WM 1958, 267; *Teufel*, in: Steiner, ZVG, § 124 Rn. 12; *Hintzen*, in: Dassler/Schiffhauer/u. a., ZVG, § 124 Rn. 8.
12 *Teufel*, in: Steiner, ZVG, § 124 Rn. 15.
13 *Teufel*, in: Steiner, ZVG, § 124 Rn. 16.

IV. Schuldnerische Sicherheitsleistung (Abs. 3)

Der Widerspruch des Schuldners gegen einen vollstreckbaren Anspruch wird gemäß § 115 Abs. 3 nach §§ 767, 769, 770 ZPO erledigt. Die Ausführung des Planes unterbleibt gemäß § 115 Abs. 4, soweit der Schuldner durch Sicherheitsleistung oder Hinterlegung die Befriedigung solcher Ansprüche abwenden darf. Auch für diesen Fall greift § 124 und damit auch § 120 (Abs. 3). Der Schwebezustand endet, wenn über den Bestand des Anspruchs rechtskräftig entschieden ist.[14] Zur entsprechenden Anwendung der Norm siehe *Teufel*[15].

---

14 *Hintzen*, in: *Dassler/Schiffhauer/u.a.*, ZVG, § 124 Rn. 11.
15 *Teufel, in: Steiner*, ZVG, § 115 Rn. 40.

§ 125 ZVG [Zuteilung des Zuzahlungsbetrag nach §§ 50, 51]

(1) Hat der Ersteher außer dem durch Zahlung zu berichtigenden Teile des Meistgebots einen weiteren Betrag nach den §§ 50, 51 zu zahlen, so ist durch den Teilungsplan festzustellen, wem dieser Betrag zugeteilt werden soll. Die Zuteilung ist dadurch auszuführen, dass die Forderung gegen den Ersteher übertragen wird.

(2) Ist ungewiss oder streitig, ob der weitere Betrag zu zahlen ist, so erfolgt die Zuteilung und Übertragung unter der entsprechenden Bedingung. Die §§ 878 bis 882 der Zivilprozessordnung finden keine Anwendung.

(3) Die Übertragung hat nicht die Wirkung der Befriedigung aus dem Grundstücke.

Übersicht	Rn.
I. Normzweck und Anwendungsbereich	1, 2
II. Allgemeines zum Zuzahlungsbetrag	3, 4
III. Verteilung des Zuzahlungsbetrages	5–10
1. Feststehender Zuzahlungsbetrag (Abs. 1 Satz 1)	5, 6
2. Ungewisser/streitiger Zuzahlungsbetrag (Abs. 2)	7–10
IV. Ausführung der Zuteilung	11–13
1. Feststehender Zuzahlungsbetrag (Abs. 1 Satz 2)	11
2. Ungewisser/streitiger Zuzahlungsbetrag (Abs. 2)	12
3. Sicherungshypothek	13
V. Wirkung der Übertragung (Abs. 3)	14
VI. Nichtberücksichtigung des Zuzahlungsbetrages	15

I. Normzweck und Anwendungsbereich

1 Sofern der Ersteher ein belastetes Grundstück erwirbt und ein im geringsten Gebot als bestehen bleibend ausgewiesenes Recht bei Erteilung des Zuschlags nicht besteht oder gemäß § 50 Abs. 2 später wegfällt, hätte der Ersteher hierdurch einen Vorteil erlangt. Gemäß §§ 50, 51 ist er in diesen Fällen zur Zahlung eines Zuzahlungsbetrages verpflichtet. Da §§ 50, 51 ZVG abweichende Bestimmungen für die Fälligkeit und Verzinsung des Betrages enthalten, bedurfte es besonderer Bestimmungen (§ 125) hinsichtlich der Behandlung solcher Beträge im Verteilungsverfahren.

2 Die Norm gilt in allen Versteigerungsverfahren des ZVG.

II. Allgemeines zum Zuzahlungsbetrag

3 Zum Charakter des Zuzahlungsbetrages siehe § 107 Rn. 8. Die Voraussetzungen für eine Zuzahlungspflicht des Erstehers, deren Umfang sowie die Zahlungsmodalitäten regeln grundsätzlich §§ 50, 51. Insoweit wird auf die Kommentierung der entsprechenden Paragraphen verwiesen. Einen Streit über das Bestehen einer Zuzahlungspflicht entscheidet das Prozess- und nicht das Vollstreckungsgericht.[1] Die Höhe des Zuzahlungsbetrages ergibt sich aus § 50 Abs. 1 beziehungsweise aus der Festsetzung des Versteigerungsgerichts bei Aufstellung des geringsten Gebotes (§ 51 Abs. 2). Ist eine Festsetzung nach

---

1 *Teufel*, in: *Steiner*, ZVG, § 125 Rn. 7.

§ 51 Abs. 2 unterblieben, bestimmt das Versteigerungsgericht im Verteilungstermin die Betragshöhe, sofern insoweit keine Einigung der Beteiligten erfolgt.² Die nachträgliche Festsetzung durch das Vollstreckungsgericht bindet jedoch die Beteiligten nicht.³

Ein Widerspruch gegen das Bestehenbleiben eines Rechts stellt keinen Widerspruch i. S. v. § 115 dar, sondern ist in ein Verlangen der Berücksichtigung eines möglichen Zuzahlungsbetrages bei der Erlösverteilung gem. § 125 II, §§ 50, 51 umzudeuten.⁴ **4**

III. Verteilung des Zuzahlungsbetrages

1. **Feststehender Zuzahlungsbetrag (Abs. 1 S. 1).** Die Verpflichtung des Erstehers zur Entrichtung eines Zuzahlungsbetrages steht fest, wenn im Verteilungstermin das Nichtbestehen eines im geringsten Gebotes berücksichtigten Rechts zweifelsfrei nachgewiesen ist oder sich Ersteher und die betroffenen Beteiligen darüber einig sind.⁵ **5**

Steht fest, dass ein Zuzahlungsbetrag vom Ersteher zu entrichten ist (§§ 50, 51), ist dieser Betrag nebst Zinsen (§ 50 Abs. 1 Satz 2, § 51 Abs. 1 Satz 2) an den oder die nächsten ausfallenden Berechtigten in der Rangfolge, die der Teilungsplan gem. §§ 10, 110 ZVG ausweist, zuzuteilen.⁶ **6**

2. **Ungewisser/streitiger Zuzahlungsbetrag (Abs. 2).** In den Fällen §§ 50 Abs. 2, 51 ist es ungewiss, ob ein Zuzahlungsbetrag zu entrichten ist, solange der Eintritt oder der Ausfall einer Bedingung oder das Erlöschen eines Gesamtrechts gem. § 50 Abs. 2 nicht eingetreten ist oder nachgewiesen wurde. Ungewissheit kann aber auch hinsichtlich eines Zuzahlungsbetrages nach §§ 50 Abs. 1, 51 bestehen. Streitig ist ein Zuzahlungsbetrag beispielsweise, wenn das Erlöschen eines Rechts behauptet, aber weder nachgewiesen noch von allen Beteiligten (einschließlich Ersteher) anerkannt wird. **7**

Im Falle eines ungewissen oder streitigen Zuzahlungsbetrages erfolgt die Zuteilung des Betrages nebst Zinsen an den (oder die) nächsten ausfallenden Berechtigten laut Plan unter der entsprechenden Bedingung (Abs. 2 Satz 1). Der Streit über die Zuzahlungsverpflichtung ist außerhalb des Versteigerungsverfahrens zu verfolgen.⁷ §§ 878 bis 882 ZPO finden keine Anwendung (Abs. 2 Satz 2). **8**

Eine Zuzahlungspflicht des Erstehers kann sich auch aus einer eingetragenen **Vormerkung gem. § 1179 BGB** oder einem gesetzlichen **Löschungsanspruch gem. §§ 1179a, 1179b BGB** ergeben, wenn der Anspruchsgläubiger bei der Erlösverteilung ausfällt und das (bisherige) Eigentümerrecht bestehen geblieben ist.⁸ Voraussetzung für die Zuzahlungsverpflichtung ist ein (bisheriges) Eigentümerrecht, ein auf Aufhebung dieses Rechtes gerichteter (dinglich gesicherter) Löschungsanspruch und die Aufhebung (Löschung) des Rechtes.⁹ Eine im Grundbuch eingetragene **Löschungsvormerkung** (§ 1179 BGB) bedeutet für das Versteigerungsgericht, dass ein Zuzahlungsfall ungewiss ist, so dass Abs. 2 **9**

---

2 *Stöber*, ZVG, § 125 Rn. 2.7.
3 *Jaeckel/Güthe*, ZVG, §§ 50, 51 Rn. 17; *Teufel*, in: *Steiner*, ZVG, § 125 Rn. 3; *Stöber*, ZVG, § 125 Rn 2.7; *Hintzen*, in: *Dassler/Schiffhauser/u. a.*, ZVG, § 125 Rn. 3.
4 *Böttcher*, ZVG, § 125 Rn. 13.
5 *Hintzen*, in: *Dassler/Schiffhauser/u. a.*, ZVG, § 125 Rn. 6; *Teufel*, in: *Steiner*, ZVG, § 125 Rn. 11; *Böttcher*, ZVG, § 125 Rn. 4–8; a. A.: *Stöber*, ZVG, § 125 Rn. 2.4.
6 *Stöber*, ZVG, § 125 Rn. 2.5.
7 *Teufel*, in: *Steiner*, ZVG, § 125 Rn. 19.
8 *Teufel*, in: *Steiner*, ZVG, § 125 Rn. 8.
9 *Teufel*, in: *Steiner*, ZVG, § 125 Rn. 8.

greift, sofern das Eigentümerrecht ebenfalls grundbuchersichtlich ist.[10] Handelt es sich nach dem Grundbuch um ein Fremdrecht, bedarf es eines Hinweises durch den Beteiligten, damit die Sachbehandlung entsprechend § 125 ausgelöst wird.[11] Im Falle eines gesetzlichen **Löschungsanspruchs gem. § 1179a BGB** ist jedoch zu beachten, dass die Vormerkungswirkung mit Ausführung des Ersuchens gem. § 130 wegfällt (§ 130a Abs. 1), wenn nicht spätestens im Verteilungstermin ein Antrag auf Eintragung einer Vormerkung gestellt wird, das Ersuchen gem. § 130 sich auch auf die Vormerkungseintragung erstreckt und die entsprechende Eintragung erfolgt (§ 130a Abs. 2; Näheres siehe Kommentierung zu § 130a).[12] Ein nicht dinglich gesicherter, schuldrechtlicher Löschungsanspruch führt nicht zu einer Berücksichtigung gem. § 125.[13] Wird der Antrag gem. § 130a Abs. 2 gestellt, wird damit auch der gesetzliche Löschungsanspruch geltend gemacht und rechtfertigt damit die Behandlung gemäß Abs. 2 als ungewisser oder streitiger Zuzahlungsbetrag.[14]

10 Aus einem Zuzahlungsanspruch, der aus einem **gesetzlichen Löschungsanspruch** (§ 1179a BGB) herrührt, kann der Anspruchsgläubiger nur insoweit eine Zuteilung verlangen, als sein Interesse als Gläubiger des geschützten (begünstigten Rechts) besteht, d. h. maximal in Höhe des zur Befriedigung seines Rechts benötigten Betrages.[15] Ein ausfallendes Zwischenrecht[16] wird von dem (wie durch eine Vormerkung gesicherten) gesetzlichen Löschungsanspruch nicht begünstigt.[17] Es kann aber den Löschungsanspruchsberechtigten benachteiligen, da der bei einem vollständigen Erlöschen des betroffenen Rechts rechnerisch auf das Zwischenrecht entfallende Betrag dem Löschungsanspruchsberechtigten vorenthalten bleibt.[18] Das bedeutet, dass der Löschungsanspruchsberechtigte nicht mehr erhält, als er bei einer rechtzeitigen Löschung erhalten hätte.[19] Entsprechendes gilt, wenn der Zuzahlungsanspruch auf einer Löschungsvormerkung beruht, die dem Schutz eines nachrangigen Rechts des Vormerkungsberechtigten dient.[20]

IV. Ausführung der Zuteilung

11 1. **Feststehender Zuzahlungsbetrag (Abs. 1 S. 2).** Sofern der Ersteher den Zuzahlungsbetrag nebst Zinsen (§§ 50, 51) zugleich mit der restlichen Teilungsmasse gemäß § 107 entrichtet hat, erfolgt die Auszahlung unter den gleichen Voraussetzungen wie bei der übrigen Teilungsmasse.[21] Wurde der Zuzahlungsbetrag nebst der Zinsen nicht zugleich mit der restlichen Teilungsmasse gemäß § 107 entrichtet und ist eine unbedingte Zuteilung erfolgt (Rn. 5 f.), wird die Zuteilung dadurch ausgeführt, dass die verzinsliche Forderung gegen den Ersteher auf den (oder die) Berechtigten übertragen wird.

---

10 *Hintzen*, in: Dassler/Schiffhauer/u. a., ZVG, § 125 Rn. 8; *Stöber*, ZVG, § 125 Rn. 5.5; *Teufel*, in: Steiner, ZVG, § 125 Rn. 8.
11 *Teufel*, in: Steiner, ZVG, § 125 Rn. 8; *Stöber*, ZVG, § 125 Rn. 5.5.
12 *Hintzen*, in: Dassler/Schiffhauer/u. a., ZVG, § 125 Rn. 9; *Teufel*, in: Steiner, ZVG, § 125 Rn. 21.
13 *Stöber*, ZVG, § 125 Rn. 5.6; *Hintzen*, in: Dassler/Schiffhauer/u. a., ZVG, § 125 Rn. 9.
14 *Stöber*, ZVG, § 125 Rn. 5.5.
15 *Teufel*, in: Steiner, ZVG, § 125 Rn. 20.
16 Zwischenrecht = Recht, das im Range nach dem Eigentümerrecht und vor dem Recht mit gesetzlichen Löschungsanspruch steht.
17 *Bassenge*, in: Palandt, BGB, § 1179a Rn. 14 und § 1179 Rn. 17.
18 *Teufel*, in: Steiner, ZVG, § 125 Rn. 20.
19 *Stöber*, ZVG, § 125 Rn. 5.2.
20 *Teufel*, in: Steiner, ZVG, § 125 Rn. 20.
21 *Böttcher*, ZVG, § 125 Rn. 11.

2. **Ungewisser/streitiger Zuzahlungsbetrag (Abs. 2 S. 1).** In diesem Falle erfolgt die Ausführung durch (gem. §§ 50, 51 verzinsliche) Forderungsübertragung unter der entsprechenden Bedingung. **12**

3. **Sicherungshypothek.** Insoweit eine Forderungsübertragung erfolgt (Abs. 1 Satz 2 und Abs. 2 Satz 1) ist für die Forderung eine Sicherungshypothek gemäß § 128 einzutragen. Näheres siehe Kommentierung zu § 128. **13**

V. Wirkungen der Übertragung (Abs. 3)

Die Forderungsübertragung hat, anders als im Falle des § 118, nicht die Wirkung einer Befriedigung aus dem Grundstück (Abs. 3). Außerdem ist weder der Zahlungs- noch der dingliche Anspruch aus der Sicherungshypothek gegen den Ersteher vollstreckbar (§ 132 Abs. 1 Satz 2). Will der Forderungsgläubiger gegen den Ersteher zwangsweise vorgehen, muss er daher selber für eine Titulierung sorgen. **14**

VI. Nichtberücksichtigung des Zuzahlungsbetrages

Sofern sich erst nach dem Verteilungstermin herausstellt, dass ein Zuzahlungsbetrag durch den Ersteher zu entrichten ist (§§ 50, 51) und dieser Umstand bei der Aufstellung des Teilungsplanes keine Berücksichtigung gefunden hat, findet keine Nachtragsverteilung durch das Versteigerungsgericht statt.[22] Ein ausgefallener Gläubiger, der den Zuzahlungsbetrag für sich in Anspruch nimmt, hat diesen im Prozesswege gegen den Ersteher geltend zu machen.[23] **15**

---

[22] *Teufel,* in: *Steiner,* ZVG, § 125 Rn. 23 (der jedoch eine Nachtragsverteilung unter Umständen für möglich ansieht); *Hintzen,* in: *Dassler/Schiffhauer/u.a.,* ZVG, § 125 Rn. 14; *Jaeckel/Güthe,* ZVG, § 125 Rn. 9; a.A.: OLG Hamm JMBlNW 1961, 134.

[23] BGH, Urteil vom 2.11.1965 – V ZR 82/63, NJW 1966, 154; *Hintzen,* in: *Dassler/Schiffhauer/ u.a.,* ZVG, § 125 Rn. 14.

§ 126 ZVG [Unbekannte Zuteilungsberechtigte]

(1) Ist für einen zugeteilten Betrag die Person des Berechtigten unbekannt, insbesondere bei einer Hypothek, Grundschuld oder Rentenschuld der Brief nicht vorgelegt, so ist durch den Teilungsplan festzustellen, wie der Betrag verteilt werden soll, wenn der Berechtigte nicht ermittelt wird.

(2) Der Betrag ist für den unbekannten Berechtigten zu hinterlegen. Soweit der Betrag nicht gezahlt wird, ist die Forderung gegen den Ersteher auf den Berechtigten zu übertragen.

Übersicht

		Rn.
I.	Normzweck und Anwendungsbereich	1, 2
II.	Unbekanntsein des Berechtigten	3–7
III.	Hilfszuteilung	8
IV.	Planausführung (Abs. 2)	9–11
V.	Spätere Ungewissheit	12

I. Normzweck und Anwendungsbereich

1 Der Teilungsplan ist bei Entrichtung der Teilungsmasse durch Zahlung an die Berechtigten auszuführen, § 117 Abs. 1 Satz 1. § 126 regelt den Verfahrensablauf für den Fall des Unbekanntseins eines Berechtigten, indem im Plan festgestellt wird, an wen der Betrag gezahlt wird, falls der Berechtigte nicht ermittelt wird. Das Verfahren zur Ermittlung des Berechtigten regeln §§ 135 bis 142. Der Betrag wird zunächst für den unbekannten Berechtigten hinterlegt (Abs. 2 Satz 1) bzw. eine nach § 118 erforderliche Forderungsübertragung hat an ihn zu erfolgen (Abs. 2 Satz 2). Im Falle der nachträglichen Ermittlung des Berechtigten wird der Teilungsplan weiter ausgeführt (§§ 137, 139). Ansonsten richtet sich das weitere Verfahren nach §§ 137 ff.

2 Die Norm ist in allen Versteigerungsverfahren des ZVG anwendbar.[1] Bzgl. Zwangsverwaltungsverfahren siehe § 156 Abs. 2 Satz 4.[2]

II. Unbekanntsein des Berechtigten

3 Wenn nicht erkennbar ist, welcher natürlichen oder juristischen Person der Anspruch auf Befriedigung aus dem Versteigerungserlös zusteht, liegt das Unbekanntsein des Berechtigten vor.[3] **Unbekannt** ist beispielsweise der Anspruchsberechtigte, wenn der ursprünglich Berechtigte verstorben ist und seine Erben unbekannt sind, es sei denn, es ist Nachlassverwaltung, Nachlasspflegschaft oder Testamentsvollstreckung angeordnet (§§ 1960, 1985, 2205 BGB) oder eine über den Tod hinaus geltende Bevollmächtigung vorhanden.[4]

4 Ist die Person des Berechtigen nicht aber sein Aufenthalt bekannt, liegt **kein Unbekanntsein** vor (§ 117 Abs. 2 Satz 3).[5] Sofern für den Unbekannten eine

---

1 Stöber, ZVG, § 126 Rn. 1.2; Teufel, in: Steiner, ZVG, § 126 Rn. 2.
2 Teufel, in: Steiner, ZVG, § 126 Rn. 3.
3 Teufel, in: Steiner, ZVG, § 126 Rn. 4.
4 Hintzen, in: Dassler/Schiffhauer/u.a., ZVG, § 126 Rn. 2; Stöber, ZVG, § 126 Rn. 2.2; Böttcher, ZVG, § 126 Rn. 4; a. A: Teufel, in: Steiner, ZVG, § 126 Rn. 8 wegen des Erbrechts des Fiskus.
5 Teufel, in: Steiner, ZVG, § 126 Rn. 9.

Pflegerbestellung erfolgt ist (z. B.: §§ 1912, 1913 BGB)[6] oder die Unkenntnis bzgl. der Person eines gesetzlichen Vertreters gegeben ist[7], ist nicht nach § 126 zu verfahren. Die Ungewissheit bei bedingten Rechten ist in §§ 119, 120 geregelt.

Bei **Grundpfandrechten ohne Brief** wird als Berechtigter der zum Zeitpunkt der Zuschlagserteilung Eingetragene vermutet (§§ 891, 1138, 1154 Abs. 3, § 1192 BGB).[8]

Wird bei einem **Briefgrundpfandrecht** (§§ 1116, 1192 BGB) der Brief nicht vorgelegt, ist der Berechtigte unbekannt. Sofern der Gläubiger nicht im Grundbuch als solcher eingetragen ist, ist neben der Briefvorlage noch die Vorlage der in § 1155 BGB genannten Urkunden erforderlich.[9] Bzgl. des Aufgebots eines Grundpfandrechtsbriefes siehe § 136. Umstritten ist, ob bei Briefrechten die Zahlung auf Kosten und auf rückständige wiederkehrende Leistungen von der Briefvorlage abhängig gemacht werden kann.[10] Da das Versteigerungsgericht sich nicht auf § 407 BGB berufen kann und keine sichere Erkenntnis über den letzten dem Grundstückseigentümer bekannten Gläubiger hat, ist die Briefvorlage auch in diesem Falle erforderlich.[11] Ein eingetragener Verzicht des Eigentümers auf § 1160 BGB ist für das Vollstreckungsgericht unbeachtlich.[12] Es ist auf die Vorlage des Briefes und der gegebenenfalls weiter erforderlichen formgerechten Urkunden abzustellen und nicht auf eine Beteiligtenstellung.[13]

Bei Sicherungshypotheken gemäß §§ 1187–1189 BGB (**Inhaber- und Orderpapiere**) bedarf es der Vorlage der Urkunden, wenn kein im Grundbuch gemäß § 1189 BGB eingetragenen Vertreter vorhanden ist.[14]

III. Hilfszuteilung

Bei Unbekanntsein eines Berechtigten **muss** das Versteigerungsgericht eine Hilfs- oder Eventualverteilung zu Gunsten des bzw. der nachrangigen ausfallenden Berechtigten in der Rangfolge ihrer Ansprüche vornehmen. Dem bzw. den Begünstigten der Hilfszuteilung steht das Aufgebotsrecht gem. § 138 Abs. 1 und im Falle des Ausschließungsbeschlusses gemäß § 141 der Anspruch zu. Soweit keine nachrangigen ausfallenden Berechtigten vorhanden sind, erfolgt die Hilfszuteilung an den Eigentümer.[15]

IV. Planausführung (Abs. 2)

Die Planausführung erfolgt durch **Hinterlegung** des Betrages für den unbekannten Berechtigten.[16] Da die Hinterlegung für einen unbekannten Berechtigten nach der HinterlO nicht möglich ist,[17] erfolgt die Hinterlegung zur weite-

---

6   *Teufel*, in: *Steiner*, ZVG, § 126 Rn. 8; *Jaeckel/Güthe*, ZVG, § 126 Rn. 1; a. A. *Stöber*, ZVG, § 126 Rn. 2.2., der auch im Falle von § 1912 BGB § 126 für anwendbar hält.
7   *Hintzen*, in: *Dassler/Schiffhauer/u. a.*, ZVG, § 126 Rn. 3.
8   *Jaeckel/Güthe*, ZVG, § 126 Rn. 2.
9   *Jaeckel/Güthe*, ZVG, § 126 Rn. 2.
10 Anwendung von §§ 1159, 1160 Abs. 3 BGB; *Hintzen*, in: *Dassler/Schiffhauer/u. a.*, ZVG, § 126 Rn. 7; *Jaeckel/Güthe*, ZVG, § 126 Rn. 2.
11 LG Dresden, Beschl. vom 27.1.1905, ZBlFG 5, 843; *Hintzen*, in: *Dassler/Schiffhauer/u. a.*, ZVG, § 126 Rn. 7; *Teufel*, in: *Steiner*, ZVG, § 126 Rn. 12; a. A. *Jaeckel/Güthe*, ZVG, § 126 Rn. 2; *Stöber*, ZVG, § 126 Rn. 2.1.
12 *Hintzen*, in: *Dassler/Schiffhauer/u. a.*, ZVG, § 126 Rn. 7.
13 *Stöber*, ZVG, § 126 Rn. 2.1; RG, Urteil vom 8.4.1910 – III 265/09, RGZ 73, 298.
14 *Hintzen*, in: *Dassler/Schiffhauer/u. a.*, ZVG, § 126 Rn. 8.
15 *Stöber*, ZVG, § 126 Rn. 3.1.
16 Antrag des Vollstreckungsgerichts. Zur Aufhebung der HinterlO: siehe § 142 Rn. 5 Fn. 4.
17 § 13 II HinterlO – siehe aber bzgl. der Aufhebung der HinterlO: § 142 Rn. 5 Fn. 4.

ren Verfügung des Versteigerungsgerichts (§ 15 HinterlO) ohne Rücknahmeverzicht.[18]

10 Soweit der auf den Anspruch des unbekannten Berechtigten entfallenden Betrag nicht gezahlt wird, wird die **Forderung** gegen den Ersteher auf den (unbekannten Berechtigten) **übertragen** (Abs. 2 Satz 2) und durch Eintragung einer **Sicherungshypothek** gem. § 128 gesichert.

11 Eine Forderungsübertragung oder Hinterlegung zu Gunsten des Eventualberechtigten erfolgt nicht.[19] Das **weitere Verfahren** richtet sich nach §§ 135 ff.

V. Spätere Ungewissheit

12 Die Norm ist zwingendes Recht und daher auch anwendbar, wenn die Ungewissheit erst nach dem Verteilungstermin offenbar wird.[20] Zur Ergänzung des Teilungsplans ist ein weiterer Verteilungstermin anzuberaumen, zu dem die ausgefallenen Berechtigten sowie der Vollstreckungsschuldner und der Ersteher sowie die mithaftenden Bürgen oder Meistbietenden, sofern diese ihren Zahlungsverpflichtungen noch nicht vollständig nachgekommen sind, zu laden sind.[21]

---

18 *Stöber*, ZVG, § 126 Rn. 4.1 Fn. 17.
19 *Hintzen*, in: *Dassler/Schiffhauer/u.a.*, ZVG, § 126 Rn. 11; *Stöber*, ZVG, § 126 Rn. 4.2.
20 *Teufel*, in: *Steiner*, ZVG, § 126 Rn. 4.
21 *Teufel*, in: *Steiner*, ZVG, § 126 Rn. 17; *Hintzen*, in: *Dassler/Schiffhauer/u.a.*, ZVG, § 126 Rn. 12.

§ 127 ZVG [Behandlung von vorgelegten Briefen und Urkunden]

(1) Wird der Brief über eine infolge der Versteigerung erloschene Hypothek, Grundschuld oder Rentenschuld vorgelegt, so hat das Gericht ihn unbrauchbar zu machen. Ist das Recht nur zum Teil erloschen, so ist dies auf dem Briefe zu vermerken. Wird der Brief nicht vorgelegt, so kann das Gericht ihn von dem Berechtigten einfordern.

(2) Im Falle der Vorlegung eines vollstreckbaren Titels über einen Anspruch, auf welchen ein Betrag zugeteilt wird, hat das Gericht auf dem Titel zu vermerken, in welchem Umfange der Betrag durch Zahlung, Hinterlegung oder Übertragung gedeckt worden ist.

(3) Der Wortlaut der Vermerke ist durch das Protokoll festzustellen.

Übersicht

		Rn.
I.	Normzweck und Anwendungsbereich	1, 2
II.	Behandlung von Grundpfandrechtsbriefen (Abs. 1)	3–7
1.	Vorlegung und Nichtvorlegung (Abs. 1 Satz 1 u. 3)	3
2.	Erloschenes Einzelgrundpfandrecht	4
3.	Tlw. erloschenes Einzelgrundpfandrecht	5
4.	Gesamtgrundpfandrecht	6
5.	Besonderheiten	7
III.	Behandlung von Vollstreckungstiteln (Abs. 2)	8, 9
IV.	Protokoll (Abs. 3)	10
V.	Verbleib der Urkunden	11, 12

I. Normzweck und Anwendungsbereich

Geregelt werden die Behandlung von Grundpfandrechtsbriefen erloschener Grundpfandrechte und von Vollstreckungstiteln nach Zuteilung auf die titulierte Forderung sowie die Protokollierung der Vermerke. Bzgl. der Grundpfandrechtsbriefe handelt es sich um eine unvollkommene Parallele zu § 69 GBO, da Erlöschen und Löschung gemäß § 91 Abs. 1 und § 131 nicht von der Briefvorlage abhängig sind.[1] **1**

Die Norm findet in allen Versteigerungsverfahren des ZVG Anwendung und greift auch im Falle der außergerichtlichen Befriedigung oder außergerichtlichen Einigung über die Erlösverteilung (§ 145). Hinsichtlich der Zwangsverwaltung siehe § 158 Abs. 3. **2**

II. Behandlung von Grundpfandrechtsbriefen

1. Vorlegung und Nichtvorlegung (Abs. 1 Satz 1 u. 3). Wird dem Versteigerungsgericht ein Brief eines vollständig oder teilweise erloschenen Grundpfandrechts vorgelegt, ist entsprechend Rn. 4f. zu verfahren (Abs. 1 Satz 1). Sofern ein entsprechender Brief nicht vorgelegt wird, kann das Gericht ihn anfordern (Abs. 1 Satz 3). Wird der Aufforderung ungeachtet ein Brief nicht vorgelegt, kann die Briefvorlage nicht erzwungen werden.[2] Da in den Fällen **3**

---

1 So auch: *Eickmann*, in: *Steiner*, ZVG, § 127 Rn. 1.
2 Allgem. Meinung, s.a.: *Eickmann*, in: *Steiner*, ZVG, § 127 Rn. 6; KG, Beschl. vom 26.9.1918, JW 1918, 827; *Stöber*, ZVG, § 127 Rn. 2.1.

des § 130 Abs. 1 zur Löschung eines Grundpfandrechts die Briefvorlage nicht erforderlich ist (§ 131 Satz 1), ist dies schlüssig.

4 2. **Erloschenes Einzelgrundpfandrecht.** In diesem Falle wird der Grundpfandrechtsbrief unbrauchbar gemacht. Die **Unbrauchbarmachung** des gegenstandslos gewordenen Briefes dient der Rechtssicherheit.³ Sie erfolgt gemäß § 69 GBO i. V. m. § 53 Grundbuchverfügung (GBV) durch Röten des Vermerks über die Eintragung des Rechts und Einschneiden des Briefes. Zuvor sollte entsprechend § 53 Abs. 1 GBV auf dem Brief ein Vermerk über das Erlöschen des Rechts angebracht werden.⁴ Sofern mit dem Brief eine **Schuldurkunde** verbunden ist, ist diese zuvor abzutrennen und dem Vorlegenden zurückzugeben.⁵ Zur Behandlung von Schuldurkunden siehe auch Rn 8 f.

5 3. **Teilweise erloschenes Einzelgrundpfandrecht.** Unabhängig vom Rechtsgrund des nur teilweisen Erlöschens (z. B. teilweise § 91 Abs. 2) erfolgt keine Unbrauchbarmachung des Briefes, sondern auf dem Brief wird ein Vermerk über die Rechtsänderung angebracht (Abs. 1 Satz 2).⁶

6 4. **Gesamtgrundpfandrecht.** Erlischt ein Gesamtrecht, ist nach *Eickmann*⁷ zunächst festzustellen ob das Recht auf den mithaftenden und nicht versteigerten Grundstücken ebenfalls erlischt oder dort weiter besteht (abhängig davon, ob auf das Recht ein Erlösanteil entfiel). Sofern kein Erlösanteil auf das Gesamtrecht entfiel, bleibt das Recht auf den mithaftenden Grundstücken bestehen.⁸ Sofern ein Erlösanteil auf das Gesamtrecht entfiel, greift § 1181 Abs. 2 BGB (Erlöschen auch an den mithaftenden Immobilien), es sei denn, der Ausnahmefall des § 1182 BGB greift. Da dem Versteigerungsgericht die Entscheidung über die materielle Rechtslage nicht obliegt, wird allgemein nur das **Ergebnis der Versteigerung** hinsichtlich des versteigerten mithaftenden Grundstücks vermerkt und nicht deren Rechtsfolge für die weiteren mithaftenden Grundstücke.⁹

7 5. **Besonderheiten.** Im Falle einer **Liegenbelassungsvereinbarung** (§ 91 Abs. 2) bleibt das Recht bestehen, so dass es keines Vermerkes auf dem Grundpfandrechtsbrief (oder dessen Unbrauchbarmachung) bedarf.¹⁰ Sofern gemäß § 66 GBO über mehrere Grundpfandrechte ein **gemeinschaftlicher Brief** erteilt ist und nur eines der Rechte erloschen ist, erfolgt ebenfalls keine Unbrauchbarmachung des Briefes, sondern die Anbringung eines entsprechenden Vermerks.¹¹

III. Behandlung von Vollstreckungstiteln (Abs. 2)

8 Sofern dem Versteigerungsgericht ein Vollstreckungstitel vorliegt (die Möglichkeit einer Anforderung ist nicht vorgesehen), vermerkt das Gericht auf dem Titel, in welchem Umfang der titulierte Betrag durch Zahlung, Hinterlegung oder Forderungsübertragung gedeckt wurde. Die Norm bezieht sich nicht nur

---

3 RG, Urteil vom 28.4.1938 – V 212/37, RGZ 157, 287.
4 *Eickmann*, in: *Steiner*, ZVG, § 127 Rn. 8.
5 *Hintzen*, in: *Dassler/Schiffhauer/u. a.*, ZVG, § 127 Rn. 5.
6 RG, Urteil vom 28.4.1938 – V 212/37, RGZ 157, 287; *Eickmann*, in: *Steiner*, ZVG, § 127 Rn. 9.
7 *Eickmann*, in: *Steiner*, ZVG, § 127 Rn. 10.
8 *Eickmann*, in: *Steiner*, ZVG, § 127 Rn. 10.
9 *Eickmann*, in: *Steiner*, ZVG, § 127 Rn. 10 f.; *Stöber*, ZVG, § 127 Rn. 2.4.
10 *Böttcher*, ZVG, § 127 Rn. 6; *Stöber*, ZVG, § 127 Rn. 2.5; Ausnahme: bei Mithaft weiterer Grundstücke ist Vermerk erforderlich (§ 91 Abs. 3 Satz 2, § 1181 Abs. 2 BGB) – so auch *Eickmann*, in: *Steiner*, ZVG, § 127 Rn. 14.
11 *Hintzen*, in: *Dassler/Schiffhauer/u. a.*, ZVG, § 127 Rn. 8; *Eickmann*, in: *Steiner*, ZVG, § 127 Rn. 12.

auf Titel eines betreibenden Gläubigers, welche sich meist bei den Akten befinden,[12] sondern auch auf Titel anderer Ansprüche, die eine Zuteilung erhalten haben. Die Norm zeigt, dass der Schuldner nicht das Recht hat, bei einer Zahlung auf die Grundschuld die Herausgabe des Titels zu fordern.[13] Der Vermerk gemäß Abs. 2 führt dazu, dass einer Vollstreckungsabwehrklage das Rechtsschutzbedürfnis fehlt oder wegfällt.[14]

Der **Vermerk** enthält die Angabe über den Umfang (Kosten, wiederkehrende Leistungen, Hauptforderung) und die Art (Zahlung, Hinterlegung, Forderungsübertragung) der Befriedigung. Eine **Liegenbelassungsvereinbarung** ist auf dem Titel nicht zu vermerken.[15] Auch über die Auswirkungen des § 114a erfolgt mangels gesetzlicher Regelung kein Vermerk.[16] Der Vermerk ist unter Angabe von Gericht, Ort und Datum vom Rechtspfleger zu unterzeichnen und zu siegeln.[17]

9

V. Protokoll (Abs. 3)

Der genaue Wortlaut der Vermerke auf Titeln und Grundpfandrechtsbriefen ist in das Protokoll des Verteilungstermins (s. a. § 160 Abs. 5 ZPO) aufzunehmen. Sofern Grundpfandrechtsbriefe erst nach dem Termin vorgelegt werden (Abs. 1 Satz 3), werden die Vermerke ebenfalls angebracht und deren Wortlaut in den Akten vermerkt.[18]

10

IV. Verbleib der Urkunden

Der Verbleib der Urkunden ist nicht gesetzlich geregelt. **Vollstreckungstitel** sind an den Einsender oder an einen von diesem benannten Dritten zurückzugeben, da § 757 ZPO nicht anwendbar ist und das Gericht keine sichere Kenntnis über eine eventuell vollständige Gläubigerbefriedigung hat.[19] Auch im Falle einer Liegenbelassungsvereinbarung erfolgt keine Titelaushändigung an den Vollstreckungsschuldner[20], da die Vereinbarung gemäß § 91 Abs. 3 Satz 2 lediglich wie die Befriedigung wirkt.

11

Bei **Grundpfandrechtsbriefen** ist zu unterscheiden. Im Falle der **Unbrauchbarmachung** werden sie mangels gesetzlicher Regelung zu den Versteigerungsakten genommen und nicht dem Ersuchen an das Grundbuchamt (§ 130) beigefügt.[21] Bei Übergabe an das Grundbuchamt erfolgt am Schluss des folgenden Kalenderjahres eine Vernichtung des Briefes gemäß § 53 Abs. 2 GBV. Die Grundpfandrechtsbriefe, auf denen Vermerke angebracht wurden, sind den Einsendern oder den von diesen bezeichneten Dritten zu überlassen.[22] Werden

12

---

12 BGH, Beschl. vom 30.1.2004 – IXa ZB 285/03, Rpfleger 2004, 368.
13 OLG München, Urteil vom 28.6.1995 – 3 U 1536/95, OLGR München 1995, 225.
14 OLG Koblenz, Urteil vom 1.12.2000 – 10 U 1056/99, NJW-RR 2002, 194.
15 *Eickmann*, in: *Steiner*, ZVG, § 127 Rn. 18; *Hintzen*, in: *Dassler/Schiffhauer/u. a.*, ZVG, § 127 Rn. 15; a. A.: *Stöber*, ZVG, § 127 Rn. 3.1; *Stoll*, SchlHA 1953, 234.
16 *Stöber*, ZVG, § 127 Rn. 3.1; *Eickmann*, in: *Steiner*, ZVG, § 127 Rn. 19.
17 *Jaeckel/Güthe*, ZVG, § 127 Rn. 7 u. 3; *Eickmann*, in: *Steiner*, ZVG, § 127 Rn. 20; a. A.: *Stöber*, ZVG, § 127 Rn. 3.1; *Hintzen*, in: *Dassler/Schiffhauer/u. a.*, ZVG, § 127 Rn. 14 (Siegelung nur üblich).
18 *Jaeckel/Güthe*, ZVG, § 127 Rn. 8; *Stöber*, ZVG, § 127 Rn. 4.
19 *Hintzen*, in: *Dassler/Schiffhauer/u. a.*, ZVG, § 127 Rn. 16; *Stöber*, ZVG, § 127 Rn. 3.3; *Eickmann*, in: *Steiner*, ZVG, § 127 Rn. 25.
20 *Stoll*, SchlHA 1953, 234; *Stöber*, ZVG, § 127 Rn. 3.3.
21 *Eickmann*, in: *Steiner*, ZVG, § 127 Rn. 23; *Hintzen*, in: *Dassler/Schiffhauer/u. a.*, ZVG, § 127 Rn. 7; a. A.: *Stöber*, ZVG, § 127 Rn. 2.3. und *Bestelmeyer*, in: *Meikel*, GBO § 62 Rn. 13.
22 *Hintzen*, in: *Dassler/Schiffhauer/u. a.*, ZVG, § 127 Rn. 9.

Ansprüche auf solche Briefe von anderen Personen erhoben, hat eine Hinterlegung zu Gunsten des Einreichenden und des Anspruchsstellers zu erfolgen.[23]

---

[23] *Eickmann*, in: *Steiner*, ZVG, § 127 Rn. 24.

§ 128 ZVG [Sicherungshypothek infolge Forderungsübertragung]

(1) Soweit für einen Anspruch die Forderung gegen den Ersteher übertragen wird, ist für die Forderung eine Sicherungshypothek an dem Grundstücke mit dem Range des Anspruchs einzutragen. War das Recht, aus welchem der Anspruch herrührt, nach dem Inhalte des Grundbuchs mit dem Rechte eines Dritten belastet, so wird dieses Recht als Recht an der Forderung miteingetragen.

(2) Soweit die Forderung gegen den Ersteher unverteilt bleibt, wird eine Sicherungshypothek für denjenigen eingetragen, welcher zur Zeit des Zuschlags Eigentümer des Grundstücks war.

(3) Mit der Eintragung entsteht die Hypothek. Vereinigt sich die Hypothek mit dem Eigentum in einer Person, so kann sie nicht zum Nachteil eines Rechtes, das bestehen geblieben ist, oder einer nach Absätzen 1, 2 eingetragenen Sicherungshypothek geltend gemacht werden.

(4) Wird das Grundstück von neuem versteigert, ist der zur Deckung der Hypothek erforderliche Betrag als Teil des Bargebots zu berücksichtigen.

Übersicht

		Rn.
I.	Normzweck und Anwendungsbereich	1, 2
II.	Sicherungshypothek	3–18
1.	Allgemein	3–11
	a) Bestellung/Entstehung	3, 4
	b) Gesicherte Forderung	5, 6
	c) Belastungsgegenstand	7
	d) Gläubiger	8–11
2.	Zinssatz	12
3.	Rang	13–15
4.	Vereinigung (Abs. 3 Satz 2)	16, 17
5.	Versteigerung (Abs. 4)	18
III.	Rechte Dritter (Abs. 1 Satz 2)	19, 20
IV.	Sicherungshypothek für den Eigentümer (Abs. 2)	21, 22

I. Normzweck und Anwendungsbereich

Die einem Gläubiger wegen seines Anspruchs übertragene Forderung gegen **1** den Ersteher wird durch Eintragung einer Sicherungshypothek am Versteigerungsobjekt dinglich gesichert. Für die Sicherungshypothek sind zahlreiche Besonderheiten geregelt (z. B.: Rang und Berücksichtigung in einer späteren Versteigerung).

Die Norm gilt in allen Versteigerungsverfahren des ZVG. **2**

II. Sicherungshypothek

1. Allgemein

a) **Bestellung/Entstehung.** Abs. 1 Satz 1 ordnet zwingend die Eintragung einer **3** Sicherungshypothek für den Fall einer Forderungsübertragung (§§ 118, 120, 123 bis 126) an. Die **Eintragung** erfolgt auf Ersuchen des Versteigerungsgerichts (§ 130) und **unterbleibt**, wenn vor Absendung des Ersuchens gem. § 130 der Nachweis
– der wirksamen Hinterlegung unter Verzicht auf das Recht zur Rücknahme,

– des Verzichts des Berechtigten auf die Eintragung in öffentlicher Form oder
– der Befriedigung des Berechtigten in öffentlicher Form erbracht wird.[1]
Auch im Falle des formgerechten Nachweises der Gläubigerbefriedigung durch Vereinbarung gem. § 91 Abs. 2 vor Absendung des Ersuchens kommt es zur Nichteintragung der entsprechenden Sicherungshypothek.[2] Auch wenn die Sicherungshypothek im Rahmen des Zwangsversteigerungsverfahrens eingetragen wird, handelt es sich nicht um eine selbständige Zwangsvollstreckungsmaßnahme, so dass gesetzliche, gerichtlich angeordnete oder rechtsgeschäftlich vereinbarte Verfügungs- bzw. Belastungsbeschränkungen (Bsp.: Vereinbarung nach § 5 ErbbauRG) kein Eintragungshindernis darstellen.[3] Zu Besonderheiten bei der Versteigerung von mehreren Grundstücken in einem Verfahren siehe § 122 Rn. 15 und § 123.

4 Die Sicherungshypothek entsteht mit Eintragung ins Grundbuch (Abs. 3 Satz 1). Es handelt sich um ein Recht gem. § 1184 BGB. Aus der Eintragung hat hervorzugehen, dass die Eintragung auf Grund eines Zwangsversteigerungsverfahrens erfolgt ist (§ 130 Abs. 1 Satz 2). Außerdem muss ersichtlich sein, ob die Forderungsübertragung für einen Anspruch gem. § 10 Abs. 1 Nr. 1 – 3, § 10 Abs. 2 oder wiederkehrende Leistungen gem. § 10 Abs. 1 Nr. 4 erfolgte, damit die späteren Rangverschiebungen (§ 129) erkennbar sind.[4]

5 b) **Gesicherte Forderung.** Die Sicherungshypothek wird für die übertragene Forderung eingetragen und sichert somit nicht den ursprünglichen Anspruch des Berechtigten.[5] Wurde die Forderung unter einer **Bedingung** an einen Erst- oder Eventualberechtigten übertragen (§§ 120, 121, 123–125), so ist die Sicherungshypothek ebenfalls bedingt zugunsten beider Berechtiger einzutragen.[6] Ist jedoch der Ersteher nur unter einer Bedingung zur Zahlung verpflichtet, erfolgt eine bedingte Forderungsübertragung und somit auch nur eine bedingte Sicherungshypothekeneintragung.[7] Die Sicherungshypothekeneintragung erfolgt für jede übertragene Forderung, d. h. es wird für jeden Anspruch eines Gläubigers (Kosten, Zinsen Hauptforderung) jeweils eine Sicherungshypothek eingetragen.[8] Nur so werden auch der unterschiedliche Rang und eine spätere Rangverschiebung deutlich.

6 Die Eintragung setzt keinen **Mindestbetrag** der Forderung voraus, da § 866 Abs. 3 Satz 1 ZPO keine Anwendung findet.

7 c) **Belastungsgegenstand.** Versteigerungsobjekt und Belastungsgegenstand sind identisch. Dies gilt auch bei Ersteigerung eines Miteigentumsanteils durch

---

1 *Böttcher*, ZVG, § 128 Rn. 3; *Eickmann*, in: *Steiner*, ZVG, § 128 Rn. 7; *Hintzen*, in: *Dassler/Schiffhauer/u. a.*, ZVG, § 128 Rn. 17; a.A: *Hornung*, Rpfleger 1994, 9 (Schriftform für Verzichtserklärung ausreichend); *Schiffhauer*, Rpfleger 1988, 498.
2 *Hornung*, Rpfleger 1994, 9.
3 *Eickmann*, in: Steiner, ZVG, § 128 Rn. 9; OLG Düsseldorf, Beschl. vom 28.3.1989 – 3 Wx 141/89, Rpfleger 1989, 339 = EWiR 1989, 831 (mit Anm. Storz); *Herrmann*, in: *Kuntze/Ertl/u. a.*, Grundbuchrecht, § 38 Rn. 59; *Muth*, Rpfleger 1991, 441.
4 *Hintzen*, in: *Dassler/Schiffhauer/u. a.*, ZVG, § 128 Rn. 26 (bzgl. § 10 Abs. 1 Nr. 1–3, Abs. 2 ZVG); *Stöber*, ZVG, § 128 Rn. 2.15.
5 *Eickmann*, in: *Steiner*, ZVG, § 128 Rn. 13.
6 *Eickmann*, in: *Steiner*, ZVG, § 128 Rn. 19; *Hintzen*, in: *Dassler/Schiffhauer/u. a.*, ZVG, § 128 Rn. 15; *Stöber*, ZVG, § 128 Rn. 6.3; *Herrmann*, in: *Kuntze/Ertl/u. a.*, Grundbuchrecht, § 38 Rn. 61.
7 *Stöber*, ZVG, § 128 Rn. 6.2.
8 *Hintzen*, in: *Dassler/Schiffhauer/u. a.*, ZVG, § 128 Rn. 21; *Eickmann*, in: *Steiner*, ZVG, § 128 Rn. 32; *Böttcher*, ZVG, § 128 Rn. 16; *Stöber*, ZVG, § 129 Rn. 2.9; *Herrmann*, in: *Kuntze/Ertl/u. a.*, Grundbuchrecht, § 38 Rn. 59.

den (anderen) Miteigentümer.[9] Da § 867 Abs. 2 ZPO nicht anwendbar ist, ist die Eintragung auch als Gesamtsicherungshypothek zulässig.[10]

d) **Gläubiger.** Die Eintragung des Rechtes erfolgt zu Gunsten des Berechtigten der Forderungsübertragung. Im Falle der Forderungsübertragung zu Gunsten des Erstehers tritt Konfusion ein, so dass die Sicherungshypothekeneintragung mangels Forderung entfällt.[11] Die Sicherungshypothekeneintragung erfolgt jedoch, wenn gegen den Anspruch des Erstehers ein Widerspruch erhoben wurde oder Rechte Dritter am Anspruch bestehen.[12] Das Recht des Dritten muss in diesem Falle zuvor grundbuchersichtlich oder ordnungsgemäß angemeldet und glaubhaft gemacht sein.[13] **8**

Sofern der Anspruch **mehreren Berechtigten** zustand, erfolgt die Forderungsübertragung und die Sicherungshypothekeneintragung entsprechend der Anteilsberechtigungen.[14] Im Falle einer Bruchteilsgemeinschaft stellt die übertragene Forderung eine unteilbare Leistung dar, so dass die Berechtigten als Mitberechtigte nach § 432 BGB einzutragen sind.[15] **9**

Umstritten ist, ob ein in grundbuchmäßiger Form nachgewiesener **Gläubigerwechsel** auf Grund einer Abtretung der gem. § 118 übertragenen Forderung (§ 398 BGB) vom Versteigerungsgericht bei Abfassung des Ersuchens gem. § 130 zu beachten ist.[16] Da die Sicherungshypothek erst mit Eintragung entsteht (Abs. 3 Satz 1), würde das Grundbuch durch Eintragung ohne Berücksichtigung unrichtig. Außerdem würde im Falle der Beifügung der Abtretungsnachweise (in grundbuchmäßiger Form) das Grundbuchgericht das Ersuchen wegen offensichtlicher Unrichtigkeit nicht vollziehen können.[17] **10**

Bei Forderungsübertragung zu Gunsten eines unbekannten Berechtigten nach § 126 wird die Sicherungshypothek entsprechend eingetragen.[18] **11**

2. **Zinssatz.** Die Sicherungshypothek sichert die gem. § 118 übertragene Forderung des Berechtigten ab. Kraft Gesetzes haftet das Grundstück gem. § 1118 BGB auch für die gesetzlichen Zinsen. Zum Zinssatz siehe § 118 Rn. 17.[19] Das Grundbuchgericht kann die Eintragung auf Ersuchen (§ 130) nicht mit der Begründung ablehnen, dass die Eintragung der Zinsen überflüssig sei, weil es sich um gesetzliche Zinsen i. S. v. § 1118 BGB handelt.[20] Sofern um Eintragung mit variablem Zinssatz (§ 288 BGB) ersucht wird, muss das Versteigerungsgericht keinen Höchstzinssatz angeben.[21] **12**

---

9   *Eickmann*, in: Steiner, ZVG, § 128 Rn. 12.
10 OLG Düsseldorf, Beschl. vom 28.3.1989 – 3 Wx 141/89, Rpfleger 1989, 339 = EWiR 1989, 831 (mit Anm. *Storz*).
11 *Eickmann*, in: Steiner, ZVG, § 128 Rn. 15; *Böttcher*, ZVG, § 128 Rn. 11; LG Dortmund, Beschl. vom 20.9.1990 – 9 T 539/90, Rpfleger 1991, 168.
12 *Eickmann*, in: Steiner, aaO; *Jaeckel/Güthe*, ZVG, §§ 128, 129 Rn. 3.
13 *Eickmann*, in: Steiner, ZVG, § 128 Rn. 15; *Böttcher*, ZVG, § 128 Rn. 11; a. A.: RG, Urteil vom 4.3.1905 – V 402/04, RGZ 60, 221: keine Berücksichtigung v.a.w. eines nicht grundbuchersichtlichen Pfandrechts.
14 *Stöber*, ZVG, § 128 Rn. 2.10; *Hintzen*, in: Dassler/Schiffhauer/u. a., ZVG, § 128 Rn. 7; *Eickmann*, in: Steiner, ZVG, § 128 Rn. 16.
15 *Eickmann*, in: Steiner, ZVG, § 128 Rn. 17; *Böttcher*, ZVG, § 128 Rn. 10; a.A: *Hintzen*, in: Dassler/Schiffhauer/u. a., ZVG, § 128 Rn. 7 und *Stöber*, ZVG, § 123 Rn. 2.10.
16 Bejahend: *Alff*, Rpfleger 2001, 385; verneinend: *Hintzen*, in: Dassler/Schiffhauer/u. a., ZVG, § 128 Rn. 9; *Stöber*, ZVG, § 128 Rn. 2.11.
17 *Alff*, Rpfleger 2001, 385.
18 *Herrmann*, in: Kuntze/Ertl/u. a., Grundbuchrecht, § 38 Rn. 61.
19 *Hintzen*, in: Dassler/Schiffhauer/u. a., ZVG, § 128 Rn. 5.
20 KG Berlin, Beschl. vom 10.12.2002 – 1 W 288/02, Rpfleger 2003, 204.
21 OLG Frankfurt, Beschl. vom 8.3.2002 – 20 W 46/2002; LG Kassel, Beschl. vom 13.2.2001 – 3 T 23/01, Rpfleger 2001, 176; *Stöber*, ZVG, § 118 5.3; a.A.: *Böttcher*, ZVG, § 128 Rn. 7.

13 3. **Rang.** Die Sicherungshypotheken sind mit dem Rang des Anspruchs (§§ 10, 12 109, 110) einzutragen (Abs. 1 Satz 1). Anspruch in diesem Sinne ist derjenige des Berechtigten, auf den er im Rahmen der Zuteilung die Forderungsübertragung erhalten hat. Der Rang ist zwischen mehreren Sicherungshypotheken und in Bezug auf bestehen bleibende Rechte zu beachten. So ist beispielsweise die Sicherungshypothek für die Gerichtskasse hinsichtlich der Kosten gem. § 109 im Range vor allen anderen Sicherungshypotheken und sämtlichen bestehen gebliebenen Rechten im Grundbuch einzutragen und eine Sicherungshypothek für Kosten eines bestehen gebliebenen Rechts gem. § 10 Abs. 2 im Range vor dem entsprechenden bestehen gebliebenen Recht.[22] Gem. § 129 kann es jedoch zu **späterer Rangverschiebung** kommen (§ 129 Rn. 3 ff.).

14 Ein gem. § 91 Abs. 2 bestehen gebliebenes Recht besteht in seiner Rangposition fort und Abs. 3 Satz 2 findet insoweit keine Anwendung.[23] Die Eintragung von Sicherungshypotheken für Ansprüche nach § 109 oder § 10 Abs. 1 Ziffer 1 bis 3 im Range vor einem Erbbaurecht stellt keinen Verstoß gegen § 10 Abs. 1 Satz 1 ErbbauRG dar.[24] Im Falle der Grundstücksversteigerung bleibt das Erbbaurecht auch dann bestehen, wenn es bei Feststellung des geringsten Gebotes nicht berücksichtigt wird (§ 25 ErbbauRG).

15 Das Versteigerungsgericht stellt das Rangverhältnis fest und hat dies im Ersuchen klar zum Ausdruck zu bringen.[25] Zur Eintragung im Range vor einem bestehen gebliebenen Briefgrundpfandrecht bedarf es nicht der Briefvorlage (§ 131 Satz 1).

16 4. **Vereinigung (Abs. 3 Satz 2).** Vereinigt sich die Hypothek gem. § 128 mit dem Eigentum in einer Person, so kann sie nicht zum Nachteil eines Rechts, das bestehen geblieben ist, oder einer nach Absätzen 1 und 2 eingetragenen Sicherungshypothek geltend gemacht werden. Das Eigentümerrecht tritt also praktisch im Rang zurück.[26] Die Vereinigung muss nicht in der Person des Erstehers erfolgen, sondern kann auch bzgl. eines späteren Eigentümers eintreten.[27] Der Ersteher soll sich dadurch, dass er seine Zahlungsverpflichtung nicht rechtzeitig erfüllt, nicht auf Kosten seiner Gläubiger einen Vorteil verschaffen können, den er bei rechtzeitiger Erfüllung nicht erlangt haben würde.[28] Entsprechend der Logik der Norm ist sie nicht anwendbar, wenn an der Sicherungshypothek ein Recht eines Dritten besteht, das bereits vor dem Zuschlag bestanden hat.[29] *Eickmann*[30] geht davon aus, dass Abs. 3 Satz 2 auch dann keine Anwendung findet, wenn das Recht des Dritten an der Sicherungshypothek nach dem Zuschlag entstanden ist.

17 Abs. 3 Satz 2 greift auch, wenn die Sicherungshypothek vor dem Vereinigungsfall in eine Verkehrshypothek **umgewandelt** wurde (aus dem Grundbuch ist für den Erwerber des Rechts nach Umwandlung dessen Ursprung ersichtlich: § 130 Abs. 1 Satz 2).[31]

---

22 *Hintzen*, in: *Dassler/Schiffhauer/u. a.*, ZVG, § 128 Rn. 22; *Eickmann*, in: *Steiner*, ZVG, § 128 Rn. 32; *Böttcher*, ZVG, § 128 Rn. 16 f.
23 BGH, Urteil vom 5.11.1975 – V ZR 145/73, NJW 1976, 805 = WM 1975, 1265; BGH, Urteil vom 23.10.1980 – III ZR 100/79, WM 1981, 186 (§ 91 Abs. 2 greift auch, wenn Ersteher und Berechtiger eine Person sind).
24 *Hintzen*, in: *Dassler/Schiffhauer/u. a.*, ZVG, § 128 Rn. 23; *Böttcher*, ZVG, § 128 Rn. 17.
25 *Herrmann*, in: *Kuntze/Ertl/u. a.*, Grundbuchrecht, § 38 Rn. 57; *Stöber*, ZVG, § 128 Rn. 2.14; *Böttcher*, ZVG, § 128 Rn. 17.
26 *Eickmann*, in: *Steiner*, ZVG, § 128 Rn. 36.
27 *Jaeckel/Güthe*, ZVG, §§ 128, 129 Rn. 8.
28 *Jaeckel/Güthe*, ZVG, §§ 128, 129 Rn. 8.
29 *Eickmann*, in: *Steiner*, ZVG, § 128 Rn. 36; *Jaeckel/Güthe*, , ZVG, §§ 128, 129 Rn. 8; *Hintzen*, in: *Dassler/Schiffhauer/u. a.*, ZVG, § 128 Rn. 27; a. A.: *Stöber*, ZVG, § 128 Rn. 5.
30 *Eickmann*, in: *Steiner*, ZVG, § 128 Rn. 36.
31 *Jaeckel/Güthe*, ZVG, §§ 128, 129 Rn. 8; *Eickmann*, in: *Steiner*, ZVG, § 128 Rn. 37.

5. **Versteigerung.** Fällt eine Sicherungshypothek gem. § 128 bei einer Versteigerung ins geringste Gebot (§ 44), so ist sie gem. Abs. 4 als Teil des Bargebots zu berücksichtigen. Dies gilt auch, wenn die Sicherungshypothek zuvor in eine Verkehrshypothek umgewandelt wurde.[32]

III. Rechte Dritter (Abs. 1 Satz 2)

War das durch Zuschlag erloschene Recht mit dem Recht eines Dritten belastet, so setzt sich dieses kraft Surrogation an der übertragenen Forderung fort.[33] Sofern das Recht, aus dem der Anspruch herrührt, nach dem Grundbuchinhalt mit dem Recht eines Dritten belastet ist, so wird dieses Recht als Recht an der Forderung mit eingetragen (Abs. 1 Satz 2). War das Recht des Dritten nicht grundbuchersichtlich, hat das Versteigerungsgericht das Recht bei der Sicherungshypothek mit einzutragen, wenn der Dritte dies unter Vorlage der entsprechenden Nachweise rechtzeitig beantragt.[34]

Entsprechend Abs. 1 Satz 2 ist zu verfahren, wenn der Anspruch auf Erlösanteil gepfändet wurde (Pfandrecht erstreckt sich infolge der Surrogation auch auf die übertragene Forderung) oder wenn die übertragene Forderung belastet, verpfändet oder gepfändet wurde und dies dem Versteigerungsgericht vor Absenden des Ersuchens gem. § 130 bekannt wird.[35]

IV. Sicherungshypothek für den Eigentümer (Abs. 2)

Verbleibt bei der Erlösverteilung ein Überschuss, findet insoweit keine Forderungsübertragung statt, sondern der Rest wird demjenigen zugewiesen, der zum Zeitpunkt der Zuschlagserteilung Grundstückseigentümer war (§ 118 Rn. 15). Auch diesbezüglich findet eine Sicherungshypothekeneintragung statt (Abs. 2).

Im Falle des Miteigentums nach Bruchteilen steht der Erlösüberschuss den (ehemaligen) Miteigentümern als Mitberechtigten nach § 432 BGB zu, da Zahlung nur an alle Berechtigte gemeinsam verlangt werden kann.[36]

---

32 *Jaeckel/Güthe*, ZVG, §§ 128, 129 Rn. 9.
33 *Hintzen*, in: *Dassler/Schiffhauer/u. a.*, ZVG, § 128 Rn. 18; RG, Urteil vom 4.3.1905 – V 402/04, RGZ 60, 221.
34 *Eickmann*, in: *Steiner*, ZVG, § 128 Rn. 23 und *Böttcher*, ZVG, § 128 Rn. 13, die Nachweise genügen lassen; *Hintzen*, in: *Dassler/Schiffhauer/u. a.*, ZVG, § 128 Rn. 18.
35 *Eickmann*, in: *Steiner*, ZVG, § 128 Rn. 25 – 27; *Hintzen*, in: *Dassler/Schiffhauer/u. a.*, ZVG, § 128 Rn. 19; *Böttcher*, ZVG, § 128 Rn. 14.
36 *Hintzen*, in: *Dassler/Schiffhauer/u. a.*, ZVG, § 128 Rn. 8; *Böttcher*, ZVG, § 128 Rn. 9; BGH, Urteil vom 20.2.2008 – XII ZR 58/04, BGHZ 175, 297 = NJW 2008, 1807 = Rpfleger 2008, 379 (Teilungsversteigerung); a. A. *Stöber*, ZVG, § 128 Rn. 4.1; *Cuypers*, MDR 2008, 1012, der die Eintragung der ehemaligen Miteigentümer ohne Zusatz propagiert.

§ 129 ZVG [Rangverlust von Sicherungshypotheken]

Die Sicherungshypothek für die im § 10 Nr. 1 bis 3 bezeichneten Ansprüche, für die im § 10 Nr. 4 bezeichneten Ansprüche auf wiederkehrende Leistungen und für die im § 10 Abs. 2 bezeichneten Kosten kann nicht zum Nachteile der Rechte, welche bestehen geblieben sind, und der übrigen nach § 128 Abs. 1, 2 eingetragenen Sicherungshypotheken geltend gemacht werden, es sei denn, dass vor dem Ablaufe von sechs Monaten nach der Eintragung derjenige, welchem die Hypothek zusteht, die Zwangsversteigerung des Grundstücks beantragt. Wird der Antrag auf Zwangsversteigerung zurückgenommen oder das Verfahren nach § 31 Abs. 2 aufgehoben, so gilt er als nicht gestellt.

Anmerkung: Die Verweise auf § 10 Nr. 1 bis 3 und auf § 10 Nr. 4 müssten richtig auf § 10 Abs. 1 Nr. 1 bis 3 und auf § 10 Abs. 1 Nr. 4 lauten. Die offensichtliche Unrichtigkeit des Gesetzeswortlautes wurde bisher nicht geändert. Ebenso ist der Verweis auf § 31 Abs. 2 veraltet: siehe Rn. 9.

Übersicht

		Rn.
I.	Normzweck und Anwendungsbereich	1, 2
II.	Rangverlust	3–5
1.	Betroffene Rechte	3, 4
2.	Begünstigte Rechte	5
III.	Wirkung der Rangverschiebung	6, 7
IV.	Keine Rangverschiebung – Versteigerungsantrag	8, 9

I. Normzweck und Anwendungsbereich

1 Die Eintragung der Sicherungshypotheken für übertragene Forderungen erfolgt im Range des Anspruchs des Berechtigten, der für die Forderungsübertragung ursächlich war (§ 128). So wird beispielsweise eine Sicherungshypothek, die eine übertragene Forderung für Ansprüche gem. § 10 Abs. 1 Nr. 3 sichert, im Range vor bestehen gebliebenen Rechten eingetragen. § 129 führt dazu, dass Rangbenachteiligungen tlw. nicht von Dauer sind. Die Formulierung der Norm ist unpräzise, da die Sicherungshypotheken nicht Ansprüche gem. § 10 sichern, sondern übertragene Forderungen (§ 128 Abs. 1 Satz 1).

2 Die Norm ist in allen Versteigerungsverfahren nach dem ZVG anwendbar.[1]

II. Rangverlust:

3 **1. Betroffene Rechte.** Ausdrücklich erfasst werden Sicherungshypotheken, die aus folgenden Ansprüchen entstanden sind:
– Ansprüche gem. § 10 Abs. 1 Nr. 1 – 3,
– Ansprüche auf wiederkehrende Leistungen gem. § 10 Abs. 1 Nr. 4,
– Ansprüche auf Kosten gem. § 10 Abs. 2.[2]

Fraglich ist, ob auch die Sicherungshypotheken für die älteren Rückstände der Ansprüche gem. § 10 Abs. 1 Nr. 3 und 4, die unter § 10 Abs. 1 Nr. 7 und 8 fallen, und die wiederkehrenden Leistungen gem. § 10 Abs. 1 Nr. 6 unter § 129 fallen. Zwar spricht der Wortlaut der Norm dagegen, der Sinn und Zweck der

---
1 *Stöber*, ZVG, § 129 Rn. 1.2.
2 *Eickmann*, in: Steiner, ZVG, § 129 Rn. 2.

Norm (Wegfall der Benachteiligung bestimmter Rechte) jedoch dafür.³ Es macht keinen Sinn, für die Sicherung privilegierter Ansprüche einen Rangverlust zu normieren und nicht auch für die rangschlechteren Ansprüche, so dass § 129 nur die Art der Ansprüche bezeichnet und nicht ältere Rückstände vor jüngeren privilegieren will.⁴

Keine Rangverschiebung erleiden die Sicherungshypotheken für Ansprüche aus § 109 (Gerichtskasse oder vorschußleistender Gläubiger).⁵   **4**

2. Begünstigte Rechte. Die Rangverschiebung erfolgt zu Gunsten der im Versteigerungsverfahren bestehen gebliebenen Rechte sowie der übrigen Sicherungshypotheken (z.B. Sicherungshypothek für den Kapitalbetrag eines erloschenen Grundpfandrechts, § 128 Abs. 2).   **5**

III. Wirkung der Rangverschiebung

Die betroffenen Sicherungshypotheken können nicht zum Nachteil der begünstigten Rechte geltend gemacht werden (Ausnahme: siehe Rn. 8 f.). Es handelt sich um eine materielle Rangregelung, die eine Rangverschiebung bedeutet und das Grundbuch in Bezug auf die Rangverhältnisse unrichtig macht.⁶ Die **Grundbuchberichtigung** erfolgt auf Antrag (§§ 13, 22, 29 GBO). Da die Rangverschiebung nur erfolgt, wenn kein fristgerechter (Wieder-)Versteigerungsantrag gestellt wird (Satz 1), ist der durch § 128 Abs. 1 Satz 1 normierte Rang für die gem. § 129 betroffenen Rechte auflösend bedingt durch fruchtlosen Fristablauf.⁷   **6**

Ob sich die auflösende Bedingung des Rangverlustes der gem. § 129 betroffenen Rechte aus dem Grundbuch auf Grund des Hinweises gem. § 130 Abs. 1 Satz 2 ergibt, ist umstritten.⁸ Da aus dem Vermerk gem. § 130 Abs. 1 Satz 2 nicht ersichtlich ist, ob es sich um eine von § 129 begünstigte oder betroffene Sicherungshypothek handelt, bedarf es eines (ausdrücklichen) Hinweises im Eintragungstext auf die Vorläufigkeit des Ranges.⁹ Bei Grundbuchunrichtigkeit im Falle des Rangverlustes besteht sonst die Gefahr (bzw. Möglichkeit) des **gutgläubigen Erwerbs** der betroffenen Hypothek durch einen Zessionar mit dem im Grundbuch ausgewiesenen Rang (§ 892 BGB).   **7**

IV. Keine Rangverschiebung – Versteigerungsantrag

Der in § 129 normierte Rangverlust tritt nicht ein, wenn vor dem Ablauf von sechs Monaten nach Eintragung der Hypothek der Hypothekengläubiger die Zwangsversteigerung des Grundstücks beantragt. Die **Frist** (Berechnung: § 222 ZPO) läuft für jede Sicherungshypothek gesondert, d.h. jeder Gläubiger muss einen eigenen, fristgerechten Versteigerungs- bzw. Beitrittsantrag beim zuständigen Versteigerungsgericht stellen, um den Rangverlust seines Rechtes   **8**

---

3 *Eickmann*, in: *Steiner*, ZVG, § 129 Rn. 3.
4 *Hintzen*, in: *Dassler/Schiffhauer/u.a.*, ZVG, § 129 Rn. 2; *Eickmann*, in: *Steiner*, ZVG, § 129 Rn. 3; *Böttcher*, ZVG, § 129 Rn. 2; a.A. *Stöber*, ZVG, § 129 Rn. 2.1.
5 *Eickmann*, in: *Steiner*, ZVG, § 129 Rn. 3.
6 *Eickmann*, in: *Steiner*, ZVG, § 129 Rn. 4; *Böttcher*, ZVG, § 129 Rn. 4.
7 *Stöber*, ZVG, § 129 Rn. 2.8; a.A: *Eickmann*, in: *Steiner*, ZVG, § 129 Rn. 7: befristet, da sonst auflösend bedingt durch ein Nichtereignis.
8 Bejahend: *Hintzen*, in: *Dassler/Schiffhauer/u.a.*, ZVG, § 129 Rn. 6; *Jaeckel/Güthe*, ZVG, §§ 128, 129, Rn. 10; *Stöber*, ZVG, § 129 Rn. 2.2. (Bezugnahme auf Eintragungsersuchen, aus dem die Voraussetzungen für die Beschränkung der Sicherungshypothek ersichtlich sind, ist ausreichend); verneinend: *Eickmann*, in: *Steiner*, ZVG, § 129 Rn. 7; *Böttcher*, ZVG, § 129 Rn. 5.
9 *Eickmann*, in: *Steiner*, ZVG, § 129 Rn. 7.

zu vermeiden.[10] Achtung: auch in § 118 Abs. 2 sind u. U. Rechtsfolgen für eine Antragstellung normiert (§ 118 Rn. 35 f.). Für die Fristwahrung ist Eingang des Antrages beim zuständigen Gericht und nicht die Entscheidung über den Antrag erforderlich.[11] *Stöber*[12] vertritt, dass ein fristgerechter aber mängelbehafteter Antrag den Rangverlust verhindert, es sei denn, der Antrag wird rechtskräftig zurückgewiesen.[13]

9 Die **Rücknahme** des Versteigerungsantrages lässt die rangwahrende Wirkung nicht eintreten (Satz 2). Gemäß Satz 2 gilt der Versteigerungsantrag als nicht gestellt, wenn „das Verfahren nach § 31 Abs. 2 aufgehoben" wird. § 31 Abs. 2 normiert (heute) keinen Aufhebungstatbestand. § 118 Abs. 2 Satz 3 bezieht sich auf § 31 Abs. 2 in der bis zur Änderung durch das ZwVMG vom 20.8.1953 (BGBl I. 952) geltenden Fassung (Aufhebung des Verfahrens, sofern kein fristgerechter Fortsetzungsantrag gestellt wird). Es wird heute auf die **Aufhebungen** gem. § 31 Abs. 1 Satz 2 abgestellt.[14] Erfolgt die Aufhebung aus einem anderen Rechtsgrund, führt dies nicht zum Verlust der Rangwahrung.[15]

---

10 *Eickmann*, in: *Steiner*, ZVG, § 129 Rn. 9.
11 *Hintzen*, in: *Dassler/Schiffhauer/u. a.*, ZVG, § 129 Rn. 7 (zudem klarstellend, dass auf Grund des Antrages die Zwangsversteigerung auch angeordnet werden muss).
12 *Stöber*, ZVG, § 129 Rn. 2.4.
13 Im Ergebnis ebenso: *Eickmann*, in: *Steiner*, ZVG, § 129 Rn. 11; siehe auch BGH Beschl. vom 15.2.1996 – IX ZR 10/95, WM 1996, 933.
14 *Eickmann*, in: *Steiner*, ZVG, § 129 Rn. 11; *Stöber*, ZVG, § 129 Rn. 2.4; LG Karlsruhe, Urteil vom 30.8.1994 – 7 O 182/94.
15 LG Karlsruhe, Urteil vom 30.8.1994 – 7 O 182/94.

§ 130 ZVG [Grundbuchersuchen]

(1) Ist der Teilungsplan ausgeführt und der Zuschlag rechtskräftig, so ist das Grundbuchamt zu ersuchen, den Ersteher als Eigentümer einzutragen, den Versteigerungsvermerk sowie die durch den Zuschlag erloschenen Rechte zu löschen und die Eintragung der Sicherungshypotheken für die Forderung gegen den Ersteher zu bewirken. Bei der Eintragung der Hypotheken soll im Grundbuch ersichtlich gemacht werden, dass sie auf Grund eines Zwangsversteigerungsverfahrens erfolgt ist.

(2) Ergibt sich, dass ein bei der Feststellung des geringsten Gebots berücksichtigtes Recht nicht zur Entstehung gelangt oder dass es erloschen ist, so ist das Ersuchen auch auf die Löschung dieses Rechtes zu richten.

(3) Hat der Ersteher, bevor er als Eigentümer eingetragen worden ist, die Eintragung eines Rechtes an dem versteigerten Grundstück bewilligt, so darf die Eintragung nicht vor der Erledigung des im Absatz 1 bezeichneten Ersuchens erfolgen.

Schrifttum: *Hornung*, Löschung der nach Zuschlagserteilung „unwirksam" eingetragenen Rechte, Rpfleger 1980, 249; *Weber*, Grundbuchberichtigung ohne Unbedenklichkeitsbescheinigung, NJW 1981, 1940; *Meyer*-Stolte, Eintragungen zwischen Zuschlag und Eigentumsberichtigung, Rpfleger 1983, 240; *Krammer/Riedel*, Pfändung des Anspruchs aus dem Meistgebot, Rpfleger 1989, 144; *Klawikowski*, Die Grundstücksversteigerung bei Vor- und Nacherbschaft, Rpfleger 1998, 100; *Kesseler*, Kaufverträge nach Abgabe des Meistgebots in der Zwangsversteigerung, DNotZ 2006, 487.

Übersicht

		Rn.
I.	Normzweck und Anwendungsbereich	1, 2
II.	Ersuchen	3–25
1.	Voraussetzungen und Zeitpunkt	3
2.	Form	4
3.	Inhalt	5–20
	a) Allgemeines	5, 6
	b) Erstehereintragung	7–9
	c) Löschungen (Abs. 1)	10, 11
	d) Eintragung von Sicherungshypotheken	12–14
	e) Löschungen (Abs. 2)	15
	f) Weitere Eintragungen und Löschungen	16–20
4.	Beizufügende Urkunden	21
5.	Grundbuchamt	22–24
6.	Rechtsbehelfe	25
III.	Erledigungsreihenfolge (Abs. 3)	26–31
1.	Erstehersbewilligung	26–29
2.	Zwangsvollstreckungsmaßnahmen	30, 31

I. Normzweck und Anwendungsbereich

Durch den Zuschlag (§§ 81 ff.) wird das Grundbuch in Bezug auf die Person des Eigentümers (§ 90) und erloschenen Rechten (§§ 91, 52) unrichtig. Zur Beseitigung dieser Unrichtigkeiten sowie ggf. um weitere Eintragungen (z.B.: Sicherungshypotheken) und Löschungen (z.B.: Versteigerungsvermerk und Abs. 2) durchzuführen hat das Versteigerungsgericht das Grundbuchgericht zu ersuchen. Geregelt sind sowohl die Voraussetzungen als auch der Umfang dieses Ersuchens. Ergänzt wird die Norm durch §§ 130a, 131. Das Eintragungsersuchen dient der formellen Abwicklung des Zwangsversteigerungsverfahrens.[1]

2 Die Norm ist in allen Versteigerungsverfahren des ZVG anwendbar.

II. Ersuchen

3 **1. Voraussetzungen und Zeitpunkt.** Das Ersuchen an das Grundbuchgericht setzt die **Ausführung** des Teilungsplanes (§§ 116 ff.) und die **Rechtskraft** des Zuschlages voraus (Abs. 1 Satz 1). Der Rechtskraftnachweis erfolgt durch ein entsprechendes Zeugnis des Urkundsbeamten der Geschäftsstelle gemäß § 706 ZPO. Im Falle einer Eventualverteilung braucht der Eintritt oder Ausfall der entsprechenden Bedingung nicht abgewartet zu werden.[2] Zum Bestand ggf. beizufügender Urkunden siehe Rn 21).

4 **2. Form.** Das ZVG enthält keine Regelungen zur Form eines Ersuchens, jedoch die Grundbuchordnung: §§ 29, 38 GBO. Die Grundbuchordnung stellt jedoch (u.a.) auf Ersuchen von Behörden ab. Da es sich bei dem Ersuchen gem. § 130 um die staatliche Wahrnehmung von Privatinteressen handelt, sind §§ 29, 38 GBO (wenigstens entsprechend) anwendbar.[3] Das Ersuchen ist vom Rechtspfleger zu unterschreiben und mit Siegel oder Stempel zu versehen (§ 29 Abs. 3 GBO).

3. Inhalt

5 a) **Allgemeines.** Durch das Ersuchen gem. § 38 GBO werden der Eintragungsantrag (§ 13 GBO), die Eintragungsbewilligung (§ 19 GBO) sowie ggf. erforderliche Zustimmungen Dritter (§ 22 Abs. 2 GBO, § 27 GBO) ersetzt.[4] Daher hat das Ersuchen das Grundstück entsprechend § 28 GBO übereinstimmend mit dem Grundbuch oder durch Hinweis auf das Grundbuchblatt zu bezeichnen. Außerdem müssen die gemäß § 15 GBV und § 47 GBO erforderlichen Angaben enthalten sein.[5] Der **Umfang** des Ersuchens wird durch § 130 beschränkt bzw. konkretisiert und insoweit besteht ein Prüfungsrecht des Grundbuchgerichts.[6]

6 Stellt das Versteigerungsgericht nach Abfassung und vor Erledigung des Ersuchens dessen Unvollständigkeit oder Unrichtigkeit fest, muss es eine **Änderung** oder **Berichtigung** des Ersuchens vornehmen.[7] Eine Berichtigung auch nach Vollzug des ersten (unrichtigen oder unvollständigen) Ersuchens ist möglich, solange kein gutgläubiger Erwerb durch einen Dritten erfolgt ist.[8] Dies erstreckt sich auch auf die erneute Eintragung eines fälschlich gelöschten Rechtes, wobei ebenfalls Rechte Dritter auf Grund gutgläubigen Erwerbs entgegenstehen können.[9] *Stöber*[10] hält eine Übersendung einer **Ersuchensabschrift**

---

1 OLG Hamm Beschl. vom 13.2.1961 – 15 W 29/61, JMBl NRW 1961, 136.
2 *Eickmann*, in: Steiner, ZVG, § 130 Rn. 8; *Hintzen*, in: Dassler/Schiffhauer/u.a., ZVG, § 130 Rn. 5.
3 *Roth*, in: Meikel, GBO, § 38 Rn. 17; *Eickmann*, in: Steiner, ZVG, § 130 Rn. 2; *Böttcher*, ZVG, § 130 Rn. 22.
4 *Eickmann*, in: Steiner, ZVG, § 130 Rn. 3 (nicht jedoch, soweit die materielle Rechtslage entgegensteht).
5 *Eickmann*, in: Steiner, ZVG, § 130 Rn. 13.
6 *Eickmann*, in: Steiner, ZVG, § 130 Rn. 19 ff.
7 *Hintzen*, in: Dassler/Schiffhauer/u.a., ZVG, § 130 Rn. 14; *Eickmann*, in: Steiner, ZVG, § 130 Rn. 11; *Jaeckel/Güthe*, ZVG, §§ 130, 131 Rn. 6.
8 OLG Hamm, Beschl.vom 13.2.1961 – 15 W 26/61, JMBl NRW 1961, 136; *Stöber*, ZVG, § 130 Rn. 2.16; *Eickmann*, in: Steiner, ZVG, § 130 Rn. 11; *Hintzen*, in: Dassler/Schiffhauer/u.a., ZVG, § 130 Rn. 14.
9 *Stöber*, ZVG, § 130 Rn. 2.16; *Eickmann*, in: Steiner, ZVG, § 130 Rn. 11, der für eine **Widerspruchseintragung** keinen Raum sieht.
10 *Stöber*, ZVG, § 130 Rn. 2.6.

an den Ersteher und bei besonderen Schwierigkeiten auch an weitere Beteiligte für sinnvoll, um ihnen Hinweise auf Unrichtigkeiten des Ersuchens zu ermöglichen und ihnen im Falle von Schäden ein Mitverschulden entgegenhalten zu können.[11] Sinnvoller ist hier Gewährung **rechtlichen Gehörs** vor Ersuchen des Grundbuchgerichts, wie *Hintzen*[12] es allerdings nur in komplizierten oder zweifelhaften Fällen für erforderlich hält.

b) **Erstehereintragung.** Im Ersuchen ist der Ersteher entsprechend § 15 GBV zu bezeichnen und bei Personenmehrheit ist das Mehrheits- oder Gemeinschaftsverhältnis anzugeben (§ 47 GBO).[13] Des Weiteren ist das Datum des Zuschlagsbeschlusses anzugeben (§ 9 Buchstabe b GBV).[14] Das Ersuchen und die Eintragung haben auch dann zu erfolgen, wenn der Ersteher bereits vor dem Zuschlag als Eigentümer oder Miteigentümer im Grundbuch eingetragen war, da der Erwerb originär ist.[15]

Auch wenn der Ersteher **nach dem Zuschlag verstorben** ist, wird um seine Eintragung und nicht um die der Erben ersucht.[16] Dem Vollstreckungsgericht vorliegende Erbnachweise und Erbenanträge auf Grundbuchberichtigung reicht das Versteigerungsgericht an das Grundbuchgericht weiter, welches in eigener Zuständigkeit entscheidet, ob die Erben ohne Voreintragung des Erblassers als Eigentümer im Grundbuch einzutragen sind.[17] Im Falle des Todes des Meistbietenden vor Zuschlagerteilung ist um Eintragung des im Zuschlagsbeschluss bezeichneten Erstehers zu ersuchen.[18]

Wurde das Grundstück vom Insolvenzverwalter für die Insolvenzmasse ersteigert, ist der Zuschlag dem **Insolvenzschuldner** erteilt und um dessen Eintragung ins Grundbuch zu ersuchen.[19] Die Eintragung des Insolvenzvermerks erfolgt auf Antrag des Insolvenzverwalters oder des Insolvenzgerichtes (§ 32 InsO), so dass insoweit kein Ersuchen des Versteigerungsgerichts erfolgt.[20]

c) **Löschungen (Abs. 1).** Das Grundbuchamt ist um Löschung der durch den Zuschlag erloschenen **Rechte** (§ 91) zu ersuchen. Die Rechte sind genau und nicht nur pauschal durch Bezugnahme auf das geringste Gebot o. Ä. zu bezeichnen.[21] Um Löschung der Rechte, die Gegenstand einer (wirksamen) Liegenbelassungsvereinbarung (§ 91 Abs. 2) sind, ist nicht zu ersuchen. Da durch den Zuschlag auch die Rechte erlöschen, die nach dem Versteigerungsvermerk, aber vor dem Zuschlag eingetragen wurden, ist auch um Löschung

---

11 Mitteilung bejahend: *Eickmann, in: Steiner, ZVG,* § 130 Rn. 18.
12 *Hintzen, in: Dassler/Schiffhauer/u. a., ZVG,* § 130 Rn. 16.
13 *Eickmann, in: Steiner, ZVG,* § 130 Rn. 22; OLG Hamm Beschl. vom 13.2.1961 – 15 W 26/61, JMBl NRW 1961, 136: Das Ersuchen hat, soweit es die Eintragung des Erstehers als Eigentümer zum Gegenstand hat, nicht mehr und nichts anderes wiederzugeben als das, was der Zuschlagsbeschluss hierüber aussagt; gemäß § 47 Abs. 2 GBO sind bei Eintragung einer Gesellschaft bürgerlichen Rechts auch deren Gesellschafter im Grundbuch einzutragen.
14 *Roth, in: Meikel, GBO,* § 38 Rn. 83; *Stöber, ZVG,* § 130 Rn. 2.11.
15 *Eickmann, in: Steiner, ZVG,* § 130 Rn. 23; *Hintzen, in: Dassler/Schiffhauer/u. a., ZVG,* § 130 Rn. 23; *Stöber, ZVG,* § 130 Rn. 2.11; *Roth, in: Meikel, GBO,* § 38 Rn. 83.
16 *Hintzen, in: Dassler/Schiffhauer/u. a., ZVG,* § 130 Rn. 20; *Stöber, ZVG,* § 130 Rn. 2.11; *Eickmann, in: Steiner, ZVG,* § 130 Rn. 25; *Roth, in: Meikel, GBO,* § 38 Rn. 83.
17 *Hintzen, in: Dassler/Schiffhauer/u. a., ZVG,* § 130 Rn. 20; *Roth, in: Meikel, GBO,* § 38 Rn. 83.
18 *Eickmann, in: Steiner, ZVG,* § 130 Rn. 24.
19 *Hintzen, in: Dassler/Schiffhauer/u. a., ZVG,* § 130 Rn. 22; *Eickmann, in: Steiner, ZVG,* § 130 Rn. 26.
20 *Hintzen, in: Dassler/Schiffhauer/u. a., ZVG,* § 130 Rn. 22; a.A: *Eickmann, in: Steiner, ZVG,* § 130 Rn. 27 und *Böttcher, ZVG,* § 130 Rn. 11, die außer im Falle der Abgabe des Meistgebotes durch den Insolvenzschuldner nach Verfahrenseröffnung ein Ersuchen um Eintragung des Insolvenzvermerks für erforderlich halten.
21 *Böttcher, ZVG,* § 130 Rn. 14; *Roth, in: Meikel, GBO,* § 38 Rn. 87; *Stöber, ZVG,* § 130 Rn. 2.13; *Eickmann, in: Steiner, ZVG,* § 130 Rn. 38; a. A.: *Demharter, GBO,* § 38 Rn. 46; *Herrmann, in: Kuntze/Ertl/u. a.,* Grundbuchrecht, § 38 Rn. 47.

dieser Rechte zu ersuchen.²² Bzgl. der nach dem Zuschlag eingetragenen Rechte siehe Rn. 17. Haben die Beteiligten vereinbart, dass ein durch Zuschlag erloschenes Recht nur teilweise bestehen bleibt, hat das Vollstreckungsgericht um Löschung des nicht liegenbelassenen Teils zu ersuchen.²³

11 Ersucht wird auch um Löschung des **Versteigerungsvermerks** (Abs. 1 Satz 1).

12 d) **Eintragung von Sicherungshypotheken.** Gemäß Abs. 1 Satz 1 ist um Eintragung der Sicherungshypotheken i. S. v. § 128 (im Range ihres Anspruchs) zu ersuchen. Für jede übertragene Forderung ist ein gesondertes Recht einzutragen.²⁴ Hinsichtlich der **Verzinsung** und eines **Gläubigerwechsels** siehe § 128 Rn. 10 und 12. Im Ersuchen ist der Rang mehrerer Sicherungshypotheken untereinander und in Bezug auf bestehen bleibende Rechte genau anzugeben.²⁵ Bei der Eintragung soll im Grundbuch ersichtlich gemacht werden, dass sie auf Grund eines Zwangsversteigerungsverfahrens erfolgt (Abs. 1 Satz 2). Hintergrund ist, dass §§ 866, 867 ZPO nicht gelten,²⁶ aber die Besonderheiten der §§ 128, 129, 132 ZVG. Auch wenn der Vermerk gem. Abs. 1 Satz 2 erfolgt, sind gesonderte Hinweise auf § 129 und § 128 Abs. 3 im Ersuchen bzw. im Eintragungstext vorzunehmen.²⁷ Bzgl. **Rechter Dritter** (§ 128 Abs. 1 Satz 2) und Belastungen von **Erbbaurecht**en siehe § 128 Rn. 3 und 19 ff.

13 Sofern dem Vollstreckungsgericht vor Absendung des Grundbuchersuchens eine öffentlich beglaubigte Erklärung eines Gläubigers vorgelegt wird, aus der sich sein Verzicht auf die Eintragung der Sicherungshypothek oder seine Befriedigung ergibt, wird um die Eintragung der entsprechenden Sicherungshypothek nicht ersucht.²⁸

14 Im Ersuchen ist die Bezeichnung des Gläubigers (gem. § 15 GBV), sowie der Forderung (getrennt nach Kosten, Nebenleistungen und Hauptsache) und des Belastungsgegenstandes²⁹ erforderlich.³⁰ Im Falle von Eventual- oder Hilfsverteilungen (§§ 120–124, 126) bedarf es der Eintragung aller Berechtigter sowie der entsprechenden Bedingungen.³¹

15 e) **Löschungen (Abs. 2).** Im Gegensatz zur Löschung von Rechten nach Abs. 1 handelt es sich um die Löschung von Rechten, die im geringsten Gebot berücksichtigt wurden, die jedoch nicht zur Entstehung gelangt oder erloschen sind. Ist umstritten und ungewiss, ob ein berücksichtigtes Recht besteht oder nicht, findet Abs. 2 keine Anwendung.³² Unter Abs. 2 fallen beispielsweise Rechte, die auf Lebenszeit des Berechtigten bestellt sind und der Nachweis über den Tod vor dem Zuschlag erbracht ist.³³ Voraussetzung für das Ersuchen um

---

22 *Hintzen*, in: *Dassler/Schiffhauer/u. a.*, ZVG, § 130 Rn. 27; *Stöber*, ZVG, § 130 Rn. 2.13.
23 OLG Köln, Beschl. vom 24.11.1982 – 2 Wx 36/82, Rpfleger 1983, 168.
24 *Stöber*, ZVG, § 130 Rn. 2.14; *Hintzen*, in: *Dassler/Schiffhauer/u. a.*, ZVG, § 128 Rn. 21.
25 *Hintzen*, in: *Dassler/Schiffhauer/u. a.*, ZVG, § 130 Rn. 38.
26 *Hintzen*, in: *Dassler/Schiffhauer/u. a.*, ZVG, § 128 Rn. 1; *Eickmann*, in: Steiner, ZVG, § 130 Rn. 30; OLG Düsseldorf Beschl. vom 28.3.1989 – 3 Wx 141/89, Rpfleger 1989, 339 – Anm. *Storz*, EWiR § 128 ZVG 1/89, 831.
27 *Böttcher*, ZVG, § 130 Rn. 16; *Eickmann*, in: Steiner, ZVG, § 130 Rn. 34, 35; tlw. a. A. *Jaeckel/Güthe*, ZVG, §§ 130, 131 Rn. 12.
28 *Hintzen*, in: *Dassler/Schiffhauer/u. a.*, ZVG, § 130 Rn. 34; *Hornung*, Rpfleger 1994, 9 hält auch einen Nachweis in Schriftform für denkbar.
29 Eintragung zu Lasten eines versteigerten Miteigentumsanteils trotz § 1114 BGB auch bei „Wegfall" des Anteils möglich: *Roth*, in: Meikel, GBO, § 38 Rn. 94; *Eickmann*, in: Steiner, ZVG, § 130 Rn. 31.
30 *Roth*, in: Meikel, GBO, § 38 Rn. 94.
31 *Eickmann*, in: Steiner, ZVG, § 130 Rn. 33; *Hintzen*, in: *Dassler/Schiffhauer/u. a.*, ZVG, § 130 Rn. 37 (ggf. einschließlich der unterschiedlichen Ränge); *Roth*, in: Meikel, GBO, § 38 Rn. 96.
32 *Jaeckel/Güthe*, ZVG, §§ 130, 131 Rn. 13.
33 §§ 23, 24 GBO kommen nicht in Betracht, da für die Rückstände bestehende dingliche Rechte mit Zuschlag erloschen sind: *Jaecke/Güthel*, ZVG, §§ 130, 131 Rn. 13; *Eickmann*, in: Steiner, ZVG, § 130 Rn. 41.

Löschungen gem. Abs. 2 ist der Nachweis der Voraussetzungen i. d. F. des § 29 GBO oder deren Offenkundigkeit.[34] Löschungen gemäß Abs. 2 können auch auf Antrag der Beteiligten direkt beim Grundbuchamt initiiert werden.[35]

f) **Weitere Eintragungen und Löschungen.** Nicht ersucht wird um Löschung von **Gesamtrechten** an nicht mitversteigerten Immobilien, auch wenn ggf. §§ 1181 Abs. 2, 1192, 1200 BGB greifen könnten (§§ 1182, 1192, 1200 BGB).[36] Zur Löschung eines Insolvenzvermerks: siehe Rn. 20. **16**

Fraglich ist, ob auch um Löschung von **nach dem Zuschlag auf Bewilligung des bisherigen Eigentümers oder im Wege der Zwangsvollstreckung gegen diesen, eingetragenen Rechten** ersucht werden kann, wenn nicht der bisherige Eigentümer den Zuschlag erhalten hat. *Eickmann* und *Hornung* bejahen dies unter Hinweis auf den Sinn und Zweck der Norm und eine dem Vollstreckungsgericht obliegende „umfassende Fürsorgepflicht zum Schutz vor Rechtsverlusten".[37] *Stöber* geht davon aus, dass die Rechte wegen § 90 nicht entstanden sind und daher eine Grundbuchberichtigung gem. § 22 GBO durch den Ersteher herbeizuführen sei.[38] Rechte, die nach dem Zuschlag mit Einwilligung des Erstehers eingetragen oder deren Eintragung von ihm genehmigt wurden, sind jedoch wirksam und könnten bei Unkenntnis des Versteigerungsgerichts versehentlich gelöscht werden.[39] Gleiches gilt im Falle der Personenidentität von bisherigem Eigentümer und Ersteher.[40] Nach dem klaren Gesetzeswortlaut hat das Versteigerungsgericht nicht um Löschung der nach dem Zuschlag eingetragenen Rechte zu ersuchen, sondern der Ersteher die Grundbuchberichtigung gem. § 22 GBO zu beantragen. Zur Vermeidung des Risikos eines gutgläubigen Erwerbs von Rechten zu Lasten des Erstehers wird nach *Hintzen* in der gerichtlichen Praxis sofort nach Zuschlagserteilung eine Beschlussabschrift an das Grundbuchgericht zur Kenntnisname übermittelt.[41] Fraglich ist auch, ob nicht das Grundbuchgericht bei Vorhandensein von nach dem Zuschlag bewirkten Eintragungen verpflichtet ist, vor Vollzug des Eintragungsersuchens (Löschung des Versteigerungsvermerks), den Ersteher entsprechend zu informieren und ihm Gelegenheit zur Stellung eines Antrags auf Berichtigung oder Eintragung eines Widerspruchs zu geben.[42] **17**

Zu den Folgen einer **Verpfändung** oder **Pfändung** des Rechts auf Zuschlagserteilung und einer Sicherungshypothek analog § 1287 Satz 2 BGB und § 848 Abs. 2 Satz ZPO siehe Rn. 30 f. und § 81 Rn. 6. **18**

Insoweit eine im geringsten Gebot berücksichtigte **Tilgungshypothek** gemäß § 1181 Abs. 1 BGB im Rahmen der Zwangsversteigerung erloschen ist, wird um deren Löschung ersucht.[43] **19**

Um die Löschung **anderer Vermerke** ist insoweit zu ersuchen, als sie personen- (privatrechtliche Verfügungsbeschränkungen) und nicht objektbezogen sind (z. B. Insolvenzvermerk bzgl. des Vollstreckungsschuldners), so dass um die Löschung von Verfügungsbeschränkungen des öffentlichen Rechts nicht **20**

---

34 *Eickmann*, in: Steiner, ZVG, § 130 Rn. 42.
35 *Jaeckel/Güthe*, ZVG, §§ 130, 131 Rn. 13; *Roth*, in: Meikel, GBO, § 38 Rn. 90.
36 *Roth*, in: Meikel, GBO, § 38 Rn. 91; *Jaeckel/Güthe*, ZVG, §§ 130, 131 Rn. 11; *Demharter*, GBO, § 38 Rn. 48.
37 *Eickmann*, in: Steiner, ZVG, § 130 Rn. 39; *Hornung*, Rpfleger 1980, 249; *Böttcher*, ZVG, § 130 Rn. 14; *Meyer-Stolte*, Rpfleger 1983, 240.
38 *Stöber*, ZVG, § 130 Rn. 2.13; ebenso: *Roth*, in: Meikel, GBO, § 38 Rn. 89.
39 *Hintzen*, in: Dassler/Schiffhauer/u. a., ZVG, § 130 Rn. 9; *Roth*, in: Meikel, GBO, § 38 Rn. 89.
40 *Meyer-Stolte*, Rpfleger 1983, 240.
41 *Hintzen*, in: Dassler/Schiffhauer/u. a., ZVG, § 130 Rn. 9.
42 *Stöber*, ZVG, § 130 Rn. 2.13.
43 *Eickmann*, in: Steiner, ZVG, § 130 Rn. 43; *Stöber*, ZVG, § 130 Rn. 3.2.

ersucht werden darf.[44] Ersucht werden kann um Löschung von Vermerken bzgl. einer Nachlassverwaltung, Testamentsvollstreckung oder Nacherbfolge, sofern nach den Versteigerungsbedingungen keine Rechte bestehen geblieben sind oder keines der bestehen gebliebenen Rechte durch dem Nacherben gegenüber unwirksame Verfügung des Vorerben entstanden ist (sofern es kein bestehen bleibendes Recht gibt, das dem Nacherben gegenüber im Falle des Nacherbfalls unwirksam ist).[45]

21 **4. Beizufügende Urkunden.** Zur Eintragung des Erstehers ist die Vorlage der steuerlichen **Unbedenklichkeitsbescheinigung**[46] erforderlich (§ 22 GrEStG) und daher dem Ersuchen beizufügen.[47] Nicht beizufügen ist der Teilungsplan oder das entsprechende Terminsprotokoll. Eine Ausfertigung des Zuschlagsbeschlusses muss nicht beigefügt werden, wird aber meist.[48] Zur Behandlung von **Grundpfandrechtsbriefen** siehe § 131 und § 127 Rn. 12. Dem Grundbuchgericht sind zur Zuschlagsentscheidung ggf. erforderliche **Zustimmungen Dritter** nicht nachzuweisen.[49]

22 **5. Grundbuchamt.** Zur Anwendbarkeit von §§ 38, 29 II GBO siehe Rn. 5 m.w.N. Das Grundbuchgericht hat ein formelles und kein sachliches **Prüfungsrecht**, so dass die vollstreckungsrechtlichen Grundlagen nicht geprüft werden.[50] Die sachliche Zuständigkeit des ersuchenden Gerichtes und die korrekte Grundstücksbezeichnung i.S.v. § 28 S. 1 GBO sind ebenso wie der Nachweis der Unbedenklichkeitsbescheinigung zu prüfen, nicht jedoch beispielsweise die Voreintragung des Vollstreckungsschuldners.[51] Ist dem Grundbuchrechtspfleger sicher bekannt, dass die Voraussetzungen für das Ersuchen nicht vorliegen, soll er die Erledigung des Ersuchens ablehnen können.[52] Siehe auch Rn. 5.

23 Das Ersuchen kann nur einheitlich vom Grundbuchgericht erledigt (§ 16 Abs. 2 GBO) oder beanstandet werden.[53]

24 Nach Erledigung des Ersuchens teilt das Grundbuchgericht die erfolgten Eintragungen gem. § 55 GBO mit. Das Versteigerungsgericht hat nun die ordnungsgemäße Umsetzung des Ersuchens zu prüfen und ggf. auf sofortige Berichtigung oder Vervollständigung hinzuwirken.[54]

25 **6. Rechtsbehelfe.** Da es sich bei dem **Ersuchen** nicht um eine Entscheidung des Versteigerungsgerichts, sondern um eine Maßnahme im Versteigerungsverfah-

---

44 *Eickmann*, in: Steiner, ZVG, § 130 Rn. 45.
45 *Hintzen*, in: Dassler/Schiffhauer/u.a., ZVG, § 130 Rn. 33; *Stöber*, ZVG, § 130 Rn. 2.13; *Klawikowski*, Rpfleger 1998, 100; *Eickmann*, in: Steiner, ZVG, § 130 Rn. 33.
46 Es bedarf jedoch nicht der Unbedenklichkeitsbescheinigung für die Abgabe des Meistgebotes infolge Abtretung des Rechts aus dem Meistgebot: LG Lüneburg, Beschl. vom 10.9.1986 – 4 T 203/86, Rpfleger 1987, 105.
47 *Eickmann*, in: Steiner, ZVG, § 130 Rn. 7 und 13; *Stöber*, ZVG, § 130 Rn. 2.4; *Hintzen*, in: Dassler/Schiffhauer/u.a., ZVG, § 130 Rn. 25; a.A.: *Helsper*, NJW 1973, 1485.
48 *Hintzen*, in: Dassler/Schiffhauer/u.a., ZVG, § 130 Rn. 7; *Eickmann*, in: Steiner, ZVG, § 130 Rn. 5; *Hornung*, Rpfleger 1980, 249; *Roth*, in: Meikel, GBO, § 38 Rn. 82.
49 *Eickmann*, in: Steiner, ZVG, § 130 Rn. 6; *Stöber*, ZVG, § 130 Rn. 2.15.
50 *Roth*, in: Meikel, GBO, § 38 Rn. 77 m.w.N.; *Schöner/Stöber*, Grundbuchrecht, Rn. 998; *Stöber*, ZVG, § 130 Rn. 2.15; *Hintzen*, in: Dassler/Schiffhauer/u.a., ZVG, § 130 Rn. 12; *Eickmann*, in: Steiner, ZVG, § 130 Rn. 6 und 12ff.
51 *Roth*, in: Meikel, GBO, § 38 Rn. 77 m.w.N; *Eickmann*, in: Steiner, ZVG, § 130 Rn. 13 f; a.A.: *Böttcher*, ZVG, § 130 Rn. 24, der das Prüfungsrecht für die Voreintragung Betroffener bejaht.
52 *Hintzen*, in: Dassler/Schiffhauer/u.a., ZVG, § 130 Rn. 12; a.A: *Böttcher*, ZVG, § 130 Rn. 26, der einen Hinweis an das Versteigerungsgericht für erforderlich hält, jedoch hat das Grundbuchgericht bei Beharren des Versteigerungsgericht das Ersuchen zu vollziehen; differenzierter *Eickmann*, in: Steiner, ZVG, § 130 Rn. 12, der *Böttcher* zustimmt, sofern sich die Beanstandung nicht auf eine Prüfkompetenz des Grundbuchgerichts bezieht.
53 *Schöner/Stöber*, Grundbuchrecht, Rn. 998; *Hornung*, Rpfleger 1980, 249.
54 *Hintzen*, in: Dassler/Schiffhauer/u.a., ZVG, § 130 Rn. 15; *Stöber*, ZVG, § 130 Rn. 2.18.

ren handelt, ist die Erinnerung gem. § 766 ZPO gegeben, der der Rechtspfleger abhelfen kann.[55] Siehe auch: Rechtsbehelfe im ZVG. Im Falle der **Zurückweisung** oder **Beanstandung des Ersuchens** durch das Grundbuchamt (§ 18 GBO) ist dem Vollstreckungsgericht, dem Ersteher und den Betroffenen dagegen die Grundbuchbeschwerde gem. § 11 Abs. 1 RPflG, § 71 Abs. 1 GBO gegeben.[56] Gegen die Untätigkeit des Grundbuchgerichts ist die Dienstaufsichtsbeschwerde gegeben.[57] Sofern das Grundbuchamt die Eintragungen nicht entsprechend des Ersuchens vorgenommen hat, kann die Berichtigung auf Ersuchen des Versteigerungsgerichts oder auf Antrag und Bewilligung der Beteiligten erfolgen, sofern dadurch keine Rechte Dritter betroffen werden.[58]

III. Erledigungsreihenfolge (Abs. 3)

1. **Erstehertbewilligung.** Bevor der Ersteher als Eigentümer eingetragen worden ist, dürfen Eintragungen, die er bewilligt hat, nicht vor Erledigung des in Absatz 1 bezeichneten Ersuchens erfolgen. Ziel der Norm, die vom Grundbuchgericht zu beachten ist, ist die Sicherstellung des Vorrangs der gemäß §§ 128, 129 einzutragenden Sicherungshypotheken vor vom Ersteher bewilligten Rechten.[59] Die Norm findet – entgegen des Wortlautes – auch auf Eintragungen im Weg der Zwangsvollstreckung entsprechende Anwendung (s. a. Rn. 30 f.).[60] Das Erfordernis der Voreintragung gemäß § 39 GBO erfüllt diesen Zweck nicht im Fall der Identität von bisherigem Eigentümer und Ersteher. 26

Ein vor Erledigung des Ersuchens eingehender Eintragungsantrag, der unter Abs. 3 fällt, ist bis zum Vollzug des Ersuchens auszusetzen, er ist nicht zurückzuweisen oder es ist nicht gemäß § 18 GBO zu verfahren.[61] 27

Vorstehende Ausführungen gelten grundsätzlich auch, wenn der Zuschlag dem **bisherigen Eigentümer** erteilt wurde.[62] Da der Zwangsversteigerungsvermerk keine Grundbuchsperre bedeutet, werden vom Grundbuchamt Eintragungen auf Bewilligung des bisherigen Eigentümers oder im Rahmen von Vollstreckungsmaßnahmen gegen diesen auch nach Eintragung des Vermerks und Zuschlagserteilung vollzogen. Die Eintragungen stehen jedoch unter dem Vorbehalt der relativen Unwirksamkeit, der sich aus dem Versteigerungsvermerk ergibt, so dass sie gegenüber Rechten nach § 128 unwirksam sind.[63] Auch *Eickmann* geht von der Anwendbarkeit des Abs. 3 auf vom Ersteher, der zugleich bisheriger Eigentümer ist, bestellten Rechten aus.[64] 28

Eine im Grundbuch vollzogene Eintragung, die unter **Verstoß gegen Abs. 3** erfolgt ist, ist insoweit gegenüber den Gläubigern von Rechten gem. §§ 128, 129 unwirksam, als sie den Vorrang gegenüber deren Sicherungshypotheken verschaffen würde.[65] Das Grundbuchgericht ist daher um Eintragung des Vor- 29

---

55 *Hintzen*, in: *Dassler/Schiffhauer/u.a.*, ZVG, § 130 Rn. 16; *Eickmann*, in: *Steiner*, ZVG, § 130 Rn. 16; *Stöber*, ZVG, § 130 Rn. 5.1.
56 *Hintzen*, in: *Dassler/Schiffhauer/u.a.*, ZVG, § 130 Rn. 18; *Eickmann*, in: *Steiner*, ZVG, § 130 Rn. 16; *Hornung*, Rpfleger 1980, 249, (257); OLG Frankfurt, Beschl. vom 8.3.2002 – 20 W 46/2002.
57 *Eickmann*, in: *Steiner*, ZVG, § 130 Rn. 17; *Stöber*, ZVG, § 130 Rn. 5.2.
58 *Stöber*, ZVG, § 130 Rn. 2.16.
59 *Eickmann*, in: *Steiner*, ZVG, § 130 Rn. 47; *Meyer-Stolte*, Rpfleger 1983, 240.
60 *Eickmann*, in: *Steiner*, ZVG, § 130 Rn. 47.
61 RG, Beschl. vom 9.12.1905 – V 326/05, RGZ 62, 140; *Hintzen*, in: *Dassler/Schiffhauer/u.a.*, ZVG, § 130 Rn. 42; *Eickmann*, in: *Steiner*, ZVG, § 130 Rn. 49; *Meyer-Stolte*, Rpfleger 1983, 240; LG Darmstadt, Urteil vom 4.11.1986 – 5 T 954/86, WM 1987, 636.
62 *Hintzen*, in: *Dassler/Schiffhauer/u.a.*, ZVG, § 130 Rn. 43.
63 *Hintzen*, in: *Dassler/Schiffhauer/u.a.*, ZVG, § 130 Rn. 43.
64 *Eickmann*, in: *Steiner*, ZVG, § 130 Rn. 48.
65 *Eickmann*, in: *Steiner*, ZVG, § 130 Rn. 50.

rangs der Sicherungshypotheken gem. §§ 128, 129 vor den unter Verstoß gegen Abs. 3 eingetragenen Rechten zu ersuchen.[66]

30 2. **Zwangsvollstreckungsmaßnahmen.** Abs. 3 ist auch auf Eintragungen im Rahmen einer Zwangsvollstreckung (§§ 866, 932 ZPO) anwendbar.[67] Der Antrag auf Eintragung einer Zwangshypothek zu Lasten des Grundstücks des Erstehers ist daher nicht zurückzuweisen, sondern zurückzuhalten und im unmittelbaren Anschluss an die Erledigung des Ersuchens zu erledigen.[68]

31 Absatz 3 ist auch anwendbar, wenn eine Sicherungshypothek analog § 848 Abs. 2 Satz 2 ZPO infolge des Zuschlags an den Ersteher nach wirksamer Pfändung des Anspruchs aus dem Meistgebot, die ebenfalls den Rang nach den Sicherungshypotheken gem. §§ 128, 129 hat, auf Antrag des Berechtigten (nicht Ersuchen des Versteigerungsgerichtes) eingetragen wird.[69] Zur Frage des Ranges in Bezug auf andere Eintragungsanträge, die unter Abs. 3 fallen siehe *Kesseler*[70].

---

[66] *Hintzen*, in: *Dassler/Schiffhauer/u.a.*, ZVG, § 130 Rn. 43; *Eickmann*, in: *Steiner*, ZVG, § 130 Rn. 51; *Meyer-Stolte*, Rpfleger 1983, 240; *Böttcher*, ZVG, § 130 Rn. 28; a.A: *Jaeckel/Güthe*, ZVG, §§ 130, 131 Rn. 15: Eintragung des Vorrangs nur auf Antrag des Sichungshypothekengläubigers.

[67] *Eickmann*, in: *Steiner*, ZVG, § 130 Rn. 47; *Hintzen*, in: *Dassler/Schiffhauer/u.a.*, ZVG, § 130 Rn. 45.

[68] LG Lahn-Gießen, Beschl. vom 24.1.1979 – 7 T 26/79, Rpfleger 1979, 352 m. Anm. *Schiffhauer*.

[69] *Krammer/Riedel*, Rpfleger 1989, 144; a.A.: *Stöber*, Forderungspfändung, Rn. 1794: Aufnahme des Eintragungsantrages in das Ersuchen bei Kenntnis des Versteigerungsgericht von Pfändung; s.a. Rn. 18.

[70] *Kesseler*, DNotZ 2006, 487 m.w.N.

§ 130a ZVG [Vormerkungssicherung des gesetzlichen Löschungsanspruchs]

(1) Soweit für den Gläubiger eines erloschenen Rechts gegenüber einer bestehenbleibenden Hypothek, Grundschuld oder Rentenschuld nach § 1179a des Bürgerlichen Gesetzbuchs die Wirkungen einer Vormerkung bestanden, fallen diese Wirkungen mit der Ausführung des Ersuchens nach § 130 weg.

(2) Ist bei einem solchen Recht der Löschungsanspruch nach § 1179a des Bürgerlichen Gesetzbuchs gegenüber einem bestehenbleibenden Recht nicht nach § 91 Abs. 4 Satz 2 erloschen, so ist das Ersuchen nach § 130 auf einen spätestens im Verteilungstermin zu stellenden Antrag des Anspruchsberechtigten jedoch auch darauf zu richten, dass für ihn bei dem bestehenbleibenden Recht eine Vormerkung zur Sicherung des sich aus der erloschenen Hypothek, Grundschuld oder Rentenschuld ergebenden Anspruchs auf Löschung einzutragen ist. Die Vormerkung sichert den Löschungsanspruch vom gleichen Zeitpunkt an, von dem ab die Wirkungen des § 1179a Abs. 1 Satz 3 des Bürgerlichen Gesetzbuchs bestanden. Wer durch die Eintragung der Vormerkung beeinträchtigt wird, kann von dem Berechtigten die Zustimmung zu deren Löschung verlangen, wenn diesem zur Zeit des Erlöschens seines Rechts ein Anspruch auf Löschung des bestehenbleibenden Rechts nicht zustand oder er auch bei Verwirklichung dieses Anspruchs eine weitere Befriedigung nicht erlangen würde; die Kosten der Löschung der Vormerkung und der dazu erforderlichen Erklärungen hat derjenige zu tragen, für den die Vormerkung eingetragen war.

Schrifttum: *Riggers*, Die Neuregelung der Löschungsvormerkung ab 1. Januar 1978, JurBüro 1977, 1491; *Stöber*, Löschungsvormerkung und gesetzlich vorgemerkter Löschungsanspruch, Rpfleger 1977, 399 und 425; *Mohrbutter*, Löschungsvormerkungen in der Zwangsversteigerung nach neuerem Recht, KTS 1978, 17; *Keller*, Der Löschungsanspruch in der Zwangsversteigerung, RpflJB 1993, 213; *Hintzen/Böhringer*, Durchsetzung von Löschungsansprüchen bei Grundschulden, Rpfleger 2004, 661; *Stöber*, Löschungs"vormerkung" und Grundschulderlösanspruch, WM 2006, 607.

Übersicht

		Rn.
I.	Normzweck und Anwendungsbereich	1, 2
II.	Kurzüberblick: Löschungsanspruch in der Zwangsversteigerung	3
III.	Wegfall der Vormerkungswirkung (Abs. 1)	4
IV.	Eintragung einer Löschungsvormerkung (Abs. 2)	5–12
1.	Fortbestand des Löschungsanspruchs	5
2.	Antrag	6
3.	Aufgabe des Gerichts	7–9
4.	Eintragung	10
5.	Wirkung	11
6.	Anspruch auf Löschung (Abs. 2 Satz 3)	12

I. Normzweck und Anwendungsbereich

Geregelt wird der Wegfall eines Löschungsanspruchs gemäß § 1179a BGB (Rn. 3 und Kommentierung zu § 1179a BGB), der zum Zeitpunkt der Erledigung des Grundbuchersuchens (§ 130) noch besteht, sofern nicht gleichzeitig (auf Antrag) eine entsprechende Löschungsvormerkungseintragung auf Ersuchen hin erfolgt. Wegen einer fehlenden materiellrechtlichen Prüfung vor Abfassung des Ersuchens oder der Eintragung, werden außerdem für den Fall

1

der Unrichtigkeit des Grundbuchs auf Grund der Vormerkungseintragung ein Anspruch auf Löschung der Vormerkung und die Kostentragungspflicht für die Löschung geregelt. Gleiches gilt auch für den Fall dass dem Berechtigten auch bei Anspruchsdurchsetzung kein wirtschaftlicher Nutzen gegeben ist.

2 Die durch Gesetz vom 22.6.1977 (BGBl. I S. 998) eingefügte Norm ist in allen Versteigerungsverfahren nach dem ZVG anwendbar mit Ausnahme der Versteigerung von Schiffen und Schiffsbauwerken sowie Luftfahrzeugen.[1] Zur Anwendbarkeit der Norm im Falle der außergerichtlichen Erlösverteilung oder außergerichtlichen Einigung über die Erlösverteilung (§§ 143, 144) siehe § 145 Rn. 5.

II. Kurzüberblick: Löschungsanspruch in der Zwangsversteigerung

3 § 1179a BGB[2] normiert als Inhalt von Hypotheken, Grund- und Rentenschulden unter bestimmten Voraussetzungen einen gesetzlichen Anspruch auf Aufhebung eines dem Eigentümer zufallenden vor- oder gleichrangigen Grundpfandrechtes.[3] Zu den im Versteigerungsverfahren denkbaren Situationen (Bestehenbleiben von begünstigtem und betroffenem Recht, Erlöschen von begünstigtem und betroffenem Recht und Bestehenbleiben des betroffenen und Erlöschen des begünstigten Rechts) siehe § 91 Rn. 24 ff. Der gesetzliche Löschungsanspruch ist gem. § 1179a Abs. 1 Satz 3 BGB in gleicher Weise gesichert, als wäre er durch eine gleichzeitig mit dem begünstigen Recht eingetragene Vormerkung gesichert.

III. Wegfall der Vormerkungswirkung (Abs. 1)

4 Gemäß § 91 Abs. 4 Satz 1 hat das Erlöschen eines Rechts, dessen Inhaber zur Zeit des Erlöschens nach § 1179a BGB die Löschung einer bestehenbleibenden Hypothek, Grund- oder Rentenschuld verlangen kann, nicht das Erlöschen dieses Anspruchs zur Folge. Mit Ausführung des Ersuchens gemäß § 130 (u.a. Löschung des von § 1179a BGB begünstigten Rechts) fallen jedoch die Vormerkungswirkungen des § 1179a Abs. 1 Satz 3 BGB zu Gunsten des Gläubigers des erloschenen Rechts weg (Abs. 1).[4] Dies kann jedoch nach Abs. 2 (Rn. 5 ff.) verhindert werden und so die weitere Wahrung der Rechte des Löschungsberechtigten ermöglicht werden.

IV. Eintragung einer Löschungsvormerkung (Abs. 2)

5 **1. Fortbestand des Löschungsanspruchs:** Ein zum Zeitpunkt des Erlöschens eines Grundpfandrechts dem Gläubiger dieses Rechts gemäß § 1179a BGB zustehender Löschungsanspruch hinsichtlich eines bestehen bleibenden Rechts darf nicht gemäß § 91 Abs. 4 Satz 2 erloschen sein. D.h. der Anspruch des Gläubigers darf nicht (vollständig) aus dem Grundstück befriedigt worden sein (§ 91 Rn. 111 ff.).[5] Geschützt wird über § 130a i. V. m. § 91 Abs. 4 nur ein

---

[1] Stöber, ZVG, § 130a Rn. 1.2; Hintzen, in: Dassler/Schiffhauer/u.a., ZVG, § 130a Rn. 1.
[2] Eingefügt durch Gesetz vom 22.7.1977 (BGBl. I 998), gilt ab 1.1.1978.
[3] Zum Übergangsrecht: Art. 8 § 1 G. v. 22.6.1977 (BGBl. I 998).
[4] Mit Wegfall der Vormerkungswirkung geht u.a. auch die auflösende Bedingung i. S. d. § 50 Abs. 2 Nr. 1 unter, die ggf. zur Zuzahlungspflicht geführt hätte (so auch *Eickmann*, in: *Steiner*, ZVG, § 130a Rn. 7). Im Falle der späteren Löschung könnten Ansprüche dann nur nach dem Bereicherungsrecht ausgeglichen werden (*Stöber*, ZVG, § 130a Rn. 2.3).
[5] *Eickmann*, in: *Steiner*, ZVG, § 130a Rn. 6.

Löschungsanspruch, der aus einer vor dem Zuschlag erfolgten Vereinigung des vorrangigen Rechts mit dem Eigentum entstanden ist.[6]

2. **Antrag:** Das Ersuchen gemäß § 130 wird nur auf Antrag des **Anspruchsberechtigten** hin um die Eintragung der Vormerkung erweitert. Der Antrag ist spätestens **im Verteilungstermin** zu stellen. Ein nach dem Verteilungstermin und vor Absendung des Grundbuchersuchens gestellter Antrag wird nicht berücksichtigt.[7] Der Antrag kann vor dem Termin schriftlich oder zu Protokoll der Geschäftsstelle oder im Verteilungstermin gestellt werden. Der Nachweis der Legitimation des Antragsberechtigten kann auch noch nach dem Termin geführt werden.[8] Mit dem Antrag gem. Abs. 2 wird gleichzeitig der Löschungsanspruch geltend gemacht (§ 114 Rn. 27 und § 115 Rn. 15), was u. U. eine Zuzahlungspflicht gem. § 50 Abs. 2 Nr. 1 (siehe § 125) auslöst.[9]

3. **Aufgabe des Gerichts:** Nach allgemeiner Ansicht hat das Gericht im Verteilungstermin anwesende Antragsberechtigte über das Antragsrecht zu **belehren** (§ 139 ZPO).[10]

Fraglich ist der Umfang der gerichtlichen **Prüfung.** Sie hat sich auf folgende Punkte zu erstrecken:[11]
- Bestehen bleiben des Rechts, auf welches sich der Löschungsanspruch bezieht,
- Erlöschen des gem. § 1179a BGB begünstigten Rechts,
- Anwendbarkeit des § 1179a BGB (z. B.: kein Altrecht i. S. v. Art. 8 § 1 G. v. 22.7.1977 (BGBl. I 998); kein Fall von § 1179a Abs. 5 BGB),
- Nichtgreifen von § 91 Abs. 4 Satz 2,
- kein offensichtliches Nichtbestehen des Löschungsanspruchs (z. B.: § 1196 Abs. 3 BGB),
- Vorliegen des fristgerechten Antrags eines legitimierten[12] Antragsberechtigten.

Demnach wäre nicht zu prüfen, ob
- und wann das betroffene Recht sich mit dem Eigentum vereinigt hat,
- § 1179a Abs. 2 Satz 2 BGB greift,
- der Löschungsanspruch durchsetzbar ist und
- die Durchsetzung des Löschungsanspruchs dem Berechtigten eine weitergehende Befriedigung verschaffen würde.[13]

Hintzen[14] hält hingegen die Überprüfung des letztgenannten Punktes für erforderlich, damit das Gericht nicht den in der Geltendmachung des Löschungsanspruchs liegenden Widerspruch als unzulässig zurückweist und dennoch eine Vormerkung für den Anspruch einträgt, hinsichtlich dessen gem. Abs. 2 Satz 3 ein Anspruch auf Zustimmung zur Löschung besteht. Der Wortlaut der Norm widerspricht jedoch dieser Ansicht.[15]

Erachtet das Gericht die Voraussetzungen für gegeben, erstreckt es das **Ersuchen** gem. § 130 auch auf die Eintragung der Vormerkung (keine Briefvorlage

---

6 *Stöber*, ZVG, § 130a Rn. 2.1.
7 *Hintzen*, in: *Dassler/Schiffhauer/u. a.*, ZVG, § 130a Rn. 5.
8 So auch *Stöber*, ZVG, § 130a Rn. 3.2 und *Hintzen*, in: *Dassler/Schiffhauer/u. a.*, ZVG, § 130a Rn. 6.
9 *Stöber*, ZVG, § 130a Rn 5; *Eickmann*, in: *Steiner*, ZVG, § 130a Rn. 19.
10 *Stöber*, ZVG, § 130a Rn. 3.2 (ohne Einschränkung auf eine Terminsanwesenheit); *Eickmann*, in: *Steiner*, ZVG, § 130a Rn. 11; *Hintzen*, in: *Dassler/Schiffhauer/u. a.*, ZVG, § 130a Rn. 4 (auch bzgl. der im Versteigerungstermin Anwesenden); *Mohrbutter*, KTS 1978, 17.
11 So auch *Eickmann*, in: *Steiner*, ZVG, § 130a Rn. 13.
12 Siehe Rn. 6.
13 So auch: *Eickmann*, in: *Steiner*, ZVG, § 130a Rn. 14; *Böttcher*, ZVG, § 130a Rn. 6; *Stöber*, ZVG, § 130a Rn. 3.4; *Mohrbutter*, KTS 1978, 17.
14 *Hintzen*, in: *Dassler/Schiffhauer/u. a.*, ZVG, § 130a Rn. 11.
15 Siehe Fußnote 12.

erforderlich, § 131 Satz 2). Diesbezüglich bedarf es der Angabe des Berechtigten, des betroffenen Rechts und des zu sichernden gesetzlichen Löschungsanspruchs aus dem gleichzeitig zu löschenden begünstigten Grundpfandrecht.[16] Bei Nichtvorliegen der Voraussetzungen für das Ersuchen um Eintragung der Vormerkung (Rn. 8) bedarf es keines förmlichen Zurückweisungsbeschlusses (auch bei Vorliegen der Voraussetzungen erfolgt kein diesbezüglicher Beschluss), jedoch ist eine entsprechende Bekanntmachung an den Antragsteller zur Aufrechterhaltung der Anfechtungsmöglichkeiten (§ 130 Rn 25 ff.) auch im Hinblick auf Art. 103 GG erforderlich.[17]

10 4. **Eintragung:** Eine über die allgemeine Prüfungspflicht (§ 130 Rn. 22) hinausgehende Prüfungspflicht des Grundbuchamtes besteht nicht.[18] Die Vormerkungseintragung erfolgt in der Veränderungsspalte bei dem betroffenen Recht (§ 12 Abs. 1 lit. c) GBV).

11 5. **Wirkung:** Zur Wirkung des Antrages in Bezug auf die Geltendmachung des Löschungsanspruchs siehe Rn. 6. Die gemäß Abs. 2 eingetragene Vormerkung sichert den Löschungsanspruch vom gleichen Zeitpunkt ab, von dem ab die Wirkungen des § 1179a Abs. 1 Satz 2 BGB bestanden (Abs. 2 Satz 2).

12 6. **Anspruch auf Löschung (Abs. 2 Satz 3):** Sofern dem Vormerkungsberechtigten zur Zeit des Erlöschens seines Rechtes (begünstigtes Recht) kein Löschungsanspruch zustand oder er auch bei Durchsetzung seines Anspruchs keine weitere (höhere) Befriedigung erlangen würden, steht demjenigen ein Anspruch auf Zustimmung zur Vormerkungslöschung zu, der durch die Vormerkung beeinträchtigt wird. Der Anspruch auf Zustimmung richtet sich gegen den Vormerkungsberechtigten. Bei Einrede der dauerhaften Nichtdurchsetzbarkeit greift nicht Abs. 2 Satz 3, sondern § 886 BGB.[19] Gläubiger des Anspruchs auf Zustimmung kann der Grundstückseigentümer (Ersteher) oder ein Dritter (z. B. Gläubiger eines nachstehenden Rechts) sein. Sofern der vormerkungsgesicherte Anspruch auf Löschung nicht besteht, ist das Grundbuch unrichtig und der Anspruch gemäß Abs. 2 Satz 3 richtet sich auf Zustimmung zur Löschung der Vormerkung im Wege der Grundbuchberichtigung.[20] Sofern der gesicherte Anspruch besteht, richtet sich der Anspruch auf Zustimmung zur Aufhebung der Vormerkung (§ 875 BGB).[21] Der Vormerkungsberechtigte hat die **Kosten** der zur Löschung erforderlichen Erklärungen und die Kosten der Löschung zu tragen (Abs. 2 Satz 3). Im Falle eines erkennbar zwecklosen Antrags gem. § 130a Abs. 2 wird das Gericht die Beteiligten über die Regelung des Abs. 2 Satz 3 belehren (§ 139 ZPO).[22]

---

16 *Eickmann*, in: *Steiner*, ZVG, § 130a Rn. 15; *Stöber*, ZVG, § 130a Rn. 4; *Hintzen*, in: *Dassler/Schiffhauer/u.a.*, ZVG, § 130a Rn. 14.
17 *Eickmann*, in: *Steiner*, ZVG, § 130a Rn. 18; *Hintzen*, in: *Dassler/Schiffhauer/u.a.*, ZVG, § 130a Rn. 13 (vorherige Anhörung).
18 *Eickmann*, in: *Steiner*, ZVG, § 130a Rn. 16.
19 *Eickmann*, in: *Steiner*, ZVG, § 130a Rn. 22.
20 *Eickmann*, in: *Steiner*, ZVG, § 130a Rn. 23.
21 *Eickmann*, in: *Steiner*, ZVG, § 130a Rn. 24.
22 *Hintzen*, in: *Dassler/Schiffhauer/u.a.*, ZVG, § 130a Rn. 16.

§ 131 ZVG [Löschung von Briefgrundpfandrechten]

In den Fällen des § 130 Abs. 1 ist zur Löschung einer Hypothek, einer Grundschuld oder einer Rentenschuld, im Falle des § 128 zur Eintragung des Vorranges einer Sicherungshypothek die Vorlegung des über das Recht erteilten Briefes nicht erforderlich. Das gleiche gilt für die Eintragung der Vormerkung nach § 130a Abs. 2 Satz 1.

Übersicht

		Rn.
I.	Normzweck und Anwendungsbereich	1, 2
II.	Befreiung von der Briefvorlage	3–5
1.	Löschung von Briefgrundpfandrechten (Satz 1)	3
2.	Vorrang einer Sicherungshypothek (Satz 1)	4
3.	Vormerkungseintragung, § 130a (Satz 2)	5
III.	entsprechende Anwendung der Norm	6
IV.	Notwendigkeit einer Briefvorlage	7

I. Normzweck und Anwendungsbereich

Geregelt wird die Ausnahme von der sonst im Grundbuchverfahren vorherrschenden Pflicht zur Vorlegung von Grundpfandrechtsbriefen (§§ 41, 42, 62 ff. GBO). Die Ausnahme ist erforderlich, damit die Berichtigung des Grundbuchs gemäß § 130 ZVG nicht von den Briefbesitzern verzögert oder verhindert werden kann. Satz 2[1] führt hinsichtlich der Freistellung vom Erfordernis der Briefvorlage zur Gleichstellung der Vormerkung gem. § 130a mit der Vormerkung nach § 1179 BGB (§ 41 Abs. 1 Satz 3 GBO). 1

Die Norm gilt in allen Versteigerungsverfahren des ZVG. Für das Zwangsverwaltungsverfahren enthält § 158 Abs. 2 eine entsprechende Regelung. 2

II. Befreiung von der Briefvorlage

1. **Löschung von Briefgrundpfandrechten (Satz 1):** Der Vorlage von Grundpfandrechtsbriefen beim Grundbuchamt durch das Versteigerungsgericht bedarf es nicht, wenn um die Löschung von durch den Zuschlag erloschenen Rechten ersucht wird (§ 130 Abs. 1). 3

2. **Vorrang einer Sicherungshypothek (Satz 1):** Gemäß § 128 Abs. 1 Satz 1 sind Sicherungshypotheken mit dem Rang des Anspruchs einzutragen. Soweit die Forderungsübertragung zu Gunsten von Ansprüchen aus § 109 und § 10 Abs. 1 Nr. 1 bis 4 erfolgte, sind daher bei der Eintragung der Sicherungshypotheken Vorrangsvermerke anzubringen (§ 128 Rn 4 und 13 ff.).[2] Der Briefvorlage bedarf es zur Eintragung der Rangvermerke entgegen § 62 GBO nicht.[3] 4

3. **Vormerkungseintragung, § 130a (Satz 2):** Die Eintragung der Löschungsvormerkung gem. § 130a kann ebenfalls nicht von der Vorlage eines Grundpfandrechtsbriefes abhängig gemacht werden. 5

---

[1] Angefügt durch Gesetz vom 22.6.1977 (BGBl. I S. 998).
[2] *Hintzen*, in: *Dassler/Schiffhauer/u.a.*, ZVG, § 131 Rn. 3.
[3] *Eickmann*, in: *Steiner*, ZVG, § 131 Rn. 4.

III. Entsprechende Anwendung der Norm

6 Nach allgemeiner Ansicht findet § 131 entsprechende Anwendung auf die in § 43 GBO bezeichneten Urkunden (Inhaber- oder Orderpapiere), deren Vorlage zur Löschung einer nach § 1187 BGB bestellten Sicherungshypothek sonst erforderlich wäre.[4]

IV. Notwendigkeit einer Briefvorlage

7 Zur Löschung der Briefgrundpfandrechte, die nicht durch den Zuschlag erloschen sind, um deren Löschung das Versteigerungsgericht jedoch nach § 130 Abs. 2 ersucht, bedarf es der Vorlage der Briefe.[5] Auch ohne Briefvorlage an das Versteigerungsgericht wird dieses das Ersuchen gemäß § 130 an das Grundbuchgericht richten, da das Versteigerungsgericht gemäß § 127 die Briefvorlage nicht erzwingen kann. Das Grundbuchgericht wird die Vorlage analog § 62 GBO i.V.m. § 35 FamFG erzwingen.[6] Auch zur Löschung der nach dem Zuschlag eingetragenen Rechte (§ 130) bedarf es der Briefvorlagen.[7]

---

4 *Hintzen*, in: *Dassler/Schiffhauer/u.a.*, ZVG, § 131 Rn. 4; *Eickmann*, in: *Steiner*, ZVG, § 131 Rn. 8.
5 *Jaeckel/Güthe*, ZVG, §§ 130, 131 Rn. 14; *Eickmann*, in: *Steiner*, ZVG, § 131 Rn. 6.; *Bestelmeyer*, in: *Meikel*, GBO, § 41 Rn. 92.
6 Früher § 33 FGG; *Böttcher*, ZVG, § 131 Rn. 6; *Hintzen*, in: *Dassler/Schiffhauer/u.a.*, ZVG, § 131 Rn. 2; *Eickmann*, in: *Steiner*, ZVG, § 131 Rn. 7.
7 *Eickmann*, in: *Steiner*, ZVG, § 131 Rn. 6.

§ 132 ZVG [Vollstreckung gegen den Ersteher und Mithaftende]

(1) Nach der Ausführung des Teilungsplans ist die Forderung gegen den Ersteher, im Falle des § 69 Abs. 3 auch gegen den für mithaftend erklärten Bürgen und im Falle des § 81 Abs. 4 auch gegen den für mithaftend erklärten Meistbietenden, der Anspruch aus der Sicherungshypothek gegen den Ersteher und jeden späteren Eigentümer vollstreckbar. Diese Vorschrift findet keine Anwendung, soweit der Ersteher einen weiteren Betrag nach den §§ 50, 51 zu zahlen hat.

(2) Die Zwangsvollstreckung erfolgt auf Grund einer vollstreckbaren Ausfertigung des Beschlusses, durch welchen der Zuschlag erteilt ist. In der Vollstreckungsklausel ist der Berechtigte sowie der Betrag der Forderung anzugeben; der Zustellung einer Urkunde über die Übertragung der Forderung bedarf es nicht.

Schrifttum: *Alff*, Klauselprobleme in der Immobiliarvollstreckungspraxis, Rpfleger 2001, 385; *Cuypers*, Zugewinnausgleich und Teilungsversteigerung, MDR 2008, 1012.

Übersicht

	Rn.
I. Normzweck und Anwendungsbereich	1, 2
II. Vollstreckbarkeit (Abs. 1)	3–10
1. Forderung	3–5
2. Sicherungshypothek	6, 7
3. Ausnahme	8
4. Beginn der Vollstreckbarkeit	9, 10
III. Allgemeine Zwangsvollstreckungsvoraussetzungen	11–18
1. Titel	11
2. Klausel	12–16
3. Zustellung	17, 18

I. Normzweck und Anwendungsbereich

Normiert wird die Vollstreckbarkeit der Ansprüche gegen den Ersteher (bzgl. der Forderungen auch gegen die mithaftenden Meistbietenden oder Bürgen). Der Zuschlagsbeschluss stellt den Titel dar, der jedoch mangels Angaben zu Gläubigern und vollstreckbaren Ansprüchen einer Vollstreckungsklausel bedarf. **1**

Die Norm findet in allen Versteigerungsverfahren nach dem ZVG Anwendung. **2**

II. Vollstreckbarkeit (Abs. 1)

1. Forderung: Nach Ausführung des Teilungsplans ist die Forderung gegen den Ersteher vollstreckbar (Abs. 1 Satz 1 1. Alt.). Sofern der zahlungspflichtige Ersteher (oder mithaftende Meistbietende oder mithaftende Bürge) keine Zahlungen geleistet hat, ist eine Forderungsübertragung an Gläubiger oder eine Zuweisung an den Vollstreckungsschuldner gemäß § 118 erfolgt und insoweit tritt gemäß § 132 die Vollstreckbarkeit ein.[1] Zur Rechtslage bei Zuteilung eines Betrages an den Meistbietenden und/oder Ersteher siehe § 118 Rn. 27, **3**

---

[1] *Jaeckel/Güthe*, ZVG, §§ 132, 133 Rn. 2; *Eickmann*, in: Steiner, ZVG, § 132 Rn. 2; anders (ggf. ungenau) *Böttcher*, ZVG, § 132 Rn. 2 (übertragene Forderung gem. § 118).

28. **Einwendungen** gegen den Anspruch sind mit der Vollstreckungsabwehrklage möglich.[2]

4 Die Vollstreckbarkeit umfasst auch die Forderungen gegen einen gemäß § 82 für mithaftend erklärten **Bürgen** (§ 69 Abs. 3) und oder gegen einen für mithaftend erklärten **Meistbietenden** (§ 81 Abs. 4).[3] Wegen der Beträge gem. §§ 50, 51 siehe Rn. 8.

5 Die Vollstreckbarkeit der Forderungen gegen Ersteher, mithaftende Meistbietende und mithaftende Bürgen ermöglicht den Zwangsvollstreckungszugriff in deren gesamtes Vermögen.[4]

6 2. **Sicherungshypothek:** Ebenfalls vollstreckbar ist der Anspruch aus einer Sicherungshypothek gegen den Ersteher und jeden späteren Eigentümer (Abs. 1 Satz 1 letzte Alt.). Zur Frage der Notwendigkeit einer Grundbucheintragung siehe Rn. 10. Ob eine **Umwandlung** einer Sicherungshypothek in eine Verkehrshypothek oder Grundschuld (§§ 1186, 1198 BGB) Auswirkungen auf die Vollstreckbarkeit hat, ist umstritten.[5] Zutreffend geht *Eickmann*[6] davon aus, dass gegen den Fortbestand der Vollstreckbarkeit lediglich eine abweichende Vereinbarung der Beteiligten spricht, die im Klauselerteilungsverfahren oder als Vollstreckungsvereinbarung gemäß § 767 ZPO geltend zu machen ist.[7]

7 Dem Vollstreckungszugriff unterliegt die Immobilie ebenso wie der Hypothekenhaftverband (§§ 1120 ff., 1192 Abs. 1 BGB), so dass die Zwangsvollstreckung nicht auf das Verfahren der Wiederversteigerung beschränkt ist.

8 3. **Ausnahme:** Nicht vollstreckbar sind die vom Ersteher gemäß §§ 50, 51 zu zahlenden Beträge (Abs. 1 Satz 2), da diese Beträge nicht im Verteilungstermin zu entrichten sind, sondern das Gesetz die Geltendmachung der Beträge dem Gläubiger überlässt, dem diese Beträge zugeteilt sind.[8]

9 4. **Beginn der Vollstreckbarkeit:** Die Vollstreckbarkeit des persönlichen und dinglichen Anspruchs setzt keine Rechtskraft des Zuschlagsbeschlusses, sondern lediglich die Ausführung des Teilungsplanes voraus, so dass die Möglichkeit der Zwangsvollstreckung vor Zuschlagsrechtskraft besteht.[9] Ersteher, mithaftender Bürge oder mithaftender Meistbietender haben die Möglichkeit, dies durch Beantragung der Aussetzung gemäß § 116 abzuwenden. Wird kein Aussetzungsantrag gestellt und der Zuschlag vor Durchführung von Vollstreckungsmaßnahmen aufgehoben, greifen § 775 Nr. 1 ZPO und § 776 Satz 1 ZPO.[10] Im Falle der Zuschlagsaufhebung nach Abschluss der Zwangsvollstreckungsmaßnahme kommt eine analoge Anwendung von § 717 Abs. 2 ZPO in Betracht.[11]

Zur Vollstreckbarkeit im Falle eines Widerspruchs siehe Rn. 14.

---

2 *Stöber*, ZVG, § 132 Rn. 2.5; LG Ulm, Beschl. vom 12.1.1987 – 4 O 215/86, NJW-RR 1987, 511; Brandenburgisches OLG, Urteil vom 30.4.2008 – 7 U 79/07.
3 Abs. 1 Satz 1 2.+3. Alternative.
4 *Hintzen*, in: *Dassler/Schiffhauer/u.a.*, ZVG, § 132 Rn. 3; *Eickmann*, in: *Steiner*, ZVG, § 132 Rn. 3 und 4.
5 Verneinend: *Hintzen*, in: *Dassler/Schiffhauer/u.a.*, ZVG, § 132 Rn. 4; *Böttcher*, ZVG, § 132 Rn. 3; *Eickmann*, in: *Steiner*, ZVG, § 132 Rn. 8; bejahend: *Stöber*, ZVG, § 132 Rn. 2.3.
6 *Eickmann*, in: *Steiner*, ZVG, § 132 Rn. 8.
7 Ebenso: *Hintzen*, in: *Dassler/Schiffhauer/u.a.*, ZVG, § 132 Rn. 4.
8 *Jaeckel/Güthe*, ZVG, §§ 132, 133 Rn. 2; *Böttcher*, ZVG § 132 Rn. 4.
9 *Böttcher*, ZVG, § 132 Rn. 2.
10 *Jaeckel/Güthe*, ZVG, §§ 132, 133 Rn. 5.
11 Bejahend: *Eickmann*, in: *Steiner*, ZVG, § 132 Rn. 10; *Böttcher*, ZVG, § 132 Rn. 2; teilweise verneinend: *Jaeckel/Güthe*, ZVG, §§ 132, 133 Rn. 5; *Hintzen*, in: *Dassler/Schiffhauer/u.a.*, ZVG, § 132 Rn. 7.

Fraglich ist, wann die Vollstreckbarkeit des dinglichen Anspruchs (Sicherungs- **10**
hypothek) eintritt. Nach dem Gesetzeswortlaut ist Voraussetzung lediglich die
Ausführung des Teilungsplans, so dass die Vollstreckbarkeit teilweise bereits
ab diesem Zeitpunkt angenommen wird.[12] Die Sicherungshypothek entsteht
jedoch gemäß § 128 Abs. 3 Satz 1 erst mit Grundbucheintragung, um die
gemäß § 130 Abs. 1 Satz 1 erst nach Zuschlagsrechtskraft ersucht wird. Da die
Vollstreckbarkeit des dinglichen Anspruchs dessen Existenz voraussetzen
muss, beginnt diese mit Ausführung des Teilungsplans und Eintragung der
Sicherungshypothek im Grundbuch.[13]

III. Allgemeine Zwangsvollstreckungsvoraussetzungen

1. **Titel:** Die Zwangsvollstreckung erfolgt aus einer Ausfertigung des **11**
Zuschlagsbeschlusses (**Abs. 2 Satz 1**). Dennoch kann ein Rechtsschutzbedürfnis für eine Leistungsklage gegeben sein, da sich der Vollstreckungsschuldner
einer Vollstreckung aus dem Zuschlagsbeschluss durch Vollstreckungsabwehrklage widersetzen kann.[14] Für eine **Vollstreckungsgegenklage** (§ 767 ZPO)
gegen den Zuschlagsbeschluss ist die sachliche und örtliche Zuständigkeit
(§ 802) des Prozessgerichts des ersten Rechtszugs, in dem der Titel geschaffen
wurde, gegeben.[15]

2. **Klausel:** In der Klausel ist der Berechtigte sowie der Betrag der Forderung **12**
anzugeben (**Abs. 2 Satz 2**). Fraglich ist, ob bei Klauselerteilung zwischen dem
persönlichen Zahlungsanspruch und dem dinglichen Duldungsanspruch zu
differenzieren ist.[16] Wegen der unterschiedlichen Haftungsmassen ist dies zur
Vermeidung von Missverständnissen in jedem Falle sinnvoll. Bei Klauselerteilung gegen **Ersteher und Mithaftende** sind diese als Gesamtschuldner zu
bezeichnen, falls dies im Zuschlagsbeschluss nicht festgestellt wurde.[17] Die
Erteilung der Klausel bzgl. einer Sicherungshypothek vor Eintragung und
damit vor Entstehung des Rechts wird als zulässig angesehen (siehe auch
Rn. 10).[18] Der Zustellung einer Urkunde über die Forderungsübertragung
bedarf es zur Klauselerteilung nicht (Abs. 2 Satz 2).

Im Falle einer **bedingten Übertragung** (Zuweisung; Hilfs- bzw. Alternativzutei- **13**
lung; §§ 119, 123) ist dies in der Klausel zu vermerken und zugleich anzuordnen, dass ein beigetriebener Betrag zugunsten aller Berechtigter zu hinterlegen
ist.[19] Dies gilt unabhängig davon, ob die Klausel einem oder beiden Berechtigten erteilt wird.[20]

Wurde gegen die Zuteilung ein **Widerspruch** erhoben, der nicht gemäß § 115 **14**
Abs. 1 Satz 2 i.V.m. § 876 Satz 3 ZPO erledigt wurde (§ 124), kann eine voll-

---

12 *Alff*, Rpfleger 2001, 385 (394); *Hintzen*, in: *Dassler/Schiffhauer/u.a.*, ZVG, § 132 Rn. 8.
13 So auch: *Eickmann*, in: Steiner, ZVG, § 132 Rn. 11; *Jaeckel/Güthe*, ZVG, §§ 132, 133 Rn. 5;
   Böttcher, ZVG, § 132 Rn. 3; differenzierter: *Alff*, Rpfleger 2001, 385 (394), der die Zwangsvollstreckung aus einer vor Sicherungshypothekeneintragung erteilten Klausel für zulässig ansieht,
   sofern das dingliche Recht zur Entstehung gelangt; *Hintzen*, in: *Dassler/Schiffhauer/u.a.*, ZVG
   § 132 Rn. 8 (Zwangsvollstreckung aus der Sicherungshypothek regelmäßig erst nach der
   Rechtskraft der Zuschlagserteilung).
14 BGH, Urteil vom 23.2.1961 – II ZR 250/58, NJW 1961, 1116.
15 LG Ulm, Beschl. vom 12.1.1987 – 4 O 215/86, NJW-RR 1987, 511.
16 *Alff*, Rpfleger 2001, 385 m.w. N; bejahend: *Eickmann*, in: Steiner, ZVG, § 132 Rn. 19; *Böttcher*, ZVG, § 132 Rn. 6+8; verneinend: *Hornung*, Rpfleger 1994, 9; *Schiffhauer*, Rpfleger 1994,
   402.
17 *Eickmann*, in: Steiner, ZVG, § 132 Rn. 16.
18 *Alff*, Rpfleger 2001, 385; *Stöber*, ZVG, § 132 Rn. 3.2.
19 *Eickmann*, in: Steiner, ZVG, § 132 Rn. 17; *Hintzen*, in: *Dassler/Schiffhauer/u.a.*, ZVG, § 132
   Rn. 10; *Stöber*, ZVG, § 132 Rn. 3.4.
20 *Hintzen*, in: *Dassler/Schiffhauer/u.a.*, ZVG, § 132 Rn. 10.

streckbare Zuschlagsbeschlussausfertigung nicht erteilt werden, solange keine Klärung des Widerspruchs im Widerspruchsprozess erfolgt ist.[21]

15 Zu den Besonderheiten und dem Problem des Erteilungszeitpunkts bei erstehendem Miteigentümer bei einer **Teilungsversteigerung** siehe *Cruypers*.[22]

16 Die funktionelle **Zuständigkeit** für die Erteilung einer einfachen Vollstreckungsklausel (§§ 724, 725 ZPO) liegt beim Urkundsbeamten der Geschäftsstelle.[23] **Einwendungen** gegen die Klauselerteilung richten sich nach § 732 ZPO bzw. § 768 ZPO.[24]

17 3. Zustellung: Die Zwangsvollstreckung darf grundsätzlich nur beginnen, wenn der Titel bereits zugestellt ist oder gleichzeitig zugestellt wird (§ 750 Abs. 1, § 794 Abs. 1 Nr. 3 ZPO). Fraglich ist, ob es des Weiteren einer Klauselzustellung gem. § 750 Abs. 2 ZPO bedarf. Der Wortlaut von § 750 Abs. 2 ZPO spricht dagegen. Da sich jedoch nur aus der Klausel die Bezeichnung des Gläubigers und der Forderung ergibt, erscheint dies entsprechend § 750 Abs. 1 und 2 ZPO erforderlich.[25] Hierfür spricht auch die Wortwahl des § 132 Abs. 2 Satz 1 im Gegensatz zu § 93.

18 Der Zustellung einer Urkunde über die Forderungsübertragung bedarf es nicht (Abs. 2 Satz 2). Eine weitere **Ausnahme** von dem Erfordernis der Zustellung bzgl. Titel und Klausel enthält § 133 Satz 1 für den Fall der Zwangsvollstreckung in das Grundstück.

---

21 AG Düsseldorf, MDR 1961, 697; *Hintzen*, in: *Dassler/Schiffhauer/u.a.*, ZVG, § 132 Rn. 11.
22 Cuypers, MDR 2008, 1012 (1015).
23 *Eickmann*, in: Steiner, ZVG, § 132 Rn. 20; *Stöber*, ZVG, § 132 Rn. 3.5.
24 *Stöber*, ZVG, § 132 Rn. 3.6.
25 Im Ergebnis ebenso: *Eickmann*, in: Steiner, ZVG, § 132 Rn. 21; *Jaeckel/Güthe*, ZVG, §§ 132, 133 Rn. 8; insoweit nicht eindeutig: *Hintzen*, in: *Dassler/Schiffhauer/u.a.*, ZVG, § 132 Rn. 10 und *Stöber*, ZVG, § 132 Rn. 3.8.

§ 133 ZVG [Zwangsvollstreckung ins versteigerte Grundstück]

Die Zwangsvollstreckung in das Grundstück ist gegen den Ersteher ohne Zustellung des vollstreckbaren Titels oder der nach § 132 erteilten Vollstreckungsklausel zulässig; sie kann erfolgen, auch wenn der Ersteher noch nicht als Eigentümer eingetragen ist. Der Vorlegung des im § 17 Abs. 2 bezeichneten Zeugnisses bedarf es nicht, solange das Grundbuchamt noch nicht um die Eintragung ersucht ist.

Schrifttum: *Schiffhauer*, Wiederversteigerung ohne vorherige Berichtigung des Grundbuches?, Rpfleger 1975, 12; *Hornung*, Wiederversteigerung aus der Sicherungshypothek, Rpfleger 1994, 9; *Schiffhauer/Hornung*, Nochmals – Wiederversteigerung aus der Sicherungshypothek, Rpfleger 1994, 402.

Übersicht

		Rn.
I.	Normzweck und Anwendungsbereich	1, 2
II.	Besonderheiten der Wiedervollstreckung	3–6
1.	Arten	3
2.	Zustellung	4
3.	Voreintragung des Erstehers	5
4.	Eintragungsnachweis	6
III.	Wiederversteigerung	7–15
1.	Antrag – § 129	7
2.	Anordnung	8, 9
3.	Verfahrensdurchführung	10, 11
4.	Unbedenklichkeitsbescheinigung	12
5.	Beteiligte	13
6.	Geringstes Gebot	14
7.	Erlösüberschuss	15

I. Normzweck und Anwendungsbereich

Geregelt werden Verfahrenserleichterungen für den Fall der Zwangsvollstreckung gegen den Ersteher in Form der Zwangsversteigerung- oder Zwangsverwaltung. Erstere wird häufig als **Wiederversteigerung** bezeichnet, auch wenn das Gesetz die Formulierung nicht enthält und es sich um ein neues Verfahren handelt.[1] Die Norm ist nicht anwendbar, wenn der Gläubiger eines bestehen gebliebenen Grundpfandrechts aus diesem Recht oder ein Dritter die Versteigerung betreibt. 1

Die Norm ist in allen Versteigerungsverfahren des ZVG anwendbar. 2

II. Besonderheiten der Wiedervollstreckung

1. **Arten:** Die Wiedervollstreckung, für die die Verfahrenserleichterungen normiert werden, kann in Form der Zwangsversteigerung oder Zwangsverwaltung gegen den Ersteher erfolgen.[2] Sie kann nur von einem Gläubiger betrieben werden, dem in einem früheren Versteigerungsverfahren die Forderung 3

---

1 *Eickmann, in: Steiner*, ZVG, § 133 Rn. 3.
2 *Stöber*, ZVG, § 133 Rn. 2.2 und 2.1.

gegen den Ersteher übertragen wurde.[3] Die Anwendung von § 133 wird auch bei Vollstreckung gegen den Gesamtrechtsnachfolger des Erstehers bejaht.[4]

4 2. **Zustellung:** Die Immobiliarvollstreckung gegen den Ersteher ist ohne vorherige Zustellung des vollstreckbaren Titels oder der nach § 132 erteilten Klausel zulässig (Satz 1). Dennoch bedarf es der Vorlage der vollstreckbaren Ausfertigung des Titels.[5] Im Falle der Vollstreckung gegen den Gesamtrechtsnachfolger des Erstehers (Rn. 3) bedarf es einer Klausel gem. § 727 ZPO.[6] Im Falle eines Gläubigerwechsels oder bei Vollstreckung gegen einen späteren Grundstückseigentümer entfällt das Privileg, ohne Titel- und Klauselzustellung zu vollstrecken.[7]

5 3. **Voreintragung des Erstehers:** Satz 1 befreit für die Anordnung einer Wiedervollstreckung von dem Erfordernis der Voreintragung des Betroffenen (§ 17 Abs. 1) und ermöglicht so die Anordnung der Versteigerung vor Berichtigung des Grundbuchs durch Eintragung des Erstehers im Rahmen von § 130.

6 4. **Eintragungsnachweis:** Satz 1 befreit des Weiteren von dem Erfordernis der Vorlage des Grundbuchzeugnisses gem. § 17 Abs. 2.

III. Wiederversteigerung

7 1. **Antrag:** Die erneute Versteigerung wird nur auf Antrag angeordnet (§§ 15 ff.). Eine Frist zur Antragstellung wurde nicht normiert. Jedoch hat nur ein vor dem Ablauf von sechs Monaten nach der Eintragung der Sicherungshypotheken gem. § 128 gestellter Antrag, die in § 129 normierte (Schutz-)Wirkung. Antragsteller kann nur der Gläubiger einer in einem früheren Versteigerungsverfahren gegen den Ersteher übertragenen Forderung sein.[8] Die Wiederversteigerung ist auf Antrag eines Gläubigers, der Meistbietender geblieben war und seine Rechte aus dem Meistgebot abgetreten hat, nach Forderungsübertragung gemäß § 118 nicht zulässig.[9] Aus einer im Rahmen einer Teilungsversteigerung mit Forderungsübertragung resultierenden Sicherungshypothek für die früheren Eigentümer als Mitberechtigte gem. § 432 BGB kann einer der Mitberechtigten ohne Mitwirkung der oder des anderen Mitberechtigen die Versteigerung gem. § 133 beantragen, jedoch kann Leistung gem. § 432 Abs. 1 Satz 1 BGB nur an alle verlangt werden.[10]

8 2. **Anordnung:** Das Wiederversteigerungsverfahren ist ein selbständiges Verfahren und keine Fortsetzung des früheren Verfahrens.[11] Fraglich ist, ob die Verfahrensanordnung vor Erledigung des Ersuchens gem. § 130 auch wegen des dinglichen Anspruchs aus einer Sicherungshypothek erfolgen kann. Gemäß § 132 ist der dingliche Anspruch aus einer Sicherungshypothek gegenüber dem Ersteher nach Ausführung des Teilungsplans vollstreckbar und § 133 ermöglicht die Anordnung der Wiedervollstreckung vor Vollzug des Grundbuchersuchens, jedoch entsteht die Sicherungshypothek gemäß § 128 Abs. 3 Satz 1 erst mit Eintragung. Da die Vollstreckung den Bestand des zu vollstreckenden

---

3 *Eickmann*, in: *Steiner, ZVG*, § 133 Rn. 4; *Jaeckel/Güthe, ZVG*, §§ 132, 133 Rn. 13.
4 *Fischer*, NJW 1956, 1095; *Eickmann*, in: *Steiner, ZVG*, § 133 Rn. 7 u. 14.
5 *Hintzen*, in: *Dassler/Schiffhauer/u. a., ZVG*, § 133 Rn. 3.
6 *Eickmann*, in: *Steiner, ZVG*, § 133 Rn. 14.
7 *Alff*, Rpfleger 2001, 385.
8 *Eickmann*, in: *Steiner, ZVG*, § 133 Rn. 4; *Jaeckel/Güthe, ZVG*, §§ 132, 133 Rn. 13.
9 AG Dortmund, Beschl. vom 25.8.1990 – 147 K 508/88 – u. LG Dortmund, Beschl. vom 20.9.1990 – 9 T 539/90, Rpfleger 1991, 168 mit Anm. Sievers – im Übrigen und zur anderen Ansicht siehe § 118 Rn. 13, 25 ff.
10 BGH, Urteil vom 20.2.2008 – XII ZR 58/04, BGHZ 175, 297 = NJW 2008, 1807 = Rpfleger 2008, 379 – siehe auch § 118 Rn. 15.
11 So auch: *Eickmann*, in: *Steiner, ZVG*, § 133 Rn. 3.

Anspruchs voraussetzt, kann vor Erledigung des Ersuchens (§ 130) daher die Wiederversteigerung nur wegen des persönlichen Anspruchs beantragt und angeordnet werden.[12] Nach Erledigung des Grundbuchersuchens kann dann der Gläubiger wegen des dinglichen Anspruchs beitreten.[13] Die Zwangsvollstreckung wegen des dinglichen Anspruchs setzt grundsätzlich eine Klausel nach § 132 voraus.[14]

9 Die Selbständigkeit des (Wieder-)Versteigerungsverfahrens bedingt, dass ein **neuer Versteigerungsvermerk** einzutragen ist (§ 19) und eine **neue Beschlagnahme** erfolgt.[15]

10 3. **Verfahrensdurchführung:** Umstritten ist, ob § 133 lediglich die Verfahrensanordnung oder auch die vollständige Verfahrensdurchführung vor Grundbuchberichtigung gem. § 130 ermöglicht.[16] Da die Verfahrensdurchführung jedoch die Grundbuchberichtigung erfordert (§§ 36, 13, 66, 91) und die Sicherungshypotheken erst mit Eintragung entstehen (§ 128 Abs. 3 Satz 1), ist entsprechend der herrschenden Meinung eine Terminsbestimmung und Verfahrensdurchführung erst nach Erledigung des Ersuchens (§ 130) zulässig.[17] Diese Verfahrensweise führt auch dazu, dass zum Zeitpunkt der erneuten Versteigerung der Zuschlag im vorherigen Verfahren rechtskräftig ist, da sonst gemäß § 130 das Grundbuchersuchen nicht hätte erfolgen können.

11 Da die Wiederversteigerungsanordnung vor **Rechtskraft** des Zuschlags im Erstverfahren zulässig ist, kann es zu Problemen im Falle einer Aufhebung des Zuschlags im Erstverfahren kommen.[18] Die **Aufhebung des Zuschlagsbeschlusses** im Erstverfahren führt zur Aufhebung des zuvor angeordneten Wiederversteigerungsverfahrens (§ 83 Nr. 6).[19] Sofern im Wiederversteigerungsverfahren bereits ein Zuschlag erteilt wurde, begründet die Aufhebung des Zuschlags im Erstverfahren die Zuschlagsbeschwerde gegen den zweiten Zuschlagsbeschluss (Ersteher und Wiederversteigerungsschuldner ist nicht Grundstückseigentümer).[20] Ein rechtskräftiger Zuschlag im Wiederversteigerungsverfahren behält seine Rechtskraft und eine Zuschlagsbeschwerde wäre zurückzuweisen.[21]

12 4. **Unbedenklichkeitsbescheinigung:** Zur Eintragung des Erstehers im Grundbuch ist die Vorlage der Unbedenklichkeitsbescheinigung des Finanzamtes gem. § 22 GrEStG erforderlich. Das Finanzamt erteilt die Bescheinigung, wenn die Grunderwerbssteuer entrichtet, sichergestellt, gestundet worden, Steuerfreiheit gegeben (§ 22 Abs. 2 Satz 1 GrEStG) oder wenn nach seinem Ermessen die Steuerforderung nicht gefährdet ist. Damit der Ersteher die für Durchführung des Wiederversteigerungsverfahrens erforderliche Grundbuchberichti-

---

12 *Eickmann,* in: *Steiner,* ZVG, § 133 Rn. 9; *Hintzen,* in: *Dassler/Schiffhauer/u.a.,* ZVG, § 133 Rn. 15; *Schiffhauer,* Rpfleger 1994, 402; a. A: *Stöber,* ZVG, § 133 Rn. 2.4; *Hornung,* Rpfleger 1994, 9 und 405.
13 *Mohrbutter/Drischler/u.a.,* ZVG, Muster 146 Anm. 2.
14 Inwieweit in der Klausel zwischen dinglichem und persönlichem Anspruch zu differenzieren ist, ist umstritten. Siehe § 132 Rn. 12.
15 *Stöber,* ZVG, § 133 Rn. 2.6; *Hintzen,* in: *Dassler/Schiffhauer/u.a.,* ZVG, § 133 Rn. 16.
16 *Schiffhauer,* Rpfleger 1975, 12; *Eickmann,* in: *Steiner,* ZVG, § 133 Rn. 11 f; *Stöber,* ZVG, § 133 Rn. 2.10; LG Frankenthal, Rpfleger 1975, 35; *Jaeckel/Güthe,* ZVG, §§ 132, 133 Rn. 16; *Drischler,* KTS 1976, 47.
17 *Schiffhauer,* Rpfleger 1975, 12; *Eickmann,* in: *Steiner,* ZVG, § 133 Rn. 11 f; *Stöber,* ZVG, § 133 Rn. 2.10; *Jaeckel/Güthe,* ZVG, §§ 132, 133 Rn. 16; *Drischler,* KTS 1976, 47; a. A.: LG Frankenthal, Rpfleger 1975, 35.
18 *Eickmann,* in: *Steiner,* ZVG, § 133 Rn. 21.
19 *Jaeckel/Güthe,* ZVG, §§ 132, 133 Rn. 16; *Hintzen,* in: *Dassler/Schiffhauer/u.a.,* ZVG, § 133 Rn. 24.
20 *Hintzen,* in: *Dassler/Schiffhauer/u.a.,* ZVG, § 133 Rn. 24.
21 *Eickmann,* in: *Steiner,* ZVG, § 133 Rn. 24; *Hintzen,* in: *Dassler/Schiffhauer/u.a.,* ZVG, § 133 Rn. 24.

gung nicht durch Nichtzahlung der Grunderwerbssteuer verhindern kann, könnte der betreibende Gläubiger die Steuer aus seinem Vermögen begleichen und sie dann als Vollstreckungskosten im Verfahren geltend machen.[22] Das Versteigerungsgericht kann jedoch nach Anordnung der Wiederversteigerung das Finanzamt um Erteilung der Bescheinigung zum Zwecke der zur Verfahrensdurchführung erforderlichen Grundbuchberichtigung ersuchen.[23]

13 5. **Beteiligte:** Auch in der Wiederversteigerung gilt grundsätzlich § 9, jedoch ist die Feststellung vor Erledigung des Grundbuchersuchens nicht ohne Weiteres möglich. Beteiligtenstatus haben – ohne Anmeldung – die Berechtigen von im Erstverfahren bestehen gebliebenen Rechten, sowie die Begünstigten einer Forderungsübertragung. Vereinfacht ausgedrückt sind diejenigen ohne Anmeldung beteiligt, die im Falle der Erledigung des Grundbuchersuchens (§ 130) gem. § 9 Nr. 1 eine Beteiligtenstellung hätten.[24] Der ursprüngliche Grundstückseigentümer gehört nicht zu den Verfahrensbeteiligten.[25] Gleiches gilt hinsichtlich der im ersten Verfahren ausgefallenen Berechtigten.[26]

14 6. **Geringstes Gebot:** Es gelten grundsätzlich die Regelungen §§ 44 ff. Die einzige Besonderheit stellen die Regelungen der §§ 128, 129 dar.

15 7. **Erlösüberschuss:** Der bei der Wiederversteigerung erzielte Erlösüberschuss steht dem Ersteher zu und nicht dem ursprünglichen Grundstückseigentümer.[27]

---

22 So *Hintzen,* in: *Dassler/Schiffhauer/u.a.,* ZVG, § 130 Rn. 26.
23 *Hintzen,* in: *Dassler/Schiffhauer/u.a.,* ZVG, § 130 Rn. 26; *Böttcher,* ZVG, § 133 Rn. 4. Erlass des Nds. Finanzministeriums vom 30.8.1989 (VV ND FinMin S 4540–43–32 3, GrESt-Kartei ND 1983 § 22 GrEStG Karte 4; gleichlautende Erlasse der weiteren Bundesländern); *Hornung,* Rpfleger 1994, 9.
24 *Hintzen,* in: *Dassler/Schiffhauer/u.a.,* ZVG, § 133 Rn. 11.
25 LG Karlsruhe, Urteil vom 30.3.1994 – 2 O 451/93, Rpfleger 1994, 312.
26 *Hintzen,* in: *Dassler/Schiffhauer/u.a.,* ZVG, § 133 Rn. 11.
27 OLG Karlsruhe, Beschl. vom 18.4.1995 – 11 U 32/94, Rpfleger 1995, 513; LG Karlsruhe, Urteil vom 30.3.1994 – 2 O 451/93, Rpfleger 1994, 312.

§ 134 ZVG (aufgehoben)

Aufgehoben durch Art. 2 Nr. 21 G v. 1.2.1979 I 127 (m. W. v. 1.7.1979).

§ 135 ZVG [Vertreterbestellung für unbekannte Berechtigte]

Ist für einen zugeteilten Betrag die Person des Berechtigten unbekannt, so hat das Vollstreckungsgericht zur Ermittlung des Berechtigten einen Vertreter zu bestellen. Die Vorschriften des § 7 Abs. 2 finden entsprechende Anwendung. Die Auslagen und Gebühren des Vertreters sind aus dem zugeteilten Betrage vorweg zu entnehmen.

Übersicht

		Rn.
I.	Normzweck und Anwendungsbereich	1, 2
II.	Voraussetzungen der Bestellung	3
III.	Bestellungsverfahren	4–6
1.	Allgemeines	4
2.	Auswahl und Bestellung	5
3.	Kosten	6
IV.	Rechte und Pflichten des Vertreters (Satz 2 u. 3)	7–12
1.	Ermittlungspflicht	7
2.	Benachrichtigungspflicht	8
3.	Andere Rechte und Pflichten	9
4.	Aufsicht	10
5.	Vergütung und Auslagen (Satz 2 und 3)	11
6.	Amtsende – weiteres Verfahren	12

I. Normzweck und Anwendungsbereich

1 Die Bestellung eines Vertreters für unbekannte Beteiligte setzt einen Fall von § 126 voraus (unbekannter Berechtiger eines zugeteilten Betrages, Hinterlegung und Alternativzuteilung; § 126 Rn. 1 ff.) und stellt eine Voraussetzung für das Verfahren zum Ausschluss eines nicht ermittelten Berechtigten (§§ 138 ff.) dar.

2 Die Norm gilt für sämtliche Versteigerungsverfahren des ZVG. Bzgl. der Zwangsverwaltung siehe § 157 Abs. 2 (§ 157 Rn. 13 f.).

II. Voraussetzungen der Bestellung

3 Die Vertreterbestellung setzt voraus, dass der **Berechtigte** eines (bedingt oder unbedingt) **zugeteilten Betrag**es unbekannt ist (§ 126), d. h., dass nicht nur die Auszahlung an einen Berechtigten nicht möglich ist (§ 117 Abs. 2 Satz 3, Abs. 3), sondern auch seine Person unbekannt ist. Der zugeteilte Betrag kann auch ein Zuzahlungsbetrag gemäß §§ 50, 51 sein. Soweit lediglich der Berechtigte eines vom Ersteher zu übernehmenden Rechts (§ 52) unbekannt ist, liegt kein Fall von § 135 vor.

III. Bestellungsverfahren

4 **1. Allgemeines.** Die Bestellung des Vertreters erfolgt **von Amts wegen** durch das Vollstreckungsgericht (= Versteigerungsgericht) zugleich mit der Zuteilung des Betrages.[1] Die Notwendigkeit der Bestellung besteht auch, wenn zuvor für

---

[1] *Teufel*, in: *Steiner*, ZVG, § 135 Rn. 7.

den Unbekannten bereits ein Zustellungsvertreter gemäß § 6 ZVG bestellt wurde.[2]

2. Auswahl und Bestellung. Das Gericht hat eine geeignete und zur Übernahme bereite Person auszuwählen (§ 6 Rn. 6)[3] und per Beschluss[4] zu bestellen. Sofern bereits ein Zustellungsvertreter gemäß § 6 bestellt wurde, sollte dieser – im Falle seiner Eignung – auch als Ermittlungsvertreter bestellt werden.[5]

3. Kosten. Für die Bestellung und Aufsicht eines Ermittlungsvertreters fallen keine Gerichtskosten an. Für Auslagen und Vergütung des Vertreters gelten Satz 2 und 3 (siehe Rn. 11).

IV. Rechte und Pflichten des Vertreters (Satz 2 u. 3)

1. Ermittlungspflicht. Der Vertreter ist zur Ermittlung des unbekannten Berechtigten verpflichtet (Satz 2 i. V. m. § 7 Abs. 2). Die Art und Weise der Ermittlung ist gesetzlich nicht geregelt.

2. Benachrichtigungspflicht. Neben der Pflicht, den ermittelten Berechtigen zu informieren (Satz 2 i. V. m. § 7 Abs. 2 S. 1), besteht die Pflicht, dem Versteigerungsgericht die Ermittlung des Vertretenen mitzuteilen.[6]

3. Andere Rechte und Pflichten. Die zentrale Aufgabe des Vertreters ist die Ermittlung und Benachrichtigung des unbekannten Berechtigten und nicht dessen Vertretung im weiteren Verfahren. Der Ermittlungsvertreter wird jedoch im Verfahren nach §§ 139, 140 Abs. 4, § 141 hinzugezogen. Der Vertreter ist allerdings nicht berechtigt, das Aufgebot des Gläubigers oder der für kraftlos zu erklärenden Urkunden zu beantragen oder Zahlungen zu Gunsten des unbekannten Berechtigten in Empfang zu nehmen.[7]

4. Aufsicht: Der Vertreter steht unter gerichtlicher Aufsicht, jedoch kann das Gericht seine Tätigkeit nicht überprüfen oder Zwangsgelder verhängen. Bei Untätigkeit kann es den Vertreter nach vorheriger Anhörung lediglich entlassen und einen neuen Vertreter bestellen.[8] Eine Haftung des Vertreters für durch Untätigkeit oder fehlerhafte Ermittlung verursachte Schäden ist möglich.[9]

5. Vergütung und Auslagen (Satz 2 und 3): Gemäß Satz 2 findet § 7 Abs. 2 entsprechende Anwendung (§ 7 Rn. 6). Der Vertreter kann daher Erstattung seiner Auslagen und eine Vergütung verlangen, für die der Vertretene haftet. Die Beträge sind aus dem zugeteilten Betrag vorweg zu entnehmen (Satz 3). Im Falle der Nichtzahlung des Erlöses erhält der Vertreter eine Forderungsübertragung gegen den Ersteher an entsprechender Rangstelle.[10] Der Vertreter ist daher besser als der Zustellungsvertreter gestellt, der bei Nichtermittlung keine Vergütung erhalten kann. Über die Höhe der Vergütung und der Auslagen entscheidet das Vollstreckungsgericht (§ 7 Abs. 2 S. 3).

---

2 *Teufel*, in: *Steiner*, ZVG, § 135 Rn. 6.
3 *Stöber*, ZVG, § 135 Rn. 2.2 (auch zu Haftungsfragen).
4 Beschlussbeispiel: „In pp wird Rechtsanwältin ... als Vertreterin für den unbekannten Berechtigen des unter ... zugeteilten Betrages bestellt (§ 135 ZVG). ..."
5 *Hintzen*, in: *Dassler/Schiffhauer/u. a.*, ZVG, § 135 Rn. 2.
6 *Stöber*, ZVG, § 135 Rn. 2.3; *Jaeckel/Güthe*, ZVG, § 135 Rn. 5.
7 *Jaeckel/Güthe*, ZVG, aaO, der jedoch die Zuständigkeit des Vertreters für die Urkundsbeschaffung bejaht; *Hintzen*, in: *Dassler/Schiffhauer/u. a.*, ZVG, 135 Rn. 5.
8 *Stöber*, ZVG, § 135 Rn. 2.2.
9 *Stöber* aaO.
10 *Jaeckel/Güthe*, ZVG, § 135 Rn. 5; *Stöber*, ZVG, § 135 Rn. 2.4.

12 6. **Amtsende – weiteres Verfahren.** Nach Ermittlung des unbekannten Berechtigten und den entsprechenden Mitteilungen oder mit Ausschließungsbeschluss gemäß § 138 endet das Amt des Vertreters. Im Falle der Ermittlung des unbekannten Berechtigen richtet sich der weitere Verfahrensgang nach §§ 137, 138 Abs. 2, § 139. Wird der Unbekannte nicht binnen 3 Monaten seit dem Verteilungstermin ermittelt, läuft das Verfahren entsprechend §§ 138, 140 ff. weiter.

§ 136 ZVG [Kraftloserklärung von Grundpfandrechtsbriefen]

Ist der Nachweis des Berechtigten von der Beibringung des Briefes über eine Hypothek, Grundschuld oder Rentenschuld abhängig, so kann der Brief im Wege des Aufgebotsverfahrens auch dann für kraftlos erklärt werden, wenn das Recht bereits gelöscht ist.

Schrifttum: *Heinemann*, Das neue Aufgebotsverfahren nach dem FamFG, NotBZ 2009, 300.

Übersicht	Rn.
I. Normzweck und Anwendungsbereich	1–4
II. Kraftloserklärung	5, 6
III. Abgrenzung zu §§ 138 ff.	7

I. Allgemeines

Zur Legitimation des Gläubigers eines Briefgrundpfandrechts (Hypothek, Grund- oder Rentenschuld) hat der Berechtigte (ggf. u.a.) den Grundpfandrechtsbrief vorzulegen (§ 126, §§ 1154, 1159, 1160, 1192, 1200 BGB). Wird der Brief nicht vorgelegt, ist für den zugeteilten Betrag die Person des Berechtigten unbekannt und es wird gem. §§ 126, 135 ff. verfahren. **1**

Ist ein Brief abhanden gekommen oder vernichtet, kann er gemäß §§ 1162, 1192, 1200 BGB im Wege eines Aufgebotsverfahrens (§§ 433–441, 466 ff. FamFG) für kraftlos erklärt werden. Voraussetzung ist das Bestehen bzw. die Grundbucheintragung des Grundpfandrechts.[1] **2**

§ 136 schafft Sonderbestimmungen für das Aufgebotsverfahren zur Kraftloserklärung eines Grundpfandrechtsbriefes, da zum Zeitpunkt des Aufgebotsverfahrens das Grundpfandrecht bereits erloschen (§ 91) und gelöscht (§ 131) sein kann. **3**

Die Norm ist in allen Versteigerungsverfahren des ZVG anwendbar. Bzgl. der Zwangsverwaltung siehe § 157 Abs. 2 (§ 157 Rn. 13 f.). **4**

II. Kraftloserklärung

Das Aufgebotsverfahren (§§ 433 ff. FamFG, §§ 466 ff. FamFG, § 12 EGZVG) setzt einen **Antrag** des Grundpfandrechtsgläubigers, dem der Brief abhanden gekommen ist, voraus. Die Antragstellung durch den Vertreter gemäß § 135 ist nicht möglich (§ 467 Abs. 2 FamFG). Auf Besonderheiten des **Landesrechts** wird verwiesen (§ 12 EGZVG, § 484 FamFG). **5**

Der Ausschließungsbeschluss ersetzt den abhanden gekommenen Brief (§ 479 FamFG) und nicht die daneben zur Legitimation ggf. erforderlichen weiteren Urkunden (z.B.: Abtretungserklärung).[2] Das weitere Verfahren richtet sich nach § 137 oder § 138. **6**

---

1 Hintzen, in: Dassler/Schiffhauer/u.a., ZVG, § 136 Rn. 1; *Teufel*, in: Steiner, ZVG, § 136 Rn. 4.
2 *Teufel*, in: Steiner, ZVG, § 136 Rn. 5.

III. Abgrenzung zu §§ 138 ff.

7 Das Aufgebotsverfahren gem. §§ 138 ff. dient dem Ausschluss eines unbekannten Beteiligten zugunsten des Begünstigten einer Alternativzuteilung gemäß § 126. Im Gegensatz dazu dient § 136 der Schaffung des Legitimationsnachweises eines Grundpfandrechtsberechtigten, der ohne Brief als unbekannter Beteiligter gilt (§ 126 Abs. 1).

§ 137 [Planausführung nach Ermittlung des Berechtigen]

(1) Wird der Berechtigte nachträglich ermittelt, so ist der Teilungsplan weiter auszuführen.

(2) Liegt ein Widerspruch gegen den Anspruch vor, so ist derjenige, welcher den Widerspruch erhoben hat, von der Ermittlung des Berechtigten zu benachrichtigen. Die im § 878 der Zivilprozeßordnung bestimmte Frist zur Erhebung der Klage beginnt mit der Zustellung der Benachrichtigung.

Übersicht	Rn.
I. Normzweck und Anwendungsbereich	1, 2
II. Nachträgliche Ermittlung	3–6
III. Widerspruch (Abs. 2)	7–9

I. Normzweck und Anwendungsbereich

Die Norm regelt das weitere Verfahren, nachdem zunächst eine Zuteilung an einen unbekannten Berechtigten erfolgte (§ 126) und dieser Berechtigte (nachträglich) ermittelt wird. §§ 138, 140 ff. hingegen regeln das Verfahren für den Fall, dass der Berechtigte nicht innerhalb von drei Monaten seit dem Verteilungstermin ermittelt wird. **1**

Die Norm ist in allen Versteigerungsverfahren des ZVG anwendbar. Bzgl. der Zwangsverwaltung siehe § 157 Abs. 2 (§ 157 Rn. 13 f.). **2**

II. Nachträgliche Ermittlung

Es ist für die Anwendung der Norm irrelevant, ob der unbekannte Berechtigte von dem Vertreter gem. § 135 ermittelt wurde, seine Legitimation nachgewiesen wird oder er sich selbst meldet. Erfolgt die Ermittlung des Berechtigten erst nach der Ermächtigung zum Aufgebot (§ 138 Abs. 1), richtet sich das Verfahren nach §§ 138 Abs. 2, 139 und nicht nach § 137. **3**

Das Vollstreckungsgericht hat die nachträgliche Ermittlung nach Prüfung festzustellen. Es hört zuvor die insoweit Beteiligten (Grundstückseigentümer vor Zuschlag, Ermittelter, Ermittlungsvertreter gem. § 135, Begünstigter der Alternativzuteilung des § 126 Abs. 1) an und trifft anschließend seine Feststellung.[1] Eine bestimmte **Entscheidungsform** ist nicht vorgeschrieben, so dass eine konkludente Feststellung durch Planausführung möglich ist. Zur Klarheit des Verfahrens und bei entgegenstehenden Meinungsäußerungen im Rahmen der Anhörung ist die Feststellung im Wege eines **Beschlusses** empfehlenswert.[2] Der Beschluss, der mit der sofortigen Beschwerde (§ 11 Abs. 1 RPflG, §§ 793, 567 ff. ZPO) anfechtbar ist, ist den diesbzgl. Beteiligten zuzustellen.[3] **4**

Verneint das Gericht die nachträgliche Ermittlung des unbekannten Berechtigten, so besteht für letzteren die Möglichkeit einer entsprechenden **Feststellungsklage** gegen Schuldner und Hilfs- bzw. Alternativberechtigten.[4] **5**

Nach der (rechtskräftigen) Feststellung der nachträglichen Ermittlung des Berechtigten führt das Gericht den Teilungsplan weiter aus (Abs. 1). Ein weite- **6**

---

1 § 286 ZPO; *Teufel*, in: *Steiner*, ZVG, § 137 Rn. 3.
2 *Teufel*, in: *Steiner*, ZVG, § 137 Rn. 4 + 5; *Hintzen*, in: *Dassler/Schiffhauer/u. a.*, ZVG, § 137 Rn. 4; *Stöber*, ZVG, § 137 Rn. 2.3.
3 *Hintzen*, in: *Dassler/Schiffhauer/u. a.*, ZVG, § 137 Rn. 4; siehe auch: Rechtsbehelfe im ZVG.
4 *Teufel*, in: *Steiner*, ZVG, § 137 Rn. 7.

rer Termin ist diesbzgl. entbehrlich, da der ursprüngliche Teilungsplan auch für diese Situation eine Regelung enthält.[5] Von dem auf den ehemals unbekannten Berechtigten entfallenden Erlösanteil sind vorab die durch die weitere Planausführung anfallenden **Gerichtskosten** (Auslagen, § 109) und der Betrag für die Vergütung und Auslagen des Vertreters gem. § 137 zu entnehmen.[6] Der gerichtliche Beschluss bzgl. der weiteren Planausführung ist dem ermittelten Berechtigten, dem Vertreter gem. § 135, dem Eventualberechtigten (§ 126) und dem Schuldner zuzustellen (§ 329 Abs. 2 Satz 2, Abs. 3 ZPO) und ist mit der sofortigen Beschwerde (§ 11 Abs. 1 RPflG, §§ 793, 567ff. ZPO) anfechtbar. Sofern der Erlösanteil hinterlegt war (§ 126 Abs. 2 Satz 1), ordnet das Gericht die **Auszahlung** entsprechend vorstehender Ausführungen an (§ 117 Abs. 3). Im Falle einer **Forderungsübertragung** (§ 126 Abs. 2 Satz 2) ist die Forderung entsprechend vorstehender Ausführungen auf die Gerichtskasse, den Vertreter gem. § 135 und den Berechtigten zu übertragen (§§ 118, 128) und das Grundbuchamt ggf. um entsprechende Berichtigung zu ersuchen.[7]

III. Widerspruch (Abs. 2)

7 Wurde gegen den Anspruch, dessen Berechtigter unbekannt war, ein Widerspruch (§ 115) erhoben, so ist der Widersprechende von der Ermittlung des Berechtigten zu benachrichtigen. Diese Benachrichtigung ist gem. § 329 Abs. 2 Satz 2 ZPO zuzustellen, da mit ihr die Monatsfrist zum Nachweis der Klageerhebung gem. § 878 ZPO beginnt (Abs. 2 Satz 2; siehe § 115), auch wenn die Norm insoweit unpräzise formuliert ist.[8] *Hintzen* will die Benachrichtigung gemäß Abs. 2 Satz 1 erst nach Rechtskraft des Feststellungsbeschlusses (siehe Rn. 4) zustellen lassen, da andernfalls bei Aufhebung des Beschlusses die Passivlegitimation des Berechtigten für die Widerspruchsklage des Widersprechenden wegfallen würde.[9] Dem ist zuzustimmen.

8 Eine **Belehrung** über die Rechtsfolgen der Benachrichtigungszustellung (Abs. 2 Satz 2) ist nicht vorgeschrieben, aber im Hinblick auf § 139 ZPO empfehlenswert.[10]

9 Im Falle eines **fristgerechten Nachweises des Klageerhebung** verbleibt es bei der Hinterlegung der Beträge (§ 126 Abs. 2 Satz 1; für den bekannten Berechtigten und den Widersprechenden) bzw. die bedingte Forderungsübertragung (§ 126 Abs. 2 Satz 2) ist durch Bezeichnung des ursprünglich Unbekannten zu ergänzen und das Grundbuchbuch um Berichtigung zu ersuchen.[11]

---

5 So auch: *Teufel*, in: *Steiner*, ZVG, § 137 Rn. 8.
6 *Jaeckel/Güthe*, ZVG, § 137 Rn. 5.
7 *Teufel*, in: *Steiner*, ZVG, § 137 Rn. 10.
8 *Jaeckel/Güthe*, ZVG, aaO.
9 *Hintzen*, in: *Dassler/Schiffhauer/u.a.*, ZVG, § 137 Rn. 8; ebenso: *Teufel*, in: *Steiner*, ZVG, § 137 Rn. 14.
10 *Teufel*, in: *Steiner*, ZVG, § 137 Rn. 15.
11 *Teufel*, in: *Steiner*, ZVG, § 137 Rn. 17.

§ 138 [Aufgebotsermächtigung bzgl. unbekanntem Berechtigten]

(1) Wird der Berechtigte nicht vor dem Ablaufe von drei Monaten seit dem Verteilungstermin ermittelt, so hat auf Antrag das Gericht den Beteiligten, welchem der Betrag anderweit zugeteilt ist, zu ermächtigen, das Aufgebotsverfahren zum Zwecke der Ausschließung des unbekannten Berechtigten von der Befriedigung aus dem zugeteilten Betrage zu beantragen.

(2) Wird nach der Erteilung der Ermächtigung der Berechtigte ermittelt, so hat das Gericht den Ermächtigten hiervon zu benachrichtigen. Mit der Benachrichtigung erlischt die Ermächtigung.

Schrifttum: *Heinemann*, Das neue Aufgebotsverfahren nach dem FamFG, NotBZ 2009, 300.

Übersicht

		Rn.
I.	Allgemeines	1, 2
II.	Aufgebotsermächtigung (Abs. 1)	3–7
1.	Voraussetzungen	3, 4
2.	Ermächtigung	5–7
III.	Ermittlung des Berechtigten (Abs. 2)	8, 9

I. Allgemeines

Nach Zuteilung eines Betrages an einen unbekannten Berechtigten (§ 126) und Bestellung eines Vertreters (§ 135) regelt § 138 den ersten Schritt für das Verfahren zum Ausschluss des unbekannten Berechtigten: die Ermächtigung zum Aufgebot zum Zwecke der Ausschließung des Unbekannten von der Befriedigung aus dem zugeteilten Betrag. **1**

Die Norm ist in allen Versteigerungsverfahren des ZVG anwendbar. Bzgl. der Zwangsverwaltung siehe § 157 Abs. 2 (§ 157 Rn. 13 f.). **2**

II. Aufgebotsermächtigung (Abs. 1)

1. Voraussetzungen: Die Erteilung der Ermächtigung zum Aufgebot mit dem Ziel der Ausschließung des Unbekannten setzt voraus: **3**
- Zuteilung eines Betrages an einen unbekannten Berechtigten gemäß § 126,
- Ablauf einer Frist von **3 Monaten ab dem Verteilungstermin** (Abs. 1, § 222 ZPO, §§ 187 ff. BGB; Ausschlußfrist: § 142),
- **keine Ermittlung** des Berechtigten (bei nachträglicher Ermittlung vor Ermächtigungserteilung greift § 137),
- **Antrag** des Beteiligten, dem der Betrag gemäß § 126 alternativ zugeteilt wurde (§ 126 Rn. 8) oder desjenigen, der dessen Recht ausüben kann (Bsp.: Nießbraucher oder Pfandrechtsgläubiger)[1]. Mangels Bestimmung einer besonderen **Form** kann der Antrag schriftlich, mündlich oder zu Protokoll erklärt werden. Ein Antragsrecht des Vertreters gem. § 135 ist nicht gegeben (§ 135 Rn. 9 m. w. N.).

Ohne einen Ermächtigungsantrag erfolgt kein Aufgebotsverfahren zur Ausschließung des unbekannten Berechtigten, so dass der Betrag in der Hinterlegung (§ 126) verbleibt, bis die Voraussetzungen des § 142 gegeben sind. **4**

---

1 *Teufel*, in: *Steiner*, ZVG, § 138 Rn. 7.

5 2. **Ermächtigung:** Bei Vorliegen der vorstehenden Voraussetzungen hat das Vollstreckungsgericht die Ermächtigung zu erteilen. Ein Ermessensspielraum ist hier nicht gegeben.[2]

6 Die Entscheidung in Form eines **Beschlusses** ergeht nach Gewährung **rechtlichen Gehörs** und ist dem Antragsteller und anderen ggf. Berechtigten **zuzustellen** (§ 329 Abs. 2 Satz 2 bzw. Abs. 3 ZPO).[3] Er ist mit der **sofortigen Beschwerde** anfechtbar (§ 11 Abs. 1 RPflG, §§ 793, 567 ff. ZPO).[4]

7 Das weitere Verfahren nach der Erteilung der Ermächtigung zur Beantragung des Aufgebotsverfahrens zum Zwecke des Ausschlusses des unbekannten Berechtigten richtet sich nach §§ 140 ff. Bei nachträglicher Ermittlung: siehe Rn. 8.

III. Ermittlung des Berechtigten (Abs. 2)

8 Wenn nach Erteilung der Ermächtigung (Abs. 1) der unbekannte Berechtigte ermittelt wird, bevor ein Ausschließungsbeschluss ergangen ist, hat das Vollstreckungsgericht den Ermächtigten hiervon zu benachrichtigen (Satz 1).[5] Folge dieser **Benachrichtigung** (sinnvoll in Beschlussform)[6] ist das **Erlöschen der Ermächtigung** (Satz 2). Die Benachrichtigung ist dem gem. Abs. 1 Ermächtigten zuzustellen, dem gegen den Beschluss die sofortige Beschwerde zusteht (§ 11 Abs. 1 RPflG, §§ 793, 567 ff. ZPO).[7] Wird die gerichtliche Feststellung eines Berechtigten auf die sofortige Beschwerde hin aufgehoben, bedarf es einer neuen Ermächtigung gemäß Abs. 1, da die ursprüngliche Ermächtigung nach Abs. 2 Satz 2 erloschen ist.[8]

9 Mit dem Erlöschen der Ermächtigung gem. Abs. 2 Satz 2 fällt die Grundlage für das Aufgebotsverfahren gem. § 140 weg und das Verfahren ist einzustellen.[9] Das weitere Verfahren richtet sich nach § 139.

---

2 So auch *Stöber*, ZVG, § 138 Rn. 2.2; anders: *Jaeckel/Güthe*, ZVG, § 138 Rn. 1.
3 So auch *Teufel*, in: *Steiner*, ZVG, § 138 Rn. 12; anders: *Hintzen*, in: *Dassler/Schiffhauer/u.a.*, ZVG, § 138 Rn. 5.
4 Zur Notwendigkeit einer Rechtsmittelbelehrung: BGH, Beschluss vom 26.2.2009 – V ZB 174/08, BGHZ 180, 199 = NJW-RR 2009, 890.
5 *Jaeckel/Güthe*, ZVG, § 138 Rn. 5.
6 *Hintzen*, in: *Dassler/Schiffhauer/u.a.*, ZVG, § 138 Rn. 6; *Teufel*, in: *Steiner*, ZVG, § 138 Rn. 17.
7 *Teufel*, in: *Steiner*, ZVG, § 138 Rn. 17.
8 So *Teufel*, in: *Steiner*, ZVG, § 139 Rn. 2; a.A.: *Jaeckel/Güthe*, ZVG, § 139 Rn. 5.
9 *Jaeckel/Güthe*, ZVG, § 138 Rn. 5.

§ 139 ZVG [Planausführung nach Ermittlung des Berechtigten gemäß § 138]

(1) Das Gericht kann im Falle der nachträglichen Ermittlung des Berechtigten zur weiteren Ausführung des Teilungsplans einen Termin bestimmen. Die Terminsbestimmung ist dem Berechtigten und dessen Vertreter, dem Beteiligten, welchem der Betrag anderweit zugeteilt ist, und demjenigen zuzustellen, welcher zur Zeit des Zuschlags Eigentümer des Grundstücks war.

(2) Liegt ein Widerspruch gegen den Anspruch vor, so erfolgt die Zustellung der Terminsbestimmung auch an denjenigen, welcher den Widerspruch erhoben hat. Die im § 878 der Zivilprozessordnung bestimmte Frist zur Erhebung der Klage beginnt mit dem Termine.

	Übersicht	Rn.
I.	Allgemeines	1, 2
II.	Nachträgliche Ermittlung	3–9
1.	Verteilungstermin (Abs. 1)	3–7
2.	Ohne Verteilungstermin	8
3.	Widerspruch (Abs. 2)	9

I. Allgemeines

Die Norm setzt eine Zuteilung an einen unbekannten Berechtigten gem. § 126, die antragsgemäße Erteilung einer Ermächtigung zur Beantragung des Aufgebotsverfahrens mit dem Ziel des Ausschlusses des unbekannten Berechtigten gem. § 138 Abs. 1 sowie eine danach erfolgte Ermittlung des Berechtigen (§ 138 Abs. 2) voraus. Ein Ausschließungsbeschluss darf noch nicht ergangen sein. **1**

Die Norm ist in allen Versteigerungsverfahren des ZVG anwendbar. Bzgl. der Zwangsverwaltung siehe § 157 Abs. 2 (§ 157 Rn. 13 f.). **2**

II. Nachträgliche Ermittlung

1. Verteilungstermin (Abs. 1): Im Falle der nachträglichen Ermittlung des unbekannten Berechtigen (§ 126) nach Ermächtigungserteilung (§ 138 Abs. 1) und vor Erlass eines Ausschließungsbeschlusses (§ 140) steht die Durchführung eines Verteilungstermins zur Planausführung im gerichtlichen **Ermessen** (Abs. 1 Satz 1). Eine Terminsdurchführung ist bei Ungewissheiten über die vorweg zu entnehmenden Kosten (Rn 6) oder bei wahrscheinlichem Widerspruch angezeigt und bei vorhandenem Widerspruch erforderlich.[1] **3**

Die **Terminsbestimmung** (§ 105) ist dem (ermittelten) Berechtigten, dessen Vertreter (§ 135), dem Eventualberechtigten (§ 126) und demjenigen der Grundstückseigentümer bis zur Zuschlagserteilung war, **zuzustellen** (Abs. 1 Satz 2, §§ 3 ff.) und soll an die **Gerichtstafel** geheftet werden (§ 105 Abs. 3). **4**

Im Termin ist nach Anhörung der anwesenden Beteiligten der Plan über die weitere Erlösverteilung aufzustellen (§ 113), über den Plan ist sofort zu verhandeln (§ 115) und es können ggf. Widersprüche erhoben werden.[2] **5**

Aus dem an den unbekannten Berechtigten zugeteilten Betrag (§ 126) sind vorweg die **Gerichtskosten** der Ermittlung des Berechtigten und der weiteren Plan- **6**

---

1 *Teufel*, in: Steiner, ZVG, § 139 Rn. 3 + 6.
2 *Jaeckel/Güthe*, ZVG, § 139 Rn. 5.

ausführung, die Vergütung und die Auslagen des Ermittlungsvertreters (§ 135 Satz 2) sowie im Falle der Anmeldung die Kosten des Ermächtigten für das Aufgebotsverfahren (§ 140 Abs. 6) zuzuteilen.[3] Der Restbetrag wird dem ermittelten Berechtigten zugeteilt.

7 Ist der Versteigerungserlös hinterlegt (§ 126 Abs. 2 Satz 1) wird gem. § 117 Abs. 3 die **Auszahlung** an die Zuteilungsempfänger angewiesen. Im Falle der Forderungsübertragung gemäß § 126 Abs. 2 Satz 2 erfolgt eine **Forderungsübertragung** auf die Berechtigten (siehe Rn. 6; §§ 118, 128).

8 2. **Ohne Verteilungstermin:** Das Gericht erteilt eine Auszahlungsanweisung gem. § 117 Abs. 3 an die Berechtigten (Reihenfolge und Zusammensetzung siehe Rn. 6). Im Falle der Forderungsübertragung gemäß § 126 Abs. 2 Satz 2 erfolgt eine Forderungsübertragung auf die Berechtigten (siehe Rn. 6; §§ 118, 128).

9 3. **Widerspruch (Abs. 2):** Sofern ein Widerspruch gegen den Anspruch des zuvor unbekannten Berechtigten vorliegt, hat die Zustellung der Terminsbestimmung auch an den Widersprechenden zu erfolgen (Abs. 2 Satz 1). Damit wird auch klargestellt, dass im Falle des Vorliegens eines Widerspruchs ein Verteilungstermin notwendig ist.[4] Mit diesem Termin (nicht mit der Zustellung) beginnt die **Monatsfrist** für den **Nachweis der Klageerhebung** (§ 878 ZPO) zu laufen (Abs. 2 Satz 2; siehe i. Ü. § 115 Rn. 29 ff.). Auch hier ist die Gesetzesformulierung unpräzise, da der Wortlaut auf die Frist zur Erhebung der Klage abstellt. Durch den Verweis auf § 878 ZPO ist aber klargestellt, dass es sich hier um die Frist für den Nachweis der Klageerhebung handelt (§ 878 Abs. 1 Satz 1 ZPO).[5] Im Termin wird über den Widerspruch verhandelt (§ 115).

---

3 *Jaeckel/Güthe*, ZVG, § 139 Rn. 5; *Hintzen*, in: *Dassler/Schiffhauer/u. a.*, ZVG, § 139 Rn. 2.
4 *Teufel*, in: *Steiner*, ZVG, § 139 Rn. 6.
5 Im Ergebnis ebenso: *Hintzen*, in: *Dassler/Schiffhauer/u. a.*, ZVG, § 139 Rn. 6; *Teufel*, in: *Steiner*, ZVG, § 139 Rn. 6.

§ 140 ZVG [Aufgebotsverfahren zur Ausschließung unbekannter Berechtigter]

(1) Für das Aufgebotsverfahren ist das Vollstreckungsgericht zuständig.

(2) Der Antragsteller hat zur Begründung des Antrags die ihm bekannten Rechtsnachfolger desjenigen anzugeben, welcher als letzter Berechtigter ermittelt ist.

(3) In dem Aufgebot ist der unbekannte Berechtigte aufzufordern, sein Recht innerhalb der Aufgebotsfrist anzumelden, widrigenfalls seine Ausschließung von der Befriedigung aus dem zugeteilten Betrag erfolgen werde.

(4) Das Aufgebot ist demjenigen, welcher als letzter Berechtigter ermittelt ist, den angezeigten Rechtsnachfolgern sowie dem Vertreter des unbekannten Berechtigten zuzustellen.

(5) Eine im Vollstreckungsverfahren erfolgte Anmeldung gilt auch für das Aufgebotsverfahren.

(6) Der Antragsteller kann die Erstattung der Kosten des Verfahrens aus dem zugeteilten Betrage verlangen.

Schrifttum: *Heinemann*, Das neue Aufgebotsverfahren nach dem FamFG, NotBZ 2009, 300.

Übersicht

		Rn.
I.	Allgemeines	1, 2
II.	Verfahren	3–14
1.	Voraussetzungen	3
2.	Zuständigkeit	4
3.	Antrag	5, 6
4.	Aufgebotsinhalt (Abs. 3)	7
5.	Aufgebotszustellung und –bekanntmachung	8
6.	Aufgebotsfrist	9
7.	Anmeldungen	10
8.	Ausschließungsbeschluss	11–13
9.	Kosten (Abs. 6)	14

I. Allgemeines

Die Norm regelt die Besonderheiten eines Aufgebotsverfahrens zum Ausschluss eines unbekannten Berechtigten von der Befriedigung aus einem ihm zugeteilten Betrag (§ 138), also nicht hinsichtlich des Aufgebotsverfahrens zur Kraftloserklärung eines Grundpfandrechtsbriefes (§ 136). Das Aufgebotsverfahren ist nicht Bestandteil des Versteigerungsverfahrens und über § 12 EGZVG sind **landesspezifische Abweichungen** bzgl. Art der Bekanntmachung und der Aufgebotsfristen von §§ 435, 437 FamFG möglich (siehe § 12 EGZVG). Soweit über § 140 keine Sonderregelungen greifen, gelten §§ 433 ff. FamFG. **1**

Die Norm ist in allen Versteigerungsverfahren des ZVG anwendbar. Bzgl. der Zwangsverwaltung siehe § 157 Abs. 2 (§ 157 Rn. 13 f.). **2**

II. Verfahren

3 **1. Voraussetzungen:** Ein Aufgebotsverfahren gem. § 140 i. V. m. §§ 433 ff. FamFG setzt die Zuteilung eines Betrages an einen unbekannten Berechtigten (§ 126), die Bestellung eines Ermittlungsvertreters (§ 135) und die Erteilung einer Ermächtigung zur Antragstellung (§ 138) voraus.

4 **2. Zuständigkeit:** Gem. Abs. 1 ist das **Vollstreckungsgericht** (§ 1 Abs. 1) zuständig.[1] Durch die Konzentrationsermächtigung des § 1 Abs. 2 ist es trotzdem möglich, dass verschiedene Gerichte für das Versteigerungs- und das Aufgebotsverfahren zuständig sind. Funktionell ist der Rechtspfleger (§ 3 Nr. 1 c RPflG) zuständig.

5 **3. Antrag:** Der Antrag kann **schriftlich** oder zur **Niederschrift der Geschäftsstelle** (§ 25 FamFG) durch den gem. § 138 Ermächtigten gestellt werden. Der Antrag muss die nach § 434 Abs. 2 FamFG für das Aufgebot notwendigen Angaben enthalten, sowie die Angabe des ihm bekannten Rechtsnachfolgers desjenigen, welcher als letzter Berechtigter ermittelt wurde (**Abs. 2**).

6 Sofern der Antrag unbegründet ist, weist ihn das Gericht per Beschluss, der dem Antragsteller zuzustellen ist, zurück.[2] Vor der Zurückweisung ist rechtliches Gehör zu gewähren und dem Antragsteller die Gelegenheit zu geben, seinen Antrag zu ergänzen. Ist der Antrag zulässig, erlässt das Gericht das Aufgebot (§ 434 Abs. 2 FamFG).

7 **4. Aufgebotsinhalt (Abs. 3):** Dieser ergibt sich aus Abs. 3 (**Aufforderung des unbekannten Berechtigten**, sein Recht innerhalb der Aufgebotsfrist anzumelden, anderenfalls seine Ausschließung von der Befriedigung aus dem zugeteilten Betrag erfolgt) und § 434 Abs. 2 FamFG (u. a. Bezeichnung des **Antragstellers** und Bestimmung des **Anmeldezeitpunktes**). Das (auszuschließende) Recht des Unbekannten ist so präzise wie möglich zu bezeichnen.[3] Gemäß § 438 FamFG sind Anmeldungen, die nach dem Anmeldezeitpunkt und vor Erlass des Ausschließungsbeschlusses erfolgen, als rechtzeitig anzusehen. Eine Anmeldung im Vollstreckungsverfahren gilt auch für das Aufgebotsverfahren (Abs. 5).

8 **5. Aufgebotszustellung und -bekanntmachung:** Gemäß §§ 435 f. FamFG ist das Aufgebot durch Anheftung an die **Gerichtstafel** und durch einmaliges Einrücken in den **elektronischen Bundesanzeiger** öffentlich bekanntzumachen, sofern nichts Abweichendes gesetzlich geregelt ist. Anstelle des Aushangs an der Gerichtstafel kann die öffentliche Bekanntmachung in einem elektronischen Informations- und Kommunikationsmedium erfolgen, das im Gericht öffentlich zugänglich ist (§ 435 Abs. 1 Satz 2 FamFG). **Landesgesetzlich** können abweichende Bestimmungen getroffen sein (§ 12 EGZVG). Außerdem ist die **Zustellung** des Aufgebots an denjenigen, der als letzter Berechtigter ermittelt wurde, die angezeigten Rechtsnachfolger und den Vertreter des unbekannten Berechtigten (§ 135) erforderlich (Abs. 4).

9 **6. Aufgebotsfrist:** Zwischen dem Tag, an dem die Einrückung oder die erste Einrückung in den elektronischen Bundesanzeiger oder in einem Informations- und Kommunikationssystem erfolgt ist, und dem Anmeldezeitpunkt muss, sofern nichts abweichendes gesetzlich geregelt ist, ein Zeitraum von mindestens **sechs Wochen** liegen (§ 437 FamFG). Eine abweichende Regelung kann das jeweilige Landesgesetz enthalten (§ 12 EGZVG).

---

[1] *Jaeckel/Güthe*, ZVG, § 140 Rn. 1; *Teufel*, in: *Steiner*, ZVG, § 140 Rn. 9.
[2] So zur Rechtslage bis 1.9.2009: *Geimer*, in: *Zöller*, ZPO 27. Aufl., § 947 ZPO Rn. 2.
[3] *Hintzen*, in: *Dassler/Schiffhauer/u. a.*, ZVG, § 140 Rn. 5, *Teufel*, in: *Steiner*, ZVG, § 140 Rn. 21.

7. **Anmeldung:** Eine im Vollstreckungsverfahren erfolgte Anmeldung gilt auch für das Aufgebotsverfahren (Abs. 5). Gemäß § 438 FamFG sind Anmeldungen, die nach dem Anmeldezeitpunkt und vor Erlass des Ausschließungsbeschlusses erfolgen, als rechtzeitig anzusehen. Die Wirkung einer Anmeldung bestimmt § 440 FamFG: eine Anmeldung, durch die das vom Antragsteller zur Begründung des Antrags behauptete Recht bestritten wird, führt nach Lage des Falls entweder zur Aussetzung des Aufgebotsverfahrens bis zur endgültigen Entscheidung über das angemeldete Recht oder zum **Vorbehalt** des angemeldeten Rechts im Ausschließungsbeschluss. Umstritten ist, ob ein Recht, welches im Zwangsversteigerungsverfahren von Amts wegen zu berücksichtigen wäre, im Aufgebotsverfahren einer Anmeldung bedarf.[4] Da es sich beim Aufgebotsverfahren um ein gesondertes Verfahren handelt, § 434 Abs. 2 Satz 2 Nr. 2 FamFG die Aufforderung zur Anmeldung vorschreibt und § 9 ZVG nicht für anwendbar erklärt wurde, bedarf es einer Anmeldung solcher Rechte.

8. **Ausschließungsbeschluss:** Das Gericht kann die Sache mit den Beteiligten in einem Termin erörtern (§ 32 FamFG). Im Übrigen ergeht die Entscheidung per Beschluss ohne Termin. Bei Vorliegen von Anmeldungen: siehe § 440 FamFG (Rn. 10). Vor Erlass des Ausschließungsbeschlusses kann das Gericht eine nähere Ermittlung (z.B. eidesstattliche Versicherung der Wahrheit einer Behauptung des Antragstellers) anordnen (§ 439 Abs. 1 FamFG). Die Endentscheidung in Aufgebotssachen wird gem. § 439 Abs. 2 FamFG erst mit Rechtskraft wirksam. Gemäß § 441 FamFG ist der Ausschließungsbeschluss öffentlich zuzustellen (§§ 186, 187, 188 ZPO gelten entsprechend).

Gegen die Entscheidung ist das Rechtsmittel der Beschwerde gegeben (§§ 58 ff. FamFG), jedoch ist § 61 Abs. 1 FamFG (Beschwerdewert) nicht anwendbar (§ 439 Abs. 3 FamFG).[5]

Zum Verfahren, den Wiedereinsetzungsmöglichkeiten etc. siehe Kommentierungen zum FamFG.

9. **Kosten (Abs. 6):** Da es sich um ein gesondertes Verfahren handelt, wird es nicht von den Gerichtskosten des Versteigerungsverfahrens abgedeckt.[6] Der Antragsteller kann die Erstattung der (von ihm zu tragenden) Verfahrenskosten aus dem zugeteilten Betrag im Range nach den gerichtlichen Kosten der nachträglichen Verteilung und der Auslagen und Vergütung des Ermittlungsvertreters (§ 135 Satz 3) verlangen (Abs. 6).[7] Dies gilt auch für den Fall des § 138 Abs. 2.[8]

---

4 Bejahend: *Teufel*, in: *Steiner*, ZVG, § 140 Rn. 17; verneinend: *Hintzen*, in: *Dassler/Schiffhauer/ u.a.*, ZVG, § 140 Rn. 8.
5 Rechtsbehelfsbelehrung siehe § 39 FamFG.
6 *Teufel*, in: *Steiner*, ZVG, § 140 Rn. 36.
7 *Teufel*, in: *Steiner*, ZVG, § 140 Rn. 37.
8 *Stöber*, ZVG, § 140 Rn. 2.9.

§ 141 ZVG [Planausführung nach Ausschließungsbeschluss]

Nach der Erlassung des Ausschließungsbeschlusses hat das Gericht einen Termin zur weiteren Ausführung des Teilungsplans zu bestimmen. Die Terminsbestimmung ist dem Antragsteller und den Personen, welchen Rechte in dem Urteile vorbehalten sind, dem Vertreter des unbekannten Berechtigten sowie demjenigen zuzustellen, welcher zur Zeit des Zuschlags Eigentümer des Grundstücks war.

Übersicht

	Rn.
I. Allgemeines (Satz 1)	1, 2
II. Terminsbestimmung	3–4
1. Allgemeines	3
2. Zustellung (Satz 2)	4
III. Termin	5–10
1. Allgemeines	5
2. Planaufstellung	6, 7
3. Vorbehalt	8, 9
4. Planausführung	10

I. Allgemeines

1 Die Norm regelt das Verfahren zur Planausführung nach Ausschluss eines unbekannten Berechtigten von der Befriedigung aus einem ihm zugeteilten Betrag (§§ 126, 138) im Wege des Aufgebotsverfahrens (§ 140). Das Versteigerungsverfahren soll nunmehr zu seinem vollständigen Abschluss gebracht werden.

2 Die Norm ist in allen Versteigerungsverfahren des ZVG anwendbar. Bzgl. der Zwangsverwaltung siehe § 157 Abs. 2 (§ 157 Rn. 13 f.).

II. Terminsbestimmung

3 **1. Allgemeines (Satz 1):** Das Vollstreckungsgericht hat im Versteigerungsverfahren nach Erlass des Ausschließungsbeschlusses von Amts wegen den Termin zur Verteilung des aufgebotenen Betrags zu bestimmen (kein Ermessen).[1] Fraglich erscheint, ob die Terminierung oder die Terminsdurchführung vor Eintritt der Rechtskraft des Beschlusses sinnvoll oder zulässig ist, da die Endentscheidung in Aufgebotssachen erst mit Rechtskraft wirksam wird (§ 439 Abs. 2 FamFG). Gegen das frühere Ausschlussurteil war kein Rechtsmittel, sondern nur eine Anfechtungsklage gegeben und die Möglichkeit der Anfechtung des Urteils gemäß § 957 Abs. 2 ZPO a. F. stand weder der Terminsanberaumung noch der –durchführung entgegen.[2] Da der Ausschließungsbeschluss jedoch erst nach der Rechtskraft Wirksamkeit entfaltet (§ 439 Abs. 2 FamFG), ist eine Terminsdurchführung m.E. erst nach Rechtskraft zulässig, so dass der Termin nach Erlass des Beschlusses anzuberaumen ist, aber nur im Falle des Beschlussrechtskraft abgehalten werden kann.[3]

4 **2. Zustellung (Satz 2):** Die Terminsbestimmung ist dem Antragsteller des Ausschließungsbeschlusses, den Personen, welchen Rechte im Urteil vorbehalten

---

[1] *Jaeckel/Güthe*, ZVG, § 141 Rn. 1.
[2] *Teufel*, in: *Steiner*, ZVG, § 141 Rn. 4.
[3] A.A. *Stöber*, ZVG, § 141 Rn. 2.1 (Terminsbestimmung sofort nach Beschlussrechtskraft).

wurden (§ 140 Rn. 10), dem Vertreter des unbekannten Berechtigten (§ 135) und dem Grundstückseigentümer zum Zeitpunkt der Zuschlagserteilung zuzustellen. Weitere Zustellungen erfolgen ebenso wenig wie ein Aushang an der Gerichtstafel.[4]

III. Termin

1. **Allgemeines:** Es handelt sich um einen **nichtöffentlichen Termin**, in dem nur die Beteiligten zugelassen sind, denen die Terminsbestimmung auch zugestellt wurde.[5] Der Termin ist Bestandteil des Vollstreckungsverfahrens und daher auch kostenrechtlich diesem zugeordnet: siehe Kommentierung zu „Kosten des ZVG-Verfahrens" und zum GKG.

2. **Planaufstellung:** Es ist im Termin nach Anhörung der anwesenden Beteiligten ein weiterer Teilungsplan bzgl. des gem. § 126 zugeteilten und hinterlegten Betrages aufzustellen. Dieser Plan ergänzt den ursprünglichen Plan. Der durch den Ausschließungsbeschluss verfügbar gewordene Betrag steht lt. ursprünglichem Plan dem Eventualberechtigten zu, der den Ausschließungsbeschluss erwirkt hat, jedoch sind vorweg die Gerichtskosten für die nachträgliche Verteilung, die Auslagen und die Vergütung des Ermittlungsvertreters (§ 135) sowie auf Antrag die Kosten des Aufgebotsverfahrens (§ 140 Abs. 6) in der angegebenen Reihenfolge zu berücksichtigen.[6] Nur wer das Ausschlussurteil erwirkt hat, ist auch unbedingt zuteilungsberechtigt.[7] Zur Wirkung eines Vorbehalts im Ausschließungsbeschluss siehe Rn. 8.

Über den Plan ist sofort zu verhandeln (§ 115), jedoch sind Widersprüche, die nicht schon im ursprünglichen Verteilungstermin erhoben wurden, unzulässig.[8]

3. **Vorbehalt:** Wurde im Ausschließungsbeschluss ein angemeldetes Recht vorbehalten (§ 440 FamFG), so hat dieser Vorbehalt die Wirkung eines **Widerspruch**s gem. § 115 Abs. 2.[9] Ersetzt wird jedoch nur die Anmeldung, so dass der Vorbehaltsberechtigte sein Recht auf Verlangen des Gerichts oder eines Beteiligten gem. § 9 Nr. 2 **glaubhaft machen** muss, wenn er nicht zu den Beteiligten nach § 9 Nr. 1 gehört.[10] Über den Widerspruch ist sofort zu verhandeln (§ 115 i.V.m. §§ 876 ff. ZPO). Wird der Widerspruch nicht anerkannt, so greifen §§ 124, 120.[11] Im Falle einer Einigung wird der Plan entsprechend der Einigung geändert und ausgeführt (§ 115, § 876 ZPO).

Der Vorbehaltsbegünstigte (bzw. der Widersprechende) hat sein Recht gem. § 878 ZPO zu verfolgen und fristgerecht die Klageerhebung nachzuweisen (siehe § 115 auch bzgl. des weiteren Verfahrensverlaufes).

4. **Planausführung:** Sofern kein Widerspruch zu beachten ist, wird im Fall der Erlöshinterlegung gem. § 126 entsprechend des ergänzenden Planes eine Auszahlungsanweisung auf den hinterlegten Betrag gem. § 117 Abs. 3 vorgenommen. Im Falle der Nichtzahlung der Teilungsmasse erfolgt gem. § 118 eine entsprechende Forderungsübertragung. Sofern bereits eine Sicherungshypothek

---

4 *Jaeckel/Güthe*, ZVG, § 141 Rn. 2.
5 *Teufel*, in: *Steiner*, ZVG, § 141 Rn. 6.
6 *Stöber*, ZVG, § 141 Rn. 2.4; *Jaeckel/Güthe*, ZVG, § 141 Rn. 4.
7 *Stöber*, ZVG, § 141 Rn. 2.5.
8 So auch *Jaeckel/Güthe*, ZVG, § 141 Rn. 3; anders: *Teufel*, in: *Steiner*, ZVG, aaO. Rn. 10, der Widersprüche insoweit für zulässig hält, als sie nicht schon im allgem. Verteilungstermin hätten erhoben werden können und sollen.
9 *Jaeckel/Güthe*, ZVG, § 141 Rn. 3.
10 *Hintzen*, in: *Dassler/Schiffhauer/u.a.*, ZVG, § 141 Rn. 6.
11 *Teufel*, in: *Steiner*, ZVG, § 141 Rn. 11.

eingetragen ist, ist das Grundbuchamt um entsprechende Berichtigung zu ersuchen.[12] Im Fall eines Widerspruches ist gemäß §§ 124, 120 zu verfahren.

---

[12] *Teufel*, in: *Steiner*, ZVG, § 141 Rn. 15.

§ 142 ZVG [Erlöschen der Rechte auf hinterlegte Beträge]
In den Fällen des § 117 Abs. 2 und der §§ 120, 121, 124, 126 erlöschen die Rechte auf den hinterlegten Betrag mit dem Ablaufe von dreißig Jahren, wenn nicht der Empfangsberechtigte sich vorher bei der Hinterlegungsstelle meldet; derjenige, welcher zur Zeit des Zuschlags Eigentümer des Grundstücks war, ist zur Erhebung berechtigt. Die dreißigjährige Frist beginnt mit der Hinterlegung, in den Fällen der §§ 120, 121 mit dem Eintritt der Bedingung, unter welcher die Hinterlegung erfolgt ist.

Übersicht

		Rn.
I.	Allgemeines	1, 2
II.	Anwendungsfälle	3
III.	30-Jahresfrist	4
IV.	31-Jahresfrist	5

I. Allgemeines

Geregelt ist das Erlöschen des Anspruchs auf einen hinterlegten Betrag zugunsten des Grundstückseigentümers zum Zeitpunkt des Zuschlags. Erfasst werden jedoch nicht alle Fälle von Hinterlegungen (Rn. 3). **1**

Die Norm ist in allen Versteigerungsverfahren des ZVG anwendbar. Hinsichtlich der Zwangsverwaltung bestimmt § 157 Abs. 2 Satz 2 die Anwendbarkeit. **2**

II. Anwendungsfälle

Erfasst werden nur Hinterlegungen gemäß § 117 Abs. 2 (Auszahlung an Berechtigten ist nicht möglich), § 120 (Zuteilung auf aufschiebend bedingten od. als aufschiebend bedingt geltenden Anspruch, § 14), § 121 (Zuteilung auf Ersatzansprüche gem. § 92 Abs. 2), § 124 (Widerspruch) und § 126 (Zuteilung an unbekannte Berechtigte). Nicht erfasst werden dagegen Hinterlegungen gemäß §§ 49, 107 Abs. 3, § 108 Abs. 1. **3**

III. 30-Jahresfrist

Die Rechte auf den hinterlegten Betrag erlöschen mit Ablauf von 30 Jahren, wenn nicht der Empfangsberechtigte sich vorher bei der Hinterlegungsstelle meldet. Im Falle eines fruchtlosen Ablaufes der Ausschlussfrist gibt es keine Wiedereinsetzungsmöglichkeit. Die **Frist beginnt** grundsätzlich mit der **Hinterlegung** (Satz 2). Bei einer Hinterlegung gemäß § 120 oder § 121 beginnt die Frist mit Eintritt der Bedingung unter der die Hinterlegung erfolgt ist. Hinsichtlich eines gem. § 121 hinterlegten Deckungskapitals beginnt die Frist für einzelne Leistungen, die trotz Fälligkeit nicht abgerufen wurden mit deren Fälligkeit und bzgl. des bei Erlöschen des Rentenanspruchs nicht verbrauchten Deckungskapitals mit dem Erlöschen zu laufen.[1] Um den Rechtsverlust zu vermeiden, ist in den Hinterlegungsfällen gemäß § 117 Abs. 2, §§ 120, 121 die **Meldung bei der Hinterlegungsstelle**[2], d. h. die Stellung eines begründeten Auszahlungsantrages innerhalb der Frist erforderlich.[3] Bei Hinterlegung gem. **4**

---

1 *Teufel*, in: *Steiner*, ZVG, § 142 Rn. 4.
2 Achtung: Aufhebung der Hinterlegungsordnung – siehe Fußnote 4.
3 *Teufel*, in: *Steiner*, ZVG, § 142 Rn. 4, 5.

§§ 124, 126 muss sich der Empfangsberechtigte innerhalb der Frist beim Vollstreckungsgericht als Berechtigter ausweisen.[4] Mit fruchtlosem Fristablauf fällt das Recht auf den hinterlegten Betrag (zunächst – Rn. 5) an denjenigen, der Eigentümer zum Zeitpunkt des Zuschlags war (Satz 1).

IV. 31-Jahresfrist

5   Nach Ablauf einer Frist von 31 Jahren erlischt der Anspruch auf Herausgabe, wenn nicht zu diesem Zeitpunkt ein begründeter Herausgabeantrag vorliegt (§ 20 HinterlO).[5] Hinsichtlich des Fristbeginns greift § 20 Satz 2 und 3 HinterlO[6] Nach fruchtlosem Fristablauf verfällt die Hinterlegungsmasse gemäß § 23 HinterlO[7] dem Fiskus.

---

4   *Hintzen*, in: *Dassler/Schiffhauer/u. a.*, ZVG, § 142 Rn. 3; *Teufel*, in: *Steiner*, ZVG, § 142 Rn. 5; *Jaeckel/Güthe*, ZVG, § 142 Rn. 3.
5   Achtung: Hinterlegungsordnung aufgehoben m.W.v. 1.12.2010 durch Art. 17 Abs. 2 des Gesetzes vom 23.11.2007 (BGBl. I S. 2614). Gem. § 39 HinterlO können die Bundesländer schon vor dem 1.12.2010 abweichende Regelungen treffen. Siehe auch: *Rückheim*, Rpfleger 2010, 1.
6   Zur Aufhebung der Hinterlegungsordnung siehe Fußnote 5.
7   Zur Aufhebung der Hinterlegungsordnung siehe Fußnote 5.

Verteilung des Erlöses 1–5 § 143 ZVG

§ 143 ZVG [Außergerichtliche Einigung über Erlösverteilung]

Die Verteilung des Versteigerungserlöses durch das Gericht findet nicht statt, wenn dem Gerichte durch öffentliche oder öffentlich beglaubigte Urkunden nachgewiesen wird, dass sich die Beteiligten über die Verteilung des Erlöses geeinigt haben.

Schrifttum: *Fritz*, Die außergerichtliche Verteilung des Versteigerungserlöses, SchlHA 1972, 130.

Übersicht

		Rn.
I.	Allgemeines	1, 2
II.	Einigung	3–8
1.	Gegenstand/Umfang	3–5
2.	Nachweis	6
3.	Zeitpunkt	7
4.	Beteiligte	8
III.	Wirkungen	9, 10
1.	Terminsvermeidung	9
2.	Kosten	10

I. Allgemeines

Als Alternative zum gerichtlichen Erlösverteilungsverfahren (§§ 105 ff.) wurden die außergerichtliche Befriedigung (§ 144) und die außergerichtliche Einigung über die Erlösverteilung geschaffen. Beide Alternativen haben keine große praktische Bedeutung erlangt. 1

Die Norm ist auch in der Teilungsversteigerung (§ 180), der Versteigerung auf Erben- (§ 175) und auf Insolvenzverwalterantrag (§ 172) anwendbar. Gemäß § 160 findet sie auch in der Zwangsverwaltung entsprechende Anwendung. 2

II. Einigung

1. **Gegenstand/Umfang:** Nach dem Wortlaut ist eine Einigung über die Verteilung des Erlöses erforderlich. Der Erlös ist aber nicht gleichbedeutend mit der Teilungsmasse (§ 107). Gemäß § 109 Abs. 1 sind aus dem Versteigerungserlös vorweg die Verfahrenskosten (ohne Kosten der Verfahrensanordnung, Beitrittszulassung oder nachträglicher Verteilungstermin; § 109) zu entnehmen. Nur der Überschuss ist gemäß § 109 Abs. 2[1] zu verteilen und nur diesbezüglich ist auch eine Einigung nachzuweisen.[2] 3

Eine vom Ersteher erbrachte **Sicherheitsleistung** (§§ 69, 70 Abs. 2) mindert den Erlösüberschuss nicht. § 145 verweist nicht auf § 107, so dass keine Anrechnung auf den Erlös erfolgen kann.[3] 4

Die Einigung über die Erlösverteilung kann inhaltlich von einer Verteilung nach dem Gesetz abweichen. Wesentlich ist lediglich, dass sich die Beteiligten 5

---

1 Zwangsverwaltung: § 155 Abs. 2.
2 *Teufel*, in: *Steiner*, ZVG, § 143 Rn. 6.
3 *Teufel*, in: *Steiner*, ZVG, § 143 Rn. 16; im Ergebnis ebenso *Hintzen*, in: *Dassler/Schiffhauer/u.a.*, ZVG, § 143 Rn. 12.

über den gesamten Erlös(überschuss) einigen, da sonst ein gerichtlicher Verteilungstermin nicht entfällt.

6 **2. Nachweis:** Die Einigung der Beteiligten ist dem Gericht durch Vorlage öffentlicher oder öffentlich beglaubigter Urkunden (§ 415 ZPO, § 129 BGB) nachzuweisen. Zur gerichtlichen Prüfung ist der Nachweis des Inhalts der Einigung ebenso erforderlich wie ggf. Legitimationsnachweise (z. B.: Vollmachten, Grundpfandrechtsbriefe).[4] Das Gesetz trifft keine Bestimmung über die Person des Vorlegenden.

7 **3. Zeitpunkt:** Das Gesetz enthält keine Bestimmungen zum Nachweiszeitpunkt. Nach Ausführung eines Teilungsplanes gemäß §§ 105 ff. ist der Nachweis der Einigung zur Vermeidung eines Verteilungstermins jedoch sinnlos. Der Rechtskraft des Zuschlagsbeschlusses bedarf es nicht.[5]

8 **4. Beteiligte:** Um die Durchführung des gerichtlichen Verteilungsverfahrens zu vermeiden, bedarf es des Nachweises der Einigung aller Beteiligter i. S. d. § 9 ZVG, die ein Recht auf Befriedigung aus dem Versteigerungserlös haben, deren der Versteigerung entgegenstehendes Recht sich nunmehr auf den Versteigerungserlös bezieht, die ein (angemeldetes oder v. A. w. zu beachtendes) Nießbrauchs- oder Pfandrecht an einem Befriedigungsrecht haben, sowie der Vollstreckungsschuldner.[6] Mieter und Pächter, die keinen Anspruch auf Befriedigung aus dem Erlös haben, sind daher an der Einigung nicht beteiligt.[7] Die Gerichtskasse ist kein Beteiligter (siehe § 9), daher ist auch kein Einigungsnachweis nötig. Die Verfahrenskosten waren gemäß § 109 vorweg abzuziehen (Rn. 3).[8] Zu den Beteiligten gehören auch jene, die ihre Rechte noch glaubhaft machen müssen (§§ 145, 105 Abs. 2).

III. Wirkung

9 **1. Terminsvermeidung:** Zunächst prüft das Gericht, ob übereinstimmende Erklärungen aller Beteiligten formgerecht nachgewiesen wurden und die Einigung den gesamten Erlösüberschuss umfasst. Fehlende formgerechte Nachweise können nachgefordert werden. Ist der Nachweis gemäß § 143 erbracht, wird ein anberaumter Verteilungstermin aufgehoben bzw. kein Termin bestimmt. Eine förmliche Entscheidung über das Vorliegen der Voraussetzungen des § 143 ist nicht vorgesehen, wird jedoch teilweise für sinnvoll erachtet.[9] Wurden die erforderlichen Nachweise nicht erbracht (ggf. nach Hinweis auf fehlende Erklärungen o. Ä.), beraumt das Gericht einen Verteilungstermin an oder führt einen bereits anberaumten Termin durch. Hiergegen ist die Erinnerung gemäß § 766 ZPO gegeben (§ 105). Wurde über das Vorliegen oder Nichtvorliegen der Voraussetzungen ein förmlicher Beschluss erlassen, ist dieser mit der Erinnerung gemäß § 766 ZPO bzw. bei vorheriger Gewährung rechtlichen Gehörs mit der sofortigen Beschwerde (§ 11 Abs. 1 RPflG, §§ 793, 567 ff. ZPO) anfechtbar.[10] Das weitere Vorgehen des Gerichts regelt § 145 (§ 145 Rn. 2 ff.).

10 **2. Kosten:** Findet keine oder nur eine beschränkte Versteigerungserlösverteilung durch das Gericht statt, ermäßigt sich die Gebühr Nr. 2215 KV GKG von

---

[4] *Güthe,* in: *Jaeckel,* ZVG, §§ 143–145 Rn. 5, 15; *Fritz,* SchlHA 1972, 130.
[5] *Teufel,* in: *Steiner,* ZVG, § 143 Rn. 14.
[6] *Teufel,* in: *Steiner,* ZVG, § 143 Rn. 7; *Hintzen,* in: *Dassler/Schiffhauer/u. a.,* ZVG, § 143 Rn. 6.
[7] *Stöber,* ZVf, § 143 Rn. 2.3; *Hintzen,* in: *Danler/Schiffhauer/u. a.,* ZVG, § 143, Rn. 6.
[8] *Teufel,* in: *Steiner,* ZVG, § 143 Rn. 6.
[9] Bejahend: *Hintzen,* in: *Dassler/Schiffhauer/u. a.,* ZVG, § 143 Rn. 10; *Teufel,* in: *Steiner,* ZVG, § 143 Rn. 19; verneinend: *Stöber,* ZVG, § 143 Rn. 2.5.
[10] *Teufel,* in: *Steiner,* ZVG, § 143 Rn. 19, 22; *Hintzen,* in: *Dassler/Schiffhauer/u. a.,* ZVG, § 143 Rn. 10.

0,5 auf 0,25 (Nr. 2216 KV GKG). Diese Gebührenermäßigung kommt nicht dem Ersteher, sondern dem rangbesten ausfallenden Gläubiger zu Gute. Durch das Formerfordernis des Einigungsnachweises (öffentliche oder öffentlich beglaubigte Urkunde) werden wiederum Kosten verursacht.

§ 144 ZVG [Außergerichtliche Gläubigerbefriedigung]

(1) Weist der Ersteher oder im Falle des § 69 Abs. 3 der für mithaftend erklärte Bürge dem Gerichte durch öffentliche oder öffentlich beglaubigte Urkunden nach, dass er diejenigen Berechtigten, deren Ansprüche durch das Gebot gedeckt sind, befriedigt hat oder dass er von ihnen als alleiniger Schuldner angenommen ist, so sind auf Anordnung des Gerichts die Urkunden nebst der Erklärung des Erstehers oder des Bürgen zur Einsicht der Beteiligten auf der Geschäftsstelle niederzulegen. Die Beteiligten sind von der Niederlegung zu benachrichtigen und aufzufordern, Erinnerungen binnen zwei Wochen geltend zu machen.

(2) Werden Erinnerungen nicht innerhalb der zweiwöchigen Frist erhoben, so beschränkt sich das Verteilungsverfahren auf die Verteilung des Erlöses aus denjenigen Gegenständen, welche im Falle des § 65 besonders versteigert oder anderweit verwertet worden sind.

Schrifttum: *Fritz*, Die außergerichtliche Verteilung des Versteigerungserlöses, SchlHA 1972, 130.

Übersicht

		Rn.
I.	Allgemeines	1, 2
II.	Befriedigung	3–7
1.	Außergerichtliche Befriedigung	3–5
2.	Befriedigung oder Schuldannahme	6
3.	Nachweis	7
III.	Verfahren	8–14
1.	Vorlage – Prüfung	8, 9
2.	Niederlegung	10
3.	Benachrichtigung, Aufforderung (Abs. 1 Satz 2)	11
4.	Keine Erinnerung (Abs. 2)	12
5.	Erinnerung	13
6.	Weiteres Verfahren/anwendbare Normen, § 145	14
IV.	Kosten	15

I. Allgemeines

1 Es handelt sich um eine weitere Alternative zum gerichtlichen Verteilungsverfahren. Im Gegensatz zu § 143 sind hier jedoch nur Erklärungen derjenigen, die eine Zuteilung im Falle des gerichtlichen Verteilungsverfahrens erhalten hätten, erforderlich. Ob es sich nicht nur um ein einfacheres, sondern auch ein preiswerteres Verfahren handelt, hängt vom Einzelfall ab (siehe Rn 15).

2 Die Norm ist auch in der Teilungsversteigerung (§ 180), der Versteigerung auf Erben- (§ 175) und auf Insolvenzverwalterantrag (§ 172) anwendbar. Gemäß § 160 findet sie auch in der Zwangsverwaltung entsprechende Anwendung.

II. Befriedigung

3 **1. Außergerichtliche Befriedigung.** Die Befriedigung aller Berechtigten, deren Ansprüche durch das Gebot gedeckt sind, ist nachzuweisen, damit das gerichtliche Verteilungsverfahren unterbleiben kann. Jeder, der eine Zuteilung aus dem Überschuss (§ 109 Abs. 2) erhalten hätte, ist zu befriedigen. Die Verfahrenskosten sind gemäß § 109 Abs. 1 vorweg zu entnehmen und fallen somit nicht unter § 143 (siehe auch § 143 Rn. 3). Das Gebot umfasst auch einen gemäß §§ 50, 51 zu entrichtenden Zuzahlungsbetrag, sofern er bei einer gerichtlichen Verteilung in den Plan aufzunehmen wäre.[1] Nicht vorgeschrieben ist eine bestimmte Art der Befriedigung (z.B.: Zahlung, Aufrechnung[2], Hinterlegung unter Verzicht auf das Rücknahmerecht gemäß §§ 372 ff. BGB).

Der Wortlaut der Norm setzt bei § 144 die Befriedigung durch den Ersteher oder den für mithaftend erklärten Bürgen (§§ 69 Abs. 3, 82) voraus.[3] Allg. anerkannt ist, dass auch die Befriedigung durch den für mithaftend erklärten **Meistbietenden** (§ 81 Abs. 4, § 82) bzw. dessen Annahme als alleiniger Schuldner ausreichend ist.[4]

Die Befriedigung (oder Schuldnerannahme) hat **außergerichtlich** zu erfolgen. Eine gerichtliche Vermittlung o.Ä. ist nicht vorgesehen. Es ist Sache des Erstehers (Bürgen, Meistbietenden) festzustellen, wen er befriedigen muss bzw. von wem er als alleiniger Schuldner angenommen werden muss. Ein Anspruch auf Mithilfe durch das Gericht oder Einsicht in einen Kontrollverteilungsplan (Rn. 8) besteht nicht.

2. **Befriedigung oder Schuldnerannahme.** Alternativ zum Befriedigungsnachweis ist der Nachweis möglich, dass der Ersteher (Bürge; Meistbietender) vom Berechtigten, dessen Ansprüche durch das Gebot gedeckt sind, als alleiniger Schuldner angenommen wurde (Abs. 1 Satz 1).

3. **Nachweis.** Der Nachweis ist durch öffentliche oder öffentlich beglaubigte Urkunden (§ 415 ZPO, § 129 BGB) durch den Ersteher, den (im Falle des § 69 Abs. 3) für mithaftend erklärten Bürgen oder (im Falle des § 81 Abs. 4) für mithaftend erklärten Meistbietenden zu erbringen und hat die Art und den Umfang der Befriedigung bzw. der Schuldnerannahme zu enthalten. Sofern Ersteher (Bürge oder Meistbietender) einen Anspruch auf Befriedigung aus dem Erlösüberschuss haben, bedarf es diesbzgl. nur einer formlosen Befriedigungserklärung.[5]

III. Verfahren

1. **Vorlage – Prüfung:** Das Gericht prüft die eingereichten Nachweise. Die Prüfung umfasst die folgenden Punkte:
   a) formgerechte Erklärung aller aus dem Erlösüberschuss zu befriedigenden Berechtigten,
   b) Befriedigung in Höhe des gedeckten Anspruchs (bzw. Schuldnerannahme) und
   c) ordnungsgem. Legitimation der Berechtigten.

Ohne Aufstellung eines **Kontrollverteilungsplans** ist diese Prüfung nicht möglich. Der Kontrollplan entspricht dem Teilungsplan für ein gerichtliches Verteilungsverfahren (§§ 105 ff.). Problematisch ist jedoch für welchen Zeitraum Bargebotszinsen (§ 49 Abs. 2) berechnet werden, da es keinen einheitlichen Befriedigungszeitpunkt für alle Gläubiger gibt. Die Berechnung ist also in Abhängigkeit vom Zeitpunkt der einzelnen Gläubigerbefriedigungen vorzu-

---

1 *Teufel*, in: *Steiner*, ZVG, § 144 Rn. 7, 8.
2 Zu den Besonderheiten im Falle einer Aufrechnung: *Teufel*, in: *Steiner*, ZVG, § 144 Rn. 10.
3 Bzw. die Annahme dieser Personen als alleinige Schuldner.
4 *Teufel*, in: *Steiner*, ZVG, § 144 Rn. 5; *Hintzen*, in: *Dassler/Schiffhauer/u.a.*, ZVG, § 144 Rn. 3; *Stöber*, ZVG, § 144 Rn. 2.2.
5 *Hintzen*, in: *Dassler/Schiffhauer/u.a.*, ZVG, § 144 Rn. 4.

nehmen.⁶ Entsprechende Angaben müssen sich daher aus den Nachweisen ergeben.

9 Wurden die Nachweise nicht vollständig und formgerecht erbracht, fordert das Gericht diese mittels Zwischenverfügung an. Bei Nichtvorliegen der Voraussetzungen wird das gerichtliche Verteilungsverfahren ohne Rücksicht auf § 144 durchgeführt. Eine förmliche Entscheidung ist nicht erforderliche (§ 143 Rd. 10 m. w. N. – auch zur a. A). Liegen die Voraussetzungen des § 144 vor, wird ein bereits anberaumter Verteilungstermin aufgehoben oder beendet, sofern keine Erlöse aus gesonderter Verwertung gemäß § 65 ZVG vorhanden sind (Abs. 2).

10 **2. Niederlegung.** Ergibt die gerichtliche Prüfung, dass die Voraussetzungen des § 144 vorliegen, ordnet das Gericht die Niederlegung der Urkunden nebst der Erklärung des Erstehers (Bürgen, Meistbietenden) zur Einsicht der Beteiligten auf der Geschäftsstelle an.

11 **3. Benachrichtigung, Aufforderung (Abs. 1 Satz 2).** Von der Niederlegung und der Einsichtsmöglichkeit sind die Beteiligten zu benachrichtigen und gleichzeitig aufzufordern, binnen zwei Wochen Erinnerungen geltend zu machen (Abs. 1 Satz 2). Die Aufforderung ist zuzustellen (§§ 3 ff., analog § 329 Abs. 2 Satz 3 ZPO). Beteiligte in diesem Sinne sind auch ausfallende Gläubiger und solche, die ihre Forderung zwar angemeldet aber noch nicht glaubhaft gemacht haben. Die Gerichtskasse gehört nicht zu den Beteiligten.⁷

12 **4. Keine Erinnerung (Abs. 2).** Nach fruchtlosem Fristablauf (§ 222 ZPO, §§ 187 ff. BGB) bzgl. sämtlicher Beteiligter beschränkt sich das gerichtliche Verteilungsverfahren auf den Erlös von gemäß § 65 gesondert versteigerten Gegenständen. Falls dies nicht vorliegt, findet keine gerichtliche Verteilung statt. Einem fruchtlosen Fristablauf steht eine verspätete Erinnerung gleich.⁸ Dies gilt auch, wenn die Voraussetzungen für § 144 Abs. 1 nicht vorlagen.⁹ Für das weitere Verfahren greift § 145.

13 **5. Erinnerung.** Im Falle einer fristgerechten (auch ggf. grundlosen) Erinnerung eines Beteiligten findet kein Verfahren gemäß § 144, sondern das gerichtliche Verteilungsverfahren gemäß §§ 105 ff. statt.¹⁰

14 **6. weiteres Verfahren/anwendbare Normen.** § 145 regelt das weitere Verfahren und die anwendbaren Normen. Nicht ausdrücklich geregelt ist die Behandlung einer geleisteten Sicherheit. Gemäß § 109 sind aus einer geleisteten Sicherheit (§ 70 Abs. 2) die Kosten des Verfahrens vorweg zu entnehmen und der Restbetrag dem Ersteher zurückzuzahlen, sofern sich aus den Beteiligtenerklärungen nichts anderes ergibt.¹¹

15 **IV. Kosten** – siehe § 143 Rn. 10.

---

6 So auch *Hintzen*, in: *Dassler/Schiffhauer/u. a.*, ZVG, § 144 Rn. 9 und *Stöber*, ZVG, § 144 Rn 2.5.
7 Rn. 3; a. A.: *Stöber*, ZVG, § 144 Rn. 2.8.
8 *Teufel*, in: *Steiner*, ZVG, § 144 Rn. 20.
9 *Teufel*, in: *Steiner*, ZVG, § 144 Rn. 20.
10 LG Lübeck, Beschl. vom 4.12.1985 – 7 T 946/85, Rpfleger 1986, 235.
11 *Hintzen*, in: *Dassler/Schiffhauer/u. a.*, ZVG, § 144 Rn. 16.

§ 145 ZVG [Anwendbare Vorschriften bei §§ 143, 144]

Die Vorschriften des § 105 Abs. 2 Satz 2 und der §§ 127, 130 bis 133 finden in den Fällen der §§ 143, 144 entsprechende Anwendung.

Übersicht

		Rn.
I.	Allgemeines	1
II.	Anwendbare Vorschriften	2–7
1.	§ 105 Abs. 2 Satz 2	2
2.	§ 127	3
3.	§ 130	4
4.	§ 130a	5
5.	§ 131	6
6.	§§ 132, 133	7

I. Allgemeines

Für den Fall der außergerichtlichen Befriedigung (§ 144) oder Einigung über die Erlösverteilung (§ 143) regelt die Norm das weitere Verfahren und die anwendbaren Normen. 1

II. Anwendbare Vorschriften

1. **§ 105 Abs. 2 Satz 2:** In den Verfahren nach §§ 143, 144, gelten auch diejenigen als Beteiligte, die ihre Rechte noch glaubhaft machen müssen. 2

2. **§ 127:** Das Gericht hat hinsichtlich der Grundpfandrechtsbriefe und vorgelegter Titel genauso wie im gerichtlichen Verteilungsverfahren zu verfahren (§ 127). Der Wortlaut der Vermerke ist allerdings statt im Protokoll (§ 127 Abs. 3) in den Akten festzustellen. 3

3. **§ 130:** Nach Abschluss der Verfahren gemäß § 143 bzw. § 144 hat das Gericht gemäß § 130 um Grundbuchberichtigung zu ersuchen. 4

4. **§ 130a:** § 130a wurde eingefügt durch Art. 4 Nr. 2 nach Maßgabe des Art. 8 G v. 22.6.1977 (BGBl I 998) m. W. v 1.1.1978. Da diese Vorschrift bei Schaffung des § 145 noch nicht existent war, ist fraglich ob die Verweisung diese Norm umfasst oder nicht. Hintzen[1] verneint dies unter Hinweis auf § 130a Abs. 2 Satz 1 (Antragstellung spätestens im Verteilungstermin) und die Voraussetzung einer gerichtlichen Verteilung. § 145 normiert jedoch eine entsprechende Anwendung, so dass eine analoge Anwendung zu erfolgen hat. Der Antrag muss – analog § 91 Abs. 2 – gestellt sein, bevor das Grundbuchamt um Grundbuchberichtigung ersucht wird. 5

5. **§ 131:** Zur Löschung eines erloschen Briefgrundpfandrechts, Eintragung des Vorrangs einer Sicherungshypothek gemäß § 128 oder Eintragung einer Vormerkung gemäß § 130a Abs. 2 Satz 1 bedarf es nicht der Vorlegung des Grundpfandrechtsbriefes des betroffenen Rechts. 6

6. **§§ 132, 132:** Wie im Falle einer gerichtlichen Erlösverteilung ist im Fall der Nichtzahlung des Versteigerungserlöses entsprechend §§ 143, 144 die Vollstreckung gegen den Ersteher gemäß §§ 132, 133 möglich (Zwangsverwaltung oder Wiederversteigerung). 7

---

[1] *Hintzen*, in: *Dassler/Schiffhauer/u.a.*, ZVG, § 130a Rn. 9; a. A.: *Stöber*, ZVG, § 145 Rn. 2.

§ 145a [Grundpfandrechte in ausländischer Währung]

Für die Zwangsversteigerung eines Grundstücks, das mit einer Hypothek, Grundschuld oder Rentenschuld in einer nach § 28 Satz 2 der Grundbuchordnung zugelassenen Währung belastet ist, gelten folgende Sonderbestimmungen:

1. Die Terminbestimmung muss die Angabe, dass das Grundstück mit einer Hypothek, Grundschuld oder Rentenschuld in einer nach § 28 Satz 2 der Grundbuchordnung zugelassenen Währung belastet ist, und die Bezeichnung dieser Währung enthalten.

2. ¹In dem Zwangsversteigerungstermin wird vor der Aufforderung zur Abgabe von Geboten festgestellt und bekannt gemacht, welchen Wert die in der nach § 28 Satz 2 der Grundbuchordnung zugelassenen Fremdwährung eingetragenen Hypothek, Grundschuld oder Rentenschuld nach dem amtlich ermittelten letzten Kurs in Euro hat. ²Dieser Kurswert bleibt für das weitere Verfahren maßgeben.

3. ¹Die Höhe des Bargebots wird in Euro festgestellt. ²Die Gebote sind in Euro abzugeben.

4. Der Teilungsplan wird in Euro aufgestellt.

5. ¹Wird ein Gläubiger einer in nach § 28 Satz 2 der Grundbuchordnung zulässigen Fremdwährung eingetragenen Hypothek, Grundschuld oder Rentenschuld nicht vollständig befriedigt, so ist der verbleibende Teils seiner Forderung in der Fremdwährung festzustellen. ²Die Feststellung ist für die Haftung mitbelasteter Gegenstände, für die Verbindlichkeit des persönlichen Schuldners und für die Geltendmachung des Ausfalls im Insolvenzverfahren maßgebend.

§ 146 ZVG [Anordnung]

(1) Auf die Anordnung der Zwangsverwaltung finden die Vorschriften über die Anordnung der Zwangsversteigerung entsprechende Anwendung, soweit sich nicht aus den §§ 147 bis 151 ein anderes ergibt.

(2) Von der Anordnung sind nach dem Eingang der im § 19 Abs. 2 bezeichneten Mitteilungen des Grundbuchamts die Beteiligten zu benachrichtigen.

Schrifttum: *Förster, Karsten,* Rechtsanwaltskosten als Auslagen: Von der institutionellen Zwangsverwaltung zur Vertragsverwaltung, ZInsO 2009, 2235 f.; *Keller, Ulrich,* Grundprinzipien der Zwangsverwaltung im Spannungsfeld zwischen Einzelzwangsvollstreckung, Gesamtvollstreckung und Mieterschutz, NZI 2009, 745 ff.; *Schmidberger, Gerhard,* Die Einstellung der Zwangsverwaltung, ZfIR 2009, 276 ff.; *Keller, Ulrich,* Aktuelle Rechtsprechung zur Zwangsverwaltung im Jahre 2008, ZFIR 2009, 385 ff.; *Wedekind/Wedekind,* Wohnraummietvertrag – Schuldner nicht in der Insolvenz: Zwangsverwalter muss vom Schuldner nicht ausgefolgte Kautionen neu anlegen, ZFIR 2009, 315; *Wedekind/Wedekind,* Wohnraummietvertrag – Zwangsverwaltung und abhanden gekommene Mietkaution – Steht dem Mieter bis zur Auffüllung der Kaution ein Zurückbehaltungsrecht zu? ZFIR 2009, 271.

Übersicht

		Rn.
I.	Wesen und Zweck der Zwangsverwaltung	1–3
II.	Anwendbare Vorschriften (Abs. 1)	4
III.	Gegenstände der Zwangsverwaltung	5–21
1.	Grundstücke, Überbau und Grundstücksbruchteile	5–9
2.	Nießbrauch und andere Nutzungsrechte	10–17
	a) Nießbrauch	10–11
	aa) Zwangsverwaltung durch den rangbesseren Gläubiger	11
	bb) Zwangsverwaltung durch den nachrangigen Gläubiger	12
	b) Andere Nutzungsrechte	13–17
3.	Verfügungsbeschränkungen	18–21
	a) Insolvenzeröffnungsverfahren und Insolvenzverfahren	18
	b) Nacherbschaft	19
	c) Testamentsvollstreckung	20
	d) Auflassungsvormerkung	21
IV.	Anordnung der Zwangsverwaltung	22–30
1.	Anordnungsbeschluss	23–29
2.	Rechtsbehelfe	30
V.	Benachrichtigung der Beteiligten (Abs. 2)	31
VI.	Wirkungen der Anordnung	32
VII.	Einstweilige Einstellung der Zwangsverwaltung	33–42
1.	Die einzelnen Einstellungsmöglichkeiten	33–39
2.	Verfahren	40
3.	Wirkungen der Einstellung	41
4.	Aufhebung der Einstellung	42

I. Wesen und Zweck der Zwangsverwaltung

§ 866 Abs. 1 ZPO regelt die Arten der Zwangsvollstreckung in ein Grundstück wegen einer Geldforderung. Möglich sind die Eintragung einer Sicherungshy-

pothek, die Zwangsversteigerung oder die Zwangsverwaltung. Gemäß § 866 Abs. 2 ZPO können diese Maßregeln allein oder nebeneinander ausgeführt werden.
Der Zweck des Zwangsverwaltungsverfahrens ist es, den Gläubiger wegen seiner Geldforderung aus den Erträgen der Nutzungen zu befriedigen. Die Verwertung der Substanz des Grundstückes erfolgt im Zwangsversteigerungsverfahren. Die parallele Anordnung von Zwangsverwaltung und Zwangsversteigerung ermöglicht daher dem Gläubiger, die Erträge aus den Nutzungen und dem Substanzwert zu realisieren. Beide Verfahren sind voneinander unabhängige Verfahren.
Durch die Beschlagnahme wird dem Schuldner die Verwaltung und Benutzung des Grundstücks entzogen, § 148 Abs. 2. Folgt die Anordnung der Zwangsversteigerung zeitlich nach, so gilt die für die Zwangsverwaltung bewirkte Beschlagnahme als erste Beschlagnahme, § 13 Abs. 4. Die Verwaltungsbefugnis geht auf den vom Vollstreckungsgericht eingesetzten Zwangsverwalter über, der das Recht und die Pflicht hat, alle Handlungen vorzunehmen, die erforderlich sind, um das Grundstück in seinem wirtschaftlichen Bestand zu erhalten und ordnungsgemäß zu benutzen, § 152 Abs. 1 Hs. 1.
Die Zwangsverwaltung ist rechtlich **undurchführbar**, wenn der Schuldner weder unmittelbarer noch mittelbarer Besitzer ist und der Dritte, der den Besitz inne hat, die Herausgabe verweigert.[1]
Aus den Nutzungen des Grundstücks sind die Ausgaben der Verwaltung sowie die Kosten des Verfahrens mit Ausnahme der Kosten der Anordnung des Verfahrens oder der Kosten des Beitritts eines Gläubigers vorweg zu begleichen, § 155 Abs. 1. Etwaige Überschüsse werden dann gemäß der Regelung des § 155 Abs. 2 verteilt, wobei in erster Linie die laufenden wiederkehrenden Leistungen berücksichtigt werden. Zahlungen auf die Hauptforderungen erfolgen erst in der Rangklasse 5 für diejenigen Gläubiger, die die Zwangsverwaltung betreiben. Falls parallel die Zwangsversteigerung betrieben wird, so ist bei der Erlösverteilung darauf zu achten, dass Gläubiger für dieselbe Forderung nicht doppelt befriedigt werden. Betreiben mehrere Gläubiger die Zwangsverwaltung, so werden sie innerhalb der 5. Rangklasse nach der Priorität der erfolgten Beschlagnahmen und nicht nach der dinglichen Sicherung ihrer Forderungen eingestuft, § 11 Abs. 2.

2 Selbst wenn durch die Grundstücksbewirtschaftung keine Erträge erwirtschaftet werden, kann ein Gläubiger ein **Rechtsschutzinteresse** für die Anordnung einer Zwangsverwaltung haben, wenn durch die Zwangsverwaltung mittelbar rechtliche oder tatsächliche Umstände geschaffen werden, die der unmittelbaren Befriedigung des Gläubigers dienen.[2] Dem steht nicht das Verbot der zwecklosen Pfändung § 803 Abs. 2 ZPO entgegen, da diese Vorschrift auf die Besonderheiten der Mobiliarvollstreckung zugeschnitten ist und in ihrer Allgemeinheit nicht auf das Immobiliarzwangsvollstreckungsrecht übertragbar ist.[3] Es besteht ein Rechtsschutzinteresse für die Einleitung eines Zwangsverwaltungsverfahrens durch einen nachrangigen Gläubiger, der sich für das parallel angeordnete Versteigerungsverfahren eine höhere Zahlung aus dem Teilungsplan erhofft, wenn die laufenden Zinsen des vorrangigen Gläubigers durch die Überschüsse des Zwangsverwaltungsverfahrens bedient werden.[4]

---

[1] BGH, Urteil vom 26.9.1985 – IX ZR 88/84, BGHZ 96, 61 = NJW-RR 1986, 858 = Rpfleger 1986, 26.
[2] BGH, Beschl. vom 18.7.2002 – IX ZB 26/02, BGHZ 151, 384 = NJW 2002, 3178 = Rpfleger 2002, 578.
[3] BGH, vorige Fn., BGHZ 151, 384f.; BGH, Beschl. vom 30.1.2004 – IXa ZB 233/03, Rpfleger 2004, 302.
[4] *Hintzen/Wolf*, § 146, Rn. 13.81.

Selbst wenn durch die Verwaltung keine Erträge erwirtschaftet werden, so kann der Gläubiger durch die Anordnung der Zwangsverwaltung bewirken, dass die Rechtsverhältnisse hinsichtlich der Immobilie geklärt sind, das Grundstück gesichert, bzw. optimal genutzt ist, um so im Versteigerungstermin einen optimalen Verkaufserlös zu erreichen. Unter der alten Rechtslage vor in Krafttreten der Zwangsverwalterverordnung vom 19.12.2003 am 1.1.2004 sah die Rechtsprechung Vorbereitungsmaßnahmen zur Zwangsversteigerung als begleitenden Nebeneffekt des Zwangsverwaltungsverfahrens an. Zwar könne eine wirtschaftliche und sinnvolle Zwangsverwaltung den Versteigerungserlös günstig beeinflussen, einen vorrangigen Zweck darin zu sehen, widerspreche jedoch dem Zwangsverwaltungsverfahren als eigenständiger Vollstreckungsart.[5] Durch die Änderung des § 5 Abs. 2 ZwVwV soll die Nutzung „grundsätzlich" durch Vermietung oder Verpachtung erfolgen, im Hinblick auf die Beibehaltung der Nutzung ist § 5 Abs. 1 ZwVwV zur Sollvorschrift erweitert worden, um dem Zwangsverwalter mehr Spielraum für eine wirtschaftlich sinnvolle Zwangsverwaltung zu geben. Im Ausnahmefall muss es mit den Zielen der Zwangsverwaltung vereinbar sein, wegen eines bevorstehenden Versteigerungstermins von der Vermietung oder Verpachtung des Objekts abzusehen, so dass die Zwangsverwaltung nur die Sicherung und Bestandserhaltung des Gebäudes zum Gegenstand hat.[6] Die Anordnung der Zwangsverwaltung ist daher empfehlenswert, wenn
- unklar ist, ob das Objekt überhaupt noch Versicherungsschutz genießt;
- Maßnahmen erforderlich sind, um den wirtschaftlichen Bestand des Grundstücks zu erhalten oder zu verbessern;[7]
- Maßnahmen erforderlich sind, verwertungsschädliche Verhältnisse zu beseitigen wie bspw. Sicherung leerstehender Objekte vor Schäden durch Witterung oder Vandalismus;[8]
- Klärung/Verhinderung/Kündigung verwertungsschädlicher Miet- und Pachtverhältnisse;[9]
- Fertigstellung eines steckengebliebenen Bauvorhabens.

Die Sicherstellung der Durchführung von Besichtigungsterminen von Kaufinteressenten oder des Sachverständigen im Versteigerungsverfahren allein begründen das Rechtsschutzinteresse nicht.[10]

Neben dem Zwangsverwaltungsverfahren bestehen noch andere Verwaltungsmöglichkeiten, die ihre Rechtsgrundlage innerhalb und außerhalb des ZVG haben:
- Sicherung der ordnungsgemäßen Bewirtschaftung im Zwangsvollstreckungsverfahren, § 25;
- Gerichtliche Verwaltung im Zwangsversteigerungsverfahren, § 94;
- Sequestration und Verwaltung aufgrund einer einstweiligen Verfügung nach § 938 Abs. 2 ZPO;
- Sequestration bei Pfändung eines Herausgabeanspruchs einer unbeweglichen Sache, §§ 848, 855 ZPO;
- Verwaltung bei Zwangsvollstreckung in Nutzungsrechte nach § 857 Abs. 4 ZPO;
- gerichtlich angeordnete Verwaltung beim Nießbrauch nach § 1052 BGB;
- Verwaltungsbefugnis des vorläufigen Insolvenzverwalters und des Insolvenzverwalters, §§ 21, 80 InsO;

---

5 BGH, Beschl. vom 10.12.2004 – IXa ZB 231/03, BGHZ 161, 336 f. = Rpfleger 2005, 211.
6 Amtl. Begr. zu § 5, BR-Drs. 842/03.
7 BGH, (vgl. Fn. 2), BGHZ 151, 384 f.; BGH, Urteil vom 10.4.2003 – IX ZR 106/02, BGHZ 154, 387 = NJW 2003, 2162 = Rpfleger 2003, 454.
8 Böttcher, ZVG, § 164 Rn. 6.
9 Depré/Mayer, Handb., 29.
10 Hintzen/Wolf, § 146, Rn. 13.81.

– kalte Zwangsverwaltung auf vertraglicher Grundlage mit dem Grundpfandgläubiger.

II. Anwendbare Vorschriften (Abs. 1)

4 Das ZVG ergänzt systematisch die Zwangsvollstreckungsregelungen der §§ 864 ff. ZPO. Das ZVG ist bei der Rechtsanwendung daher als Teil der ZPO zu behandeln.[11] Neben den allgemeinen Vorschriften der ZPO über die Voraussetzungen der Zwangsvollstreckung sind daher ebenso die Vorschriften über die Rechtsbehelfe anwendbar.[12] Daher ist auch die Vollstreckungsschutzvorschrift des § 765a ZPO in der Zwangsverwaltung anwendbar.
Aus dem ZVG finden die allgemeinen Vorschriften der §§ 1 bis 14 unmittelbar Anwendung. §§ 146 bis 161 beinhalten spezielle Vorschriften für Zwangsverwaltungsverfahren.
Durch die Verweisung in § 146 Abs. 1 finden die Vorschriften der §§ 15 bis 34 entsprechende Anwendung. Soweit die Regelungen der §§ 15 bis 34 anwendbar sind, ergeben sich Besonderheiten aus §§ 146 Abs. 2 bis 151. Durch die Verweisung in § 161 Abs. 4 sind die Regelungen über entgegenstehende Rechte in §§ 28, 29, 32 und 34 entsprechend anwendbar.
Durch die Spezialregelung des § 148 Abs. 1 Satz 1 finden § 21 Abs. 1 und Abs. 2 keine Anwendung, so dass die in der Zwangsversteigerung vom Beschlag ausgenommenen, in § 21 Abs. 1 und Abs. 2 aufgeführten, Vermögenswerte der Beschlagnahme im Zwangsverwaltungsverfahren unterfallen. Nach § 148 Abs. 1 Satz 2 findet § 23 Abs. 1 Satz 2 keine Anwendung. Ebenso findet § 24 nach § 148 Abs. 2 keine Anwendung.
Nicht anwendbar sind §§ 35 bis 104, die ausschließlich das Versteigerungsverfahren betreffen. Die §§ 105 bis 145a sind grundsätzlich nicht anwendbar. Es bestehen folgende Ausnahmen:
– § 105 Abs. 2 Satz 2 (Verweisung in § 156 Abs. 2 Satz 4);
– § 113 Abs. 1 (Verweisung in § 156 Abs. 2 Satz 4);
– §§ 114, 115 (Verweisung in § 156 Abs. 2 Satz 4);
– § 117 (Verweisung in § 158 Abs. 3);
– §§ 124, 126 (Verweisung in § 156 Abs. 2 Satz 4);
– § 127 (Verweisung in § 158 Abs. 3);
– §§ 135 bis 141 (Verweisung in § 157 Abs. 2);
– §§ 143 bis 145 (Verweisung in § 160).

Daneben regelt die Verordnung über die Geschäftsführung und die Vergütung des Zwangsverwalters (ZwVwV) vom 16.2.1970[13] in der Fassung mit Wirkung ab dem 1.1.2004 die Tätigkeit des Zwangsverwalters.

III. Gegenstände der Zwangsverwaltung

1. Grundstücke, Überbau und Grundstücksbruchteile

5 **Grundstücke** unterliegen uneingeschränkt der Zwangsverwaltung, §§ 864 Abs. 1, 866 Abs. 1 ZPO.
Gleiches gilt für **Gebäudeeigentum** das im Beitrittsgebiet fortbesteht, EGBGB Art. 233 §§ 4 Abs. 4; 3.

6 Liegt ein **Überbau der Grundstücksgrenze** vor, § 912 BGB, so ist zu unterscheiden, ob ein rechtmäßiger oder ein unrechtmäßiger Überbau vorliegt. Ein Überbau liegt vor, wenn sich ein Gebäudeteil zum Zeitpunkt der Errichtung eines

---

11 *Haarmeyer/Wutzke/u.a.*, Zwangsverw. § 146 Rn. 2.
12 *Haarmeyer/Wutzke/u.a.* Zwangsverw. § 146 Rn. 2.
13 BGBl. I 185.

einheitlichen Gebäudes überirdisch oder unterirdisch auf das Nachbargrundstück erstreckt.[14] Ein rechtmäßiger Überbau liegt vor, wenn der überbauende Eigentümer weder vorsätzlich noch fahrlässig die Grundstücksgrenze überbaut hat und der betroffene benachbarte Eigentümer weder vor Beginn der Überbauung noch unverzüglich danach der Grenzüberbauung widersprochen hat. Rechtsfolge ist, dass der überbauende Eigentümer das Eigentum am gesamten Gebäude einschließlich der in den Überbau einbezogenen Kellermauern erwirbt, wobei streitig ist, ob der Eigentumserwerb aus § 95 Abs. 1 Satz 2 BGB oder aus §§ 93, 94 Abs. 2 BGB erfolgt.[15] Der Nachbar hat den Überbau zu dulden, § 912 Abs. 1 BGB. Ist die Zwangsverwaltung gegen den überbauenden Eigentümer angeordnet, so erfasst die Zwangsverwaltung somit auch den Überbau.[16] Umgekehrt ist im Fall der Anordnung der Zwangsverwaltung des Nachbargrundstücks der Zwangsverwalter von den Nutzungen des rechtmäßigen Überbaus ausgeschlossen.[17] Ein unrechtmäßiger Überbau hat die Beseitigungspflicht des überbauenden Eigentümers als Rechtsfolge; ein Eigentumserwerb am Überbau tritt zugunsten des Nachbarn ein, da §§ 93, 94 Abs. 2 BGB bei rechtswidrigen Eigentumsverletzungen zurücktreten.[18] Die Zwangsverwaltung erfasst folglich nicht den Überbau.[19]

Grundstücksbruchteile, hierunter fällt auch das **Wohnungseigentum und Teileigentum**, unterliegen ebenso der Zwangsverwaltung, §§ 864 Abs. 2, 866 Abs. 1 ZPO. Da der Zwangsverwalter die Rechte des Schuldners als Bruchteilseigentümer nur gemeinsam mit den anderen Miteigentümern ausüben kann, §§ 741 ff. BGB, bereitet die Bruchteilszwangsverwaltung in der Praxis oft erhebliche Schwierigkeiten.[20] Der Zwangsverwalter ist nicht berechtigt, die Zwangsversteigerung zum Zwecke der Aufhebung der Gemeinschaft zu betreiben.[21] Beim vom Schuldner selbst genutzten Wohnungseigentum ist § 149 zu beachten. Ist die Zwangsverwaltung gegen mehrere Eigentumswohnungen des Schuldners angeordnet, so sind dies getrennte Verfahren, die auch getrennte Einnahmen und Ausgaben erfordern.[22] Eine Verbindung der Verfahren ist unter den Voraussetzungen des § 18 zulässig. Ist nach § 1010 BGB der Ausschluss der Auseinandersetzung der Bruchteilsgemeinschaft vereinbart und im Grundbuch eingetragen, so ist trotzdem die Zwangsverwaltung möglich. Der Zwangsverwalter ist jedoch an die von der Eigentümergemeinschaft getroffenen Verwaltungs- und Benutzungsregeln gebunden. Steht dem Schuldner ausweislich der getroffenen Verwaltungs- und Benutzungsregelungen kein Anteil am Fruchtgenuss zu, so ist daher die Bruchteilszwangsverwaltung über seinen Anteil unzulässig.[23] Besteht keine von der Eigentümergemeinschaft getroffene Benutzungsvereinbarung, so kann nach § 745 Abs. 2 BGB jeder Teilhaber eine dem Interesse aller Teilhaber nach billigem Ermessen entsprechende Benutzung verlangen, die ggf. als Leistungsklage auf Zustimmung zu einer bestimmten Art der Benutzung vor dem Prozessgericht zu erheben ist.[24] Dem Fehlen einer Vereinbarung oder eines Mehrheitsbeschlusses über die Benutzung steht es gleich, wenn nach erfolgter Regelung des

---

14 BGH, Urteil vom 10.10.1969 – V ZR 131/66, BGHZ 53, 5 = NJW 1970, 97; BGH, Urteil vom 19.12.1975 – V ZR 25/74, BGHZ 65, 395 = NJW 1976, 669.
15 *Bassenge*: in *Palandt*, BGB, § 912, Rn. 12.
16 *Haarmeyer/Wutzke/u.a.*, Zwangsverw., § 146 Rn. 16.
17 *Haarmeyer/Wutzke/u.a.*, Zwangsverw., § 146 Rn. 16.
18 BGH, Urteil vom 2.6.1989 – V ZR 167/88, NJW-RR 89, 1039.
19 *Haarmeyer/Wutzke/u.a.*, Zwangsverw., § 146 Rn. 16.
20 *Stöber*, ZVG, § 146, Ziff. 3.3.
21 *Stöber*, ZVG, § 152, Ziff. 10.1.
22 OLG Stuttgart, JurBüro 1976, 1396.
23 *Jäckel/Güthe*, ZVG, § 146, Rn. 2; *Stöber*, ZVG, § 146, Ziff. 3.3.
24 BGH, Beschl. vom 25.10.2006 – VII ZB 29/06, NJW 2007, 150 = Rpfleger 2007, 86 = WM 2007, 87.

Gebrauchs tatsächliche Veränderungen eintreten, die ein Festhalten an der bisherigen Verwaltungsvereinbarung unerträglich erscheinen lassen.[25] In einem solchen Fall ist jeder Teilhaber berechtigt, eine Änderung der bisherigen Verwaltungsregelung zu fordern und ggf. Leistungsklage auf Zustimmung zur Neuregelung der Benutzung zu erheben.[26]

8 **Erbbaurecht, Wohnungserbbaurecht** und **Teileigentumserbbaurecht** als grundstücksgleiche Rechte unterliegt der Zwangsverwaltung, §§ 870, 864 Abs. 1, 866 Abs. 1 ZPO; § 11 ErbbauVO. Belastungs- oder Veräußerungsverbote nach § 5 ErbbauVO stellen keine Verfahrenshindernisse dar, da die Nutzung des Rechts hierdurch nicht eingeschränkt ist.[27] Besteht Miteigentum nach Bruchteilen an grundstücksgleichen Rechten, so unterliegen diese wie die Grundstücksbruchteile der Zwangsverwaltung.

9 **Luftfahrzeuge**, § 171c, **Schiffe** und **Schiffsbauwerke**, § 870a ZPO, sind nicht der Zwangsverwaltung unterworfen. Die Eintragung einer Sicherungshypothek und die Versteigerung sind möglich. Es gibt weiter die Möglichkeit der Bewachung und Verwahrung, §§ 165 Abs. 1, 171c Abs. 2.

2. Nießbrauch und andere Nutzungsrechte

10 a) **Nießbrauch.** Die §§ 1030 Abs. 1, 1036 Abs. 1 BGB gewähren dem Nießbrauchsberechtigten den Nießbrauch, also die dingliche Berechtigung zum Besitz des Grundstücks und zur Ziehung der Nutzungen aus dem Grundstück. Ein **Bruchteilsnießbrauch** ist nach den Vorschriften der Bruchteilsgemeinschaft zu behandeln. Die §§ 1066 Abs. 1, 741 ff. BGB sind entsprechend anwendbar.[28]

11 aa) **Zwangsverwaltung durch den rangbesseren Gläubiger.** Beantragt ein Gläubiger eines rangbesseren Grundpfandrechts die Zwangsverwaltung, so hat der Nießbrauchsberechtigte die Zwangsverwaltung zu dulden.[29] Hat das Grundpfandrecht einen besseren Rang, so haftet das mit einem Nießbrauch nachrangig belastete Grundstück mit seinen wesentlichen und nicht wesentlichen Bestandteilen und mit den nicht getrennten Erzeugnissen, insbesondere mit den Miet- und Pachtforderungen, § 1123 BGB.[30] Die Mieten und Pachten haften unabhängig davon, ob der Mietvertrag bzw. Pachtvertrag vom Eigentümer oder vom Nießbrauchsberechtigten abgeschlossen worden ist.[31] Die Grundstücksbeschlagnahme erstreckt sich auf das Nießbrauchsentgelt.[32] Auf das schuldrechtlich vereinbarte Entgelt für die Bestellung oder Ausübung des Nießbrauchsrechts kann jedoch nur im Wege der Forderungspfändung zugegriffen werden.[33]

Ist der Nießbrauchsberechtigte nicht herausgabebereit, so hat der die Zwangsvollstreckung betreibende Gläubiger für die unbeschränkte Anordnung der Zwangsverwaltung auch bei einem als nachrangig eingetragenen Nießbrauchsrecht einen auf den Nießbrauchsberechtigten lautenden Duldungstitel vorzulegen.[34] Es sind daher zwei Vollstreckungstitel erforderlich. Zum einen der Vollstreckungstitel für den dinglichen Anspruch nach § 1147 BGB gegen den

---

25 BGH, (vgl. Fn. 23) NJW 2007, 150 m.w.N.
26 BGH, (vgl. Fn. 23) NJW 2007, 150 m.w.N.
27 *Stöber*, ZVG, § 15, Ziff. 13.7.
28 BGH, (vgl. Fn. 23) NJW 2007, 149 f.
29 BGH, BGH, Urteil vom 10.4.2003 – IX ZR 106/02, BGHZ 154, 387 ff. = NJW 2003, 2164 f. = Rpfleger 2003, 378 und 523 f LS m. Anm. *Alff*.
30 RG 93, 121, 124.
31 BGH, Urteil vom 4.2.2005 – V ZR 294/03, Rpfleger 2005, 323, 324.
32 *Puff*, Rpfleger 1991, 331.
33 OLG München, Urteil vom 31.7.1990 – 13 U 3117/90, Rpfleger 1991, 331.
34 BGH, Beschl. vom 14.3.2003 – IXa ZB 45/03, NJW 2003, 2164 f. = Rpfleger 2003, 378 und 523 f LS m. Anm. *Alff*.

Eigentümer des Grundstücks als Vollstreckungsschuldner gem. § 750 ZPO. Zum anderen ist für den materiell-rechtlichen Anspruch ein Vollstreckungstitel gegen den Nießbrauchsberechtigten auf Duldung der Zwangsverwaltung in das Grundstück erforderlich. Die Entscheidung des BGH erfährt Kritik, da der Gläubiger im Falle der Weigerung des nachrangigen Nießbrauchsberechtigten sich erst einen Duldungstitel verschaffen muss und der im Grundbuch zur Sicherung seines Grundpfandrechts eingeräumte Vorrang leer läuft.[35] Das OLG Dresden arbeitet heraus, dass der BGH in seiner Entscheidung vom 14.3.2003[36] am Erfordernis eines Titels gegen den Nießbrauchsberechtigten festhalte, aber keine Aussage dazu treffe, wie der Gläubiger zu einem entsprechenden Titel gelangen könne.[37] Der gegen den Eigentümer vorliegende Titel nebst Vollstreckungsklausel könne als Rechtsnachfolge in ein minderes Recht ohne Weiteres gegen den Nießbrauchsberechtigten umgeschrieben werden.[38] Das OLG Dresden begründet dies in einem a maiore ad minus Schluss. Nachdem beim Vollerwerb des Eigentums durch einen Rechtsnachfolger die Zwangsvollstreckung nach Titelumschreibung und Zustellung, §§ 727, 750 ZPO, gegen den Rechtsnachfolger möglich sei, müsse dies für die Veräußerung einzelner Befugnisse aus dem allumfassenden Eigentumsrecht auch gelten.[39] Der Duldungstitel ist nicht erforderlich, wenn der Nießbrauch nur vertraglich vereinbart worden ist[40] oder der Nießbrauchsberechtigte die Zwangsverwaltung selbst betreibt. Ein Duldungstitel ist ferner nicht erforderlich, wenn der Nießbrauchsberechtigte seine Zustimmung zur Zwangsverwaltung erteilt, § 1065 BGB.[41] Ein zuvor erklärter Rangrücktritt des Nießbrauchsberechtigten ist jedoch nicht dahingehend auszulegen, dass der Rangrücktritt das Einverständnis in die Zwangsverwaltung einschließt.

Hat der im Rang vorgehende Grundpfandrechtsgläubiger nur einen dinglichen Vollstreckungstitel gegen den Eigentümer, aber keinen gegen den Nießbrauchsberechtigten, so ist eine Zwangsverwaltung nur eingeschränkt möglich, da sie das Nutzungs- und Besitzrecht des Nießbrauchsberechtigten nicht beschränken darf.[42] Die Beschränkungen sind im Anordnungsbeschluss als Zwangsvollstreckungsmaßnahme klar und eindeutig zu bezeichnen. Eine unbeschränkt angeordnete Zwangsverwaltung darf daher nicht als beschränkte Zwangsverwaltung fortgesetzt werden, wenn der Nießbrauchsberechtigte die Besitzeinräumung verweigert und dem Gläubiger der Duldungstitel fehlt.[43]

bb) **Zwangsverwaltung durch den nachrangigen Gläubiger.** Betreiben die Gläubiger der dem Nießbrauch nachrangigen Grundpfandrechte oder Gläubiger persönlicher Ansprüche die Zwangsverwaltung, so ist die Zwangsverwaltung den Beschränkungen des Nießbrauchs unterworfen. Die Zwangsverwaltung kann nur als beschränkte Zwangsverwaltung ohne Beeinträchtigung des Rechts des Nießbrauchsberechtigten angeordnet und durchgeführt werden.[44] Bei einer beschränkten Zwangsverwaltung obliegt dem Zwangsverwalter die Befugnis des Eigentümers alle Rechte auszuüben, die dem Eigentümer gegenüber dem Nießbrauchsberechtigten und gegen Dritte zustehen. Das Recht, Miete oder Pacht zu beanspruchen, ist mit Bestellung des Nießbrauchsrechts nicht mehr Gegenstand des Eigentumsrechts.[45] Dem rangbesseren Nieß-

---

35 Haarmeyer/Wutzke/u.a., Zwangsverw., § 146, Rn. 12.
36 BGH, (vgl. Fn. 33) NJW 2003, 2164f.
37 OLG Dresden, Beschl. vom 5.9.2005 – 14 W 1007/05, Rpfleger 2006, 92f.
38 OLG Dresden, (vgl. Fn. 36) Rpfleger 2006, 92f.
39 OLG Dresden, (vgl. Fn. 36) Rpfleger 2006, 93.
40 LG Krefeld, Beschl. vom 25.11.1987 – 6 T 317/87, Rpfleger 1988, 325.
41 BGH, (vgl. Fn. 33)NJW 2003, 2164f.
42 BGH, (vgl. Fn. 33)NJW 2003, 2164f.
43 BGH, (vgl. Fn. 33)NJW 2003, 2165.
44 OLG Köln, NJW 1957, 1769.
45 Bassenge: in Palandt, BGB, § 1030 Rn. 4.

brauchsberechtigten kann nicht der Besitz entzogen werden, § 1036 Abs. 1 BGB. Wirtschaftlich ist eine Zwangsverwaltung in diesen Fällen nicht sinnvoll, da der Zwangsverwalter keinen Zugriff auf Mieten oder Pachten hat. Die Zwangsverwaltung kann bei einer parallel angeordneten Zwangsversteigerung vor dem Hintergrund der Sicherung und Überwachung des Objekts bei einem nicht handlungsfähigen Eigentümer sinnvoll sein.

13 b) **Andere Nutzungsrechte.** Dingliche Nutzungsrechte stehen der Anordnung der Zwangsverwaltung nicht entgegen. Für dingliche Nutzungsrechte wie Altenteil (Leibgeding), Wohnungsrechte nach § 1093 BGB, Dauerwohnrecht nach §§ 31 ff. WEG sind die Regelungen über den Nießbrauch entsprechend anwendbar. Wenn der dinglich Berechtigte sein Recht bislang nicht ausgeübt hat, so kann er vom Zwangsverwalter Besitzeinräumung nur verlangen, wenn sein Recht dem Gläubiger im Rang vorgeht.[46] Ist sein Recht nachrangig, kann er keine Besitzeinräumung verlangen.[47]

14 Ein **Altenteil** setzt sich regelmäßig aus Wohnungsrecht nach § 1093 BGB und Reallast nach § 1105 BGB zusammen. Beim Altenteil ist zunächst zu klären, welche Nutzungen der Berechtigte ziehen kann. Der Zwangsverwalter muss die Rechte des Altenteilberechtigten beachten. Wird aus einem rangbesseren Recht die Zwangsverwaltung betrieben, ist wie beim Nießbrauch und beim Wohnungsrecht ein Duldungstitel gegen den Altenteilberechtigten erforderlich, falls dieser dem Zwangsverwalter den Besitz nicht freiwillig eingeräumt.[48] Wirtschaftlich ist eine Zwangsverwaltung aus einem im Rang nach dem Altenteil stehenden Recht nicht sinnvoll, da der Zwangsverwalter keinen Zugriff auf die Nutzungen hat. Die Zwangsverwaltung mag im Einzelfall bei einer parallel angeordneten Zwangsversteigerung vor dem Hintergrund der Sicherung und Überwachung des Objekts bei einem nicht handlungsfähigen Eigentümer sinnvoll sein.

15 Beim **dinglichen Wohnungsrecht** nach § 1093 BGB muss der Zwangsverwalter die Rechte des Wohnungsberechtigten beachten. Wird aus einem rangbesseren Recht die Zwangsverwaltung betrieben, stehen Besitz und Verwaltung des gesamten Grundbesitzes dem Zwangsverwalter zu, der einen Duldungstitel gegen den Wohnungsberechtigten haben muss, falls dieser ihm den Besitz nicht freiwillig einräumt.[49]

16 Beim **Dauerwohnrecht** nach § 31 ff. WEG ist § 40 WEG zu beachten. Wird aus einem rangbesseren Recht die Zwangsverwaltung betrieben, so hat der Zwangsverwalter einen Anspruch auf das Entgelt für das Dauerwohnrecht. Geht das Dauerwohnrecht im Rang vor, bleibt es bei der Regelung des § 40 Abs. 1 Satz 1 WEG. Betreiben rangbessere und rangschlechtere Gläubiger die Zwangsverwaltung, so hat der Zwangsverwalter bei der Zuteilung auf die Gläubigeransprüche darauf zu achten, dass er die Einnahmen dem rangbesseren Gläubiger zuschreibt.[50]

17 **Schuldrechtliche Nutzungsrechte** stehen der Anordnung der Zwangsverwaltung nicht entgegen. Der Zwangsverwalter erlangt den mittelbaren Besitz, § 150 Abs. 2. Die Miet- bzw. Pachtverträge sind gegenüber dem Zwangsverwalter wirksam, § 152 Abs. 2. Die Mieten und Pachten sind von der Beschlagnahme erfasst und werden vom Zwangsverwalter eingezogen, § 148 Abs. 1.

---

46 *Böttcher*, ZVG, § 146, Rn. 52.
47 *Böttcher*, ZVG, § 146, Rn. 52.
48 *Haarmeyer/Wutzke/u. a.*, Zwangsverw., § 146, Rn. 13.
49 BGH, (vgl. Fn. 33) NJW 2003, 2146; LG Göttingen, Beschl. vom 14.9.2005 – 5 T 172/05, Rpfleger 2006, 33.
50 *Haarmeyer/Wutzke/u. a.*, Zwangsverw., § 146, Rn. 10.

3. Verfügungsbeschränkungen

a) Insolvenzeröffnungsverfahren und Insolvenzverfahren. Im Insolvenzeröffnungsverfahren werden als Sicherungsmaßnahme regelmäßig Maßnahmen der Zwangsvollstreckung untersagt bzw. deren Einstellung angeordnet, wobei Maßnahmen der Immobiliarzwangsvollstreckung hiervon ausgenommen sind, § 21 Abs. 2 Nr. 3 InsO. Die Zwangsverwaltung kann daher gegen den Schuldner angeordnet bzw. fortgesetzt werden, selbst wenn beantragt worden ist, über sein Vermögen ein Insolvenzverfahren zu eröffnen.

Im eröffneten Insolvenzverfahren spricht § 89 Abs. 1 InsO ein Vollstreckungsverbot für Gläubiger aus, die Inhaber einer Insolvenzforderung gem. § 38 InsO gegen den Schuldner sind. Die Vollstreckung aus einem dinglichen Titel bleibt weiterhin möglich, da § 49 InsO den absonderungsberechtigten Gläubiger, dem ein Recht auf Befriedigung aus unbeweglichen Gegenständen zusteht, nach Maßgabe des Gesetzes über die Zwangsversteigerung und die Zwangsverwaltung zur abgesonderten Befriedigung berechtigt. Der Insolvenzverwalter kann nach §§ 30d – 31, 153b, 153c die einstweilige Einstellung der Zwangsverwaltung beantragen, wenn glaubhaft gemacht wird, dass durch die Fortsetzung der Zwangsverwaltung eine wirtschaftlich sinnvolle Nutzung des Grundstücks wesentlich erschwert wird.

Ist im Insolvenzeröffnungsverfahren als Sicherungsmaßnahme in Bezug auf die Verfügungen des Schuldners ein Zustimmungsvorbehalt des vorläufigen Insolvenzverwalters angeordnet worden, § 21 Abs. 2 Nr. 2 2. Alt. InsO, so ist eine Umschreibung des Vollstreckungstitels nicht erforderlich, da die Verfügungsbefugnis rechtlich noch beim Schuldner bleibt. Ist die Verfügungsbefugnis auf den (vorläufigen) Insolvenzverwalter übergegangen, so ist eine Umschreibung des Vollstreckungstitels nach § 727 ZPO und die Zustellung gem. § 750 Abs. 2 ZPO erforderlich. Die Verwaltungs- und Verfügungsbefugnis über das Vermögen des Schuldners geht gem. § 80 InsO durch die Eröffnung des Insolvenzverfahrens auf den Insolvenzverwalter über. Ist im Insolvenzeröffnungsverfahren als Sicherungsmaßnahme gem. § 21 Abs. 2 Ziff. 2 1. Alt. InsO dem Schuldner ein allgemeines Verfügungsverbot auferlegt worden, so geht mit dem Zeitpunkt des Wirksamwerdens der Anordnung der Sicherungsmaßnahmen die Verwaltungs- und Verfügungsbefugnis auf den vorläufigen Insolvenzverwalter (sog. „starker vorläufiger Insolvenzverwalter") über. Gibt der Insolvenzverwalter das Grundstück aus der Masse frei, so ist im laufenden Zwangsverwaltungs- oder Versteigerungsverfahren eine erneute Umschreibung der Vollstreckungsklausel nicht erforderlich.[51]

Ist über das Vermögen des Schuldners das Insolvenzverfahren eröffnet worden, so ist die Pfändung mithaftender Mieten oder Pachten durch den absonderungsberechtigten Grundpfandgläubiger nicht mehr zulässig.[52] Dies ergibt sich aus dem Wortlaut des § 49 InsO, wonach Absonderungsrechte an Immobiliarsicherheiten im Wege der Zwangsverwaltung und Zwangsversteigerung geltend zu machen sind.[53] Diese Auslegung steht im Einklang mit dem Vorrang der Zwangsverwaltung gegenüber der Forderungspfändung für die Zwangsvollstreckung in mithaftende Mieten und Pachten, § 865 Abs. 2 Satz 2 ZPO.[54] Bestätigt wird die Auslegung durch § 110 Abs. 1 und Abs. 2 InsO, die die Wirksamkeit von Vorauspfändungen zeitlich beschränken, wobei § 110 Abs. 2 Satz 2 InsO klar stellt, dass rechtsgeschäftliche Verfügungen des Schuldners solchen gleich stehen, die durch Vollstreckungsmaßnahmen erfolgt sind, so dass es nicht einleuchtet, weshalb Grundpfandgläubiger noch nach Eröffnung

---

51 BGH, Beschl. vom 24.11.2005 – V ZB 84/05, Rpfleger 2006, 423.
52 BGH, Beschl. vom 13.7.2006 – IX ZB 301/04, BGHZ 168, 339 ff. = ZIP 2006, 1554 ff. = NJW 2006, 3356 ff. = Rpfleger 2006, 549 ff. = WM 2006, 1685.
53 BGH, (vgl. Fn. 51) BGHZ 168, 339 ff.
54 BGH, (vgl. Fn. 51) BGHZ 168, 339 ff.

des Insolvenzverfahrens durch Pfändung die Mieten und Pachten beschlagnahmen können sollen.[55] Die absonderungsberechtigten Gläubiger haben die Möglichkeit die Zwangsverwaltung beantragen oder eine sog. „kalte" Zwangsverwaltung mit dem Insolvenzverwalter vereinbaren, um auf die Erlöse aus der Vermietung oder Verpachtung zugreifen zu können.
Zur Beantragung der Zwangsversteigerung durch den Insolvenzverwalter siehe § 172 ff.

19 b) **Nacherbschaft.** Der Erblasser kann einen Erben in der Weise einsetzen, dass dieser erst Erbe wird (Nacherbe), nachdem zunächst ein anderer Erbe (Vorerbe) geworden ist, § 2100 BGB.
Ist der Schuldner, gegen den die Zwangsverwaltung angeordnet wird, Vorerbe, so hindert dies die Durchführung der Zwangsverwaltung nicht, da dem Vorerben durch die Zwangsverwaltung nur die Nutzungen und die Verwaltung des Grundstücks entzogen, die Rechtsposition des Nacherben aber nicht beeinträchtigt wird.[56] Bei Eintritt des Nacherbfalls ist die Zwangsverwaltung aufzuheben, da das Eigentum des Nacherben der Zwangsverwaltung entgegensteht. Der Nacherbe kann den Eigentumserwerb mit der Drittwiderspruchsklage gem. § 771 ZPO vorbringen. Die Zwangsverwaltung ist fortzusetzen, wenn der Gläubiger die Zwangsverwaltung aus einem Recht betreibt, das auch gegenüber dem Nacherben wirksam ist.[57] Die Vollstreckungsklausel ist dann nach § 728 ZPO gegen den Nacherben als Rechtsnachfolger umzuschreiben und gem. § 750 Abs. 2 ZPO zuzustellen.

20 c) **Testamentsvollstreckung.** Die Zwangsverwaltung ist auch bei bereits angeordneter Testamentsvollstreckung möglich. Die Vollstreckungsklausel muss jedoch gegen den Testamentsvollstrecker umgeschrieben und erneut zugestellt werden, §§ 748, 750 Abs. 2 ZPO.

21 d) **Auflassungsvormerkung.** Die Zwangsverwaltung ist auch möglich, wenn im Grundbuch Rechte eingetragen sind, die Veräußerungsverbote gem. §§ 135, 136 BGB bewirken, da im Zwangsverwaltungsverfahren keine Veräußerung erfolgt.[58]
Eine Auflassungsvormerkung steht der Anordnung der Zwangsverwaltung nur dann entgegen, wenn die Besitzübergabe an den Erwerber bereits erfolgt ist, da der Eigentümer dann keine Nutzungen mehr zieht.[59] In Betracht kommt in diesen Fällen die Anordnung der Zwangsverwaltung gegen den Eigenbesitzer gem. § 147.

IV. Anordnung der Zwangsverwaltung

22 Es gelten die allgemeinen und besonderen Vollstreckungsvoraussetzungen. Zuständiges Gericht ist das Amtsgericht in dessen Bezirk das Zwangsverwaltungsobjekt belegt ist, § 1. Funktionell zuständig für die Entscheidung ist der Rechtspfleger, § 3 Nr. 1i RPflG. Der Antrag auf Anordnung der Zwangsverwaltung richtet sich nach §§ 146 Abs. 1 i. V. m. §§ 15 ff.

1. Anordnungsbeschluss

23 Der Anordnungsbeschluss zur Zwangsverwaltung ist ein zur Zwangsvollstreckung geeigneter Titel, der den Zwangsverwalter ermächtigt, sich ggf. mit Hilfe des Gerichtsvollziehers in den Besitz des Grundstückes zu setzen.[60] Gegen

---

55 BGH, (vgl. Fn. 51) BGHZ 168, 340 ff.
56 *Haarmeyer/Wutzke/u. a.*, Zwangsverw., § 146, Rn. 18.
57 *Böttcher*, ZVG, § 146, Rn. 41.
58 *Böttcher*, ZVG, § 146, Rn 37, 44.
59 *Böttcher*, ZVG, § 146, Rn. 37 m. w. N.
60 LG Göttingen, (vgl. Fn. 48) Rpfleger 2006, 33 m. w. N.

einen besitzenden Dritten muss ein Duldungstitel vorliegen, da der Anordnungsbeschluss kein Herausgabetitel gegenüber Dritten ist.[61]
Die Anordnung ergeht ohne vorherige Anhörung des Schuldners durch Beschluss, § 764 Abs. 3 ZPO.

Es ist sachdienlich, in den Anordnungsbeschluss noch ergänzende Angaben aufzunehmen:[62] **24**
- Hinweis auf Entziehung der Verwaltungsbefugnis und des Benutzungsrechts, § 148 Abs. 2;
- Bestellung des Zwangsverwalters, § 150;
- Art der Besitzverschaffung durch den Zwangsverwalter, § 150;
- Hinweis auf den Eigenbesitz des Vollstreckungsschuldners in den Fällen des § 147;
- Hinweis bei Bruchteilszwangsverwaltung, dass der Zwangsverwalter nur die Befugnisse des Schuldners als Miteigentümer ausüben kann;
- Hinweis bei beschränkter Zwangsverwaltung auf die Art der Beschränkung;
- Versicherungspflicht des Zwangsverwalters, sofern bestehender Versicherungsschutz durch Schuldner oder Gläubiger nicht fristgemäß nachgewiesen wird und der Gläubiger die Kosten übernimmt, § 9 Abs. 3 ZwVwV.[63]

Dem Gläubiger wird eine **Aufklärungsverfügung** oder ein **Zurückweisungsbeschluss** von Amts wegen zugestellt, § 329 Abs. 2 ZPO, da mit der Zustellung der Lauf der Beschwerdefrist beginnt. Wird dem Antrag nicht in vollem Umfang entsprochen, so ist wegen der Mitteilungspflicht gegenüber dem Gläubiger im Zusammenhang mit § 9 Abs. 3 ZwVwV die Zustellung angezeigt.[64] **25**

Dem Schuldner wird der **Anordnungsbeschluss** und ein etwaiger **Beitrittsbeschluss** von Amts wegen zugestellt, §§ 22, 3. Der Anordnungsbeschluss gilt zugunsten des betreibenden Gläubigers als Beschlagnahme des Grundstücks, §§ 146 Abs. 1, 20 Abs. 1. Um diese Rechtsfolge herbeizuführen, ist daher eine wirksame Zustellung an den Schuldner persönlich erforderlich. Ist über das Vermögen des Schuldners beantragt worden, ein Insolvenzverfahren zu eröffnen, so ist eine Zustellung an den („schwachen") vorläufigen Insolvenzverwalter unwirksam, selbst wenn als Sicherungsmaßnahme im Insolvenzverfahren eine Postsperre angeordnet worden war.[65] Ist die Verfügungsbefugnis auf den vorläufigen Insolvenzverwalter gem. § 22 Abs. 1 Satz 1 InsO übergegangen („starker" vorläufiger Insolvenzverwalter), so ist der vorläufige Insolvenzverwalter richtiger Zustelladressat. Ist der Schuldner eine Gesellschaft bürgerlichen Rechts, so kann der Anordnungsbeschluss wirksam dem geschäftsführenden Gesellschafter zugestellt werden.[66] Eine Zustellung an alle Gesellschafter ist somit nicht erforderlich. Bei einer Zwangsverwaltung gegen eine Gesamthandsgemeinschaft wie bspw. eine Erbengemeinschaft oder eine Gütergemeinschaft ist die Zustellung an alle Gesamthänder erforderlich, wobei die Beschlagnahme zeitlich mit der Zustellung an den letzten Gesamthänder bewirkt ist.[67] **26**

Mit der Anordnung der Zwangsverwaltung ersucht das Vollstreckungsgericht gleichzeitig das Grundbuchamt um **Eintragung des Zwangsverwaltungsver-** **27**

---

61 LG Göttingen, (vgl. Fn. 48) Rpfleger 2006, 33 m.w.N..
62 Angaben nach *Böttcher*, ZVG, § 146, Rn. 57.
63 Amtl. Begr. zu § 9, BR-Drucks. 842/03 vom 6.11.2003.
64 *Hintzen/Alff*, Rpfleger 2004, 131.
65 OLG Braunschweig, Urteil vom 11.1.2001 – 2 U 120/00, Rpfleger, 2001, 254 = ZInsO 2001, 627.
66 BGH, Beschl. vom 7.12.2006 – V ZB 166/05, NJW 2007, 995 = Rpfleger 2007, 21 = NZG 2007, 139.
67 *Haarmeyer/Wutzke/u.a.*, Handb., Rn. 88.

merks im Grundbuch, §§ 146 Abs. 1, 19 Abs. 1. Die Eintragung des Zwangsverwaltungsvermerks führt die Veräußerungsbeschränkung des § 23 Abs. 1 Satz 1 i. V. m. §§ 135 Abs. 2, 892 Abs. 1 Satz 2 BGB herbei. Verfügungen sind dem Anordnungsgläubiger gegenüber unwirksam. Ein gutgläubiger Rechtserwerb durch Dritte ist ausgeschlossen.

28 Ist bereits eine Zwangsverwaltung angeordnet und beantragt ein weiterer Gläubiger die Zwangsverwaltung oder sogleich den Beitritt, so ist der **Beitritt** per Beschluss zuzulassen, §§ 146 Abs. 1, 27.

29 Falls **mehrere Anordnungsanträge** vorliegen, hat das Vollstreckungsgericht über alle Anträge gemeinsam zu entscheiden, wobei eine Erledigungsreihenfolge wie im Grundbuchverfahren im Zwangsvollstreckungsverfahren nicht vorgesehen ist.[68] Da § 17 GBO regelt, dass bei der Eintragung mehrerer Sicherungshypotheken diese in der Reihenfolge des Eingangs eingetragen werden und so der Rang nach Reihenfolge des Eingangs bestimmt wird, ist es konsequent diesen Grundsatz auch auf die Zwangsversteigerung und Zwangsverwaltung anzuwenden, so dass die Anträge in der Reihenfolge des Eingangs beim Vollstreckungsgericht abzuarbeiten sind.[69]

2. Rechtsbehelfe

30 Der Gläubiger kann gegen die Beanstandungsverfügung und den Zurückweisungsbeschluss sofortige Beschwerde einlegen über die das Landgericht entscheidet, §§ 11 Abs. 1 RPflG, 793 Abs. 1 ZPO, 72 GVG.
Der Schuldner kann den Anordnungs- und Beitrittsbeschluss mit der Vollstreckungserinnerung gem. § 766 ZPO angreifen, falls er vorher nicht gehört wurde, was regelmäßig der Fall ist. Der Rechtspfleger kann der Erinnerung abhelfen oder diese im Fall der Nichtabhilfe dem Vollstreckungsrichter vorlegen, § 20 Nr. 17 RPflG. Gegen die Entscheidung des Vollstreckungsrichters ist die sofortige Beschwerde möglich, über die das Landgericht entscheidet, §§ 793 Abs. 1 ZPO, 72 GVG.
Ist im Fall eines vorrangigen Nießbrauchsrechts die Zwangsverwaltung wegen eines entgegenstehenden Rechts nach § 28 zu beschränken, so kann der Nießbrauchsberechtigte eine Vollstreckungserinnerung gem. § 766 ZPO einlegen, falls ohne seine vorherige Anhörung eine unbeschränkte Zwangsverwaltung angeordnet worden war. Sollte eine vorherige Anhörung erfolgt sein, ist statthafter Rechtsbehelf die sofortige Beschwerde, über die das Landgericht entscheidet, §§ 11 Abs. 1 RPflG, 793 Abs. 1 ZPO, 72 GVG.
Zur Anfechtung der Auswahl der Person des Zwangsverwalters siehe § 150 Rn. 5.

V. Benachrichtigung der Beteiligten

31 Nach Eintragung des Zwangsverwaltungsvermerks erhält das Vollstreckungsgericht vom Grundbuchamt eine beglaubigte Abschrift des Grundbuchblatts nebst der in §§ 146 Abs. 1, 19 Abs. 2 verlangten Mitteilungen. Das Vollstreckungsgericht kann anhand des Grundbuchblatts die Beteiligten gem. §§ 146 Abs. 1, 9 Nr. 1 feststellen.
Eine Benachrichtigung von Schuldner, Anordnungsgläubiger oder Zwangsverwalter ist entbehrlich, da diese schon durch den Anordnungsbeschluss vom Verfahren und der Bestellung des Zwangsverwalters Kenntnis erhalten haben.[70] Ebenso ist eine Benachrichtigung der Beteiligten nach § 9 Nr. 2 ent-

---

68 *Haarmeyer/Wutzke/u. a.*, Zwangsverw., § 146, Rn. 56.
69 *Haarmeyer/Wutzke/u. a.*, Zwangsverw., § 146, Rn. 56.
70 *Böttcher*, ZVG, § 146, Rn. 68.

behrlich, da diese ihre Beteiligtenstellung erst durch die Anmeldung erlangten und somit Kenntnis vom Verfahren haben mussten.[71]

VI. Wirkungen der Anordnung

Der Anordnungsbeschluss gilt zugunsten des betreibenden Gläubigers als **Beschlagnahme** des Grundstücks, §§ 146 Abs. 1, 20 Abs. 1. Die Beschlagnahme hat die Wirkung eines Verfügungsverbotes, §§ 146 Abs. 1, 23 Abs. 1 Satz 2, Abs. 2. Darüber hinaus entzieht die Beschlagnahme dem Schuldner das Recht, die beschlagnahmten Vermögenswerte zu verwalten und zu benutzen, § 148 Abs. 2. Der Umfang der beschlagnahmten Vermögenswerte richtet sich nach § 148 Abs. 1. Das Wirksamwerden der Beschlagnahme richtet sich nach § 151. Das Recht und die Pflicht zur Nutzung gehen auf den Zwangsverwalter über, § 152. Wegen des Verlustes des Nutzungsrechts beendet die Beschlagnahme eine **Umsatzsteuerorganschaft** der das Grundstück pachtenden Organgesellschaft gegenüber dem verpachtenden Organträger, wenn allein diese Verpachtung die wirtschaftliche Eingliederung der Organgesellschaft in das Unternehmen des Organträgers wirtschaftlich begründet hat.[72] 32

VII. Einstweilige Einstellung der Zwangsverwaltung

1. Die einzelnen Einstellungsmöglichkeiten

§ 769 ZPO gibt die Möglichkeit der einstweiligen Einstellung durch das Prozessgericht bei einer **Vollstreckungsabwehrklage** des Schuldners nach § 767 ZPO. 33

§§ 771 Abs. 3, 769 ZPO eröffnen die einstweilige Einstellung der Zwangsvollstreckung bei einer **Drittwiderspruchsklage** nach § 771 ZPO. 34

Die Zwangsverwaltung kann auch einstweilig eingestellt werden, wenn sie für den Schuldner eine besondere, nicht mit den guten Sitten zu vereinbarende Härte bedeutet, § 765a ZPO. Zu den Fallgruppen des Tatbestands siehe § 765a ZPO Rn. 2 ff., 30 ff. Antragsberechtigt ist der Schuldner. Ist über sein Vermögen ein Insolvenzverfahren eröffnet worden, ist bei der Prüfung seines Antragsrechts zu prüfen, welches verfassungsrechtlich geschützte Rechtsgut er durch die Vollstreckungsmaßnahme als verletzt rügt. Macht der Schuldner die Verletzung von Eigentumsrechten geltend, Art. 14 Abs. 1 GG, so fehlt dem Schuldner die Antragsbefugnis. Diese steht aufgrund des Übergangs der Verwaltungs- und Verfügungsbefugnis über das Eigentum dem Insolvenzverwalter zu, § 80 Abs. 1 InsO. Beruft sich der Schuldner auf die Verletzung des Rechts auf Leben und körperliche Unversehrtheit, Art. 2 Abs. 2 Satz 2 GG, so verbleibt das Antragsrecht beim Schuldner.[73] 35

§ 153b eröffnet die Möglichkeit der einstweiligen Einstellung auf **Antrag des Insolvenzverwalters**, wenn die Fortsetzung der Zwangsverwaltung eine wirtschaftlich sinnvolle Nutzung der Insolvenzmasse wesentlich erschwert. Im Falle einer Anordnung der Einstellung muss die Verfahrenseinstellung hinsichtlich aller betreibender Gläubiger erfolgen.[74] § 153b Abs. 2 sieht eine Zah- 36

---

71 *Böttcher*, ZVG, § 146, Rn. 68.
72 BFH, Urteil vom 29.1.2009 – V R 67/07, NZI 2009, 530; siehe auch BMF-Schreiben vom 1.12.2009, IV B 8-S 7105/09/10003, abgedr. in NZI 2010, 16.
73 BGH, Urteil vom 18.12.2008 – ZB 57/08.
74 *Schmidberger*, ZfIR 2009, 277.

lungspflicht des Insolvenzverwalters vor, um die laufenden Nachteile der Einstellung auszugleichen.

37 Bestehen der Zwangsverwaltung entgegenstehende, im Grundbuch eingetragene Rechte, so ist die Zwangsverwaltung aufzuheben oder zunächst einzustellen, und falls der betreibende Gläubiger das Vollstreckungshindernis nicht beseitigt, einzustellen, §§ 161 Abs. 4, 28.

38 Das Zwangsverwaltungsverfahren ist aufzuheben, wenn im parallel angeordneten Zwangsversteigerungsverfahren der **Zuschlag** erteilt wurde oder der Anordnungsgläubiger befriedigt worden ist.[75]

39 Die Zwangsverwaltung kann gem. § 30 analog einstweilig eingestellt werden. Voraussetzung ist, dass der Anordnungsgläubiger die Einstellung bewilligt.[76] Das Vollstreckungsgericht hat zu prüfen, ob mit der einstweiligen Einstellung verfahrensfremde Ziele, wie bspw. unzulässige Druckausübung auf den Schuldner, verfolgt werden.[77] Ebenso ist eine Befristung der Einstellung empfehlenswert.[78]

2. Verfahren

40 Die Einstellung erfolgt durch **Beschluss** des Vollstreckungsgerichts, selbst wenn das Prozessgericht die Einstellung anordnet. Der Beschluss ist dem Gläubiger und dem Schuldner zuzustellen, bei mehreren Gläubigern denjenigen, die vom Beschluss betroffen sind und damit beschwert sein könnten. Die Mitteilung des Beschlusses an den Zwangsverwalter erfolgt formlos. Schuldner und Gläubiger können gegen den Beschluss sofortige Beschwerde einlegen, über die das Landgericht entscheidet, §§ 1 Abs. 1 RPflG, § 793 Abs. 1 ZPO, § 72 GVG, soweit sie durch die Entscheidung beschwert sind.

3. Wirkungen der Einstellung

41 Unabhängig davon, ob die Einstellung auf Anordnung des Vollstreckungsgerichts oder aufgrund eines Gläubigerantrages erfolgt, bleibt die Beschlagnahme bestehen und der Zwangsverwalter übt weiterhin seine Rechte und Pflichten gem. § 152 Abs. 1 aus. Eine Anweisung des Vollstreckungsgerichts an den Zwangsverwalter keine weitere Verwaltungshandlungen auszuüben ist nicht möglich, da der Schuldner wegen § 148 Abs. 2 keine Verwaltungsbefugnis mehr inne hat und eine Handlungsfähigkeit hinsichtlich des Objekts im Interesse aller bestehen bleiben muss.[79] Im Hinblick auf den Teilungsplan und die Zahlungsanordnung wird der Anspruch des Gläubigers, hinsichtlich dessen Beschlagnahme die Einstellung erfolgt ist, nicht mehr ausbezahlt, sondern zurückbehalten, § 161.

4. Aufhebung der Einstellung

42 Bestehen die Einstellungsgründe nicht mehr, so ist die Zwangsverwaltung fortzusetzen. Dazu ist der Einstellungsbeschluss aufzuheben. Der Aufhebungsbeschluss ist dem Gläubiger und dem Schuldner zuzustellen. Die Mitteilung des Beschlusses an den Zwangsverwalter erfolgt formlos. Schuldner und Gläubiger können gegen den Aufhebungsbeschluss sofortige Beschwerde einlegen, § 11 Abs. 1 RPflG, § 793 Abs. 1 ZPO, § 72 GVG, soweit sie durch die Entscheidung beschwert sind.

---

75 *Haarmeyer/Wutzke/u.a.*, Zwangsverw., § 146 Rn. 62.
76 *Böttcher*, ZVG, § 146, Rn. 78 m.w.N.; a.A. *Stöber*, ZVG, § 146, Ziff. 6.5; *Haarmeyer/Wutzke/u.a.*, Zwangsverw., § 146, Rn. 62; *Schmidberger*, ZfIR 2009, 278, die von der Einstellungsfeindlichkeit des Verfahrens ausgehen und den Gläubiger auf die Antragsrücknahme verweisen.
77 *Böttcher*, ZVG, § 146, Rn. 78.
78 *Böttcher*, ZVG, § 146, Rn. 78.
79 *Schmidberger*, ZfIR 2009, 277.

§ 147 ZVG [Eigenbesitz des Schuldners]

(1) Wegen des Anspruchs aus einem eingetragenen Recht findet die Zwangsverwaltung auch dann statt, wenn die Voraussetzungen des § 17 Abs. 1 nicht vorliegen, der Schuldner aber das Grundstück im Eigenbesitz hat.

(2) Der Besitz ist durch Urkunden glaubhaft zu machen, sofern er nicht bei dem Gericht offenkundig ist.

Übersicht

		Rn.
I.	Normzweck	1
II.	Eigenbesitz des Schuldners (Abs. 1)	2–5
1.	Definition	2
2.	Persönlicher Anspruch	3
3.	Eingetragenes Recht	4
4.	Duldungstitel	5
III.	Verfahrensrechtliche Besonderheiten	6
IV.	Glaubhaftmachung des Eigenbesitzes (Abs. 2)	7
V.	Rechtsbehelfe	8

I. Normzweck

Ist das Grundstück im Fremdbesitz eines Mieters oder Pächters, so ist die Zwangsverwaltung gegen die Eigentümer gerichtet. Die Beschlagnahme beim mittelbaren Besitz des Grundstückseigentümers umfasst die Mieten und Pachten, § 148. Besitzt der Dritte das Grundstück als **Eigenbesitzer**, so ist eine gegen den Eigentümer angeordnete Zwangsverwaltung gemäß § 150 Abs. 2 ausgeschlossen mit der Folge, dass die gegen den Eigentümer angeordnete Zwangsverwaltung unzulässig ist, § 146. In den Fällen, in denen ein Dritter das Grundstück als Eigenbesitzer besitzt und die unmittelbare Besitzerlangung durch den Zwangsverwalter die Voraussetzung dafür ist, dass die Nutzungen aus dem Grundstück gezogen werden können, findet § 147 Anwendung. In der Praxis sind dies im Vollzug stecken gebliebene Grundstückskaufverträge, bei denen bereits die Besitzübergabe erfolgt, aber der Käufer noch nicht als Eigentümer im Grundbuch eingetragen ist. § 147 gibt in diesen Fällen die Möglichkeit, die Zwangsverwaltung gegen den Käufer des Grundstücks als Eigenbesitzer zu betreiben. 1

II. Eigenbesitz des Schuldners (Abs. 1)

1. Definition

Eigenbesitzer ist, wer eine Sache als ihm gehörend besitzt, § 872 BGB. Eigenbesitzer ist, wer die tatsächliche Gewalt über eine Sache mit dem Willen ausübt, die Gewalt über die Sache wie über eine ihm gehörende Sache auszuüben.[1] 2

2. Persönlicher Anspruch

Die Anordnung der Zwangsverwaltung gegen den Eigenbesitzer erfordert einen Vollstreckungstitel aus einem dinglichen Recht. In Betracht kommen 3

---

1 BGH, Urteil vom 29.3.1996 – V ZR 326/94, NJW 1996, 1890 ff., 1893 = BGHZ 132, 245 = Rpfleger 1996, 326.

dingliche Ansprüche aus einer Hypothek, Grundschuld, Rentenschuld oder Reallast, wobei bei einer Hypothek auch eine Sicherungshypothek gemäß § 1184 BGB ausreicht.[2] Aufgrund eines persönlichen Vollstreckungstitels kann keine Zwangsverwaltung gegen den Eigenbesitzer angeordnet werden. Selbst wenn der Gläubiger aus dem persönlichen Vollstreckungstitel in der Weise vollstreckt, dass er sich eine Sicherungshypothek am Grundstück eintragen lässt, so ist er gemäß § 867 Abs. 3 ZPO nur berechtigt, aus der Sicherungshypothek die Zwangsversteigerung in den Grundbesitz zu betreiben. § 867 Abs. 3 ZPO gilt nach dem Wortlaut nicht für die Anordnung der Zwangsverwaltung. Der Gläubiger muss sich daher zunächst den Herausgabeanspruch des Eigentümers gegen den Besitzer pfänden und zur Einziehung überweisen lassen oder einen Herausgabetitel gegen den Besitzer erlangen, um die Zwangsverwaltung gemäß § 147 gegen den Eigentümer zu betreiben.[3]

3. Eingetragenes Recht

4 Das dingliche Recht des Gläubigers muss im Grundbuch eingetragen sein, um seine Wirkung contra omnes zu entfalten. Ein Anspruch aus einer Vormerkung auf Eintragung eines dinglichen Rechts oder ein persönlicher Anspruch auf Verschaffung einer dinglichen Rechtsposition hat die contra omnes Wirkung nicht.[4] Diese bildet aber den Grund für die Anordnung der Zwangsverwaltung gegen den Eigenbesitzer, da ein dinglich Berechtigter seinen Anspruch gegenüber jedermann geltend machen kann, soweit dieser z. B. durch seinen Besitz die Befriedigung bei Zwangsvollstreckung gegenüber dem Eigentümer hindert.[5]

4. Duldungstitel

5 Beim Eigenbesitz eines Dritten ist ein Duldungstitel gegen den Dritten erforderlich.[6] Lag bereits ein Duldungstitel gegen den Eigentümer als Schuldner vor und erlangte dann ein Dritter den Besitz mit Eigenbesitzerwillen, so reicht die Erteilung der Rechtsnachfolgeklausel nach § 727 ZPO nebst Zustellung nach § 750 Abs. 2 ZPO aus, wenn das Besitzverhältnis durch öffentlich beglaubigte Urkunden (z. B. die Ausfertigung des notariell beurkundeten Kaufvertrages) nachgewiesen oder offenkundig ist.[7] Da sich die Zwangsverwaltung gegen den Eigenbesitzer und nicht gegen den im Grundbuch eingetragenen Eigentümer richtet, ist § 800 Abs. 2 ZPO nicht anwendbar.[8]

III. Verfahrensrechtliche Besonderheiten

6 §§ 146 Abs. 1, 19 Abs. 1 erfordern die **Eintragung des Zwangsverwaltungsvermerks** in die Abteilung II des Grundbuchs. Dieser ist auch bei Vollstreckung gegen den Eigenbesitzer einzutragen. Die fehlende Eintragung des Vollstreckungsschuldners als Eigentümer ist unschädlich.[9] Zur Klarstellung empfiehlt sich im Anordnungsbeschluss ein Hinweis auf den Eigenbesitz.[10] Der Eigentümer ist Beteiligter gem. § 9 Nr. 1.

---

2 *Böttcher*, ZVG, § 147 Rn. 4.
3 *Haarmeyer/Wutzke/u. a.*, Zwangsverwalt., § 147 Rn. 4.
4 *Stöber*, ZVG, § 147 Ziff. 2.5; BGH, Beschl. vom 23.9.2009 – V ZB 19/09 = NJW-RR 2010, 16 = NZM 2009, 912 = BeckRS 2009, 27228.
5 *Stöber*, ZVG, § 147 Ziff. 2.6.
6 *Haarmeyer/Wutzke/u. a.*, Zwangsverwalt., § 147 Rn. 3.
7 *Böttcher*, ZVG, § 147 Rn. 3.
8 *Stöber*, ZVG, § 147 Ziff. 2.4 m. w. N.
9 *Böttcher*, ZVG, § 147 Rn. 6.
10 *Böttcher*, ZVG, § 147 Rn. 6.

Die Zwangsverwaltung kann auch bei **streitigem Eigenbesitz** gegen den Eigentümer angeordnet werden.[11] Das Zwangsverwaltungsverfahren ist kein Erkenntnisverfahren, weswegen streitige Rechtsverhältnisse vor dem ordentlichen Gericht mit der Widerspruchsklage § 771 ZPO auszutragen sind.

IV. Glaubhaftmachung des Eigenbesitzes (Abs. 2)

Ist der Eigenbesitz nicht bei Gericht offenkundig, so muss der Eigenbesitz durch Urkunden glaubhaft gemacht werden, die dem Anordnungsantrag beizufügen sind, § 16 Abs. 2. Ausweislich des Wortlautes „Urkunde" sind **Privaturkunden** zur Glaubhaftmachung geeignet.[12] Die Glaubhaftmachung durch eine **Versicherung an Eides** statt, die gemäß § 294 Abs. 1 ZPO zugelassen ist, scheidet bei § 147 Abs. 2 aufgrund des eindeutigen Wortlautes der Norm aus.[13]
Sieht das Gericht die Glaubhaftmachung als nicht ausreichend an, so kann das Gericht dem Gläubiger durch eine Aufklärungsverfügung i.S.d. § 139 ZPO Gelegenheit zur Nachbesserung geben, siehe §§ 15, 88.

V. Rechtsbehelfe

Dem **Eigenbesitzer** stehen die allgemeinen Rechtsbehelfe zu. Wird gegen ihn die Zwangsverwaltung angeordnet oder es erfolgt ein Beitrittbeschluss, ohne dass ihm zuvor rechtliches Gehör gewährt wurde, so kann er eine Vollstreckungserinnerung gemäß § 766 ZPO einlegen. Anschlussrechtsbehelf ist die sofortige Beschwerde gemäß § 793 ZPO.
Die Rechtsbehelfe des **Eigentümers** richten sich nach seinem Rechtsschutzinteresse. Da der Eigentümer vom Eigenbesitzer von der Besitzausübung oder der Ziehung der Nutzungen ausgeschlossen worden ist, beeinträchtigt die gegen den Eigenbesitzer angeordnete Zwangsverwaltung nicht die Rechtsposition des Eigentümers, so dass das Rechtsschutzinteresse fraglich ist.[14] Eine Widerspruchsklage nach § 771 ZPO ist statthaft, wenn der Eigentümer die Wirksamkeit des eingetragenen dinglichen Rechts des Gläubigers bestreitet.[15] Mit der Erinnerung gemäß § 766 ZPO kann der Eigentümer geltend machen, dass Vollstreckungsvoraussetzungen fehlen oder dass der Eigenbesitz nicht glaubhaft gemacht worden sei.[16]

---

11 BGH, Beschl. vom 19.3.2004 – IXa ZB 190/03, Rpfleger 2004, 510 f. = WM 2004, 1042 ff.
12 *Stöber*, ZVG, § 147 Ziff. 3.
13 *Stöber*, ZVG, § 147 Ziff. 3.
14 *Böttcher*, ZVG, § 147 Rn. 7; *Stöber*, ZVG, § 147 Ziff. 4.3.
15 *Böttcher*, ZVG, § 147 Rn. 7; *Stöber*, ZVG, § 147 Ziff. 4.3.
16 *Böttcher*, ZVG, § 147 Rn. 7; *Stöber*, ZVG, § 147 Ziff. 4.3.

§ 148 ZVG [Beschlagnahme des Grundstücks; Umfang]

(1) Die Beschlagnahme des Grundstücks umfasst auch die im § 21 Abs. 1, 2 bezeichneten Gegenstände. Die Vorschrift des § 23 Abs. 1 Satz 2 findet keine Anwendung.

(2) Durch die Beschlagnahme wird dem Schuldner die Verwaltung und Benutzung des Grundstücks entzogen.

Übersicht	Rn.
I. Normzweck	1
II. Umfang der Beschlagnahme (Abs. 1)	2–14
1. Grundstück, wesentliche Bestandteile, Überbau	2
2. Erzeugnisse und Zubehör	3
3. Versicherungsforderung	4
4. Mieten und Pachten, Vorausverfügungen	5–11
5. Eigenkapitalersetzende Nutzungsüberlassung	12
6. Gewerbebetrieb	13, 14
III. Wirkung der Beschlagnahme (Abs. 2)	15–19
1. Prinzip der Einzelzwangsvollstreckung	15–17
2. Übergang der Verwaltungsbefugnis und des Nutzungsrechts	18
3. Veräußerungsverbot	19

I. Normzweck

1 Die Zwangsverwaltung ist darauf gerichtet, dass der Antragsteller zur **Befriedigung seiner Verbindlichkeiten** auf die **Nutzungen des Grundstücks** zugreifen kann. § 148 ergänzt die Beschlagnahmevorschriften der §§ 20 ff. in diesem Sinne und ordnet in § 148 Abs. 1 Satz 1 ausdrücklich an, dass die Nutzungen und Erträge, wie sie in § 21 Abs. 1, 2 für die Beschlagnahme in der Zwangsversteigerung aufgeführt sind, im Zwangsverwaltungsverfahren von der Beschlagnahme erfasst sind. Weiter entzieht § 148 Abs. 1 Satz 2 dem Schuldner das in der Zwangsversteigerung bestehende Recht über einzelne bewegliche Sachen innerhalb der Grenzen einer ordnungsgemäßen Wirtschaft wirksam zu verfügen, § 23 Abs. 1 Satz 2. Der Bestand dieser Sachen wird so in seiner Gesamtheit geschützt, damit die beweglichen Sachen im Rahmen der Zwangsverwaltung verwaltet und benutzt werden können, um so Erlöse für die Gläubiger zu generieren.

II. Umfang der Beschlagnahme (Abs. 1)

1. Grundstück, wesentliche Bestandteile, Überbau

2 Die Beschlagnahme umfasst Grundstücke, Grundstücksbruchteile, § 864 Abs. 2 ZPO, Wohnungs- und Teileigentum, § 864 Abs. 2 ZPO i. V. m. §§ 1, 6 WEG, Erbbaurecht und Wohnungserbbaurecht, § 11 Abs. 1 ErbbauVO i. V. m. § 864 Abs. 2 ZPO, §§ 11, 6 WEG, Schiffe und Schiffsbauwerke, §§ 162 ff., und Luftfahrzeuge, §§ 171 a ff. Die Beschlagnahme umfasst des Weiteren die wesentlichen Bestandteile dieser Sachen, §§ 146 Abs. 1, 20 Abs. 1. Die wesentlichen Bestandteile einer Sache sind gem. § 93 BGB die Sachen, die nicht voneinander getrennt werden können, ohne dass der eine oder der andere Bestandteil zerstört oder in seinem Wesen verändert wird. Nach § 94 BGB sind die mit dem Grund und Boden fest verbundenen Sachen, insbesondere Gebäude, sowie die Erzeugnisse des Grundstücks, solange sie mit dem Boden zusammen-

hängen, wesentlichen Bestandteile eines Grundstücks oder eines Gebäudes. Wesentliche Bestandteile eines Gebäudes sind die zur Herstellung des Gebäudes eingefügten Sachen, § 94 Abs. 2 BGB. Keine wesentlichen Bestandteile einer Sache sind Scheinbestandteile gem. § 95 BGB. Auf diese erstreckt sich daher nicht die Beschlagnahme. Zum Umfang der Beschlagnahme siehe auch Gegenstände der Zwangsverwaltung § 146 Rn. 5 ff.

2. Erzeugnisse und Zubehör

Die Beschlagnahme umfasst das Zubehör und die vom Boden getrennten land- und forstwirtschaftlichen Erzeugnisse, soweit sie dem Hypothekenhaftungsverband unterfallen, §§ 146 Abs. 1, 20 Abs. 2, i. V. m. §§ 1120 ff. BGB. Der Haftungsverband des Grundpfandrechts gewährleistet, dass dem Grundpfandgläubiger auch die Gegenstände haften, die in einer wirtschaftlichen Einheit zum Grundbesitz stehen und daher den Wert des Grundbesitzes maßgeblich bestimmen.[1] Zubehörgegenstände, die nicht dem Haftungsverband unterfallen und im Eigentum eines Dritten stehen, werden von der Beschlagnahme nicht erfasst.[2] § 55 Abs. 2 ist in der Zwangsverwaltung nicht anwendbar.

3. Versicherungsforderung

Die Beschlagnahme erstreckt sich auch auf die Rechte und Ansprüche aus dem Gebäudeversicherungsvertrag, §§ 146 Abs. 1, 20 Abs. 2 i. V. m. § 1128 BGB. Nach § 1128 Abs. 3 BGB finden zugunsten des Grundpfandgläubigers für die Ansprüche aus dem Versicherungsverhältnis die für eine verpfändete Forderung geltenden Vorschriften Anwendung, §§ 1273 ff. BGB. Die Forderungen aus dem Versicherungsverhältnis für zerstörte Gegenstände, die der Zwangsverwaltung unterliegen, sind vom Zwangsverwalter einzuziehen, § 152. Falls der Versicherungsvertrag eine Wiederherstellungsklausel enthält, sind die Versicherungsgelder zur Wiederherstellung des zerstörten Gebäudes zu verwenden und dienen nicht zur Zinszahlung an die Gläubiger des Verfahrens.[3] Sollte die Wiederherstellung des zerstörten Gebäudes wirtschaftlich nicht sinnvoll sein, kann es für den Gläubiger eine Option sein, den künftigen Auszahlungsanspruch an den Eigentümer zu pfänden und anschließend den Antrag auf Anordnung der Zwangsverwaltung zurückzunehmen, so dass das Verfahren aufzuheben ist, §§ 161 Abs. 4, 29.

4. Mieten und Pachten, Vorausverfügungen

Entgegen der Rechtslage im Zwangsversteigerungsverfahren, § 21 Abs. 2, sind im Zwangsverwaltungsverfahren die Mieten und Pachten von der Beschlagnahme erfasst, § 148 Abs. 1 Satz 2. Wurde der Mietvertrag vor der Verfahrensanordnung abgeschlossen und dem Mieter der Besitz vor der Beschlagnahme eingeräumt, so ist gem. § 152 Abs. 2 der Miet- bzw. Pachtvertrag gegenüber dem Zwangsverwalter wirksam. Dem Mieter steht das Nutzungsrecht bzw. Fruchtziehungsrecht zu. Dafür zählen zum Haftungsverband des Grundpfandrechts die Mieten und Pachten, §§ 146 Abs. 1, 20 Abs. 2 i. V. m. § 1123 BGB. Der Zwangsverwalter ist berechtigt, die Mieten und Pachten einzuziehen, § 152 Abs. 2. Im Verkaufsfall muss der Zwangsverwalter die Mieten und Pachten bis zum Zeitpunkt der Eigentumsumschreibung im Grundbuch und nicht etwa bereits bis zur Eintragung der Auflassungsvormerkung des Käufers, einziehen.[4]

---

1 *Haarmeyer/Wutzke/u.a.*, ZVG, § 148, Rn. 8.
2 *Stöber*, ZVG, § 148 Ziff. 2.2.
3 *Eickmann*, in: *MünchKomm*, BGB, § 1130 Rn. 4 m. w. N.
4 OLG Düsseldorf, Urteil vom 4.2.1988 – 10 U 40/87, MDR 1988, 592.

Ist am beschlagnahmten Grundstück ein Nießbrauch bestellt, so sind im Falle der Nachrangigkeit des Nießbrauchs die Mieten bzw. Pachten von der Beschlagnahme erfasst, siehe § 146 Rn. 11.

6 Der Schuldner ist verpflichtet dem Zwangsverwalter die Urkunden der **Miet- und Pachtverträge** und eine gegebenenfalls vor der Beschlagnahme vom Mieter geleistete **Kaution** herauszugeben. Verweigert der Schuldner die Herausgabe, so kann sie nach § 883 ZPO durch Wegnahme vollstreckt werden. Vollstreckungstitel ist der Anordnungsbeschluss, der den Zwangsverwalter zur Inbesitznahme ermächtigt.[5] Die Wegnahme durch den Gerichtsvollzieher gem. § 883 ZPO aufgrund des Anordnungsbeschlusses als Titel ist auch dann möglich, wenn der Schuldner die Urkunden nicht im Zwangsverwaltungsobjekt selbst aufbewahrt.[6]

7 Enthält der Miet- oder Pachtvertrag auch eine **Fremdfläche**, so ist der Zwangsverwalter ungeachtet der Einheitlichkeit des (Unter) Miet- oder Pachtvertrages nicht an der Fremdfläche berechtigt, da die Befugnisse des Zwangsverwalters nicht über den Zweck seiner Bestellung hinausgehen können.[7] Der Zwangsverwalter ist ungeachtet der Einheitlichkeit des Vertrages berechtigt, den der Beschlagnahme unterfallenden Teil der Miete bzw. Pacht isoliert und allein geltend zu machen. Dies gilt selbst dann, wenn sich der Zwangsverwalter und die anderen Beteiligten nicht auf eine quotale Verteilung der Pacht auf das beschlagnahmte Grundstück einerseits und die Fremdfläche andererseits einigen können, so dass die Aufteilung durch das Gericht erfolgt und nach § 287 ZPO zu bestimmen ist.[8]

8 **Vorausverfügungen** über Mieten und Pachten sind in den Grenzen des § 1124 Abs. 2 BGB, Aufrechnungen in den Grenzen des § 1125 BGB, wirksam. Der Regelungszweck der §§ 1123 ff. BGB besteht darin, den Hypothekenhaftungsverband durch die Entziehung der mithaftenden Mieten und Pachten nicht auszuhöhlen. Zur Wirksamkeit von Vorausverfügungen aufgrund von Baukostenzuschüssen und Mieterdarlehen siehe § 152 Rn. 26 und § 8 ZwVwV Rn. 6.

9 § 1123 Abs. 2 BGB grenzt die Beschlagnahme **rückständiger Mieten und Pachten** ab. Fällige Forderungen werden nach Ablauf eines Jahres nach Eintritt ihrer Fälligkeit frei, wenn nicht zuvor die Beschlagnahme erfolgt ist. Als Mietnebenkosten sind auch Betriebskostennachforderungen[9] oder Mietzuschüsse wie Aufwendungszuschüsse zur Mietpreisbegrenzung[10] von der Beschlagnahme umfasst, siehe auch § 152 Rn. 27.

10 Ebenfalls sind von der Beschlagnahme **Nutzungsentschädigungsansprüche** umfasst, die an die Stelle von Mieten oder Pachten treten.[11] Der Zwangsverwalter ist gem. § 152 Abs. 1 berechtigt, die Nutzungsentschädigung geltend zu machen.[12] Hat der Zwangsverwalter den Nutzungsentschädigungsanspruch nicht beschlagnahmt, so erlischt die Befugnis des Zwangsverwalters, diesen Anspruch geltend zu machen mit der Aufhebung der Zwangsverwaltung.[13]

---

5 BGH, Beschl. vom 14.4.2005 – V ZB 6/05, Rpfleger 2005, 464 m. w. N., m. Anm. *Schmidberger* = NJW-RR 2005, 1033 m. w. N.
6 *Haarmeyer/Wutzke/u. a.*, ZVG, § 148 Rn. 13.
7 BGH, Versäumnisurteil vom 8.12.2004 – XII ZR 96/01, BGHZ 161, 289 = Rpfleger 2005, 272 = WM 2005, 475.
8 BGH, Versäumnisurteil vom 8.12.2004 – XII ZR 96/01, BGHZ 161, 289 = Rpfleger 2005, 272 f. = WM 2005, 475, 477.
9 BGH, Urteil vom 26.3.2003 – VIII ZR 333/02, NJW 2003, 2320 f. = Rpfleger 2003, 456.
10 VG Düsseldorf, Urteil vom 1.3.1990 – 14 K 4238/88, Rpfleger 1990, 309.
11 OLG Rostock, Urteil vom 20.12.1999 – 3 U 25/99, ZflR 2000, 655.
12 BGH, Urteil vom 29.6.2006 – IX ZR 119/04, NJW-RR 2007, 265 m. w. N. = Rpfleger 2006, 614 m. w. N.
13 BGH, Urteil vom 29.6.2006 – IX ZR 119/04, NJW-RR 2007, 265 m. w. N. = Rpfleger 2006, 614 m. w. N.

Falls der Mieter oder Pächter das Zwangsverwaltungsobjekt untervermietet **11** bzw. unterverpachtet hat, so sind die Mieten und Pachten gegen die Untermieter nicht von der Beschlagnahme erfasst, da diese nicht dem Eigentümer zustehen, sondern dem Mieter bzw. Pächter im Obermiet- bzw. Oberpachtverhältnis.[14] Die Beschlagnahme erfasst ausnahmsweise Forderungen aus einem **Untermiet- oder Unterpachtverhältnis**, wenn der Obermiet- oder Oberpachtvertrag wegen Gläubigerbenachteiligung gem. § 138 Abs. 1 BGB sittenwidrig ist.[15] Ist ein nicht herausgabebereiter, eigenbesitzender Dritter Inhaber der Mietzinsansprüche aus einem abgeschlossenen Mietverhältnis, so ist bereits die Anordnung der Zwangsverwaltung unzulässig.[16]

5. Eigenkapitalersetzende Nutzungsüberlassung

Vor Inkrafttreten des MoMiG am 1. November 2008 konnte ein Gesellschafter der Schuldnerin, der dieser ein Grundstück vermietete und ihr dies auch in der Krise beließ, obwohl er von der Krise Kenntnis hatte und das Grundstück hätte zurückfordern können („qualifiziertes Stehenlassen"), kein Entgelt für die Nutzungsüberlassung beanspruchen, soweit dies benötigt wurde, um eine Unterbilanz oder gar Überschuldung der Gesellschaft zu decken.[17] Die Wirkung der eigenkapitalersetzenden Nutzungsüberlassung gegenüber der schuldnerischen Gesellschaft bzw. ihrem Insolvenzverwalter endete in entsprechender Anwendung der §§ 146 ff. i. V. m. §§ 1123, 1124 Abs. 2 BGB mit dem Wirksamwerden des Anordnungsbeschlusses der Zwangsverwaltung.[18] Die Zwangsverwaltung setzte sich gegenüber der Insolvenzverwaltung durch. Die Qualifizierung der Nutzungsüberlassung durch den Gesellschafter als eigenkapitalersetzend fand insofern Berücksichtigung, als dass der Gesellschafter nach Ende der Wirksamkeit der Vorausabtretung von der Gesellschaft bzw. deren Insolvenzverwalter auf Erstattung der nunmehr an den Zwangsverwalter zu leistenden Miete in Anspruch genommen werden konnte.[19] **12**

Der Bundesgerichtshof hat im Bereich des Insolvenzrechts entschieden, dass das „alte" Eigenkapitalersatzrecht in Gestalt sowohl der sogenannten Novellenregeln gemäß §§ 32a, 32b GmbHG a. F. als auch der sogenannten Rechtsprechungsregeln gemäß §§ 30, 31 GmbHG a. F. analog auf „Altfälle" weiterhin angewendet wird, auch wenn zwischenzeitlich das Gesetz zur Modernisierung des GmbH-Rechts und zur Bekämpfung von Missbräuchen (MoMiG) in Kraft getreten ist. Ein solcher „Altfall" liege vor, wenn vor Inkrafttreten der Neuregelung ein Insolvenzverfahren eröffnet worden sei.[20]

Mit dem Inkrafttreten des MoMiG ist die eigenkapitalersetzende Nutzungsüberlassung als wirtschaftlich einer Darlehensausreichung entsprechende Nutzungsüberlassung eines Gegenstandes des Gesellschafters an die Gesellschaft beibehalten und als neu geschaffener § 135 Abs. 3 InsO systematisch verfehlt im Insolvenzanfechtungsrecht eingeordnet worden.[21] § 135 Abs. 3 InsO sieht

---

14 BGH, Urteil vom 4.2.2005 – V ZR 294/03, Rpfleger 2005, 324 = NZM 2005, 433; BGH, Urteil vom 29.6.2006 – IX ZR 119/04, NJW-RR 2007, 265 m. w. N. = Rpfleger 2006, 614 m. w. N.
15 BGH, Urteil vom 4.2.2005 – V ZR 294/03, Rpfleger 2005, 324 = NZM 2005, 433 f; BGH, Urteil vom 29.6.2006 – IX ZR 119/04, NJW-RR 2007, 265 m. w. N. = Rpfleger 2006, 614 m. w. N.
16 LG Bonn, Beschl. vom 28.5.2008 – 6 T 63/08, Beck RS 2008, 12123.
17 Kapitalersetzende Nutzungsüberlassung, siehe näher *Lutter/Hommelhoff*, GmbHG, §§ 32a/b Rn. 138 m. w. N.; BGH, Urteil vom 31.1.2005 – II ZR 240/02, NZI 2005, 347 ff. m. Anm. *Fischer* = Rpfleger 2005, 372 ff.
18 BGH, Urteil vom 7.12.1998 – II ZR 382/96, BGHZ 140, 147 = NJW 1999, 577 = Rpfleger 1999, 138 = ZIP 1999, 67 f.
19 BGH, Urteil vom 31.1.2005 – II ZR 240/02, NZI 2005, 348 m. Anm. *Fischer* = Rpfleger 2005, 373.
20 BGH, Urteil vom 26.1.2009 – II ZR 260/07, BGHZ 179, 249 = NJW 2009, 1277 = DStR 2009, 701 = BeckRS 2009, 08274 = FD-InsR 2009, 278347 m. Anm. *de Bra*.
21 *Marotzke*, ZInsO 2008, 1283 f.

vor, dass der Gesellschafter seinen Herausgabeanspruch am Grundstück bis zu einem Jahr nach der Insolvenzverfahrenseröffnung nicht geltend machen kann, wenn das Grundstück für die Fortführung des Unternehmens benötigt wird. Dem Gesellschafter steht für die zu gewährende Nutzungsüberlassung ein Ausgleichsanspruch zu, der sich an der durchschnittlichen Vergütung des letzten Jahres bemisst, § 135 Abs. 3 Satz 2 InsO. Wird gegen den Gesellschafter als Eigentümer des Grundstücks die Zwangsverwaltung betrieben, steht die ab Insolvenzeröffnung geschuldete Ausgleichszahlung dem Zwangsverwalter zu.

6. Gewerbebetrieb

13 Übt der Schuldner auf dem beschlagnahmten Grundstück einen Gewerbebetrieb aus, so sind die Rechte und Pflichten, die in ihrer Gesamtheit den Gewerbebetrieb darstellen, nicht von der Beschlagnahme erfasst. Der Zwangsverwalter ist grundsätzlich nicht berechtigt, einen auf dem Grundstück ausgeübten Gewerbebetrieb zu führen. Die Fortführung eines Gewerbebetriebs durch den Zwangsverwalter ist nur dann zulässig, wenn der Gewerbebetrieb des beschlagnahmten Grundstücks **grundstücksbezogen** ist, es eine ordnungsgemäße Nutzung des Grundstücks erfordert, den grundstücksbezogenen Gewerbebetrieb des Schuldners fortzuführen und der Zwangsverwalter dabei nicht in die Rechte des Schuldners an Betriebsmitteln eingreift, die unabhängig von ihrer Zugehörigkeit zum Gewerbebetrieb absolut geschützt sind.[22]

14 Bei der Beschlagnahme eines **milcherzeugenden landwirtschaftlichen Betriebes** erstreckt sich die Beschlagnahme nicht auf die **Milchquote**.[23] Es ist ein personenbezogenes Recht des Milcherzeugers. Da der Zwangsverwalter verpflichtet ist, die Nutzungsart des Zwangsverwaltungsobjekts beizubehalten, ist er berechtigt, das Recht des Schuldners, eine bestimmte Menge Milch anzuliefern, auszuüben.[24] Möchte der Zwangsverwalter den Milchviehbetrieb verpachten oder bei Beendigung eines Pachtvertrages die Milchquote des Pächters erlangen, so kann Zwangsverwalter wie der Milcherzeuger die Quote nur zusammen mit dem Betrieb für den Zeitraum der Pachtdauer mitübertragen, § 22 Abs. 2 Satz 1 MilchQuotVO. Nach Beendigung der Betriebsüberlassung fällt die Quote auf den Übertragenden zurück, § 22 Abs. 2 Satz 2 MilchQuotVO.[25]

III. Wirkung der Beschlagnahme (Abs. 2)

1. Prinzip der Einzelzwangsvollstreckung

15 Die Beschlagnahme zugunsten des antragstellenden Gläubigers erfolgt durch den Anordnungsbeschluss, §§ 146 Abs. 1, 20 Abs. 1. Die Beschlagnahme wird zu dem Zeitpunkt wirksam, zu welchem der Anordnungs- bzw. Beitrittsbeschluss dem Schuldner zugestellt wird, § 22 Abs. 1 Satz 1. Wegen des Prinzips der Einzelzwangsvollstreckung tritt die Beschlagnahmewirkung für jeden die Zwangsverwaltung betreibenden Gläubiger gesondert ein.[26] Die Beschlagnahme führt zu einem Sondervermögen des Schuldners, welches den die Zwangsverwaltung betreibenden Gläubigern zur Sicherung ihres Befriedigungsrechts zur Verfügung steht.[27] Der Anordnungsbeschluss ist auch Heraus-

---

22 BGH, Beschl. vom 14.4.2005 – V ZB 16/05, NJW-RR 2005, 1176 f. = Rpfleger 2005, 558 f. = BGHZ 163, 9, Hotelbetrieb.
23 BGH, Beschl. vom 19.7.1991 – LwZR 3/90, BGHZ 115, 162 = NJW 1991, 3280 = Rpfleger 1991, 429 = MDR 1991, 1167.
24 *Stöber*, ZVG, § 148 Ziff. 2.7.
25 *Stöber*, ZVG, § 148 Ziff. 2.7.; a.A. *Dassler/Schiffhauer/u. a.*, ZVG, § 148 Rn. 12.
26 *Haarmeyer/Wutzke/u. a.*, Zwangsverwalt., § 148 Rn. 2 m.w.N.
27 RG, Urteil vom 20.10.1933 – II 30/33, RGZ 142, 85.

gabetitel für die Wegnahme von Urkunden und Unterlagen, die für den Zwangsverwalter erforderlich sind, seine Pflichten zu erfüllen.[28]

Der **Beschlagnahmezeitpunkt** ist wichtig für die Berechnung der wiederkehrenden Leistungen, §§ 155 Abs. 2, 10 Abs. 1 Nr. 2, 3, 4. Bei mehreren Beschlagnahmen zu unterschiedlichen Zeitpunkten ist die erste wirksam vollzogene Beschlagnahme ausschlaggebend, § 13 Abs. 4 Satz 1. Scheidet der Anordnungsgläubiger im Laufe des Zwangsverwaltungsverfahrens aus, so bleibt das erste Beschlagnahmedatum für die Berechnung der wiederkehrenden Leistungen bestehen.[29]

Ist bereits ein Insolvenzverfahren über das Vermögen des Schuldners eröffnet worden und der Insolvenzverwalter beantragt gem. § 172 die Zwangsverwaltung oder Zwangsversteigerung, so gilt der Anordnungsbeschluss der Zwangsverwaltung nicht als Beschlagnahme, § 173 Satz 1. Diese ist bereits durch die Beschlagnahme im Insolvenzverfahren erfolgt. Der Zeitpunkt der Zustellung des Anordnungsbeschlusses ist jedoch maßgeblich für die Abgrenzung der laufenden von den rückständigen Leistungen, § 173 Satz 2. Ebenso bestimmt der Zeitpunkt der Zustellung des Anordnungsbeschlusses den Umfang der Beschlagnahme, §§ 173 Satz 2, 55.

Bei **Antragsrücknahme** durch den Gläubiger endet die Beschlagnahme nicht schon mit dem Eingang des Rücknahmeantrages, sondern erst mit der Zustellung des Aufhebungsbeschlusses des Vollstreckungsgerichts an den Schuldner, da die Beschlagnahme durch den Anordnungsbeschluss als hoheitsrechtliches Handeln erfolgt ist und die Aufhebung als actus contrarius nicht durch privates Handeln, sondern ebenfalls als hoheitsrechtliche Maßnahme ausgeführt werden muss.[30] Der Aufhebungsbeschluss ist dem Zwangsverwalter nach Eintritt der formellen Rechtskraft mitzuteilen.[31] Entsprechend der Struktur des Zwangsverwaltungsverfahrens als Einzelzwangsvollstreckungsverfahren wird bei mehreren betreibenden Gläubigern das Zwangsverwaltungsverfahren solange weiterbetrieben, wie noch ein von einem einzelnen Gläubiger betriebenes Einzelverfahren andauert.[32]

2. Übergang der Verwaltungsbefugnis und des Nutzungsrechts

Die Beschlagnahme entzieht dem Schuldner das Recht, das beschlagnahmte Grundstück zu verwalten und es zu benutzen, § 148 Abs. 2. Dieses Recht geht auf den Zwangsverwalter über, § 152. Eine Eigentumsübertragung am beschlagnahmten Grundstück findet gerade nicht statt, weswegen der Zwangsverwalter nicht an die Stelle des Eigentümers tritt, sondern neben diesen.[33]

Die Verwaltungs- und Verfügungsbefugnis des Schuldners über seine sonstigen Vermögenswerte außerhalb der Reichweite des Vollstreckungsbeschlags wird vom Zwangsverwaltungsverfahren nicht betroffen.

3. Veräußerungsverbot

Ist der Schuldner Eigentümer des beschlagnahmten Grundstücks, was mit der Ausnahme des § 147 regelmäßig der Fall sein wird, so bleibt er zu Verfügungen über das Eigentum am Beschlagnahmeobjekt weiterhin befugt. Zu beachten ist jedoch, dass die Beschlagnahme ein relatives Veräußerungsverbot gem. §§ 146 Abs. 1, 23 Abs. 1 Satz 1 i. V. m. §§ 135, 136 BGB darstellt. Da nicht

---

28 LG München II, Beschl. vom 28.11.2001 – 6 T 5127/01, Rpfleger 2002, 220.
29 *Haarmeyer/Wutzke/u.a.*, ZVG, § 148 Rn. 5.
30 BGH, Beschl. vom 10.0.2008 – V ZB 130/07, NJW 2008, 3068 = Rpfleger 2008, 587.
31 *Keller*, ZfIR 2009, 394.
32 *Haarmeyer/Wutzke/u.a.*, ZVG, Rn. 84.
33 OLG Zweibrücken, Beschl. vom 27.7.2005 – 3 W 167/04, NJW-RR 2005, 1683 m.w.N., = FGPrax 2006, 68 m.w.N.

nur die Veräußerung als solche gegenüber dem die Zwangsverwaltung betreibenden Gläubiger unwirksam ist, sondern alle Verfügungen über das der Zwangsverwaltung unterworfene Grundstück und die mithaftenden Gegenstände, liegt tatsächlich ein Verfügungsverbot vor.[34] Das Verfügungsverbot hat nur eine relative Wirkung mit der Folge, dass die Verfügungen des Schuldners gegenüber den betreibenden Gläubigern nur insoweit unwirksam sind, als sie das Befriedigungsrecht der die Zwangsverwaltung betreibenden Gläubiger beeinträchtigen können.[35]

Eine Eigentümergrundschuld wird nicht von der Beschlagnahme des Grundstücks erfasst, so dass der Schuldner über die Eigentümergrundschuld verfügen kann oder Gläubiger die Eigentümergrundschuld pfänden können.[36]

Konkurriert die Beschlagnahme zeitlich mit einer Verfügung des Schuldners, so kommt es darauf an, ob der Schuldner zum Zeitpunkt der Verfügung noch Verfügungsbefugnis hatte, § 878 BGB. Sollte dies der Fall sein, ist die Zwangsverwaltung wegen eines entgegenstehenden Rechts aufzuheben, § 28.

---

34 *Böttcher*, ZVG, § 21 Rn. 5.
35 BGH, Urteil vom 25.3.1986 – IX ZR 104/85, BGHZ 97, 280 = NJW 1986, 2111 = Rpfleger 1986, 297 LS; BGH, Urteil vom 31.5.1988 – IX ZR 103/87, Rpfleger 1988, 543 f.
36 *Stöber*, ZVG, § 23 Ziff. 2.2; *Dassler/Schiffhauer/u. a.*, ZVG, § 23 Rn. 4; a. A. *Eickmann*, § 9 IV 6.

§ 149 ZVG [Wohnräume und Unterhalt des Schuldners]

(1) Wohnt der Schuldner zur Zeit der Beschlagnahme auf dem Grundstück, so sind ihm die für seinen Hausstand unentbehrlichen Räume zu belassen.

(2) Gefährdet der Schuldner oder ein Mitglied seines Hausstandes das Grundstück oder die Verwaltung, so hat auf Antrag das Gericht dem Schuldner die Räumung des Grundstücks aufzugeben.

(3) Bei der Zwangsverwaltung eines landwirtschaftlichen, forstwirtschaftlichen oder gärtnerischen Grundstücks hat der Zwangsverwalter aus den Erträgnissen des Grundstücks oder aus deren Erlös dem Schuldner die Mittel zur Verfügung zu stellen, die zur Befriedigung seiner und seiner Familie notwendigen Bedürfnisse erforderlich sind. Im Streitfall entscheidet das Vollstreckungsgericht nach Anhörung des Gläubigers, des Schuldners und des Zwangsverwalters. Der Beschluss unterliegt der sofortigen Beschwerde.

Übersicht

	Rn.
I. Normzweck	1
II. Wohnrecht des Schuldners (Abs. 1)	2–6
1. Umfang	2–4
2. Berechtigter Personenkreis	5
3. Rechtsbehelfe	6
III. Räumung bei Gefährdung (Abs. 2)	7–13
1. Räumungsgründe	7
2. Räumungsbeschluss	8–12
3. Rechtsbehelfe	12
IV. Unterhaltszahlung (Abs. 3)	13, 14
1. Art und Umfang	13
2. Rechtsbehelfe	14

I. Normzweck

§ 149 ist die Ausnahmeregelung zu § 148 Abs. 2. Aus Billigkeitserwägungen[1] und aus sozialen Gründen – im öffentlichen Interesse wegen drohender Obdachlosigkeit – gewährt § 149 dem Schuldner ein **Wohnrecht** an den für seinen Hausstand unentbehrlichen Räumen.[2] § 149 Abs. 3 gewährt darüber hinaus im Falle der Zwangsverwaltung eines landwirtschaftlichen, forstwirtschaftlichen oder gärtnerischen Grundstücks dem Schuldner die Möglichkeit, aus den Erzeugnissen des Grundstücks **Naturalunterhalt** oder **Geldunterhalt** aus den Erlösen bei Verkauf dieser Erzeugnisse zu erhalten. Ist über das Vermögen des Schuldners ein Insolvenzverfahren eröffnet worden, so verdrängen die §§ 100, 148 InsO die Anwendung von § 149, da der Schuldner im Zwangsverwaltungsverfahren nicht besser stehen soll als im Insolvenzverfahren.[3]

---

1 BGH, Urteil vom 13.7.1995 – IX ZR 81/94, BGHZ 130, 314 = NJW 1995, 2846.
2 Böttcher, ZVG, § 149 Rn. 1; *Haarmeyer/Wutzke/u.a.*, ZVG, § 149 Rn. 2.
3 *Dassler/Schiffhauer/u.a.*, ZVG, § 149 Rn. 38.

II. Wohnrecht des Schuldners (Abs. 1)

1. Umfang

2 § 149 liegt tatbestandsmäßig nur dann vor, wenn der Schuldner zum Zeitpunkt der Beschlagnahme bereits im Beschlagnahmeobjekt wohnt. Dies ergibt sich aus dem Wortlaut des § 149 Abs. 1 sowie aus Sinn und Zweck der Regelung. Der Schuldner kann das Wohnrecht nur persönlich ausüben und es nicht bei dauerhafter Verhinderung an einen Dritten übertragen.[4] Mit dem Auszug des Schuldners aus der Wohnung geht das Wohnrecht unter.[5] Der Schuldner hat kein Wohnrecht, um in eine während der Zwangsverwaltung frei werdende Wohnung einzuziehen[6] oder mit einem Dritten zu tauschen.[7]
Das Recht erstreckt sich auf dauerhaft genutzte unentbehrliche Wohnräume nebst die zum Wohnen benötigten Nebenräume wie Keller, Speicher, Waschraum, etc.[8] Ein nur vorübergehender Aufenthalt reicht nicht aus, selbst wenn dieser regelmäßig erfolgt, wie bspw. in Sommer-, Winter- oder Ferienwohnungen.[9] Die Lebensumstände des Schuldners, insbesondere die Anzahl der Familienangehörigen, die seinen Hausstand bilden, sind beim Umfang des Wohnrechts zu berücksichtigen.[10] Das Wohnrecht bezieht sich nicht auf die Wohnräume, die der Schuldner und sein Hausstand zum Zeitpunkt der Beschlagnahme bewohnt haben, so dass die Zuweisung anderer Wohnräume möglich ist.[11] Eine Garage gehört nicht zu den unentbehrlichen Wohnräumen.[12]

3 Ausweislich des Wortlauts der Norm sind **gewerblich genutzte Räume** nicht von § 149 Abs. 1 erfasst. Diese muss der Schuldner beim Zwangsverwalter anmieten, falls er sie weiterbenutzen möchte.[13]

4 Für die Belassung der Wohnräume ist kein Nutzungsentgelt geschuldet. Dies ergibt sich zum einen daraus, dass der Wortlaut des § 149 Abs. 1 keine Gegenleistung für das Wohnrecht vorsieht.[14] Im Übrigen ist das unentgeltliche Wohnrecht des Schuldners ausdrücklich in § 5 Abs. 2 Nr. 2 ZwVwV geregelt.[15] Seine Nebenkosten für Wasser, Strom, Gas, Heizung etc. hat der Schuldner selbst zu tragen[16] und erforderlichenfalls Zähler und Zwischenzähler auf seine Kosten einzubauen.[17] Dies gilt auch für die Zahlung des Hausgeldes,[18] siehe Rn. 7.

2. Berechtigter Personenkreis

5 Berechtigter des Wohnrechts ist der Eigentümer als Vollstreckungsschuldner und im Fall des § 147 der Eigenbesitzer. Falls Miteigentum besteht, hat jeder Miteigentümer ein eigenes Wohnrecht.[19] Den Mitgliedern des Hausstandes, dies sind die Ehepartner, Kinder, Eltern, Geschwister, nichteheliche Lebens-

---

4 AG Heilbronn, Urteil vom 27.2.2004 – 14 C 5765/03, Rpfleger 2004, 514.
5 *Haarmeyer/Wutzke/u. a.*, ZVG, § 149 Rn. 3.
6 *Böttcher*, ZVG, § 149 Rn. 2.
7 *Haarmeyer/Wutzke/u. a.*, ZVG, § 149 Rn. 10; *Stöber*, ZVG, § 149 Ziff. 2.2.
8 *Dassler/Schiffhauer/u. a.*, ZVG, § 149 Rn. 4.
9 *Dassler/Schiffhauer/u. a.*, ZVG, § 149 Rn. 2.
10 *Böttcher*, ZVG, § 149 Rn. 2.
11 *Haarmeyer/Wutzke/u. a.*, ZVG, § 149 Rn. 5.
12 *Stöber*, ZVG, § 149 Ziff. 2.2.; *Dassler/Schiffhauer/u. a.*, ZVG, § 149 Rn. 2.
13 BGH, Urteil vom 14.5.1992 – IX ZR 241/91, NJW 1992, 2487 = Rpfleger 1992, 402.
14 *Böttcher*, ZVG, § 149 Rn. 4.
15 *Dassler/Schiffhauer/u. a.*, ZVG, § 149 Rn. 11.
16 *Böttcher*, ZVG, § 149 Rn. 4; *Dassler/Schiffhauer/u. a.*, ZVG, § 149 Rn. 11 m. w. N.
17 *Stöber*, ZVG, § 149 Ziff. 2.3.
18 AG Heilbronn, Beschl. vom 1.9.2003 – 1 L 07/03, Rpfleger 2004, 236 m. Anm. *Schmidberger*; LG Zwickau, Beschl. vom 30.1.2006 – 8 T 475/05, Rpfleger 2006, 426.
19 *Böttcher*, ZVG, § 149 Rn. 3; *Haarmeyer/Wutzke/u. a.*, ZVG, § 149 Rn. 4.

partner oder Partner einer eingetragenen Partnerschaft, steht nur ein vom Schuldner abgeleitetes Wohnrecht zu, welches fortbesteht, wenn der Schuldner während des Zwangsverwaltungsverfahrens stirbt.[20]
Ist der Nießbrauchsberechtigte oder ein Wohnungsberechtigter nach §§ 1090, 1093 BGB der Vollstreckungsschuldner, so kann er sich gegenüber dem Zwangsverwalter nicht auf ein Wohnrecht entsprechend § 149 Abs. 1 berufen, da die Vorschrift in der Zwangsverwaltung einen Fall der Unterhaltsgewährung aus Billigkeitsgründen darstellt, der allein zu Gunsten des Vollstreckungsschuldners als Eigentümer wirkt.[21]

3. Rechtsbehelfe

Der Zwangsverwalter entscheidet, ob und in welchem Umfang dem Schuldner ein Wohnrecht zusteht. Der Schuldner, der Anordnungsgläubiger oder sonstige Beteiligte können im Streitfall nach vorheriger Anhörung der Beteiligten und des Zwangsverwalters eine Entscheidung des Vollstreckungsgerichts herbeiführen, § 149 Abs. 3 Satz 2. Das Vollstreckungsgericht entscheidet durch Beschluss, der der sofortigen Beschwerde unterliegt, über die das Landgericht entscheidet, § 11 Abs. 1 RPflG, § 793 Abs. 1 ZPO, § 72 GVG. Der Zwangsverwalter hat kein Beschwerderecht, da er dem Vollstreckungsgericht weisungsunterworfen ist.[22]

III. Räumung bei Gefährdung

1. Räumungsgründe

Auf Antrag kann das Gericht dem Schuldner die Räumung des Grundstücks aufgeben, wenn der Schuldner oder ein Mitglied seines Hausstandes das Grundstück oder die Verwaltung gefährdet. Als Folge der Gefährdungshandlung muss das Beschlagnahmeobjekt in seinem Bestand oder in seiner Ertragsmöglichkeit beeinträchtigt oder die Geschäftsführung des Zwangsverwalters wesentlich erschwert oder gar vereitelt werden.[23] Dabei muss ein vorsätzliches oder fahrlässiges Handeln vorliegen, welches vom Schuldner selbst oder von einem Mitglied seines Hausstandes ausgeht.[24] Bloßes Unfrieden stiften stellt hingegen keinen Räumungsgrund dar.[25]

Einzelfälle:[26]
- Beschädigungen durch den Schuldner selbst;
- Zulassen von Beschädigungen durch Mitglieder des Hausstandes;
- Vernachlässigung der Wohnung;
- widerrechtliche Benutzung von Räumen;
- Abschreckung von Miet- oder Pachtinteressenten;
- Drohungen oder Tätlichkeiten gegenüber Zwangsverwalter, Mieter oder Pächter.
- Krankheiten: Da § 149 Abs. 1 ein Wohnrecht aus Billigkeitsgründen gewährt, begründen unverschuldete Gefährdungen wie bspw. ansteckende Krankheiten keine Räumung.[27]

---

20 *Stöber*, ZVG, § 149 Ziff. 2.2. m.w.N.; LG Heilbronn, Beschl. vom 29.9.2004 – 1 T 308/04, Rpfleger 2005, 154.
21 BGH, Urteil vom 12.1.2006 – IX ZR 131/04, BGHZ 166, 1 = NJW 2006, 1125 m.w.N. = Rpfleger 2006, 332 m.w.N..
22 *Stöber*, ZVG, § 149 Ziff. 2.4.
23 *Böttcher*, ZVG, § 149 Rn. 7 m.w.N.
24 *Böttcher*, ZVG, § 149 Rn. 7.
25 *Böttcher*, ZVG, § 149 Rn. 7 m.w.N.
26 Nach *Böttcher*, ZVG, § 149 Rn. 7; *Haarmeyer/Wutzke/u.a.*, ZVG, § 149 Rn. 9; *Stöber*, ZVG, § 149 Ziff. 3.2. m.w.N..
27 *Stöber*, ZVG, § 149 Ziff. 3.3.

– Nichtzahlung von Betriebskosten, Hausgeld: Entgegen der bisher einhellig vertretenen Auffassung, dass die Räumung des Schuldners nach § 149 Abs. 2 bei Nichtzahlung der Betriebskosten und des Hausgeldes erfolgen kann, entschied der BGH, dass einem Schuldner, dem gem. § 149 Abs. 1 eine Eigentumswohnung belassen wurde, nicht deshalb die Räumung nach § 149 Abs. 2 aufgegeben werden könne, weil der Schuldner das auf sein Wohneigentum entfallende laufende Wohngeld nicht zahle.[28] Der BGH stellte entscheidend darauf ab, dass der Zwangsverwalter das Wohngeld entrichtete, welches er als Vorschuss von der Gläubigerin angefordert hatte. Durch die Wohngeldzahlung sei daher das Wohnungseigentum oder die Zwangsverwaltung nicht gefährdet.[29] Die einen Sachverhalt vor Inkrafttreten der WEG-Novelle[30] am 1.7.2007 betreffende Entscheidung erfuhr zu Recht Kritik, da die Gläubigerin gezwungenermaßen die angeforderten Wohngelder als Kostenvorschuss erbringen muss, wollte sie nicht die Aufhebung der Zwangsverwaltung nach § 161 Abs. 3 riskieren.[31] Die Entscheidung des BGH führte darüber hinaus zu einer nicht gerechtfertigten Besserstellung des Schuldners im Zwangsverwaltungsverfahren als ohne Anordnung der Zwangsverwaltung, da es im Wohnungseigentumsrecht anerkannt ist, dass Gemeinschaftseigentum sich nur sachgerecht verwalten lässt, wenn die Wohnungseigentümer die Aufbringung der für die Verwaltung erforderlichen Mittel nicht nur beschließen,[32] sondern die gefassten Beschlüsse auch umsetzen und die Wohngelder und Umlagen leisten.[33] Im Wohnungseigentumsrecht ist es anerkannt, dass die Fortsetzung der Gemeinschaft mit säumigen Wohnungseigentümern unzumutbar ist und dies die Entziehung des Wohnungseigentums nach § 18 Abs. 2 WEG rechtfertigt.[34] Die ohne die Zwangsverwaltung bestehenden Rechte der Wohnungseigentümerschaft können daher nicht durch § 149 ausgeschlossen werden, da § 149 nur das Verhältnis des zum die Zwangsverwaltung betreibenden Gläubiger, nicht aber das Verhältnis der Wohnungseigentümer untereinander regelt.[35] Im Übrigen missachtet der BGH den Umstand, dass der das Hausgeld nicht zahlende Schuldner die Gefährdung der Zwangsverwaltung selbst herbeiführt und die Räumung des Schuldners und ordnungsgemäße Neuvermietung des Objekts diese Gefährdung beseitigt.[36]

2. Räumungsbeschluss

8 Zur Stellung des Antrags nach § 149 Abs. 2 sind der Zwangsverwalter, der Anordnungsgläubiger und die sonstigen Beteiligten i.S.d. § 9 berechtigt, da auch deren Interessen beeinträchtigt sein können.[37] Der Räumungsbeschluss ist Vollstreckungstitel gem. § 794 Abs. 1 Nr. 3 ZPO. Er bedarf keiner Vollstreckungsklausel und keiner erneuten Zustellung vor der Vollstreckung, da er

---

28 BGH, Beschl. vom 24.1.2008 – V ZB 99/07, NJW-RR 2008, 679 f. = Rpfleger 2008, 268 ff. = ZflR 2008, 342 f. m. Anm. *Bergsdorf; Drasdo*, NZM 2006, 766.
29 BGH, Beschl. vom 24.1.2008 – V ZB 99/07, NJW-RR 2008, 679 f. = Rpfleger 2008, 268 ff. = ZflR 2008, 342 f. m. Anm. *Bergsdorf; Drasdo*, NZM 2006, 766.
30 Gesetz zur Änderung des Wohnungseigentumsgesetzes und anderer Gesetze vom 26.3.2007, I, Nr. 11, 370 ff..
31 *Bergsdorf*, Anm. zu BGH, Beschl. vom 24.1.2008 – V ZB 99/07, ZflR 2008, 343 = Rpfleger 2008, 268 ff.
32 BGH, Urteil vom 2.6.2005 – V ZB 32/05, BGHZ 163, 154 = NJW 2005, 2061 = Rpfleger 2005, 521 = ZflR 2005, 506 ff. (m. Anm. *Lüke*) = ZIP 2005, 1233 ff. m. Bespr. *Bork*, S. 1205 ff.
33 *Bergsdorf*, Anm. zu BGH, Beschl. vom 24.1.2008 – V ZB 99/07, ZflR 2008, 344.
34 BGH, Urteil vom 19.1.2007 – V ZR 26/06, BGHZ 170, 369 = NJW 2007, 1353 = NZM 2007, 291 f. m.w.N. = LMK 2007, 236893 m. Anm. *Niedenführ*.
35 OLG Dresden, Beschl. vom 12.6.2007 – 3 W 82/07, BeckRS 2007, 10963.
36 *Keller*, ZflR 2009, 387.
37 *Stöber*, ZVG, § 149 Ziff. 3.4. m.w.N.

bereits von Amts wegen zugestellt wurde.[38] Die Räumung erfolgt auf Antrag des Zwangsverwalters durch den Gerichtsvollzieher, § 885 ZPO. Eine richterliche Durchsuchungsanordnung ist nicht erforderlich, § 758a Abs. 2 ZPO.

Wegen des **Verhältnismäßigkeitsgrundsatzes** kann das Gericht von einem Räumungsbeschluss absehen und bei gleicher Eignung zur Herbeiführung des gewünschten Erfolges als milderes Mittel **Maßregeln nach § 25** anordnen.[39] Das Gericht kann die sofortige Räumung des gesamten Grundbesitzes oder bestimmter Räume anordnen.[40] Die Räumungsanordnung kann sich gegen den Schuldner und seine Familienangehörigen richten oder auch nur gegen einzelne Mitglieder des Hausstandes, wenn von diesen die Gefährdung ausgeht.[41]

Eine Räumung aus dem Anordnungsbeschluss scheitert, wenn der Schuldner nicht mehr in der Wohnung wohnt und die übrigen Mitglieder des Hausstandes ihr Besitzrecht mit eigenem Besitzwillen ausüben. Sollen die weiteren Mitglieder des Hausstandes isoliert die Wohnung räumen, so ist eine Räumungsklage erforderlich, die nicht in die Zuständigkeit des Vollstreckungsgerichts fällt.[42]

Da Ehegatten nach § 1353 Abs. 1 BGB zur ehelichen Lebensgemeinschaft verpflichtet sind, kann gegen Ehegatten die Räumung nur gemeinsam ausgesprochen werden.[43] Gleiches gilt für Partner einer eingetragenen Lebenspartnerschaft, § 2 LPartG, und für die Räumung von Eltern mit minderjährigen Kindern, § 1626 BGB i. V. m. Art. 6 GG.[44] Geht die Gefährdung vom minderjährigen Kind aus, so hat der Schuldner aufgrund der Verletzung der Sorge- und Aufsichtspflicht gem. §§ 1626, 1631 BGB hierfür als eigenes Verschulden einzustehen.[45] Als milderes Mittel kann die Einschaltung des Jugendamtes in Betracht kommen.[46]

3. Rechtsbehelfe

Zulässiges Rechtsmittel ist die sofortige Beschwerde gem. § 11 Abs. 1 RPflG, § 793 Abs. 1 ZPO. Beschwert und damit beschwerdeberechtigt ist beim Räumungsbeschluss der Schuldner. Beim ablehnenden Beschluss sind alle Antragsberechtigten beschwerdeberechtigt, außer dem Zwangsverwalter, dem wegen seiner Weisungsunterworfenheit gegenüber dem Vollstreckungsgericht kein Beschwerderecht zusteht. In Ausnahmefällen kann dem Schuldner auch Vollstreckungsschutz gem. § 765a ZPO gewährt werden.

Gegen Maßnahmen des Zwangsverwalters kann der Schuldner Vollstreckungserinnerung nach § 766 ZPO einlegen oder ein formloses Gesuch an das Vollstreckungsgericht richten, um eine Anweisung des Zwangsverwalters zu erhalten.[47]

---

38 *Haarmeyer/Wutzke/u.a.*, ZVG, § 149 Rn. 11 m.w.N.
39 LG Bonn, Beschl. vom 25.6.2007 – 6 T 109/07, ZMR 2008, 54 = BeckRS 2007, 15901.
40 *Haarmeyer/Wutzke/u.a.*, ZVG, § 149 Rn. 10 m.w.N.
41 *Haarmeyer/Wutzke/u.a.*, Zwangsverwalt., § 149 Rn. 10.
42 LG Heilbronn, Beschl. vom 29.9.2004 – 1 T 308/04, Rpfleger 2005, 154 f.
43 *Dassler/Schiffhauer/u.a.*, ZVG, § 149 Rn. 25 m.w.N..
44 *Dassler/Schiffhauer/u.a.*, ZVG, § 149 Rn. 25.
45 *Dassler/Schiffhauer/u.a.*, ZVG, § 149 Rn. 25.
46 *Dassler/Schiffhauer/u.a.*, ZVG, § 149 Rn. 25.
47 *Stöber*, ZVG, § 149 Ziff. 3.9.

IV. Unterhaltszahlung (Abs. 3)

1. Art und Umfang

13 Dem Schuldner steht im Zwangsverwaltungsverfahren kein Unterhaltsanspruch zu, ggf. ist er auf Sozialhilfe zu verweisen.[48] Natural- oder Geldleistungen aus den Erträgen des Grundstücks sind nur bei der Zwangverwaltung von landwirtschaftlichen, forstwirtschaftlichen oder gärtnerischen Grundstücken vorgesehen. Art und Umfang der Unterhaltsgewährung werden allein durch die erzielten Erträge aus der Bewirtschaftung des Grundstücks bestimmt, nicht aber durch die Bezeichnung des Grundstücks im Bestandsverzeichnis des Grundbuchs oder des Berufs des Eigentümers.[49] Soll der Schuldner die Erlöse erhalten, empfiehlt es sich, die Höhe der Zahlung festzulegen.[50] Der Umfang der notwendigen Bedürfnisse gem. § 149 Abs. 3 bestimmt sich nach dem Einzelfall, wobei als Untergrenze die jeweiligen Sozialhilfesätze und als Obergrenze die pfändungsfreien Beträge nach der Tabelle zu § 850c ZPO in Betracht kommen.[51]

3. Rechtsbehelfe

14 Die Entscheidung ob, in welcher Art und in welcher Höhe Unterhalt aus den Erträgen geleistet wird, entscheidet der Zwangsverwalter aus eigenem Recht,[52] im Streitfall das Vollstreckungsgericht nach Anhörung des Gläubigers, des Schuldners und des Zwangsverwalters, § 149 Abs. 3 Satz 2.
Zulässiges Rechtsmittel ist die sofortige Beschwerde, § 149 Abs. 3 Satz 3, § 11 Abs. 1 RPflG, über die das Landgericht entscheidet, § 72 GVG. Beschwert und damit beschwerdeberechtigt können alle Beteiligten sein mit Ausnahme des den Weisungen des Vollstreckungsgerichts unterworfenen Zwangsverwalters.[53]
Gegen Maßnahmen des Zwangsverwalters kann der Schuldner Vollstreckungserinnerung nach § 766 ZPO einlegen oder ein formloses Gesuch an das Vollstreckungsgericht richten, um eine Anweisung des Zwangsverwalters zu erhalten.[54]

---

48 LG Saarbrücken, Beschl. vom 9.12.1994 – 5 T 697/94, Rpfleger 1995, 265.
49 OLG Oldenburg, DNotZ 1956, 489.
50 Böttcher, ZVG, § 149 Rn. 17.
51 Böttcher, ZVG, § 149 Rn. 18.
52 Böttcher, ZVG, § 149 Rn. 19.
53 Böttcher, ZVG, § 149 Rn. 19.
54 Stöber, ZVG, § 149 Ziff. 4.8.

§ 150 ZVG [Bestellung des Verwalters; Übergabe des Grundstücks]

(1) Der Verwalter wird von dem Gericht bestellt.

(2) Das Gericht hat dem Verwalter durch einen Gerichtsvollzieher oder durch einen sonstigen Beamten das Grundstück zu übergeben oder ihm die Ermächtigung zu erteilen, sich selbst den Besitz zu verschaffen.

Übersicht

	Rn.
I. Normzweck	1
II. Bestellung des Zwangsverwalters (Abs. 1)	2–5
1. Person des Zwangsverwalters	2
2. Einzelheiten der Bestellung	3, 4
3. Rechtsbehelfe	5
III. Übergabe und Besitzverschaffung (Abs. 2)	6–9
1. Umfang der Besitzverschaffung	6
2. Übergabe des Zwangsverwaltungsobjekts	7
3. Ermächtigung zur Besitzverschaffung	8
4. Anordnungsbeschluss als Vollstreckungstitel objektbezogener Gegenstände	9

I. Normzweck

Nachdem § 148 dem Schuldner die Verwaltungsbefugnis und die Benutzung des Grundstücks entzieht, wird vom Gericht eine Person eingesetzt, die diese Aufgaben übernimmt. § 150 Abs. 2 regelt die Art und Weise der Besitzerlangung durch den Zwangsverwalter.

II. Bestellung des Zwangsverwalters (Abs. 1)

1. Person des Zwangsverwalters

Der Zwangsverwalter wird vom Vollstreckungsgericht bestellt. Das Gericht hat eine zuverlässige, für den jeweiligen Einzelfall geeignete, insbesondere geschäftskundige und von den Gläubigern und dem Schuldner unabhängige natürliche Person zu bestellen. Abgesehen von den Ausnahmen des § 150a und § 150b wählt das Gericht den Zwangsverwalter nach seinem pflichtgemäßen Ermessen aus. Wer bei der Bestellung zum Zwangsverwalter unbefugt einen Doktor- oder Diplomtitel führt, ist unzuverlässig und kann nicht zum Zwangsverwalter bestellt werden.[1] Die Übernahme von Zwangsverwaltungen erfordern betriebswirtschaftliche Kenntnisse, Kenntnisse in Buchhaltung und Steuer, insbesondere aber Rechtskenntnisse. Das Vollstreckungsgericht sollte bei der Auswahl darauf achten, dass der Zwangsverwalter die Fachkenntnisse und die Bürostruktur hat, um den Anforderungen des konkreten Einzelfalls gerecht werden zu können.

Der Zwangsverwalter sollte seine Tätigkeit objektiv ausüben können. Interessenkonflikte, die sich beispielsweise aus dem Bestehen einer wesentlichen Geschäftsbeziehung zwischen dem Schuldner und dem Zwangsverwalter ergeben können, sind zu vermeiden. Der Steuerberater des Schuldners ist als Zwangsverwalter daher ungeeignet.[2] Ebenso ist ein am Vollstreckungsgericht

---

1 BGH, Beschl. vom 23.9.2009 – V ZB 90/09, NJW-RR 2009, 1710 = NZI 2009, 820 = BeckRS 2009, 27791.
2 LG Augsburg, Beschl. vom 28.2.1996 – 4 T 214/95, Rpfleger 1997, 79.

tätiger Rechtspfleger ungeeignet, da das beachtenswerte Interesse der am Verfahren Beteiligten auf eine objektive und unparteiische Bestellung und Kontrolle der Amtsführung des Zwangsverwalters beeinträchtigt ist.[3] Interessenkollisionen können auch bei der Bestellung des Insolvenzverwalters oder Nachlassverwalters bei gleichzeitigem Insolvenzverfahren bzw. angeordneter Nachlassverwaltung entstehen.[4]

Es besteht kein Anspruch, als Zwangsverwalter bestellt zu werden.[5] Anders als beim Insolvenzverwalter[6] gibt es kein eigenständiges Berufsbild des Zwangsverwalters, so dass der Maßstab des Art. 12 GG für die Auswahlentscheidung des Vollstreckungsgerichts nicht entscheidend ist.[7] Praktiziert ein Vollstreckungsgericht im Rahmen der Vorauswahl von Zwangsverwaltern ein Verfahren entsprechend den Maßstäben des Bundesverfassungsgerichts zur Insolvenzverwalterauswahl, so ergibt sich daraus eine an Art. 3 Abs. 1 GG zu messende Selbstbindung des Vollstreckungsgerichts.[8] Einen Rechtsbehelf gegen die Auswahlentscheidung sieht der Gesetzgeber für den übergangenen Bewerber nicht vor.[9] Es besteht daher auch kein Anspruch des übergangenen Bewerbers auf Begründung der Auswahlentscheidung.[10]

2. Einzelheiten der Bestellung

3 Die Bestellung ist sinnvollerweise im Anordnungsbeschluss auszusprechen, damit der Zwangsverwalter sogleich die Inbesitznahme durchführen kann und gilt grundsätzlich für das gesamte Verfahren.[11] Sind vom Zwangsverwaltungsverfahren mehrere Grundstücke betroffen, so ist nur ein Zwangsverwalter zu bestellen.[12] Der Zwangsverwalter erhält als Ausweis eine Bestallungsurkunde, § 2 ZwVwV.

4 Eine Entlassung auf Antrag des Zwangsverwalters ist nur aus wichtigen Gründen wie beispielsweise eine schwere Erkrankung oder ein Ortswechsel möglich und darf nicht zur Unzeit erfolgen, insbesondere dann nicht, wenn wichtige Maßnahmen, die keinen Aufschub dulden, umzusetzen sind.[13] Die Entlassung wird wirksam mit Zustellung des gerichtlichen Entlassungsbeschlusses.[14] Zur Entlassung von Amts wegen, siehe § 153 Rn. 23 ff.

3. Rechtsbehelfe

5 Es besteht der Rechtsbehelf der Vollstreckungserinnerung gem. § 766 ZPO in Bezug auf die Auswahl der bestellten Person als Zwangsverwalter, wenn ohne vorherige Anhörung entschieden worden ist. Antragsberechtigt sind Gläubiger, Schuldner und sonstige Beteiligte iSd. § 9. Der Umfang der gerichtlichen Nachprüfung beschränkt sich auf die pflichtgemäße Ausübung des Ermessens bei der Beurteilung der Geeignetheit des bestellten Zwangsverwalters.[15] Über die

---

3 BGH, Beschl. vom 22.10.2009 – V ZB 77/09, NZM 2010, 53 = BeckRS 2009, 86950.
4 LG Augsburg, Beschl. vom 28.2.1996 – 4 T 214/95, Rpfleger 1997, 79.
5 *Stöber*, ZVG, § 150 Ziff. 2.4.
6 vgl. BVerfG, Beschl. vom 3.8.2004 – 1 BvR 135/00 und 1086/01, NJW 2004, 2725 = ZIP 2004, 1647.
7 OLG Koblenz, Beschl. vom 27.6.2005 – 12 VA 1/05, Rpfleger 2005, 618 m. Anm. *Kirsch* = ZIP 2005, 2273 f.
8 OLG Koblenz, Beschl. vom 27.6.2005 – 12 VA 1/05, Rpfleger 2005, 618 m. Anm. *Kirsch* = ZIP 2005, 2274.
9 OLG Frankfurt, Beschl. vom 29.1.2008 – 20 VA 9/07, Rpfleger 2009, 102 = NZM 2008, 702; vgl. *Depré*, ZfIR 2006, 565, 567 f..
10 OLG Frankfurt, Beschl. vom 29.1.2008 – 20 VA 9/07, Rpfleger 2009, 102 = NZM 2008, 702.
11 *Böttcher*, ZVG, § 150 Rn. 4; *Stöber*, ZVG, § 150 Ziff. 3.1.
12 *Böttcher*, ZVG, § 150 Rn. 4.
13 *Böttcher*, ZVG, § 150 Rn. 5.
14 LG Rostock, Beschl. vom 5.8.2000 – 2 T 203/00, Rpfleger 2001, 40 f.
15 LG Rostock, Beschl. vom 5.8.2000 – 2 T 203/00, Rpfleger 2001, 40 f.

Vollstreckungserinnerung entscheidet der Richter, § 20 Nr. 17 RPflG. Gegen die Erinnerungsentscheidung ist die sofortige Beschwerde gem. § 793 ZPO möglich, über die das Landgericht entscheidet.
Ist nach Anhörung der Beteiligten ein Zwangsverwalter eingesetzt worden, so ist gegen dessen Einsetzung die sofortige Beschwerde statthaft, über die das Landgericht entscheidet, § 11 Abs. 1 RPflG iVm. § 793 ZPO, § 72 GVG.
Ist der Zwangsverwalter nach Anhörung entlassen worden, so kann der Zwangsverwalter gegen den Entlassungsbeschluss sofortige Beschwerde gem. §§ 11 Abs. 1 RPflG, 793 ZPO, 72 GVG erheben, über die das Landgericht entscheidet.

III. Übergabe und Besitzverschaffung (Abs. 2)

1. Umfang der Besitzverschaffung

Grundsätzlich ist dem Zwangsverwalter der **unmittelbare Besitz** am Grundstück zu verschaffen. Ist ein Miteigentumsanteil Gegenstand der Zwangsverwaltung, so genügt die Verschaffung des **Mitbesitzes**. Ist der Schuldner selbst nur mittelbarer Besitzer, so hat er dem Zwangsverwalter den **mittelbaren Besitz** zu übertragen, § 868 BGB. Der Zwangsverwalter tritt in die zwischen dem Schuldner und dem Dritten bestehenden Rechte und Pflichten aus dem Besitzmittlungsverhältnis ein. Bestehende Miet- und Pachtverträge gelten daher mit unverändertem Inhalt fort. Ist der Schuldner weder unmittelbarer noch mittelbarer Besitzer des Grundstücks und verweigert der Dritte, der den Besitz ausübt, die Herausgabe, so ist die Zwangsverwaltung rechtlich undurchführbar.[16]

Gegen den Dritten ist dann ein Titel auf Duldung der Zwangsvollstreckung oder ein Herausgabetitel zu erwirken. Aktivlegitimiert ist der Gläubiger, da der Zwangsverwalter noch nicht im Besitz des Grundstückes war. Der Gläubiger kann sich den Herausgabeanspruch des Eigentümers gegen den Dritten pfänden und zur Einziehung überweisen lassen und so den Duldungs- oder Herausgabeanspruch im Klagewege durchsetzen.[17]

Der Besitz ist in dem Umfang zu übertragen, wie sich die Beschlagnahme auch auf **Zubehör** oder **mithaftende Gegenstände** erstreckt, § 148. Der Zwangsverwalter fertigt einen Inbesitznahmebericht, der den Erfordernissen des § 3 ZwVwV zu entsprechen hat und leitet diesen dem Gericht zu.

2. Übergabe des Zwangsverwaltungsobjektes

§ 150 Abs. 2 Satz 1 1. Alt. sieht vor, dass das Grundstück durch einen Gerichtsvollzieher oder einen sonstigen Beamten des Gerichts an den Zwangsverwalter übergeben wird.

3. Ermächtigung zur Besitzverschaffung

§ 150 Abs. 2 2. Alt. sieht eine Ermächtigung des Zwangsverwalters durch das Gericht vor, sich den Besitz selbst zu verschaffen. Die Ermächtigung wird zweckmäßigerweise sogleich in den Anordnungsbeschluss aufgenommen. Räumt der Schuldner den Besitz am Grundstück dem Zwangsverwalter nicht freiwillig ein,[18] so hat der Zwangsverwalter den Gerichtsvollzieher zu beauftragen, den Schuldner aus dem Besitz zu setzen und sich selbst in den Besitz einweisen zu lassen, §§ 892, 885 Abs. 1 ZPO. Vollstreckungstitel ist der Anordnungsbeschluss mit der Ermächtigung zur Besitzverschaffung.

---

16 BGH, Urteil vom 26.9.1985 – IX ZR 88/84, BGHZ 96, 61 = NJW 1986, 2438 = NJW-RR 1986, 858 = Rpfleger 1986, 26.
17 Böttcher, ZVG, § 150 Rn. 14.
18 Böttcher, ZVG, § 150 Rn. 10.

4. Anordnungsbeschluss als Vollstreckungstitel objektbezogener Gegenstände

9 Der Anordnungsbeschluss ist Vollstreckungstitel zur Herausgabe objektbezogenen Unterlagen wie Miet- und Pachtverträge und einer vor der Beschlagnahme vom Mieter geleisteten Kaution.[19] Verweigert der Schuldner die Herausgabe, so kann sie nach § 883 ZPO durch Wegnahme durch den Gerichtsvollzieher vollstreckt werden. Die Wegnahme durch den Gerichtsvollzieher gem. § 883 ZPO aufgrund des Anordnungsbeschlusses als Vollstreckungstitel ist auch dann möglich, wenn der Schuldner die Urkunden nicht im Zwangsverwaltungsobjekt selbst aufbewahrt.[20] Es bedarf keiner vollstreckbaren Ausfertigung des Anordnungsbeschlusses, da bereits bei der wesentlich einschneidenderen Maßnahme der gerichtlich angeordneten Räumung nach § 149 Abs. 2 keine Vollstreckungsklausel erforderlich ist.[21]

Wegen der Anordnung der Zwangsverwaltung ist dieser Beschluss dem Schuldner bereits von Amts wegen zugestellt worden. Ergehen die Anordnung der Zwangsverwaltung und die Zwangsverwalterbestellung nebst der Ermächtigung zur Besitzverschaffung in gesonderten Beschlüssen, so ist eine Zustellung des Ermächtigungsbeschlusses erforderlich.

---

19 BGH, Beschl. vom 14.4.2005 – V ZB 6/05, Rpfleger 2005, 464 m. Anm. *Schmidberger* = NJW-RR 2005, 1033 m. w. N.; BGH, Beschl. vom 21.2.2008 – I ZB 66/07, NJW 2008, 1599 = Rpfleger 2008, 435.
20 *Haarmeyer/Wutzke/u. a.*, ZVG, § 148 Rn. 13; *Dassler/Schiffhauer/u. a.*, ZVG, § 150 Rn. 44.
21 LG Hamburg, Beschl. vom 10.12.2003 – 319 T 45/03, Rpfleger 2004, 304.

§ 150a ZVG [Vorgeschlagener Verwalter]

(1) Gehört bei der Zwangsverwaltung eines Grundstücks zu den Beteiligten eine öffentliche Körperschaft, ein unter staatlicher Aufsicht stehendes Institut, eine Hypothekenbank oder ein Siedlungsunternehmen im Sinne des Reichssiedlungsgesetzes, so kann dieser Beteiligte innerhalb einer ihm vom Vollstreckungsgericht zu bestimmenden Frist eine in seinen Diensten stehende Person als Verwalter vorschlagen.

(2) Das Gericht hat den Vorgeschlagenen zum Verwalter zu bestellen, wenn der Beteiligte die dem Verwalter nach § 154 Satz 1 obliegende Haftung übernimmt und gegen den Vorgeschlagenen mit Rücksicht auf seine Person oder die Art der Verwaltung Bedenken nicht bestehen. Der vorgeschlagene Verwalter erhält für seine Tätigkeit keine Vergütung.

Übersicht

	Rn.
I. Normzweck	1
II. Benennung des Institutsverwalters (Abs. 1)	2, 3
1. Vorschlagsrecht	2
2. Ausübung des Vorschlagsrechts und Frist	3
III. Bestellung (Abs. 2)	4–6
1. Voraussetzungen	4
2. Stellung des Institutsverwalters	5
3. Entlassung des Institutsverwalters	6
IV. Rechtsbehelfe	7

I. Normzweck

Der Gesetzgeber beabsichtigte mit der Möglichkeit der Bestellung eines Institutsverwalters die Verfahrenskosten zugunsten der Gläubigerin senken zu können, da der Institutsverwalter für seine Tätigkeit keine Vergütung aus der von ihm verwalteten Sondermasse erhält.

Die Bestellung des Institutsverwalters ist eine Ausnahmevorschrift zu § 150 Abs. 1. Sie fand vor dem Hintergrund der historischen Entstehungsgeschichte der Norm ihre Rechtfertigung darin, dass eine unter staatlicher Aufsicht stehende Anstalt Gewähr für die Ordnungsmäßigkeit der Amtsführung des Vorgeschlagenen bietet.[1] Heute erfährt das Instrument der Institutszwangsverwaltung zunehmend Kritik als nicht mehr zeitgemäß, insbesondere wegen des problematischen Abhängigkeitsverhältnisses zwischen dem Institutsverwalter und seinem Dienstherrn.[2]

II. Benennung des Institutsverwalters (Abs. 1)

1. Vorschlagsrecht

§ 150a Abs. 1 privilegiert die nachfolgenden Beteiligten:
– Öffentliche Körperschaften nach Bundes- oder Landesrecht. Hierzu zählen der Bund und die Länder, Gebietskörperschaften, Sozialversicherungsträger, die öffentlich-rechtlichen Religionsgemeinschaften und Anstalten des öffentlichen Rechts;

---

1 BGH, Beschl. vom 14.4.2005 – V ZB 15/05, NJW-RR 2005, 1300; BGH, Beschl. vom 14.4.2005 – V ZB 17/05, ZIP 2005, 1383 = BeckRS 2005, 05897.
2 *Schmidberger*, ZInsO, 1141; *Mayer*, ZfIR 2005, 809 ff.; a. A. *Selke*, ZfIR 2005, 812 ff.

- unter staatlicher Aufsicht stehende Kreditinstitute. Diese sind im Bundesgesetz über das Kreditwesen geregelt, § 1 KWG, und bestehen aus Banken, Sparkassen, Privat- und Versicherungsunternehmen und Bausparkassen;
- Hypothekenbanken;
- Siedlungsunternehmen nach dem Reichssiedlungsgesetz.

Ausweislich des Wortlauts des § 150a Abs. 1 reicht die Beteiligtenstellung aus, um das Recht einen Institutsverwalter vorzuschlagen, zu begründen. Nicht vorschlagsberechtigt sind Institute, die selbst Vollstreckungsschuldner im Verfahren sind.[3]

Kein Vorschlagsrecht besteht, wenn ein Institut nach der Bestellung des Zwangsverwalters erst dem Verfahren beitritt, da der Beitritt in dem Stand erfolgt, in dem sich das Verfahren bei Wirksamwerden des Beschlagnahmebeschlusses des Beitretenden befindet.[4] Gleiches gilt, wenn die Beteiligtenstellung erst nach der Bestellung des Zwangsverwalters erlangt wird.[5]

2. **Ausübung des Vorschlagsrechts und Frist**

3 Der Vorschlag wird vom Institut in der Regel sogleich im Antrag auf Anordnung der Zwangsverwaltung gemacht.[6] Ausweislich des Wortlauts kann der Vorschlag auch innerhalb einer vom Vollstreckungsgericht zu bestimmenden Frist gemacht werden. Wird keine Frist vom Gericht bestimmt, ist das Vorschlagsrecht nicht befristet und besteht fort, so dass jederzeit der vom Vollstreckungsgericht bestellte Zwangsverwalter durch einen Institutsverwalter abgelöst werden kann.[7] Nicht geklärt ist, ob die Bestellung des Zwangsverwalters bis zum Ablauf einer gesetzten Vorschlagsfrist zurückgestellt werden kann,[8] oder ob wegen der Beschlagnahmewirkung ein vorläufiger Zwangsverwalter bestellt werden soll, der ggf. nach Bestellung des vorgeschlagenen Institutsverwalters entlassen wird.[9] Die Bestellung eines vorläufigen Zwangsverwalters sollte von der Art der Zwangsverwaltung abhängig gemacht werden. Wirft das Objekt wesentliche Erträge ab, so spricht dies für eine Bestellung des vorläufigen Zwangsverwalters, damit die Beschlagnahmewirkung sichergestellt ist.[10]

Wird der Zwangsverwaltungsantrag von einem nichtprivilegierten Beteiligten gestellt, so ist das Gericht nicht verpflichtet vorschlagsberechtigte Institute zur Abgabe von Vorschlägen aufzufordern. Vielmehr kann das Vollstreckungsgericht unter dem Gesichtspunkt der Verfahrensbeschleunigung sogleich die Zwangsverwaltung anordnen und einen Zwangsverwalter bestellen.[11]

Haben die Beteiligten unterschiedliche Personen als Zwangsverwalter vorgeschlagen, so entscheidet das Vollstreckungsgericht nach pflichtgemäßem Ermessen. Bei gleichgeeigneten Kandidaten kann auch die bessere Rangklasse eines Gläubigers sein überwiegendes wirtschaftliches Interesse begründen.[12]

III. Bestellung (Abs. 2)

1. **Voraussetzungen**

4 Ausweislich des Wortlauts von § 150a Abs. 2 „[...] hat [...] zu bestellen" ergibt sich, dass das Gericht keinen Ermessensspielraum hat, ob es den Insti-

---

3 *Stöber*, ZVG, § 150a Ziff. 2.2. m.w.N.
4 *Stöber*, ZVG, § 150a Ziff. 2.5.
5 *Stöber*, ZVG, § 150a Ziff. 2.5.
6 *Böttcher*, ZVG, § 150a Rn. 9.
7 BGH, Beschl. vom 14.4.2005 – V ZB 10/05, Rpfleger 2005, 458 m. Anm. *Erler*.
8 BGH, Beschl. vom 14.4.2005 – V ZB 10/05, Rpfleger 2005, 458 m. Anm. *Erler*.
9 *Dassler/Schiffhauer/u.a.*, ZVG, § 150a Rn. 6.
10 So auch *Stöber*, ZVG, § 150a Ziff. 2.4.
11 *Böttcher*, ZVG, § 150a Rn. 10; *Stöber*, ZVG, § 150a Ziff. 2.3.
12 *Böttcher*, ZVG, § 150a Rn. 11.

tutsverwalter als Zwangsverwalter bestellt, wenn die weiteren Voraussetzungen des Abs. 2 in der Person des Institutsverwalters gegeben sind.[13] Das Institut muss die dem Zwangsverwalter nach § 154 Satz 1 obliegende Haftung übernehmen. Die Übernahme der Haftung muss durch einseitige, unbedingte Erklärung gegenüber dem Vollstreckungsgericht hinsichtlich des konkreten Verfahrens erfolgen.[14] Eine Mithaftungsübernahme ist nicht ausreichend.[15] Es muss ein Dienstverhältnis zwischen dem Zwangsverwalter und dem Institut bestehen. Das Dienstverhältnis muss eine Festanstellung sein.[16] Freie Mitarbeiter, professionelle Hausverwalter oder der regelmäßig für das Institut tätige Rechtsanwalt können daher nicht vorgeschlagen werden, da diese nicht der staatlichen Aufsicht, die gegenüber dem Institut besteht, unterworfen sind.[17] Eine Beschäftigung in einer 100 %-igen Tochtergesellschaft der Gläubigerin reicht aus.[18]

Die vorgeschlagene Person muss unter Berücksichtigung ihrer persönlichen und fachlichen Qualifikation sowie im Hinblick auf die Art der Zwangsverwaltung geeignet sein, die Aufgabe des Zwangsverwalters erfüllen zu können. An den Institutsverwalter sind zur Gewährleistung einer ordnungsgemäßen Durchführung in Bezug auf seine fachliche Eignung und Büroausstattung die gleichen Anforderungen zu stellen wie an jeden Zwangsverwalter.[19]

Der Institutsverwalter erhält für seine Tätigkeit keine Vergütung aus der künftigen Sondermasse, § 150a Abs. 2 Satz 2.

Kommt bei landwirtschaftlichen, forstwirtschaftlichen oder gärtnerisch genutzten Grundstücken die Bestellung des Schuldners als Zwangsverwalter in Betracht, so ist der Vorschlag einen Institutsverwalter zu bestellen, unbeachtlich, § 150b Abs. 3.

Der Vorgeschlagene muss gegenüber dem Vollstreckungsgericht erklären, dass er das Amt übernimmt.[20]

2. Stellung des Institutsverwalters

Für den Institutsverwalter gelten die gleichen Rechte und Pflichten wie für den nach § 150 bestellten Zwangsverwalter.[21] Eine Bevorzugung seines Instituts ist unzulässig; vielmehr ist er allen Beteiligten zur Erfüllung der sich aus § 152 ergebenden Pflichten verantwortlich.[22] Der Institutsverwalter unterliegt der Aufsicht und den Weisungen des Vollstreckungsgerichts, §§ 153, 154.

3. Entlassung des Institutsverwalters

Wie beim nach § 150 bestellten Zwangsverwalter ist eine Entlassung des Institutsverwalters nur aus wichtigem Grund möglich. Ein wichtiger Grund ist der Verlust der Beteiligtenstellung des Instituts (z. B. durch Abtretung des dinglichen Rechts) und des damit einhergehenden Verlusts des wirtschaftlichen Interesses am Verfahren[23] oder das Ausscheiden aus den Diensten des Instituts.[24]

---

13 LG Bayreuth, Beschl. vom 18.5.1999 – 15 T 3/99, Rpfleger 1999, 459.
14 *Böttcher*, ZVG, § 150a Rn. 5.
15 *Böttcher*, ZVG, § 150a Rn. 5.
16 BGH, Beschl. vom 14.4.2005 – V ZB 10/05, Rpfleger, 2005, 458 m. Anm. *Erler* = BeckRS 2005 06055; BGH, Beschl. vom 14.4.2005 – V ZB 17/05, ZIP 2005, 1383 = BeckRS 2005 05897.
17 BGH, Beschl. vom 14.4.2005 – V ZB 15/05, NJW-RR 2005, 1300; BGH, Beschl. vom 14.4.2005 – V ZB 17/05, ZIP 2005, 1383 = BeckRS 2005, 05897.
18 LG Koblenz, Beschl. vom 29.8.2003 – 2 T 177/03, Rpfleger 2004, 115.
19 *Haarmeyer/Wutzke/u. a.*, ZVG, § 150a Rn. 30.
20 *Böttcher*, ZVG, § 150a Rn. 12.
21 OLG Hamm, Beschl. vom 28.2.1994 – 15 W 369/93, Rpfleger 1994, 515.
22 *Böttcher*, ZVG, § 150a Rn. 14.
23 *Dassler/Schiffhauer/u. a.*, ZVG, § 150a Rn. 14; *Böttcher*, § 150a Rn. 13; *Stöber*, ZVG, § 150a Ziff. 5.4.
24 *Stöber*, ZVG, § 150a Ziff. 5.3.

Wie beim nach § 150 bestellten Zwangsverwalter wird die Entlassung erst mit der Zustellung des gerichtlichen Beschlusses wirksam.

III. Rechtsbehelfe

7 Erfolgt die angegriffene Entscheidung ohne Anhörung, so ist die Vollstreckungserinnerung gem. § 766 ZPO statthafter Rechtsbehelf. Der vorschlagsberechtigte Beteiligte ist beschwert, wenn er nicht zu einem Vorschlag aufgefordert wurde oder wenn er die Auswahl des bestellten Zwangsverwalters beanstandet.[25] Wird ohne vorherige Anhörung nicht der Vorgeschlagene, sondern ein Dritter zum Zwangsverwalter bestellt, so sind neben dem vorschlagsberechtigten Beteiligten auch alle übrigen Beteiligten beschwert, da auch sie ein Interesse an einer kostengünstigen Gestaltung des Verfahrens haben.[26] Erginge die angegriffene Entscheidung nach Anhörung, so ist die sofortige Beschwerde gem. § 11 Abs. 1 RPflG, § 793 ZPO statthaft. Aufgrund der Weisungsunterworfenheit gegenüber dem Insolvenzgericht hat der Vorgeschlagene selbst keinen Rechtsbehelf gegen seine Ablehnung.[27]

---

25 *Böttcher*, ZVG, § 150b Rn. 15.
26 *Böttcher*, ZVG, § 150a Rn. 15.
27 *Stöber*, ZVG, § 150a Ziff. 4.

§ 150b ZVG [Schuldner als Verwalter]

(1) Bei der Zwangsverwaltung eines landwirtschaftlichen, forstwirtschaftlichen oder gärtnerischen Grundstücks ist der Schuldner zum Verwalter zu bestellen. Von seiner Bestellung ist nur abzusehen, wenn er nicht dazu bereit ist oder wenn nach Lage der Verhältnisse eine ordnungsmäßige Führung der Verwaltung durch ihn nicht zu erwarten ist.

(2) Vor der Bestellung sollen der betreibende Gläubiger und etwaige Beteiligte der in § 150a bezeichneten Art sowie die untere Verwaltungsbehörde gehört werden.

(3) Ein gemäß § 150a gemachter Vorschlag ist nur für den Fall zu berücksichtigen, dass der Schuldner nicht zum Verwalter bestellt wird.

Übersicht

		Rn.
I.	Normzweck	1
II.	Bestellung (Abs. 1)	2, 3
1.	Voraussetzungen	2
2.	Schuldner	3
III.	Verfahren	4, 5
1.	Anhörung (Abs. 2)	4
2.	Verhältnis zum Institutsverwalter (Abs. 3)	5
IV.	Rechtsbehelfe	6

I. Normzweck

§ 150b bis e beinhalten Sonderregelungen für landwirtschaftliche, forstwirtschaftliche oder gärtnerische Grundstücke, soweit sie der Schuldner vor der Anordnung der Zwangsverwaltung selbst genutzt hat. Der Gesetzgeber geht davon aus, dass der Schuldner aufgrund seiner persönlichen Fachkenntnisse und der Erfahrung bei der Bewirtschaftung des Grundstücks einen höheren Ertrag aus der Nutzung erzielen kann, zumal ein fremder Wirtschaftsführer für seine Tätigkeit entsprechend vergütet werden müsste, wohingegen der Schuldner auf die Erträge oder deren Erlöse verwiesen werden kann, § 150e.[1] Zum Schutz der verwalteten Sondermasse wird die Verwaltungstätigkeit des Schuldners durch eine Aufsichtsperson überwacht, deren Zustimmung insbesondere bei der Verfügung über Nutzungen erforderlich ist, §§ 150c Abs. 4 Satz 3, 150d Satz 1. **1**

II. Bestellung (Abs. 1)

1. Voraussetzungen

Das Zwangsverwaltungsobjekt muss ein **landwirtschaftliches, forstwirtschaftliches oder gärtnerisches Grundstück** sein, welches vom Schuldner genutzt wird. Hat der Schuldner das Zwangsvollstreckungsobjekt verpachtet, so liegt kein Fall des § 150b vor, da die Nutzung und Bewirtschaftung des Grundstücks durch den Pächter erfolgt und die Pachtzinsen nach § 152 Abs. 1 vom Zwangsverwalter zu vereinnahmen sind.[2] § 150b findet weiter keine Anwendung, wenn eine landschaftliche oder ritterschaftliche Kreditanstalt als Voll- **2**

---

[1] Böttcher, ZVG, § 150 bis e Rn. 1; Stöber, ZVG, § 150b Rn. 1.
[2] Böttcher, ZVG, § 150 bis e Rn. 3; Dassler/Schiffhauer/u.a., ZVG, § 150b Rn. 3; Stöber, ZVG, § 150b Rn. 2.4. m.w.N.

streckungsbehörde selbst die Zwangsverwaltung durch eine von ihr bestimmte Person durchführt, §§ 2 EGZVG, 24 Abs. 2 ZwVwV.

2. Schuldner

3 Schuldner iSd. § 150b können sowohl der **Eigentümer**, als auch der **Eigenbesitzer** gem. § 147 als auch der **Nießbraucher** sein, nicht aber ein rechtsgeschäftlicher Vertreter.[3] Der Schuldner muss die fachliche und persönliche Eignung haben, das Amt auszuüben, § 150b Abs. 1 Satz 2. Die persönliche Eignung fehlt, wenn der Schuldner wirtschaftlich unzuverlässig ist. Aus dem Wortlaut der Formulierung der Voraussetzungen in § 150b Abs. 1 Satz 2 ergibt sich, dass von der Bestellung nur abzusehen ist, wenn begründete Zweifel am Vorliegen der Voraussetzungen gegeben sind.[4] Ergänzend zu den sonstigen Entlassungsgründen ist es bereits ein **Entlassungsgrund**, wenn sich herausstellt, dass der Schuldner nicht die Voraussetzungen des § 150b erfüllt. Die Anwendung von milderen Mitteln wie Sicherheitsleistung oder Zwangsgeldandrohung kommt nicht in Betracht, da der Entzug der entsprechenden Mittel zwangsläufig zu Lasten der Gläubiger erfolgen würde.[5] Der Schuldner muss bereit sein, die Verwaltung zu übernehmen und dies vor dem Vollstreckungsgericht erklären.[6] Bei einem minderjährigen Schuldner ist der gesetzliche Vertreter zu bestellen.[7] Es kann ein Argument sein, eine Institutsverwaltung nach § 150a oder einen Dritten als Zwangsverwalter zu bestellen, sofern mehrere Schuldner vorhanden sind und es zu Interessenskollisionen oder Unzuträglichkeiten kommen könnte, wenn einer der Schuldner zum Zwangsverwalter bestellt werden würde.[8]

III. Verfahren

1. Anhörung (Abs. 2)

4 Das Vollstreckungsgericht kann die Zwangsverwaltung zunächst ohne die Bestellung eines Zwangsverwalters anordnen. In diesem Fall wird die Zwangsverwalterbestellung in einem gesonderten Beschluss nachgeholt, um die Beteiligten und den Schuldner kurzfristig anzuhören.[9] Verfährt das Vollstreckungsgericht in dieser Weise, so ist zunächst der Schuldner anzuhören, da er nur mit seiner Zustimmung bestellt werden kann.[10] Erst wenn der Schuldner erklärt, als Zwangsverwalter zur Verfügung zu stehen und das Vollstreckungsgericht ihn für geeignet hält, erfolgt die nach § 150b Abs. 2 erforderliche Anhörung der betreibenden Gläubigerin, der privilegierten Gläubiger i. S. d. § 150a sowie der unteren Verwaltungsbehörde. Das Vollstreckungsgericht kann aber auch sofort die Zwangsverwaltung anordnen und zunächst einen vorläufigen Zwangsverwalter bestellen, um die nach § 150b Abs. 2 vorgeschriebenen Anhörungen durchzuführen.[11] Das Vollstreckungsgericht kann ggfs. anschließend den vorläufigen Zwangsverwalter entlassen, um den Schuldner oder unter den Voraussetzungen des § 150a einen Institutsverwalter zu bestellen.[12] Welche Variante das Vollstreckungsgericht wählt, wird von der Art und Weise

---

3 *Stöber*, ZVG, § 150b Rn. 2 Ziff. 2.7. m. w. N.
4 OLG Hamm, Beschl. vom 12.6.1987 – 15 W 48/87, NJW-RR 1988, 60 = Rpfleger 1988, 37; *Stöber*, ZVG, § 150b Rn. 2.6.
5 OLG Hamm, Beschl. vom 12.6.1987 – 15 W 48/87, NJW-RR 1988, 60 = Rpfleger 1988, 36.
6 *Stöber*, ZVG, § 150b Rn. 2.5. m. w. N.
7 *Stöber*, ZVG, § 150b Rn. 2 Ziff. 2.8. m. w. N.
8 *Böttcher*, ZVG, § 150b-e Rn. 7; *Stöber*, ZVG, § 150b Ziff. 2.7.
9 *Stöber*, ZVG, § 150b Ziff. 3.2. m. w. N.; *Böttcher*, ZVG, § 150b–e Rn. 8.
10 *Stöber*, ZVG, § 150b Ziff. 3.1.
11 *Böttcher*, ZVG, § 150b–e Rn. 8.
12 *Böttcher*, ZVG, § 150b–e Rn. 8.

der Bewirtschaftung des Zwangsvollstreckungsobjekts abhängen, insbesondere davon, wie wichtig und dringlich es ist, unverzüglich die Bewirtschaftung durch einen vorläufigen Zwangsverwalter sicherzustellen.[13] Ergibt sich insgesamt kein vorrangig zu berücksichtigender Schuldnerverwalter oder Institutsverwalter, so kann das Vollstreckungsgericht den vorläufigen Zwangsverwalter zum Zwangsverwalter bestellen.[14]

2. **Verhältnis zum Institutsverwalter (Abs. 3)**

§ 150b Abs. 3 regelt das Rangverhältnis zwischen §§ 150a und 150b. Liegen in beiden Fällen die jeweiligen Voraussetzungen vor, so ist nicht der Institutsverwalter, sondern der Schuldner als Zwangsverwalter zu bestellen.

IV. Rechtsbehelfe

Ergeht die Entscheidung über die Bestellung/Entlassung des Schuldners als Zwangsverwalter nach Anhörung, so ist der statthafte Rechtsbehelf die sofortige Beschwerde, über die das Landgericht entscheidet, § 11 Abs. 1 RPflG, § 793 ZPO, § 72 GVG.
Entscheidet das Vollstreckungsgericht ohne Anhörung, so ist die Vollstreckungserinnerung gem. § 766 ZPO statthafter Rechtsbehelf. Bei der Vollstreckungserinnerung besteht die Abhilfemöglichkeit des Rechtspflegers. Bei Nichtabhilfe entscheidet der Vollstreckungsrichter § 20 Nr. 17 RPflG. Gegen dessen Entscheidung ist wiederum die sofortige Beschwerde gem. § 793 ZPO gegeben, über die das Landgericht entscheidet, § 72 GVG.

---

13 A.A. *Böttcher*, ZVG, § 150b–e Rn. 8, der der Bestellung des vorläufigen Zwangsverwalters den Vorzug einräumt.
14 *Dassler/Schiffhauer/u.a.*, ZVG, § 150b Rn. 12.

§ 150c ZVG [Aufsichtsperson für Schuldner als Verwalter]

(1) Wird der Schuldner zum Zwangsverwalter bestellt, so hat das Gericht eine Aufsichtsperson zu bestellen. Aufsichtsperson kann auch eine Behörde oder juristische Person sein.

(2) Für die Aufsichtsperson gelten die Vorschriften des § 153 Abs. 2 und des § 154 Satz 1 entsprechend. Gerichtliche Anordnungen, die dem Verwalter zugestellt werden, sind auch der Aufsichtsperson zuzustellen. Vor der Erteilung von Anweisungen im Sinne des § 153 ist auch die Aufsichtsperson zu hören.

(3) Die Aufsichtsperson hat dem Gericht unverzüglich Anzeige zu erstatten, wenn der Schuldner gegen seine Pflichten als Verwalter verstößt.

(4) Der Schuldner führt die Verwaltung unter Aufsicht der Aufsichtsperson. Er ist verpflichtet, der Aufsichtsperson jederzeit Auskunft über das Grundstück, den Betrieb und die mit der Bewirtschaftung zusammenhängenden Rechtsverhältnisse zu geben und Einsicht in vorhandene Aufzeichnungen zu gewähren. Er hat, soweit es sich um Geschäfte handelt, die über den Rahmen der laufenden Wirtschaftsführung hinausgehen, rechtzeitig die Entschließung der Aufsichtsperson einzuholen.

Übersicht

		Rn.
I.	Normzweck	1
II.	Auswahl und Bestellung (Abs. 1)	2
III.	Rechte und Pflichten (Abs. 2 bis 4)	3, 4
1.	Gegenüber dem Vollstreckungsgericht	3
2.	Gegenüber dem Schuldnerverwalter	4
IV.	Vergütung	5
V.	Rechtsbehelfe	6

I. Normzweck

1 § 150c soll für den Fall der Schuldnerverwaltung die verwaltete Sondermasse schützen und sicherstellen, dass der Schuldner seinen Pflichten nachkommt, siehe § 150b Rn. 1. § 150c bezieht sich aufgrund seiner systematischen Stellung auf vom Schuldner selbst genutzte landwirtschaftliche, forstwirtschaftliche oder gärtnerisch genutzte Grundstücke im Sinne des § 150b, so dass die Bestellung der Aufsichtsperson nur in Zwangsverwaltungsverfahren erfolgt, in denen der Schuldner zum Zwangsverwalter bestellt wird.[1]

II. Auswahl und Bestellung (Abs. 1)

2 Die Auswahl der Aufsichtsperson erfolgt im pflichtgemäßen Ermessen des Gerichts.[2] Eine Anhörung der Beteiligten ist nicht erforderlich, kann aber sachdienlich sein, um Vorschläge für eine geeignete Aufsichtsperson zu erhalten.[3] Folgende Kriterien sollte das Gericht bei der Auswahl der Aufsichtsperson berücksichtigen:
– Bereitschaft zur Übernahme des Amtes;[4]

---

[1] *Dassler/Schiffhauer/u.a.*, ZVG, § 150c Rn. 1.
[2] *Stöber*, ZVG, § 150c Ziff. 2.2.
[3] *Böttcher*, ZVG, § 150c Rn. 11.
[4] *Stöber*, ZVG, § 150c Ziff. 2.3.; *Böttcher*, ZVG, § 150c Rn. 11.

- Besitz der erforderlichen Fachkompetenz, um den konkreten Schuldnerbetrieb überwachen zu können;[5]
- Besitz der persönlichen Kompetenz wie Objektiviät, Integrität, Verbindlichkeit, Professionalität bei der Arbeitsweise;
- Örtliche Nähe, um der Kontrolle tatsächlich nachkommen zu können;[6]

Eine in der Vergangenheit liegende oder gegenwärtige Beziehung zum Schuldner oder seinem landwirtschaftlichen Betrieb kann Zweifel an der Geeignetheit veranlassen, da die Objektivität der Aufsichtsperson gefährdet sein kann.[7]

§ 150c Abs. 1 Satz 2 lässt ausdrücklich zu, dass eine **Behörde** oder eine **juristische Person** als Aufsichtsperson bestellt werden kann. Die Aufsicht kann daher auch vom Landwirtschaftsamt, Forstamt, Gemeindebehörde, Siedlervereinigung, landwirtschaftliche Treuhandgesellschaft o. Ä. ausgeübt werden.[8]

Die Bestellung des Schuldners zum Zwangsverwalter gem. § 150b scheidet aus, wenn keine Aufsichtsperson gefunden werden kann.[9] Dies bedeutet jedoch nicht, dass damit die Zwangsverwaltung insgesamt aufzuheben ist, vielmehr ist lediglich die Schuldnerverwaltung nicht durchführbar, so dass dann bei Vorliegen eines entsprechenden Vorschlags ein Institutsverwalter gem. § 150a oder ein Dritter gem. § 150 Abs. 1 als Zwangsverwalter zu bestellen ist.[10]

Die Bestellung erfolgt durch Beschluss, der den Beteiligten wegen des Ingangsetzens der Beschwerdefrist zuzustellen ist.

III. Rechte und Pflichten (Abs. 2 bis 4)

1. Gegenüber dem Vollstreckungsgericht

Die Aufsichtsperson hat ihre Verpflichtungen gegenüber allen Beteiligten zu erfüllen, §§ 150c Abs. 2, 154 Satz 1.

Gerichtliche Anordnungen, die dem Schuldnerverwalter zugestellt werden, sind auch der Aufsichtsperson zuzustellen, § 150c Abs. 2 Satz 2. Erteilt das Gericht Anweisungen an den Schuldner als Zwangsverwalter, so ist auch die Aufsichtsperson zu hören, § 150c Abs. 2 Satz 3. Da die Aufsichtsperson die Durchführung der Anweisung des Gerichts durch den Schuldnerverwalter sicherstellen soll, ist die Anweisung mittelbar auch für die Aufsichtsperson verbindlich. Das Gericht kann der Aufsichtsperson die Leistung einer Sicherheit auferlegen und nach vorheriger Androhung ein Zwangsgeld gegen sie verhängen, §§ 150c Abs. 2, 153 Abs. 2. Bei massiven Pflichtverletzungen kann das Gericht die Aufsichtsperson entlassen.[11]

Die Aufsichtsperson hat dem Gericht unverzüglich mitzuteilen, wenn der Schuldner gegen seine Pflichten als Zwangsverwalter verstößt, § 150c Abs. 3.

2. Gegenüber dem Schuldnerverwalter

Die Aufsichtsperson hat das **Aufsichtsrecht** und die **Aufsichtspflicht** über den Schuldnerverwalter, der über die beschlagnahmten Gegenstände nur noch mit den Rechten und Pflichten eines Zwangsverwalters nach § 152 handeln kann. Der Schuldner ist der Aufsichtsperson daher zur **Rechenschaft** verpflichtet. Es besteht **kein Weisungsrecht**. Vielmehr hat die Aufsichtsperson ein Fehlverhalten dem Gericht anzuzeigen, § 150c Abs. 3, das gegenüber dem Schuldnerver-

---

5 Böttcher, ZVG, § 150c Rn. 11.
6 Stöber, ZVG, § 150c Ziff. 2.3.; Böttcher, ZVG, § 150c Rn. 11.
7 Böttcher, ZVG, § 150c Rn 11.
8 Stöber, ZVG, § 150c Ziff. 2.4.; Böttcher, ZVG, § 150c Rn. 11.
9 Dassler/Schiffhauer/u.a., ZVG, § 150c Rn. 5.
10 Böttcher, ZVG, § 150c Rn. 10.
11 Böttcher, ZVG, § 150c Rn. 15.

walter mit einer Anweisung nach § 153 Abs. 1 reagiert. Um die Aufsicht ausüben zu können, hat die Aufsichtsperson ein **Auskunftsrecht** über das Grundstück und die mit der Bewirtschaftung zusammenhängenden Rechtsverhältnisse. Ihr ist Einsicht in die vorhandenen Aufzeichnungen zu gewähren. Der Schuldnerverwalter ist verpflichtet, die Geschäftsführung mit der Aufsichtsperson abzustimmen. Dabei sind Geschäfte im Rahmen der laufenden Wirtschaftsführung vom Schuldnerverwalter selbständig durchzuführen. Soweit es sich um Geschäfte handelt, die über den Rahmen der laufenden Wirtschaftsführung hinausgehen, ist rechtzeitig die Zustimmung der Aufsichtsperson einzuholen. Ebenso hat der Schuldnerverwalter die aus § 150d resultierenden Zustimmungserfordernisse der Aufsichtsperson zu beachten.

IV. Vergütung

5   Die Aufsichtsperson hat entsprechend § 152a Satz 2 einen Anspruch auf eine angemessene Vergütung ihrer Tätigkeit und Erstattung ihrer Auslagen. Die Vergütung und die Auslagen sind aus den Nutzungen des Grundstücks vorweg zu bestreiten, § 155 Abs. 1.

V. Rechtsbehelfe

6   § 150c beinhaltet folgende gerichtliche Entscheidungen:
– Auswahl/Entlassung Aufsichtsperson;
– Anordnung Sicherheitsleistung oder Zwangsgeld gegen Aufsichtsperson;
– Festsetzung der Vergütung der Aufsichtsperson;
– Anweisungen an Schuldnerverwalter gem. § 153 Abs. 1;
Ergeht die jeweilige Entscheidung nach Anhörung, so ist statthafter Rechtsbehelf die sofortige Beschwerde, über die das Landgericht entscheidet, § 11 Abs. 1 RPflG, § 793 ZPO, § 72 GVG.
Entscheidet das Vollstreckungsgericht ohne Anhörung der Aufsichtsperson, so ist die Vollstreckungserinnerung gem. § 766 ZPO statthafter Rechtsbehelf. Bei der Vollstreckungserinnerung besteht die Abhilfemöglichkeit des Rechtspflegers. Bei Nichtabhilfe entscheidet der Vollstreckungsrichter § 20 Nr. 17 RPflG. Gegen dessen Entscheidung ist wiederum die sofortige Beschwerde gem. § 793 ZPO gegeben, über die das Landgericht entscheidet, § 72 GVG.

§ 150d ZVG [Befugnisse des Schuldners als Verwalter]

Der Schuldner darf als Verwalter über die Nutzungen des Grundstücks und deren Erlös, unbeschadet der Vorschriften der §§ 155 bis 158, nur mit Zustimmung der Aufsichtsperson verfügen. Zur Einziehung von Ansprüchen, auf die sich die Beschlagnahme erstreckt, ist er ohne diese Zustimmung befugt; er ist jedoch verpflichtet, die Beträge, die zu notwendigen Zahlungen zur Zeit nicht erforderlich sind, nach näherer Anordnung des Gerichts unverzüglich anzulegen.

Übersicht

		Rn.
I.	Normzweck	siehe § 150b Rn. 1
II.	Verfügungsbefugnis des Schuldners als Zwangsverwalter	1–3
1.	Gegenstand der Zustimmung	
2.	Versagung der Zustimmung	
3.	Rechtsfolge bei Verstoß gegen Zustimmungserfordernis	
III.	Rechtsbehelfe	4

I. Normzweck

Siehe § 150b Rn. 1.

II. Verfügungsbefugnis des Schuldners als Zwangsverwalter

1. Gegenstand der Zustimmung der Aufsichtsperson

1 § 150d ordnet an, dass der Schuldnerverwalter unbeschadet der §§ 155 bis 158 nur mit Zustimmung der Aufsichtsperson über die Nutzungen des Grundstücks und deren Erlös verfügen kann.
Die **Nutzungen des Grundstücks** sind die Erzeugnisse, sonstige Ausbeute, Gebrauchsvorteile, Mieten und Pachten, soweit sie aus einem bestimmungsgemäßen Gebrauch des Grundstücks gewonnen wurden, §§ 100, 99 BGB. Der Begriff **Erlös** bezieht sich auf die Verkaufsforderungen der Nutzungen.
Aufgrund der von der Zustimmung der Aufsichtsperson ausgenommenen §§ 155 bis 158 ist daher **keine Zustimmung der Aufsichtsperson** erforderlich:
– für die Begleichung der Ausgaben der Wirtschaftsführung und der Kosten des Verfahrens, § 155 Abs. 1;
– für die Bezahlung der laufenden Beträge der öffentlichen Lasten, § 156 Abs. 1;
– für die Zahlungen von Überschüssen auf den Teilungsplan des Gerichts, § 157 Abs. 1;
– für die Leistung von Zahlungen auf das Kapital von Grundpfandrechten nach besonderer Terminbestimmung durch das Gericht, § 158 Abs. 1.

Diese Zahlungen sind vom Schuldner selbständig zu erledigen. Erlöse, die nicht für Zahlungen nach §§ 155 bis 158 benötigt werden, sind auf einem Anderkonto nach näherer Anordnung des Gerichts anzulegen, § 150d Satz 2. Die Zustimmung der Aufsichtsperson ist nicht erforderlich bei Ansprüchen, auf die sich die Beschlagnahme erstreckt, § 150d Satz 2. Diese sind vom Schuldnerverwalter gem. § 152 Abs. 1 einzuziehen. Zustimmungsbedürftig ist jedoch eine Aufrechnung oder ein (Teil-)Erlass im Wege eines Vergleichs, da insoweit über die Forderung verfügt wird.

2. Versagung der Zustimmung

2 Für die Zustimmung der Aufsichtsperson gelten die §§ 182 ff. BGB. Wird die Zustimmung von der Aufsichtsperson nicht erteilt, so muss der Schuldnerverwalter gem. § 153 Abs. 1 beim Vollstreckungsgericht für und gegen sich selbst eine Anweisung zur Vornahme der beabsichtigten Verfügung erreichen, die eine nicht erteilte Zustimmung der Aufsichtsperson ersetzt.[1]

3. Rechtsfolge bei Verstoß gegen Zustimmungserfordernis

3 Ist ohne eine erforderliche Zustimmung der Aufsichtsperson verfügt worden, so ist die Verfügung unwirksam, § 135 BGB. Ein gutgläubiger Erwerb ist möglich, § 135 Abs. 2 BGB, §§ 23 Abs. 2, 146 Abs. 1. Maßgeblich ist ein guter Glaube im Hinblick auf die Beschlagnahme. Auf einen guten Glauben an die Zustimmung der Aufsichtsperson kommt es nicht an,[2] da für Letzteren der Rechtsscheinträger fehlt.

II. Rechtsbehelfe

4 Ergeht die Entscheidung über die Anweisung der Aufsichtsperson nach deren Anhörung, so ist der statthafte Rechtsbehelf für den Schuldnerverwalter die sofortige Beschwerde, über die das Landgericht entscheidet, § 11 Abs. 1 RPflG, § 793 ZPO, § 72 GVG.
Entscheidet das Vollstreckungsgericht ohne Anhörung der Aufsichtsperson, so ist die Vollstreckungserinnerung gem. § 766 ZPO statthafter Rechtsbehelf. Bei der Vollstreckungserinnerung besteht die Abhilfemöglichkeit des Rechtspflegers. Bei Nichtabhilfe entscheidet der Vollstreckungsrichter, § 20 Nr. 17 RPflG. Gegen dessen Entscheidung ist wiederum die sofortige Beschwerde gem. § 793 ZPO gegeben, über die das Landgericht entscheidet, § 72 GVG.

---

1 *Stöber*, ZVG, § 150d Ziff. 2.5.
2 *Stöber*, ZVG, § 150d Ziff. 2.6.

§ 150e ZVG [Keine Vergütung für Schuldner als Verwalter]

Der Schuldner erhält als Verwalter keine Vergütung. Erforderlichenfalls bestimmt das Gericht nach Anhörung der Aufsichtsperson, in welchem Umfang der Schuldner Erträgnisse des Grundstücks oder deren Erlös zur Befriedigung seiner und seiner Familie notwendigen Bedürfnisse verwenden darf.

Übersicht

	Rn.
I. Normzweck	siehe § 150b Rn. 1
II. Unterhaltsgewährung	1
III. Rechtsbehelfe	2

I. Normzweck

Siehe § 150b Rn. 1.

II. Unterhaltsgewährung

§ 150e Satz 1 ordnet an, dass der Schuldnerverwalter keine Vergütung für seine Tätigkeit erhält. Etwaige Auslagen sind als Ausgaben der Verwaltung gem. § 155 Abs. 1 vorweg zu berichtigen.[1] Soweit es zur Gewährleistung des Unterhalts des Schuldners und seiner Familie erforderlich ist, stehen dem Schuldnerverwalter aus den Erzeugnissen der land- oder forstwirtschaftlichen oder gärtnerisch genutzten Grundstücke bzw. aus den Erlösen der Erzeugnisse die entsprechenden Mittel zu. Wie in § 811 Abs. 1 Nr. 2 ZPO zählen zur Familie die in der Hausgemeinschaft des Schuldners lebenden Angehörigen. Auf das Bestehen einer Unterhaltspflicht des Schuldners gegenüber den Angehörigen kommt es nicht an.[2] Aus dem Wortlaut „Erforderlichenfalls" ergibt sich, dass die Möglichkeit der Einkünfteerlangung nach § 150e subsidiär zur Unterhaltssicherung gegenüber anderen Einkünften des Schuldners ist.[3] Die Festsetzung erfolgt nach Anhörung der Aufsichtsperson durch das Gericht, § 150e Satz 2.

1

III. Rechtsbehelfe

Die Entscheidung über die Überlassung von Erzeugnissen oder deren Erlöse nach § 150e Satz 2 ergeht nach Anhörung der Aufsichtsperson durch Beschluss. Statthafter Rechtsbehelf ist daher für den Schuldnerverwalter oder die Beteiligten, die durch die Kürzung der Verwaltungsüberschüsse durch die Unterhaltsgewährung beeinträchtigt sind, die sofortige Beschwerde, über die das Landgericht entscheidet, § 11 Abs. 1 RPflG, § 793 ZPO, § 72 GVG.
Entscheidet das Vollstreckungsgericht ohne Anhörung der Aufsichtsperson, so ist die Vollstreckungserinnerung gem. § 766 ZPO statthafter Rechtsbehelf. Bei der Vollstreckungserinnerung besteht die Abhilfemöglichkeit des Rechtspflegers. Bei Nichtabhilfe entscheidet der Vollstreckungsrichter, § 20 Nr. 17 RPflG. Gegen dessen Entscheidung ist wiederum die sofortige Beschwerde gem. § 793 ZPO gegeben, über die das Landgericht entscheidet, § 72 GVG.

2

---

1 Böttcher, ZVG, § 151b-e Rn. 20.
2 Stöber, ZVG, § 150e Ziff. 2.4.
3 Stöber, ZVG, § 150e Ziff. 2.3.

§ 151 ZVG [Wirksamwerden der Beschlagnahme]

(1) Die Beschlagnahme wird auch dadurch wirksam, dass der Verwalter nach § 150 den Besitz des Grundstücks erlangt.

(2) Der Beschluss, durch welchen der Beitritt eines Gläubigers zugelassen wird, soll dem Verwalter zugestellt werden; die Beschlagnahme wird zugunsten des Gläubigers auch mit dieser Zustellung wirksam, wenn der Verwalter sich bereits im Besitz des Grundstücks befindet.

(3) Das Zahlungsverbot an den Drittschuldner ist auch auf Antrag des Verwalters zu erlassen.

Übersicht

		Rn.
I.	Normzweck	1
II.	Wirksamwerden der Beschlagnahme	2–4
1.	Mittels Besitzerlangung (Abs. 1)	2
2.	Bei Verfahrensbeitritt (Abs. 2)	3
3.	Zahlungsverbot (Abs. 3)	4
III.	Beendigung der Beschlagnahme	5

I. Normzweck

1 Der Zeitpunkt des Wirksamwerdens der Beschlagnahme ist sowohl im Zwangsversteigerungsverfahren als auch in der Zwangsverwaltung wichtig zur Abgrenzung laufender und rückständiger Leistungen oder zur Beurteilung der weiteren Dauer der Wirksamkeit von Verfügungen über Mieten und Pachten gem. § 1124 Abs. 2 BGB. § 151 ergänzt die Bestimmung für das Wirksamwerden der Beschlagnahme hinsichtlich des Anordnungsgläubigers, § 151 Abs. 1, des Beitrittsgläubigers, § 151 Abs. 2 und im Verhältnis zum Drittschuldner beschlagnahmter Forderungen, § 151 Abs. 3.

II. Wirksamwerden der Beschlagnahme

1. Mittels Besitzerlangung (Abs. 1)

Zugunsten des Anordnungsgläubigers wird die Beschlagnahme wie folgt wirksam:
– Zustellung des Anordnungsbeschlusses an den Schuldner, §§ 146 Abs. 1, 22 Abs. 1 Satz 1;
– Zugang des Ersuchens um Eintragung des Zwangsverwaltungsvermerks beim Grundbuchamt, sofern die Eintragung demnächst erfolgt, §§ 146 Abs. 1, 22 Abs. 1 Satz 2;
– Besitzerlangung des Zwangsverwalters nach §§ 150, 151 Abs. 1.

Von diesen drei Möglichkeiten führt das zeitlich zuerst erfolgte Ereignis zur Wirksamkeit der Beschlagnahme, § 13 Abs. 4 Satz 1. Zur Besitzerlangung, die nach § 150 Abs. 2 zu erfolgen hat, siehe dort.

2. Bei Verfahrensbeitritt (Abs. 2)

2 Bei Zulassung des Beitritts eines weiteren Gläubigers zum Zwangsverwaltungsverfahren kann die Beschlagnahme zugunsten des Gläubigers wie folgt wirksam werden:
– Zustellung des Beitrittsbeschlusses an den Schuldner, §§ 146 Abs. 1, 22 Abs. 1 Satz 1, 27;

– Zustellung des Beitrittsbeschlusses an den bereits im Besitz des Grundstücks befindlichen Zwangsverwalter, § 151 Abs. 2.

Die Zustellung an den Zwangsverwalter ist vor allem dann von Bedeutung, wenn aufgrund von Zustellungshindernissen die Zustellung an den Schuldner nicht sofort erfolgen kann.[1]

3. Zahlungsverbot (Abs. 3)

Mieten und Pachten sind von der Beschlagnahme erfasst, § 148. Gegenüber dem Drittschuldner wird die Beschlagnahme wie folgt wirksam:
– Kenntniserlangung von der Beschlagnahme, §§ 146 Abs. 1, 22 Abs. 2 Satz 2 1. Var.;
– Kenntnis vom Zwangsverwaltungsantrag, §§ 146 Abs. 1, 23 Abs. 2 Satz 1;
– Zustellung eines Zahlungsverbotes an den Drittschuldner, §§ 146 Abs. 1, 22 Abs. 2 Satz 2 2. Var.

Üblicherweise benachrichtigt der Zwangsverwalter die Drittschuldner schriftlich über die Anordnung der Zwangsverwaltung und teilt die neue Kontoverbindung mit, § 4 ZwVwV. Geeignet sind hierfür Posteinwurfeinschreiben, da diese den Zugang belegen oder persönlicher Einwurf durch Mitarbeiter des Zwangsverwalters, die den Einwurf ggf. zeugenschaftlich bestätigen können.[2] Falls ersichtlich ist, dass eine schriftliche Benachrichtigung des Drittschuldners nicht zielführend ist, so wird die Beschlagnahme mit Zustellung des Zahlungsverbotes an den Drittschuldner wirksam, §§ 146 Abs. 1, 22 Abs. 2 Satz 2 2. Var. Antragsberechtigt sind der Gläubiger, §§ 22 Abs. 2 Satz 1 und der Zwangsverwalter, § 151 Abs. 3. Im Gegensatz zum Gläubiger kann der Zwangsverwalter keine Vorpfändung nach § 845 ZPO veranlassen.[3] Beim Zahlungsverbot ist der Zeitpunkt der Zustellung für den Zeitpunkt der Wirksamkeit der Beschlagnahme maßgeblich. Der Zwangsverwalter kann beantragen die Zustellung selbst vorzunehmen, um so eine Ersatzzustellung, die unter Umständen den Nachweis der Kenntniserlangung des Drittschuldners erheblich erschwert, zu vermeiden.[4] Die Anordnung des Zahlungsverbotes führt dazu, dass Zahlungen mit schuldbefreiender Wirkung nur noch an den Zwangsverwalter geleistet werden können.

Das Zahlungsverbot scheidet bei einer Zwangsverwaltung über einen Grundstücksbruchteil aus, da der Zwangsverwalter nur die Rechte des Miteigentümers wahrnehmen kann und daher die Miete bzw. Pacht nur gemeinsam mit den anderen Miteigentümern einziehen kann.[5]

III. Beendigung der Beschlagnahme

Als Einzelzwangsvollstreckungsmaßnahme wird das Zwangsverwaltungsverfahren bei mehreren betreibenden Gläubigern solange weiterbetrieben wie noch ein von einem einzelnen Gläubiger betriebenes Einzelverfahren andauert.[6] Die Beschlagnahme endet daher mit der Aufhebung des Anordnungsbeschlusses und aller etwaigen Beitrittsbeschlüsse.[7] Siehe auch § 161 Rn. 19 ff.

---

1 *Böttcher*, ZVG, § 151 Rn. 4
2 *Haarmeyer/Wutzke/u.a.*, ZVG, Rn. 90.
3 *Stöber*, ZVG, § 151 Rn. 3.1.; *Haarmeyer/Wutzke/u.a.*, ZVG, § 151 Rn. 6.
4 *Haarmeyer/Wutzke/u.a.*, ZVG, Rn. 105.
5 *Haarmeyer/Wutzke/u.a.*, ZVG, § 151 Rn. 6.
6 *Haarmeyer/Wutzke/u.a.*, ZVG, Rn. 84.
7 *Haarmeyer/Wutzke/u.a.*, ZVG, § 151 Rn. 5.

§ 152 ZVG [Aufgabe des Verwalters]

(1) Der Verwalter hat das Recht und die Pflicht, alle Handlungen vorzunehmen, die erforderlich sind, um das Grundstück in seinem wirtschaftlichen Bestand zu erhalten und ordnungsmäßig zu benutzen; er hat die Ansprüche, auf welche sich die Beschlagnahme erstreckt, geltend zu machen und die für die Verwaltung entbehrlichen Nutzungen in Geld umzusetzen.

(2) Ist das Grundstück vor der Beschlagnahme einem Mieter oder Pächter überlassen, so ist der Miet- oder Pachtvertrag auch dem Verwalter gegenüber wirksam.

Übersicht

	Rn.
I. Normzweck	1
II. Rechtsstellung des Zwangsverwalters (Abs. 1)	2–23
1. Aufgaben und Handlungsgrundsätze	3
2. Erhaltung des Beschlagnahmeobjekts in seinem wirtschaftlichen Bestand	4–9
3. Gewährleistung der ordnungsgemäßen Benutzung	10–19
a) Grundsätze der ordnungsgemäßen Nutzung	10–12
b) Zwangsverwaltung von Wohnungseigentum	13–15
c) Steuern und Abgaben	16–19
4. Geltendmachung beschlagnahmter Ansprüche	20–23
a) Vorgehensweise bei der Rechtsverfolgung	20
b) Prozessführungsbefugnis	21, 22
5. Verwertung entbehrlicher Nutzungen	23
III. Miet- und Pachtverhältnisse (Abs. 2)	24–31
IV. Verträge in der Zwangsverwaltung	32–36
1. Dienst- und Arbeitsverträge	32
2. Energielieferungsverträge	33
3. Gewerbebetrieb	34
4. Versicherungen	35
5. Werk- und Wartungsverträge	36
V. Vollstreckung während der Zwangsverwaltung	37, 38
1. Gegen den Schuldner	37
2. Gegen und durch den Zwangsverwalter	38
V. Rechtsbehelfe	39

I. Normzweck

1 § 152 regelt die Rechte und Pflichten des vom Vollstreckungsgericht eingesetzten Zwangsverwalters zur Benutzung und Verwaltung des Beschlagnahmeobjekts. Ergänzungen finden sich in der ZwVwV.

II. Rechtsstellung des Zwangsverwalters (Abs. 1)

2 Zur Rechtsstellung des Zwangsverwalters werden verschiedene Theorien vertreten, die im Hinblick auf Praxisfragen nicht entschieden werden müssen.[1] Die Rechtsprechung geht wie beim Insolvenzverwalter, Testamentsvollstrecker und Nachlassverwalter von der sog. Amtstheorie aus, da diesen vier Personen

---

[1] Eine ausführliche Darstellung der Theorien findet sich bei *Stöber*, ZVG, § 152 Ziff. 2.

gleich ist, dass sie selbständig, in eigenem Namen und aus eigenem Recht ein beschlagnahmtes Vermögen des Schuldners als Vollrechtstreuhänder für dessen Rechnung verwalten und damit ein vom Gesetz übertragenes privates Amt ausüben.[2]
Die Beschlagnahme entzieht dem Schuldner das Recht das beschlagnahmte Grundstück zu verwalten und es zu benutzen, § 148 Abs. 2. Diese Rechte gehen auf den Zwangsverwalter über, § 152. Eine Eigentumsübertragung am beschlagnahmten Grundstück findet gerade nicht statt, weswegen der Zwangsverwalter Eigentumsverschaffungsansprüche aus vom Schuldner abgeschlossenen Kaufverträgen nicht erfüllen kann.[3] Zu beachten ist jedoch, dass die Beschlagnahme ein relatives Veräußerungsverbot gem. §§ 146 Abs. 1, 23 Abs. 1 Satz 1 i.V.m. §§ 135, 136 BGB darstellt. Da nicht nur die Veräußerung als solche gegenüber dem die Zwangsverwaltung betreibenden Gläubiger unwirksam ist, sondern alle Verfügungen über das der Zwangsverwaltung unterworfene Grundstück und die mithaftenden Gegenstände, liegt tatsächlich ein Verfügungsverbot vor.[4] Das Verfügungsverbot hat nur eine relative Wirkung mit der Folge, dass die Verfügungen des Schuldners gegenüber den betreibenden Gläubigern nur insoweit unwirksam sind, als sie das Befriedigungsrecht der die Zwangsverwaltung betreibenden Gläubiger beeinträchtigen können.[5]
Der Zwangsverwalter ist gegenüber den Beteiligten zur Erfüllung der ihm gesetzlich obliegenden Aufgaben verantwortlich, § 154 Satz 1. Die Tätigkeit des Zwangsverwalters erfolgt im eigenen Namen und aus eigenem Recht. Der Zwangsverwalter haftet für Zwangsverwaltungsverbindlichkeiten mit dem beschlagnahmten Vermögen des Schuldners. Seine Tätigkeit hat der Zwangsverwalter persönlich auszuüben. Eine Vertretung bei vorübergehender Verhinderung für einzelne dringende Geschäfte durch eine zuverlässige Person ist möglich, § 1 Abs. 3 Satz 3 ZwVwV. Ebenso kann er einzelne unselbständige Tätigkeiten an Hilfskräfte delegieren, § 1 Abs. 3 Satz 4 ZwVwV. Eine generelle Bevollmächtigung eines Dritten zur Durchführung der Tätigkeiten des Zwangsverwalters ist nicht zulässig, § 1 Abs. 3 Satz 1 ZwVwV.

1. Aufgaben und Handlungsgrundsätze

Nach § 152 Abs. 1 hat der Zwangsverwalter folgende Aufgaben:
– Vornahme aller Handlungen, die erforderlich sind, um das Grundstück in seinem wirtschaftlichen Bestand zu erhalten;
– Vornahme aller Handlungen, die erforderlich sind, um das Grundstück ordnungsgemäß zu benutzen;
– Einziehung der beschlagnahmten Forderungen;
– Umsetzung der für die Zwangsverwaltung entbehrlichen Nutzungen in Geld.

Vorbild für sein Handeln ist der ordentlich und sparsam wirtschaftende Eigentümer in gleicher Lage, der ständig bemüht bleibt, seine Gläubiger zu befriedigen.[6] Dieser grob umrissene Pflichtenkreis ist in der ZwVwV und weiteren Vorschriften des ZVG detailliert geregelt:
– Erstellung eines Inbesitznahmeberichts zur Feststellung des beschlagnahmten Vermögens gem. § 3 ZwVwV;
– Zahlung der öffentlichen Lasten des Grundstücks, § 156 Abs. 1;

---

2 BGH, Urteil vom 24.6.1957 – VII ZR 310/56, BGHZ 24, 393 ff. = MDR 1957, 734 ff. m. Anm. *Pohle*; BGH, Beschl. vom 14.4.2005 – V ZB 10/05, Rpfleger 2005, 457.
3 BGH, Urteil vom 17.12.2008 – VIII ZR 13/08, NJW 2009, 1076 = Rpfleger 2009, 255 = NZM 2009, 151 f.
4 *Böttcher*, ZVG, § 21 Rn. 5.
5 BGH, Urteil vom 25.3.1986 – IX ZR 104/85, BGHZ 97, 280 = NJW 1986, 2108 = Rpfleger 1986, 297; BGH, Urteil vom 31.5.1988 – IX ZR 103/87, Rpfleger 1988, 543.
6 OLG Nürnberg, Urteil vom 17.12.1965 – 1 U 101/64, KTS 1966, 116.

- Feststellung des für den Schuldner und seinen Hausstand notwendigen Wohnraums, § 149 Abs. 1;
- Informationspflichten gegenüber dem Gericht:
  - Information zu den Ausgaben der Verwaltung, insbesondere zu vom Schuldner begründeten Dienst- und Arbeitsverhältnissen, § 3 Abs. 1 Ziff. 7 ZwVwV;
  - Mitteilung eines für die Verwaltung erforderlichen Kostenvorschusses, § 3 Abs. 1 Ziff. 8 ZwVwV;
  - Mitteilung bedeutsamer Sachverhalte wegen der gerichtlichen Aufsicht nach § 153, § 3 Abs. 1 Ziff. 9 ZwVwV;
- Mitteilung des Zahlungsverbots an Drittschuldner bzw. Beantragung eines Zahlungsverbotes an den Drittschuldner beim Vollstreckungsgericht, §§ 151 Abs. 3; 4 ZwVwV;
- Kündigung und Abschluss von Miet- oder Pachtverträgen, §§ 5, 6 ZwVwV;
- Geltendmachung der Mieten und Pachten, § 152 Abs. 1;
- Abschluss von Versicherungsverträgen oder Verträgen mit Versorgungsunternehmen, § 9 ZwVwV;
- Instandhaltung des verwalteten Grundstücks, § 10 ZwVwV;
- Prozessführungsbefugnis zur Geltendmachung beschlagnahmter Forderungen, §§ 152 Abs. 1; 7 ZwVwV;
- Recht zur Betriebsfortführung soweit der Betrieb der Beschlagnahme unterfällt, § 5 ZwVwV;
- Umsatzsteuerschuldnerschaft, §§ 155 Abs. 1; 34 Abs. 3 AO;
- Buchhaltungspflicht, §§ 13, 15 ZwVwV;
- Vergütungs- und Auslagenersatzanspruch, §§ 17 bis 22 ZwVwV;
- Abwicklung eines begonnenen Bauvorhabens, § 5 Abs. 3, 10 Abs. 1 Ziff. 1 ZwVwV.

2. Erhaltung des Beschlagnahmeobjekts in seinem wirtschaftlichen Bestand

4 Der Zwangsverwalter ist verpflichtet alle erforderlichen Handlungen vorzunehmen, um das Grundstück in seinem wirtschaftlichen Bestand zu erhalten und ordnungsgemäß benutzen zu können, § 152 Abs. 1 1. Hs. Falls unklar ist, ob Maßnahmen der Instandhaltung oder Instandsetzung notwendig sind, hat der Zwangsverwalter erforderlichenfalls ein Fachunternehmen mit der Überprüfung zu beauftragen.[7] Verschlechterungen des Objekts sind zu vermeiden.[8]

5 Seine **Obhutspflicht** verpflichtet den Zwangsverwalter, Hinweisen auf Gefahren für das zwangsverwaltete Objekt nachzugehen und durch Feststellungen vor Ort aufzuklären. Versäumt er diese Feststellung, so trifft ihn die Beweislast, dass ein bei Aufhebung der Zwangsverwaltung von der Eigentümerin festgestellter Verwahrlosungsschaden nicht auf seiner Unterlassung beruht.[9] Die Verpflichtung zur ordnungsgemäßen Verwaltung umfasst auch eine regelmäßige Kontrolle des Zwangsverwaltungsobjekts, wozu die gelegentliche Begehung eines leerstehenden Objektes zählt, um möglichen Erhaltungsbedarf festzustellen.[10] Eine Pflichtverletzung wurde vom OLG Köln im Fall eines Zwangsverwalters bejaht, der länger als ein Jahr nicht bemerkte, dass eine seiner Auffassung nach leerstehende Wohnung vermietet war und der Schuldner während dieses Zeitraums elf Monate lang bis zur Ablösung des Zwangsverwalters die Miete einzog.[11] Den Zwangsverwalter trifft jedoch keine Pflicht bei

---

7 *Stöber*, ZVG, § 152 Ziff. 4.1.
8 *Stöber*, ZVG, § 152 Ziff. 4.1.
9 BGH, Urteil vom 23.6.2005 – IX ZR 419/00, Rpfleger 2005, 616 = NZM 2005, 700 ff.
10 OLG Köln, Beschl. vom 25.6.2007 – 2 U 39/07, Rpfleger 2008, 321 = BeckRS 2008, 01843.
11 OLG Köln, Beschl. vom 25.6.2007 – 2 U 39/07, Rpfleger 2008, 321 = BeckRS 2008, 01843.

der Inbesitznahme des Objekts sofort und persönlich zu prüfen, welche handwerklichen Maßnahmen erforderlich sind, um Schäden am Objekt zu vermeiden.[12] Dies gilt insbesondere dann, wenn die erforderliche Maßnahme handwerkliche Kenntnisse erfordert und das Objekt leer steht, so dass der Zwangsverwalter keine Hinweise auf die Gefährdung erlangt.[13] Vielmehr trifft den Schuldner eine Schadensvermeidungspflicht, indem er gehalten ist, den Zwangsverwalter auf die Dringlichkeit besonderer Sicherungsmaßnahmen aufmerksam zu machen.[14] Ebenso ist bei der Beurteilung der Pflichtverletzung zu beachten, dass der Zwangsverwalter, der bei der Inbetriebnahme regelmäßig noch keine Erträge erzielt haben wird, zunächst das Gericht ersuchen muss, um den zur Durchführung der Maßnahme erforderlichen Vorschuss beim Gläubiger anzufordern.[15]

Im Hinblick auf **Verbesserungen** des Grundstücks, sind diese bei einem verwahrlosten Grundstück in dem Umfang zulässig, wie es erforderlich ist, eine ordnungsgemäße Bewirtschaftung zu ermöglichen.[16] Ebenso sind die Erhaltungs- und Verbesserungsmaßnahmen zulässig, die der Zwangsverwalter aufgrund wirksam abgeschlossener Mietverträge schuldet, § 152 Abs. 2. Im Übrigen sind Verbesserungen, die nicht zu der gewöhnlichen Instandhaltung gehören, grundsätzlich zulässig. Übersteigt der Aufwand der jeweiligen Maßnahme 15 % des vom Zwangsverwalter nach pflichtgemäßem Ermessen geschätzten Verkehrswertes des Zwangsverwaltungsobjektes, so ist nach § 10 Abs. 1 Nr. 5 ZwVwV die vorherige Zustimmung des Vollstreckungsgerichts einzuholen.

Bis zum Inkrafttreten der Zwangsverwalterverordnung vom 19.12.2003 am 1.1.2004 hatte der Zwangsverwalter regelmäßig die Art der Benutzung des Grundstücks, die bis zur Anordnung der Zwangsverwaltung bestand, beizubehalten.[17] Die Richtlinie für die ordnungsgemäße Erhaltung war nach dem Verständnis in Rechtsprechung und Literatur die für den Nießbraucher getroffenen Regelungen der §§ 1034 – 1050 BGB, der nach § 1037 Abs. 1 BGB ebenfalls nicht berechtigt sei, die Sache umzugestalten oder wesentlich zu verändern.[18] Zu Recht wurde dem Festhalten an den bisherigen Plänen und Nutzungsabsichten des Schuldners bei der Nutzung des Zwangsverwaltungsobjektes und Fertigstellung von Bauvorhaben entgegengehalten, dass eine Verwertung gegebenenfalls nicht erfolgen kann, wenn sich für die Nutzung eines solchen Objekts kein Markt findet.[19] In der ab 1.1.2004 geltenden Fassung der Zwangsverwalterverordnung ist daher die Beibehaltung der bisherigen Nutzung in § 5 Abs. 1 ZwVwV als Sollvorschrift ausgestaltet, um sicherzustellen, dass in begründeten Ausnahmefällen von der bisherigen Nutzung abgewichen werden kann.[20] Auch im Rahmen der **Fertigstellung von Bauvorhaben** sind nunmehr wesentliche Änderungen von den ursprünglichen Plänen des Vollstreckungsschuldners durch das Vollstreckungsgericht genehmigungsfähig, § 10 Abs. 1 Nr. 1 ZwVwV. Die nötigen finanziellen Mittel zur Umsetzung der Nutzungsänderung oder zur Fertigstellung des Bauvorhabens sind erforderlichenfalls vom betreibenden Gläubiger als Vorschuss anzufordern, § 161 Abs. 3.

---

12 LG Erfurt, Urteil vom 23.11.2007 – 10 O 1414/06, ZfIR 2008, 808 im Hinblick auf Prüfung und Ablassen des Wassers aus einer Heizungsanlage zur Vermeidung von Frostschäden.
13 LG Erfurt, Urteil vom 23.11.2007 – 10 O 1414/06, ZfIR 2008, 808.
14 LG Erfurt, Urteil vom 23.11.2007 – 10 O 1414/06, ZfIR 2008, 808.
15 LG Erfurt, Urteil vom 23.11.2007 – 10 O 1414/06, ZfIR 2008, 808.
16 *Stöber*, ZVG, § 152 Ziff. 4.1.
17 BGH, Beschl. vom 10.12.2004 – IXa ZB 231/03, BGHZ 161, 336 = Rpfleger 2005, 211.
18 BGH, Beschl. vom 10.12.2004 – IXa ZB 231/03, BGHZ 161, 336 = Rpfleger 2005, 211, Umbau einer nicht in Betrieb genommenen Anlage für betreutes Wohnen mit Appartementwohnungen zu einem Pflegeheim; *Stöber*, ZVG, § 152 Ziff. 4.1.
19 *Drasdo*, NJW 2005, 1549.
20 Amtl. Begr. zu § 5, BR-Drs. 842/03 vom 6.11.2003.

8 Zur Erhaltung des wirtschaftlichen Bestandes gehört es auch, die rechtlichen Rahmenbedingungen zu schaffen. So ist der Zwangsverwalter berechtigt, auf die Einräumung eines Notweges zu klagen, da der Wert des Grundstücks steigt, wenn ein **Notwegrecht** besteht.[21]

9 Der Zwangsverwalter ist grundsätzlich nicht berechtigt, über die beschlagnahmten Gegenstände zu verfügen. Der Zwangsverwalter ist jedoch berechtigt und verpflichtet für die Löschung nicht (mehr) bestehender dinglicher Lasten im Grundbuch Sorge zu tragen.[22]
Der Zwangsverwalter ist ausnahmsweise zu Verfügungen berechtigt bei der **Veräußerung von entbehrlichem oder unbrauchbarem Zubehör**[23] und der Veräußerung von entbehrlichen bzw. zum Verkauf bestimmten Erzeugnissen des Grundstücks. Bei der Veräußerung von entbehrlichem Zubehör ist Zurückhaltung geboten, da sich der Zwangsverwalter Schadensersatzansprüchen aussetzen kann, wenn er angeblich entbehrliches Zubehör veräußert, welches dem Vollstreckungsschuldner nach der Aufhebung der Zwangsverwaltung zur Fortführung des Betriebes fehlt.[24] Der Beschlag setzt sich am Erlös als Surrogat fort und ist nach Aufhebung der Zwangsverwaltung dem Vollstreckungsschuldner oder Ersteher zur Verfügung zu stellen.[25] Soweit der Erlös nicht für die Ersatzbeschaffung benötigt wird, ist der Erlös getrennt von den Mitteln der Masse verzinslich anzulegen, wobei die Zinsen als Nutzungen des Surrogats der Zwangsverwaltungsmasse gebühren.[26] Der Zwangsverwalter kann mit Zustimmung des Anordnungsgläubigers und des Vollstreckungsgerichts das entbehrliche Zubehör an den Schuldner freigeben.[27]

3. Gewährleistung der ordnungsgemäßen Benutzung

10 a) **Grundsätze der ordnungsgemäßen Benutzung.** Die Beschlagnahme entzieht dem Schuldner das Recht das beschlagnahmte Grundstück zu verwalten und es zu benutzen, § 148 Abs. 2. Dieses Recht geht auf den Zwangsverwalter über, § 152. Die zum Zeitpunkt der Anordnung bestehende Art der Nutzung soll dabei beibehalten werden, § 5 Abs. 1 ZwVwV. Von der bisherigen Nutzung soll nur in begründeten Einzelfällen und mit Zustimmung des Gerichts durch Anweisung nach § 153 Abs. 1 abgewichen werden.[28] Die Benutzung erfolgt im Regelfall durch Vermietung und Verpachtung. Zum Schutz des Schuldners sind die für ihn und seinen Hausstand unentbehrlichen Räume von der Vermietung ausgenommen, § 149 Abs. 1. Bei leerstehenden Räumlichkeiten hat sich der Zwangsverwalter um die Vermietung bzw. Verpachtung zu kümmern.[29]
Steht die Zwangsversteigerung unmittelbar bevor, so darf von einer Vermietung oder Verpachtung abgesehen werden. Die Aufgabe des Zwangsverwalters ist in diesen Fällen im Wesentlichen die Sicherung und Erhaltung des beschlagnahmten Objekts.[30]
Der Zwangsverwalter ist wie der Eigentümer berechtigt, bei **Besitzstörungen**, die die wirtschaftliche Bestandserhaltung oder die ordnungsgemäße Benutzung des beschlagnahmten Grundstücks beeinträchtigen, vom Besitzstörer die Beseitigung der Beeinträchtigung zu verlangen.[31]

---

21 LG Landau, Urteil vom 2.7.1968 – 1 S 2/68, NJW 1968, 2014.
22 OLG Celle, Urteil vom 24.10.1963 – 7 U 2/63, MDR 1964, 158.
23 *Dassler/Schiffhauer/u.a.*, ZVG, § 152 Rn. 32; *Güthe*, in: *Jaeckel*, ZVG, § 152 Rn. 7.
24 *Stöber*, ZVG, § 152 Ziff. 13.3.
25 *Stöber*, ZVG, § 152 Ziff. 13.3.
26 *Stöber*, ZVG, § 152 Ziff. 13.3.
27 *Keller*, NZI 2009, 747.
28 Amtl. Begr. zu § 5 BT-Drs. 842/03.
29 *Derleder/Knok*, ZfIR 2005, 237.
30 Amtl. Begr. zu § 5 BT-Drs.842/03.
31 *Stöber*, ZVG, § 152 Ziff. 5.4.

Den Zwangsverwalter trifft die **Verkehrssicherungspflicht** des beschlagnahmten Grundstücks.[32] Der Zwangsverwalter haftet dabei für seine Erfüllungsgehilfen.[33]

Bei der **Bewirtschaftung von land- und forstwirtschaftlichen Flächen** hat der Zwangsverwalter die Regeln der Land- und Forstwirtschaft zu beachten; Raubbau darf vom Zwangsverwalter nicht betrieben werden.[34]

b) **Zwangsverwaltung von Wohnungseigentum.** Die Mitgliedschaftsrechte des Vollstreckungsschuldners als Wohnungseigentümer werden vom Zwangsverwalter wahrgenommen. Das Kopfstimmrecht gem. § 25 Abs. 2 Satz 1 WEG des Vollstreckungsschuldners in der Wohnungseigentümerversammlung steht daher dem Zwangsverwalter zu.[35] Wird für die Wohnungen verschiedener Wohnungseigentümer die Zwangsverwaltung angeordnet und in allen Verfahren derselbe Zwangsverwalter bestellt, so hat der Zwangsverwalter so viele Stimmen, wie er Wohnungseigentümer vertritt.[36] Der Zwangsverwalter hat das Stimmrecht auszuüben, da die Beschlussgegenstände wie Bestellung und Abberufung des WEG-Verwalters, Beschlussfassung über den Wirtschaftsplan, Abrechnung und Rechnungslegung die Zwangsverwaltung berühren.[37] Ein Fernbleiben des Zwangsverwalters von der Wohnungseigentümerversammlung ist daher pflichtwidrig.[38] Aus dem Stimmrecht folgt das Recht des Zwangsverwalters, die Beschlüsse der Eigentümerversammlung nach den Regeln des WEG anzufechten.[39]

Für die Verwaltung des **gemeinschaftlichen Eigentums** ist der Wohnungseigentumsverwalter, oder falls ein solcher nicht beauftragt ist, die Gemeinschaft der Wohnungseigentümer zuständig, § 26 Abs. 1 WEG. Diese Tätigkeit obliegt nicht dem Zwangsverwalter, so dass dieser auch dann einen externen Wohnungsverwalter beauftragen kann, wenn er für sämtliche Einheiten einer Wohnungseigentumsanlage zum Zwangsverwalter bestellt worden ist.[40] Der Zwangsverwalter von Sondereigentumseinheiten einer Wohnungsanlage ist daher nicht für das Gemeinschaftseigentum verantwortlich, beispielsweise ist er nicht der wasserrechtliche Betreiber einer Anlage zum Umgang mit wassergefährdenden Stoffen i.S.d. §§ 19 WHG, § 23 Abs. 6 VAwS, wenn der Heizöltank der Wohnungseigentumsanlage im Gemeinschaftseigentum steht.[41]

Den Zwangsverwalter trifft die Verpflichtung, alle **Beiträge zu den Lasten des gemeinschaftlichen Eigentums** sowie zu den Kosten der Instandhaltung, Instandsetzung, sonstigen Verwaltung und eines gemeinschaftlichen Gebrauchs des gemeinschaftlichen Eigentums gem. § 16 Abs. 2 WEG oder § 28 Abs. 2 und 5 WEG vom Zeitpunkt der Beschlagnahme an zu bezahlen.[42] Zu den Kosten der sonstigen Verwaltung zählen die Kosten des Wohnungsei-

---

32 OLG Hamm, Beschl. vom 15.1.2004 – 6 W 69/03, NJOZ 2004, 2088 ff.
33 OLG Karlsruhe, Urteil vom 30.12.2008 – 14 U 107/07, NJW-RR 2009, 882 = NZM 2009, 452 = BeckRS 2009, 8318 bei Streupflicht.
34 BFH, Urteil vom 27.8.1965 – III 272/62 U, WM 1965, 1199.
35 BayObLG, Beschl. vom 14.2.1991 – 2 Z 4/91, NJW-RR 1991, 724 m.w.N. = Rpfleger 1991, 333 m.w.N.; BayObLG, Beschl. vom 5.11.1998 – 2Z BR 131/98, Rpfleger 1999, 190.
36 KG Berlin, Beschl. vom 19.7.2004 – 24 W 322/02, FGPrax 2004, 279.
37 KG Berlin, Beschl. vom 14.3.1990 – 24 W 4243/89, WuM 1990, 324 = ZMR 1990, 351.
38 KG Berlin, Beschl. vom 14.3.1990 – 24 W 4243/89, WuM 1990, 324 = ZMR 1990, 351.
39 BayObLG, Beschl. vom 14.2.1991 – 2 Z 4/91, NJW-RR 1991, 724 m.w.N. = Rpfleger 1991, 333 m.w.N.
40 AG Strausberg, Beschl. vom 7.7.2003 – 3 L 738/02, Rpfleger 2004, 115.
41 VG Neustadt a.d. Weinstraße, Urteil vom 28.11.2005 – 3 K 1549/05, BeckRS 2006, 20358.
42 OLG München, Beschl. vom 12.3.2007 – 34 Wx 114/06 (im Anschluss an BayOLG, Beschl. vom 30.4.1999 – 2ZBR 33/99, NJW-RR 1999, 1458 = Rpfleger 1999, 408), NJW-RR 2007, 1025 m.w.N. = Rpfleger 2007, 417.

gentumsverwalters für seine Tätigkeit.⁴³ Diese Kosten sind vom Zwangsverwalter ohne weiteres Verfahren zu berichtigen, § 156 Abs. 1 Satz 2, 3. Vor des Inkrafttretens der WEG-Novelle am 1.7.2007 waren die nach Anordnung der Zwangsverwaltung fälligen Wohngeldforderungen als Ausgaben der Verwaltung vorab nach § 155 Abs. 1 zu bestreiten.⁴⁴ Der BGH hat klargestellt, dass aus der Aufwertung, die die Hausgeldforderung mit der Gleichstellung zu den öffentlichen Lasten durch die WEG-Novelle⁴⁵ erfahren hat, nicht folgt, dass die mit der Erfüllung der laufenden Hausgeldforderungen der Eigentümergemeinschaft verbundenen Kosten keine Kosten der Verwaltung bedeuten würden.⁴⁶ Schließlich verfolgt der Gesetzgeber mit der WEG-Novelle die Intention die Zahlung der laufenden Hausgeldforderungen sicherzustellen.⁴⁷ Der Anordnungsgläubiger kann daher zur Zahlung eines Vorschusses gem. § 161 Abs. 3 verpflichtet werden, soweit das auf den Schuldner entfallende Hausgeld durch die Einnahmen der Zwangsverwaltung nicht gedeckt werden kann.

Keine Zahlungspflicht besteht für:
– Wohngeldrückstand für ein früheres Wirtschaftsjahr aus einer vor der Beschlagnahme abgeschlossenen Jahresabrechnung;⁴⁸
– Wohngeldrückstand für ein früheres Wirtschaftsjahr aus einer nach der Beschlagnahme beschlossenen Jahresabrechnung, selbst wenn der Beitragsrückstand für die Feststellung der Jahresabrechnung nochmals ausgewiesen ist;⁴⁹
– Bis zur Beschlagnahme fällig gewordene Vorschüsse, selbst wenn nach der Beschlagnahme bei der Jahresabrechnung die Beitragsrückstände zur Berechnung des Endbetrags nochmals gesondert ausgewiesen sind;⁵⁰
– Eine durch Beschluss der Eigentümerversammlung vor Beschlagnahme begründete vorschussweise zu zahlende Sonderumlage, selbst wenn nach der Beschlagnahme bei der Jahresabrechnung die Sonderumlage zur Berechnung des Endbetrags nochmals gesondert ausgewiesen ist.⁵¹

Fehlbeträge gleicht die Wohnungseigentümergemeinschaft aus, indem sie die Wohnungseigentümer durch Beschluss der Eigentümergemeinschaft zur Nachzahlung des Ausfallbetrages als Sonderumlage verpflichtet. Erfolgt dieser Beschluss nach der Beschlagnahme, so hat der Zwangsverwalter die Nachforderung (nicht aber solche für den Wohngeldrückstand des Schuldners selbst) aus Abrechnungen für frühere Jahre und das laufende Jahr nach § 156 Abs. 1 Satz 2, 3 WEG zu berichtigen.⁵²

Wohngeldrückstände, die vom Zwangsverwalter nicht als laufende Beträge berichtigt worden sind, werden bei der Verteilung eines Versteigerungserlös in der Rangklasse 2 befriedigt, § 10 Abs. 1 Nr. 2.

Aus der Pflicht des Zwangsverwalters, die Beiträge zu den Lasten und Kosten des Grundstücks vom Zeitpunkt der Beschlagnahme an zu bezahlen, folgt

---

43 OLG Hamm, Beschl. vom 24.11.2003 – 15 W 342/03, Rpfleger 2004, 369 f.
44 AG Heilbronn, Beschl. vom 10.3.2003 – GR 82/02, Rpfleger 2003, 606; BGH, Beschl. vom 20.11.2008 – V ZB 81/08, NJW 2009, 598 m.w.N.; BGH, Urteil vom 5.2.2009 – IX ZR 21/07, NZM 2009, 245.
45 Gesetz zur Änderung des Wohnungseigentumsgesetzes und anderer Gesetze vom 26.3.2007, BGBl. I 370.
46 BGH, Beschl. vom 15.10.2009 – V ZB 43/09, NZM 2009, 909 = BeckRS 2009, 020698.
47 BT-Drs. 16/887, S. 47.
48 *Stöber*, ZVG, § 152 Ziff. 19.3.
49 OLG München, Beschl. vom 12.3.2007 – 34 Wx 114/06 (im Anschluss an BayOLG, Beschl. vom 30.4.1999 – 2Z BR 33/99, NJW-RR 1999, 1458 f. = Rpfleger 1999, 408), NJW-RR 2007, 1025 m.w.N. = Rpfleger 2007, 417.
50 OLG München, Beschl. vom 12.3.2007 – 34 Wx 114/06 (im Anschluss an BayOLG, Beschl. vom 30.4.1999 – 2 Z BR 33/99, NJW-RR 1999, 1458 f. = Rpfleger 1999, 408), NJW-RR 2007, 1025 m.w.N. = Rpfleger 2007, 417.
51 *Stöber*, ZVG, § 152 Ziff. 19.3.
52 *Stöber*, ZVG, § 152 Ziff. 19.3.

jedoch nicht im Umkehrschluss, dass die Haftung des Eigentümers entfällt.[53] Der Schuldner haftet – unabhängig vom Zwangsverwalter, dessen Inanspruchnahme auf die Mieteinnahmen beschränkt ist – auch persönlich für die Lasten und Kosten des Grundstücks.[54] Der Schuldner wird nur in Höhe der tatsächlich geleisteten Zahlungen des Zwangsverwalters frei.[55]

Der Zeitpunkt der Beschlagnahme entscheidet auch, wem ein Guthaben aus der **Nebenkostenabrechnung** zusteht. Der Erstattungsbetrag entsteht durch die Beschlussfassung der Eigentümergemeinschaft über die Jahresabrechnung. Ist die Beschlussfassung vor der Beschlagnahme des Wohnungseigentums erfolgt, ist der Vollstreckungsschuldner der Gläubiger des Erstattungsanspruchs, bei einer Beschlussfassung nach der Beschlagnahme der Zwangsverwalter.[56]

c) **Steuern und Abgaben.** Soweit die Steuern des Schuldners Ausgaben der Verwaltung nach § 155 Abs. 1 oder öffentliche Lasten nach § 156 Abs. 1 darstellen, sind diese vom Zwangsverwalter zu begleichen. Im Übrigen ist der Zwangsverwalter Vermögensverwalter gem. § 34 Abs. 3 AO, der seine Steuerpflicht zu erfüllen hat, soweit seine Verwaltungsaufgabe reicht.

16

Ist die Vermietung oder Verpachtung der **Umsatzsteuer** unterworfen, § 4 Nr. 12 UStG, so hat der Zwangsverwalter die Umsatzsteuer zu entrichten, die zu den Ausgaben der Verwaltung zählt, § 155 Abs. 1. Voranmeldungen und Steuererklärungen für diesen Bereich sind daher vom Zwangsverwalter abzugeben.[57] Steuerbescheide sind an den Zwangsverwalter in seiner Eigenschaft als Zwangsverwalter gegen den Vollstreckungsschuldner über das konkrete Zwangsvollstreckungsobjekt zu adressieren.[58] Unterliegen mehrere Grundstücke der Zwangsverwaltung, so sind die Nutzungen und die Ausgaben der Verwaltung gem. § 155 grundsätzlich für jedes Grundstück gesondert zu ermitteln. Die Umsatzsteuer ist daher ebenfalls für jedes Grundstück gesondert zu ermitteln und anzumelden.[59] Das Finanzamt ist nicht berechtigt, eine zusammengefasste Veranlagung der gesonderten USt-Erklärungen durchzuführen, da andernfalls zu befürchten ist, dass die Umsatzsteuer aus der Verwaltung des einen Grundstücks die Befriedigung der Ansprüche aus einem anderen Grundstück mindert.[60]

Da der Zwangsverwalter nur die Verwaltungsbefugnis über das Grundstück hat, steht dem Eigentümer die umsatzsteuerliche Befugnis zu, für die Steuerpflicht der Grundstücksveräußerung zu optieren. Der Vorsteuerberichtigungsanspruch gem. § 15a Abs. 4 UStG wegen (steuerfreier) Veräußerung ist daher gegen den bisherigen Eigentümer geltend zu machen, der bei der Zwangsversteigerung seiner Grundstücke eine Lieferung unmittelbar an den Ersteher erbringt.[61]

Steuererstattungsansprüche, die aus der Verwaltung des beschlagnahmten Vermögens resultieren, zählen zur Zwangsverwaltungsmasse.[62]

17

---

53 OLG Zweibrücken, Beschl. vom 27.7.2005 – 3 W 167/04, NJW-RR 2005, 1683 m.w.N., = FGPrax 2006, 68 für die Zahlung von Hausgeld bei Wohnungseigentum.
54 OLG Zweibrücken, Beschl. vom 27.7.2005 – 3 W 167/04, NJW-RR 2005, 1683 m.w.N., = FGPrax 2006, 68 m.w.N..
55 OLG Zweibrücken, Beschl. vom 27.7.2005 – 3 W 167/04, NJW-RR 2005, 1683 m.w.N., = FGPrax 2006, 68 m.w.N.
56 *Stöber*, ZVG, § 152 Ziff. 19.5.
57 FG Rheinland-Pfalz, Urteil vom 15.12.1980 – V 245/78, ZIP 1981, 1265.
58 BFH, Urteil vom 23.6.1988 – V R 203/83, BB 1988, 2092; BFH, Urteil vom 18.10.2001 – V R 44/00, Rpfleger 2002, 165 = BFH, ZInsO 2002, 71.
59 BFH, Urteil vom 18.10.2001 – V R 44/00, Rpfleger 2002, 165 = ZInsO 2002, 71 m.w.N.
60 BFH, Urteil vom 18.10.2001 – V R 44/00, Rpfleger 2002, 165 = ZInsO 2002, 71.
61 FG München, Urteil vom 15.4.1999 – 14 K 5297/97, Rpfleger 1999, 555 m.w.N.
62 BFH, Urteil vom 19.12.1985 – V R 139/76, BB 1986, 1349 = ZIP 1986, 991.

18 Bei der **Einkommensteuer** werden die Einnahmen aus der Vermietung und Verpachtung steuerlich dem Einkommen des Vollsteckungsschuldners zugerechnet. Der Zwangsverwalter ist daher verpflichtet, dem Vollstreckungsschuldner die zur Fertigung der Einkommensteuererklärung erforderlichen Auskünfte und Unterlagen zur Verfügung zu stellen.[63]

19 Auch bei den **Abgaben** ist zu unterscheiden, ob die Beitragspflicht in den Verwaltungsaufgabenkreis des Zwangsverwalters fällt, da er nur für diejenigen Abgaben haftet, die aus der Zwangsverwaltungsmasse zu entrichten sind. Dies sind Abgaben für laufende wiederkehrende Leistungen, § 155 Abs. 2.[64] Abgaben wie Herstellungsbeiträge stellen keine wiederkehrenden Leistungen dar und sind nicht aus der Zwangsverwaltungsmasse zu entrichten.[65]

4. Geltendmachung beschlagnahmter Ansprüche

20 a) **Vorgehensweise bei der Rechtsverfolgung.** Der Zwangsverwalter hat alle der Beschlagnahme unterfallenden Ansprüche geltend zu machen, § 152 Abs. 1. Zahlungsrückstände hat der Zwangsverwalter möglichst zeitnah und nach pflichtgemäßem Ermessen beizutreiben, § 7 ZwVwV. Sind Mieten bzw. Pachten in einem Umfang rückständig, dass bereits ein Kündigungsgrund verwirklicht ist, so hat der Zwangsverwalter grundsätzlich die Kündigung auszusprechen und durchzusetzen. Im Einzelfall kann dies jedoch unwirtschaftlich sein. Ist bspw. bei einem im Mietzahlungsrückstand befindlichen Mieter nach einer Kündigung eine Räumungsklage in Erwägung zu ziehen, obschon die Zwangsversteigerung unmittelbar bevorsteht, so ist mit der Kündigung keine Verbesserung der Ertragslage zu erwarten, so dass die Nichtausübung der Kündigung keine Pflichtverletzung darstellt.[66] Ebenso ist der Zwangsverwalter berechtigt und verpflichtet die Unwirksamkeit von Verfügungen des Schuldners über beschlagnahmte Ansprüche geltend zu machen oder gegen Zwangsvollstreckungsmaßnahmen Dritter, wie bspw. Sachpfändungen in beschlagnahmtes Zubehör, vorzugehen.[67] Soweit der Zwangsverwalter nicht zur Prozessführung verpflichtet ist, wird er zu seiner eigenen Absicherung eine Anweisung des Gerichts nach § 153 Abs. 1 einholen.[68] Beauftragt der Zwangsverwalter einen Rechtsanwalt mit der Rechtsdurchsetzung, so muss dessen Honorar nach der Rechtsprechung des BGH als Auslage im Sinne des § 21 Abs. 2 Satz 1 ZwVwV abgerechnet werden.[69] Die rechtliche Einordnung als Auslage ist systemwidrig, da die Rechtsbesorgung eine Geschäftsbesorgung darstellt, die zu Ausgaben der Verwaltung nach § 155 Abs. 1 führt.[70] Im Hinblick auf die Einordnung als Auslage empfiehlt es sich in der Höhe des Honorarvorschusses des beauftragten Rechtsanwalts einen Auslagenvorschuss nach § 22 Satz 2 ZwVwV zu beantragen, damit das Vollstreckungsgericht die Zweckmäßigkeit der Rechtsverfolgung sofort prüfen kann und für den Zwangsverwalter Rechtssicherheit hergestellt wird, ob er das Mandat erteilen kann.

21 b) **Prozessführungsbefugnis.** Der Zwangsverwalter macht die Ansprüche des von ihm verwalteten Sondervermögens im Wege der **Prozessstandschaft** geltend. Aus seiner Stellung als Partei kraft Amtes folgt, dass er Rechtsstreite im

---

[63] OLG Zweibrücken, Rpfleger 1967, 418.
[64] BGH, Urteil vom 9.2.2006 – IX ZR 151/04, NJW-RR 2006, 1097 m.w.N. = Rpfleger 2006, 425 m.w.N.
[65] BGH, Urteil vom 9.2.2006 – IX ZR 151/04, NJW-RR 2006, 1097 = Rpfleger 2006, 425.
[66] OLG Düsseldorf, Urteil vom 21.3.1997 – 22 U 235/96, NJW-RR 1997, 1101.
[67] *Stöber*, ZVG, § 152 Ziff. 6.3.
[68] *Stöber*, ZVG, § 152 Ziff. 14.5.
[69] BGH, Beschl. vom 2.7.2009 – V ZB 122/08, NJW 2009, 3104 = NZI 2009, 700.
[70] *Förster*, ZInsO 2009, 2236.

eigenen Namen führt. Daher kann in den Rechtsstreiten des Zwangsverwalters der Vollstreckungsschuldner als Zeuge benannt werden.[71]

Die Prozessführungsbefugnis des Zwangsverwalters erstreckt sich auf alle beschlagnahmten Rechte, Ansprüche und Verpflichtungen.[72] Da Nutzungsentschädigungsansprüche an die Stelle von Mieten oder Pachten treten,[73] ist der Zwangsverwalter gem. § 152 Abs. 1 berechtigt, die Nutzungsentschädigung geltend zu machen.[74] Die Prozessführungsbefugnis schließt die Fälle ein, in denen um den Umfang der Beschlagnahme gestritten wird. Ebenso ist der Zwangsverwalter zur Geltendmachung des Gemeinschaftsschadens nach § 154 Satz 1 gegen den früheren Zwangsverwalter prozessführungsbefugt.[75] Im Übrigen bleibt der Vollstreckungsschuldner prozessführungsbefugt.

Für Ansprüche, die der Beschlagnahme gem. §§ 146, 148 nicht unterfallen ist der Zwangsverwalter nicht prozessführungsbefugt.[76] Enthält ein Miet- oder Pachtvertrag über das Zwangsverwaltungsobjekt auch eine Fremdfläche, so ist der Zwangsverwalter ungeachtet der Einheitlichkeit des Vertrages nicht an der Fremdfläche berechtigt, da die Befugnisse des Zwangsverwalters nicht über den Zweck seiner Bestellung hinausgehen können.[77] Der Zwangsverwalter ist prozessführungsbefugt den der Beschlagnahme unterfallenden Teil der Miete bzw. Pacht isoliert und allein geltend zu machen. Dies gilt selbst dann, wenn sich der Zwangsverwalter und die anderen Beteiligten nicht auf eine quotale Verteilung der Pacht auf das beschlagnahmte Grundstück einerseits und die Fremdfläche andererseits einigen können, so dass die Aufteilung durch das Gericht erfolgt und nach § 287 ZPO zu bestimmen ist.[78]

Ist zum Zeitpunkt der Anordnung der Zwangsverwaltung bereits ein Rechtsstreit anhängig, dessen Streitgegenstand nunmehr den Zwangsverwalter betrifft, so ist ein Eintritt in den Rechtsstreit nach den Regeln der Parteiänderung möglich, § 263 ZPO.[79] Der Klageantrag ist (auf Rüge des Beklagten) auf Leistung an den Zwangsverwalter umzustellen.[80] Falls der Beklagte nicht rügen sollte und der Klageantrag nicht umgestellt wird, kann der Zwangsverwalter eine Zahlung an den Vollstreckungsschuldner verhindern, indem er dem Beklagten ein Zahlungsverbot zustellen lässt, § 22 Abs. 2, 151 Abs. 3.[81] Wechselt während des Rechtsstreits der Zwangsverwalter, so wird der Rechtsstreit ohne Unterbrechung fortgesetzt.[82]

Nach Beendigung des Zwangsverwaltungsverfahrens durch **Aufhebung des Anordnungsbeschlusses** ist der Zwangsverwalter für einen anhängigen aber

---

71 *Stöber*, ZVG, § 152 Ziff. 14.3.
72 BGH, Urteil vom 14.5.1992 – IX ZR 241/91, NJW 1992, 2487 = Rpfleger 1992, 402.
73 OLG Rostock, Urteil vom 20.12.1999 – 3 U 25/98, ZflR 2000, 655.
74 BGH, Urteil vom 29.6.2006 – IX ZR 119/04, NJW-RR 2007, 265 m.w.N. = Rpfleger 2006, 614 m.w.N.; BGH, Urteil vom 23.7.2003 – XII ZR 16/00, Rpfleger 2003, 600 f.
75 BGH, Urteil vom 2.11.1989 – IX ZR 197/88, BGHZ, 109, 175 m.w.N. = NJW 1990, 455 = Rpfleger 1990, 132.
76 BGH, Urteil vom 19.5.2009 – IX ZR 89/08, NZI 2009, 573, für Ansprüche aufgrund § 103 BGB gegen den Ersteher des Grundstücks wegen der auf die Zeit nach dem Zuschlag verauslagten Betriebskosten.
77 BGH, Versäumnisurteil vom 8.12.2004 – XII ZR 96/01, BGHZ 161, 289 = Rpfleger 2005, 272 = WM 2005, 475.
78 BGH, Versäumnisurteil vom 8.12.2004 – XII ZR 96/01, BGHZ 161, 289 = Rpfleger 2005, 272 f. = WM 2005, 475, 477.
79 *Stöber*, ZVG, § 152 Ziff. 14.4. m.w.N.; a.A. *Wrobel*, KTS 1995, 34, wonach der Rechtsstreit nach § 240 ZPO analog mit der Möglichkeit der Aufnahme durch den Zwangsverwalter unterbrochen wird.
80 BGH, Urteil vom 12.3.1986 – VIII ZR 64/85, NJW 1986, 3208 m.w.N. = Rpfleger 1986, 275.
81 *Stöber*, ZVG, § 152 Ziff. 14.4.
82 *Stöber*, ZVG, § 152 Ziff. 14.4.; a.A. *Dassler/Schiffhauer/u.a.*, ZVG, § 152 Rn. 40, die Unterbrechung nach §§ 241, 246 ZPO annehmen.

noch nicht rechtshängigen Rechtsstreit nicht mehr prozessführungsbefugt.[83] Im rechtshängigen Rechtsstreit tritt ein gesetzlicher Parteiwechsel auf den Vollstreckungsschuldner §§ 239, 242 ZPO ein.[84] Der Zwangsverwalter kann trotzdem die Erledigung der Hauptsache erklären.[85] Der Aufhebungsantrag kann von der Anordnungsgläubigerin mit einem Vorbehalt versehen werden, so dass hinsichtlich konkret zu bezeichnender Vermögenswerte die Beschlagnahme und damit auch die Prozessführungsbefugnis des Zwangsverwalters fortbesteht.[86] Das Vollstreckungsgericht kann den Aufhebungsbeschluss dementsprechend einschränken, § 12 Abs. 2 ZwVwV. Ein Vorbehalt zur Geltendmachung nicht beschlagnahmter Forderungen i.S.d. §§ 146, 148 ist nicht möglich, da von der Aufhebung der Zwangsverwaltung an der Zwangsverwalter nicht mehr zur Verwaltung und Benutzung des Grundstücks berechtigt ist.[87] Führt der Zwangsverwalter noch Rechtsstreite, die einen Vermögenszufluss zur Zwangsverwaltungsmasse erwarten lassen, so schließt die fortdauernde Prozessführungsbefugnis das Recht des Zwangsverwalters zur Zwangsvollstreckung aus einem obsiegenden Urteil ein, da andernfalls die Prozessführungsbefugnis leerliefe.[88] Andernfalls müsste der Zwangsverwalter den Titel an den Schuldner herausgeben und der Gläubiger eine entsprechende Forderungspfändung nach §§ 829f. ZPO ausbringen.[89] Mit der Beschränkung der Antragsrücknahme, die dem Zwangsverwalter die Ermächtigung zur Geltendmachung der beschlagnahmten Nutzungen vorbehält, hat der Gläubiger jedoch zum Ausdruck gebracht, dass er im Wege der Zwangsverwaltung in die Nutzungen vollstrecken möchte und nicht im Wege der Forderungspfändung.[90]

Endet das Zwangsverwaltungsverfahren durch Aufhebung wegen Zuschlags im parallel angeordneten Zwangsversteigerungsverfahren, so beendet die Aufhebung lediglich die Beschlagnahme des Grundstücks, hinsichtlich der beschlagnahmten Nutzungen besteht die Beschlagnahme aber fort, da die Versteigerung und die Verfahrensaufhebung sich nur für die Zukunft zugunsten des Erstehers auswirken.[91] Für diese bleibt der Zwangsverwalter weiterhin prozessführungsbefugt, ohne dass im Aufhebungsbeschluss ein entsprechender Vorbehalt auszusprechen ist.[92]

5. Verwertung entbehrlicher Nutzungen

23 Der Zwangsverwalter hat entbehrliche Nutzungen in Geld umzusetzen, § 152 Abs. 1. Welche Nutzungen entbehrlich sind, richtet sich nach dem wirtschaftlichen Bedürfnis.[93] Der Schuldnerverwalter hat die Erlöse hieraus, die nicht für

---

83 BGH, Urteil vom 25.5.2005 – VIII ZR 301/03, NJW-RR 2006, 138 f. = Rpfleger 2005, 559 f.; BGH, Urteil vom 29.6.2006 – IX ZR 119/04, NJW-RR 2007, 265 m.w.N. = Rpfleger 2006, 614 m.w.N.
84 *Wrobel*, KTS 1995, 36 ff.
85 BGH, Urteil vom 8.5.2003 – IX ZR 385/00, BGHZ 155, 38 = Rpfleger 2003, 457 = NJW 2003, 3486 = NJW-RR 2003, 1419.
86 BGH, Urteil vom 8.5.2003 – IX ZR 385/00, BGHZ 155, 38 = Rpfleger 2003, 457 = NJW 2003, 3486 = NJW-RR 2003, 1419 m.w.N.
87 BGH, Urteil vom 24.9.2009 – IX ZR 149/08, NZM 2009, 875 = NZI 2009, 862 für Herausgabe fremdvereinnahmter Mieten gem. § 816 Abs. 2 BGB.
88 *Keller*, ZfIR 2009, 395; a.A. BGH, Beschl. vom 10.7.2008 – V ZB 130/07, NJW 2008, 3067 = Rpfleger 2008, 586.
89 So aber *Hintzen*, Rpfleger 2009, 70.
90 *Keller*, ZfIR 2009, 395.
91 So *Stöber*, ZVG, § 161 Ziff. 3.11. und 7.2.; OLG Koblenz, Urteil vom 21.10.2008 – 11 U 362/08, NJW-Spezial 2009, 67 = BeckRS 2008, 22214.
92 *Stöber*, ZVG, § 161 Ziff. 3.11. und 7.2.; OLG Koblenz, Urteil vom 21.10.2008 – 11 U 362/08, BeckRS 2008, 22214; a.A. LG Frankfurt, Beschl. vom 12.10.1999 – 2/11 S 107/99, Rpfleger 2000, 30 ff. mit zustimmender Anm. *Haarmeyer*, die davon ausgehen, dass dem Zwangsverwalter die Prozessführungsbefugnis fehlt und die Gläubiger noch nicht beigetriebene Nutzungen durch Forderungspfändung §§ 829 f. ZPO verfolgen können.
93 *Jaeckel/Güthe*, ZVG, § 152 Rn. 7.

notwendige Zahlungen gebraucht werden, nach Weisung des Gerichts anzulegen, § 150d.

III. Miet- und Pachtverhältnisse (Abs. 2)

Wurde der Mietvertrag vor der Verfahrensanordnung abgeschlossen und dem Mieter vor der Beschlagnahme das Mietobjekt durch Besitzeinräumung überlassen, so ist gem. § 152 Abs. 2 der Miet- bzw. Pachtvertrag gegenüber dem Zwangsverwalter wirksam. 24

Die **Bindungswirkung** des § 152 Abs. 2 tritt nicht ein, wenn der Mieter bzw. Pächter das Miet- oder Pachtverhältnis mit einem Dritten, der weder Schuldner, Nießbraucher oder Eigenbesitzer ist abgeschlossen hat. Vielmehr ist die Zwangsverwaltung rechtlich undurchführbar, wenn der Schuldner weder unmittelbarer noch mittelbarer Besitzer ist und der Dritte, der den Besitz inne hat, die Herausgabe verweigert.[94]

Der Zwangsverwalter hat daher die vermieterseits bestehenden Pflichten und Rechte zu erfüllen und dafür Sorge zu tragen, dass die Mieter ihre mietvertraglichen und gesetzlichen Pflichten gegenüber dem Zwangsverwalter erfüllen.[95] Verfügt der Zwangsverwalter nicht über die erforderlichen Mittel um seine Pflichten wie bspw. **Instandsetzungsansprüche** zu erfüllen, so ist der Zwangsverwalter gehalten, einen Vorschuss beim Anordnungsgläubiger anzufordern und ist im Falle der Nichtleistung berechtigt, die Verfahrensaufhebung nach § 161 Abs. 3 zu verlangen.[96]

Ebenso hat der Zwangsverwalter die gesetzlich zulässigen **Mieterhöhungen** durchzuführen.[97] Er hat alle rechtlich und tatsächlich erzielbaren Nutzungen zu ziehen, soweit dies ohne Benachteiligung der Gläubiger oder einer parallel betriebenen Zwangsversteigerung möglich ist.[98]

Im Verkaufsfall muss der Zwangsverwalter die Mieten und Pachten bis zum Zeitpunkt der Eigentumsumschreibung im Grundbuch und nicht etwa nur bis zur Eintragung der Auflassungsvormerkung des Käufers einziehen.[99]

Aus der Wirksamkeit des Mietverhältnisses gegenüber dem Zwangsverwalter folgt die Eintrittsverpflichtung in die **Kautionsabrede**, so dass der Zwangsverwalter nach Auffassung des BGH die Rückzahlung einer vom Mieter geleisteten Kaution bei Vorliegen der sonstigen Voraussetzungen des Anspruchs auf Kautionsrückzahlung selbst dann schuldet, wenn der Zwangsverwalter die Kaution nicht vom Schuldner erlangt hat.[100] Der Rückzahlungsanspruch ergebe sich aus § 155 Abs. 1. Die Rechtsprechung erfährt zu Recht Kritik von der Literatur, die die Herausgabepflicht auf die Fälle beschränken möchte, in denen der Zwangsverwalter die Kaution vom Schuldner erlangt hat.[101] Gegen die Auffassung des BGH wird eingewandt, dass auch die Erfüllungspflicht des Mieters gegenüber dem Zwangsverwalter durch §§ 146 Abs. 1, 20 Abs. 2 i.V.m. § 1123 Abs. 2 Satz 1 BGB begrenzt und daher keine unbeschränkte 25

---

94 BGH, Urteil vom 26.9.1985 – IX ZR 88/84, BGHZ 96, 61 = NJW 1986, 2438 = NJW-RR 1986, 858 = Rpfleger 1986, 26.
95 *Stöber*, ZVG, § 152 Rn. 9.1.
96 AG Köpenick, Urteil v. 15.5.2006 – 10 C 288/05, WuM 2006, 583.
97 BGH, Urteil vom 9.3.2005 – VIII ZR 330/03, NJW 2005, 2926 = NJW-RR 2005, 1030 m.w.N.= Rpfleger 2005, 460, 462 m.w.N.
98 OLG Nürnberg, Urteil vom 17.12.1965 – 1 U 101/64, KTS 1966, 114.
99 OLG Düsseldorf, Urteil vom 4.2.1988 – 10 U 40/87, MDR 1988, 592.
100 BGH, Urteil vom 16.7.2003 – VIII ZR 11/03, NJW 2003, 3342 f. = Rpfleger 2003, 678 f. mit abl. Anm. *Alff/Hintzen*, S. 635 ff. = LMK 2003, 203 f. m. Anm. *Berger*; BGH, Urteil vom 9.3.2005 – VIII ZR 330/03, NJW 2005, 2926 = NJW-RR 2005, 1031 = Rpfleger 2005, 462 f. = LMK 2005, 154727 m. Anm. *Lammel*; BGH, Urteil vom 9.3.2005 – VII ZR 381/03, NJW 2005, 964 = Rpfleger 2005, 460.
101 *Mayer*, Rpfleger 2006, 177; *Depré*, ZfIR 2006, 317; *Haarmeyer/Wutzke/u.a.*, ZVG, Rn. 96.

Erfüllungspflicht für Altverbindlichkeiten gerechtfertigt ist.[102] Ebenso ist anerkannt, dass vor der Beschlagnahme begründete schuldrechtliche Verbindlichkeiten keine Erfüllungspflicht des Zwangsverwalters begründen, weswegen nicht nachvollziehbar ist, dass der vor der Beschlagnahme begründete Kautionsrückzahlungsanspruch unter § 155 Abs. 1 fallen soll.[103] Die Umwidmung des § 152 zur Mieterschutzvorschrift durch die Rechtsprechung des BGH bricht darüber hinaus mit dem System des Zwangsvollstreckungsrechts, da seine Auffassung im Ergebnis darauf hinausläuft, dass die die Zwangsverwaltung betreibenden Gläubiger mit ihrem Vollstreckungserfolg für die Verbindlichkeiten des Vollstreckungsschuldners gegenüber schuldrechtlichen Gläubigern haften.[104] Falls die Mittel der Zwangsverwaltungsmasse nicht ausreichen, riskiert der Anordnungsgläubiger, der dem Mieter nichts schuldet, die Verfahrensaufhebung nach § 161 Abs. 3, falls er den zur Rückzahlung der Kaution angeforderten Vorschuss nicht leisten sollte.[105]

Die Notwendigkeit einer ausdrücklichen Regelung in § 566a BGB zeigt, dass die Rechtsnachfolge des Erstehers in die Mietverträge des Schuldners gem. § 566 BGB nicht ausreichte, um die Haftung des Erstehers für nichtausgefolgte Kautionen zu begründen.[106] Der Zwangsverwalter ist jedoch nicht einmal der Rechtsnachfolger des Schuldners, sondern übt Kraft seines Amtes nur die Verwaltungsbefugnis aus und tritt nur insoweit neben den Schuldner, als die Verfügungsbefugnis über das Eigentum verbleibt, so dass § 152 Abs. 2 keine Rechtsgrundlage für die Haftung des Zwangsverwalters darstellt.[107]

Der VIII. Senat des BGH weitet diese Rechtsprechung aus und verpflichtet den Zwangsverwalter bei Wohnraummietverhältnissen oder Vorliegen einer entsprechenden Vereinbarung eine vom Schuldner nicht an ihn herausgegebene Kaution gem. § 551 Abs. 3 BGB anzulegen,[108] so dass der Zwangsverwalter aus den erzielten Einnahmen zugunsten der Mieter Rücklagen zu bilden hat, die die Zuteilung an die Gläubiger des Verfahrens schmälern.[109] Darüber hinaus hat die Rechtsprechung des BGH die nicht berechtigte Folge, dass im Falle der Antragsrücknahme der Zwangsverwalter die auf Kosten der Gläubiger angelegte Kaution an den Schuldner herauszugeben hätte.[110]

Solange der BGH an dieser Rechtsprechung festhält, sollte der Zwangsverwalter bei Inanspruchnahme aus einer nicht erhaltenen Kaution die Zahlung nur aus einer eigens hierfür angeforderten Vorschusszahlung erbringen oder sich vom Vollstreckungsgericht ausdrücklich zur Zahlung aus der Masse anweisen lassen.[111]

Bei einer Mehrheit von Mietern liegt hinsichtlich einer zurückzufordernden Kaution eine Mitgläubigerschaft nach § 432 BGB bzw. eine gemeinschaftliche Gläubigerschaft vor, so dass nur alle Berechtigten gemeinsam den Anspruch fordern können.[112] Ist das Mietverhältnis zum Zeitpunkt der Beschlagnahme bereits beendet und die Mietsache vom Mieter herausgegeben, so besteht kein Kautionsrückzahlungsanspruch des Mieters gegenüber dem Zwangsverwalter,

---

102 *Mayer*, Rpfleger 2006, 176; *Depré*, ZfIR 2006, 315.
103 *Mayer*, Rpfleger 2006, 177.
104 *Wedekind*, ZfIR 2005, 774; *Keller*, NZI 2009, 750.
105 *Mayer*, Rpfleger 2006, 177.
106 *Wedekind/Wedekind*, ZfIR 2009, 272.
107 *Wedekind/Wedekind*, ZfIR 2009, 272.
108 BGB, Urteil vom 11.3.2009 – VIII ZR 184/08, NJW 2009, 1673 = NZM 2009, 481; BGH, Urteil vom 23.9.2009 – VIII ZR 336/08, NJW 2009, 3505 = BeckRS 2009, 27232.
109 Zutreffend ablehnend *Keller*, NZI 2009, 749.
110 *Wedekind/Wedekind*, ZfIR 2009, 272.
111 *Haarmeyer/Wutzke/u.a.*, ZVG, Rn. 96.
112 LG Flensburg, Beschl. vom 9.10.2008 – 1 S 56/08, BeckRS 2008, 5085.

da sich § 152 Abs. 2 nur auf die bestehenden Mietverhältnisse zum Zeitpunkt des Wirksamwerdens der Beschlagnahme bezieht.[113]
Der Zwangsverwalter ist berechtigt und verpflichtet eine vereinbarte aber vom Mieter noch nicht erbrachte Kaution anzufordern[114] und anzulegen. Ebenso ist der Zwangsverwalter berechtigt die Aushändigung einer vom Mieter an den Eigentümer geleisteten Kaution zu fordern.[115] Hat der Vollstreckungsschuldner im Verfahren der Herausgabevollstreckung an Eides statt versichert, er habe die vom Mieter geleistete Kaution mit rückständigen Mieten verrechnet, so ist er im Verfahren der Herausgabevollstreckung nicht zur Auskunft verpflichtet, gegen welche Forderungen er aufgerechnet hat.[116] Ist der Zwangsverwalter im Anordnungsbeschluss nach § 150 Abs. 2 ermächtigt, sich selbst den Besitz zu verschaffen, so stellt dieser Beschluss den Vollstreckungstitel dar mit dem die Herausgabe nach § 883 ZPO vollstreckt werden kann.[117]

Vorausverfügungen über Mieten und Pachten sind in den Grenzen des § 1124 Abs. 2 BGB wirksam. Aufrechnungen sind in den Grenzen des § 1125 BGB wirksam. § 57 ff. ZVG finden keine Anwendung, § 57b Abs. 3. Hiernach wird die Vorausverfügung relativ unwirksam ab dem Monat nach Beschlagnahme und für den Fall, dass die Beschlagnahme nach dem 15. des Monats erfolgt, ab dem des Folgemonats. Die Erbringung einer mietvertraglich im Voraus geschuldeten Einmalzahlung vor der Beschlagnahme ist gem. § 1124 BGB wirksam.[118] Die Leistung eines **Baukostenzuschusses** ist keine dem Zwangsverwalter gegenüber unwirksame Vorausverfügung im Sinne des § 1124 Abs. 2 BGB.[119] In der Praxis ist beim Einwand von Baukostenzuschüssen erhebliche Vorsicht bei Mietverträgen zwischen dem Vollstreckungsschuldner und Angehörigen geboten. Hier ist genau zu prüfen, ob überhaupt eine wertsteigernde Leistung erbracht wurde und aus wessen Mitteln diese geleistet wurde. Ein Baukostenzuschuss ist eine Geld- oder Sachleistung, die der Mieter aus seinem eigenen Vermögen zugunsten des Vermieters zum Neubau, Wiederaufbau, Ausbau, zur Erweiterung, Wiederherstellung und Instandsetzung von Räumen erbringt, die auf die Miete angerechnet wird.[120] Die Leistung muss somit den Wert des Mietgrundstücks bzw. der Miträume erhöhen, wofür der Mieter beweispflichtig ist.[121]

26

Der Zwangsverwalter ist berechtigt und verpflichtet **Mietnebenkosten** geltend zu machen und beschlagnahmte rückständige Mieten und Mietnebenkosten einzufordern. Fällige Forderungen werden nach Ablauf eines Jahres nach Eintritt ihrer Fälligkeit frei, wenn nicht zuvor die Beschlagnahme erfolgt ist, § 1123 Abs. 2 BGB. Als Mietnebenkosten sind auch Betriebskostennachforde-

27

---

113 BGH, Urteil vom 3.5.2006 – VIII ZR 210/05, NJW–RR 2006, 1022 = Rpfleger 2006, 490.
114 BGH, Urteil vom 9.3.2005 – VIII ZR 330/03, NJW-RR 2005, 1030 = Rpfleger 2005, 460, 462.
115 BGH, Urteil vom 9.3.2005 – VIII ZR 330/03, NJW-RR 2005, 1030 = Rpfleger 2005, 460, 462; BGH, Beschl. vom 14.4.2005 – V ZB 6/05, NJW-RR 2005, 1033 m.w.N. = Rpfleger 2005, 464 m. Anm. *Schmidberger*.
116 BGH, Beschl. vom 21.2.2008 – I ZB 66/07, NJW 2008, 1599 = Rpfleger 2008, 435 = WM 2008, 1076.
117 BGH, Beschl. vom 14.4.2005 – V ZB 6/05, NJW-RR 2005, 1033 m.w.N. = Rpfleger 2005, 464 m. Anm. *Schmidberger*.
118 BGH, Teilversäumnis- und Schlussurteil vom 25.4.2007 – VIII ZR 234/06, NJW 2007, 2920.
119 Vgl. BGH, Urteil vom 25.11.1958 – VIII ZR 151/57, NJW 1959, 380.
120 BGH, Beschl. vom 13.6.2002 – IX ZR 26/01, Rpfleger 2002, 579 = NJW-RR 2002, 1304 m.w.N.; OLG Brandenburg, Urteil vom 20.9.2006 – 3 U 221/05, BeckRS 2006, 12571; OLG Rostock, Urteil vom 3.7.2006 – 3 U 149/05, ZfIR 2007, 211 f. = BeckRS 2006, 10064 – Revision anhängig BGH XII ZR 121/06 (per 19.3.2009 noch nicht entschieden).
121 BGH, NJW-RR 2002, 2304 m.w.N.; OLG Brandenburg, BeckRS 2006 12571; OLG Rostock, Urteil vom 3.7.2006 – 3 U 149/05, ZfIR 2007, 211 f. = BeckRS 2006 10064 – Revision anhängig BGH XII ZR 121/06 (per 19.3.2009 noch nicht entschieden); BGH, Beschl. vom 13.6.2002 – IX ZR 26/01, Rpfleger 2002, 579 = NJW-RR 2002, 1304.

rungen[122] oder Mietzuschüsse wie Aufwendungszuschüsse zur Mietpreisbegrenzung[123] von der Beschlagnahme umfasst, soweit das Mietverhältnis zum Zeitpunkt der Beschlagnahme noch besteht.[124] Die Betriebskosten für das Mietobjekt sind vom Zwangsverwalter innerhalb der gesetzlichen Fristen für einen vor seiner Bestellung liegenden Zeitraum abzurechnen, soweit eine etwaige Nachforderung noch von der Beschlagnahme erfasst wäre, § 1123 Abs. 2 Satz 1 BGB i. V. m. §§ 21, 148 Abs. 1 Satz 1.[125] Dies gilt auch dann, wenn keine Ansprüche mehr zu realisieren sind und der Zwangsverwalter vielmehr ein Vorauszahlungsguthaben an den Mieter auszubezahlen hat, selbst wenn ihm die Vorauszahlungen nicht unmittelbar zugeflossen sind.[126] Daher ist nach der Rechtsprechung des BGH auch eine Aufrechnung des Mieters mit nach Anordnung der Zwangsverwaltung fälligen Mieten gegen seinen Auszahlungsanspruch wegen eines bestehenden Betriebskostenguthabens zulässig, wenn die Abrechnung nach der Beschlagnahme fällig wurde.[127] Die Rechtsprechung, die eine Auslegung der Norm nicht vornimmt, erfährt in der Literatur zu Recht Kritik, da die Erfüllungspflicht des Mieters gegenüber dem Zwangsverwalter durch §§ 146 Abs. 1, 20 Abs. 2 i. V. m. § 1123 Abs. 2 Satz 1 BGB begrenzt und daher eine unbeschränkte Erfüllungspflicht des Zwangsverwalters für Altverbindlichkeiten und Versäumnisse des Schuldners nicht gerechtfertigt ist.[128] Andernfalls stünde der Mieter sogar noch günstiger als bei einer rechtsgeschäftlichen Veräußerung des Objekts, da der rechtsgeschäftliche Erwerber gem. § 566 Abs. 1 BGB nur in die Rechte und Pflichten für die Dauer seines Eigentums eintritt und nich für Atlverbindlichkeiten haftet.[129] Ebenso spricht ein Vergleich mit den Regelungen des Nießbrauchs, der ebenso wie die Zwangsverwaltung darauf zielt, die Nutzungen des Grundstücks zu ziehen, für einen Zäsurwirkung des Anordnungsbeschlusses, da im Rahmen der §§ 567, 566 Abs. 1 BGB der Zeitpunkt der Nießbrauchsbestellung eine Zäsur bildet, um die Nutzungsmöglichkeit und die Einstandspflicht gleich laufen zu lassen.[130]

28 Bei einem Verwalterwechsel trifft die **Abrechnungspflicht** für die laufende und die noch nicht abgeschlossene Periode den neuen Zwangsverwalter, der eine Nachzahlung geltend machen kann und ein Guthaben zu erstatten hat.[131] Dem entlassenen Zwangsverwalter fehlt ab dem Entlassungsbeschluss die Rechtsbefugnis zur Vornahme der Abrechnung. Im Innenverhältnis folgt aus § 154 Satz 2 die Verpflichtung des entlassenen Zwangsverwalters bei der Abrechnung mitzuwirken. Wird die Zwangsverwaltung aufgehoben, so hat der Schuldner die Abrechnung der laufenden Periode, der vormalige Zwangsverwalter der zuvor abgeschlossenen Perioden vorzunehmen.[132] Wird das Verfahren nach Erteilung des Zuschlags in der parallel angeordneten Zwangsversteigerung aufgehoben, trifft die Abrechnungspflicht für die laufende Periode den Ersteher, für den abgeschlossenen Abrechnungszeitraum den vormaligen

---

122 BGH, Urteil vom 26.3.2003 – VIII ZR 333/02, NJW 2003, 2320 f. = Rpfleger 2003, 456.
123 VG Düsseldorf, Urteil vom 1.3.1990 – 14 K 4238/88, Rpfleger 1990, 309.
124 Vgl. BGH, Urteil vom 3.5.2006 – VIII ZR 210/05, BeckRS 2006, 06459 = Rpfleger 2006, 490.
125 BGH, Urteil vom 26.3.2003 – VIII ZR 333/02, NJW 2003, 2320 f. = Rpfleger 2003, 456.
126 BGH, Urteil vom 3.5.2006 – VIII ZR 168/05, NJW 2006, 2627 = Rpfleger 2006, 489 m. abl. Anm. *Klühs* = NZM 2006, 581; BGH, Urteil vom 26.3.2003 – VIII ZR 333/02, NJW 2003, 2320 f. = Rpfleger 2003, 456 m. abl. Anm. *Haut* S. 606 ff.
127 OLG Rostock, Urteil vom 20.1.2006 – 3 U 154/05, NJW-RR 2006, 954.
128 *Mayer*, Rpfleger 2006, 176; *Depré*, ZfIR 2006, 315; *Wedekind* ZfIR 2005, 772 f.; *Klühs*, Rpfleger 2006, 643.
129 *Keller*, NZI 2009, 749 m. w. N.
130 *Klühs*, Rpfleger 2006, 643.
131 *Stöber*, ZVG, § 152 Ziff. 12.9.
132 *Stöber*, ZVG, § 152 Ziff. 12.9.

Zwangsverwalter.[133] Der Abrechnungspflichtige ist aus dem jeweiligen Saldo berechtigt und verpflichtet.[134] Überschüsse der laufenden Periode aus nicht verbrauchten Nebenkostenvorauszahlungen, die vom Mieter vor dem Zuschlag an den Zwangsverwalter bezahlt wurden, sind vom Zwangsverwalter an den Ersteher auszukehren, da diesem die Abrechnung der Nebenkostenvorauszahlung und die Rückzahlung des Überschusses obliegt.[135] Da es der Zwangsverwalter nicht in der Hand hat, ob, und ggf. wann und wie der Ersteher die Nebenkosten mit dem Mieter abrechnet, ist es empfehlenswert, bei selbst vereinbarten Verträgen die Nebenkosten sorgfältig zu planen und soweit es zulässig ist, Pauschalen zu vereinbaren oder sich mit dem Mieter zum Ende der Zwangsverwaltung zu einigen, damit die Schlussrechnung der Zwangsverwaltung nicht auf die Nebenkostenabrechnung des Erstehers warten muss.[136] Hinsichtlich ihrer Bindungswirkung unterscheidet sich die Abrechnung des Zwangsverwalters nicht von der des Eigentümers. Möchte der Eigentümer nach Aufhebung der Zwangsverwaltung die Abrechnung des Zwangsverwalters berichtigen, so reicht die Bindungswirkung der Abrechnung des Zwangsverwalters so weit wie eine vom Eigentümer selbst oder in dessen Auftrag durch eine Hausverwaltung erstellte Abrechnung.[137]

29 Ebenfalls sind von der Beschlagnahme **Nutzungsentschädigungsansprüche** umfasst, die an die Stelle von Mieten oder Pachten treten.[138] Der Zwangsverwalter ist gem. § 152 Abs. 1 berechtigt, die Nutzungsentschädigung geltend zu machen.[139] Hat der Zwangsverwalter den Nutzungsentschädigungsanspruch nicht beschlagnahmt, so erlischt die Befugnis des Zwangsverwalters, diesen Anspruch geltend zu machen mit der Aufhebung der Zwangsverwaltung.[140]

30 Falls der Mieter oder Pächter das Zwangsverwaltungsobjekt **untervermietet bzw. unterverpachtet** hat, so sind die Mieten und Pachten gegen die Untermieter nicht von der Beschlagnahme erfasst, da diese nicht dem Eigentümer zustehen, sondern der Mieter bzw. Pächter im Obermiet- bzw. Oberpachtverhältnis.[141] Die Beschlagnahme erfasst ausnahmsweise Forderungen aus einem Untermiet- oder Unterpachtverhältnis, wenn der Obermiet- oder Oberpachtvertrag wegen Gläubigerbenachteiligung gem. § 138 Abs. 1 BGB sittenwidrig ist.[142]

31 Schließt der Zwangsverwalter einen Mietvertrag neu ab oder ändern die Parteien ein bestehendes Mietverhältnis, so ist nach Aufhebung des Zwangsverwaltungsverfahrens der Schuldner gebunden.[143] § 6 ZwVwV sieht daher vor, dass Mietverträge oder Änderungen schriftlich abzuschließen sind. In vom Zwangsverwalter neu abgeschlossenen Mietverträgen hat er die Regelungen des § 6 Abs. 2 ZwVwV zu vereinbaren, die den Zwangsverwalter von der Haftung freistellen, wenn:

---

133 Stöber, ZVG, § 152 Ziff. 12.9.
134 Stöber, ZVG, § 152 Ziff. 12.9.
135 BGH, Urteil vom 11.10.2007 – IX ZR 156/06, Rpfleger 2008, 90 f., m. zust. Anm. *Engels*.
136 *Schmidberger*, ZInsO 2008, 89.
137 KG Berlin, Beschl. vom 4.12.2008 – 12 U 33/08, BeckRS 2009, 14755.
138 OLG Rostock, Urteil vom 20.12.1999 – 3 U 25/98, ZfIR 2000, 655.
139 BGH, Urteil vom 29.6.2006 – IX ZR 119/04, NJW-RR 2007, 265 m. w. N. = Rpfleger 2006, 614 m. w. N.
140 BGH, Urteil vom 29.6.2006 – IX ZR 119/04, NJW-RR 2007, 265 m. w. N. = Rpfleger 2006, 614 m. w. N.
141 BGH, Urteil vom 4.2.2005 – V ZR 294/03, Rpfleger 2005, 324 = NZM 2005, 433; *Dassler/Schiffhauer/u.a.*, ZVG, § 148 Rn. 14; BGH, Urteil vom 29.6.2006 – IX ZR 119/04, NJW-RR 2007, 265 m. w. N. = Rpfleger 2006, 614 m. w. N.
142 BGH, Urteil vom 4.2.2005 – V ZR 294/03, Rpfleger 2005, 324 = NZM 2005, 433 f; BGH, Urteil vom 29.6.2006 – IX ZR 119/04, NJW-RR 2007, 265 m. w. N. = Rpfleger 2006, 614 m. w. N.
143 BGH, Urteil vom 20.5.1992 – XII ZR 77/91, NJW 1992, 3041 = Rpfleger 1992, 402.

– das Objekt vor der Überlassung zwangsversteigert wird;
– das Objekt nach der Überlassung zwangsversteigert wird und der Ersteher den Mietvertrag nicht erfüllt;
– der Ersteher von seinem Kündigungsrecht nach § 57a oder in der Insolvenz nach § 111 InsO Gebrauch macht.

Soll von den Klauseln des § 6 Abs. 2 ZwVwV wesentlich abgewichen werden, ist die vorherige Zustimmung des Vollstreckungsgerichts, § 153 Abs. 1, einzuholen, § 10 Abs. 1 Nr. 2 ZwVwV.

IV. Verträge in der Zwangsverwaltung

1. Dienst- und Arbeitsverträge

32 Der Zwangsverwalter ist an die vom Schuldner abgeschlossenen Verträge nicht gebunden. Er ist nicht der Rechtsnachfolger des Schuldners qua Beschlagnahme, sondern entscheidet nach pflichtgemäßem Ermessen, ob er in bestehende Dienst- und Arbeitsverträge eintritt, wobei das Gericht dazu anweisen kann, einen Bediensteten des Schuldners weiter zu beschäftigen.[144] § 613a BGB findet nur dann Anwendung, wenn ausnahmsweise sich der Beschlag auf den Gewerbebetrieb des Schuldners erstreckt, was die Grundstücksbezogenheit des Betriebs voraussetzt (z. B. Hotel, Steinbruch) und der Gewerbebetrieb vom Zwangsverwalter fortgeführt wird. § 613a BGB findet ebenfalls Anwendung, wenn ein grundstücksbezogener Geschäftsbetrieb nicht vom Zwangsverwalter selbst fortgeführt wird, sondern von diesem verpachtet wird. Die Arbeitsverhältnisse gehen dann auf den Pächter über. Tritt der Zwangsverwalter nicht in ein bestehendes Arbeitsverhältnis ein, so ist dies keine fristlose Kündigung.[145] Das Beschäftigungsverhältnis besteht mit dem Schuldner fort, der nunmehr eine betriebsbedingte Kündigung aussprechen kann. Gegenüber dem Zwangsverwalter sind die Vorschriften des Arbeitsrechts nicht anwendbar, weswegen er mit Ausnahme der Betriebsfortführungsfälle des § 613a BGB nicht auf Weiterbeschäftigung vor dem Arbeitsgericht verklagt werden kann.[146]

Der Zwangsverwalter ist berechtigt einen **Hausmeister** zu beschäftigen, wenn das Objekt oder seine Mieter dies erfordern.[147] Es wird als zulässig angesehen, den Hausmeister den Mietzins einziehen zu lassen, sofern dies bislang schon so üblich war, der Hausmeister zuverlässig ist und er dies ohne besondere Vergütung erledigt.[148]

Besteht eine **Hausverwaltung**, so tritt der Zwangsverwalter nicht in den bestehenden Verwaltungsvertrag ein. Er muss vielmehr selbst verwalten, da dies seine originäre Aufgabe ist. Ausnahmsweise kann eine Kosten-Nutzenabwägung ergeben, dass es für die Zwangsverwaltung vorteilhaft ist, wenn eine eingeführte Hausverwaltung weiterhin tätig bleibt, so bspw. bei einer hohen Anzahl an Mietparteien, sprachkundiger Hausverwaltung bei ausländischen Mietparteien, schwierigen Heizkostenabrechnungen oder sonstiger verwickelter Verhältnisse.[149] Die Zustimmung des Gerichts zur Fortsetzung des Vertrages mit der Hausverwaltung sollte jedenfalls eingeholt werden.[150]

Hatte der Schuldner zur Grundstücksbewirtschaftung Arbeitnehmer eingestellt, so sind die **Litlohnansprüche** bevorrechtigt, § 10 Abs. 1 Nr. 2. Das Vor-

---

144 *Güthe*, in: *Jaeckel*, § 152 Rn. 3; *Papke*, BB 1968, 797.
145 *Stöber*, ZVG, § 152 Ziff. 7.1.; a. A. *Papke*, BB 1968, 798.
146 BArbG AP, BGB, § 613a Nr. 19 m. Anm. *Vollkommer*.
147 *Stöber*, ZVG, § 152 Ziff. 7.2.
148 *Stöber*, ZVG, § 152 Ziff. 7.2.
149 *Stöber*, ZVG, § 152 Ziff. 7.3.
150 *Stöber*, ZVG, § 152 Ziff. 7.3.

recht wird verwirkt, wenn die Litlohnberechtigten sich weigern, dem Zwangsverwalter ihre Dienste zur Verfügung zu stellen oder ihr Verhalten nachträglich einen Kündigungsgrund nach den Vorschriften des Arbeitsrechts erfüllt.[151] Sind die Litlohnberechtigten geeignet und bereit weiterhin ihre Dienste zu erbringen, so wäre es pflichtwidrig nicht in die bestehenden Verträge einzutreten und statt dessen neue Leute einzustellen, da der Zwangsverwalter die bevorrechtigten Litlohnansprüche sowieso erfüllen müsste.[152]

2. Energielieferungsverträge

In die Energielieferverträge kann mit der Wirkung ab Beschlagnahme eingetreten werden. Eine Pflicht dazu besteht nicht, da der Zwangsverwalter nicht an die vom Schuldner abgeschlossenen Versorgungsverträge gebunden ist.[153] Für etwaige bis zu diesem Zeitpunkt entstandene Verbindlichkeiten haftet der Eigentümer. Bei Beendigung der Zwangsverwaltung hat der Zwangsverwalter über das Schicksal der Energielieferungsverträge zu entscheiden. Mit Zustimmung des Versorgungsträgers kann der Ersteher den Vertrag übernehmen und die erbrachten Leistungen zum Stichtag der Aufhebung des Zwangsverwaltungsverfahrens abrechnen. Falls keine Vertragsübernahme zustande kommt, ist das Vertragsverhältnis durch Kündigung zu beenden. Ab der Aufhebung des Verfahrens ist der Zwangsverwalter für die zu versorgende Immobilie nicht mehr empfangszuständig, so dass gemäß § 362 BGB keine Erfüllungsleistung mehr an ihn erfolgen kann.[154]

33

3. Gewerbebetrieb

Übt der Schuldner auf dem beschlagnahmten Grundstück einen Gewerbebetrieb aus, der auch an einem anderen Ort ausgeübt werden könnte, so sind die Rechte und Pflichten, die in ihrer Gesamtheit den Gewerbebetrieb darstellen, nicht von der Beschlagnahme erfasst.[155] Der Zwangsverwalter ist nicht berechtigt, einen solchen auf dem Grundstück ausgeübten Gewerbebetrieb zu führen. Vielmehr hat der Schuldner für die für seinen Gewerbebetrieb genutzten beschlagnahmten Flächen Miete in ortsüblicher Höhe zu entrichten.[156] Es ist auch keine Aufgabe des Zwangsverwalters, in beschlagnahmten Gewerberäumen einen Gewerbebetrieb erst einzurichten.[157] Die Gewerberäume sind vielmehr durch Vermietung nutzbar zu machen.[158]

34

Anders ist zu entscheiden, wenn die ordnungsgemäße Nutzung des beschlagnahmten Grundstücks in der **Ausbeute von Bodenbestandteilen** (Steinbruch, Lehmgrube, Kiesgrube, Kohlegrube) liegt. Die Fortsetzung dieser Tätigkeit zählt zu den Zwangsverwalteraufgaben, da der Gewerbebetrieb im Kern zugleich die Grundstücksnutzung ist.[159]

Schwieriger ist die Abgrenzung, wenn das beschlagnahmte Grundstück speziell auf den auf dem Grundstück ausgeübten Gewerbebetrieb zugeschnitten ist, da eine Loslösung des Betriebes vom beschlagnahmten Grundstück wirtschaftlich nicht sinnvoll wäre. Würde das Grundstück einschließlich der den Gewerbebetrieb bildenden Rechtsverhältnisse der Beschlagnahme unterworfen werden, so

---

151 *Stöber*, ZVG, § 152 Ziff. 7.4.
152 *Stöber*, ZVG, § 152 Ziff. 7.4.
153 BGH, Urteil vom 9.3.2005 – VIII ZR 330/03, NJW 2005, 2926 = NJW-RR 2005, 1030 = Rpfleger 2005, 462.
154 *Derleder/Knok*, ZflR 2005, 239.
155 OLG Celle, Beschl. vom 18.7.1989 – 4 W 108/89, Rpfleger 1989, 520; OLG Dresden, Beschl. vom 3.6.1998 – 13 W 599/98, Rpfleger 1999, 410 = MDR 1999, 890.
156 OLG Celle, Beschl. vom 18.7.1989 – 4 W 108/89, Rpfleger 1989, 520; OLG Dresden, Beschl. vom 3.6.1998 – 13 W 599/98, Rpfleger 1999, 410 = MDR 1999, 890.
157 *Stöber*, ZVG, § 152 Ziff. 9.5.
158 *Stöber*, ZVG, § 152 Ziff. 9.5.
159 *Eickmann*, ZIP 1986, 1523.

würde die nach den Regeln des Insolvenzverfahrens vorzunehmende Gesamtvollstreckung zugunsten einzelner Gläubiger betrieben werden. Den ungesicherten Gläubigern stünde kein Haftungsgegenstand zur Verfügung. Die im Insolvenzverfahren zur abgesonderten Befriedigung berechtigten Grundpfandgläubiger wären in der Einzelzwangsvollstreckung gegenüber den ungesicherten Gläubigern begünstigt.[160] Aus diesen Gründen hat daher das OLG Hamm die Fortführung eines Freizeitparks mit Läden und Gaststätten durch den Zwangsverwalter als nicht zulässig angesehen.[161] Vereinzelt wird die Zulässigkeit der Fortführung des schuldnerischen Gewerbebetriebs auf dem gewerbebezogenen Grundstück von der Zustimmung des Schuldners abhängig gemacht.[162] Die Zustimmung des Schuldners ist jedoch nicht erheblich, da er nicht über die Instrumente des Zwangsvollstreckungsrechts disponieren kann. Die Fortführung eines bereits eingerichteten Gewerbebetriebs gehört ausnahmsweise dann zum Aufgabenkreis des Zwangsverwalters, wenn der **Gewerbebetrieb** des beschlagnahmten Grundstücks **grundstücksbezogen** ist, es eine ordnungsgemäße Nutzung des Grundstücks erfordert, den grundstücksbezogenen Gewerbebetrieb des Schuldners fortzuführen und der Zwangsverwalter dabei nicht in die Rechte des Schuldners an Betriebsmitteln eingreift, die unabhängig von ihrer Zugehörigkeit zum Gewerbebetrieb absolut geschützt sind.[163] Beispiele hierfür sind:
– Schlosshotel mit zwei Restaurants;[164]
– Sportanlage mit Bewirtschaftung;[165]
– Gästehaus mit Gaststätte;[166]
Betrieb einer Kurklinik mit 80 Mitarbeitern inkl. med. Fachpersonals.[167]
– Betrieb eines Parkhauses;[168]
– Betrieb eines bewachten Parkplatzes;[169]
– Betrieb einer Tankstelle;[170]
– Betrieb einer Tennishalle;[171]
– Betrieb eines Campingplatzes;[172]
– Betrieb eines Veranstaltungs- und Konferenzzentrums.[173]
Betreibt der Zwangsverwalter den Betrieb selbst, so hat er die erforderlichen **öffentlich-rechtlichen Genehmigungen** einzuholen. Die Beschäftigung von Hilfspersonen, die über die zur ordnungsgemäßen Nutzung erforderlichen Qualifikationen verfügen, ist möglich, § 1 Abs. 3 Satz 4 ZwVwV. Eine Verpachtung des Betriebes an einen Dritten, der über die notwendigen Kenntnisse und Fähigkeiten verfügt, ist möglich.[174]

---

160 *Eickmann*, ZIP 1986, 1523.
161 OLG Hamm, Beschl. vom 28.2.1994 – 15 W 369/93, Rpfleger 1994, 1516.
162 LG Bamberg, Beschl. vom 26.2.1992 – 3 T 7/92, Rpfleger 1992, 310, m. abl. Anm. *Hintzen*.
163 BGH, Beschl. vom 14.4.2005 – V ZB 16/05, BGHZ 163, 9 = NJW-RR 2005, 1176 f. = Rpfleger 2005, 558 f.
164 BGH, Beschl. vom 14.4.2005– V ZB 16/05, BGHZ 163, 9 = NJW-RR 2005, 1176 f. = Rpfleger 2005, 558 f.
165 OLG Celle, Beschl. vom 18.7.1989 – 4 W 108/89, NJW 1989, 3026 = Rpfleger 1989, 519.
166 LArbG Bremen, Urteil vom 6.2.1987 – 4 Sa 328/85, DB 1987, 1847 LS.
167 BArbG AP, BGB, § 613a Nr. 19 m. Anm. *Vollkommer*.
168 BGH, Beschl. vom 14.4.2005 – V ZB 16/05, BGHZ 163, 9 = NJW–RR 2005, 1175 = Rpfleger 2005, 558.
169 *Stöber*, ZVG, § 152 Ziff. 9.3.
170 OLG Dresden, Beschl. vom 3.6.1998 – 13 W 599/98, Rpfleger 1999, 410 = MDR 1999, 890.
171 BGH, Beschl. vom 14.4.2005 – V ZB 16/05, BGHZ 163, 9 = NJW–RR 2005, 1175 = Rpfleger 2005, 558.
172 BGH, Beschl. vom 14.4.2005 – V ZB 16/05, BGHZ 163, 9 = NJW-RR 2005, 1175 = Rpfleger 2005, 558.
173 *Stöber*, ZVG, § 152 Ziff. 9.3.
174 LG Oldenburg, Beschl. vom 30.12.1983 – 5 T 390/83, Rpfleger 1984, 195 = ZIP 1984, 888.

4. Versicherungen

35 Es obliegt dem Zwangsverwalter für einen ausreichenden Versicherungsschutz des Objekts zu sorgen, § 9 Abs. 3 ZwVwV. Der Zwangsverwalter ist nicht an die vom Schuldner abgeschlossenen Versicherungsverträge gebunden. Er hat die Möglichkeit in diese einzutreten.
Bei der Auszahlung von Versicherungsleistungen ist zu trennen: Versicherungsleistungen für zerstörte Früchte zählen zur Zwangsverwaltungsmasse, Versicherungsleistungen für Substanzbeschädigungen am Gebäude und Zubehör gebühren dem Vollstreckungsschuldner bzw. dem Ersteher nach Beendigung des Zwangsverwaltungsverfahrens.[175]
Soll die Versicherungsleistung für den Wiederaufbau des zerstörten Gebäudes oder die Wiederbeschaffung des Zubehörs verwendet werden, so hat der Zwangsverwalter eine Anweisung des Vollstreckungsgerichts nach § 153 Abs. 1 einzuholen, das die betreibenden Gläubiger zunächst anhört.[176] Unterbleibt die Verwendung der Versicherungsleistung für den Wiederaufbau oder die Wiederbeschaffung, so ist die Versicherungsleistung verzinslich anzulegen. Die Zinsen der Versicherungsleistung fallen als Nutzungen in die Zwangsverwaltungsmasse, die Hauptforderung der Versicherungsleistung gebührt dem Vollstreckungsschuldner bzw. dem Ersteher nach Beendigung des Zwangsverwaltungsverfahrens.[177]

5. Werk- und Wartungsverträge

36 Wartungsverträge für Fahrstühle oder Heizungsanlagen sollte der Zwangsverwalter fortsetzen. Es kann vorkommen, dass das Unternehmen die Vertragsfortsetzung von der Begleichung von Altverbindlichkeiten abhängig macht. Steht kein drittes Unternehmen mit der Wartungsdienstleistung zur Verfügung und ist eine andere Abhilfemöglichkeit aus der Zwangslage nicht gegeben, so sollte der Zwangsverwalter die Zahlung der Altverbindlichkeit erst nach Zustimmung des Vollstreckungsgerichts leisten.

IV. Vollstreckung während der Zwangsverwaltung

1. Gegen den Schuldner

37 Die Zwangsverwaltung beschränkt nicht die Zwangsvollstreckung in beschlagnahmefreies Vermögen des Schuldners. In das beschlagnahmte Grundstück kann der Gläubiger parallel durch Zwangsversteigerung oder durch Eintragung einer Sicherungshypothek am Grundstück vollstrecken, § 866 Abs. 1, 2 ZPO.
Höchstpersönliche Pflichten wie beispielsweise die Abgabe der eidesstattlichen Versicherung hat der Schuldner persönlich zu leisten und nicht der Zwangsverwalter.[178]

2. Gegen und durch den Zwangsverwalter

38 Der Zwangsverwalter ist Partei kraft Amtes und daher Rechtsnachfolger des Schuldners.[179] Soll die Zwangsvollstreckung in einen Gegenstand betrieben werden, der der Beschlagnahme in der Zwangsverwaltung unterliegt, so muss ein gegen den Zwangsverwalter gerichteter Duldungstitel vorliegen.[180]

---

175 *Mohrbutter*, FS für *Herbert Schmidt* 1981, 111 (II 1).
176 *Stöber*, ZVG, § 152 Ziff. 16.5.
177 *Mohrbutter*, FS für *Herbert Schmidt* 1981, 111 (II 1); *Güthe*, in: *Jaeckel*, § 152 Rn. 6.
178 LG Düsseldorf, Beschl. vom 12.11.1957 – 15 T 398, MDR 1958, 171.
179 LG Gießen, Beschl. 5.1.1999 – 7 T 627/98, InVo 1999, 94.
180 *Dassler/Schiffhauer/u. a.*, ZVG, § 152 Rn. 42.

Gegen den Schuldner gerichtete Herausgabetitel müssen auf den Zwangsverwalter umgeschrieben werden, § 727 ZPO analog.[181] Der Pfändung unterliegt auch der gegen den Zwangsverwalter gerichtete Anspruch auf Herausgabe eines Überschusses nach Beendigung der Zwangsverwaltung.[182] Die Pfändung geht ins Leere, wenn der Schuldner während der Zwangsverwaltung das Eigentum auf einen Dritten überträgt und dieser seine Stellung als neuer Eigentümer als Beteiligter im Zwangsverwaltungsverfahren gem. § 9 angemeldet hat, da der Überschuss dann dem neuen Eigentümer zusteht.[183]

Falls der Zwangsverwalter selbst einen Titel für einen der Beschlagnahme unterliegenden Anspruch erstreitet, so kann er aus diesem die Zwangsvollstreckung betreiben. Liegen alte Titel vor, die auf den Schuldner lauten, so können diese auf den Zwangsverwalter umgeschrieben werden, § 727 ZPO analog.[184] Nach Aufhebung des Zwangsverwaltungsverfahrens können die auf den Zwangsverwalter lautenden Titel wieder auf den Schuldner umgeschrieben werden, § 727 ZPO analog.[185]

V. Rechtsbehelfe

39 Statthafter Rechtsbehelf gegen Maßnahmen des Zwangsverwalters ist die Vollstreckungserinnerung gem. § 766 ZPO. Bei der Vollstreckungserinnerung besteht die Abhilfemöglichkeit des Rechtspflegers. Bei Nichtabhilfe entscheidet der Vollstreckungsrichter, § 20 Nr. 17 RPflG. Gegen dessen Entscheidung ist wiederum die sofortige Beschwerde gem. § 793 ZPO gegeben, über die das Landgericht entscheidet, § 72 GVG. Um den Zwangsverwalter zu einem konkreten Verhalten zu veranlassen ist es auch möglich, das Vollstreckungsgericht um eine Anweisung nach § 153 zu ersuchen.

---

181 AG Köln, DGVZ 1967, 92.
182 *Stöber*, ZVG, § 152 Ziff. 14.1, 17.1.; *Dassler/Schiffhauer/u.a.*, ZVG, § 152 Rn. 42.
183 *Stöber*, ZVG, § 152 Ziff. 14.1,17.1.
184 AG Bad Schwartau, DGVZ 1976, 46.
185 *Böttcher*, ZVG, § 152 Rn. 6.

§ 152a ZVG [Rechtverordnung über Geschäftsführung und Vergütung]

Der Bundesminister der Justiz wird ermächtigt, Stellung, Aufgaben und Geschäftsführung des Zwangsverwalters sowie seine Vergütung (Gebühren und Auslagen) durch Rechtsverordnung mit Zustimmung des Bundesrates näher zu regeln. Die Höhe der Vergütung ist an der Art und dem Umfang der Aufgabe sowie an der Leistung des Zwangsverwalters auszurichten. Es sind Mindest- und Höchstsätze vorzusehen.

Übersicht

	Rn.
I. Normzweck; Rechtsnatur; Anwendungsbereich	1
II. Rechtsverordnung	2–4
1. Entwicklung	2
2. Vergütungsfragen, § 152a Satz 2	3
3. Unanwendbarkeit	4

I. Normzweck; Rechtsnatur; Anwendungsbereich

Der Normzweck des § 152a ZVG ist es, eine **Ermächtigungsgrundlage** im Sinne des Art. 80 Abs. 1, Art. 129 Abs. 1 GG für das Bundesministerium der Justiz zu schaffen, Aufgaben, Geschäftsführung und Vergütung des Zwangsverwalters zu regeln. **1**

II. Rechtsverordnung

1. Entwicklung

Ursprünglich erlassen wurde die Verordnung vom 16.2.1970 als „**Verordnung über die Geschäftsführung und die Vergütung des Zwangsverwalters**" (ZwVerwVO).[1] Nachdem sich zum einen das Berufsbild des Zwangsverwalters in den Jahren nach 1970 erheblich weiterentwickelt hatte, zum anderen auch insbesondere die vom Verordnungsgeber nicht angepasste Zwangsverwaltervergütung nicht mehr angemessen erschien und auch vom Bundesgerichtshof korrigiert wurde,[2] forderte der Deutsche Bundestag mit Beschluss vom 29.11.2001 den Verordnungsgeber auf, die Gebührensätze für Zwangsverwalter an die gestiegenen Geschäfts- und Lebenshaltungskosten anzupassen. Neben der Anpassung dieser Vergütungsfragen galt es auch, die geänderte Wahrnehmung der Aufgaben und Tätigkeiten des Zwangsverwalters neu darzustellen sowie die Überwachung der Zwangsverwaltung und Bearbeitung der Vergütungsanträge für die Gerichte zu vereinfachen, dies insbesondere durch die Einführung von Auslagenpauschalen. **2**

Es wurde daraufhin die **Zwangsverwalterverordnung (ZwVwV)** vom 19.12.2003 erlassen.[3] Diese trat am 1.1.2004 in Kraft, gleichzeitig trat die Verordnung vom 16.2.1970 außer Kraft (§ 26 ZwVwV). Die Übergangsvorschrift findet sich in § 25 ZwVwV; danach werden bis heute Zwangsverwaltungsverfahren nach der Verordnung über die Geschäftsführung und die Vergütung des Zwangsverwalters bearbeitet, lediglich Vergütungsanträge für auf den 31.12.2003 folgende Abrechnungszeiträume allein nach der ZwVwV. Verfassungsrechtliche Bedenken hinsichtlich der Frage, ob § 152a eine ausrei-

---

[1] BGBl. I S. 185.
[2] BGH, Beschl. vom 12.9.2002 – IX ZB 39/02, BGHZ 152, 18 = NJW 2003, 212 = Rpfleger 2002, 632 = NZI 2002, 683; BGH, Beschl. vom 5.11.2004 – IXa ZB 33/03, Rpfleger 2005, 99.
[3] BGBl. I 2804; zur Begründung BR-Drucks 842/03.

chende Ermächtigungsgrundlage für den ZwVwV bietet, sind in der Rechtsprechung unbeachtet geblieben.[4]

2. Vergütungsfragen

3 Aus Satz 2 und Satz 3 des § 152a ist zu entnehmen, dass der Schaffung einer neuen **Vergütungsregelung** besondere Bedeutung zukam. Die Tatsache, dass die Vergütungsregelung aus der Verordnung über die Geschäftsführung und Vergütung des Zwangsverwalters von 1970 in Rechtsprechung und Literatur als unzureichend empfunden worden war, hatte auch im Wesentlichen zur gesetzlichen Neuregelung der ZwVwV geführt. Der Verordnungsgeber hat hier ein geschlossenes und austariertes System der Vergütung und des Auslagenersatzes in den §§ 17 bis 22 ZwVwV gefunden. Die Darstellung der einzelnen Vergütungsarten – Regelvergütung gemäß § 18 ZwVwV, abweichende Berechnung der Vergütung gemäß § 19 ZwVwV, Mindestvergütung gemäß § 20 ZwVwV und Auslagen gemäß § 21 ZwVwV – werden im Einzelnen in der Kommentierung zu den jeweiligen Paragraphen dargestellt.

3. Unanwendbarkeit

4 Die ZwVwV ist nicht anwendbar, sofern der Schuldner zum Verwalter bestellt ist (§ 150b bis § 150e, § 24 Abs. 1 ZwVwV). Weiter sind die Vorschriften der ZwVwV nicht anwendbar, falls die gemäß §§ 150, 153, 154 dem Gericht zugewiesene Tätigkeit nach landesgesetzlichen Vorschriften von einer landschaftlichen oder ritterschaftlichen Kreditanstalt übernommen worden ist, § 24 Abs. 2 ZwVwV.[5]

---

4 Vgl. *Wrobel,* NJW 1993, 374; auch *Stöber,* ZVG, § 152a Rn. 2.
5 Zu Einzelheiten *Riggers,* JurBüro 1970, 621 ff.

§ 153 ZVG [Vollstreckungsgericht und Zwangsverwalter]

(1) Das Gericht hat den Verwalter nach Anhörung des Gläubigers und des Schuldners mit der erforderlichen Anweisung für die Verwaltung zu versehen, die dem Verwalter zu gewährende Vergütung festzusetzen und die Geschäftsführung zu beaufsichtigen; in geeigneten Fällen ist ein Sachverständiger zuzuziehen.

(2) Das Gericht kann dem Verwalter die Leistung einer Sicherheit auferlegen, gegen ihn Zwangsgeld festsetzen und ihn entlassen. Das Zwangsgeld ist vorher anzudrohen.

Übersicht	Rn.
I. Regelungszusammenhang	1–5
II. Aufsichtspflicht des Gerichts	6–9
III. Anweisungen des Gerichts	10–16
1. Allgemein	10–12
2. Bindungswirkung der Anweisungen	13–16
IV. Sicherungsmittel und Sanktionen des Gerichts	17–27
1. Anfordern einer Sicherheitsleistung/Haftpflichtversicherung	17–19
2. Androhung und Festsetzung von Zwangsgeld	20–22
3. Entlassung des Zwangsverwalters	23–26
4. Rechtsmittel des Zwangsverwalters gegen Sanktionen des Gerichts	27
V. Vergütung des Zwangsverwalters	28

I. Regelungszusammenhang

Die Vorschrift ist als Grundregel des Verhältnisses zwischen Vollstreckungsgericht und Zwangsverwalter auch im Zusammenhang mit dem Interessenausgleich der am Zwangsverwaltungsverfahren beteiligten Parteien zu sehen. Sie wird insoweit durch die §§ 10, 16 ZwVwV bzw. die §§ 13, 14, 15 ZwVwV sowie § 154 ZVG als Haftungsregelung konkretisiert und ergänzt. **1**

Während die Vorschriften der §§ 146–152 wie auch die Vorschriften der ZwVwV den Fokus auf den Zwangsverwalter legen, stellt § 153 neben § 150 erstmals die Aufgaben des Gerichts in den Mittelpunkt. **2**

Zugewiesen werden dem Gericht insbesondere die Aufgabenkreise der Überwachung/Aufsicht des Zwangsverwalters, Erteilung von Weisungen sowie die Festsetzung seiner Vergütung. Gleichzeitig wird durch die Verpflichtung zur Anhörung der Beteiligten auch klar gestellt, dass durch das Gericht deren Interessen zu wahren sind. Das Gericht fungiert dabei als Mittler zwischen den Beteiligten.[1] **3**

Zwangsverwalter und die betreibenden Gläubiger bzw. der Schuldner stehen, bezogen auf das Zwangsverwaltungsverfahren, in keinem direkten Rechtsverhältnis. Lediglich über das Gericht können die Beteiligten auf den Verwalter Einfluss nehmen. Eine Weisungsbefugnis besteht weder für den Schuldner noch den betreibenden Gläubiger. Die Gläubiger haben lediglich mittelbar über die Gewährung von Vorschussleistungen die Möglichkeit der Einflussnahme. **4**

---

1 Siehe hierzu auch das Ablaufdiagramm zur Zwangsverwaltung.

5 Indirekt definiert § 153 auch die Stellung des Zwangsverwalters. Aus der Tatsache, dass das Gericht die Tätigkeit lediglich zu überwachen hat, kommt zum Ausdruck, dass er trotz der Weisungsmöglichkeiten des Gerichts grds. selbständig und eigenverantwortlich handelt. Er ist nicht lediglich ausführendes Organ des Gerichts.[2]

II. Aufsichtspflicht des Gerichts

6 Als Überwachungsinstanz obliegt dem Gericht die **Kontrolle der Rechtmäßigkeit** der Verwaltung nach ZVG/ZwVwV.

7 Die Überwachungspflicht bezieht sich nicht auf die **Zweckmäßigkeit bzw. die Wirtschaftlichkeit der Verwaltung**. Der Zwangsverwalter handelt im eigenen pflichtgemäßen Ermessen. Das Gericht darf sein Ermessen grds. nicht an die Stelle des Verwalterermessens setzen[3]. Dennoch muss entgegen der Auffassung von Haarmeyer/Wutzke/Förster/Hintzen[4] bei offenkundigen, durch die Beteiligten mitgeteilten Fehlern und Versäumnissen, das Eingreifen des Gerichts möglich sein[5], auch wenn sich die Aufsicht hierauf nicht bezieht.

8 Die Überwachung findet in regelmäßigen Zeiträumen anhand der vom **Zwangsverwalter eingereichten Unterlagen** wie Jahresberichte/Jahresabrechnung, Zwischenberichten oder Schlussberichten/Schlussrechnung, statt. Das Gericht kann zur detaillierten Prüfung auch Einzelbelege anfordern und einsehen. Gem. § 13 Abs. 3 ZwVwV[6] sind diese Kontoauszüge und Belege mit der Rechnungslegung bei Gericht einzureichen. Soweit das Gericht Kenntnis von Problemen im Verfahren erhält und die Ordnungsmäßigkeit des Verfahrens in Frage steht, kann es jederzeit Zwischenberichte anfordern oder nach vorheriger Ankündigung auch im Einzelfall bzw. überraschend prüfen.[7] Im Falle der Weigerung oder bei groben Verstößen können auch Sanktionsmaßnahmen angezeigt sein.

9 Für die Frage, wie tief die Routineprüfung durch das Gericht gehen muss, ist eine generelle Aussage schwierig, sie ist jedoch sicherlich auch von den Erfahrungen der Vergangenheit mit dem Zwangsverwalter und von der Schwierigkeit des Einzelfalles abhängig. D.h. je schwieriger und komplexer ein Verfahren ist, desto tiefer sollten auch die Prüfungen sein.

III. Anweisungen des Gerichts[8]

1. Allgemein

10 Der Zwangsverwalter arbeitet grds. selbständig, nach eigenem pflichtgemäßen Ermessen (§ 1 ZwVwV). Seine Aufgaben sind durch das ZVG bzw. die ZwVwV konkretisiert. Gleichwohl sieht § 153 vor, dass das Gericht ihn zwingend mit den erforderlichen Anweisungen für die Verwaltung auszustatten hat.

11 Das bedeutet, dass das Gericht entweder allgemein oder im konkreten Einzelfall tätig werden muss, so es eine Verfahrenslenkung für erforderlich hält. Bei diesen Anweisungen hat das Gericht die Interessen der Beteiligten im Auge zu behalten. Es hat diese nach Möglichkeit vor Einzelanweisungen schriftlich

---

2 *Stöber*, ZVG, § 153 Rn. 3.2.
3 *Depré/Mayer*, Handb., Rn. 428.
4 *Haarmeyer/Wutzke/u. a.*, ZVG, § 153 Rn. 2.
5 *Böttcher*, ZVG, § 153 Rn. 2; *Dassler/Schiffhauer/u. a.*, ZVG, § 153 Rn. 5.
6 Siehe hierzu die Kommentierung zu § 13 ZwVwV Rn. 19 ff.
7 *Haarmeyer/Wutzke/u. a.*, ZVG, § 153 Rn. 5.
8 Siehe hierzu auch *Mette*, Rpfleger 2003, 170.

oder mündlich zu hören. Soweit es nicht über eigene Sachkunde verfügt, muß es einen Sachverständigen hinzuziehen.

Das Gericht entscheidet über die Erforderlichkeit und die Ausgestaltung der Anweisung in pflichtgemäßem Ermessen. Meist wird es sich um eher **allgemeine verfahrensbezogene Anweisungen** handeln, die sich auf den Einzelfall beziehen. **Konkrete Einzelanweisungen** ergehen in der Regel auf Anfrage des Zwangsverwalters zu einem Sondersachverhalt. Ein aktives Eingreifen des Gerichts, bei dem die Gefahr besteht, dass sich das Gericht an die Stelle des Zwangsverwalters setzt, dürfte in der Praxis eher selten sein.

2. Bindungswirkung der Anweisungen

Für den Zwangsverwalter sind die Anweisungen des Gerichts grds. bindend (§ 1 ZwVwV). Befolgt er die Anweisungen nicht, macht er sich schadensersatzpflichtig und kann mit den in § 153 Abs. 2 definierten Sanktionen belegt werden. Handelt er gleichwohl im Außenverhältnis oder holt er eine nach der ZwVwV erforderliche Zustimmung nicht ein, darf ein Dritter auf die Ordnungsmäßigkeit der Tätigkeit vertrauen, soweit er keine gegenteiligen Informationen besitzt.[9]

Eine **bewusste Abweichung von Anweisungen** ist nur dann zulässig, wenn die Anweisung gesetzeswidrig wäre, er sich selbst schadensersatzpflichtig machen würde, die Abweichung unaufschiebbar ist oder in entsprechender Anwendung der §§ 675, 665 BGB berechtigt wäre.[10] Soweit Weisungen des Gerichts sich nicht auf seinen Aufgabenbereich beziehen, kann der Zwangsverwalter die Ausführung ebenfalls verweigern.

Rechtsbehelfe gegen Anweisungen des Gerichts bestehen lediglich für den Schuldner und die Gläubiger, nicht jedoch für den Zwangsverwalter[11].

Soweit die Anweisungen verfahrens- und nicht verwalterbezogen erfolgen, gelten diese auch gegenüber einem neu bestellten Zwangsverwalter.

IV. Sicherungsmittel und Sanktionen des Gerichts

1. Anfordern einer Sicherheitsleistung/Haftpflichtversicherung[12]

Das Gericht kann dem Verwalter auch zur Sicherstellung seiner Aufgaben bzw. der Ansprüche aus der Tätigkeit aus § 154 gegen ihn nach eigenem Ermessen die Erbringung einer Sicherheitsleistung auferlegen. Erfolgt dies vor der Bestellung kann das Gericht für den Fall, dass die **Sicherheitsleistung** nicht erbracht wird, von einer Bestellung absehen. Da letztlich das Gericht aber auch durch die Einforderung einer Sicherheitsleistung zum Ausdruck bringt, dass es wenig Vertrauen in den Verwalter hat, wird dies in der Praxis regelmäßig nicht praktiziert.

Weitaus wichtiger zum Schutz der Beteiligten ist der Nachweis einer entsprechenden **Haftpflichtversicherung** (§ 1 Abs. 4 ZwVwV), die seine Leistungsfähigkeit im Haftungsfalle ausreichend belegt.

Sollte das durch die ZwVwV geforderte Mindesthaftungsvolumen im konkreten Fall nicht zur Deckung der Gefahren ausreichen, ist eine sog. „Aufversicherung" durch den Zwangsverwalter möglich, wie dies auch für Insolvenzverwalter in Großverfahren durchaus üblich ist. Die Kosten einer „Aufversicherung" können dabei nicht zulasten des Zwangsverwalters gehen, sondern sind

---

9 OLG Celle, DNotZ 1965, 246.
10 *Dassler/Schiffhauer/u.a.*, ZVG, § 153 Rn. 20.
11 *Stöber*, ZVG, § 153 Rn. 4.1.
12 Siehe hierzu die Kommentierung zu § 1 ZwVwV Rn. 25 ff sowie § 9 ZwVwV Rn. 17 ff.

aus der Zwangsverwaltungsmasse als Ausgaben zu erstatten.[13] Sinnvollerweise wird der Zwangsverwalter die Notwendigkeit bzw. die Anerkennung als Ausgaben der Verwaltung für eine „Aufversicherung" mit dem Gericht abstimmen.

19 Für den Schuldner Zwangsverwalter (§§ 150 b-e), für den § 1 Abs. 4 ZwVwV keine Anwendung findet, wird für das Gericht der Nachweis einer entsprechenden Sicherheit Voraussetzung einer Bestellung sein, zumal bei ihm ggfs. durch Interessenkollisionen bzw. aufgrund der fehlenden Erfahrung die Gefahr eines Schadens deutlich höher ist. Ggfs. ist auch der Aufsichtsperson die Leistung einer Sicherheit aufzuerlegen. Dies gilt auch für den Institutsverwalter nach § 150 a.

2. Androhung und Festsetzung von Zwangsgeld

20 Soweit der Zwangsverwalter seinen Pflichten nicht nachkommt, kann das Gericht nach entsprechender Anhörung des Verwalters und nach vorheriger **Androhung, Zwangsgeld als Beugemittel** gegen den Zwangsverwalter festsetzen. Auch hier hat es zunächst die milderen Mittel der Anweisung und ggfs. der Rüge des Verhaltens auszuschöpfen. Das Zwangsgeld kann auf Antrag oder von Amts wegen verhängt werden. Grundlage ist ein Zwangsgeldbeschluss, der gem. § 794 Abs. 1 Nr. 3 ZPO vollstreckt werden kann.

21 Die **Höhe des Zwangsgeldes** beträgt analog zu Art. 6 Abs. 1 EGStGB zwischen 5 € und 1.000 €[14]. Dabei ist die Höhe nach dem jeweiligen Einzelfall zu bemessen. In der Regel dürfte jedoch unter Berücksichtigung der Schwere der Missachtung und der Bedeutung eine Festsetzung zwischen 300 € und 500 € liegen.[15] Es kann allerdings auch direkt der Höchstbetrag androhen, eine Stufenfolge ist insoweit nicht notwendig. Die Festsetzung kann auch mehrfach und so lange wiederholt werden, bis der Verwalter seiner Verpflichtung nachkommt. Zu beachten ist allerdings, dass mit der Aufhebung des Verfahrens die Wirkung der Anweisung und insoweit auch die Wirkung der Zwangsgeldfestsetzung entfällt.[16] Dennoch ist auch nach Aufhebung des Verfahrens für die dem Verwalter obliegenden Restaufgaben wie Schlussrechnungslegung die Anordnung von Zwangsgeld möglich.[17]

22 Nimmt der Zwangsverwalter die Handlung vor, kann er die Aufhebung des Beschlusses verlangen, sofern eine Vollstreckung hieraus noch nicht erfolgt ist[18]. Dies kann allerdings nur bis zur Rechtskraft des Beschlusses gelten. Die Justizverwaltung kann auf die Vollstreckung ggfs. verzichten, da der Beschluss nach Rechtskraft nicht mehr aufgehoben werden kann.[19] Eine Rückerstattung des festgesetzten Zwangsgeldes an den Zwangsverwalter nach Vollstreckung und Nachholung der entsprechenden Handlung scheidet aus.

3. Entlassung des Zwangsverwalters

23 Ultima ratio bei der Feststellung von pflichtwidrigem Verhalten des Zwangsverwalter ist seine **Entlassung**. Ein Verschulden ist nicht erforderlich.[20] Gegen

---

13 *Depré/Mayer*, Handb., Rn. 205.
14 So die wohl h.M. *Stöber*, ZVG, § 153 Rn. 7.1; *Haarmeyer/Wutzke/u.a.*, ZVG, § 153 Rn. 13; *Depré/Mayer*, Handb., Rn. 432; a.A. AG Mühldorf am Inn, Beschl. vom 31.5.2001 – L 022/99, RPfleger 2001, 562 wonach das Zwangsgeld nach §§ 869, 888 ZPO mit bis zum € 25.000 zu bemessen werden kann.
15 So auch *Haarmeyer/Wutzke/u.a.*, ZVG, § 153 Rn. 13; *Dassler/Schiffhauer/u.a.*, ZVG, § 153 Rn. 50.
16 LG München II, Beschl. vom 29.6.1976 – 7 T 520/76, RPfleger 1977, 455.
17 *Depré/Mayer*, Handb., Rn. 435; a.A. LG Berlin, RPfleger 1979, 224.
18 LG Oldenburg, Beschl. vom 29.4.1982 – 5 T 128/82, RPfleger 1982, 351.
19 *Depré/Mayer*, Handb., Rn. 434 mit weiteren Nennungen.
20 OLG Hamm, Beschl. vom 28.2.1994 – 15 W 369/93, RPfleger 1994, 515.

den Willen des Zwangsverwalters ist eine Entlassung nur bei schweren Pflichtverletzungen oder offensichtlich vorliegender Amtsunfähigkeit im konkreten Verfahren oder allgemein möglich.[21] Zuvor sind alle anderen Sanktionen auszuschöpfen. Erst wenn diese erfolglos geblieben sind oder nicht erfolgversprechend erscheinen, ist die Entlassung zulässig. Das Gericht hat bei der Entscheidungsfindung auch einzubeziehen, dass die Entlassung beim Zwangsverwalter durch die Rufschädigung zu nachhaltigen Beeinträchtigungen und Schäden führen kann.

Schwere Pflichtverstöße liegen z. B. vor: Veruntreuung von Geldern[22], Belassen von Fremdgeldern auf dem Geschäftskonto des Zwangsverwalters[23], Vermögensverfall des Zwangsverwalters, Untreue[24], offensichtliche Unfähigkeit, Unverträglichkeit mit dem Schuldner, soweit hierdurch das Verfahren erheblich beeinträchtigt wird[25], längere Krankheit des Verwalters, Interessenkollisionen, dauerhafte Verletzung der Rechnungslegungspflicht nach Zwangsgeldfestsetzung, wiederholte Nichtbefolgung begründeter Anweisungen.

Eine **Entlassung** ist auch **auf eigenen Wunsch des Zwangsverwalters**, nur aus dringenden Gründen wie längere Krankheit, Wechsel des Aufenthaltsortes[26] möglich.

Mit der Entlassung des Zwangsverwalter enden dessen Aufgaben, er hat jedoch bis zur Bestellung eines neuen Zwangsverwalters unaufschiebbare Geschäfte noch zu besorgen, sofern sich aus dem Aufhebungsbeschluss nichts anderes ergibt. Dies dürfte in der Praxis allerdings selten der Fall sein, da das Gericht im Falle einer Entlassung schon unter Vermeidung einer eigenen Schadensersatzpflicht schnellstmöglich einen neuen Zwangsverwalter bestellen wird. Soweit auf Rechtsbehelf des alten Zwangsverwalters hin die Entlassung rückgängig gemacht wird, ist der neu bestellte Zwangsverwalter zu entlassen.

4. Rechtsmittel des Zwangsverwalters gegen Sanktionen des Gerichts

Gegen die Androhung[27] sowie die Festsetzung von Zwangsgeld bzw. seine Entlassung hat der Zwangsverwalter die Rechtsbehelfe der sofortigen Beschwerde nach § 793 ZPO sowie wie Vollstreckungserinnerung nach § 766 ZPO.

V. Vergütung des Zwangsverwalters

Als weitere Aufgabe ordnet § 153 dem Gericht die Zuständigkeit/Aufgabe der Festsetzung der Vergütung für die Tätigkeit des Zwangsverwalters zu. Diesbezüglich wird auf die Kommentierung zu § 152a sowie §§ 17 ff ZwVwV verwiesen.

---

21 *Haarmeyer/Wutzke/u. a.*, ZVG, § 153 Rn. 16.
22 OLG Hamm, Beschl. vom 12.6.1987 – 15 W 48/87, RPfleger 1988, 36.
23 AG Karlsruhe, Beschl. vom 25.11.1982 – N 243/74, ZIP 1983, 101.
24 Siehe hierzu *Haarmeyer/Wutzke/u. a.*, ZVG, § 153 Rn. 16 unter Verweis BGH, Beschl. vom 5.3.1998 – IX ZB 13/98, KTS 1998, 622, wonach die Vorwürfe nicht in unmittelbarem Zusammenhang mit der Tätigkeit als Zwangsverwalter stehen müssen.
25 *Dassler/Schiffhauer/u. a.*, ZVG, § 153 Rn. 58.
26 *Stöber*, ZVG, § 153, 7.2.
27 *Stöber* ZVG, § 153 4.2; a. A. LG Lüneburg, KTS 1979, 128.

§ 153a ZVG [Erstattungspflicht für ersparte Futterkosten]

Ist in einem Gebiet das zu dem landwirtschaftlichen Betriebe gehörende Vieh nach der Verkehrssitte nicht Zubehör des Grundstücks, so hat, wenn der Schuldner zum Zwangsverwalter bestellt wird, das Vollstreckungsgericht gem. § 153 Anordnungen darüber zu erlassen, welche Beträge der Schuldner als Entgelt dafür, dass das Vieh aus den Erträgnissen des Grundstückes ernährt wird, der Teilungsmasse zuzuführen hat und wie die Erfüllung dieser Verpflichtung sicherzustellen ist.

Übersicht

		Rn.
I.	Regelungszusammenhang	1–5
II.	Rechtsfolgen eines Verstoßes	6
III.	Rechtsbehelf	7

1 Die Vorschrift stellt eine – mangels praktischer Relevanz – wohl mittlerweile überholte[1] Spezialregelung für die Schuldner-Zwangsverwaltung in bestimmten Gegenden Oldenburgs und Ostfrieslands dar. Nach dortiger Verkehrssitte wird entgegen der allgemeinen Regelungen zur Beschlagnahme des Zubehörs (§§ 20 Abs. 2, 1120, 97 BGB) das Vieh eines landwirtschaftlichen Betriebes nicht als Zubehör angesehen.

2 Für diese doppelte Sondersituation, in der der Schuldner als Eigentümer des Viehs zugleich Nutzer und Zwangsverwalter ist, besteht ein erhöhtes Schutzbedürfnis des Gläubigers. Ohne entsprechendes Korrektiv ginge dem Gläubiger der Wert des Futters, das ohne Weiteres auch einer Drittverwertung hätte zugeführt werden können, ersatzlos verloren, während der Schuldner die Futterkosten für das in seinem Eigentum stehende Vieh erspart.

3 Zum Schutz des Gläubigers und zur Aufhebung dieser Befangenheitssituation des Schuldners weist der Gesetzgeber dem Gericht in § 153a konkrete Regelungs-, und Sicherungspflichten zu. Zwar nicht ausdrücklich geregelt, aber doch zumindest aus dem Zusammenhang ergibt sich auch eine erhöhte Kontroll- und Überwachungspflicht.

4 Als Ausgleich für das zum Unterhalt des Viehs aus dem zwangsverwalteten Grundstück entnommene Futter hat das Gericht von Amts wegen einen Geldbetrag festzusetzen. Diesen Geldbetrag hat der Schuldner in die Teilungsmasse abzuführen. Ein Ermessensspielraum besteht hierbei nicht. Soweit das Gericht zur Festsetzung des Entschädigungsbetrages selbst nicht in der Lage ist, hat es, wie in § 153 Abs. 1 vorgesehen, einen Sachverständigen hinzuzuziehen.

5 Das Gericht hat die Zahlung auch durch geeignete Sicherungsmaßnahmen, wie etwa die Zahlung des Entschädigungsbetrages an eine Aufsichtsperson gem. § 150d sicherzustellen.

II. Rechtsfolgen eines Verstoßes

6 Soweit der Schuldner als Zwangsverwalter die angeordnete Zahlungspflicht nicht einhält, wird das Gericht an der Entlassung des Zwangsverwalters nicht vorbei kommen. Aufgabe eines neu bestellten Zwangsverwalters wird es dann sein, die entsprechenden Beträge beizutreiben.

---

[1] Übereinstimmend *Stöber*, ZVG § 153a Rn. 2.1; *Depré/Mayer* Rn. 111; OLG Oldenburg, Rpfleger. 1976, 243.

III. Rechtsbehelf

Sowohl dem Schuldner wie auch dem Gläubiger steht der Rechtsbehelf der sofortigen Beschwerde offen. **7**

§ 153b ZVG [Einstellung der Zwangsverwaltung auf Insolvenzverwalterantrag]

Übersicht

		Rn.
I.	Normzweck, Rechtsnatur, Anwendungsbereich	1
II.	Einstellung der Zwangsverwaltung	2–5
1.	Voraussetzungen	2, 3
2.	Wirkung	4
3.	Auflage	5
III.	Rechtsbehelfe	6

I. Normzweck, Rechtsnatur, Anwendungsbereich

1 § 153b stellt ein Pendant zu den Möglichkeiten der vorläufigen Einstellung des Zwangsversteigerungsverfahrens nach § 30d dar. In einem parallelen Insolvenzverfahren soll der Insolvenzverwalter die Möglichkeit haben, das Besitz- und Nutzungsrecht an einer schuldnerischen Immobilie (oder an einem sonstigen Vollstreckungsgegenstand des ZVG) weiter für die Masse innezuhaben, um den Vollstreckungsgegenstand im Gesamtgläubigerinteresse sinnvoll gebrauchen zu können. Insbesondere soll damit die Möglichkeit der Sanierung und Restrukturierung unterstützt werden.[1]

II. Einstellung der Zwangsverwaltung

1. Voraussetzungen

2 Voraussetzung ist zunächst, dass ein Insolvenzverfahren eröffnet ist. Die Anordnung einer vorläufigen Insolvenzverwaltung reicht, anders als im Fall der vorläufigen Einstellung der Zwangsversteigerung (§ 30d Abs. 4), nicht aus. Die Vorschrift gilt auch bei Eröffnung eines vereinfachten Insolvenzverfahrens nach §§ 305 ff. InsO.
Weiter muss der Insolvenzverwalter einen Antrag beim Vollstreckungsgericht stellen, im Fall der Eigenverwaltung gemäß § 270 InsO der Schuldner selbst. Der Insolvenzverwalter hat glaubhaft zu machen, dass durch die Fortsetzung der Zwangsverwaltung eine wirtschaftlich sinnvolle Nutzung der Insolvenzmasse wesentlich erschwert wird. Eine wesentliche Erschwernis des Insolvenzverfahrens liegt nicht darin, dass der Insolvenzverwalter auf Nutzungen, wie beispielsweise Mieteinnahmen, keinen Zugriff mehr hat. Auch das per se dem Zwangsverwalter zufallende Besitzrecht bedeutet keine wesentliche Erschwernis der Insolvenzverwaltung.[2] Die Aufnahme von Verkaufsverhandlungen durch den Insolvenzverwalter wegen der freihändigen Veräußerung der Immobilie stellt ohne das Hinzutreten besonderer Umstände keine besondere Erschwernis dar.[3] In aller Regel reichen die Erlöse aus einem solchen Verkauf nicht zur vollständigen Ablöse der Grundpfandgläubiger aus, so dass mit diesen ohnehin der Insolvenzverwalter eine Abstimmung über die Modalitäten des Verkaufs und damit auch der Zwangsverwaltung finden muss. Verhält sich der Zwangsverwalter im Verhältnis zum Insolvenzverwalter unkooperativ, haben es die die Zwangsverwaltung betreibenden und an der Verwertung ebenso interessierten Grundpfandgläubiger in der Hand, ein mögliches Ver-

---

1 Insb. zur ratio des Gesetzes: *Mönning/Zimmermann*, NZI 2008, S. 134 ff.
2 *Stöber*, ZVG, § 153b Rn. 2, 2.3 m. w. N.
3 Anders: *Mönning/Zimmermann*, NZI 2008, S. 134 (S. 138).

kaufshindernis durch Rücknahme des Zwangsverwaltungsantrags und ggf. Abschluss einer Verwaltungsvereinbarung mit dem Insolvenzverwalter zu beseitigen.

Eine wesentliche Erschwernis kann darin bestehen, dass beispielsweise die Nutzung des betroffenen Grundstücks für die Fortführung eines Gewerbebetriebs notwendig ist oder wenn sich die Grundstücksnutzung auf Bodenerzeugnisse richtet wie landwirtschaftliche Produkte oder Bodenschätze. Auch ein Insolvenzplan, der die weitere Nutzung des Grundstücks voraussetzt, oder ein von der Gläubigerversammlung beschlossenes Fortführungskonzept kann eine solche Erschwernis bedeuten, sofern die Nutzung nicht mit dem Zwangsverwalter vereinbart werden kann.[4]

Bei der einstweiligen Einstellung der Zwangsverwaltung nach § 153b ist nicht zu prüfen, ob die Einstellung unter Berücksichtigung der wirtschaftlichen Verhältnisse des Gläubigers zuzumuten ist. Eine Vorschrift entsprechend § 30d Abs. 1 Satz 2 fehlt. Etwaige Nachteile, die der Gläubiger erleidet, sind allein im Rahmen der Auflagenerteilung an den Insolvenzverwalter gemäß § 153b Abs. 2 zu berücksichtigen. Der Antrag des Insolvenzverwalters ist beim Vollstreckungsgericht zu stellen.

Der Zwangsverwalter kann von sich aus den Antrag auf solche Gegenstände oder Aspekte beschränken, die für die weitere Nutzung im Insolvenzverfahren maßgeblich im Sinne von § 153b Abs. 1 sind. Der Antrag ist nicht fristgebunden. Stellt der Insolvenzverwalter jedoch den Antrag bereits einige Zeit nach Eröffnung des Insolvenzverfahrens und Anordnung der Zwangsverwaltung, befindet er sich ersichtlich in Argumentationsschwierigkeiten. Er muss dann glaubhaft machen, warum die Anordnung der Zwangsverwaltung nicht von Anfang an die wirtschaftlich sinnvolle Nutzung der Insolvenzmasse wesentlich erschwert hat, sondern erst ab dem späteren Zeitpunkt der Antragstellung.

Der Insolvenzverwalter hat in seinem Antrag immer die Tatsachen vorzutragen, aus denen sich die Voraussetzungen des § 153b ergeben. Soweit er zur wesentlichen Erschwerung der sinnvollen Nutzung durch die Insolvenzmasse vorträgt, hat er dies ohne Weiteres glaubhaft zu machen. Der oder die Anordnungsgläubiger sowie etwaig beigetretene Gläubiger sowie der Zwangsverwalter sind vor der Entscheidung zu hören. Das Gericht kann eine mündliche Verhandlung anordnen, muss dies jedoch nicht.

2. Wirkung

Das Vollstreckungsgericht entscheidet durch Beschluss. Die Einstellung hält den Fortgang des Zwangsverwaltungsverfahrens auf, ohne jedoch das Zwangsverwaltungsverfahren an sich zu beenden. Dies bedeutet, dass die vollstreckungsrechtliche Beschlagnahme gemäß §§ 148, 22 bestehen bleibt. Sowohl der Zwangsverwaltungsvermerk bleibt im Grundbuch eingetragen als auch das Amt des Zwangsverwalters bestehen. Der Zwangsverwalter ist jedoch an der Amtsausübung gehindert, soweit der Einstellungsbeschluss reicht. Spiegelbildlich gelangt der Insolvenzverwalter wieder in das Besitz- und Nutzungsrecht, soweit der Einstellungsbeschluss die Rechte des Zwangsverwalters vollständig oder teilweise suspendiert. Da das Zwangsverwaltungsverfahren gerade nicht beendet ist, steht ein etwaig aggregierter Überschuss aus der Zwangsverwaltung nicht dem Schuldner zu. Der Zwangsverwalter hat vielmehr Rechnung zu legen und vorhandene Mittel für Kosten des Verfahrens und nachrangig für Zahlungen auf den Teilungsplan zu verwenden. Eine Kostenentscheidung ergeht nicht, die Kosten des Verfahrens nach § 153b sind Kosten der Zwangsvollstreckung.[5]

---

4 *Mönning/Zimmermann*, NZI 2008, S. 134 (S. 138).
5 LG Mühlhausen, Beschl. vom 12.2.2002 – 2 T 140/01, RPfleger 2002, 374.

Bei einer nur teilweisen Einstellung des Zwangsverwaltungsverfahrens hat das Gericht exakt abzugrenzen, beispielsweise auf welche Grundstücks- oder Gebäudeteile sich der Einstellungsbeschluss bezieht oder auf welche Art der Nutzung. Eine unpräzise Abgrenzung oder Darstellung im Beschluss wäre eine zukünftige Konfliktlinie zwischen den dann parallelen Besitzrechten des Insolvenz- und des Zwangsverwalters.

Die Einstellung der Zwangsverwaltung wirkt gegen sämtliche Gläubiger, die das Verfahren betreiben. Anderenfalls wäre der Antrag nach § 153b Abs. 1 sinnlos.

3. Auflage

5 Das Gericht hat den Einstellungsbeschluss, ohne dass es eines Antrags des Gläubigers bedürfte, mit der Auflage zu versehen, dass die Nachteile, die dem betreibenden Gläubiger aus der Einstellung erwachsen, durch laufende Zahlungen aus der Insolvenzmasse ausgeglichen werden, § 153b Abs. 2. Die Zahlungsverpflichtung des Insolvenzverwalters ist eine vorrangig aus der Insolvenzmasse zu befriedigende Masseverbindlichkeit im Sinne des § 55 Abs. 1 InsO.

Schwierigkeiten können sich aus der Berechnung des dem oder den Gläubigern entstehenden Nachteils ergeben. Das Gericht, das Umfang und Zeitpunkt der laufenden Zahlungen in den Einstellungsbeschluss aufzunehmen hat, muss dabei eine prognostische Betrachtung dessen vornehmen, was der oder die Gläubiger bei der fortgesetzten Zwangsverwaltung an Zahlungen hätten erhalten können. Dies orientiert sich einerseits an den vom Zwangsverwaltungsverfahren beschlagnahmten Forderungen und voraussichtlichen Einnahmen, andererseits an den ebenso voraussichtlichen Ausgaben der Verwaltung. Die Grundlage hierfür ist der Inbesitznahmebericht des Zwangsverwalters, sofern ein solcher bereits vorliegt, sowie gegebenenfalls weitere Verwalterberichte oder -abrechnungen.

Der Insolvenzverwalter hat dabei die Möglichkeit, glaubhaft zu machen, warum keine oder geringere Zahlungen zu erwarten gewesen wären und daher dem Gläubiger kein oder nur ein geringerer Nachteil entsteht. Dem Gläubiger steht das gegenteilige Recht zu, glaubhaft zu machen, warum er mit höheren Leistungen rechnen konnte und ihm daher ein höherer Nachteil auszugleichen ist. Streitig ist, ob das Vollstreckungsgericht selbst ermittlungspflichtig ist.[6] Da es sich um einen quasi-kontradiktorisches Verfahren handelt, hat nach richtiger Ansicht das Vollstreckungsgericht von sich aus nur solche Sachverhalte zu berücksichtigen, die aktenkundig sind.[7]

Aus dem Wortlaut des § 153b Abs. 2 ergibt sich ferner ausdrücklich, dass das Vollstreckungsgericht die Auflage an den Insolvenzverwalter zu stellen hat. Dies beinhaltet die Höhe der zu leistenden Zahlungen sowie die Fälligkeit. Es ist verfehlt, anzunehmen, dem Zwangsverwalter, dessen Amt durch die Einstellung gerade ruht, zu überlassen, mit dem Insolvenzverwalter Art und Umfang der Auflage zu verhandeln.[8]

Bei der Ermittlung des auszugleichenden Nachteils ist nur darauf abzustellen, was der betreibende Gläubiger prognostisch erhalten hätte. Die Verteilung von Einnahmen auf die vorrangigen Kosten des Verfahrens oder Leistungen an andere, vorrangige Gläubiger haben keinen Einfluss auf die Höhe der Zahlungsauflage nach § 153b, da sich ansonsten der die Vollstreckung betreibende Gläubiger durch die Einstellung der Zwangsverwaltung und die Anordnung der Auflage wirtschaftlich besser stünde als im Fall des fortgesetzten Zwangsverwaltungsverfahrens.

---

6 So *Vallender*, Rechtspfleger 1997, 350 (355).
7 So auch: *Stöber*, ZVG, § 153 b Rn. 5, Anm. 5.3.
8 So aber: *Haarmeyer/Wutzke/u. a.*, ZVG, § 153 b Rn. 16; *Knees*, ZIP 2001, 1568 (1576).

Die Zahlungsauflage hat der Zwangsverwalter – nach dem Wortlaut des § 153b Abs. 2 – unmittelbar an den betreibenden Gläubiger zu leisten und nicht an den Zwangsverwalter. Dessen Amt ruht gerade, die unmittelbare Zahlung an den betreibenden Gläubiger trägt dem Umstand der Suspendierung des Zwangsverwaltungsverfahrens Rechnung.

Das Gericht hat, wenn das Verfahren von mehreren Gläubigern betrieben wird, die Auflage nach § 153b Abs. 2 für jeden einzelnen Gläubiger nach seiner Rangklasse und der damit verbundenen Befriedigungserwartung einzeln darzustellen. Die Auflage wird bei mehreren Gläubigern daher mit an Sicherheit grenzender Wahrscheinlichkeit differieren.

Sollte ein Gläubiger erst nach der Einstellung dem Verfahren beitreten, was weiter möglich ist, hat das Gericht nachträglich in einem weiteren Beschluss den Nachteilsausgleich in Form der Auflage des § 153b Abs. 2 festzusetzen. Möglicherweise können sich dadurch die Befriedigungsaussichten (dann) nachrangigerer Gläubiger verschlechtern, so dass in diesem Fall in einem gesonderten Beschluss die Auflagen auch für diese neu festzusetzen sind.

III. Rechtsbehelfe

Sofern der Antrag des Insolvenzverwalters abgelehnt wird, steht diesem das Recht der sofortigen Beschwerde zu, im Fall der Vollstreckung oder teilweisen Einstellung des Zwangsverwaltungsverfahrens dem Gläubiger. Sonstige Beteiligte – insbesondere der Zwangsverwalter – haben kein Beschwerderecht. Die sofortige Beschwerde ist ebenso gegen die Anordnung der Auflage nach § 153b Abs. 2 zulässig.

Es wird auch vertreten, dass wegen § 95 die sofortige Beschwerde nicht statthaft sei, da auf sie nicht ausdrücklich verwiesen werde und wegen § 95 die Möglichkeit der Rechtsbehelfe auch im Zwangsverwaltungsverfahren beschränkt sei.[9] Dies ist jedoch nicht zutreffend, da § 95 allein die Rechtsmittel im Zwangsversteigerungsverfahren betrifft und nicht diejenigen im Zwangsverwaltungsverfahren. Im Übrigen wird durch § 153b die sofortige Beschwerde auch nicht ausgeschlossen.[10]

---

9 So: *Haarmeyer/Wutzke/u.a.*, ZVG, § 153 b Rn. 10. Danach besteht nur die Möglichkeit der Rechtspflegererinnerung nach § 10 Abs. 2 RPflG, da der Rechtsausschuss eine unanfechtbare Entscheidung wollte.

10 So zutreffend: *Depré/Mayer*, Rn. 766; *Mönning/Zimmermann*, NZI 2008, S. 134 (S. 139); *Stöber*, ZVG, § 153 b Rn. 8.

§ 153c ZVG [Fortsetzung der Zwangsverwaltung]

(1) Auf Antrag des betreibenden Gläubigers hebt das Gericht die Anordnung der einstweiligen Einstellung auf, wenn die Voraussetzungen für die Einstellung fortgefallen sind, wenn die Auflagen nach § 153b Abs. 2 nicht beachtet werden oder wenn der Insolvenzverwalter der Aufhebung zustimmt.

(2) Vor der Entscheidung des Gerichts ist der Insolvenzverwalter zu hören. Wenn keine Aufhebung erfolgt, enden die Wirkugnen der Anordnung mit der Beendigung des Insolvenzverfahrens.

	Übersicht	Rn.
I.	Normzweck, Rechtsnatur, Anwendungsbereich	1
II.	Aufhebung der Einstellung	2–4
1.	Voraussetzungen	2
2.	Verfahren	3, 4
III.	Rechtsbehelfe	5

I. Normzweck, Rechtsnatur, Anwendungsbereich

1 Die Norm dient dem Zweck, ein nach § 153b eingestelltes Zwangsverwaltungsverfahren fortsetzen zu können. Sie ist Pendant zur Norm des § 30f, die die Aufhebung der einstweiligen Einstellung eines Zwangsversteigerungsverfahrens infolge des Insolvenzverfahrens regelt.

II. Aufhebung der Einstellung

1. Voraussetzungen

2 Auf Antrag des betreibenden Gläubigers hebt das Gericht die Anordnung der einstweiligen Einstellung auf, wenn die Einstellungsvoraussetzungen fortgefallen sind. Gleiches gilt bei der Schlechterfüllung der Auflagen durch den Insolvenzverwalter nach § 153b Abs. 2 oder wenn der Insolvenzverwalter der Aufhebung zustimmt.

Fortgefallen sind die Voraussetzungen der Einstellung, wenn das Insolvenzverfahren beendet ist – in diesem Fall bedarf es auch keiner Anhörung des Insolvenzverwalters mehr, da damit sein Amt beendet ist –, oder wenn im laufenden Insolvenzverfahren der Insolvenzverwalter das Grundstück für die Insolvenzmasse nicht mehr so nutzen kann, dass die Zwangsverwaltung eine maßgebliche Erschwernis der wirtschaftlichen sinnvollen Nutzung der Insolvenzmasse darstellte. Gleiches gilt, wenn der Insolvenzverwalter die Immobilie aus dem Insolvenzbeschlag an den Schuldner freigegeben hat.

Das Zwangsverwaltungsverfahren ist auch dann fortzusetzen, wenn der Insolvenzverwalter der Zahlungsauflage nicht oder nicht vollständig nachgekommen ist. Sofern der Insolvenzverwalter die nicht oder verspätet geleistete Zahlung nach Antragstellung gemäß § 153c Abs. 1 nachholt, besteht dennoch der Grund für die Fortsetzung der Zwangsverwaltung. Etwas anderes gilt ausnahmsweise nur, wenn der antragstellende Gläubiger die Zahlung vorbehaltlos entgegengenommen hat.

Schließlich ist das Zwangsverwaltungsverfahren fortzusetzen, wenn der Insolvenzverwalter der Fortsetzung der Zwangsverwaltung zugestimmt hat. Dies ist beispielsweise denkbar, wenn er mit dem Absonderungsgläubiger eine Einigung über die zukünftige Nutzung und Verwertung des Vollstreckungsgegenstandes getroffen hat und es der gerichtlichen Auseinandersetzung auf der

Ebene des § 153b bzw. des § 30d nicht mehr bedarf. Ein weiterer Grund kann sein, dass sich die Nutzung des Absonderungsguts als kostspieliger erwiesen hat, als vom Insolvenzverwalter zunächst angenommen, und er mit der Fortsetzung der Zwangsverwaltung Masseverbindlichkeiten sparen will.

Ebenso wie die nur teilweise Einstellung der Zwangsverwaltung ist auch die teilweise Aufhebung der Einstellung, d.h. die teilweise Fortsetzung der Zwangsverwaltung, möglich. Der Gläubiger kann seinen Antrag bereits entsprechend beschränken.

2. Verfahren

Der unbefristete Antrag ist schriftlich zu stellen. Gemäß § 153 Abs. 2 ist vor der Entscheidung des Gerichts der Insolvenzverwalter (sofern das Insolvenzverfahren nicht aufgehoben ist) zu hören. Das Vollstreckungsgericht entscheidet über den Antrag durch Beschluss. Dabei wird die Einstellung der Zwangsverwaltung ganz oder teilweise aufgehoben. Im Beschluss ist keine Kostenentscheidung zu treffen. Das Gericht hat den Beschluss zu begründen. Gibt das Gericht dem Antrag statt, ist der Beschluss dem Insolvenzverwalter zuzustellen, dem Antragsteller und gegebenenfalls sonstigen Beschlagnahmegläubigern mitzuteilen. Weist das Gericht den Antrag zurück, ist der Beschluss dem Gläubiger zuzustellen und dem Insolvenzverwalter sowie den sonstigen Beschlagnahmegläubigern mitzuteilen. In jedem Fall ist der Beschluss auch dem Zwangsverwalter mitzuteilen.

Da das Zwangsverwaltungsverfahren durch eine Entscheidung nach § 153b Abs. 1 nicht aufgehoben, sondern nur in seinen Wirkungen (teilweise) suspendiert wurde, hat der Zwangsverwalter seine Verwaltungstätigkeit wieder aufzunehmen, d.h. er hat sich (erneut) Besitz zu verschaffen und sich um die beschlagnahmten Forderungen und sonstigen Nutzungen zu kümmern. Es gilt der ursprüngliche Beschlagnahmezeitpunkt.

Sofern – mit neuer Begründung – ein erneuter Einstellungsantrag nach § 153b Abs. 1 vom Vollstreckungsgericht positiv verbeschieden wird, ist auch ein erneuter Aufhebungsantrag nach § 153c möglich. Der Gläubiger muss dann vortragen, dass die Aufhebungsvoraussetzungen erneut entstanden sind, beispielsweise durch (erneute) Schlechtleistung der Zahlungsauflage.

Erfolgt auf einen Beschluss nach § 153b während des laufenden Insolvenzverfahrens keine Fortsetzung der Zwangsverwaltung nach § 153c, so bestimmt § 153c Abs. 2 Satz 2, dass die Wirkung der Anordnung der Aufhebung mit der Beendigung des Insolvenzverfahrens endet. Der Zwangsverwalter ist vom Vollstreckungsgericht hierüber zu informieren. Er hat dann seine Verwalteraufgaben wieder auszuführen. Statt des Insolvenzverwalters oder Treuhänders ist dann der Schuldner wieder Verfahrensbeteiligter.

III. Rechtsbehelfe

Der durch die Entscheidung beschwerte Gläubiger oder Insolvenzverwalter (nicht Zwangsverwalter!) hat den Rechtsbehelf der sofortigen Beschwerde; es wird insoweit auf die Kommentierung zu § 153b, Rn. 6 verwiesen.

§ 154 ZVG [Haftung des Verwalters und Rechnungslegung]

Der Verwalter ist für die Erfüllung der ihm obliegenden Verpflichtungen allen Beteiligten gegenüber verantwortlich. Er hat dem Gläubiger und dem Schuldner jährlich und nach Beendigung der Verwaltung Rechnung zu legen. Die Rechnung ist dem Gericht einzureichen und von diesem dem Gläubiger und dem Schuldner vorzulegen.

Übersicht

		Rn.
I.	Regelungszusammenhang	1, 2
II.	Haftung des Zwangsverwalters	3–19
1.	Pflichtenkreis	5–7
2.	Beteiligtenbegriff	8–13
3.	Haftung außerhalb des ZVG	14
4.	Haftung für Hilfspersonen	15
5.	Anweisungen des Gerichts/Enthaftungswirkung für den Zwangsverwalter	16
6.	Geltendmachung der Haftung	17, 18
7.	Konkrete Haftungssitutationen	19
III.	Rechnungslegung	20–27

I. Regelungszusammenhang

1 Die heterogen gefasste Vorschrift regelt die **Haftung des Zwangsverwalter** für Pflichtverstöße. Sie ist generelle Haftungsnorm für Verstöße des Verwalters im Rahmen seines Aufgabenkreises, der durch die weiteren Vorschriften des ZVG bzw. der ZwVwV konkretisiert wird. In den Schutzkreis einbezogen sind jedoch lediglich die unmittelbar am Zwangsverwaltungsverfahren Beteiligten. Die Haftung gegenüber Nichtbeteiligten ist außerhalb der ZVG geregelt.

2 Weiter wird die **Verpflichtung des Zwangsverwalters zur Rechnungslegung**, die in den §§ 13–16 ZwVwV ihre konkrete Ausgestaltung gefunden hat, geregelt. Auch in diesem Zusammenhang ist die Vorschrift als Grundregel zu sehen, die für die Rechnungslegung Zeitpunkte, Verfahren sowie mit Schuldner und Gläubiger deren Adressaten definiert. Ausdrücklich verwiesen wird hier auf die Kommentierung zu den §§ 13–16 ZwVwV.

II. Haftung des Zwangsverwalters

3 In der Haftungssystematik ist nach § 154 grds. die Haftung des Zwangsverwalter gegenüber den sog. Beteiligten im Sinne des § 9 und die Haftung gegenüber Nichtbeteiligten, die sich nach allgemeinen Grundsätzen richtet, zu unterscheiden.

4 Die Regelung des § 154 bezieht sich dabei auch auf Institutsverwalter, Schuldner-Zwangsverwalter sowie die Aufsichtsperson im Sinne des § 150c. Grundlage ist das durch die Zwangsverwaltung zwischen den Beteiligten entstehende gesetzliche Schuldverhältnis, aus dem sich als Spiegelbild auch die Haftung des Zwangsverwalters ergibt. Für Pflichtverletzungen in seinem Aufgabenkreis haftet er mit seinem persönlichen Vermögen. Trotz seiner Aufgabe als besonderes Rechtspflegeorgan greift die Staatshaftung gem. § 839 BGB i. V. m. Art. 34 GG nicht.

1. Pflichtenkreis

Der Zwangsverwalter haftet den Beteiligten nur innerhalb seines vorgegebenen Pflichtenkreises für **zwangsverwaltungsspezifische Pflichten**[1]. Diese ergeben sich aus dem ZVG bzw. der ZwVwV. Nicht durch § 154 umfasst ist die Haftung für die Verletzung rein vertraglicher oder deliktischer Pflichten.

Maßstab für das Verwalterhandelns ist das Verhalten eines sparsamen, ordentlich wirtschaftenden Eigentümers unter besonderer Berücksichtigung der Auswirkungen des Zwangsverwaltungsverfahren.[2] Er hat die Sorgfalt anzuwenden, die er auch in eigenen Angelegenheiten („diligentia quam in suis") anwenden würde.

Innerhalb seines Pflichtenkreises haftet er den Beteiligten für Vorsatz und Fahrlässigkeit, soweit der entstandene Schaden kausal auf die Pflichtverletzung zurückzuführen ist. Für Art, Umfang und Höhe des Schadens gelten die Regelungen des BGB §§ 249 ff., wobei ein Mitverschulden nach § 254 BGB zu berücksichtigen ist.

2. Beteiligtenbegriff

Nach der bislang vorherrschenden Meinung ergab sich die maßgebliche Einschränkung des Haftungsumfanges durch eine stark formell orientierte Auslegung des Beteiligtenbegriffes. Abgestellt wurde auf die in § 9[3] durch den Gesetzgeber getroffene Definition. Diese wurde als formelle Definition des Beteiligtenbegriffes für die gesamte ZVG vollumfänglich auch auf den Haftungstatbestand des § 154 übertragen. Trotz mehrfacher Gelegenheit sah der BGH lange keine Notwendigkeit, den Beteiligtenbegriff allgemein zu definieren.[4] Dennoch sah die Rechtsprechung teils auch nicht in § 9 genannte Personengruppen, wie z. B. den Eigentümer eines beschlagnahmten Zubehörstückes oder den Ersteher[5] nach Zuschlag im Zwangsversteigerungsverfahren als Beteiligte an.[6]

Eine formelle Interpretation des Beteiligtenbegriffes stand damit im deutlichen Gegensatz zur Haftungsrechtsprechung des BGH für den Konkurs- und Insolvenzverwalter, die auf einen materiell rechtlich orientierten Beteiligtenbegriff abstellt. Im Vergleich zum Insolvenzverwalter war insoweit die Haftungsgefahr für seine Tätigkeit als vergleichsweise gering einzustufen.

Bereits aus jüngeren Entscheidungen der Instanzengerichte war jedoch parallel zu den Entwicklungen im Insolvenzrecht eine Tendenz festzustellen, die Haftung des Zwangsverwalters insbesondere durch eine weite Auslegung des Beteiligtenbegriffes zu verschärfen.[7] Das OLG Frankfurt[8] sah, auch wenn diese Rechtsfrage mangels Verletzung verwaltungsspezifischer Pflichten im konkreten Fall nicht zu entscheiden war, zumindest in bestimmten Fällen eine vergleichbare Rechtsstellung des Insolvenz- und des Zwangsverwalters. Erstmals wurde damit die Brücke zur dezidierten Haftungsrechtsprechung des Insol-

---

1 BGH, Urteil vom 5.2.2009 – IX ZR 21/07, S. 11, BGHZ 179, 336 = NJW 2009, 1674 = Rpfleger 2009, 331.
2 LG Erfurt, Urteil vom 23.11.2007 – 10 O 1414/06, ZfIR 2008, 809; Bank, ZfIR 2008, 784.
3 Siehe hierzu die Kommentierung zu § 9 ZVG.
4 Bank, ZfIR 2008, 782.
5 BGH, Urteil vom 11.10.2007 – IX ZR 156/06, Rpfleger 2008, 89 = ZfIR 2008, 25; BGH, Urteil vom 13.3.1963 – BGHZ 39, 235, 241; OLG Frankfurt, Urteil vom 9.10.2002 – 13 U 187/00, ZfIR 2003, 884; OLG Hamm, Urteil vom 15.9.2005 – 27 U 16/05, MDR 2006, 713; Bank, ZfIR 2008, 782.
6 BGH, Urteil vom 15.11.1984 – IX ZR 157/83, NJW 1986, 59 = RPfleger 1985, 161; Depré/Maier, Handb., Rn. 634.
7 So auch Bank, ZfIR 2008, 781.
8 Z.B. OLG Frankfurt, Urteil vom 10.9.2008 – 7 U 272/07, ZfIR 2008, 804.

venzverwalters geschlagen und in einer weiten Auslegung des Beteiligtenbegriffes der Haftungsumfang auch auf Personen erweitert, gegenüber denen der Zwangsverwalter verwaltungsspezifische Pflichten wahrnimmt.

11 Nach den Stimmen in der Literatur sei eine weite Auslegung des Beteiligtenbegriffes sowohl unter formellen wie auch materiell rechtlichen Gesichtspunkten abzulehnen. Formell scheitere diese Interpretation des Beteiligtenbegriffes an der klaren gesetzlichen Definition durch das ZVG,[9] die in der InsO gerade nicht vorläge.[10] Bei genauer Betrachtung sei die Rechtsstellung des Insolvenzverwalters und des Zwangsverwalters nicht vergleichbar[11], so dass eine undifferenzierte Übertragung der für den Insolvenzverwalter entwickelten Grundsätze auf den Zwangsverwalter nicht möglich sei.

12 Diesen Diskussionen hat der BGH nun in zwei aktuellen Entscheidungen[12] ein Ende gesetzt und klar gestellt, dass der Beteiligtenbegriff nicht rein formell im Sinne des § 9, sondern parallel zum Beteiligtenbegriff nach der InsO materiell zu interpretieren ist. Grund der Haftung sei nicht die (formelle) Beteiligung am Verfahren, sondern der dem Zwangsverwalter (nach der ZVG) obliegende Pflichtenkreis.[13] In den Entscheidungsgründen setzt sich der BGH ausführlich mit der Historie der Haftungstatbestände der KO/InsO und der ZVG auseinander, um schließlich das umfassende materielle Haftungsverständnis der KO/InsO auch auf die ZVG zu übertragen und so einen Paradigmenwechsel einzuleiten. Letztlich rechtfertige die in der ZVG in § 9 vorhandene Begriffsdefinition des Beteiligten, die in der KO und der InsO fehle, keine unterschiedliche Behandlung. Die höchstrichterliche Rechtsprechung zu § 82 KO und § 8 Abs. 1 GesO[14], wonach der Konkursverwalter für die Verletzung konkursspezifischer Pflichten haftet, ist auf § 154 ZVG zu übertragen. Auch nach der hier vertretenen Ansicht wäre eine rein formelle Auslegung zu eng und entspricht nicht der tatsächlichen Stellung des Zwangsverwalters.

13 Über den „formellen" Beteiligtenbegriff hinaus sind damit auch folgende Personengruppen erfasst: Ersteher[15], Eigentümer von Zubehör, Vertragspartner des Zwangsverwalters wie Energieversorger[16] etc., Wohnungseigentümergemeinschaft[17]. Wie weit der „materielle" Beteiligtenbegriff noch auszudehnen ist, wird abzuwarten sein. Nicht erfasst sein dürften jedoch Mieter und Pächter bzw. sonstige Verhandlungspartner des Zwangsverwalters, hier beurteilt sich die Haftung nach den allgemeinen Vorschriften.

---

9 OLG Köln, Entsch. vom 27.1.1956 – 9 U 150/55, NJW 1956, 835; OLG Köln, Urteil vom 31.10.1979 – 17 U 25/79, ZIP 1980, 102; OLG Schleswig, Beschl. vom 11.7.1986 – 14 U 197/85, NJW-RR 1986, 1498; Stöber, ZVG, § 154 Rn. 2.2; *Haarmeyer/Wutzke/u. a.*, ZVG, § 154 Rn. 2; *Bank*, ZfIR 2008, 782; a.A *Mohrbutter*, KTS 1987, 47 sowie ZIP 1980, 169.
10 *Bank*, ZfIR 2008, 783.
11 *Bank*, ZfIR 2008, 783.
12 BGH, Urteil vom 5.2.2009 – IX ZR 21/07, BGHZ 179, 336 = NJW 2009, 1674 = Rpfleger 2009, 331 und BGH, Urteil vom 5.3.2009 – IX ZR 15/08, NJW 2009, 1677 = Rpfleger 2009, 406.
13 BGH , Urteil vom 5.3.2009 – IX ZR 15/08, S. 5, NJW 2009, 1677 = Rpfleger 2009, 406.
14 BGH, Urteil vom 4.12.1986 – IX ZR 47/86, BGHZ 99, 151, 154 = NJW 1987, 844; BGH, Urteil vom 14.4.1987 – IX ZR 260/86, BGHZ 100, 346, 352 = NJW 1987, 3133 = Rpfleger 1987, 382; BGH, Urteil vom 9.3.2006 – IX ZR 55/04, ZIP 2006, 859, 861.
15 BGH, Urteil vom 11.10.2007 – IX ZR 156/06, Rpfleger 2008, 89.
16 BGH, Urteil vom 5.3.2009 – IX ZR 15/08, S. 5, NJW 2009, 1677 = Rpfleger 2009, 406.
17 BGH, Urteil vom 5.2.2009 – IX ZR 21/07, BGHZ 179, 336 = NJW 2009, 1674 = Rpfleger 2009, 331.

3. Haftung außerhalb des ZVG

Nichtbeteiligten haftet der Verwalter nach allgemeinen Grundsätzen entweder vertraglich oder aus unerlaubter Handlung[18]. Relevant werden kann insbesondere eine steuerliche Haftung für unterlassene Steuererklärungs- und -abführungspflichten. Da der Zwangsverwalter zum Personenkreis des § 34 Abs. 3 AO gehört, greift für ihn § 69 AO.[19]

4. Haftung für Hilfspersonen[20]

Grds. hat der Verwalter seine Pflichten persönlich zu erfüllen, er kann jedoch eigene Hilfspersonen einschalten, deren Pflichtverstöße er sich nach § 278 BGB zurechnen lassen muss. Soweit Dritte, wie z.B. der Hausmeister in die Aufgabenerfüllung eingeschaltet werden, werden ihm Pflichtverstöße über § 831 BGB zugerechnet.
Dabei ist dem Zwangsverwalter selbst zuzumuten, alle Tätigkeiten vorzunehmen, die er gefahrlos vornehmen kann. Dies gilt nicht für handwerkliche Maßnahmen selbst[21], insoweit unterscheidet sich der Pflichtenkreis ggfs. von dem eines handwerklich geschickten Eigentümers.

5. Anweisungen des Gerichts/Enthaftungswirkung für den Zwangsverwalter

Die Haftung entfällt, wenn der Zwangsverwalter konkret auf Anweisung des Gerichts handelt. Insoweit wirkt die Anweisung für ihn enthaftend. Dies zumindest soweit er die Gesetzes- und Pflichtwidrigkeit, etwa durch Weisung des Gerichts außerhalb des Pflichtenkreises des Zwangsverwalters, nicht erkennen konnte. Die Abnahme der Schlussrechnung durch das Gericht hat für den Zwangsverwalter keine enthaftende Wirkung.[22]
Für den Geschädigten ergibt sich ein Anspruch direkt gegen das Gericht nach § 839 BGB, Art. 34 GG. Für die Einhaltung „verwalterspezifischer" Pflichten, wie für seine Abrechnung wirkt auch die Prüfung und Billigung durch das Gericht nicht enthaftend.[23]

6. Geltendmachung der Haftung

Nach Stöber[24] steht es dem Verwalter offen, zumindest für seine Schlussrechnung die Anerkennung zu verlangen, um Ersatzansprüche auszuschließen. Für eine Anerkennung der Schlussabrechnung und damit eine Enthaftung für die Zukunft genüge allerdings eine normale Mitteilung des Gerichts an die Beteiligten nicht.
Die Haftung kann während, aber auch nach Abschluss des Zwangsverwaltungsverfahrens durch die Beteiligten geltend gemacht werden. Zu beachten ist jedoch die Verjährung gem. § 195 BGB in 3 Jahren[25] beginnend mit der Beendigung der Zwangsverwaltung, spätestens nach § 62 Satz 2 InsO analog aber mit Einreichung der Schlussabrechnung[26] bzw. Auskehr eines Überschusses an die Gläubiger[27].

---

18 BGH, Urteil vom 14.4.1987 – IX ZR 260/86, BGHZ 100, 346 = NJW 1987, 3133 = Rpfleger 1987, 382.
19 *Depré/Maier*, Handb., Rn. 606.
20 Siehe hierzu die Kommentierung zu § 1 ZwVwV Rn. 20 ff.
21 LG Erfurt, Urteil vom 23.11.2007 – 10 O 1414/06, ZfIR 2008, 808.
22 *Stöber*, ZVG, § 154 Rn. 2.10.
23 BGH, Urteil vom 5.3.2009 – IX ZR 15/08, S. 7, NJW 2009, 1677 = Rpfleger 2009, 406.
24 *Stöber* a.a.O.
25 OLG Hamm, Beschl. vom 19.10.1989 – 27 W 13/89, ZIP 1989, 1592.
26 LG Würzburg, Beschl. vom 5.4.2004 – 52 T 38/04, ZIP 2004, 1380.
27 BGH, Urteil vom 5.3.2009 – IX ZR 15/08, S. 8, NJW 2009, 1677 = Rpfleger 2009, 406.

18 Die **Beweislast** trifft grds. den Geschädigten. Für den sog. „Verwahrlosungsschaden", bei dem sich für den Geschädigten Beweisschwierigkeiten aufgrund unzureichender Feststellungen des Zwangsverwalters ergeben, hat der BGH[28] die Beweislast zulasten des Zwangsverwalters umgekehrt.

7. Konkrete Haftungssituationen

19 Beispiele für konkrete Haftungssituationen des Zwangsverwalters sind:
a) **Verwaltung der Immobilie:** Fehlende oder unzureichende Versicherung der Immobilie[29] bzw. hieraus entstehende Schäden an der Immobilie selbst oder bei Dritten, Schädigung der Gebäudesubstanz etwa durch Rohrleitungsbruch bei mangelnder Wintersicherung, schuldhaft nicht eingezogene Mieten[30], zu späte Inbesitznahme, sog. Verwahrlosungsschaden[31]; mangelnde Überwachung der Immobilie,[32] Verletzung der Verkehrssicherungspflichten (Wintersicherung, Sicherung der Umwelt, Absperrung et.), regelmäßig Kontrolle der Beheizung.[33]
b) **Rechtsstreitigkeiten:** in einem obiter dictum stellt das LG Erfurt[34] fest, dass der Zwangsverwalter persönlich schadensersatzpflichtig gegenüber dem Prozessgegner ist, soweit er nicht für eine Sicherstellung des Kostenerstattungsantrages gesorgt hat.
c) **Steuern**[35]: Haftung für Umsatzsteuer
d) **Masseverwaltung:** Veruntreuung von Geldern, zu langes Halten von Geldern auf eigenen Kanzleikonten, nicht bestmögliche Anlage von Geldern, nicht eingeforderte Kaution, Fehler in der Auszahlung auf den Teilungsplan[36], Zahlung vor Fälligkeit, verzögerte Auszahlung, Zahlung auf rückständige Hausgelder, Rückstände bei Versorgern oder Zahlung von Hausgeldern und Sonderumlagen ohne bindenden, die Fälligkeit begründenden Eigentümerbeschluss[37]. Auch das Unterlassen der Anforderung weiterer Vorschüsse vom die Zwangsverwaltung betreibenden Gläubiger kann generell zur Haftung führen.[38] Insbesondere im Umgang mit an den Verwalter ausgehändigten Kautionen kann sich eine Haftung ergeben, soweit die Zwangsverwaltung aufgehoben wird und insoweit auch die Kaution an den Erwerber herauszugeben ist. § 566a BGB sieht allerdings, wenn man den Verwalter nicht aufgrund der nach der Entscheidung des BGH[39] fehlenden Passivlegitimation privilegiert, eine Nachhaftung vor, die er lediglich durch eine Vereinbarung mit Mieter, dass er berechtigt ist, die Kaution auch an einen Erwerber weiter zu geben, vermeiden kann.

---

28 BGH, Urteil vom 23.6.2005 – IX ZR 419/00, Rpfleger 2005, 616 = ZInsO 2005, 882 ff.
29 Instruktiv zur Versicherungspflicht des Zwangsverwalters *Weber/Graf*, ZfIR 2006, 612 ff.
30 Hinweisbeschluss des OLG Köln, Beschl. vom 25.6.2007 – 2 U 39/07, Rpfleger 2008, 321 = ZfIR 2008, 73 ff.
31 BGH, Urteil vom 23.6.2005 – IX ZR 419/00, Rpfleger 2005, 616 = ZInsO 2005, 882 ff; hierzu auch *Keller*, ZfIR 2006, 445, 450.
32 Hinweisbeschluss des OLG Köln, Beschl. vom 25.6.2007 – 2 U 39/07, Rpfleger 2008, 321 = ZfIR 2008, 73 ff.
33 BGH, Urteil vom 25.6.2008 – IV ZR 233/06, NJW-RR 2008, 1353.
34 LG Frankfurt (Oder), Beschl. vom 29.6.2007 – 19 T 69/07, ZfIR 2008, 547; siehe hierzu auch die ausführliche Diskussion von *Wedekind* ZfIR 2008, 534. Mit *Wedekind*, der sich ausführlich mit der Entscheidung auseinandersetzt, ist diese Entscheidung nicht nachvollziehbar.
35 Siehe hierzu auch *Onusseit*, ZfIR 2005, 265.
36 Siehe hierzu *Beyer*, ZfIR 2005, 713.
37 *Beyer*, ZfIR 2005, 714 unter Verweis auf BGH, Beschl. vom 12.7.1984 – VII ZB 1/84, Rpfleger 1985, 23 = NJW 1985, 912.
38 BGH, Urteil vom 5.2.2009 – IX ZR 21/07, S. 15, BGHZ 179, 336 = NJW 2009, 1674 = Rpfleger 2009, 331.
39 BGH, Urteil vom 25.5.2005 – VIII ZR 301/03, abgedruckt in NJW-RR 2006, 138–140 = Rpfleger 2005, 559.

e) **Vermietung: „bewusster Leerstand".** Häufig verfolgt der Gläubiger parallel zum Zwangsverwaltungsverfahren auch die Zwangsversteigerung. Insoweit wird in der Praxis vom betreibenden Gläubiger gewünscht, dass die leerstehende Immobilie bis zum Zuschlag nicht vermietet wird. Das OLG Köln[40] hat festgestellt, dass dieser sog. „bewusste Leerstand", der zu Lasten des Schuldners geht, pflichtwidrig ist und auch zu einer Haftung des Zwangsverwalters gegenüber dem Schuldner führen kann.[41]

f) **Ersteherabrechnung:** Auskehrung nicht verbrauchter Nebenkostenvorauszahlungen an die Gläubiger ohne die Abrechnung der Nebenkosten zwischen Ersteher und Mietern abzuwarten[42]. Für die Herausgabe der vereinnahmten oder nicht vereinnahmten Mietkaution an den Ersteher greift § 154 nicht, da es sich um keine fortgesetzte Tätigkeit der Zwangsverwaltung handelt.[43]

III. Rechnungslegung[44]

Der Zwangsverwalter ist verpflichtet, über seine Tätigkeit Rechnung zu legen. **20** Adressat ist hierbei nicht das Gericht, sondern der betreibende Gläubiger und der Schuldner. Das Gericht dient lediglich als Vorprüfungsstelle bzw. Mittler, obwohl die Rechnungslegung des Verwalters auch für das Gericht Grundlage seiner eigenen Aufsichtspflicht gem. § 153 ist und die Berichte Haupterkenntnisquelle sind. Eine Rechnungslegungspflicht gegenüber dem Gericht als eigener Adressat ist insoweit aus § 153 herzuleiten. Soweit der Verwalter entlassen wird, hat der neue Zwangsverwalter die Rechnungslegung nicht vorzunehmen, vielmehr hat das Gericht auch unter Einsatz von Zwangsmitteln den alten Zwangsverwalter anzuhalten, diese zu erstellen.[45]

Der Wortlaut der Vorschrift schreibt zwingend eine **jährliche Rechnungslegung** **21** sowie eine Schlussrechnungslegung am Ende des Verfahrens vor.[46]
Die Formulierung „jährlich" wirft jedoch die Frage auf, inwieweit dies als kalenderjährliche oder verfahrensjährliche Rechnungslegung zu verstehen ist. § 14 ZwVwV regelt, dass grds. das Kalenderjahr gemeint ist. Es kann aber mit Zustimmung des Gerichts hiervon abgewichen werden. Dies ist jeweils zwischen Gericht und Zwangsverwalter abzustimmen. Teilweise scheint die Abrechnung nach Verwaltungsjahren sinnvoller, um eine Häufung zum Jahresende sowohl in der Prüfung wie auch in der Erstellung zu vermeiden. Andererseits muss das Gericht aber die Kosten auf das Kalenderjahr berechnen.[47] Auch die Umsatzsteuerrelevanz größerer Verfahren spricht für die kalenderjährliche Abrechnung.
Das Gericht hat jedoch nach § 16 ZwVwV jederzeit die Möglichkeit, Auskunft und Rechnungslegung zu verlangen. Dies gilt auch nach Aufhebung des Verfahrens.[48] Als Sanktion steht gem. § 153 das Zwangsgeld zur Verfügung.

Als Adressaten haben der betreibende Gläubiger und der Schuldner zwar die **22** Möglichkeit den Zwangsverwalter von seiner Rechnungslegungspflicht ihnen

---

40 Hinweisbeschluss des OLG Köln, Beschl. vom 25.6.2007 – 2 U 39/07, Rpfleger 2008, 321 = ZfIR 2008, 73 ff.
41 *Keller*, ZfIR 2008, 353.
42 BGH, Urteil vom 11.10.2007 – IX ZR 156/06, ZfIR 2008, 25 = ZInsO 2007, 1221 = Rpfleger 2008, 89 mit Anmerkung von *Schmidberger*, ZInsO 2008, 83 ff.
43 LG Flensburg, Urteil vom 13.12.2007 – 3 O 285/07, Rpfleger 2008, 436 = ZfIR 2008, 807.
44 Siehe hierzu die ausführliche Kommentierung zu § 14 ZwVwV sowie den Praxisfall zur Zwangsverwaltung, Anlage 6.
45 *Stöber*, ZVG, § 154 Rn. 4.7.
46 § 14 ZwVwV Rn. 6 ff.
47 *Dassler/Schiffhauer/u. a.*, ZVG, § 154 Rn. 19.
48 *Dassler/Schiffhauer/u. a.*, ZVG, § 154 Rn. 18.

gegenüber zu befreien. Das dürfte aufgrund der eigenen Überwachungspflicht des Gerichts in der Praxis wenig Relevanz haben. Soweit ein Gläubiger allerdings befriedigt ist, hat er auch kein Recht mehr auf Rechnungslegung. Für andere Beteiligte als Schuldner und betreibenden Gläubiger besteht kein Recht auf Rechnungslegung[49], eine Möglichkeit zur Einsichtnahme der Abrechnung besteht jedoch.

23 Der Zwangsverwalter hat die jeweilige Rechnungslegung auf der Basis einer ordnungsgemäßen Buchführung vorzunehmen und so auszugestalten, dass sie durch das Gericht, Gläubiger und Schuldner ohne Weiteres nachvollzogen werden kann. Der Inhalt ergibt sich aus § 259 BGB.[50]
Grds. wird die Buchhaltung als **Einnahmenüberschussrechnung** geführt. Aufgrund der Forderung in § 14 ZwVwV sind die Solleinnahmen zu ergänzen. Nach § 15 ZwVwV sollte eine Gliederung nach Verwaltungseinheiten, Einnahmen, Ausgaben, Steuern vorgenommen werden und nach den detaillierten Regeln auch ein Vergleich der Soll- und der Ist-Einnahmen möglich sein. Beizufügen sind auch Kontoauszüge und Belege, um eine Prüfung durch das Gericht zu ermöglichen.
Hier wird auf die detaillierte Kommentierung der §§ 13–16 ZwVwV verwiesen.

24 **Verfahren:** Einzureichen sind die jeweiligen Rechnungen beim Vollstreckungsgericht, das eine rechnerische und sachliche Vorprüfung vornimmt und ggfs. Unterlagen oder Erläuterungen nachfordert. Nach dieser **Vorprüfung** leitet das Gericht die Abrechnung, d. h. Sachbericht und Einnahmenüberschussrechnung ohne die entsprechenden Belege, die zur Einsichtnahme bei Gericht zur Verfügung stehen, an Gläubiger und Schuldner weiter.[51]

25 Den Beteiligten steht es dann offen, **Einwendungen** geltend zu machen.
Im Hinblick auf die Prüfung der Rechnung ist zwischen Abnahme und der Anerkennung der Richtigkeit zu unterscheiden.
Die **Abnahme** betrifft eine Erklärung des Gerichts und des Gläubiger und Schuldners über die formelle Richtigkeit der Abrechnung im Sinne des § 259 BGB. Sie belegt nur die rechnerische Richtigkeit und Vollständigkeit.
Ersatzansprüche gegen den Verwalter können allerdings lediglich durch die **Anerkennung** der materiellen Richtigkeit ausgeschlossen werden. Beanstandungen, die auch in einem durch das Gericht einberufenen Termin nicht geklärt werden können, können sowohl durch den Verwalter als auch durch den Beanstandenden gem. § 254, 888 ZPO im Prozessweg geklärt werden, soweit das Gericht sich nicht entschließt, im Aufsichtswege einzuschreiten.[52]
Grds. führt auch ein **Schweigen der Beteiligten** auf die übersandte Abrechnung hin nicht zu einem Anerkenntnis. Insoweit sollte das Gericht, das dem Verwalter auch nach Abschluss des Verfahrens keine Entlastung erteilt, zur Schaffung von Rechtsklarheit, die sowohl im Interesse des Verwalters aber auch des Gerichts liegen dürfte, bereits mit der Übersendung den Beteiligten eine entsprechende Frist für die Geltendmachung von Beanstandungen setzen. In diesem Fall muss allen Beteiligten klar sein, dass es sich nicht lediglich um eine förmliche Abnahme, sondern um ein materielles Anerkenntnis geht. Die reine Übersendung der jeweiligen Abrechnung bzw. der Hinweis, dass die Belege bei Gericht eingesehen werden können, reicht hierfür nicht aus.[53]

---

49 OLG Hamburg, KTS 1986, 513; *Haarmeyer/Wutzke/u.a.*, ZVG, § 154 Rn. 4; *Stöber*, ZVG, § 154 Rn. 4.1.
50 *Stöber*, ZVG, § 154 4.3.
51 *Dassler/Schiffhauer/u.a.*, ZVG § 154 Rn. 36.
52 *Stöber*, ZVG, § 154 Rn. 4.6.
53 So auch *Dassler/Schiffhauer/u.a.*, ZVG, § 154 Rn. 36; *Stöber*, ZVG, § 154 Rn. 4.6.

Soweit durch die Beteiligten keine Einwendungen erhoben werden, sind die **26** Rechnungsunterlagen wieder an den Zwangsverwalter zurückzugeben.

Besteht Grund zur Annahme, dass die Abrechnung nicht mit der erforderlichen Sorgfalt vorgenommen wurde, steht es den Gläubiger oder dem Schuldner offen, sich die Richtigkeit und Vollständigkeit der Rechnung nach § 259 Abs. 2 BGB durch eine **eidesstattliche Versicherung** belegen zu lassen. Dies kann vor dem Vollstreckungsgericht erfolgen. Soweit sich der Zwangsverwalter weigert, muss das Prozessgericht entscheiden. Eine Durchsetzung mittels Zwangsgeld durch das Vollstreckungsgericht ist nicht möglich.[54] **27**

---

54 So auch *Dassler/Schiffhauer/u.a.*, ZVG, § 154 Rn. 43; *Stöber*, ZVG, § 154 Rn. 4.3.

§ 155 ZVG [Verteilung der Nutzungen]

(1) Aus den Nutzungen des Grundstückes sind die Ausgaben der Verwaltung sowie die Kosten des Verfahrens mit Ausnahme derjenigen, welche durch die Anordnung des Verfahrens oder den Beitritt eines Gläubigers entstehen, vorweg zu bestreiten.

(2) Die Überschüsse werden auf die in § 10 Abs. 1 Nr. 1 bis 5 bezeichneten Ansprüche verteilt. Hierbei werden in der zweiten, dritten und vierten Rangklasse jedoch nur Ansprüche auf laufende wiederkehrende Leistungen, einschließlich der Rentenleistungen, sowie auf diejenigen Beträge berücksichtigt, die zur allmählichen Tilgung einer Schuld als Zuschlag zu den Zinsen zu entrichten sind. Abzahlungsbeträge auf eine unverzinsliche Schuld sind wie laufende wiederkehrende Leistungen zu berücksichtigen, soweit sie fünf vom Hundert des ursprünglichen Schuldbetrages nicht übersteigen.

(3) Hat der eine Zwangsverwaltung betreibende Gläubiger für die Instandsetzungs-, Ergänzungs- oder Umbauarbeiten an Gebäuden Vorschüsse gewährt, so sind diese zum Satze von einhalb vom Hundert über dem Zinssatz der Spitzenrefinanzierungsfazilität der Europäischen Zentralbank (SFR-Zinssatz) zu verzinsen. Die Zinsen genießen bei der Zwangsverwaltung und der Zwangsversteigerung dasselbe Vorrecht wie die Vorschüsse.

(4) Hat der Zwangsverwalter oder, wenn der Schuldner zum Verwalter bestellt ist, der Schuldner mit Zustimmung der Aufsichtsperson Düngemittel, Saatgut oder Futtermittel angeschafft, die im Rahmen der bisherigen Wirtschaftsweise zur ordnungsgemäßen Aufrechterhaltung des Betriebes benötigt werden, so haben Ansprüche aus diesen Lieferungen den in § 10 Abs. 1 Nr. 1 bezeichneten Rang. Das gleiche gilt von Krediten, die zur Bezahlung dieser Lieferungen in der für derartige Geschäfte üblichen Weise aufgenommen sind.

Übersicht

		Rn.
I.	Systematik des Verteilungsverfahrens	1–4
II.	Regelungszusammenhang des § 155	5–10
II.	Zahlungen auf Ausgaben der Verwaltung (§ 155 Abs. 1)	11–13
III.	Zahlungen auf die Kosten des Verfahrens (§ 155 Abs. 1)	14
IV.	Zahlungen auf Ansprüche nach § 10 Abs. 1 Nr. 1 bis 5 (§ 155 Abs. 2)	15–28
1.	Rangklasse 1: Anspruch des Gläubigers auf Ersatz seiner Ausgaben zur Erhaltung und notwendigen Verbesserung des Zwangsverwaltungsobjektes	18
2.	Rangklasse 2: Laufende Leistungen von Wohngeld nach WEG für ab dem 1.7.2007 anhängige Verfahren/laufende Litlohnansprüche noch für vor dem 1.7.2007 anhängige Verfahren	19, 20
3.	Rangklasse 3: laufend wiederkehrende öffentliche Lasten	21
4.	Rangklasse 4: Laufende Beiträge wiederkehrender Leistungen aus Rechten der Rangklasse 4 des § 10 Abs. 1 Nr. 4.	22, 23
5.	Rangklasse 5: Sonstige Ansprüche	24–27
6.	Relatives Rangverhältnis der Rangklassen 4–6	28

I. Systematik des Verteilungsverfahrens

Die §§ 155–160 regeln das sog. Verteilungsverfahren der Einnahmen aus dem Zwangverwaltungsverfahren. Die Systematik erschließt sich dabei nicht auf den ersten Blick.

Im Gegensatz zur statischen Verteilung des Erlöses aus der Zwangsversteigerung tragen die Vorschriften der Natur des Zwangsverwaltungsverfahrens als Dauerverfahren Rechnung. Insoweit ist die Verteilung dynamisch ausgerichtet und berücksichtigt auch die für die Bewirtschaftung anfallenden laufenden Ausgaben, die ohne eigenes Verwaltungsverfahren vorweg beglichen werden können.

Dem Verfahrenszweck der Zwangsverwaltung entsprechend, steht auch hier die Erhaltung der Immobilie im Vordergrund. Primär werden lediglich die laufenden Kosten in die Verteilung einbezogen und die Verteilungsregelung des § 10 Abs. 1 insoweit modifiziert. Erst wenn im Rahmen einer Stufenfolge die Bewirtschaftungskosten sowie die laufenden Belastungen der Grundpfandgläubiger gedeckt sind, wird in einem weiteren Schritt auch gem. § 158 auf die Grundpfandrechte ausgeschüttet.

Die Verteilung erfolgt in vier Schritten:
- Ohne spezielles Verfahren können durch den Verwalter die **Ausgaben der Verwaltung** und die **Kosten des Verfahren** nach § 155 Abs. 1 bezahlt werden.
- Nachdem die Kosten und Ausgaben gedeckt sind, kann der Verwalter ebenfalls ohne ein gerichtliches Verfahren nach § 156 Abs. 1 vorweg **laufende Beträge aus öffentlichen Lasten (§ 10 Abs. 1 Nr. 3) sowie laufenden Wohngelder** (§ 10 Abs. 1 Nr. 2) auszahlen.
- Soweit darüber hinaus weitere Mittel zur Verfügung stehen, werden im Rahmen über den **Teilungsplan** gem. § 156 Abs. 2 Ansprüche aus **laufenden wiederkehrenden Leistungen** gem. § 155 Abs. 2 gedeckt.
- Soweit auch diese vollständig bedient werden können, kann in einem weiteren **gerichtlichen** Verteilungstermin nach § 158 auch auf das **Kapital der Grundpfandrechte** ausgeschüttet werden.

II. Regelungszusammenhang des § 155

§ 155 regelt für das Zwangsverwaltungsverfahren parallel zu § 10 die Verwendung/Verteilung der aus der Zwangsverwaltung erzielten Nutzungen/Einnahmen.[1] Flankiert wird die Regelung dabei durch die §§ 9 und 11 der ZwVwV zu Ausgaben und Auszahlungen.

Entsprechend der Ausrichtung des Zwangsverwaltungsverfahrens werden zwar die Verteilungsregelungen der §§ 10–13 zugrunde gelegt, jedoch entsprechend modifiziert und auf die dauerhafte Bewirtschaftung des Grundstückes angepasst und ergänzt. So dürfen die laufenden Ausgaben, Kosten (§ 155) wie auch öffentlichen Lasten bzw. Hausgelder außerhalb des Teilungsplans (§ 156) und damit auch ohne weiteres gerichtliches Verfahren bezahlt werden.

§ 155 ist als abschließende Regel zu verstehen. Die erzielten Einnahmen dürfen nur zur Bestreitung der Ausgaben für Verwaltung, den Kosten für das Verfahren und nach der getroffenen Verteilungsregelung für Überschüsse auf der Basis des in § 156 Abs. 2 geregelten Teilungsplanes an die Berechtigten[2] verwendet werden.

---

1 Siehe hierzu die Kommentierung Rn. 4 ff.
2 *Stöber*, ZVG, § 155 Rn. 2.3.

8 Dabei wird die **Zwangsverwaltungsmasse** positiv als Summe der Bruttoeinnahmen aus den erzielten Nutzungen des Zwangsverwaltungsobjektes definiert. Erfasst sind alle Einnahmen aus der Vermietung und Verpachtung des Grundstückes, die Früchte und Erzeugnisse des Grundstückes bzw. die Verkaufserlöse hieraus wie auch die Forderungen aus Rechtsgeschäften des Verwalters. Das Grundstück, das Zubehör, wie auch die Erlöse aus der Verwertung der Grundsubstanz, wie z. B. für nicht mehr benötigte Zubehörstücke, fallen im Gegensatz zu den Zinsen aus der Anlage dieser Erlöse nicht darunter.

9 Für die Frage, inwieweit die **Einnahmen aus der Betriebsfortführung** zur Zwangsverwaltungsmasse gehören, ist danach zu differenzieren, inwieweit sich die Beschlagnahme auf das eingesetzte Vermögen bezieht und der Verwalter es für die Betriebsfortführung einsetzen durfte. Soweit der Betrieb aus dem beschlagnahmten Vermögen heraus fortgeführt wird, stellen auch die Einnahmen hieraus Zwangsverwaltungsmasse dar. Die Betriebseinnahme aus einem regelwidrig fortgeführten Betrieb bilden ein Sondervermögen.[3]

10 In die Zwangsverwaltungsmasse kann durch einen Massegläubiger nur aus einem gegen den damit haftenden Zwangsverwalter wirksamen Vollstreckungstitel vollstreckt werden. Soweit diese nicht ausreicht, kann der Verwalter auch zur Abgabe einer eidesstattlichen Versicherung für die Zwangsverwaltungsmasse gezwungen sein.[4]

II. Zahlungen auf Ausgaben der Verwaltung (§ 155 Abs. 1)

11 Unter Ausgaben sind die Aufwendungen zu verstehen, die der Verwalter im Rahmen der ordnungsgemäßen Erfüllung seiner Pflichten aus § 152 tätigen muss.[5] § 155 unterstellt insoweit, dass sich das Grundstück bzw. die Verwaltung des Grundstückes sich aus den Erträgnissen selbst tragen soll.[6] Diese Ausgaben darf der Zwangsverwalter ohne eine weitere Einschaltung des Gerichts außerhalb eines Teilungsplans begleichen. Dies gilt auch für den Schuldner-Zwangsverwalter, der hierzu keine Genehmigung der Aufsichtsperson bedarf.[7]

12 Keine Ausgaben der Verwaltung stellen **Rückstände** aus Forderungsansprüchen vor Anordnung der Zwangsverwaltung wie z. B. aus Energielieferungsverträge oder anderen Versorgungsverträgen dar. Sie darf der Verwalter nicht bedienen. Ebenfalls nicht als Ausgaben anzusehen sind persönliche Steuern des Schuldners oder eine Mietausfallversicherung.[8]

13 Die Ausgaben lassen sie wie folgt gruppieren:
- **Kosten für die Absicherung der Immobilie**: Kosten der Versicherung zur ausreichenden Absicherung des Objektes gem. § 9 Abs. 3 ZwVwV gegen Gefahren Feuer-, Sturm-, Leitungswasserschäden sowie die Haftpflichtversicherung; Kosten für Verkehrssicherungspflichten
- **Kosten für den Unterhalt der Immobilie**: Versorgung mit Strom, Wasser, Energie, Heizkosten; Instandhaltung; Entsorgung; Zahlungen an Hausmeister oder sonstige externe Hilfspersonen
- **Kosten für die Instandsetzung der Immobilie**

---

3 Stöber, ZVG, § 155 Rn. 2.2 unter Verweis auf LG Lübeck, DGVZ 1976, 89. Böttcher, ZVG, § 155 Rn. 4 geht unter Verweis auf Stöber davon aus, dass auch Erlöse aus dem zulässigerweise fortgeführten Geschäftsbetrieb ein Sondervermögen darstellen. Aufgrund des Verweises auf Stöber, der nur vom regelwidrig fortgeführten Geschäftsbetrieb spricht, muss hier von einem Redaktionsversehen ausgegangen werden.
4 OLG Hamm, NJW 1956, 125.
5 Dassler/Schiffhauer/u. a., ZVG, § 155 Rn. 13.
6 Böttcher, ZVG, § 155 Rn. 6.
7 Stöber, ZVG, § 155 Rn. 4.6.
8 LG Hamburg, Beschl. vom 25.3.1985 – 26 T 41/85, RPfleger 1985, 314.

- **Kosten für die Bewirtschaftung der Immobilie:** Bodenbearbeitung, Saatgut; Dünger; Futtermittel[9]; Kosten für die Ernte; Umsatzsteuer aus der Bewirtschaftung; Löhne und Sozialabgaben für die Bediensteten (Litlohn)
- **Vergütung und Auslagen des Verwalters**
- **Unterhalt für den Schuldner** (§§ 149 Abs. 3, 150 e)
- **Laufende Beiträge zur Eigentümergemeinschaft (WEG) bei zum 1.7.2007 bereits anhängigen Verfahren:** während vor der Änderung des § 10 Abs. 1 Nr. 2 laufende Beiträge immer als Ausgaben angesehen wurden, fand durch die Gesetzesänderung in § 10 Abs. 1 Nr. 2 sowie § 156 Abs. 2 eine Umqualifizierung statt. WEG Beiträge sind für Verfahren, die erst nach dem 1.7.2007 anhängig gemacht wurden, nicht mehr als Ausgaben einzuordnen. Als laufend anzusehen ist nach einer Entscheidung des OLG München auch die Abrechnungsspitze[10].
- Zweifelhaft ist, inwieweit die **Rückzahlung von Mietkautionen**, die der Zwangsverwalter nicht erhalten hat und nach der Rechtsprechung des BGH[11] herausgeben/erstatten muss, als Ausgabe einzuordnen ist.[12]
- **Ansprüche nach dem Bundesbodenschutzgesetz**, soweit nicht unter Rangklasse 3 fallend.[13]
- **Rückzahlung von Gläubigervorschüssen**
Inwieweit auch Rückzahlungen von Gläubigervorschüssen als Vorauszahlungen auf Ausgaben der Verwaltung[14] ohne spezielle Anordnung im Teilungsplan erfolgen dürfen, wird in der Literatur kontrovers diskutiert. Teils wird vollkommen undifferenziert angenommen, dass der Verwalter alle Vorschüsse als Ausgaben nach Abs. 1 zu berichtigen hat[15], richtigerweise wird allerdings meist zwischen allgemeinen Vorschüssen und Vorschüssen im Sinne von § 10 Abs. 1 Nr. 1 differenziert.[16] Im Ergebnis besteht allerdings Einigkeit, dass der Verwalter auch Vorschüssen nach § 10 Abs. 1 Nr. 1 als Ausgaben erstatten darf.[17] In der Praxis wird dies selten problematisiert. Soweit möglich werden geleistete Vorschüssen an den Gläubiger erstattet.
§ 11 ZwVwV nimmt eine solche Differenzierung nicht vor und spricht lediglich davon, dass aus den Überschüssen, d.h. nach Begleichung der Ausgaben, die Vorschüsse zu berichtigen sind[18]. Hieraus kann nur geschlossen werden, dass Vorschüsse, entweder als Ausgaben, soweit es sich um allgemeine Vorschüsse handelte, oder als Vorschüsse im Sinne § 10 Abs. 1 Nr. 1, privilegiert werden sollen und ihre Rückzahlung außerhalb des Teilungsplanes erfolgen kann. Durch § 11 ZwVwV erfolgt damit eine

---

9   *Dassler/Schiffhauer/u.a.*, ZVG, § 155, Rn. 16: dies allerdings nur, soweit keine unmittelbaren Zahlungen vorgenommen werden, ansonsten gehören sie nach Abs. 4 S. 1 zur Rangklasse 1 und sind aus den Überschüssen zu bedienen. Nach *Stöber*, ZVG, § 155 Rn. 4.3 sind die in § 155 Abs. 4 genannten Ansprüche in keinem Fall als Ausgaben anzusehen. Sie gehören ausdrücklich in die Rangklasse 1; a. A. *Drischler* RPfleger 1957, 212.
10 OLG München, Beschl. vom 12.3.2007 – 34 Wx 114/06, Rpfleger 2007, 416 = ZfIR 2007, 647 ff.; zum neuen Recht siehe hierzu *Alff/Hintzen*, RPfleger 2008, 173.
11 BGH, Urteil vom 16.7.2003 – VIII ZR 11/03, RPfleger 2003, 678 = NJW 2003, 3342.
12 So BGH, Urteil vom 9.3.2005 – VIII ZR 330/03, RPfleger 2005, 460 = NJW-RR 2005, 1029 = NJW 2005, 2926; a.A: *Haarmeyer/Wutzke/u.a.*, ZVG, § 155 Rn. 14 erteilt dem allerdings vor dem Hintergrund der abweisenden Haltung gegenüber der Rechtsprechung des BGH eine Absage.
13 Siehe hierzu die ausführliche Darstellung in § 10 Abs. 1 Nr. 1.
14 *Stöber*, ZVG, § 155 Rn. 4.3.
15 *Stöber*, ZVG, § 155 Rn. 4.3, *Dassler/Schiffhauer/u.a.*, ZVG, § 155 Rn. 18.
16 *Haarmeyer/Wutzke/u.a.*, ZVG, § 155 Rn. 6; *Depré/Mayer*, Handb., Rn. 229 ff.
17 A.A: *Depré/Mayer*, Handb., Rn. 233.
18 Insoweit missverständlich ist die Anmerkung von *Dassler/Schiffhauer/u.a.*, ZVG, § 155 Rn. 20, wonach hierdurch der Streit um die Qualifikation der Vorschüsse als Ausgaben beendet ist. Das wäre nur dann der Fall, wenn es auf eine Differenzierung nicht ankäme und die Vorschüsse generell nicht als Ausgaben anzusehen wären.

Gleichstellung der Vorschüsse gem. § 10 Abs. 1 Nr. 1 mit den öffentlichen Lasten und WEG Beiträgen gem. § 156 Abs. 1.
Trotz dieser generellen Privilegierung ist eine Trennung vorzunehmen, Vorschüsse nach § 10 Abs. 1 Nr. 1 dürfen erst dann zurückgezahlt werden, wenn sichergestellt ist, dass die Ausgaben der Verwaltung gedeckt sind.

III. Zahlungen auf die Kosten des Verfahrens (§ 155 Abs. 1)

14 Die Kosten des Verfahrens, die vom Vollstreckungsgericht nach GKG-KV Nr. 221 zur erhebenden Gerichtskosten und Auslagen (9002 GKG-KV)[19] festgesetzt werden, können ebenfalls ohne weitere Einschaltung des Gerichts durch den Zwangsverwalter beglichen werden.

IV. Zahlungen auf Ansprüche nach § 10 Abs. 1 Nr. 1 bis 5 (§ 155 Abs. 2)

15 Soweit nach aus den Nutzungen nach Abzug der Ausgaben und Kosten sowie der vorweg zu befriedigenden laufenden Leistungen öffentlicher Lasten und WEG Beiträge nach § 156 Abs. 1 **Überschüsse** vorhanden sind, kann im Rahmen des nach § 156 Abs. 2 aufzustellenden Teilungsplans auf Ansprüche nach § 10 Abs. 1 Nr. 1 bis 5 geleistet werden. Die Rangklassen des § 10 Abs. 1 Nr. 6 bis Nr. 8 finden in der Verteilung der Zwangsverwaltungserlöse ebenso keine Berücksichtigung wie die Ansprüche der neuen Rangklasse des § 10 Abs. 1 Nr. 1 a. Diese Ansprüche finden lediglich dann Berücksichtigung, wenn das Zwangsverwaltungsverfahren hieraus betrieben wird und die Ansprüche insoweit unter die Rangklasse 5 fallen.

16 § 155 Abs. 2 modifiziert die der Zwangsversteigerung zugrunde liegende Rangfolgen im Hinblick auf den Zweck der Zwangsverwaltung. In der Zwangsverwaltung als Dauerverfahren fallen dauernd Überschüsse an, die der Verwalter – soweit er dies absehen kann – zum frühest möglichen Zeitpunkt auskehren muss. Grundgedanke ist hierbei, dass nur das aus den Überschüssen gedeckt werden soll, was bei ordnungsgemäßer Bewirtschaftung des Objektes auch aus den laufenden Erträgnissen gedeckt wird.[20]

17 Berücksichtigungsfähig sind insoweit lediglich laufende wiederkehrende Leistungen gem. § 13 Abs. 1. Rückständige Beiträge sind, soweit nicht aus diesen Ansprüchen das Verfahren betrieben wird (Klasse 5), nicht umfasst. Für die Abgrenzung ist die Beschlagnahme entscheidend. Laufend ist eine wiederkehrende Leistung, welche letztmals vor der ersten Beschlagnahme fällig geworden ist bzw. nach der Beschlagnahme fällig wird. Alle älteren Beträge stellen Rückstände dar.

1. Rangklasse 1: Anspruch des Gläubigers auf Ersatz seiner Ausgaben für Erhaltung und notwendigen Verbesserung des Zwangsverwaltungsobjektes

18 Soweit der Gläubiger die von ihm geleisteten freiwillige Zahlungen bzw. Vorschüsse[21] zur Erhaltung und notwendigen Verbesserung des Zwangsverwaltungsobjekts nicht als laufende Ausgaben bzw. nach § 11 ZwVwV vorweg erstattet bekommen hat, fällt er gem. § 10 Abs. 1 Nr. 1 in die Rangklasse 1. Dies gilt auch für die Zinsen. Die Vorschüssen müssen allerdings zweckgemäß im Einzelfall für objekterhaltende oder verbessernde Maßnahmen verwendet

---

19 Dassler/Schiffhauer/u.a., ZVG, § 155 Rn. 35.
20 Stöber, ZVG, § 155 Rn. 6.2. e.
21 OLG Köln, Urteil vom 28.5.1998 – 18 U 243/97, RPfleger 1998, 482.

worden sein.[22] Auch Ansprüche nach § 155 Abs. 4 erhalten diesen Rang, soweit sie nicht bereits als Ausgaben beglichen wurden.[23]
Alle Ansprüche dieser Klasse haben untereinander den gleichen Rang. Soweit keine ausreichenden Mittel vorhanden sind, werden sie verhältnismäßig befriedigt.

2. **Rangklasse 2 : Laufende Leistungen von Wohngeld nach WEG für ab dem 1.7.2007 anhängige Verfahren/laufende Litlohnansprüche noch für vor dem 1.7.2007 anhängige Verfahren**

Nach der Neuregelung des § 156 Abs. 1 seit dem 1.7.2007 sind laufende Wohngelder durch den Verwalter vorweg zu befriedigen. Rückstände genießen nach dem Gesetz zur Änderung des Wohnungseigentumsgesetzes und anderer Gesetze vom 26.3.2007,[24] gem. § 10 Abs. 1 Nr. 2 ein Vorrecht und fallen grds. unter die Rangklasse 2. Da im Rahmen der Zwangsverwaltung jedoch lediglich die laufenden wiederkehrenden Beträge einbezogen sind, können auch diese Ansprüche, wenn hieraus das Verfahren betrieben wird, lediglich unter die Rangklasse 5 fallen. **19**

Da die Neuregelung lediglich für Verfahren greift, die ab dem 1.7.2007 anhängig gemacht wurden, gilt für zu diesem Zeitpunkt bereits anhängige Verfahren noch die alte Regelung. Damit greift für die sog. laufenden Litlohnansprüche, soweit diese nicht bereits als Ausgaben bedient wurden, die Rangklasse 2. Nicht erfasst hierdurch sind bereits aufgelaufene Rückstände. Innerhalb der Rangklasse besteht Gleichrang. **20**

3. **Rangklasse 3: Laufend wiederkehrende öffentliche Lasten**

Erfasst sind die laufenden wiederkehrenden öffentlichen Lasten gem. § 10 Abs. 1 Nr. 3, soweit diese nicht bereits gem. § 156 Abs. 1 vorweg befriedigt wurden. Es muss sich allerdings um grundbuchrechtlich gesicherte und damit um mit dem Grundstück im Zusammenhang stehende öffentliche Lasten handeln.[25] Grundlage sind bundes-, landes- und kommunalrechtliche Regelungen. Aufgrund der unterschiedlichen Ausgestaltung ist die dingliche Absicherung durch die jeweilige Gemeinde nachzuweisen. In der Praxis relevant sind vor allem: Grundsteuer, Schornsteinfegergebühren. Wasser-, Abwasser- und Müllgebühren sind lediglich im Saarland als Grundstückslast ausgestaltet.[26] Einmalige öffentliche Lasten wie Erschließungskostenbeiträge, Sanierungskostenbeiträge, Flurbereinigungsbeiträge fallen nicht unter diesen Rang. Nicht erfasste öffentliche Lasten können nach BGH[27] unter Rangklasse 5 fallen. Innerhalb der Rangklasse besteht Gleichrang. **21**

4. **Rangklasse 4: Laufende Beiträge wiederkehrender Leistungen aus Rechten der Rangklasse 4 des § 10 Abs. 1 Nr. 4.**

Dieser Rangklasse kommt in der Praxis die größte Bedeutung zu.[28] Darunter fallen nach § 10 Abs. 1 Nr. 4 alle Ansprüche, soweit sie nicht durch Beschlagnahme einem betreibenden anderen Gläubiger gegenüber unwirksam sind. In der Zwangsverwaltung finden allerdings nur die laufenden wiederkehrenden Leistungen Berücksichtigung. Ausdrücklich einzubeziehen sind Beiträge, die **22**

---

22 BGH, Urteil vom 10.4.2003 – IX ZR 106/02, BGHZ 154, 387 = NJW 2003, 2162 = RPfleger 2003, 454; BGH IX ZR 106/02.
23 *Dassler/Schiffhauer/u.a.*, ZVG, § 155 Rn. 53.
24 BGBl. 2007 I 370.
25 BGH, Urteil vom 22.5.1981 – V ZR 69/80, NJW 1981, 2127 = RPfleger 1981, 349; BGH, Urteil vom 30.6.1988 – IX ZR 141/87, NJW 1989, 107 = RPfleger 1988, 541.
26 Hierzu ausführlich *Depré/Mayer*, Handb., Rn. 240 ff.
27 BGH, RPfleger 2006, 424.
28 *Böttcher*, ZVG, § 155 Rn. 26.

zur allmählichen Tilgung einer Schuld als Zuschlag zu den Zinsen zu entrichten sind. Gemeint sind damit die monatlichen Tilgungsraten eines grundpfandrechtlich besicherten Darlehens, die ausdrücklich nicht als Kapitalbeiträge sondern wiederkehrende Leistungen gewertet werden.[29] Im Gegensatz zur Zwangsversteigerung sind Rentenleistungen ebenfalls erfasst.

Im Einzelnen fallen hierunter:
- Tilgungsraten einer Tilgungshypothek
- Zinsen aus einem Eigentümerrecht nach § 1197 Abs. 2 BGB ab Beschlagnahmewirksamkeit als Ausgleich für die gezogenen Nutzungen
- Berücksichtigungsfähig sind nach Depré/Mayer auch die Kosten für die Geltendmachung soweit sie sich auf laufende wiederkehrende Leistungen beziehen.[30]

Nicht hierunter fallen:
- Tilgungsraten einer Abzahlungshypothek
- Zinsen eine Höchstbetragshypothek

Mit Vorbehalt sind zu berücksichtigen:
- Laufende Leistungen aus Gesamtrechten. Es ist ein entsprechender Vorbehalt in den Teilungsplan aufzunehmen, da ggfs. eine Zahlung aus dem anderen Grundstück erfolgt und eine Überzahlung vermieden werden soll.

Damit sind sonstige Tilgungen im Zwangsverwaltungsverfahren nur in der Rangklasse 5 im besonderen Verfahren nach § 158 realisierbar. Dies gilt auch für Rückstände wiederkehrender Leistungen. Hier ergibt sich eine Abweichung zur Rangfolge im Zwangsversteigerungsverfahren.

23 Das Rangverhältnis der Rechte innerhalb dieser Klasse bestimmt sich nach § 11 Abs. 1, §§ 879, 880, 881 BGB.

5. Rangklasse 5: Sonstige Ansprüche

24 Soweit Ansprüche in den Rangklassen 1–4 nicht erfasst sind, können sie in der Rangklasse 5 geltend gemacht werden,[31] sofern der Gläubiger das Verfahren aus dieser Forderung betreibt. Eine bloße Anmeldung reicht hierzu nicht aus.[32] Dies gilt auch für Forderungen der Klassen 6 bis 8.

25 Hierzu gehören insbesondere Rückstände wiederkehrender Leistungen, Einmalbeträge öffentlicher Lasten.

26 Erfasst sind auch Kapitalbeträge, soweit aus Ihnen das Verfahren betrieben wird. Für Grundschulden, Hypotheken, Rentenschulden ist hierzu jedoch ein besonderer Kapitalzahlungstermin nach § 158 erforderlich. Alle anderen Ansprüche werden auch ohne diesen Termin berücksichtigt.[33]

27 Das Rangverhältnis innerhalb dieser Klasse ist umstritten. Streng nach dem Wortlaut des § 11 Abs. 2 gilt das Prioritätsprinzip. Betreiben mehrere Gläubiger, entscheidet, wer die Beschlagnahme zuerst bewirkt hat.[34]

6. Relatives Rangverhältnis der Rangklassen 4–6

28 Da durch den Zwangsverwaltungsvermerk im Grundbuch lediglich ein relatives Veräußerungsverbot besteht, können auch nach Anordnung der Zwangsverwaltung Eintragungen im Grundbuch erfolgen. Solche Rechte fallen grds. in die Rangklasse 6, auf die nach Aufhebung des Verfahrens aufgrund der Befriedigung des betreibenden Gläubigers keine Zuteilung mehr entfällt.

---

29 *Böttcher*, ZVG § 155 Rn. 31.
30 Ausführlich hierzu *Depré/Mayer*, Handb., Rn. 262 ff.
31 *Haarmeyer/Wutzke/u.a.*, ZVG, § 155 Rn. 23.
32 *Haarmeyer/Wutzke/u.a.*, ZVG, § 155 Rn. 23.
33 *Stöber*, ZVG, § 155 Rn. 7.1.
34 *Stöber*, ZVG, § 155 Rn. 7.2; *Depré/Mayer*, Handb., Rn. 274; *Haarmeyer/Wutzke/u.a.*, ZVG, § 155 Rn. 24; a. A. *Böttcher*, ZVG, § 155 Rn. 37 mit weiteren Nennungen.

Soweit das Zwangsverwaltungsverfahren lediglich durch einen Gläubiger betrieben wird, ist ein solcher Gläubiger im Teilungsplan nicht zu berücksichtigen, auf ihn erfolgt keine Zuteilung. Wenn ein Gläubiger nachträglich dem Verfahren beitritt und insoweit zu seinen Gunsten auch die Beschlagnahme durch den Beitrittsbeschluss später erfolgt, kann der nachträglich ins Grundbuch gelangte Gläubiger einen „relativen Rang" haben, der dazu führt, dass er gegenüber dem Beitrittsgläubiger in die Rangklasse 4 fällt. Insoweit ist auch dieses Recht in den Teilungsplan aufzunehmen, soweit zum Zeitpunkt der Aufstellung bereits ein nachrangiger Beitrittsgläubiger bekannt ist. Soweit bereits ein Teilungsplan besteht, ist dieser zu ergänzen.

§ 156 ZVG [Öffentliche Lasten/WEG Beiträge; Verteilungstermin; Teilungsplan]

Fassung des Abs. 1 bis 30.6.2007:

(1) Die laufenden Beträge der öffentlichen Lasten sind vom Verwalter ohne weiteres Verfahren zu berichtigen.

Fassung des Abs. 1 ab dem 1.7.2007:

(1) Die laufenden Beträge der öffentlichen Lasten sind von dem Verwalter ohne weiteres Verfahren zu berichtigen. Dies gilt auch bei der Vollstreckung in Wohnungseigentum für die laufenden Beträge der daraus fälligen Ansprüche auf Zahlung der Beiträge zu den Lasten und Kosten des gemeinschaftlichen Eigentums oder Sondereigentums, die nach § 16 Abs. 2, § 28 Abs. 2 und 5 des Wohnungseigentumsgesetzes geschuldet werden, einschließlich der Vorschüsse und Rückstellungen sowie Rückgriffsansprüche einzelner Wohnungseigentümer. Die Vorschrift des § 10 Abs. 1 Nr. 2 Satz 3 findet keine Anwendung.

(2) Ist zu erwarten, dass auch auf andere Ansprüche Zahlungen geleistet werden können, so wird nach dem Eingange der § 19 Abs. 2 bezeichneten Mitteilungen des Grundbuchamtes der Verteilungstermin bestimmt. In dem Termine wird der Teilungsplan für die ganze Dauer des Verfahrens aufgestellt. Die Terminsbestimmung ist den Beteiligten sowie dem Verwalter zuzustellen. Die Vorschriften des § 105 Abs. 2 Satz 2, des § 113 Abs. 1 und der §§ 114, 115, 124 126 finden entsprechende Anwendung.

Übersicht

		Rn.
I.	Änderung der Vorschrift zum 1.7.2007	1–3
II.	Regelungszusammenhang	4–6
III.	Berichtigung laufender Beträge öffentlicher Lasten	7–9
IV.	Berichtigung laufender Wohnungsgeldbeträge	10–14
V.	Verteilungstermin	15–21
VI.	Teilungsplan	22–31
VII.	Rechtsmittel	32–36

I. Änderung der Vorschrift zum 1.7.2007

1 Die Vorschrift wurde durch das Gesetz zur Änderung des Wohnungseigentumsgesetzes und anderer Gesetze[1] zusammen mit der Änderung des § 10 Abs. 1 Nr. 2 geändert. Sie sieht nunmehr wie für die unter § 10 Abs. 1 Nr. 3 fallenden öffentlichen Lasten ein Vorrecht bei Vollstreckung fälliger Ansprüche der anderen Wohnungseigentümer für die Zahlung laufender Beiträge zu den Lasten und Kosten des gemeinschaftlichen Eigentums oder des Sondereigentums nach §§ 16 Abs. 2, 28 Abs. 2 und 5 WEG einschließlich der Vorschüsse und Rückstellungen sowie für Rückgriffsansprüche einzelner Wohnungseigentümer vor. Die für die Zwangsversteigerung eingefügte Höchstgrenze von nicht mehr als 5 % des nach § 74 Abs. 5 festgesetzten Wertes wurde nach § 156 Abs. 1 S. 3 für die Zwangsverwaltung nicht übernommen. Eine solche Beschränkung wäre auch für die Zwangsverwaltung als Dauerverfahren nicht hinnehmbar.[2]

---

1 BGBl. 2007 I 370 vom 30. März 2007.
2 *Alff/Hintzen*, RPfleger 2008, 173.

Wie bei der Ausgestaltung für die laufenden öffentlichen Lasten wurde in der Folge dieser Änderung auch § 156 angepasst und erteilt den laufenden WEG Beiträge einen Sonderstatus, die dem Verwalter die Möglichkeit einräumt, sie außerhalb der Aufstellung eines Teilungsplanes vorweg zu berichtigen. Trotz dieser Möglichkeit erfolgt für die WEG Beiträge, die bislang als Ausgaben vorweg bezahlt werden konnten, eine Herabstufung, d.h. eine Schlechterstellung der Eigentümergemeinschaft im Zwangsverwaltungsverfahren.

Mangels klarer Regelungen speziell für die Zwangsverwaltung[3] im Gesetz zur Änderung des Wohnungseigentumsgesetzes und anderer Gesetze[4] ist blieb unklar, inwieweit die Gesetzesänderung zurückwirkt bzw. lediglich für Verfahren Anwendung findet, die seit dem 1. Juli 2007 anhängig gemacht wurden. Eine eigene Überleitungsvorschrift findet sich nicht. Lediglich in § 62 Abs. 1 WEG wird für „Zwangsversteigerungssachen" bestimmt, dass die neuen Regeln für Verfahren greifen sollen, die ab dem 1. Juli 2007 anhängig gemacht wurden. Im Rahmen einer weiten Auslegung dieses Begriffes ist mit Engels[5] und Wedekind[6] auch für die Zwangsverwaltung davon auszugehen, dass die neuen Regeln ohne Rückwirkung ausgestaltet wurden und nur auf Verfahren anzuwenden sind, die nach dem 1.7.2007 anhängig gemacht wurden. Insoweit sind die laufenden WEG Beiträge für Altverfahren weiterhin wie Ausgaben durch den Verwalter zu begleichen.

II. Regelungszusammenhang

Die Vorschrift des § 156 schließt sich als Folgevorschrift zu § 155, der abschließend die Verwendungsmöglichkeiten der eingezogenen Nutzungen regelt, an und gestaltet sie im Hinblick auf die Sonderstellung für Zahlungen laufender Beiträge öffentlicher Lasten sowie laufende WEG Beiträge aus. Für die Verteilung der Überschüsse wird mit dem Verteilungstermin und der Aufstellung eines Teilungsplanes ein eigenes Verfahren geschaffen und ausgestaltet. Sie komplettiert insoweit parallel zu den Vorschriften der §§ 9 und 11 ZwVwV die Regelungen zur Verteilung der Zwangsverwaltungserlöse.

Als Sonderform der Verwendung der Nutzungen gem. § 155, zwischen Ausgaben und Kosten des Verfahrens, die durch den Verwalter vorweg zu bestreiten sind und der Verwendung der Überschüsse im Rahmen des aufzustellenden Teilungsplans in der entsprechenden Rangfolge, schafft § 156 Abs. 1 eine Zwischenstufe für Ansprüche, denen auch im Zwangsversteigerungsverfahren ein Sonderrang zugeteilt wurde. Nach Begleichung der Kosten und Ausgaben des Zwangsverwalters und Befriedigung der Rangklasse 1 dürfen ohne Aufstellung eines Teilungsplans laufende Beiträge öffentlicher Lasten sowie laufende Wohngelder beglichen werden. An der gesetzlichen Rangfolge soll dies nichts ändern.[7] Es handle sich dabei nur um eine gesetzliche Ermächtigung zur Vorwegzahlung, ohne eine Herausnahme aus dem Rangsystem.[8] Als Argument wird der Wortlaut des § 155 Abs. 2 sowie § 11 Abs. 1 ZwVwV angeführt.

Richtigerweise sollten nach dem Vorschlag von Mayer[9] für die laufenden öffentlichen Lasten und nach der hier vertretenen Auffassung nunmehr auch

---

3 § 62 WEG trifft lediglich eine Regelung für die Zwangsversteigerung.
4 BGBl. 2007 I 370 vom 30. März 2007.
5 Dassler/Schiffhauer/u.a., ZVG, § 156 Rn. 1.
6 Wedekind, ZfIR 2007, 707.
7 Haarmeyer/Wutzke/u.a., ZVG, § 11 Rn. 4, Depré/Mayer, Handb., Rn. 244.
8 Depré/Mayer, Handb., Rn. 244.
9 Mayer, RPfleger 2000, 260.

laufende Wohngelder[10] aus dem Rangklassensystem – zumindest für die Zwangsverwaltung- herausgenommen und den Aufwendungen des § 155 Abs. 1 zugeordnet werden. Dies hätte zur Folge, dass § 155 Abs. 2 nur dahin zu verstehen ist, als geregelt wird, welche öffentlichen Lasten überhaupt in der Zwangsverwaltung Berücksichtigung finden und § 156 Abs. 1 anordnet, dass die Zahlung nicht aus Überschüssen sondern sofort zu leisten sind.[11]

III. Berichtigung laufender Beträge öffentlicher Lasten

7 Ohne weiteres Verfahren sind laufende Beiträge öffentlicher Lasten zu berichtigen. Berücksichtigungsfähig sind nur laufende Beiträge nach § 13, d.h. nur die letzten vor der Beschlagnahme fälligen sowie die nach der Beschlagnahme fällig gewordenen Beträge. Alle anderen Beträge stellen Rückstände dar, die nicht ohne Weiteres zu begleichen sind.

8 Auf die ausführliche Definition der öffentlichen Lasten in der Kommentierung des § 10 bzw. § 155 wird Bezug genommen.

9 Soweit der Verwalter ausreichend Mittel zur Verfügung hat, darf er die laufenden Beiträge zu öffentlichen Lasten, im Wesentlichen wohl Grundsteuer und Schornsteinfegergebühren bezahlen. Er darf hierzu jedoch aufgrund der dinglichen Sicherung dieser Ansprüche in § 10 beim Gläubiger keinen Vorschuss anfordern.[12]

IV. Berichtigung laufender Wohnungsgeldbeträge

10 Nach der Gesetzesänderung zum 1.7.2007 sind die Ausführungen für die öffentlichen Lasten aufgrund der ähnlichen Regelungsstruktur in § 10 und § 156 Abs. 1 zu übertragen und gelten auch für die laufenden Wohngelder.

11 Wie auch bei den öffentlichen Lasten sind nach dem Gesetzeswortlaut lediglich gem. § 13 laufende wiederkehrende Beiträge privilegiert. Die Privilegierung greift, auch wenn viele Eigentümergemeinschaften nunmehr versuchen, die Zwangsverwaltung aus dem nunmehr privilegierten Rang 2 zu betreiben, nicht für Rückstände. Auch in diesem Falle sind die Rückstände lediglich in Rang 5 zu berücksichtigen.

12 Für die Praxis ergeben sich jedoch aus der neuen Regelung eine Vielzahl von Problemen, die derzeit in der Literatur kontrovers diskutiert werden.

13 Durch die Beschränkung der Privilegierung auf laufende wiederkehrende Beiträge wäre nach einer engen Auslegung des Wortlautes dem Verwalter die Zahlung von **Abrechnungsspitzen und Sonderumlagen** als einmalige Beiträge versagt.[13] Im Vergleich zur bisherigen Rechtslage würde dies eine deutliche Schlechterstellung der Eigentümergemeinschaft bedeuten, die auch durch die Besserstellung im Zwangsversteigerungsverfahren nicht kompensiert wird, da hier keine realistischen Befriedigungschancen bestehen.[14] Alff/Hintzen[15] kommen durch eine auf den Gesetzeszweck bezogene Auslegung des Begriffes der wiederkehrenden Leistungen als bedarfs- und verbrauchsabhängige Kostenbeiträge dazu, dass auch Abrechnungsspitzen und nach Beschlagnahme beschlos-

---

10 Hier ist Mayer nach *Alff/Hintzen*, RPfleger 2008, 175 unter Verweis auf *Mayer*, RpflStud 2006, 71, 72 wohl anderer Ansicht.
11 Siehe hierzu ausführlich *Depré/Mayer*, Handb., Rn. 244 ff.
12 *Depré/Mayer*, Handb., Rn. 244 ; *Haarmeyer/Wutzke/u.a.*, ZVG, § 161 Rn. 22.
13 *Wedekind*, ZfIR 2007, 704 ff.
14 *Alff/Hintzen*, RPfleger 2008, 173.
15 *Alff/Hintzen*, RPfleger 2008, 174; so auch *Dassler/Schiffhauer/u.a.*, ZVG, § 156 Rn. 11.

sene Sonderumlagen unter § 156 Abs. 1 S. 2 zu subsumieren sind.[16] Wesentliches Argument ist, dass der Gesetzgeber die Rechtsstellung der Eigentümergemeinschaft in keinem Falle verschlechtern wollte.

14 Ein weiteres Problem ergibt sich daraus, dass durch die Einordnung der laufenden Wohngelder als Rangklasseforderung keine Möglichkeit für den Verwalter mehr besteht, **Vorschüsse** zu deren Begleichung anzufordern.[17] Dass diese Lösung nicht praxistauglich ist, dokumentiert die Diskussion, die bereits unter Rd. 5, 6 dargestellt wurde. Alff/Hintzen[18] kommen nach dem Vorschlag von Mayer[19] auch hier ausgehend vom Willen des Gesetzgebers, keine für die Eigentümergemeinschaft nachteiligen Veränderungen beabsichtigt zu haben, dazu, die laufenden öffentlichen Lasten auch die laufenden Hausgeldansprüche aus dem Rangklassensystem zu nehmen. Dem ist uneingeschränkt zuzustimmen.

V. Verteilungstermin[20]

15 Gem. § 11 Abs. 2 ZwVwV hat der Verwalter, wenn er erwartet, dass nach Zahlung der Ausgaben Überschüsse verbleiben, die unter Angabe des voraussichtlichen Betrages und der Zeit des Einganges das Gericht in Kenntnis zu setzen. Nach § 156 Abs. 2 hat das Gericht hierfür unverzüglich einen Verteilungstermin zu bestimmen, in dem die Verteilung der Überschüsse in einem Teilungsplan verhandelt wird. Bedingung ist allerdings, dass die Mitteilungen des Grundbuchamtes nach § 19 Abs. 2 vorliegen, da sich erst aus diesen Mitteilungen die zu berücksichtigenden Ansprüche der Beteiligten ergeben.

16 Grundlage für den Verteilungstermin ist die **Mitteilung des Verwalters**, dass er nach seiner Liquiditätsplanung die Kosten des Verfahrens, die Vergütung des Zwangsverwalters und die Ausgaben aus den Einnahmen berichtigen kann und Überschüsse zu erwarten sind. In der Praxis regt der Verwalter die Bestimmung eines Verteilungstermins an. Es genügt auch, dass das Gericht eigene Erkenntnisse hat, dass Überschüsse bestehen[21]. Auf der Basis dieser Informationen muss das Vollstreckungsgericht einen Verteilungstermin bestimmen. Eine Zusammenlegung der Verteilungstermine aus Zwangsversteigerung und Zwangsverwaltung ist nicht möglich. Soweit ein Zuschlag im Zwangsversteigerungsverfahren erfolgt, sollte im Zwangsverwaltungsverfahren möglichst schnell ein Verteilungstermin stattfinden, damit die Zwangsverwaltungsverteilung in der Zwangsversteigerungsverteilung berücksichtigt werden kann.[22]

17 Aufgrund der besonderen Stellung der laufenden Beiträge öffentlicher Lasten und der laufenden Wohngelder, die vorweg zu befriedigen sind, kann die Terminsbestimmung jedoch unterbleiben, wenn zu erwarten ist, dass nach Befriedigung dieser Ansprüche keine Mittel mehr für die Verteilung zur Verfügung stehen.[23]

18 Die **Terminsbestimmung** ist dem Verwalter und allen Beteiligten gem. § 9 ohne eine bestimmte Ladungsfrist nach den §§ 3–7 zuzustellen. Gem. § 105 Abs. 2

---

16 A.A. *Wedekind*, ZflR 2007, 704, 705.
17 *Böhringer/Hintzen*, RPfleger 2007, 360; *Depré/Mayer* Handb., Rn. 244 für die öffentliche Lasten gem. § 156 Abs. 1 vor dem 1.7.2007; *Wedekind* ZflR 2007, 704, 705.
18 *Alff/Hintzen*, RPfleger 2007, 174.
19 Siehe Fn. 9 a.a.O.
20 Siehe insoweit auch Praxisfall Zwangsverwaltung mit genauer Fundstelle im Kommentar → dort Anlage 4.
21 *Dassler/Schiffhauer/u.a.*, ZVG, § 156 Rn. 12.
22 *Stöber*, ZVG, § 156 Rn. 3.11.
23 *Dassler/Schiffhauer/u.a.*, ZVG, § 156 Rn. 12.

Satz 2 sind auch Personen als Beteiligte anzusehen, die ein anzumeldendes Rechts bislang nicht glaubhaft gemacht haben und erst zum Termin anmelden.

19 Der **Inhalt der Terminsbestimmung** ist gesetzlich nicht geregelt und richtet sich nach dem Einzelfall.[24] Mindestinhalt ist jedoch das Aktenzeichen, Terminsbezeichnung, Verteilungstermin im Zwangsverwaltungsverfahren zur Aufstellung eines Terminsplans für das gesamte Verfahren, Ort und Zeit, Anmeldung der Ansprüche eine Woche vor dem Termin. Nach Stöber[25] sollten sinnvollerweise auch Hinweise darauf erfolgen, dass in den Rangklassen 2–4 nur Ansprüche auf laufende wiederkehrende Leistungen berücksichtigt werden und Ansprüche entsprechend § 114 anzumelden sind. Ein bereits im Vorfeld durch das Gericht entworfener Teilungsplan ist den Beteiligten nicht zuzuleiten.

20 Der Verteilungstermin ist nicht öffentlich. Teilnahmeberechtigt sind lediglich der Schuldner, Gläubiger, der Verwalter und Beteiligte.

21 Im Termin wird der **Teilungsplan** ggfs. auch unter Zuziehung eines Kostenbeamten aufgestellt. Entsprechend der Regelung des § 115 findet im Termin eine Verhandlung über den Teilungsplan statt. Die §§ 876–882 ZPO finden entsprechende Anwendung. Anwesende Beteiligten haben die Möglichkeit zur Äußerung, des Widerspruchs. Zur Dokumentation ist ein möglichst ausführliche Protokollierung entsprechend § 160 ZPO anzuraten, der dem aufgestellten Teilungsplan[26] beigefügt wird.

VI. Teilungsplan siehe inssoweit auch Praxisfall Zwangsverwaltung Anlage 4

22 Der Teilungsplan wird als staatliche Vollstreckungsmaßregel für die gesamte Dauer des Verfahrens nach der Rangfolge des § 10 Abs. 1 unter Berücksichtigung der Besonderheiten des § 155 aufgestellt.[27] Er dient der raschen und sicheren Ertragnisverteilung[28] sowohl für die bereits vorhandenen als auch die noch zu erwartenden Erträge der Zwangsverwaltung.
Nicht zu berücksichtigen sind Ausgaben der Verwaltung sowie die vorweg zu berichtigenden Ansprüche laufender Beiträge öffentlicher Lasten und laufende Wohngelder. Da zum Zeitpunkt der Aufstellung die Teilungsmasse noch nicht feststeht, orientiert er sich an der Schuldenmasse. Insoweit erfolgt die Zuteilung unter der Bedingung, dass ausreichend Überschüsse zur Verfügung stehen. Einzubeziehen sind insoweit alle Ansprüche, unabhängig davon, ob sie bedient werden können oder nicht.

23 Aufgrund dieser zukunftsorientierten Aufstellung fixiert der Plan die Grundsätze bzw. den Rahmen für alle zukünftigen Auszahlungen.

24 Geregelt wird die Rangfolge der Ansprüche, den jeweiligen Berechtigten, die Höhe der Ansprüche und die jeweiligen Fälligkeitstermine. Da der Verwalter bei der Auszahlung strikt an den Plan gebunden ist und keine eigene Möglichkeit der Auslegung hat, sollte der Plan bzw. das Terminprotokoll des Verteilungstermins so ausführlich wie möglich sein.[29] Es sollte auch eine Bestim-

---

24 Siehe hierzu ausführlich *Dassler/Schiffhauer/u. a.*, ZVG, § 156 Rn. 13; sowie Anlage 4 zum Praxisfall Zwangsverwaltung.
25 *Stöber*, ZVG, § 156 Rn. 3.3.
26 *Stöber*, ZVG, § 156 Rn. 6.3.
27 *Stöber*, ZVG, § 156 Rn. 4.3.
28 *Beyer*, ZfIR 2005, 715.
29 *Stöber*, ZVG, § 156 Rn. 6.3.

mung der Berechungsmethode der Zinsen, bankgenau oder taggenau, erfolgen.[30]

Die Aufstellung erfolgt ggfs. unter Zuziehung eines Rechnungsbeamten durch das Gericht im Verteilungstermin. Verfügungsbeschränkungen sind zu beachten.[31]

Ansprüche, die von Amts wegen zu berücksichtigen sind
- Die Ansprüche der das Zwangsverwaltungsverfahren betreibenden Gläubiger § 156 Abs. 2 S. 4, 114 Abs. 1 Satz 2.
- Laufende Beträge wiederkehrender Leistungen, die zum Zeitpunkt der Eintragung des Zwangsverwaltungsvermerks bereits eingetragen sind.[32]

Ansprüche, die lediglich auf Anmeldung zu berücksichtigen sind:
Soweit es sich nicht Ausgaben oder die Ansprüche ohne weiteres Verfahren vorweg zu bestreiten sind, müssen
- Laufende wiederkehrende Ansprüche der Rangklasse 1
- Laufende wiederkehrende Ansprüche der Rangklasse 2
- Laufende wiederkehrende Ansprüche der Rangklasse 3

jeweils einschließlich der Beträge, die zur allmählichen Tilgung einer Schuld als Zuschlag zu den Zinsen zu entrichten sind, angemeldet werden. Dies gilt auch für
- Ansprüche aus nicht oder nicht rechtzeitig eingetragenen Rechten[33]
- Kosten der dinglichen Rechtsverfolgung § 10 Abs. 2 ZVG
- Dingliche Rechte am Grundstück, die nach dem Zwangsverwaltungsvermerk eingetragen wurden

Damit eine Vorbereitung auf den Termin möglich ist, sind die Ansprüche unter Vorlage der entsprechenden Nachweise in ausreichender Zeit vor dem Verteilungstermin dem Gericht gegenüber mitzuteilen. Nachträglich angemeldete Ansprüche können bis zur Verfahrensaufhebung im Wege der Planänderung noch berücksichtigt werden. Die Änderung entfaltet jedoch keine Rückwirkung[34].

Fremdwährungsforderungen, die so in das Grundbuch eingetragen sind, werden in der jeweiligen Währung in den Plan aufgenommen, die Auszahlung erfolgt in Euro (§ 158a).

Gesamtrechte, bei denen für das Grundpfandrecht mehrere Grundstücke haften sind unter Bezeichnung des mithaftenden Grundstückes[35] zunächst voll in den Teilungsplan aufzunehmen. Im Falle der Zahlung aus Verfahren, die sich auf die anderen Grundstücke beziehen, ist auf Mitteilung des Verwalters hin der Plan entsprechend zu korrigieren. Sowohl für das Gericht wie auch den Verwalter bestehen hier besondere Sorgfaltspflichten.

Besonderheiten ergeben sich aus dem Planvollzug für **bedingte Ansprüche**:
- Für aufschiebend bedingte Ansprüche ist der Betrag für den Berechtigten zu hinterlegen
- Auflösend bedingte Ansprüche sind wie unbedingte Ansprüche zu behandeln, lediglich auf Widerspruch erfolgt eine Hinterlegung

Soweit ein Berechtigter nicht ermittelt werden kann oder bei einem Grundpfandrecht der Brief nicht vorgelegt werden kann, so ist eine Hilfszuteilung nach § 126 vorzunehmen, Hilfsberechtigt sind die Gläubiger, die bei der Zuteilung mit ihren Ansprüchen ausfallen.

---

30 *Dassler/Schiffhauer/u.a.*, ZVG, § 156 Rn. 16.
31 *Dassler/Schiffhauer/u.a.*, ZVG, § 156 Rn. 32.
32 *Haarmeyer/Wutzke/u.a.*, ZVG, § 156 Rn. 5.
33 *Depré/Mayer*, Handb., Rn. 286.
34 *Haarmeyer/Wutzke/u.a.*, ZVG, § 156 Rn. 4.
35 *Stöber*, ZVG, § 156 Rn. 4.6.

VII. Rechtsmittel

32 Über die ausdrückliche Verweisung des § 156 Abs. 2 Satz 5 greifen auch für den Teilungsplan im Zwangsverwaltungsverfahren die Rechtsbehelfe für den Teilungsplan im Zwangsversteigerungsverfahren.

33 Einziges Rechtsmittel für **materiell rechtliche Einwände** ist nach § 115 Abs. 1 S. 2 und § 876 ZPO der Widerspruch. Soweit dieser nicht im Termin geklärt werden kann, greift eine Hilfsverteilung nach § 124 Abs. 1. Der Widersprechende wird als Hilfsberechtigter für den Erfolg seines Widerspruchs so gestellt, als wäre der bestrittene Anspruch nicht in den Plan aufgenommen worden. Der Erfolg des Widerspruchs kommt also nur dem Widersprechenden zugute.[36] Die anwesenden Beteiligten haben sich im Termin zum Widerspruch zu erklären. Bei abwesenden Beteiligten wird ohne Anerkenntniswirkung nach § 877 Abs. 1 ZPO unterstellt, dass er mit der Durchführung des Planes einverstanden ist. Soweit im Termin nach Diskussion des Widerspruches Einigkeit erzielt wird, ist die Umsetzung insoweit nicht blockiert.

34 Wird keine Einigung erzielt, kann der Widersprechende binnen eines Monats Widerspruchsklage nach §§ 156 Abs. 2 S. 4, 115 Abs. 1, ZVG, 878 Abs. 1 ZPO erheben.

35 Für formell-rechtliche Einwände stehen sowohl dem Schuldner als auch den Gläubigern der Rechtsbehelf der sofortigen Beschwerde gegen den Teilungsplan gem. § 11 Abs. 1 RPflG, § 793 ZPO zu. Der Zwangsverwalter ist nicht beschwerdeberechtigt.

36 Eine spezielle Bestimmung zur Abänderung eines bereits aufgestellten Teilungsplanes trifft § 159. Siehe hierzu die Kommentierung.

---

36 *Haarmeyer/Wutzke/u.a.*, ZVG, § 156 Rn. 16.

§ 157 ZVG [Ausführung des Teilungsplanes]

(1) **Nach der Feststellung des Teilungsplans hat das Gericht die planmäßige Zahlung der Beträge an die Berechtigten anzuordnen; die Anordnung ist zu ergänzen, wenn nachträglich der Beitritt eines Gläubigers zugelassen wird. Die Auszahlungen erfolgen zur Zeit ihrer Fälligkeit durch den Verwalter, soweit die Bestände hinreichen.**

(2) **Im Falle der Hinterlegung eines zugeteilten Betrags für den unbekannten Berechtigten ist nach den Vorschriften der §§ 135 bis 141 zu verfahren. Die Vorschriften des § 142 finden Anwendung.**

Übersicht

		Rn.
I.	Regelungszusammenhang	1–3
II.	Verfahren	4–9
III.	Ergänzungen der Anordnung § 157 Abs. 1	10–12
IV.	Hinterlegung des Auszahlungsbetrages § 157 Abs. 2	13, 14

I. Regelungszusammenhang

Die Vorschrift regelt das Verfahren zur Auszahlung des nach § 156 Abs. 2 aufgestellten Teilungsplans. Einbezogen sind hierbei lediglich die in § 155 Abs. 2 genannten Rechte. Soweit Zahlungen auf das Kapital eines Grundpfandrechtes erfolgen können, ist nach § 158 ein weiterer Verteilungstermin durch das Gericht zu bestimmen. **1**

Die Auszahlung durch den Zwangsverwalter erfolgt auf der Basis eines gerichtlichen Beschlusses, der die Auszahlung entsprechend dem Teilungsplan anordnet. Dem Verwalter kommt hierbei nur die Funktion des ausführenden Organs zu. Mit Ausnahme der Identitäts- und Legitimationsprüfung der Gläubiger, an die ausgezahlt werden soll, hat er keine eigene Prüfungskompetenz. Es besteht keine Einflussnahmemöglichkeit auf Zahlungsempfänger und Fälligkeit der Zahlungen. Der Verwalter ist an die Auszahlungsanordnung gebunden.[1] **2**

Bei nachträglicher Veränderung durch Beitritt eines Gläubigers ist die Anordnung der Auszahlung entsprechend zu ergänzen. **3**

II. Verfahren

Soweit ein Teilungsplan aufgestellt wurde, ist Auszahlung der Beträge an die Gläubiger durch **gerichtlichen Beschluss** anzuordnen. Sie wirkt ausschließlich gegenüber dem Verwalter und entfaltet **keine Außenwirkung**. Eine unmittelbare Wirkung auf die begünstigten Gläubiger ergibt sich hieraus nicht. Die Anordnung ist aus diesem Grund auch nicht selbständig durch den Gläubiger anfechtbar.[2] **4**

Eine **inhaltliche Detaillierung** muss aufgrund der ausführlichen Regelungen des Teilungsplanes nicht vorgenommen werden. Damit der Verwalter die Auszahlungen vornehmen kann, müssen ihm jedoch die Kontoverbindungen der Gläubiger mitgeteilt werden.[3] Auch dies kann jedoch außerhalb des Beschlus- **5**

---

1 *Beyer*, ZfIR 2005, 714 unter Verweis auf *Stöber*, ZVG, § 157, 2.6.
2 *Dassler/Schiffhauer/u. a.*, ZVG, § 157 Rn. 13.
3 *Stöber*, ZVG, § 157 Rn. 2.2.

ses selbst erfolgen. Die Benennung des Gläubigers hat so detailliert zu erfolgen, dass der Verwalter keine eigenen Nachforschungen vornehmen muss. Ergänzend ist für Zahlung in ausländischer Währung die Regelung des § 158 zu beachten.

6 Vor der Zahlung obliegt dem Verwalter die **Identitäts- und Legitimationsprüfung** des Berechtigten auch auf Basis von Handelsregisterauszügen bzw. Einsicht in Bestallungsurkunden. Eine Vorlage eines Grundschuld- oder Rentenschuldbriefes ist jedoch nicht erforderlich. Auch die Nachforschung, inwieweit der entsprechende Titel sich noch bei den Akten befindet, ist nicht Aufgabe des Verwalters.[4]

7 Auf dieser Basis kann der Verwalter – soweit ausreichend Gelder vorhanden sind – selbstständig zum Zeitpunkt der Fälligkeit an den jeweiligen Gläubiger auszahlen. Eine frühere Zahlung ist auch bei ausreichenden Mitteln nicht zu leisten.[5]

8 Grundlage ist das Vorhandensein ausreichender Mittel. Der Verwalter muss insoweit eine entsprechende Liquiditätsplanung vornehmen, um auch Ausgaben der Verwaltung und Kosten der Verwaltung bezahlen zu können. Er sollte nicht darauf vertrauen, dass Schuldner ihre Verbindlichkeiten wie vereinbart begleichen, sondern lediglich bereits verfügbare Gelder zur Auszahlung einplanen.[6]

9 Soweit die Zahlungen durch den Zwangsverwalter vorgenommen wurden, sind diese dem Gericht gegenüber mitzuteilen, damit dieses gem. § 757 ZPO einen Vermerk auf dem jeweiligen Titel anbringen kann.

III. Ergänzungen der Anordnung § 157 Abs. 1

10 Soweit der **Beitritt eines weiteren Beteiligten** zugelassen wird, ist zwingend auch die Zahlungsanordnung zu ergänzen. Dies kann allerdings lediglich auf der Basis auch einer Änderung des Teilungsplanes erfolgen, der Grundlage der Auszahlungsanordnung ist. Eine isolierte Korrektur, wie sie der Wortlauf der Vorschrift vorsieht, ist nicht möglich.

11 **Änderungen sowohl für Plan wie auch der Zahlungsanordnung** sind von Amts wegen (d.h. außerhalb der Korrekturklage des § 159) bei Eintragung neuer dinglicher Rechte nach Planaufstellung, Rangänderungen, Tod eines Berechtigten, Verzicht auf ein Recht, Erledigung eines Widerspruchs, Pfändung und Überweisung, Löschung oder Abtretung eines Rechts, Änderung des Zinssatzes, Urteile nach Klage gem. § 159[7] vorzunehmen. Dies gilt auch für aus dem Grundbuch nicht ersichtliche Rechte, die im Zwangsverwaltungsverfahren nachträglich angemeldet werden. Hier hat das Gericht die Abänderung des Teilungsplanes zu prüfen. Soweit eine Änderung abgelehnt wird, können materiell rechtliche Einwendungen nicht mit der sofortigen Beschwerde, sondern nur durch eine Abänderungsklage nach § 159 geltend gemacht werden.[8]

12 Die Änderung erfolgt durch das Gericht ohne mündliche Verhandlung. Die Änderungen sind den Beteiligten zuzustellen

---

4 *Stöber,* ZVG, § 157 Rn. 2.5.
5 *Stöber,* ZVG, § 157 Rn. 2.6.
6 A.A. *Stöber,* ZVG, § 157 Rn. 2.3.
7 *Stöber,* ZVG, § 157 Rn. 3.2.
8 BGH, Beschl. vom 1.2.2007 – V ZB 80/06, Rpfleger 2007, 336 f.

IV. Hinterlegung des Auszahlungsbetrages § 157 Abs. 2

Soweit ein Gläubiger in Annahmeverzug gerät bzw. für einen nicht ermittelbaren Berechtigten sind die Beträge entsprechend der Hinterlegungsordnung zu hinterlegen. Bei Annahmeverzug muss sich der Verwalter durch Hinterlegung unter Verzicht auf die Rücknahme von der Verbindlichkeit befreien.[9]

Weitere Ermittlungen sind nicht Aufgabe des Verwalter, vielmehr greift das gerichtliche Verfahren der §§ 135–141. Soweit ihm allerdings weitere Informationen vorliegen, hat er diese dem Gericht weiterzuleiten.

---

9 *Dassler/Schiffhauer/u.a.*, ZVG, § 157 Rn. 7.

§ 158 ZVG [Zahlungen auf das Kapital von Grundpfandrechten]

(1) Zur Leistung von Zahlungen auf das Kapital einer Hypothek oder Grundschuld oder auf die Ablösungssumme einer Rentenschuld hat das Gericht einen Termin zu bestimmen. Die Terminsbestimmung ist von dem Verwalter zu beantragen.

(2) Soweit der Berechtigte Befriedigung erlangt hat, ist das Grundbuchamt von dem Gericht um die Löschung des Rechtes zu ersuchen. Eine Ausfertigung des Protokolls ist beizufügen; die Vorlegung des über das Recht erteilten Briefes ist zur Löschung nicht erforderlich.

(3) Im Übrigen finden die Vorschriften der §§ 117, 127 entsprechende Anwendung.

Übersicht	Rn.
I. Regelungszusammenhang	1–3
II. Verfahren	4–7
III. Löschung des Grundpfandrechtes nach Zahlung auf das Kapital	8–10

I. Regelungszusammenhang

1 Die Vorschrift regelt parallel zu § 11 Abs. 3 ZwVwV für den **in der Zwangsverwaltungspraxis seltenen Fall**[1] der Zahlung auf das Kapital ein spezielles Verfahren. Sie vervollständigt damit die Regelungen der §§ 155–157 und schließt das Verteilungsverfahren ab.

2 Aufgrund der Besonderheit, dass mit der Zahlung auf das Kapital das Grundpfandrecht insoweit gem. §§ 1181 Abs. 1, 1192 Abs. 1 BGB erlischt und insoweit das Grundbuch unrichtig wird,[2] dient das besondere Verfahren der Rechtsklarheit. Die Vermeidung von Missbrauch[3] ist lediglich Nebenzweck. Ziel ist es eine **saubere Grundlage für die spätere Grundbuchberichtigung** zu schaffen.[4]

3 Um Zahlungen auf das Kapital im Sinne des § 158 zu erhalten, muss der Gläubiger das Verfahren aus der Klasse 5 des § 10 Abs. 1 betreiben. Auf dingliche Berechtigte, die das Verfahren nicht betreiben, erfolgt im Zwangsverwaltungsverfahren keine Zahlung. Nicht von dieser Vorschrift erfasst werden Zahlungen wie Kosten, rückständige Zinsen, Hauptforderungen eine persönlich betreibenden Gläubigers, Tilgungsbeträge, die als Zuschlag zu den Zinsen entrichtet werden müssen.[5]

II. Verfahren

4 Soweit der Verwalter absehen kann, dass er die Möglichkeit hat, aus der Zwangsverwaltungsmasse Zahlungen auch auf das Kapital der Grundpfandrechte zu leisten, hat er dies dem Gericht mitzuteilen und die Bestimmung eines Auszahlungstermins zu beantragen.

---

1 *Depré/Mayer*, Rn. 302.
2 *Depré/Mayer*, Rn. 303.
3 *Haarmeyer/Wutzke/u.a.*, Zwangsverwalt., § 158 Rn. 1.
4 *Böttcher*, ZVG, § 158 Rn. 1.
5 *Dassler/Schiffhauer/u.a.*, ZVG, § 158 Rn. 4.

5 Das Gericht bestimmt für die Zahlungen einen besonderen **Verteilungstermin**, zu dem die betreibenden Gläubiger und der Schuldner[6] ohne eine bestimmte Ladungsfrist zu laden sind. Eine öffentliche Bekanntmachung findet nicht statt.[7]

6 Im Termin hat der Zwangsverwalter die Zahlung an das Gericht oder auf konkrete Weisung des Gerichts direkt an die Gläubiger zu leisten. Die **Zahlungsart** regelt § 117, auf den § 158 direkt verweist. Vor dem 2. Gesetz zur Modernisierung der Justiz vom 22.12.2006[8], durch den auch § 117 geändert wurde, war ausschließlich die bare Zahlung an den Gläubiger im Termin vorgesehen. Die jeweilige Zahlung wurde im Protokoll vermerkt. Diese Praxis stieß auf **Kritik**, da die bare Zahlung nicht mehr den heutigen Gepflogenheiten entsprach.[9] Aufgrund der notwendigen Feststellung der Zahlung im Protokoll hätte eine **unbare Zahlung**, wie etwa durch Scheck, damit durch den Gläubiger angenommen und im Protokoll festgestellt werden müssen.[10] Diese Kritik dürfte durch die nunmehr in § 117 Abs. 1 Satz 2 eingeräumte Möglichkeit der unbaren Zahlung hinfällig sein. Wie allerdings in der Praxis bei unbarer Zahlung sichergestellt wird, dass die Zahlung im Protokoll vermerkt werden kann, ist weiterhin offen. Beyer[11] schlägt eine Anweisung des Gerichts an den Zwangsverwalter zur Zahlung an den Gläubiger, Nachweis der Zahlung des Zwangsverwalters durch Bankbeleg und Quittung des Zahlungsempfängers vor. Die Quittung kann zur Akte genommen werden, so dass dann normal weiter verfahren werden kann.

Soweit ein zu berücksichtigender Gläubiger im Termin nicht erscheint und auch nicht vertreten ist, kann der Verwalter auf Weisung des Gerichts an diesen Gläubiger den Betrag auch unbar zahlen. Soweit der Zwangsverwalter selbst zum Termin nicht erscheinen kann, wird er den Betrag vor dem Termin bei der Gerichts-/Amtskasse einzahlen, die dann die Zahlungen vornehmen kann. Soweit ein Berechtigter nicht zu ermitteln ist, wird der Betrag entsprechend § 117 Abs. 2 Satz 3 hinterlegt.

7 Der **Termin ist ausführlich durch das Gericht zu protokollieren**, sämtliche Zahlungsvorgänge und die Entwertung der Urkunden sind festzuhalten. Auf den jeweiligen Vollstreckungstiteln sind die Zahlungen zu quittieren, der genaue Wortlaut ist ins Protokoll aufzunehmen.[12] Wird die Urkunde, wie der Grundschuldbrief nicht zur Entwertung bzw. zum Vermerk vorgelegt, wird der Betrag hinterlegt. Soweit der Gläubiger vollumfänglich befriedigt wird, ist der Titel zu vernichten/unbrauchbar zu machen.

III. Löschung des Grundpfandrechtes nach Zahlung auf das Kapital

8 Da die Zahlung nach § 158 nicht auf die Forderung, sondern direkt auf das Grundpfandrecht erfolgt, erlischt das Grundpfandrecht gem. § 1181 Abs. 1 BGB insoweit. Um Missbrauch vorzubeugen, sind die Zahlungen dem **Grundbuchamt** mitzuteilen. Das Gericht hat um Löschung des Rechts in Höhe der Zahlung bzw. um Gesamtlöschung zu ersuchen.

---

6 *Beyer* ZfIR 2005, 719 auch unter Verweis auf *Stöber*, ZVG, § 158 2.4.
7 *Böttcher*, ZVG, § 158, Rn. 3.
8 BGBl. I 3416.
9 *Haarmeyer/Wutzke/u.a.*, Zwangsverwalt., § 158 Rn. 3.
10 *Depré/Mayer*, Rn. 304.
11 *Beyer* ZfIR 2005, 719.
12 *Stöber*, ZVG, § 158 Rn. 2.7.

9 Dem Ersuchen ist das Terminsprotokoll des Termins nach § 158 beizufügen. Soweit eine Vorlage des Briefes erfolgt, sollte dieser beigefügt werden,[13] dies ist allerdings nicht zwingend erforderlich.

10 Dem Grundbuchamt steht keine materielle, sondern lediglich eine **formelle Prüfungskompetenz** zu. Ein formell ordnungsgemäßes Ersuchen ist insoweit zu vollziehen.

---

[13] *Stöber*, ZVG, § 158 Rn. 3.

§ 158a ZVG [Fremdwährung in der Zwangsverwaltung]

Für die Zwangsverwaltung eines Grundstücks, das mit einer Hypothek, Grundschuld oder Rentenschuld in einer nach § 28 Satz 2 der Grundbuchordnung zugelassenen Währung belastet ist, gelten folgende Sonderbestimmungen:
1. Die Beträge, die auf ein in der Fremdwährung eingetragenes Recht entfallen, sind im Teilungsplan in der eingetragenen Währung festzustellen.
2. Die Auszahlung erfolgt in Euro.
3. Der Verwalter zahlt wiederkehrende Leistungen nach dem Kurswert des Fälligkeitstages aus. Zahlungen auf das Kapital setzt das Gericht in dem zur Leistung bestimmten Termin nach dem amtlich ermittelten letzten Kurswert fest.

Als Gegenstück des § 145a in der Zwangsversteigerung bestimmt § 158a für die Zwangsverwaltung das Verfahren bei der Auszahlung im Rahmen des Teilungsplanes bzw. wiederkehrender Leistungen für Grundschuldeintragungen in ausländischer Währung gem. § 28 Abs. 2 GBO.[1] Zulässig sind ausländische Währungen der Mitgliedschaftsstaaten der EU, Schweiz und der Vereinigten Staaten von Amerika[2]. **1**

Grundsatz hierbei ist, dass die Feststellung der Forderung im **Teilungsplan** in der jeweiligen ausländischen Währung erfolgt, die Auszahlung dann aber in Euro vorzunehmen ist. **2**

Auch für **wiederkehrende Leistungen** hat der Verwalter die Auszahlung nach dem jeweiligen Kurswert vorzunehmen. **3**

Soweit eine **Ausschüttung im Verteilungstermin** nach § 158 erfolgt, ist auch dort die Auszahlung nach Umrechnung nach dem jeweiligen Kurswert in Euro vorzunehmen. **4**

---

1 Zulässig seit 1.1.1999, Einführung durch Euro Einführungsgesetz, BGBl. 1998, 1242.
2 *Rellermeyer*, RPfleger, 1999, 46.

§ 159 ZVG [Klage auf Änderung des Teilungsplans]

(1) Jeder Beteiligte kann eine Änderung des Teilungsplans im Wege der Klage erwirken, auch wenn er Widerspruch gegen den Plan nicht erhoben hat.

(2) Eine planmäßig geleistete Zahlung kann auf Grund einer späteren Änderung des Plans nicht zurückgefordert werden.

Übersicht

		Rn.
I.	Regelungszusammenhang	1
II.	Kritik	2
III.	Verfahren	3–7
IV.	Ausgleich von bereits erlittenen Rechtsnachteilen	8, 9

I. Regelungszusammenhang

1 Die Vorschrift ist vor dem Hintergrund zu sehen, dass das Zwangsverwaltungsverfahren über einen längeren Zeitraum betrieben wird und sich während dieser Zeit die Ausgangstatsachen verändern können. Dies kann durch den Teilungsplan, der für das gesamte Verfahren aufgestellt wird, notgedrungen nicht vollumfänglich abgebildet werden. Insoweit steht jedem Beteiligten, auch wenn er gegen den aufgestellten Teilungsplan einen Widerspruch nicht erhoben hat, die Möglichkeit offen, über eine entsprechende Klage die Abänderung des Teilungsplanes zu erreichen. Hierdurch sollen allerdings bereits auf der Basis des Teilungsplans geleistete Zahlungen unberührt bleiben. Eine Abänderung des Teilungsplanes ist nur für die Zukunft möglich.

II. Kritik

2 Kritisch anzumerken ist, dass die durch den Gesetzgeber vorgesehene Möglichkeit über die Abänderungsklage über das Ziel hinaus schießt. Es wäre ohne Weiteres möglich gewesen, eine gerichtliche oder freiwillige Abänderungsmöglichkeit bei veränderten Umständen vorzusehen.[1] Bei konsequenter Prüfung der Zulässigkeitsvoraussetzungen ist auch für die Erhebung der Klage ein Rechtsschutzbedürfnis nachzuweisen,[2] d.h. es ist zu belegen, dass die Betroffenen einer Änderung freiwillig nicht zugestimmt haben. Auch insoweit ist ein Einigungsversuch impliziert. Den Beteiligten steht es offen, einvernehmlich die Abänderung beim Gericht zu beantragen. Scheitert dieser Einigungsversuch, so ist die Regelung konsequent, da insoweit eine Rechtsschutzmöglichkeit bestehen muss.

III. Verfahren

3 Klageberechtigt ist jeder Beteiligte gem. § 9, der ein berechtigtes Interesse aus einer Benachteiligung durch den Teilungsplan bzw. eine Besserstellung anderer Gläubiger nachweist.

4 Die Klage ist gegen den Beteiligten zu richten, der durch den Teilungsplan besser gestellt wurde und dessen Besserstellung durch die Klage beseitigt werden soll. Der Klagantrag ist auf die Beseitigung der Besserstellung abzufassen.

---

1 So auch *Haarmeyer/Wutzke/u.a.*, Zwangsverwalt., § 159 Rn. 2.
2 *Dassler/Schiffhauer/u.a.*, ZVG, § 159 Rn. 1.

Die Klage hat keine automatisch aufschiebende Wirkung. Der Teilungsplan wird bis zu dessen Abänderung weiter vollzogen. Eine Aussetzung des Vollzugs ist im Wege des einstweiligen Rechtsschutzes §§ 935 ff ZPO zu erwirken.[3] **5**

Für die Klage bestehen keine Ausschlussfristen. **6**

Das erstrittene rechtskräftige Abänderungsurteil ist dem Vollstreckungsgericht vorzulegen, das auf dieser Basis von Amts wegen den Teilungsplan abändert und so für die Zukunft die Rechtsnachteile des Klägers beseitigt. **7**

IV. Ausgleich von bereits erlittenen Rechtsnachteilen

Abs. 2 der Vorschrift macht deutlich, dass sich die Abänderungsklage lediglich auf die Zukunft und auf die Beseitigung von zukünftig entstehenden Rechtsnachteilen richtet und das Abänderungsurteil insoweit keine Rückwirkung entfaltet. **8**

Für die bereits erlittenen Rechtsnachteile muss der Benachteiligte gegen den Bessergestellten Klage auf Herausgabe des Erlangten richten. Diese Klage kann gem. § 878 Abs. 2 ZPO mit der Abänderungsklage verbunden werden.[4] **9**

---

3 *Stöber*, ZVG, § 159 Rn. 2.2.
4 *Dassler/Schiffhauer/u.a.*, ZVG, § 159 Rn. 3.

§ 160 ZVG [Außergerichtliche Verteilung]

Die Vorschriften der §§ 143 bis 145 über die außergerichtliche Verteilung finden entsprechende Anwendung.

Übersicht	Rn.
I. Regelungsinhalt	1–3
II. Kritik in der Literatur	4–6

I. Regelungsinhalt

1 Die Vorschrift stellt eine reine Verweisungsnorm auf die Regelungen zur Zwangsversteigerung gem. §§ 143–145 dar. Die dort aufgezeigten Möglichkeiten zur außergerichtlichen Einigung zwischen den Gläubigern sollen auch für die Zwangsverwaltung gelten.

2 Festzuhalten ist insoweit, dass unter bestimmten Voraussetzungen die Einigung aller Beteiligten auch außerhalb des strengen formellen Verteilungsverfahrens des ZVG möglich sein soll. Erforderlich ist hierzu ein Nachweis in Form von öffentlichen Urkunden durch die Beteiligten.

3 Der Gesetzgeber eröffnet damit ähnlich den Regelungen des Insolvenzplanes in der InsO auch im Zwangsverwaltungsverfahren die Möglichkeit einer abweichenden Verteilung bzw. für abweichende Abreden zwischen den Gläubigern.

II. Kritik in der Literatur[1]

4 Die Hauptkritikpunkte an der Vorschrift betreffen die fehlende Übertragbarkeit der zitierten Vorschriften auf das Zwangsverwaltungsverfahren. § 144 sei mangels eines Erstehers unanwendbar,[2] § 143 nur unter erheblichen Schwierigkeiten auf die Situation der Zwangsverwaltung übertragbar.[3] Der Verweis sei insoweit auch zu unbestimmt, eine Einigung unter den Beteiligten abwegig, auch da ein bestimmter zu verteilender Betrag durch die Dauerhaftigkeit der Zwangsverwaltung nicht vorhanden sei.[4] Die Kostenersparnis einer außergerichtlichen Einigung, die wohl ursprünglich durch den Gesetzgeber ins Auge gefasst war, bestehe nicht.

5 Dieser Kritik kann nur zum Teil gefolgt werden. Nach der hier vertretenen Ansicht hat die Vorschrift, deren vollständige Streichung gefordert wird,[5] durchaus ihre Berechtigung. Sie stellt ausdrücklich klar, dass auch im Rahmen des strengen Verteilungsverfahrens auch für die Zwangsverwaltung eine abweichende einvernehmliche Regelung für die Gläubiger zulässig sein soll. Die fehlende praktische Relevanz dürfte darin ihre Ursache haben, dass in den allermeisten Fällen nicht der Versuch unternommen wird, bereits im Vorfeld, etwa bei Beantragung der Zwangsverwaltung durch einen nachrangigen Gläubiger, eine abweichende Regelung zu finden. Es sind, auch außerhalb der Regelung für den Ersteher in § 144 durchaus Fälle denkbar, für die eine außergerichtliche Einigung relevant werden könnte. Daran ändert auch die Dauerhaftigkeit des Verfahrens nichts. Eine abweichende Regelung kann auch flexibel angepasst werden.

---

1 Siehe hierzu Stöber, ZVG, § 160 Rn. 1; *Haarmeyer/Wutzke/u.a.*, ZVG, § 160 Rn. 2 ff.
2 *Haarmeyer/Wutzke/u.a.*, ZVG, § 160 Rn. 3.
3 Stöber, ZVG, § 160 Rn. 1.
4 *Haarmeyer/Wutzke/u.a.*, ZVG, § 160 Rn. 3.
5 *Haarmeyer/Wutzke/u.a.*, ZVG, § 160 Rn. 3, ebenso *Dassler/Schiffhauer/u.a.*, ZVG, § 160 Rn. 1.

Dass damit kein Eingriff in die Rechte und Pflichten des Zwangsverwalters möglich sein kann, versteht sich von selbst.[6] Auch dem Wortlaut nach bezieht sich die Vorschrift nur auf die Verteilung. Die Regelung kann sich ohne Weiteres auf die Verteilung der Überschüsse auch für die Zukunft, d.h. für die Laufzeit der Zwangsverwaltung erstrecken,[7] ohne dass jeweils neue Einigungen zwischen den Gläubigern erfolgen müssen. Denkbar ist hier bereits zu Beginn der Zwangsverwaltung eine Regelung zwischen unterschiedlichen Grundpfandgläubigern, etwa die Besserstellung eines nachrangig betreibenden Gläubigers, durch den ggfs. Vorschüsse geleistet wurden. Dass dies in der Praxis nicht genutzt wird, bedeutet nicht, dass die Lösungsmöglichkeiten nur theoretischer Natur sind. Dass abweichende Regelung durchaus gefährlich sein können, liegt in der Natur der Sache, dass aber schwierige Dinge deshalb nicht in Angriff genommen werden, nur weil sie schwierig sind, kann nicht im Sinne des Gesetzgebers sein.

---

6 *Stöber*, ZVG, § 160 Rn. 2.
7 Im Gegensatz zur von *Haarmeyer/Wutzke/u.a.*, ZVG, § 160 Rn. 3 vertretenen Auffassung müssen hierzu auch nicht jeweils zum Fälligkeitszeitpunkt wiederholte Einigungserfolge erzielt werden.

§ 161 ZVG [Aufhebung des Verfahrens]

(1) Die Aufhebung des Verfahrens erfolgt durch Beschluss des Gerichts.
(2) Das Verfahren ist aufzuheben, wenn der Gläubiger befriedigt ist.
(3) Das Gericht kann die Aufhebung anordnen, wenn die Fortsetzung des Verfahrens besondere Aufwendungen erfordert und der Gläubiger den nötigen Geldbetrag nicht vorschießt.
(4) Im Übrigen finden auf die Aufhebung des Verfahrens die Vorschriften der §§ 28, 29, 32, 34 entsprechende Anwendung.

Übersicht

		Rn.
I.	Regelungszusammenhang	1–3
II.	Verfahren bei der Aufhebung des Zwangsverwaltungsverfahrens	4, 5
III.	Gründe für die Aufhebung des Zwangsverwaltungsverfahrens	6–18
1.	Allgemein	6
2.	Befriedigung des Gläubigers (§ 161 Abs. 2)	7
3.	Mangelnde Zahlung eines Vorschusses (§ 161 Abs. 3)	8–15
4.	Rücknahme des Antrages (§ 161 Abs. 4 i. V. m. § 92)	16
5.	Möglichkeit der „Einstweiligen Einstellung" des Zwangsverwaltungsverfahrens durch die betreibenden Gläubiger	17
6.	Aufhebung nach Zuschlag im Zwangsversteigerungsverfahren	18
IV.	Wirkungen der Aufhebung des Zwangsverwaltungsverfahrens	19–21
1.	Allgemeine Wirkung des Aufhebungsbeschlusses	19
2.	Wirkung des Aufhebungsbeschlusses bei der Antragsrücknahme	20
3.	Wirkung der Aufhebung bei Zuschlag im Zwangsversteigerungsverfahren	21
V.	Restabwicklung des Zwangsverwaltungsverfahrens durch den Zwangsverwalter	22–46
1.	Allgemein	22–25
2.	Rechnungslegung durch den Verwalter	26, 27
3.	Übergang der Rechtsverhältnisse	28
4.	Restabwicklung zwischen Antragsrücknahme/Zuschlag und Aufhebung des Zwangsverwaltungsverfahrens	29–39
5.	Konkrete Anordnungen zur Restabwicklung nach § 12 ZwVwV nach Aufhebung des Zwangsverwaltungsverfahrens	40
6.	Prozessführungsbefugnis	41–46
VI.	Rechtsbehelfe	47

I. Regelungszusammenhang

1 Als einzige Vorschrift im ZVG, die sich mit der Aufhebung des Zwangsverwaltungsverfahrens beschäftigt, regelt § 161 trotz vielfacher Kritik in der Literatur diesen Bereich nur lückenhaft. In der Praxis besteht nach wie vor große Unsicherheit, die der Verordnungsgeber auch durch die eher verfahrensbezogenen Regelungen in § 12 ZwVwV nicht beheben konnte.

2 Vollkommen ungeregelt bleiben die in der Praxis relevanten Regelfälle der Antragsrücknahme und des Zuschlags im parallelen Zwangsversteigerungsverfahren. Insbesondere die Zeit zwischen dem Zuschlag im Zwangsversteigerungsverfahren und der Aufhebung des Verfahrens stellt eine rechtliche Grauzone dar, die erst nach und nach durch die Rechtsprechung ausgeformt wird. Selbst die Abwicklung dieser Regelfälle bereitet in der Praxis Schwierigkeiten,[1] die lediglich durch enge Abstimmung zwischen Gericht und Zwangsverwalter zu vermeiden sind.

Umstritten sind weiter die Fragen der Prozessführungsbefugnis des Zwangsverwalters für laufende Prozesse, Herausgabe von erstrittenen Titeln, Wirkung der Verfahrensaufhebung bei Rücknahme/Zuschlag, Möglichkeit der einstweiligen Einstellung des Zwangsverwaltungsverfahrens; Rückwirkung der Verfahrensaufhebung, Stellung des Erstehers nach Zuschlag in der Zwangsversteigerung bzw. Pflichten des Zwangsverwalters gegenüber dem Ersteher sowie die rechtliche Abwicklung von Vorschusszahlungen durch die betreibenden Gläubiger.

II. Verfahren bei der Aufhebung des Zwangsverwaltungsverfahrens

Parallel zur detaillierteren Regelung des § 12 Abs. 1 ZwVwV stellt § 161 klar, dass es für die Aufhebung des Zwangsverwaltungsverfahrens in jedem Falle eines Beschlusses des Vollstreckungsgerichts bedarf.[2] Dieser ist nach § 32 dem Schuldner und den betreibenden Gläubigern zuzustellen. Die Mitteilungen an die übrigen Beteiligten und dem Zwangsverwalter gegenüber erfolgt formlos.

Aus Sicht des Zwangsverwalters sinnvoll ist die gem. § 12 Abs. 2 ZwVwV vorgesehene Anhörung des Zwangsverwalters, um in dem Beschluss bereits Restabwicklungsermächtigungen durch das Gericht anordnen zu können und so wesentliche Probleme der Restabwicklung zu vermeiden. Leider bleibt diese Möglichkeit in der Praxis häufig ungenutzt, so dass die theoretisch diskutierten Probleme bei detaillierter Abstimmung zwischen Gericht und Verwalter unter konsequenter Nutzung der gesetzlichen Möglichkeiten häufig vermeidbar wären.

Parallel zur Aufhebung[3] hat das Gericht auf die Löschung des Zwangsverwaltungsvermerks im Grundbuch hinzuwirken.

III. Gründe für die Aufhebung des Zwangsverwaltungsverfahrens

1. Allgemein

Das ZVG wie auch die ZwVwV sieht keine abschließende Aufzählung der Aufhebungsgründe vor. Ausdrücklich geregelt sind die **Aufhebungsgründe** lediglich in den §§ 161 Abs. 2–4. Darüber hinaus ergeben sich z.B. **außerhalb des ZVG** folgende Aufhebungsgründe:
- Entgegenstehende Rechte/Vollstreckungshindernisse: z.B. nachträgliche Feststellung von Eigenbesitz (§ 147), Beschlagnahme eines persönlichen Gläubigers im Monat vor Insolvenzantragstellung (§§ 88, 89 InsO), Verfahrenshindernisse gem. § 775 ZPO.
- Vorlage einer öffentlichen Urkunde, dass der zur Abwendung der Zwangsvollstreckung angeordnete Betrag nach §§ 775, 776 ZPO hinterlegt wurde.
- Untergang des Grundstückes/Erbbaurechtes, nicht jedoch alleine Zerstörung des Gebäudes oder Übergang des Eigentums.

---

1 Dassler/Schiffhauer/u.a., ZVG, § 161 Rn. 2.
2 Insoweit wird auf die Kommentierung zur Regelung des § 12 ZwVwV sowie auf den Praxisfall zur Zwangsverwaltung verwiesen. → dort Anlage 5.
3 Nach Depré/Maier, Handb., Rn. 351 bereits mit Erlass/Zustellung, nach Stöber, ZVG, § 161 Rn. 2.4 erst mit Rechtskraft.

- Fehlen/Wegfall der Verfahrensvoraussetzungen etwa wegen Aufhebung des Vollstreckungstitels oder der vorläufigen Vollstreckbarkeit.

2. Befriedigung des Gläubigers (§ 161 Abs. 2)

7 Soweit der betreibende Gläubiger aus dem Zwangsverwaltungsverfahren vollständig, d. h. auch mit seinen Verfahrenskosten und Zinsen sowie dem Vorschuss befriedigt ist, ist das Zwangsverwaltungsverfahren aufzuheben. Soweit die Befriedigung nicht aus dem Zwangsverwaltungsverfahren eintritt, hat der Gläubiger den Antrag zurückzunehmen, der Schuldner kann eine Vollstreckungsabwehrklage erheben. Bei Kenntnis hat dies der Zwangsverwalter nach § 12 Abs. 4 ZwVwV dem Gericht unverzüglich anzuzeigen. Die Aufhebung bezieht sich bei mehreren betreibenden Gläubigern jedoch nur auf den einzelnen Gläubiger. Erst wenn alle betreibenden Gläubiger befriedigt sind, ist das Verfahren vollständig aufzuheben.[4]

3. Mangelnde Zahlung eines Vorschusses (§ 161 Abs. 3)

8 Da es sich beim Zwangsverwaltungsverfahren um ein gläubigergetriebenes Verfahren handelt, das grds. durch den Gläubiger § 3 Abs. 1 Nr. 8 ZwVwV bzw. gem. § 155 durch die Einnahmen aus dem Grundstück zu bestreiten ist, ergibt sich im Umkehrschluss, dass dieses Verfahren keine Berechtigung mehr hat, wenn die Kosten nicht gedeckt sind. Der Gesetzgeber geht davon aus, dass die Ausgaben des Verfahrens durch die betreibenden Gläubiger als Gesamtschuldner zu tragen sind, soweit die erzielten Nutzungen hierzu nicht genügen. Hierüber hat der Zwangsverwalter nach § 3 Abs. 1 Nr. 8 ZwVwV in seinem Inbesitznahmebericht im Sinne einer Prognose dem Gericht gegenüber Meldung zu machen.

9 Soweit die Ausgaben des Zwangsverwaltungsverfahrens und die Verfahrenskosten aus den erzielbaren Einnahmen des Grundstückes nicht gedeckt werden können, kann der Zwangsverwalter einen Vorschuss anfordern.[5] Diese Möglichkeit hat zwar konkret keine gesetzliche Regelung gefunden, ergibt sich allerdings im Umkehrschluss aus § 161 Abs. 3.

10 Der Zwangsverwalter selbst ist nicht verpflichtet, in Vorlage zu treten. Er darf andererseits aber auch nicht sehenden Auges nicht gedeckte Verpflichtungen eingehen. Die Vorschrift dient insoweit zum einen dem Schutz des Zwangsverwalters, andererseits soll § 161 Abs. 3 als Schutzvorschrift der Gläubiger vor bösen Überraschungen[6], die aus ungedeckten Ausgaben des Zwangsverwalters entstehen können, bewahren.

11 Die Entscheidung, ob und in welcher Höhe der Vorschuss angefordert wird, trifft das Gericht nach pflichtgemäßem Ermessen. Die Anforderung erfolgt durch gerichtlichen Beschluss, dieser kann auch direkt nach Anordnung ergehen. Unzulässig ist es allerdings, die Anordnung der Zwangsverwaltung bereits von der Leistung eines Vorschusses abhängig zu machen.[7]
Der Zwangsverwalter hat dem Gericht die hierfür notwendigen Informationen zur Verfügung zu stellen und hat dem Gericht auch den Eingang der Geldzahlungen auf dem Anderkonto mitzuteilen.
Soweit ein berechtigt bei den betreibenden Gläubigern angeforderter Vorschuss nicht binnen einer gesetzten Frist auf das Anderkonto des Zwangsverwalters geleistet wird, hat das Gericht nach § 161 Abs. 3 das Zwangsverwaltungsverfahren aufzuheben.

---

4 Stöber, ZVG, § 161 Rn. 3.1.
5 Dem Schuldner steht ein Recht zur Beantragung eines Kostenvorschusses nicht zu.
6 Förster/Hintzen, ZInsO 2004, 17.
7 Schmidberger, ZfIR 2007, 748 unter Bezugnahme auf einen unveröffentlichten Beschluss des AG Schwäbisch Hall vom 11.8.2005 – L 38/05.

12 Umstritten ist, inwieweit der Vorschuss auch durch den Zwangsverwalter direkt beim Gläubiger angefordert werden kann.[8] Aus Gründen der Rechtssicherheit sollte dies jedoch immer über das Gericht bzw. zur Beschleunigung auch parallel erfolgen.[9] Unbenommen bleibt es dem Gläubiger auch direkt, ohne Aufforderung einen Vorschuss zu leisten.[10]

13 Aufgabe des Gerichtes ist es allerdings auch, den Gläubiger vor der Anforderung überhöhter Vorschüsse zu bewahren. Es ist insoweit gehalten, vom Verwalter, soweit dies nicht bereits im Inbesitznahmebericht erfolgt ist, zur Konkretisierung, die Vorlage von Kostenvoranschlägen zu fordern.[11] Nach der hier vertretenen Auffassung besteht keine Pflicht des Gläubigers, eine „black box" zu finanzieren, bei der er pauschal auf nicht konkretisierte Ausgaben des Verwalters leistet. Der Verwalter darf nicht zur Provokation der Aufhebung von missliebigen Zwangsverwaltungsverfahren ein Horrorszenario entwerfen.[12] Andererseits ist auch zu bedenken, dass vollkommen aussichtslose Zwangsverwaltungsverfahren, bei denen keine Möglichkeit besteht, ohne erhebliche Vorschussanforderung Nutzungen zu erzielen, unzulässig sind. Bei Gefahr im Verzug muss der Zwangsverwalter aber den oft langwierigen Weg über die Vorschussanforderung bei Gericht nicht beschreiten, da die Ausgaben dazu dienen, das Vermögen Dritter zu schützen. Eine Aufhebung des Zwangsverwaltungsverfahrens kommt allerdings nur dann in Frage, wenn auch eine Pflicht des Gläubigers besteht, den Vorschuss zu leisten.[13]

14 **Vorschüsse sind zu zahlen für**
- Vergütung des Zwangsverwalters
- Alle Ausgaben der Verwaltung gem. § 155, insbesondere
- Versicherungen, die der Verwalter nach § 9 Abs. 3 ZwVwV abschließen muss
- Kosten der Sicherstellung der Verkehrssicherungspflichten, hierunter fallen auch ggfs. anfallende Baumaßnahmen, etwa die Sicherung eines einsturzgefährdeten Gebäudes
- Prozessführung von Aktivprozessen
- Vertragserfüllung von Versorgungsverträgen

15 **Keine Vorschüsse sind zu zahlen** für Ansprüche, die keine Ausgaben der Verwaltung darstellen und in eine Rangklasse des § 10 Abs. 1 fallen. Dies sind z.B.:
- Gerichtskosten § 155 Abs. 1 (Rangklasse 0)
- Grundsteuern und öffentliche Lasten § 10 Abs. 1 Nr. 3 (Rangklasse 3)
- Hausgelder § 10 Abs. 1 Nr. 2 (Rangklasse 2)
- Sachversicherungen[14]
- Passivprozesse: hier hat der Zwangsverwalter für die Kostenerstattungspflicht des Prozessgegners keine Rückstellungen zu bilden.[15]

4. Rücknahme des Antrages (§ 161 Abs. 4 i.V.m. § 92)

16 Soweit alle betreibenden Gläubiger die Antragsrücknahme erklärt haben, ist das Zwangsverwaltungsverfahren insgesamt aufzunehmen. Bei der Rücknahme durch einen betreibenden Gläubiger kommt lediglich die Teilaufhebung

---

8 *Haarmeyer/Wutzke/u.a.*, ZVG, § 161 Rn. 22.
9 So auch *Dassler/Schiffhauer/u.a.*, ZVG, § 161 Rn. 76.
10 *Depré/Maier,* Handb., Rn. 235.
11 Anderer Ansicht *Depré/Maier,* Handb., Rn. 227 f.
12 *Schmidberger,* ZfIR 2007, 748, *Dassler/Schiffhauer/u.a.*, ZVG, § 161 Rn. 77 unter Verweis auf *Haarmeyer/Wutzke/u.a.*, ZVG, § 161 Rn. 11.
13 Siehe hierzu *Schmidberger,* ZfIR 2007, 748 ff.
14 *Schmidbauer,* ZfIR 2007, 750; a.A. *Bank,* ZfIR 2007, 529.
15 *Schmidbauer,* ZfIR 2007, 750.

in Betracht, das Verfahren läuft im Übrigen weiter. Die Rücknahme hat grds. als „actus contrarius" zum Antrag dem Gericht gegenüber zu erfolgen. Nach Stöber[16] soll der Verwalter nach § 12 Abs. 4 Satz 2 ZwVwV analog verpflichtet sein, eine bei ihm eingegangene Rücknahme des Antrages an das Gericht weiterzuleiten. Diese Ansicht kann hier nicht geteilt werden, die Entgegennahme und Weiterleitung von formalen Anträgen des Gläubigers ist nicht Aufgabe des Verwalters.

5. Möglichkeit der „Einstweiligen Einstellung" des Zwangsverwaltungsverfahrens durch die betreibenden Gläubiger[17]

17 Da das Zwangsverwaltungsverfahren ein gläubigergetriebenes Verfahren darstellt, das lediglich durch dessen Antrag in Gang kommt, kann er das Verfahren jederzeit durch Rücknahme des Antrages wieder beenden. Nachdem unstreitig eine **Einstellung auch des Zwangsverwaltungsverfahrens** nach den allgemeinen Bestimmungen der ZPO sowie § 153b möglich ist, besteht Streit darüber, inwieweit der Verweis in § 161 Abs. 4 auf die §§ 28 ff., bzw. den fehlenden Ausschluss der Anwendbarkeit des § 30 in § 146 dem Gläubiger als Herr des Verfahrens auch eine generelle Möglichkeit zur Beantragung der einstweiligen Einstellung als Minus zum Rücknahmeantrag gibt. Die vorgebrachten formellen Argumente zur Anwendung des § 30 auch auf das Zwangsverwaltungsverfahren überzeugen nicht[18]. Mit der Argumentation von Depré/Maier[19] ist ausgehend von den Rechtsfolgen einer einstweiligen Einstellung des Verfahrens, die die Beschlagnahme unberührt ließe, eine einstweilige Einstellung nach der hier vertretenen Auffassung nicht möglich. Sie liefe dem Zweck des Zwangsverwaltungsverfahrens als Dauerverfahren entgegen.[20]

6. Aufhebung nach Zuschlag im Zwangsversteigerungsverfahren

18 Häufigster -wenn auch nicht gesetzlich geregelter- Aufhebungsgrund ist der Zuschlag im zumeist parallel laufenden Zwangsversteigerungsverfahren. Die Rechte des neuen Eigentümers (Ersteher) stehen der Weiterführung der Zwangsverwaltung entgegen. Das Verfahren ist nach dem Zuschlag von Amts wegen aufzuheben. Dies gilt auch wenn der Schuldner selbst das Grundstück erwirbt, der insoweit als Dritter anzusehen ist[21]. Die Aufhebung des Zwangsverwaltungsverfahrens darf zur Sicherheit jedoch erst nach Rechtskraft des Zuschlagsbeschlusses erfolgen, da eine rückwirkende Neuanordnung eines Zwangsverwaltungsverfahrens nicht möglich wäre und insoweit erhebliche Schwierigkeiten entstehen würden.[22]

IV. Wirkungen der Aufhebung des Zwangsverwaltungsverfahrens

1. Allgemeine Wirkung des Aufhebungsbeschlusses

19 Mit der Aufhebung des Verfahrens fällt die Beschlagnahme, die durch die Anordnung der Zwangsverwaltung erfolgte, weg. Soweit die Aufhebung nicht vor dem Hintergrund einer Antragsrücknahme bzw. des Zuschlages im

---

16 *Stöber*, ZVG, § 161 Rn. 3.6.
17 Siehe hierzu auch die Kommentierung zu § 146 Rn. 33 ff. allgemein zu den Möglichkeiten der Einstellung des Verfahrens.
18 *Dassler-Muth*[wohl Vorauflage des *Dassler/Schiffhauer/u.a.*], § 161 Rn. 3; *Hagemann*, in: Steiner, ZVG, § 161 Rn. 104; *Böttcher*, ZVG, § 146 Rn. 78 ff.
19 *Depré/Maier*, Handb., Rn. 181 ff.
20 So auch *Depré/Maier*, Handb., Rn. 181 ff; *Stöber*, ZVG, § 146 Rn. 6.1; *Haarmeyer/Wutzke/u.a.*, ZVG, § 146 Rn. 62 mit weiteren Nennungen; *Dassler/Schiffhauer/u.a.*, ZVG, § 161 Rn. 4.
21 *Stöber*, ZVG, § 161 Rn. 3.11.
22 *Stöber*, ZVG, § 161 Rn. 3.11.

Zwangsversteigerungsverfahren erfolgt, hat der Aufhebungsbeschluss konstitutive Wirkung und entfaltet seine Rechtswirkung mit der Rechtskraft.

2. Wirkung des Aufhebungsbeschlusses bei der Antragsrücknahme

Für den Fall der Antragsrücknahme bestand lange Zeit Streit, ob der Beschluss lediglich noch deklaratorische Wirkung hat bzw. ab welchem Zeitpunkt die Beschlagnahme wegfällt. **20**
Nach OLG Köln und LG Heilbronn[23] hat die Aufhebung des Verfahrens lediglich noch deklaratorische Wirkung. Eickmann sieht den Aufhebungsbeschluss sowohl materiell als auch formell als „actus contrarius" und geht mit dem Wortlaut des § 12 ZwVwV davon aus, dass die Zwangsverwaltung auch im Falle der Antragsrücknahme erst mit der Rechtskraft des Aufhebungsbeschlusses endet.
Mit der Entscheidung des BGH[24] dürfte nunmehr klargestellt sein, dass der **Aufhebungsbeschluss konstitutiv** wirkt. So ist dies durch den Verordnungsgeber auch ausdrücklich für den Fall des Zuschlages im Zwangsversteigerungsverfahren in § 12 Abs. 1 S. 2 ZwVwV gesehen worden.

3. Wirkung der Aufhebung bei Zuschlag im Zwangsversteigerungsverfahren

Nach einhelliger Meinung wirkt der **Aufhebungsbeschluss konstitutiv** auf den Zuschlag zurück.[25] Es wäre auch nicht hinnehmbar, dass für die Zeit zwischen dem Zuschlag und dem Aufhebungsbeschluss die Nutzungen noch dem Antragsteller zustehen sollen.[26] Nach der hier vertretenen Auffassung ist § 12 ZwVwV als umfassende Abwicklungsvorschrift zu sehen, die auch der Verordnungsgeber für alle Arten der Aufhebung und nicht differenziert für den Fall der Antragsrücknahme gesehen hat. **21**

V. Restabwicklung des Zwangsverwaltungsverfahrens durch den Zwangsverwalter:

1. Allgemein

Mit Aufhebung der Zwangsverwaltung, die das Verfahren punktuell beendet und Ihre Wirkungen entfaltet, ergeben sich den nachfolgenden Restaufgaben des Zwangsverwalters, die im Wesentlichen darin bestehen, die ehemalige Beschlagnahmewirkungen wieder aufzuheben, die Betroffenen über die Aufhebung in Kenntnis zu setzen und seine Tätigkeit abzurechnen.[27] **22**

Mit der Aufhebung endet das Amt des Zwangsverwalters. Insoweit hat er die **Bestallungsurkunde sowie sämtliche Anordnungsbeschlüsse** spätestens mit der Schlussrechnung bzw. mit Beendigung seiner Restabwicklungstätigkeit wieder an das Gericht zurückzugeben (§ 12 Abs. 2 ZwVwV). **23**

Herausgabe des Grundstückes, des Zubehörs sowie der gezogenen Nutzungen: Nach Aufhebung des Zwangsverwaltungsverfahrens sind das Grundstück, das Zubehör sowie die gezogenen Nutzungen, die nun nicht mehr der Beschlagnahme unterliegen, an den Berechtigten herauszugeben. Nach dem Zuschlag **24**

---

23 OLG Köln, Urteil vom 20.8.1993 – 19 U 226/92, VersR 1994, 113,114; LG Heilbronn, Beschl. vom 23.6.1995 – 1b T 125/95, RPfleger 1996, 37, wie auch *Stöber*, ZVG, § 161 Rn. 2.3.
24 BGH, Beschl. vom 10.7.2008 – V ZB 130/07, BGHZ 177, 218 = NJW 2008, 3067 = Rpfleger 2008, 586 = ZfIR 2008, 876 ff., siehe hierzu auch *Depré*, ZfIR, 2008, 841 ff.
25 *Dassler/Schiffhauer/u.a.*, ZVG, § 161 Rn. 9; *Stöber*, ZVG, § 161 Rn. 2.3; *Depré/Maier*, Handb., Rn. 345; *Böttcher*, ZVG, § 161 Rn. 19.
26 *Dassler/Schiffhauer/u.a.*, ZVG, § 161 Rn. 13.
27 Siehe hierzu Praxisfall zur Zwangsverwaltung, Anlage 6.

im Zwangsversteigerungsantrag ist dies der Ersteher, sonst der Schuldner bzw. der Insolvenzverwalter bzw. ein neuer Eigentümer, der das Grundstück zwischenzeitlich erworben hat. Die jeweilige Berechtigung ist dem Zwangsverwalter gegenüber nachzuweisen.
Nach einer Entscheidung des LG Heilbronn[28] gilt dies auch für Nutzungen, die der Zwangsverwalter noch nicht an den Gläubiger ausgekehrt hat.
Dies gilt allerdings nur für den tatsächlichen Übererlös, der Zwangsverwalter kann gem. § 12 Abs. 3 ZwVwV vor der Auskehr der Nutzungen noch Ausgaben, Vergütungen und die Kosten begleichen bzw. diese hinterlegen. Öffentliche Lasten und Zahlungen auf den Teilungsplan darf er nicht mehr leisten.[29]

25 Regelmäßig hat der Zwangsverwalter nach der Aufhebung des Verfahrens auch die Mieter hierüber in Kenntnis zu setzen.

2. Rechnungslegung durch den Verwalter

26 Die Aufhebung des Zwangsverwaltungsverfahren bedeutet für den Zwangsverwalter, dass er gem. § 154 bzw. §§ 13 ff ZwVwV das Verfahren abzurechnen hat.[30]

27 Für die abgeschlossenen Zeiträume sind Nebenkostenabrechnungen zu fertigen. Laufende Zeiträume sind durch den Schuldner/Ersteher abzurechnen. Der Zwangsverwalter hat hierfür die notwendigen Grundlagen zu liefern.

3. Übergang der Rechtsverhältnisse

28 Die Rechte und Pflichten aus den Miet- und Pachtverhältnissen gehen mit der Aufhebung wieder auf den Schuldner über. Dies gilt auch[31] für die durch den Zwangsverwalter begründeten
- Versorgungsverträge
- Versicherungsverträge
- Dienstverträge, soweit diese nicht durch den Verwalter zur Erfüllung eigener Aufgaben begründet wurden.

4. Restabwicklung zwischen Antragsrücknahme/Zuschlag und Aufhebung des Zwangsverwaltungsverfahrens

29 Problematisch ist allerdings die **Zeit zwischen Zuschlag und Aufhebung** des Zwangsverwaltungsverfahren. Aufgrund der fehlenden gesetzlichen Regelung,[32] die auch in der ZwVwV nicht ausgestaltet wurde, besteht hier eine rechtliche Grauzone. Es besteht auch Einigkeit, dass der Zwangsverwalter seine Tätigkeit in jedem Falle bis zur Zustellung des Aufhebungsbeschlusses fortzusetzen hat.[33]

30 Mit *Depré/Maier*[34] ist aufgrund der Tatsache, dass bereits mit dem Zuschlag das Befriedigungsrecht des betreibenden Gläubigers[35] durch den Eigentumswechsel, wie auch das relative Veräußerungsverbot, das durch die Beschlagnahme bestand, weggefallen sind, davon auszugehen, dass lediglich das Verwaltungs- und Benutzungsrecht des Zwangsverwalters weiter besteht.

---

28 LG Heilbronn, Beschl. vom 23.6.1995 – 1b T 125/95, RPfleger 1996, 37.
29 *Dassler/Schiffhauer/u.a.*, ZVG, § 161 Rn. 28.
30 Siehe hierzu § 154, Rn. 18 ff. sowie den Praxisfall zur Zwangsverwaltung Anlage 6.
31 *Dassler/Schiffhauer/u.a.*, ZVG, § 161 Rn. 28; a. A. Vonnemann, RPfleger 2002, 415 ff.
32 Zum historischen Hintergrund der fehlenden Regelung siehe auch *Schmidberger*, RPfleger 2007, 241 f.
33 *Stöber*, ZVG, § 161 Rn. 3.11.
34 *Depré/Maier*, Handb., Rn. 352 ff.
35 Nutzungen aus der Zeit vor dem Zuschlag bleiben jedoch beschlagnahmt (*Stöber*, ZVG, § 161 Rn. 3.11). Das Befriedigungsrecht der Gläubiger beschränkt sich nach dem Zuschlag nur noch auf den Versteigerungserlös als Surrogat des Grundstückes.

Der Erwerber erwirbt insoweit belastetes Eigentum und kann den Besitz an der Immobilie nicht sofort ausüben bzw. hat bis zur Aufhebung des Zwangsverwaltungsverfahrens das Verwaltungs- und Benutzungsrecht des Zwangsverwalters zu dulden. Lediglich dieses Recht muss durch den hier konstitutiv wirkenden Aufhebungsbeschluss aufgehoben werden. Dieser wirkt auf den Zuschlag zurück, der eingetretene Schwebezustand wird beseitigt.

Die **undifferenzierte Ansicht**[36], die von einer pauschalen Rückwirkung ausgeht, wird den vielschichtigen Auswirkungen nicht gerecht. 31

Auch ohne konkrete Anordnung des Vollstreckungsgerichtes hat der Zwangsverwalter soweit die Aufhebung des Verfahrens und der Grund hierfür zeitlich auseinanderfallen und hierdurch ggfs. ein Schaden entstehen könnte, unaufschiebbare Geschäfte weiter vorzunehmen. Dies gilt insbesondere für Wintersicherungspflicht (Beheizung/Verkehrssicherungspflicht), Aufrechterhaltung des Versicherungsschutzes, Beseitigung von Substanzverletzungen an der Immobilie, die zu weiteren Schäden führen (z. B. Dachreparatur oder Reparatur einer gebrochenen Wasserleitung). Ausgaben hierfür hat der Gläubiger, der Schuldner oder der Ersteher zu ersetzen. 32

Wie allerdings die Stellung des Zwangsverwalter zwischen Zuschlag, über den er gerichtlich in Kenntnis zu setzen ist, und der Aufhebung des Verfahrens einzuordnen ist, ist weithin umstritten. 33

Aus dieser Fortführungspflicht des Zwangsverwalter und der Tatsache, dass zum einen das Eigentum gewechselt hat und die Nutzungen/Lasten ab dem Zeitpunkt des Zuschlags auf den Ersteher übergehen, entsteht ein neues gesetzliches Schuldverhältnis zwischen Zwangsverwalter und Ersteher. Für die Zeit der Fortführung der Zwangsverwaltung über den Zuschlag hinaus ist der Ersteher auch Beteiligter, der Zwangsverwalter haftet ihm aus § 154.[37] Hieraus ergeben sich folgende Rechtsfolgen 34
- Pacht- und Mietzinsen (Nutzungen) werden durch den Zwangsverwalter eingezogen, stehen aber dem Ersteher zu
- Grundstückserzeugnisse stehen dem Ersteher zu
- Versicherungsverträge gehen mit dem Zuschlag (gem. § 73 VVG) auf den Ersteher über. Er kann jedoch mit einer Kündigungsfrist von einem Monat kündigen.
- Eine direkte Rechtsnachfolge ist für Versorgungsverträge gesetzlich nicht geregelt, sie können übergeleitet werden oder sind durch den Verwalter zu kündigen und abzurechnen.
- Nach Aufhebung der Zwangsverwaltung ist der Besitz auf den Ersteher zu übertragen.

Zur Sicherstellung der konsequenten Trennung sollte der Zwangsverwalter für die Zeit zwischen Zuschlag und Aufhebung die Einnahmen kontenmäßig und buchhalterisch trennen, um dem gestiegenen Transparenzbedürfnis Rechnung tragen.[38] Pächter und Mieter müssen zu diesem Zeitpunkt noch nicht auf die veränderte Situation hingewiesen werden, ein Schreiben würde insoweit regelmäßig zu Verwirrung führen. 35

Nach Aufhebung der Zwangsverwaltung hat der Zwangsverwalter für die Zeit zwischen Zuschlag und Aufhebung mit dem Ersteher abzurechnen (Ersteherabrechnung). 36

In die **Ersteherabrechnung** einzubeziehen sind, jeweils die auf den Zeitraum entfallenden Einnahme und Ausgaben. Relevant sind insbesondere Wohngeld- 37

---

36 LG Berlin, Beschl. vom 21.2.1958 – 84 T 29, NJW 1958, 1544; *Dassler/Muth*, § 161 Rn. 20.
37 Siehe hierzu auch die Kommentierung zu § 154 Rn. 13.
38 *Dassler/Schiffhauer/u. a.*, ZVG, § 161 Rn. 55 mit weiteren Nennungen.

zahlungen, Versicherungsprämien, Steuern. Betroffen sind auch Ausgaben, die aus notwendigen und unaufschiebbaren Maßnahmen ergeben. Hier wird sich der Verwalter in Kenntnis der Sondersituation jedoch regelmäßig mit dem Ersteher abstimmen.

38 Aufgrund der meist auseinander fallenden Zeiträume der Abrechnung des Verwalters mit dem Ersteher und der Nebenkostenabrechnung mit dem Mieter ergeben sich Probleme. Anerkannt ist, dass bereits abgeschlossene Abrechnungszeiträume durch den Verwalter abzurechnen sind, laufende Abrechnungszeiträume gehen auf den Ersteher über.[39] Da auch für diese Zeiträume durch den Zwangsverwalter die Abrechnungsgrundlagen bereit zu stellen sind, kommt es zu Überschneidungen. Grds. muss sich der Ersteher jedoch Vorauszahlungen an den Zwangsverwalter oder den Schuldner für die Zeit vor Anordnung der Zwangsverwaltung anrechnen lassen. In der Praxis bietet sich eine pauschale Vereinbarung zwischen Verwalter und Ersteher an, aus der jedoch für die Masse kein Schaden entstehen darf. Ansonsten müßten alle Ausgaben und Vorauszahlungen durch den Verwalter abgerechnet werden. Ergibt sich eine Forderung gegen den Ersteher, kann dieser diese Kosten gegen den Mieter als Nachzahlung geltend machen. Umgekehrt besteht ein Anspruch gegen den Zwangsverwalter, der die Nebenkostenvorauszahlungen treuhänderisch verwaltet.[40]

39 Offen ist auch die Frage, inwieweit der Ersteher im Zeitraum zwischen Zuschlag und Aufhebung der Zwangsverwaltung auch für die Vergütung des Zwangsverwalters haftet. Grds. haftet der Schuldner oder der Gläubiger für die Vergütung bis zur Aufhebung.[41] Der Argumentation von Depré/Maier[42] folgend, wird man jedoch wohl nicht annehmen können, dass die für den Ersteher, dem auch die Erträge aus dem Grundstück zufließen, unentgeltlich sein sollte. Getreu dem Grundsatz, wer den Nutzen hat, der muss auch die Kosten hierfür tragen, haftet der Ersteher nach § 670 BGB. Der Verwalter kann mit Gegenforderungen des Erstehers aufrechnen. Dies dürfte unproblematisch sein, so lange aus dem Grundstück Nutzungen gezogen werden, soweit dies nicht der Fall ist, ist Streit vorprogrammiert.

5. Konkrete Anordnungen zur Restabwicklung nach § 12 ZwVwV nach Aufhebung des Zwangsverwaltungsverfahrens

40 Vor der Aufhebung des Zwangsverwaltungsverfahrens sollte der Zwangsverwalter nach § 12 Abs. 2 ZwVwV durch das Gericht angehört werden. Nur so kann sichergestellt werden, dass durch eine abrupte Aufhebung des Verfahrens allen Beteiligten kein Schaden aus noch nicht abgeschlossenen Verwaltungshandlungen entsteht.
Das Gericht kann auch für die Zeit nach der Aufhebung den Zwangsverwalter mit Restabwicklungskompetenzen ausstatten, soweit dies erforderlich ist. Insoweit wird auf die Kommentierung zu § 12 ZwVwV verwiesen.

6. Prozessführungsbefugnis

41 Für die Frage, inwieweit der Zwangsverwalter nach Aufhebung des Verfahrens zur Fortführung der Rechtsstreite befugt ist, kommt es entscheidend darauf an, auf welcher Basis die Zwangsverwaltung aufgehoben wurde, ob es sich um

---

[39] *Dassler/Schiffhauer/u.a.*, ZVG, § 161 Rn. 61; *Weidenkaff*, in: Palandt, BGB, § 535 Rn. 96.
[40] *Dassler/Schiffhauer/u.a.*, ZVG, § 161 Rn. 61.
[41] *Stöber*, ZVG, § 161 Rn. 6.4.
[42] *Depré/Maier*, Handb., Rn. 370.

einen Aktiv- oder Passivprozess handelt und ob die geltend gemachten Ansprüche sich auf die Zeit der Zwangsverwaltung beziehen.[43]

Antragsrücknahme § 29: 42
für den Fall, dass der Gläubiger den Antrag zurücknimmt und insoweit das Zwangsverwaltungsverfahren aufgehoben wird, entfällt nach einer Entscheidung des BGH ohne eine weitere Ermächtigung zur Weiterführung des Prozesses durch das Vollstreckungsgericht, etwa nach § 12 ZwVwV, die Prozessführungsbefugnis des Zwangsverwalters. Hier oblag es dem Gläubiger ggfs. durch eine eingeschränkte Antragsrücknahme dafür zu sorgen, dass auch während des Zwangsverwaltungsverfahrens entstandene Ansprüche weiter geltend gemacht werden können. Dies gilt sowohl für anhängige als auch für noch nicht rechtshängig gemachte Ansprüche[44]. Der Schuldner hat die Möglichkeit, in den Prozess einzutreten. Eine Unterbrechung des Prozesses ist jedoch nicht vorgesehen. Nach einer Entscheidung des OLG München[45] soll der Verwalter jedoch weiterhin berechtigt sein, anhängige Verfahren nach § 43 Abs. 1 Nr. 4 WEG aus der Zeit seiner Amtstätigkeit fort zu führen. Das Gericht kann bei der Aufhebung auch die erstmalige Geltendmachung von Ansprüchen durch den Zwangsverwalter anordnen.

Soweit sich der Rechtsstreit auf Angelegenheiten bezieht, die sich auf die mit 43
der Aufhebung beendete Aufgabe des Zwangsverwalters ergeben und auf die Erhaltung und Benutzung des Grundstückes bezogen sind oder sich auf die Unterbindung künftiger Störungen beziehen, entfällt die Prozessführungsbefugnis bereits aus diesem Grunde.

Zuschlag im Zwangsversteigerungsverfahren: 44
soweit die Aufhebung auf der Basis eines Zuschlagsbeschlusses im Zwangsversteigerungsverfahren erfolgt, obliegt dem Zwangsverwalter auch ohne spezielle Anordnung durch das Gericht die Weiterführung bereits eingeleiteter Rechtsstreite[46], soweit sie sich auf Ansprüche bezieht, die während der Zeit der Zwangsverwaltung entstanden sind und sich nicht auf die Zukunft beziehen[47]. In diesen Fällen entfällt die Prozessführungsbefugnis nicht. Für noch nicht rechtshängige Ansprüche besteht allerdings keine weitere Prozessführungsbefugnis.[48]

Aufhebung der Zwangsverwaltung aus anderen Gründen: 45
soweit die Aufhebung des Zwangsverwaltungsverfahrens aus anderen Gründen erfolgt, enden die Rechte und Pflichten des Zwangsverwalters und damit auch Prozessführungsbefugnis wie bei der Aufhebung nach Antragsrücknahme.[49]

Für erstrittene Titel wie Räumungs- oder Zahlungstiteln kann die Zwangsvoll- 46
streckungsklausel nach § 727 ZPO auf den Schuldner oder den Ersteher umgeschrieben werden.[50]

---

43 BGH, Urteil vom 8.5.2003 – IX ZR 385/00, BGHZ 155, 38 ff. = NJW 2003, 3486 = RPfleger 2003, 457.
44 BGH, Urteil vom 25.5.2005 – VIII ZR 301/03, Rpfleger 2005, 559 = NJWRR 2006, 138–140, a.A. wohl OLG Koblenz, Urteil vom 21.10.2008 – 11 U 362/08: Leitsatz: „Die während der Zwangsverwaltung beschlagnahmten Ansprüche des Schuldners kann der Zwangsverwalter auch noch nach Aufhebung des Zwangsverwaltungsverfahren gerichtlich geltend machen."
45 OLG München, Beschl. vom 22.12.2006 – 32 Wx 165/06, NJW Spezial 2007, 149.
46 BGH, Beschl. vom 7.2.1990 – VIII ZR 98/89, WM 1990, 742 f.; BGH, Urteil vom 21.10.1992 – XII ZR 125/91, Rpfleger 1993, 211 = NJW-RR 1993, 442 f.; OLG Stuttgart, Urteil vom 25.7.1974 – 10 U 53/74, NJW 1975, 266.
47 OLG Düsseldorf, Urteil vom 10.5.1990 – 10 U 24/90, RPfleger 1990, 381 f.
48 LG Frankfurt a. Main, Beschl. vom 12.10.1999 – 2/11 S 107/99, RPfleger 2000, 30.
49 Stöber, ZVG, § 161 7.5.
50 OLG Düsseldorf, Urteil vom 25.10.1976 – 9 U 108/76, OLGZ 1977, 250.

VI. Rechtsbehelfe

47 Als Rechtsbehelf gegen den Aufhebungsbeschluss kann – allerdings ohne aufschiebende Wirkung – durch den Gläubiger die sofortige Beschwerde gem. § 793 ZPO eingelegt werden.

Zivilprozessordnung

§ 870a ZPO Zwangsvollstreckung in ein Schiff oder Schiffsbauwerk

(1) Die Zwangsvollstreckung in ein eingetragenes Schiff oder in ein Schiffsbauwerk, das im Schiffsbauregister eingetragen ist oder in dieses Register eingetragen werden kann, erfolgt durch Eintragung einer Schiffshypothek für die Forderung oder durch Zwangsversteigerung.

(2) § 866 Abs. 2, 3 § 867 gelten entsprechend.

(3) Wird durch eine vollstreckbare Entscheidung die zu vollstreckende Entscheidung oder ihre vorläufige Vollstreckbarkeit aufgehoben oder die Zwangsvollstreckung für unzulässig erklärt oder deren Einstellung angeordnet, so erlischt die Schiffshypothek; § 57 Abs. 3 des Gesetzes über Rechte an eingetragenen Schiffen und Schiffsbauwerken vom 15. November 1940 (RGBl. I S. 1499) ist anzuwenden. Das Gleiche gilt, wenn durch eine gerichtliche Entscheidung die einstweilige Einstellung der Zwangsvollstreckung und zugleich die Aufhebung der erfolgten Vollstreckungsmaßregeln angeordnet wird oder wenn die zur Abwendung der Vollstreckung nachgelassene Sicherheitsleistung oder Hinterlegung erfolgt.

Zweiter Abschnitt	**Zwangsversteigerung von Schiffen, Schiffsbauwerken und Luftfahrzeugen im Wege der Zwangsvollstreckung**
Erster Titel	Zwangsversteigerung von Schiffen und Schiffsbauwerken

Vorbemerkung vor § 162

Schrifttum: *Hornung*, Schutzgrenzen durch Mindestgebote, Wertfestsetzung und Befriedigungsfiktion in Verfahren der Schiffsversteigerung, RpflJb, 1991, 216; *Hornung*, Das Schwimmdock in der Register- und Vollstreckungspraxis, Rpfleger, 2003, 232.

Die § 162 und 171a ZVG erklären die Vorschriften des ersten Abschnitts des ZVG (§§ 1 bis 161) für entsprechend anwendbar für die Versteigerung von Schiffen und Schiffbauwerken sowie Luftfahrzeugen. Das ZVG findet hier jedoch nur Anwendung, wenn diese in die jeweiligen Register eingetragen sind oder eingetragen werden können, genau wie das ZVG bei Grundstücken nur Anwendung findet, soweit das Grundstück ein Grundbuchblatt hat.
Die Frage, ob ein Schiff in das Schiffsregister eintragungsfähig ist, richtet sich bei Seeschiffen nach § 3 Abs 2 SchRegO i.V.m §§ 1 und 2 FlRG. Danach sind Seeschiffe eintragungsfähig, wenn sie die deutsche Flagge führen dürfen oder führen müssen.
Binnenschiffen sind eintragungsfähig ins *Binnenschiffsregister, wenn sie die Voraussetzungen des § 3 Abs. 3 SchRegO erfüllen. Das sind Schiffe zur Beförderung von Gütern mit mehr als 10 Tonnen maximale Tragfähigkeit. Andere Schiffe, wenn sie bei größter Eintauchung 5 m^3 oder mehr Wasser verdrängen oder Schlepper, Tankschiffe oder Schubboote sind.*
Schiffsbauwerke sind eintragungsfähig und werden daher nach ZVG vollstreckt, wenn das herzustellende Schiff eintragungsfähig sein wird und bereits der Kiel gelegt und mit Name und Nummer bezeichnet ist, der Stapellauf aber noch nicht erfolgt ist. Unter die Schiffsbauwerke fallen auch fertige oder im Bau befindliche Schwimmdocks.
Für ausländische Schiffe erklärt § 171 das ZVG für anwendbar, wenn sie nach deutschem Recht einzutragen wären.

Alle anderen Schiffe oder Boote unterliegen der Fahrnisvollstreckung nach ZPO.
In Luftfahrzeuge (§ 3 LuftVG) wird nach ZVG vollstreckt, wenn sie nach §§ 3, 3a LuftVG in die Luftfahrzeugrolle eingetragen sind oder bei ausländischen Luftfahrzeugen nach § 171 h ZVG. Inländisch und damit in die Luftfahrzeugrolle eintragbar sind Luftfahrzeuge nur, wenn sie im ausschließlichen Eigentum deutscher Staatsangehöriger stehen (§ 3Abs. 1 S. 1 LuftVG). Eine Eintragungspflicht besteht nach § 14 LuftVZP nur für Flugzeuge, Drehflügler, Luftschiffe und Motorsegler. Diese werden bei Zulassung von amtswegen eingetragen. Alle anderen Luftfahrzeuge sind nicht eintragungspflichtig. Besteht keine Eintragung wird nach Fahrnisvollstreckungsrecht vollstreckt.
Im Übrigen wird auf eine Kommentierung der §§ 162 bis 171n hier verzichtet. Verwiesen wird auf die Kommentierung bei Stöber, ZVG und Dassler/Schiffhauer, ZVG sowie die Kommentierung von Nöll zum SchiffsRG in Staudinger, BGB.
Im Folgenden finden sich bei den entsprechenden Normen noch weitere Hinweise auf einschlägige Aufsätze.

§ 162 ZVG

Auf die Zwangsversteigerung eines im Schiffsregister eingetragenen Schiffs oder eines Schiffsbauwerks, das im Schiffsbauregister eingetragen ist oder in dieses Register eingetragen werden kann, sind die Vorschriften des Ersten Abschnitts entsprechend anzuwenden, soweit sich nicht aus den §§ 163 bis 170a etwas anderes ergibt.

Schrifttum: *Drischler,* Ausgeflaggte Seeschiffe und Zwangsversteigerung, KTS 1980, 111–114

§ 163 ZVG

(1) Für die Zwangsversteigerung eines eingetragenen Schiffs ist als Vollstreckungsgericht das Amtsgericht zuständig, in dessen Bezirk sich das Schiff befindet; § 1 Abs. 2 gilt entsprechend.

(2) Für das Verfahren tritt an die Stelle des Grundbuchs das Schiffsregister.

(3) Die Träger der Sozialversicherung einschließlich der Arbeitslosenversicherung gelten als Beteiligte, auch wenn sie eine Forderung nicht angemeldet haben. Bei der Zwangsversteigerung eines Seeschiffes vertritt die Deutsche Rentenversicherung Knappschaft-Bahn-See, bei der Zwangsversteigerung eines Binnenschiffes die Binnenschiffahrts-Berufsgenossenschaft die übrigen Versicherungsträger gegenüber dem Vollstreckungsgericht.

Schrifttum: *Müller,* Das Gesetz zur Änderung zwangsvollstreckungsrechtlicher Vorschriften, NJW, 1979, 905; *Rellermeyer,* Zuständigkeitskonzentrationen im Zwangsversteigerungsverfahren, Rpfleger, 1995, 492.

§ 164 ZVG

Die Beschränkung des § 17 gilt für die Zwangsversteigerung eines eingetragenen Schiffs nicht, soweit sich aus den Vorschriften des Handelsgesetzbuchs oder des Gesetzes, betreffend die privatrechtlichen Verhältnisse der Binnenschiffahrt, etwas anderes ergibt; die hiernach zur Begründung des Antrags auf Zwangsversteigerung erforderlichen Tatsachen sind durch Urkunden glaubhaft zu machen, soweit sie nicht dem Gericht offenkundig sind; dem Antrag auf Zwangsversteigerung ist ein Zeugnis der Registerbehörde über die Eintragung des Schiffs im Schiffsregister beizufügen.

§ 165 ZVG

(1) Bei der Anordnung der Zwangsversteigerung hat das Gericht zugleich die Bewachung und Verwahrung des Schiffs anzuordnen. Die Beschlagnahme wird auch mit der Vollziehung dieser Anordnung wirksam.

(2) Das Gericht kann zugleich mit der einstweiligen Einstellung des Verfahrens im Einverständnis mit dem betreibenden Gläubiger anordnen, dass die Bewachung und Verwahrung einem Treuhänder übertragen wird, den das Gericht auswählt. Der Treuhänder untersteht der Aufsicht des Gerichts und ist an die ihm erteilten Weisungen des Gerichts gebunden. Das Gericht kann ihn im Einverständnis des Gläubigers auch ermächtigen, das Schiff für Rechnung und im Namen des Schuldners zu nutzen. Über die Verwendung des Reinertrages entscheidet das Gericht. In der Regel soll er nach den Grundsätzen des § 155 verteilt werden.

§ 166 ZVG

(1) Ist gegen den Schiffer auf Grund eines vollstreckbaren Titels, der auch gegenüber dem Eigentümer wirksam ist, das Verfahren angeordnet, so wirkt die Beschlagnahme zugleich gegen den Eigentümer.

(2) Der Schiffer gilt in diesem Fall als Beteiligter nur so lange, als er das Schiff führt; ein neuer Schiffer gilt als Beteiligter, wenn er sich bei dem Gericht meldet und seine Angabe auf Verlangen des Gerichts oder eines Beteiligten glaubhaft macht.

§ 167 ZVG

(1) Die Bezeichnung des Schiffs in der Bestimmung des Versteigerungstermins soll nach dem Schiffsregister erfolgen.

(2) Die im § 37 Nr. 4 bestimmte Aufforderung muss ausdrücklich auch auf die Rechte der Schiffsgläubiger hinweisen.

§ 168 ZVG

(1) Die Terminbestimmung soll auch durch ein geeignetes Schifffahrtsfachblatt bekannt gemacht werden. Die Landesregierungen werden ermächtigt, durch Rechtsverordnung nähere Bestimmungen hierüber zu erlassen. Die Landesregierungen können die Ermächtigung auf die Landesjustizverwaltungen übertragen.

(2) Befindet sich der Heimathafen oder Heimatort des Schiffs in dem Bezirk eines anderen Gerichts, so soll die Terminsbestimmung auch durch das für Bekanntmachungen dieses Gerichts bestimmte Blatt oder elektronische Informations- und Kommunikationssystem bekanntgemacht werden.

(3) Die im § 39 Abs. 2 vorgesehene Anordnung ist unzulässig.

§ 168a ZVG

(aufgehoben)

§ 168b ZVG

Hat ein Schiffsgläubiger sein Recht innerhalb der letzten sechs Monate vor der Bekanntmachung der Terminsbestimmung bei dem Registergericht angemeldet, so gilt die Anmeldung als bei dem Versteigerungsgericht bewirkt. Das Registergericht hat bei der Übersendung der im § 19 Abs. 2 bezeichneten

Urkunden und Mitteilungen die innerhalb der letzten sechs Monate bei ihm eingegangenen Anmeldungen an das Versteigerungsgericht weiterzugeben.

§ 168c ZVG

Für die Zwangsversteigerung eines Schiffs, das mit einer Schiffshypothek in ausländischer Währung belastet ist, gelten folgende Sonderbestimmungen:
1. Die Terminbestimmung muss die Angabe, dass das Schiff mit einer Schiffshypothek in ausländischer Währung belastet ist, und die Bezeichnung dieser Währung enthalten.
2. In dem Zwangsversteigerungstermin wird vor der Aufforderung zur Abgabe von Geboten festgestellt und bekanntgemacht, welchen Wert die in ausländischer Währung eingetragene Schiffshypothek nach dem amtlich ermittelten letzten Kurs in Euro hat. Dieser Kurswert bleibt für das weitere Verfahren maßgebend.
3. Die Höhe des Bargebots wird in Euro festgestellt. Die Gebote sind in Euro abzugeben.
4. Der Teilungsplan wird in Euro aufgestellt.
5. Wird ein Gläubiger einer in ausländischer Währung eingetragenen Schiffshypothek nicht vollständig befriedigt, so ist der verbleibende Teil seiner Forderung in der ausländischen Währung festzustellen. Die Feststellung ist für die Haftung mitbelasteter Gegenstände, für die Verbindlichkeit des persönlichen Schuldners und für die Geltendmachung des Ausfalls im Insolvenzverfahren maßgebend.

§ 169 ZVG

(1) Ist das Schiff einem Mieter oder Pächter überlassen, so gelten die Vorschriften des § 578a des Bürgerlichen Gesetzbuchs entsprechend. Soweit nach § 578a Abs. 2 für die Wirkung von Verfügungen und Rechtsgeschäften über die Miete oder Pacht der Übergang des Eigentums in Betracht kommt, ist an dessen Stelle die Beschlagnahme des Schiffs maßgebend; ist der Beschluss, durch den die Zwangsversteigerung angeordnet wird, auf Antrag des Gläubigers dem Mieter oder Pächter zugestellt, so gilt mit der Zustellung die Beschlagnahme als dem Mieter oder Pächter bekannt.

(2) Soweit das Bargebot bis zum Verteilungstermin nicht berichtigt wird, ist für die Forderung gegen den Ersteher eine Schiffshypothek an dem Schiff in das Schiffsregister einzutragen. Die Schiffshypothek entsteht mit der Eintragung, auch wenn der Ersteher das Schiff inzwischen veräußert hat. Im übrigen gelten die Vorschriften des Gesetzes über Rechte an eingetragenen Schiffen und Schiffsbauwerken vom 15. November 1940 (Reichsgesetzbl. I S. 1499) über die durch Rechtsgeschäft bestellte Schiffshypothek.

§ 169a ZVG

(1) Auf die Zwangsversteigerung eines Seeschiffes sind die Vorschriften der §§ 74a, 74b und 85a nicht anzuwenden; § 38 Satz 1 findet hinsichtlich der Angabe des Verkehrswerts keine Anwendung.

(2) § 68 findet mit der Maßgabe Anwendung, dass Sicherheit für ein Zehntel des Bargebots zu leisten ist.

§ 170 ZVG

(1) An die Stelle der nach § 94 Abs. 1 zulässigen Verwaltung tritt die gerichtliche Bewachung und Verwahrung des versteigerten Schiffs.

(2) Das Gericht hat die getroffenen Maßregeln aufzuheben, wenn der zu ihrer Fortsetzung erforderliche Geldbetrag nicht vorgeschossen wird.

§ 170a ZVG

(1) Die Zwangsversteigerung eines Schiffsbauwerks darf erst angeordnet werden, nachdem es in das Schiffsbauregister eingetragen ist. Der Antrag auf Anordnung der Zwangsversteigerung kann jedoch schon vor der Eintragung gestellt werden.

(2) § 163 Abs. 1, §§ 165, 167 Abs. 1, §§ 168c, 169 Abs. 2, § 170 gelten sinngemäß. An die Stelle des Grundbuchs tritt das Schiffsbauregister. Wird das Schiffsbauregister von einem anderen Gericht als dem Vollstreckungsgericht geführt, so soll die Terminsbestimmung auch durch das für Bekanntmachungen dieses Gerichts bestimmte Blatt bekanntgemacht werden. An Stelle der im § 43 Abs. 1 bestimmten Frist tritt eine Frist von zwei Wochen, an Stelle der im § 43 Abs. 2 bestimmten Frist eine solche von einer Woche.

§ 171 ZVG

(1) Auf die Zwangsversteigerung eines ausländischen Schiffs, das, wenn es ein deutsches Schiff wäre, in das Schiffsregister eingetragen werden müsste, sind die Vorschriften des Ersten Abschnitts entsprechend anzuwenden, soweit sie nicht die Eintragung im Schiffsregister voraussetzen und sich nicht aus den folgenden Vorschriften etwas anderes ergibt.

(2) Als Vollstreckungsgericht ist das Amtsgericht zuständig, in dessen Bezirk sich das Schiff befindet; § 1 Abs. 2 gilt entsprechend. Die Zwangsversteigerung darf, soweit sich nicht aus den Vorschriften des Handelsgesetzbuchs oder des Gesetzes, betreffend die privatrechtlichen Verhältnisse der Binnenschiffahrt, etwas anderes ergibt, nur angeordnet werden, wenn der Schuldner das Schiff im Eigenbesitz hat; die hiernach zur Begründung des Antrags auf Zwangsversteigerung erforderlichen Tatsachen sind durch Urkunden glaubhaft zu machen, soweit sie nicht beim Gericht offenkundig sind.

(3) Die Terminsbestimmung muss die Aufforderung an alle Berechtigten, insbesondere an die Schiffsgläubiger, enthalten, ihre Rechte spätestens im Versteigerungstermin vor der Aufforderung zur Abgabe von Geboten anzumelden und, wenn der Gläubiger widerspricht, glaubhaft zu machen, widrigenfalls die Rechte bei der Verteilung des Versteigerungserlöses dem Anspruch des Gläubigers und den übrigen Rechten nachgesetzt werden würden. Die Terminsbestimmung soll, soweit es ohne erhebliche Verzögerung des Verfahrens tunlich ist, auch den aus den Schiffspapieren ersichtlichen Schiffsgläubigern und sonstigen Beteiligten zugestellt und, wenn das Schiff im Schiffsregister eines fremden Staates eingetragen ist, der Registerbehörde mitgeteilt werden.

(4) Die Vorschriften über das geringste Gebot sind nicht anzuwenden. Das Meistgebot ist in seinem ganzen Betrag durch Zahlung zu berichtigen.

(5) Die Vorschriften der §§ 165, 166, 168 Abs. 1 und 3, §§ 169a, 170 Abs. 1 sind anzuwenden. Die vom Gericht angeordnete Überwachung und Verwahrung des Schiffs darf erst aufgehoben und das Schiff dem Ersteher erst übergeben werden, wenn die Berichtigung des Meistgebots oder die Einwilligung der Beteiligten nachgewiesen wird.

Schrifttum: *Strube*, Arrestpfändung ausländischer Seeschiffe, Hansa, 1981, 1294.

Zweiter Titel **Zwangsversteigerung von Luftfahrzeugen**

§ 171a ZVG

Auf die Zwangsversteigerung eines in der Luftfahrzeugrolle eingetragenen Luftfahrzeugs sind die Vorschriften des Ersten Abschnitts entsprechend anzuwenden, soweit sich nicht aus den §§ 171b bis 171 g etwas anderes ergibt. Das gleiche gilt für die Zwangsversteigerung eines in dem Register für Pfandrechte an Luftfahrzeugen eingetragenen Luftfahrzeugs, dessen Eintragung in der Luftfahrzeugrolle gelöscht ist.

Schrifttum: *Melzer/Haslach*, Die Zwangsvollstreckung in Luftfahrzeuge aus deutschem Registerpfandrecht, ZLW, 2003, 582; *Schölermann/Schmid-Burgk*, Flugzeuge als Kreditsicherheit, WM, 1990, 1137.

§ 171b ZVG

(1) Für die Zwangsversteigerung des Luftfahrzeugs ist als Vollstreckungsgericht das Amtsgericht zuständig, in dessen Bezirk das Luftfahrt-Bundesamt seinen Sitz hat.

(2) Für das Verfahren tritt an die Stelle des Grundbuchs das Register für Pfandrechte an Luftfahrzeugen.

§ 171c ZVG

(1) Die Zwangsversteigerung darf erst angeordnet werden, nachdem das Luftfahrzeug in das Register für Pfandrechte an Luftfahrzeugen eingetragen ist. Der Antrag auf Anordnung der Zwangsversteigerung kann jedoch schon vor der Eintragung gestellt werden.

(2) Bei der Anordnung der Zwangsversteigerung hat das Gericht zugleich die Bewachung und Verwahrung des Luftfahrzeugs anzuordnen. Die Beschlagnahme wird auch mit der Vollziehung dieser Anordnung wirksam.

(3) Das Gericht kann zugleich mit der einstweiligen Einstellung des Verfahrens im Einverständnis mit dem betreibenden Gläubiger anordnen, dass die Bewachung und Verwahrung einem Treuhänder übertragen wird, den das Gericht auswählt. Der Treuhänder untersteht der Aufsicht des Gerichts und ist an die ihm erteilten Weisungen des Gerichts gebunden. Das Gericht kann ihn im Einverständnis mit dem Gläubiger auch ermächtigen, das Luftfahrzeug für Rechnung und im Namen des Schuldners zu nutzen. Über die Verwendung des Reinertrages entscheidet das Gericht. In der Regel soll er nach den Grundsätzen des § 155 verteilt werden.

§ 171d ZVG

(1) In der Bestimmung des Versteigerungstermins soll das Luftfahrzeug nach dem Register für Pfandrechte an Luftfahrzeugen bezeichnet werden.

(2) Die in § 39 Abs. 2 vorgesehene Anordnung ist unzulässig.

§ 171e ZVG

Für die Zwangsversteigerung eines Luftfahrzeugs, das mit einem Registerpfandrecht in ausländischer Währung belastet ist, gelten folgende Sonderbestimmungen:
1. Die Terminsbestimmung muss die Angabe, dass das Luftfahrzeug mit einem Registerpfandrecht in ausländischer Währung belastet ist, und die Bezeichnung dieser Währung enthalten.
2. In dem Zwangsversteigerungstermin wird vor der Aufforderung zur Abgabe von Geboten festgestellt und bekanntgemacht, welchen Wert das in ausländischer Währung eingetragene Registerpfandrecht nach dem amtlich ermittelten letzten Kurs in Euro hat. Dieser Kurswert bleibt für das weitere Verfahren maßgebend.
3. Die Höhe des Bargebots wird in Euro festgestellt. Die Gebote sind in Euro abzugeben.
4. Der Verteilungsplan wird in Euro aufgestellt.

5. Wird ein Gläubiger eines in ausländischer Währung eingetragenen Registerpfandrechts nicht vollständig befriedigt, so ist der verbleibende Teil seiner Forderung in der ausländischen Währung festzustellen. Die Feststellung ist für die Haftung mitbelasteter Gegenstände, für die Verbindlichkeit des persönlichen Schuldners und für die Geltendmachung des Ausfalls im Insolvenzverfahren maßgebend.

§ 171f ZVG

§ 169 gilt für das Luftfahrzeug entsprechend.

§ 171g ZVG

(1) An die Stelle der nach § 94 Abs. 1 zulässigen Verwaltung tritt die gerichtliche Bewachung und Verwahrung des versteigerten Luftfahrzeugs.

(2) Das Gericht hat die getroffenen Maßregeln aufzuheben, wenn der zu ihrer Fortsetzung erforderliche Geldbetrag nicht vorgeschossen wird.

§ 171h ZVG

Auf die Zwangsversteigerung eines ausländischen Luftfahrzeugs sind die Vorschriften in §§ 171a bis 171g entsprechend anzuwenden, soweit sich nicht aus den §§ 171i bis 171n anderes ergibt.

§ 171i ZVG

(1) In der dritten Klasse (§ 10 Abs. 1 Nr. 3) werden nur befriedigt Gebühren, Zölle, Bußen und Geldstrafen auf Grund von Vorschriften über Luftfahrt, Zölle und Einwanderung.

(2) In der vierten Klasse (§ 10 Abs. 1 Nr. 4) genießen Ansprüche auf Zinsen aus Rechten nach § 103 des Gesetzes über Rechte an Luftfahrzeugen vom 26. Februar 1959 (Bundesgesetzbl. I S. 57) das Vorrecht dieser Klasse wegen der laufenden und der aus den letzten drei Geschäftsjahren rückständigen Beträge.

§ 171k ZVG

Wird das Luftfahrzeug nach der Beschlagnahme veräußert oder mit einem Recht nach § 103 des Gesetzes über Rechte an Luftfahrzeugen belastet und ist die Veräußerung oder Belastung nach Artikel VI des Genfer Abkommens vom 19. Juni 1948 (Bundesgesetzbl. 1959 II S. 129) anzuerkennen, so ist die Verfügung dem Gläubiger gegenüber wirksam, es sei denn, dass der Schuldner im Zeitpunkt der Verfügung Kenntnis von der Beschlagnahme hatte.

§ 171l ZVG

(1) Das Vollstreckungsgericht teilt die Anordnung der Zwangsversteigerung tunlichst durch Luftpost der Behörde mit, die das Register führt, in dem die Rechte an dem Luftfahrzeug eingetragen sind.

(2) Der Zeitraum zwischen der Anberaumung des Termins und dem Termin muss mindestens sechs Wochen betragen. Die Zustellung der Terminsbestimmung an Beteiligte, die im Ausland wohnen, wird durch Aufgabe zur Post bewirkt. Die Postsendung muss mit der Bezeichnung „Einschreiben" versehen werden. Sie soll tunlichst durch Luftpost befördert werden. Der betreffende Gläubiger hat die bevorstehende Versteigerung mindestens einen

Monat vor dem Termin an dem Ort, an dem das Luftfahrzeug eingetragen ist, nach den dort geltenden Bestimmungen öffentlich bekanntzumachen.

§ 171m ZVG

Die Beschwerde gegen die Erteilung des Zuschlags ist binnen sechs Monaten einzulegen. Sie kann auf die Gründe des § 100 nur binnen einer Notfrist von zwei Wochen, danach nur noch darauf gestützt werden, dass die Vorschriften des § 171 I Abs. 2 verletzt sind.

§ 171n ZVG

Erlischt durch den Zuschlag das Recht zum Besitz eines Luftfahrzeugs auf Grund eines für einen Zeitraum von sechs oder mehr Monaten abgeschlossenen Mietvertrages, so gelten die Vorschriften über den Ersatz für einen Nießbrauch entsprechend.

Besondere Fälle   1   § 172 ZVG

§ 172 ZVG [Zwangsversteigerung im Insolvenzverfahren]

Wird die Zwangsversteigerung oder Zwangsverwaltung von dem Insolvenzverwalter beantragt, so finden die Vorschriften des ersten und zweiten Abschnitts entsprechende Anwendung, soweit sich nicht aus den §§ 173, 174 ein anderes ergibt.

Schrifttum: *Hintzen*, Grundstücksverwertung durch den Treuhänder in der Verbraucherinsolvenz – Zugleich Stellungnahme zu Tetzlaff, ZInsO 2004, 521 ff.; *ders.*, Grundstücksverwertung durch den Treuhänder in der Verbraucherinsolvenz, ZInsO 2003, 586; *Muth*, Die Zwangsversteigerung auf Antrag des Insolvenzverwalters, ZIP 1999, 945; *Tetzlaff*, Probleme bei der Verwertung von Grundpfandrechten und Grundstücken im Insolvenzverfahren, ZInsO 2004, 521.

	Übersicht	Rn.
I.	Normzweck	1
II.	Antrag des Insolvenzverwalters	2–4
III.	Doppelrolle des Insolvenzverwalters	5
IV.	Stellung des Insolvenzverwalters im System der Rangklassen des § 10 Abs. 1	6
V.	Mehrfachausgebot	7
VI.	Anzuwendende Vorschriften des ersten und zweiten Abschnitts (§§ 1–171n)	8, 9

I. Normzweck

Das in § 172 vorausgesetzte Recht des Insolvenzverwalters, die Zwangsversteigerung oder Zwangsverwaltung eines zur Insolvenzmasse gehörenden Grundstücks zu beantragen, beruht auf seiner in § 159 InsO geregelten allgemeinen Verwertungspflicht. Dieser Pflicht kann der Insolvenzverwalter durch freihändige Veräußerung und freiwillige Vereinbarungen zur Nutzung[1] des Grundstücks, jeweils in Absprache mit absonderungsberechtigten Gläubigern, oder eben, wie sich auch aus § 165 InsO ergibt, durch Betreiben der Zwangsversteigerung oder der Zwangsverwaltung nachkommen. Das Vorgehen nach § 165 InsO schließt eine freihändige Veräußerung nicht aus (§ 173 S. 1). § 165 InsO normiert dazu, dass ein Absonderungsrecht – nicht anders als im Falle beweglicher Sachen, §§ 166 ff. InsO – dieser Art der Verwertung nicht entgegensteht. Zur praktischen Bedeutung neben der freihändigen Veräußerung s. den Abschnitt „Immobiliarvollstreckung und Insolvenzverfahren", Rn. 38.
Für den Fall der Zwangsverwaltung ist zu bedenken, dass der Besitz vom Insolvenzverwalter (§ 148 InsO) auf den Zwangsverwalter übergeht (§ 150 Abs. 2) und der Masse auch die Miet- und Pachtforderungen nicht mehr zufließen (§ 148 Abs. 2). Die Grenzen zwischen zulässiger Nutzung i. S. d. § 148 Abs. 2 und unzulässigem Eingriff in den Gewerbebetrieb sind dabei mitunter nicht leicht zu ziehen.[2] Für unrentable Objekte bietet die Beantragung der

1   **1**

---

[1] „Kalte Zwangsverwaltung". S. dazu den Abschnitt „Immobiliarvollstreckung und Insolvenzverfahren", Rn. 38a.
[2] S. dazu BGH, Beschl. vom 14.4.2005 – V ZB 16/05, BGHZ 163, 9 = Rpfleger 2005, 557 = ZInsO 2005, 771.

Zwangsverwaltung dem Insolvenzverwalter allerdings die Chance einer faktischen Ausgliederung[3] – als Alternative zu einer völligen Freigabe. Von der in §§ 172 ff. geregelten sogenannten Insolvenzverwalterversteigerung zu unterscheiden ist die reguläre Vollstreckungsversteigerung, die der Insolvenzverwalter aus einer Eigentümergrundschuld betreiben kann. Die für den Eigentümer in § 1197 BGB angeordneten Beschränkungen gelten für den Insolvenzverwalter nicht.[4] Zum Verhältnis zur Teilungsversteigerung s. § 179 Rn. 3; § 180 Rn. 11.

II. Antrag des Insolvenzverwalters

2 Die Zwangsversteigerung oder die Zwangsverwaltung (§ 165 InsO) erfolgt gemäß § 172 auf Antrag des Insolvenzverwalters. Erforderlich ist weiter der Nachweis seiner Bestellung und der Zugehörigkeit des Grundstücks zur Insolvenzmasse (Grundbuchauszug genügt).[5]

3 In **Verbraucherverfahren und sonstigen Kleinverfahren** (§§ 304 ff. InsO), die nicht durch die Annahme eines Schuldenbereinigungsplans beendet worden sind (§§ 308 f., 311 InsO), tritt gemäß § 313 Abs. 1 S. 1 InsO ein Treuhänder an die Stelle des Insolvenzverwalters. Zur Verwertung von Gegenständen nach §§ 165 InsO, 172 ff. ZVG, an denen ein Gläubiger ein Recht zur abgesonderten Befriedigung hat,[6] ist der Treuhänder jedoch gemäß § 313 Abs. 3 S. 1–3 InsO i.Vm. § 173 Abs. 2 InsO nur befugt, wenn dieser Gläubiger das Grundstück innerhalb einer ihm gesetzten Frist nicht verwertet.[7] Das an den Treuhänder gerichtete Verbot der Verwertung bezieht sich nach h. M. nur auf die Zwangsversteigerung, nicht auf die von §§ 165 InsO, 172 ff. ZVG ebenfalls erfasste Zwangsverwaltung.[8]

4 Im Falle der **Eigenverwaltung** (§§ 270 ff. InsO), steht der Schuldner zwar unter der Aufsicht eines Sachwalters (§ 270 Abs. 1 S. 1 InsO), § 282 Abs. 1 S. 1 InsO belässt ihm, dem Grundsatz des § 270 Abs. 1 S. 2 InsO entsprechend, jedoch das Verwertungsrecht des Insolvenzverwalters nach §§ 165 ff. InsO, somit auch das die Grundstücke betreffende gemäß § 165 InsO. Der das Einvernehmen mit dem Sachwalter fordernde § 282 Abs. 2 InsO ist eine bloße Sollvorschrift, deren Einhaltung das Vollstreckungsgericht nicht überprüft.[9]

III. Doppelrolle des Insolvenzverwalters

5 Als Antragsteller befindet sich der Insolvenzverwalter in der Rolle eines betreibenden Gläubigers; der Antrag zielt auf Verwertung des Grundstücks zu Gunsten der Insolvenzmasse (§§ 159, 165 InsO) und damit der Insolvenzgläubiger. Zugleich übernimmt der Insolvenzverwalter gemäß §§ 80 ff. InsO als Partei kraft Amtes die Rolle des Schuldners als Beteiligter.[10]

---

3 *Undritz/Fiebig*, in: Berliner Kommentar zur Insolvenzordnung, April 2007, § 165 Rn. 23 m. w. N. zur gesamten Problematik in Rn. 19 ff.
4 S. § 15 Rn. 52; *Eickmann*, in: *MünchKomm*-BGB, 1197 Rn. 8.
5 *Gottwald*, in: *Gottwald*, Insolvenzrechtshandbuch, § 42 Rn. 91.
6 Zur Feststellung, welchem Gläubiger ein solches Recht zusteht, s. Immobiliarvollstreckung und Insolvenzverfahren, Rn. 4 ff.
7 Näher dazu im Abschnitt „Immobiliarvollstreckung und Insolvenzverfahren", Rn. 57 ff.
8 S. den Abschnitt „Immobiliarvollstreckung und Insolvenzverfahren", Rn. 57 ff.
9 Näher zu § 282 InsO im Abschnitt Immobiliarvollstreckung und Insolvenzverfahren, Rn. 55.
10 S. etwa BGH, Beschl. vom 29.5.2008 – V ZB 3/08, Rpfleger 2008, 590; BGH, Beschl. vom 18.10.2007 – V ZB 141/06, Rpfleger 2008, 146 = ZfIR 2008, 150 (151). Näher dazu und zu den Ausnahmen „Freigabe des Grundstücks durch den Insolvenzverwalter" und „Eigenverwaltung" im Abschnitt „Immobiliarvollstreckung und Insolvenzverfahren", Rn. 2, 50 ff. Siehe auch Vor § 9 Rn. 13 ff.; § 9 Rn. 3 f., 8 und 19.

IV. Stellung des Insolvenzverwalters im System der Rangklassen des § 10 Abs. 1

Nach soweit ersichtlich mittlerweile allgemeiner Auffassung sind alle in § 10 Abs. 1 genannten Ansprüche vorrangig zu befriedigen.[11] Der Insolvenzverwalter hat somit nicht etwa die Stellung eines Gläubigers nach Rangklasse 5. Gläubiger aus Rangklasse 6 kann es wegen § 173 S. 1 nicht geben.[12]

V. Mehrfachausgebot

Zur Behandlung von Angeboten auf mehrere Ausgebotsarten (§§ 172, 174, 174a) s. § 174a Rn. 6.

VI. Anzuwendende Vorschriften des ersten und zweiten Abschnitts (§§ 1–171n)

Vorrangig sind die §§ 173–174a zu beachten. Die fehlende Erweiterung des Verweises auf § 174a beruht auf einem Redaktionsversehen.[13]

Mit Rücksicht auf die Doppelrolle des Insolvenzverwalters (Rn. 5) sind die §§ 1 ff. über § 172 entsprechend modifiziert zu lesen. So ist der Insolvenzverwalter auf Grundlage seiner Befugnisse gemäß §§ 80 ff. InsO an Stelle des Schuldners etwa Gegner des von ihm selbst gestellten Antrags auf Einleitung des Verfahrens. An die Stelle der Rechts des Schuldners, gemäß §§ 30a–c die Einstellung des Verfahrens zu verlangen, tritt das entsprechende Recht des Insolvenzverwalters gemäß §§ 30d–f, 153b, c.

---

11 *Lwowski*, in: *MünchKomm*-InsO, § 165 Rn. 27, 145 f.; *Hintzen*, ZInsO 2004, 713 (715); *Rellermeyer*, in: *Dassler/Schiffhauer/u. a.*, ZVG, § 174 Rn. 1 m. w. N.
12 *Rellermeyer*, in: *Dassler/Schiffhauer/u. a.*, ZVG, § 174 Rn. 1.
13 Vgl. *Stöber*, ZVG, § 172 Rn. 4.

§ 173 ZVG [Beschluss ist keine Beschlagnahme]

Der Beschluss, durch welchen das Verfahren angeordnet wird, gilt nicht als Beschlagnahme. Im Sinne der §§ 13, 55 ist jedoch die Zustellung des Beschlusses an den Insolvenzverwalter als Beschlagnahme anzusehen.

I. Grundsätzlicher Ausschluss der Beschlagnahmewirkungen (S. 1)

1 S. 1 ordnet das Gegenteil von § 20 Abs. 1 (bei Zwangsverwaltung: i. V. m. § 146 Abs. 1) an. Sinn ist der Ausschluss der mit der Beschlagnahme verbundenen Wirkungen.

2 Betroffen ist damit zunächst das **Veräußerungsverbot** (besser weiter: Verfügungsverbot, § 23 Rn. 2, 4, 20) des § 23 i. V. m. §§ 135 f. BGB, bei der Zwangsverwaltung i. V. m. §§ 146, 148. Soweit es um den Schuldner geht, so hat dieser seine Verfügungsbefugnis schon mit Eröffnung des Insolvenzverfahrens an den Insolvenzverwalter verloren, §§ 80 Abs. 1, 81 InsO. Auch wird wegen der §§ 80 ff. InsO der Beschluss, durch den das Verfahren angeordnet wird, dem Insolvenzverwalter als Beteiligten[1] zugestellt und die Beschlagnahme dadurch wirksam gemäß § 22 Abs. 1 (ggf. i. V. m. § 146 Abs. 1).

3 Ein Verfügungsverbot soll gegenüber dem Insolvenzverwalter deshalb nicht bestehen, damit ihm weiter die (im Falle des Beitritts eines Gläubigers zum Verfahren allerdings endende, § 20 Abs. 1) Möglichkeit freihändiger Veräußerung bleibt. Wird im Rahmen einer solchen Veräußerung der Erwerber eingetragen, so ist das Verfahren nach § 28 Abs. 1 aufzuheben, sofern der Insolvenzverwalter seinen Antrag nicht ohnehin schon zurückgenommen hat.[2]

II. Fiktion einer Beschlagnahme im Rahmen der Anwendung der §§ 13, 55

4 § 13 dient bei wiederkehrenden Leistungen der (u. a. für § 10 Abs. 1 Nr. 2, 3, 4, 7 und 8 bedeutsamen) Abgrenzung zwischen laufenden Beträgen und Rückständen. Als maßgeblichen Zeitpunkt nennt § 13 ZVG die Beschlagnahme. Für die Zwecke dieser Abgrenzung ist also die Zustellung des Anordnungsbeschlusses an den Insolvenzverwalter, wie in § 22 Abs. 1 S. 1 für die Zustellung an den Schuldner vorgesehen, als Beschlagnahme anzusehen. Nach dem eindeutigen Wortlaut der Vorschrift gilt dies dagegen nicht für das Wirksamwerden der Beschlagnahme gemäß § 22 Abs. 1 S. 2 (Zugang des Ersuchens beim Grundbuchamt, betreffend die Eintragung des Versteigerungsvermerks, § 19).

5 Bei der Wirkung der Zustellung des Anordnungsbeschlusses an den Insolvenzverwalter als Beschlagnahme bleibt es auch für die Zwecke des § 55, der sich mit der gegenständlichen Reichweite der Versteigerung und damit auch des Zuschlags (§ 90 Abs. 2) beschäftigt.

6 Die (fiktive) für diese Gegenstände gemäß §§ 21, 146, 148 eingetretene Beschlagnahme muss nach § 55 Abs. 1 dabei noch wirksam sein.
Dem kann **erstens** die Enthaftung durch Aufhebung der Zubehöreigenschaft innerhalb der Grenzen einer ordnungsgemäßen Wirtschaft entgegen stehen (§ 1122 Abs. 2 BGB).[3]
Zweitens kann die fiktive Beschlagnahme bei der hier in Rede stehenden Anwendung über § 173 S. 2 dadurch unwirksam geworden sein, dass der

---

1 S. § 172 Rn. 5.
2 *Stöber*, ZVG, § 173 Rn. 2.3; *Rellermeyer*, in: *Dassler/Schiffhauer/u. a.*, ZVG, § 173 Rn. 3.
3 Ebenso *Stöber*, ZVG, § 173 Rn. 2.5.

Insolvenzverwalter den Gegenstand mittlerweile aus der Insolvenzmasse freigegeben hat.

Drittens schließlich kann die Beschlagnahme ihre Wirkung hinsichtlich einzelner Gegenstände dadurch verloren haben, dass der Insolvenzverwalter sie freihändig veräußert hat. Belässt die Einleitung eines ZVG-Verfahrens gemäß § 173 S. 1 dem Insolvenzverwalter die Möglichkeit, das Grundstück selbst freihändig zu veräußern (Rn. 1 ff.), dann muss dies auch für Gegenstände gelten, auf die sich die Beschlagnahme bei Einleitung des Verfahrens durch einen Gläubiger erstrecken würde (§ 21; §§ 146, 148). Der Verweis des § 173 S. 2 auf § 55 Abs. 1 ändert daran nichts. Er hat kein Verfügungsverbot für den Insolvenzverwalter zur Folge.[4] Schon weil § 173 S. 2 die Beschlagnahme selbst fingiert, wird auf § 55 nur hinsichtlich der Wirkungen der Beschlagnahme verwiesen. Auch enthält § 173 S. 2 ja gerade keine Verweisung auf § 23 Abs. 1. Da die Möglichkeit freihändiger Veräußerung (mit der Folge, dass diese Gegenstände für die Versteigerung und damit den Zuschlag verloren sind, §§ 55 Abs. 1, 90 Abs. 2) fortbesteht, kommt es für das Ende der Wirkung der fiktiven Beschlagnahme i. S. d. § 55 Abs. 1 durch Veräußerung auch nicht auf die Voraussetzungen der Enthaftung dieser Gegenstände gemäß § 23 Abs. 1 S. 2, Abs. 2 S. 2 i. V. m. §§ 1121, 1122 Abs. 1 BGB an.[5]

7

Die Fiktion einer wirksamen Beschlagnahme durch § 173 S. 1 ist auch für die Anwendung des § 55 Abs. 2 erforderlich, nach dem sich die Versteigerung auch auf schuldnerfremde Zubehörstücke beziehen kann. Besitz des Schuldners i. S. d. § 55 Abs. 2 ist bei Anwendung über §§ 172 f. zu lesen als „Besitz des Schuldners oder des Insolvenzverwalters."[6] Für die Einbeziehung des Besitzes des Schuldners spricht, dass der Schutz des Erwerbers nicht davon abhängen sollte, ob der Insolvenzverwalter an einem konkreten Zubehörstück bereits Besitz begründet hat (§ 148 InsO). Dass der Schuldner nicht Beteiligter ist,[7] dürfte für die in 55 Abs. 2 InsO geregelte Frage demgegenüber unerheblich sein.

8

---

4 I.E. ebenso *Stöber*, ZVG, § 173 Rn. 2.5; *Rellermeyer*, in: *Dassler/Schiffhauer/u. a.*, ZVG, § 173 Rn. 3; *Lwowski/Tetzlaff*, in: *MünchKomm*-InsO, § 165 Rn. 131.
5 Anders wohl *Stöber*, ZVG, § 173 Rn. 2.5.
6 Ebenso *Rellermeyer*, in: *Dassler/Schiffhauer/u. a.*, ZVG, § 173 Rn. 3. Nur auf den Besitz des Insolvenzverwalters abstellend *Stöber*, ZVG, § 173 Rn. 2.5.
7 S. o. Rn. 2.

§ 174 ZVG Berücksichtigung der Insolvenzgläubiger

Hat ein Gläubiger für seine Forderung gegen den Schuldner des Insolvenzverfahrens ein von dem Insolvenzverwalter anerkanntes Recht auf Befriedigung aus dem Grundstücke, so kann er bis zum Schluss der Verhandlung im Versteigerungstermine verlangen, dass bei der Feststellung des geringsten Gebots nur die seinem Anspruch vorgehenden Rechte berücksichtigt werden; in diesem Fall ist das Grundstück auch mit der veranlagten Abweichung auszubieten.

Übersicht

		Rn.
I.	Normzweck	1
II.	Erfasste Gläubiger	2, 3
III.	Antrag; Abhängigkeit vom Verfahren nach § 172 ZVG	4, 5
IV.	Anerkennung des Rechts auf Befriedigung aus dem Grundstück	6
V.	Bis zum Schluss der Verhandlung im Versteigerungstermin	7
VI.	Rechtsfolge: Weiteres Ausgebot	8

I. Normzweck

1 Hat ein persönlicher Gläubiger des Insolvenzschuldners ein vom Insolvenzverwalter anerkanntes Recht auf (abgesonderte) Befriedigung aus dem Grundstück, so kann er beantragen, dass das Grundstück im Rahmen des vom Insolvenzverwalter nach § 172 betriebenen Verfahrens zusätzlich so ausgeboten wird, als würde dieser Gläubiger die Vollstreckung aus dem dinglichen Recht betreiben. Da im geringsten Gebot gemäß § 44 nur die diesem Anspruch vorgehenden Rechte berücksichtigt werden, ermöglicht der Antrag gemäß § 174 dem Gläubiger die Feststellung, in welcher Höhe er mit seinem Recht zur abgesonderten Befriedigung ausgefallen ist. Oft werden, wenn der Insolvenzverwalter nicht zugleich einen Antrag nach § 174a stellt, erst auf den Antrag nach § 174 hin Gebote abgegeben, da bei Ausbietung allein auf Grundlage eines Antrags nach § 172 die Ansprüche aller Klassen des § 10 Abs. 1 in das geringste Gebot aufzunehmen sind.[1] Im Anreiz zur Abgabe von Geboten liegt eine weitere Funktion des § 174.

II. Erfasste Gläubiger

2 Nach dem Wortlaut des § 174 muss dem Gläubiger gegen den Insolvenzschuldner sowohl eine persönliche Forderung als auch ein (vom Insolvenzverwalter anerkanntes, dazu Rn. 6) Recht auf Befriedigung aus dem Grundstück zustehen. Von einem Recht auf Befriedigung aus dem Grundstück spricht § 10 zwar für alle dort genannten Rangklassen. § 174 meint jedoch ein Recht zur abgesonderten Befriedigung i.S.d. § 49 InsO. Dies ergibt sich aus §§ 52, 190 InsO als Hintergrund der Regelung des § 174 ZVG. Zu den Rechten i.S.d. § 49 InsO wiederum gehören nicht nur die Rangklassen 2 bis 4 des § 10 Abs. 1,[2] sondern auch die Rangklasse 5, sofern die Beschlagnahme (zu der

---

[1] S. § 172 Rn. 6.
[2] Anders offenbar *Rellermeyer*, in: *Dassler/Schiffhauer/u.a.*, ZVG, § 174 Rn. 4: „Gläubiger nach § 10 I Nr. 3 sowie Gläubiger einer Hypothek, wenn der Schuldner für die Forderung auch persönlich haftet, und Gläubiger einer Sicherungsgrundschuld." Zumindest missverständlich auch *Stö-

gemäß § 173 nicht schon der Antrag des Insolvenzverwalters nach § 172 führt) für den Gläubiger dieser Rangklasse bereits erfolgt ist.³ Die – rechtzeitig, § 88 InsO – erlangte Zwangs- oder Arresthypothek (§§ 867, 932 ZPO) gewährt als Anspruch aus Rangklasse 4 ohne Weiteres ein Recht zur (abgesonderten) Befriedigung.

Bei Anträgen von mehreren Gläubigern unterschiedlichen Rangs richtet sich das geringste Gebot nur nach dem bestrangigen. Dieser in § 44 Abs. 2 vorausgesetzte Grundsatz gilt über § 172 auch im Rahmen von § 174.⁴ Auf die zeitlichen Grenzen des § 44 Abs. 2 für diesen Vorrang kann es dabei nicht ankommen, ist doch bis zum Schluss der Verhandlung im Versteigerungstermin auch damit zu rechnen, dass der Insolvenzverwalter das Verfahren gemäß § 174a ZVG aus Rangklasse 1a betreibt. Zwar wird der Zweck des § 174, den Forderungsausfall festzustellen, für einen nachrangigen Gläubiger nicht erreicht, wenn das Grundstück nur bezogen auf den besserrangigen Gläubiger ausgeboten wird und dieser seinen Antrag zurücknimmt.⁵ Doch kann der aus § 44 Abs. 2 ersichtliche Grundsatz nicht ignoriert werden, da § 174 insoweit nichts Abweichendes anordnet i. S. d. § 172. **3**

III. Antrag; Abhängigkeit vom Verfahren nach § 172 ZVG

Wie Wortlaut („kann … verlangen"; „auch … auszubieten") und systematischer Zusammenhang mit § 172 zeigen, führt der Antrag des Gläubigers nicht zu seinem Beitritt (§ 27); er wird also nicht betreibender Gläubiger. Daher hat er kein Widerspruchsrecht nach § 37 Nr. 4, kann keine Sicherheit nach § 67 Abs. 2 verlangen und kann auch die Rücknahme des Antrags durch den Insolvenzverwalter nicht verhindern.⁶ Hinsichtlich der Auswirkung des Rangs auf die Höhe des geringsten Gebots (§§ 44, 52) wird der Gläubiger durch § 174 aber einem betreibenden Gläubiger gleichgestellt, indem nur die seinem Absonderungsrecht vorgehenden Rechte berücksichtigt werden. **4**

Unberührt bleibt die Möglichkeit des Gläubigers, seinen Antrag wieder zurück zu nehmen. **5**

IV. Anerkennung des Rechts auf Befriedigung aus dem Grundstück

Eine schlüssige Anerkennung genügt.⁷ **6**

V. Bis zum Schluss der Verhandlung im Versteigerungstermin

Die h. M. unterscheidet zutreffend zwischen Versteigerung und Verhandlung im Versteigerungstermin, so dass es ausreicht, wenn der Antrag i. S. d. § 174 erst während der Anhörung über den Zuschlag gemäß § 74 gestellt wird.⁸ **7**

---

ber, ZVG, § 174 Rn. 3 („eine persönliche und eine dingliche Forderung"; „auch Ansprüche der Rangklasse 2–4").
3 Vgl. *Bäuerle*, in: Braun, InsO, § 49 Rn. 16.
4 H.M. S. etwa *Stöber*, ZVG, § 17 Rn. 3.10.
5 So die Gegenauffassung (*Rellermeyer*, in: Dassler/Schiffhauer/u. a., ZVG, § 174 Rn. 11, m.w.N auch zur h. M.).
6 *Stöber*, ZVG, § 174 Rn. 3.2
7 *Stöber*, ZVG, § 174 Rn. 3.2; *Lwowski/Tetzlaff*, in: MünchKomm-InsO, § 165 Rn. 152; *Rellermeyer*, in: Dassler/Schiffhauer/u. a., ZVG, § 174 Rn. 4 m.w. N.
8 *Eickmann*, ZVG, § 26 II Anm. 4a; *Rellermeyer*, in: Dassler/Schiffhauer/u. a., ZVG, § 174 Rn. 7; *Stöber*, ZVG, § 174 Rn. 3.6, 3.7; a. A. *Muth*, ZIP 1999, 945 (949).

VI. Rechtsfolge: Weiteres Ausgebot

8 Der Antrag des Gläubigers führt nach § 174 zu einem weiteren Ausgebot („auch"). Das geringste Gebot wird für dieses Ausgebot in gleicher Weise bestimmt, wie wenn der Gläubiger das Verfahren betreiben würde. Zu berücksichtigen sind also die vorgehenden Rechte und die Kosten des Verfahrens (§ 44 Abs. 1). Bei mehreren Anträgen ist derjenige des bestrangigen Gläubigers maßgeblich.[9] Zum Verfahren, wenn auf mehrere Ausgebotsarten (§§ 172, 174, 174a) geboten wird, s. § 174a Rn. 6 f.
Der Schluss der Versteigerung muss für alle Gebote einheitlich festgelegt werden.[10]

---

9 S.o. Rn. 3.
10 *Stöber*, ZVG, § 174 Rn. 3.9; *Rellermeyer*, in: *Dassler/Schiffhauer/u. a.*, ZVG, § 174 Rn. 13.

§ 174a ZVG [Antragsrecht des Insolvenzverwalters]

Der Insolvenzverwalter kann bis zum Schluss der Verhandlung im Versteigerungstermin verlangen, dass bei der Feststellung des geringsten Gebots nur die den Ansprüchen aus § 10 I Nr. 1a vorgehenden Rechte berücksichtigt werden; in diesem Fall ist das Grundstück auch mit der veranlagten Abweichung auszubieten.

Übersicht

		Rn.
I.	Normzweck und Kritik	1–3
II.	Feststellungskosten	4
III.	Bis zum Schluss der Verhandlung im Versteigerungstermin	5
IV.	Verfahren bei gleichzeitigen Ausgeboten nach §§ 172, 174 und/oder § 174a	6, 7

I. Normzweck und Kritik

Beim Ausgebot nach § 174a werden nur die Ansprüche aus Rangklasse 1 sowie die Verfahrenskosten (§ 109) im geringsten Gebot berücksichtigt (§ 44 Abs. 1). Damit soll der Gefahr begegnet werden, dass bei einem Ausgebot auf Grundlage des § 172 keine Gebote abgegeben werden, weil dort die Ansprüche sämtlicher Rangklassen des § 10 Abs. 1 ins geringste Gebot aufgenommen werden müssen.[1] Die Regelung des § 174a wird zu Recht überwiegend kritisiert.[2] Hingewiesen wird insbesondere auf den drohenden Rechtsverlust für die Rangklassen ab 2 abwärts, der in keinem Verhältnis zu der Bedeutung der Kosten der Feststellung der beweglichen Gegenstände nach § 10 Abs. 1 Nr. 1a steht, zu deren Befriedigung der Antrag gestellt werden kann. Diesen Gläubiger bleibt, wollen sie ihre Rechte retten (vgl. § 91 Abs. 1) und hilft der Antrag nach § 74a nicht,[3] nur die nach § 268 BGB mögliche Ablösung des Anspruchs auf Erstattung der Feststellungskosten. Nach Ablösung bleiben sie darüber hinaus auf dem gemäß § 268 Abs. 3 S. 1 BGB auf sie übergegangenen Anspruch sitzen, wenn das Insolvenzverfahren eingestellt oder aufgehoben wird oder das Grundstück freigegeben oder – was weiter möglich ist, § 173 S. 1 – freihändig veräußert wird.[4] Überdies ist nicht einzusehen, warum die Möglichkeit des Insolvenzverwalters, von dem Privileg des § 174a zu profitieren, von dem Umstand abhängen soll, dass es derartige Feststellungskosten gibt.[5]

Die dargestellte Kritik kann de lege lata bei der rechtlichen Behandlung von Mehrfach-Ausgeboten (unten Rn. 6) berücksichtigt werden.

Zur Frage des Rechts zum Antrag nach § 174a in Verbraucher- und sonstigen Kleinverfahren gilt das bei § 172 Rn. 2f. Gesagte. In der Eigenverwaltung (§§ 270ff. InsO) hat der Schuldner zwar das Recht zum Antrag nach § 172,

---

1 S. § 172 Rn. 6.
2 *Hintzen*, ZInsO 2003, 586 (590); sehr kritisch *Stöber*, NJW 2000, 3600; ders., ZVG, § 174a Rn. 2.6 („grundlegend verfehlt"). Weitere Nachweise bei *Rellermeyer*, in: Dassler/Schiffhauer/u.a., ZVG, § 174a Fn. 1.
3 Antrag auf Versagung des Zuschlags bei Meistgebot unter 7/10 des Verkehrswerts; gemäß § 74a Abs. 4 nur möglich im ersten Versteigerungstermin.
4 Ganz h.M. S. Begründung zu Art. 20 Nr. 8 EG InsO; BT-Drucks. 12/3808, S. 69f.; *Rellermeyer*, in: Dassler/Schiffhauer/u.a., ZVG, § 174a Rn. 6 m.w.N.
5 Kritisch dazu bereits *Marotzke*, ZZP 109 (1996), 429 (461): „befremdlich".

mangels denkbarer Feststellungskosten (s. § 282 Abs. 1 S. 2 InsO) aber nicht dasjenige zum Antrag nach § 174a.[6]

II. Feststellungskosten

4 Die in § 10 Abs. 1 Nr. 1a geregelten Feststellungskosten beziehen sich auf die in § 55 genannten beweglichen Gegenstände, auf die sich die Versteigerung erstreckt.

III. Bis zum Schluss der Verhandlung im Versteigerungstermin

5 Die Verhandlung über den Zuschlag (§ 74) ist mit eingeschlossen.[7]

IV. Verfahren bei gleichzeitigen Ausgeboten nach §§ 172, 174 und/oder § 174a

6 Um die mit § 174a verbundenen unerwünschten Folgen einzuschränken und weil der Zweck des § 174a, eine ergebnislose Versteigerung zu verhindern und die Feststellungskosten nach § 10 Nr. 1a zu befriedigen, auch auf diese Weise erreicht werden kann, ist der Zuschlag auf ein Ausgebot nach § 174a nur zu erteilen, wenn für die Ausgebote nach § 172 und/oder § 174 keine Gebote abgegeben worden sind.[8] Auf die Höhe der Gebote auf das Ausgebot nach § 174a kommt es dabei nicht an. Zwischen § 172 und § 174 ist letzterem Ausgebot der Vorrang einzuräumen, weil nur § 174 das schutzwürdige Interesse des betreffenden Gläubigers berücksichtigt, den Ausfall mit seinem dinglichen Recht festgestellt zu bekommen.[9] Der denkbare Nachteil für die Insolvenzmasse im Falle eines geringeren Gebots auf das Ausgebot nach § 174 ist demgegenüber hinzunehmen.

7 Fehlt es überhaupt an zulässigen Geboten, so ist nach (§ 172 i. V. m.) § 77 zu verfahren.[10]

---

6 *Kemper*, in: *Kübler/Prütting/u.a.*, InsO, 35. Lfg., 3/09, § 165 Rn. 17.
7 S. § 174 Rn. 7.
8 A.A. *Rellermeyer*, in: *Dassler/Schiffhauer/u.a.*, ZVG, § 174a Rn. 9 für das Verhältnis von § 174 zu § 174a: höchstes Gebot. Weiter a.A. *Kemper*, in: *Kübler/Prütting/u.a.*, InsO, 35. Lfg., 3/09, § 165 Rn. 20 für das Verhältnis von § 174 zu § 174a (Zuschlag auf das Ausgebot nach § 174a). A. A. für das Verhältnis von § 172 zu § 174a (*Eickmann*, ZVG, § 26 II, Anm. 6 zu e; *Kemper*, in: *Kübler/Prütting/u.a.*, InsO, 35. Lfg., 3/09, § 165 Rn. 20): Zuschlag auf das Ausgebot nach § 174a. Weiter a. A. für das Verhältnis von § 172 zu § 174a (*Depré*, in: *Smid*, InsO, § 165 Rn. 24): Zuschlag auf das höhere Ausgebot.
9 Ebenso *Rellermeyer*, in: *Dassler/Schiffhauer/u.a.*, ZVG, § 174 Rn. 14; § 174a Rn. 9.
10 *Eickmann*, ZVG, § 26 II Anm. 6 zu a; *Stöber*, ZVG, § 174 Rn. 3.11 zu c; *Rellermeyer*, in: *Dassler/Schiffhauer/u.a.*, ZVG, § 174 Rn. 14.

Vorbemerkung vor § 175 ZVG – Die Versteigerung auf Antrag des Erben

Schrifttum: *Bengel/Reimann*, Handbuch der Testamentsvollstreckung, 3. Aufl. 2001; *Hartmann*, Peter, Kostengesetze, 37. Aufl. 2007; *Eickmann, Dieter*, Zwangsversteigerungs- und Zwangsverwaltungsrecht, 2. Aufl. 2004; *Hausmann, Rainer/Hohloch, Gerhard*, Handbuch des Erbrechts, 2008; *Hennings-Holtmann, Dorothee*, Zwangsversteigerung und Zwangsverwaltung, 5. Aufl. 2006; *Mayer, Hans-Jochem/Kroiß, Ludwig*, Rechtsanwaltsvergütungsgesetz, 3. Aufl. 2008; *Jauernig, Othmar/Berger, Christian*, Zwangsvollstreckungs- und Insolvenzrecht, 21. Aufl. 2007; *Ruby, Gerhard*, „Der Miterben Zähmung" durch ein Testament „mit drei Zügeln", ZEV 2007, 18; *Siegmann, Gerhard*, Nochmals: Haftung des Erben für Wohngeld, NZM 2000, 995; *Staudinger*, Bürgerliches Gesetzbuch mit Einführungsgesetz und Nebengesetzen, Neubearb. 2002; *Schöner, Hartmut/Stöber, Kurt*, Grundbuchrecht, 13. Aufl. 2004; *Stöber, Kurt*, Vorkaufsrechte in der Zwangsvollstreckung, NJW 1988, 3121

Die Versteigerung nach §§ 175 ff. betrifft Grundstücke, grundstücksgleiche Rechte, Erbbaurechte (beachte aber § 5 ErbbauRG), Bruchteile von Grundstücken, Schiffe und Schiffsbauwerke.[1] Sie weicht von dem klassischen Zwangsversteigerungsfall ab, wonach der Gläubiger die Zwangsversteigerung betreibt und gewährt zusätzlich dem Erben eines Grundstücks (welches im Folgenden stellvertretend auch für die sonst genannten Rechte erwähnt wird) die Möglichkeit, eine Eigenvollstreckung in Gestalt der Zwangsversteigerung (nicht der Zwangsverwaltung) zu betreiben. Das Verfahren dient der Klärung, ob bzw. inwieweit Befriedigungsmöglichkeiten aus einem Grundstück bei bestehender Haftungsbeschränkungsmöglichkeit bestehen und ob der Erbe anschließend noch persönlich für den Ausfall haftet.[2] Im Grundsätzlichen steht für diese Zwecke das Aufgebotsverfahren (§§ 989 ff. ZPO bzw. ab 1.9.2009 §§ 454 ff. FamFG jeweils i. V. m. § 1970 ff. BGB) zur Verfügung, welches aber Grundpfandrechte letztlich nicht betrifft (§ 1971 BGB) – diese Lücke sollen die §§ 175 ff. schließen.[3] Weitere verfolgbare Optionen, wie das Abstoßen einer überschuldeten Immobilie, sind nicht ausgeschlossen.[4]

Um eine Zwangsvollstreckung geht es hierbei nicht, vielmehr wird das Zwangsversteigerungsverfahren zu Klärungszwecken gleichsam zweckentfremdet. Das folgt aus den unterschiedlichen Regelungszwecken und nicht zuletzt daraus, dass die hier wesentliche Initiative der Schuldnerseite entstammt.[5] Damit ist ein Beitritt eines Gläubigers zu dem Verfahren nach § 175 ausgeschlossen. Treffen die Versteigerung nach § 175 und Vollstreckungsversteigerung aufeinander, hat letztere den Vorrang.[6]
Verkäufe auf Grund der Versteigerung auf Erbenantrag sind nicht gem. § 471 BGB von Vorkaufsrechten ausgeschlossen. Für dingliche Vorkaufsrechte (§ 1098 Abs. 1 Satz 1 BGB) gilt dasselbe.[7] Das Vorkaufsrecht des Miterben nach §§ 2034, 2035 BGB ist nicht einschlägig, da dieses allein die Verkäufe von Miterbenanteilen (Gesamthandsanteile) betrifft, nicht aber denjenigen einzelner Nachlassgegenstände.[8]

---

1 *Stöber*, ZVG, § 176 Rn. 3.5., 3.7., 3.11.
2 *Marotzke*, in: *Staudinger*, § 1971 Rn. 5; *Siegmann*, in: *MünchKomm*-BGB, § 1971 Rn. 4; *Lohmann*, in: *Bamberger/Roth*, § 1971 Rn. 4; *Hennings-Holtmann*, ZVG, § 175 Rn. 4.15 f.
3 *Eickmann*, § 27.I.; *Rellermeyer*, in: *Dassler/Schiffhauer/u. a.*, ZVG, § 175 Rn. 1.
4 S. *Siegmann*, NZM 2000, 997.
5 *Hennings-Holtmann*, ZVG, § 175 Rn. 4.18.
6 *Hennings-Holtmann*, ZVG, § 175 Rn. 4.19.; *Stöber*, ZVG, § 176 Rn. 4.
7 *Stöber*, NJW 1988, 3122, 3123; s. a. BGH, Urteil vom 23.4.1954 – V ZR 145/52, BGHZ 13, 136; BGH, Urteil vom 28.4.1967 – V ZR 163/65, BGHZ 48, 5; anders für gemeindliche Vorkaufsrechte nach § 24 f. BauGB, s. *Schöner/Stöber*, Rn. 4113 a. a. E.
8 Vgl. auch BGH, Urteil vom 19.4.1972 – IV ZR 117/70, NJW 1972, 1199 (dort für die Teilungsversteigerung).

Es gelten grundsätzlich die allgemeinen Regeln (vgl. dazu auch den nachfolgenden Musterfall). §§ 57, 57a und 57b sind anwendbar.[9] Eine Einstellung ist allein auf Grund § 30 möglich (Bewilligung durch den Antragsteller, der hier an diejenige des Gläubigers tritt), nicht aber auf Grund der §§ 30a ff. oder § 765a ZPO, denn diese sind zu sehr auf die allzu unterschiedliche Vollstreckung zugeschnitten.[10] Insoweit besteht auch ein Unterschied zur Teilungsversteigerung (s. sogleich Rn. 4, vgl. dort für Einstellungen § 180 Abs. 2 und 3 mit 4, zur allerdings bestrittenen Anwendung von § 765a ZPO s. § 180 Rn. 25). Diese findet unter anderen Vorzeichen statt, welche nicht der vorrangigen Bereinigung von Unklarheiten auf Gläubigerebene dienen.

3 Mehrere Verfahren nach § 175 können miteinander verbunden werden (§ 18).[11]

4 Überschneidungen kann es mit der Teilungsversteigerung geben (§§ 180 ff.), welche ihrerseits nicht Vollstreckungszwecken dient (Beispiel: Ein Miterbe ist zugleich Gläubiger i. S. v. § 175 Abs. 1, so dass die übrigen Erben zugleich hiernach antragsbefugt sind, ebenso aber auch nach Teilungsversteigerungsrecht als Auseinandersetzungsberechtigte, § 2042 Abs. 1 BGB). Der wesentliche Unterschied besteht darin, dass die Erbenversteigerung eine Situation in Bezug auf eine bestimmte Gläubigergruppierung bereinigen soll, wohingegen die Teilungsversteigerung Auseinandersetzungen dient. Erstere ist auf das Außenverhältnis bezogen, letztere auf Bereinigungen im Innenverhältnis. Werden zwei solcher Verfahren in Bezug auf ein und dieselbe Immobilie zeitgleich in Gang gesetzt, sollte dasjenige nach §§ 175 ff. gegebenenfalls vorläufig eingestellt werden (§ 148 ZPO analog). Wenn nämlich die Auseinandersetzung vollzogen ist, existiert kein Nachlass mehr, auf welchen man die Haftung beschränken könnte – damit entfällt der Klärungsbedarf, an den § 175 ansetzt.[12]

5 Die jeweilige Kostentragungspflicht ergibt sich aus § 26 GKG.[13] Für die Rechtsanwaltsvergütung gilt § 26 RVG.[14]

Musterverfahren – Versteigerung auf Antrag eines Erben

6 Ausgangsfall: Zu dem Nachlass des verstorbenen A gehört ein Grundstück. Da infolge unübersichtlicher Verwandtschaftsverhältnisse die Erben noch nicht ermittelt sind, wurde eine Nachlasspflegschaft angeordnet. Zugleich ist die Schuldnersituation insoweit unklar, als nicht sicher ist, ob die Hypothekare eines nachlasszugehörigen Grundstücks aus diesem allein schon eine hinreichende Deckung erfahren. Der Nachlasspfleger überlegt, wie er die Verbindlichkeiten in Bezug auf den Nachlass als auch des Grundstücks „bereinigen" kann".

7 Für derartige Fragen steht die Versteigerung auf Erbenantrag zur Verfügung. Sie folgt weitgehend den Regeln der Vollstreckungsversteigerung, modifiziert mit solchen der Versteigerung im Insolvenzverfahren.[15]

---

9 *Stöber*, Handbuch Rn. 691.
10 *Eickmann*, § 27.II.2 mit Verweis auf die ähnliche Situation der Zwangsversteigerung im Insolvenzverfahren (dazu a.a.O. § 26.II.2.) sowie bei *Steiner*, ZVG, § 176 Rn. 3.
11 *Stöber*, ZVG, § 176 Rn. 3.20.
12 A.A. *Schiffhauer*, in: Dassler/Schiffhauer/u.a., § 180 Rn. 119 (Vorrang der Versteigerung auf Antrag des Erben, gegebenenfalls mit niedrigeren Geboten als in der Teilungsversteigerung (§§ 176, 174 ZVG), womit dem Erben die Einrede des § 179 ZVG erhalten bliebe.
13 S.a. *Hartmann*, § 26 Rn. 2.
14 *Gierl*, in: Mayer/Kroiß, § 26 Rn. 3.
15 S. dazu auch bereits ausführlich *Schiffhauer*, in: Dassler/Schiffhauer/u.a., § 176 Rn. 1 ff.; Steiner/Teufel, ZVG, § 176 Rn. 1 ff. (ausgenommen die Ausführungen über die heute nicht mehr existierenden Gerichtsferien).

Zunächst ist ein Antrag erforderlich. Antragsberechtigt ist auch der Nachlasspfleger (s. zu dessen Einsetzungsgrund § 1960 Abs. 1 BGB[16]), da er ein Aufgebotsverfahren (mit der Folge, dass Gläubiger, welche ihre Forderungen nicht angemeldet haben, ausgeschlossen werden können, wenn der Nachlass zu ihrer Befriedigung nicht ausreicht) ebenfalls beantragen könnte (s. dazu auch § 175 Rn. 6 ff.). Da die Erbenhaftung immer noch beschränkbar ist (s. dazu § 175 Rn. 9) und die Grundpfandgläubiger nicht im Rahmen eines Aufgebotsverfahrens ausgeschlossen oder wie solche behandelt werden (was grundsätzlich dann der Fall ist, wenn nach Nachlassinsolvenzende der Nachlass zur Gläubigerbefriedigung nicht ausreicht oder innerhalb von fünf Jahren die Forderung nicht geltend gemacht wurde, s. i. E. §§ 1973, 1989 BGB, s. a. § 175 Rn. 10), ist der Antrag zulässig.

8

Die Antragsvoraussetzungen sind glaubhaft zu machen, was üblicherweise auf die Vorlage entsprechender Urkunden (Erbschein, Bestallungsurkunden etc.) hinausläuft. Ein Titel (eine vollstreckbare Entscheidung) ist nicht erforderlich, denn um eine Vollstreckung geht es schließlich nicht.

Das Gericht des belegenen Grundstücks ordnet die Versteigerung an, ohne dass hiermit Beschlagnahmewirkungen verbunden sind (§ 173). Das bedeutet, dass (relative, § 135 Abs. 2 BGB) Veräußerungsverbote nicht bestehen. Auch werden Miet- oder Pachtzinsforderungen nicht von der Anordnung betroffen. Im Fall des Erwerbs ersteht der Ersteigerer jedoch alle beschlagnahmefähigen Gegenstände, welche im Eigentum bzw. der Inhaberschaft des Grundstückseigentümers stehen oder von ihm tatsächlich innegehabt, also besessen werden.[17]

9

Der Beschluss wird dem Antragsteller sowie, falls vorhanden, sonstigen Miterben zugestellt.[18] Er wird mit klarstellendem Hinweis („auf Antrag des Erben") in das Grundbuch eingetragen (§ 19).[19]

In der Terminsbestimmung muss der Anlass in Abgrenzung zur Vollstreckungsversteigerung hinreichend zum Ausdruck kommen (… auf Antrag des Erben). Ansonsten droht die Zuschlagsverweigerung bzw. ein Beschwerdegrund wegen Nichtbeachtung des Mussinhalts des § 37.[20] Das gilt auch, wenn die Gläubiger zur Geltendmachung ihrer Rechte aufgefordert werden (§ 37 Nr. 4).[21] Schließlich entfallen bei Fehlen dieses Ausweises die Wirkungen des § 179 (§ 179 Rn. 2 a. E.).

10

Die Bildung des geringsten Gebots richtet sich nach denjenigen, welche für die Versteigerung im Insolvenzverfahren gelten, so dass alle Grundstücksbelastungen aufzunehmen sind.[22] Mangels Beschlagnahme (s. soeben Rn. 9) gibt es keine vorgehenden dinglichen Rechte.[23] Es gibt keine Ansprüche aus der Rangklasse 6.[24] Wie in der Insolvenzversteigerung kann ein Gläubiger, dessen Anspruch auf Befriedigung aus dem Grundstück von dem Antragsteller (anstelle des Insolvenzverwalters) anerkannt wurde, ein sog. Doppelausgebot erzwingen, so dass er gestellt wird, als sei er der Antragsteller (s. § 176 mit Verweis auf § 174).[25] Es werden die ihm vorgehenden Rechte berücksichtigt, dann aber auch nur eben diese. Damit hat es jeder dingliche Gläubiger in der

11

---

16 S. dazu auch *Ahrens*, in: *Hausmann/Hohloch*, Kap. 17 Rn. 32 ff.; *Löhnig*, ebda, Kap. 18 Rn. 11 ff.
17 *Eickmann*, § 26.II.2.(c).
18 *Steiner/Teufel*, ZVG, § 176 Rn. 3.
19 *Steiner/Teufel*, ZVG, § 176 Rn. 9.
20 *Böttcher*, ZVG, § 37 Rn. 26.
21 *Eickmann*, § 27.II.5. sowie bei *Steiner*, ZVG, § 176 Rn. 12.
22 *Rellermeyer*, in: *Dassler/Schiffhauer/u.a.*, ZVG, § 176 Rn. 6, s. a. ebda. § 174 Rn. 1.
23 *Eickmann*, § 27.II.4.a). a.E.
24 *Rellermeyer*, in: *Dassler/Schiffhauer/u.a.*, ZVG, § 176 Rn. 7.
25 *Eickmann*, § 27.II.4. mit § 26.II.4.c).

Hand, das geringste Gebot herabzusetzen. Tut er das nicht und wird sein dingliches Recht in das geringste Gebot aufgenommen, so hat das zur Folge, dass künftig nur die Chance besteht, allein aus dem Grundstück Befriedigung zu erlangen, selbst wenn dieser Zugriff nicht ausreichen sollte. Insoweit hat der Erbe nämlich ein Verweigerungsrecht (§ 179). Es ist dies die Sanktion dafür, dass der Gläubiger nichts dazu getan hat, das geringste Gebot niedrig zu halten.
Ferner gelten auch hier die Zuschlagsgrenzen der §§ 74a, 85a ZVG.[26]

12 Kommt es parallel zu der Versteigerung auf Erbenantrag zu einem Nachlassinsolvenzverfahren, hat letzteres grundsätzlich den Vorrang. Die Versteigerung auf Antrag eines Erben hat somit zu unterbleiben, ist zurückzustellen oder es wird das laufende Versteigerungsverfahren in dasjenige einer Zwangsversteigerung im Insolvenzverfahren übergeleitet (s. i. E. § 178).

---

26 *Rellermeyer*, in: *Dassler/Schiffhauer/u. a.*, ZVG, § 176 Rn. 9.

§ 175 [Antragsrecht des Erben]

(1) Hat ein Nachlassgläubiger für seine Forderung ein Recht auf Befriedigung aus einem zum Nachlasse gehörenden Grundstücke, so kann der Erbe nach der Annahme der Erbschaft die Zwangsversteigerung des Grundstücks beantragen. Zu dem Antrag ist auch jeder Andere berechtigt, welcher das Aufgebot der Nachlassgläubiger beantragen kann.

(2) Diese Vorschriften finden keine Anwendung, wenn der Erbe für die Nachlassverbindlichkeiten unbeschränkt haftet oder wenn der Nachlassgläubiger im Aufgebotsverfahren ausgeschlossen ist oder nach den §§ 1974, 1989 des Bürgerlichen Gesetzbuchs einem ausgeschlossenen Gläubiger gleichsteht.

Übersicht

	Rn.
I. Allgemeines	1
II. Zu Absatz 1	2–8
1. Zu Satz 1	2–5
a) Forderung eines Nachlassgläubigers	2
b) Recht auf Befriedigung aus einem Nachlassgläubiger	3
c) Antrag	4
d) Erbschaftsannahme	5
2. Zu Satz 2	6–8
a) Allgemeines	6
b) Antragsberechtigte neben dem Erben	7, 8
III. Zu Absatz 2	9, 10
1. Unbeschränkte Erbenhaftung	9
2. Ausschlussurteil zu Lasten des Nachlassgläubigers	10

I. Allgemeines

Die Versteigerung auf Erbenantrag dient dem Zweck, Immobiliargläubiger in ihrem Zugriff auf den Nachlass in einer Weise zu konzentrieren, wie man es sonst vom Aufgebot her kennt. Dieses erfasst besagte Gläubiger grundsätzlich nicht (§ 1970 BGB), so dass insoweit eine Lücke besteht – diese Lücke schließt § 175. Hier werden die wesentlichen Voraussetzungen der Statthaftigkeit eines Versteigerungsantrags normiert. Dies geschieht in hohem Maße in Anlehnung an die Voraussetzungen, welche die BGB-Vorschriften des Erbrechts hinsichtlich eines Aufgebots statuieren

II. Zu Absatz 1

1. Zu Satz 1

a) **Forderung eines Nachlassgläubigers.** Es muss um Forderungen eines Nachlassgläubigers gehen. Nachlassgläubiger sind solche, welche Forderungen gegen den Erblasser hatten, welche im Wege der Gesamtrechtsnachfolge auf den Erben übergegangen sind, sowie vor allem Gläubiger von Pflichtteilsansprüchen, Vermächtnissen und Auflagen (§ 1967 Abs. 2 BGB, Erbfallschulden).[1] Ebenso gehören dazu die sog. Erbschaftsverwaltungs- und Nachlasskostenschulden. Nicht hierzu gehören die Nachlasseigenschulden, die der Erbe selbst mit Bezug auf den Nachlass eingeht, denn diese kann der Erbe nicht auf

---

1 S. i.E. *Siegmann*, in: MünchKomm-BGB, § 1967 Rn. 10.

den Nachlass beschränken (arg. § 175 Abs. 2).² Für Unternehmensfortführungen sind dies vor allem von dem Erben eingegangene neue Geschäftsverbindlichkeiten, wohingegen die Altschulden noch vom Erblasser herrührend Nachlassverbindlichkeiten sind (unbeschränkte, aber beschränkbare Haftung, wobei § 27 HGB zu beachten ist).³

3 **b) Recht auf Befriedigung aus einem Nachlassgrundstück.** Für diese Nachlassverbindlichkeiten muss der Nachlassgläubiger ein Recht auf Befriedigung aus dem nachlasszugehörigen Grundstück haben (für sonstige Rechte s. vor § 175 Rn. 12). Ein solches Recht gewähren Hypothek (§ 1147 BGB), Grundschuld (§§ 1192 Abs. 2, 1147 BGB) und Rentenschuld (§ 1199 BGB). Neben der rechtsgeschäftlichen Bestellung kommt auch eine Zwangshypothek in Betracht (§§ 866 Abs. 1, 867 ZPO).⁴ Wann diese Rechte begründet werden (ob also vor oder nach Erbfall) ist ohne Belang, wenn sie nur eine Forderung gegen den Nachlass absichern.

4 **c) Antrag.** Es bedarf eines Antrags. Dieser kann von dem Erben gestellt werden, im Fall einer Miterbengemeinschaft von jedem einzelnen Miterben (arg. §§ 175 Abs. 1 S. 2 ZVG, 991 Abs. 1 ZPO bzw. ab 1.9.2009 § 455 Abs. 1 FamFG, die übrigen Miterben sind Beteiligte nach § 9⁵); im letzteren Fall wird das Grundstück gewissermaßen der Auseinandersetzung der Gemeinschaft entzogen, wobei ein möglicher Erlösüberschuss im Wege der dinglichen Surrogation in die Gesamthand fällt (§ 2041 BGB).

5 **d) Erbschaftsannahme.** Der Erbe muss in allen Fällen die Erbschaft ab dem Erbfall (§ 1946 BGB) angenommen haben, was durch Annahmeerklärung sowie durch Verstreichen der Ausschlagungsfrist (6 Wochen, s. i. E. § 1944 BGB) geschehen kann (§ 1943 BGB, s.a. § 991 Abs. 3 ZPO/ab 1.9.2009 § 455 Abs. 3 FamFG). Der Grund findet sich in § 1958 BGB, wonach Ansprüche gegen den vorläufigen Erben nicht geltend gemacht werden können. Insoweit besteht für diesen noch kein hinreichender Klärungsbedarf.

Zu Satz 2

6 **a) Allgemeines.** Satz 2 erweitert die Antragsbefugnis auf Diejenigen, welche berechtigt sind, das Aufgebot zu beantragen (s. insoweit § 991 ZPO bzw. ab 1.9.2009 § 455 FamFG). Die sonstigen Voraussetzungen des Satzes 1 müssen vorliegen.

7 **b) Antragsberechtigte neben dem Erben.** Antragsbefugt sind der Nachlassverwalter als auch der Testamentsvollstrecker (dieser wieder erst ab Annahme der Erbschaft, siehe soeben Rn. 4), sofern ihre Kompetenzen sich auf das Grundstück erstrecken, namentlich im Fall der Verwaltungsvollstreckung (§§ 175 Abs. 1 Satz 2 ZVG, 991 Abs. 2 ZPO bzw. ab 1.9.2009 § 455 Abs. 2 FamFG).⁶ Sonstige Veräußerungsbefugnisse außerhalb dieses Zwangsverkaufs bleiben davon unberührt.⁷ Somit stellt sich etwa für den Testamentsvollstrecker die Frage, ob er den Weg des § 175 überhaupt beschreiten will bzw. muss.

8 Ein Nachlassinsolvenzverwalter ist als solcher nicht antragsbefugt (s. insoweit aber §§ 173 ff.), wird ab Eröffnung des Verfahrens aber wie ein Antragsteller behandelt (§ 178 Abs. 2).⁸

---

2 S. aber auch zu hierzu auftretenden Streitfragen Siegmann, in: *MünchKomm*, § 1967 Rn. 23.
3 S. dazu *Joachim*, in: Hausmann/Hohloch, Kap. 21 Rn. 15.
4 S. insoweit als Vorteil auch einer solchen Hypothek *Jauernig/Berger*, § 22 Rn. 12.
5 *Stöber*, ZVG, § 176 Rn. 3.4.
6 *Hennings-Holtmann*, ZVG, Rn. 4.18; s. aber auch für Beschränkungsmöglichkeiten, was etwa auch die Abwicklungsvollstreckung betreffen kann, *Bengel/Reimann*, Testamentsvollstreckung, Rn. 64.
7 S. *Ruby*, ZEV 2007, 20 f.
8 S.a. *Marotzke, in: Staudinger*, § 1971 Rn. 11.

Antragsbefugt ist auch ein Nachlasspfleger (§ 1960 ff. BGB), obgleich er auf Sicherungsaufgaben beschränkt ist.[9] Allerdings gehört zu diesen Befugnissen regelmäßig auch die Gläubigerbefriedigung aus dem Nachlass, weswegen auch ein Aufgebotsverfahren beantragt werden könnte und somit auch eine Versteigerung nach §§ 175 ff. ZVG.[10]
Weitere Antragsberechtigte sind der Erbschaftskäufer (§ 1000 ZPO bzw. ab 1.9.2009 § 463 FamFG, auch solche, welche eine selbst erworbene Erbschaft weiter veräußern oder sich zur Erbschaftsveräußerung, gleich ob als Erbe oder Erbschaftserwerber, verpflichtet haben), im Fall von ehelichem Gesamtgut innerhalb einer Gütergemeinschaft der Ehegatte mit Verwaltungsbefugnis (allein oder mit dem jeweils Anderen) über das Grundstück, wenn er nicht Erbe ist oder derjenige, welcher Erbe ist – beide ohne Zustimmungserfordernis des jeweils Anderen (§ 999 ZPO bzw. ab 1.9.2009 § 462 FamFG).

III. Zu Absatz 2

Absatz 2 schließt für bestimmte Fälle die Antragsbefugnis aus.

1. Unbeschränkte Erbenhaftung

Das Antragsrecht entfällt, wenn der Erbe für die Nachlassverbindlichkeiten ohne die Möglichkeit der Beschränkung auf den Nachlass (Nachlassverwaltung oder -insolvenz, § 1975 BGB, Dürftigkeitseinrede, § 1990 BGB, für Vermächtnisse und Auflagen s. § 1992 BGB) haftet. Der Plural (Nachlassverbindlichkeiten) suggeriert, dass eine unbeschränkte Haftung gegenüber allen Nachlassgläubigern eingetreten sein muss, nicht nur gegenüber einzelnen (Fälle: Versäumung der Inventarfrist, § 1994 Abs. 1 Satz 2 BGB, Inventaruntreue, § 2005 Abs. 1 BGB, nicht dazu gehören: Versäumung der Inventarfrist, § 2006 Abs. 3 BGB, Fehlen eines Vorbehalts in einer Verurteilung nach § 780 ZPO, keine Vollstreckungsgegenklage trotz Vorbehalts nach §§ 781, 785, 767 ZPO, vertraglicher Haftungsbeschränkungsverzicht).[11]
Für Miterben gilt, dass sie bis zur Teilung des Nachlasses die Haftung grundsätzlich beschränken können (§ 2059 Abs. 1 BGB), für die Haftung nach der Teilung s. § 2060 BGB.

2. Ausschlussurteil/Ausschlussbeschluss zu Lasten des Nachlassgläubigers

Unzulässig ist der Antrag auch, wenn der Nachlassgläubiger durch Ausschlussurteil bzw. -beschluss (für das Ausschlussurteil s. §§ 952, 957 ZPO, ab 1.9.2009 Ausschlussbeschluss, § 439 FamFG, gegen welchen die Beschwerde nach §§ 58 ff. FamFG zulässig ist, ebenso ein Antrag auf Wiederaufnahme des Verfahrens[12]) im Aufgebotsverfahren (989 ff. ZPO, ab 1.9.2009: 454 ff. FamFG) ausgeschlossen ist und der Nachlass nach Befriedigung der nicht Ausgeschlossenen zur Schuldtilgung nicht mehr ausreicht (s. i.E. § 1973 BGB, für Miterben nach Teilung des Nachlasses s. § 2060 Nr. 1 BGB). Dem steht gleich, wenn der Nachlassgläubiger infolge Verschweigung einem ausgeschlossenen gleichsteht (s. i.E. § 1974 BGB, dort insbesondere zu der grundsätzlichen 5-Jahresfrist der Geltendmachung der Forderung, s. a. für Miterben nach der Teilung § 2060 Nr. 2 BGB). Dasselbe gilt, wenn nach Masseverteilung im Rahmen einer Insolvenz oder Verfahrensbeendigung durch einen Insolvenzplan (§§ 217 ff. InsO) der Nachlass zur Befriedigung nicht mehr ausreicht (§§ 1989,

---

9 Vgl. KG, Beschl. v. 13.11.1970 – 1 W 7814/70, NJW 1971, 565; *Marotzke*, in: *Staudinger*, § 1960 Rn. 51; zu den Befugnissen im Allgemeinen s. a. *Löhnig*, in: Hausmann/Hohloch, Kap. 18, Rn. 43 ff.
10 *Marotzke*, in: *Staudinger*, § 1960, Rn. 46.
11 S. *Marotzke, in: Staudinger*, Vorbemerkung zu den §§ 1967 – 2017 BGB, Rn. 16.
12 S. dazu BT-Drucks. 16/6308, S. 295.

1973 BGB, s. für Miterben nach Nachlassteilung § 2060 Nr. 3 BGB). Unerheblich ist, dass das dingliche Befriedigungsrecht aus dem Grundstück von dem Aufgebot nicht betroffen ist (§ 1971 BGB; vgl. für Miterben wieder § 2060 Nr. 2 BGB). Der Klärungsbedarf, dem § 175 dienen soll, bezieht sich allein auf die schuldrechtliche gesicherte Forderung.

§ 176 ZVG [Anzuwendende Vorschriften]

Wird die Zwangsversteigerung nach § 175 ZVG beantragt, so finden die Vorschriften des ersten und zweiten Abschnitts sowie der §§ 173, 174 entsprechende Anwendung, soweit sich nicht aus den §§ 177, 178 ein Anderes ergibt.

Übersicht

	Rn.
I. Allgemeines	1
II. Einzelheiten	2–5
1. Kein Titelerfordernis	2
2. Fehlende Beschlagnahmewirkungen	3
3. Umfang der Versteigerung	4
4. Doppelausgebot	5

I. Allgemeines

1 § 175 dient der Klärung der Reichweite des Nachlassgläubigerzugriffs im Fall einer Immobiliarsicherheit und weicht von dem eigentlichen Sinn der Zwangsvollstreckung ab. Das Verfahren richtet sich dennoch weitgehend nach den Vorschriften über die Zwangsversteigerung.[1] Insbesondere greifen §§ 66 bis 74b, 77 und 78. Für die Sicherheitsleistung greift jedoch § 68 Abs. 3 nicht. Ebenso kann nicht nach § 75, 76 eingestellt werden.[2]

II. Einzelheiten

2 Die Besonderheiten der Versteigerung auf Antrag des Erben sind folgende.

1. Kein Titelerfordernis

Es bedarf hier keines Titels.[3] Das erklärt sich schon daraus, dass es der Schuldner (der Erbe) selbst ist, der das Verfahren einleitet und nicht der Gläubiger.[4]

2. Fehlende Beschlagnahmewirkungen

3 Der Klärungszweck an sich verlangt nach keiner Beschlagnahme, welche mit dem Beschluss nach § 20 dann auch nicht verbunden ist (§§ 176, 173). Lediglich, wenn es um die Abgrenzung von wiederkehrenden Leistungen und Rückständen geht (§ 13), markiert der Beschluss den Stichtag, wie es im Fall einer Beschlagnahme auch der Fall gewesen wäre.

3. Umfang der Versteigerung

4 Kommt es zu einer Zwangsversteigerung, klärt § 55, inwieweit grundstückszugehörige Gegenstände hiervon erfasst werden. Dies geschieht in Orientierung an den Umfang einer Beschlagnahme (s. dazu §§ 20 ff.). Eine Versteigerung nach § 175 reicht sachlich ebenso weit wie eine Vollstreckungsversteigerung.

---

1 S. umfassend *Stöber*, ZVG, § 176 Rn. 3 sowie Handbuch, Rn. 689 zum Zuschlag (§ 93 ZVG) s.a. *Hennings-Holtmann*, Rn. 4.21.; zur Anordnung s.a. *Stöber*, Handbuch, Rn. 687.
2 *Rellermeyer*, in: *Dassler/Schiffhauer/u.a.*, ZVG, § 176 Rn. 9.
3 *Hennings-Holtmann*, Rn. 4.15.
4 Vgl. auch *Hennings-Holtmann*, Rn. 4.19.

5 Doppelausgebot

Bei der Versteigerung auf Antrag des Erben gibt es keine vorrangigen dinglichen Rechte.[5] Erkennt jedoch der Antragsteller an,[6] dass ein persönlicher Gläubiger zugleich[7] ein Befriedigungsrecht aus dem Grundstück hat, kann dieser analog der Versteigerung im Insolvenzverfahren (§ 174) verlangen, dass nur die seinem Anspruch vorgehenden Rechte berücksichtigt werden. Die Situation entspricht derjenigen, in welcher besagter Gläubiger die Versteigerung betreiben würde. Für eine fehlende Antragstellung s. § 179 ZVG.

---

[5] Vgl. *Eickmann*, § 27.II.4.b) für die identische Rechtslage bei der Insolvenzversteigerung.
[6] Dazu *Rellermeyer*, in: *Dassler/Schiffhauer/u.a.*, § 174 Rn. 4 (auch konkludent möglich).
[7] Eine isolierte Grundschuld reicht also nicht, *Rellermeyer*, in: *Dassler/Schiffhauer/u.a.*, ZVG, § 174 Rn. 4

§ 177 ZVG [Glaubhaftmachung d. Urkunden]

Der Antragsteller hat die Tatsachen, welche sein Recht zur Stellung des Antrags begründen, durch Urkunden glaubhaft zu machen, soweit sie nicht bei dem Gericht offenkundig sind.

Die tatsächlichen Voraussetzungen sind durch (nicht zwingend öffentliche) Urkunden glaubhaft zu machen. Ausgenommen sind gerichtsbekannte offenkundige Tatsachen. Es zählen also nur präsente Beweismittel (§ 294 Abs. 2 ZPO). Die Versicherung an Eides statt (§ 294 Abs. 1 ZPO a. E.) ist ausgeschlossen. **1**

Das kann allerdings nur die positiven Tatsachen (Antragsbefugnis – Erbenstellung, durch Erbschein oder auch privatschriftliches Testament nachweisbar, sonstige durch Bestallungskurkunde oder Testamentsvollstreckerzeugnis, bei Erbschaftskauf durch entsprechenden Kaufvertrag,[1] Erbschaftsannahme auch durch Ablauf der Ausschlagungsfrist, persönliche Haftung des Erben durch Grundakten[2], für antragsberechtigte Ehegatten Auszug aus dem Güterrechtsregister[3]) betreffen. Die negativen Tatsachen (fehlende Haftungsbeschränkungsmöglichkeiten, fehlender Ausschluss des Gläubigers) können als solche nicht nachgewiesen werden. Diesbezügliche Zweifel an den Voraussetzungen des § 175 sind erst bei Vorliegen konkreter Anhaltspunkte ggf. zu entkräften.[4] **2**

Werden die Voraussetzungen nachträglich entkräftet ist das Verfahren auf Antrag oder von Amts wegen aufzuheben.[5] **3**

---

1 *Rellermeyer*, in: *Dassler/Schiffhauer/u.a.*, ZVG, § 176 Rn. 2.
2 *Stöber*, ZVG, § 177 Rn. 2.1.
3 *Rellermeyer*, in: *Dassler/Schiffhauer/u.a.*, ZVG, § 176 Rn. 2.
4 Ähnlich *Teufel/Eickmann*, § 177 Rn. 5 (Voraussetzungen des § 175 Abs. 2 ZVG als Verfahrenshindernisse kein Fall des § 177 ZVG); s.a. *Rellermeyer*, in: *Dassler/Schiffhauer/u.a.*, ZVG, § 176 Rn. 5.
5 *Stöber*, ZVG, § 177 Rn. 2.2.

§ 178 ZVG [Nachlassinsolvenz]

(1) Die Zwangsversteigerung soll nicht angeordnet werden, wenn die Eröffnung des Nachlassinsolvenzverfahrens beantragt wird.

(2) Durch die Eröffnung des Nachlassinsolvenzverfahrens wird die Zwangsversteigerung nicht beendigt; für das weitere Verfahren gilt der Insolvenzverwalter als Antragsteller.

Übersicht

		Rn.
I.	Textgeschichte	1
II.	Allgemeines	2
III.	Zu Absatz 1	3
IV.	Zu Absatz 2	4, 5
1.	Überleitung in die Insolvenzversteigerung nach Verfahrenseröffnung	4
2.	Unzulässigkeit der Anordnung der Versteigerung auf Erbenantrag nach Verfahrenseröffnung	5

I. Textgeschichte

1 Fassung des Art. 20 Nr. 15 lit. a) u. b) nach Maßgabe des Dritten Teils des Gesetzes vom 5.10.1994, BGBl. I, S. 2911 (EGInsO) mit Wirkung vom 1.1.1999.

II. Allgemeines

2 § 178 regelt das Verhältnis der Versteigerung auf Erbenantrag zur Nachlassinsolvenz. Es findet durch letztere eine Trennung der Vermögensmassen statt, so dass ab Eröffnung sich der Erben einer Vollstreckung durch den Nachlassgläubiger in nachlassfremdes Vermögen widersetzen kann (§ 784 Abs. 1 ZPO). Nach Eröffnung der Nachlassinsolvenz besteht für persönliche Gläubiger des Erben zudem keine Möglichkeit einer abgesonderten Befriedigung mehr, wenn die Grundstücksbeschlagnahme erst nach Verfahrenseröffnung geschehen ist (§ 321 InsO).

III. Zu Absatz 1

3 Wird nach Insolvenzantrag aber vor Verfahrenseröffnung die Versteigerung gem. § 175 angeordnet, ist dieser Beschluss nicht unwirksam, aber grundsätzlich zurückzustellen.[1] Scheitert das Insolvenzverfahren mangels Masse (§§ 16, 207 InsO), ist infolge des Abandonsrechts nach § 1990 BGB die Stellung der Insolvenzgläubiger der Stellung eines im Aufgebot ausgeschlossenen ähnlich, so dass die Versteigerung auf Antrag des Erben nach § 175 Abs. 2 unzulässig ist.[2]

---

[1] Für die Möglichkeit einer Zurückstellung aber auch *Stöber*, ZVG, § 178 Rn. 2.5.
[2] *Rellermeyer*, in: *Dassler/Schiffhauer/u.a.*, ZVG, § 178 Rn. 4, 8.

IV. Zu Absatz 2

1. Überleitung in die Insolvenzversteigerung nach Verfahrenseröffnung

Ansonsten, vor allem nach Insolvenzeröffnung, wird das vor dieser nach § 175 beantragte Verfahren weiter betrieben und zwar nach Maßgabe der §§ 172 ff. ZVG.[3] Der Nachlassinsolvenzverwalter nimmt dann die Stellung des ursprünglichen Antragsstellers ein, dieser scheidet aus.[4] Der Erlös fällt in die Insolvenzmasse. Das dingliche Befriedigungsrecht ist im Zuge der vorzugsweisen Befriedigung zu berücksichtigen. Ebenso ist die Beendigung infolge eines Insolvenzplans oder mangels Masse möglich. Im Ergebnis wird das Verfahren nach § 175 in seinen Resultaten in das Insolvenzverfahren übergeführt. Die Versteigerung nach § 175 ZVG ist nichtsdestotrotz aufzuheben, denn die Nachlassgläubiger stehen dann jenen gleich, die im Aufgebotsverfahren ausgeschlossen worden sind (s. §§ 1973, 1989 BGB).[5]

2. Unzulässigkeit der Anordnung der Versteigerung auf Erbenantrag nach Verfahrenseröffnung

Bei Antragstellung nach Eröffnung des Insolvenzverfahrens ist die Versteigerung auf Erbenantrag unzulässig, und es muss eine dies betreffende Anordnung nach § 28 aufgehoben werden.[6] Das ergibt sich aus der Überflüssigkeit der Versteigerung nach § 175 ZVG.

---

3 *Hennings-Holtmann*, Rn. 4.23.
4 S. dazu *Stöber*, ZVG, § 178 Rn. 2.3.
5 *Stöber*, ZVG, § 178 Rn. 2.6.
6 *Stöber* , ZVG, § 178 Rn. 2.4.

§ 179 ZVG [Berücksichtigter Nachlassgläubiger]

Ist ein Nachlassgläubiger, der verlangen konnte, dass das geringste Gebot nach Maßgabe des § 174 ZVG ohne Berücksichtigung seines Anspruchs festgestellt werde, bei der Feststellung des geringsten Gebots berücksichtigt, so kann ihm die Befriedigung aus dem übrigen Nachlasse verweigert werden.

Übersicht

		Rn.
I.	§ 174 ZVG	1
II.	Folgen der Berücksichtigung im geringsten Gebot nach § 174 ZVG	2

I. § 174 ZVG

1 § 174 erlaubt zugunsten eines Nachlassgläubigers eine Nichtberücksichtigung von Ansprüchen beim geringsten Gebot, wenn sie anerkannt worden sind.[1] Damit steigen infolge des verminderten Deckungserfordernisses die Versteigerungschancen.[2] Auf der anderen Seite hat es der Nachlassgläubiger mit Befriedigungsrecht aus dem Grundstück in der Hand, das geringste Gebot so auszugestalten, dass sein Recht hierin keinen Eingang findet, er insoweit also keine Berücksichtigung findet.

II. Folgen der Berücksichtigung im geringsten Gebot nach § 174 ZVG

2 Macht der Nachlassgläubiger hiervon keinen Gebrauch, wurde er also in dem geringsten Gebot berücksichtigt, ist sein Zugriff auf das Grundstück beschränkt, dies sogar dann, wenn der Anspruch von dem geringsten Gebot nicht abgedeckt wird oder ein zulässiges Gebot nicht abgegeben wurde.[3] Dem Erben steht eine entsprechende Einrede in Gestalt einer besonderen Verwirkung[4] zu, woraus folgt, dass die jeweilige Forderung nach wie vor besteht und eine Hypothek nicht etwa zur Grundschuld wird.[5] Es gelten allerdings die Regeln über den hypothekarischen Haftungsverband (§§ 1120 ff. BGB), so dass hierunter fallendes Mobiliar nach wie vor dem Gläubiger zur Verfügung steht.[6] Der Erbe kann die Einrede im Rahmen einer Erinnerung gem. § 766 ZPO gegen entsprechende Vollstreckungen geltend machen.[7] Erfolgen Zahlungen über § 179 hinaus, hat das Rückforderungsansprüche zur Folge (§§ 813, 814 BGB).[8] Das gilt auch zugunsten von Bürgen oder Verpfändern, denn § 768

---

1 S. zu den Voraussetzungen auch *Stöber*, ZVG, § 179 Rn. 2.2. (hier ebenfalls keine Antragsmöglichkeit annehmen, wenn eine Versteigerung nach § 175 ZVG anhängig ist oder wenn die Terminsbestimmung nicht entsprechend § 37 Nr. 3 ZVG angegeben wird, dass es sich um eine Versteigerung auf Antrag des Erben handelt; vgl. insoweit auch *Stöber*, ZVG-Handbuch, Rn. 689).
2 S. *Stöber*, ZVG, § 174 Rn. 3.1.; zu dem dann erforderlichen Doppelausgebot a. a. O. Rn. 3.9.; s. a. *Stöber*, Handbuch, Rn. 690.
3 *Stöber*, ZVG, § 179 Rn. 2.2.
4 S. *Eickmann*, § 27 II. 7. (beachtenswert, dass eine Verwirkung hier nur zu einer Einrede führt und nicht zu einer Einwendung, also zu einem Erlöschen des Anspruchs. Begründbar ist dies, dass es nur um eine Zugriffsbeschränkung geht, nicht um einen Zugriffsausschluss, dazu sogleich im Text).
5 *Stöber*, ZVG, § 179 Rn. 2.4.
6 *Hennings-Holtmann*, Rn. 4.22.
7 *Eickmann*, § 27.II.7.
8 *Rellermeyer*, in: *Dassler/Schiffhauer/u. a.*, ZVG, § 179 Rn. 2.

Abs. 1 Satz 2 greift nicht, geht es hier doch um die Haftungsbeschränkung, nicht um die Zugriffsverweigerung.[9]

Allerdings greift die Einrede des § 179 nicht, wenn das betreffende Recht nicht nach § 174 anerkannt worden ist oder wenn der Anlass der Versteigerung nicht ersichtlich war, wenn es also an dem Vermerk „… auf Antrag des Erben" fehlte.[10]

---

[9] Str., wie hier *Rellermeyer*, in: *Dassler/Schiffhauer/u.a.*, ZVG, § 179 Rn. 2 (a.a.O. auch zur Gegenmeinung).

[10] *Rellermeyer*, in: *Dassler/Schiffhauer/u.a.*, ZVG, § 179 Rn. 2.

Teilungsversteigerung

Schrifttum: *Bartholomeyczik*, Anmerkung zu LG Darmstadt NJW 1955, 1558, NJW 1955, 1960; *Böttcher*, Streitfragen bei der Teilungsversteigerung, Rpfleger 1993, 389; *Demuth, Björn/Strunk, Marckus*, Die Besteuerung privater Veräußerungsgeschäfte im Sinne des § 23 EStG, DStR 2001, 57; *Dörr, Claus*, Ehewohnung, Hausrat, Schlüsselgewalt, Verfügungsbeschränkungen des gesetzlichen Güterstandes und vermögensrechtliche Beziehungen der Ehegatten in der Entwicklung seit dem 1. EheRG, NJW 1989, 810; *Ebeling, Wilhelm*, Teilungs- und Vollstreckungsversteigerung – Probleme und Fallstricke beim Zusammentreffen beider Verfahrensarten, Rpfleger 1991, 349; *Eickmann, Dieter*, Die Teilungsversteigerung, Gesetzliche Regelungen und Praxisprobleme der Zwangsversteigerung zur Aufhebung einer Gemeinschaft, 5. Aufl. 2001; *Hamme, Gerd*, Das Zusammentreffen von Teilungs- und Forderungsversteigerung, Rpfleger 2002, 248; *Hennings-Holtmann*, Zwangsversteigerung und Zwangsverwaltung, 5. Aufl. 2006; *Hornung, Anton*, Änderungen des Zwangsversteigerungsrechts, NJW 1999, 460; *Plewka, Harald*, die Entwicklung des Steuerrechts, NJW 1993, 628; *Schiffhauer, Horst*, Besonderheiten der Teilungsversteigerung (TeilungsZV) – Das Verfahren von der Terminsbestimmung bis zur Erlösverteilung, ZIP 1982, 526 sowie 660; *Weinreich, Gerd*, Probleme der Zwangsversteigerung, Teil 1, FuR 2006, 352.

Vorbemerkung vor § 180 ZVG

1 Die Teilungsversteigerung bezieht sich vor allem auf Grundstücke sowie grundstücksgleiche Rechte (vgl. § 864 Abs. 1 ZPO, was vor allem das Erbbaurecht betrifft, § 11 ErbbauRG), weiterhin auf Schiffe, Schiffbauwerke oder Luftfahrzeuge.[1] Sie hat mit der Versteigerung auf Erbenantrag gemein, dass sie keine Form der Zwangsvollstreckung ist, sondern anderweitige Praktiken in die Form einer Zwangsvollstreckung kleidet (str., wobei es darum geht, ob über § 869 ZPO, § 765a ZPO analoge Anwendung findet).[2] Die einzige in Betracht kommende Form ist diejenige der Zwangsversteigerung, so dass namentlich eine „Teilungszwangsverwaltung" ausscheidet. Die Praxis, welche in ein Quasi-Vollstreckungsverfahren übergeleitet wird, ist die Auseinandersetzung von Gemeinschaften.

2 Teilungsversteigerung und Vollstreckungsversteigerung sind zwei verschiedene Verfahren, welche getrennt durchgeführt werden. Ein Beitritt zu dem jeweiligen anderen Verfahren ist angesichts der jeweils unterschiedlichen Zielsetzungen nicht möglich.[3] Gegebenenfalls ist das eine Verfahren zugunsten des ande-

---

1 S. dazu *Hamme*, Rn. 20, weitere Rechte (s. a. a. O., Art. 112 EGBGB i. V. m. Landesrecht): Berechtigungen nach Bundesbergbaugesetz, Bahneinheit, Realgewerbeberechtigungen, reale Bann- und Zwangrechte (Art. 74 EGBGB), Realgemeindeteile (Art. 64 EGBGB), Fischereigerechtigkeiten (Art. 69 EGBGB), im Schiffsregister eingetragene Schiffe sowie im Schiffsbauregister eingetragene Schiffsbauwerke, Luftverkehrsfahrzeuge (§§ 99 LuftVRG, 171 a ZVG) sowie private Hochseekabel nach Maßgabe des Kabelpfandgesetzes vom 31.3.1925, RGBl. I; S. 37; zur Unzulässigkeit der Teilungsversteigerung in Bezug auf Reedereien s. § 505 Abs. 3 HGB, s. dazu *Stöber*, ZVG, § 180 Rn. 2.2. a.E.

2 OLG Karlsruhe, 21.4.1993 – 11 W 15/93, KTS 1994, 159; vgl. auch OLG Düsseldorf, Urteil vom 3.7.2000 – 9 U 233/99, RNotZ 2001, 209; s. insoweit auch für die Teilungsversteigerung von Reichsheimstätten LG Berlin, Beschl. v. 4. 3. 1955 – 5 T 78/55, NJW 1955, 1642; *Böttcher*, Rpfleger 1993, 389 f.; *Hennings-Holtmann*, Rn. 4.25; zum Verhältnis von Teilungs- und Vollstreckungsversteigerung s. a. *Ebeling*, RPfleger 1991, 349 ff.; *Hamme*, Rpfleger, 2002, 248 ff.; zum unterschiedlichen Zweck in Bezug auf den Erlös (hier: keine Vermögenszerschlagung, sondern Verteilung eines möglichst hohen Erlöses) LG Bonn, Beschl. v. 31.1.2006 – 6 T 356/05 = NJOZ 2007, 1137; s. schließlich auch *Eickmann*, Teilungsversteigerung, Rn. 6.

3 *Stöber*, ZVG, § 180 Rn. 14.2.; anders etwa *Schiffhauer*, ZIP 1982, 526; *Muth*, ZIP 1999, 945; *Hamme*, RPfleger 2002, 248.

ren auszusetzen (§ 251 ZPO oder §§ 148 ff. ZPO analog).[4] Verfahrensverbindungen verbieten sich in jedem Fall.[5] Sind beide Verfahren zugleich entscheidungsreif, ist nach Einzelfall dem Verfahren der Vorzug zu geben, welches eine umfassende Gesamtlösung am ehesten erzielt.[6]

Teilungsversteigerung und Insolvenzverwalterversteigerung (§§ 172 ff.)[7] sind ebenfalls zwei voneinander verschiedene Verfahren, welche insbesondere nicht zu einem verbunden werden können. Innerhalb von Insolvenzen erfolgt die Auseinandersetzungen von Gemeinschaften grundsätzlich außerhalb des Insolvenzverfahrens (§ 84 InsO). Der Insolvenzverwalter kann ein laufendes Teilungsversteigerungsverfahren ebenso wie im Fall des § 172 übernehmen oder selbst ein solches in Gang setzen.[8] Lediglich wenn ein gesamtes Grundstück zur Insolvenzmasse gehört, muss für eine laufende Teilungsversteigerung das Grundstück zuvor freigegeben werden, ansonsten ist das Teilungsversteigerungsverfahren aufzuheben (arg. § 80 Abs. 2 Satz 1 InsO).[9]

3

Die Teilungsversteigerung ist im Zusammenhang mit § 753 BGB zu sehen, welcher eine allgemeine Auseinandersetzungsregel für die Bruchteilsgemeinschaft (§§ 741 ff. BGB) sowie für Gesamthandsgemeinschaften (Personengesellschaften, Miterbengemeinschaften, Gesamtgut der Gütergemeinschaft, deren Auseinandersetzungsgrundsätze sich ebenfalls auf die genannte Norm beziehen)[10] beinhaltet.[11] Allgemein wird für die Auseinandersetzung vorgesehen, dass (nach Tilgung der gemeinschaftsbezogenen Verbindlichkeiten) das Vermögen auf die Gemeinschaftsmitglieder in natura verteilt wird. Wo dies nicht möglich ist,[12] ist eine Versilberung, d.h. Veräußerung, mit anschließender Verlöserteilung vorgesehen. § 753 BGB sieht für die Versilberung von Grundstücken deren Veräußerung im Gewand der Zwangsversteigerung vor (was vertraglich abgeändert oder abbedungen werden kann).[13] Geschieht dies, handelt es sich um die Teilungsversteigerung. Sie gewährleistet, dass die Veräußerung in objektiven Bahnen verläuft, welche für die Gemeinschaftsmitglieder transparent sind und nicht zum Vorwurf von Eigenmächtigkeiten einzelner Mitglieder führen wie etwa in dem Fall, in welchem die Veräußerung samt und sonders in Eigeninitiative Einzelner erfolgen würde.[14] Gedanklich ist die Teilungsversteigerung von der Gesamtauseinandersetzung zu unterscheiden, auch wenn beides in einem Akt zusammenfallen kann (Beispiel: Eine Bruchteilsge-

4

---

4 Str., nach *Stöber*, ZVG, § 180 Rn. 14.2. sub. f) ist die Lösung über unterschiedliche Terminierungen innerhalb der weiter betriebenen Verfahren zu lösen; s. a. a.a.O. Rn. 14.4. für die Frage, welches Verfahren nach dieser Prämisse vorzugswürdig ist, was einzelfallabhängig ist.
5 *Stöber*, ZVG, § 180 Rn. 14.3.
6 S. *Storz/Kiderlen*, A.3.2.2., Anm. 11.
7 S. dazu *Stöber*, ZVG, § 180 Rn. 15.
8 *Stöber*, ZVG, § 180 Rn. 15.2. f.
9 *Stöber*, § 180 Rn. 15.4.
10 Sonstige Auseinandersetzungen nach § 99 FGG wirken insoweit nicht verdrängend, *BayObLG*, Beschl. v. 13.9.1971 – BReg. 3 Z 10/71, NJW 1971, 2314, 2315.
11 Insoweit an sich den Terminus „Aufhebungsversteigerung" bevorzugend *Eickmann*, § 28.I., vgl. auch dens., Teilungsversteigerung, Rn. 8 ff.
12 S. für die Vorrangigkeit der Teilung der Natur zugleich aber auch zur grundsätzlich fraglichen Teilbarkeit von Grundstücken *BGH*, Urteil v. 27.10.1972 – V ZR 41/70, WM 1973, 82; *BayObLG*, MDR 1973, 82; *OLG Hamm*, Urteil v. 2.12.1991 – 8 U 99/91, NJW-RR 1992, 666.
13 S. insoweit für auch wirtschaftliche Überlegungen vor Einleiten dieser Schritte *Storz/Kiderlen*, TH 3.2.3.3.
14 S. insoweit zum Fehlen eines Haftungsfalls allein durch Betreiben der Teilungsversteigerung anstelle eines freihändigen Verkaufs *OLG Brandenburg*, Beschl. v. 12.11.2002 – 9 W 17/02, FPR 2003, 133; weitergehend sogar *OLG Köln*, Urteil v. 15.12.1995 – 20 U 109/95, NJWE-MietR 1996, 113 für die Veröffentlichung einer Mängelliste bezüglich des Teilungsversteigerungsobjekts, um einen eigenen günstigen Zuschlag zu initiieren (Grenze: § 826 BGB).

meinschaft erstreckt sich auf ein einziges Grundstück, welches im Zuge der Auseinandersetzung versteigert wird).[15]

5 Die Teilungsversteigerung erlangt auch insoweit für Bruchteilsgemeinschaften eine eigene Bedeutung als hier eine Miteigentumsaufgabe (Dereliktion) für unzulässig erachtet wird.[16] Wo man sich seiner Anteilsberechtigung entledigen möchte, bietet die Teilungsversteigerung eine Alternative.[17]

6 Das Verfahren ist grundsätzlich an demjenigen der klassischen Zwangsversteigerung orientiert.[18] Ergänzend greifen die Regelungen der Zivilprozessordnung ein (arg. § 869 ZPO), so für Prozess- und Parteifähigkeit, Fristen und Termine sowie Zustellungen.[19] Grundlegend ist der Teilungsplan, welcher die Auseinandersetzung konkretisiert. Die §§ 180 ff. stellen ergänzende Sonderregelungen auf. Die wesentlichen Grundzüge sind damit folgende:
- eingeleitet wird das Verfahren durch Antrag eines Gemeinschaftsmitglieds (s. dazu i. E. §§ 15 ff., zum fehlenden Erfordernis eines Titels s. § 181 Abs. 1).[20] Zuständig ist das Vollstreckungsgericht (§§ 1 ff.). Beteiligt sind in entsprechend analoger Auslegung des § 9 der Antragsteller sowie die übrigen Gemeinschaftsmitglieder sowie diejenigen, welche beachtenswerte Rechte i. S. v. § 9 Nr. 2 innehaben. Das Rangverhältnis von Rechten im Versteigerungsverfahren richtet sich nach § 10 ff. Inhalt des Antrags[21] sind die Bezeichnung des Versteigerungsobjekts, Angaben zum Gemeinschaftsverhältnis mitsamt der Stellung des Antragstellers sowie zu den Antragsgegnern (mit ladungsfähigen Anschriften) und das Versteigerungsbegehren mit Zweckangabe (Aufhebung der Gemeinschaft). Es sind entsprechende Nachweise erforderlich.
- Die Versteigerung wird nach den herkömmlichen Regeln angeordnet (auf Grund Art. 103 GG ist nach h. M. eine vorherige Anhörung des oder der Antragsgegner erforderlich[22]) und in das Grundbuch eingetragen (§ 19).[23] Es treten die Beschlagnahmewirkungen der §§ 20 ff. ein. Allerdings wird angenommen, dass § 23 infolge der auch sonst bestehenden Unmöglichkeit der Antragsgegner, über den Versteigerungsgegenstand zu verfügen (s. § 747 Satz 2 BGB, für die Gesamthand folgt dies aus ihrer grundsätzlichen Struktur), nicht anwendbar ist, dass also Beschlagnahmewirkungen in Gestalt von Verfügungsbeschränkungen nicht eintreten (insoweit wäre

---

15 Vgl. auch *BGH*, Urteil v. 25.4.2005 – II ZR 224/03, DStR 2005, 1109 (erworbenes Grundstück per Teilungsversteigerung kein stellvertretendes commodum, s. § 285 BGB, für den durch die Auseinandersetzung untergegangenen Gesellschaftsanteil).
16 *BGH*, Beschl. v. 10.5.2007 – V ZB 6/07, BGHZ 172, 209 = NJW 2007, 2254 = Rpfleger 2007, 457 = NZM 2007, 535; für die entsprechend fehlende Verzichtfähigkeit von Wohnungseigentum als eines Sonderfalls der Bruchteilsgemeinschaft s. *BGH*, Beschl. v. 14.6.2007 – V ZB 18/07, BGHZ 172, 338 = NJW 2007, 2547 = Rpfleger 2007, 537 = NZM 2007, 600; zur Kritik s. etwa *Kanzleiter*, NJW 1996, 905 ff.
17 S.a. den Praxishinweis NJW-Spezial 2007, 389.
18 S. dazu auch *Schiffhauer*, ZIP 1982, 526 ff., 660 ff.; *Weinreich*, FuR 2006, 352 ff.
19 *Hennings-Holtmann*, Rn. 4.25.
20 S. insoweit aber auch *LG Darmstadt*, Beschluss vom 28. 4. 1955 – 5 T 190/55, NJW 1955, 1558 (Antragsberechtigung allein der Miterbengemeinschaft, wenn diese Inhaber eines Bruchteilsrechts), hiergegen *Bartholomeyczik*, NJW 1955, 1960.
21 S. *Eickmann*, Teilungsversteigerung, Rn. 38 f.
22 S. zu diesem Streit *Böttcher*, Rpfleger 1993, 391.
23 Bedeutungsvoll für § 9 ZVG und die Anmeldebedürftigkeit nach § 37 Nr. 4, § 45 Abs. 1, § 114 Abs. 1 ZVG, s. *Eickmann*, § 28.II.2.; für die fehlende Verfügungsbeschränkung sogleich nachfolgend im Text.

u. U. eine flankierende Zwangshypothek aus Sicht eines antragsberechtigten Gläubigers erwägenswert[24]).[25] Anwendbar sind § 13 und § 22 ZVG.[26]
- Zu der Möglichkeit einer Aufhebung und einstweiligen Einstellung des Versteigerungsverfahrens s. §§ 28 ff. ZVG, welche durch die Sondervorschriften der Teilungsversteigerung modifiziert werden (s. i.E. § 180 Abs. 2, 3 sowie die dazu folgenden Kommentierungen).
- Das Vollstreckungsgericht bestimmt einen Versteigerungstermin (§§ 35 ff.). Der Anlass der Versteigerung zur Aufhebung einer Gemeinschaft ist zu bezeichnen (bei Nichtbeachtung dieses Muss-Inhalts: § 83 Nr. 1, 7 – Zuschlagsverweigerung sowie Beschwerdegrund, § 100 Abs. 1).[27] Einzelausgebote (§ 63 Abs. 1) sind nicht erforderlich, wenn bzw. weil es um die Aufhebung der Gemeinschaft an sich geht. Anders ist es allein bei der Verbindung von Versteigerungen mehrerer Grundstücke (§ 18).[28]
- Die Versteigerung geht nach den allgemeinen Regelungen[29] (§§ 44 ff., 66 ff., zur Zuschlagserteilung s. §§ 79 ff. ZVG[30]; § 67 Abs. 1 ist allerdings unanwendbar[31]) vonstatten, teilweise durchsetzt von Sonderregelungen. Mit Zuschlag (§ 89) erfolgt der Eigentumsübergang (§ 90)[32] und es erlöschen Rechte Dritter nach Maßgabe des § 91,[33] was weitgehend durch Ersatzansprüche surrogiert wird (§ 92). Ansonsten bleiben die materiellrechtlichen Situationen wie gehabt bestehen, so dass etwa ein Miterbe, der das Versteigerungsobjekt erwirbt,[34] nicht davon befreit wird, dieses im Rahmen beispielsweise von Vermächtnissen (§§ 2147, 2174 BGB) wieder herauszugeben.[35] Nacherbenvermerke im Grundbuch sind nach Zuschlag zu löschen, da mit Eigentumszuweisung sich diese nicht mehr auf das Grundstück erstrecken.[36] Verwaltungsrechtlich können im Vergleich zu einer Grundstücksverfügung hingegen Besonderheiten bestehen, so dass insbesondere keine Genehmigungspflicht nach § 144 Abs. 2 Nr. 1 BauGB besteht, wenn das betreffende Grundstück in einem ausgewiesenen Sanierungsgebiet belegen ist.[37]
- Der Zuschlagsbeschluss ist der vollstreckbare Titel zur Herausgabe bzw. Räumung (zur Unanwendbarkeit der §§ 57a, 57b s. § 183) des Grund-

---

24 *Hock/Mayer/u. a.*, Rn. 1217 (vgl. in der nächsten Fußnote); *Eickmann*, Teilungsversteigerung, Rn. 117.
25 *Hennings-Holtmann*, Rn. 4.29.; *Hock/Mayer/u. a.*, Rn. 1217; (dort aber auch mit Risikofällen, vor allem für nachträgliche Anteilsbelastungen im Fall von Pfändung bloß des Auseinandersetzungsanspruchs durch den Antragsteller/Pfändungspfandgläubiger); *Eickmann*, § 30.II.1. (auch hier mit dem Problem kollusiven Handelns aller Gemeinschaftsmitglieder – Entzug von Vermögensgegenständen – zu Lasten eines Pfändungspfandgläubigers (zu diesem s. Rn.), was wenigstens Schadensersatzansprüche (§ 826 BGB) nach sich zöge; offener *Schiffhauer*, in: Dassler/Schiffhauer/u. a., ZVG, § 180 Rn. 40 (§ 23 ZVG bedeutungslos).
26 *Eickmann*, § 30.II.2.
27 *Böttcher*, § 37 Rn. 26.
28 *Eickmann*, Teilungsversteigerung, Rn. 287 ff.
29 Zur Möglichkeit von Besichtigungsterminen s. *Schiffhauer*, in: Dassler/Schiffhauer/u. a., ZVG, § 180 Rn. 76.
30 Dazu auch *Hennings-Holtmann*, Rn. 4.41 ff.
31 *Hornung*, NJW 1999, 464.
32 Zu dessen Berücksichtigung im Rahmen nachehelichen Unterhalts s. BGH, Urteil v. 11.5.2005 – XII ZR 211/02, NJW 2005, 3279 f. = BGHZ 163, 84.
33 Zur Umschreibung von Vollstreckungsklauseln bei Fortbestand von Belastungen s. a. DNotI-Report 2006, 158 ff. (o.V.).
34 Zu diesbezüglichen Anschaffungskosten s. BFH, Urteil v. 29.4.1992 – XI R 3/85, NJW 1992, 3191; vgl. auch *Demuth/Strunk*, DStR 2001, 58; *Plewka*, NJW 1993, 632.
35 BGH, Urteil v. 15.10.1997 – IV ZR 327/96, NJW 1998, 682 = Rpfleger 1998, 160 = DNotZ 1998, 832.
36 OLG Hamm, Beschl. v. 17.9.1968 – 15 W 360/68, NJW 1969, 516; s. aber auch OLG Celle, Beschl. v. 31.10.1967 – 4 W 108/67, NJW 1968, 801.
37 LG Berlin, Beschl. v. 1.2.1989 – 81 T 1013/88, NJW-RR 1989, 1151.

stücks (§ 93). Die Vollstreckung richtet sich nach § 883 ZPO. Zu beachten ist, dass der Erwerberkreis auf die Gemeinschaftsmitglieder beschränkt werden kann (§ 753 Abs. 1 Satz 2 BGB), was gegebenenfalls analog § 771 ZPO bei fehlender Offenkundigkeit durchzusetzen ist.[38]

- Die Erlösverteilung[39] erfolgt nach §§ 105 ff.. Es kommt also zu einem Verteilungsverfahren mit Verteilungstermin. Der Verteilungsschlüssel ergibt sich aus dem Teilungsplan.[40] Allerdings ist das Vollstreckungsgericht nicht zu umfassenden Nachforschungen verpflichtet, wem wieviel an Erlösüberschuss zusteht. In Streitfällen bzw. wenn keine Auszahlungsmodalitäten vereinbart worden sind, kommt eine Hinterlegung des Versteigerungserlöses in Betracht (§ 432 BGB).[41] Die Verteilung bezieht sich nicht auf die gegenseitigen Ansprüche der Teilhaber, sondern auf die Verfahrenskosten, Ansprüche nach § 10 Abs. 1 Nr. 2 und 3, wiederkehrende Leistungen und Kosten der bestehen bleibenden Rechte sowie wiederkehrende Leistungen, Kosten und Hauptsache der erlöschenden Rechte.[42] Bei Bruchteilsgemeinschaften erfolgt die Verteilung nach § 112, bei Gesamthandseigentum reicht eine Entnahme der Beträge aus der Erlösmasse aus.[43] Bei Nichtbezahlen des Bargebots gelten für die Gläubiger §§ 118, 128 (s. zur Eintragung einer Sicherungshypothek § 130 Abs. 1) mit der Möglichkeit einer Wiederversteigerung im Rahmen der Zwangsvollstreckung gegen den Ersteher (s. a. §§ 132 ff.).[44]

7 Gemeinschaftsmitglieder, welche gegen die Teilungsversteigerung an sich vorgehen wollen, können analog den Regeln über die Drittwiderspruchsklage (§ 771 ZPO) Klage erheben (s. dann § 775 Abs. 1 Nr. 1 ZPO).[45] Gerügt können hiermit materiell-rechtliche Gründe, die gegen die Teilungsversteigerung (etwa fehlende Voraussetzungen nach § 753 BGB, § 1365 BGB[46]) oder ihre konkrete Durchführung (etwa Nicht- oder nicht hinreichende Berücksichtigung des Teilungsplans bei der Erlösverteilung. Einstweilige Anordnungen (vgl. §§ 771 Abs. 3, 769 ZPO) sind möglich, ohne dass vergleichbare Möglichkeiten in der Teilungsversteigerung dadurch im dortigen Verfahren ausgeschlossen werden.[47] Die Zuständigkeit richtet sich in sachlicher Hinsicht nach dem Streitwert (s. § 23 Nr. 1 GVG, analog § 78 ZPO besteht Anwaltszwang), in örtlicher nach § 771 Abs. 1 ZPO (Gerichtsstand abhängig von dem Gerichtsbezirk, in welchem die Zwangsvollstreckung erfolgt).
Daneben hat das Vollstreckungsgericht nach § 28 Abs. 2 Verfügungsbeschränkungen (s. etwa § 1365 BGB) oder Vollstreckungsmängel auch außerhalb des

---

38 Dazu auch *Eickmann*, § 33.IV.
39 Dazu auch *Stöber*, ZVG, § 180 Rn. 17 ff.
40 S. als Beispiel bei *Hock/Mayer/u.a.*, Rn. 1415 ff.
41 *Hennings-Holtmann*, Rn. 4.44.; *Storz/Kiderlen*, A.3.2.2., Anm. 10; *Eickmann*, § 35.II. sowie Teilungsversteigerung, Rn. 321 f.; s.a. umfassend *Stöber*, Handbuch, Rn. 745 ff.; *Hintzen*, in: *Dassler/Schiffhauer/u.a.*, ZVG, § 180 Rn. 154 ff.
42 *Eickmann*, § 35.I.1. sowie Teilungsversteigerung, Rn. 313; zur Berücksichtigung einer Eigentümergrundschuld, welche einem Gemeinschaftsmitglied als Ersteigerer zusteht, s. *Storz/Kiderlen*, A.3.2.2. Ziff. 10 (Anrechnung auf den Erlösanteil bei Teilung).
43 *Eickmann*, § 35.I.1. sowie Teilungsversteigerung, Rn. 315 ff.
44 *Eickmann*, § 35.II.; *Hintzen*, in: *Dassler/Schiffhauer/u.a.*, ZVG, § 180 Rn. 160 ff., 164 f.
45 *BayObLG*, Beschl. v. 13. 9. 1971 – BReg. 3 Z 10/71, NJW 1971, 2314.; *BGH*, Beschl. v. 19.9.2002 – XII ZR 192/02, FPR 2003, 19 f.; *OLG Karlsruhe*, Urteil v. 25.11.2998 – 6 U 39/98, NZG 1999, 249; *OLG Dresden*, Urteil v. 24.2.2000 – 16 U 2939/99, NZG 2000, 783; *OLG Hamm*, Beschl. v. 22.2.2006 – 11 WF 406/05, NJW-RR 2006, 1442; zur Anwendbarkeit von § 775 ZPO s. a. *Eickmann*, Teilungsversteigerung, Rn. 153 ff.
46 Zu dem dann vorliegenden Charakter als Familiensache s. *OLG Bamberg*, Beschluss vom 8.12.1999 – 2 WF 159/99, NJW-FER 2000, 161; *OLG Naumburg*, Beschl. v. 28.5.1999 – 3 AR 10/99, FPR 2000, 221.
47 Dies auch durch das Versteigerungsgericht (§ 769 Abs. 2 ZPO analog), *Schiffhauer*, in: *Dassler/Schiffhauer/u.a.*, § 180 Rn. 45.

Grundbuchs zu berücksichtigen, so sie ihm bekannt werden.[48] Nichtberücksichtigungen solchermaßen bekannter (ansonsten wäre man wieder auf § 771 ZPO analog verwiesen) Hindernisse können mit der Erinnerung nach § 766 ZPO (bzw. bei vorheriger Anhörung mit der sofortigen Beschwerde nach § 793 ZPO, s. insoweit auch § 11 Abs. 1 RpflG – man beachte dann die Zweiwochenfrist, § 569 ZPO) gerügt werden.[49] Das betrifft auch den Fall, dass eine Gemeinschaft i. S. v. § 180 Abs. 1 gar nicht vorlag.[50] Die an sich unbefristete Erinnerung ist bis zur Zuschlagserteilung möglich.

Sofern Verfahrensfehler des Versteigerungsverfahrens an sich gerügt werden, geschieht dies nach den zwangsvollstreckungsrechtlichen Rechtsbehelfen (s. dazu auch § 95 ff.).

8 Zum Verhältnis zur Versteigerung auf Antrag eines Erben s. Vorbemerkung zu §§ 175 ff. (Rn. 3). Überlappungen sind möglich, aber die Verfahren sind jeweils getrennt. Wie dort kommen Vorkaufsrechte in dem beschriebenen Umfang in Betracht. Wie dort erklärt sich das aus der Nähe der Eigentumszuweisung, wenn auch durch Hoheitsakt (Zuschlag) zu einem rechtsgeschäftlichen Erwerb.[51]

9 Es ist möglich, andere Arten der Auseinandersetzung als die Teilungsversteigerung zu vereinbaren, mit der Folge, dass die Teilungsversteigerung unzulässig ist.[52] Da hierdurch ein materiell-rechtlicher Ausschlussgrund geschaffen wird, ist dieser analog § 771 ZPO geltend zu machen (vgl. zuvor Rn. 7).

Musterverfahren – Aufhebung einer Bruchteilsgemeinschaft und Teilungsversteigerung

10 Ausgangsfall: Die Eheleute A und B leben im gesetzlichen Güterstand der Zugewinngemeinschaft. Gemeinsam haben sie ein bebautes Grundstück als Ehedomizil erworben, mit Anteil A 2/3, Anteil B 1/3. Besondere Absprachen wurden hinsichtlich des gemeinsam erworbenen Eigentums nicht getroffen. Als die Ehe letztlich scheitert – das Scheidungsverfahren läuft – und keine Einigung über das weitere Schicksal des genannten Grundstücks erzielt werden kann, stellt sich die Frage nach sonstigen Möglichkeiten einer Auseinandersetzung. A hat eine anderweitige Wohnung bezogen, wohingegen B noch in dem Haus mit dem gemeinsamen volljährigen Sohn auf dem besagten Grundstück lebt. Eine Erdgeschosswohnung des Hauses ist an einen Dritten, welcher in keinerlei Verwandtschaftsverhältnis zu A oder B steht, vermietet.
Das Grundstück hat einen Verkehrswert von 750.000 Euro. Auf dem Gesamtgrundstück liegt ein Grundpfandrecht (Hypothek oder Grundschuld) von 150.000 Euro, auf dem Anteil von A ein solches zu 75.000 Euro, auf demjenigen von B eines in Höhe von 50.000 Euro. A hat noch weiteres Vermögen, wohingegen der Anteil an dem Grundstück von B dessen einzige Habe darstellt.

---

48 Vgl. die Parallele zu der Frage, ob das Grundbuchamt die Voraussetzungen des § 1365 BGB zu prüfen hat, *Eickmann*, § 29.V.2.; s. dazu auch *BGH*, Beschl.s v. 28.4.1961 – V ZB 17/60, NJW 1961, 1301.
49 *BGH*, Beschl. v. 14.6.2007 – V ZB 102/06, NJW 2007, 3124 = Rpfleger 2007, 558 = NJW-Spezial 2007, 502 – BeckRS 2007, 12089; *Schiffhauer*, in: Dassler/Schiffhauer/u. a., ZVG, § 181 Rn. 38; s.a. *OLG Frankfurt/M.*, Beschl. v. 3.6.1997 – 26 W 23/97, Rpfleger 1997, 490 = NJW-RR 1997, 1274 für den Fall, dass die Voraussetzungen des § 1365 BGB erst nach Versteigerungsantrag vorliegen (in diesem Fall nach OLG a.a.O. auch mit der Erinnerung bzw. Beschwerde nach § 793 ZPO rügbar); dazu auch *Dörr*, NJW 1989, 815.
50 *Schiffhauer*, in: Dassler/Schiffhauer/u. a., ZVG § 181 Rn. 38; vgl. auch ebda. Rn. 35.
51 *Stöber*, NJW 1988, 3122, 3123; s.a. *BGH*, Urteil v. 23.4.1954 – V ZR 145/52, BGHZ 13, 136; *BGH*, Urteil v. 28.4.1967 – V ZR 163/65, BGHZ 48, 5; anders für gemeindliche Vorkaufsrechte nach § 24 f. BauGB, s. Schöner/Stöber, Rn. 4113 a. a. E.
52 *Böttcher*, § 180 Rn. 13.

11 Es handelt sich mangels spezieller Vereinbarungen um eine Bruchteilsgemeinschaft an dem Grundstück (§ 741 BGB, das Haus ist ein wesentlicher Bestandteil nach §§ 93, 94 BGB, so dass es auf das Grundstückseigentum allein ankommt). Diese kann grundsätzlich jederzeit aufgehoben werden (§ 749 BGB, besondere Ausschlussgründe sind nicht ersichtlich). Das Gesetz sieht an sich die Teilung in Natur vor (§ 752 BGB), welche hier aber schon wegen fehlendem Einvernehmen ausgeschlossen ist. Für diese Fälle sieht § 753 BGB die Veräußerung des gemeinschaftlichen Gegenstands und anschließend die Teilung des Erlöses vor. Hinsichtlich Immobilien verweist § 753 BGB auf die Vorschriften über die Zwangsversteigerung. Das einschlägige Verfahren ist dasjenige der Teilungsversteigerung (§§ 180 ff.). Der eheliche Güterstand hat hierauf keinen Einfluss, denn er steht für eine Gütertrennung dem Grunde nach (§ 1363 BGB), so dass die hier angestrebte Auseinandersetzung der von dem Güterstand völlig unabhängigen Bruchteilsgemeinschaft mit diesem in keinerlei Zusammenhang steht.

12 Das Verfahren läuft im Wesentlichen nach den Regeln der Vollstreckungsversteigerung, durchsetzt mit Sonderregelungen, ab:
Es ist ein Antrag erforderlich, zuständig ist das Amtsgericht, in dessen Sprengel das Grundstück belegen ist. Die Teilungsversteigerungsvoraussetzungen sind glaubhaft zu machen und das betroffene Grundstück zu bezeichnen. Vor allem ist der Anlass der Versteigerung (Aufhebung der konkret zu benennenden Gemeinschaft) zu bezeichnen. Ein Titel ist nicht erforderlich, da es um keine Vollstreckungsversteigerung geht. Der Antrag kann in dem Fall von einem der beiden Ehegatten oder auch von beiden zugleich gestellt werden.
Ein Beitritt zu dem Verfahren durch den anderen Ehegatten ist möglich.
Das Gericht ordnet die Teilungsversteigerung an, und das Grundbuchamt trägt einen entsprechenden Vermerk in das Grundbuchblatt ein. Dieser hat jedoch keine verfügungsbeschränkenden Wirkungen. Der Anordnungsbeschluss wird den Beteiligten zugestellt, u. a. auch den Gläubigern grundstücksbezogener Rechte (hier vor allem der Grundschulden). Ebenso wird der Verkehrswert des Grundstücks festgesetzt (im Fall mit 750.000 Euro angegeben).

13 Es wird sodann ein Versteigerungstermin festgesetzt.
Für den Versteigerungstermin wird ein vorläufiges geringstes Gebot festgesetzt, was nach den allgemeinen Regeln geschieht. Hinzu kommen Sonderregelungen.

14 Das geringste Gebot erhöht sich um die Rechte (Grundpfandrechte), welche den Anteil des Antragstellers belasten, also
- wenn A Antragsteller ist: 75.000 Euro
- wenn B Antragsteller ist: 50.000 Euro

Es können nur die Rechte berücksichtigt werden, welche auf dem Antragsteller-Anteil lasten. Das Recht auf dem anderen Anteil steht damit in keinem Zusammenhang.

Hinzu kommt eine Erhöhung um die Rechte, welches das Gesamtgrundstück belasten, hier also um 150.000 Euro.
- wenn A Antragsteller ist: 75.000 Euro + 150.000 Euro = 225.000 Euro
- wenn B Antragsteller ist: 50.000 Euro + 150.000 Euro = 200.000 Euro

15 Ebenso sind alle Rechte zu berücksichtigen, welche dem das Gesamtgrundstück belastende Grundpfandrecht vorgehen oder gleichstehen.
- Wäre z. B. A Antragsteller (dann Berücksichtigung der dessen Anteil belastenden Rechte, hier: 75.000 Euro) und würde das den Anteil von B belastende Recht (50.000 Euro) der Gesamtbelastung (150.000 Euro) im Range vorgehen, würde dieses (50.000 Euro) ebenfalls in dem geringsten Gebot

berücksichtigt. Also: 75.000 Euro + 150.000 Euro + 50.000 Euro = 275.000 Euro.
- Wäre hingegen B Antragsteller und würde die Belastung des Anteils (75.000 Euro) des A rangmäßig der Gesamtbelastung nachgehen, würde diese nicht berücksichtigt, also: 50.000 Euro (Belastung B) + 150.000 Euro (Gesamtbelastung) = 200.000 Euro (vorausgesetzt, dass die Belastung von A nicht derjenigen des Anteils B wiederum vorgeht).

16 Problem: Was, wenn A und B beide einen Antrag auf Teilungsversteigerung gestellt haben?
Die Problematik besteht darin, dass die Anteilsbelastungen in keinem Rangverhältnis zueinander stehen, d. h. sie können einander nicht vor- oder nachgehen bzw. gleichstellen.
Lösung nach Niedrigstgebotstheorie (h. M., s. dazu § 182 Rn. 14 f.):
- Es werden die maßgeblichen Antragsteller ermittelt (d. h. diejenigen, welche einen Anordnungs- oder Beitrittsbeschluss, welcher mindestens vier Wochen vor dem Termin zugestellt worden ist [§ 43 Abs. 2] erwirkt haben, deren Verfahren nicht – ggf. auch einstweilen – eingestellt worden ist[53]).
- Es wird für jeden Betreiber der Versteigerung sein geringstes Gebot ermittelt, in der vorangegangenen Fallkonstellation für A also 275.000 Euro und für B 200.000 Euro nebst der allgemeinen zu berücksichtigenden Posten (Kosten des Verfahrens, s. § 44 Abs. 1).
- Es wird das niedrigste geringste Gebot als das maßgebliche genommen (hier: B, 200.000 Euro nebst Verfahrenskosten).

Beachte:
Die geschilderte Problematik sowie deren Lösung nach Niedrigstgebotstheorie tritt nur bei Bruchteilsgemeinschaften auf. Bei Gesamthandsgemeinschaften (namentlich Personengesellschaftsvermögen und Miterbengemeinschaften, vgl. § 182 Rn. 4) gibt es keine solchen Anteile, welche als solche belastet werden können; vielmehr steht den Beteiligten das jeweilige Vermögen als ein einheitliches in ihrer gemeinschaftlichen Verbundenheit zu, eben „zur gesamten Hand", bildlich gesehen gibt es ein einheitliches ungeteiltes Eigentum, welches Mehreren zusteht.

17 Weiterhin ist das geringste Gebot um Ausgleichsansprüche zu erhöhen (§ 182 Abs. 2).
Es ist zu beachten, dass die Belastungen von dem Ersteher des Grundstücks übernommen werden (§ 53 Abs. 1). Dasselbe gilt für die persönliche Schuld. Der Ersteher würde A also von einer Verbindlichkeit in Höhe von 75.000 Euro (Belastung Anteil A) freistellen, B in Höhe von 50.000 Euro (Belastung Anteil B). Damit würde A im Verhältnis zu B aus dem Grundstück eine höhere Freistellung persönlicher Verbindlichkeiten erreichen. Das ruft nach einem Ausgleich, um den es hier geht. Er geht in das geringste Gebot ein.
Bei einer gleichmäßigen Anteilsaufteilung ist die Ermittlung des Augleichsbetrags relativ unproblematisch (Bsp.: A und B wären jeweils hälftiger Miteigentümer, dann 75.000 Euro – 50.000 Euro = Ausgleichsbetrag von 25.000 Euro). Die Ermittlung des Ausgleichsbetrags erweist sich als problematisch, wenn die Anteile und damit die Anteilsbelastungen nicht gleichmäßig sind (wie hier: A 2/3, B 1/3). Hierzu müssen die Belastungen zueinander rechnerisch eigens in Beziehung gesetzt werden. Allgemein anerkannt sind zwei Methoden:[54]

---

53 Hock/Mayer/u.a., Rn. 1303.
54 S. dazu etwa Hintzen, in: Dassler/Schiffhauer/u.a., ZVG, § 182 Rn. 13 ff.; Eickmann, Teilungsversteigerung, Rn. 267 ff.

1. Ermittlung der Gesamtbelastung, hier unter Berücksichtigung aller Belastungen, sofern sie nicht erlöschen (wovon hier nicht ausgegangen wird): 275.000 Euro.
2. Ermittlung der Belastung von B: 125.000 Euro (50.000 Euro Anteilsbelastung + ½ der Gesamtbelastung von 150.000 Euro = 75.000 Euro) und von A: 150.000 Euro (75.000 Euro Gesamtbelastung + ½ von 150.000 Euro).
3. Nun müssen die Belastungen von A und B zueinander in Beziehung gesetzt werden: Auf Anteil B (1/3) lasten 125.000 Euro, dem entspricht eine 1/3-Belastung von 75.000 Euro auf Anteil A (1/2 von 2/3, also Dividieren der Belastung von Anteil A durch 2). Hieraus folgt, dass die Belastung von B (125.000 Euro) höher ist als diejenige von A (75.000 Euro).
4. Eine 2/3-Belastung bei B würde sich auf 250.000 Euro belaufen (2 × 1/3-Belastung hier in Höhe von 125.000 Euro). Von diesem Betrag ist die 2/3-Belastung von A abzuziehen (150.000 Euro). Der Ausgleichsbetrag beträgt damit 100.000 Euro (250.000 − 150.000 Euro).

Alternativ greift man auf die sog. Freund'sche Formel zurück:
1. Die 1/3-Belastung von B in Höhe von 125.000 Euro wird „hochgerechnet" auf eine Gesamtbelastung von 3/3, also: 125.000 Euro × 3 = 375.000 Euro
2. Hiervon werden die bestehenden Belastungen abgezogen, d.h. 375.000 Euro − 125.000 Euro (Belastung B) = 250.000 Euro, dann 250.000 Euro − 150.000 Euro (Belastung A) = 100.000 Euro.

Um diese besagten 100.000 Euro ist das geringste Gebot zu erhöhen. Zur besseren Nachvollziehbarkeit sind die beispielsweise genannten Beträge fiktiv angenommen worden. Sie setzen sich in der Praxis zusammen aus dem bar zu zahlenden Teil, also insgesamt:
- Verfahrenskosten
- Öffentlichen Lasten
- Zinsen aus den Grundpfandrechten
- den bestehen bleibenden Rechten

Dass die Beträge in der Praxis damit „krummer sind" als hier dargestellt, liegt auf der Hand. Sie werden anteilig den Beteiligten zugeordnet (hier also jeweils 1/3 zu B, 2/3 zu A, in den vorangegangenen Berechnungsbeispielen beiderseits in Schritt 1; die übrigen Schritte, 2–3 in der ersten Variante, 2 in der zweiten, verändern sich in ihrem Procedere dann nicht mehr).

18 Eine einstweilige Einstellung der Teilungsversteigerung ist möglich, jedoch so gut wie gar nicht nach den allgemeinen Regeln (§ 30a ff. ZVG, wohl aber nach § 30 Abs. 1 ZVG – Bewilligung des Antragsgegners, mit der Folge der Zuschlagsverweigerung, § 33).
In Betracht käme eine Einstellung für längstens zweimal sechs Monate, wenn widerstreitende Interessen der Miteigentümer der Versteigerung entgegenstehen (§ 180 Abs. 2). Das kann infolge des Scheiterns der Ehe und des Fehlens besonderer Umstände, welche eine endgültige Auseinandersetzung obsolet machen könnten, nicht angenommen werden.
In Betracht käme, da an der Gemeinschaft nur die beiden Noch-Ehegatten beteiligt sind, eine einstweilige Einstellung wegen der ernsthaften Gefährdung des Wohls des gemeinsamen Kindes (§ 180 Abs. 3). Das kann auch volljährige Kinder betreffen. Allerdings liegen laut Sachverhalt keine solchen besonderen Gründe vor. Allein die Unbill einer Wohnsitzänderung kann das Wohl noch nicht beeinträchtigen.
Dasselbe gilt auch für B, der gegebenenfalls selbst zur Domiziländerung genötigt wird (falls er nicht Antragsteller ist). Nach h.M. greift der allgemeine Voll-

streckungsschutz nach § 765a ZPO bei sittenwidriger Härte (s. dazu näher § 180 Rn. 25).[55] Dafür reicht der Wohnsitzwechsel nicht.

Das Versteigerungsgericht nimmt keine umfassende Prüfung der Teilungsversteigerungsvoraussetzungen vor, sondern nur solche, welche offensichtlich sind oder aus dem Grundbuch ersichtlich. Im vorliegenden Fall bedürfen nach gesetzlichem Ehegüterrecht Verfügungen über das gesamte Vermögen durch einen Ehegatten der Zustimmung des anderen. Das gilt nach h. M. auch für den Antrag einer Teilungsversteigerung (also, wenn B den Antrag stellt s. § 180 Rn. 4). Die Vermögenssituation ist dem Versteigerungsgericht regelmäßig nicht bekannt bzw. für dieses nicht nachprüfbar. Es kann daher außerhalb des Versteigerungsverfahrens eine Klage auf Erklärung der Unzulässigkeit der Teilungsversteigerung in das Grundstück erhoben werden (§ 771 ZPO, s. § 180 Rn. 3). Das gilt für jeden materiellen Grund schlechthin (namentlich etwa aus §§ 752, dem Fehlen der Voraussetzungen nach 753 BGB, 2044 Abs. 1 BGB,[56] ausnahmsweise auch bei Treuwidrigkeit der Teilungsversteigerung, was etwa dann in Frage kommen kann, wenn damit ernstzunehmende abschlussreife Verhandlungen über deren Vermeidung konterkariert würden).[57] Sind die materiellen Hindernisse dem Versteigerungsgericht bekannt bzw. aus dem Grundbuch offenkundig, wird eine Erinnerung bzw. sofortige Beschwerde (diese bei erfolgtem rechtlichen Gehör) zugelassen (s. § 180 Rn. 7).

Im Folgenden richtet sich das Verfahren wieder nach den allgemeinen Regelungen. Für dinglich gesicherte Gemeinschaftsmitglieder entfällt jedoch das Erfordernis einer Sicherheitsleistung (§ 184).

Auf Grund des Zuschlagsbeschlusses kann der Ersteigerer die Räumung des Grundstücks verlangen. Das beträfe hier insbesondere B.

Wenn ein Mietverhältnis besteht (hier mit dem im Sachverhalt erwähnten Dritten), tritt der Ersteigerer in das Mietverhältnis ein (gesetzliche Vertragsübernahme). Anders als in der Vollstreckungsversteigerung besteht kein besonderes Kündigungsrecht infolge der Ersteigerung. Der Ersteigerer ist auf die sonstigen Kündigungsrechte des Vertrags bzw. des Mietrechts verwiesen. Maßgeblicher Zeitpunkt für die jeweiligen Wirksamkeitsfragen etwa von Verfügungen über den Mietzins etc. ist grundsätzlich derjenige des Eigentumserwerbs (Zuschlag), nicht bereits derjenige der Versteigerungsanordnung oder mit dieser zusammenhängender Momente wie etwa der entsprechenden Grundbucheintragung (§ 183).

---

55 Aber str. anders *Stöber*, ZVG, § 176 Rn. 3.6.; zur Einstellung nach § 30 ZVG s. a. *Stöber*, Handbuch, Rn. 698; s. a. *Storz/Kiderlen*, A.3.2.2. Ziff. 1.
56 S. etwa das Beispiel bei OLG München, Beschluss vom 23.1.2009 – 31 WX 116/08, OLGR München 2009, 205.
57 *Storz/Kiderlen*, A.3.2.2. Ziff. 3.

§ 180 ZVG [Aufhebung einer Gemeinschaft]

(1) Soll die Zwangsversteigerung zum Zwecke der Aufhebung einer Gemeinschaft erfolgen, so finden die Vorschriften des Ersten und Zweiten Abschnitts entsprechende Anwendung, soweit sich nicht aus den §§ 181 bis 185 ein Anderes ergibt.

(2) Die einstweilige Einstellung des Verfahrens ist auf Antrag eines Miteigentümers auf die Dauer von längsten sechs Monaten anzuordnen, wenn dies bei Abwägung der widerstreitenden Interessen der mehreren Miteigentümer angemessen erscheint. Die einmalige Wiederholung der Einstellung ist zulässig. § 30b gilt entsprechend.

(3) Betreibt ein Miteigentümer die Zwangsversteigerung zur Aufhebung einer Gemeinschaft, der außer ihm nur sein Ehegatte oder sein früherer Ehegatte angehört, so ist auf Antrag dieses Ehegatten oder früheren Ehegatten die einstweilige Einstellung des Verfahrens anzuordnen, wenn dies zur Abwehr einer ernsthaften Gefährdung des Wohls eines gemeinschaftlichen Kindes erforderlich ist. Die einmalige Wiederholung der Einstellung ist zulässig. § 30b gilt entsprechend. Das Gericht hebt seinen Beschluss auf Antrag auf oder ändert ihn, wenn dies mit Rücksicht auf eine Änderung der Sachlage geboten ist.

(4) Durch Anordnungen nach Absatz 2, 3 darf das Verfahren nicht auf mehr als fünf Jahre insgesamt einstweilen eingestellt werden.

Schrifttum: *Ahrens, Claus,* Dingliche Nutzungsrechte, 2. Aufl. 2007; *Baumann, Wolfgang,* Mehrfachbeteiligungen an Gesamthandsgemeinschaften oder die Eine-Personen-Erbengemeinschaft (im Vergleich zur Einmann-Personengesellschaft), FS Otte 2005, S. 15; *ders.,* Der Nießbrauch am Anteil einer Einmann-Personengesellschaft, NZG 2005, 919; *Büte, Dieter,* Verfügungsbeschränkungen gem. § 1365 BGB und Teilungsversteigerung, FPR 2000, 455; *Böttcher, Roland,* Streitfragen bei der Teilungsversteigerung, Rpfleger 2993, 389; *Brudermüller, Gerd,* Das Familienheim in der Teilungsversteigerung, FamRZ 1996, 1516; *Diederichsen, Uwe,* Die Änderungen des materiellen Rechts nach dem Unterhaltsrechtsänderungsgesetz, NJW 1986, 1283; *Dreyer, Gunda,* Mängel bei der Begründung von Wohnungseigentum, DNotZ 2007, 594; *Drischler, Karl,* Neuerungen zum Vollstreckungsschutz in den Verfahren der Zwangsversteigerung zum Zwecke der Aufhebung der Gemeinschaft, NJW 2000, 1853; *Esch, Günther,* Das Dogma der Einheitlichkeit einer Personengesellschaftsbeteiligung, BB 1996, 1621; *Fett, Torsten/ Brand, Dominik,* Die sog. „Einmann-Personengesellschaft – Über die Vereinbarkeit des Grundsatzes vom Mehrpersonenverhältnis im Personengesellschaftsrecht mit den Besonderheiten des Erb- und Sachenrechts, NZG 1999, 45; *Gernhuber, Joachim,* Anmerkung zu BGH, Urt. v. 26.2.1965 – V ZR 227/62 (OLG Celle), JZ 1966, 112; *Gottwald, Uwe,* Die Zwangsversteigerung zum Zwecke der Aufhebung der Gemeinschaft (Teilungsversteigerung) in der familienrechtlichen Praxis, Teil 1, ZFE 2007, 64; *ders.,* Zustimmung des Ehegatten zum Antrag auf Anordnung der Teilungsversteigerung? FamRZ 2006, 1075; *Haentjens, Walter,* Grenzen staatlicher Pflichten zum Schutze der Gesundheit in der Zwangsvollstreckung? NJW 2004, 3609; *Hausmann, Rainer/Hohloch, Gerhard* (Hrsg.)., Das Recht der nichtehelichen Lebensgemeinschaft, 2. Aufl. Berlin 2006; *Kanzleiter, Dieter,* Aufgabe des Miteigentumsanteils an einem Grundstück durch Verzicht nach § 928 BGB, NJW 1996, 905; *Kogel, Walter,* Zwangsversteigerung ohne Zustimmung des Ehepartners, Anmerkung zu OLG Stuttgart FamRZ 2007, 1830, FamRZ 2008, 621; *Locher, Mes,* Beck'sches Prozessformularbuch, 10. Auf. 2006; *Lüttge, Jörg W.,* Die zulässige Mehrfachbeteiligung an einer Personengesellschaft, NJW 1994, 5; *Maurer, Hans-Ulrich,* Die Zuständigkeit des Rechtspflegers zur Entscheidung über die Gefährdung des Wohls eines Kindes nach § 180 Abs. 3 ZVG, FamRZ 1991, 1141, *Meyer-Stolte, Klaus,* Anmerkung zu LG Berlin Rpfleger 1992, 170, Rpfleger 1992, 171; *Mock, Peter,* Die Teilungsversteigerung unter familien- und erbrechtlichen Gesichtspunkten, Teil 1: Zweck und Funktionen des Verfahrens, ZAP Fach 14, 557; *Moog, Rüdiger,* Die zivilrechtliche Sicherung des Nießbrauchers, DStR 2002, 180; *Müller, Rembert,* Die unmögliche Teilungsversteigerung, FuR 2003, 337; *Najdecki, Damian,* Teilungsversteigerung bei Vor- und Nacherbschaft, DNotZ 2007, 643; *Priester, Hans-*

Joachim, Die zwingende Einheitlichkeit des Personengesellschaftsanteils – ein überholtes Prinzip, DB 1998, 55; *Rellermeyer, Klaus*, DDR-Güterstand und Teilungsversteigerung – zu den Auswirkungen des Registerverfahrensbeschleunigungsgesetzes (RegVBG), Rpfleger 1993, 321; *ders.*, Zwangsversteigerung zum Zwecke der Aufhebung der ehelichen Eigentums- und Vermögensgemeinschaft des DDR-FGB? Rpfleger 1993, 469; *Rieger, Hans-Georg*, Realisierung von Forderungen: Praxistipps zur „Zwangsversteigerung", BC 2007, 153; *Rittner, Fritz*, Handelsrecht und Zugewinngemeinschaft (I): Die Bedeutung des § 1365 BGB im Handelsrecht, FamRZ 1961, 1; *Stöber, Kurt*, Erlöschen der Auflassungsvormerkung und Erbbauzins-Reallast bei der Insolvenzverwalterversteigerung, NJW 2000, 3600; *Sudhoff, Margaretha*, Die Grundstückstransaktion als Gesamtvermögensverfügung – Zur dogmatischen Einteilung des § 1365 BGB im Teilungsversteigerungsverfahren, FamRZ 1994, 1152; *Weber*, Die Entwicklung des Familienrechts seit Mitte 1997 – Eherecht, Kindschaftsrecht, Ehewohnung, Hausrat und vermögensrechtliche Beziehungen, NJW 1998, 3083; *Weinreich, Gerd*, Probleme der Zwangsversteigerung, Teil 1, 2 u. 3, FuR 2006, 352, 403, 453; *Zimmer, Maximilian/Pieper, Susanne*, Die Anwendung des § 1365 BGB in der Teilungsversteigerung, NJW 2007, 3104.

Übersicht

		Rn.
I.	Textgeschichte	1
II.	**Zu Absatz 1**	2–14
1.	Gemeinschaften	2–5
	a) Einzelheiten	2
	b) Gemeinschaftsanteile in einer Hand	3
	c) Zugewinngemeinschaften, insbesondere § 1365 BGB analog	4
	d) Juristische Personen	5
2.	Aufhebung	6–13
	a) Einzelheiten	7, 8
	b) Vorerbschaft	9
3.	Antrag	10–13
	a) Antragsbefugnis	10, 11
	b) Antragsbefugnis auch bei Pfändung des Anteils	12
	c) Antragsgegner	13
4.	Verfahren	14
III.	**Zu Absatz 2**	15–27
1.	Allgemeines	15
2.	Antrag	16–18
	a) Antragsbefugnis	17
	b) Besonderheiten	18
3.	Dauer der Einstellung	19, 20
4.	Einstellungsgründe	21–24
	a) Allgemeines	21
	b) Einzelne Gründe	22, 23
	c) Fehlende Einstellungsgründe	24
5.	Anwendbarkeit von § 765a ZPO	25
6.	Feststellungslast	26
7.	Rechtsbehelfe	27
IV.	**Zu Absatz 3**	28–34
1.	Voraussetzungen	29–32
	a) Teilungsversteigerung durch Ehegatten als Gemeinschaftsmitglied	29
	b) Antrag	30
	c) Gemeinschaftliches Kind	31
	d) Ernsthafte Gefährdung des Kindeswohls	32

2.	Verfahren	33
3.	Änderungen der Sachlage	34
V.	Zu Absatz 4	35

I. Textgeschichte

1 § 180 Abs. 1 in der Fassung § 26 Nr. des Gesetzes vom 29.7.1961 mit Wirkung vom 1.1.1962, BGBl. 1961 I, S. 1091; Abs. 2 eingefügt durch Art. 3 Nr. 26 des Gesetzes vom 20.8.1953, BGBl. 1953 I, S. 952; Abs. 3 und 4 eingefügt durch Art. 5 Nr. 2 des Gesetzes vom 20.2.1086 mit Wirkung vom 1.4.1985, BGBl. I, S. 301 (Unterhaltsrechtsänderungsgesetz).

II. Zu Absatz 1

1. Gemeinschaften

2 Die Teilungsversteigerung betrifft Gemeinschaften.
a) Einzelheiten. Hierzu gehören:
- die Bruchteilsgemeinschaft (§§ 741 ff. BGB): Diese steht für eine Inhaberschaft an einem Recht durch Mehrere (Rechtsteilung). Die Anknüpfung zu § 180 erfolgt über § 753 BGB. Für Wohnungseigentum (Bruchteilseigentum gekoppelt mit Sondereigentum an Wohnraum) ist die Unauflöslichkeit der Gemeinschaft zu beachten (§ 11 WEG). Hiervon ausgenommen sind Fälle, in denen das betreffende Gebäude ganz oder teilweise zerstört worden ist.[1]
- Personengesellschaften (GbR, oHG, KG, Partnerschaftsgesellschaft, EWIV nach deutschem Recht): Diese bilden Gesamthandsgemeinschaften. Eine Gesamthand zeichnet sich dadurch aus, dass das Recht ungeteilt ist, aber die Verfügungsbefugnis über dieses Recht sich auf Mehrere verteilt (also: keine Rechtsteilung, sondern Verfügungsbefugnisteilung). Für die Auseinandersetzung wird jeweils auf § 753 BGB verwiesen.
- Nichtrechtsfähige Vereine (arg. § 54 Satz 2 BGB).[2]
- Miterbengemeinschaften: Auch diese bilden eine Gesamthand mit derselben dogmatischen Struktur wie zuvor zur Personengesellschaft beschrieben. Auch hier ist § 753 BGB entsprechend anwendbar (§ 731 Satz 2 BGB).[3]
- Das Gesamtgut der ehelichen Gütergemeinschaft: Wieder handelt es sich um eine Gesamthand mit den geschilderten Eigenheiten. Wieder greift § 753 BGB (§ 1477 Abs. 1 BGB). Das gilt auch für die fortgesetzte Gütergemeinschaft (§§ 1483 ff. BGB) entsprechend (§§ 1498 Abs. 1, 1477 Abs. 1, 753 BGB).
- Ein entsprechendes Gesamtgut kann auch im Rahmen einer gleichgeschlechtlichen Lebenspartnerschaft gebildet werden (§§ 6, 7 LPartG).
- Einkommens- und Vermögensgemeinschaften nach FGB-DDR als dem dortigen Güterstand, nicht jedoch im Scheidungsfall, welcher allein nach FGB-DDR behandelt wird (s. insoweit Art. 234 § 4 Abs. 1, 4 a Abs. 2 Satz 2 EGBGB).[4]

---

[1] *Storz/Kiderlen*, A.3.2.2. Ziff. 4.
[2] *Hamme*, Rn. 17.
[3] Vgl. insoweit auch für die Teilungsversteigerung in Erbschaftsangelegenheiten *Mock*, ZAP Fach 14, 557 ff.
[4] S. dazu auch *Hamme*, Rn. 20; *Rellermeyer*, Rpfleger 1993, 469 ff. sowie 321 ff.; *Eickmann*, Teilungsversteigerung, Rn. 24 ff.

- Auch im Rahmen von nichtehelichen Lebensgemeinschaften kann es zu Teilungsversteigerungen kommen.[5] Diese entziehen sich nach h.M. einer einheitlichen Abwicklungsregelung, stattdessen erfolgen Auseinandersetzungen nach verstreuten Anspruchsgrundlagen (in Betracht kämen etwa Auseinandersetzungen nach Bruchteilsgemeinschaftsrecht, Gesellschaftsrecht – namentlich GbR, Schenkungsrecht, Geschäftsführung ohne Auftrag, Bereicherungsrecht, nach h.M. nicht nach Zugewinngemeinschaftsrecht analog).[6] Auseinandersetzungen von Gemeinschaften, welche über § 753 BGB laufen, sind damit nicht ausgeschlossen, aber jeweils vom konkreten Einzelfall abhängig.
- Es ist nicht ausgeschlossen, dass die Teilungsversteigerung auch Gemeinschaften fremden Rechts betrifft, wenn nur die Eigentumsverhältnisse im inländischen Grundbuch eingetragen sind. Das ist der Fall, wenn das fremde Recht Auseinandersetzungen kennt, welche denen der §§ 180 ff. entsprechen bzw. diesen erheblich nahekommen. Ansonsten gilt die lex fori, d.h. die Auseinandersetzung im Inland erfolgt nach den deutschen Regeln.[7]

b) Gemeinschaftsanteile in einer Hand. Bemerkenswert ist, dass der BGH[8] für Bruchteilsgemeinschaften die Teilungsversteigerung auch dann zulässt, wenn sich die Anteile in einer Hand vereinen, die Gemeinschaft an sich also aufgelöst wird, aber einer der Anteile belastet ist, was auch durch eine Nacherbenanordnung geschehen kann (Ausnahme: Wohnungseigentum, s. § 11 WEG).[9] Hiernach kann man allgemein dann die Teilungsversteigerung für Gemeinschaften für zulässig halten, wenn der nunmehrige Alleininhaber in der Ausübung seiner Rechte an einem der Anteile beschränkt ist, vorausgesetzt man lässt Gesamthand dann fortbestehen.[10]

c) Zugewinngemeinschaften, insbesondere § 1365 BGB analog. Nicht hierzu gehört vor allem das jeweilige Ehegattenvermögen im Güterstand der Gütertrennung oder des gesetzlichen Güterstandes der Zugewinngemeinschaft, denn diese beinhaltet in der Sache nichts anders als eine Gütertrennung; der Begriff der Zugewinngemeinschaft ist auf schuldrechtliche Ausgleichsansprüche gemünzt (s. § 1363 Abs. 2 BGB).[11] Die Gemeinschaft i.S.v. § 180 Abs. 1 verlangt nach einer Gemeinschaft im Vermögen. Dass daneben eine Bruchteilsgemeinschaft bestehen kann, ist keine ehegüterrechtliche Angelegenheit.[12] Allerdings kann die Zugewinngemeinschaft eine Teilungsversteigerung in mancher

---

5 *Hausmann*, in: *Hausmann/Hohloch*, Nichteheliche Lebensgemeinschaft, Kap. 4 Rn. 103.
6 S. i.E. *Hausmann*, in: *Hausmann/Hohloch*, Nichteheliche Lebensgemeinschaft, Kap. 4 Rn. 12 ff. (z.T. krit.).
7 S.a. *Böttcher*, § 180 Rn. 12 c.
8 *BGH*, Beschluss v. 16.7.2004 – IXa ZB 330/03, Rpfleger 2004, 721 = DNotZ 2005, 123; vgl. auch *Schiffhauer*, in: *Dassler/Schiffhauer/u.a.*, ZVG § 180 Rn. 26 (Aufhebung einer Gemeinschaft gegenüber Pfändungspfandgläubiger relativ unwirksam).
9 Zur fehlenden Beeinträchtigung der Teilungsversteigerung durch Nacherbschaft s. *OLG Hamm*, *Beschl.* vom 17.9.1968 – 15 W 360/68, NJW 1969, 516.
10 S. dazu bejahend *Baumann*, FS Otte 2005, S. 15 ff.; s.a. *dens.*, NZG 2005,919 f.; Esch BB 1996,1621 ff.; *Lüttge*, NJW 1994,5 ff. s. ferner *Priester*, DB 1998,55 für die Vereinigung von Kommandit- und Komplementärsanteil ein und derselben KG; für die h.M. s. *Fett/Brand*, NZG 1999,45 ff.; OLG Schleswig, Beschl. v. 2.12.2005 = 2 W 141/05, ZIP 2006,615 ff., dazu aber auch *Ahrens*, a.a.O., S. 617.
11 S.a. *Büte*, FPR 2007, 455; zu diesbezüglichen Auseinandersetzungen von nebenher existierenden Bruchteilsgemeinschaften s.a. *Gottwald*, ZFE 2006, 64 ff.; *Weinreich*, FuR 2006, 352 ff.; 403 ff., 453 ff.; *Mock*, ZAP Fach 14, 557 ff.; für die Aufhebung von Güterständen nach DDR-Recht s. *Rellermeyer*, Rpfleger 1993, 469 ff. sowie 321 ff.
12 Allerdings einen Verstoß gegen die Pflicht zur ehelichen Lebensgemeinschaft annehmend, wenn bei bestehender Ehe die Teilungsversteigerung eines gemeinsamen Familiendomizils beantragt wird, *AG Hannover*, Beschl. v. 21.10.2002, FamRZ 2003, 938; s. für eine Anwendung des § 1353 Abs. 1 BGB auch *Brudermüller*, FamRZ 1996, 1516 ff.

Hinsicht beenden. Das absolute Verfügungsverbot des § 1365 BGB[13] wird auf die Beantragung einer Teilungsversteigerung entsprechend[14] angewendet,[15] so dass dann, wenn das fragliche Grundstück so gut wie das gesamte Vermögen eines Eheparts ausmacht, eine Zustimmung des anderen Ehegatten vorliegen muss.[16] Unbeachtlich ist nach überragender Meinung, ob bzw. dass sich die Bruchteilsgemeinschaft am Veräußerungserlös fortsetzt.[17] Die Ausnahme des § 1365 Abs. 2 BGB (Ersetzung der Zustimmung durch das Familiengericht,[18] wenn ordnungsgemäße Bewirtschaftung) wird wohl nur selten greifen.[19] Kommt es gleichwohl zu einem Zuschlag, ist auf diesen – weil staatlicher Hoheitsakt – § 1366 BGB jedenfalls nicht anwendbar.[20] Eingeschränkt wird der Tatbestand nach der sog. subjektiven Theorie dadurch, dass der Erwerber – hier dann auch derjenige im Rahmen einer Teilungsversteigerung – von dem Vermögensstatus des Grundstücks bzw. seines Eigentümers wissen muss.[21] Zudem muss der Zweck der Sicherung des Zugewinnausgleichs durch § 1365 BGB noch erreichbar sein, so dass insbesondere bei nicht mehr bestehender Ehe und erfolgtem Ausgleich die Verfügungsbeschränkung nicht mehr greift.[22] Liegen die Voraussetzungen des § 1365 BGB vor, hat das Vollstreckungsgericht dies schon bei Antragsstellung (nicht erst etwa bei Zuschlagserteilung) zu beachten,[23] ohne jedoch umfassende eigene Nachforschungen betreiben zu müssen. Es greift insoweit § 28 Abs. 2, wonach Kenntnis seitens des Gerichts

---

13 Dazu, dass auch ein einzelner Gegenstand das Vermögen i. S. v. § 1365 BGB ausmachen kann (Einzeltheorie), s. *BGH*, Beschl. v. 28.4.1961 – V ZB 17/60, BGHZ 35, 143 ff.; *BGH*, Urteil v. 26.2.1965 – V ZR 227/62 BGHZ 43, 174; *BGH*, Urteil v. 25.6.1980 – IVb ZR 516/80, BGHZ 77, 293 = Rpfleger 1980, 423 = NJW 1980, 2350; *BGH*, Urteil v. 23.6.1983 – IX ZR 47/82, NJW 1984, 609 f.; a. A. etwa *Rittner*, FamRZ 1961, 10.

14 S. *Büte*, FPR 2007, 455; umfassend *Hamme*, Rn. 22 ff.; s. andererseits für eventuelle Zustimmungspflichten zur Teilungsversteigerung aber auch *Müller*, FuR 2003, 337 ff.; für eine Anwendung auch im Fall der Aufhebung einer GbR, in deren Vermögen das Grundstück eingelegt ist, *Hamme*, Rn. 28.

15 Bejahend für den Fall, dass es um die Aufhebung einer Personengesellschaft geht, an welcher ein oder beide Ehegatten beteiligt sind, *Eickmann*, § 29.V.4.a), str. mit dem Gegenargument, dass die Aufhebung einer Gesellschaft kein familien- bzw. eherechtlicher Vorgang ist (a. a. O.).

16 *BGH*, Beschl. v. 14.6.2007 – V ZB 102/06, NJW 2007, 3124 = Rpfleger 2007, 558 = NJW-Spezial 2007, 502; *OLG Köln*, Beschl. v. 26.5.2004 – 16 Wx 80/04, NJW-RR 2005, 4; *OLG Koblenz*, Beschl. v. 9.3.1979 – 4 W 78/79, Rpfleger 1979, 202; s. dazu auch *Zimmer/Pieper*, NJW 2007, 3104 ff.; *Sudhoff*, FamRZ 1994, 2252 ff.; *Hennings-Holtmann*, Rn. 4.26; anders noch *KG*, Beschl. vom 18. 1. 1971 – 9 U 2655/69, NJW 1971, 711; anders nun *OLG Stuttgart*, Beschl. vom 18.7.2007 – 15 UF 169/07, FamRZ 2007, 1830; s. a. *Gottwald*, FamRZ 2006, 2075 ff.

17 Insoweit nunmehr a. A. *OLG Stuttgart*, Beschluss vom 18.7.2007 – 15 UF 169/07, FamRZ 2007, 1830; hiergegen *Kogel*, FamRZ 2008, 621 f.

18 Zu der Ersetzung der Vormundschaftsgerichts durch das dann sog. Große Familiengericht zum 1.9.2009, s. BT-Drucks. 16/6308, S. 2.

19 S. zu den Voraussetzungen *BayObLG*, Beschl. v. 14.2.1996 – 3Z BR 309/95, Rpfleger 1996, 361 = NJW-RR 1996, 962; *OLG Köln*, Beschl. v. 26.5.2004 – 16 Wx 80/04, NJW-RR 2005, 4; *OLG Köln*, Beschl. v. 10.1.2007 – 16 Wx 237/06, NJW-RR 2008, 8; s. a. *Hamme*, Rn. 25.

20 Vgl. *Ahrens*, in: Hausmann/Hohloch, Kap. 17 Rn. 85.

21 *BGH*, Beschl. v. 28.4.1961 – V ZB 17/60, BGHZ 35, 143 ff.; *BGH*, Urteil v. 26.2.1965 – V ZR 227/62, BGHZ 43, 174; *BGH*, Urteil v. 25.6.1980 – IVb ZR 516/80, BGHZ 77, 293 = NJW 1980, 2350 = Rpfleger 1980, 423; *BGH*, Urteil v. 23.6.1983 – IX ZR 47/82, NJW 1984, 609 f.; a. A. etwa *Gernhuber*, JZ 1966, 193.

22 *OLG Hamm*, Beschl. v. 22.2.2006 – 11 WF 406/05, NJW-RR 2006, 1442; *OLG Köln*, Beschl. vom 22. 5. 2000 – 26 WF 69/00, NJOZ 2001, 838; *OLG Bamberg*, Beschl. vom 8.12.1999 – 2 WF 159/99 NJW-FER 2000, 161 = OLGR Bamberg 2000, 206; vgl. auch *OLG München*, Beschl. v. 12.7.2006 – 33 Wx 238/05, Rpfleger 2006, 556 = NJW-RR 2006, 1518.

23 H.M., s. dazu *Brudermüller*, FamRZ 1996, 1519 mit Fußn. 49; *OLG Frankfurt/M.*, Beschl. v. 16.9.1998 – 14 W 76/98, NJW-RR 1999, 731; *OLG Hamm*, Beschl. v. 10.11.1978 – 15 W 278/78, Rpfleger 1979, 21; a. A. (Zuschlag) *OLG Frankfurt/M.*, Beschl. v. 3.6.1997 – 26 W 23/97, Rpfleger 1997, 490 = NJW-RR 1997, 1274.

vorliegen muss.[24] In diesem Fall ist sogar die Erinnerung (§ 766 ZPO) anstelle der Klage § 771 ZPO analog möglich, mit dem Argument, es fehle an den Voraussetzungen der Teilungsversteigerung, mithin läge also ein Verfahrenshindernis vor (s. bereits zuvor Vorbemerkung Rn. 7; vgl. auch ebda Rn. 19).[25] Unbeschadet von § 1365 BGB ist die Möglichkeit eines Pfändungspfandgläubigers, die Teilungsversteigerung zu beantragen. Dieses ist ohne Zustimmungserfordernis möglich.[26]

e) **Juristische Personen.** Auch die Liquidation von juristischen Personen an sich, namentlich Kapitalgesellschaften (GmbH, AG) sind kein Fall für die Teilungsversteigerung. Hier stehen die jeweiligen Rechte allein der juristischen Person zu und damit keiner Gemeinschaft.

2. Aufhebung

Die Gemeinschaft muss aufgehoben worden sein.[27] Die Aufhebung beendet die Gemeinschaft noch nicht, sondern sie führt in eine Liquidationsphase, in der es unter Anderem zu der Vermögensverteilung unter den Gemeinschaftsmitgliedern kommt (davon zu unterscheiden die Vollbeendigung, welche erst zum Erlöschen der Gemeinschaft führt). Im Zuge dieser soll die Teilungsversteigerung nutzbar gemacht werden. Sie kann zur Vollbeendigung beitragen, muss aber nicht zwingend zu ihr führen.[28]

a) **Einzelheiten.** Die Aufhebung erfolgt:
- bei der Bruchteilsgemeinschaft: Durch Aufhebungsverlangen, welches grundsätzlich jederzeit möglich ist, aber auch durch Vereinbarung beschränkt oder ausgeschlossen werden kann (§§ 749 ff. BGB, Ausnahme: wichtiger Grund, s. § 749 Abs. 2 BGB). Gerade in Bezug auf Grundstücksrechte sind Rechtsnachfolger nur dann an besondere Vereinbarungen gebunden, wenn diese im Grundbuch eingetragen worden sind (§ 1010 Abs. 1 BGB, für die Gesamtrechtsnachfolge ergibt sich das aus dieser an sich). Lediglich wenn der Bruchteil des Antragstellers (nicht das gesamte Recht)[29] mit einem Nießbrauch belastet ist, bedarf die Aufhebung der Zustimmung des Nießbrauchsinhabers (§ 1066 Abs. 2 BGB).[30] Im Rahmen einer ordnungsgemäßen Wirtschaft wird allerdings eine Zustimmungspflicht angenommen, welche durch eine dingliche Surrogation an dem Versteigerungserlös gegebenenfalls kompensiert wird (§ 1066 Abs. 3 BGB).[31] Da der Nießbrauch eintragungspflichtig ist, besteht die hinreichende Offenkundigkeit (§ 28 Abs. 2), so dass dessen Nichtbeachtung bereits mit der Erinnerung (§ 766 ZPO) bzw. der sofortigen Beschwerde (§ 793 ZPO) anfechtbar ist, ohne dass man auf die aufwändigere Klage analog § 771 ZPO verwiesen wäre (s. dazu i.E. Vorbemerkung §§ 180 ff. Rn. 7).

---

24 *BGH*, Beschl. v. 14.6.2007 – V ZB 102/06, NJW 2007, 3124 = Rpfleger 2007, 558; s.a. *LG Bielefeld*, BeckRS 2006, 14276.
25 *BGH*, Beschl. v. 14.6.2007 – V ZB 102/06, NJW 2007, 3124 = Rpfleger 2007, 558; s. für die Unzulässigkeit der Drittwiderspruchsklage in diesen Fällen BGH ebda.
26 *LG Braunschweig, Beschlusss* vom 27. 2. 1969 – 8 T 47/69, NJW 1969, 1675; *OLG Düsseldorf*, Beschl. v. 15.10.1990 – 3 W 386/90, NJW 1991, 851 = Rpfleger 1991, 215; *OLG Karlsruhe*, Beschl. v. 4.9.2003 – 16 WF 109/03, NJOZ 2004, 3057; *Hennings-Holtmann*, Rn. 4.26.; a. A. *Eickmann*, § 29.V.4.b).
27 S.a. *OLG Dresden*, Urteil v. 24.2.2000 – 16 U 2939/99, NZG 2000, 783.
28 S. für die Fortsetzung einer Bruchteilsgemeinschaft an der nach § 118 Abs. 1 ZVG übertragenen Forderung bei nicht berichtigtem Bargebot *BGH*, Urteil v. 20.2.2008 – XII ZR 58/04, BGHZ 175, 297 = NJW 2008, 1807 = Rpfleger 2008, 379.
29 Zum Nießbrauch in der Zwangsversteigerung s.a. *Ahrens*, Rn. 158; *Moog*, DStR 2002, 181 f.
30 *Hock/Mayer/u.a.*, Rn. 1189; *Hamme*, Rn. 71; s. zu § 1066 BGB auch *Ahrens*, Rn. 96 a.
31 Str., s. *Schiffhauer*, ZIP 1982, 660; *Eickmann*, § 29.IV mit § 34.II. (hiernach Bestehenbleiben des Nießbrauchs bei Berücksichtigung im geringsten Gebot, ansonsten über § 92 Abs. 1 ZVG hinaus Erstreckung auf den Gesamterlös).

- bei Wohnungseigentum als Sonderform der Bruchteilsgemeinschaft (§ 1 WEG) besteht eine Besonderheit: Die Gemeinschaft ist unauflöslich (§ 11 WEG). Sie selbst kann damit auch nicht Gegenstand einer Teilungsversteigerung sein. Davon zu unterscheiden ist die Auflösung einer eigenen Bruchteilsgemeinschaft an einem Wohneigentum (Miteigentumsanteil gekoppelt mit Sondereigentum).[32]
- bei der GbR: Durch Auflösung der Gesellschaft (Zweckerreichung oder -unmöglichkeit, § 726 BGB, Tod eines Gesellschafters, sofern keine abweichende Vereinbarung – Nachfolgeklauseln, § 727 Abs. 1 BGB, Gesellschaftsinsolvenz oder Gesellschafterinsolvenz, § 728 BGB, Kündigung durch Gesellschafter, s. i.E. §§ 723 ff. BGB).
- bei der oHG: § 131 Abs. 1 BGB (Man beachte gegebenenfalls das Erfordernis eines Auflösungsurteils, § 133 HGB). Zu beachten ist, dass regelmäßig eine Liquidation der Gesellschaft durch Liquidatoren vorgeschrieben ist (§§ 145 ff. HGB), welche somit die Antragsteller sein müssen. Anders ist es, wenn eine anderweitige Regelung getroffen wurde.[33]
- bei der KG: wie bei der oHG.[34]
- bei der Partnerschaftsgesellschaft: wie bei der oHG.[35]
- bei der EWIV: wie bei der oHG.[36]
- bei der Miterbengemeinschaft: Durch Aufhebungsverlangen, das grundsätzlich jeder Erbe stellen kann (§ 2042 Abs. 1 BGB).[37] Es darf jedoch die Aufhebung nicht ausgeschlossen worden sein (s. dazu §§ 2042 Abs. 2 BGB, 749 Abs. 2 BGB, Ausnahme: wichtiger Grund). Weitere Gründe, die einer Aufhebung entgegenstehen: unbestimmte Erbrechtssituation i. S. v. § 2043 BGB (dann Aufschub), Ausschluss durch Erblasser (s. i.E. § 2044 BGB, Ausnahme vor allem wieder bei wichtigem Grund, s. den Verweis auf § 749 Abs. 2 BGB in Abs. 1), Aufschub wegen Aufgebots (s. i. E. § 2045 BGB). Zu Vor-/Nacherbschaft s. im Anschluss Rn. 9.
- bei der Gütergemeinschaft (s. a. § 1471 BGB), wobei die Teilungsversteigerung dem Übernahmeverlangen nach § 1477 Abs. 2 BGB grundsätzlich vorgeht, es sei denn, das übrige Gesamtgut reicht zur Verbindlichkeitsberichtigung aus oder die Verbindlichkeiten werden von dem Übernehmenden mit Zustimmung der Gläubiger (§ 414 BGB) übernommen:[38] durch Aufhebungsurteil (§ 1479 BGB, zu den jeweiligen Aufhebungsklagegründen s. §§ 1447, 1448, 1469 BGB, für die fortgesetzte Gütergemeinschaft s. § 1496 BGB, zu den Aufhebungsklagegründen s. § 1495 BGB, für den Fall des Todes des überlebenden Ehegatten s. § 1494 BGB), des Weiteren bei Ehescheidung (§ 1564 BGB), Eheaufhebung (§ 1313 BGB) oder vertraglicher Aufhebung des Güterstands (§ 1408 BGB), für den Todesfall bezüglich eines Ehegatten § 1482 BGB (sofern keine fortgesetzte Gütergemeinschaft, §§ 1483 ff. BGB und hier vor allem keine Ablehnung der Fortsetzung, § 1484 BGB). Der Gesamtgutsanteil fällt in den Nachlass und wird im Zuge von dessen Auseinandersetzung liquidiert. Eine Teilungsver-

---

32 *Hock/Mayer/u.a.*, Rn. 1147; s. aber für fehlerhafte Begründungen von Wohnungseigentum auch *Dreyer*, DNotZ 2007, 594 ff.
33 S.a. *Eickmann*, § 28.II.2.
34 S.a. *Eickmann*, § 28.II.2. a.E.
35 S.a. *Eickmann*, § 28.II.2. a.E.
36 S.a. *Eickmann*, § 28.II.2. a.E.
37 BGH, Urteil vom 19.11.2998 – IX ZR 284/97, NJW-RR 1999, 504; s. aber auch *LG Darmstadt*, Beschl. v. 28.4.1955 – 5 T 190/55, NJW 1955, 1558 (Antragsberechtigung allein der Miterbengemeinschaft, wenn diese Inhaber eines Bruchteilsrechts), hiergegen *Bartholomeyczik*, NJW 1955, 1960.
38 S. dazu RG, Urteil v. 9.2.1910 – V 156/09, RGZ 73, 42; BGH, Urteil v. 5.6.1985 – IVb ZR 34/84, NJW 1985, 3066 = Rpfleger 1985, 360; OLG Frankfurt, Urteil v. 16.9.1983 – 1 UF 12/83, FamRZ 1984, 171.

steigerung kommt dann allein bei Vorliegen einer Miterbengemeinschaft nach dies betreffenden Regelungen (§ 2042 Abs. 1 BGB, s. zuvor) in Betracht. Materielle Einwendungen (etwa für die eheliche Gütergemeinschaft, dass deren Aufhebung die Pflicht zur Wiederherstellung der ehelichen Lebensgemeinschaft[39] entgegensteht) müssen analog § 771 ZPO geltend gemacht werden (Ausnahme bei Offenkundigkeit für das Gericht, dann Erinnerung).[40]

- Sofern Gemeinschaften im Rahmen einer Lebenspartnerschaft entstehen, werden diese durch Urteil beendet (s. § 15 LPartG).

Genehmigungserfordernisse nach § 20 RHeimStG stehen einer Teilungsversteigerung nicht entgegen, wohl aber Wiederkaufsrechte nach § 20 SiedlG.[41] Nicht möglich ist die Teilungsversteigerung von Stockwerkseigentum (Art. 182 EGBGB).[42]

Die Aufhebung der Gemeinschaft muss auch praktiziert werden. Wird sie eingestellt (Beispiel: Die Liquidationsgesellschaft nimmt ihren Geschäftsbetrieb wieder auf, wird also von der Liquidationsgesellschaft wieder zur sog. werbenden Gesellschaft), ist der Antrag unzulässig bzw. ist das einmal in Gang gesetzte Versteigerungsverfahren auf Antrag aufzuheben (s. i.E. §§ 29 ff.). Es fehlt dann an einem Zweck, von dem § 180 Abs. 1 spricht. Allerdings ist das Vollstreckungsgericht nicht zu Nachprüfungen verpflichtet (s. a. § 28 Abs. 2). Werden ihm entsprechende Angaben gewahr, unterliegen diese der freien Beweiswürdigung (§ 286 ZPO analog). Da ihm Vollstreckungshindernisse bekannt sein müssen (§ 28 Abs. 2), ist ein hoher Überzeugungsgrad erforderlich. Ansonsten ist gegen die Versteigerung analog § 771 ZPO vorzugehen. Andererseits ersetzt die Teilungsversteigerung nicht sonst mögliche Auseinandersetzungsformen. Sie kann also vermieden werden, wenn eine Einigung über die Auseinandersetzung vorliegt und keine Realteilung möglich ist.[43]

8

b) Vorerbschaft. Geht es um die Aufhebung einer Miterbengemeinschaft, ist fraglich, ob ein hier beteiligter Vorerbe die Teilungsversteigerung beantragen könnte. Da die Auseinandersetzung der Gemeinschaft an sich, der die Teilungsversteigerung untergeordnet ist, keine Verfügung i.S.v. § 2115 BGB beinhaltet, und ohnehin keine Vollstreckung i.S.v. § 2115 BGB vorliegt (str., s. eingangs Vorbemerkung zu §§ 180 ff. Rn. 1, auch nach entgegenstehender h.M. kann das so gesehen werden, denn § 2115 BGB setzt seinem Wortlaut nach die Vollstreckung durch einen Gläubigers voraus), ist dies zu bejahen.[44] Geschützt wird der Nacherbe durch die dingliche Surrogation (§ 2111 BGB).[45] Nach h.M. ist auch § 2133 Abs. 1 BGB weder direkt noch analog anwendbar.[46]

9

3. Antrag

Es bedarf eines Antrags (§ 15), welcher insbesondere den Versteigerungsanlass zu bezeichnen hat (Aufhebung der konkreten Gemeinschaft).

10

---

39 Ab. 1.9.2009 keine Ehesache mehr, s. § 121 FamFG sowie BT-Drucks. 16/6308, S. 226.
40 *Eickmann*, § 28.II.3. (dort auch mit einem Überblick zu Teilungsversteigerung und Übernahmeverlangen nach § 1477 Abs. 2 BGB).
41 S. dazu auch *Schiffhauer*, in: Dassler/Schiffhauer/u.a., ZVG, § 181 Rn. 18 f.
42 *Schiffhauer*, in: Dassler/Schiffhauer/u.a., ZVG, § 181 Rn. 23.
43 *Mewing/Nickel*, in: Locher/Mes, 44. Anm. 7; vgl. auch *Storz/Kiderlen*, A.3.2.1.
44 *BayObLG*, Beschl. v. 14.5.1965 – BReg. 1 a Z 4/65, NJW 1965, 1966; s.a. *BGH*, Beschl. v. 16.7.2004 – IXa ZB 330/03, RPfleger 2004, 721; *OLG Celle*, Beschl. v. 31.10.1967 – 4 W 108/67, NJW 1968, 801; Hamme, Rn. 72.
45 *OLG Celle*, Beschl. v. 31.10.1967 – 4 W 108/67, NJW 1968, 801; s.a. *Najdecki*, DNotZ 2007, 644; s. zur Surrogation auch *Ahrens*, in: Hausmann/Hohloch, Handbuch des Erbrechts, Rn. 167 ff.
46 A.A. (Analogie) *Najdecki*, DNotZ 2007, 645 ff. (mit Nachweisen zum Streitstand sowie zur h.M.).

a) **Antragsbefugnis.** Antragsbefugt sind jeweils Diejenigen, welche die Auseinandersetzung (die Aufhebung) der Gemeinschaft verlangen bzw. betreiben können. Neben den an der Gemeinschaft Beteiligten können das auch Pfändungspfandgläubiger an den jeweiligen überwiesenen Anteilen oder den Aufhebungsansprüchen[47] sein (vgl. § 725 BGB, zu der Pfändbarkeit s. i. E. §§ 857, 859 ZPO[48]).[49] Die allgemeinen Vollstreckungsvoraussetzungen für den Zugriff als (Pfändungs-)Pfandgläubiger, welche zugleich solche der Teilungsversteigerung (Antragsberechtigung) werden, sind bei Fehlen mit Erinnerung (§ 766 ZPO, Verfahrenshindernisse) oder Vollstreckungsgegenklage (§ 767 ZPO, materielle Hindernisse, etwa bereits erfolgte Befriedigung des Gläubigers) zu rügen; insoweit geht es um die allgemeine Zwangsvollstreckung, welche als solche von der Teilungsversteigerung zu unterscheiden ist.[50] Wurde der Anteil anfechtbar nach Anfechtungsgesetz auf einen Anderen übertragen, kann von diesem die Duldung der Zwangsversteigerung ohne weitere Pfändung beschränkt auf die Befriedigung aus dem Versteigerungserlösbruchteil, welcher ohne die Übertragung zur Verfügung gestanden hätte, verlangt werden.[51] Eine Ausnahme besteht wieder für die Unauflöslichkeit der Gemeinschaft von Wohnungseigentümern (§ 11 Abs. 2 WEG).

Entsprechend antragsbefugt sind auch rechtsgeschäftliche Pfandgläubiger eines Anteils, vor Pfandreife (vgl. § 1228 Abs. 2 BGB) aber nur gemeinsam mit dem Schuldner (Anteilsinhaber, vgl. § 1281 BGB).[52] Regelmäßig werden sich diesen gegenüber Erwerbsbeschränkungen nach § 753 Abs. 1 Satz 2 BGB nicht durchsetzen.[53] Gem. § 1277 BGB ist ein Duldungstitel erforderlich, dies als Voraussetzung der Pfandrechtsausübung, welche als solche neben diejenigen der Teilungsversteigerung tritt (s. a. § 181 Rn. 2).

Antragsbefugt sind somit:
- bei der Bruchteilsgemeinschaft: die Rechtsinhaber sowie ggf. die Pfand-/Pfändungspfandgläubiger und Miterben eines Bruchteilsinhabers (diesbezüglich „Großes Antragsrecht" genannt, im Gegensatz zu dem „Kleinen Antragsrecht", welches sich auf die Teilungsversteigerung eines Bruchteils als Nachlassgegenstand bezieht)[54]. Das gilt nicht für Wohneigentum (vgl. § 11 WEG).
- bei Personengesellschaften: die Gesellschafter sowie ggf. die Pfand-/Pfändungspfandgläubiger.
- bei Miterbengemeinschaften: die Miterben sowie ggf. die Pfand-/Pfändungspfandgläubiger.
- beim Gesamtgut der Gütergemeinschaft: die Ehegatten bzw. daneben auch die Kinder im Fall der fortgesetzten Gütergemeinschaft, hier aber nicht Pfändungspfandgläubiger vor Aufhebung der Gütergemeinschaft (vgl. § 860 ZPO).

11 Im Rahmen ihrer Befugnisse sind auch sonstige Personen antragsbefugt, so:

---

47 *Eickmann*, § 28.III.1.
48 S. a. *BGH*, Beschl. v. 20.12.2005 – VII ZB 50/05, NZM 2006, 275.
49 S. a. *OLG Hamm*, Beschl. v. 16.3.2000 – 14 W 177/99, NJOZ 2002, 928, 930; *LG Konstanz*, Beschl. v. 5.5.1987 – 1 T 68/87, NJW-RR 1987, 1023; zu dem Streit, ob insoweit eine Pfändbarkeit überhaupt möglich ist vgl. a. a. O. sowie *LG Wuppertal*, Beschl. v. 22.11.1960 – 6 T 741/60, NJW 1961, 785; s. ferner *Rieger*, BC 2007, 154; s. a. für den Fall des Aufhebungsausschlusses durch die Gemeinschaftsmitglieder (keine Wirkung für den Pfändungspfandgläubiger) *Hennings-Holtmann*, Rn. 4.26; zur dann vorhandenen faktischen (nicht rechtlichen) Nähe zu einer Vollstreckungsversteigerung s. *Eickmann*, § 28.I. a. E.
50 S. dazu auch *Eickmann*, § 31.II.
51 *BGH*, Urteil v. 23.2.1984 – IX ZR 26/83, BGHZ 90, 207 = NJW 1984, 1968 = Rpfleger 1984, 283.
52 *Eickmann*, § 28.III. a. E.
53 Dazu auch *Eickmann*, § 34.IV.
54 *Mewing/Nickel*, in: *Locher/Mes*, 44. Anm. 4; *Storz/Kiderlen*, A.3.2.2. Ziff. 4.

- Insolvenzverwalter (§§ 80 I, 84 InsO):[55] Hier kann es opportun sein, anstelle der Teilungsversteigerung den Weg der Insolvenzversteigerung zu beschreiten. Dies kann etwa mit einer Einigung mit den maßgeblichen Grundpfandgläubigern zu einem entsprechenden niedrigsten geringsten Gebot nach § 174 führen, was die Teilungsversteigerung nicht erlauben würde.[56] Damit steigen die Erwerbsaussichten.
- Nachlassverwalter, Nachlasspfleger (§ 1960 BGB) aber nur in Ausnahmefällen, da sie zur Nachlasssicherung allein berufen sind.
- Testamentsvollstrecker im Fall der Abwicklungsvollstreckung (s. für die Ersichtlichkeit aus dem Grundbuch den Testamentsvollstreckervermerk gem. § 52 GBO, was das Vollstreckungsgericht nach § 28 Abs. 1 zu berücksichtigen hat).[57]
- Vormund (s. dazu § 181 Abs. 2 Satz 2, ab 1.9.2009 mit Genehmigung des sog. Großen Familiengerichts anstelle bis dato des Vormundschaftsgerichts).
- Betreuer, wenn sein Aufgabenbereich entsprechend weit reicht, mit Genehmigung des Betreuungsgerichts (s. dazu § 181 Abs. 2 Satz 2).

Kommt es zu mehreren Anträgen, wird ein Verfahren betrieben. Voraussetzung ist die entsprechende Verfügungsbefugnis. Diese kann etwa einem Miterben fehlen, wenn eine Testamentsvollstreckung eingesetzt ist.[58]

b) Antragsbefugnis auch bei Pfändung des Anteils. Pfändungspfandgläubiger **12** können die Teilungsversteigerung nicht verhindern. Vor allem können die Anteils-Pfändungsschuldner die Teilungsversteigerung beantragen, ohne dass die genannten Gläubiger hierzu ihre Zustimmung erteilen müssten.[59] Die Pfändung bzw. Überweisung nimmt den Schuldnern nicht ihre originäre Rechtsinhaberschaft mit den damit verbundenen Ausübungsbefugnissen.

Zu den Rechtsinhabern im beschriebenen Sinne gehören auch Rechtsnachfolger (Zessionare sowie Gesamtrechtsnachfolger, namentlich Erben).

c) Antragsgegner. Antragsgegner sind alle (gegebenenfalls übrigen) Gemein- **13** schaftsmitglieder sowie deren Rechtsnachfolger im Rahmen von § 26,[60] die dem Verfahren ihrerseits noch als Antragsteller beitreten können (§ 27).[61] Dies kann mit Risiken verbunden sein, etwa, dass ein Beitritt als Zustimmung gewertet wird, welche dem Beitretenden etwaige materielle Einwendungen nimmt.[62] Das wird jedoch eher eine Ausnahme sein, denn im Wesentlichen wird der Beitritt dazu dienen, auch unabhängig von dem ursprünglichen Antragsgegner Einfluss auf das weitere Verfahrensgeschick zu nehmen.[63] Ansonsten bleiben die Verfahren getrennt, so dass ein Ausscheiden eines Antragstellers die Versteigerung ansonsten unberührt lässt. (Zu beachten ist allerdings die Frist des § 44 Abs. 2, ebenso kann sich nach Niedrigstgebotstheorie – h.M., s. Musterverfahren, Vorbemerkung Rn. 6 sowie § 182 Rn. 14 –

---

55 S.a. *Stöber*, NJW 2000, 3601.
56 S. *Storz/Kiderlen*, TH 3.2.3.5.
57 Zu den Pflichten der Wertfeststellung, wenn ein Testamentsvollstrecker ein Grundstück für einen Miterben aus der Teilungsversteigerung erwirbt s. *BGH*, Urteil v. 23.5.2001 – IV ZR 64/00, ZEV 2001, 358 f.
58 BGH, Beschl. v. 14.5.2009 V ZB 176/08, dort auch zu den Versteigerungsantrag als verfügungsgleiches Institut, ebda Rn. 11.
59 *Thür.OLG*, Beschluss vom 9.3.2001 – 6 W 819/00, OLG-NL 2001, 151; *LG Wuppertal*, Beschl. v. 22.11.1960 – 6 T 741/60, NJW 1961, 785.
60 *Eickmann*, Teilungsversteigerung, Rn. 145.
61 S. dazu *Hock/Mayer/u.a.*, Rn. 1191.
62 S.a. *Hock/Mayer/u.a.*, Rn. 1206 f.
63 S. insoweit auch den Praktikertipp bei *Storz/Kiderlen*, TH 3.2.3.2.; *Schiffhauer*, in: *Dassler/Schiffhauer/u.a.*, ZVG, § 180 Rn. 49, 74 (dort auch zu kostenrechtlichen Folgen, basierend auf fehlenden eigenständigen Kostenentscheidungen analog § 788 ZPO bzw. § 269 Abs. 2 ZPO); s.a. *Eickmann*, Teilungsversteigerung, Rn. 118 ff.

das geringste Gebot ändern mit der Folge neuer Bietungserfordernisse, schließlich ist bei Antragsrücknahme nach Versteigerungsschluss der Zuschlag gem. § 33 zu versagen).[64]

4. Verfahren

14 Zu der Durchführung des Verfahrens s. Vor § 180 Rn. 6 sowie das Musterverfahren. Weitgehend wird das herkömmliche Zwangsversteigerungsverfahren praktiziert. Nur vereinzelt finden sich Sonderregelungen. Kein Beitritt ist möglich durch den Gläubiger, welcher ein Vollstreckungsverfahren betreibt. Beide Verfahren stehen zueinander allzu sehr im Gegensatz.[65]

III. Zu Absatz 2

1. Allgemeines

15 Gemeinschaften im beschriebenen Sinne sind komplexe Gebilde, deren Situation sich ständig wandeln kann. So kann es sein, dass die Auseinandersetzung wieder gestoppt werden soll (s. zuvor Rn. 8, das dortige Beispiel: Rückumwandlung einer Liquidationsgesellschaft in eine werbende). Hier kann ein Antrag auf Aufhebung nach § 29 gestellt werden, ansonsten ist die Klage nach § 771 ZPO denkbar (s. Vorbemerkung §§ 180 ff. Rn. 7). Zusätzlich erlaubt das Gesetz neben § 30 Abs. 1 (s. Vorbemerkung Rn. 18) die einstweilige Einstellung, um entsprechende Überlegungsphasen einzuräumen und Versteigerungen zur Unzeit durch wirtschaftlich Stärkere zu vermeiden.[66]

2. Antrag

16 Es ist ein Antrag erforderlich. Dieser kann von einem Miteigentümer gestellt werden. Das Gesetz ist missverständlich formuliert, denn es legt nahe, dass allein in Bruchteilsgemeinschaften (Miteigentümer, die es bei Gesamthandsgemeinschaften nicht gibt) ein solcher Antrag möglich ist. Diese Beschränkung würde gegen den Sinn der Regelung verstoßen. Man sollte allgemein von Gemeinschaftsmitgliedern sprechen.

17 a) *Antragsbefugnis.* Jedes Gemeinschaftsmitglied ist antragsberechtigt. Diese Eigenschaft reicht aus. Folglich schadet es nicht, wenn eine solche Mitgliedschaft gepfändet und zur Ausübung an einen Vollstreckungsgläubiger überwiesen wurde (§ 857 ZPO).[67] Das gilt auch dann, wenn ein Miteigentümer selbst der Pfändungspfandgläubiger ist.[68] Umgekehrt kann der Gläubiger als solcher selbst keine einstweilige Einstellung beantragen (was für ihn durchaus hätte günstig sein können, nämlich um Verhandlungen über seine eigene Befriedigung mit günstigerem Ergebnis herbeizuführen); nicht ausgeschlossen sind freilich Einvernehmlichkeiten mit den Gemeinschaftsmitgliedern, die ihrerseits antragsbefugt sind.

18 b) *Besonderheiten.* Ebenso wenig schadet es, wenn der die vorläufige Einstellung Beantragende derjenige ist, welcher die Teilungsversteigerung beantragt

---

[64] S. dazu *Eickmann*, Teilungsversteigerung, Rn. 122 ff. (Rn. 126 f. zur Niedrigstgebotstheorie, Rn. 128 m.w.N. zum Streit der Anwendung von § 33 ZVG).
[65] *Stöber*, ZVG, § 180 Rn. 8.6. u. 14.; insoweit unklar *Schiffhauer*, in: *Dassler/Schiffhauer/u.a.*, ZVG, § 183 Rn. 3.
[66] *Büte*, FPR 2007, 457.
[67] Str., s. *Eickmann*, Teilungsversteigerung, Rn. 168 ff.
[68] Wie hier auch m.w.N. zum Streitstand *Schiffhauer*, in: *Dassler/Schiffhauer/u.a.*, ZVG, § 180 Rn. 53.

hat.[69] Auch dieser kann an einem Aufschub ein hinreichendes Interesse haben, zumal nachträgliche Änderungen der Sachlage eingetreten sein können. Ein Beitritt zu dem Verfahren ist möglich (§§ 180 Abs. 1, 27 ZVG).[70]

3. Dauer und Antragsfristen

a) Dauer der Einstellung. Mit einem Aufschub verträgt sich keine allzu dauerhafte Einstellung. Längstens ist die Einstellung für sechs Monate möglich. Für die Fristberechnung gelten die Regelungen über die sog. Beginnfrist (§§ 187 Abs. 2, 188 Abs. 2 BGB). Eine einmalige Wiederholung der Einstellung ist zulässig und muss wiederum beantragt werden. **19**

b) Antragsfristen. Der Antrag ist fristgebunden. Es besteht eine Notfrist von zwei Wochen.[71] Der Begriff der Notfrist beinhaltet, dass keine Verlängerung möglich ist, bei unverschuldeter Fristversäumnis aber eine Wiedereinsetzung in den vorigen Stand (§§ 869, 232 ff. ZPO). Fristbeginn liegt in der Zustellung der Versteigerungsanordnungsverfügung, in welcher die Gemeinschaftsmitglieder auf ihre Rechte hingewiesen werden (§ 30b Abs. 1 ZVG analog). **20**

4. Einstellungsgründe

a) Allgemeines. Die Einstellungsgründe werden von dem Gesetz pauschal mit unbestimmten Rechtsbegriffen bezeichnet und gewähren dem Gericht zusätzlich ein Ermessen.[72] Es kommt auf einen Interessenwiderstreit zwischen den Gemeinschaftsmitgliedern an.[73] Es muss angemessen erscheinen, angesichts dieses Widerstreits dem Procedere einen Aufschub zu gewähren.[74] Die Folgen einer Fortführung müssen so irreversibel sein, dass sie schwerer wiegen als ein vorübergehendes Belassen der Gemeinschaft bzw. ihrer Vermögensverhältnisse an dem konkreten Versteigerungsgegenstand.[75] **21**

b) Einzelne Gründe. Dies kann so sein[76] bei Schwierigkeiten bei der Beschaffung von Ersatzwohnraum, nicht aber die Verhinderung des Eigentumswechsels an sich, denn diesem soll das Verfahren ja grundsätzlich dienen; das ist für den Fall, dass der die Versteigerung betreibende Pfändungspfandgläubiger kurz vor einer anderweitigen Befriedigung seiner Ansprüche steht, wieder anders.[77] Zu erwartende kurzfristige Werterhöhungen (etwa auf Grund von Renovierungen) mögen die Einstellung rechtfertigen,[78] umgekehrt auch besondere vorübergehende Wertverluste in Krisenzeiten,[79] ebenso auch laufende Einigungsbemühungen zur Verhinderung des Eigentumsverlusts.[80] Ähnlich ist es, wenn ein anderweitiger Eigentumserwerb durch ein Gemeinschaftsmitglied in greifbare Nähe rückt.[81] Bei Betreiben durch einen Pfändungspfandgläubiger können in Anlehnung an die Rechtsgedanken der an sich nicht anwendbaren **22**

---

69 *BGH*, Urteil v. 23.1.1981 – V ZR 200/79, BGHZ 79, 249 = NJW 1981, 2065 = Rpfleger 1981, 187.
70 S. aber für das Verhältnis zu anderen Verfahrensarten o. vor § 180 Rn. 2.
71 Zur Geltung bereits für den ersten Antrag s. *BGH*, Urteil v. 23.1.1981 – V ZR 200/79, BGHZ 79, 249 = NJW 1981, 2065 = Rpfleger 1981, 187.
72 *Stöber*, ZVG, § 180 Rn. 12.2.
73 *Hamme*, Rn. 93, 94.
74 S.a. *BGH*, Beschluss v. 25.6.2004 – IXa ZB 267/03, NJW 2004, 3636 = Rpfleger 2004, 722.
75 S.a. *Haentjens*, NJW 2004, 3609.
76 S. zu diesen Gründen *Hamme*, Rn. 93.
77 *Stöber*, ZVG, § 180 Rn. 12.3. sub g).
78 *Stöber*, ZVG, § 180 Rn. 12.3. sub a), s.a. für Wertschwankungen ansonsten ebda. sub b).
79 *Eickmann*, Teilungsversteigerung, Rn. 182.
80 *Stöber*, ZVG, § 180 Rn. 12.3. sub h).
81 S. *Stöber*, ZVG, § 180 Rn. 12.3. für den Fall der Erhalten alten Familienbesitzes (sub c) sowie für den Fall einer bevorstehenden Finanzierung eines solchen Erwerbs bei fehlendem Eilbedürfnis des Antragstellers (sub. g).

§§ 30a ff. Einstellungen dann anzudenken sein, wenn eine Vermeidung der Versteigerung in greifbare Nähe rückt.[82]

23 Gesundheitszustände können berücksichtigt werden. Allerdings sind diese per se nicht geeignet, eine Versteigerung zu verhindern. Vor allem chronische Störungen als solche stehen einer Einstellung nach Absatz 2 entgegen. Das mag hart klingen, aber sie stehen infolge ihrer Dauerhaftigkeit nicht mit dem Aufschubzweck der Norm in Zusammenhang.[83]

24 **d) Fehlende Einstellungsgründe.** Grundsätzlich keine Gründe[84] sind materielle, die zu einer Klage analog § 771 ZPO berechtigen. Hier besteht die Möglichkeit einer einstweiligen Anordnung nach § 769 ZPO.[85] Allerdings können solche Anordnungen auch von dem Versteigerungsgericht selbst erlassen werden (§ 769 Abs. 2 ZPO, hier allerdings mit dem grundsätzlichen Erfordernis von Sicherheitsleistungen), so dass im Ergebnis ein vorläufiger Rechtsschutz in jedem Fall gegeben ist. Bei Zweifelsfragen mögen Hilfsanträge sinnvoll sein. Dasselbe gilt, wenn anstelle der Klage eine Erinnerung (§ 766 ZPO) möglich ist (vgl. dann § 732 ZPO, s. allgemein Vorbemerkung §§ 180 ff. Rn. 7).

5. Anwendbarkeit von § 765a ZPO

25 Daneben bleibt die allgemeine Härteklausel des § 765a ZPO anwendbar.[86] Das folgt daraus, dass das Zwangsversteigerungsgesetz in die Zivilprozessordnung integriert ist und deren Regeln, soweit keine Sonderregeln existieren, ergänzend eingreifen (s. § 869 ZPO).[87] Es würde dann um Härtefälle gehen, welche dauernd vorhanden sind, bei denen also § 180 Abs. 2 nicht greift (z.B. bei andauernden Gesundheitsgefährdungen),[88] gegebenenfalls auch bei schwerwiegenden Fällen von Grundstücksverschleuderung.[89] Allerdings handelt es sich bei § 765a ZPO um eine auf krasse Fälle beschränkte Ausnahmeregel.[90] Grundsätzlich kann man davon ausgehen, dass die Teilungsversteigerung zulässig ist.

---

82 *Eickmann*, Teilungsversteigerung, Rn. 180.
83 S.a. *BGH*, Beschluss v. 25.6.2004 – IXa ZB 267/03, NJW 2004, 3635 = Rpfleger 2004, 722; krit. *Haentjens*, NJW 2004, 3609 f.
84 Hierzu umfassend *Stöber*, ZVG, § 180 Rn. 12.4.
85 Vgl. auch *OLG Köln*, Urteil v. 29.9.2000 – 11 U 126/00, InVO 2001, 112 (betr. eine einstweiligen Verfügung mit dem Ziel der einstweiligen Einstellung nach § 180 Abs. 2 ZVG); s.a. für die Ankündigung einer Klage analog § 771 ZPO *Eickmann*, Teilungsversteigerung, Rn. 183.
86 *BGH*, Beschl. v. 22.3.2007 – V ZB 152/06, NJW 2007, 3432 mit umfangreichen Nachweisen = Rpfleger 2007, 408; LG Frankfurt/Oder, Beschl. vom 28.9.2007 – 19 T 270/07, FamRZ 2008, 293; *KG*, Beschl. v. 23.2.1998 – 25 W 8815/96, Rpfleger 1998, 298 = NJW-RR 1999, 434; *OLG Köln*, Beschl. v. 14.1.1991 – 2 W 221/90, Rpfleger 1991, 197 = NJW-RR 1992, 126; *OLG Braunschweig*, Beschl. v. 22.8.1960 – 2 W 72/60, NJW 1961, 129; *Eickmann*, Teilungsversteigerung, Rn. 152; *Hennings-Holtmann*, Rn. 4.25 sowie 4.40; *Böttcher*, Rpfleger 1993, 290 f.; einschränkend *OLG Oldenburg*, Beschl. v. 2.4.1954 – 3 W 5/54, NJW 1955, 150 (keine Anwendbarkeit bei bereits zweimal erfolgter Einstellung nach §§ 30 ZVG); a.A. *OLG Koblenz*, Beschl. v. 5.6.1959 – 5 W 134/59, NJW 1960, 828; *LG Berlin*, Beschl. v. 6.7.1988 – 81 T 347/87, NJW-RR 1988, 253; *OLG Oldenburg*, Beschl. v. 2.4.1954 – 3 W 5/54, NJW 1955, 150; s.a. *Mewing/Nickel*, in: Locher/Mes, 44. Anm. 2.
87 S.a. *Lindemann*, NJW 1961, 131.
88 *Eickmann*, § 32.V. sowie Teilungsversteigerung, Rn. 211 ff.
89 *Eickmann*, § 32.V. (nach a.A. § 83 Nr. 6 ZVG, s. ebda.) sowie Teilungsversteigerung, Rn. 214.
90 *OLG Hamm*, Beschl. v. 16.3.2000 – 14 W 177/9Beschl. v. 25.6.2004 – IXa ZB 267/03, NJW 2004, 3635 = Rpfleger 2004, 722 (Gesundheitliche Risiken nicht ausreichend); s. selbst für Suizidgefährdung oder Gebrechlichkeit (nur bei Verursachung außerhalb der eigenen Risikosphäre) *Walker/Gruß*, NJW 1996, 352 ff.; dazu auch NJW-Spezial 2008, 353; für Verhaltensstörungen, die aber durch Therapie behebbar sind, s. *BGH*, Beschl. v. 22.3.2007 – V ZB 152/06, NJW 2007, 3432 = Rpfleger 2007, 408.

6. Feststellungslast

Die Feststellungslast für das Vorliegen der Einstellungsgründe obliegt dem Antragsteller. Es herrscht der Grundsatz der freien Beweiswürdigung (§ 286 ZPO analog). § 28 gilt mangels eines entsprechenden Verweises nicht (vgl. insoweit § 30b Abs. 2 Satz 3). Besondere Verfahrensvorschriften existieren nicht, so dass eine Entscheidung nach Aktenlage und damit insbesondere ohne mündliche Verhandlung (die ihrerseits nicht ausgeschlossen ist) möglich ist. Allerdings ist den übrigen Beteiligten infolge des Grundsatzes des rechtlichen Gehörs (Art. 103 Abs. 1 GG) Gelegenheit zur Stellungnahme zu geben (§ 30b Abs. 2 Satz 2 entsprechend). Es handelt sich um kein Verfahren des vorläufigen Rechtsschutzes, wo es zu Einschränkungen kommen kann (§ 937 ZPO). Auf Verlangen sind die jeweiligen Angaben glaubhaft zu machen (§ 30b Abs. 2 Satz 3, zur Glaubhaftmachung s. § 294 ZPO).

7. Rechtsbehelfe

Als Rechtsbehelf gegen den die Einstellung anordnenden Beschluss ist die sofortige Beschwerde (s. dazu §§ 95 ff. ZVG, 96 ZVG mit §§ 567 ff. ZPO) vorgesehen, zu der der oder die Antragsgegner vor Entscheidung zu hören sind (§ 30b Abs. 3). Es besteht eine Notfrist (s. zuvor Rn. 20) von zwei Wochen (Beginn: mit Beschlussverkündung über die einstweilige Einstellung, § 98), und die Beschwerde ist mittels Beschwerdeschrift beim Vollstreckungsgericht oder dem Beschwerdegericht einzulegen (§§ 96 ZVG, 569 ZPO). Eine aufschiebende Wirkung hat die Beschwerde per se nicht, sie kann aber von dem Versteigerungsgericht herbeigeführt werden (s. i.E. §§ 96 ZVG, 570 ZPO).[91] Beschwerdegründe sind die Nichteinhaltung der Voraussetzungen des § 180 Abs. 2 (§ 100 ist insoweit nicht anwendbar). Das Vollstreckungsgericht kann selbst abhelfen (§ 101 Abs. 1), ansonsten entscheidet das Beschwerdegericht (s. ansonsten auch §§ 96 ZVG, 572 ZPO).

IV. Zu Absatz 3

1. Allgemeines

Absatz 3 beinhaltet die sog. Kindeswohlklausel[92] und ist somit auf bestimmte familiäre Ausnahmesituationen zugeschnitten. Ansonsten geht es wiederum um die einstweilige Einstellung um eines Aufschubs willen. Diejenige nach Absatz 2 ist nebenher anwendbar (vgl. auch Absatz 3).
Nicht verwechselt werden darf die Einstellung nach Absatz 3 mit gegebenenfalls vorläufigen Zuweisungen von Ehewohnungen, wie das Teilungsversteigerungsverfahren generell hiervon zu unterscheiden ist (für Getrenntleben § 1360b BGB, für den Scheidungsfall §§ 3 ff. HausratsVO, s. weiterhin § 2 GewSchG, für gleichgeschlechtliche Lebenspartnerschaften s. §§ 5 Satz I, 18 Abs. 3 LPartG).[93] Ist allerdings die Teilungsversteigerung endgültig durchgeführt worden, so sind sonstige Zuweisungen der Wohnung ausgeschlossen.[94]

---

91 S.a. *BGH*, Beschluss vom 19.9.2002 – XII ZR 192/02, FPR 2003, 20.
92 Auch gegebenenfalls für volljährige Kinder, LG Berlin, Beschluss vom 6.7.1988 – 81 T 347/87, NJW-RR 1988, 253; s. allgemein *Drischler*, NJW 1986, 1854 f.
93 Vgl. *BGH*, Beschl. v. 22.3.2007 – V ZB 152/06, NJW 2007, 3431 = Rpfleger 2007, 408; zur Sittenwidrigkeit, mit der Teilungsversteigerung ggf. das Eheauseinandersetzungsverfahren zur unterlaufen s. *OLG Schleswig*, Urteil vom 16.12.1994 – 14 U 138/94, NJW-RR 1995, 900; für das Übergangsrecht infolge der Wiedervereinigung verbunden mit der Grundbuchbereinigung s. LG Halle, Beschl. v. 29.8.1994 – 2 T 340/93, DtZ 1994, 414 f.
94 *OLG Hamm*, Beschl. v. 9.6.1997 – 5 UF 56/97, NJW-FER 1998, 1; s.a. *Weber*, NJW 1998, 3092.

2. Voraussetzungen

29 **a) Teilungsversteigerung durch Ehegatten als Gemeinschaftsmitglied.** Es muss ein Miteigentümer (gemeint ist wieder das Mitglied einer Gemeinschaft, welche dem Teilungsversteigerungsverfahren unterliegen kann, s. zuvor Rn. 16) die Teilungsversteigerung betreiben. Die Betreibung durch einen Pfändungspfandgläubiger an dem Gemeinschaftsanteil ist ausgenommen.

Der Gemeinschaft darf neben dem Betreibenden nur sein Ehegatte (auch im Fall des Getrenntlebens der Fall) oder sein früherer Ehegatte (ab Scheidung, § 1564 BGB) angehören.[95]

30 **b) Antrag.** Der andere Ehegatte bzw. frühere Ehegatte kann eine einstweilige Einstellung beantragen. Das gilt für weitere Personen, wenn sie die Stellung des beteiligten Ehegatten einnehmen (etwa Pfandgläubiger, Erben, Insolvenzverwalter jeweils des Ehegatten).[96] Zuständig ist das Vollstreckungsgericht, nicht etwa ein Familiengericht.[97]

31 **c) Gemeinschaftliches Kind.** Voraussetzung ist eine ernsthafte Gefährdung des Wohls eines gemeinschaftlichen Kindes, welches von beiden Teilen abstammt oder ihnen gemeinschaftlich aufgenommen worden ist (§ 1742 Abs. 1 BGB).[98] Eine Analogie etwa auf gemeinsame Pflegekinder kommt angesichts des klaren Wortlautes nicht in Betracht; unberührt bleibt insoweit eine Ergänzung durch § 765a ZPO.[99]

32 **d) Ernsthafte Gefährdung des Kindeswohls.** Das Kindeswohl muss ernsthaft gefährdet sein. Damit reicht eine Beeinträchtigung an sich nicht aus, wenn sie eine naturgemäße Folge der Auseinandersetzung darstellt, wie etwa ein Schulwechsel oder der Verlust von Spielgefährten an sich.[100] Zusätzliche schwerwiegende Momente müssen hinzutreten.[101] Dies kann so sein, wenn ein ohnehin kontaktarmes Kind durch einen Wohnwechsel zusätzlichen Kontaktstörungen ausgesetzt wird,[102] oder die Wohnung auf die besonderen Bedürfnisse eines behinderten Kindes hin ausgerichtet war und Alternativen nicht oder nur mit unverhältnismäßigem Aufwand bestehen.[103] Auch noch offene Sorgerechtsfälle können, um keine vollendeten Tatsachen auf vorläufiger Basis zu schaffen, relevant sein.[104] Schließlich können ungünstige Prognosen in Bezug auf die schulische Entwicklung des Kindes (was auf weitere Entwicklungsprognosen sicherlich erweiterungsfähig ist) speziell durch den Wohnungsverlust ausreichend sein.[105] Die Feststellungslast liegt bei dem Antragsteller. Es kommt auf das Kindeswohl allein an, d.h. es wird anders als bei Absatz 2 auf die widerstreitenden Interessen der Ehepartner nicht geachtet.[106]

---

95 S.a. *Drischler*, NJW 1986, 1855.
96 S.a. *Stöber*, ZVG, § 180 Rn. 13.3.; *Eickmann*, Teilungsversteigerung, Rn. 192.
97 S.a. (krit.) *Hennings-Holtmann*, Rn. 4.39; krit. insoweit zur Rechtspflegerzuständigkeit (§ 3 Abs. 1 Nr. 1 lit. i) RpflG); *Maurer*, FamRZ 1991, 1141; *Meyer-Stolte*, Rpfleger 1992, 171.
98 *Eickmann*, Teilungsversteigerung, Rn. 193.
99 BGH, Beschl. v. 22.3.2007 – V ZB 152/06, NJW 2007, 3430 = Rpfleger 2007, 408; anders bei sonstigen Ehewohnungszuweisungen, s.a.a.O. S. 3441; s.a. *Hamme*, Rn. 96 f.; zu § 765a ZPO s. insoweit zuvor Rn. 25.
100 LG Heidelberg, Beschl. v. 21.1.1991 – 6 T 41/90, Rpfleger 1991, 215 = FamRZ 1991, 588; LG Frankenthal, Beschluss vom 25.11.1986 – 1 T 368/86, RPfleger 1987, 124; s.a. *Hamme*, Rn. 96; *Eickmann*, Teilungsversteigerung, Rn. 199.
101 S. ausführlich *Stöber*, ZVG, § 180 Rn. 13.4.
102 LG Heidelberg, Beschl. v. 21.1.1991 – 6 T 41/90, Rpfleger 1991, 215 = FamRZ 1991, 588.
103 *Diederichsen*, NJW 1986, 1285.
104 LG Berlin, Beschl. v. 18.12.1991 – 81 T 451/91, RPfleger 1992, 170.
105 *Stöber*, ZVG, § 180 Rn. 13.4., S. 1481.
106 S.a. *Büte*, FPR 2007, 457.

3. Verfahren

Das Verfahren richtet sich nach § 30b entsprechend (vgl. insoweit zuvor Rn. 20). Die sofortige Beschwerde ist zulässig (s. o. Rn. 27). Mehrfache Wiederholungen der Aussetzung aus Kindeswohlgründen sind möglich (Satz 2, beachte aber Absatz 3). Werden die maßgeblichen Fristen nicht eingehalten, bleibt das Kindeswohl außer Betracht.[107]

4. Änderungen der Sachlage

Spätere Änderungen der Sachlage können eine Änderung des einmal gefassten Beschlusses in die eine oder andere Richtung bewirken. Das Vollstreckungsgericht ist nicht gehalten, von Amts wegen hierauf zu achten, sondern reagiert nur auf Antrag (Satz 4).

V. Zu Absatz 4

Die Anordnungen nach Absatz 2 können sich maximal auf zwölf Monate beziehen (Rn. 19), diejenige nach Absatz 3 kennen an sich keine zeitliche Grenze. Kombinationen mehrerer Einstellungsgründe sind möglich. Die Begrenzung der genannten Einstellungsvarianten auf maximal fünf Jahre trägt dem gleichwohl innewohnenden Aufschubcharakter Rechnung. Es sollen einstweilige Einstellungen nicht zu faktisch endgültigen Lösungen führen.

---

107 *Büte*, FPR 2007, 457

§ 181 ZVG [Voraussetzungen der Anordnung]

(1) Ein vollstreckbarer Titel ist nicht erforderlich.

(2) Die Zwangsversteigerung eines Grundstücks, Schiffes, Schiffbauwerks oder Luftfahrzeugs darf nur angeordnet werden, wenn der Antragsteller als Eigentümer im Grundbuch, im Schiffsregister, im Schiffsbauregister oder im Register für Pfandrechte an Luftfahrzeugen eingetragen oder Erbe eines eingetragenen Eigentümers ist oder wenn er das Recht des Eigentümers oder des Erben auf Aufhebung der Gemeinschaft ausübt. Von dem Vormund oder dem Betreuer eines Miteigentümers kann der Antrag nur mit Genehmigung des Vormundschaftsgerichts gestellt werden

Fassung von Satz 2 ab 1.9.2009: Von dem Vormund eines Miteigentümers kann der Antrag nur mit Genehmigung des Familiengerichts, von dem Betreuer eines Miteigentümers nur mit Genehmigung des Betreuungsgerichts gestellt werden.

(3) Die Vorschrift des § 17 Abs. 3 findet auch auf die Erbfolge des Antragstellers Anwendung.

Übersicht

		Rn.
I.	Textgeschichte	1
II.	Zu Absatz 1	2
III.	Zu Absatz 2	3, 4
1.	Zu Satz 1	3
	a) Registrierung der Antragsteller und der Antragsgegner	3
	b) Erbeneigenschaft des Antragsstellers	3
	c) Rechtsausübung durch Andere	3
2.	Zu Satz 2	4
IV.	Zu Absatz 3	5

I. Textgeschichte

1 Vormaliger Absatz 3 wurde aufgehoben durch Art. II Nr. III Verordnung vom 27.1.1944, RGBl. 1944 I, S. 47, der ehemalige Absatz 4 ist nun Absatz 3, Abs. 2 Satz 1 in der Fassung § 109 Nr. 4 des Gesetzes vom 26.2.1959, BGBl. 1959 I, S. 57, Satz 2 in der Fassung Art. 7 § 17 des Gesetzes vom 12.9.1990, BGBl. 1990 I, S. 2002 mit Wirkung vom 1.1.1992. Änderung des § 181 Abs. 1 Satz 2 zum 1.9.2009 durch Art 31 FGG-RG, BGBl. 2008 I, S. 2702.

II. Zu Absatz 1

2 Die Teilungsversteigerung dient der Auseinandersetzung, nicht der Ermöglichung des Gläubigerzugriffs. Dass ein Titel – zumal in einem Verfahren, dessen Voraussetzungen regelmäßig unstreitig sind, – nicht erforderlich ist, ist nichts anderes als eine logische Konsequenz.[1] Das ändert nichts daran, dass gegebenenfalls die Aufhebung der Gemeinschaft selbst durch gerichtliche Entscheidung nachgewiesen werden muss.[2] Ebenfalls hiervon zu unterscheiden ist der

---

[1] Vgl. auch *Stöber*, ZVG, § 181 Rn. 2.1.
[2] *Stöber*, ZVG, § 181 Rn. 2.3 ff.; s. i.E. o. Rn. ; s.a. § 1010 BGB.

Duldungstitel eines Pfandgläubigers (s. dazu § 180 Rn. 10), ohne den aus dem Pfandrecht selbst nicht vorgegangen werden kann (§ 1277 BGB).[3]

III. Zu Absatz 2

1. Zu Satz 1

a) **Registrierung des Antragstellers und der Antragsgegner.** Absatz 2 verlangt als Nachweis der Berechtigung des Antragsstellers dessen Eintrag in die jeweiligen Register. Sonstige Beweismittel sind damit ausgeschlossen. Aus § 17 Abs. 1 folgt zugleich das Erfordernis der Eintragung der Antragsgegner.[4] Der Nachweis ist das Zeugnis des Grundbuchamts nach § 17 Abs. 2 (jeweils i. V. m. § 180 Abs. 1).

b) **Erbeneigenschaft des Antragstellers.** Ist der Antragsteller Erbe eines Eigentümers (welcher stets eingetragen sein muss), kann er seine Stellung außerhalb eines Registers durch öffentliche Urkunden (namentlich Erbschein) nachweisen.[5]

c) **Rechtsausübung durch Andere.** Die Rechtsausübung durch Andere betrifft den Insolvenzverwalter, Nachlassverwalter, Erbteilserwerber (§ 2033 Abs. 1 BGB), Testamentsvollstrecker, Liquidatoren (Personenhandelsgesellschaften), Nießbraucher, Pfandberechtigte (§§ 1204 ff. BGB) oder Pfändungspfandgläubiger.[6] Auch diese bedürfen keiner Registereintragung, haben ihre Befugnisse aber anderweitig durch öffentliche Urkunden (Zeugnisse) nachzuweisen.

2. Zu Satz 2

Ein Vormund und ein Betreuer (hier ist auf dessen Aufgabenbereich zu achten) bedürfen der Genehmigung[7] durch das Vormundschaftsgerichts bzw. ab 1.9.2009 das Familiengericht (§ 151 Nr. 4 FamFG);[8] dasselbe gilt für den Nachlasspfleger (§ 1961),[9] welcher insoweit der Genehmigung durch das Nachlassgericht bedarf (§ 1962 BGB). Im Vordergrund stehen hier wirtschaftliche Interessen des Schutzbefohlenen im Rahmen einer Vermögenssorge.[10] Fehlt die Zustimmung, ist der Antrag zurückzuweisen. Da die Antragstellung eine Verfahrenshandlung darstellt, kann es anders als für den rechtsgeschäftlichen Bereich (vgl. dort § 1829 BGB) keine schwebende Unwirksamkeit geben. Erneute Antragstellungen sind möglich. Ob die Genehmigung zu Recht bzw. zu Unrecht erfolgt ist, ist nicht Gegenstand des Teilungsverfahrens, sondern eines eigenes analog § 771 ZPO anzustrengenden Rechtsstreits.[11]

IV. Zu Absatz 3

Die Erbfolge ist bei fehlender Gerichtsoffenkundigkeit durch Urkunden (Erbschein, Testament, notarielles Zeugnis, für private Urkunden sowie Versicherungen ist Glaubhaftmachung nötig) mit dem Verfahrensantrag (§ 16 Abs. 2 i. V. m. § 180 Abs. 1) zusammen nachzuweisen. Die Ausstellung erfolgt ent-

---

3 S. dazu *Eickmann*, § 28.III. a.E.
4 *Stöber*, ZVG, § 181 Rn. 4.1.
5 *Stöber*, ZVG, § 181 Rn. 3.2.
6 *Stöber*, ZVG, § 181 Rn. 3.1. a.E.
7 *Schiffhauer*, in: *Dassler/Schiffhauer/u. a.*, ZVG, § 181 Rn. 21.
8 BGBl. 2008 I, S. 2702; vgl. zur Abschaffung des Vormundschaftsgerichts durch das sog. Große Familiengericht BT-Drucks. 16/6308, S. 2 sowie 347.
9 Sofern sich die Teilungsversteigerung mit den bloßen Sicherungsaufgaben verträgt, vgl. o. § 175 Rn. 8.
10 *BayObLG*, Beschl. v. 13.9.1971 – BReg. 3 Z 10/71, NJW 1971, 2315.
11 *BayObLG*, Beschl. v. 13.9.1971 – BReg. 3 Z 10/71, NJW 1971, 2315.

sprechend § 792 ZPO, wobei nach § 181 Abs. 1 ein Titel nicht erforderlich ist.[12]

---

[12] S. i.e. *Stöber*, ZVG, § 181 Rn. 5.2.

§ 182 ZVG [Feststellung des geringsten Gebots]

(1) Bei der Feststellung des geringsten Gebots sind die den Anteil des Antragstellers belastenden oder mitbelastenden Rechte an dem Grundstücke sowie alle Rechte zu berücksichtigen, die einem dieser Rechte vorgehen oder gleichstehen.

(2) Ist hiernach bei einem Anteil ein größerer Betrag zu berücksichtigen als bei einem anderen Anteile, so erhöht sich das geringste Gebot um den zur Ausgleichung unter Miteigentümern erforderlichen Betrag.

Schrifttum: *Alff, Erhard,* Geringstes Gebot und Zuschlagsprobleme in der Teilungsversteigerung bei mehreren Antragsstellern, zugleich eine Besprechung zum Beschluss des LG Hamburg vom 19.4.2004 – 327 T 6/04; *Büchmann, Knud,* Zur Behandlung des Aufhebungsanspruch eines Miteigentümers im Rahmen des Verfahrensrechts einer Teilungsversteigerung, EWIR 1987, 203; *Drischler, Karl,* Der Ausgleichsbetrag nach § 182 Abs. 2 ZVG in der Teilungsversteigerung, Anmerkung zum Beschluss des LG Lüneburg vom 9.6.1981 – 4 T 90/81 (ZIP 1981, 914), ZIP 1981, 921; *Otto, Holger/Seyffert, Bernhard,* Blockade der Teilungsversteigerung durch Beitritt eines bestimmten Miteigentümers? Rpfleger 1979, 1; *Streuer, Rudolf,* Das „Räumungsprinzip" des § 182 Abs. 1 ZVG, Rpfleger 2001, 119.

Übersicht

		Rn.
I.	Textgeschichte	1
II.	Allgemeines	2
III.	Zu Absatz 1	3–9
1.	Grundsatz	3, 4
	a) Fehlende Vorrangverhältnisse	3
	b) Gesamthandsgemeinschaft	4
2.	Besonderheit Bruchteilsgemeinschaft	5–9
	a) Unterschiedliche Belastung der Anteile	5
	b) Belastungen des Anteils	6
	c) Mitbelastungen des Anteils	7
	d) Nicht den Anteil belastende Rechte mit besserem Rang	8
	e) Fazit	9
IV.	Zu Absatz 2	10–12
1.	Feststellung des Augleichsbetrags	10
2.	Rechtsfolgen	11, 12
V.	Sonderfall: Betreibung der Teilungsversteigerung durch mehrere Antragsteller	13–15

I. Textgeschichte

Absatz 3 aufgehoben durch Art. II Nr. III Verordnung vom 27.1.1994, RGBl. 1944 I, S. 47. **1**

II. Allgemeines

Das geringste Gebot (§ 44) steht für das Gebot, welches mindestens für eine Versteigerung zugelassen werden darf. Niedrigere Gebote sind zurückzuwei- **2**

sen (anders bei den Zuschlagsgrenzen der §§ 74a,[1] 85a:[2] Hiernach kommt es zu einer Zulassung, aber gegebenenfalls wird der Zuschlag verweigert).[3] § 182 Abs. 1 stellt als lex specialis zu § 44 Abs. 1 Regeln auf, welche Posten in dieses Gebot einfließen. Hintergrund ist wie sonst auch der Deckungsgrundsatz. Es bedarf einer Sonderregelung zu § 44 Abs. 2, weil dieser von einem die Vollstreckung betreibenden Gläubiger ausgeht. Ein solcher fehlt hier.
Hiernach gilt Folgendes:[4]

III. Zu Absatz 1

1. Grundsatz

3 a) **Fehlender Vorrang.** Zunächst sind alle eingetragenen Rechte an dem Versteigerungsgegenstand zu übernehmen. Einen Vorrang kann es nicht geben, weil sich Rangverhältnisse mangels eines Gläubigers nicht bilden können. Die besagten Rechte machen das geringste Gebot aus.

4 b) **Gesamthand.** Das gilt uneingeschränkt für gesamthänderische Gemeinschaften (Personengesellschaften, Miterbengemeinschaften, Gesamtgut der ehelichen Gütergemeinschaft).[5] Hier gibt es eine einheitliche Inhaberschaft an dem fraglichen Recht. Unterschiedliche Belastungen können sich lediglich auf den Gesamthandsanteil beziehen. Dieser ist nicht Gegenstand der Teilungsversteigerung. Das ist selbst dann zu beachten, wenn die Gesamthand sich einzig und allein auf das Versteigerungsobjekt bezieht. Hier kann die Unterscheidung anhand der Art und Weise des Vollstreckungszugriffs getroffen werden: Der Gesamthandsanteil als solcher ist niemals Gegenstand der Teilungsversteigerung, sondern die Vollstreckung erfolgt durch Pfändung und Überweisung (§ 857 Abs. 1 ZPO). Ein Zugriff auf das Versteigerungsobjekt ist erst durch die dann mögliche Auseinandersetzung möglich.[6]

2. Besonderheit Bruchteilsgemeinschaft

5 Das ist bei der Bruchteilsgemeinschaft (§§ 741 ff. BGB) anders. Hier gibt es eine echte Teilung des Rechts selbst, welche unterschiedliche Belastungen der einzelnen Anteile nach sich ziehen kann (§ 747 Satz 1 BGB). Hier setzt § 182 Abs. 1 an. Vorausgesetzt wird jeweils, dass die Belastung aus dem Grundbuch ersichtlich oder rechtzeitig angemeldet und nötigenfalls glaubhaft gemacht worden ist (§§ 180 Abs. 1, 45 Abs. 1).[7] Vormerkungen auf solche Rechte genügen.[8]
a) **Unterschiedliche Belastungen der Anteile.** Das gilt zunächst nur, wenn die Belastung der jeweiligen Anteile unterschiedlich ist. Ansonsten bedarf es des Ausgleichs nicht, an den § 182 Abs. 1 ansetzt.[9] Bei einer unterschiedlichen Belastung gilt Folgendes:

---

1 Zur fehlenden Beschwerberechtigung eines erwerbswilligen Gemeinschaftsmitglieds gegen eine zu hohe Verkehrswertfestsetzung an sich s. *LG Bonn*, Beschl. vom 31.1.2006 – 6 T 356/05, NJOZ 2007, 1137.
2 Hierzu in der Teilungsversteigerung *Hennings-Holtmann*, Rn. 4.4.1.; s. a. *Storz/Kiderlen*, A.3.2.2. Ziff. 9.
3 Zur Geltung dieses allgemeinen Deckungsprinzips s. a. *Hennings-Holtmann*, Rn. 4.31.
4 S dazu auch *BGH*, Urteil v. 19.11.1998 – IX ZR 284/97, NJW-RR 1999, 505 = Rpfleger 1999, 140.
5 *Stöber*, ZVG, § 181 Rn. 2.6.
6 *Hennings-Holtmann*, Rn. 4.32 f.
7 *Stöber*, ZVG, § 182 Rn. 2.5.
8 Vgl. *Stöber*, ZVG, § 182 Rn. 2.6.
9 *Stöber*, ZVG, § 182 Rn. 2.7.; *Hamme*, Rn. 56.

b) Belastungen des Anteils. Zu berücksichtigen sind für das geringste Gebot alle Rechte, die den Anteil des Antragstellers belasten, d. h. welche sich allein auf diesen beziehen.[10]

c) Mitbelastungen des Anteils. Hinzu kommen die mitbelastenden Rechte, das sind solche, die entweder das gesamte Versteigerungsobjekt bzw. das Gesamteigentum daran belasten oder dies nur teilweise tun, aber sich auf mehrere Eigentumsanteile und hier wiederum mit auf denjenigen des Antragstellers beziehen. Unberücksichtigt bleiben Rechte, die zwar Miteigentumsanteile belasten, aber nicht denjenigen des Antragstellers, weil es innerhalb der Auseinandersetzung zwischen den Anteilsinhabern keine Rangordnung geben kann. Gewissermaßen können solche Rechte zu Lasten eines Miteigentümers wirtschaftlich verloren gehen.

d) Nicht den Anteil belastende Rechte mit besserem Rang. Rechte einzelner Gläubiger, die den Antragsteller-Anteil nicht belasten, können dennoch rangmäßig besser stehen als diese belastende Rechte. Ist dem so, werden auch diese in dem geringsten Gebot berücksichtigt.

e) Fazit. Um die berücksichtigungsfähigen Belastungen zu eruieren, kann man wie folgt fragen: 1. Erfasst die Belastung den Anteil des Antragstellers direkt? Wenn ja, Berücksichtigung, wenn nein, weitere Frage 2. Geht die Belastung, welche den Anteil des Antragstellers nicht berührt, rangmäßig den nach Frage 1. zu berücksichtigenden Rechten vor? Wenn ja, Aufnahme in das geringste Gebot, wenn nein, keine Berücksichtigung.

Zu dem Fall, dass mehrere Antragsteller vorhanden sind, s. im Anschluss Rn. 13 ff.

IV. Zu Absatz 2

Zusätzlich können unter den Miteigentümern Ausgleichsansprüche entstehen, die sich aus der Ablösung der Belastung ergeben. Diese können in ihrer Höhe variieren, was § 182 Abs. 2 berücksichtigt.[11] Dessen Nichtbeachtung führt zur Zuschlagsverweigerung (§ 83 Nr. 1) bzw. stellt einen Beschwerdegrund dar (§ 100 Abs. 1).[12]

1. Feststellung des Ausgleichsbetrags

Vorgegangen wird nach der sog. Freund'schen Formel,[13] indem zunächst die Belastung des Antragstelleranteils[14] ermittelt wird, um sodann diejenigen der übrigen Beteiligten festzustellen. Anschließend erfolgt eine Umrechnung in Bruchteile. Sind diese unterschiedlich hoch, ist der gemeinsame Nenner zu ermitteln. Der Ausgleichsbetrag ist die Differenz zwischen der relativ niedrigsten und der relativ höchsten Anteilsbelastung (s. insoweit auch das Musterverfahren, Vor § 180 Rn. 17).

---

10 Sie können naturgemäß auch bei Bestehenbleiben nach der Versteigerung nicht zu einer Erweiterung auf das gesamte Versteigerungsobjekt führen, *Eickmann*, § 34.II.3.
11 Zur Einschlägigkeit bei ungleichen Belastungen s. *Stöber*, ZVG, § 182 Rn. 4.1.; zur üblichen Nichteinschlägigkeit bei Gesamthandsgemeinschaften ebda. Rn. 4.4.
12 *Hintzen*, in: Dassler/Schiffhauer/u. a., ZVG, § 182 Rn. 15.
13 Umfassend *Stöber*, ZVG, § 182 Rn. 4., s. a. *Hamme*, Rn. 44 ff.; *Schiffhauer*, in: Dassler/Schiffhauer/u. a., ZVG, § 182 Rn. 9.
14 Zur Berücksichtigung bei mehreren Antragstellern s. Rn. 13 ff.; *Hamme*, Rn. 44.

2. Rechtsfolgen

11 Das geringste Gebot erhöht sich um diese Ansprüche.[15] Das folgt aus dem Zweck der Teilungsversteigerung, mit dem Vollzug der Auseinandersetzung auch diesen Ausgleich zu eröffnen. Es ist allerdings nicht Aufgabe des Vollstreckungsgerichts, hier eine materielle Überprüfung vorzunehmen. Hier würde es ausreichen, den Erlös zur weiteren Aufteilung durch die Mitglieder zu hinterlegen. Kommt es diesbezüglich zu Streitigkeiten, sind diese im streitigen Verfahren vor dem Prozessgericht zu klären. § 182 Abs. 2 beschränkt sich einzig und allein auf die Feststellung des geringsten Gebots, ohne Auszahlungsmodalitäten zu statuieren.[16] Für den Fall, dass der Ausgleichsbetrag nicht bar berichtigt wird, ist gem. §§ 118, 128 vorzugehen.[17]

12 Hinzu kommen die Verfahrenskosten. § 182 erwähnt diese nicht, lässt aber deshalb Raum für eine Anwendung von § 44 Abs. 1 ZVG.

V. Sonderfall: Betreibung der Teilungsversteigerung durch mehrere Antragsteller

13 Sonderprobleme können auftreten, wenn mehrere Antragssteller die Teilungsversteigerung betreiben. § 182 hat den Grundfall im Auge, dass es nur einen Antragssteller gibt. Gibt es deren mehrere, so würden sie sich gegenseitig neutralisieren, weil insoweit wieder kein Rangverhältnis feststellbar ist. Nicht umsonst wird insoweit auch von einer Verfahrensblockade gesprochen.[18]

14 Hierzu haben sich mehrere Lösungsansätze entwickelt:[19]
- Totalbelastungstheorie oder auch Sonderprozesslehre: Hiernach werden sämtliche Belastungen in das geringste Gebot mit aufgenommen. Zur Kritik: Es kann das geringste Gebot dermaßen „aufgebläht" werden, dass die Versteigerung insgesamt scheitert.[20]
- Zustimmungswegfall-Theorie:[21] Ebenso wie zuvor beschrieben wird jede Belastung berücksichtigt, aber jeder Antragsteller kann ein Ausgebot so verlangen als wäre er der einzige Antragsteller. Einer Zustimmung der übrigen nach § 59 ZVG bedarf es nicht.
- Niedrigstgebotstheorie: Es ist § 182 Abs. 2 für jeden Antragsteller isoliert anzuwenden, d. h. das geringste Gebot ist mehrfach einzelantragstellerbezogen zu ermitteln. Das hiernach festgestellte niedrigste Gebot ist maßgeblich.[22] Bei gleich hohen Belastungen fallen beide in das geringste Gebot.[23]

---

15 Zu dem fehlenden Charakter des § 182 Abs. 2 ZVG als Anspruchsgrundlage s. etwa *Hamme*, Rn. 43 sowie a. a. O. zu dem Fall, dass infolge dieser Erhöhung das Versteigerungsobjekt gar nicht mehr verwertbar ist (Rn. 46).
16 S. dazu auch *Hennings-Holtmann*, Rn. 4.34f.; *Hamme*, Rn. 42ff.; *Eickmann*, § 32.IV.3.; *OLG Schleswig*, Urteil v. 1.2.2000 – 8 UF 96/99, OLGR Schleswig 2000, 176; a.A. *Drischler*, ZIP 1982, 921.
17 *Stöber*, ZVG, § 182 Rn. 4.12.
18 *Eickmann*, § 32.IV.3.
19 S. den Überblick bei *Böttcher*, Rpfleger 1993, 394 sowie § 182 Rn. 13ff.; *Hamme*, Rn. 35; *Hintzen*, in: Dassler/Schiffhauer/u.a., ZVG, § 182 Rn. 19; *Eickmann*, § 32.IV. sowie Teilungsversteigerung, Rn. 237ff.
20 *LG Hamburg*, Beschl. v. 19.4.2004 – 328 T 6/04, Rpfleger 2004, 723; *Steiner/Teufel*, § 182 Rn. 13; krit hierzu *Alff*, Rpfleger 2004, 673ff.
21 *LG Heidelberg*, Beschl. v. 8.6.1979 – 6 T 5/79, RPfleger 1979, 472; *Otto/Seyffert*, RPfleger 1979, 4f.; vgl. insoweit *LG Düsseldorf*, Beschl. v. 18.9.1986 – 25 T 649/86, Rpfleger 1987, 29; *Büchmann*, EWIR 1987, 203f.
22 H.M., s. *Böttcher*, Rpfleger 1993, 294; *Hamme*, Rn. 40; *LG Hamburg*, Beschl. v. 19.4.2004 – 328 T 6/04, Rpfleger 2004, 723; *Böttcher*, § 182 Rn. 17; krit. hierzu *Alff*, Rpfleger 2004, 673ff.; *Streuer*, Rpfleger 2001, 119ff.; *Eickmann*, § 32.IV.3.
23 *Eickmann*, § 32.IV.4.

- Korrealbelastungstheorie: Es werden nur diejenigen Belastungen im geringsten Gebot berücksichtigt, welche die Anteile aller Antragsteller belasten sowie die diesen rangmäßig gleichstehenden oder vorgehenden Rechte. Zur Kritik: Der Wortlaut des § 182 Abs. 1 deckt diese Vorgehensweise nicht.
- Das sog. Räumungsprinzip entspricht der Korrealbelastungstheorie. Hiernach erlöschen die Rechte, welche nicht die Anteile der Antragsteller belasten, sie „werden geräumt". Es wird lediglich auf jeden Antragsteller je für sich geachtet.[24]

Mittlerweile setzt sich die Niedrigstgebotstheorie durch (s. a. Musterverfahren, Vor § 180 Rn. 16).[25] Ergänzend ist für Belastungen unterschiedlich hoher Miteigentumsanteile auf die relative Belastung abzustellen, d.h. unterschiedlich hohe Belastungen bleiben berücksichtigt, wenn sie sich in Relation zu den unterschiedlich hohen Belastungsobjekten (den Anteilen) als gleichwertig erweisen (Bsp.: Belastung eines Anteils von ¼ mit 25.000 Euro bei gleichzeitiger Belastung eines Anteils von ¾ mit 75.000 Euro).[26]

---

[24] *Niederee*, DRpflZ 1984, 93; *Streuer*, Rpfleger 2001, 121.
[25] S. aber auch für mögliche Missbräuche *Hintzen*, in: *Dassler/Schiffhauer/u.a.*, ZVG, § 182 Rn. 21 f., welche aber ggf. schwer nachweisbar sind und bei entsprechenden Hinweisen im Vortermin (§ 62 ZVG) zu erörtern wären (a.a.O.).
[26] S. dazu auch *Hamme*, Rn. 41.

§ 183 ZVG [Vermietung oder Verpachtung]

Im Fall der Vermietung oder Verpachtung des Grundstücks finden die in den §§ 57a und 57b vorgesehenen Maßgaben keine Anwendung.

Übersicht

	Rn.
I. Textgeschichte	1
II. Allgemeines	2
III. Einzelheiten	3–5
1. Vertragsübernahme und Verfügungsbeschränkungen	3
2. Maßgeblicher Zeitpunkt	4
3. Antragsteller als Mieter	5

I. Textgeschichte

1 Fassung nach. 1 Nr. II des Gesetzes vom 8.6.1915 RGBl. 1915 I, S. 327.

II. Allgemeines

2 Mit der Ersteigerung eines Grundstücks erfolgt eine Vertragsübernahme in die bestehenden Miet- und Pachtverhältnisse gem. § 57 ZVG i. V. m. § 566 BGB. Jedoch ist das besondere Kündigungsrecht nach § 57a für die Teilungsversteigerung ausgeschlossen (was sich auch auf den Ausschluss der mittlerweile aufgehobenen §§ 57c u. 57d erstreckte).[1] Sinn der Regelung ist es zu verhindern, dass die Teilungsversteigerung zu einem Mittel zweckentfremdet wird, sich von unliebsamen Mietverhältnissen zu lösen.[2] Ansonsten stehen die Kündigungsrechte des bürgerlich-rechtlichen Miet- bzw. Pachtrechts zur Verfügung, was üblicherweise auf das Erfordernis eines Eigenbedarfs hinausläuft.[3] Die Vollstreckung aus dem Zuschlagsbeschluss (§ 93), vor allem die Räumung des Grundstücks durch die übrigen Gemeinschaftsmitglieder, wird von § 183 nicht ausgeschlossen.[4] Voreilige Vollstreckungen würden jedoch Haftungsfälle wegen Vertragsverletzung auslösen.

§ 183 greift nicht im Rahmen der Vollstreckungsversteigerung, also auch dann nicht, wenn es zu einem Beitritt von Gläubigern kommt und dies zu einem Vorrang eben jener Versteigerung führt (s. insoweit vor § 180 Rn. 2 sowie § 180 Rn. 14).[5]

III. Einzelheiten

1. Vertragsübernahme und Verfügungsbeschränkungen

3 Der Erwerber tritt nach Maßgabe des § 556a BGB (s. hierzu sowie nachfolgend die jeweiligen Verweise auf die BGB-Vorschriften in § 57) in die Rechte und Pflichten ein, welche sich aus einer Sicherheitsleistung durch den Mieter oder Pächter ergeben. Bis dahin erfolgte Vorausverfügungen über den Miet-

---

[1] S.a. *Böttcher*, § 184 Rn. 1; für Hinweispflichten analog § 139 ZPO in Bezug auf die mit § 183 ZVG verbundenen Hinweispflichten *Hintzen*, in: *Dassler/Schiffhauer/u.a.*, ZVG, § 183 Rn. 4.
[2] *Hintzen*, in: *Dassler/Schiffhauer/u.a.*, ZVG, § 183 Rn. 1.
[3] Vgl. *BayObLG*, Rechtsentscheid in Mietsachen v. 10.6.1992 – RE-Miet 2/92, NJW-RR 1992, 1166 = Rpfleger 1992, 531; *Hamme*, Rn. 150; *Stöber*, ZVG, § 183 Rn. 743 ff.
[4] *Stöber*, ZVG, § 183 Rn. 2.5.; *Storz/Kiderlen*, A.3.2.2. Anm. 6.
[5] Vgl. *Schiffhauer*, in: *Dassler/Schiffhauer/u.a.*, ZVG, § 183 Rn. 3.

oder Pachtzins sind gegenüber dem Erwerber wirksam, als sie sich auf die zum Eigentumsübergang laufende Miete/Pacht bzw. wenn der Übergang nach dem fünfzehnten eines Monats übergeht auch noch auf diejenige für den folgenden Kalendermonat beziehen (§ 556b Abs. 1 BGB, auf Absatz 2 verweist § 57 ZVG nicht[6]). Vergleichbares gilt auch für sonstige Vereinbarungen über die Miete oder Pacht, insbesondere Tilgungsmodalitäten, wobei diese nach Eigentumsübergang nur bei Unkenntnis des Mieters oder Pächters von dem Übergang gegenüber dem Erwerber gelten (§ 566c BGB). In diesem Umfang sind auch Aufrechnungen möglich, es sei denn der Mieter oder Pächter hat die aufrechenbare Gegenforderung erst nach Kenntnis von dem Eigentumsübergang erworben oder diese Forderung ist erst nach der Kenntnis oder später als die Miete/Pacht fällig geworden (§ 566d BGB).

2. Maßgeblicher Zeitpunkt

Diesbezüglich ist jeweils § 57b ausgeschlossen. Das bedeutet, dass, wenn es auf den Zeitpunkt des Eigentumsübergangs ankommt, dieser nicht wie in der Vollstreckungsversteigerung durch die Beschlagnahme ersetzt wird. Maßgeblich ist der Zeitpunkt der Zuschlagswirksamkeit (§§ 89, 104, für den Eigentumsübergang s. § 90 Abs. 1) oder die Kenntnis davon.[7]

3. Antragsteller als Mieter

Ist der Antragsteller selbst der Mieter, besteht kein Grund, ihm die allgemeinen Schutzvorschriften zu versagen. Anderenfalls würde man das Interesse an einer Gemeinschaftsaufhebung, welches auch einem Antragsteller-Mieter zustehen kann, mit sachfremden Erwägungen des Wohnungserhalts vermengen.[8]

---

6 S.a. *Eickmann*, § 34.III.
7 *Stöber*, ZVG, § 183 Rn. 2.3.; *Eickmann*, § 34.III.; auch insoweit für Hinweispflichten im Rahmen von § 139 ZPO analog *Schiffhauer*, in: *Dassler/Schiffhauer/u.a.*, ZVG § 183 Rn. 1.
8 Str., wie hier *Hamme*, Rn. 151 m.w.N.

§ 184 ZVG [Keine Sicherheitsleistung]

Ein Miteigentümer braucht für sein Gebot keine Sicherheit zu leisten, wenn ihm eine durch das Gebot ganz oder teilweise gedeckte Hypothek, Grundschuld oder Rentenschuld zusteht.

Übersicht

		Rn.
I.	Textgeschichte	1
II.	Inhalt der Regelung	2
III.	Keine Analogiefähigkeit	3

I. Textgeschichte

1 Fassung vom 1.1.1964.

II. Inhalt der Regelung

2 Das Mitglied einer Gemeinschaft (hier verengend als Miteigentümer bezeichnet) muss in der Teilungsversteigerung Sicherheiten für sein Gebot[1] nach Maßgabe der §§ 67 ff. ZVG – § 68 Abs. 3 ausgenommen, der infolge des Zuschnitts auf einen Gläubiger der Teilungsversteigerung nicht gilt,[2] ebenso § 67 Abs. 2 Satz 2 ZVG[3] – leisten wie jeder andere Bieter auch.[4] Die einzige Ausnahme besteht dann, wenn mit dem Gebot ein ihm zustehendes Grundpfandrecht mit abgedeckt wird; eine entsprechende Vormerkung wird als genügend erachtet.[5] Eine solche Deckung liegt allerdings nur vor, wenn auf das Grundpfandrecht eine Zahlung erfolgt und sei es nur auf die Zinsen eines bestehend gebliebenen Rechts.[6]
Der Grund für diese Privilegierung liegt in dem Streben nach Gleichbehandlung der Gemeinschaftsmitglieder.[7] Der grundpfandgesicherte Antragsteller braucht ohnehin keine Sicherheitsleistung zu erbringen, wenn bzw. weil kein sonstiger Antragsteller vorhanden ist, was sich schon aus § 67 Abs. 2 Satz 1 selbst ergäbe. Das soll für alle Mitglieder gelten, um Bieterkonkurrenzen zu vermeiden.

III. Keine Analogiefähigkeit

3 Es handelt sich um einen eng begrenzten Ausnahmefall, der keiner Erweiterung zugänglich ist.[8]

---

1 Zur Unanwendbarkeit von § 1365 BGB für die Gebotsabgabe s. *Stöber*, Handbuch, Rn. 740.
2 *Hamme*, Rn. 118; *Hock/Mayer/u.a.*, Rn. 1326; *Stöber*, Handbuch, Rn. 740; *Eickmann*, § 33.III.
3 *Stöber*, Handbuch, Rn. 740.
4 S.a. *Storz/Kiderlen*, A.3.2.2. Anm. 7.
5 *Hamme*, Rn. 117.
6 *Stöber*, ZVG, § 184 Rn. 3.4.; *Böttcher*, § 184 Rn. 1 (str.).
7 *Eickmann*, § 33.III.
8 Str., s. bejahend für die Zuteilung auf Zinsen eines Rechts, welches nicht erlischt, *Hock/Mayer/u.a.*, Rn. 1324; s.a. *Eickmann*, § 33.III.

§ 185 ZVG [Anhängiges Verfahren nach § 13 Grundstücksverkehrsgesetz]

(1) Ist ein Verfahren über einen Antrag auf Zuweisung eines landwirtschaftlichen Betriebes nach § 13 Abs. 1 des Grundstücksverkehrsgesetzes vom 28. Juli 1961 (Bundesgesetzblatt I S. 1091) anhängig und erstreckt sich der Antrag auf ein Grundstück, dessen Zwangsversteigerung nach § 180 angeordnet ist, so ist das Zwangsversteigerungsverfahren wegen dieses Grundstücks auf Antrag so lange einzustellen, bis über den Antrag auf Zuweisung rechtskräftig entschieden ist.

(2) Ist die Zwangsversteigerung mehrerer Grundstücke angeordnet und bezieht sich der Zuweisungsantrag nur auf eines oder einzelne dieser Grundstücke, so kann das Vollstreckungsgericht anordnen, dass das Zwangsversteigerungsverfahren auch wegen der nicht vom Zuweisungsverfahren erfassten Grundstücke eingestellt wird.

(3) Wird dem Zuweisungsantrag stattgegeben, so ist das Zwangsversteigerungsverfahren, soweit es die zugewiesenen Grundstücke betrifft, aufzuheben und im Übrigen fortzusetzen.

(4) Die Voraussetzungen für die Einstellung und die Aufhebung des Zwangsversteigerungsverfahrens sind vom Antragsteller nachzuweisen.

Übersicht

		Rn.
I.	Textgeschichte	1
II.	Zu Absatz 1	2, 3
III.	Zu Absatz 2	4
IV.	Zu Absatz 3	5
V.	Zu Absatz 4	6

I. Textgeschichte

Fassung vom 1.1.1964. **1**

II. Zu Absatz 1

Zur Vermeidung von übermäßigen Zersplitterungen zusammenhängender Nutzflächen gibt es ein eigenes Zuweisungsverfahren nach § 13 GrdstVG anlässlich der Aufhebung von Miterbengemeinschaften, sofern die gesetzliche Erbfolge greift, an einen oder mehrere Miterben unter Abfindung der übrigen in Geld.[1] Kollidiert dies mit einer Teilungsversteigerung, so kann letztere auf Antrag[2] bis zur rechtskräftigen Entscheidung über die Zuweisung eingestellt werden (Zustellung analog § 32[3]). Kommt es zu der Zuweisung, ist die Teilungsversteigerung aufzuheben (arg. Absatz 3, der einen Sonderfall betrifft).[4] **2**

§ 185 Abs. 1 stellt eine Besonderheit dar, da hiernach eine materiell-rechtliche Einwendung gegen den Aufhebungsanspruch anders als sonst im Teilungsversteigerungsverfahren zu berücksichtigen ist.[5] Entfällt das Zuweisungsverfahren, wird die Teilungsversteigerung auch ohne eigenen Antrag fortgesetzt.[6] **3**

---

1 S. dazu *Stöber*, ZVG, § 185 Rn. 2.1.
2 Nicht von Amts wegen, *Stöber*, ZVG, § 185 Rn. 2.2.
3 *Hintzen*, in: Dassler/Schiffhauer/u. a., ZVG, § 185 Rn. 5.
4 Dies nun auch ohne Antrag, *Stöber*, ZVG, § 185 Rn. 2.7.
5 *Hamme*, Rn. 30, S. 52 f.
6 *Stöber*, ZVG, § 185 Rn. 2.5.

Wiederholte Einstellungen nach § 185 sind zulässig.[7] Nach Zuschlag ist eine Zuweisung nicht mehr möglich.[8]

III. Zu Absatz 2

4 Absatz 2 erlaubt die Aussetzung der Versteigerung auch auf Grundstücke, die von dem grundstücksverkehrsrechtlichen Zuweisungsantrag nicht betroffen sind.[9] Es gilt auch hier Absatz 1, so dass ein entsprechender Antrag erforderlich ist. Hintergrund dieser Erweiterung ist, dass die Auseinandersetzung insgesamt nicht wie ursprünglich beabsichtigt vollzogen werden kann, wenn eine Aussetzung erfolgt. Unbenommen hiervon sind sonstige Aufhebungs-, Aussetzungs- oder Einstellungsanträge.

IV. Zu Absatz 3

5 Scheiden einzelne Grundstücke infolge des grundstücksverkehrsrechtlichen Zuweisungsverfahrens aus der Teilungsversteigerung aus, so ist sie ansonsten fortzusetzen. Auch hier sind anderweitige Aufhebungen, Aussetzungen oder Einstellungen möglich.

V. Zu Absatz 4

6 Das Vollstreckungsgericht ist nicht verpflichtet, von sich aus Nachforschungen über die grundstücksverkehrrechtliche Situation anzustellen. Die Darlegungs- und Beweislast obliegt dem jeweiligen Antragsteller. Ansonsten gilt hier der Grundsatz der freien Beweiswürdigung (s. § 286 ZPO). Beschränkungen wie z. B. in § 28 sieht das Gesetz nicht vor.

---

7 *Stöber*, ZVG, § 185 Rn. 2.6.; *Steiner/Teufel*, § 185 Rn. 6.
8 *Stöber*, ZVG, § 185 Rn. 2.8.
9 S. zu dem hier bestehenden Ermessen *Hintzen*, in: *Dassler/Schiffhauer/u.a.*, ZVG, § 185 Rn. 6.

§ 186 [Übergangsvorschriften]

Die §§ 3, 30c, 38, 49, 68, 69, 70, 72, 75, 82, 83, 85, 88, 103, 105, 107, 116, 117, 118, 128, 132, 144 und 169 sind in der Fassung des Artikels 11 des Gesetzes vom 22. Dezember 2006 (BGBl. I S. 3416) auf die am 1. Februar 2007 anhängigen Verfahren nur anzuwenden, soweit Zahlungen später als zwei Wochen nach diesem Tag zu bewirken sind.

IV. Kommentierung von WEG, EGZVG und ZwVwV

§ 18 WEG Entziehung des Wohnungseigentum

(1) Hat ein Wohnungseigentümer sich einer so schweren Verletzung der ihm gegenüber anderen Wohnungseigentümern obliegenden Verpflichtungen schuldig gemacht, dass diesen die Fortsetzung der Gemeinschaft mit ihm nicht mehr zugemutet werden kann, so können die anderen Wohnungseigentümer von ihm die Veräußerung seines Wohnungseigentums verlangen. Die Ausübung des Entziehungsrechts steht der Gemeinschaft der Wohnungseigentümer zu, soweit es sich nicht um eine Gemeinschaft handelt, die nur aus zwei Wohnungseigentümern besteht.

(2) Die Voraussetzungen des Absatzes 1 liegen insbesondere vor, wenn
1. der Wohnungseigentümer trotz Abmahnung wiederholt gröblich gegen die ihm nach § 14 obliegenden Pflichten verstößt;
2. der Wohnungseigentümer sich mit der Erfüllung seiner Verpflichtungen zur Lasten- und Kostentragung (§ 16 Abs. 2) in Höhe eines Betrages, der drei vom Hundert des Einheitswertes seines Wohnungseigentums übersteigt, länger als drei Monate in Verzug befindet; in diesem Fall steht § 30 der Abgabenordnung einer Mitteilung des Einheitswerts an die Gemeinschaft der Wohnungseigentümer oder, soweit die Gemeinschaft nur aus zwei Wohnungseigentümern besteht, an den anderen Wohnungseigentümer nicht entgegen.

(3) Über das Verlangen nach Absatz 1 beschließen die Wohnungseigentümer durch Stimmenmehrheit. Der Beschluss bedarf einer Mehrheit von mehr als der Hälfte der stimmberechtigten Wohnungseigentümer. Die Vorschriften des § 25 Abs. 3, 4 sind in diesem Falle nicht anzuwenden.

(4) Der in Absatz 1 bestimmte Anspruch kann durch Vereinbarung der Wohnungseigentümer nicht eingeschränkt oder ausgeschlossen werden.

§ 19 WEG   Wirkung des Urteils

(1) Das Urteil, durch das ein Wohnungseigentümer zur Veräußerung seines Wohnungseigentums verurteilt wird, berechtigt jeden Miteigentümer zur Zwangsvollstreckung entsprechend den Vorschriften des Ersten Abschnitts des Gesetzes über die Zwangsversteigerung und die Zwangsverwaltung. Die Ausübung dieses Rechts steht der Gemeinschaft der Wohnungseigentümer zu, soweit es sich nicht um eine Gemeinschaft handelt, die nur aus zwei Wohnungseigentümern besteht.

(2) Der Wohnungseigentümer kann im Falle des § 18 Abs. 2 Nr. 2 bis zur Erteilung des Zuschlags die in Absatz 1 bezeichnete Wirkung des Urteils dadurch abwenden, dass er die Verpflichtungen, wegen deren Nichterfüllung er verurteilt ist, einschließlich der Verpflichtung zum Ersatz der durch den Rechtsstreit und das Versteigerungsverfahren entstandenen Kosten sowie die fälligen weiteren Verpflichtungen zur Lasten- und Kostentragung erfüllt.

(3) Ein gerichtlicher oder vor einer Gütestelle geschlossener Vergleich, durch den sich der Wohnungseigentümer zur Veräußerung seines Wohnungseigentums verpflichtet, steht dem in Absatz 1 bezeichneten Urteil gleich.

Übersicht

		Rn.
I.	Allgemeines	1–8
1.	Normzweck	1
2.	Vollstreckungstitel und Erkenntnisverfahren	2
3.	Begriff und Regelungstechnik	3–6
4.	Entwicklung der Regelung	7
5.	Künftige Bedeutung in der Zusammenschau mit Alternativen	8
II.	Verfahrensabschnitte nach Verweis in Abs. 1	9–27
1.	Verfahrenseröffnung	9, 10
2.	Zustellungen	11
3.	Beschlagnahme	12, 13
4.	Rangklasse und geringstes Gebot	14, 15
5.	Beitritt	16
6.	Zuschlag	17–20
7.	Verteilung	21
8.	Räumung und Herausgabe	22
9.	Sonderkündigungsrecht	23
10.	Finanzierumgsvollmacht	24
11.	Kosten	25
12.	Übrige Vorschriften	26
13.	Konkurrenz	27
III.	Abwendungsbefugnis Abs. 2	28
IV.	Vergleich Abs. 3	29

I. Allgemeines

1. Normzweck

1 Bei der Regelung des § 19 WEG geht es primär nicht darum, die Substanz oder den Vermögenswert der Immobilie zu verwerten, sondern lediglich um den Austausch ihres Eigentümers. Im Rahmen des Wohnungseigentumsrecht erfährt die grundsätzliche Freiheit des Eigentümers nach § 903 BGB eine Inhaltsbestimmung, um die Aufrechterhaltung einer funktionierenden Eigentümergemeinschaft in wirtschaftlicher, finanzieller und tatsächlicher Weise zu unterstützen. Greifen die Ansprüche der Gemeinschaft, bzw. deren Durchsetzbarkeit aufgrund von Gewicht und Häufung von Störungen tatsächlich nicht mehr, um die Funktion der Wohnungseigentümergemeinschaft zu gewährleisten, soll ein Eigentümer auch aus der Gemeinschaft ausgeschlossen werden können. Dem entspricht der Rechtsgedanke, dass jedes Dauerschuldverhältnis aus wichtigem Grund kündbar ist. Da die Mitgliedschaft in der Wohnungseigentümergemeinschaft mit dem Wohnungseigentum untrennbar verbunden ist, muss der Eigentümer in diesem Fall zwangsweise sein Eigentum verlieren. Das Vollstreckungsverfahren zum Anspruch auf Veräußerung regelt § 19 WEG. Der Eigentümer einer Bruchteilseinheit am Grundstück wird durch einen neuen ersetzt, während die Wohnungseigentümergemeinschaft als solche bestehen bleibt gemäß § 11 I WEG.

Das Entziehungsverfahren durch Urteil und anschließende Vollstreckung ist als Inhaltsbestimmung des Eigentums keine Enteignung im verfassungsrechtlichen Sinne.[1]

2. Vollstreckungstitel und Erkenntnisverfahren

Die Erlangung eines speziellen Vollstreckungstitels zur Entziehung des Wohnungseigentums setzt die Erfüllung eines der Tatbestände des § 18 WEG durch einen Wohnungseigentümer voraus. Diese liegen in einer so schweren Verfehlung, dass die Fortdauer den übrigen Mitgliedern der alten Gemeinschaft im Lichte der Ziele des WEG unzumutbar geworden ist. Insbesondere ist das der Fall, wenn der Gebrauch zu Lasten anderer geht, in tatsächlicher Hinsicht als Verstoß gegen § 14 WEG, oder in finanzieller Hinsicht mangels Beteiligung an den Lasten und Kosten der Gemeinschaft nach § 16 WEG.

Der Eigentümer wird dann zur Veräußerung verurteilt, wenn er dem nach § 18 WEG berechtigten Verlangen nach Verkauf gemäß Beschlussfassung der Wohnungseigentümergemeinschaft nicht nachkommt. Alternativ gilt ein Schiedsspruch gleichen Inhalts, wenn dieses Verfahren in der Gemeinschaftsordnung festgelegt wurde[2]. Die zwangsweise Veräußerung wird nach § 19 WEG vollstreckt, solange der Eigentümer auch die Verurteilung ignoriert.

3. Begriff und Regelungstechnik

a) Für das Verfahren hatte sich der Begriff der „freiwilligen Versteigerung nach § 19 WEG" a. F. gebildet. Der Gesetzgeber nannte es in § 53 WEG a. F. so. Die Versteigerung bedeutet den Rechtsverlust des Verurteilten im Wege der Zwangsvollstreckung und ist damit ganz und gar unfreiwillig für den Eigentümer. Das durch den Gesetzgeber gewählte Verfahren entsprach aber bislang der Vorlage einer freiwilligen Versteigerung nach § 156 BGB, deren Initiierung durch den Eigentümer ersetzt werden musste. Nach anderer Meinung war der Begriff der freiwilligen Versteigerung dem Zwangsverkauf der § 66 ff. PrFGG entnommen.

b) Das Gesetz erklärt nun in Abs. I Satz 1 die Regeln zur Zwangsversteigerung von Immobilien, also den ersten Abschnitt des ZVG, für entsprechend anwendbar. Damit finden die Vorschriften zur Zwangsversteigerung in besonderen Fällen keine entsprechende Anwendung.

Verbunden ist damit die zentrale Frage nach der nicht näher bestimmten Anwendbarkeit der einzelnen Regelungen. Zentraler Punkt des ersten

---

[1] Im Einzelnen *Köhler*, WEG-Reform – Die Entziehung des Wohnungseigentums, MietRB 2007, 156 f.
[2] §§ 1055, 1056 ZPO; Statut des Deutschen Ständigen Schiedsgerichts für Wohnungseigentum vom 3. Juni 1998 in der Fassung vom 15. Februar 2008, http://www.schiedsgericht-wohnungseigentum.de/.

Abschnittes des ZVG ist das System der Rangklassen mit dem Übernahme- und Deckungsgrundsatz. Die Literatur ist bezüglich der Anwendung in dieser wesentlichen Frage gespalten.

aa) Der Gesetzgeber geht in seiner Begründung ausdrücklich von einer Vollstreckung immer aus Rangklasse 5 aus.[3] Dem folgt ein erheblicher Teil der Literatur.[4]

bb) Entschieden wehrt sich die Gegenmeinung und geht von einer ranglosen Versteigerung aus[5]. Dieser könne jedoch durch ein rangfähiges Recht beigetreten werden. Wegen dieser mangelnden Konsequenz handelt es sich damit aber nicht um die Annahme eines ranglosen Rechts, sondern um eine der letzten gesetzlichen Rangklasse nachrangige Versteigerungsposition.

cc) Auch wenn beide Lösungen in den seltenen zu erwartenden Einzelfällen vielleicht praktikabel erscheinen, sprechen systematische Gründe gegen diese Annahmen.

5 Die Zuweisung der Rangklassen eines Verteilungsanspruches und damit der Befriedigungsreihenfolgen des § 10 ZVG geht von einer Zwangsvollstreckung wegen einer Geldforderung aus. Dort muss geregelt sein, wer zuerst befriedigt wird, wenn der Erlös nicht ausreicht. Die Vollstreckung des Veräußerungsurteils in Form der Versteigerung erfolgt bei § 19 WEG aber nur wegen des durch das Verfahren zu bewirkenden Wechsels des Eigentümers. Der Erlös ist nur für die Frage der rechtsstaatlichen Zumutbarkeit des Eigentumsverlustes relevant, aber nicht für eine Verteilung als Verfahrensziel. Der alte Eigentümer und seine eingetragenen Gläubiger haben Anspruch auf den Gegenwert der Immobilie. Es bedarf daher keiner Rangfolge für den Vollstreckungsanspruch, da an die vollstreckende Wohnungseigentümergemeinschaft nichts verteilt wird. Ein Recht, dass keine Befriedigung gewährt, ist auch nicht rangfähig.[6]

Aus der entsprechenden Anwendung des ersten Abschnitts des ZVG ergibt sich die Rangklasse 5 nicht schon deshalb, weil aus einem Urteil aufgrund eines persönlichen Anspruchs der Eigentümergemeinschaft vollstreckt wird, und alle Vollstreckungen persönlicher Ansprüche in diese Rangklasse fallen. Dem Gedanken ist zwar zunächst insoweit zu folgen, als sich bei jeder Versteigerung die Verfahrensfrage stellt, unter welchen Bedingungen versteigert wird, welche Rechte ins geringste Gebot fallen und übernommen werden müssen, und welche Rechte aus dem Erlös befriedigt werden. Dies ist notwendig, um überhaupt ein wirtschaftlich sinnvolles Gebot erhalten zu können und den Versteigerungsgegenstand sowie die Erwerbsbedingungen rechtlich zu beschreiben. Tatsächlich besteht nur eine Versteigerungschance, wenn die ins geringste Gebot fallenden Rechte betragsmäßig kleiner als das Bietinteresse sind. Sonst war auch das Erkenntnisverfahren zur Verurteilung nicht zielführend, da die Vollstreckung faktisch nicht durchsetzbar ist. Dies gilt für alle Versteigerungen und ist keine Besonderheit der Vollstreckung zur Durchsetzung von Zahlungsforderungen.

Der Gesetzgeber mag sich hier zutreffend überlegt haben, dass unterhalb der Rangklasse 5 die eingetragenen dinglichen Rechte mit sog. alten Zinsrückständen befriedigt werden oder solche Rechte, deren Eintrag erst nach der Beschlagnahme erfolgte, und diesen genannten Rechten eben alle nicht eingetragenen, aber titulierten persönlichen Ansprüche in der Reihenfolge des Beitritts zum Verfahren immer vorgehen. Insoweit fehlt es an einer schutzwürdi-

---

3 Bundestagsdrucksache 16/887, 26.
4 MüKo, § 19, Rn. 2; Palandt § 19 WEG, Rn. 1; *Timme* (Hrsg), Beck'scher Online-Kommentar, § 19 Rn. 5, *Pick,* WEG, § 19, Rdnr. 7.
5 *Jennißen,* WEG, § 19 Rn. 29.
6 *Jennißen,* WEG, § 45 Rn. 29.

gen Anwartschaft der Rangklassen 6 ff. auf den Erlös und die Vollstreckung aus der Rangklasse 5 wäre rechtspolitisch vom wirtschaftlichen Ergebnis durchaus angemessen.

Dennoch ignoriert diese politische Idee jedoch die rechtliche Verschiedenartigkeit der Ansprüche. Die Regelung ist mit den Grundprinzipien des Deckungs- und Übernahmegrundsatzes nach § 44 ZVG nicht vereinbar und widerspricht der zwingenden Anordnung der Rangklassen nach § 10 ZVG, wenn es um Erlösverteilung geht. Wesentliches Recht aller nachrangigen Gläubiger und Kehrseite des Deckungsgrundsatzes ist die aus mehreren Anspruchsgrundlagen[7] mögliche Ablösung des betreibenden Gläubigers. Sie ist konsequente Folge der Erkenntnis, dass Vollstreckungserfolge letztlich nicht vorhergesehen werden können und ein nachrangiger Gläubiger sich die Erwartung besserer Ergebnisse fairerweise sichern kann, wenn er dafür den vorrangigen Gläubiger ablöst. Dies ist jedoch bei Einordnung des Vollstreckungstitels auf Veräußerung in einer Rangklasse nicht möglich, da es sich um keine Geldforderung handelt[8], die von nachrangigen Gläubigern abgelöst werden könnte. Wird also zusätzlich aus einem nachrangigen Versteigerungstitel wegen einer Geldforderung beantragt oder beigetreten, ergibt sich ein unlösbares Problem im Verfahren.

Die Gegenmeinung (siehe Rn. 4) geht von einer Versteigerungsposition unterhalb der letzten Rangklasse aus, was zumindest ohne Verstoß gegen wesentliche Grundsätze möglich wäre. Der Vorteil dieser Lösung ist die einfache Handhabung. Alle anderen Ansprüche gingen dabei vor. Das Ziel des Eigentumswechsels wird erreicht, wenn überhaupt eine Versteigerung durchgeführt wird. Damit kann der Vollstreckungsanspruch als subsidiär zurücktreten, sobald jemand wegen einer Geldforderung beitritt. Da der zu vollstreckende Anspruch durch jede andere Art der Versteigerung mitbefriedigt wird.

Der Gesetzgeber hat keine explizite Regelung getroffen, um sich für eine Lösungsmöglichkeit zu entscheiden. Die in der Begründung des Gesetzes erwähnte Vorstellung einer Versteigerung aus Rangklasse 5 ist mit den bestehenden Regeln, auf die verwiesen wird, unvereinbar. Die Regelungslücke ist daher systematisch zu füllen.

Das Gesetz kennt verschiedenste Arten der Zwangsversteigerung, welche das Grundgerüst der Zwangsversteigerung zur Befriedigung einer Geldforderung nutzen und anpassen. Es handelt sich um die Verfahren der Insolvenzverwalterversteigerung nach § 173 ZVG, der Nachlassversteigerung nach § 175 ZVG und der Versteigerung zum Zwecke der Aufhebung der Gemeinschaft nach § 180 ZVG. Alle drei sind begründete Ausnahmen vom Grundsatz des § 1197 BGB, wonach der Eigentümer die Versteigerung seines Eigentums auch bei Vorliegen einer Eigentümergrundschuld nicht beantragen kann. Dennoch ist in den ersten zwei Fällen die Befriedigung der Gläubiger das Ziel, während in der sog. Teilungsversteigerung eben die Umwandlung des Vermögens in teilbare Masse, nicht jedoch die Befriedigung der dinglichen Gläubiger angeordnet wird. Trotz teilweiser Gemeinsamkeiten gilt jedoch als ganz herrschende Meinung, dass die einzelnen Verfahrensarten nicht ergänzt und vermischt werden können. Jedoch sind die Folgen dieser Selbständigkeit noch weitgehend ungeklärt, soweit eine Mehrzahl von Versteigerungsverfahren bezüglich eines Objektes nun wiederum einen Vorzug der Behandlung erfordert.

dd) Es handelt sich daher beim Verfahren nach § 19 WEG auch um ein eigenständiges Versteigerungsverfahren mit besonderen Regeln gegenüber dem ers-

---
7 §§ 75 ZVG, 268, 1142, 1150 BGB.
8 Daher war auch die Versteigerung nach altem Recht unter Erlöschen aller Belastungen abzulehnen. a.A. *Heil*, Die freiwillige Versteigerung von Wohnungseigentum nach §§ 53 ff. WEG, MittRhNotK 1999, 74.

ten Teil des ZVG, der in gleicher Weise durch den Gesetzgeber nicht ausgedrückte Anpassungen erfordert wie die besonderen Verfahren nach § 173 ff. ZVG. Systematisch ist die Stellung im WEG verfehlt. Es gehört wie alle anderen Verfahren in den dritten Abschnitt des ZVG.

4. Entwicklung der Regelung

7 Die Norm hat eine Neufassung durch das Gesetz zur Änderung des Wohnungseigentums und anderer Gesetze vom 26.3.2007 erfahren, das im Bundesgesetzblatt am 30.3.2007 veröffentlicht wurde.

Vorher verfolgte der Gesetzgeber das Leitbild, dass die Willenserklärung zum Verkauf durch Urteil ersetzt wird, ähnlich wie in § 894 ZPO. Gleichzeitig sollte ein Käufer im Wege des Verfahrens einer freiwilligen Versteigerung gefunden werden[9]. Die ersetzte Willenserklärung hatte jedoch weder einen bestimmten noch einen bestimmbaren Inhalt, da weder die Parteien noch der Kaufpreis als essentialium negotii durch Urteil festgelegt werden konnten. Der Gesetzgeber wählte ein besonderes Vollstreckungsverfahren, um gleichsam den vollständigen Inhalt der notwendigen Willenserklärungen erst im Vollstreckungswege zu finden, die durch das Urteil bereits als abgegeben galten. Neben der Wirkung des Urteils in § 19 WEG a.F. war das Verfahren in den §§ 53 ff. WEG a.F. geregelt.

Eine alternative Möglichkeit hätte darin bestanden, zum Verkauf den mittelbaren Zwang nach §§ 888, 890 ZPO anzuordnen. Jedoch hätte dies rechtsstaatlich auch eine angemessene Verkaufsmöglichkeit vorausgesetzt.

Die praktische Durchführung war bisweilen nicht von Erfolg gekrönt. Die Problemfelder lagen hauptsächlich bei folgenden Themen:[10]

a) Das Verfahren war bei den örtlich zuständigen Notaren angesiedelt. Dies war insoweit konsequent, als diese für Vertragsbeurkundungen primär zuständig sind und das Verfahren zu einem Vertrag führen sollte. Jedoch fehlte den Notaren bei zahlenmäßig etwa einer Befassung während des gesamten Notardaseins eine Übung, die dem Verfahren zu Gute hätte kommen können. Daher war es noch schwerer, dem nur rudimentär geregelten Verfahren eine einheitliche Rechtsausübung zukommen zu lassen. Die praktischen Probleme wie fehlende Räume angemessener Größe in Notariaten haben aufwendige Einzellösungen gefordert.

b) Der neue Eigentümer war kaufvertragstypisch Rechtsnachfolger des Verurteilten. Der Zuschlag bewirkte eine Individualisierung des Vertragspartners und der einzelnen Bedingungen des Kaufvertrages. Das Gebot war nicht Prozesshandlung wie bei § 816 ZPO, sondern der Notar Beurkundete einen Vertragsschluss nach § 156 BGB. Der Streit um die dogmatische Einordnung der Rolle des Notars zeigte eindrucksvoll, mit welchen grundsätzlichen Gegensätzen die bisherige Lösung als hoheitlichem Ersatz einer gewünschten Willenserklärung mit unbestimmtem Inhalt aber gewünschtem Ergebnis zu kämpfen hatte.

c) Der Notar hatte mit der Aufgabe, die Versteigerungsbedingungen und damit die Einzelheiten des Kaufes festzulegen, ein weites Feld für Überlegungen. Tatsächlich gleichen sich inhaltlich nicht alle Kaufverträge über Immobilien in Standardfällen, die Notare als Entwurf bereit halten. Dementsprechend konnte man einem Notar als Versteigerungsorgan nur raten, sich bei der Festsetzung wie bei einer richterlich zu bestimmenden Wahlschuld tunlichst in der

---

9 Zum Verfahren der nicht erzwungenen freiwilligen Versteigerung bei Immobilien siehe das Merkblatt der Bundesnotarkammer http://www.dnoti.de/DOC/2005/BNotK_Leitfaden.pdf.
10 Zum Ganzen mit weiteren Nachweisen *Heil*, Die freiwillige Versteigerung von Wohnungseigentum nach §§ 53 ff. WEG, MittRhNotK 1999, 74.

Mitte zu halten[11] und so zu versteigern, wie er den Verkauf rechtsgeschäftlich auch empfohlen hätte. Über die Zulässigkeit jedes Kaufvertragsdetails konnte man aber streiten.

d) Der Verurteilte war bis zum Eigentumswechsel, also zur Eintragung des neuen Eigentümers im Grundbuch, ohne Einschränkung verfügungsbefugt und die Verurteilung mangels Grundbucheintrag nicht von Amts wegen zu berücksichtigen. Die Einleitung des Verfahrens hatte keine dingliche Wirkung in Form der Beschlagnahme des Versteigerungsgegenstandes. Der missliebige Eigentümer, der ja als inhaltliche Voraussetzung gerade nicht mit den anderen Wohnungseigentümern kooperieren will, konnte zu einfach die Durchführung des Verfahrens behindern oder unmöglich machen. Bereits die Eintragung von Grundschulden über den Grundstückswert nach der Verurteilung und fortwährend bis zum Versteigerungstermin konnte damit die Vollstreckung wirtschaftlich verhindern. Dagegen wurde jedoch die Eintragung einer Vormerkung für den unbekannten Neueigentümer als zulässig erachtet.[12]

5. Künftige Bedeutung

Der Gesetzgeber hielt die alte Form für langwierig und manipulationsanfällig.[13] Das Verfahren vor dem Versteigerungsgericht wird in den meisten Amtsgerichtsbezirken aber sicher länger dauern als vor einem Notar, der Termine üblicherweise relativ kurzfristig vergibt. Die Manipulationsanfälligkeit ist unwesentlich verringert worden. Bekannte Manipulationsmöglichkeiten durch den Vollstreckungsschuldner wie das Erfordernis der Negierung der Eintragung von Eigentümerrechten wurden wieder nicht verhindert.

Die zumindest gewünschte einheitliche Verfahrensanwendung sowie die einfachere Durchführung des Verfahrens bei den Versteigerungsgerichten sprechen für das neue Recht. Für den Bieter ist diese Versteigerung mit geübtem Personal attraktiver, da er originär zu einfachen Bedingungen erwirbt, statt sich in einen Vertrag fügen zu müssen, ohne ihn aushandeln zu können. Vor dem Hintergrund rechtsstaatlicher Bedürfnisse war die Verurteilung zu einem Vertrag unklaren Inhalts dringend ersetzungsbedürftig. Es ist also durchaus ein erster wesentlicher Fortschritt erreicht worden.

Zudem wurde der Versuch einer einfacheren „Teillösung" des Problems unbequemer, im Wohnungseigentum wohnender Eigentümer, durch den BGH zunichte gemacht.[14] Die Räumung des Hausgeld nicht zahlenden Eigentümers nach § 149 II ZVG gibt es nicht mehr. Der Bedarf einer erzwungenen Veräußerung ist dadurch nicht kleiner geworden.

War eine Änderung daher notwendig, ist sie in der vorliegenden Form defizitär. Der Gesetzgeber glaubt offensichtlich, einem zur Veräußerung Verurteilten die Veräußerung verbieten und grundverschiedene Versteigerungsverfahren mit und ohne Erlösanspruch verbinden zu können. Die Änderung ist damit gerade nicht system- und sachgerecht[15], wie das Gesetz begründet wurde. Daher wird sich auch in der jetzigen Form diese Vollstreckung keiner Beliebtheit erfreuen. Dies liegt bei den rechtsberatenden, beurkundenden oder durchführenden Anwendern weiter in seiner nur rudimentären und inkonsequenten Regelung mit entsprechenden Unsicherheiten. Eine Wohnungseigentümergemeinschaft wird diese Form der Vollstreckung nur als letzte Rettung bei einer Verurteilung wegen Verstoßes gegen § 14 WEG in Betracht ziehen, wenn der Schuldner seinen Zahlungspflichten nachkommt und daher nicht durch die wesentlich

---

11 Prütting, Wegen, Weinrich, BGB, § 315, Rdnr. 12.
12 Kammergericht OLGZ 1979,146 = Rechtspfleger 1979,198.
13 Bundestagsdrucksache 16/887, 26.
14 BGH V ZB 99/07.
15 Bundestagsdrucksache 16/887, 27.

erfolgversprechendere Vollstreckungsversteigerung ans Ziel zu gelangen ist. Jene ist wegen jedem Wohngeldrückstand möglich: Die Voraussetzungen des 18 II Nr. 2 WEG sind nach § 10 III ZVG nur einzuhalten, wenn nur die Wohnungseigentümergemeinschaft alleine vollstreckt und in der Rangklasse 2 befriedigt werden will.

II. Einzelne Verfahrensabschnitte

1. Verfahrenseröffnung und Einstellung

9 Vollstreckungstitel als Verfahrensvoraussetzung ist die vollstreckbare Ausfertigung des Veräußerungsurteils nach §§ 18,19 I WEG.[16] Der Vollstreckungsantrag steht nur der Wohnungseigentümergemeinschaft, auf die auch die Vollstreckungsklausel lauten muss[17], als gesetzliche Prozessstandschaft der einzelnen Wohnungseigentümer zu. Dagegen kann im Erkenntnisverfahren der einzelne Eigentümer das von der Gemeinschaft beschlossene Verkaufsverlangen nach § 18 WEG titulieren lassen[18]. Der Verwalter kann den Antrag stellen, wenn er hierzu bevollmächtigt wurde nach § 27 III Nr. 7 WEG.

Gehört das Wohnungseigentum Mehreren, gelten keine Besonderheiten gegenüber anderen Versteigerungen. Es ist strittig, ob ein Urteil auf Veräußerung auch nur gegen einen Miteigentümer bei Bruchteilseigentum ergehen kann.[19]

10 §§ 30a, c ZVG über die einstweilige Einstellung auf Antrag des Schuldners sind nicht anzuwenden. Der Vollstreckungsschuldner wurde nicht zur Zahlung einer bestimmten Forderung verurteilt, so dass durch Zahlung die Versteigerung vermieden werden könnte, sondern zur endgültigen Veräußerung, die ohnehin unvermeidlich ist, da sonst das Urteil nicht ergangen wäre.

2. Zustellungen

11 Der Verwalter ist jedenfalls Zustellungsbevollmächtigter der Wohnungseigentümergemeinschaft nach § 27 III Nr. 1 WEG. Hierbei handelt es sich um ein Wahlrecht des Gerichtes, das auch an alle Wohnungseigentümer zustellen darf. Ist der Verwalter jedoch als Prozessvertreter bestellt, muss nach § 172 I 1 ZPO an ihn zugestellt werden.

Der Verwalter ist auch Zustellungsvertreter des Wohnungseigentümers, gegen den vollstreckt wird nach § 45 I 1 WEG[20]. Hierbei kann sich jedoch ein Interessenkonflikt ergeben, wenn der Verwalter selbst von der Wohnungseigentümergemeinschaft mit der Vollstreckung beauftragt wurde, und zwar sowohl bei Mandatierung eines externen Anwalts als auch bei alleinigem Tätigwerden. Für Teile der Literatur genügt hier bereits ein abstrakter Konflikt, ohne Nachweis konkreter Gefahr unsachgemäßer Handhabung. Da es sich um ein Wahlrecht des Gerichtes handelt, sollte an den Vollstreckungsschuldner direkt zugestellt werden.

3. Beschlagnahme

12 Mit der Beschlagnahme tritt ein relatives Belastungsverbot entsprechend § 23 ZVG ein.[21] Eine Beschränkung der Beschlagnahmewirkung wie nach § 173

---

16 Da keine Erklärung des Eigentümers mehr notwendig ist, wird diese auch nicht mehr ersetzt wie nach altem Recht. a. A. *Timme* (Hrsg), Beck'scher Online-Kommentar, § 19 Rn. 1.
17 So auch *Timme* (Hrsg), Beck'scher Online-Kommentar, § 19 Rn. 2; *Jennißen*, WEG, § 19 Rdnr. 27; a. A. *Bärmann*, WEG, § 19, Rn. 5.
18 BGH V ZR 26/06, Rn. 6.
19 I.E. *Palandt*, § 18 WEG, Rn. 1.
20 *Jennißen*, WEG, § 45 Rn. 1.
21 *Timme* (Hrsg), Beck'scher Online-Kommentar, § 19 Rn. 3.

ZVG ist nicht angeordnet. Eine Beschlagnahme im Sinne der §§ 1121, 1122 BGB liegt nicht vor.

Entgegen der ganz überwiegend vertretenen Meinung kann es jedoch ein Veräußerungsverbot nach § 23 ZVG nicht geben, da der Vollstreckungsschuldner gerade zur Veräußerung verurteilt wurde.[22] Damit kann rechtsstaatlich aufgrund des Urteils auch kein Verbot der Veräußerung ergehen. Der Vollstreckungsschuldner darf nach notarieller Beurkundung des Kaufvertrages nicht lediglich aus Treu und Glauben einen Anspruch gegen die Vollstreckungsgläubiger herleiten, den Versteigerungsantrag zurückzunehmen, der durch §§ 767 oder 771 ZPO der Versteigerung entgegengehalten werden kann. Unter dieser Voraussetzung wird sich kaum ein Käufer zu angemessenem Preis finden. Der Schuldner muss die durch Urteil als verpflichtend erkannte Handlung auch erfüllen dürfen, da § 23 ZVG durch den Verweis in § 19 WEG nur entsprechend der Zielsetzung anzuwenden ist. Ebenso ist § 26 ZVG unanwendbar. Inkonsequenterweise wollen Vertreter des Veräußerungsverbotes aber sogar einen Anspruch auf einstweilige, bzw. endgültige Einstellung nach §§ 775 Nr. 4, 776, 767 ZPO geben, wenn doch entgegen des Verbotes veräußert wurde, was gedanklich kaum nachvollziehbar ist.[23]

Die vom Gesetzgeber durch Annahme eines Veräußerungsverbotes bezweckte Verhinderung von Veräußerungen an Verwandte[24] ist nur durch ein Veräußerungsverbot während des Verfahrens nicht abschließend zu verwirklichen und willkürlich, da es nicht auf den Verkauf, sondern den Erwerber, sei es freihändig oder durch Zuschlag, ankommt. Dagegen kann sich die Wohnungseigentümergemeinschaft nur anhand § 12 I WEG schützen, was nach § 12 III WEG auch im Falle einer Zwangsversteigerung gilt.

Die Veräußerungsbeschränkung nach § 12 I WEG betrifft jede Versteigerung gleichermaßen und ist kein Widerspruch zur generellen Verurteilung zur Veräußerung, da ein Zustimmungserfordernis anderer Wohnungseigentümer oder Dritter spezielle Zielsetzungen hat, die auch und gerade bei der Verpflichtung zur Veräußerung schutzwürdig sein können. Damit korrespondiert das Erfordernis eines wichtigen Grundes als Erfordernis der Zustimmungsverweigerung in § 12 II WEG.

4. Rangklasse und geringstes Gebot

Es gibt in der Veräußerungsversteigerung nach hier vertretener Auffassung keine Rangklasse (ausführlich Rn. 4–6), da keine Verwertung erfolgt.[25] Es genügt aber, den Prioritätsgrundsatz als wesentliches Unterscheidungsmerkmal zu beachten. Dieser vollstreckungsrechtliche Grundsatz kann unmittelbar angewendet werden.[26] Sämtliche vor der Beschlagnahme eingetragenen Rechte bleiben bestehen und fallen in das geringste Gebot.[27] Zusätzlich müssen Rechte aus weiteren Zwangsversteigerungsverfahren, zu Gunsten derer eine Beschlagnahme besteht, also z.B. Vollstreckungen in Rangklasse 5 oder Anmeldungen über den gesetzlichen Rahmen des § 45 ZVG hinaus,[28] auch hier ins geringste Gebot fallen.

---

22 A.A. *Palandt*, WEG 19, Rn. 1; *Müko*, § 19 WEG, Rn. 2; *Bärmann*, WEG, § 19, Rn. 5; *Jennißen*, WEG, § 19 Rn. 33.
23 *Jennißen*, WEG, § 19 Rdnr. 53.
24 Bundestagsdrucksache 16/887, 26.
25 A.A. Versteigerung aus Rangklasse 5: *MüKo*, § 19, Rn. 2; *Palandt* § 19 WEG, Rn. 1; *Timme* (Hrsg), Beck'scher Online-Kommentar, § 19 Rn. 5.
26 § 869 ZPO sieht das ZVG als Teil der der ZPO, s. *Zöller*, ZPO, § 869, Rn. 1.
27 Der praktische Unterschied zu einer Versteigerung aus Rangklasse 5 wird kaum spürbar sein.
28 Nur Ansprüche der Rangklasse § 10 Nr. 4 ohne Anmeldung.

15 Dies provoziert unter Umständen einen Verurteilten, vor Verfahrenseröffnung das Wohnungseigentum über den Grundstückswert hinaus mit Eigentümergrundschulden zu belasten. Damit wäre mit keinem Gebot zu rechnen. Es gibt jedoch keine Möglichkeit, ohne gesetzgeberischen Eingriff diese Lücke zu beheben. Wirtschaftlich und rechtspolitisch ist dieser Mangel verfehlt, da er hinreichend bekannt ist und das Verfahren gerade in den Fällen benötigt wird, in denen Eigentümer nicht einlenken wollen. Dem wurde im alten Recht dadurch begegnet, dass der Notar in seinen Versteigerungsbedingungen ein Erlöschen aller Belastungen vorsah, die dann aus dem Erlös befriedigt wurden, soweit dieser reichte. Auf Basis der alten Vertragslösung war die Ermächtigung zu dieser Vorgehensweise mehr als zweifelhaft. Auch heute wäre die Missachtung des Rang- und Deckungsgrundsatzes gegen die Systematik des Versteigerungsrechtes. Rechte Dritter dürfen nicht beschnitten werden. Jedoch wäre es denkbar, die Geltung von Eigentümerrechten zu beschränken.

Teilweise wird vertreten,[29] dass zunächst die nach bisherigem Recht bekannte Vormerkung (s.o. Rn. 7) für den künftigen Eigentümer eingetragen wird, die durch Eintragung des Versteigerungsvermerks wegfallen soll. Die gesetzliche Voraussetzung einer Verurteilung zur Willenserklärung in § 895 ZPO liegt nach neuem Recht aber nicht mehr vor. Es besteht auch kein Bedürfnis dafür, da ja sofort die Zwangsversteigerung beantragt werden kann und die Beschlagnahmewirkung eintritt.

5. Beitritt

16 Literaturmehrheit und der Gesetzgeber sehen den Beitritt aus Rechten auf Zahlung für möglich an (s.o.Rn. 5).

Nach der hier vertretenen Meinung zur Systematik des ZVG ist ein Beitritt praktisch ausgeschlossen, da das Verfahren eigenständig ist. Ein Beitritt wäre nur bei doppeltem Vorgehen der gleichen Wohnungseigentümergemeinschaft aus zwei Titeln denkbar, z.B. unter der Annahme, dass ein Urteil gegen einen Miteigentumsinhaber alleine möglich ist (s.o. Rn. 9).

6. Zuschlag

17 Zuschlag ergeht nach § 81 I ZVG. Mit dem Zuschlag wird der Meistbietende Eigentümer nach § 90 ZVG. Mit dem Verlust des Eigentums ist der Vollstreckungsschuldner aus der Wohnungseigentümergemeinschaft entfernt worden. Sein Stimmrecht hatte er bereits mit Rechtskraft des Veräußerungsurteils nach § 25 V WEG verloren.[30] Weitergehende Rechte wie Besitzaufgabe des Alteigentümers oder Durchführung der Grundbuchberichtigung wegen des Zuschlages ergeben sich für die Wohnungseigentümergemeinschaft aus dem Urteil nicht. Dies ist Sache des Erstehers.

18 § 74a ZVG mit dem sog. 7/10-Antrag ist nicht anwendbar, da eine Verteilung an Gläubiger nicht stattfinden kann. Deren Rechte bleiben bestehen. Der Eigentümer würde dadurch auch nur geschützt, wenn er zusätzlich als Inhaber von Eigentümerpfandrechten Antragsberechtigter wäre. Damit ist der von besonderen Rechten unabhängige Schutz des § 57 II WEG a.F. weggefallen. Der Gesetzgeber hat keinen Ersatz geschaffen und sich zu dieser Entscheidung nicht geäußert. Der Vollstreckungsschuldner ist hier jedoch nicht schutzwürdiger als der der Regelversteigerung. Wie dort wird der Schuldner damit nur gegen die Verschleuderung seines Eigentums geschützt.

Jedoch ist 85a ZVG anwendbar. Er ist nicht vom Vorliegen zu deckender Rechte abhängig.

---

29 *Bärmann*, WEG, § 19, Rn. 14.
30 *Bärmann*, WEG, § 19, Rn. 5; *Jennißen*, WEG, § 45 Rn. 50.

Ob die Wohnungseigentümergemeinschaft als Verband den Zuschlag erhalten kann, ist umstritten[31] und keine spezifisches Problem dieser Versteigerung. Soweit die Wohnungseigentümergemeinschaft jedoch einstimmig und in notwendiger Form das Gebot abgibt, geht es im Versteigerungstermin um die Frage, ob die Gemeinschaft als Eigentümer eintragungsfähig ist, oder die Erklärenden Bruchteilseigentümer nach den Anteilen des Wohnungseigentums werden wollen. Nur Letzteres kann mit Blick auf den Zweck der Wohnungseigentümergemeinschaft und seiner im WEG niedergelegten Verfassung sinnvoll sein.

Nach altem Recht diskutierte und durch Urteil eventuell ersatzweise enthaltene Genehmigungen zum Vormundschaftsrecht oder anderen Genehmigungsbedürfnissen können nicht mehr enthalten sein, da keine Willenserklärung abgegeben wird, sondern das Eigentum originär erworben wird.[32]

Die bisherige Regelung des § 56 II 2 WEG a. F., dass der Vollstreckungsschuldner seine Wohnung nicht direkt oder indirekt ersteigern darf, ist weggefallen. § 68 III ZVG gibt zwar einem Gläubiger die Möglichkeit, eine erhöhte Sicherheit bei Abgabe von Geboten des Schuldners zu verlangen. Weder passt jedoch die Vorschrift auf eine Versteigerung aus einem ranglosen Recht, noch hilft dies gegen einen Eigentümer, der zwar seinen Pflichten nicht nachkommt, aber vermögend ist. Es stellt sich daher auch hier die Frage, ob es sich um ein Versehen des Gesetzgebers handelt, das Verbot zu streichen. Da der Vollstreckungstitel in so einem Fall nicht zu einem Ergebnis kommt, ist aus dem Titel dann erneut die Versteigerung zu beantragen.[33] Es sollte aber möglich sein, dass die die Vollstreckung Betreibenden den Einwand unzulässiger Rechtsausübung des dolo agit, qui petit quod statim redditurus est erheben und einen Zuschlag daher versagen lassen. Zwar hat die Wohnungseigentümergemeinschaft kein Recht auf Zuschlag an sich, außer, wenn sie Meistbietende wäre. Jedoch ist auch in einem hoheitlichen Vollstreckungsverfahren zu berücksichtigen, dass der originäre Rechtserwerb durch das Gericht sofort wieder in ein Entziehungsverfahren des gleichen Gerichtes münden wird. Der Schuldner ist daher von Geboten ausgeschlossen.[34] Ebenso kann § 81 III ZVG auf den Vertreter des Eigentümers nicht anwendbar sein. Gegen einen erneuten regulären Erwerb oder einen Zuschlag an Verwandte kann sich die Wohnungseigentümergemeinschaft wohl nur durch § 12 WEG schützen.

7. Verteilung

§§ 105–127 sind nur insoweit anzuwenden, als keine Verteilung auf Gläubiger stattfindet und nur Kosten zu verteilen und der Erlös an den Alteigentümer auszukehren ist.

8. Räumung und Herausgabe

Die Probleme des früheren Rechts stellen sich nicht mehr. Nach § 93 ZVG kann der Ersteher Herausgabe und Räumung verlangen,[35] durch Klauselumschreibung auch gegen Mitbewohner, soweit diese nicht berechtigt selbst besitzen.

---

31 Dafür i.E. wohl *Jennißen*, WEG, § 19 Rn. 43; OLG Celle NJW 1537; dagegen LG Nürnberg-Fürth 19 T 4131/06.
32 *Bärmann*, WEG, § 19, Rn. 13, *Jennißen*, WEG, § 45 Rn. 45.
33 *Jennißen*, WEG, § 19 Rdnr. 44.
34 *Timme* (Hrsg), Beck'scher Online-Kommentar, § 19 Rn. 8, *Abramenko*, Das neue WEG, § 6 Rn. 8, 14; a. A. *Jennißen*, WEG, § 19 Rn. 44, *Böttcher* Rechtspfleger 2009, 181,191.
35 *Timme* (Hrsg), Beck'scher Online-Kommentar, § 19 Rn. 10.

9. Sonderkündigungsrecht

23 Ein Meistbietender kann auch in diesem Verfahren bei einem vermieteten Objekt ausnahmsweise zum ersten möglichen Kündigungstermin mit gesetzlicher Mindestfrist von 3 Monaten nach § 57a ZVG kündigen, auch wenn dem Mieter vertraglich oder gesetzlich sonst eine längere Kündigungsfrist zustehen würde.[36] Ein § 183 entsprechender Ausschluss der Norm wurde nicht Gesetz.[37]

Die Anwendung des § 57a ZVG wird nach einer Meinung für verfassungswidrig gehalten, da dem Mieter dann auch ein Vorkaufsrecht als Interessenausgleich zustehen müsste, wenn es nur um den Eigentümerwechsel geht. Eine Erhöhung der Attraktivität einer Versteigerung, die mit der Regelung bezweckt wird, sei nur zur Erzielung möglichst hoher Verkaufspreise gerechtfertigt, nicht aber, wenn es um den Eigentumswechsel als solchen gehe.[38] Dem ist nicht zuzustimmen. Auch dem Verurteilten steht ein möglichst hoher Erlös zu, nicht nur seinen Gläubigern. Außerdem würde ein Vorkaufsrecht de lege ferenda ein zuschlagsfähiges Gebot voraussetzen. Ein Bieter will aber möglicherweise nur bieten, wenn er auch bald selbst einziehen kann. Kapitalanleger, die einzelne Wohnungen suchen, sind nicht so sehr verbreitet. Es ist nicht erkennbar, dass dem Gesetzgeber ein so wesentlicher Abwägungsfehler unterlaufen ist, der die Unanwendbarkeit des § 57a ZVG oder gar der Verweisungsnorm des 19 WEG zur Folge hat. Die gesetzliche Einschränkung der Mieterrechte ist für beide Fälle gleich begründbar. Anders liegt das Schutzbedürfnis der Mieter im Fall der sog. Teilungsversteigerung (§ 183 ZVG), weil dort gegen das Schutzbedürfnis der Mieter kein Bedürfnis ebenfalls nicht verantwortlicher Dritter abzuwägen ist. Wenn sich die Eigentümer nur untereinander uneins sind, stehen deren Interessen gegenüber dem Mieter zurück.

10. Finanzierungsvollmacht

24 Es wurde die bisherige Rechtslage auf vertraglicher Basis kritisiert, weil trotz Erwerbes durch Kaufvertrag eine Finanzierungsvollmacht in den Versteigerungsbedingungen einer sehr weiten Auslegung der notariellen Freiheit bedurfte, aber als notwendig angesehen wurde. Das neue Recht bietet hier wie bei allen Zwangsversteigerungsarten keine bessere Lösung. So bedeutet die Finanzierung des Meistgebotes immer Einzahlung vor Eintragung einer dinglichen Sicherheit[39]. Das Finanzinstitut behilft sich durch Stellung eines vom Meistbietenden bewilligten Eintragungsantrages für die Grundschuld und stellt durch Nachfrage beim Grundbuchamt sicher, dass keine vorher einzutragenden, hindernden Rechte bewilligt wurden.

11. Kosten

25 Für beide Seiten geht es gleichermaßen ums Ganze, nämlich den Wert des Eigentums, dessen Verkauf durch Urteil gefordert wird. Nach § 12 I GKG ist daher zunächst der Schätzwert und ab Zuschlag das Meistgebot anzusetzen. Für das RVG gilt nach § 26 Gleiches.

12. Übrige Vorschriften

26 Die Vorschriften der Vollstreckungsversteigerung sind entsprechend anzuwenden, soweit sich aus dem Sinn der Vorschrift nichts Gegenteiliges im vorliegenden Verfahren ergibt.

---

36 Bundestagsdrucksache 16/887, 27.
37 Für die Anwendung auch *Müko*, § 19 WEG, Rn. 2.
38 *Jennißen*, WEG, § 19 Rn. 41.
39 Ein Liegenbelassen von Grundschulden unter Finanzierung beim Grundschuldgläubiger scheidet nach allen Meinungen aus, da ja Grundschulden immer Bestehen bleiben.

Normen, die die Vollstreckung wegen einer Geldforderung voraussetzen, können keine Geltung haben. Darunter fallen §§ 24, 77 II 2, 135 – 145a.
Auch die Zwangsverwaltung scheidet aus, da damit ein Eigentümerwechsel gerade nicht verbunden ist.[40]

13. Konkurrenz

Das Verhältnis zu anderen Versteigerungen, insbesondere im Fall der gleichzeitigen Terminsreife, richtet sich nach den üblichen, nicht gesetzlich vorgegebenen Überlegungen[41]. Hier wird zu berücksichtigen sein, dass das Verfahrensziel mit jeder anderen Versteigerung auch erreicht wird und alle Rechte bestehen bleiben. Aus ökonomischer Sicht wird dieses Verfahren immer zurücktreten müssen. **27**

III. Abwendungsbefugnis Abs. 2

Wird aus einem Urteil wegen Zahlungsverzuges vollstreckt, kann der Eigentümer während des Versteigerungsverfahrens durch vollständige Zahlung „die Wirkung" abwenden. Die Norm erinnert an § 569 III Nr. 2 BGB. Ist dort nach h.M. jedoch ein Urteil vor Ablauf der Schonfrist möglich und durch Zahlung nicht mehr zu beeinflussen,[42] lässt hier die Zahlung die Wirkung des Urteils, also die in Abs. 1 angeordnete Vollstreckbarkeit des Urteils durch Versteigerung obsolet werden. Die feststehende Zahlung ist somit Vollstreckungsmangel im Sinne des § 28 II ZVG, die plausible Zahlung Grund für eine einstweilige Einstellung des Verfahrens nach §§ 766 I 2, 732 II ZPO. Erneut wurde die Trennung zwischen richterlichem Erkenntnisverfahren und Zwangsvollstreckung durchbrochen, da der Rechtspfleger nun über eine materielle Tatsache als Vollstreckungsvoraussetzung zu entscheiden hat. **28**
Eine andere Ansicht sieht in der Abwendungsbefugnis ein Mittel gegen den Inhalt des Urteils, der nach § 767 ZPO geltend zu machen und vom Prozessgericht zu entscheiden ist.[43] Dem ist entgegenzuhalten, dass die Wirkung des Urteils, also das Urteil selbst entfällt. Die Zahlung ist keine Frage des Erfüllungsnachweises, da Erfüllung nur die Veräußerung sein kann. Es handelt sich gerade nicht um eine Versteigerung zur Befriedigung einer Geldforderung.
Eine weitere Meinung will die Befriedigungsnachweiseregeln nach §§ 775 Nr. 4 und 5, 776 ZPO, 75 ZVG entsprechend anwenden, und im Ergebnis den Weg zu §§ 766 und 767 ZPO gleichermaßen eröffnen.[44]
Es wäre wegen der Rechtskraftdurchbrechung der Abwendungsbefugnis daher vom Gesetzgeber konsequenter gewesen, an der Unzumutbarkeit eines Schuldners auch dann festzuhalten, wenn dieser jedenfalls bis zum Urteil nicht zahlt.
Die Zahlung muss umfassend erfolgen. Der Schuldner muss alle Zahlungen vollständig leisten, die zum Zeitpunkt der Überprüfung fällig sind. Dazu gehören alle Zahlungen, die im Urteil als Mangel der Erfüllung tatbestandlich festgestellt wurden, sowie alle Zahlungen, die seitdem womöglich auf ganz neuer Grundlage zu erfolgen haben. Der Rechtspfleger muss also nahezu zwingend

---

40 Auch *Palandt* WEG 19, Rn. 1, *Jenißen*, WEG, § 19 dn. 25. Sie wäre nur bei einer Verurteilung wegen einer vorübergehenden Störung der Wohnungseigentümergemeinschaft sinnvoll, z.B. um aktuelle Zahlungspflichten sicher zu stellen. Eine derartige Verurteilung ist mangels solcher Gründe aber nicht vorgesehen.
A.A. für Entziehungsurteil aufgrund Verstoßes gegen § 18 II Nr. 2 WEG *Abramenko*, Das neue WEG, § 6 Rn. 7.
41 S. § 75 ZVG Rn. 2.
42 *Prütting, Wegen, Weinrich*, BGB, § 569, Rdnr. 18.
43 *Bärmann*, WEG, § 19, Rdnr. 16.
44 *Jenißen*, WEG, § 19 Rdnr. 52.

neuen Sachverhalt von beiden Seiten vortragen lassen, bis er über einen Vollstreckungsmangel entscheiden kann. Zusätzlich sind alle festsetzbaren Gerichts- und Parteikosten zu erstatten.

Schwierigkeiten macht insbesondere, dass die Geltendmachung der vollständigen Zahlung nicht Voraussetzung der gesetzlich eintretenden Wirkung ist. Der Vollstreckungsschuldner „kann [...] dadurch abwenden, [...] dass er [...] erfüllt. Er könnte also selbst nach dem Zuschlag noch vortragen, dass bereits kurz nach Verfahrensbeginn die Urteilswirkung weggefallen sei.

IV. Vergleich Abs. 3

29 Auch ein Vergleich ist nach Abs. 1 vollstreckbar, wenn er gerichtlich oder vor einer Gütestelle geschlossen wurde. Die formelle Vollstreckbarkeit richtet sich weiter nach § 794 I Nr. 1 ZPO. Abs. 1 erklärt nur, welche Vollstreckungsmöglichkeit dann gegeben ist. Im Vergleich könnte z.B. § 19 Abs. II abbedungen worden sein, da dieser nicht zu den zwingenden Verfahrensvorschriften gehört, sondern den materiellen Anspruch betrifft.[45]

---

45 *Jennißen*, WEG, § 19 Rdnr. 60.

§ 1 [Inkrafttreten des Zwangsversteigerungsgesetzes]

(1) Das Gesetz über die Zwangsversteigerung und die Zwangsverwaltung tritt, soweit es die Schiffe betrifft, gleichzeitig mit dem Bürgerlichen Gesetzbuch, im übrigen für jeden Grundbuchbezirk mit dem Zeitpunkt in Kraft, in welchem das Grundbuch als angelegt anzusehen ist.

(2) Die Artikel 1 Abs. 2, Artikel 2, 50, 55 des Einführungsgesetzes zum Bürgerlichen Gesetzbuch finden entsprechende Anwendung.

§ 2 [Landesgesetzliche Vorschriften]

(1) [1]Soweit in dem Einführungsgesetz zum Bürgerlichen Gesetzbuch zugunsten der Landesgesetze Vorbehalte gemacht sind, gelten sie auch für die Vorschriften der Landesgesetze über die Zwangsversteigerung und die Zwangsverwaltung. [2]Den Landesgesetzen stehen nach Maßgabe der Artikel 57, 58 des Einführungsgesetzes zum Bürgerlichen Gesetzbuche die Hausverfassungen gleich.

(2) Es treten jedoch die landesgesetzlichen Vorschriften außer Kraft, nach welchen den landschaftlichen und ritterschaftlichen Kreditanstalten für den Anspruch auf ältere als zweijährige Rückstände wiederkehrender Leistungen ein Vorrecht vor den im § 10 Nr. 1 bis 6 des Gesetzes über die Zwangsversteigerung und die Zwangsverwaltung bezeichneten Ansprüchen beigelegt ist.

§ 3 [Unberührtbleibende Vorschriften]

[1]Die im Artikel 113 des Einführungsgesetzes zum Bürgerlichen Gesetzbuche bezeichneten Vorschriften bleiben auch insoweit unberührt, als sie für den Anspruch des Entschädigungsberechtigten oder des Dritten, welcher die Entschädigung geleistet hat, ein Recht auf Befriedigung aus dem Grundstück gewähren und den Rang dieses Rechts bestimmen. [2]Jedoch kann dem Anspruch auf Rückstände wiederkehrender Leistungen ein Vorrecht nur mit der im § 2 Abs. 2 bezeichneten Einschränkung beigelegt werden.

§ 4 [Vorrang öffentlicher Lasten]

(1) Durch Landesgesetz kann bestimmt werden, dass gewisse öffentliche Lasten anderen im Range vorgehen.

(2) *(sachlich überholt)*

§ 5 [Auszug aus dem Steuerbuch]

Durch Landesgesetz kann bestimmt werden, dass dem Antrag auf Zwangsversteigerung ein Auszug aus einem Steuerbuch beigefügt werden soll.

§ 6 [Angaben in der Bestimmung des Versteigerungstermins]

Durch die Landesjustizverwaltung kann angeordnet werden, dass die Bestimmung des Versteigerungstermins noch andere als die im § 38 des Gesetzes über die Zwangsversteigerung und die Zwangsverwaltung vorgeschriebenen Angaben über das Grundstück enthalten soll.

§ 7 [Weitere Veröffentlichungen der Terminsbestimmung]

Unberührt bleiben die bestehenden landesgesetzlichen Vorschriften, nach welchen noch andere als die in den §§ 39, 40 des Gesetzes über die Zwangsversteigerung und die Zwangsverwaltung bezeichneten Veröffentlichungen der Terminsbestimmung zu erfolgen haben.

§ 8 [Berücksichtigung vor dem Inkrafttreten des BGB eingetragener Hypotheken]

(1) Durch Landesgesetz kann für die Zwangsversteigerung bestimmt werden, dass die vor dem Inkrafttreten des Bürgerlichen Gesetzbuchs eingetragenen Hypotheken bei der Feststellung des geringsten Gebots und bei der Aufstellung des Teilungsplans nur auf Grund einer Anmeldung zu berücksichtigen sind.

(2) In einem solchen Fall muss die im § 37 Nr. 4 des Gesetzes über die Zwangsversteigerung und die Zwangsverwaltung vorgeschriebene Aufforderung auf die Anmeldung der Ansprüche aus den bezeichneten Hypotheken ausgedehnt werden.

§ 9 EGZVG [Nicht eintragungspflichtige Rechte, Altenteil]

(1) Soweit ein nach Landesrecht begründetes Recht an einem Grundstücke, das nicht in einer Hypothek besteht, zur Wirksamkeit gegen Dritte der Eintragung nicht bedarf oder soweit eine Dienstbarkeit oder eine Reallast als Leibgedinge, Leibzucht, Altenteil oder Auszug eingetragen ist, bleibt das Recht nach Maßgabe des Landesgesetzes von der Zwangsversteigerung unberührt, auch wenn es bei der Feststellung des geringsten Gebots nicht berücksichtigt ist.

(2) Das Erlöschen eines solches Rechtes ist auf Verlangen eines Beteiligten als Versteigerungsbedingung zu bestimmen, wenn durch das Fortbestehen ein dem Rechte vorgehendes oder gleichgestelltes Recht des Beteiligten beeinträchtigt werden würde; die Zustimmung eines anderen Beteiligten ist nicht erforderlich.

Literatur: *Drischler*, Altenteil und Zwangsversteigerung, KTS 1971, 145; *Drischler*, Das Altenteil in der Zwangsversteigerung, RPfleger 1983, 229; *Haegele*, Wohnungsrecht, Leibgeding und ähnliche Rechte in Zwangsvollstreckung, Konkurs und Vergleich, DNotZ 1976, 5; *Hagena*, Probleme des Doppelausgebots nach § 9 Abs. 2 EGZVG, RPfleger 1975, 73; *Kahlke*, Erlöschen des Altenteils in der Zwangsversteigerung?, RPfleger 1990, 233; *Schiffhauer*, Die Grunddienstbarkeit in der Zwangsversteigerung, RPfleger 1975, 187; *Wirich*, Aktuelles zu Altenteil und Leibgeding, ZErb 2009, 229.

Übersicht

		Rn.
I.	Allgemeines	1
II.	Nicht eintragungspflichte Rechte	2–4
III.	Altenteil	5–14
1.	Begriff	5–10
2.	Bestimmung des Vorliegens eines Altenteils	11
3.	Hinweispflicht des Gerichts	12
4.	Behandlung des Altenteils in der Zwangsversteigerung	13
5.	Nichtanwendbarkeit des Abs. 1	14
IV.	Erlöschen des Rechts (Abs. 2)	15–25
1.	Allgemeines	15–17
2.	Antrag	18–20
3.	Beeinträchtigung	21, 22
4.	Doppelausgebot	23
5.	Zuschlag	24, 25
V.	Landesrechtliche Normen	26

I. Allgemeines

§ 9 Abs. 1 EGZVG dient dem Schutz bestimmter Rechte in der Zwangsversteigerung. Denn §§ 91 Abs. 1, 52 Abs. 1 S. 2 ZVG schreiben vor, dass durch Zuschlagsbeschluss alle Rechte, welche nicht nach den Versteigerungsbedingungen bestehen bleiben sollen, erlöschen. Gemäß § 52 Abs. 1 S. 1 ZVG bleibt ein Recht soweit bestehen, als es bei der Feststellung des geringsten Gebots berücksichtigt und nicht durch Zahlung zu decken ist. Im geringsten Gebot werden nur dem bestrangig betreibenden Gläubiger vorrangige Rechte berücksichtigt (§ 44 Abs. 1 ZVG). Von diesem Grundsatz macht § 9 Abs. 1 EGZVG eine Ausnahme.

Abs. 1 privilegiert bestimmte Rechte, indem sie trotz der Nichtbeachtung im geringsten Gebot bestehen bleiben. Die Rechte bleiben nach Maßgabe des jeweils einschlägigen Landesgesetzes von der Zwangsversteigerung unberührt. Die meisten Bundesländer haben von Abs. 1 Gebrauch gemacht und entsprechende landesrechtliche Normen erlassen (vgl. dazu Rn. 24).

Abs. 1 schützt Rechte, die nach Landesrecht keiner Eintragung im Grundbuch bedürfen und das Altenteil. Der Schutz ist jedoch wegen Abs. 2 nur bedingt durchsetzbar. Den Hauptanwendungsfall stellt das Altenteil dar. Dessen Privilegierung in der Zwangsversteigerung rechtfertigt sich aus dem Versorgungscharakter des Rechts und damit dessen sozialer Schutzbedürftigkeit.

Abs. 1 ist auch bei der Teilungsversteigerung, also der Versteigerung zum Zwecke der Aufhebung einer Gemeinschaft, anwendbar.[1]

Bleibt nun ein Recht nach Abs. 1 von der Zwangsversteigerung unberührt, so steht demjenigen, der bei der Abgabe seines Gebots Unkenntnis über das Bestehenbleiben des Rechts hatte, kein Anfechtungsrecht nach § 119 Abs. 1 BGB zu.[2]

II. Nicht eintragungspflichtige Rechte

2 Nicht eintragungspflichtig sind insbesondere **altrechtliche Dienstbarkeiten**. Nach Art. 187 Abs. 1 S. 1 EGBGB bedarf eine Grunddienstbarkeit, die zu der Zeit bestand, zu welcher das Grundbuch als angelegt anzusehen war, zur Erhaltung der Wirksamkeit gegenüber dem öffentlichen Glauben des Grundbuchs nicht der Eintragung. Diese Rechte bleiben also auch ohne Eintragung im Grundbuch bestehen. In Betracht kommen vor allem Grunddienstbarkeiten, die vor dem 1.1.1900 begründet worden sind.

Welchen Inhalt und welchen Rang diese Dienstbarkeiten haben, richtet sich gemäß Art. 184 EGBGB nach den bis dahin geltenden Gesetzen. Dabei trifft das Vollstreckungsgericht die Pflicht, sich über das Vorhandensein solcher Rechte möglichst Klarheit zu verschaffen.[3]

3 Die altrechtlichen Dienstbarkeiten werden in der Zwangsversteigerung grundsätzlich unabhängig vom Rang folgendermaßen geschützt:

Geht die altrechtliche Dienstbarkeit dem betreibenden Gläubiger **im Rang vor**, so bleibt das Recht bereits nach § 52 Abs. 1 ZVG bestehen. Einen Rückgriff auf Abs. 1 bedarf es nicht. Dies gilt jedoch nur, wenn die altrechtliche Grunddienstbarkeit eingetragen oder rechtzeitig angemeldet und glaubhaft gemacht wurde, § 45 Abs. 1 ZVG. In diesem Fall ist nach § 52 Abs. 2 ZVG der Zuzahlungsbetrag zu bestimmen. Soll dieses Recht trotzdem erlöschen, bedarf es der Zustimmung des Berechtigten zur Versteigerung unter abweichenden Versteigerungsbedingungen, § 59 ZVG.

Das Recht bleibt nach Abs. 1 bestehen, wenn es dem betreibenden Gläubiger **im Rang nachgeht oder gleichsteht**. In diesem Fall ist aber ein Antrag nach Abs. 2 möglich.

Wurde die altrechtliche Grunddienstbarkeit nicht angemeldet oder trotz Anmeldung bei der Zwangsversteigerung **übersehen oder nicht erwähnt**, so greift ebenfalls Abs. 1 und das Recht bleibt bestehen. Denn Abs. 1 gilt selbst dann, wenn das privilegierte Recht übersehen und/oder nicht bei der Versteigerung erwähnt wurde.[4]

---

1 *Stöber*, ZVG, Rn. 3.8; *Haegele*, DNotZ 1976, 5 (15);
2 BGH, *Beschluss* vom 5. 6. 2008 – V ZB 150/07, NJW 2008, 2442: *Leitsatz:* Der Bieter kann sein Gebot nicht wegen einer Fehlvorstellung über den Umfang der nach den Versteigerungsbedingungen bestehen bleibenden Rechte gem. § 119 Abs. 1 BGB anfechten.
3 *Schiffhauer*, RPfleger 1975, 187 (195).
4 *Stöber*, ZVG, Rn. 2; *Storz/Kiderlen*, Praxis des Zwangsversteigerungsverfahrens, 11. Aufl., B 4.3.1. S. 202.

Der Ersteher kann bei nachträglicher Kenntnis vom Recht nicht sein Bargebot mindern.[5]

Die Privilegierung des Abs. 1 findet jedoch **keine Anwendung**, wenn nach Art. 187 Abs. 2 EGBGB bestimmt ist, dass das Recht zur Wirksamkeit gegenüber dem öffentlichen Glauben des Grundbuchs eingetragen werden muss und die Frist für die Eintragung abgelaufen ist.[6] In diesen Fällen erlischt das nichteingetragene Recht mit Zuschlag. Solche landesrechtliche Regelungen bestehen nur in den Beitrittsländern und den Ländern Baden-Württemberg, Bremen und Hamburg (vgl. dazu die Kommentare zum BGB)[7]. **4**

III. Altenteil

1. Begriff

Der Begriff des Altenteils (oder gleichbedeutend: Leibgedinge, Leibzucht, Austrag, Abschied, Ausgedinge) ist, obwohl im Gesetz mehrfach genannt (Art. 96 EGBGB, § 850 Abs. 1 Nr. 3 ZPO, § 49 GBO und eben § 9 EGZVG), nicht legal definiert. **5**
Seinen Ursprung hat das Leibgedings in der Landwirtschaft. Danach konnte der Landwirt seinen Hof auf den Nachfolger übertragen, ohne seine wirtschaftliche Existenz zu verlieren. So wurde in der Regel für die Hofübergabe ein Wohnungsrecht für einen Teil des Hofes und die Zahlung einer Rente vereinbart und dinglich gesichert.
Heute ist der Anwendungsbereich erweitert worden, so dass auch in anderen Bereichen, z.B. bei gewerblich genutzten[8] oder städtischen[9] Grundstücken Altenteilrechte auftauchen.
Der Begriff des Altenteils wird durch die Rechtsprechung und die Literatur geprägt und näher umschrieben. Er wird jedoch nicht einheitlich für alle Normen ausgelegt.

Einigkeit besteht darüber, dass die Vereinbarung eines Leibgedings ein ausschließlich **schuldrechtlicher Vertrag** ist, dessen Inhalt durch die im Bürgerlichen Gesetzbuch genannten dinglichen Rechte gesichert wird.[10] Deshalb begründet die Eintragung eines Altenteils im Grundbuch kein solches Recht, sondern setzt vielmehr dessen Existenz voraus und sichert die Einzelrechte. Das Altenteil ist damit kein eigenständiges dingliches Recht.[11] **6**
Ebenso ist man sich darüber einig, dass ein Altenteil dann **nicht** vorliegt, wenn bei einer schuldrechtlichen Vereinbarung der Charakter eines gegenseitigen Vertrages mit beiderseits annähernd gleichwertigen Leistungen in den Vordergrund tritt.[12]
Auch setzt einhellig das Leibgeding **persönliche Beziehungen** zwischen dem Berechtigten und dem Verpflichteten voraus, die aber nicht verwandtschaftli-

---

5 *Schiffhauer*, Rpfleger 1975, 187 (196).
6 *Stöber*, ZVG, Rn. 2; *Hintzen*, in: *Dassler/Schiffhauer, u.a.*, ZVG, Rn. 4.
7 *Hönle*, in: *Staudinger* BGB, Art. 187 EGBGB Rn. 9 ff.; *MünchKommBGB/Säcker*, Art. 187 EGBGB Rn. 5 f.
8 OLG Hamm, Urteil vom 9.7.1985 – 27 U 26/85, Rpfleger 1986, 270: Altenteil auf einem Grundstück mit Gaststättenbetrieb.
9 Vgl. BGH, Urteil vom 26. 9. 1962 – V ZR 91/6, NJW 1962, 2249 (2250); BGH, Beschluss vom 4.7.2007 – VII ZB 86/08, NJW-RR 2007, 1390 = DNotZ 2008, 124 (125).
10 BayObLG, Beschluss vom 25.3.1975 – 2 Z 8/75, BayObLGZ 1975, 132 = Rpfleger 1975, 314; LG Frankenthal, Beschluss vom 27.2.1989 – 1 T 72/89, Rpfleger 1989, 324.
11 OLG Köln, Beschluss vom 1.4.1992 – 2 Wx 7/91, Rpfleger 1992, 431; LG Frankenthal, Beschluss vom 27.2.1989 – 1 T 72/89, Rpfleger 1989, 324.
12 BGH, Urteil vom 28.10.1988 – V ZR 60/87, NJW-RR 1989, 451; *Stöber*, ZVG, Rn. 3.2 a.E.

cher Art sein müssen.[13] Damit kommen als Berechtigte nicht nur Familienangehörige, sondern auch Familienfremde in Betracht.

7   Uneinigkeit herrscht über den Inhalt des Vertrages, also den Inhalt der Rechte, die als Altenteil zu qualifizieren sind.
So wird der Begriff in Art. 96 EGBGB eng verstanden, wohingegen er für § 49 GBO weit angenommen wird. Der BGH verlangt für das Vorliegen eines Altenteils im Sinne des Art. 96 EGBGB die Gewährung des Unterhalts, wobei dem Altenteiler ein Wohnrecht an einem bestimmten Teil des überlassenen Grundstücks gewährt wird.[14] Zudem ist eine Grundstücksüberlassung zwingend erforderlich, kraft dessen Nutzung der Übernehmende sich eine eigene Lebensgrundlage schaffen und gleichzeitig den dem Altenteiler geschuldeten Unterhalt gewinnen kann.[15] Das entscheidende Element eines Altenteils besteht somit in einem Nachrücken der folgenden Generation in eine wenigstens teilweise existenzbegründende Wirtschaftseinheit.[16]

8   *Wirich* geht nun aufgrund der Rechtsprechung des BGH[17] zum § 850b ZPO davon aus, dass der BGH auch im Rahmen des § 9 EGZVG den einengenden Leibgedingbegriff des Art. 96 EGBGB anwenden und damit eine einheitliche Auslegung des Begriffs herbeiführen wird.[18]
Dem ist nicht zuzustimmen. Zwar dienen beide Vorschriften, § 850b ZPO und § 9 EGZVG dem Schutz des Altenteilsberechtigten in der Zwangsvollstreckung, jedoch ist die Ausgangslage bei der Anwendung der Vorschriften unterschiedlich.
Im Rahmen von § 49 GBO wird der Begriff des Altenteils weit verstanden. Dies dient der Vereinfachung des Grundbuchverkehrs und der begrenzten Überprüfungsmöglichkeit des Grundbuchamtes.[19] Diese Gesichtspunkte sind auch bei der Zwangsversteigerung geboten. Zum einen muss das Versteigerungsverfahren nicht unnötig in die Länge gezogen werden. Zudem stehen dem Rechtspfleger nur dieselben Möglichkeiten der Überprüfung (vor allem nur vorliegende Urkunden) zur Verfügung wie dem Grundbuchbeamten.
Zur Vereinfachung des Versteigerungsverfahrens ist bei § 9 EGZVG wie bei § 49 GBO der weite Begriff des Altenteils heranzuziehen.
Aus Gründen des Schutzes des Ersteigerers ist es ebenfalls angebracht, in Zweifelsfällen von einem Altenteil auszugehen, um den Beteiligten die Möglichkeit des Abs. 2 zu eröffnen. Denn wird ein Altenteil bei der Zwangsversteigerung nicht berücksichtigt, so bleibt es bestehen. Deshalb dürfen für das Vorliegen eines Altenteils nicht allzu hohe Anforderungen verlangt werden. Damit ist im Einklang mit der Literatur[20] zu § 9 EGZVG und der Rechtsprechung der

---

13 BayObLG, Urteil vom 26.4.1993 – 1 Z RR 397/92, Rpfleger 1993, 443; LG Aachen, Beschluss vom 11.10.1990 – 3 T 256/90, Rpfleger 1991, 106.
14 BGH, Urteil vom 31.10.1969 – V ZR 138/66, NJW 1970, 282 (283); BGH, Urteil vom 28.10.1988 – V ZR 60/87, NJW-RR 1989, 451.
15 BGH, Urteil vom 31.10.1969 – V ZR 138/66, NJW 1970, 282 (283); BGH, Urteil vom 28.10.1988 – V ZR 60/87, NJW-RR 1989, 451; BGH, Urteil vom 28.1.2000 – V ZR 252/98, MittBayNot 2000, 223.
16 BGH, Urteil vom 25. 10. 2002 – V ZR 293/01, NJW 2003, 1325 (1326); BGH, Beschluss vom 4.7.2007 – VII ZB 86/06, NJW-RR 2007, 1390 = DNotZ 2008, 124.
17 BGH, Beschluss vom 4.7.2007 – VII ZB 86/08, NJW-RR 2007, 1390 = DNotZ 2008, 124 geht davon aus, dass der Begriff des Altenteils des Art. 96 EGBGB auch im Rahmen des § 850b ZPO anwendbar ist, da er keine Veranlassung sieht, den Begriff des Altenteils in § 850b ZPO erweiternd auszulegen.
18 *Wirich*, ZErb 2009, 229 (231).
19 BGH, Beschluss vom 3.2.1994 – V ZB 31/93, RPfleger 1994, 347 (348); *Mayer*, Rpfleger 1993, 320 (321).
20 Vgl. *Stöber*, ZVG, Rn. 3.2; *Hintzen*, in: *Dassler/Schiffhauer* u.a., ZVG, Rn. 4.

Oberlandesgerichte²¹ weiterhin der Begriff des § 49 GBO auch im Rahmen des § 9 EGZVG ausschlaggebend.

Somit ist für den Inhalt des Altenteils notwendig, aber auch ausreichend, dass es im Wesentlichen Ansprüche auf Sach- und Dienstleistungen sind, die aus und auf einem Grundstück zu gewähren sind, die der allgemeinen und persönlichen Versorgung des Berechtigten dienen und eine – regelmäßig lebenslängliche – Verknüpfung des Berechtigten mit dem Grundstück bezwecken.²² Die Überlassung eines Grundstücks ist zwar häufig der Anlass, nicht aber auch begrifflich Voraussetzung eines Altenteils.²³ Da damit im Unterschied zum Begriff in Art. 96 EGBGB eine Grundstücksüberlassung nicht erforderlich ist, kann auch das Nachrücken in eine die Existenz des Übernehmers dienende Wirtschaftseinheit nicht vorausgesetzt werden. Dies gilt selbst dann, wenn ein Grundstück tatsächlich überlassen wurde.²⁴ Entscheidend ist damit der Versorgungscharakter der Vereinbarung für die Annahme eines Altenteils.²⁵

9

Inhaltlich ruhen diese Ansprüche als Nießbrauch (§§ 1030 ff. BGB), Reallast (§§ 1105 ff. BGB) oder beschränkt persönliche Dienstbarkeit (§§ 1090 ff. BGB) auf dem Grundstück, aus dem sie zu gewähren sind.

10

Der Nießbrauch kann nur dann Bestandteil des Altenteils sein, wenn er sich nicht auf das gesamte übergebene Grundstück bezieht. Denn ein solcher Totalnießbrauch widerspricht dem Wesen des Leibgedingsvertrags.²⁶

Als Dienstbarkeit lässt sich vor allem das Wohnungsrecht nach § 1093 BGB nennen. Dabei genügt es für die Annahme eines Altenteils, dass nur ein Wohnrecht allein vereinbart wurde.²⁷

Als Inhalt einer Reallast lässt sich die Verpflichtung zu wiederkehrenden Leistungen in Form von Geld (z. B. Zahlung von Rente) oder Naturalleistung (z. B. Grabpflege) nennen. Daneben kann auch ausnahmsweise eine einmalige Verpflichtung mit einbezogen werden, wenn sie innerhalb eines Gesamtbereichs wiederkehrender Leistungen liegt und als Teil des Altenteils diese ergänzt und ihrer Natur nach nur einmalig ist.²⁸ Hier lässt sich insbesondere die Übernahme der Begräbniskosten anführen.

Es ist auch möglich, dass ein Altenteil auf mehreren Grundstücken eingetragen ist. Dabei genügt es, wenn sich aus der Eintragungsbewilligung klar ergibt, auf welchen Grundstücken die einzelnen Rechte lasten.²⁹

2. Bestimmung des Vorliegen eines Altenteils

§ 49 GBO erlaubt die Eintragung der dinglichen Rechte im Grundbuch unter dem Sammelbegriff „Altenteil". Es bedarf nicht der Eintragung der einzelnen Rechte. Umgekehrt kann aber aus der Bezeichnung im Grundbuch als Altenteil nicht zwangsläufig von einem solchen Recht ausgegangen werden. Denn ent-

11

---

21 Vgl dazu OLG Hamm, Urteil vom 9.7.1985 – 27 U 26/85, Rpfleger 1986, 270; OLG Schleswig, Beschluss vom 3.6.1980 – 2 W 6/80, Rpfleger 1980, 348;
22 BGH, Beschluss vom 3.2.1994 – V ZB 31/93, NJW 1994, 1158 (1159) = BGHZ 125, 69 (72 f.) = Rpfleger 1994, 347 (348); OLG Hamm, Urteil vom 9.7.1985 – 27 U 26/85, Rpfleger 1986, 270; *Drischler*, Rpfleger 1983, 229 (230); *Fuchs*, Rpfleger 1987, 76 (77).
23 BGH, Beschluss vom 3.2.1994 – V ZB 31/93, NJW 1994, 1158 (1159) = BGHZ 125, 69 (72) = Rpfleger 1994, 347 (348).
24 BGH, aaO (Fn.22).
25 BayObLG, Beschluss vom 25.3.1975 – 2 Z 8/75, Rpfleger 1975, 314.
26 BayObLG, Beschluss vom 25.3.1975 – 2 Z 8/75, Rpfleger 1975, 314 (315); *Stöber*, ZVG, Rn. 3.3.
27 OLG Hamm, Urteil vom 9.7.1985 – 27 U 26/85, Rpfleger 1986, 270; LG Frankenthal, Beschluss vom 27.2.1989 – 1 T 72/89, Rpfleger 1989, 324.
28 BayObLG, Beschluss vom 17.4.1970 – 2 Z 23/70, Rpfleger 1970, 202; OLG Hamm, Beschluss vom 14.11.1972 – 15 W 239/72, Rpfleger 1973, 98.
29 BGH, Beschluss vom 12.1.1972 – V ZB 24/71, Rpfleger 1972, 89.

scheidend ist der vereinbarte Inhalt des Rechts.[30] Damit obliegt dem Vollstreckungsgericht die Pflicht, trotz der Eintragung eines Altenteils im Grundbuch, zu prüfen, ob es sich bei dem eingetragenen Recht unter Anwendung der Maßstäbe zu § 49 GBO tatsächlich um ein Leibgeding handelt. Aufgrund der gleichen Begriffsmerkmale wird dies in der Regel der Fall sein.
Ebenso hat es für die Anwendbarkeit des Abs. 1 keine Auswirkung, dass ein Recht nicht als „Altenteil" im Grundbuch eingetragen ist. Es genügt, wenn sich der Charakter des Altenteilrechts hinreichend deutlich aus der in Bezug genommenen Eintragungsbewilligung ergibt.[31] Dabei ist zur Auslegung auf den das Recht begründenden und die Eintragungsbewilligung enthaltenen Vertrag abzustellen.[32] Der Zwangsversteigerungsrechtspfleger muss also im Versteigerungsverfahren prüfen, ob ein einzeln eingetragenes Recht (z. B. eine beschränkt persönliche Dienstbarkeit) nicht nach dem Inhalt des zugrundeliegenden Vertrages ein Altenteil darstellt.

3. Hinweispflicht des Gerichts

12 Ist das Gericht der Ansicht, dass das eingetragene Recht ein Altenteil darstellt, so trifft das Versteigerungsgericht die Amtspflicht, die beteiligten Gläubiger und Bieter darauf **hinzuweisen**, dass das Altenteil nur erlischt, wenn es ausdrücklich in den Versteigerungsbedingungen und im Zuschlagsbeschluss festgehalten ist.[33] Ein Verstoß gegen diese Pflicht kann zur Haftung nach § 839 BGB, Art. 34 GG führen.

4. Behandlung des Altenteils in der Zwangsversteigerung

13 Liegt nun ein Altenteil vor, so muss bei der Zwangsversteigerung Folgendes beachtet werden:
Geht das Altenteil dem betreibenden Gläubiger **im Rang vor**, so wird das Recht bereits im geringsten Gebot nach § 44 Abs. 1 ZVG berücksichtigt und bleibt nach § 52 Abs. 1 ZVG bestehen. Das Vollstreckungsgericht hat nach § 51 Abs. 2 ZVG den Zuzahlungsbetrag zu bestimmen. Von Abs. 1 muss kein Gebrauch gemacht werden.
Abs. 1 findet damit Anwendung, wenn das Altenteil dem bestrangig betreibenden Gläubiger **nachgeht oder gleichsteht**. Denn in diesem Fall wird das Recht nicht im geringsten Gebot berücksichtigt und würde mit dem Zuschlag erlöschen. Es bleibt aber aufgrund des Abs. 1 i. V. m. den einschlägigen Landesgesetzen bestehen. Auch in diesem Fall muss das Gericht den Zuzahlungsbetrag bestimmen, welchen der Ersteher übernehmen muss. In diesem Fall ist ein Antrag nach Abs. 2 möglich.
Wurde das Altenteil bei der Zwangsversteigerung **nicht berücksichtigt**, da es als solches nicht erkannt wurde, bleibt es ebenfalls nach Abs. 1 bestehen.[34]
Möglich ist auch, dass der Altenteilsberechtigte die Zwangsversteigerung selbst betreibt. Bleibt in diesem Fall das privilegierte Recht nach Abs. 1 bestehen und kommt deshalb für jeden anderen, wirtschaftlich denkenden Interessenten die Abgabe eines Gebots nicht in Betracht, so verstößt der Berechtigte aus dem Altenteil, wenn er das Grundstück zum geringsten Gebot ersteigert,

---

30 BayObLG, Beschluss vom 25.3.1975 – 2 Z 8/75, Rpfleger 1975, 314; OLG Köln, Beschluss vom 1.4.1992 – 2 Wx 7/91, Rpfleger 1992, 431; *Hintzen*, in: *Dassler/Schiffhauer u. a.*, ZVG, Rn. 5.
31 BGH, Beschluss vom 3.2.1994 – V ZB 31/93, NJW 1994, 1158 (1159) = BGHZ 125, 69 (74) = Rpfleger 1994, 347 (348); LG Frankenthal, Beschluss vom 27.2.1989 – 1 T 72/89, Rpfleger 1989, 324.
32 OLG Hamm, Urteil vom 9.7.1985 – 27 U 26/85, RPfleger 1986, 270; *Drischler*, Rpfleger 1983, 229 (230).
33 BGH, Urteil vom 21.3.1991 – III ZR 118/89, NJW 1991, 2759 = Rpfleger 1991, 329.
34 OLG Hamm, Urteil vom 9.7.1985 – 27 U 26/85, Rpfleger 1986, 270, wo eine beschränkt persönliche Dienstbarkeit eingetragen war, die ein Altenteil darstellte, somit trotz Nichtbeachtung im Versteigerungsverfahren bestehen blieb.

um es sogleich lastenfrei zu einem höheren Preis zu veräußern, jedenfalls dann nicht gegen Treu und Glauben, wenn dessen Erträge nicht ausreichen, seine Forderungen zu erfüllen und er keine Aussicht hat, diese in absehbarer Zeit gegen den persönlichen Schuldner durchzusetzen.[35]

5. Nichtanwendbarkeit des Abs. 1

Abs. 1 ist aber **nicht anwendbar**, wenn zur Zeit der Eintragung des Altenteilrechts bereits ein Zwangsversteigerungsvermerk im Grundbuch eingetragen ist.[36] Denn der Altenteiler ist nach dem Gedanken des § 10 Abs. 1 Nr. 6 ZVG nicht schutzwürdig, wenn das Altenteil dem betreibenden Gläubiger gegenüber nicht wirksam bestellt worden ist.[37] Zudem könnte der Schuldner durch ein gezieltes Zusammenwirken mit dem Altenteiler die Zwangsversteigerung des belasteten Grundstücks erschweren und die Gläubiger benachteiligen. Denn in der Regel fallen die Gebote auf ein mit einem Altenteil belastetes Grundstück wesentlich geringer aus als auf ein unbelastetes Grundstück. Ebenso müsste das Verfahren nach Abs. 2 durchgeführt werden, um dieses Recht mit Zuschlag zum erlöschen zu bringen, was eine deutliche Verfahrenserschwernis darstellen würde. **14**

IV. Erlöschen des Rechts (Abs. 2)

1. Allgemeines

Abs. 2 bezweckt den Schutz der vorrangigen oder gleichgestellten Grundpfandrechtsgläubiger. Denn die Privilegierung des Abs. 1 darf nicht so weit gehen, dass Rechte, die dem Recht aus Abs. 1 vorgehen oder gleichstehen, benachteiligt werden. Nach Abs. 2 kann deshalb ein Beteiligter verlangen, dass die Löschung von Rechten nach Abs. 1 als Versteigerungsbedingung bestimmt wird. Dies führt dazu, dass das Recht mit Zuschlag erlischt. Dies gilt jedoch nur, wenn der vorrangige oder gleichrangige Gläubiger durch das Bestehenbleiben des privilegierten Rechts beeinträchtigt wird. **15**

Dabei bildet Abs. 1 die Regel und das Verfahren nach Abs. 2 soll die Ausnahme darstellen. In der Praxis ist es jedoch üblich, dass der Antrag nach Abs. 2 gestellt wird. Damit läuft der durch Abs. 1 sichergestellte Schutz privilegierter Rechte in der Regel ins Leere. Teilweise wird deshalb angeregt, § 9 EGZVG und die dazugehörigen landesrechtlichen Normen zu streichen.[38] **16**
Erlischt nach Abs. 2 ein Recht, so tritt an seine Stelle der Anspruch auf Ersatz des Wertes aus dem Versteigerungserlös nach § 92 ZVG. Dieser ist durch Zahlung einer Geldrente zu entrichten. Dies gilt jedoch nur, soweit der Erlös dafür reicht. In der Praxis geht der Inhaber des privilierten Rechts daher oftmals leer aus, da der Erlös nicht zu seiner Befriedigung ausreicht.

Für die Anwendbarkeit des Abs. 2 ist der Rang des privilegierten Rechts entscheidend. Denn nur die Beeinträchtigung eines dem privilegierten Recht vorgehendes oder gleichstehendes Recht ist von Bedeutung. Für das Altenteil ergibt sich der Rang aus dem Grundbuch. Für die nichteintragungspflichtige Grunddienstbarkeit ergibt sich aus Art. 184 EGBGB, dass der Zeitpunkt der Entstehung entscheidend ist. Die altrechtliche Grunddienstbarkeit geht also den zeitlich später entstandenen Rechten im Rang vor und den zeitlich früher entstandenen nach. **17**

---

35 BGH, Urteil vom 17.4.1984 – IX ZR 47/83, Rpfleger 1984, 364.
36 OLG Hamm, Urteil vom 5.12.2000 – 19 U 88/99, Rpfleger 2001, 254; AG Dülmen, Beschluss vom 2.3.1999 – 3 C 81/99, Rpfleger 1999, 342 (als Vorinstanz).
37 OLG Hamm, aaO (Fn. 32).
38 So *Hintze,n* in: *Dassler/Schiffhauer u.a.*, ZVG Rn. 2.

2. Antrag

18 Das Erlöschen des nach Abs. 1 privilegierten Rechts ist nur auf Antrag als Versteigerungsbedingung zu bestimmen. Es muss also **ein Antrag** gestellt werden. **Antragsberechtigt** ist nur derjenige, der durch das Bestehenbleiben des privilegierten Rechts beeinträchtigt wird. Keinen Antrag können daher Rechtsinhaber stellen, deren Rechte im geringsten Gebot berücksichtigt werden, denn ihre Rechte bleiben auf jeden Fall von der Zwangsversteigerung unberührt, bleiben also bestehen.[39] Sie können durch ein Bestehenbleiben des Altenteils oder der altrechtlichen Grunddienstbarkeit nicht beeinträchtigt werden.

Nicht antragsberechtigt ist auch, wer dem privilegierten Recht im Range nachgeht.

Den Antrag nach Abs. 2 kann auch nicht derjenige Gläubiger stellen, der selbst aus dem bevorzugten Recht berechtigt ist.[40]

Ein Antragsrecht steht also nur demjenigen Beteiligten zu, dessen Recht nicht im geringsten Gebot berücksichtigt wird, aber dem privilegierten Recht im Rang vorgeht oder gleichsteht.

Der Antrag bedarf keiner Form, ist also auch mündlich möglich.[41]

19 Abs. 2 sagt nichts über den **Zeitpunkt der Antragsstellung** aus. Wegen der Vergleichbarkeit der Antragsstellung mit dem Antrag nach § 59 Abs. 1 ZVG – in beiden Fällen wird eine Abweichung von den gesetzlichen Versteigerungsbedingungen verlangt – ist davon auszugehen, dass die Regelungslücke dahingehend zu schließen ist, dass der Antrag nach Abs. 2 spätestens im Versteigerungstermin vor der Aufforderung zur Abgabe von Geboten vorliegen muss.[42] Nach anderer Ansicht ist die Antragstellung bis zum Schluss der Versteigerung, also bis Ende der Bietzeit möglich.[43]

20 Im Unterschied zu § 59 Abs. 1 ZVG bedarf es für den Antrag nach Abs. 2 keiner Zustimmung, auch nicht der des Inhabers des betroffenen Rechts. Dies lässt sich dadurch rechtfertigen, dass im Unterschied zu § 59 ZVG das privilegierte Recht dem aus einem besseren Rang die Versteigerung betreibenden Gläubiger nachgeht.

3. Beeinträchtigung

21 Stellt nun ein Antragsberechtigter einen Antrag, so ist dieser nur zulässig, wenn er durch das Fortbestehen des privilegierten Rechts beeinträchtigt wird. Es muss also ermittelt werden, ob eine Beeinträchtigung durch das Fortbestehen des Rechts eintritt. Dies lässt sich vor der Versteigerung jedoch in der Regel nicht sagen. Denn eine Beeinträchtigung liegt nur dann vor, wenn der Gläubiger durch das Meistgebot unter der gesetzlichen Versteigerungsbedingung des Bestehenbleibens des Rechts nicht voll gedeckt wird oder zumindest eine geringere Deckung als unter der abweichenden Bedingung des Erlöschens erhält.

Für die Höhe der vorrangigen Ansprüche ist nicht die im Grundbuch eingetragene Höhe entscheidend, sondern der Nominal- oder Effektivbetrag zum Zeitpunkt des Zuschlags.[44]

22 Nach *Kahlke* soll im Rahmen der Prüfung einer Beeinträchtigung eine Interessenabwägung stattfinden.[45] Dabei sollen die sozialen Interessen des Altentei-

---

39 *Hagena*, Rpfleger 1975, 73 (74).
40 *Stöber*, ZVG Rn. 4.2.
41 *Hagena*, Rpfleger 1975, 73 (77).
42 So auch *Hintzen*, in: Dassler/Schiffhauer u.a., ZVG Rn. 18.
43 *Stöber*, ZVG Rn. 4.2.
44 *Stöber*, ZVG Rn. 4.4.
45 *Kahlke*, Rpfleger 1990, 233.

lers gegen die des Gläubigers abgewogen werden.[46] Eine Beeinträchtigung des antragstellenden Gläubigers soll danach nur gegeben sein, wenn eine Entscheidung zu seinen Lasten aufgrund der vergleichbaren existenziellen Betroffenheit nicht zumutbar wäre. Dem kann nicht gefolgt werden.[47] Der Schutz des privilegierten Rechts wird ausreichend durch Abs. 1 und den dazugehörigen landesrechtlichen Regelungen erreicht. Einen weitergehenden Schutz im Rahmen von Abs. 2 bedarf es nicht. Man muss beachten, dass der vorrangige Rechtsinhaber nicht schutzlos gestellt werden darf. Denn sein Recht ist durch Art. 14 Abs. 1 GG geschützt. Zudem würde eine Ermessensentscheidung des Gerichts über die Frage des Erlöschens des Rechts entscheiden. Dies hätte zur Folge, dass eine Beleihung von Grundstücken fast unmöglich wäre, da der vorrangige Gläubiger immer damit zu rechnen hätte, dass nachrangig ein privilegiertes Recht eingetragen wird und es aufgrund einer nicht voraussehbaren Entscheidung des Gerichts in der Zwangsversteigerung bestehen bleiben kann. Denn vorrangig eingetragene Grundpfandrechtsgläubiger wirken bei jeder weiteren nachrangigen Belastung des Grundstücks nicht mit.

In der Praxis ist es nicht selten, dass auf ein belastetes Grundstück mit Rechten im Sinne des Abs. 1 kein Gebot abgegeben wird. Dadurch würde die Zwangsversteigerung des Grundstücks scheitern. Diese Gefahr der Nichtverwertbarkeit des belasteten Grundstücks würde das Grundstück somit als Sicherheit wertlos machen.

Eine Beeinträchtigung ist damit nur dann nicht gegeben, wenn das Meistgebot unter den gesetzlichen Versteigerungsbedingungen die vorgehenden oder gleichstehenden Rechte deckt oder keine geringere Deckung als unter der Bedingung des Erlöschens eintritt. In diesem Fall kann das Erlöschen des privilegierten Rechts nach Abs. 2 nicht verlangt werden. Nur insoweit geht der Schutz der nachrangigen, privilegierten Rechte.

4. Doppelausgebot

Da im Zeitpunkt der Antragstellung nicht voraussehbar ist, ob nun eine Beeinträchtigung vorliegt oder nicht, muss regelmäßig ein **Doppelausgebot** durchgeführt werden. Dabei werden Ausgebote auf den gesetzlichen Normalfall, also mit Bestehenbleiben des Rechts und auf die beantragte, abweichende Bedingung des Erlöschens des Rechts zugelassen.

Die beiden Arten des Ausgebots müssen **gleichzeitig** erfolgen.[48] Ein Aufeinanderfolgen der Ausgebote, wie teilweise verlangt[49], ist nicht geboten. Denn dadurch wird das Verfahren unnötig in die Länge gezogen. Wird auch auf das Ausgebot unter der Bedingung des Erlöschens des Rechts keine höhere Deckung erzielt, ergeht der Zuschlag auf das gesetzliche Ausgebot. Die zweite Bietzeit stellt sich nachträglich als überflüssig heraus. Hierdurch werden nur Beteiligte verunsichert und das Bietverhalten zu Lasten der Gläubiger beeinflusst.

Mehr als nur zwei Ausgebote können zugelassen werden, wenn mehrere Rechte im Sinne des Abs. 1 vorliegen und nicht alle Rechte erlöschen sollen. In solchen Fällen steht es dem Inhaber des gefährdeten Rechts frei, zu entschei-

---

46 *Kahlke*, Rpfleger 1990, 233 (237 f.).
47 Ebenfalls ablehnend: *Stöber*, ZVG Rn. 4.5; *Hintzen*, in: *Dassler/Schiffhauer u.a.*, ZVG Rn. 16.
48 So auch *Stöber*, ZVG, Rn. 4.8; *Hagena*, Rpfleger 1975, 73 (75 f.), der auch auf die abweichende Meinung eingeht, diese aber mit gewichtigen Gründen ablehnt.
49 *Hintzen*, in: *Dassler/Schiffhauer u.a.* ZVG, Rn. 19 wonach erst das Ausgebot mit der gesetzlichen Versteigerungsbedingung des Bestehenbleibens durchgeführt werden soll. Deckt das Meistgebot die vorgehenden oder gleichstehenden Rechte, so kann das Erlöschen nach Abs. 2 nicht verlangt werden, es kommt also nicht zum Doppelausgebot. Wenn durch das Meistgebot auf das gesetzliche Ausgebot keine vollständige Deckung der vorgehenden oder gleichstehenden Rechte eintritt, könne erst der Antrag nach Abs. 2 gestellt werden.

den, auf welche Rechte sich der Antrag beziehen und damit welche Rechte erlöschen sollen und welche unberührt bleiben sollen.

5. Zuschlag

24 Nach der Durchführung der Bietzeit stellt sich die Situation folgendermaßen dar:
Liegt **keine Beeinträchtigung** vor, so ist der Zuschlag auf das Ausgebot unter der gesetzlichen Bedingung des Bestehenbleibens des Rechts zu erteilen.
Denn das Bestehenbleiben des Rechts nach Abs. 1 stellt den gesetzlichen Normalfall dar, so dass auch der Zuschlag bei Nichtvorliegen einer Beeinträchtigung grundsätzlich auf das gesetzliche Ausgebot erfolgt. Dies führt dazu, dass es unerheblich ist, ob das Meistgebot auf die abweichende Versteigerungsbedingung nach Abs. 2 einen höheren Erlös gebracht hätte. Solange keine Beeinträchtigung des vorrangigen Rechts vorliegt, ist der Zuschlag auf das Gebot mit Bestehenbleiben des privilegierten Rechts zu erteilen.
Ergibt sich nach Durchführung des Doppelausgebots **eine Beeinträchtigung** eines vorrangigen oder gleichrangigen Gläubigers, so war sein Antrag nach Abs. 2 zulässig und der Zuschlag ergeht auf das Ausgebot unter der abweichenden Bedingung des Erlöschens des privilegierten Rechts.
Wird auf das Ausgebot zu den gesetzlichen Bestimmungen **kein Gebot** abgegeben, so muss gleichwohl der Zuschlag auf das Meistgebot zu den abgeänderten Versteigerungsbedingungen gegeben werden.[50] Dass für die Beantwortung der Beeinträchtigung ein Vergleichsangebot fehlt, ist unerheblich. Denn die Beeinträchtigung ergibt sich in diesem Fall bereits daraus, dass auf das gesetzliche Ausgebot gar kein Gebot erfolgte und damit hierauf gar kein Zuschlag erteilt werden kann.

25 Wird nun der Zuschlag auf das Ausgebot gem. Abs. 2 erteilt, so muss darauf geachtet werden, dass das Erlöschen des privilegierten Rechts ausdrücklich im Zuschlagsbeschluss vermerkt ist. Fehlt ein solcher Hinweis, so muss davon ausgegangen werden, dass der Zuschlag auf das gesetzliche Ausgebot, also mit Bestehenbleiben des Rechts erging. Dies hat zu Folge, dass das Recht bestehen bleibt, obwohl der Zuschlag auf das Gebot nach Abs. 2 erteilt wurde.
Wird nun das Erlöschen des privilegierten Rechts im Zuschlagsbeschluss zu Unrecht festgestellt, so erlischt das Recht trotzdem.
In beiden Fällen steht es den Betroffenen frei, eine Beschwerde nach §§ 96 ff. ZVG einzulegen.

V. Landesrechtliche Normen

26 Nicht alle Bundesländer haben von der Möglichkeit des Abs. 1 Gebrauch gemacht. So finden sich in Brandenburg, Bremen, Mecklenburg-Vorpommern, Sachsen und Sachsen-Anhalt keine Regelungen. Zudem fällt die Regelung in NRW ab dem 1.1.2011 prinzipiell weg, es ist jedoch unklar, ob nicht in den lippischen Landesteilen die Regelung fortbesteht (siehe unten).

Baden-Württemberg

Gesetz zur Ausführung des Gerichtsverfassungsgesetzes und von Verfahrensgesetzen der ordentlichen Gerichtsbarkeit (AGGVG)

Vom 16.12.1975

– Auszug –

---

50 LG Arnsberg, Beschluss vom 10.7.1984 – 5 T 241/84, Rpfleger 1984, 427; *Drischler*, KTS 1971, 145 (147).

Dritter Teil. Ausführung des Gesetzes über die Zwangsversteigerung und die Zwangsverwaltung (ZVG)

§ 33 Unberührt bleibende Altenteile

Eine Reallast oder eine beschränkt persönliche Dienstbarkeit, die zur Sicherung eines Anspruchs oder eines Rechts aus einem Vertrag nach Art. 96 des Einführungsgesetzes zum Bürgerlichen Gesetzbuch im Grundbuch eingetragen ist, bleibt, unbeschadet der Vorschrift des § 9 Abs. 2 des Einführungsgesetzes zu dem Gesetz über die Zwangsversteigerung und die Zwangsverwaltung, von der Zwangsversteigerung unberührt, auch wenn sie bei der Feststellung des geringsten Gebotes nicht berücksichtigt ist.

Bayern

Gesetz zur Ausführung des Gerichtsverfassungsgesetzes und von Verfahrensgesetzen des Bundes

Vom 23.6.1981, zuletzt geändert durch § 2 G zur Änd. des DolmetscherGs und des Gs zur Ausführung des GerichtsverfassungsGs und von VerfahrensGn des Bundes vom 22. 12. 2009 (GVBl S. 632)

– Auszug –

Zweiter Teil. Abschnitt II. Ausführung des Gesetzes über die Zwangsversteigerung und die Zwangsverwaltung

Art. 30 Leibgedingsrechte und nicht eingetragene Rechte

(1) Ist eine Dienstbarkeit oder eine Reallast als Leibgeding (Leibzucht, Altenteil, Auszug) eingetragen, so bleibt das Recht, unbeschadet der Vorschrift des § 9 Abs. 2 des Einführungsgesetzes zu dem Gesetz über die Zwangsversteigerung und die Zwangsverwaltung, von der Zwangsversteigerung unberührt, auch wenn es bei der Feststellung des geringsten Gebots nicht berücksichtigt ist.

(2) Das gleiche gilt für Grunddienstbarkeiten, die zur Erhaltung der Wirksamkeit gegenüber dem öffentlichen Glauben des Grundbuchs der Eintragung nicht bedürfen.

Berlin

Ausführungsgesetz zum Gesetz über die Zwangsversteigerung und die Zwangsverwaltung

Vom 23.9.1899, geändert durch Gesetz vom 1.2.1979

– Auszug –

Erster Abschnitt. Zwangsversteigerung und Zwangsverwaltung von Grundstücken im Wege der Zwangsvollstreckung

Art. 6

(1) Die Rechte an dem Grundstück, die nach *Artikel 22* des Ausführungsgesetzes zum Bürgerlichen Gesetzbuch oder nach sonstigen landesgesetzlichen Vorschriften zur Wirksamkeit gegenüber dem öffentlichen Glauben des Grundbuchs der Eintragung nicht bedürfen, bleiben auch dann bestehen, wenn sie bei der Feststellung des geringsten Gebots nicht berücksichtigt sind.

(2) Das gleiche gilt, unbeschadet des § 9 Abs. 2 des Einführungsgesetzes zu dem Gesetz über die Zwangsversteigerung und die Zwangsverwaltung, von den im Grundbuch als Leibgedinge, Leibzucht, Altenteil oder Auszug eingetragenen Dienstbarkeiten und Reallasten sowie von Grunddienstbarkeiten, die zur Wirksamkeit gegenüber dem öffentlichen Glauben des Grundbuchs der Eintragung nicht bedürfen.

Hamburg

In Hamburg existiert keine Regelung bezüglich des Altenteils. Das HmbHGZVG enthält jedoch eine Regelung bezüglich der altrechtlichen Grunddienstbarkeit.

Hamburgisches Gesetz zur Ausführung des Gesetzes über die Zwangsversteigerung und die Zwangsverwaltung (HmbHGZVG)

vom 17.3.1969

– Auszug –

§ 1

Eine Grunddienstbarkeit, die am 1. Februar 1900 bestanden hat, bleibt von der Zwangsversteigerung unberührt, auch wenn sie bei der Feststellung des geringsten Gebots nicht berücksichtigt ist. Für eine zur Zeit der Eintragung des Versteigerungsvermerks aus dem Grundbuch nicht ersichtliche Grunddienstbarkeit gilt diese Bestimmung nur dann, wenn entweder die Grunddienstbarkeit spätestens im Versteigerungstermin vor der Aufforderung zur Abgabe von Geboten angemeldet ist oder wenn mit der Grunddienstbarkeit das Halten einer dauernden Anlage verbunden ist.

Hessen

Hessisches Ausführungsgesetz zur Zivilprozessordnung und zum Gesetz über die Zwangsversteigerung und die Zwangsverwaltung

Vom 20.12.1960, zuletzt geändert durch Art. 3 des Gesetzes vom 27.2.1998

– Auszug –

Zweiter Teil. Ausführung des Gesetzes über die Zwangsversteigerung und die Zwangsverwaltung

Erster Abschnitt. Zwangsversteigerung und Zwangsverwaltung von Grundstücken im Wege der Zwangsvollstreckung

Art. 4

(1) Die Rechte an dem Grundstück, die nach landesrechtlichen Vorschriften zur Wirksamkeit gegenüber dem öffentlichen Glauben des Grundbuchs der Eintragung nicht bedürfen, bleiben auch dann bestehen, wenn sie bei der Feststellung des geringsten Gebotes nicht berücksichtigt sind.

(2) Das gleiche gilt unbeschadet der Vorschrift des § 9 Abs. 2 des Einführungsgesetzes zu dem Gesetz über die Zwangsversteigerung und die Zwangsverwaltung, für die im Grundbuch als Leibgedinge, Leibzucht, Altenteil oder Auszug eingetragenen Dienstbarkeiten und Reallasten sowie für Grunddienstbarkeiten, die zur Wirksamkeit gegenüber dem öffentlichen Glauben des Grundbuchs der Eintragung nicht bedürfen.

Niedersachsen

Niedersächsisches Ausführungsgesetz zum Gesetz über die Zwangsversteigerung und die Zwangsverwaltung (Nds. AG ZVG)

Vom 6. Juni 2008 (Nds.GVBl. Nr. 12/2008 S. 210)

– Auszug –

§ 1 Bestehen bleibende Rechte

(1) Rechte an dem Grundstück, die nach Landesrecht zur Wirksamkeit gegenüber dem öffentlichen Glauben des Grundbuchs der Eintragung nicht bedürfen, bleiben nach einer Zwangsversteigerung auch dann bestehen, wenn sie bei der Feststellung des geringsten Gebots nicht berücksichtigt sind.

(2) [1]Absatz 1 gilt entsprechend für die im Grundbuch als Leibgedinge, Leibzucht, Altenteil oder Auszug eingetragenen Dienstbarkeiten und Reallasten sowie für Grunddienstbarkeiten, die zur Wirksamkeit gegenüber dem öffentlichen Glauben des Grundbuchs der Eintragung nicht bedürfen. [2]§ 9 Abs. 2 des Einführungsgesetzes zu dem Gesetz über die Zwangsversteigerung und die Zwangsverwaltung bleibt unberührt.

Nordrhein-Westfalen

In NRW herrscht Uneinigkeit, ob für das gesamte Land eine Regelung existiert oder eine Unterscheidung zwischen den früheren preußischen und lippischen Landesteilen zu treffen ist. So geht *Stöber* von einer einheitlichen Regelung für das gesamte Bundesland aus, ohne eine Begründung zu liefern.[51] Andere gehen noch immer von zwei getrennten Gesetzen aus.[52] Selbst auf Nachfragen beim Justizministerium des Landes NRW konnte keine Klarheit geschaffen werden. So muss wohl davon ausgegangen werden, dass für die früheren lippischen Landesteile weiterhin ihr Recht gilt.

[Für die früher preußischen Landesteile:]

> Ausführungsgesetz zum Reichsgesetz über die Zwangsversteigerung und die Zwangsverwaltung
>
> Vom 23.9.1899
>
> – Auszug –
>
> Erster Anschnitt. Zwangsversteigerung und Zwangsverwaltung von Grundstücken im Wege der Zwangsvollstreckung

Art. 6

(1) Die Rechte an dem Grundstück, die nach Artikel 22 des Ausführungsgesetzes zum Bürgerlichen Gesetzbuch oder nach sonstigen landesgesetzlichen Vorschriften zur Wirksamkeit gegenüber dem öffentlichen Glauben des Grundbuchs der Eintragung nicht bedürfen, bleiben auch dann bestehen, wenn sie bei der Feststellung des geringsten Gebots nicht berücksichtigt sind.

(2) Das gleiche gilt, unbeschadet der Vorschrift des § 9 Abs. 2 des Einführungsgesetzes zum Reichsgesetze, von den im Grundbuch als Leibgedinge, Leibzucht, Altenteil oder Auszug eingetragenen Dienstbarkeiten und Reallasten sowie von Grunddienstbarkeiten, die zur Wirksamkeit gegenüber dem öffentlichen Glauben des Grundbuchs der Eintragung nicht bedürfen.

[Für die früher lippischen Landesteile:]

> Gesetz zur Ausführung des Reichsgesetzes über die Zwangsversteigerung und die Zwangsverwaltung
>
> Vom 24.3.1897
>
> – Auszug –

§ 2

Oeffentliche Lasten im Sinne des § 1 bleiben von der Zwangsversteigerung des belasteten Grundstücks unberührt. Das Gleiche gilt, jedoch unbeschadet der Vorschrift des § 9 Abs. 2 des Einführungsgesetzes zum Reichsgesetze, von den im Grundbuche als Leibzucht, Leibgedinge oder Altentheil eingetragenen Dienstbarkeiten und Reallasten, sowie von Grunddienstbarkeiten, die nach Art. 187 des Einführungsgesetzes zum Bürgerlichen Gesetzbuche zur Erhaltung der Wirksamkeit gegenüber den öffentlichen Glauben des Grundbuchs der Eintragung nicht bedürfen.

Das [preußische] Ausführungsgesetz zum Reichsgesetz über die Zwangsversteigerung und die Zwangsverwaltung wurde durch Art. 2 Nr. 43 JustizmodernisierungsG vom 26.1.2010 mit Wirkung vom 1.1.2011 **aufgehoben**. Das lippische Ausführungsgesetz wurde jedoch nicht ausdrücklich aufgehoben.

---

[51] Vgl. *Stöber*, ZVG Anhang T 61, der das [preußische] Ausführungsgesetz zum Reichsgesetz über die Zwangsversteigerung und die Zwangsverwaltung vom 23.9.1899 als für das gesamte Land verbindlich ansieht.

[52] Vgl. *Dassler/Schiffhauer u.a.*, ZVG, Anhang Landesrecht S. 1832 ff; *Böttcher*, ZVG, § 52 Rn. 12; *Hönle, Albrecht*, in: *Staudinger BGB*, Art. 96 EGBGB Rn. 58.

Das neue Gesetz über die Justiz im Land Nordrhein-Westfalen (JustG NRW) gilt ab 1.1.2011 (vgl. dazu GV. NRW 2010 S. 29–74), enthält jedoch keine Regelung vergleichbar dem Art. 6 Abs. 2 des [preußischen] Ausführungsgesetzes zum Reichsgesetz über die Zwangsversteigerung und die Zwangsverwaltung. Es ist somit davon auszugehen, dass zukünftig in [den preußischen Teilen von] NRW das Altenteil und die Grunddienstbarkeit nicht mehr durch § 9 EGZVG geschützt sind.

Gesetz
zur Modernisierung und Bereinigung von Justizgesetzen
im Land Nordrhein-Westfalen

– Auszug –

Artikel 1. Gesetz
über die Justiz im Land Nordrhein-Westfalen
(Justizgesetz Nordrhein-Westfalen – JustG NRW)
Teil 2. Verfahrensrechtliche Bestimmungen.

Kapitel 2. Ordentliche Gerichtsbarkeit

Abschnitt 3. Ausführungsbestimmungen zum Gesetz über die
Zwangsversteigerung und die Zwangsverwaltung

§ 61 Nicht eintragungspflichtige Rechte

Die Rechte an dem Grundstück, die nach Artikel 22 des Ausführungsgesetzes zum Bürgerlichen Gesetzbuch oder nach sonstigen landesgesetzlichen Vorschriften zur Wirksamkeit gegenüber dem öffentlichen Glauben des Grundbuchs der Eintragung nicht bedürfen, bleiben auch dann bestehen, wenn sie bei der Feststellung des geringsten Gebots nicht berücksichtigt sind.

Sollte jedoch das lippische Gesetz zur Ausführung des Reichsgesetzes über die Zwangsversteigerung und die Zwangsverwaltung weitergelten, so entsteht ab dem Jahr 2011 eine unterschiedliche Behandlung des Altenteils und der altrechtlichen Grunddienstbarkeit in den früheren preußischen und den früheren lippischen Landesteilen. Denn nach § 2 des lippischen Gesetzes zur Ausführung des Reichsgesetzes über die Zwangsversteigerung und die Zwangsverwaltung wird sowohl das Altenteil als auch die altrechtliche Grunddienstbarkeit weiterhin durch § 9 EGZVG geschützt.

Diese Unklarheit hat insbesondere Auswirkungen für den Versteigerungsrechtspfleger. Denn gilt das lippische AGZVG, so muss bei der Versteigerung eines mit einem Altenteil belasteten Grundstücks § 9 EGZVG beachtet werden. Gilt dies jedoch nicht mehr, so erlischt ein nachrangiges Altenteil bereits nach den §§ 91 Abs. 1, 52 Abs. 1 S. 2 ZVG.

Dem Rechtspfleger ist deshalb zu raten, dieser Ungewissheit dadurch zu begegnen, dass er von der Gültigkeit des lippischen AGZVG ausgeht und den Hinweis (vgl. Rn. 12) gibt, um dann mit Doppelausgebot durchzuführen und so auf jeden Fall für das Erlöschen des Rechts zu sorgen. Macht er das nicht, stellt sich jedoch nachträglich die Weitergeltung des lippischen AGZVG heraus, so bleibt das Altenteil trotz Nichtberücksichtigung bei der Versteigerung bestehen. Dies geht zu Lasten des Ersteigers, der nur ein Grundstück mit den bei der Versteigerung genannten Belastungen erwerben wollte. Zudem verletzt der Rechtspfleger seine Hinweispflicht, die wiederum zur Haftung nach § 839 BGB, Art. 34 GG führt (vgl. Rn. 12).

Es bleibt somit zu hoffen, dass der Gesetzgeber diese Ungewissheit schnellstmöglich beseitigt.

Rheinland-Pfalz

Landesgesetz zur Ausführung des Gesetzes über die Zwangsversteigerung und die Zwangsverwaltung und der Insolvenzordnung

Vom 30.8.1974

– Auszug –

Zweiter Teil. Ausführung des Gesetzes über die Zwangsversteigerung und die Zwangsverwaltung

§ 5 Bestehenbleibende Rechte

(1) Die Rechte an dem Grundstück, die nach landesrechtlichen Vorschriften zur Wirksamkeit gegenüber dem öffentlichen Glauben des Grundbuches der Eintragung nicht bedürfen, bleiben auch dann bestehen, wenn sie bei der Feststellung des geringsten Gebots nicht berücksichtigt sind.

(2) Das Gleiche gilt, unbeschadet der Vorschrift des § 9 Abs. 2 des Einführungsgesetzes zu dem Gesetz über die Zwangsversteigerung und die Zwangsverwaltung, für die im Grundbuch als Leibgeding, Leibzucht, Altenteil oder Auszug eingetragenen Dienstbarkeiten und Reallasten sowie für Grunddienstbarkeiten, die zur Wirksamkeit gegenüber dem öffentlichen Glauben des Grundbuches der Eintragung nicht bedürfen.

Saarland

Gesetz zur Ausführung bundesrechtlicher Justizgesetze (AGJusG)

Vom 5.2.1997

– Auszug –

Zweiter Teil. Ausführung von Verfahrensrecht

Kapitel 3. Ausführungsvorschriften zum Gesetz über die Zwangsversteigerung und die Zwangsverwaltung

Erster Abschnitt. Allgemeine Vorschriften

§ 43 Bestehenbleibende Rechte

(1) Die Recht an dem Grundstück, die nach landesrechtlichen Vorschriften zur Wirksamkeit gegenüber dem öffentlichen Glauben des Grundbuchs der Eintragung nicht bedürfen, bleiben auch dann bestehen, wenn sie bei der Feststellung des geringsten Gebots nicht berücksichtigt sind.

(2) Das gleiche gilt, unbeschadet der Vorschrift des § 9 Abs. 2 des Einführungsgesetzes zu dem Gesetz über die Zwangsversteigerung und die Zwangsverwaltung in der im Bundesgesetzblatt Teil III, Gliederungsnummer 310–13, veröffentlichten bereinigten Fassung, zuletzt geändert durch Artikel 1 Abs. 2 Nr. 1 des Gesetzes vom 20. Dezember 1996 (BGBl. I S. 2028) in ihrer jeweils geltenden Fassung, für die im Grundbuch als Leibgeding, Leibzucht, Altenteil oder Auszug eingetragenen Dienstbarkeiten und Reallasten sowie für Grunddienstbarkeiten, die zur Wirksamkeit gegenüber dem öffentlichen Glauben des Grundbuchs der Eintragung nicht bedürfen.

Schleswig-Holstein

Ausführungsgesetz zum Reichsgesetz über die Zwangsversteigerung und die Zwangsverwaltung

vom 23. September 1899 i. d. F.d. B. v. 31.12.1971

– Auszug –

Erster Abschnitt. Zwangsversteigerung und Zwangsverwaltung von Grundstücken im Wege der Zwangsvollstreckung

Art. 6

(1) Die Rechte an dem Grundstücke, die nach Artikel 22 des Ausführungsgesetzes zum Bürgerlichen Gesetzbuch oder nach sonstigen landesgesetzlichen Vorschriften

zur Wirksamkeit gegenüber dem öffentlichen Glauben des Grundbuchs der Eintragung nicht bedürfen, bleiben auch dann bestehen, wenn sie bei der Feststellung des geringsten Gebots nicht berücksichtigt sind.

(2) Das gleiche gilt, unbeschadet der Vorschrift des § 9 Abs. 2 des Einführungsgesetzes zum Reichsgesetze, von den im Grundbuch als Leibgedinge, Leibzucht, Altenteil oder Auszug eingetragenen Dienstbarkeiten und Reallasten sowie von Grunddienstbarkeiten, die zur Wirksamkeit gegenüber dem öffentlichen Glauben des Grundbuchs der Eintragung nicht bedürfen.

Thüringen

Thüringer Gesetz zur Ausführung des Gesetzes über die Zwangsversteigerung und die Zwangsverwaltung (ThürAGZVG)

vom 3. 12. 2002 (GVBl. S. 424); Inkrafttreten gem. Art. 7 dieses G am 13. 12. 2002.

– Auszug –

Erster Abschnitt. Allgemeine Bestimmungen

§ 3 Nicht eingetragene Grundbuchrechte, Altenteil

(1) Die Rechte an dem Grundstück, die nach landesrechtlichen Vorschriften zur Wirksamkeit gegenüber dem öffentlichen Glauben des Grundbuchs der Eintragung nicht bedürfen, bleiben auch dann bestehen, wenn sie bei der Feststellung des geringsten Gebots nicht berücksichtigt sind.

(2) Das Gleiche gilt, unbeschadet des § 9 Abs. 2 des Einführungsgesetzes zu dem Gesetz über die Zwangsversteigerung und die Zwangsverwaltung in der Fassung vom 20. Mai 1898 (RGBl. S. 369, 750) in der jeweils geltenden Fassung, für die im Grundbuch als Leibgedinge, Leibzucht, Altenteil oder Auszug eingetragenen Dienstbarkeiten und Reallasten sowie für Grunddienstbarkeiten, die zur Wirksamkeit gegenüber dem öffentlichen Glauben des Grundbuchs der Eintragung nicht bedürfen.

§ 9a [Sonderregelungen für das Beitrittsgebiet]

(1) In dem in Artikel 3 des Einigungsvertrages genannten Gebiet umfasst die nach dem 31. Dezember 2000 angeordnete Beschlagnahme des Grundstücks auch das in Artikel 233 §§ 2b, 4 und 8 des Einführungsgesetzes zum Bürgerlichen Gesetzbuche bezeichnete Gebäudeeigentum. Nach Ablauf der in Satz 1 bezeichneten Frist erlöschen durch den Zuschlag auch die in Artikel 233 § 2c Abs. 2 des Einführungsgesetzes zum Bürgerlichen Gesetzbuche bezeichneten Ansprüche, es sei denn, dass für diese ein Vermerk im Grundbuch eingetragen ist oder diese im Verfahren nach Absatz 2 angemeldet worden sind. Satz 2 gilt für Ansprüche auf Rückübertragung nach dem Vermögensgesetz sinngemäß.

(2) Dem Inhaber des Gebäudeeigentums stehen die in § 28 des Gesetzes über die Zwangsversteigerung und die Zwangsverwaltung bezeichneten Rechte zu. Die in Artikel 233 § 2c Abs. 2 des Einführungsgesetzes zum Bürgerlichen Gesetzbuche bezeichneten Ansprüche sind, sofern sie nicht in dem für das Grundstück angelegten Grundbuch vermerkt sind, spätestens im Versteigerungstermin vor der Aufforderung zur Abgabe von Angeboten anzumelden. § 3b Abs. 2 des Vermögensgesetzes bleibt unberührt.

(3) Der Beschluss, durch den die Zwangsversteigerung angeordnet wird, ist dem Nutzer zuzustellen. Ist dieser nicht bekannt, so ist, wenn nicht ein Pfleger bestellt wird, auf Ersuchen des Gerichts in entsprechender Anwendung des Artikels 233 § 2 Abs. 3 des Einführungsgesetzes zum Bürgerlichen Gesetzbuche ein Vertreter zu bestellen. Ein Zwangsversteigerungsvermerk ist auch in ein bestehendes Gebäudegrundbuch für Gebäudeeigentum auf dem Grundstück einzutragen.

§ 10 [Unberührtbleibende landesgesetzliche Vorschriften]

Unberührt bleiben die landesgesetzlichen Vorschriften, nach welchen bei der Zwangsversteigerung für Gebote kommunaler Körperschaften sowie bestimmter Kreditanstalten und Sparkassen Sicherheitsleistung nicht verlangt werden kann.

§ 11 [Feststellung des Grundstückswerts]

Durch Landesgesetz kann für die Zwangsversteigerung, unbeschadet des § 112 Abs. 2 Satz 4 des Gesetzes über die Zwangsversteigerung und die Zwangsverwaltung, bestimmt werden, dass und nach welchen Grundsätzen der Wert des Grundstücks festgestellt werden soll.

§ 12 [Aufgebotsverfahren]

Die Landesgesetze können für die Fälle, in welchen bei der Zwangsversteigerung oder der Zwangsverwaltung ein Aufgebotsverfahren erforderlich wird, die Art der Bekanntmachung des Aufgebots und die Aufgebotsfristen abweichend von den Vorschriften der §§ 435, 437 des Gesetzes über das Verfahren in Familiensachen und in den Angelegenheiten der freiwilligen Gerichtsbarkeit bestimmen.

§ 1 ZwVwV Stellung

(1) Zwangsverwalter und Zwangsverwalterinnen führen die Verwaltung selbständig und wirtschaftlich nach pflichtgemäßem Ermessen aus. Sie sind jedoch an die vom Gericht erteilten Weisungen gebunden.

(2) Als Verwalter ist eine geschäftskundige natürliche Person zu bestellen, die nach Qualifikation und vorhandener Büroausstattung die Gewähr für die ordnungsgemäße Gestaltung und Durchführung der Zwangsverwaltung bietet.

(3) Der Verwalter darf die Verwaltung nicht einem anderen übertragen. Ist er verhindert, die Verwaltung zu führen, so hat er dies dem Gericht unverzüglich anzuzeigen. Zur Besorgung einzelner Geschäfte, die keinen Aufschub dulden, kann sich jedoch der Verwalter im Fall seiner Verhinderung anderer Personen bedienen. Ihm ist auch gestattet, Hilfskräfte zu unselbständigen Tätigkeiten unter seiner Verantwortung heranzuziehen.

(4) Der Verwalter ist zum Abschluss einer Vermögensschadenshaftpflichtversicherung für seine Tätigkeit mit einer Deckung von mindestens 500 000 Euro verpflichtet. Durch Anordnung des Gerichts kann, soweit der Einzelfall dies erfordert, eine höhere Versicherungssumme bestimmt werden. Auf Verlangen der Verfahrensbeteiligten oder des Gerichts hat der Verwalter das Bestehen der erforderlichen Haftpflichtversicherung nachzuweisen.

Übersicht

		Rn.
I.	Normzweck; Rechtsnatur; Anwendungsbereich	1–11
II.	Voraussetzungen, Auswahl	12–19
III.	Höchstpersönlichkeit und Delegation	20–25
IV.	Vermögensschadenshaftpflichtversicherung	26–29

I. Normzweck; Rechtsnatur; Anwendungsbereich

1 Mit § 1 ZwVwV regelt der Verordnungsgeber mehr, als die Überschrift der Norm erkennen lässt.

2 Neben der eigentlichen Stellung des Zwangsverwalters und seiner Amtsführung in Abs. 1 äußert sich der Gesetzgeber recht präzise hinsichtlich der **Auswahl und Qualifikation** des Zwangsverwalters sowie der sachlichen Ausstattung des Zwangsverwalterbüros, Abs. 2.

3 Wie Abs. 1 beschäftigt sich Abs. 3 auch mit der **Art und Weise der Amtsführung**, hier hinsichtlich der Möglichkeit der Delegation von Aufgaben sowie der Hinzuziehung von Hilfskräften.

4 Neu in der ZwVwV ist in Abs. 4 die Notwendigkeit einer **Vermögensschadenshaftpflichtversicherung** durch den Zwangsverwalter geregelt.

5 Hier ist gerade zu berücksichtigen, dass bei Weitem nicht nur Träger verkammerter Berufe, wie insbesondere Rechtsanwälte, zu Zwangsverwaltern bestellt werden. Letztere müssen bereits aus berufsrechtlichen Gründen über eine Vermögensschadenshaftpflichtversicherung verfügen, die sich ohne Weiteres auf die Zwangsverwalterhaftung erweitern lässt. Oft werden als Zwangsverwalter auch sonstige natürliche Personen, insbesondere aus dem Immobilienverwaltungsbereich, bestellt. Eine gesetzliche Pflicht zum Abschluss einer Vermögensschadenshaftpflichtversicherung besteht dort nicht.

6 Der **Theorienstreit**, ob das Amt des Verwalters nach der Organtheorie, der Vertretertheorie, der Amtstheorie oder der Neutralitätstheorie zu beurteilen

ist, ist von keiner praktischen Bedeutung.[1] Mit der selbstständigen, aber gesetzesgebundenen Amtsführungspflicht ist die Ansicht vorzugswürdig, dass der Zwangsverwalter als Partei kraft Amtes handelt. Der Zwangsverwalter wird im eigenen Namen und aus eigenem, kraft öffentlicher Gewalt übertragenen Recht tätig, weder ist er Rechtsnachfolger des Schuldners, noch wird er Eigentümer des Grundstücks. Die überwiegende Meinung in der Literatur vertritt diese Auffassung.[2] Auch in der partiell ähnlichen Insolvenzverwaltung geht die überwiegende Meinung davon aus, dass der Insolvenzverwalter Partei kraft Amtes ist und weder Vertreter des Schuldners noch eigenständiges Organ.[3]

Selbstständig im Sinne von § 1 Abs. 1 ZwVwV meint hier insbesondere, dass der Zwangsverwalter unabhängig vom Gläubiger und Schuldner und deren unterschiedlichen Interessen im Rahmen seiner gesetzlichen Stellung die Zwangsverwaltung eigenständig bearbeitet. **7**

Mit der ZwVwV wurde ebenfalls postuliert, dass der Zwangsverwalter auch wirtschaftlich nach pflichtgemäßem Ermessen zu handeln hat. Somit ist klargestellt, dass der Zwangsverwalter sich jedenfalls im Rahmen seiner gesetzlichen Pflichten zu verhalten hat, im Rahmen wirtschaftlicher Entscheidungen, für die er gegebenenfalls auch haftet, jedoch ein eigenes Ermessen hat. **8**

Häufig vorkommende Fälle sind hier die Verhandlung der Höhe der Mieten, die Verbesserungen am Zwangsverwaltungsobjekt zur Verbesserung der Vermietbarkeit, aber auch die Frage, wie reagiert wird, wenn sich ein Mieter teilweise im Zahlungsverzug befindet: So mag eine außerordentliche Kündigung rechtlich möglich sein, wirtschaftlich sinnvoll wäre sie jedenfalls dann nicht, wenn die Neuvermietung des Objekts mit an Sicherheit grenzender Wahrscheinlichkeit ausschiede und seitens des säumigen Mieters zumindest noch Einnahmen in einer Höhe zu erwarten sind, dass die laufenden Betriebskosten des Objekts gedeckt werden. **9**

Der Gesetzgeber stellt klar, dass der Zwangsverwalter der Aufsicht des Vollstreckungsgerichts unterworfen ist und gegebenenfalls weisungsgebunden zu handeln hat. Diese Weisungen können sich jedoch nur auf die gesetzliche Aufgabenerfüllung erstrecken, wirtschaftliche Abwägungen bzw. reine Zweckmäßigkeitsfragen unterliegen nicht dem gerichtlichen Weisungsrecht.[4] **10**

Gegenüber den übrigen Verfahrensbeteiligten (§ 9) handelt der Zwangsverwalter weisungsfrei. Verlangt ein Beteiligter eine Anweisung an den Zwangsverwalter, und erteilt das Vollstreckungsgericht diese nicht – in der Regel nach Anhörung von Schuldner und Gläubiger, § 153 Abs. 1 –, ergeht die Entscheidung des Gerichts durch Beschluss. Gegen diesen ist die sofortige Beschwerde statthaft (§ 793 Abs. 1 ZPO). Handelt das Gericht dagegen nicht durch Beschluss, sondern durch eine Verfügung ohne Anhörung, kommt als Rechtsbehelf die Vollstreckungserinnerung gemäß § 766 ZPO in Betracht. **11**

II. Voraussetzungen, Auswahl

Das Gericht bestellt den Zwangsverwalter im Rahmen einer freien Entscheidung. Wünsche, Vorschläge oder Anträge von Verfahrensbeteiligten sind hierbei mit Ausnahme einer Antragstellung nach § 150a (Instituts-Zwangsverwalter) unerheblich.[5] **12**

---

1 Zur Übersicht: *Depré/Mayer*, Handb., Rn. 421.
2 *Stöber*, ZVG, § 152 Rn. 3; *Haarmeyer/Wutzke/u.a.*, ZVG, § 1 Rn. 4.
3 *Gottwald*, in: *MünchKomm*-ZPO, § 325 Rn. 24; *Kroth*, in: *Braun*, InsO, § 80 Rn. 19 m.w.N.
4 *Haarmeyer/Wutzke/u.a.*, ZVG, § 1 ZwVwV Rn. 3.
5 Zu den Voraussetzungen beim Institutszwangsverwalter: BGH, Beschl. vom 14.4.2005 – V ZB 17/05, ZIP 2005, 1382 ff.

13 Es muss sich beim Zwangsverwalter um eine natürliche Person handeln, also nicht um eine juristische Person. Es lässt sich hier die Frage stellen, ob dies noch zeitgemäß ist, insbesondere auch im Hinblick auf Art. 12 GG. Für die Zukunft mag hier auch die europarechtliche Gesetzgebung und Rechtsprechung Einfluss haben, insbesondere was die Niederlassungsfreiheit angeht, Art. 48 EGV. Ein zwingendes Bedürfnis dafür, dass Zwangsverwalter lediglich eine natürliche Person sein muss, ist nicht zu erkennen; vielmehr dürfte es eher tradierten Vorstellungen entsprechen.[6]

14 Der Zwangsverwalter hat geschäftskundig zu sein. Die Anforderungen an die Geschäftskunde im Bereich der Zwangsverwaltung sind unbestimmt. Aus der Natur der Angelegenheit heraus sind jedenfalls Kenntnisse und praktische Erfahrungen zu verlangen, die der Zwangsverwalter bei der rechtmäßigen und wirtschaftlich möglichst erfolgreichen Tätigkeit benötigt. Dazu zählen insbesondere Kenntnisse des Immobiliarvollstreckungsrechts, des allgemeinen Vollstreckungsrechts und des Sachenrechts. Buchhalterische Kenntnisse hinsichtlich der Erstellung der Abrechnungen für das Vollstreckungsgericht, aber auch das korrekte Führen von Mieterkonten sind ebenso erforderlich wie insbesondere Grundkenntnisse des Umsatzsteuerrechts. Schließlich werden solide Kenntnisse des Miet- und Wohnungseigentumsrechts zu fordern sein, da sich im Rahmen der Bewirtschaftung der Zwangsverwalter im Verhältnis zu Nutzern des Objekts sowie häufig zu Miteigentümern auf diesem Gebiet sicher zu bewegen haben muss.

15 Der Hinweis auf die notwendige vorhandene Büroausstattung bedeutet im Wesentlichen, dass ein Büro mit den üblichen Kommunikationsmöglichkeiten wie Telefon, Fax, aber auch E-Mail bestehen muss und die Erreichbarkeit darüber zu den üblichen Geschäftszeiten möglich zu sein hat. Im Wesentlichen ungeklärt ist, in welcher räumlichen Entfernung (oder in welcher räumlichen Nähe) sich das Büro des Zwangsverwalters von dem Verwaltungsobjekt zu befinden hat.

16 Rechtspfleger achten in der Praxis zumeist auf die räumliche Nähe, ein Büro im Landgerichtsbezirk wird man als angemessen ansehen können. Es sollte hier nicht unerwähnt bleiben, dass häufig Institutszwangsverwalter nach § 150a an zentralen Standorten der Gläubiger ihr Büro haben und diese eine Vielzahl von Zwangsverwaltungen deutschlandweit betreuen. Das Vollstreckungsgericht hat allein wegen der Ortsferne keine Möglichkeit, den Antrag nach § 150a zurückzuweisen.[7]

17 Anzusprechen ist an dieser Stelle auch die Frage des Zugangs zum „Amt" des Zwangsverwalters im jeweils konkreten Verfahren. Es sei hier auf diverse gerichtliche Entscheidungen verwiesen sowie auf die gesetzgeberische Diskussion hinsichtlich des Zugangs zum Beruf des Insolvenzverwalters und der Insolvenzverwalterauswahl.[8] Hier hatte das Bundesverfassungsgericht bereits entschieden, dass jede geeignete Person abstrakt die Möglichkeit haben müsse, im konkreten Fall die Chance zu erhalten, ausgewählt zu werden. Das Bundesverfassungsgericht hat in Zwangsverwaltungssachen noch keine Entscheidung getroffen. In einer oberlandesgerichtlichen Entscheidung war jedoch festgestellt worden, dass mangels eines eigenständigen Berufsbildes des Zwangsverwalters kein Vorauswahlverfahren erforderlich sei.[9] Führe ein Gericht trotz-

---

6 Zur vergleichbaren Situation der Bestellung des Insolvenzverwalters: *Kind*, in: *Braun*, § 56 Rn. 2.
7 LG Leipzig, Beschl. vom 18.6.2008 – 3 T 380/08 (im konkreten Fall: Verwalter in Frankfurt/Main; Objekt in Leipzig).
8 BVerfG, Beschl. vom 3.8.2004 – 1 BvR 135/00, 1 BvR 1086/01, NJW 2004, 2725 = NZI 2004, 574 ff.; BVerfG, Beschl. vom 23.5.2006 – 1 BvR 2530/04, BVerfGE 116, 1 = NJW 2006, 2613.
9 OLG Koblenz, Beschl. vom 27.6.2005 – 12 VA 1/05, Rpfleger 2005, 618 = ZInsO 2005, 1174; bestätigt durch OLG Frankfurt, Beschl. vom 29.1.2008 – 20 VA 9/07, Rpfleger 2009, 102.

dem ein solches Verfahren durch, träfen den Bewerber Mitwirkungspflichten. Die Verletzung solcher Mitwirkungspflichten begründete auch die Verweigerung der Aufnahme in eine „Zwangsverwalterliste".

Ortsnähe, schnelle Erreichbarkeit insbesondere für das Gericht und ein eingerichtetes Büro seien neben der in § 1 Abs. 4 ZwVwV vorgeschriebenen Haftpflichtversicherung in einem Fall sachgerechte Auswahlkriterien. Diese Auswahlkriterien seien Teil der Rechtsprechung und kein Justizverwaltungsakt im Sinne von Art. 23 EGGVG.[10]

Nach hiesiger Auffassung legt das OLG Koblenz der Entscheidung ein veraltetes Bild des Zwangsverwalters zu Grunde. Spezialisierte und überregional aufgestellte Zwangsverwalterbüros sind heute keine Seltenheit mehr. Es mag in Deutschland Regionen geben, in denen typischerweise der Zwangsverwalter an einem kleinen Vollstreckungsgericht mit einer einstelligen Zahl von Zwangsverwaltungsverfahren pro Jahr betraut wird, die er neben einer Vielzahl sonstiger meist anwaltlicher Aufgaben erfüllt. Dies entspricht jedoch nicht der Rechtswirklichkeit in Großstadtgerichten. Es bleibt abzuwarten, wie das Bundesverfassungsgericht entscheidet, sofern ein grundsätzlich geeigneter Bewerber von einem Vollstreckungsgericht ohne oder ohne hinreichende Begründung bei der Vergabe von Bestellungen nicht berücksichtigt wird.

III. Höchstpersönlichkeit und Delegation

§ 1 Abs. 3 ZwVwV stellt klar, dass der Zwangsverwalter ein Verfahren nicht vollständig delegieren bzw. zur Bearbeitung an einen anderen übertragen kann. Gleichwohl sieht auch der Verordnungsgeber, dass die Abwicklung eines Zwangsverwaltungsverfahrens vielfältige Aufgaben mit sich bringt, die auch unterschiedliche Qualifikationen erfordern. Insbesondere einfache Tätigkeiten, die innerhalb des Büros des Zwangsverwalters von Dritten erledigt werden, werden ausdrücklich im Rahmen der Vergütung nach § 19 ZwVwV als möglich angenommen.

Insoweit ist an der Art der Tätigkeit zu unterscheiden, ob es sich um Handlungen handelt, die der Zwangsverwalter höchstpersönlich vorzunehmen hat, oder ob es solche – in der Regel Verwaltungsaufgaben – sind, die innerhalb seiner Büroorganisation von Mitarbeitern erledigt werden. Schließlich sind noch Sondersachverhalte denkbar, bei denen sich der Zwangsverwalter der Sachkenntnis Dritter bedienen kann und gegebenenfalls auch sollte.

Höchstpersönlich wahrzunehmende Handlungen sind dabei jedenfalls rechtsgestaltende Willenserklärungen (vor allem Kündigungen), aber auch die Erfüllung der Berichts- und Rechnungslegungspflicht gegenüber dem Vollstreckungsgericht. Selbst die Inbesitznahme soll der Zwangsverwalter dagegen delegieren können.[11] Weitere Regelaufgaben kann der Zwangsverwalter selbst wahrnehmen, sie aber genauso gut innerhalb seiner Büroorganisation delegieren. Klargestellt ist durch § 1 Abs. 3 Satz 3 ZwVwV, dass ihm für die Hinzuziehung von Hilfskräften für unselbständige Tätigkeiten die Verantwortung obliegt, er letztlich genauso dafür haftet, als führte er diese Tätigkeiten selbst aus.

Schließlich kann und soll der Zwangsverwalter bei Sondersachverhalten die Möglichkeit haben, Dritte hinzuzuziehen, insbesondere qualifizierte (Bau-)Gutachter im Rahmen der Reparatur oder des Wiederaufbaus von Gebäuden,

---

10 OLG Koblenz, Beschl. vom 27.6.2005 – 12 VA 1/05, Rpfleger 2005, 618 = ZInsO 2005, 1174 mit Anm. *Förster*.
11 LG Potsdam, Beschl. vom 5.5.2008 – 5 T 669/07 = ZfIR 2009, 105 ff. (nicht rechtskr.) mit abl. Anmerkung *Hawelka*, ZfIR 2009, 107 ff.

Bauingenieure und Architekten sowie Steuerberater bei der Erfüllung umsatzsteuerlicher Pflichten. Dies gilt insbesondere dann, wenn bereits der Schuldner zur Erfüllung seiner umsatzsteuerlichen Pflichten einen Dritten beauftragt hatte. Es ist nicht einzusehen, warum der Zwangsverwalter, der als Partei kraft Amtes partiell in die Rechtsstellung des Schuldners eintritt, hier letztlich zugunsten des Schuldners eine Gratisleistung erbringen soll.

24 Weiter kann der Zwangsverwalter auch solche (höchstpersönlichen) Geschäfte, die er an sich selbst zu erledigen hätte, durch andere Personen im Einzelfall besorgen lassen, sofern diese keinen Aufschub dulden. Rein praktisch gilt dies beispielsweise in einer Urlaubsabwesenheit oder auch einer Erkrankung eines Zwangsverwalters für in dieser Zeit anfallende Fristen für Schlussrechnungen und Schlussberichte an das Gericht, aber auch notwendig werdende Kündigungen von säumigen Mietern etc.

25 Als unzulässig ist anzusehen, wenn insbesondere ein Institutsverwalter im Sinne von § 150a ZVG auf Antrag des Grundpfandrechtsgläubigers als Zwangsverwalter bestellt wird und dieser dann per Vollmacht die Gesamtverwaltung einem Außenstehenden überlässt.[12]

IV. Vermögensschadenshaftpflichtversicherung

26 Der Zwangsverwalter haftet für die Erfüllung der ihm obliegenden gesetzlichen Verpflichtungen und die ordnungsgemäße Ausführung seines Amtes, auch soweit er sich durch Dritte vertreten lässt oder sich eigener Hilfskräfte bedient, gemäß § 154 mit seinem Vermögen allen Beteiligten gegenüber persönlich.[13] Dabei handelt es sich im Wesentlichen um Beteiligte im Sinne von § 9. Dabei kann der Zwangsverwalter auch gegenüber dem Erwerber im Zwangsversteigerungsverfahren haften, so er die Verwaltung über den Zuschlag hinaus fortsetzt.[14]

27 Zur Absicherung seiner Haftung ist der Zwangsverwalter verpflichtet, eine Grundversicherung von 500.000 € als Vermögensschadenshaftpflichtversicherung abzuschließen. Es handelt sich dabei um seine Betriebskosten, Prämien können auch nicht anteilig als Auslagen in einzelnen Verfahren geltend gemacht werden.

28 Das Vorhandensein des Versicherungsschutzes hat der Zwangsverwalter auf Verlangen eines Verfahrensbeteiligten oder des Gerichts nachzuweisen. Das Gericht kann dem Zwangsverwalter aufgeben, gemäß § 1 Abs. 4 Satz 2 ZwVwV im konkreten Verfahren einen höheren Betrag zu versichern. Die dafür anfallenden Prämien können dann als gesonderte Auslagen nach § 21 ZwVwV zur Entnahme beantragt werden.

29 In der Praxis ist festzustellen, dass der Nachweis des Versicherungsschutzes vom Gericht meist nur einmal angefordert wird, und zwar dann, wenn sich ein Interessent als Zwangsverwalter bei einem Gericht neu vorstellt. Wird ein Zwangsverwalter erst einmal regelmäßig bestellt, fragt das Gericht in aller Regel nicht mehr nach. Auch die Aufforderung durch einen Beteiligten, entsprechenden Versicherungsschutz nachzuweisen, kommt praktisch nicht vor. Sollte ein Schadensfall eintreten und sich das Vermögen des Zwangsverwalters als nicht hinreichend erweisen und ein hinreichender Versicherungsschutz nicht bestanden haben, ergeben sich potentielle Haftungsgefahren für den Rechtspfleger.

---

12 Siehe auch *Depré/Mayer*, Handb., Rn. 423 c.
13 BGH, Urteil vom 24.6. 1957 – VII ZR 310/56, NJW 1957, 1361.
14 BGH, Urteil vom 11.10.2007 – IX ZR 156/06, Rpfleger 2008, 89.

§ 2 ZwVwV Ausweis

Der Verwalter erhält als Ausweis eine Bestallungsurkunde, aus der sich das Objekt der Zwangsverwaltung, der Name des Schuldners, das Datum der Anordnung sowie die Person des Verwalters ergeben.

Übersicht	Rn.
I. Normzweck; Rechtsnatur; Anwendungsbereich	1, 2
II. Ausweis	3–5
1. Aushändigung und Rückgabe	3, 4
2. Legitimationswirkung	5

I. Normzweck; Rechtsnatur; Anwendungsbereich

Die Regelung zu § 2 ZwVwV enthält eine Neuerung zur bisherigen Verordnung vom 16. Februar 1970. Bis dato konnte sich der Zwangsverwalter nur durch die Kopie oder die Ausfertigung des Zwangsverwaltungsanordnungsbeschlusses „ausweisen". Aus diesem ergeben sich jedoch diverse Details der schuldnerischen Rechtsbeziehungen, beispielsweise Name und Anschrift des Antragstellers, und Art und Höhe der zugrunde liegenden Forderung, aus der das Verfahren betrieben wird. 1

Im Wesentlichen sind datenschutzrechtliche Überlegungen maßgeblich. Schreibt beispielsweise der Zwangsverwalter die Mieter an, die Versorger des Objekts, aber auch die Kommune oder die Wohnungseigentümergemeinschaft, ist nicht erkennbar, welches Interesse diese daran haben könnten, Einblick in die vorbezeichneten Rechtsbeziehungen des Schuldners zu erhalten. Es genügt an der Stelle, dass sich aus dem Ausweis, der Bestallungsurkunde, ergibt, wer Schuldner ist, wer Zwangsverwalter und in welches Objekt das Zwangsverwaltungsverfahren angeordnet ist. Die Bestallungsurkunde ersetzt den (vollstreckbaren) Anordnungsbeschluss nicht, sofern der Zwangsverwalter hieraus die Vollstreckung gegen den Schuldner betreibt. 2

II. Ausweis

1. Aushändigung und Rückgabe

Der Zwangsverwalter erhält mit Beginn des Verfahrens zusammen mit dem Anordnungsbeschluss die Bestallungsurkunde. Er behält sie bis zur Aufhebung des Zwangsverwaltungsverfahrens oder der Abberufung des Zwangsverwalters nach § 153 Abs. 2 ZwVwV. 3

Die Rückgabeverpflichtung ergibt sich nicht aus § 2 ZwVwV, sondern aus § 12 Abs. 2 Satz 2 ZwVwV. 4
Beim Verlust bedarf es keiner Kraftloserklärung, da es sich bei der Bestallungsurkunde um den Ausweis handelt und nicht um einen Vollstreckungstitel. Der Vollstreckungstitel ist vielmehr die vollstreckbare Ausfertigung des Anordnungsbeschlusses.[1]

2. Legitimationswirkung

Während der Dauer des Verfahrens legitimiert sich der Zwangsverwalter mit der Bestallungsurkunde gegenüber Dritten. Diese können aus der Bestallungsurkunde keinen Gutglaubensschutz herleiten: Ist das Verfahren aufgehoben 5

---

[1] *Haarmeyer/Wutzke/u.a.*, ZVG, § 2 ZwVwV Rn. 5.

oder der Zwangsverwalter abberufen und hat dieser entgegen § 12 Abs. 2 Satz 2 ZwVwV die Bestallungsurkunde nicht zurückgegeben, so sind vom Zwangsverwalter dann noch vorgenommene Rechtsgeschäfte zu Gunsten oder zu Lasten der Zwangsverwaltungsmasse/des Schuldners unwirksam, auch wenn dem Dritten das Original der Bestallungsurkunde vorgelegt wurde.[2]

---

[2] Genauso für den Insolvenzverwalter: *Wimmer*, in: *Frankfurter Kommentar*, InsO, § 56 Rn. 45; *Kind*, in: *Braun*, InsO, § 56 Rn. 18.

§ 3 ZwVwV Besitzerlangung über Zwangsverwaltungsobjekt, Bericht

(1) Der Verwalter hat das Zwangsverwaltungsobjekt in Besitz zu nehmen und darüber einen Bericht zu fertigen. Im Bericht sind festzuhalten:
1. Zeitpunkt und Umstände der Besitzerlangung;
2. eine Objektbeschreibung einschließlich der Nutzungsart und der bekannten Drittrechte;
3. alle der Beschlagnahme unterfallenden Mobilien, insbesondere das Zubehör;
4. alle der Beschlagnahme unterfallenden Forderungen und Rechte, insbesondere Miet- und Pachtforderungen, mit dem Eigentum verbundene Rechte auf wiederkehrende Leistungen sowie Forderungen gegen Versicherungen unter Beachtung von Beitragsrückständen;
5. die öffentlichen Lasten des Grundstücks unter Angabe der laufenden Beträge;
6. die Räume, die dem Schuldner für seinen Hausstand belassen werden;
7. die voraussichtlichen Ausgaben der Verwaltung, insbesondere aus Dienst- oder Arbeitsverhältnissen;
8. die voraussichtlichen Einnahmen und die Höhe des für die Verwaltung erforderlichen Kostenvorschusses;
9. alle sonstigen für die Verwaltung wesentlichen Verhältnisse.

(2) Den Bericht über die Besitzerlangung hat der Verwalter bei Gericht einzureichen. Soweit die in Absatz 1 bezeichneten Verhältnisse nicht schon bei Besitzübergang festgestellt werden können, hat der Verwalter dies unverzüglich nachzuholen und dem Gericht anzuzeigen.

Übersicht

		Rn.
I.	Normzweck; Rechtsnatur; Anwendungsbereich	1, 2
II.	Inbesitznahme	3–8
1.	Allgemeines	3, 4
2.	Besitz: mittelbarer und unmittelbarer	5–8
III.	Inbesitznahmebericht	9–28
1.	Allgemeines	9
2.	Details	10–28
	a) Zeitpunkt und Umstände der Besitzerlangung	10, 11
	b) Objektbeschreibung einschließlich der Nutzungsart und der bekannten Drittrechte	12, 13
	c) Der Beschlagnahme unterfallende Mobilien, insbesondere Zubehör	14, 15
	d) Der Beschlagnahme unterfallende Forderungen und Rechte, insbesondere Miet- und Pachtforderungen, mit dem Eigentum verbundene Rechte auf wiederkehrende Leistungen sowie Forderungen gegen Versicherungen unter Beachtung von Beitragsrückständen	16–18
	e) Öffentliche Lasten des Grundstücks und Angabe der laufenden Beträge	19, 20
	f) Räume, die dem Schuldner für seinen Hausstand belassen werden	21, 22
	g) Voraussichtliche Ausgaben der Verwaltung, insbesondere aus Dienst- oder Arbeitsverhältnissen	23–26
	h) Voraussichtliche Einnahmen und die Höhe des für die Verwaltung erforderlichen Kostenvorschusses	27
	i) Alle sonstigen für die Verwaltung wesentlichen Verhältnisse	28

I. Normzweck; Rechtsnatur; Anwendungsbereich

1 Die Vorschrift des § 3 ZwVwV stellt eine gestraffte und sprachlich modernisierte Fassung des § 3 der bisherigen Verordnung dar. Die Hinzuziehung von Schuldner und Gläubiger zur Inbesitznahme – bislang als Soll-Vorschrift normiert – ist hierin weggefallen, insbesondere aus Beschleunigungsgründen. In der Praxis hatte die Hinzuziehung von weiteren Beteiligten zur Inbesitznahme auch keine wesentliche Rolle mehr gespielt.

2 § 3 Abs. 1 ZwVwV präzisiert dabei die Verpflichtungen des Verwalters zur Besitzverschaffung gemäß § 150 Abs. 2.

II. Inbesitznahme

1. Allgemeines

3 Unter der Inbesitznahme versteht man die körperliche Ausführung der gerichtlichen Beschlagnahme. Im Anordnungsbeschluss wird der Zwangsverwalter in der Regel ermächtigt, die Inbesitznahme selbst durchzuführen. Der Anordnungs- und Beitrittsbeschluss gilt dabei als Beschlagnahme zugunsten des betreibenden Gläubigers. Zur Durchsetzung bedarf es keines weiteren Beschlusses, insbesondere keines Durchsuchungsbeschlusses. Es sind die allgemeinen Vollstreckungsregelungen der ZPO zu beachten, insbesondere darf grundsätzlich die Inbesitznahme weder an Sonn- und Feiertagen noch zur Nachtzeit erfolgen, sofern es sich um die Wohnung des Schuldners handelt (§ 758a Abs. 4 ZPO). Der Anordnungsbeschluss selbst entfaltet Wirkung gegen den Schuldner sowie gegen Dritte, die ihr (Besitz-) Recht vom Schuldner ableiten, insbesondere Ehegatten, Kinder, sonstige Familienangehörige bzw. Lebensgefährten.

4 Nicht nur durch die Zustellung des Anordnungs- oder Beitrittsbeschlusses an den Schuldner oder den Eingang des Ersuchens um Eintragung der Zwangsverwaltung beim Grundbuchamt kann die Beschlagnahme im Sinne des ZVG ausgelöst werden, sondern auch durch die Inbesitznahme (unmittelbare oder mittelbare Besitzerlangung) des Zwangsverwalters am Grundstück gemäß § 151.

2. Besitz: mittelbarer und unmittelbarer

5 Der Zwangsverwalter hat sich den unmittelbaren Besitz zu verschaffen, wenn das Grundstück leersteht, wenn der Schuldner das Grundstück besitzt oder ein Dritter das Grundstück besitzt, aber herausgabebereit ist. Ist das Grundstück vermietet oder verpachtet, so kann sich der Zwangsverwalter nur den mittelbaren Besitz verschaffen, da unmittelbarer Besitzer der Mieter oder Pächter ist. Dies ist unproblematisch, auch wenn der Schuldner seine Mitwirkung verweigert.

6 Ist der besitzende Dritte nicht zur Herausgabe bereit, richten sich die Möglichkeiten des Zwangsverwalters danach, aufgrund welchen Rechts der Dritte das Grundstück besitzt, vgl. dazu die Ausführungen zu §§ 147 und 150 (§ 150 Rn. 6 ff.).

7 Verweigert der Schuldner die Herausgabe oder den Zugang zum Grundstück, kann aus dem Anordnungsbeschluss gegen ihn vorgegangen werden. Dieser Anordnungsbeschluss stellt einen Wegnahme- und Herausgabetitel gemäß den Anforderungen § 883 ZPO dar. Eine besondere richterliche Anordnung oder Genehmigung nach § 758a Abs. 2 ZPO ist nicht erforderlich.

8 Der Zwangsverwalter kann den Gerichtsvollzieher beauftragen, den Schuldner nach § 854 BGB zwangsweise aus dem Besitz zu setzen und ihn selbst nach

§ 885 Abs. 1 ZPO in den Besitz einzuweisen. Diese Zwangsmaßnahme wirkt auch gegen solche Personen, die ihr Besitzrecht unmittelbar vom Schuldner ableiten, also Ehegatten, Kinder, Lebensgefährten.[1] Bei der Räumungsvollstreckung in Wohnräume des Schuldners ist § 149 Abs. 1 zu beachten.

III. Inbesitznahmebericht

1. Allgemeines

Der Inbesitznahmebericht erfüllt mehrere Zwecke. Zunächst ist der Zwangsverwalter aufgrund der gerichtlichen Ermächtigung in einer Position der treuhänderische Verwalter fremden Vermögens. Jede treuhänderische Tätigkeit setzt eine Inventarisierung voraus, und zwar zum einen zu Beginn und dann zum Ende des Verfahrens. Damit erfüllt der Zwangsverwalter zunächst selbst seine klassische Rechnungslegungspflicht. Insoweit kann der Inbesitznahmebericht sowohl den Verfahrensbeteiligten dienen, einen Zwangsverwalter in Regress zu nehmen, als auch dem Zwangsverwalter selbst, sich vor einer Regressforderung zu exkulpieren. Der Bericht dient weiter der Information des Gläubigers, des Schuldners und des Gerichts. Er bildet die Basis der weiteren Bearbeitung des Zwangsverwaltungsverfahrens. Der Bericht ist im Original für das Insolvenzgericht sowie in Abschriften für sämtliche Verfahrensbeteiligten beim Gericht einzureichen. Soweit innerhalb der vom Gericht gesetzten Frist zur Abgabe des Berichts einzelne Rechtsverhältnisse oder tatsächliche Verhältnisse nach § 3 Abs. 1 ZwVwV nicht vollständig aufgeklärt werden können, ist dies nachzuholen und der eingereichte Bericht ist entsprechend zu ergänzen, § 3 Abs. 2 ZwVwV.

2. Details

a) **Zeitpunkt und Umstände der Besitzerlangung.** Die Angabe von Zeitpunkt und Umständen der Besitzerlangung hat besondere Bedeutung wegen der (möglichen) Beschlagnahmewirkung mit der Inbesitznahme, insoweit sind Datum und Uhrzeit anzugeben.

Eine weitere Rechtswirkung ergibt sich aus der Abgrenzung der sich aus § 566c, § 1124 BGB ergebenden Ansprüche.

b) **Objektbeschreibung einschließlich der Nutzungsart und der bekannten Drittrechte.** Hiermit dokumentiert der Zwangsverwalter den Zustand des Gebäudes bei Inbesitznahme. Das Objekt ist dabei möglichst präzise zu beschreiben, insbesondere sind offenbare Mängel und Schäden akribisch zu erfassen. Hier sind feuchte Keller und Wände, Risse im Gebäude, fehlende Türen und Fenster und Schäden im Dach zu nennen. Lege artis wird der Zwangsverwalter eine Fotodokumentation erstellen.

Zur Objektbeschreibung gehört ebenso die Beschreibung der Lage des Grundstücks, des Objekts oder der Objekte auf dem Grundstück, der erkennbaren Nutzung zu Wohn- oder Geschäftszwecken und von Leerständen. Im Fall von Vermietung oder Verpachtung sind die einzelnen Nutzungsverhältnisse möglichst präzise anzugeben, bei mehreren vermieteten oder verpachteten Einheiten jeweils deren exakte Lage im Objekt.

c) **Der Beschlagnahme unterfallende Mobilien, insbesondere Zubehör.** Der Beschlagnahme unterliegt der Haftungsverband der Hypothek gemäß §§ 1120 ff. BGB, damit wird nicht nur das Grundstück mit aufstehenden Gebäuden und Bestandteilen erfasst, sondern auch das Zubehör gemäß §§ 97,

---

[1] Detailliert: *Hartmann*, in: *Baumbach/Lauterbach/u.a.*, ZPO, § 885 Rn. 9 ff.

98 BGB. Dabei wird (zunächst) nicht zwischen schuldnerischen und schuldnerfremden Sachen unterschieden.

15 Diese Sachen sind einzeln zu bestimmen und einzeln zu benennen. Bei größeren Gewerbebetrieben oder Hotel- und Pensionseinrichtungen sollte der Zwangsverwalter die Inventarisierung nach Absprache mit dem Vollstreckungsgericht durch ein Fachunternehmen vornehmen lassen.

16 d) **Der Beschlagnahme unterfallende Forderungen und Rechte, insbesondere Miet- und Pachtforderungen, mit dem Eigentum verbundene Rechte auf wiederkehrende Leistungen sowie Forderungen gegen Versicherungen unter Beachtung von Beitragsrückständen.** Nicht nur Mobilien wie das Zubehör unterfallen dem Haftungsverband, sondern auch Forderungen und Rechte. Auch über diese hat der Zwangsverwalter umfassend Auskunft zu geben. Dies gilt insbesondere für Miet- und Pachtforderungen. Soweit Rückstände ein Jahr vor Beschlagnahme bestehen, sind diese insoweit umfasst, § 1123 BGB. Nicht umfasst sind Ansprüche gegen Untermieter und Unterpächter, solche verbleiben alleine dem Berechtigten aus den Untermiet-/Unterpachtverhältnissen. Ausnahmsweise kann der Zwangsverwalter auf Forderungen aus Untermiet- oder Unterpachtverhältnissen zugreifen, wenn diese allein zur Vereitelung der Gläubigerrechte geschlossen wurden und daher nichtig sind.[2]

17 Die Zwangsverwaltung umfasst auch die mit dem Eigentum verbundene Rechte auf wiederkehrende Leistungen sowie Ansprüche aus Versicherungsverhältnissen, soweit sie dem Haftungsverband unterliegen (Gebäudeversicherung, Feuerversicherung: §§ 1127, 1128 BGB, § 93 VVG n. F.).

18 Nicht der Beschlagnahme unterliegt der Ersatzanspruch wegen schuldhaft nicht gezogener Nutzungen.[3]

19 e) **Öffentliche Lasten des Grundstück und Angabe der laufenden Beträge.** Unter öffentlich-rechtlichen Ansprüchen werden in diesem Zusammenhang solche verstanden, für die neben dem Grundstückseigentümer zumindest auch das Grundstück haftet und die in dem jeweiligen Gesetz als öffentliche Last bezeichnet sind oder für die gesetzliche Regelungen die Mithaftung des Grundstücks eindeutig ergeben. Dazu zählen primär Grundsteuer und Straßenreinigungsgebühren, aber auch Anschlussgebühren. Auch Forderungen nach den Kommunalabgabengesetzen können öffentliche Grundstückslasten sein, dafür ist die Forderung in der jeweiligen Satzung als öffentliche Last zu bezeichnen, sofern die kommunale Körperschaft hierzu ermächtigt war. Keine laufenden öffentlichen Lasten sind zur anteilsmäßigen Finanzierung umgelegte Investitionskosten öffentlicher Anlagen.[4]

20 Laufende öffentliche Lasten sind vom Zwangsverwalter bei Fälligkeit aus der Masse zu bedienen, ohne dass es hierzu eines Teilungsplans bedürfte.[5] Auch nicht laufende Beträge sind aufzunehmen, diese jedoch nicht aus der Masse zu bezahlen. Die Gläubiger öffentlich-rechtlicher Forderungen müssen diese Forderungen im Zwangsverwaltungsverfahren, anders als im Zwangsversteigerungsverfahren, nicht anmelden.

21 f) **Räume, die dem Schuldner für seinen Hausstand belassen werden.** Die Aufnahme ist wichtig wegen § 149 Abs. 1. Solche Wohnräume, die dem Schuldner für seinen Hausstand als unentbehrlich zu belassen sind, kann dieser auch während des Zwangsverwaltungsverfahrens weiter nutzen, sofern er nicht die

---

2 BGH, ZInsO 2006, 822.
3 BGH, Urteil vom 29.6.2006 – IX ZR 119/04, Rpfleger 2006, 614.
4 BGH, Urteil vom 9.2.2006 – IX ZR 151/04, Rpfleger 2006, 424 = ZfIR 2006, 443 (Leitsatz).
5 Depré/Mayer, Handb., Rn. 247 ; Stöber, ZVG, § 156 4.4.

Verwaltung stört und auf Antrag das Gericht ihm die Räumung des Grundstücks aufgibt, § 149 Abs. 2 (§ 149 Rn. 7 ff.).

Die vorgelegten Unterlagen des Schuldners, insbesondere über Rechtsverhältnisse mit nahen Angehörigen, sind hier besonders gründlich zu prüfen, nach der Erfahrung werden solche häufig allein zu dem Zweck hergestellt, die zwangsweise Verwertung der Immobilie wenn nicht zu verhindern, so doch hinauszuzögern.

g) Voraussichtliche Ausgaben der Verwaltung, insbesondere aus Dienst- oder Arbeitsverhältnissen. Die Angaben zu den voraussichtlichen Ausgaben der Verwaltung, insbesondere aus Dienst- und Arbeitsverhältnissen dient im Wesentlichen auch der Ermittlung, ob sich das Zwangsverwaltungsverfahren wirtschaftlich vermutlich selbst tragen wird, also die erwarteten Einnahmen aus Nutzungsverhältnissen ausreichen, die laufenden Ausgaben – die laufenden öffentlichen Lasten sind bereits unter § 3 Abs. 1 Ziff. 5 ZwVwV erwähnt – zu erfassen.

Dienst- und Arbeitsverhältnisse spielen in den meisten Verfahren heutzutage keine maßgebliche Rolle. Der Zwangsverwalter sollte für den Fall, dass er in das Dienstverhältnis mit einem Hausmeister eintritt, insbesondere dafür Sorge tragen, dass die steuer- und sozialversicherungsrechtlichen Vorschriften penibel eingehalten werden. Erfahrungsgemäß hat der häufig schon „klamme" Schuldner im Vorfeld des Zwangsverwaltungsverfahrens Hausmeister „schwarz" beschäftigt, bevorzugt ältere Mieter im Gegenzug zum Erlass eines Teilbetrags der Kaltmiete.

Der Zwangsverwalter sollte sich bewusst sein, dass dies eine Lohnleistung ist und entsprechende steuerliche und sozialversicherungsrechtliche Konsequenzen hat.

Die Weiterbeschäftigung eines Hausmeisters durch den Zwangsverwalter ist gründlich abzuwägen, beispielsweise wenn Sachverhalte auf diesen übertragen werden, welche die Wahrnehmung von Verkehrssicherungspflichten zum Ziel haben, wie beispielsweise der Winterdienst. Es bringt dem Zwangsverwalter nichts, wenn der 75-jährige Mieter, der im Sommer alle zwei Wochen den Garten mäht, im Winter aber acht Wochen auf Mallorca ist, hier die Hausmeisterfunktion inne hat. In aller Regel wird ein solcher Hausmeister auch selbst über keinen Haftpflichtschutz verfügen, so dass die Beauftragung eines Unternehmens mit der Erbringung der Hausmeisterdienstleistungen aus Haftungsgründen für den Zwangsverwalter vorzugswürdig ist.

h) Voraussichtliche Einnahmen und die Höhe des für die Verwaltung erforderlichen Kostenvorschusses. Die Angaben sind eine Zusammenfassung der Beträge, die bereits zu § 3 Abs. 1 Ziff. 4, 5 und 7 zu erfassen sind. Der Zwangsverwalter hat die voraussichtlichen Einnahmen gegenüberzustellen den laufenden öffentlichen Lasten sowie den weiteren voraussichtlichen Kosten der Verwaltung. Wegen einer etwaigen Unterdeckung, häufig einer anfängliche Unterdeckung, die nach wenigen Monaten kontinuierlicher Beitreibung von Mietforderungen ausgeglichen werden kann, ist auf Antrag des Zwangsverwalters und Beschlussfassung des Gerichts über einen Kostenvorschuss durch den Gläubiger Liquidität beizubringen.

i) Alle sonstigen für die Verwaltung wesentlichen Verhältnisse. Hier können sämtliche rechtlichen und tatsächlichen Sachverhalte dargestellt werden, die maßgebliche Bedeutung für das Zwangsverwaltungsverfahren haben können, beispielsweise ein laufender Betrieb des Schuldners auf dem Objekt, Nachbarrechtsstreite insbesondere wegen Besitzsachverhalten, Baumaßnahmen im unmittelbaren Umfeld des Zwangsverwaltungsobjekts, Altlastenverdacht etc.

§ 4 ZwVwV Mitteilungspflicht des Verwalters

Der Verwalter hat alle betroffenen Mieter und Pächter sowie alle von der Verwaltung betroffenen Dritten unverzüglich über die Zwangsverwaltung zu informieren. Außerdem kann der Verwalter den Erlass von Zahlungsverboten an die Drittschuldner bei dem Gericht beantragen.

Übersicht

		Rn.
I.	Normzweck; Rechtsnatur; Anwendungsbereich	1
II.	Mitteilungspflicht	2–9
1.	Mitteilungspflicht gegenüber Mietern und Pächtern	2–4
2.	Mitteilungspflicht gegenüber sonstigen Betroffenen	5
3.	Unverzüglichkeit	
4.	Inhalt der Mitteilung	7–9
III.	Erlass eines Zahlungsverbots	10–17

I. Normzweck; Rechtsnatur; Anwendungsbereich

1 § 4 ZwVwV stellt eine modernisierte Neuregelung des § 4 der Verordnung von 1970 dar. § 4 Abs. 2 ZwVwV wiederholt mit im Wesentlichen gleichen Worten und anderem Satzbau § 151 Abs. 3.

II. Mitteilungspflicht

1. Mitteilungspflicht gegenüber Mietern und Pächtern

2 Ausdrücklich hat der Zwangsverwalter unverzüglich nach Anordnung des Zwangsverwaltungsverfahren Mieter und Pächter über das Verfahren zu informieren. Der Zwangsverwalter sollte dies schon aus Haftungsgründen schnellstmöglich erledigen, da er letztlich die Mieter bösgläubig zu machen hat und sich die rückwirkende Verhaftung von Forderungen gem. § 1123 Abs. 2 Satz 1 BGB auf den Zeitraum ein Jahr vor der Beschlagnahme beim Dritten erstreckt.

3 Erst mit der Information über das Zwangsverwaltungsverfahren (oder der Zustellung des Zahlungsverbots gemäß Satz 2) wird das relative Verfügungsverbot gegenüber den Mietern und Pächtern als Drittschuldner wirksam, §§ 135, 136 BGB.[1]

4 Erst damit ist das relative Verfügungsverbot wirksam. Aus Beweis- und damit letztlich auch aus Haftungsgründen ist es dem Zwangsverwalter angeraten, die Information an die Mieter schriftlich zu erteilen. Grundsätzlich sollte der Zwangsverwalter hierbei auf einen Zugangsnachweis achten.

2. Mitteilungspflicht gegenüber sonstigen Betroffenen

5 Der Zwangsverwalter hat auch sonstige Dritte zu informieren, soweit sie von der Verwaltung „betroffen" sind. Dies gilt insbesondere für die öffentliche Hand wegen Grundbesitzabgaben, Versorger, den Bezirksschornsteinfegermeister, etwaige Arbeitnehmer des Schuldners, Versicherungsunternehmen sowie im Fall der Vermietung mit Umsatzsteuer auch das zuständige Finanzamt. Weiter zählen dazu Serviceunternehmen wie Hausdienstleistungsunter-

---

[1] *Stöber*, ZVG, § 146 Rn. 5.3.

nehmen, Wohnungseigentums- sowie Sonderverwaltungsunternehmen, aber auch Treuhänder eines Mietpools.

3. Unverzüglichkeit

Der Zwangsverwalter hat die Mieter und Pächter sowie die sonstigen Betroffenen unverzüglich zu informieren, also ohne schuldhaftes Zögern, § 121 Abs. 1 S. 1 BGB. Hierbei ist zu berücksichtigen, dass eine feste zeitliche Vorgabe in der Praxis oft nicht möglich ist. Verfahren, in denen die Schuldner opponieren und keine Informationen erteilen, sind nicht selten. Wenn dann noch die Immobilie allein vom Schuldner bewohnt ist oder von Mietern/Pächtern aus dem persönlichen Umfeld des Schuldners, fällt es erfahrungsgemäß sehr schwer, überhaupt Zugang zum Objekt zu erhalten, geschweige denn weitergehende Informationen. Als Anhaltspunkt sollte hier angesetzt werden, dass der Zwangsverwalter regelmäßig innerhalb von wenigen Tagen nach Eingang des Anordnungsbeschlusses zum Inbesitznahmetermin ansetzt und grundsätzlich innerhalb dieses Termins nähere Erkenntnisse über die Nutzung des Objekts erfolgen. Unmittelbar nach dem Inbesitznahmetermin und der Kenntniserlangung sollte innerhalb der nächsten ein bis zwei Arbeitstage die schriftliche Information an alle bekannt gewordenen Mieter, Pächter sowie die sonstigen Betroffenen erfolgen. Sofern im Nachhinein weitere Dritte im Rahmen der notwendigen Recherchearbeit des Zwangsverwalters bekannt werden, dann sind diese ebenso kurzfristig zu benachrichtigen.

4. Inhalt der Mitteilung

Die Mitteilung hat grundsätzlich nur zu enthalten, dass die Zwangsverwaltung angeordnet worden ist, regelmäßig unter Beifügung der Bestallungsurkunde, nicht der Kopie des Zwangsverwaltungsanordnungsbeschlusses (vgl. dazu § 2 Rn. 1).

Bei Anschreiben an Mieter und Pächter empfiehlt es sich, diese darauf hinzuweisen, dass mit schuldbefreiender Wirkung allein nur noch auf ein vom Zwangsverwalter eingerichtetes Anderkonto geleistet werden kann. Zur weiteren Ermittlung sollten Mieter und Pächter auch gebeten werden, eine Kopie des Mietvertrages zu überlassen, da in vielen Fällen solche Urkunden weder vom Schuldner noch von den Gläubigern zu erlangen sind. Schließlich sollte bei Mieter und Pächter weiter angefragt werden wegen des Nachweises der Zahlung der Mieten während des letzten Jahres sowie etwaiger Vereinbarung von Mietsicherheiten, hier auch hinsichtlich eines Nachweises der tatsächlichen Erbringung der Mietsicherheit, beispielsweise Barquittung, Kautionssparbuch oder Überweisungsbeleg.

Auch diese Informationen sind im weiteren Zwangsverwaltungs- und zum Teil auch Zwangsversteigerungsverfahren eminent wichtig.

III. Erlass eines Zahlungsverbots

Die Regelung befindet sich in § 4 Satz 2 ZwVwV und ist identisch mit § 151 Abs. 3. Der Zwangsverwalter ist berechtigt, beim Vollstreckungsgericht den Antrag zu stellen, ein Zahlungsverbot an die Drittschuldner zuzustellen. Die Vorschrift ergänzt damit auch das Gläubigerrecht aus § 22 Abs. 2.

Allein die förmliche Zustellung an den Drittschuldner lässt die Beschlagnahmewirkung entstehen.[2]

---

2 *Stöber*, ZVG, § 22 Rn. 3.2; *Storz/Kiderlen*, A 1.3.1, S. 28.

12 Der Zwangsverwalter kann Zahlungsverbote auch dann anregen, wenn er Mieter und Pächter bei der Inbesitznahme angetroffen hat, ihm der Zugangsnachweis der Benachrichtigung jedoch nicht möglich ist oder die Nutzer schon mitgeteilt haben, an andere zahlen zu wollen, beispielsweise an Abtretungs- oder Pfändungsgläubiger. Eine abweichende Auffassung, wonach der Erlass des Zahlungsverbots nur bei Abwesenheit von Mietern und Pächtern während der Inbesitznahme erfolgen kann,[3] findet weder im Gesetz eine Stütze, noch erscheint diese Einschränkung aus sonstigen Gründen sinnvoll.

13 Aus Beweisgründen sowie aus Gründen der Eindeutigkeit hat der Erlass des Zahlungsverbots für den Zwangsverwalter Vorteile. Die Praxis zeigt, dass sich zum Teil auch solche Drittschuldner, die auf das persönliche Gespräch mit dem Zwangsverwalter oder die schriftliche Benachrichtigung des Zwangsverwalters unwillig reagieren, von der Zustellung des gerichtlichen Zahlungsverbotes beeindrucken lassen und dann an den Zwangsverwalter leisten. Dadurch erspart sich der Zwangsverwalter häufig ansonsten notwendige Klagen oder die spätere Klärung von Hinterlegungssachverhalten.

14 Zu berücksichtigen ist in der Praxis jedoch, dass viele Vollstreckungsgerichte den zusätzlichen Aufwand scheuen und der Erlass des Zahlungsverbotes die Ausnahme ist, für deren Anregung der Zwangsverwalter einen besonderen Grund angeben sollte.

15 Es ist auch zu berücksichtigen, dass häufig praktische Fragen den Erlass des Zahlungsverbots nach § 4 Abs. 2 ZwVwV beeinträchtigen und verhindern können, wie beispielsweise die Frage des Vornamens des Drittschuldners. Die Antragsmöglichkeit nach § 4 Abs. 2 ZwVwV ist insbesondere notwendig, wenn Schuldner und/oder Drittschuldner unkooperativ sind, aber gerade in diesen Fällen mangelt es dem Zwangsverwalter oft an schnellen und gleichwohl verlässlichen Informationen.

16 Die Zustellung des Zahlungsverbots geschieht im Parteibetrieb durch den Gerichtsvollzieher.

17 Um Ersatzzustellungen mit dem sich daraus ergebenden Problem des Nachweises der Kenntniserlangung des Drittschuldners zu verhindern, sollte der Zwangsverwalter deshalb die Zustellung nicht unter Vermittlung der Geschäftsstelle des Vollstreckungsgerichts vornehmen lassen, sondern ausdrücklich beantragen, dass er diese selbst vornehmen will.[4]

---

[3] So *Haarmeyer/Wutzke/u.a.*, ZVG, § 4 Rn. 4.
[4] *Haarmeyer/Wutzke/u.a.*, Handbuch der Zwangsverwaltung, Kapitel 2, Rn. 105; *Haarmeyer/Wutzke/u.a.*, ZVG, § 4 Rn. 5.

§ 5 ZwVwV Nutzungen des Zwangsverwaltungsobjekts

(1) Der Verwalter soll die Art der Nutzung, die bis zur Anordnung der Zwangsverwaltung bestand, beibehalten.

(2) Die Nutzung erfolgt grundsätzlich durch Vermietung oder Verpachtung. Hiervon ausgenommen sind:
1. landwirtschaftlich oder forstwirtschaftlich genutzte Objekte in Eigenverwaltung des Schuldners gemäß § 150b des Gesetzes über die Zwangsversteigerung und die Zwangsverwaltung;
2. die Wohnräume des Schuldners, die ihm gemäß § 149 des Gesetzes über die Zwangsversteigerung und die Zwangsverwaltung unentgeltlich zu belassen sind.

(3) Der Verwalter ist berechtigt, begonnene Bauvorhaben fertig zu stellen.

Übersicht

		Rn.
I.	Normzweck; Rechtsnatur; Anwendungsbereich	1, 2
II.	Nutzungen	6–23
1.	Beibehalt der bestehenden Nutzungen	6–8
2.	Nutzung durch Vermietung und Verpachtung	9–13
3.	Andere Nutzungen	14–17
4.	Eigenverwaltung des Schuldners bei land- oder forstwirtschaftlicher Nutzung	18, 19
5.	Schuldner zu belassener Wohnraum	20–23
III.	Fertigstellung von Bauvorhaben	24–27

I. Normzweck; Rechtsnatur; Anwendungsbereich

Normzweck und Regelungsgedanke sind, dass zum einen der Zwangsverwalter die bisherige und damit von ihm vorgefundene Nutzung des beschlagnahmten Grundstückssachverhalt grundsätzlich nicht ändert, und zum anderen, dass er ebenso grundsätzlich das Grundstück im Rahmen der Vermietung und Verpachtung nutzt. **1**

Die Norm ist im Zusammenhang mit § 152 Abs. 2 zu sehen, der klarstellt, dass bei einem vor der Beschlagnahme an Mieter oder Pächter überlassenem Grundstück der Miet- oder Pachtvertrag auch gegenüber dem Zwangsverwalter wirksam ist (§ 152 Rn. 24 ff). Es gilt der Grundsatz „Zwangsverwaltung bricht nicht Miete".[1] **2**

Da § 5 ZwVwV als Soll-Vorschrift weniger starr ausgelegt ist als die Vorgänger-Norm, kann der Zwangsverwalter nach Prüfung der rechtlichen Möglichkeiten und Abwägung dessen, was er wirtschaftlich für optimal hält, das Grundstück ausnahmsweise auch anderweitig nutzen. **3**

Beachten sollte der Zwangsverwalter die sich aus § 10 Abs. 1 Ziff. 1 ZwVwV ergebenden Zustimmungsvorbehalte des Vollstreckungsgerichts. **4**

Die noch auf der Grundlage der Vorgängernorm oft strittig behandelte Frage, ob ein Zwangsverwalter ein begonnenes Bauvorhaben fertigstellen kann oder nicht, ist nunmehr im ersteren Sinne entschieden. **5**

---

[1] Intensiv darstellend: *Klühs*, Die Einstandspflicht des Zwangsverwalters für Ansprüche des Mieters aus dem Mietverhältnis.

II. Nutzungen

1. Beibehalt der bestehenden Nutzungen

6 Nachdem sich bereits aus § 152 Abs. 2 ergibt, dass vom Schuldner geschlossene Miet- und Pachtverträge, bei denen das später beschlagnahmte Grundstück dem Mieter oder Pächter bereits übergeben ist, auch gegen den Zwangsverwalter wirken, wird postuliert, dass der Zwangsverwalter die ursprünglich vom Schuldner gewählte Nutzungsart beibehalten soll. Von dieser gesetzlichen Regel darf der Zwangsverwalter nur abweichen, wenn sich aus der Nutzungsänderung ausnahmsweise eine wesentliche Wertverbesserung ergeben kann oder aber einer erheblichen Wertverschlechterung entgegengewirkt werden soll. Im Zweifelsfall sollte der Zwangsverwalter aus Haftungsgründen dabei stets die Zustimmung des Gerichts einholen, welches selbst die Beteiligten anhören wird, § 10 Abs. 1 Ziff. 1 ZwVwV (s. dort Rn. 5 ff.).

7 Im Rahmen der Fortsetzung der bisherigen Nutzung ist der Zwangsverwalter grundsätzlich an jedes Detail der vom Schuldner geschlossenen Mietverträge gebunden, so (wirtschaftlich) ungünstig diese auch immer sein mögen, seien es Pauschalmietverträge, langfristige Gewerberaummietverträge ohne Wertsicherungsklausel oder Ähnliches. Insbesondere mit Familienmitgliedern und sonstigen Angehörigen oder verbundenen Unternehmen hat der Schuldner oftmals Nutzungsverträge abgeschlossen, die erkennbar den Zweck haben, dem Vollstreckungsgläubiger den wirtschaftlichen Nutzwert der Immobilie zu entziehen.

8 Der Zwangsverwalter muss daher sorgfältig prüfen, wann und auf welchem Weg er Änderungen an dem Miet- bzw. Pachtvertrag vornehmen kann. Bei solchen Verträgen, die beispielsweise angeblich massive Vorauszahlungen des Nutzers enthalten, die nunmehr „abgewohnt" werden (Problem der Baukostenzuschüsse), hat sich der Zwangsverwalter intensiv mit den vorgelegten Vereinbarungen und den Nachweisen über den tatsächlichen Leistungsaustausch auseinander zu setzen.

2. Nutzung durch Vermietung und Verpachtung

9 Wenn das Objekt nicht bereits durch vom Schuldner geschlossene Miet- oder Pachtverträge genutzt wird, soll der Zwangsverwalter selbst – gegebenenfalls nach Nutzbarmachung des Objekts – Miet- und Pachtverträge abschließen. Dies gilt insbesondere für leerstehende Grundstücke und Räumlichkeiten, aber auch für solchen Räumlichkeiten, die erst nach Anordnung der Zwangsverwaltung frei werden, sei es durch Vertragsablauf, Vertragsbeendigung durch Kündigung oder durch schlichte Besitzaufgabe des unmittelbaren Nutzers. Der Zwangsverwalter hat hier für die Neuvermietung zu sorgen, in der Praxis insbesondere durch Einschaltung von Maklern. Der Zwangsverwalter hat zu versuchen, das wirtschaftliche Optimum zu erzielen, Richtschnur ist die ortsübliche Miete, soweit diese vergleichbar vorliegt oder ermittelbar ist.

10 Während die Frage der Mietvertragsdauer im Wohnraummietrecht angesichts der gesetzgeberischen Neuregelungen der letzten Jahre kaum mehr eine Rolle spielt, ist insbesondere beim Abschluss von Gewerberaummietverträgen und Pachtverträgen die Frage der Länge der Nutzung maßgeblich. Will in den zu vermietenden Räumlichkeiten ein Arzt, ein Apotheker oder ein Gastwirt den neuen Mittelpunkt seines wirtschaftlichen Strebens begründen, wird er dies nur mit einer langjährigen Perspektive versuchen.

11 Auf der anderen Seite hat der Zwangsverwalter im Rahmen seiner wirtschaftlichen Ermessensentscheidung auch zu berücksichtigen, dass er im Fall der Aufhebung des Zwangsverwaltungsverfahrens ohne Zuschlag in der Zwangsversteigerung mit dem von ihm geschlossenen Mietvertrag den Schuldner über erhebliche Zeiträume bindet, anderenfalls aber durch seine Entscheidung auch erheblichen Einfluss auf den Ausgang und das wirtschaftliche Ergebnis des Zwangsversteigerungsverfahrens nehmen kann.

Vermietet der Zwangsverwalter beispielsweise das in guter Lage befindliche Einfamilienhaus, mag es im Rahmen des Zwangsversteigerungsverfahrens, in dem lediglich potentielle Eigennutzer Interesse zeigen und wie im Einfamilienhausbereich üblich keine Kapitalanleger, fatal sein. Im letzteren Fall kann der Gläubiger bei einem unmittelbar bevorstehenden Zwangsversteigerungstermin eine Ersatzzahlung in Höhe der üblichen Miete an den Zwangsverwalter leisten; er erspart sich damit gleichzeitig die sonst notwendigen Vorschusszahlungen. Der Zwangsverwalter kann nach außen darstellen, dass durch den Zahlungseingang der Zwangsverwaltungsmasse jedenfalls kein Schaden entstanden ist.[2] Vermietet der Zwangsverwalter nämlich nicht, droht ihm ebenfalls ein Regressrisiko. Grundsätzlich sollte in einem solchen Fall die Antragstellerin auf die Sequestration gem. § 25 als das Verfahren der Wahl verwiesen werden.[3]

Findet der Zwangsverwalter einen Gewerbebetrieb des Schuldners vor, weist § 5 Abs. 2 Satz 1 den Weg. Sofern der Schuldner noch über gewisse unpfändbare Zahlungsmittel verfügt oder aus seinem laufenden Geschäftsbetrieb solche generieren kann, kann der Zwangsverwalter mit dem Schuldner selbst eine Nutzungsvereinbarung treffen. Dies gilt insbesondere dann, wenn der Betrieb nicht grundstücksbezogen ist. Dies wird insbesondere bei inhabergeführten Kleingewerben, Handwerkerbetrieben etc. der Fall sein. Schließt der Schuldner keine Vereinbarung, kann der Zwangsverwalter ihn veranlassen, mit seinem Geschäftsbetrieb – unter Zurücklassung beschlagnahmter Gegenstände, vgl. §§ 1120, 1121 BGB – das Grundstück zu verlassen und es dann selbst in der Regel wieder durch Vermietung und Verpachtung an einen Dritten nutzen.[4]

3. Andere Nutzungen

Wesentlicher Streitpunkt im Bereich anderer Nutzungen ist insbesondere, ob der Zwangsverwalter einen grundstücksbezogenen Geschäftsbetrieb des Schuldners selbst fortführen kann oder nicht. Nachdem dies lange heftig umstritten war und die herrschende Meinung als ablehnend zusammengefasst werden konnte, entschied der Bundesgerichtshof in einer Grundsatzentscheidung anders.[5]

Ist danach der Gewerbebetrieb des Schuldners grundstücksbezogen, ist der Zwangsverwalter befugt, diesen fortzuführen, wenn die Fortführung des Geschäftsbetriebs durch den Zwangsverwalter für die ordnungsgemäße Nutzung des Grundstücks erforderlich ist und er damit nicht in die Rechte des Schuldners an Betriebsmitteln eingreift, die unabhängig von ihrer Zugehörigkeit zum Gewerbebetrieb absolut geschützt sind.

De facto kommt die Betriebsfortführung durch den Zwangsverwalter jedoch nicht vor. Hierbei wird man zu berücksichtigen haben, dass zum einen die Anforderungen und Haftungsgefahren für den Zwangsverwalter in betriebswirtschaftlicher, arbeitsrechtlicher und steuerrechtlicher Hinsicht bei Weitem über das übliche Maß der Zwangsverwaltung hinausgehen und eigentlich dem entsprechen, was nach der Rechtsordnung Aufgabe des Insolvenzverwalters

---

2 Depré/Mayer, Handb., Rn. 507 a.
3 OLG Köln, Hinweisbeschl. vom 25.6.2007 – 2 U 39/07, Rpfleger 2008, 321 = ZfIR 2008, 73 ff. mit Anm. Bergsdorf, ZfIR 2008, 75 (76).
4 Depré/Mayer, Handb. Rn. 529, 535.
5 BGH, Beschl. vom 14. April 2005 – V ZB 16/05, BGHZ 163, 9 = Rpfleger 2005, 557 (Dem Zwangsverwalter war in der konkreten Entscheidung gestattet worden, ein Schlosshotel selbst fortzuführen.)

ist. Es darf auch bezweifelt werden, ob ein Vollstreckungsgericht im Rahmen seiner Möglichkeiten die Aufsicht und Leitung (weisungsgebundenes Handeln des Zwangsverwalters!) in einem solchen Fall übernehmen kann und will.[6]

17 Die anderweitige Nutzung durch den Zwangsverwalter kann auch darin bestehen, dass er einen auf dem Grundstück eingerichteten, aber (vom Schuldner) nicht mehr aktiv genutzten Betrieb selbst aufnimmt. Denkbar ist an dieser Stelle beispielsweise die vom Schuldner eingestellte Auskiesung eines Grundstücks. Bedenken dagegen, mit Hilfe von Vorschüssen des Gläubigers den Betrieb, so die Weiterbewirtschaftung des Grundstücks das wirtschaftliche Optimum darstellt, wieder aufzunehmen, bestehen nicht.[7]

4. Eigenverwaltung des Schuldners bei land- oder forstwirtschaftlicher Nutzung

18 § 5 Abs. 2 Ziff. 1 ZwVwV ist im Verhältnis zu § 150b zu betrachten.

19 In einem solchen Fall ist lediglich eine Aufsichtsperson zu bestellen, § 150c. Sofern der Schuldner land- oder forstwirtschaftliche Flächen bislang nicht selbst bewirtschaftet hat, können sie durch den Zwangsverwalter verpachtet werden.

5. Schuldner zu belassener Wohnraum

20 Diese Ausnahme zum Grundsatz der Nutzung durch den Zwangsverwalter ergibt sich aus § 149 Abs. 1.

21 Dem Schuldner sind nur die unentbehrlichen Räume zu überlassen. Entbehrliche Räume oder nicht vom Schuldner selbst genutzte Teilflächen können durch den Zwangsverwalter im Rahmen der Vermietung oder Verpachtung durch Überlassung an Dritte genutzt werden.[8] In der Insolvenz des Schuldners wird § 149 Abs. 1 nicht verdrängt. Vielmehr ist durch § 49 InsO festgestellt, dass die Wirkungen der Immobiliarvollstreckung die des Insolvenzverfahrens verdrängen.[9] Ist kein Zwangsverwaltungsverfahren angeordnet, kann sich jedoch der Schuldner im Verhältnis zum Insolvenzverwalter nicht auf § 149 Abs. 1 (analog) berufen.

22 In der Praxis hat die Unterscheidung zwischen entbehrlichen und unentbehrlichen Räumen nach § 149 Abs. 1 keine wesentliche Bewandtnis: Selbst wenn der Schuldner – meist mit seiner Familie – eine sehr große Wohnung oder auch ein Einfamilienhaus bewohnen sollte, so sind selbst bei sehr großen Objekten regelmäßig notwendige Einrichtungen – wie beispielsweise Küchen – nur einmal vorhanden. Im normalen Einfamilienhaus sind im Bereich des Treppenhauses und von sonstigen Etagenübergängen keine abschließbaren Einheiten vorgesehen (abgesehen von der Einliegerwohnung). Die Kosten dafür, beispielsweise den Teilbereich einer Wohnung oder eines Einfamilienhauses abzutrennen, mit einem zweiten Eingang zu versehen, die notwendigen Küchen- und Sanitärinstallationen vorzusehen etc., werden in aller Regel einen möglichen Erlös aus der Vermietung nicht unentbehrlichen Wohnraums übersteigen. Es dürfte auch fraglich sein, welchem Mieter eine solche Wohnung vermittelt werden kann, wo er Tür an Tür mit dem Vollstreckungsschuldner und dessen Familie wohnt. Solche Vorstellungen werden trotzdem immer wieder von ein-

---

6 Zur Darstellung der Problematik *Haarmeyer/Wutzke/u.a.*, ZVG, § 5 Rn. 15 ff.; umfassend zum Thema: *Schmidt-Ränsch*, Betriebsfortführung in der Zwangsverwaltung, ZInsO 2006, 303 ff.; *Förster*, Zwangsverwaltung statt Insolvenzverwaltung?, ZInsO 2005, 747.
7 *Haarmeyer/Wutzke/u.a.*, ZVG, § 5 Rn. 17.
8 Zur Kasuistik: *Stöber*, ZVG, § 148 Rn. 2.
9 So aber: *Haarmeyer/Wutzke/u.a.*, ZVG, § 5 Rn. 37.

zelnen Gläubigern geäußert und als Wunsch an den Zwangsverwalter herangetragen, wirtschaftlich macht dies jedoch so gut wie nie Sinn.

Weiter ist auch zu berücksichtigen, dass die große Eigentumswohnung bzw. das Einfamilienhaus in der Regel von einem Eigennutzer ersteigert werden, der diese (provisorischen) Abtrennungen in aller Regel wieder entfernen muss, um das gewünschte Wohnerlebnis zu haben. Im Rahmen der Zwangsversteigerung wird er die Rückbaukosten einkalkulieren. Auch dies spricht gegen Überaktionen des Zwangsverwalters.

III. Fertigstellung von Bauvorhaben

23 Die im Rahmen der Geltung der früheren Verordnung bestehende Rechtsunsicherheit, ob der Zwangsverwalter Baumaßnahmen fertigstellen kann, hat der Gesetzgeber beseitigt. Die Fertigstellung ist allerdings an den Zustimmungsvorbehalt des Gerichts geknüpft, § 10 Abs. 1 Ziff. 1 ZwVwV.

24 Dabei ist es nach dem Gesetzeswortlaut gleichgültig, welchen Fertigstellungsgrad das Bauvorhaben erreicht hat. In der Regel wird der Zwangsverwalter hierfür einen Gläubigervorschuss benötigen, der dann möglicherweise im Rahmen der Zwangsversteigerung nach § 10 Abs. 1 Ziff. 1 berücksichtigt wird, sofern der Vorschuss zur Erhaltung und Verbesserung des Grundstücks geführt hat.

25 In der Praxis ist die Fertigstellung des Bauvorhabens durch den Zwangsverwalter eher selten. Auch wegen der zu bewegenden Geldvolumina (und möglicherweise auch zur Vermeidung daraus resultierender Zwangsverwaltervergütungen) sieht man in der Regel Instituts-Zwangsverwalter nach § 150a als „Bauherrn" tätig werden. Der Pflichtenkreis sollte nicht unterschätzt werden. Der Zwangsverwalter hat an der Stelle zwingend einen Architekten und/oder Bauplaner zu beauftragen, damit dieser im Auftrag des Zwangsverwalters die technischen und organisatorischen Fragen löst.

26 Auftraggeber des Bauvertrags ist dann auch der Zwangsverwalter, hier sind umfangreiche zivilrechtliche Fragen zu klären. Den Zwangsverwalter treffen sämtliche weitere sich ergebende Pflichten. Er sollte z. B. im Rahmen der Bauwerkserstellung an spezielle Versicherungen denken (Rohbauversicherung, Bauwesenversicherung), bei der Bezahlung von Eingangsrechnungen auf die Bauabzugssteuer achten (d. h. auf Freistellungsbescheinigungen der rechnungsstellenden Bauunternehmen), insbesondere aber auch ein Auge auf die Erfüllung der Verkehrssicherungspflichten haben. Der Zwangsverwalter sollte gegebenenfalls auch seine eigene Vermögensschadenshaftpflichtversicherung prüfen und in Zweifelsfragen mit dem Versicherungsunternehmen klären, ob und in welchem Umfang hier Versicherungsschutz besteht. Der Fall der Fertigstellung des Bauvorhabens eignet sich exemplarisch für eine Aufversicherung gemäß § 1 Abs. 4 Satz 2 ZwVwV mit der Folge, dass die Prämie für die Aufversicherung als weitere Auslage der Zwangsverwaltungsmasse zur Zahlung anfällt.

§ 6 ZwVwV Miet- und Pachtverträge

(1) Miet- oder Pachtverträge sowie Änderungen solcher Verträge sind vom Verwalter schriftlich abzuschließen.

(2) Der Verwalter hat in Miet- oder Pachtverträgen zu vereinbaren,
1. dass der Mieter oder Pächter nicht berechtigt sein soll, Ansprüche aus dem Vertrag zu erheben, wenn das Zwangsverwaltungsobjekt vor der Überlassung an den Mieter oder Pächter im Wege der Zwangsversteigerung veräußert wird;
2. dass die gesetzliche Haftung des Vermieters oder Verpächters für den vom Ersteher zu ersetzenden Schaden ausgeschlossen sein soll, wenn das Grundstück nach der Überlassung an den Mieter oder Pächter im Wege der Zwangsversteigerung veräußert wird und der an die Stelle des Vermieters oder Verpächters tretende Ersteher die sich aus dem Miet- oder Pachtverhältnis ergebenden Verpflichtungen nicht erfüllt;
3. dass der Vermieter oder Verpächter auch von einem sich im Fall einer Kündigung (§ 57a Satz 1 des Gesetzes über die Zwangsversteigerung und die Zwangsverwaltung, § 111 der Insolvenzordnung) möglicherweise ergebenden Schadensersatzanspruch freigestellt sein soll.

Übersicht

		Rn.
I.	Normzweck; Rechtsnatur; Anwendungsbereich	1–3
II.	Miet- und Pachtverhältnisse	4–11
1.	Schriftform, Abs. 1	4, 5
2.	Mietkautionen	6–10
3.	Betriebskostenvorauszahlungen	11
III.	Besondere Regelungen, Abs. 2	12–17

I. Normzweck; Rechtsnatur; Anwendungsbereich

1 Bei der Norm handelt es sich um eine deutlich entbürokratisierte Version des § 6 ZwVerwVO. Die Notwendigkeit der gerichtlichen Genehmigung von Nutzungsverträgen von über einem Jahr Dauer erspart Zwangsverwaltern und Gerichten diverse Korrespondenz.

2 Das Erfordernis, Nutzungsverträge schriftlich zu schließen, dient Dokumentation und Haftungsvermeidung. Bei nicht schriftlich geschlossenen Mietverträgen hätten Schuldner oder Ersteigerer nach Beendigung des Zwangsverwaltungsverfahrens Probleme, zu ermitteln, welche Vereinbarungen das Grundstück tatsächlich belasten. Eine weitere Funktion als die Beweissicherungsfunktion hat das Schriftformerfordernis nicht, insbesondere ist es keine Wirksamkeitsvoraussetzung.[1]

3 Weiter schreibt § 6 ZwVwV in Abs. 2 vor, welche weiteren Vereinbarungen der Zwangsverwalter in Miet- oder Pachtverträgen abzuschließen hat. Hiermit wird Mietern verdeutlicht, welche potentiellen Risiken insbesondere bei parallelem Zwangsversteigerungsverfahren bestehen und Haftungssachverhalte reduziert.

---

1 BGH, Urteil vom 20.5.1992 – XII ZR 77/91, NJW 1992, 3041 = Rpfleger 1992, 402.

II. Miet- und Pachtverhältnisse

1. Schriftform

Der Zwangsverwalter hat Miet- und Pachtverträge, aber auch alle Abänderungen solcher Verträge, Vertragsergänzungen etc. schriftlich abzuschließen. Die Verpflichtung ist unaufhebbar, auch für das Vollstreckungsgericht (kein Fall der abschließenden Enumeration des § 10 ZwVwV). § 6 Abs. 1 ZwVwV führt im Fall des Verstoßes nicht zur Unwirksamkeit der Norm nach § 125 BGB. Hier ist § 6 Abs. 1 ZwVwV in der Funktion verwandt mit der Regelung des § 550 Satz 1 BGB zu sehen.[2]   **4**

Verstößt der Zwangsverwalter gegen das Erfordernis der Schriftform und geht hieraus ein Schaden beim Schuldner oder Erwerber hervor, ist er nach § 154 Abs. 1 haftbar. Es ist zu berücksichtigen, dass der Ersteher des Grundstücks nicht zu dem geschützten Personenkreis des § 9 gehört. Von Obergerichten anerkannte Ausnahmen hierzu bestehen bislang nur, wenn der Zwangsverwalter nach Zuschlag sein Amt fortgeführt hat.[3]   **5**

2. Mietkautionen

Bei Kündigung des Mieters oder Pächters sieht sich der Zwangsverwalter regelmäßig dem Abrechnungsanspruch aus der Mietsicherheit ausgesetzt.   **6**

Zwar hat der Zwangsverwalter das Recht, im Rahmen der Inbesitznahme – notfalls im Wege der Einzelvollstreckung gegen den Schuldner – unter anderem auch in die beim Schuldner vorhandene Mietsicherheiten zu vollstrecken.[4]   **7**

Häufig wurden vom Schuldner aber auch bar entgegengenommene Beträge vertragswidrig nicht als Mietsicherheit angelegt, oder die Vollstreckung bleibt aus anderen Gründen erfolglos.   **8**

In solchen Fällen hat der Zwangsverwalter den Abrechnungsanspruch des Mieters oder Pächters aus der verwalteten Masse zu erfüllen.[5] Ist dagegen das Mietverhältnis bereits vor der Beschlagnahme beendet, haftet allein der Schuldner und nicht der Zwangsverwalter.[6] Gleiches gilt für den Fall der Aufhebung des Zwangsverwaltungsverfahrens vor Rechtshängigkeit des Mieteranspruchs, in einem solchen Fall fehlt dem Verwalter schon die (passive) Prozessführungsbefugnis.[7]   **9**

Wird das Grundstück später versteigert, besteht keine Haftung des Zwangsverwalters gegenüber dem Erwerber für nicht eingezogene Mietkautionen.[8]   **10**

3. Betriebskostenvorauszahlungen

Der Zwangsverwalter hat bei einem bei Anordnung der Zwangsverwaltung noch laufenden Mietverhältnis über sämtliche vom Mieter geleisteten Betriebskostenvorauszahlungen abzurechnen, auch wenn die abzurechnenden Zeiträume vor der Anordnung liegen.[9] Dies gilt auch, wenn die Zeiträume länger als ein Jahr vor der Beschlagnahme (arg. aus §§ 1122 BGB, § 152 Abs. 1)   **11**

---

2 Vgl. dazu *Haarmeyer/Wutzke/u. a.*, ZVG, § 6 Rn. 15.
3 OLG Hamm, Urteil vom 15.9.2005 – 27 U 16/05, NZM 2006, 160.
4 BGH, Beschl. vom 14.4.2005 – V ZB 6/05, Rpfleger 2005, 463; BGH, Beschl. vom 21.2.2008 – I ZB 66/07, NJW 2008, 1598 = Rpfleger 2008, 435.
5 BGH, Urteil vom 16.7.2003 – VIII ZR 11/03, NJW 2003, 3342 = Rpfleger 2003, 678; BGH, Urteil vom 9.3.2005 – VIII ZR 330/03, NJW 2005, 2926 = Rpfleger 2005, 460.
6 BGH, Urteil vom 3.5.2006 – VIII ZR 210/05, Rpfleger 2006, 489.
7 BGH, Urteil vom 25.5.2005 – VIII ZR 301/03, Rpfleger 2005, 559.
8 LG Flensburg, Urteil vom 13.12.2007 – 3 O 285/07, Rpfleger 2008, 436 = BeckRS 2008 16651.
9 BGH, Urteil vom 26.3.2003 – VIII ZR 333/02, Rpfleger 2003, 456, 602 = NJW 2003, 2320.

zurückliegen.[10] Sich ergebende Nachforderungen können zumindest im Wohnraummietrecht in aller Regel nicht mehr geltend gemacht werden, § 556 Abs. 3, 4 BGB, Erstattungsansprüche des Mieters, soweit nicht verjährt, sind aus der Masse zu bedienen.

III. Besondere Regelungen, Abs. 2

12 Der Zwangsverwalter hat die nach Abs. 2 genannten Hinweise in die schriftlich abzuschließenden Verträge aufzunehmen, anderes gilt nur, soweit das Gericht zustimmt, § 10 Abs. 1 Ziff. 2 ZwVwV. In der Praxis sind Fälle, dass ein Zwangsverwalter von § 6 Abs. 2 ZwVwV abweichen wollte oder müsste, eher selten.

13 Für den Zwangsverwalter bietet es sich an, die drei Risiken aus dem Gesetz möglichst wortgetreu auf ein leeres Blatt zu übertragen und dieses fest mit dem abzuschließenden Miet- oder Pachtvertrag zu verbinden und neben dem sonstigen Vertragsinhalt von Zwangsverwalter und Mieter/Pächter nochmals unterschreiben zu lassen. Die Formulierungen sollten lauten:

14 *Der Mieter oder Pächter ist nicht berechtigt, Ansprüche aus dem Vertrag zu erheben, wenn das Zwangsverwaltungsobjekt vor der Überlassung an ihn im Wege der Zwangsversteigerung veräußert wird.*
Die gesetzliche Haftung des Vermieters oder Verpächters für den vom Ersteher zu ersetzenden Schaden ist ausgeschlossen, wenn das Grundstück nach der Überlassung an den Mieter oder Pächter im Wege der Zwangsversteigerung veräußert wird und der an die Stelle des Vermieters oder Verpächters tretende Ersteher die sich aus dem Miet- oder Pachtverhältnis ergebenden Verpflichtungen nicht erfüllt.
Der Vermieter oder Verpächter ist auch von einem sich im Falle einer Kündigung nach § 57a Satz 1 des Gesetzes über die Zwangsversteigerung und die Zwangsverwaltung, § 111 InsO möglicherweise ergebenden Schadensersatzanspruch freigestellt.

15 § 6 Abs. 2 Nr. 1 ZwVwV ist erheblich in der Konstellation, dass der Zuschlag gem. § 89 erteilt wird und das Grundstück nach § 56 Satz 2 auf den Ersteher übergeht. Mieterschutzvorschriften der §§ 57 ff. gelten regelmäßig nicht, wenn das Objekt vor der Besitzüberlassung zwangsversteigert worden ist.

16 § 6 Abs. 2 Nr. 2 ZwVwV stellt eine Haftungsverteilungsregelung zwischen Zwangsverwalter und Ersteher dar. Der Ersteher tritt bei Versteigerung an die Stelle des Schuldners bzw. Zwangsverwalters in das Mietverhältnis ein. Der Zeitpunkt des Zuschlags und die in der Regel später erfolgende Aufhebung der Zwangsverwaltung sorgen hier häufig für Unsicherheit, wessen Rechtspflicht betroffen ist. Dies wird zwischen Zwangsverwalter und Ersteher zu Lasten des Erstehers gelöst.

17 § 6 Abs. 2 Nr. 3 ZwVwV betrifft den Fall des Sonderkündigungsrechts des Erstehers in der Zwangsversteigerung bzw. des Erwerbers vom Insolvenzverwalter. Schadensersatzansprüche des Mieters/Pächters aus der Ausübung eines solchen Sonderkündigungsrechts werden zu Gunsten des Zwangsverwalters ausgeschlossen.

---

10 BGH, Urteil vom 3.5.2006 – VIII ZR 168/05, NJW 2006, 2626 = Rpfleger 2006, 488.

§ 7 ZwVwV Rechtsverfolgung

Der Verwalter hat die Rechtsverfolgung seiner Ansprüche im Rahmen des pflichtgemäßen Ermessens zeitnah einzuleiten.

Übersicht

		Rn.
I.	Normzweck; Rechtsnatur; Anwendungsbereich	1, 2
II.	Anspruchsverfolgung durch Zwangsverwalter	3–13
1.	Zwangsverwalter als Prozessstandschafter	3
2.	Reichweite der Prozessführungsbefugnis	4–13
	a) Laufende Prozesse bei Anordnung der Zwangsverwaltung	4
	b) Auswechslung des Zwangsverwalters	5
	c) Vom Verwalter selbst angestrengte Prozesse	6–9
	d) Bei Aufhebung der Zwangsverwaltung	10–13

I. Normzweck; Rechtsnatur; Anwendungsbereich

§ 7 ZwVwV stellt eine sprachlich und inhaltlich entschlackte Fassung der vorangegangenen Verordnung dar. Die beiden Kernaussagen sind die Zeitnähe des Zwangsverwalterhandelns, zum anderen – erneut – das pflichtgemäße Ermessen. § 7 ZwVwV ist im Zusammenhang zu § 152 Abs. 1 Halbsatz 2 zu sehen, wonach der Zwangsverwalter verpflichtet ist, Ansprüche, auf die sich die Beschlagnahme erstreckt, geltend zu machen. **1**

Der Schuldner verliert durch die Anordnung der Zwangsverwaltung weder seine Funktion als Partei noch seine Prozessfähigkeit. Das aktive und passive Prozessführungsrecht hinsichtlich der Rechte und Pflichten aus der Bewirtschaftung der beschlagnahmten Immobilie geht aber auf den Zwangsverwalter über.[1] **2**

II. Anspruchsverfolgung durch Zwangsverwalter

1. Zwangsverwalter als Prozessstandschafter

Durch § 148 Abs. 2 wird dem Schuldner nur die Verwaltungs- und Nutzungsbefugnis entzogen, sie wird auf keinen anderen übertragen. Das aktive Nutzungsrecht und auch das Prozessführungsrecht gehen jedoch auf den Zwangsverwalter über. Der Zwangsverwalter handelt damit im gerichtlichen Verfahren als Prozessstandschafter kraft Gesetzes gemäß § 152 Abs. 1, und zwar im eigenen Namen und aus eigenem Recht, materiell-rechtlich jedoch für den Vollstreckungsschuldner. (So schließt und kündigt der Zwangsverwalter auch Verträge mit Wirkung zu Gunsten und zu Lasten des Schuldners; der Abschluss von Mietverträgen und der Einzug von Mieten durch den Zwangsverwalter tangieren einkommensteuerlich den Schuldner.) **3**

2. Reichweite der Prozessführungsbefugnis

a) **Laufende Prozesse bei Anordnung der Zwangsverwaltung.** Ein zum Zeitpunkt der Verfahrensanordnung laufender Prozess gegen den Schuldner oder vom Schuldner ausgehend, dessen Streitgegenstand der Zwangsverwaltung unterliegt (siehe § 1123 Abs. 2 BGB), wird nicht nach § 241 ZPO unterbrochen. Nur mit Zustimmung des Prozessgegners nach § 265 Abs. 2 Satz 2 ZPO kann der Zwangsverwalter in diesen Erstprozess eintreten bzw. ihn auf der **4**

---

[1] Haarmeyer/Wutzke/u. a., ZVG, § 7 Rn. 1 m. w. N.

Schuldnerseite „übernehmen". Rügt der Prozessgegner den Mangel der Prozessführungsbefugnis des Schuldners nach Anordnung der Zwangsverwaltung, ist der Klageantrag zu ändern; es ist dann auf Leistung oder Herausgabe an den Zwangsverwalter umzustellen.[2]

5 b) **Auswechslung des Zwangsverwalters.** Die Auswechslung des Zwangsverwalters durch einen neuen Zwangsverwalter hat keinerlei Auswirkungen auf vom ersten Zwangsverwalter geführte Prozesse. Der neue Verwalter hat den laufenden Prozess fortzuführen.[3]

6 c) **Vom Verwalter selbst angestrengte Prozesse.** Die aktive und passive Prozessführungsbefugnis des Zwangsverwalters bezieht sich auf alles, auf das sich auch die Beschlagnahme erstreckt. Er kann auch insoweit prozessieren, als gerade unklar ist, wie weit die Beschlagnahme geht, um hierauf eine gerichtliche Entscheidung zu erhalten. Im Umkehrschluss ist der Zwangsverwalter insoweit sachlich zuständig, als dem Schuldner gemäß § 148 Abs. 2 die Rechtsmacht entzogen ist. Inhaltlich hat der Zwangsverwalter die dem Beschlag unterliegenden Ansprüche, insbesondere Miet- und Pachtansprüche, zeitnah geltend zu machen. Die Zeitnähe steht unter der Einschränkung des pflichtgemäßen Ermessens. So kann es durchaus auch geboten sein, einem Mieter zunächst noch zu mahnen, wenn dieser in der Vergangenheit darauf hin immer geleistet hat.

7 Die Erhebung der Räumungsklage gegen den gekündigten Mieter ist auch gerade dann geboten, wenn der Zwangsverwalter von der finanziellen Notlage des Mieters weiß. Auch wenn der prozessuale Kostenerstattungsanspruch vermutlich ins Leere laufen wird, ist es seine Pflicht, die Neuvermietbarkeit wieder herzustellen.[4]

8 Selbstverständlich darf der Zwangsverwalter keine Verjährung eintreten lassen. Sollte dem Zwangsverwalter jedoch bekannt werden, dass der Drittschuldner die Eidesstattliche Versicherung abgegeben hat, im Ausland flüchtig ist etc., kann es auch durchaus aus wirtschaftlichen Gründen geboten sein, die Forderung nicht zu titulieren. Hier sollte der Zwangsverwalter jedoch das Gericht informieren und versuchen, mit betreibendem Gläubiger und Schuldner Einvernehmen herzustellen. Der Zwangsverwalter schuldet nicht den prozessualen Erfolg; insbesondere angesichts komplizierter Rechtsfragen, oftmals unklarer Ausgänge gerichtlicher Beweiserhebungen im Mietminderungsbereich, aber sich auch ständig verschärfender Anforderungen des Bundesgerichtshofs an Schönheits- und Endrenovierungsklauseln sowie an die Detailliertheit von Betriebs- und Nebenkostenabrechnungen bedeutet ein teilweiser oder vollständiger Verlust einer Zahlungsklage nicht per se einen Haftungsfall für den Zwangsverwalter.

9 Zuletzt wurde problematisiert, inwieweit der Zwangsverwalter vor Erhebung einer Klage den Prozesskostenerstattungsanspruch der Gegenseite für den Fall seines späteren Unterliegens durch verwaltete Mittel abzusichern hat, andernfalls möglicherweise persönlich haftet. Die Anforderung eines Vorschusses zur Absicherung der Prozesskostenerstattungsanspruch für den möglichen Fall des Unterliegens wird jedoch abgelehnt.[5]

---

2 BGH, Urteil vom 12.3.1986 – VIII ZR 64/85, NJW 1986, 3206 = Rpfleger 1986, 274.
3 Stöber, ZVG, § 152 Rn. 14.6; *Engels*, in: *Dassler/Schiffhauer/u.a.*, ZVG, § 152 Rn. 247.
4 A.A. AG Bremen, Urteil vom 7.3.2006 – 10 C 536/05, NZM 2006, 759 ff. (rechtskr.)
5 LG Frankfurt/Oder, Beschl. vom 29.6.2007 – 19 T 69/07, ZfIR 2008, 547 ff. mit Anm. *Wedekind*, ZfIR 2008, 534 ff.; vgl. auch beim Insolvenzverwalter: BGH, Urteil vom 25.3.2003 – VI ZR 175/02, BGHZ 154, 269 = NJW 2003, 1934 = ZInsO 2003, 657.

d) Bei Aufhebung der Zwangsverwaltung. Sobald das Zwangsverwaltungsverfahren nach § 161 aufgehoben ist, endet die Prozessführungsbefugnis des Zwangsverwalters, § 152 Abs. 1 2. Halbsatz.[6] **10**

Wird das Zwangsverwaltungsverfahren beendet wegen der Zwangsversteigerung des beschlagnahmten Grundstücks, besteht die Befugnis des Zwangsverwalters zur Fortführung eines eingeleiteten Prozesses für Ansprüche, die während der Zeit der Zwangsverwaltung entstanden waren, fort.[7] **11**

Wird das Zwangsverwaltungsverfahren dagegen wegen Antragsrücknahme aufgehoben, kann der Zwangsverwalter ohne Ermächtigung im Aufhebungsbeschluss (nach § 12 Abs. 2 ZwVwV) von ihm eingeleitete Zahlungsprozesse wegen beschlagnahmter Ansprüche nicht mehr fortführen.[8] Maßgebend ist in einem solchen Fall der Aufhebungsbeschluss, nicht schon der Eingang des Rücknahmeantrags bei Gericht.[9] **12**

Im Passivprozess entfällt auch die Legitimation des Zwangsverwalters, beispielsweise bei der Klage auf Abrechnung von Nebenkosten, sofern er vom Gericht nicht ausdrücklich zur Weiterführung des Prozesses ermächtigt ist. **13**

---

6   BGH, Urteil vom 8.5.2003 – IX ZR 385/00, BGHZ 155, 38 = NJW 2003, 3486 = Rpfleger 2003, 457 = ZInsO 2003, 560 ff.
7   BGH, Urteil vom 8.5.2003 – IX ZR 385/00, ZInsO 2003, 560 (561) = BGHZ 155, 38 = NJW 2003, 3486 = Rpfleger 2003, 457; BGH, Beschl. vom 7.2.1990 – VIII ZR 98/89, WM 1990, 742 ff.
8   BGH, Urteil vom 8.5.2003 – IX ZR 385/00, BGHZ 155, 38 = NJW 2003, 3486 = Rpfleger 2003, 457 = ZInsO 2003, 560 ff.
9   BGH, Beschl. vom 10.7.2008 – V ZB 130/07, BGHZ 177, 218 = NJW 2008, 3068 ff. = Rpfleger 2008, 586.

§ 8 ZwVwV Rückstände, Vorausverfügungen

Die Rechtsverfolgung durch den Verwalter erstreckt sich auch auf Rückstände nach § 1123 Abs. 1 und 2 des Bürgerlichen Gesetzbuchs und unterbrochene Vorausverfügungen nach § 1123 Abs. 1, §§ 1124 und 1126 des Bürgerlichen Gesetzbuchs, sofern nicht der Gläubiger auf die Rechtsverfolgung verzichtet.

Übersicht

Rn.

I. Normzweck; Rechtsnatur; Anwendungsbereich
II. Rückstände
III. Unterbrochene Vorausverfügungen
1. Allgemeines
2. Vorausverfügungen im Sinne von §§ 1123, 1124, 1126 BGB
3. Vorausverfügungen über wiederkehrende Leistungen
IV. Verzicht des Gläubigers

I. Normzweck; Rechtsnatur; Anwendungsbereich

1 § 8 ZwVwV ersetzt den sprachlich wenig überzeugenden § 8 der Vorgängerverordnung. Es wird hier klargestellt, dass Rückstände und Vorausverfügungen im Sinne der §§ 1123, 1124 und 1126 BGB durch den Zwangsverwalter (gerichtlich) beizutreiben sind.
Auf die Paragraphen des Bürgerlichen Gesetzbuches wird unmittelbar verwiesen.
Vielfach wird der Zwangsverwalter feststellen, dass der Schuldner in erlaubter Weise beispielsweise durch die Globalzession von Mieteinnahmen diese dem Haftungsverband der Hypothek gemäß §§ 1120 ff. BGB entzogen hat. Erst mit der Beschlagnahme kann der Schuldner über solche Ansprüche zu Lasten des Hypothekengläubigers nicht mehr verfügen. Weiter hat sich der Zwangsverwalter mit der streitigen Frage von Vorausverfügungen zu beschäftigen, oft in der Konstellation von Baukostenzuschüssen.[1]

II. Rückstände

2 Während § 1123 Abs. 1 BGB feststellt, dass sich im Fall der Vermietung oder Verpachtung die Hypothek auf die Miet- oder Pachtforderungen erstreckt, erweitert § 1123 Abs. 2 BGB diese Haftung. Hierin heißt es:
„Soweit die Forderung fällig ist, wird sie mit dem Ablauf eines Jahres nach dem Eintritt der Fälligkeit von der Haftung frei, wenn nicht vorher die Beschlagnahme zugunsten des Hypothekengläubigers erfolgt. Ist die Miete oder Pacht im Voraus zu entrichten, so erstreckt sich die Befreiung nicht auf die Miete oder Pacht für eine spätere Zeit als den zur Zeit der Beschlagnahme laufenden Kalendermonat; erfolgt die Beschlagnahme nach dem 15. Tag des Monats, so erstreckt sich die Befreiung auch auf den Miet- oder Pachtzins für den folgenden Kalendermonat."
Im Umkehrschluss bedeutet dies, dass Miet- und Pachtzinsen der Hypothekenhaftung zum Teil entzogen sind und daher in folgenden Fällen nicht als Rückstände gemäß § 1123 BGB angesehen werden können:

---

1 Grundlegend: *Staudinger*, BGB, § 1124 Rn. 23.

- Der Schuldner hat vor der Beschlagnahme die Mietzahlung erhalten, es ist Erfüllungswirkung eingetreten. Gleiches gilt, sofern er ein Erfüllungssurrogat erhalten hat.
- Die Forderung war bei Beschlagnahme bereits ein Jahr oder länger zurückliegend fällig.
- Ist die Miete oder Pacht im Voraus zu zahlen und noch nicht eingezogen, so ist der Anspruch auf Miete oder Pacht auch nicht vom Haftungsverbund umfasst für den laufenden Monat. Falls die Beschlagnahme nach dem 15. Tag des laufenden Monats erfolgt, ist auch die Miet- oder Pachtzahlung für den folgenden Kalendermonat von der Beschlagnahme befreit.[2]

III. Unterbrochene Vorausverfügungen

1. Allgemeines

Es wird hier auf die Vorschriften der §§ 1123 Abs. 1, 1124 und 1126 BGB verwiesen. Aus § 1123 Abs. 1 BGB ergibt sich, wie oben dargestellt, dass sich im Fall der Vermietung und Verpachtung die Hypothek auf die Miet- oder Pachtforderung erstreckt. Schlüsselnorm ist § 1124 BGB, in dem die Vorausverfügung über Miete und Pacht geregelt ist. § 1126 BGB erstreckt die Frage der Wirksamkeit der Vorausverfügung auf wiederkehrende Leistungen. Dabei gilt grundsätzlich, dass Vorausverfügungen über Miete für eine spätere Zeit als den laufenden Kalendermonat nachträglich die Wirksamkeit verlieren, bei der Beschlagnahme nach dem 15. Tag erst nach dem nächstfolgenden Monat. Geschützt wird dabei zunächst der Hypothekengläubiger, im nächsten Schritt auch der Erwerber der Immobilie in einem Zwangsversteigerungsverfahren. Die Regelungen belasten häufig den Mieter, der eine – zunächst wirksame – Vereinbarung mit dem Vermieter abgeschlossen hatte.

Gleiches gilt für Verfügungen im Wege der Zwangsvollstreckung, die der rechtsgeschäftlichen Verfügung gleich stehen.[3] Insoweit erleidet der das Verfahren nicht betreibende, in der Regel dinglich nicht gesicherte Vollstreckungsgläubiger eine Rechtseinbuße, sobald ein anderer Gläubiger auf die im Rahmen des Haftungsverbundes gesicherten Forderungen durch deren Beschlagnahme im Zwangsverwaltungsverfahren zugreift.

Die relative Unwirksamkeit schlägt sich darin nieder, dass für den Fall des Wegfalls der Beschlagnahme die ursprünglichen rechtsgeschäftlichen Verfügungen oder die Rechte aus der Zwangsvollstreckung (Pfändung) wieder aufleben.

2. Vorausverfügungen im Sinne der §§ 1123, 1124, 1126 BGB

Als Vorausverfügungen im Sinne der §§ 1123, 1124 BGB sind insbesondere anzusehen:
- Abtretungen oder Verpfändungen der Mietforderungen an einen Dritten
- Pfändung der Mietforderungen durch einen Dritten
- Vorauszahlungen der Mieter
- Erlass der Mietforderungen
- Stundung der Mietzahlung
- Aufrechnung des Vermieters mit Forderungen aus dem Mietverhältnis gegen anderweitige Forderungen des Mieters (kein Fall des § 1125 BGB, dort ist der umgekehrte Fall geregelt!)

Abzugrenzen ist hier, ob es sich um eine Vorausverfügung handelt oder um die Erfüllung der vertraglichen Pflichten. So hat der Bundesgerichtshof entschie-

---

2 Praxis- und Rechenbeispiele: *Depré/Maier*, Handb., Rn. 164 bis 166.
3 RG, Urteil vom 20.9.1904 – III 67/04, RGZ 59, 177 (179); RG, Urteil vom 5.12.1906 – V 152/06, RGZ 64, 415 (418).

den, dass die Zahlung der Miete für eine unbestimmte, mehrjährige Mietdauer, die so vertraglich vereinbart war, keine Vorausverfügung im Sinne der §§ 1123, 1124 BGB darstellt.[4]
Überträgt der Vermieter seine Forderungen an einen Dritten, beendet dies die Haftung, § 1124 Abs. 1 Satz 2 BGB. Auch die Trennung der Rechtsinhaberschaft (Grundstück wird veräußert, Forderung bleibt beim Veräußerer) beendet die Haftung.[5]

5 Der in der Praxis wichtigste Fall der Vorausverfügung ist der Baukostenvorschuss. Diese Baukostenvorschüsse finden ihren historischen Grund im Wohnungsbaugesetz vom 21. Juli 1961. Man spricht von einem **verlorenen Baukostenvorschuss**, wenn der Mieter oder für ihn ein Dritter eine Geld- oder Sachleistung zugunsten des Vermieters erbringt zum Neubau, Wiederaufbau, Ausbau, zur Erweiterung, Wiederherstellung und Instandsetzung von Räumen, insbesondere Wohnräumen, ohne dass der Vermieter im Fall der Beendigung des Vertrages eine volle oder teilweise Rückerstattungspflicht hätte.
Aufgrund von Art. 6 Wohnungsbaugesetz und § 547 BGB besteht für verlorene Baukostenzuschüsse für Wohnräume eine gesetzliche Rückzahlungspflicht, soweit die Ansprüche nicht durch die Dauer des Mietverhältnisses als abgewohnt gelten.
Im Fall der Zwangsverwaltung geht die Zahlungspflicht (§§ 347, 812 BGB) im Fall der vorzeitigen Beendigung des Vertrages auf den Zwangsverwalter über. Selbiges gilt auch für außerhalb der Geltung des Wohnbaugesetzes wirksam vereinbarte verlorene Baukostenzuschüsse.[6]

6 Davon zu trennen und in der Praxis ungleich häufiger sind die **anrechenbaren Baukostenschüsse** sowie **Mieterdarlehen** (vom Mieter an Vermieter). Voraussetzung für die Wirksamkeit einer solchen Vereinbarung gegenüber dem Zwangsverwalter ist:
– Die Vertragsparteien einigen sich darüber, dass der Vermieter an den Mieter etwas leistet.
– Diese Leistung soll für den vom Mieter zu mietenden Raum genutzt werden und Auswirkung auf die Miethöhe haben.
– Die Einigung hierüber hat vor der Beschlagnahme zu erfolgen.
– In aller Regel wird dem Mieter für seine Leistung gestattet, das Mietobjekt für einen definierten Zeitraum unentgeltlich oder teilunentgeltlich zu nutzen, wobei der nicht zu zahlende Teil auf den Baukostenzuschuss/das Mieterdarlehen angerechnet wird.
– Die Zahlung ist werterhöhend in das Grundstück investiert worden[7]
Für das Vorliegen sämtlicher Voraussetzungen ist der Mieter darlegungs- und beweispflichtig.[8] Liegen die vorgenannten Voraussetzungen vor, handelt es sich um eine wirksam vorausbezahlte Miete im Sinne von § 547 BGB. Rechtsfolge dessen ist, dass die Vorauszahlung gegenüber dem Zwangsverwalter wirkt und er sie gegen sich gelten lassen muss. Dies gilt auch für einen Ersteher in der Zwangsversteigerung, bei vorzeitiger Beendigung des Mietverhältnisses hat der Mieter einen Anspruch auf die Rückzahlung verbliebener Restbeträge.
Die Rechtsprechung des Bundesgerichtshofs zur Voraussetzung der Werterhöhung des Grundstücks ist kritisiert worden, dient aber jedenfalls auch der Verhinderung von Scheinverträgen.

---

4 BGH, Urteil vom 25.4.2007 – VIII ZR 234/06, NJW 2007, 2919.
5 *Haarmeyer/Wutzke/u. a.*, ZVG, § 8 Rn. 8.
6 *Haarmeyer/Wutzke/u. a.*, ZVG, § 8 Rn. 17.
7 BGH, Urteil vom 17.12.1954 – V ZR 4/54, BGHZ 16, 31 (36); BGH, Urteil vom 11.7.1962 – VIII ZR 98/61, BGHZ 37, 346 (347); BGH, Urteil vom 29.10.1969 – VIII ZR 130/68, BGHZ 53, 35 (38); BGH, MDR 1972, 149; BGH, MDR 1987, 1034; OLG Rostock, Urteil vom 3.07-2006 – 3 U 149/05.
8 OLG Brandenburg, Urteil vom 20.9.2006 – 3 U 221/05, juris Praxisreport 2007, 7.

Für ein **Mieterdarlehen** an den Vermieter ist Folgendes vorauszusetzen, damit die Vorausleistung gegenüber Zwangsverwalter und Ersteher beschlagnahmesicher bleibt.
Voraussetzungen sind:
– Das Darlehen wird vom Mieter an den Vermieter zum Zwecke der Verbesserung des Objekts geleistet.
– Der Vermieter verwendet das Mieterdarlehen zur Verbesserung des Objekts.
– Der ausdrücklichen Benennung der Zweckbindung im Darlehensvertrag bedarf es nicht.[9]
Das Mieterdarlehen wird dabei in der Regel dadurch zurückgeführt, dass die (monatliche) Miete mit einem Wert bemessen wird und dieser Wert als Zins- und Tilgungszahlung gegen die Darlehensforderung aufgerechnet wird.
Im Fall der vorzeitigen Beendigung besteht auch hier die Rückzahlungspflicht. Ist dagegen das Mieterdarlehen nicht als Finanzierungsbeitrag zur Verbesserung des Objekts genutzt worden, so ist es ein einfaches Überlassungsentgelt. Im Fall der Anordnung der Zwangsverwaltung bzw. des Zuschlags in der Zwangsversteigerung stehen dann dem Mieter allein die Ansprüche gegen den ursprünglichen Vertragspartner zu. Da die Zwangsvollstreckung gegen diesen betrieben wird, ist der wirtschaftliche Wert der Ansprüche in der Regel aber kritisch zu betrachten. Ansprüche gegen den Zwangsverwalter hat er wegen § 1124 Abs. 2 BGB nicht, auch nicht auf Rückzahlung.[10]

3. Vorausverfügung über wiederkehrende Leistungen

Das Vorbezeichnete gilt auch für die Verfügung über Rechte aus wiederkehrenden Leistungen. Wiederkehrende Leistungen gelten als Grundstücksbestandteile und werden von der Hypothek erfasst, im Rahmen der Zwangsverwaltung werden sie beschlagnahmt (§ 96, § 99 Abs. 3 BGB). Es ist dabei gleichgültig, ob sie vor oder nach Bestellung der Hypothek erlangt werden. Von der Regelung sind Renten aus Überweg und Überbau betroffen, Ansprüche aus Grunddienstbarkeiten, der Erbbauzins sowie weitere landesrechtlich geregelte Rechte. Vorkaufsrechte stellen dagegen keine (wiederkehrende) Leistung im Sinne des § 1126 BGB dar.

IV. Verzicht

Der Zwangsverwalter hat Rückstände sowie unwirksame Vorausverfügungen nicht geltend zu machen, sofern der Gläubiger auf die Rechtsverfolgung verzichtet. Der Verzicht muss dabei dem Zwangsverwalter bekannt werden. Der Gläubiger hat den Verzicht unmittelbar gegenüber dem Schuldner zu erklären.

---

[9] BGH, Urteil vom 17.12.1954 – V ZR 4/54, BGHZ 16, 31; BGH, Urteil vom 12.2.1959 – VIII ZR 54/58, BGHZ 29, 289; BGH, Urteil vom 11.3.1970 – VIII ZR 96/68, NJW 1970, 1124.
[10] BGH, Rpfleger 1954, 375; OLG Stuttgart, Urteil vom 24.11.1954 – 1 U 83/54, NJW 1955, 23.

§ 9 ZwVwV Ausgaben der Zwangsverwaltung

(1) Der Verwalter hat von den Einnahmen die Liquidität zurückzubehalten, die für Ausgaben der Verwaltung einschließlich der Verwaltervergütung und der Kosten des Verfahrens vorgehalten werden muss.

(2) Der Verwalter soll nur Verpflichtungen eingehen, die aus bereits vorhandenen Mitteln erfüllt werden können.

(3) Der Verwalter ist verpflichtet, das Zwangsverwaltungsobjekt insbesondere gegen Feuer-, Sturm-, Leitungswasserschäden und Haftpflichtgefahren, die vom Grundstück und Gebäude ausgehen, zu versichern, soweit dies durch eine ordnungsgemäße Verwaltung geboten erscheint. Er hat diese Versicherung unverzüglich abzuschließen, sofern
1. Schuldner oder Gläubiger einen bestehenden Versicherungsschutz nicht innerhalb von 14 Tagen nach Zugang des Anordnungsbeschlusses schriftlich nachweisen und
2. der Gläubiger die unbedingte Kostendeckung schriftlich mitteilt.

Übersicht

		Rn.
I.	Normzweck; Rechtsnatur; Anwendungsbereich	1–3
II.	Einnahmen und Liquiditätsreserve	4–9
1.	Einnahmen	4–6
2.	Liquiditätsreserve	7–9
III.	Verpflichtungsgeschäfte des Zwangsverwalters	10–16
IV.	Versicherungsschutz	17–24

I. Normzweck; Rechtsnatur; Anwendungsbereich

1 Die Absätze 1 und 2 des § 9 ZwVwV entsprechen im Wesentlichen der Vorgängerverordnung, wobei insbesondere § 9 Abs. 2 ZwVwV dem Zwangsverwalter einen größeren Spielraum gibt.

2 Beide Absätze zielen auf das Gebot eines vernünftigen und sparsamen Wirtschaftens. Zum einen soll der Zwangsverwalter eine Liquiditätsreserve aufbauen, was in direktem Gegensatz zum Interesse des Hypothekengläubigers steht, möglichst rasch hohe Beträge aus einem Teilungsplan zu erhalten. Zum anderen wird der Zwangsverwalter ermahnt, Verpflichtungsgeschäfte nur in einem Umfang einzugehen, der aus vorhandenen Mitteln gedeckt ist. Wegen der Möglichkeit der Zwangsverwalterhaftung für den Fall, dass er die Masse in höherem Maße verpflichtet, als diese leistungsfähig ist, und das Verfahren beendet wird, ohne dass er die Möglichkeit hat, weitere Masse zu aggregieren, sollte im Regelfall für den Zwangsverwalter hinreichende Ermahnung sein.

3 § 9 Abs. 3 ZwVwV privilegiert den Zwangsverwalter insoweit, als dass er für Versicherungsschutz nur dann – dann aber auch unverzüglich – zu sorgen hat, sofern geklärt ist, dass kein Versicherungsschutz nachgewiesen ist und für neuen Versicherungsschutz die Kosten jedenfalls gedeckt werden. Dies bedeutet eine erhebliche Haftungserleichterung des Zwangsverwalters im Vergleich zur vorherigen Situation.

II. Einnahmen und Liquiditätsreserve

1. Einnahmen

Bei den Einnahmen der Zwangsverwaltung handelt es sich in aller Regel um Miet- und Pachtzahlungen. Wie auch durch den BGH in Mietsachen[1] wird unter der Mieteinnahme die Brutto-Warmmiete verstanden, d. h. die Kaltmiete, etwaige Nebenkostenvorauszahlungen, eine etwaige Umsatzsteuer auf die Kaltmiete sowie die ebenso etwaige Umsatzsteuer auf Betriebskostenvorauszahlungen. Massezuflüsse aus den dem Haftungsverband unterliegenden Grundstücksfrüchten, deren Verkaufserlösen etc. sind möglich, spielen aber praktisch keine Rolle. Die Einnahmen sind identisch mit denen in § 155 Abs. 1.

Reichen diese Einnahmen für notwendige Ausgaben, beispielsweise zur Objektbewirtschaftung, nicht aus, hat der Zwangsverwalter zur Vermeidung eigener Haftung unverzüglich einen begründeten Vorschussantrag an das Gericht zu senden. Nach Aufforderung nach § 161 Abs. 3 und kurzer Fristsetzung sollte dann das Zwangsverwaltungsverfahren wieder aufgehoben werden, noch bevor der Zwangsverwalter in die Situation gerät, entweder die ordnungsgemäße Bewirtschaftung des Objekts mangels vorhandener Mittel einstellen zu müssen oder aber entgegen § 9 Abs. 2 ZwVwV Verpflichtungsgeschäfte einzugehen, die er nicht unmittelbar aus der verwalteten Masse heraus bezahlen kann. Beides kann Haftungsgefahren bergen.

Nach der WEG-Novelle stellte sich ein erhebliches Problem bei der Verwaltung von Eigentumswohnungen, sofern diese unvermietet sind oder die Mieteinnahmen sonst nicht ausreichen. Wurden nämlich Vorschüsse für die Hausgeldzahlungen benötigt (die regelmäßig den größten Posten im Verwaltungsbudget der Eigentumswohnung ausmachen), war zu berücksichtigen, dass diese nunmehr den Rang des § 10 Abs. 1 Ziff. 2 bekleiden; hierauf verweist § 155 Abs. 2 S. 1. Insoweit war es streitig, ob es sich bei den Hausgeldzahlungen noch um „Ausgaben der Verwaltung" handelt. Zwischenzeitlich hat der BGH entschieden, dass es sich um Ausgaben der Verwaltung handelt.[2]

2. Liquiditätsreserve

Aus den bereits bezeichneten Einnahmen hat der Verwalter bereits – vorrangig – die Auslagen der Verwaltung, die Kosten des Verfahrens und die laufenden öffentlichen Lasten zu begleichen, §§ 155, 156. Damit kann in § 9 Abs. 1 ZwVwV nur ein sich aus der Bewirtschaftung und nach Abzug vorgenannter Ausgaben verbleibender Überschuss gemeint sein. Diesen hat der Zwangsverwalter in einer Höhe anzusammeln, die er vorausschauend benötigt, um die laufenden Ausgaben des Verfahrens decken zu können. Der Zwangsverwalter muss dabei nicht permanent einem Worst-case-Szenario vorbeugen, beispielsweise der gleichzeitigen Kündigung sämtlicher Mieter und deren sofortiger Zahlungseinstellung. Er muss auch nicht Rückstellungen für nicht erkennbar drohende Einmalzahlungen treffen.

Die angesammelten liquiden Mittel sollten aber jedenfalls ausreichen, um periodische Ausgaben – wie die jährlich anfallenden Verfahrenskosten, die quartalsmäßig anfallenden Grundbesitzabgaben, die oft jährlich anfallenden Versicherungsprämien, insbesondere aber auch die im Winter wesentlich höheren Brennstoffkosten (insbesondere bei Öl- und Flüssiggasheizungen) – aus höhe-

---

[1] BGH, Urteil vom 6.4.2005 – XII ZR 225/03, BGHZ 163, 1 = NJW 2005, 1713 = ZfIR 2005, 400 ff.
[2] BGH, Beschl. v. 15.10.2009 V ZB 43/09; analysierend *Schmidberger*, Zwangsverwaltung und Vorschüsse für Hausgeld, ZfIR 2010, S. 1 ff.

ren Überschüssen der Vormonate bzw. des Frühjahrs und Sommers begleichen zu können.

9 Auf der anderen Seite ist es anders als im Insolvenzverfahren nicht Ziel des Zwangsverwaltungsverfahrens, über die Gesamtdauer des Verfahrens eine möglichst hohe Liquidität aufzubauen, um sie dann erst bei Verfahrensbeendigung zu verteilen. Die Überschüsse aus der Zwangsverwaltung gebühren grundsätzlich den Gläubigern nach Maßgabe des Verteilungsplans. Auch dies sollte der Zwangsverwalter beachten, wenn er die Höhe der notwendigen Liquiditätsreserve kalkuliert.

III. Verpflichtungsgeschäfte des Zwangsverwalters

10 Der Zwangsverwalter hat, ohne dass er hier einer gerichtlichen Weisung oder eines Teilungsplans bedürfte, die Kosten der Verwaltung zu leisten, § 155 Abs. 1.[3]

11 § 9 Abs. 2 ZwVwV ist als Sollvorschrift ausgestaltet. Will der Zwangsverwalter Verträge abschließen, hat er sich darüber im Klaren zu sein, dass die Erfüllung der Verträge aus der Zwangsverwaltungsmasse erfolgen können sollte. Ist dies unsicher, hat er unverzüglich einen Vorschuss über das Gericht beim Gläubiger anzufordern, § 161 Abs. 3. Leistet der Gläubiger den Vorschuss nicht, so ist das Zwangsverwaltungsverfahren im besten Falle vom Gericht so kurzfristig aufzuheben, dass eine weitergehende Haftungssituation für den Zwangsverwalter nicht eintreten kann.

12 Ansonsten ist die Notwendigkeit des gerichtlichen Zustimmungsvorbehalts zu beachten, § 10 Abs. 1 Ziff. 3 ZwVwV (s. dort Rn. 9 ff.).

13 Die Praxis zeigt, dass die zeitliche Komponente mit ihrem Einfluss auf eine Haftungsvermeidung des Zwangsverwalters bei einzelnen Vollstreckungsgerichten nicht in hinreichendem Umfang beachtet wird. Hier sollte der Zwangsverwalter nicht nur den Vorschussantrag stellen und sich den Sachverhalt für gewisse Zeit auf Wiedervorlage legen, sondern unmittelbar bei Antragstellung Kontakt zum Rechtspfleger suchen und das weitere Prozedere – auch hinsichtlich der Fristen und Eiligkeit der Erledigung durch das Gericht – besprechen.

14 In den letzten Jahren hat sich an dieser Stelle oft als problemverschärfend erwiesen, dass das Zwangsverwaltungsverfahren nicht mehr unmittelbar durch den Hypothekengläubiger betreut wird, sondern durch ein in seinem Auftrag tätiges Dienstleistungsunternehmen. Hier hat der unmittelbare Ansprechpartner des Antragstellers häufig selbst keine Kompetenz, um über die Reaktion auf einen Kostenvorschussbeschluss zu entscheiden. Notwendige Rücksprache – oftmals in anderen Ländern – brauchen trotz moderner Kommunikationsmittel ihre Zeit.

15 Der Zwangsverwalter befindet sich in dieser Situation häufig in der sprichwörtlichen Zwickmühle. Ist das Zwangsverwaltungsverfahren nicht aufgehoben und beispielsweise die Heizung mangels Öllieferung ausgefallen oder die Strom- und Gasversorgung in einem vermieteten Objekt eingestellt, so kann insbesondere zu Beginn des Zwangsverwaltungsverfahrens der Zwangsverwalter sich nicht darauf zurückziehen, dass er selbst bei größter Beschleunigung in den nächsten zwei Wochen nichts machen könne. Nach der hier vertretenen Ansicht handelt es sich bei solchen Notsituationen, die auch außerhalb des Zwangsverwaltungsverfahrens im Bereich einer Geschäftsführung ohne Auftrag jedenfalls einen Erstattungsanspruch begründeten, nicht um eine poten-

---

[3] Zur Übersicht der einzelnen Ausgaben der Verwaltung vgl. *Haarmeyer/Wutzke/u. a.*, ZVG, § 9 Rn. 4.

tielle Haftungssituation des Zwangsverwalters. Es wird insoweit insbesondere auf den (neuen) § 12 Abs. 3 ZwVwV verwiesen, mit dem eine solche Situation gelöst werden kann.

Hiervon sind Sachverhalte abzugrenzen, die für das Objekt nützlich, aber nicht bestandsentscheidend sind. Beauftragt der Zwangsverwalter beispielsweise die Erstellung einer neuen Briefkastenanlage, weil die bisherige Briefkastenanlage funktionelle und optische Mängel aufweist und die Neuvermietung erheblich erschwert, sollte er dies jedenfalls nur vornehmen, wenn er die Rechnung auch aus der Zwangsverwaltungsmasse bezahlen kann. Anderenfalls mag er gegenüber seinem Auftragnehmer persönlich in der Haftung sein. Das Vertrauen darauf, dass der Gläubiger zukünftig einen Vorschuss leisten wird, befreit jedenfalls nicht von der Haftung.[4]

IV. Versicherungsschutz

Der Zwangsverwalter ist verpflichtet, das Zwangsverwaltungsobjekt insbesondere gegen Feuer-, Sturm-, Leitungswasserschäden zu versichern sowie gegen Haftpflichtgefahren, die von Grundstück und Gebäude ausgehen. Dies gilt, soweit dies zur ordnungsgemäßen Verwaltung geboten erscheint. Der Zwangsverwalter hat dabei zu berücksichtigen, dass die Anordnung der Zwangsverwaltung die vom Schuldner abgeschlossenen Verträge nicht beendet. Schließt der Zwangsverwalter eine neue Versicherung ab, obwohl ausreichender Versicherungsschutz durch eine vom Schuldner abgeschlossene und dem gegenüber Zwangsverwalter angezeigte Versicherung bestand, macht er sich regresspflichtig.

In der Praxis gibt es hier zwei erhebliche Problemfelder, zum einen nicht kooperierende Schuldner, zum anderen die Frage des tatsächlich bestehenden Versicherungsschutzes.

Die Frage des Versicherungsschutzes hat – wie sich aus § 9 Abs. 3 ZwVwV ergibt – der Zwangsverwalter sehr zügig zu klären. Er gehört zu den zeitlich und inhaltlich primären Verpflichtungen nach Anordnung der Zwangsverwaltung. Diese Tätigkeit wird oftmals durch nicht auffindbare oder kooperationsunwillige Schuldner behindert. Jedenfalls wenn der Gläubiger die unbedingte Kostendeckung mitteilt, § 9 Abs. 3 Satz 2, 2. Alternative ZwVwV, hat der Zwangsverwalter unverzüglich für den Versicherungsschutz zu sorgen.

Für den Zwangsverwalter, der nicht selbst Versicherungsexperte ist, birgt die vom Schuldner abgeschlossene Versicherung auch weitere Probleme: Der sich oft schon seit längerer Zeit in Geldnöten befindliche Schuldner hat – bewusst oder unbewusst – oftmals „vergessen", für den Versicherungsschutz maßgebliche Angaben zu machen, beispielsweise über Denkmalschutz, Fachwerk, Ölheizung, überdurchschnittlich große Glasflächen etc. Gegenüber dem Versicherer wurden möglicherweise Obliegenheiten verletzt, beispielsweise die Mitteilung des Leerstands des Objekts (Rechtsfolge: Leistungsfreiheit des Versicherers!).

Auch die Versicherungssummen wurden häufig zu niedrig angesetzt; in Zeiten des Versicherungsantrags und des Preisvergleichs über das Internet – ohne dass noch ein Versicherungsfachmann sich das Objekt vor Ort anschaut – wird diese Fehlerquelle von Jahr zu Jahr größer.

Ein weiteres Problem besteht oft darin, dass Prämienrückstände hinsichtlich der bisherigen Versicherungsverträge bestehen und das Versicherungsunternehmen die Einräumung des Versicherungsschutzes davon abhängig macht,

---

4 *Depré/Mayer*, Handb., Rn. 639.

dass der Zwangsverwalter die Rückstände begleicht. Dabei handelt es sich jedoch um Rückstände aus der Zeit vor Anordnung der Zwangsverwaltung und damit nicht um solche Lasten, die gemäß § 155 der Zwangsverwaltungsmasse anfallen dürfen. Sofern das Versicherungsunternehmen gegenüber dem Zwangsverwalter nicht auf die Zahlung der Rückstände verzichtet, hat der Zwangsverwalter dann ein neues Vertragsverhältnis beim selben Versicherer oder bei einem anderen Versicherer einzugehen.

22 Gefährlich für den Zwangsverwalter sind aber auch vom Gläubiger nachgewiesene und von ihm abgeschlossene Versicherungen. Der Gläubiger hat oft – meist über ein Versicherungsunternehmen in seinem Konzern oder in seiner Finanzgruppe – das ihn betreffende hypothekarische Risiko abgesichert. Sollte es beispielsweise zu einem Feuerschaden kommen, wird sich oft herausstellen, dass die Versicherungssumme zwar ausreicht, um die (erstrangig) gesicherte Bank zu befriedigen, nicht jedoch, um den Schaden zu beseitigen und/oder das Objekt wieder zu errichten. Auch solche vermeintlich sicheren Verträge sind daher vom Zwangsverwalter gründlich zu prüfen.

23 Dem Zwangsverwalter sollte weiter klar sein, dass im Fall des Leerstands des Objekts sich die Gebäudesachversicherung auf das Risiko „Feuer" beschränkt. Anderweitige Risiken sind im Leerstand nicht versicherbar. Wenn das Objekt im Laufe der Zwangsverwaltung in Leerstand gerät, treffen die Anzeigepflichten an den Versicherer nunmehr den Zwangsverwalter. Kommt er diesen Obliegenheiten nicht nach, droht die Versicherungsfreiheit im Schadensfall.

24 Der Zwangsverwalter hat sich weiter auch mit dem Objekt auseinanderzusetzen, inwieweit der in § 9 Abs. 3 ZwVwV bezeichnete Versicherungsschutz zu erweitern ist. Die Aufzählung dort ist nicht abschließend („insbesondere"). So empfiehlt sich bei Büroneubauten insbesondere die Glasversicherung, bei Innenstadtlagen und unmittelbar an Straßen angrenzenden Objekten auch eine Versicherung gegen die Sachbeschädigung mittels sogenannter Graffiti. Finanzielle Gefahren drohen durch Öltanks, hier sollte jedenfalls das Risiko der Verschmutzung des Erdreichs und des Trinkwassers abgesichert werden, bei Propan- und Flüssiggastanks ein erhöhtes Haftpflichtrisiko auch für umliegende Gebäude.

§ 10 ZwVwV Zustimmungsvorbehalte

(1) Der Verwalter hat zu folgenden Maßnahmen die vorherige Zustimmung des Gerichts einzuholen:
1. wesentliche Änderungen zu der nach § 5 gebotenen Nutzung; dies gilt auch für die Fertigstellung begonnener Bauvorhaben;
2. vertragliche Abweichungen von dem Klauselkatalog des § 6 Abs. 2;
3. Ausgaben, die entgegen dem Gebot des § 9 Abs. 2 aus bereits vorhandenen Mitteln nicht gedeckt sind;
4. Zahlung von Vorschüssen an Auftragnehmer im Zusammenhang insbesondere mit der Erbringung handwerklicher Leistungen;
5. Ausbesserungen und Erneuerungen am Zwangsverwaltungsobjekt, die nicht zu der gewöhnlichen Instandhaltung gehören, insbesondere wenn der Aufwand der jeweiligen Maßnahme 15 Prozent des vom Verwalter nach pflichtgemäßem Ermessen geschätzten Verkehrswertes des Zwangsverwaltungsobjektes überschreitet;
6. Durchsetzung von Gewährleistungsansprüchen im Zusammenhang mit Baumaßnahmen nach § 5 Abs. 3.

(2) Das Gericht hat den Gläubiger und den Schuldner vor seiner Entscheidung anzuhören.

Übersicht

		Rn.
I.	Normzweck; Rechtsnatur; Anwendungsbereich	1–3
II.	Pflicht des Verwalters; Rechtsfolgen	4
III.	Einzelne Zustimmungsvorbehalte	5–15
1.	Änderungen der Nutzung gemäß § 5 ZwVwV	5–7
2.	Abweichungen vom Klauselkatalog des § 6 Abs. 2 ZwVwV	8
3.	Ausgaben über § 9 Abs. 2 ZwVwV hinaus	9, 10
4.	Vorschüsse an Auftragnehmer	11, 12
5.	Ausbesserung und Erneuerung am Zwangsverwaltungsobjekt	13, 14
6.	Durchsetzung von Gewährleistungsansprüchen im Fall des § 5 Abs. 3 ZwVwV	15
IV.	Anhörung von Gläubiger und Schuldner	16–18

I. Normzweck; Rechtsnatur; Anwendungsbereich

Mit dem hier vorliegenden § 10 ZwVwV hat der Gesetzgeber die in der früheren Verordnung an verschiedenen Stellen befindlichen Zustimmungsvorbehalte sprachlich und systematisch zusammengefasst. **1**

Einzelne bislang bestehende Zustimmungssachverhalte, wie der Abschluss von Mietverträgen über ein Jahr hinaus, sind entfallen. Gegenstand der hier aufgeführten Zustimmungsvorbehalte sind solche, die entweder von den möglichen Beträgen, aber auch von den möglichen Haftungsgefahren her eine besondere Rolle spielen. **2**

Dabei sind sowohl das Einholen der Zustimmung des Gerichts für den Zwangsverwalter als auch die Anhörung des Gläubigers und des Schuldners durch das Gericht als Muss-Vorschrift ausgestaltet. **3**

II. Pflicht des Verwalters; Rechtsfolgen

§ 10 ZwVwV bestimmt, dass der Verwalter vor dem Beginn einer Maßnahme, die sich aus dem abschließenden Katalog des Abs. 1 ergibt, die Zustimmung **4**

des Gerichts einzuholen hat. Die Vorschrift ist als Muss-Vorschrift ausgestaltet. Eine besondere Form ist nicht angegeben. Das Gericht wird allerdings nur die schriftliche Anfrage akzeptieren, da es nur so seiner eigenen Verpflichtung nach § 10 Abs. 2 ZwVwV nachkommen kann. Nur die schriftliche Korrespondenz in solchen Fragen garantiert die Beweissicherheit.
Verstößt der Zwangsverwalter hiergegen, bleiben die von ihm vorgenommenen Maßnahmen wirksam. Im Rahmen der Zwangsverwalterhaftung nach § 154 wird man dann jedoch von der Beweislastumkehr zu Lasten des Zwangsverwalters ausgehen müssen. Des Weiteren hat im Fall eines bekannt gewordenen Verstoßes das Gericht gemäß § 153 Abs. 2 abzuwägen, ob ein Entlassungsgrund gemäß § 153 Abs. 2 Satz 1 vorliegt.[1]

III. Einzelne Zustimmungsvorbehalte

1. Änderung der Nutzung gemäß § 5 ZwVwV

5   Die Verwalterpflicht zur Nutzung des Grundstücks ergibt sich aus § 152, § 5 ZwVwV. Die bisherige Nutzung des Grundstücks, wie vom Schuldner vorgenommen, soll dabei grundsätzlich beibehalten werden. Bei der Verwaltung hat der Zwangsverwalter insbesondere auf eine wirtschaftlich erfolgreiche Zwangsverwaltung hinzuwirken.

6   Gemäß § 5 Abs. 2 ZwVwV soll die Nutzung durch den Zwangsverwalter regelmäßig durch Vermietung und Verpachtung erfolgen.

7   Insoweit sind praktische Fallgruppen der bewusste Verzicht auf eine tatsächlich mögliche Vermietung/Verpachtung, beispielsweise wenn alsbald eine Zwangsversteigerung ansteht, die nur bei Zuschlag an Eigennutzer einen wirtschaftlichen Erfolg verspricht (Einfamilienhaus). Nach hier vertretener Ansicht ist die Nutzungsänderung von Wohn- in Gewerberaum und umgekehrt jedenfalls zustimmungsvorbehaltspflichtig: Es wird dabei potentiell in einem Maße in Beteiligtenrechte, insbesondere Schuldnerrechte, eingegriffen, die deutlich über den reinen Nutzungswechsel hinausgehen. Diese betreffen insbesondere die Frage der Umsatzsteuer. Es ist hier im Auge zu behalten, dass ein nicht geringer Teil der Zwangsverwaltungsanträge zurückgenommen wird. Nach hier vertretener Ansicht darf der Zwangsverwalter ohne Zustimmung des Gerichts in die Schuldnerrechte ohne Zustimmung nicht derart eingreifen.[2]

2. Abweichung von § 6 Abs. 2 ZwVwV

8   Dies wird praktisch insbesondere bei langfristigen Gewerberaummieten und dem Haftungsausschluss gemäß § 6 Abs. 2 Ziff. 2 ZwVwV relevant werden (s. dort Rn. 12 ff., 16).

3. Ausgaben über § 9 Abs. 2 ZwVwV hinaus

9   Will der Zwangsverwalter Verpflichtungen zu Lasten der Masse eingehen, die aus den vorhandenen Mitteln nicht gedeckt sind, hat er hierfür die Zustimmung einzuholen. Die Vorschrift ist im Lichte der Zahlungsverpflichtungen und deren Rangfolge zu sehen, §§ 155, 156.

10 In der Praxis ist diese Vorschrift von geringer Bedeutung. In der Zeit, in der der Zwangsverwalter hier eine Zustimmung erhalten kann (oder nicht), kann er auch ein Ergebnis über den Weg der Anregung des Kostenvorschusses gemäß § 161 Abs. 3 erzielen. Hier hat dann nicht nur das Gericht über die Anhörung der Beteiligten eine Abstimmung erzielt. Er hat dann auch entweder

---

1 BGH, Beschl. vom 5.3.1998 – IX ZB 13/98, WM 1998, 993.
2 Andere Ansicht: *Haarmeyer/Wutzke/u.a.*, ZVG, § 10 Rn. 5.

die Liquidität aus dem angeordneten und gezahlten Kostenvorschuss oder die nicht mehr vorhandene Haftungsposition durch die Verfahrensaufhebung.

4. Vorschüsse an Auftragnehmer

Insbesondere im Bereich der Fertigstellung von Bauvorhaben, jedoch auch bei wesentlichen Sanierungs- und Instandhaltungsarbeiten sind werkvertragliche Regelungen mit Auftragnehmern möglich und auch üblich, die Abschlagszahlungen nach voranschreitendem Bautenstand vorsehen. Hier sei insbesondere auf § 648 a BGB verwiesen. Da der Zwangsverwalter nicht Grundstückseigentümer ist, kommt die Eintragung der Sicherungshypothek gegen ihn gemäß § 648 BGB nicht in Betracht. **11**

Mit der Vorausleistung trägt der Vorausleistende das Bonitätsrisiko – und damit auch das Insolvenzrisiko – des Zahlungsempfängers. Auch hier ist die praktische Relevanz bislang eher gering. **12**

5. Ausbesserung und Erneuerung am Objekt

Auch im Fall der Ausbesserung und Erneuerung am Zwangsverwaltungsobjekt, soweit es über die gewöhnliche Instandhaltung hinausgeht, hat der Zwangsverwalter zuvor die Zustimmung des Vollstreckungsgerichtes einzuholen. Der Gesetzgeber hat zur Abgrenzung zwischen Ausbesserung und Erneuerung im Verhältnis zur gewöhnlichen Instandhaltung eine Regelgrenze eingeführt, wonach es sich insbesondere dann, wenn der Aufwand der geplanten Maßnahme 15 % des vom Verwalter nach pflichtgemäßem Ermessen geschätzten Verkehrswertes des Zwangsverwaltungsobjekts überschreitet, um eine Ausbesserung und Erneuerung im Sinne von § 10 Abs. 1 Ziff. 5 ZwVwV handelt. **13**

Fraglich ist hier die Berechnung der 15-%-Grenze. Sofern bereits in einem parallelen Zwangsversteigerungsverfahren ein Verkehrswertgutachten erstellt worden sein sollte, können dessen Ergebnisse herangezogen werden. Ansonsten hat der Zwangsverwalter selbst eine Bewertung vorzunehmen, wobei er die Berechnungsgrundlage dem Antrag auf Zustimmung beifügen sollte. Der Zwangsverwalter sollte keinesfalls eine Vielzahl von notwendigen Maßnahmen fragmentieren und jede einzelne als zustimmungsfrei selbst beauftragen. Die Einzelmaßnahmen bei komplexen Erneuerungsmaßnahmen sind vielmehr in ihrem finanziellen Aufwand zu kumulieren und dann an der 15-%-Grenze zu messen.[3]

Soweit es sich dagegen um Maßnahmen der gewöhnlichen Unterhaltung handelt, können diese im Rahmen der Ausgaben der Verwaltung zustimmungsfrei beglichen werden, § 155 Abs. 1.[4] **14**

6. Durchsetzung von Gewährleistungsansprüchen im Fall des § 5 Abs. 3 ZwVwV

Sofern der Zwangsverwalter ein begonnenes Bauvorhaben fertiggestellt hat, stellt sich auch die Frage der Durchsetzung von Gewährleistungsansprüchen. Mängelstreitigkeiten, vor Gericht ausgetragen, beinhalten hier ein erhebliches Kostenrisiko, insbesondere durch die meist notwendige Beauftragung von Sachverständigen. Die finanziellen Auswirkungen können hier – auch in Relation zum streitigen Mangel – eine erhebliche Größenordnung haben. **15**

---

3 *Haarmeyer/Wutzke/u.a.*, ZVG, § 10 Rn. 12.
4 Zur Abgrenzung zur gewöhnlichen Unterhaltung und den Einzelgruppen siehe auch *Haarmeyer/ Wutzke/u.a.*, ZVG, § 10 Rn. 10 bis 13.

IV. Anhörung von Gläubiger und Schuldner

16 Sobald der begründete Antrag des Zwangsverwalters vorliegt, der mit solchen Anlagen versehen sein sollte, die das Verständnis des Antrags bedingen oder erleichtern, hat das Gericht unverzüglich Gläubiger und Schuldner mit Aufforderung zur Stellungnahme durch Übersendung einer Abschrift bzw. eines Exemplars des Antrags zu informieren. Da es sich regelmäßig um Eilsachverhalte handelt, sollte die Stellungnahmefrist kurz ausfallen, dies insbesondere bei Fällen des § 10 Abs. 1 Ziff. 2, 3, 4 ZwVwV und gegebenenfalls auch Ziff. 5.

17 Eine Entscheidung des Gerichts vor Anhörung von Gläubiger und Schuldner hat nicht zu ergehen. Auch hier ist der Gesetzeswortlaut eindeutig.[5]
Nach hier vertretener Ansicht ist der Gesetzeswortlaut eindeutig, notfalls ist analog der Mindestladungsfrist nach § 217 ZPO von drei Tagen auch eine sehr kurze Frist zur Stellungnahme zu setzen und unmittelbar darauf zu entscheiden.

18 Die Entscheidung des Gerichts erfolgt per Beschluss. Sie ist für den Zwangsverwalter bindend, § 1 Abs. 1 Satz 2 ZwVwV. Gegen die Entscheidung des Gerichts sind die allgemeinen Rechtsbehelfe gegeben.

---

5 Anderer Ansicht in besonderen Eilfällen: *Haarmeyer/Wutzke/u.a.*, ZVG, § 11 Rn. 18.

§ 11 ZwVwV Auszahlungen

(1) Aus den nach Bestreiten der Ausgaben der Verwaltung sowie der Kosten des Verfahrens (§ 155 Abs. 1 des Gesetzes über die Zwangsversteigerung und die Zwangsverwaltung) verbleibenden Überschüssen der Einnahmen darf der Verwalter ohne weiteres Verfahren nur Vorschüsse sowie die laufenden Beträge der öffentlichen Lasten nach der gesetzlichen Rangfolge berichtigen.

(2) Sonstige Zahlungen an die Berechtigten darf der Verwalter nur aufgrund der von dem Gericht nach Feststellung des Teilungsplans getroffenen Anordnung leisten. Ist zu erwarten, dass solche Zahlungen geleistet werden können, so hat dies der Verwalter dem Gericht unter Angabe des voraussichtlichen Betrages der Überschüsse und der Zeit ihres Einganges anzuzeigen.

(3) Sollen Auszahlungen auf das Kapital einer Hypothek oder Grundschuld oder auf die Ablösesumme einer Rentenschuld geleistet werden, so hat der Verwalter zu diesem Zweck die Anberaumung eines Termins bei dem Gericht zu beantragen.

Übersicht

		Rn.
I.	Normzweck; Rechtsnatur; Anwendungsbereich	1
II.	Zahlungen ohne Teilungsplan	2–6
III.	Zahlungen auf den Teilungsplan	7–9
IV.	Zahlungen auf das Kapital	10, 11

I. Normzweck; Rechtsnatur; Anwendungsbereich

§ 11 ZwVwV bestimmt sowohl die Rangreihenfolge als auch die notwendigen formalen Voraussetzungen für die Vornahme von Auszahlungen durch den Zwangsverwalter. Bei den Auszahlungen ohne Teilungsplan entspricht die Vorschrift im Wesentlichen der vorherigen Verordnung. Durch die Aufnahme der Rückzahlung von Gläubigervorschüssen in den Bereich der Auszahlung ohne Teilungsplan hat der Verordnungsgeber eine vormals strittige Frage praxistauglich gelöst. **1**

II. Zahlungen ohne Teilungsplan

§ 11 Abs. 1 ZwVwV bestimmt, welche Auszahlungen der Zwangsverwalter ohne Weiteres aus der von ihm verwalteten Masse vornehmen darf. Dabei handelt es sich zunächst um die Ausgaben der Verwaltung sowie die Kosten des Verfahrens im Sinne von § 155. **2**

Diese sind vorrangig zu bedienen (§ 155 Rn. 14). Verbleiben danach Überschüsse, so kann der Verwalter daraus die Vorschüsse von Gläubigern zurückführen sowie die laufenden Beträge der öffentlichen Lasten nach der gesetzlichen Rangfolge. Bei Gläubigervorschüssen kann es sich um solche handeln, die entweder auf Anforderung des Zwangsverwalters der Gläubiger unmittelbar an diesen gezahlt hat, oder um solche, die nach Antrag des Zwangsverwalters und Aufforderung des Gerichts gemäß § 161 Abs. 3 geleistet wurden. Der frühere Streit, ob es sich bei Vorschüssen um Ausgaben der Verwaltung handelt oder nicht, ist mit § 11 Abs. 1 ZwVwV geklärt; der Verordnungsgeber hat die Vorschüsse hier nach den Ausgaben der Verwaltung als eigenständige Position angesehen.[1] **3**

---

[1] Zum Streit- und Meinungsstand *Haarmeyer/Wutzke/u.a.*, ZVG, § 11 Rn. 2.

4 Für den Gläubiger ist es nichts desto trotz von Bedeutung, nach Möglichkeit Vorschüsse zu bezahlen, die für objekterhaltende oder objektverbessernde sowie sonst werterhöhende Maßnahmen benötigt werden, da nur diese in einem parallelen Zwangsversteigerungsverfahren im Rang des § 10 Abs. 1 Nr. 1 anzusetzen sind.[2]

5 Zur Klarstellung für alle Beteiligten sollte der Zwangsverwalter in einem Vorschussantrag möglichst präzise darstellen, für welche geplanten Auszahlungen er den Vorschuss benötigt.

6 Im gleichen Rang wie die Rückführung von Kostenvorschüssen nach § 11 Abs. 1 ZwVwV steht die Zahlung auf laufende Beträge der öffentlichen Lasten, siehe auch § 156 Abs. 1. Der Gesetzgeber macht mit der Aufnahme der öffentlichen Lasten in den § 11 Abs. 1 ZwVwV deutlich, dass die Zahlung auch dann erfolgen kann, wenn die Forderung in einem parallelen Zwangsversteigerungsverfahren den Rang des § 10 Abs. 1 Ziff. 3 einnimmt. Die Rangfolge des § 10 wird durch die Anordnung nicht geändert, sondern nur die fristgemäße Leistung auf laufende öffentliche Lasten ermöglicht, s. auch § 3 ZwVwV Rn. 19 ff.

III. Zahlungen auf den Teilungsplan

7 Weitere Zahlungen an Berechtigte (Gläubiger) darf der Zwangsverwalter nur auf der Grundlage eines vom Gericht erstellten Teilungsplans leisten. Stellt der Zwangsverwalter fest, dass nach Abzug der Ausgaben der Verwaltung und der laufenden Bedienung der öffentlichen Lasten sowie Rückzahlung etwaiger Gläubigervorschüsse ein weiterer Überschuss der Einnahmen verbleibt, hat er die Erstellung eines solchen Teilungsplans beim Gericht anzuregen, § 11 Abs. 2 Satz 2 ZwVwV. Dies kann sich bereits bei der Erstellung des Inbesitznahmeberichts abzeichnen, § 3 Abs. 1 Ziff. 5, 7, 8 ZwVwV. In der Praxis wird der Zwangsverwalter jedoch nach der Inbesitznahme ein bis zwei Monate abwarten, ob die vertraglich geschuldeten Mieten und Pachten auch tatsächlich in der ermittelten Höhe an ihn geleistet werden.

8 Der Zwangsverwalter hat sich bei Auszahlungen strikt an den vom Gericht erstellten Teilungsplan zu halten. Eine Zahlung auf Fälligkeitstermine, die noch nicht eingetreten sind, hat der Zwangsverwalter zu unterlassen; das Zwangsverwaltungsverfahren könnte jederzeit aufgehoben werden, so dass er sich hiermit in eine erhebliche Haftungsposition begäbe. Der Zwangsverwalter kann jedoch nach Eintritt der Fälligkeit jederzeit Auszahlungen auf die fällig gewordenen Beträge vornehmen.

9 Im Zweifelsfall hat vor der Auszahlung der Zwangsverwalter die Identität des Zahlungsberechtigten zu überprüfen.

IV. Zahlungen auf das Kapital

10 Sofern alle laufenden Zahlungen nach Abs. 1 und Abs. 2 geleistet sind und stünden nunmehr Zahlungen auf das Kapital an, darf der Zwangsverwalter solche Leistungen nur nach einem vom Gericht anzuberaumenden Termin vornehmen, § 158. In einem solchen Fall hat der Verwalter die Anberaumung des Termins beim Gericht zu beantragen (§ 158 Rn. 4 ff.).

---

2 BGH, Urteil vom 10.4.2003 – IX ZR 106/02, BGHZ 154, 387 = NJW 2003, 2162 = Rpfleger 2003, 454 = ZInsO 2003, 463 ff.

11 In der Praxis ist dies nicht relevant, da schon wegen der regelmäßig hohen dinglichen Zinsen etwaige Überschüsse, soweit sie nach den Kosten gem. § 11 Abs. 1 ZwVwV überhaupt entstehen, vollständig verbraucht werden.

§ 12 ZwVwV Beendigung der Zwangsverwaltung

(1) Die Beendigung der Zwangsverwaltung erfolgt mit dem gerichtlichen Aufhebungsbeschluss. Dies gilt auch für den Fall der Erteilung des Zuschlags in der Zwangsversteigerung.

(2) Das Gericht kann den Verwalter nach dessen Anhörung im Aufhebungsbeschluss oder auf Antrag durch gesonderten Beschluss ermächtigen, seine Tätigkeit in Teilbereichen fortzusetzen, soweit dies für den ordnungsgemäßen Abschluss der Zwangsverwaltung erforderlich ist. Hat der Verwalter weiterführende Arbeiten nicht zu erledigen, sind der Anordnungsbeschluss und die Bestallungsurkunde mit der Schlussrechnung zurückzugeben, ansonsten mit der Beendigung seiner Tätigkeit.

(3) Unabhängig von der Aufhebung der Zwangsverwaltung bleibt der Verwalter berechtigt, von ihm begründete Verbindlichkeiten aus der vorhandenen Liquidität zu begleichen und bis zum Eintritt der Fälligkeit Rücklagen zu bilden. Ein weitergehender Rückgriff gegen den Gläubiger bleibt unberührt. Dies gilt auch für den Fall der Antragsrücknahme.

(4) Hat der Verwalter die Forderung des Gläubigers einschließlich der Kosten der Zwangsvollstreckung bezahlt, so hat er dies dem Gericht unverzüglich anzuzeigen. Dasselbe gilt, wenn der Gläubiger ihm mitteilt, dass er befriedigt ist.

Übersicht

		Rn.
I.	Normzweck; Rechtsnatur; Anwendungsbereich	1, 2
II.	Aufhebungsbeschluss	3–5
III.	Ermächtigung zur Fortsetzung	6–9
IV.	Rechte und Pflichten des Zwangsverwalters nach Beendigung	10–26
1.	Rückgabe Anordnungsbeschluss und Bestallungsurkunde	10
2.	Allgemeine Folgen bei Verfahrensbeendigung wegen Rücknahme	11–15
3.	Allgemeine Folgen bei Zuschlag in der Zwangsversteigerung	16–21
4.	Zahlungen auf Verbindlichkeit und Rücklagenbildung	22, 23
5.	Rückgriff auf Gläubiger	24, 25
V.	Befriedigung des Gläubigers	26

I. Normzweck; Rechtsnatur; Anwendungsbereich

1 § 12 ZwVwV verbindet Ansätze der früheren Zwangsverwalterverordnung mit in der ZwVwV erstmals aufgenommenen Regelungen. Während sich Abs. 1 sprachlich neu gefasst an der vorherigen Zwangsverwalterverordnung orientiert, füllen die Absätze 2 und 3 eine Regelungslücke, die sich aus dem wenig detaillierten § 161 ergibt. Abs. 4 ist als Ausfluss von § 161 Abs. 2 anzusehen.

2 Die Absätze 2 und 3 geben sowohl der Gerichtspraxis als auch dem Zwangsverwalter eine wesentlich größere Rechtssicherheit als noch unter Geltung der Vorgängernorm.

II. Aufhebungsbeschluss

3 § 12 Abs. 1 ZwVwV statuiert, dass die Beendigung der Verwaltung – ausschließlich – mit dem gerichtlichen Aufhebungsbeschluss erfolgt. Dies gilt für jeden Fall der Beendigung des Zwangsverwaltungsverfahrens, sei es durch

Antragsrücknahme, Zuschlag im Zwangsversteigerungsverfahren (§ 12 Abs. 1 Satz 2 ZwVwV) als auch die Befriedigung des Gläubigers (§ 161 Abs. 2) oder in sonstigen Fällen (§ 161 Abs. 3 ZVG).

Zuletzt war allein noch streitig, ob bereits die Rücknahme des Zwangsverwaltungsantrags bzw. deren Eingang beim Gericht bereits das Zwangsverwaltungsverfahren beendet. Der BGH hat jüngst klargestellt, dass diese langjährige und bis dahin herrschende Rechtsauffassung unzutreffend ist. Wegen der hoheitlichen Rechtsnatur des Zwangsverwaltungsverfahrens, welche mit dem Anordnungsbeschluss beginnt, könne das Verfahren auch nur durch den Aufhebungsbeschluss beendet werden.[1] 4

Der Zwangsverwalter hat daher seine Tätigkeit jedenfalls bis zum Zugang des Aufhebungsbeschlusses fortzusetzen, auch wenn er beispielsweise durch Gläubiger oder Schuldner von der Rücknahme des Antrags oder vom Erwerber über den Zuschlag im Zwangsversteigerungsverfahren informiert worden sein sollte. 5

III. Ermächtigung zur Fortsetzung

Das Gericht hat den Zwangsverwalter vor Erlass des Aufhebungsbeschlusses anzuhören oder auf dessen Antrag durch gesonderten Beschluss hin zu ermächtigen, seine Tätigkeit in Teilbereichen fortzusetzen, soweit dies für den ordnungsgemäßen Abschluss des Verfahrens erforderlich ist. Nur wenn eine solche Ermächtigung erfolgt ist, kann der Zwangsverwalter für seine Tätigkeit eine gesonderte Vergütung verlangen.[2] 6

Die Praxis zeigt, dass die Anhörung des Zwangsverwalters durch das Gericht bei Weitem noch nicht überall erfolgt. Insbesondere in Fällen der Beendigung des Zwangsverwaltungsverfahrens nach Rechtskraft des Zuschlagsbeschlusses im parallelen Zwangsversteigerungsverfahren gehen weiterhin viele Gerichte davon aus, dass sich die weitergehende Befugnis des Zwangsverwalters beispielsweise zur Beitreibung von Forderungen ohne Weiteres aus dem Sachzusammenhang ergäbe. Zwar besteht in einem solchen Fall die Befugnis des Zwangsverwalters zur Fortführung eines eingeleiteten Prozesses für Ansprüche, die während der Zeit der Zwangsverwaltung entstanden waren, fort.[3] 7

Schon aus Gründen der Rechtsklarheit und der Rechtssicherheit sollte das Gericht den Zwangsverwalter jedoch anhören. Ist das Zwangsverwaltungsverfahren insgesamt aufgehoben, kann keine nachträgliche Ermächtigung auf Antrag des Zwangsverwalters gemäß § 12 Abs. 2 Satz 1 2. Halbsatz ZwVwV mehr erfolgen. Das Gericht, das auf die Anhörung verzichtet hat, setzt sich hier einer etwaigen Haftungsposition aus. 8

In der Praxis wird die Ermächtigung regelmäßig für die Klärung streitiger Rechtsverhältnisse mit Mietern erteilt, sowohl im noch außergerichtlichen als auch im Bereich der gerichtlichen Forderungsbeitreibung. Der BGH hat hier – für den Fall der Verfahrensbeendigung durch Antragsrücknahme – ausdrücklich die weitergehenden Ermächtigung des Zwangsverwalters gefordert.[4] 9

---

1 BGH, Beschl. vom 10.7.2008 – V ZB 130/07, BGHZ 177, 218 = NJW 2008, 3067 = Rpfleger 2008, 586; bereits zur früheren herrschenden Meinung kritisch: *Haarmeyer/Wutzke/u.a.*, ZVG, § 12 Rn. 4.
2 BGH, Beschl. vom 10.1.2008 – V ZB 31/07, Rpfleger 2008, 270.
3 BGH, Urteil vom 8.5.2003 – IX ZR 385/00, BGHZ 155, 38 = NJW 2003, 3486 = Rpfleger 2003, 457 = ZInsO 2003, 560 (561); BGH, Beschl. vom 7.2.1990 – VIII ZR 98/89, WM 1990, 742 ff.
4 BGH, Urteil vom 8.5.2003 – IX ZR 385/00, BGHZ 155, 38 = NJW 2003, 3486 = Rpfleger 2003, 457 = ZInsO 2003, 560; KG, IGZInfo 2006, 51.

Erst nach Anzeige des Zwangsverwalters, dass die weiterlaufende Tätigkeit, zu der er ermächtigt wurde, erledigt worden ist, kann das Gericht die Sonderermächtigung aufheben.

IV. Rechte und Pflichten des Zwangsverwalters

1. Rückgabe des Anordnungsbeschlusses und der Bestallungsurkunde

10 Nach § 12 Abs. 2 Satz 2 ZwVwV hat der Zwangsverwalter den Anordnungsbeschluss und die Bestallungsurkunde mit der Schlussrechnung zurückzugeben, sofern er keine weiterführenden Arbeiten zu erledigen hat. Hat er solche Aufgaben noch zu erledigen, insbesondere im Rahmen einer gerichtlichen Ermächtigung nach § 12 Abs. 2 Satz 1 ZwVwV, hat er Anordnungsbeschluss und Bestallungsurkunde erst mit der Beendigung der Tätigkeit (und sich daraus ergebender weiterer Berichterstattung/Rechnungslegung für den Zeitraum nach der Schlussrechnung und dem Schlussbericht) zurückzugeben.

2. Allgemeine Folgen bei Verfahrensbeendigung wegen Rücknahme

11 Der Zwangsverwalter hat nach Zugang des Aufhebungsbeschlusses grundsätzlich nichts weiter zu veranlassen, es sei denn, es ergäben sich besondere Notsituationen. Er hat sowohl Mieter als auch Versorger und sonstige Dritte vom Ende der Zwangsverwaltung zu informieren, die Schlussrechnungen von Versorgern anzufordern und die Schlussabrechnung für das Gericht zu erstellen.

12 Er darf die Verwaltung ohne ausdrückliche Ermächtigung nach § 12 Abs. 2 ZwVwV keinesfalls in irgendeiner Form fortsetzen.

13 Soweit ihm nach Aufhebung des Verfahrens noch Mieteinnahmen zugehen, hat er diese mit dem Schuldner abzurechnen.

14 Dem Schuldner steht grundsätzlich auch ein etwaiger Überschuss aus der Zwangsverwaltung zu, vorrangig sind allenfalls während der Dauer des Zwangsverwaltungsverfahrens geleistete Kostenvorschüsse des Gläubigers zu beachten.

15 Der Gläubiger hat, sofern er sich nicht den Auszahlungsanspruch des Schuldners gegen den Zwangsverwalter abtreten lässt oder pfändet, keinen Anspruch auf Auszahlung gegen den Zwangsverwalter, weder aus einem etwaig vorbestehenden Teilungsplan (das Verfahren ist aufgehoben) noch aus dem Haftungsverband gemäß §§ 1120ff. BGB (die Beschlagnahmewirkung ist durch die Rücknahme gerade weggefallen) noch durch eine Mietzession (Mietforderungen des Schuldners gegen die Mieter sind durch Zahlung der Miete an den Zwangsverwalter erloschen, insoweit geht es hier nicht um Mietforderungen, sondern um Bereicherungsansprüche, die nicht der Mietzession unterliegen).

3. Allgemeine Folgen bei Zuschlag in der Zwangsversteigerung

16 Mit Zuschlag in der Zwangsversteigerung wird das Zwangsverwaltungsverfahren nicht beendet, obwohl der Ersteher mit dem Zuschlag Eigentümer wird.

17 Der Zwangsverwalter wird in der Regel durch das Vollstreckungsgericht sehr kurzfristig informiert, obwohl dem Gericht oft der Ersteher zuvorkommt. Dieser sieht sich wegen des entgegenstehenden Anordnungsbeschlusses gehindert, obwohl er Eigentümer ist, das Besitz- und Fruchtziehungsrecht auszuüben. Der Zwangsverwalter hat sich an dieser Stelle zu vergewissern, dass er nach dem Zuschlag grundsätzlich die Zwangsverwaltung nicht mehr im Interesse des Schuldners, sondern im Interesse des Erstehers fortführt. Wirtschaftlich oder rechtlich relevante Sachverhalte, wie z.B. auch Investitionen in die Bausubstanz, Neuabschluss von Mietverträgen etc., sind mit dem Ersteher abzusprechen.

Der Zwangsverwalter hat Einnahmen und Ausgaben ab Zuschlag buchhalterisch gesondert zu erfassen. Betriebs- und Nebenkostenvorauszahlungen, die der Zwangsverwalter für das laufende und gegebenenfalls das Vorjahr erhalten und noch nicht mit den Mietern abgerechnet hat, sind an den Ersteher auszukehren, soweit der Zwangsverwalter diese Beträge noch nicht selbst für abrechenbare Objektkosten verwendet hat.[5] Die Entscheidung ist in der Praxis schwer umsetzbar und hat zu Recht massive Kritik erfahren.[6]

18

Grundsätzlich ist der Ersteher eines Grundstücks nicht in den Personenkreis einbezogen, dem gegenüber der Zwangsverwalter für die Erfüllung der ihm obliegenden Verpflichtung verantwortlich ist, außer er führt sein Amt über den Zuschlag hinaus fort.[7]

19

Ungeklärt ist an dieser Stelle weiterhin, ob in diesem Fall der Zwangsverwalter noch verpflichtet ist, hinsichtlich vor Zuschlag oder Aufhebung abgeschlossener Jahresperioden die Betriebs- und Nebenkosten mit Mietern abzurechnen. Ausdrücklich hat sich der BGH hierzu noch nicht geäußert. Aus dem Sachzusammenhang – beispielsweise auch hinsichtlich der fortbestehenden Prozessführungsbefugnis der vom Vollstreckungsbeschlag umfassten Mietforderungen – spricht Einiges dafür, dass der Zwangsverwalter hier weiter verpflichtet bleibt.[8]

20

Fraglich mag sein, ob dies im Interesse von Vollstreckungsgericht und Gläubiger ist, die regelmäßig das Verfahren zügig beendet wissen wollen, sowie des Erstehers selbst, der alleiniger Ansprechpartner der Mieter werden will, sofern es um Rechte und Pflichten aus dem Mietverhältnis geht. In der Praxis kommt es selten zu streitigen Fällen. Die sich hieraus ergebenden Probleme werden in aller Regel zwischen Zwangsverwalter und Ersteher abgesprochen.

21

4. Zahlungen auf Verbindlichkeiten und Rücklagenbildung

Sobald der Aufhebungsbeschluss dem Zwangsverwalter zugestellt wird, hat er grundsätzlich seine Verwaltungstätigkeit sofort einzustellen. Etwas anderes gilt nur, als er entweder ermächtigt ist, noch Tätigkeiten gemäß § 12 Abs. 2 Satz 1 ZwVwV fortzuführen, oder die weitere Tätigkeit gerade erforderlich ist, um eine ordnungsgemäße Beendigung und insbesondere auch Abrechnung des Zwangsverwaltungsverfahrens zu ermöglichen. Der Zwangsverwalter hat nicht die Rechtskraft des Aufhebungsbeschlusses abzuwarten.[9]

22

§ 12 Abs. 3 Satz 1 ZwVwV ermächtigt den Zwangsverwalter ausdrücklich, im Fall der Aufhebung des Verfahrens von ihm eingegangene Verbindlichkeiten aus der vorhandenen Masse zu berichtigen und, sofern er Verbindlichkeiten eingegangen ist, die noch nicht fällig sind, in der Masse Rücklagen für deren spätere Zahlung vorzusehen. Anderenfalls wäre er verpflichtet, die bei Aufhebung des Verfahrens vorhandenen Geldbeträge vollständig an Gläubiger oder Schuldner auskehren zu müssen, ohne selbst eingegangene Verbindlichkeiten noch berichtigen zu können. Dies ist zwar auch unter Geltung der Vorgängernorm in der Praxis nicht anders gehandhabt worden. Es besteht nunmehr jedoch Rechtssicherheit.

23

---

5 BGH, Urteil vom 11.10.2007 – IX ZR 156/06, Rpfleger 2008, 89.
6 Beispielhaft *Schmidberger*, Erstehensansprüche aus Nebenkostenabrechnung, ZInsO 2008, 83 ff.
7 BGH, Urteil vom 11.10.2007 – IX ZR 156/06, Rpfleger 2008, 89; OLG Hamm, Urteil vom 15.9.2005 – 27 U 16/05, NZM 2006, 160.
8 So auch *Ganter, Hans-Gerhard*, Die neuere Rechtsprechung des IX./IXa. Zivilsenats des Bundesgerichtshofs in Zwangsverwaltungssachen, ZfIR 2008, 389 ff. (394).
9 *Haarmeyer/Wutzke/u. a.*, ZVG, § 12 Rn. 9 m. w. N.

4. Rückgriff auf Gläubiger

24 Die Regelung des § 12 Abs. 3 Satz 2 ZwVwV ist Neuland. Es wird hierin dem Zwangsverwalter ausdrücklich der Rückgriff gegen den betreibenden Gläubiger gewährt, wenn vom Zwangsverwalter (lege artis) begründete Verbindlichkeiten aus der vorhandenen Liquidität nicht mehr beglichen werden können. Dies gilt auch für den Vergütungsanspruch des Zwangsverwalters selbst. Diese gesetzliche Regelung hilft dem Zwangsverwalter insbesondere im Fall der Antragsrücknahme nach Stellung eines Vorschussantrags oder im Fall der Nichtzahlung eines angeordneten Vorschusses durch den Gläubiger gem. § 161 Abs. 3.

25 Stellt beispielsweise der Zwangsverwalter im Rahmen der Inbesitznahme fest, dass Einnahmen aus dem Grundstück nicht zu erwarten sind, und verbindet den Inbesitznahmebericht mit einem Vorschussantrag, und leistet der Gläubiger hierauf nicht, ist das Verfahren von Anfang an ohne Einnahmen. Der Zwangsverwalter hat bei sofortiger Aufhebung des Verfahrens keine Masse, aus der er seine Vergütungsansprüche befriedigen könnte. Hier stellt § 12 Abs. 3 Satz 2 ZwVwV klar, dass der Verwalter einen unmittelbaren Anspruch gegen den Gläubiger haben kann.

V. Befriedigung des Gläubigers

26 Wird der Gläubiger vollständig befriedigt und ist das Verfahren daher aufzuheben (§ 161 Abs. 2), hat der Zwangsverwalter dies dem Gericht unverzüglich anzuzeigen. Dasselbe gilt, wenn der Gläubiger sich gegenüber dem Zwangsverwalter selbst als befriedigt erklärt. Das Gericht hat dann das Verfahren, so es nur von diesem Gläubiger betrieben wird, insgesamt aufzuheben, wird es auch von diesem Gläubiger betrieben, nur ihm gegenüber.

§ 13 ZwVwV Masseverwaltung

(1) Der Massebestand ist von eigenen Beständen des Verwalters getrennt zu halten.

(2) Der Verwalter hat für jede Zwangsverwaltung ein gesondertes Treuhandkonto einzurichten, über das er den Zahlungsverkehr führt. Das Treuhandkonto kann auch als Rechtsanwaltsanderkonto geführt werden.

(3) Der Verwalter hat die allgemeinen Grundsätze einer ordnungsgemäßen Buchführung zu beachten. Die Rechnungslegung muss den Abgleich der Solleinnahmen mit den tatsächlichen Einnahmen ermöglichen. Die Einzelbuchungen sind auszuweisen. Mit der Rechnungslegung sind die Kontoauszüge und Belege bei Gericht einzureichen.

(4) Auf Antrag von Gläubiger oder Schuldner hat der Verwalter Auskunft über den Sachstand zu erteilen.

Übersicht

		Rn.
I.	Normzweck; Rechtsnatur; Anwendungsbereich	1–5
II.	Vermögenstrennung	6–18
1.	Trennung vom Vermögen des Verwalters	6–8
2.	Trennung von anderen verwalteten Vermögen	9–18
III.	Grundsätze ordnungsgemäßer Buchführung	19–26
IV.	Auskunftspflicht	27, 28

I. Normzweck; Rechtsnatur; Anwendungsbereich

Im Wesentlichen entsprechen die Regelungen des § 13 (Abs. 1 bis 3) ZwVwV, sprachlich modernisiert, den Regelungen der vorherigen Verordnung. **1**

Die beiden ersten Absätze stellen Selbstverständlichkeiten im Bereich treuhänderisch verwalteten Vermögens dar, nämlich dass solches Vermögen weder mit dem eigenen Vermögen des Vermögensverwalters vermischt wird, noch mit solchem Vermögen, das ansonsten verwaltet wird. **2**

Abs. 3 verweist auf die Grundsätze ordnungsgemäßer Buchführung, wobei dies nicht als Hinweis auf die doppelte Buchführung zu verstehen ist, die insbesondere im öffentlich-rechtlichen Bereich nicht üblich ist. **3**

Abs. 4 stellt eine Neuerung dar und erhöht die Transparenz des Verfahrens auch zwischen den Abrechnungsstichtagen, sofern Gläubiger oder Schuldner einen Antrag auf Auskunft des Verwalters stellen. **4**

Die Pflicht zur Rechnungslegung ergibt sich für den Zwangsverwalter im Übrigen bereits aus dem Gesetz, § 154 (§ 154 Rn. 20 ff.). **5**

II. Vermögenstrennung

1. Trennung vom Vermögen des Verwalters

Der Massebestand ist vom Verwalter getrennt vom eigenen Vermögen zu verwahren. Dies gilt sowohl für unbare als auch für bare Geldeingänge. Letzteres sollten die absolute Ausnahme sein, kommen in der Praxis aber nichts desto weniger vor, insbesondere bei säumigen Mietern, die möglicherweise selbst über kein (pfandfreies) Konto mehr verfügen, auch im Bereich der Kautionsübergabe ist in der Praxis häufig noch die Übergabe des vollständigen oder teilweisen Kautionsbetrags bar oder per Scheck festzustellen. Sofern diese **6**

Beträge nicht registriert und für die Masse gekennzeichnet und dann unverzüglich auf das Konto eingezahlt werden, besteht gerade hier eine gewisse Missbrauchsgefahr.

7 Die Trennung der Vermögensmassen des Verwalters und der von ihm verwalteten Masse ist fundamental. Die Verletzung des Grundsatzes kann auch strafrechtliche Komponenten haben.

8 Im Fall der Verletzung der Pflicht droht die Schadensersatzpflicht des Verwalters, § 154. Erfährt das Gericht davon, dass der Zwangsverwalter die Pflicht des § 13 Abs. 1 ZwVwV verletzt, wird es keine andere Wahl haben, als ihn aus dem Amt zu entlassen, § 153 Abs. 2.

2. Trennung von anderem verwalteten Vermögen

9 Auch hier handelt es sich um eine grundlegende Pflicht desjenigen, der fremde Vermögen treuhänderisch verwaltet, nämlich dass er solche verwalteten Vermögen nicht vermischen darf.

10 Dies gilt insbesondere auch dann, wenn durch die „Bündelung" mehrerer Beträge auf einem Konto sich z.B. höhere Zinsen erzielen ließen. Auch in einem solchen Fall handelt es sich um einen eklatanten Pflichtverstoß, der nach hiesiger Ansicht die sofortige Entlassung aus dem Verwalteramt gemäß § 153 Abs. 2 zur Folge haben muss. Letztlich ist für keinen Beteiligten mehr kontrollierbar, welche Ansprüche aus welchen treuhänderisch verwalteten Massen sich gegen das Gesamtkonto richten.[1]

11 Dies gilt auch und gerade bei der Verwaltung verschiedener Eigentumswohnungen innerhalb eines Gebäudes. Wird hier nur ein Konto geführt und die Aufteilung des Guthabens für die einzelnen Verfahren nur buchhalterisch erfasst, besteht immer die Gefahr, dass die Überschüsse aus einem Verfahren für z.B. die Hausgeldzahlungen eines illiquiden Verfahren verwendet werden; dies ist aber unzulässig.[2]

12 Ebenso wenig darf hier das Argument der Kosten der Kontoführung selbst zählen: Es gibt hinreichend Angebote verschiedenster Kreditinstitute in Deutschland, insbesondere für Zwangsverwalter, die sowohl die grundsätzlich kostenfreie Führung (meist mit Ausnahme fremder Kosten wie Porti) als auch einer gewissen Verzinsung vorsehen.

13 Für jedes Verfahren ist (mindestens) ein Treuhandkonto anzulegen. Es mag Fälle geben, in denen die Anlage mehrerer Konten auch für ein Verfahren sinnvoll ist, beispielsweise wenn in einem Verfahren mehrere Häuser verwaltet werden.

14 Sämtliche Treuhandkonten sind dem Gericht mitzuteilen und in der Buchhaltung zu führen.

15 Bei dem Konto muss es sich entweder um ein Treuhandkonto handeln oder um ein Rechtsanwaltsanderkonto, § 13 Abs. 2 Satz 2 ZwVwV. Beim Treuhandkonto ist der jeweilige Zwangsverwalter in seiner Eigenschaft als Zwangsverwalter Kontoinhaber, beim Rechtsanwaltskonto der Rechtsanwalt selbst, allerdings in der offen ausgewiesenen treuhänderischen Bindung für das jeweilige Zwangsverwaltungsverfahren.

16 Verdeckte Treuhandkonten sind nicht zulässig.

---

1 Es sei hier exemplarisch auf den im Jahr 2005 bekannt gewordenen Fall des mittlerweile selbst insolventen früheren Insolvenzverwalters Reinhard Mühl in Hannover verwiesen, der Geldeingänge aus einer Vielzahl von Insolvenzverfahren vermischt hat. Für die Gläubiger entstand daraus ein Schaden in achtstelliger Höhe (www.amtsgericht-hannover.niedersachsen.de; Presseerklärung vom 24.10.2005)

2 BGH, Beschl. vom 20.11.2008 – V ZB 81/08, NJW 2009, 598 = Rpfleger 2009, 163.

Es steht dem Gericht frei, sich vom Zwangsverwalter die treuhänderische Bindung nachweisen zu lassen, beispielsweise auch um zu verhindern, dass hier lediglich Unterkonten als Treuhandkonten bezeichnet werden, welche jedoch der Gefahr unterliegen, aus dem Gesamtbankverhältnis des Zwangsverwalter aufrechnungsbehaftet zu sein.

In der Praxis findet hier keine Kontrolle durch die Gerichte statt.

III. Grundsätze ordnungsgemäßer Buchführung

Die Buchführung des Zwangsverwalters hat den Grundsätzen einer ordnungsgemäßen Buchführung zu entsprechen. Im Einzelnen bedeutet dies:
- Die Buchhaltung hat chronologisch zu erfolgen.
- Die Kontoauszüge sind chronologisch aufzuführen.
- Zu jeder Buchung ist ein Beleg vorzulegen, und zwar zum einen der Beleg, der den sachlichen Grund der Buchung erkennen lässt (Rechnung, Bescheid, Vertrag etc.), bei der beleggebundenen Kontoführung auch die Durchschrift der Anweisung (bei Zahlungsausgängen), bei beleglosem Zahlungsverkehr ist auf einen hinreichend ausführlichen Buchungstext zu achten.

Im Fall eines Belegverlustes ist wenigstens ein Belegdoppel/eine Belegkopie vom Aussteller beizubringen, ansonsten ein Eigenbeleg zu erstellen.

Ebenso beizufügen ist das Bankjournal, um das Kontoguthaben rechnerisch nachvollziehen zu können (Anfangsbestand zuzüglich aller Eingänge, abzüglich aller Ausgänge = Kontoendbestand). Der Rechtspfleger kann dann das Bankjournal unter Zuhilfenahme der Kontoauszüge und Belege prüfen.

Es ist darauf hinzuweisen, dass jede einzelne Buchung belegt sein muss. Es ist unzulässig, Einzelbuchungen zusammenzufassen. Sofern es erforderlich ist, Ein- oder Auszahlungen auf verschiedene Konten umzulegen, so hat für jedes einzelne Konto eine einzelne Buchung mit einem nachvollziehbaren Beleg vorhanden zu sein.

Praxistipp:
Es ergeben sich häufig Probleme bei nicht vorhandenen oder nicht funktionierenden Wohnungseigentumsverwaltungen. Beispiel: Der Zwangsverwalter wird in fünf Verfahren, betreffend jeweils Eigentumswohnungen in einem Objekt mit acht Einheiten, bestellt. Das Haus wurde nicht fertiggestellt, Mieteinnahmen erhält er nur für zwei Wohnungen. Eine funktionierende Wohnungseigentümergemeinschaft existiert nicht, es lässt sich auch kein Kontakt zum Schuldner oder zu den Miteigentümern herstellen.

Der Zwangsverwalter hat hier ohne Zweifel Sicherungsaufgaben im Interesse des Schuldners und des Gläubigers vorzunehmen, im Zweifel wird er das Gesamtobjekt sachversichern müssen (die Sachversicherung der einzelnen Eigentumswohnungen macht keinen Sinn). Auch Versorgungsträger werden sich schon mangels anderer Ansprechpartner allein an ihn halten. Die Mieteinnahmen aus zwei der einzelnen Wohnungen reichen jedenfalls nicht aus, um die auf ihn zukommenden Ausgaben zu decken. Er wird an dieser Stelle Vorschüsse zumindest für die unvermieteten Wohnungen anfordern müssen. Fraglich ist, wie er die Ausgaben, die nun zu leisten sind, auf die einzelnen Objekte bucht. Rechnungen wird er oftmals nur insgesamt für das Haus bekommen, beispielsweise für die Versicherung, das Hauslicht etc.

In der Praxis wird hier vom Zwangsverwalter oft ein weiteres Treuhandkonto eröffnet neben den spezifischen Verwaltungskonten. Dieses Konto wird dann als ein Quasi-Hausverwaltungs- oder Ober-Konto geführt. Der Zwangsverwalter wird im Hinblick auf die Gemeinschaftsordnung prüfen, wie grundsätzlich die Kosten im Objekt zu verteilen sein werden, in der Regel nach Miteigentumsanteilen. Hier kann der Zwangsverwalter dann ein Quasi-Hausgeld errechnen und von den Vorschüssen bzw. Mieteinnahmen, die er auf den Einzel-Konten hat, eine monatliche Leistung auf das Hausverwaltungskonto vornehmen, von dem aus dann die Gesamtrechnungen bedient werden, und zwar anteilig auf die einzelnen Verfahren. Anderenfalls müsste der Zwangsverwalter beispielsweise Rechnungen für Hauslicht, gegebenenfalls Hausgasversorgung, Versicherungsprämien etc. anteilig auf die einzelnen von ihm verwalteten Objekte herunterbrechen. Dies ist auch möglich, aber in der Handhabung weniger empfehlenswert. Die Handhabung ist auf jeden Fall mit dem Vollstreckungsgericht zuvor abzusprechen!

26 Schließlich hat die Buchführung des Zwangsverwalters auch ein Abgleich der Solleinnahmen mit den tatsächlichen Einnahmen erkennen zu lassen. Das bedeutet für die regelmäßig eingehenden Mieten und Pachten, dass der Zwangsverwalter ein entsprechendes Mieterkonto mit den Soll-Buchungen vornimmt und dagegen die Mieteingänge bucht.

IV. Auskunftspflicht

27 Gläubiger und Schuldner können beim Gericht einen Antrag stellen, wonach der Zwangsverwalter Auskunft über den Sachstand zu erteilen hat. Diese Norm wurde vom Verordnungsgeber im Ausgleich gegen die wegfallende Quartalsabrechnung nach früherem Recht aufgenommen. Es geht nicht darum, dass Gläubiger oder Schuldner über quartalsmäßige Anfragen den früheren Rechtszustand wiederherstellen; dieser war insbesondere wegen der kurzen Prüfungsfolge auch für die Gerichte wenig praktikabel. Es geht vielmehr darum, dass der Zwangsverwalter zwischen den Jahresabrechnungen auf entsprechende Aufforderung des Gerichts einen summarischen Sachstandsbericht erteilt und gegebenenfalls von Gläubiger oder Schuldner vorgebrachte Einzelfragen detailliert beantwortet.

28 In der Praxis wird das Antragsrecht nach § 13 Abs. 4 ZwVwV kaum wahrgenommen.

§ 14 ZwVwV Buchführung der Zwangsverwaltung

(1) Die Buchführung der Zwangsverwaltung ist eine um die Solleinnahmen ergänzte Einnahmenüberschussrechnung.

(2) Die Rechnungslegung erfolgt jährlich (Jahresrechnung) nach Kalenderjahren. Mit Zustimmung des Gerichts kann hiervon abgewichen werden.

(3) Bei Aufhebung der Zwangsverwaltung legt der Verwalter Schlussrechnung in Form einer abgebrochenen Jahresrechnung.

(4) Nach vollständiger Beendigung seiner Amtstätigkeit reicht der Verwalter eine Endabrechnung ein, nachdem alle Zahlungsvorgänge beendet sind und das Konto auf Null gebracht worden ist.

Übersicht

		Rn.
I.	Normzweck; Rechtsnatur; Anwendungsbereich	1
II.	Allgemeine Buchführungsgrundsätze	2–5
III.	Jahresabrechnung	6–10
IV.	Schluss- und Endabrechnung	11–15

I. Normzweck; Rechtsnatur; Anwendungsbereich

§ 14 ZwVwV hat die bisherigen Vorschriften der früheren Verordnung der §§ 16 bis 18 ersetzt und sprachlich modernisiert. § 14 Abs. 2 Satz 2 ZwVwV gibt die Möglichkeit, von der kalenderjährlichen Jahresrechnung abzuweichen, sofern Bedürfnisse der Praxis dies erfordern. § 154 Abs. 2 wird durch diese Norm präzisiert. **1**

II. Allgemeine Buchführungsgrundsätze

Nach § 14 Abs. 1, Abs. 2 Satz 1 ZwVwV handelt es sich bei der Buchführung des Zwangsverwalters um eine um die Soll-Einnahmen ergänzte, jährliche Einnahmen-Überschuss-Rechnung. § 13 Abs. 3 ZwVwV wird damit partiell wiederholt.[1] Statt der (auch denkbaren, aber nicht notwendigen) doppelten Buchführung genügt die Einnahmen-Überschuss-Rechnung, aus der sich jedoch auch die Soll-Einnahmen zu ergeben haben. Hierfür hat der Zwangsverwalter Mieter- bzw. Pächterkonten einzurichten, deren Zahlungspflichten ins Soll zu stellen und die Ist-Einnahmen dagegen zu buchen. **2**

Nicht eingenommene Soll-Einnahmen sind auch für die Berechnung der Regelvergütung des Zwangsverwalters notwendig, § 18 Abs. 1 Satz 2 ZwVwV. Aus Rückständen bei Soll-Einnahmen erkennt der Zwangsverwalter, die notwendigerweise zeitnahe Buchung unterstellt, auch Mietrückstände. Insoweit ist auch auf die Pflicht des Zwangsverwalters aus § 7 ZwVwV zu verweisen. **3**

Die sachlichen Gliederungspunkte der Einnahmen-Überschuss-Rechnung ergeben sich detailliert aus § 15 ZwVwV. **4**

Der Zwangsverwalter hat die Rechnungslegung sowie den dazugehörigen Bericht beim Gericht einzureichen, und zwar im Original mit sämtlichen Belegen für das Gericht sowie in Abschrift oder Kopie ohne Belege für jeden Verfahrensbeteiligten, d.h. mindestens für einen Schuldner und einen Gläubiger. **5**

---

[1] Umfassend: *Schmidberger*, Rechnungslegungs- und Auskunftspflichten sowie die Stellung des Zwangsverwalters, ZfIR 2008, 517 ff.

Soweit mehrere Schuldner/Gläubiger beteiligt sind, ist die Zahl der Abschriften/Kopien entsprechend zu erhöhen.

III. Jahresabrechnung

6 Der Zwangsverwalter hat im Jahrestakt abzurechnen, § 14 Abs. 2 Satz 1 ZwVwV. Grundsätzlich gilt hierbei das Kalenderjahr. Auch wenn die Abrechnung nach dem Rumpfgeschäftsjahr nur für den Fall der Verfahrensaufhebung ausdrücklich erwähnt ist (§ 14 Abs. 3 ZwVwV), gilt dies auch für den unterjährigen Beginn der Zwangsverwaltung bei Abrechnung nach dem Kalenderjahr.

7 In der Praxis wird insbesondere zu Verfahrensbeginn die Abrechnung nach dem Kalenderjahr auch (geringfügig) überschritten. Beispiel: Die Zwangsverwaltung wird 20. November angeordnet, die Inbesitznahme erfolgt am 23. November. Da sämtliche Mieter vorschüssig zahlen, sind die Mieteinnahmen für den Monat Dezember noch nicht vom Beschlag umfasst. Das Gericht hat die Abrechnung nach dem Kalenderjahr angeordnet. In einem solchen Fall dient es der Arbeitsökonomie sowohl des Zwangsverwalters als auch des Gerichts, wenn der Zwangsverwalter sich mit dem Gericht in Verbindung setzt und nachfragt, ob die Abrechnung per 31. Dezember vom Gericht gefordert wird. In der Praxis wird im Fall eines solchen extrem kurzen Rumpfgeschäftsjahres bei Beginn des Verfahrens von der Notwendigkeit dieser Jahresabrechnung Abstand genommen, dieser Zeitraum ist dann zusätzlich bei Abschluss des folgenden Abrechnungsjahres mit abzurechnen.

8 Der Gesetzgeber geht davon aus, dass grundsätzlich die Jahresabrechnung zum Kalenderjahr erfolgt, § 14 Abs. 2 Satz 1 ZwVwV. Insbesondere bei Verfahren, bei denen umsatzsteuerliche Belange eine Rolle spielen, kann dies auch der Arbeitserleichterung des Zwangsverwalters dienen. Für das Gericht mag es ein Vorteil sein, wenn in sämtlichen Verfahren die Zwangsverwalter per 31. Dezember abzurechnen haben. Für alle Verfahren können einheitliche Fristen – auch Wiedervorlagefristen – verwendet werden. Das heißt, bis Ende Januar, spätestens Mitte Februar des Folgejahres sollten dem Gericht sämtliche Abrechnungen vorliegen.

9 Als Negativum ist jedoch anzumerken, dass dies zu einer erheblichen Arbeitsbelastung der Zwangsverwalter zum Jahreswechsel führt und nachgelagert dann bei den Gerichten. Es steht daher gemäß § 14 Abs. 2 Satz 2 ZwVwV den Gerichten offen, von der Abrechnung nach dem Kalenderjahr abzuweichen.[2]

10 Für den Zwangsverwalter ist es an der Stelle besonders ärgerlich, wenn er selbst und seine Mitarbeiter in relativ kurzer Zeit sämtliche Verfahren abzurechnen, die Berichte zu erstellen und dann dem Gericht vorzulegen haben, das Gericht dann selbst aber mehrere Monate benötigt, um die Flut der Jahresabrechnungen nach Kalenderjahr dann zu bearbeiten. Insbesondere der Zwangsverwalter, der keine Vorschüsse auf die Vergütung beantragt (§ 22 Satz 2 ZwVwV), was die Regel ist, erleidet hier einen Nachteil.

IV. Schluss- und Endabrechnung

11 Bei Aufhebung des Verfahrens hat der Zwangsverwalter die Schlussrechnung zu erstellen. Sie hat stichtagsbezogen auf Zeitpunkt der Zwangsverwaltung durch den Aufhebungsbeschluss zu erfolgen, § 12 Abs. 1 ZwVwV. Die

---

[2] Ebenso: *Haarmeyer/Wutzke/u. a.*, Handb., Kapitel 5, Rn. 76.

Schlussrechnung hat in Form der Jahresabrechnung zu erfolgen, in der Regel als Abrechnung eines Rumpfgeschäftsjahres, § 14 Abs. 3 ZwVwV.

In der Praxis ist festzustellen, dass mit dem Tag der Aufhebung des Zwangsverwaltungsverfahrens nicht sämtliche – insbesondere nicht sämtliche zahlungs- und buchungsrelevanten – Sachverhalte ad hoc beendet sind. In der früheren Verordnung wurde die Endabrechnung des Verfahrens nicht erwähnt, auch wenn sie bereits früher vorgenommen wurde. Denkbar sind hier Mieteingänge für den Beschlagnahmezeitraum, Ratenzahlungen von früheren und aktuellen Mietern auf Rückstände, von Mietern weiter geleistete Zahlungen trotz Mitteilung der Aufhebung des Zwangsverwaltungsverfahrens usw. Weiter sind die Schlusszahlungen an Versorger zu leisten, sobald diese auf den Tag des Verfahrensschlusses abgerechnet haben. **12**

Auch diese Endabrechnung hat, auch wenn der Verordnungsgeber hierzu keine weiteren Angaben macht, entsprechend der sonstigen Pflichten abgerechnet zu werden. Das heißt, es bedarf der chronologischen Kontounterlagen, der dazugehörigen Belege und eines Bankjournals. **13**

Durch § 12 Abs. 2, Abs. 3 ZwVwV hat die Endabrechnung noch eine wesentlich größere Bedeutung erlangt. Im Rahmen der Endabrechnung hat insbesondere auch die Erwerberabrechnung im Fall des Zuschlags in einem parallelen Zwangsversteigerungsverfahren stattzufinden. Auch diese Erwerberabrechnung ist dem Gericht mitzuteilen. **14**

Bei vom Kalenderjahr abweichenden Jahresabrechnungen ist zu beachten, dass das Gericht als zusätzliche Angabe die Summe der Bruttoeinkünfte des Verfahrens innerhalb des letzten Kalenderjahres benötigt, um die Verfahrensgebühr zu errechnen (Nr. 2221 KV GKG; Auslagen: Nr. 9002 KV GKG). In diesem Fall werden die Gerichtsgebühren nach einem anderen Abrechnungszeitraum berechnet als die Verwaltervergütung.[3] **15**

---

[3] Geändert durch Zweites Gesetz zur Modernisierung der Justiz – 2. JustiModG, Gesetz vom 22.12.2006, BGBl. I S. 3416, Artikel 16 (GKG).

§ 15 ZwVwV Gliederung der Einnahmen und Ausgaben

(1) Die Soll- und Isteinnahmen sind nach folgenden Konten zu gliedern:
1. Mieten und Pachten nach Verwaltungseinheiten,
2. andere Einnahmen.

(2) Der Saldo der vorigen Rechnung ist als jeweiliger Anfangsbestand vorzutragen.

(3) Die Gliederung der Ausgaben erfolgt nach folgenden Konten:
1. Aufwendungen zur Unterhaltung des Objektes;
2. öffentliche Lasten;
3. Zahlungen an die Gläubiger;
4. Gerichtskosten der Verwaltung;
5. Vergütung des Verwalters;
6. andere Ausgaben.

(4) Ist zur Umsatzsteuer optiert worden, so sind Umsatzsteueranteile und Vorsteuerbeträge gesondert darzustellen.

Übersicht

		Rn.
I.	Normzweck; Rechtsnatur; Anwendungsbereich	1, 2
II.	Gliederung der Soll- und Ist-Einnahmen	3, 4
III.	Gliederung der Ausgaben	5
IV.	Umsatzsteuer	6

I. Normzweck; Rechtsnatur; Anwendungsbereich

1 § 15 ZwVwV ersetzt die §§ 19 und 20 der Vorgängernorm und stellt die für die Verfahren notwendige Kontengliederung der Einnahmen und Ausgaben dar. Umsatzsteuerlich Relevantes ist gesondert darzustellen.

2 Sinn der Regelung ist es, dass in der Abrechnung eine Darstellung nach den im Gesetz vorgegebenen sachlichen Gliederungspunkten erfolgt. Die Abrechnung ist damit leichter zu erfassen und zu kontrollieren.

II. Gliederung der Soll- und Ist-Einnahmen

3 Es ist lediglich die Unterscheidung zwischen Mieten und Pachten einerseits und anderen Einnahmen andererseits vorgegeben. Die Mieten und Pachten sind dabei nach Verwaltungseinheiten aufzusplitten. Dabei handelt es sich um jede vermietete Einheit. Es kann sich dabei um ein Gebäude, einen Gebäudeteil, eine Wohnung, aber nur um einen Tiefgaragenparkplatz handeln. Sofern mehrere Einheiten gemeinschaftlich vermietet oder verpachtet sind, sind diese zusammenzufassen.

4 Inhaltlich sollte die Darstellung der Soll- und Ist-Mieteinnahmen noch um die Aufteilung in Kaltmieten sowie um etwaige Betriebs- und Nebenkostenpauschalen oder -vorauszahlungen erweitert werden. Insbesondere bei größeren Objekten bietet es sich an, weitere Unterteilungen vorzunehmen, beispielsweise nach verschiedenen Gebäuden, Aufgängen etc. Auch eine Unterteilung in den gewerblich genutzten und in einen wohnungswirtschaftlich genutzten Teil kann sinnvoll sein. Für das Verständnis der Buchhaltung notwendigen Besonderheiten, wie beispielsweise periodenfremde Zahlungen (z. B. Mietvorauszahlungen, welche die Abrechnungsperiode betreffen), aber auch Mietausfälle (Mieterinsolvenz, Mietminderung, Leerstand) sind darzulegen.[1]

III. Gliederung der Ausgaben

5 Die Aufteilung der Ausgaben nach Konten ergibt sich unmittelbar aus § 15 Abs. 3 ZwVwV. Es gilt hier das Abflussprinzip, sofern die Ausgabe in dem Abrechnungszeitraum erfolgt, ist sie hier zu verbuchen und darzustellen/zu erläutern.

IV. Umsatzsteuer

6 § 15 Abs. 4 ZwVwV normiert, dass Umsatzsteueranteile im Rahmen der Mieteinnahmen als auch gezogene Vorsteuern bei den Ausgaben gesondert darzustellen sind. Es ist dabei unerheblich, ob bereits der Schuldner zur Umsatzsteuer optiert hatte oder ob dies erst durch den Zwangsverwalter erfolgt ist. Die gesonderte Darstellung dient der Übersichtlichkeit. Keinesfalls müssen Umsatzsteuer und Vorsteuer allein durchlaufende Posten sein. Insbesondere bei gemischt genutzten Immobilien kann es sein, dass zwar die Umsatzsteuer voll zu entrichten ist, die Vorsteuer jedoch nur anteilig geltend gemacht werden kann. Dies sollte sich aus der Darstellung ergeben.

---

[1] *Depré/Mayer*, Handb., Rn. 609 ff.

§ 16 ZwVwV Auskunftspflicht

Der Verwalter hat jederzeit dem Gericht oder einem mit der Prüfung beauftragten Sachverständigen Buchführungsunterlagen, die Akten und sonstige Schriftstücke vorzulegen und alle weiteren Auskünfte im Zusammenhang mit seiner Verwaltung zu erteilen.

Übersicht

	Rn.
I. Normzweck; Rechtsnatur; Anwendungsbereich	1
II. Auskunftspflicht des Zwangsverwalters	2–7
1. Aufsicht des Gerichts	2–5
2. Auskunftspflicht des Verwalters	6, 7

I. Normzweck; Rechtsnatur; Anwendungsbereich

1 § 16 ZwVwV ist die sprachlich modernisierte Form des § 22 der bisherigen Verordnung. Das Gericht hat ein umfassendes Auskunftsrecht gegenüber dem Zwangsverwalter. § 16 ZwVwV ist Ausfluss der gerichtlichen Aufsichtspflicht nach § 153.

II. Auskunftspflicht des Zwangsverwalters

1. Aufsichtsrecht des Gerichts

2 Der Verwalter ist in jedem Verfahrensstadium gegenüber dem Gericht auskunftspflichtig. Das Verlangen des Gerichts nach besonderer Auskunft des Verwalters oder gar Vorlage von Unterlagen wird sich insbesondere dann ergeben, wenn das Gericht vom Verwalter keine oder nur unvollständige Berichte erhält oder sich aus den eingereichten Berichten und Rechnungslegungen des Zwangsverwalters für das Gericht Rückfragen oder Unstimmigkeiten ergeben.

3 Das Gericht wird auch dann Auskunft verlangen, wenn es auf der Grundlage nachvollziehbarer Beschwerden von Verfahrensbeteiligten dazu Anlass sieht. Insbesondere Schuldnerbeschwerden stellen sich in der Praxis oft nur als querulatorisch heraus, unabhängig davon, ob der Schuldner anwaltlich vertreten wird oder nicht. Es wird hier mit selber Munition geschossen wie im meist parallelen Zwangsversteigerungsverfahren.

4 Selbstverständlich hat das Gericht, sofern ein Anfangsverdacht besteht, diesem im Rahmen seiner Aufsichtspflicht auch mit den Mitteln des § 16 ZwVwV nachzugehen, dies jedoch ermessensgerecht. Rechtsmittel bestehen gegen Auskunftsbegehren des Gerichts nicht.[1]

5 Auch bei der Anregung von Aufsichtsmaßnahmen durch Dritte besteht der Auskunftsanspruch allein vom Gericht gegenüber dem Zwangsverwalter, nicht von dem Dritten. Der Zwangsverwalter hat, auch wenn das Gericht anderes anordnet, lediglich die Pflicht, dem Gericht gegenüber Auskunft zu erteilen.

2. Auskunftspflicht des Verwalters

6 Der Auskunftspflicht unterliegen sämtliche Unterlagen des Zwangsverwalters, insbesondere vom Schuldner oder sonstigen Dritten erhobene Unterlagen und seine eigene Korrespondenz mit dem Gericht und Dritten. Weiter ist davon die Buchhaltung des Verfahrens umfasst inkl. der Kontoauszüge und Belege.

---

[1] *Engels*, in: *Dassler/Schiffhauer/u. a.*, ZVG, § 153 Rn. 20, 62; *Stöber*, ZVG, § 153 Rn. 4.2.

Das Gericht kann verlangen, dass die Auskunft erteilt bzw. die Unterlagen an einen vom Gericht mit der Prüfung beauftragten Sachverständigen übergeben werden.

§ 17 ZwVwV Vergütung und Auslagenersatz

(1) Der Verwalter hat Anspruch auf eine angemessene Vergütung für seine Geschäftsführung sowie auf Erstattung seiner Auslagen nach Maßgabe des § 21. Die Höhe der Vergütung ist an der Art und dem Umfang der Aufgabe sowie an der Leistung des Zwangsverwalters auszurichten.

(2) Zusätzlich zur Vergütung und zur Erstattung der Auslagen wird ein Betrag in Höhe der vom Verwalter zu zahlenden Umsatzsteuer festgesetzt.

(3) Ist der Verwalter als Rechtsanwalt zugelassen, so kann er für Tätigkeiten, die ein nicht als Rechtsanwalt zugelassener Verwalter einem Rechtsanwalt übertragen hätte, die gesetzliche Vergütung eines Rechtsanwalts abrechnen. Ist der Verwalter Steuerberater oder besitzt er eine andere besondere Qualifikation, gilt Satz 1 sinngemäß.

Übersicht

		Rn.
I.	Normzweck; Rechtsnatur; Anwendungsbereich	1, 2
II.	Anspruch auf Vergütung und Auslagen	3–13
1.	System der Vergütung	3–11
2.	Vergütungsrechtlicher Normalfall	12, 13
III.	Anspruch auf Umsatzsteuer	14
IV.	Vergütung für Tätigkeit besonders Qualifizierter	15–23

I. Normzweck; Rechtsnatur; Anwendungsbereich

1 Einer der am wenigsten befriedigenden und in der Praxis umstrittensten Bereiche der früheren Verordnung war der der Vergütung, dort geregelt in §§ 23 ff. ZwVerwVO.
Das Vergütungssystem ist auf der einen Seite wesentlich offener geworden, auf der anderen Seite über die Möglichkeit, beispielsweise Auslagen pauschal zu beantragen, sowohl für Zwangsverwalter als auch für Gerichte leichter handhabbar. Die Zahl vergütungsrechtlicher Rechtsstreite ist mit Wirksamwerden der ZwVwV gesunken, insbesondere streitig war früher ein Vervielfacher auf den gesetzlichen Regelsatz (der in der Verordnung per se selbst nicht geregelt wurde, jedoch im Rahmen verfassungsgemäßer Auslegung des Gesetzes durch den Bundesgerichtshof abgesegnet wurde).[1]

2 § 17 ZwVwV bildet das Grundgerüst, auf dem die weiteren, spezielleren Normen der §§ 18 bis 22 ZwVwV aufbauen. Die §§ 17 bis 22 ZwVwV sind heute für alle Zwangsverwaltungsverfahren anwendbar, und zwar nicht nur für solche, die ab dem 1. Januar 2004 angeordnet worden sind, sondern zwischenzeitlich auch für solche, die zuvor angeordnet worden waren, da vollständige Jahresabrechnungszeiträume seitdem jedenfalls abgeschlossen sind, vgl. § 25 2. Halbsatz ZwVwV.

II. Anspruch auf Vergütung und Auslagen

1. System der Vergütung

3 Nach § 17 Abs. 1 Satz 1 ZwVwV hat der Verwalter zunächst Anspruch auf eine angemessene Vergütung für seine (gesamte) Geschäftsführung sowie auf

---

[1] Zur Historie der Rechtsentwicklung: *Haarmeyer/Wutzke/u.a.*, ZVG, Vor §§ 17 bis 22 Rn. 1 bis 2.

Erstattung seiner Auslagen nach Maßgabe des § 21 ZwVwV. Seine Tätigkeit ist insgesamt angemessen zu vergüten.[2]

Die Regelvergütung des Zwangsverwalters richtet sich zunächst nach § 18 ZwVwV. Grundsätzlich erhält der Zwangsverwalter danach als Vergütung 10 % der Einnahmen, die er aus Vermietung oder Verpachtung gezogen hat, auf der Basis der Bruttoeinnahmen; für geschuldete, nicht eingezogene Mieten oder Pachten (Soll-Einnahmen) 20 % der Vergütung, die er erhalten hätte, wenn diese Mieten eingezogen worden wären (das bedeutet im Normalfall 20 % von 10 % = 2 % der Soll-Mieten). **4**

Sofern sich im Einzelfall ein Missverhältnis ergibt, kann die Regelvergütung bis auf 5 % vermindert oder auf bis 15 % erhöht werden. **5**

Wenn der Verwalter keine nach § 18 ZwVwV zu berechnende Vergütung erhält (beispielsweise weil das Objekt nicht durch Vermietung genutzt werden kann), bemisst sich seine Vergütung gem. § 19 ZwVwV nach Zeitaufwand, und zwar sowohl nach dem Zeitaufwand des Zwangsverwalters als auch nach demjenigen seiner Mitarbeiter, mit einem Stundensatz von mindestens 35 € und höchstens 95 €. **6**

Die abweichende Vergütung nach § 19 ZwVwV kann auch beantragt werden, wenn die Regelvergütung offensichtlich unangemessen wäre (beispielsweise bei 200 € Mieteinnahmen für ein Grundstück in einem Jahr, hier wäre beispielsweise bei 10 oder 15 Stunden Arbeitsaufwand der Aufwand des Zwangsverwalters offensichtlich unangemessen bezahlt). **7**

Unabhängig davon, ob für Rumpfabrechnungsjahre oder vollständige Abrechnungsjahre die Vergütung nach § 18 oder § 19 ZwVwV ermittelt wurde, steht dem Zwangsverwalter für den Fall, dass er das Grundstück in Besitz genommen hat, eine Vergütung von mindestens 600 € für die gesamte Verfahrensdauer zu. Dies ergibt sich aus § 20 ZwVwV. Ist das Verfahren aufgehoben, bevor der Zwangsverwalter das Grundstück überhaupt auch nur in Besitz nimmt, beträgt seine Mindestvergütung 200 €. **8**

Darüber hinaus legt § 21 ZwVwV fest, dass der Zwangsverwalter Anspruch auf Ersatz seiner Auslagen hat, sofern es sich nicht um seine allgemeinen Geschäftskosten handelt. Die Auslagenpauschale kann in Höhe von 10 % der Vergütung geltend gemacht werden (berechnet nach §§ 18 bis 20 ZwVwV), höchstens jedoch 40 € für jeden angefangenen Monat, im Ergebnis also maximal 480 € pro Jahr (§ 21 Abs. 2 Satz 2 ZwVwV). **9**

Es ergibt sich weiter aus der Verordnung, dass der Zwangsverwalter auch Anspruch auf die Umsatzsteuer auf seine Tätigkeit hat, § 17 Abs. 2 ZwVwV. Schließlich wird noch ein Sondersachverhalt geregelt, nämlich die Fertigstellung von Bauvorhaben, dort erhält der Verwalter 6 % der von ihm verwalteten Bausumme, Planungsausführung der Bruttobausumme, ohne Abzug von Planungs-, Ausführungs- und Abnahmekosten. **10**

2. Vergütungsrechtlicher Normalfall

Das Vergütungssystem der §§ 17, 18 ff. ZwVwV beruht an verschiedenen Stellen darauf, dass in einem vergütungsrechtlichen Normalverfahren der Zwangsverwalter für seine Tätigkeit hinreichend bezahlt ist, beispielsweise beim Grundfall der Regelvergütung von 10 %, wo sich aus § 18 Abs. 2 ZwVwV sowohl die Senkung als auch die Hebung ergeben kann, aber auch in § 19 Abs. 2 ZwVwV, wonach der Zwangsverwalter dann seine tatsächlichen Stunden abrechnen kann, sofern die Berechnung nach § 18 Abs. 1 oder Abs. 2 ZwVwV offensichtlich zu unangemessenen Ergebnissen führte. **11**

---

2 BGH, Beschl. vom 1.6.2006 – V ZB 29/06, Rpfleger 2006, 490.

12 Eine ausdrückliche Antwort, was sich der Verordnungsgeber unter diesem Normalfall vorstellt, enthält die ZwVwV nicht. Aus den Gesetzesmaterialien lässt sich jedoch entnehmen, dass dann von einem Regelfall als Abgrenzungskriterium auszugehen ist, wenn es sich um die Zwangsverwaltung eines nicht gewerblichen Objektes in einem durchschnittlichen Erhaltungszustand mit bis zu zehn Einheiten handelt, bei denen die bisherige Nutzung ohne rechtliche und tatsächliche Hindernisse fortgesetzt werden kann.[3]

III. Anspruch auf Umsatzsteuer

13 Aus § 17 Abs. 2 ZwVwV ergibt sich, dass der Zwangsverwalter auf seine ermittelte Vergütung die gesetzliche Umsatzsteuer verlangen kann. Der Zwangsverwalter selbst ist aus seiner Tätigkeit nach § 12 UStG umsatzsteuerpflichtig.

IV. Vergütung der Tätigkeit besonders Qualifizierter

14 Bei der Tätigkeit eines besonders qualifizierten Zwangsverwalter stellt § 17 Abs. 3 ZwVwV klar, dass er zusätzlich zu seiner Vergütung als Zwangsverwalter Vergütung für solche Tätigkeiten gesondert und ohne Anrechnung auf seine ansonsten verdiente Verwaltervergütung verlangen kann, die ein nicht gleichermaßen qualifizierter Zwangsverwalter auf einen qualifizierten Dritten übertragen und dann zu Lasten der Zwangsverwaltungsmasse an diesen bezahlt hätte.

15 Die Verordnung geht hier grundsätzlich vom Rechtsanwalt aus, § 17 Abs. 3 Satz 2 ZwVwV erweitert dies jedoch auf Steuerberater oder anderweitig besonders Qualifizierte.

16 Beispiel: Verklagt der Zwangsverwalter, der selbst Rechtsanwalt ist, einen Mietschuldner auf Zahlung des offenen Betrages, so kann er die Kosten für seine anwaltliche Tätigkeit der Masse gesondert gegenüber in Rechnung stellen. Sicher gilt dies für einen Anwalt, der einen Prozess führt, bei dem Anwaltszwang besteht. Bei anderen Prozessen ist zu prüfen, ob ein qualifizierter Zwangsverwalter ohne die besondere Qualifikation des Rechtsanwalts den Prozess selbst geführt oder einen Anwalt beauftragt hätte.

17 Dies gilt sinngemäß auch für Zwangsverwalter, welche die Qualifikation eines Steuerberaters haben.

18 Rechtlich denkbar ist auch, dass beispielsweise ein Architekt oder Bauingenieur als Zwangsverwalter bestellt wird und Leistungen im Rahmen von Bauvorhaben nach der HOAI abrechnet.

19 Dagegen kann ein Zwangsverwalter, der auch Notar ist, mögliche Beurkundungen nicht vornehmen, da diese nach den §§ 3, 6, 7 BeurkG für ihn selbst als Partei kraft Amtes ausgeschlossen sind.

20 Insbesondere wird sich in der täglichen Praxis die Frage stellen, ob ein Zwangsverwalter, der auch Rechtsanwalt ist, beispielsweise außergerichtliche Mahnungen, außergerichtliche Vergleiche, bei denen er durch die spätere Zahlung mit seiner Vergütung als Zwangsverwalter profitiert, zusätzlich im Rahmen von Anwaltsgebühren zu Lasten der Masse abrechnen kann. Einerseits ist zu würdigen, dass insbesondere das Recht der Mieten und Pachten durch die Rechtsprechung des VIII. und des XII. Senats des Bundesgerichtshofs in den letzten Jahren in erheblicher Weise verkompliziert worden ist. Einfache und

---

[3] 2. Entwurf der Verordnung vom 3. Juni 2003, Begründung zu § 18.

simple Sachverhalte, die sich ohne Weiteres und abschließend ohne besondere Sachkenntnis klären lassen, sind kaum mehr vorhanden. Man denke hier allein an die Fragen der Betriebs- und Nebenkostenabrechnung, der Mietminderung bei Flächenmängeln, die Problematik der laufenden Schönheitsreparaturen sowie der Schlussrenovierung.

Auf der anderen Seite muss der Zwangsverwalter in seinem eigenen Interesse – nicht nur in seinem Vergütungsinteresse der einzelnen Zwangsverwaltung – bedenken, dass bei den Verfahrensbeteiligten, insbesondere dem Gericht, nicht der Eindruck entsteht, er wolle über die Möglichkeit des § 17 Abs. 3 ZwVwV eine ungerechtfertigte – vielleicht auch nur als überhöht empfundene – weitere Vergütung beanspruchen. Es kann dabei ohne Weiteres sein, dass jeder einzelne Vergütungstatbestand auch einer strengen Kontrolle standhält und an sich gerechtfertigt ist; hat sich jedoch erst einmal ein entsprechender Ruf des Zwangsverwalters bei Gericht und anderen Verfahrensbeteiligten verdichtet, kann dies Auswirkungen auf die gerichtliche Bestellpraxis haben. **21**

Es ist ein sensibles Thema, das von allen Seiten, insbesondere aber vom beantragenden Zwangsverwalter, auch so behandelt werden sollte. **22**

§ 18 ZwVwV   Regelvergütung

(1) Bei der Zwangsverwaltung von Grundstücken, die durch Vermieten oder Verpachten genutzt werden, erhält der Verwalter als Vergütung in der Regel 10 Prozent des für den Zeitraum der Verwaltung an Mieten oder Pachten eingezogenen Bruttobetrags. Für vertraglich geschuldete, nicht eingezogene Mieten oder Pachten erhält er 20 Prozent der Vergütung, die er erhalten hätte, wenn diese Mieten eingezogen worden wären. Soweit Mietrückstände eingezogen werden, für die der Verwalter bereits eine Vergütung nach Satz 2 erhalten hat, ist diese anzurechnen.

(2) Ergibt sich im Einzelfall ein Missverhältnis zwischen der Tätigkeit des Verwalters und der Vergütung nach Absatz 1, so kann der in Absatz 1 Satz 1 genannte Prozentsatz bis auf 5 vermindert oder bis auf 15 angehoben werden.

(3) Für die Fertigstellung von Bauvorhaben erhält der Verwalter 6 Prozent der von ihm verwalteten Bausumme. Planungs-, Ausführungs- und Abnahmekosten sind Bestandteil der Bausumme und finden keine Anrechnung auf die Vergütung des Verwalters.

Übersicht

		Rn.
I.	Normzweck; Rechtsnatur; Anwendungsbereich	1, 2
II.	Berechnung der Regelvergütung	3–16
1.	Anteil der Ist-Miete	3–8
2.	Anteil der Soll-Miete	9–11
3.	Abweichung bei Missverhältnis	12–16
III.	Vergütung bei Fertigstellung von Bauvorhaben	17

I. Normzweck; Rechtsnatur; Anwendungsbereich

1 § 18 ZwVwV ersetzt den § 24 der bisherigen Verordnung, wobei die Vergütungssystematik insgesamt neu gegliedert und vereinfacht wurde. Mit Hilfe des § 18 ZwVwV wird die Vergütung des Zwangsverwalters in einem Verfahren berechnet, bei dem das zwangsverwaltete Objekt ganz oder teilweise vermietet ist und der Zwangsverwalter entsprechende Einnahmen zieht und/oder ihm solche Mieteinnahmen zustehen. Der Anteil der ihm zustehenden Ist-Einnahmen ist variabel von 5 bis 15 % und stellt damit einen weite Bandbreite dar, innerhalb derer eine angemessene Vergütung im Sinne von § 17 ZwVwV ermittelt werden kann. Ist das Objekt zwar vermietet, stellt sich aber ein Missverhältnis zwischen Aufwand und Vergütung dar, das auch bei einer Vergütungsanhebung auf 15 % nicht ausgeglichen werden kann, eröffnet § 19 Abs. 2 ZwVwV den Weg zu einer vollständigen Stundenvergütung der Abrechnungsperiode.

2 § 18 ZwVwV bildet damit den Kern eines in sich geschlossenen, gleichermaßen flexiblen Vergütungssystems.

II. Berechnung der Regelvergütung

1. Anteil der Ist-Mieten

3 Aus § 18 Abs. 1 Satz 1 ZwVwV ergibt sich eine Regelvergütung des Zwangsverwalters von 10 % des für den Zeitraum der Verwaltung an Mieten oder Pachten eingezogenen Bruttobetrages. Unter dem Bruttobetrag ist die Kaltmiete zu verstehen, gegebenenfalls zuzüglich Umsatzsteuer, zuzüglich Betriebs-

und Nebenkostenvorauszahlung oder -pauschalen zuzüglich etwaig darauf anfallender Umsatzsteuer. Dies deckt sich mit dem Begriff der „Miete" des Bundesgerichtshofs.[1]
Weiter sind sonstige Ansprüche in die Vergütung einzubeziehen, die der Zwangsverwalter aufgrund vertraglicher oder gesetzlicher Grundlage gegen Mieter oder Nutzer des Objekts einzieht, beispielsweise Nutzungsentschädigungen, Schadensersatzansprüche etc. Ver- oder aufgerechnete Mieten sind nicht fiktiv den eingezogenen Beträgen hinzuzurechnen, vielmehr mindert dies die Vergütung des Zwangsverwalters.

Praxistipp: Da jede Form der Mietreduzierung die Bemessungsgrundlage der Zwangsverwaltervergütung reduziert, sollte ein Zwangsverwalter aus vergütungsrechtlicher Sicht notwendige Instandsetzungsarbeiten vor der Wiedervermietung eines Objekts nach Möglichkeit nicht dadurch finanzieren, dass er dem Mieter für einen gewissen Zeitraum einen Teil der Kaltmiete erlässt. 4

Beispiel: Nach zwei Jahren Leerstand soll eine Zahnarztpraxis neu vermietet werden. Die monatliche Kaltmiete soll 3.000 € betragen. Es sind vorher Investitionen von 9.000 € zu erbringen. Der Mietinteressent fragt an, ob er diese Instandhaltung nicht selbst vornehmen kann gegen Erlass der Kaltmiete für die ersten drei Monate. Aus Sicht des Zwangsverwalters spricht hiergegen, dass sich die Bemessungsgrundlage für seine Verwaltervergütung damit um 9.000 € reduziert, sich daraus eine Mindervergütung in Höhe von 5 bis 15 % dieses Betrages ergibt. Er hat weiter auch nicht in der Hand, mit welchen Materialien und in welcher Qualität die Instandhaltungsmaßnahmen erbracht werden. Auch dies ist ein Argument gegen die weit verbreitete Praxis, die Instandsetzungsarbeiten über mietvertragliche Vereinbarungen zu finanzieren. 5

Die Vergütung ist dabei für das jeweilige Grundstück zu berechnen, das der Zwangsverwaltung unterliegt. Dies gilt insbesondere auch bei mehreren Eigentumswohnungen in einem Objekt, kann aber auch für verschiedene Grundstücksteile gelten, sofern sie nicht wirtschaftlich zusammengefasst sind. Wirtschaftlich zusammengefasste Grundstücke sind solche, die wie ein einziges Grundstück vermietet oder verpachtet sind und sich aus der zugrunde liegenden Vereinbarung keine gesonderte Miete oder Pacht für das einzelne Grundbuchgrundstück ergeben. 6

Im Rahmen der Vergütungsberechnung sind in zeitlicher Ebene alle die Beträge in die Berechnung einzustellen, die der Masse in der Abrechnungsperiode zugeflossen sind. Handelt es sich um Beträge, die bereits in einer früheren Abrechnung als geltend gemachte Soll-Miete angesetzt worden sind (vgl. § 18 Abs. 1 Satz 2 ZwVwV), so ist der dafür erhaltene Vergütungsteil anzurechnen, § 18 Abs. 1 Satz 3 ZwVwV. 7

Die Vergütung ist zum Ende der Zwangsverwaltung grundsätzlich für Einnahmen bis zur Aufhebung des Verfahrens zu berechnen, so der Zwangsverwalter ermächtigt ist, weitere Mieten einzuziehen (§ 12 Abs. 2 ZwVwV), ist auch diese Tätigkeit zu vergüten.[2] 8

2. Anteil der Soll-Miete

Gemäß § 18 Abs. 1 Satz 2 ZwVwV erhält der Zwangsverwalter 20 % der Vergütung, die er erhalten hätte, wenn diese Mieten eingezogen worden wären. Unter Zugrundelegung der Regelvergütung nach § 18 Abs. 1 Satz 1 ZwVwV von 10 % ergibt sich daraus eine Summe von 2 % der Soll-Einnahmen. Dieser Betrag kann, so im besonderen Fall die Regelvergütung auf 5 % herabgesetzt 9

---

[1] BGH, Urteil vom 6.4.2005 – XII ZR 225/03, BGHZ 163, 1 = NJW 2005, 1713.
[2] *Haarmeyer/Wutzke/u.a.*, ZVG, § 18 Rn. 8 m.w.N.

wird, auf 1 % sinken (1/5 von 5 %) oder aber bis auf maximal 3 % wachsen (1/5 von 15 %).

10 Sofern die Soll-Miete in einer späteren Abrechnungsperiode ganz oder teilweise eingezogen wird, ist die erhaltene Vergütung auf die Soll-Miete auf die Vergütung der eingezogenen Ist-Miete anzurechnen, § 18 Abs. 1 Satz 3 ZwVwV.

11 Da dies die Jahresabrechnung, gerade bei einer größeren Anzahl von Einzelsachverhalten deutlich verkomplizieren kann, regen die Gerichte zum Teil bei Zwangsverwaltern an, für die Dauer des Zwangsverwaltungsverfahrens bis zur Aufhebung auf die Geltendmachung nach § 18 Abs. 1 Satz 2 ZwVwV zu verzichten. Damit entfällt die Hin- und Herrechnung, lediglich Soll-Mieten, die der Zwangsverwalter während der Gesamtdauer seiner Vergütung geltend gemacht und innerhalb dieses Zeitraums nicht erhalten hat, können im Rahmen der Schlussvergütungsrechnung beantragt werden (wobei eine Weiterermächtigung nach § 12 Abs. 2 ZwVwV diesen ersparten Arbeitsaufwand wieder zunichte machte). Gegen den ersparten rechnerischen Mehraufwand für Zwangsverwalter und Gericht ist auf Seiten des Zwangsverwalters eine – wenn auch oft nur marginal – geringere laufende Vergütung entgegenzuhalten und damit eine Liquiditätseinbuße während der Dauer des Verfahrens.

3. Abweichung bei Missverhältnis

12 Nach § 18 Abs. 2 ZwVwV kann der Regelsatz von 10 % gemäß § 18 Abs. 1 Satz 1 ZwVwV auf bis zu 5 % vermindert oder auf bis zu 15 % angehoben werden, wenn sich im Einzelfall ein Missverhältnis zwischen der Tätigkeit – dem Aufwand – des Zwangsverwalters und der nach § 18 Abs. 1 ZwVwV errechneten Vergütung ergibt.

13 Um ein Missverhältnis im Tatsächlichen feststellen und rechnerisch erfassen zu können, bedarf es der Klärung, was der Verordnungsgeber mit einem Regelfall, der nach § 18 Abs. 1 ZwVwV berechnet ist, als hinreichend vergütet ansieht (s. § 17 ZwVwV Rn. 13).
Schon nach der alten Verordnung wurde hier eine umfangreiche Kasuistik herausgebildet.

14 Die Erhöhung oder Absenkung kann dabei je nach Abrechnungsperiode unterschiedlich ausfallen, beispielsweise bei einem extrem arbeitsaufwendigen ersten Jahr mit opponierendem Schuldner, aufgewiegelten Mietern, erheblichem Renovierungsrückstau und daraus resultierendem Leerstand, und den Folgejahren, in denen nach „Befriedung" des Objekts die Mieteinnahmen ohne weitere Probleme eingezogen werden. Relevante Abweichungen vom gesetzgeberischen Leitbild sind insbesondere solche:

15
- gewerbliche Vermietung und Verpachtung als Erhöhungsfaktor
- durchschnittlicher baulicher Zustand, keine besonderen Aufwendungen – Regelsatz
- übergabe- und kooperationsbereiter Schuldner, keine Probleme hinsichtlich der Inbesitznahme und der Unterlagen – Regelsatz
- Beibehalten der vom Schuldner vorgenommenen Nutzung – Regelsatz
- Objekt mit bis zu 10 Einheiten und Dauer von bis zu einem Jahr – Regelsatz

16 Es ist klarzustellen, dass in jedem konkreten Verfahren und in jeder zur Abrechnung gestellten Periode die tatsächliche Tätigkeit des Zwangsverwalters im Hinblick auf Umfang und Schwierigkeit der angefallenen Tätigkeit angemessen zu vergüten ist. Hier ist im Fall des erkennbaren Missverhältnisses die Vergütung entsprechend abzusenken oder zu erhöhen.[3] Ein Automatismus bei der Abweichung von einem „Regelverfahren" besteht jedoch nicht.[4]

III. Vergütung bei Fertigstellung

Der Verordnungsgeber geht hier von der Bezugsgröße der vom Zwangsverwalter verwalteten Brutto-Bausumme aus, ohne Abzug von Planungs-, Ausführungs- und Abnahmekosten. Hiervon erhält der Zwangsverwalter 6 %. Die Vergütung fällt unabhängig von der sonstigen Vergütung gemäß §§ 18, 19 ZwVwV an, es handelt sich um eine Sondervergütung zusätzlich zur Regelvergütung nach § 18 Abs. 1 und 2 ZwVwV sowie der abweichenden Vergütung nach § 19 ZwVwV.

---

3 Einzelfälle in *Haarmeyer/Wutzke/u.a.*, ZVG, § 18 Rn. 20, 23, 30, 35; *Depré/Mayer*, Handb., Rn. 660 ff.
4 BGH, Beschl. vom 15.11.2007 – V ZB 12/07, Rpfleger 2008, 216.

§ 19 ZwVwV Abweichende Berechnung der Vergütung

(1) Wenn dem Verwalter eine Vergütung nach § 18 nicht zusteht, bemisst sich die Vergütung nach Zeitaufwand. In diesem Fall erhält er für jede Stunde der für die Verwaltung erforderlichen Zeit, die er oder einer seiner Mitarbeiter aufgewendet hat, eine Vergütung von mindestens 35 Euro und höchstens 95 Euro. Der Stundensatz ist für den jeweiligen Abrechnungszeitraum einheitlich zu bemessen.

(2) Der Verwalter kann für den Abrechnungszeitraum einheitlich nach Absatz 1 abrechnen, wenn die Vergütung nach § 18 Abs. 1 und 2 offensichtlich unangemessen ist.

Übersicht	Rn.
I. Normzweck; Rechtsnatur; Anwendungsbereich	1–3
II. Ansatz und Berechnung der Vergütung	4–11
III. Abweichende Berechnung statt Regelvergütung	12–15

I. Normzweck; Rechtsnatur; Anwendungsbereich

1 § 19 ZwVwV ersetzt den § 26 der bisherigen Verordnung. Hiernach werden diejenigen Vergütungsfälle berechnet, in denen der Zwangsverwalter keine Einnahmen aus Vermietung und Verpachtung hat (Abs. 1) oder die Vergütungsberechnung für vermietete oder verpachtete Objekte nach § 18 Abs. 1, Abs. 2 ZwVwV zu einer unangemessenen Vergütung führte (§ 19 Abs. 2 ZwVwV).

2 Es wird hinsichtlich der Höhe der Vergütung unterschieden, ob der Zwangsverwalter selbst die Tätigkeit ausübt oder ob es sich um die Tätigkeit eines Mitarbeiters handelt. Es steht insgesamt ein Vergütungsspektrum zwischen 35 bis 95 € pro Stunde zu Verfügung. Hinsichtlich der Vergütungshöhe ist der fachliche Anspruch der Tätigkeit maßgeblich.

3 Mit dieser Regelung zeigt der Verordnungsgeber weiter, dass er selbst davon ausgeht, dass weite Bereiche der Tätigkeit des Zwangsverwalters delegierbar sind. In diesem Lichte sind insbesondere die § 1 Abs. 2, Abs. 3 ZwVwV zu betrachten.

II. Ansatz und Berechnung der Vergütung

4 In Fällen, in denen ein Grundstück nicht durch Vermietung oder Verpachtung genutzt wird oder sonst keine solche Vergütung anfällt (§ 18 Abs. 1 Satz 1 ZwVwV), bemisst sich die Vergütung nach dem Zeitaufwand. Vergütet wird hierbei die für die Verwaltung erforderliche Zeit, die entweder der Zwangsverwalter in Person oder einer seiner Mitarbeiter aufgewendet hat.

5 Zu betrachten sind dabei also die jeweils notwendige Tätigkeit und dabei jeweils deren Umfang und Schwierigkeit. Zu ermitteln sind also zum einen der Umfang der Tätigkeit, zum anderen ein Stundensatz zur angemessenen Vergütung der Tätigkeit. Es gilt hierbei in jedem Verfahren wegen § 19 Abs. 1 Satz 3 ZwVwV einen angemessenen einheitlichen Stundensatz zu finden. In der gerichtlichen Praxis haben sich Mittelsätze zwischen 65 und 75 € herauskristallisiert.[1]

Als Fälle einer von der Schwierigkeit her unterdurchschnittlichen Zwangsverwaltung sind anzusehen nicht nutzbare Außenflächen, insbesondere unbebaute, bei denen das von dem Grundstück ausgehende Risiko minimal ist; von der Größe geringfügige Grundstücke, die zwar ein eigenes Grundbuchgrundstück darstellen, aber von ihrem tatsächlichen Zuschnitt her nicht gesondert zu bewirtschaften sind.

Sofern solche Grundstücke gewisser Pflege bedürfen, beispielsweise um öffentlich-rechtlichen Anliegerpflichten zu genügen, ist zumindest ein gewisser Abschlag unter einem Mittelsatz von rund 70 € vorzunehmen.

Durchschnittliche bis überdurchschnittliche Verfahren sind solche mit querulatorischen Verfahrensbeteiligten wie Schuldnern, gegen die Vollstreckungsmaßnahmen ausgebracht werden müssen, unrechtmäßige Nutzer (Klärung der possessorischen Verhältnisse), maßgebliche Mitwirkung an wohnungseigentumsrechtlichen Sachverhalten etc. Befinden sich mehrere unvermietete Eigentumswohnungen in einem Gebäude, ist dies kein Grund, die Vergütung unterhalb des Mittelwertes festzusetzen.[2]

Zu den schwierigsten Zwangsverwaltungen gehören Zwangsverwaltungen von Grundstücken, bei denen rechtliche Auseinandersetzungen mit Grundstücksnachbarn bestehen, wie Überbausachverhalte, Rechtsfragen im der Fall der parallelen Anordnung von Insolvenzverfahren über das Vermögen des Schuldners, schwierige tatsächliche Verhältnisse hinsichtlich der Immobilie wie z. B. Hausschwammsachverhalte, Altlasten etc. Bei solchen Fällen ist auch von einem erhöhten Haftungsrisiko auszugehen.

Die Anzahl der Stunden ist gegenüber dem Gericht glaubhaft darzulegen. Nach der Rechtsprechung des Bundesgerichtshofs bedarf es hier keiner minutiösen Dokumentation.[3] Aus Gründen der Rechtssicherheit sowie der Eigendarstellung des Zwangsverwalters gegenüber dem Gericht und den sonstigen Verfahrensbeteiligten erscheint eine nachvollziehbare Dokumentation jedoch vorzugswürdig.

Sofern sich nicht aus einem in der Regel beigefügten Jahres- oder Schlussbericht bereits die besondere Art und Qualität der Tätigkeit im Abrechnungsjahr ergibt, sollte dies im Vergütungsantrag nochmals genauer beschrieben werden. Der Zwangsverwalter tut jedoch gut daran, den Schwerpunkt seiner Ausführungen im Jahres- bzw. Schlussbericht zu setzen und nicht im Vergütungsantrag.

III. Abweichende Berechnung statt Regelvergütung

Nimmt der Zwangsverwalter Vergütungen aus Vermietung und Verpachtung ein, und lässt sich daraus eine Vergütung gemäß § 18 Abs. 1, Abs. 2 ZwVwV berechnen, so ist es doch möglich, dass diese Vergütung unangemessen im Sinne des § 19 Abs. 2 ZwVwV ist. § 19 Abs. 2 ZwVwV ermöglicht in der Abrechnungsperiode den Übergang von der Regelvergütung in die Stundenvergütung nach § 19 ZwVwV. Klarzustellen ist, dass hier der gesamte Zeitraum abzurechnen ist.

---

1 Zu den verschiedenen Herangehensweisen an die Berechnung eines Mittelsatzes vgl. *Haarmeyer/Wutzke u. a.*, ZVG, § 19 Rn. 6 ff.; s. auch, Die Zeitvergütung in der Zwangsverwaltung – Richtlinien für die Praxis, ZfIR 2008, 49 ff.
2 BGH, Beschl. vom 25.1.2007 – V ZB 150/06, Rpfleger 2007, 276.
3 Vgl. BGH, Beschl. vom 11.10.2007 – V ZB 1/07.

13 Beispiel: Ein Gewerbegrundstück ist für 20.000 € pro Monat vermietet. Nach sechs Monaten ist das Mietverhältnis beendet, der Mieter zieht aus. Der Zwangsverwalter hat wegen der Größe und Lage des Grundstücks einen erheblichen Aufwand allein mit der Sicherung. Er kann nun nicht die Vergütung nach § 18 Abs. 1 ZwVwV für die ersten sechs Monate berechnen und sich danach den weiteren Stundenaufwand gemäß § 19 Abs. 2 ZwVwV vergüten lassen.

14 Vielmehr ist zunächst von der Berechnung der Regelvergütung nach § 18 Abs. 1 ZwVwV auszugehen. Diese ist bis auf den maximalen Satz von 15 % der Mieteinnahmen nach § 18 Abs. 2 ZwVwV zu erhöhen. Ergibt sich selbst dann eine unangemessene Vergütung im Verhältnis zur aufgewendeten Tätigkeit des Zwangsverwalters, ist der Weg über § 19 Abs. 2 ZwVwV zur Stundenvergütung nach § 19 Abs. 1 ZwVwV eröffnet. Der Bundesgerichtshof hat entschieden, dass eine unangemessene Vergütung dann vorliegt, wenn die Regelvergütung trotz Ausschöpfung des Höchstrahmens nach § 18 Abs. 2 ZwVwV um mehr als 25 % hinter der Vergütung nach Zeitaufwand zurückbleibt.[4] Hierfür hat der Zwangsverwalter eine plausible Darstellung seines Zeitaufwands darzulegen.[5]

15 In einem solchen Fall hat der Zwangsverwalter also zwei Berechnungen vorzunehmen, und zwar inzident die Berechnung nach § 18 Abs. 1, Abs. 2 ZwVwV, anschließend Art (Schwierigkeit) und Umfang der tatsächlich geleisteten Tätigkeit plausibel zu machen und hieraus eine Vergütung nach § 19 Abs. 1 ZwVwV zu berechnen. Erst wenn dieser Satz erheblich im Sinne der BGH-Rechtsprechung über den Regelvergütungssatz hinausgeht, hat er einen solchen Vergütungsanspruch nach § 19 Abs. 1 ZwVwV.

---

[4] BGH, Beschl. vom 11.10.2007 – V ZB 1/07.
[5] BGH, Beschl. vom 10.1.2008 – V ZB 31/07, Rpfleger 2008, 270.

§ 20 ZwVwV Mindestvergütung

(1) Ist das Zwangsverwaltungsobjekt von dem Verwalter in Besitz genommen, so beträgt die Vergütung des Verwalters mindestens 600 Euro.

(2) Ist das Verfahren der Zwangsverwaltung aufgehoben worden, bevor der Verwalter das Grundstück in Besitz genommen hat, so erhält er eine Vergütung von 200 Euro, sofern er bereits tätig geworden ist.

Übersicht	Rn.
I. Normzweck; Rechtsnatur; Anwendungsbereich	1
II. Berechnung der Mindestvergütung	2–8

I. Normzweck; Rechtsnatur; Anwendungsbereich

Soweit der Zwangsverwalter das Objekt bereits in Besitz genommen hat, handelt es sich um eine Fortentwicklung des § 24 Abs. 3 der früheren Verordnung. Die Mindestvergütung ist als Pauschale vorgesehen. Abs. 2 entspricht § 24 Abs. 4 der früheren Verordnung. **1**

II. Berechnung der Mindestvergütung

Nach § 20 Abs. 1 ZwVwV beträgt die Mindestvergütung, wenn der Zwangsverwalter das Objekt in Besitz genommen hat, 600 €, sofern bereits vor der Inbesitznahme des Objekts das Zwangsverwaltungsverfahren aufgehoben ist (Abs. 2) 200 €. **2**

Beide Vergütungen sind Pauschalen. Nach der Ratio des Verordnungsgebers für die Vergütung nach § 20 Abs. 1 ZwVwV muss die Inbesitznahme erfolgt und die damit im Zusammenhang stehenden Tätigkeiten weitgehend abgeschlossen sein. Der Inbesitznahmebericht selbst muss nicht bereits vollständig erstellt und beim Gericht eingereicht sein.[1] **3**

Für das Geltendmachen der Vergütung nach § 20 Abs. 2 ZwVwV soll über den Wortlaut der Verordnung hinaus eine – wenn auch sehr geringfügige – Vorbereitungshandlung notwendig aber auch ausreichend sein, beispielsweise das Studieren der Akte, das Anfordern von Unterlagen oder die Kontaktaufnahme mit einem Verfahrensbeteiligten.[2] **4**

Nach Erlass des § 20 Abs. 1 ZwVwV waren zunächst mehrere Fragestellungen offen, welche jedoch der Bundesgerichtshof in der Zwischenzeit entschieden hat: **5**

Es handelt sich bei der Mindestvergütung nach § 20 Abs. 1 ZwVwV weder um eine „Inbesitznahmevergütung", welche zusätzlich zu der Vergütung gemäß §§ 18, 19 ZwVwV im ersten Jahr des Verfahrens hinzutritt, noch steht dem Zwangsverwalter diese Vergütung bereits im ersten Jahr zu, sofern das Zwangsverwaltungsverfahren noch nicht aufgehoben ist. Dies hat sich ebenso wenig durchgesetzt wie die Annahme, dass es sich um eine jedes Jahr neu entstehende Mindestvergütung handelt[3]. Diese Überlegungen wurden vom Bundesgerichtshof abgelehnt, bei der Mindestvergütung handelt es sich vielmehr um eine Mindestvergütung für das gesamte Verfahren.[4] **6**

---
1 *Haarmeyer/Wutzke/u.a.*, ZVG, § 20 Rn. 2.
2 *Haarmeyer/Wutzke/u.a.*, ZVG, § 20 Rn. 5.
3 So aber *Mork/Neumann*, ZInsO 2005, 920 ff.
4 Umfassend: BGH, Beschl. vom 1.6.2006 – V ZB 29/06, Rpfleger 2006, 490.

Beispiel:

7 Das Zwangsverwaltungsverfahren wird zum 1. Juli eines Jahres angeordnet. Bis zum Ende des Kalenderjahres werden Mieteinnahmen in Höhe von 3.000 € eingezogen.
Zum Ende des ersten Quartals des Folgejahres, nachdem weitere 1.500 € eingezogen werden konnten, wird das Verfahren aufgehoben.
Die Vergütung berechnet sich wie folgt (vereinfacht, ohne Auslagen und Umsatzsteuer):
10 % Regelvergütung aus 3.000 € für das erste Jahr = 300 € Vergütung. Für das zweite Jahr ist zunächst die Regelvergütung nach § 18 zu berechnen, hier 10 % aus 1.500 € gleich 150 €. Da die Gesamtvergütung des Verfahrens damit nur 450 € beträgt, kann der Zwangsverwalter im zweiten Jahr mit seiner Schlussvergütung 300 € beantragen gemäß § 20 Absatz 1 ZwVwV statt 150 € gemäß § 18 ZwVwV als Differenz zur Mindestvergütung von 600 €.

8 In der Praxis waren Fälle am meisten streitbehaftet, in denen mehrere Grundstücke Gegenstand der Zwangsverwaltung waren. Der Zwangsverwalter hat hier für jedes einzelne Objekt einen einzelnen Inbesitznahmebericht zu erstellen, insoweit fällt auch die Mindestvergütung für jedes einzelne Grundstück gesondert an (insbesondere bei großen Objekten, welche nach § 3 oder § 8 WEG geteilt sind, kann dies für Gläubiger und Schuldner zu erheblichen Belastungen führen).[5] Dagegen können mehrere Grundstücke, die einheitlich genutzt werden und somit wirtschaftlich zusammengefasst sind, ein einzelnes Vollstreckungsobjekt ergeben, für das die Mindestvergütung nur einmal anfällt.

---

5 BGH, Beschl. vom 24.11.2005 – V ZB 133/05, Rpfleger 2006, 151; BGH, Beschl. vom 18.1.2007 – V ZB 63/06, Rpfleger 2007, 274 = NZM 2007, 300 ff.

§ 21 ZwVwV Auslagen

(1) Mit der Vergütung sind die allgemeinen Geschäftskosten abgegolten. Zu den allgemeinen Geschäftskosten gehört der Büroaufwand des Verwalters einschließlich der Gehälter seiner Angestellten.

(2) Besondere Kosten, die dem Verwalter im Einzelfall, zum Beispiel durch Reisen oder die Einstellung von Hilfskräften für bestimmte Aufgaben im Rahmen der Zwangsverwaltung, tatsächlich entstehen, sind als Auslagen zu erstatten, soweit sie angemessen sind. Anstelle der tatsächlich entstandenen Auslagen kann der Verwalter nach seiner Wahl für den jeweiligen Abrechnungszeitraum eine Pauschale von 10 Prozent seiner Vergütung, höchstens jedoch 40 Euro für jeden angefangenen Monat seiner Tätigkeit, fordern.

(3) Mit der Vergütung sind auch die Kosten einer Haftpflichtversicherung abgegolten. Ist die Verwaltung jedoch mit einem besonderen Haftungsrisiko verbunden, so sind die durch eine Höherversicherung nach § 1 Abs. 4 begründeten zusätzlichen Kosten als Auslagen zu erstatten.

Übersicht

		Rn.
I.	Normzweck; Rechtsnatur; Anwendungsbereich	1–3
II.	Geschäftskosten und Auslagen	4–12
1.	Abgrenzung	4–7
2.	Auslagen	8–11
3.	Haftpflichtversicherung	12

I. Normzweck; Rechtsnatur; Anwendungsbereich

Ratio des § 21 ZwVwV ist, dass der Zwangsverwalter aus seiner Vergütung seine allgemeinen, das konkrete Verfahren nicht betreffenden Kosten insgesamt zu tragen hat und diese nicht über die Auslagen – auch nicht anteilig – einem einzelnen Verfahren zuweisen kann. Verfahrensbezogene Auslagen soll er hingegen erstattet erhalten, soweit diese angemessen sind. **1**

Die Regelung entspricht im Wesentlichen derjenigen für Insolvenzverwalter, vgl. § 4 InsVV. **2**

Eine erhebliche Erleichterung ergibt sich über die Möglichkeit, Auslagen pauschaliert in Höhe von 10 % der Vergütung, höchstens jedoch 40 € für jeden angefangenen Monat geltend zu machen, § 21 Abs. 2 Satz 2 ZwVwV. Mit dieser Möglichkeit der Pauschalisierung hat der Gesetzgeber Zwangsverwaltern, Gerichten, aber auch den Gläubigern einen erheblichen Prüfungs- und Korrespondenzaufwand erspart. **3**

II. Geschäftskosten und Auslagen

1. Abgrenzung

Bei den Geschäftskosten des Zwangsverwalters handelt es sich um solche, die in seinem Büro anfallen, ohne dass sie einem einzelnen Zwangsverwaltungsverfahren zuzuordnen sind. Es handelt sich dabei insbesondere um die Kosten der Mitarbeiter des Zwangsverwalters, des allgemeinen Schreibaufwands, der Büromiete, Fortbildungskosten etc. Solche Geschäftskosten sind mit der Vergütung abgegolten. **4**

5 Zu den Geschäftskosten zählen auch die Schreibarbeiten für das einzelne, konkrete Verfahren.[1]

6 Bei den Auslagen – § 21 Abs. 2 ZwVwV spricht auch von den besonderen Kosten – handelt es sich dagegen um solche, welche dem einzelnen Verfahren zuzuweisen sind.

7 Notwendig ist, dass diese ausschließlich deswegen angefallen sind, weil der Zwangsverwalter diese für ein konkretes Verfahren aufgewendet hat.

2. Auslagen

8 Bei den Auslagen des Zwangsverwalters kann es sich um Telekommunikationskosten handeln (diese sind nachzuweisen, weder die Grundgebühr noch eine „Flatrate" lassen sich dem Verfahren – auch nicht anteilig – zuordnen), Porti, Fahrtkosten, aber auch für das konkret bearbeitete Verfahren angeschaffte Büroutensilien. Fahrtkosten zum Objekt gehören ebenfalls zu den Aufwendungen. Voraussetzung für die Erstattungsfähigkeit ist zum einen, dass sie belegt werden können, bei Porti sowie bei Telekommunikationskosten durch eine Übersicht, wann, an wen geschrieben mit wem telefoniert wurde wegen welchen Sachverhalts, bei Reisekosten, sei es vom Büro des Zwangsverwalters zum Objekt, sei es an andere Orte, durch Beschreibung von Ort und Zweck der Reise bzw. Fahrt.

9 Ebenso sind nach § 21 Abs. 2 Satz 1 ZwVwV die Kosten für die Einstellung (und Beschäftigung) von Hilfskräften für bestimmte Aufgaben erstattungsfähig. Dies bedeutet nicht, dass der Zwangsverwalter die Vergütung von eigenen Mitarbeitern ganz oder teilweise als Auslage im Verfahren geltend macht, hierbei handelt es sich – wie oben dargestellt – um Geschäftskosten. Gemeint ist hiermit, dass besondere Dienst- oder Werkverträge mit Dritten geschlossen werden (möglicherweise auch mit Mitarbeitern des Zwangsverwalters unter Freistellung von der bisherigen Tätigkeit) und diese Leistungen für ein konkretes Verfahren zu erbringen sind.

10 Die Kosten der Beauftragung eines Steuerberaters mit der Erstellung der Umsatzsteuervoranmeldungen sowie der Jahreserklärung ist als Ausgabe der Verwaltung zu bezahlen, erledigt der Verwalter dies mit eigenen Mitarbeitern, führt dies regelmäßig zu einem nach § 18 Abs. 2 ZwVwV zu vergütendem Mehraufwand.[2]

11 Neben der Problematik des Nachweises der Auslagen hat das Gericht des Weiteren deren Angemessenheit zu prüfen. Das Gericht hat dabei nicht zu prüfen, ob die Tätigkeit, die dem Auslagentatbestand zugrunde liegt, notwendig bzw. zweckmäßig war. Eine solche Prüfung obliegt nicht dem Gericht, da der Zwangsverwalter eigenverantwortlich und eigenständig arbeitet. Vielmehr hat das Gericht lediglich eine Angemessenheitsprüfung vorzunehmen, und zwar aus dem Blickwinkel eines wirtschaftlich handelnden Zwangsverwalters bei Beginn der Beurteilung des Sachverhalts (§ 1 Abs. 1 Satz 1 ZwVwV). Der Prüfungsmaßstab kann an den §§ 670, 678 BGB orientiert werden, wie bei der Zwangsverwaltung handelt es sich dabei um die Vermögensverwaltung im Interesse Dritter.

3. Haftpflichtversicherung

12 § 21 Abs. 3 ZwVwV stellt klar, dass es sich auch bei den Kosten der Haftpflichtversicherung (vgl. § 1 Abs. 4 ZwVwV) um allgemeine Geschäftskosten handelt. Sollte jedoch eine Höherversicherung erforderlich werden (§ 1 Abs. 4

---

1 LG Frankfurt/Main, Beschl. vom 22.8.1990 – 2/9 T 399/90, Rpfleger 1991, 333; *Haarmeyer/Wutzke/u.a.*, ZVG, § 21 Rn. 5.
2 *Haarmeyer/Wutzke/u.a.*, ZVG, § 21 Rn. 27, 30.

Satz 2 ZwVwV), so kann der verfahrensbezogene Mehraufwand als Auslage geltend gemacht werden.

§ 22 ZwVwV Festsetzung

Die Vergütung und die dem Verwalter zu erstattenden Auslagen werden im Anschluss an die Rechnungslegung nach § 14 Abs. 2 oder die Schlussrechnung nach § 14 Abs. 3 für den entsprechenden Zeitraum auf seinen Antrag vom Gericht festgesetzt. Vor der Festsetzung kann der Verwalter mit Einwilligung des Gerichts aus den Einnahmen einen Vorschuss auf die Vergütung und die Auslagen entnehmen.

Übersicht

		Rn.
I.	Normzweck; Rechtsnatur; Anwendungsbereich	1, 2
II.	Die gerichtliche Vergütungsfestsetzung	3–7
III.	Rechtsbehelf	8–13
IV.	Vergütungsvorschuss	14–21

I. Normzweck; Rechtsnatur; Anwendungsbereich

1 § 22 ZwVwV entspricht § 28 der Vorgängerverordnung. § 22 ZwVwV führt dabei die gesetzliche Regelung des § 153 Abs. 1 aus, wonach die Vergütung des Zwangsverwalters gerichtlich festzusetzen ist. Die Festsetzung erfolgt im laufenden Verfahren mit der jährlichen Rechnungslegung nach § 14 Abs. 2 ZwVwV und mit der Schlussrechnung nach § 14 Abs. 3 ZwVwV. Der Zwangsverwalter hat auch das Recht, Vorschüsse zu beantragen, § 22 Satz 2 ZwVwV. Dies findet sich auch im Bereich der Insolvenzverwaltung, § 9 Abs. 1 InsVV.

2 Weder der Institutszwangsverwalter noch der Schuldner-Zwangsverwalter erhalten eine Vergütung (§ 150 a Abs. 2; § 150 e).

II. Die gerichtliche Vergütungsfestsetzung

3 Der Zwangsverwalter hat über seine Tätigkeit im Jahresrhythmus zu berichten und Rechnung zu legen, ebenso bei Beendigung der Zwangsverwaltung, § 14 ZwVwV.

4 Mit dem Erbringen der Tätigkeit entsteht der Vergütungsanspruch und wird grundsätzlich mit deren Erledigung fällig. Durch die jährliche Abrechnung ergibt sich die Fälligkeit fortlaufend mit dem Verfahrensfortschritt.

5 Insoweit hat der Zwangsverwalter das Recht, jährlich abzurechnen, auch wenn seine Tätigkeit erst mit der Aufhebung des Verfahrens und mit Schlussbericht und Schlussrechnung tatsächlich abgeschlossen ist.

6 Der Vergütungsantrag ist, vom Zwangsverwalter eigenhändig unterzeichnet, beim Gericht im Original sowie mit einer hinreichenden Anzahl von Abschriften für jeden Gläubiger/Schuldner einzureichen (d.h. in der Regel dreifache Ausfertigung). Dies erleichtert dem Gericht die Anhörung von Schuldner und Gläubiger. Die beantragten Vergütungsbestandteile (Vergütung, Auslagen, Umsatzsteuer) sind konkret zu bezeichnen und zu begründen. Der Auslagen- bzw. Stundenaufwand ist nachvollziehbar darzustellen. Auch wenn Vergütung und Auslagen getrennt zu beantragen sind, erfolgt der Antrag im selben Schriftsatz. Die Anhörung von Gläubiger und Schuldner ergibt sich aus § 153 Abs. 1.

7 Nach erfolgter Anhörung setzt das Gericht dann die Vergütung und die Auslagen fest und begründet den Beschluss. Da der Beschluss rechtsmittelfähig ist, ergibt sich schon hieraus die Begründungspflicht. Der Beschluss hat die Vergütungsbestandteile zu bezeichnen und gegebenenfalls gesondert zu begründen, insbesondere sofern sich Abweichungen zur beantragten Vergütung ergeben. Dabei sind die Höhe der festgesetzten Nettovergütung in Euro, die Umsatzsteuer darauf, die festgesetzten Auslagen sowie die auf die Auslagen entfallende Umsatzsteuer darzustellen. Die Möglichkeit, eine Verzinsung des Vergütungsanspruchs festzusetzen, ist vom Bundesgerichtshof abgelehnt worden.[1]

III. Rechtsbehelf

Nach Zustellung des Beschlusses an die Beteiligten (Zwangsverwalter, Gläubiger, Schuldner) beginnt die Rechtsmittelfrist. Der Vergütungsbeschluss ist mit der sofortigen Beschwerde angreifbar (§ 793 ZPO), sofern der Beschwerdewert den Betrag von 200 € übersteigt. Eine Vollstreckungserinnerung nach § 766 ZPO findet nicht statt. Ist der streitige Betrag 200 € oder geringer, entscheidet der Richter des Amtsgerichts über die zulässige Rechtspflegererinnerung nach § 11 Abs. 2 RPflG (in der Frist der sofortigen Beschwerde). **8**

Der Rechtspfleger ist in jedem Fall abhilfebefugt. **9**

Gegen die etwaige Entscheidung des Landgerichts über die sofortige Beschwerde ist seit der Reform der ZPO zum 1. Januar 2002 die Möglichkeit der Rechtsbeschwerde gegeben (zur Zulässigkeit § 574 Abs. 1, Abs. 2 ZPO). Weder die Zulassung der Beschwerde noch die Nichtzulassung ist selbst rechtsmittelfähig. **10**

Die Rechtsbeschwerde richtet sich an den BGH, es sei denn, ein Bundesland macht von der Möglichkeit der Zuweisung an ein Oberlandesgericht Gebrauch, was bislang jedoch noch nicht geschehen ist (§§ 133, 119 Abs. 3 GVG; § 7 EGZPO). Die Frist der Rechtsbeschwerde als Notfristausgestaltung beträgt einen Monat. Es ist zu beachten, dass die Rechtsbeschwerde nur durch einen beim BGH zugelassenen Anwalt eingelegt werden kann, § 575 Abs. 1 Satz 1 ZPO. **11**

Nach gerichtlicher Festsetzung der Vergütung kann der Zwangsverwalter diese entnehmen. Er hat nicht die Rechtskraft des Vergütungsbeschlusses abzuwarten.[2] Reicht die vorhandene Masse für die Entnahme nicht aus, hat er einen Vorschussantrag zu stellen. Wird der Vorschuss nicht beglichen, ist das Verfahren aufzuheben, § 161 Abs. 3. Der Zwangsverwalter hat dann weiter bestehende Rechte nach § 12 Abs. 3 ZwVwV gegen den Antragsteller. Dies gilt grundsätzlich auch dann, wenn der Zwangsverwalter es vorab versäumt hat, weitere Liquidität zurückzuhalten, um seine eigenen Ansprüche zu sichern.[3] **12**

Rechtskräftig festgesetzte Vergütungsansprüche verjähren gemäß § 197 BGB nach 30 Jahren. Zusätzlich zur Vergütung festgesetzte Rechtsanwalts- und Steuerberatergebühren verjähren nach § 195 BGB innerhalb von drei Jahren. **13**

IV. Vorschuss

Der Zwangsverwalter kann der Masse mit Einwilligung des Gerichts einen Vorschuss entnehmen. Die Einwilligung hat der Zwangsverwalter zu beantragen. Er hat dabei auszuführen, in welcher Höhe er einen Betrag als Vorschuss entnehmen möchte und worauf sich dieser Vorschuss richtet (Vergütung und **14**

---

[1] BGH, ZInsO 2004, 256.
[2] BGH, Urteil vom 17.11.2005 – IX ZR 179/04, BGHZ 165, 96 = NJW 2006, 443 = ZInsO 2006, 27.
[3] BGH, ZInsO 2004, 848.

Auslagen getrennt!), sowie die voraussichtliche Berechnungsgrundlage. Er hat dabei eine „kleine" Zwischenabrechnung zu führen, aus der sich die bislang erzielten Mieteinnahmen nach § 18 Abs. 1 ZwVwV oder aber der Stundenaufwand nach § 19 Abs. 1, Abs. 2 ZwVwV ergeben.

15 Sofern eine Vorschusszahlung für Auslagen verlangt wird, sind die gezahlten Auslagen nachzuweisen und der Grund darzulegen.

16 Der Darlegung eines besonderen Grundes der Entnahme bedarf es nicht. Da es sich um ein Recht des ansonsten vorleistungspflichtigen Zwangsverwalters handelt, bedarf es keiner weiteren Begründung.[4]

17 Die Einwilligung des Gerichts steht nicht im freien, sondern im pflichtgemäßen (gebundenen) Ermessen. In der Regel wird das Gericht, so keine besonderen Umstände bekannt sind, die Einwilligung erteilen. Umstände können darin liegen, dass dem Gericht bekannt ist bzw. das Gericht vermuten muss, dass der Zwangsverwalter wegen der Art und Weise seiner Amtsführung oder wegen seiner persönlichen Verhältnisse das Verfahren offenbar nicht ordnungsgemäß bearbeiten und abschließen kann.

18 Die Einwilligung erfolgt durch gerichtlichen Beschluss nach § 11 Abs. 2 RPflG. Dieser unterliegt grds. keiner Begründungspflicht. Die Höhe des Vorschusses, soweit das Gericht einwilligt, ist darzustellen, und zwar getrennt für Vergütung und Auslagen und unter Nennung der Umsatzsteuerbeträge.

19 Lehnt das Gericht den Antrag ganz oder teilweise ab und wird der Beschluss damit anfechtbar, ist er auch zu begründen.

20 Die Höhe des Vorschusses ist durch den Verordnungsgeber nicht festgelegt. Das Gericht hat hierbei den Einzelfall zu betrachten, z.B. Umstände wie ein extrem aufwendiges Verfahren oder hohe Mieteinnahmen. Die Vorschüsse können so hoch ausfallen wie die endgültige Vergütung. Das Gericht sollte darauf achten, dass es nicht zu Überzahlungen kommt.

21 Gegen die Ablehnung des Antrags auf Einwilligung zur Vorschussentnahme ist die Erinnerung nach § 11 Abs. 2 RPflG, § 766 ZPO in der Zweiwochenfrist möglich. Sofern der Rechtspfleger nicht abhilft, entscheidet der Richter am Amtsgericht. Anderen Verfahrensbeteiligten stehen Rechtsmittel hiergegen nicht zu.[5]

---

4 So aber: *Haarmeyer/Wutzke/u.a.*, ZVG, § 22 Rn. 22, 23: hier unter Hinweis auf BGH, Urteil vom 5.12.1991 – IX ZR 275/90, BGHZ 116, 233, 241 = NJW 1992, 692 = Rpfleger 1992, 171, dieser jedoch unter der Geltung der insolvenzrechtlichen Vergütungsverordnung, nicht von § 9 InsVV!

5 *Haarmeyer/Wutzke/u.a.*, ZVG, § 22 Rn. 28.

§ 23 ZwVwV Grundstücksgleiche Rechte

Die vorstehenden Bestimmungen sind auf die Zwangsverwaltung von Berechtigungen, für welche die Vorschriften über die Zwangsverwaltung von Grundstücken gelten, entsprechend anzuwenden.

Die Verordnung entspricht § 29 der früheren Verordnung, die jedoch auch vergütungsmäßig der übrigen Zwangsverwaltung durch § 23 ZwVwV gleichgestellt wurde. Die Praxis zeigt insbesondere, dass die Verwaltung von Wohnungseigentum im Sinne des WEG (rechtlich) eher anspruchsvoller ist als die Verwaltung von Grundstücken.

Bei den grundstücksgleichen Rechten handelt es sich neben Wohnungs- und Teileigentum um Erbbaurechte, Wohnungserbbaurechte und Teileigentumserbbaurechte im Sinne der §§ 864 Abs. 1, 866 Abs. 1 ZPO, § 11 ErbbauVO, Bruchteile eines Grundstücks im Sinne von §§ 864 Abs. 2, 866 Abs. 1 BGB sowie im Gebiet der neuen Bundesländer um selbstständiges Gebäudeeigentum im Sinne von Art. 233 § 4 Abs. 4, § 3 EGBGB.

§ 24 ZwVwV Nichtanwendbarkeit der Verordnung

(1) Die Vorschriften dieser Verordnung gelten nicht, falls der Schuldner zum Verwalter bestellt ist (§§ 150b bis 150e des Gesetzes über die Zwangsversteigerung und die Zwangsverwaltung).

(2) Die Vorschriften dieser Verordnung gelten ferner nicht, falls die durch die §§ 150, 153, 154 des Gesetzes über die Zwangsversteigerung und die Zwangsverwaltung dem Gericht zugewiesene Tätigkeit nach landesgesetzlichen Vorschriften von einer landschaftlichen oder ritterschaftlichen Kreditanstalt übernommen worden ist.

Die Regelungen entsprechen § 30 der Vorgängerverordnung. Es wird klargestellt, dass die Vorschriften der ZwVwV in Fällen des Schuldnerzwangsverwalters gemäß §§ 150 b bis 150 e unanwendbar sind.

§ 25 ZwVwV Übergangsvorschrift

In Zwangsverwaltungen, die bis einschließlich zum 31. Dezember 2003 angeordnet worden sind, findet die Verordnung über die Geschäftsführung und die Vergütung des Zwangsverwalters vom 16. Februar 1970 (BGBl. I S. 185), zuletzt geändert durch Artikel 9 des Gesetzes vom 13. Dezember 2001 (BGBl. I S. 3574), weiter Anwendung; jedoch richten sich die Vergütung des Verwalters und der Auslagenersatz ab dem ersten auf den 31. Dezember 2003 folgenden Abrechnungszeitraum nach den §§ 17 bis 22 dieser Verordnung.

Die bis zum 31. Dezember 2003 angeordneten Zwangsverwaltungen unterliegen dem bisherigen Recht, also der früheren Verordnung. Hiervon sind die Änderungen der Vergütung ausgenommen. Die §§ 17 bis 22 ZwVwV gelten auch für die vor dem 1. Januar 2004 angeordneten Verfahren, und zwar dort für alle mit dem 1. Januar 2004 beginnenden Abrechnungszeiträume. So werden bei den Vollstreckungsgerichten zwar weiterhin Zwangsverwaltungsverfahren nach dem Recht der vorherigen Verordnung geführt, die Frage der Höhe und der Berechnung und Festsetzung der Zwangsverwaltervergütung richtet sich aber – mittlerweile – ausschließlich nach denjenigen der ZwVwV.

§ 26 ZwVwV   Inkrafttreten, Außerkrafttreten

Diese Verordnung tritt am 1. Januar 2004 in Kraft. Gleichzeitig tritt die Verordnung über die Geschäftsführung und die Vergütung des Zwangsverwalters vom 16. Februar 1970 (BGBl. I S. 185), zuletzt geändert durch Artikel 9 des Gesetzes vom 13. Dezember 2001 (BGBl. I S. 3574), außer Kraft.

Formularverzeichnis

A. Formulare Zwangsversteigerung
Bitte um Übersendung eines Zeugnisses nach § 17 ZVG (Nr. 1) 1419
Zwangsversteigerungsantrag (Nr. 2) 1419
Anordnungsbeschluss (Nr. 3) 1420
Antrag auf Erlass eines Beitrittsbeschlusses
nach § 22 Abs. 1 S. 1 ZVG (Nr. 4) 1421
Beitrittsbeschluss nach § 22 Abs. 1 S. 1 ZVG (Nr. 5) 1422
Beschluss bzgl. Verkehrswertgutachten (Nr. 6) 1424
Mitteilung über das Ergebnis des Verkehrswertgutachtens (Nr. 7) 1425
Wertfestsetzungsbeschluss (Nr. 8) 1425
Terminsbestimmung Versteigerung (Nr. 9) 1426
Mitteilung nach § 41 II ZVG (Nr. 10) 1427
Anmeldung Forderungen (Nr. 11) 1428
Vorläufiges Geringstes Gebot (Nr. 12) 1428
Protokoll über Versteigerungstermin (Nr. 13) 1430
Zuschlagsbeschluss (Nr. 14) 1435
Terminsbestimmung Verteilung (Nr. 15) 1436
Vorläufiger Verteilungsplan (Nr. 16) 1437
Terminsbestimmung Versteigerung II mit Verfügung (Nr. 17) 1439
Teilungsplan (Nr. 18) 1440
Verteilungsterminsprotokoll (Nr. 19) 1442
Verfügung nach Durchführung des Verteilungstermins (Nr. 20) 1444
Grundbuchersuchen nach § 130 ZVG (Nr. 21) 1445

B. Formulare Zwangsverwaltung
Beschluss über die Anordnung der Zwangsverwaltung (Nr. 22) 1446
Bestellungsurkunde des Zwangsverwalters (Nr. 23) 1447
Inbesitznahmebericht des Zwangsverwalters (Nr. 24) 1448
Beschlüsse des Gerichts zum Teilungsplan,
Niederschrift über den Termin (Nr. 25) 1453
Aufhebungsbeschluss des Vollstreckungsgerichts (Nr. 26) 1460
Schlussbericht des Verwalters mit Ein-Ausgabenrechnung (Nr. 27) 1462
Antrag zur Vergütungsfestsetzung des Zwangsverwalters (Nr. 28) 1465
Festsetzung der Vergütung des Zwangsverwalters (Nr. 29) 1466

C. Formulare Teilungsversteigerung
Antrag auf Teilungsversteigerung – Bruchteilsgemeinschaft (Nr. 30) ... 1467
Antrag auf Teilungsversteigerung – Gesamthandsgemeinschaft (Nr. 31). 1469
Antrag auf einstweilige Einstellung nach § 180 Abs. 2 (Nr. 32) 1470
Antrag auf einstweilige Einstellung nach § 180 Abs. 3 (Nr. 33) 1471
Antrag auf Aufhebung nach § 765a ZPO (Nr. 34) 1472
Klage gegen die Teilungsversteigerung
gestützt auf materielle Gründe (Nr. 35) 1474
Vollstreckungserinnerung analog § 766 ZPO (Nr. 36) 1477
Antrag auf Versteigerung eines Grundstücks
nach § 175 ZVG (Nr. 37) 1479
Vorläufiger Teilungsplan (Nr. 38) 1481

D. Formulare Allgemein
Zahlungsverbot an den Drittschuldner nach § 22 (Nr. 39) 1483

V. Anhang: Formulare

A. Formulare zur Zwangsversteigerung

Formular Nr. 1

Musterbank Musterstadt Abt. Spezialengagementes/Sonderkredite

AG Oberstadt
Grundbuchamt
Musterstr. 1
80000 Musterstadt

Musterstadt, den 2.1.2009

Grundbuch von Heimhausen in Musterstadt Blatt 695
Eigentümer Eduard und Heidelinde Mustermann

Sehr geehrte Damen und Herren,
wir bitten um Übersendung eines Zeugnisses nach § 17 ZVG bezüglich obigen Grundstücks.
Wir sind Grundschuldgläubiger.

Mit freundlichen Grüßen,
Frisch
Musterbank

Formular Nr. 2

Musterbank Musterstadt Abt. Spezialengagementes/Sonderkredite

AG Oberstadt
Vollstreckungsgericht
Musterstr. 1
8000 Musterstadt

Musterstadt, den 7.1.2009

Zwangsversteigerungsantrag

Sehr geehrte Damen und Herren,
wir beantragen das Zwangsversteigerungsverfahren[1] bezüglich

---

[1] Wenn bereits ein Verfahren bezüglich dieses Grundstückes existiert, schreibt man „den Beitritt zum Verfahren 11 K 111/11 zuzulassen"

aller im GB des Amtsgerichts Musterstadt von Heimhausen, Blatt 695, eingetragenen Flurstücke

der derzeitigen Eigentümer

Eduard Mustermann, 6.7.1961, Geierweg 1, 80000 Musterstadt, und Heidelinde Mustermann, 19.12.1966, Geierweg 1, 80000 Musterstadt

wegen

der dinglichen Forderung[2] aus der erstrangigen[3] Grundschuld in Höhe von 15.338,76 € nebst 15% laufender und rückständiger Zinsen hieraus seit 3.2.1987[4] und den notwendigen Kosten der Rechtsverfolgung

anzuordnen und übergeben

eine vollstreckbare Ausfertigung der Grundschuldbestellung vom 3.2.1987, Urk-Nr. 5421 K des Notars Jochen Rei nebst Zustellungsnachweis und ein Zeugnis nach § 17 ZVG[5].

gez. Frisch
Musterbank

Formular Nr. 3

Ausfertigung

Amtsgericht Oberstadt
Vollstreckungsgericht

Aktenzeichen: Datum: 9.1.2009

21 K 5/09

Musterbank in Musterstadt

– Gläubigerin –

gegen

a) Mustermann Eduard, Musterstrasse 3, Heimhausen
b) Mustermann Heidelinde, Musterstrasse 3, Heimhausen

– Schuldner –

wegen Zwangsversteigerung

Beschluss:

Aufgrund der vollstreckbaren Ausfertigung der Grundschuldbestellungsurkunde des Notars Jochen Rei in Oberstadt vom 3.2.1987 Urkundennummer 5421 K samt Rechtsnachfolgeklausel des Notars Meier in Oberstadt

wird wegen eines dinglichen Anspruches im Betrage von

EUR 15.338,76 Grundschuldhauptsache Abt. III Nr. 1 nebst 15% Zinsen jährlich

---

2 Ohne Angabe würde das Versteigerungsgericht annehmen, dass aus persönlicher und dinglicher Forderung vollstreckt wird.
3 Der Antrag aus einer Grundschuld, der ein sinnvolles Gebot zulässt, genügt. Sinnvollerweise nimmt man hierfür die erstrangige Grundschuld. Zur Sicherheit kann man aus allen Grundschulden die Vollstreckung beantragen, da sonst das Verfahren bei Ablösung der hier betragsmäßig geringen erstrangigen Grundschuld eingestellt würde. Geschieht die Ablösung erst im Versteigerungstermin, ist viel Zeit verloren.
4 Ob ab Beurkundung oder Eintragung Zinsen gefordert und abgetreten werden können ist etwas strittig.
5 Das Zeugnis kann weggelassen werden, wenn Versteigerungsgericht und Amtsgericht dem örtlich gleichen Gericht angehören.

hieraus seit dem 3.2.1987
und wegen der Kosten der gegenwärtigen Rechtsverfolgung die

Zwangsversteigerung

des im Grundbuch des Amtsgerichtes Musterstadt von Heimhausen Blatt 695 auf den Namen der Schuldner eingetragenen Grundstücks FlNr.
583 Gebäude und Freifläche
Musterstr. 3,   0,0631 ha
in der Rangklasse des § 10 Abs. 1 Nr. 4 ZVG

angeordnet.

Der Beschluss gilt zugunsten der Gläubigerin als Beschlagnahme des vorgenannten Grundstückes.

Dipl. Rpfl. (FH) Eifrig
Rechtspflegerin

Formular Nr. 4

Antrag auf Erlass eines Beitrittsbeschluss nach § 22 Abs. 1 S. 1 ZVG

An das
Amtsgericht Ellwangen
[• Adresse]

Antrag auf Beitritt zum Zwangsversteigerungsverfahren [• Az.]

In Sachen

[• Name, Adresse Gläubiger]
Prozessbevollmächtigte [•]

– **Gläubiger** –

gegen
[• Name, Adresse Schuldner]
Prozessbevollmächtigte [•]

– **Schuldner** –

Wir beantragen, den Beitritt zum Zwangsversteigerungsverfahren [• Az.][1] wegen folgender [• Art des Anspruchs (dinglich, persönlich, öffentlichen)] Ansprüche zuzulassen:
1. [• erster Anspruch unter genauer Bezeichnung der Höhe]
2. [• zweiter Anspruch unter genauer Bezeichnung der Höhe]
...

Objekt der Beschlagnahme ist das in der Gemarkung [•] gelegenen Grundstückes, eingetragen im Grundbuch des Amtsgerichts [•] auf den Namen des [•] als Fl.Nr. [•] (weitere Angaben falls möglich).[2]

[• Angaben zum Vollstreckungstitel, z.B.: „Der Schuldner hat sich der in der im Original beiliegenden vollstreckbaren Ausfertigung der Grundschuldbestellungsurkunde Nr. • des Notars • vom • der sofortigen Zwangsvollstreckung unterworfen."]

Unterschrift
[• Rechtsanwalt]

---

1 § 27 ZVG greift nur ein, wenn ein (noch) anhängiges Zwangsversteigerungsverfahren wirksam angeordnet wurde (§ 27 Rn. 7 ff.).
2 § 27 ZVG setzt die Identität des Vollstreckungsgegenstands, ...), auf den sich der Beitrittsantrag bezieht und der Gegenstand, bzgl. dessen bereits ein Verfahren läuft, voraus (§ 27 Rn. 5 f.).

Formular Nr. 5

Anordnung eines Beitrittsbeschluss nach § 22 Abs. 1 S. 1 ZVG

In Sachen
[• Name, Adresse Gläubiger]
vertreten durch Rechtsanwalt [•]

gegen
[• Name, Adresse Schuldner]
vertreten durch Rechtsanwalt [•]

wegen Zwangsversteigerung ergeht folgender

Beschluss

Aufgrund der vollstreckbaren Ausfertigung [•] vom wird wegen eines [• Art des Anspruchs (dinglich, persönlich, öffentlichen)] Anspruchs in Höhe von [•] und wegen der Kosten dieser Rechtsverfolgung der

Beitritt zur Zwangsversteigerung

des in der Gemarkung [•] gelegenen Grundstückes, eingetragen im Grundbuch des Amtsgerichts [•] auf den Namen des [•] als Fl.Nr. [•] (weitere Angaben falls möglich), in der Rangklasse § 10 Nr. [•] ZVG zugelassen.

Der Beschluss gilt zugunsten des Gläubigers als Beschlagnahme des Grundstücks.[1]

Unterschrift
[• Rechtspfleger][2]

Amtsgericht
Dresden
Zwangsversteigerungsabteilung

Geschäfts-Nr.:   Dresden, den 14. Januar 2010

In Sachen

– Gläubiger –

vertreten durch Rechtsanwalt

gegen

– Schuldner –

vertreten durch Rechtsanwalt

wegen Zwangsversteigerung ergeht folgender

---

1 Die Beschlagnahmewirkungen treten zu seinen Gunsten allerdings erst ein, wenn der Beschluss dem Schuldner bzw. – bei der Zwangsverwaltung – dem Verwalter (§ 151 Abs. 2) zugestellt wird (§ 22 Rn. 15).
2 Zuständig ist der Rechtspfleger des Vollstreckungsgerichts, § 3 Nr. 1 lit. i RPflG.

I. Beschluss

Aufgrund d. vollstreckbaren Ausfertigung d.

wird wegen eines Anspruchs im Betrage von

und wegen der Kosten der gegenwärtigen Rechtsverfolgung der

Beitritt zur Zwangsversteigerung

d. im Grundbuch des Amtsgerichts

von	Blatt

auf den Namen

eingetragenen Grundstück:

in der Rangklasse des § 10 Abs. 1 Nr. ZVG **zugelassen**.
Dieser Beschluss gilt zugunsten d. Gläubigers als Beschlagnahme d. vorbezeichneten Grundstücks.

Siwonia
Rechtspfleger

Hinweise für d. Schuldner:

Das Zwangsversteigerungsverfahren kann wegen des Anspruchs des beitretenden Gläubigers auf Antrag des Schuldners nach § 30 a ZVG unter den in dieser Bestimmung angegebenen Voraussetzungen einstweilen auf die Dauer von höchstens 6 Monaten eingestellt werden. Ein etwa hinsichtlich des Anspruchs eines anderen Gläubigers gestellter Antrag genügt nicht. § 30 a ZVG lautet:
(Abgedruckt in Ausfertigung ZV 3 b.)
Die einstweilige Einstellung ist binnen einer Notfrist von 2 Wochen zu beantragen. Die Frist beginnt mit der Zustellung dieses Hinweises. Der Antrag ist beim umseitig bezeichneten Gericht schriftlich oder zu Protokoll des Urkundsbeamten der Geschäftsstelle anzubringen. Ein schriftlicher Antrag muss vor Ablauf der Frist bei Gericht eingegangen sein. Der Antrag kann auch zu Protokoll des Urkundsbeamten beim Amtsgericht am Wohnsitz des Schuldners (des Antragsgegners), aber auch zu Protokoll des Urkundsbeamten eines jeden anderen Amtsgerichts gestellt werden, muss aber innerhalb der Notfrist von 2 Wochen bei dem umseitig bezeichneten Gericht eingehen. Nach Fristablauf ist ein Antrag auf einstweilige Einstellung (§ 30 a ZVG) nicht mehr zulässig.

Bei schriftlichen Anträgen wird gebeten
- die umseitige Geschäftsnummer anzugeben,
- für jeden Gläubiger eine Abschrift beizufügen.

II. Verfügung
1. Zustellung einer Ausfertigung von I an:
   a) Schuldner – Vertreter mit Abschrift des Antrages Bl. und Merkblatt ZV 3 b
   b)

2. Formlose Mitteilung einer Ausfertigung von I an:
   a) Gläubiger – Vertreter
   b)
3. ☐ VU gegen zurück
4. ☐ Vorblatt (Muster 14 a AktO) ergänzen
5. Kosten zum Soll gemäß beiliegender Kostenrechnung
6. Wv. m. E., spät.

Siwonia
Rechtspfleger

Formular Nr. 6

Ausfertigung

Amtsgericht Oberstadt
Vollstreckungsgericht

Aktenzeichen: Datum: 9.3.2009
21 K 5/09

In dem Zwangsversteigerungsverfahren

über das im Grundbuch des Amtsgerichtes Musterstadt von Heimhausen Blatt 695 auf den Namen von

a) Mustermann Eduard, Musterstrasse 3, Heimhausen
b) Mustermann Heidelinde, Musterstrasse 3, Heimhausen

eingetragen Grundbesitzes Flst. 583

ergeht folgender

Beschluss:

1. Zum Zwecke der Verkehrswertfestsetzung wird die Erholung eines Sachverständigengutachtens über den Verkehrswert des oben bezeichneten Beschlagnahmeobjektes angeordnet.

2. Mit der Erstellung in vierfacher Ausfertigung wird der öffentlich vereidigte Sachverständige für Bewertung von bebauten und unbebauten Grundstücken

Irmgard Flurmann-Högeleit, Oberstadt,

beauftragt.

3. Der Sachverständige wird ermächtigt, evtl. Bauakten unbeschränkt einzusehen und sich alle zur Begutachtung notwendigen Unterlagen und Auskünfte von Behörden zu verschaffen.

4. Um namentliche Feststellung der Nutzungsberechtigten wird gebeten.

5. Die Eigentümer sollen schriftlich vom Besichtigungstermin verständigt werden.

Dipl. Rpfl. (FH) Eifrig
Rechtspflegerin

Formular Nr. 7

Amtsgericht Oberstadt
Vollstreckungsgericht

Aktenzeichen: Datum: 5.4.2009
21 K 5/09

Musterbank Musterstadt
Hr. Assessor Frisch

Zwangsversteigerungsverfahren gegen Mustermann, Eduard und Heidelinde

Sehr geehrter Empfänger,

in dem Zwangsversteigerungsverfahren

über das im Grundbuch des Amtsgerichtes Musterstadt von Heimhausen Blatt 695 auf den Namen von

a) Mustermann Eduard, Musterstrasse 3, Heimhausen
b) Mustermann Heidelinde, Musterstrasse 3, Heimhausen

eingetragene Grundstück Flst. 583

hat der vom Gericht beauftragte Sachverständige den Verkehrswert auf

200.000 EUR

geschätzt.

Das Gutachten liegt auf der Geschäftsstelle auf und wird Ihnen auf schriftliche Anforderung zur Einsichtnahme zugesandt.

Sie haben Gelegenheit, binnen einer Frist von zwei Wochen etwaige Einwendungen gegen das Schätzergebnis vorzubringen und zu begründen, andernfalls wird der Verkehrswert entsprechend der Schätzung festgesetzt nach § 74a V ZVG.

Mit freundlichen Grüßen

Dipl. Rpfl. (FH) Eifrig
Rechtspflegerin

Formular Nr. 8

Amtsgericht Oberstadt
Vollstreckungsgericht

Aktenzeichen: Datum: 25.4.2009
21 K 5/09

In dem Zwangsversteigerungsverfahren

über das im Grundbuch des Amtsgerichtes Musterstadt von Heimhausen Blatt 695 auf den Namen von

a) Mustermann Eduard, Musterstrasse 3, Heimhausen
b) Mustermann Heidelinde, Musterstrasse 3, Heimhausen

eingetragene Grundstück Flst. 583

ergeht nach Anhörung der Beteiligten folgender

Wertfestsetzungsbeschluss:

Der Grundstückswert (Verkehrswert) gemäß § 74a V ZVG sowie § 85a II 1 ZVG wird auf

200.000 EUR

festgesetzt.

Gründe:

Das Vollstreckungsgericht hat nach §§ 74a V, 85a II 1 ZVG den Verkehrswert des Beschlagnahmegrundstücks von Amts wegen festzusetzen. Verkehrswert ist der Preis, der bei einer freihändigen Veräußerung für Objekte gleicher Art unter Berücksichtigung der örtlichen und zeitlichen Verhältnisse voraussichtlich erzielt würde.

Die Wertfestsetzung dient vornehmlich der Feststellung der Versteigerungsgrenze des § 85a ZVG (5/10-Grenze) und des § 74a ZVG (7/10-Grenze). Nach § 85a ZVG ist der Zuschlag zu versagen, wenn das Meistgebot einschließlich des Kapitalwertes der nach den Versteigerungsbedingungen bestehen bleibenden Rechte die Hälfte des Grundstückswertes nicht erreicht. Wird ein höheres Meistgebot erzielt, bleibt es jedoch unter sieben Zehntel des Verkehrswertes, so kann ein Berechtigter, dessen Anspruch ganz oder teilweise durch das Meistgebot nicht gedeckt ist, aber voraussichtlich gedeckt sein würde, wenn das Gebot sieben Zehntel des Verkehrswertes erreicht, die Versagung des Zuschlags beantragen (§ 74a Abs. 1 ZVG). In der Teilungsversteigerung ist § 74a ZVG nur bei Bruchteilsgemeinschaft mit unterschiedlicher Belastung anwendbar. Im Übrigen kann der Zuschlag sowohl auf ein höheres als auch auf ein niedrigeres Gebot erteilt werden.

Grundlage der Verkehrswertfestsetzung bildet das eingehend begründete und nach den geltenden Bewertungsmethoden erstellte Gutachten d. öffentlich bestellten und vereidigten Sachverständigen für Grundstücks- und Gebäudewerte, Irmgard Flurmann-Högeleit, Oberstadt, vom 28.3.2009. Schätzungsbasis: Sachwert.

Die Beteiligten wurden zum Schätzungsergebnis gehört. Einwendungen wurden nicht erhoben. Da dem Gericht keine Umstände bekannt sind, die die Richtigkeit des Gutachtens in Frage stellen könnten, schließt es sich der Wertmitteilung des Sachverständigen an und macht sie zur Grundlage der Entscheidung.

Dipl. Rpfl. (FH) Eifrig
Rechtspflegerin

Formular Nr. 9

Amtsgericht Oberstadt
Vollstreckungsgericht

Aktenzeichen: Datum: 15.6.2009
21 K 5/09

Terminsbestimmung

Im Wege der **Zwangsvollstreckung** soll das im Grundbuch des Amtsgerichtes Musterstadt von Heimhausen Blatt 695 eingetragene Grundstück Flst.

583 Gebäude und Freifläche
     Musterstr. 3,   0,0631 ha

am

Montag, den 7.9.2009 um 9.00 Uhr im Sitzungssaal 3 des Amtsgerichtes Oberstadt

versteigert werden.

Der Versteigerungsvermerk ist am 14.1.2009 in das Grundbuch eingetragen worden.

Rechte, die zur Zeit der Eintragung des Versteigerungsvermerks aus dem Grundbuch nicht ersichtlich waren, sind spätestens im Versteigerungstermin vor der Aufforderung zur Abgabe von Geboten anzumelden und, wenn ein Gläubiger widerspricht, glaubhaft zu machen, widrigenfalls sie bei der Feststellung des geringsten Gebotes nicht berücksichtigt und bei der Verteilung des Versteigerungserlöses dem Anspruch des Gläubigers und den übrigen Rechten nachgesetzt werden.
Es ist zweckmäßig, schon zwei Wochen vor dem Termin eine genaue Berechnung der Ansprüche an Kapital, Zinsen und Kosten der Kündigung und der die Befriedi-

gung aus dem Grundstück bezweckenden Rechtsverfolgung mit Angabe des beanspruchten Ranges schriftlich einzureichen oder zu Protokoll der Geschäftsstelle zu erklären.

Wer ein Recht hat, das der Versteigerung des Grundstücks oder des nach § 55 ZVG mithaftenden Zubehörs entgegensteht, wird aufgefordert, vor der Erteilung des Zuschlags die Aufhebung oder die einstweilige Einstellung des Verfahrens herbeizuführen, widrigenfalls für das Recht der Versteigerungserlös an die Stelle des versteigerten Gegenstandes tritt.

Verkehrswert nach §§ 74a V, 85a II 1 ZVG:

200.000 EUR

Informationen zum Objekt im Internet unter http://www.zvg-portal.de
Einsicht in das Gutachten zu Parteiverkehrszeiten

Dipl. Rpfl. (FH) Eifrig
Rechtspflegerin

Formular Nr. 10

Amtsgericht Oberstadt
Vollstreckungsgericht

Aktenzeichen: Datum: 15.6.2009
21 K 5/09

Mitteilung nach § 41 II ZVG

im Zwangsversteigerungsverfahren über das im Grundbuch des Amtsgerichtes Musterstadt von Heimhausen Blatt 695 auf den Namen von

a) Mustermann Eduard, Musterstrasse 3, Heimhausen
b) Mustermann Heidelinde, Musterstrasse 3, Heimhausen

eingetragene Grundstück Flst. 583

Sehr geehrter Empfänger!

In dem auf Montag, den 7.9.2009 um 9.00 Uhr anberaumten Termin soll das vorbezeichnete Objekt versteigert werden auf Antrag von

Musterbank, Musterstadt

aus dem Anordnungsbeschluss vom 9.1.2009

wegen eines dinglichen Anspruches im Betrage von

EUR 15.338,76 Grundschuldhauptsache Abt. III Nr. 1 nebst 15% Zinsen jährlich
                  hieraus seit dem 3.2.1987

und wegen der Kosten des gegenwärtigen Verfahrens.

Der Bildung des geringsten Gebotes wird voraussichtlich dieser Anspruch zu Grunde gelegt werden. Soweit Anmeldungen noch nicht erfolgt sind, wären diese baldmöglichst nachzuholen und zwar aufgeschlüsselt in Hauptsache, Zinsen (ausgerechnet bis 14 Tage nach dem Versteigerungstermin) und Kosten.

Die für die Abgrenzung der laufenden Beträge wiederkehrender Leistungen von den Rückständen maßgebliche erste Beschlagnahme (13 IV ZVG) ist erfolgt am 14.1.2009.

Dipl. Rpfl. (FH) Eifrig
Rechtspflegerin

Anhang: Formulare   Zwangsversteigerung und Zwangsverwaltung

Formular Nr. 11

Musterbank Musterstadt Abt. Spezialengegamentes/Sonderkredite

AG Oberstadt
Vollstreckungsgericht
Musterstr. 1
80000 Musterstadt

Musterstadt, den 25.6.2009

21 K 5/09
Zwangsversteigerung Mustermann

Sehr geehrte Damen und Herren,

zum Zwangsversteigerungstermin am 7.9.2009 beim Amtsgericht Oberstadt melden wir die folgenden Ansprüche im Rang des § 10 I Nr. 4 ZVG an:

Abteilung III lfd. Nr. 1 Grundschuldkapital	15.338,76 €
15% laufende und gleichrangig rückständige, kalenderjährlich nachträglich fällige Jahreszinsen vom 1.1.2006 bis 22.9.2009 (1.342 Zinstage) =	8.576,92 €
Abteilung III lfd. Nr. 2 Grundschuldkapital	150.000,00 €
18% laufende und gleichrangig rückständige, kalenderjährlich nachträglich fällige Jahreszinsen vom 1.1.2006 bis 22.9.2009 (1.342 Zinstage) =	100.650,00 €
Abteilung III lfd. Nr. 3 Grundschuldkapital	50.000,00 €
18% laufende und gleichrangig rückständige, kalenderjährlich nachträglich fällige Jahreszinsen vom 9.7.2008 bis 22.9.2009 (433 Zinstage) =	10.825,00 €

jeweils zuzüglich der älteren Zinsen im Rang des § 10 I Nr. 5 ZVG, sowie zuzüglich der Anordnungskosten und des verauslagten Verfahrenskostenvorschusses.

Mit freundlichen Grüßen

gez. Frisch
Musterbank

Formular Nr. 12

Amtsgericht Oberstadt
Vollstreckungsgericht

Aktenzeichen: Datum: 29.6.2009
21 K 5/09

vorläufiges geringstes Gebot

im Zwangsversteigerungsverfahren über das im Grundbuch des Amtsgerichtes Musterstadt von Heimhausen Blatt 695 auf den Namen von

a) Mustermann Eduard, Musterstrasse 3, Heimhausen
b) Mustermann Heidelinde, Musterstrasse 3, Heimhausen

eingetragene Grundstück Flst. 583

I. Vorbemerkungen

1. Bestberechtigte betreibende Gläubigerin ist die
   Musterbank, Musterstadt
   welches das Verfahren aufgrund des Anordnungsbeschlusses des AG –Vollstreckungsgerichtes- Oberstadt vom 9.1.2009 wegen dinglicher Ansprüche aus der Grundschuld ohne Brief Abt. III Nr. 1 zu 15.338,76 EUR in der Rangklasse des § 10 I ZVG betreibt.

2. Die Beschlagnahme im Sinne des § 13 ZVG ist wirksam geworden am 14.1.2009 durch Eingang des Ersuchens nach § 19 ZVG beim Grundbuchamt.

3. Versteigerungstermin
   Endzeitpunkt nach § 47 ZVG: 22.9.2009

4. Der Verkehrswert beträgt lt. Wertfestsetzungsbeschluss vom 25.4.2009

   200.000 EUR

   7/10-Wert nach § 74a ZVG: 140.000
   5/10-Wert nach § 85a ZVG: 100.000

II. vorläufiges geringstes Gebot

a) bestehen bleibende Rechte

   Abteilung II:
   Keine Rechte

   Abteilung III:
   Keine Rechte

b) Mindestbargebot

1. Verfahrenskosten

0,5 VerfahrensGeb. aus 200.000 EUR	EUR	728,00
0,5 VersteigerungsGeb. aus 200.000 EUR	EUR	728,00
0,5 VerteilungsGeb. aus 200.000 EUR	EUR	728,00
Liegenschaftskatasterauszug	EUR	6,00
Schätzungskosten	EUR	2.222,50
Veröffentlichungskosten	EUR	723,89
Zustellungskosten	EUR	53,00
Rechnungsgebühren	EUR	60,00

2. Ansprüche der Rangklasse 3 des § 10 I ZVG:

   Stadt Oberstadt – Stadtkasse –

Grundsteuer B Vom 1.1.09 bis 22.9.09 § 47 ZVG (2 Wochen)	EUR	193,67

3. Summe Mindestbargebot   EUR   5.443,06

Dipl. Rpfl. (FH) Eifrig
Rechtspflegerin

Formular Nr. 13

**Öffentliche Sitzung
Amtsgericht ....**
-Vollstreckungsgericht-

Geschäfts-Nr.: ...., den ....

Anwesend: Rechtspfleger/-in ....
              als Urkundsbeamter der Geschäftsstelle ....

Zwangsversteigerungssache

Zwangsversteigerung des im

Grundbuch von .... Blatt .... eingetragenen Grundbesitzes:

....

Eigentümer:

....

Nach Aufruf der Sache wurden folgende Beteiligte festgestellt:

Schuldner/in: ....

Betr.
Gläubiger/-in: ....

Sonstige
Beteiligte:

Das Gericht machte die Eintragungen im Grundbuch bekannt mit dem Hinweis, dass Gelegenheit bestehe, die zugrunde liegenden Urkunden einzusehen.

Sodann wurden die betreibenden Gläubiger und deren Ansprüche bekannt gemacht gemäß der Mitteilung nach § 41 Abs. 2 ZVG (Bl. .... d.A.).

Anschließend machte das Gericht folgende allgemeine Feststellungen zum Verfahren bekannt:

- Die erste Beschlagnahme erfolgte am .... durch
  - ☐ Zustellung des Anordnungsbeschlusses gemäß § 22 Abs. 1 Satz 1 ZVG (Bl. ...... d.A.).
  - ☐ Eingang des Ersuchens um Eintragung des Versteigerungsvermerkes beim GBA gemäß § 22 Abs. 1 Satz 2 ZVG (Bl. .... d.A.)
  - ☐ Inbesitznahme durch den Verwalter im Zwangsverwaltungsverfahren .... gemäß § 151 Abs. 1 ZVG (dort Bl. .... d.A.)

- Die wiederkehrenden Leistungen werden nach § 47 ZVG bis einschließlich .... berechnet.

- Informationen zu Baulasten oder sonstigen Besonderheiten liegen hinsichtlich des Versteigerungsobjektes folgende vor:
  ....

- Der Verkehrswert wurde nach § 74a Abs. 5 ZVG laut Beschluss des Zwangsversteigerungsgerichts (Bl. .... d.A.) festgesetzt auf .... Euro.
  - ☐ Damit ergeben sich für den heutigen Termin folgende Grenzen:
    5/10-Grenze nach § 85a Abs. 1 ZVG: .... Euro
    7/10-Grenze nach § 74a Abs. 1 ZVG: .... Euro

Auf deren Bedeutung wurde vom Gericht hingewiesen. Das Gericht wies ferner auf die Rechtsprechung des Bundesgerichtshofs zu unwirksamen Geboten von Beteiligten oder deren Beauftragten hin.

- ☐ Die Grenzen der §§ 85a, 74a ZVG gelten im heutigen Termin nicht mehr.
- Die Bekanntmachung des anberaumten Versteigerungstermins ist gemäß § 43 Abs. 1 ZVG rechtzeitig geschehen, durch Veröffentlichung im

  ....

- Bisher liegen dem Gericht folgende Anmeldungen vor:

Bl. d. A	Beteiligte/r	Hinweis auf den Inhalt

Diese Anmeldungen wurden bekannt gemacht.

Im Termin erfolgten weitere Anmeldungen erfolgten nicht/wie folgt:

Bl. d. A	Beteiligte/r	Evtl. Inhalt

Das Gericht wies auf folgendes hin:

Versteigert wird der Grundbesitz entsprechend der Grundbucheintragung in seinem tatsächlichen Bestand, auch wenn dieser von der Grundbuchbeschreibung abweichen sollte. Das Gericht haftet nicht für die Richtigkeit der Grundbucheintragungen und nicht für den Zustand des Grundstücks.

Die Versteigerung erstreckt sich auch auf die Bestandteile, Zubehörstücke und sonstige Gegenstände, die kraft Gesetzes der Beschlagnahme in diesem Verfahren unterliegen, soweit sie nicht ausdrücklich freigegeben sind. Das Gericht haftet nicht für die Richtigkeit und Vollständigkeit von Anmeldungen.

Nunmehr wurden die anwesenden Beteiligten zu den Versteigerungsbedingungen gehört.

☐ Folgende Gesamt-/Gruppenausgebote sind/wurden beantragt:

....

Folgende anwesende Beteiligte stimmten zu:

....
....

☐ Abweichende Versteigerungsbedingungen wurden nicht beantragt.
☐ Folgende Anträge erfolgten:

....
....

Die anwesenden übrigen Beteiligten äußerten sich dazu wie folgt:

....

Daraus ergibt sich der folgende
Entwurf zum geringsten Gebot:
Bestrangig betreibender Gläubiger

....

Es erfolgt
☐ Gesamtausgebot der Miteigentumsanteile bzw. Grundstücke
☐ unter Verzicht auf Einzelausgebote
☐ ....

I. Es bleiben als Teil des geringsten Gebotes bestehen (§ 52 ZVG):

....
....

Zuzahlungsbeträge, §§ 50,51 ZVG:

....
....

II. Es sind bar zu zahlen (§ 49 ZVG):

....
....
....

Summe: ....

Nach Anhörung der anwesenden Beteiligten und unter Beachtung der im heutigen Termin geltenden Versteigerungsbedingungen **stellte das Gericht das geringste Gebot gemäß vorstehendem Entwurf fest.**
b.u.v.

Die soeben verlesenen Zuzahlungsbeträge gemäß §§ 50 51 ZVG werden nach Anhörung der Beteiligten wie folgt festgesetzt:

....
....

Zusammenfassung:

Geringstes Gebot

a) bestehenbleibende Rechte: .... €
b) Mindestbargebot: .... €

Summe geringstes Gebot: .... €

Das Gericht wies auf die Versteigerungsbedingungen hin:
1. Es bleiben
   die soeben genannten Rechte .... bestehen.
   keine Rechte bestehen.
2. Das Mindestbargebot beträgt ....
   Die genannten bestehen bleibenden Rechte bleiben **neben** dem gebotenen Betrag bestehen.
3. Das Bargebot ist vom Tag des Zuschlags an mit 4 % zu verzinsen und mit den Zinsen rechtzeitig **vor dem** Verteilungstermin auf ein vom Gericht zu benennendes Konto zu überweisen. Die Verzinsung endet, wenn ein Betrag unter Verzicht auf das Recht zur Rücknahme hinterlegt wird, § 49 Abs. 4 ZVG.
4. Die Gerichtskosten für die Erteilung des Zuschlages und für die Eintragung als Eigentümer im Grundbuch trägt der Ersteher separat.

Sodann wies das Gericht darauf hin, dass mit der Aufforderung zum Bieten weitere Anmeldungen ausgeschlossen sind und verspätete Anmeldungen einen Rangverlust nach § 110 ZVG erleiden.

Rechte und Ansprüche wurden nach Aufforderung durch das Gericht

☐ nicht mehr angemeldet. ☐ Wie folgt angemeldet: ....

Um .... Uhr eröffnete das Gericht die Bietstunde und forderte zur Abgabe von Geboten auf.

Das Gericht machte darauf aufmerksam, dass trotz der nun folgenden Hinweise Gebote abgegeben werden können und Gebote entgegengenommen werden.

Sodann erfolgten folgende Hinweise für Bieter:
a) Eigentumsübergang in der Zwangsversteigerung (§ 90 ZVG)
b) Gewährleistungsausschluss (§ 56 ZVG)
c) Mögliche Sicherheitsleistung und deren sofortige Leistung (§§ 67 ff ZVG)
d) Vollzug des Eigentumsübergangs im Grundbuch
e) Haftungsausschluss für Steuerrückstände (Art. 75 AO und § 11 Grundsteuergesetz)
f) Möglichkeit der Gebotsabgabe beim dritten Aufruf des letzten Gebotes bis zur Verkündung des Schlusses der Versteigerung
g) notariell beglaubigte Bietvollmacht bei Abgabe von Geboten für einen Dritten.

Es wurde wie folgt geboten (Bieterliste Blatt ....):

Bieter	Gebot in EUR	Antrag auf Sicherheits- leistung von	(X) b.u.v. Die Sicher- heit ist erforder- lich	Sicherheit geleistet und erbracht in Höhe von EUR	Art der Sicherheit

Meistbietender blieb

....
....

mit einem Bargebot von .... €.

Dieses Gebot wurde durch dreimaligen Aufruf verkündet.
Trotz der Aufforderung des Gerichtes wurde kein weiteres Gebot abgegeben.
Sodann verkündete das Gericht um .... Uhr den Schluss der Versteigerung.
Hiernach wurden die anwesenden Beteiligten über den Zuschlag gehört.

☐ Erklärungen wurden nicht abgegeben.

☐ Folgende Erklärungen wurden abgegeben:

....
....

☐ regte sofortige Zuschlagserteilung an.
☐ regte Aussetzung des Zuschlages um/bis .... an.
☐ beantragt Zuschlagsversagung gemäß § 74 a ZVG.
☐ bewilligt die einstweilige Einstellung gemäß § 30 ZVG.

....
....

☐ Der/die Meistbietende .... beantragte, dass die als Sicherheit erbrachte Leistung in Höhe von ....Euro im Falle der Erteilung des Zuschlags hinterlegt werden soll. Sie soll als Anzahlung auf das Meistgebot gelten. Auf das Recht der Rücknahme wird verzichtet.

Es wurde verkündet: ☐ der anliegende Beschluss (Anlage zum Protokoll).

☐ Termin zur Verkündung einer Entscheidung über den Zuschlag wird bestimmt auf:

........................., ... Uhr, Zimmer ....

....
Rechtspfleger/in

Formular Nr. 14

Amtsgericht Oberstadt
Vollstreckungsgericht

Aktenzeichen: Datum: 7.9.2009
21 K 5/09

Zuschlagsbeschluss

im Zwangsversteigerungsverfahren über das im Grundbuch des Amtsgerichtes Musterstadt von Heimhausen Blatt 695 auf den Namen von

a) Mustermann Eduard, Musterstrasse 3, Heimhausen
b) Mustermann Heidelinde, Musterstrasse 3, Heimhausen

eingetragene Grundstück Flst. 583.

Das vorgenannte Grundstück wird zugeschlagen an

Michael Imglück, Unterstadt

für den bar zu zahlenden Betrag von EUR 180.000

unter folgenden Bedingungen:

1. In Abteilung II und III des Grundbuches bleiben keine Rechte bestehen.
2. Der Ersteher hat das bare Meistgebot von 180.000 € vom Tage des Zuschlags an mit 4 % p.a. zu verzinsen und mit den Zinsen rechtzeitig vor dem Verteilungstermin an das Gericht zu zahlen bzw. zu überweisen.
3. Der Ersteher hat außerdem die Kosten des Zuschlags, der Grunderwerbssteuer und der sie betreffenden Eintragung der Eigentumsumschreibung im Grundbuch zu tragen.
4. Vom Zuschlag an gebühren dem Ersteher die Nutzungen und er trägt die Lasten. Die Gefahr eines zufälligen Unterganges oder einer zufälligen Verschlechterung geht ebenfalls vom Zuschlag an auf den Ersteher über, soweit das Versteigerungsobjekt betroffen ist. Soweit bewegliche Sachen (Zubehör) mitversteigert sind, geht die Gefahr mit dem Schluss der Versteigerung auf den Erwerber über (§ 56 ZVG).
5. Ein Anspruch auf Gewährleistung wegen Sach- und Rechtsmängeln besteht nicht.
6. Im Übrigen gelten die gesetzlichen Versteigerungsbedingungen.

Gründe:

Im Versteigerungstermin vom 7.9.2009 blieb Herr Michael Imglück mit einem Bargebot von EUR 180.000,00 Meistbietender mit Anspruch auf Zuschlagserteilung gemäß § 81 Abs. 1 ZVG.

Verfahrensmängel wurden nicht gerügt.

Dipl. Rpfl. (FH) Eifrig
Rechtspflegerin

Formular Nr. 15

Amtsgericht Oberstadt
Vollstreckungsgericht

Aktenzeichen: 21 K 5/09

Datum: 8.9.2009

Terminsbestimmung

im Zwangsversteigerungsverfahren über das im Grundbuch des Amtsgerichtes Musterstadt von Heimhausen Blatt 695 auf den Namen von

a) Mustermann Eduard, Musterstrasse 3, Heimhausen

b) Mustermann Heidelinde, Musterstrasse 3, Heimhausen

eingetragene Grundstück Flst. 583.

Termin zur Verteilung des Versteigerungserlöses wird bestimmt auf

Montag, den 19.10.2009 um 9.00 Uhr im Sitzungssaal 3 des Amtsgerichtes Oberstadt.

Die Beteiligten werden gebeten, alsbald eine genaue Berechnung ihrer Ansprüche an Hauptsache (Kapital), Zinsen und Kosten mit Angabe des beanspruchten Ranges schriftlich einzureichen oder zu Protokoll der Geschäftsstelle zu erklären. Dies gilt vor allem für den Fall, dass ein aus dem Barerlös zu deckendes Recht aufgrund einer Vereinbarung mit dem Ersteher bestehenbleiben soll.

In den Teilungsplan werden Ansprüche, soweit ihr Betrag oder ihr Höchstbetrag zur Zeit der Eintragung des Versteigerungsvermerks aus dem Grundbuch ersichtlich war, nach dem Inhalte des Buches, im Übrigen nur dann aufgenommen, wenn sie spätestens im Termin angemeldet sind. Laufende Beträge wiederkehrender Leistun-gen werden ohne Anmeldung nach dem Inhalte des Grundbuchs aufgenommen (§ 114 ZVG).

Rechte ohne bestimmten Geldbetrag bleiben ohne Anmeldung unberücksichtigt. Sie müssen nach Anmeldung eines Wertersatzbetrages zusammen mit dem Vollstreckungsschuldner festgestellt werden (14 ZVG). Ohne Feststellung wird der Betrag nach Hilfszuteilung hinterlegt.

Zuteilung und Auszahlung des Versteigerungserlöses kann nur an ausgewiesene Berech-tigte erfolgen. Erforderlich ist daher insbesondere Vorlage des für eine Hypothek, Grundschuld oder Rentenschuld erteilten Briefes (§ 126 ZVG) und Nachweise einer Rechtsnachfolge durch Urkunden (Vorlage des Erbscheins, der Abtretungserklärungen, eines pfändungs- und Überweisungsbeschlusses usw.).

Soweit der Versteigerungserlös in Geld vorhanden ist, wird der Teilungsplan durch Zahlung (grundsätzlich jedoch unbar) an die Beteiligten ausgeführt (§ 117 Abs. 1 ZVG). Die Auszahlung an einen im Termin nicht erschienenen Berechtigten wird von

Amts wegen angeordnet (§ 117 Abs. 2 ZVG). Bitte teilen Sie Ihre Bankverbindung mit.

Vertretung durch eine prozessfähige Person ist statthaft. Ein Bevollmächtigter hat seine Bevollmächtigung durch eine schriftliche Vollmacht (einschließlich Geldempfangsvollmacht, falls gewünscht) nachzuweisen und diese zu den Akten abzugeben, Gesetzliche Vertreter müssen sich als solche ausweisen.

Dipl. Rpfl. (FH) Eifrig
Rechtspflegerin

Anhang: Formulare   Zwangsversteigerung und Zwangsverwaltung

Formular Nr. 16

Amtsgericht Oberstadt
Vollstreckungsgericht

Aktenzeichen: Datum: 17.10.2009
21 K 5/09

vorläufiger Teilungsplan

im Zwangsversteigerungsverfahren über das im Grundbuch des Amtsgerichtes Musterstadt von Heimhausen Blatt 695 auf den Namen von

a) Mustermann Eduard, Musterstrasse 3, Heimhausen
b) Mustermann Heidelinde, Musterstrasse 3, Heimhausen

eingetragene Grundstück Flst. 583

I. Vorbemerkungen

1. Mit Beschluss des Amtsgerichtes – Vollstreckungsgerichtes – Landshut vom 7.9.2009 wurde das vorbezeichnete Grundstück für ein bares Meistgebot von 180.000 zugeschlagen an Michael Imglück, Unterstadt
2. Die Beschlagnahme im Sinne des § 13 ZVG ist wirksam geworden am 14.1.2009 durch Eingang des Ersuchens nach § 19 ZVG beim Grundbuchamt.
3. bislang wurde das bare Meistgebot nicht hinterlegt.
4. Verteilungstermin ist am 19.10.2009 um 9.00 Uhr

II. Teilungsmasse
1. Bares Meistgebot   EUR   180.000,00
2. 4% Bargebotszinsen aus dem baren Meistgebot
   vom 7.9.2009 bis zum 18.10.2009   EUR   820,00
3. Summe Teilungsmasse   EUR   180.820,00

III. Bestehenbleibende Rechte

Keine

IV. Schuldenmasse:

1. Verfahrenskosten
   0,5 VerfahrensGeb. aus 200.000 EUR   EUR   728,00
   0,5 TerminsGeb. aus 200.000 EUR   EUR   728,00
   0,5 VerteilungsGeb. aus 180.000 EUR   EUR   678,00
   Liegenschaftskatasterauszug   EUR   6,00
   Schätzungskosten   EUR   2.222,50
   Veröffentlichungskosten   EUR   723,89
   Zustellungskosten   EUR   53,00
   Rechnungsgebühren   EUR   60,00
   Summe   EUR   5.199,39

Davon Kostenvorschüsse:
   Oberbank   EUR   2.500,00

2. Ansprüche der Rangklasse 3 des § 10 I ZVG:

Stadt Oberstadt – Stadtkasse –

Grundsteuer B

Vom 1.1.09 bis

§ 47 ZVG (2 Wochen)

3. Ansprüche der Rangklasse 4 des § 10 I ZVG:
Oberbank
Aus der erloschenen Buchgrundschuld Abt. III Nr. 1 zu EUR 15.338,76

Kosten:
      Anordnungskosten   EUR   51,00

Zinsen:
18% aus EUR
vom 1.1.2006 bis 22.9.2009 EUR 8.576,92
      Kapital   EUR   15.338,76
      Summe   EUR   23.966,68

Aus der erloschenen Buchgrundschuld Abt. III Nr. 1 zu EUR 150.000,00

Zinsen:
18% aus EUR
vom 1.1.2006 bis 22.9.2009 EUR 100.650,00
      Kapital   EUR   150.000,00
      Summe   EUR   250.650,00

Von der Aufführung weiterer Ansprüche wird mangels ausreihender Teilungsmasse abgesehen.

V. Zuteilung

1. Aus der Teilungsmasse von EUR 180.820,00
sind gemäß § 109 ZVG die Verfahrenskosten vorweg zu entnehmen
und zwar in Höhe von
      a) Landesjustizkasse Hauptstadt   EUR   2.699,39
      b) Oberbank Oberstadt   EUR   2.500,00

- Vorschussrückzahlung –
      verbleibt ein Überschuss von   EUR   175.620,61

Dieser Überschuss wird den Beteiligten, deren Ansprüche durch Zahlung zu decken sind, wie folgt zugeteilt:

2. Stadt Oberstadt – Stadtkasse –
Liquidation IV Nr. 2

3. Oberbank Oberstadt
Liquidation IV Nr. 3

Damit ist die Teilungsmasse vollständig ausgeschöpft.

Beim der letzten Zuteilung zu Grunde liegenden Anspruch tritt bereits ein Teilausfall ein.

Oberstadt, den 19.10.2009

Dipl. Rpfl. (FH) Eifrig
Rechtspflegerin

Formular Nr. 17

Muster einer Terminsbestimmung[1]

Amtsgericht XYZ XYZ, den ...
Az: ... K ...... / ..

Terminsbestimmung

in dem Zwangsversteigerungsverfahren des im Grundbuch von .... Blatt ......
eingetragenen Grundbesitzes (*es folgen die Angaben entsprechend des Bestandsverzeichnisses*)

eingetragener Eigentümer: ....

    Termin zur Verteilung des Versteigerungserlöses wird bestimmt auf
Wochentag, den ....[2], ... Uhr, Raum ...., ... *Angabe der genauen Anschrift*

Die Beteiligten werden gebeten, eine Berechnung ihrer Ansprüche (Hauptsache, Nebenleistungen und Kosten) unter Angabe des beanspruchten Ranges schriftlich oder durch Erklärung zu Protokoll der Geschäftsstelle zur Vorbereitung des Termins einzureichen.

Hinweise:

1. Gemäß § 114 ZVG werden in den Teilungsplan Ansprüche, soweit ihr Betrag oder ihr Höchstbetrag zur Zeit der Eintragung des Versteigerungsvermerks aus dem Grundbuch ersichtlich war, nach dem Inhalt des Grundbuchs, im Übrigen nur dann aufgenommen, wenn sie spätestens in dem Verteilungstermin angemeldet werden. Die laufenden Beträge wiederkehrender Geldleistungen, die nach dem Inhalt des Grundbuchs zu entrichten sind, brauchen nicht angemeldet zu werden.

2. Ansprüche von unbestimmten Betrag gelten als aufschiebend bedingt durch die Betragsfeststellung, die beispielsweise durch Einigung von Vollstreckungsschuldner und Berechtigtem erfolgt.

3. Der Verteilungstermin ist ein nicht öffentlicher Termin, so dass sich Beteiligte ausweisen können müssen.

4. Gemäß § 117 Abs. 1 S. 1 ZVG wird der Teilungsplan durch Zahlung an die Berechtigten ausgeführt, soweit der Versteigerungserlös in Geld vorhanden ist. Da die Zahlungen unbar erfolgen (§ 117 Abs. 1 Satz 2 ZVG) werden die Berechtigten gebeten, ihre Kontoverbindungen mitzuteilen.

5. Sofern für einen zugeteilten Betrag die Person des Berechtigten unbekannt ist, insbesondere bei einer Hypothek, Grund- oder Rentenschuld der Grundpfandrechtsbrief nicht vorgelegt wurde/wird, wird durch den Teilungsplan festgestellt, wie der Betrag anderweit verteilt werden soll, wenn der Berechtigte nicht ermittelt wird (§ 126 Abs. 1 ZVG).

6. ... *Sofern nicht schon zu einem früheren Zeitpunkt erfolgt, sollte eine Belehrung des Erstehers sowie eines mithaftenden Meistbietenden oder Burgen hinsichtlich der Zahlungsmodalitaten erfolgen.*

.................., Rechtspfleger

---

1 Das Muster enthält nicht alle denkbaren Einzelheiten, sondern dient als generelles Muster. Besonderheiten etc. sind aus dem Gesetz bzw. den Kommentierungen zu entnehmen.

2 Hinweis: der Verteilungstermin ist aufzuheben und von neuem zu bestimmen, wenn die Terminsbestimmung dem Ersteher, dem für mithaftend erklarten Bürgen oder dem mithaftenden Meistbietenden nicht zwei Wochen vor dem Termin zugestellt wurde und das Verfahren nicht genehmigt wird (§ 105 Abs. 4 ZVG).

Muster[1] einer Verfügung zur Terminsbestimmung[2]
Vfg

1. Aushang der Terminsbestimmung an der Gerichtstafel
2. Terminsbestimmung zustellen (§ 105) an
   (a) Ersteher, ggf. Meistbietenden, ggf. mithaftenden Bürgen unter Beifügung einer vorläufigen Berechnung des Meistgebots nebst Zinsen.
   (b) übrige Beteiligte (namentlich aufführen).
3. wvl. in 2 Wochen (Kontrolle der Zustellungen)
4. wvl. 10 Tage vor dem Verteilungstermin (zwecks Terminsvorbereitung)

Ort, Datum

..................., Rechtspfleger

Formular Nr. 18

Muster[1] eines Teilungsplans[2]

Amtsgericht XYZ
Az: ... K ...... / ..

XYZ, den ...

Teilungsplan

In dem Verfahren der Versteigerung im Wege der Zwangsvollstreckung betreffend das Grundstück eingetragen im Grundbuch von ... Blatt ... (... *es folgen die Angaben lt. Bestandsverzeichnis*)

A. Vorbemerkungen
   Eingetragener Eigentümer:
   Ersteher:
   bares Meistgebot: €
   mithaftender Meistbietender:
   mithaftender Bürge:
   Erste Beschlagnahme: (§ 22 I 2 ZVG)
   Tag der Zuschlagsverkündung: (§ 87 I ZVG)
   Verteilungstermin: (§ 105 ZVG)
   Fristwahrung (§ 105 Abs. 2 u. 4 ZVG):
   Aushang gem. § 105 Abs. 3 ZVG:

B. Teilungsmasse (§ 107 ZVG)
   1. Bargebot €
      Bargebotszinsen 4 % von ...... €
      für die Zeit vom ...... bis ...... (...... Tage) €
      Summe €

   An dieser Stelle sind ggf. Verminderungen der Teilungsmasse gemäß § 91 Abs. 3 ZVG zu berücksichtigen

---

1 Das Muster enthält nicht alle denkbaren Einzelheiten, sondern dient als generelles Muster. Besonderheiten etc. sind aus dem Gesetz bzw. den Kommentierungen zu entnehmen.

2 Die Terminsbestimmung erfolgt nach der Erteilung des Zuschlags (§ 105 ZVG) und könnte daher mit der Verfügung zum Zuschlagsbeschluss kombiniert werden, so dass doppelte Zustellungskosten vermieden werden.

1 Das Muster enthält nicht alle denkbaren Einzelheiten, sondern dient als generelles Muster. Besonderheiten etc. sind aus dem Gesetz bzw. den Kommentierungen zu entnehmen.

2 Frei nach *Hagemann*, Immobiliarzwangsvollstreckung 4. Aufl., 20.5.2 siehe auch die Kommentierungen zu §§ 105 ff ZVG.

2. Außerdem hat der Ersteher gemäß §§ 50, 51 ZVG folgende Beträge an diejenigen zu zahlen, denen diese unter Abschnitt E II dieses Planes zugeteilt worden sind:[1]

   (a) den festgesetzten Ersatzbetrag von €
   nebst 4 % Zinsen ab   für das
   erloschene Recht Abt. II Nr. ... und zwar 3 Monate
   nach Kündigung durch den Anspruchsberechtigten.

   (b) den Kapitalbetrag des Rechts Abt. III Nr. ...
   in Höhe von €
   nebst ... % Zinsen ab ... (§ 50 Abs. 1 Satz 2 ZVG).
   Die Fälligkeit dieses Betrages richtet sich nach der für
   das Recht Abt. III Nr. ... getroffenen Fälligkeitsbestimmung.

C. Bestehenbleibende Rechte (§ 113 Abs. 2 ZVG):

   Abteilung ... Nr. ...   €
   Abteilung ... Nr. ...   €
   .
   .
   .

D. Schuldenmasse (§§ 109 Abs. 2, 110 – 112, 114 ZVG)[2]:

   Gegen die unter A festgestellte Teilungsmasse sind folgende Ansprüche geltend gemacht bzw. v.A.w. zu berücksichtigen (§§ 37 Ziff. 4, 45, 114 ZVG)[3]:

   1. Gerichtskasse (§ 109 ZVG): Verfahrenskosten   €

   2. Betreibende Gläubigerin ...
      Vorschuss lt. Anmeldung[4]   €

   3. ...

   ... Ansprüche aus dem bestehenbleibenden Recht Abt. ... Nr. ...:
      a) Kosten   €
      b) ... % Zinsen[5] von ...... €
         lfd.: vom ... bis ...   €.   €
         rück.: vom ... bis ...   €
         Summe   €

   ... Ansprüche aus dem erloschenen Recht Abt. ... Nr. ...:
      a) Kosten   €
      b) ...% Zinsen[5] von .... €
         lfd.: vom ... bis ...   €.   €
         rück.: vom ... bis ...   €
      c) Kapital   €

   ...
   ...

   Summe der Schuldenmasse   .... €

E. Zuteilung der Teilungsmasse (§§ 14, 119 ff ZVG)

   Aus der unter B Ziffer 1 errechneten Teilungsmasse von   €
   werden in nachstehender, zugleich die Rangordnung angebender Reihenfolge
   zugeteilt:[6]

---

1 *Ggf. ist § 125 Abs. 1 ZVG zu beachten!*
2 *Die Ansprüche werden entsprechend ihrer Rangfolge angegeben.*
3 *Die Aufstellung erfolgt (vollständig) ohne Rücksicht auf dem Umfang der Teilungsmasse.*
4 *Zum Rangverhältnis von Ziffer 1 und 2 siehe Kommentierung zu § 109 Rn. 3 m. w. N.*
5 *Oder andere Nebenleistungen.*
6 *Achtung: Bei Zuteilung auf bedingte Ansprüche ist durch den Teilungsplan gemäß § 119 ZVG festzustellen, wie der Betrag anderweit verteilt wird, wenn der Anspruch wegfällt. Dies gilt auch bei Zuteilungen auf Ersatzansprüche gemäß § 92 Abs. 2 ZVG (§ 121*

lfd. Nr.	Gläubiger	Anspruch wie D Nr.	€

Die Ansprüche vorstehend zu Ziffer ... haben untereinander den gleichen Rang.

Aus der unter Ziffer B 2 errechneten Teilungsmasse von .... € werden in nachstehender, zugleich die Rangordnung angebender Reihenfolge gemäß § 125 ZVG zugeteilt:[1]

Damit ist die Teilungsmasse erschöpft. Es fallen die unter D festgestellten Ansprüche, soweit sie vorstehend nicht berücksichtigt wurden, aus.

F. Ausführung des Teilungsplanes (§§ 117 ff. ZVG)

Zur Ausführung siehe die Ausführungen im Verteilungsterminsprotokoll.

G. Rechtsmittelbelehrung[2]

Gegen Beschlüsse über die Aufstellung und Ausführung des Teilungsplanes ist grundsätzlich die sofortige Beschwerde gegeben. Die Beschwerdefrist beträgt zwei Wochen und beginnt mit der Zustellung des bzw. der entsprechenden Beschlüsse.[3] Die Beschwerde wird durch Einreichung einer Beschwerdeschrift beim hiesigen Amtsgericht oder dem Beschwerdegericht, d.h ..., eingelegt werden. Die Beschwerdeschrift muss die Bezeichnung der angefochtenen Entscheidung sowie die Erklärung enthalten, dass Beschwerde gegen diese Entscheidung eingelegt wird.

Formular Nr. 19

Muster[1] eines Verteilungsterminsprotokolls[2]

Amtsgericht XYZ   XYZ, den ...
Az: ... K ...... / ..

Gegenwärtig: ...., Rechtspfleger
............., Urkundsbeamter

Verteilungsterminsprotokoll[3]

In dem Zwangsversteigerungsverfahren betreffend den im Grundbuch von .... Blatt .... eingetragenen Grundbesitz (es *folgen die Angaben lt. Bestandsverzeichnis*), eingetragener Eigentumer ..., sind nach Aufruf zur Sache zum nichtöffentlichen Verteilungstermin erschienen:

1. ... ausgewiesen durch ... / von Person bekannt.
2. ... ausgewiesen durch ... / von Person bekannt.
... ... ausgewiesen durch ... / von Person bekannt.

ZVG). Hilfs- oder Ersatzzuteilungen sind auch in weiteren Fällen aufzunehmen, so z.B. gemäß §§ 14, 123, 126 ZVG.

1 *Achtung:* Die Zuteilung wird gemäß § 125 Abs. 1 Satz 2 ZVG durch Forderungsübertragung ausgeführt und bei ungewissem oder streitigem Zuzahlungsbetrag ist § 125 Abs. 2 ZVG zu beachten.
2 Siehe Kommentierung zu § 113 Rn. 13 ff m. w. N.
3 Siehe § 113 Rn. 14 m. w. N. auch zur a. A. (Fristbeginn mit Beschlussverkündung).
1 Das Muster enthält nicht alle denkbaren Einzelheiten, sondern dient als generelles Muster. Besonderheiten etc. sind aus dem Gesetz bzw. den Kommentierungen zu entnehmen.
2 Siehe auch die Kommentierungen zu §§ 105 ff ZVG; siehe auch *Stöber*, ZVG, Rn. 5 zu § 113 ZVG.
3 Die allgemeinen Vorschriften über das Protokoll gem. §§ 159 ff ZPO sind einzuhalten.

Das Gericht stellt fest:
1. Die Terminsbestimmung wurde allen Beteiligten ordnungsgemäß zugestellt.
2. Die Fristen des § 105 Abs. 4 ZVG sind hinsichtlich Ersteher, Meistbietendem und mithaftendem Bürgen gewahrt bzw. die Terminsdurchführung wurde genehmigt.
3. Der Zuschlagsbeschluss vom …. ist rechtskräftig/nicht rechtskräftig.[1]

Das Gericht macht mit dem jeweiligen wesentlichen Inhalt bekannt:
- Zuschlagsbeschluss vom …
- Grundbuchauszug
- bisher erfolgte Anmeldungen (Blatt …… der Akten).

Das Gericht hört die anwesenden Beteiligten zur Erlösverteilung an. Es werden folgende Erklärungen abgegeben: ……………[2].

Die protokollierten Erklärungen wurden vorgelesen[3] und wurden von den Erklärenden genehmigt – es wurden folgende Einwendungen erhoben (§ 162 ZPO): ………

Das Gericht stellt den in der Anlage abgedruckten Teilungsplan – mit Hilfe des Rechnungsverständigen …… – auf und verliest den Planentwurf.[4]

Mit den anwesenden Beteiligten wird sodann über den Plan verhandelt. Schriftliche Widersprüche sind nicht erfolgt – liegen folgende vor ……

Bzgl …… erhebt der Erschienene zu Nr. … Widerspruch mit der Begründung….

Zu dem Widerspruch werden die Beteiligten …… gehört und geben folgende Erklärungen ab …

Die protokollierten Erklärungen wurden vorgelesen[5] und wurden von den Erklärenden genehmigt – es wurden folgende Einwendungen erhoben (§ 162 ZPO):

Die erhobenen Widersprüche haben sich damit – nicht – erledigt – Widersprüche wurden nicht erhoben.

Die Beteiligten ………… übergaben dem Gericht folgende Unterlagen zwecks Legitimation als Berechtigte i. S. v. § 117 ZVG: …………

Dem Gericht wird die Zahlung eines Betrages in Höhe von … in Form … durch … – nicht – nachgewiesen. Die geleistete Sicherheit in Höhe von … € wird gemäß § 107 Abs. 3 ZVG auf die nach § 107 Abs. 2 Satz 1 ZVG vom Ersteher zu leistende Zahlung angerechnet.

Der Rechtspfleger erlässt und verkündet den nachstehenden Beschluss:
1. Der in der Anlage abgedruckte Teilungsplan wird hiermit festgestellt und zum Protokollinhalt gemacht, jedoch mit folgenden Abweichungen bzw. Ergänzungen ………[6]
2. Der Teilungsplan wird – nach Rechtskraft der im heutigen Termin ergangenen Beschlüsse[7] – wie folgt ausgeführt:
   (a) … *Ausführungen gemäß § 117 Abs. 1 und Abs. 2 Satz 1 und 2 ZVG an bekannte Berechtigte, deren Kontoverbindung dem Gericht bekannt ist.*
   (b) … *Ausführungen gemäß § 117 Abs. 2 Satz 3 ZVG an Berechtigte an die keine Auszahlung erfolgen kann.*
   (c) … *Ausführung bei Nichtzahlung des Versteigerungserlöses gemäß § 118 ZVG.*

---

1 Sofern der Beschluss nicht rechtskräftig ist: Hinweis auf § 116 ZVG.
2 Z. B.: weitere Anmeldungen.
3 Oder: zur Durchsicht vorgelegt.
4 Alternative: Der vorläufige Teilungsplan gemäß § 106 wird verlesen.
5 Oder: zur Durchsicht vorgelegt.
6 Der Plan wird entweder entsprechend der Widerspruchserledigung abgeändert (§ 115 ZVG i. V. m. § 876 ZPO) oder es erfolgen die Feststellungen gemäß § 124 ZVG.
7 Siehe hierzu §§ 113 Rn. 12 und 14; a. A.: Ausführung des Teilungsplanes ohne Rücksicht auf dessen Rechtskraft.

(d) ... *Ausführung gemäß § 120 ZVG.*
(e) ... *Ausführung gemäß § 124 ZVG – Hinweis auf §§ 878 ff ZPO.*
(f) ... *Ausführung gemäß § 126 ZVG – sodann ist auch nach §§ 135 ff ZVG zu verfahren.*

Gemäß § 127 ZVG sind nach Ausführung des Teilungsplanes nachfolgende Vermerke anzubringen:

- auf dem Titel[1] ...: ....[2]
- auf den Grundpfandrechtsbriefen *(genaue Bezeichnung erforderlich)* ...: ...[3]

Die Grundpfandrechtsbriefe ... sind anschließend unbrauchbar zu machen.

.... (Unterschrift des Rechtspflegers) ....(Unterschrift des Protokollführers)

Formular Nr. 20

Muster einer Verfügung nach Durchführung des Verteilungstermins
Vfg

1. Beglaubigte Abschrift des Terminsprotokolls mit beglaubigter Abschrift des Teilungsplans zustellen an ...[1]
2. ...[2]
3. Vermerk/e auf Titel/n entsprechend Terminsprotokoll anbringen und Titel sodann an ... senden
4. Vermerk/e auf Grundpfandrechtsbriefen ... entsprechend Terminsprotokoll anbringen.
5. Kosten – gesondert
6. ...
7. Wvl. ... (Teilungsplanausführung, Urkundenbehandlung – s. o. –, GB-Ersuchen)

Amtsgericht XYZ
Datum, ..., Rechtspfleger

---

1 *Genaue Bezeichnung erforderlich.*
2 *Es ist der genaue Umfang der Deckung durch den zugeteilten Betrag in Form der Zahlung, Hinterlegung oder Übertragung zu vermerken, § 127 Abs. 2 ZVG.*
3 *Es ist der genaue Wortlaut des jeweiligen Vermerks anzgeben (§ 127 Abs. 3 ZVG).*
1 *Der Beschluss über die Feststellung und Ausführung des Teilungsplans (einschließlich des Planes) ist den Beteiligten förmlich zuzustellen. Siehe (auch zur anderen Ansicht) Kommentierung zu § 113 Rn. 13 ff m.w.N. Durch die Auszahlung der Beträge (nicht jedoch durch eine Forderungsübertragung) werden die Rechtsbehelfe gegenstandslos (siehe Stöber, § 113 Rn. 6.3).*
2 *Auszahlungsanordnungen entsprechend den Landesgesetzen (§ 117 Abs. 2 Satz 2 ZVG) und Terminsprotokoll.*

Formular Nr. 21

Muster eines Grundbuchersuchens[1] nebst Vfg.[2]

Amtsgericht XYZ   XYZ, den ...
Az: ... K ...... / ..

An das
Amtsgericht XYZ
– Grundbuchamt –

Grundbuchersuchen gemäß § 130 ZVG

Zwangsversteigerungsverfahren betreffend den im Grundbuch von ....
Blatt ...... eingetragenen Grundbesitz (eingetragener Eigentümer: ....)

Sehr geehrte Damen und Herren,
auf Grund des rechtskräftigen Zuschlagsbeschlusses vom ...... ersuche ich hiermit,

1. den Ersteher ... *(es folgen die Angaben gemäß § 15 GBV und § 47 GBO)* als neuen Eigentümer des obigen Grundbesitzes ins Grundbuch einzutragen,
2. den Zwangsversteigerungsvermerk Abt. II Nr. ... zu löschen,
3. um Löschung folgender Rechte im obigen Grundbuch:
   (a) Abteilung II Nr. ...
   (b) Abteilung III Nr. ...
4. um Eintragung folgender Sicherungshypotheken gemäß § 128 ZVG ...[3]

Eine Ausfertigung des Zuschlagsbeschlusses vom ... nebst Rechtskraftvermerks und die Unbedenklichkeitsbescheinigung des Finanzamtes sind beigefügt. Ebenso die unbrauchbar gemachten Briefe bzgl. der Rechts Abt. III Nr. .... Der Verkehrswert gemäß § 74a ZVG beträgt lt. Akte bzgl. obiger Immobilie .... €.

Um Nachricht von den erfolgen Eintragungen wird gebeten.

................, Rechtspfleger

Vfg

1. Gesiegeltes Grundbuchersuchen (s. o.) nebst Ausfertigung des Zuschlagsbeschlusses mit Rechtskraftvermerk, steuerlicher Unbedenklichkeitsbescheinigung und den unbrauchbar gemachten Briefen ...... an das zuständige Grundbuchgericht senden.[4]
2. Abschrift von Ersuchen (siehe Ziffer 1) z.d.A. nehmen
3. wvl. in 3 Wochen (Eintragungsnachricht des Grundbuchgerichts?)

AG XYZ, den ...

................, Rechtspfleger

---

1 Nach *Hagemann*, Immobiliarzwangsvollstreckung Rn. 20.6.2.
2 Das Muster enthält nicht alle denkbaren Einzelheiten, sondern dient als generelles Muster. Besonderheiten etc. sind aus dem Gesetz bzw. den Kommentierungen zu entnehmen.
3 Siehe Kommentierungen zu §§ 128, 129 ZVG.
4 *Ggf. unter Rückgabe der sich bei den Versteigerungsakten befindlichen Grundakten.*

B. Formulare zur Zwangsverwaltung

Formular Nr. 22

Amtsgericht München
-Vollstreckungsgericht-
Aktenzeichen: L 13/08

München, den 19.3.2008

In der Zwangsvollstreckungssache

Gläubigerbank

gegen

Schuldnerin

wegen Zwangsverwaltung

Beschluss

Aufgrund vollstreckbarer Ausfertigung der Urkunde des Notars in München vom wird wegen eines **dinglichen und persönlichen Anspruchs** im Betrag von 10.000 € Grundschuldhauptsacheteilbetrag aus Grundschuldbetrag von € 51.129,19 und wegen Kosten der gegenwärtigen Rechtsverfolgung

Zwangsverwaltung

des im Grundbuch des Amtsgerichts München Blatt 1234

auf den Namen

der Schuldnerin

eingetragene Grundbesitzes

Miteigentumsanteil 394,37/1000 am Flst. 335/1 und 335/3, Grundbuch Blatt 1234 verbunden mit dem Sondereigentum an dem Laden im Aufteilungsplan mit der Nr. 0 bezeichnet mit Sondernutzungsrecht an dem Kfz Stellplatz und Garten

bezüglich der laufenden Zinsen in der **Rangklasse des § 10 I Nr. 4 ZVG**
bezüglich der weiteren Ansprüche in der **Rangklasse des § 10 I Nr. 5 ZVG**

angeordnet.

Dieser Beschluss gilt zugunsten der Gläubigerin als Beschlagnahme des vorbezeichneten Grundbesitzes.

Durch die Beschlagnahme wird der Schuldnerin die Verwaltung und Benutzung des Beschlagnahmeobjektes einschließlich der Verfügung über Miet- und Pachtzins entzogen.

Als Zwangsverwalter wird

Rechtsanwalt

bestellt.

Der Verwalter wird ermächtigt, sich den Besitz des Beschlagnameobjektes selbst zu verschaffen.

Rechtspfleger

Anhang: Formulare Zwangsversteigerung und Zwangsverwaltung

Formular Nr. 23

Amtsgericht München München, den 19.3.2008
-Vollstreckungsgericht-
Aktenzeichen: L 13/08

Zwangsverwalterausweis

Herr Rechtsanwalt

  ist mit Beschluss des Vollstreckungsgerichts München vom
    als Zwangsverwalter des

Im Grundbuch des Amtsgerichts München
Blatt 1234

Auf den Namen der Schuldnerin

eingetragene Grundbesitz

394,37/1000 Miteigentumsanteil an dem Grundstück

Flst. 335/1   zu 0,0307 ha
Flst. 335/3   zu 0,0028 ha

verbunden mit dem Sondereigentum an dem Laden im Aufteilungsplan mit der Nr. 0 bezeichnet, mit Sondernutzungsrecht an dem Kfz. Stellplatz Nr. 0 und Garten.

bestellt.
Dieser Ausweis ist nach Beendigung der Zwangsverwaltung an das Gericht zurückzugeben.

    Amtsgericht München
    München, den

    Rechtspfleger

Anhang: Formulare Zwangsversteigerung und Zwangsverwaltung

Formular Nr. 24

Rechtsanwalt

Amtsgericht München
-Vollstreckungsgericht-

München

Ihr Zeichen	Ihre Nachricht vom	Unser Zeichen	Datum
			20.4.2008

**Zwangsverwaltungsverfahren gegen
Objekt: 394,37/1.000 Miteigentumsanteil an dem Grundstück
Flst. 335/1
Flst. 335/3
Verbunden mit dem Sondereigentum an dem Laden im Aufteilungsplan mit Nr. 0 bezeichnet, mit Sondernutzungsrecht an dem Kfz-Stellplatz Nr. 0 und Garten**

Aktenzeichen des Gerichts: L 13/08

**Niederschrift
über die Inbesitznahme**

Durch den Beschluss des Amtsgerichts vom 19.3.2008 eingegangen in meiner Kanzlei am 20.3.2008 ist die Zwangsverwaltung des im Grundbuch des Amtsgerichts München
Blatt 1234

auf den Namen der Schuldnerin

eingetragenen Grundbesitz

394,37/1000 Miteigentumsanteil an dem Grundstück

Flst. 335/1	zu 0,0307 ha
Flst. 335/3	zu 0,0028 ha

verbunden mit dem Sondereigentum an dem Laden im Aufteilungsplan mit der Nr. 0 bezeichnet, mit Sondernutzungsrecht an dem Kfz. Stellplatz Nr. 0 und Garten.

angeordnet.

Die Vollstreckungsschuldnerin wurde angeschrieben und über die Wirkung der Zwangsvollstreckung unterrichtet. Die Stadt München, die Realsteuerstelle sowie der Energieversorger wurden ebenfalls von der Zwangsverwaltung informiert.

Auf meine Aufforderung vom 31.3.2008 meldete sich der Sohn der Vollsteckungsschuldnerin, am 2.4.2009 telefonisch bei mir.

Es wurde ein Termin für die Inbesitznahme auf Freitag, den 4.4.2009 um 08:00 Uhr bestimmt.

Ich habe mich daher am 4.4.2008 gegen 08:00 Uhr zu dem Objekt begeben, um die Inbesitznahme durchzuführen.

Bei dem Zwangsverwaltungsobjekt handelt es sich um ein ehemaliges Ladengeschäft, das der neue Mieter auf eigene Kosten zu seinem Büro umgebaut hat.

Aus dem als Anlage beigefügten Plan (siehe Kennzeichnung) kann die genaue Einteilung der Räume entnommen werden.

Die sich in Räumen befindlichen Einrichtungsgegenstände einschließlich der Küchenzeile stehen nach Angaben des Sohnes der Vollstreckungsschuldnerin und des Mieters im Eigentum des Mieters. **Zubehör** konnte nicht festgestellt werden.

Der Mieter hat die Räumlichkeit (100 qm) zum Betrieb eines Immobilienmaklerbüros seit dem 1.5.2006 angemietet.

Es wurde ein befristeter **Mietvertrag** bis zum 1.10.2007 geschlossen mit einseitigem Optionsrecht für den Mieter den Mietvertag 3-malig jeweils um 5 Jahre zu verlängern.

Vereinbart wurde eine monatliche Inklusiv-Miete in Höhe von EUR 650,00.

Eine **Abrechnung von Nebenkosten** erfolgt aufgrund fehlender Verbrauchsgeräte nicht.

Mit dem Sohn der Vollstreckungsschuldnerin wurde vereinbart, dass aus Vereinfachungsgründen weiterhin eine Zahlung aller Nebenkosten für das gesamte Objekt durch die Vollstreckungsschuldnerin bzw. durch den Sohn der Vollstreckungsschuldnerin erfolgen wird. Der Sohn der Vollstreckungsschuldnerin hat deshalb eine Auflistung aller Ausgaben mit Schreiben vom 18.4.2008 an mich übersandt.

Danach belaufen sich die **Gesamtausgaben für das Objekt** excl. Grundsteuer auf jährlich 3.680,00. Aufgrund von ca. 395/1000 Miteigentumsanteilen entfällt auf das unter Zwangsverwaltung stehende Objekt daher ein Aufwand von ca. EUR 1.435,60 jährlich, also monatlich EUR 121,13. Soweit seitens des Gerichts und der Vollsteckungsgläubigerin Einverständnis besteht, werde ich von der vereinnahmten Miete zur Deckung der Nebenkosten monatlich an den Sohn der Vollstreckungsgläubigerin Einverständnis besteht, werde ich von der vereinnahmten Miete zur Deckung der Nebenkosten monatlich an den Sohn der Vollstreckungsschuldnerin, der sich um die Hausverwaltung kümmert, EUR 125,00 leisten.

Einnahmen sind daher im Verfahren monatlich in Höhe von EUR 650,00 zu erzielen.

Die **monatlichen Aufwendungen für das Objekt** betragen EUR 125,00, soweit das Gericht und die Vollstreckungsgläubigerin mit dem vorstehend unterbreiteten Vorschlag einverstanden sind. Die Stadt München hat die zu zahlende Höhe der vierteljährlich fällig werdenden Grundsteuer noch nicht mitgeteilt. Ansonsten sind an Ausgaben vierteljährlich Kontoführungsgebühren zu entrichten.

Der **Zustand der Ladeneinheit** bzw. der Büroeinheit ist aufgrund der erfolgten Renovierung gut.

Nach Angaben des Sohnes der Vollstreckungsschuldnerin ist aber die Heizungsanlage sanierungs- bzw. erneuerungsbedürftig. Weiter sind im Keller des Objekts aufgrund von Hochwasser Wassersschäden am Mauerwerk zu beklagen.

Für den Verwalter wurde bei der Sparkasse München ein Anderkonto mit der Kontonummer eröffnet.

Nach Angaben des Sohnes der Vollstreckungsschuldnerin besteht für das Objekt eine **Wohngebäudeversicherung und eine Brandversicherung** (der Versicherungsschein wurde eingesehen); zwischenzeitlich wurde auch noch eine Haftpflichtversicherung abgeschlossen.

Für Rückfragen stehe ich Ihnen und den Verfahrensbeteiligten selbstverständlich jederzeit zur Verfügung. Eine Abschrift der Niederschrift wurde direkt an die Vollstreckungsgläubigerin gesandt.

Als Anlage habe ich einen
- Lageplan des Objekt,
- einen Aufteilungsplan des Objekts.
- Sowie Lichtbilder und
- das Schreiben des Sohnes vom 18.4.2008 beigefügt.

Rechtsanwalt
-Zwangsverwalter-

Anlage

Anhang: Formulare   Zwangsversteigerung und Zwangsverwaltung

Datum 20.4.2008

An das
Amtsgericht München

zu Geschäfts-Nr.: L 13/08

Zwangsverwaltungsangelegenheit gegen
Niederschrift über die Inbesitznahme des Grundstücks

Aufgrund des Beschlusses des Amtsgerichts München vom 19.3.2008 eingegangen in meiner Kanzlei am 20.3.2008 ist die Zwangsverwaltung des im Grundbuch des Amtsgerichts München

Blatt 1234

auf den Namen der Schuldnerin

eingetragenen Grundbesitz

394,37/1000 Miteigentumsanteil an dem Grundstück

| Flst. 335/1 | zu 0,0307 ha |
| Flst. 335/3 | zu 0,0028 ha |

verbunden mit dem Sondereigentum an dem Laden im Aufteilungsplan mit der Nr. 0 bezeichnet, mit Sondernutzungsrecht an dem Kfz. Stellplatz Nr. 0 und Garten.

habe ich mich am 4.4.2008 das Zwangsverwaltungsobjekt in Besitz genommen.

Es wurde folgendes festgestellt:

I.

1. a) Beschaffenheit; bisherige Art der Benutzung und gegenwärtiger Zustand des Grundstücks:	Beim Zwangsverwaltungsobjekt handelt es sich um ein Ladenlokal, das durch den Mieter in Eigenregie zu einem Büro umgebaut wurde und das der Mieter derzeit als Immobilienmaklerbüro nutzt. **Der Zustand der Ladeneinheit** bzw. der Büroeinheit ist aufgrund der erfolgten Renovierung gut. Nach Angaben des Sohnes der Vollstreckungsschuldnerin ist aber die Heizungsanlage sanierungs- bzw. erneuerungsbedürftig. Weiter sind im Keller des Objekts aufgrund von Hochwasser Wasserschäden am Mauerwerk zu beklagen.
b) Auf dem Grundstück befindliche Gebäude unter Angabe ihrer Bestimmung und ihres baulichen Zustandes:	Wohn- und Geschäftshaus mit mehreren Wohn- und Geschäftseinheiten

Blümle

c) Sofern der Schuldner auf dem Grundstück wohnt, Bezeichnung der ihm für seinen Hausstand als unentbehrlich überlassenen Räume:	Nicht gegeben
d) Mit dem Boden zusammenhängende Erzeugnisse unter Angabe etwaiger Pfändungen:	Nicht vorhanden
2. Gegenstände, auf die sich die Beschlagnahme erstreckt, insbesondere	Nicht vorhanden
die von dem Grundstück getrennten Erzeugnisse und sonstigen Bestandteile sowie das Zubehör des Grundstücks,	Nicht vorhanden
die Miet- und Pachtzinsforderungen (einschließlich der Rückstände) unter Angabe der Vertragsverhältnisse sowie etwaiger Pfändungen und Verfügungen über die Forderungen,	Monatlich € 650,00, Rückstände bestehen nicht
die mit dem Eigentum an dem Grundstück verbundenen Rechte auf wiederkehrende Leistungen und	Nicht vorhanden
die Forderungen aus der Versicherung von Gegenständen, die der Beschlagnahme unterliegen, mit Angaben über den Stand der Versicherungen (Prämienzahlung, Rückstände):	Nicht gegeben, als Versicherung besteht eine Wohngebäudeversicherung und eine Brandversicherung bei der Versicherung mit einer Deckungssumme in Höhe von Eine Haftpflichtversicherung bestand nicht und wurde durch den Zwangsverwalter abgeschlossen. Nach meinen Prüfungen besteht ausreichender Deckungsschutz
3. Öffentliche Lasten des Grundstücks unter Angabe der laufenden Beträge, die von dem Verwalter aus den Nutzungen des Grundstücks ohne weiteres Verfahren zu berichtigen sind:	Die Stadt München hat die zu zahlende Höhe der vierteljährlich fällig werdenden Grundsteuer noch nicht mitgeteilt.
4. Voraussichtliche Ausgaben der Verwaltung, insbesondere die Ansprüche der in einem Dienst- oder Arbeitsverhältnis stehenden Personen auf Lohn, Kostgeld oder andere Bezüge seit dem Beginn der Verwaltung:	**Gesamtausgaben für das Objekt** excl. Grundsteuer auf jährlich 3.680,00. Aufgrund von ca. 395/1000 Miteigentumsanteilen entfällt auf das unter Zwangsverwaltung stehende Objekt daher ein Aufwand von ca. EUR 1.435,60 jährlich, also monatlich EUR 121,13. Soweit seitens des Gerichts und der Vollsteckungsgläubigerin Einverständnis besteht, werde ich von der vereinnahmten Miete zur Deckung der Nebenkosten monatlich an den Sohn der Vollstreckungsgläubigerin Einverständnis besteht, werde ich von der vereinnahmten Miete zur Deckung der Nebenkosten monatlich an den Sohn

Anhang: Formulare   Zwangsversteigerung und Zwangsverwaltung

	der Vollstreckungsschuldnerin, der sich um die Hausverwaltung kümmert, EUR 125,00 leisten. Die Stadt München hat die zu zahlende Höhe der vierteljährlich fällig werdenden Grundsteuer noch nicht mitgeteilt. Ansonsten sind an Ausgaben vierteljährlich Kontoführungsgebühren zu entrichten
5. Zu erwartende Einnahmen und Höhe des für die Verwaltung erforderlichen Kostenvorschusses:	Aus der Vermietung erwachsen monatliche Einnahmen in Höhe von € 650,00. Die Ausgaben sind gedeckt, Vorschüsse sind derzeit nicht anzufordern.
6. Sonstige für die Verwaltung wesentliche Verhältnisse (außer Abschn. II):	Nicht bekannt

II.

Das Objekt ist wie folgt vermietet:

Mieter	Stock-Werk	Räume (Zahl und Art)	mtl. Mietzins Baukostenzuschuss, Abstand oder Mietvorauszahlung	vermietet seit
Immobilienmakler Name	EG	2	650,00 €	1.10.2007

Über die Beschlagnahme habe ich unterrichtet:
- die Vollstreckungsschuldnerin
- den Mieter
- Stadt München
- Realsteuerstelle
- Energieversorger

Folgendes Anderkonto wurde für das Verfahren eingerichtet:

Konto-Inhaber:
Konto-Nr.
BLZ
Bank

(Unterschrift des Zwangsverwalters)

Anhang: Formulare Zwangsversteigerung und Zwangsverwaltung

Formular Nr. 25

Amtsgericht München München, den 30.7.2008
-Vollstreckungsgericht-
Aktenzeichen: L 13/08

TERMINBESTIMMUNG

Im Zwangsverwaltungsverfahren des im Grundbuch des Amtsgerichts München für Blatt 1234

auf den Namen der Schuldnerin

-Schuldner-

eingetragenen Grundbesitz

394,37/1000 Miteigentumsanteil an dem Grundstück

Flst. 335/1 zu 0,0307 ha
Flst. 335/3 zu 0,0028 ha

verbunden mit dem Sondereigentum an dem Laden im Aufteilungsplan mit der Nr. 0 bezeichnet, mit Sondernutzungsrecht an dem Kfz. Stellplatz Nr. 0 und Garten.

wird gemäß § 156 II ZVG der Termin zur Aufstellung des Teilungsplanes bestimmt auf

Montag, den 29.9.2009 um 13.30 Uhr
Justizgebäude 2. OG, Zimmer 234

Die Beteiligten werden gebeten, umgehend eine genaue Berechnung ihrer Ansprüche mit Angabe des beanspruchten Ranges schriftlich einzureichen.

Zu beachten ist, dass in der Zwangsverwaltung in der zweiten, dritten und vierte Rangklasse des § 10 I ZVG nur Ansprüche auf laufende wiederkehrende Leistungen, einschließlich Rentenleistungen, sowie diejenigen Beträge berücksichtigt werden, die zur allmählichen Tilgung einer Schuld als Zuschlag zu den Zinsen zu entrichten sind. Abzahlungsbeträge auf eine unverzinsliche Schuld werden wie laufende Leistungen berücksichtigt, soweit die fünf von Hundert des ursprünglichen Schuldbetrages nicht übersteigen.

Anmeldungen bitte ich umgehend an das Vollstreckungsgericht einzureichen.

Zeitpunkt der ersten Beschlagnahme: 20.3.2008

Rechtspfleger

Verfügung:
1. **Terminbestimmung zustellen an**
   a) Betreibenden Gläubiger bzw. Vertreter
   b) Schuldner bzw. Vertreter
   c) dinglich Berechtigten
2. **Terminbestimmung formlos an Zwangsverwalter.**
3. **Termin vorgemerkt**
4. **Grundakte erholen**
5. **Vorlage mit der Bitte um Aufteilung des vorläufigen Teilungsplanes**

Anhang: Formulare　　　　Zwangsversteigerung und Zwangsverwaltung

Amtsgericht München　　　　München, den 29.9.2008
-Vollstreckungsgericht-
Aktenzeichen: L 13/08

Niederschrift

Aufgenommen in nichtöffentlicher Sitzung des
Amtsgerichts München – Vollstreckungsgericht –
am 29.9.2008

Gegenwärtig:
Rechtspfleger
ohne Hinzuziehung eines Protokollführers

In dem Zwangsverwaltungsverfahren betreffend das im Grundbuch des Amtsgerichts München Blatt 1234

auf den Namen der Schuldnerin

　　　　　　　　　　　　　　　　　　　　　　　　　　　　-Schuldner-

eingetragenen Grundbesitz

394,37/1000 Miteigentumsanteil an dem Grundstück

| Flst. 335/1 | zu 0,0307 ha |
| Flst. 335/3 | zu 0,0028 ha |

verbunden mit dem Sondereigentum an dem Laden im Aufteilungsplan mit der Nr. 0 bezeichnet, mit Sondernutzungsrecht an dem Kfz. Stellplatz Nr. 0 und Garten.

erschienen bei Aufruf der Sache:　　Vollstreckungsschuldnerin

Das Gericht machte den Inhalt des Grundbuchblattes und den Anordnungsbeschluss vom 19.3.2008 bekannt:

Anmeldungen: keine

Mit den anwesenden Beteiligten wurde über den in der Anlage beigehefteten Teilungsplan verhandelt. Ein Widerspruch gegen den Teilungsplan wurde nicht erhoben.

Das Gericht verkündete folgenden

BESCHLUSS

1. Der vorläufige Teilungsplan (Anlage) wird für endgültig erklärt.
2. Gemäß § 157 I ZVG wird die planmäßige Zahlung der Beträge an die Berechtigten nach Maßgabe des Teilungsplanes angeordnet.

v.u.g.

Blümle

Amtsgericht München
-Vollstreckungsgericht-
Aktenzeichen: L 13/08

Anlage zur Niederschrift vom 29.9.2008

VORLÄUFIGE BERECHNUNG
DES TEILUNGSPLANES

In dem Zwangsverwaltungsverfahren
betreffend d. im Grundbuch des Amtsgerichts München Blatt 1234
eingetragenen Grundstücks

394,37/1000 Miteigentumsanteil an dem Grundstück

Flst. 335/1	zu 0,0307 ha
Flst. 335/3	zu 0,0028 ha

verbunden mit dem Sondereigentum an dem Laden im Aufteilungsplan mit der Nr. 0 bezeichnet, mit Sondernutzungsrecht an dem Kfz. Stellplatz Nr. 0 und Garten.

EIGENTÜMER

I. VORBEMERKUNGEN:

1. Termin zur Verhandlung über die Aufstellung des Teilungsplanes wurde mit Beschluss des Vollstreckungsgerichts München vom 30.7.2009 bestimmt auf

29.9.2008 um 13.30 Uhr.

Es liegen sämtliche Voraussetzungen für die Abhaltung des Verteilungstermins vor:

Die **Zustellung der Teminbestimmung** an die Verfahrensbeteiligten (§§ 156 II, 105 II, 9 ZVG) ist in den Anlagen zur Terminbestimmung nachgewiesen.
Dabei sind die Zustellungsvorschriften der § 166 ff ZPO jeweils erfüllt, Zustellfristen sind im Zwangsverwaltungsverfahren nicht zu beachten.

2. **Als Zwangsverwalter ist Rechtsanwalt**
Mit gerichtlichem Beschluss vom 19.3.2008 bestellt.

3. Die **erste Beschlagnahme** des Grundstücks ist gem. § 22, 151 ZVG am 20.3.2008 mit Eingang des Eintragungsersuchens beim Grundbuchamt wirksam geworden. Der Zwangsverwaltungsvermerk wurde am 20.3.2008 im Grundbuch eingetragen.

Der Anordnungsbeschluss wurde dem Schuldner zugestellt.

Die Inbesitznahme des verwalteten Grundbesitzes durch den Zwangsverwalter erfolgte am 4.4.2008.

4. Nachweise:

Berichte des Zwangsverwalters	Aktenblatt
Grundbuchblattfotokopien	Aktenblatt
Für den aktuellen Grundbuchstand	Grundakten

5. Betreibende Gläubigerin:
lt. Anordnungsbeschluss vom 19.3.2008:
aus dem dinglichen Anspruch Abt. III Nr. 1:

Grundschuldkapitalteilbetrag zu	10.000,00 €
Gerichtskosten für die Anordnung	53,50 €

II. DIE SCHULDENMASSE:
Aufgestellt nach der Rangfolge des § 10 ZVG
Rangklasse § 10 I 4 ZVG

Abt. III Nr. 1:

14% Zinsen aus 51.129,19 € ab 1.1.2007, sowie die anteiligen Kosten der dinglichen Rechtsverfolgung.

Die Zinsen sind am 31.12. eines jeden Kalenderjahres nachträglich zu entrichten. Letzte Fälligkeit vor Beschlagnahme (20.3.2008) war der 31.12.2007 als laufend zu berücksichtigen.

Abt. III Nr. 3:

14% Zinsen aus 20.451,68 € ab 1.1.2007,

Die Zinsen sind am 31.12. eines jeden Kalenderjahres nachträglich zu entrichten. Letzte Fälligkeit vor Beschlagnahme (20.3.2008) war der 31.12.2007. Somit sind sämtliche Zinsen am dem 1.1.2007 als laufend zu berücksichtigen.

Abt. III Nr. 4

14% Zinsen aus 46.016,27 € ab 1.1.2007.

Die Zinsen sind am 31.12. eines jeden Kalenderjahres nachträglich zu entrichten. Letzte Fälligkeit vor Beschlagnahme (20.3.2008) war der 31.12.2007. Somit sind sämtliche Zinsen ab dem 1.1.2007 als laufend zu berücksichtigen.

Abt. III Nr. 5:

14% Zinsen aus 15.338,76 € ab 1.1.2007.

Die Zinsen sind am 31.12. eines jeden Kalenderjahres nachträglich zu entrichten. Letzte Fälligkeit vor Beschlagnahme (20.3.2008) war der 31.12.2007. Somit sind sämtliche Zinsen ab dem 1.1.2007 als laufend zu berücksichtigen.

Abt. III Nr. 6:

18% Zinsen aus 5.112,92 € ab 1.1.2007.

Die Zinsen sind am 31.12. eines jeden Kalenderjahres nachträglich zu entrichten. Letzte Fälligkeit vor Beschlagnahme (20.3.2008) war der 31.12.2007. Somit sind sämtliche Zinsen ab dem 1.1.2007 als laufend zu berücksichtigen.

Abt. III Nr. 2:

15% Zinsen aus 59.821,15 € ab 26.11.2006.

Die Zinsen sind jährlich nachträglich zu entrichten. Letzte Fälligkeit vor Beschlagnahme (20.3.2008) war der 26.11.2007. Somit sind sämtliche Zinsen ab dem 26.11.2006 als laufend zu berücksichtigen.

Abt. III Nr. 7:

16% Zinsen aus 15.338,76 € ab 1.1.2007.

Die Zinsen sind am 31.12. eines jeden Kalenderjahres nachträglich zu entrichten. Letzte Fälligkeit vor Beschlagnahme (20.3.2008) war der 31.12.2007. Somit sind sämtliche Zinsen ab dem 1.1.2007 als laufend zu berücksichtigen.

Rangklasse § 10 I 5 ZVG

Aus dem dinglichen Anspruch Abt. III Nr. 1:

Grundschuldkapitalbetrag zu   10.000,00 €

III. DER VORLÄUFIGE TEILUNGSPLAN

1. Aus den Grundstückseinkünften sind vorweg zu befriedigen:

 a.) aus den Kosten des Verfahrens entsprechend den jeweiligen Kostenrechnungen des Beamten des Amtsgerichts München

 b.) die vom Zwangsverwalter zu tätigenden Aufwendungen für die Grundstücksverwaltung gemäß § 152 ZVG

und zwar die Ansprüche A.) und B.) im Gleichrang untereinander.

2. Die Überschüsse sind in nachstehender Rangfolge zu verteilen:

§ 10 I 1 ZVG

Die Ansprüche der die Zwangsverwaltung betreibenden Gläubigerin auf Ersatz ihrer Ausgaben zur Erhaltung und nötigen Verbesserung des Grundbesitzes.

Diese Aufwendungen sind unter Umständen gemäß § 155 Abs. 3 ZVG zu verzinsen.

§ 10 I 2 ZVG

Im Falle der Vollstreckung in ein Wohnungseigentum, soweit das Zwangsvollstreckungsverfahren nach dem 1.7.2007 angeordnet worden ist:

Die daraus fälligen Ansprüche auf Zahlung der Beiträge zu den Lasten und Kosten des gemeinschaftlichen Eigentums oder des Sondereigentums, die nach § 16 II, § 28 II und V WEG geschuldet werden, einschließlich der Vorschüsse und Rückstellungen sowie der Rückgriffsanspruch einzelner Wohnungseigentümer.

Das Vorrecht erfasst die laufenden Beträge, § 155 II 2 in Verbindung mit § 101 Nr. 2 ZVG

Laufende Beträge sind die jeweils vor dem 20.3.2008 (Beschlagnahmetag) letztmalig fällig gewordene Beträge und die später fällig werdenden Beträge.

§ 10 I 3 ZVG

Die laufenden Beträge öffentlicher Grundstückslasten im Gleichrang untereinander und zwar ohne weiteres Verfahren (§ 156 ZVG).

Laufende Beträge sind die jeweils vor dem 20.3.2008 (Beschlagnahmetag) letztmalig fällig gewordenen Beträge und die später fällig werdenden Beträge.

Zu den öffentlichen Grundstückslasten zählen insbesondere Grundsteuer, Kaminkehrergebühren und Beiträge gem. § 134 Abs. BauG usw.

Der Zwangsverwalter hat jeweils entsprechend den Veranlagungsbescheiden, Beitragsbescheiden bzw. Beitragsrechnungen die öffentlichen Lasten zu zahlen.

§ 10 I 4 ZVG

Anmeldung vom 6.8.2008
Bankverbindung:
Konto Nr.:

a) Gerichtskosten für Anordnung: 53,50 €

b) laufende Zinsen aus Post Abt. III Nr. 1:

aa. bereits fällig:

 14 % Zinsen aus 51.129,19 € vom 1.1.2007 bis 31.12.2007   7.158,09 €

bb. künftig fällig werdend:

 14 % Zinsen aus 51.129,19 € ab 1.1.2008 (Fälligkeit ist zu beachten)

c) laufende Zinsen aus Post Abt. III Nr. 3:
aa. bereits fällig:
   14% Zinsen aus 20.451,68 € vom 1.1.2007 bis 31.12.2007   2.863,24 €
bb. künftig fällig werdend:
   14% Zinsen aus 20.451,68 € ab 1.1.2008 (Fälligkeit ist zu beachten)
d) laufende Zinsen aus Post Abt. III Nr. 4:
aa. bereits fällig:
   14% Zinsen aus 46.016,27 € vom 1.1.2007 bis 31.12.2007   6.442,28 €
bb. künftig fällig werdend:
   14% Zinsen aus 46.016,27 € ab 1.1.2008 (Fälligkeit ist zu beachten)
e) laufende Zinsen aus Post Abt. III Nr. 5:
aa. bereits fällig:
   14% Zinsen aus 15.338,76 € vom 1.1.2007 bis 31.12.2007   2.147,43 €
bb. künftig fällig werdend:
   14% Zinsen aus 15.338,76 € ab 1.1.2008 (Fälligkeit ist zu beachten)
f) laufende Zinsen aus Post Abt. III Nr. 6:
aa. bereits fällig:
   18% Zinsen aus 5.112,92 € vom 1.1.2007 bis 31.12.2007   920,33 €
bb. künftig fällig werdend:
   18% Zinsen aus 5.112,92 € ab 1.1.2008 (Fälligkeit ist zu beachten)
g) laufende Zinsen aus Post Abt. III Nr. 2:
aa. bereits fällig:
   15% Zinsen aus 59.821,15 € vom 1.1.2007 bis 26.11.2006   8.973,17 €
bb. künftig fällig werdend:
   15% Zinsen aus 59.821,15 € ab 1.1.2007 (Fälligkeit ist zu beachten)
h) laufende Zinsen aus Post Abt. III Nr. 7:
aa. bereits fällig:
   16% Zinsen aus 15.338,76 € vom 1.1.2007 bis 31.12.2007   2.454,20 €
bb. künftig fällig werdend:
   14% Zinsen aus 15.338,76 € ab 1.1.2008 (Fälligkeit ist zu beachten)

§ 10 I 5 ZVG

Aus dem Anordnungsbeschluss vom 19.3.2008 (Bl.16)

Grundschuldkapitalbetrag   10.000,00 €

Gesamt: **10.000,00 €**

Bemerkungen:

a.) Nachrangige Gläubiger dürfen erst befriedigt werden, wenn feststeht, dass der nächste Termin zur Zahlung wiederkehrender Leistungen an die vorgehenden Gläubiger voll eingehalten werden kann.

b.) Wenn der betreibende Gläubiger wegen seiner Ansprüche durch den Zwangsverwalter befriedigt worden ist, hat der Zwangsverwalter dem Vollstreckungsgericht unverzüglich Anzeige zu erstatten.

                  München, den 23.9.2008
                  Der nebenamtliche Rechnungsbeamte:

Formular Nr. 26

Amtsgericht München   **München, den 14.1.2009**
-Vollstreckungsgericht-
Aktenzeichen: L 13/08

In dem Zwangsvollstreckungsverfahren

                                           -Gläubiger-

gegen

                                           -Schuldner-

Ergeht folgender

BESCHLUSS

1. Das Zwangsverwaltungsverfahren wird gemäß §§ 146 I, 29 ZVG aufgehoben, weil der Gläubiger seinen Antrag zurückgenommen hat.
2. Die Beschlagnahme des im Grundbuch des Amtsgerichts München Blatt 1234 eingetragenen Grundbesitz ist mit Eingang des Rücknahmeantrages beim Amtsgericht München am 8.1.09 beendet.
3. Der Zwangsverwalter hat
   a) die Mieter über die Verfahrensaufhebung zu benachrichtigen.
   b) die Entgegennahme von Zahlungen zu unterlassen.
   c) die Begleichung der Ausgaben zu unterlassen, soweit sie nicht zur Abwendung von Schäden erforderlich sind oder wegen bereits begründeten Verbindlichkeiten aus de Liquidität erfolgen. Der Zwangsverwalter darf wegen diesen Verbindlichkeiten Rücklagen bilden.
4. Zur Abwicklung der Tätigkeit darf der Zwangsverwalter
   a) anhängige Prozesse nach pflichtgemäßer Entscheidung fortsetzen.
   b) Mittel für seine Vergütung und Auslagen für evtl. anhängige Prozesse (Parteikosten, Gerichtskosten, Prozesskosten des Gegner in der voraussichtlich zu erwartenden Höhe zurückbehalten.
5. Vorhandene Zwangsverwaltungsüberschüsse (nach Abzug der unter Ziffer 4 b genannten einbehaltenen Mittel hat der Zwangsverwalter an den Schuldner herauszugeben, noch aus den einbehaltenden Mitteln verbleibende Reste nach Abschluss der Abwicklungsmaßnahmen.
6. Die dem Zwangsverwalter zu gewährende Vergütung läuft für die Zeit der Abwicklung weiter.
7. Der Zwangsverwalter hat binnen 4 Wochen nach Rechtskraft dieser Entscheidung seine Schlussrechnung und einen Schlussbericht mit den Belegen dem Vollstreckungsgericht vorzulegen.

Amtsgericht München
-Vollstreckungsgericht-
Aktenzeichen: L 13/08
(bitte stets angeben)

München, den 14.1.2009

An das
Amtsgericht München
-Grundbuchamt-

Grundbuch von München Blatt 1234

394,37/1000 Miteigentumsanteil an dem Grundstück

| Flst. 335/1 | zu 0,0307 ha |
| Flst. 335/3 | zu 0,0028 ha |

verbunden mit dem Sondereigentum an dem Laden im Aufteilungsplan mit der Nr. 0 bezeichnet, mit Sondernutzungsrecht an dem Kfz. Stellplatz Nr. 0 und Garten.

Sehr geehrte Damen und Herren,

beiliegenden Beschluss von heute mit der obigen Geschäftsnummer übersende ich mit der Bitte den

Zwangsverwaltungsvermerk

im Grundbuch zu löschen.

Um Übersendung einer Eintragungsmitteilung wird gebeten.

Mit freundlichen Grüßen

Rechtspfleger

Formular Nr. 27

Rechtsanwalt

Amtsgericht München
-Vollstreckungsgericht-
München

Datum 2.3.2009

**Zwangsverwaltungsverfahren gegen
Objekt: 394,37/1.000 Miteigentumsanteil an dem Grundstück
Flst. 335/1
Flst. 335/3
verbunden mit dem Sondereigentum an dem Laden im Aufteilungsplan mit
Nr. 0 bezeichnet, mit Sondernutzungsrecht an dem Kfz-Stellplatz Nr. 0 und
Garten**

Aktenzeichen des Gerichts: L 13/08

Sehr geehrte Damen und Herren,

mit Beschluss vom 14.1.2009, hier eingegangen am 19.1.2009, wurde das Zwangsverwaltungsverfahren mit Wirkung zum 8.1.2009 aufgehoben.

Ich erteile deshalb nachfolgenden

Schlussbericht nebst Schlussrechnung.

Bei dem Objekt handelt es sich um ein ehemaliges Ladengeschäft, das der jetzige Mieter nach seinen Angaben auf eigene Kosten zu einem Büro umgebaut hat. Ich verweise insoweit auf die ausführliche Darstellung in der Niederschrift zur Inbesitznahme.

Einnahmen waren daher im Verfahren monatlich in Höhe von EUR 600,00 zu erzielen. Der Mieter hat die monatlichen Mietzahlungen, wenn auf oft erst auf Mahnungen und dann verspätet, für die Monate Mai 2008 bis Dezember 2009 vollständig an mich bezahlt.

Als **Ausgaben** waren für das Objekt monatlich EUR 125,00 als vereinbartes Hausgeld zu entrichten; außerdem wurden die Grundabgaben für den Zeitraum 1.4. bis 31.12.2008 an die Realsteuer bezahlt; ansonsten fielen im Verfahren lediglich noch Kosten für die Kontoführungsgebühren an.

Ich verweise auf beiliegende Abrechnung über getätigte Einnahme und Ausgaben.

Zahlungen gem. dem Teilungsplan wurden am 11.12.2008 folgende geleistet:

    Ansprüche gem. § 10 Abs. 1 Nr. 4 ZVG
    a) Gerichtskosten für Anordnung
    Betrag in Höhe von **EUR 53,50**

    Ansprüche gem. § 10 Abs. 1 Nr. 4 ZVO
    b) laufende Ansprüche gem. Teilungsplan aus Post Abt. II Nr. 1
    laufende Zinsen:
    Betrag in Höhe von **EUR 2.000,00** auf bereits fällige Zinsen unter Buchstabe aa)

Die Vollstreckungsschuldnerin, der Mieter, die Stadt München, die Realsteuerstelle sowie der Energieversorger wurden von der Aufhebung der Zwangsverwaltung unterrichtet.

Es ergibt sich sodann folgende Schlussabrechnung:

Guthaben gem. vorgelegter Einnahmen und Ausgaben Rechnung	EUR 1.930,54
abzgl. beantragter Verwaltervergütung	EUR 1.588,25
	EUR 242,29

Mit beiliegender Aufstellung erlaube ich mir gem. § 17 bis § 22 Zwangsverwalterverordnung meine Vergütung zu beantragen.

Für etwaige Rückfragen stehe ich ihnen selbstverständlich zur Verfügung.

Für die Übertragung der Zwangsverwaltung darf ich mich bedanken.

Zu meiner Entlastung reiche ich in der Anlage den mir erteilten Zwangsverwalterausweis zurück.

Rechtsanwalt
-Zwangsverwalter-

Jahr 1
Ein- und Ausgabenrechnung für Zwangsverwaltung L 13/08 AG München

Datum	Auszug Blatt	Bezeichnung der Kontobewegung	Einnahmen	Ausgaben
05.05.2008	1	Miete Mai 2008	650,00	
15.05.2008	2	Zahlung Nebenkosten Mai 2008		125,00
15.05.2008	2	Zahlung Grundsteuer 2. Quartal 2008		93,25
02.06.2008	3	Miete Juni 2008	650,00	
09.06.2008	4	Zahlung Nebenkosten Juni 2008		125,00
01.07.2008	5	Kontoführungs- gebühren		20,00
03.07.2008	5	Miete Juli 2008	650,00	
08.07.2008	6	Zahlung Nebenkosten Juli 2008		125,00
05.08.2008	7	Zahlung Nebenkosten August 2008		125,00
05.08.2008	7	Zahlung Grundsteuer 2. Quartal 2008		93,25
02.09.2008	8	Miete August 2008	650,00	
10.09.2008	9	Zahlung Nebenkosten September 2008		125,00
15.09.2008	10	Miete September 2008	650,00	
01.10.2008	11	Kontoführungsgebüh- ren		20,80
07.10.2008	12	Zahlung Nebenkosten Oktober 2008		125,00
30.10.2008	13	Miete Oktober 2008	650,00	
19.11.2008	14	Zahlung Grundsteuer 2. Quartal 2008		93,26
02.12.2008	15	Miete November 2008	650,00	
09.12.2008	16	Zahlung Nebenkosten November 2008		125,00
11.12.2008	16	Auszahlung gem. Teilungsplan		2.053,50
30.12.2008	17	Kontoführungs- gebühren		20,40
08.01.2009	1	Miete Dezember 2008	650,00	
			5.200,00	3.269,46
		Kontoguthaben		1.930,54

Formular Nr. 28

Rechtsanwalt

Amtsgericht München
-Vollstreckungsgericht-
München

Ihr Zeichen	Ihre Nachricht vom	Unser Zeichen	Datum

Zwangsverwaltungsverfahren gegen
Objekt: 394,37/1.000 Miteigentumsanteil an dem Grundstück
Flst. 335/1
Flst. 335/3
Verbunden mit dem Sondereigentum an dem Laden im Aufteilungsplan mit Nr. 0 bezeichnet, mit Sondernutzungsrecht an dem Kfz-Stellplatz Nr. 0 und Garten

Aktenzeichen des Gerichts: L 13/08

Kostenabrechnung gem. § 17 bis § 22 Verordnung über die Geschäftsführung und Vergütung für Zwangsverwalter

15 Stunden und 10 Minuten a EUR 80,00 gem § 19 ZwVwV	EUR	1.213,33
Auslagen in Höhe von 10% aus Vergütungen gem. § 21 II ZwVwV	EUR	121,33
	EUR	1.334,66
19% Umsatzsteuer	EUR	253,59
	EUR	**1.588,25**

In der Anlage überlasse ich eine entsprechende Aufstellung meiner Tätigkeit.

Rechtsanwalt
-Zwangsverwalter-

Anhang: Formulare Zwangsversteigerung und Zwangsverwaltung

Formular Nr. 29

Amtsgericht München **München, den**
-Vollstreckungsgericht-
Aktenzeichen: L 13/08

In dem Zwangsvollstreckungsverfahren

-Gläubiger-

gegen

-Schuldner-

Ergeht folgender

BESCHLUSS

Die Vergütung und der Auslagenersatz des Zwangsverwalters Rechtsanwalt werden einschließlich Mehrwertsteuer auf

1.588,25 EURO

festgesetzt.

Gründe:

Mit Schriftsatz des Zwangsverwalters vom 2.3.2009 beantragte der Zwangsverwalter die Vergütung und den Auslagenersatz auf 1.588,25 Euro festzusetzen. Auf die Antragsbegründung wird Bezug genommen.

Die betreibende Gläubigerin und der Schuldner wurden hierzu gehört. Einwendungen wurden nicht erhoben.

Dem Verwalter steht gem. §§ 153 ZVG, 19 ff ZwVwV eine Vergütung und der Ersatz der angemessenen baren Auslagen sowie der Mehrwertsteuer zu.

Einnahmen in Höhe von 5.200,00 Euro waren vorhanden.

Die Vergütung konnte antragsgemäß festgesetzt werden, da sie der Höhe nach der qualifizierten Tätigkeit des Verwalters entspricht. Eine Festsetzung nach § 18 ZwVwV würde zu einem Missverhältnis zwischen der Tätigkeit des Verwalters und seiner Vergütung führen, so dass die Vergütung nach § 19 ZwVwV festzusetzen war. Der Zeitaufwand von 15 Stunden 10 Minuten wurde glaubhaft dargelegt, ebenso der Auslagenersatz.

Rechtspfleger

C. Formulare Teilungsversteigerung

Formular Nr. 30

Teilungsversteigerungsantrag (in Orientierung an den Musterfall vor § 180 Rn. 10 ff. – Aufhebung an einer Bruchteilsgemeinschaft)

An
das Amtsgericht Wuppertal[1]
Versteigerungsgericht[2]

Antrag auf Teilungsversteigerung[3]

Antragsteller (Anschrift)
Verfahrensbevollmächtigter: Rechtsanwalt[4]

gegen

Antragsgegner (Anschrift)[5]

Hiermit zeige ich an, dass ich bevollmächtigt bin, die rechtlichen Interessen von ... (Antragsteller) zu vertreten. Namens und im Auftrag des Antragstellers beantrage ich unter Vorlage der entsprechenden Vollmacht

die Teilungsversteigerung des Grundstücks .... (Anschrift sowie vor allem Flurstücknummer), eingetragen im Grundbuch von Wuppertal/Elberfeld, Band. ....., Blatt ....[6] zum Zwecke der Aufhebung der Miteigentümerschaft,[7] bestehend aus .... (Antragsteller und Antragsgegner)[8]

Zur Begründung führe ich aus:

Die Beteiligten haben das benannte Grundstück zu Miteigentumsanteilen zu je 2/3 (Antragsteller) und 1/3 (Antragsgegner). Der einschlägige Grundbuchauszug wird dem Antrag beigelegt.[9] Sie leben zurzeit im Ehestand des gesetzlichen Güterstandes, wobei das Scheidungsverfahren läuft.[10]

---

1 Zur Zuständigkeit s. § 1 ZVG.
2 Der Terminus „Versteigerungsgericht" deutet an, dass es sich nicht um eine Vollstreckung im eigentlichen Sinne handelt. Da man die Teilungsversteigerung auch als besondere Vollstreckungsart interpretieren kann oder zumindest das allgemeine Vollstreckungsrecht ergänzend herangezogen werden könnte, könnte man den Antrag auch an das Amtsgericht – Vollstreckungsgericht richten.
3 Andere mögliche Formulierungen: Antrag auf Zwangsversteigerung nach § 180 ZVG (vgl. vorige Fußn.).
4 Ein Anwaltszwang besteht nicht, das Hinzuziehen sachkundigen Beistands ist aber anzuraten.
5 Das bzw. die übrigen Mitglieder der Gemeinschaft.
6 Zu Bezeichnung des Grundstücks s. § 16.
7 Zum Erfordernis der Bezeichnung des Versteigerungszwecks s. vor § 180 Rn. 6, dort vierter Spiegelstrich, sowie ebda. Rn. 9.
8 Der Antrag kann auch hinsichtlich des Zwecks kürzer gefasst werden (etwa: Teilungsversteigerung/Zwangsversteigerung nach § 180 ZVG), ist dann aber weniger informativ. In jedem Fall muss der Zweck des Antrags (Aufhebung einer Gemeinschaft) zum Ausdruck kommen (s. vorige Fußn. m.N.).
9 Zum Erfordernis der Eintragung des Antragstellers im Grundbuch s. § 180 Abs. 2 S. 1. Ein entsprechender Grundbuchauszug kann beigelegt werden, ist aber angesichts § 17 nur erforderlich, wenn das Grundbuchamt nicht in demselben Amtsgericht angesiedelt ist wie das zuständige Versteigerungsgericht. In diesem letztgenannten Fall empfiehlt sich eine entsprechende Bezugnahme auf die entsprechende Grundbuchstelle innerhalb desselben Amtsgerichts. Dies hätte im vorliegenden Fall ausgereicht.
10 Dies Ausführungen empfehlen sich aus Informationsgründen. Sie sind ansonsten entbehrlich, da der eheliche Güterstand mit der Bruchteilsgemeinschaft an dem Grundstück nichts zu tun hat (s. Musterfall vor § 180 Rn. 11).

Im Zuge der Beendigung der ehelichen Lebensgemeinschaft hat der Antragsteller die Aufhebung auch der Gemeinschaft an dem Grundstück verlangt.[11] Eine Teilung in natura nicht zustande gekommen und ist mangels entsprechender Einigungsmöglichkeiten – bisherige Gespräche sind in der Vergangenheit erfolglos geblieben – ausgeschlossen.[12]

Unterschrift
(Rechtsanwalt)

---

[11] Dies kann gegebenenfalls durch entsprechende schriftliche oder sonstige Nachweise nachgewiesen werden (als Anlage zum Antrag dann empfohlen), kann aber auch schon aus dem Teilungsversteigerungsantrag selbst heraus vermutet werden.
[12] S. § 753 BGB.

Formular Nr. 31

Teilungsversteigerungsantrag – Aufhebung einer Gesamthandsgemeinschaft
(Bsp. Erbengemeinschaft)[1]

An
das Amtsgericht Wuppertal
Versteigerungsgericht

Antrag auf Teilungsversteigerung

Antragsteller (Anschrift)
Verfahrensbevollmächtigter: Rechtsanwalt

gegen

Antragsgegner (Anschrift)

Hiermit zeige ich an, dass ich bevollmächtigt bin, die rechtlichen Interessen von
.....(Antragsteller) zu vertreten. Namens und im Auftrag des Antragstellers beantrage ich unter Vorlage der entsprechenden Vollmacht

die Teilungsversteigerung des Grundstücks .... (Anschrift sowie vor allem Flurstücknummer), eingetragen im Grundbuch von Wuppertal/Elberfeld, Band. ...., Blatt .... zum Zwecke der Aufhebung der Miterbengemeinschaft, bestehend aus .... (Antragssteller und Antragsgegner)

Begründung:

Der Antragsteller sowie die Antragsgegner bilden gemeinsam eine Erbengemeinschaft. Der entsprechende Erbschein das Amtsgerichts .... vom ....., Aktenzeichen .... wird hiermit vorgelegt.[2] Die Genannten sind die Miterben zu gleichen Teilen von .... (Bezeichnung des Erblassers, Geburtsdatum, Todesdatum, letztmalige Anschrift). Zu dem Nachlass gehört das o.g. Grundstück. Der Erblasser ist nach wie vor als Eigentümer im Grundbuch eingetragen.[3]

Der Antragsteller betreibt die Auseinandersetzung der Miterbengemeinschaft. Eine Einigung über die Auseinandersetzung in Bezug auf das benannte Grundstück war bzw. ist nicht möglich, ebenso wenig eine Realteilung.[4] Damit liegen die Voraussetzungen der Teilungsversteigerung vor.

Unterschrift
(Rechtsanwalt)

---

1 S. zu näheren Erläuterungen auch diejenigen in den Fußnoten zu Muster 1.
2 S. zu den Nachweiserfordernissen für den Antragsteller auch § 180 Abs. 2 S. 1.
3 S.a. alternativ die Möglichkeit nach § 35 GBO.
4 S. §§ 2042 Abs. 2, 753 BGB.

Formular Nr. 32

Antrag auf einstweilige Einstellung nach § 180 Abs. 2

An
das Amtsgericht Wuppertal
Versteigerungsgericht[1]

Antrag auf einstweilige Einstellung

in der Teilungsversteigerungssache
Aktenzeichen
Antragsteller (Anschrift)
Verfahrensbevollmächtigter: Rechtsanwalt
Antragsgegner (Anschrift)

In dem Verfahren der Teilungsversteigerung des Grundstücks .... (Anschrift sowie vor allem Flurstücknummer), eingetragen im Grundbuch von Wuppertal/ Elberfeld, Band. ....., Blatt .... zum Zwecke der Aufhebung der Miteigentümerschaft, bestehend aus .... (Antragsteller und Antragsgegner), stelle ich unter Vollmachtsvorlage namens und im Auftrag des Gemeinschaftsmitglieds (Name, Anschrift) folgenden

Antrag:

Die Teilungsversteigerung wird auf die Dauer von 6 Monaten[2] einstweilen eingestellt:

Begründung:

In benannter Angelegenheit betreibt der Antragsteller als Mitglied der Miteigentümerschaft der o. g. Beteiligten die Teilungsversteigerung. Nach Anordnung der Teilungsversteigerung hat das von mir vertretene Gemeinschaftsmitglied Verhandlungen mit den übrigen Mitgliedern aufgenommen, mit dem Ziel des käuflichen Erwerbs des betreffenden Grundstücks. Die Verhandlungen laufen noch. Im Zuge dieser Verhandlungen ist es bereits zu mannigfachen Renovierungen es Gebäudes gekommen. Eine Kreditfinanzierung des angestrebten Kauf wäre durch entsprechende Bankzusagen, welche in Kopie beigelegt werden, sichergestellt. Der Fortgang des Versteigerungsverfahrens würde damit die laufenden Verhandlungen konterkarieren und zudem die durch die Renovierung gewonnene Wertschöpfung noch nicht oder noch nicht angemessen berücksichtigen. Insgesamt würde sie den Interessen sämtlicher Beteiligter nicht entsprechen. Damit liegen die Voraussetzungen für eine Einstellung vor.[3]

Der Miteigentumsanteil des von mir vertretenen Gemeinschaftsmitglieds (Name, Anschrift) ist mit Pfändungs- und Überweisungsbeschluss vom ..... von dem Gläubiger .... (Name, Anschrift) zwar gepfändet und überwiesen worden.[4] Das hindert einen Antrag auf Einstellung jedoch nicht, insbesondere bedarf ein solcher keiner Zustimmung durch den Pfändungsgläubiger.[5]

Damit liegen die Voraussetzungen nach § 180 Abs. 2 vor, und es ist dem Antrag zu entsprechen.

Unterschrift
(Rechtsanwalt)

---

1 Das Versteigerungsgericht selbst ordnet die Einstellung an.
2 Höchstdauer der erstmaligen Einstellung, s. i.E. § 180 Abs. 2.
3 S. zu Einstellungsgründen § 180 Rn. 22 (hier exemplarisch als mögliche Gründe vorhanden: 1. Alternative Verwertungsoptionen im Rahmen einer gütlichen Einigung, hieraus folgend laufende einschlägige Verhandlungen, sowie 2. Gefahr von Wertschöpfungsverlusten als vorübergehendes (Nur ein solches wird von § 180 Abs. 2 berücksichtigt) Risiko.
4 Es würde sich bei diesem Szenario um vorsorgliche Entgegnungen handeln.
5 S. dazu § 180 Rn. 17 (i.E. aber str.).

Formular Nr. 33

Antrag auf einstweilige Einstellung nach § 180 Abs. 3 (Kindeswohlklausel)

An
das Amtsgericht Wuppertal
Versteigerungsgericht[1]

Antrag auf einstweilige Einstellung

in der Teilungsversteigerungssache
Aktenzeichen
Antragsteller (Anschrift)
Verfahrensbevollmächtigter: Rechtsanwalt
Antragsgegner (Anschrift)

In dem Verfahren der Teilungsversteigerung des Grundstücks .... (Anschrift sowie vor allem Flurstücknummer), eingetragen im Grundbuch von Wuppertal/ Elberfeld, Band. ...., Blatt .... zum Zwecke der Aufhebung der Miteigentümerschaft, bestehend aus .... (Antragssteller und Antragsgegner), stelle ich unter Vollmachtsvorlage namens und im Auftrag des Gemeinschaftsmitglieds (Name, Anschrift) folgenden

Antrag:

Die Teilungsversteigerung wird einstweilen eingestellt:[2]

Begründung:

In benannter Angelegenheit betreibt der Antragsteller als Mitglied der Miteigentümerschaft der o. g. Beteiligten die Teilungsversteigerung. Das besagte Grundstück steht im Miteigentum der noch verheirateten Beteiligten; andere Gemeinschaftsmitglieder sind nicht vorhanden. Aus der noch bestehenden Ehe – das Scheidungsverfahren läuft – ist das gemeinschaftliche[3] Kind (Name, Geburtsdatum) hervorgegangen. Der Ehepartner .... (Name) wohnt mit ihm noch in dem auf dem besagten Grundstück errichteten Einfamilienhaus.[4]

Das gemeinschaftliche Kind befindet sich infolge psychisch bedingter Kontaktarmut in ärztlicher Behandlung. Damit gehen schwere schulische Entwicklungsstörungen einher. Entsprechende Bestätigungen werden bei Bedarf vorgelegt.[5] Eine Versteigerung des fraglichen Grundstücks würde zu einem Wohnsitzwechsel führen. Dies würde zu einer Verstärkung der psychischen Zwangslage führen. Es handelt sich um eine Sondersituation, welche weit über das normale Maß der Beeinträchtigung durch einen Wohnsitzwechsel hinausreicht. Ungünstigste Sozialprognosen sowie eine Gefährdung der laufenden Therapie wären die Folge. Das Wohl des gemeinschaftlichen Kindes wäre ernsthaft gefährdet.[6]

Damit liegen die Voraussetzungen nach § 180 Abs. 3 vor, und es ist dem Antrag zu entsprechen.

Unterschrift
(Rechtsanwalt)

---

1 Das Versteigerungsgericht selbst ordnet die Einstellung an.
2 Befristungen sind grundsätzlich nicht vorgesehen, insgesamt besteht eine Fünf-Jahres-Grenze (§ 180 Rn. 35).
3 Nur für diese gilt § 180 Abs. 3, s. § 180 Rn. 31.
4 Hier geht es um die Darlegung der Voraussetzungen des § 180 Abs. 3. Aus dem bisherigen Verfahrensverlauf dürfte dem Gericht die Situation von ihrem Tatbestand her hinreichend offenkundig bzw. bewiesen sein.
5 Auf Grund der besonderen Schutzwürdigkeit des betroffenen Kindes dürfte es ratsam sein, einschlägige Unterlagen (Gutachten etc.) vorerst zurückzuhalten und erst bei Erforderlichkeit einzureichen.
6 S. dazu § 180 Rn. 32. Es ist bedeutsam, die Besonderheit der Gefährdungslage für das gemeinschaftliche Kind darzulegen.

Formular Nr. 34

Antrag auf Aufhebung nach § 765a ZPO[1]

An
das Amtsgericht Wuppertal
Versteigerungsgericht[2]

in der Teilungsversteigerungssache
Aktenzeichen
Antragsteller (Anschrift)
Verfahrensbevollmächtigter: Rechtsanwalt
Antragsgegner (Anschrift)

In dem Verfahren der Teilungsversteigerung des Grundstücks .... (Anschrift sowie vor allem Flurstücknummer), eingetragen im Grundbuch von Wuppertal/Elberfeld, Band. ....., Blatt .... zum Zwecke der Aufhebung der Miteigentümerschaft, bestehend aus .... (Antragssteller und Antragsgegner), stelle ich unter Vollmachtsvorlage namens und im Auftrag des Gemeinschaftsmitglieds (Name, Anschrift) folgenden

Antrag:

Die Teilungsversteigerung wird aufgehoben:[3]

Begründung:

In benannter Angelegenheit betreibt der Antragsteller als Mitglied der Miteigentümerschaft der o. g. Beteiligten die Teilungsversteigerung. Das von mir vertretene Gemeinschaftsmitglied (Name) bewohnt das auf dem Grundstück errichtete Haus zurzeit allein. Er leidet an einer schweren Parkinson-Erkrankung, welcher ein Verlassen des Hauses nahezu unmöglich macht. Bei Bedarf werden ärztliche Bestätigungen nachgereicht. Die Räumlichkeiten in dem besagten Haus sind behinderten- und bedarfsgerecht auf die spezifischen Bedürfnisse meines Mandanten eingerichtet worden.

Ein Wohnsitzwechsel als zwangsläufige Folge der Grundstücksversteigerung ist für meinen Mandanten mit höchsten Schwierigkeiten verbunden. Auch eine erneute bedarfsgerechte Einrichtung künftigen Wohnraums erscheint als Möglichkeit höchst zweifelhaft, zumal sie von dem Versicherungsträger nicht übernommen werden. Es liegt damit eine besondere[4] Schutzbedürftigkeit meines Mandanten vor, so dass eine Räumung eine unbillige Härte beinhalten würde.[5] Diese würde ihn dauerhaft[6] beeinträchtigen.

§ 765a ZPO ist infolge des Verweises in § 869 ZPO anwendbar.[7] Die Teilungsversteigerung ist zumindest der Vollstreckung angelehnt, so dass deren Regeln ergänzend eingreifen können. Alles andere würde der Rechtsschutzgarantie des Art. 19 Abs. 4 GG entgegenstehen, da ansonsten ständige Einstellungsgründe nicht hinrei-

---

1 Die Anwendung von § 765a ZPO ist höchst str, s. § 180 Rn. 25, s. a. vor § 180 Rn. 25.
2 Das Versteigerungsgericht selbst ordnet die Aufhebung an.
3 Zu einstweiligen Anordnungen s. § 765a Abs. 1 S. 2 i. V. m. § 732 Abs. 2 ZPO, s. dazu auch Muster 7.
4 Ohne diese Besonderheit würde der Antrag unbegründet sein. Es geht nicht darum, allgemeine Härten, welche mit einer Versteigerung verbunden sind, zu verhindern.
5 S. zu den Aufhebungsgründen § 180 Rn. 25; in den letzten Sätzen werden die Voraussetzungen nach § 765a ZPO als Subsumtionsergebnis genannt. Vor allem muss die Außergewöhnlichkeit der Härte dargelegt werden (s. a. vorige Fußn.).
6 Aus diesem Merkmal des Dauerhaften resultiert, dass ein Antrag nach § 180 Abs. 2 (einstweilen) scheitern würde.
7 Vgl. den Streit, Fußn. 1. Spätestens sofern es keine gängige einschlägige Entscheidungspraxis des zuständigen Gerichts gibt, empfehlen sich Rechtsausführungen.

chend[8] berücksichtigungsfähig wären und somit für meinen Mandanten unabänderliche unzumutbare Konsequenzen die Folge wären.

Hilfsweise und vorsorglich[9] stelle ich mit derselben Begründung der Unzumutbarkeit der Versteigerungsfolgen für meinen Mandanten einen Antrag auf einstweilige[10] Einstellung nach §§ 771 Abs. 3, 769 Ab. 2 ZPO.[11] Die Dringlichkeit[12] ergibt sich aus dem bereits fortgeschrittenen Stand des Versteigerungsverfahrens, bei welchem ein Versteigerungsermin bereits angesetzt wurde. Ich ersuche für den Fall der Annahme der Unanwendbarkeit von § 765a ZPO seitens des Gerichts einen entsprechenden Hinweis,[13] um zeitig die Klage analog § 771 ZPO[14] erheben zu können. Anderenfalls stelle ich vorsorglich die Klageerhebung analog § 771 ZPO in Aussicht, desgleichen den entsprechenden Antrag nach § 769 ZPO.

Unterschrift
(Rechtsanwalt)

---

[8] Das gilt auch unter Berücksichtigung des Hilfsantrags im nächsten Absatz, denn dieser setzt eine Klage voraus und bindet den einstweiligen Rechtsschutz an einen zusätzlichen Prozess in einer Hauptsache. Das ist bei § 765a ZPO anders.

[9] Ob ein Antrag wie in diesem Absatz beschrieben hilfsweise gestellt werden sollte, ist allgemein nicht zu beantworten und richtet sich nach den Umständen des Einzelfalls. Er kann sinnvoll für das Scheitern einer Entscheidung nach § 765a ZPO sein. Der Grund jedenfalls wäre, dass die geschilderten Unzumutbarkeitsgründe materielle Ausschlussgründe (vgl. §§ 242, 138 BGB) für eine Zwangsvollstreckung wären und somit mit einer Klage analog § 771 ZPO (s. a. Muster 6) zugänglich wären. Dasselbe gilt entsprechend auch für Anträge nach § 769 ZPO.

[10] Mit dieser Einstweiligkeit unterscheidet sich der Hilfsantrag von dem auf vollständige Einstellung gerichtete § 765a ZPO. Von § 180 Abs. 2 (Muster 3) hat er gemein, dass es um eine einstweilige Einstellung geht, aber er unterscheidet sich dadurch, dass er als flankierende Maßnahme einer Klage analog § 771 ZPO (Muster 6) eine einen status quo erhalten soll, um letztlich die Versteigerung auf jeden Fall zu verhindern (vgl. im Gegensatz Muster 3: Dort geht es um eine Unterbrechung der Versteigerung, um im Verhandlungswege eine anderweitige Verwertungsmöglichkeit für das Grundstück zu erzielen. Scheitern dort – wieder Muster 3 – die Verhandlungen, wird die Versteigerung spätestens nach Ablauf der 6-Monatsfrist fortgesetzt. Anders hier, wo von Anfang an es darum geht, die Versteigerung von vornherein ohne Wenn und Aber z verhindern).

[11] Analog § 769 Abs. 2 ZPO wäre auch das Versteigerungsgericht für einstweilige Anordnungen zulässig.

[12] S. § 769 Abs. 2 ZPO. Diese Dringlichkeit muss also besonders vorliegen und ergibt sich nicht aus dem generellen Bedürfnis nach vorläufigem Rechtsschutz an sich.

[13] Vgl. insoweit allgemein § 139 ZPO. Diese Anregung basiert darauf, dass ein Rechtsschutz nach § 769 ZPO eine anhängige Klage voraussetzt.

[14] S. dazu Muster 6 mit Erläuterungen in den Fußnoten.

Formular Nr. 35

Klage gegen die Teilungsversteigerung gestützt auf materielle Gründe
(unechte Drittwiderspruchsklage)[1]
mit unterschiedlichen Begründungszenarien[2]

An das
Landgericht[3] Wuppertal[4]
(Anschrift)

Unechte Drittwiderspruchsklage[5]

Name, Anschrift – Kläger/-in
Rechtsanwalt[6]
(Anschrift)

gegen

Name, Anschrift (Beklagter)

Namens und im Auftrag der Klägerin erhebe ich unter Vollmachtsvorlage Klage vor dem zuständigen Landgericht Wuppertal und beantrage, wie folgt zu erkennen:

I. Die von dem Beklagten betriebene Teilungsversteigerung des Grundstücks .... (Anschrift sowie vor allem Flurstücknummer), eingetragen im Grundbuch von Wuppertal/Elberfeld, Band. ...., Blatt .... zum Zwecke der Aufhebung der Miteigentümerschaft, bestehend aus .... (Antragsteller und Kläger bzw. Klägerin/Beklagter und Antragsgegner) wird für unzulässig erklärt.
II. Der Beklagte trägt die Kosten des Rechtsstreits.
III. Das Urteil ist notfalls gegen Sicherheitsleistung vorläufig vollstreckbar.[7]

Des Weiteren stelle ich folgenden Antrag gem. §§ 771 Abs. 3, 769 ZPO:[8]
Das Teilungsversteigerungsverfahren hinsichtlich des in Ziff. I. des Klageantrags genannten Grundstücks wird einstweilen eingestellt.

Begründung (für den Fall des § 1365 BGB):

Der Beklagte betreibt die Teilungsversteigerung des im Klageantrag genannte Grundstücks zur Aufhebung einer hieran bestehenden Bruchteilsgemeinschaft. Die Anordnung der Teilungsversteigerung erfolgte am ....

---

1 S. dazu vor § 180 Rn. 7.
2 Diese können die jeweils zugrunde gelegten Fallkonstellationen freilich nur in Grundzügen wiedergeben und sind somit für jeden praktischen Fall gesondert anzupassen.
3 Zur sachlichen Zuständigkeit s. § 23 Nr. 1 GVG.
4 Zur örtlichen Zuständigkeit s. § 771 Abs. 1 ZPO (ausschließlich, § 802 ZPO).
5 Eine konkrete Bezeichnung der Klage ist nicht zwingend nötig (stattdessen hätte der Terminus „Klage" ausgereicht), da diese sich aus dem Antrag sowie den Ausführungen ergibt. Sie ist aber in jedem Fall informativ.
6 Es herrscht Anwaltszwang, § 78 Abs. 1 ZPO (Bei Immobiliensachen ist davon auszugehen, dass die einschlägige Streitwertgrenze von 10.000 Euro sicherlich überschritten ist).
7 Zu den Anträgen II. u. III. s. aber auch § 308 Abs. 2 ZPO (Sie können also auch unterbleiben).
8 Vgl. dazu auch den Hilfsantrag zu Muster 5 (dort letzter Absatz in den Ausführungen), s. a. vor § 180 Rn. 7 sowie § 180 Rn. 24. In dringenden Fällen ist es möglich, einen Antrag an das Versteigerungsgericht selbst zu stellen (§ 769 Abs. 2 ZPO analog, vgl. wieder Muster 5 sowie die dortigen Erläuterungen in den Fußnoten).

Beweis:[9]
Anordnung der Teilungsversteigerung, zugestellt am ....

Das Grundstück befindet sich im Miteigentum zu gleichen Teilen. Die Parteien leben im gesetzlichen Güterstand der Zugewinngemeinschaft.

Beweis:
Heiratsurkunde.

Mit Ausnahme seines Miteigentumsanteils hat der Beklagte kein sonstiges Vermögen inne. Damit ist schon der Teilungsversteigerungsantrag an sich schon nach § 1365 BGB zustimmungspflichtig seitens der Klägerin.[10] Eine solche Zustimmung wurde niemals erteilt und wird vielmehr von der Klägerin mit Nachdruck abgelehnt.

Beweis:
Schriftliche Erklärung der Klägerin vom ...

Damit ist die Anordnung der Teilungsanordnung von vornherein unzulässig gewesen, und die Teilungsversteigerung ist zu beenden. Statthaft ist insoweit die Klage analog § 771 ZPO.[11] Die Klage ist damit zulässig und begründet. Die Zulässigkeit und Begründetheit des Antrags auf einstweilige Einstellung ergibt sich aus §§ 771 Abs. 3, 769 Ab. 1 ZPO.

Unterschrift
(Rechtsanwalt)

Begründung (für den Fall der fehlenden Voraussetzungen):

Der Beklagte betreibt die Teilungsversteigerung des im Klageantrag genannte Grundstücks zur Aufhebung einer hieran bestehenden Bruchteilsgemeinschaft. Die Anordnung der Teilungsversteigerung erfolgte am ....

Beweis:
Anordnung der Teilungsversteigerung, zugestellt am ...

Das Grundstück steht in beiderseitigem Miteigentum je zur Hälfte.

Beweis:
Grundbuchauszug.

Das Grundstück ist unbebaut und weist eine Fläche von 500 m^2 auf. Im Einklang mit bestehenden Bebauungsplänen wäre es ohne weiteres möglich, das Grundstück realiter zu teilen, ohne das vorhandene Eigenschaften als Bauland verloren gingen.

Beweis:
Schriftliche Stellungnahme der Baubehörde, Gutachten (i.E. näher zu spezifizieren)

Damit ist eine Realteilung möglich. Zugleich fehlt es an den Voraussetzungen des § 753 BGB,[12] so dass eine Teilungsversteigerung unzulässig ist. Es handelt sich um eine materielle Einrede, welche analog § 771 ZPO zu erheben ist. Die Zulässigkeit und Begründetheit des Antrags auf einstweilige Einstellung ergibt sich aus §§ 771 Abs. 3, 769 Ab. 1 ZPO.

Unterschrift
(Rechtsanwalt)

---

9 Sofern Beweise infolge Kenntnis des Versteigerungsgerichts an sich in keiner Weise erforderlich wären, käme eine Erinnerung vor dem Versteigerungsgericht selbst in Betracht (s. Muster 7). Da diese deutlich geringeren Anforderungen unterliegt, würde einer unechten Drittwiderspruchsklage das Rechtsschutzinteresse fehlen (Eine andere Frage ist, ob der Kenntnisstand des Versteigerungsgerichts dem Prozessgericht überhaupt bekannt ist). In jedem Fall wäre der Weg der Erinnerung vorzugswürdig (und bei Nichtbeschreiten für den Rechtsanwalt regelmäßig ein Haftungsfall gegenüber seinem Mandanten).
10 S. dazu § 180 Rn. 4.
11 S. Fn. 1,
12 Vgl. vor § 180 Rn. 4.

Begründung (für den Fall des Ausschlusses der Auseinandersetzung[13] einer Miterbengemeinschaft):

Der Beklagte betreibt die Teilungsversteigerung des im Klageantrag genannte Grundstücks zur Aufhebung einer hieran bestehenden Miterbengemeinschaft. Die Anordnung der Teilungsversteigerung erfolgte am ...

Beweis:
Anordnung der Teilungsversteigerung, zugestellt am ...

Die Parteien sind Miterben des am .... verstorbenen ... (Name, Geburtsdatum, letzter Wohnort).

Beweis:
Erbschein das Amtsgerichts .... vom ....., Aktenzeichen ...

Der Erblasser hat jedoch die Auseinandersetzung in Bezug auf das fragliche Grundstück letztwillig ausgeschlossen.

Beweis:
Letztwillige Verfügung vom ...., dort Ziff. 2.

Dies ist auch von dem Versteigerungsgericht zu berücksichtigen. Statthaft ist insoweit die Klage analog § 771 ZPO. Aus dem Ausgeführten ergibt sich deren Zulässigkeit und Begründetheit. Die Zulässigkeit und Begründetheit des Antrags auf einstweilige Einstellung ergibt sich aus §§ 771 Abs. 3, 769 Ab. 1 ZPO.

Unterschrift
(Rechtsanwalt)

---

13 Vgl. insoweit auch die Fallkonstellation zu Muster 7.

Formular Nr. 36

Vollstreckungserinnerung analog § 766 ZPO gestützt auf materielle Gründe[1], welche dem Versteigerungsgericht bekannt sind[2]

An
das Amtsgericht Wuppertal
Versteigerungsgericht[3]

Erinnerung nach § 766 ZPO[4]

in der Teilungsversteigerungssache
Aktenzeichen
Antragsteller (Anschrift)
Verfahrensbevollmächtigter: Rechtsanwalt[5]

Antragsgegner (Anschrift)

In dem Verfahren der Teilungsversteigerung des Grundstücks .... (Anschrift sowie vor allem Flurstücknummer), eingetragen im Grundbuch von Wuppertal/Elberfeld, Band. ...., Blatt .... zum Zwecke der Aufhebung der Miteigentümerschaft, bestehend aus .... (Antragssteller und Antragsgegner), erhebe ich unter Vollmachtsvorlage namens und im Auftrag des Gemeinschaftsmitglieds (Name, Anschrift) folgende

Erinnerung

mit folgendem Antrag:[6]

Die von dem Antragsgegner betriebene Teilungsversteigerung des Grundstücks .... (Anschrift sowie vor allem Flurstücknummer), eingetragen im Grundbuch von Wuppertal/Elberfeld, Band. ...., Blatt .... zum Zwecke der Aufhebung der Miteigentümerschaft, bestehend aus .... (Antragssteller und Antragsgegner) wird aufgehoben.

Des Weiteren stelle ich folgenden Antrag gem. §§ 766 Abs. 1 S. 2, 732 Abs. 2 ZPO:[7]

Das Teilungsversteigerungsverfahren hinsichtlich des in Ziff. I. des Antrags genannten Grundstücks wird einstweilen eingestellt.

Begründung:

Der Antragsgegner betreibt die Teilungsversteigerung des im Klageantrag genannte Grundstücks zur Aufhebung einer hieran bestehenden Bruchteilsgemeinschaft. Die Anordnung der Teilungsversteigerung erfolgte am ....

---

1 Vgl. insoweit schon Muster 6.
2 S. zuvor zu Muster 6 Fn. 9 sowie § 180 Rn. 7.
3 Das Versteigerungsgericht selbst ordnet die Einstellung an (vgl. § 766 ZPO, wo von dem Vollstreckungsgericht selbst zu sprechen ist – das ist hier analog auf das Versteigerungsgericht zu übertragen).
4 Besondere Form- und Fristvorschriften bestehen nicht. Trotzdem ist darauf zu achten, dass das Begehren hinreichend zum Ausdruck kommt.
5 Ein Anwaltszwang besteht nicht. Sachkundiger Beistand ist aber in jedem Fall anzuraten.
6 Ein besonderes Antragserfordernis besteht an sich nicht, so dass allein die Ankündigung, Erinnerung an sich einzulegen, ausreicht. Zulässig und klarstellend ist ein Antrag wie beschrieben aber in jedem Fall.
7 Vgl. dazu die Parallele zu §§ 771 Abs. 3, 769 ZPO analog, dazu Muster 6 mit Erläuterungen. Abzugrenzen ist dieser Antrag von demjenigen nach § 180 Abs. 2 (Muster 3) dadurch, dass letzterer zwar auch der einstweiligen Einstellung dient, aber es nicht darauf anlegt, in jedem Fall zu einer endgültigen Verhinderung der Versteigerung zur führen.

Die Auseinandersetzung wurde jedoch gem. § 751 Satz 1 BGB ausgeschlossen. Dies wurde auch in das Grundbuch, angesiedelt im selben Amtsgericht wie das Versteigerungsgericht,[8] eingetragen.[9] Ebenso wurde im Rahmen des Teilungsversteigerungsantrags dem Versteigerungsgericht die der Miteigentümerschaft zugrunde liegende vertragliche Vereinbarung vorgelegt. Infolge dieses Ausschlusse konnte eine Aufhebung der Gemeinschaft nicht erfolgen, so dass es an den Voraussetzungen für eine Teilungsversteigerung (§ 180 Abs. 1) fehlt.

Ebenso sind die Gründe, welche der Aufhebung der Gemeinschaft nach § 180 Abs. 1 entgegenstehen, dem Gericht offenkundig und vollumfänglich bekannt.[10] Damit ist die Erinnerung analog § 766 ZPO statthaft.[11] Die Anordnung der Teilungsanordnung von vornherein unzulässig gewesen, und die Teilungsversteigerung ist zu beenden.

Unterschrift
(Rechtsanwalt)

---

8 Insoweit reicht eine Bezugnahme ohne Vorlage eines Grundbuchauszugs aus.
9 Das ist an sich nicht für eine Wirksamkeit des Auseinandersetzungsausschlusses erforderlich, s. aber für die Wirkung gegenüber Rechtsnachfolgern § 1010 Abs. 1 BGB.
10 S.a. § 28 ZVG.
11 Fehlt es an diesem Bekanntsein, kommt nur die Klage analog § 771 ZPO in Betracht, s. § 180 Rn. 4 a.E. Insoweit erübrigen sich hier anders als zu Muster 6 Beweisanträge (vgl. auch Fn. 3), zumal diese zugleich die Unzulässigkeit des Bekanntseins suggerieren könnten.

Formular Nr. 37

Antrag auf Versteigerung eines Grundstücks nach § 175 ZVG

An
das Amtsgericht Wuppertal[1]
Versteigerungsgericht[2]

Antrag auf Versteigerung nach § 175 ZVG

Antragsteller (Anschrift)
– Testamentsvollstrecker[3]
Verfahrensbevollmächtigter: Rechtsanwalt[4]

Beteiligte, Miterben
(Namen, Anschrift)[5]

Hiermit zeige ich an, dass ich bevollmächtigt bin, die rechtlichen Interessen von
.....(Antragsteller) zu vertreten. Namens und im Auftrag des Antragstellers beantrage ich unter Vorlage der entsprechenden Vollmacht

die Versteigerung des Grundstücks .... (Anschrift sowie vor allem Flurstücknummer), eingetragen im Grundbuch von Wuppertal/Elberfeld, Band. ...., Blatt ....[6] auf Antrag des Erben nach § 175 ZVG[7]

Zur Begründung führe ich aus:

Der Antragsteller ist Testamentsvollstrecker[8] der Miterbengemeinschaft, bestehend aus .... (Namen, Anschrift), hervorgegangen aus dem Erbfall des am .... verstorbenen Erblassers .... (Name, Anschrift). Dies wird durch Vorlage des Erbscheins das Amtsgerichts .... vom ...., Aktenzeichen .... sowie des Testamentsvollstreckerzeugnisses des Amtsgerichts .... vom .... belegt.[9] Zu dem Nachlass gehört u. a. das o. g. Grundstück. Insoweit wird auf die Grundbuchstelle Bezug genommen.[10]

Die Erbschaft ist von dem Miterben infolge des Verstreichens der Ausschlagungsfrist angenommen worden.[11] Ausschlussgründe nach § 175 Abs. 2 ZVG liegen nicht vor.[12]

---

1 Zur Zuständigkeit s. § 1 ZVG.
2 Der Terminus „Versteigerungsgericht" deutet an, dass es sich nicht um eine Vollstreckung im eigentlichen Sinne handelt. Da man die Versteigerung auf Erbenantrag auch als besondere Vollstreckungsart interpretieren kann, könnte man den Antrag auch an das Amtsgericht – Vollstreckungsgericht richten.
3 Ein Testamentsvollstrecker hat namentlich bei der Abwicklungsvollstreckung regelmäßig auch anderer Verwertungsmöglichkeiten in Bezug auf das Grundstück zur Verfügung. Es ist daher gerade für ihn besonders zu prüfen, ob eine Versteigerung nach § 175 überhaupt der günstigste Weg ist (s. § 175 Rn. 6). Ausgeschlossen ist diese Möglichkeit hingegen nicht. Sie könnte sich etwa empfehlen, um in besonderen Streitfällen einem möglichen Misstrauen seitens der Erben zu begegnen.
4 Ein Anwaltszwang besteht nicht, das Hinzuziehen sachkundigen Beistands ist aber anzuraten. Hier wird von einem insoweit nicht hinreichend rechtskundigen Testamentsvollstrecker ausgegangen.
5 Diese Angaben sind in jedem Fall erforderlich, da den Miterben als Beteiligte die Anordnung der Versteigerung zuzustellen ist, s. vor § 175 Rn. 9.
6 Zu Bezeichnung des Grundstücks s. § 16.
7 Zum Erfordernis der Bezeichnung des Versteigerungszwecks s. vor § 175 Rn. 10.
8 Zur Antragsbefugnis des Testamentsvollstreckers s. § 175 Rn. 6 (sich aus der Befugnis, ein Aufgebotsverfahren zu beantragen, ergebend).
9 S. § 177.
10 S. § 17. Ansonsten (wenn das Grundbuchamt in einem anderen Amtsgericht angesiedelt ist) ist ein Grundbuchauszug beizulegen.
11 § 175 Abs. 1 S. 1, zur Erbschaftsannahme s. § 1944 sowie § 175 Rn. 4.
12 Dazu § 175 Rn. 8f. An sich kann dieser Hinweis auch unterbleiben, s. § 177 Rn. 2.

Auf dem Grundstück lastet eine Sicherungsgrundschuld zugunsten von .... (Name, Anschrift). Sie sichert eine Forderung aus einem Darlehensvertrag ab, welcher seinerzeit von ... (Name des Grundpfandgläubigers) und dem Erblasser abgeschlossen worden ist und betrifft damit eine Forderung gegen den Nachlass.[13] Die entsprechende Vertragsurkunde wird beigelegt.[14]

Damit liegen die Voraussetzungen des § 175 ZVG vor, und es ist dem Antrag zu entsprechen.

Unterschrift
(Rechtsanwalt)

---

13 S. dazu § 175 Rn. 2.
14 § 177.

Formular Nr. 38

Amtsgericht Oberstadt
Vollstreckungsgericht

Aktenzeichen: Datum: 17.10.2009
21 K 5/09

vorläufiger Teilungsplan

im Zwangsversteigerungsverfahren über das im Grundbuch des Amtsgerichtes Musterstadt von Heimhausen Blatt 695 auf den Namen von

a) Mustermann Eduard, Musterstrasse 3, Heimhausen
b) Mustermann Heidelinde, Musterstrasse 3, Heimhausen

eingetragene Grundstück Flst. 583

I. Vorbemerkungen
1. Mit Beschluss des Amtsgerichtes – Vollstreckungsgerichtes – Landshut vom 7.9.2009 wurde das vorbezeichnete Grundstück
   für ein bares Meistgebot von 180.000 €
   zugeschlagen an Michael Imglück, Unterstadt
2. Die Beschlagnahme im Sinne des § 13 ZVG ist wirksam geworden am 14.1.2009 durch Eingang des Ersuchens nach § 19 ZVG beim Grundbuchamt.
3. Bislang wurde das bare Meistgebot nicht hinterlegt.
4. Verteilungstermin ist am 19.10.2009 um 9.00 Uhr

II. Teilungsmasse
1. Bares Meistgebot EUR 180.000,00
2. 4% Bargebotszinsen aus dem baren Meistgebot
   vom 7.9.2009 bis zum 18.10.2009 EUR 820,00
3. Summe Teilungsmasse EUR 180.820,00

III. Bestehenbleibende Rechte
Keine

IV. Schuldenmasse:
1. Verfahrenskosten
   0,5 VerfahrensGeb. aus 200.000 EUR   EUR   728,00
   0,5 TerminsGeb. aus 200.000 EUR   EUR   728,00
   0,5 VerteilungsGeb. aus 180.000 EUR EUR   678,00
   Liegenschaftskatasterauszug   EUR   6,00
   Schätzungskosten   EUR 2.222,50
   Veröffentlichungskosten   EUR   723,89
   Zustellungskosten   EUR   53,00
   Rechnungsgebühren   EUR   60,00
   Summe   EUR 5.199,39

   Davon Kostenvorschüsse:
   Oberbank   EUR 2.500,00
2. Ansprüche der Rangklasse 3 des § 10 I ZVG:
   Stadt Oberstadt – Stadtkasse –
   Grundsteuer B
   Vom 1.1.09 bis
   § 47 ZVG (2 Wochen)

3. Ansprüche der Rangklasse 4 des § 10 I ZVG:
   Oberbank
   Aus der erloschenen Buchgrundschuld Abt. III Nr. 1 zu EUR 15.338,76

Kosten:		
Anordnungskosten	EUR	51,00
Zinsen:		
18 % aus EUR		
vom 1.1.2006 bis 22.9.2009	EUR	8.576,92
Kapital	EUR	15.338,76
Summe	EUR	23.966,68

   Aus der erloschenen Buchgrundschuld Abt. III Nr. 1 zu EUR 150.000,00

Zinsen:		
18 % aus EUR		
vom 1.1.2006 bis 22.9.2009	EUR	100.650,00
Kapital	EUR	150.000,00
Summe	EUR	250.650,00

   Von der Aufführung weiterer Ansprüche wird mangels ausreihender Teilungsmasse abgesehen.

V. Zuteilung

1. Aus der Teilungsmasse von EUR 180.820,00
   sind gemäß § 109 ZVG die Verfahrenskosten vorweg zu entnehmen
   und zwar in Höhe von

a) Landesjustizkasse Hauptstadt	EUR	2.699,39
b) Oberbank Oberstadt – Vorschussrückzahlung –	EUR	2.500,00
verbleibt ein Überschuss von	EUR	175.620,61

   Dieser Überschuss wird den Beteiligten, deren Ansprüche durch Zahlung zu decken sind, wie folgt zugeteilt:

2. Stadt Oberstadt – Stadtkasse –
   Liquidation IV Nr. 2
3. Oberbank Oberstadt
   Liquidation IV Nr. 3

   Damit ist die Teilungsmasse vollständig ausgeschöpft.

   Beim der letzten Zuteilung zu Grunde liegenden Anspruch tritt bereits ein Teilausfall ein.

   Oberstadt, den 19.10.2009

   Dipl. Rpfl. (FH) Eifrig
   Rechtspflegerin

D. Formular Allgemein

Formular Nr. 39

Zahlungsverbot an den Drittschuldner nach § 22 Abs. 2 Satz 1 ZVG bei Zwangsverwaltung[1]

Herrn/Frau[2]

[• Name, Adresse Drittschuldner]

Durch Beschluss des [• Gericht] vom [•] wurde die Zwangsverwaltung des in der Gemarkung [•] gelegenen Grundstückes, eingetragen im Grundbuch des Amtsgerichts [•] auf den Namen des [•] als Fl.Nr. [•] (weitere Angaben falls möglich), angeordnet.

Damit ist dem Vollstreckungsschuldner die Verwaltung und Benutzung des Grundstücks entzogen.

Zum Zwangsverwalter wurde [•] bestellt.

Da sich die Beschlagnahme des Grundstücks auch auf Miet- und Pachtzinsforderungen erstreckt[3], **wird ihnen daher als Drittschuldner verboten, die von Ihnen zu leistende Miet- oder Pachtzinsen an den Vollstreckungsschuldner zu zahlen.**

Diese Zahlungen haben stattdessen an den Zwangsverwalter zu erfolgen.

---

1 Das Zahlungsverbot ergeht nur auf Antrag eines Gläubigers bzw. des Zwangsverwalters; dazu sowie zur Zuständigkeit § 22 Rn. 10.
2 Das Zahlungsverbot muss dem Drittschuldner zugestellt werden, eine öffentliche Zustellung ist nach h.M. nicht möglich, § 22 Rn. 11.
3 Gilt nur für Zwangsverwaltung, nicht auch für die -versteigerung (vgl. § 22 Rn. 9).

Stichwortverzeichnis

Die erste, fettgedruckte Zahl nach dem Stichwort bezeichnet den Paragraphen des Gesetzes, die alsdann nach dem Komma folgende Zahl die Randziffer.
Im Übrigen bedeuten: **IuI** = Abschnitt Immobiliarvollstreckung und Insolvenzverfahren sowie **Einf.ZwV** = Einführung Zwangsversteigerung T = Taktik in der Zwangsversteigerung und **R** = Rechtsbehelfe.

A
Abgaben 152, 19
Ablösung Einf. ZwV, 74
Ablösung Gläubiger 75, 14 ff.
- Ablösbare Forderung **75**, 15
- Ablösungsrecht **75**, 16
- Barzahlung **75**, 17
- Teilzahlung **75**, 17
- Wirkung **75**, 19 **75** 19, 18

Ablösungsbetrag
- Verteilungsverfahren **114**, 15

Ablösungssumme
- als Ersatzbetrag **92**, 21, 31 f.

Abmeldung 9, 23
Abrechnungspflicht 152, 28
Abtretung 9, 3 **Einf. ZwV**, 4
Abweichende Versteigerungsbedingungen
- Antrag **59**, 3 ff.
- Befriedigungsreihenfolge **59**, 2
- Bestehenbleiben eines Rechts **45**, 20 ff.
- Beteiligte **59**, 3
- Doppelausgebot **59**, 15
- erhöhte Verzinsung Bargebot **59**, 24
- erhöhte Verzinsung Sicherungshypothek **59**, 31
- Erlöschen eines Rechts **59**, 23
- Form der Zustimmung **59**, 4
- mehrere Abweichungen **59**, 8
- nicht erschienene Beteiligte **59**, 12
- offene Beeinträchtigung **59**, 9 ff.
- persönliche Gläubiger **59**, 25
- Sicherheitsleistung **59**, 7, 27
- ungewisse Beeinträchtigung **59**, 15
- Vergleich der Meistgebote **59**, 18 ff.
- Versteigerungsgegenstand **59**, 29 f.
- Zeitpunkt des Antrags **59**, 5
- Zuschlagsentscheidung **59**, 16 ff.
- Zustimmung des Eigentümers **59**, 11
- Zustimmung eines Beteiligten **59**, 9 ff.
- zwingende Verfahrensvorschriften **59**, 2
- Übergebote **59**, 28

Abwendungsbefugnis 19 WEG, 26
Abzahlungshypothek
- Rang **10**, 91

Abzinsung
- betagter Ansprüche **111**, 1, 4 ff.

Akteneinsicht 42, 1 ff.
- Besichtigung des Grundstücks **42**, 6

- nach ZPO **42**, 1
- Personenkreis **42**, 3
- Rechtsbehelf **42**, 7
- Umfang **42**, 4
- Verfahren **42**, 5

Altenteil
- Begriff **9 EGZVG**, 5 ff.
- Bestehenbleiben **9 EGZVG**, 13
- Hinweispflicht **9 EGZVG**, 12

Altenteil 146, 14
- Begrifsbestimmung **92**, 63 ff.
- Geldrente wegen Versorgungscharakter **92**, 22 ff.
- Wertersatz bei Erlöschen **92**, 66 ff.

Altenteile Einf. ZwV, 50
Alternativzuteilung s.a. Hilfszuteilung
- bei bedingten Rechten **119**, 9–11
- bei Ersatzansprüchen **121**, 7
- bei Gesamtrechten **123**, 1 ff.
- bei unbekannten Berechtigten **126**, 8
- bei Widerspruch **124**, 1–8

Altlasten
- Duldungs- und Kostentragungspflichten **90**, 39 ff.

Altrechtliche Grunddienstbarkeit
- Bestehenbleiben kraft Gesetzes **9 EGZVG**, 2 ff.

Amtshaftungsansprüche 80, 2 **83**, 17, 49
Amtstheorie 152, 2
Andere Nutzungsrechte 146, 13
Andere Verwaltungsmöglichkeiten neben dem Zwangsverwaltungsverfahren 146, 3

Anderweitige Verwertung
- Anordnung **65**, 6 f.
- Antrag **65**, 3 f.
- Durchführung **65**, 8 ff.
- Rechtsbehelf **65**, 12
- Schutz von Grundpfandrechtsgläubigern **65**, 7

Anfechtungsgesetz 17, 14
Anfechtungsrecht (AnfG, InsO) 9, 15
Anhörung
- Teilungsplan **113**, 9

Anhörungsrecht 150c, 3
Anhörungsrüge (§ 321a ZPO) s.a. Wiederaufnahmeklage **104** ff. s.a. Gegenvorstellung (Verfahrensgrundrechte) **80**, 4 R, **86** ff.

Stichwortverzeichnis

- Anwendungsbereich R, 88
- Ausgebotsarten 83, 11, 13
- Ausschließung von Anmeldungen 83, 17
- Entscheidungserheblichkeit rechtlichen Gehörs R, 87
- faires Verfahren 83, 30
- fehlerhaft abgehaltener Versteigerungstermin 83, 46 f.
- fehlerhafte Bekanntgabe zum Versteigerungsobjekt 83, 50
- fehlerhafte Terminbestimmung 83, 6, 45
- Fortführung des Verfahrens R, 89
- Gegenvorstellung R, 94
- geringstes Gebot 83, 7, 16
- gesetzlicher Richter 83, 31 f.
- kollusives Verhalten 83, 34 ff.
- notorischer Nichtzahler 83, 39
- pactum de non licitando 83, 37
- Parteifähigkeit 83, 25
- Prozessfähigkeit 83, 25
- Prozessführungsbefugnis 83, 25
- unheilbarer (absoluter) Mangel 83, 3 84, 1
- Unzulässigkeit der Durchführung/Fortsetzung der Versteigerung 83, 22 ff.
- unzureichend bekannt gemachte Nutzungsart 83, 48
- Verfassungsbeschwerde R, 86
- Verletzung der Rechte Beteiligter 83, 18
- Vollstreckungsschutzantrag 83, 40
- Wertfestsetzung, fehlende Rechtskraft 83, 8
- Zielsetzung, R 89

Anhörungsverfahren 150b, 4

Anmeldung 9, 23 f. Einf. ZwV, 73, 78
- verspätete 110, 2 ff.
- Verteilungsverfahren 114, 2–3, 7–9

Anmeldung von Rechten 37, 6 ff.
- anzumeldende Rechte 37, 7
- Mängel 37, 10
- nicht anmeldepflichtige Rechte 37, 8
- Prozesshandlung 37, 9
- Rangwahrung 37, 6
- Rechtsbehelfe 37, 10
- Wirkung 37, 10

Anordnung
- Gebühr Versteigerung **Kosten d. ZVG-Verfahrens, 2**
- Gebühr Verwaltung **Kosten d. ZVG-Verfahrens, 17**

Anordnung der Zwangsverwaltung 146, 22

Anordnungsbeschluss 146, 23 Einf. ZwV, 53
- Beitritt 15, 3
- in der Zwangsversteigerung 15, 76
- Muster a) Anordnung b) Verfügung c) Erläuterungen a, 15 b, 15

- Prüfungsliste 15, 75
- Unterzeichnung 15, 71
- Zustellung an Prozessbevollmächtigten 15, 78
- Zustellung an Schuldner 15, 78
- Zustellungsfrist 43, 4

Anordnungsentscheidung
- Beginn der Zwangsvollstreckung 15, 38
- Belehrung des Schuldners zur~ 15, 81
- Duldungstitel 15, 9–10
- Eheliches Güterrecht 15, 64–70
- Eigentum des Schuldners 17, 1, 3
- Eigentümergrundpfandrecht 15, 50–52
- Eintragung im Grundbuch 17, 3
- Erbbaurecht, Muster 15, 55, 80
- Erbe 15, 74
- Familien – betreuungsgerichtliche Genehmigung 15, 7 17, 2
- Firmenname 15, 13
- Fälligkeit der Ansprüche 15, 29
- Handelsgesellschaften 15, 14 ff.
- Insolvenzverfahren 15, 58 ff.
- Kosten 15, 90 ff.
- Kündigung 15, 30
- Prozess- und Parteifähigkeit 15, 7
- Rechtliches Gehör 15, 89
- Rechtsmittel 15, 89
- Rechtsnachfolge 15, 35
- Tod des Schuldners 15, 71–74 178 17, 8
- Umlegungsverfahren 15, 63
- Unterwerfungserklärung 15, 32 – 34
- Verwaltungszwangsverfahren 16, 3
- Vollstreckungsklausel 15, 24 – 27
- Vollstreckungstitel 15, 8 ff. 16, 9–10
- Wartefrist 15, 37
- Wohnungseigentum 15, 53, 84
- Zug-um Zugleistung 15, 48
- Zustellung an Grundstückseigentümer 15, 80
- Zwangsverwaltung 15, 86

Ansprüche unbestimmten Betrages
- Definition 14, 3 ff.
- Rechtliche Behandlung 14, 7

Antrag 15, 2–3, 16 16, 3
- Allgemeines 16 1, 1
- Anspruch 15, 29 16, 8
- Antragsgrundsatz 15, 2 16, 1
- Anwaltszwang 16, 2
- Beginn der Zwangsversteigerung 15, 71
- Bezeichnung des Anspruchs und Titels 16, 8–10
- Bezeichnung des Eigentümers 16, 6
- Bezeichnung des Grundstücks 16, 5
- Form d. Antrags 16, 2–3
- Grundschuld,– Hypothekenbrief 16, 20
- Inhalt des Antrags 16, 1–2
- Prüfung des Antrags 15, 78

Stichwortverzeichnis

- Urkunden 16, 17 ff.
Antrag s. a. **Versteigerungsantrag**
Antragsrücknahme 148, 17
Anwaltskosten Einf. ZwV, 93
Anwaltszwang Einf. ZwV, 13
Anwartschaftsrecht
- an Zubehör 55, 12
Anwendbare Vorschriften im Zwangsverwaltungsverfahren 146, 4
Arresthypothek 932 ZPO IuI, 22, 24
- Duldungsklage 932 ZPO, 13
- Eintragungsvoraussetzungen 932 ZPO, 2 ff.
- Erlangung IuI, 24
- Erwerb durch den Eigentümer 932 ZPO, 14 f.
- Gebühren 932 ZPO, 17
- Mängel, Verfahren bei 932 ZPO, 8
- Rechtsbehelfe 932 ZPO, 16
- Rückschlagsperre IuI, 22
- Umschreibung in Zwangshypothek 932 ZPO, 11 f.
- Vollziehungsfrist (§ 929 II ZPO) 932 ZPO, 5
- Voraussetzungen 932 ZPO, 2 ff.
- Wirkungen 932 ZPO, 9 ff.
- Zuständigkeit 932, 2
Aufgaben des Zwangsverwalters 152, 3
Aufgebotsverfahren
- Ermächtigung 138, 1 ff.
- Kraftloserklärung von Grundpfandrechtsbriefen 136, 1 ff.
- zum Ausschluss von Berechtigten 140, 1 ff. 141, 3 ff.
Aufhebung Einf. ZwV, 58
Aufhebung der Einstellung 146, 42
Aufhebung des ZVG Verfahrens
- Entscheidung 33, 17 ff.
- Nach Schluss der Versteigerung 33, 4 ff.
- Versagung des Zuschlags 33, 8 ff.
Aufhebung des Zwangsverwaltungsverfahrens 161, 1 ff.
- Anhörung des Zwangsverwalters 161, 40
- Antragsrücknahme 161, 16
- fehlende Vorschusszahlung 161, 8 ff.
- Gründe 161, 6 ff.
- Prozessführungsbefugnis 161, 41 ff.
- Schlussbericht des Zwangsverwalters Einführungsfall Zwangsverwaltung Anlage 6
- Schlussrechnung des Zwangsverwalters Einführungsfall Zwangsverwaltung Anlage 6
- Verfahren 161, 4 ff.
- Wirkungen 161, 19 ff.
- Zeit zwischen Antragsrücknahme/Zuschlag und Aufhebung des Verfahrens 161, 29 ff.

- Zuschlag im Zwangsversteigerung 161, 18
- Übergang der Rechtsverhältnisse 161, 28
Aufhebungs- und Einstellungsbeschluss
- Zustellung 32, 1 ff.
- Zustellungsempfänger 32, 3 ff.
Aufhebungsbeschluss
- Zustellung 32, 1 f., 1 ff.
Aufklärungsverfügung 15, 88
Auflassungsvormerkung s. a. **geringstes Gebot 146, 21**
- Auswirkung in der Zwangsversteigerung 91, 36 ff.
- Begriffsbestimmung 91, 35 f.
- Differenztheorie 92, 74
- einmalige Kapitalzahlung 92 20, 20
- Wertersatz bei Erlöschen 92, 72 ff.
Aufrechnung
- durch den Erstehers 107, 21
Aufsichtsbeschwerde R, 115
Aufsichtsperson, Auswahl 150c, 2
Aufsichtsperson, Rechte und Pflichten 150c, 3
Aufsichtsperson, Schutzfunktion 150c, 1
Aufsichtspflicht
- Gericht 153, 6 ff. 150c, 4
Aufsichtsrecht 150c, 4
Aufteilungserklärung
- bei Zwangshypothek 867 ZPO, 47 ff.
Ausbietungsgarantie T, 83 f.
Ausfertigung, vollstreckbare
- 4 Einf. ZwV
Ausgaben
- Zwangsverwaltung 155, 11 ff.
Ausgebot Einf. ZwV, 77
Auskunftsrecht 150c, 4
Auslagen Kosten d. ZVG-Verfahrens, 14 ff.
Ausnahmen 17, 8
- zur Voreintragung des Schuldners
Ausschluss der Beschlagnahmewirkung 173, 1 ff.
- Ausnahmen 173, 4 ff.
- Verfügungsverbot 173, 2–3
- Veräußerungsverbot 173, 2
Ausübung des Vorschlagsrechts 150a, 3
Außergerichtliche Befriedigung (Versteigerungsverfahren) vor 105, 28, 144, 1 ff.
- anzuwendende Vorschriften 145, 1 ff.
Außergerichtliche Verteilung 143, 1 ff.
Außerordentliche Beschwerde (§§ 793, 569 ZPO) s. a. **Wiederaufnahmebeschwerde R, 78 ff.**

B

Bagatellforderung 15, 5
Bargebot
- geringstes Gebot 49
- Hinterlegung 49, 6

Stichwortverzeichnis

- Verzinsung **49**, 5
- Zahlung **49**, 4
Baukostenzuschuss **152**, 26
Bedingte Rechte s. a. geringstes Gebot
Beeinträchtigung **9 EGZVG**, 21 f.
Befangenheitsantrag
- Versteigerungstermin **66**, 8
Befriedigungserklärung
- des Erstehers **107**, 19 **117**, 15
- eines Berechtigten **107**, 20
Befriedigungsfiktion **114a**, 1 ff.
- Ausschluss **114a**, 17
- Bedeutung **114a**, 16
- Umfang **114a**, 10–15
- Zeitpunkt **114a**, 12
Befriedigungsfiktion **81**, 11
Befriedigungsnachweis im Termin **75**
- Barzahlung **75**, 9
- Befriedigungswirkung **75**, 11
- Forderungsübergang **75**, 13
- Form **75**, 4
- Rechtsbehelf **75**, 13
- Teilzahlung **75**, 10
- Zahlungsberechtigte **75**, 5–8
- Zeitpunkt **75**, 3
Befriedigungsreihenfolge Einf. ZwV, 26
Beginn der Zwangsvollstreckung **15**, 38
Begründung von Entscheidungen **R**, 3
Beitritt **146**, 28 **19 WEG**, 16
- Gebühr Versteigerung **Kosten d. ZVG-Verfahrens**, 2
- Gebühr Verwaltung **Kosten d. ZVG-Verfahrens**, 17
Beitritt zum Verfahren **27 ZVG**
- Beschluss **27**, 12 ff.
- Rechtsbehelfe **27** 17, 17
- Rechtsnachfolge **27**, 10 f.
- Voraussetzungen **27**, 3 ff.
- Wirkungen **27** 15 ff
Beitrittsbeschluss
- Zustellungsfrist **43**, 4
Bekanntmachung
- Kosten **Kosten d. ZVG-Verfahrens**, 15
Bekanntmachung der Terminsbestimmung **39** ff
- Amtsblatt **39**, 3
- Anheftung an Gerichtstafel **40**, 1 ff.
- bei geringem Grundstückswert **39**, 4
- Bekanntmachungsfrist **43**, 3
- Bekanntmachungsfrist, Nichteinhalten der **43**, 9
- Inhalt **39**, 5
- Internet **39**, 3
- private Veröffentlichungen **40**, 5
- Rechtsbehelfe **39**, 7 **40**, 6
- sonstige Veröffentlichungen **40**, 4
- Wirkung **39**, 6
- Zeitungen **40**, 4
Belehrung
- der Gläubiger bei Einstellung **31**, 23 f.
Belehrung über Rechtsbehelfe **R**, 3

Beleihungsrisiko
- bei Rechten mit unbestimmtem Wertansatz **92**, 47
Benachrichtigung der Beteiligten **146**, 31
Berechtigter Personenkreis **149**, 5
Beschlagnahme **19**, 1
- Wirksamkeit der ~ **19**, 5
Beschlagnahme **148**, 1 **19 WEG**, 12 **20** ff.
Einf. ZwV, 56
- Ausschluss der Wirkung **173**, 1 **IuI**, 34
- Erfordernis **173**, 5, 8
- Fiktion s. a. fiktive Beschlagnahme
- Miet-/Pachtvertrag **24** 8
- ordnungsmäßige Wirtschaft **23**, 22 **24**, 4
- und wiederkehrende Leistungen **14**, 3 f.
- Veräußerungsverbot **23**, 2 ff.
- Verfahren, Auswirkungen auf **26 ZVG**
- Verfügungsverbot **23**, 2 ff.
- Wirksamkeit **IuI**, 5
- Wirkungen **23**, 1 ff.
Beschlagnahme des Grundstücks **146**, 32
Beschlagnahme, Ende **151**, 5
Beschlagnahme rückständiger Mieten und Pachten **148**, 9
Beschlagnahme, Wirksamwerden **151**, 2
Beschlagnahme, Wirksamwerden des Beitritts **151**, 3
Beschlagnahme, Wirksamwerden gegenüber Dritten **151**, 4
Beschlagnahmeumfang **148**, 2
Beschlagnahmezeitpunkt **148**, 16 **151**, 1
Beschränkte persönliche Dienstbarkeit
- aufschiebende u. auflösende Bedingtheit **92**
- Geldrente wegen Versorgungscharakter **92**, 22 ff.
- Wertersatz bei Erlöschen **92**, 56 ff.
Beschwerde Einf. ZwV, 71
- bei Arresthypothek **932 ZPO**, 16
- bei Zwangshypothek **867 ZPO**, 40 ff.
- Gebühren **Kosten d. ZVG-Verfahrens**, 25 f.
- Gegenstandswert **Kosten d. ZVG-Verfahrens**, 27
Beschwerdeverfahren s. a. sofortige Beschwerde s. a. Zuschlagsbeschwerde **R**, 51 ff. **95**, 1 ff. **Vor 95–104**, 1, 1 ff.
- Beschränkte Anfechtbarkeit **95**, 1–2
- Dualismus Rechtspfleger, Richter **Vor 95–104**, 10
- gerichtliche Entscheidung **Vor 95–104**, 15 f.
- Nichtigkeitsbeschwerde **96**, 14 **Vor 95–104**, 9
- selbstständige Beschwerdeverfahen **Vor 95–104**, 7
- selbstständige Zwischenverfahren **95**, 7 f., 9
- Verkehrswertbeschwerde **R 58 95**, 10 f.

Stichwortverzeichnis

– Zulassungsrechtsbeschwerde Vor 95–104, 20 ff.
Besichtigung des Grundstücks 42, 6
Besitzstörungen 152, 10
Bestandteile Einf. ZwV, 48
Bestellung 150a, 1, 4
Bestellung des Zwangsverwalters 150, 1
Beteiligtenverzeichnis 19, 18
Betreibender Gläubiger 9, 2
Bewertungsmethode Einf. ZwV, 63, 65
Bewertungsvereinbarung
– vorsorgliche Maßnahme 92, 47
Bewirtschaftung von land- und forstwirtschaftlichen Flächen 152, 12
BGB-Gesellschaft 15, 16–18
Bieter Vor 9, 10
Bieterstunde Einf. ZwV, 79
Bietsicherheit Einf. ZwV, 80
Bietzeit 73, 2 ff.
– Ende 73, 5
– Mehrere Grundstücke 73, 4
– Mindestdauer 73, 2
– Verlängerung 73, 3
Bietzeit Einf. ZwV, 79
Bindungswirkung 152, 24
Bruchteilsnießbrauch 146, 10
Bürgschaftserklärung 15, 45

D

Dauerwohnrecht 146, 16
Dauerwohnrecht nach § 31 WEG
– Begriffsbestimmung 92
– Wertersatz bei Erlöschen 92, 67
Deckungsgrundsatz 19 WEG, 4
– Berechnung 121, 4–6
– bei der beschränkten persönlichen Dienstbarkeit 92, 56
– bei der Geldrente 92, 28, 52
– bei der Reallast von unbestimmter Dauer 92, 59
– beim Altenteil 92, 66
– beim Nießbrauch 92, 53
– die Ermittlung 92, 25 f.
– die Feststellung des Ersatzbetrages 92, 41
Deckungskapital 121, 3 ff.
Dienstaufsichtsbeschwerde R 113 f.
Dienstbarkeit
– Auswirkung in der Zwangsversteigerung bei Grundstücksbruchteilen und Wohneigentum 91, 28 ff.
Dienstbarkeit, persönlich Einf. ZwV, 37
Dingliche Vollstreckung 15, 9–10 16, 4
Dinglicher Anspruch gegen Eigenbesitzer 147, 3
Doppelausgebot 9 EGZVG, 23
– abweichende Versteigerungsbedingungen 59, 15
– Versteigerung mehrerer Grundstücke 64., 12 f
Doppelbuchung

– Zuschlagsanfechtbarkeit 90, 62
Drittwiderspruchsklage (§ 771 ZPO) R 25 ff. 93, 27, 32, 51, 62
– Entbehrlichkeit von Drittwiderspruchsklagen (§§ 771 ff. ZPO) R, 32 ff.
Drittwiderspruchsklage (§§ 772 f. ZPO) R, 28 ff.
Duldung 15, 9–10 17, 13
Duldungsklage Einf. ZwV, 4
Duldungstitel gegen Eigenbesitzer 147, 5

E

Eheliches Güterrecht 15, 64–70
Eigenbesitz, Definition 147, 2
Eigenbesitz eines Dritten 147, 1
Eigenbesitzer, 147, 8
Eigenbesitzer 150b, 3
Eigenkapitalersetzende Nutzungsüberlassung 148, 12
Eigentumswechsel
– Sonderfall Doppelbuchung 90, 60 ff.
– Sonderfall Dritteigentum 90, 68
– Sonderfall Überbauung 90, 63 ff.
Eigentümer 17, 1, 3 147, 8 150b, 3
Eigentümer-/Besitzerverhältnis 93, 54, 63 ff.
Eigentümergrundpfandrecht 15, 50–52
Eigenverwaltung des Schuldners 172, 4
IuI, 50 ff.
– Absonderungsrecht IuI, 55
– Aufnahme eines Rechtsstreits IuI, 56
– Ausgebot gem. § 174a ZVG IuI, 55
– Einstweilige Einstellung IuI, 54
– Hinweispflicht IuI, 51
– Im laufenden Insolvenzverfahren IuI, 51
– Nachträgliche IuI, 52
– Rückschlagsperre IuI, 32, 53
– Stellung IuI, 51
– Stellung des Sachwalters IuI, 50
– Verbraucherinsolvenz IuI, 57, 65
– Verwertungsrecht IuI, 55
– Zwangsversteigerung IuI, 55
– Zwangsverwaltung IuI, 55
Einkommensteuer 152, 18
Einnahmen Überschussrechnung Einführungsfall Zwangsverwaltung Anlage 6
Einstellung
– nach Schluss der Versteigerung 33, 4 ff.
Einstellung, einstweilige 19 WEG, 10
Einf. ZwV, 53, 58, 60, 81
Einstellung wegen entgegenstehender, im Grundbuch eingetragener Rechte 146, 37
Einstellung wegen Zuschlag im Zwangsversteigerungsverfahren 146, 38
Einstellungs der Zwangsvollstreckung
– Allgemeines 30, 1 ff. 30a, 1 ff.
– Antrag 30b, 5 ff.
– – Auslegung 30a, 4
– – Belehrung 30b, 3 ff.

Stichwortverzeichnis

- – Verzicht 30b, 7 ff.
- Auflagen 30a, 16 ff.
- Beschluss 30a, 7 ff.
- Bewilligung
- – erstmalige 30a, 4 ff.
- – wiederholte 30a, 13
- Billigkeit 30a, 9 ff.
- Entscheidung 30b, 11 ff.
- Erinnerung 30b, 19
- Erneute 30c, 1 ff.
- Gründe 30a, 9 ff.
- Rechtsbewchwerde 30b, 18
- Rechtsmittel 30, 20 30b, 17 ff.
- Sofortige Beschwerde 30b, 17
- Verfahren 30b, 8 ff.
- Voraussetuungen 30a, 4 ff.
- Zumutbarkeit
- – der erneuten 30c, 4
- – der erstmaligen 30a, 12 ff.

Einstellungsantrag des Insolvenzverwalters
- Als Druckmittel IuI, 38
- Aufhebung IuI, 49
- Ausgleichspflichten IuI, 46 ff.
- Auswirkung auf die Zulässigkeit der Zwangsvollstreckung IuI, 41
- Berechtigung IuI, 41, 43–62
- Eigenverwaltung des Schuldners IuI, 54
- Entschädigungspflicht IuI, 3, 46 ff.
- Freihändige Veräußerung IuI, 38
- im eröffneten Insolvenzverfahren IuI, 41 f.
- im Eröffnungsverfahren IuI, 43 ff.
- Kleinverfahren IuI, 62
- Mitwirkung der Gläubigerversammlung IuI, 38a
- praktische Relevanz IuI, 38
- Treuhänder IuI, 62
- Verbraucherinsolvenzverfahren IuI, 62
- Vorkaufsrecht IuI, 38
- Zuständigkeit IuI, 39 f., 43
- Zwangsversteigerung IuI, 42–43
- Zwangsvollstreckung IuI, 42–43
- „Kalte Zwangsverwaltung" IuI, 38a

Einstellungsbeschluss
- Zustellung 32, 1 f., 1 ff. 146, 40

Einstweilige Einstellung
- Befriedigung aus einem der Grundstücke 76, 2–6
- durch Versagung des Zuschlags 33, 8 ff.
- Entscheidung 33, 17 ff.
- Ergebnislose Versteigerung 77, 3
- nach Schluss der Versteigerung 33, 4 ff.

Einstweilige Einstellung 9, 3 Vor 9, 15
Einstweilige Einstellung auf Antrag des Insolvenzverwalters 146, 36
Einstweilige Einstellung bei Drittwiderspruchsklage 146, 34
Einstweilige Einstellung bei Vollstreckungsabwehrklage 146, 33
Einstweilige Einstellung in der Teilungsversteigerung s. a. Teilungsversteigerung
Einstweilige Einstellung mit Zustimmung des Anordnungsgläubigers 146, 39
Einstweilige Einstellung nach § 765a ZPO 146, 35
Eintragung des Zwangsverwaltungsvermerks 146, 27 147, 6
Eintrittsrecht in Dienst- und Arbeitsverträge 152, 32
Einzelausgebot Einf. ZwV, 77
Einzelheiten der Bestellung 150, 3
Einzelkaufmann 15, 13
Einzelzwangsvollstreckung 148, 15
Empfangsberechtigte
- des Wertersatzes (des Ersatzbetrages) 92, 48 ff.

Energielieferverträge 152, 33
Enteignung Einf. ZwV, 52
Entgegenstehende Rechte 37, 11 ff.
- Bereicherungsklage 37, 14
- dingliche Surrogation 37, 14
- Drittwiderspruchsklage 37, 13
- Eigentum 37, 12
- Einstweilige Anordnung 37, 13
- Geltendmachung 37, 13
- Mängel der Geltendmachung 37, 14
- Veräußerungsverbot 37, 12
- Verwertungsverbot 37, 12
- Vormerkung 37, 12
- Widerspruch 37, 14
- Wirkung der Einstellung 37, 14
- Zubehör 37, 12

Entlassung
- Zwangsverwalter 153, 23 ff.

Entlassung des Institutsverwalters 150a, 6
Entlassung des Zwangsverwalters 150, 4
Entlassungsgrund 150b, 3
Entscheidung Einf. ZwV, 71
Entziehung s. a. Entziehungsverfahren
Entziehungsverfahren 19 WEG, 1
Erbbaurecht 15, 55, 80 146, 8 Einf. ZwV, 47
- geringstes Gebot 44, 20 ff.
- kein Wertersatz mangels Erlöschens 92, 76

Erbbaurecht R 9 Rn. 6, 10, 25
Erbbauzins
- Wertersatz bei Erlöschen 92, 77

Erbbauzinsreallast
- geringstes Gebot 44, 23

Erbe(n) 15, 74 17, 8
- Erbschein, Testament 17 9, 9

Erbschaft 9, 3 f., 8, 19 Vor 9, 13 ff.
Ergebnislose Versteigerung
- Aufhebung 77, 7
- Einstweilige Einstellung 77, 3
- Fortsetzung 77, 4
- Kein Gebot 77, 2

Stichwortverzeichnis

- Überleitung 77, 8–9
- Zwangsverwaltung 77, 8–9
- Zweiter Termin 77, 6

Ergänzende Angaben zum Anordnungsbeschluss 146, 24
Erhaltungspflicht 152, 4
Erinnerung Einf. ZwV, 71
Erinnerung (§ 766 ZPO) s. a. Klauselerinnerung s. a. Rechtspflegererinnerung
- Abhilfe R, 44
- einstweilige Anordnung R, 45 f.
- Erinnerungsbefugnis R, 39
- keine Erinnerung gegen Entscheidungen R, 41
- Vollstreckungsakte des Rechtspflegers Vor 95–104, 9 Vor 95–104, 9, 13, 13
- Vollstreckungserinnerung gegen Vollstreckungsmaßnahmen R, 37 ff. 41 f. Vor 95–104, 11 ff.

Erlös 150d, 1
Erlösverteilung, Rückabwicklung 102, 7 ff. 103, 4
Erlösverteilung (Versteigerung) s. a. Verteilungsverfahren
Ermittlung
- des unbekannten Berechtigten 137, 3 ff. 138, 8 f.

Ermittlungsvertreter
- Allgemeines 135, 1, 2
- Amtsende 135, 12
- Bestellungsverfahren 135, 4 ff.
- Bestellungsvoraussetzungen 135, 3
- Pflichten 135, 7 ff.
- Vergütung und Auslagen 135, 11

Ermächtigung 150, 8
Ersatzanspruch
- Zuteilung auf 121, 1 ff.

Ersteher 9, 8 Vor 9, 10
Erstehabrechnung 154, 19 161, 37 ff.
Erzeugnisse 148, 3 Einf. ZwV, 48
Erörterungstermin 62, 1 f.

F

Fertigstellen von Bauvorhaben 152, 7
Feststellungskosten 174a, 4
Fiktive Beschlagnahme 173, 4 ff.
- bei § 13 ZVG 173, 4
- bei § 55 ZVG 173, 5 f. 8
- Freigabe 173, 6
- Freihändige Veräußerung 173, 7
- Wirksamkeit 173, 6 ff.
- Zubehör 173, 6

Flurbereinigung 15, 62
Forderung 16, 8 Einf. ZwV, 11
Forderungsübertragung
- Allgemeines 118, 1–21
- bei aufschiebend bedingten Ansprüchen 120, 1, 7 ff.
- Empfänger 118, 9–15
- Gesamtrechte 122, 14–15, 123, 1 ff.

- Nichtzahlung des Bargebots 118, 1 ff., 123, 1 ff.
- Sicherungshypothek 118, 24, 1 ff., s. a. Sicherungshypothek
- Versteigerungsantragswirkung 118, 35–36
- Verzicht auf die... 118, 32–34
- Vollstreckung gegen Ersteher und Mithaftende 132, 3 ff.
- Widerspruch 124, 10
- Wirkungen 118, 22–31, 125, 14
- Zuzahlungsbetrag 125, 11–13

forstwirtschaftliches Grundstück 150b, 2
Fortsetzung
- Antrag des Gläubigers 31, 4 ff.
- Antragsfrist 31, 10 ff.
- Antragsrücknahme 31, 7
- bedingte Anträge 31, 8 f.
- Belehrung des Gläubigers 31, 23 f.
- Beschluss 31, 25 ff.
- eingestellte Verfahren 31, 1 ff.
- Entscheidung 31, 25 ff.
- Voraussetzungen 31, 5 f.

Fortsetzung des Verfahrens 86, 4, 6
- Verfahrensaufhebung 86, 5, 9

Fortsetzung eingeleiteter Vollstreckungsmaßnahmen IuI, 9
Fortsetzungsantrag
- des Gläubigers 31, 4 ff.

Fortsetzungsbeschluss
- Zustellungsfrist 43, 4 31, 25 ff.

Fortsetzungsentscheidung 31, 25 ff.
Freigabe
- Rückschlagsperre IuI, 29

Freihändige Veräußerung 172, 1
- Zustimmungserfordernis IuI, 38

Fremdflächen im Miet- oder Pachtvertrag 148, 7
Freund'sche Formel s. a. Teilungsversteigerung
Frist des Bestellungsrechts 150a, 3
Früchtepfandrecht 10, 11, 75 ff.
Futterkosten 154, 1 ff.

G

Gebot
- Abgabe 71, 3
- Anfechtung 71, 3, 7
- Ausländer 71, 4
- Ausländische Gesellschaft 71, 4, 12
- Bankenvertreter 71, 6
- Beauftragter einer Bank 71, 6
- Betreuer 71, 11
- Eltern 71, 11
- Gemeinde 71, 14
- Genehmigung, Familiengericht 71, 11
- Gesellschaft bürgerlichen Rechts 71, 13
- Gesellschaften 71, 12–13
- Juristische Person 71, 12
- Kirche 71, 18

Stichwortverzeichnis

- Pfarrgemeinde **71**, 18
- Prokurist **71**, 12
- Rechtsmissbräuchliches Gebot **71**, 6
- Sparkasse **71**, 15
- Übergebot **72**, 2–5
- Vertretung **71**, 3, 9, 11 ff.
- Vertretungsnachweis **71**, 9, 11 ff.
- Vollmacht **71**, 9
- WEG-Verwalter **71**, 13
- Widerspruch Übergebot **72**, 5
- Wirkung Übergebot **72**, 4
- Wohnungseigentümergemeinschaft **71**, 13
- Zulassung Übergebot **72**, 3
- Zurückweisung **72**, 6

Gebot Einf. ZwV, 79
Gebot, geringstes 19 WEG, 14 Einf. ZwV, 75
Gebäudeeigentum 146, 5
Gebäudeeigentum (DDR) 9, 6, 10, 25
Gebühren
- der Arresthypothek **932 ZPO**, 17
- der Zwangshypothek **866 ZPO**, 17 f.

Gegenstand der Versteigerung
- Beschlagnahmeumfang **55**, 2 ff.
- maßgeblicher Zeitpunkt **55**, 3
- Zubehör **55**, 7 ff.
- Überbau **55**, 5 f.

Gegenvorstellung R, 94 ff.
- Abänderung von Beschlüssen (§ 318 ZPO) **R**, 96 f.
- allgemeine Grundsätze **R**, 94–103
- Anhörung des Gegners **R** 101
- Bindung der unteren Instanz **R** 100
- Gehörsrüge (§ 321a ZPO), Analogie **R**, 104–106
- Gerichtsgebühren **R** 103
- Grenzen der Abänderbarkeit **R** 96 ff.
- (kein) Anwaltszwang **R**, 103
- Rechtskraft **R**, 97, 99
- Unanfechtbarkeit **R** 102
- Verdrängung durch die Gehörsrüge **R**, 94
- Verletzung von Verfahrensgrundrechten **R** 104 ff.
- Zuschlagsbeschluss **R** 109
- Zwischenentscheidungen **R** 109

Gehörsrüge s.a. **Anhörungsrüge**
Geldleistung 47
- regelmäßig wiederkehrende Geldleistung **47**, 2
- nicht regelmäßig wiederkehrende Geldleistung **47**, 3

Geldleistungen 149, 14
Geldunterhalt 149, 1
Gemeinsamer Vertreter 9, 11 f.
gemeinschaftliches Eigentum 152, 14
Gericht s.a. **Versteigerungsgericht**
Gerichtliche Verwaltung 94, 1
- als Sicherungsmaßnahme **94**, 5
- Anordnungsbeschluss/Rechtsbehelfe **94**, 17 f.
- Aufgaben des gerichtlichen Verwalters **94**, 29 ff.
- Ausschluss bei Luftfahrzeugen/Schiffen **94**, 7 f.
- Besitz des Erstehers **94**, 12
- Durchführung, Beendigung **94**, 19 ff., 31
- Hinterlegung/Zahlung des Bargebots **94**, 11, 13 ff.
- Kosten **94**, 23
- Schnittstellen zur Zwangsverwaltung **94**, 25 ff.
- Überschuss der Erträge **94**, 24

Gerichtskosten
- Zuschlag **58**, 1 ff.

Gerichtsvollzieher 150, 7
- Kosten **Kosten d. ZVG-Verfahrens**, 24

Geringstes Gebot
- Teilungsversteigerung **182 Vor 180**, 14 ff.

Geringstes Gebot 44, 1 ff.
- Altenteil **44**, 11
- anmeldepflichtige Ansprüche **45**, 11 ff.
- Arresthypothek **44**, 13
- Auflassungsvormerkung **44**, 14
- Baulast **44**, 15
- bedingte Rechte 48
- bestbetreibender Gläubiger **44**, 3 ff., 36 ff.
- bestehen bleibende Rechte 52
- Dauerwohnrecht **44**, 16 ff.
- Deckungsgrundsatz **44**, 2
- Eigentümergrundschuld **44**, 19
- Erbbaurecht **44**, 20 ff.
- Erbbauzinsreallast **44**, 23
- erloschene Rechte **45**, 27 ff.
- Erörterungstermin 62
- geringstes Bargebot **44**, 8 ff., 49
- Gesamtgrundpfandrechte **44**, 24
- Glaubhaftmachung **45**, 20 ff.
- Grundbuchrang **44**, 40 ff.
- Höchstbetragshypothek **44**, 25
- laufend wiederkehrende Leistungen **45**, 10
- mehrere betreibende Gläubiger **44**, 36 ff.
- Meistgebot 49
- Minderanmeldung **45**, 16 f.
- Reallast **44**, 26 f.
- Rechtsbehelfe **45**, 24
- rückständige wiederkehrende Leistungen **45**, 11
- Tilgungshypothek **44**, 29 ff.
- Verfahrenskosten **45**, 6
- Verfügungen **57**, 18
- Verfügungsbeeinträchtigungen **44**, 33
- von Amts wegen zu berücksichtigende Ansprüche **45**, 6 ff.

Stichwortverzeichnis

- Vorkaufsrecht 44, 34
- Vormerkung 48
- Widerspruch 48
- wiederkehrende Leistungen 47
- Zwangssicherungshypothek 44, 35

Gesamtausgebot
- Antrag 63, 7
- Antragszeitpunkt 63, 7
- einstweilige Einstellung 63, 16
- Einzelausgebot 63, 3 ff.
- Erhöhung des geringsten Gebots 63, 11 f.
- Erlösverteilung 112, Einf. ZwV, 77
- geringstes Gebot 63, 10
- Gruppenausgebot 63, 8
- Meistgebot und Zuschlag 63, 13 ff.

Gesamtgrundpfandrecht 18, 4
Gesamtrechte s. a. Teilungsplan und Verteilungsverfahren
- Aufteilung 64, 3 ff.
- Gegenantrag 64, 10 ff.
- geringstes Gebot 44, 24
- Verteilung nach BGB 64, 17
- Verteilungsprinzip 64, 6 ff.
- Wahlrecht 64, 14 ff.
- Zuschlag nach Ausübung Wahlrecht 64, 14 ff.

Gesamtschuldner 18, 5
Gesamtzwangshypothek
- Verbot der 867 ZPO, 50 ff.

gesetzlicher Löschungsanspruch
- Behandlung in der Zwangsversteigerung 91, 111 ff.

Gewerbebetrieb 148, 13 152, 34
Gewerbebetrieb, grundstücksbezogen 152, 34
gewerblich genutzte Räume 149, 3
Glaubhaftmachung 17, 10–11
- verspätete 110, 2 ff.

Glaubhaftmachung s. a. geringstes Gebot
Glaubhaftmachung des Eigenbesitzes 147, 7
Gläubiger 16, 7 9, 2
Grundbuch
- Beispiel für Ersuchen 19, 3
- Eingang des Ersuchens 19, 5
- Eintragung im ~ 17, 3–4
- Eintragungsvermerk, Beispiel 19, 7, 8 ff.
- Ersuchen an das Grundbuchamt 19, 2 ff.
- Mitteilung des GBA's 19, 18 ff.
- Prüfung des GBA's 19, 12 ff.
- Reihenfolge der Erledigung 19, 15
- Wirkung 19, 11

Grundbuch Einf. ZwV, 54
Grundbuchblatt 17, 3
- beglaubigte Abschrift des Grundbuchblatts 19, 20
- Grundbuchsperre 19, 1

Grundbuchersuchen nach Zuschlag

- Allgemeines vor 105, 13, 130, 1 ff.
- beizufügende Urkunden 130, 21, 131, 1 ff.
- Erledigungsreihenfolge 130, 26–31
- Form 130, 4
- Grundbuchamt 130, 22–24
- Inhalt 130, 5–20
- – Erstehereintragung 130, 7
- – Löschungen 130, 10 ff., 15 ff.
- – Sicherungshypothek 130, 12 ff.
- Rechtsbehelfe 130, 25
- Voraussetzungen 130, 3
- Zeitpunkt 130, 3
- Zwangsvollstreckungsmaßnahme 130, 31 f.

Grundbuchposition des Gläubigers bei Eigenbesitz 147, 4
Grunddienstbarkeit Einf. ZwV, 36
- einmalige Kapitalzahlung 92, 20
- Wertersatz bei Erlöschen 92, 70

Grundpfandrechtsbriefe s. a. Hypotheken-, Grundschuldbrief
- Befreiung von Vorlagepflicht 131, 1 ff.
- Behandlung vor 105, 11, 127, 1–7, 10–12
- Kraftloserklärung 136
- Legitimation/Vorlage 126, 6, 131, 7
- Löschungserleichterung 131, 1 ff.

Grundsatz der Verhältnismäßigkeit 149, 10
Grundschuld
- Verteilungsverfahren 114, 25 Einf. ZwV, 31

Grundschuldbrief s. a. Grundpfandrechtsbriefe
- Kraftloserklärung 136, 1 ff.

Grundstück 16, 5
- Belastung, unterschiedliche 16, 13
- Hauptgrundstück 16, 15
- Pfandhafterstreckung 16, 14
- Teilung von Grundstücken 16, 11
- Vereinigung von Grundstücken 16, 12
- Verschmelzung von Grundstücken 16, 13

Grundstücke 146, 5
grundstücksbezogener Gewerbebetrieb 148, 13
Grundstücksbruchteile 146, 7
Grundstückserwerb
- Anfechtbarkeit 90, 12
- öffentliche Baulast 90, 55 ff.
- öffentliche Förderung 90, 46 ff.
- Zeitpunkt 90, 14 f.

Grundsätze der ordnungsgemäßen Benutzung 152, 10
Gruppenausgebot s. a. Gesamtausgebot
Gutachten Einf. ZwV, 68
Gärtnerisches Grundstück 150b, 2

H

Haftpflichtversicherung

1493

Stichwortverzeichnis

- Zwangsverwalter **153**, 17
Haftung des Zwangsverwalters
- außerhalb der ZVG **154**, 14
- Beteiligtenbegriff **154**, 8 ff.
- bewusster Leerstand **154**, 19
- Hilfspersonen **154**, 15
- konkrete Haftungssituationen **154**, 19
- Verjährung **154**, 17 ff.
- Zwangsverwalter **154**, 3 ff.
Haftungsumfang Einf. ZwV, 48
Handelsgesellschaften 15, 14
Handlungsgrundsätze der Zwangsverwaltung 152, 3
Handlungsmöglichkeiten
- Erlösverteilung **vor 105**, 29–31
Hauseigentümergemeinschaft 15, 53
16, 21
Hausgeldansprüche
- Glaubhaftmachung im geringsten Gebot **45**, 21 ff.
- Rang **10**, 41 ff., **129** ff.
Hausmeister 152, 32
Hausverwaltung 152, 32
Herausgabe 19 WEG, 22
Hinterlegung 157, 13, **Einf. ZwV,** 86
- Anweisung auf entspr. Betrag **117**, 14
- Bargebot **49**, 6
- bei aufschiebend bedingten Ansprüchen **120**, 3 ff.
- bei Widerspruch **124**, 9–11
- Erlös **107**, 18
- Erlöschen der Rechte **142**, 4 ff.
- Ersatzansprüche/Deckungskapital **121**, 10
- Zinsen **107**, 6
Hoffmannsche Formel 111, 7–10
Hypothek
- Verteilungsverfahren **114**, 26, **Einf. ZwV,** 29
Hypothekenbrief s. a. **Grundpfandrechtsbriefe**
- Kraftloserklärung **136**, 1 ff.
Härteklausel s. a. **Teilungsversteigerung, Versteigerung auf Antrag des Erben**
Höhere Ertragserzielung 150b, 1

I

Inbesitznahme
- Inbesitznahmeprotokoll **Einführungsfall Zwangsverwaltung Anlage 3**
Insolvenz 15, 58 – 61
- Freigabe des Grundstücks **15**, 60–61
- Insolvenzverwalter, starker **15**, 58–59
- nach Eröffnung **15**, 56
- vor Eröffnung **15**, 57
Insolvenzanfechtung IuI, 30
Insolvenzantrag
- Zulässigkeit **IuI**, 13
Insolvenzeröffnungsverfahren 146, 18
Insolvenzgericht
- als Vollstreckungsgericht **IuI**, 66 f.

- statthafte Rechtsbehelfe **IuI**, 67
- Vollstreckungsrechtliche Rechtsbehelfe **IuI**, 66
Insolvenzgläubiger
- Vollstreckungsverbote **IuI**, 15 ff.
- Zulässigkeit der Zwangsvollstreckung **IuI**, 15 ff.
Insolvenzplan
- im vereinfachten Verfahren **IuI**, 64
- Rückschlagsperre **IuI**, 32
- Verbraucherinsolvenzverfahren **IuI**, 64
Insolvenzschuldner
- Antrag auf Vollstreckungsschutz **IuI**, 2
- Stellung **IuI**, 2
Insolvenzverfahren 146, 18
Insolvenzvermerk
- Recht im Sinne das § 28 ZVG **IuI**, 6
Insolvenzverwalter
- Antragsrecht nach § 88 InsO **IuI**, 31
- Antragsrecht nach § 172 ZVG **172,** 2 ff.
- Antragsrecht nach § 174a ZVG **174a,** 1 ff.
- Beteiligter **IuI**, 2
- Druckmittel **IuI**, 38 f.
- Haftung **IuI**, 2
- Rolle beim Antrag der Zwangsversteigerung **172,** 5 9
- Stellung im System der Rangklassen **172,** 6
- Stellung im Verfahren **IuI**, 2
- Verwertungsmöglichkeiten **172,** 1
- Verwertungspflicht **172,** 1
- Vollstreckung gegen **IuI**, 13
- Vollstreckungsschutz gegen **IuI**, 2
Insolvenzverwaltung 9, 3, 8, 19 **Vor 9,** 13 ff.
Instandsetzungsansprüche 152, 24
Institutsverwalter 150a, 1
Interessenlagen Verfahrensbeteiligter
- Gläubigerinteresse unbesicherter Gläubiger **T 9** ff.
- Grundpfandgläubiger, Interesse am Verfahren **T,** 2 ff.
- Interessenlage der Rechtsinhaber in Abt. II **T,** 17 ff.
- Interessenlage des Insolvenzverwalters **T,** 165
- Interessenlage des Schuldners **T,** 14

K

Kalte Zwangsvollstreckung IuI, 38a
Kapitalgesellschaften 15, 15
Kaution 148, 6 **Einf. ZwV,** 72
Kautionsabrede 152, 25
Kindeswohlklausel s. a. **Teilungsversteigerung**
Klausel s. a. **Vollstreckungsklausel**
Klauselerinnerung (§ 732 ZPO) s. a. **Klauselklage R,** 9, 47 ff.

Stichwortverzeichnis

- Abgrenzung zur Vollstreckungsabwehrklage R, 6 ff., 48
- Sofortige Beschwerde (567 ZPO) R, 49

Klauselklage (§ 731 ZPO) R, 50
Kleinverfahren 172, 3 174a, 3
Korrealbelastungstheorie s. a. Teilungsversteigerung
Kosten 15, 90 ff. 18, 12 19, 22
- der dinglichen Rechtsverfolgung 15, 87
- des Rechtsanwalts 15, 93 ff.

Kosten 19 WEG, 25 Kosten d. ZVG-Verfahrens, 1–32
- Anordnung/Beitritt Versteigerung Kosten d. ZVG-Verfahrens, 2
- Anordnung/Beitritt Verwaltung Kosten d. ZVG-Verfahrens, 17
- Auslagen Kosten d. ZVG-Verfahrens, 14 ff.
- Befreiung Kosten d. ZVG-Verfahrens, 21
- Beschwerdeverfahren Kosten d. ZVG-Verfahrens, 25 ff.
- Gerichtsvollzieherkosten Kosten d. ZVG-Verfahrens, 24
- Nichterhebung wg. unrichtiger Sachbehandlung Kosten d. ZVG-Verfahrens, 20
- Rechtsanwaltsgebühren Kosten d. ZVG-Verfahrens, 28 ff.
- Rechtsmittel gg. Kostenansatz Kosten d. ZVG-Verfahrens, 23
- Terminsgebühr Kosten d. ZVG-Verfahrens, 7
- Verfahrensgebühr Versteigerung Kosten d. ZVG-Verfahrens, 3 ff.
- Verfahrensgebühr Verwaltung Kosten d. ZVG-Verfahrens, 18 f.
- Verteilungsgebühr Kosten d. ZVG-Verfahrens, 11 ff.
- Vorschuss Kosten d. ZVG-Verfahrens, 6
- Zuschlag 58, 1 ff.
- Zuschlagsgebühr Kosten d. ZVG-Verfahrens, 8 ff.

Kostenvorschuss
- im Verteilungsverfahren 109, 6
- Rückzahlung 155 13; 161 8 ff.

Kraftloserklärung von Grundpfandrechtsbriefen 136, 1 ff.
Kündigung 15, 30
- Anmeldung 54, 2 f.
- Grundpfandrecht 54, 2
- Rechtskraftwirkung 54, 6

Kündigungskosten
- Rang 10, 116 ff.

Kündigungsrecht s. a. Sonderkündigungsrecht

L

Landesrecht
- Allgemein vor 105, 3

- Aufgebotsverfahren 140, 1

Landwirtschaftliches Grundstück 150b, 2
Lebenspartnerschaft 15, 69
Leibgeding vgl. Altenteil
Liegenbelassung Einf. ZwV, 87
- alles zur Vereinbarung 91, 62 ff.
- Welche Rechte sind betroffen? 91, 58 ff.

Liegenbelassungserklärung
- Warum? 91, 57

Liegenbelassungsvereinbarung
- Briefrecht 127, 7
- Befriedigungsumfang 91, 107 ff.
- Befriedigungswirkung 91, 93
- bei Personenidentität von Gläubiger und Ersteher 91, 106

Liegenbelassungsvereinbarung, Wirkung
- auf den Teilungsplan 91, 90 ff.
- auf die Gesamthypothek 91, 103 ff.
- auf die persönliche Forderung 91, 94 ff.
- Bestehenbleiben des Rechts 91, 83 ff.
- Minderung des Bargebots 91, 89

Litlohnansprüche 152, 32
Luftfahrzeug 100, 3 98, 7 Vor 95–104, 4
- „Genfer Abkommen" 98, 7

Luftfahrzeuge 146, 9
Löschung des Versteigerungsvermerks
- Löschungsersuchen 34, 2 ff.
- Rechtsbehelfe 34, 10
- Tätigkeit des Grundbuchamts 34, 6 ff.

Löschung des Zwangsversteigerungsvermerks 19, 21
Löschungsanspruch
- Anspruch auf Löschung der entspr. Vormerkung gem. 130a, 12
- Auswirkungen in der Zwangsversteigerung 91, 24 f.
- beteiligte Rechte 91, 23
- Fortbestand des Anspruchs 130a, 5
- Geltendmachung in der Zwangsversteigerung 91, 26
- Vormerkung bei bestehen bleibenden Rechten 130a, 1 ff.
- Rechtswirkung kraft Gesetz 91, 19
- Verteilungsverfahren 114, 27
- Wegfall der Wirkung 130a, 4
- Zuzahlungsbetrag 125, 9, 10

Löschungsanspruch 1179a, b BGB
- Anwendungsbereich 1179a BGB, 4 f. 1179b BGB, 2
- Ausschluss kraft Vereinbarung (§ 1179a V BGB) 1179a BGB, 26 ff. 1179b BGB, 2
- Ausschluss (§ 1179a II BGB) 1179a BGB, 22 ff.
- Gläubiger 1179a BGB, 6 ff.
- Inhalt 1179a BGB, 11 ff.
- Rangänderung 1179a BGB, 18 ff.
- Schuldner 1179a BGB, 9 f.
- Vormerkungswirkung 1179a BGB, 12 ff.

1495

Stichwortverzeichnis

- Zwangsversteigerung, Wirkung in der 1179a BGB, 15 ff.
- Zweck 1179a BGB, 1 1179b BGB, 1
- Zwischenrechte 1179a BGB, 19 ff.

Löschungsvormerkung
- Anspruch auf Löschung der Vormerkung gem. 130a, 12
- Eintragung bei Briefrecht 131, 5
- Verteilungsverfahren 114, 27
- Vormerkung bei bestehen bleibenden Rechten 130a, 1 ff.
- Wegfall der Wirkung 130a, 4
- Zuzahlungsbetrag 125, 9, 10

Löschunsvormerkung a. F. und n. F.
- Rechtsgrundlage und Rechtsänderung 91, 17 ff., 111 ff.

M

Massegläubiger
- Ausgebot gem. 174a, 2
- im Fall des 172, 7
- Mehrfachausgebot

Massnahme s. a. Zwangsvollstreckungsmassnahme

Maßregeln nach § 25 149, 10

Mehrere Anordnungsanträge 146, 29

Mehrere Grundstücke
- Befriedigung aus einem der Grundstücke 76, 2–6
- Bietzeit 73, 4
- Mehrere Termine gleichzeitig 67, 9
- Sicherheitsleistung 67, 6

Meistbietender Vor 9, 10

Meistgebot 49, 2
- Abtretbarkeit s. a. Zession
- Anfechtung wg. Irrtums 81, 1
- fraudulentes Meistg. 81, 2
- gesamtschuldnerische Haftung 81, 14 82, 16
- Grunderwerbsteuer 81, 12
- Meistgebot unter 5/10 85a, 3
- Zession, Zessionar 81, 5, 7

Miete 9, 21

Mieten 152, 26

Mieten aus Untermiet- oder Unterpachtverhältnis 148, 11

Mieten und Pachten 148, 5

Mieter Einf. ZwV, 72

Mieterhöhungen 152, 24

Mieterschutz
- Teilungsversteigerung 183

Mietnebenkosten 152, 27

Mietverträge 148, 6

Mietverträge, Neuabschluss von 152, 31

Milcherzeugende landwirtschaftliche Betriebe 148, 14

Milchkontigent 25, 10

Milchquote 148, 14

Minderanmeldung
- Verteilungstermin 114, 10, s. a. geringstes Gebot

Mindestbetrag Einf. ZwV, 2
- für Arresthypothek 932 ZPO, 4
- für Zwangshypothek 866 ZPO, 9 ff.

Mindestgebot Einf. ZwV, 69

Mitbenutzungsrecht
- Begriffsbestimmung, Wertersatz bei Erlöschen 92, 81

Mitbesitz 150, 6

Miteigentum 9, 11

Miteigentumsanteil 15, 36 17, 4

Miteigentümervereinbarung Einf. ZwV, 45

Mithaftender Bürge Vor 9, 10

Mitteilungen
- an Beteiligte über Betreibende und Ansprüche 41, 4
- sonstige 41, 5

Mitteilungspflicht 150c, 3

Mittelbarer Besitz 150, 6

N

Nacherbenvermerk Einf. ZwV, 43

Nacherbschaft 146, 19

Nachlasspfleger 17, 11

Nachlassverwalter 17, 11

Nachlassverwaltung 9, 3 f., 8, 19 Vor 9, 13 ff.

Nachweis der Vertretungsbefugnis 15, 21

Naturalleistungen 149, 14
- Anmeldung durch den Berechtigten 46, 2
- Festsetzung eines Geldbetrages 46, 2
- geringstes Gebot 46, 1
- Rechtsbehelfe 46, 3

Naturalunterhalt 149, 1

Nichtzahlung von Wohngeld als Räumungsgrund 149, 8

Niedrigstgebotstheorie s. a. Teilungsversteigerung

Nießbrauch Einf. ZwV, 38
- Abgrenzung zu beschränkter persönlicher Dienstbarkeit 92
- Geldrente wegen Versorgungscharakter 92, 22 ff.
- Wertersatz bei Erlöschen 92, 52 ff.

Nießbrauch, 146, 10

Nießbraucher 150b, 3

Normzweck, 148, 1

Notwegrecht 152, 8

Nutzungen des Grundstücks 150d, 1

Nutzungsentgelt 149, 4

Nutzungsentschädigungsansprüche 148, 10 152, 29

Nutzungsänderungen 152, 7

O

Obhutspflicht 152, 5

Objekt s. a. Versteigerungsobjekt

Offenkundigkeit 15, 8–9

Öffentliche Lasten 155, 21 ff. 156, 7 ff.
- Rang 10, 59 ff.

Stichwortverzeichnis

öffentlich-rechtliche Genehmigungen 152, 34
ordnungmäßige Wirtschaft 23, 22 24, 4

P
Pacht 9, 21
Pachten 152, 26
Pachtverträge 148, 6
Parteibezeichnung 15, 13–23
- Gemeinschafts~ 15, 23
- Mehrheits~ 15, 22
- Nachweis der Vertretungsbefugnis 15, 21

Person des Zwangsverwalters 150, 2
Pfandhafterstreckung 16, 14
Pfändung Einf. ZwV, 34
Protokoll s. a. Terminsprotokoll
- Fälschungseinwand 80, 3
- Maßgeblichkeit des Terminprotokolls 80, 1
- Negative, positive Wirkung 80, 3
- Positive/negative Wirkung 80, 1
- Terminprotokoll 80, 3
- Vermerke 127, 10
- Verteilungstermin 113, 2

Prozessführungsbefugnis 152, 22
Prozesskostenhilfe Kapitel: Prozesskostenhilfe im ZVG-Verfahren
- Bewilligungsvoraussetzungen 2 ff.
- Muster Beschwerde gegen Verweigerung von Prozesskostenhilfe **Muster**
- Muster Bewilligungsantrag **Muster**
- Rang 10, 128
- Rechtsanwaltsbeiordnung 4
- Rechtsmittel 9 ff.
- Sofortige Beschwerde 9 ff.
- verfassungsrechtliche Grundlagen 1
- Wirkung 6
- Zuständigkeit 5
- Änderung und Aufhebung der Bewilligung 7

Prozessleitungspflicht des Gerichts 85a, 36
Prozessstandschaft 152, 21 19 WEG, 9

R
Rang
- Abzahlungshypothek 10, 91
- Aufwendungsersatzanspruch 10, 14 ff.
- baupolizeiliche Aufwendungsersatzansprüche 10, 12
- Eigentümerrechte 10, 80 ff.
- Früchtepfandrecht 10, 11, 75 ff.
- Hausgeldansprüche 10, 41 ff., 129 ff.
- Insolvenzrechtlicher Erstattungsanspruch 10, 28 ff.
- Kündigungskosten 10., 116 ff
- Land-/ritterschaftliche Kreditanstalten 10, 24
- Lieferantenansprüche (§ 155 IV) 10, 22 f.
- Öffentliche Lasten 10, 59 ff.
- Rechtsverfolgungskosten 10, 116 ff.
- Tilgungshypothek 10, 90
- Verfahrenskosten (§ 109) 10, 10
- Wohngeldansprüche 10, 41 ff., 129 ff.
- Wohnungseigentümergemeinschaft 10, 41 ff., 129 ff.
- Zwangshypothek 867 ZPO, 34 f.

Rangänderung
- bei Löschungsanspruch 1179a BGB, 18 ff.

Rangfolge
- Grundbuchrang 44, 40 ff.
- Grundlage für das geringste Gebot 44, 2 f.
- Rangvorbehalt 44, 43 ff.
- Rangänderung 44, 41 f.

Rangklasse 19 WEG, 4, 14 Einf. ZwV, 18
Rangordnung
- Verteilungsverfahren 114, 14, Einf. ZwV, 17

Rangverlust Einf. ZwV, 78
- Rechtsfolge 110, 6–9
- Verteilungsverfahren 110, 1 ff.

Rangvorbehalt Einf. ZwV, 46
Rangwahrung
- Prinzip 91, 22

Reallast Einf. ZwV, 39
Reallast von bestimmter Dauer
- einmalige Kapitalzahlung 92, 20 f.
- Wertersatz bei Erlöschen 92 6, 69

Reallast von unbestimmter Dauer
- Geldrente wegen Versorgungscharakter 92, 22 ff.
- Wertersatz bei Erlöschen 92, 59 ff.

Rechenschaft 150c, 4
Rechnungsbeamte
- Rechnungsgebühren **Kosten d. ZVG-Verfahrens**, 15

Rechnungslegung
- Prüfung 154, 24 ff.
- Verfahren 154, 24 ff.

Recht auf abgesonderte Befriedigung
- Anerkennung 174, 6
- Antrag auf Einstellung **IuI**, 7
- Antrag gem. § 174 ZVG 174, 2 f.
- Einstweilige Einstellung der Zwangsvollstreckung **IuI**, 38 ff.
- Entschädigungspflicht **IuI**, 3 7
- Fortsetzung eingeleiteter Vollstreckungsmaßnahmen **IuI**, 9
- gegenüber dem Insolvenzverwalter 174, 1
- Inhaber **IuI**, 4
- Insolvenzantragsrecht **IuI**, 13
- Kosten und Zinsen **IuI**, 4
- Rechte des Insolvenzverwalters **IuI**, 7
- Regelungsgehalt **IuI**, 4 f.
- Rückschlagsperre s. a. **Rückschlagsperre**
- Stellung bei Insolvenz **IuI**, 4 f., 8

1497

Stichwortverzeichnis

- Umschreibung des Titels **IuI**, 10, 12
- Unterbrechung **IuI**, 11, 41
- Vollsteckungsverbot **IuI**, 5

Recht auf Aussonderung **IuI**, 3, 11
Rechte und Pflichten des Zwangsverwalters 152, 1
Rechtliches Gehör, Verletzung R, 86 ff.
s. a. Anhörungsrüge
Rechtsanwalt
- Gebühren Kosten d. ZVG-Verfahrens, 28 ff.

Rechtsbehelf Einf. ZwV, 71
Rechtsbehelf bei Anweisung der Aufsichtsperson 150d, 4
Rechtsbehelf gegen die Beanstandungsverfügung, Zurückweisungsbeschluss, Anordnungsbeschluss, Beitrittsbeschluss 146, 30
Rechtsbehelf gegen Maßnahmen des Zwangsverwalters 152, 39
Rechtsbehelfe
- bei Fortsetzungsentscheidung 31, 29 f.
- bei Löschung des Versitgerungsvermerks 34, 10
- Einstellung oder Aufhebung durch Zuschlagsversagung 33, 21 f.
- Feststellung der Teilungsmasse 107, 23
- Forderungsübertragung 118, 21
- gegen das Vollstreckungsverbot **IuI**, 17
- Grundbuchersuchen 130, 25
- Insolvenzgericht als Vollstreckungsgericht **IuI**, 67
- Teilungsplan vor 105, 12 113, 13–16
- Verteilung beim Gesamtausgebot 112, 16
- Verteilungstermin 105, 12–13
- Zuschlagsversagung 33, 21 f.

Rechtsbehelfe, Aufsichtsperson 150c, 6
Rechtsbehelfe bei Bestellung des Institutsverwalters 150a, 7
Rechtsbehelfe bei Bestellung des Schuldnerverwalters 150b, 6
Rechtsbehelfe bei Entscheidungen über das Wohnrecht 149, 6
Rechtsbehelfe bei Unterhaltsgewährung für Schuldnerverwalter 150e, 2
Rechtsbehelfe gegen die Bestellung des Zwangsverwalters 150, 5
Rechtsbehelfe gegen Räumungsbeschluss 149, 13
Rechtsbehelfe wegen Unterhaltsgewährung 149, 15
Rechtsbeschwerde (Zulassungsrechtsbeschwerde) R, 69 ff.
- Anwaltszwang R, 69
- Begründung, Form, Frist R, 77
- Rechtsbeschwerdegericht R, 69
- Statthaftigkeit R 69
- Umfang der Prüfung R 76
- Unanfechtbarkeit der Nichtzulassung R, 73
- Willkürliche Nichtzulassung R 74
- Zulassung (Beschränkung) R, 72
- Zulassung (Voraussetzungen) R, 70 ff.

Rechtsfolge bei Verstoß gegen das Zustimmungserfordernis 150d, 3
Rechtsmittel 15, 89 18, 11 19, 23
Rechtsmittel
- bei Arresthypothek 932 ZPO, 16
- bei Unzuständigkeit 1, 14 2, 14
- bei Verfahrensbeitritt, 27, 17
- bei Zwangshypothek 867 ZPO, 40 ff.
- gegen Maßregel nach 25, 14
- im Prozesskostenhilfeverfahren Rechtskostenhilfe, 9 ff.

Rechtsnachfolge 15, 35–36
Rechtspfleger Einf. ZwV, 12
Rechtspflegererinnerung R, 82 ff. Vor 95–104, 13, 17
- Befristung R, 82 ff.

Rechtsschutzbedürfnis 15, 4
Rechtsschutzinteresse für die Anordnung einer Zwangsverwaltung 146, 2
Rechtsstellung des Zwangsverwalters 152, 2
Rechtsverfolgungskosten
- Rang 10, 116 ff.

Reichweite 152, 22
Reichweite der Befriedigungsfiktion 85a, 30 ff.
- fingierter Ausfall (Meistbietender) 85a, 31

Reisekosten
- des Gerichts Kosten d. ZVG-Verfahrens, 15

Relatives Rangverhältnis 155, 28
Rentenschuld Einf. ZwV, 33
Restschuldbefreiung
- Vollstreckungsverbot **IuI**, 16

risikoorientierte Strategien R, 24 ff.
- Darlehensnehmer R, 24 ff.
- Gläubiger/Kreditgeber R, 32 ff.
- Grundpfandrechtsschuldner R, 24 ff.
- Insolvenzverwalter T, 41 ff.
- Vollstreckungsunterwerfung (Ablehnung) T, 24 ff.

Räumung 19 WEG, 22
Räumung dritter Personen 149, 11
Räumung gegen Ehegatten, Lebensgemeinschaftspartner 149, 12
Räumungsbeschluss 149, 9
Räumungsgründe 149, 7
Räumungsprinzip s. a. Teilungsversteigerung
Rückschlagsperre **IuI**, 18 ff.
- Antragsrecht **IuI**, 31
- Anwendungsbereich **IuI**, 18
- Arresthypothek **IuI**, 22
- Befriedigung durch Zwangsvollstreckung **IuI**, 30
- bei Verbraucherinsolvenz **IuI**, 19
- Eigenverwaltung **IuI**, 32

Stichwortverzeichnis

- Form des Nachweises IuI, 31
- Freigabe IuI, 29
- Fristberechnung IuI, 27 f.
- Geltendmachung IuI, 20
- Insolvenzplan IuI, 32
- persönlicher Anspruch IuI, 23
- Rechtsfolge IuI, 20
- Umfang IuI, 21
- Umsetzung im Grundbuch IuI, 31
- Voraussetzungen IuI, 25 f.
- Zeitlicher Anwendungsbereich IuI, 19
- Zwangshypothek IuI, 22

S

Sachbefugnis 152, 20
Sachverständige
- Auslagen Kosten d. ZVG-Verfahrens, 15

Sachverständiger Einf. ZwV, 66
Sachverwalter
- Eigenverwaltung IuI, 50

Sanierungsfähigkeit 30a, 6
Sanktionsmöglichkeiten
- gegenüber Zwangsverwalter 153, 17 ff.

Schiedspruch 19 WEG, 2
Schiff Vor 95–104, 3
Schiffe 146, 9
Schiffsbauwerke 146, 9
Schuldenmasse vor 105, 8
Schuldnerschutz (§ 765a ZPO) s. a. faires Verfahren
- Antrag/Antragstellung 765a ZPO, 8, 10, 11 f.
- Antragsbefugnis 765a ZPO, 9
- Antragsbefugnis (insolventer Schuldner) 765a ZPO, 14 f., 49 ff.
- Anwendungsbereich 765a ZPO, 5
- Aufgaben der Verwaltungsbehörden/ Betreuungsgerichte 765a ZPO, 45, 46 ff.
- Aufschub durch Gerichtsvollzieher 765a ZPO, 25
- besondere (sittenwidrige) Härte 765a ZPO, 17 ff.
- Besonderheiten bei Räumungsvollstreckung 765a ZPO, 26
- drohende Obdachlosigkeit 765a ZPO, 19
- Eigentumsverschleuderung 765a ZPO, 4, 53 ff., 56 f.
- Entbindung Schuldnerin/Partnerin Schuldner 765a ZPO, 19
- ergänzender Rechtsbehelf 765a ZPO, 6
- faires Verfahren 765a ZPO, 54
- Folgen neuen Sachverhalts 765a ZPO, 27
- Interessenabwägung/Verhältnismässigkeitsgrundsatz 765a ZPO, 20, 51 f.
- keine Suspensivwirkung des Vollstreckungsschutzantrags 765a ZPO, 28
- konkrete Gefahr 765a ZPO, 42
- Lebens-/Gesundheitsgefährung 765a ZPO, 3, 30–52
- Missbrauch der Vollstreckung 765a ZPO, 19
- Prozessfähigkeit 765a ZPO, 13
- Schutz naher Angehöriger 765a ZPO, 40–41, 45, 47, 50
- schwere Erkrankungen als Vollstreckungshindernis 765a ZPO, 32–34, 49
- Suizidgefahr 765a ZPO, 32, 34 f., 41, 45–46, 49
- Unterbrechung (Eröffnung des Schuldnerinsolvenzverfahrens) 765a ZPO, 16
- untragbare Härte, Folgen 765a ZPO, 23 f.
- Zwecklose Vollstreckung 765a ZPO, 55

Schuldnerverwalter 150b, 1
Schuldrechtliche Nutzungsrechte 146, 17
Schuldübernahme
- bestehenbleibende Hypothek 53, 2 ff.
- Genehmigung durch den Gläubiger 53, 5
- Grundschuld 53, 7 ff.
- persönliche Haftung 53, 2
- Reallast 53, 11

Sicherheit s a Bietsicherheit
Sicherheitsleistung 15, 39 ff. 67 – 70, 83, 51
- Anrechnung auf die Teilungsmasse 107, 22
- Antrag 67 2, 2
- Antragsberechtigung 67, 3–5
- Antragsrücknahme 67, 5
- Bankbürgschaft 69, 5
- Befreiungstatbestände 67, 8–9
- Bürgschaft 15, 42 – 46
- des Schuldners und Widerspruch 124, 2
- Entscheidung über Erforderlichkeit 70, 2
- Erhöhte Sicherheit 68, 4–6
- Hinterlegung 15, 41
- Höhe 68, 2
- Leistung erhöhte Sicherheit 68, 6 70, 3 72, 8
- Mehrere Ausgebotsvarianten 67, 6
- Prüfung der Sicherheitsleistung 70, 4
- Rechtsbehelf 70, 5
- Scheck 69, 2–3
- Sofortige Antragstellung 67, 7
- Teilungsversteigerung 184
- Überweisung statt Barzahlung 69, 6

Sicherung
- Rückschlagsperre IuI, 21 ff.
- Zeitpunkt der Erlangung IuI, 23

Sicherung des Insolvenzgläubigers IuI, 18 ff.

Sicherungshypothek
s. a. Zwangshypothek Einf. ZwV, 30
- Belastungsgegenstand 128, 7

1499

Stichwortverzeichnis

- Bestellung/Entstehung **128**, 3–4
- bzgl. Zuzahlungsbetrag **125**, 13
- gesicherter Anspruch **128**, 5–6
- Gläubiger **128**, 8–11
- Grundbuchersuchen **130**, 12 ff.
- infolge Forderungsübertragung **128**, 1 ff.
- Rang **128**, 13–15, **129**
- Rangverlust **129**, 3 ff.
- Rangverschiebung **129**, 3 ff.
- Rechte Dritter **128**, 19/20
- Vereinigung mit Eigentum **128**, 16–17
- Vermeidung der Rangverschiebung **129**, 8 f.
- Versteigerung **128**, 18
- Versteigerungsantrag **129**, 8–9
- Vollstreckung gegen Ersteher und Mithaftende **132**, 6–7, 11 ff.
- Zinssatz **128**, 12
- zugunsten d. Eigentümers **128**, 21 f.

Sicherungsvollstreckung 15, 47
Sittenwidrigkeit der Zwangsvollstreckung 30a, 23
Sofortige Beschwerde (§ 793 ZPO)
 s. a. Rechtsbeschwerde R, 51 ff., 95, 1 f.
- Beschwerdeeinlegung (Form) R, 53
- Beschwerdeentscheidung R, 55
- Beschwerdefrist, Fristversäumung R, 53
- Bindung/Abänderbarkeit (§ 79 ZVG) R, 63 ff.
- Eigener Rechtsmittelzug (§ 79 ZVG) R, 63 f.
- Einschränkung vor Zuschlagsbeschluss (§ 95 ZPO) R, 56 ff., 59–60
- einstweilige Einstellung und § 79 ZVG R, 63 f., 67 f.
- Entscheidungen nach Zuschlag R, 62
- Kapitel Prozesskostenhilfe im ZVG-Verfahrenen, 9 ff.
- Insolvenzgericht als Vollsteckungsgericht R, 52
- Verkehrswertbeschwerde und § 79 ZVG R, 68
- Zulässigkeit gegen Entscheidungen R, 51

sofortige Beschwerde (§ 793 ZPO)
- Vollstreckungsschutz (§ 765a ZPO) und § 79 ZVG R, 66, 68
- Vorrang der Zuschlagsbeschwerde R, 61

Sonderkündigungsrecht 19 WEG, 23, Einf. ZwV, 72
sowie Ausgleichsansprüche
- Antragsgegner
- Erlösverteilung Vor **180**, 6
- Europäische Wirtschaftliche Interessenvereinigung **180**, 7 s a **Gemeinschaft**
- Fehlen eines Titelerfordernisses **181**, 1 Vor **180**, 12

- Fehlen von Beschlagnahmewirkungen Vor **180**, 6, 12
- Fortgesetzte Gütergemeinschaft s a **Gesamtgut**
- Freund'sche Formel s a **Ausgleichsansprüche**
- Fristen bei einstweiliger Einstellung **180**, 19 f., 33, 35
- Gegenstand Vor **180**, 1, 11
- Geringstes Gebot **182** Vor **180**, 14 ff.;
- Gesamtgut **180**, 2, 7 s a **Antragsbefugnis**
- Gesamthand s a **Gesamthandsgemeinschaften**
- Gesamthandsgemeinschaften **182**, 4 Vor **180**, 16
- Gesellschaft bürgerlichen Rechts **180**, 7 s a **Gemeinschaft**
- Glaubhaftmachung Vor **180**, 12
- Grundbucheintrag s a **Registrierungsvoraussetzung**
- Grundstücksverkehrsgesetz **185**
- Gründe für eine einstweilige Einstellung **180**, 21 ff. s a **Kindeswohlklausel**
- Gütergemeinschaft s a **Gesamtgut**
- Härteklausel **180**, 25 ff.
- Insolvenzverwalter s a **Antragsbefugnis, Registrierungsvoraussetzung**
- Insolvenzverwalterversteigerung Vor **180**, 3
- Juristische Personen **180**, 5
- Kindeswohlklausel Vor **180**, 18, 28 ff.
- Kommanditgesellschaft **180**, 7 s a **Gemeinschaft**
- Korrealbelastungstheorie **182**, 14
- Lebenspartnerschaft s a **Gesamtgut**
- Liquidationsgesellschaft **180**, 8
- Mieterschutz **183** Vor **180**, 20
- Miterbengemeinschaft **180**, 7 s a **Gemeinschaft, Antragsbefugnis**
- Musterverfahren Vor **180**, 10 ff.
- Nachlasspfleger s a **Antragsbefugnis, Registrierungsvoraussetzung**
- Nachlassverwalter s a **Antragsbefugnis, Registrierungsvoraussetzung**
- Nichteheliche Lebensgemeinschaft **180**, 2
- Nichtrechtsfähige Vereine **180**, 2
- Niedrigstgebotstheorie **182**, 14 f. Vor **180**, 16, 20
- Nießbrauchsbelastung **180**, 7 **181**, 3
- Offene Handelsgesellschaft **180**, 7 s a **Gemeinschaft**
- Partnerschaftsgesellschaft **180**, 7 s a **Gemeinschaft**
- Personengesellschaften **180**, 2 s a **Antragsbefugnis, Gesamthandsgemeinschaften**
- Pfandgläubiger **180**, 10 **181**, 3
- Pfändungspfandgläubiger **180**, 4, 12, 22 **181**, 3

Stichwortverzeichnis

- Rechtsbehelfe **Vor 180**, 7
- Registrierungsvoraussetzung **181**, 3
- Räumungsprinzip **182**, 14
- Sicherheitsleistung **184**
- Sofortige Beschwerde **180**, 7
- Sonderprozesslehre **182**, 14
- Surrogation **180**, 7
- Testamentsvollstrecker s a **Antragsbefugnis**
- Totalbelastungstheorie **182**, 14
- Unterschiedliche Belastungen von Bruchteilsanteilen **182**, 5 ff., 13 ff.
- Verfahren **Vor 180**, 6, 12
- Verhältnis zur Versteigerung auf Antrag des Erben **180**, 8 **Vor 175**, 3
- Versteigerung **Vor 180**, 6
- Versteigerungstermin **Vor 180**, 12
- Versteigerungsvermerk im Grundbuch **Vor 180**, 12
- Vollstreckung s a **Zwangsvollstreckung**
- Vollstreckungserinnerung **180**, 7 **Vor 180**, 7
- Vorerbschaft **180**, 9
- Vormund s a **Antragsbefugnis, Registrierungsvoraussetzung**
- Wohnungseigentum **180**, 2–3, 7
- Zugewinngemeinschaft **180**, 4
- Zuschlagsbeschluss **183**, 1 **Vor 180**, 6, 20
- Zustimmungswegfall-Theorie **182**, 14
- Zuteilungsverfahren s a **Grundstücksverkehrsgesetz**
- Zwangsvollstreckung **Vor 180**, 2

Staatshoheitsakt
- Begriffsbestimmung **90**, 3

Statistische Lebenserwartung 92 Anhang
Stellung des Institusverwalters 150a, 5
Stellvertretung Vor 9, 18
Steuerbuchauszug/Liegenschaftsauszug 16, 19
Steuererstattungsansprüche 152, 17
Steuergeheimnis 16, 21
Steuern 152, 16
Streitiger Eigenbesitz 147, 6
Stundung
- und wiederkehrende Leistungen **14**, 11

Surogation
- Wertersatz bei nachrangiger Auflassungsvormerkung **91**, 39

Surrogation
- Begriffsbestimmung **91 92**, 1 ff., 50
- bei nicht auf Kapitalzahlung gerichteten Rechten **92**, 6
- Erlöschen von Rechten **91**, 6
- Haftung des Versteigerungserlöses **91**, 51 f.

T

Taktische Gebote 85a, 29
taktisches Vorgehen s a **Ausbietungsgarantie**

- Aufgaben der Zwangsverwaltung **T, 58 f.**
- fehlende Erreichbarkeit des Schuldners **T, 85 ff.**
- Firmenbestattung **T, 85**
- Gerichtliche/außergerichtliche Erlösverteilung **T, 107**
- Interessentensuche **T, 60, 72 ff.**
- Maklerbeauftragung **T, 60**
- Nachtragsliquidation, Notvorstand **T, 86**
- Nichtzahlung des Meistgebots, Forderungsübertragung **T, 113 f.**
- Offenes/verdecktes Gebot **T, 102 f.**
  s. a. **Verhalten der Bietinteressenten**
- Sicherungen des Ertrags der Immobilie **T, 58 f.**
- Termindurchführung (einstweilige Einstellung durch Gläubiger) **T, 100**
- Terminverhalten des Schuldners **T, 101**
- Terminvorbereitung (Gläubiger) **T, 62 ff.**
- Terminvorbereitung-/durchführung (Gläubiger) **T, 90 ff.**
- unbekannt verzogen **T, 89**
- Verhalten auf Zuschlagsbeschwerde **T, 108 ff.**
- Verhalten der Bietinteressenten **T, 102 ff.**
- Verhalten im Zuschlagsverfahren **T, 105 f.**
- Verkehrswertfestsetzung **T, 44 ff.**
- Versteigerungsverhinderer **T, 104**
  s. a. **Verhalten der Bietinteressenten**
- Überlassung Sachverständigengutachten, Urheberrechtsfrage **T, 77 ff.**

Teilaufhebung
- durch Versagung des Zuschlags **33**, 10

Teileigentum 146, 7
Teileigentumserbbaurecht 146, 8
Teileinstellung
- durch Versagung des Zuschlags **33**, 10

Teilung von Grundstücken 16, 11
Teilungsmasse s a Teilungsplan
Teilungsplan Einf. ZwV, 89
- Aufhebung Verteilungstermin **102**, 9
- Aussetzung (amtswegig) **102**, 5, 9 f. **T, 108 ff.**
- Auszahlung **157**, 1 ff.
- bedingte Ansprüche **156**, 30
- Fremdwährung **156**, 28 **158 a**, 1 ff.
- Gesamtrecht **156**, 29
- Klage auf Änderung **159**, 1 ff.
- Terminsbestimmung **Einführungsfall Widerspruch R, 35 f.**
- **Zwangsverwaltung Anlage 4**
- Zwangsverwaltung **156**, 22 ff. **157**, 1 ff. **Einführungsfall Zwangsverwaltung Anlage 4**

Teilungsplan (Versteigerungsverfahren)
s a **Verteilungsverfahren**

Stichwortverzeichnis

- Altenteil **114**, 17
- Anmeldung **114**, 7 ff.
- Aufnahme von Ansprüchen **110**, 2 ff., **114**, 2–14
- Aufstellung **113**, 1 ff., 6 ff.
- Ausführung **vor 105**, 9 ff., **117 ff.**, 9 ff.
- – – bei Ausschlussbeschluss **141**, 1 ff.
- – – bei Barzahlung **117**, 1 ff.
- – – bei Nichtzahlung **118**, 1 ff.
- – – bzgl. Zuzahlungsbetrages **125**, 11 ff.
- Ausführung nach nachträglicher Berechtigtenermittlung **137**, 3 ff. **138**, 8 f., **139**, 1 ff.
- Aussetzung der Ausführung **116**, 1 ff.
- bedingte Rechte/Ansprüche **vor 105**, 17–21, **119**, 120
- Berechtigte **117**, 3–10
- – – unbekannte **117**, 7, 126
- – – Ungewissheit der Person **117**, 6
- Berücksichtigung von Ansprüchen **114**, 2–14
- beschränkte persönliche Dienstbarkeit **114**, 20, **121**, 3
- betagter Anspruch **111**, 1, 4 ff.
- Deckungskapital **121**, 3 ff.
- Eigentümergrundschuld **114**, 21
- Form **113**, 7
- Gesamtrechte **vor 105**, 23, **122** 12
- Gliederung **113**, 3
- Grunddienstbarkeit **114**, 24
- Grundschuld **114**, 25
- Hilfszuteilung **119**, 9–11, **121**, 7, **123**, 1 ff., **124**, 1 ff., **126**, 8
- Hypothek **114**, 26
- Löschungsanspruch/-vormerkung **114**, 27
- mehrere Grundstücke **vor 105**, 22
- – – Gesamtrechte **122**, 1 ff., **123**, 1 ff.
- Nießbrauch **114**, 28, **121**, 3
- Protokoll **113**, 2
- Rangordnung **114**, 14
- Rangverlust **110**, 2 ff.
- Reallast **114**, 39, **121**, 3
- Rechnungsverständiger **113**, 10
- Rentenschuld **114**, 30
- Rückgewährsanspruch **114**, 31
- Schuldenmasse **vor 105**, 8
- Sicherungsgrundschuld **114**, 32
- Sicherungshypothek **128**, 1 ff., s. a. **Sicherungshypothek**
- Teilungsmasse **107**, 3 ff.
- – – Entrichtung **107**, 15–21
- – – Feststellung **107**, 12–14
- – – Reduktion **107**, 10–11
- unbekannte Berechtigte **126**, 1 ff., **135**, 1 ff.
- Verfahrenskosten **109**, 1 ff.
- Vorkaufsrecht **114**, 34
- vorläufiger **106**
- Vormerkung **114**, 33

- Widerspruch **115**, 1 ff., s. a. **Widerspruch**
- Zahlung an Berechtigte **117**, 2–10
- Zustellung **113**, 11
- Zuzahlungsbetrag **vor 105**, 25 f., **107**, 8, **114**, 27, 125 s. a. **Zuzahlung od. Zahlungsbetrag**
- Zwangshypothek **114**, 36
Teilungsversteigerung 180 ff.
- Allgemeines **Vor 180**
- Anordnung der Versteigerung **Vor 180**, 6, 11
- Antrag **180**, 10 **Vor 180**, 6
- Antrag auf einstweilige Einstellung **180**, 16 ff.
- Antragsbefugnis **180**, 10–12
- Antragsgegner **180**, 13
- Aufhebung **180**, 6 ff. **Vor 180**, 6
- Auseinandersetzung **Vor 180**, 4
- Ausgleichsansprüche **182**, 10 ff. **Vor 180**, 17
- Ausgleichsbeträge s a **Ausgleichsansprüche**
- Bestimmung des Versteigerungstermins **Vor 180**, 6
- Betreuer s a **Antragsbefugnis, Registrierungsvoraussetzung**
- Bruchteilsgemeinschaft **180**, 2, 7 **182**, 5 **Vor 180**, 11
- DDR-Recht s a **Einkommens- und Vermögensgemeinschaft**
- Drittwiderspruchsklage analog **Vor 180**, 6, 9, 19–20
- Eherechtliche Verfügungsbeschränkungen **180**, 4 **Vor 180**, 4, 7
- Einkommens- und Vermögensgemeinschaft **180**, 2
- Einstweilige Einstellung **180**, 15 ff. **Vor 180**, 6, 18
- Erbe **181**, 5
- Erbteilswerber **181**, 3
- Erhöhung des geringsten Gebots s a **geringstes Gebot**
- – – sowie Ausgleichsansprüche
- – – Erlösverteilung **Vor 180**, 6
- – – Europäische Wirtschaftliche Interessenvereinigung **180**, 7, s. a. **Gemeinschaft**
- – – Fehlen eines Titelerfordernisses **Vor 180**, 12; **181**, 1
- – – Fehlen von Beschlagnahmewirkungen **Vor 180**, 6, 12
- – – Fristen bei einstweiliger Einstellung **180**, 19 f., 33, 35
- – – Fortgesetzte Gütergemeinschaft, s. **Gesamtgut**
- – – Freund'sche Formel, s. **Ausgleichsansprüche**
- – – Gegenstand **Vor 180**, 1, 11
- – – Geringstes Gebot **Vor 180**, 14 ff.; **182**

Stichwortverzeichnis

- – Gesamthand, s. Gesamthandsgemeinschaften
- – Gesamthandsgemeinschaften **Vor** 180, 16; 182, 4
- – Gesellschaft bürgerlichen Rechts 180, 7, s. a. Gemeinschaft
- – Glaubhaftmachung **Vor** 180, 12
- – Gesamtgut 180, 2, 7, s. a. Antragsbefugnis
- – Gütergemeinschaft, s. Gesamtgut
- – Gründe für eine einstweilige Einstellung 180, 21 ff., s. a. Kindeswohlklausel
- – Grundbucheintrag, s. Registrierungsvoraussetzung
- – Grundstücksverkehrsgesetz 185
- – Härteklausel 180, 25 ff.
- – Insolvenzverwalter, s. Antragsbefugnis, Registrierungsvoraussetzung
- – Insolvenzverwalterversteigerung **Vor** 180, 3
- – Juristische Personen 180, 5
- – Kindeswohlklausel **Vor** 180, 18, 28 ff.
- – Kommanditgesellschaft 180, 7, s. a. Gemeinschaft
- – Lebenspartnerschaft, s. Gesamtgut
- – Liquidationsgesellschaft 180, 8
- – Mieterschutz **Vor** 180, 20; 183
- – Miterbengemeinschaft 180, 7, s. a. Gemeinschaft, Antragsbefugnis
- – Musterverfahren **Vor** 180, 10 ff.
- – Antragsgegner
- – Korrealbelastungstheorie 182, 14
- – Nachlasspfleger, s. Antragsbefugnis, Registrierungsvoraussetzung
- – Nachlassverwalter, s. Antragsbefugnis, Registrierungsvoraussetzung
- – Nichteheliche Lebensgemeinschaft 180, 2
- – Nichtrechtsfähige Vereine 180, 2
- – Niedrigstgebotstheorie **Vor** 180, 16, 20; 182, 14 f.
- – Nießbrauchsbelastung 180, 7; 181, 3
- – Offene Handelsgesellschaft 180, 7, s. a. Gemeinschaft
- – Partnerschaftsgesellschaft 180, 7, s. a. Gemeinschaft
- – Personengesellschaften 180, 2, s. a. Antragsbefugnis, Gesamthandsgemeinschaften
- – Pfandgläubiger 180, 10; 181, 3
- – Pfändungspfandgläubiger 180, 4, 12, 22; 181, 3
- – Räumungsprinzip 182, 14
- – Rechtsbehelfe **Vor** 180, 7
- – Registrierungsvoraussetzung 181, 3
- – Sicherheitsleistung 184
- – Sofortige Beschwerde 180, 7
- – Sonderprozesslehre 182, 14
- – Surrogation 180, 7
- – Testamentsvollstrecker, s. Antragsbefugnis
- – Totalbelastungstheorie 182, 14
- – Unterschiedliche Belastungen von Bruchteilsanteilen 182, 5 ff., 13 ff.
- – Verfahren **Vor** 180, 6, 12
- – Verhältnis zur Versteigerung auf Antrag des Erben **Vor** 175, 3; 180, 8
- – Versteigerung **Vor** 180, 6
- – Versteigerungstermin **Vor** 180, 12
- – Versteigerungsvermerk im Grundbuch **Vor** 180, 12
- – Vollstreckung, s. Zwangsvollstreckung
- – Vollstreckungserinnerung **Vor** 180, 7; 180, 7
- – Vorerbschaft 180, 9
- – Vormund, s. Antragsbefugnis, Registrierungsvoraussetzung
- – Wohnungseigentum 180, 2, 3, 7
- – Zugewinngemeinschaft 180, 4
- – Zuschlagsbeschluss **Vor** 180, 6, 20; 183, 1
- – Zustimmungswegfall-Theorie 182, 14
- – Zuteilungsverfahren, s. Grundstücksverkehrsgesetz
- – Zwangsvollstreckung **Vor** 180, 2

Terminsaufhebung 43, 1 ff.

Terminsbestimmung 37 ff.
- Anmeldung von Rechten s a **Anmeldung von Rechten**
- Bekanntmachung s a **Bekanntmachung der Terminsbestimmung**
- Beschluss 37, 1
- Bezeichnung des Grundstücks 37, 3
- entgegenstehende Rechte s a **Entgegenstehende Rechte**
- Grundbuchblatt 38, 3
- Grundstücksgröße 38, 3
- Inhalt 37, 3 ff. 38, 3 ff.
- Mängel 37, 15
- Rechtsbehelfe 37, 15 38, 8
- Verkehrswert 38, 5
- Verkehrswerts, Änderung des 38, 5
- Versteigerungsart 37, 5
- Wertgutachten, Veröffentlichung des 38, 7
- Zeit und Ort des Versteigerungstermins 37, 4
- Zuschlagsversagung, frühere 38, 6
- Zustellung der s a **Zustellung der Terminsbestimmung**

Terminprotokoll 78
- Berichtigung 78 5, 5
- Führung 78 6, 6
- Inhalt 78, 2–3
- Rechtsbehelf 78, 7
- Verlesung 78, 6

Terminsverlegung 43, 8

Testamentsvollstrecker 15, 35, 83 ff.

Stichwortverzeichnis

Testamentsvollstreckung 146, 20 9, 3 f., 8
Vor 9, 13 ff.
Tilgungshypothek
- Auswirkung in der Zwangsversteigerung 91, 43 ff.
- Begriffsbestimmung 91, 41
- Beispielfall 91, 42
- Rang 10, 90
Titel s a Vollstreckungstitel
Titelumschreibung bei Insolvenz IuI, 10, 12
Totalbelastungstheorie s a Teilungsversteigerung
Treuhänder
- Antrag auf Zwangsverwaltung IuI, 61
- Einstweilige Einstellung der Zwangsvollstreckung IuI, 62
- Verwertung von Grundstücken 172, 3 IuI, 59 f.
- Zwangsversteigerung IuI, 59 f.

U

Überbau
- Gegenstand der Versteigerung 55, 5 f.
Überbaurente Einf. ZwV, 51
Überbauung der Grundstücksgrenze 146, 6
Übergang der Verwaltungsbefugnis 148, 18
Übergang des Nutzungsrechts 148, 18
Übernahmegrundsatz 19 WEG, 4
Überschuss
- Erlösverteilung 109, 7 ff.
Überweisung 9, 3
Umlegungsverfahren 15, 63
Umsatzsteuer 107, 9
Umsatzsteuerorganschaft 146, 32
Unbedenklichkeitsbescheinigung 133, 12
Unbekannte Berechtigte
- Allgemein 126, 1–2
- Aufgebotsverfahren 138, 1 ff.
- Definition 126, 3–7
- Hilfszuteilung 126, 8
- im Verteilungsverfahren vor 105, 24, 126
- Planausführung 126, 9 ff.
- – nach Ermittlung 137, 3 ff., 138, 8 f.
- Vertreterbestellung 135, 3 ff.
Unbrauchbarmachung
- Grundpfandrechtsbriefe 127, 3 ff.
Undurchführbarkeit der Zwangsvollstreckung 146, 1
Unmittelbarer Besitz 150, 6
Unterbrechung des Verfahrens IuI, 11
Unterhaltsgewährung für Schuldnerverwalter 150e, 1
Untermiete 9, 22
Untervermietung 152, 30
Unterverpachtung 152, 30
Unterwerfungserklärung 15, 32 – 34
- durch Vertreter 15, 32 ff.

- gleichzeitige ~d. zukünftigen und jetzigen Eigent. 15, 31
Unwirksames Gebot 71, 2
Urkunden 19, 19
- beizufügende 16, 17

V

Veräußerung von entbehrlichem Zubehör 152, 9
Veräußerung von unbrauchbarem Zubehör 152, 9
Veräußerung, zwangsweise 19 WEG, 2
Veräußerungsverbot 173, 2 148, 19 19 WEG, 13
- bei Beschlagnahme 23, 2 ff.
Verbesserungen 152, 6
Verbindlichkeit Einf. ZwV, 11
Verbindung von Verfahren
- Aktenführung 18, 8
- Antrag 18, 7
- Einzelversteigerung 18, 7
- Kosten 18, 12
- Muster für Verbindungsbeschluss 18, 13
- Trennung 18, 8
- Voraussetzungen für Verbindung 18, 3–6
- Zustellung 18, 10
- Zweck 18, 8
Verbraucherinsolvenzverfahren
- Antrag auf Zwangsverwaltung IuI, 61
- Antrag gem. § 174a ZVG 174a, 3
- Antrag nach § 172 ZVG 172, 3
- Anwendbarkeit der §§ 172 ff. ZVG IuI, 59 f.
- Anwendbarkeit des § 165 InsO IuI, 59 f.
- Besonderheiten IuI, 58 ff.
- Eigenverwaltung IuI, 57, 65
- Einstellungsantrag IuI, 62 ff.
- Insolvenzplan IuI, 65
- Reformabsichten IuI, 58
- Verwertungsbefugnis IuI, 59
Verdeckte Stellvertretung 81, 13
- gesamtschuldnerische Haftung 81, 14
Verein 15, 19–20
Vereinigung von Grundstücken 16, 12
Verfahrensfehler 83, 1–51
- Heilung, fehlende Rechtsbeeinträchtigung 84, 3–5
- Heilung, Genehmigung 84, 6
Verfahrensgebühr
- Zwangsversteigerung Kosten d. ZVG-Verfahrens, 3 ff.
- Zwangsverwaltung Kosten d. ZVG-Verfahrens, 3 ff.
Verfahrenskosten
- Vorwegnahme 109, 1 ff.
- Rang 10, 10
Verfallklausel 15, 27

Stichwortverzeichnis

Verfassungsbeschwerde s a Anhörungsrüge R, 111 f.
- Erschöpfung des Rechtswegs R, 111 f.
- Verfahrensgrundrechte R, 111

Verfügungsbeschränkung 17, 5
Verfügungssperre Einf. ZwV, 44
Verfügungsverbot 173, 2–3
- bei Beschlagnahme 23, 2 ff.
- gutgläubiger Erwerb 23, 12, 21, 23
- und § 878 BGB 23, 10
- Wirkung in Zwangsversteigerung 23, 17 ff.

Vergleich 19 WEG, 29
Vergütung
- Zwangsverwalter 153, 28

Vergütung der Aufsichtsperson 150c, 5
Verhandlung
- über den Teilungsplan 115, 3–4

Verhältnis zum Institutsverwalter 150b, 5
Verkehrssicherungspflicht 152, 11
Verkehrswert 74a Absatz 5
- Baulast 74a, 13
- Ertragswertverfahren 74a, 14
- Festsetzung 74a, 16
- Gutachten 74a, 11, 13
- Rechtsmittel 74a, 17
- Sachverständiger 74a, 12
- Sachwertverfahren 74a, 14
- Vergleichswertverfahren 74a, 14
- Wertermittlung, Grundsätze 74a, 11 ff., 14
- Zubehör 74a, 15

Verkehrswert Einf. ZwV, 62, 68
Verkündungstermin
- Eigentumsgarantie des Grundgesetzes 87, 17

Vermerk
- auf Grundpfandrechtsbrief 127, 5–6, 10
- auf Vollstreckungstitel 127, 8–10

Versagung der Zustimmung 150d, 2
Versagung des Zuschlags
- Aufhebung und Einstellung nach Schluss der Versteigerung 33, 1 ff.
- Aufhebungs- und Einstellungsgründe 33, 8 f.
- Entscheidung 33, 17 ff.
- mehrere Gläubiger 33, 11 ff.
- Rechtsbehelfe 33, 20 f.
- Teilaufhebung 33, 10
- Teileinstellung 33, 10

Verschmelzung von Grundstücken 16, 13
Versicherungsforderung 148, 4
Versicherungsschutz 152, 35
Versicherungsverträge
- Zuschlagserteilung 90, 36 ff.

Versteigerung auf Antrag des Erben 175 ff.
- Allgemeines Vor 175
- Anordnung der Versteigerung Vor 175, 9
- Antrag 175, 4 Vor 175, 8
- Antragsbefugnis 175, 6 ff.
- Aufgebot 175, 1, 10 178, 3
- Ausschluss von Nachlassgläubigern 175, 10
- Befriedigungsrecht aus Nachlassgrundstück 175, 2
- Bestimmung des Versteigerungstermins Vor 175, 10
- Doppelausgebot 179 Vor 175, 11
- Erbenhaftung 175, 9 176, 5
- Erbschaftsannahme 175, 5
- Erbschaftskäufer 175, 8
- Fehlen eines Titelerfordernisses 176, 1
- fehlende Beschlagnahmewirkungen 176, 3 Vor 175, 9
- Forderung eines Nachlassgläubigers 175, 2
- Gegenstand Vor 175, 1
- Gemeinschaft 180, 2
- Gemeinschaften fremden Recht s a Gemeinschaft
- Gemeinschaftsanteile in einer Hand 180, 3
- Geringstes Gebot Vor 175, 11
- Glaubhaftmachung 177
- Härteklausel (§ 765 a ZPO), Unanwendbarkeit Vor 175, 2
- Leistungsverweigerungsrecht 179, 2 Vor 175, 11
- Musterverfahren Vor 175, 6 ff.
- Nachlassinsolvenzverwalter 175, 8
- Nachlasspfleger 175, 8
- Nachlassverwalter 175, 7
- Testamentsvollstrecker 175, 7
- Umfang der Versteigerung 176, 4
- Unbeschränkte Erbenhaftung s a Erbenhaftung
- Verbindung mehrerer Verfahren Vor 175, 3
- Verfahren Vor 175, 8 ff.
- Verhältnis zum Nachlassinsolvenzverfahren Vor 175, 12
- Verhältnis zur Teilungsversteigerung Vor 175, 4
- Versteigerung im Insolvenzverfahren 176, 5 178
- Vollstreckung s a Zwangsvollstreckung
- Vorkaufsrechte Vor 175, 2
- Zwangsvollstreckung Vor 175, 2

Versteigerung, freiwillige 19 WEG, 3
Versteigerung, ranglos 19 WEG, 4
Versteigerungsantrag s a Zwangsversteigerungsantrag
Versteigerungsbedingungen s a abweichende Versteigerungsbedingungen Einf. ZwV, 76
Versteigerungsgericht Einf. ZwV, 12
Versteigerungsobjekt Einf. ZwV, 8
Versteigerungstermin Einf. ZwV, 73, 75–76

Stichwortverzeichnis

- Antrag auf neuen Termin, Risiken **85**, 2 ff., 7, 14 ff.
- Gebühr **Kosten d. ZVG-Verfahrens**, 7
  Versteigerungstermin
- Ablauf **66** 3, 3
- Befangenheitsantrag **66**, 8
- Bekanntmachungen **66**, 11–12
- Hinweise **66**, 14
- Mehrere Termine gleichzeitig **66**, 9
- Ort **66**, 6
- Öffentlichkeit **66**, 5
- Protokoll **78**, 2–6
- Unterbrechung **66**, 7
- Verlegung **66**, 6
- Vertagung **66**, 7
- Vertretung **66**, 10
- Zeit **66**, 6
  (Versteigerungsverfahren) 143, 1 ff.
- anzuwendende Vorschriften **145**, 1 ff.
  Versteigerungsvermerk
- Löschung **34**, 2 ff.
- Löschungsersuchen **34**, 2 ff.
- Rechtsbehelfe **34**, 10
- Tätigkeit des Grundbuchamts **34**, 6 ff.
  Verteilung
- Gesamtausgebot **112**, 1 ff.
- Gesamtrechte **122**, 3–11
  Verteilungserklärung
- bei Zwangshypothek (§ 867 II ZPO) **867 ZPO**, 47 ff.
  Verteilungstermin 155, 15 ff.
- Allgemeines **vor 105**, 6
- Anberaumung **105**, 3
- Aufhebung **105**, 11
- Behandlung von Briefen und Titeln **127**, 1 ff.
- Bekanntmachung/Zustellung **105**, 6–8
- Bestimmung **vor 105**, 4, **105**, 3 ff. **140**, 3–4
- nach Ausschließungsbeschluss **140**, 5 ff.
- Protokoll **113**, 2, **127**, 10
- Verlegung/Unterbrechung **105**, 9 ff.
- Vorbereitung **vor 105**, 5, **106**, 3
  Verteilungstermin 19 WEG, 21 Einf. ZwV, 85
- Gebühr **Kosten d. ZVG-Verfahrens**, 11 ff.
  Verteilungsverfahren
- außergerichtlich **160**, 1 ff.
- Zwangsverwaltung **155**, 1 ff.
  Verteilungsverfahren (Versteigerungsverfahren)
- Allgemeines (Einführung) **vor 105**
- Anmeldung **114**, 7 ff.
- Anwendung außerhalb der Versteigerung **vor 105**, 32
- Aufgebot von Berechtigten **126**, 8, **138**, **140 141**, 3 ff.
- Aufgebot von Briefen **136**, 1 ff.
- Ausführung s a **Planausführung**

- Aussetzung der Planausführung **116**, 1 ff.
- Außergerichtliche Befriedigung (Versteigerungsverfahren) **144**, 1 ff.
- Außergerichtliche Verteilung (Versteigerungsverfahren) **143**, 1 ff.
- bedingte Rechte/Ansprüche **vor 105**, 17–21
- – auflösend bedingt **119**, 3 ff., 10, 11
- – aufschiebend bedingt **119**, 3 ff., 7, 9 **120**, 1 ff., **121**, 7
- – fiktiv bedingt **119**, 6
- – Zuteilung **119**, 1 ff.
- Berechtigte **117**, 3–10
- – abwesende **117**, 13
- – anwesende **117**, 12
- – Erbfolge **117**, 6
- – Feststellung, -szeitpunkt **117**, 2
- – Höchstbetragshypothek **117**, 9
- – Pfändung, Verpfändung **117**, 5
- – Sicherungshypothek **117**, 10
- – unbekannte **117**, 7, 126
- – Ungewissheit der Person **117**, 8
- Berücksichtigung von Ansprüchen **114**, 2–14
- betagte Rechte **111**, 1, 4 ff.
- Forderungsübertragung s a **Forderungsübertragung**
- Gesamtausgebot – Verteilung **112**
- Gesamtrechte **vor 105**, 23, **122**, 1 ff. **127**, 6
- – Alternativzuteilung **123**, 1 ff.
- – Nichtzahlung des Erlöses **122**, 12–15
- – Grundpfandrechtsbrief **127**, 1–7, 10–12
- – Hilfszuteilung **119**, 9–11, **123**, 1 ff., **121**, 7, **124**, 1 ff., **126**, 8
- Hinterlegung s. a. **Hinterlegung**
- – bedingte Ansprüche **119**, 9–11
- – Ersatzansprüche **121**, 7
- – Landesrecht **vor 105**, 3, **140**, 1
- mehrere Grundstücke **vor 105**, 22
- Minderanmeldung **114**, 10
- Planausführung **113**, 12
- – bei Bargebotszahlung **117**, 1 ff.
- – bei Nichtzahlung des Bargebots s. a. **Forderungsübertragung 118**, 1 ff., **123**, 1 ff.
- – bei Widerspruch **124**, 1 ff. s a **Widerspruch**
- – Vollstreckung gegen Ersteher und Mithaftende **132**, 1 ff.
- Planzustellung **113**, 11
- Rangverlust **110**, 2 ff.
- Teilungsmasse s a **Teilungsplan**
- Teilungsplan s a **Teilungsplan**
- Termin **105**, 5 ff. s a **Verteilungstermin**
- Terminsbestimmung **105**, 3–6
- Verfahrenskosten **109**, 2–6
- Vollstreckungstitel **127**, 8–12

Stichwortverzeichnis

– Widerspruch 115, 1 ff. s a **Widerspruch**
– Zuteilung
– – auf bedingte Ansprüche 119, 9–11
– – auf Gesamtrechte 122, 9 123
– – des Zuzahlungsbetrages 125, 5 ff. s a **Zuzahlungsbetrag**
Vertreter
– zur Ermittlung unbekannter Beteiligter 135, 1 ff.
Vertretung im Termin 66, 10
Verwalter 19 WEG, 9, 11
Verwaltungszwangsverfahren 16, 3
Verwendungsersatzansprüche 93, 53 ff.
– Maßgeblichkeit des Eigentümer-/Besitzerverhältnisses 93, 54
– Notwendige V., nützliche V. 93, 58, 60
– Verwendungen nach dem Zuschlag 93, 57 ff.
– Verwendungen vor dem Zuschlag 93, 56
Verwertung entbehrlicher Nutzungen 152, 23
Verwertungsmöglichkeiten
– Insolvenzverwalter 172, 1
Verwertungsrecht
– Eigenverwaltung 172, 4 IuI, 55
– Kleinverfahren 172, 3
– Verbraucherinsolvenzverfahren 172, 3
Verzicht 114, 11, **117**, 16
– auf die Forderungsübertragung 118, 32–34
Vollmacht Einf. ZwV, 79
Vollstreckung
– gegen Ersteher u. Mithaftende vor 105, 27, **132**, 1 ff. s. a. **Forderungsübertragung und Sicherungshypothek**
– in das versteigerte Grundstück 133, 1 ff.
Vollstreckung aus dem Zuschlagsbeschluss 93, 1
– Adressaten der Herausgabe-/Räumungsvollstreckung 93, 15 ff.
– dingliche Rechte als Vollstreckungshindernis 93, 45 ff.
– Folgen von Vollstreckungshindernissen 93, 50 ff.
– Forderungen und Urkunden 93, 36 ff.
– Fremdzubehör 93, 25 ff.
– Herausgabevollstreckung in Luftfahrzeuge 93, 13
– Herausgabevollstreckung in Zubehör 93, 21 ff.
– Keine Vollstreckungsklausel bei Fremdzubehör 93, 28
– mit versteigerte Sachen Luftfahrzeuge, Zubehör 93, 33, 35
– mit versteigerte Sachen, Schiffe 93, 34
– obligatorische Rechte als Vollstreckungshindernis 93, 19, 49
– Räumungsvollstreckung in Grundbesitz 93, 14

– Sicherungseigentum/Vorbehaltseigentum 93, 28
– Verwendungsersatzansprüche 93, 53 ff.
– Vollstreckung bei Scheinbestandteil 93, 30
– Vollstreckung durch Rechtsnachfolger 93, 20
– Vollstreckung vor Rechtskraft 93, 44
– Vollstreckungshindernisse 93, 19, 46 ff.
– Vollstreckungsklausel, Zustellung 93, 6
– Vollstreckungskosten 93, 7–9
– Zwangsvollstreckung auf Räumung/Herausgabe 93, 1, 4, 12
– Überbau 93, 39 ff.
Vollstreckung durch den Insolvenzverwalter 172 ff. IuI, 33 ff.
– Absonderungsrechte IuI, 33
– Andere Art der Ausbietung IuI, 37
– Gewährleistungsrechte IuI, 35
– Kosten IuI, 37
– Rangklassen der Rechte IuI, 35
– Rechte des Insolvenzverwalters IuI, 33, 37
– Verhältnis zu § 174 ZVG IuI, 36
– Wirkung IuI, 34 f.
Vollstreckungsabwehrklage R, 6 ff., **93**, 10
– Einstellung (§ 28 ZVG) R, 21
– Einstellungstatbestände (§ 775 ZPO) R, 18 ff.
– einstweilige Anordnung R, 15
– Entbehrlichkeit der Vollstreckungsabwehrklage R, 18 ff.
– Herausgabeklage (Vollstreckungstitel) R, 13, 24
– Hindernisse der Verfahrenseröffnung (§ 15 ZVG) R, 22 f.
– Insolvenzverfahren (Unterbrechung) R, 17
– Klauselerinnerung (Wahlrecht) R, 9
– Präklusion R, 9, 14
– Unwirksamkeit des Titels R, 9
– Unzulässigerklärung der Zwangsvollstreckung R, 6
– vollstreckbare Urkunde R 9
Vollstreckungserinnerung s a **Erinnerung**
Vollstreckungsgegenklage Einf. ZwV, 71
Vollstreckungsgericht 153, 1 ff.
– Aufsichtsplicht 153, 6 ff.
Vollstreckungsgericht
– Insolvenzgericht IuI, 66 ff.
Vollstreckungsklausel 15 24 ff.
– Besonderheiten 15, 25–26
– Zustellung 15, 28
Vollstreckungsklausel Einf. ZwV, 4
Vollstreckungsmaßnahmen
– nach Eröffnung des Insolvenzverfahrens IuI, 12 ff.
– vor Eröffnung des Insolvenzverfahrens IuI, 9 ff.
Vollstreckungsschutz

Stichwortverzeichnis

- gegen den Insolvenzverwalter **IuI**, 2
Vollstreckungstitel 15, 8 ff. **16**, 9–10
- ausländische ~ **15**, 11
- Duldungs-~ **15**, 9–10
- Schuldtitel der ehemaligen DDR **15**, 12
Vollstreckungstitel 150, 9 **19 WEG**, 2, 9 **Einf. ZwV**, 3, 10
Vollstreckungsunterlagen 16, 17–18
Vollstreckungsverbot
- bei Restschuldbefreiung **IuI**, 16
- Geltendmachung **IuI**, 17
- Umfang **IuI, 15**, 23
- Zuständigkeit **IuI**, 17
Vor- und Nacherbschaft Vor 9, 18
Voraussetzungen (allgemeine) zur Zwangsversteigerung 15, 2–7
Vorausverfügungen 152, 26
Vorausverfügungen über Mieten und Pachten 148, 8
Vorbemerkung zur Zwangsversteigerung Vor 15 1–5
Voreintragung des Schuldners 17, 4
Vorkaufsrecht Einf. ZwV, 40
- einmalige Kapitalzahlung **92**, 20
Vorkausfrecht
- Wertersatz bei Erlöschen **92**, 71
Vorlage
- Grundpfandrechtsbrief **126, 127**, 3 ff.
- Titel **127**, 8 ff.
Vorläufige Insolvenzverwaltung Vor 9, 17
Vormerkung s a Löschungsanspruch, Löschungsvormerkung, Teilungsplan s a geringstes Gebot **Einf. ZwV**, 41
Vorrang Einf. ZwV, 27
Vorschlagsrecht 150a, 2

W

Wahlrecht des Gläubigers 866 ZPO, 5 ff.
Wartefrist 15, 37
Wartungsverträge 152, 36
Wechsel- und Scheck 15, 49
WEG s a Wohnungseigentumsrecht
WEG-Kosten 152, 15
WEG-Verwalter s a Verwalter
Weisungsbefugnis des Gerichts
- Bindungswirkung **153**, 13 ff.
- Gericht **153**, 10 ff. **154**, 16
Weisungsrecht 150c, 4
Wertersatz
- bei anderen Rechten (Abt. II) **92**, 18 ff.
- bei Grundpfandrechten **92**, 12 ff.
- Bestimmung im Allgemeinen **92**, 7
- der Widerspruch **92**, 43 ff.
- die Anmeldung **92**, 33 ff.
- die Feststellung **92**, 41 f.
Wertgrenze Einf. ZwV, 69
Wertuntergrenzen
- bestehen bleibende Rechte **85a**, 6 ff.
- 5/10-Grenze **765a ZPO**, 57 **85a**, 1, 3
- Grundsatz der Einmaligkeit **85a**, 13, 15

- Rechte in Abt II des Grundbuchs **85a**, 12
- unwirksames Gebot des dritten Bieters **85a**, 26
- unwirksames Gebot des Gläubigers **85a**, 19, 22
- unwirksames Gebot des Terminvertreters **85a**, 18, 21 ff.
- Zuschlagsversagung von Amts wegen **85a**, 14
Wesentliche Bestandteile
- eines Grundstücks **90**, 22 ff.
Widerspruch
- Allgemeines **vor 105**, 14–15, **113**, 15, **115**, 1–5
- Alternativzuteilung **124**, 4–8
- Anmeldung als … **115**, 17
- Berechtigte **115**, 7–16
- eingetragener **119**, 8
- Erhebung **115**, 17–18
- Gegenstand **115**, 6
- Planausführung **124**, 9–11
- Planänderung/-ergänzung **115**, 22
- Verfahren **115**, 19–23 **124**, 4–12
- Vollstreckbarkeit **132**, 14
Widerspruch s a geringstes Gebot **Einf. ZwV**, 42, 79, 95
Widerspruch Teilungsplan Vor 95–104, 18 f. s a Teilungsplan
Widerspruchsklage
- Allgemeines **115**, 24
- Klageerhebungsfrist **115**, 29 ff.
- Zuständigkeit **115**, 26
Wiederaufnahme des Verfahrens R, 110
Wiederaufnahmebeschwerde R, 110 79–81, 90 ff.
Wiederaufnahmeklage R 90 ff.
Wiederbepflanzungsrecht 24, 4
wiederkehrende Leistungen
- Abgrenzung laufender/rückständiger **13**, 3 ff.
- Verteilungsverfahren **114**, 4 s a Geldleistung
Wiederversteigerung 17, 12
Wiedervollstreckung
- Allgemeines, Arten **133**, 1–6
- Besonderheiten **133**, 3–6
- Versteigerung **133**, 7 ff.
- Wirkung eines Versteigerungsantrags **129**, 8–9
Wirksamkeitsvermerk 19, 17
Wirkungen der Einstellung 146, 41
Wohngeldansprüche 155, 19 f. **156**, 10 ff.
- Rang **10**, 41 ff., **129** ff.
Wohngeldrückstände 152, 15
Wohnrechtansprüche 149, 1
Wohnrecht des Schuldners 149, 2
Wohnungseigentum 15, 53–54 **16**, 21
- Einheitswert, Vorlage des Bescheides **16**, 21

Stichwortverzeichnis

Wohnungseigentum 146, 7 152, 13 9, 11 f.
Wohnungseigentumsrecht 19 WEG, 1 Einf. ZwV, 9
Wohnungseigentümergemeinschaft 19 EWG, 1 ff.
– Rang 10, 41 ff., 129 ff.
Wohnungserbbaurecht 146, 8
Wohnungsrecht 146, 15

Z

Zahlungen auf das Kapital von Grundpfandrechten 158, 1 ff.
Zahlungspflicht 152, 15
Zahlungsverbot 151, 4
Zeugnis des Grundbuchamtes 17, 5
Zubehör 148, 3
– Anwartschaftsrecht 55, 12
– Beschlagnahmeumfang 55, 2
– Eigentumsverlust 55, 11
– eines Grundstücks 90, 27 ff.
– Fremdzubehör 55, 7 ff.
– Geltendmachung von Dritteigentum 55, 9
Zug- um Zug-Leistung 15, 48
Zulässigkeit der Vollstreckung
– Insolvenzgläubiger IuI, 15
– Massegläubiger IuI, 14
Zuschlag s a Zuschlagsbeschluss 19 WEG, 17 Einf. ZwV, 83
– Anspruch auf den Zuschlag 81, 1
– Aufhebung 89, 7
– Bindungswirkung früherer Entscheidung 79, 5–6
– Entscheidung durch das Beschwerde-/Rechtsbeschwerdegericht 101, 13, 15
– Gebühr Kosten d. ZVG-Verfahrens, 8 ff.
– Grundbuchberichtigung 79, 3
– Hoheitsakt 79, 2
– Meistbietender 81, 1
– Versagung von Amts wegen 85a, 5, 14
– Wirksamkeit 89, 3 ff.
– Wirksamwerden (im Beschwerdeverfahren) 104, 1, 3, 9–10
– Wirksamwerden mit Verkündung 104, 2
– Wirkung 89, 6
– Übernahme der Pflichten aus dem Z. 81, 5, 7
Zuschlag 15, 53, 55
– Anhörung 74, 2 74 2, 3
– Anträge zum Zuschlag 74, 3
– Verhandlung über 74
Zuschlagsbeschluss s. a. Erlösverteilung, Rückabwicklung s. a. Zuschlagsbeschwerde 82, 1
– als Vollstreckungstitel 93, 1, 4
– Begründung 82, 2
– einzelne Angaben 82, 3 ff.
– Kenntniserlangung 88, 12 ff.
– Kosten(ausspruch) 82, 19
– Zustellung 88, 3 ff.
Zuschlagsbeschwerde 96, 1 ff.
– Begründung 96, 18
– Beschränkung der Beschwerdebefugnis auf eigenes Recht 100, 4
– Beschwerdebefugnis – erweiterte bei Zuschlagsaufhebung nach Erlösverteilung 102, 2
– Beschwerdebefugnis bei Zuschlagsversagung/-erteilung 97, 2, 6
– Beschwerdebefugnis, erweiterte 102, 2 f.
– Beschwerdebefugnis, fehlende 102, 4
– Beschwerdefähige Tatsachen 100, 2 f.
– Beschwerdegründe 100, 1
– Beschwerdeschrift 96, 16
– (besondere) Beschwerdebefugnis 96, 12 97, 1 ff.
– Devolutiveffekt 101, 2
– Einlegung zu Protokoll 96, 17
– Frist (Wiedereinsetzung) 98
– Fristbeginn ab Verkündung 98, 5
– Frist,–beginn (bei Versagung/Erteilung des Zuschlags) 96, 10, 13 f. 98, 2–3
– Gegenerklärung, „Beschwerdegegner" 99, 1
– Kostentragung 99, 3
– Rechtsschutzinteresse 96, 4
– Suspensivwirkung 101, 2
– Verfahrensverbindung mehrerer Beschwerden 99, 4
– (Zulassungs)Rechtsbeschwerde 101, 8 ff. 96, 6 98, 5 99, 5
– Zustellungsadressat der Beschwerdeentscheidung 103, 1, 5 104, 1 ff.
– Zustellungsverzicht (beschränkter) 103, 6
Zuschlagsentscheidung
– besonderer Verkündungstermin 87, 15 ff.
– Verkündung 87, 4 ff.
Zuschlagserteilung
– Beschluss 87, 10 ff.
Zuschlagsversagung
– Aufhebung und Einstellung nach Schluss der Versteigerung 33, 1 ff.
– Aufhebungs- und Einstellungsgründe 33, 8 f.
– Entscheidung 33, 17 ff.
– mehrere Gläubiger 33, 11 ff.
– Rechtsbehelfe 33, 20 f.
– Teilaufhebung 33, 10
– Teileinstellung 33, 10
Zuschlagsversagung
– Beschluss 87, 13 f.
Zuschlagsversagung, § 74a
– Antragsrecht 74a, 4
– Gebot unter 7/10 74a, 3
– Neuer Termin nach Zuschlagsversagung 74a, 7–8

Stichwortverzeichnis

- Rechtsbehelf **74a**, 9
- Widerspruch betr. Gläubiger **74a**, 6

Zuschlagswirkungen
- 90–93 ZVG **Wirkungen des Zuschlages**, 1 ff.
- Abschluss der Zwangsvollstreckung **Wirkungen des Zuschlages**, 12
- Ausnahmekündigungsrecht des § 57 a ff. ZVG **Wirkungen des Zuschlages**, 8
- Befriedigungsfiktion des § 114a ZVGs **Wirkungen des Zuschlages**, 7
- Verpflichtungen und Haftungen des Erstehers **Wirkungen des Zuschlages**, 13 ff.
- Versicherungsansprüche und Ansprüche aus dem Bundeslärmschutzgesetz **Wirkungen des Zuschlages**, 9 ff.

Zuständigkeit
- Arresthypothek **932 ZPO**, 2
- Kapitel Prozesskostenhilfe im ZVG-Verfahren
- Zwangshypothek **867 ZPO**, 4
- Zuständigkeiten **15**, 75 **18**, 8

Zustellung 15, 75–77, 79, **Einf. ZwV**, 5, **10 Vorb. 3**, 3 ff.
- amtliche s a **Zustellung von Amts wegen**
- an Aufsichtsbehörde **6**, 7
- an Bevollmächtigte **Vorb. 3**, 6
- an Gesetzliche Vertreter **Vorb. 3**, 5
- an Partei kraft Amtes **Vorb. 3**, 5
- an Prozessbevollmächtigte **Vorb. 3**, 6
- an Verwalter **Vorb. 3**, 5
- an Vormundschaftsbehörde **6**, 7
- Anwendungsbereich **Vorb. 3**, 2
- Aufhebungs- und Einstellungsbeschluss **32**, 1 ff.
- des Anordnungsbeschlusses **8**, 1 ff.
- des Beitrittbeschlusses **8**, 1 ff.
- durch Aufgabe zur Post **4**, 1 ff.
- durch Einschreiben mit Rückschein **3**, 3
- im Ausland **Vorb. 3**, 7
- Mängel **8**, 3 **Vorb. 3**, 8
- Mängel, Heilung von **8**, 3 **Vorb. 3**, 8
- öffentliche **Vorb. 3**, 7
- Teilungsplan **113**, 11
- Unzustellbarkeitsvermerk **15**, 71
- Verfahren **Vorb. 3**, 7
- von Amts wegen **3**, 1 ff. **Vorb. 3**, 1
- Zustellung an Verwalter des Wohnungseigentums **15**, 53
- Zustellung der Vollmacht **15**, 34
- Zustellungserleichterung **15**, 78
- Zustellungsverzicht **15**, 78
- Zustellungsadressat **Vorb. 3**, 4 ff.
- Zustellungsbevollmächtigter s a **Zustellungsbevollmächtigter**
- Zweck **Vorb. 3**, 1

Zustellung der Beanstandungsverfügung 146, 25

Zustellung der Terminsbestimmung 41, 1 ff.
- an Beteiligte **41**, 2 f.
- Mängel **41**, 6 **43**, 9
- Mängel, Heilung von **41**, 6 **43**, 9
- Zustellungsfrist **43**, 5
- Zustellungsfrist, Nichteinhalten der **43**, 9

Zustellung des Anordnungsbeschlusses 146, 26

Zustellung des Beitrittsbeschlusses 146, 26

Zustellung des Zurückweisungsbeschlusses 146, 25

Zustellungen
- Kosten **Kosten d. ZVG-Verfahrens**, 15

Zustellungen an Aufsichtsperson 150c, 3

Zustellungsbevollmächtigter 5 ff.
- Aufgaben **7**, 3 ff.
- Auslagen **7**, 6
- Auswahl **6**, 6
- Ende des Amts als **7**, 5
- Haftung des Gläubigers **7**, 7
- im Grundbuchverfahren **5**, 1 ff.
- Vergütung **7**, 6
- Voraussetzungen der Bestellung **6**, 3 ff.
- Zwangsgeld **6**, 6
- Überwachung **6**, 6

Zustimmung der Aufsichtsperson 150d, 1

Zustimmungswegfall-Theorie s a **Teilungsversteigerung**

Zuzahlung
- Altenteil **51**, 7 f.
- Auflassungsvormerkung **51**, 9
- bedingte Rechte **50**, 5
- befristete Rechte **50**, 6
- Dauerwohnrecht/Dauernutzungsrecht **51**, 11
- Dienstbarkeiten **51**, 10
- Erbbaurecht **51**, 12
- Erbbauzinsreallast **51**, 13
- Festsetzung des Betrages **51**, 4 f.
- Gesamtgrundpfandrechte **50**, 9 f.
- Höhe des Zuzahlungsbetrages **50**, 14 **51**, 3
- Nichtbestehen eines Rechts **50**, 3 f. **51**, 1 ff.
- persönliche Haftung des Erstehers **50**, 11 f.
- Reallast **51**, 16
- Vorkaufsrecht **51**, 17
- Vormerkung **50**, 8 **51**, 18
- Widerspruch **50**, 8 **51**, 18
- Zahlungsmodalitäten **50**, 13 f. **51**, 3 ff.

Zuzahlungsbetrag
- Allgemeines zur Erlösverteilung **Vor 105**, 25–26
- Forderungsübertragung **125**, 11 ff.
- Teilungsmasse **107**, 8
- unbekannter Beteiligter **135**, 3
- Vollstreckbarkeit **132**, 8

Stichwortverzeichnis

- Zuteilung 125, 1 ff.
- Zwangsgeld
- Zwangsverwalter 153, 20 ff.
- Zwangshypothek 866–868 ZPO
- Aufteilungserklärung (§ 867 II ZPO) 867 ZPO, 47 ff.
- Beschwerde 867 ZPO, 40 ff.
- Eigentümergrundschuld, Entstehung 868 ZPO, 10 ff.
- Eintragungshindernisse 867 ZPO, 20 ff.
- Eintragungsvoraussetzungen 867 ZPO, 4 ff.
- Einwendungen 867 ZPO, 39
- Entbehrlichkeit gesonderter Duldungstitel (§ 867 III ZPO) 867 ZPO, 55 ff.
- Erlangung InsO, 24
- Erwerb durch den Eigentümer 868 ZPO, 1 ff.
- Gebühren 866 ZPO, 17 f.
- Gesamtzwangshypothek, Verbot der 867 ZPO, 50 ff.
- Hausgeldansprüche 10 58
- Insolvenz, Behandlung in der 867 ZPO, 38
- Mängel 867 ZPO, 31 ff.
- Mindestbetrag (§ 866 III ZPO) 866 ZPO, 9 ff.
- Rang 867 ZPO, 34 f.
- Rechtsbehelfe 867 ZPO, 40 ff.
- Rechtsstellung des Gläubigers 867 ZPO, 36 ff.
- Rückschlagsperre InsO, 22
- Verteilungserklärung (§ 867 II ZPO) 867 ZPO, 47 ff.
- Voraussetzungen 867 ZPO, 4 ff.
- Wahlrecht des Gläubigers 866 ZPO, 5 ff.
- Wirkung 867 ZPO, 29 f.
- Wohngeldansprüche 10, 58
- Zuständigkeit 867 ZPO, 4
- Zweck 866 ZPO, 2 867, 1

Zwangssicherungshypothek s. a. Zwangshypothek

Zwangsversteigerung in der Insolvenz
- Antrag, s. a. Zwangsvollstreckungsantrag
- Anzuwendende Vorschriften 172, 8 f.
- Berücksichtigung der Gläubigerrechte 174, 1 ff.
- durch den Insolvenzverwalter InsO, 34
- Einstweilige Einstellung InsO, 42

Zwangsversteigerungsantrag 19 WEG, 6 9

Zwangsversteigerungsvermerk Einf. ZwV, 54

Zwangsverwalter
- Ausweis Einführungsfall Zwangsverwaltung Anlage 2
- Bestellungsurkunde Einführungsfall Zwangsverwaltung Anlage 2
- Bestellung Einführungsfall Zwangsverwaltung Anlage 1
- Entlassung 153, 23 ff.
- Haftpflichtversicherung 153, 17
- Haftung 154, 3 ff. siehe Haftung des Zwangsverwalters
- Pflichtenkreis 154, 5 ff.
- Pflichtverstöße 153, 24
- Rechnungslegung 154 24 ff.; Praxisfall zur Zwangsverwaltung
- Sicherheitsleistung 153, 17
- Vergütung 153 28 Einführungsfall Zwangsverwaltung Anlage 7
- Zwangsgeld 153, 20 ff.

Zwangsverwalterausweis Einführungsfall Zwangsverwaltung Anlage 2

Zwangsverwaltung 15, 86
- Antragsrücknahme 161, 16 ff.
- Aufhebung siehe hierzu Aufhebung des Zwangsverwalterverfahrens
- Ausgaben 155, 11
- Ausnahme und Besonderheiten in der Zwangsverwaltung 17, 15
- Beschluss Einführungsfall Zwangsverwaltung Anlage 1
- Einstweilige Einstellung 161, 17 ff.
- Kosten des Verfahrens 155, 14
- Landwirtschaftlicher Betrieb 153a, 1 ff.
- Rechtsmittel 153, 27 156, 32 161, 47 153 a, 1 ff.
- Schlussbericht des Zwangsverwalters Einführungsfall Zwangsverwaltung Anlage 6
- Schlussrechnung des Zwangsverwalters Einführungsfall Zwangsverwaltung Anlage 6
- Systematik Verteilungsverfahren 155, 1 ff.
- Zwangsverwalter 15, 86
- Zweck des Zwangsversteigerungsverfahren Vor 15, 3

Zwangsverwaltung
- Anordnung-/Beitrittsgebühr Kosten d. ZVG-Verfahrens, 17
- Verfahrensgebühr Kosten d. ZVG-Verfahrens, 18 f.

Zwangsverwaltung durch den nachrangigen Gläubiger 146, 12

Zwangsverwaltung durch den rangbesseren Gläubiger 146, 11

Zwangsverwaltung in der Insolvenz 172, 1
- Antrag 172, 2 f.
- Anzuwendende Vorschriften 172, 8 f.
- Besitz 172, 1
- Einstweilige Einstellung InsO, 42
- Grenzen 172, 1
- „kalte" InsO, 38a

Zwangsverwaltungsmasse 155, 8

Stichwortverzeichnis

Zwangsverwaltungsvermerk im Grundbuch Einführungsfall Zwangsverwaltung Anlage 5
Zwangsvollstreckung gegen den Schuldner 152, 37
Zwangsvollstreckung Einf. ZwV, 2
Zwangsvollstreckung gegen und durch den Zwangsverwalter 152, 38
Zwangsvollstreckungsmassnahme Einf. ZwV, 71

im Le...... vom 10.0.0.
.... bis